W0405349

MERCK'S
WARENLEXIKON

für Handel, Industrie und Gewerbe

MANUSCRIPTUM.

ISBN 3-933497-13-2

© Manuscriptum Verlagsbuchhandlung
Thomas Hoof KG • Waltrop und Leipzig

7. Auflage 2004

Vorwort zu diesem Nachdruck.

Es ist merkwürdig: Vom Ende des vergangenen bis in die Mitte des 20. Jahrhunderts gab es einen großen Fundus weit verbreiteten warenkundlichen Verbraucherwissens. Die Verlage produzierten eine Vielzahl einschlägiger Lexika (des Haushalts, der Eisenwaren, der Bekleidung oder eben allgemein der Warenkunde), an den Schulen wurde das Fach ernsthaft unterrichtet (und so jene gewisse Immunität gegen die Werbung erzeugt, um die sich unser »ideologie- und sprachkritischer« Deutschunterricht in den vergangenen Jahrzehnten völlig erfolglos bemühte), und das Wissen der in der ersten Hälfte des Jahrhunderts aufgewachsenen Menschen über Wert und Unwert ihrer Alltagsdinge überstieg dasjenige heutiger »Fachverkäufer« um ein Vielfaches. Irgendwann in den 60er Jahren gab es dann den warenkundlichen Fadenriß. Entsprechende Zeitschriften stellten ihr Erscheinen ein, und von Dr. Oetkers Warenkunde – nach dem Krieg ein Bestseller – erschien schließlich 1989 die letzte Auflage. Die Neugier darauf, was »neu« ist, verdrängte die Wißbegier darauf, was gut ist.
Manuscriptum eröffnet eine Reihe eigener warenkundlicher Publikationen mit dem Nachdruck eines der großen Warenlexika aus der ersten Hälfte des Jahrhunderts:

Mercks Warenlexikon.
Zwischen 1870 und 1920 erschien es in sieben hohen Auflagen, in einer Zeit also, die von beidem geprägt war: der Begeisterung für die grundstürzenden technischen Neuerungen und der Sorge um sich anbahnende Verluste an Qualität und Charakter. Wir bringen einen Nachdruck der 7. Auflage von 1920.
Über all das, was Anfang des Jahrhunderts technisch entwickelt und in Gebrauch war (und das bildet ja immer noch die überwältigende Mehrheit auch der Dinge, mit denen wir heute Tag für Tag umgehen) – von Absinth, Alabaster und Aluminium bis Zaponlack, Zitronat und Zwiebelöl erfahren Sie alles.
Also: Ein mit Nutzen anzuwendender Ratgeber, eine kulturhistorische Fundgrube.

Recklinghausen im Sommer '96
Thomas Hoof

MERCK'S

WARENLEXIKON

für Handel, Industrie und Gewerbe

Beschreibung der im Handel vorkommenden Natur- und Kunsterzeugnisse unter besonderer Berücksichtigung der chemisch-technischen und anderer Fabrikate, der Drogen- und Farbwaren, der Kolonialwaren, der Landesprodukte, der Material- und Mineralwaren

herausgegeben von

Prof. Dr. A. Beythien,
Direktor des chemischen Untersuchungsamtes der Stadt Dresden

und

Ernst Dreßler,
Drogist und gerichtlicher Sachverständiger für das Landgericht u. Amtsgericht Dresden

unter Mitwirkung von

Max Arnold, Verbandstoff-Fabrik-Chemnitz, Privatdozent Dr. Paul Bohrisch-Dresden, Heinrich Ernemann A.-G.-Dresden, Dr. Hans Hempel, Stellvertreter des Direktors am Städtischen Untersuchungsamt-Dresden, Photochemiker und Fabrikbesitzer Richard Jahr-Dresden, Schimmel & Co., Fabrik ätherischer Öle und Essenzen-Miltitz b. Leipzig, Vereinigte Fabriken photographischer Papiere-Dresden

Siebente, völlig neu bearbeitete Auflage

1920
G. A. GLOECKNER, Verlag für Handelswissenschaft, LEIPZIG

Aus dem Vorwort zur fünften Auflage.

Der ungeheure Aufschwung, den die Naturwissenschaften, vor allem Physik und Chemie, in unserem Zeitalter genommen haben, ist für alle Gebiete menschlicher Tätigkeit von einschneidender Bedeutung geworden. Tagtäglich werden neue wertvolle Stoffe aufgefunden, neue verwertbare Bestandteile in längst bekannten Naturprodukten entdeckt, aber auch in wachsendem Maße Nachahmungen und Verfälschungen ausgeübt. Dem Handwerker wie dem Industriellen, welcher Rohstoffe und Fabrikate verarbeitet, dem Drogisten wie dem Kaufmann, welcher sie dem Publikum zuführt, ist daher die genaue Kenntnis des Ursprungs und der Eigenschaften dieser Produkte unentbehrlich. Nicht nur geschäftliches Interesse und Konkurrenzfähigkeit, sondern zahlreiche gesetzliche Vorschriften über den Verkehr mit Nahrungs- und Genußmitteln, Farben, Giften und Gebrauchsgegenständen zwingen den Gewerbetreibenden, sich über die Beschaffenheit seiner Waren zu unterrichten. Das Bedürfnis nach einem Buche, welches diese Kenntnisse in gemeinverständlicher Weise vermittelt, ist daher fraglos vorhanden, und der Umstand, daß Klemens Mercks Warenlexikon bereits in vier Auflagen erscheinen konnte, beweist, daß gerade dieses den Anforderungen eines zahlreichen Leserkreises gerecht wurde. Die unterzeichneten Herausgeber, welche beide seit Jahren für eine Vermittelung zwischen Wissenschaft und Praxis tätig sind, haben gern der ehrenvollen Aufforderung zur Neubearbeitung des beliebten Werkes Folge geleistet, obgleich sie sich von vornherein der Schwierigkeit der gestellten Aufgabe bewußt waren. Bedeutet doch ein Zeitraum von 16 Jahren, wie er seit dem Erscheinen der letzten Auflage verstrichen ist, für ein auf naturwissenschaftlich-technischer Grundlage beruhendes Buch eine nahezu völlige Umwälzung des Tatsachenmaterials! Zahlreiche neue Erscheinungen mußten aufgenommen, viele der älteren Artikel von Grund aus neu bearbeitet werden. Trotzdem haben die Herausgeber im Hinblick auf die berechtigten Wünsche der alten Freunde und Besitzer des Buches versucht, den Charakter des Werkes zu erhalten, und hoffen, daß ihnen dies im großen und ganzen gelungen ist. Bei der Besprechung zahlreicher Warengattungen, besonders der Metalle, Mineralien und Edelsteine, der Dünge- und Futtermittel, der Chemikalien, Farben, Gifte, Spinn- und Faserstoffe, Pelz- und Textilwaren, Drogen und Nutzhölzer erschien es ausreichend, die vorhandenen Artikel dem neueren Stande der Wissenschaft anzupassen. Hingegen waren die Abschnitte über Nahrungs- und Genußmittel sowie Gebrauchsgegenstände gänzlich neu zu verfassen, da die Nahrungsmittelchemie sich eigentlich erst seit den letzten Jahrzehnten zu einer selbständigen Wissenschaft entwickelt hat, und besonders die neuere Gesetzgebung berücksichtigt werden mußte. Das gleiche gilt von den Heil- und Geheimmitteln, wenngleich hier bei der Fülle alljährlich auftauchender Präparate eine gewisse Zurückhaltung geboten erschien. Bei allen

Waren, vor allem aber den Drogen und Chemikalien, berücksichtigten wir neben der medizinischen namentlich auch die technische Verwendung, da diese für den Praktiker naturgemäß das größte Interesse darbietet. Neu aufgenommen wurden ferner einige von fachmännischer Seite verfaßte Aufsätze über photographische Bedarfsartikel, und schließlich ist auch auf die Bearbeitung der Zollverhältnisse nach den Bestimmungen des neuen Tarifs ganz besondere Sorgfalt verwandt worden.

Im Hinblick auf die Bestimmung des Buches, einem größeren Leserkreise von Praktikern die schnelle Auffindung der gesuchten Artikel zu ermöglichen, war natürlich die alphabetische Anordnung beizubehalten. Bezüglich des Registers haben die Herausgeber geglaubt, die sehr zweckmäßige Einrichtung des früheren beibehalten und insbesondere Verweisungen in den Text nicht aufnehmen zu sollen. Die in letzterem nicht vorhandenen Bezeichnungen sind daher im Register aufzufinden, vorausgesetzt, daß nicht ihre Ableitung ohne weiteres auf einen Hauptartikel hinweist. Selbstredend ist Münchner Bier unter Bier, Phosphorbronze unter Bronze usw. nachzuschlagen. In stilistischer Hinsicht erschien es zweckmäßig, bei der Besprechung der einzelnen Gegenstände ein gewisses System innezuhalten. Es finden sich daher in allen Artikeln zuerst Angaben über die Abstammung und das natürliche Vorkommen, darauf über die Herstellung, Eigenschaften und Verwendung der Waren, bisweilen auch über etwaige Verfälschungen und deren Erkennung, zum Schluß folgt die Besprechung der rechtlichen, der Handels- und der Zollverhältnisse. Chemische Formeln sind grundsätzlich vermieden Temperaturangaben in Graden Celsius angeführt worden.

Dresden, im September 1908.

Dr. A. Beythien. **Ernst Dreßler.**

Vorwort zur sechsten Auflage.

Die Neuherausgabe des seit längerer Zeit vergriffenen Warenlexikons ist zunächst durch die kriegerischen Ereignisse erschwert und später absichtlich hinausgeschoben worden, um den Wiedereintritt geordneter wirtschaftlicher Verhältnisse abzuwarten. Da die in dieser Hinsicht gehegten Hoffnungen aber anscheinend so bald noch keine Erfüllung finden werden, andererseits die dringenden Nachfragen das Bedürfnis nach dem Wiedererscheinen des beliebten Werkes beweisen, haben die Verfasser sich doch entschlossen, den geäußerten Wünschen zu entsprechen und ihre jahrelangen Vorarbeiten zum Abschluß zu bringen.

Ihre Richtschnur waren die in dem Vorwort zur 5. Auflage des näheren dargelegten Grundsätze, doch machten die Umwälzungen in der Versorgung Deutschlands mit Rohstoffen und Nahrungsmitteln sowie die dadurch bedingte Veränderung der gesetzlichen Vorschriften manche Abweichungen und Ergänzungen erforderlich. Wenn hierbei eine gewisse Zurückhaltung geübt und insbesondere von der Aufnahme zahlreicher neuer Erscheinungen abgesehen wurde, so erklärt sich das einerseits aus der schier unübersehbaren Fülle der Kriegserfindungen, vor allem aber aus der Überzeugung, daß die übergroße Mehrzahl derselben sehr bald der verdienten Vergessenheit anheimfallen und den altbewährten Waren wieder Platz machen werden. Alle wichtigen Neuerungen von voraussichtlich bleibendem Werte, in erster Linie, um nur einige herauszugreifen, die künstliche Darstellung von Stickstoffverbindungen aus der Luft, von Schwefelsäure aus Gips, von Gespinsten, Geweben und Sprengstoffen aus Holzzellulose, die inländische Gewinnung von Harzen usw. haben aber ebenso wie die brauchbaren Ersatznahrungsmittel gebührende Berücksichtigung gefunden.

Mit Unterstützung des alten Stammes unserer in Wissenschaft und Praxis bewährten Mitarbeiter, denen sich zu unserer großen Freude die Firma Schimmel & Co. in Miltitz bei Leipzig anschloß, sind nicht nur alle Aufsätze dem derzeitigen Stande der Wissenschaft und Technik entsprechend ergänzt, sondern zum Teil, wie besonders die Teerfarben und einige Riechstoffe, völlig neu bearbeitet worden.

Eine grundsätzliche Änderung könnte darin erblickt werden, daß bei den meisten chemischen Verbindungen die chemische Formel, in der Regel die Strukturformel, angeführt worden ist. Wir haben damit aber nur einem von zahlreichen Lesern aus Chemikerkreisen geäußerten Wunsche entsprochen und hoffen, daß die übrigen Besitzer des Buches an dieser Bereicherung keinen Anstoß nehmen werden. Abgesehen hiervon sind noch manche Vorschläge zur Aufnahme weiterer Warengattungen berücksichtigt worden, ohne daß dadurch eine übermäßige Ausdehnung des Umfanges herbeigeführt worden wäre.

Die sehr geschätzten und wertvollen Angaben über die Zollverhältnisse konnten leider wegen der Unsicherheit unserer wirtschaftlichen Zukunft in den Text nicht mit aufgenommen werden; sie sollen aber sobald als tunlich als besonderer Anhang erscheinen.

Alles in allem hoffen die Verfasser, den Wünschen ihrer seitherigen Leser aus den Kreisen der Apotheker, Chemiker, Drogisten und derjenigen Gewerbetreibenden, die sich mit der Verarbeitung und dem Vertrieb von Waren beruflich beschäftigen, nach Möglichkeit entsprochen zu haben. Sie hegen aber den weiteren Wunsch, zu den alten Freunden neue hinzuzuwerben! Vor allem würden sie sich herzlich freuen, wenn das Buch noch mehr als bisher bei Richtern, Rechtsanwälten und Verwaltungsbeamten, die für ihre Entscheidungen sehr oft warenkundlicher Kenntnisse bedürfen sowie in die Haushaltungen Eingang fände. Wohl keine Wissenschaft dürfte während des Krieges so sehr die Aufmerksamkeit der gesamten Bevölkerung, in erster Linie der Hausfrauen, erregt haben, wie die Warenkunde; und sicher wird jeder einzelne Deutsche, ob Verarbeiter, Verkäufer oder Verbraucher gut tun, bei den bevorstehenden schweren Zeiten den Fragen der Rohstoff- und Nahrungsmittelbeschaffung die sorgsamste Beachtung zu schenken.

Dresden, im März 1919.

Prof. Dr. A. Beythien. **Ernst Dreßler.**

A.

Abelmoschus (Moschuskörner, Bisamkörner, lat. Semen abelmoschi, Grana moschata, frz. Ambrette, Graines de musc, engl. Abelmusk) heißen die Samen einer kleinen krautartigen Pflanze aus der Familie der Malvazeen, Hibiscus abelmoschus, die, ursprünglich in Ostindien heimisch, sich z. T. durch Kultur in alle Tropengegenden verbreitet hat. Die nierenförmigen Samen haben die Größe einer kleinen Linse, sind außen braungrau gestreift, innen weiß, und besitzen einen starken moschusartigen Geruch. Sie wurden früher medizinisch verwertet, dienen aber jetzt nur zur Herstellung des zu 0,20—0,60 % in ihnen enthaltenen ätherischen Öls, das zur Fabrikation von Parfüms und zum Aromatisieren von Likören benutzt wird. Das Öl besitzt einen intensiven und anhaltenden Moschusgeruch, hat ein spez. Gew. von etwa 0,891 bei 40° und ist bei gewöhnlicher Temperatur fest.

Abraumsalze werden die über dem eigentlichen Steinsalz liegenden fremden Salze genannt, weil sie früher für wertlos gehalten und abgeräumt wurden. Erst seit den sechziger Jahren ist man der technischen Verwertung dieser durch ihren Kaligehalt für Industrie und Landwirtschaft gleich unentbehrlichen Salze näher getreten. Die deutsche Produktion, welche im Jahre 1861 mit einer Förderung von 2300 Tonnen begann und im Jahre 1900 rund 3 Millionen Tonnen betrug, stieg bis 1905 auf 4,88 Millionen, 1910 auf 8,16 Millionen und 1913 auf 11,6 Millionen Tonnen. Von der letzten Zahl entfielen 3,01 Millionen Tonnen auf die deutsche Landwirtschaft und 1,95 Millionen auf das Ausland. Da nur Deutschland, das neben den gewaltigen Vorkommen in Staßfurt, Sondershausen und Hannover noch die auf 300 Millionen Tonnen reines Kali geschätzten Lager bei Mülhausen im Elsaß besitzt (daher die französische Sehnsucht!), für die Versorgung der Welt in Betracht kommt, denn alle fieberhaften Versuche der Amerikaner, aus Feldspat, Pflanzen usw. neue Quellen zu erschließen, sind ergebnislos geblieben, so steigt die Nachfrage beständig an, und die inländischen Verbraucher haben daher, um einer vorzeitigen Erschöpfung der deutschen Lager vorzubeugen, ein Ausfuhrverbot angeregt. Im Hinblick auf den großen Reichtum der vorhandenen Vorräte hat man jedoch von einer derartigen Maßnahme abgesehen. Zur Vermeidung einer Verschleuderung dieses wichtigen Nationalschatzes ist aber das „Kalisyndikat" gegründet worden, welches die Förderung und den Verkauf regelt und durch eine umfassende Propaganda die Vergrößerung des Konsums für landwirtschaftliche Zwecke anstrebt. Von ausländischen Käufern werden höhere Preise gefordert. Durch das Reichskaligesetz vom 28. Mai 1910 (gültig bis zum 31. Dezember 1925), welches im wesentlichen auf eine Zwangskartellierung und -kontingentierung hinausläuft, hat das Syndikat eine festere Form erhalten. — Die Entstehung der A. erklärt van't Hoff dadurch, daß aus eintrocknendem Meerwasser zuerst das Steinsalz und später mit zunehmender Konzentration die leichter löslichen Verbindungen des Kaliums und Magnesiums auskristallisierten. Zunächst auf dem Steinsalz liegt der Kieserit (Magnesiumsulfat), darauf folgt die Region des Karnallits (Kalium-Magnesium-Chlorid), in welcher sich ferner Kainit (Kaliumchlorid-Magnesiumsulfat), Sylvin (Chlorkalium), Borazit u. a. vorfinden. Die größte Bedeutung hat der Karnallit, das sog. Chlorkalium-Rohsalz mit 16—17 % Chlorkalium, als Ausgangsmaterial für die Herstellung von Kalidünger, Salpeter, Pottasche, Alaun usw. Der Kieserit dient zur Gewinnung von Magnesiumsalzen (Glaubersalz), der Borazit von Borsäure. Der Versand der A. erfolgt entweder unverpackt in Wagenladungen oder in Säcken von 100 kg. Preis des Sackes 40 Pf. Preis des Karnallits, unverpackt 100 kg = 1,20 M.; für landwirtschaftliche Zwecke innerhalb Deutschland 0,90 M.

Absinth (Absynth, Wermutlikör, frz. Extrait d'absinth, engl. Absinthium), ein französischer und schweizerischer alkoholreicher Bitterlikör, der aus Wermutkraut und Spiritus, zuweilen unter Zusatz von Anis, Fenchel und Koriander, mit oder ohne Zucker, hergestellt wird.

Abziehbilder (frz. Métachromotypies, engl. Pictures for decalcomanie, Transfer pictures) nennt man lithographische Buntdrucke, welche, auf besonders zubereitetes Papier gedruckt, die Fähigkeit besitzen, bei vorheriger Anfeuchtung vom Papier sich abzulösen, und ohne weiteres Bindemittel auf anderes Papier sowie auf Holz, Glas, Porzellan, Blechwaren und Gewebe übertragen werden können. A. sind in großer Mannigfaltigkeit im Handel und werden hauptsächlich in Leipzig und Nürnberg hergestellt. Es ist darauf zu achten, daß sie mit giftfreien Farben, lt. Reichsgesetz, hergestellt und besonders nicht mit Bleiweiß bestäubt werden.

Acajougummi (Anakardiengummi, Kajugummi, frz. Gomme d'acajou, engl. Acajou gum), eine ihren Eigenschaften nach dem Gummiarabikum sehr nahe stehende Gummiart, wird auf Martinique, Guadeloupe und in Brasilien von demselben Baume gesammelt, der die okzidentalischen Elefantenläuse (s. Anakardien), auch Acajounüsse genannt, liefert. Die tropfenartig ausgezogenen, gelben bis braunrötlichen Stücke von glasigem Bruche sind durchscheinend und weicher als arabisches Gummi und werden dem Senegalgummi ähnlich benutzt.

Achat (frz. Agate, engl. Ajat, Agate) ist ein aus verschiedenfarbigen Varietäten des Quarzes (Chalzedon, Jaspis, Amethyst) schichten- oder streifenförmig zusammengesetztes Mineral, das nach der Form der auf Schliffen zutage tretenden Zeichnungen als Wolkenachat, Bandachat, Festungsachat usw. bezeichnet wird. In der Nähe der wichtigsten deutschen Fundorte Idar und Oberstein hat sich eine blühende Industrie entwickelt, welche den A. zu Schmucksachen, Reibschalen u. dgl. verarbeitet, neuerdings aber wegen Erschöpfung der dortigen Gruben auf die Einfuhr von Rohmaterial aus Südamerika und Australien angewiesen ist. Die A. werden geschliffen und poliert, bisweilen auch gefärbt und mit anderen Steinen, besonders Chalzedon, Onyx, Karneol, Krokydolith zusammen verarbeitet. Gefärbte A. werden besonders im Orient als Mekkasteine verkauft.

Actol (Milchsaures Silber, $C_3H_5O_3Ag$), ein lichtempfindliches weißes Kristallpulver, wird zur Desinfektion von Wunden und Verbandstoffen (Katgut, Seide) benutzt.

Adalin, Bromdiäthylazethylharnstoff, $C_2H_3N_2O_2 . C . Br C_2H_5)_2$, wird neuerdings als Schlafmittel angewandt.

Adamsäpfel (Paradiesäpfel, frz. Pomme d'Adam, engl. Adams apple) nennt man eine besondere Art der Zitronen von gelber bis grüner Farbe, dicker Schale und mehreren Eindrücken am oberen Ende. Die Früchte werden von Italien aus in Kisten von 190 bis 200 Stück versandt, wobei jede einzelne mit Papier und Werg umwickelt ist. Außerdem liegen in gleicher Zahl kleine grüne, mit Fäden umwundene Zweige (Chodes) und 2,5—3 m lange Palmenzweige dabei, welche von den Juden zur Ausschmückung ihrer Laubhütten benutzt werden. — Bisweilen werden auch die Tomaten und die Bananen (s. d.) als A. bezeichnet.

Adiowänsamen (Ajowansamen), die graubraunen, eiförmigen, fünfriefigen, behaarten und aromatisch riechenden Früchte einer in Ostindien heimischen Umbellifere, Ptychotis Ajowan, wurden früher als Arzneimittel verwendet. Jetzt destilliert man daraus ein ätherisches Öl, das Adiowänöl, welches zur Bereitung von Thymol benutzt wird.

Adlervitriol (Salzburger Vitriol, Doppelvitriol, Admonter Vitriol, lat. Cuprum sulfuricum medium, frz. Vitriol double, engl. Eaglevitriol), eine aus Eisenvitriol und Kupfervitriol in verschiedenen Verhältnissen zusammenkristallisierte Mischung, wird in der Färberei angewandt. Je nach dem Kupfergehalte sind entweder 1, 2, 3 oder 4 Adlerzeichen auf dem Faßdeckel eingebrannt. Den geringsten Kupfergehalt besitzt die Marke 1 Adler. Man unterscheidet: Salzburger A., Zweiadler mit 24% Kupfervitriol, Admonter A. mit 17%, Admonter Zweiadler mit 20%, Goslarer A. mit 9%, Gräfenthaler A. mit 29%. Der A. wird gewöhnlich durch Oxydation von kupferkieshaltigen Eisenkiesen dargestellt.

Adonidin (lat. Adonidinum, frz. Adonidine), das wirksame giftige Prinzip von Adonis vernalis, wird seit einigen Jahren medizinisch verwendet. Es gehört zu den Glykosiden und bildet farb- und geruchlose, äußerst bitter schmeckende Kriställchen, die in Alkohol leicht, in Äther und Wasser wenig löslich sind. Die Wirkung ist der Digitalis ähnlich, aber nicht kumulativ.

Adrenalin, Suprarenin, ein aus Rinderniere gewonnenes Heilmittel, das gegen Blutungen, Herzstockung (Kollaps), bei Narkosen, Katarrhen usw. verordnet wird. Neuerdings wird es als ein Derivat des Brenzkatechins (o-Dioxyphenyläthanolmethylamin, $C_9H_{13}NO_3$) von den Höchster Farbwerken aus Chlorazetobrenzkatechin synthetisch dargestellt. Das grauweiße, in Wasser unlösliche Pulver schmilzt bei 212°. Von seinen Verbindungen finden das leicht lösliche salzsaure und borsaure Salz Anwendung.

Adsella, ein alkoholfreies, aus abgerahmter Milch gewonnenes kohlensäurehaltiges Getränk. (Champagner-Milch.)

Adular (frz. Opaline, engl. Pearl-stone), eine besondere Varietät des monoklinen Feldspates vom Härtegrade 6, wird als Halbedelstein zu Schmuckgegenständen verarbeitet und führt im Handel je nach Färbung und größerer oder geringerer Durchsichtigkeit verschiedene Namen, z. B. Mondstein, Sonnenstein, Fischauge, Wolfsauge, Wasseropal. Der Sonnenstein zeigt einen rötlichgelben Schein, der schweizerische Mondstein einen bläulichen, der zeylonische einen silbernen Schimmer. Gute Exemplare werden ziemlich hoch bezahlt.

Adurol, ein photochemischer Entwickler, wird aus Hydrochinon durch Einführung von Brom gewonnen. Man stellt zweckmäßig eine Lösung A aus 10 g Adurol, 80 g krist. Natriumsulfit und 500 g Wasser und eine Lösung B aus 60 g Pottasche und 500 g Wasser her, die große Haltbarkeit besitzen und im Verhältnis von 1 Teil A mit 1 Teil B und 1 Teil Wasser gemischt, mehrmals benutzt werden können.

Äpfel (frz. Pommes, engl. Apples), die Früchte des Apfelbaums, Pirus malus, der in den Ländern der gemäßigten Zone, hauptsächlich aber in Deutschland, Böhmen, Mähren, Ungarn, Tirol, Frankreich, Schweden, Rußland und den Vereinigten Staaten angebaut wird. Von den mehr als 1400 Sorten sind: Reinetten, Kalvillen, Borsdorfer, Rosmarinäpfel, Rambour-Ä., Stern-Ä. als die wichtigsten namhaft zu machen. Die Äpfel bilden einen bedeutenden Handelsartikel und werden oft weithin versandt. So gehen z. B. große Schiffsladungen von Ä. aus Böhmen auf der Elbe nach Norddeutschland und weiter. In Frankreich besitzt Havre einen großen Ausfuhrhandel. — Die feinsten Sorten werden beim Versand einzeln in Papier gewickelt und in Kisten oder Körbe gepackt. In neuerer Zeit gelangen ungeheure Mengen amerikanischer Ä. zur Einfuhr, mit denen unsere deutschen Erzeugnisse hinsichtlich des Aussehens und Preises in keiner Weise konkurrieren können. Da die letzteren aber an Geschmack und Aroma weit überlegen sind, würde sich in der Züchtung feiner Tafeläpfel für unseren heimischen Obstbau ein aussichtsvolles Feld darbieten. Von den zahlreichen aus Ä. hergestellten Erzeugnissen sind Getrocknete Ä. (Ringäpfel), Apfelkraut Apfelwein in besonderen Artikeln behandelt. Außerdem wird auch mit oder ohne Zucker eingekochtes Apfelmus in hermetisch verschlossenen Büchsen in den Handel gebracht das bisweilen allerdings durch schweflige Säure künstlich gebleicht ist. Die aus Frankreich eingeführten sog. gedrückten Ä. werden durch Schälen, Dünsten mit wenig Wasser, Zerdrücken und Trocknen oder Darren dargestellt.

Äpfeläther, ein chemisches Präparat, das zu den sogenannten Fruchtäthern gehört, besteht aus einer alkoholischen Lösung von Baldrianamyläther (Äpfelöl, Appleoil). Er besitzt einen angenehmen Apfelgeruch und wird zur Bereitung von Fruchtbonbons verwendet.

Äpfelsäure (lat. Acidum malicum, frz. Acide malique; engl. Malic acid), eine organische Säure (Oxybernsteinsäure, $C_4H_6O_5$), welche sich in vielen Pflanzen- und Fruchtsäften, wie Äpfeln, Trauben, Vogelbeeren, Berberitzen, Kirschen, vorfindet und besonders aus Vogelbeeren mit Hilfe des Kalksalzes im großen hergestellt wird, bildet den Hauptbestandteil des Äpfeleisenextraktes (Extractum ferri pomatum), welches aus dem Safte saurer Äpfel unter Zusatz von Eisenfeilspänen bereitet wird und im wesentlichen aus äpfelsaurem Eisen besteht. Die wäßrige Lösung des Extraktes wird als Tinctura ferri pomata bezeichnet.

Äpfelschnitte (Äpfelspalten, Ringäpfel) sind durch Trocknen haltbar gemachte Scheiben oder Schnitte geschälter Äpfel, die in großen Mengen von Amerika zu uns geschickt werden. Die amerikanischen Äpfel verdanken ihr schönes Aussehen und ihre helle Farbe z. T. der sorgfältigen Bearbeitung mit Hornmessern und der Anwendung niedriger Trocknungstemperaturen, z. T. aber auch zweifelhaften Kunstgriffen, wie früher der Behandlung mit Zinksalzen, neuerdings mit schwefliger Säure. Die Ä. werden als Kompott verwendet, in letzter Zeit auch vielfach zur Herstellung alkoholfreier Getränke (Pomril) benutzt. Auch die Abfälle (Kerngehäuse, Schalen) kommen als sog. Peppings zur Einfuhr und bilden ein nicht immer einwandfreies Ausgangsmaterial für die Fabrikation von Gelees, alkoholfreien Getränken u. dgl.

Äsculin (Polychrom, Schillerstoff, lat. Aesculinum), ein zu den Glykosiden gehöriger Bestandteil der Roßkastanienrinde, bildet ein zartes weißes Kristallpulver von stark bitterem Geschmack. Seine Lösungen fluoreszieren in Gelb und Blau.

Äther (frz. Ether, engl. Ether), ein Sammelname für eine Reihe organischer Verbindungen, welche aus zwei durch ein Sauerstoffatom verbundenen Radikalen bestehen. Im besonderen versteht man hierunter jedoch meist den Äthyläther, $(C_2H_5)_2O$, (Schwefeläther, Vitriolnaphtha, lat. Aether sulfuricus, Naphtha vitrioli). Zu seiner fabrikmäßigen Darstellung werden 5 Teile Weingeist und 9 Teile konz. Schwefelsäure in großen verbleiten Destillationsblasen bis auf 135—140° erhitzt und darauf nach und nach weitere Alkoholmengen beständig hinzu gegeben. Der übergehende Rohäther, welcher noch Wasser, Alkohol und Ätherschwefelsäure enthält, wird mit Kalkmilch neutralisiert, mit Wasser zur Entfernung des Alkohols geschüttelt und schließlich durch Rektifikation über Chlorkalzium rein erhalten. Neuerdings stellt man Äther auch durch Behandlung von Alkohol mit Benzolsulfosäure oder durch Hydrierung von Azetylen zu Äthylen und Überführung des letzteren in Äthylschwefelsäure her. — Der reine Äther ist eine wasserhelle, leicht bewegliche Flüssigkeit von eigenartigem, durchdringendem Geruch und brennendem Geschmack, welche unter starker Wärmeentziehung verdampft und bei 34,9° siedet. Er ist sehr leicht entzündlich und brennt mit leuchtender Flamme, seine Dämpfe bilden mit Luft explosive Gemenge. Mit Alkohol, Chloroform, Schwefelkohlenstoff sowie fetten und ätherischen Ölen ist Äther in jedem Verhältnis mischbar, hingegen löst er sich nur in der 13fachen Menge Wasser, von welchem wiederum nur 1 Teil in 35 Teile Äther übergeht. Ä. ist ein vortreffliches Lösungsmittel für zahlreiche organische Stoffe, wie Fette, Harze, Alkaloide, Paraffin usw. Von anorganischen Substanzen löst er Brom, Jod, Gold- und Platinchlorid. Man unterscheidet im Handel vier Sorten. Am reinsten ist der Ä. des D. A. B. und der ebenfalls medizinisch angewandte Ä. pro narcosi, welche beide das spez. Gew. 0,720 haben. Letzterer kommt in braunen, vollständig gefüllten Glasstöpselflaschen von 50—250 g Inhalt in den Handel. Geringere Sorten sind Ä. bisrectificatus vom spez. Gew. 0,725 und Ä. rectificatus vom spez. Gew. 0,750. Der reine Ä. muß folgenden Anforderungen entsprechen: Spez. Gew. 0,720, Siedepunkt 35°. Mit Ä. getränktes Filtrierpapier soll nach dem Verdunsten des Ä. geruchlos sein. Beim Verdampfen darf kein sauer reagierender Rückstand hinterbleiben, und bei längerem Stehen mit Kaliumhydroxyd sowie mit Kaliumjodid in völlig gefüllter, geschlossener Flasche bei Lichtabschluß keine Gelbfärbung entstehen. Verwendung findet der Ä. in der Medizin als Anästhetikum, ferner im Gemisch mit Alkohol als „Hoffmannstropfen" bei Ohnmacht, Krämpfen, und in Verbindung mit fetten Ölen zu Einreibungen. Die Technik benutzt ihn bei der Fabrikation von Tannin, Milchsäure, photographischem Kollodium. Die Aufbewahrung hat in sehr kühlen, feuersicheren Räumen, das Abfüllen nur bei Tageslicht zu geschehen. Die Versendung auf Eisenbahnen erfolgt nur mit besonderen Güterzügen, sog. „Feuerzügen". Als Verpackung sind Flaschen zu wählen, die in starke, mit Kleie oder Sägemehl ausgefütterte Holzkisten gestellt werden, oder Glasballons mit hinreichendem Verpackungsmaterial in Körben mit gutschließendem Deckel.

Ätherische Öle (flüchtige Öle, lat. Olea aetherea, frz. Essences, Huiles volatiles, engl. Volatile oils). Mit diesem Namen belegt man eine große Zahl stark riechender flüchtiger Stoffe von ölartigem Aussehen, die von den eigentlichen oder fetten Ölen sowohl hinsichtlich ihrer Eigenschaften als auch ihrer chemischen Zusammensetzung vollständig verschieden sind. Sie bilden auch unter sich keine bestimmt ausgeprägte Gruppe chemischer Verbindungen, sondern bestehen meist aus natürlichen Gemischen verschiedener Kohlenwasserstoffe mit zusammengesetzten Äthern, Aldehyden, Ketone, Phenolen, organischen Säuren usw. Die im Handel vorkommenden ätherischen Öle sind sämtlich Produkte des Pflanzenreiches und werden aus verschiedenen Pflanzenteilen durch Destillation mit gespannten Wasserdämpfen oder auch durch Extrahieren (s. Parfümerien) gewonnen. Nur einige, wie Zitronenöl, Pomeranzenöl, Bergamottöl erhält man durch Auspressen der betr. Fruchtschalen. Werden die ätherischen Öle einer nochmaligen Destillation unterworfen, so nennt man sie rektifizierte bzw. doppelt rektifizierte Öle. Die Fabrikation der ätherischen Öle hat sich auf gewisse Gegenden konzentriert, und besonders Leipzig bildet einen Hauptfabrikations- und Handelsplatz. Italien, namentlich Kalabrien und Sizilien, liefert hauptsächlich Zitronenöl, Pomeranzenöl und Bergamottöl, das südliche Frankreich Neroliöl, Petitgrainöl, Lavendelöl und Thymianöl, Algier Geraniumöl, Bulgarien und die Türkei Rosenöl, England Pfefferminzöl und Lavendelöl, Nordamerika Pfefferminzöl und Wintergrünöl, Rußland Anisöl. Aus Ostindien und China werden namentlich Sternanisöl, Kassiaöl und Zimtöl eingeführt, die meisten Gewürzöle aber werden, seitdem die zur Ölgewinnung bestimmten Gewürze zollfrei eingehen, in Deutschland, allerdings unter Kontrolle von Steuerbeamten, destilliert, die hierbei zurückbleibenden, vom Öle befreiten Gewürze müssen vernichtet werden. — Die gangbarsten ätherischen Öle sind außer den bereits genannten: Anis-Kümmel-, Fenchel-, Angelika-, Wermut-, Zedernholz-, Kalmus-, Wacholder-, Bittermandel-, Senf-, Sternanis-, Rosmarin-, Zitronell- und Terpentinöl. Verwendung finden die ätherischen Öle in der Medizin und Likörfabrikation, ferner zur Herstellung feiner Parfümerien, wie Eau de Cologne und anderer Riechwässer, zum Parfümieren von Seifen, Pomaden, Haarölen. Einige werden auch in der Konditorei verwendet, die billigen, wie Terpentinöl, in der Lackfabrikation. — Die allgemeinen Eigenschaften der ätherischen Öle lassen sich dahin zusammenfassen, daß sie sämtlich einen starken, mehr oder weniger angenehmen Geruch besitzen, mit stark rußender Flamme brennen, auf Papier einen in der Hitze wieder verschwindenden Fettfleck hervorbringen, in Wasser nur in sehr geringer Menge löslich sind, sich aber leicht in starkem Alkohol und in Äther lösen. Die meisten sind leichter, einige auch schwerer als Wasser. Sie besitzen ein starkes Lichtbrechungsvermögen und drehen mit wenigen Ausnahmen die Ebene des polarisierten Lichtes nach rechts oder links. Der Siedepunkt der ätherischen Öle ist sehr verschieden, liegt aber durchgängig ziemlich hoch (meist zwischen 160 und 300° C), mit Wasserdämpfen verflüchtigen sie sich jedoch schon be viel niedrigerer Temperatur. Wie ihr Geruch beweist, sind sie auch schon bei gewöhnlicher Temperatur etwas flüchtig. Einige erstarren leicht zu kristallinischen Massen (z. B. Rosenöl, Anisöl), während andere gar nicht fest werden. Wieder andere Öle sondern sich mit der Zeit und beim Stehen an kalten Orten in einer starren, kristallinischen Teil, Stearopten, und in einen flüssig bleibenden, Eläopten. Einige ätherische Öle bestehen fast ganz aus sauerstofffreien Verbindungen, die den Namen Terpene bzw. Sesquiterpene führen, die meisten enthalten aber als wesentliche Bestandteile sauerstoffhaltige Verbindungen. Es gibt ferner auch schwefelhaltige ätherische Öle, wie z. B. Senföl, Knoblauchöl. Seit mehreren Jahren kommen ätherische Öle in den Handel, die auf den Preislisten als terpenfreie, konzentrierte, extrastarke oder nicht trübende ätherische Öle bezeichnet werden und von den Kohlenwasserstoffen befreit sind, so daß nur der sauerstoffhaltige Teil allein Verwendung findet. Solche ätherischen Öle fabrizieren z. B. Schimmel-Miltitz bei Leipzig, Heine-Leipzig, Haensel-Pirna. Die Bezeichnung „nicht trübende" Öle bezieht sich darauf, daß sie sich in verdünntem Alkohol klar und ohne Trübung lösen, was bei den terpenhaltigen nicht der Fall ist. — Die Aufbewahrung der ätherischen Öle muß in sehr gut verschlossenen, möglichst voll gefüllten Flaschen an einem dunklen und kühlen Orte erfolgen. Durch Einwirkung von Luft und Licht verändern sie sich leicht, nehmen einen fremdartigen Geruch an und verharzen schließlich. Die Versendung geschieht gewöhnlich in Glasgefäßen oder in Flaschen von Weißblech. Die Sizilianer Öle kommen in kupfernen Gefäßen (Ramièren), die Öle aus China in Bleiflaschen zu uns. — Wegen ihres meist sehr hohen Preises sind die ätherischen Öle häufig Verfälschungen ausgesetzt, die nicht leicht zu entdecken sind, wenn hierzu andere billigere ätherische Öle genommen wurden. Die Verfälschung mit fetten Ölen oder mit Alkohol kommt hingegen nicht mehr so häufig vor, weil diese leichter nachgewiesen werden kann. Größere Mengen von Alkohol lassen sich durch Schütteln gleicher Volumina von ätherischem Öl und Wasser in einer graduierten Glasröhre nachweisen, wobei das Volumen des Wassers durch die Aufnahme des Alkohols zunimmt, oder durch Destillation. Die vielfach empfohlene Methode mit Fuchsin paßt hingegen nicht für alle Öle, da manche, die ganz frei von Alkohol sind, das Fuchsin ebenfalls lösen und sich dadurch rot färben. Fette Öle lassen sich in ätherischen Ölen leicht daran erkennen, daß sie nicht flüchtig sind, daher auf Papier einen auch beim Erhitzen nicht verschwindenden Fettfleck verursachen. Teilweise verharzte Öle hinterlassen allerdings auch einen bleibenden Fettfleck, der jedoch meist nur an dem Rande durchscheinend ist und beim Aufgießen von Weingeist verschwindet, was bei Vorhandensein von fettem Öl nicht der Fall ist. Eine Ausnahme hiervon macht nur das Rizinusöl, welches sich in Alkohol löst. Zur Erkennung einer Verfälschung mit Terpentinöl bedient man sich besonderer Methoden, auf die hier nicht näher eingegangen werden kann.

Ätherische Wässer (abgezogene oder aromatische Wässer) erhält man als Nebenprodukt bei der Fabrikation der ätherischen Öle, indem sich ein Teil der letzteren in dem mit übergehenden Wasser löst und diesem den Geruch des Öles mitteilt. Die meisten dieser ä. W. werden in Apotheken verwandt, einige, wie z. B. Orangenblütenwasser und Rosenwasser, auch in der Konditorei. Letztere werden von Nizza,

Grasse und Cannes aus in großen Mengen versandt.

Äthylamin (Monäthylamin), eine stickstoffhaltige, dem Ammoniak ähnliche organische Base ($C_2H_5 . NH_2$), riecht wie dieses, bildet eine wasserhelle Flüssigkeit vom spez. Gew. 0,696, siede schon bei 18,7° C und ist in Wasser leicht löslich.

Äthylbromid (Bromäthyl, C_2H_5Br, lat. Aether bromatus, frz. Ether bromhydrique, engl. Ethyl bromide) wird dargestellt durch Abdestillieren eines Gemisches von Alkohol, Schwefelsäure und Bromkalium aus dem Sandbade oder durch Behandlung von Alkohol mit Brom und rotem Phosphor als eine farblose, flüchtige, ätherisch riechende Flüssigkeit vom spezifischen Gewicht 1,450, welche bei 38—40° siedet und mit schön grüner Flamme brennt. Ä. wird in der Teerfarbenfabrikation und außerdem in der Medizin zu Narkosen benutzt, für letztere Zwecke jedoch nur das nach dem ersten Verfahren hergestellte Präparat, weil das andere oft Spuren von Phosphor und Arsen enthält. Zur Vermeidung von Zersetzungen muß Ä. in kleinen, gefüllten Flaschen kühl und dunkel aufbewahrt werden; auch erscheint eine Warnung vor Verwechslung mit Äthylenbromid am Platze, da letzteres eingeatmet giftig wirkt.

Äthylchlorid (C_2H_5Cl, Chloräthyl, lat. Aether chloratus, Aethylium chloratum, frz. Ether chloride, engl. Ethyl chloride), eine leicht flüchtige und entzündliche farblose Flüssigkeit vom spez. Gew. 0,921 und vom Siedepunkte 12,5°, wird fabrikmäßig durch Erhitzen von Alkohol mit starker Salzsäure unter Druck, im kleinen durch Einleiten von Salzsäuregas in eine Lösung von 1 Teil geschmolzenem Zinkchlorid und 2 Teilen 95%igem Alkohol dargestellt. Man leitet die Dämpfe durch Wasser und konzentrierte Schwefelsäure und verflüssigt sie bei 0°. — Ä. findet als örtliches Antiseptikum Verwendung.

Äthylenbromid (lat. Aethylenum bromatum, frz. Bromure d'éthylène, engl. Bromide of Ethylen), $C_2H_4Br_2$, entsteht beim Durchleiten von Äthylengas (aus Alkohol und Schwefelsäure) durch Brom als ein farbloses, schweres Öl vom spez. Gew. 2,170 und chloroformähnlichem Geruch Es siedet bei 122°, erstarrt bei 9° und findet beschränkte medizinische Anwendung gegen Epilepsie. Eingeatmet wirkt es giftig und darf daher nicht mit Äthylbromid verwechselt werden!

Äthylenchlorid, $(CH_2Cl)_2$, (Chloräthylen, Elaylchlorür, Elaylchlorid, Chlorelayl, Öl der holländischen Chemiker, lat. Aethylenum chloratum, Elaylum chloratum, Oleum hollandicum, frz. Ether chlorhydrique, engl. Dutch liquid), eine farblose, dünnflüssige, ölähnliche Flüssigkeit von süßlichem, ätherartigem Geruche und brennendem Geschmacke, hat ein spez. Gew. von 1,250, ist unlöslich in Wasser, leicht löslich in Alkohol und Äther, siedet bei 85° C und brennt mit grüngesäumter Flamme unter Entwicklung von stechend riechendem Chlorwasserstoffgas. Das Ä. wird durch Zusammenbringen von Äthylengas (aus Spiritus und Schwefelsäure zu bereiten) mit Chlorgas gewonnen und entsteht gewöhnlich als Nebenprodukt bei der Chloralbereitung. Man benutzte es früher wie Chloroform als Anästhetikum, jetzt nur noch zu Einreibungen.

Äthylgrün, ein seit 1866 bekannter Triphenylmethanfarbstoff (s. d.), der aus dem Chlorzinksalze des Bromäthylhexamethylpararosanilinchlorwasserstoffs besteht, kommt als moosgrünes kristallinisches Pulver in den Handel. Vgl. auch Methylgrün.

Äthylidenchlorid, $CH_3 . CHCl_2$ (Chloräthyliden, Aldehydenchlorid, Chloräthylchlorür, lat. Aethylidenum chloratum, frz. Perchlorure d'éthylidène, engl. Perchloride of Ethylidene), eine brennbare, farblose, chloroformartig riechende Flüssigkeit von süßem, zugleich pfefferartigem Geschmack und dem spez. Gew. 1,8, ist unlöslich in Wasser, aber löslich in Alkohol und Äther, und siedet bei 58,5° C. Das Ä. besitzt dieselbe chemische Elementarzusammensetzung wie das Äthylenchlorid, unterscheidet sich aber von diesem durch die verschiedene Gruppierung der Atome. Natriummetall bleibt in reinem Ä. unverändert, während es in Äthylenchlorid unter Zersetzung des letzteren in Chlornatrium verwandelt wird. Das Ä. wird zuweilen als Anästhetikum verwendet. Man gewinnt es als Nebenprodukt bei der Chloralbereitung und trennt es von dem bei 99° siedenden Chloral und dem Äthylchlorid durch fraktionierte Destillation.

Äthyljodid, C_2H_5J, (Jodäthyl, lat. Aether jodatus, frz. Jodure d'éthyle, engl. Ethyl jodide), eine farblose, ätherisch riechende Flüssigkeit vom spez. Gew. 1,946 und dem Siedepunkte 72°, wird durch Erwärmen von Jod mit Alkohol und amorphem Phosphor dargestellt und durch Schütteln mit Wasser und nachfolgende Rektifikation über Kalziumchlorid gereinigt. Es muß in vollgefüllten, gut verschlossenen Gefäßen an dunklen Orten aufbewahrt werden. Ein durch Jodausscheidung gelb gewordenes Ä. kann durch Natriumthiosulfat wieder entfärbt werden, hingegen sind braune Präparate zu verwerfen. Das Ä. findet in der Farbenfabrikation sowie zu medizinischen Zwecken, gegen Rheumatismus, Syphilis und Skrofulose Anwendung.

Äthylnitrit, $C_2H_5NO_2$, (Salpetrigsäureäthylester, lat. Aether nitrosus), entsteht beim Einleiten von Salpetrigsäuredämpfen in Alkohol oder bei der Behandlung von Kaliumnitrit mit verdünntem Alkohol und Schwefelsäure als eine gelbliche, leicht bewegliche Flüssigkeit vom Geruche faulender Äpfel, welche sich leicht in Alkohol, wenig in Wasser löst. Das spez. Gew. beträgt 0,947, der Siedepunkt 16°. Ä. bildet den Hauptbestandteil des Salpeterätherweingeistes (s. d.).

Affenbrotbaumrinde (Baobabrinde, lat. Cortex adansoniae, frz. Ecorce d'adansonie, engl. Adansonic bark), die Rinde des zu den Bombazeen gehörigen Affenbrotbaumes, Adansonia digitata, aus den heißen Gegenden Afrikas, bildet flache, rinnenförmige Stücke aus leicht voneinander trennbaren Schichten. Die äußere Rinde (Korkschicht) ist rauh, warzig, von grauer Farbe, die innere Fläche rotbraun. Auf dem Querschnitt erscheint die Rinde rot und weiß gestreift. Der Geschmack ist herb und bitter. Die A. enthält einen roten Farbstoff und einen weißen, kristallinischen Stoff, das Adansonin, das früher als Fiebermittel benutzt wurde. Der frische Saft der Zweige galt als Gegengift gegen Strophantus. Das Mark der Früchte des Baumes schmeckt säuerlich und wird von den Eingeborenen genossen. Die getrockneten und zerriebenen Blätter, Alo oder Lalo genannt, werden von den Negern unter die meisten Speisen gemischt. Die von Angola ausgeführte A. wird als Grundstoff für die Papierfabrikation verwendet. In Mittelafrika heißt dieser Baum: Vinka, in Südafrika: Mowana, in Abessinien: Dinna oder auch Talbadie.

Affichenpapier (frz. Papier à affiches, engl. Placard paper) nennt man ein meist farbiges, aber auch weißes, dünnes Papier von großem Format zum Druck von Anzeigen und Bekanntmachungen, welche an Säulen und Häusern angeklebt werden sollen.

Agallocheholz (Adlerholz, Paradiesholz Aloeholz, frz. Bois aigle, engl. Satin wood). Diesen Namen führen drei verschiedene Holzarten, die jedoch in unserem Handel fast nicht mehr vorkommen. Alle drei zeichnen sich durch einen starken, aber verschiedenen Geruch aus, weshalb man sie in Ostindien als Räuchermittel benutzt. Die eine Sorte ist dicht, sehr schwer und von rötlichbrauner Farbe, stammt von Excoecaria Agallocha und wird auch Colambacholz genannt. Eine zweite Sorte, von Aquilaria Agallocha, ist dunkelbraun und bitter, und die dritte, die Aquila brava der Portugiesen, von Aquilaria malaccensis aus Sumatra und der Halbinsel Malakka, besitzt eine schmutzig gelbe bis grünliche Farbe.

Agalmatolith (Bildstein, frz. Pagodite, engl. Steatite), ein hauptsächlich in China vorkommendes, leicht zu bearbeitendes Aluminiumsilikat ($Si_4O_{12}Al_2H_2$) von grünlich grauer bis gelber und fleischroter Farbe, wird zur Herstellung von Bildwerken benutzt. Das Mineral findet sich auch bei Nagyag in Siebenbürgen.

Agar-Agar (Agger-Agger) nennt man aus getrockneten indischen und japanischen Algen bestehende oder aus solchen hergestellte Drogen, welche beim Kochen mit Wasser eine in der Kälte fest werdende Gelatine liefern. Das sog. Zeylonmoos oder Jaffnaer Moos (frz. Mousse de Ceylon, engl. Ceylon Moss) von Fucus amylaceus oder Gracilaria lichenoides bildet bis 12 cm lange, stielrunde und mehrfach geteilte weiße Stäbchen. Agar-Agar von Makassar und Java (Alga spinosa, ostindisches Karragheen) besteht aus dem bräunlichgelben oder blaßrötlichen Thallus von Eucheuma spinosum und hat die Form 3—4 cm langer, 2—3 mm dicker, stielrunder Stücke, die oft mit einem Salzanflug bedeckt sind. Japanischer A. (Vegetabilischer Fischleim, japanische Hausenblase, Phycocolla) wird durch Auskochen von Algen aus der Familie Gelidium und nachfolgende Trocknung der erhaltenen Gallerte gewonnen und kommt in Form leichter weißlicher Stäbchen vom Aussehen der Seele des Gänsekiels oder vierkantiger Stücke oder dünner Platten (Tjen-Tjan) in den Handel. — A.-A. wird als Ersatz der Gelatine- zu Speise- und Appreturzwecken sowie zur Herstellung bakteriologischer Nährböden benutzt. Der Zusatz zu Marmeladen gilt als Verfälschung. Die eßbaren Vogelnester der Salanga-Schwalbe sind aus dem gleichen Material hergestellt.

Agarizin, Bestandteil des Lärchenschwamms, weißes kristallinisches Pulver, welches als schweißbeschränkendes Mittel Anwendung findet.

Agathin, eine Verbindung von Salizylaldehyd mit Methylphenylhydrazin, wird gegen Rheumatismus und Neuralgie verordnet. Vorsichtig, vor Licht geschützt, aufzubewahren!

Agumamehl ist ein aus entfetteten Sojabohnen hergestelltes Nährmittel mit 8 % Fett und 46 % Eiweiß.

Agurin ist ein harntreibendes Mittel aus Theobromin und Natriumazetat.

Ahornholz (frz Erable, engl. Maple). Das Holz der verschiedenen Arten von Ahornbäumen (Acer) wird zu feinen Tischler- und Drechslerarbeiten verwandt, teils geschnitzt, teils zu Furnieren.

Ahornzucker (frz. Sucre d'érable, engl. Maple-sugar) wird in Nordamerika aus dem Safte des Zuckerahorns (Acer saccharinus), in dem er zu 2—3,5 % enthalten ist, gewonnen und ist mit Rohrzucker identisch. Die Fabrikation von A.-Zucker und -Sirup hat sich besonders in Kanada entwickelt und ergibt jährlich etwa 15000 t. Die in Deutschland wachsenden Arten wie der Spitzahorn u. a. eignen sich wegen ihres geringen Zuckergehaltes von etwa 1 % nicht zur Verarbeitung.

Ailanthholz (Anghikaholz), das Holz des Götterbaums (Ailanthos glandulosa), der in Ostindien heimisch, in Deutschland akklimatisiert ist und die seidenliefernde Raupe des Ailanthusspinners beherbergt, ist sehr hart, von rötlicher, mit breiten, goldgelben, dunkelroten und grünlichen Adern durchzogener Farbe und sehr polierfähig und kommt in 0 5—1 m langen, etwa 20 cm dicken Bohlen in den Handel.

Airol, Airoform, Airogen (Wismut oxyjoditgallat), ein graugrünes Pulver von der Formel $C_6H_2(OH)_3CO_2 . Bi(OH)J$, wird als geruchloser Jodoformersatz benutzt.

Airys Präparate, Geheimmittel von Richter in Rudolstadt: Calming Pastills, Tabletten aus Zucker, Anis, Lakritzen. Extern Embrocation, kampferartige Tinktur von Seidelbast- und Kaskarillarinde. Pain-Expeller, Paprikatinktur mit Seife, Ammoniak und ätherischen Ölen. Pills for the cough, Pillen aus Sternanis und Morphin. Sarsaparillian, alkoholisches Extrakt aus Sarsaparille, Chinarinde und Jodkalium.

Akaroïdharz (Erdschellack, lat Resina Acaroïdis, frz. Gomme de Botanybay, engl. Botanybay-gum, Grass-tree-gum). Diesen Namen führen zwei aus Australien kommende Harze. 1. Das rote A. von Xanthorrhöa australis, aus deren Stamm es ausschwitzt und denselben in Lagen von 2—4 cm Dicke bedeckt, besitzt eine rote bis braunrote Farbe, orangefarbigen Strich und lebhaften Glanz und zeigt auf dem Bruche zahlreiche Zellgewebsreste. Der Geruch ist schwach benzoëartig, der Geschmack unangenehm, nebenher an Zimt erinnernd, die untere Seite der Stücke grauweiß. Von dem ähnlichen Drachenblut läßt sich das rote A. leicht dadurch unterscheiden, daß es sich nur unvollkommen in Äther löst. 2. Das gelbe A. von Xanthorrhöa hastilis erhält man in länglichrunden, bis 3 cm breiten Stücken von tiefbraunroter Farbe, die auf dem Bruche gelb sind und auch ein gelbes Pulver geben. Es ist ziemlich hart, läßt sich mit dem Fingernagel nur schwer ritzen und besitzt einen angenehmen benzoëartigen Geruch und aromatischen, etwas süßlichen Geschmack. — Beide Sorten enthalten außer verschiedenartigen Harzsäuren Zimtsäure, Benzoësäure und ein ätherisches Öl. — Man benutzt sie zur Darstellung gefärbter Weingeistlacke, von Harzseifen und zum Leimen des Papiers. Früher fertigte man auch Pikrinsäure daraus.

Akazienholz (Acacienholz, Robinienholz, frz. Bois d'acacie, engl. Acacia wood). Das Holz der in Nordamerika heimischen, bei uns jetzt überall verbreiteten Robinia Pseudacacia ist von gelblicher Farbe, feinkörnig, biegsam, zäh und fest, läßt sich gut polieren und leicht färben und widersteht der Fäulnis und dem Wurmfraße sehr gut. Unter Wasser hält es sich von allen Holzarten am besten. In Europa benutzt man es zu Tischler- und Drechslerarbeiten sowie namentlich zu Radspeichen, Radkämmen, Weinpfählen und Hammerstielen, in Amerika auch zum Schiffsbau sowie vor allem zu Schiffsnägeln (bis 75 cm).

Akkumulatoren (Accumulatoren), Apparate, welche dazu dienen, die von einer galvanischen Batterie oder einer Dynamomaschine entwickelte Elektrizität aufzunehmen und aufzuspeichern, um sie zu beliebiger Zeit wieder verwerten zu können. Im Hinblick auf das hohe Gewicht der meist aus Blei bestehenden A., welches ihre Verwendung für Kraftwagen erschwert, bemühen sich verschiedene Erfinder, besonders Edison, Kompositionen aus leichteren Metallen, Nickel- und Silberperoxyd, zu konstruieren; wie es scheint, bis jetzt ohne endgültigen Erfolg.

Akoïn, ein von der Firma Heyden hergestelltes Derivat des Guanidins, Diparanisylphenetylguanidinchlorhydrat, welches als Anästhetikum empfohlen wird und vor dem Kokaïn gewisse Vorzüge haben soll.

Akonitin (lat. Aconitinum, frz. und engl. Aconitine) findet sich neben anderen Alkaloiden, besonders in dem Kraut und den Knollen des Eisenhutes (A. napellus), aus welchen es früher durch Extraktion mit warmem Alkohol unter Zusatz von Schwefelsäure und nachherige Fällung mit Alkalien hergestellt wurde. Da hiermit eine teilweise Zersetzung verbunden ist, extrahiert man jetzt in der Kälte und ersetzt die Schwefelsäure durch Weinsäure. Die im Handel vorkommenden Sorten bestehen nicht aus dem reinen A., sondern aus einem Gemisch mehrerer Alkaloïde. Das sog. Deutsche A. von Aconitum napellus enthält neben Akonitin meist Pikro-Akonitin und Akonin. Ihm ähnlich ist das Französische A. (A. gallicum), während das Englische A. (A. anglicum) von Aconitum ferox hauptsächlich aus Pseudo-A. besteht. In neuerer Zeit hat man versucht, die außerordentlich verschieden wirksamen Präparate in anderer, mehr wissenschaftlicher Weise einzureihen, und unterscheidet jetzt: Amorphes Akonitin, welches dem französischen und deutschen A. entspricht, Kristallisiertes A., welches in Form schöner Kristalle erhalten wird, und das ebenfalls kristallisierte Pseudo-A. Im Hinblick auf die z. T. recht geringe Wirksamkeit der amorphen Sorten wäre es erwünscht, wenn nur noch kristallisiertes A. bzw. Pseudo-A. verordnet würden. Das reine A. bildet farblose, bei 190—198° schmelzende Tafeln, welche in Wasser schwer, in Alkohol, Äther, Chloroform und Benzol leicht löslich, in Petroläther unlöslich sind. Die wäßrige Lösung zeigt einen scharfen, brennenden Geschmack, reagiert schwach alkalisch und ist linksdrehend. Das A. wird von konz. Schwefelsäure und Salpetersäure ohne Färbung gelöst und gibt mit den meisten allgemeinen Alkaloïdreagenzien charakteristische Niederschläge. Das Pseudo-A. unterscheidet sich von ihm durch das Verhalten gegen Vanadin-Schwefelsäure, wobei eine violette Färbung auftritt. Das A. sowie die verschiedenen Präparate desselben sind äußerst starke Gifte. Sie finden innerlich wie äußerlich medizinische Anwendung gegen Gelenkrheumatismus, Neuralgie usw., und müssen unter den direkten Giften aufbewahrt werden.

Akopyrin (Azetopyrin, Azetylsalizylsaures Antipyrin), ein weißes, in Alkohol leicht, in Wasser kaum lösliches kristallinisches Pulver, wird gegen Fieber, Kopfschmerzen und Gelenkrheumatismus verordnet.

Akori, eine seltene blaue Korallensorte von der afrikanischen Küste.

Akridinfarbstoffe. Unter diesem Namen faßt man eine Anzahl Farbstoffe zusammen, welche sich vom Akridin, $HC(C_6H_4)_2N$, bzw. Phenylakridin (Chrysanilin), $C_6H_5C \cdot (C_6H_4)_2N$, ableiten. Phosphin (Chrysanilin-Nitrat), aus den Nebenprodukten der Fuchsinfabrikation bereitet, färbt Seide, Wolle und Baumwolle goldgelb, wird aber heute nur noch als sog. Ledergelb zum Färben von Leder benutzt, Benzoflavin dient zum Gelbfärben von Baumwolle, Akridingelb von Seide und Baumwolle.

Alabaster (frz. Albâtre, engl. Alabaster) nennt man die feinkörnigen, weißen, mehr oder weniger durchscheinenden Arten des natürlichen wasserhaltigen schwefelsauren Kalkes (Kalziumsulfates) oder Gipses, die besonders zu Voltera bei Florenz und bei Sestri, unweit Genua, weiter auch in Tirol, Thüringen, Schlesien, Württemberg, im Amt Liebenburg (Prov. Hannover) und Frankreich (bei Cluny) gebrochen werden. Da der A. sehr weich ist, läßt er sich in den Steinbrüchen sehr leicht ohne Anwendung von Sprengmitteln gewinnen und ebenso leicht verarbeiten. Man fertigt daraus teils an den Fundorten selbst, teils an anderen Orten, so in Paris, Voltera, Florenz, Siena, Gröden in Tirol, Nürnberg, Niedersachswerfen (bei Nordhausen), am Harze usw. mancherlei Kunst- und Gebrauchsgegenstände, die aber nicht im Freien, sondern nur in geschlossenen Räumen aufbewahrt und aufgestellt werden können, da sie von der Witterung stark angegriffen werden. Vom Marmor unterscheidet sich der A. leicht dadurch, daß er beim Befeuchten mit Säuren kein Aufbrausen zeigt. Die Abfälle von der Herstellung der Alabasterwaren werden fein gemahlen und als gebrannter oder ungebrannter A. als weißes Farbmaterial in den Handel gebracht.

Alantwurzel (Oland, Ottwurz, Glockenwurzel, lat. Radix Enulae seu Helenii, frz. Razine d'aunée, engl. Elecampane-root), stammt von einer in Mitteleuropa, namentlich in Ungarn wild wachsenden Komposite, Inula Helenium, welche in Thüringen und in der Gegend von Nürnberg auch angebaut wird. Die getrocknete Wurzel ist graubräunlich, innen heller gefärbt, hart und schwer zu zerbrechen. Auf dem Bruche unter der Rinde zeigt sich ein bräunlicher Ring, und im Holzkörper erkennt man zahlreiche gelbe Ölbehälter. Geruch und Geschmack sind aromatisch. Die charakteristischen Bestandteile der A. sind: ein ätherisches Öl, Harz, Inulin, Alantolakton (Helenin, Alantkampfer) und Alantol. Die Ausbeute an ätherischem Öl, dem Alantöl, beträgt 1—3 %. Die Alantwurzel kommt im rohen und geschälten Zustande in den Handel als Radix Enulae cruda, Radix Enulae mundata und findet in der Medizin, hauptsächlich aber in der Likörfabrikation, Verwendung.

Alaun (lat. Alumen, frz. Alun, engl. Alum) wurde früher nur das kristallisierte wasserhaltige schwefelsaure Doppelsalz von Kalium und Aluminium (Kaliumaluminiumsulfat) genannt. Neuerdings bezeichnet man so bisweilen auch das entsprechende Ammoniumaluminiumsalz, während der Name: Alaune für alle schwefelsauren Doppelverbindungen gleichartiger chemischer Konstitution gilt, wobei dann das für Kalium bzw. Aluminium eintretende Metall der Bezeichnung vorgesetzt wird, z. B. Chromalaun für das schwefelsaure Doppelsalz von Kalium und Chrom. Sämtliche Alaune kristallisieren im regulären System, meist in der Oktaederform mit 24 Molekülen Wasser. — Zur Gewinnung des gewöhnlichen Kalialauns wird schwach gebrannter, möglichst eisenfreier Ton mit 50 %iger Schwefelsäure in der Wärme behandelt, wobei sich unter Abscheidung von Kieselsäure der eine Bestandteil des Alauns, die schwefelsaure Tonerde, bildet. Nach dem Verdünnen mit Wasser und Entfernen des unlöslichen Rückstandes, der Kieselsäure, wird Kaliumsulfat oder auch Chlorkalium hinzugesetzt, und das sich dabei als feines Pulver abscheidende „Alaunmehl" durch Umkristallisieren aus heißem Wasser gereinigt und in große Kristalle verwandelt. In gleicher Weise kann man Beauxit oder Kryolith (s. d.) verarbeiten. — In einigen Gegenden fabriziert man Alaun auch aus Alaunschiefer, einem mit Schwefeleisen und Kohle durchsetzten Tonschiefer, der geröstet und dann ausgelaugt wird. Hierbei liefert das Schwefeleisen die zur Bildung von Aluminiumsulfat nötige Schwefelsäure. Die Entfernung des Eisens wird durch geeignete Wahl der Konzentration der Lösung bewirkt und dann wie bei obigem Verfahren das „Alaunmehl" erzeugt. — Bei Tolfa in Italien und bei Munkacs in Ungarn kommt schließlich ein „Alaunstein" oder „Alunit" genanntes Mineral vor, welches ein basisches Kaliumaluminiumsulfat ist. Dieses Material wird geröstet und mit heißem Wasser ausgelaugt, wobei unlösliche Tonerde zurückbleibt, während sämtliche Bestandteile des Alauns in Lösung gehen und sich beim Erkalten in gewöhnlich durch fein verteiltes Eisenoxyd schwach rötlich gefärbten Kristallen abscheiden. — Der Kalialaun, $K_2Al_2(SO_4)_4 + 24\,H_2O$, enthält 45,5 % Kristallwasser, bildet farblose, durchsichtige, bisweilen sehr große Kristalle, die sich erst bei längerem Lagern an der Luft mit einem feinen, weißen, undurchsichtigen Häutchen von verwitterter Substanz überziehen, schmeckt herbe und zugleich süßlich und kann in größeren Dosen schädlich wirken. Das spez. Gew. wird von Kopp zu 1,924 angegeben. Beim Erwärmen schmilzt der A. zunächst in seinem Kristallwasser und hinterläßt schließlich eine lockere, weiße, undurchsichtige Masse, die man gebrannten A. (Alumen ustum) nennt. Seine Löslichkeit ist in heißem Wasser sehr groß, in kaltem sehr gering, so daß die Reindarstellung verhältnismäßig leicht gelingt; die Lösung reagiert sauer. Als häufigste Kristallform zeigt sich das Oktaeder, an welchem zuweilen die Würfelflächen abstumpfend auftreten. Besonders ist dies bei dem früher seiner Reinheit wegen hochgeschätzten römischen A. der Fall, welcher deshalb auch kubischer oder Würfelalaun genannt wurde. Die Würfelform läßt sich dadurch erzielen, daß man zu der heißen konzentrierten Lösung Pottasche, Soda oder Ammoniak hinzusetzt, bis ein bleibender Niederschlag entsteht, und dann erst erkalten läßt. Solche Kristalle heißen neutraler oder abgestumpfter Alaun und sind, chemisch betrachtet, basische Salze. — Der A. findet vielfache Verwendung, wobei fast stets nur das Aluminiumsulfat in Wirksamkeit tritt. In der Papierfabrikation dient er zum „Leimen", in der Gerberei zum Weißgarmachen der Häute, in der Kattundruckerei und in der Zeugfärberei zum Beizen. Ferner wird er benutzt zum Wasserdichtmachen von Zeugstoffen, die nachher durch Ölsäure gezogen werden, zum Klären von Flüssigkeiten usf. In vielen Fällen muß der A. vollkommen frei von Eisen sein, dessen Gegenwart mittels Blutlaugensalz (Blaufärbung) nachgewiesen wird. In der Färberei und Weißgerberei benutzt man jetzt vielfach statt des A. die schwefelsaure Tonerde selbst (siehe Schwefelsäure), welche daher auch oft als „konzentrierter Alaun" bezeichnet wird. — Ammoniakalaun (Alumen amoniacale), $(NH_4)_2Al_2(SO_4)_4\,24\,H_2O$, wird entsprechend dem Kalialaun hergestellt, indem man Aluminiumsulfat statt mit Kaliumsulfat mit Ammoniumsulfat versetzt. Er enthält 49,62 % Kristallwasser, ist leichter in kaltem Wasser löslich als der gewöhnliche Alaun und wird wie dieser verwendet. Der Gehalt an wasserfreiem Aluminiumsulfat beträgt beim Kalialaun 10,8 %, beim Ammoniakalaun 11,9 % und beim sog. konzentrierten Alaun (s. o.) 15,4 %. Ammoniakalaun, welcher übrigens häufig ein Gemisch mit Kalialaun ist, gibt beim Behandeln mit Ätzkali den stechenden Geruch nach Ammoniak (Salmiakgeist). — Natronalaun wird nur selten benutzt, da er schnell verwittert, trübe wird und schließlich zu einem weißen Pulver zerfällt. — Der Chromalaun, $K_2Cr_2(SO_4)_4 + 24\,H_2O$ (Alumen chromicum), in welchem das Aluminium durch Chrom ersetzt ist, wird vielfach als Abfallprodukt der Teerfarbenfabriken, welche die Chromsäure als Oxydationsmittel benutzen, erhalten und in der Färberei und Gerberei verwandt. Er besteht aus bei auffallendem Lichte fast schwarzen, bei durchfallendem Lichte dunkelroten Oktaedern, die sich in Wasser mit violetter Farbe lösen.

Albargin, eine Verbindung von Silbernitrat mit Gelatose, wird durch Versetzen von dialysierter Gelatine mit Silbernitrat und Fällung mit Alkohol als ein gelbliches Pulver gewonnen. Anwendung gegen Tripper und in der Wundbehandlung.

Albers Cholerapulver. Gemisch von 10 Teilen Zucker, 5 Teilen Ammoniumkarbonat und 1 Teil Kampfer.

Alberts Remedy ist eine mit 10% Jodkalium versetzte Kolchikumtinktur.

Albit (frz. Albite), Natronfeldspat oder trikliner Feldspat, ein Mineral, welches ebenso wie Kalifeldspat in der Porzellanfabrikation Verwendung findet und 11% Natron enthält, ist meist farblos oder weiß, seltener gefärbt.

Alboferrin, ein Eiweißpräparat mit 0,6% Eisen für Blutarme.

Albokarnit, ein borsäure- und kochsalzhaltiges Fleischkonservierungsmittel. Nach dem neuen Fleischbeschaugesetz verboten!

Albolith (Abolith) nennt man ein aus Magnesiumoxychlorid bestehendes Präparat, das zur Herstellung eines schützenden Anstrichs auf Mauern, Holz, Gips- und Kalkwände benutzt wird.

Albumin (Eiweiß, lat. Albumen, frz. Albumine, engl. Albumen, Albumine) findet sich in vier verschiedenen Arten, als Eier-, Serum-, Milch- und Pflanzenalbumin, von denen aber fast nur die ersten beiden im Handel vorkommen. Das Eieralbumin wird aus Hühnereiern, seltener aus Gänse- und Enteneiern gewonnen, indem man möglichst frische Eier vom Dotter trennt und durch ein feines Seidensieb streicht. Zur Abscheidung der noch vorhandenen Dotterreste gibt man auf je 100 l Eiweiß 250 g Essigsäure und 250 g Terpentinöl unter Umrühren hinzu, überläßt es 1—1½ Tag der Ruhe, wobei das Terpentinöl die Dotterteile aufnimmt und in die Höhe steigt, und zieht nun vorsichtig die darunter befindliche klare Flüssigkeit ab, welche zu Prima-Albumin verarbeitet wird. Aus dem Rückstande wird durch sorgfältiges Dekantieren ein Sekunda-Albumin erhalten. Das Verdampfen und Trocknen des mit Ammoniak abgestumpften Eiweißes geschieht in flachen Porzellanschalen, bei Temperaturen unter 35°, weil sonst Gerinnung eintritt und infolgedessen ein unlösliches Produkt erhalten wird. 100 Eier liefern durchschnittlich 400 g Eiweiß. Das käufliche A. stellt eine gelbliche, leicht zerreibliche, fast geruchlose Masse dar, die schwach alkalisch reagiert und sich in Wasser trübe löst. Das reine Eiweiß des D.A.B. soll nur schwach gelblich gefärbt sein, sich in 20 Teilen Wasser lösen und neutrale Reaktion besitzen. Ferner darf es kein Dextrin oder Gummi enthalten und nicht mehr als 5% Asche hinterlassen. Von großer Wichtigkeit ist es, daß das A. sich vollständig in Wasser löst, da es in der Industrie nur in Lösung gebraucht wird. — Das Serumalbumin oder Blutalbumin erhält man aus dem Blute geschlachteter Tiere, indem dieses sofort in Zinkwannen aufgefangen und bis zur Gerinnung, d. h. der Scheidung in Blutserum und Blutkuchen im Schlachtlokal belassen wird. Hierauf werden die Blutkuchen in Würfel geschnitten und auf Metallsieben von dem Serum getrennt. Das freiwillig abfließende Serum ist fast ungefärbt und liefert das beste Eiweiß. Geringere Sorten erhält man durch Ausziehen des zurückbleibenden Blutkuchens mit Wasser. Die Lösungen des Serumeiweißes werden dann entweder direkt (Naturalbumin) oder nach Behandlung mit Essigsäure und Terpentinöl (Patentalbumin) unter denselben Vorsichtsmaßregeln wie das Hühnereiweiß eingetrocknet. Das Bluteiweiß ist dunkler gefärbt als ersteres und oft sogar von brauner Farbe. Um es zu entfärben, filtriert man entweder durch Kohle oder fällt mit Bleiessig. Auch ist Behandlung mit Wasserstoffsuperoxyd oder schwefliger Säure empfohlen worden. Zur Darstellung von 1 kg Blutalbumin ist das Blut von 2½ Rindern, 17 Kälbern oder 10 Hammeln erforderlich. Die Wertbestimmung des A. erfolgt am besten durch Ermittlung des Stickstoffgehaltes und Multiplikation mit 6,25. Verfälscht wird das käufliche A. häufig mit Gummi, Dextrin, Tragant und Leim. Die Versuche, A. aus Fischrogen herzustellen, haben zu keinem günstigen Resultate geführt, da dieses Produkt stark fetthaltig ist. Der Handelswert der als Klärmittel und in der Färberei benutzten A. hängt von deren Löslichkeit in Wasser und der Fähigkeit, beim Erhitzen auf 75° zu gerinnen, ab, ferner von der Eigenschaft, durch Gerbstoff gefällt zu werden. Das Eiereiweiß und noch mehr das Serumeiweiß finden in großen Mengen technische Verwertung zur Klärung von Flüssigkeiten, namentlich in den Zuckerraffinerien, zur Herstellung photographischer Papiere, mit Kalk gemischt als Kittmittel, in der Kattundruckerei zum Befestigen unlöslicher Farben auf der Faser, zum sogenannten Animalisieren in der Baumwollfärberei usw. In der Pharmazie wird das A. zur Darstellung des Eisenalbumins (Liquor ferri albuminati) benutzt. Das Milchalbumin (Lactalbumin) ist in geringen Mengen in der Milch enthalten und koaguliert zwischen 72—84° C. Das Pflanzenalbumin findet sich, wenn schon meist in sehr geringer Menge, in allen Pflanzensäften und entspricht in seinen Eigenschaften dem Eieralbumin.

Albuminpapiere (Photographische Papiere, frz. Papiers albumineux, engl. Albumenized papers), nennt man feine Papiere, welche auf der einen Seite mit einem ganz gleichmäßigen glatten Überzug von gereinigtem Hühnereiweiß (Eieralbumin) versehen und zur Aufnahme photographischer Bilder (Positive) bestimmt sind. Sie werden mit Zusätzen von Silbersalzen sensibilisiert, lichtempfindlich gemacht, teils weiß, teils in verschiedenen blassen Farbtönen von rosa, bläulich, violett und grau hergestellt. Ferner wird zwischen einfach und doppelt albuminierten Papieren unterschieden, von denen letztere auch Brillant-A. heißen. In der Anfertigung dieser Papiere nimmt Deutschland unbestritten die erste Stelle ein, und vor allem in Dresden finden sich große Fabriken.

Aldehyd (lat. Aldehydum, frz. Aldehyde, engl. Aldehyd), auch Azetaldehyd, gewöhnlicher A., von seinem Entdecker Liebig nach den Anfangssilben von Alkohol und dehydrogenatus (wasserstoffberaubt) benannt, findet sich im Runkelrübenspiritus, im rohen Holzgeist und im Vorlauf des mit Holzkohle entfuselten Spiritus. Im großen wird er dementsprechend bei der Reinigung von Rohspiritus durch Holzkohle gewonnen, wobei die in den Kohlenporen kondensierte Luft oxydierend auf einen Teil des Alkohols wirkt. Dieser bei der Destillation zuerst übergehende Teil wird besonders aufgefangen (Vorlauf) und liefert bei der fraktionierten Destillation den sogenannten technischen A. Den reinen A. stellt man gewöhnlich durch Oxydation des Alkohols* mittels Braunsteins oder Kaliumchromats und Schwefelsäure dar. A., $CH_3.CHO$, ist eine farblose, leicht bewegliche Flüssigkeit von erstickendem Geruch, welche bei 21° C siedet und bei 0° ein spez. Gew. von 0,8009 besitzt. Mit Wasser und Alkohol ist A. in jedem Verhältnis mischbar, nimmt aus der Luft leicht Sauerstoff auf und oxydiert sich zu Essigsäure. Wie alle A. wirkt er reduzierend und scheidet aus ammoniakal. Silberlösung einen Silberspiegel ab. Im Handel unterscheidet man technischen A. (venale) und chemisch reinen A. (absolutum). Letzterer findet nur zu wissenschaftlichen Zwecken Verwendung. In der Farbentechnik wurde der A. früher zur Darstellung des sog. Aldehydgrüns benutzt, während er jetzt zur Gewinnung von Chinaldin und Chinolingelb dient.

Aldol, der Aldehyd der Oxybuttersäure, $C_3H_6.(OH)CHO$, entsteht bei Behandlung von Azetaldehyd mit kalter Salzsäure als eine farb- und geruchlose, dickliche Flüssigkeit, welche als Schlafmittel Anwendung findet.

Ale (spr. Ehl) ist ein englisches obergäriges Nationalbier, von welchem man zwei Hauptsorten unterscheidet, nämlich bitteres A., auch India-Ale oder Pale-Ale genannt, welches vorzugsweise in England konsumiert wird, und mildes A. oder Scottish-Ale, das in Schottland vorgezogen wird. Zum Export, namentlich nach heißen Ländern, eignet sich nur die erstere, sehr stark gehopfte Sorte. Außer diesen beiden Hauptsorten unterscheidet man noch je nach den Orten, wo dasselbe gebraut wird, verschiedene Untersorten, so z. B. London-Ale, Bourton-Ale, Leeds-Ale. Gutes A. hat eine blaßgelbe Farbe, schäumt stark und zeichnet sich durch große Klarheit aus. Nach einer Analyse des Dresdner Untersuchungsamtes enthielt Pale-Ale von Bass & Co. 5,8 % Alkohol, 4,64 % Extrakt, entsprechend 15,66 % Stammwürze und 70,35 % Vergärungsgrad, 0,29 % Mineralstoffe, 0,17 % Milchsäure, 0,65 % Maltose, 0,49 % Eiweißstoffe, 0,13 % Glyzerin. Ingwer-Ale von Belfast ist A., welches einen Auszug von Ingwerwurzel enthält.

Alemanns Vegetable-Bathing Prepareds, ein aus 30 g Paprika und 1 g Roßkastanie bestehendes Geheimmittel, vor welchem der Rat zu Dresden eine öffentliche Warnung erlassen hat.

Alerceholz ist das Holz einer in Chile wachsenden Konifere (Fitzroya patagonica), deren Stämme oft eine sehr bedeutende Dicke erreichen und wegen der schlechten Transportverhältnisse gewöhnlich im Walde selbst zerschnitten werden. Das meist ohne den weißen, dünnen Splint in den Handel kommende rote Kernholz ist sehr dauerhaft, zieht und wirft sich nicht und läßt sich leicht spalten. Ausfuhrhafen für Alercebretter ist Puerto Mont, von wo sie nach Coquimbo, Valparaiso und Peru gelangen. In Chile wird auch das Harz dieses Baumes (Alerceharz) zur Bereitung von Lacken benutzt.

Aleuritesöl, das fette Öl der Candle- oder Bankulnüsse, welche auf den Molukken gegessen werden, wird in Japan und China als Zusatz zu Leinöl und Firnis im großen hergestellt, von den Eingeborenen der Südseeinseln zu Leuchtzwecken benutzt.

Aleuronat nennt die Firma Hundhausen ein gelblich-weißes, pulverförmiges Nährpräparat aus Weizenkleber, welches bei 13—14 % Stickstoffgehalt ein nahezu reines Eiweiß darstellt. A. findet als Kräftigungsmittel zur Erhöhung des Stickstoffgehaltes der Nahrung sowie zur Herstellung von Diabetikerbrot Anwendung. Einige in Dresden hergestellte Aleuronatbrote enthielten 18—19 % Stickstoffsubstanz.

Alfa (Halfa, Sparto, Espartofaser), ein Faserstoff, der aus einer in Marokko, Tunis und Algier in großer Menge wachsenden und auch in Plantagen kultivierten Grasart, Stipa tenacissima, gewonnen wird und dort einen bedeutenden Ausfuhrartikel bildet. A. dient in Spanien, Italien und Österreich zur Korbflechterei und als Durchzugsstroh der Virginiazigarren, die grobe Faser zu Seilerarbeiten, Fischernetzen, die feine gebleichte Faser, namentlich in England und Spanien, zur Papierherstellung. Schon seit Jahrhunderten werden ferner aus den festen Fasern Gebirgsschuhe (Calzei spartei) verfertigt. Die Faser, welche nicht aus dem Halme, sondern aus den zylindrisch gestalteten Blättern gewonnen wird, ist grüngelblich, glanzlos, rauh im Anfühlen und im Vergleiche mit den gewöhnlichen Spinnfasern steif.

Alfenid (frz. Alfenide, engl. Argentan) nennt man Legierungen aus Kupfer, Zink und Nickel, also eine Art Neusilber. Die nickelreicheren besitzen eine sehr schöne weiße Farbe, die nickelärmeren werden gewöhnlich galvanisch versilbert.

Algarobilla (Algarovilla), Hülsenfrüchte mehrerer südamerikanischer Pflanzen (Inga Marthae, Prosopis Algarobo, Caesalpinia melanocarpa, Balsamocarpum brevifolium usw.), deren kleine linsenförmige, schwärzliche Bohnen wegen ihres hohen Gerbstoffgehaltes (bis zu 80 %) zum Schwarzfärben und in der Tintenfabrikation verwandt werden. A. kommt in Säcken von 75 kg zum Verkauf.

Algiermetall, eine weißglänzende, ziemlich leicht schmelzbare und sehr gußfähige Legierung aus 94,5 % Zinn, 5 % Kupfer und 0,5 % Antimon, oder aus 7 Teilen Zinn und 1 Teil Antimon, wird zu Tischglocken, Klingeln usw. verarbeitet.

Algin (Alginsäure), eine eiweißähnliche, aus Meeresalgen stammende Substanz, wird als Appreturmittel und zur Herstellung photographischer Papiere benutzt.

Alinit, ein graues amorphes Pulver, welches neben Stärke und Aleuron lebensfähige Kulturen des Bacillus megatherium enthält und als

Düngemittel empfohlen wird. Die dem Mittel nachgerühmte Wirkung, den atmosphärischen Stickstoff zu binden, ist von anderer Seite bestritten worden.

Alizarin (Krapprot, Lizarinsäure, frz. und engl. Alizarine) heißt der Hauptfarbstoff der früher besonders in Frankreich angebauten Krappwurzel, von deren orientalischer Bezeichnung (Alizari) sein Name abgeleitet ist. Das A. findet sich in der Wurzel nicht fertig gebildet vor, sondern in Form eines Glykosides, der Ruberythrinsäure, welche bei der Behandlung mit Säuren oder durch freiwillige Fermentation in Zucker und den Farbstoff zerfällt. Das so erlangte Produkt enthält neben A. noch einige verwandte Substanzen, wie Isopurpurin und Flavopurpurin und wird als „grünes A." bezeichnet. Seine Bedeutung für die Industrie war in dem Augenblicke vernichtet, als Graebe und Liebermann 1868 nachwiesen, daß A. ein sauerstoffhaltiges Derivat des Anthrazens sei, und ein Verfahren zur künstlichen Darstellung entdeckten. Das Ausgangsmaterial der Fabrikation ist das Anthrachinon, welches aus dem gereinigten Anthrazen des Steinkohlenteers durch Oxydation mit Chromsäuremischung gewonnen und durch Erhitzen mit rauchender Schwefelsäure in Anthrachinonmonosulfosäure übergeführt wird. Die letztere liefert bei mehrtägigem Schmelzen mit Ätznatron und etwas Kaliumchlorat bei 180 bis 200° unter Druck das Natriumsalz des Oxyanthrachinons (Alizarin), $C_6H_4(CO)_2C_6H_2(OH)_2$, welchem wechselnde Mengen des aus gleichzeitig gebildeter Disulfosäure entstandenen Iso- und Flavopurpurins beigemischt sind. Aus der Schmelze wird durch Salz- oder Schwefelsäure das A. als gelber, flockiger Niederschlag ausgefällt. In dieser Form, d. h. als eine feuchte, 10- bis 15 %ige Paste gelangt es direkt zum Verkauf, weil es durch Trocknen an Brauchbarkeit verliert. Die Paste muß vor Frost geschützt werden. Nach einem neueren Verfahren stellt man das A. auch, ohne erst die Sulfosäure zu bilden, durch direktes Verschmelzen des Anthrachinons mit Ätzkali unter Zusatz von Oxydationsmitteln her, oder man gewinnt es durch Elektrolyse eines Gemisches von Anthrachinon mit Ätzkali. Das chemisch reine A. ist ein verschieden getöntes gelbes Pulver, welches aus Alkohol in langen, glänzend durchsichtigen Nadeln von dunkelgelber Farbe kristallisiert. Die Kristalle verlieren bei 100° ihr Kristallwasser, schmelzen bei 290° und sublimieren unzersetzt. Die Substanz ist fast unlöslich in kaltem, schwer löslich in heißem Wasser, leicht löslich in Alkohol, Holzgeist, Äther und Eisessig mit gelber Farbe, in Alkalien mit blauvioletter Farbe. Seiner Konstitution entsprechend, verhält sich das A. wie eine schwache Säure. Es liefert mit Basen Salze (Krapplacke) und wirkt sonach als Beizenfarbstoff. Die Verbindungen mit Kalk und Baryt sind blau, mit Alaun und Zinnsalz rot, mit Eisenoxydul schwarzviolett und mit Chromsalzen bordeaux bis violettbraun. Die im Handel vorkommenden Fabrikmarken enthalten neben Alizarin meist wechselnde Mengen Isopurpurin und Flavopurpurin und werden bei überwiegendem Gehalt an letzterem Alizarin-Gelbstich, gegenüber dem aus reinem A. bestehenden A.-Blaustich genannt, außerdem aber meist noch durch Buchstabenbezeichnung unterschieden. Vorwiegend aus Isopurpurin bestehen die Marken: GD, SX und RX; aus Flavopurpurin: GI, RG, SDG und X; Mischungen beider sind RN, RA und RR. Das A. findet in Färberei und Zeugdruck ausgedehnte Anwendung, und zwar für ersteren Zweck besonders das isopurpurinhaltige (daher Alizarin für Färberei), für letzteren mehr das flavopurpurinhaltige Produkt (A. f. Druckerei). Es gehört, weil auf der Faser gebunden, zu den beständigsten und lichtechtesten Farbstoffen und bildet vor allem die Grundlage der Türkischrotfärberei. Die Synthese des künstlichen Alizarins ist das klassische Beispiel für die volkswirtschaftliche Bedeutung chemischer Forschung. Sie hatte als unmittelbare Folge die Vernichtung der blühenden französischen Krappkultur, welche von Napoleon III. vergeblich durch gesetzgeberische Maßnahmen (Rotfärbung der Militärhosen) zu bekämpfen versucht wurde, und hat dafür eine blühende neue Industrie ins Leben gerufen. Während im Jahre 1874 in Europa 1250 t A., davon in Deutschland 900 t fabriziert wurden, stellt Deutschland zurzeit allein zirka 24000 t her, wovon ein großer Teil zur Ausfuhr gelangt. Der Preis ist dementsprechend von 12 M. im Jahre 1873 auf 1 M. für 1 kg der 20 %igen Paste herabgesunken.

Alizarinblau (frz. Bleu d'alizarine, engl. Alizarine blue), das Chinolin des Alizarins, entsteht beim Erhitzen von Nitroalizarin (A. orange) mit Glyzerin und Schwefelsäure. Es kommt als 20 %ige, in Wasser unlösliche Paste oder, in Verbindung mit Natriumsulfit, als ein wasserlösliches Pulver (lösliches A. S.) in den Handel und dient zum Färben und Drucken gebeizter Wolle und Baumwolle. A. ist gegen Waschmittel und die meisten Agentien sehr echt, färbt sich aber mit Alkalien grünlich und mit Salzsäure violett. — Alizarinblau GG ist ein Arylaminoxyanthrachinon (s. d.).

Alizarinbordeaux (Chinalizarin, Tetraoxyanthrachinon) — $[C_6H_2(OH)_2]_2(CO)_2$ — entsteht aus Alizarin und rauchender Schwefelsäure als ein rotes, koschenilleähnlich färbendes Pulver.

Alizarin-Cyanin (Pentaoxyanthrachinon), bronzefarbene Blättchen, welche mit Tonerde gebeizte Stoffe blau färben.

Alizaringrün, ein Anthrazenfarbstoff (Tetraoxyanthrachinon), färbt mit Chrom gebeizte Wolle echt blaugrün und dient außerdem zum Baumwolldruck. Alizaringrün S ist die dem Alizarinblau entsprechende Verbindung α Nitroalizarin. Fälschlich wird der Name auch für Zoeruleïn (s. d.) angewandt.

Alizarinmarron, Alizaringranat, A. Kardinal sind verschiedene, durch Reduktion von Nitroalizarin erhaltene Amidoalizarine, welche Wolle je nach der Beize rot bzw. marron färben.

Alizarinorange (Nitroalizarin) wird dargestellt durch Einwirkung salpetriger Dämpfe auf festes oder in Ligroin gelöstes Alizarin und nachheriges Behandeln mit Pottasche. Es erscheint im Handel als braungelber Teig von 10—20 % Trockensubstanz oder in Form des Natriumsalzes als Pulver und bildet das Hauptmaterial zum Orangefärben und -drucken von Wolle und Baumwolle. Mit Tonerdebeize entsteht ein Orange, mit Chrombeize ein helles Braunrot, mit Eisenbeize ein rotes Violett. Mit Tonerdekalkbeize wird ein besonders echtes und lebhaftes Orangegelb erhalten.

Alizarinrot (A. Karmin, Alizarin S), das Natriumsalz der Alizarinmonosulfosäure, z. T. auch im Gemisch mit Flavopurpurinsulfosäure, färbt Wolle schön und echt rot.

Alizarinschwarz, durch Behandlung von Nitroflavopurpurin mit Glyzerin und Schwefelsäure entstehende schwarze Paste, welche mit Chromoxyd gebeizte Wolle schwarz färbt. — Alizarinschwarz S leitet sich von Naphtazarin ab (s. Oxychinonfarbstoffe).

Alkalien, auch ätzende A., nennt man die Hydroxyde der Alkalimetalle: Kalium, Natrium, Lithium, Rubidium, Zaesium. Auch das Ammoniak wird nach seinem chemischen Verhalten zu ihnen gerechnet. Kalk, Strontian und Baryt bezeichnet man demgegenüber als alkalische Erden.

Alkaloïde (frz. Alcaloides, engl. Alkaloids). Sammelname für eine große Anzahl im Pflanzenreiche (z. T. auch im Tierreiche) vorhandener organischer Stickstoffverbindungen, welche basischen Charakter besitzen und mit einer Reihe sogenannter Gruppenreagentien: Phosphormolybdänsäure, Phosphorwolframsäure, Kaliumquecksilberjodid, Kaliumwismutjodid, Kaliumkadmiumjodid, Jodjodkalium, Tannin, Pikrinsäure, Platinchlorid, Goldchlorid, Quecksilberchlorid usw. Niederschläge liefern, im übrigen aber den verschiedensten chemischen Gruppen angehören. Neben den sauerstofffreien finden sich sauerstoffhaltige A. Die ersteren, wie Nikotin und Koniin, sind flüssig und leicht flüchtig, die letzteren fest und oft gut kristallisierbar. Fast alle Alkaloïde stellen starke Gifte und zugleich wertvolle Heilmittel dar. Zu ihrer Trennung benutzt man das verschiedene Verhalten gegen Lösungsmittel. Durch Äther werden aus saurer Lösung aufgenommen: Kantharidin, Kolchizin, Digitalin, Pikrotoxin; aus alkalischer: Nikotin, Koniin, Akonitin, Atropin, Kokaïn, Kodeïn, Chinin, Delphinin, Emetin, Narkotin, Hyoszyamin, Papaverin, Physostigmin, Pilokarpin, Strychnin, Bruzin, Veratrin, Pikrotoxin, Thebaïn; aus ammoniakalischer: Apomorphin. In warmen Amylalkohol gehen über: Morphin und Narzeïn. Mit fortschreitender Kenntnis der Konstitution ist es gelungen, eine Reihe von Alkaloïden synthetisch darzustellen. Nähere Angaben darüber finden sich bei der Einzelbesprechung der wichtigsten Vertreter.

Alkanna (Hennah, rote Ochsenzunge, rote Schlangenwurzel, lat. Radix alcannae, Radix anchusae tinctoriae, frz. Orcanette, engl. Orchanet), nennt man die Wurzel von Alcanna tinctoria, einer in den Mittelmeerländern heimischen Boraginee, die namentlich in Ungarn angebaut wird. Die Wurzel ist spindelförmig, wenig ästig, um ihre Achse gedreht, bis 25 cm lang, 1—1,5 cm dick und mit einer leicht abblätternden, dunkelvioletten bis braunroten Rinde bedeckt, welche der Träger des Farbstoffs ist, während der leicht zerbrechliche Holzkörper auf dem Querbruche nur gelblichweiß erscheint. Mit dem gleichen Namen wird die ebenfalls rotfärbende, aber größere Wurzel von Onosma echinoïdes (Lotwurzel) und Emodi, die in Frankreich gebraucht wird, sowie die Wurzel von Lawsonia inermis belegt, die im Orient als Hennah zum Rotfärben der Fingernägel Anwendung findet. Deutschland bezieht seinen Bedarf meist aus Ungarn. Anwendung: Zum Rotfärben von Haaröl, Pomade, Spirituslack.

Alkannin (Anchusin), der rote Farbstoff der Alkanna, in welcher er zu 5—6% enthalten ist, wird durch Extraktion der Wurzel mit Benzol und Abdestillieren des Lösungsmittels gewonnen und kommt als eine harzartige, breiförmige Masse in den Handel. A. ist in Wasser unlöslich, löst sich aber leicht in fetten und ätherischen Ölen sowie in Alkohol mit prächtig roter Farbe, die durch Alkali in Blau übergeht. Das reine Alkannin besteht aus zwei verschiedenen Rotpigmenten, der durch Alkali grün werdenden Anchusasäure ($C_{15}H_{14}O_2$) und der mit Alkali blau werdenden Alkannasäure. Anwendung wie Alkanna.

Alkarrazas (Kühlkrüge, Kühlflaschen) sind poröse Gefäße aus schwach gebranntem, unglasiertem Ton, welche in südlichen Ländern zum Kühlhalten von Trinkwasser dienen. Man findet sie namentlich in Ägypten, Spanien, Westindien und Ostindien, doch werden sie auch in Deutschland und Frankreich hergestellt. Die kühlende Wirkung beruht darauf, daß das durch die Poren der Gefäßwandung gedrungene Wasser an der Oberfläche, besonders im Luftzuge, schnell verdunstet und dadurch Wärme bindet.

Alkohol, Äthylalkohol, Weingeist, Spiritus (frz. Esprit, Eau de vie, engl. Spirit refined alcool), eines der wichtigsten Erzeugnisse der Großindustrie, entsteht bei der Zerlegung des Zuckers durch Hefe (Saccharomyces) und findet sich daher in allen vergorenen Zuckerlösungen, aus denen er durch Destillation (s. unter Branntwein) abgeschieden wird. Das wichtigste Ausgangsmaterial bilden neben zuckerhaltigen Früchten (Obst, Rübe, Topinambur) und Abfällen der Zuckerindustrie (Melasse) stärkehaltige Rohstoffe (Getreide, Kartoffeln), deren Stärke vorher in Zucker umgewandelt wird. Die Versuche, Holzzellulose in Stärke und Zucker überzuführen, haben noch keine befriedigenden Ergebnisse gezeitigt, hingegen ist es anscheinend gelungen, die Abwässer der Zellulosefabriken, die sog. Sulfitlauge, die geringe Mengen Zucker enthalten, zur Alkoholgewinnung heranzuziehen. Bei einer Ausbeute von 1 Vol.% sollen aus der Sulfitlauge von 550000 t Zellstoff in Deutschland 200000 hl Spiritus gewonnen werden können. Die Feldmühle Zellulosenwerke in Cosel haben bereits eine Fabrik errichtet. In der Schweiz ist man der Herstellung von A. aus Kalziumkarbid (Azetylen) nähergetreten und hofft auf eine Ausbeute von 8000 t. — Der durch Destillation erhaltene sog. Rohsprit wird von den anhaftenden Verunreinigungen (Aldehyde, Fuselöl, Furfurol) durch wiederholte Rektifikation in Kolonnenapparaten befreit und dabei gleichzeitig im Alkoholgehalte angereichert. Der zwischen dem Vorlauf und dem Nachlauf überdestillierende „Feinsprit" wird je nach der Stärke in Sekundasprit (92—94%), Primasprit (94—95%), Feinsprit (95—97%) und absoluten A. (98 Vol.%) unterschieden. Auch der letztere enthält noch geringe Mengen von Wasser, von denen er nur durch Behandlung mit gebranntem Kalk befreit werden kann. — Der wasserfreie Äthylalkohol, C_2H_5OH, ist eine farblose, leicht bewegliche Flüssigkeit vom spez. Gew. 0,79 bei 15°, die bei 78° siedet und mit farbloser Flamme brennt. Er mischt sich mit Wasser in jedem Verhältnis und ist ein ausgezeichnetes Lösungsmittel für Harze, ätherische Öle und viele andere organische Stoffe. In konzentrierter Form und größerer Menge wirkt er giftig, in Verdünnungen berauschend, Mikroorganismen (Hefen, Bakterien) tötet er ab. Zum chemischen Nachweise kleiner A.-Mengen erwärmt man das Destillat mit etwas Jod und Natronlauge, wobei der Geruch und gelbe Kristalle von Jodoform auftreten, oder man prüft, ob beim Erhitzen mit konz. Schwefelsäure und Natriumazetat Geruch nach Essigester entsteht. Die Stärke des Alkohols wird aus dem spez. Gew. mit Hilfe von Alkoholometern bestimmt und am besten der Tabelle von Windisch entnommen. Die Angaben nach Tralles sind veraltet. — A. findet in großem Maßstabe Verwendung als Leucht- und Heizmittel, zur Herstellung von Essig, Chloroform, Äther und zahlreichen Chemikalien, als Lösungsmittel für Farben, Harze, Öle und als Branntwein (s. d.) zu Trinkzwecken. Die deutsche Erzeugung belief sich im Jahre 1913 auf 4,5 Millionen Hektoliter. — Die Steuerverhältnisse sind unter Branntwein besprochen.

Alkohole (frz. Alcools, engl. Spirits), Sammelname für eine große Gruppe organischer Verbindungen, welche mit dem Weingeist in chemischer Hinsicht gewisse Ähnlichkeit besitzen und sich wie dieser von Kohlenwasserstoffen durch Eintritt von Hydroxylgruppen an Stelle von Wasserstoffatomen ableiten. Technisch wichtige Alkohole sind: Äthylalkohol (Weingeist), Methylalkohol (Holzgeist), Amylalkohol (Fuselöl), Menthol, Glyzerin.

Alkoholfreie Getränke sind Erzeugnisse einer neuen Industrie, welche der Mäßigkeits- und Enthaltsamkeitsbestrebung ihren Ursprung verdanken und als Ersatz der geistigen Getränke in steigenden Mengen zum Konsum gelangen. Nach dem Ausgangsmaterial unterscheidet man sog. alkoholfreie Weine und Biere, Getränke aus Apfelsaft oder anderen Fruchtsäften, Brauselimonaden und, von geringerer Bedeutung, alkoholfreie Milchgetränke. Die Glieder der ersten Gruppe, welche auf den Namen Wein und Bier streng genommen keinen Anspruch haben, werden durch Sterilisieren von Traubensaft oder Bierwürze oder durch Entgeisten von Bier und Wein hergestellt. Die Apfelgetränke bestehen entweder aus dem Safte frischer Äpfel oder aus Dörrobstextrakten und dürfen im letzteren Falle nicht als Apfel„saft" bezeichnet werden. Brauselimonaden sind Mischungen von kohlensäurehaltigem Wasser mit natürlichen Fruchtsäften oder auch mit künstlich gefärbtem und aromatisiertem Zuckerwasser. Nachdem in der ersten Zeit zahllose geringwertige Kunstprodukte unter hochtrabenden und täuschenden Bezeichnungen verkauft worden waren, kommen neuerdings verschiedene vortreffliche Erzeugnisse aus natürlichen Fruchtsäften in den Handel. Der Alkoholgehalt soll 0,5 Vol.% nicht übersteigen.

Alkoholometer (frz. Alcoolomètres, engl. Alkoholometers) sind Senkwagen oder Aräometer (s. d.), die zur leichten Bestimmung des Alkoholgehaltes wäßrig-spirituöser Flüssigkeiten (Branntwein) dienen und sofort Gewichtsprozente anzeigen. Bei zuckerhaltigen Flüssigkeiten (Likören, Fruchtsäften) muß der Alkohol vorher abdestilliert werden. A. werden hauptsächlich in Thüringen (Mellenbach, Stützerbach, Manebach) und in Berlin fabrikmäßig hergestellt.

Allerheiligenholz ist die in manchen Gegenden gebräuchliche Bezeichnung für Bahiarotholz.

Allerleigewürz nennt man eine in manchen Gegenden gebräuchliche Mischung verschiedener gemahlener Gewürze, welche gewöhnlich aus Piment, Pfeffer und Ingwer besteht. Häufig wird auch bloß Piment dafür gegeben.

Allermannsharnisch (Siegwurzel, lat. Bulbus victorialis, frz. Racine de victoriale, engl. Wild broad garlic), ein veralteter Artikel des Drogenhandels, besteht entweder als „langer A." aus den Zwiebeln von Allium victorialis oder als „runder A." aus den Wurzeln von Gladiolus communis.

Alligatorleder (Krokodilleder), die gegerbte Haut des amerikanischen Krokodils oder Alligators (Kaiman, Champsa lucius), welche aus Mexiko oder Mittelamerika nach Neuyork und San Franzisko auf den Markt kommt, ist bräunlichgelb und wird zu Sätteln, Taschen und Schuhen verarbeitet. Für Stiefel ist es weniger geeignet, da es wegen seiner zu geringen Dicke die Feuchtigkeit nicht genügend abhält.

Allylverbindungen enthalten die Gruppe C_3H_5, welche sich in der Natur besonders im Senföl (s. d.) vorfindet. Der Allylalkohol, $C_3H_5.OH$, entsteht bei der Erhitzung von Glyzerin mit Oxalsäure auf 260°.

Almandin (Alabandine, orientalischer Granat), eine der schönsten Granatsorten, von rubinroter Farbe, s. Granat.

Aloe (lat. Aloe, frz. Aloès, engl. Aloe), ein wichtiger Artikel des Drogenhandels, besteht aus dem eingetrockneten Safte verschiedener Arten der Aloepflanze. Nach der äußeren Beschaffenheit unterscheidet man im Handel die beiden Hauptformen: Leberaloe (Aloe hepatica) und glänzende Aloe (Aloe lucida). Die zu letzterer gehörigen Sorten sind stark glänzend und auf der Bruchfläche und in dünnen Schichten durchscheinend, während die Leberaloesorten matt lederfarben und undurchsichtig sind, da die ganze Masse mit mikroskopisch kleinen Kristallen erfüllt ist. Sämtliche Sorten besitzen einen äußerst bitteren Geschmack und einen eigentümlichen Geruch. Nach der Herkunft unterscheidet man folgende Sorten: 1. Sokotrin-Aloe oder türkische A. (Aloe socotrina) wurde früher auf der Insel Sokotra im Golf von Aden gewonnen. Jetzt kommt jedoch keine A. mehr von dort, sondern man belegt mit diesem Namen teils die bei Maccula unweit Kosseir an der arabischen Südküste, teils die auf Zanzibar gewonnene A., welche in großen braunroten, an den Kanten granatrot durchscheinenden und innen oft noch weichen Stücken mit muschligem, glasglänzendem Bruche in den Handel gelangt. 2. Kap-Aloe (Aloe capensis), vom Kap der guten Hoffnung, der Tafel- und Algoabay, hat eine tiefbraune Farbe und ist außen grünlich bestäubt. 3. Curaçao-Aloe (Aloe curassavica), von der gleichnamigen Insel, ist außen glänzend schwarz, auf dem Bruche dunkelbraun, undurchsichtig und kommt fast gar nicht in unseren Handel. 4. Die Barbados-Aloe (Aloe Barbadensis), welche in Westindien aus verschiedenen dort kultivierten Aloesorten, hauptsächlich aber aus Aloe vulgaris gewonnen wird, gelangt von Jamaika und Barbados in Kisten, an Stelle der früher üblichen Kürbisflaschen, zu uns. Diese beste Sorte der Leberaloe ist gewöhnlich schwarzbraun und undurchsichtig, im Bruche uneben, wenig wachsglänzend und riecht beim Anhauchen safranartig. — Als geringere Sorten finden sich im Handel die nicht glänzenden arabischen, griechischen und Bombayaloesorten, welche als Übergangsformen zwischen glänzender und Leberaloe anzusehen sind. Echte Leberaloe zeigt in dünnen Splittern mit Wasser befeuchtet bei starker Vergrößerung hellgelbe prismatische Kristalle von Aloin (s. d.), die in den glänzenden Aloesorten fehlen. Außerdem enthält die Aloe noch Harz und eine Spur ätherisches Öl. — A. wird zu medizinischen Zwecken als starkes Abführmittel, in der Tierheilkunde innerlich und äußerlich als Heilmittel bei eiternden Wunden, in der Technik zur Herstellung brauner Farben für die Färberei und als Holzbeize angewandt. Eine für medizinische Zwecke nicht brauchbare, Sand und Unreinigkeiten enthaltende Sorte, die Roßaloe (Aloe caballina), eine schwarze, glanzlose Masse, wird aus Blättern gewonnen, denen der größte Teil des Saftes bereits entzogen wurde.

Aloefarbstoffe. Aus der Aloe lassen sich verschiedene Farbstoffe, wie Pikrinsäure, Aloetinsäure und Chrysaminsäure herstellen. Ein Gemenge der letzten beiden kommt als Echtbraun in den Handel und wird zum Färben von Wolle, Baumwolle und Leder verwendet. Diese beiden Säuren haben auch die merkwürdige Eigenschaft, an sich unechte Farbstoffe, wie z. B. Orseille und Anilinfarben, lichtecht zu machen, wozu schon ein verhältnismäßig geringer Zusatz genügt.

Aloehanf (Agavehanf, Sisal, Tampico, Pita, frz. Chanvre d'aloès, engl. Aloe-hemp), eine spinnbare Faser aus den Blättern einiger in Süd- und Mittelamerika und Ostindien heimischer Arten der Agave americana, die auch bei uns in Gewächshäusern gezogen wird. Die Pflanze dient zunächst zur Herstellung von Einzäunungen und wird nach zehnjährigem Wachstum des Saftes beraubt, der ein berauschendes Getränk, die Pulque liefert. Ist sie dadurch zum Absterben gebracht, so werden die Blätter zwischen Walzen zerquetscht, die fleischigen Teile herausgewaschen und die Fasern getrocknet und gekämmt. Der A. ist glänzend gelblichweiß, von großer Festigkeit und geringem spezifischen Gewicht. Er dient zur Herstellung von Schiffstauen, welche stärker und elastischer als Hanftaue sind und in der nordamerikanischen Marine sowie auf belgischen Schiffen benutzt werden. Aus Belgien gelieferte Breitseile werden in westfälischen Kohlen- und Bergwerken mit Erfolg statt der Drahtseile verwendet. Außerdem fertigt man aus den Fasern Packtücher, Kaffeesäcke, Teppiche, feinere und gefärbte Seilerwaren. Künstlich gekräuselt dienen sie als Polstermaterial.

Aloin (lat. Aloinum), der in der Aloe enthaltene Bitterstoff, der je nach der Abstammung in Barbaolin, Nataloin, Socaloin und Kapaloin unterschieden wird, bildet sternförmig gruppierte, gelbe Kristallnadeln von anfangs süßlichem, später intensiv bitterem Geschmack. Es löst sich in 600 Teilen Wasser, leicht in Alkohol und Äther. Anwendung: als Abführmittel.

Alpaka, Bezeichnung für die auch als Argentan, Alfenide, Neusilber bekannte Legierung von Kupfer, Zink und Nickel, besonders in versilbertem Zustande. Es dient zur Herstellung von Beschlägen an Schatullen und sonstigen geschmackvollen Kunsttischlereien sowie zu Eßbestecken.

Alpenkräutertee, verschieden zusammengesetzte Gemische trockener Drogen meist abführender Wirkung: Webers A.: Blüten von Malve, Schafgarbe, Pfingstrose, Arnika, Ringelblume, Flieder, Stiefmütterchen, Blätter von Huflattich, Nuß, Pfefferminz, Waldmeister, Majoran, Fenchel- und Koriandersamen, Wurzel von Althee, Süßholz, Hauhechel, Sassafrasholz und 20 bis 25 % Sennesblätter.

Alsol (Aluminium-acetico-tartaricum) wird durch Eindampfen von essigsaurer Tonerdelösung mit 3—4 % Weinsäure dargestellt und als Mund- und Gurgelwasser sowie zur Wundbehandlung verwendet.

Altheekraut (Eibisch, Sammetpappel, lat. Herba althaeae, frz. Feuilles d'althée, engl. Marsh-mallow-leaves), die getrockneten herzförmigen Blätter von Althaea officinalis, einer zu den Malvazeen gehörigen Pflanze, sind sehr weich, von graugrüner Farbe und auf beiden Seiten weichfilzig behaart. Scharf getrocknet sind sie leicht zerreiblich, fast geruchlos, von fadem, schleimigem Geschmack und werden leicht von Würmern zerfressen. 5 Teile frische Blätter liefern 1 Teil getrocknete. Das A. findet als schleimlösendes Mittel Anwendung.

Altheewurzel (Eibischwurzel, lat. Radix althaeae, frz. Racine d'althée, engl. Marsh-mallow-root), die vor dem Trocknen geschälte Wurzel des zu den Malvazeen gehörenden Eibischs, Althaea officinalis, bildet fingerdicke, bis zu 20 cm lange, etwas biegsame Stücke von fast weißer Farbe, länglichrundlicher Oberfläche und ebenem, weißem Bruch. Auch wird sie geschnitten in Form kleiner Würfel (Radix althaeae concisa) sowie als grobes und feines Pulver verkauft. Sie enthält neben etwas Asparagin und Stärke Pektin oder Pflanzenschleim. 4 Teile frische, geschälte Wurzel liefern 1 Teil trockene. Im Handel unterscheidet man bayrische, französische und belgische Altheewurzel. Die bayrische ist weniger weiß und markig als die französische, wird aber hinsichtlich ihrer Wirkung mehr geschätzt, die belgische kommt seltener zu uns. Der Anbau erfolgt namentlich in der Gegend von Schweinfurt, Bamberg und Nürnberg. Um die Wurzel weißer erscheinen zu lassen, wird sie häufig gekalkt, doch erkennt man diese Verfälschung leicht, wenn man die Wurzel mit verdünnter Salzsäure abspült und den Auszug mittels Ammoniumoxalats auf Kalk prüft. Verwendung findet A. als schleimlösendes, reizmilderndes Mittel.

Aluminit, ein Mineral, besteht aus natürlicher schwefelsaurer Tonerde.

Aluminium (lat., frz. und engl. Aluminium, in amerikanischen Abkürzungen: Alum, Alim, Alium, Alm) ist ein Metall der Eisengruppe (Al) vom Atomgewicht 27, welches in freiem Zustande in der Natur nicht vorkommt, in Form von Verbindungen aber außerordentlich verbreitet ist und etwa 8% der festen Erdrinde ausmacht. Als Oxyd findet es sich im Korund (Rubin und Saphir), als Hydroxyd im Diaspor, an Fluor gebunden mit Fluornatrium zusammen als Kryolith. Außerdem bildet es in Verbindung mit Kieselsäure einen Bestandteil der meisten Massengesteine, besonders der Feldspate und ihrer Zersetzungsprodukte: Kaolin, Ton und Lehm. — Das A. wurde von Wöhler im Jahre 1827 beim Zusammenschmelzen von Aluminiumchlorid mit metallischem Kalium entdeckt und von der zweiten Hälfte des 19. Jahrhunderts an durch Reduktion von Aluminium-Natriumchlorid mit Natrium fabrikmäßig dargestellt. Der eigentliche Aufschwung der Aluminiumindustrie setzt aber erst mit dem Jahre 1891 ein, in welchem man zur elektrolytischen Darstellung überging. Sie besteht im Grunde darin, daß man eine Lösung von reiner Tonerde (s. d.) in geschmolzenem Kryolith im Gemisch mit Flußmitteln wie Kochsalz, Flußspat oder Fluoraluminium der Einwirkung eines elektrischen Stromes von mindestens 4000, meist 10000 Ampère aussetzt, wobei sich das geschmolzene Metall an der Kathode, d. h. dem Boden des mit Kohle gefütterten Eisenkastens, ausscheidet. An Stelle des Kryoliths benutzt man neuerdings auch ein Gemisch von Fluoraluminium mit Schwefelnatrium. An Stelle des zur Herstellung der reinen Tonerde früher ausschließlich herangezogenen französischen Bauxits (s. d.) bedient man sich seit dem Kriege mit Erfolg des gewöhnlichen Tons. — Die elektrolytische Darstellung, welche zur Erlangung der erforderlichen billigen Energie an bestimmte Orte mit ausreichenden Wasserkräften (Neuhausen am Rheinfall, Forge, Niagara) gebunden ist, hat eine ungeheure Vermehrung der Produktion verursacht. Die erzeugte Aluminiummenge hat sich von 13 t im Jahre 1885 auf 68200 t im Jahre 1913 erhöht, von denen 18000 t auf Nordamerika und 12000 t auf Deutschland entfallen. Die Einfuhr nach Deutschland im Jahre 1913 betrug rund 15000 t, davon 6000 t aus der Schweiz. Gleichzeitig ist der Preis, der im Jahre 1886 100 M. pro 1 kg betrug, auf 27,60 M. im Jahre 1890, 12 M. im Jahre 1891 und 1,30—1,60 M. im Jahre 1913 gesunken. Verbraucht wurden 1912 in Nordamerika 28000 t, in Frankreich 6000 t, in England 4000 t und in Deutschland, Österreich und Rußland zusammen 22500 t. Frankreich und die Schweiz führen Aluminium aus, während in Deutschland die Einfuhr überwiegt. — Das A., welches in der Regel etwas Silizium und Eisen sowie Spuren von Kohlenstoff, Natrium, Kupfer, Stickstoff und anderen Verunreinigungen enthält, kann durch eine geeignete elektrolytische Behandlung mit Hilfe von Elektrolyten, welche aus einem Gemische von Fluoriden des Aluminiums und eines stärker positiven Metalls bestehen, rein dargestellt werden und zeigt dann einen Schmelzpunkt von 660°. Das spez. Gew. des gegossenen A. beträgt 2,69, dasjenige des gehämmerten 2,68, und dasjenige des A.-Drahtes 2,70; also etwa $^1/_3$ von dem spez. Gew. des Eisens. In bezug auf die Härte steht es dem Kupfer nach, übertrifft aber Zinn und Zink und kann überdies durch geringe Zusätze anderer Metalle, sowie von Phosphor, gehärtet werden. Wegen seiner großen Dehnbarkeit läßt es sich zu Blech und Draht ausziehen und zu dünnen Folien (Blattaluminium) schlagen. Das Aluminium besitzt starken weißen Glanz mit bläulichem Ton und kann sowohl poliert als auch mit Hilfe von Chemikalien oder des Sandstrahlgebläses mattiert werden. Das polierte Metall bleibt an trockener Luft glänzend, verliert aber an feuchter Luft, infolge oberflächlicher Oxydation, an Aussehen. Zum Löten sind verschiedene phosphorhaltige Mischungen empfohlen worden, z. B. aus 1 Teil Aluminium, 29 Teilen Zinn, 11 Teilen Zink und 1 Teil Phosphor, die sich aber nicht besonders bewährt haben. Zum Schweißen eignet sich am besten das autogene Verfahren unter Verwendung von Alkalichloridlösung zum Luftabschluß. — Das A. dient zur Herstellung mannigfaltiger Gebrauchsgegenstände, wenngleich sich nicht alle Versuche in der Praxis bewährt haben. So eignet es sich nur wenig zur Herstellung von chemischen Laboratoriumsgerätschaften und von solchen Kochgeschirren, in denen saure Speisen zubereitet werden. Sehr brauchbar ist es hingegen für Geräte, in denen lediglich Wasser oder Gemüse gekocht werden soll, ferner für Backpfannen und Brattiegel sowie zum Transport von Öl, da es von Öl auch in der Hitze nicht angegriffen wird. Früchte mit natürlicher Färbung (Himbeeren, Kirschen), welche beim Kochen in Zinngeschirren unansehnlich werden, verändern in A. ihre Farbe nicht. Das Metall findet weiter Verwendung zu Schmuckgegenständen, zu Instrumenten verschiedener Art (Kanülen, Fernrohre, Telegraphen- und Telephonapparate), zum Ersatz von Lithographiesteinen und überall da, wo Leichtigkeit des Apparates von Bedeutung ist (Feldflaschen, Feldkessel, Teile von lenkbaren Luftschiffen, Automobilen, Bote, welche über Land zu tragen sind, Kisten und Kasten). Im Verlaufe des Krieges ist es auch in steigendem Maße zur Herstellung von Zündern, Maschinenteilen, Apparaten der chemischen Industrie (Alkohol-, Harz-, Fett-, Konservenindustrie) verarbeitet worden. — Eine große Rolle spielt das A. endlich in der Flußeisengewinnung, wo es die Blasenbildung verhindert, und im Mitosguß. Das zur Schweißung benutzte Gemisch mit Eisenoxyd wird unter Thermit (s. d.) besprochen.

Aluminiumlegierungen weisen gewisse Vorzüge vor dem reinen Metall auf und werden daher in wachsender Zahl und Menge hergestellt. Aluminiumbronze aus 90—95% Kupfer und 5—10% Aluminium dient zur Herstellung von Maschinenteilen, Schiffsbeschlägen und dergleichen; eine kupferarme A.-Bronze aus 94—97% Aluminium und 3—6% Kupfer für Küchengerätschaften. Aluminiummessing aus 58—70% Kupfer, 27—40% Zink und 0,3—4% Aluminium findet bei der Herstellung von feinen Maschinenteilen auf Kriegsschiffen Verwendung. Magnalium, eine Legierung mit Magnesium, Partinium, eine solche mit Mg und Kupfer können das Kupfer für elektrische Leitungen ersetzen. Ziskon und Alzen sind Legierungen von A. und Zink, Zinnalium und Zinkalium enthalten daneben noch Magnesium. Sie finden beim Automobilbau Verwendung. Metallin und Sonnenbronze sind Kobaltlegierungen, Drittelsilber ist ein silberhaltiges Aluminium.

Aluminiumverbindungen. Von der großen Zahl seien nachstehend nur einige der technisch wichtigsten Salze angeführt: Aluminiumazetat, basisch essigsaure Tonerde, entsteht durch Behandlung von frisch gefällter Tonerde mit Essigsäure oder von schwefelsaurer Tonerde mit Kalzium- oder Bleiazetat. In Form ihrer wäßrigen Lösung wird sie als Beize für Färberei und Druckerei, zum Wasserdichtmachen von Geweben und für medizinische Zwecke angewandt. Aluminiumchlorid, $AlCl_3$, (A. chloratum, Chloraluminium), durch Glühen von Tonerde und Kohle im Chlorstrome oder durch Behandlung von gefällter Tonerde mit Salzsäure erhalten, dient in wäßriger Lösung als Chloralium oder Chloralum zum Karbonisieren der Wolle. Aluminiumnitrat (Salpetersaure Tonerde), $Al(NO_3)_3$, entsteht durch Behandlung von Tonerde mit Salpetersäure und findet als Beize in der Färberei und Druckerei Anwendung. Aluminiumoxalat aus Aluminiumhydroxyd und Oxalsäure ist ebenfalls eine Kattunbeize. Aluminiumrhodanid (A. rhodanatum) wird aus schwefelsaurer Tonerde und Barium- oder Kalziumrhodanid dargestellt. Die wäßrige Lösung kommt als Beize für Färberei und Zeugdruck in den Handel. Aluminiumsulfat stellt man im großen durch Auflösen von Kryolithabfällen oder von Tonerde in Schwefelsäure und nachfolgende Kristallisation her. Das Salz kommt als ein weißes Pulver zum Verkauf und wird als Ersatz des Alauns in der Färberei und Druckerei, in der Papierfabrikation sowie zur Darstellung von essigsaurer Tonerde benutzt.

Alumnol (β-Naphtoldisulfosaures Aluminium) ist ein weißliches Pulver, welches in Wasser leicht, in Alkohol schwer und in Äther gar nicht löslich ist. Es löst sich auch in Glyzerin und findet als antiseptisches und zusammenziehendes Mittel gegen Tripper, ferner in der Wundbehandlung, der Gynäkologie, zu Spülungen, z. B. als Mundwasser, und als Antiseptikum medizinische Anwendung.

Alundum, aus Bauxit hergestellte geschmolzene Tonerde, findet wegen ihrer großen Härte als Schleifmittel sowie zur Herstellung von Schmelztiegeln Anwendung.

Alunit (Alaunstein, Alaunspat, Alaunfels, frz. Alumine sous-sulfatée alcaline, engl. Alumstone), ein aus Kaliumaluminiumsulfat bestehendes Mineral, welches zur Herstellung des Alauns benutzt wird. Fundorte: Tolfa bei Civitavecchia, Pic de Sancy in Frankreich, Inseln Milo und Argentiera im griechischen Archipel, Beregszász und Parad in Ungarn sowie im Quarzsand bei Wurzen.

Alveloz, ein Balsam aus dem Milchsaft einer brasilianischen Euphorbiazee, der von Pernambuko als ein gelblichweißer Sirup in zylindrischen Gläschen von 30—40 g in den Handel gebracht wird, wirkt hautreizend und soll zur Behandlung krebsartiger Geschwüre angewandt werden.

Amalgam (Quickbrei) nennt man jede Verbindung eines Metalls mit Quecksilber. Die A. bilden keinen besonderen Handelsartikel, sondern werden für den augenblicklichen Gebrauch hergestellt, z. B. Zinnamalgam zum Spiegelbelag, Goldamalgam bei der Feuervergoldung, Kupferamalgam gemischt mit Gold oder Silber zu Zahnplomben, Natriumamalgam in chemischen Laboratorien.

Amarantholz (Purpurholz, Luftholz, Violettholz, lat. Lignum purpurinum, frz. Bois pourpre, engl. Purpled heart), das Holz einer südamerikanischen Zäsalpinee, Copaifera bracteata, besitzt einen dichten, schweren Kern von pfirsichblutroter bis tiefschwarzer Farbe, während der Splint heller ist. Man erkennt es leicht daran, daß es an siedendes Wasser keinen Farbstoff abgibt, zum Unterschiede von Blauholz, und mit Salmiakgeist befeuchtet schmutzig grün wird. Das A. findet in der feinen Kunsttischlerei Verwendung.

Amazonenstein, ein Halbedelstein von der Härte 6, wird zu Ringsteinen und eingelegten Arbeiten verwendet. Er ist eine hellgrün gefärbte Abart des Orthoklases (Feldspats) und wird am Amazonenstrome und im Ural gefunden.

Ambra (Amber, Graue Ambra, lat. Ambra grisea, frz. Ambre gris, engl. Amber gris) nennt man eine hauptsächlich von Surinam, Madagaskar und Java über England und Holland in den Handel kommende Substanz, welche in Stücken von 90 kg, auf dem Meere schwimmend, angetroffen wird und aus verhärteten Fäkalien, nicht aber, wie man früher annahm, aus Gallen- und Darmsteinen des Pottwals (Physeter macrocephalus) besteht. Sie bildet eine graubraune, innen weißlich marmorierte, undurchsichtige Masse von moschusartigem Geruch, welche bei gewöhnlicher Temperatur brüchig ist, aber beim Drücken mit den Händen weich wird und bei etwa 100° schmilzt. Das spez. Gew. beträgt 0,91 bis 0,92. Ihr Hauptbestandteil ist neben 13% eines flüchtigen Öles (Ambraöl) und etwas Benzoesäure eine cholesterinähnliche Substanz, das Ambrafett oder Ambrain, von der Formel $C_{50}H_{48}O_2$. Als Zeichen der Echtheit der wegen ihres hohen Preises (1 kg = 4—4500 M.) oft verfälschten Ambra betrachtet man das Vorhandensein von Sepiaschnäbeln und Tintenfischresten. Zur Aufbewahrung sind gut verschlossene Blech- oder Glasbüchsen zu benutzen. Die alkoholische Tinktur (Ambraessenz, Ambratinktur) wird als Zusatz zu verschiedenen Parfümerien benutzt und ist besonders in Frankreich beliebt. Da sie durch das Alter gewinnt, soll man nur mindestens ein Jahr alte verwenden. Durch Zusatz von etwas Kaliumkarbonat wird der Geruch verstärkt.

Ambroïd heißt ein durch Zusammenschmelzen und Pressen aus Bernsteinabfällen hergestelltes Ersatzmittel.

Ambroïn, Gemisch von 85 g Antifebrin mit 15 g Kumarin. Mit dem gleichen Namen bezeichnet man auch einen aus Kopal und Pflanzenfasern, Asbest oder Glimmer hergestellten Ersatz für Zelluloid und Hartgummi.

Ameisenäther, $HCO.O.C_2H_5$, (Ameisensäureäther, Ameisensäureäthyläther, ameisensaures Äthyloxyd, Ameisenvinester, lat. Aether formicicus, frz. Formiate d'ethyle oder Ether formique, engl. Formiate of ethyl), ist eine wasserhelle, farblose, sehr flüchtige und leicht entzündliche Flüssigkeit von angenehmem, starkem, arrakähnlichem Geruch, welche sich mit Alkohol in jedem Verhältnisse mischt, sich in 9 Teilen Wasser löst und bei 54° siedet. Das spez. Gew. beträgt 0,918. Der A. des Handels ist in der Regel durch etwas Wasser und Alkohol verunreinigt und löst sich dann, ohne etwas abzuscheiden, in jedem Verhältnis in Wasser. Zur Darstellung der A. destilliert man Stärke oder Stärkezucker mit Braunstein, Spiritus und Schwefelsäure, neutralisiert das Destillat mit Kreide und destilliert nochmals, wobei die zuerst übergehenden Anteile gesondert aufgefangen werden. Chemisch reinen A. erhält man durch Erhitzen von gleichen Teilen Glyzerin und wasserfreier Oxalsäure mit $^1/_2$ Teil 96%igem Alkohol. Verwendung findet der A. zur Darstellung von künstlichem Rum, Arrak und Kognak.

Ameisenamyläther (Ameisensäureamyläther, Ameisenamylester, ameisensaures Amyloxyd, lat. Amyloxydum formicicum, frz. Formiate d'amyle, engl. Formiate of amyl). Die farblose, sehr bewegliche Flüssigkeit vom spez. Gew. 0,878 siedet bei 123° C und besitzt nur in sehr verdünntem Zustande einen angenehmen Fruchtgeruch, riecht hingegen im konzentrierten wanzenartig. In Spiritus ist der A. leicht, in Wasser nur sehr wenig löslich. Er wird aus Glyzerin, Oxalsäure und Fuselöl hergestellt und bei der Bereitung von Fruchtäthern verwendet.

Ameiseneier (lat. Ova formicarum, frz. Fourmis en chrysalide, engl. Ant-eggs). Die unter diesem Namen als Vogelfutter in den Handel kommende Ware besteht nicht aus den Eiern, sondern den Puppen oder Larven von Ameisen, namentlich der roten Waldameise (Formica rufa). Sie werden in Nadelwäldern vom Mai bis September gesammelt und durch schwaches Erhitzen gedarrt. Hauptbezugsorte sind Lübeck, Nürnberg, Petersburg.

Ameisensäure (Formylsäure, lat. Acidum formicicum, frz. Acide formique, engl. Formic acid), eine starke organische Säure von der Formel H.COOH, ist im Tierreiche (Ameisen, Prozessionsraupe) und im Pflanzenreiche (Brennnesseln, Tamarix) ziemlich verbreitet und wurde früher meist in den Apotheken durch Destillation von Ameisen mit Wasser oder verdünntem Alkohol dargestellt. Die im letzteren Falle erhaltene verdünnte alkoholische A. führt den Namen Ameisenspiritus (Spiritus formicarum). Zurzeit gewinnt man die Säure meist auf künstlichem Wege. Nach dem ältesten Verfahren werden organische Stoffe wie Stärke, Zucker, Weinsäure mit Braunstein und verdünnter Schwefelsäure erhitzt. Vorteilhafter ist die Darstellung aus einem Gemische von krist. Oxalsäure und wasserfreiem Glyzerin, aus welchem beim Erhitzen die A. abdestilliert, oder durch Einwirkung von Kohlenoxyd auf Ätzalkalien. Nach dem letzteren Verfahren, welches die anderen voraussichtlich verdrängen wird, entstehen zunächst ameisensaure Salze, Formiate, z.B. Natriumformiat, aus welchen die A. durch Destillation mit Schwefelsäure in konzentrierter Form abgeschieden wird. Um aus der nach den anderen Methoden erhaltenen verdünnten Lösung eine stärkere A. abzuscheiden, muß man sie zunächst an Basen (Kalk, Blei) binden und letztere durch Schwefelsäure oder Schwefelwasserstoff zerlegen. — Die reine wasserfreie A. (Ameisensäurehydrat) ist eine farblose Flüssigkeit von stechend saurem Geruch, welche auf die Haut ätzend und blasenziehend wirkt und noch in großer Verdünnung stark sauer schmeckt. Sie wird bei —1° fest, siedet bei 100° und ist unzersetzt flüchtig. Das spezifische Gewicht beträgt 1,226. Mit Wasser und Alkohol mischt sie sich in allen Verhältnissen. Zum Nachweise der A., insbesondere zur Unterscheidung von der ähnlichen Essigsäure, erhitzt man die verdünnte Lösung mit etwas Quecksilberoxyd oder mit Silbernitratlösung, wobei sich unter Kohlensäureentwicklung metallisches Quecksilber bzw. ein Silberspiegel ausscheidet. Neben der seltener benutzten konzentrierten finden sich im Handel noch zwei verdünntere Säuren, eine vom spez. Gew. 1,120 mit 50% und eine vom spez. Gew. 1,06, die sog. offizinelle Säure, mit 25% A., welche für die meisten Zwecke ausreichen. — Die A. ist ein wichtiges Reagens der chemischen Laboratorien und dient außerdem zur Herstellung von A.-Spiritus.

Amenyl, ein Derivat des Hydrastins (Methylhydrastimid-Chlorhydrat) wird durch Behandlung von Hydrastin-Jodmethylat mit Ammoniak und nachfolgendes Erwärmen mit Salzsäure in Form schwach gelber, in warmem Wasser löslicher Nadeln vom Schmelzpunkt 227° dargestellt. Es findet zur Behebung von Störungen der Monatsblutung medizinische Anwendung.

Amethyst (frz. Améthyste, engl. Amethyst) ist eine durch Spuren Mangan oder Eisen violett bis blau gefärbte Abart des Bergkristalls (s. d.), welche bisweilen auch haarförmige Kristalle von Strahlstein oder Rutil eingeschlossen enthält und dann als Haaramethyst bezeichnet wird. Die schönsten und größten A. finden sich in Argentinien, weitere Fundorte sind Sibirien, Zeylon, Ostindien, Spanien, Tirol, Ungarn, Sachsen und Schlesien. Der zu den Halbedelsteinen gerechnete A. wird zu Schmucksteinen geschliffen, welche bei der Fassung zur Erhöhung ihrer Farbe meist eine Unterlage von Metallfolie erhalten. Zur Unterscheidung von Nachahmungen aus Glasflüssen ist die größere Härte (7) ausreichend. — Unter dem Namen orientalischer A. ist ein violetter Saphir (s. d.) bekannt, der höheren Glanz und höhere Härte als Quarz besitzt.

Amidol, das schwefelsaure oder salzsaure Salz des Diamidophenols, wird als photographischer Entwickler angewandt.

Ammonal (Phenalgin), ein Gemisch von Antifebrin, Doppeltkohlensaurem Natrium und Ammonium, welches als Fiebermittel benutzt wird. Neuerdings ist auch ein aus 95 % Ammoniaksalpeter und 5 % Aluminiumpulver bestehender Sicherheitssprengstoff mit diesem Namen belegt worden.

Ammoniak, die bekannteste Verbindung des Stickstoffs mit Wasserstoff, NH_3, welche 3 Atome Wasserstoff (17,6%) auf 1 Atom Stickstoff (82,4%) enthält, findet sich als Fäulnisprodukt organischer Stickstoffverbindungen spurenweise, aber weit verbreitet in der Atmosphäre, in den oberen Bodenschichten und in den Wasserläufen. Es entsteht aus seinen Elementen beim Durchschlagen des elektrischen Funkens durch ein Gemisch von Wasserstoff und Stickstoff. Zur technischen Gewinnung des A. ging man früher von stickstoffhaltigen organischen Stoffen, wie Kamelmist oder fauligem Urin, aus, welche man der trocknen Destillation unterwarf. Heutzutage wird die Hauptmenge als Nebenprodukt der Gasanstalten gewonnen und sammelt sich in dem vorgelegten Waschwasser (Gaswasser) an. Geringere Mengen erhält man aus den Hochofengasen, ferner den Destillationsprodukten bei der Steinkohlenverkokung, aus der Rübenmelasse und Schlempe sowie durch trockne Destillation von Torf, Moorerde, Seeschlick und andern, an organischen Stoffen reichen Schlammassen. Von größter Bedeutung sind die Versuche zur direkten Verwertung des atmosphärischen Stickstoffs, die kurz vor dem Kriege zu der glänzenden Synthese von Haber geführt haben. Durch Erhitzen von 1 Volum Stickstoff und 3 Volum Wasserstoff bei 500° und einem Druck von 500 Atmosphären bei Gegenwart von Uransalzen oder ähnlichen Katalysatoren in Stahlzylindern wird Ammoniak hergestellt, und zwar in Mengen von Hunderttausenden von Tonnen, die Deutschland voraussichtlich von der Einfuhr des Chilesalpeters unabhängig machen werden. Große Mengen von Ammoniak werden weiter nach dem Kalkstickstoffverfahren (s. d.) sowie aus Nitriden hergestellt, die bei Behandlung mit Wasser A. abspalten. Aluminiumnitrid entsteht bei der Erhitzung eines Tonerdekohlengemisches in Stickstoff auf 1600—1700°. Die deutsche Erzeugung von Ammoniumsulfat, die 1913 auf 550000 t geschätzt wurde (Verbrauch 460000 t), wird nach dem Kriege eine beträchtliche Zunahme erfahren. — Das reine A. ist ein farbloses, höchst stechend riechendes und zu Tränen reizendes Gas, welches bei einem Drucke von 6,5 Atmosphären bei 10° oder einfach bei Abkühlung auf —40° flüssig wird. Dieses verflüssigte A. kommt in verschraubten, schmiedeeisernen, zylindrischen Flaschen zum Verkehr und dient zur Erzeugung niedriger Temperaturen in Eismaschinen und Kühlräumen. Die Hauptmenge des A. wird in Form seiner wäßrigen Lösung benutzt. Wasser nimmt das Ammoniakgas mit großer Begierde auf und verschluckt bei 20° das 740fache, bei 0° sogar das 1150fache seines Volums A., doch findet hierbei nicht allein eine mechanische Lösung, sondern gleichzeitig eine chemische Verbindung statt. Die entstehende Flüssigkeit, der Salmiakgeist (lat. Liquor ammonii caustici, frz. Ammoniaque caustique oder liquide, engl. Spirit of ammoniak salt) wird daher als die Lösung eines Hydroxydes, des Ammoniumhydroxydes, $NH_4.OH$, aufgefaßt, welche sich den Alkalihydroxyden, Kali und Natron, in chemischer Hinsicht völlig identisch verhält und wie diese mit Säuren Salze (s. Ammoniaksalze) bildet. Auf diese Eigenschaft deuten Bezeichnungen wie Ätzammoniak, Ammoniumoxydhydrat und kaustisches A. Zum Unterschied von den sog. fixen Alkalien, Kali und Natron, wird es wohl auch flüchtiges A. genannt. Um aus dem Gaswasser, welches im Grunde genommen bereits einen rohen Salmiakgeist darstellt, reinere Produkte zu gewinnen, bindet man das A. an Säuren, indem man es z. B. mit Schwefelsäure eindampft, setzt es später durch Erhitzen mit den stärkeren Basen, Natron oder auch Kalk in Freiheit und fängt es wieder in Wasser auf. Nach dem Reinheitsgrade unterscheidet man rohen Salmiakgeist (Liquor ammonii caustici crudus), eine gelbliche, brenzlich riechende Flüssigkeit für technische Verwendung, und reinen S. (purissimus) für Arzneizwecke und chemische Laboratorien, der farblos sein muß und nach dem Neutralisieren mit Säuren keinen Geruch mehr zeigen darf. Der A.-Gehalt der Lösungen wird meist mit Hilfe von Aräometern bestimmt. Bei den gangbarsten Handelssorten entspricht das spez. Gew. 0,960 einem Gehalte von 10% A., 0,925 einem solchen von 20%, 0,910 von 25% und 0,890 von 32%. Die stärkste Sorte wird nur für Kühlmaschinen benutzt und in Eisentrommeln, die anderen werden in Glasballonen versandt. Salmiakgeist muß an kühlen Orten und gut verschlossen aufbewahrt werden, da er sonst verdunstet und überdies Kohlensäure anzieht. A. findet in der Medizin innerlich in sehr starker Verdünnung (konz. A. wirkt tödlich) zur Vermehrung der Schweißsekretion und der Expektoration, äußerlich als Reizmittel zu Einreibungen gegen Insektenstiche und als Riechmittel (Totenwecker) Anwendung. Die Technik benutzt es in der Färberei, Kattundruckerei, zur Bereitung von Orseille und Ammoniumsalzen. Ein mit Ammoniakgas gesättigter Alkohol, Alkoholisches Ammoniak (lat. Liquor ammonii spirituosus Dzondii, frz. Solution alcoolique d'ammoniaque, engl. Spirit of Ammonia) wird zu Einreibungen verordnet.

Ammoniakgummi (Ammonisches Gummi, Oschakgummi, Armenisches Gummi, lat. Gummi ammoniacum, Resina ammoniacum, frz. Gomme, Résine ammonique, engl. Ammoniac), ein Gummiharz, besteht aus dem eingetrockneten Milchsafte einer in Persien und der Tartarei wachsenden Doldenpflanze, Dorema Ammoniacum. Die Ware wird fast ausschließlich über Bombay ausgeführt, wo man sie in zwei verschiedene Qualitäten, in A. in Körnern oder Tränen (Ammoniacum in granis) und in A. in größeren Stücken (Ammoniacum in massis), sortiert. Die Körner sind grauweiß, die Klumpen braun, mit weißlichen oder gelblichen Stellen, an den Rändern durchscheinend, auf dem

Bruche fettglänzend. A. besitzt einen starken, nicht angenehmen Geruch, erweicht in der Hand und gibt mit Wasser zerrieben eine weiße Emulsion, welche sich auf Zusatz von Natronlauge zunächst gelb und dann braun färbt. Zur Unterscheidung von den ähnlichen Harzen Galbanum und Asa foetida können folgende Reaktionen herangezogen werden: Beim Befeuchten mit Ätzkali oder Chlorkalklösung wird A. gelb, mit Natriumhypochlorit violettrot. In konzentrierter Schwefelsäure gibt es beim Erwärmen eine blutrote Lösung, welche nach dem Verdünnen auf Zusatz von Kalilauge nicht fluoresziert. Beim Erhitzen mit der dreifachen Menge Salzsäure auf 60° darf sich die Flüssigkeit nicht färben und das Filtrat darf nach dem Übersättigen mit Ammoniak keine blaue Fluoreszenz zeigen. Die wäßrige Auskochung wird auf Zusatz von Eisenchlorid tiefrot. Beim Schmelzen mit Kali entsteht das an der Fluoreszeinreaktion leicht kenntliche Resorzin (s. d.). — A. enthält neben 60 bis 70 % eines in alkalischem Alkohol löslichen geschmacklosen Harzes von rötlicher Farbe etwa 20—25 % Gummi, 1—2 % eines schwefelsauren ätherischen Öls und Spuren Salizylsäure. Die Säurezahl beträgt 100—200, die Verseifungszahl 145—162, der Trockenverlust bei 100° 2,5 bis 12 %. Der Gehalt an Asche soll 10 % nicht übersteigen. — Das A. wird in Form von Emulsionen gegen Lungen- und Halsleiden verordnet und als Bestandteil von Pflastern und Salben zum Zerteilen und Reifen von Geschwüren angewandt. Zur Herstellung des hierfür erforderlichen Pulvers muß das Harz vorher längere Zeit über Kalk entwässert oder durch Gefrieren spröde gemacht werden. Es gelangt aber vielfach schon als Pulver in den Handel und ist dann, vor Feuchtigkeit geschützt, über Kalk aufzubewahren.

Ammoniaksalze (Ammoniumsalze) nennt man die Verbindungen des Ammoniaks mit Säuren. Sie reagieren, mit Ausnahme des kohlensauren A., neutral. Ammoniumazetat (Essigsaures Ammonium, lat. Ammonium aceticum, frz. Acétate ammonique, engl. Ammonium Acetate) entsteht beim Einleiten von Ammoniakgas in Essigsäure als ein weißes Kristallpulver, welches in Form seiner wäßrigen Lösung als Liquor Ammonii acetici (frz. Solution d'acétate ammonique, engl. Solution of Ammonium Acetate) medizinische Anwendung findet. — Ammoniumbromid (lat. Ammonium bromatum, frz. Bromure ammonique, engl. Bromide of Ammonium) wird durch Behandlung von Ammoniak mit Brom gewonnen und dient zum Ersatz des Bromkaliums sowie zur Herstellung von brausendem Bromsalz. — Ammoniumchlorid, Salmiak (s. d.). — Ammoniumfluorid (Fluorammonium, lat. Ammonium fluoratum, frz. Fluorure ammonique, engl. Ammonium Fluoride) entsteht durch Sublimation von Chlorammonium mit Fluornatrium als ein weißes Kristallpulver, welches Glas angreift und daher in Guttaperchaflaschen aufbewahrt werden muß. Es findet Anwendung zum Glasätzen, zur Verhütung von Butter- und Milchsäuregärung in der Brennerei, und in beschränktem Maße für medizinische Zwecke. — Ammoniumkarbonat bildet als $1^1/_2$fach saures Salz das sog. Hirschhornsalz (lat. Ammonium carbonicum, Sal Alcali volatile, frz. Carbonate ammonique, engl. Ammonium Carbonate) des Handels, das zu medizinischen und technischen Zwecken, u. a. als Backpulver, benutzt wird. Früher hauptsächlich durch trockene Destillation tierischer Reste gewonnen, wird es jetzt meist durch Sublimation eines nicht ganz trockenen Gemisches von schwefelsaurem Ammoniak, Kreide und Kohle dargestellt. Es riecht stark nach Ammoniak. — Ammoniumnitrat (Salpetersaures Ammon, Ammoniaksalpeter, lat. Ammonium nitricum, frz. Nitrate ammonique, engl. Ammonium Nitrate), aus Ammoniak und Salpetersäure, findet Anwendung zur Füllung von Eismaschinen als Bestandteil von Kältemischungen, ferner zur Herstellung von Lachgas (Stickoxydul) und in der Sprengtechnik. — Ammoniumpersulfat (Überschwefelsaures Ammonium, lat. Ammonium persulfuricum, frz. Persulfate ammonique, engl. Ammonium Persulfate), das Ammoniumsalz der in freiem Zustande nicht beständigen Überschwefelsäure, entsteht bei der Elektrolyse einer gesättigten Lösung von Ammoniumsulfat in verdünnter Schwefelsäure in Form farbloser wasserlöslicher Kristalle, die bei der Einwirkung von Wasser Sauerstoff abgeben. Das A. dient, wie das analoge, aus ihm durch Umsetzung erhaltene Kalium- und Natriumpersulfat, als kräftiges Oxydations- und Desinfektionsmittel. — Ammoniumphosphat (lat. Ammonium phosphoricum, frz. Phosphate ammonique, engl. Ammonium Phosphate) wird in letzter Zeit als ein konzentriertes, phosphorsäure- und stickstoffhaltiges Düngemittel empfohlen. Außerdem dient es zum Tränken der Dochte für Stearinkerzen. — Ammoniumsulfat (lat. Ammonium sulfuricum, frz. Sulfate ammonique, engl. Ammonium Sulfate), durch Behandlung von Gaswasser mit Schwefelsäure erhalten, ist das Ausgangsprodukt für die Herstellung der meisten Ammoniumverbindungen. Im rohen Zustande bildet es das wichtigste Stickstoffdüngemittel. — Ammoniumvanadinat (lat. Ammonium vanadinicum, frz. Vanadate ammonique, engl. Ammonium Vanadat), die Verbindung der Vanadinsäure mit Ammoniak, findet sich im Handel in zwei verschiedenen Modifikationen, als weißes und gelbes Salz, von denen das erstere beim Kochen der wäßrigen Lösung in die gelbe Form übergeht. Das A. wird zur Erzeugung von Anilinschwarz auf Wolle sowie in Verbindung mit Pyrogallussäure zur Herstellung von Tinte verwandt. Der Preis, der in der vorigen Auflage noch mit 140 M. für 1 kg als überaus hoch bezeichnet wurde, ist jetzt auf 29—30 M. gesunken.

Ammoniaksoda, allgemein gebräuchliche Bezeichnung für diejenige Soda, die nach dem Solvayverfahren dargestellt wird, aber kein Ammoniak enthält. — Vgl. Soda.

Amol, ein mit großer Reklame angepriesenes Rheumatismusmittel, ist Karmelitergeist.

Amorces, kleine Zündplättchen für Kinderschießwaffen oder Zünder für Sicherheitslampen, bestehen entweder aus Knallquecksilber oder aus chlorsaurem Kali und rotem Phosphor, die mit Gummischleim gemischt und zwischen zwei Stückchen Seidenpapier eingeklebt sind. (Transport siehe Knallerbsen.) A. mit mehr als 7,5 g Sprengmischung auf 1000 Plättchen dürfen als Spielwaren nicht in den Verkehr gebracht werden.

Amradgummi, ein als Ersatz für Gummiarabikum neuerdings viel verwendetes indisches Gummi.

Amygdalin (lat. Amygdalinum), ein zu den Glykosiden gehöriger Bitterstoff, Bestandteil der bitteren Mandeln, der Pfirsichkerne und einiger ähnlicher Samen, wird gewöhnlich aus den durch Pressen vom fetten Öl befreiten bitteren Mandeln durch Extraktion mit heißem Alkohol in Menge von ungefähr 3 % hergestellt. Das nur selten im Chemikalienhandel vorkommende A. besteht aus einer weißen, feinkristallinischen, geruchlosen Masse von bitterem Geschmack, die bei Gegenwart von Wasser durch Einwirkung des sowohl in bitteren, als auch in süßen Mandeln enthaltenen Emulsins, eines Enzyms, zersetzt wird und hierbei Zucker, Bittermandelöl und Blausäure liefert.

Amyläther, richtiger Amylester, nennt man Verbindungen des Amylalkohols mit Säuren, welche wegen ihres angenehmen Geruches als Fruchtäther Verwendung finden. Essigsäureamylester (Amylazetat, s. d.) riecht nach Birnen, Buttersäure-A. (s. d.) nach Ananas, Baldriansäure-A. (s. Baldrian-A.) nach Äpfeln. — Der eigentliche Amyläther (Amyloxyd), $(C_4H_{11})_2O$, der durch Erhitzen von Amylalkohol mit Schwefelsäure als eine birnenartig riechende Flüssigkeit vom Siedepunkte 173° gewonnen wird, findet als Lösungs- und Extraktionsmittel für Fette, Lacke, Alkaloide usw. technische Verwendung.

Amylalkohol (Amyloxydhydrat, Mylalkohol, Pentylalkohol, lat. Amyloxydum hydratum, Alkohol amylicus, frz. Alcool amylique, engl. Amylic alcohol), ein Alkohol von der Formel $C_5H_{11}.OH$, bildet den Hauptbestandteil des Kartoffelfuselöls und findet sich auch in einigen anderen Fuselölen. Dieser sog. Gärungs-A. bildet in reinem Zustande eine farblose, wasserhelle, unangenehm fuselartig riechende, zum Husten reizende Flüssigkeit von öliger Konsistenz, dem spez. Gew. 0,815 und dem Siedepunkte 131°. Mit Wasser mischt er sich nicht, löst sich aber leicht in Alkohol sowie auch in Äther und ist brennbar. Außer diesem, dem Iso-Amylalkohol, kennt man noch sechs andere isomere A., die aber nicht im Handel vorkommen und nur theoretisches Interesse haben. Verwendung findet der A. fast nur zur Herstellung der Amyläther (s. d.) und der künstlichen Valeriansäure, jedoch wird hierzu meist nicht der chemisch reine A., sondern das rektifizierte Kartoffelfuselöl benutzt. Der A. wirkt giftig.

Amylazetat (lat. Amylium aceticum, frz. Acétate amylique, engl. Amyl Acetate), der Essigester des Gärungsamylalkohols, $C_5H_{11}.C_2H_3O_2$, ist eine farblose, obstartig riechende, zum Husten reizende Flüssigkeit vom spez. Gew. 0,875 und einem S.P. von 138°. Es findet als Birnöl, Pear oil, Anwendung zum Parfümieren von Nahrungsmitteln und dient in der Photometrie zur Füllung der Vergleichslampen von bestimmter Lichtstärke (s. Zaponlack).

Amylen (Pentylen, Valeren, lat. Amylenum), ein Kohlenwasserstoff von der Formel C_5H_{10}, wird aus Amylalkohol durch Destillation mit Chlorzink dargestellt und ist eine farblose, wasserhelle, bei 39° C siedende Flüssigkeit vom spez. Gew. 0,650 und eigentümlichem betäubenden Geruch. Das A. wurde unter dem Namen Pental eine Zeitlang als Anästheticum an Stelle des Chloroforms angewandt, scheint jetzt aber wegen seiner Gefährlichkeit ganz außer Gebrauch gekommen zu sein.

Amylenhydrat (Dimethyläthylkarbinol, lat. Amylenum hydratum, frz. Hydrate d'amylène, engl. Amylen Hydrate). Dieses als Hypnotikum empfohlene Präparat ist als ein tertiärer Amylalkohol zu betrachten, der durch Behandlung von Amylen mit einer Mischung gleicher Teile Schwefelsäure und Wasser bei 0° hergestellt wird. Die farblose, ölige Flüssigkeit vom spez. Gew. 0,810 besitzt einen durchdringenden Geruch nach Kampfer und Pfefferminzöl, siedet bei 102° und erstarrt beim Abkühlen auf —12,5° zu weißen, nadelförmigen Kristallen, welche bei —12,0° schmelzen. Das A. muß ganz frei von jeder Spur des gewöhnlichen Amylalkohols sein, was man daran erkennt, daß beim Behandeln mit Kaliumchromat und verdünnter Schwefelsäure keine Grünfärbung eintritt. Mit Alkohol ist A. in jedem Verhältnisse mischbar, braucht aber vom Wasser etwa 12 Teile zur Lösung.

Amylnitrit (lat. Amylium nitrosum, frz. Nitrite amylique, engl. Amyl Nitrite), der Salpetrigsäureester des Amylalkohols, entsteht beim Durchleiten von Salpetrigsäuredämpfen durch Amylalkohol als eine klare, gelbliche Flüssigkeit von fruchtartigem Geruch. Es ist unlöslich in Wasser, mischbar mit Alkohol, Äther, Chloroform und Benzin. Spez. Gew. 0,870—0,880; S.P. 97—99°. A. wird zum Einatmen gegen Asthma, Kopfschmerzen, Epilepsie verordnet, darf aber nur mit Vorsicht angewandt werden.

Anämin, ein Eisenpepsinsaccharat der Firma P. Liebe in Dresden, wird wegen seines hohen Eisengehaltes von 0,20% und seiner verdauungsbefördernden Wirkung bei Blutarmut, Bleichsucht und Magenleiden verordnet.

Anästhol und **Anästhyl,** Mischungen von Methyl- und Äthylchlorid, welche in der Zahnheilkunde als Anästhetika benutzt werden.

Anakardien (Elefantenläuse, **Akajounüsse**, lat. Anacardia, frz. Noix d'Acajou, engl. Castew-nut). Man unterscheidet zwei Arten von A., welche von verschiedenen, zur Familie der Anakardiazeen gehörigen Bäumen abstammen und als ostindische und westindische A. unterschieden werden. 1. Die ostindischen A. oder Malakkanüsse (lat. Anacardia orientalia) von Semecarpus anacardium, haben eine herzförmige, auf beiden Seiten flach zusammengedrückte Gestalt, eine dunkelbraunschwarze platte Schale und enthalten zwischen dem öligen Kerne und der Schale einen ätzend scharfen Saft, der im frischen Zustande farblos, milchartig ist, später aber verdickt und schwarz wird. 2. Die westindischen A. (lat. Anacardia occidentalia) kommen aus Westindien und Südamerika und stammen von dem jetzt auch nach Ostindien verpflanzten Baume Anacardium occidentale. Sie sind graubraun bis schwarzbraun und nierenförmig und enthalten einen ähnlichen scharfen Saft. Beide Sorten unterscheiden sich dadurch, daß der Saft der westindischen A. auf der Hand blasenziehend wirkt, derjenige der ostindischen dieselbe nur rötet und Pusteln hervorbringt. Außer dem scharfen Stoffe, dem Kardol, enthalten die A. noch eine eigentümliche Säure, die Anakardsäure. Beide Arten von A. werden als hautreizende Amulette getragen, was unbedenklich ist, solange die Schale nicht entfernt wird. Bei unvorsichtiger Anwendung der geöffneten Früchte dagegen können sehr bösartige, weitergreifende Geschwüre entstehen.

Anakuhuiteholz (lat. Lignum anacuhuitae, frz. Bois de Anacuite, engl. Anacuite wood), ein sehr bald wieder der Vergessenheit anheimgefallener Artikel des Drogenhandels, das Stammholz eines mexikanischen Baumes, der Cordia Boissieri, sollte gegen Lungenschwindsucht helfen.

Analgen (Labordin), ein weißes, geschmackloses Pulver, welches sich in chemischer Hinsicht vom Oxychinolin ableitet; F.P.: 208°. Die in Wasser unlösliche, in Äther lösliche Substanz wird gegen Fieber, neuralgische Leiden und neuerdings vor allem gegen Malaria angewandt.

Ananas (frz. Ananas, Pomme de pin, engl. Pine-apple), die bekannte, wegen ihres feinen Aromas hochgeschätzte Frucht der im tropischen Amerika heimischen Bromelia Ananas, wird dort auch auf Feldern angebaut und bei uns in Treibhäusern vielfach gezogen. Von Westindien und Brasilien aus wird A. sowohl im frischen Zustande als auch in Scheiben geschnitten und in Zucker eingemacht (in Brasilien Macachis genannt) nach Europa versandt. Auch aus Singapore kommt jetzt A. nach Hamburg. Der Verkauf der frischen Früchte geschieht allgemein nach dem Gewichte.

Ananasäther (Ananasessenz), ein Kunstaroma, besteht aus einer Auflösung verschiedener zusammengesetzter Äther in Feinsprit und wird in konzentrierter Form auch Ananasöl genannt. Vgl. Fruchtäther.

Ananasfaser (Ananashanf, frz. Chanvre d'ananas, engl. Ananas hemp) wird sowohl aus den Blättern der gewöhnlichen Ananaspflanze, als auch aus denen verschiedener andrer Arten abgesondert und je nach dem Grade ihrer Feinheit zu Seilen, Tauen oder auch zu feinen Geweben verarbeitet. Zur Herstellung der „Pinas" genannten Tücher werden auf den Philippinen die jungen Sprößlinge, um die Fruchtbildung zu verhindern, im Schatten großgezogen.

Anchovis (Kräuteranchovis) nennt man die Sprotten (Breitlinge), kleine, den Sardellen ähnliche Fischchen (Clupea sprattus) von 10 bis 15 cm Länge, die ohne weitere Vorbereitung mit Kopf und Eingeweiden in eine viel Salz, Pfeffer, Senfkörner und Lorbeerblätter enthaltende Brühe eingelegt werden. Die besten, sog. echten A. kommen aus Christiania. Sie unterliegen manchen Verfälschungen, besonders durch kleine Heringe, die an dem größeren Kopf, der schlankeren Gestalt und den viel weniger scharfen Kielschuppen erkannt werden. Die französischen A. sind Sardellen (s. d.). Anchovy-Paste ist Sardellenbutter.

Anda-Assu, die Samen einer brasilianischen Euphorbiazee (Anda Gomesii), kommen in neuerer Zeit in den Drogenhandel und dienen zur Herstellung eines dem Rizinusöl ähnlich wirkenden fetten Öls (Andaöl, frz. Huile de Anda, engl. Oil of Anda), welches bei + 8° C erstarrt und ein spez. Gew. von 0,918 sowie schwachgelbe Farbe besitzt.

Andaquieswachs, die Ausscheidung einer besonderen Bienenart aus dem Gebiete des Orinoko und Amazonenstromes, schmilzt bei 77° C.

Andorn (Gottvergessenkraut, weißer Dorant, Marobelkraut, Mariennesselkraut, lat. Herba marrubii albi, frz. Plante fleurie de marrube blanc, engl. Horehound), die zu Beginn der Blütezeit gesammelten und getrockneten oberen Blätter und Blüten von Marrubium album, s. M. vulgare, einer in ganz Mitteleuropa wild wachsenden Labiate mit hohlem, fast vierkantigem Stengel, der mit grauweißem Filz überzogen ist und rundliche, gegen den Blattstiel hin verschmälerte, grob gekerbte, runzlige Blätter trägt. Die letzteren sind oberseits graugrün und weichhaarig, unten weißfilzig. Die Blüten sitzen zu Quirlen vereinigt in den Blattwinkeln. Das getrocknete Kraut hat einen nur schwachen Geruch, aber bitteren Geschmack und wird medizinisch verwendet. Es enthält etwas ätherisches Öl und einen Bitterstoff, das Marrubiin. Verwechslungen mit den Blättern von Nepeta Cataria, den Ballota- und Stachysarten können an einem abweichenden Geruch und dem Fehlen der Runzeln erkannt werden.

Anemonenkampfer (Pulsatillenkampfer), ein in verschiedenen Arten der Gattungen Anemone und Ranunculus enthaltener, durch Destillation mit Wasser gewinnbarer, scharfer, die Augen zum Tränen reizender Stoff, welcher aus weißen Kristallen besteht und beim Umkristallisieren aus Chloroform in das geruchlose Anemonin und die amorphe Isoanemonsäure zerfällt.

Anethol, p-Methoxypropenylbenzol (lat. Anetholum, frz. Anéthol), der sauerstoffhaltige Hauptbestandteil und Geruchsträger des Anis-, Sternanis- und Fenchelöls, wird jetzt im großen fabrikmäßig dargestellt. Es bildet schneeweiße, nach Anis riechende Kristalle vom spez. Gew. 0,984—0,986 bei 25° C, die bei 22—23° C schmelzen, bei 233—234° sieden und in Alkohol und in Äther löslich sind.

Angelikaöl (lat. Oleum angelicae, frz. Essence d'angélique, engl. Angelica oil), ein schwach gelb gefärbtes ätherisches Öl von sehr starkem aromatischen Geruch und brennendem Geschmack, wird aus der Angelikawurzel durch Destillation mit Wasserdampf gewonnen und hauptsächlich zur Bereitung aromatischer Liköre benutzt. Auch aus dem Samen gewinnt man ein Öl (0,7—1,5 %), das jedoch einen etwas andern Geruch besitzt. Das beste A. stammt aus den Angelikawurzeln des sächsischen Erzgebirges, dann folgt das aus Thüringer Wurzeln und das aus den Wurzeln des Harzes. Das spez. Gew. liegt zwischen 0,853 und 0,918. Ein aus japanischen Wurzeln gewonnenes Öl besitzt ein spez.

Gew. von 0,905—0,908, scheidet bei + 10° C Kristalle aus und erstarrt bei 0° breiartig. Dieses Öl fängt bei 170° an zu sieden, der Siedepunkt steigt aber beständig, und die zuletzt übergehenden Anteile sind von blaugrüner Farbe. Der Geruch ist schärfer als derjenige des deutschen Öles und besitzt gleichfalls einen Anklang an Moschus.

Angelikawurzel (Engelwurzel, Theriakwurzel, Brustwurzel, lat. Radix angelicae, frz. Racine d'angélique, engl. Angelica root), die getrocknete Wurzel der in den Bergwäldern Mitteleuropas wild wachsenden, aber auch vielfach angebauten Doldenpflanze: Angelica Archangelica, besteht aus einem mit zahlreichen dicken und langen Fasern umgebenen Wurzelkopf von brauner Farbe und stark aromatischem Geruch und Geschmack. Die Wurzelfasern werden gewöhnlich zu einem zopfähnlichen Bündel zusammengedreht. Auf dem Querschnitt erkennt man in der weißlichen Rinde zahlreiche, mit einem rötlichgelben Balsam gefüllte kleine Behälter. Die Wurzel von angebauten Pflanzen, welche man im Frühjahr oder im Herbste sammelt, wird vorgezogen. Als beste Sorte gilt die sächsische A. aus der Gegend von Bockau bei Schwarzenberg, doch wird sie auch in Thüringen und am Harz, namentlich in der Gegend von Kölleda, Jena, Quedlinburg und Gernrode viel angebaut. Verwechslungen mit den Wurzeln von Angelica silvestris kommen kaum noch vor, da man fast ausschließlich angebaute Ware kauft. Auch ist der Geruch jener Wurzel von dem der echten ganz verschieden und die Farbe mehr grau als braun. A. wird sehr leicht von Würmern zerfressen und muß daher gut verschlossen in Blechgefäßen aufbewahrt werden. Als wichtige Bestandteile enthält sie äther. Öl, Harz, Angelikasäure, Hydrokarotin bzw. Phytosterin, Baldrian- und Essigsäure. Sie findet als magenstärkendes Mittel (Kneipps Heilmittel) sowie in den Likörfabriken zur Herstellung von Chartreuse u. a. ausgedehnte Anwendung. In neuerer Zeit kommen auch zwei Arten von A. aus Japan in den Handel. Die eine, Senkiyn genannte, stammt von Angelica refracta, die andere, Biyakushi, von Angelica anomala. Diese Wurzeln liefern jedoch nur $^1/_{10}$% ätherisches Öl von abweichendem Geruch (s. Angelikaöl).

Ang-Khak, ein roter Farbstoff, der in China durch Aussaat eines Pilzes auf gekochten Reis erzeugt und zur Färbung von Nahrungsmitteln benutzt wird.

Anglesit (Vitriolbleierz, Bleiglaserz, Bleivitriol, frz. Anglesite, Plomp sulfaté, engl. Lead vitriol), ein aus Bleisulfat bestehendes, sehr schweres, kristallinisches Bleierz von weißer, grauer oder gelblicher Farbe, wird, wenn es in größeren Mengen gefunden wird, auf Blei verarbeitet.

Angolaerbsen. Diesen Namen führen die Samen zweier verschiedener Pflanzen, die jedoch mit unseren Erbsen nicht verwandt sind. 1. Die Samen von Voandzeia subterranea, einer zu den Zäsalpineen gehörigen, der Arachis (Erdnuß) sehr nahe stehenden Pflanze, welche in Südamerika heimisch ist, aber auch in anderen Tropenländern, so besonders in Südafrika und in Java (hier Katjang manila genannt), angebaut wird, sind sehr fettreich und werden als Nahrungsmittel verbraucht. — 2. Die Samen des indischen Bohnenbaums, Cajanus indicus, der in Ostindien heimisch, vielfach in Südamerika kultiviert wird, sind weniger schmackhaft als unsere Erbsen.

Angolaflechte (Roccella tinctoria) dient zur Herstellung der Lackmustinktur.

Angolaholz. Was unter diesem Namen zuweilen aus Westafrika in den Handel kommt, ist nichts weiter als Camwood, s. Kamholz.

Angosturabitter, ein Bitterlikör, der aus einem mit Zucker versüßten alkoholischen Auszuge von Angostura- und Chinarinde, Enzian, Pomeranzenschalen und verschiedenen Gewürzen wie Zimt, Kardamomen und Nelken besteht.

Angosturarinde (lat. Cortex angosturae verus, frz. Écorce d'Angosture, engl. Angosturabark), nach der gleichnamigen südamerikanischen Stadt benannte Rinde von Galipea officinalis, wird in vereinzelten Fällen medizinisch gegen Dysenterie sowie als Ersatz der Chinarinde angewandt, ruft aber in großen Gaben Übelkeit und Erbrechen hervor. Meist dient die Rinde zur Herstellung des Angosturabitters. Zur Vermeidung von Verwechslungen mit der falschen A. von ostindischen Strychnosarten, welche wegen ihres Bruzingehaltes giftig ist, dient die Tatsache, daß die echte A. keinen Gerbstoff enthält, während die falsche A. gerbsäurehaltig ist.

Anhydride nennt man durch Abspaltung von Wasser aus Säuren entstehende Verbindungen (Säureanhydride). Ohne weiteren Zusatz versteht man darunter in der Technik das A. der Schwefelsäure (s. d.).

Anhydrit (Muriazit, Würfelspat, Würfelgips, Karstenit), ein aus wasserfreiem schwefelsauren Kalk (Kalziumsulfat) bestehendes Mineral, findet sich fast überall als regelmäßiger Begleiter der Steinsalzlager. (Vgl. Gips.)

Anilin (Phenylamin, Amidobenzol, Kyanol, Benzidam, lat. Anilinum, frz. und engl. Aniline) ist eines der wichtigsten Erzeugnisse der chemischen Großindustrie, da es, obgleich selbst kein Farbstoff, das Ausgangsmaterial zahlreicher sog. Anilinfarben darstellt. Das Anilin, eine stickstoffhaltige organische Base, Amidobenzol, $C_6H_5.NH_2$, findet sich in geringer Menge fertig gebildet im Steinkohlenteer, wird aber fabrikmäßig aus dem in größeren Mengen im Steinkohlenteer enthaltenen Kohlenwasserstoff Benzol dargestellt. Zu diesem Zwecke behandelt man das Rohbenzol, welches neben Benzol noch wechselnde Mengen Toluol, Xylol und Kumol enthält, mit Salpeterschwefelsäure, wäscht das entstandene Nitrobenzol mit Lauge und Wasser und reduziert es darauf mit Salzsäure und Eisen. Nach neueren, anscheinend noch nicht konkurrenzfähigen Verfahren bedient man sich zur Reduktion eines Gemisches von Natriumsulfid mit Schwefel oder der Elektrolyse, oder leitet Dämpfe von Nitrobenzol mit überschüssigem Wasserstoff (Wassergas) über glühendes Kupfer, wobei ebenfalls Amidobenzol entsteht. Aus dem hierbei erhaltenen salzsauren Salze setzt man durch Zusatz von Kalk die Base in Freiheit und destilliert sie im Wasserdampfstrom ab. Das nach dem einen oder anderen Verfahren gewonnene Rohanilin (Anilinöl), welches noch geringe Beimengungen von Ortho- und Paratoluidin enthält, ist eine rötlichbraune ölige Flüssigkeit von unangenehmem Geruch, welche sich mit Wasser nicht mischt, wohl aber etwas Wasser aufnimmt und zum geringen Teile in Wasser übergeht. In verdünnter Salzsäure muß sich Rohanilin, wenn es nicht mehr als $^1/_2$ % Verunreinigungen enthält, klar auflösen. Der Wassergehalt soll $1^1/_2$ % nicht übersteigen. Nach dem Gehalte an homologen Toluidinen, der für die Herstellung gewisser Farben erwünscht, ja notwendig ist, unterscheidet man im Handel verschiedene Typen von Rohanilin: 1. Anilinöl für Rot vom spez. Gew. 1,024—1,026 mit 10—20 % A., 25—40 % Paratoluidin und 30—40 % Orthotoluidin. 2. Anilinöl für Safranin, als Abfallprodukt der Fuchsinfabriken auch Echappé genannt, hat das spez. Gew. 1,032—1,034 und enthält neben 35—50 % A., 50—65 % Toluidin. 3. Anilinöl für Blau ist möglichst frei von Toluidin. — Das reine A. des Handels, dessen Toluidingehalt nicht über 1 % beträgt, ist, frisch bereitet, eine wasserhelle, stark lichtbrechende Flüssigkeit, welche sich beim Stehen an der Luft nach und nach rotbraun färbt. Spez. Gew. 1,0265 bei 15°, Siedepunkt 187°. Es mischt sich mit Alkohol, Äther, Benzol und vermag Schwefel, Phosphor, Kampfer, Fette und Farbstoffe aufzulösen. Zum Nachweise dient die mit Chlorkalk eintretende Purpurviolettfärbung der wäßrigen Lösung, ferner die Reaktion mit konz. Schwefelsäure und wenig Kaliumbichromat, wobei eine blaue, bald verschwindende Färbung eintritt, und schließlich die durch eine schwefelsaure Lösung des A. hervorgerufene intensive Gelbfärbung von Fichtenholz und Holundermark. Von Salzen des A. kommen besonders das schwefelsaure und salzsaure als farblose, kristallisierbare, wasserlösliche Verbindungen im Handel vor. Das A. dient zur Herstellung von Methylanilin, Diphenylamin, Fuchsinblau, Anilinschwarz, Azetanilid usw. usw. Die Einfuhr an Anilinöl und Anilinsalzen in Deutschland belief sich im Jahre 1911 nur auf 20 t, die Ausfuhr auf mehr als 7500 t im Werte von mehr als 6,5 Millionen M.

Anilinblau. Unter diesem Namen sowie als gewöhnliches A., Fuchsinblau, Diphenylaminblau, Baseblau (Bleu de Lyon, Bleu de Paris, Feinblau, Grünstichblau, Opalblau, Parmablau, Alkoholblau, Gentianablau, Spiritusblau, Lichtblau, Bleu lumière, Rosanilinblau) gelangten früher blaue Farbstoffe in den Handel, welche durch Erhitzen von Rosanilinen mit Anilin und etwas Benzoesäure oder von Diphenylamin mit Oxalsäure dargestellt werden und in chemischer Hinsicht als die salzsauren Salze phenylierter Rosaniline (meist Triphenylrosanilin) anzusprechen sind. Sie stellen grünlich glänzende Kristallnadeln oder dunkelrotbraune Pulver dar, welche in Wasser unlöslich, in Alkohol hingegen mit schön blauer Farbe löslich sind und in verschiedenen Farbtönen, rot- und grünstichig, geliefert werden. Die ersteren werden als Anilinblau R, RR usw., die letzteren als Anilinblau B, BB usw. bezeichnet. Dieses spritlösliche A. ist ein ziemlich echter, substantiver Farbstoff für Wolle und Seide. — Neuerdings bevorzugt man das wasserlösliche A., welches aus den Natriumsalzen gepaarter Sulfonsäuren des Triphenylrosanilins besteht und aus dem spritlöslichen A. durch Behandlung mit konzentrierter Schwefelsäure, Fällung mit Wasser und Auflösen in Natronlauge gewonnen wird. Je nach der angewandten Temperatur und der Dauer der Einwirkung können hierbei 1, 2 oder 3 Moleküle Schwefelsäure gebunden werden. Das früher allein gebrauchte wasserlösliche Anilinblau enthält 3 Moleküle Schwefelsäure und ist demnach das triphenylrosanilintrisulfosaure Natrium. Das 2 Moleküle Schwefelsäure enthaltende A. wird als Wasserblau O und 6B, Baumwollblau, Seideblau, Bayrischblau DSF und DBF oder Bleu marine, Bleu soluble bezeichnet und bildet dunkelblaue, kupferglänzende Stücke, welche sich in Wasser lösen. Die Lösung dient nach dem Ansäuern, wobei kein Niederschlag entsteht, zum substantiven Färben von Wolle und Seide. Auch kann der Farbstoff zum adjektiven Färben von Baumwolle benutzt werden. — Das triphenylrosanilinmonosulfosaure Natrium mit 1 Molekül Schwefelsäure wird, wenn es aus Rosanilin hergestellt wurde, als Alkaliblau oder Nicholsons Blau, wenn es aus Diphenylamin bereitet wurde, als Alkaliblau D bezeichnet. Beide sind blaue, wasserlösliche Pulver, mit denen man Wolle und Seide zunächst im schwach alkalischen Bade färbt, um darauf die freie Sulfosäure in schwach saurem Bade auf der Faser abzuscheiden.

Anilinfarben (frz. Couleurs d'aniline, engl. Aniline dyes) nannte man ursprünglich nur diejenigen künstlichen Farbstoffe, welche sich vom Anilin ableiteten, während zurzeit im gewöhnlichen Leben sowie im Handel und Verkehr alle künstlich hergestellten organischen Farbstoffe mit dieser Bezeichnung belegt werden. Näheres s. unter Teerfarben.

Anilingelb. Diesen Namen führen verschiedene Teerfarbstoffe. Das eigentliche A. besteht entweder aus salzsaurem oder aus oxalsaurem Amidoazobenzol und wird durch Einwirkung von Diamidoazobenzol oder Diazobenzolchlorid auf salzsaures Anilin dargestellt. Der Farbstoff ist in kaltem Wasser schwer, in heißem ziemlich leicht mit goldgelber Farbe löslich und wird durch Salzsäure rot.

Anilingrau. Unter diesem Namen finden sich im Handel verschiedene graue Farbstoffe, die gewöhnlich nur als Nebenprodukte bei der Herstellung andrer Anilinfarben, z. B. des Emeraldins, des Mauveïns u. a., gewonnen werden.

Anilinsalz (frz. Sel d'aniline, engl. Aniline salt). Im Chemikaliengroßhandel versteht man unter A. teils schwefelsaures, teils salzsaures Anilin (s. d.), welche sowohl in Kristall- als auch in Kuchenform in den Verkehr gelangen.

Anilinschwarz, einer der echtesten und wichtigsten Farbstoffe der Baumwollfarben, entsteht bei der Oxydation von Anilin mit chlorsaurem Kalium und etwas vanadinsaurem Ammonium und wird auf der Faser selbst erzeugt, indem man das Garn oder Gewebe mit einer Lösung des Anilinsalzes und der Oxydationsmittel tränkt. Statt des Vanadinsalzes kann auch Kaliumbichromat oder -persulfat, und statt des chlorsauren Kaliums auch Kaliumchromat, -permanganat, Bleisuperoxyd oder ein anderes Oxydationsmittel genommen werden. Der Farbstoff selbst, der in allen bekannten Lösungsmitteln unlöslich ist, kommt in Teigform in den Handel und findet im Zeugdruck beschränkte Anwendung. Er ist gegen Alkalien wie Säuren nahezu unveränderlich.

Anime (Flußharz, lat. Resina anime, frz. Animé, engl. Anime), ein früher offizinelles, jetzt nicht mehr gebräuchliches Harz aus der Rinde der in Westindien und Südamerika heimischen Burserazee Hymenaea courbaril, bildet gelbliche, leicht zerreibliche Stücke von schwach aromatischem Geruch, welche beim Kauen weich werden. Als ostindisches und afrikanisches A. kommt ein Harz unbekannter Abstammung in den Handel, welches eine rötlichgelbe Farbe und abweichenden Geruch besitzt. A. wird zuweilen mit dem Kopal verwechselt, weil die Engländer den Kopal Animi nennen, und findet zu Räucherzwecken sowie bei der Herstellung von Lack und Siegellack Anwendung.

Anis (Anissamen, Anisfrüchte, lat. Fructus anisi, frz. Anis vert, engl. Anise fruits), die Früchte der Anispflanze, Pimpinella Anisum, welche in ganz Süd- und Mitteleuropa angebaut wird, haben eine eiförmige Gestalt und bestehen aus den noch nicht getrennten Teilfrüchtchen der Pflanze. Sie sind grünlichgelb bis graugrün und mit äußerst zarten, kurzen, angedrückten Haaren bedeckt. An der Berührungsstelle erscheinen die beiden Teilfrüchte flach, am Rücken gewölbt. Ihren starken, aromatisch süßlichen Geruch und Geschmack verdanken sie einem ätherischen Öle (s. Anisöl), von dem je nach der Sorte 2—6 % vorhanden sind. In Deutschland wird A. hauptsächlich in der Gegend von Bamberg, Erfurt, Gotha und Magdeburg angebaut, außerdem liefern Spanien und Malta, hauptsächlich aber Südrußland, aus der Gegend von Charkow, große Mengen. Als wichtigstes Verfälschungsmittel sind bislang neben Sand und ähnlich aussehenden Früchten anderer Umbelliferen gedämpfte und extrahierte Anissamen beobachtet worden, während der bis zu $2^1/_2$ % betragende Gehalt der italienischen Ware an Schierlingsfrüchten als eine zufällige Verunreinigung aufzufassen ist. Diese gefährliche Beimengung läßt sich durch die Lupe sowie durch den beim Zerreiben und Übergießen mit Kalilauge auftretenden unangenehmen, betäubenden Geruch nachweisen. Anis findet als Zusatz bei verschiedenen Teespezies und Likören sowie als Gewürz Verwendung.

Anisaldehyd, Paramethoxybenzaldehyd, $CH_3O.C_6H_4.CHO$, eine farblose, nach blühendem Weißdorn und Kumarin riechende Flüssigkeit vom spez. Gew. 1,123 und dem Siedepunkt 248° wird durch Oxydation von Anethol dargestellt und in der Parfümerie angewandt.

Anisöl (lat. Oleum anisi, frz. Essence d'anis, engl. Oil of anise), das ätherische Öl des Anis, aus dem es durch Destillation mit Wasserdampf gewonnen wird, besitzt den eigentümlichen süßlichen Anisgeruch und -geschmack in hohem Grade, ist farblos bis gelblich und hat bei 20° C ein spez. Gew. von 0,980—0,990. Anisöl lenkt die Ebene des polarisierten Lichts schwach nach links ab (α_D bis —2°) und löst sich in 1,5 bis 3 Vol. 90 %igen Alkohols. In der Kälte erstarrt es zu einer schneeweißen, kristallinischen Masse, die bei 15° oder darüber zu schmelzen beginnt und sich bei 18—20° vollständig verflüssigt. Das Erstarren wird bedingt durch den Gehalt an Anethol (s. d.), das etwa 90 % des Anisöls ausmacht. Ein weiterer bemerkenswerter Bestandteil ist das dem Anethol isomere Methylchavicol (Estragol), das ebenfalls anisartig riecht, aber nicht den süßen Anisgeschmack besitzt. Als Destillationsmaterial dient hauptsächlich der russische Anis; er wird teils in Rußland auf Öl verarbeitet, teils zu diesem Zweck ausgeführt. Anisöl ist mancherlei Verfälschungen ausgesetzt, besonders häufig ist das Verschneiden mit Fenchelöl oder Fenchelstearopten, von dem aber selbst kleine Mengen sich durch die Rechtsdrehung verraten.

Anissäure (Methylparaoxybenzoesäure, lat. Acidum anisicum, frz. Acide anisique, engl. Anisic Acid) ist identisch mit der Umbellasäure, Badian- und Dragonsäure und entsteht durch Oxydation des Anisöls oder des in ihm enthaltenen Anethols mit Schwefelsäure und Kaliumdichromat in Form farbloser Kristalle, die bei 184° schmelzen und bei 275 bis 280° sieden. Sie löst sich in kaltem Wasser nur wenig, leichter in heißem Wasser und sehr leicht in Alkohol und Äther. A. findet als Antiseptikum und Antirheumatikum medizinische Anwendung an Stelle der Salizylsäure, vor welcher sie den Vorzug hat, nicht ätzend zu wirken und das Herz nicht zu schwächen.

Annaline (Annalith), Fabrikname für feingemahlenen Gips, wie er als Füllmaterial zuweilen in der Papierherstellung verwandt wird.

Anthion, eine wäßrige Lösung von Kaliumpersulfat, wird in der Photographie benutzt, um die letzten, nicht mehr auswaschbaren Reste von Fixiernatron aus Platten und Papieren zu entfernen.

Anthrachinon (Oxanthrazen, Anthrazenuse), $C_6H_4(CO)_2C_6H_4$, wird durch Oxydation des Anthrazens mit chromsaurem Kalium und Schwefelsäure dargestellt und bildet gelbe, prismatische Kristalle, welche unlöslich in Wasser und wenig löslich in Alkohol, Äther und Benzol sind. Mit kalter konzentrierter Schwefelsäure gibt A. eine gelbe Lösung, aus welcher es durch Wasser in weißen Flocken gefällt wird. Der Schmelzpunkt liegt bei 275° C, doch fängt es schon vorher an zu sublimieren. Das A. dient zur Bereitung des künstlichen Alizarins.

Anthranilsäure, o-Amidobenzoesäure, $C_6H_4.(NH_2)COOH$, entsteht beim Kochen von Indigo mit Kalilauge und wird durch Behandlung von Phtalimid mit unterchlorigsaurem Natrium oder von Nitrotoluolsulfosäure mit Alkalilauge und nachfolgende Reduktion fabrikmäßig dargestellt. Als Ausgangsmaterial dient die als Nebenprodukt der Saccharinherstellung abfallende o-Toluolsulfosäure. A. bildet farblose, in Wasser und Alkohol leicht lösliche Nadeln vom Schmelzpunkt 145°, und findet zur Herstellung des künstlichen Indigos praktische Anwendung. Ihr Methylester bildet einen Bestandteil des Neroliöls und dient zur Herstellung künstlicher Parfüms.

Anthrarobin (Desoxyalizarin, lat. Anthrarobinum), die Leukoverbindung des Alizarins, wird durch Behandlung des letzteren mit Ammoniak und Zinkstaub und nachfolgende Fällung mit Salzsäure als gelblichweißes Pulver erhalten, das in Wasser unlöslich ist, sich aber in Alkohol und noch leichter in Alkalilauge löst und in gut verschlossenen Gefäßen, an trockenen Orten aufbewahrt werden muß. Man benutzt es äußerlich gegen hartnäckige Hautkrankheiten an Stelle des Chrysarobins, vor dem es den Vorzug hat, keine Hautentzündungen zu erzeugen. Falls, wie meist üblich, das käufliche Alizarin (Gelb- oder Blaustich) zur Darstellung benutzt wird, enthält das Präparat noch die Leukoverbindungen des Anthra- und Flavopurpurins, die jedoch dieselbe Wirkung haben wie das A.

Anthrazen (lat. Anthracenum, frz. Anthracène, engl. Anthracen), ein im Steinkohlenteer enthaltener Kohlenwasserstoff, $C_{14}H_{10}$, der in großen Mengen zur Herstellung des künstlichen Alizarins verwendet wird. Zur Gewinnung des A. wird der über 270° C übergehende Teil des Steinkohlenteers (Green oil) gesondert aufgefangen und die Destillation bis gegen 400° hin fortgesetzt. Beim Erkalten des Destillats scheidet sich das rohe A. als kristallinische Masse (Green grease) ab und wird durch Pressen von dem flüssigen Teile des Destillates, welcher als Schmieröl Benutzung findet, getrennt. Durch wiederholte Destillation und Behandlung mit Ligroin weiter gereinigt, kommt das A. als hellgelbe kristallinische Masse in den Handel. Sie ist für die Alizarinfabriken genügend rein, enthält 60—90% reines A. und wird Rohanthrazen genannt. Ganz reines A. bildet glänzende, weiße, blätterige Kristalle mit blauer Fluoreszenz, schmilzt bei 213° C, fängt aber schon früher an, sich zu verflüchtigen. Bei ungefähr 360° sublimiert die ganze Masse unverändert. In Wasser ist das A. unlöslich, in kaltem Alkohol wenig, etwas mehr in kochendem Alkohol löslich. Die Gehaltsprüfung und Wertbestimmung erfolgt durch Überführung des A. in Anthrachinon. Die Zahl der Stoffe, welche das rohe A. verunreinigen, ist ziemlich groß. Vor allem finden sich Methylanthrazen, Fluoren, Azenaphten, Diphenyl, Naphthalin, Phenanthren, Karbazol, Akridin, Fluoranthen, Chrysen und Chrysogen. Der Gehalt an A. im Steinkohlenteer beträgt 1—1½%, von dem jedoch gewöhnlich nur die Hälfte gewonnen wird. Deutschland führte im Jahre 1896 an 6000 t, im Jahre 1913 nur noch höchstens 1000 t A. ein.

Anthrazenblau, Hexaoxyanthrachinon, entsteht beim Schmelzen von Dinitroanthrachinon mit Schwefelsäure, Borsäure und Schwefelsesquioxyd als ein dunkles, metallglänzendes Pulver, welches in Alkohol mit roter, gelb fluoreszierender, in Natronlauge mit blauer, in konz. Schwefelsäure mit violettblauer, braunrot fluoreszierender Farbe löslich ist. Der Farbstoff findet wegen seines echten, tiefblauen Chromlacks in der Wollfärberei Anwendung.

Anthrazenbraun. Dieser bisweilen fälschlich auch Alizarinbraun genannte Farbstoff ist ein Trioxyanthrachinon (Anthragallol) und entsteht bei der Behandlung von Gallussäure und Benzoesäure mit konz. Schwefelsäure, oder von Phtalsäure mit Zinnsalz als ein braunes, in Wasser unlösliches Pulver vom Schmelzpunkte 310°, welches sich in Alkohol, Äther und Eisessig mit bräunlichgelber, in Natronlauge mit grüner, in konz. Schwefelsäure mit bräunlichroter Farbe löst. A. kommt meist in Form einer Paste in den Handel, welche als echtester brauner Beizenfarbstoff, zum Färben und Drucken von Wolle und Baumwolle, Anwendung findet.

Anthrazenfarbstoffe. Unter diesem Namen fassen Möhlau und Bucherer zu der 6. Klasse der Teerfarben eine große Zahl von Verbindungen zusammen, welche alle vom Anthrachinon, $C_6H_4(CO)_2C_6H_4$, abgeleitet werden können. Je nach dem Eintritt von Hydroxyl-, Amino- oder anderen Gruppen unterscheidet man folgende sechs Abteilungen: I. **Oxyanthrachinonfarbstoffe** enthalten 2—6 Hydroxylgruppen und zerfallen demnach in Di-, Tri- bis Hexaoxyanthrachinonfarbstoffe. Der wichtigste Dioxyanthrachinonfarbstoff, das Alizarin und die von ihm abgeleiteten Alizarinfarbstoffe, sind in besonderen Abschnitten besprochen. Ein weiteres Glied dieser Gruppe, das Purpuroxanthin, bildet einen Bestandteil des natürlichen Krapps (s. d.). Von den Trioxyanthrachinonfarbstoffen seien angeführt das Anthragallol, s. unter Anthrazenbraun, das Purpurin, Iso- und Flavopurpurin (s. Alizarin). Ein Tetra-O. ist Alizarinbordeaux (s. d.) und das von ihm abgeleitete Alizaringrün (s. d.); ein Penta-O. das Alizarinzyanin (s. d.) und sein Chinolinderivat, das Alizarinindigblau, ein Hexa-O. das Rufigallol und sein Chinon, das Anthrazenblau (s. d.). II. **Aminooxyanthrachinonfarbstoffe** entstehen bei der Einwirkung von Ammoniak auf Polyoxyanthrachinone. Zu ihnen gehören Alizarinzyanin G, Alizarinsaphirol B, Alizarinirisol und Alizarinviridin. III. **Arylaminoanthrachinonfarbstoffe** leiten sich von den Gliedern der vorigen Reihe ab durch Eintritt verschiedener Substituenten wie Halogen, Schwefelsäure-, Salpetrigsäure-Rest., in die Aminogruppe. So ist das Alizarinblau GG ein bromiertes Diaminooxyanthrachinon, in welchem ein Wasserstoffatom der Aminogruppe durch den Rest $SO_3HC_6H_3.CH_3$ ersetzt ist. Das Alizarinzyaningrün enthält diesen Rest zweimal. IV. **Dihydroanthrachinonazine** entstehen bei der Kalischmelze von Aminoanthrachinon, wobei sich 2 Moleküle der letzteren zu einem vereinigen. Als wichtigster Vertreter ist das Indanthren (s. d.) von der Formel $C_6H_4.(CO)_2.C_6H_2.(NH)_2.C_6H_2.(CO)_2.C_6H_4$ anzuführen. V. **Benzanthrenfarbstoffe.** VI. **Anthrachinonpyridonfarbstoffe** werden aus Bromanthrachinon durch Einwirkung von Methylamin, nachfolgendes Azetylieren und Kondensieren hergestellt. Sie führen die Namen Algolrot, Algolgrün, -blau, -braun und dienen zur Herstellung sehr echter Färbungen.

Anthrazit, eine aus mehr als 90% Kohlenstoff bestehende Steinkohle, welche in besonderen Feuerungen verbrannt, nicht aber zur Herstellung von Gas und Koks benutzt werden kann.

Anthrophore, elastische Stäbchen aus einer kautschuküberzogenen Kupferspirale, welche von C. Stephan-Dresden hergestellt werden und zur medikamentösen Behandlung von Schleimhäuten der Harnröhre, der Nase, des Uterus usw. ausgedehnte Anwendung finden. Die wirksame Substanz wird im Gemisch mit Gelatine als Überzug auf den A. angebracht.

Antichlor. Mit diesem Namen belegt man solche Salze, welche zur Entfernung der letzten Anteile Chlor dienen, die in den der Chlorbleiche unterworfenen Geweben hartnäckig zurückgehalten werden und deren Haltbarkeit beeinträchtigen können. Als A. benutzt man entweder unterschwefligsaures Natron oder neutrales schwefligsaures sowie auch saures schwefligsaures Natron. Die beiden letztgenannten Salze haben vor dem ersteren den Vorteil, daß sie bei der Zersetzung durch Chlor keinen Schwefel abscheiden, der sich leicht in dem Gewebe festsetzt, sind dagegen weniger haltbar sowie auch weniger ausgiebig. Neuerdings hat man auch das salpetrigsaure Natron als A. empfohlen, welches dem unterschwefligsauren Natron in seiner Wirksamkeit wenig nachsteht, ferner Wasserstoffsuperoxyd und Ammoniak.

Antifex, ein Mittel, welches angeblich die Haltbarkeit der Glühstrümpfe erhöhen soll, wirkt nach der Untersuchung der Gasanstalt Bielefeld im Gegenteil ungünstig auf die Haltbarkeit und verringert auch die Leuchtkraft. Auf Grund der chemischen Analyse, welche als Bestandteil Silikate des Natriums, Magnesiums, Kalziums neben geringen Mengen Blei, Aluminium und Eisen ergab, ist das Mittel jedenfalls als feingepulvertes Glas anzusprechen.

Antifebrin, Azetanilid, Phenylazetamid, $C_6H_5 . NH . CO . CH_3$, ein weißes geruchloses Kristallpulver (Blättchen) von schwach brennendem Geschmack, fast unlöslich in kaltem Wasser, leicht löslich in Alkohol, Äther und Chloroform, schmilzt bei 113°, siedet bei 304° und reagiert neutral. Es wird dargestellt durch Kochen von Anilin mit Eisessig, Abdestillieren und Umkristallisieren aus siedendem Wasser. Anwendung als Fiebermittel. Vorsichtig aufzubewahren!

Antifloral, ein gegen Erkrankung der Schleimhäute, weißen Fluß usw. angepriesenes Geheimmittel, besteht aus einem Gemisch von Karbolsäure mit $4^1/_2$ % Wasserstoffsuperoxyd.

Antiformin, eine konz. alkoholische Lösung von Natriumhypochlorit (s. Eau de Javelle) wird als bakterienauflösendes Desinfektionsmittel empfohlen.

Antihydropin, der in kristallinischer Form abgeschiedene wirksame Bestandteil der Küchenschabe (Blatta orientalis), wird wie diese gegen Wassersucht verordnet.

Antikaustikum, ein zur Entfernung der Buchdruckerschwärze von den Lettern benutztes, stark konzentriertes Natronwasserglas.

Antimerulion. Gegen Hausschwamm benutztes Präparat aus Wasserglas, Borsäure und Kochsalz.

Antimon, Sb = 119,9 (Spießglanzmetall, lat. Stibium, Antimonium, frz. Antimoine, engl. Antimony), findet sich in der Natur nur sehr selten als gediegenes Metall, ziemlich häufig hingegen, an Schwefel oder Sauerstoff gebunden, in Form von Erzen. Das wichtigste Antimonerz, der Grauspießglanz (Antimonglanz, Antimonit), in chemischer Hinsicht Antimontrisulfid, Sb_2S_3, bildet strahligkristallinische Massen von starkem, bläulichgrauem Metallglanz, welche hauptsächlich von China, Australien, Zeylon und Kanada über England in den Handel kommen. Geringere Mengen finden sich in Böhmen, Kärnten, Frankreich und Spanien sowie im Harz und bei Freiberg und Roßwein im Erzgebirge. Das völlig arsenfreie Mineral von Liptau und Rosenau in Ungarn sowie von Schleiz wird für medizinische Zwecke benutzt. Die reinsten Vorkommnisse des Schwefelantimons bilden im gemahlenen Zustande an sich einen Handelsartikel. Aus unreinerem Material saigert man die leicht schmelzbare Verbindung zunächst aus und läßt die abfließende Erzmasse in Schüsseln zu brotförmigen Stücken erstarren, die das Antimonium crudum oder Stibium sulfuratum der Drogisten bilden. Zur Gewinnung des metallischen Antimons wird das Mineral unter Zusatz alkalischer Flußmittel mit Eisenabfällen geschmolzen, wobei der Schwefel an das Eisen geht und das A. sich am Boden des Schmelztiegels ansammelt. Noch vorteilhafter scheint eine neuere elektrolytische Methode zu sein. Aus der Sauerstoffverbindung des A., welche als Senarmontit von Borneo und Algier nach England und Frankreich verschifft wird, erhält man das Metall durch Reduktion mit Soda und Kohle. Das nach einem oder dem anderen Verfahren gewonnene Rohantimon kommt als Regulus Antimonii oder Regulus schlechthin in den Verkehr und wird zur Herstellung von Letternmetall, Britannia, sowie, mit Kupfer legiert, zu Achsenlagern von Lokomotiven und Dampfmaschinen benutzt. Für medizinische Zwecke muß das A. noch weiter gereinigt und von den geringen Beimengungen von Arsen, Eisen und Blei befreit werden. — Das reine A. ist ein bläulichweiß glänzendes, blättrig-kristallinisches Metall, welches sich wegen seiner Sprödigkeit pulverisieren läßt. Das Atomgewicht beträgt 119,9, das spez. Gew. 6,71—6,72. An der Luft hält es sich unverändert blank, schmilzt bei 430° und verdampft bei lebhafter Rotglut unter teilweiser Oxydation. Von Salzsäure und Schwefelsäure wird A. nicht angegriffen, Salpetersäure oxydiert es zu weißem Antimonoxyd, und Königswasser löst es glatt auf.

Antimonbutter (lat. Butyrum Antimonii, frz. Beurre d'antimoine) ist der Handelsname des trocknen Antimonchlorids (Antimontrichlorid, Stibium chloratum), $SbCl_3$, welches durch Auflösen von Grauspießglanz in Salzsäure, Verdampfen und nachfolgende Destillation oder geradezu durch Destillation von Antimon mit Quecksilberchlorid in Form einer weißen kristallinischen, an der Luft rauchenden Masse von butterähnlicher Konsistenz erhalten wird. Die nicht destillierte Lösung des Antimonglanzes in Salzsäure führt die Bezeichnung flüssige A. (flüssige Spießglanzbutter, lat. Liquor Stibii chlorati oder muriatici, frz. Chlorure antimonieux liquide, engl. Solution of Antimonious Chloride) und bildet eine, gewöhnlich durch etwas Eisen gelblich gefärbte, ätzende, giftig wirkende Flüssigkeit, welche beim Verdünnen mit viel Wasser einen weißen Niederschlag von Antimonoxychlorür (Algarotpulver) abscheidet. Auf Zusatz von Natriumthiosulfat zu flüssiger A. entsteht ein orangeroter Niederschlag, der beim Waschen mit Sodalauge rein weißes Antimonoxyd (Stibium oxydatum album, Antimonium diaphoreticum album), das Ausgangsmaterial für die Herstellung des Brechweinsteins hinterläßt. Feste und flüssige A. dient zum Brünieren der Gewehrläufe, zum Beizen von Silber, als Ätzmittel sowie zur Herstellung von Antimonoxyd, Antimonzinnober und anderer technischer und pharmazeutischer Antimonpräparate.

Antimongelb, ein Gemisch von antimonsaurem Blei mit überschüssigem Bleioxyd, bildet eine wertvolle Malerfarbe, welche den Vorzug der Glühbeständigkeit besitzt und daher auch in der Porzellanmalerei benutzt werden kann. Es wird dargestellt durch Rösten von Bleiantimonlegierungen, ferner von pulverisiertem Antimon mit Mennige und weinsaurem Kalium, von Bleiweiß mit antimonsaurem Kalium und Salmiak sowie nach verschiedenen anderen Methoden. Die im Handel auch als Neapelgelb oder Neapolitanische Erde geführte Farbe besitzt gute Deckkraft, ist aber gegen Schwefelwasserstoff empfindlich und unterliegt den für Bleifarben (s. d.) erlassenen Vorschriften.

Antimonoxalat (Oxalsaures Antimonkali, kleesaures Antimonoxydkali, Kaliumantimonoxalat), ein Doppelsalz aus Kalium- und Antimonoxalat, bildet kleine, weiße Kristallnadeln und wird als Ersatz für Brechweinstein in der Zeugdruckerei und Färberei verkauft, kann diesen aber nicht in allen Fällen ersetzen.

Antimonzinnober, eine rote Farbe, die als Ersatz für Zinnober empfohlen wird und aus einer Verbindung von Dreifach-Schwefelantimon mit Antimonoxyd besteht, entsteht beim Vermischen von unterschwefligsaurem Natron mit einer Lösung von Antimonbutter in der Siedehitze als ein rotes, in Wasser unlösliches Pulver, welches sich am besten für Ölanstriche eignet. Als Wasserfarbe für Kalkwände kann A. nicht benutzt werden, da die Farbe hierbei verändert wird. Vom echten Zinnober unterscheidet er sich leicht beim Übergießen mit Salzsäure, wobei er unter Entwicklung von Schwefelwasserstoff zerstört wird, während der echte Zinnober unverändert bleibt.

Antinervin, eine von Dr. Radlauer in den Handel gebrachte Mischung von 25% Bromammonium, 25% Salizylsäure und 50% Azetanilid gegen Fieber, Neuralgie usw.

Antinonnin. Rotbraune Paste aus Seife und Glyzerin mit etwa 50% o-Dinitrokresolkalium, die in Form ihrer wäßrigen Lösung als Mittel gegen Hausschwamm zum Imprägnieren und Anstreichen von Holz Verwendung findet.

Antinosin, das Natriumsalz des Nosophens (s. d.), ein blaues, wasserlösliches Kristallpulver, wird bei der Wundbehandlung an Stelle des Jodoforms sowie bei Diphtherie benutzt.

Antipyrin, Phenyldimethylpyrazolon, $C_6H_5(CH_3)_2N_2C_3HO$, wurde zuerst von Knorr durch Erhitzen von Phenylhydrazin mit Azetessigester und nachfolgende Behandlung des Reaktionsproduktes mit Jodmethyl und Methylalkohol hergestellt. Es bildet farblose, glänzende Blättchen, die bei 113° schmelzen, in Wasser, Alkohol und Chloroform leicht, in Äther etwas schwerer lsölich sind. Durch Eisenchlorid wird in der stark verdünnten Lösung eine tiefrote, durch salpetrige Säure eine blaugrüne Färbung erzeugt. Das A. gehört zu den wertvollsten Fiebermitteln und wird auch gegen Gelenkrheumatismus und Neuralgie mit Erfolg verordnet. Von den Derivaten des Antipyrins wird die Verbindung mit Salizylsäure, das Salipyrin, wie das A. selbst angewandt, während die Jodverbindung, das Jodopyrin, die vereinigte Wirkung des A. und des Jods zeigen soll. Weitere Derivate s. unter Azetopyrin, Migränin, Tussol.

Antirheumin (Antirheumatin, Fluorrheumin) ist eine Fluorphenetol und Fluordiphenyl enthaltende Vaseline, die zu Einreibungen gegen Rheumatismus und Influenza empfohlen wird.

Antirheumol, ein Salizylsäureglyzerinester, wird durch Erhitzen von Salizylsäuremethylester und Glyzerin bei Gegenwart von Natriumazetat dargestellt und als Rheumatismusmittel angewandt.

Antisepsin oder Asepsin, p-Bromazetanilid, wird als Antipyretikum empfohlen.

Antiseptin, ein aus Zinksulfat, Zinkjodid, Thymol und Borsäure bestehendes Antiseptikum, welches seinerzeit von B. Fischer sehr abfällig beurteilt worden ist.

Anytin, ein gereinigtes Ichthyolpräparat, welches die Fähigkeit besitzt, mit gewissen in Wasser schwer löslichen Stoffen, wie Kampfer, Eukalyptusöl und anderen ätherischen Ölen leicht lösliche Mischungen (Anytole) zu bilden.

Aouaraöl (Tukumöl), ein dem Palmöl nahestehendes, zinnoberrotes Fett von der Tukumpalme (Astrocarpium vulgare), welches in der Seifenherstellung Anwendung findet.

Apatit, ein im wesentlichen aus phosphorsaurem Kalzium mit geringen Mengen Fluor oder Chlor bestehendes Mineral, welches entweder in Form gut ausgebildeter Kristalle (z. B. der blaßgrüne Spargelstein), feinfaseriger dichter Abarten (Phosphorit), oder erdiger Massen (Osteolith) auftritt. Hauptfundorte: Spanien, Kanada, Norwegen, Rußland usw. Nach der Aufschließung mit Schwefelsäure liefert der gegen 40% Phosphorsäure enthaltende A. ein wertvolles Düngemittel. (Superphosphat.)

Apenta, ein künstliches Bitterwasser, welches vorwiegend Sulfate des Magnesiums und Natriums (3,9 g in 1 l) neben geringen Mengen Gips, Kochsalz und Soda sowie Spuren Eisen und Kieselsäure enthält.

Apfelbaumholz. Das sehr harte, hellbraune Holz nimmt eine schöne Politur an und wird zur Herstellung von Möbeln und kleineren Gegenständen, wie Hobelgestellen, Werkzeuggriffen usw. verwendet.

Apfelsinen (Orangen, Pomesinen, süße Pomeranzen, Sinaäpfel, frz. Oranges douces, Pommes de Chine, engl. China oranges) sind die Früchte von Citrus sinenses, eines ursprünglich in China heimischen Baumes, dessen Kultur sich jetzt über zahlreiche warme Länder verbreitet hat. Die ersten A. sollen im Jahre 1548 von China nach Lissabon gebracht worden sein, während zurzeit Italien, Spanien, Portugal, die Azoren, Westindien, Kapland, Kalifornien als Haupterzeugungsländer in Frage kommen. Die kugelrunden, oft etwas abgeplatteten Früchte sind von einer hellgelben bis dunkelrotorangen Schale umgeben, welche ein wohlriechendes ätherisches Öl, das Apfelsinenöl, enthält. Darunter folgt eine weiße, schwammige Schicht, die Pulpa, aus welcher ein weißer, kristallisierbarer Bitterstoff, das Hesperidin, abgeschieden worden ist, und schließlich das saftige Fruchtfleisch, welches seinen säuerlichsüßen Geschmack einem Gehalte an rund 1 % Zitronensäure und 5—6 % Zucker verdankt. Mit zunehmender Reife wächst der Zuckergehalt und der süße Geschmack. Als Zeichen der Güte gilt dünne Schale und hohes Gewicht, doch gibt es auch eine sehr geschätzte kleine Sorte mit gelbroter Schale und rotem Fleisch, die erst im vorigen Jahrhundert bei uns bekannt gewordene Mandarinenorange oder Blutapfelsine. Die A. werden in Kisten versandt und zur Herstellung von Marmelade benutzt, meist aber roh verzehrt. Als beste Sorten gelten die von Malta, Genua und dem Gardasee.

Apfelwein (Äpfelwein, Cider, frz. Cidre, engl. Cyder), die wichtigste Sorte Obstwein, wird aus dem ausgepreßten Safte der Äpfel durch Gärung gewonnen. Während aber bei der Traubenweinbereitung mit wenig Ausnahmen der edelste Wein da erzielt wird, wo jede Sorte für sich gesondert gekeltert wird, ist bei der Bereitung des A. die Benutzung verschiedener Sorten geradezu Erfordernis für die Erzielung eines guten Produkts. Das Obst wird zerrieben und der Troß genannte Brei nach 12—48 Stunden langem Stehen in bedeckten Kufen ausgepreßt, worauf die Gärung von selbst eintritt. 100 kg Äpfel geben 70 bis 120 l Most. Zur Ausgleichung des Geschmacks ist der Zusatz geringer Mengen Wasser und Zucker zulässig, hingegen ist die Verwendung der in den Ausführungsbestimmungen zu § 10 des Weingesetzes vom 7. April 1909 aufgeführten Stoffe, insbesondere von löslichen Aluminiumsalzen, Bariumverbindungen, Borsäure, Glyzerin, Salizylsäure, unreinem Stärkezucker, Teerfarben usw. verboten (s. Wein). Der A. ist selten länger als sieben Jahre haltbar, wird aber gewöhnlich schon binnen Jahresfrist genossen und in Fässern versandt. Einen besonderen Ruf genießt der Frankfurter A. Die hauptsächlichsten Erntegebiete sind Hessen, Württemberg, Baden und neuerdings auch Sachsen, im Auslande die Schweiz, England, Normandie und Pikardie.

Apiol, der kristallinische, kampferartige Bestandteil aus dem ätherischen Öl der Petersilienfrüchte, welcher bei 30° schmilzt und bei 294° unzersetzt siedet, ist in Wasser unlöslich, leicht löslich in Alkohol, Äther und fetten Ölen, besitzt schwachen Petersiliengeruch und findet therapeutische Anwendung gegen Wechselfieber als Ersatz des Chinins und gegen Menstruationsbeschwerden.

Apollinaris, das bekannte kohlensaure Mineralwasser der Apollinarisquelle bei Remagen, welche nach Mitteilungen des „Mineralwasserfabrikant" 1901, Nr. 38 einer rein englischen A.-G. oder ihrer Tochtergesellschaft gehört. Das Wasser, welches in ungeheuren Mengen, besonders nach England, versandt wird, in Deutschland aber, weil es enteisent und mit Kohlensäure gesättigt wird, nicht als natürliches Mineralwasser bezeichnet werden darf, enthält in 1 kg 2,676 g gelöste Stoffe, nämlich 1,3521 g Natriumbikarbonat, 0,3755 g Kalziumbikarbonat, 0,5756 g Magnesiumbikarbonat, 0,0167 g Ferrobikarbonat, 0,3765 g Natriumchlorid, 0,2126 g Natriumsulfat und 0,0137 g Kieselsäure.

Apomorphin (lat. Apomorphinum, frz. Apomorphine, engl. Apomorphin), ein Zersetzungsprodukt des Morphins, entsteht aus diesem durch Einwirkung heißer überschüssiger Salzsäure unter Druck als weiße kristallinische Masse, welche an der Luft bald grün wird und sich in Äther und Benzol mit roter, in Chloroform mit violetter Farbe löst. Das A. ist eines der heftigsten Brechmittel und äußert diese Wirkung schon beim Einspritzen unter die Haut. Zu medizinischen Zwecken verwendet man gewöhnlich das Chlorwasserstoffapomorphin (salzsaures A., lat. Apomorphinum muriaticum s. hydrochloricum).

Aprikosen (Marillen, Maletten, frz. Abricots, engl. Apricots), die Steinfrüchte des Aprikosenbaums, Prunus armeniaca oder Armeniaca vulgaris, eines in Armenien, China und Japan einheimischen Baumes, der in Italien, Deutschland, Österreich, Frankreich angebaut wird, besitzen eine sammetartig behaarte Schale und eine meist kugelförmige Gestalt (Muskateller- und Mandel-A.), doch gibt es auch plattgedrückte und eiförmige Sorten (Pfirsich-A.). Von der großfrüchtigen, spätreifenden echten A. unterscheidet man die einseitig gefurchten, auf der Sonnenseite geröteten Früchte von gelber Grundfarbe; sie haben ein charakteristisches Aroma und enthalten an Geschmackstoffen neben 6—7 % Zucker etwa 1 % freier Säure, welche sich in wechselnder Menge aus Zitronensäure und Äpfelsäure zusammensetzt. Sie müssen zur Vermeidung von Verletzungen einzeln gepflückt (nicht geschüttelt) werden und dienen, abgesehen von den frisch in den Handel kommenden, zur Herstellung von Marmelade, Dörrobst (s. d.) und, besonders in England, auch von Aprikosenwein.

Aprikosenäther, ein in der Konfektfabrikation benutzter künstlicher Fruchtäther, der aus einer alkoholischen Lösung von Chloroform, Buttersäureäthyl- und -amylester und einigen anderen Riechstoffen besteht.

Aprikosenkerne oder -steine, die Steinkerne der A., welche einen nicht unwichtigen Handelsartikel von zunehmender Bedeutung bilden, besitzen eine eirunde, seitlich zusammengedrückte Gestalt und sind an einer Seite mit Kante versehen. Sie umschließen innerhalb ihrer harten Schale einen süßen oder bitteren Samenkern, der den Mandeln ähnlich, aber zum Unterschiede von diesen wesentlich kleiner, ungefähr so lang wie breit und flach herzförmig ist und nicht eine rauhe (schilferige), sondern glatte Oberfläche besitzt. Die A. enthalten etwa 40 bis 50 % eines fetten Öls, die bitteren können auch zur Herstellung eines dem Bittermandelöl ähnlichen ätherischen Öles (durch Destillation) benutzt werden. In der Hauptsache finden sie als sog. „Mandelersatz" in der Konditorei sowie zur Verfälschung von Marzipan Verwendung. Der Nachweis gelingt mit Hilfe der mikroskopischen

Untersuchung, sowie gewisser Reaktionen des fetten Öls. A. werden von Italien und Kleinasien aus, teils mit, teils ohne Schalen versandt, von Damaskus allein jährlich 40—50000 Säcke, und kommen auch als Abfallprodukt der deutschen Marmeladefabriken in den Handel.

Aprikosenkernöl, das durch Pressen aus den Samen der Aprikosen gewonnene fette Öl von hellgelber Farbe und dem spez. Gew. 0,921, steht in chemischer Hinsicht dem Mandelöl (s. d.) sehr nahe, von welchem es sich nur durch den niedrigeren Erstarrungspunkt und mehrere Farbenreaktionen unterscheidet, und wird daher zur Verfälschung des letzteren benutzt. In Ostindien soll es unter dem Namen Chooli-ki-tel und Badani-Kohel als Speise-, Brenn- und Haaröl benutzt werden.

Aptá (Maloo), der Bast mehrerer ostindischer Bäume der Gattung Bauhinia, namentlich B. racemosa, B. purpurea, B. scandens, B. parviflora, läßt sich in grobe, mehrere Zentimeter lange Fasern zerreißen und wird seit langer Zeit zur Herstellung von Seilen, Tauen, Fischernetzen und größeren Geweben benutzt. Die tiefroten Bauhiniafasern zeichnen sich durch ihre außerordentliche Festigkeit und Widerstandskraft gegen Wasser aus und sind gleichzeitig sehr biegsam.

Aqua amygdalarum amararum (Bittermandelwasser, frz. Eau d'amandes amères, engl. Bitter almonds water), eine wäßrig spirituöse Lösung von Blausäure und Bittermandelöl, welche durch Destillation der vom fetten Öl befreiten bitteren Mandeln im Wasserdampfstrome gewonnen wird und als Mittel gegen Hustenreiz, Asthma usw. ausgezeichnete Dienste leistet.

Aracacha (Arakatscha, Apios) nennt man die rübenartigen Wurzelknollen der Umbellifere Aracacha esculenta, welche im nördlichen Teile Südamerikas angebaut werden und dort einen nicht unbedeutenden Handelsartikel bilden. Die Knolle wird wie Kartoffeln genossen und zur Darstellung des Stärkemehls benutzt.

Aräometer (Senkwagen, frz. Aréomètres, engl. Areometers) sind Instrumente, mit denen man die Dichte oder das spezifische Gewicht von Flüssigkeiten ermitteln kann. Sie beruhen auf dem Prinzip, daß ein schwimmender Körper in eine Flüssigkeit so tief einsinkt, bis die von ihm verdrängte Flüssigkeitsmenge gerade so viel wiegt, wie er selbst. In einer leichteren Flüssigkeit muß daher ein schwimmender Körper tiefer einsinken, als in einer dichteren. Man unterscheidet Gewichtsaräometer und Volumen- oder Skalenaräometer, von denen letztere für die Praxis allein in Betracht kommen. Sie bestehen aus oben und unten zugeschmolzenen Glaszylindern, die am unteren Ende mit einer Quecksilber enthaltenden Kugel versehen sind. Die Gradeinteilung zeigt entweder direkt das spezifische Gewicht an, oder besteht aus einer willkürlichen Skala (nach Baumé, Cartier, Beck). Bei den besseren A. ist zugleich ein Thermometer mit eingeschmolzen. Für die verschiedenen Zwecke der Praxis sind besondere A., so Ätherwagen, Spirituswagen oder Alkoholometer (s. d.), Mostwagen, Milchwagen, Saccharometer oder Würzewagen konstruiert worden. Fabrikmäßig werden die A. in dem Thüringer Walde, z. B. in Stützerbach, Manebach, Mellenbach sowie in Berlin gefertigt.

Aranzini nennt man in Italien die kleinen bitteren, unreifen Pomeranzen, welche unzerschnitten in Zucker eingemacht und in Schachteln versandt werden. Die gleiche Bezeichnung führen in kleine Scheibchen geschnittene und in Zucker eingelegte Apfelsinenschalen, die als eine Art Konfekt in den Handel kommen. Daß es bei ihrer Herstellung nicht immer ganz appetitlich zugeht, lehrt das Urteil des Obersten Österreichischen Gerichtshofes vom 2. März 1909, welches wegen Verwendung der auf der Straße aufgelesenen Orangenschalen Verurteilung aussprach.

Arariba (lat. Cortex araribae, frz. Ecorce d'araribe, engl. Arariba-bark) ist die rote Rinde von Arariba rubra, einem in Brasilien heimischen, zu den Zinchoneen gehörigen Baume, welche medizinische Anwendung findet. Das Holz des gleichen Baumes, Araribaholz oder Irisbe rosa, welches anfangs gelblich erscheint, an der Luft aber allmählich feuerrot wird, benutzt man in der Kunsttischlerei.

Araroba (Arraroba, Bahia-Pulver, Goa-Pulver, Poudre de Goa, Chrysarobinum crudum), ein in den Drogenhandel eingeführtes Mittel gegen Hautflechten, besteht aus dem pulverförmigen Sekrete eines in den brasilianischen Provinzen Bahia und Sergipe heimischen und dort Angelica amargosa (Andira araroba Ap.) genannten Baumes. Zu seiner Gewinnung fällt man die älteren Stämme, deren gelbes und sehr poröses Holz von zahlreichen Längsfurchen durchsetzt ist, und kratzt das darin befindliche gelbe Pulver, welches an der Luft bald braun wird, heraus. Es ist durch Oxydation aus dem Harze der Bäume entstanden und besteht zu 60—80% aus Chrysarobin (s. d.), während der Rest auf Glykose, Arabin, Bitterstoff, Harz, Zellulose und Mineralbestandteile entfällt. Infolge der Gewinnungsweise ist die Araroba meist durch Pflanzen- und Mineralstoffe verunreinigt, zu deren Entfernung sie zunächst gesiebt und dann mit heißem Benzol ausgezogen wird. Bei der Verarbeitung ist aber wegen der heftigen Einwirkung auf die Schleimhäute der Augen sowie der Mund- und Nasenhöhle, Vorsicht geboten. A. wird nur äußerlich in Form von Collodium chrysarobinatum oder von Salben gegen Hautkrankheiten verordnet. — Neben der vorstehenden echten A. kommt auch das Rindenpulver des gleichen Baumes in den Handel, welches jedoch eine weit geringere Wirksamkeit zeigt.

Arbutin (lat. Arbutinum, frz. Arbutine, engl. Arbutin), ein in den Blättern der Bärentraube, Arbutus uva ursi, enthaltenes Glykosid, bildet geruchlose, feine weiße Kristallnadeln, die bei 167—168° C schmelzen und sich bei höherer Temperatur zersetzen. Es löst sich in 8 Teilen kaltem oder 1 Teil siedendem Wasser sowie in Alkohol. Die wäßrige Lösung wird durch eine geringe Menge Eisenchlorid blau, durch eine größere grün. Beim Erhitzen mit verdünnter Schwefelsäure und Braunstein tritt der durchdringende Geruch nach Chinon auf. Das A. wird gegen Blasen- und Nierenkrankheiten verordnet.

Arekanüsse (Betelnüsse, lat. Nuces s. Semen Arecae, frz. Noix d'Arec, engl. Arecanut) sind die Früchte der Arekapalme (Areca Catechu), die in vielen Spielarten in Ostindien kultiviert wird. Jeder Baum liefert jährlich 200—800 Nüsse von der Größe und Härte einer Muskatnuß, die einen wichtigen Handelsartikel des südlichen Asiens bilden und von Zeylon und der Malabarküste in ganzen Schiffsladungen nach anderen Häfen Indiens und namentlich nach China versandt werden. Neben 14—18 % eines aus Laurostearin und Myristin bestehenden Fettes, Eiweiß, etwas Gerbsäure und rotem Farbstoff enthalten sie mehrere Basen (Arekolin, Arekain), von denen nur das dem Pelletierin verwandte Arekolin giftig ist. In den Ursprungsländern werden die Nüsse mit den Blättern des Betelpfeffers und etwas Kalk gekaut; in der Technik finden sie zum Färben der Baumwolle und zur Tintenbereitung, in der Medizin als Bandwurmmittel, in der Tierheilkunde als Laxans Anwendung.

Argentan (Neusilber, Packfong, Weißkupfer, frz. Maillechort, engl. German silver) nennt man eine weiße, glänzende Metallegierung aus 50—66 Teilen Kupfer, 20—30 Teilen Nickel und 15—20 Teilen Zink, welche um so weißer und silberähnlicher erscheint, je höher der Nickelgehalt ist. Das spezifische Gewicht der sehr politurfähigen Legierung liegt zwischen 8,4 und 8,7. Man verkauft das A. gewöhnlich in Form von Zainen oder Platten, die großen Fabriken von Argentanwaren stellen sich jedoch ihren Bedarf meist selber dar. Die verschiedenen Waren werden teils durch Guß, teils aus Argentanblech durch Treiben, Schmieden oder Prägen auf kaltem Wege hergestellt, da die Legierung heiße Schmiedung nicht verträgt. Galvanisch versilberte Argentanwaren kommen unter den Namen Chinasilber oder Perusilber in den Handel.

Arghelblätter (Argelblätter), die aus Oberägypten und Nubien über Alexandrien in den Handel kommenden Blätter einer Asklepiadazee, Cynanchum Arghel Delile s. Solenostemma Arghel Hayne, sind gräulichgrün, steiflederartig, beiderseits dicht behaart und besitzen einen widerlich scharfen Geschmack sowie stark abführende Eigenschaften. Sie werden zuweilen den Sennesblättern betrügerischerweise beigemengt.

Argonin, ein weißes wasserlösliches Pulver, das bei Fällung von Kaseïnnatrium mit Silbernitrat unter Zusatz von Alkohol entsteht, wird als nichtätzendes Mittel gegen Tripper benutzt.

Aristol (Amidolin, Thymotol, Thymolum), das hellschokoladenfarbige Pulver von Dithymoldijodid, dient als Jodoformersatz bei Hautkrankheiten.

Arnika (Wohlverleih, Fallkraut, Engelskraut, St. Luzienkraut, lat. Arnica montana). Von dieser bekannten Pflanze (Gattung der Kompositen) der mitteleuropäischen Gebirge finden besonders die Wurzeln und Blüten, seltener die Blätter medizinische Anwendung. — Die Arnikawurzel (lat. Rhizoma, fälschlich Radix Arnicae, frz. Racine d'Arnica, engl. Arnica-root) besteht aus dem noch mit den Wurzeln verbundenen Wurzelstock, an dem man beim Einsammeln, zur Verhütung von Verwechslungen mit den Wurzeln anderer Kompositen, die untersten am Grunde scheidenartig verwachsenen Blätter stehen läßt. Das etwa federkieldicke Rhizom, welches nur an einer Seite mit zahlreichen, strohhalmdicken, blaßbraunen Nebenwurzeln besetzt ist, zeigt eine höckerige Oberfläche und besitzt einen unangenehm aromatischen Geruch sowie scharfen und bitteren Geschmack. Neben 10 % Inulin (keine Stärke!), scharfschmeckendem Harz, Gummi, Wachs und Gerbstoff sind als wirksame Bestandteile der Bitterstoff Arnizin und etwa 0,5—1 % eines ätherischen Öls vorhanden. Das letztere (Arnikawurzelöl, Oleum Arnicae) besitzt einen rettichartigen Geruch, das spez. Gew. 0,99 bis 1.00 und besteht neben 20 % Isobuttersäurephlorylester ($C_4H_7O_2 . C_8H_9$) aus dem Dimethyläther des Thymohydrochinons. Der mit Weingeist und Olivenöl aus der Wurzel hergestellte Auszug wird als Arnikahaaröl gegen Haarausfall benutzt. — Die Arnikablätter (lat. Folia oder Herba Arnicae, frz. Feuilles d'Arnica, engl. Arnica leaves) sind ziemlich steif, fast lederartig, länglich ganzrandig und von schwachem Geruche, aber scharf bitterem Geschmack. — Die Arnikablüten (lat. Flores Arnicae, frz. Fleurs d'Arnica, engl. Arnica flowers) zeigen die bekannte Form der Kompositenblüten. Der zweireihige grüne Hüllkelch, der bisweilen auch nebst dem Blütenboden entfernt wird (Flores A. cum oder sine calycibus), umschließt die zungenförmigen, dreizähnigen und neunnervigen Rand- oder Strahlblüten sowie die röhrenförmigen, fünfspaltigen Scheibenblüten, die beide eine ziemlich beständige gold- oder orangegelbe Farbe besitzen. Die Blüten schmecken scharf beißend, aromatisch und bitterer als Wurzeln und Blätter, ihr angenehm aromatischer Geruch wird durch ein in Menge von 0,04—0,07 % vorhandenes ätherisches Öl bedingt, welches wegen seines Gehaltes an Laurin- und Palmitinsäure bei Zimmertemperatur butterartig erstarrt und von dem Öl der Wurzeln verschieden ist. (Spez. Gew. 0,89—0,91 bei 30° C.) Die Arnikablüten, welche auch in ziemlich erheblicher Menge nach Amerika ausgeführt werden, bilden in Form ihres alkoholischen Auszuges (Arnikatinktur, lat. Tinctura Arnicae, frz. Teinture d arnica, engl. Tincture of Arnica), ferner eines Extraktes (Extractum Arnicae), eines wäßrigen Destillates (Aqua florum Arnicae), eines Pflasters usw. ein verbreitetes Volksarzneimittel.

Aromatik, ein bekannter Bitterlikör, der nach Hager aus Zitronenschalen (4 Stück), Zimt, bitteren Orangen (je 30 g) und Nelken (7 g) durch Ausziehen mit 3 kg Spiritus und Zusatz von 4 kg Rotwein, 2 kg Zucker und 1 kg Wasser zu dem Filtrate hergestellt wird. Andere Rezepte geben auch Curaçaoschalen (s. d.), Kaskarillrinde, Galgant, Kardamom, Kubeben, Enzian, Zitwerwurzel, Angelika an.

Aronwurzel (Zehrwurzel, Pfaffenpintwurzel, Magenwurzel, Peterkrautwurzel, lat. Rhizoma seu Tubera Ari, frz. Racine d'Aron, engl. Wake-robin), ein veralteter Artikel des Drogenhandels, besteht aus dem mehligen Wurzelstock des in deutschen Laubholzwäldern vorkommenden gefleckten Aronstabs, Arum maculatum. Die frische Wurzel enthält einen sehr scharfen Stoff, der giftig wirken soll und dem Saponin nahesteht. In der getrockneten Wurzel sind Stärke, Bassorin und fettes Öl enthalten. Die durch Kochen von ihrem Bitterstoff befreite Wurzel dient in den Tropen als Nahrungsmittel sowie zur Herstellung von Stärke (Portland Arrowroot).

Arrak (Arac, Rack, eigentlich Al Rak, frz. Arrac, engl. Arac) ist ein zu den sog. Edelbranntweinen gerechnetes alkoholisches Destillat, welches in Ostindien entweder aus vergorener Reismaische oder aus dem vergorenen Zuckersafte von Blütenkolben der Kokospalme (Toddy) oder auch wohl aus einem Gemische beider unter Zusatz von Melasse hergestellt wird. Als beste Sorte gilt der Batavia- oder Mandarinenarrak, der über Amsterdam und Rotterdam in den Handel kommt; an zweiter Stelle folgt der Arrak de Goa (Taffia) und schließlich der Zeylon-A., der angeblich Zusätze betäubender Stoffe, wie Hanf, Datura usw. enthält. Neben Holland sind London und Hamburg als Haupthandelsplätze zu erwähnen. Der Arrak ist gleich nach der Destillation farblos und wird, wenn er nach längerer Lagerung gelblich geworden sein sollte, meist durch Behandlung mit Knochenkohle wieder entfärbt. Er besitzt ein feines, eigenartiges Aroma und enthält neben geringen, wechselnden Mengen von organischen Säuren und Estern etwa 56—60 Vol. % Alkohol. Unter 45 Vol. % sollte der Alkoholgehalt nicht heruntergehen. Gemische von A. mit Spiritus dürfen als Arrakverschnitt bezeichnet werden, wenn mindestens $^1/_{10}$ des Alkohols echtem A. entstammt. Erzeugnisse, die andere Aromastoffe, wie Ameisensäureäther (A.-Essenz) enthalten, sind als Kunstarrak zu kennzeichnen. Auch ihr Alkoholgehalt sollte mindestens 45 % betragen. A. wird weniger zum direkten Genuß als zur Herstellung von Grog und Punschessenzen (Schwedenpunsch) benutzt.

Arrowroot (Araruta, lat. Amylum Marantae, frz. und engl. Arrow-root). Unter diesem Namen kommen verschiedene Arten von Stärkemehl in den Handel, die aus den knolligen Wurzelstöcken tropischer Pflanzen dargestellt werden. 1. Westindisches A. (Marantastärke) stammt von einigen Marantaarten, besonders M. arundinacea, welche nicht nur in Westindien, sondern auch in Guyana, Brasilien, Ostindien und auf Réunion angebaut werden. Nach der Herkunft benennt man sie auch als Jamaika-, Bermudas-, Natal-, St.-Vincent-, brasilianisches und afrikanisches A. Die geschätzteste Ware liefert St. Vincent in Menge von 1 Million Kilogramm. 2. Ostindisches A. (Tikhur-, Tikor-, Tik-Mehl, Farina Tik, Travancore-Stärke) aus dem Rhizome verschiedener Kurkuma-Arten (C. angustifolia, leukorrhiza, rubescens) führt nach den Ursprungsorten auch die Bezeichnungen: Bombay-, Malabar-, Tellicherry-A., spielt aber für unseren Handel eine untergeordnete Rolle. 3. Queensland-A. (Cannastärke, Fécule de Toloman, Tous les mois, Neusüdwales-A.) wird aus den Knollen von Kanna-Arten (C. edulis, indica, achiras, coccinea) gewonnen. Den gleichen Namen führt die Stärke einer Zykasart, Zamia spiralis. 4. Tahiti-A. (Williams-A., Fécule de pia, Fécule de Kabya, Tavolo) ist die Stärke von Tacca pinnatifida (Liliaceae), die auf den meisten Inseln des Großen Ozeans angebaut wird. 5. Portland-A. von Arum maculatum, italicum, esculentum. 6. Brasilianisches A. Mit diesem Namen bezeichnet man die Stärke der süßen Kartoffel (Batates edulis), hauptsächlich aber die als Tapioka, Manihot, Kassava oder Manioc bekannte Stärke von Manihot utilissima. Die außerordentlich großen Knollen dieser Euphorbiazee, welche in Südamerika heimisch ist, aber überall in den Tropen als wichtiges Nahrungsmittel angebaut wird, enthalten neben etwas Blausäure einen sehr giftigen Stoff Manihotoxin und werden daher zur Entfernung des giftigen Saftes zunächst in Scheiben geschnitten und ausgepreßt. Der getrocknete Rückstand wird gemahlen und zur Gewinnung der Stärke geschlämmt. Die letztere kommt sowohl in Pulverform, als auch nach teilweiser Verkleisterung als eine Art Sago (echte Tapioka) in den Handel. 7. Guyana-A. wird aus den Wurzelknollen verschiedener Dioscoreaarten, den sog. Yamwurzeln, dargestellt, doch belegt man auch die Stärke der Bananenfrüchte (Musa paradisiaca) mit dem gleichen Namen. — Im Handel werden die vorstehenden Bezeichnungen der Arrowrootsorten vielfach miteinander verwechselt, ohne daß darin eine Verfälschung zu erblicken wäre. Hingegen ist der Zusatz billiger einheimischer Stärke von Getreide, Kartoffeln usw. unzulässig. A. findet zur Herstellung feiner Backwaren, zu Küchenzwecken und auch in der Medizin vielfache Anwendung. Die feineren Sorten gelangen in Blechdosen verpackt, die geringeren in Fässern von etwa 100 kg zum Verkauf.

Arsen (As), ein metallisches Element vom Atomgewicht 75, findet sich in gediegenem Zustande verhältnismäßig selten im Erzgebirge und im Harz in Form krummschaliger oder stalaktitischer Stücke von schwarzgrauer Farbe und mattglänzender Oberfläche, welche als Scherbenkobalt (Cobaltum crystallisatum) oder Fliegenstein bezeichnet werden. Verbreiteter sind seine Verbindungen mit Schwefel (s. Arsenik) und mit anderen Metallen und Schwefel, wie Arsenkies (Eisen-Arsen-Schwefel, $Fe_2As_2S_2$), Kobaltglanz (Kobalt-Arsen-Schwefel), Kupfernickel (Arsennickel NiAs), Weißnickelerz ($NiAs_2$) u. a. Zur Reindarstellung wird entweder der Scherbenkobalt oder häufiger der Arsenkies der Sublimation unterworfen, wobei man das A. als ein stahlgraues kristallinisches Pulver vom spez. Gew. 5,72 erhält. Es läßt sich nur unter hohem Druck in der Glühhitze schmelzen, verflüchtigt sich aber beim Erhitzen auf Kohle vor dem Lötrohr unter Verbreitung eines eigentümlichen Knoblauchgeruchs und verbrennt an der Luft zu einem weißen Rauch von arseniger Säure. Das auch als grauer oder schwarzer Arsenik bezeichnete A. findet in der Technik fast nur als Zusatz zu Blei bei der Schrotherstellung Anwendung.

Arsenfarben im Sinne der gesetzlichen Bestimmungen sind die unter Arsenik (s. d.) angeführten gelben und roten Schwefelverbindungen (Realgar, Auripigment usw.) und die aus arsensaurem Kupfer bestehenden grünen Farben (s. Schweinfurter Grün).

Arsenik (lat. Arsenicum, frz. und engl. Arsenic) schlechthin oder weißer A. ist die arsenige Säure. Außerdem bezeichnet man im Handel und Verkehr das metallische Arsen (s. d.) als grauen oder schwarzen A., die Schwefelverbindungen hingegen als gelben oder roten A. Der weiße Arsenik, in chemischer Hinsicht arsenige Säure oder Arsentrioxyd (As_2O_3), findet sich in der Natur als Oxydationsprodukt arsenhaltiger Erze in Form der Arsenikblüte und wird hüttenmännisch im großen beim Rösten von Arsenerzen in Flammenöfen gewonnen. Die hierbei verflüchtigte und in gemauerten Kanälen mit Kühlkammern wieder verdichtete arsenige Säure kommt entweder als weißes Pulver (Giftmehl, Arsenmehl, Hüttenrauch, Hüttenmehl, lat. Arsenicum album pulveratum, Acidum arsenicosum, frz. Acide arsénieux, Arsénic blanc, engl. Arsenious Acid, White Arsenic) oder als geschmolzene, farblose, glasartige, bald undurchsichtig werdende Masse (porzellanartige arsenige Säure, Arsenikweißglas) in den Handel. Zur weiteren Reinigung kann sie noch einer besonderen Sublimation unterworfen werden. Die arsenige Säure verwandelt sich beim Erhitzen auf 218°, ohne zu schmelzen, in einen geruchlosen Dampf, der sich an kälteren Teilen wieder zu glänzenden oktaedrischen Kristallen verdichtet. Beim Glühen mit einem Kohlesplitter im einseitig geschlossenen Glasrohr entsteht ein schwarz glänzender Spiegel von metallischem Arsen unter gleichzeitigem Auftreten von Knoblauchgeruch. Arsenik ist in kaltem Wasser nur wenig, in heißem Wasser leichter löslich und wirkt schon in Menge von 0,005—0,05 g giftig, in Dosen von 0,1—0,3 g tödlich. (Gegengift: frisch gefälltes Eisenhydroxyd Antidotum Arsenici.) Als Gift der Abteilung I darf A. nur von Apothekern und Drogisten mit Erlaubnis zum Gifthandel der Abteilung I gegen Giftschein an bekannte Personen, und zwar als Mittel zum Vertilgen von Ungeziefer, Ratten, Füchsen und Mardern, nur mit einer in Wasser leicht löslichen grünen Farbe gefärbt, verkauft werden. Arsenik dient in der chemischen Industrie als Ausgangsmaterial zahlreicher Arsenpräparate und findet in der Technik Anwendung zur Herstellung optischer Gläser, von Schweinfurter Grün, zum Konservieren von Tierbälgen, zur Behandlung von Haaren in der Hutmacherei und als Beize in der Färberei und Druckerei. Hingegen ist er, wie auch die verwandte Arsensäure (As_2O_5, Arsenpentoxyd, lat. Acidum arsenicicum, frz. Acide arsénique, engl. Arsenic Acid) aus Anilinfarben-, besonders Fuchsinfabriken, jetzt vollständig verdrängt. — Der rote Arsenik (Arsenrotglas, Arsenrubin, Rubinschwefel, Realgar, lat. Arsenicum sulfuratum rubrum, frz. Réalgar, Sulfure rouge d'arsénic, engl. Realgar), in chemischer Hinsicht Arsendisulfid (Arsensulfür, Zweifach Schwefelarsen, eine Verbindung von 75 Teilen Arsen und 32 Teilen Schwefel (As_2S_2) findet sich in der Natur ziemlich selten in schön rubinroten Kristallen (Andreasberg a. H., Vesuv, St. Gotthard), wird aber meist künstlich durch Destillation von Arsenik und Schwefelkies dargestellt und bildet dann rubinrote bis braunrote, mehr oder weniger durchscheinende Stücke von muschligem Bruch und siegellackähnlichem Aussehen. Während das reine Arsensulfür ungiftig ist, wirkt das im Handel vorkommende Kunstprodukt wegen seines wechselnden Gehaltes an arseniger Säure giftig. Es findet Anwendung in der Feuerwerkerei zur Herstellung des indischen Weißfeuers, ferner zum Enthaaren von Fellen, in der Schrotherstellung und zum Reduzieren von Indigo in der Zeugdruckerei. — Gelber Arsenik (Arsengelbglas, Arsenpigment, gelbes Schwefelarsen, Operment, Rauschgelb, Auripigment, lat. Arsenicum sulfuratum citrinum seu flavum, frz. und engl. Orpiment) hat als Mineral (Harz) die Zusammensetzung des Arsentrisulfids (As_2S_3) und ist ungiftig, während die künstlich durch Sublimation von Arsenik mit Schwefel hergestellte Verbindung erhebliche Mengen, bis zu 90%, arsenige Säure enthält und daher giftig wirkt. Das zitronen- bis orangegelbe Pulver, welches beim Erhitzen dunkler bis braunrot wird, bildet im Gemische mit Kalk und Wasser das Enthaarungsmittel der Orientalen (Rhusma) und findet als Königsgelb, Chinagelb, Persischgelb, Spanischgelb beschränkte Anwendung in der Ölmalerei. Alle unter der Bezeichnung „Arsenikalien" zusammengefaßten Arsenverbindungen des Handels werden nur dann zum Eisenbahntransporte zugelassen, wenn sie in doppelte Fässer oder Kisten verpackt sind, auf welchen mit schwarzer Ölfarbe die Worte „Arsenik (Gift)" in leserlichen Buchstaben angebracht sind. Die Böden der Fässer müssen mit Einlagereifen, die Deckel der Kisten mit Reifen oder eisernen Bändern gesichert werden. Die inneren Fässer oder Kisten sind von starkem, trocknem Holze zu fertigen und inwendig mit dichter Leinwand oder ähnlichen dichten Geweben zu verkleben, oder es werden Eisentrommeln mit Holzüberfässern verwendet. Diese Vorsichtsmaßregeln sind vorgeschrieben, damit eine Verstaubung nicht eintreten kann.

Arsenjodid (Arsenjodür, Jodarsen, lat. Arsenium jodatum, frz. Jodure d'arsenic, engl. Arsenious jodide) besteht aus roten, glänzenden, hexagonalen Kristallen, welche von Alkohol unverändert, von Wasser unter Zersetzung gelöst werden. Die sehr giftige Substanz wird, besonders in Form der Donovanschen Lösung (Arsenjodid, Quecksilberbijodid und Kaliumjodid), gegen Krebs, in Form von Salben auch gegen Lupus, verordnet.

Arsenwässer, heilkräftige Mineralwässer von Leviko, Roncegno, Kudowa, Baden-Baden, welche gelöstes Arsen in Menge von 3—9 mg in 1 l enthalten.

Artillerieholz nennt man die zur Herstellung der Holzteile an Feldkanonen geeigneten rohen Holzarten. Für Felgen, Speichen und Naben der Kanonenräder benutzt man das gewöhnliche Stellmacherholz, namentlich von Buchen, Hainbuchen, Eschen, Ulmen, Eichen und Ahorn. Das Lafettenholz wird am besten aus Ulmenholz, womöglich von Ulmus suberosa, geschnitten. Wegen der Seltenheit dieses Holzes werden auch astfreie Eichen und starke Rotbuchen verarbeitet.

Artischocken (frz. Artichauts, engl. Artichokes) bilden in Deutschland einen Artikel des Delikatessenhandels, in Italien, Griechenland und Frankreich ein allgemein gebräuchliches Gemüse. Die A. des Handels sind die grünen Blütenköpfe einer distelartigen Pflanze, Cynara scolymus L., welche aus Afrika und dem südlichen Europa stammt und dort, wie in Frankreich und England angebaut wird. Man erntet die noch nicht ganz ausgebildeten Blütenköpfe, sobald die Kelchblätter beginnen sich auszubreiten, vom Juli bis Oktober. Von den zahlreichen Sorten sind die besten: die große violette A., die große grüne und die A. von Laon. Die Zubereitung ist eine sehr verschiedenartige, doch wird nur der fleischige Blütenboden nach Entfernung der Schuppen und des Stiels genossen. Vor dem Kochen werden die A. eine Stunde lang gewässert. In Italien siedet man sie mit Öl, Salz und Zitronensaft. Die Samen enthalten 20—22 % eines gelben, fetten Öles, das Artischockenöl.

Arvenholz (Zirbelkiefernholz, Zirbelföhrenholz), das Holz der Arve, Pinus cembra, ist grob und wenig glänzend, aber dauerhaft. Man erhält es aus den Alpen und verwendet es zu Resonanzböden.

Arzneimittel. Bei der Kriegsverordnung vom 22. März 1917 ist hinsichtlich der zu erteilenden Handelserlaubnis mit Arzneimitteln im § 2 folgende Begriffsbestimmung aufgestellt: A. im Sinne dieser Verordnung sind solche chemische Stoffe, Drogen und Zubereitungen, die zur Beseitigung, Linderung oder Verhütung von Krankheiten bei Menschen oder Tieren bestimmt sind. Die Verordnung bestimmt, daß der Handel mit Arzneimitteln vom 16. April 1917 ab nur solchen Personen gestattet ist, denen eine besondere Erlaubnis zum Betriebe dieses Handels erteilt wurde. Diese Vorschrift findet keine Anwendung 1. auf Personen, die bereits vor dem 1. August 1914 mit Arzneimitteln Handel getrieben haben, der sich nicht auf die unmittelbare Abgabe an die Verbraucher beschränkt; 2. auf Apotheken, in denen Arzneimittel nur unmittelbar an Verbraucher abgegeben werden; 3. auf sonstige Kleinhandelsbetriebe, in denen Arzneimittel nur unmittelbar an Verbraucher abgegeben werden; 4. auf Tierärzte, soweit sie in Ausübung ihrer tierärztlichen Tätigkeit Arzneimittel unmittelbar an Verbraucher abgeben dürfen.

Asa foetida (Teufelsdreck, Stinkasant, lat. Gummi s. Resina Asa foetida, frz. Ase fétide, engl. Stinking Assa) besteht aus dem eingetrockneten Milchsafte der Wurzeln verschiedener großer Umbelliferen (Doldengewächse) des inneren Asien. Namentlich sollen Scorodosma foetidum, welches zwischen dem Aralsee und dem Persischen Meerbusen wächst, sowie auch Narthex Asa foetida im westlichen Afghanistan und Turkestan, nach andern aber auch Ferula Asa foetida und andre Arten die A. liefern. Die A. hat einen höchst unangenehmen Geruch, den sie der Gegenwart eines schwefelhaltigen ätherischen Öles (Asantöl etwa 3 bis 19,6%) verdankt. Die beste Sorte A. f. in granis s. in lacrymis (A. in Körnern oder in Tränen) besteht aus einzelnen kleineren, mehr oder weniger rundlichen Stücken, die im frischen Zustande eine weiße Farbe haben, mit der Zeit aber pfirsichblütrot und schließlich braun werden. Die zweite Sorte, A. f. in massis, besteht aus größeren Stücken, in denen man innerhalb einer gleichmäßigen Grundmasse zahlreiche kleine, mandelförmige Stücke von der angegebenen Beschaffenheit erkennen kann. Im frischen Zustande ist die A. weich, im Alter hart. Sie gehört zu den Gummiharzen und enthält außer dem bereits erwähnten ätherischen Öle Harz, Gummi, Spuren Vanillin und Ferulasäure. Man benutzt die Ware als Nervenmittel sowie mit zweifelhaftem Erfolge gegen Eingeweidewürmer.

Asaprol (Abrastol), β-Naphtolmonosulfosaures Kalzium, ein farbloses, in Wasser und Alkohol lösliches Pulver, ist als nicht reizendes, antiseptisches Präparat gegen Rheumatismus, Gicht, Typhus usw. empfohlen worden.

Asbest (Amiant, Byssolith, Federweiß, Federalaun, Bergflachs, lat. Alumen plumosum, frz. Asbeste, engl. Asbestus, Amyanth) nennt man die sehr feinfaserigen bis haarförmigen Abarten des Grammatits und Aktinoliths (Strahlstein), welche ihrer chemischen Zusammensetzung nach mit der Hornblende übereinstimmen, also im wesentlichen als Kalk-Magnesia-Silikate anzusprechen sind. Der A. besteht aus kürzeren oder längeren, weichen oder biegsamen, weißen, zuweilen auch grünlichen Fasern, die je länger um so höher bezahlt werden. Man erhält ihn am schönsten aus Tirol, Nordamerika (Bostonit), Italien, Australien, der Schweiz, Sibirien, den Pyrenäen. 1886 wurde auch ein bedeutendes Lager im hessischen Odenwalde entdeckt. A. findet ausgedehnte Verwendung als Material für Stopfbüchsen, zum Dichten der Flanschenverbindungen, zum Filtrieren starker Säuren (Asbestpapier), zur Erzeugung mittelfeiner Spitzen (Como), Mützen (Pyrenäen), Handschuhe (Sibirien), zur Herstellung unverbrennbarer Zeuge und Theatergeräte, von Gerätschaften für chemische Laboratorien (Asbestteller, Asbestdrahtnetze) u. dgl. Die nicht faserigen Sorten dienen zur Herstellung feuerfester Farben. Diese vielseitige Verwendung verdankt der A. seiner Schwerschmelzbarkeit und Unverbrennlichkeit, seiner Widerstandsfähigkeit gegen Säuren (mit Ausnahme der heißen Schwefelsäure) und Laugen und der Eigenschaft, wie ein Schmiermittel zu wirken. Auch ist er ein schlechter Leiter der Wärme und Elektrizität. Asbestfabrikate werden gefertigt in Berlin, Frankfurt a. M., Dresden und Hannover.

Asche im gewöhnlichen Sprachgebrauche ist der beim Verbrennen der Heizmaterialien hinterbleibende Rückstand (Holzasche, Kohlenasche), der vielfach noch wechselnde Mengen von unverbranntem Kohlenstoff enthält. Der Chemiker bezeichnet mit dem gleichen Namen den unverbrennlichen Rückstand (Mineralstoffe) aller organischen Erzeugnisse des Tier- und Pflanzenreichs, dessen Höhe bisweilen ein Urteil über etwaige Verfälschung gewährt. Die Angabe eines chemischen Gutachtens, daß ein Pfeffer 5 % Asche enthält, bedeutet also nicht, wie bisweilen angenommen wird, daß ihm Holz- oder Kohlenasche zugesetzt ist, sondern nur, daß 5 % unverbrennliche Stoffe darin enthalten sind. Bezüglich einiger technisch verwertbaren Aschen (Knochenasche, Holzasche) vgl. die entsprechenden Aufsätze.

Asebu (Basuiboku) sind die bitter schmeckenden, giftigen Blätter der in China und Japan heimischen Andromeda japonica. Der wirksame Stoff, das Asebotoxin, Andrometoxin oder Andromedatoxin gehört zu den Glykosiden.

Aseptin. Unter diesem Namen wird Borsäure für Konservierungszwecke verkauft. Doppelaseptin ist ein Gemenge von Borsäure und Alaun. Beide Mittel sind zwar wirksam, aber für Genußmittel zu verwerfen, da sie als gesundheitsschädlich anzusehen sind.

Aseptinsäure, ein als Antiseptikum empfohlenes Gemisch von Salizylsäure, Borsäure und Wasserstoffsuperoxyd.

Aseptol (Sozolsäure) nennt man die Lösung der Orthophenolsulfonsäure (1:3), welche an Stelle der Karbolsäure und Salizylsäure als Antiseptikum benutzt wird und den Vorzug der Mischbarkeit mit Wasser, Alkohol und Glyzerin besitzt.

Asparagin, Amidobernsteinsäureamid, $NH_2CO \cdot C_2H_3(NH_2)COOH$, eine farblose, durchsichtige, in Wasser lösliche, in absolutem Alkohol unlösliche, widerlich schmeckende Kristallmasse, findet sich in vielen Pflanzen, namentlich im Spargel, der Altheewurzel, Zuckerrüben.

Asphalt (Erdpech, Judenpech, Erdharz, Bergteer, lat. Asphaltum, frz. Bitume de Judée, engl. Mineral pitch), ein aus schwarzen bis braunschwarzen, bei gewöhnlicher Temperatur harten und spröden, beim Erwärmen weich werdenden Stücken bestehendes Naturerzeugnis kommt in zwei Hauptsorten zum Verkehr. Der teurere syrische A. vom Toten Meer und aus der Gegend des Kaspischen Sees ist rein schwarz, glatt und glänzend und zeigt deutlich muscheligen Bruch, während der amerikanische A. von Trinidad, Kuba und Venezuela diesen muscheligen Bruch nicht hat und mit einer stark abfärbenden braunen Schicht bedeckt ist. Außerdem findet sich noch A. gangförmig oder in feiner Verteilung als Bestandteil des Asphaltsteins (s. d.), aus dem er mit Lösungsmitteln ausgezogen werden kann. Der von Mineralstoffen befreite reine A., das sog. Bitumen, besteht als ein Zersetzungsprodukt organischer Stoffe nach Art des Petroleums in der Hauptsache aus festen Kohlenwasserstoffen, welche in Äther löslich sind, zum geringeren Teile auch aus sauerstoffhaltigen Verbindungen (Asphaltene). Der in der Kälte spröde und geruchlose A. nimmt unter gleichzeitigem Erweichen bei höherer Temperatur einen charakteristischen bituminösen Geruch an. Das spez. Gew. liegt zwischen 0,98 und 1,2, der Schmelzpunkt bei etwa 100°. Bei 230° destilliert ein Kohlenwasserstoff, das Petrolen ($C_{10}H_{16}$) über, während Asphalten ($C_{20}H_{32}O_3$) zurückbleibt. An der Luft angezündet, verbrennt A. mit leuchtender, rußender Flamme. In Wasser ist er unlöslich, in Alkohol wenig, in Äther teilweise, in Benzin, Benzol, Terpentinöl völlig löslich. Das beste Lösungsmittel ist Chloroform. Der A. findet ausgedehnte technische Anwendung zur Herstellung von schwarzen Lacken und, allerdings weniger geeigneten Malerfarben, als Ätzgrund von Kupferstichplatten und als wasserdichter Überzug von Dächern, Wänden und Kellerräumen. Beim Straßenbau bevorzugt man hingegen den Asphaltstein. — Von den zahlreichen Verfälschungsmitteln sind in erster Linie die bei der Teerdestillation hinterbleibenden Peche (Holzteerpech, Steinkohlenteerpech) anzuführen, auch werden völlige Kunstasphalte aus den Rückständen der Petroleumdestillation hergestellt. Die erstern lassen sich meist daran erkennen, daß sie bei der Behandlung mit Benzol, in welchem Naturasphalt völlig löslich ist, eine erhebliche Menge von Kohlenstoff (bis zu 20 % und mehr) hinterlassen, und beim Schütteln mit 96 %igem Alkohol eine stark gelbe, bläulich fluoreszierende Lösung geben. Die Petroleumasphalte unterscheiden sich häufig durch den geringeren Schwefelgehalt von dem Naturprodukte, sind aber nicht immer mit Sicherheit nachweisbar.

Asphaltstein, ein mit etwa 8—12 % Bitumen getränkter bituminöser Kalk, der in der Schweiz (Val de Travers), in Frankreich (Seyssel) und bei Limmer in Hannover vorkommt, wird zur Herstellung von Asphaltstraßen (Stampfasphalt) benutzt und in Säcken in den Handel gebracht.

Aspirin (lat. Acidum acetylosalicylicum, frz. Acide acétylsalicylique, engl. Acetylsalicylic Acid), ein weißes Kristallpulver vom Schmelzpunkt 135°, wird durch Erhitzen von Essigsäure mit Salizylsäure gewonnen und ist in chemischer Hinsicht Azetylsalizylsäure. Es dient als Ersatz der Salizylsäure bei der Behandlung von Gelenkrheumatismus, Nervenleiden und zahlreichen anderen Krankheiten. Der Name ist gesetzlich geschützt.

Aßmannshäuser, der beste deutsche Rotwein aus dem Rheingau, heller als die französischen Rotweine, jedoch von intensiverer Färbung als die meisten roten Ahrweine und von mildem Geschmack, enthält in 100 ccm etwa 10 g Alkohol, 3,5 g Extrakt und 0,6 g Säure.

Asthmamittel. Zur Behebung der Atemnot werden in erster Linie die Blätter und das Extrakt von Stramonium (s. Stechapfel) angewandt, welche zwar nach Husemann nicht direkt auf das Atemzentrum einwirken, aber manchmal wegen ihres günstigen Einflusses auf das Gehirn Linderung herbeiführen. Sie gelangen, vielfach auch im Gemische mit Belladonna (s. d.), Bilsenkraut (s. d.), Hanf (s. d.) und Opium, entweder in Form von Zigarren und Zigaretten (Cigarettes antiasthmatiques d'Espic) oder auch als Räucherpulver (Asthmapulver, Asthmapapier, Asthmaräucherkerzen), zur Anwendung. Neben den vorgenannten Drogen sind noch Salpeter, Jodkalium, Arsensäure, Chloralhydrat u. a. als Bestandteile von A. aufgefunden worden.

Astralöl, ein aus Neuyork in den Handel kommendes, sorgfältig raffiniertes Petroleum, ist völlig farblos, wasserhell und fast geruchlos. Das spez. Gew. beträgt 0,781, der Entflammungspunkt 68°.

Ati (malaiisch), Galeh (sudanesisch), das rote feste Holz eines zur Familie der Rubiazeen gehörigen Baumes, Nauclea grandifolia, von der Insel Java. Der zähe Wurzelstock wird zu Werkzeugstielen verwendet.

Atlasstein (Atlasspat, Faserkalk, engl. Satin-spar), eine vereinzelt, am meisten in England vorkommende Abart des kohlensauren Kalkes von rein weißer, auch rötlicher und anderer Färbung, die vermöge ihrer feinfaserigen Struktur auf den Schliffflächen einen eigentümlichen atlasähnlichen Schimmer zeigt, wird zu Perlen für Halsketten und andern Schmucksachen geschliffen, die einen sehr schönen Glanz und hübsches Aussehen haben, aber bei der Weichheit des Materials nicht lange behalten. Zuweilen versteht man unter A. auch eine Art Fasergips von ebenfalls seideglänzendem Aussehen, der in Thüringen, im Mansfeldischen und im Waadtland in schöner Qualität gefunden wird und gleiche Verwendung wie der vorige findet, aber noch weicher ist als dieser.

Atoxyl, eine organische Arsenverbindung, p-Amidophenylarsinsäure, $NH_2.C_6H_4.As(NaHO_3)$, wird durch Erhitzen von arsensaurem Anilin mit überschüssigem Anilin auf 200° dargestellt und als Mittel gegen Schlafkrankheit und Syphilis angewandt. Auch bildet es das Ausgangsmaterial zur Gewinnung des Salvarsans (s. d.).

Atropin, $C_{17}H_{23}NO_3$ (lat. Atropinum, frz. und engl. Atropine), das giftige Prinzip der Tollkirsche, Atropa Belladonna, findet sich neben Hyoszyamin in allen Teilen dieser Pflanze sowie einiger anderer Solanazeen (Stechapfel, Bilsenkraut), hauptsächlich aber in den Samen, der Wurzel und den Blättern. Nach neueren Untersuchungen soll in der Wurzel der Belladonna nur Hyoszyamin vorkommen und das A. aus letzterem während der Bereitung entstehen. Das A. gehört zu den stickstoffhaltigen organischen Basen (Alkaloiden) und kann auf Grund der Arbeiten von Ladenburg, Willstätter u. a. synthetisch dargestellt werden. Es wird medizinisch bei Augenkrankheiten verwendet, da es die Eigentümlichkeit besitzt, die Pupille des Auges stark zu erweitern, darf aber seiner Giftigkeit wegen ohne Rezept nicht abgegeben werden. Das A. erscheint in farblosen, geruchlosen, seidenartig glänzenden, zu Büscheln vereinigten Kristallnadeln. Außer dem reinen A. benutzt man das schwefelsaure A. (Atropinsulfat, lat. Atropinum sulfuricum) und das baldriansaure A. (Atropinvalerianat, lat. Atropinum valerianicum), welche ebenfalls farblos und kristallinisch sind.

Attichbeermus (lat. Roob s. Succus Ebuli, frz. Marmelade d'hièble, engl. Dwarfelder marmelade), der eingedickte Saft der Attichbeeren vom Zwergholunder (Sambucus Ebulus), war früher offizinell, wird aber jetzt nur als Hausmittel zum Abführen benutzt.

Augennichts (lat. Nihilum album), ein veralteter Name für Zinkoxyd (s. d.) in seiner Anwendung als Augenmittel. Es dient oder diente in Wasser verteilt zu Augenwasser.

Augenstein (lat. Lapis divinus, Lapis ophtalmicus, frz. Quarts-agate chatoyant, engl. White copperas, Eye-stone). Hierunter ist sowohl der weiße Vitriol (Zinkvitriol) und der durch Zusammenschmelzen von Alaun, Salpeter, Kupfervitriol und Kampfer erhaltene Heiligenstein, ein veraltetes Augenheilmittel, als auch das Mineral Chalzedon und der Achat mit augenähnlichen Zeichnungen (Agate ocillée) zu verstehen.

Augenstifte, Ätzstifte aus Silbernitrat oder Zinksulfat zur Behandlung von Augenkrankheiten.

Augenwohl, wertloses Geheimmittel, aus einer gelb gefärbten Lösung von Kochsalz, Borsäure, Glyzerin und Zucker in Wasser bestehend.

Auramin, ein seit 1883 bekannter gelber Teerfarbstoff aus der Gruppe der Diphenylmethanfarbstoffe, welche als Tanninfarbstoffe anzusprechen sind, wird durch Einwirkung von Salmiak auf Tetramethyldiamidobenzophenon oder dessen Chlorverbindung gebildet, welches selbst bei Behandlung von Dimethylanilin mit Chlorkohlenoxydgas entsteht. Das A. ist ein gelbes kristallinisches, leicht in Wasser lösliches Pulver und wird zum Färben von Seide, Wolle, Papier und gebleichter Baumwolle verwandt. Unter dem Namen Pyoktanninum findet es als Heilmittel (Antiseptikum) Anwendung.

Aurantia (Kaisergelb), die Ammoniumverbindung des Hexanitrodiphenylamins, ist ein früher viel benutzter gelber Nitrofarbstoff, $[C_6H_2(NO_2)_3]_2N.NH_4$, der aber neuerdings wegen unangenehmer Hautreize, wenigstens für Gewebe, nicht mehr verwandt wird.

Aurin (Pararosolsäure) ist ein Triphenylmethanfarbstoff von der Formel: $C.(C_6H_4OH)_2.C_6H_4.O$, welcher beim Erhitzen von Phenol mit Ameisensäure und Zinkchlorid, ferner bei der Einwirkung von Dioxybenzophenonchlorid auf Phenol und bei der Zersetzung von diazotiertem Pararosanilin mit Wasser entsteht. Er kann demnach als ein Pararosanilin angesehen werden, in welchem der Imidstickstoff durch Sauerstoff, die Amidogruppe durch Hydroxyl ersetzt sind. Aurin bildet in reinem Zustande keinen Handelsartikel, kommt aber neben Methylaurin und Rosolsäure im rohen Korallin (s. d.) vor, welches auch wohl technisches Aurin genannt wird.

Austern (frz. Huitres, engl. Oysters) sind die geschätztesten Muscheln, deren zahlreiche Arten in fast allen Meeren, außer den Polargegenden, vorkommen. Die A. der europäischen Meere (Ostrea edulis) findet sich von der norwegischen Küste bis zum Mittelmeer, aber nicht in der zu salzarmen Ostsee, die amerikanische A. (O. virginiana) vom mexikanischen Golf bis zum Lorenzstrom. Die A., Zwitter, bei denen Eier und Befruchtungskörper in demselben Tiere nacheinander entstehen und die 1—2 Millionen Eier legen können, siedeln sich am liebsten in stillen Meeresbuchten von höchstens 10 m Tiefe, sog. Austernbänken oder -betten an und werden von hier meist in halberwachsenem Zustande in besondere Bassins (Austernparks) übertragen, deren Wasser zeitweilig erneuert wird. Zum Versand werden die A. in Fässer, mit der Schale nach unten, so dicht aufeinandergelegt, daß sie sich nicht öffnen und das eingeschlossene Wasser nicht herauslassen können. In Europa werden sie nur von September bis Mai gefischt. Als wertvollste gelten die französischen und englischen, danach die A. von der Westküste Schleswigs und von Holland. Als Holsteiner A. bezeichnen wir alle größeren A. von den nordischen Küsten, als Natives die kleineren A. von England und Ostende, doch werden am letzteren Orte nicht A. gezüchtet, sondern nur aus England eingeführte in Bassins aufbewahrt. Die Holländer züchten junge A. mittlerer Größe in der Osterschelde nach der neuen französischen Methode. Fischauster ist eine sehr große, außerhalb der Austernbänke gefischte nordische Auster, die einen fischigen Beigeschmack und weniger zartes Fleisch hat. In Italien sind Tarent und Venedig, in Österreich Triest ergiebige Fangplätze, während Schleswig nur 4—5 Millionen Stück jährlich liefert. Das Alter der A., das mindestens 3 und höchstens 5 Jahre betragen soll, erkennt man an der Zahl der blättrigen Schalenschichten, die sich jährlich um eine vermehrt. Die A. bilden ein nahrhaftes und diätetisches Genußmittel, zeigen aber in seltenen Fällen, wahrscheinlich nach Aufnahme fauliger Nahrung, giftige Eigenschaften. Beim Genusse erscheint daher eine gewisse Vorsicht und besonders Ausschaltung aller toten, offenstehenden Exemplare geboten. Von Amerika (Baltimore) werden große Mengen ausgeschälter, in Blechbüchsen konservierter A. verschickt.

Austerschalen (lat. Conchae, frz. Ecaille d'huitre, engl. Oyster-shells) werden, nachdem sie genügend gereinigt sind, zu Pulver gemahlen und teils als Putzpulver, teils unter dem Namen präparierte A. (Conchae praeparatae) zu Zahnpulvern benutzt. Sie bestehen größtenteils aus kohlensaurem Kalk.

Autan nennen die Farbenfabriken vorm. Bayer & Co. in Elberfeld ein von Eichengrün erfundenes Mittel zur Zimmerdesinfektion, welches aus einem Gemisch von polymerisiertem Formaldehyd mit Bariumsuperoxyd besteht. Das A., ein weißes, schwach nach Formaldehyd riechendes Pulver, entwickelt, wenn es mit gleichen Teilen Wasser übergossen wird, gleichzeitig Formaldehyd- und Wasserdämpfe und soll in Menge von 1 kg zur Desinfektion von 25—30 cbm ausreichen.

Avedyks Brot. Auf Grund der Tatsache, daß die wichtigsten Eiweißstoffe des Getreidekorns hauptsächlich in den äußeren Randpartien sitzen und von der modernen Hochmüllerei mit der Kleie entfernt werden, hat man mehrfach versucht, das ganze Korn zur Brotbereitung heranzuziehen. A. wird aus dem eingeweichten, zerquetschten und dann zu Teig verarbeiteten Korn hergestellt. Die Ansichten über den Wert desselben sind geteilt, denn wenn auch der höhere Eiweißgehalt außer Zweifel steht, so wird doch durch die Schalen eine Reizung des Darmes und damit eine verringerte Ausnutzung herbeigeführt.

Aventurin, ein gelbbrauner bis roter Quarz, mit feinen Sprüngen oder Glimmerschüppchen durchsetzt, welche ein flimmerndes Aussehen hervorrufen, wird zu Schmucksachen und anderen Kunstgegenständen verarbeitet.

Aventuringlas, ein prachtvolles braungelbes, goldig schimmerndes Glas, welches früher in Venedig nach einem Geheimverfahren hergestellt wurde. Seitdem Wöhler und Pettenkofer zeigten, daß die Flimmer in dem durch Eisenoxydul grün gefärbten Glase durch fein verteilte Kriställchen von metallischem Kupfer hervorgerufen werden, stellt man das A. ganz allgemein in der Weise her, daß man dem Glassatze Kupfer als Oxydul zusetzt. Die erhaltenen Gläser sind dem mineralischen Aventurin sehr ähnlich und werden wie dieser zu Schmuckgegenständen verarbeitet. Das grüne A. von Pelouze erhält einen Zusatz von Kaliumdichromat, wodurch eine Ausscheidung glänzender schwarzbrauner Kriställchen in grüner Grundmasse verursacht wird. Aventurinlack nennt man einen, besonders in Japan erzeugten, schillernden Lack.

Avizol, ein neuerdings aus Kopenhagen eingeführtes Präparat, welches das Trübewerden von Bonbons aus geschmolzenem Zucker verhindern soll, besteht aus nichts als schwefligsaurem Natrium. Da bei der Schmelztemperatur des Zuckers die schweflige Säure nahezu vollständig ausgetrieben wird, lassen sich gesundheitliche Bedenken gegen dieses Verfahren nicht erheben.

Azalin, ein Gemisch von Zyanin und Chinolinrot, dient zur Herstellung orthochromatischer Platten.

Azarin, ein seit 1883 bekannter Teerfarbstoff, das Ammoniaksalz der Dichloramidophenolhydrazobetanaphtolsulfosäure, kommt als gelber, nach schwefliger Säure riechender Teig in den Handel und findet in der Baumwollendruckerei Verwendung.

Azetate, in der Chemie gebräuchliche Bezeichnung für essigsaure Salze, z. B. Bleiazetat für essigsaures Blei.

Azetinblau, ein zur Gruppe der Induline gehöriger Teerfarbstoff.

Azeton (Dimethylketon, lat. Acetonum, frz. Acétone, engl. Aceton), $CH_3.CO.CH_3$, ein regelmäßiger Bestandteil des Blutes und Harns, in welchen es aber nur bei krankhaften Zuständen (Diabetes, Azetonurie) in größeren Mengen auftritt, entsteht bei der trockenen Destillation vieler organischer Stoffe, wie Zucker, Zellulose, Gummi, Holz, und findet sich daher stets im rohen Holzessig resp. in dem rohen Holzgeist. Zur Trennung des A. von dem gleichzeitig vorhandenen Methylalkohol versetzt man den Holzgeist mit Kalziumchlorid, welches mit dem Methylalkohol eine kristallinische Verbindung liefert, und destilliert nun das A. ab. Weitere Mengen werden aus dem bei der Anilinherstellung abfallenden Kalziumazetat durch trockene Destillation dargestellt. Die Gewinnung des chemisch reinen A. beruht auf der Eigenschaft, mit Natriumbisulfit eine kristallierte Verbindung einzugehen. A. ist eine farblose, leicht bewegliche, neutral reagierende Flüssigkeit von scharfem Geruch, welche leicht mit kaum rußender Flamme verbrennt. Das spez. Gew. liegt bei 0,800, der Siedepunkt bei 56°. Es mischt sich mit Wasser, Alkohol, Äther und Chloroform, löst Fette und Harze, Kampfer und Kautschuk und findet daher in den diese Stoffe verarbeitenden Industrien vielfache Anwendung. In der chemischen Industrie dient es zur Darstellung von Kollodium, Chloroform, Jodoform und Sulfonal. Auch ist es ein Bestandteil des Zaponlacks.

Azetophenon, Hypnon, Azetophon, $C_6H_5.CO.CH_3$, ein farbloses oder schwach gelbliches Öl von scharfem Geschmack und eigentümlichem Geruch, welches bei 14° zu Kristallblättern erstarrt und bei 200° siedet, löst sich kaum in Wasser, leicht in Alkohol, Äther, Chloroform und fetten Ölen. Bei der Anwendung als Schlafmittel (in Gelatinekapseln) ist Vorsicht geboten. Vorsichtig aufzubewahren!

Azetopyrin (Akopyrin), eine Verbindung von Antipyrin mit Aspirin, kommt als weißes Kristallpulver vom Schmelzpunkte 65° in den Handel und wird als Ersatz seiner Einzelbestandteile gegen Fieber und Rheumatismus verordnet.

Azetylen, ein gasförmiger Kohlenwasserstoff (C_2H_2), entsteht bei der Einwirkung von Wasser auf Kalziumkarbid und findet in der Beleuchtungstechnik ausgedehnte Verwendung. Wegen der großen Explosionsfähigkeit von Azetylenluftgemischen ist bei der Behandlung der Apparate Vorsicht geboten, auch müssen an ihnen Kupferteile vermieden werden, weil Azetylenkupfer stark explosiv ist. Zur Reinigung des Azetylens benutzt man ein Gemisch von Chlorkalk mit Bleichromat (Akagin) oder mit Chromsäure getränkte Kieselgur (Heratol) oder Kieselgur mit einer Lösung von Kupferchlorür und Salzsäure (Frankolin).

Azetylzellulose, Zelluloseazetat, entsteht bei der Einwirkung von Azetylchlorid und Zinkazetat als eine in Wasser, Alkohol, Äther und Azeton unlösliche, in Chloroform und Eisessig lösliche Masse, deren Chloroformlösung beim Verdunsten elastische, durchscheinende Häutchen hinterläßt. Sie findet zur Herstellung von Films, isolierenden Überzügen usw., neuerdings auch von Geweben (Zellon), ausgedehnte Anwendung.

Azinfarbstoffe sind Abkömmlinge des Orthochinondiimids und durch das Vorhandensein zweier Stickstoffatome, entsprechend der allgemeinen Formel: $R.N_2.R$, gekennzeichnet. Das einfachste Glied der Reihe ist das Phenazin, $C_6H_4.N_2.C_6H_4$, daneben kommen noch in Betracht das Phenonaphtazin, $C_6H_4.N_2.C_{10}H_6$, das Dinaphtazin, $C_{10}H_6.N_2.C_{10}H_6$, usw. Von diesen Endgliedern lassen sich folgende Farbstoffgruppen ableiten: Durch Eintritt von 1 oder 2 Aminogruppen in das Phenazin entstehen die Eurhodine (s. Neutralrot), durch Eintritt von Hydroxylgruppen die Eurhodole. Als Amidoderivate des Phenonaphthazins sind die Rosinduline und die Isorosinduline (s. Induline) anzusprechen. Treten an den mittleren Stickstoff der Eurhodine oder Eurhodole noch Alkylgruppen, so entstehen die Safranine (s. d.) bzw. Safranole, Aposafranine und Safraninone. Wenn in die beiden Phenylgruppen des Phenazins je zwei alkylsubstituierte Aminogruppen eintreten und gleichzeitig der mittlere Stickstoff mit einer Alkylgruppe verbunden ist, so gelangt man zu den Indulinen (s. d.), $(R.NH)_2 C_6H_2 N_2.C_6H_2(R.NH)_2$.

Azoblau, ein blauschwarzes, in Wasser mit violetter Farbe lösliches Pulver, welches Baumwolle im Seifenbade grauviolett färbt, besteht aus dem Natronsalze der Ortho-Tolidindisazoalphanaphtolmonosulfosäure.

Azofarbstoffe. Unter diesem Sammelnamen faßt man eine außerordentlich große Zahl von Teerfarben (s. d.) zusammen, welche sämtlich die sog. Azogruppe, d. h. zwei miteinander doppelt verbundene Stickstoffatome enthalten. Durch Verbindung der beiden freibleibenden Valenzen mit organischen Radikalen entstehen ganz allgemein gefärbte Stoffe, welche aber noch nicht auf der Faser haften, vielmehr ist es zur Erzeugung eigentlicher Farbstoffe erforderlich, daß noch Gruppen sauren oder basischen Charakters eintreten. Die Farbstoffe, in denen mit der Azogruppe nur Benzolreste verbunden sind, zeigen meist gelbe bis braune Töne, während durch Einführung der Naphtalingruppe oder anderer höherer Radikale auch rote, violette und blaue Farben entstehen. — Die Darstellung beruht im Grunde darauf, daß man ein Amin, z. B. Anilin, mit Salzsäure und Natriumnitrit diazotiert und die entstandene Diazoverbindung mit einem geeigneten Amin oder Phenol zusammenbringt. Schon aus der Überfülle der verfügbaren Amine und Phenole ergibt sich, daß eine ungeheure Zahl von Azofarbstoffen theoretisch möglich ist. Sie wird nahezu unendlich, wenn man bedenkt, daß neben den Farbstoffen mit einer Azogruppe (Monoazofarbstoffe) auch solche mit zwei (Disazofarbstoffe) und mehr Azogruppen (Tris-, Tetrakis-, Polyazofarbstoffe) hergestellt werden können. — Um einen gewissen Überblick über das große Gebiet zu geben, sei nach Möhlau und Bucherer folgende Einteilung zugrunde gelegt. I. Die **Monoazofarbstoffe** zerfallen in folgende vier Unterabteilungen. a) Aminoazofarbstoffe enthalten eine oder mehrere mit der Azogruppe verbundene Aminogruppen und entsprechen sonach der allgemeinen Formel: $R.N:N.R^1.NH_2$. Als wichtigste Glieder dieser Reihe seien angeführt: Chrysoidin (s. d.), Säuregelb (s. Echtgelb), Diphenylaminorange (s. Säuregelb), Methylorange (s. d.), Bismarckbraun (s. d.), Toluylenbraun, aus Amidodiazotoluolsulfosäure und m-Phenylendiamin, Azogelb (s. d.), Metanilgelb (s. d.). b) Oxyazofarbstoffe entstehen durch Einführung von aromatischen Hydroxylderivaten in das Diazomolekül und werden demnach durch die allgemeine Formel $R.N:N.R^1.OH$ dargestellt. Zu ihnen gehören u.a.: Naphtolorange (s. Tropaeolin), Echtrot (s. d.), Ponceau (s. d.), Koschenillescharlach G aus Diazobenzolchlorid und α-Naphtolsulfosäure. c) Monoazofarbstoffe aus Peri-Dioxynaphtalinderivaten umfassen eine Reihe von Farbstoffen, welche bei schönem blaustichigrotem bis violettblauem Tone und guter Lichtechtheit ein großes Egalisierungsvermögen besitzen und zur Erzeugung licht- und walkechter Beizenfärbungen auf Wolle, in der Regel mit Nachchromierung, dienen. Sie werden durch Einwirkung von Diazokörpern auf Dioxynaphtalindisulfosäure, die sog. Chromotropsäure, hergestellt. Das bekannteste Glied der Reihe ist Chromotrop 2R. d) Oxykarbonsäuremonoazofarbstoffe werden hauptsächlich zum Zeugdruck auf chromgebeizte Faser benutzt. Zu ihnen gehören Alizaringelb G und R, welche aus diazotiertem meta- oder para-Nitranilin und Salizylsäure hergestellt werden. II. **Disazofarbstoffe** werden nach dem Ausgangsmaterial in drei Unterabteilungen zerlegt. a) Disazofarbstoffe aus Monoazofarbstoffen. Zu ihrer Herstellung kombiniert man einen Azofarbstoff mit noch einem Molekül einer Diazoverbindung, doch ist es meist nicht nötig, den Monoazofarbstoff vorher zu isolieren. Wichtige Farbstoffe dieser Reihe sind: Naphtolblauschwarz aus Aminonaphtoldisulfosäure (sog. H-Säure), Nitranilin, Anilin und Natriumnitrit, Resorzinbraun (s. d.) aus dem „Resorzingelb", d. h. dem Kombinationsprodukt von diazotierter Sulfanilsäure und Resorzin, mit Diazoxylolchlorid; Benzobraun G aus Phenylenbraun mit diazotierter Sulfanilsäure, Benzobraun B aus diazotierter Naphthionsäure. b) Disazofarbstoffe aus Diaminen. Als Ausgangsmaterial dieser Farbstoffe, welche besonders zur substantiven Färbung der Baumwolle geeignet sind, kommen in beschränktem Maße auch Metadiamine, hauptsächlich aber Paradiamine (Benzidin, o-Tolidin, Dianisidin, Diaminokarbazol usw.) in Betracht. Zu ihrer Darstellung wird, an Stelle der früher angewandten Oxydation von Monoazofarbstoffen, in der Regel die Tetrazoverbindung der Diamine oder ihrer Derivate mit zwei Molekülen derselben oder verschiedener Oxy- resp. Amidoverbindungen verkuppelt. Als wichtigste Farbstoffe der Gruppe sind anzuführen: Kongorot (s. d.), Benzopurpurin (s. d.), Diaminschwarz R oder RO aus Benzidin und γ-Aminonaphtolsulfosäure, ein schwarzes Pulver, das in konz. Schwefelsäure mit blauer, in heißem Wasser mit violettschwarzer Farbe löslich ist, Diaminschwarz B aus Äthoxybenzidin und der gleichen Sulfosäure, Diaminviolett N entsteht aus denselben Stoffen wie Diaminschwarz RO bei etwas anderer Versuchsanordnung. Vom diazotierten Tolidin leiten sich weiter ab: Rosazurin B und G mit Methylnaphtylaminsulfosäuren, Brillantkongo R (s. d.), Chrysamin R (s. d.), Kongokorinth (s. d.), Azoblau (s. d.). Vom Benzidin leiten sich ab: Chrysamin G (s. d.), Kongokorinth (s. d.), Toluylenorange mit o-Kresolkarbonsäure und m-Toluylendisulfosäure, Diaminscharlach mit je 1 Molekül Phenol und Naphtoldisulfosäure. Von der diazotierten Diaminostilbendisulfosäure sind abgeleitet: Brillantgelb (s. d.), Chrysophenin (s. d.), Hessischgelb (s. d.), Hessischpurpur N und B (s. d.), Hessischviolett (s. d.). Aus Diamidokarbazol entsteht mit Salizylsäure das Karbazolgelb; aus Diamidodiphenylharnstoff mit Salizylsäure das Baumwollgelb B, mit Naphthionsäure das Salmrot; aus Benzidinsulfondisulfosäure mit Phenyl-β-Naphtylamin das Sulfonazurin; aus der Tetrazoverbindung des Paradiaminoäthoxydiphenylamins mit je 1 Molekül Phenetol und Salizylsäure das Diamingelb N. Vom Dianisidin leitet sich ab das Benzoazurin G (s. d.) und das Heliotrop (s. d.), vom Diphenetidin das Benzoazurin 10 B (s. d.). c) Disazofarbstoffe aus Amidoazofarbstoffen dienen hauptsächlich zur Wollenfärberei. Diejenigen Glieder, welche Benzolkerne enthalten, weisen lichtere Töne (Scharlach) auf, während bei Eintritt von zwei oder drei Naphtalinkernen violett- bis blauschwarze Farben entstehen. Vom Aminoazobenzol leiten sich ab: Tuchrot G (s. d.), Krozein B (s. d.), Brillantkrozein M (s. d.), Ponceau 5R (s. d.); vom Amidoazotoluol leiten sich ab: Tuchrot B (s. d.), Krozein 3B (s. d.); vom Amidoazoxylol das Orseillerot A (s. d.), von Sulfosäuren des Amidoazobenzols Doppelscharlach (s. d.) und Biebricher Scharlach (s. d.), von der Amidoazotoluolsulfosäure durch Kombination mit α- oder β-Naphtolsulfosäure das Orseillin BB und Bordeaux G, vom Amidoazoxylol Orseillerot A (s. d.), von der Diazobenzol- (bzw. toluol-) sulfosäure der Krozeinscharlach 3B und 7B (s. d.), von der Diazobenzoldisulfosäure das Wollschwarz (s. d.), von der Diazonaphtalindisulfosäure durch Kuppelung mit α-Naphtylamin das Naphtylaminschwarz D, mit Diphenyl-m-Phenylendiamin das Anthrazitschwarz B. Aus Diazonaphtalinazobenzolsulfosäure und β-Naphtolsulfosäure entsteht Echtviolett, aus Diazonaphtalindisulfosäure und β-Naphtoldisulfosäure Naphtolschwarz B, 3B, 6B (s. d.). Aus diazotierter Amidosalizylsäure, α-Naphtylamin und Naphtolsulfosäure wird das Diamantschwarz gewonnen. III. Von **Polyazofarbstoffen,** die ausschließlich für die Baumwollechtfärberei in Betracht kommen, seien lediglich Diamingrün und Benzoschwarzblau angeführt. — Neben vorstehender Anordnung nach der chemischen Zusammensetzung kann man die Azofarbstoffe auch nach ihrem Verhalten zur Faser in folgende vier Gruppen einteilen: 1. Basische Azofarbstoffe, welche die gebeizte Baumwolle im kalten oder lauwarmen Bade färben, z. B. Anilingelb, Chrysoidin, Bismarckbraun; 2. Saure A., welche Wolle im kochenden sauren Bade färben, Baumwolle hingegen ungefärbt lassen, z. B. Orange I—IV, Echtgelb, Orseille, Echtrot; 3. Substantive A., welche ungebeizte Baumwolle zu färben vermögen, meist auch Wolle und Seide im neutralen oder schwach sauren Bade färben, z. B. Kongorot; 4. Beizenfärbende A., z. B. Alizaringelb R. Die Azofarbstoffe finden in der Technik ausgedehnte Anwendung zum Färben tierischer und pflanzlicher Fasern und kommen in zahllosen Farbtönen von Gelb, Rot, Blau, Violett und Schwarz von hoher Licht- und Waschechtheit in den Verkehr. Vor allem umfassen die Amino- und Oxyazofarbstoffe zahlreiche Säurefarbstoffe, von denen besonders die orangen und roten (Ponceau, Bordeaux) als billige, wennschon weniger echte Farbstoffe für Wollen- und Seidenfärberei benutzt werden.

Azogelb (Azoflavin, Azosäuregelb, Indiengelb), seit 1880 bekannter Azofarbstoff, ein ockergelbes, in heißem Wasser lösliches Pulver, ist ein Gemenge von nitriertem Diphenylaminorange mit Nitrodiphenylaminen. A. färbt Wolle in saurem Bade gelb.

Azokokzin, braunes, in Wasser mit roter Farbe lösliches Pulver, besteht aus dem Natronsalz der Amidoazobenzolazoalphanaphtolmonosulfosäure und wird in der Wollfärberei benutzt. — Eine andere Sorte, Azokokzin 2R, besteht aus dem Natronsalze der Xylidinazoalphanaphtolmonosulfosäure und erscheint als rotbraunes Pulver.

Azolitmin, der Farbstoff des Lackmus, aus welchem er durch Extraktion mit Wasser und folgende Behandlung mit Alkohol und Eisessig in reinem Zustande gewonnen wird. Die wäßrige Lösung, welche auf Zusatz von Alkalien blau und von Säuren rot wird, bildet einen der wichtigsten Indikatoren in der Alkalimetrie.

Azoorseillin, ein seit 1883 bekannter Teerfarbstoff, der als schwarzvioletter Teig in den Handel kommt, färbt Baumwolle im Seifenbade braunrot und besteht aus dem Natronsalze der Benzidindisazoalphanaphtolmonosulfosäure.

Azorubin. Von diesem Teerfarbstoff unterscheidet man zwei Arten als Azorubin S und 2 S, beides braune, in Wasser mit roter Farbe lösliche Pulver, welche mit verschiedenen Farbtönen färben. Ersteres (s. Echtrot C) ist das Natronsalz der Naphtionazoalphanaphtolmonosulfosäure, letzteres das Natronsalz der Amidoazobenzolmonosulfosäureazoalphanaphtolmonosulfosäure.

Azoschwarz (Blauschwarz B), ein Wolle in saurem Bade blauviolett färbender Teerfarbstoff, kommt als blauviolettes, in Wasser lösliches Pulver in den Handel und besteht aus dem Natronsalz der Betanaphtylaminsulfosäureazoalphanaphtylaminazobetanaphtoldisulfosäure.

Azoviolett, ein schwarzblaues, in Wasser mit rotvioletter Farbe lösliches Pulver, färbt Baumwolle im Seifenbade blauviolett und besteht aus dem Natronsalz der Dianisidindisazonaphtionsäurealphanaphtolmonosulfosäure.

Azurophenolin, ein seit 1886 aus England in den Handel kommender wasserlöslicher Teerfarbstoff, eignet sich namentlich zum Blaufärben von Seide.

Azymol, eine als Mundwasser angepriesene spirituöse Lösung von Salizylsäure, Saccharin, Vanillin und Menthol, welche mit Fuchsin rot gefärbt ist.

Azzarolo (Lazzerolo), die im italienischen Handel vorkommenden Früchte von Crataegus Azarolus, haben die Größe der Mispeln, sind rot oder blaßgelb gefärbt, rund mit zurückgeschlagenen Kelchabschnitten, schmecken angenehm säuerlich und werden sowohl roh als auch eingemacht genossen. Das Holz des Baumes wird zu Drechslerarbeiten verwandt.

B.

Bablah (frz. Galle des Indes, engl. Bablahgall), die Früchte verschiedener Akaziaarten, die wegen ihres hohen Gerbstoffgehaltes zum Gerben und Schwarzfärben benutzt werden. Man unterscheidet: 1. Ostindische B. (Babula, Babool, Burbura) von Acacia arabica, var. indica. Die Handelsware erscheint gewöhnlich in einzelnen Gliedern der zerbrochenen platten Hülsen mit dunkelbraunen, gelb geränderten Samenkernen. Die Schalen sind auf der Oberfläche mit einem feinen kurzhaarigen Filz überzogen. 2. Ägyptische B. (Neb-Neb, Garrat) von Acacia nilotica. Die Hülsen dieser Sorte sind nicht behaart, sondern völlig kahl und grünbraun, in der Mitte glänzender und dunkler bis schwärzlichgrün. Die Ware enthält meist nur einzelne Hülsenglieder. Außer diesen beiden Hauptsorten kommen zuweilen auch noch einige andere in den Handel, so die Früchte von Acacia Adansonii (Gousses de Gonaké) und von A. farnesiana.

Babulgummi (Gond-Babul), eine geringere Sorte Gummiarabikum aus Bengalen, von Acacia arabica.

Baccae, Beeren. B. Alkekengi, Judenkirschen; B. Ebuli, Attichbeeren; B. Jujubae, Brustbeeren; B. Juniperi, Wacholderbeeren; B. Lauri, Lorbeeren; B. Mori, Maulbeeren; B. Myrtillorum, Heidelbeeren; B. Phytolaccae, Kermesbeeren; B. Rhamni catharticae, Kreuzbeeren; B. Ribium, Johannisbeeren; B. Rubi Idaei, Himbeeren; B. Sambuci, Holunderbeeren u. a. Verschiedene, sonst zu den Beeren gerechnete Pflanzendrogen stellt man übrigens jetzt unter Fructus, Früchte.

Backobst (frz. Fruit à cuire, Fruit séché, engl. Baked fruit), das entweder an der Luft oder in besonderen Backöfen getrocknete Obst, namentlich Äpfel, Birnen, Pflaumen und Kirschen. Das Haupterfordernis zur Erzielung einer guten Ware ist, daß die Temperatur beim Trocknen nicht zu hoch steigt. Näheres siehe unter Äpfelschnitte, Dörrobst, Obst.

Backpulver nennt man chemische Präparate, welche an Stelle der Hefe benutzt werden, um wie diese ein Aufgehen des Teiges zu verursachen. Ihre Wirkung beruht darauf, daß sie bei höherer Temperatur oder beim Feuchtwerden Kohlensäure abspalten. Das bekannteste Mittel ist das Hirschhornsalz (Ammoniumkarbonat), das aber den Nachteil hat, bei ungenügender Backhitze dem Gebäck einen widerlichen Ammoniakgeruch zu verleihen. Alle übrigen, auch die mit großer Reklame vertriebenen B. des Handels sind Mischungen von Alkalibikarbonaten (doppeltkohlensaures Natron) mit Weinsäure oder sauren Salzen (Weinstein, saures Kalziumphosphat u. a.). Die B. müssen trocken aufbewahrt werden und erhalten überdies, um eine vorzeitige Einwirkung der Säuren und Basen aufeinander zu verhindern, vielfach einen Zusatz von Mehl. Zusätze von Kreide, Alaun, Kaliumbisulfat, die während des Krieges vielfach beobachtet wurden, sind zu verwerfen.

Baël (lat. Fructus belae, frz. Baële, engl. Baël), die apfelgroße, grünlichgelbe Frucht einer indischen Aurantiee, Aegle Marmelos, dient als adstringierendes Arzneimittel.

Bärentraubenblätter (Sandtraube, Wolfsbeere, Sandbeerenkraut, Mehl-, Moos- oder Steinbeere, Busserole, lat. Folia uvae ursi, frz. Raisin d'ours, Feuilles de busserole, engl. Bearberry-leaves), die von den jüngeren Zweigen gesammelten Blätter eines kleinen, in den Wäldern Nordeuropas wachsenden immergrünen Strauches, Arctostaphylos Uvae Ursi (Arbutus Uvae ursi), sind etwa 20 mm lang und 8 mm breit, kurzgestielt, umgekehrt eiförmig, lederartig, ganzrandig, beiderseits netzaderig und glänzend, oben dunkelgrün, unten etwas heller und geruchlos und besitzen einen bitteren Geschmack. Die Ränder der Blätter sind spärlich behaart, nicht kahl. Sie werden als harntreibendes Mittel vielfach angewendet und enthalten als charakteristische Bestandteile Urson und die Glykoside Erikolin und Arbutin neben viel Gerbsäure sowie 0,01 % ätherisches Öl (Bärentraubenöl). Verwechslungen mit den Blättern der Preiselbeere und denen von Vaccinium uliginosum sollen vorkommen, sind aber nach der angegebenen Beschreibung leicht zu erkennen.

Bärlappsamen (Hexenmehl, Freselmehl, Blitzpulver, Lykopodium, lat. Semen lycopodii, frz. Lycopode, Soufre végétal, engl. Earthmoos-seeds, Vegetable Sulphur) besteht aus den Sporen der Kryptogame Lycopodium clavatum, die in den Wäldern des mittleren und nördlichen Europa häufig vorkommt. Die meist aus Rußland stammende Ware bildet ein blaß schwefelgelbes, zartes, leicht bewegliches, geruch- und geschmackloses Pulver, das auf dem Wasser schwimmt, ohne sich zu benetzen, und, in eine Flamme geblasen, verpufft. Der Fettgehalt beträgt 50 %. Verfälschungen mit Erbsenmehl, Stärke u. dgl. lassen sich durch Jodlösung leicht nachweisen, während ein Zusatz von Schwefel sich durch den beim Verbrennen auftretenden stechenden Geruch offenbart. Weitere Verfälschungen mit Pollen von Pinus silvestris und anderen Pflanzen sind unter dem Mikroskop erkennbar. Mineralische Beimengungen schließlich sinken beim Schütteln mit Chloroform unter, während der B. auf diesem schwimmt. Verwendung: als Kinderstreupulver, als Einstreupulver beim Metallformenguß und in der Feuerwerkerei.

Bärwurzel (Bärenwurzel, lat. Radix meu, frz. Racine de méou, engl. Harts root), die früher in der Tierheilkunde viel angewandte, jetzt wenig mehr gebräuchliche Wurzel von Meum athamanticum, zeigt einen scharfen gewürzhaften Geschmack und wächst auf den niedrigen Alpen Österreichs und der Schweiz. Das aus ihr durch Destillation gewonnene ätherische Öl (Bärwurzelöl) besitzt eine pomeranzengelbe, mit der Zeit dunkler werdende Farbe, riecht dem Liebstocköl ähnlich und hat ein spez. Gew. von etwa 1,000.

Baggings sind die groben, aus Jute gewebten Säcke für Zucker, Mehl, Getreide, die namentlich in Schottland hergestellt werden. Eine zweite Sorte derselben heißt Sackings, während die feineren Sorten Hessians genannt werden (vgl. Jute).

Balata, eine der Guttapercha und dem Kautschuk ähnliche Substanz, wird aus dem Safte der Sapota Mülleri, dem Bullytree Guayanas, durch Eintrocknen gewonnen. Ein Baum mittlerer Größe liefert beim Einschneiden jährlich 0,3—0,5 kg, beim Fällen auf einmal 3—6 kg B. Die Ware, die hauptsächlich in der englischen Industrie, weniger in Deutschland Verwendung findet, hat sich namentlich zur Herstellung von Treibriemen gut bewährt und wird außerdem für Schuhsohlen, Absätze und elektrische Isolatoren, hingegen nicht für chirurgische Instrumente benutzt. Die B. ist graubraun, rötlichweiß bis bräunlichrot, lederartig zähe, läßt sich aber schneiden, ist außerordentlich biegsam und elastischer als Guttapercha. Bei 49° C wird sie knetbar und schmilzt bei 149°.

Baldrianamyläther (Baldriansaures Amyloxyd, lat. Amylium valerianicum, frz. Valérate d'amyle, engl. Valerianate of amyloxyde), der Amylester der Isovaleriansäure, $C_5H_{11}.COO.C_5H_{11}$, entsteht bei der Destillation von baldriansaurem Natrium mit Amylalkohol und Schwefelsäure, oder von Amylalkohol mit Kaliumbichromat und Schwefelsäure, als eine farblose, ölige Flüssigkeit vom spez. Gew. 0,865 und dem S.P. 188°, die sich in Alkohol, nicht aber in Wasser löst und nach ihrem angenehmen Apfelgeruch Apfelöl (engl. Apple-oil) genannt wird. Sie findet als Mittel gegen Gallensteine und als künstlicher Fruchtäther Verwendung.

Baldrianöl (lat. Oleum Valerianae, frz. Essence de Valériane, engl. Oil of Valerian), das ätherische Öl der Baldrianwurzel, welches gelbgrün bis bräunlichgelb ist, mit der Zeit aber dunkelbraun wird. Es hat starken Baldriangeruch, ein spez. Gew. von 0,92—0,96, eine Linksdrehung von —8 bis —13 und enthält neben Baldriansäure Kamphen, Pinen, Terpineol und Borneol, das als Ester, hauptsächlich Valerianat, zugegen ist, und findet medizinische Anwendung bei Epilepsie und Hysterie. Die deutsche Wurzel liefert 0,5—0,9, die holländische etwa 1 % äther. B.

Baldriansaures Chinin (Chininvalerianat, lat. Chininum valerianicum, frz. Valérianate de quinine, engl. Valerianate of quinine) bildet farblose, perlmutterglänzende Kristallschüppchen von schwachem Geruch nach Baldriansäure und wird als Arzneimittel viel benutzt.

Baldriansaures Morphium (Morphinvalerianat, lat. Morphinum valerianicum, frz. Valérianate de morphine, engl. Valerianate of morphine), ein weißes kristallinisches Pulver, riecht nach Baldrian und wirkt giftig.

Baldrianwurzel (gemeiner oder kleiner Baldrian, Katzenbaldrian, Katzenwurzel, Wundwurz, lat. Radix Valerianae, frz. Racine de Valériane, engl. Valerian root) besteht aus dem getrockneten graubraunen Wurzelstock von Valeriana officinalis, welcher mit zahlreichen, ringsherum angewachsenen strohhalmdicken Wurzelfasern besetzt ist. Die in frischem Zustande weißliche Wurzel, deren starker unangenehmer Geruch erst beim Trocknen hervortritt, wird von trockenen Standorten im Herbste gesammelt, aber auch in manchen Gegenden des Harzes und Thüringens, in Nordamerika, Frankreich und Holland angebaut. Als beste Sorte gilt die Harzer (Radix Val. montana Hercynica), während die Thüringer (Thuringica cultivata) weniger geschätzt wird. B. enthält als wirksame Bestandteile neben Äpfelsäure, Essigsäure, Ameisensäure, Harz, Stärke und Zucker etwa 1 % ätherisches Öl, Baldriansäure und geringe Mengen von Alkaloiden (Valerianin) und wird zur Herstellung magenstärkender, krampfstillender Mittel (Baldrianöl, B.-Extrakt, B.-Tinktur) benutzt. Die Wurzel muß rasch getrocknet und in gut verschlossenen Gefäßen aufbewahrt werden. Wurzeln anderer Valeriana-Arten, welche besonders der wildwachsenden Droge bisweilen beigemischt werden, sind leicht an dem schwächeren Geruche sowie daran zu erkennen, daß sie nur an der unteren Seite Wurzelfasern tragen. — Die früher als Radix Valerianae majoris offizinelle Wurzel von Valeriana Phu wird jetzt nicht mehr benutzt. Die in Mexiko gebräuchliche Wurzel von Valeriana mexicana, welche in 4 cm dicken Scheiben von gelber Farbe in den Handel kommt, ist so reich an Valeriansäure, daß sie zu deren Gewinnung geeignet erscheint.

Ballhausens Magentropfen, aromatisierte und versüßte spirituöse Lösung verschiedener stark abführender Drogen wie Aloe, Rhabarber, Senna, Jalapen.

Balsam (lat. Balsamum, frz. Baume, engl. Balm) nennt man dickflüssige Stoffe von harziger und öliger Natur, welche teils freiwillig, teils durch künstliche Einschnitte in die Rinde gewisser Bäume ausfließen. Die meisten B. sind Gemische von Harzen mit ätherischen Ölen, enthalten aber auch häufig noch andere Körper, namentlich aromatische Säuren (Zimtsäure, Benzoësäure) sowie deren Äther und Aldehyde. Mit Ausnahme des Terpentins, den man jedoch gewöhnlich nicht zu den B. rechnet, entstammen alle B. der warmen Zone. Von den im Handel vorkommenden B. sind in besonderen Artikeln besprochen: Perubalsam, Tolubalsam, Kopaivabalsam, Gurjunbalsam, Storax und Kanadabalsam.

Bamboonüsse (Bambeonüsse), die sehr harten Samen der Weinpalme, Raphia longiflora, sind 4,5—6,5 cm lang, walzig eiförmig und mit einer nur dünnen Rinde bedeckt. Man benutzt sie zu Drechslerarbeiten, wozu sie sich aber weniger gut eignen als die Steinnüsse.

Bambusrohr (frz. und engl. Bamboo) entstammt einer zu den Gräsern gehörigen tropischen Pflanze, Bambusa arundinacea, die mit erstaunlicher Raschheit baumartig zur Höhe von 20 m und darüber emporwächst. In ausgewachsenem Zustande ähnelt ihr Bau demjenigen einer italienischen Pappel, indem der 80 cm dick werdende gerade Stamm etwa 6 m über dem Boden nach allen Seiten zahlreiche aufstrebende Äste austreibt, die mehrfach wieder Seitentriebe aussenden. Der ganze Schaft ist hohl und in kurzen Abständen durch Knoten abgeteilt, wie die bei uns gebräuchlichen Bambusstöcke und Schirmstiele, irrtümlich wohl auch Zuckerrohr oder Pfefferrohr genannt, ersehen lassen. In Ostindien und anderen Gegenden Südasiens, wo der Bambus in großer Menge wächst und seines vielfachen Nutzens wegen auch häufig gepflanzt wird, findet er die mannigfaltigste Verwendung. Bei großer Leichtigkeit, verbunden mit bedeutender Festigkeit und Dauerhaftigkeit, die besonders durch die stark kieselhaltige Rinde bedingt wird, bildet das stärkere Holz ein ausgezeichnetes Material zu Wasserröhren und Gefäßen, zum Häuser- und Brükkenbau, zu Masten, Stangen und Leitern. Dünnere Stämme dienen zu Möbeln und anderen Hausgeräten, gespalten zu Flechtwerk, Körben, Matten, Segeln, Rollvorhängen, Regen- und Sonnenschirmen, Hüten und Stricken, ja selbst zu Kunstarbeiten, wie Schnitzwerk, gravierten und eingelegten Arbeiten. Die im Innern der Stäbe angesammelte weiße Ausscheidung von Kieselsäure wird von den Hindus unter dem Namen Tabaschir als Arzneimittel verwandt. Die Chinesen benutzten das B. außerdem zur Bereitung von Papier und die jungen Triebe als ein spargelähnliches Gemüse. Neuerdings hat sich auf Jamaika ein Ausfuhrhandel mit Bambusfaser entwickelt, die mittels zerreibender Maschinen hergestellt wird und teils nach England, häufiger aber nach Nordamerika ausgeführt wird, jedenfalls als Papierstoff. Die Samenkörner des B. geben ein leidliches Brot, jedoch hat diese Verwendung nur geringe Bedeutung, da die Pflanze erst mit 25 Jahren, und dann nur für einmal Samen trägt, worauf sie gleich abstirbt. Die grünen zarten Sprossen werden in Indien mit Essig und scharfem Gewürz eingemacht und unter dem Namen Achia oder Atchia verkauft.

Bananen (frz. Bananes, engl. Bananas) sind die Früchte verschiedener Arten der Gattung Musa (Pisang), namentlich aber von Musa paradisiaca, Musa sapientum und Musa chinensis. Die in den ganzen Tropen verbreiteten und auch angebauten Pflanzen gehören zu den ergiebigsten Nahrungspflanzen, indem eine jede aus ihren stets neu aufsprossenden Stämmen im Jahre durchschnittlich 50—75 kg Früchte liefert, die an einem gemeinschaftlichen Stiele (Fruchtkolben) oft bis zu 200 Stück hängen. Die Früchte bilden eines der wichtigsten Nährmittel für die Tropengegenden und werden auch in großen Mengen nach Europa eingeführt. Die Beförderung geschieht mit Schnelldampfern aus Westindien und besonders von den Kanarischen Inseln in der Weise, daß die Fruchtzweige hängend oder in Körben versandt werden. Die einzelnen Früchte sind gewöhnlich 1—1½ dm lang, sichelförmig gekrümmt, zeigen drei stark hervortretende und drei schwächere Kanten und haben eine gelbe, braunfleckige dicke Schale und ein mehliges, süßes Fleisch, welches einen deutlichen Geruch und Geschmack nach Essigsäureamylester besitzt. Die getrockneten Früchte werden auch zur Herstellung von Bananenmehl, Bananenstärke (als Zusatz zu Bananenschokolade) und einer Art Arrowroot (s. d.) benutzt. — Bananenfaser s. Manilahanf.

Bandwurmmittel. Nach Husemann werden hierzu folgende, in besonderen Abschnitten besprochene Drogen benutzt: Arekanüsse, Farnwurzel, Granatrinde, Kamala, Kupferoxyd, Kussoblüten.

Bankulnüsse (frz. Noix de bancoul, engl. Candle nuts) sind die Früchte des Kerzenbaums (Lichtnußbaum, Kandlenußbaum), eines großen, 12—15 m hoch werdenden Baumes aus der Familie der Euphorbiazeen, Aleurites triloba Forst (Aleurites molluccana Willd.), der auf den Südseeinseln seine Heimat hat, aber auch in Vorder- und Hinterindien, Java, Réunion und Mauritius, in Westindien und Südamerika angebaut wird. Der sehr schnell wachsende Baum trägt schon im zweiten Jahre Früchte und gedeiht sowohl auf den Gebirgen als auch in der Ebene. Die fleischige Kapselfrucht ist rundlich, etwas zusammengedrückt, im reifen Zustande olivenfarbig und hat 4 bis 6 cm im Durchmesser. Sie enthält gewöhnlich 1—2, mit steinharter, runzliger, dunkelbrauner Schale umgebene Samen, welche 12—15 g wiegen und zur Gewinnung des Bankulöles (etwa 60 %, s. d.) dienen. Auf den Südseeinseln benutzen die Eingeborenen die B. schon seit langer Zeit als Beleuchtungsmaterial, indem sie die zerstoßenen Samen mit Baumwolle zu einem Teig verarbeiten, diesen in Stücke von Bambusrohr füllen und so eine Art von Kerzen gewinnen.

Bankulöl (Kukuiöl, Javaöl, Aleuritesöl, frz. Huile de bancoul, engl. Kekune-oil, Candle nuts-oil), das fette Öl der Bankulnüsse (s. d.), ist im kalt gepreßten Zustande klar, schwach gelblich und von angenehmem Geruch und Geschmack. Warm gepreßt hat es eine bräunliche Farbe, dickflüssige Beschaffenheit und widrigen Geruch und Geschmack und wirkt ähnlich dem Rizinusöl abführend. Das kalt gepreßte Öl hat ein spez. Gew. von 0,923, das warm gepreßte ein solches von 0,913. Das B. gehört zu den trocknenden Ölen, weil es bei einer Jodzahl von 184—195 zu 30% aus dem Glyzeride der Leinölsäure besteht, und eignet sich daher zur Bereitung von Druckerschwärze und Ölfirnis als Ersatz des Leinöls, ebenso auch zur Seifenfabrikation. Man bezieht es von Guadeloupe, Martinique, Tahiti und Réunion, ein großer Teil wird auch aus eingeführten Nüssen in Hamburg und Itzehoe gewonnen. Die Preßrückstände, Kandlenußkuchen, sind sehr stickstoffreich und eignen sich daher zu Viehfutter, vorausgesetzt, daß das Öl, wegen seiner abführenden Eigenschaften, möglichst entfernt worden ist.

Barbatimaorinde (lat. Cortex barbatimao, frz. Ecorce de Barbatimao, engl. Barbatimao-bark). Unter diesem Namen erhält man verschiedene gerbstoffhaltige Rinden aus Brasilien, die zum Gerben sowie bisweilen als adstringierendes Heilmittel angewandt werden. Am häufigsten findet sich die Rinde von Pithecolobium Avaremotemo, flache dunkelviolette Baststücke, die stellenweise mit ausgeschwitztem Gummi bedeckt sind.

Barellas Magenpulver besteht im wesentlichen aus Natriumbikarbonat.

Bariumverbindungen. Das Barium, ein dem Kalzium und Strontium verwandtes metallisches Element vom Atomgewicht Ba = 137,4 findet sich nicht im freien Zustande in der Natur, weil es wie das Kalium Wasser zersetzt und Sauerstoff aufnimmt, ist aber in Form seiner Verbindungen, besonders als Karbonat (s. Witherit) und als Sulfat (s. Schwerspat) ziemlich verbreitet. Es kann nach der zuerst von seinem Entdecker Davy im Jahre 1808 angewandten Methode durch Elektrolyse von Bariumsalzen oder durch Behandlung derselben mit Natrium hergestellt werden, bildet aber für sich keinen Handelsartikel. In seinen Verbindungen, welche mit Ausnahme des Sulfats giftig sind, wird das Ba daran erkannt, daß es die Flamme des Bunsenbrenners grün färbt und eine Reihe charakteristischer Spektrallinien erzeugt; in seinen Lösungen ruft Schwefelsäure einen in Salzsäure unlöslichen weißen Niederschlag hervor. Von den zahlreichen Verbindungen, welche auch als Barytverbindungen bezeichnet werden, seien nur folgende technisch wichtigeren angeführt: Bariumchlorat (Chlorsaurer Baryt, lat. Baryta chlorica, Baryum chloricum, frz. Chlorate de baryte, engl. Chlorate of barium), $Ba(ClO_3)_2 + H_2O$, entsteht bei der Einwirkung von Chlor auf heiße Bariumhydroxydlösung oder bei der Elektrolyse eines Gemisches von Bariumchlorid und -karbonat mit Wasser und wird von dem beigemengten Bariumchlorid durch Umkristallisieren getrennt. Es bildet farblose, in Wasser leicht lösliche prismatische Kristalle, welche durch starke Reibung oder Schlag explodierbar sind, und findet in der Feuerwerkerei als Grünfeuer sowie in der Sprengtechnik Anwendung. — Bariumchlorid (Chlorbarium, salzsaurer Baryt, Bariumchlorhydrat, lat. Baryum chloratum, Baryta chlorata s. muriatica s. hydrochlorata, frz. Hydrochlorate de baryte, engl. Chloride of barium), kristallisiert mit 2 Molekülen Wasser ($BaCl_2 + 2\,H_2O$) in Form farbloser, durchsichtiger Tafeln und löst sich leicht in Wasser zu einer unangenehm scharf schmeckenden giftigen Flüssigkeit. Es wird dargestellt durch Zusammenschmelzen von Schwerspat mit Kohle und Chlorkalzium oder durch Auflösen von Witherit in Salzsäure und nachfolgendes Umkristallisieren. B. dient in der chemischen Analyse als Reagens auf Schwefelsäure und findet in der Technik ausgedehnte Anwendung zur Reinigung von Kesselspeisewasser und zur Herstellung von Permanentweiß. Man erkennt es daran, daß die Lösung mit Schwefelsäure einen weißen Niederschlag von Ba-Sulfat und mit Silbernitrat eine käsige Fällung von Chlorsilber gibt. — Bariumchromat (lat. Baryum chromicum, frz. Chromate de baryte, engl. Chromate of barium) entsteht beim Fällen von Barytsalzlösungen mit Kaliumchromat als ein schwerer gelber Niederschlag, $BaCrO_4$, der eine wertvolle, licht-, luft- und wasserbeständige Malerfarbe (Barytgelb, Gelbin, gelber Ultramarin, Jaune de Steinbuhl) liefert. — Bariumhydroxyd (Bariumoxydhydrat, Ätzbaryt, Barythydrat, kaustischer Baryt, lat. Baryta caustica s. hydrata, frz. Hydrate de baryte, engl. Barytic hydrate), $Ba(OH)_2$, ein weißes, in Wasser lösliches Pulver, welches aus heißer Lösung mit 8 Molekülen Wasser kristallisiert, wird entweder durch Glühen von Schwerspat mit Kohle und Kochen der in Wasser gelösten Schmelze mit Zink- oder Kupferoxyd oder durch Glühen von Witherit im Wasserdampfstrome gewonnen. Es wurde früher bei der Entzuckerung der Rübenmelasse benutzt, findet jetzt aber nur noch als chemisches Reagens Anwendung. Wegen seiner Neigung, Kohlensäure anzuziehen, muß es vor Luft geschützt aufbewahrt werden. — Bariumkarbonat (Kohlensaurer Baryt, lat. Baryum carbonicum, frz. Carbonate de baryte, engl. Carbonate of barium), $BaCO_3$, bildet in der Natur das Mineral Witherit (s. d.), welches in Form derber Stücke oder als ein schweres Pulver von weißer bis grauer oder gelblicher Farbe in den Handel kommt. Auf chemischem Wege wird es durch Glühen von Schwerspat mit Kohle und Behandlung der aufgelösten Schmelze mit Kohlensäure dargestellt. B. bildet das Ausgangsmaterial zur Darstellung von Blanc fixe und anderen Ba-Verbindungen und wird außerdem als Rattengift benutzt. Die Versendung erfolgt in Fässern von 300 kg. — Bariummanganat (Mangansaurer Baryt, lat. Baryum manganicum), $BaMnO_4$, bildet das in der Tapetenherstellung und als Anstrichfarbe benutzte Mangangrün oder Kasseler Grün (Rosenstiehls Grün, Vertige de roses) und wird durch Glühen von Bariumhydroxyd und -nitrat mit Braunstein oder durch Überleiten von Luft über ein erhitztes Gemisch von Braunstein und Ätznatron und Fällen der in Wasser gelösten Schmelze mit Bariumhydroxyd dargestellt. — Bariumnitrat (Salpetersaurer Baryt, Barytsalpeter, lat. Baryum nitricum, Baryta nitrica, frz. Nitrate de baryte, engl. Barium nitrate, Nitrate of baryt) entsteht beim Lösen von Witherit oder Bariumsulfid in Salpetersäure und Eindampfen bis zur Kristallisation oder beim Vermischen heißer Lösungen von Chlorbarium und Natriumnitrat. Es bildet weiße, glänzende, in Wasser leicht lösliche Kristalle von der Formel $Ba(NO_3)_2$, die beim Glühen reines Bariumoxyd hinterlassen, und findet in der Feuerwerkerei als Grünfeuer sowie in der Sprengtechnik als Ersatz des Salpeters Anwendung. — Bariumplatinzyanür, eine Doppelverbindung von Zyanbarium und Platinzyanür, $Ba(CN)_2.Pt(CN)_2 + 4H_2O$, entsteht beim Einleiten von Zyanwasserstoff in eine siedende Lösung von Platinchlorid und Chlorbarium. Die schönen Kristalle, welche Dichroismus von Grün und Gelb mit violettem Schimmer zeigen, haben die Eigenschaft, unter der Einwirkung von Röntgenstrahlen aufzuleuchten und werden daher zum Nachweise dieser und ähnlicher Strahlen (radioaktiver) benutzt. — Bariumsulfat (s. Permanentweiß und Schwerspat). — Bariumsulfid (Bariumsulfuret, Schwefelbarium, lat. Ba. sulfuratum, frz. Sulfure de baryte, engl. Sulfuret of barium), BaS, eine Verbindung von 81,1 % Barium mit 18,9 % Schwefel, kommt meist nur in rohem Zustande für technische Zwecke als eine poröse, von beigemengter Kohle mehr oder weniger grau bis schwärzlich gefärbte Masse in den Handel. Zu seiner Darstellung formt man Schwerspatpulver mit Steinkohlenteer zu Ziegeln, brennt diese zwischen Kohlen in Schachtöfen und dampft die durch Auslaugen mit Wasser erhaltene Lösung ein. Das Sulfid ist das Ausgangsmaterial für die meisten Bariumsalze und findet in der forensischen Analyse, weil es leicht arsenfrei zu erhalten ist, Anwendung zur Herstellung von arsenfreiem Schwefelwasserstoff. Die Verwendung als kosmetisches (Rasier- oder Enthaarungs-) Mittel ist nach dem Farbengesetz verboten. — Bariumsuperoxyd (Ba.-peroxyd, Ba.-hyperoxyd, lat. Barium hyperoxydatum, frz. Hyperoxyde de baryte, engl. Hyperoxyde of barium), BaO_2, entsteht beim Erhitzen von Bariumoxyd (BaO) auf 700° als ein weißes, in Wasser unlösliches Pulver, das aus der Luft Kohlensäure anzieht und mit verdünnten Säuren Wasserstoffsuperoxyd abspaltet. Bei 500—600° gibt es Sauerstoff ab. Ba. findet in steigendem Maße Anwendung zur Herstellung von Wasserstoffsuperoxyd und flüssigem Sauerstoff.

Barol, ein mit Kupfervitriol vermischtes Teeröl, das wie Karbolineum zum Imprägnieren von Holz dient.

Barometer (frz. Baromètres, engl. Barometers) sind Instrumente zur Messung des Luftdrucks. Nach ihrer Konstruktion unterscheidet man Quecksilber- und Aneroid- oder Holosteriquebarometer, von denen die ersteren wieder in Gefäß- und Heberbarometer zerfallen. Die Quecksilberbarometer bestehen aus einseitig geschlossenen, mit Quecksilber gefüllten Glasröhren, bei denen nach dem Umdrehen das Quecksilber von der Luft getragen wird, während sich über seiner Oberfläche ein luftleerer Raum befindet. Bei den Gefäßbarometern taucht das offene Ende der Röhre in ein Gefäß mit Quecksilber, während die Röhre beim Heberbarometer U-förmig gebogen ist. An der oberen Kuppe des Quecksilbers ist beim Gefäßbarometer eine Skala angebracht, welche die Entfernung der Kuppe von der Oberfläche der Gefäßfüllung (den Barometerstand) in Millimetern angibt. Die Heberbarometer tragen an jedem Schenkel des U-Rohres eine Millimeterskala mit Nonius, deren Angaben addiert den Luftdruck ergeben. Aneroidbarometer sind luftleer gemachte Metallkapseln, deren elastischer Deckel durch die äußere Luft nach innen gedrückt wird und dabei vermittels einer Spiralfeder mit Hebelübertragung einen Zeiger bewegt. Auf einer Skala nach Art eines Uhrzifferblattes kann der Luftdruck direkt abgelesen werden. Beide Arten von Barometern finden in chemischen und physikalischen Laboratorien für wissenschaftliche Zwecke ausgedehnte Anwendung. Im alltäglichen Leben benutzt man sie meist als sog. Wettergläser, weil sie auf Grund der Erfahrung, daß bei hohem Luftdruck meist schönes Wetter herrscht, auch eine Skala für „Schön Wetter", „Sturm" usw. tragen. Die sehr bequem zu transportierenden Aneroidbarometer dienen außerdem zur Höhenmessung auf Bergen, in Luftschiffen usw., da der Luftdruck mit steigender Höhe regelmäßig sinkt.

Barsch (Baars, Baarsch, Bärse, Bärschling, Schrap, frz. Perche, engl. Perch) ist die Bezeichnung einer artenreichen Familie von Raubfischen, deren bekanntester Vertreter, der Flußbarsch, Perca fluviatilis, eine messinggelbe bis grünliche, am Bauche weißliche Farbe besitzt. Die erste Rückenflosse ist bräunlichrotgrau, die zweite grünlichgelb, die Brustflossen sind gelbrot, die Bauch- und Afterflosse mennig- oder zinnoberrot. Das Fleisch ist sehr schmackhaft, besonders vom August bis Januar, die Laichzeit dauert von März bis Juni. Der B. wird nicht über 2 kg schwer und ist am besten bei einer Länge von 25—30 cm. — Der Seebarsch, Labrax Lupus, welcher im Mittelmeer, dem Atlantischen Ozean und an den Küsten Englands vorkommt, wird bis 10 kg schwer und ebenfalls als Nahrungsmittel verwendet.

Basalt (frz. Basalte, engl. Basalt), eines der jüngsten Eruptivgesteine, welches meist in Form einzelner kuppenförmiger Berge, zuweilen aber auch in deckenförmigen Lagern, auftritt und vielfach säulenartige Absonderung zeigt, besteht aus einem innigen Gemenge von Augit (Kalziummagnesiumsilikat mit Tonerde und Eisen), Feldspat (s. d.) und Magneteisen, welches in einer dichten schwarzen Grundmasse vereinzelt andere Mineralien, namentlich grünen Olivin, in größeren Kristallen eingebettet enthält. Da der Feldspat (Plagioklas) häufig durch Nephelin oder Leuzit (Kaliumaluminiumsilikat) ersetzt wird, unterscheidet man Plagioklasbasalt, Nephelinbasalt und Leuzitbasalt. Auch gibt es basaltische Laven, die in einigen Gegenden zu Mühlsteinen verarbeitet werden. Der eigentliche Basalt bildet wegen seiner großen Härte und Dauerhaftigkeit ein vortreffliches

Bau- und Pflastermaterial (Schotter und Pflastersteine) und wird überdies als Zuschlag beim Ausschmelzen von Eisenerzen und bei der Herstellung von dunklem Flaschenglas gebraucht. Große Mengen B. werden auf der Elbe von Böhmen nach Sachsen und Preußen verschifft sowie auch im Rheinlande gewonnen.

Baseler Blau, ein zur Gruppe der Safranine gehöriger Teerfarbstoff, bildet ein braunes Kristallpulver, das mit blauvioletter Farbe in Wasser löslich ist und mit Tannin und Brechweinstein gebeizte Baumwolle blau färbt. Es wird dargestellt durch Einwirkung von salzsaurem Nitrosodimethylanilin auf Ditolylnaphtylendiamin und besteht ausTolyldimethylamidophenotolylimidonaphtazoniumchlorid.

Baseler Grün ist ein mit Chromgelb gemischtes Schweinfurter Grün (s. d.).

Basilikumkraut (Basilienkraut, Königskraut, lat. Herba Basilici, frz. Basilic, engl. Basil), die getrockneten Blätter und Blütenzweige von Ocimum Basilicum, einer aus Ostindien stammenden, bei uns in Gärten angebauten krautartigen Labiate von angenehmem aromatischen Geruche, wird hauptsächlich als Gewürz, selten noch medizinisch angewandt und bildet auch einen Bestandteil des Kräuterschnupftabaks. Es enthält im getrockneten Zustande etwa 1,5% ätherisches Öl und Gerbsäure.

Bassiafett (lat. Oleum bassiae, frz. Beurre de Bassia, engl. Butter of Bassia), Sammelname für verschiedene Pflanzenfette, welche durch Auspressen der Samen von Bäumen der Gattung Bassia (Fam. Sapotazeen) in Indien und an der Westküste Afrikas gewonnen werden und zur Herstellung von Seife und Kerzen, in den Ursprungsländern auch als Nahrungsmittel Verwendung finden. Die wichtigsten sind: 1. Illipé-Fett oder Mahwa-Butter von Bassia longifolia und latifolia, ein schmalzartiges, frisch grünlichgelbes, später weißes Fett von intensivem Geruch. Der Schmelzpunkt des Fettes von Bassia latifolia liegt bei 25—30°, von B. longifolia bei 42°. 2. Shea- oder Galambutter von Bassia Parkii oder B. butyracea ist grauweiß bis grünlichweiß, besitzt aromatischen Geruch und schmilzt bei 28—30°.

Bast (frz. Liber, engl. Bast). Im Handel versteht man hierunter die innere, aus langen Fasern bestehende Rindenschicht mancher Bäume (Baumbast), welche den Splint bedeckt und sich durch Abschälen gewinnen läßt. Die meisten Arten von B. zeichnen sich durch Zähigkeit, Biegsamkeit und Dauerhaftigkeit aus. Der B. ist ein unentbehrliches Bindematerial für Gärtner und Baumzüchter und wird ferner zu Matten, Decken und Hüten, ähnlich dem Stroh sowie zu Bändern, Bastbändern (librebandes) für Zigarren verarbeitet. Der beste B. ist der Lindenbast (s. d.), weniger wertvoll der von Pappeln, Akazien, Weiden, Ulmen und Erlen. Besonders gerühmt wird der Indianabast oder Raffiabast wegen seiner Weichheit und großen Haltbarkeit.

Bataten, die Wurzelknollen von Convolvulus batatas, bilden das wichtigste stärkemehlhaltige Nahrungsmittel weiter Tropengegenden und dienen zur Herstellung von Arrowroot.

Baumöl (Olivenöl, lat. Oleum olivarum, frz. Huile d'olive, engl. Olive-oil) wird aus den Früchten des Ölbaums, Olea europaea, durch Auspressen gewonnen. Das bei niederer Temperatur und gelindem Druck zuerst abfließende Öl heißt Jungfernöl (frz. Huile vierge, engl. Virgin oil) und findet als feinstes Speiseöl Verwendung. Die durch stärkeres Pressen der erwärmten Masse erhaltenen weiteren Anteile (Baumöl, Nachmühlenöl, Höllenöl) dienen zur Beleuchtung, zur Herstellung von Seife, Haaröl, Salben und anderen technischen Zwekken. Die Preßrückstände können schließlich noch mit Schwefelkohlenstoff extrahiert werden und liefern dann das Sulfuröl, oder ihnen werden nach vorheriger Gärung durch Auskochen mit Wasser die letzten Reste als sog. Tournanteöl entzogen. Besonders das letztere wird wegen seiner Emulgierbarkeit mit Laugen in großen Mengen bei der Türkischrotfärberei benutzt. Das reine Speiseöl, dessen feinste Sorten als Jungfernöl, Provencer-, Aixer- und Nizzaöl bezeichnet werden, ist farblos bis hellgelb, während die weniger feinen, aus unreifen Früchten gewonnenen Öle infolge eines Chlorophyllgehaltes bisweilen grün aussehen. Das Olivenöl besitzt einen milden und angenehmen Geschmack. Sein spez. Gew. beträgt 0,914 bis 0,920, die Refraktion 62,0—62,8. Bei niederer Temperatur erstarrt es zu einer weißen körnigen Masse. In chemischer Hinsicht besteht Olivenöl zu 2—25% aus festen Fetten, wie Palmitin und Stearin, daneben enthält es etwa 6% Linolsäure, während der Rest als Oleïn anzusprechen ist. Als feinstes aller Speiseöle unterliegt es in hohem Grade der Verfälschung durch minderwertige andere Öle, besonders Baumwollsamenöl, Erdnußöl, Sesamöl. Der Name Tafelöl, welcher früher im reellen Handel nur für Olivenöl benutzt wurde, ist jetzt auf zahlreiche andere Speiseöle übertragen worden, und Sicherheit für Erlangung des reinen Erzeugnisses ist nur gegeben, wenn man ausdrücklich Olivenöl, Jungfernöl, Aixer-, Provencer- oder Nizzaöl verlangt. Allerdings ist auch im letzteren Falle noch eine gewisse Vorsicht geboten, weil ein findiger Geschäftsmann unter dieser nur durch Einschiebung eines i in Nizziaöl veränderten Bezeichnung gewöhnliches Erdnußöl vertrieb. Der Nachweis der genannten Verfälschungen bietet übrigens besondere Schwierigkeiten nicht dar. Die früher zur Ersparung des Eingangszolls allgemein übliche Denaturierung der technischen Baumöle mit Terpentin oder ätherischen Ölen ist neuerdings von geringerer Bedeutung, weil nach dem letzten Zolltarif vom 25. Dezember 1902 die aus den Vertragsstaaten (Italien) in Fässern eingeführten reinen B. zollfrei sind. Die Reinheit muß durch das Gutachten eines von der Zollbehörde vereidigten Sachverständigen bescheinigt werden.

Baumwolle (frz. Coton, engl. Cotton), einer der wichtigsten Rohstoffe des Welthandels, besteht aus den Samenhaaren verschiedener Arten von Gossypium, einer Malvazee, als deren Stammland Ostindien angesehen wird, die aber schon frühzeitig in China, und bereits vor Christi Geburt in Arabien, Ägypten und am Persischen Meerbusen angebaut wurde. Die Entdecker Amerikas fanden Baumwollzeuge in Mexiko und Peru im Gebrauch, die Portugiesen trafen sie bei den Kaffern Südafrikas. Nach Europa kamen die ersten Baumwollstoffe als Luxusgegenstände aus Indien, bis später die Nordamerikaner den Anbau im größten Maßstabe übernahmen und längere Zeit den Markt vollständig beherrschten. Erst infolge der durch den amerikanischen Bürgerkrieg verursachten Störungen wurden Ostindien, Ägypten und Brasilien konkurrenzfähig, aber auch jetzt noch entfallen von der etwa 75 Millionen dz betragenden Weltproduktion 70 % auf die Vereinigten Staaten, hingegen nur 18 % auf Ostindien, je 3—4 % auf China und Ägypten und je 2 % auf Mittelasien und Südamerika. Die geringen in Italien, Spanien und Griechenland gewonnenen Mengen sind für den Weltverbrauch ohne Bedeutung, während die in den deutschen Kolonien (Togo, Ostafrika) gemachten Anbauversuche zu den schönsten Hoffnungen berechtigten. Nach dem Kriege werden sie voraussichtlich durch Pflanzungen in der Türkei erweitert werden. — Die zahlreichen Arten der Baumwollenpflanze werden meist in kraut-, strauch- und baumartige unterschieden, von denen erstere die wichtigsten sind. Die krautartige B., G. herbaceum, eine meist einjährige, unter günstigen Umständen auch mehrjährige Pflanze von 0,5—1,5 m Höhe hat 3—5lappige Blätter und eine malvenartige blaßgelbe Blüte. Die dreieckige, zugespitzte Samenkapsel von Nußgröße, die in 3—5 Fächer geteilt ist, wird bei der Reife braun und lederartig, springt dann auf und läßt die Wolle herausquellen. Diese Art wird in Ostindien, Kleinasien, Europa und Nordamerika angebaut und bisweilen als G. indicum besonders aufgeführt. Zu den strauchartigen Baumwollgewächsen gehören: G. barbadense, der langhaarige Baumwollstrauch von Mannshöhe, der, in Westindien heimisch und von dort nach Bourbon und Mauritius verpflanzt, die langfaserige nordamerikanische B. liefert; G. hirsutum (zottige B.), ein zweijähriger oder ausdauernder Strauch mit apfelgroßen Kapseln und guter, sehr feiner Faser, der in Franz.-Westindien, Guyana und Nordamerika angebaut wird; G. vitifolium in Westindien, Brasilien, Ägypten; G. religiosum mit rötlichgelber Wolle, die zu dem echten chinesischen Nanking verarbeitet wird. Der 4—7 m hohe Baumwollbaum, G. arboreum, findet sich in Ostindien, Arabien und Ägypten und wird auch in Spanien und am Senegal angebaut, ebendort die getüpfelte B., G. punctatum. Die als G. barbadense bezeichnete Art, welche in Amerika die vorzüglichste B. (Sea Island) liefert, gedeiht in höchster Vollkommenheit nur auf dem schmalen Küstenstriche zwischen Georgien und Südkarolina. Die andere georgische B. mit kürzerer Faser heißt Upland oder Georgia. — Die B. gedeiht bereits auf geringerem, wenn nur etwas sandigem Boden, braucht aber in der Wachstumsperiode Regen, weil sonst die Faser zu kurz ausfällt, und zur Zeit des Aufspringens der Kapseln trockenes Wetter, weil die naß gewordene Faser sich bräunt und verdickt. Die aus gelegten Samen erwachsenden Pflanzen werden durch frühzeitiges wiederholtes Verstutzen auf 1,5 m Höhe erhalten und nach jeder Ernte kurz über dem Boden abgeschnitten. Mit den neuen Trieben verfährt man in gleicher Weise, doch wird nach zwei oder drei Jahren eine neue Pflanzung angelegt, da der Ertrag sich mit jeder Wiederholung verringert. Sobald die Kapseln sich öffnen, wird die B., um ein Verderben zu verhindern, sofort gezupft, früher mit der Hand, jetzt mit Maschinen, nach mehrtägigem Liegen an der Sonne mit Hilfe besonderer Egreniermaschinen von dem Samen getrennt und schließlich zu Ballen gepreßt. Die reife Faser bildet ein einzelliges, flaches, schlauchartiges Band, das unter dem Mikroskop charakteristische, korkzieherartige Windungen zeigt und an einem Ende zugespitzt, am anderen Ende abgerissen erscheint. Unreif geerntete Fasern, die nicht hohl und nicht schraubenartig gedreht sind und keine Färbung annehmen (tote B.), verschlechtern die Ware. Im übrigen kommen für die Bewertung besonders Länge, Feinheit, Festigkeit, Weichheit, Farbe und Glanz in Betracht. Am geschätztesten ist Seidenglanz und Farblosigkeit, danach kommen die bläulichen und rötlichen, zuletzt die gelblichen und bräunlichen Sorten. Wichtig ist auch die Abwesenheit von Knötchen und Verunreinigungen. Nach der Länge der büschelartig zu Stapeln zusammenliegenden Fasern unterscheidet man langstapelige und kurzstapelige B. Die am höchsten geschätzte langstapelige B. mit 30 bis 36 mm Länge, aus der die feinsten Garnnummern hergestellt werden, kommt fast nur aus Amerika. — Die Handelssorten werden nach der Herkunft und außerdem nach Klassen, in England z. B. fine, good, good fair, middling fair, good middling, middling, low middling, good ordinary, ordinary, inferior; in Hamburg als A, AB, B, BC, C, CD, D, DE, E, EF bezeichnet. Als hauptsächlichste Sorten von den feinsten bis zu den geringsten sind anzuführen: lange Georgia (Sea Island), ägyptische Mako und Bourbon, Pernambuko, Louisiana, Kayenne, Neuorleans, kurze Georgia (Upland), Surate, Bengal und Alexandriner. Die deutsche Einfuhr, meist über Bremen und Hamburg, hat sich von 1,5 Mill. dz im Jahre 1880 auf 5 Mill. dz im Jahre 1912 gehoben, davon rund 4 Mill. aus Amerika, 0,3 Mill. aus Ägypten und 0,7 Mill. aus Indien. Abgesehen von der Textilindustrie dient B. zur Herstellung von Verbandwatte, Kollodium und Sprengstoffen (hierfür jetzt durch Holzzellulose ersetzt). Die Früchte liefern Baumwollsamenöl und Ölkuchen (s. d.), die Wurzelrinde (lat. Cortex gossypii Radicis, frz. Ecorce de Racine de Coton, engl. Cotton root bark), weißliche, außen gelbrote bandförmige Stücke, ein Fluidextrakt, das gegen Erkrankungen des Uterus, in Amerika auch als Abortivmittel Anwendung findet.

Baumwollensamenkuchen (lat. Placenta Seminis Gossypii, frz. Tourteaux de coton, engl. Cotton-Cake), die bei der Darstellung des Baumwollensamenöls zurückbleibenden Preßrückstände, unterscheidet man in solche von ungeschälten und von geschälten Samen und benutzt die letzteren als wertvolles, an Eiweiß und Phosphaten reiches Viehfutter, während die ersteren wegen der anhaftenden Haare hierzu nicht geeignet sind und daher meistens als Düngemittel verwandt werden. Der ungeschälte oder mollige B. ist dunkelbraun, die bessere Sorte (B. von Katania) heller gefärbt, als schlechteste Sorte gelten die syrischen. Geschälte B. werden namentlich von England und den Vereinigten Staaten eingeführt. Die B. dürfen nicht dumpfig riechen, noch sauer reagieren und müssen frei von Pilzwucherungen sein, wenn sie als Futter verwandt werden sollen. Die ungeschälten B. kommen auch im gemahlenen Zustande in den Handel. (Extraktionsmehl, Baumwollensamenmehl.)

Baumwollsamenöl (Kottonöl, lat. Oleum Gossypii, frz. Huile de coton, engl. Cotton-oil), das fette Öl der Baumwollsamen, wird teils in den Herkunftsländern der Baumwolle selbst erzeugt, teils in Europa aus eingeführten Samen gewonnen. Das rohe B. ist trübe und dunkelbraun und kann nur als Schmieröl benutzt werden, das raffinierte hat eine gelbe Farbe, erstarrt bei — 2 bis 3° C, hat ein spez. Gew. von 0,922—0,930 und wird teils als Brennöl, teils bei der Herstellung von Seife und neuerdings auch als Speisefett (Florida-Öl) sowie zum Verfälschen teurerer Öle verwandt. Zum Nachweise des B. erhitzt man 10 ccm mit einer Mischung von Amylalkohol und Schwefel in Schwefelkohlenstoff, wobei B. eine rote Färbung annimmt.

Bauxit (Beauxit), ein nach der Stadt Les Beaux bei Arles benanntes Mineral, das in seinem Aussehen dem Bolus ähnelt und in seiner reinsten Form aus wasserhaltiger Tonerde, $Al_2O(OH)_4$, mit 73,93 % Aluminiumoxyd besteht, meist aber wechselnde Mengen Eisenoxyd und freie Kieselsäure enthält, findet sich in Form rotbrauner bis dunkelroter, bisweilen auch weniger gefärbter Adern und Knollen, die meist im Tagebau gewonnen werden. Die ausgedehntesten Lager besitzt Frankreich (Südfrankreich), das jährlich 3—400000 t gewinnt, geringere Mengen Deutschland (Vogelsberg), Österreich (Steiermark, Krain und Dalmatien). Neuerdings sollen in Holländisch-Guyana ausgedehnte B.-Lager gefunden worden sein, die im Besitze nordamerikanischer Fabriken Ausbeuten von 425000 t liefern. B. ist das Ausgangsmaterial für die Herstellung der meisten Aluminiumverbindungen und des metallischen Aluminiums, und die deutsche Aluminiumindustrie, welche vor dem Kriege ganz auf die französischen Vorkommnisse angewiesen war, schien durch die Abschneidung der Zufuhren stark bedroht. Sie konnte aber zunächst auf den sehr reinen, besonders kieselsäurefreien (weniger als 1 % SiO_2) Vogelsberger B. und dann auf die etwa 50000 t betragende Erzeugung der österreichischen Adriaküste zurückgreifen, die für 10000 t Metall ausreichte. Später fand man ein Verfahren zur Verarbeitung gewöhnlichen Tons, wodurch Deutschland vom Ausland völlig unabhängig wurde. — Weiter dient B. noch zur Ausfütterung der rotierenden Siemensöfen für Eisen- und Stahlbereitung und zur Herstellung feuerfester Tiegel.

Baykuruwurzel (lat. Radix baycuru, frz. Racine de Baycuru, engl. Baycuru-root), die Wurzel der in Südamerika heimischen Plumbaginee Statice brasiliensis, besteht aus 0,5—2 cm dicken knolligen Stücken, die von einer schwarzen, rissig gewundenen Rinde umgeben sind und auf dem glänzend dunkelbraunen Querschnitt eine deutliche radiale Anordnung der Gefäßbündel zeigen. Die B. wird in Amerika als ausgezeichnetes Beruhigungsmittel bei Menstruationsschmerzen empfohlen.

Bayrum (Spiritus Myrciae comp.), ein ursprünglich in den wärmeren Teilen von Amerika allgemein verbreitetes, jetzt auch in Europa viel benutztes Waschmittel für Kopf, Hände und den ganzen Körper, wird am besten auf St. Thomas und Jamaika aus den frischen Beeren und Blättern des Baybaumes (Pimenta acris) durch Destillation mit feinem Rum hergestellt. Zurzeit gewinnt man es meist durch Vermischen von Rum, Wasser und Spiritus mit dem Bayöl (Bay-Rumöl, lat. Oleum Pimentae acris, Oleum Myrciae, frz. Essence de Bay, engl. Oil of Bay), dem zu etwa 2,5 % in den Blättern von Pimenta acris enthaltenen ätherischen Öle, das zu einem wesentlichen Teil aus Eugenol besteht, ein spez. Gew. von 0,965—0,985 besitzt und für sich einen Handelsartikel bildet.

Bdellium (lat. Gummi s. Resina Bdellium, frz. Résine od. Gomme bdellium, engl. Gum bdellium), ein balsamisch riechendes Gummiharz aus Senegambien und der afrikanischen Ostküste, das von Balsamodendron africanum abstammt. Das B. wurde früher zu Pflastern und als Räuchermittel verwendet, hat aber jetzt nur noch insofern Interesse, als es häufig in der käuflichen Myrrhe gefunden wird, der man es schon in den Herkunftsländern zusetzt. Auch im Senegalgummi will man es gefunden haben. Das afrikanische B. erscheint in kugeligen Stücken oder zusammengebackenen Massen von grünlichbrauner Farbe, besitzt einen dem Ammoniakgummi ähnlichen Geruch und enthält Harz, Gummi und ätherisches Öl. Eine andere Sorte, das indische B., welches von Scinde aus ausgeführt wird und von Balsamodendron Muskal stammt, besitzt eine dunklere Farbe als das afrikanische und riecht terpentinartig.

Bebeerurinde (Beberurinde, Bibirurinde, Sipeeririnde, lat. Cortex Berbeeru, frz. Ecorce de Berbere, engl. Berberu-bark), ein jetzt nicht mehr gebräuchlicher Gegenstand des Drogenhandels, stammt von Nectandra Rodiei, einem Baume Guyanas, der auch das unter dem Namen Greenheart bekannte Schiffsbauholz liefert, und besteht aus flachen, dunkelzimtfarbigen Stücken von bitterem Geschmack. Das in der B. enthaltene Alkaloïd Bibirin oder Bebeerin ist nach neueren Untersuchungen identisch mit dem Buxin.

Beef juice, ein durch Konzentrieren von Fleischsaft im Vakuum erhaltenes Nährpräparat amerikanischen Ursprungs.

Behenöl (Behennußöl, Beenöl, lat. Oleum Behen, Oleum balatinum, frz. Huile de Ben ailé, engl. Behen-oil), das fette Öl der Behennüsse (Nuces behen), der Samen eines auf Martinique und Guadeloupe wachsenden sowie auch in Oberägypten und Indien vielfach angepflanzten Baumes, Moringa pterygosperma oder M. oleifera, gehört zu den nicht trocknenden Ölen, ist dickflüssig, farblos oder blaßgelb und geruchlos und hat das spez. Gew. 0,912. Es zeichnet sich durch große Haltbarkeit aus und wird vor allem nicht ranzig. Eine andere Sorte von Jamaika trennt sich schon bei 15° C in einen festen und flüssigen Teil. B. wird benutzt zum Extrahieren der wohlriechenden Stoffe aus Blüten, zum Einreiben der Haut, zu Salben und Pomaden und als Schmiermittel für Präzisionsinstrumente.

Beifuß (Beibiß, Gänsekraut, lat. Herba artemisiae vulgaris, frz. Feuille d'Armoise, engl. Mugwort), eine in ganz Europa wildwachsende sowie auch in Gärten angebaute Komposite. Die Wurzel wird im Frühjahre oder Herbste gesammelt und getrocknet, nicht abgewaschen, sondern nur durch Bürsten gereinigt, als Epilepsiemittel unter dem Namen Radix artemisiae (Beifußwurzel, frz. Rhizome d'Armoise, engl. Mugwort-root) benutzt. Sie hat einen scharfen Geschmack und unangenehmen Geruch, den sie einem ätherischen Öl (Beifußöl) verdankt (etwa 0,1 %). — Die getrockneten Blütenzweige finden nach Entfernung der bitterschmeckenden Blättchen als Gewürz, namentlich zu Gänsebraten, Verwendung.

Beinholz, das Holz der gemeinen Heckenkirsche (Lonicera Xylostemum) ist die zäheste aller mitteleuropäischen Holzarten und insbesondere gegen Witterungseinflüsse sehr widerstandsfähig. Es hat ein sehr feines Gefüge, läßt sich gut schneiden und drehen, aber schwer spalten und dient als Drechslerholz und zu Maschinenteilen.

Beizen. Unter diesem Namen faßt man eine große Zahl von Substanzen, meist flüssigen, zusammen, welche dazu dienen, gewissen Rohstoffen oder gewerblichen Erzeugnissen an der Oberfläche eine bestimmte Farbe oder ein sonst gewünschtes Aussehen zu verleihen. Von den vier Hauptgruppen: Holzbeizen, Lederbeizen, Metallbeizen und Stoff- oder Zeugbeizen sind die drei ersteren in besonderen Abschnitten besprochen. Die Stoffbeizen haben den Zweck, solche Gespinst- und Gewebefasern, die mit gewissen Farbstoffen keine echten Färbungen liefern, zur Aufnahme und Fixierung dieser Farbstoffe durch Bildung unlöslicher Verbindungen (Lacke) zu befähigen. In der Regel benutzt man hierzu Lösungen von Metallsalzen, und zwar besonders des Chroms, Aluminiums, Eisens und Zinns, seltener des Kupfers, Zinks, Kobalts usw. Bei Baumwolle und Seide wird vor der Einwirkung der Metallbeize vielfach eine Behandlung mit Öl (s. Türkischrotöl), Tannin (Seide) oder Seife vorgenommen, wobei zunächst ein unlöslicher Metallniederschlag und danach erst der Farblack entsteht.

Belladonna, Tollkirsche, Wolfskirsche, die bekannte, zu den Solanazeen gehörige Giftpflanze, wächst in bergigen Laubwäldern Süd- und Mitteleuropas und wird in vereinzelten Fällen auch angebaut. Obwohl alle Teile der Pflanze Atropin enthalten, finden doch nur die Blätter und Wurzeln medizinische Verwendung. — Die Blätter (Tollkirschenkraut, lat. Folia s. Herba belladonnae, frz. Feuilles de belladonne, engl. Belladonna leaves) sind eirund, ganzrandig, an der Basis verschmälert, am Ende zugespitzt und von einem starken Mittelnerv durchzogen, der unter einem Winkel von etwa 40° parallellaufende Nerven nach dem Rande zu aussendet. Die Länge beträgt 5—15, die Breite 4 bis 9 cm. Die Blätter sollen zur Blütezeit gesammelt und bei niederer Temperatur rasch getrocknet werden, und sind dann dünn, fast durchscheinend sowie oben bräunlich, unten bräunlichgrün gefärbt. Zur Unterscheidung von den bisweilen beigemischten Blättern des Nachtschattens dienen neben der abweichenden Form die eigenartigen Haare und der Nachweis der vorhandenen Oxalatkristalle. — Die Wurzel (lat. Radix belladonnae, frz. Racine de belladonne, engl. Belladonna-root) soll im Juli oder August gesammelt und ungeschält getrocknet werden. Sie besteht aus verschieden langen, zylindrischen Stücken, die meist etwas gedreht, längsrunzelig und gelblichgrau erscheinen, und bricht kurz und glatt unter Zerstäuben ab. Der Holzkörper zeigt auf dem Querschnitte zahlreiche Poren und besitzt die gleiche weißlichgraue Farbe der Rinde, die von ihm nur durch eine dunklere Linie getrennt ist. Bisweilen beigemischte Wurzeln von Althaea und Malva silvestris unterscheiden sich durch den faserigen Bruch, Klettenwurzel erkennt man daran, daß sie nicht stäubt und wegen des Fehlens von Stärke mit Jod nicht blau wird. Blätter und Wurzeln enthalten etwa 0,5 % Atropin (s. d.) und dessen Zersetzungsprodukte Hyoszyamin und Belladonnin, neben geringen Mengen von Chrysatropasäure, Cholin, organischen Säuren und viel Stärke. Sie dürfen ebenso wie das aus dem ganzen Kraute hergestellte Belladonnaextrakt im Kleinhandel nicht abgegeben werden. — Seit einiger Zeit kommt eine japanische B. von Scopolia japonica in den Handel, die zwei besondere Alkaloide, das Rotoin und Skopoleïn, enthält, aber ganz ähnliche Wirkung zeigt.

Belmontine ist ein in England aus indischem Bergteer abgeschiedener paraffinartiger Stoff, der als Kerzenmaterial Verwendung findet.

Benediktiner, gesetzlich geschützter Name eines feinen französischen Likörs. Zur Darstellung von Nachahmungen sind verschiedene Vorschriften im Gebrauch, von denen hier nach König die folgende angeführt sei: in die Destillierblase werden 45 l Spiritus von 96% und 20 l weiches Wasser gegeben. In den Extraktionsapparat kommen folgende zerkleinerte Kräuter: 500 g frische Zitronenmelisse, 150 g Alpenbeifuß, 60 g Kardamomen, 250 g Ysopspitzen, 100 g Angelikasamen, 150 g Angelikawurzeln, 250 g Pfefferminzkraut, 30 g Thymiankraut, 30 g Zeylonzimt, 30 g Muskatblüte, 30 g Nelken, 30 g Arnikablumen, 250 g Wohlverleihblumen, 100 g Bisamkörner. Nach der Destillation werden dann noch 2—10 Tropfen von 18 verschiedenen ätherischen Ölen (meist von Gewürzen) zugesetzt.

Benzanilid, Benzoylanilid, $C_6H_5.NH.CO.C_6H_5$, entsteht bei Einwirkung von Benzoylchlorid auf Anilin als ein weißes, perlmutterartig glänzendes Kristallpulver vom Schmelzpunkt 163°. Es wird als Fiebermittel in der Kinderpraxis benutzt, da es nicht die unangenehmen Nebenwirkungen des Antifebrins zeigt.

Benzin. Unter diesem Namen vereinigt die Technik eine Reihe von Produkten verschiedenen Ursprungs und verschiedener chemischer Zusammensetzung. 1. Petroleumbenzin oder eigentliches Benzin besteht aus den leicht siedenden Anteilen des Rohpetroleums, welche bei der

Destillation unter 150° übergehen. Dieses Destillat (Rohbenzin) wird einer Reinigung mit konz. Schwefelsäure und Natronlauge unterworfen und darauf nochmals destilliert. Die zuerst übergehenden Leichtöle vom Siedepunkte 40—70° und dem spez. Gew. 0,640—0,660 nennt man Petroleumäther (Gasolin). Darauf folgt zwischen 70 und 100° (spez. Gew. 0,660—0,700) das eigentliche Benzin; zwischen 100—120° (spez. Gew. 0,700—0,720) das Ligroin und schließlich bis 150° (spez. Gew. 0,720—0,740) das Putzöl. Die Petroleumbenzine stellen farblose, leicht brennbare und feuergefährliche Flüssigkeiten dar, die in chemischer Hinsicht aus Gemischen von Kohlenwasserstoffen der Methanreihe bestehen und daher gegen Reagentien, namentlich rauchende Salpetersäure, indifferent sind (Unterschied vom Steinkohlenbenzin). Sie finden als ausgezeichnete Lösungsmittel für Fette und Öle, Harze und Kautschuk ausgedehnte Anwendung in der Fettindustrie, Gummifabriken und chemischen Wäschereien. Die in letzteren durch elektrische Funken häufig entstehenden Brände verhindert man durch Zusatz von ölsaurer Magnesia. 2. Steinkohlenbenzin findet sich in größerer Menge in dem Teer der Gasfabriken, besonders aber der Kokereien, aus welchem es durch Destillation abgeschieden wird. Die hierbei zwischen 70 und 170° übergehende Flüssigkeit zerlegt man in mehrere Fraktionen, von denen die bei 80—115° siedende als Rohbenzol bezeichnet wird, während die folgenden (Auflösungsnaphtha) das Steinkohlenbenzin des Handels darstellen. St.-B. ist eine wasserhelle Flüssigkeit wie das Petroleumbenzin, unterscheidet sich aber von letzterem durch seinen höheren Siedepunkt, sein höheres spez. Gew. (0,900) und seine chemische Zusammensetzung, indem es nicht Kohlenwasserstoffe der Methanreihe, sondern der Benzolreihe, besonders neben etwas Benzol Toluol, Xylol und Kumol enthält. Hierauf beruht das Verfahren zur Unterscheidung der beiden Benzine, indem St.-B. bei der Behandlung mit rauchender Salpetersäure in Nitrobenzol übergeht und klar gelöst wird. Auch vermag es im Gegensatz zu Petroleumbenzin Asphalt, Steinkohlenpech und Pikrinsäure in Lösung überzuführen, verbrennt mit stärker rußender Flamme und löst sich in 90prozentigem Alkohol auf. Es dient in der Technik als Lösungsmittel und als Ausgangsmaterial der Farbenfabrikation. 3. Braunkohlenbenzin (Solaröl, Photogen) nennt man die niedrig siedenden Anteile des Braunkohlenteers vom spez. Gew. 0,800—0,820, welche zur Reinigung von Paraffin, ferner als Fleckwasser usw. Anwendung finden.

Benzoazurin G, ein Azofarbstoff, blauschwarzes, in Wasser lösliches Pulver, färbt Baumwolle im Seifenbade blau und besteht aus dem Natronsalze der Dianisidindisazoalphanaphtolmonosulfosäure. Benzoazurin 10 B ist die entsprechende Verbindung des Diphenetidins mit Naphtylaminsulfosäure.

Benzoë (Benzoëharz, lat. Resina benzoës, Asa dulcis, frz. Benjoin, engl. Gum Benjamin), ein seit dem 15. Jahrhundert in Europa bekannter Artikel des Drogenhandels, besteht aus dem fest gewordenen harzigen Ausfluß von Benzoin officinale, Styrax Benzoin und Styrax subdenticulata, mittelhoher Bäume aus der Familie der Styrazeen, die ihre Heimat in Hinterindien und dem Malaiischen Archipel haben. Man gewinnt das Harz durch Anschneiden der Rinde, und zwar geben junge, 6- bis 7jährige Bäume die beste Ware, während mit steigendem Alter immer dunklere und weniger aromatische Sorten erhalten werden. — Nach Form und Herkunft unterscheidet man folgende Handelssorten: a) Siambenzoë, die beste Sorte, besteht aus kleinen, losen, tränenförmigen Stükken (B. in lacrymis) von weißer bis gelblicher oder rötlicher Farbe und opalartigem Aussehen. Das spez. Gew. liegt zwischen 1,170 und 1,240, der Schmelzpunkt bei 75°. Eine geringere Abart dieser Sorte, die Mandelbenzoë (B. amygdaloides) bildet unregelmäßige rötliche Massen, in welchen zahlreiche weiße oder gelbliche, oft mandelförmige Stücke verteilt sind. b) Kalkuttabenzoë (Block-, Tampangs-Benzoë) kommt in Form großer Blöcke von rotbrauner Farbe mit zahlreichen eingelagerten Mandeln und Pflanzenresten in den Handel. Ihr spez. Gew. beträgt 1,100—1,120. c) Palembang- oder Palem-B. ist der vorigen ähnlich, aber minderwertiger. Sie enthält bis zu 10% Verunreinigungen und hat ein spez. Gew. von 1,130. d) Sumatra-B. bildet meist dunklere Massen oder Blöcke. e) Penang-B., braune, poröse, anscheinend zusammengeschmolzene Klumpen. — In chemischer Hinsicht besteht die Benzoë aus einem Gemische verschiedener Harze mit Benzoësäure oder Zimtsäure und 1 bis 1½% Vanillin. Das Harz der Siambenzoë ist ein Gemenge von Benzoësäureestern mit 2 Harzalkoholen, dem weißen Benzoëresinol ($C_{16}H_{26}O_2$) und dem braunen Siaresinotannol ($C_{12}H_{14}O_3$), während das Harz der Sumatrabenzoë neben etwas Zimtsäurephenylpropylester ($C_{18}H_{18}O_2$), Zimtsäurezimtester (Styrazin) und Zimtsäurebenzoëresinolester viel Zimtsäureresinotannolester enthält. Je nach der Art der vorhandenen freien Säure unterscheidet man B., die nur Benzoësäure (Sorten a, b, c) und solche, die Benzoë- und Zimtsäure (d und e) enthält. — Zur Prüfung auf Zimtsäure zerreibt man die B. mit kaltem Wasser, kocht auf und filtriert. Das durch Eindampfen etwas konzentrierte Filtrat wird siedend heiß mit etwas Kaliumpermanganat versetzt, worauf nur bei Anwesenheit von Zimtsäure Geruch nach Bittermandelöl auftritt. — Die nur Benzoësäure enthaltenden Sorten a—c finden medizinische Anwendung als antiseptisches und desinfizierendes Mittel, während die übrigen auch in der Parfümerie sowie zur Herstellung von Räuchermitteln, Schokoladenlack u. dgl. in großen Mengen verarbeitet werden.

Benzoëäther (Benzoësäureäther, Benzoëvinester, benzoësaures Äthyloxyd, Benzoësäureäthyläther, lat. Äther benzoicus, frz. Ether benzoïque, engl. Benzoic ether), $C_6H_5 . COOC_2H_5$, eine wasserhelle farblose, aromatisch riechende Flüssigkeit vom spez. Gew. 1,0517 und vom Siedepunkte 213°, wird durch Einleiten von gasförmiger Salzsäure in eine alkoholische Lösung von Benzoësäure erhalten und zur Bereitung von Fruchtäthern sowie von Parfüms (Peau d'Espagne) verwendet. In Wasser ist der B. nur sehr wenig, in Alkohol leicht löslich.

Benzoësäure (Benzoëblumen, lat. Acidum benzoicum, Flores benzoës, frz. Acide benzoïque, engl. Benzoic acid), eine in vielen Balsamen und Harzen, besonders in der Benzoë enthaltene organische Säure, welche in chemischer Hinsicht als Benzolkarbonsäure, $C_6H_5.COOH$, aufzufassen ist. Zu ihrer Darstellung wird zimtsäurefreies Benzoëharz entweder mit Kalkmilch ausgekocht und die Lösung mit Salzsäure gefällt, oder das Harz wird einfach der Sublimation unterworfen. Zu pharmazeutischen Präparaten darf nur die sublimierte Säure benutzt werden. Für technische Zwecke bediente man sich früher als Ausgangsmaterial vielfach des Harns von Pferden und Rindern, deren Hippursäure bei geeigneter Behandlung in B. übergeht. Neuerdings wird die Säure jedoch meist synthetisch aus phtalsaurem Kalzium oder Toluol dargestellt. Die B. kristallisiert in schön glänzenden Blättchen, die, wenn aus dem Harz gewonnen, bräunlich aussehen und schwach aromatisch riechen, sonst farb- und geruchlos sind. Sie ist wenig in kaltem, leichter in heißem Wasser löslich, schmilzt bei 120° und siedet bei 250° unter Entwicklung hustenreizender Dämpfe. Im Hinblick auf das Fehlen charakteristischer Reaktionen stellt man zum Nachweise der B. am zweckmäßigsten den charakteristisch riechenden Äthylester dar. B. findet Anwendung als Heilmittel, ferner zur Herstellung von Teerfarben und neuerdings auch, an Stelle der durch das Fleischbeschaugesetz verbotenen Stoffe (Salizylsäure, Borsäure usw.), zur Konservierung für Fleischwaren. Obschon sie nach neuen pharmakolog. Untersuchungen für den menschlichen Organismus nicht oder doch nicht nachweisbar schädlich ist, muß letztere Verwendung als unerwünscht bezeichnet und zum mindesten eine deutliche Deklaration verlangt werden. Von den Verbindungen der B. mit Basen, Benzoaten, hat das Natriumsalz hauptsächlichste Bedeutung.

Benzoin, Bittermandelölkampfer, eine chemische Verbindung von der Formel des Benzoylphenylkarbinols, $C_6H_5.CH(OH).CO.C_6H_5$, wird durch Behandlung von Benzaldehyd mit Zyankalium dargestellt und bildet farblose, bei 134° schmelzende Prismen, welche als Antiseptikum Anwendung finden.

Benzol, ein im Steinkohlenteer enthaltener Kohlenwasserstoff, C_6H_6, welcher sich neben Toluol, Xylol u. a. auch im Rohbenzol und Steinkohlenbenzin vorfindet und daraus durch fraktionierte Destillation gewonnen wird, erscheint in reinem Zustande als eine farblose, stark lichtbrechende Flüssigkeit vom spez. Gew. 0,884 und dem Siedepunkte 80,5°. B. brennt mit leuchtender, stark rußender Flamme, mischt sich mit Alkohol, Äther, Petroläther, Holzgeist und Azeton, ist aber in Wasser unlöslich. Man benutzt es in der Industrie als Lösungsmittel für Fette und Kautschuk und als Ausgangsmaterial für die Darstellung des Anilins und zahlreicher künstlicher Farbstoffe, besonders des Indigos. Vielfach wird es auch an Stelle des Benzins als Betriebsstoff für Automobile verwandt.

Benzopurpurin, drei Azofarbstoffe, welche durch die Zeichen 1 B, 4 B und 6 B unterschieden werden, kommen als braune oder rote, in Wasser lösliche Pulver in den Handel, die Baumwolle im Seifenbade rot färben. B. 1 B und B. 6 B werden durch Einwirkung von diazotiertem Tolidin auf Alpha- oder auf Betanaphtylaminmonosulfosäure erhalten, während die Sorte 4 B durch Einwirkung von Naphtionsäure auf diazotiertes Tolidin entsteht. δ-Purpurin 5 B und δ-Purpurin 7 B (Diaminrot) werden ebenfalls aus Tolidin durch Verkuppelung mit anderen Naphtylaminsulfosäuren dargestellt.

Benzosol, Guajakolbenzoat, $C_6H_4(OCH_3)$. $OOC.C_6H_5$, ein neues Medikament, das durch Behandlung von Guajakol mit Ätzkali und Benzoylchlorid als farbloses Kristallpulver vom Schmelzpunkt 56° gewonnen wird. Es wird bei Phthisikern und als Darmantiseptikum an Stelle von Guajakol und Kresol, vor denen es den Vorzug der Geschmacklosigkeit besitzt, verordnet.

Benzylviolett (Violett 5 B, Pariser Violett 6 B), ein in Wasser mit violetter Farbe löslicher Teerfarbstoff, wird zum Färben von Seide, Wolle und Baumwolle benutzt und besteht im wesentlichen aus salzsaurem Pentamethylbenzylpararosanilin.

Berberin (lat. Berberinum, frz. Berbérine, engl. Berberin), eine stickstoffhaltige Base, $C_{20}H_{19}NO_5$, die man in vielen Pflanzen aufgefunden hat, so in allen Teilen, namentlich aber in der Wurzel des Sauerdorns (Berberis vulgaris), ferner in der Kolombowurzel und dem Kolomboholz, der jamaikanischen Wurmrinde, der Wurzel von Hydrastis canadensis, bildet glänzende gelbe Kristallnadeln von bitterem Geschmack, die in kaltem Wasser nur sehr wenig, in heißem leicht löslich sind. Die Verbindungen des B. mit Säuren, die Berberinsalze, sind meistens ebenfalls gelb und schwer löslich und finden wie die freie Base beschränkte medizinische Anwendung.

Berberitzen (Sauerdornbeeren, lat. Baccae berberidis, frz. Bayes de vinetier, Bayes d'Epinevinette, engl. Berber-berries), die länglichrunden, fast zylindrischen, scharlachroten Früchte des Berberitzenstrauchs, Berberis vulgaris (L.), sind reich an Äpfelsäure und waren früher Artikel des Drogenhandels. Man verwendet sie zur Herstellung von Berberitzensirup und B.-Mus sowie den Saft als rote Farbe in der Lederfabrikation.

Bergamottöl (lat. Oleum bergamottae, frz. Essence de bergamote, engl. Oil of bergamot), ein sehr wohlriechendes ätherisches Öl, wird aus den Fruchtschalen der Bergamotten, der Früchte von Citrus Bergamia, einer Orangenart, durch Auspressen gewonnen. Das bräunlichgelbe oder wegen seiner Versendung in Kupfergefäßen meist grünliche Öl ist anfangs trübe, klärt sich aber bald und enthält neben Links-Linalool, $C_{10}H_{18}O$, und Rechts-Limonen, $C_{10}H_{16}$, als wertbestimmenden Bestandteil etwa 35% Linalylazetat, $C_{10}H_{17}O.CH_3.CO$. Das spez. Gew. beträgt 0,881—0,886, die Rechtsdrehung im 100-mm-Rohre +8 bis +22°. In seinem halben Volumen Alkohol muß sich das Öl klar lösen. Mit Hilfe dieser Eigenschaften und der Verseifungszahl kann der Nachweis von Verfälschungsmitteln wie Terpentinöl, Olivenöl und Zitronenöl leicht geführt werden. Das meiste B. kommt aus Reggio in kupfernen Ramièren von 5—50 kg Inhalt.

Bergblau (frz. Bleu de montagne, engl. Mountain-blue) besteht aus fein gemahlener und geschlämmter Kupferlasur (s. d.) und kommt nur noch selten in den Handel, weil man dem künstlich dargestellten, dem Bremerblau, den Vorzug gibt.

Berggrün (Ungarischgrün, Tirolergrün, Schiefergrün), eine lebhaft grüne Maler- und Anstrichfarbe aus gemahlenem und geschlämmten Malachit, wird nur noch selten benutzt, da man künstliche Farben von ähnlicher Zusammensetzung vorzieht. (Vgl. Braunschweigergrün.) In Tirol sortiert man die Ware in Malachitgrün, Ölgrün und Grundfarbe. Das B. gehört zu den kupferhaltigen, daher giftigen Farben.

Bergkristall (frz. Cristal de roche, engl. Rockcrystal). Mit diesem Namen pflegt man die reinste, in durchsichtigen Kristallen des hexagonalen Systems vorkommende Kieselsäure zu belegen. Sind die Kristalle undurchsichtig, so nennt man sie Quarz, sind sie durch geringe Beimengungen anderer Stoffe gefärbt, so gibt man ihnen besondere Namen. So heißen die blauen und violetten Abarten Amethyst, die braunen Rauchquarz oder irrtümlicherweise Rauchtopas, die gelben Zitrin und die schwarzen Morion. Hauptfundorte schöner B. sind die schweizerischen und Tiroler Alpen, Ungarn, Zeylon, Madagaskar, Brasilien und Japan. Man schleift den B. zu mancherlei Schmuckgegenständen und hat neuerdings auch Gewichtssätze für feine mechanische Wagen daraus gefertigt, wozu er sich wegen seiner Härte (7 Grade) und Unveränderlichkeit an der Luft vortrefflich eignet.

Bergpetersilie (Grundheil, Hirschwurzelkraut, lat. Herba oreoselini, frz. Herbe de persil de montagne, Athamante, engl. Athamanta), das getrocknete Kraut von Athamanta Oreosolinum, einer Umbellifere, wird in der Tierheilkunde verwandt.

Berlinerblau (Preußischblau, Pariserblau) ist eine geschätzte blaue Farbe, welche durch Fällung von Eisenvitriollösung mit gelbem Blutlaugensalz und nachherige Behandlung des abfiltrierten, hellfarbigen Niederschlages mit Chlorkalk oder chlorsaurem Kalium gewonnen wird. Die aus reinem Ferroferrizyanid bestehende Sorte bezeichnet man meist als Pariserblau, während der Name B. meist für Gemische des letzteren mit Ton, Gips oder Schwerspat benutzt wird.

Berlinergrün, eine Anstrichfarbe, wird als grünes, in Wasser unlösliches Pulver aus der Mutterlauge bei der Blutlaugensalzfabrikation erhalten. Zuweilen wird auch ein Gemenge von Berlinerblau mit Gelb unter demselben Namen verkauft.

Berlinerrot. Diesen Namen führt einesteils der geglühte oder gebrannte Ocker, andernteils eine geringere Sorte von Florentinerlack (Rotholzlackfarbe).

Bernstein (Börnstein, Brennstein, Agtstein, Achtstein, Succinit, lat. Succinum, Electrum, frz. Succin, engl. Amber), ein fossiles Harz vorhistorischer Wälder, mit Insekteneinschlüssen, kommt besonders an der Seeküste von Ost- und Westpreußen, namentlich im Samland nördlich von Königsberg, vor, wo eine regelmäßige Gewinnung durch Tauchen und Baggern in der Nähe des Strandes oder durch Graben oder bergmännischen Betrieb auf dem Lande (Bergwerk Palmnicken), stattfindet. In geringeren Mengen zeigt sich B. an den Küsten von Livland, Kurland, Mecklenburg, Holstein und Dänemark sowie in Schlesien, Galizien, Rumänien, Sizilien, Spanien, Grönland, Kamtschatka, Ober-Birma und China. — Der B. zeigt in seiner äußeren Erscheinung außerordentliche Unterschiede. Neben durchsichtigen finden sich trübe und undurchsichtige, neben weißlichgelben hellgelbe bis dunkelgelbe und braune Stücke. Der Glanz ist glasartig, die Größe und Gestalt der Stücke sehr wechselnd. Er wird daher für den Handel nach Größe, Farbe und Schönheit in sehr viele Sorten geteilt. Der deutsche B., der hauptsächlich den Markt beherrscht, gelangt teils verarbeitet, teils roh in den Handel. Der Haupthandelsplatz war seit langen Zeiten Danzig, wo auch viel verarbeitet wird, während jetzt Königsberg, nächstdem Memel und Stolp, an die Spitze getreten sind. Große Mengen gehen nach Wien, Konstantinopel und Paris, wo sehr schöne Schmucksachen daraus gefertigt werden. Die Verarbeitung erfolgt mittels Schnitzen und Raspeln sowie auch mit der Drehbank. Man fertigt aus dem B. Pfeifen- und Zigarrenspitzen, Broschen und verschiedene andere Schmuck- und Kunstsachen, wie Bernsteinperlen und Bernsteinkorallen (Bastardkorallen). Die kleinen Stückchen und Abfälle werden zur Bereitung von Bernsteinlack und Bernsteinsäure sowie auch zum Räuchern verwandt. Auch benutzt man die Abfälle zur Nachahmung echter Bernsteinwaren, indem man sie mit heißem Schwefelkohlenstoff in eine plastische Masse (Ambroid) verwandelt und dann in Formen preßt. Man erkennt sie mittels des Mikroskops an dem Fehlen der zahlreichen kleinen Luftbläschen, die der echte B. zeigt. Nicht selten werden auch Nachahmungen aus einem Gemische von Kopal, Terpentin und Kampfer gefertigt, die sich durch ihre leichte Löslichkeit in Äther und ihre leichtere Schmelzbarkeit vom echten B. unterscheiden lassen. Echter B. hat ein spez. Gew. von 1,050—1,096, eine Härte von 2,0—2,5 und einen Schmelzpunkt von 250—300°. Er ist in den meisten Lösungsmitteln mit Ausnahme des Terpentinöls nahezu unlöslich und kann mit Hilfe dieser Eigenschaften von allen Fälschungen unterschieden werden. Nachahmungen aus Glas erkennt man auch an der Unverbrennlichkeit. Schwarzer B. ist Gagat.

Bernsteinlack (Bernsteinfirnis, frz. Vernis au succin, Laque de l'ambre jaune, engl. Varnish of amber), eine zum Anstrich auf Holz, Blech und Leder dienende Flüssigkeit, besteht aus einer Auflösung von Bernstein in Terpentinöl und Leinölfirnis. Zu ihrer Darstellung wird der Bernstein vorher vorsichtig geschmolzen, worauf er sich schon bei einer Temperatur von 100° auflöst. Solcher geschmolzener Bernstein kommt in sieben verschiedenen Sorten in den Handel, die sich nur durch größere oder geringere Helligkeit unterscheiden. Eine geringwertige, sehr dunkle Sorte wird aus dem sogenannten Bernsteinkolophonium, einem zur Gewinnung von Bernsteinsäure und Bernsteinöl sehr stark erhitzten Bernstein, erhalten. Die mit B. hergestellten Anstriche sind sehr dauerhaft, luft- und wetterbeständig und besitzen schönen Glanz und große Härte. Sehr häufig werden harte Kopalsorten zu sogenannten Bernsteinlacken mitverarbeitet, da die Gewinnung von Bernstein immer mehr zurückgeht.

Bernsteinöl (Agtsteinöl, lat. Oleum succini, frz. Huile de succin, engl. Ambre-oil), ein dunkelbraunes, grünlich schimmerndes, unangenehm riechendes ätherisches Öl, das als Nebenprodukt bei der Bereitung der Bernsteinsäure aus Bernstein gewonnen wird, findet als krampfstillendes Mittel sowie äußerlich gegen Zahnschmerz Anwendung. Für den gleichen Zweck benutzt man ein gereinigtes, über Holzkohle destilliertes B., welches weniger unangenehm riecht und eine blaßgelbe Farbe besitzt.

Bernsteinsäure (Succinylsäure, Dikarbonäthylensäure, lat. Acidum succinicum, frz. Acide succinique, engl. Succinic acid), eine organische Säure von der Formel $(CH_2.COOH)_2$, findet sich fertig gebildet im Bernstein, einigen Braunkohlen, Harzen, Terpentinölen, Pflanzen- und tierischen Säften. Sie entsteht bei der Oxydation von Fetten mit Salpetersäure, bei der Gärung und Fleischfäulnis und wird im großen durch Vergärung von äpfelsaurem Kalzium aus Vogelbeersaft oder durch trockne Destillation von Bernstein dargestellt. B. bildet farblose Kristalle von schwach saurem Geschmack, schmilzt bei 185° und destilliert bei 235° unter Wasserabspaltung. Zu ihrem chemischen Nachweise bedient man sich des neutralen Kalzium- oder Bariumsalzes, welche in Wasser und Alkohol schwer, bzw. unlöslich sind. B. findet beschränkte Anwendung zur Herstellung pharmazeutischer Präparate, besonders des Liquor Ammonii succinici, sowie in der Chemie und Photographie.

Bertramwurzel (Zahnwurzel, Speichelwurzel, lat. Radix pyrethri, frz. Racine de pyrèthre, engl. Pellitory). Unter diesem Namen kommen im Drogenhandel zwei verschiedene Wurzeln vor. 1. Die deutsche B. (Radix pyrethri germanici) stammt von Anacyclus officinarum und wird vielfach in Thüringen angebaut. 2. Die römische B. (Radix pyrethri romani) stammt von Anacyclus Pyrethrum, einer in Arabien, Syrien und Nordafrika wildwachsenden, in Italien angebauten Pflanze aus der Familie der Kompositen. Beide besitzen einen brennend scharfen Geschmack, sind aber geruchlos. Die deutsche B. hat Längsrunzeln, die römische Querrunzeln. Bei ersterer ist der Holzkörper braun, bei letzterer gelb. Man verwendet B. meist zu Zahntinkturen und Mundwässern.

Beryll, ein in sechsseitigen Säulen kristallisierendes, aus Kieselsäure, Tonerde und Beryllerde bestehendes Mineral, ist sehr hart (Härte 7,5—8), glasglänzend und verschieden gefärbt, doch herrschen die grünen Farbtöne vor. Blaßgrüner oder farbloser und durchsichtiger B. wird edler Beryll genannt und als Schmuckstein verwendet. Alle undurchsichtigen B. nennt man gemeinen B., die gelblichgrünen und bläulichgrünen Spielarten Aquamarin, die lebhaft grasgrünen Smaragd (s. d.).

Betain (Oxyneurin, Trimethylglykokoll, Lyzin) nennt man eine im Safte der Zuckerrübe enthaltene schwache organische Base, $COOH.CH_2.N(CH_3)_3.OH$, welche auch künstlich aus Trimethylamin und Chloressigsäure erhalten werden kann. Sie bildet große, farblose, glänzende Kristalle, die jedoch an der Luft leicht zerfließen. Ihre Verbindung mit Salzsäure, das B. hydrochlorid, vermag das Tetanustoxin zu neutralisieren.

Betelblätter (lat. Folia betel, frz. Feuilles de bétel, engl. Betel leaves), die langgestielten, eirund herzförmigen Blätter einer ostindischen Pfefferart, Piper Betle, werden wegen ihres brennend gewürzhaften und bitteren Geschmacks in Ostindien mit den Arekanüssen (s. d.) zusammen gekaut und finden auch in Europa medizinische Anwendung. Sie enthalten ein ätherisches Öl, Betelöl, welches gelbe bis braune Farbe, angenehm teeartigen Geruch und brennenden Geschmack besitzt. Es hat das spez. Gew. 0,958 bis 1,057, den Siedepunkt 255° und besteht aus einem dem Eugenol ähnlichen Phenol sowie einem Kohlenwasserstoff. Das Öl wird in Indien gegen katarrhalische Erkrankungen verordnet.

Betol (Naphtalol), weißes glänzendes Kristallpulver von Salizylsäure-Naphtylester, $C_7H_5O_3.C_{10}H_7$, welches sich dem Salol analog verhält und wie dieses als Antiseptikum benutzt wird.

Beton, eines der wichtigsten neueren Baumaterialien, besteht aus einer Mischung von Zement (s. d.) mit Schotter und grobem Kies.

Betonienkraut (Betunienkraut, Zehrkraut, lat. Herba betonicae, frz. Feuilles de betone, engl. Betony leaves), das getrocknete Kraut einer Labiate, Betonica officinalis (L) mit roten Blüten, eirunden, gekerbten und rauhhaarigen Blättern von aromatischem Geruch, wird als Volksmittel benutzt.

Bezetten (Schmink- oder Färberläppchen, frz. Tournesol en drapeaux, engl. Tournesol) nennt man mit Koschenille oder Pernambukabkochung rot gefärbte Leinwandstreifen, die in Paketen von ¼—½ kg von Venedig und Hamburg in den Handel kommen und als Schminklappen verwendet werden. Die eigentlichen B. stammen aus dem südlichen Frankreich und sind mit dem Safte einer Euphorbiazee, Croton tinctorium (Krebskraut), gefärbt. Durch besondere Behandlung wird die Farbe der Läppchen in Blau und dann in Purpurrot übergeführt. Die letztere Farbe dient in Holland zum Färben von Käse. Beide wurden früher auch benutzt, um Backwerk, Liköre, Gelees leicht zu röten.

Bezoare, ein veraltetes, in unserem Handel kaum noch vorkommendes Medikament, besteht aus den Darmsteinen einiger Wiederkäuer. Die teuersten kommen aus Persien und heißen orientalische oder echte B.

Bibergeil (lat. Castoreum, frz. Castorée, engl. Castor fibre) nennt man getrocknete, aus vier übereinanderliegenden Häuten gebildete Beutel, die sich zu je zweien sowohl beim männlichen als auch beim weiblichen Biber, in der Nähe der Geschlechtsteile unter der Haut finden und eine im frischen Zustande weiche und schmierige, ausgetrocknet harte, braune und zerreibliche Masse von durchdringendem Geruch enthalten. B. wird medizinisch bei Nervenleiden sowie in der Parfümerie verwendet. Man unterscheidet das B. der Alten Welt, vom europäischen Biber (Castor fiber), und das der Neuen Welt, vom nordamerikanischen Biber (Castor americanus), die einen sehr bedeutenden Preisunterschied zeigen, denn während das letztere, gewöhnlich kanadisches B. (Castoreum canadense) genannt, bei uns etwa 200—400 M. das Kilogramm kostet, ist der Preis des europäischen etwa 1000 M. für das Kilogramm. Letzteres führt allgemein den Namen sibirisches oder russisches B. (Castoreum sibiricum oder moscoviticum), da Deutschland jetzt so gut wie nichts mehr liefert. Beide Sorten unterscheiden sich durch folgende Merkmale: Während die Beutel des sibirischen B. oval und wenig zusammengedrückt erscheinen, auch nicht runzelig und zusammengeschrumpft sind, besteht das kanadische B. aus mehr birnförmigen, flachgedrückten Beuteln mit runzeliger Haut. Bei dem sibirischen lassen sich im Gegensatz zum kanadischen B. die beiden äußeren Häute bequem ablösen, und in der Mitte des Inhalts ist eine Höhlung, welche bei dem kanadischen fehlt. Der Inhalt der sibirischen Beutel ist braun, niemals glänzend oder harzig, sondern fast erdig, derjenige der kanadischen Beutel rotbraun und auf dem Bruche harzartig glänzend. Auch ist der Geruch des letzteren bedeutend schwächer.

Bickmol, eine Einreibung gegen Lahmheit der Pferde, enthält Kampfer, Seife, Äther, Arnika und Spiritus.

Biebricher Scharlach (Imperialscharlach, Altscharlach, Echtponceau B., Neurot L., Ponceau 3 RB), ein rotbraunes, in Wasser mit gelbroter Farbe lösliches Pulver, färbt Wolle und Seide im saueren Bade rot und besteht aus dem Natronsalz des Amidoazobenzoldisulfosäureazobetanaphtols.

Bier ist ein durch alkoholische Gärung aus Malz, Wasser, Hopfen und Hefe hergestelltes Getränk, welches sich noch in schwacher Nachgärung befindet und neben Alkohol und Kohlensäure einen nicht unerheblichen Gehalt an unvergorenen Extraktstoffen aufweist. Nach dem neuen Brausteuergesetz vom 15. Juli 1909 darf für untergärige Biere nur aus Gerste hergestelltes Malz benutzt werden, während für obergäriges Bier auch anderes Malz aus Weizen, Reis usw. sowie als Malzsurrogate Rohrzucker, Stärkezucker und Zuckercouleur zulässig sind. Zur Herstellung des Bieres wird geschrotenes Malz (s. d.) mit warmem Wasser behandelt (Maischen), indem man es entweder nach dem in Deutschland üblichen Dekoktionsverfahren mit siedendem Wasser übergießt und die nach einiger Zeit abgezogene Lösung so oft zum Sieden erhitzt und wieder zusetzt, bis die Temperatur von 75° erreicht ist, oder indem man nach der englischen Infusionsmethode die erforderliche Menge Wasser hinzusetzt und die ganze Masse langsam auf 75° erwärmt. Das Wasser, welches für die Güte des Bieres von größter Bedeutung ist, muß die Zusammensetzung eines guten Trinkwassers haben, möglichst bakterienfrei sein und eine mittlere Härte besitzen. Durch das Einmaischen werden die löslichen Bestandteile des Malzes, besonders die durch Einwirkung der Diastase gebildeten Zuckerarten und Dextrine extrahiert. Die wäßrige Lösung (Würze), welche 65—82 % der Malzextraktstoffe enthält, wird nun von den ungelösten Stoffen (Trebern) abgelassen und mit Hopfen 1—1½, bei stärkeren Bieren auch 3—4 Stunden gekocht, wobei die Diastase abstirbt, ferner durch Abscheidung trübender Stoffe Klärung eintritt, und die aromatischen Bestandteile des Hopfens (Hopfenbitter, Lupulin, Hopfenöl und Harz) ausgezogen werden. Die letzteren dienen zur Konservierung und Erzeugung des charakteristischen Geschmacks. Die gehopfte Würze, welche nunmehr in wäßriger Lösung neben überwiegenden Mengen Maltose und Dextrin noch geringere Anteile von Rohrzucker und Dextrose sowie etwas Gummi, Eiweiß, Salz und Milchsäure enthält, gelangt nach schneller Abkühlung in die Gärbottiche und wird hier mit Hefe versetzt, welche den Zucker in Alkohol und Kohlensäure zerlegt. Je nach der Art der zugesetzten Hefe unterscheidet man obergärige Biere, bei denen die Gärung unter Aufsteigen der Hefe zwischen 12 und 19° schnell und stürmisch verläuft, und untergärige Biere, die bei niederer Temperatur und langsam entstehen. Die ersteren sind im allgemeinen leichter und weniger haltbar (Einfachbier, Weißbier). Zum Schluß überläßt man das B. noch einer langsamen Nachgärung auf Lagerfässern. Abgesehen von der helleren oder dunkleren Farbe, welche bei untergärigen Bieren hauptsächlich durch die Verwendung stärker oder schwächer gedarrten Malzes hervorgerufen wird, während obergärige B. auch mit Zuckercouleur gefärbt werden dürfen, unterscheiden sich die einzelnen Biersorten in qualitativer Hinsicht gar nicht. Sie alle enthalten neben Wasser, Alkohol, Kohlensäure und Hopfenstoffen geringe unvergorene Reste von Zucker, Maltose, Dextrin, ferner Eiweißstoffe, Milchsäure, Glyzerin usw. Um so größeren Schwankungen unterliegt dafür die quantitative Zusammensetzung. Der Gehalt an Kohlensäure beträgt 0,1—0,2 %, der Alkoholgehalt 1—5 %, der Eiweißgehalt 0,1—0,75 % usf. Nachstehende Analysen mögen ein Urteil über die Beschaffenheit der gebräuchlicheren Biersorten verschaffen.

	Einfach	Lagerbier	Pilsener
Alkohol . .	1,00—2,00 %	3.00— 3,50 %	3,20— 3,80 %
Extrakt . .	2,50—4,00 „	4.50— 5,50 „	4.50— 5,50 „
Mineralstoffe .	0,10—0,15 „	0,15 – 0,20 „	0,15— 0,20 „
Milchsäure .	0.05—0,07 „	0,06— 0,12 „	0,10— 0,15 „
Maltose . .	1,00—1,50 „	1,00 – 1,30 „	0,80— 1,00 „
Eiweißstoffe .	0.15—0,20 „	0,35— 0,50 „	0,35— 0,50 „
Stammwürze .	5,00—6,50 „	11,50—13,50 „	11,00—12,00 „
Vergärungsgrad	35—40	54—59	58—62

	Münchner	Kulmbacher
Alkohol . . .	3,50— 4,00 %	4,50— 5,00 %
Extrakt . . .	6,50— 7,50 „	7,00— 8,50 „
Mineralstoffe .	0 20— 0,25 „	0,25— 0,28 „
Milchsäure . .	0,10— 0,15 „	0,15— 0.25 „
Maltose . . .	1,50 – 2,50 „	1,80— 2,00 „
Eiweißstoffe . .	0,40— 0.55 „	0,60— 0,75 „
Stammwürze .	13,50—15,00 „	15,50—17,00 „
Vergärungsgrad	50—53	55—58

Die Stammwürze bietet ein Maß für die Menge des verarbeiteten Malzes, der Vergärungsgrad für den Gehalt an noch unvergorenen Bestandteilen (Zucker). Neben den genannten Haupttypen finden sich noch zahlreiche Spezialitäten im Handel, von denen nachstehend einige der wichtigsten namhaft gemacht seien: Berliner Weißbier und Leipziger Gose, obergärige, aus Gersten- und Weizenmalz gebraute Biere von säuerlichem Geschmack mit etwa 2 % Alkohol und 6 % Stammwürze. Grätzer Bier, ein obergäriges Bier aus schwach geräuchertem Weizenmalz mit charakteristischem Rauchgeschmack, 2—2,5 % Alkohol und 7—8 % Stammwürze. Lichtenhainer, obergäriges Bier mit 2—2½ % Alkohol und 8—9 % Stammwürze. Zerbster Bitterbier mit 2,5—3 % Alkohol und 12—12,5 % Stammwürze. Köstritzer Schwarzbier mit 3—3,5 % Alkohol und 12 % Stammwürze. Mumme, eine Braunschweiger Spezialität aus sehr gehaltreichen, ungehopften Malzauszügen, die nur teilweise vergoren sind. Lambic und Faro, belgische Biere, stark sauer und bitter schmeckende Getränke, zu deren Herstellung neben Gerstenmalz auch Weizen, Hafer und Buchweizen benutzt werden, und die zur Milderung des harten Geschmacks Zusätze von Sirup oder Zucker erhalten. Malzextraktbiere, sehr extraktreiche, ganz schwach vergorene Malzauszüge von süßem Geschmack und geringem Alkoholgehalt. Als Malzbier schlechthin darf nur ein aus Malz, Hopfen, Hefe und Wasser hergestelltes Bier bezeichnet werden. Wenn es aber unter Mitverwendung von Zucker bereitet war, so müssen zur Herstellung von 1 hl Bier mindestens 15 kg Malz verwendet worden sein und auf Etiketten, Plakaten und Anweisungen entsprechende Hinweise („mit Zuckerzusatz") angebracht werden. Von den ziemlich seltenen Verfälschungen des Bieres sind besonders Zusätze von künstlichen Süßstoffen (Saccharin), Salizylsäure und anderen Konservierungsmitteln, Hopfenersatzmitteln, Neutralisationsmitteln (Natriumbikarbonat) zur Verdeckung des sauren Geschmacks, ferner von Tropf- und Neigenbier zu erwähnen. Sie können auf Grund der bestehenden gesetzlichen Bestimmungen unschwer bekämpft werden, ebenso der Verkauf von saurem, trübem und sonstwie verdorbenem Bier. Der früher vielfach übliche Zusatz von Wasser zu fertigem Weißbier ist nach dem neuen Gesetz verboten. Die Produktion des Bieres ist in beständigem Aufschwung begriffen und dürfte für die ganze Erde gegen 200 Millionen hl betragen, davon in Deutschland allein gegen 75 Millionen hl. Der Versand geschieht in Fässern, neuerdings auch in zunehmendem Maße in Flaschen. Zum Verschank bedient man sich vielfach der flüssigen Kohlensäure. In den meisten Staaten ist das Bier einer ziemlich hohen Steuer unterworfen, die entweder als Maischraumsteuer, wie in Belgien, oder als Malzsteuer (Deutschland) erhoben wird. Das alte deutsche Brausteuergesetz von 1872 setzte den Satz von 4 M. für jeden Doppelzentner verbrauchten Malzes fest. Nach dem neuen Brausteuergesetz ist hingegen zum Schutze der kleinen Brauereien gegenüber den Großbetrieben eine Staffelung vorgesehen in der Weise, daß für die ersten 250 dz 14 M. für den Doppelzentner, für die folgenden 1250 dz 15 M., für die folgenden 1500 dz 17 M., für weitere folgenden 7000 dz 18 M., den Rest je 20 M. für 1 dz erhoben werden. Bei Feststellung der Steuer ist 1 dz Zucker gleich 1½ dz und 1 dz Weizenmalz gleich ⁴/₅ dz Gerstenmalz zu rechnen.

Bihul, der Bast einer indischen Liliazee, Grewia oppositifolia, wird wie Lindenbast verwandt.

Biliner Sauerbrunnen enthält nach der Analyse von W. Gintl in 1 kg 9,1319 g gelöste Salze und 1,6408 g freie Kohlensäure. Die Salze bestehen aus 3,7178 g Natriumbikarbonat, 0,0225 g Lithiumbikarbonat, 0,4085 g Kalziumbikarbonat, 0,1995 g Magnesiumbikarbonat, 0,0031 g Ferribikarbonat, 0,0001 g Manganoxydul, 0,3984 g Natriumchlorid, 0,2419 g Kaliumsulfat, 0,6668 g Natriumsulfat, 0,0007 g Aluminiumphosphat, 0,0623 g Kieselsäure.

Bilsenkraut (Totenblumenkraut, Teufelsauge, Gichtkraut, lat. Herba hyoscyami, frz. Feuilles de jusquiame noire, engl. Hyoscyamus leaves) besteht aus den von zweijährigen Pflanzen zu Anfang der Blütezeit gesammelten und getrockneten Blättern von Hyoscyamus niger, einer in ganz Mitteleuropa wildwachsenden und in der Gegend von Gernrode, Quedlinburg und Ballenstedt für medizinische Zwecke auch angebauten Giftpflanze. Die großen, schlaffen, weichen, zottigen Blätter von graugrüner Farbe sind buchtig gezähnt und besitzen einen widerlich betäubenden Geruch und scharfen, bitteren Geschmack. Sie müssen alle Jahre erneuert werden und sind an dunkeln und trockenen Orten aufzubewahren. Als wirksamen Bestandteil enthalten sie das giftige Alkaloid Hyoszyamin und werden in Apotheken zur Herstellung von Bilsenkrautextrakt (lat. Extractum hyoscyami, frz. Extrait de jusquiame, engl. Extract of Hyoscyamum) verwandt, das an das Publikum ohne Rezept nicht abgegeben werden darf. — Bilsenkrautöl (lat. Oleum hyoscyami coctum, frz. Huile de jusquiame, engl. Heubane-oil) wird hergestellt durch Digerieren von mit Weingeist angefeuchteten Bilsenkrautblättern in Olivenöl und nachfolgende Pressung und Filtrierung. Es stellt ein dunkelgrünes Öl dar und wird medizinisch als Einreibungsmittel verwandt. — Auch die nierenförmigen Samen der Pflanze (Bilsensamen, lat. Semen hyoscyami, frz. Semence de jusquiame, engl. Heubane seeds), welche eine graubräunliche, netzförmig gezeichnete Oberfläche besitzen, kommen im Drogenhandel vor.

Bimsstein (lat. Lapis pumicis, frz. Pierre-ponce, engl. Pumice-stone) nennt man ein äußerst poröses und daher leichtes vulkanisches Gestein, das durch Erstarrung von geschmolzenem, durch Dämpfe und Gase schaumig aufgetriebenem Obsidian entstanden ist und gewöhnlich weiß oder graue Farbe besitzt. Das Vorkommen von B. ist an die Vulkane gebunden, wo er sich teils in Form loser Auswürflinge, teils in Verbindung mit Obsidian- und Perlitströmen findet. Der meiste kommt von den Inseln Lipari in Italien und Santorin in Griechenland. Der B. wird teils in ganzen Stücken, teils als Pulver zum Schleifen und Polieren benutzt, Bimssteinpulver ferner zur Bereitung der Bimssteinseife für Arbeiter. Sogenannter künstlicher B. ist ein mit Bindemittel in Platten gepreßtes Bimssteinpulver.

Binden zu Verbandzwecken werden aus verschiedenen Stoffen, z. B. Kambrik, Flanell, Trikotschlauch, Verbandmull, Gaze, Leinen, Seide, Gummi hergestellt und kommen in verschiedenen Breiten und Längen fertig geschnitten in den Handel.

Bindfaden (Spagat, lat. Filamentum, frz. Ficelle, engl. String, Pack thread), wird jetzt nur noch selten durch Handarbeit, sondern immer mehr durch Maschinenarbeit hergestellt, und zwar benutzt man hierzu hauptsächlich Hanf und Flachs, neuerdings auch Jute, in sehr verschiedenen Stärken. Je nach der Zahl der Fäden unterscheidet man zwei-, drei- oder vierdrähtigen B., nach der Farbe grauen oder rohen, weißen gebleichten, einfarbigen und zweifarbigen (z. B. grün und weiß, rot und weiß). Die Knäuel haben in der Regel 100 oder 200 g an Gewicht. Die stärksten Sorten heißen Kordel. Bezüglich des im Kriege aus Papier hergestellten B. vgl. Papiergarn.

Bindrotting heißt im holländischen Handel das weibliche sogenannte spanische Rohr, das in 1,8—2,4 m langen, einmal gebogenen Bündeln von 100 Stück in den Handel kommt. Das männliche heißt Handrotting. — Vgl. Spanischrohr.

Biomalz, ein mit großer Reklame in den Handel gebrachtes Nährpräparat unterscheidet sich von gewöhnlichem Malzextrakt, abgesehen von einem geringen Zusatze von Phosphaten, lediglich durch den höheren Wassergehalt und enthält nach Fendler:

Trockensubstanz	69,83 %
Zucker als Maltose	50,94 „
Stickstoffsubstanz	4,54 „
Asche	1,50 „
Phosphorsäure	0,77 „

Kein Glyzerin und Saccharin.

Bioson, ein ebenfalls mit großer Reklame angepriesenes „Nähr- und Kräftigungsmittel", ist nichts als ein Gemisch von etwa 30 % Kakao mit 70 % eines aufgeschlossenen Eiweißpräparates, wahrscheinlich Kasein. Bei dem Preise von 4,80 M. für 1 kg stellt sich die Nährwerteinheit sehr hoch, noch teurer als in Tropon.

Biozithin, ein im wesentlichen aus Magermilchpulver und Lezithin bestehendes Nährmittel von nachstehender Zusammensetzung: Wasser 7,73 %, Fett 4,74 %, Stickstoffsubstanz 39,24 %, Asche 7,23 %, Gesamtphosphorsäure 2,27 %, Lezithinphosphorsäure 0,81 % (Lezithin 8,85 %), Milchzucker 33,89 %. 100 g kosten 3,20 M.

Birkenholz (lat. Lignum betulae, frz. Bois de bouleau, engl. Birch-wood), das Holz verschiedener Birkenarten, besonders der gewöhnlichen Weißbirke (Betula alba), zeichnet sich durch geringe Härte, Leichtigkeit und Zähigkeit aus, trocknet aber schwer aus, quillt leicht auf, fault im Freien und unterliegt dem Wurmfraß. Das im jungen Zustande weiße, im älteren rötliche Holz, dessen sehr feine Spiegel kaum zu erkennen sind, wird als Werkholz, zu Wagenteilen und Stühlen und als sehr gutes Brennholz benutzt. Die Zuckerbirke (B. lenta) liefert ein schön rosenrotes, in Nordamerika verarbeitetes Nutzholz. Birkenrinde von der Weißbirke wird zum Gerben angewandt.

Birkenteer (Birkenöl, Litauer Balsam, Dagget, Doggert, Dziegiec, lat. Oleum betulinum, Oleum rusci, frz. Huile de bouleau, Huile russe, engl. Birch-oil), eine braunschwarze, ziemlich dickflüssige Masse von eigentümlichem Geruche, wird in Rußland in großer Menge durch trockene Destillation der Birkenrinde bereitet und bei der Herstellung des Juchtenleders angewandt, welches hierdurch seinen aromatischen Geruch erhält. Sie enthält als wirksame Bestandteile eine Reihe von Phenolen wie Guajakol, Kreosol, Kresol und löst sich vollständig in Äther, Chloroform, Benzol und Terpentinöl, hingegen nur teilweise in Benzin, Kalilauge, Alkohol, Eisessig und Anilin. Die beim Schütteln mit Wasser erhaltene hellgelbe, sauer reagierende Flüssigkeit gibt mit verdünnter Eisenchloridlösung eine grüne Färbung, zum Unterschiede von der mit Wacholderteer erhaltenen Lösung, welche hierbei rot wird. B. wird äußerlich bei Hautkrankheiten und in der Volksmedizin angewandt. Der rektifizierte B. (lat. Oleum betulinum rectificatum, frz. Essence de goudron de Bouleau, engl. Oil of Birch Tar), welcher die mit Wasserdampf flüchtigen Bestandteile enthält, ist hellgelb und wird gleichfalls gegen Hautkrankheiten, ferner als Einreibung gegen Gicht und Rheumatismus und als Tierheilmittel angewandt.

Birkenwasser (Birkenwein, Birkenmet) ist ein schwach alkoholisches, kohlensäurehaltiges Getränk, das namentlich in Schweden, Norwegen, Kurland und Livland durch Anzapfen der Stämme im Frühjahr und nachfolgende Flaschengärung des mit etwas Zucker versetzten Saftes gewonnen wird. — B. wird auch als Zusatz zu Haarwässern vielfach verwendet, um den Haarwuchs durch Waschungen damit zu befördern.

Birnbaumholz (lat. Lignum piri, frz. Bois de poirier, engl. Pear wood), das Holz der verschiedenen Abarten des Birnbaums, Pirus communis, ist fein, sehr dicht und mäßig hart, mit kleinen, nicht auffallenden Spiegeln und wenig hervortretenden Jahresringen, die etwas wellig verlaufen. Das Mark erscheint auf dem Querschnitt rund und weiß und hat 1—2 mm im Durchmesser. Das Kernholz ist gleichmäßig bräunlichrot, zuweilen etwas geflammt. Wegen seiner gleichförmigen Textur läßt es sich leicht und nach allen Richtungen hin, ohne auszubröckeln, schneiden und wird daher gern zu Bildhauerarbeiten und Formen für den Zeug- und Tapetendruck sowie von Tischlern und Drechslern verarbeitet. Es schwindet nur wenig, läßt sich gut beizen und wird aus diesem Grunde auch zur Nachahmung von Ebenholz viel benutzt. Das Holz des wilden Birnbaums ist noch fester und dauerhafter als das des kultivierten. Beide sind leider dem Wurmfraß sehr unterworfen.

Birnen (frz. Poires, engl. Pears). Die zum Kernobst gehörigen Früchte des Birnbaums, Pirus communis, kommen teils frisch, teils getrocknet und eingemacht in den Handel. Im frischen Zustande besitzen sie im allgemeinen eine geringere Haltbarkeit als die ihnen nahe verwandten Äpfel und werden daher auch nicht so weit verschickt. — Man zählt über 700 Sorten und ordnet sie gewöhnlich in Sommerbirnen, Herbstbirnen und Winterbirnen oder auch nach der Verwendung in Mostbirnen, Kochbirnen, Tafelbirnen. Durch den geringen Gehalt an Säure und den meist höheren Zuckergehalt unterscheiden sie sich von den Äpfeln. Besonders beliebte und bekanntere Sorten sind: Rettichbirne, Petersbirne, Butterbirne und Muskatbirne, von denen es wieder verschiedene Spielarten gibt. Über Aufbewahrung, Versendung, Trocknen usw. siehe unter Obst. Man verwendet B. ferner als Zusatz bei der Bereitung von Äpfelwein und von Obstkraut (s. d.).

Birnenäther, einer der gangbaisten Fruchtäther, besteht aus einer alkoholischen Lösung von Essigsäureamylester, der auch unter dem Namen Birnenöl verkauft wird.

Birresborner Quelle. Nach der im Jahre 1875 von R. Fresenius ausgeführten Analyse sind in 1000 g enthalten: 0,2729 g Kalziumbikarbonat, 2,8517 g Natriumbikarbonat, 0,0033 g Lithiumbikarbonat, 0,0002 g Barium- und Strontiumbikarbonat, 1,0929 g Magnesiumbikarbonat, 0,0351 g Eisenbikarbonat, 0,0007 g Manganbikarbonat, 0,3576 g Chlornatrium, 0,0004 g Bromnatrium, Spur Jodnatrium, Spur Aluminiumphosphat, 0,0002 g Natriumphosphat, Spur borsaures und salpetersaures Natrium, 0,0245 g Kieselsäure und 2,3339 g freie Kohlensäure.

Bischofessenz (lat. Tinctura Episcopalis), eine zur Bereitung des Bischofgetränks dienende Flüssigkeit, welche aus einem alkoholischen Auszug frischer grüner Pomeranzenschalen mit oder ohne Zusatz anderer Gewürze (Nelken, Zimt) besteht und nur mit Rotwein und etwas Zucker gemischt zu werden braucht. Die B. wird gewöhnlich von den Fabriken ätherischer Öle mit geliefert.

Biskuit (Biscuit, Bisquit) ist ein feineres Gebäck aus kleiefreiem Mehl, Fett, Zucker, Eiern und Gewürzen, welches durch Backen eines sehr wasserarmen und unvollständig aufgegangenen Teiges hergestellt wird. Nach englischem Vorbilde werden die B. meist unter dem Namen Kakes, jetzt Keks, in den Handel gebracht, während die neuerdings vorgeschlagenen unschönen Verdeutschungen: Knusperchen, Röstback usw. nur geringen Anklang gefunden haben. Die große Haltbarkeit dieser Erzeugnisse beruht auf dem geringen Wassergehalt von 7—8 %.

Bismarckbraun (Vesuvin, Phenylenbraun, Leder-, Manchester-, Anilin-, Zimtbraun, Canelle), ein Azo-(Amidoazo-)Farbstoff für Wolle und Baumwolle, wird aus Dinitrobenzol durch Einwirkung reduzierender Substanzen, z. B. Zink und Salzsäure, oder durch Einwirkung von salpetriger Säure auf Metaphenylendiamin dargestellt. Es ist ein braunes, in Wasser lösliches Pulver, das Wolle, Jute, Leder und Seide direkt, Baumwolle nach dem Beizen mit Tannin färbt.

Bismon, ein Heilmittel für Darmkrankheiten, das als kolloidales Wismuthydroxyd anzusprechen ist. Ähnlich wirkende Mittel sind: Bismutan (Isutan), ein Gemisch von gerbsaurem Wismut mit Resorzin, Bismutose, ein Wismuteiweißpräparat.

Bister (Rußbraun, frz. Bistreux, engl. Bistre), eine braune Farbe, besteht aus gereinigtem und präpariertem Glanzruß. Mineralischer B. ist Manganoxydhydrat.

Bitterklee (Fieberklee, Sumpfklee, lat. Folia trifolii fibrini, frz. Feuilles de Ményanthe, Feuilles de trèfle d'eau, engl. Buckbean), die getrockneten, langstieligen, dreiteiligen Blätter von Menyanthes trifoliata, einer bekannten, zu den Gentianeen gehörigen Wasserpflanze, enthalten einen Bitterstoff, das Menyanthin, und werden teils als Arzneimittel, teils bei der Bereitung bitterer Liköre verwandt.

Bittermandelöl (lat. Oleum amygdalarum amararum aethereum, frz. Essence d'amandes amères, engl. Oil of almonds), das ätherische Öl der bitteren Mandeln, in welchen es jedoch nicht in freiem Zustande, sondern in Form des Glykosides Amygdalin (s. d.) an Zucker und Blausäure gebunden enthalten ist. Bei Gegenwart von Wasser zerfällt das letztere unter Einwirkung des gleichzeitig in den Mandeln enthaltenen Fermentes Emulsin in seine Bestandteile. Zur Gewinnung des B. werden die zerkleinerten Mandeln (oder Pfirsichkerne) zunächst durch Pressen vom fetten Öl befreit, dann mit Wasser angerührt und nach einiger Zeit der Destillation im Wasserdampfstrome unterworfen. Das wäßrige Destillat, welches Spuren von B. und Blausäure enthält, findet als Bittermandelwasser (s. unter Aqua amygdalarum amararum) Anwendung, während das zu Boden gesunkene schwere Öl rektifiziert wird. Auf künstlichem Wege stellt man das B., in chemischer Hinsicht Benzaldehyd, $C_6H_5.CHO$, durch Behandlung von Benzoylchlorid mit Bleinitrat im großen technisch dar. Es erscheint als eine anfangs farblose, später gelbliche, stark lichtbrechende Flüssigkeit, ist schwerer als Wasser (spez. Gew. 1,050), siedet bei 179° und löst sich leicht in Alkohol, wenig in Wasser. Da B. aus der Luft begierig Sauerstoff anzieht, muß es in gut verschlossenen, gefüllten Flaschen und vor Licht geschützt aufbewahrt werden. Es findet ausgedehnte Anwendung in der Medizin, ferner zum Parfümieren von Seifen, kosmetischen Präparaten, Likören und anderen Genußmitteln. Für letzteren Zweck darf nur ein Öl benutzt werden, welchem die giftige Blausäure durch entsprechende Behandlung (mit Eisensulfat und Kalkwasser) entzogen worden ist. Als künstliches Bittermandelöl wird bisweilen fälschlicherweise das Nitrobenzol (s. Mirbanöl) bezeichnet.

Bittersalz (Schwefelsaure Magnesia, Magnesiumsulfat, Englischsalz, Epsomersalz, lat. Magnesium sulfuricum, frz. Sel amer, Sulfate de magnésie, engl. Bitter salt), kristallisiertes Magnesiumsulfat, $MgSO_4$, findet sich in der Natur mit 7 Molekülen (51 % Kristallwasser als Epsomit in Spanien, Sibirien usw. und mit 1 Molekül Kristallwasser (13 %) als Kieserit in dem Staßfurter Abraumsalzlager. Früher stellte man das B. durch Verdampfen der natürlichen Bitterwässer bis zur Kristallisation dar, jetzt erhalten die Mineral- und Sodawasserfabriken das Salz bei Entwicklung der Kohlensäure aus Magnesit und Schwefelsäure als Nebenprodukt. Die Hauptmenge wird aber aus Kieserit gewonnen. Das B. erscheint in kleinen nadelförmigen, durchsichtigen, in Masse weißen Kristallen von bitterlichem Geschmack, welche in Wasser leicht löslich sind, und wird in der Medizin als Abführmittel, ferner zur Bereitung anderer Magnesiasalze, zum Beschweren baumwollener Gewebe usf. benutzt.

Bittersüß (Alpranke, Hirschkraut, lat. Stipites Dulcamarae, frz. Douce-amère, engl. Bitter sweet). Von dieser, an den Flußufern Mitteleuropas häufig vorkommenden kleinen strauchartigen Pflanze, Solanum Dulcamara, werden die langen, federkieldicken, eckigen und runzligen Stengel im Frühjahre oder Herbste gesammelt und getrocknet in den Drogenhandel gebracht. Die Stengel haben im frischen Zustande einen angenehmen, narkotischen Geruch, der aber beim Trocknen verschwindet, und einen erst bitteren, dann süßen und kratzenden Geschmack. Als charakteristische Bestandteile finden sich zwei Alkaloide, das Dulkamarin und das Solanin. B. wird in der Medizin als Aufguß innerlich gegen Katarrhe, Asthma, bei Rheumatismus usw. angewandt. Verwechslungen mit den Stengeln von Clematis vitalba sollen zuweilen vorgekommen sein, jedoch sind diese nicht runzlig, sondern glatt, holzig und sehr zähe.

Bitterwässer nennt man diejenigen Mineralwässer, welche durch einen verhältnismäßig hohen Gehalt von Magnesiumsulfat ausgezeichnet sind, z. B. Friedrichshaller, Hunyadi Janos B.

Blattmetalle (Folien, frz. Métaux en feuilles. engl. Leaf-metals) nennt man Metalle und Metallegierungen, die durch Walzen, zum Teil auch durch nachfolgendes Schlagen in die Form sehr dünner Bleche oder Blätter gebracht worden sind. Am meisten wird Gold und Silber in diese Blattform gebracht und die Erzeugung von echtem Blattgold und Blattsilber mit dem Namen Goldschlägerei, dieselbe Arbeit auf unedle Metalle ausgedehnt mit Metallschlägerei bezeichnet. Nächst dem Golde wird wohl Zinn am meisten in Blattform übergeführt (vgl. Stanniol), dann Blei, Kupfer, Aluminium und verschiedene Legierungen (unechtes Blattgold und unechtes Blattsilber). Das echte Blattgold dient hauptsächlich zum Vergolden der Spiegel- und Bilderrahmen sowie zum Goldschnitt und zum Bedrucken der Büchereinbände. Die bei Herstellung des echten Blattgoldes entstehenden Abfälle, Schawine oder Schabine, bilden zerrieben die echte Goldbronze.

Blaudsche Pillen (lat. Pilulae ferri Blaudii), 0,25 g schwere, bisweilen mit Silber, Zucker oder Schokolade überzogene Pillen aus Kaliumkarbonat, Ferrosulfat, etwas Zucker, Gummi und Glyzerin mit 0,3 g Eisen.

Blauholz (Kampescheholz, Blutholz, lat. Lignum campechianum, frz. Bois de campêche, engl. Log-wood), das wichtigste aller Farbhölzer, stammt von Haematoxylon campechianum, einem großen, zur Familie der Zäsalpineen gehörigen, in Zentralamerika und dem nördlichen Teile von Südamerika heimischen Baume, der später auch in den niederländischen Kolonien Ostindiens angebaut worden ist. Die vom weißlichen Splinte befreiten großen Blöcke haben außen eine dunkelblutrote bis braunrote Farbe, die innen heller, rötlichbraun bis gelblichbraun erscheint, an der Luft aber nachdunkelt. Das Holz ist hart und dicht, läßt sich schwer spalten, und besitzt einen schwachen, entfernt veilchenähnlichen Geruch und zusammenziehenden Geschmack. Man unterscheidet das eigentliche Kampescheholz oder Laguna-Kampesche, Jamaikablauholz und das Domingoblauholz, und von letzterem wieder mehrere Sorten, nämlich Monte-Cristo-Blauholz, Fort Liberté und Aux Cayes. Martinique- und Guadeloupe-B. sind nur geringwertige Sorten. Der das Färbevermögen bedingende Stoff, das Hämatoxylin, bildet im reinsten Zustande fast farblose Kristalle, die aber an der Luft bald rötlich werden und schließlich in den eigentlichen Farbstoff, das Hämateïn, übergehen. Weil dieser Farbstoff in dem frisch geraspelten B. nur in geringer Menge entwickelt ist, läßt man an der Luft fermentieren, wodurch es die gewünschte Farbe erst erhält und einen eigentümlichen metallischen gelblichgrünen Glanz annimmt. In unfermentiertem Zustande findet B. bisweilen medizinische Verwendung. Hauptsächlich wird es aber zur Herstellung feiner Tischlerarbeiten sowie in der Färberei und Tintenfabrikation benutzt. Für letztere Zwecke bedient man sich meist des Blauholzextraktes (lat. Extractum ligni campechiani, frz. Extrait de bois de campêche, engl. Extract of Log-wood), welches sowohl in fester als auch in flüssiger Form (s. Farbholzextrakt) einen wichtigen Handelsartikel bildet. Besonders geschätzt sind die Sanford- und französischen Sorten. Das feste Extrakt wird in Kisten von 20—100 kg aus Neuyork eingeführt, doch sind auch in Deutschland und Frankreich Fabriken entstanden.

Blaupulver, ein unreines Ferrizyankalium, kommt als bläulichgrünes Pulver in den Handel und wird zum Färben benutzt. Vgl. Blutlaugensalz.

Blausäure (Zyanwasserstoffsäure, lat. Acidum hydrocyanicum, Acid. borussicum, frz. Acide prussique, engl. Prussic acid, Zootic acid), HCN, wird in wäßriger Lösung durch Destillation von Zyankalium oder Ferrozyankalium mit verdünnter Schwefelsäure dargestellt. Wasserfreie B. erhält man durch Zersetzen von Zyanquecksilber mit konz. Salzsäure als eine farblose, bei 26° siedende Flüssigkeit. Sie ist das stärkste aller bekannten Gifte, zersetzt sich aber leicht und kommt im Handel nicht vor.

Blei (lat. Plumbum, frz. Plomb, engl. Lead). Dieses seit den ältesten Zeiten bekannte Metall findet sich in gediegenem Zustande nur sehr selten in der Natur. Für die technische Gewinnung kommen lediglich Verbindungen des Bleies, sog. Bleierze (frz. Minerais de Plomb, engl. Lead ores) in Betracht, welche für sich einen Gegenstand des Großhandels bilden und als Ballast mit den Schiffen befördert werden. Das wichtigste Bleierz ist der Bleiglanz oder Galenit, der in chemischer Hinsicht aus Schwefelblei (Bleisulfid), PbS, mit 86,6 % Blei besteht, oft aber auch bis zu 0,1 % Silber und Spuren Gold enthält. Er findet sich in Form harter und spröder Knollen oder Einsprengungen von ausgezeichneter hexaedrischer Spaltbarkeit, bläulichgrauer Farbe und starkem Metallglanz und wird als Glasurerz, von seiner Verwendung zum Glasieren gewöhnlicher Töpferwaren, im Handel geführt. Die bekanntesten Lager sind im Erzgebirge, Oberharz, Oberschlesien (Tarnowitz), Schwarzwald, Böhmen (Przibram), Kärnten (Bleiberg und Raibel), Spanien und England. Das nächstwichtige Bleierz, das Weißbleierz oder Zerussit, seiner Zusammensetzung nach kohlensaures Blei (Bleikarbonat), $PbCO_3$, mit 77,5 % Blei findet sich in Form nadelförmiger Kristalle oder derber, körniger und dichter, zuweilen auch erdiger (Bleierde) Massen von weißer oder grauer Farbe neben dem Bleiglanz. In Kolorado bildet es mächtige Lager eines weißen, stark silberhaltigen Sandes. Anglesit (Bleisulfat) und Pyromorphit (Bleiphosphat) haben nur untergeordnete Bedeutung. Die Gewinnung des B. erfolgt am leichtesten aus dem Weißbleierz, das einfach mit Kohlenklein gemengt geglüht wird, wobei das metallische B. abfließt. Die zur Verarbeitung von Bleiglanz benutzten Methoden beruhen teils darauf, daß man den Schwefel durch Schmelzen mit Eisen abscheidet (Niederschlagsarbeit), teils darauf, daß man an der Luft röstet und das Röstgut dann mit Kohle reduziert. In allen Fällen erhält man zunächst ein noch unreines, kleine Mengen fremde Metalle enthaltendes B., welches man Werkblei, und, wenn es antimonhaltig ist, Hartblei oder Abstrichblei nennt. Man benutzt es in Schriftgießereien und, wenn es arsenhaltig ist, zur Schrotfabrikation. Das von fremden Metallen befreite, reine B. wird raffiniertes Blei genannt. Das bei den Hüttenprozessen zuerst abfließende B. ist reiner als das später erhaltene und wird Jungfernblei genannt. Es kann in der Regel schon als Handelsware (Kaufblei) gelten, wenn es nicht etwa zuvor noch entsilbert werden muß. — Das B. ist ein weiches, bläulichweiß glänzendes Metall vom Atomgewicht 206,9 und vom spez. Gew. 11,360. Es verliert seinen Glanz an der Luft bald und bedeckt sich mit einer dünnen grauen Schicht von Bleisuboxyd. Der Schmelzpunkt liegt bei 326° C. Bei heller Rotglühhitze beginnt das geschmolzene B. zu verdampfen, und in der Weißglühhitze verdampft es unter lebhaftem Sieden vollständig. Infolge dieser Flüchtigkeit gehen in den Hüttenwerken 6—7 % der gesamten Bleimenge als sogenannter Bleirauch verloren, wenn nicht für eine entsprechende Verdichtung gesorgt wird. Beim Schmelzen an der Luft geht das B. infolge von Sauerstoffaufnahme vollständig in Bleioxyd über. Das metallische Blei kann auch kristallinisch erhalten werden und gelangt meist in Form von Blöcken, auch Mulden genannt, und Tafeln in den Handel. Die Verwendung des B. ist sehr vielseitig. Man benutzt es zur Herstellung von Gußwaren, Platten (für die Bleikammern der Schwefelsäurefabriken), Röhren, verschiedenen Legierungen (Letternmetall, Bleilot), Draht (Bleidraht) und zur Bereitung von Bleipräparaten und bleihaltigen Farben. Die Weltproduktion betrug im Jahre 1913 1190000 t, davon entfielen auf die Vereinigten Staaten 408000 t, auf Spanien 203000 t, auf Deutschland 181000 t. Der Verbrauch Deutschlands belief sich auf 223500 t.

Bleichlorid, $PbCl_2$, (Chlorblei, lat. Plumbum chloratum, frz. Chlorure de plomb, engl. Chloride of lead) findet sich in der Natur als das Mineral Hornbleierz und wird technisch hergestellt durch Fällung von Bleisalzlösungen mit Salzsäure oder Kochsalz. B. ist ein weißes, in kaltem Wasser schwer lösliches, giftiges Kristallpulver und liefert beim Zusammenschmelzen mit Bleioxyd gelbe Farben (siehe Bleigelb).

Bleiessig (lat. Acetum plumbi, Liquor Plumbi subacetici, frz. Vinaigre de saturne, engl. Solution of subacetate of lead), die wäßrige Lösung von basisch essigsaurem Bleioxyd oder basischem Bleiazetat, wird erhalten durch Auflösen von Bleiglätte in einer wäßrigen Lösung von Bleizucker. B. findet in der Färberei sowie zur Herstellung des medizinisch und technisch gebrauchten Bleiwassers (lat. Aqua plumbi, frz. Eau de Goulard, engl. Goulard Water) Verwendung.

Bleifarben. Die gesetzlichen Bestimmungen, welchen der Verkauf und die Verwendung von Giftfarben (s. d.) unterliegt, erstrecken sich auf folgende bleihaltige Malerfarben: Weiße: Bleiweiß (s. d.), Weißblei (s. Bleisulfat). Rote und orange: Bleichromat (s. Chromrot), Mennige (s. d.). Gelbe: Bleioxyd (s. Bleigelb), Antimongelb (s. d.), Chromgelb (s. d.). Grüne: Gemische von Chromoxyd mit Bleichromat (s. Chromgrün). Daneben sind für die eben genannten bleihaltigen Farben noch besondere Vorschriften erlassen, welche die Gesundheit der Gewerbetreibenden und ihrer Arbeiter selbst gegen die außerordentlichen Gefahren, die mit der Herstellung und Verwendung dieser verbreitetsten und schönsten aller Malerfarben verbunden sind, schützen sollen. Nach der Bekanntmachung des Bundesrats vom 27. Juni 1905 müssen alle Betriebe, in denen Maler-, Anstreicher-, Tüncher-, Weißbinder- oder Lackiererarbeiten ausgeführt werden, besondere Vorsichtsmaßregeln treffen, bez. deren auf das Reichsgesetzblatt 1905, S. 555, verwiesen sei. An dieser Stelle genüge der Hinweis, daß dieser Bestimmung nicht nur die Farbpulver, sondern auch alle streichfertigen Ölfarben sowie Spachtel-F. und Sikkative unterliegen. Näheres s. Farbenzeitung 1907, S. 1184.

Bleigelb. Mit diesem Namen belegt man verschiedene Malerfarben, welche entweder aus reiner Bleiglätte (s. d.) oder aus Gemischen von Bleioxyd mit Bleichlorid bestehen. Die letzteren werden durch Schmelzen von Bleiglätte mit Salmiak dargestellt und kommen auch als: Chemisch-Gelb; Kasseler-, Mineral-, Englisch-, Montpellier-, Neu-, Pariser-, Patent-, Turners-, Veroneser-Gelb in den Handel. Sie unterliegen den für Bleifarben erlassenen Vorschriften.

Bleiglätte (Glätte, Bleioxyd, lat. Lithargyrum, Plumbum oxydatum, frz. Glette, Litharge, engl. Litharge), PbO, eine Verbindung von 103 Teilen Blei mit 8 Teilen Sauerstoff, wird als Nebenprodukt beim Abtreiben des Silbers mit Blei (Bleiarbeit) erhalten und deshalb häufig Silberglätte genannt. Man erhält die B. entweder in ganzen, aus zusammengeschmolzenen Massen bestehenden blätterig-kristallinischen Stücken von rötlichgelber Farbe oder in Gestalt loser, glänzender Schüppchen, oder endlich in gemahlenem Zustande als schweres rötlichgelbes Pulver (präparierte oder lävigierte Bleiglätte). Gewöhnlich ist die B. mit kleinen Mengen Kupferoxyd, Eisenoxyd, zuweilen auch mit Spuren von Silber verunreinigt, wodurch sie in verschiedenen Farbtönen erscheint, je nach Menge und Art dieser Verunreinigungen. Eine weit reinere B. wird aus reinem Blei dargestellt, indem man dieses bei starkem Luftzutritt längere Zeit bis zum schwachen Glühen erhitzt (Goldglätte, Massikot oder englische Glätte). Bei längerem Liegen an feuchter Luft nimmt die B. etwas an Gewicht zu, indem sie Kohlensäure und Feuchtigkeit anzieht, die sich jedoch durch Erhitzen wieder entfernen lassen. Die B. ist in Wasser unlöslich, muß sich aber in Salpetersäure sowie in Kalilauge ohne Rückstand auflösen. Man benutzt sie zur Herstellung von Glasuren auf Steinzeug und Topfgeschirr, zur Bereitung von Firnis und Bleipflaster, von Bleiweiß und Bleizucker sowie als Zusatz zu manchen Sorten von Glas. Die B. ist giftig.

Bleihyperoxyd (Bleisuperoxyd, Bleisäure, Bleibioxyd, Bleiperoxyd, lat. Plumbum hyperoxydatum, fr. Peroxide de plomb, engl. Peroxide of lead), eine Verbindung von Blei mit 2 Atomen Sauerstoff. Man bereitet das B. durch Behandlung von Mennige mit verdünnter Salpetersäure, wobei salpetersaures Blei als Nebenprodukt erhalten wird, oder durch anhaltendes Erhitzen löslicher Bleisalze mit einer Chlorkalklösung. Es findet sich auch in der Natur als Schwerbleierz oder Plattnerit. Das künstlich erzeugte ist ein dunkelbraunes, in Wasser unlösliches Pulver, das in unreiner, noch Bleinitrat enthaltender Form zuweilen in der Fabrikation von Zündwaren unter dem Namen oxydierte Mennige Anwendung findet.

Bleinitrat (Salpetersaures Blei, lat. Plumbum nitricum, frz. Nitrate de plomb, engl. Nitrate of lead), $Pb(NO_3)_2$, entsteht beim Auflösen von Blei oder Bleiglätte in Salpetersäure in Form wasserfreier, in Wasser löslicher Kristalle, welche beim Glühen Bleioxyd hinterlassen. Das Salz dient zur Darstellung anderer Bleipräparate, sowie phosphorfreier Zündhölzer und als Beize in der Zeugdruckerei.

Bleipflaster (lat. Emplastrum Lithargyri, E. diachylon simplex, E. Plumbi, frz. Emplâtre simple, engl. Lead plaster) wird hergestellt durch Kochen gleicher Teile Olivenöl, Schweineschmalz und mit $^1/_5$ Wasser angeriebener Bleiglätte im Wasserbade. Die abgekühlte Masse, ein Gemenge von ölsaurem, palmitinsaurem und stearinsaurem Blei, wird ausgestochen und unter Wasser zu Stangen gerollt.

Bleirohre (Bleiröhren, frz. Tuyaux poussés, engl. Lead pipes) werden gewöhnlich nur von geringem Durchmesser, meistenteils durch Pressen, seltener noch durch Ziehen oder Gießen dargestellt und zum Fortleiten von Gasen, Dämpfen und Flüssigkeiten benutzt, wozu sie sich ihrer bequemen Handhabung wegen gut eignen. Die Giftigkeit des Bleies gestattet aber nur einen beschränkten Gebrauch, und insbesondere müssen sie für Wasserleitungen mit einer aufgewalzten Zinnschicht versehen werden (Bleimantelrohre). Man hat B. in wenigstens 50 verschiedenen Stärken, dickere bis 20, dünnere bis 30 m lang, auch wird beim Verkauf mit angegeben, wieviel Druck in Atmosphären oder in Wassersäulenmetern jede Sorte aushält.

Bleistifte (frz. Crayons noirs, Crayons de graphite, engl. Lead pencils) bilden einen bekannten Artikel des Zeichen- und Schreibmaterialienhandels. Hinsichtlich der Herstellung dieser Waren nimmt Deutschland schon seit längerer Zeit den ersten Rang ein, denn Frankreich, Rußland und Italien sind trotz hohen Eingangszolls noch weit hinter der deutschen Fabrikation zurück, und England erzeugt fast gar keine B. mehr, sondern versieht deutsches Fabrikat mit englischen Marken. Nur in Österreich und Nordamerika hat sich eine bedeutende Konkurrenz entwickelt, und insbesondere letzteres Land ist der deutschen Bleistiftausfuhr des hohen Eingangszolles halber fast ganz verschlossen. Neuerdings werden auch unter Verwendung von Anilinfarbstoffen sogenannte Tinten- oder Kopierbleistifte hergestellt. Es ist jedoch darauf zu achten, daß giftfreie Farben verwendet werden. Dasselbe gilt auch für die Buntstifte.

Bleisulfat (schwefelsaures Blei, lat. Plumbum sulfuricum, frz. Sulfate de plomb, engl. Sulfate of lead), $PbSO_4$, entsteht durch Fällung von Bleisalzlösungen mit Schwefelsäure als ein schwerer weißer Niederschlag. In getrocknetem Zustande wird es bisweilen unter dem Namen Weißblei als Malerfarbe benutzt, leistet aber hinsichtlich der Deckkraft nicht mehr als Kreide oder Schwerspat. Sein Zusatz zu Bleiweiß ist daher als Verfälschung zu verurteilen.

Bleiweiß (lat. Cerussa, frz. Blanc de Céruse, engl. White lead), die geschätzteste weiße Malerfarbe, ihrer chemischen Zusammensetzung nach ein basisches Bleikarbonat, $2PbCO_3 \cdot Pb(OH)_2$, wird nach verschiedenen Verfahren (holländisches, französisches, Klagenfurter, deutsches oder Kammerverfahren) in der Weise hergestellt, daß man metallisches Blei oder Bleiglätte mit Essigsäure behandelt und das entstehende basische Bleiazetat der Einwirkung von Kohlensäure aussetzt. Von den einzelnen Sorten, welche sich neben dem Grade der Reinheit vor allem durch die Feinheit der Pulverisierung unterscheiden, wird das Kremserweiß am höchsten geschätzt. Weitere Handelsbezeichnungen sind: Deckweiß, Französisch-, Genueser-, Hamburger-, Holländer-, Kremmnitzer-, Perl-, Schiefer-, Schnee-, Silber-, Tiroler-, Venezianerweiß. Wegen seines hohen Preises ist das B. Verfälschungen in hohem Grade ausgesetzt. Zusätze von Gips, Schwerspat, Kreide, Ton, ferner von schwefelsaurem Blei (Weißblei) sind an der Tagesordnung, und nur durch sorgfältige Untersuchung kann der Käufer sich vor Übervorteilung schützen. Der Nachweis der meisten Verfälschungsmittel gelingt durch Behandlung mit Salpetersäure, in welchem B. sich auflöst, während Schwerspat und Bleisulfat zurückbleiben. Die andern Zusätze verraten sich durch ihr geringeres spezifisches Gewicht. B. wird besonders als Ölfarbe im Gemisch mit Leinöl, Mohnöl oder Firnis angewandt und übertrifft an Deckkraft alle anderen Farben. Leider wird es bei aller Beständigkeit gegen Licht und Luft durch schwefelwasserstoffhaltige Gase geschwärzt und darf daher in der Nähe von Aborten, in Laboratorien usw. nicht benutzt werden, sondern ist hier durch Zinkweiß zu ersetzen. Der Hauptnachteil des B. ist jedoch seine hohe Giftigkeit, welche zu der Verordnung des Bundesrates (s. Bleifarben) Anlaß gegeben hat.

Bleizucker, $Pb(C_2H_3O_2)_2$, (Bleiazetat, essigsaures Blei, essigsaures Bleioxyd, lat. Plumbum aceticum, Saccharum saturni, frz. Acétate de plomb, Sel de saturne, engl. Acetate of lead, Sugar of lead), ein sehr giftiges, durch Auflösen von Bleioxyd in Essigsäure entstehendes Salz, bildet farblose, durchscheinende und glänzende Kristalle, welche bei Luftzutritt verwittern und sich mit einer Schicht von weißem, pulverförmigen Bleikarbonat bedecken. Der B. schmeckt anfangs süßlich, hinterher unangenehm metallisch. In destilliertem Wasser löst er sich, sobald er noch nicht verwittert ist, klar auf, die trübe Lösung des verwitterten wird durch Zusatz von etwas Essigsäure klar. Außer seiner medizinischen Verwendung wird der B. hauptsächlich zur Bereitung verschiedener Farben und Bleipräparate sowie in der Technik und Photographie benutzt. Die Versendung geschieht in Fässern.

Blister, Tierheilmittel verschiedener Zusammensetzung, welche meist Kanthariden und Euphorbiumharz enthalten.

Blitzlichtpulver für photographische Aufnahmen enthalten sämtlich als schnell entzündliche Körper Magnesium- oder Aluminiumpulver, während als Sauerstoffüberträger meist chlorsaures Kali allein oder im Gemisch mit Salpeter, Kaliumperchlorat, Kaliumpermanganat, Bariumsuperoxyd, Braunstein, Schwefelantimon usw. in wechselnden Mengen Anwendung finden. Sehr wirksame und dabei ungefährliche Präparate werden neuerdings aus den Oxyden der seltenen Erden hergestellt. So besteht ein Agfa-Blitzlicht aus 53 % Zeronitrat, 39 % Zerosulfat und 8 % Ammoniumnitrat.

Blumen, künstliche (frz. Fleurs artificielles, engl. Artificial flowers) sowie künstliche Knospen und Blätter bilden als Haar- und Hutschmuck für Frauen, zu Dekorationszwecken u. dgl. einen wichtigen Handelsartikel. Zur Herstellung der früher bevorzugten Phantasieblumen wurden besonders Vogelfedern, Chenille, Stroh und Fischbeinplättchen benutzt. In Italien fertigte man wohl auch aus den Kokonhäutchen als Fiori di bozzolo bezeichnete Bl. Neuerdings legt man größeren Wert auf möglichst getreue Nachahmung der natürlichen Pflanzenteile und verwendet dazu vorzugsweise gewebte Stoffe und Papier, von ersteren namentlich leinenen und baumwollenen Batist, Perkal, Musselin, ferner seidenen Flor, Taft, Atlas und Samt. Die Stoffe sind entweder schon in den erforderlichen Farben gefärbt, oder man gibt den bereits fertigen Blütenteilen die Farbe erst durch Bemalen mit dem Pinsel. Die Blätter, Blütenblätter und Kelche werden durch Ausschlagen mit scharfschneidigen stählernen Ausschlageisen auf einer bleiernen Unterlage, in einzelnen Fällen auch durch Zurechtschneiden mit der Schere hergestellt. Die Hervorbringung von Adern und Rippen in den grünen Blättern (das Gaufrieren) geschieht durch Pressen zwischen metallenen Stempeln, die Krümmung und Wölbung von Blättern und Blütenblättern durch Bearbeitung mit erwärmten eisernen Werkzeugen. Zur Anfertigung der Stiele und Stengel dient geglühter Eisendraht, der mit Seidengewebe oder grünem Papier umwickelt wird. Der Ursprung der Fabrikation ist in Italien zu suchen, von wo sie sich nach Frankreich (an erster Stelle Paris) und Österreich (Wien und Nordböhmen: Nixdorf, Schluckenau, Hainspach) ausdehnte. Die deutschen Erzeugnisse, welche jetzt den Pariser völlig ebenbürtig sind, werden in ständig wachsendem Umfange besonders in der Gegend von Sebnitz, Stolpen und Pirna, in Dresden und Potschappel sowie in Berlin, Leipzig und München hergestellt. Manche Fabriken liefern nur einzelne Blütenteile und Blätter. — Eine andere Art künstlicher Bl. und ganzer Blattpflanzen für Buketts, Kränze und Zimmerschmuck wird in großer Naturtreue aus bemaltem Blech hergestellt.

Blumen, natürliche (frz. Fleurs, engl. Flowers), frische, geschnittene Blumen (Schnittblumen) werden vor allem in Frankreich auf den großartigen Blumenmärkten in Marseille und Paris (vgl. Parfümerien) vertrieben, doch haben auch England, Italien, Belgien, Holland und Deutschland ausgedehnte Kunstgärtnereien, in denen sie im freien Land oder, für den Winterbedarf, in Gewächshäusern gezogen werden. Deutsche Großgärtnereien finden sich besonders in der Gegend von Berlin, Hamburg (tropische Orchideen), Dresden, Eisenach, Köln, Frankfurt, Leipzig, Quedlinburg und Erfurt (Spezialitäten). Die ungeheure Einfuhr aus Italien und Südfrankreich im Werte von Millionen macht den deutschen Gärtnern unnötig Konkurrenz. — Als getrocknete Blumen (Immortellen) kommen künstlich gefärbte Kompositen (Chrysanthemen, Gnaphalium), die bei Leipzig und Erfurt angebaut werden, in den Handel.

Blumennährsalze zum Düngen von Topfpflanzen kommen in folgender Zusammensetzung zum Handel: 1. 100 g Superphosphat, 25 g Bittersalz, 25 g Kalisalpeter, 25 g Kaliumphosphat, 5 g Eisenphosphat. 2. 40 g Ammoniumnitrat, 20 g Ammoniumphosphat, 25 g Kalisalpeter, 5 g Ammoniumchlorid, 6 g Kalziumphosphat, 4 g Eisenvitriol. Die Lösung von 2 g dieser Mischungen in 1 l Wasser dient zum Begießen.

Blumenzwiebeln (frz. Oignons à fleurs, engl. Flower-bulls). Die Zwiebeln von Hyazinthen, Tulpen, Krokus, Narzissen, Gladiolus, Szilla, Muskari u. a., die wegen ihrer schönen Blüten im Zimmer, Glashaus oder im Freien gezüchtet werden, bilden einen wichtigen Handelsartikel, der besonders von Holland (Haarlem) in großem Umfange vertrieben wird. Der Versand erfolgt Ende August bis Anfang November.

Blut (lat. Sanguis, frz. Sang, engl. Blood). Das gesammelte Blut der Schlachttiere aus den Schlachthäusern größerer und mittlerer Städte bildet, soweit es nicht zur Bereitung von Blutwurst, zum Anstreichen von Wänden usw. benutzt wird, jetzt im trockenen Zustande einen Handelsartikel. Das B. wird entweder einfach durch Verdampfen zur Trockene gebracht und die trockene Masse dann gemahlen, oder man scheidet zunächst das Eiweiß (Blutalbumin s. Albumin) ab und bringt das übrige zur Trockene. Das auf die eine oder andere Weise gewonnene trockene B. wird im gemahlenen Zustande als Blutmehl entweder direkt an die Landwirte oder häufiger an die Superphosphatfabriken als Düngemittel verkauft. Der Wert des Blutmehls beruht hauptsächlich auf seinem Stickstoffgehalt, welcher im Mittel 11,8 % beträgt. Die Menge der Phosphorsäure ist gleich 1,2 %. Das Blutmehl des Handels, ein braunes, feinkörniges Pulver von leimartigem Geruch, muß an ganz trockenen Orten aufbewahrt werden, damit es nicht durch Anziehung von Feuchtigkeit in Fäulnis übergeht.

Blutan, ein Mittel gegen Bleichsucht und Blutarmut, besteht aus einer mit Kohlensäure imprägnierten Eisenmanganpeptonatlösung.

Blutegel (lat. Hirudines, frz. Sangsues, engl. Seechs, Blood-suckers), Ringelwürmer aus der Gattung der Kieferegel, Unterfamilie der Hirudinea, bilden die höchst organisierte Klasse der

Plattwürmer, die im Wasser, hauptsächlich in Teichen oder Sümpfen, leben. Für den medizinischen Gebrauch kommen in Deutschland nur zwei Arten, der deutsche B. (Hirudo seu Sanguisuga medicinalis) und der ungarische B. (H. officinalis) in Betracht. Beide sind 10—20 cm lang und zeigen 95 deutliche Ringel, von denen die vier vordersten einen löffelförmigen Körper mit der dreistrahligen Mundöffnung am Grunde bilden. Dahinter befinden sich drei große, halblinsenförmige Kieferplatten, die 80—90 feine Zähnchen tragen. Beim Saugen mit der eine fest anhaftende Scheibe bildenden Mundhöhle verursachen die Kiefer eine dreischenklige Wunde, aus der das Blut in die entferntesten Teile des Magens geleitet wird. Der deutsche, als „graue Sorte" bezeichnete B., der sich im nördlichen und mittleren Europa findet, fühlt sich rauh an und zeigt am Rücken auf meist grünem Grunde sechs rote, schwarz gefleckte Längsbinden, auf der gelbgrünen Bauchfläche schwarze Flecken. Der im südöstlichen und südlichen Europa heimische ungarische B., „grüne Sorte", fühlt sich glatt an und zeigt auf dem Rücken sechs breitere gelbe, durch schwarze Punkte oder Flecke unterbrochene Längsbinden, hingegen eine nicht gefleckte, schwarz eingefaßte Bauchfläche. — Die an Stelle der echten B. bisweilen angebotenen Pferdeegel, die wegen ihrer stumpferen oder fehlenden Zähne unverwendbar sind, können an dem Fehlen der buntfarbigen Längsstreifen leicht erkannt werden. — Der in Nordafrika vorkommende Dragoneregel (Hirudo interrupta) findet in Frankreich, England und Südamerika, aber nicht in Deutschland medizinische Anwendung. — Die B. bilden einen bedeutenden Handelsartikel, obwohl ihr Verbrauch wesentlich abgenommen hat, in Frankreich z. B. von 100 Millionen vor 60 Jahren auf 16 Millionen. In Deutschland beträgt er jährlich etwa 25, in England 16 Millionen. Die deutsche Ausfuhr von Hamburg beläuft sich um 30 Millionen Stück im Jahre. — Kleine Mengen B. bewahrt man am besten in weithalsigen Glasgefäßen, die zu $^1/_3$ mit zeitweilig zu erneuerndem Flußwasser gefüllt und mit Leinwand überbunden werden, größere Mengen in Holzfässern, die durch ein vielfach durchlöchertes Brett in zwei Abteilungen geschieden sind, von denen die eine nur Wasser, die andere außerdem etwas Lehm und Torf oder Rasen enthält. Die Versendung der B. erfolgt meist in leinenen Beuteln, die, von stark angefeuchtetem Moose umgeben, in einer mit feinen Löchern versehenen Holzkiste liegen.

Blutkohle, hergestellt durch Glühen eines Gemisches aus 8 Teilen Blut und 1 Teil Pottasche und Auskochen des gepulverten Rückstandes mit Wasser und Salzsäure, findet wie Tierkohle zum Klären von Flüssigkeiten Anwendung.

Blutlaugensalz. 1. Gelbes Blutlaugensalz (Einfach Zyaneisenkalium, Kaliumeisenzyanür, Ferrozyankalium, gelbes blausaures Kalium, lat. Kalium ferrocyanatum, Kalium borussicum flavum, frz. Ferrocyanate de potasse, engl. Yellow prussiate of potash) wurde früher ausschließlich durch Schmelzen von Pottasche mit stickstoffhaltigen tierischen Abfällen (Blut, Horn, Haut, Haare, Leder, Lumpen, Fleisch usw.) unter Zusatz von Eisen dargestellt. Hierbei entstand Zyankalium und Schwefeleisen, welche sich beim Auslaugen der Schmelze mit Wasser zu Ferrozyankalium und Schwefelkalium umsetzen. Neuerdings dient die gebrauchte Laminsche Masse der Gasfabriken, welche Berlinerblau enthält, als Ausgangsmaterial, indem durch Erhitzen mit Kalk zuerst Ferrozyankalzium erzeugt und letzteres nach dem Auslaugen mit Chlorkalium und Kaliumkarbonat in B. übergeführt wird. Das Ferrozyankalium kristallisiert in großen, gelben, durchscheinenden Oktaedern, die ziemlich weich und zähe sind und sich daher schwer pulvern lassen. Es ist in Wasser löslich, in Alkohol unlöslich und entwickelt mit verdünnten Säuren die giftige Blausäure, während es selbst ungiftig ist. Außer in der Färberei verwendet man das gelbe B. zur Darstellung von Zyanpräparaten, zum Härten von Eisen und in der analytischen Chemie. Ein Gehalt an Kaliumsulfat ist als Verunreinigung aufzufassen, während eigentliche Verfälschungen kaum vorkommen. — 2. Das rote Blutlaugensalz (Anderthalbzyaneisenkalium, Kaliumeisenzyanid, Ferridzyankalium, rotes blausaures Kali, Gmelinsches Salz, lat. Kalium ferricyanatum, frz. Sesquiferrocyanate de potasse, engl. Sesquiferrocyanate of potash) bildet dunkelrubinrote, glänzende, durchsichtige Kristalle, die viel härter sind als diejenigen des gelben B. Man bereitet es durch Einleiten von Chlorgas in eine verdünnte Lösung von gelbem B. und Kristallisierenlassen der Lösung, ferner durch Behandlung des trockenen, gepulverten, gelben B. in geschlossenen Kammern mit Chlorgas und endlich durch einfache Elektrolyse des gelben B. Es findet Anwendung als chemisches Reagens, in der Färberei und Technik sowie in Verbindung mit Eisenammonzitrat zur Herstellung von Lichtpausen.

Blutstein (Roter Glaskopf, lat. Lapis haematites, Lapis sanguineus, frz. Hématite, engl. Blood-stone, Red hematite), eine harte und dichte, faserig-kristallinische Varietät des Roteisensteins (natürliches Eisenoxyd), besitzt eine stahlgraue Farbe und Glanz, gibt aber ein dunkelrotes Pulver. Die ganzen Stücke werden von Steinhauern als Schreibstift auf Stein verwendet, das Pulver dient als Polierrot.

Bockbier (frz. Bock), eine besonders stark eingebraute Biersorte mit etwa 5% Alkohol und 15 bis 20% Stammwürze, welche im Frühling (Märzenbier) zum Ausschank kommt.

Bocksbeutel, die beste Sorte des Würzburger Steinweins, welche in eigentümlich gestalteten kurzhalsigen, stark bauchigen Flaschen versendet wird.

Bockshornsamen (Foenugräkum, Griechischer Heukleesamen, Siebengezeitsamen, Hornkleesamen, lat. Semen foenugraeci, frz. Semence de fenugrec, engl. Fenugreek), die Samen einer krautartigen Leguminose, Trigonella Foenum graecum, die ihre Heimat in Kleinasien und dem südlichen Europa hat, in manchen Gegenden Deutschlands und in Polen angebaut wird. Die bräunlichgelben, sehr harten Samen sind ungleich vierseitig, glatt und oben und unten abgestutzt. Sie enthalten 6%

fettes Öl, ferner ein unangenehm riechendes ätherisches Öl, 22 % Aleuron, Trigonellin und andere Bestandteile. Man unterscheidet hellen und dunklen Samen, ersterer ist teurer. Die gepulverten B. besitzen einen aromatischen, an Melilot erinnernden Geruch und schleimig bitteren Geschmack und werden als Zusatz zu Kräuterkäse, zu Viehpulvern und Umschlägen nach Kneipp usw. verwendet.

Bocoholz, ein feines Nutzholz für die Kunsttischlerei von der in Guyana wachsenden Bocoa provacensis, besitzt einen braunschwarzen Kern mit unregelmäßigen Konturen.

Bogheadkohle, eine bituminöse Schieferkohle aus Schottland, welche sich besonders zu Destillationszwecken eignet.

Bohnen (lat. Fabae, frz. Féves, Haricots, engl. Beans). 1. Schmink-Gartenbohne, Phaseolus, eine in 60 Arten auf der ganzen Erde verbreitete Gemüsepflanze, wird auch bei uns, besonders in den Gattungen vielblütige Schm., Ph. oder Lipusa multiflorus und gemeine Schm., Stangen- oder Vietsbohne, Ph. vulgaris, in großem Umfange angebaut. Die erste Gattung, zu der auch die Feuerbohne (türkische oder anatolische B.) gehört, stammt aus Südamerika, die letztere mit der Busch- oder Zwergbohne aus Ostindien. Als wichtige Abarten der gemeinen B. seien angeführt: die flache Schwert- oder Speckbohne, Ph. compressus, mit säbelförmigen, lang zugespitzten Hülsen, die Eßbohne oder Salatbohne, Ph. gonospermus, die Dattelbohne, Ph. elongatus, mit langgeschnäbelten geraden Hülsen und dattelkernförmigen Samen, die Eierbohne, Ph. ellipticus, mit kurzen, geraden Hülsen und eiförmigen Samen, und die halbflache B., Ph. subcompressus, mit säbelförmigen, lang zugespitzten Hülsen und nierenförmigen Samen. Alle vorstehend genannten Arten werden in der Hauptsache als grünes Gemüse, auch als Dörrgemüse oder mit Salz eingemacht oder in Blechbüchsen konserviert, verbraucht. Zur Gewinnung der reifen Samen, der trockenen weißen Bohnen, dient besonders eine Abart von Ph. compressus, Ph. var. albus. Die weißen B., die in handelsfähiger Ware schön weiß und glatt, in vorjähriger Ware hingegen grau und runzlig erscheinen, bilden eines der gehaltreichsten Nahrungsmittel, denn sie enthalten neben 11,24% Wasser, 1,96% Fett, 55,60% Stärke und 3,66 % Asche durchschnittlich 23,66 % Stickstoffsubstanz (Eiweiß). Die Bohnenzucht wird in Deutschland besonders bei Erfurt, noch ausgedehnter aber in Holland, Italien, England und Frankreich (Angiens) betrieben. — Außerhalb Europas finden besonders folgende Arten Verwendung: die Mungobohne, Ph. Mungo, eine der wichtigsten Nahrungspflanzen Ostindiens, die sich auch nach Afrika und Südeuropa verbreitet hat; die Strahlenbohne, Ph. radiatus, die in ganz Ostasien von China bis Ostindien wegen ihrer nahrhaften Samen angebaut wird; weniger wichtig die Similibohne, Ph. trilobus, und die Muxbohne, Ph. Mux, in China, Japan, Java und Ostindien. 2. Puffbohne, Saubohne, Pferdebohne, Faba vulgaris (Vicia faba oder vulgaris), eine aus Persien und Ägypten stammende Leguminose, wird nur in einigen Gegenden Norddeutschlands (Hannover) gärtnerisch als Gemüsepflanze, in großem Umfange aber in Deutschland, Holland und England als Viehfutter angebaut. Der Anbau erfolgt meist in Reihenkultur auf etwas bündigem und feuchtem Boden und wird durch Blattläuse, Bohnenkäfer und Rostpilze gefährdet. Die jungen, grünen Samen bilden ein in Hannover als „große oder dicke Bohnen" sehr geschätztes Gemüse, die reifen braunen Samen ein vortreffliches stickstoffreiches Viehfutter. Auch das Kraut wird im grünen Zustande oder als Stroh verfüttert. 3. Faselbohne, Heilbohne, Dolichos Lablab, wird als Gemüse- und Futterpflanze in wärmeren Klimaten (Ägypten, Sudan) angebaut. — Die ihr verwandte Art Dolichos Soja s. unter Soja. Als Bohnenmehl (lat. Fabae albae pulv., frz. Farine de fèves, engl. Bean-meal) bildet das Pulver zu trockenen Umschlägen gegen Rose usw. einen Gegenstand des Arzneimittelhandels.

Bohnenkraut (Saturey, Wurstkraut, Kölle, Pfefferkraut, lat. Herba saturejae, frz. Sariette, engl. Savory), ein gewürzhaft riechendes und schmeckendes Kraut (Satureja hortensis), wird vielfach bei uns angebaut und sowohl im frischen als auch im getrockneten Zustande in den Handel gebracht und als Würze für Bohnen, pikante Soßen usw. verwandt.

Bohnermasse, Bohnerwachs, nennt man Wachsmischungen, die dazu dienen, Möbeln, Fußböden, Linoleumteppichen usw. Glanz zu geben, und zu diesem Zwecke aufgetragen und verrieben werden. Man unterscheidet flüssige und feste B., von denen die letzteren durch Zusammenschmelzen von 1 Teil Wachs oder Zeresin mit 3 Teilen Terpentinöl bereitet werden. Bei Zusatz von mehr Terpentinöl oder auch Benzin erhält man eine flüssigere B. Kommt es auf sehr harte Wachsüberzuge an, so ersetzt man das Wachs durch eine Mischung aus Karnaubawachs und Paraffin, muß aber dann die Menge des Terpentinöls ein wenig erhöhen. Flüssige B. wird bereitet, indem man geschmolzenes Wachs mit Pottasche und Wasser teilweise verseift. Es entsteht dann gewissermaßen eine überfettete Wachsseife, die aber wegen ihres Alkaligehaltes niemals dort angewandt werden darf, wo ein Ölfarbenuntergrund vorhanden ist, z. B. für Linoleumteppiche. Bei der flüssigen B. kann das Bienenwachs niemals durch Paraffin oder Zeresin ersetzt werden, da diese nicht verseifbar sind.

Bohröle, Bohrfette, sind Stoffe, die in wäßriger Lösung oder Emulsion beim Bohren, Fräsen und Drehen zum Benetzen der Werkzeuge und Gußstücke benutzt werden, um einerseits das Gleiten der Metallteile zu befördern und gleichzeitig zu kühlen. Sie müssen also eine größere Benetzbarkeit als Wasser zeigen und dürfen weder das Metall angreifen, noch feste Stoffe ausscheiden. Am besten erfüllten diesen Zweck die im Frieden ausschließlich benutzten sog. wasserlöslichen Mineralöle, die durch Auflösen von Ammoniak-, Kali- oder Natronseifen von Ölsäuren, Fettschwefelsäuren, Harzsäuren und Naphtensäuren in Mineralölen, häufig unter Zusatz von Ammoniak, Benzin oder Alkohol hergestellt wurden. Sie bilden mit Wasser lange

Zeit haltbare, milchige Emulsionen. Von den im Kriege eingeführten ölfreien Ersatzmitteln kommen nach Marcusson hauptsächlich Sulfitlauge (s. d.), Leimlösungen und pflanzenschleimhaltige Flüssigkeiten in Betracht Die letzteren werden durch Aufkochen von Leinsamen, Salep oder Karragheen (s. d.) mit der 20fachen Menge Wasser und Zusatz von Alkali oder Konservierungsmitteln hergestellt. Schließlich sind auch gewöhnliche, stark wasserhaltige Seifen ohne Mineralöl als B. angeboten worden.

Boldoblätter (Boldu, lat. Folia boldo, frz. Feuilles de boldo, engl. Boldo-leaves), die getrockneten, angenehm riechenden Blätter eines in Chile heimischen Baumes, der von den Botanikern verschieden benannt wird (Boldoa fragrans, Peumus Boldus Molina, Ruizia fragrans). Die ovalen, kurzstieligen, ganzrandigen, ziemlich dicken und lederartigen Blätter sind von blaßgrüner bis aschgrauer Farbe, mit zahlreichen Öldrüsen besetzt und von kampferartigem Geschmack, enthalten außer ätherischem Öl ein Alkaloid, das Boldin, und werden gegen Gallensteine und Leberleiden verwandt.

Bolus (Bol, Sphragit, frz. Bol, Terre bolaire, engl. Bole). Man unterscheidet im Handel: weißen B. (lat. Bolus alba, frz. Bol blanc, engl. China Clay), einen weißen fetten Ton, roten B. (lat. Bolus rubra, frz. Bol rouge), einen eisenoxydhaltigen Ton, der als billige Anstrichfarbe benutzt wird, und den mehr rotbraunen armenischen B. (lat. Bolus armena, frz. Bol d'arménie), der früher als Arzneimittel diente und in Form kleiner Scheibchen mit dem Ursprungsstempel, daher auch Siegelerde (lat. Terra sigillata, frz. Terre sigillée) genannt, in den Handel gebracht wird.

Bonbons (Zuckerplätzchen, frz. und engl. Bonbons), Erzeugnisse der Zuckerwarenindustrie, welche in folgende Gruppen eingeteilt werden: 1. Karamellbonbons (Karamellen) bestehen im wesentlichen aus geschmolzenem, gefärbtem und parfümiertem Zucker und werden in der Weise hergestellt, daß man den Zucker mit etwas Wasser und Stärkezucker kocht, dann auf Metallplatten ausgießt und mit Messern in Stücke schneidet. Zur besseren Zurückhaltung des Aromas werden sie mit Zucker oder Stärkemehl bepudert oder mit einer dünnen Zuckerlösung überzogen (kandiert). Unterarten sind der Gerstenzucker (gewöhnliche, geschmolzene, gefärbte Zuckermasse in Stangenform), Eibischzucker, Malzzucker (mit Zusätzen von Pflanzenextrakten), Rocks (mit Fruchtäthern und -säuren), gefüllte Karamellen (mit einem Kern von Marmelade oder Likör). 2. Fondants entstehen aus bei niederer Temperatur geschmolzenem Zucker, haben daher weichere Konsistenz und zergehen leichter auf der Zunge. 3. Pralinés, mit Schokolade überzogene Kerne von Zucker und Stärkesirup. 4. Dragees, äußerlich gefärbte, mit Zucker überzogene Körnchen von Koriander, Mandeln. 5. Morsellen, Pastillen.

Bor, ein Element vom Atomgewicht B = 11, findet sich nicht frei in der Natur vor, kann aber durch Glühen von Borsäure mit Natrium oder Magnesium unter einer schützenden Kochsalzdecke oder durch Elektrolyse von Borax als ein braunes, schwer schmelzbares, leicht oxydierbares Pulver abgeschieden werden. Beim Erhitzen dieses amorphen B. mit Aluminium auf Nickelschmelzhitze entsteht, neben großen dunklen Kristallen von Boraluminium, kristallisiertes B., das nur wenig Kohlenstoff enthält und wegen seiner Härte, Lichtbrechung und Widerstandsfähigkeit als Bordiamant bezeichnet wird.

Boral, borweinsaures Aluminium, ein weißes, in Wasser lösliches Kristallpulver, welches durch Auflösen von Aluminiumborat in 10 Teilen Weinsäurelösung (1 : 10) hergestellt wird und als Antiseptikum Anwendung findet.

Borax (saures Natriumborat, Natriumbi- oder -tetraborat, zweifach oder doppeltborsaures Natron, lat. Borax oder Natrium boracicum, frz. Borate de soude, engl. Borate of sodium), $Na_2B_4O_7$, findet sich als sog. Tinkal fertig gebildet in Tibet, Indien, der Tartarei, Zeylon und Südamerika sowie besonders in den Boraxseen Kaliforniens, von wo er als halbraffinierte Ware (konzentrierter B.) in Säcken und als raffinierter B. in Kisten ausgeführt wird. Der Name venezianischer B. (B. veneta) stammt daher, daß der asiatische Tinkal früher in Venedig gereinigt wurde. Jetzt wird der meiste B. künstlich durch Erhitzen von Borsäure mit Sodalösung hergestellt, und zwar entweder als gewöhnlicher oder prismatischer B. in farblosen, durchsichtigen, nur oberflächlich verwitternden Kristallen des monoklinen Systems mit 10 Molekülen (47,1 %) Kristallwasser und als oktaedrischer B. (Rindenoder Juwelierborax) in harten, klingenden Platten aus fest zusammenhängenden oktaedrischen Kristallen mit 5 Mol. (30,9 %) Wasser, die nicht verwittern und schwerer schmelzbar sind. Beide Arten lösen sich in Wasser mit alkalischer Reaktion, färben nach dem Ansäuern mit Salzsäure Kurkumapapier nach dem Trocknen braunrot und verleihen der Alkoholflamme eine grüne Färbung. Beim Schmelzen verlieren sie unter Aufblähen ihren Wassergehalt, so daß wasserfreier, kalzinierter oder gebrannter B. als eine leichte, glasartige Masse (Boraxglas) hinterbleibt. B. findet ausgedehnte technische Anwendung zur Herstellung von Glasuren, Emaille und einigen Glassorten, als Flußmittel bei der Reduktion von Metalloxyden, zum Löten, zu medizinischen Zwecken als Antiseptikum, zu Wäsche- und kosmetischen Mitteln und zur Vertilgung von Ungeziefer. Zur Konservierung von Nahrungsmitteln darf B. nicht benutzt werden.

Boraxweinstein (Borsäureweinstein, löslicher Weinsteinrahm, lat. Tartarus boraxatus, Tartarus solubilis, Kalium tartaricum boraxatum, frz. Tartrate borico potassique, engl. Borotartrate of potash and soda), ein amorphes weißes Pulver von stark saurer Reaktion, welches durch Erwärmen von Boraxlösung mit Weinstein hergestellt wird. Da es zweifelhaft erscheint, ob B. eine chemische Verbindung oder ein Gemisch ist, läßt sich eine bestimmte Formel nicht aufstellen. B. findet in der Medizin als Abführmittel und äußerlich gegen Hautausschläge Anwendung und vereinigt die Wirkungen des Borax und Weinsteins.

Borazit, ein im Staßfurter Abraumsalze (s. d.) vorkommendes Doppelsalz von Chlormagnesium und Magnesiumborat, dient zur Darstellung von Borsäure. Der kristallisierte Borazit hat die Zusammensetzung $2Mg_3B_8O_{15}+MgCl_2$.

Bordeaux, ein zur Gruppe der Azofarbstoffe gehöriger roter Teerfarbstoff, der durch Einwirkung von Betanaphtoldisulfosäure auf Diazonaphtylamin erhalten wird, findet sich in zwei Arten, Bordeaux G und R. Die erstere besteht aus alphanaphtalinazobetanaphtol-B-disulfosaurem Natron, die andere aus demselben Salz der betreffenden A-disulfosäure. Man erhält beide als dunkelrote Pulver, die in Wasser mit tiefroter Farbe, G etwas ins Gelbliche ziehend, R zum Violett neigend, löslich sind. Die Lösungen werden durch schwächere Säuren nicht verändert. B. wird zum Färben von Wolle, zuweilen auch als Weinfarbe benutzt. Als Bordeaux G wird auch ein Disazofarbstoff aus Amidoazotoluolsulfosäure und Naphtolsulfosäure bezeichnet.

Bordeauxweine, Weine aus dem westlichen Frankreich, namentlich aus der Umgegend von Bordeaux, gehören zu den bekanntesten und beliebtesten französischen roten Weinen, während weiße weniger gebaut werden. Infolge der Verwüstungen durch die Reblaus ist die Produktion dieser Weine sehr zurückgegangen, so daß man sie nur noch selten echt bekommt, besonders seitdem große Mengen griechischen und italienischen Weines zum Verschnitt eingeführt werden. Die feinsten roten Sorten der B. sind: Latour, Lafitte, Larose, Château Margaux und Château Leoville, dann folgen Rauzan, Beychevelle, d'Yssau, Lascombe, St. Julien, Palmer Margaux, Château Ponjeaux, Cantenac, St. Emilion, St. Estèphe, Pouillac, Pontet-Canet, Medoc, Listrac und andere. Geringwertigere heißen Demimarque-Weine. Von weißem B. sind zu erwähnen: Haut-Sauterne, Barsac, Preignac, Serons, Graves und Hautes Gaillac. — Man bezieht sie meist auf dem Seewege über Hamburg in Fässern.

Bordelaiser Brühe, das wichtigste Mittel zur Bekämpfung der Reblaus, wird durch Vermischung von Kupfervitriollösung mit gelöschtem Kalk hergestellt.

Boretsch (lat. Herba boraginis, frz. Feuilles de borage, engl. Borage-leaves), die eirunden, rauhhaarigen, grauen Blätter von Borago officinalis, werden selten in der Medizin, hauptsächlich in der Küche verwendet.

Borneol (Bornylalkohol, Borneokampfer, Kamphol), eine Kampferart, die von dem auf Borneo und Sumatra heimischen Baume Dryobalanops Camphora, neuerdings aber auch künstlich durch Reduktion von Laurineenkampfer und aus Terpentinöl gewonnen wird, bildet weiße Kristalle von kampferartigem Geruch, die bei 203° schmelzen, bei 212° sieden und zu Parfümeriezwecken Anwendung finden.

Borneolazetat (Bornylazetat), der Riechstoff der Fichtennadelöle, kann künstlich durch Behandlung von Borneol mit Eisessig dargestellt werden als ein farbloses, in Alkohol und Äther lösliches Kristallpulver vom Schmelzpunkte 29°, das zur Darstellung von künstlichem Fichtennadelöl benutzt wird.

Bornyval, eine nach Baldrian riechende, wasserhelle Flüssigkeit, der Isovaleriansäureester des Borneols, dient als Ersatz für Baldrianwurzel zu medizinischen Zwecken.

Borol, ein neues Antiseptikum und Konservierungsmittel, welches durch Zusammenschmelzen von Borsäure mit Natriumbisulfat erhalten wird, farblose, glasige Stücke, welche sich in 5 Teilen Wasser zu einer sauer schmeckenden Flüssigkeit lösen.

Borsäure (Boraxsäure, Bortrioxyd, Sedativsalz, lat. Acidum boricum, Sal sedativum, frz. Acide borique, engl. Boracic acid), eine Sauerstoffsäure des Bors, kommt in der Natur sowohl in freiem Zustande als auch in der Form ihrer Salze, jedoch nur spärlich verbreitet, vor. In freiem Zustande findet sie sich als triklines, meist in kleinen Schüppchen oder in fasriger Form auftretendes Mineral (Sassolin), welches sich besonders an Kraterwänden, z. B. auf der Insel Volcano, zeigt, sowie in den Dämpfen (Suffionen), welche aus natürlichen Klüften oder künstlichen Bohrlöchern des toskanischen Kalkgebirges aufsteigen. Man gewinnt sie, indem man die Dämpfe in mit Wasser gefüllte Bassins leitet und die zunächst erhaltene, sehr unreine B. durch Umkristallisieren reinigt. In der Form ihrer Salze kommt die Borsäure in Verbindung mit verschiedenen Basen vor, besonders mit Natrium (Borax, Tinkal), mit Natrium und Kalk (Boronatrokalzit) und mit Magnesia (Borazit, Staßfurtit). Aus Boronatrokalzit wird im großen durch Zersetzen mit roher Salpetersäure unreine Borsäure gewonnen. Chemisch reine Borsäure wird aus reinem Borax hergestellt. Die gewöhnliche im Handel vorkommende Säure ist eine normale, dreibasische Sauerstoffsäure Ortho-B., H_3BO_3, und wird daher auch als Borsäurehydrat bezeichnet. Beim Erhitzen der trockenen Substanz bildet sich zunächst bei 100° unter Wasseraustritt Metaborsäure, HBO_2, dann bei 140—160° Tetra- oder Pyroborsäure, $H_2B_4O_7$, schließlich bei Glühhitze Borsäure-Anhydrid, B_2O_3, welches im Gegensatz zu der mit Wasserdämpfen flüchtigen Borsäure beständig ist. Die Borsäure bildet kleine, weiße, schwach glänzende, sich fettig anfühlende Kristallschüppchen von schwach bitterem Geschmack, die sich in Wasser nur wenig lösen. Die Lösung reagiert gegen Lackmus und Phenolphtalein sauer und erzeugt auf Kurkumapapier einen braunen Fleck, der aber im Gegensatz zu der durch Alkalien hervorgerufenen Bräunung durch Alkalien blauschwarz gefärbt wird. Der Flamme des Alkohols, in dem B. nur in kleiner Menge löslich ist, verleiht sie eine intensiv grüne Farbe. Auf der Erscheinung, daß eine gegen Phenolphtalein neutralisierte wäßrige Lösung von B. nach Zusatz von Glyzerin wieder sauer reagiert, beruht eine einfache quantitative Bestimmung. B. findet ausgedehnte Anwendung zur Herstellung von Glasuren und Emaillen, zum Tränken von Kerzendochten sowie in der Pharmazie. Hingegen ist der früher von Amerika übernommene Gebrauch zum Konservieren von Fleisch und tierischem Fett durch das Reichsgesetz betreffend Schlachtvieh- und Fleischbeschau verboten, und auch für die übrigen Nahrungsmittel darf sie wegen ihrer Schädlichkeit nicht benutzt werden. Von Salzen der Borsäuren finden vor allem Verwendung: Borax (s. d.), borsaures Manganoxydul (Manganborat, lat. Manganum boracicum, frz. Borate de manganèse, engl. Borate of manganese), ein weißes, in Wasser unlösliches Pulver, das zur Herstellung von Firnis benutzt wird, und borsaures Chromoxyd, Pannetiers Grün, als eine unschädliche grüne Farbe.

Borsten (Schweinsborsten, frz. Soies de porc, poils, engl. Hogs bristles) sind die steifen und elastischen Haare des Schweines, die für viele technische Zwecke, namentlich die Bürsten- und Pinselfabrikation, höchste Bedeutung haben und, wenigstens in ihrer besten Sorte, den vom Rücken und Nacken stammenden Kammborsten, durch kein anderes Material ersetzt werden können. Für die Güte der Borsten sind die Rasse der Tiere und das Klima des Ursprungslandes entscheidend. Besonders geschätzt sind diejenigen des Wildschweins, danach die B. zahmer Schweine aus den nördlichen und östlichen Ländern, während südlichere Gegenden nur weichere B. von geringerem Werte liefern. Die stärksten, längsten und spannkräftigsten B. kommen aus Rußland und Polen sowie Rumänien. Auch die norddeutsche und ungarische Ware ist noch als mittelgut zu bezeichnen, hingegen sind Frankreich, Amerika und besonders England, das seine alten Landschweine durch neue, fast nackte Züchtungen ersetzt hat, auf die Einfuhr, z. T. über den deutschen Markt, angewiesen. Große Mengen, wenngleich weniger guter B. werden aus China und Ostindien eingeführt. Ein großer Teil der meist in gewaltige Fässer verpackten Ware geht über die Leipziger Messe. Wesentlich für den Wert der B. ist das sorgfältige Sortieren, das nach verschiedenen Gesichtspunkten erfolgt und u. a. eine Trennung in zahme und wilde, Winter- und Sommer-, lebende und tote Ware, d. h. B. von geschlachteten oder von gefallenen Schweinen, bezweckt. Von im Winter geschlachteten Tieren erzielt man kernigere B. als im Sommer, kalt ausgeraufte sind besser als durch Abbrühen oder Kalkbeize losgelöste Haare. Daneben verläuft eine Trennung der einzelnen Haarsorten, indem der Aufkäufer, der vom Fleischer den ganzen Hautbesatz übernimmt, zunächst durch Kämmen das Wollhaar absondert und den Rest nach der Farbe und jede Farbe für sich wieder in drei Sorten scheidet. Eine gründlichere Reinigung und Sortierung nach Länge und Kürze, Steifheit und Weiche nimmt der Bürstenfabrikant selbst vor. Die Reinigung erfolgt durch Waschen mit heißer Alaunlösung oder Seife, daran schließt sich meist eine Bleichung durch Sonnenlicht oder schweflige Säure, bei der besonders die russischen Borsten schöne Weiße und hohen Glanz annehmen, ohne an Elastizität einzubüßen. Vielfach werden die weißen B. für manche Luxuswaren auch wohl gelb oder rot gefärbt, während bei den mißfarbigen und scheckigen nur eine Veredelung durch Schwarzfärben möglich ist. Am teuersten sind rein weiße, danach gute schwarze B., während rote, braune u. a. als melierte zusammengefaßt werden. Mit dem Reinigen, Zurichten und Sortieren befassen sich namentlich in Breslau, Frankfurt a. O., Hamburg, Nürnberg, Wien zahlreiche Fabriken. Die B. kommen entweder nur oberflächlich gereinigt und sortiert als sog. Rauhborsten, oder aber zugerichtet als Schuster-, Bürstenbinder-, Pinselborsten teils in Schachteln, teils in Paketen in den Handel. — Die ebenfalls als eine Art verwachsener Borsten anzusehenden Stacheln des Stachelschweins (Hystrix cristata) werden als Stahlfederhalter benutzt.

Botano, ein wertloses Geheimmittel gegen Harnsäure, besteht aus getrockneten Bohnenschalen.

Botanybaiholz (Ochsenfleischholz, frz. Bois de Botanybay, engl. Boeuf-wood). Diesen Namen führen 1. ein aus Australien in Scheiten und Brettern zu uns kommendes, von verschiedenen Kasuarineen abstammendes Holz; 2. ein aus Ostindien kommendes, von der Leguminose Dalbergia latifolia abstammendes, anfangs blaues, später tiefschwarz werdendes Holz (ostindisches Rosenholz, engl. Black-wood). Das letztere führt also den Namen B. mit Unrecht. Beide werden zu feinen Tischler- und Drechslerarbeiten benutzt. — Botanybaiharz s. Akaroïdharz.

Bougies, kleine zylindrische Stäbchen aus biegsamem Material, welche mit einer Schicht von Gelatine oder Kakaofett unter Zusatz medikamentöser Stoffe überzogen sind.

Bouillonwürfel (Fleischbrühwürfel, Brühwürfel) sind in Würfelform gebrachte Mischungen von Fleischextrakt oder eingedickter Fleischbrühe, tierischen Fetten, Suppenwürzen, Gemüseauszügen, Gewürzen und Kochsalz, welche beim Auflösen in Wasser ein der Fleischbrühe ähnliches Getränk (Suppe) geben. Der Gehalt an Kochsalz darf 65 % nicht übersteigen, der Gehalt an Stickstoff muß mindestens 3 %, derjenige an Fleischextrakt mindestens 7,5 % (mit 0,45 % Kreatinin) betragen. Die letztere Zahl ist wegen des im Kriege herrschenden Mangels an Fleischextrakt reichlich niedrig gewählt und nach Eintritt normaler Verhältnisse auf 10 bis 15 % zu erhöhen. Zusätze von Zucker, Mehl, Pflanzenfett gelten als Verfälschung. Das Normalgewicht des Würfels ist zu 4 g festgesetzt worden. Bouillonkapseln, Bouillontafeln usw. nannte man früher ähnlich zusammengesetzte, aber anders geformte Erzeugnisse, die jetzt kaum noch in den Handel kommen.

Bouillonwürfelersatz nennt man den Bouillonwürfeln ähnliche Erzeugnisse, welche statt des Fleischextraktes (s. d.) ein Ersatzmittel des letzteren enthalten. Um den ungeheuren Schwindel, welcher von inländischen und ausländischen, besonders dänischen, Fabrikanten mit angeblichem B. betrieben wurde, entgegentreten zu können, hat der Bundesrat am 25. X. 1917 die Vorschrift aufgestellt, daß der Kochsalzgehalt 30 % nicht überschreiten, der Gehalt an Stickstoff aber mindestens 2 % betragen soll. Auch mit Phantasienamen belegte Würfel müssen diesen Anforderungen entsprechen. Suppenwürfel (s. d.).

Bouteillenstein, eine dunkelgrüne Abart des Obsidian vom Härtegrade $5^1/_2$. — Zoll: S. Achat.

Bovril, ein mit Fleischmehl vermischtes Fleischextrakt.

Braga, das säuerlich schmeckende alkoholische Nationalgetränk der Rumänen aus gegorener Hirse.

Brandol, Mittel gegen Brandwunden, aus Pikrinsäure, Glyzerin und Brennesselabkochung.

Brandsalbe, Blei- oder Zinksalbe, ferner ein Gemisch aus gleichen Teilen Leinöl und Kalkwasser oder ein Gemisch aus 15 Teilen Bleiessig, 2 Eidottern und 120 Teilen Leinöl.

Brandts' Schweizer Pillen enthalten nach Angabe des Erfinders 1,5 g Extractum Selini, je 1 g Extr. Achilleae mosch., Aloes, Absinthii, 0,5 g Trifolii, Gentianae.

Branntwein (frz. Eau de vie, engl. Brandy) nannte man ursprünglich die durch Destillation von Wein erhaltene geistige Flüssigkeit (Kognak), während man heute hierunter alle alkoholreichen, aus vergorenen Maischen durch Destillation gewonnenen Flüssigkeiten versteht. Zu ihrer Herstellung können also entweder bereits vergorene Flüssigkeiten (Wein, Bier) herangezogen werden, aus welchen der Alkohol abdestilliert wird, ferner zuckerhaltige Stoffe, wie süße Früchte, Palmensaft, Melasse, welche vor der Destillation einer Gärung unterworfen werden müssen, und schließlich stärkemehlhaltige Substanzen, wie Getreide, Hülsenfrüchte, Kartoffeln, Flechten usw. Die letzteren werden zunächst zur Verkleisterung der Stärke gedämpft, darauf mit Grünmalz, oder in heißen Gegenden besser durch Kochen mit verdünnten Säuren verzuckert und schließlich mit Hefe vergoren. Aus der vergorenen Flüssigkeit (Maische) wird dann der Branntwein durch Destillation mittels indirekten Wasserdampfes abgeschieden. Die vervollkommneten Apparate der Jetztzeit gestatten, bereits durch einmalige Destillation einen hochgrädigen Branntwein von 90—93 % zu gewinnen, während die völlige Reinigung in besonderen Fabriken durch Rektifikation erfolgt. Der für technische Zwecke bestimmte B. ist unter Spiritus (s. d.) behandelt. Die Trinkbranntweine unterscheidet man in der Regel in folgende Gruppen: 1. Gewöhnliche Trinkbranntweine (Schnaps), die meist lediglich auf kaltem Wege durch Mischung von Kartoffelspiritus, Wasser und sog. Würze hergestellt werden und mindestens 25 Vol. % Alkohol und höchstens 0,6 % Fuselöl enthalten sollen; 2. Kornbranntwein (Nordhäuser, Münsterländer, Breslauer, Steinhäger, Fruchtbranntwein, Westfälischer, Whisky, Korn, Doornkaat, Genever), die nach dem Branntweinsteuergesetze lediglich durch Destillation von Getreide- (Roggen, Weizen, Hafer, Gerste) Maische gewonnen sein dürfen und nach Handelsgebrauch 30 Vol. % Alkohol enthalten müssen; 3. Bittere, aus Alkohol, Wasser, Auszügen bitterer und aromatischer Pflanzenteile sowie auch unter Zusatz aromatischer Destillate, ätherischer Öle, natürlicher Essenzen und Zucker hergestellte B. mit mindestens 25 Vol.-% Alkohol; 4. Liköre; 5. Obstbranntweine; 6. Edelbranntweine (Arrak, Kognak, Rum). Die Gruppen 4—6 sind in besonderen Artikeln besprochen. Als Verfälschung der Branntweine kommt vor allem Wasserzusatz, Verwendung von vergälltem (denaturiertem) Spiritus und Zusatz von sog. Branntweinschärfen in Frage. Den ersteren erkennt man unmittelbar oder nach der Destillation mit Hilfe des Alkoholometers, die letzteren meist nach dem Eindampfen an dem scharfen Geruch und Geschmack des Rückstandes. Besonders gefährlich ist der Zusatz des giftigen Holzgeistes (s. d.) — Steuer: S. Anhang über das „Gesetz über das Branntweinmonopol" vom 26. Juli 1918. — Der Kleinhandel mit Trinkbranntwein und der Ausschank von Spirituosen unterliegt behördlicher Genehmigung.

Brauerpech zum Auspichen von Bierfässern besteht gewöhnlich aus einer Mischung von schwarzem Pech mit aromatischen Stoffen (Benzoë) oder von Harz mit Fett. Das B. darf keinen unangenehmen Geschmack besitzen, was man am besten dadurch ermittelt, daß man etwas B. in Feinsprit löst, die Lösung in Wasser gießt und dieses dann kostet.

Braunkohle (frz. Lignite, engl. Peat, Brown coal), diejenige fossile Kohle, welche während der Zeit der Braunkohlen- oder Tertiärformation zur Ablagerung gelangte, ist hervorgegangen aus Anhäufungen von mehr oder weniger verkohlten Pflanzenmassen, vorzugsweise aus Torf- und Sumpfvegetation. Sie tritt sowohl in Form von Holz (Lignit), Blättern, Stengeln usw., an welchen ihre Entstehung aus Pflanzenteilen noch deutlich zu erkennen ist, als auch in amorphen, erdigen, dichten, schieferigen und körnigen Massen auf, welche alle Pflanzenstruktur verloren haben. Die lufttrockene B. besteht aus 65—77 % Kohlenstoff, 4—6 % Wasserstoff, 19 bis 29 % Sauerstoff und 0—2 % Stickstoff und enthält außerdem noch Kalk, Tonerde, Kieselsäure, welche bei dem Verbrennen als Asche übrig bleiben. Das spez. Gew. beträgt 0,8—1,5. Als bekanntere Sorten sind: Gemeine B., Schieferkohle, Papierkohle, Moorkohle, Pechkohle, Alpenkohle und Glanzkohle anzuführen. Die aus der Zersetzung der Koniferenhölzer hervorgegangene Braunkohle schließt nicht selten fossiles Harz (Retinit, Pyropissit) ein, welches in größerer Menge auftretend die Kohle („Schweelkohle") zur Darstellung von Photogen, Solaröl, Paraffin, Karbolsäure geeignet macht. Andere Sorten, welche Schwefel- oder Eisenkies in größerer Menge enthalten, werden zur Fabrikation von Schwefelsäure, Eisenvitriol und Alaun verwendet, so im nordwestlichen Böhmen usw. Die erdige Kohle wird entweder durch Anmengen mit Wasser durch Handarbeit oder durch maschinelle Vorrichtungen zu Kohlenziegeln oder Braunkohlensteinen geformt oder getrocknet, pulverisiert und bei höherer Temperatur zu sog. Briketts gepreßt (s. d.). Durch Vergasung der Braunkohle, auch der erdigen Arten, ist es gelungen, eine so hohe Temperatur zu erzeugen, daß man damit Glas schmelzen und Tonwaren brennen kann. — Die bituminösen Pechkohlen (Spiegelkohlen) von Falkenau a. E., Neusattel in Böhmen, von Rötschach-Weitenstein in Steiermark werden zur Gewinnung guten Leuchtgases benutzt. Auch als Düngemittel wird die Braunkohle sowohl direkt als auch nach der Verbrennung zu Asche verwandt. Die bedeutendste Braunkohlengewinnung findet sich im nordwestlichen Böhmen, welches seine wertvollen Kohlen nicht nur nach allen Teilen Österreichs, sondern auch nach Deutschland sendet, selbst nach den Gegenden, an welchen viele (aber erdige) Kohlen vorhanden sind.

Braunschweigergrün, eine hellgrüne, giftige Anstrichfarbe aus basischem Kupferkarbonat (basisch kohlensaurem Kupferoxyd), wird durch Fällung einer Kupfersalzlösung mit kohlensaurem Natron erhalten und durch Zusätze von Schwerspat oder Gips beliebig abgetönt. Unter demselben Namen kommen auch Gemenge von Schweinfurtergrün mit basisch kohlensaurem Kupferoxyd in den Handel.

Braunstein (lat. Manganum hyperoxydatum nativum, frz. Bioxyde de manganèse, engl. Brownstone). Diesen Namen führt in der Industrie und im Handel der Pyrolusit oder das Weichmanganerz, welches in seinen reinsten Abarten aus Mangansuperoxyd (MnO_2) besteht, gewöhnlich aber mit andern sauerstoffärmeren Manganerzen, namentlich mit Manganit gemengt ist. Ausgiebige B.-Gruben finden sich namentlich in Thüringen (bei Ilmenau, Öhrenstock, Elgersburg), in der Provinz Nassau, in Spanien, im Kaukasus, Frankreich und England. Man versendet den B. teils in ganzen Stücken, teils in mehr oder weniger fein gemahlenem Zustande als ein schwarzes Pulver. Sein Wert richtet sich nach seinem Gehalte an Mangansuperoxyd, der in der Regel 70—75 % nicht übersteigt, oft aber geringer ist. Der Prozentgehalt wird vom Händler garantiert. Guter B. muß sich beim Erwärmen mit Salzsäure, ohne Rückstand zu hinterlassen, auflösen. Verwendung findet er zur Bereitung von Brom, Jod und Chlor, welches letztere wieder teils direkt zum Bleichen, teils zur Gewinnung von Chlorkalk, chlorsaurem Kali usw. dient. Ferner benutzt man B. in der Glasfabrikation zum Entfärben des Glases, zur Bereitung von Manganstahl und schmiedbarem Guß, zu farbigen Töpferglasuren und zur Herstellung verschiedener Manganverbindungen. Aus den bei der Bereitung von Chlorgas in großer Menge abfallenden manganhaltigen Laugen wird jetzt das Mangan wieder für neue Operationen tauglich gemacht (Regeneration), so daß nur die unvermeidlichen kleinen Verluste durch natürlichen B. ersetzt werden müssen.

Brauselimonaden nennt man die verbreitetste Gruppe der billigeren kohlensäurehaltigen, alkoholfreien Getränke, für deren Beurteilung nach den Beschlüssen der freien Vereinigung Deutscher Nahrungsmittelchemiker folgende Grundsätze maßgebend sind: A. 1. Brauselimonaden mit dem Namen einer bestimmten Fruchtart sind Mischungen von Fruchtsäften mit Zucker und kohlensäurehaltigem Wasser. 2. Die Bezeichnung der Brauselimonaden muß den zu ihrer Herstellung benutzten Fruchtsäften entsprechen. Letztere müssen den an echte Fruchtsäfte zu stellenden Anforderungen genügen. 3. Eine Auffärbung mit anderen Fruchtsäften (Kirschsaft) sowie ein Zusatz von organischen Säuren ist nur zulässig, wenn sie auf der Etikette in deutlicher Weise angegeben werden. Mit dem Safte von Zitronen, Orangen oder anderen Früchten der Gattung Citrus hergestellte B. dürfen einen Zusatz des entsprechenden Schalenaromas ohne Deklaration erhalten. B. Unter künstlichen Brauselimonaden versteht man Mischungen, die neben oder ohne Zusatz von natürlichem Fruchtsaft, Zucker und kohlensäurehaltigem Wasser organische Säuren oder Farbstoffe oder natürliche Aromastoffe enthalten. In solcher Weise zusammengesetzte B. dürfen nicht unter dem Namen „Brauselimonade" allein gehandelt werden, sondern müssen die deutliche Bezeichnung „Künstliche Brauselimonade" oder „Brauselimonade mit Himbeer- usw. Geschmack" tragen. C. Der Zusatz von Konservierungsmitteln ist nur insoweit gestattet, als ihre Gesundheitsunschädlichkeit selbst bei dauerndem Genuß feststeht. Der Zusatz ist in jedem Falle nach Art und vorhandener Menge deutlich zu deklarieren. D. Saponinhaltige Schaumerzeugungsmittel sind für die unter A und B genannten Erzeugnisse unzulässig. E. Das zu verwendende Wasser muß den an künstliche Mineralwässer zu stellenden Anforderungen genügen.

Brechweinstein (Antimonkaliumtartrat, weinsaures Antimonoxydkali, lat. Tartarus stibiatus, Tartarus emeticus, Stibiokali tartaricum, Kalium stibiato-tartaricum, frz. Tartre émétique, Tartre antimonial, engl. Tartar emetic), ein giftiges, namentlich brechenerregend wirkendes chemisches Präparat, wird durch Sättigen von gereinigtem Weinstein mit Antimonoxyd erhalten und bildet farblose, durchsichtige, glänzende Kristalle, die an der Luft bald undurchsichtig und weiß werden. Der B. wird nicht nur medizinisch, und zwar innerlich und äußerlich, sondern in weit größeren Mengen als Beize für Anilinfarben in der Färberei und Zeugdruckerei angewandt. Für medizinische Zwecke muß er ganz arsenfrei sein. B. muß sich in der 17fachen Menge Wasser klar auflösen, ein Rückstand rührt von beigemengtem Weinstein oder von weinsaurem Kalk her. Verfälschungen kommen vor mit Zinkvitriol, Chlorkalium usw.

Bremerblau (künstliches Bergblau), eine giftige, hellblaue Anstrichfarbe, besteht aus einem Gemenge von Kupferkarbonat und Kupferoxydhydrat. Eine etwas ins Grünliche spielende Abart, Bremergrün, wird durch Zusammenreiben mit Ölfirnis noch deutlicher grün.

Brennesselkraut (lat. Herba urticae, frz. Ortie, engl. Nettle), das getrocknete Kraut der Brennnessel, Urtica urens, wird als blutstillendes Mittel und gegen Hämorrhoiden angewandt.

Brenzkatechin, Oxyphensäure, Orthodioxybenzol, $C_6H_4(OH)_2$, findet sich in den Blättern des wilden Weins und im Kinogummi sowie als Produkt der trocknen Destillation verschiedener organischer Stoffe im rohen Holzessig, und wird durch Erhitzen von Guajakol mit Jodwasserstoffsäure dargestellt. B. wird als photographischer Entwickler verwendet. Die weißen glänzenden Blättchen sind in Wasser, Alkohol und Äther leicht löslich. Der Schmelzpunkt liegt bei 104°, der Siedepunkt zwischen 240 und 245°.

Brie-Käse (frz. Fromage de Brie), ein weicher, überfetter französischer Käse aus dem Departement Seine et Marne, namentlich von Brie comte Robert und Meaux, kommt in Stanniol eingewickelt in scheibenförmigen Stücken in den Handel und ist sehr geschätzt.

Briketts nennt man aus abgesiebtem Braunkohlen- oder Steinkohlenstaub durch Pressen hergestellte ziegelförmige Stücke, die sich wegen ihrer regelmäßigen Form gut und leicht zusammenstellen lassen und demnach einen nur verhältnismäßig geringen Raum einnehmen; dabei geben sie ein sehr gutes Brennmaterial ab, das sich auch für Lokomotiven und Dampfschiffe eignet. Der sonst nicht verwendbare Braunkohlen- und Steinkohlenstaub läßt sich auf diese Weise gut verwerten.

Brillantgelb. Diesen Namen führen mehrere gelbe Teerfarbstoffe, so zwei verschiedene Azofarbstoffe aus diazotierter Diamidostilbendisulfosäure mit 2 Molekülen Phenol und ein Nitrofarbstoff, das Dinitroalphanaphtolmonosulfosaure Natron.

Brillantkongo, 3 verschiedene, durch die Buchstaben G, R und 2 R unterschiedene Azofarbstoffe, welche in Form brauner Pulver in den Handel kommen und beim Färben verschiedene Farbtöne in Rot geben. B.-R. entsteht aus diazotiertem Tolidin mit je einem Molekül Naphtylamindisulfosäure R und β-Naphtylamin-β-Sulfosäure.

Brillantkrozeïn (Baumwollenscharlach), ein hellbraunes, in Wasser mit kirschroter Farbe lösliches Pulver, färbt Wolle in sauerem Bade rot und besteht aus dem Natronsalze der Amidoazobenzolazobetanaphtoldisulfosäure.

Brillantponceau und

Brillantscharlach, zwei Azofarbstoffe, die von dem Doppelscharlach extra S (s. d.) kaum verschieden sind.

Britanniametall. Metallegierungen von fast silberweißer Farbe, die im wesentlichen aus Zinn und etwas Antimon bestehen, häufig aber auch kleine Mengen Zink und Kupfer enthalten. Man fertigt aus dem B., welches sich zu dünnem Blech auswalzen läßt, verschiedene Geschirre, namentlich Teekannen, Löffel, Leuchter usw., die bisweilen auch galvanisch versilbert werden.

Broihahn (Breihahn), ein in den Provinzen Sachsen und Hannover gebräuchliches obergäriges Weißbier.

Brokatfarben sind fein präparierte Glimmerschüppchen, die zum Bedrucken von Tapeten und Buntpapieren verwendet werden. Man sortiert das natürlich vorkommende Mineral und präpariert es, wodurch man gold- und silberfarbene Sorten erhält. Auch werden durch Auffärben mittels Anilinfarben bunte B. hergestellt.

Brom (Bromine, lat. Bromum, frz. Brôme, engl. Bromine), ein chemisches Element der Chlorgruppe, das in seinen Eigenschaften zwischen dem gasförmigen Chlor und dem festen Jod steht und seltener als das erstere, aber häufiger als das letztere auftritt, findet sich in der Natur nicht in freiem Zustande, sondern nur in Form von Verbindungen, und zwar hauptsächlich mit Natrium und Magnesium als Bestandteil vieler Salzsolen, Mineralwässer und des Meerwassers, desgleichen in den Staßfurter und Leopoldshaller Abraumsalzlagern sowie in nordamerikanischen Salzlagern. Die Abscheidung des B., die, ursprünglich in Frankreich und England heimisch, jetzt nur noch in Deutschland und Nordamerika ausgeübt wird, erfolgt durch Behandlung mit Braunstein und Schwefelsäure oder auf elektrolytischem Wege. Das reine B. (Br = 79,92) ist eine schwere, ätzende Flüssigkeit vom spez. Gew. 3,19 (0°) und fast schwarzer, in dünnen Schichten hyazinthroter Farbe, die beständig rote Dämpfe von erstickendem Geruch ausstößt und bei 7,3° zu einer blättrig-kristallinischen Masse erstarrt. Mit Wasser mischt es sich nicht, nimmt aber etwas davon auf, und andererseits löst Wasser etwas B. zu einer rötlichgelben Flüssigkeit (Bromwasser). Mit vielen Elementen wie Phosphor, Schwefel, Arsen usw. verbindet es sich lebhaft, z. T. unter Entflammung, zerstört auch organische Stoffe (Schleimhäute) und wirkt bereits in Verdünnungen 1 : 10000 tödlich. Das B. findet vielfache Verwendung in chemischen Laboratorien sowie zur Herstellung von Bromsalzen und Farbstoffen (Eosin, Bromindigo), zur Desinfektion und bei der Goldextraktion. Zum Versand bedient man sich größerer Glasflaschen, deren eingeschliffene Stöpsel noch mit geschmolzenem Schellack und Tonkitt umgeben und gut überbunden werden. Die Flaschen werden in Kieselgur eingebettet und kalt aufbewahrt. Die Gesamtproduktion im Jahre 1912 betrug in Deutschland 866000 kg, in Amerika 323000 kg; der Preis sank von 90 bis 95 M. im Jahre 1865 auf etwa 2,50 M. im Jahre 1912 und wird durch die sog. Bromkonvention geregelt.

Bromalhydrat (lat. Bromalum hydratum, frz. Bromal hydraté, engl. Hydrate of bromal), eine dem Chloralhydrat entsprechende Verbindung, in welcher das Chlor durch Brom ersetzt ist, erscheint in nadelförmigen Kristallen, welche sich leicht in Wasser und Alkohol lösen und bei 53,5° schmelzen. Geruch und Geschmack sind dem des Chloralhydrats ähnlich. Das B. wird zuweilen medizinisch verwandt und ist giftig.

Bromalin, eine weiße kristallinische Substanz vom Schmelzpunkt 200°, welche durch Vereinigung von Bromäthyl mit Hexamethylentetramin (s. d.) entsteht und an Stelle von Bromkalium, dessen unangenehme Nebenwirkungen es nicht zeigt, bei Epilepsie und Neurasthenie verordnet wird.

Brombeeren (lat. Fructus rubi nigri, frz. Fruits de ronce, engl. Black-berry, Brambles), die glänzendschwarzen, saftreichen, aromatisch riechenden und süßschmeckenden Früchte des bekannten, in Wäldern und Hecken häufigen Brombeerstrauchs, Rubus fruticosus L., finden bei uns nur beschränkte Verwertung, während sie in Nordamerika in großen Mengen angebaut und zur Bereitung von Brombeerwein, Brombeerlikör und Essig sowie von Marmeladen verwandt werden. Von den amerikanischen Sorten eignet sich am besten die Kittatinny-B. für den Anbau in Deutschland. — Die fein behaarten, dunkelgrünen Blätter des Brombeerstrauchs werden getrocknet als Herba s. Folia Rubi fruticosi (Brombeerblätter, frz. Feuilles de ronce, engl. Bramble-leaves) als Mittel gegen Durchfälle und Verschleimungen verlangt.

Bromipin entsteht bei Einwirkung von Chlorbrom auf Sesamöl als eine durch Geruch und Geschmack von Fetten nicht unterscheidbare Masse, welche aber 10 bzw. $33^1/_3$% Brom enthält und daher mit Vorteil statt der Bromalkalien medizinische Anwendung findet.

Bromkampfer (Monobromkampfer, lat. Camphora monobromata, frz. Bromure de camphre, engl. Bromide of Camphor) wird durch Einwirkung von Brom auf Kampfer gewonnen und bildet lange, farblose Kristalle von starkem Kampfergeruch. B. wird in der Medizin zum innerlichen Gebrauch verwendet und dient auch als Gegenmittel bei Strychninvergiftungen.

Bromoform, $CHBr_3$, (Formylbromid, Tribrommethan, lat. Bromoformium, frz. Bromoforme, engl. Bromoform), eine dem Chloroform ähnliche schwere, farblose, betäubend gewürzhaft riechende, mit Wasser nicht mischbare Flüssigkeit vom spez. Gew. 2,19 und dem SP. 148°, wird zuweilen medizinisch gegen Keuchhusten verwandt.

Bromokoll, eine Verbindung von 20% Brom und Tannin mit etwa 30% Leim, welche durch Fällung einer Bromtanninlösung mit Leim entsteht, ist ein schwach gelbliches, geruch- und geschmackloses Pulver, das als Ersatz für Bromalkalien benutzt wird.

Bromol, medizinischer Name für das durch Fällung von Phenollösung mit Brom entstehende Tribromphenol, das neuerdings als Antiseptikum empfohlen wird.

Bromwasser, Auflösung von Brom in Wasser. Die gesättigte Lösung enthält 1 g Brom in 30 Teilen Wasser. Zu medizinischen Zwecken wird 1 Teil Brom in 200 Teilen Wasser gelöst.

Bromwasserstoff (Bromwasserstoffsäure, Hydrobromsäure, lat. Acidum hydrobromicum, frz. Acide hydrobromique, engl. Hydrobromic acid), die wässerige Lösung des Bromwasserstoffgases (HBr) in Wasser, eine farblose, an der Luft rauchende, stark sauere Flüssigkeit vom spez. Gew. 1,200, findet zu chemischen und medizinischen Zwecken Verwendung.

Bronil, ein mit 10% Schmieröl getränktes Gemisch von Sand und Kreide, das als Kehrmittel zur Beseitigung der Staubplage empfohlen wurde.

Bronze (frz. Bronze, engl. Hard brass) nannte man ursprünglich die älteste bekannte Metalllegierung aus Kupfer und Zinn, die schon in vorgeschichtlicher Zeit (Bronzezeit) zur Herstellung von Waffen und Gebrauchsgegenständen benutzt wurde; später wurde der Name auch auf Legierungen aus Kupfer, Zinn und anderen Metallen, besonders Zink und Blei, übertragen. Von der Zusammensetzung der B. sind ihre Eigenschaften, wie Farbe, Härte, Politurfähigkeit, Klang, Dehnbarkeit, Festigkeit in hohem Grade abhängig. Die Farbe ist bei einem Zinngehalte von 1—10% rot, rotbraun bis rotgelb, bei 15% reingelb, bei 20% gelblichweiß, geht dann durch Reinweiß bei 50—65% in Grauweiß und bei noch größerem Zinngehalt in die Farbe des Zinns über. Durch Zusatz von Zink läßt sich der gelben B. ein schönerer, wärmerer Ton verleihen, und die neueren Statuen enthalten daher, auch des geringeren Preises wegen, meist erhebliche Zinkmengen. Die Härte nimmt bis etwa 30% Zinn zu, bei höheren Gehalten wieder ab. B. mit 28—30% Zinn ist so hart, daß die Feile kaum angreift, auch zeigen diese harten Legierungen bei dichtem und feinkörnigem Gefüge große Politurfähigkeit. Der Klang wird nicht nur durch Zink und Blei, die in gewöhnlichen Glocken und Klingeln vorhanden sind, sondern auch durch in älteren Kirchenglocken angeblich beobachtetes Silber ungünstig beeinflußt. B. läßt sich ausgezeichnet gießen, bei geringerem Zinngehalt auch gut dehnen und kalt mit dem Hammer bearbeiten, durch Eintauchen glühender Stücke in kaltes Wasser weicher und dehnbarer, durch langsames Abkühlen härter und spröder machen. Wegen der Vielseitigkeit ihrer Eigenschaften findet die B. zur Herstellung der verschiedenartigsten Gegenstände, von den schwersten Glocken und Maschinenteilen bis zu den zierlichsten Schmucksachen und Kunstwerken, Verwendung, und für jeden Zweck kann die erstrebte Wirkung durch geeignete Wahl des Mischungsverhältnisses erreicht werden. Als wichtigste B. seien angeführt: Glockenmetall (Glockenspeise) aus 78—80% Kupfer und 22 bis 20% Zinn; Kanonenmetall, Geschütz-B. aus 90—91% Kupfer, 10—9% Zinn. Die ähnlich zusammengesetzte Stahl- oder Uchatius-B. (92% Cu, 8% Sn) hat durch hydraulischen Druck in kaltem Zustande eine Erhöhung der Elastizität, Härte und Festigkeit erfahren, die sie dem Stahl gleichstellt. Statuenbronze zeigt stark wechselnde Zusammensetzung und enthält meist Zink und oft auch etwas Blei; Spiegelmetall, eine weißliche, harte und sehr politurfähige B. für optische Spiegel enthält viel Zinn (28—35%) und häufig etwas Nickel. Münz-B. für sog. Kupfermünzen besteht in Deutschland, Frankreich, England usw. aus 95% Kupfer, 4% Zinn und 1% Zink, Maschinenbronze für Lager, Kolbenringe, Ventile, Hähne, Pfeifen aus 80—90% Kupfer, 10 bis 18% Zinn und meist etwas Zink, Blei oder auch Antimon. Phosphor-B. nennt man nach dem Vorschlage von Montefiori-Levi und Künzel unter Zusatz von etwas Phosphor hergestellte B., die sich durch besondere Elastizität, Festigkeit, Härte, Feinheit des Korns, Dünnflüssigkeit auszeichnet und daher zu Geschützen, Gewehren, Patronenhülsen und stark beanspruchten Maschinenteilen viel benutzt wird. Sie enthält zwar bisweilen, aber nicht immer, geringe Mengen Phosphor, der lediglich als Reduktionsmittel dient. Ihm ähnlich wirken Mangan in der sehr zähen und festen Mangan-B., Silicium in der dehnbaren, zu Leitungsdrähten verwendbaren Silizium-B., während Wolfram-B. sehr zähe, hämmer- und walzbar, Aluminium-B. leicht schmelzbar ist. Alle diese letzteren B. sind kupferreich (95—97%), während die namengebenden Stoffe nur in geringer Menge vorhanden sind. — Hauptorte der B.-Gießerei sind Paris, Wien, Berlin, Frankfurt, Nürnberg, der Erzeugung von Phosphor-B. Lüttich, Iserlohn, London, Pittsburg. — Besonders geschätzt wird die Eigenschaft echter B., sich unter dem Einflusse der Luft mit einer grünen Oxydschicht, der Patina, zu überziehen. Die Versuche, diese Patina, die sich in der unreinen schwefelhaltigen Luft der Großstädte jetzt nur langsam oder gar nicht bildet, durch Behandlung mit wäßrigen Lösungen von Salmiak, Weinstein, Kochsalz und Kupfernitrat künstlich zu erzeugen, haben noch nicht zu befriedigenden Erfolgen geführt.

Bronzefarben (Bronzepulver, frz. Bronze en poudre, engl. Bronze powder) nennt man metallisch glänzende Farbpulver, welche teils aus fein geriebenen Abfällen der Metallschlägerei, teils aus gepulverten und fein geschlämmten Metallegierungen bestehen und durch vorsichtiges Erhitzen, durch Zusatz von wenig Fett oder durch Mischen mit Teerfarben in verschiedenen Tönen dargestellt werden. Die kostbarsten sind selbstverständlich die aus echtem Gold und Silber bestehenden B.; der echten Goldbronze sehr ähnlich ist die Wolframbronze. Unter vegetabilischen B. versteht man stark konzentrierte Farbstoffe aus dem Blau- und Rotholz, die zum Bedrucken von Buntpapier und Luxusleder dienen und nach dem Glätten, Satinieren, schönen Metallglanz annehmen. Man verwendet die B. zur Verzierung von Holz, Gips, Papiermaché, Tonwaren, zum Buntdruck usw.

Bronzeöl (Bronzetinktur, frz. Huile de bronze, engl. Bronze-oil) ist eine Auflösung von säurefreien Harzen, z. B. Dammar, Kopal, Schellack, in französischem oder amerikanischem Terpentinöl, unter Zusatz von etwas Firnis oder Standöl. Reagiert das B. sauer, so dunkeln die damit verrührten Bronzefarben rasch nach.

Brot nennt man das aus dem Mehl von Getreide, in zurücktretendem Maße auch von Leguminosen, vermittels des Backprozesses hergestellte Erzeugnis, welches das wichtigste Nahrungsmittel des Kulturmenschen bildet. Als Vorläufer unserer heutigen Backwaren haben wir die sog. ungesäuerten Brote der alten Germanen und gewisser Naturvölker Afrikas sowie die von den Juden zum Passahfeste verzehrten Matzen anzusehen, die einfach durch Trocknen eines aus Mehl und Wasser bestehenden Teiges bereitet wurden. Diese ursprünglichen Erzeugnisse leiden an dem Fehler, daß sie die Stärkekörner in nahezu unverändertem Zustande enthalten und überdies zu dicht sind, als daß sie von den Säften des Körpers leicht angegriffen und verdaut werden könnten. Zur Erzielung eines brauchbaren Nahrungsmittels müssen die Stärkekörner zuerst zersprengt und chemisch umgewandelt werden, während gleichzeitig durch Lockerung des Gefüges die Einwirkung der Verdauungssäfte erleichtert wird. Beides geschieht in der Brotbäckerei durch Mikroorganismen, und zwar durch Hefe (Weißbrotbäckerei), oder durch ein Gemisch von Hefe und Bakterien, wie es im Sauerteig vorhanden ist, oder endlich durch Bakterien allein, wie sie bei der freiwillig eintretenden Gärung des Schrotbrotes zur Wirkung gelangen. Der Vorgang der Brotbereitung besteht also darin, daß zunächst ein Gemisch aus Mehl, Wasser und etwas Kochsalz unter Zusatz von Hefe oder Sauerteig hergestellt und bei mittlerer Temperatur der Gärung überlassen wird. Dadurch findet in erster Linie eine teilweise Umwandlung der Stärke in Dextrine und Zucker statt, von denen der letztere unter dem Einflusse der Mikroorganismen in Alkohol und Kohlensäure zerfällt. Beim Erwärmen dehnen sich die entstandenen gasförmigen Körper aus, bilden in der durch ihren Klebergehalt elastischen Masse mehr oder weniger große Hohlräume und bewirken somit ein Aufgehen des Teiges. Der folgende Backprozeß bei Temperaturen von 160—300°, die aber im Inneren des Brotes 100° nicht übersteigen, lockert den Teig noch weiter, treibt die gebildeten Gase und einen Teil der Feuchtigkeit aus und erhöht somit ebenfalls die Verdaulichkeit. Der Vorschlag, an Stelle der Hefe, mit deren Verwendung Stoffverluste von 2—3 % verbunden sind, Backpulver (s. d.) zu nehmen, hat selbst während der Kriegszeit keinen Anklang gefunden, weil der Geschmack darunter leidet. — Seiner chemischen Zusammensetzung nach ist das Brot im wesentlichen ein Kohlenhydratnahrungsmittel, in welchem Stärke, Zucker und Dextrin, d. h. die sog. stickstofffreien Nährstoffe, überwiegen. Daneben enthält es aber immerhin ziemlich beträchtliche Mengen Eiweißstoffe, während der Gehalt an Fett zurücktritt. Mit Ausnahme des selten vorkommenden Haferbrotes, dessen Fettgehalt 7—8 % beträgt, enthält das Brot durchschnittlich 40 % Wasser, 6 bis 7 % Proteïn, 0,5 % Fett, 1,5 % Mineralstoffe und 50 % Kohlenhydrate. — Seit Jahren hat man Versuche zur Verbesserung der jetzt üblichen Brotbereitung unternommen, welche sich vor allem auf eine Verringerung der mit dem heutigen Verfahren der Hochmüllerei verbundenen Stickstoffverluste richteten. Tatsächlich befinden sich ja die Eiweißstoffe des Getreidekorns vorwiegend in der äußeren Schalenzone und gehen mit der Kleie verloren, und man hat daher empfohlen, das ganze ungeschälte oder teilweise geschälte Korn zur Brotbereitung zu verwerten. Ob diese Erzeugnisse, zu denen von neueren Erfindungen Avedyks und Simons Brot, ebenso wie die altbekannten Schrotbrote und Pumpernickel gehören, nun allerdings auch wirklich einen höheren Nährwert besitzen, erscheint neuerdings wieder fraglich, weil die durch den höheren Holzfasergehalt bedingte Darmreizung eine geringere Ausnutzung im Gefolge hat. Auch das sog. Steinmetz-Brot, bei welchem unter Entfernung der Schalen eine Anreicherung des Klebers herbeigeführt wird, scheint ebenso wie das Grahambrot, ein für Diabetiker bestimmtes Schrotbrot aus ungegorenem Teig, die Aleuronatbrote (s. d.) u. a. auf einen engeren Kreis von Verbrauchern beschränkt geblieben zu sein. — Als Verunreinigung bzw. Verfälschung des Brotes hat vor allem die Verarbeitung von Mehl mit Unkrautsamen, Brandsporen und Mutterkorn zu gelten, ferner der Ersatz von Roggen- oder Weizen- durch geringwertigere Mehle von Kartoffeln und Mais, der Zusatz von Alaun, Kupfer- und Zinksalzen. Als Verfälschung ist ferner zu beurteilen die Verwendung alter Brot- und Teigreste, die Beimengung sog. aus Paraffin bestehender Brotöle und die Einverleibung ungebührlicher Wassermengen. Gegen letztere schützen städtische Verwaltungen sich meist durch Festsetzung eines Höchstwassergehaltes, die in Dresden zu 45 % getroffen worden ist. Für die Kriegsdauer sind gewisse Ausnahmen von diesen Grundsätzen (Zusatz von

Kartoffelmehl zum K.-Brot) vorgeschrieben, deren baldige Aufhebung anzustreben ist.

Brünellen (Prünellen) sind Obstkonserven, welche aus geschälten Zwetschen durch starke Schwefelung und nachfolgendes Trocknen an der Sonne hergestellt werden und in Holzkisten von $^1/_4$—25 kg, meist $12^1/_2$ kg, Inhalt zum Versand gelangen. Der Ursprung der Fabrikation ist in Frankreich zu suchen, jedoch kommt für den deutschen Markt jetzt fast nur noch das Görzer Gebiet, welches jährlich 10000 dz im Werte von 1 Million Kronen erzeugt, sowie die ständig ansteigende beträchtliche Ausfuhr Kaliforniens in Frage. Der Gehalt an schwefliger Säure, der zwar bei den Görzer B. ziemlich niedrig ist, bei den amerikanischen Erzeugnissen aber eine beträchtliche Höhe erreicht, soll 0,125% nicht übersteigen.

Brussawein, ein gelblichgrüner Wein aus der Gegend von Brussa in Kleinasien, ist den weißen Bordeauxweinen ähnlich, nur gerbstoffreicher und schwerer und bildet den besseren Tischwein der Christen im Orient.

Brustbeeren (lat. Fructus jujubae, frz. Jujube, engl. Jujube-berries) sind die Früchte von Zizyphus vulgaris und Z. lotus. Erstere werden französische, letztere italienische B. genannt. Sie besitzen eine rote Farbe, schmecken süß und werden bei katarrhalischen Leiden verwandt.

Bruzin (lat. Brucinum, frz. Brucine, engl. Brucin), ein neben Strychnin in den Krähenaugen (s. d.) und der falschen Angosturarinde enthaltenes giftiges Alkaloïd, welches beschränkte medizinische Anwendung findet, besteht aus farblosen, bitter schmeckenden Kristallen und bildet mit den Säuren die Bruzinsalze.

Buccoblätter (lat. Folia bucco, frz. Feuilles de bucco, engl. Buchu-leaves), ein Artikel des Drogenhandels, von dem zwei Arten, runde und lange B., beide aus Südafrika, unterschieden werden. Die runden (Folia bucco rotundae) bilden die gewöhnliche Sorte, werden von mehreren Arten Barosma gesammelt und sind lederartig, eiförmig, am Rande gekerbt und gelblichgrün. Die langen (Folia bucco longae) stammen von Empleurum serratifolium, E. ensatum, und sind schmäler und länger als die ersteren. Die bitter schmeckenden, nach Katzenurin riechenden B. enthalten 0,8—2,5% eines ätherischen Öles sowie Harz und Schleim und werden als harntreibendes Mittel angewandt.

Buchdruckfarben sind Gemische von Firnis mit Ruß (Druckerschwärze) oder Mineralfarben, wie Zinnober, Ultramarin, Berlinerblau, Chromgrün, Ocker.

Bucheckern (Bucheln, lat. Nuces fagi, frz. Fruits de hêtre, engl. Beech-nuts), die Früchte der Buche, Fagus silvatica, bilden ein vortreffliches Mastfutter für Schweine, sind aber andern Haustieren schädlich. Man sammelt sie zur Aussaat, zur Fütterung, zur Ölgewinnung und zur Verwendung als Kaffee-Ersatz. Zur Aussaat werden die B. durch den Handel verbreitet.

Bucheckernöl (Buchenkernöl, lat. Oleum nucum fagi, frz. Huile des fruits de hêtre, engl. Beech-oil), das zu etwa 17% in den Früchten der Rotbuche, Fagus silvatica, enthaltene fette Öl wird durch Pressen gewonnen und ist, namentlich wenn es kalt und aus geschälten Früchten gepreßt wurde, ein vortreffliches Speiseöl. Man gewinnt es hauptsächlich in Thüringen, der Provinz Hannover und in Frankreich. Es ist gelb, geruchlos, hat ein spez. Gew. von 0,9225 und erstarrt bei —17,5°.

Buchsbaumholz (Buchsholz, frz. Bénit, engl. Box-wood) von Buxus sempervirens, ist ein sehr wertvolles, hartes, äußerst dichtes und haltbares Holz von gelblicher bis gelber Farbe. Das europäische B., aus Italien, Südfrankreich und Spanien sowie das etwas dunklere westindische B. wird zu Drechslerarbeiten und zur Verfertigung musikalischer Instrumente, Flöten und Oboen benutzt. Das türkische und kleinasiatische sowie das aus Persien und dem Kaukasus dagegen, welches sich durch eine größere Gleichmäßigkeit auszeichnet, wird für Holzschnitte angewandt und zu diesem Zwecke in, der Hirnfläche parallele, Scheiben geschnitten. Es kommt über Konstantinopel und geht meist nach England, zum kleineren Teile nach Triest.

Buchweizen (Heidekorn, frz. Blé noir, engl. Crap, Darnel, Buck-wheat), eine Polygonazee, wird auf ärmerem, sandigen Boden, hauptsächlich in den Heidegegenden der germanisch-sarmatischen Tiefebene und den nordischen Gebirgsländern angebaut und bildet hier vielfach neben dem Hafer die einzige Mehlfrucht. In den Ebenen Nordwestdeutschlands und Hollands brennt man die Moore einfach ab und sät den B. in die noch warme Asche. Der Körnerertrag kann sehr reichlich ausfallen, ist aber meist unsicher, besonders wenn es an befruchtenden Insekten (Bienen) fehlt. Als Stammpflanzen unterscheidet man Polygonum fagopyrum und P. tartaricum, von denen die erstere den sog. gemeinen, meist in Europa angebauten Buchweizen liefert, während die letztere, der minderwertige sibirische oder schottische Buchweizen, meist nur als Futter- und Düngungspflanze angebaut wird. Die im gemeinen B. bisweilen als Verunreinigung angetroffenen Samen der tatarischen Art können an ihren ausgeschweiften Kanten bestimmt werden. B. wird im geschälten Zustande sowohl als Grütze wie als Mehl verwandt. Das letztere besitzt eine bräunlichweiße bis graue Farbe, zeichnet sich durch einen ziemlich hohen Gehalt an Protein und Fett, neben allerdings ebenfalls beträchtlichem Rohfasergehalt aus und dient zur Herstellung von Suppen, Pfannkuchen, Würsten usw., eignet sich aber nicht besonders zur Brotbereitung. Die Kleie, wie das Stroh, bilden wertvolle Futtermittel. Als Handelsartikel kommt dem B. nur untergeordnete Bedeutung zu, weil er meist an Ort und Stelle verbraucht wird.

Buckskin (v. d. Engl. buck-skin, wörtlich Bockfell), eine Gattung viel fabrizierter Wollstoffe, welche an Stelle von Tuch hauptsächlich als Beinkleider, in stärkerer Herstellung auch als Röcke (Paletotstoffe) getragen werden, sind mit wenig Ausnahmen Köpergewebe und haben als solche mehr Elastizität als die Tuche. Sie sind mehr oder weniger gewalkt, auf der rechten Seite glatt geschoren, ohne vorher gerauht zu sein, und besitzen infolge der stärkeren Drehung des Garnes nicht den Glanz des Tuches. Die

Stoffe sind meistens gestreift, kariert oder sonst gemustert. Nach der Dicke unterscheidet man Winter- und Sommerbuckskin. Der erstere besteht aus stärkerem Wollgarn (Streichgarn) und ist als Paletotstoff oft ungemustert, während zu der Sommerware ein sehr dünnes gezwirntes Streichgarn benutzt wird. Wohlfeile Waren sind jedoch vielfach mit Baumwoll- oder Leinengarn gemischt, oder bisweilen sogar ohne alle Wollzutat gefertigt. England stellt besonders große Mengen her, während die französischen B. sich durch geschmackvolle Muster auszeichnen. Die besten in Deutschland erzeugten B. kommen als niederländische aus den Fabrikstädten der preußischen Rheinprovinz, andere von Berlin, Brandenburg, Burg, Spremberg, Kottbus, Forst, Grünberg, Krimmitschau, Werdau, Meerane, Kirchberg, Lengenfeld, Hainichen und Heidenheim. Hauptfabrikationsorte in Österreich sind Brünn und Reichenberg. Sehr dünne und leichte B. heißen Doeskins (Rehfell, v. d. Engl. doe-skin).

Büretten sind zum genauen Abmessen von Flüssigkeiten bestimmte Maßgefäße, die aus einem mit feiner Skala versehenen Glaszylinder und einer Abflußvorrichtung bestehen und nach der Form der letzteren in Gieß-B., Blase-B., Glashahn- und Quetschhahn-B. unterschieden werden. Zum Aufstellen der, besonders in Thüringen hergestellten B. bedient man sich der B.-Stative und -Etageren.

Bürsten (frz. Brosses, Vergettes, engl. Brushes). Die Herstellung der B., die früher ausschließlich Handarbeit (Bürstenbinderei) war, ist jetzt zum größten Teil in Fabrikbetrieb mit Dampfkraft übergegangen. Hauptsitze sind u. a. in Schönheide (Erzgebirge) und Umgegend (Rothenkirchen, Rautenkranz), weitere Fabriken in München, Freiburg in Baden, Donaueschingen, Hameln. Das Hauptmaterial zur Herstellung liefern die Schweinsborsten von dem Rücken des Schweines (vgl. Borsten). Nächst den Rückenborsten, die sich durch ihre Länge und Steifheit neben großer Elastizität auszeichnen und gewöhnlich zu Kleiderbürsten verarbeitet werden, verwendet man auch Borsten von andern Körperteilen des Schweines, die jedoch weicher sind und zur Herstellung der milden Samtbürsten dienen. Zu dem gleichen Zwecke benutzt man auch die Borsten junger Schweine und Ziegenhaare. Pferdehaare verwendet man zu Glanzbürsten und Zahnbürsten. Von Pflanzenfasern finden hauptsächlich die Piassavafaser (s. d.) und die Kokosnußfaser, ferner Reisstroh und Reiswurzeln Verwendung. Endlich hat man auch Metallbürsten oder Drahtbürsten aus Draht von Eisen, Stahl, Messing oder Kupfer für verschiedene gewerbliche Zwecke. Feine Stahlbürsten werden sogar als Haarbürsten benutzt. Zur Fassung der Borsten bei den einfacheren Sorten dienen gewöhnliche harte Hölzer, wie Buche oder Eiche, in ihrer natürlichen Färbung. In der Regel wird jedoch, damit man die Einziehdrähte nicht sieht, auf der Oberseite eine Deckplatte befestigt, die aus mehr oder weniger feinem Holze gefertigt, lackiert, poliert oder mit Furnier belegt wird. Die Borstenbündel einer guten Kleiderbürste müssen dicht stehen, nach dem Niederdrücken oder Umbiegen sofort wieder in ihre frühere Lage zurückkehren und dürfen weder zu hart, noch zu weich sein. Nur die bereits erwähnten Samtbürsten, welche sehr weich sein müssen, machen hiervon eine Ausnahme. Die Haarbürsten sind meistens mit Handgriff versehen, und besitzen eine der Wölbung des Kopfes entsprechende gekrümmte Form, obschon auch viele so verfertigt sind, daß die Borstenoberfläche in der Mitte etwas stärker hervortritt als nach dem Rande hin. Die Borsten dürfen nicht zu weich sein, da sie sonst nicht in das Haar eingreifen, sondern sich nur umbiegen. Dasselbe gilt von den Haut- und Nagelbürsten. Die Zahnbürsten müssen mit besonderer Sorgfalt angefertigt werden und dürfen nicht zu hart sein. Die Fassung geschieht in Knochen oder Elfenbein, nicht selten mit zierlich geschnitztem Griff. Scheuerbürsten und Schuhbürsten sind hart und kurzborstig. Kratzbürsten von Metalldraht werden teils zum Reinigen von Feilen, teils zum Abreiben von Metallen und beim Bronzieren benutzt.

Buffalorubin, ein braunes, in Wasser mit roter Farbe lösliches Pulver, färbt Wolle in saurem Bade rot und besteht aus dem Natronsalze der Alphanaphtylaminazonaphtoldisulfosäure.

Bullrichs Salz s. Doppeltkohlensaures Natron.

Buntpapiere (Bunte Papiere, frz. Papiers peints, Papiers de couleur, engl. Coloured papers) nennt man alle farbigen, nicht weißen Papiere, und zwar sowohl solche, die in der ganzen Masse gefärbt sind, als auch diejenigen, welche die Färbung nur auf einer Seite mittels Anstrichs erhalten haben. Im ersteren Falle verwendet man entweder farbige Lumpen (naturfarbige Papiere), oder man setzt dem aus halbweißen Hadern bereiteten Ganzstoff Farben zu (im Zeug gefärbte Papiere). In einigen Fällen verfährt man auch so, daß man die Bogen ohne weiteres durch eine Farbstoffbrühe zieht. Die mit Anstrich auf einer Seite versehenen B. sind entweder einfarbig oder mehrfarbig marmoriert und gemustert und fast alle geglättet. Zu den in der Masse gefärbten B. gehören die Affichenpapiere und die dunkelblauen B. für Schreibhefte. Die marmorierten werden hauptsächlich zum Bekleben der Bücherdeckel und Papparbeiten verwendet. Zur Aufbewahrung und Verpackung von Nahrungs- und Genußmitteln bestimmte Papiere dürfen nicht mit gesundheitsschädlichen (s. d.), Tapeten nicht mit arsenhaltigen Farben hergestellt werden.

Burgunder, berühmte französische Weine aus Ober- und Nieder-Burgund, Maconnais und Beaujolais. In der zu Ober-Burgund gehörigen Côte d'or wachsen die edelsten Rotweine, vor allem in den Lagen von Romanée-Conti, Richebourg bei Vosne, Bongeot, Mont-Rochet bei Puligny (auch weiß), St. Georges bei Nuits und Corton bei Aloxe. Sehr feine Sorten sind ferner Volnay, Pommard, Beaune, Chambole, Savigny, Meursault und Blagny. Als gewöhnliche Tischweine werden endlich verwendet Gevrey, Santenay und andere. Der Weinbau in Nieder-Burgund ist zwar der Menge nach bedeutender, erreicht aber die Feinheit der Hochgewächse der Côte d'or nicht. Dennoch gehören auch jene Weine zu den besten Sorten Frankreichs, so namentlich die Rotweine von Dannemoine (Olivotes, Montsavoye, Poinsot), von Tonnerre (Pittoy, Perrières, Preaux, Chartoux) und von Auxerre (Grande côte, Clos de la Chainette). — Die Weißweine Nieder-Burgunds werden hauptsächlich zur Schaumweinfabrikation verwendet. Hierher gehören die Chablis, Grisées von Epineuil, Vaumorillon von Jaunay usw. Das Maconnais und Beaujolais liefern vorzugsweise Rotweine: Moulin à vent von Torins, Chénas, Fleury, Romanèche, Brouilly, Villiers. Leider sind die B. sehr schwer echt zu erhalten, weil sie schon in Frankreich stark verschnitten und mit Sprit versetzt werden.

Butter (frz. Beurre, engl. Butter) ist das erstarrte, aus der Milch abgeschiedene Fett, welchem infolge seiner Herstellung noch gewisse nicht entfernbare Mengen von Milchbestandteilen, wie Wasser, Kaseïn, Milchzucker und Mineralstoffe anhaften, und welches außerdem in Norddeutschland meist noch einen Zusatz von Kochsalz erhält. Zur Bereitung der B. wird der entweder freiwillig aufgestiegene oder durch Zentrifugen abgeschiedene Rahm in besonderen Buttermaschinen (Butterfässer) durch Stoßen, Rühren oder Schlagen so lange in lebhafte Bewegung versetzt, bis die mikroskopisch kleinen Fetttröpfchen der Milch sich zu einer kompakten, formbaren Masse vereinigt haben. Um auch beim Verbuttern von Süßrahm, welches im allgemeinen trotz etwas geringerer Ausbeute rationeller ist, den charakteristischen aromatischen Geschmack der Sauerrahmbutter zu erzielen, setzt man neuerdings, besonders in Dänemark, vielfach Reinkulturen gewisser Bakterien hinzu. Aus 25—35 l Milch wird etwa 1 kg B. erhalten. Ihrer chemischen Zusammensetzung nach ist die B. ein Gemisch von Butterfett mit ungefähr 13—14% Wasser, 0,75% Kaseïn, 0,5% Milchzucker, 0,12% Milchsäure und 0,66% Mineralstoffen. Höhere Gehalte an Milchbestandteilen sind auf mangelhaftes Auskneten oder auf betrügerische Beimengung zurückzuführen. Zum Schutze des Publikums gegen die hierdurch verursachte Übervorteilung hat der Bundesrat in seiner Verordnung vom 1. III. 01 bestimmt, daß B. mindestens 80% Fett enthalten muß, und daß der Wassergehalt bei gesalzener B. 16%, bei ungesalzener 18% nicht übersteigen darf. Natürlich ist diese Zahl nicht so zu verstehen, daß man B. mit geringerem Gehalte nun noch weitere Wassermengen einkneten dürfte, da hierin unter allen Umständen eine Verfälschung im Sinne des Nahrungsmittelgesetzes zu erblicken ist. Von weiteren Verfälschungen kommen die in den Büchern erwähnten Beimengungen von Kreide, Gips, Mehl usw. wohl kaum noch vor, und auch die vor Jahren in Breslau aufgefundene „Butter", welche aus einem Kern von Kartoffelbrei mit dünner Butterhülle bestand, dürfte ohne Nachfolger bleiben. Aber Zusätze von fremden Fetten, Schweineschmalz, Margarine (s. d.), Kokosfett usw. werden noch immer beobachtet, trotzdem sie durch das Margarinegesetz vom 15. VI. 1897 unter allen Umständen, selbst bei Deklaration, verboten sind. Zur Überwachung der gesetzlichen Vorschriften ist der Polizei das Recht eingeräumt worden, in den Betrieben, in denen Butter und ihre Ersatzmittel hergestellt, feilgehalten und verkauft werden, Revisionen vorzunehmen. Der Nachweis von Butterverfälschungen kann zwar in exakter Weise nur durch den Chemiker erbracht werden, immerhin ermöglichen einige leicht ausführbare Vorprüfungen auch dem Händler und Käufer ein vorläufiges Urteil zu erlangen. Zur Erkennung eines übermäßigen Wasserzusatzes schmilzt man Butter in einem dünnwandigen, graduierten Gläschen bei gelinder Wärme. Sie teilt sich dabei nach längerer Zeit in zwei Schichten. Obenauf schwimmt das völlig klare Fett, während sich unten das Wasser ansammelt, dessen Volum nicht mehr als $^1/_7$ ausmachen darf. Erscheint die obere Fettschicht nicht goldklar, sondern trübe, so liegt gleichzeitig der Verdacht auf Margarinezusatz vor, den man mit Hilfe der Furfurolreaktion (s. Margarine) weiter prüft. Infolge der ausgedehnten amtlichen Nahrungsmittelkontrolle sind die inländischen Butterverfälschungen mehr und mehr zurückgegangen, und auch im Verkehr mit dem Auslande machen sich Zeichen von Besserung bemerkbar. Die holländische Regierung hat zum Schutze ihrer arg in Mißkredit gekommenen Butterausfuhr eine strenge Überwachung eingeführt, und es ist dem deutschen Großhändler dringend zu raten, holländische B. nur mit der Reichskontrollmarke zu kaufen, da bei dieser allein Gewähr für Reinheit gegeben ist. — Die geringe Haltbarkeit der animalischen Nahrungsmittel bringt es mit sich, daß große Buttermengen in verdorbenem Zustande in den Verkehr kommen, besonders aus Ländern mit so ungenügenden hygienischen Einrichtungen wie Galizien und Sibirien. Auch auf diese muß die Nahrungsmittelkontrolle ein wachsames Auge haben. In gleicher Hinsicht wird die gute Beschaffenheit der B. durch ihre Eigenschaft beeinflußt, Gerüche aus der Umgebung begierig anzuziehen. Der sog. Stallgeruch, der Geschmack nach Holz oder Faß, nach Hering und Petroleum sind hierauf zurückzuführen. Bitterer Geschmack kann auf der Verwendung eisenhaltigen Kochsalzes oder mit Eisensalzen imprägnierter Pergamentumhüllungen beruhen. Die Farbe der Butter hängt von der Art der Fütterung ab. Während im Sommer bei Weidegang ein tiefgelbes Fett erzeugt wird, erscheint sie bei Stallfütterung im Winter wesentlich heller, ja bei reichlicher Strohfütterung fast weiß. Um auch letzterer Ware den Anschein der besonders geschätzten Grasbutter zu geben, hat man zu dem Auskunftsmittel der künstlichen Färbung gegriffen. Safflor, Safran, Kurkuma und Orlean werden zugesetzt, und diese Unsitte ist zurzeit so weit eingebürgert, daß mit gesetzlichen Mitteln nicht wohl dagegen eingeschritten werden kann. Butterschmalz, Schmelzbutter, Rindsschmalz nennt man das durch Ausschmelzen von den Milchbestandteilen befreite Butterfett, welches in Süddeutschland viel verbraucht wird. — Der Handel mit B. hat in den letzten Jahrzehnten große Wandlungen erfahren. Während im Jahre 1875 noch 124000 dz ausgeführt und nur 77000 dz eingeführt wurden, hat sich dieses Verhältnis im Jahre 1898 umgekehrt (28000 zu

105000) gestaltet, und noch jetzt ist die Einfuhr, besonders aus Dänemark, Holland und Rußland (Sibirien) in ständiger Zunahme begriffen. Im Jahre 1913 betrug die Einfuhr 54000 dz, die deutsche Erzeugung 4 Millionen dz.

Butteräther (Buttersäureäther, buttersaures Äthyloxyd, Buttervinester, lat. Aether butyricus, frz. Ether butyrique, engl. Butyric ether), in chemischer Hinsicht Buttersäureäthylester, wird durch Erwärmen von Buttersäure mit Alkohol und Schwefelsäure hergestellt als eine farblose, aromatisch riechende Flüssigkeit vom spez. Gew. 0,898 und dem Siedepunkt 120°. In alkoholischer Lösung (1 : 10) besitzt sie charakteristischen Ananasgeruch und dient daher als Ananasessenz (Pine-apple-oil) zur Darstellung von Fruchtäthern und künstlichem Rum.

Buttergelb, ein zum Färben von Butter dienender Teerfarbstoff, erscheint in gelben Blättchen, die in Wasser unlöslich, in Fetten aber löslich sind. Das B. gehört zur Gruppe der Azofarbstoffe und besteht aus Anilinazodimethylanilin.

Butterine, eine der früheren Bezeichnungen für Kunstbutter, ist jetzt neben dem gesetzlich vorgeschriebenen Namen Margarine nicht mehr zulässig.

Buttersäure (Butylsäure, lat. Acidum butyricum, frz. Acide buturique, engl. Butyric acid), eine organische Säure der Fettsäurereihe von der Formel $C_3H_7.COOH$, findet sich als Glyzerid in der Butter, in freier Form im Schweiß und anderen tierischen Sekreten sowie in gewissen Flüssigkeiten als Gärungsprodukt von Kohlenhydraten. Zu ihrer Darstellung versetzt man Zucker (Melasse) oder Stärkemehl bei Gegenwart von Kreide durch Zusatz von Buttersäurebakterien (fauler Käse oder Reinkultur) in Gärung und führt das entstehende buttersaure Kalzium durch Behandlung mit Schwefelsäure und weitere Reinigung in B. über. Die so erhaltene normale oder Gärungsbuttersäure, die mit der in Butter enthaltenen B. übereinstimmt, ist eine farblose Flüssigkeit von unangenehm ranzig-stechendem Geruch und stark saurem Geschmack. Bei — 19° erstarrt sie zu einer weißen Kristallmasse, siedet unzersetzt bei 162—164° und hat das spez. Gew. 0,963. In Wasser löst sie sich in allen Verhältnissen, scheidet sich aber nach Zusatz von Salzen als ölige Schicht wieder ab. B. findet zur Herstellung von Fruchtäthern und als Ersatz für Milchsäure in der Gerberei Anwendung. — Die isomere Iso-B. oder Dimethylessigsäure, die sich im Johannisbrot vorfindet, ist ohne technische Bedeutung.

Buttersäureamyläther (Butteramylester, buttersaures Amyloxyd, lat. Amyloxydum butyricum, Amylium butyrium), eine farblose, wasserhelle Flüssigkeit von angenehmem Ananasgeruch, löst sich leicht in Alkohol, aber nicht in Wasser, hat ein spez. Gew. von 0,852, siedet bei 176° C und wird zur Bereitung von künstlichen Fruchtäthern benutzt.

Butylalkohol, C_4H_9OH, kommt in vier isomeren Formen vor, von denen nur der im Fuselöl von Runkelrüben- und Kartoffelsprit enthaltene Isobutylalkohol, eine fuselig riechende Flüssigkeit vom spez. Gew. 0,817 und dem SP. 108° als Lösungsmittel für Lacke und zur Darstellung von Fruchtestern, praktische Verwendung findet.

Butylchloral (Krotonchloral, Krotonchloralhydrat) entsteht bei Einwirkung von Chlor auf Aldehyd in Form kleiner, weißer, glänzender, blätteriger Kristalle von eigentümlichem, entfernt an Heidelbeeren erinnernden Geruch und brennendem Geschmack. B. schmilzt bei 78°, ist völlig flüchtig und löst sich schwer in kaltem, leichter in heißem Wasser. In Äther und in Alkohol ist es leicht löslich. Das B. wurde eine Zeitlang als Anästhetikum an Stelle des Chloroforms benutzt.

C.

Cacholon, ein milchweißer, glasglänzender Halbedelstein, der zuweilen als Ringstein und zu Broschen benutzt und im letzteren Falle en cabochon geschliffen wird, galt früher als eine Art Opal (Kieselsäure), ist aber nach Nordenskjöld, der ihn bei Bokhara in Form von Geschieben fand, ein weißer Nephrit (Magnesia-Kalksilikat).

Cachou (die französische Schreibweise für Katechu) nennt man in Fäden gepreßte Mischungen von Lakritzen mit Anisöl und Salmiak, die als Hustenmittel Anwendung finden. Im weiteren Sinne gebraucht man die Bezeichnung auch für alle möglichen, aus aromatischen Stoffen hergestellten und meist versilberten Pillen gegen üblen Mundgeruch.

Cascara sagrada, die spanische Bezeichnung für „heilige Rinde", Amerikanische Faulbaumrinde (lat. Cortex cascarae sagradae, frz. Ecorce de cascara sagrada, engl. Sacred bark), die Rinde von Rhamnus Purshiana, eines in Kalifornien wachsenden Strauches, ist unserer Faulbaumrinde, von Rhamnus frangula, sehr ähnlich, unterscheidet sich aber von ihr durch den kurzen Bruch der Außenrinde, während derjenige der inneren faserig ist. Die Rinde, wie das daraus hergestellte Fluidextrakt, werden als Abführmittel benutzt. Zur Entfernung des Übelkeit hervorrufenden Bitterstoffs zieht man die gepulverte Rinde mit gebrannter Magnesia und Wasser aus und trocknet sie wieder.

Cassia fistula (Röhrenkassia, Purgierkassia, frz. Casse fistule, engl. Purging Cassia), die Früchte des gleichnamigen Baumes, der im heißen Amerika, in Ostindien und Ägypten angebaut wird. Die 3—6 dm langen, 3—4 cm dicken, walzenförmigen, bei der Reife schwarzen, hartholzigen Schoten enthalten glänzendbraune, sehr harte Samenkerne und zwischen ihnen ein schwärzliches, durch reichen Zucker- und Gerbstoff süß und zusammenziehend schmeckendes zähes Mus. Das letztere, Kassienmark (lat.

Pulpa cassiae), wurde früher zu einer Latwerge verarbeitet, die purgierende Eigenschaften hat, neuerdings aber durch Tamarindenmus ersetzt wird. In Ostindien heißt dieses Mus Gulkar, während die frischen eingemachten Früchte dort Achar genannt werden. Die C. findet auch Anwendung zu Tabaksbeizen.

Cay-cay-Butter (Irvingiafett, Dikafett), ein Pflanzenfett, das in Kotschinchina von den Eingeborenen aus den Samenkernen eines Baumes, Irvingia Oliveri, gewonnen wird, dient zur Kerzenherstellung.

Cerise, ein kirschroter Farbstoff, der aus den Rückständen der Fuchsinfabriken gewonnen wird.

Chagrin (aus dem morgenländischen Saghir) nennt man ein starkes, eigentümlich genarbtes farbiges Leder, das in Astrachan und Konstantinopel aus den Rückenstücken von Pferde- und Eselshäuten bereitet wird. Die enthaarten, sorgfältig entfleischten Häute werden in einen Rahmen gespannt, angefeuchtet und mit harten, eckigen Meldensamen bestreut, durch deren Eindrücken Grübchen und Unebenheiten entstehen. Ch. dient im Orient zur Herstellung von Messer- und Säbelscheiden und Zaumzeug. Bei uns werden Nachahmungen hergestellt, indem man weichem Leder mit heißen gravierten Kupferplatten oder Walzen eine ähnliche Körnelung einpreßt. In gleicher Weise entsteht das zu Büchereinbänden benutzte Chagrinpapier.

Chagualgummi (Mayulygummi), ein aus Südamerika kommendes Gummi von noch nicht sichergestellter Abstammung, gehört zu den bassorinreichsten Gummiarten und ist daher in Wasser nur wenig löslich.

Chalzedon (frz. Chalcédoine, engl. Chalcedong), ein dichter Quarz, nach einigen Mineralogen ein Gemenge von amorpher und kristallinischer Kieselsäure, kommt in zahlreichen, durch ihre Färbung verschiedenen Abarten vor, die besondere Namen führen und als Halbedelsteine und Material für Kameen, Ringsteine, Siegelsteine und viele andere Schmuck- und Gebrauchsgegenstände zum Teil schon seit alten Zeiten verarbeitet werden. Die bekanntesten Abarten sind: Gewöhnlicher Ch., grau und durchscheinend; Karneol, dessen meistgeschätzte Abart die blutrote ist, der aber auch braunrot oder gelbrot erscheint; Chrysopras, durch Nickeloxyd apfelgrün, und Plasma, durch Eisenoxydul dunkelgrün gefärbter Ch.; Jaspis, ein undurchsichtiger, durch Eisengehalt gleichmäßig gelbbraun, rot, grün, schwarz usw. gefärbter Kiesel, kommt in größeren Stücken vor und liefert daher ein vortreffliches Material zu Säulen, architektonischen Verzierungen, Tischplatten und Vasen, die eine schöne Politur annehmen. In verschiedenen Farben regelmäßig gestreifter Ch. wird besonders schön in Sibirien gefunden und als Bandjaspis bezeichnet. Schön gezeichnet ist auch der ägyptische Jaspis, sog. Nilkiesel. Fundorte besserer Jaspisse sind außerdem in Sizilien, Böhmen und Tirol, von wo z. B. der „Meraner Jaspis" in prachtvollen Abarten angeboten wird. Andere mehrfarbige Ch. sind: Heliotrop, durchscheinend dunkelgrün, mit eingestreuten undurchsichtigen, zinnoberroten Punkten; Sardonyx, rot mit weißen Bändern; Onyx, mit weißen und schwarzen oder dunkelbraunen Bändern oder Schichten; Chalzedonyx, abwechselnd grau und weiß gestreift; Stephanstein, weiß mit blutroten Flekken. Endlich finden sich auch Ch. mit wolkenartigen und moosartigen Flecken und Zeichnungen. Die Onyxe bilden das hauptsächliche Material zum Schneiden von Kameen, einer sehr alten Kunst, die auch jetzt noch in Italien betrieben wird. Durch die heutige Glastechnik können übrigens viele der erwähnten Naturerzeugnisse ganz gut nachgeahmt werden. Vgl. auch Achat, Amethyst, Aventurin.

Champagner (engl. Champaigne), im weiteren Sinne des Wortes alle in der gleichnamigen französischen Landschaft erzeugten Weine, im engeren Sinne jedoch die aus dortigen Trauben gefertigten Schaumweine. Die Departements Ardennes, Aube, Marne und Haute Marne liefern auf nahezu 20 000 ha durchschnittlich 700 000 hl Wein, von denen 180 000 auf Schaumwein verarbeitet werden, während der Rest, meist im Lande selbst, unverändert als Champagne non mousseux zum Konsum gelangt. Von letzteren wird der Sillery sec non mousseux, ein weißer trockener Wein von eigentümlichem Aroma, am meisten geschätzt. Der beste Schaumwein, dessen berühmteste Sorten der Gegend von Rheims entstammen, wird meist aus einem Gemisch blauer und weißer, sorgfältig ausgelesener gesunder Trauben in der Weise hergestellt, daß man, ohne vorher zu maischen, mit schwachem Druck auspreßt und den milden, farblosen Most (Claret) auf Gärfässer bringt. Im Frühjahr wird der zur Erzielung möglichster Gleichmäßigkeit mit anderen Sorten verschnittene Wein (Cuvée), mit einem Zusatz von Zucker (1—2 %) versehen, in die bekannten, starkwandigen, auf mehrere Atmosphären Druck geprüften Flaschen gefüllt und in letzteren nach festem Verschluß mit Kork und Drahtschlinge der Nachgärung überlassen, wodurch der Wein sich mit Kohlensäure sättigt. Nach beendeter Gärung werden die Flaschen, mit dem Hals nach unten, schräg aufgestellt, so daß sich die gesamte Hefe als zusammenhängende Schicht (Dépôt) auf der Unterseite des Korkes ansammelt, dann zur Entfernung der letzteren schnell geöffnet (Degorgieren), mit einer konz. Lösung von Zucker in Wein oder Kognak, ev. auch von Aromastoffen (dem sog. Likör) versetzt und wieder verschlossen. — Ganz ähnlich werden jetzt auch in anderen Ländern (Deutschland), z. T. zur Vermeidung des hohen Eingangszolls, Schaumweine bereitet, die als Champagner in den Handel kommen, während die neuerdings in den Verkehr gelangenden moussierenden Getränke, welche einfach durch Imprägnieren gewöhnlicher Weine mit Kohlensäure hergestellt sind, als Nachahmungen zu beurteilen sind. Als Kennzeichen eines guten Sch. betrachtet man die Eigenschaft, nicht nur zu Anfang lebhaft zu schäumen, sondern auch die Kohlensäure lange festzuhalten und nur allmählich perlend entweichen zu lassen. Der Geschmack hängt weniger von der Traubensorte als hauptsächlich von der Art des Likörs und der Sorgfalt bei der Zubereitung ab. Die Zusammensetzung der Schaumweine unterliegt großen Schwankungen, doch unterscheidet man im allgemeinen trockne Sch. (Dry oder sec) mit höchstens 0,05 bis 2 % Zucker bei 1,6—4 % Extrakt und süße Sch. mit 4—17 % Zucker und 6—20 % Extrakt. Der Alkoholgehalt beträgt 7—12 g in 100 ccm. Ch. ist ein Wein im Sinne des Gesetzes vom 7. IV. 1909, dessen Vorschriften er entsprechen muß. Ausgenommen ist er nur von der zeitlichen und örtlichen Begrenzung der Zuckerung (§ 3). Nach § 17 muß Schaumwein eine Bezeichnung tragen, die das Land erkennbar macht, wo er auf Flaschen gefüllt worden ist, z. B. „Deutscher Sch.", „Französisches Erzeugnis", „in Deutschland auf Flaschen gefüllt". Bei Ch., der einen Zusatz fertiger Kohlensäure erhalten hat, muß die Bezeichnung: „Mit Zusatz von Kohlensäure" angebracht sein. Dem Schaumwein ähnliche Getränke müssen mit der Kennzeichnung des Ausgangsmaterials, z. B. „Obstschaumwein", „Apfelschaumwein", versehen werden. Unter „Sekt" ist echter Schaumwein zu verstehen. Steuer: S. Anhang: „Gesetz zur Änderung des Schaumweinsteuergesetzes" vom 26. Juli 1918. — Die französische Erzeugung beträgt rund 40 Millionen Flaschen, von denen 24 Millionen ausgeführt werden. Deutschland führte im Jahre 1912 rund 1 Million Flaschen ein und 1,3 Millionen aus.

Champignon (Feldblätterschwamm, Angerling, Egerling, Brachpilz, Wiesenschwamm, Pferdepilz, Weidling, frz. Champignon, engl. Champinion, Mushroom), eine der vorzüglichsten und beliebtesten Pilzsorten, wächst in ganz Mitteleuropa auf Wiesen und Brachäckern, in Gärten und Wäldern, und wird auch künstlich gezüchtet. Er gehört zu der Gruppe der Blätterpilze (Agaricus), die an der Unterseite des Hutes als Sporenlager nur Blätter oder Lamellen tragen, und kann daher von allen anderen Gattungen leicht unterschieden werden. Auch im jugendlichen, kugelförmigen Zustande, in dem der Ch. eine gewisse Ähnlichkeit mit dem Bovist und Lycoperdon zeigt, sind Hut und Lamellen auf dem Querschnitt leicht zu erkennen. Für die beiden wichtigsten Sorten des Ch. gibt das vom Kaiserl. Gesundheitsamte herausgegebene Pilzmerkblatt folgende Kennzeichen: 1. Feldchampignon (Psalliota oder Agaricus campestris). Hut anfangs kugelig, später schirmförmig, weithin flacher werdend, 6—14 cm breit, dickfleischig mit weißer, auch bräunlicher seidenhaariger Oberhaut, die sich in Streifen abziehen läßt. Fleisch weiß, bei Verletzungen rötlich werdend. Stiel 6—8 cm hoch, weiß, voll, mit einem dickhäutigen, weißen Ringe. Blätter anfangs rötlich, später braun. Geruch fein anisartig, Geschmack nußkernartig. An lichten grasigen Stellen, besonders wo Pferdedung liegt. Frühsommer bis Herbst. 2. Schafchampignon (Ps. oder A. arvensis). Hut anfangs zylindrisch-kegelförmig mit abgeflachtem Scheitel, später ausgebreitet, 8—15 cm breit, anfangs etwas flockig, dann kahl. Oberhaut weiß, an Druckstellen gelblich, abziehbar. Fleisch weiß bleibend. Stiel weiß, hohl, mit dickem, straffem Ringe, 5—18 cm hoch. Blätter anfangs grauweiß, bald rötlich werdend, schließlich braun. Geruch und Geschmack angenehm. Auf Wiesen, in Gärten, auch in lichten Wäldern. Sommer bis Herbst. — Von der Beschreibung der zahlreichen weiteren Abarten kann abgesehen werden. — Dem Ch. ist der gefährlichste aller Giftpilze, der Knollenblätterschwamm (Amanita phalloides) überaus ähnlich. Das Pilzmerkblatt gibt folgende Kennzeichen für ihn an: Hut 6—8 cm breit, meist weiß, doch auch, zwar in der Grundfarbe weiß, aber mit gelblichem, grünlichem, selbst hellbräunlichem Schimmer, in feuchtem Zustande etwas klebrig. Die Oberhaut ist meist mit einigen weißlichen oder bräunlichen Fetzen der Hülle besetzt. Fleisch weißlich, von widerlich scharfem Geschmack. Blätter weiß. Stiel 8—10 cm hoch, oberhalb der Knolle schlank, nach dem Hute zu sich verjüngend, weißlich, anfangs voll, später hohl werdend, mit einem häutigen, schlaff herabhängenden, weißlichen oder gelblichen Ringe. Das knollige Ende des Stiels ist mit der schlaffen, häutigen, weißlichen Scheide nur wenig verwachsen. In Laub- und Nadelwäldern, auf Waldwiesen, meist herdenweise. Sommer, Herbst. Ganz junge Pilze können ihrem Äußeren nach leicht mit jungen Ch. verwechselt werden, sie zeigen aber beim Durchschneiden niemals rötliche, sondern stets weiße Blätter. — E. Herrmann gibt für den Schafchampignon und seinen Doppelgänger, den gelblichweißen Knollenblätterschwamm (Amanita mappa) folgende Unterscheidungsmerkmale. Hut: Beim Ch. Haut leicht ablösbar, ohne Schleierreste, beim Kn. Haut nicht ablösbar, meist mit Schleierresten; Blätter: Beim Ch. in der Jugend rosa, bisweilen weiß, im Alter braunschwarz, fast alle gleich lang, am Stielansatz breit, beim Kn. stets weiß, von ungleicher Länge, an beiden Enden verschmälert; Stiel: Beim Ch. am Grunde schwach verdickt, brüchig, dickfleischig, ohne Scheide, beim Kn. unten mit dicker Wulst, undeutlich ausgebildeter Scheide, zäh und biegsam; Sporen: Beim Ch. braunschwarz, beim Kn. weiß; Geruch: Beim Ch. würzig nach Anis, beim Kn. geruchlos oder nach rohen Kartoffeln; Standort: Ch. Wiesen, Äcker, Gärten, Wälder, Höfe, Ställe, Kn. nur im Walde, vorzugsweise im Nadelwalde. — Die Ch. bilden nicht allein im frischen, sondern auch im getrockneten Zustande, ferner in Essig eingemacht und in Blechdosen sterilisiert einen wichtigen Handelsartikel. Die Kultur wird entweder in unterirdischen Räumen (Ch.-Keller) oder in Ställen und Mistbeeten betrieben. Das aus den Sporen entstandene, die Erde in Form feiner weißer Fäden durchsetzende Myzel kommt als Ch.-Brut für sich in den Handel. Die größten Züchtereien finden sich in der Umgegend von Paris, deutsche in Berlin, Braunschweig, Dresden, Erfurt, Hannover und im Harz, namentlich in Goslar. Hinsichtlich des Nährwertes sei auf den Abschnitt Pilze verwiesen.

Chandul, ein Faserstoff aus den westlichen Teilen Ostindiens, besteht aus dem Baste von Lepuranda succidora und wird namentlich zur Herstellung von Säcken und Matten verwandt.

Charas, das Harz der indischen Hanfpflanze, wird dort und in Kaschgar viel gesammelt und wirkt betäubend.

Chartreuse, gesetzlich geschützter Name eines feinen französischen Likörs, für dessen Nachahmung nach König folgendes Rezept benutzt werden kann: Man bringt in eine Destillierblase auf ein verzinntes kupfernes Sieb 50 g Abelmoschuskörner, 30 g Zeylonzimt, 100 g Curaçaoschalen, 50 g Pomeranzenfrüchte, 30 g Kardamomen, 150 g Ivakraut, 125 g Angelikasamen,

100 g Chinarinde, je 30 g Selleriesamen, Ingwer, Piment, Nelken, 10 g schwarzen Pfeffer, 250 g Zitronenmelisse, je 30 g weiße Kalmuswurzel, Muskatblüte, Angelikawurzel, 125 g Ysopspitzen, 25 g Tonkabohnen, 50 g Muskatnuß, 125 g Alpenbeifuß, 30 l Spiritus von 96 % und 10 l weiches Wasser. Der Inhalt der Blase wird 8 Stunden so erwärmt, daß der Spiritus vom Kühler in die Blase zurückläuft. Die Spritmenge, welche noch mit 200 g gebrannter Magnesia filtriert wird, genügt für 100 l Likör, die noch einen Zusatz von 40 kg Zucker erhalten.

Chaywurzel (Cháyaver, Sayaver), die Wurzel von Oedenlandia umbellata, die in Malabar und Koromandel angebaut und dort anstatt des Krapps zum Rotfärben benutzt wird.

Che-Che ist der Name einer aus China stammenden schotenartigen Frucht von einem dort heimischen, wahrscheinlich zu den Septimazeen gehörigen Strauch. Die Frucht enthält einen intensiv färbenden goldgelben Farbstoff und wird in China auch medizinisch gegen Fieber angewandt.

Cheddar-Käse, ein aus Vollmilch hergestellter amerikanischer Käse, der 2—3 Monate zum Ausreifen erfordert und im Mittel 27 % Protein und 32 % Fett enthält.

Chekenblätter (Chekanblätter, Chequen, lat. Folia cheken, frz. Feuilles de cheken, engl. Cheken leaves), die Blätter der Myrtazee Eugenia Cheken, die 1 % ätherisches Öl enthalten, werden neuerdings von Chile aus in den Handel gebracht und als Mittel gegen Harnkrankheiten und Leberleiden empfohlen.

Chemikalien (Chemische Präparate, frz. Produits chimiques, engl. Chemical products). Unter diesem Namen faßt man die auf chemischem Wege hergestellten Stoffe zusammen, pflegt aber in der Regel die Farben, Sprengstoffe, Nahrungsmittel und einige andere Gruppen nicht zu ihnen zu rechnen. Nach der Art der Verwendung unterscheidet man bisweilen Ch. für Laboratoriumszwecke, für medizinische und für technische Zwecke, nach dem Grade der Reinheit gibt man ihnen die Bezeichnung crudum (roh), purum (rein), purissimum (sehr rein) usw. Neben selten und in kleinen Mengen gebrauchten wissenschaftlichen Reagentien gehören zu ihnen industrielle Massenartikel wie Soda, Salpeter, Pottasche, Schwefelsäure. Beim Großhandel finden Beschränkungen nicht statt, hingegen unterliegt der besonders durch Drogisten und Apotheker betriebene Kleinhandel den Vorschriften der Giftverordnung und der Verordnung vom 22. X. 1901 (s. Anhang), nach denen verschiedene Ch. entweder gar nicht oder nur unter besonderen Vorsichtsmaßregeln abgegeben werden dürfen. Vom Postversand sind alle der Selbstentzündung oder Explosion unterworfenen Gegenstände überhaupt ausgeschlossen. Der Bahntransport unterliegt besonderen Bestimmungen hinsichtlich der Mengen und der Verpackung. Bedingungsweise werden zum Transport zugelassen: Äther, Chloroform, Mirbanöl, Kollodium, Schwefelkohlenstoff, Holzgeist, Alkohol und Sprit, chlorsaures Kali und reine Pikrinsäure, Mineralsäuren aller Art, Ätzkali- und Ätznatronlauge, ätherische und fette Öle, Brom, Photogen, Benzin, Teeröl, Ligroin, Kamphin, Pinolin, Mineralschmieröl, Salmiakgeist, Reib- und Streichzündhölzer, Phosphor, Petroleum in rohem und gereinigtem Zustande, Arsenikalien. Alle brennbaren, leicht entzündlichen Ch. sind auf dem Frachtbriefe als „feuergefährlich“ zu bezeichnen, da diese mit besonderen Zügen befördert werden. Über die Verpackungsvorschriften der einzelnen Ch. s. die betreffenden Artikel, wie z. B. Arsenik, Äther, Phosphor. Nur im allgemeinen mag noch hier bemerkt werden, daß giftige Metallpräparate und giftige Metallfarben, nämlich: Quecksilbersublimat, Kalomel, weißes und rotes Präzipitat, Zinnober, Kupfervitriol, Grünspan, Bleiglätte, Mennige, Bleizucker und andere Blei- und Kupfersalze, Bleiweiß und andere Bleifarben, Zinnasche und Antimonasche nur in dichten, von festem, trockenem Holz gefertigten, mit Einlagereifen bzw. Umfassungsbändern versehenen Fässern oder Kisten zum Transport aufgegeben werden dürfen. Die Umhüllungen müssen bei diesen Waren so beschaffen sein, daß durch die beim Transporte unvermeidlichen Erschütterungen ein Verstäuben durch die Fugen der Gefäße, Fässer, Kisten usw. nicht eintritt.

Chenille (Raupe, frz. und engl. Chenille) nennt man eine Art seidener oder wollener, verschieden gefärbter, zartweicher, leichter Schnürchen oder dicker Fäden, die sich behaarten Raupen ähnlich durch nach allen Seiten abstehende Härchen kennzeichnen. Sie werden zur Herstellung von Zierbesatz, von einer Art Spitzen (Ch.-Blonden) und zum Sticken benutzt und dienen auch in der Weberei von Schals und Tüchern als Einschlag. Ch. ist sehr der Mode unterworfen und war eine Zeitlang fast ganz außer Gebrauch.

Chesterkäse heißt die bekannte englische Käsesorte, die in großer Menge zur Ausfuhr gelangt und am besten in Cheshire und Gloucestershire gefertigt wird. Der Ch. ist ein Süßmilchkäse, der aus Morgen- und Abendmilch mittels Lab gefertigt und mit Orlean orangegelb gefärbt wird. Er braucht gewöhnlich 6—10 Monate zur Reife und enthält im Mittel 27 % Protein und 28 % Fett.

Chianti, einer der besten Rotweine Italiens aus der Provinz Siena, der in erheblichen Mengen aus der San-Gioretto-Traube und anderen bereitet wird, hat neben seinem eigentümlichen Aroma eine gewisse Herbe, die als charakteristisches Merkmal aller Chiantiweine gilt. Der Alkoholgehalt beträgt etwa 13 %. Besonders feine Sorten sind der Canajolo und Montepulciano.

Chiaöl, ein fettes Öl aus dem Samen der in Mexiko wachsenden Salvia hispanica, kommt nicht zu uns und wird schon im Ursprungslande häufig mit Leinöl verfälscht.

Chica, ein nur selten zu uns gelangender Pflanzenfarbstoff, wird von den Indianern am Orinoko in der Weise hergestellt, daß sie die Blüten eines Baumes (Bignonia Chica) mit Wasser auskochen, dann die Auskochung der Argona-Rinde zusetzen und den unlöslich gewordenen Farbstoff in Kupfer geformt trocknen. Er zeigt eine blutrote Farbe, samtartiges Aussehen und färbt Baumwolle orangerot.

Chikan Kadia, eine indische Bastfaser, stammt von der Malvazee Sida alba ab.

Chilesalpeter (Natronsalpeter, lat. Natrium nitricum, frz. Nitrate de soude, engl. Nitrate of sodium), in chemischer Hinsicht unreines Natriumnitrat, $NaNO_3$, findet sich in der die Grenze zwischen Chile und Peru bildenden Wüste Atacama, die allem Anschein nach den Boden eines Natronsees gebildet hat, in Form von Ausblühungen, 5—7 cm dicken oberflächlichen Krusten oder ausgedehnten Lagern von 25—150 cm Mächtigkeit, die mit einer 50—75 cm dicken sandigen Tonschicht bedeckt sind. Das Mineral wird an Ort und Stelle oberflächlich durch Umkristallisieren gereinigt und kommt dann als sog. „Caliete" mit 90—93 %, oder neuerdings auch mit 98—99 % Nitrat in den Handel. Der Versand erfolgt in 100 kg fassenden Säcken, die leicht Feuchtigkeit anziehen und daher trocken gelagert werden müssen. Zum Schutz gegen Verfälschungen läßt sich der Käufer einen bestimmten Stickstoffgehalt von 10—15 % zusichern und durch Analyse kontrollieren. Ch. bildet eines der wichtigsten Stickstoffdüngemittel und das Ausgangsmaterial zur Herstellung fast aller Stickstoffverbindungen, insbesondere der für die Sprengstoffherstellung unentbehrlichen Salpetersäure und des Kalisalpeters. Er wurde daher in ständig steigenden Mengen von Chile ausgeführt, nach Deutschland im Jahre 1913 allein 750000 t, und auf die Abschneidung dieser Zufuhr setzte England große Hoffnungen für den Verlauf des Krieges. Es wurde aber enttäuscht durch die von deutschen Chemikern entdeckten Verfahren zur Bindung des atmosphärischen Stickstoffs, die unter Ammoniak, Kalziumzyanamid und Salpeter näher besprochen werden. Nach dem Kriege wird Deutschland voraussichtlich von Ch. völlig unabhängig sein und vielleicht sogar Salpeter ausführen können.

China heißt in England das Porzellan; daher China clay — Porzellanton — ein in England vorkommender, blendend weißer, voluminöser, sehr plastischer, etwas fetter Ton, der wegen seiner vielseitigen Brauchbarkeit nach andern Ländern, auch nach Deutschland, ausgeführt wird. Man braucht ihn bei uns in der Färberei als Zusatz zu Satinierfarben, die dadurch beim Reiben einen schöneren Glanz annehmen, in Zeugdruckereien zur Farbenverdickung, hauptsächlich aber als Zusatz zum Papierzeug, um dem Papier mehr Schwere und Körper zu geben.

China-Alkaloïde (frz. Alcaloides de quinquina) ist der Sammelname für alle in den verschiedenen Chinarinden enthaltenen Pflanzenbasen, von denen Chinin, Chinidin, Zinchonin und Zinchonidin die größte Bedeutung besitzen. Außer diesen kennt man noch eine ganze Reihe von Alkaloïden, welche entweder nur aus einzelnen Arten von Chinarinden erhalten wurden, oder sich in den Mutterlaugen der Chininherstellung ansammeln oder aber als Umwandlungserzeugnisse der natürlichen Basen anzusehen sind. Als Vertreter dieser Ch. seien angeführt: Zinchotin (Hydrozinchonin), Zinchamidin (Hydrozinchonidin), Hydrochinidin, Hydrochinin, Kupreïn, Chinamin, Konchinamin, Chairamin, Arizin, Parizin, Kuskonin, Konkuskonin, Apochinin, Dikonchinin und Paytin. Die meisten dieser Ch. sind kristallisierbare, wohlcharakterisierte Verbindungen und werden z. T., besonders das wichtigste von allen, das Chinin, in besonderen Artikeln behandelt. Hingegen ist das sog. Chinioidin des Handels, ein Abfallprodukt aus den Chininmutterlaugen, ein Gemisch verschiedener amorpher Basen und wegen seiner wechselnden Zusammensetzung in der Medizin durch die reinen Chininpräparate nahezu völlig verdrängt. Neuere Versuche machen es wahrscheinlich, daß demnächst die synthetische Darstellung mehrerer Ch. gelingen wird, doch steht die Ertragsfähigkeit derselben in Hinblick auf den geringen Preis des Naturerzeugnisses noch zu bezweifeln.

Chinablau, ein dem Wasserblau (s. d.) nahe verwandter Teerfarbstoff.

Chinagras (engl. Cloth grass, China grass) nennt man die Bastfaser von Boehmeria nivea, einer in China und Ostindien heimischen Nesselart, die seit den ältesten Zeiten in Asien, später auch in Europa zu Spinnfasern und feinen Geweben (Nesseltuch) verarbeitet wurde, bis die Konkurrenz der Baumwolle sie in den Hintergrund drängte. Die französische Bezeichnung Ramie (Ramé, Rameh) soll nach einigen Angaben für die Faser einer verwandten Pflanze, Boehmeria tenacissima, nach anderen lediglich für verarbeitetes Ch. gelten. Der Anbau des Ch., der sich über die ganze Erde zwischen dem 43. Grad nördlicher und südlicher Breite ausgedehnt hat und besonders in Ostasien, aber auch mit großem Erfolge in Deutsch-Ostafrika betrieben wird, erfolgt nicht durch Samen, sondern durch Stecklinge oder Wurzelableger. Die austreibenden geraden, fast gar nicht verästelten Schößlinge werden, sobald sie 1—1,2 m lang geworden sind, jedenfalls aber vor der Blüte geschnitten (4—5 mal im Jahre, bei 7—8 jähriger Ertragsfähigkeit der Pflanzungen) und sofort durch Abstreifen von den Blättern und der Oberhaut befreit. Die durch leichtes Rösten und wiederholtes Waschen gewonnenen Fasern sind 0,5—1,2 m lang und werden in China vielfach zu Fäden zusammengedreht, die zur Herstellung von chinesischem Grasleinen dienen. In Europa unterwirft man sie vielfach noch zur Entfernung der Zellsubstanz einer Behandlung mit verdünnten Säuren (Bleiche). Die gut vorbereitete Faser ist sehr zart und fein und übertrifft an Festigkeit selbst den russischen Hanf um das Doppelte. Sie zeigt hohen, fast seidenartigen Glanz, läßt sich leicht bleichen und wird dann blendend weiß, während ungebleichtes Ch. durch Spuren von Chlorophyll schwach gelb oder grünlich gefärbt ist. Zu uns kommt die Faser meist als kotonisiertes Ch. in einer der Baumwolle ähnlichen Form. Die der Färbung entgegenstehenden Schwierigkeiten sind jetzt anscheinend überwunden. Ch. dient zur Anfertigung von Posamentierarbeiten (Fransen, Schnuren, Borten), von Vorhängen, Möbelstoffen nach Art baumwollener Samte, von Glühstrümpfen, Banknoten, neuerdings in steigendem Maße auch zur Herstellung von Geweben für Kleidungsgegenstände (Strümpfe, Trikot) usw. Vgl. auch Nessel.

Chinarinde (Fieberrinde, lat. Cortex chinae, frz. Ecorce de Quina ou de Quinquina, engl. Cinchona bark). Die Chinarinden stammen von verschiedenen Arten der Gattung Zinchona, Familie der Rubiazeen, ab, und zwar sowohl von wild wachsenden als auch von angebauten Pflanzen. Ihre Heimat ist der zwischen dem

10.° n. Br. und dem 22.° s. Br. gelegene Ceja de la montana, d. h. Augenbraue des Gebirges genannte Streifen der Kordilleren, wo sie in Höhen von 1600—2400 m, bisweilen auch noch bis 3400 m, vorkommen, während die unterste Grenze bei 1200 m, weiter vom Äquator entfernt bei 800 m liegt. Das Einsammeln der Rinden geschieht durch die Kaskarilleros, indem diese die Bäume nach Entfernung der Schlingpflanzen fällen und die abgelöste Rinde zur Verhinderung des Schimmelns sofort an der Sonne oder über gelindem Feuer trocknen. Hierauf werden die Rinden in Bündel gepackt, nach den Magazinen der Hafenplätze gebracht, sortiert und in Ballen vereinigt. Durch diesen Raubbau sind die wertvollen Zinchoneen naturgemäß seltener geworden, und man ist zum planmäßigen Anbau übergegangen. Bolivia und Kolumbien besitzen seit 30 Jahren ausgedehnte Zinchoneen-Pflanzungen, und auch in Guatemala und auf Jamaika finden sich größere Kulturen. Von größter Bedeutung sind jedoch die Anpflanzungen der Holländer auf Java und der Engländer in Ostindien (Zeylon), die hauptsächlich für den Handel in Betracht kommen. In Indien werden die Rinden auf vier verschiedene Methoden gewonnen: 1. Mossing. Man schält Streifen der Rinde vom Baum, läßt aber andere dazwischen liegende Streifen unversehrt stehen und verbindet die Wunden mit Moos. 2. Schaven. Die Rinde wird in kleinen Stücken abgeschabt, wobei das Kambium geschont wird. 3. Uprooting. Der ganze Baum wird ausgerodet. 4. Coppicing. Der Baum wird gefällt und entrindet, aus dem Stumpf entwickeln sich Schößlinge. — Die für den direkten Gebrauch bestimmten sog. Drogistenrinden kommen in Form langer Röhren und in Kisten verpackt nach Europa, während die zur Chininherstellung dienenden „Fabrikrinden" in Ballen zusammengestampft sind. Alle Chinarinden werden nach dem Alkaloïdgehalt gehandelt. Auf jedem Muster findet sich der Prozentgehalt an Chininsulfat und Totalalkaloïd verzeichnet. Die echten Chinarinden zeigen nach dem Schälen eine bemerkenswerte Farbenänderung und verändern ihre anfangs helle Farbe in ein mehr oder weniger ausgeprägtes Rostbraun. Sie bilden entweder Platten (Stammrinden) oder Röhren (Astrinden), von denen letztere stets die dünne Korkschicht, darunter die Außenrinde und schließlich die aus Bast bestehende Innenrinde zeigen. Die Stammrinden sind entweder mit einer dunklen Korkschicht bedeckt oder unbedeckt und bestehen dann nur aus der Außen- und Innenrinde oder aus letzterer allein. Die eigentümlich geformten kurzen Bastfasern ermöglichen die Unterscheidung von den sog. falschen Ch., zu denen besonders die Ladenbergia-, Kaskarilla- und Remigia-Arten gehören. Auch fehlt letzteren (mit Ausnahme der Cuprea und der China von Para) Chinin und Zinchonin, und sie haben infolgedessen nicht den stark bitteren Geschmack der echten Rinde, sondern schmecken widerlich. Die wichtigsten Bestandteile der echten Chinarinden sind die China-Alkaloïde (s. d.). Außerdem enthalten sie Chinasäure, Chinagerbsäure, welche Chinarot liefert, und Chinovagerbsäure. Die auf dem Gehalt an Chinin und Zinchonin beruhende Grahesche Reaktion, durch welche man leicht echte Rinden von falschen unterscheiden kann, wird in der Weise ausgeführt, daß man etwas gepulverte Substanz im Reagensglase erwärmt, worauf sich bei echten R. ein roter Teer am oberen Teile des Glases ansammelt. An Handelssorten unterscheidet man zwischen Fabrikrinden, welche direkt in die Chininfabriken wandern, und Medizinal- oder Drogistenrinden (Druggist quills), die aus den ansehnlichsten Stücken der Droge bestehen. Nach der Farbe werden die Chinarinden auch heute noch in drei Gruppen eingeteilt, in gelbe, braune und rote Rinden. Die gelben Chinarinden (lat. Cortices chinae flavi) von hellzimtbrauner Farbe, bestehen vorwiegend aus der Innenrinde und haben grobfaserigen oder splitterigen Bau. Zu ihnen gehört die Königs-China (China calisaya, Ch. regia), die früher am meisten geschätzte Rinde von Cinchona Calisaya, die in vielen Arzneibüchern zu finden ist und entweder Röhren mit spröder, tiefrissiger, brauner Borke, oder flache von Borke befreite Stücke mit den noch sichtbaren Borkengruben darstellt. Die braune oder graue Chinarinde (lat. Cortices chinae fusci, grisei, officinales) findet sich in gänsefederkiel- bis fingerstarken, einfach oder doppelt gerollten Röhren, deren Oberfläche graubraun ist, während die Mittel- und Innenrinde braun gefärbt erscheint. Ihre hauptsächlichsten Sorten sind die Huanokochina von C. micrantha, suberosa usw. aus Peru und die Loxa- oder Lojachina von C. uritusinga, purpurea usw. aus Ekuador. Während die gelben Chinarinden vorwiegend Chinin enthalten, sind die braunen Rinden reich an Zinchonin. Die roten Chinarinden (lat. Cortices chinae rubri) haben rotbraun gefärbte Mittel- und Innenrinde und bestehen entweder aus den flachen mit Borke bedeckten Stücken der Stämme und dickeren Äste (südamerikanische R.), oder den röhrenartigen Rinden dünnerer Äste (Kulturrinden aus Java und Ostindien). Die südamerikanischen roten Chinarinden stehen infolge ihres geringen Alkaloïdgehaltes (2—3 %) an Bedeutung den roten Kultur-Chinarinden (5 bis 8 %) nach. Von allen Ch. haben gegenwärtig für den Handel die Kultur-Ch. Ledgeriana und die Ch. succirubra die größte Bedeutung. Letztere ist auch die vom deutschen Arzneibuche allein vorgeschriebene Sorte. Java exportiert weitaus die meiste Ch., so im Jahre 1905 7699500 kg. Der erste Handelsplatz für China ist Amsterdam, der zweite London, der dritte Hamburg. Die Ch. dienen in der Hauptsache zur Herstellung des Chinins (s. d.). In der Medizin finden sie Anwendung als Dekokt sowie zur Darstellung verschiedener pharmazeutischer Präparate, wie Chinaextrakt, Chinatinktur und Chinawein.

Chinasilber, in Form von Tafelgeschirren, besteht aus Neusilber, das auf galvanischem Wege gut versilbert ist; vgl. Argentan.

Chinawurzel (Chinaknollen, Pockenwurzel, lat. Rhizoma chinae, frz. Racine de squine, engl. China root) stammt nicht von Chinabäumen, sondern von einer in China und Japan heimischen Stechwinde, Smilax China. Eine in Südamerika wachsende Verwandte, Smilax pseudochina, liefert hellere und leichtere Wurzelknollen, die unter der asiatischen Ware mit vorkommen, aber geringer geschätzt werden.

Die echte Ch. bildet fast faustdicke, längliche, knotige Stücke, die außen braunrot, innen blaßrötlich gefärbt sind und ziemliche Schwere haben, wonach die Güte der Ware bemessen wird. Der Geschmack ist schleimig, etwas bitter und kratzend. Die Wurzeln sind oft stark wurmstichig, die Löcher aber nicht selten durch Einreiben mit Ton u. dgl. vertuscht. Die Verwendung der Droge ähnlich der Sassaparilla hat fast ganz aufgehört.

Chinesischgrün (frz. Vert de chine), einen grünen aus China kommenden Farbstoff, der dort aus der Rinde gewisser Arten von Kreuzdorn (Rhamnus) bereitet werden soll, erhält man teils in kleinen tafelförmigen Stücken, teils in der Form, wie er lufttrocken aus den Filtrierbeuteln genommen wird. Er gleicht dann bald Orangeschnitten, bald einer getrockneten Zitrone, und zeigt auf der Oberfläche einen blaugrünen Schein, auf dem Bruche metallischen Kupferglanz, jedoch schwächer als bei Indigo. Ch. läßt sich leicht pulvern, ist in Wasser löslich und behält auch bei künstlichem Lichte, ebenso wie die damit gefärbten Stoffe, seine schöne grüne Farbe. Ein ähnlicher Farbstoff ist das Lo-kao (Lukao) von Rhamnus utilis und chlorophora, das in Form dünner muldenartiger Scheibchen aus China eingeführt wurde, jetzt aber nach dem Verfahren von Charvin in Lyon aus einheimischen Kreuzdornarten hergestellt wird und zum Färben von Wolle und Seide dient.

Chinesischrot, diesen Namen führt teils der natürliche, aber präparierte Zinnober, teils der aus dem Safflor dargestellte rote Farbstoff, das Karthamin.

Chinidin (lat. Chinidinum, frz. Quinidine, engl. Quinidin) hat nach und nach eine ganze Anzahl von Namen erhalten, wie: β-Chinin, Konchinin, Chinotin, kristallisiertes Chinioidin usf. Infolgedessen wird man sich, vor allem bei älteren Angaben, zu vergewissern haben, welche Chinabase eigentlich gemeint ist. Das Ch. findet sich fast in allen Chinarinden, die zur Chininherstellung dienen, und wird gewöhnlich aus dem Chinoidin dargestellt. Es kristallisiert je nach dem Lösungsmittel in glänzenden Prismen, Rhomboedern oder Blättchen, schmeckt bitter und zeigt seinen chemischen Eigenschaften nach fast das gleiche Verhalten wie Chinin (s. d.). Das schwefelsaure Ch. (lat. Chinidinum sulfuricum, frz. Sulfate de quinidine, engl. Sulfate of quinidin) ist in verschiedene Arzneibücher aufgenommen worden. Es wird wie das Chininsulfat angewandt, wirkt etwas schwächer, soll aber auch weniger unangenehme Nebenwirkungen besitzen. Das schwefelsaure Ch. stellt weiße, seidenglänzende Nadeln dar, die in 100 Teile kaltem und 10 Teilen siedendem Wasser löslich sind und stark bitter schmecken. Das gerbsaure Ch. (lat. Chinidinum tannicum, Conchininum tannicum), ein weißliches Pulver, findet in der Kinderpraxis und in der Veterinärpraxis Anwendung. Süßes Chinin (lat. Chinidinum dulce, engl. Sweet Quinine) ist mit Glyzyrrhizin verbundenes Chinidin und stellt ein gelbbraunes Pulver von bitterlich süßem Geschmack dar.

Chinin (lat. Chininum, frz. Quinine, engl. Quinin), der wirksame Bestandteil der Chinarinde, findet sich neben Zinchonin und anderen Basen in Form von chinagerbsaurem und chinasaurem Salz. Der Gehalt der verschiedenen Rinden an Ch. beträgt gewöhnlich 2—5 %, doch ist in der Rinde der javanischen Calisaya Ledgeriana ein Chiningehalt bis zu 13 % beobachtet worden. Zur Darstellung des Ch. wird das Rindenpulver mit Kalkbrei gemischt und mit erwärmtem Paraffinöl, Petroleum oder Kohlenwasserstoffen des Steinkohlenteeröls mehrmals ausgezogen. Beim Schütteln der Auszüge mit heißer verdünnter Schwefelsäure gehen die Chinabasen in die wäßrige Lösung über, aus der durch genaue Neutralisation mit Soda das Chininsulfat ausgefällt wird. Durch Umkristallisieren aus heißem Wasser unter Zusatz von Tierkohle wird es von den übrigen in der Mutterlauge verbleibenden Alkaloiden getrennt und schließlich zur völligen Reinigung in das Bisulfat übergeführt. Die freie Base kann durch Zusatz von Ammoniak abgeschieden werden. Das reine Chinin (Chininum purum) stellt ein weißes, kristallinisches, bitter schmeckendes Pulver dar, das infolge seiner Schwerlöslichkeit in Wasser medizinisch fast gar nicht angewandt wird. Am meisten Verwendung finden das schwefelsaure und das salzsaure Salz. Das schwefelsaure Ch. (lat. Chininum sulfuricum, frz. Sulfate de quinine, engl. Sulphate of Quinine) bildet feine, weiße Kristallnadeln von bitterem Geschmack, die sich in 800 Teilen kaltem, 25 Teilen siedendem Wasser sowie 6 Teilen siedendem Alkohol lösen. Charakteristisch ist die Thalleiochin-Reaktion: 5 ccm der kalt gesättigten Lösung des Sulfates geben mit 1 ccm Chlorwasser und 5 ccm Salmiakgeist eine smaragdgrüne Färbung. Nur Chinidin gibt noch die gleiche Reaktion. Das salzsaure Ch. (Chininhydrochlorid, lat. Chininum hydrochloricum seu muriaticum, frz. Chlorhydrate de quinine, engl. Hydrochlorate of Quinine), weiße, nadelförmige, bitter schmeckende Kristalle, die sich in 3 Teilen Weingeist und 34 Teilen Wasser lösen, wird fabrikmäßig durch Umsetzung von reinem Chininsulfat mit Bariumchlorid gewonnen. Von den zahlreichen übrigen im Handel vorkommenden Chininsalzen sind die wichtigsten: baldriansaures Chinin (lat. Chininum valerianicum, frz. Valérianate de quinine, engl. Valerianate of Quinine), bromwasserstoffsaures Chinin (lat. Chininum hydrobromicum, frz. Bromhydrate de quinine, engl. Hydrobromate of Quinine), gerbsaures Chinin (lat. Chininum tannicum, frz. Tannate de quinine, engl. Tannate of Quinine), salizylsaures Chinin (lat. Chininum salicylicum, frz. Salicylate de quinine, engl. Salicylate of Quinine), zitronensaures Chinin (lat. Chininum citricum, frz. Citrate de quinine, engl. Citrate of Quinine), zitronensaures Eisenchinin (lat. Chininum ferro-citricum, frz. Citrate de fer et de quinine, engl. Citrate of Iron and Quinine). Seltener werden gebraucht: arsensaures Chinin (lat. Chininum arsenicum, frz. Arséniate de quinine, engl. Arseniate of Quinine), essigsaures Chinin (lat. Chininum aceticum, frz. Acétate de quinine, engl. Acetate of Quinine), milchsaures Chinin (lat. Chininum lacticum, frz. Lactate de quinine, engl. Lactate of Quinine) und phosphorsaures Chinin (lat. Chininum phosphoricum, frz. Phosphate de quinine, engl. Phosphate of Quinine). Der Chininverbrauch ist sehr groß. Deutschland führt große Mengen nach den tropischen Ländern aus, im Jahre 1913 gegen 2056 Doppelzentner. Ausgedehnte Anwendung findet das Ch. in der Medizin bei allen fieberhaften Zuständen, vor allem jedoch zur Bekämpfung der Malaria als Heilmittel, wie Vorbeugungsmittel.

Chininblumen (lat. Flores Chinae, frz. Fleurs de Quinine, engl. Quinin flowers), eine aus Florida stammende Droge, die ihren Namen von der dem Chinin ähnlichen Wirkung bei Wechselfieber erhalten hat, ist eine krautartige, zu den Gentianeen gehörige Pflanze, Sabatia paniculata.

Chinioidin (lat. Chinioidinum, frz. und engl. Quinoïdine), ein Nebenerzeugnis bei der Darstellung des Chinins, erscheint als braune, extraktartige, in der Wärme erweichende Masse von bitterem Geschmack, welche wenig in Wasser, leicht in Alkohol löslich, nur noch selten medizinisch verwendet wird. Das Ch. enthält verschiedene Chinabasen in sehr unreinem Zustande, hauptsächlich aber das amorphe Dikonchinin. Zuweilen wird auch das Chinioidintannat (gerbsaures Chinioidin, lat. Chinioidinum tannicum, frz. Tannate de quinoïdine, engl. Quinoidin Tannate), ein bräunliches, wenig in Wasser lösliches Pulver, verordnet.

Chinois sind kleine, bittere, überzuckerte Pomeranzen von Citrus bigarardia Sinensis, die aus Italien (Savona) kommen und als Genußmittel Verwendung finden.

Chinolin (Leukolin), C_9H_7N, eine farblose, durchdringend riechende Flüssigkeit vom spez. Gew. 1,095, welche bei 239° siedet, sich wenig in Wasser, leicht hingegen in Alkohol und Äther löst und sich an der Luft dunkel färbt, entsteht bei der trockenen Destillation von Chinaalkaloïden mit Kalk, kommt aber auch im Steinkohlenteer vor und kann synthetisch durch Erhitzen eines Gemenges von Anilin und Nitrobenzol mit Glyzerin und konz. Schwefelsäure dargestellt werden. Seiner Konstitution nach ist das Ch. ein Kondensationsprodukt von je einem Molekül Benzol und Pyridin, d. h. ein Benzopyridin und damit die Stammsubstanz der Chinaalkaloïde und zahlreicher künstlicher Farbstoffe. Es findet in der Medizin besonders in Form seines weinsauren Salzes (Chinolintartrat, lat. Chinolinum tartaricum, frz. Tartrate de chinoline, engl. Chinoline Tartrate) als Antiseptikum Anwendung und wird in der chemischen Industrie zur Herstellung der Chinolinfarbstoffe benutzt. Für letzteren Zweck ist ein weniger gut gereinigtes, chinaldinhaltiges Präparat vorzuziehen.

Chinolinfarbstoffe nennt man eine Gruppe von Teerfarbstoffen, die aus Chinolin (s. d.) hergestellt werden. Chinolinblau (Zyanin, Chinolinjodzyanin) wird aus Amylchinolinjodid durch Behandlung mit Alkalien in Form bronzefarbener Kristallkörner, die in Wasser und Äther unlöslich sind, erhalten und hauptsächlich zum Färben von Seide sowie zum Sensibilisieren photographischer Platten benutzt. — Chinolingelb (Chinophthalin, Chinophthalon) wird durch Einwirkung von Phthalsäureanhydrid auf chinaldinhaltiges Chinolin bei Gegenwart von Chlorzink als ein gelbes Pulver erhalten, das in Wasser unlöslich ist, aber durch Behandlung mit rauchender Schwefelsäure in eine Sulfosäure umgewandelt wird. Die Salze der letzteren sind in Wasser löslich (wasserlösliches Chinolingelb) und färben Seide und Wolle schön gelb. — Chinolinrot wird durch Einwirkung von Benzotrichlorid auf chinaldinhaltiges Chinolin bei Gegenwart von Chlorzink erhalten. Es färbt Wolle, Seide und mit Tannin vorgebeizte Baumwolle schön rot.

Chinoniminfarbstoffe (Para-Ch.) zerfallen in die Gruppen der Indamine (s. d.) und der Indophenole (s. d.), die in der Färbereitechnik, abgesehen vom Naphtolblau, nur beschränkte Anwendung finden, als Zwischenerzeugnisse für die Darstellung von Azinen, Oxazinen, Thiazinen und anderen Farbstoffen aber große Bedeutung haben.

Chinosol (Ortho-Oxychinolinsulfat) entsteht bei Einwirkung der Base und Säure als ein gelbes Kristallpulver vom FP. 175—177°, das in Form 0,1 g schwerer Tabletten („Deziplättchen") zur Herstellung desinfizierender Lösungen benutzt wird. Das früher als Chinosol bezeichnete Präparat aus Oxychinolin und Kaliumpyrosulfat war keine einheitliche Verbindung, sondern ein mechanisches Gemenge.

Chloral (Trichlorazetaldehyd), $CCl_3.CHO$, wird dargestellt durch sehr lang anhaltendes Einleiten von Chlor in Alkohol, wobei anfangs gekühlt, später aber auf 60° erwärmt wird. Aus dem entstandenen Gemisch von Chloralalkoholat, Äthylen- und Äthylidenchlorid wird das reine Chloral mit konz. Schwefelsäure abgeschieden und über kohlensauren Kalk rektifiziert. Es erscheint dann als eine schwere, farblose, ölige Flüssigkeit vom Siedepunkte 97° und einem spez. Gew. von 1,502, die sich beim Aufbewahren von selbst in eine feste weiße Masse (Metachloral) umwandelt. Mit Alkohol verbindet sich Ch. zu Chloralalkoholat, mit Wasser zu Chloralhydrat.

Chloralhydrat, $CCl_3.CH(OH)_2$ (Trichlorazetaldehydhydrat, lat. Chloralum hydratum, frz. Hydrate de chloral, engl. Chloralhydrate), entsteht beim Vermischen äquivalenter Mengen Chloral (100 g) und Wasser (12 g) und Umkristallisieren der erstarrten Masse aus Chloroform oder Benzol. Man erhält es so entweder in losen, durchsichtigen Kristallplatten oder in zusammenhängenden weißen Krusten, die sich später ebenfalls in Plättchen umwandeln. Ch. besitzt einen unangenehmen, süßlich anhaftenden Geruch und brennenden Geschmack, verdampft schon bei gewöhnlicher Temperatur, schmilzt bei 53° und siedet bei 96—98°. Zur Prüfung auf Reinheit, besonders auf Abwesenheit des häufig beigemengten Chloralalkoholates, dienen folgende Reaktionen: Die wäßrige Lösung darf Lackmuspapier nicht röten und beim Schütteln mit dem zehnfachen Volum konz. Schwefelsäure innerhalb einer Stunde keine Bräunung zeigen. Auf Zusatz von Jodjodkalium eintretende Jodoformbildung deutet Alkohol an. Ch. findet als schmerzstillendes und schlafbringendes Mittel ausgedehnte medizinische Anwendung.

Chloralun ist ein Desinfektionsmittel englischen Ursprungs, das aus einer etwa 16%igen wäßrigen Lösung von Chloraluminium mit etwas freier Salzsäure besteht, aber bei uns keinen Eingang gefunden hat.

Chloressigsäure. Durch Einwirkung von Chlor auf Essigsäure entstehen drei verschiedene Ch., von denen die Monochloressigsäure Kristalle vom Schmelzpunkte 62° und vom Siedepunkte 186° bildet, während die Dichloressigsäure eine unter 0° erstarrende Flüssigkeit vom Siedepunkte 190° und die Trichloressigsäure eine bei 55° schmelzende und bei 195° siedende kristallinische Masse darstellt. Die Monochloressigsäure hat durch ihre Verwendung zur Herstellung des künstlichen Indigos hohe Bedeutung erlangt. Die Trichloressigsäure wird in der Medizin als starkes Ätzmittel, besonders bei Nasen- und Ohrenleiden, angewandt.

Chlorjod (Jodchlorid, lat. Jodum chloratum), eine Verbindung von Chlor und Jod, JCl_3, wird als Antiseptikum benutzt.

Chlorkalk (Bleichkalk, Kalziumhypochlorit, lat. Calcaria chlorata, Calcium hypochlorosum, Calcaria oxymuriatica, frz. Hypochlorite de chaux, Chlorure de chaux, engl. Chloride of lime, Bleaching powder) wird dargestellt, indem man Chlor über flach ausgebreiteten, mit Wasser zu Pulver gelöschten Kalk leitet, bis kein Chlor mehr aufgenommen wird. Das erforderliche Chlor wird neuerdings vielfach durch Elektrolyse von Kochsalz gewonnen. Ch. ist ein weißes trocknes Pulver von eigentümlichem, chlorähnlichem Geruch, welches sich in Wasser nur teilweise löst. Die Konstitution steht noch nicht völlig fest, jedoch ist wahrscheinlich, daß nicht eine einheitliche Verbindung, sondern ein Gemenge von Kalziumchlorid, Kalziumhydroxyd und Kalziumoxychlorid vorliegt. Die beim Behandeln mit Wasser entstehende Lösung enthält jedenfalls neben Kalziumchlorid auch Kalziumoxychlorid. Der Handelswert des Ch. richtet sich nach seinem Gehalt an wirksamem Chlor, d. h. derjenigen Chlormenge, welche durch verdünnte Säuren in Freiheit gesetzt wird. Guter Ch. enthält 33—36 % aktives Chlor, während im Handel oft Sorten mit 20 % und weniger vorkommen. Außer durch den Prozentgehalt an Chlor drückt man den Wert bisweilen auch in französischen Graden (nach Gay-Lussac) aus, welche die aus 1 kg Ch. zu entwickelnde Menge Chlor in Litern angeben. So sind z. B. 63 französische Grade = 20,02 %; 100° = 31,78 %; 114° = 36,22 % aktives Chlor. Der Ch. wird zum Bleichen von Baumwolle, Leinen und Papier, ferner zur Herstellung von Chloroform und als Desinfektionsmittel in großer Menge verbraucht. Der Versand erfolgt in Fässern aus stark ausgetrocknetem Holze, die trocken, kühl und dunkel aufbewahrt werden müssen. Aus der Luft zieht Ch. sonst leicht Feuchtigkeit und Kohlensäure an, und im Sonnenlichte zersetzt er sich, bisweilen unter Explosionserscheinungen.

Chlorkohlenstoff (Tetrachlorkohlenstoff, Tetrachlormethan, Kohlenstofftetrachlorid, lat. Carboneum tetrachloratum, frz. Tetrachloride de carbone, engl. Carbon Tetrachlorid), CCl_4, kann als Methan aufgefaßt werden, in welchem sämtliche vier Wasserstoffatome durch Chlor ersetzt worden sind. Ch. wird durch Einleiten von Chlor in Chloroform oder durch Behandlung von Schwefelkohlenstoff mit Chlor bei Gegenwart von etwas Jod (neuerdings Eisen) dargestellt als eine farblose schwere Flüssigkeit vom spezifischen Gewicht 1,600, welche bei 77° siedet und bei —25° fest wird. Die nur schwer entzündliche Flüssigkeit besitzt ein hohes Lösungsvermögen für Fette, Harze und Balsame und findet daher als Extraktionsmittel an Stelle des teuren Chloroforms und des feuergefährlichen Benzins in der chemischen Großindustrie und Wäschereien in steigendem Maße Anwendung. Der Preis für 1 kg beträgt etwa 1,25 M.

Chlorodont, eine Zahnbleichcreme aus dem Laboratorium „Leo" in Dresden, besteht nach C. Griebel aus Bimssteinpulver, Kalziumkarbonat, Seife, Glyzerin sowie Kaliumchlorat.

Chloroform (Formylchlorid, Trichlormethan, lat. Chloroformium, frz. Chloroforme, engl. Chloroform) wird in der Weise hergestellt, daß man bestimmte Mengen von Alkohol, Chlorkalk und Wasser bei gelinder, 58—63° nicht übersteigender Wärme mit Dampf destilliert. Das übergegangene schwere Öl wird von der darauf schwimmenden alkoholisch-wäßrigen Schicht abgelassen und zuerst mit Sodalösung, darauf mit Schwefelsäure und Wasser gewaschen. Eine andere Methode beruht auf der Destillation von Roh-Azeton mit Chlorkalk und Wasser sowie neuerdings auf der Elektrolyse alkoholischer Kalziumchloridlösung. Für medizinische Zwecke geeignetes, besonders reines Ch. erhält man durch Zersetzung von Chloral mit Ätzkali oder durch Ausfrierenlassen von technischem Ch. bei —75° (Ch.-Pictet). Ch., $CHCl_3$, ist eine farblose, ätherisch riechende Flüssigkeit von süßlich brennendem Geschmack, welche bei 63° siedet, das spez. Gew. 1,500 bei 15° besitzt und sich nicht in Wasser löst. Dagegen mischt es sich mit Alkohol und Äther und bildet ein ausgezeichnetes Lösungsmittel für fette und harzartige Körper, Alkaloide, Kautschuk, Brom, Jod, Phosphor und viele organische Verbindungen. Zu seinem Nachweis bedient man sich der Nitrilreaktion, indem beim Erwärmen von Chloroform mit Anilin und Kalilauge der intensive Geruch nach Isonitril auftritt. Das für medizinische Verwendung bestimmte Ch. muß in erster Linie völlig säurefrei sein und daher zur Vermeidung von Zersetzungen im Dunkeln aufbewahrt werden. Ein geringer Alkoholgehalt von 1 % ist zur Erhöhung der Haltbarkeit erlaubt. Ch. wird äußerlich im Gemisch mit Öl und Salben zu Einreibungen gegen Rheumatismus verordnet und stellt außerdem das wichtigste Mittel zur Erzeugung von Narkosen dar. Die Technik benutzt es als Lösungsmittel.

Chlorophyll (Blattgrün), der grüne Farbstoff der Blätter, in welchen es, gemischt mit gelbem Xanthophyll, in Form kleiner Körner an Eiweiß gebunden, vorkommt. Durch Extraktion grüner Pflanzenteile (Kohl, Nesseln) mit alkalischem oder ammoniakalischem Alkohol wird das Ch. in Form einer Lösung erhalten, aus der man es durch Behandlung mit Benzol in eine reinere Form überführt, die entweder im Gemisch mit Fetten (öllösliches Ch.) oder als Lösung (sprit- und wasserlösliches Ch.) zum Färben von Wachs, Seifen und Nahrungsmitteln in den Handel kommt.

Chlorsäure (lat. Acidum chlorosum, frz. Acide chloreux, engl. Chlorous acid), $HClO_3$, ist nicht in freiem Zustande, sondern nur in Form ihrer

Salze und wäßrigen Lösung bekannt, die durch Umsetzung von Bariumchlorat mit der berechneten Menge Schwefelsäure erhalten wird. Durch Eindampfen im Vakuum kann die Lösung bis zum spez. Gew. 1,280 und einem Chlorsäuregehalt von 40 % konzentriert werden. Darüber hinaus zerfällt sie unter Abspaltung von Sauerstoff und Chlor zu Überchlorsäure, $HClO_4$. Die Ch. ist ein energisches Oxydationsmittel, welches organische Stoffe, wie Papier, Gewebe usw., unter Flammenerscheinung zerstört. Eine stark verdünnte Lösung dient nach einem patentierten Verfahren zum Karbonisieren des baumwollenen Untergrundes bei der Herstellung sog. Luftspitzen.

Chlorschwefel, S_2Cl_2 (Schwefelchlorür, einfach Chlorschwefel, lat. Sulfur monochloratum, frz. Chlorure de soufre, engl. Chloride of Sulphur), entsteht beim Überleiten von Chlor über geschmolzenen Schwefel als eine rotgelbe, übelriechende, an der Luft rauchende Flüssigkeit vom spez. Gew. 1,687, die bei 138° siedet, sich nicht mit Wasser mischt, aber von letzterem zersetzt wird. Ch. wird zum Vulkanisieren von Kautschuk benutzt, da er große Mengen Schwefel leicht auflöst.

Chor-Putta, eine ostindische Bastfaser von Urtica heterophylla, einer Nesselpflanze in Concan und Malabar.

Christbaumschmuck aus Glas, Zinnlegierungen und anderen Metallen, wird im Erzgebirge, im Thüringer Wald und in Nürnberg, besonders in der Heimindustrie in großer Mannigfaltigkeit hergestellt und bildet einen wichtigen Artikel der Leipziger Messe.

Chrom. Dieses erst 1797 entdeckte metallische Element (Cr = 52) bildet die Grundlage einer Reihe für Technik und Handel nicht unwichtiger Präparate, als deren ausschließliches Ausgangsmaterial der Chromeisenstein (Chromit), ein Mineral aus Chromoxyd und Eisenoxydul mit wechselnden Mengen Magnesia, Tonerde usw. zu gelten hat. Das metallische Ch., welches bis vor kurzem nur im Laboratorium durch Glühen von Chromoxyd mit Zyankali und Tierkohle, oder durch Reduktion von Chromoxyd oder Bleichromat mit Kohle dargestellt wurde, kann neuerdings mit Hilfe des Goldschmidtschen Thermitverfahrens (s. d.) durch Behandlung von Chromoxyd mit Aluminiumpulver unschwer in größerer Menge gewonnen werden und hat dadurch, besonders zur Erzeugung des Chromstahls (s. Stahl), größere Bedeutung gewonnen. Es ist ein eisengraues, sehr hartes, sprödes und strengflüssiges Metall vom spez. Gew. 6,9.

Chromgelb (frz. Jaune de chrome, Chromate de plomb, engl. Chrome yellow, Chromate of lead), eine der schönsten gelben Mineralfarben, die in den verschiedensten Tönen vom Hellgelb bis Orange und Rot (Chromorange, Chromrot) und unter den verschiedensten Namen wie Neugelb, Pariser-, Amerikanisch-, Gothaer-, Hamburger-, Kaiser-, Kölner-, Königs-, Kron-, Leipziger-, Post-, Zitronen-, Zwickauergelb in den Handel kommt. Sie alle bestehen in chemischer Hinsicht aus chromsaurem Blei, $PbCrO_4$, allein oder im Gemisch mit wechselnden Mengen Bleioxyd und werden in der Weise hergestellt, daß Bleilösungen, am besten von Bleiazetat (s. Bleizucker) mit Kaliumchromat gefällt werden. Zur Erlangung der gewünschten Farbtöne sind ganz besondere Mischungs- und Mengenverhältnisse innezuhalten, denn je basischer die Farbe, um so mehr nähert sich ihr Ton dem Orange und Rot. Auch empfiehlt es sich, um den Niederschlag voluminöser, wolliger zu erhalten, aus stärkerer Verdünnung mit einem Überschuß von Bleisalz zu fällen. Die Chromgelbe werden teils zur Erzielung besonderer Töne, teils in betrügerischer Absicht mit minderwertigen Zusätzen, wie Gips, Kreide, Schwerspat versetzt und sollten daher stets auf ihre Reinheit geprüft werden. Sie lassen sich sowohl als Öl- wie als Wasserfarbe verwenden und liefern gut deckende, ziemlich widerstandsfähige Anstriche. Nur auf frischen Kalkwänden können sie nicht angebracht werden, ohne in Rot umzuschlagen, und werden durch Schwefelwasserstoff, wie die übrigen Bleifarben (s. d.), geschwärzt.

Chromgrün (frz. Vert de chrome, engl. Protoxide of chromium). Unter diesem Namen kommen sowohl das reine Chromoxyd, wie auch Gemische von letzterem mit Chromgelb oder auch von Chromgelb mit Berlinerblau in den Handel. Das Chromoxyd, Cr_2O_3, wird durch Glühen von Kaliumdichromat mit kohlenstoffhaltigen Substanzen, wie Stärke, Zellulose, oder mit Schwefel erhalten und bildet eine sehr beständige, gegen Licht, Luft und Säuren unveränderliche Farbe, die aber wegen ihres etwas matten Aussehens meist nur in der Porzellanmalerei Anwendung findet. Wesentlich schönere Töne zeigen die als Guignets Grün, Smaragdgrün, Pelletiers Grün, Vert virginal bezeichneten Farben, welche aus Chromhydroxyd bestehen und durch Erhitzen von Kaliumdichromat mit Borsäure bis zur schwachen Rotglut erhalten werden. Die aus Chromgelb und blauen Farben gemischten Grüne fallen unter die für Bleifarben (s. d.) erlassene Verordnung.

Chromsäure (Chromtrioxyd, lat. Acidum chromicum, frz. Acide chromique, engl. Chromic acid), die Sauerstoffverbindung des Chroms, CrO_3, welche durch Behandlung von Kaliumdichromat mit konz. Schwefelsäure hergestellt wird, erscheint in Form scharlachroter, bläulich glänzender Kristalle, die an der Luft unter Wasseranziehung zerfließen und sich in Wasser zu einer dunkelroten Flüssigkeit lösen. Die Ch. zerstört heftig organische Stoffe und muß daher in Glasstöpselflaschen aufbewahrt werden. Man verwendet sie als Ätzmittel für Metalle und medizinische Zwecke, zu galvanischen Batterien, als Oxydationsmittel usw.

Chromviolett nennt man zwei Teerfarbstoffe (Triphenylmethanderivate), welche zum Bedrucken von Baumwolle mit Chrombeize benutzt werden. Der eine ist als aurintrikarbonsaures Natrium anzusprechen und entsteht bei der Einwirkung von Formaldehyd auf Salizylsäure und Schwefelsäure, der andere wird durch Behandlung von Tetramethyldiamidobenzhydrol mit Salizylsäure und folgende Oxydation dargestellt. Auch Chromchlorid, $CrCl_3$, führt den Namen Chromviolett oder Chrombronze.

Chrysamin R und G sind zwei Azofarbstoffe

(s. d.), die durch Kuppelung von Salizylsäure mit diazotiertem Tolidin bzw. Benzidin entstehen.

Chrysaminsäure (Tetranitrochrysazin), eine aus Aloe durch Erhitzen mit Salpetersäure darstellbare organische Säure, erscheint in kleinen, gelben, glänzenden Blättchen von bitterem Geschmack, die in Wasser nur wenig mit purpurroter Farbe löslich sind. Vgl. ferner Aloefarbstoffe.

Chrysanilin, eine stickstoffhaltige organische Base, die sich unter den bei der Fuchsinbereitung entstehenden Nebenerzeugnissen findet und eine der im Handel vorkommenden Arten von Anilingelb bildet, ist ein gelbes, in Wasser fast unlösliches Pulver, löst sich aber in Alkohol und Äther.

Chrysarobin (Chrysarobinum), ein Derivat der Chrysophansäure (s. d.), findet sich in der Araroba (s. d.), aus welcher es durch Auskochen mit Benzol rein dargestellt wird. Ch. bildet ein gelbes, geruch- und geschmackloses, mikrokristallinisches Pulver vom spez. Gew. 0,920, welches bei 170—178° schmilzt und in der Medizin zur äußerlichen Behandlung verschiedener Hautkrankheiten angewandt wird. Es darf als Heilmittel nur in Apotheken verkauft werden.

Chrysaureïn, ein zur Gruppe der Azofarben gehöriger Teerfarbstoff von orangegelber Farbe, soll mit Orange II identisch sein.

Chrysen, $C_{18}H_{12}$, findet sich in den höchst siedenden Teilen des Steinkohlenteers in Form weißer Kristalle vom Schmelzpunkt 250°.

Chryseolin (Chrysoin, Tropäolin R, Resorzingelb), ein zur Gruppe der Azofarben gehöriger gelber Teerfarbstoff, Dioxyazobenzolparasulfosaures Kali, wird durch Behandlung von Dioxyazobenzol mit konzentrierter Schwefelsäure oder auch von Paradiazobenzolsulfosäure mit Resorzin erhalten. Der Farbstoff erscheint in orangegelben Blättchen, die in kaltem Wasser schwer, in heißem leicht löslich sind, und färbt Seide und Wolle schön gelb mit einem Stich ins Orange.

Chrysoberyll (Chrysopal, frz. Chrysobéril), ein glasglänzender Schmuckstein von spargelgrüner, ins Grünlichweiße und Olivengrüne übergehender Farbe, der zur Gruppe der Spinelle zu rechnen ist und aus Tonerde und Beryllerde nebst Spuren von Eisen besteht, findet sich als Geschiebe im Sande der Flüsse in Birma, Borneo, Zeylon, Brasilien und Sibirien. Ausgezeichnet gefärbte Stücke werden in Brillantform geschliffen und gewöhnlich mit Goldfolie unterlegt. Die schillernden erhalten den kappenförmigen Schnitt.

Chrysoidin (Diamidoazobenzolchlorwasserstoff, salzsaures Diamidoazobenzol), ein zur Gruppe der Azofarbstoffe gehöriger gelber Teerfarbstoff, wird durch Einwirkung von Metaphenylendiamin auf salzsaures Diazobenzol dargestellt. Es löst sich in Wasser und färbt Wolle und Seide sowie mit Tannin gebeizte Baumwolle goldgelb, etwas ins Orange ziehend. Die heiße konzentrierte, wäßrige Lösung gesteht beim Erkalten zu einer blutroten Gallerte.

Chrysolin, ein Teerfarbstoff, welcher durch Erhitzen von Resorzin mit Phthalsäureanhydrid und Benzylchlorid bei Gegenwart von Schwefelsäure und nachfolgendes Sättigen mit Natron erhalten wird, also die Natronverbindung des Benzylfluoreszeïns, kommt in Form eines rotbraunen Pulvers oder rotbrauner Stücke in den Handel, die nach Benzylchlorid riechen und mit Wasser braune, grün fluoreszierende Lösungen liefern. Es dient zum Gelbfärben von Seide und Wolle, nicht von Baumwolle.

Chrysolith. Mit diesem Namen werden zuweilen die gelbgrünen Saphire, und als orientalische Ch. die Chrysoberylle bezeichnet. Der wirkliche oder edle Ch. ist Olivin (s. d.).

Chrysophansäure (lat. Acidum chrysophanicum, frz. Acide chrysophanique, engl. Chrysophanic acid), eine in verschiedenen Pflanzen vorkommende organische Säure, wurde früher, bevor man die Identität dieser Substanzen kannte, mit verschiedenen Namen: Rheïn, Rhabarberin, Rhabarbergelb, Rumizin, Lapathin und Parietinsäure, belegt und besteht wie diese aus Dioxymethylanthrachinon, $C_{14}H_5 \cdot O_2(CH_3)(OH)_2$. Sie wird medizinisch verwendet und zu diesem Zwecke aus dem in der Araroba enthaltenen Chrysarobin dargestellt, das eine reichlichere Ausbeute liefert als Rhabarber, Senna und Parmelia parietina. Die Ch. ist früher für identisch mit dem Chrysarobin gehalten und häufig mit ihm verwechselt worden. Es hat sich aber gezeigt, daß die eigentümliche Wirkung auf die Haut nicht der Ch., sondern dem Chrysarobin zukommt, aus dem sie durch Oxydation entsteht. Die Ch. bildet ein fein kristallinisches, geruch- und geschmackloses Pulver von orangegelber Farbe, oder auch goldgelbe Kristallblättchen, die kaum in Wasser, leicht in heißem Alkohol, Äther und Benzin löslich sind. Bei ihrer Verwendung muß man sich hüten, etwas an die Augen zu bringen, weil dadurch heftige Entzündungen entstehen.

Chrysophenin, ein orangegelber Azofarbstoff, der in kochendem Wasser leicht löslich ist und Baumwolle im Seifenbade gelb färbt, besteht aus dem Natronsalze des Diamidostilbendisulfosäuredisazodiphenoläthyläthers.

Chrysopras, ein durch Nickeloxydulhydrat apfelgrün gefärbter Chalzedon, wird als Halbedelstein verwandt.

Chrysorin, eine aus 72 Teilen Kupfer und 28 Teilen Zink bestehende Messingsorte, ist in der Hitze schmiedbar und wird zu Luxusartikeln verwandt.

Cibils Fleischextrakt ist ein flüssiges Fleischpräparat mit 66% Wasser, 15% Kochsalz und erheblichen Mengen Albumosen.

Cold-cream nennt man weiße Pomaden, welche die Haut fein und geschmeidig erhalten, aufgesprungene Lippen und andere kleine Wunden heilen sollen. In der Grundlage bestehen sie aus weißem Wachs und Walrat mit Verdünnungsmitteln, wie Mandelöl, Schweineschmalz oder Lanolin, die unter Umständen mit andern Stoffen versetzt oder parfümiert werden, wie z. B. Rosen-, Mandel- (mit Bittermandelöl), Kampfereis, Gurkenpomade (mit Gurkenessenz), Glyzerine-cream.

Coquillas (Lissaboner Kokosnüsse), die harten Fruchtschalen einer brasilianischen Palme, Attalea funifera, welche denen der eigentlichen Kokosnüsse in Gestalt ähnlich, aber weit kleiner und sehr dick sind, dienen wie jene zu kleinen Drechsler- und Schnitzarbeiten.

Corned-Beef, ursprünglich aus Amerika eingeführtes, später auch in Deutschland hergestelltes Büchsenfleisch, das in den möglichst ganz gefüllten Büchsen sterilisiert wird. Wegen der vielen gegen das amerikanische Erzeugnis erhobenen Bedenken ist im Schlachtvieh- und Fleischbeschaugesetz die Einfuhr von Büchsenfleisch verboten.

Cottonsuet ist ein aus Amerika eingeführtes Gemisch von Baumwollsamenstearin mit etwas Rindertalg.

Cozapulver, eines der zahllosen, völlig wertlosen Mittel gegen die Trunksucht, besteht aus nichts als Natriumbikarbonat mit etwas Kalmus und Enzian. Der Preis des von England aus mit riesiger Reklame vertriebenen Präparates beträgt 10 M., der Wert 30 Pfg. (!)

Crabholz von Guyana stammt von Xylocarpus caraba und ist ein verhältnismäßig leichtes, aber doch gutes Nutzholz, welches zu Masten, Rahen, Sparren, Dielen und Türen verwandt wird.

Crêmes nennt man im Französischen Pomaden und andere salben- oder rahmähnliche Gemische, dann auch mit viel Zucker versetzte und dadurch ölartig dicke Liköre.

Crin végétal (Crin d'Afrique, Vegetal), ein aus den Blättern der Zwergpalme, Chamaerops humilis, in Algier gewonnener Faserstoff, wird zu Polsterungen verwendet. Schwarz gefärbt wird er den Roßhaaren ähnlicher als irgend eine andere Substanz.

Cuaba, ein feines Nutzholz von der Insel Kuba, kommt in zwei Arten, Cuaba amarilla, von Amyris maritima, und Cuaba blanca, von A. sylvatica, in den Handel.

Curaçaoschalen (lat. Cortex fructus Curaçao, frz. Ecorce de Curaçao, engl. Curacoa Peel), die getrockneten Fruchtschalen einer auf Curaçao angebauten Abart der Pomeranzen, sind dünner und bitterer als die gewöhnlichen, von braungrünlicher Farbe und haben dem bekannten bitteren Likör den Namen verliehen. Neben diesen echten Schalen werden auch grüne Pomeranzenschalen überhaupt als C. bezeichnet.

Curry powder (Ragoutpulver), eine pikant schmeckende Mischung von Gewürzen, die in Indien als Zutat zu Speisen (Curry heißt gepfefferter Reisbrei) allgemein gebraucht wird, und deren Verwendung sich von dort über England nach dem Kontinent verbreitet hat. Die Rezepte zu echtem Ragoutpulver sind sehr verschieden, doch mehr hinsichtlich der Menge als der Art der Zutaten, die in allen Vorschriften ziemlich dieselben sind, nämlich Kurkuma und Koriander, schwarzer Pfeffer, Ingwer, Zimt, Muskatblüten, Gewürznelken, Kardamom, Kümmel, Kayennepfeffer.

D.

Dänisch Weiß nennt man eine sehr fein geschlämmte Kreide, die hauptsächlich von den Inseln Moen und Fünen in den Handel kommt und als Anstrichfarbe benutzt wird.

Därme (frz. Boyaux, engl. Guts). Die D. gewisser Säugetiere finden eine ausgedehnte technische Verwendung und bilden einen nicht unbedeutenden, oft weithin versandten Handelsartikel. Namentlich Rußland, England, Ungarn, Italien, Dänemark, Sibirien, Turkestan liefern große Mengen D., welche entweder nach genügender Reinigung getrocknet, oder mit Kochsalz bestreut (eingesalzene D.) im feuchten Zustande in Fässer verpackt werden. Die gesuchteste Sorte sind die Schafdärme, und zwar besonders diejenigen von jungen Schafen, weil sie die besten Darmsaiten liefern. Die italienischen Schafdärme haben den höchsten Wert, weil sie von schlecht genährten und jung geschlachteten Tieren stammen, deren D. zäher und widerstandsfähiger sind als diejenigen von gut genährten. Außer zur Saitenherstellung werden die Schafdärme auch in Wurstfabriken sehr viel verbraucht, so daß es oft schwer hält, das genügende Material für die Saitengewinnung zu beschaffen. Ochsendärme liefern die Goldschlägerhaut und die Häute für Salamiwürste. Schweinsdärme werden als Wursthüllen benutzt. Pferdedärme dienen zu Drehbankschnuren. Katzendärme werden zu Katgut (s. d.), einem Nähmaterial für Wunden usw., verarbeitet.

Dahlia, ein Teerfarbstoff, ist eine Abart von Hofmanns Violett (s. d.).

Daliholz von Virola sebifera, einem großen Baume Guyanas, dessen Früchte Pflanzentalg (s. d.) liefern, läßt sich sehr gut spalten und wird viel zu Faßdauben verwandt.

Dammaraharz (Katzenaugengummi, lat. Resina dammar, frz. Résine du dammara, engl. Dammar). Diesen Namen führen verschiedene ostindische Harze, von denen aber nur wenige in den europäischen Handel kommen. Das gewöhnliche D. stammt von der Dammarafichte (Dammara orientalis), einem großen, besonders auf den Molukken und Sunda-Inseln häufig wachsenden Waldbaum, der nahe am Boden dicke Stammknollen bildet und aus diesen das Harz ausschwitzt. Diese Ware kommt hauptsächlich von Java, in Kisten von etwa 100 kg Inhalt, in den Verkehr. Eine ähnliche, aber härtere und deshalb geschätztere Sorte wird von Singapore aus verschifft und stammt von Hopea splendida und micrantha. Eine von Borneo in den Handel kommende Sorte, Dammar daging oder Rose Dammar, ist weicher und ins Grünliche fallend und daher um die Hälfte billiger als die gewöhnliche Sorte. Das D. besteht aus größeren und kleineren, meist rundlichen Stückchen, die äußerlich weiß bestäubt, innen glashell und stark glänzend sind, flachmuschelig brechen, sich mit Ausnahme der Singapore-Sorte leicht zu Pulver stoßen lassen und in der Wärme der Hand etwas klebrig werden. Es erweicht bei 75°, schmilzt bei 200° zu einer dünnen Flüssigkeit und zeigt ein spez. Gew. von 1,040—1,120. Die Masse ist entweder ganz farblos oder gelblich, löst sich in Alkohol und

Äther nur teilweise, vollständig aber in fetten und ätherischen Ölen. Die mit Terpentinöl, dem gewöhnlichen Lösungsmittel, erhaltene Lösung heißt Dammarlack. Obwohl der Dammarlack an Härte und Dauer dem Kopallack nachsteht, ist er doch in allen Fällen beliebt, in denen es sich um völlige Farblosigkeit handelt, also besonders für weißgestrichenes Holzwerk. Natürlich müssen für diesen Zweck die farblosen reinen Stücke, die auch zugleich die härtesten sind, ausgesucht und die farbigen für anderen Verbrauch zurückgestellt werden. Hingegen sind ganz weiße, glanzlose, auf dem Boden wachsähnliche, harzig anzufühlende Stücke völlig zu beseitigen, weil sie jeden Lack verderben. — Das D. besteht aus verschiedenen harzigen Stoffen, von denen zurzeit Dammarolsäure und zwei Dammar-Resene isoliert wurden. — Das australische Dammaraharz (Kaurikopal), das ebenfalls von einer Dammarafichte, der 24—36 m hohen Dammara australis auf Neuseeland stammt, hat mit der ostindischen Ware keine Ähnlichkeit, sondern besteht aus unregelmäßigen, oft kopfgroßen Stücken von blaßgelber, bräunlicher oder grünlicher Farbe, die in Weingeist und Terpentinöl unlöslich sind. Durch Schmelzen, wobei das Harz prasselt und weiße Dämpfe ausstößt, wird es in der Färbung dunkler und dahin verändert, daß es sich in Terpentinöl und anderen ätherischen Ölen leicht löst. Das australische D. dient nur zu dunkleren Firnissen.

Danziger Goldwasser, ein stark süßer, aromatischer Likör, in welchem glänzende Flitterchen von echtem Blattgold schwimmen.

Darabschird wird in Persien der Tabak (von Nicotiana persica) genannt, der von Benaru und Fars in bester Güte geliefert wird.

Dari (Dara), die Samen einer hirseartigen Getreideart, Sorghum tartaricum (nicht zu verwechseln mit Dhurrha oder Sorghum vulgare), aus Syrien, Ägypten und Südafrika, wurden früher nur zur Futterzwecken, jetzt ihres billigen Preises und hohen Stärkegehaltes (ca. 66 %) wegen vielfach zur Branntweinbrennerei nach Belgien und Holland (Genever) eingeführt. Der D. aus Ägypten hat ziemlich starke, schwarzbraune, syrischer, dessen Körner auch kleiner sind, weiße, D. aus Zanzibar mehr ins Graue fallende Samenhülsen.

Darmsaiten (frz. Cordes de boyau, engl. Catgut strings), aus zugerichteten Tierdärmen zusammengedrehte Schnüre, werden, wenn sie nur für Spinnräder, Drehbänke und zu anderen technischen Zwecken dienen sollen, meistens von Seilern und Fleischern hergestellt. Für die Saiten zu Musikinstrumenten, besonders Violinen, war in früheren Zeiten Italien das erste Bezugsland, während jetzt Deutschland und Frankreich viel mehr und fast ebenso gute Ware liefern.

Datteln (lat. Dactyli, frz. Dattes, engl. Dates) sind die Früchte, richtiger Beeren der Dattelpalme (Phoenix dactylifera), die in den trockenen Ländern zwischen dem 19. und 35. Grad nördl. Breite, besonders in Nordafrika mit Ägypten, Arabien, Syrien und Persien gedeiht und durch die Kultur weit, selbst in der Wüste, verbreitet ist. Die bis 20 m hohe Palme, die vom 30. bis 100. Jahre reiche Ernte liefert, bringt oft 15—20 Traubenbüschel hervor, deren jeder mehrere hundert Früchte enthalten kann. Bevor die D. im August völlig reif (teigig) werden und abfallen, pflückt man sie, benutzt die halbreifen zum sofortigen Genuß und läßt die unreifen auf Palmblättern an der Sonne nachreifen. Die besten zuckerreichsten Sorten werden von den Eingeborenen verzehrt, derbere Sorten dienen zur Verproviantierung der Karawanen und des europäischen Handels. Kennzeichen frischer Ware sind: glänzende, runzelfreie Oberfläche, gelbrötliche Farbe, saftiges und gleichsam speckiges Fleisch von honigsüßem Geschmack. Die Früchte halten sich aber nicht lange, sondern sind den Angriffen von Milben und anderen Lebewesen sehr ausgesetzt und müssen daher sorgfältig und trocken aufbewahrt werden. Alte und daher minderwertige Ware ist an der geschrumpften, runzligen Haut, der Saftlosigkeit und geringen Süße sowie vor allem daran zu erkennen, daß der Kern beim Schütteln klappert. Für die Zusammensetzung gibt König folgende Werte an: Wasser 18,51 %, Stickstoffsubstanz 1,89 %, Fett 0,60 %, freie Säure 1,26 %, Invertzucker 47,16 %, stickstofffreie Extraktstoffe 24,99 %, Rohfaser und Kerne 3,76 %, Asche 1,83 %. Die Einfuhr erfolgt über Triest, Venedig, Marseille und London meist in Kisten, Fässern oder Matten von etwa 50 kg Bruttogewicht, die feineren Sorten mehr in Schachteln. Besonders beliebt sind die größeren braunroten Ägyptischen (Alexandrinen) und die kleineren hellgelben Berberischen D. aus Tunis. — Die auf den indischen Basaren verkauften Datteln von Phoenix acaulis, humilis und silvestris stehen den afrikanischen weit nach.

Daturin (lat. Daturinum), das giftige Alkaloïd des Stechapfels, ist mit dem Atropin (s. d.) identisch.

Degras heißt eine von Lohgerbern sehr gesuchte Lederschmiere, welche teils als Abfall bei der Sämischgerberei erhalten, teils, weil diese Quelle nicht ausreichend ist, besonders hergestellt wird. Die Zubereitung des Weichleders beruht darauf, daß die von Haaren und Narbe entblößten Felle mit Öl gewalkt, darauf wiederholt an die Luft gehängt und schließlich in warmer Kammer aufgeschichtet werden. Das Öl erleidet hierbei eine Oxydation und erlangt damit die Fähigkeit, sich mit der Tierfaser zu verbinden und ihr die lederartige Beschaffenheit zu geben. Das überschüssige Fett wird soweit als möglich auf mechanischem Wege, durch Ausringen und Pressen (Primasorte) und schließlich durch Auswaschen der Felle in warmer Pottaschelösung entfernt. Durch Zersetzung der hierbei entstehenden Emulsion (Urläuter, Weißbrühe) mit Schwefelsäure und Waschen der abgesonderten Fettsäuren erhält man die geringere Sorte des echten D. Um dieselbe Substanz direkt und als Haupterzeugnis herzustellen, wird das Verfahren des Sämischgerbens mit schlechten Fellen so lange wiederholt, bis sie in Fetzen zerfallen. Auch stellt man D. durch Zusammenschmelzen von Vaseline, Talg und Fischtran künstlich her.

Delphinin (lat. Delphininum, frz. Delphinine, engl. Delphinin), die neben Staphisagrin in den Stephanskörnern enthaltene giftige Pflanzenbase, ein weißes, amorphes, geruchloses Pulver von unerträglich bitterem Geschmack, wird nur selten medizinisch verwandt.

Deltametall, eine Legierung aus Kupfer (60 %), Zink (38 %), Eisen (1 %), etwas Mangan und Phosphor, deren Herstellung besondere Kunstgriffe erfordert, besitzt große Härte und Zähigkeit, kann gewalzt, gezogen und geschmiedet werden, liefert feinkörnige dichte Güsse und ist im geschmolzenen Zustande dünnflüssig. Die Farbe schwankt zwischen der des Messings und des Kanonenmetalls, die Oberfläche nimmt eine feine Politur an. Das D. wird zur Anfertigung von Schiffsschrauben, Dampfpumpen, Kesselarmaturen, Feuerspritzen und Rädern empfohlen und in Rundstäben für Spindeln und Schieber, in gewalzten Sechskantstäben für Schrauben und Muttern geliefert.

Demijohns, starke, mit geschälten Korbweiden umflochtene Glasflaschen von zylindrischer oder Kugelform, werden von 1—40 l Inhalt geliefert und eignen sich zum sicheren Versand aller Arten von Flüssigkeiten.

Dermatol (Basisch gallussaures Wismut, lat. Bismutum subgallicum, frz. Gallate basique de bismuth, engl. Subgallate of bismuth) entsteht durch Vermischen von Gallussäure mit einer Lösung von Wismutnitrat in Eisessig als ein gelbes, geruch- und fast geschmackloses Pulver, das in Wasser, Alkohol und verd. Säuren unlöslich ist, von starken Säuren aber gelöst wird. Trotzdem es kein eigentliches Antiseptikum ist, wirkt es durch Beschränkung der Sekretion austrocknend und wird daher zur Behandlung aseptischer Wunden benutzt.

Desinfektionsmittel nennt man die Substanzen, welche geeignet sind, Mikroorganismen abzutöten, oder wenigstens in ihrer Entwicklung zu hemmen. Die erste an jedes D. zu stellende Anforderung ist, daß es schnell und sicher wirkt, im übrigen können die Eigenschaften je nach dem mit der Anwendung verfolgten Zwecke wechseln. So müssen die zur Desinfektion größerer Mengen Abwässer, Abortgruben usw. bestimmten Mittel billig und leicht zu handhaben sein. Zur Desinfektion von Kleidungsstücken und Haushaltsgegenständen sind solche Stoffe ausgeschlossen, welche die Gegenstände selbst angreifen, wie Chlor, Säuren u. dgl. Zum Besprengen von Straßenkörpern dienende Desinfektionsmittel müssen mit Wasser Lösungen oder beständige Emulsionen geben. Von bekannteren Stoffen seien hier nur angeführt: Chlorwasser, Sublimat, Kaliumpermanganat, Karbolsäure, Chlorkalk, Eisenchlorid, Zink- und Kupfervitriol, Thymol, Salizylsäure, Arsenik, Aluminiumchlorid, Alaun, Eisenvitriol. Ihre besonderen Eigenschaften finden sich in den Spezialartikeln besprochen.

Dessert-Weine, solche, meist ausländische Weine, die an Alkohol bzw. an Alkohol und Zucker reich sind und sich dabei durch eine besondere Feinheit des Geschmacks auszeichnen, zerfallen in die eigentlichen konzentrierten Süßweine, wie Rheinische Ausbruchweine, Tokayer, Sizilianische Muskatweine, Malaga, griechische Malvasier, welche bei verhältnismäßig niedrigem Alkoholgehalt viel Zucker und Extrakt aufweisen, und in die sog. Likörweine mit hohem Alkohol-, aber niedrigem Extraktgehalt, wie Marsala, Sherry, Portwein und Madeira. Die ersteren werden entweder aus den besten ausgelesenen Beeren oder aus überreifen, teilweise geschrumpften Trauben gekeltert, deren überaus hoher Zuckergehalt nur zum Teil vergoren wird. Die anderen entstehen nach den verschiedensten Verfahren durch Spriten hinreichend weit vergorener, zum Teil eingedickter Moste. Die D. unterliegen mannigfachen Verfälschungen und werden sogar aus Rosinen, eingedickten Moststoffen, Tamarinden und Zucker völlig nachgemacht. Ein strafrechtliches Einschreiten erscheint jedoch wenig aussichtsvoll, weil die genannten Ersatzstoffe auch in den Ursprungsländern benutzt werden, und das deutsche Weingesetz nur beschränkte Anwendung findet. Immerhin verlangen die deutschen Nahrungsmittelchemiker, daß sie bei höherem Alkoholgehalt mindestens 6 g Alkohol der eigenen Gärung verdanken und ohne Verwendung von Zucker und Rosinen hergestellt worden sind. Als Medizinalweine dürfen nur konzentrierte Süßweine bezeichnet werden, die wenigstens 2,6 g zuckerfreien Extraktrest und 0,04 g PO_4 in 100 ccm enthalten.

Dewarsche Kolben, doppelwandige Gefäße, deren umhüllender Hohlraum luftleer gepumpt und deren Innenseite zur Verhinderung der Wärmestrahlung mit Silber überzogen ist, dienen zur Aufbewahrung und zum Versand flüssiger Luft.

Dextrin (lat. Dextrinum, frz. und engl. Dextrine), ein Umwandlungsprodukt der Stärke, das die gleiche prozentige Zusammensetzung wie diese, aber abweichende chemische Eigenschaften besitzt, wird in großen Mengen fabrikmäßig hergestellt und kommt je nach dem Grade der Reinheit unter verschiedenen Namen, wie Stärkegummi, Röststärke, Gommeline, Leiogomme, Leiocome, in den Handel. Die Umwandlung der meist als Ausgangsmaterial benutzten Kartoffelstärke wird entweder durch einfaches Rösten bei 200^0, oder durch Behandlung mit Malzaufguß (Diastase) bei 65—75^0 oder endlich durch Erwärmen mit verdünnten Säuren bewirkt. In letztem Falle läßt man die Säure so lange einwirken, bis Jodlösung keine Blaufärbung mehr hervorruft, und neutralisiert den Überschuß mit kohlensaurem Kalzium. Zur weiteren Reinigung wird das entstandene D. aus wäßriger Lösung mit Alkohol gefällt, und der Niederschlag nach dem Auswaschen getrocknet. D. des Handels erscheint entweder in Form eines zarten weißen bis gelblichen Pulvers oder in Form gelblicher, durchscheinender Stücke nach Art des Gummiarabikums. Es unterscheidet sich von der Stärke dadurch, daß es sich in Wasser zu einer klebrigen Flüssigkeit auflöst, welche die Ebene des polarisierten Lichtes stark nach rechts dreht und mit Alkohol einen zähklebrigen Niederschlag liefert. In chemischer Hinsicht ist das Handelsdextrin kein einheitlicher Körper, sondern ein Gemisch verschiedener Verbindungen, deren Eigenschaften teils denjenigen des Ausgangsmaterials, der Stärke, teils des Enderzeugnisses, d. i. der Stärkezucker (s. d.), nahestehen. Die ersteren färben Jodlösung violett, die mittleren braun, die letzteren gar nicht. D. wird von Hefe nicht vergoren und findet sich daher im Biere, auch soll es in manchen Pflanzensäften vorkommen. Es wird in der Industrie als Klebemittel, ferner als Appretur, als Verdickungsmittel für Farben und Beizen in der Zeugdruckerei und zu zahlreichen anderen Zwecken benutzt.

Diamalt, eine zur Beschleunigung des Backprozesses angepriesene Zubereitung österreichischen Ursprungs, besteht aus dem eingedickten Extrakt von Grünmalz und wirkt durch seinen Gehalt an Diastase.

Diamant (Demant, lat. Adamas, frz. Diamant, engl. Diamond), der wertvollste aller Edelsteine, besteht in chemischer Hinsicht aus reinem Kohlenstoff, welcher durch besondere, nicht näher bekannte Einflüsse in Kristallform übergeführt worden ist. Er kristallisiert im regulären System, und zwar meist in Form von Oktaedern, Würfeln, Rhombendodekaedern und 48-Flächnern, von denen die letzteren infolge ihrer gekrümmten Flächen und Kanten meist Kugelform zeigen. Die meisten rohen D. sind äußerlich mit einer rauhen trüben Rinde umkleidet und verraten nichts von ihrer Schönheit, die erst durch das Schleifen offenbart wird. Die Härte übertrifft diejenige aller anderen Körper (Härtegrad 10), so daß er nur in seinem eigenen Pulver geschliffen werden kann, doch ermöglicht die leichte Spaltbarkeit nach den Oktaederflächen seine Bearbeitung, und seine Sprödigkeit die Herstellung eines feinen Pulvers. Der D. tritt farblos oder in verschiedenen Farben auf, ist stark lichtbrechend und glänzend (Diamantglanz). Als reiner Kohlenstoff verbrennt er im Sauerstoff bei 700—800^0 unter Hinterlassung einer Spur Asche. Hingegen kann er unter einer Decke von Borsäure oder Borax mit der Gasflamme geglüht werden, ohne Schaden zu leiden. Nachdem die am längsten bekannten Fundorte in Ostindien in Golkonda und auf Borneo ziemlich erschöpft sind, kommen für die Lieferung der Diamanten fast nur noch Brasilien, Südafrika und Westaustralien in Frage. In Brasilien, wo die D. 1725 entdeckt wurden, finden sie sich bei Diamantina in der Provinz Matto grosso, in den Flußbetten des Rio Diamantino, Rio Ouro, Rio Paraguay sowie in den Provinzen Minas-Geraës, Bahia, Goyaz und Cuyaba in Schwemmland, Sand und Gerölle, ferner an sekundärer Lagerstätte in einer durch Brauneisen verkitteten Quarzbreccie (Cascalho) und eingesprengt in dem eigentümlichen biegsamen Sandstein, dem Itakolumit, der zur huronischen Schieferformation gehört und daher als das Muttergestein des D. angesehen wird. In Südafrika finden sich die D. teils im Alluvium der Talsohlen, teils in einem durch Eisenerze verkitteten Kieselkonglomerat, dem sog. Blue ground, welcher trichterförmige Einsenkungen ausfüllt. Die hauptsächlich in Transvaal gefundenen Kapdiamanten sind in der Regel farblos und durchsichtig, seltener gefärbt. Ihnen ähnlich sind die in Deutsch-Südwest gefundenen D., auf die unser Kolonialamt so stolz war. Gelblich schimmernde Stücke werden weniger geschätzt als völlig farblose, hingegen stehen die sehr seltenen blauen und grünen hoch im Preise. D. mit ungleichmäßiger Färbung und Durchsichtigkeit, mit trüben oder rostfarbenen Stellen, Flekken, Punkten, Adern und Wolken sind zu Schmucksachen untauglich und bilden nebst den zu kleinen Stücken den Ausschuß, der zu Glaserdiamanten, Zapfenlagern für Uhren und Kompasse sowie gepulvert als Schleifmittel verwandt wird. Die Glaserdiamanten werden zweckmäßig aus kleinen Steinen (Kugelport) mit natürlichen Kanten hergestellt, weil diese besser schneiden als D.-Splitter. Hingegen verwendet man zum Gravieren auf Glas, Metalle oder lithographischem Stein dreiflächig zugespitzte Splitter, die in Griffel gefaßt werden. Für alle diese technischen Verwendungen, insbesondere auch zur Herstellung von Drehstählen für Granit, Porphyr, Glas, Stahl und Gußeisen sowie von Kränzen an Bohrmaschinen findet hauptsächlich der durch amorphen Kohlenstoff gefärbte Schwarze Diamant der Provinz Bahia (Carbonates) Anwendung. — Die rohen Diamanten haben meist eine rauhe, wenig durchsichtige Rinde von bleigrauer oder grünlicher Farbe. Die letztere wird lieber gesehen, weil sie in der Regel die reinste Masse umschließt. Die Beurteilung roher Steine erfordert große Erfahrung, da neben der Reinheit auch die Form, von der die Größe des Abfalls abhängt, in Frage kommt. Die meisten Steine verlieren durch die Bearbeitung $1/3$—$1/2$ ihrer Masse. Die durch Unreinheiten bewirkten Fehler bezeichnen die Juweliere entweder als Federn, Sprisselchen, schwarze und braune Flecke, matte weiße Tupfen und regenartige Streifen. Nach der Reinheit unterscheidet man drei Klassen: D. vom reinsten Wasser, vollkommen klare, farb- und fehlerlose, aber meist kleine Steine, D. vom zweiten Wasser, klar, aber mit kleinen Fehlern, und D. vom dritten Wasser. Steine von ungewöhnlicher Schönheit heißen Solitairs, Paragons oder Nonpareils. — Die Preise richten sich nach der Größe, Form und Reinheit. Ein schön geschliffener Brillant von 1 Karat hat einen Wert von etwa 300 M., der bis zu 15 Karat ungefähr dem Gewichte entsprechend, darüber hinaus aber sprunghaft ins Ungemessene ansteigt. — Die Diamantschleiferei, durch welche erst die wertvollen Eigenschaften des D., Klarheit, Glanz und Farbenspiel hervorgebracht werden, hatte früher ihren Sitz ausschließlich in Amsterdam und Antwerpen, wird jetzt aber auch in Hanau und Hamburg betrieben. Dem eigentlichen Schleifen geht das sog. Klieven, d. h. ein Abspalten größerer Stücke mit Hammer und Meißel nach Zeichnung voraus. Darauf folgt das Beschneiden, ein Abreiben zweier in den Kittstock eingesetzter Teile aus freier Hand und schließlich das eigentliche Schleifen. Hierzu werden die Steine ebenfalls in einen Halter eingekittet und so gegen eine rotierende, mit Öl und Diamantstaub bestrichene Fläche gedrückt. Die gangbarsten Formen des Schliffes sind die Brillant- und Rosettenform. Die erstere, die das Licht- und Farbenspiel des D. am schönsten entwickelt, ist eine niedere, beiderseits abgestumpfte Doppelpyramide mit 2 oder 3 Reihen 3-, 4- oder 5eckiger Facetten. Die Rosette besteht aus einer einfachen Pyramide mit runder oder ovaler flacher Basis. Nachahmungen von D. wurden früher aus Bergkristall, in letzter Zeit schöner aus stark lichtbrechendem Bleiglas hergestellt, sind aber an ihrer geringeren Härte leicht zu erkennen. Weitere Unterscheidungsmerkmale bestehen darin, daß ein auf den Diamanten gebrachter kleiner Wassertropfen seine Kugelform behält, auf Imitationen aber zerläuft, und daß die Flächen des echten Steins niemals so regelmäßig geformt sind, als die Nachahmungen.

Diamol, Diamidophenolchlorhydrat, wird als photographischer Entwickler benutzt.

Diaphanbilder (Lithophanien) nannte man früher sehr verbreitete Fensterbilder, Platten aus unglasiertem Porzellan (Biskuit), die, gegen das Licht gehalten, infolge des Vorhandenseins dünnerer und dickerer Stellen ein Bild durchscheinen ließen. Seit den Fortschritten der Photographie benutzt man besondere Diapositivplatten zur Herstellung.

Diastase, das in zahlreichen Pflanzenteilen und tierischen Säften (Speichel) enthaltene Ferment, welches Stärke in Zucker (Maltose und Stärkezucker) zu verwandeln vermag und das wirksame Prinzip des Malzes bildet, wird durch Extraktion von Malz mit verd. Alkohol gewonnen und kommt als hellgelbes Pulver in den Handel.

Dicköl. Unter dieser Bezeichnung versteht man im Handel zum Teil verharztes Terpentinöl. Man läßt zu seiner Herstellung Terpentinöl in flachen Schalen, der Einwirkung der Luft ausgesetzt, verdunsten, und benutzt es in der Glas- und Porzellanmalerei.

Didym, ein metallisches Element aus der Gruppe der seltenen Erden, welches in einigen Mineralien als Begleiter des Zeriums (s. d.) auftritt, ist eigentlich ein Gemisch zweier Elemente, Neodym und Praseodym, von denen das erstere grüne, das andere rote Salze bildet. Die Verbindungen des D., welche als Nebenprodukte bei der Gewinnung des Thoriums entstehen, besonders das Didymchlorid, finden als wirksame und billige Desinfektionsmittel, das Neodymnitrat außerdem in der Glasherstellung zum Entfärben der Glasmasse, Anwendung.

Digitalin (lat. Digitalinum, frz. Digitaline, engl. Digitalin). Der unter diesem Namen in den Handel kommende giftige Bestandteil des Fingerhutkrautes (s. d.), bestand früher immer aus einem Gemenge der verschiedenen, in diesem Kraut enthaltenen charakteristischen Stoffe, die je nach der Darstellungsweise in wechselnden Mengen vorhanden waren. Diese als deutsches Digitalin (Digitalinum purum pulveratum), Digitaline crystallisée Nativelle (frz. D.) und Digitaline amorphe Homolle bezeichneten Alkaloïdgemische haben jedoch zurzeit nur noch historisches Interesse, seit die Einzelbestandteile, Digitalin und Digitoxin, in reinem Zustande in den Handel gebracht werden.

Dikafett (Adika) ist ein aus den Samen der in Gabon wachsenden Irwingia Barteri gewonnenes und seit einigen Jahren in den Handel gebrachtes Pflanzenfett. Die Samen, welche auch zur Darstellung einer schokoladenartigen Masse (Dikabrot, Chocolat de Gabon) verwandt werden, enthalten 60—66% eines der Kakaobutter ähnlich riechenden festen Fettes, das anfänglich rein weiß ist, nach längerem Liegen aber äußerlich stark gelb wird. Es schmilzt bei 40° und eignet sich zur Herstellung von Kerzen und Seifen.

Dill (Gurkenkraut, lat. Herba anethi, frz. Aneth, engl. Dill), ein aromatisches Doldengewächs, Anethum graveolens, ist im südlichen Europa heimisch und wird bei uns häufig für häusliche Zwecke, namentlich zum Einlegen der Gurken sowie zu Gewürztunken, in Garten und Feld ausgesät, an einigen Orten (Nürnberg, Erfurt, Sachsen) auch zur Samengewinnung in größerem Maßstabe gebaut. — Durch Destillation der Samen mit Wasser erhält man das anfangs farblose, später hellgelbe ätherische Dillöl (lat. Oleum anethi, frz. Essence d'aneth, engl. Oil of dill), das den Geschmack und Geruch der Pflanze konzentriert enthält und zum Parfümieren von Seifen und in der Likörherstellung gebraucht wird. Es hat ein spez. Gew. von 0,895—0,915 und enthält neben Karvon (s. d.) noch Limonen und Phellandren. — Dillsamen (lat. Fructus anethi, frz. Fruit d'aneth, engl. Dill), die 4—5 mm langen, 3 mm breiten Spaltfrüchte von graubrauner Farbe und aromatischem Geruch und Geschmack, werden wie das Kraut als Küchengewürz zum Einlegen von Gurken verwandt.

Dimethylamidoazobenzol, ein wenig gebrauchter gelber Teerfarbstoff, der als Indikator Anwendung findet.

Dionin, ein durch Einwirkung von Äthyljodid auf Morphin dargestelltes Heilmittel (salzsaures Äthylmorphin), wird an Stelle des Morphins gegen Erkrankung der Atmungsorgane, der Augen und zu Einspritzungen verordnet.

Diphenylaminblau, ein dunkelblauer, in Wasser unlöslicher Teerfarbstoff, wird durch Erhitzen von salzsaurem Diphenylamin (ev. mit Tolyldiphenylamin gemengt) mit Oxalsäure hergestellt. Beim Behandeln mit Schwefelsäure liefert es eine in Wasser lösliche Sulfosäure, die in der Färberei Anwendung findet.

Diptamwurzel (lat. Radix dictamni, frz. Racine de dictamne, engl. Dittany root), die getrocknete, geruch- und geschmacklose Wurzel von Dictamnus albus, wird in der Volksmedizin angewandt.

Ditarinde (lat. Cortex dita, frz. Ecorce de dita, engl. Dita bark), die als Fiebermittel empfohlene Rinde von Alstonia scholaris, einem auf den Philippinen heimischen Baume aus der Familie der Apozynazeen, enthält neben etwas Harz (Echikautschin) als wirksame Bestandteile die stark giftigen Alkaloïde Ditain oder Ditamin, Echitenin und Echitamin.

Diuretin nennt man das Doppelsalz von Theobromin-Natrium mit salizylsaurem Natrium, ein salzig-alkalisch schmeckendes, geruchloses Pulver, das als harntreibendes Mittel verordnet wird.

Dividivi (Libidivi, Gerbschoten), die 1,5 bis 3 cm langen, 2—3 cm breiten, S-förmig gekrümmten, glänzendbraunen Hülsenfrüchte eines in Kolumbien und auf den benachbarten Inseln wachsenden hohen Strauches, Caesalpinia coriaria, enthalten 30—50% eines von dem der Galläpfel verschiedenen Gerbstoffs, werden im Gemisch mit anderen Materialien zum Gerben gebraucht und geben weiche, braunrot gefärbte Leder. In der Färberei werden sie, wie Galläpfel, zum Schwarzfärben benutzt.

Dochte für Kerzen oder Lampen mit flüssigen Brennstoffen werden meist aus Baumwolle gewebt, geflochten, gedreht oder gesponnen, bisweilen auch zur Erhöhung der Verbrennlichkeit mit Salpeter u. a. imprägniert. Daneben gibt es unverbrennbare D., die aus Asbest oder Glasgespinsten hergestellt sind.

Dörrgemüse wird in der Weise hergestellt, daß man die gereinigten und zerkleinerten Pflanzenteile zunächst mit heißem Wasser abbrüht oder besser dämpft und darauf bei nicht zu hoher Temperatur trocknet. In Haushaltungen oder kleinen Betrieben bedient man sich hierzu der Sonnenwärme oder kleiner Öfen nach Art der Obstdarren, in der Großindustrie meist besonderer Vakuumapparate, in denen bei 40—50° Farbe und Aroma besser erhalten bleiben. Künstliche Grünfärbung oder Bleichung mit schwefliger Säure u. dgl. ist zu verwerfen. Als wichtigste D. kommen Bohnen, Möhren, verschiedene Kohlarten, Spinat, Zwiebeln, Schoten, neuerdings auch Kartoffeln und Kohlrüben in den Handel. Der bei letzteren bisweilen beobachtete üble Geschmack ist auf die Verwendung direkter Feuerungsgase zurückzuführen. Richtig hergestelltes D., dessen Wassergehalt von 80—90 % auf etwa 10—20 % herabgesetzt worden ist, bildet ein wertvolles Nahrungsmittel von großer Haltbarkeit, muß aber trocken und sauber aufbewahrt werden, da es sonst leicht von Milben befallen wird. Die Zubereitung erfolgt durch mehrstündiges Einweichen und langsames Kochen.

Dörrobst im allgemeinen nennt man das durch Trocknen haltbar gemachte Obst. Zum Unterschiede von dem durch künstliche Wärme getrockneten Backobst (s. d.) gebraucht man diese Bezeichnung aber im Handel meist für gewisse ausländische Erzeugnisse, die bei Sonnenwärme getrocknet sind, wie Görzer Prünellen, kalifornische Aprikosen, Pfirsiche, Birnen und Äpfel, und sich durch schönes Aussehen vorteilhaft auszeichnen. Sehr oft ist dieser Vorzug allerdings nur ein scheinbarer und auf Behandlung mit bleichenden Mitteln, wie schwefliger Säure, früher auch wohl Zinkoxyd, zurückzuführen.

Dolomit, ein auch gesteins- und gebirgsbildend auftretendes Mineral, das aus einem isomorphen Gemisch von Kalzium- und Magnesiumkarbonat besteht, erscheint in Form weißer oder schwach bräunlicher kristallinischer Massen und kommt in gemahlenem Zustande zur Darstellung von Kohlensäure in den Handel.

Doppelscharlach. Diesen Namen führen verschiedene rote, zur Gruppe der Azofarben gehörige Teerfarbstoffe, so namentlich das Natronsalz des Amidoazobenzolmonosulfosäureazobetanaphtols (Echtscharlach), ein rotbraunes Kristallpulver, das in Wasser mit roter, in konzentrierter Schwefelsäure mit grüner, beim Verdünnen mit Wasser durch Blau in Scharlachrot übergehender Farbe löslich ist. Doppelscharlach extra S, das Natronsalz der Betanaphtylaminsulfosäureazoalphanaphtolmonosulfosäure, ein braunrotes, in Wasser mit gelbroter Farbe lösliches Pulver, färbt wie das vorige Wolle in saurem Bade scharlachrot. Brillantscharlach und Brillantponceau sind sehr ähnliche Farben. Doppelbrillantscharlach G (Orangerot I), ein rotbraunes, in Wasser mit gelbroter, in konzentrierter Schwefelsäure mit fuchsinroter Farbe lösliches Pulver, besteht aus dem Natronsalze des Betanaphtylaminsäureazobetanaphtols und färbt Wolle gelbrot.

Dormiol (Chloralamylalkoholat) entsteht bei Behandlung von Chloral mit Amylenhydrat als ein farbloses, nach Kampfer riechendes Öl vom spez. Gew. 1,250 und wird an Stelle des Chlorals als Schlafmittel benutzt.

Dornenstein, die bei der Verdunstung der Salzsole auf den Dornen der Gradierwerke in Salinen sich absetzende feste Masse von gelblichgrauer Farbe, besteht der Hauptsache nach aus Gips und einigen anderen Salzen und wird als Düngemittel verkauft.

Dorsch (frz. Narvage, engl. Torsk), ein Fisch aus der Familie der Gadiden oder Schellfische, Gadus calarias, zu der außer dem eigentlichen Schellfisch auch der Merlan und der Kabeljau gehören, ist im Vergleich zu den letzteren großen Verwandten klein, nur 1/3 m lang und 1—1,5 kg schwer, aber von zartem schmackhaften Fleisch und wird sowohl frisch, als gesalzen und getrocknet gegessen. Der Fisch lebt häufig in der Ostsee sowie an den norwegischen und irischen Küsten, und wird namentlich auf den Lofoten massenhaft gefangen. Er kommt in Fässern eingesalzen als Salzdorsch und, neuerdings häufiger als früher, frisch über die norddeutschen Seehäfen in den Handel, wird aber oft mit dem Kabeljau (s. d.) verwechselt. Der Verbrauch des frischen Fisches ist jetzt durch die Eisenbahnen bis weit ins Binnenland hinein ermöglicht und beständig im Zunehmen begriffen. Die Leber dient zur Herstellung von Lebertran (s. d.).

Dost (Dostenkraut, Wohlgemut, wilder Majoran, lat. Herba origani vulgaris, frz. Sommité fleurie d'origan vulgaire, engl. Common marjoram). Diese, der Familie der Labiaten angehörige, mit Salbei und Majoran nahe verwandte Gattung umfaßt verschiedene Arten aromatischer und offizineller Kräuter. Der gemeine D. ist eine bei uns häufig auf sandigen Anhöhen wachsende, 30 cm hohe Pflanze mit vierkantigem, zottig behaartem rötlichen Stengel, gegenüberstehenden eirunden, buchtig gezähnten, an der Unterseite und am Rande weichhaarigen Blättern und rundlichen Blütenähren mit purpurroten Lippenblüten. Das mit den Blüten gesammelte und getrocknete Kraut der Pflanze riecht sehr stark, aber angenehm aromatisch und schmeckt gewürzhaft bitterlich. Es dient zu Kräuterkissen und Kräuterbädern. Durch Destillation mit Wasser wird daraus der riechende Stoff als ein dünnflüssiges, blaßgelbes, ätherisches Öl, Dostöl (lat. Oleum origani vulgaris, frz. Essence d'origan, engl. Origan oil), vom spez. Gew. 0,870—0,910 erhalten, das zum Parfümieren von Seife dient. — Die gleiche Verwendung finden Kraut und Öl des kretischen Dostes, auch Spanischer Hopfen genannt (lat. Herba origani cretici, frz. Marjolaine d'Espagne, engl. Spanish marjoram), der in Griechenland und Kleinasien heimisch ist und von dort eingeführt wird, hauptsächlich zur Gewinnung des ätherischen Öls, welches als spanisches Hopfenöl (lat. Oleum origani cretici, frz. Essence de marjolaine d'Espagne, engl. Spanish marjoram oil) gegen Zahnweh dient. Dieses Öl ist dickflüssig, goldgelb bis rotbraun, vom spez. Gew. 0,920—0,980 und enthält außer einem Terpen als wichtigsten Bestandteil Karvakrol und höhere Phenole.

Dotter (Leindotter, Flachsdotter, Finkensame, Dotterlein, frz. Cameline, engl. Gold of pleasure) ist eine auf Äckern unter Flachs und anderen Saaten oft wild wachsende einjährige Kruzifere (Camelina sativa), die, als

Ölpflanze ziemlich häufig angebaut, sichere und ergiebige Erträge gibt, nicht von Insekten leidet und Kälte verträgt und daher zeitig im Frühjahr gesät werden kann. Die Pflanze hat einen eckigen rauhen Stengel, lange Trauben kleiner, blaßgelber Blüten und birnförmige Schötchen mit länglich dreieckigen, rötlichen Samen. Nach der Ernte (im August) werden die Pflanzen auf Haufen getrocknet, und dann die Samen ausgedroschen. Aus den letzteren gewinnt man das Dotteröl, welches anfänglich etwas bitter schmeckt, nach einiger Zeit aber durch Abklären zu Speiseöl tauglich wird. Es hat ein spez. Gew. von 0,9228, und wird im Gemisch mit Rüböl meist zu Leuchtzwecken und als trocknendes Öl zu Firnissen gebraucht. Der Anbau des D. wird hauptsächlich in den Niederlanden, aber auch in mehreren Gegenden Deutschlands, Belgiens, Österreichs und der Türkei betrieben.

Drachenblut (lat. Sanguis draconis, Resina draconis, frz. Sang dragon, engl. Dragons blood). Unter diesem Namen sind spröde, geruch- und geschmacklose, dunkel blutrote, gepulvert lebhaft zinnoberrot erscheinende Harze im Handel, von denen hauptsächlich folgende Sorten unterschieden werden: 1. Echtes D. von Daemonorops Draco, aus Ostindien. Das Harz wird teils durch freiwilliges Ausfließenlassen, teils durch Anritzen der Früchte gewonnen und bildet braunschwarze, in Palmblätter eingeschlagene Massen, die ein dunkelrotes Pulver geben. 2. Kanarisches D. von Dracaena Draco, ein dunkelrotes Harz, welches nur noch wenig im Handel ist. 3. Amerikanisches oder Cartagena D. von Pterocarpus Draco ähnelt mehr dem Kino. Außer dem D. in Blöcken, Sanguis draconis in massis, hat man noch eine feinere Sorte, S. d. in bacillis, ca. 25—30 cm lange in Palmblätter eingewickelte Stangen. Gutes D. soll sich in Weingeist und Äther leicht lösen und wird als Zusatz zu Pflastern sowie zum Färben von Lacken und Polituren benutzt.

Drachenquelle bei Honnef enthält in 1000 Gewichtsteilen: 2,0083 g Natriumkarbonat, 0,2893 g Kalziumbikarbonat, 0,9736 g Magnesiumbikarbonat, 0,0054 g Ferrobikarbonat, 1,9516 g Natriumchlorid, 0,1447 g Kaliumsulfat, 0,3009 g Natriumsulfat, 0,0202 g Kieselsäure und 1,8590 g freie Kohlensäure.

Dragees (Zuckerschrot) bestehen aus mit einer Zuckerhülle umgebenen Mandeln, Nußkernen, Anis-, Fenchel-, Koriander- oder Kümmelsamen. Größe und Form sowie Art der übrigen Zutaten (ätherische Öle, Gewürze, Fruchtsäfte, Farbstoffe) sind sehr mannigfaltig.

Drogen (Droguen, Dogeriewaren, frz. Drogues, engl. Drugs). Unter dem Namen D., der von dem holländischen „droog" (engl. dry, plattdeutsch drög, d. h. dürr) abstammen soll und nach Pöschl trocken erscheinende Waren aus dem Tier- und Pflanzenreiche bezeichnet, faßt man jetzt alle diejenigen Naturprodukte zusammen, welche zu medizinischen und technischen Zwecken benutzt werden und Handelsartikel der Apotheker und Drogisten bilden. Im Laufe der Zeit hat sich der Begriff des Wortes D. erweitert, so daß man jetzt nicht nur Rohprodukte dazu rechnet, sondern auch Zubereitungen und Stoffe, die zu anderen als medizinischen Zwecken dienen. Die Händler mit D. führen in der Regel zugleich auch Chemikalien (s. d.). Als Drogen im engeren Sinne gelten namentlich Teile von Pflanzen und Rohstoffe des Pflanzenreichs, welche teils von wildwachsenden, teils von zu diesem Zwecke angebauten Pflanzen gesammelt werden. Die Einsammlung muß zu einer Zeit stattfinden, zu welcher die letzteren am reichsten an wirksamen Bestandteilen sind, und welche für die einzelnen Pflanzen verschieden sind. Im allgemeinen läßt sich jedoch sagen, daß Kräuter kurz vor oder während der Blüte, Blüten bei der Entfaltung, Früchte und Samen im völlig ausgereiften Zustande, Wurzeln während der Vegetationsruhe, Rinden am Schlusse oder vor Beginn derselben den größten Gehalt an wirksamen Bestandteilen besitzen. Von diesen Regeln gibt es aber Ausnahmen. So sind z. B. die Lavendelblüten und die Blüten des Gewürznelkenbaumes im unaufgeblühten Zustande aromatischer als im aufgeblühten, die unreifen Pomeranzenfrüchte enthalten mehr Bitterstoff als die reifen, die Schierlingssamen sind vor der Reife am alkaloïdreichsten. Auch das Alter der Pflanzen, die Bodenbeschaffenheit und das Klima sind von Einfluß auf die Menge der wirksamen Bestandteile. So ist z. B. die Wurzel von Taraxacum auf dürftigem Boden viel bitterer als auf fettem, aromatische Kräuter entwickeln sich auf sonnigen Bergabhängen viel duftiger als im Talgrunde, und der aus seiner asiatischen Heimat nach Europa verpflanzte Hanf verliert hier seine narkotischen Eigenschaften fast ganz. Einen sehr bedeutenden Einfluß übt auf manche Pflanzen die Kultur aus. So ist bekannt, daß die Zichorienwurzel bei der Kultur ihre Bitterkeit verliert, daß im Garten gezogenes Aconitum nur noch sehr schwach giftig wirkt, und daß im Gegenteil die Chinabäume durch die Kultur viel alkaloïdreichere Rinden liefern als die wildwachsenden. Alle diese Verhältnisse sind, soweit es möglich war, bei Besprechung der einzelnen D. berücksichtigt worden. Der Großhandel mit D. und Chemikalien ist keinen Beschränkungen unterworfen, dagegen ist der Kleinhandel mit diesen Waren insofern beschränkt, als einige derselben von den Drogisten als Arzneimittel nicht verkauft werden dürfen, und in den Apotheken auch nur nach ärztlicher Verordnung. Andere D. können zwar von den Apothekern auch ohne ärztliche Verordnung verkauft werden, nicht aber von den Drogisten. Handelt es sich um die Verwendung von giftigen Drogen, Chemikalien und Zubereitungen zu einem erlaubten gewerblichen, wirtschaftlichen, wissenschaftlichen oder künstlerischen Zwecke, dann sind die von den Behörden zugelassenen Gifthandlungen zum Verkaufe berechtigt. Diese Genehmigung zum Gifthandel wird auch Drogisten erteilt, die Apotheker brauchen sie nicht, müssen aber bei der Abgabe solcher Artikel im Handverkaufe die gleichen Vorschriften beobachten. Den Drogisten ist gestattet, eine Anzahl Arzneimittel auch als „Heilmittel" an das Publikum abzugeben. Siehe die als Anhang abgedruckte „Verordnung betreffend den Verkehr mit Arzneimitteln". Alle übrigen zusammengesetzten und gemischten Arzneimittel dürfen als „Heilmittel" von Drogisten und Kaufleuten im Kleinhandel an das Publikum nicht abgegeben werden. Auch die in dem Verzeichnis B der Verordnung vom 22. X. 1901 aufgeführten Drogen, Chemikalien und Zubereitungen dürfen außerhalb der Apotheken nicht feilgehalten und verkauft werden. Da die Verordnung den Verkehr mit „Arzneimitteln" regelt, ist bei einzelnen Artikeln, die kosmetische oder technische Verwendung finden oder Desinfektionsmittel sind, beim Verkaufe und der Signierung darauf zu achten; z. B. Chinarinde, zur Herstellung des China-Kopfwassers, Eau de Quinine, Chloroform zum Auflösen von Kautschuk, um Fahrradreifen usw. zu kitten, Zinkchlorid zur Herstellung des säurefreien Lötwassers usw.

Drops (Tropfen), zuerst in England hergestellte rundliche Bonbons oder Plätzchen, mit säuerlichen Fruchtsäften oder künstlichen Fruchtäthern gefüllt (Fruchtbonbons).

Duboisinsulfat (lat. Duboisinum sulfuricum, frz. Sulfate de duboisine, engl. Sulfate of duboisine), wird aus den Blättern der in Australien heimischen strauchartigen Solanazee, Duboisia myoporoides, hergestellt. Es besteht je nach der Art der benutzten Blätter aus Hyoszyamin- oder Skopolaminsulfat und enthält außerdem bisweilen Pseudohyoszyamin und Hyoszin. D. findet beschränkte medizinische Anwendung.

Düngemittel (frz. Engrais, engl. Manures) nennt man im weiteren Sinne alle Stoffe, welche, dem Boden einverleibt, das Wachstum der Pflanzen zu fördern vermögen. Gegenstand des Handels auf größere Entfernung hin bilden jedoch in der Regel nur die Fabrikate oder durch besondere Behandlung versandfähig gemachte Naturprodukte, die sog. Kunstdünger (frz. Engrais artificiels, engl. Artificial manures), während der Stalldünger und städtische Abfallstoffe (Kloakeninhalt, Schlachthausabfälle) die Kosten eines weiteren Transportes nicht vertragen, sondern in der nächsten Umgebung verbraucht werden. Nach ihrem Gehalt an Pflanzennährstoffen unterscheidet man: Phosphorsäurehaltige D.: Knochenasche, Thomasmehl, Superphosphate. Stickstoffhaltige D.: Chilesalpeter, Ammoniumsalze. Gemischte Phosphorsäure- und Stickstoff-D.: Ammoniaksuperphosphat, Guano, Knochenmehl, Tierkörpermehl, Fischdünger (Fischguano). Kalihaltige D.: Abraumsalze, Holzasche. Kalkhaltige D.: Kalk, Gips, Mergel. Gemischte Kalk-Stickstoff-D.: Kalziumzyanamid (Kalkstickstoff). Alle D. werden unter Garantie eines bestimmten Gehaltes an Phosphorsäure, Kali oder Stickstoff verkauft, und es empfiehlt sich stets für den Käufer, sich durch chemische Analyse von der vertragsmäßigen Lieferung zu überzeugen. Vgl. die Spezialartikel.

Düngesalz. Mit diesem Namen belegt man sowohl das zum Düngen bestimmte Kochsalz oder gemahlene Steinsalz, als auch kochsalzhaltige Abfälle der Salinen. Es sei jedoch bemerkt, daß Kochsalz kein direktes Pflanzennährmittel ist, sondern nur indirekt durch chemische und physikalische Beeinflussung des Bodens wirkt. Einen direkten Düngewert, der bei der Preisbestimmung ausschlaggebend ist, besitzen nur diejenigen Salinenabfälle, die kleine Mengen von Kali enthalten.

Dulzin (Sukrol), ein künstlicher Süßstoff, der 200mal so süß als Rohrzucker ist, in chemischer Hinsicht Paraphenetolkarbamid, wird durch Umwandlung des zyansauren Paraamidophenetols oder durch Einwirkung von Kohlenoxychlorid auf Paraphenetidin und nachfolgende Behandlung mit Ammoniak fabrikmäßig dargestellt als ein weißes, in Wasser leicht lösliches Kristallpulver vom Schmelzpunkt 173°. Es wird als Süßstoff für Diabetiker benutzt, unterliegt aber denselben Beschränkungen wie Saccharin (s. d.), insbesondere ist die Einfuhr verboten.

Duratol, ein photographischer Entwickler, der meist neben Hydrochinon angewandt wird, besteht aus Benzylparaamidophenolbromhydrat.

Dynamit (frz. und engl. Dynamite), der bekannteste und wichtigste Sprengstoff für Berg- und Eisenbahnbau, besteht aus einer Mischung von Nitroglyzerin (s. d.) mit Infusorienerde (Kieselgur) im Verhältnis von 75 : 23—24,5, der meist noch etwas Soda hinzugesetzt wird, um das Auftreten freier Säure zu verhindern. Die formbare Masse wird in Hülsen aus Pergamentpapier eingedrückt und dann als Dynamitpatronen in den Handel gebracht. An Stelle der Kieselerde werden neuerdings auch andere indifferente Mittel, wie Sägespäne, Zellulose, zum Aufsaugen des Nitroglyzerins benutzt, und die Gemische zur Milderung der Wirkung mit verschiedenen Stoffen, wie Schwarzpulver, Salpeter, Kaliumchlorat, Schwefel, versetzt. Von den häufiger angewandten Sprengmitteln dieser Gruppe seien angeführt: Lithofracteur, Dualin, Karbodynamit, Karbonit, Vigorit. Das D. hat bei außerordentlicher Sprengkraft vor vielen anderen Mitteln den Vorzug, daß es verhältnismäßig gefahrlos zu handhaben ist und im Gegensatz zu Nitroglyzerin nicht durch Stoß allein oder durch Verbrennen, sondern nur durch plötzliche Entzündung in geschlossener Patrone explodiert. Trotzdem ist die Aufbewahrung und der Transport zur Vermeidung unvorhergesehener Unglücksfälle besonderen Sicherheitsmaßregeln unterworfen.

E.

Eau de Cologne (Kölnisches Wasser), ein sehr gebräuchliches und beliebtes Parfüm, welches von dem Hause oder vielmehr von den vielen Häusern Farina in Köln meist unter der Firma „Johann Maria Farina" als „echt" in den Handel gebracht wird, besteht aus einer Auflösung verschiedener ätherischer Öle, besonders von Pomeranzen, Bergamotten, Zitronen, Limetten, Neroli, Rosmarin und Lavendel in feinstem Sprit. Neben der Beschaffenheit der benutzten Öle ist auch das geheim gehaltene Mischungsverhältnis von Einfluß auf die Güte des Erzeugnisses, doch finden sich zahlreiche Nachahmungen im Handel, die dem echten Kölnischen Wasser nahekommen.

Eau de Javelle (Javellesche Lauge), eine wäßrige Lösung von unterchlorigsaurem Kalium, Kaliumhypochlorit, KClO, und Chlorkalium, wird gewöhnlich durch Vermischen von Chlorkalklösung mit einer Lösung von Pottasche und Abfiltrieren des Niederschlages dargestellt. Zurzeit kommt unter diesem Namen vielfach auch die durch Elektrolyse von Kochsalz gewonnene Natriumverbindung in den Handel, welche ursprünglich als Eau de Labarraque oder Liquor Natrii hypochlorosi (Chlorsoda) bezeichnet wurde. Beide finden Anwendung in der chemischen Bleicherei und zum Entfernen von Tintenflecken.

Eau de Quinine, Bezeichnung für verschiedene Haarwässer, welche meist aus aromatisiertem Spiritus mit Zusatz schäumender Mittel (Seifenspiritus, Saponin), Chinatinktur und Perubalsam, oft auch ohne die letzteren beiden Stoffe hergestellt werden.

Ebenholz (frz. Bois d'ebène, engl. Ebony). Unter diesem Namen kommt eine größere Anzahl fremder dunkelfarbiger Holzarten im Handel vor, doch versteht man darunter gewöhnlich ein dichtes, schweres und schwer zu bearbeitendes, in Wasser untersinkendes Holz von schwarzer Farbe, das als ein geschätztes Material für die Kunsttischlerei, zu Drechslerwaren, Blasinstrumenten, Klaviertasten usw. gilt und von verschiedenen Bäumen Indiens, der ostindischen Inseln und Afrikas gewonnen wird. Das von Zeylon und Madagaskar eingeführte schwärzeste Holz stammt von Diospyrus Ebenaster, das von Bombay und Sumatra liefert D. Melanoxylon, das von der afrikanischen Westküste D. Ebenum. Das nicht sehr starke Holz besteht nur aus dem Kern des Stammes, während der weißliche und weiße Splint vorher abgeschlagen wird und nur zuweilen noch in kleinen Resten anhängt. Es gibt jedoch eine schwarz und weiß gestreifte oder marmorierte Sorte aus Ostindien und der Insel Bourbon von D. montana, an welcher auch der Splint hart und brauchbar ist. Ein bräunlichgrünes Holz, welches so fest wie das schwarze ist und vielfach zu eingelegten Arbeiten gebraucht wird, kommt aus Ostindien von Aspalathus Ebenus. Was sonst als rotes, grünes, braunes, blaues und gelbes E. aufgeführt wird, hat wenig Bedeutung.

Ebereschenbeeren (Vogelbeeren, lat. Fructus sorbi, frz. Fruits de sorbier domestique, engl. Sorbe berries) sind die im Herbste reifenden Früchte der Eberesche, eines in Europa und Nordasien überall heimischen Baumes mit gefiederten Blättern. Die in Doldenrispen stehenden, erbsengroßen und scharlachroten Früchte dienen im frischen Zustande zur Herstellung des Ebereschensaftes, Ebereschenmuses (lat. Succus seu Roob Sorborum, frz. Suc de Fruits de sorbier domestique, engl. Rob of Sorbe berries), der in der Volksmedizin verwandt wird. Getrocknet werden die Früchte als Vogelfutter benutzt.

Eberraute (Stabkraut, lat. Herba abrotani, frz. Feuilles d'aurore male, engl. Abrotane leaves), eine im Süden Europas heimische, bei uns oft in Gärten anzutreffende Beifußart, Artemisia Abrotanum, von durchdringend aromatischem Geruch und brennend bitterem aromatischem Geschmack, enthält ätherisches Öl, Harz und Gerbstoff. Die Blätter sind haarförmig, gefiedert und weißlichgrün, die Blüten klein und gelb. Die belaubten Zweige und blühenden Spitzen werden medizinisch als magenstärkende Mittel verwandt.

Eberwurzel (Eberdistel, lat. Radix carlinae, frz. Racine de carline, engl. Carline root), die etwa 2 cm lange, bis 3 cm dicke, oben einfache, unten ästige Wurzel von Carlina acaulis, einem ausdauernden, besonders auf kahlen Kalkbergen wachsenden, auffallenden Gewächs aus der Familie der Korbblütler, das einen flach am Boden liegenden Kranz zerschlitzter stachliger Blätter und eine einzige ohne Stengel aufsitzende große Blume mit blauvioletten Einzelblütchen hat. Die Blütendecke bildet einen weißen vielstrahligen Stern. Die getrocknete Wurzel ist tief gerunzelt, außen dunkelbraun, innen heller, die Rinde zeigt auf dem Durchschnitt große, braunrote Harzbehälter. Der Geruch ist unangenehm aromatisch, der Geschmack harzig, scharf und bitter. Die E. enthält ätherisches Öl und Harz und ist als tierärztliches Mittel offizinell. Verwechslungen mit der Wurzel von Carlina vulgaris sind leicht zu erkennen, da letztere fast geruchlos ist.

Ebonit (Hartgummi, hornisierter Kautschuk) ist der auf Ebenholz (engl. Ebony) anspielende Fabrikname schwarzer oder schwarzbrauner, glänzender, etwas elastischer Massen, die sich auf heißem Wege zu vielerlei Gebrauchsgegenständen, namentlich solchen, die man sonst aus Horn herzustellen pflegt, formen lassen. Die Grundmasse bildet vulkanisierter gehärteter Kautschuk, dem verschiedene Füllmittel (Bleiweiß, Kreide, Zinkweiß, Ton, Kienruß) einverleibt werden. E. dient zur Herstellung von Kammwaren, Knöpfen, elektrischen Isolatoren, Schmuckgegenständen (künstlichem Jetschmuck).

Echtblau. Diesen Namen führen mehrere in der Färberei viel gebrauchte blaue Teerfarbstoffe. 1. Echtblau R spritlöslich, das nach drei verschiedenen Methoden erhalten werden kann: durch Erhitzen von Nitrobenzol mit salzsaurem Anilin, freiem Anilin und Eisen oder Kupfer auf 180°, ferner durch Erhitzen von Amidoazobenzol mit salzsaurem Anilin und endlich durch Erhitzen von Nitrophenol mit salzsaurem Anilin und freiem Anilin. Die auf die eine oder andere Weise erhaltenen Farbstoffe kommen unter den Namen: Druckblau, Azetinblau, Azodiphenylblau, Indigen D, F, Indulin spritlöslich und Nigrosin spritlöslich in den Handel. Da sie in Wasser unlöslich sind, werden sie nicht zum Färben, sondern nur in der Zeugdruckerei sowie (mit Chrysoidin usw.) gemischt zur Herstellung schwarzer Spritlacke und Firnisse benutzt. Durch Behandlung mit konzentrierter Schwefelsäure gehen diese spritlöslichen, in Wasser aber unlöslichen blauen Farbstoffe (Induline) in wasserlösliche Farben über (Sulfosäuren), deren Natronsalze sich dann unter den Namen Echtblau R, Echtblau B, Nigrosin wasserlöslich, Indulin 3 B, Indulin 6 B im Handel finden. Sie lösen sich je nach Art ihrer Darstellung in Wasser mit blauer, blauvioletter oder grünlichblauer Farbe und dienen zum Färben von Wolle. 2. Ein Farbstoff von anderer Zusammensetzung kommt unter dem Namen Echtblau für Baumwolle (Meldolas Blau, Neublau, Naphtylenblau, Naphtolviolett, Baumwollblau) in zwei Arten R und 2 B, welche zur Indigblaufärbung mit Tannin und Brechweinstein gebeizter Baumwolle dienen, in den Handel. Sie werden durch Einwirkung von salzsaurem Nitrosodimethylanilin auf Betanaphtol erhalten und bestehen daher aus dem Chlorid des Dimethylphenylammoniumbetanaphtoxazins. Diese Farben sind dunkelviolette, bronzeglänzende Pulver (s. Oxazinfarben). 3. Auch ein Gemisch von Methylviolett mit Malachitgrün oder Methylenblau wird als Echtblau oder Indigoblau bezeichnet.

Echtbraun, mehrere zur Gruppe der Azofarben gehörige Teerfarbstoffe, dunkelbraune, in Wasser lösliche Pulver, deren Lösung mit Salzsäure entweder einen braunen oder einen violetten Niederschlag gibt, färben Wolle im sauren Bade braun bis braunrot. — Echtbraun 3 B ist das Natronsalz des Betanaphtylaminsulfosäureazoalphanaphtols, also dem Doppelbrillantscharlach G nahe verwandt.

Echtgelb, verschiedene gelbe Azofarbstoffe, die durch Einwirkung von rauchender Schwefelsäure auf salzsaures Amidoazobenzol oder auf salzsaures Amidoazotoluol und Sättigen mit Soda dargestellt werden. Echtgelb G (Säuregelb G, Solidgelb, Echtgelb extra, Jaune acide) ist ein gelbes, in Wasser lösliches Pulver und besteht aus einem Gemenge von Amidoazobenzolmono- und Amidoazobenzoldisulfosaurem Natron. Echtgelb R (Gelb W), das Natronsalz der Amidoazobenzoltoluoldisulfosäure, ist ein braungelbes, in Wasser mit gelber Farbe lösliches Pulver, dessen Lösung durch Zusatz von Salzsäure fuchsinrot wird und Wolle in saurem Bade rötlichgelb färbt.

Echtgrün, ein Triphenylmethanfarbstoff, der in Form eines dunkelblaugrünen, wasserlöslichen Kristallpulvers in den Handel kommt und als das Natriumsalz der Tetramethyldibenzylpseudorosanilinsulfosäure anzusprechen ist. Die wäßrige Lösung färbt Wolle im sauren Bade grün und wird auf Zusatz von Salzsäure gelb. — Häufig wird auch Malachitgrün E. genannt.

Echtrot. Diesen Namen führen verschiedene, zur Gruppe der Azofarben gehörige Teerfarbstoffe, welche durch die beigefügten Buchstaben A, B, C, D und E unterschieden werden. Echtrot A oder Rokzellin entsteht aus diazotierter Naphtionsäure und β-Naphtol als ein braunrotes Pulver, das sich in konzentrierter Schwefelsäure mit blauer Farbe löst. Die heiß bereitete wäßrige Lösung scheidet auf Zusatz von Salzsäure die freie Sulfosäure in braunen Nadeln ab. Echtrot B oder Bordeaux B aus diazotiertem α-Naphtylamin mit β-Naphtoldisulfosäure (s. Bordeaux). Echtrot C ist Azorubin (s. d.). Echtrot D (Amaranth, Bordeaux S) aus diazotierter Naphtionsäure und β-Naphtoldisulfosäure. Echtrot E aus diazotierter Naphtionsäure und ββ-Naphtolsulfosäure. Alle diese Farbstoffe sind in Wasser lösliche, braunrote bis braune Pulver, die Wolle in saurem Bade rot färben.

Eckerdoppen (Ackerdoppen, Valonen), die auf der Krim und den Jonischen Inseln vorkommenden Fruchtbecher von Quercus Valonea, enthalten 30—40 % Gerbstoff und werden in der Technik verwandt.

Edelsteine (frz. Pierreries, engl. Precious stones). Die E., deren einzelne Vertreter unter ihren besonderen Namen beschrieben werden, sind Mineralien, die sich durch ihren Glanz, ihre Härte, Unveränderlichkeit, Kristallform, schöne Farbe oder auch Farblosigkeit und meistens auch Durchsichtigkeit auszeichnen. Je ausgeprägter sich einzelne dieser Eigenschaften an einem Stein finden, desto höher steht er im Werte. Die bedeutenden Unterschiede in der Wertberechnung haben von jeher zwei Klassen annehmen lassen, wirkliche Edelsteine (Juwelen) und Halbedelsteine. Bei den ersten finden sich die höchsten Härtegrade. Sie sind fast immer klein und selten, was natürlich zur Wertsteigerung beiträgt. Die Halbedelsteine sind meist weniger hart, öfter nur durchscheinend, weniger selten und kommen vielfach in größeren Stücken vor. Edelsteine ersten Ranges sind: Diamant, Rubin, Saphir, Chrysoberyll, Spinell und Smaragd; zweiten Ranges: Zirkon, Beryll, Topas, Turmalin, Granat (Pyrop), edler Opal. Eine Übergangsklasse zu den Halbedelsteinen bilden Cordierit (Dichroit), Vesuvian, Chrysolith, Axinit, Zyanit, Staurolith, Andalusit, Pistazit, Türkis. Die Halbedelsteine bestehen zu einem großen Teil aus Kieselsäure mit mehr oder weniger fremden Beimengungen. Hierher gehören: Bergkristall, Amethyst, Prasem, Avanturin, Katzenauge, Rosenquarz, Chalzedon, Achat mit Onyx, Karneol, Plasma, Heliotrop, Jaspis, Chrysopras und die Abarten des Opals. Von kieselsauren Salzen kommen als Halbedelsteine in Frage: edler Feldspat (Adular), Malachit, Obsidian, Lasurstein und einige andere Mineralien von geringerer Bedeutung. — Alle Schmucksteine werden geschliffen und poliert, wodurch ihr Wert gesteigert oder eigentlich erst bedingt wird. Das Schleifen geschieht im allgemeinen in der beim Diamant angegebenen Weise, doch fällt das bei diesem übliche Spalten fort, weil alle übrigen weniger harten E. sich ohne viel Mühe auf der Schleifscheibe mittels Diamantstaubs und zum Teil selbst mit Schmirgel in die gewünschte Form bringen lassen. Die sehr rasch umlaufende, horizontal liegende Schleifscheibe besteht für Diamanten aus Eisen oder ungehärtetem Stahl, für die übrigen aus Kupfer oder Blei. Nahe am Rande wird das mit Öl gemischte Schleifmittel aufgestrichen und der in einen Halter gefaßte Stein unter dem entsprechenden Winkel aufgedrückt. Der Schliff ist meistens facettiert wie bei den Brillanten. Für gewisse Steine jedoch, die einen eigentümlichen Lichtschimmer haben, wie der Opal, oder für solche, die undurchsichtig sind, wie Türkis, wendet man den muscheligen Schnitt (en cabochon) an, bei welchem die Oberfläche des Steines nur eine runde Wölbung bekommt. Das Gewicht der E. wird nach dem internationalen Karat = 0,2055 g bestimmt. Neben den echten E. finden sich vielfache Nachahmungen im Handel, die meist nichts anderes sind als farbige Gläser, deren Basis ein Glassatz von sehr reinen Materialien, Quarz oder Bergkristall mit Soda oder Natron unter Zusatz von Borax, Mennige und Bleioxyd ist. Im ungefärbten Zustande bildet solches Glas den Straß (nach dem Erfinder der Similidiamanten, dem österreichischen Journalisten Strasser benannt), das Material zur Darstellung künstlicher Brillanten. Die Färbung erzeugt man durch kleine Mengen von Metalloxyden, z. B. Rubine durch Zusatz eines Goldpräparates oder von Kupferoxydul. Kupferoxyd gibt grüne oder blaue Flüsse, Chromoxyd färbt grün, Kobalt blau, Uran gelb, Nickel rötlichbraun, Manganerz, Eisenoxyd, Chlorsilber liefern andere Färbungen. Das beste Mittel zur Erkennung der Kunstprodukte beruht auf ihrer geringen Härte, welche oft schon mit Hilfe einer guten Feile nachgewiesen werden kann. Die E. haben fast alle einen Härtegrad über 6, Diamanten einen solchen von 10, Korund (Saphir und Rubin) 9, Topas 8, Quarz 7, Feldspat 6. Bei vielen E. dient die Doppelbrechung als Erkennungsmittel, und bei anderen, welche je nach der Lage eine verschiedene Farbe zeigen (Dichroismus), benutzt man die dichroskopische Lupe zur Feststellung der Echtheit. Ein weiteres Merkmal bietet die Ermittlung des spez. Gewichts, die entweder mit Hilfe des Pyknometers oder der aräometrischen Wage ausgeführt wird. Sog. Doubletten, welche nur im oberen Teile aus E. bestehen, während der untere, aus Glas oder Bergkristall bestehende, angekittet ist, erkennt man durch längeres Einlegen in heißes Wasser, worauf der Kitt erweicht und die beiden Hälften auseinanderfallen. — Die zahlreichen Versuche, echte Edelsteine auf chemischem Wege herzustellen, haben in neuerer Zeit beim Saphyr, Smaragd und Rubin (Rubis reconstitué) zu schönen Erfolgen geführt. Hingegen hat man künstliche Diamanten nur in mikroskopisch kleinen Splittern erhalten.

Edinol, Handelsname für das als photographischer Entwickler benutzte Amidosaligenin (Amidooxybenzylalkohol).

Ehrenpreis (Grundheil, lat. Herba veronicae, frz. Veronique, engl. Veronica), eine in trockenen Wäldern und auf Wiesen vorkommende ausdauernde Pflanze, Veronica officinalis, aus der Familie der Rachenblütlergewächse, mit zottigen, kriechenden, mit den Spitzen fast fußhoch aufsteigenden Stengeln, kurz gestielten, entgegengesetzten Blättern und kleinen hellblauen Blüten in vielblütigen Ähren. Das bitterlich herb und etwas balsamisch schmeckende Kraut wird im Sommer mit den Blüten gesammelt. Aufgüsse davon werden innerlich als Brusttee gebraucht, das frische Kraut dient zur Bereitung von Kräutersäften.

Eibenbaumblätter (Taxusblätter, lat. Folia taxi baccati, frz. Feuilles d'if, engl. Yew leaves), die getrockneten Blätter oder einjährigen Zweigspitzen (Summitates) des Eibenbaums oder Taxus (T. baccata), eines in Gärten und Parks oft vorkommenden Baumes, finden beschränkte offizinelle Verwendung zu Bädern und Umschlägen. Sie sind giftig und enthalten einen bitteren basischen Stoff, das Taxin. Das harte, rote, sehr dichte und politurfähige Holz wird von Tischlern und Drechslern benutzt.

Eicheln (lat. Glandes quercus, frz. Glands, engl. Acorns), die ausgehülsten, getrockneten Früchte unserer Eichen, enthalten reichliche Mengen Stärke, die beim Rösten zum Teil in Dextrin verwandelt wird, ferner Gerbstoff, bittere Substanzen, Zucker, stickstoffreine Extraktstoffe und etwas fettes Öl, wozu noch die beim Rösten entstandenen brenzlichen Stoffe hinzukommen. Sie bilden sowohl roh, als auch schwach geröstet, ganz und gepulvert, einen Handelsartikel zur Herstellung des sog. Eichelkaffees (lat. Glandes quercus tostae pulveratae, frz. Café de gland, engl. Roasted acorn seed), der als Kaffee-Ersatz, bei schwächlichen skrofulösen Kindern, namentlich wenn sie an Diarrhöen leiden, auch als Nahrungsmittel benutzt wird. Ein Gemisch von Eichelmehl mit Kakao kommt als Eichelkakao in den Handel.

Eichenholz (frz. Bois de chêne, engl. Wood of oak), unter den einheimischen Hölzern das wichtigste Nutzholz, stammt von zwei Arten von Eichen, der Steineiche oder Wintereiche (Quercus sessiliflora) mit fast stiellosen, sitzenden Früchten, und der Stieleiche oder Sommereiche (Quercus pedunculata) mit langgestielten Eicheln. Die erstere liebt die Berge, während die zweite gewöhnlich in feuchten Flußniederungen vorkommt. Das Holz beider Arten ist sehr hart und zähe, schwer, von hellgelblichbrauner Farbe, leicht kenntlich an seinen großen Poren und Spiegeln und sehr widerstandsfähig gegen Nässe und Fäulnis. Die Verwendung des E. als Möbel- und Bauholz, namentlich für Wasserbauten, zum Schiffsbau und zu Fässern für Spiritus, Wein und Bier ist bekannt. Es wird auch in großen Mengen aus Ungarn und Serbien eingeführt.

Eichenmistel (lat. Viscum quercinum, frz. Gui, engl. Misletoe) ist eine Schmarotzerpflanze, die auf verschiedenen Laub- und Nadelhölzern wuchert. Die Äste und lederartigen gelbgrünen Blätter werden in der Volksmedizin, die Beeren zur Herstellung von Vogel- und Fliegenleim benutzt.

Eichenrinde (lat. Cortex quercus, frz. Ecorce de chêne, engl. Oak bark) wird für medizinische Zwecke von jungen Zweigen und Stämmchen genommen und als zusammenziehendes Mittel in Pulverform und Abkochung innerlich und äußerlich zu Bädern bei Menschen und Vieh angewandt. Als gerbendes Mittel ist sie unter dem Worte Lohe besprochen.

Eier (lat. Ova, frz. Oeufs, engl. Eggs). Als Handelsartikel kommen Eier verschiedener Tiere in Betracht. Von den E. der Vögel spielen die wichtigste Rolle die Hühnereier (s. d.). Geringere Bedeutung haben die Gänseeier und Enteneier, da sie zwar groß, aber weniger schmackhaft sind. Dagegen bilden die Kibitzeier und die Möweneier einen nicht unwichtigen Artikel des Feinkosthandels. Straußeneier, die größten aller bekannten E., kommen zuweilen als Merkwürdigkeit nach Europa. Im nördlichen Teile Südamerikas spielt der Handel mit Schildkröteneiern und dem daraus gewonnenen Öl eine große Rolle (s. Schildkröten), während die E. mancher Fische als Kaviar (s. d.) in den Handel kommen. Von den E. der Insekten bilden nur die Seidenraupeneier oder Grains einen Handelsartikel. Die sog. Ameiseneier (s. d.) des Handels sind keine Eier, sondern Larven.

Eiergräupchen, kleine runde Graupen aus Nudelteig, Erzeugnisse der Nudelfabriken, werden zur Bereitung von Suppen verwandt (s. Teigwaren).

Eierkognak, eine gewürzte Zubereitung aus Kognak, frischem Eigelb und Zucker mit mindestens 18 Vol. % Alkohol und in der Regel nicht unter 240 g Eigelb im Liter. Eierlikör, ein gleich zusammengesetztes Erzeugnis, das aber an Stelle von Kognak anderen Alkohol enthalten darf. Zusätze anderer Stoffe, insbesondere von Farbstoffen, Verdickungsmitteln (Tragant, Mehl usw.), Ersatzmitteln für Eigelb und Zucker, konserviertes Eigelb, gelten als unzulässig.

Eieröl (lat. Oleum ovorum, frz. Huile d'oeufs, engl. Eggs oil), das aus dem hart gekochten Dotter der Hühnereier durch Auspressen oder Extraktion mit Petroläther erhaltene Öl, ist von dicklicher Beschaffenheit, gelber Farbe und mildem Geschmack. Es enthält neben den Glyzeriden verschiedener Fettsäuren als charakteristische Bestandteile Cholesterin und den Eifarbstoff Lutein. E. wird in der Sämischgerberei benutzt und fand früher beschränkte medizinische Anwendung.

Eigelb, der innere, auch Dotter genannte Teil des Vogeleis, stellt ein äußerst kompliziertes Gemisch der verschiedensten Stoffe dar. Es enthält neben etwa 52% Wasser, 16% Vitellin, 1,5% Nuklein, 20—23% Fette (Palmitin, Stearin, Olein), 0,4% Cholesterin, 1,2% Glyzerinphosphorsäure, 7,2% Lezithin, 0,3% Zerebrin, 0,5% Farbstoff (Lutein) und 1—1,5% Salze. Zum Nachweise des Eigelbs in Nahrungsmitteln (Eiernudeln, Eierkognak) dient das Cholesterin, Lutein und besonders die Bestimmung der alkohollöslichen Phosphorsäure nach Juckenack. Neuerdings wird Eigelb in großen Mengen als Abfallprodukt der Albuminfabrikation gewonnen und, durch Trocknen oder Zusatz von Kochsalz, Borsäure, Fluornatrium konserviert, in den Handel gebracht. Zur Herstellung von Nahrungsmitteln sind die mit unzulässigen Konservierungsmitteln versetzten Präparate nicht zu verwenden.

Eigonpräparate werden nach einem patentierten Verfahren von der chemischen Fabrik Helfenberg durch Einwirkung von Jod und Brom auf Eiweiß dargestellt und als Ersatz der Brom- und Jodalkalien medizinisch angewandt.

Eikonogen, ein photographischer Entwickler, besteht aus dem Natriumsalz der Amidobetanaphtolbetamonosulfosäure.

Einkorn (Blick, Dinkelkorn, Eimen, Flikken, Feinkorn, St. Peterskorn, Schwabenzungen, Spelz- und deutscher Reis, frz. Petit épeautre, engl. Spelt), eine ein- und zweijährige, nur auf geringem Boden in Gebirgsgegenden der Schweiz, in Süddeutschland und Österreich gebaute Weizenart, Triticum monococcum, liefert ein gelbliches Mehl, Suppengries und Graupen und ein wertvolles Futter für Geflügel, Pferde und Rindvieh, im Stroh aber nur Streumaterial. Das E. ist ziemlich anspruchslos und gibt 25—40 hl unenthülste und 10—16 hl enthülste Frucht. Der Verbrauch ist meist ein lokaler.

Eis (frz. Glace, engl. Ice) wird zur Kühlhaltung von Speisen und Getränken, ferner in Krankenhäusern, Bierbrauereien, Brennereien und Paraffinfabriken in größter Menge verbraucht und bildet einen besonderen Handelsartikel. Während zur technischen Verwendung das natürliche Eis der Flüsse, Teiche und Seen hinreichend rein ist, kann es wegen seines oft hohen Bakteriengehaltes zur Herstellung von Nahrungsmitteln nicht benutzt werden. Vielmehr wird das hierfür erforderliche E. auf künstlichem Wege meist aus destilliertem Wasser bereitet, und zwar mit Hilfe besonderer Eismaschinen, deren Wirkung auf der schnellen Verdunstung verflüssigter Gase, Ammoniak, Kohlensäure, schweflige Säure beruht.

Eisen (lat. Ferrum, frz. Fer, engl. Iron, Fe=56) ist seit Jahrhunderten für den Menschen das wichtigste, wenn auch nicht teuerste der Metalle. „Werde zu Eisen, wenn ich dich beachten soll," sagt Robinson zu dem auf seiner einsamen Insel gefundenen Goldklumpen. Man hat die Urzeit der Menschheit in drei Epochen einteilen wollen: Steinzeit, Bronzezeit, Eisenzeit, und den Beginn der letzten Periode, wenigstens für Südeuropa, etwa in das 10. Jahrhundert vor Christi Geburt angesetzt. Das älteste bisher gefundene Stück Eisen, das der Engländer Hill in einer Fuge der Cheops-Pyramide 1837 entdeckte, ein Bruchstück eines größeren Werkzeuges, soll jedoch ein Alter von fast 5000 Jahren besitzen, aus den Gesängen der Rigveda geht ferner hervor, daß die Arier schon zur Zeit, da sie noch das Pandschab bewohnten, Waffen („Donnerkeil" und Speer) aus Eisen führten, und bei den meisten asiatischen Völkerschaften ist die Kenntnis des Eisens bis in die frühesten Zeiten erwiesen, so daß der obigen Geschichtseinteilung jedenfalls keine allgemeine Bedeutung für alle Völkerschaften zukommt. In der Natur findet sich gediegenes Eisen nur äußerst selten und spärlich vor, so z. B. in kleinen Körnern im Platinsande Südsibiriens, ebenfalls in kleinen Körnern eingesprengt in einzelnen Basalten (Bärenstein im Erzgebirge, Island, Grönland) und in etwas zusammenhängenderen Massen in Kanada. Ferner ist hier und da ein einzelner Klumpen gefunden worden. Außerdem aber kommen noch über die ganze Erde zerstreut Einzelfunde kosmischen Ursprungs (Meteoreisen) vor, die stets durch einen Gehalt an Nickel, auch wohl an Chrom und Kobalt charakterisiert sind. — Verbindungen des Eisens sind äußerst häufig und zum Teil zu gewaltigen Massen aufgehäuft. So besteht der sich 870 m über der Talsohle erhebende Erzberg bei Eisenerz in Steiermark fast ganz aus Eisenspat. Fast nirgends fehlt Eisen völlig. Nahezu alle Tiere, Pflanzen und Mineralien enthalten Eisen, wenn manchmal auch in recht geringer Menge. Unter „Eisenerz" versteht man nur diejenigen mineralischen Vorkommnisse von Eisenverbindungen, die bei der Eisenerzeugung eine Rolle spielen, nur von ihnen seien hier die wichtigsten angeführt. In erster Linie treten die Sauerstoffverbindungen des Eisens hervor. Magneteisenstein, ein Eisenoxydoxydul, findet sich ziemlich rein in Schweden und liefert das beste Eisen (Schwedisches Eisen). Hämatit, Eisenoxyd, kommt als Eisenglanz und als Roteisenstein vor. Hauptfundort für ersteren ist Schweden, Lappland und die Insel Elba, während der Roteisenstein mit den Abarten roter Glaskopf und — bei höherem Gehalt an Ton — toniger Roteisenstein sich in Deutschland, Frankreich und England vorfindet. Brauneisenstein ist Eisenhydroxyd, Bohnerz ein toniger Brauneisenstein vom Harz, Süddeutschland, der Schweiz und Südfrankreich. Raseneisenerz besteht ebenfalls aus Eisenhydroxyd, enthält jedoch Manganoxyd, Phosphorsäure, Kieselsäure und organische Reste. Es entsteht noch jetzt an moorigen Stellen aus Pflanzenresten, und das aus ihm hergestellte Eisen ist infolge des Phosphorgehaltes „kaltbrüchig". — Zu diesen wertvollen Sauerstoffverbindungen tritt als wichtigstes Eisensalz das kohlensaure Eisenoxydul in den Mineralien Eisenspat und Sphärosiderit. Hierher gehört auch der tonige Eisenstein und der Kohleneisenstein, welche für England die wichtigsten Erze bilden und fast 90% seiner gesamten Eisenerzeugung ergeben. Die Schwefelverbindungen des Eisens werden nicht direkt zur Eisengewinnung verwandt, sondern dienen zunächst der Schwefelsäurerzeugung, und erst die dabei erhaltenen Abbrände werden auf Eisen verarbeitet. Im Laufe der Jahrhunderte ist die Eisengewinnung so verbessert worden, daß viele früher als wertlos angesehene Vorkommen jetzt zu den Eisenerzen zu rechnen sind. Der Weltkrieg hat für Deutschland diesen Vorgang in ungeahnter Weise beschleunigt. — Das Ziel der Eisenherstellung bleibt fast immer ein mehr oder weniger kohlenstoffhaltiges Eisen, da das reine Metall für die Technik ohne Wert ist und nur in der Galvanoplastik etwas stärkere Verwendung findet. Chemisch reines Eisen entsteht, wenn man reines Eisenoxyd oder oxalsaures Eisen mittels Wasserstoffs bei dunkler Rotglut reduziert, als ein schwarzes Pulver, das bei starkem Erhitzen an der Luft unter lebhafter Feuererscheinung verbrennt („pyrophosphorisches Eisen"); findet die Reduktion bei höherer Temperatur statt, so wird das E. in kompaktem Zustande gewonnen, ebenso wenn man Schmiedeeisen mit Eisenoxyd im Gebläse glüht. Bei diesem Prozesse wird der geringe Kohlenstoffgehalt des Schmiedeeisens dazu verwandt, aus dem Eisenoxyd etwas E. zu bilden, das dann zu dem jetzt vom Kohlenstoff befreiten Schmiedeeisen hinzutritt. Schließlich kann auch durch elektrische Zersetzung einer mit Salmiak gesättigten Eisenvitriollösung reines Eisen gewonnen werden. Es ist in kompaktem Zustande fast silberweiß, sehr geschmeidig und politurfähig und bei beginnender Weißglut schweißbar, wird aber bei steigender Temperatur wieder spröde und schmilzt erst im heftigsten Gebläsefeuer (bei 1529° C). Während des Erhitzens des festen Eisens und ebenso beim Erkalten weist die Temperaturbewegung drei Haltepunkte — bei 768, 907, 1401 bzw. 1401, 898, 768° C — auf, die als Umwandlungstemperaturen des Eisens angesehen werden (α-, β-, γ-, δ-Modifikation). Der bei der β-γ- bzw. γ-β-Umwandlung stattfindende Temperaturunterschied (907—898°) wird Hystaresis genannt. Vom Magneten wird die α-Modifikation angezogen und durch Umleiten eines elektrischen Stromes selbst zu einem Magneten, verliert diese Eigenschaft aber mit dem Aufhören des Stromes. Reines E. rostet nicht in trockener Luft und in luftfreiem Wasser, wohl aber, wenn Luft und Feuchtigkeit vereint darauf einwirken, besonders wenn überdies Säuren, wie Kohlensäure, zugegen sind. Die dem reinen E. innewohnenden Eigenschaften werden durch den mehr oder weniger großen Gehalt des technischen E. an Kohlenstoff modifiziert. Man unterschied bis zum Jahre 1876 hauptsächlich nach dem Kohlenstoffgehalte folgende Gruppen von Eisensorten: E. von 0,1 bis 0,4, höchstens 0,6% Kohlenstoff wurde und wird noch heute als Schmiedeeisen (frz. Fer, engl. Soft iron) bezeichnet. Es soll sich rotglühend leicht mit dem Hammer bearbeiten, weißglühend schweißen lassen und glühend in kaltes Wasser getaucht keine Veränderung der ursprünglichen Weichheit zeigen. Auch nahm man früher an, daß frischer Bruch ein sehniges oder hakiges Gefüge zu zeigen habe, und daß das E. in größeren Massen sich nicht schmelzen ließe. E. mit 0,4 oder 0,6—2% Kohlenstoff hieß Stahl (frz. Acier, engl. Steel). Er soll sich schmieden, schweißen, schmelzen und härten lassen. (Die Schweißbarkeit nimmt mit wachsendem Kohlenstoffgehalte ab, die Schmelzbarkeit zu.) Als Hauptmerkmal für Stahl gilt die Härtbarkeit. Glühender Stahl in Wasser getaucht nimmt bedeutend an Härte zu, im Zusammenhang mit einer mehr oder weniger vollständigen Unterdrückung der Modifikationsumwandlungen. Der Bruch soll immer ein feinkörniges Gefüge haben und möglichst gleichmäßig sein. E. mit 2—5% Kohlenstoff hieß und heißt noch Roheisen (frz. Fer fonte, engl. Pig iron), läßt sich nicht schmieden und schweißen, schmilzt aber leicht. — Wenn gelegentlich der Weltausstellung in Philadelphia 1876 beschlossen wurde, von dieser älteren Einteilung abzugehen, so lag dies einerseits daran, daß einige der genannten Merkmale des Schmiedeeisens, Unschmelzbarkeit und sehniger oder hakiger Bruch, nicht mehr für alles Eisen mit niedrigem Kohlenstoffgehalte zutrafen, und andererseits die angegebenen Grenzzahlen für Kohlenstoff auch sonst oft infolge des Einflusses gewisser Zusätze zum Teil stark verwischt wurden. Schmiedeeisen wird jetzt im großen in flüssigem Zustande erhalten, und der Bruch dieses Erzeugnisses erscheint stahlartig und feinkörnig.

Einteilung des Handelseisens.

Hauptgruppe	Untergruppe	Sorten
Roheisen leicht schmelzbar und nicht schmiedbar	Graues R. Kohlenstoff meist als Graphit ausgeschieden	Ferrosilizium, Schwarzeisen, Graueisen, Lichtgraueisen
	Weißes R. Kohlenstoff chemisch gebunden	Ferromangan, Spiegeleisen, Weißstrahl, Weißkorn
Schmiedbares Eisen schmiedbar, schwer schmelzbar	Schweißeisen während der Herstellung nicht flüssig	Schweißschmiedeeisen nicht härtbar (frz. Fer soudé) (engl. Weld iron)
		Schweißstahl härtbar Acier soudé Weld steel
	Flußeisen während der Herstellung flüssig	Flußschmiedeeisen nicht härtbar Fer fondu Ingot iron
		Flußstahl härtbar Acier fondu) Ingot steel)

Die vorstehend angeführte Einteilung ist leider nicht mehr allseitig anerkannt, vielmehr finden sich, besonders im Auslande, seltener in Deutschland, noch andere Bezeichnungen im Gebrauch. So bezeichnete der Name Schweißeisen früher nur Schweißschmiedeeisen und ebenso Flußeisen nur Flußschmiedeeisen, nicht auch die entsprechenden Stahlsorten. Schlimmer ist, daß zuweilen alles Flußeisen, also auch Flußschmiedeeisen, als Stahl bezeichnet wird, in welchem Falle das Flußschmiedeeisen als weicher von dem Flußstahl als dem harten Stahl unterschieden wird. Dementsprechend wird zuweilen alles Schweißeisen, auch der Schweißstahl, als Eisen schlechthin bezeichnet. Natürlich geht dabei der Begriff der Härtbarkeit, der sonst für die Unterscheidung von Stahl und Eisen ausschlaggebend ist, vollständig verloren. — Das E. des Altertums war Schmiedeeisen oder auch Stahl. Gußeisen dürfte nur in China bekannt gewesen sein, dort allerdings schon um 700 vor Christi Geburt, denn eine gegossene eiserne Pagode jener Zeit ist gut verbürgt. Das E. des Altertums war ein auch nach unseren heutigen Begriffen gutes und wurde durch „Renn"-Arbeit in einem einmaligen, recht einfachen Prozesse direkt aus dem Erze gewonnen. Die Reduktion der Eisenerze wurde entweder im Herde vorgenommen und hieß dann Luppenfrischerei, oder in Öfen, die nach den in ihnen enthaltenen Eisenklumpen („Stücken" oder „Wolf" genannt) Stücköfen oder Wolföfen heißen. — Zur Luppenfrischerei wurden die von Eisenplatten oder Mauerwerk umgebenen Herde mit Kohlenklein und leicht schmelzbaren Erzen ausgekleidet, dann mit glühenden Kohlen gefüllt und das Erz aufgegeben. Dem Herde gegenüber wurde ein Gebläse aufgestellt, das anfangs nur einen schwachen Wind durch glühende Holzkohlen trieb und dadurch Kohlenoxyd erzeugte, das reduzierend auf das Erz einwirkte. Nach und nach wurde der zu verarbeitende Rest an Erz und Kohle hinzugegeben, das Gebläse allmählich verstärkt und die Masse näher herangerückt, bis sich die „Luppe" gebildet hatte, die dann durch Aushämmern am Feuer ausgeschmiedet wurde. In der Luppenfrischerei konnten nur sehr eisenreiche, leicht schmelzbare Erze verwandt werden. Der Stückofen, der primitive Vorläufer unserer Hochöfen, bestand aus einem an der oberen Öffnung, der Gicht, sich etwas verjüngenden Schacht von 2—5 m Höhe und etwa 0,8—1,5 m größter Weite. Der Prozeß verlief in derselben Weise wie bei der Luppenfrischerei, nur konnten hier größere Mengen verarbeitet und dementsprechend Klumpen von 5—8 Zentner Gewicht erhalten werden, während man bei der Luppenfrischerei nur ein bis höchstens drei Zentner erhielt. In früheren Zeiten ließ man den Ofen nach jeder Schmelze erkalten, später wurde der Betrieb allmählich immer länger fortgesetzt und ging hierdurch und durch die starke Vergrößerung seiner Höhe und seines Umfanges in den Hochofenprozeß über, bei dem nun aber wesentlich andere technische und theoretische Momente mitspielen. — Der Hochofen, früher meist Hohofen genannt, ist ein dicker runder Turm von recht verschiedenen Dimensionen, z. B. 20 m Höhe und 6 m größter Breite. Der innere Hohlraum ist etwas unterhalb der Mitte am weitesten und unten, dicht oberhalb des Herdes, stark verjüngt. An dieser Stelle findet der Eintritt des vorgewärmten Gebläsewindes statt. Der Hochofen wird in Betrieb gesetzt, indem man ihn durch ein kleines Feuer allmählich vorwärmt, dann Koks aufgibt und darüber in regelmäßigen Lagen Erz, Zuschlag und Brennmaterial schichtet. Der Zuschlag ist nach der Natur des Erzes und der begleitenden Gangarten verschieden und bezweckt die Bildung einer Schlacke, die das entstehende Eisen vor Oxydation schützt und gleichzeitig ein Verschlacken durch Bildung eisenreicher Silikate verhindert. Besonders geeignet als Schlacke ist ein Kalktonerdesilikat, zu dessen Bildung man bei überschüssiger Kieselsäure Kalk, bei überschüssigem Kalk Ton oder ein anderes kieselsäurereiches Material hinzufügt. Ist der Ofen gefüllt, so wird der Gebläsewind angestellt. Durch ihn verbrennt zunächst das zu unterst aufgeschichtete Brennmaterial unter Bildung von Kohlendioxyd, das in der darüber liegenden Schicht von glühendem Koks zu Kohlenoxyd reduziert wird. Letzteres reduziert seinerseits das ins Glühen geratene Eisenerz zu schwammigem E., indem es selbst wieder zu Kohlendioxyd wird, um dann durch die nächste Schicht Kohlen von neuem regeneriert zu werden. Dieser Prozeß setzt sich so lange fort, bis schließlich das Gas (Gichtgas), ein Gemisch von Stickstoff, Kohlendioxyd und Kohlenmonoxyd, den Ofen verläßt. Es wird aufgefangen und infolge seines Gehaltes an Monoxyd zum Vorwärmen des Gebläsewindes in steinernen Winderhitzern, Cowper, benutzt. In dem Ofen kann man verschiedene, allerdings nicht scharf voneinander getrennte Zonen beobachten. Die sog. Reduktionszone, in der die Reduktion des Eisenerzes zu E. stattfindet, liegt je nach der Natur des Eisenerzes tiefer oder höher, die Temperatur in ihr beträgt 600—900°. Je poröser die Erze, je höher die Temperatur und je reicher das auf das Erz einwirkende Gasgemenge an Kohlenoxyd ist, um so schneller geht die Reduktion vor sich. Da das Material allmählich zusammensintert, so sinkt das reduzierte E. mit der gebildeten Schlacke tiefer in den Ofen hinab und kommt dabei in Zonen immer höherer Temperatur. Bei etwa 1000° nimmt das schwammartig fein verteilte E. Kohlenstoff auf, sättigt sich bei etwa 1400° damit, schmilzt schließlich in der untersten Zone vollständig und sammelt sich als flüssige Masse auf dem Herde an. Die obenauf schwimmende Schlacke läßt man durch eine Spalte über die sog. Schlackentrift abfließen, welche durch die Schlackenleiste, eine gußeiserne Platte, gegen die Stichöffnung abgeschlossen ist. Die letztere dient dazu, in geeigneten Zeiträumen, drei- bis viermal am Tage, E. abfließen zu lassen. Nur selten wird das E. des Hochofens sogleich in die Form gegossen, in der es Verwendung finden soll (Hochofenguß). In der Regel fließt es zunächst in flache eiserne oder aus Sand hergestellte Formen. Die erstarrten Blöcke führen die Bezeichnung Flossen oder Gänze, die ersteren sind muldenförmig, die anderen 1—1,3 m lange, armstarke Barren. Durch Öffnungen der Gicht wird immer neues Erz, Brennmaterial und Zuschlag in den Ofen gegeben und dadurch der Betrieb des Ofens ununterbrochen im Gang erhalten, meist 1—4 Jahre, aber auch weit länger, bis irgendeine größere Reparatur oder politische oder wirtschaftliche Verhältnisse ein „Ausblasen" nötig machen. Die Wirkungsweise der seit etwa der Jahrhundertwende eingeführten elektrischen Hochöfen beruht auf verwandten Grundlagen. — Das Produkt des Hochofens ist infolge der bei 1000—1400° erfolgenden Kohlenstoffaufnahme stets Roheisen, wovon man hauptsächlich zwei Arten zu unterscheiden hat, das graue Roheisen, welches entweder zur Stahlbereitung (saurer Bessemerprozeß, s. u.) oder zum Guß benutzt wird, und das weiße Roheisen, das sich nicht zum Guß eignet. Soweit die Herstellung des erstgenannten für den Guß angestrebt wird, führt der Hochofenprozeß also direkt zum Ziele, während das meist zur Herstellung von Schmiedeeisen und Stahl dienende weiße Roheisen noch verschiedene, recht langwierige Prozesse durchmachen muß. Neben dem Kohlenstoff sind nämlich noch eine Reihe anderer, schädlicher Beimengungen vorhanden. In der Reduktionszone ist das E. nur geneigt, Schwefel aufzunehmen, in der Kohlungszone aber wird die etwa vorhandene Phosphorsäure reduziert und Phosphor vom E. aufgenommen, und in der Schmelzzone schließlich gehen Silizium, Mangan, Aluminium und andere Metalle in das E. über. Diese Verunreinigungen spielen bei dem grauen zum Guß benutzten Roheisen keine so wesentliche Rolle wie bei dem zur Herstellung von Schmiedeeisen und Stahl bestimmten Roheisen, denn Schmiedeeisen und Stahl können schon durch einen recht geringen Gehalt an bestimmten Stoffen minderwertig oder gar unbrauchbar werden. Es ist daher hier nötig, kurz auf die Wirkungen der wichtigsten dieser Verunreinigungen einzugehen. Phosphor macht das Eisen dünnflüssiger und leichter schmelzbar. Ein mäßiger Phosphorgehalt ist daher für graues Roheisen direkt nützlich, Schmiedeeisen aber wird durch einen recht geringen Gehalt an Phosphor kaltbrüchig. Schwefel (schon 0,04 %) und Kupfer (0,5 %) machen Schmiedeeisen rotbrüchig (d. h. das Schmiedeeisen bricht leicht bei Rotglut). Silizium befördert im Roheisen die Abscheidung von graphitartigem Kohlenstoff, so daß siliziumreiches Eisen stets als graues Roheisen auftritt, und drückt ferner den Gesamtkohlenstoffgehalt herab. — Schmiedeeisen wird durch Siliziumgehalt „faulbrüchig". Mangan wirkt im Eisen fast umgekehrt wie Silizium und verhindert die graphitartigen Abscheidungen. Roheisen mit hohem Mangangehalt gehört daher stets zum weißen Roheisen. Eingesprengte kohlenstoffreichere Teile sowie eingesprengte Schlacke bewirken „Rohbrüchigkeit". Zinn macht schon in wenigen Zehntelprozenten das Eisen gänzlich unbrauchbar. Die Art und die Menge der im Roheisen sich findenden Verunreinigungen ist natürlich abhängig von dem Ausgangsmaterial, d. h. von dem Brennmaterial, dem Eisenerz und dem Zuschlag. Das reinste Brennmaterial ist Holzkohle, und diese wurde auch bis ins 18. Jahrhundert hinein allein benutzt. Später zwang der wachsende Verbrauch, zu Koks überzugehen, doch kann auch gereinigte Steinkohle in manchen Fällen benutzt werden. Holzkohle findet nur noch in waldreichen Gegenden, wie in Schweden und Norwegen, Anwendung, oder an solchen Orten, an denen ein besonders reines Eisenerz zur Verfügung steht. Der Name Holzkohleneisen dient daher einer Ware als sehr gute Empfehlung. Alle Versuche, den in Deutschland so reichlich vorhandenen Torf zu verwerten, haben bisher einen sichtbaren Erfolg nicht gehabt. — Bei den Eisenerzen kommt es hauptsächlich auf den Gehalt an Phosphor an, der in das Roheisen übergeht und das Schmiedeeisen oder den Stahl unbrauchbar machen würde. Gerade in Deutschland liegen nun meist phosphorreiche Erze vor, die es lange Zeit erschwerten, den englischen Bessemerbirnenprozeß (s. u.) bei uns einzuführen. Trotz aller Bemühungen ist es auch jetzt noch nicht gelungen, Roheisen mit einem Phosphorgehalt zwischen 0,1 und 1,5 % im Birnenprozeß zu verwerten. Von Bedeutung für die Erzeugung eines für den basischen Bessemerprozeß (s. u.) geeigneten Roheisens ist ferner ein hinreichender Mangangehalt. Wo dieser fehlt, muß man die Zuflucht zu Manganerzen nehmen, die aber allmählich knapp zu werden anfangen. Schließlich ist noch die Art des Zuschlages von den begleitenden Gesteinsarten abhängig. — Die meisten Eisenerze werden im natürlichen Zustande verschmolzen, doch ist es bei Spateisenstein vorzuziehen, denselben erst zu rösten, um die Kohlensäure zu verjagen und auch einen etwa vorhandenen Schwefelgehalt zu vermindern. Auch sind vielfach Versuche gemacht worden, solche Vorkommen von Eisenerzen, welche wie im Rot liegenden nur 12—13 % Eisen enthalten und deshalb zur direkten Verhüttung im Hochofen zu eisenarm sind, durch geeignete Mittel (magnetische Aufbereitung, Waschverfahren) in Gangart und Eisenerz zu trennen, doch bietet die technische Durchführung manche Schwierigkeiten. Die Zusammensetzung des weißen Roheisens wird in der Regel von Ausschlag sein für die Wahl des Prozesses, durch welchen daraus Schmiedeeisen oder Stahl erzeugt werden soll. Die Umwandlung in Schweißschmiedeeisen erfolgt entweder im Herd oder im Puddelofen (Herdfrischen bzw. Puddelfrischen oder Puddeln). Bei dem Herdfrischen wird das Roheisen mit Holzkohlen- oder Holzfeuer unter scharfem Gebläsewind niedergeschmolzen, wobei ein Teil des Eisens sich oxydiert und der Kohlenstoff nach und nach verbrennt und schließlich ein Klumpen (Luppe) Schmiedeeisen von teigartiger Beschaffenheit entsteht, den man sofort unter Hämmern zur Verdichtung und Entfernung der Schlacke zu Stangen oder Schienen ausschmiedet. Das durch Herdfrischen erzeugte E. ist hart, körnig, zähe und dicht, letzteres namentlich, weil es mit wenig Schlacke in Berührung kam. Es erfordert aber ein sehr reines Roheisen, weil bei dem Prozeß namentlich Phosphor und Schwefel nur zu ganz geringen Teilen ausscheiden. Auch kann man durch Herdfrischen nur kleine Eisenmengen gewinnen, und die Herstellungskosten fallen des teuren Brennmaterials wegen ebenfalls hoch aus. Aus diesen Gründen ist an den meisten Orten schon seit langer Zeit das Puddeln oder Flammenfrischen betrieben worden, wobei die Verwendung geringwertiger Brennmaterialien und die Erzeugung größerer Massen E., allerdings nicht von gleicher Güte, möglich ist. Das Roheisen, das, wenn nötig, zuvor gefeint ist, wird in einem mit flacher muldenförmiger Vertiefung versehenen Ofen eingeschmolzen und mit viel eisenoxydoxydulhaltiger Schlacke bedeckt. Der Sauerstoff der letzteren verbrennt den Kohlenstoff des Roheisens, doch ist beständiges Umrühren der geschmolzenen Masse mittels mechanischer Rührvorrichtungen (Puddelmaschinen) oder beweglicher Herde (mechanische Puddelöfen) notwendig. Statt der früher benutzten Steinkohlen wendet man jetzt Leuchtgas oder Siemens' Regenerativgas an, in Amerika auch Petroleum oder selbst das Gas aus den Petroleumquellen. Das E. ballt sich allmählich zu kleinen Brocken und Körnern zusammen, die man durch Rollen und Walzen zu größeren Luppen von schwammartigem Aussehen vereinigt, darauf sofort unter besonderen Maschinen oder Dampfhämmern zur Entfernung der reichlich vorhandenen Schlacke verdichtet und unter Walzen zu Rohschienen ausreckt. Die erpuddelten Rohschienen sind nie so dicht und ganz und schlackenfrei als die durch Herdfrischen gewonnenen, sondern geben erst durch wiederholtes Zusammenschweißen, Überschmieden oder Auswalzen ein brauchbares Schmiedeeisen. — Soll graues Roheisen mit einem Siliziumgehalte von über 3 % zum Puddeln Verwendung finden, so muß dasselbe vorher in den „Feinherden" oder im Flammofen gefeint werden. In beiden Fällen kommt auf die Herdsohle Koks, darauf das Roheisen, und darauf wird dann Gebläseluft geleitet. Die Verunreinigungen, vor allem Silizium und Mangan, teilweise auch Schwefel, werden dadurch entfernt, und es entsteht „gefeintes" oder „geläutertes" E. Das Puddeln hat gegenwärtig nicht mehr die Bedeutung wie vor 40 oder 50 Jahren, da durch neuere Verfahren Flußschmiedeeisen und Flußstahl in großen Massen billig hergestellt werden, doch liefert Deutschland auch heute noch ein anerkannt gutes Puddeleisen. Die Umwandlung des Gußeisens in Flußschmiedeeisen erfolgt in ähnlicher Weise wie die Herstellung des Flußstahles und wird dort erwähnt werden. Stahl kann außer auf dem anfangs geschilderten Wege der direkten Herstellung aus dem Erze entweder aus Roheisen durch Entkohlung oder aus Schmiedeeisen durch Kohlung hergestellt werden. Die Erzeugung aus Roheisen erfolgt entweder durch Frischen auf dem Herde oder im Puddelofen, wie bei Schweißeisen beschrieben, oder dadurch, daß atmosphärische Luft in zahlreichen Strahlen durch geschmolzenes E. hindurchgetrieben wird (Bessemern), oder endlich dadurch, daß man in flüssiges Roheisen Bestandteile einträgt, welche eine Entkohlung herbeiführen. — Das Herdfrischen des Stahles, das namentlich noch in Steiermark, Kärnten, Siegen und in Schweden in Gebrauch ist, setzt gutes, reines Roheisen und billige Holzkohlen voraus. Es liefert einen ganz vorzüglichen Stahl, der auf die weiter unten anzugebenden Methoden raffiniert werden muß, um ein möglichst gleichförmiges Gefüge zu erhalten. Der durch Herdfrischen oder Puddeln gewonnene Stahl ist also Schweißstahl. Für die Herstellung großer Massen Stahl hat das Bessemern die größte Bedeutung. Stark mangan- und siliziumhaltiges Roheisen wird in einem Kupolofen hitzig niedergeschmolzen, wobei es bereits eine Raffinierung erfährt, und dann in ein birnenförmiges Gefäß (Konverter) eingelassen, dessen Boden mit zahlreichen feinen Windkanälen versehen ist. Die Birne muß vorgewärmt sein, damit keine zu starke Abkühlung des flüssigen Eisens erfolgt. Ein kräftiges Gebläse treibt Luft durch die flüssige Masse, wobei durch Verbrennen des Kohlenstoffs, Siliziums usw. eine so hohe Temperatur entsteht, daß selbst E. von ganz geringem Kohlenstoffgehalt noch flüssig bleibt. Bei der englischen Bessemermethode wird das Roheisen fast ganz entkohlt und durch Zusatz von flüssigem weißen Roheisen (Spiegeleisen) nach Beendigung des Blasens in Stahl verwandelt. Der Zusatz des Spiegeleisens, eines bis 20 % Mangan enthaltenden Roheisens, hat überdies den Zweck, den am Ende des Prozesses in dem Eisen gelösten Sauerstoff zu entfernen. Soll ein besonders kohlenstoffarmer schmiedbarer Stahl hergestellt werden, so wird statt des Spiegeleisens Ferromangan, ein über 20% Mangan haltendes Roheisen, verwandt. Bei der schwedischen Methode treibt man die Entkohlung nur so weit, daß direkt Stahl entsteht. Das jetzt fast allgemein benutzte englische Verfahren ist zwar meist etwas teurer, gewährt aber einen weit sicherern Erfolg. — In dem Bessemerverfahren war eine Methode gegeben, aus Roheisen mit höchstens 0,1% Phosphor schnell große Mengen von brauchbarem Stahl und Schmiedeeisen zu gewinnen, bei höherem Phosphorgehalte muß das Verfahren von Sydney Gilchrist Thomas angewandt werden, nach dem noch Roheisen mit 1,5—3% Phosphor in der Bessemerbirne brauchbaren Stahl liefert. Der Konverter des eigentlichen Bessemerprozesses besteht aus Eisen, das mit einer feuerfesten, aus Quarz und Ton hergestellten Masse ausgefüttert ist. Thomas verwendet nun statt dieses „sauren" Futters ein solches aus basischem Material, das er durch starkes Glühen von Dolomit oder Magnesit und Vermengen des erhaltenen Erzeugnisses mit einem Bindemittel (Wasserglas-Steinkohlenteer) gewann. Die sich erst am Schlusse des Oxydationsprozesses bildende Phosphorsäure wird dadurch gebunden und dem Eisen entzogen, die erzeugte, leicht lösliche Phosphorsäure enthaltende Schlacke aber als gutes Düngemittel an die Landwirte verkauft (Thomasschlacke). — Dieses Verfahren ist gerade für die deutsche Eisenindustrie von größter Bedeutung, da viele deutsche Roheisen Phosphor enthalten und bei dem ursprünglichen Bessemerverfahren nur Stahl geringerer Güte liefern. Weder für den sauren, noch für den basischen Birnenprozeß eignen sich Roheisen mit mittlerem Phosphorgehalt. Für den basischen Prozeß tritt noch die Forderung hinzu, daß das Eisen manganhaltig und möglichst frei von Silizium (höchstens 0,5%!) sei, während beim sauren Prozeß siliziumhaltiges graues Roheisen bevorzugt wird. — Die Bildung von Stahl durch Zusammenschweißen von Roheisen mit sauerstoffabgebenden Körpern hat ebenfalls zu einer Reihe von Verfahren Anlaß gegeben. Der sog. Erz- oder Uchatiusstahl wird durch Zusammenschmelzen von Roheisen mit Eisenerz in Tiegeln hergestellt. Nach dem ähnlichen Siemensprozeß schmilzt man in einem besonderen, mit vorgewärmtem Luft-Gasgemisch arbeitenden Flammofen Roheisen, setzt dann reine Eisenerze (Roteisenerz mit wenig Gangart) zu und bringt durch Rühren eine vollkommene Mischung der Flüssigkeit zustande Beim Martinprozeß wird der Siemenssche Flammofen dazu benutzt, Roheisen mit Schmiedeeisen zusammenzuschmelzen, und zwar soll dabei hauptsächlich Schrott, d. h. unbrauchbar gewordene Schmiedeeisengegenstände, wie alte Eisenbahnschienen, altes Bergbauwerkzeug usf., Verwendung finden. Die Erfahrung hat aber gelehrt, daß auf diese Weise nicht ohne weiteres ein guter Stahl vom berechneten mittleren Kohlenstoffgehalte erzeugt werden kann, sondern daß die Unreinheiten des Roheisens (Silizium, Mangan, Phosphor) erst durch Oxydation entfernt werden müssen. Diese Oxydation geschieht zwar teilweise durch den Rost des Schrottes und den überschüssigen Sauerstoff der Flammen, muß aber meist durch Zusatz von Oxyden (Erz oder Hammerschlag) vervollständigt werden. Dadurch werden die beiden letztgenannten Verfahren zu dem Siemens-Martin-Prozeß vereinigt. Das reine Siemensverfahren wird hauptsächlich dort angewandt, wo reine Eisenerze leicht zu haben sind, während Schrott fehlt, die Regel ist aber die kombinierte Methode. — Der Martin- und der Bessemerprozeß unterscheiden sich wesentlich dadurch, daß letzterer ohne Wärmezuführung ausgeführt wird, während ersterer im Gegenteil recht erhebliche Mengen gasförmigen Brennstoffs erfordert, dafür besitzt ersterer aber einige andere Vorteile. Im Martinprozeß kann alles das Roheisen Verwendung finden, das weder für den sauren noch für den basischen Birnenprozeß geeignet ist. Der Flammofen gestattet weiter, jederzeit Proben zu entnehmen und durch Feststellung des Phosphor- und Schwefelgehaltes den Betrieb zu regeln. Schließlich ist die gute Verwertung des an sich geringwertigen Schrottes zu nennen. Von größtem Vorteile würde allerdings die Gestaltung des Prozesses zu einem dauernden sein, wozu bereits erfolgversprechende Versuche gemacht worden sind. Nach Bertrand und Thiel soll das Roheisen im Flammofen nur teilweise durch Erzzuschlag von seinen Verunreinigungen befreit werden, die volle Reinigung und Fertigstellung des Erzeugnisses aber in Feinöfen (s. o.) geschehen. Beim Talbot- sowie Häntkeprozeß soll von Zeit zu Zeit ein Teil des flüssigen Eisens abgegossen und sogleich neues Material in den Ofen eingesetzt werden. Das Zusammenschmelzen von Roheisen mit Schmiedeeisen zur Erzeugung von Stahl ist für das erstgenannte Material ein Entkohlungs-, für das letztere ein Kohlungsverfahren. Um 1900 gelang die Erfindung wirtschaftlich arbeitender elektrischer Öfen zur Überführung von Roheisen in Stahl, und zwar auf drei mehr oder weniger voneinander abweichenden Grundlagen. Stassano erhitzt durch die Strahlung eines oberhalb des Eisenbades übergehenden Lichtbogens, Heroult führt den Lichtbogen durch das Eisenbad selbst; Kjellin aber erzeugt einen Induktionsstrom in dem in einer Rinne befindlichem Bade. Als Abarten des Heroultschen Verfahrens sind zu nennen das von Girod, von Chaplet, von Keller und das von Nathusius. Letzteres unterscheidet sich insofern wesentlicher von den übrigen, als die Bodenelektroden durch eine Magnesitmasse voneinander getrennt sind, die bei hoher Temperatur genügend leitend wird, um eine Bodenerwärmung hervorzubringen. — Eine Verbesserung des Kjellinofens ist der Röchling-Rodenhausersche, welcher zwei oder drei der ersteren zu einem Herde vereinigt und damit ein wesentlich bequemeres Arbeiten gestattet. — Der große Vorteil des Elektroofens gegenüber dem Martin-Siemens-Ofen liegt in der Vermeidung von Heizgasen, die bei der letzteren besonders bei der Desoxydation und der Kohlung sowie während des Abstechens einer Charge oxydierend und damit schädlich wirken. Der elektrische Ofen eignet sich also zur Herstellung besonders guten Stahles, während er für die Herstellung geringerer Ware der hohen Heizkosten wegen wenig geeignet erscheint. — Stahldarstellung aus Schweißeisen. Dieses Verfahren liefert einen sehr guten Stahl, weil das beste Schweißeisen verwendet wird und während des ganzen Prozesses bei gehöriger Vorsicht keine Gelegenheit findet, Verunreinigungen aufzunehmen. Schweißschmiedeeisenstäbe werden in feuerfeste Kästen mit Buchenholzkohle verpackt und unter Luftabschluß einer starken (zuweilen bis 14 Tage) andauernden Glühung unterworfen. Der Kohlenstoff aus der Verpackung dringt allmählich in das Schmiedeeisen ein, und es entsteht der Brenn- oder Zementstahl. Die rohen Zementstahlstangen sind nicht verwendbar, da sie mit zahlreichen Rissen und Blasen bedeckt sind, und außen und innen verschiedenen Kohlenstoffgehalt zeigen. Die zur Verdichtung und gleichmäßigen Verteilung des Kohlenstoffes erforderliche Raffinierung geschieht wie bei allen in ungeschmolzenem Zustande erhaltenen Stahlsorten (auch dem Herd- und Puddelstahle) entweder durch das Gärben oder durch Einschmelzen. Zum Gärben schweißt man eine Anzahl zu einem Bündel (Garbe) vereinigter Rohstahlstangen unter dem Hammer zusammen, streckt sie zu Stäben aus und schneidet diese in Stücke von gleicher Länge, mit welchen der Prozeß wiederholt wird. Das Gärben ist also ein intensives Durchkneten des Stahles, wodurch die Teile von verschiedenem Kohlenstoffgehalt miteinander in Berührung kommen und ausgleichend aufeinander wirken. Weit vollkommener wird dieses Ziel erreicht, wenn man die Rohstahlstangen in Tiegeln unter Luftabschluß einschmilzt. Hierdurch erhält man den eigentlichen Gußstahl, welcher nach der neueren Klassifikation als Zementflußstahl bezeichnet werden muß, während der durch Gärben raffinierte Zementstahl als Zementschweißstahl zu bezeichnen ist. Der Gußstahl bildet die geschätzteste Stahlsorte, welche überall da verwendet wird, wo ganz besondere Zähigkeit und Festigkeit oder scharfe, lang stehende Schneide. oder endlich größte Politur wünschenswert ist. Leider gestaltet sich die Herstellung größerer Stücke aus Gußstahl ziemlich schwierig und teuer, da die von zwei Mann getragenen Tiegel nur 25—30 kg Stahl fassen, und zur Herstellung von viele Zentner schweren Blöcken zu Geschützen, Walzen usw. Hunderte, ja zuweilen mehr als tausend Tiegel in einer Folge bis zur Vollendung des Gusses zu leeren sind. Dies ohne Störung zu bewerkstelligen, ist eine der staunenswertesten und unübertroffenen Leistungen unserer bedeutenden deutschen Stahlwerke (Krupp, Bochum usw.). Die neuzeitlichen Verfahren zur Gewinnung schmiedbaren Eisens lassen sich mit P. Goerens und K. Quasebart in folgende Übersicht bringen:

Windfrischverfahren	im sauren	im basischen Ofen
Siemens-Martinverfahren	„	„
Elektroverfahren	„	„
	Tiegelverfahren.	

Vorteile und Nachteile eines jeden Verfahrens sind in obigem meist kurz aufgeführt, im allgemeinen führen die billiger arbeitenden Verfahren auch zu einer weniger wertvollen Ware. Man ist daher vielfach zu einer Kombination zweier Öfen übergegangen. — Am Schlusse dieser Skizzierung der wichtigsten Darstellungsarten des technischen Eisens sei erneut darauf hingewiesen, daß schon das Altertum gutes Schmiedeeisen und guten Stahl besaß und diesen durch die Rennarbeit direkt aus dem Erze herstellte. Daß die alte Rennarbeit heute nicht konkurrieren kann, liegt an dem verschwenderischen Verbrauch an bestem Rohmaterial (beste Erze und Holzkohle) und an Menschenkraft. Die Frage, ob die Herstellung von Schmiedeeisen und Stahl durch Umgestaltung der Rennarbeit im modernen Sinne wieder wird leistungsfähig gemacht werden können, erfährt recht verschiedene Beurteilung. In einem hier mehrfach benutzten Bericht über die Fortschritte des Eisenhüttenwesens von Wedding wird sie rundweg verneint, während Carl Otto für Länder mit jüngerer Mineralkohle die Rückkehr zum alten Verfahren voraussagt. — Beschreibung der Eisensorten. — Selbstredend können an dieser Stelle nicht alle im Handel vorkommenden Eisensorten, die je nach der Art der Herstellung oder der Verwendung verschiedene Namen führen, verzeichnet werden. Vielmehr sei hier nur eine Charakteristik der Hauptsorten gegeben. Roheisen, leicht schmelzbar und nicht schmiedbar, wird nach seiner Farbe in graues und weißes Roheisen eingeteilt. Chemisch unterscheiden sich beide Sorten dadurch, daß bei der erstgenannten der Kohlenstoff zumeist graphitartig abgeschieden, bei der anderen aber chemisch gebunden ist. — Graues Roheisen. Da Silizium die graphitartige Abscheidung befördert, so wird mit zunehmendem Siliziumgehalt die Färbung immer dunkler. Lichtgraueisen enthält 0,5 %, Graueisen bis 3%, Schwarzeisen bis 5% Silizium. E. mit höherem Gehalte wird Ferrosilizium genannt. Graues Roheisen erscheint stets mehr oder weniger grobkörnig oder auch bei dunkleren Sorten kleinblätterig oder schuppig, aber nie faserig oder strahlig. Es ist weich und läßt sich mit den gewöhnlichen Schneidewerkzeugen leicht bearbeiten. — Weißes Roheisen. Da Mangan die graphitartige Abscheidung des Kohlenstoffs hemmt, so ist alles stärker manganhaltige Roheisen hell. Bei der bereits hervorgehobenen Bedeutung des Mangans für die Herstellung von Schmiedeeisen und Stahl ist die Einteilung des weißen Roheisens nach dem Mangangehalte gerechtfertigt: Weißkorn hat bis 1,5 %, Weißstrahl bis 4,5 %, Spiegeleisen bis 20 %, Ferromangan über 20 %. Der Bruch zeigt feinkörniges, strahliges oder großblättriges Gefüge, letzteres besonders bei dem Spiegeleisen, das den Namen von den großen spiegelnden Flächen erhalten hat. Das weiße Roheisen ist in jedem Falle bedeutend härter als das graue, einzelne Sorten lassen sich mit der Feile gar nicht mehr bearbeiten. Das graue Roheisen kommt immer in Form von Gänzen, das weiße auch als Flossen oder als Masseln in den Handel. — Halbiertes Roheisen heißt ein Gemenge von grauem und weißem Roheisen. Man bezeichnet dasselbe als schwach halbiert, wenn das graue, als stark halbiert, wenn das weiße vorwaltet. — Zu Gußwaren wird meist das graue Roheisen benutzt, denn das weiße erstarrt beim Erkalten mit stumpfen Ecken und konkaver Oberfläche, während das dünnflüssigere graue die Formen mit großer Genauigkeit ausfüllt und ebene Flächen als solche wiedergibt. — Welche von beiden Eisensorten im Hochofen entsteht, ist abhängig vom Silizium- und Mangangehalt, aber auch, wenigstens zum Teil, von der Temperatur des Hochofens und von der Art der Abkühlung. Silizium- und manganarmes Roheisen läßt sich in beiden Formen gewinnen, da sich bei rascher Abkühlung die weiße Sorte bildet, während bei langsamer Abkühlung die Kohle Zeit findet, sich graphitartig auszuscheiden. Schmilzt man siliziumreicheres Roheisen, so bildet sich lediglich eine Kruste von glashartem weißen Roheisen, die, bei guter Ausführung, allmählich strahlig in das die Form ausfüllende graue Roheisen übergeht. Diese Eigentümlichkeit hat zuerst das Grusonwerk zu Buckau technisch zum „Hartguß" (Schalenguß, Kapselguß) angewandt, indem es das geschmolzene Roheisen in metallene Formen goß, welche das Eisen außen schnell erstarren lassen. Auf diese Art werden Walzen, Reifen für Eisenbahnräder, Schienenkreuzungen, Geschosse für Artillerie usf. hergestellt. Bei solchen Waren, die nur zum Teil mit harter Oberfläche versehen sein sollen, z. B. Walzen, an denen die Zapfen bearbeitbar bleiben müssen, wird die Form entsprechend aus Metall und anderem Material (z. B. Lehm) zusammengesetzt. — An dieser Stelle sei auch die Umwandlung gußeiserner Waren in schmiedeeiserne durch Glühen mit oxydierenden Stoffen erwähnt, wobei die Oxydation, von den Berührungsflächen ausgehend, nach und nach ins Innere der Metallstücke und bis zur fast vollständigen Entkohlung vorschreitet. Als Ausgangsmaterial benutzt man weißes Roheisen, dessen Silizium- wie auch Mangangehalt 0,6% nicht überschreitet und dessen Kohlenstoffgehalt etwa 3—3,5% betragen darf, als Oxydationsmittel meist gepulverten Roteisenstein (Glühfrischen). Schmiedbares Gußeisen kann nur dann mit Schmiedeeisen konkurrieren, wenn die Kosten der Formgebung für das Schmiedeeisen im Verhältnis zu seinem Gewicht einigermaßen hoch sein würden, so einerseits für komplizierte Formen, anderseits für kleinere Stücke von geringer Dicke (Schloßteile, Gewehr- und Nähmaschinenteile, Schlüssel, Kettenglieder und zahlreiche kleine Maschinenteile). Manche dieser Massenartikel erfahren keine weitere Behandlung, viele nur durch Schleifen und Polieren, wobei sie infolge der feinkörnigen Struktur eine bessere Politur als das Schmiedeeisen annehmen. Eine Abart dieses Verfahrens ist der Temperguß (im engeren Sinne), bei dem Roheisen mit Stahlabfällen zusammengeschmolzen, und das sich dabei bildende weiße Roheisen in Formen gegossen wird. — Schweißschmiedeeisen, im gewöhnlichen Verkehr meist Stabeisen oder Schmiedeeisen genannt, ist das Erzeugnis des Frisch- und Puddelprozesses. Die gewonnenen Luppen erhalten unter dem Hammer oder Walzen Stabform und führen nun die Bezeichnung Rohschienen, die als Halbfabrikat auch im Handel vorkommen. Sie werden durch ein- oder mehrmaliges Umschweißen und Ausrecken unter dem Hammer oder Walzen raffiniert und liefern das Stabeisen. Gutes Schweißschmiedeeisen soll auf dem frischen Bruch bei weißer Farbe schwachen und bei lichtgrauer Farbe starken Glanz und ferner hakiges oder sehniges Gefüge zeigen. Die einzige Ausnahme macht das Feinkorneisen, ein hochkohliges, stahlartiges Schweißeisen mit feinkörnigem, nie sehnigem Bruch und größerer Härte als gewöhnliches Schweißeisen, welches sich auch schwach härten läßt. Das Feinkorneisen wird seiner großen Widerstandsfähigkeit wegen sehr geschätzt (Köpfe von Eisenbahnschienen usw.). Namentlich dient es auch zur Herstellung des Zementstahles in Steiermark und England, von denen letzteres aus Schweden Danemoraeisen in großen Massen bezieht. Das gewöhnliche Schmiedeeisen ist weich und ziemlich dehnbar, so daß man es kalt überschmieden und zu Draht ziehen kann. Dabei nimmt es allerdings an Härte und Dichtigkeit zu und an Dehnbarkeit ab. Bei fortgesetzter Bearbeitung wird es sogar brüchig, kann aber durch Ausglühen sofort wieder in den natürlichen Zustand übergeführt werden. In rotglühendem Zustande läßt sich Schweißeisen vorzüglich schmieden, im weißglühenden schweißen und infolge des teigartigen Zustandes selbst in komplizierte Formen pressen (Herstellung von Eisenbahnwagenrädern, Kolben, Kurbeln, Schraubenschlüsseln usw. durch Preßschmieden). Die guten Eigenschaften des Schweißeisens werden häufig durch fremde Beimengungen stark beeinträchtigt. Verbranntes und überhitztes, d. h. durch wiederholtes starkes Glühen mürbe gewordenes E., das ein blättrig-schuppiges Gefüge und starken Glanz zeigt, läßt sich durch Glühen unter Luftabschluß wieder gebrauchsfähig machen. — Qualitätsprüfung des Stabeisens: Einen recht guten, wenn auch nicht untrüglichen Anhalt gibt das Aussehen des Bruches. Außerdem läßt schon das äußere Aussehen einen Schluß zu. Gutes Stabeisen muß reine glatte Oberfläche und scharfe Kanten zeigen und darf weder Kanten-, Quer- noch Längsrisse besitzen. Große Glätte, Glanz und blauschwarze Farbe der Oberfläche zeigen auf nassem Amboß überschmiedete Stäbe, die infolge dieser Bearbeitung etwas spröde sind. Leicht auszuführen sind auch folgende Proben: Man wirft den Stab aus großer Höhe auf eine harte Unterlage (Wurfprobe), oder läßt auf den frei an den Enden aufliegenden Stab ein Gewicht fallen (Schlagprobe). Bricht der Stab hierbei nicht, so ist das Eisen nicht kaltbrüchig. Man spannt den Stab in einen kräftigen Schraubstock ein, faßt das herausragende Ende mit einem langen Hebel, so daß zwischen diesem und dem Amboßmaul etwa 10 cm Stab freibleiben, und biegt dieses Stück zunächst um 90° nach der einen, dann um 180° nach der anderen Seite und nun so fort bis zum Bruch. Hartes E. knistert und zittert dabei und bricht bald; weiches läßt sich geräuschlos der Biegprobe unterwerfen und hält bei gutem Material wohl 12—15, ja zuweilen noch mehr Biegungen aus. Ganz schlechtes Material bricht bei dem ersten Zurückbiegen. Dicke Stäbe brechen früher als dünne aus gleichem Material. Der Bruch erscheint nach der Biegprobe in der Regel sehnig und mehr oder weniger verquetscht und verrieben, während ein reiner Bruch nur dadurch erhalten wird, daß man die Stange vorher einhaut oder einfeilt und dann kurz abbiegt. Endlich ist noch die Schmiede- oder heiße Probe zu erwähnen, wodurch man Aufschluß darüber erhält, ob das E. rotbrüchig ist. Der Stab wird rotglühend flach ausgeschmiedet, scharf umgebogen, gedreht oder besser gelocht und darf dabei keine Risse erhalten. — Handelssorten des Schweißschmiedeeisens. Unter Stabeisen versteht man in der Regel nur die Sorten mit flach rechteckigem (Flacheisen), mit quadratischem (Quadrat- oder Vierkanteisen) und kreisrundem Querschnitt (Rundeisen). Bandeisen ist Flacheisen mit im Verhältnis zur Dicke großer Breite; Nageleisen (zur Nagelherstellung) kleines Vierkanteisen; Knoppereisen, geschmiedetes Vierkanteisen, welches deutlich die Eindrücke der Hammer- und Amboßbahn zeigt; Muttereisen mit sechs- oder achtkantigem Querschnitt. Alle anderen Eisensorten werden als Fassoneisen bezeichnet, z. B. Winkeleisen L, T-Eisen T, Doppel-T-Eisen I, C-Eisen ⊏, L-Eisen, Kreuzeisen +, Fenster-, Geländereisen usw.; dann die Eisenbahnschienen in den verschiedensten Profilen. Die erstgenannten Fassoneisen finden ausgedehnte Verwendung im Maschinen-, Schiff- und Brückenbau; neuerdings auch das I-Eisen mehr beim Hochbau zu Trägern an Stelle hölzerner Unterzüge und steinerner Wölbungen. Das Fassoneisen wird ausschließlich, das Stabeisen zum weitaus größten Teile durch Walzen hergestellt, und zwar die schweren Sorten im Grobwalzwerk, die feineren im Feineisen- und Schnellwalzwerk. — Im Kleinhandel wird das Stab- und Fassoneisen in Stangen oder Bunden nach Gewicht, im Großhandel hundertkilogrammweise oder die Tonne zu 1000 kg verkauft. — Schweißstahl ist das Erzeugnis des Frisch- und Puddelprozesses und der durch Gärben raffinierte Zementstahl. Guter Frisch und Puddelstahl muß auf dem Bruche feinkörnig und matt erscheinen, gut schweißbar sein und beim Härten große Härte und Sprödigkeit annehmen. Der rohe Stahl kommt unter dem Namen Rohstahl oder Mock in geschmiedeten quadratischen Stangen in den Handel, die nach dem Aussehen des Bruches sortiert werden. Um das Brechen zu erleichtern, wirft man die Stäbe noch glühend in Wasser, wodurch der Stahl glashart wird und Querrisse annimmt, die Wasser eindringen lassen. Die Bruchfläche überzieht sich infolgedessen mit farbigen, konzentrischen Ringen (Rosen und Rosenstahl), die als Merkmal für harten, gefrischten und noch nicht raffinierten Stahl gelten. Auch bei Puddel- und Frischstahl treten Faulbruch, Kaltbruch usw. auf, doch mit Ausnahme des Rohbruches recht selten. Das häufigere Auftreten des letzteren beruht auf der Herstellung im Herd- und Puddelofen, wobei die Entkohlung nur schwer völlig gleichmäßig bewirkt werden kann und der Stahl leicht noch sehr hochkohlige, dem Roheisen nahestehende Teile enthält. Die Qualitätsbestimmung ist bei Stahl viel schwieriger als bei Schmiedeeisen. Schlag- und Biegprobe sind nur bei den weichsten Marken anwendbar; der Bruch läßt keinen sicheren Schluß auf die natürliche Härte, die Härtefähigkeit und das Verhalten im Feuer zu (leichtes oder schweres Verbrennen) und nur ausgedehntere Versuche über Verarbeitungsfähigkeit, Härtefähigkeit und Festigkeitsversuche können eine sichere Qualitätsbestimmung herbeiführen. Der gegärbte Zementstahl eignet sich seiner verhältnismäßig großen Weichheit und Geschmeidigkeit wegen vorzüglich zu Sensen, Sicheln, Säbel- und Degenklingen usw. (Steiermärker Sensen usw.). Ungegärbter Stahl kann nur zu ganz ordinären Gegenständen verwendet werden, da er zu porös ist. — Flußeisen entsteht durch den Bessemerprozeß ohne oder mit Zuhilfenahme des Thomas-Gilchristschen Entphosphorungsverfahrens und kommt als rohe gegossene, stumpf pyramidale Blöcke (Ingots), als Stab- oder Fassoneisen oder als Blech in den Handel. Die Ingots zeigen blätterigen oder stark grobkörnigen Bruch, die daraus durch Schmieden oder Walzen erzeugten Sorten ein sehr gleichmäßiges feinkörniges Gefüge mit mattem Glanz und etwas lichterer Farbe als Stahl. Gutes Flußeisen ist sehr zähe und fest die Zerreißfestigkeit liegt um 25—50 % höher als bei gutem Schweißeisen, auch läßt es sich sehr gut schmieden und schweißen, aber nicht härten. Früher ging das Flußschmiedeeisen unter der Bezeichnung Bessemerstahl, und nur die angefügte Nummer ließ erkennen, daß man es mit einem weit entkohlten und deshalb nicht mehr härtbaren Erzeugnisse des Bessemerprozesses zu tun hatte. — Flußstahl. Hierher gehören der Bessemerstahl, der Martinstahl und der Gußstahl oder Tiegelgußstahl. Roher Flußstahl in Form von Ingots ist selten Handelsartikel. Er wird durch Schmieden oder Walzen verdichtet und in die Handelsformen gebracht. Der in großen Massen zu erzielende Bessemerstahl, worunter alle härtbaren Erzeugnisse des Bessemerprozesses zu verstehen sind, und Martinstahl werden hauptsächlich zu Eisenbahnschienen, Trägern, Achsen, zu Blech- und Panzerplatten, in den härteren Marken auch zu einfachen Werkzeugen, der Martinstahl auch vorwiegend zu Fassonguß verarbeitet. Bessemerstahl ist schwerer schweißbar als andere Stahlsorten mit gleichem Kohlenstoffgehalt, was wohl in dem Vorhandensein eines größeren Gehaltes an Verunreinigungen begründet sein mag. Der Tiegelgußstahl steht in der Qualität bedeutend höher als die genannten Sorten. Sein Bruch ist weit feinkörniger, von dunklerer Farbe und mattem samtartigen Glanz. Durch mehrmaliges Umschmelzen erhält er größere Güte. Auch hat man versucht, durch besondere Zusätze von Mangan, Wolfram, Nickel, Silber, Platin die Qualität zu erhöhen oder für besondere Zwecke bestimmte Eigenschaften zu erzielen. — Mushet- oder Wolframstahl ist sehr dicht und gleichförmig und von so großer natürlicher Härte, daß ein Härten nicht nötig ist. Silberstahl enthält nach den Untersuchungsresultaten kein Silber, sondern ist nur eine Gußstahlsorte vorzüglicher Qualität. Der Gußstahl findet Verwendung zu allen besseren und den feinsten Werkzeugen, chirurgischen Instrumenten, zu Geschützen, Walzen. Zur Qualitätsbestimmung dient das Aussehen des Bruches in Verbindung mit Schmiede- und Härteproben. Gußstahl läßt sich mit Schweißeisen zusammenschweißen, doch wachsen die Schwierigkeiten mit zunehmendem Kohlenstoffgehalt. Hochkohliger Gußstahl wird häufig als unschweißbar bezeichnet. — Von besonderen Stahlsorten seien noch erwähnt: Wootz, eine aus Indien stammende, angeblich durch Zusammenschmelzen von Schmiedeeisen und Kohlen entstandene Sorte, die große Härte annimmt und vorzüglich zu feinen Schneidwaren geeignet ist.

Damaststahl, Damaszenerstahl, eine nach der Stadt Damaskus bezeichnete, in der Regel durch Zusammenschweißen von Schmiedeeisen und Stahl entstehende Stahlsorte, zeichnet sich durch ungemeine Zähigkeit aus und läßt auf geätzten Flächen die nebeneinander liegenden Stahl- und Schmiedeeisenteile deutlich in bestimmten Zeichnungen hervortreten. Er findet Verwendung zu Degen-, Säbel-, Dolchklingen und Gewehrläufen. Vielfach wird die Zeichnung lediglich durch Ätzen von Stahl hervorgebracht. Der ungeheure Bedarf der deutschen Eisenindustrie muß zu einem Drittel aus ausländischen Erzen gedeckt werden, besonders aus Französisch-Lothringen (Briey, Nancy, Longwy). Die unserer seitherigen Grenze benachbarten französischen Vorkommnisse schätzt man auf 61000 ha mit 3 Milliarden Tonnen Eisen. Deutsch-Lothringen umfaßt 43000 ha Eisenerzfelder mit 1,8 Milliarden Tonnen Eisen. Neuerdings sollen in Oberfranken 100000 ha Erzlager mit 1,7 Milliarden Tonnen gefunden worden sein.

Eisenazetat (Essigsaures Eisen, Ferriazetat, lat. Ferrum aceticum, frz. Acétate de fer, engl. Acetate of iron) wird in reinem Zustande durch Auflösen von Eisenhydroxyd in Essigsäure dargestellt und kommt in Form seiner wäßrigen Lösung als dunkelbraunrote Flüssigkeit, Liquor ferri acetici (frz. Solution d'acétate Ferrique, engl. Solution of Ferric acetate), in den Handel. Ein technisches Präparat, das sog. holzessigsaure oder holzsaure Eisen (Eisenbeize, Eisenbrühe, Schwarzbeize, lat. Ferrum pyrolignosum) findet als Beize in der Färberei und Druckerei Anwendung. Etwaige Zusätze von Eisenvitriol erkennt man an dem Auftreten eines Niederschlages mit Bariumchlorid.

Eisenchlorid (Eisensesquichlorid, Anderthalbchloreisen, Eisenperchlorid, Ferrichlorid, lat. Ferrum sesquichloratum, frz. Perchlorure de fer, engl. Sesquichloride of iron). Die wasserfreie Verbindung $FeCl_3$ erhält man in Form grünlich-schwarzer, metallisch glänzender Kristallblättchen, die bei durchfallendem Lichte granatrot erscheinen, auf trockenem Wege durch Sublimation, daher die Bezeichnung Eisenblumen oder Eisensublimat (lat. Ferrum sesquichloratum sublimatum, Flores martis). Aus der Luft ziehen die Kristalle Feuchtigkeit an und zerfließen zu einer dunkelbraunen Flüssigkeit, dem sog. Eisenöl (lat. Oleum martis, Liquor stypticus Lofi). Im Handel findet sich hauptsächlich eine konzentrierte wäßrige Eisenchloridlösung (lat. Liquor ferri sesquichlorati, frz. Solution de perchlorure de fer, engl. Solution of Ferric chloride), eine dickflüssige, dunkelbraune Flüssigkeit vom spez. Gew. 1,480—1,484, die beim Verdünnen mit Wasser eine gelbe Farbe annimmt. Außerdem führt man ein kristallisiertes wasserhaltiges E., das zum Unterschiede von dem sublimierten wasserfreien E. Ferrum sesquichloratum cristallisatum genannt wird. Verwendung finden die genannten Salze in der Medizin als blutstillende Mittel, ferner in der Chemie, in der Technik, z. B. als Beize und als Desinfektionsmittel.

Eisenchlorür, $FeCl_2$ (Eisenmonochlorid, Einfachchloreisen, Ferrochlorid, lat. Ferrum chloratum, frz. Chlorure de fer, engl. Chloride of iron), bildet im wasserfreien Zustande weiße Kristalle, findet sich aber im Handel gewöhnlich nur wasserhaltig in durchsichtigen, bläulichweißen Kristallen, die ihrer Zerfließlichkeit wegen in gut verschlossenen Gefäßen aufbewahrt werden müssen. Eine Lösung des E. in Wasser wird Liquor ferri chlorati genannt.

Eisenchromat (chromsaures Eisen), $Fe_2(CrO_4)_3$, entsteht beim Vermischen von Eisenchloridlösung mit Kaliumdichromat als ein gelbes Pulver, das in der Malerei (Sideringelb) Anwendung findet und wegen seines Verhaltens in der Hitze in der Porzellanmalerei zu braunen Tönen benutzt wird.

Eisenholz (frz. Bois de fer, engl. Iron-wood). Diesen Namen führen im Handel verschiedene, durch ungewöhnliche Härte sich auszeichnende Hölzer. Fast jedes heiße Land hat seine besonderen Arten solcher hartholzigen Bäume, die zu den Klusiazeen, Laurazeen, Rubiazeen und Sapotazeen gehören. Der von der Botanik als „echter" oder „wahrer" bezeichnete Eisenholzbaum (Metrosideros vera) stammt von den Molukken. Die im Handel vorkommenden Hölzer sind gewöhnlich dunkelfarbig, so schwer, daß sie im Wasser sinken, und so hart, daß sie sich nur mit den besten Instrumenten bearbeiten lassen. Vorheriges Einlegen in heißes Wasser macht sie jedoch gefügiger. Sie dienen zu verschiedenen kleinen Handwerkszeugen, zu Walzen und Drechslerwaren und werden von Ostindien, Kotschinchina, Java, Sumatra, Madagaskar, Süd- und Westafrika, Mittel- und Südamerika und Australien eingeführt.

Eisenhut (Sturmhut, lat. Aconitum). Von dieser zu den Ranunkulazeen gehörigen Giftpflanze, Aconitum Napellus, gibt es viele verschiedene Arten, die man gewöhnlich in gelb- und blaublühende gruppiert. Nur von den letzteren werden die Blätter und die Knollen medizinisch verwendet. Die Eisenhutblätter, auch Eisenhutkraut (lat. Herba aconiti, frz. Herbe d'aconit, engl. Leaves of aconite) genannt, werden kurz vor oder während der Blüte, womöglich von wildwachsenden Pflanzen, gesammelt und getrocknet. Sie sind handförmig in fünf Lappen (die oberen Blätter nur in drei) geteilt, welche wiederum eine Teilung in je drei Lappen zeigen. Die obere Seite der Blätter ist lebhaft grün und glänzend, die untere matt und heller, der Geruch nur sehr schwach, der Geschmack scharf und brennend. Sie sind sehr giftig und enthalten als charakteristische Bestandteile Akonitin (s. d.), Napellin und Akonitsäure. — Die rübenförmigen Akonitknollen (Mönchswurz, Fuchswurz, Teufelswurz, lat. Tubera aconiti, frz. Racine d'aconit, engl. Aconite root) sind 5 cm lang und bis zu 2,5 cm dick, ziemlich glatt, nur wenig gefurcht und innen weißgrau. Auf dem Querschnitte zeigen sie eine starke, dunkelpunktierte Rinde und zwischen dieser und dem Holzkörper bei den Knollen von Aconitum Napellus eine in 5—8 spitzige Strahlen und spitze Buchten auslaufende sternförmige Linie. Bei anderen Akonitumarten sind diese Strahlen und Buchten mehr stumpf und abgerundeter. Die von den Wurzelfasern bei der Einsammlung befreiten Knollen sind geruchlos, haben aber einen bitteren und scharfen Geschmack und werden ihres großen Akonitingehaltes wegen gewöhnlich zur Darstellung dieses giftigen Alkaloïds sowie von Extractum und Tinktura aconiti benutzt. In neuerer Zeit sind auch japanische Akonitknollen unter dem Namen Tsaou-woo in den Handel gekommen, die außer Akonitin noch ein anderes Alkaloïd, das Japakonitin, enthalten.

Eisenjodür (Ferrojodid, Jodeisen, lat. Ferrum jodatum, frz. Jodure de fer, engl. Iron jodide) wird durch Glühen von Eisenfeile mit überschüssigem Jod und nachfolgendes Umkristallisieren der Schmelze aus Wasser in Form blaßgrünlicher Kristallkrusten von der Formel $FeJ_2 + H_2O$ erhalten. Das wasserfreie Salz bildet ein weißes Pulver, das an der Luft leicht Feuchtigkeit anzieht und dabei grün und braun wird. Das Salz ist, wie seine wäßrige Lösung (Liquor ferri jodati), leicht zersetzlich und wird daher zur Erhöhung der Haltbarkeit oft mit Rohrzucker, Milchzucker oder Zuckersirup versetzt. Die dann erhaltenen Präparate, Ferrum jodatum und Sirupus ferri jodati, finden in gleicher Weise wie die wäßrige Lösung zur Erzielung vereinigter Eisen- und Jodwirkung medizinische Anwendung.

Eisenmennige, natürliches, feingemahlenes Eisenoxyd (Blutstein), oder auch unreines Eisenoxyd mit etwa 30% Beimengungen, wird anstatt der gewöhnlichen Mennige zum Anstreichen von Eisenkonstruktionen benutzt.

Eisenoxyd, Eisensesquioxyd, Fe_2O_3 (lat. Ferrum oxydatum, frz. Oxyde de fer, engl. Oxyd of iron), wird gewöhnlich als Nebenprodukt bei der Bereitung des Nordhäuser Vitriolöls aus Eisenvitriol erhalten und auch unter den Namen Englischrot, Polierrot, Kolkothar, Caput mortuum, Totenkopf in den Handel gebracht. In der Natur kommt es als Blutstein, Hämatit, Glaskopf (lat. Lapis haematitis, frz. Hématite, engl. Haematite) oder Roteisenstein vor, die ebenfalls einen Handelsartikel bilden. Man benutzt sowohl dieses natürliche als auch das künstliche E. als Poliermittel für Glas, Stahl und Goldwaren, für letztere jedoch am liebsten ein durch Glühen von oxalsaurem Eisenoxydul erhaltenes, sehr zartes E. Ein aus gefälltem Eisenhydroxyd hergestelltes E. wurde früher als Crocus martis aperitivus oder Ferrum oxydatum fuscum medizinisch verordnet, während das jetzige Ferrum oxyd. fuscum, ein braunes unlösliches Pulver, aus Eisenoxydhydrat, Eisenhydroxyd (lat. Ferrum hydricum, frz. Oxyde ferrique hydraté, engl. Hydrated peroxyde of iron) besteht. Eine in Wasser lösliche Modifikation desselben, das dialysierte E. (lat. Ferrum oxydatum dialysatum), eine dunkelbraungelbe Flüssigkeit von nur sehr schwachem Eisengeschmack, wird als leicht assimilierbares Eisenpräparat medizinisch verwandt. Eisenzucker, Eisensaccharat (lat. Ferrum oxydatum saccharatum solubile, frz. Oxyde ferrique sucré soluble, engl. Saccharated peroxyde of iron), besteht aus Zucker und Eisenoxydhydrat. Als Ferrum oxydulatum nigrum oder Äthiops martialis (Eisenmoor) wurde früher auch Eisenoxyduloxyd, ein feines, schwarzes Pulver, medizinisch benutzt.

Eisenpulver. In der Medizin wie im chemischen Laboratorium finden zwei Arten des fein verteilten metallischen Eisens Verwendung. 1. Feingepulvertes Schmiedeeisen (lat. Ferrum pulveratum, F. limatum seu Limatura ferri, frz. Fer pulverisé, engl. Iron powdered) ist ein äußerst feines, schweres, graues Pulver von metallischem Glanz, das in gut verschlossenen Flaschen aufbewahrt werden muß. Es soll frei von Rost sein, sich in verdünnter Salzsäure vollständig lösen und dabei nur Wasserstoffgas, nicht aber Schwefelwasserstoffgas entwickeln. Spuren des letzteren Gases fehlen jedoch fast nie. Das Präparat wird, besonders in Tirol, durch Zerstoßen des Schmiedeeisens und Reiben unter Druck hergestellt. 2. Durch Wasserstoffgas reduziertes Eisen (lat. Ferrum hydrogenio reductum, F. reductum, frz. Fer réduit par l'hydrogène, engl. Reduced iron) ist ein graues, glanzloses Pulver, das aus reinem Eisenoxyd hergestellt wird. Falls man zur Gewinnung des Eisenoxydes Eisensulfat benutzt, enthält das Endprodukt gewöhnlich noch Schwefel. Frei von Schwefel läßt es sich nur gewinnen, wenn Eisenchlorid als Ausgangsmaterial diente. Das reduzierte Eisen enthält in der Regel noch Eisenoxyduloxyd, das bei höherem Gehalte eine schwarze Färbung hervorruft, und soll sich in Bromwasser vollständig lösen. Für medizinische Zwecke müssen die E. frei von Schwefel sein, weil sie sonst im Magen Schwefelwasserstoffgas entwickeln. Das Ferrum reductum ist ein gut verdauliches Eisenpräparat. Im Laboratorium dient E. als starkes Reduktionsmittel.

Eisensalmiak (Ammoniumeisenchlorid, lat. Ammonium chloratum ferratum, frz. Muriate de fer ammoniacal, engl. Ammoniachloride of iron), ein morgenrotfarbiges, in Wasser leicht lösliches Kristallpulver, besteht aus Eisenchlorid und Salmiak und wird gegen Bleichsucht, Rhachitis und Epilepsie medizinisch angewandt.

Eisenschwärze, eine zum Schwarzfärben benutzte Mischung von Eisenvitriol und Blauholzextrakt mit Galläpfeln. Bisweilen wird auch eine aus holzessigsaurem Eisen bestehende Beize so genannt.

Eisenschwarz nennt man ein als Ofenschwärze benutztes Graphitpulver.

Eisensulfid (Schwefeleisen, lat. Ferrum sulfuratum, frz. Sulfure de fer, engl. Sulfuret of iron). Eisen und Schwefel lassen sich zu verschiedenen chemischen Verbindungen vereinen, von denen einige als Mineralien in der Natur fertig gebildet vorkommen. Im Handel findet man von den künstlich darstellbaren nur das Einfachschwefeleisen, Fe_2S (Eisenmonosulfid, Ferrosulfid), das durch Erhitzen von 3 Teilen Eisenfeile mit 2 Teilen Schwefel im bedeckten Tiegel als eine dunkelbronzefarbene bis grauschwarze, schwach metallglänzende Masse erhalten wird und zur Darstellung von Schwefelwasserstoff in großen Mengen Anwendung findet. Zweifach-Schwefeleisen, vgl. Schwefelkies.

Eisenvitriol (Schwefelsaures Eisenoxydul, Eisenoxydulsulfat, Ferrosulfat, Grüner Vitriol, lat. Ferrum sulfuricum, Vitriolum martis, frz. Sulfate ferreux, Vitriol vert, engl. Vitriol of iron, Green vitriol, Ferrous sulphate) findet sich fertig gebildet in der Natur nur dort, wo Schwefeleisen der Verwitterung unterlag. Außerdem erhält man es als Nebenprodukt bei der Alaunsiederei, als Rückstand bei der Darstellung von Schwefelwasserstoff aus Schwefeleisen und Schwefelsäure, beim Abbeizen von Eisenblech und Eisendraht mit verdünnter Schwefelsäure und bei der Gewinnung von Zementkupfer. Die Hauptmenge wird auf Vitriolwerken aus Schwefeleisen (Schwefelkiesen) dargestellt, indem man diese nach vorgängiger Röstung oder auch direkt auf sog. Auslaugebühnen der Einwirkung der Luft unter Feuchthalten längere Zeit aussetzt, darauf von Zeit zu Zeit durch Übergießen mit Wasser auslaugt, die Lösungen eindampft und noch heiß in die Kristallisiergefäße bringt. Der so erhaltene rohe E. des Handels ist gewöhnlich mehr oder weniger verunreinigt durch schwefelsaures Zink, Kupfer und Mangan sowie durch Bittersalz, Gips und schwefelsaures Eisenoxyd (Ferrisulfat), das bei größerer Menge das Nässen des Salzes verursacht, kann aber für manche Zwecke direkt benutzt werden. Das Salz bildet blaßgrünliche Kristalle (Grüner Vitriol) von der Formel $FeSO_4 + 7H_2O$, verliert aber an der Luft Kristallwasser und sein glasiges Aussehen und wird krümlich, weißlich, zum Teil rostfarben und durch Aufnahme von Sauerstoff in Wasser teilweise unlöslich, indem sich basisch schwefelsaures Eisenoxyd bildet. Durch völliges Austreiben des Kristallwassers bei mäßiger Hitze erhält man den weiß gebrannten Vitriol. Der nicht selten vorhandene Kupfergehalt des Salzes verrät sich beim Eintauchen von blankem Eisen in die wäßrige Lösung, wobei das Kupfer einen feinen metallischen Niederschlag auf dem Eisen bildet. Hiervon dürfte sich die vielfach gebräuchliche Bezeichnung Kupferwasser ableiten. Kupferreichere Salze, welche infolge absichtlicher Mischung oder der Herstellung aus unreinen Eisenlaugen so viel Kupfer enthalten, daß sie mehr oder weniger blau statt grün aussehen (Salzburger oder Admonter, Bayreuther, Gräfenthaler usw. Doppelvitriol), werden mit dem Namen Adlervitriol bezeichnet (s. d.) und besonders in den Färbereien und Zeugdruckereien verbraucht. Auch der gewöhnliche E. findet ausgedehnte Anwendung zum Schwarzfärben und zur Erzeugung brauner Töne und Nankingfarben. Außerdem dient das sehr billige Salz zur Desinfektion von Abortgruben, zur Herstellung von Berlinerblau, als Lederschwärze, zur Bereitung der Indigküpe der Färber, der rauchenden Schwefelsäure und zu manchen anderen Zwecken. — Reines, aus Säure und Eisen bereitetes Salz (Ferrum sulfuricum purum) wird in der Chemie als reduzierendes Mittel, in der Medizin und ferner in der Photographie als Entwickler gebraucht. — Roher E. kommt in Fässern von einem oder mehreren Zentnern, teils in sog. Trauben, d. h. Kristalldrusen, die sich um ein Holzstäbchen angesetzt haben, teils in Tafeln, die von Wänden und Boden der Kristallisationsgefäße abgeschlagen sind, in den Handel.

Eisenzucker (lat. Ferrum oxydatum saccharatum) wird dargestellt durch Fällung von Eisenchloridlösung mit Soda und Behandlung des Niederschlages mit Zucker, als ein rötliches, in Wasser lösliches Pulver, von süßlichem, metallischem Geschmack. Es wird als eines der beliebtesten Eisenpräparate viel verordnet.

Ekrasit, das als Sprengmittel benutzte Ammoniumsalz des Trinitrokresols.

Elaterium, ein pharmazeutisches Präparat aus der Esels- oder Springgurke (Momordica Elaterium), einem zu den kürbisartigen Pflanzen gehörigen, im südlichen Europa wachsenden, auch bei uns in Gärten fortkommenden einjährigen Gewächs mit 4—5 cm langen, weichstacheligen Gurkenfrüchten, die bei erreichter Vollreife vom Stiel abfallen und dabei ihren Inhalt an Saft und Samen umherspritzen lassen. Der Saft enthält reichliche Mengen einer sehr bitteren kristallisierbaren Substanz, Elaterin, die mit dem bitteren Stoff der Koloquinten identisch sein soll und die gleiche drastische, heftig purgierende und brechenerregende Wirkung wie jene ausübt. Man unterscheidet weißes und schwarzes E. Das erstere ist der von nicht völlig reifen Früchten gewonnene, filtrierte und einfach an der Luft eingedunstete Saft, während die dunklere, minder heftig wirkende Sorte aus dem Safte reifer Früchte bereitet wird.

Elemiharz (Ölbaumharz, lat. Resina elemi, frz. Résine élémi, engl. Gum elemi). Unter diesem Namen sind verschiedene Harze von Burserazeen im Handel, die sich alle darin ähneln, daß sie weiche und klebrige Konsistenz besitzen, in kaltem Alkohol teilweise, in heißem bis auf Unreinigkeiten löslich sind und einen dillähnlichen Geruch sowie gelblichweiße bis grünlichgelbe Farbe besitzen. Man unterscheidet vor allem amerikanisches oder westindisches und orientalisches oder ostindisches E. Zu den ersteren gehört das Brasilianische (Rio-) E. von Protium heptaphyllum, eine anfangs blaßgelbliche, weiche und klebrige, dem Fichtenharz ähnliche Masse, die später härter und graugelb wird und auf dem Bruche matt, wachsartig erscheint; ferner das Mexikanische E. von Amyris elemifera, ein hartes graugelbes Harz, das an der Luft milchweiß, fast mehlig wird; Westindisches (Yukatan-) E. von Amyris Plumieri, hellgelbe harte Stücke von bestäubter Oberfläche, aber glänzendem Bruch; Guyana E. von Icica viridiflora und Mauritius E., ein weiches Harz von Colophonia Mauritiana. Zu den orientalischen Sorten zählt das sog. Ostindische E., ein hartes, von Canarium stammendes Harz, das in Form rundlicher, handgroßer Kuchen, von Schilf oder Palmblättern umhüllt, zum Verkauf gelangt; das Bengalische E. von Amyris Agallocha und vor allem das Manila oder Philippinische E. Diese wichtigste Handelssorte wird durch Einritzen der Stämme von Canarium commune gewonnen und stellt eine anfangs terpentinähnliche, zähe Masse von gelblichweißer Farbe dar, die vielfach Pflanzen- und Kohlenteilchen umschließt und mit der Zeit fester und dunkler gelblich bis braun wird. Neuerdings kommen auch E.-Sorten aus Afrika (Kamerun) und Neu-Guinea zur Einfuhr. E. enthält neben wechselnden Mengen (20—30%) ätherisches Öl (Elemiöl) etwa 30% eines kristallisierten Terpenalkohols, Amyrin, welcher dem Cholesterin nahe steht, ferner eine kristallisierbare Säure, Elemisäure, Bryodin, Bitterstoffe und amorphe Harze (Resene). Das Bryodin zeigt die charakteristische Reaktion, durch trocknes Salzsäuregas erst rot, dann blau und grün zu werden. E.

kommt je nach der Herkunft in Form runder Kuchen oder gegossener Stangen oder kistenweise in losen Stücken zum Verkauf. Es unterliegt mannigfachen Verfälschungen und soll sogar aus parfümiertem Fichtenharz gänzlich nachgemacht werden. Das E. dient in der Pharmazie zur Bereitung von Salben und Pflastern, in der Hutmacherei zum Steifen und wird zur Herstellung von Spiritusfirnissen, die nicht ganz farblos zu sein brauchen, an Stelle des Terpentinöls verwandt, da es Glanz und Geschmeidigkeit gibt, ohne wie jenes Risse zu erzeugen oder den Firnis klebrig zu machen.

Elemiöl (lat. Oleum elemi, frz. Essence d'élémi, engl. Elemi oil), das durch Destillation zu 20 bis 30% aus dem Manila-Elemi dargestellte ätherische Öl, ist farblos bis gelblich, leicht in Alkohol löslich und besitzt deutlichen Geruch nach Phellandren. Das spez. Gew. liegt bei 0,870—0,914, die Drehung beträgt zwischen $+35$ und $+53^{0}$. Von den Einzelbestandteilen sind bis jetzt Phellandren, Dipenten und einige Polyterpene sowie ein Körper alkoholischer Natur und ein mit dem Namen Elemizin belegter Phenoläther isoliert worden.

Elfenbein (lat. Ebur, frz. Ivoire, engl. Ivory). Diese seit dem frühesten Altertum geschätzte und zu Kunstwerken und Geräten verarbeitete Masse besteht aus den Stoßzähnen des afrikanischen und indischen Elefanten, und zwar vorzugsweise des männlichen Tieres, obwohl auch das weibliche, aber nur in Afrika, ein paar kleinere nutzbare Zähne ansetzt. Daneben bilden auch die Backenzähne einen, wennschon untergeordneten Handelsartikel. Das weiße E. kommt aus Afrika (Hauptausfuhrplatz Zanzibar), das die größten, leider oft rissigen Zähne von großer Härte und gedrungenem Korn liefert, während die gekrümmten asiatischen Zähne von Sumatra, Siam, Kotschinchina und dem ostindischen Festlande wegen ihrer Zähigkeit geschätzt werden. Der Hauptmarkt in Europa war bislang London, doch machen neuerdings Hamburg und Antwerpen (Auktionen der Kongoware) erhebliche Konkurrenz. Die Zähne werden nach der Größe sortiert und bewertet, außerdem richtet sich der Preis danach, ob sie schwach oder stark gekrümmt, rissig, frisch oder alt sind und ob die Höhlung sich von der Wurzel weit in das Innere erstreckt. Mit zunehmendem Alter füllt sich die Höhlung immer mehr mit Zahnmasse an. Völlig ausgewachsene afrikanische Zähne sind 15—18 dm lang und bis 50 kg schwer. Stücke von 20—24 dm Länge und 75—85 kg Gewicht kommen selten vor. Die asiatischen Zähne werden nicht über 9—12 dm lang und 25—30 kg schwer. Das E. hat eine gelbliche Färbung, die mit der Zeit gesättigter wird, durch Bleichen zwar aufgehellt werden kann, aber meist wieder nachdunkelt. Infolge einer eigentümlichen maschigen Struktur lassen Querschnitte eine rautenförmige Zeichnung erkennen. In chemischer Hinsicht besteht es wie die Knochen aus phosphorsaurem und etwas kohlensaurem Kalk neben Knorpelsubstanz. Es wird von Drechslern, Kammachern, Pianofortefabrikanten und Schnitzern zur Herstellung zahlreicher Gebrauchs- und Kunstgegenstände verarbeitet. Besonders in Nürnberg und Fürth, in Gaislingen bei Ulm, im bayrischen Hochlande, in Wien, bei Dieppe, in China und Japan steht die Elfenbeinschnitzerei in hoher Blüte. Auch die Abfälle finden mannigfache Verwendung. Geraspeltes E. wird von Nürnberg als Streusand in den Handel gebracht, fein gemahlenes als Füllmasse für Zelluloidwaren (s. d.), namentlich künstliche Billardbälle benutzt. — Durch Glühen unter Luftabschluß erhält man das Beinschwarz (lat. Ebur ustum nigrum, frz. Noir d'os, engl. Ivory-Black), doch ist die Bezeichnung gebranntes E. später auch auf Schwarz aus allen Knochen, Hirschhorn übertragen worden. — Weißes gebranntes E., das beim Glühen in offenen Gefäßen entsteht, dient zum Putzen feiner Metalle, zur Herstellung von Beinglas usw. — Als künstliches E. sind zahlreiche Kunsterzeugnisse in den Handel gekommen, die zwar Farbe und Aussehen der natürlichen Masse mehr oder weniger gut nachahmen, sonst aber wenig von deren Eigenschaften, am wenigsten ihre Elastizität besitzen. Meist bestehen sie aus Gemischen von Eiweiß, Gelatine, Guttapercha mit Zusatz mineralischer Substanzen. Das beste Ersatzmittel für E. ist das Zelluloid. — Von andern Tierarten liefert noch das ausgestorbene Mammut Zähne, welche dem E. völlig gleichartig sind und in Sibirien, besonders auf der Insel Liakon, seit Jahrhunderten in ungeheuren Mengen gewonnen werden. Auch die spannenlangen Vorder- und Eckzähne des Nilpferds (Hippopotamus amphibius), welche noch feiner und härter als das E. sind und nicht gelb werden, finden an seiner Stelle vielfach Anwendung. Da sie bis weit hinein hohl sind, können sie zwar nur zur Herstellung kleinerer Gegenstände benutzt werden, liefern aber gutes Material für künstliche Gebisse. Walroßzähne besitzen eine sehr feste und feine Struktur und finden als Stockgriffe Verwendung. Hingegen ist der Stoßzahn des Narwals weniger fest und schön als E. und daher nur zu geringeren Drechslerarbeiten zu verwenden.

Email nennt man die Glasur, mit welcher metallene Gebrauchsgegenstände, besonders aus Eisenblech, überzogen werden, um sie gegen die Einwirkung von Säuren widerstandsfähig zu machen und vor dem Rosten zu schützen. Zur Herstellung der E. dient ein Glasfluß aus Feldspat, Quarz, Soda und Ton, dem zur Erhöhung der Leichtflüssigkeit meist Borax, zur Erzielung der Undurchsichtigkeit Zinnoxyd, Antimonoxyd, Arsenik oder Kalziumphosphat zugesetzt wird. Das früher aus Bequemlichkeit vielfach benutzte Bleioxyd ist neuerdings meist verlassen worden, weil nach dem Reichsgesetz vom 25. Juni 1887 Eß-, Trink- und Kochgeschirre bei ½stündigem Kochen mit 4prozentigem Essig kein Blei abgeben dürfen. Aber auch arsen- und antimonhaltige Glasuren müssen vom gesundheitlichen Standpunkte als bedenklich bezeichnet werden.

Emetin (lat. Emetinum, frz. Emétine, engl. Emetine), das wirksame, brechenerregende Alkaloïd der Brechwurzel oder Ipecacuanha, besitzt einen schwach bitteren Geschmack, schmilzt bei 68^{0} und ist in Alkohol, Äther, Chloroform leicht, in Wasser schwer löslich.

Emulgen, ein zur Erzeugung haltbarer Ölemulsion angepriesener Schleim, besteht aus einer wäßrig-alkoholischen Lösung von Glyzerin, Tragant, Gummiarabikum und Kleber.

Enameline, eine mit übertriebener Anpreisung in den Handel gebrachte amerikanische Ofenglanzpaste, besteht aus 67 Teilen reinem Graphit, 3 Teilen Öl und 30 Teilen Wasser.

Energin, ein neues stickstoffhaltiges Nährpräparat aus Reis, das 92 % wasserunlösliches Protein enthält und in seiner Wirkung dem Tropon (s. d.) an die Seite zu stellen sein dürfte.

Engelsüßwurzel (lat. Rhizoma polypodii, frz. Racine de polypode, engl. Polypody root) ist der anfangs süßlich, hinterher scharf und bitter schmeckende offizinelle Wurzelstock des einheimischen Tüpfelfarns (Polypodium vulgare), einer schattenliebenden, in Wäldern, an Felsen, Baumwurzeln, Gräben und Schluchten wachsenden Pflanze. Der weit kriechende, zahlreiche Würzelchen treibende Wurzelstock von 6—7 mm Dicke zeigt eine außen rotbraune bis schwärzliche, innen grünlich gelbe Farbe und ist durch Überreste der abfallenden Blattstiele schuppig bis knotig verdickt. E. wird im Frühjahr gesammelt und zuweilen noch medizinisch verwandt.

Englisch Leder ist ein ursprünglich englisches, doch später auch in Deutschland hergestelltes dichtes und festes geköpertes und weiß gebleichtes Baumwollzeug von hartem Kettengarn und feinerem Einschlag, der wechselweise 3-Kettenfäden bedeckt. Der schwach atlasglänzende Stoff, der auch wohl Satin oder Satinet genannt wird, kommt in verschiedenen Breiten und Sorten, meist weiß, doch auch gefärbt in den Handel und wird zu Beinkleidern, Westen, Schnürleibern, Schuhen usw. verarbeitet.

Entwickler. Unter diesem Namen kommen ihrer Herkunft nach ganz verschiedene Chemikalien in den Handel, welche dazu dienen, in der Photographie das Bild hervorzurufen. Ihre Wirkung beruht darauf, daß durch die Belichtung in den Bromsilberteilen der photographischen Platte eine Veränderung vor sich gegangen ist, aber erst durch Eindringen der betreffenden Entwicklersubstanz sichtbar wird. Rein chemisch besteht dieser Vorgang darin, daß durch den Entwickler das belichtete Silbersalz zu metallischem Silber reduziert wird. Als Entwickler sind z. B. zu nennen: Adurol, Amidol, Brenzkatechin, Duratol, Edinol, Eikonogen, Glyzin, Hydrochinon, Imogen, Kaliumferrooxalat, Metol, Ortol, Pyrogallol, Rodinal und andere.

Enzianwurzel (lat. Radix gentianae, frz. Racine de gentiane, engl. Gentian root) stammt von verschiedenen Arten der Gattung Gentiana, die im Drogenhandel hauptsächlich vorkommende rote E. von der gelbblühenden Art, G. lutea, die in Alpen- und Voralpengegenden wächst und in großen Mengen, besonders von den Pyrenäen aus versandt wird, doch werden ihr vielfach die ähnlichen und als gleichwertig angesehenen Wurzeln von G. purpurea, pannonica und punctata beigemischt. Die bis zu 24 cm lange, im frischen Zustande fleischige, getrocknet aber schwammig-porös, runzlig und längsfaltig erscheinende E. ist außen braun, im Inneren gelbbräunlich mit dunkleren Markstrahlen und Gefäßbündeln und kommt oft der Länge nach gespalten in den Handel. Der Geschmack ist zunächst süßlich, dann intensiv und anhaltend bitter, der Geruch stark aromatisch. An wirksamen Stoffen enthält sie neben der geschmacklosen Gentianasäure (Gentisin) das bitterschmeckende Glykosid Gentiopikrin, $C_{20}H_{30}O_{12}$. Stärke ist nicht zugegen, wegen des beträchtlichen Zuckergehaltes wird der wäßrige Auszug durch Vergärung und Destillation zur Herstellung des Enzianbranntweins benutzt. Die trockne Droge findet als Pulver sowie in Form von Extrakten und Tinkturen als magenstärkendes Hausmittel zur Bereitung bitterer Liköre vielfache Anwendung. Die sog. weiße E. der Tierärzte stammt von einer einheimischen Doldenpflanze, dem Laserkraut, Laserpitium latifolium, und sie hat sonach ihren Namen zu Unrecht.

Eosin (Morgenrotfarbe). Unter diesem Namen vereinigt man eine große Reihe prachtvoller Teerfarbstoffe, die sämtlich als Halogen- oder Nitroderivate des Fluoreszeïns (s. d.) aufzufassen sind. Von den ersteren wird das durch Bromierung von Fluoreszeïn erhaltene Natrium- oder Ammoniumsalz des Tetrabromfluoreszeïns als Eosin schlechthin, Eosin B, E. wasserlöslich bezeichnet. Es erscheint im Handel als ein braunrotes, mit Wasser rote, grün fluoreszierende Lösungen bildendes Pulver und dient besonders zum Färben von Papier und Lack. Eine besonders reine, kristallisierte Modifikation wird als Eosin A in der Seidenfärberei benutzt. Durch Bromierung von Fluoreszeïn in heißer alkoholischer Lösung entsteht das Äthyltetrabromfluoreszeïn, auch Spriteosin oder Primrose (s. d.) genannt, ein in Wasser schwer, in 50proz. Alkohol leicht lösliches Pulver für Seidenfärberei. Führt man an Stelle von Brom Jod ein, so erhält man Tetrajodfluoreszeïn, dessen Natriumsalz unter dem Namen Erythrosin, Eosin J, Jodeosin, Pyrosin, Primrose soluble als wasserlöslicher Farbstoff für Papier, Baumwolle und Seide benutzt wird. Das entsprechende Dijodfluoreszeïn führt die Handelsbezeichnung Erythrosin G, Diamanthine G, Pyrosin J. Phloxine (s. d.) und Zyanosine sind Bromchlorderivate, Rose bengale N und B (s. d.) Jodchlorderivate des Fluoreszeïns. Zyklamin ist ein schwefelhaltiges Tetrabromdichlorfluoreszeïn. Von den Eosinen, welche zugleich Brom und Nitrogruppen enthalten, ist das durch Bromieren von Dinitrofluoreszeïn erhaltene Eosin B. N. (Eosinscharlach, Safrosin, Daphnin) am bekanntesten. In technischer Hinsicht unterscheidet man die E. meist in E. Gelbstich (E. jaunâtre) und E. Blaustich (bleuâtre). Die wäßrige Lösung der ersteren, der Bromfluoreszeïne, zeigt im durchfallenden Lichte eine prächtige Rosafarbe, im auffallenden, je nach der Konzentration ein reines Gelb bis Gelbgrün. Die letzteren, die Jodeosine besitzen nur geringe oder keine Fluoreszenz. E. findet zum Färben von Papier und Geweben ausgedehnte Anwendung.

Epichlorhydrin entsteht beim Erhitzen von Dichlorhydrin mit Ätznatron als eine farblose, nach Chloroform riechende Flüssigkeit vom spez. Gew. 1,200 und dem Siedepunkte 117°. Es wird wegen seiner geringen Feuergefährlichkeit in neuerer Zeit als Lösungsmittel für Fette und Harze viel benutzt.

Epidermin nennt man eine Brandsalbe aus Vaseline und Lanolin mit Fluorpseudokumol und Difluordiphenyl. Den gleichen Namen führt auch eine dünnflüssige Salbengrundlage aus Wasser, Wachs, Glyzerin und Gummiarabikum.

Epikarin, ein ausgezeichnetes Mittel gegen Hautkrankheiten und Parasiten von der Zusammensetzung der Oxynaphtolorthooxytoluylsäure, wird von der Elberfelder Farbenfabrik in Form eines gelblichen, in Wasser schwer, in Alkohol und Äther leicht löslichen Pulvers in den Handel gebracht. Es hat den Vorzug, für größere Tiere völlig unschädlich zu sein.

Erbsen (frz. Pois, engl. Peas), die wichtigste Gattung der Hülsenfrüchte, sind die reifen Samen der Saaterbse (Pisum sativum) und ihrer zahlreichen Spielarten. Sie werden in Deutschland, Holland, Dänemark, Ungarn und England vielfach angebaut und bilden einen wichtigen Handelsartikel. Als besondere Handelssorten sind die schmackhafte Ariche-E. aus den Mittelmeerländern und die graue E. (Pisum quadratum), auch Kapuziner-E. genannt, anzuführen. Die E., die je nach der Güte meist in Koch- und Futterware unterschieden werden, bilden das wertvollste stickstoffhaltige Nahrungsmittel des Pflanzenreichs. Ihr Gehalt an Stickstoffsubstanz schwankt zwischen 18 und 29 %, und nur der hohe Gehalt an Holzfaser steht der vollen Ausnutzung der Nährstoffe im Wege. Zur Erhöhung der Verdaulichkeit werden sie daher meist von der Schale befreit und als geschälte Erbsen oder auch als Erbsmehl in den Verkehr gebracht. Leider hat sich in letzter Zeit der Mißbrauch eingebürgert, die Erbsen zur Erzielung eines schöneren Aussehens mit Specksteinpulver zu polieren und mit Teerfarben künstlich zu färben. — Die unreifen Samen werden in getrocknetem Zustande als Astrachaner E. oder Russische Schoten (s. Dörrgemüse) oder in Büchsen eingekocht (s. Gemüsekonserven) in den Handel gebracht.

Erbswurst, ein Verproviantierungsmittel für Heer und Marine, welches besonders in dem Kriege von 1870 berühmt wurde, besteht aus einer Mischung von Erbsenmehl, Rindsfett, Speck, Salz, Pfeffer und Zwiebeln, die in künstliche Därme aus Pergamentpapier gefüllt wird und beim Kochen mit Wasser sofort eine gebrauchsfertige Suppe liefert.

Erde, gelbe, durch einen Gehalt von Eisenoxydhydrat gelb gefärbter Ton, dient als geringe Anstrichfarbe und wird aus Sachsen, Böhmen, Bayern usw. bezogen.

Erde, grüne (Veroneser E., Steingrün, Veronesergrün, Seladonit), ein Verwitterungsprodukt des Augits, welches seine Farbe dem kieselsauren Eisenoxydulhydrat zu verdanken scheint, kommt roh und geschlämmt in lauch- und olivengrünen Stücken in den Handel und ist eine giftfreie Wasser-, Öl- und Kalkfarbe. Als beste Sorte gilt die spangrüne E. aus der Gegend von Verona, während die in Tirol, Böhmen, Sachsen usw. vorkommende gewöhnlich matter von Farbe erscheint. Grüne Erde ist neuerdings durch die viel feurigeren Kalkgrüne ziemlich verdrängt worden.

Erdmandeln nennt man eßbare Gebilde einer in Südeuropa und Nordafrika wild wachsenden und in ziemlicher Ausdehnung im Süden, auch Deutschlands, angebauten Art von Riedgras, Cyperus esculentus. Die ausdauernde fußhohe Pflanze treibt Wurzelausläufer, an deren Enden sich gegen 30 mehlige Knollen von Haselnußgröße entwickeln, die süß und nußartig schmecken und gekocht und gebraten wie auch roh gegessen werden können. Die Knollen enthalten neben Stärke gegen 16 % eines goldgelben wohlschmeckenden Öls und kommen teils als Ölfrucht, teils geröstet und gemahlen als Erdmandelkaffee in den Handel.

Erdnüsse (Erdeicheln, Erdpistazien, Madrasnüsse, Mandobi, Arachisnüsse, Aschantinüsse, lat. Nuces arachidis, frz. Noix de terre, engl. Earth nuts) nennt man die Samenkerne der zu den Hülsenfrüchtlern gehörigen Arachis hypogaea, die, in Brasilien oder Peru heimisch, in den meisten wärmeren Ländern und jetzt auch im südlichen Europa vielfach angebaut wird. Die Pflanze entwickelt aus ihren gelben Blüten 2½—3 cm lange, walzenförmige Schoten, die an langen Stielen hängen und die Eigentümlichkeit haben, in der Erde auszureifen, indem sich die Blütenstiele gleich nach dem Verblühen in die Erde senken. Die Hülse enthält ein oder zwei ölreiche, bohnenartig schmeckende Samenkörner, die geröstet oder sonst zubereitet als Speise dienen. Die E. enthalten neben erheblichen Mengen (bis zu 40 %) Eiweiß 40—50 % eines fetten Öles, des Erdnuß-, Arachis- oder Arachidöls (lat. Oleum arachidis, frz. Huile d'arachide, engl. Earth nuts oil), das in ständig wachsender Menge eingeführt wird. Das zuerst bei kalter Pressung ablaufende Öl findet als Speiseöl Anwendung, die bei höherer Temperatur erhaltenen Mengen dienen zur Herstellung von Seife. Das E. wurde früher meist zum Verfälschen von Olivenöl benutzt, kommt aber neuerdings aus unseren Kolonien auch unter seinem eigenen Namen als „Deutsches Erdnußöl“ in den Handel. Es unterscheidet sich von den bekannteren Ölen durch seinen hohen Gehalt an Arachinsäure, welcher seinen chemischen Nachweis ermöglicht.

Erdrauch (lat. Herba fumariae, frz. Fumeterre, engl. Fumitory). Dieses einjährige, graugrüne, zart verästelte, im frischen Zustande stark und widrig riechende, nach dem Trocknen geruchlose, aber salzig schmeckende Unkraut, Fumaria officinalis, hatte früher, im blühenden Zustande gesammelt, sowohl frisch als trocken, eine gewise pharmazeutische Bedeutung. Es enthält neben einer besonderen Säure, der Fumarsäure, das Alkaloid Fumarin und dient in frischem Zustande zur Bereitung von Kräutersäften.

Erdwachs (Ozokerit, Belmontin, lat. Cera mineralis, frz. Cérésine, engl. Mineral wax) nennt man fossile wachs- und harzartige Massen, die in einzelnen Klumpen in Torf- oder Braunkohlenlagern, stellenweise auch tiefer in der Erde auf Klüften in der Nähe von Steinkohlenlagern und in Petroleum führenden Erd- und Gesteinschichten auftreten. In größerer Menge findet sich E. hauptsächlich in den galizischen Petroleumdistrikten am Nordabhange der Karpathen, in Rumänien, bei Baku am Kaspischen Meere und in Nordamerika. In Galizien, wo der Stoff eine wichtige Handelsware bildet, kommt er in zentnerschweren Klumpen oder auch in ausgedehnten, zwischen dem Petroleum führenden Tonschiefer lagernden Schichten vor und wird an den Innenwänden der Ölschächte oft bandartig herausgequetscht. Das aus festen Kohlenwasserstoffen bestehende E. ist im rohen Zustande etwas weicher als Bienenwachs und von orangegelber bis gelblichgrüner Farbe und wird in Blöcken, wie sie sich beim Gießen in Kübel oder Kästen formen, versandt. Nach der Behandlung mit Schwefelsäure erscheint es wesentlich heller bis ganz weiß und wird dann als Zeresin bezeichnet. — Das Paraffinum solidum (frz. Paraffine solide, engl. Hard Paraffin) des Deutschen Arzneibuches, ein mehrfach durch Schwefelsäure gereinigtes und über Tierkohle filtriertes E., hat ein spez. Gew. von 0,920—0,940, schmilzt bei 74—80° und dient als Salbengrundlage, hauptsächlich zur Herstellung der Paraffinsalbe. — Die anderen Erdwachssorten finden in der Industrie und Technik zur Herstellung von Kerzen, Bohnerwachs, Blätterwachs, Lederfett, Saalwachs usw. mannigfache Verwendung. Die bei der Reinigung des rohen Erdwachses gewonnenen flüssigen Bestandteile kommen unter dem Namen Paraffinöl (s. d.) in den Handel.

Erikaholz, Bruyèreholz, das ziegelrote und schön gemaserte Wurzelholz der in Südeuropa heimischen Erica arborea, läßt sich leicht polieren und wird daher gern zu Drechslerarbeiten (Pfeifenköpfen) und in der Kunsttischlerei verwandt.

Erlenholz (Ellernholz) findet sich in zwei Arten, und zwar in Deutschland fast ausschließlich als Schwarzerle (Else, lat. Alnus glutinosa, frz. l'Aune commune, engl. Sticky aldertree), während in den nördlichen Gegenden Ostpreußens und in den russischen Ostseeprovinzen auch die nordische Weißerle oder graue Erle (Alnus incana) vorkommt. Frisches E. wird an der Luft schnell orangerot, beim Trocknen aber wieder heller. Das Holz der Schwarzerle ist immer etwas mehr gefärbt als das der Weißerle, letzteres auch etwas dichter. Nächst dem Eichenholz besitzt das E. die größte Widerstandsfähigkeit gegen die Einwirkung der Feuchtigkeit. Schön gemaserte Stücke werden als Tischlerholz geschätzt. — Die Erlenrinde (lat. Cortex alni, frz. Ecorce d'aune, engl. Alder bark) dient bisweilen zum Gerben.

Erythrin (Erythrinsäure), eine in verschiedenen Flechten vorkommende organische Säure, zerfällt beim Kochen mit Wasser in Orsellinsäure und Erythrit und ist daher als Orsellinsäure-Erythritester anzusprechen. E. ist in Form seiner Zersetzungsprodukte in der Orseille enthalten.

Eschenholz, das Holz der gemeinen Esche, Fraxinus excelsior (frz. Frêne, engl. Ash), besitzt von allen Holzarten die größte Zähigkeit und Elastizität, bekommt nicht leicht Risse, steht im Trocknen gut und hält sich auch im Wasser, dagegen nicht in der Erde. Es ist dicht, hart, hellfarbig und wird vorzugsweise von Tischlern, Wagnern usw. benutzt. Vorzüglich eignet es sich zu Rudern, Reckstangen, Deichseln u. dgl.

Esdragon (Dragunkraut, Dragonell, lat. Herba dracunculi, frz. l'Estragon, engl. Tarragon), eine Art Beifuß von Artemisia Dracunculus, der in Sibirien und Südeuropa wild wächst und bei uns in Gärten, mitunter auch als Handelspflanze (um Altenburg, Nürnberg, Erfurt) im größeren Maßstabe angebaut wird. Man verkauft E. frisch und getrocknet und benutzt ihn als Würze zu Speisen sowie zur Herstellung eines aromatischen Essigs (Esdragonessig), der in den Senffabriken zur Bereitung einer Senfsorte (à l'Estragon) dient. — Auch Esdragonöl (lat. Oleum dracunculi) ist im Handel.

Espartogras ist ein in den Steppen der westlichen Mittelmeerländer häufig wachsendes Gras, Stipa tenacissima sowie Lygeum spartum, dessen binsenartige, zähe, biegsame Blätter, von 40—70 cm Länge, der Breite nach zusammengerollt und zu Korbflechtereien benutzt werden. Große Mengen werden auch zu Papier verarbeitet, da E. eine sehr reine Zellulose gibt.

Essig (lat. Acetum, frz. Vinaigre, engl. Vinegar) ist die am längsten bekannte Säure, die überall da entsteht, wo alkoholhaltige Flüssigkeiten, Wein, Bier und vergorene Obstsäfte längere Zeit der Einwirkung der Luft ausgesetzt sind. Das älteste Verfahren der Essigbereitung besteht denn auch darin, daß man schwach alkoholische Flüssigkeiten bei geeigneten Temperaturen von 20—35° sich selbst überläßt, wobei sie sauren Geschmack und saure Reaktion annehmen. Die Ursache der hierbei stattfindenden Oxydation des Äthylalkohols zu Essigsäure ist in der Einwirkung von Mikroorganismen zu suchen, die aus der Luft in das Essiggut hineingelangen und sich vermehren. Schneller noch tritt dieser Prozeß ein, wenn man von vornherein etwas alten Essig oder etwas von der auf ihm schwimmenden Kahmhaut hinzusetzt, da diese beträchtliche Mengen Essigbakterien enthalten. Gegenwärtig arbeitet man hauptsächlich nach der Methode der Schnellessigfabrikation. Die auf etwa 6 bis 10% Alkohol verdünnten vergorenen Flüssigkeiten, Wein, Bier und vor allem Kartoffelspiritus, werden mit 20% fertigem Essig vermischt, auf 26—27° erwärmt und als sog. Essiggut den Essigbildnern zugeführt. Die letzteren sind konische Bottiche aus Eichenholz von 2—3 m Höhe und 1—1,5 m Durchmesser, die oben und unten je einen Siebboden haben und zwischen beiden mit spiralig gerollten Buchenspänen angefüllt sind. Infolge einer vorherigen Imprägnierung mit Essig haben diese Späne sich mit einer Bakterienschicht von Micrococcus aceti, der sog. Essigmutter, überzogen, welche nun den langsam heruntersickernden Alkohol mit großer Energie zu Essigsäure oxydiert. Wichtig ist die Innehaltung der richtigen Temperatur, die in den Essigstuben etwa 15—20°, im Innern der Bildner 30—35° betragen soll. Die zweite Vorbedingung für das Gelingen des Prozesses ist die Anwesenheit hinreichender Luftmengen, da sonst Aldehyd entsteht. Es sind daher im oberen Siebboden Luftkanäle und in den Seitenwänden unterhalb des zweiten Siebbodens Löcher angebracht, die eine Regulierung des Luftstroms ermöglichen. Zu stark darf der letztere auch nicht sein, da sonst Verluste an Alkohol eintreten. Die sich im unteren Teile des Essigbildners ansammelnde saure Flüssigkeit wird nun von neuem auf einen anderen Bildner gebracht, bis aller Alkohol in Essigsäure übergegangen ist. Mit zehn Bildnern können täglich etwa 750 l Essig erzeugt werden. Weinessig wird meist nach dem alten, sog. langsamen oder Orleansverfahren hergestellt, weil das Aroma bei der Schnellessigfabrikation zu sehr leidet. In den Weinbau treibenden Ländern, besonders Frankreich, setzt man zu dem in offenen Fässern befindlichen Essig kleine Portionen Wein hinzu, wartet 8—14 Tage, bis der Wein in Essig übergegangen ist, und fährt so fort, bis das ganze Faß gefüllt ist. Mit dem Übergange der Weinessigfabrikation nach Deutschland verringerte sich der Weingehalt allmählich immer mehr, bis schließlich selbst gewöhnlicher Spiritusessig als Wein-E. in den Handel kam. Zur Verhinderung der hiermit verbundenen Übervorteilung des Publikums ist von verschiedenen Behörden, u. a. dem Sächsischen Ministerium des Innern verordnet worden, daß Weinessig aus einer mindestens 20% Wein enthaltenden Maische hergestellt sein muß. Reiner Weinessig soll seinen Säuregehalt hingegen lediglich dem Weine verdanken. Diese Forderungen sind von den reellen Fabrikanten durchaus anerkannt worden. Bier- und Obstessige sind von untergeordneter Bedeutung, hingegen nimmt der Verbrauch der aus Holzessig gewonnenen Erzeugnisse (s. Essigsäure) beständig größeren Umfang an. Der nach dem einen oder dem anderen Verfahren dargestellte E. enthält die charakteristischen Bestandteile seines Ausgangsmaterials (z. B. Wein), die ihm besondere Eigenschaften verleihen. Hingegen versteht man unter Essig schlechthin oder unter Speiseessig lediglich eine verdünnte Essigsäure, gleichgültig, ob sie auf dem Wege der Gärung oder der Destillation gewonnen wurde. Den von den Fabrikanten des Gärungsessigs aufgestellten Forderungen nach einer Beschränkung des Verkehrs mit Essigessenz kann nur insofern zugestimmt werden, als für derartige konzentrierte Essigsäure die Aufschrift „Vorsicht, nicht unverdünnt kosten" verlangt werden muß. Im übrigen soll Speiseessig im allgemeinen 3,5%, keinesfalls unter 3% Essigsäure enthalten und klar sein. Durch Essigälchen oder Pilzwucherungen getrübter Essig ist zu beanstanden. Giftige Metalle, scharf schmekkende Stoffe, Holzteerbestandteile, freie Mineralsäuren und Konservierungsmittel dürfen nicht zugegen sein. Nach der Verordnung des Sächsischen Ministeriums des Innern soll Weinessig 5% Essigsäure enthalten, eine etwaige Färbung außer durch Rotwein ist zu deklarieren.

Essigäther (Essigester, Essig-Naphtha, Äthylazetat, lat. Aether aceticus, frz. Ether acétique, engl. Acetic ether), in chemischer Hinsicht der Äthylester der Essigsäure, $CH_3 . COOC_2H_5$, findet sich in geringer Menge in einigen französischen Weinen sowie dem daraus gewonnenen Kognak und Weinessig. Zur künstlichen Darstellung destilliert man Essigsäure oder frisch entwässertes Natriumazetat mit Schwefelsäure und Alkohol, schüttelt das Destillat mit gesättigter Kochsalzlösung und etwas Natriumkarbonat, rektifiziert und trocknet es schließlich mit Kalziumchlorid. Der E. ist eine farblose, leicht entzündliche, neutrale Flüssigkeit von angenehm erfrischendem Geruch. Das spez. Gew. liegt bei 0,899, der Siedepunkt bei 72,8°. Schüttelt man E. mit dem gleichen Vol. Wasser, so nimmt sowohl das letztere von dem Ester, wie auch der Ester von dem Wasser auf. Bei der Berührung mit Luft nimmt der E. saure Reaktion an, indem er allmählich in Alkohol und Essigsäure gespalten wird. Im Handel unterscheidet man mehrere Sorten. Die stärkste und reinste, die meist nur für medizinische Zwecke benutzt wird, ist der absolute E. (Aether aceticus absolutus) mit dem spez. Gew. 0,900—0,904. Die zweite Sorte vom spez. Gew. 0,890 nennt man doppelt destillierten E. (bisrectificatus) und die schwächste vom spez. Gew. 0,875 Aether aceticus rectificatus. Für die Prüfung ist die Bestimmung des spez. Gew. von geringer Bedeutung, und es empfiehlt sich daher, das Wasseraufnahmevermögen zu ermitteln, weil hierdurch ein Zusatz von Wasser oder Alkohol leicht erkannt wird. Das Deutsche Arzneibuch schreibt vor, daß ein Raumteil Wasser nach kräftigem Schütteln mit einem Raumteil E. bei 15° höchstens um den zehnten Teil zunehmen soll. Beim Verdunsten auf Filtrierpapier darf E. keinen Geruch nach fremden Äthern (Butteräther, Amylazetat) hinterlassen. Der E. wird in der Medizin als anregendes Mittel bei Ohnmacht und Magenkrampf, äußerlich zum Einreiben bei Rheumatismus und als Riechmittel angewandt. Die Industrie benutzt ihn als Zusatz zu Fruchtessenzen, Essig u. dgl. Zur Aufbewahrung sind wohlverschlossene, völlig gefüllte und nicht zu große Flaschen zu verwenden, zum Versand Blechflaschen oder Glasballone.

Essigsäure (lat. Acidum aceticum, frz. Acide acétique, engl. Acetic acid) kommt in der Natur teils frei, teils an Salze gebunden, im Safte vieler Pflanzen, im Schweiß und in der Muskelflüssigkeit vor und bildet außerdem das saure Prinzip des Essigs (s. d.). Zu ihrer Darstellung bedient man sich, abgesehen von den Methoden der Essiggärung, des Natriumazetats, welches durch Sättigung von Holzessig (s. d.) mit Soda gewonnen und zur Entwässerung bei 300° geschmolzen worden ist. Nach dem Erstarren wird das nunmehr völlig wasserfreie Azetat mit arsenfreier Schwefelsäure vom spez. Gew. 1,842 in tubulierter Retorte der Destillation unterworfen, wobei zuerst eine etwas wasser- und chlorhaltige Säure übergeht. Sobald die reine E. kommt, wird die Vorlage gewechselt und das Destillat so lange aufgefangen, bis zum Schluß bei höherer Temperatur schweflige Säure auftritt. Auch durch Elektrolyse wäßriger Natriumazetatlösungen mit eisernen Elektroden wird neuerdings E. in großem Maßstabe dargestellt. — Die reine konz. E., gewöhnlich Eisessig (lat. Acidum aceticum glaciale, frz. Vinaigre glacial, engl. Glacial acetic acid) genannt, ist eine klare, farblose, stechend sauer riechende und stark ätzende Flüssigkeit von der Formel $CH_3 . COOH$, die bei 16° zu farblosen rhombischen Tafeln erstarrt und bei 118° unter Entwicklung leicht entzündlicher Dämpfe siedet. Das spez. Gew. beträgt 1,0553. Mit Wasser, Glyzerin, Alkohol und Äther ist Eisessig in jedem Verhältnis mischbar. Beim Verdünnen mit Wasser steigt das spez. Gew. zunächst infolge einer Hydratbildung und fällt dann wieder, so daß eine Säure mit 43% E. dasselbe spez. Gew. besitzt, wie der reine Eisessig. Die Bestimmung des spez. Gew. bietet sonach keinen sicheren Anhalt für die Säuremenge. Die E. des D. A. B. und des Handels ist meist nur 96—99prozentig. Um sie völlig wasserfrei zu erhalten, setzt man sie einer Temperatur von 0° aus, dreht die Flasche um und läßt bei 0—4° mehrere Stunden lang abtropfen. Eine mindestens 99prozentige E. löst reines Zitronenöl klar auf. — Neben dem Eisessig findet sich im Handel noch eine reine verdünnte E. mit 35 bis 50 % Säuregehalt sowie die 30proz. des Arzneibuches. Reine E. muß beim Erwärmen völlig flüchtig sein, darf kein Arsen, Blei, Kupfer und Zink, sowie Salzsäure, Schwefelsäure, schweflige Säure und Ameisensäure enthalten und muß vor allem auch frei sein von Azeton und empyrheumatischen Stoffen. Außer der chemisch reinen E. (Acidum aceticum purissimum), welcher auch die Arzneibuchware entspricht, führt man noch gereinigte E. (purum) und rohe oder technische E. (crudum). Die reine konz. E. findet zu pharmazeutischen Zwecken nur selten Verwendung, ist aber unentbehrlich als Lösungsmittel und zur Darstellung wissenschaftlicher Präparate. Die verdünnte E. dient als Ausgangsmaterial der essigsauren Salze. Wenn im Handverkaufe E. zu Arzneizwecken verlangt wird, ist die verdünnte Säure abzugeben. Die Aufbewahrung erfolgt in kühlen Räumen, der Versand in Glasballonen, die beim Eisessig mit Glasstopfen versehen sein müssen.

Eubiose, ein durch Kohlensäure an Stelle von Glyzerin haltbar gemachtes Nährpräparat aus Blut, welches dem Hämatogen ähnlich ist.

Eudont, eine gegen Zahnschmerz angepriesene Dresdner Spezialität, besteht aus zwei Fläschchen, von denen das erste eine alkoholische Lösung von Nelkenöl, Kampfer und Chloroform, das andere ein Gemisch von Jodtinktur, Glyzerin und Opiumtinktur enthält. Der Verkauf des Mittels für Heilzwecke ist den Apotheken vorbehalten.

Eugenol (lat. Eugenolum), der wichtigste Bestandteil des Nelkenöls (s. d.), welches bis über 90 % E. enthält, ist in chemischer Hinsicht als Phenol aufzufassen, in welches eine Oxymethyl- und eine Allylgruppe eingetreten sind, und steht in naher Beziehung zum Vanillin, in das es durch einfache Oxydation übergeführt werden kann. Zur Darstellung des E. wird das Nelkenöl mit Natronlauge geschüttelt, die Lösung mit Salzsäure zersetzt, und das reine E. im Kohlensäurestrome abdestilliert. Es erscheint im frischen Zustande als eine schwach gelbliche, stark lichtbrechende Flüssigkeit vom Geruch und Geschmack des Nelkenöls, die sich am Lichte allmählich braun färbt, und ist in Wasser unlöslich, leicht löslich hingegen in Alkohol, Äther, Chloroform, Eisessig und Kalilauge. Das spez. Gew. liegt bei 1—1,074 (15°), der Siedepunkt bei 252°. Die alkoholische Lösung wird durch verdünntes Eisenchlorid blau, durch konzentriertes grün gefärbt. E. wird in Form des Nelkenöls als lokales Anästhetikum bei Zahnschmerzen, ferner zu Einreibungen und innerlich gegen Magenleiden verordnet. Der Technik dient es als Material zur Vanillin- (s. d.) Synthese, der Wissenschaft zur Aufhellung mikroskopischer Präparate. Von den Verbindungen des E. findet das Benzoat, das E. azetamid und das E. karbinolnatrium medizinische Anwendung.

Eukalyptusblätter (lat. Folia eucalypti, frz. Feuilles d'eucalypte, engl. Eucalyptus leaves) sind die Blätter des stattlichen Fieberbaumes, Gum tree (Eucalyptus globulus), der, ursprünglich in Australien heimisch, wegen seines raschen Wachstums in Algier und Italien zur Trockenlegung sumpfiger Fiebergegenden angepflanzt wird. Die bis 20 cm langen, sichelförmigen oder eiförmig zugespitzten, lederigen Blätter, die früher irrtümlich als Fiebermittel angesehen wurden, dienen zur Darstellung ihres ätherischen Öls, des Eukalyptusöls (s. d.).

Eukalyptusöl (lat. Oleum eucalypti, frz. Essence d'eucalypte, engl. Eucalyptus oil), das ätherische Öl einiger Eukalyptusarten, namentlich von Eucalyptus Globulus, wird durch Dampfdestillation gewonnen und durch nachherige Rektifikation über Kalk oder Natronlauge von hustenreizenden Beimengungen befreit. Es bildet eine dünne, farblose, blaßgrünliche oder blaßgelbe Flüssigkeit von aromatischem, schwach an Kampfer erinnerndem Geruch, geringer Rechtsdrehung und einem spez. Gew. von 0,910—0,930. Reines E. besteht zu 60—80 % aus Eukalyptol, welches mit Zineol (s. d.) identisch ist, und enthält daneben noch geringe Mengen Rechts-Pinen sowie möglicherweise etwas Kamphen und Fenchen. In dem Rohöle finden sich die zum Husten reizenden Aldehyde der Buttersäure, Kapronsäure und Baldriansäure. Eine andere Sorte von Eucalyptus amygdalina unterscheidet sich von der vorstehenden durch ihre Linksdrehung, die auf einem Gehalt an Phellandren beruht. E. wird technisch als Lösungsmittel für Harze zur Herstellung von Lacken empfohlen und bildet das Ausgangsmaterial zur Darstellung des Eukalyptols (s. Zineol), welches in der Medizin zum Einatmen gegen Influenza und äußerlich zu Salben und Einreibungen benutzt wird.

Eukasin, ein neues, wasserlösliches Kräftigungsmittel für Rekonvaleszenten, wird durch Behandlung von trockenem Kasein mit Ammoniakgas dargestellt und besteht demnach aus Kaseinammonium.

Euphorbium (Euphorbiumharz, lat. Resina seu Gummi euphorbium, frz. Euphorbe, engl. Gum euphorbium), ein Gummiharz, besteht aus dem eingetrockneten Milchsaft einiger Wolfsmilchgewächse heißer Länder, besonders Euphorbia resinifera, Nordafrikas und der kanarischen Inseln, wo sie in trockenen, sandigen Gegenden wild wachsen. Der freiwillig oder aus künstlichen Einschnitten austretende Saft bleibt, größtenteils von den Stacheln gehalten, hängen und trocknet zu innen meist hohlen, unregelmäßig rundlichen Tränen von Erbsen- bis Haselnußgröße ein, die entweder noch darinsteckende Stacheln oder von ihnen verursachte Löcher zeigen und Reste von Holz, Früchten und Blütenständen umschließen. Zur Entfernung der Verunreinigungen werden die äußerlich bestäubten, gelb bis braungelblichen und spröden Körner unter besonderer Vorsicht gepulvert, weil der Staub Augen und Luftwege stark reizt. Die geruchlose, aber äußerst scharf und brennend schmeckende Droge ist in Eisessig völlig, in Alkohol und Alkoholäther nur teilweise löslich, während Wasser nur etwa 18% Gummi aufnimmt. Der Hauptbestandteil ist das giftige Harz, das stark abführend wirkt. Die Droge wird jedoch nicht mehr zu diesem Zwecke, sondern nur noch äußerlich als blasenziehendes Mittel in Form von Pflaster, Salbe oder Tinktur, in der Technik auch als sehr festhaftender Anstrich auf Metallen benutzt.

Eurit ist ein feldspatähnliches Gestein, das in mächtigen Lagern bei Nivelles in Belgien auftritt. Mit Kaolinversatz gebrannt, liefert es außerordentlich feste und marmorähnliche Massen, die von Salzsäure und Frost nicht angegriffen werden. Die Druckfestigkeit weißer E.-Fliesen von 3 cm Höhe beträgt 1252,2 kg für 1 qcm. Trotz seiner hervorragenden Eigenschaft ist E. so billig, daß er als Feldspatersatz dienen kann.

Explosionssichere Gefäße nennt man zur Aufbewahrung leicht entzündlicher Flüssigkeiten, wie Äther und Benzin, bestimmte Gefäße, bei denen durch gewisse Vorrichtungen, besonders an den Einfüll- oder Ablaßöffnungen angebrachte engmaschige Siebe, verhindert wird, daß eine Entflammung auf den Inhalt übergreift. Wichtig ist, daß die Siebe stets sauber gehalten werden. — Explosionssichere Lampen (Davysche Sicherheitslampen) beruhen auf dem ähnlichen Prinzip, daß die Flamme durch ein engmaschiges Sieb abgeschlossen ist, das den Zutritt explosiver Gase verhindert. Durch Reinhalten der Siebe von Schmutz und Ruß ist auch hier dafür zu sorgen, daß kein Glühen des Drahtnetzes eintritt. Das Anzünden derartiger Lampen geschieht automatisch mit Zündplättchen, oder besser durch Elektrizität, ein Öffnen in der Nähe explodierbarer Stoffe ist natürlich zu vermeiden. In Kohlengruben, in denen schlagende Wetter vorkommen, werden daher die Lampen hermetisch verschlossen, um eine Öffnung von unberufener Hand zu verhindern. — Explosionssichere Gefäße werden in Salzkotten, Schwelm und Berlin, explosionssichere Lampen von Friemann & Wolf in Zwickau i. S. angefertigt. In neuerer Zeit kommen auch elektrische Akkumulatorenlampen in den Handel.

Extrakt (Auszug, Dicksaft, lat Extractum, frz. Extrait, engl. Extract) nennt man im allgemeinen mehr oder weniger eingedickte, durch Pressung oder durch geeignete Lösungsmittel hergestellte Auszüge aus Pflanzen oder Pflanzenteilen, zuweilen auch aus tierischen Substanzen (z. B. Fleischextrakt). Sie enthalten die wirkenden und brauchbaren Stoffe der betreffenden Vegetabilien, also auch deren Geruch und Geschmack in konzentrierter Form und erhöhter Wirksamkeit, sind leichter transportabel und in vielen Fällen auch haltbarer als die Rohstoffe. Nach ihrer Verwendung unterscheidet man medizinische oder pharmazeutische E. und Farbholzextrakte, und rechnet zu letzteren gewöhnlich auch die Gerbstoffextrakte, da sie, aus gerbsäurehaltigen Pflanzenteilen bereitet, nicht nur zum Gerben, sondern auch zum Färben benutzt werden. Nach der Art des Lösungsmittels gibt es wäßrige, weingeistige und ätherische E. Die Extraktion der Arzneipflanzen, welche früher Sache der Apotheker war, wird jetzt in großer Ausdehnung von besonderen Fabriken besorgt. Das Eindampfen der erhaltenen Lösungen geschieht entweder im Dampfbade, an der Luft oder in Vakuumapparaten. In letzterem Falle werden sie vor dem Eindampfen häufig pasteurisiert. Ein E. soll sich eigentlich in demselben Lösungsmittel, mit welchem es bereitet wurde, vollständig wieder auflösen. Daß dies nicht immer der Fall ist, liegt daran, daß Luft oder die zur Eindickung gebrauchte Wärme leicht umändernd auf die einzelnen Stoffe wirken. Für medizinisch zu verwendende E. sind Apparate aus Holz und Metall, mit vereinzelten Ausnahmen auch von Zinn und blankem Kupfer zu vermeiden, solche aus Porzellan, Steingut oder Glas dagegen in der Regel zu verwenden.

F.

Fachinger Mineralwasser, ein alkalischer Säuerling aus Fachingen im Lahntale, enthält nach der im Jahre 1866 von R. Fresenius ausgeführten Analyse in 1000 Gewichtsteilen: 3,5786 g Natriumbikarbonat, 0,0072 g Lithiumbikarbonat, 0,0019 g Ammoniumbikarbonat, 0,6253 g Kalziumbikarbonat, 0,0003 g Bariumbikarbonat, 0,0040 g Strontiumbikarbonat, 0,5770 g Magnesiumbikarbonat, 0,0052 g Ferrobikarbonat, 0,0088 g Manganbikarbonat, 0,0397 g Kaliumchlorid, 0,6311 g Natriumchlorid, 0,0020 g Natriumbromid, Spur Natriumjodid, 0,0479 g Kaliumsulfat, Spur Aluminiumphosphat, 0,0004 g Natriumborat, 0,0009 g Natriumnitrat, 0,0255 g Kieselsäure und 1,7802 g freie Kohlensäure.

Fackeln werden teils aus Holz allein, teils aus mit Werg umwickeltem und mit Pech oder anderen leicht brennbaren Stoffen überzogenem Holz hergestellt und zu Leuchtzwecken und Umzügen benutzt. Außerdem stellt man auch Wachsfackeln in ähnlicher Weise wie die Wachskerzen dar. Magnesiumfackeln s. unter Flammen, bengalische.

Färberginster (gelbe Scharte, lat. Herba genistae, frz. Genêt des teinturiers, engl. Broom), ein einheimischer, auf Wiesen und in Wäldern häufig wachsender kleiner Halbstrauch (Genista tinctoria), wurde früher in der Volksmedizin gegen Wassersucht angewandt. Das Kraut enthält einen gelben Farbstoff, der zum Wollfärben gebraucht wird. Früher wurde auch das Schüttgelb aus dem Ginster durch Ausziehen des Farbstoffs und Zusatz von Kreide und Alaun hergestellt, doch belegt man mit diesem Namen jetzt meist das billige Chromgelb. — Ginsterblumen (lat. Flores genistae scopariae, Flores spartii scopariae, frz. Genêt à balais, engl. Broom tops), die von dem in Mitteleuropa heimischen Besenginster (Spartium scoparium) abstammenden Blüten, werden medizinisch als purgierendes und harntreibendes Mittel angewandt. Sie enthalten ein sehr giftiges Alkaloïd, das Sparteïnum, das medizinisch bei Herzaffektionen an Stelle von Digitalin zur Verwendung kommt, und zwar meist in Form des schwefelsauren Salzes, Sparteïnum sulfuricum.

Fango, der zu Bädern benutzte Schlamm heißer italienischer Quellen, bildet neuerdings einen Handelsartikel.

Farben, giftige. Der Verkauf und die Verwendung giftiger Farben unterliegt gewissen gesetzlichen Bestimmungen, welche den Schutz der Gewerbetreibenden und Verbraucher gegen Gesundheitsschädigungen bezwecken. Für den Verkauf sind die am 29. XI. 1894 vom Bundesrate erlassenen „Vorschriften betreffend den Handel mit Giften" maßgebend. Nach diesen ist zum Handel mit Giften die polizeiliche Erlaubnis erforderlich. Siehe die als Anhang abgedruckte „Verordnung betreffend den Handel mit Giften". — Die Handelsbezeichnungen der einzelnen Farben, welche unter diese Bestimmung fallen, sind in besonderen Artikeln, z. B. Arsenfarben, Bleifarben usw. angeführt. Das Reichsgesetz vom 5. Juli 1887 betr. die Verwendung gesundheitsschädlicher Farben bei der Herstellung von Nahrungsmitteln, Genußmitteln und Gebrauchsgegenständen verbietet die Verwendung aller dort in § 1 verzeichneten Farben, auch der von Abt. 3 der Giftverordnung ausgenommenen, zur Herstellung von Nahrungsmitteln. Dasselbe Verbot gilt für die zur Aufbewahrung und Verpackung von Nahrungsmitteln bestimmten Gefäße und Umhüllungen, aber hier mit der Einschränkung, daß die von Abt. 3 der Giftverordnung nachgelassenen Ausnahmen Schwerspat, Chromoxyd, Kupfer, Zink und Zinn als Metallfarben, Schwefelzinn, Zinnoxyd, ferner Barytlackfarben ohne Bariumkarbonat, Zinnober, benutzt werden dürfen. Hinsichtlich der weiteren, auf kosmetische Mittel, Spielwaren, Tuschfarben und Tapeten bezüglichen Bestimmungen wird auf die Sonderartikel verwiesen. Die Vorschriften zur Verhütung von Bleierkrankungen (27. VI. 05) sind unter Bleifarben (s. d.) besprochen.

Farbhölzer (frz. Bois de teinture, engl. Dyewoods), diejenigen Holzarten, welche einen zum Färben brauchbaren Farbstoff enthalten, bilden einen wichtigen Gegenstand des Drogen- und Farbwarenhandels und werden, mit Ausnahme des Fisetholzes, sämtlich von außereuropäischen Ländern eingeführt. Die Verladung geschieht lose in Blöcken, die Zerkleinerung in besonderen Farbholzmühlen oder Farbholzraspeleien, wie sie in Hamburg, Berlin, Leipzig usw. zu finden sind. Nach der Art der Zerkleinerung unterscheidet man im Handel: Späne, Locken, Nadeln und Pulver oder gemahlenes Farbholz. Späne und genadeltes Holz sind am gebräuchlichsten. Die zerkleinerten Hölzer werden vor dem Verkaufe gewöhnlich noch der Fermentation unterworfen und danach in fermentiertes und nichtfermentiertes Farbholz unterschieden. Dieses Fermentieren besteht darin, daß man die zerkleinerten F. in dunklen, aber luftigen Räumen aufschüttet und unter häufigem Benetzen mit Wasser und zeitweiligem Umschaufeln mehrere Wochen lang liegen läßt. Hierdurch bekommen sie ein lebhafteres Aussehen, indem sich der Farbstoff, der anfangs nur in geringer Menge fertig gebildet ist, aus den Chromogenen entwickelt. Die wichtigsten F. sind unter ihren Namen in besonderen Artikeln: Blauholz, Gelbholz, Rotholz, Sandelholz und Fustik besprochen. Trotz der großen Verbreitung, welche die Teerfarben gefunden haben, hat die Einfuhr von F. in Deutschland nicht abgenommen.

Farbholzextrakte wurden früher ausschließlich durch Auskochen der geraspelten und fermentierten Farbhölzer mit Wasser und nachfolgendes Eindampfen erhalten. In neuester Zeit werden sie jedoch vielfach in vorteilhafterer Weise durch das Elutionsverfahren, ähnlich wie der Rübensaft in Zuckerfabriken, dargestellt. Je nachdem man das Eindampfen bis zur Trokkene oder nur bis zur Sirupsdicke fortsetzt, erhält man trockene oder flüssige F. Die ersteren sind harte, glänzende, fast schwarz erscheinende Massen mit muscheligem Bruche und lösen sich nur dann vollständig in Wasser, wenn sie im Vakuum eingedampft wurden, während die an der Luft eingedampften immer einen nicht unbedeutenden Rückstand hinterlassen. Die flüssigen F. haben gewöhnlich eine Dichte von 20—28° Bé. Die gebräuchlichsten F. sind: Blauholzextrakt, Rotholzextrakt und Gelbholzextrakt. Verfälschungen mit billigeren Extrakten, mit Sirup u. dgl., kommen zuweilen vor.

Farblacke nannte man ursprünglich schön rot gefärbte Verbindungen von pflanzlichen Farbstoffen, besonders Koschenille, Rotholz, Krapp, mit Tonerde, Kalk und Magnesia, z. B.: Krapplack, Wienerlack, Münchnerlack, Florentinerlack u. a., die in der feineren Wassermalerei und als Druckfarben mannigfache Verwendung fanden. Neuerdings ist der Name auch auf die aus Teerfarben mit Metallsalzen von Barium, Kalzium, Strontium, Magnesium, Aluminium, Blei erzeugten Niederschläge ausgedehnt worden.

Farnkrautwurzel (Johanniswurzel, Wurmfarn, lat. Rhizoma filicis, frz. Racine de fougère male, engl. Root of male fern), der Wurzelstock des gewöhnlichen Wurmfarns, Aspidium filix mas, wird seit alten Zeiten als Bandwurmmittel gebraucht. Der gegen Ende des Sommers zu grabende, horizontal oder schräg in der Erde liegende Wurzelstock von etwa 3 dm Länge und 2,5—4,5 cm Dicke zeigt im frischen Zustande eine braune, innen grasgrüne Farbe und eine schwammig-korkige Beschaffenheit. Unter der Rinde ist er mit ziegeldachartig sich deckenden, zahnartigen Resten von Blattstielen und mit braunen Spreuschuppen besetzt, zwischen denen zahlreiche schwärzliche Wurzelfasern hervortreten. Auf dem Querschnitte zeigt sich ein Kreis von 8—10 großen, gelblichen Gefäßbündeln. Die unangenehm aromatisch riechende und anfangs herb süßlich, später zusammenziehend und kratzend schmekkende Droge enthält neben 5—6 % fettem und 0,04 % ätherischem Öl gegen 11 % Zucker, etwas Stärke und Wachs, Filixsäure und Filixgerbsäure und als wirksamen Stoff Harz. Man bewahrt die ungeschälten Wurzelstöcke gut verschlossen in Blechbüchsen auf, aber nicht über ein Jahr, und verwendet sie gepulvert oder in Form des ätherischen Extraktes (lat. Extractum filicis aethereum, frz. Extrait de fougère, engl. Extract of male fern).

Fasern. Als Ersatz für die fehlende Einfuhr von Fasermaterial für Gespinste und Gewebe hat man während des Krieges in erster Linie an die Steigerung des Hanf- und Flachsbaues (s. d.) gedacht, daneben aber Versuche mit zahlreichen anderen einheimischen Stoffen gemacht. Als Stopf- und Polstermaterial wurden die Samenhaare der Distel und des Weidenröschens sowie zerstoßene Tannennadeln (Waldwolle), für Stricke, Gespinste u. dgl. die Fasern von Rohrkolben (Typha), Riedgras (Carex), Schilf (Calamagrostis), Sonnenblume, Lupine, Melilotus, Hopfenranken, Ginster (Kosmosfaser), Torf, Stroh (s. Stranfa), Nessel (s. d.), Weidenbast (s. d.), Zellulose (s. Papiergarn) vorgeschlagen. Nur die drei letzteren haben praktische Bedeutung erlangt.

Faulbaumrinde (lat. Cortex frangulae, frz. Ecorce de bourdaine, engl. Black aldertree) heißt die Rinde der jüngeren Äste vom Kreuzdorn oder Pulverholz (Rhamnus Frangula), einem in Wäldern und Ufergebüsch Europas, Mittelasiens und Nordafrikas häufig vorkommenden Strauche mit rundlichen, gespitzten, ganzrandigen Blättern, kleinen weißen Blüten und anfangs roten, dann schwarzen erbsengroßen Beeren. Die dünne, schwach glänzende, im trockenen Zustande gerollte Rinde ist außen dunkel- oder braungrau, mit vielen weißlichen, länglichen Korkwärzchen besetzt, innen grüngelblich bis rötlichbraun. Sie schmeckt scharf bitter und schleimig und enthält neben ätherischem Öl ein früher als Frangulasäure oder Frangulin bezeichnetes Glykosid, das bei der Hydrolyse in ein Emodin übergeht. F. wird als Abführmittel gebraucht, aber erst nach längerem Lagern, da die frisch getrocknete Rinde Erbrechen und Leibschmerzen hervorruft. Das Holz findet bei der Schießpulverbereitung Verwendung.

Federn (frz. Plumes, engl. Feathers, Pens) verschiedener Vögel bilden als Bettfedern und Schmuckfedern einen wichtigen Handelsartikel. Die Bettfedern (frz. Plumes à lit, engl. Bed feathers) stammen hauptsächlich von der Hausgans (Gänsefedern), zum kleineren Teil von Schwänen, während die Federn von Enten und Hühnern meistens weggeworfen werden oder nur als ganz geringes Stopfmaterial dienen. Die vorzüglichste Art der Bettfedern bilden die Eiderdaunen (Daunen oder Dunen, frz. Duvets, Edredons, engl. Eiderdown), der weiche Flaum eines nordischen Seevogels, der Eiderente oder Eidergans (Somateria mollissima), der aus den Brutnestern gesammelt wird und beim Weibchen graubräunlich, bei dem weniger geschätzten Flaum des Männchens rein weiß ist. Die meisten Federn werden auf den kleinen, rings um Island liegenden unbewohnten Inseln, weitere Mengen an den norwegischen Küsten gesammelt. Als beste gelten die Grönländer. Die Daunen kommen über Kopenhagen, Hamburg und Lübeck entweder roh oder schon gereinigt in den Handel, und zwar meist in fest zusammengeballten Klumpen von $1\frac{1}{2}$—2 kg Schwere, die sich beim Erwärmen ungeheuer ausdehnen. Bei der geringen Menge, die zur Füllung nötig ist, und besonders in Betracht ihrer langjährigen Dauer, ist der Aufwand für Daunen im Vergleich zu gewöhnlichen Federn gar nicht so übermäßig hoch. Man rechnet die Daunen von 12 Nestern auf $\frac{1}{2}$ kg. Eine noch seltenere und teurere Art stammt von der Königs-Eiderente (Somateria spectabilis), die mehr an den nördlichen Küsten Asiens und Amerikas lebt. Spitzbergen, Nowaja Semlja usw. sind die Bezugsquellen der über Rußland kommenden Ware. Nächst den Eiderdaunen liefern die Gänsefedern das gebräuchlichste Material zum Füllen von Betten. Sie kommen aus dem nördlichen Deutschland, aus Rußland, Polen, Böhmen, Galizien und Ungarn in fest gefüllten Säcken, Fässern oder Kisten über Frankfurt a. O., Berlin, Breslau, Leipzig usw. in den Handel und werden gewöhnlich erst in zweiter Hand gewaschen, geschlissen (d. h. vom Kiel befreit) und in mehrere (drei) Nummern sortiert. Die besten F. erhält man durch wiederholtes Rupfen lebender Gänse, wobei immer die lose sitzenden abgenommen werden, da diese als lebendiges oder Sommergut bezeichneten allein völlig reif, elastisch und haltbar sind. Weniger wertvoll ist das von geschlachteten Tieren genommene tote oder Wintergut. Am schlechtesten sind die F. von krepierten Tieren, auch haben Nahrung und Lebensart großen Einfluß auf die Güte der F. Bei freiem Naturleben, auf Weide und reinen Gewässern wird das Federkleid am vollkommensten, während Stall- oder gar Mastgänse nichts Gutes erzeugen. Den Federhändlern wirft man vor, daß sie nicht selten Schlechtes zu Gutem mischen und das Gewicht der Ware durch beigemengten Kalk, Gips usw., oder feuchte Lagerung (auf mehr als 10% Wasser) erhöhen. — Zu Schmuck- oder Putzfedern geeignetes Material kann im allgemeinen nur als Jagdbeute aus weiter Entfernung eingeführt werden, doch werden auch die größeren Schwanzfedern des Hofgeflügels, namentlich der Hähne und Truthähne, zu Federbüschen und zur Nachahmung ausländischer F. benutzt. Die wichtigsten aller Putzfedern sind die Flügel- und Schwanzfedern der Strauße, die früher ausschließlich von wild lebenden Tieren auf dem Wege der Jagd gewonnen wurden und aus Arabien über Ägypten, aus Nordafrika über die Handelsplätze der Nord- und Westküste, aus Südafrika durch England in den Handel gelangten. Alle das Mittelmeer berührende Ware sammelte sich in Livorno oder Marseille, um von hier aus sortiert weiter versandt zu werden. Von der Gewohnheit der berittenen Jäger (Beduinen), dem erlegten Tiere zunächst die Federn erster Sorte auszuziehen und darauf den abgezogenen umgekehrten Balg als Behälter für alle Federn zu benutzen, erklärt sich die Form der Stücke, in denen sie von den Aufkäufern geliefert werden. Neuerdings gewinnt man die Straußenfedern fast ausschließlich auf besonderen Musterfarmen, in Kapland (Colesberg), Kalifornien, Neuseeland und Australien, in denen die Tiere entweder in halber Freiheit leben oder regelrecht gezüchtet und gefüttert werden. Allein aus Südafrika werden von etwa 1 Million Strauße für mehr als 25 Millionen Mark Federn ausgeführt. Die nach etwa 6 Monaten völlig ausgewachsenen Federn, die nicht mehr gerupft, sondern geschnitten werden, zerfallen in wertvollste weiße oder schwarzweiße Flügelfedern oder Hauptfedern (arab. Anathi), von denen je vier in jedem Flügel sitzen, ferner in die kleinen (zehn) Schwanzfedern und die zarten Flügeldeckfedern. Von den getöteten Tieren wird auch der Flaum zur Herstellung von Filzhüten oder Geweben benutzt. Die einzelnen Sorten teilt man nach der Güte und Länge in mehrere Unterabteilungen, von denen die besten bis zu 50 und 60 cm lang werden. Die zunächst in Kisten nach London ausgeführten und dann sortierten und gebündelten Rohfedern werden vor dem Zurichten mit Seife gewaschen und in heißes Wasser, worin feine Kreide zerteilt ist, eingelegt, darauf zur Verbesserung der Farbe vielfach geschwefelt, mit Indigo schwach gebläut oder mit Wasserstoffsuperoxyd gebleicht. Die grauen Federn des weiblichen Straußes werden meist schwarz gefärbt, während von Natur weiße F. diese Färbung nicht annehmen. Zum Schluß folgt das Frisieren, d. h. die Wiederherstellung der natürlichen Kräuselung durch Behandlung der Bärte mit stumpfen Messern. Kunstfedern sind aus mehreren Stücken zusammengenäht, Pleureusen sind solche Straußenfedern, deren Bärte durch Handknüpfung künstlich verlängert sind. — Der südamerikanische Strauß (Rhea americana) liefert nur einige graue und braune Schmuckfedern, die in der Form von den echten abweichen und mehr den Marabufedern ähneln. Die letzteren sind eigentlich die Schwanzdeckfedern des mittelafrikanischen Riesenstorches (Leptotilos crumenifer), die äußerst leicht und zart, in Weiß oder Grau vorkommen und besonders in Weiß geschätzt werden, doch stammen die meisten von dem als Adjutant bezeichneten indischen Marabu. Auch werden sie vielfach aus den Schwanzfedern des Storches, Pfaus und Truthahns nachgeahmt (falsche Marabus). Weitere Schmuckfedern stammen von Papageien, Paradiesvögeln, Edelfasanen, Raubvögeln, auch wird der ganze Balg von Kolibris benutzt. Vor allem liefern schließlich verschiedene Reiherarten in den langen, schmalen, fein gebauten Federn vom Kopf und Nacken wertvolles Material für Damenschmuck und Federbüsche. Von einheimischen Reihern sind besonders Fischreiher, Purpurreiher und Silberreiher namhaft zu machen.

Federpelzwerk. Von einigen Vögeln, besonders Wasservögeln, finden die Bälge oder vielmehr die Bauch-, Hals- und Bruststücke dieselbe Verwendung wie Pelztierfelle, indem sie samt dem Gefieder in der Kürschnerei zugerichtet und zur Verzierung von Damenhüten und Kleidern benutzt werden. Man verfährt hierzu nach zwei Arten, indem man entweder die durch Farbe und Schönheit ausgezeichneten Teile eines Vogelkleides unverändert läßt, oder indem man das obere Federkleid entfernt, um die flaumige Unterschicht zur Geltung zu bringen. Zu der ersten Art gehören die bunten Bälge des Eisvogels, männlicher Wildenten mit farbigem und metallglänzendem Kopf und Halsgefieder, die schwarzen, beiderseits mit einem glänzendgelben Streifen gesäumten Kehlstücke des großen Pinguins, die glänzendweißen, ins Perlgraue fallenden Bauchpelze des großen Haubentauchers, die unter dem Namen Grebenfelle im Handel sind und am schönsten von den Schweizer Seen, ferner aus Bayern, Holland und der Türkei kommen. Die andere Art, die flaumig weichen Vogelpelze im engeren Sinne, stammen, sofern sie weiß sind, von zahmen und wilden Schwänen und von vorzüglichen Exemplaren der Hausgans. Die Hegung der Schwäne und Gänse zum Zweck der Pelzgewinnung wird hauptsächlich von den Holländern und Franzosen betrieben, die sich auch einer besonders sorgfältigen und schönen Zurichtung befleißigen.

Feigen (lat. Caricae, frz. Figues, engl. Figs). Der seit uralten Zeiten in den Mittelmeerländern angebaute Feigenbaum (Ficus Carica), der in den Tropen gegen hundert Verwandte hat, erreicht nur eine mäßige Höhe und wirft alljährlich das Laub ab. Aus den in den Blattwinkeln versteckten Blüten entwickeln sich die sog. Früchte, die aus dem fleischig gewordenen Blütenboden bestehen und daher als Scheinfrüchte zu gelten haben. Sie sind im Jugendzustande grün und mit einem scharf schmekkenden Milchsafte erfüllt, werden aber später bräunlich-violett, saftig und süß. Die reifen F. erreichen eine Länge von 7 cm bei $4^1/_2$ cm Dicke und enthalten im Innern die zahlreichen kleinen gelben Früchte, fälschlich Samen genannt. Obwohl der Baum beständig einzelne Früchte trägt, unterscheidet man doch zwei Haupttriebe, zu denen man die aus vorjährigen Trieben entsprossenen, im Juni reifenden Sommerfeigen und die allein zum Trocknen und Versand geeigneten Herbstfeigen erntet. Die letzteren werden an luftigen, schattigen Orten so ausgebreitet, daß sie sich nicht berühren, und alle zwei Tage gewendet, bis sie trocken sind. Neuerdings wird auch Ofentrocknung angewandt. Als Folge dieser Behandlung zeigt sich meist ein mehlartiger Überzug von auskristallisiertem Fruchtzucker, bei alter Ware statt dessen wohl auch ein Beschlag von Schimmel und Milben. Auch sollen italienische F. bisweilen mit Kastanienmehl bestäubt werden, wodurch ihnen aber neben Feuchtigkeit auch Zucker entzogen wird. Die frischen Feigen enthalten bis 79% Wasser, die getrockneten neben etwa 28% Wasser 3—4% Eiweiß, 1—2% Fett und gegen 50—60, ja 70% Zucker. Als wertvollste gelten die besonders großen und süßen Smyrna-F., die, in ihrer natürlichen Form belassen, in runde, mit Lorbeerblättern ausgelegte Schachteln (Trommeln) verpackt sind. Die kleinen griechischen F., die dickschaliger und haltbarer, aber weniger süß sind, kommen als Kranzfeigen, meist zu hundert auf Bastschnüre gereiht und plattgedrückt in den Handel; italienische werden in Körbe eingelegt (Korbfeigen), Triester F. (aus Istrien und Dalmatien), die sehr süß und klein, aber nicht haltbar sind, in Fässer, Tiroler F. in Lorbeer- und Rosmarinblätter verpackt. Spanische F. gehen meist nach England. Die zu uns eingeführten F. werden, abgesehen von unbedeutender medizinischer Verwendung, als Dessertfrucht und zur Herstellung eines Kaffee-Ersatzmittels, des sog. Feigenkaffees, benutzt. Sie halten sich nur etwa ein Jahr, unterliegen dem Schimmel, den Milben und dem Insektenfraß und gehen überdies leicht in Gärung über.

Feldkümmel (Quendel, wilder Thymian, Feldquendel, Feldthymian, lat. Herba serpylli, frz. Serpolet, engl. Mother of thyme), die an trockenen Anhöhen, Wald- und Feldrändern häufig wachsende, kleine strauchartige Pflanze (Thymus Serpyllum) mit halb kriechendem, rötlichem, vierkantigem, schwach behaartem Stengel, ovalen Blättchen und quirlständigen rosenroten Lippenblüten, besitzt einen angenehm aromatischen Geruch und bitterlich zusammenziehenden Geschmack und wird im Sommer gesammelt und getrocknet. Das unter gutem Verschluß aufzubewahrende Kraut dient zu Kräuterkissen und in Form von Abkochungen zu stärkenden Bädern und zu Tees. Durch Destillation mit Wasser erhält man etwa 0,15 bis 0,6 % eines farblosen bis goldgelben ätherischen Öles, Oleum Serpylli, den konzentrierten Riechstoff des Krautes.

Feldspat (frz. Feldspathe, engl. Feldspar), ein sehr verbreitetes Mineral, das sowohl einen regelmäßigen Bestandteil wichtiger Massengesteine: Granit, Syenit, Porphyr, Gneiß, Trachyt bildet, als auch selbständig in größeren Lagern auftritt, besteht im wesentlichen aus Alkali- oder Kalktonerdesilikat. Die verschiedenen Arten der Feldspate unterscheidet man nach der Kristallform in zwei Gruppen, die monoklinen und triklinen F. und rechnet zu den ersteren den Kalifeldspat oder Orthoklas, zu den letzteren den Natronfeldspat oder Albit und den Kalkfeldspat oder Anorthit sowie die isomorphen Mischungen beider, die Natronkalkfeldspate. Alle triklinen F. werden als Plagioklase bezeichnet. Von den Abarten des Orthoklases wird die am reinsten kristallisierende, der Adular, welcher in Form wasserheller, häufiger gefärbter Massen auftritt, als Schmuckstein verwandt. Er zeigt Glasglanz, auf Spaltflächen Perlmutterglanz, bisweilen auch in geschliffenem Zustande einen eigentümlichen, in Farben spielenden Lichtschimmer und kommt unter verschiedenen Namen: Mondstein, Sonnenstein, Fischauge oder Wasseropal in den Handel. Dem Orthoklas verwandt ist ein trikliner F. (Mikroklin), der grüne Amazonenstein aus Sibirien, der in Katharinenburg verarbeitet wird. Die grüne Farbe beruht nicht, wie man früher annahm, auf einem Kupfergehalt und geht beim Glühen verloren. Eine prachtvolle Abart des Natronkalkfeldspates, der Labradorit (Labrador), der auf den Spaltflächen sehr schöne Irisfarben (Blau, Grün, Kupferrot) zeigt und auf der Pauls-Insel sowie der benachbarten Labradorküste in großen Massen gewonnen wird, dient zur Herstellung von Schmucksteinen, Tischplatten u. dgl. Die weniger schön kristallisierenden dichten F. finden ausgedehnte Anwendung zur Herstellung des Porzellans, ferner von leicht flüssigen Glasuren und von Emails. Auch als Ausgangsmaterial der Porzellanerde, des Kaolins (s. d.), welcher ein natürliches Verwitterungsprodukt des Feldspats ist, beansprucht er ebenfalls die größte Beachtung. F. wird in großen Mengen von Finnland und Schweden, ja selbst aus Grönland für Porzellanfabrikation eingeführt.

Felle, die Häute verschiedener Säugetiere, z. B. der Bären, Fischotter, Katzen, Marder, Ziegen, haben insofern für den Drogenhandel ein gewisses Interesse, als die Haare das Material für Pinsel und Bürsten geben. Katzenfelle werden auch vielfach gegen Rheumatismus verwendet, indem man die schmerzenden Stellen damit bedeckt.

Fenchel (lat. Fructus foeniculi, frz. Fruits de fenouil, engl. Fennel fruit), eine bekannte würzhafte Doldenpflanze, Foeniculum officinale, wächst in Südeuropa wild und wird bei uns vielfach in Gemüsegärten, zum Teil auch im großen als Feldfrucht angebaut. Namentlich in Thüringen, Württemberg, Böhmen, Mähren, Galizien und Polen finden sich ausgedehnte Fenchelfelder. Die Wurzel treibt im zweiten Jahre, oder auch wohl noch öfter wieder, so daß nicht jedes Jahr gesät zu werden braucht. Die ganze Pflanze enthält medizinisch verwertbare Stoffe, doch werden Kraut und Wurzel mehr nebensächlich, als Hausmittel, gebraucht, während als Handelsware allein die gehaltreicheren Teile, die Früchte, in Frage kommen. Die länglichen, gerippten und zwischen den Rippen mit je einer dunklen Ölstrieme versehenen Früchte, deren Größe und Färbung wechselt, enthalten als charakteristischen Bestandteil das Fenchelöl (s. d.) oder vielmehr das im letzteren enthaltene Anethol. Die Haupthandelssorte bildet der sogenannte sächsische Fenchel, der in der Gegend von Lützen und Weißenfels in großer Menge gebaut wird und dessen größere, lebhafter grüne Körner Kammfenchel genannt werden. Nächst diesem spielen der Thüringer, der mährische und galizische F. die Hauptrolle. Außerdem findet sich im Drogenhandel noch der sog. römische oder italienische F., der viel größer im Kern, schön grünlich und weit aromatischer, von einer anderen Art, Foeniculum dulce, stammt, die nur einjährig ist und in Südeuropa gebaut wird. Seit einiger Zeit kommt auch ostindischer F. in den Handel, der jedoch noch weniger gut ist als der ebenfalls zuweilen angebotene levantinische. F. in Pulverform dient zur Herstellung von Abkochungen und Aufgüssen, die als offizinelle Arznei- und Hausmittel Anwendung finden. Ganzer F. dient mehr als bloßes Gewürz.

Fenchelöl (lat. Oleum foeniculi, frz. Essence de fenouil, engl. Fennel-oil), das durch Wasserdampfdestillation gewonnene ätherische Öl, stellt eine farblose oder gelbliche, nach Fenchel riechende Flüssigkeit dar, welche ein spez. Gew. von 0,965—0,977 und eine Drehung von $+12$ bis $+24^0$ besitzt. Es löst sich in 0,5—1 Vol. 90 %igen und in 6—8 Vol. 80 %igen Alkohols. In der Kälte erstarrt es zu einer kristallinischen Masse, die je nach der Güte des Öls erst bei $+5^0$ oder höherer Temperatur wieder geschmolzen ist. Das Erstarren hängt mit dem Gehalt an Anethol zusammen, von dem gute Öle etwa 50—60 % enthalten. Je höher die

Schmelztemperatur, desto anetholreicher ist das Öl. Von weiteren Bestandteilen sind zu nennen das bitter schmeckende, mit Kampfer isomere Fenchon, ferner Rechts-Pinen, Kamphen, Phellandren und Dipenten. Sächsischer Fenchel liefert 4,4 bis 5,5 %, galizischer 4—6 %, mährischer 4 % und rumänischer 4 6 % Öl. Eine geringwertige Sorte, das Fenchelspreuöl, erhält man aus Fenchelspreu. F. wird in der Likörfabrikation und Nahrungsmittelindustrie, als Geschmackskorrigens und in der Seifenfabrikation als Parfüm verwandt.

Feroniagummi (ostindisches Gummi), eine aus Ostindien kommende und dort sowie in England viel gebrauchte Gummisorte von der zu den Aurantieen gehörenden Feronia elephantum, unterscheidet sich vom gewöhnlichen arabischen Gummi durch die Größe der natürlichen Stücke, die bis zu 7 cm Durchmesser haben, und durch lebhaften Glasglanz, doch findet man auch einzelne trübe, wenig glänzende Stücke darunter. Obschon F. ebenso wie das arabische Gummi aus Arabin besteht, so ist doch seine Lösung rechtsdrehend, während diejenige des arabischen Gummis die Ebene des polarisierten Lichtes nach links dreht.

Ferozepore, eine der verschiedenen, im ostindischen Handel vorkommenden, nach der gleichnamigen Stadt benannten Rapssorten, wird ebenso wie die übrigen Sorten, z. B. Kalkutta, Dhera Ropa, schwarze und weiße Gingellysaat, in bedeutenden Mengen nach England versandt und dort zur Ölgewinnung benutzt.

Ferratin, ein durch Behandlung von Hühnereiweiß mit weinsaurem Kaliumeisen dargestelltes Eisenpräparat, findet bei Bleichsucht und Blutarmut Anwendung. Seine Lösung in Glyzerin und Alkohol führt den Namen Ferratose.

Ferromangan (Manganeisen), ein sehr manganreiches Roheisen, wird in großen Mengen zum Bessemern als Ersatz für Spiegeleisen dargestellt, indem man den geringen Mangangehalt des Roheisens durch Zusatz von Manganerzen beim Ausschmelzen vermehrt. Hierbei muß man einen sehr basischen, d. h. kalkreichen Zuschlag anwenden, weil sonst der größte Teil des Mangans in die Schlacke geht, indem sich Manganoxydulsilikat bildet, das durch die Kohle nicht mehr reduziert wird. Der stärker basische Kalk verhindert aber das Eintreten des Manganoxyduls in die Schlacke. Das F., das bis zu 80 % Mangan und 6 % Kohlenstoff enthält, besitzt ebenso wie der daraus bereitete Manganstahl eine sehr bedeutende Härte.

Ferrum ist das in der Pharmazie gebräuchliche Wort für Eisen, auf Preislisten der Drogisten findet man folgende bekannteren Eisenpräparate: F. aceticum, Eisenazetat (trocken und in Lösung); F. bromatum und jodatum, Eisenbromid und -jodid; F. carbonicum, kohlensaures Eisenoxydul; F. chloratum, Eisenchlorür; F. sesquichloratum, Eisenchlorid; F. citricum, zitronsaures Eisenoxyd; F. hydricum oder oxydatum hydratum, Eisenoxydhydrat; F. lacticum, milchsaures Eisenoxydul; F. malicum, äpfelsaures Eisen; F. phosphoricum oxydulatum, phosphorsaures Eisenoxydul; F. sulfuratum, Schwefeleisen; F. sulfuricum oxydulatum, schwefelsaures Eisenoxydul, Eisenvitriol; F. tannicum, gerbsaures Eisenoxyd; F. tartaricum, weinsaures Eisenoxyd; F. valerianicum, baldriansaures Eisenoxyd u. a. m.

Fersan, ein phosphor- und eisenhaltiges Eiweißpräparat, das aus defibriniertem Rinderblut mit Salzsäure dargestellt wird und in Form eines rotbraunen Pulvers als Nähr- und Kräftigungsmittel Anwendung findet.

Fette sind in rein chemischer Hinsicht Verbindungen des Glyzerins mit Fettsäuren (Glyzerinester), und zwar hauptsächlich mit drei Molekülen von Fettsäuren (Triglyzeride). An ihrem Aufbau beteiligen sich sowohl gesättigte Fettsäuren der Stearinsäurereihe (Stearin, Palmitin, Butyrin), als auch ungesättigte Säuren der Ölsäure- (Olein), der Linolsäure- und verwandter Reihen. Die natürlichen Fette bestehen aus gemischten Glyzeriden verschiedener Fettsäuren, neben denen meist noch geringe Mengen anderer Stoffe: Cholesterin, Phytosterin, Lezithin, zugegen sind. Sie finden sich sowohl im Tierreiche (Milch, Körperfett) als im Pflanzenreiche, besonders den Früchten und Samen, und werden für Ernährungszwecke und technische Verwendung durch Ausschmelzen, Auspressen oder Extraktion mit Lösungsmitteln (Äther, Benzin, Chlorkohlenstoff) im großen Maßstabe hergestellt. Allen Fetten gemeinsam ist die Eigenschaft, daß sie auf Papier einen durchscheinenden, beim Erhitzen nicht verschwindenden Fleck erzeugen, daß sie in geringster Spur die Rotation eines auf Wasser geworfenen Kampferstückchens verhindern und auf Wasser schwimmen. Sie lösen sich leicht in Äther, Benzol, Benzin, Chloroform und Schwefelkohlenstoff, hingegen nicht in Wasser und, mit wenigen Ausnahmen, nur sehr schwer in Alkohol. Beim Erhitzen sind sie nicht unverändert flüchtig, sondern zersetzen sich bei etwa 300° unter Entwicklung stechend riechender, zu Tränen reizender Dämpfe von Akrolein. Durch Behandlung mit starken Alkalien werden sie in Glyzerin und fettsaure Salze (Seife) gespalten, die gleiche Trennung (Verseifung) erfolgt auch bei Einwirkung von konzentrierten Säuren oder Druckerhitzung mit Wasser. Die äußerlichen Unterschiede der natürlichen Fette werden durch die Art der in ihnen enthaltenen Fettsäure bedingt. Im allgemeinen sind die an gesättigten Fettsäuren reichen Fette von fester Konsistenz, und zwar um so härter, je mehr die hochmolekularen Säuren (Stearin-, Palmitinsäure) vorherrschen. Daraus erklärt sich z. B., daß die an Buttersäure reiche Butter und das viel Kaprin- und Laurinsäure enthaltende Kokosfett weicher, streichfähiger ist als der aus Stearin und Palmitin bestehende Talg. Umgekehrt sind die an ungesättigten Fettsäuren (Ölsäure, Linolsäure) reichen Fette weicher und oft flüssig. Die bei Zimmertemperatur flüssigen Fette werden in der Regel als Öle (s. d.), oder bei Abstammung von Seetieren als Trane (s. d.) bezeichnet. Bei höherer Temperatur gehen alle Fette in den flüssigen Zustand über. Zum chemischen Nachweise fremder Beimengungen bestimmt man in erster Linie die Menge des zur völligen Spaltung erforderlichen Alkalis (mg KOH für 1 g Fett), die sog. Verseifungszahl. Diese Zahl liegt für die meisten Fette bei 180—200, für Butter bei 220—230, für Kokosfett bei 250 und ermöglicht sonach einen Zusatz von Paraffin, Zeresin usw., sog. „unverseifbaren Stoffen“, zu erkennen. Weitere Aufschlüsse auch für die Unterscheidung der einzelnen Fette untereinander gewähren die Refraktion, die Jodzahl, die Hehnerzahl (unlösliche Fettsäuren), die Reichert-Meissl-Zahl (flüchtige Fettsäuren) sowie besondere Reaktionen, die in besonderen Aufsätzen über die einzelnen Fette besprochen werden. Abgesehen von der technischen Verwertung zur Herstellung von Seife, Schmiermitteln, Glyzerin usw. finden die Fette als eines der wichtigsten menschlichen Nahrungsmittel, dessen Nährwert von 9,3 Kalorien denjenigen der Stärke und Zuckerarten um das Doppelte übertrifft, ausgedehnte Anwendung. Der Fettverbrauch belief sich im Jahre 1907 für Kopf und Jahr in Deutschland auf 24 kg, von denen etwa $^4/_5$ im Inlande erzeugt wurden (Butter, Talg, Schmalz), während der Rest ausländischer Einfuhr (Olivenöl, Kokosfett, Erdnußöl) entstammte. Die Versuche, den durch die Abschneidung der Zufuhren bedingten Ausfall durch Erschließung neuer inländischer Fettquellen (Knochen, Obstkerne, Getreidekeime, Fetthefe, Abwasserfett) zu beheben, waren nur von geringem Erfolge. Große Bedeutung gewann die sog. Fetthärtung, die auf einer Behandlung mit Wasserstoff bei Gegenwart von fein verteiltem Nickel beruht und die Überführung geringwertiger flüssiger Öle und Trane in wertvollere feste Fette der Stearinsäurereihe, sog. gehärtete Öle, ermöglicht.

Fettstifte zum Schreiben auf Glas und Porzellan bestehen aus einer gefärbten Mischung von Walrat, Talg und Wachs mit Mennige und Ätzkali.

Feuerlöschmittel. Die zahllosen zur schnellen Unterdrückung von kleineren Bränden empfohlenen F. lassen sich nach der Art ihrer Wirkung im allgemeinen in zwei Gruppen einteilen. Die zu der ersten gehörenden Feuerlöschdosen oder Löschpatronen sind mit einer Mischung von Salpeter, Schwefel und Kohle gefüllt, die beim Gebrauche schweflige Säure entwickelt und dadurch das Feuer erstickt. Auf dem gleichen Gedanken beruhen die aus Natriumbikarbonat bestehenden Mittel (Blitzfackel, Rapidfackel, Theofackel, Ignex, Clou, Protektor, Total), die Kohlensäure abspalten. Die Glieder der zweiten Gruppe, die sog. Feuerlöschpulver oder -granaten, sind ausnahmslos Salzmischungen, die in wäßriger Lösung angewandt werden. Beim Verdampfen des Wassers bleiben die feuerbeständigen Verbindungen des Kalziums, der Tonerde und der Kieselsäure, wie Alaun, Chlorkalzium, Wasserglas, als fester Überzug zurück, der den Luftzutritt und somit das Weiterbrennen verhindert. Die gleichzeitig meist vorhandenen flüchtigen Salze der Alkalien, wie Kochsalz, Chlorammonium, Pottasche, Glaubersalz, verdampfen bei der hohen Temperatur, verbrauchen dabei mehr Wärme als reines Wasser und kühlen infolgedessen die Brandobjekte stark ab. Solche Salzmischungen werden meist für kleine Hand- oder Zimmerapparate (sog. Extinkteure) angewandt, in denen durch automatische Einwirkung von Salzsäure auf Karbonate Kohlensäuredruck entwickelt und dadurch die Lösung herausgespritzt wird. Aus der großen Zahl der hierhin gehörenden Apparate seien nur Minimax, Rapid, Perkeo angeführt, von denen der letztere noch einen schaumbildenden Zusatz (Saponin) enthält. Die Wirkung aller dieser Mittel wird von ihren Erfindern meist stark übertrieben und ist jedenfalls für größere Brände recht gering einzuschätzen.

Feuerschwamm und Wundschwamm stammen von dem auf Bäumen (Birken, Eichen und Buchen) wachsenden Löcherpilz, Polyporus seu Fomes fomentarius, der eine Länge von 50 cm und eine Dicke von 10 cm erreicht und eine flache, nach oben gewölbte Form zeigt. Man sammelt den Pilz im Herbst, schält ihn und schneidet ihn in Scheiben, die durch Einweichen und Klopfen mit hölzernen Hämmern weich gemacht werden. Die weichsten und dicksten Stücke verwendet man unter dem Namen Wundschwamm (Blutschwamm, lat. Boletus seu Fungus chirurgorum, frz. Agaric de chene, engl. Sourgeons Agaric) als blutstillendes Mittel bei kleinen Wunden. — Der Feuerschwamm (Zunder, lat. Boletus seu Fungus igniarius, frz. Agaric de chêne préparé, Amadou, engl. German tinder) wird, damit er besser brennt, mit Salpeterlösung getränkt und dann getrocknet. Mit dem Namen Ulmer Feuerschwamm bezeichnet man eine Handelssorte, die mit Schießpulver präpariert ist. — Bei Verwendung von Wundschwamm ist darauf zu achten, daß nicht etwa salpeterhaltiger Feuerschwamm unterläuft, da sonst leicht Blutvergiftungen usw. entstehen können.

Fibrin nennt man den Eiweißkörper, der sich beim Schlagen des Blutes in Form von Fasern ausscheidet.

Fichtenharz (Gemeines Harz, lat. Resina pini, frz. Galipot, engl. Ordinary resin) wird aus dem Stamme verschiedener Nadelhölzer (Pinus- und Abiesarten) Deutschlands, Rußlands, der Schweiz und der Vereinigten Staaten sowie aus dem Stamm der Meerstrandsfichte im südlichen Frankreich (Galipot) gewonnen, indem man entweder das aus zufälligen Verletzungen ausgetretene Scharrharz, oder aus künstlich erzeugten Wunden und Bohrlöchern nach dem Grandel- oder Becherverfahren zutage geförderte Produkt sammelt, oder schließlich nach neuerem Verfahren das Holz und die Wurzeln mit Benzol extrahiert. Hierbei geben Kiefern ein terpentinölhaltiges, Fichten ein davon völlig freies Harz. Das gemeine Harz (Resina communis) besitzt die Form unregelmäßiger, anfangs klebriger, später spröder Stücke, welche von weißlicher, gelber oder rötlicher Farbe und meist stark verunreinigt sind. Das französische F. besteht aus weißgelblichen Krusten mit Terpentingeruch, das amerikanische F. aus gelben bis braunen Stücken. Durch Schmelzen unter Wasserzusatz und nachheriges Kolieren erhält man das weiße Harz (Weißes Pech, Resina alba, Pix alba) als eine trübe, undurchsichtige Masse, während bei längerem Schmelzen das gelbe Harz (Gelbes

Pech, Resina oder Pix flava), ein durchsichtiges, sprödes Harz von muscheligem Bruch entsteht. Das echte Burgunderharz (Resina burgundia) kommt aus Frankreich in spröden, schmutziggelben Stücken in den Handel. F. findet vielseitige Verwendung zur Herstellung von Seifen, Pflastern, Kitten, Kolophonium und Pechen (s. d.), zum Leimen von Papier und zum Pichen von Fässern.

Fichtenholz (frz. Bois de pin, engl. Pinewood), das Holz der Fichte oder Rottanne (Picea vulgaris), gehört zu den weichen Hölzern und ist weniger leicht spaltbar, aber fester, dauerhafter und namentlich im Witterungswechsel haltbarer als Tannenholz. Es wird als vorzügliches Bau- und Tischlerholz sowie als Brennholz verwendet. Die Fichtenrinde benutzt man wegen ihres Gerbsäuregehaltes in manchen Gegenden als Gerberrinde.

Fichtennadelextrakt (Kiefernnadelextrakt, lat. Extractum pini silvestris, frz. Extrait de pin, engl. Extract of pine) wird durch Auskochen der Fichtensprossen und -nadeln als ein braunschwarzes, aromatisch riechendes Extrakt gewonnen, das zu Fichtennadelbädern bei Gicht und Rheumatismus Anwendung findet. Auf ein Vollbad rechnet man 150—500 Gramm.

Fichtennadelöl (Waldwollöl, lat. Oleum pini silvestris seu abietis, frz. Essence d'aiguilles de pin, engl. Pine oil) wird wie das analoge Kiefern- und Tannennadelöl durch Wasserdampfdestillation von Fichten- oder Kiefernnadeln in Form einer farblosen oder hellgrünlichen Flüssigkeit von aromatischem Koniferengeruch gewonnen, die neben Pinen, Phellandren, Dipenten und Kadinen als bemerkenswerten Bestandteil Bornylazetat (8 bis 10 %) enthält. F. ist kein eigentlicher Handelsartikel, an seiner Stelle wird meist Edeltannenzapfenöl abgegeben, das hauptsächlich aus Limonen besteht. Aus Rußland kommt das sog. sibirische F., das aus den Nadeln und jungen Zweigspitzen der sibirischen Edeltanne, Abies sibirica, gewonnen wird. Es ist durch einen hohen Gehalt an Bornylazetat (30—40 %) ausgezeichnet.

Fichtensamenöl, das in den Fichtensamen zu 25—30 % enthaltene fette Öl kann nach v. Tubeuf zur menschlichen Ernährung benutzt werden, da ihm bei dem Fehlen von Terpentinblasen in der Samenschale kein Harzgeschmack anhaftet. Das durch kalte Pressung gewonnene goldgelbe Öl von haselnußähnlichem Geschmack hat eine Verseifungszahl von 191 und eine Jodzahl von 173. Der Preis von 9 M. für 1 l Öl läßt die Herstellung nur im Kriege lohnend erscheinen.

Filizin wird durch Fällung von Farnkrautextrakt mit Barytwasser und nachfolgende Zersetzung mit Salzsäure dargestellt. Sein wichtigster Bestandteil ist die Filixsäure, welche durch Behandlung mit Azeton in kristallisiertem Zustande erhalten werden kann, aber nur in amorpher Form als wirksames Wurmmittel angewandt wird.

Filmaron wird aus Farnkrautextrakt dargestellt und im Gemisch mit Rizinusöl als Bandwurmmittel verordnet.

Films sind mit Bromsilbergelatine-Emulsion übergossene Zelluloidblätter, die an Stelle der Glasplatten in der Photographie benutzt werden. Sie haben vor letzteren den Vorzug der Leichtigkeit, die ihre Mitnahme auf Reisen vorteilhaft erscheinen läßt, geben aber weniger scharfe Bilder und sind bei der Aufnahme und Entwicklung weniger gut zu handhaben. F. kommen in Paketen als Film Packs und in Rollenstreifen für 6—12 Aufnahmen in den Handel. Für kinematographische Bilder werden endlose Spulen benutzt.

Filz (frz. Feutre, engl. Felt) ist ein durch mechanische Bearbeitung von Tierhaaren, ohne Spinnen und Weben, hergestellter fest zusammenhängender Stoff, dessen Entstehung darauf beruht, daß die Haare im Gegensatze zu den Pflanzenfasern nicht einfache glatte Röhrchen sind, sondern unter dem Mikroskope eine rauhe Oberfläche, seien es tannenzapfenartig geordnete Schuppen wie bei der Schafwolle, oder feine, nach vorn gerichtete Spitzen wie beim Biberhaar zeigen. Beim Drücken, Reiben und Walken haften die Haare an diesen Unebenheiten fest zusammen, sie „verfilzen", eine Eigenschaft, die Schafwolle und Vigogne schon von Natur besitzen, andere Haare nach der Behandlung mit saurer Beize von Quecksilbernitrat, wodurch sie rauh und gekräuselt werden, annehmen. Die wichtigste Verwendung findet der Filz in der Hutfabrikation, die früher ausschließlich Handarbeit, jetzt mehr und mehr zum Großbetriebe mit Maschinen wird. Als Ausgangsmaterial der jetzt außer Mode gekommenen zylinderförmigen Kastorhüte dienten früher ausschließlich Biberhaare, die auch jetzt noch neben den Haaren von Bisamratten, Fischottern, Vigogne und sog. Affenhaar (Nutria) für feinere Waren entweder zur Bildung einer feineren Außenschicht (Plattierung) oder im Gemische mit billigeren Haaren verarbeitet werden. Das gebräuchlichste Material der Massenfabrikation bilden Hasenhaare, daneben solche von Kaninchen, gröbere oder feinere Schaf- oder Lammwolle, Ziegen- und Kamelhaar. Besonders letzteres wird in Frankreich zu gewöhnlichen Hüten viel verbraucht. Hasenhaare geben feinere Hüte als Kaninchenhaare. Alle Haare werden zunächst sorgfältig sortiert, da schon bei der gleichen Tierart Rückenhaare höher geschätzt werden als solche von Brust oder Bauch, und darauf durch Schlagen mit Stäben auf geflochtenen Horden gelockert, von Staub, Verunreinigungen und Stichelhaaren befreit. Größere Fabriken bedienen sich hier besonderer, aus Krempel- und Blaswerk bestehender Maschinen, bei denen die in der Krempel ganz fein zerzupften Haarmassen von dem Gebläse in einem geschlossenen Kanal fortgeführt und so nach ihrer Schwere sortiert werden. Auch für die sehr wichtige Mischung der verschiedenen Haarsorten sind besondere maschinelle Vorrichtungen (Krempeltrommeln) geschaffen worden. Die innig gemischte Haarmasse wird dann bei Handarbeit dem sog. Fachen unterworfen, d. h. die für einen Hut erforderliche abgewogene Menge wird auf einer Horde mit einem besonderen Werkzeuge bearbeitet, das aus einem 2 m langen Holzbogen mit eingespannter Darmsaite besteht. Indem der Arbeiter die Bogensaite durch ein Schlagholz in dauernde Schwingungen versetzt, treibt er die Haare empor, die sich dadurch zu einer äußerst lockeren Schicht übereinanderlegen. Diese sog. Fache, die aus den Maschinen bereits fertig als ein lockeres Band herauskommt, wird in zwei lose, dreieckige Lagen, wie sie für den gewünschten Hut erforderlich sind, zusammengelegt und dann durch vielfaches schiebendes Drücken, Kneten und Rollen unter gleichzeitiger Anwendung von Wärme und Feuchtigkeit verfilzt, bis sie zu einem sog. Stumpen, einer kegelförmigen Mütze, vereinigt werden können. Die letztere erhält durch Überziehen über hölzerne oder eiserne Formen in kräftigen, mit Dampf geheizten hydraulischen Pressen die endgültige Form, die nach dem Trocknen bestehen bleibt. Zum Schluß folgt dann das Steifen, das in einem Tränken mit Leim oder Schellack besteht, das Einfassen und Füttern. In ähnlicher Weise werden gröbere Filze für Schuhe, Stiefel, Socken, Filtrierbeutel hergestellt, doch bedient man sich hierzu neuerdings meist größerer Filztafeln, die in besonderen Maschinen erzeugt werden. Zu ihrer Herstellung wird in der Regel auf der Krempelmaschine eine Watte erzeugt und diese in mehrfachen Lagen auf einer Walkmaschine verfilzt. Die zum Teil aus farbiger Wolle gefertigten oder nachher gefärbten, bedruckten und appretierten Tafeln dienen zur Herstellung von Regenmänteln, Teppichen, Decken oder Futterstoffen, größere Tafeln von gröberem Gefüge, die mit Teer oder Asphalt getränkt sind, zur Dachbedeckung (Dachfilz), andere grobe Filze auch beim Schiffsbau als Unterfütterung für den Kupferbeschlag oder zur Ummantelung von Dampfzylindern und Dampfrohren als Wärmeschutz. Eine besonders feine Sorte bildet der Hammerfilz für Klaviere, der in besonderen Fabriken aus feinster Merinowolle hergestellt und schneeweiß gebleicht wird und in die Unterabteilungen: Hammerfilz erster und zweiter Sorte sowie Dämpferfilz, roter und grüner Unterfilz, zerfällt. Durch Tränken von feinem Filz mit Firnis und Lackieren hergestellter Lackierfilz dient zu Mützenschirmen u. dgl.

Fingerhutblätter (lat. Folia digitalis, frz. Feuilles de digitale, engl. Digitalis leaves) sind die Blätter einer über ganz Mitteleuropa verbreiteten, in Bergwäldern auf kalkhaltigem Boden wachsenden, stark giftigen, aber medizinisch benutzten Pflanze, Digitalis purpurea, die nicht selten auch in Gärten als Zierpflanze gehalten wird. Medizinisch verwendbar sind nur die von der zweijährigen wilden Pflanze während der Blütezeit gesammelten und getrockneten Blätter, die sich auch durch die stärkere Behaarung und andere Kennzeichen von denen der kultivierten unterscheiden lassen. Die eiförmigen, runzligen, unten weißfilzigen, doppelt gekerbten Blätter werden nach obenhin kleiner und ansitzend, während sie nach untenhin breit gestielt sind. Die roten Blüten sind schief glockenförmig und stehen in einer einseitigen Reihe an dem aufrechten Blütenstengel. Die Pflanze hat frisch gerieben einen widerlichen Geruch und bitter scharfen Geschmack. Wirksame Bestandteile der Folia digitalis sind Digitalin, Digitoxin u. a. Glykoside, alles starke Gifte, die medizinisch, namentlich bei Herzerkrankungen, verwendet werden. Präparate aus F. sind: Extractum und Tinctura digitalis sowie das Digitalin (s. d.).

Firnis (Ölfirnis, lat. Vernisium, Vernix Lini, frz. Vernis, engl. Varnish). Mit diesem Namen belegt man ölige Flüssigkeiten, die, in dünner Schicht auf andere Körper übertragen, zu harten, glänzenden, in Wasser unlöslichen Überzügen austrocknen und so zum Schutze gegen die Einwirkung von Luft und Feuchtigkeit dienen. Als Ausgangsmaterial dienen trocknende Öle (s. d.), und zwar für die technische Ware in erster Linie Leinöl, während Nuß-, Hanf- und Mohnöle seltener, mehr bei der Kunstmalerei, benutzt werden. Die trocknenden Öle erhärten zwar ohne weitere Behandlung durch Sauerstoffaufnahme aus der Luft, da dieser Vorgang aber für die Praxis zu langsam verläuft, so verwandelt man sie durch anhaltendes Kochen mit etwas Bleiglätte, Mangansuperoxyd, Manganohydroxyd oder Manganoborat in Ölfirnis, oder man stellt letzteren wohl auch auf kaltem Wege durch Vermischen von Leinöl mit Sikkativen (s. d.) her. Die besonders geschätzten gekochten Firnisse, die an der Erniedrigung der Jodzahl und des Glyzeringehalts zu erkennen sind, werden meist als gekochter und doppelt gekochter F. unterschieden, während die mit Mangan oder Bleiglätte hergestellten als Mangan-F. und Glätte-F. bezeichnet werden. Mischungen von F. mit Harzen, die sog. Lackfirnisse, sind im Abschnitt Lack näher beschrieben. Die Güte eines F. richtet sich nach seiner Trockenfähigkeit (höchstens 12—24 Stunden) und der Härte des trockenen Überzuges. Zusätze von Mineral- oder Harzöl, Wollfettolein und anderen nicht trocknenden Ölen, die klebrige Überzüge bedingen, sind als Verfälschung zu beurteilen. Leinölfirnis wird in großen Mengen hergestellt und teils für sich, teils mit Farbstoffen angerührt als teigförmige Ölfarbe verkauft.

Firnisersatz. Unter dieser Bezeichnung werden Mischungen von Tranfirnis mit Leinölfirnis sowie von harzsauren Salzen des Mangans, Bleis oder Kalks mit Mineralölen und Schwerbenzin angeboten. Auch sind Lösungen von Linoxyn in Benzol mit Kolophonium und Mischungen von Kumaronharz (s. d.) mit Stearinpech und Solventnaphtha in den Handel gelangt. Sie können für manche Zwecke als Notbehelf dienen, geben aber meist klebrige Überzüge.

Firniskitt wird meist fabrikmäßig hergestellt, indem man ein Gemisch von Firnis und Kreide durch Walzen gehen läßt. Er dient zum Verkitten von Fensterscheiben, zum Auskitten von Holz usw.

Fische (frz. Poisson, engl. Fish) bilden eines der wertvollsten stickstoffhaltigen Nahrungsmittel, welches an Nährwert dem Fleische der Säugetiere völlig gleichkommt, aber leider in Deutschland noch nicht genügend gewürdigt wird. Für den Massenverbrauch kommen lediglich die Seefische in Betracht, die seit dem Aufblühen der deutschen Hochseefischerei und der Erleichterung der Eisenbahnbeförderung durch

Einstellung besonderer Eiswagen auch dem Binnenlande in steigenden Mengen zugeführt werden. Lebende Binnenlandfische werden mittels Fuhrwerk in Fischfässern befördert, die bei 550 l Inhalt mit 2—2½ Ztr. Karpfen, 2 Ztr. Hecht, 1½ Ztr. Zander oder 25—30 St. Streichkarpfen besetzt werden. Das Faß wird halb oder für Zander und Barsche ganz gefüllt, da die Stachelflossen der Tiere sonst Verletzungen verursachen können. Für weite Entfernungen muß bei warmer Witterung durch Zusatz von Eis und Einblasen von Luft unterwegs für Abkühlung und Lüftung gesorgt werden. Im kleinen kann man wertvolle Fische auch in ausgehöhltem Brot, in befeuchtetem Moos oder in frischem Klee versenden. Sie halten sich auf diese Weise mehrere Tage lang. Im Handel unterscheidet man: See-, Fluß-, Bach- und Teichfische. Die letzteren müssen vor dem Gebrauch längere Zeit in reinem Wasser aufbewahrt werden, um den Schlammgeschmack zu verlieren. Bei frisch getöteten Fischen sind die Kiemen rot, die Augen durchsichtig und prall hervortretend, und das Fleisch ist derb und elastisch, so daß Fingereindrücke bald verschwinden. Der Geruch an den geöffneten Kiemen muß frisch sein, während zu alte Fische widerlich riechen. Bei nicht mehr frischen Fischen ist die Hornhaut trübe und undurchsichtig, das Auge eingefallen, die Umgebung desselben gerötet, die Kiemen sind blaß, gelblich oder schmutzig grau, das Fleisch ist welk, und Fingereindrücke verschwinden nur langsam wieder. Verdorbene Fische wirken giftig, da sich in ihnen ptomainartige Alkaloïde bilden. Zur Vortäuschung einer frischen Beschaffenheit werden die Kiemen bisweilen künstlich rot gefärbt. Als eingesalzene und marinierte Fische, ferner auf dem Roste gebraten, mit Öl bestrichen, in Essig, Salz, Gewürze, Kräuter und Lorbeerblätter eingelegt, oder frisch, mit Salz vermischt, eingepackt, werden besonders Lachs, Thunfisch, Stör, Aal, Sardellen, Heringe und Bricken in den Handel gebracht. Getrocknet, eingesalzen und gedörrt, finden Stockfisch, Platteise und Dorsch, geräuchert besonders Aale und Heringe Verwendung. Wertvollere Fische kommen in Büchsen in den Handel. Die wichtigsten Fische sind nach Bedeutung, Fang, Aufbewahrung und Verwertung besonders beschrieben worden. Der Gesamtverbrauch Deutschlands an frischen und zubereiteten Fischen wurde für 1912 auf rund 580000 t geschätzt, von denen 361000 t (meist Seefische) aus dem Auslande stammten.

Fischbein (Walfischbarten, frz. Baleine, engl. Whale bone) wird besonders von den im nördlichen Eismeer vorkommenden Walen, dem gemeinen Walfisch (Balaena mysticetus) und dem Finnfisch (Balaenoptera), in geringerer Güte auch von dem Südwal (B. australis) gewonnen. Große Tiere liefern 2000—2500 kg, kleinere etwa 750 kg F. Die Barten bilden lange, sensenartige Platten, die im Oberkiefer eingereiht sind und sich in Vertiefungen des Unterkiefers einsenken. Ihre Farbe ist beim eigentlichen Wal am Grunde grünlichgrau, nach obenhin fast schwarz, beim Finnfisch gleichmäßig schwarz, die Größe entspricht derjenigen des Tieres und läßt einen Schluß auf die letztere zu. Von den etwa 600 bis 700 Barten werden nur die mittleren und größten, von denen die in der Mitte des Rachens stehenden eine Länge von 1½—4 m bei 20 bis 50 cm Dicke erreichen, verwertet, indem man sie in den Fischbeinreißereien nach dem Abputzen der faserigen Bärte zersägt, die in heißem Wasser eingeweichten Stücke alsdann im Schraubstock mit einem zweigriffigen Bogenmesser spleißt und schließlich glatt schabt. Man läßt die Stücke so lang als möglich, da hierdurch ihr Wert in hohem Maße bedingt wird. Durch Erwärmen mit Wasserdämpfen oder heißem Sande läßt sich F. wie Horn erweichen und dann durch Pressen zu Dosen, Stockknöpfen u. dgl. verarbeiten, die mit Filz und einem aus Kalk oder feinem Bimsstein bestehenden Pulver geschliffen und poliert werden. Hauptsächlichste Verwendung findet F. zu Korsett- und Schirmstangen, Stöcken, Reitpeitschen, Korb- und Kammwaren. Die feinen Schabspäne werden wie Roßhaar zum Polstern benutzt. — Als Ersatz für das seltener und teurer werdende F. kommt hauptsächlich Zelluloid sowie mit Kautschuklösung getränktes Stuhlrohr (Walossin) in Frage. — Weißes Fischbein nennt man auch die Sepia (s. d.).

Fischguano (Fischmehl, frz. Guano de poissons, engl. Fish manure), ein künstliches Düngemittel, dem eigentlich der Name Guano nicht zukommt, da es nicht aus Exkrementen, sondern aus den getrockneten und zerkleinerten Abfällen der Stockfische, Heringe und Tranbereitung besteht, wird in steigendem Maße besonders aus Norwegen nach Deutschland eingeführt. Eine besondere, aus dem zerkleinerten und getrockneten Fleisch der Haifische bestehende Art kommt unter dem Namen Haifischguano in den Handel. Die Zubereitung des F. erfolgt in der Weise, daß man die Fischmasse in Zylindern mit heißen Wasserdämpfen behandelt, dann Wasser und Tran ablaufen läßt und abpreßt, die Masse auf Maschinen klein reibt, trocknet und auf Mühlen zerkleinert. Die norwegische Handelsware erscheint als ein gröbliches, aus Krümeln und Schüppchen bestehendes, gelblichweißes Pulver mit starkem Fischgeruch, das mit 8—10% Stickstoff und 12—14% Phosphorsäure garantiert wird.

Fischhaut (frz. Peau de poisson, engl. Fish's skin). Die Häute einiger Haifische, u. a. des Riesenhais, Meerengels, Dornhais und des getigerten Hais, bei denen die Schuppen die Form zerriebener oder feiner Stacheln angenommen haben, finden als eine Art Schleifmittel technische Verwendung. Sie werden gleich nach dem Abziehen auf Bretter oder Rahmen gespannt, langsam getrocknet und zu Tafeln geschnitten, wobei man die Flossen, welche durch ihren feineren Stachelbesatz zu feineren Schleifereien besonders geeignet sind, an ihrem Platze läßt. Die meisten derartigen Stücke kommen vom Mittelländischen Meer, während die Stachelfische der nördlichen Meere keine so brauchbare Ware liefern. Die Fischhaut wurde früher von Tischlern, Drechslern, Lackierern sowie einigen Metallarbeitern zum Abreiben von Flächen benutzt, ist aber neuerdings mehr durch Glaspapier, Flintpapier, Schmirgelpapier und Schmirgelleinen verdrängt worden. Außerdem dienen die Häute dazu, durch Aufpressen englisches Sattelleder zu sog. Fischhautchagrin umzuwandeln, das zum Überziehen von Koffern, Futteralen, Kästchen u. dgl. benutzt wird.

Fischleim, Syndetikon, nennt man dickflüssige, gelbe bis gelbbraune Klebstoffe, die in Norwegen, Rußland und anderen Ländern aus Fischabfällen, z. B. Eingeweiden und Schwimmblasen durch Auskochen gewonnen werden. F. stellt einen guten, zähen, flüssigen Leim dar, der vielfach auch künstlich, z. B. aus Zuckerkalklösung, nachgeahmt wird.

Fisetholz (Fustikholz, ungarisches Gelbholz, Zantegelbholz, junger Fustik, lat. Lignum fusticum, frz. Fustet, engl. Fustic). Der bei uns in Anlagen häufige Perückenbaum, eine im südlichen Europa heimische und auch hier und da kultivierte Sumachart (Rhus cotinus), enthält in seinem Holz einen gelben Farbstoff, der durch Alkalien rot gefärbt wird. Das grau- oder grüngelbliche Holz, von dem der weiße Splint abgelöst ist, kommt teils in Form dicker Knüppel, teils schon in Späne geschnitten aus Ungarn, Illyrien, Tirol und Italien in den Handel, wird jedoch, weil die Farbe nicht sehr echt ist, nur noch selten zum Gelbfärben, häufiger aber zur Herstellung gemischter Farben verwendet.

Fixative, Lösungen von farblosen Harzen wie Schellack, Dammar oder von Kautschuk in verschiedenen Lösungsmitteln (Äther-Alkohol, Benzin, Chloroform), bisweilen auch unter Zusatz von etwas Wasserglas, werden auf Kohle-, Blei- und Kreidezeichnungen zerstäubt, um diese gegen Verwischen zu schützen.

Flachs (Lein, frz. Lin, engl. Flax), eine der geschätztesten Gewebefasern, wird aus den Stengeln der Leinpflanze (Linum usitatissimum) gewonnen, die, ursprünglich in wärmeren Gegenden heimisch und dort bisweilen noch wildwachsend gefunden, seit uralten Zeiten auf der ganzen Erde angebaut wird und sich auch an kältere Klimate gewöhnt hat. Neben den Hauptanbaugebieten in Europa (Flandern, russische Ostseeprovinzen, Irland, Deutschland) liefern auch Ägypten, Algier, Ostindien, Nordamerika, Brasilien und Australien ziemlich erhebliche Erträge. Von den zahlreichen Kulturformen sind besonders folgende namhaft zu machen: a) Der Schließ- oder Dreschlein (L. usit. var. vulgare, auch L. sativum genannt) mit kleinen, geschlossen bleibenden Kapseln, deren dunklere Samen nur durch Ausdreschen zu gewinnen sind, höherem Stengel und minder weicher und weißer, aber sehr haltbarer Faser, die sich besonders zu groben Geweben eignet; b) der Klang- oder Springlein (L. usit. var. crepitans, auch L. humile), dessen niedrigere und ästigere Stengel den feinsten F. liefern, mit größeren, elastisch aufspringenden Kapseln, aus denen die helleren Samen beim Ausbreiten auf Planen an der Sonne von selbst herausspringen. Beide Arten kommen als Früh- und Spätlein vor; c) Zweijähriger oder Winterflachs (L. bienne und L. africanum), seltener angebaut; d) Weißblühender oder sizilianischer Lein mit sehr schweren Samen und e) Königslein (L. usit. var. regale) mit sehr festem Bast und kleinen blassen Samen. Der Anbau des Leins erfordert auch unter günstigen klimatischen Verhältnissen schon von der Ackerbestellung an die sorgfältigste Pflege. Die Menge des Saatgutes, dessen Keimfähigkeit durch gelindes Erwärmen auf 30° erhöht werden kann, beträgt in den Ostseeprovinzen von 1,34 hl an, in Deutschland durchschnittlich 2,0 hl auf den Hektar für Samengewinnung und 3—4 hl für die Fasergewinnung. Für letzteren Zweck ist zur Erzielung feiner Fasern möglichst dichtes Säen erforderlich, und man legt daher in Holland und Belgien vielfach ein aus Schnüren gebildetes Gitter, in anderen Gegenden sperriges Reisig über die Felder, damit die hindurchwachsenden Pflanzen eine Stütze zur Geradehaltung und gegen das Lagern finden. Öfterer Samenwechsel ist zweckmäßig und zur Erzielung besseren Flachses sogar notwendig. Auch müssen die Felder vom Unkraut sorgfältig gereinigt werden. Das Ziehen oder Raufen des zur Samenzucht angebauten F. erfolgt, sobald die Kapseln sich zu bräunen beginnen, bei den zur Fasergewinnung bestimmten Pflanzen aber noch im grünen Zustande, wenn die unteren Blättchen abfallen. Die Wahl des richtigen Zeitpunktes ist wichtig, da zu frühes Ziehen zwar feine, aber haltlose Fasern gibt, während die überreife Faser starr und brüchig geworden ist. Die gerauften Stengel werden gewöhnlich in mäßige Bündel gebunden und auf dem Felde aufgestellt, bis sie völlig lufttrocken sind, und dann durch Riffeln, d. h. Durchziehen durch eine Reihe aufrecht stehender eiserner Zinken, von den Samenkapseln befreit. Zur Trennung der nutzbaren Bastfasern von der äußeren Rinde und dem inneren holzigen Kern, mit denen sie durch einen Pflanzenleim fest verbunden sind, wird das Stroh entweder sogleich oder im nächsten Jahre einem Fäulnis- oder Verwesungsprozeß, der sog. Röste, unterworfen. Die gewöhnlichste Art des Röstens oder Rottens ist die Wasserröste, wozu am besten fließendes, jedenfalls weiches Wasser benutzt wird. Im gewöhnlichen ländlichen Betriebe legt man die Flachsbündel in seichte Gewässer, Flüsse, Bäche, Teiche und hält sie durch Steine unter der Oberfläche. Große Anlagen, namentlich in Belgien und Holland, bedienen sich gemauerter Gruben, in welche die Bündel eingestellt und unter Wasser gesetzt werden, das nach Erfordern gewechselt wird. Die Röste, in deren Verlaufe bei gleichzeitiger Braunfärbung des Wassers und der Stengel reichliche Mengen stinkender Gase entstehen, muß sorgfältig überwacht werden, da sonst leicht Überröstung eintritt. Sie wird (nach 8—12 Tagen) beendet und die Stengelmasse getrocknet, sobald die Faser sich leicht ablöst und der holzige Teil beim Biegen wie Glas springt. Bei der gleichfalls noch viel geübten Tauröste werden die Halme einfach auf einem Stoppelfelde, damit sie nicht unmittelbar den Erdboden berühren, ausgebreitet und unter öfterem Wenden den Einflüssen der Witterung ausgesetzt, wenn die Witterung zu trocken ist, auch mehrmals begossen. Hier unterliegt die Pflanzenmasse einer mehr trockenen, geruchloseren Verwesung.

auch kann eine Überröstung nicht so leicht eintreten, aber der Prozeß dauert immer mehrere Wochen und verläuft weniger gleichmäßig. Bisweilen verbindet man beide Verfahren, indem man erst die Wasserröste anwendet und dann bei annähernder Gare mit der Tauröste schließt. Weit bequemer, zuverlässiger und rascher führen die neueren Methoden zum Ziele, bei denen die Auflockerung durch warmes Wasser oder durch Dampf erfolgt. Die geröstete Masse wird dann, am besten in der heißen Sonne, oder sonst in Trockenstuben bei gelinder Wärme, gut ausgetrocknet, da höhere Temperatur, z. B. die des Backofens, die Haltbarkeit der Faser schädigt. Das nachfolgende Brechen, wobei die Stengelmasse zerbröckelt wird und stückweise abfällt, geschieht am unzweckmäßigsten auf der bekannten Flachsbreche, besser durch Schlagen der Stengel auf der Tenne mit dem sog. Bockhammer, einem gestielten Klotz, der auf der Schlagfläche riffelartig geschnitten ist, in den mit Maschinen arbeitenden Flachsbereitungsanstalten durch geriffelte Walzenpaare. Das Schwingen bezweckt weiter das Abschlagen der noch anhängenden Stengelbruchstücke, deren letzte Reste sowie die Schalenteilchen schließlich durch das Hecheln entfernt werden. Hierbei sondern sich auch die zu kurzen Fasern als Hede oder Werg ab, während die längeren, die häufig noch zu mehreren bandförmig zusammenhängen, aus dieser Verbindung gelöst und vereinzelt werden. Je länger das noch vielfach mit der Hand, in Fabriken durch besondere Maschinen ausgeführte Hecheln fortgesetzt wird, um so feinerer F., aber natürlich auch um so mehr Abfall an Werg wird erhalten. Durchschnittlich geben 100 kg lufttrockene Flachsstengel 9—10 kg Reinflachs, 12—15 kg Werg und 75—80 kg Abfall. Das Werg kann ebenfalls zu Garn versponnen werden, nachdem es gleich der Baumwolle gekratzt oder kardiert worden ist. Der Wert des Flachses steigt mit seiner Länge, und gute Ware darf daher nicht viel Fasern enthalten, die nur 300 mm lang sind. Die bessere Haltbarkeit des Flachses im Vergleich mit Baumwolle geht schon aus der mikroskopischen Betrachtung der Faser hervor, die nur eine sehr feine Höhlung, also eine stärkere Wandung zeigt und sich infolgedessen rund erhält, während die Baumwollfaser infolge ihres größeren Lumens beim Trocknen zu einem flachen Bande zusammenfällt. Die mikroskopische Prüfung eines Leinengewebes gibt sicheren Aufschluß über Anwesenheit von Baumwolle. Feiner F. muß rein ausgehechelt, seidenartig glänzend, hell, weiß oder grüngelblich, gelblichgrau oder stahlgrau sein und sich mild, weich und glatt anfühlen. Die Länge der Faser wechselt von 0,2—1,4 m, die Breite von 0,045—0,620 mm. Die Marktware soll frei von Oberhaut-, Parenchym- und Holzgewebe sein, durch Jod und Schwefelsäure sich blau färben, durch Kupferoxydammoniak blau gefärbt und dann gelöst werden, auf Zusatz von schwefelsaurer Anilinlösung farblos bleiben und nicht mehr als 5,7 bis 7,2 % Wasser enthalten. Da der Wassergehalt in feuchten Räumen bis 23 % steigen kann, muß F. an kühlen Orten in Fässern oder Kisten und nicht stark geschichtet aufbewahrt werden, bei zu trockner Luft wird er brüchig und spröde, bei feuchter erhitzt er sich zu sehr, bis zur Selbstentzündung. Gute Marktware soll längere Zeit gelagert haben, sich „zu Seide liegen", da sie dadurch geschmeidiger wird. Als vorzüglichste Sorte gilt der lichtblaue, sehr zarte Irländer, der nur in England verbraucht wird, als zweite der holländische und belgische (flandrische) und der von der Pikardie, der lang, glänzend, braun, weiß oder blond gehechelt, den teuersten und feinsten sog. Rame liefert. Dritte Sorten sind die langen und guten russischen F., die nach Berkowitz zehnpudweise verkauft werden. Im allgemeinen unterscheidet man sechs Hauptsorten mit Untersorten: Kronenflachs, Wrackflachs, Dreibandflachs, Livländer (ungehechelt), Dreibandwrackflachs oder Flachsheede und Rigaer, mit zahlreichen Untersorten. Unter den flachsbauenden Ländern steht Rußland hinsichtlich der Größe der Erzeugung und Ausfuhr so sehr obenan, daß es die Preise des Weltmarktes bestimmt. Als weitere Ausfuhrländer kommen nur noch Polen, die preußischen Ostseeprovinzen und Italien in Betracht, während die übrigen Länder kaum den eigenen Bedarf decken können und oft noch einführen müssen. Das gilt wie von England und Frankreich namentlich von Deutschland, wo der Anbau leider von Jahr zu Jahr zurückgeht. Während des Krieges hat man die bebaute Fläche von 10000 ha wieder auf 20000 ha gesteigert und hofft 30000 zu erreichen.

Flachs, neuseeländischer (Kurati, frz. Lin de la Nouvelle-Zélande, engl. New-Zeeland-flax). Die 1—2,5 m langen, schmalen, lederartigen Blätter der auf Neuseeland heimischen Flachslilie, Phormium tenax, enthalten zahlreiche lange, gerade und zähe Fasern, die sich im frischen Zustande leicht abziehen lassen und dann von den Eingeborenen nach oberflächlichem Abschaben mit scharfen Steinen oder Muscheln zu Matten, gröberen Geweben, Seilen und Netzen verarbeitet werden. Zur Gewinnung größerer Ausfuhrmengen unterwirft man die zwischen Walzen gebrochenen oder gequetschten Fasern einer Wasserröste und behandelt sie dann weiter wie Flachs (Trocknen, Schwingen, Hecheln). Von anderen Ländern, in denen Phormium vorkommt, Mauritius, Java, Natal, Neusüdwales und Viktoria, betreiben nur die beiden letzteren einen planmäßigen Anbau und eine geringe Ausfuhr über Melbourne. Hingegen sind Kulturversuche in Irland, Schottland, Belgien, Italien, Spanien und Algier, höchstens mit Ausnahme des letzteren, ohne Erfolg geblieben. Die rohe Faser ist weißlich oder gelblich, wenig verholzt, in den besten Sorten etwa so fein wie europäischer Hanf, aber immer bedeutend härter, steifer und rauher, und wird zu Bindfaden, Seilen und groben Geweben wie Segeltuch und Sackleinwand verarbeitet. Die Erzeugnisse sind sehr fest und gegen atmosphärische Einflüsse widerstandsfähig.

Flammen, bengalische, sind Mischungen aus chlorsaurem Kalium, Schellack, Schwefel und anderen Stoffen, denen man zur Färbung der Flammen Strontium-, Barium- und andere Salze zusetzt. Die Mischung ist, namentlich wenn Schwefel zugesetzt wird, sehr vorsichtig vorzunehmen, am sichersten, indem man jeden Bestandteil für sich völlig austrocknet und pulvert. Auch verwende man nur gewaschenen Schwefel, da sonst leicht Selbstentzündung eintreten kann. Zur Hervorbringung besonders schöner Wirkungen wird vielfach fein gepulvertes Magnesiummetall hinzugesetzt. Den meist zu derartigen F. benutzten Schellacksatz stellt man in der Weise her, daß man Schellack vorsichtig schmilzt, pulvert, mit vier Teilen gut ausgetrocknetem, erwärmtem Barium- oder Strontiumnitrat oder anderen Chemikalien vermischt und nach dem Erkalten noch 2 % fein gepulvertes Magnesiummetall hinzusetzt. — Zur Herstellung von Magnesiumfackeln füllt man diese Mischung in dünne Zinkblechhülsen. Bengalische F. unterliegen besonderen Bestimmungen beim Transport durch Bahn oder Post.

Flanell (frz. Flanelle, engl. Flanell), ein viel gebrauchtes, unter verschiedenen Feinheitsgraden vorkommendes Wollzeug, das entweder leinwandartig gewebt oder geköpert, nur wenig gewalkt, auf der rechten Seite einmal gerauht und entweder gar nicht oder nur einmal geschoren ist. Die Kette ist in der Regel Kammgarn, mitunter auch Baumwollgarn, während der Einschuß immer Streichgarn ist. Bei einigen bunt gestreiften Sorten ist die Kette Leinengarn und der Einschuß Wolle. Man unterscheidet: eigentlichen oder Futterflanell, 1,15 m breit, tuchartig gewebt, aus Kamm- und Streichgarn; Gesundheitsflanell, zu Unterzeug und Hemden, mit Köpergewebe, die beste Flanellsorte, schon mehr tuchartig gewalkt und gerauht, und frisierten F., bei dem die langen Haare in Knötchen zusammengedreht sind. Buntgestreifte F., mit quer über das Stück gehender Streifung, bilden eine althergebrachte, noch immer viel zu Unterröcken für die ländliche Bevölkerung gebrauchte Ware. — Boy (frz. Boi, engl. Baize), ein grober, lockerer, tuchartiger F. aus geringer Wolle, nach dem Weben bloß ausgewaschen, selten etwas gewalkt, dann gerauht, gespannt und heiß gepreßt, kommt glatt und frisiert, weiß, schwarz und bunt vor. — F. verschiedener Sorten werden in manchen Gegenden Deutschlands, namentlich in Sachsen, Thüringen, Westfalen, Preußen, Hessen, Böhmen, Mähren usw. hergestellt.

Flaschenkapseln zum Verschließen von Flaschen an Stelle des sonst gebräuchlichen Flaschenlacks und anderer Verschlußmittel werden aus Zinn- und Bleilegierungen hergestellt und in weißem, poliertem Zustande oder auch gefärbt in den Handel gebracht. Das Verschließen erfolgt am besten durch sogenannte Kapselmaschinen.

Flatulinpillen von Dr. Roos bestehen aus einer aromatisierten Mischung von Natriumbikarbonat, Magnesiumkarbonat und Rhabarber und werden gegen Verdauungsstörungen angepriesen.

Flavanilin, ein durch Erhitzen von Azetanilid mit Chlorzink erhaltener gelber Teerfarbstoff, kommt nicht mehr in den Handel.

Flavaurin (Neugelb), ein seit 1883 bekannter Teerfarbstoff, besteht aus dem Ammoniaksalze der Dinitrophenolparasulfosäure und bildet ein gelbrotes Pulver, das sich beim Erhitzen ohne Verpuffung aufbläht, in Wasser mit gelber Farbe löslich ist und Wolle und Seide gelb färbt.

Flavin (Flavine). Unter diesem Namen kommt der Farbstoff der Querzitronrinde teils als feines, dunkelbraunes Pulver, teils in Teigform (Flavineteig) in den Handel. Das F. wird durch Auskochen der Querzitronrinde mit Wasser und Soda und nachheriges Übersättigen mit verdünnter Schwefelsäure erhalten. $6^1/_2$ kg sollen 100 kg Querzitronrinde entsprechen.

Fledermausguano nennt man die getrockneten Exkremente derjenigen Fledermäuse, die namentlich auf der Insel Sardinien in großer Anzahl gesellig in Höhlen wohnen. Der F. bildet ein stickstoffreiches, gröbliches, braunes, meist zu größeren oder kleineren Klumpen zusammengebackenes Pulver, das nur in geringer Menge in den Handel kommt.

Fleisch (frz. Viande, engl. Flesh, Meat), neben der Milch, dem Käse und den Hülsenfrüchten die wichtigste Eiweißquelle und eines der wichtigsten Nahrungsmittel überhaupt, bildet in frischem Zustande wie in Form mannigfacher Zubereitungen einen wichtigen Gegenstand des Groß- und Kleinhandels, dessen Bedeutung beständig zunimmt. Im Sinne des Fleischbeschaugesetzes sind als „Fleisch" alle zur menschlichen Nahrung geeigneten Teile von warmblütigen Tieren, also auch Fette, anzusehen. In der landläufigen Ausdrucksweise und im Handel versteht man hingegen unter Fleisch lediglich das Muskelgewebe warmblütiger Tiere, insbesondere der gewöhnlichen Schlachttiere, dem im weiteren Sinne auch dasjenige anderer Tiere wie Pferde, Wild, Geflügel zugerechnet wird. Da diese in besonderen Abschnitten behandelt werden, kommt hier nur das Fleisch im engeren Sinne in Betracht. Es setzt sich aus den Muskel- oder Fleischfasern zusammen, hohlen, meist quergestreiften, bisweilen auch glatten Röhren, die mit Fleischsaft gefüllt und von Bindegewebe umgeben sind und entweder weiß, wie beim Brustfleisch der Hühner, oder infolge der Anwesenheit von Hämoglobin, dem auch im Blute enthaltenen Farbstoff, rot erscheinen. Zwischen den einzelnen Muskelfasern, oder den durch Vereinigung mehrerer Fasern gebildeten Muskelbündeln, ist je nach dem Ernährungszustande des Tieres mehr oder weniger Fett abgelagert. In chemischer Hinsicht enthält das F. neben Fett und dem beim Kochen mit Wasser in Leim übergehenden Bindegewebe vor allem Wasser, Mineralstoffe und eine Reihe stickstoffhaltiger Substanzen. Die letzteren gehören z. T. zu den Eiweißstoffen, z. T. zu den sog. Fleischbasen. Von den etwa 20 % ausmachenden Stickstoffverbindungen gehen bei Behandlung mit kaltem Wasser ungefähr 4,5 % in Lösung, nämlich Albumin und Fleischbasen. Der unlösliche Rest besteht aus dem Myosin und dem Bindegewebe. Von den in kaltem Wasser löslichen Stoffen endlich wird etwa die Hälfte, das Albumin, durch Kochen ausgeschieden, während die andere Hälfte (Fleischbasen) in Lösung bleibt. Die letzteren setzen sich hauptsächlich aus Kreatin neben geringen Mengen Kreatinin, Sarkin und Xanthin zusammen. Die Mineralstoffe sind charakterisiert durch einen hohen Gehalt an Phosphorsäure und Kali bei zurücktretendem Natron. Zahlen für die mittlere Zusammensetzung des F. lassen sich im Hinblick auf den schwankenden Fettgehalt nicht geben. Die folgenden Werte mögen daher nur als ungefährer Anhalt dienen: Rindfleisch, mittelfett: 73 % Wasser, 21 % Stickstoffsubstanz, 5 % Fett, 1 % Mineralstoffe. — Das F. bildet im frischen Zustande eins der wertvollsten Nahrungsmittel, und der Handel mit ihm unterliegt daher einer besonders sorgfältigen Überwachung. Durch das Gesetz betr. die Schlachtvieh- und Fleischbeschau vom 3. Juni 1900 ist der Verkehr mit F. bis ins kleinste geregelt und besonders zum Schutze der Bevölkerung gegen das F. krepierter, vergifteter, kranker Tiere, Parasiten wie Trichinen und Finnen eine amtliche Untersuchung vorgeschrieben. Die Einfuhr von frischem F. ist nur in ganzen Tierkörpern oder bei Rindvieh und Schweinen in Hälften gestattet, wenn Brust- und Bauchfell, Lunge, Herz, Nieren und gegebenenfalls Euter noch in natürlichem Zusammenhange vorhanden sind. Die Verwendung von Borsäure, Formaldehyd, Alkali- und Erdalkalihydroxyden und -karbonaten, schwefliger Säure, Fluorwasserstoffsäure, Salizylsäure und chlorsauren Salzen sowie von Farbstoffen ist verboten. Von Verfälschungen des frischen Fleisches ist nur die bisweilen geübte künstliche Färbung des gehackten Rindfleisches zu erwähnen, durch welche diesem längere Zeit der täuschende Anschein einer frischen Beschaffenheit verliehen werden soll. Tatsächlich läßt sich das F. wirklich frisch nur auf eine Weise erhalten, indem man es in Eiskellern stark abkühlt und hierdurch eine Entwicklung der Mikroorganismen und somit Fäulnis verhindert. — Im übrigen muß man, um das Verderben des F. zu verhindern, Konservierungsverfahren anwenden. Die ältesten und verbreitetsten sind das Pökeln und das Räuchern. Zu dem ersteren wird das F. mit Kochsalz unter Zusatz von etwas Salpeter eingerieben oder dicht bestreut. Das Salz dringt tief in das Innere ein, während Fleischsaft austritt. Mit dem Pökeln ist also ein Gewichtsverlust und eine Abnahme des Nährstoffgehaltes verbunden, noch mehr mit dem Einlegen in Salzlake. Das Pökelfleisch zeigt eine sehr gute Haltbarkeit, besitzt aber einen eigenartigen, für längere Zeit unerträglichen Geschmack und ruft bei ausschließlichem Genusse den Skorbut hervor. Das Räuchern des F. beruht darauf, daß durch die erhöhte Wärme eine Austrocknung stattfindet und daß mehrere Bestandteile des Holzrauches, wie Holzessig, Phenole und Kreosot direkte Bakteriengifte sind. Ein ungenügender Ersatz dieses Konservierungsverfahrens ist die sog. Schnellräucherung, bei welcher man das mit Holzessig bestrichene F. an der Luft trocknen läßt. Durch einfaches Trocknen des in Streifen geschnittenen F. an der Sonne oder am Feuer wird besonders in Südamerika das sog. Charque und ein Fleischpulver Pemmikan hergestellt. Schließlich ist noch das Überziehen von F. mit Fett, Zucker, Gummi und anderen, die Luft abschließenden Substanzen sowie das Sterilisieren in Blechbüchsen nach dem Verfahren von Appert zu erwähnen. Derartiges Büchsenfleisch, welches für die Armeeversorgung eine große Bedeutung hat, wird in vorzüglicher Beschaffenheit von Naumann in Dresden dargestellt. Die zu den Fleischkonserven gehörende Wurst ist in einem besonderen Artikel besprochen. — Die für die Einfuhr frischen F. geltenden gesetzlichen Bestimmungen sind bereits angeführt worden. Die Einfuhr von F. in luftdicht verschlossenen Büchsen, von Würsten und sonstigen Gemengen aus zerkleinertem F. ist verboten.

Fleischextrakt ist im Grunde nichts anderes, als eine eingedickte Fleischbrühe. Es wurde nach dem von Justus v. Liebig vorgeschriebenen Verfahren zuerst in Fray Bentos in Uruguay hergestellt, um hier den ungeheuren Reichtum der südamerikanischen Ebenen an Rindern, die bis dahin nur wegen ihrer Häute geschlachtet worden waren, besser auszunutzen. Die Herstellung besteht, von Einzelheiten abgesehen, darin, daß man das reine, von Fett, Sehnen und Häuten befreite Fleisch fein hackt, darauf mit der gleichen Menge kaltem Wasser ansetzt und schließlich bis auf 75—80° erhitzt. Hierbei gehen hauptsächlich die Fleischbasen, die Salze und das Albumin in Lösung, das letztere gerinnt aber beim Kochen und wird abfiltriert. Die durch Eindampfen im Vakuum bis zur Extraktkonsistenz erhaltene Substanz ist also im wesentlichen als ein Gemenge der Fleischbasen, Kreatin, Kreatinin, Sarkin, Xanthin, Karnin und Karnosin mit Inosinsäure, Fleischmilchsäure und Mineralstoffen anzusprechen. Der Gehalt an Wasser beträgt ungefähr 18 %, der Aschengehalt 21 %, der Rest besteht aus Stickstoffverbindungen. Bei dem völligen Fehlen von Fett und Eiweiß ist der Nährwert des F. nahezu gleich Null zu setzen. Es übt aber eine außerordentlich anregende Wirkung auf den Organismus aus und ist daher als ein Genußmittel von hervorragender Bedeutung anzusprechen. Die übrigen in den Handel gebrachten F. von Kemmerich und Buschenthal zeigen keine wesentlichen Verschiedenheiten. Der sog. flüssige Fleischextrakt von Cibil enthält 65—66 % Wasser und erhebliche Mengen Kochsalz. Verfälschungen von F. sind nicht beobachtet worden. F. dient zur Herstellung von Fleischbrühe (Bouillontafeln) und als Zusatz zu Speisen sowie als Anregungs- und Kräftigungsmittel. Die zahlreichen während des Krieges aufgetauchten Ersatzmittel sind zum größten Teile durch Behandlung (Hydrolyse) von eiweißhaltigen Rohstoffen mit Salzsäure und folgende Neutralisationen mit Natriumkarbonat hergestellt worden und enthalten daher neben erheblichen Mengen Kochsalz als charakteristische Bestandteile Abbauprodukte des Eiweißes, besonders Aminosäuren, die ihnen einen fleischextraktähnlichen Geschmack verleihen. Als Ausgangsmaterialien kommen besonders Hefe, Knochen, Magermilch oder Molken in Betracht.

Fliegenpapier (lat. Charta muscarum, frz. Papier Tue-mouches, engl. Fly-Paper). Unter dieser Bezeichnung kommen Löschpapiere in den Handel, die mit verschiedenen Stoffen getränkt sind und nach erfolgter Anfeuchtung den Fliegen tödlich werden. Das mit Kalium arsenicicum unter Zusatz von Quassienholzabkochung getränkte giftige F. darf nur von Apothekern und denjenigen Drogisten verkauft werden, welche die Genehmigung zum Verkauf von Giften der Abt. I haben, doch muß bei der Abgabe ein Giftschein ausgestellt werden. Außerdem stellt man noch ein giftfreies F. dar, welches lediglich mit einer Abkochung von Quassienholz, Fliegenholz, getränkt ist, und schließlich kommt als Fliegenpapier auch noch mit Fliegenleim bestrichenes Schreibpapier in den Handel.

Flittergold (Rauschgold, Knittergold), zur Verzierung von Christbäumen und sonstigem billigen Ausputz, besteht aus Messing, das zwischen Leder zu der Stärke dünnen Papiers ausgehämmert und in Tafeln von verschiedenen Größen und Stärken paketweise in den Handel gebracht wird. Der Hauptherstellungsort ist von alten Zeiten her Nürnberg.

Flohsamen (lat. Semen psyllii, frz. Graines de psillium, Semence aux Puces, engl. Flea seed), ein wenig bedeutender Artikel des Drogenhandels, besteht aus den glänzend dunkelbraunen, fast wie Flöhe aussehenden Samen einer einjährigen, an sandigen Meeresküsten wachsenden Wegerichart, Plantago Psyllium, und wird aus Frankreich, Persien und Ostindien zu uns eingeführt. Der in Südfrankreich durch Anbau gewonnene Samen soll von einer verwandten Art, Pl. cynops, der im deutschen Handel seltener anzutreffende Samen aus Ostdeutschland, Österreich und der Schweiz von Pl. arenaria stammen. F. enthält als wichtigsten Bestandteil 15 % Schleim, der beim Ausziehen mit siedendem Wasser die 200fache Menge in eine Gallerte von der Festigkeit des Eiweißes verwandelt. Der grünliche Schleim ähnelt in seiner Beschaffenheit dem arabischen Gummi und findet als einhüllendes Mittel beschränkte medizinische Verwendung, wird aber hauptsächlich in der Technik, in der Kattundruckerei und Färberei, zum Appretieren seidener Zeuge, zum Glänzen von Leder, Steifen von Wäsche, Hüten usw. benutzt.

Flores, Blüten, bilden einen wichtigen Artikel in den Drogenkatalogen, hauptsächlich Flores arnicae, Arnika-; Fl. aurantiorum, Orangeblüten; Fl. cassiae, Zimtblüten; Fl. chamomillae, Kamillenblüten; Fl. rhoeados, Klatschrosenblüten; Fl. rosarum, Rosenblätter; Fl. sambuci, Holunder-; Fl. tiliae, Lindenblüten; Fl. verbasci, Königskerzenblüten usw. Auch einige Chemikalien führten nach dem Sprachgebrauche der alten Chemie die Bezeichnung Flores und werden zuweilen auch jetzt noch so genannt, z. B. Fl. benzoës, Benzoëblumen oder Benzoësäure; Fl. salis ammoniaci, Salmiak; Fl. sulfuris, Schwefelblumen; Fl. zinci, Zinkblumen oder Zinkoxyd.

Florizin, ein gelbbraunes, dickflüssiges Öl, das durch Erhitzen von Rizinusöl auf 300° hergestellt wird, hat die Eigenschaft, sich mit Mineralöl zu mischen und findet daher wegen seiner Kältebeständigkeit und hohen Konsistenz zur Herstellung von Schmiermitteln Anwendung.

Florizithin-Tabletten Dr. Lücks gegen sexuelle Nervosität sollen nach dem Erfinder Muirazithin (s. d.) enthalten, bestehen aber nach Beythien aus Kakao, Zimt, Süßholz, Lezithin und Yohimbe-Rinde.

Fluate (Kesslersche Fluate), Salze der Kieselfluorwasserstoffsäure, die in wäßriger Lösung zum Anstrich von Wasserbassins aus Kalk oder Zement dienen und sehr widerstandsfähige Überzüge liefern.

Flundern (Fluken, frz. Flez, Flets, engl. Flounders) bilden die wichtigste Gruppe der Plattfische oder Schollen, die sich alle durch eine scheibenförmig plattgedrückte verschobene Körperbildung, verzogenes Maul und auf eine Seite herübergerücktes Augenpaar auszeichnen. In der Nordsee sollen mindestens 16, in der Ostsee 13 Arten solcher Plattfische leben, deren Unterscheidung und wissenschaftliche wie Volksnamen ziemlich schwankend und unklar sind. Die besseren F. sind bekannt als Steinbutten, Meeräschen, Platteisen und kommen frisch in Eispackung auf unsere Märkte. Die geräuchert in den Handel gebrachten Flundern (Platessa flesus) sind die einzigen der Art, die auch in die Flüsse hinaufgehen.

Fluoreszein, die Muttersubstanz für eine große Zahl prächtiger Teerfarbstoffe, wird durch Erhitzen von zwei Teilen Phtalsäureanhydrid mit sieben Teilen Resorzin und Umkristallisieren der Schmelze aus Alkohol als ein feinkristallinisches, dunkelrotes Pulver erhalten, das in Wasser unlöslich, mit Alkohol und Äther gelbrote, grün fluoreszierende Lösungen liefert. Am stärksten zeigt sich die Fluoreszenz bei alkalischen Flüssigkeiten, deren Färbevermögen so intensiv ist, daß man sie mit Erfolg zum Nachweise des unterirdischen Zusammenhanges von Stromläufen (Donau) benutzt hat. Das F. findet in Form seines Natriumsalzes als Uranin (s. d.) und seiner Benzylverbindung als Chrysolin (s. d.) zum direkten Färben ungebeizter Wolle und Seide beschränkte Anwendung. Seine außerordentliche Bedeutung für die Industrie beruht aber in dem Umstande, daß es das Ausgangsmaterial für die Fabrikation des Eosins bildet.

Fluorwasserstoffsäure (Flußsäure, lat. Acidum hydrofluoricum, frz. Acide fluorhydrique, engl. Fluoric acid), die Verbindung der gasförmigen Elemente Fluor und Wasserstoff, HF, wird durch Erhitzen von Flußspat mit konzentrierter Schwefelsäure in Platin- oder Bleiretorten dargestellt und in etwas Wasser enthaltenden Blei- oder Guttaperchavorlagen aufgefangen. Durch nochmaliges Destillieren mit Schwefelsäure und Einleiten der Dämpfe in eine Bleivorlage, in der eine etwas Wasser enthaltende Platinschale steht, erhält man die Säure chemisch rein. Sie bildet in wasserfreiem Zustande eine bei 19,5° siedende, leicht bewegliche, an der Luft stark rauchende Flüssigkeit vom spez. Gew. 0,988, die auf der Haut Ätzwirkungen, Blasen und schwer heilende Geschwüre hervorruft und eingeatmet tödlich wirkt. Auch die konzentrierten wäßrigen Lösungen besitzen die gleichen gefährlichen Eigenschaften, die größte Vorsicht beim Arbeiten mit F. geboten erscheinen lassen. Die Säure wirkt auf die meisten organischen und anorganischen Stoffe mit größter Heftigkeit ein, löst selbst Kieselsäure und alle Silikate und kann daher nicht in Glasgefäßen, sondern nur in Flaschen aus Platin, Kautschuk oder Guttapercha aufbewahrt werden. Wegen ihrer Eigenschaft, Silikate zu zerlegen, wird die F. in großem Maße zum Ätzen von Glas technisch verwertet, wozu man entweder die flüssige Säure oder einen Brei aus Flußspat und Schwefelsäure auf die zu ätzende Fläche aufträgt oder letztere den Dämpfen der Säure aussetzt. Soweit die Glasgegenstände nicht durch einen Deckfirnis oder Paraffinüberzug geschützt sind, zeigen sie infolge der Ausscheidung von Salzen der Kieselfluorwasserstoffsäure mattgeätzte Stellen (Zeichnungen, Inschriften, Thermometerskalen). Im Laboratorium benutzt man die F. zur Aufschließung der Silikate, wobei die gesamte Kieselsäure als Siliziumfluorid ausgetrieben wird, während die Basen, hauptsächlich die Alkalien, zurückbleiben. — Beim Einleiten des Siliziumfluorids, SiF_4, in Wasser entsteht unter Abscheidung gallertartiger Kieselsäure eine Lösung von Kieselfluorwasserstoffsäure (s. d.), H_2SiF_6, die in der Zeugdruckerei als Ätzbeize an Stelle von Weinsäure und beim Weißsieden (Verzinnen) von Messingwaren, wie Stecknadeln, Kleiderhaken usw. als Ersatz für Weinsäure benutzt wird.

Flußspat (Fluorit, frz. Spath-fluor, engl. Fluor-spar), ein meist auf Erzgängen und in Drusenräumen vorkommendes, aus Fluorkalzium bestehendes Mineral, findet sich teils dicht und derb, in weißen oder grauen Massen, teils in oft ziemlich großen Kristallwürfeln, die durchsichtig wie Glas, farblos oder verschieden gefärbt sein können und im auffallenden Lichte oft eine andere Farbe als im durchfallenden Lichte zeigen (Fluoreszenz). Die blauen und violetten Flußspate werden bisweilen als Halbedelsteine, die weniger schönen zur Darstellung von Flußsäure sowie als Flußmittel beim Ausschmelzen von Metallen aus ihren Erzen benutzt. Von der Eigenschaft, sehr leicht schmelzbare Schlacken zu liefern, leiten sich die Namen des Minerals ab. Es stammt hauptsächlich aus dem Erzgebirge und dem Harze, England und Norwegen. — Zu vergl. Edelsteine.

Folia ist die lateinische, im Drogenhandel gebräuchliche Benennung für Blätter, die, mit Ausnahme der Kirschlorbeerblätter, nur im getrockneten Zustande in den Handel kommen. Die wichtigsten sind: Folia aconiti, Eisenhutblätter; F. althaeae, Eibischblätter; F. boldo, Boldoblätter; F. bucco, Buccoblätter; F. coca, Kokablätter; F. digitalis, Fingerhutblätter; F. farfarae, Huflattichblätter; F. hyoscyami, Bilsenkrautblätter; F. lauri, Lorbeerblätter; F. laurocerasi, Kirschlorbeerblätter; F. nicotianae, Tabakblätter; F. salviae, Salbeiblätter; F. toxicodendri, Giftsumachblätter; F. uvae ursi, Bärentraubenblätter usw.

Foral, ein Enthaarungsmittel, besteht aus einem Gemisch von je 15% Strontiumsulfid, Strontiumsulfat und Kalziumkarbonat mit 45% Weizenstärke und geringen Mengen Soda und Zinkoxyd. Der Anwendung des durch seinen Gehalt an Schwefelstrontium wirksamen Präparates steht der unangenehme Geruch nach Schwefelwasserstoff entgegen.

Force, ein als Universalnahrung auf den Markt geworfenes amerikanisches Reklameprodukt, besaß das Aussehen von Haferflocken und die Zusammensetzung und den Geschmack altbackenen Zwiebacks. Größere Verbreitung scheint es nicht gefunden zu haben.

Forelle (frz. Truites, engl. Trouts). Die Forellen sind dem Lachs (s. d.) nahe verwandte Knochenfische aus der Familie der Salmonidae, die sich durch schöne Färbungen und ein vorzüglich schmeckendes nahrhaftes Fleisch auszeichnen. Die Anordnung der Flossen stimmt mit derjenigen des Lachses völlig überein, doch ist der Körper weniger schlank, sondern eher etwas plump und gedrungen gebaut. Von den zahlreichen Arten seien angeführt: 1. Die Bachforelle (Salmo fario) lebt am liebsten in klaren Gebirgswässern und Waldbächen von niedriger, nicht sehr wechselnder Temperatur, kommt aber auch in größeren Flüssen vor und kann sogar in Teichen künstlich gezüchtet werden. Je nach der Farbe des Gewässers wechselt das Aussehen der Fische zwischen silberglänzend (in hellen Bächen) und braunschwarz (in Waldbächen mit moorigem Grunde). Der ganze Körper, auch die Flossen, sind mit augenförmigen schwarzen und roten Tüpfeln verziert. Die F., die in größeren Flüssen bis zu 1 m lang werden kann, in kleinen Bächen aber meist nur 20 cm erreicht und unter 18 cm überhaupt nicht gefangen werden soll, wird als Delikatesse geschätzt und meist hoch bezahlt. Die beständig an Ausdehnung gewinnende künstliche Züchtung in Teichen oder durch Aussetzen künstlich befruchteter Eier in Bäche muß aber mit der Zeit ein Sinken der Preise bewirken. Von Feinschmeckern wird das derbe Fleisch der Wildforellen demjenigen der gezüchteten vorgezogen. Die Versendung erfolgt lebend oder geschlachtet zwischen grüne Blätter verpackt. 2. Die Rotforelle, auch Saibling, Ritter, Salbing, Röteli, Schwarzrötel genannt (Salmo salvelinus) ist ein aus Amerika eingeführter Bewohner der schottischen, skandinavischen und schweizerischen Seen, der bis zu 5 kg schwer wird, im übrigen aber der vorigen ähnelt. Als Kennzeichen dient ein weißer Saum am vorderen Rande der Brust-, Bauch- und Afterflosse. 3. Die Regenbogenforelle (Salmo irideus) ist durch einen rötlichen Streifen gekennzeichnet, der längs der Seitenlinie vom Kopfe bis zum Schwanze verläuft. Sie wird wie die vorgenannten wegen ihres vortrefflichen Fleisches geschätzt, ist aber weniger empfindlich und noch leichter zu züchten als diese. See- und Meerforelle sind unter „Lachs" besprochen worden.

Foulards (Fulas, frz. und engl. Foulards) nannte man ursprünglich ostindische, buntgedruckte seidene Hals- und Taschentücher. Jetzt bezeichnet der Name Kleiderstoffe aus ungezwirnter Rohseide mit florettseidenem Schuß oder auch ganz Seide gewebt, die in verschiedenen Druckmustern, aber auch streifig, kariert, einfarbig in französischen, englischen und deutschen Seidenfabriken hergestellt werden.

Formaldehyd (Ameisenaldehyd), ein von A. W. Hofmann im Jahre 1867 entdecktes, stechend riechendes Gas, H.CHO, hat in Form seiner wäßrigen Lösung als Formalin (Formol, Methylaldehyd, lat. Formaldehydum solutum, frz. Formaline, Formaldéhyde, engl. Formaldehyd) große technische Bedeutung erlangt. Zur Darstellung im großen wird ein trockener Luftstrom durch Methylalkohol von 30% gesaugt, und das Gemenge von Methylalkoholdampf und Luft über glühende Kupferspiralen geleitet. Das in abgekühlten Vorlagen gesammelte Destillat besteht aus einer wäßrigen, 30 bis 40 %igen Formaldehydlösung, die durch Destillation von dem in geringer Menge mit übergegangenen Methylalkohol befreit wird und eine farblose, stechend riechende Flüssigkeit vom spez. Gew. 1,079—1,081 bildet. F. reduziert ammoniakalische Silbernitratlösung unter Bildung eines Spiegels, hinterläßt beim Verdampfen eine weiße Masse, Paraformaldehyd $(CH_2O)n$, die beim Austrocknen in Trioxymethylen, $(CH_2O)_3$, übergeht und bei Einwirkung von Ammoniak Hexamethylentetramin (Urotropin) (s. d.) bildet. Reines Formalin soll beim Erhitzen vollständig flüchtig sein und darf weder Metalle, Chloride und Sulfate, noch größere Mengen von Ameisensäure (höchstens 0,25 %) enthalten. Es ist ein starkes Protoplasmagift und wirkt infolgedessen höchst desinfizierend und konservierend. In der Medizin findet F. als Antiseptikum in $^1/_{20}$—1 %iger Lösung Anwendung. Seiner Anwendung zur Haltbarmachung von Nahrungsmitteln stehen die gesetzlichen Vorschriften entgegen, hingegen wird es in der Technik schon lange zur Konservierung von Rohstoffen (der Gerbereien, Abdeckereien usw.) sowie von organischen Lösungen (Gummi, Leim, Stärkelösungen) benutzt. Auch findet F. Verwendung in der Elektrotechnik, Gummiwarenindustrie, Photographie, Lederfabrikation (zum Härten der Häute), Glasindustrie usf. Die Landwirtschaft benötigt ihn zur Bekämpfung der Getreidekrankheiten sowie der Maul- und Klauenseuche der Tiere. Im Gärungsgewerbe dient er zum Reinigen von Kellereien. Weiter wird F. benutzt zum Härten anatomischer Präparate und zum Einbalsamieren von Leichen. Bekannt ist auch seine Anwendung als Mittel gegen zu reichliche Schweißabsonderung und zur Raumdesinfektion. Vor anderen Desinfektionsmitteln hat er den Vorzug, daß er sich als Gas im ganzen Raum gleichmäßig verteilt und Zimmer samt Inhalt desinfiziert, ohne auf Gegenstände schädigend einzuwirken und unangenehmen Geruch zu hinterlassen. Die Aufbewahrung des Formalins hat in gut verschlossenen Gefäßen, vor Licht geschützt und in Räumen mittlerer Temperatur zu erfolgen. Wegen der heftigen Einwirkung auf die Schleimhäute ist beim Riechen an F.-Lösungen Vorsicht zu beobachten.

Formamintpastillen mit je 0,01 g Formaldehyd, der aber infolge einer eigenartigen lockeren Bindung weder geschmacklich noch reizend hervortritt, bilden ein vortreffliches, auch vorbeugend wirkendes Mittel gegen Schnupfen und Katarrhe.

Forman, ein Desinfektionsmittel der Lingnerwerke in Dresden, wird durch Einleiten von Salzsäuregas in ein Gemisch von Menthol und Formaldehyd hergestellt und ist demnach als Chlormethylmenthyläther, $C_{10}H_{19}O \cdot O \cdot CH_3$, anzusprechen. Die farblose Flüssigkeit dient zur Herstellung von Pastillen und Formanwatte, die gegen Schnupfen und Katarrhe angewandt werden.

Formpuder für Metallgießerei besteht entweder aus Lykopodium oder aus Kalkpulver, das bisweilen noch mit Mineralöl oder Paraffin imprägniert und mit Kalk vermischt ist.

Franzbranntwein (lat. Spiritus Vini Gallici, frz. Esprit de Vin, engl. Wine spirit), in der ursprünglichen Bedeutung des Wortes ein durch Destillation billiger Weine oder Weinrückstände erhaltener Branntwein, bildet eine gelblichbraune Flüssigkeit von aromatischem Geruch und Geschmack mit einem Alkoholgehalt von etwa 40—50 Gewichtsprozenten. Er wird jetzt vielfach künstlich durch Mischen von Kognakessenz mit Spiritus, zuweilen auch unter Zusatz von Kochsalz hergestellt und zu Einreibungen und gegen Haarausfall angewandt.

Frauenhaar (lat. Herba capillorum veneris, frz. Capillaire de Montpellier, engl. Maiden-Hair) heißt seiner glänzend schwarzbraunen, haarförmigen Stiele wegen ein im südlichen Europa und Süddeutschland an Felsen und feuchten Mauern wachsendes feingefiedertes Farnkraut, Adiantum Capillus Veneris, das früher als ein wichtiges Arzneimittel galt. Das Kraut hat einen süßlichen und zusammenziehend bitterlichen Geschmack und dient als Brusttee, besonders aber zur Bereitung des früher offizinellen Sirupus Capillorum veneris, der in Frankreich unter dem Namen Sirop capillaire als Zusatz zu Zuckerwasser sehr beliebt ist, aber gewöhnlich nachgemacht wird.

Fruchtäther (frz. Ethers de fruits, engl. Fruit essences) nennt man eine Reihe flüchtiger chemischer Verbindungen, welche den Geruch verschiedener Obstsorten mehr oder weniger täuschend wiedergeben und in chemischer Hinsicht als zusammengesetzte Ester organischer Säuren mit Alkoholen anzusprechen sind. Sie werden durch Destillation der entsprechenden Säuren und Alkohole unter Zusatz von konz. Schwefelsäure in besonderen Fabriken dargestellt und für sich allein oder als Gemische in den Verkehr gebracht. Die bekanntesten sind die Amylester der Essigsäure, Valeriansäure, Buttersäure und Ameisensäure, ferner die Äthylester der Essigsäure, Buttersäure, Valeriansäure, Ameisensäure, Benzoësäure, Önanthsäure sowie in geringerem Maße die Menthylester der Essigsäure und Salizylsäure. Von den gangbarsten Gemischen seien erwähnt der Ananasäther (Buttersäureäthyl- und -amylester), Äpfeläther (Essigester und Valeriansäureamylester), Aprikosenäther (Buttersäure- und Valeriansäureäthylester), Birnenäther (Essigsäureäthyl- und -amylester), Himbeeräther usf. Bisweilen sollen sie auch Zusätze von Salpeteräther, Amylalkohol und Chloroform erhalten, die aber aus gesundheitlichen Rücksichten zu verwerfen sind. Die F. finden ausgedehnte Anwendung zur Fabrikation von Likören, Konditoreiwaren, Fruchteis, Fruchtgelees und Brauselimonaden, werden aber bei letzteren neuerdings meist durch die sog. Fruchtessenzen (s. d.) ersetzt.

Fruchtessenzen sind alkoholische Auflösungen der natürlichen Riechstoffe aromatischer Pflanzenteile, die entweder durch Extraktion oder durch Destillation mit Spiritus gewonnen werden. Sie dienen als Ersatz der Fruchtäther, besonders bei der Herstellung künstlicher Brauselimonaden.

Fruchtsäfte (frz. Jus de fruits, engl. Fruit juices) nennt man die in den Zellen der Früchte enthaltenen Flüssigkeiten, die durch Auspressen der frischen Früchte, bisweilen nach vorhergehender Gärung, gewonnen werden. Sie führen auch die Bezeichnung Muttersaft, während die beim nochmaligen Auspressen der mit Wasser angerührten Rückstände ablaufende verdünnte Lösung als Nachpresse bezeichnet wird. Mischungen von Muttersaft und Nachpresse sind in deutlicher Weise zu kennzeichnen. Die F. enthalten die löslichen Bestandteile der Früchte, denen sie entstammen: Zucker, organische Säuren, Aroma-, Farb- und Mineralstoffe sowie in zurücktretender Menge Pektin und Eiweiß. Im Hinblick auf ihre geringe Haltbarkeit werden sie entweder, wie der Zitronensaft, sterilisiert oder mit Zucker versetzt und als sog. Fruchtsirupe, fälschlich bisweilen ebenfalls F. genannt, in den Verkehr gebracht. Die F. sind manchen Verfälschungen durch Zusatz von Nachpresse, Teerfarbe, Konservierungsmitteln und Stärkesirup ausgesetzt, ja es kommen sogar völlige Kunstprodukte aus künstlich gefärbtem und parfümiertem Zuckersirup in den Handel. Nähere Angaben hierüber finden sich in den besonderen Artikeln über ihre wichtigsten Vertreter: Himbeersaft, Kirschsaft und Zitronensaft. Der Brombeersaft besitzt nur geringe Bedeutung. Der Erdbeersaft wird meist nur als Sirup hergestellt, indem man die unzerkleinerten Beeren mit Zucker vermischt und die Masse nach der freiwillig eintretenden Verflüssigung auspreßt.

Frutil, ein alkoholfreies Getränk, das durch Imprägnieren von Dörrobstauszügen mit Kohlensäure hergestellt wird.

Fuchsin (Anilinrot, frz. Rouge d'aniline, engl. Aniline red), einer der wichtigsten Teerfarbstoffe der Triphenylmethanreihe, wird im großen aus dem rohen Anilinöl (s. d.), dem sog. Rotöl, dargestellt, indem man dasselbe teilweise mit Salzsäure neutralisiert, mit Nitrobenzol und -toluol sowie etwas Eisenpulver vermischt und auf 190° erhitzt. Die metallisch glänzende Schmelze wird mit siedendem Wasser behandelt und die erhaltene Lösung des F. mit Kochsalz ausgefällt. Nach neueren Verfahren wird F. auch durch Behandlung von Anilin mit Formaldehyd oder auf elektrolytischem Wege hergestellt, hingegen ist das früher übliche Verfahren der Oxydation mit Arsensäure jetzt nahezu völlig aufgegeben. F., in chemischer Hinsicht ein Gemisch von salzsaurem Rosanilin und Pararosanilin, bildet, aus Wasser umkristallisiert, dunkelgrüne, metallisch glänzende Kristalle, welche sich in Alkohol, Amylalkohol und Wasser mit roter Farbe lösen. In Äther unlöslich, wird es durch Alkalien sowie Reduktionsmittel entfärbt. F., welches früher auch als Magentarot, Solferinorot, Rubin, Tirolin usw. verkauft wurde, dient zum Färben von Geweben, Leder, Nahrungsmitteln, und muß für letzteren Zweck völlig arsenfrei sein. Auch bildet es das Ausgangsmaterial für die Darstellung von Anilinblau. Neben dem salzsauren Rosanilin findet sich auch das in gleicher Weise hergestellte essigsaure (Rosein) und salpetersaure Salz (Azalein) im Handel. Durch Behandlung des F. mit rauchender Schwefelsäure entsteht die Sulfosäure, das sog. Säurefuchsin (Fuchsin S, Acid Magenta, Säurerubin, Rubin S), welches den Vorzug hat, auch im sauren Bade Wolle und Seide zu färben, aber weniger ausgiebig und lichtecht ist.

Fukol, mit Sesamöl aus Algen hergestellter, angeblich jodhaltiger Auszug, der an Stelle von Lebertran angepriesen wird, aber keinerlei Vorzüge vor letzterem aufweist.

Furfurol, eine farblose Flüssigkeit von charakteristischem Geruch, welche durch Destillation von Kleie mit Säuren gewonnen wird und sich auch in verschiedenen alkoholischen Destillaten, wie Kognak, Rum usw., vorfindet, hat neuerdings eine gewisse Bedeutung für den Nachweis von Margarine (s. d.) erlangt, weil es mit Sesamöl und rauchender Salzsäure eine intensiv rote Farbe annimmt.

Fuselöl, Amylalkohol, Amyloxydhydrat (lat. Alcohol amylicus, frz. Alcool amylique, engl. Fusel oil). Bei der Gärung zuckerhaltiger Flüssigkeiten entstehen neben Alkohol immer auch kleine Mengen von Nebenprodukten, die, obschon weniger flüchtig als der Alkohol, doch bei der Destillation mit übergehen und dem Spiritus entweder gern gesehene oder mißliebige Eigenschaften, je nachdem sie einen guten oder schlechten Geruch und Geschmack haben, verleihen. Je nach den Stoffen, aus denen Branntwein destilliert wird, besitzen die F. verschiedene Zusammensetzung, und darum hat auch von den verschiedenen Branntweinarten — Rum, Kognak, Korn-, Kartoffelbranntwein usw. — eine jede ihren besonderen charakteristischen Geruch. Am widrigsten ist das Fuselöl des Kartoffelschnapses, das hauptsächlich unreinen Amylalkohol darstellt, weniger unangenehm das Getreidefuselöl, da es neben Amylalkohol noch Propylalkohol enthält. Der Weinbranntwein oder Kognak hat ein noch feineres F. aus Önanthäther und anderen fein riechenden flüssigen Stoffen. In Deutschland, wo der Spiritus fast lediglich aus Kartoffeln gebrannt wird, gewinnt man nur das der gärenden Kartoffelmaische entstammende Fuselöl, während Getreidefuselöl zur Aromatisierung von Kartoffelschnaps meist aus englischen und schottischen Brennereien bezogen wird. Bei der gewaltigen Menge von Kartoffelsprit, die Deutschland erzeugt, fallen ganz beträchtliche Massen des unerwünschten Fusels ab. Beim Raffinieren des Rohspiritus bleibt das F. zum größten Teil in den Rektifikationsapparaten zurück, schwimmt als ölige Schicht auf den wässerigen Rückständen und wird abgeschöpft, bevor man diese weglaufen läßt. Vgl. „Amylalkohol".

Fußbodenöle nennt man die zur Bekämpfung der Staubplage angepriesenen Präparate, welche auf die Dielen aufgetragen werden sollen und meist aus gewöhnlichen Schmierölen (Rückständen der Petroleumdestillation), bisweilen unter Zusatz geringer Mengen Leinöl, bestehen. Nachdem die Zusammensetzung dieser Mittel öffentlich bekannt gegeben worden ist, sind die anfangs unverhältnismäßig hohen Preise beträchtlich zurückgegangen.

Futtermittel nennt man die zur Ernährung des Nutzviehes geeigneten und gebrauchten Stoffe, wie sie zum Teil von der Landwirtschaft selbst gewonnen, zum Teil als Abfälle gewisser Industrien in den Handel gebracht werden. Zu den ersteren gehören besonders das Grünfutter (Gras, Klee, Kohlblätter), das Rauhfutter (Heu, Stroh), das Wurzelfutter (Kartoffeln, Rüben) und das Körnerfutter (Getreide, Hülsenfrüchte), zu denen meist noch die Müllereiabfälle, wie Kleie und Futtermehle, hinzugerechnet werden. Zu den letzteren gehören die Rückstände der Ölfabrikation, die Ölkuchen von Baumwollsamen, Erdnüssen, Sesam, Kokos, Palmkernen, Lein, Raps, Sonnenblumen, Mohn und Hanf, ferner Abfälle der Stärkefabrikation (Pülpe), der Zuckerfabrikation (Rübenschnitzel, Zuckerschnitzel, Melasse, der Gärungsindustrie (Malzkeime, Biertreber, Brennereitreber) und in geringerem Umfange auch tierische Abfälle wie Tierkörpermehl, Fischfuttermehl, Blutmehl. Abgesehen von dem zellulosereichen Rauhfutter und den stickstoffarmen Abfällen der Stärkefabrikation faßt man die trockenen Stoffe wohl auch unter der Bezeichnung konzentrierte oder Kraftfuttermittel zusammen. Der Nährwert wird durch den Gehalt an Protein, Fett und Kohlenhydraten bedingt und beim Verkauf in der Regel durch eine beigefügte Analyse gewährleistet. Die Futtermittel, besonders die Kraftfuttermittel, bilden einen wichtigen Gegenstand des Handels. Der Einfuhrüberschuß belief sich im Jahre 1912 auf 4,4 Millionen Tonnen. Einzelne wichtigere Futtermittel sind in besonderen Abschnitten behandelt.

G.

Gänsefett. Dieses sehr weiche, blaßgelbliche und durchscheinende Fett besitzt ein spez. Gew. von 0,927, schmilzt bei 32—34° und erstarrt bei 18—20°. Es findet als feineres Speisefett Anwendung, wird aber vielfach mit Schweineschmalz vermischt.

Gagat (Jet, schwarzer Bernstein) nennt man eine in Südfrankreich und Asturien vorkommende besondere Art fast schwarzer, dichter Braunkohle mit muschligem Bruche, die sich gut bearbeiten läßt und eine hübsche Politur annimmt. Man fertigt daraus mancherlei Schmuckgegenstände, ersetzt es jetzt aber vielfach durch schwarzes Glas oder Ebonit (Hartgummi).

Galalith wird durch Behandlung von getrocknetem Kasein mit Formaldehyd, teilweise auch unter Zusatz von Farbstoffen, hergestellt und kommt als durchscheinende oder auch marmorierte elastische Masse in den Handel, die als Ersatz für Horn, Knochen, Zelluloid ausgedehnte Anwendung findet. Es läßt sich wie die genannten Stoffe leicht bearbeiten, zeigt gegen Feuchtigkeit und andere Einflüsse ziemliche Widerstandsfähigkeit und soll besonders für Kämme, Knöpfe und Klaviertasten sehr geeignet sein.

Galbanharz (Mutterharz, lat. Gummi seu Resina galbanum, frz. Gomme, Résine galban, engl. Gum galban), der eingetrocknete Milchsaft gewisser Ferulaarten, z. B. von Ferula galbaniflua, F. rubricaulis, Ferula erubescens, verbreiteter Doldenpflanzen Persiens und der Gegend östlich vom Aralsee, kommt über die levantischen Hafenplätze aus Syrien, Persien, Arabien, zum Teil auch aus Ostindien und über Rußland in den Handel. Es bildet, wie die meisten ähnlichen Drogen, zwei Sorten, in Tränen oder Körnern und in Massen oder Kuchen, erstere in helleren, weißen oder gelblichen, durchscheinenden, wachsglänzenden, erbsen- bis nußgroßen Körnern, letztere in dunkleren, bräunlichen oder grünlichen, von hellen Körnern durchsetzten Klumpen. Die Substanz ist ziemlich weich und klebrig, nur in der Kälte pulverisierbar und enthält etwa 60% in Weingeist lösliches Harz, 20% Gummi und 10—22% ätherisches Öl (Galbanöl, Oleum galbani), von dem es seinen durchdringenden aromatischen Geruch hat. Der Geschmack ist bitterlich, aber nicht scharf. Durch Destillation mit Wasser wird das Öl als eine gelbliche, an der Luft sich bräunende und verdickende Flüssigkeit erhalten, die stärker als das Harz riecht und bitter und kampferartig schmeckt. Das gereinigte und gepulverte Harz wird in der Medizin äußerlich als erweichendes Mittel bei Geschwüren und Geschwülsten angewandt und bildet den Hauptbestandteil des Mutterpflasters, technisch dient es als Zusatz zu Kitten.

Galgantwurzel (lat. Rhizoma galangae, frz. Rhizome de galange, engl. Galangal-root), ein nicht unbedeutender Gegenstand des Drogenhandels, besteht aus dem getrockneten Wurzelstock einer zu den Ingwergewächsen gehörenden chinesischen Pflanze, Alpinia officinarum. Die Droge bildet fingerdicke, bis 10 cm lange, in der Mitte gebogene Stücke, die außen rotbraun, innen zimtfarbig aussehen und auf dem Querschnitt kleine dunkle Ölzellen zeigen. Der Geruch ist namentlich bei der gepulverten Ware stark und eigentümlich gewürzhaft, ebenso der Geschmack, der beim Kauen in lange anhaltendes Brennen übergeht. Als Träger des Aromas finden sich 0,5—1% ätherisches Öl, das Galgantöl (lat. Oleum galangae, frz. Essence de galanga, engl. Galangal-oil), außerdem sind noch Alpinin, Galangin und Kämpferid sowie harzartige Substanzen zugegen. G. wird medizinisch als Magenmittel, ferner als Zusatz zu Elixieren und Tinkturen, Likören und Essigen gebraucht. Es gibt kleine und große Galgantwurzeln, die aber nur durch Auslesen gesondert sind und nicht von verschiedenen Gewächsen stammen.

Galläpfel (Gallen, lat. Gallae, frz. Galles, Noix de galles, engl. Gall-nuts). Dieser technisch außerordentlich wichtige Handelsartikel besteht aus den Auswüchsen, die von Gallwespen, besonders an Eichen, hervorgerufen werden, indem das weibliche Insekt mit seinem Legestachel die jungen Blattknospen, Zweige, Blätter oder Früchte anbohrt und seine Eier einschiebt. Durch die Verwundung entsteht ein krankhafter Säftezufluß und dadurch eine Anschwellung, die fortwächst und im Innern saftig bleibt, bis sich schließlich das Tier als vollkommenes Insekt oder als Made heraus frißt. Die Gallen müssen möglichst vor dem Zeitpunkte des Auskriechens, solange sie noch schwer, grün oder schwarzblau erscheinen, gesammelt werden, weil sie dann am reichsten an Gerbsäure sind, während die vom Tiere verlassenen, also angelöcherten G., die heller, schwammig und leichter erscheinen, geringen Wert haben. Der Gerbstoffgehalt, der den Wert der Gallen ausmacht, unterliegt außerordentlichen Schwankungen, welche vom Klima, von der Art der Eichen und der Tierart abhängen. Die besten orientalischen Gallen können 60—65 % Gerbsäure enthalten, und aus diesem Grunde wurden in Europa früher immer G. aus dem Orient (Kleinasien, Syrien) verbraucht. Weniger Bedeutung haben die G. des südlichen Europas, — diejenigen der nördlichen Gegenden kommen höchstens für örtlichen Gebrauch in Betracht. Seit Mitte des vorigen Jahrhunderts sind die Preise durch Einführung billigerer chinesischer und japanischer G. wesentlich erniedrigt worden. Im allgemeinen unterscheidet man drei natürliche Gruppen von Gallen: levantische (türkische, orientalische), europäische und chinesisch-japanische. 1. Die ersteren, die wieder mehrere Sorten bilden und von der Gallwespe, Cynips tinctoria, auf der stets strauchförmig bleibenden Galleiche, Quercus infectoria, hervorgerufen werden, kommen von Kleinasien, Syrien, Mesopotamien über Smyrna und Konstantinopel in den Handel. Sie haben stets eine rundliche Form, die Größe einer Erbse bis zu 2½ cm Durchmesser und unterscheiden sich von den übrigen Arten leicht durch die höckerige, stachlige Beschaffenheit der Oberfläche. Wie bei allen Sorten unterscheidet man dunkel- und hellfarbige, die entweder noch in Mischung, wie sie die Natur liefert (in sortis), oder durch Auslesen gesondert (elegiert) versandt werden. Von den jährlich zweimal gesammelten G. gelten die Jerli genannten der ersten Ernte als die besten. Die gangbarste Sorte ist die mittelgroße, sehr höckerige von Aleppo (Gallae Halepenses). Noch größer, sehr reich an Tannin und durch eine feine Bestäubung kenntlich, sind die G. von Mossul am Tigris, die in Mesopotamien gesammelt und gewöhnlich über Bombay nach London gebracht werden, während die schwammigen Tripolitaner und die syrischen oder Smyrnaer G. weniger geschätzt werden. 2. Europäische Gallen sind sämtlich von geringerer Güte als die vorigen, leichter, hellfarbiger und öfter gefleckt, verschieden und unregelmäßig gestaltet, glatt oder runzlig, hingegen nie stachlig oder höckerig. Unter den Eichbäumen, denen sie entstammen, spielt die Cerris- oder Burgundereiche die Hauptrolle. Als verschiedene Sorten werden gewöhnlich aufgeführt: Morea-G., zyprische, istrianer, ungarische, italienische und französische G., doch geht ihre an sich geringe Bedeutung um so mehr zurück, als gute Ware jetzt reichlich aus Asien an den Markt gebracht wird. 3. Die chinesischen und japanischen Gallen werden nicht von Gallwespen auf Eichen, sondern von Blattläusen (Aphis Chinensis) auf den Blättern einer Sumachart (Rhus) hervorgebracht. Die dünnwandigen Blasen mit geräumiger innerer Höhlung, die im Handel teils zerbrochen, teils noch vollständig erscheinen, zeigen keulenförmige Gestalt, hier und da vorspringende stumpfeckige Ausbuchtungen und eine Länge von 2—10 cm. Die sehr leichten Hülsen sind knorplig, spröde, auf dem Bruche harzglänzend und enthalten bis zu 70 % Gerbstoff. — Bei uns seltener vorkommende Sorten sind Guli-i-pista, welche aus Persien auf den indischen Markt gelangt, sowie Kakdasinghi und Padwus. — Die G. finden ihre hauptsächlichste Verwendung in der Färberei, zum Schwarz-, Braun- und Graufärben von Wolle, Leder, Rauchwaren usw., ferner zur Tintenbereitung und zur Herstellung der Gerb-, Gallus- und Pyrogallussäuren. Wie bei der Tinte beruht auch bei der Färberei die Wirkung der G. darauf, daß ihr Gerbstoff mit Eisensalzen schwarze Niederschläge von gerbsaurem Eisen bildet, während bei vielen anderen Gerbstoffen abweichend, z. B. schmutzig grünbraun gefärbte Niederschläge entstehen. Zum Gerben benutzt man die G. nur bei gewissen dünnen feineren Ledern, Saffian u. dgl., mit Ausnahme der chinesischen Gallen, welche hierfür untauglich erklärt werden.

Gallein (Anthrazen- oder Alizarinviolett), ein violetter Phthaleinfarbstoff (s. d.), wird durch Erhitzen von Phthalsäureanhydrid mit Gallussäure oder Pyrogallol erhalten und ist demnach ein Pyrogallolphthalein. Man erhält es entweder als violetten Teig (en pâte), oder als dunkelgrünes metallglänzendes Kristallpulver, das in kaltem Wasser wenig, in heißem leichter mit scharlachroter Farbe löslich ist und gebeizte Wolle violett färbt. Vor allem findet es als Chromlack in der Färberei von Wolle, Seide oder Baumwolle ausgedehnte Anwendung. Die Sulfosäure des G. bildet das Zoerulein (s. d.).

Gallozyanin (Solidviolett, Violet solide), ein blauer Oxazinfarbstoff, wird durch Einwirkung von salzsaurem Nitrosodimethylanilin auf Gallussäure oder auf Tannin erhalten und kommt gewöhnlich als grünlichgrauer Teig in den Handel, der beim Austrocknen ein bronzefarbenes Pulver bildet. In Wasser ist es unlöslich, in Alkohol mit blauvioletter Farbe, in konzentrierter Schwefelsäure mit kornblumenblauer Farbe löslich, die beim Verdünnen mit Wasser in Rot übergeht. Der Farbstoff wird in Verbindung mit Chrombeize in der Zeugdruckerei zur Herstellung von Blauviolett auf Wolle und Baumwolle benutzt. Prune ist der Methylester des G.; Delphinblau nennt man die Sulfosäure der Verbindung, welche bei Behandlung des G. mit Anilin entsteht; Gallaminblau und Gallusblau (Tanninindigo) sind Analoge des G., welche aus Gallaminsäure bzw. Gallanilid hergestellt werden.

Galloflavin, ein in Wasser unlöslicher, in Alkohol nur sehr wenig löslicher Farbstoff, der durch vorsichtige Oxydation von Gallussäure in wäßriger oder alkoholischer, alkalischer Lösung erhalten wird und als grünlichgelber Teig in den Handel kommt, gibt mit Chrombeizen auf Baumwolle gedruckt einen grünlichgelben Lack und färbt Wolle, mit Chromsalzen gebeizt, seifenecht hellgelb.

Gallussäure (lat. Acidum gallicum, frz. Acide gallique, engl. Gallic acid) findet sich im Tee, Divi-Divi und zahlreichen Pflanzen als ein Zersetzungsprodukt und ständiger Begleiter der Gerbsäure, aus der sie durch einfache Abspaltung von Kohlensäure entsteht. Zu ihrer Darstellung wird ein Galläpfelauszug, eine Tanninlösung oder auch ein Brei von Galläpfelpulver und Wasser unter öfterem Umrühren der Einwirkung der Luft und sich ansiedelnder Schimmelpilze überlassen, bis eine herausgenommene Probe mit Leimwasser keinen Niederschlag mehr erzeugt, die heiß abfiltrierte Lösung mit Kohlenpulver eingedampft und der Rückstand mit Alkohol extrahiert. Ein anderes Verfahren beruht auf der Umwandlung von Tannin oder Gerbsäure durch Kochen mit verdünnter Schwefelsäure oder Kalilauge. Synthetisch kann sie durch Behandlung von Dijodsalizylsäure mit Kalilauge gewonnen werden. Die G. bildet in reinem Zustande feine weiße Nadeln, die anfangs schwach sauer, später zusammenziehend schmecken und in kaltem Wasser und Äther schwer, in heißem Wasser und Alkohol leicht löslich sind. Die wäßrige Lösung wird zum Unterschied von Gerbsäure durch Leim oder Eiweiß nicht gefällt, durch Eisenchlorid aber dunkelblau-violett gefärbt. Mit wenig Kalilauge entsteht eine Grünfärbung, die auf Säurezusatz in Purpurrot umschlägt. Beim Erhitzen auf 200^0 geht die G., in chemischer Hinsicht Trioxybenzoësäure, $C_6H_2(OH)_3COOH$, unter Abspaltung von Kohlensäure in Pyrogallol über, zu dessen Darstellung sie benutzt wird. Ihrer wichtigsten Eigenschaft, dem Reduktionsvermögen gegen Metallsalze, verdankt sie ihre vielfache Anwendung in der Photographie.

Gamander (Bathengel, lat. Herba chamaedryos, frz. Plante fleurie de germandrée, engl. Germander), ein nur noch selten vorkommender Artikel des Drogenhandels, besteht aus dem getrockneten, aromatisch riechenden und bitter schmeckenden Kraute einer in Süddeutschland und der Schweiz wachsenden Labiate, Teucrium Chamaedrys, das in der Volksmedizin als blutreinigender Tee verwandt wird.

Garantol, ein Eikonservierungsmittel, besteht lediglich aus gelöschtem Kalk.

Garneelen (Granaten, Garnaten, frz. Crevettes, engl. Shrimps) sind kleine Krabben oder Krebschen, von denen allein in den europäischen Meeren über 90 Arten vorkommen. Die gewöhnlichste derselben: Crangon vulgaris, ein seitlich zusammengedrücktes, fleischfarbiges und völlig durchscheinendes Tier, lebt im seichten Küstenwasser rings um England, an der französischen und Nordseeküste in unerschöpflicher Menge und wird fast das ganze Jahr hindurch täglich lastenweise aus dem Meere geschöpft, ohne daß sich eine Abnahme zeigt. Die gefangenen Tiere werden sogleich nach dem Landen in Salzwasser abgekocht und vertragen dann einen Versand ins Binnenland, müssen aber schnell verbraucht werden. Die in letzter Zeit in Büchsen konservierten Krabben wurden meist durch Zusatz von Borsäure haltbar gemacht, doch ist die Zulässigkeit dieses Verfahrens von den medizinischen Sachverständigen mehrfach bestritten worden. Die unverkäuflichen G. werden auch zu Dünger verarbeitet, geröstet und gepulvert (Granatguano).

Gaultheriaöl (Wintergrünöl, lat. Oleum gaultheriae, frz. Essence de Gaultheria, engl. Oil of Wintergreen), ein aus Nordamerika zu uns kommendes ätherisches Öl, wurde früher ausschließlich aus der zu den Heidearten gehörigen immergrünen Kriechpflanze Gaultheria procumbens, die besonders im Staate Neu-Jersey angebaut wird, in Menge von etwa 0,7 % gewonnen. In gereinigtem Zustande ist es fast farblos, gewöhnlich aber gelb oder rötlich gefärbt, schwerer als Wasser, 1,180—1,193, und von durchdringendem Geruch und würzigem Geschmack. Ein mit diesem nahezu identisches Öl wird aus der Rinde einer nordamerikanischen Birke, Betula lenta, gewonnen. Das in gereinigtem Zustande farblose, meist aber gelb oder grünlich gefärbte Öl vom spez. Gew. 1,17 und durchdringend aromatischem Geruch und Geschmack besteht zum größten Teil aus Salizylsäuremethylester, welcher auch künstlich aus Salizylsäure und Holzgeist hergestellt wird. Es findet bei uns Anwendung zum Parfümieren von Seifen sowie in der Medizin gegen Rheumatismus, und ist in dunklen Flaschen vor Licht geschützt aufzubewahren.

Geheimmittel. Der Verkehr mit G., d. h. zur Heilung oder Verhütung menschlicher oder tierischer Krankheiten bestimmter Präparate von geheim gehaltener Zusammensetzung ist im Interesse der Volkswohlfahrt gewissen Einschränkungen unterworfen. Nach der Verordnung des Bundesrates müssen die Gefäße und Umhüllungen der besonders namhaft gemachten G. eine Aufschrift mit dem Namen des Mittels, des Verfertigers und des Verkäufers sowie dem Abgabepreise tragen, hingegen dürfen Anpreisungen auf diesen Umhüllungen nicht angebracht oder beim Verkaufe des Mittels verabfolgt werden. Die öffentliche Anpreisung der Mittel ist verboten. Bezüglich der weiteren, für Apotheker geltenden Bestimmungen sowie der Namen der betreffenden Mittel selbst muß auf die Verordnung verwiesen werden. Am 14. Juli 1903 hat das Sächsische Ministerium des Innern weiter die Ankündigung aller Mittel zur Verhütung, Linderung oder Heilung von Menschen- oder Tierkrankheiten verboten, wenn den Mitteln über ihren wahren Wert hinausgehende Wirkungen beigelegt werden, oder das Publikum durch die Art ihrer Anpreisung irregeführt oder belästigt wird, oder wenn die Mittel Gesundheitsstörungen hervorzurufen vermögen.

Geilnauer Quelle von Geilnau a. d. Lahn in Nassau besitzt nach der Analyse von R. Fresenius (1857) folgende Zusammensetzung für 1000 Gewichtsteile: 1,0602 g Natriumbikarbonat, Spur Lithiumbikarbonat, 0,0013 g Ammoniumbikarbonat, 0,4905 g Kalziumbikarbonat, 0,0002 g Bariumbikarbonat, Spur Strontiumbikarbonat, 0,3631 g Magnesiumbikarbonat, 0,0383 g Ferrokarbonat, 0,0046 g Manganoxydulbikarbonat, 0,0362 g Natriumchlorid, 0,0176 g Kaliumsulfat, 0,0085 g Natriumsulfat, Spur Aluminiumphosphat, 0,0004 g Natriumphosphat, Spuren Natriumborat und Nitrat, 0,0247 g Kieselsäure und 2,7866 g freie Kohlensäure.

Gelatine (lat. Gelatina, frz. Gélatine, engl. Glue). Diesen Namen führt der reinste, farblose und durchsichtige Leim, der mit besonderer Sorgfalt aus Kälberknochen, bisweilen auch, wennschon in geringerer Güte, aus Hautabfällen hergestellt wird. Zur Darstellung der G. kocht man frische, völlig gereinigte Kalbsknochen im Vakuum mittels Dampf aus, läßt die zuerst erhaltene fetthaltige Lösung ablaufen, die später entstehende, völlig fettfreie Flüssigkeit aber in nicht zu hoher Konzentration bei erhöhter Temperatur stehen, wobei sich alle Verunreinigungen zu Boden setzen. Die geklärte Lösung wird noch warm auf polierte Schiefer- oder Marmorplatten gegossen, die erstarrte Masse in die Größe der verkäuflichen Täfelchen zerschnitten und auf Netzrahmen gelegt, an der Luft und schließlich in Trockenstuben getrocknet. Die so erhaltene, völlig geruch- und geschmacklose G. kommt in Form ziemlich heller und durchsichtiger, länglicher, sehr dünner und biegsamer, aber doch zerbrechlicher Blätter, die meist noch die Eindrücke vom Bindfadengeflecht der Trockenhorden zeigen, in den Handel, bisweilen aber auch in großen Tafeln ohne derartige Eindrücke, wie sie zum Überdecken von Gegenständen in Schaufenstern dienen. — In anderer Weise wird die nur für technische Zwecke bestimmte G. hergestellt, zu der die verschiedensten Knochen, Drehspäne, Hufe u. dgl. Verwendung finden. Man legt die Rohstoffe nach dem Waschen und Zerkleinern so lange in verdünnte Salzsäure, bis alle mineralischen Bestandteile aufgelöst sind und der reine Knorpel übrig bleibt, hängt sie dann, um die noch anhaftende Säure möglichst zu entfernen, in Säcken in fließendes Wasser, oder behandelt sie mit Kalkmilch und wäscht mit reinem Wasser nach. Die aus den Knorpeln erhaltene G. zeigt eine gelbe Farbe und wird daher meist mit schwefliger Säure gebleicht, bisweilen auch für den Gebrauch in der Küche mit Teerfarben oder Karminrot gefärbt. Die G. besteht zum Unterschiede von Leim (Glutin) in der Hauptsache aus Glutose und besitzt daher nur eine geringe Klebkraft, aber großes Geliervermögen, wegen dessen sie mannigfache Verwendung zu Ernährungs- und technischen Zwecken findet. In reinster Form ohne Leimgeschmack und schweflige Säure dient sie zur Herstellung von Gelees in Küche und Konditorei, von Kapseln für schlecht schmeckende Arzneien und als sog. Weinschöne (Colle gelatine), die braun sein kann, zum Klären trüber Weine. Die Technik benutzt G. zum Übergießen von Bildern und zur Herstellung photographischer Papiere und Platten, die Wissenschaft als bakteriologische Nährböden.

Gelbbeeren (Avignonbeeren, frz. Grains d'Avignon, Grains de Perse, engl. Yellow berries, Persian berries) nennt man die unreif gepflückten und getrockneten Früchte mehrerer Kreuzdornarten, die, meist in südlichen Ländern heimisch, einen nutzbaren Farbstoff enthalten. Am geschätztesten sind die großen, grünlichgelben persischen G. von Rhamnus oleoides, doch finden sich im Handel auch kleine runzlige und dunkelfarbige französische G. (Avignonbeeren) von Rh. infectoria, ungarische G. von Rh. tinctoria und saxatilis sowie die geringwertige sog. deutsche Ware vom gemeinen Kreuzdorn, Rh. cathartica. Die G. enthalten das Glykosid Xanthorhamnin, das unter Zersetzung einen gelben Farbstoff, Rhamnetin, abspaltet, und werden daher in Form ihrer wäßrigen Abkochung in der Färberei und Druckerei verwandt. Mit Zinn- und Tonerdebeizen liefern sie schöne, wenngleich nicht besonders haltbare gelbe und grüne, mit Eisenbeize schwarzbraune Färbungen. Die billigeren Sorten dienen mit Zusatz von Alaunlösung zur Herstellung von Schüttgelb. Die neuerdings eingeführten chinesischen G. bestehen aus den Blütenknospen von Sophora japonica und enthalten einen Farbstoff, der mit demjenigen der Querzitronrinde übereinstimmt. Nach anderen Angaben sollen auch die krozinhaltigen Früchte von Gardenia grandiflora als chinesische G. bezeichnet werden.

Gelbholz (lat. Lignum flavum, Lignum citrinum, frz. Bois jaune, engl. Fustic-wood). Das echte Gelbholz, gelbes Brasilienholz, auch Fustik, und zwar alter Fustik, zum Unterschiede vom neuen Fustik oder Fisetholz (s. d.) genannt, stammt von dem westindischen und südamerikanischen Färbermaulbeerbaum, Morus tinctoria, und ist eins der vielgebrauchtesten Farbhölzer. Es erscheint im Handel teils in ganzen scheitlangen Stammabschnitten, teils zu Scheiten zerspalten, oder auch im Kleinverkehr geraspelt. Das Stammholz ist von Rinde und Splint befreit, da diese keine färbenden Bestandteile enthalten, während die Holzmasse auf frischem Schnitt hell zitronengelb mit vielen orangegelben Adern durchzogen erscheint. Von den verschiedenen Sorten dieses Holzes gilt das schwerste und am lebhaftesten gefärbte als das beste, vor allem das Kubaholz, das aber nicht nur von Kuba, sondern auch von den übrigen Antillen kommt. Weniger gehaltreich sind Tuspan, Tampico, Carmen, Tabasco und Domingo. Der Farbstoff besteht aus einem Gemisch von Maklurin (Moringerbsäure) mit Morinsäure (an Kalk gebunden), welche in heißem Wasser nicht löslich ist. Das Holz läßt sich daher durch Wasser nicht erschöpfen, sondern gibt nach völliger Extraktion mit Wasser auf Zusatz von Kalkmilch noch eine stark gelb färbende Lösung. Der Farbstoff bräunt sich in den Brühen durch Einwirkung der Luft, so daß diese rasch verbraucht werden müssen. Sie verleihen alaungebeizten oder auch schon ungebeizten Zeugen eine haltbare gelbe Färbung, die den Einwirkungen von Säuren besser als jedes andere Gelb widersteht, doch nicht sehr schön ist. Das Holz dient daher auch seltener für sich allein zum Gelbfärben, sondern wird meist in Verbindung mit anderen Stoffen zur Herstellung von Mischfarben, so mit Indigo zu Sächsischgrün, ferner zu hell und dunkler braunen und olivgrünen Farbtönen und zu Schwarz auf Wolle, Seide, Baumwolle in der Färberei und Kattundruckerei benutzt. Neben dem Holze kommt auch Gelbholzextrakt in den Handel, das wie Blauholzextrakt bereitet wird, aber nicht so spröde und glasartig ist und eine dunkel schmutziggelbe Farbe hat. Für die Zwecke der Zeugdruckerei endlich wird aus der wäßrigen Abkochung des G. durch Zusatz von Alaun und

Ammoniak ein Farblack (Gelbholzlack, Kubalack) hergestellt, der als olivgrüner Teig in den Handel kommt. Dichtes hochfarbiges Gelbholz dient auch als Material in der Kunsttischlerei.

Gelees (Fruchtgelees) bestehen wie die Fruchtsirupe aus dem mit Rohrzucker versetzten Preßsaft frischer Früchte, doch wird bei ihnen das Einkochen so weit fortgesetzt, bis sie nach dem Abkühlen gallertartig erstarren. In neuerer Zeit werden auch solche Früchte, die keine gelatinierenden Stoffe enthalten, unter Zuhilfenahme von Agar, Gelatine u. dgl. auf Gelees verarbeitet, jedoch sind dann die abnormen Zusätze zu deklarieren. Bezüglich der übrigen Verfälschungen gilt das unter Fruchtsäften bzw. Himbeersaft Angeführte.

Gelsemiumwurzel (lat. Radix gelsemii, frz. Racine de Gelsémium, engl. Gelsemium root), die getrocknete Wurzel der im südlichen Teile der Vereinigten Staaten heimischen Loganiazee Gelsemium sempervirens, kommt in Form zylindrischer bis 3 cm dicker Stücke in den Handel, deren faserige Rinde mit einer gelbbräunlichen Korkschicht bedeckt ist, während der feste weiße Holzzylinder auf dem Querschnitte grob porös und strahlig erscheint. Die Rinde enthält eine eigentümliche Säure, die Gelseminsäure, und zwei giftige Alkaloïde, das Gelsemin und Gelseminin. G. findet als Abkochung, Tinktur oder Fluidextrakt medizinische Verwendung z. B. gegen Keuchhusten. Auf den chinesischen Markt kommt unter dem Namen Humeng-tsao eine ähnliche giftige Wurzel, die von Gelsemium elegans abstammen soll.

Gemüsedauerwaren (Gemüsekonserven). Als Gemüse schlechthin bezeichnet man im allgemeinen, abgesehen von dem sächsischen Gebrauche, auch Teigwaren, Grütze, Reis u. dgl. als Trockengemüse zu benennen, frische Pflanzenteile, in erster Linie Blätter (Kohl, Spinat), Blüten (Blumenkohl), junge Schößlinge (Spargel), unreife Früchte von Leguminosen (Erbsen, Bohnen, Schotengemüse) und Wurzeln (Rüben, Möhren, Schwarzwurzeln) und unterscheidet meist die letzteren, das Wurzelgemüse, von dem sog. grünen Gemüse. Meist rechnet man auch Gurken und Pilze zu ihnen. Die frischen Gemüse, deren einzelne Vertreter in besonderen Abschnitten besprochen sind, bilden wegen ihres Wohlgeschmackes und ihres Mineralstoffgehaltes wertvolle Bestandteile der menschlichen Nahrung, sind aber wegen ihres hohen, 86—96 % betragenden Wassergehaltes arm an Nährstoffen und wenig haltbar. Zur Erhöhung der Haltbarkeit führt man sie durch Trocknen, Sterilisieren oder einen Gärungsvorgang in Dauerwaren über, von denen das Dörrgemüse an anderer Stelle abgehandelt ist. Zur Herstellung der zweiten wichtigsten Gruppe, der Büchsenkonserven, werden die gereinigten Pflanzenteile in der Regel zunächst mit Wasser oder Salzwasser vorgekocht, oder besser gedämpft (blanchiert), womit vielfach eine Bleichung durch schweflige Säure oder Sulfite oder eine Grünfärbung durch Teerfarbstoffe oder Kupfersalze (Reverdissage) verbunden ist, und darauf in Gläsern oder Metallbüchsen bis zur Abtötung aller Keime erhitzt. Die schließlich zugelöteten Büchsen werden in der Regel aus verzinntem Eisenblech (Weißblech) hergestellt und sind im Innern zum Schutze mit einem Lacküberzuge (Vernierung) versehen. Bezüglich der gesetzlichen Vorschriften für die Dosen sei auf „Konserven" verwiesen. Die Büchsenkonserven werden von zahlreichen deutschen Fabriken in ausgezeichneter Beschaffenheit von jahrelanger, ja praktisch unbegrenzter Haltbarkeit hergestellt. Infolge mangelhafter Sterilisation eingetretenes Verderben offenbart sich meist durch Auftreibung (Bombage) der Büchsen und das Auftreten übler Gerüche. Als unzulässig gilt der Zusatz chemischer Konservierungsmittel (Salizylsäure), hingegen wird ein geringer Gehalt an schwefliger Säure (bis 0,125 %) und, aus Rücksicht auf die ausländische Konkurrenz, an Kupfer (bis 0,01 %) geduldet. Es sind aber Bestrebungen der Fabrikanten bemerkbar, die Kupferung, die nach dem Farbengesetz verboten ist, aufzugeben. Von den durch Milchsäuregärung haltbar gemachten Gemüsen (Salzbohnen, Sauerkraut) ist Sauerkraut besonders besprochen worden.

Genever, ein feiner, aus Getreide bereiteter, ursprünglich holländischer Branntwein, besitzt einen schwachen Geschmack nach Wacholderbeeren, die man bei der Destillation in geringer Menge zusetzt.

Genteles Grün wird durch Fällen von Kupfervitriol mit einer neutralisierten Lösung von Zinn in Königswasser dargestellt. Es ist in chemischer Hinsicht zinnsaures Kupfer und findet als schöne grüne Farbe Anwendung, unterliegt aber trotz der angeblichen Ungiftigkeit den für kupferhaltige Farben (s. d.) erlassenen Vorschriften.

Geraniumöl (lat. Oleum geranii, frz. Essence de géranium, engl. Geranium-oil). Unter diesem Namen finden sich verschiedene ätherische Öle im Handel, die rosenähnlichen Geruch besitzen und durch Destillation von verschiedenen Geranium- oder Pelargoniumarten in einer Ausbeute von 1—2 % hergestellt werden. Als Herstellungsgebiete sind zu nennen: Réunion, Algier, Frankreich und Spanien. Die G. verschiedener Herkunft sind hellgelbe bis bräunliche und grünliche Flüssigkeiten, deren spez. Gew. bei 0,888 bis 0,907 liegt. Sie lösen sich in dem dreifachen Volum 70 %igem Alkohol und drehen die Ebene des polarisierten Lichtes nach links ($\alpha_D = -6{,}5$ bis -16). Ihr wichtigster Bestandteil ist das Geraniol ($C_{10}H_{18}O$), neben welchem noch ein zweiter Terpenalkohol, Zitronellol, $C_{10}H_{19}.OH$, auftritt. G. dient zum Parfümieren, ferner zur Verfälschung des Rosenöls und wird selbst vielfach durch fette Öle, Kokosfett, Terpentinöl und dergleichen verfälscht. Das indische Geraniumöl oder Palmarosaöl, manchmal auch türkisches G. genannt, wird in Indien aus einer Grasart, Palmarosagras, Cymbopogon Martini, gewonnen und kommt in niedrigen, kupfernen Ramieren von 75 kg Inhalt in den Handel. Es ist noch reicher an Geraniol, 75 bis 95 %, als Geraniumöl, enthält aber kein Zitronellol. Seine Verwendung in der Parfümerie ist gleichfalls sehr ausgedehnt, auch wird es viel zum Verfälschen des Rosenöls und des eigentlichen Geraniumöls benutzt.

Gerbematerialien nennt man eine Reihe pflanzlicher Stoffe, die wegen ihres Gehaltes an Gerbsäure (Tannin) die tierische Haut in Leder umwandeln. Das älteste und wichtigste Mittel ist die Eichenrinde mit 5—18% Gerbstoff, neben welcher die Rinde von Fichten und anderen Koniferen mit einem Tanningehalt von 5—10% mehr oder weniger zurücktritt. In Rußland findet Weidenrinde zur Herstellung des Juchtenleders Anwendung. Neuerdings haben einige ausländische G. wegen ihres hohen Tanningehaltes auch für den inländischen Markt große Bedeutung gewonnen, so die Rinde australischer Akazien und Mimosen mit 25 bis 30% Tannin, das Quebrachoholz (25—30%), die als Sumach bezeichneten Blätter von Rhus cotinus und coriaria (10—30%), die Fruchtbecher asiatischer Eicheln (Valonea mit 20 bis 40% Tannin), die Schoten einiger Leguminosen: Myrobalanen (20—40%), Divi-Divi (35 bis 45%) und vor allem die sehr gerbstoffreichen Drogen, wie: Gallen, Katechu, Kino, Gambir. Zur Verringerung der Beförderungskosten werden die genannten Stoffe vielfach auch in Extraktform, als Gerbextrakte, in den Verkehr gebracht.

Gerbsäure (Gerbstoff). Mit diesem Namen belegt man in der Chemie eine Anzahl schwach saurer Pflanzenstoffe, die alle darin übereinstimmen, daß sie mit Eisenoxydsalzen dunkel schwarzblaue oder dunkelgrüne Färbungen geben und durch Leimlösung gefällt werden. Im Handel findet sich jedoch bis jetzt nur eine dieser G., die Galläpfelgerbsäure, Tannin (lat. Acidum tannicum, frz. Acide tannique, engl. Tannic acid). Sie ist auch stets gemeint, wenn man das Wort G. ohne nähere Bezeichnung gebraucht, denn die übrigen G., wie z. B. Eichenrindengerbsäure, Kaffeegerbsäure, Ratanhia- und Chinagerbsäure, Katechugerbsäure usw., bilden keine Handelsartikel. Zur Herstellung der G. benutzt man fast ausschließlich die chinesischen Galläpfel, die im gemahlenen Zustande mit einem Gemisch von Alkohol und Äther extrahiert werden. Nach dem Abdestillieren des Ätheralkohols bleibt die G. als eine feste, spröde Masse zurück, die gepulvert wird und die gewöhnliche Handelsware für technische Zwecke (lat. Acidum tannicum technicum) bildet. Sie ist ein amorphes, bräunlichgelbes Pulver von eigentümlichem Geruch, während für medizinische Zwecke ein reineres, geruchloses Präparat von hellgelblicher Farbe benutzt wird. Außerdem hat man noch unter dem Namen Acidum tannicum levissimum eine äußerst leichte, lockere, glänzende, fast weiße Sorte, die durch Verdampfen der Gerbsäurelösung im Vakuumapparate dargestellt wird. Sie unterscheidet sich hinsichtlich der Reinheit nicht von der anderen Sorte, sondern ist nur schaumig aufgetrieben. Eine gute G. muß sich in destilliertem Wasser leicht und klar auflösen. Beim Erhitzen schmilzt sie und zersetzt sich zwischen 210 und 215° C in Pyrogallussäure, Kohlensäure und Melangallussäure. Ihre Zusammensetzung entspricht der Formel $C_{14}H_{10}O_9$, doch ist die frühere Ansicht, daß sie als das Anhydrid der Gallussäure (Digallussäure) anzusprechen sei, durch neuere Forschungen widerlegt. Auch enthält sie keinen Zucker und kann daher nicht wie viele andere Gerbsäuren oder Gerbstoffe, die nach Kunz-Krause besser als Tannoide bezeichnet werden, zu den Glykosiden gerechnet werden. Verwendung findet sie als Beize beim Färben von Baumwolle mit Anilinfarben, zum Schönen des Weins bei gleichzeitiger Anwendung von Hausenblase, in der Photographie und zu medizinischen Zwecken.

Gerste (lat. Hordeum, frz. Orge, engl. Barley). Diese wichtige Getreideart ist eine Pflanze der gemäßigten Zone und findet sich in allen Erdteilen von der Grenze der Tropen bis zum 70. Grad nördl. Breite. Sie ist ziemlich anspruchslos, kommt selbst im Himalaya und in Peru bis zu Höhen von 2800 m fort und reift überall da, wo ein kurzer aber warmer Sommer ihren Anbau ermöglicht. Am besten gedeiht sie auf sandigem Lehmboden mittleren Kalkgehaltes, der sich im Zustande guter, aber nicht frischer Düngung befindet. Die einzelnen Arten der G. unterscheidet man in vielzeilige, vierzeilige und zweizeilige und rechnet zu den ersteren die sog. sechszeilige (Hordeum hexastichum), die nur in wärmeren Lagen als Sommer- und Winterfrucht gebaut wird, und die gemeine G. (H. vulgare), die weniger zur Malzbereitung, als zur Ernährung, dient und nördlich der Rebenlinie vorkommt. Die zweizeilige oder kleine G. (H. distichum) liefert hauptsächlich das Malz und gedeiht nur als Sommerfrucht von der gemäßigten bis zur warmen Zone. Die Vegetationsdauer der vierzeiligen G. umfaßt 63—98, diejenige der zweizeiligen 100—159, und diejenige der Wintergerste 280—322 Tage. In ihrer chemischen Zusammensetzung und dem Bau der Stärkekörner ähnelt die G. dem Weizen und enthält im Mittel 13% Wasser, 10% Protein, 2% Fett, 4,5% Rohfaser, 2,5% Asche und 68% Kohlenhydrate. Je nach dem Gehalt an Stickstoffsubstanz wird sie von den einzelnen Industrien verschieden bewertet, indem der Brauer die stickstoffarme, mehlige G. (s. Malz), der Brenner eine glasige, stickstoffreiche bevorzugt, weil letztere mehr Diastase liefert. Ein einfaches Mittel zur Unterscheidung bietet die Bestimmung des Hektoliter- oder 1000-Körner-Gewichtes und die Untersuchung auf Glasigkeit mittels des Farinotoms. G. wird hauptsächlich als Malz in der Brauerei und Brennerei verwandt. Zur menschlichen Ernährung dient sie meist in Form von Graupen oder Grütze, seltener als Mehl zum Brotbacken sowie als Kaffee-Ersatz (s. d.). In Nordafrika und Arabien wird sie auch als Futter für Pferde, bei uns nur für Geflügel benutzt.

Gerstenzucker (Malzzucker, lat. Saccharum maltis) nannte man früher die durch Einkochen eines mit Zucker versetzten Auszuges aus Gerste oder Malz erhaltene feste Masse. Zurzeit wird meist eine gewöhnliche Zuckerlösung eingekocht und auf glatte, geölte Platten gegossen, darauf in Streifen geschnitten, schraubig gedreht und auf Blechen getrocknet.

Gesundheitsgeschirre (Sanitätsgeschirre) nennt man diejenigen Topfgeschirre, die keine Bleiglasur, sondern irgendeine andere giftfreie Glasur besitzen.

Getah-Lahoë (Sumatrawachs), ein vegetabilisches Wachs, das auf der Insel Sumatra aus dem Milchsafte von Ficus ceriflua (Jungh.)

gewonnen und dort, wie auch in Java, gleich dem Bienenwachse benutzt wird, ist eine harte, graue Masse vom spez. Gew. 0,963 und dem Schmelzpunkt 61° C, die sich vollständig in kochendem Weingeist und in Äther löst.

Getee (Getel, engl. Jetee fibre), die Bastfaser von Marsdenia tenacissima, einer in Ostindien wachsenden Pflanze, wird in ihrer Heimat wegen ihrer Festigkeit und ihres seidenartigen Glanzes viel verarbeitet.

Getreide (Zerealien, Halmfrüchte, frz. Blé, Grains, engl. Corn, Grain). — Unter G. versteht man im engeren Sinne die Samen von Weizen, Roggen und Gerste, im weiteren Sinne auch noch Mais, Hafer, Reis, Buchweizen und Hirse. Das Getreide des Handels ist niemals völlig rein, sondern enthält immer gewisse Verunreinigungen, wie Körner anderer Getreidearten, Brandpilzsporen („spitzbrandiger Weizen"), Mutterkorn (s. d.), Unkrautsamen (Taumellolch, Kornrade usw.), tierische Parasiten (Kornwurm, Weizenälchen), Erde, Steine Draht, Nägel, Stroh, Sackbänder usw. Der absichtliche Zusatz derartiger Fremdstoffe („Besatz") ist selbstredend unzulässig, aber auch der Gehalt an zufälligen Verunreinigungen soll eine bestimmte Höhe von 1—2 1/2% nicht überschreiten. Für Getreide, das zur unmittelbaren Vermahlung bestimmt ist, sog. Mahlgut, ist der Gehalt an Besatz vom Österr. Lebensmittelbuch zu höchstens 0,5% (davon höchstens 0,2% Mutterkorn) festgesetzt, auch darf es nicht in starkem Maße durch Brandsporen verunreinigt sein. Verboten ist weiter das Besprengen des Getreides mit Wasser und der Zusatz von Hintergerste und Haferhülsen. Unzulässig erscheint die Beförderung in verunreinigten, feuchten, übelriechenden Wagen oder Schiffsräumen, oder die Lagerung in ungeeigneten Magazinen, in denen es verderben kann. Für die Beurteilung sind besonders von Wichtigkeit: Farbe, Glanz und Größe der Körner, der Griff, der Geruch, das Hektolitergewicht, das 1000-Körner-Gewicht, die Glasigkeit (bei Weizen und Gerste), die Keimfähigkeit, der Gehalt an Besatz, Wasser, Spelzen, Rohprotein (bei Gerste). Der Handel mit G. bildet den wichtigsten Zweig des Binnen- wie des Welt-, des Klein- wie des Großhandels, und zwar sowohl hinsichtlich der Größe des Umsatzes, als auch seiner Bedeutung für das Volkswohl. Er dient dem Massenverbrauch für arm und reich in allen Klimaten und Weltteilen und verdient die allseitigste Förderung, weil die Ernten an einzelnen Orten in hohem Grade durch die Witterung beeinflußt werden, während die verbesserten Beförderungsverhältnisse durch Eisenbahnen und Schiffahrt im großen und ganzen Schwankungen über oder unter die Mittelpreise verhindern. Nur bei noch unentwickeltem Verkehr, wie z. B. in Rußland, oder im Innern von Asien und Afrika, gibt es auch jetzt noch Hungersnöte an einzelnen Stellen und weite Strecken mit herrenlos wachsendem Getreide oder unverwertbarer Massenanhäufung zu gleicher Zeit. In Mittel- und Westeuropa kommen Notpreise nur noch örtlich vor, wenn im Winter die Unzulänglichkeit der Ernte sich da zeigt, wohin die Zufuhr nicht zur Ausgleichung gerichtet werden kann. Die jetzigen Einrichtungen haben dem Getreidehandel eine große Festigkeit gegeben. Die großen Saat- und Getreidemärkte (Wien, Leipzig, London, Amsterdam usw.), die vor der Ernte abgehalten werden, dienen dem Zwecke, über den Jahresertrag in den einzelnen Ländern Klarheit zu verschaffen, um hiernach Ab- und Zufuhr regeln zu können. Sie bilden gewissermaßen eine internationale Versicherung gegen Notpreise (zu hohe oder zu niedrige) und bewirken im großen und ganzen die Erhaltung eines angemessenen Durchschnittssatzes (bezeichnet mit 100), bei welchem sich sowohl die Landwirte als die Verbraucher am wohlsten befinden. Der Massenverbrauch an G. ist dadurch bedingt, daß es das Hauptnahrungsmittel der Menschen bildet sowie als Futtermittel für die Haustiere und als Rohstoff zur Gewinnung technischer Erzeugnisse dient. Als wichtigste, aus Getreide hergestellte Nahrungs- und Genußmittel sind Bier (Gerste, Weizen), Branntwein (Gerste, Roggen, Mais), Stärke (Weizen, Mais) namhaft zu machen. Getreide ausführende Länder sind besonders Rußland, die Vereinigten Staaten, Ostindien, Rumänien, Ägypten, Südamerika und Australien. Gleichgewicht im Verbrauch und Erzeugung zeigen Österreich-Ungarn (früher starke Mehrausfuhr) und Frankreich (früher Mehreinfuhr). Der steten Einfuhr bedürfen Großbritannien und Irland, Spanien, Italien, Belgien, die Niederlande, Portugal, Finnland, die Schweiz, Griechenland, Norwegen und in geringem Grade auch Deutschland, welches bis etwa 1870 noch Mehrausfuhr besaß, bei einer Erzeugung von rund 30 Millionen Tonnen. — Sehr wichtig für den Handel mit G. ist die sorgfältige Aufbewahrung, die im Süden in Silos (Gruben in der Erde), im Norden in besonderen Getreidetürmen mit Bewegungsvorrichtungen, auf Speichern (Kornböden) oder in Zylindern geschieht.

Gewürze (frz. Epicès, engl. Spice) ist der Sammelname für eine große Zahl pflanzlicher Drogen (Samenkörner, Knospen, Rinden, Wurzeln, Blätter und Kräuter), die wegen ihres hohen Gehaltes an ätherischen Ölen, stark aromatischen Geruchs und feinen Geschmacks in der Küche, in der Bäckerei, zur Herstellung von Likören und Zuckerwaren, in Apotheken, Drogenhandlungen usw. Verwendung finden. Der Handel mit den meist aus den Tropen stammenden G. war ursprünglich Monopol der Holländer, die noch jetzt einen bedeutenden Umsatz in G. haben. Soweit von Bedeutung, finden sie ihre Besprechung unter den besonderen Namen.

Gewürznelken (Nelken, Näglein, lat. Caryophylli, frz. Girofles, engl. Cloves). Dieses beliebte Gewürz besteht aus den noch nicht völlig entfalteten, getrockneten Blüten des Nelkenbaumes (Caryophyllus aromaticus, Eugenia caryophyllata), eines schönen immergrünen Baumes aus der Familie der Myrtazeen, der in seiner Belaubung dem Lorbeer ähnelt und im Schmucke seiner Blütenbüschel mit ihren fleischigen, roten Kelchen und weißen Köpfchen einen prächtigen Anblick gewährt. Die Pflanze ist auf den Molukken heimisch und wird auf Amboina, ferner in großem Maßstabe auf Zanzibar und Pemba sowie in geringeren Mengen in den westindischen französischen Kolonien angebaut. Als beste Sorte gelten die ostindischen, auch Amboina-,

Molukken- oder englische Compagnie-N. genannt; dann folgen die dunkleren Zanzibar- und Madagaskar-N., und schließlich die ganz minderwertigen amerikanischen Antillen-, Kayenne- oder Bourbon-N. Die Blüten werden noch im Knospenzustande gepflückt, auf Matten über schwachem Feuer etwas geräuchert, wobei sie ihre braune Farbe annehmen, an der Sonne völlig getrocknet und von den Stielen befreit. Der Wert der N. hängt von ihrem Gehalt an ätherischem Öl (s. Nelkenöl) ab, der 16—20 % beträgt. Daneben enthalten sie noch 9 % Fett, 6 % Protein, 9,5 % Rohfaser, 7,5 % Asche und 45 % Extraktstoffe. Marktfähige Ware muß schwer und voll, ohne Schrumpfung und holzige Trockne, vielmehr biegsam und weich sein und vor allem das Köpfchen noch haben, weil dieses zur Erhaltung des Öles dient. Beim Drücken mit dem Nagel muß reichlich Öl zutage treten. Die G. unterliegen zahlreichen Verfälschungen, von denen die Beimengung extrahierter Ware oder von Stielen am häufigsten ist. Die erstere erkennt man daran, daß sie beim Drücken kein Öl austreten läßt und im Wasser in horizontaler Lage schwimmt, während vollwertige G. in Wasser untersinken oder sich doch senkrecht stellen. Der Gehalt an ätherischem Öl soll mindestens 10 %, der Gehalt an Stielen höchstens 10 % betragen. Die gebräuchlichste Verfälschung der gemahlenen G., Mehl und Zwieback, erkennt man leicht mit Hilfe des Mikroskops, weil G. keine Stärke enthalten. Eine einfache Vorprüfung besteht in dem Verstäuben des Pulvers auf Eisenchloridlösung, wobei alle echten Teilchen sich blau färben. Die zur Verfälschung benutzten Blütenstiele (Nelkenstiele, Nelkenstengel, Fusti) enthalten 5 bis 6 % eines dem Nelkenöle ähnlichen, aber weniger angenehm riechenden ätherischen Öles und bilden einen zur Bereitung von Parfüm und Likören benutzten Handelsartikel, ebenso die reifen Früchte des Nelkenbaumes, die Mutternelken (lat. Anthophylli, frz. Fruits de girofle, engl. Mother Cloves), welche zu Teegemischen und Augenwässern beschränkte Anwendung finden.

Gewürzöl, ein Gemisch verschiedener ätherischer Öle (Zitronen-, Zimt-, Kardamomen-, Mazisöl usw.), das von Drogisten als Zusatz zu Backwaren verkauft wird.

Gießhübler Sauerbrunnen von Gießhübl-Puchstein in Böhmen. Die obere, sog. König-Otto-Quelle, und die untere Quelle haben für 1000 Gewichtsteile folgende Zusammensetzung: Bikarbonate des Natriums: 1,1928 bzw. 1,0768 g, Kaliums 0,1086 (0,0860) g, Lithiums 0,0104 (0,0006) g, Kalziums 0,3438 (0,0222) g, Strontiums 0,0029 g (—), Magnesiums 0,2134 (0,1341) g, Eisenoxyduls 0,0036 (0,0075) g, Manganoxyduls 0,0014 (0,0009) g; Chlorkalium 0,0304 (0,0216) g; Kaliumsulfat 0,0339 (0,0291) g; Tonerde 0,0029 (0,0027) g; Kieselsäure 0,0594 (0,0450) g; organische Stoffe 0,0019 (0,0018) g und freie Kohlensäure 2,3739 (1,8507) g.

Giftlattich (lat. Herba lactucae virosae, frz. Herbe de laitue vireuse, engl. Wild Lettuce), eine zweijährige, besonders im südlichen und südwestlichen Europa heimische, zum medizinischen Gebrauche dienende Komposite, Lactuca virosa, enthält einen brennend scharfen und bitteren Milchsaft, der teils in Form eines weingeistigen Extrakts (lat. Extractum Lactucae virosae, frz. Extrait de laitue vireuse, engl. Extract of Lettuce) aus den frischen Blättern und Blüten, teils als sog. Lactucarium (frz. Lactucarium, engl. Lettuce Opium) angewandt wird. Das letztere ist der an der Luft erhärtete Saft, der durch Einschnitte in den Stengel ausgeflossen ist, eine bräunliche Masse von kratzend-bitterem Geschmack und opiumähnlichem narkotischen Geruch. Außer diesem Extrakt, das in Deutschland und England auf dieselbe Weise gewonnen wird, benutzt man besonders in Österreich und Frankreich den gewöhnlichen Gartensalat (Lactuca sativa) zur Darstellung von Lactucarium, das ebenso, aber viel schwächer wirkt als das vorige.

Gin nennt man verschiedene, in England gebräuchliche Sorten von Getreidebranntwein, der mit Gewürzen destilliert wird.

Gingelly ist eine Art ostindischer Raps, der dort in bedeutender Menge angebaut und sowohl im Lande selbst verbraucht, als auch für die Zwecke der Ölgewinnung nach England ausgeführt wird. Haupthandelsplätze für den als weißen und schwarzen unterschiedenen G. sind Kalkutta und Curachee.

Ginsengwurzel (Kraftwurzel, lat. Radix ninsi s. Ginseng, frz. Racine de ginseng, engl. Ginseng-root), eine von den Chinesen als Stärkungs- oder Reizmittel hochgeschätzte Droge, stammt von Panax quinquefolius, einer Pflanze, die bei uns in Gärten und Anlagen als Blattpflanze nicht selten vorkommt. In unserem Arzneischatz hat sich die Droge keine Stelle erringen können.

Gips (Sparkalk, lat. Gypsum, Calcium sulfuricum ustum, frz. Gypse, Blâtre, engl. Gypsum), ein aus wasserhaltigem, schwefelsaurem Kalk (Kalziumsulfat), $CaSO_4$, bestehendes Mineral, findet sich in verschiedenen Abarten, teils dicht und derb als festanstehendes Gestein, teils in faserigen Aggregaten (Fasergips) oder als lockere schuppige Masse (Schaumgips), oder endlich in mehr oder weniger großen Kristallen als Gipsspat, Fraueneis oder Marienglas (lat. Glacies Mariae, frz. Verre fossile, engl. Moon-Stone). Auch der Alabaster ist seiner chemischen Zusammensetzung nach wasserhaltiges Kalziumsulfat. Der G. ist weicher als der Kalkstein und läßt sich daher leicht gewinnen. Das meist weiße, seltener farbige Mineral löst sich in ungefähr 400 Teilen Wasser, verliert beim Erwärmen über 100° Wasser und ist bei 170° vollkommen wasserfrei. Auf der Eigenschaft dieses sog. gebrannten G., beim Anrühren mit einer bestimmten Menge Wasser unter chemischer Bindung desselben wieder zu erhärten, beruht seine Anwendung zur Herstellung von Abgüssen. Zu letzterem Zwecke wird er in feingemahlenem Zustande in den Handel gebracht. Zu stark gebrannter, d. h. bis auf 220° erhitzter G. verliert die Eigenschaft, Wasser zu binden und damit zu erhärten, und wird dann als totgebrannt bezeichnet. Wasserfreier G. findet sich auch schon in der Natur als fest anstehendes Gestein und heißt mineralogisch Anhydrit. Der gemahlene natürliche G. wird zuweilen unter dem Namen Annalith oder Terra alba als Füll masse für Papier oder zur Herstellung weißer Glanzpapiere verwandt. Den gebrannten G. benutzt man zu Gipsgußarbeiten, namentlich: Gipsfiguren, Stukkaturarbeiten, Gipshohlformen, ferner zu chirurgischen Zwecken (Gipsverband), zu Estrich, zum Stereotypieren usw.; den totgebrannten zu gewissen Glasurmassen.

Giroflé (Methylenviolett), ein Safraninfarbstoff, wird durch Einwirkung von salzsaurem Nitrosodimethylanilin auf ein Gemenge von salzsaurem Metaxylidin und Paraxylidin erhalten. Das braune, in Wasser mit roter Farbe lösliche Pulver wird im Kattundruck zum Tönen von Alizarinviolettdruckfarben benutzt und färbt gebeizte Baumwolle rotviolett.

Glas (lat. Vitrum, frz. Verre, engl. Glass) ist ein amorphes Gemenge verschiedener Silikate, besonders des Kalzium-, Kalium- und Natrium- sowie des Bleisilikats. Vom chemischen Standpunkte aus unterscheidet man zwischen Kalium-Kalziumglas, Natrium-Kalziumglas, Kalium-Bleiglas und Aluminium-Kalzium-Alkaliglas. Das Kalium-Kalziumglas liefert das böhmische Glas, das vollständig farblos ist und sich durch Schwerschmelzbarkeit sowie durch Härte und Widerstandsfähigkeit auszeichnet. Das Natrium-Kalziumglas ist bläulich, leichter schmelzbar, aber härter als das vorige und wird als französisches Glas bezeichnet. Aus ihm werden die gewöhnlichen Trinkgefäße, das Fensterglas, die chemischen Glasgeräte sowie das zu optischen Zwecken benutzte Crownglas bereitet. Das Kalium-Bleiglas, zu dem das Flintglas und der Strass gehören, zeichnet sich durch hohes spez. Gew. und starke Lichtbrechung aus. Das Aluminium-Kalzium-Alkaliglas endlich bezeichnet man, da es meistens zur Herstellung von Flaschen dient, als Bouteillenglas. Es enthält fast stets Eisensilikate und ist deshalb gelblich oder grünlich gefärbt. — Als Rohmaterialien zur Glasbereitung dienen hauptsächlich Kieselsäure, Kalk, Natron, Kali und Blei. Die Kieselsäure wird in Form von Sand, Feuerstein oder Quarzstücken verwandt, der Kalk entweder als Kalkspat, Marmor und Kreide (weißes G.) oder von Mergel und Kalkaschen (grünes G.), das Natron in Gestalt von Glaubersalz oder Soda, das Kali als gereinigte oder rohe Pottasche, und das Blei als Mennige oder Glätte. Die färbende Eigenschaft verschiedener Metalloxyde, wie Eisenoxyd, Kobaltoxyd, Kupferoxyd, wird bei der Erzeugung farbiger Gläser verwertet. Um aus gewöhnlichem G., das infolge seines Eisengehaltes fast immer grünlich oder gelblich erscheint, weißes G. zu gewinnen, entfärbt man es durch Mangansuperoxyd oder durch Mennige, arsenige Säure, Selen und Salpeter. Ein wichtiges Material zur Glasbereitung bietet schließlich auch der aus Glasscherben der verschiedensten Herkunft bestehende Glasbruch. Zur Herstellung des G. wird der Satz, die je nach der Glassorte zusammengestellte Mischung, gemahlen und in feuerfesten Tiegeln (Glashäfen) in Schmelzöfen (Glasöfen) geschmolzen. Die sich dabei auf der Oberfläche ansammelnde Glasgalle, die aus dünnflüssigen, durch die Kieselsäure nicht gebundenen Salzen besteht und nebst den Blasen, Knoten, Steinen und Streifen die sog. Fehler des G. bildet, muß entfernt werden. Infolge ihrer Zähigkeit eignet sich die flüssige Masse nicht zum eigentlichen Gießen in Formen, vielmehr ist alles sog. gegossene G. in Formen gepreßt, und selbst die Spiegeltafeln verdanken ihre Flächen nicht ausschließlich dem Guß, sondern nebenbei der Preßwalze. Die meisten Glaswaren werden daher geblasen, und zwar nicht nur die eigentlichen Hohlglaswaren, sondern auch das Fensterglas und die Gläser zu den billigeren Spiegeln. Durch geschicktes Hantieren mit der aufgeblasenen Masse, Schwenken, Drehen, Rollen, Stauchen und mit Anwendung sehr einfacher Werkzeuge, wie Blaserohr (Pfeife), Stäben, Scheren und Stangen formt der Glasarbeiter, indem er, so oft als nötig, die erstarrende Masse am Feuer wieder erweicht, aus einem Klumpen Glasmasse die verschiedensten Gegenstände. Durch mechanische, mit Preßluft arbeitende Vorrichtungen nach Siewert u. a. ist die Handarbeit vielfach erleichtert und zum Teil verdrängt worden. Flaschenblasemaschinen nach Owens u. a. stellen Gegenstände aus Hohlglas in ungeheurer Menge völlig automatisch her. Das Fenster- oder Tafelglas wird entweder als Mondglas oder als Walzenglas hergestellt. Ersteres erhält man durch Blasen einer großen, hohlen Kugel, die durch Abziehen von der Pfeife geöffnet und nun so lange in Drehung versetzt wird, bis sie sich in eine Scheibe von 1,5 m Durchmesser umgewandelt hat. Nach dem Erkalten wird sie in mondförmige Stücke zerschnitten, während das Mittelstück (Ochsenauge) zu Butzenscheiben Verwendung findet. Zur Gewinnung des Walzenglases wird vor der Pfeife ein größerer Zylinder geblasen und dieser nach dem Durchschneiden auf einer im Streckofen befindlichen Platte mittels besonderer Polierhölzer geglättet. Das Spiegelglas entsteht meist durch Gießen und Walzen sowie durch nachheriges Schleifen und Polieren. Die gewölbten oder parabolischen Fensterscheiben erhält man aus ebenen Tafeln dadurch, daß man sie auf gewölbten gußeisernen Platten im Glühofen erweichen läßt, bis sie sich auf der Unterlage überall angelegt haben. In ähnlicher Weise werden die Uhrgläser aus dem Rohen gebildet. Das sog. Musselin- oder Jalousieglas, das durch weiße Verzierung teilweise undurchsichtig gemacht ist, wird entweder durch Ätzen mit Flußsäure oder durch Einbrennen eines aus Knochenasche und leicht flüssigem G. bestehenden Musters hergestellt. Gegossenes, roh gelassenes Tafelglas wird gegenwärtig vielfach zu Bedachungszwecken für Lichthöfe, Eisenbahnhallen und Gewächshäuser, starkes Tafelglas, meistens das sog. rheinische Doppelglas, zu photographischen Platten benutzt. Die gestaltenreichste Gruppe der Glaswaren bildet das Hohlglas, das alle gefäßartigen Glaskörper, Zylinder, Flaschen usw. umfaßt und in Grünhohlglas, ordinäres Weißglas und Kristallglas unterschieden wird. Das Haupterzeugnis bilden Flaschen, von den rein weißen Medizinflaschen bis zu den dunkelgrünen Bier- und Champagnerflaschen und den mächtigen, zur Aufnahme von Säuren, Petroleum, Ölen usw. bestimmten Ballonen. Alle diese Hohlkörper werden geblasen, sei es aus freier Hand oder mit Benutzung von Hohlformen, in deren Innern das Aufblasen der Glasmasse erfolgt. Die Anwendung der letzteren ist besonders dann geboten, wenn die Gefäße eine andere als runde Form haben, oder an der Oberfläche irgendwie gemodelt oder wie geschliffen aussehen sollen. Derartig durch Formen verzierte Hohlgläser pflegt man gepreßte zu nennen, wiewohl diese Bezeichnung eigentlich nur solchen Waren zukommt, welche wie Teller, Salzfässer usw. wirklich durch Einpressen von glühender Glasmasse zwischen die zwei Teile einer Metallform hergestellt sind. Zur Färbung der Gläser werden dem Glasflusse verschiedene Metalloxyde hinzugesetzt. Kupferoxyd färbt smaragdgrün, Manganoxyd violett, Kobaltoxyd blau, Kupferoxyd und Gold rot. Zinnoxyd macht die Glasmasse weiß und undurchsichtig (Emailglas) und gibt, in Verbindung mit Farben, matte farbige Gläser. Die bunten Glasfenster sind meist durch Überfangen erzeugt, d. h. man plattiert eine weiße Glasschicht mit einer dünnen, farbigen, was dieselbe Wirkung hervorruft, als sei die Masse durch und durch gefärbt. Geschliffene Hohlglaswaren werden durch Schleifen auf umlaufenden Scheiben aus Eisen, Sandstein und Holz hergestellt, wobei noch Sand und Schmirgel als Schleifmittel Verwendung finden, vielfach auch mit dem Sandgebläse oder der Sandblasmaschine bearbeitet. Glasröhren erhält man durch schnelles und gleichmäßiges Ausziehen einer Glasblase nach zwei Richtungen hin, Glasperlen entweder durch Zerschneiden von Glasröhren und Abschleifen der Kanten, oder durch direktes Blasen an der Lampe, facettierte Perlen auch durch Pressen der Glasmasse in zangenartigen Formen. Das englische Kristall- oder Flintglas, ein bleihaltiges G., das aus sehr reinen Materialien besteht und zu optischen Gläsern und Linsen dient, wird in kleinen Tiegeln dargestellt und nach dem Zerschlagen der letzteren durch Schleifen weiter zugerichtet. Straß ist ein sehr bleireiches G., aus welchem künstliche Edelsteine und Similidiamanten hergestellt werden; der künstliche Aventurin, ein mit glänzenden Flittern durchsetztes Glas. Durch gewisse Zusätze werden neuerdings Glassorten von ganz besonderen Eigenschaften erzeugt. Mit geringen Borsäuremengen hergestelltes, sog. Euphosglas, ist für ultraviolette Strahlen undurchlässig und daher für Brillen empfohlen worden. Durch Verwendung von Barium an Stelle des Bleies und von Borsäure an Stelle der Kieselsäure erhält man die sehr widerstandsfähigen Baryt- und Boratgläser. Erhebliche Zusätze von Magnesia (9 %) und Zinkoxyd (6 %) zu gewöhnlichem Bleiglas erhöhen die Elastizität und liefern das besonders für Bergmannslampen benutzte unzerbrechliche Glas, das plötzliche Abkühlung von 100 auf 15° durch Eintauchen in Wasser verträgt. Noch überlegen ist ihm das Schottsche Borosilikat-Verbundglas für Wasserstandsröhren an Dampfkesseln, das bei 2,5 mm Stärke einen Druck von 300 Atm. aushält und bei 230° mit kaltem Wasser abgeschreckt werden kann. Die Eigenschaften des G. sind je nach der Zusammensetzung verschiedene. Das spez. Gew. beträgt bei Alkalikalkgläsern 2,400 bis 2,600, bei Alkalibleigläsern 3—4. Die Härte steigt mit zunehmendem Kieselsäuregehalt. Gegen Säuren besitzt Glas eine große Widerstandsfähigkeit, während Alkalien es mehr oder weniger angreifen. Beachtenswert ist das Verhalten des G. gegen verschiedene Temperaturen. Bei der Herstellung schnell abgekühltes G. zerspringt sehr leicht, während bei zu langsamer Abkühlung eine Entglasung stattfindet und die Masse porzellanartig wird. Werden bis fast zum Erweichen erhitzte Glasgegenstände in ein warmes Fett- oder Paraffinbad eingetaucht, erhält man das sich durch große Härte und Dehnbarkeit auszeichnende Hartglas. Das Lichtbrechungsvermögen ist bei rasch gekühltem G. doppelt so groß als bei langsam gekühltem. Glas ist ein schlechter Leiter der Wärme und Elektrizität und zeigt ein eigentümliches Verhalten gegen direktes Sonnenlicht, indem fast alle Glasarten durch dieses verschiedenartig gefärbt werden. Fabriken für grünes und ordinäres weißes Hohl- und Fensterglas sind jetzt überall verbreitet, da sie nicht mehr ausschließlich auf Waldgegenden angewiesen sind, sondern allgemein mit Stein- und Braunkohlen arbeiten. Am meisten findet die Holzfeuerung noch in Böhmen statt, das nächst Venedig der älteste Sitz der Glasmacherei ist und dessen Industrie lange Zeit die erste war. Zurzeit haben wir auch in Deutschland zahlreiche hervorragende Glasfabriken, insbesondere die Thüringer (Jena) Gläser sind in der ganzen Welt berühmt.

Glaspapier nennt man das bekannte, durch Ankleben von Flintstein- oder Glaspulver unter Anwendung von Leim auf Papier hergestellte Schleifpapier, das zum Abschleifen von Holz, Leder u. a. benutzt wird. Zum Abschleifen von Metall nimmt man an Stelle von Glas und Flintstein Schmirgel in Form von Schmirgelpapier und -leinen. Alle vorstehenden Sorten werden, je nach der Körnung des Grundstoffes, in verschiedenen Feinheitsgraden hergestellt.

Glaswolle. Unter diesem Namen kommt ein außerordentlich lockeres und leichtes, im Äußeren der gereinigten Baumwolle ähnliches Material in den Handel, das aus äußerst feinen Glasfäden besteht und zum Filtrieren von starken Säuren, Laugen, Silberbädern usw. benutzt wird. G. wird in verschiedenen Feinheitsnummern, von Nr. 0 bis Nr. 3, im Preise von 150—160 M. für 1 kg in der Weise hergestellt, daß man von einem fortwährend im Glühen erhaltenen Glasstabe das dünn ausgezogene Ende auf die Peripherie eines sich schnell umdrehenden großen Rades wirft. Der aufgehaspelte Faden zerbricht beim Abnehmen vom Rade in einzelne Stücke, die sich lockenartig zusammenrollen.

Glaubersalz (Natriumsulfat, schwefelsaures Natrium, lat. Natrium sulfuricum, frz. Sulfate de soude, engl. Sulphate of sodium, Sodium sulphate). Das Salz hat seinen Namen von dem Arzt und Alchimisten Glauber, der es 1658 als ein besonderes Salz erkannte und als Glaubersches Wundersalz (Sal mirabile Glauberi) in die Chemie einführte. Der Stoff kommt in zweierlei Zuständen vor, als kristallisiertes Salz, die gewöhnliche käufliche Form, das eigentliche G., in großen farblosen, schief rhombischen, längsgestreiften Säulen, und als wasserfreies Salz. Das erstere, $Na_2SO_4 + 10H_2O$, enthält in 100 Teilen 19,36 Natron, 24,81 Schwefelsäure und 25,83 Kristallisationswasser, das letztere besteht aus 43,82 Natron und 56,18 Säure. Beim Liegen an trockener warmer Luft verwittert das kristallisierte Salz, indem sich die Kristalle durch allmähliches Verdunsten des Wassers mit einer weißen Schicht bedecken und endlich in eine pulverförmige, nahezu wasserfreie Masse verwandeln. In der Hitze schmilzt das Salz anfänglich in seinem eigenen Wasser, bis dieses verjagt ist und das wasserfreie Salz zurückbleibt. Das schwefelsaure Natron ist in der Natur weit verbreitet. Es findet sich aufgelöst im Meerwasser, in den Salzsolen und verschiedenen anderen Mineralquellen (Karlsbad, Friedrichshall, Püllna usw.), als Ausblühung am Erdboden, namentlich in Steppen in der Nähe von Seen, in Rußland, Ungarn usw. Fertig gebildet als festes Mineral in Begleitung von Gips, Ton, Steinsalz wird das G. ebenfalls nicht selten angetroffen, z. B. in der Baseler Gegend nesterweise in Gips, in Oberösterreich als Adern in Salzstöcken, in großen Lagern in mehreren Gegenden Spaniens mit Gips und Ton. Auch der Pfannenstein der Salzsiedereien besteht hauptsächlich aus Gips und G., und außerdem entsteht es als Nebenerzeugnis bei der Bereitung von Jod und Brom aus Meerpflanzenasche. Größere Mengen des Salzes werden bei verschiedenen chemisch-technischen Prozessen, namentlich bei Darstellung von Salpetersäure, aus Chilesalpeter gewonnen. Der hierbei erhaltene Rückstand enthält jedoch stets mehr Schwefelsäure als das G., da man einen Überschuß der letzteren anwendet, und ist daher gewöhnlich als anderthalbschwefelsaures Natron, zuweilen auch als doppeltschwefelsaures Natron, Natriumbisulfat (lat. Natrium bisulfuricum, frz. Bisulfate de soude, engl. Bisulfate of sodium), anzusprechen. Er wird unter dem Namen Weinsteinsurrogat von den Färbern als Beize benutzt. — Die größten Mengen von G. wurden bisher bei der Herstellung von Soda aus Kochsalz, bei welcher letzteres zunächst in G. verwandelt wird, gewonnen. Diese Ware, aus wasserfreiem G. bestehend, wird in Fabrik und Handel gewöhnlich als Sulfat bezeichnet. Aus diesem Sulfat läßt sich durch Auflösen in heißem Wasser und Kristallisieren leicht das gewöhnliche G. herstellen. Für manche Zwecke braucht man es aber wie es ist, ohne Wassergehalt, namentlich zur Glasbereitung, wenn auch nur für ordinäre Gläser. Das G. dient außerdem als Reagens in der Chemie, technisch bei Bereitung des Ultramarins, als Bestandteil von Kältemischungen usw., medizinisch als Abführmittel. Es muß für diesen Zweck durch mehrmaliges Umkristallisieren gereinigt und von fremden Stoffen, wie Metallsalzen, Gips, Bittersalz, Kochsalz, befreit sein. Wird die Kristallisation einer Glaubersalzlösung durch Umrühren gestört, so fällt es in kleinen nadelförmigen Kristallen zu Boden.

Glidin ist ein Nährpräparat der Firma Dr. Klopfer in Leubnitz bei Dresden, das im wesentlichen aus Weizenkleber besteht und daneben noch Lezithin enthalten soll.

Glimmer (frz. Verre de Muscovic, Mica, engl. Glist), ein weit verbreitetes Mineral, bildet einen wesentlichen Gemengteil mehrerer Massengesteine, besonders des Granits, Gneißes und Glimmerschiefers, in welchen es in Form kleiner Schüppchen vorhanden ist. Seltener findet sich der Gl. auf Gängen im Granit in großen Blättern und Platten, die eine technische Verwendung gestatten. Seiner chemischen Zusammensetzung nach ist er ein Doppelsilikat von Tonerde mit Alkalien oder Magnesia und enthält als unwesentliche Beimengungen bisweilen etwas Mangan, Eisen und Kalk. Die wichtigste Art, der Kaliglimmer oder Muskovit, besitzt meist eine helle Färbung und läßt sich in außerordentlich dünne Blätter spalten, die völlig durchsichtig sind und an Stelle von Glas benutzt werden. Vor letzterem hat er den Vorzug der größeren Elastizität und Biegsamkeit sowie der größeren Widerstandsfähigkeit gegen Hitze und dient daher zur Herstellung von Scheiben in Maschinenwerkstätten, Kriegsschiffen, Schmelz- und Dauerbrandöfen, ferner von Schutzbrillen für Arbeiter gegen Einfliegen von Metall-, Stein- und Glassplitter, strahlende Hitze usf. Die kleineren Bruchstücke werden zur Verzierung von Spielwaren, Galanteriewaren und Buntpapier benutzt. Das metallglänzende Aussehen hat oft die Hoffnung auf Goldfunde erweckt und dem Gl. den Namen Katzengold eingetragen. Hauptfundorte sind Ural, Nordamerika, Ostindien und China. Auch in den deutsch-afrikanischen Kolonien scheinen einige abbauwürdige Lager zu sein. Der meist schwarze Magnesiaglimmer (Biotit) findet sich besonders in den jüngeren Eruptivgesteinen: Porphyren und Trachyten. Der rosenrote Lithionglimmer oder Lepidolith von Penig in Sa. bildet das wichtigste Ausgangsmaterial für Lithiumpräparate.

Globe-Öl (Vulkanöl, Phönixöl), ein aus westvirginischem Rohpetroleum hergestelltes Schmieröl vom spez. Gew. 0,885, ist säurefrei, kältebeständig und verharzt nicht. Auch setzt es nach wochenlangem Stillstand der Maschinen keine trockenen Massen ab.

Glühlampen für elektrisches Licht nennt man diejenigen Beleuchtungskörper, in welchen dünne Fäden von leitendem (Metalle) oder nichtleitendem (Kohle, Metalloxyde) Material durch den elektrischen Strom zum Glühen gebracht werden, und welche, falls die als Widerstand eingeschaltete Substanz verbrennlich ist, natürlich luftleer gemacht oder mit einem indifferenten Gase gefüllt sein müssen. Am verbreitetsten und bekanntesten unter den Lampen der letzten Kategorie ist die Kohlenfadenlampe. Von den neuerdings in großer Zahl konstruierten G. kommt besonders die Osmiumlampe in Betracht, bei der ein aus Osmiummetall und gewissen Zusätzen hergestellter Faden in Weißglut versetzt wird. Die O., die ein überaus helles, rein weißes Licht liefert, hat den Vorzug geringen Stromverbrauchs und geringer Empfindlichkeit gegen Spannungsschwankungen. Ihr höherer Preis wird durch die lange Brenndauer ausgeglichen. Die Tantallampe enthält äußerst feine Fäden von metallischem Tantal. Sie verbraucht nur halb soviel Strom wie die Kohlenfadenlampe und hat eine Brenndauer von über 1000 Stunden. Die Zirkon- und Osramlampen enthalten Fäden von Zirkon, bzw. einer Legierung aus Osmium und Wolfram. Die Nernstlampe mit offener lufthaltiger Birne beruht auf der

Beobachtung, daß gewisse, bei gewöhnlicher Temperatur nicht leitende Substanzen bei höheren Temperaturen den elektrischen Strom leiten. Sie enthält als Glühkörper ein Stäbchen aus Magnesia, welches durch eine automatisch wirkende Heizvorrichtung vorgewärmt und dann erst durch den elektrischen Strom zum Glühen gebracht wird. Der Stromverbrauch ähnelt demjenigen der Tantallampe. Dem hohen Preise steht der geringere Stromverbrauch und die längere Brenndauer entgegen. Als Nachteil der N. ist zu erwähnen, daß sie nur für größere Lichtstärken hergestellt wird.

Glühstifte für Taschenwärmeöfchen, wie sie vielfach ins Feld gesandt wurden, bestehen aus einem Gemische von Lindenholzkohlenpulver mit einem Klebemittel (Tragant, Stärke) und etwas Salpeter, das in Form zylindrischer Stäbe gebracht und dann getrocknet wird. Sorgfältiges Mischen ist wesentlich, da die Stifte sonst schief brennen oder vorzeitig erlöschen.

Glühstrümpfe für Gasglühlicht (Auerlicht), Spiritus- und Petroleumglühlicht werden in der Weise hergestellt, daß man ein feines Baumwollengewebe mit einer Lösung von Salzen der seltenen Erden, meist Thoriumnitrat mit 1% Zernitrat, tränkt und darauf die Faser durch Glühen zerstört. Das in Form des Gewebes hinterbleibende Gerüst von Metalloxyden wird, um ein Zerbröckeln beim Versand zu verhindern, mit Lösungen elastischer Substanzen, wie Guttapercha oder Kollodium, getränkt, die dann beim Gebrauch schnell abbrennen. Die Anwendung der G. hat eine erhebliche Gasersparnis zur Folge, ihre Brenndauer beträgt gegen 500 Brennstunden.

Glutol, ein gelbweißliches, in Wasser unlösliches Pulver, wird durch Behandlung von Gelatine mit Formaldehyd dargestellt und findet als antiseptisches, blutstillendes Wundstreupulver Anwendung. Mit ihm identisch ist das ebenfalls als Formaldehydgelatine anzusprechende Glutoform.

Glykoformal nennt Lingner die zur Füllung seines Desinfektionsapparates bestimmte Mischung von 10 Teilen Glyzerin, 15 Teilen Wasser und 75 Teilen Formaldehyd.

Glykolsäure (Oxyessigsäure), eine organische Säure von der Formel $CH_2(OH).COOH$, ist als eine Essigsäure aufzufassen, in der ein Wasserstoffatom der Methylgruppe durch Hydroxyl ersetzt ist. Die Säure, die in den Wollwaschwässern, in unreifen Weintrauben, in den Blättern des wilden Weins und im Rübensaft vorkommt, wurde früher nur als chemisches Präparat durch Erhitzen von Monochloressigsäure mit Wasser, Kaliumkarbonatlösung oder Kalziumkarbonat hergestellt, hat aber neuerdings größere praktische Bedeutung erlangt, seitdem es gelungen ist, sie in großen Mengen aus Oxalsäure durch Reduktion mit Zink und Schwefelsäure oder durch Elektrolyse zu gewinnen. Die G. bildet bei 80° schmelzende Kristalle, die sich in Wasser, Alkohol und Äther lösen. Die wäßrige, rein sauer schmeckende Lösung ist während des Krieges als Ersatz organischer Pflanzensäuren für gewisse Zwecke der Nahrungsmittelindustrie, u. a. zur Herstellung von Kunsthonig, empfohlen worden, wird unter normalen Verhältnissen aber hierfür viel zu teuer sein, da 1 kg über 100 M. kostet.

Glykosal, ein neues Heilmittel, wird durch Erhitzen von Glyzerin mit Salizylsäure und Mineralsäuren hergestellt als ein weißes Kristallpulver vom Schmelzpunkt 76°, das sich leicht in heißem Wasser und Alkohol, schwierig in Chloroform und Äther löst. Es ist der Salizylsäureester des Glyzerins und findet an Stelle der Salizylsäure medizinische Anwendung.

Glykoside (Glukoside) nennt man eine besonders im Pflanzenreiche weit verbreitete Gruppe organischer Verbindungen, die beim Kochen mit Säuren oder durch Fermente in eine Zuckerart und andere mit dem Zucker esterartig verbundene Körper zerfallen. Nach der Art des Zuckers, zu dem hier auch Phlorogluzin, Mannit und ähnliche Kohlenhydrate gerechnet werden, unterscheidet man folgende Gruppen: 1. Eigentliche Glykoside, deren Spaltungsprodukt Glykose ist, z. B. Arbutin, Daphnin, Helleborin, Jalapin, Salizin; 2. Phlorogluzide (Spaltungsprodukt Phlorogluzin), z. B. Maklurin, Phloretin; 3. Phloroglykoside, die zuerst Glykose, bei längerer Einwirkung der Säure auch Phlorogluzin abscheiden, z. B. Phloridzin, Robinin; 4. Gummide (Spaltungsprodukt Gummi), z. B. Karminsäure; 5. Mannide (Spaltungsprodukt Mannit), z. B. Chinovin; 6. Stickstoffhaltige G., z. B. Amygdalin, Solanin. Verschiedene technisch wichtige G. sind unter ihrem besonderen Namen näher besprochen worden.

Glyzerin (Glyzerylalkohol, Glyzeryloxydhydrat, Ölsüß, Scheelesches Süß, lat. Glycerinum, frz. Glycerine, engl. Glycerin), ein dreiatomiger Alkohol von der Formel $C_3H_5(OH)_3$, findet sich nicht im freien Zustande in der Natur, sondern als Ester verschiedener Fett- und Ölsäuren, mit denen es die natürlichen Fette des Pflanzen- oder Tierreiches bildet. In geringer Menge entsteht es bei der geistigen Gärung zuckerhaltiger Flüssigkeiten und ist daher ein regelmäßiger Bestandteil des Weines und Bieres. Zu seiner technischen Darstellung bedient man sich in normalen Zeitverhältnissen ausschließlich der natürlichen Fette, die durch Ätzalkalien bzw. Bleioxyd sowie auch durch gespannte Wasserdämpfe in Gl. und Fettsäuren zerlegt werden. Es wird sonach im Großbetrieb stets als Nebenprodukt bei der Seifenfabrikation aus der sog. Unterlauge, oder bei der Herstellung der Stearinkerzen gewonnen. Bei der letzteren findet die Zerlegung der Fette sowohl durch Kalkmilch als auch durch Schwefelsäure statt. Die beste Ausbeute gibt aber die Verseifung durch überhitzte Wasserdämpfe. Talg oder Palmöl werden in Destillierblasen mittels überhitzter Wasserdämpfe auf etwa 300° erhitzt, wobei die Spaltungsprodukte, Glyzerin und Fettsäuren, mit den Wasserdämpfen übergehen. Nach dem Erkalten wird das Gl. aus der von der erstarrten Fettsäure abgelassenen Flüssigkeit durch Eindampfen gewonnen. Das auf die eine oder andere Weise erhaltene Rohglyzerin stellt eine mehr oder minder sirupöse, gelb bis braun gefärbte Flüssigkeit dar, die unter anderem noch Fett, Fettsäuren und anorganische Salze enthält. Es kommt in großen Mengen aus Holland, Frankreich und Rußland zur Einfuhr und wird verschiedenen Reinigungswäschen unterworfen. Das sog. raffinierte oder gereinigte Gl. erhält man, indem man die im Rohglyzerin vorhandenen Verunreinigungen auf chemischem Wege möglichst entfernt, hierauf die Flüssigkeit mittels Knochenkohle entfärbt und schließlich im Vakuum konzentriert. Zur Darstellung des destillierten oder reinen Gl. wird das konzentrierte Rohglyzerin zunächst bei 100—110° mit Wasserdämpfen erhitzt, dann bei 180° der Destillation unterworfen und schließlich in einem System von Kondensatoren verdichtet. Das kristallisierte Gl. endlich, das reinste Erzeugnis des Handels, wird durch Kristallisation des destillierten Gl. bei 0° gewonnen. Das reine Gl. (Glycerinum bisdestillatum purum D.A.B.) hat ein spez. Gew. von 1,225—1,235 und enthält etwa 15% Wasser, während das reinste Gl. vom spez. Gew. 1,269 wasserfrei ist. Es stellt einen farb- und geruchlosen dickflüssigen Sirup dar, der mit Wasser und Alkohol in allen Verhältnissen mischbar ist, sich aber in Äther, Chloroform und Benzin nicht löst. Mit Wasserdämpfen, besonders mit überhitzten, ist Gl. flüchtig, ohne daß eine Zersetzung stattfindet. Diese tritt aber ein, wenn es an der Luft erhitzt wird, indem sich Akrolein, C_2H_3.CHO, ein stechend riechendes, die Augen und Nase heftig angreifendes Gas bildet. Bei gewöhnlicher Temperatur ist Gl. nicht brennbar, dagegen lassen sich die aus heißem Gl. entwickelten Dämpfe mit nicht leuchtender Flamme entzünden. Für viele anorganische und organische Stoffe ist Gl. ein ausgezeichnetes Lösungsmittel, auch besitzt es die Eigenschaft, begierig Feuchtigkeit aufzunehmen und reizt infolgedessen in konzentriertem Zustande die Haut. Ein gutes reines Gl. muß farblos, klar und neutral sein, darf weder Arsen noch Kupfer und Blei enthalten und soll auch frei sein von Sulfaten, Choriden und Zucker. Besonders ist auf die Abwesenheit von Akrolein und niederen Fettsäuren zu prüfen. 5 ccm Gl., mit 5 ccm Ammoniak und 5 Tropfen Silbernitratlösung gemischt, dürfen innerhalb 15 Minuten nicht dunkel gefärbt werden (Akrolein). 1 ccm Gl. soll, mit verdünnter Schwefelsäure erwärmt, keinen ranzigen Geruch entwickeln (Buttersäure, Kapronsäure). Für Toiletteseifen wird kalkfreies Gl. verlangt, das in wäßriger Lösung mit oxalsaurem Ammonium keine weiße Trübung geben darf. Hinsichtlich der Konzentrationsgrade führt man im Handel Gl. von 16—30°. Am gangbarsten sind die Sorten von 24 und 28°. Gl. findet eine außerordentlich mannigfache Verwendung. Die größten Mengen werden zum Füllen der Gasuhren und zur Herstellung von Nitroglyzerin und Dynamit verbraucht. Weniger reine Sorten benutzt man zur Anfertigung der Buchdruckerwalzen, die aus Gl. und Leim bestehen. In der Gerberei dient es zum Geschmeidigmachen des Leders, ferner in der Musselinweberei, Zeugdruckerei und Appreturanstalten zur Behandlung der Garne. Auch zu medizinischen Zwecken wird Gl. vielfach benutzt, namentlich äußerlich zum Einreiben aufgesprungener Hände und als Zusatz zu Toiletteseifen, schließlich bildet es das Ausgangsmaterial zur Bereitung von künstlichem Senföl und von Ameisensäure mittels Oxalsäure. Der früher beliebte Zusatz zu Wein ist zurzeit durch Reichsgesetz verboten. Wegen seiner Neigung, aus der Luft Wasser anzuziehen, muß Gl. in gut verschlossenen Gefäßen aufbewahrt werden. Der Versand geschieht in Fässern aus Holz oder Eisenblech, besser in Glas- oder Blechballonen. Während des Krieges ging die im Frieden auf 11300 t geschätzte deutsche Erzeugung ebenso wie die Einfuhr stark zurück, während der Bedarf für die Munitionserzeugung ins Ungeheure anwuchs. Die fehlenden Mengen wurden unschwer beschafft, und zwar nicht, wie die beschränkte französische Presse annahm, aus Leichenfett, sondern aus Zucker durch einen mit Hilfe besonderer Mikroorganismen eingeleiteten Gärungsprozeß.

Glyzerinersatz. Der durch die Kriegslage hervorgerufene Mangel an Glyzerin gab Anlaß zu zahlreichen Vorschlägen, diesen für manche Industriezweige wertvollen Stoff durch andere Mittel zu ersetzen. So empfahl Grünebaum, als Heizflüssigkeit für die Feldküchen statt des Glyzerins Paraffin zu verwenden, für Druckwalzen wurde ein konzentrierter Invertzuckersirup vorgeschlagen und besonders zahlreiche Erzeugnisse wurden für pharmazeutische Zwecke in den Handel gebracht. Sie bestehen entweder 1. aus Schleimlösungen (Algen-, Quittenschleim), 2. aus Leimlösungen, 3. Zuckerlösungen, 4. Salzlösungen oder 5. aus Mischungen. Zu Gruppe 1 gehören u. a. die als Algin, Lempellin, Glyzerit, Glyzerinol bezeichneten Mittel, zu Gruppe 2 Novoglyzerin, zu Gruppe 3 Mollphorus. Von Salzlösungen kommen besonders die aus einer konzentrierten Auflösung von 65 bis 68% milchsaurem Kalium bestehenden Mittel Perkaglyzerin und Perglyzerin in Betracht, während Kalzium- oder Magnesiumchlorid das Glyzerin höchstens als Kühlflüssigkeit für Eismaschinen, nicht aber in der Pharmazie ersetzen können. Glyzerinan ist ein Gemisch von milchsaurem Kalium, Kalziumchlorid und Pflanzenschleim. Abgesehen von dem nur in geringer Menge erhältlichen Glykol (Tego-Glykol) scheint sich das milchsaure Kalium am besten bewährt zu haben.

Glyzin, Paraoxyphenylamidoessigsäure, wird als photographischer Entwickler benutzt.

Gofelgummi, eine Art Kautschuk, wird in Ostindien aus dem eingetrockneten Milchsafte der Calatropis gigantea gewonnen und wie gewöhnlicher Kautschuk verwandt.

Gold (lat. Aurum, frz. Or, engl. Gold), das schönste und bekannteste der Edelmetalle, kommt infolge seiner geringen Verwandtschaft zu Sauerstoff und Schwefel in der Natur fast nur gediegen vor, jedoch meist nicht chemisch rein, sondern mit kleinen Mengen Silber, bisweilen auch Kupfer und Eisen vermengt. Das kalifornische G. ist etwas iridiumhaltig und zeigt infolgedessen einen schwach grünlichen Schimmer, oder es ist auch oft mit erheblichen Mengen, bis zu fast gleichen Teilen Silber, legiert. Ein mehr als 20% Silber enthaltenes G., wie es zu Schlangenberg im Altai auftritt, wird als Elektrum bezeichnet. Palladiumhaltiges G. nennen die Bergleute faules G., die Mineralogen Porpezit. Die wichtigsten Goldländer sind Kalifornien und Australien, während die früher sehr ertragreichen russischen Goldwäschereien am Ural und im östlichen Sibirien, in denen das G.

sich neben den Platinmetallen im Sande findet, nicht mehr viel abwerfen. Untergeordnete Bedeutung nur haben Kanada, Neuseeland und Brasilien, das früher an der Spitze der Erzeugung stand. Hingegen liefert Afrika, wie schon im Altertum, auch jetzt noch erhebliche Goldmengen. Sehr wichtige Funde sind neuerdings im Flußgebiete des Yukon in Alaska (Klondyke) gemacht worden. Europa, das im Schwemmsande einiger Flüsse sehr geringe Goldmengen führt, kommt für die Gewinnung nicht in Betracht. Das metallische Gold wird nur selten, wie in Australien, in größeren Stücken gefunden und ist dann meist von hoher Reinheit bis zu 99½% Feingehalt. Meist findet es sich in feinster, oft mikroskopisch feiner Verteilung in Felsarten wie Quarz, Gneiß, Glimmer- und Talkschiefer als sog. Berggold eingesprengt, oder auf sekundärer Lagerstätte als sog. Seifengold oder Waschgold im Schwemmsande der Flüsse. Das sog. Berggold tritt bisweilen als Freigold auch in Form größerer Schüppchen, Blätter und Bleche, oder haar- oder moosartig, oder endlich kristallisiert in Würfeln und Oktaedern auf. Seltener zeigt es sich schlackenförmig, wie geflossen oder getropft, oder in größeren Massen als Ausfüllung von Klüften und Rissen. In sehr geringen Mengen, die aber doch bisweilen eine Verarbeitung lohnend erscheinen lassen, findet das Gold sich in manchen Schwefelkiesen, die dann Goldkiese genannt werden, ferner in Kupfer- und Arsenikkies, Zinkblende, Grauspießglanzerz und Bleierzen. In Siebenbürgen tritt es mit Tellur verbunden als sog. Schrifterz auf. Auch waren früher die russischen Kupfermünzen so goldhaltig, daß sie im Auslande auf Gold verarbeitet wurden. — Die Gewinnung des Goldes erfolgt am einfachsten aus den Schwemmsanden (Seifen), indem man diese durch Schlämmen anreichert und dann mit Quecksilber auszieht. Goldführende Gesteine werden, wenn sie schwefelhaltig sind, zunächst geröstet und dann zerkleinert, oder sonst direkt gepocht und gemahlen. Aus dem Pulver zieht man das Gold durch Amalgamation oder durch Behandlung mit Chlor oder endlich mit Hilfe von Zyankalium aus. Letzteres Verfahren ist auch auf ungeröstete Kiese direkt anwendbar. Aus dem Goldamalgam wird dann aus eisernen Retorten einfach das Quecksilber abdestilliert. Aus der beim Chlorierungsprozeß erhaltenen Lösung von Chlorgold fällt man das Gold mit Eisenvitriol und aus der beim Zyanidverfahren von Mac Arthur und Forrest entstehenden Goldkaliumzyanidlösung mit Zink oder nach dem neueren W. Siemensschen Verfahren mit Hilfe des elektrischen Stromes aus. Aus Blei- und Kupfererzen endlich, wenn sie neben Silber etwas Gold enthalten, stellt man zunächst in üblicher Weise das Silber dar, welches das gesamte Gold festhält und von diesem durch die Scheidungsarbeit getrennt wird. Alles hüttenmännisch aus anderen Erzen gewonnene Gold enthält meist etwas Antimon, Zinn, Blei usw., von denen es befreit werden muß, da schon 0,05% dieser unedlen Metalle die Dehnbarkeit stark beeinträchtigen. Man schmilzt es daher mit Borax und Salpeter, wobei die Verunreinigungen in die Schlacke gehen. Nur das Silber bleibt zurück und wird in besonderen Scheide- oder Affinieranstalten, die auch alte Silbermünzen und Geräte verarbeiten, abgetrennt. Die Affination erfolgte früher durch Behandlung mit Salpetersäure, in welcher das Gold unlöslich ist. Jetzt schmilzt man die Gold-Silber-Legierung, verwandelt sie durch Eingießen in kaltes Wasser in Körnerform und erhitzt dann mit konz. Schwefelsäure, wobei das Gold als braunes Pulver zurückbleibt. In neuerer Zeit trennt man Silber und Gold auch durch Einleiten von Chlor in die geschmolzene Legierung oder durch Elektrolyse. — Das Gold ist ein stark glänzendes, äußerst geschmeidiges und dehnbares Metall, das in der Härte zwischen dem Blei und dem Silber steht. Das spez. Gew. des gegossenen Metalls beträgt 19,250, des gehämmerten 19,550, das Atomgewicht Au = 197,2. Das Gold schmilzt bei ungefähr 1060° zu einer meergrün leuchtenden Flüssigkeit und zieht sich beim Erstarren stark zusammen. An der Luft ist es völlig unveränderlich und wird auch von Säuren, mit Ausnahme des Königswassers, nicht gelöst. Aus der mit Königswasser erhaltenen Lösung schlagen Eisenvitriol oder Oxalsäure das Gold als ein feines braunes Pulver nieder, das durch Reiben mit dem Polierstahl Metallglanz annimmt. Mit Quecksilber vereinigt es sich leicht zu Goldamalgam. Ganz reines Gold wird meist nur zur Herstellung der feinsten Sorte Blattgold genommen, da es sich zu den feinsten, grün durchscheinenden Folien auswalzen oder schlagen läßt. Im allgemeinen benutzt man es aber wegen seiner Weichheit und leichten Abnutzbarkeit in Form von Legierungen mit Silber oder Kupfer. Durch einen Zusatz von Kupfer erhält man die sog. rote, durch einen Zusatz von Silber die weiße und durch einen Zusatz beider Metalle die gemischte Karatierung. Eine wenig gebrauchte Legierung mit Eisen heißt Graugold. Im Handel erscheinen diese Legierungen meist in gegossenen Zainen oder Barren verschiedener Größe, oft von der Form der Siegellackstangen. Der wirkliche Feingehalt jedes Barrens ist durch einen Wardein ermittelt und durch Stempelung beglaubigt. Als Münzeinheit diente früher ein halbes Pfundgewicht, die Mark, die in 24 Karat zu je 24 Grän eingeteilt war. Ein 14karätiges Gold war demnach eine Legierung von 14 Teilen Gold und 10 Teilen Zusatz. Jetzt wird der Feingehalt nur noch nach Tausendteilen angegeben, d. h. wieviel Teile Gold in 1000 Teilen enthalten sind. Der Feingehalt der meisten Goldmünzen, insbesondere auch der deutschen, beträgt 900 Tausendstel. Das Gold ist in erster Linie Münzenmetall. Außerdem dient es zur Herstellung von Schmuckgegenständen, in Form von Blattgold für Galanterie- und Buchbinderarbeiten, ferner zu galvanischen Vergoldungen, zur Verzierung von Glas- und Porzellanwaren und als Chlorgold für photographische Zwecke. Zur Feuervergoldung bedient man sich des Amalgams, zur galvanischen Vergoldung einer Zyangold-Zyankaliumlösung, welche durch Vermischung von Goldchlorid mit Zyankalium entsteht. Der Preis des Goldes beträgt zurzeit etwa 2700 M.

Goldchlorid (Chlorgold, lat. Aurum chloratum, frz. Perchlorure d'or, engl. Chloride of gold), $AuCl_4$, entsteht bei Behandlung von Gold mit Königswasser als eine braune hygroskopische

Masse, die in Wasser, Alkohol und Äther löslich ist. Mit Natriumchlorid vereinigt es sich zu einem kristallisierenden Doppelsalze Natriumgoldchlorid. Beide Salze werden in der Medizin, ferner in der Photographie, zur Malerei auf Glas und Porzellan, zur galvanischen Vergoldung und zum Färben von Glasflüssen benutzt.

Goldlacke (Goldfirnisse), hellfarbige Lacke, die durch einen löslichen gelben Farbstoff (Gummigutt, Orlean, Drachenblut) gefärbt sind, dienen zum Lackieren von Gegenständen aus Tombak und Messing, auch von abgeschliffenem Holz, besonders aber bei der Herstellung unechter Goldleisten, deren Belegung von Blattsilber der aufgesetzte gelbe Lack das Aussehen von Gold verleiht. Auch auf wirkliches Blattgold werden diese Lacke aufgetragen, um der Vergoldung mehr Dauer, Glanz und Feuer zu geben.

Goldpurpur (Cassius Purpur), die berühmte, zum Rotfärben des Goldrubinglases benutzte Farbe, wird durch Vermischen einer durch Eisenchlorid teilweise oxydierten Zinnchlorürlösung mit Goldchlorid dargestellt als ein mehr oder weniger rotes Pulver mit einem Goldgehalt von 20—75 %. In chemischer Hinsicht ist es nach neueren Forschungen als ein Gemenge von feinverteiltem (kolloidalem) Gold mit Zinndioxyd anzusehen.

Gomutifaser, die von einer auf allen Sunda-Inseln wachsenden Palme, Arenga saccharifera, abstammende pferdehaarähnliche Faser wird zu Tauwerk, zum Kalfatern der Schiffe usw. verwandt.

Gonorol, ein Mittel gegen Tripper, besteht aus Santalol, dem Hauptbestandteil des Sandelholzöles.

Gorgonzola, ein italienischer, auch Stracchino genannter Fettkäse, der wie der Roquefort von Schimmelwucherungen durchsetzt ist und in großen runden Laiben in den Handel kommt, wird meist mit einem Gemisch von Schwerspat mit Talg oder Schweinefett umhüllt und äußerlich wohl auch mit Eisenoxyd gefärbt. Infolge des Widerspruchs der ausländischen Abnehmer gegen diese bis zu 27 % betragende Beschwerung hat die italienische Regierung zunächst den Ersatz des Schwerspats durch Talk oder Ton, später aber die Fortlassung des Überzuges überhaupt empfohlen.

Gose, ein helles, schäumendes, in echter Form zugleich ober- und untergäriges Bier von süßsäuerlichem Geschmack, wurde ursprünglich in Goslar am Harz gebraut, während es jetzt auf dem Rittergute Döllnitz bei Halle hergestellt, in Leipzig-Gohlis und anderen Orten, allerdings meist nur als obergäriges Bier, nachgeahmt wird. Obschon die Vorschrift zur Herstellung geheimgehalten wird, so scheint es doch keinem Zweifel zu unterliegen, daß die G. aus Weizen, möglicherweise auch etwas Hafer und aus Gerstenmalz gebraut wird. Auch enthält sie etwas Kochsalz und Weinsäure. Für weiteren Versand in Fässern ist die G. nicht geeignet. Auf Flaschen gefüllt (Stöpselgose) läßt sie sich aber ziemlich gut versenden. Die echte Döllnitzer G. wird in Leipzig und Umgegend in eigentümlich gestalteten, sehr langhalsigen, nicht verkorkten Flaschen aufbewahrt, wobei sich der größte Teil der Hefe am Boden, der kleinere oben im Halse absetzt.

Gottesgnadenkraut (Purgierkraut, wilder Aurin, lat. Herba gratiolae, frz. Gratiole, engl. Hedge-Hyssop), eine auf feuchten Wiesen vorkommende ausdauernde Skrophulariazee mit gegenständigen, sitzenden, lanzettförmigen, etwas eingesägten Blättern und einzeln in den Blattwinkeln stehenden Blüten mit weißer oder fleischroter Blumenkrone und gelblicher Röhre, ist geruchlos, hat aber einen scharfen, widrigen, zusammenziehenden Geschmack. Das mit der Blüte gesammelte und getrocknete Kraut enthält zwei abführende Glykoside, Gratiosolin und Gratiolin, und wird als Abführmittel sowie bei Wassersucht angewandt.

Gottliebs Hautfunktionsöl, ein verbreitetes Kurpfuschermittel, ist gewöhnliches Olivenöl.

Goudron, ein Ersatzstoff für Asphalt, wird entweder aus den Destillationsprodukten des Braunkohlenteers oder durch Zusammenschmelzen von Asphalt mit natürlichen zähen Naphthasorten (Bergteer) dargestellt und an Stelle des reinen Asphalts zur Straßenbedeckung und ähnlichen Zwecken benutzt.

Granat (frz. Grénat, engl. Garnet), ein in zahlreichen Abarten vorkommendes, zu den wasserfreien Doppelsilikaten gehöriges Mineral, kristallisiert im tesseralen Systeme, am häufigsten in Kombinationen mit vorherrschendem Rhombendodekaeder. Je nach der Art der Basen, mit denen die Kieselsäure verbunden ist, pflegt man zwei Gruppen zu unterscheiden, nämlich Tongranaten und Eisengranaten, von denen die ersteren Tonerde-, die letzteren Eisensilikate enthalten. Von den Tongranaten unterscheidet man wieder: Eisenoxydultongranaten, Kalktongranaten und die selteneren Mangantongranaten, während die Eisenoxydgranaten meist Kalk-Eisengranaten sind. Einige G. enthalten auch etwas Magnesia und Chromoxyd. Im Handel versteht man unter G. gewöhnlich nur die feurig dunkelroten Sorten, die am häufigsten als Schmucksteine geschliffen werden, doch verarbeitet man auch andersfarbige, grüne, gelbe, braune und schwarze sowie farblose G. zu Schmucksachen. Die roten G. werden zuweilen auch Karfunkel genannt. In Deutschland verwendet man vorzugsweise böhmische G., die auch Pyropen heißen, jedoch von den ostindischen und grönländischen an Reinheit und schöner Färbung übertroffen werden. Sie finden sich gewöhnlich auf zweiter Lagerstätte, in Schwemm- und Schuttland, im Sande von Flüssen und Bächen, besonders am Fuße des böhmischen Mittelgebirges bei Podsedlitz, Trziblitz, Maronitz und in der Gegend von Gitschin, wo schon seit alten Zeiten reiche Erträge, besonders an kleinen Steinen, gewonnen werden. Die G. werden an mehreren Orten Böhmens in besonderen Schleifereien facettiert und, soweit sie nicht sofort gefaßt werden, gebohrt, damit sie auf Schnüre gereiht und so in den Handel gebracht werden können. Außerdem werden in Böhmen auch auswärts gesammelte G., namentlich Tiroler aus dem Zillertal, verarbeitet. Das Anschleifen der Flächen geschieht meist nur auf das Ungefähr hin, doch werden große und schöne Stücke, wie sie in Böhmen und überhaupt selten sind, nach den

Regeln der Kunst im Brillant-, Rosetten- oder Cabochonschnitt behandelt und können bei völliger Reinheit sehr ansehnliche Edelsteinpreise erreichen. Die böhmischen G. sind meistens dunkel- bis blutrot, ausländische, aus Kleinasien, Hinterindien, Zeylon, Grönland, die man gewöhnlich mit dem Namen Almandin oder orientalischer Granat belegt, kirsch-, karmin-, bräunlichrot, auch violett. Rötlichgelbe Steine, die besonders schön und teilweise in größeren Stücken auf Zeylon, in Graubünden und am St. Gotthard gefunden werden, heißen Hessonit oder Kaneelstein (Zimtstein), während man unter Vermeil im Handel manchmal die hochroten bis pomeranzengelben Steine versteht. Ganz schwarze heißen Melanite und dienen bisweilen zu Trauerschmuck. Grüne Abarten werden als Grossulare (Stachelbeerstein) bezeichnet. Der G. wird jetzt wieder häufiger als vor einigen Jahrzehnten, namentlich in Form von Broschen, Ketten und Armbändern verarbeitet, und namentlich Böhmen liefert viele, zum Teil sehr geschmackvoll gefertigte Waren. Übrigens wird der G. durch farbige Glasflüsse täuschend nachgeahmt.

Granatbaum (lat. Punica granatum), ein kleiner Baum oder Strauch, wächst überall in Südeuropa und Nordafrika, teils angebaut, teils verwildert und dient bei uns wegen der schön hochroten Blüten als Ziergewächs. Die großen, fast bis zu 0,5 kg schweren Früchte, die äußerlich riesigen, schön gelbrot gefärbten Äpfeln gleichen und auch Granatäpfel genannt werden, sind von einer ziemlich dicken und pergamentartigen Schale umgeben, deren Gewicht ungefähr $^1/_{12}$ der Gesamtmasse beträgt. Die völlig geruchlose, aber sehr gerbstoffreiche Schale dient in Südeuropa häufig zum Schwarzfärben. Das Innere der Früchte wird durch dünne Scheidewände in zahlreiche Abteilungen zerlegt, die mit einer Unzahl kleiner Fruchtkörper angefüllt sind. Die letzteren ähneln in ihrer Form den eckigen Maiskörnern, sind aber klar durchsichtig, schön granatrot gefärbt und überaus saftreich. Der außerordentlich süße Saft, dessen nicht flüchtiges Aroma an Erdbeere und etwas an Pfirsiche erinnert, enthält 12—14 % Zucker, aber nur 0,6 bis 0,7 % Säure und wird nach Entfernung der Schale ausgepreßt und mit der gleichen Menge Zucker zu dem sog. Grenadinesirup (s. d.) verkocht. — Die Granatäpfelblüten (lat. Flores granati, frz. Fleur de grenadier, engl. Granataflowers), die von gefüllten Exemplaren genommen werden, sind auch getrocknet noch lebhaft rot gefärbt und werden im Aufguß als Gurgelwasser und gegen Durchfall verwandt. — Die Wurzelrinde (lat. Cortex radicis granatorum, frz. Ecorce de racine de grenadier, engl. Pome granate root bark) ist im Gegensatz zu dem wirkungslosen Wurzelholze ein bekanntes Bandwurmmittel und enthält neben erheblichen Mengen Gerbsäure 0,5—1 % Alkaloïde, namentlich Pelletierin und einige Derivate desselben. Sie schmeckt beim Kauen herb und bitter und färbt den Speichel gelb, solange sie nicht zu alt und dadurch unwirksam geworden ist. Gewöhnliche Ware besteht ganz oder größtenteils aus röhrigen Stücken, die nicht von Wurzeln, sondern von Ästen genommen sind und als weniger wirksam gelten. Wegen echter Wurzelrinde hat man sich daher an eine sichere Quelle zu wenden und bezieht sie meist aus Italien und Griechenland.

Granatbraun (frz. Grenat soluble), ein ziemlich veralteter Farbstoff, wird durch Einwirkung von Zyankalium auf Trinitrokresylsäure erhalten und besteht aus dem Kali- oder Ammoniaksalz der Kresylpurpursäure; das dunkelrotbraune, in kochendem Wasser mit braunroter Farbe lösliche Pulver wird nur noch selten zum Färben von Wolle, Seide und Baumwolle benutzt.

Granit, ein weit verbreitetes Eruptivgestein, besteht aus einem Gemenge von Quarz, Glimmer und Feldspat mit bald gröberem, bald feinerem Korn und ziemlich gleichmäßiger Verteilung der Gemengteile. Er ist in der Regel sehr hart, nimmt dann eine schöne dauerhafte Politur an und wird daher trotz der schwierigen Bearbeitbarkeit häufig von Handwerkern und Künstlern verwandt. Im frisch gebrochenen Zustande ist er etwas leichter zu behandeln. Auch läßt man zum Behauen bestimmte Steine gern unter Wasser liegen. Das Gestein widersteht um so besser der mechanischen Abnutzung und der Verwitterung, je mehr in ihm der fast unverwüstliche Quarz vorherrscht, während feldspatreicher G. leichter verwittert. Außer der gewöhnlicheren Verwendung als Baumaterial zu Gründungen, Stufen und Schwellen, Belag der Bürgersteige und Pflaster dienen Vorkommnisse von gefälliger Zeichnung und Färbung von alters her auch zu feineren, mit Politur versehenen Arbeiten, wie Säulen und Sockeln, Grab- und anderen Denkmälern, zu verzierten Simsen und anderen Verzierungen.

Grape nuts, ein Nährmittel amerikanischen Ursprungs, besteht aus einem zerkleinerten, doppelt gebackenen Backwerk aus Mehl und Wasser, nach Art der Keks oder Biskuits.

Graphit (Reißblei, Wasserblei, Pottlot, lat. Plumbago, Graphites, frz. Graphite, engl. Blacklead). Diese durch ihre vortrefflichen Eigenschaften ausgezeichnete, wegen ihrer mannigfachen Verwendung wichtige, in Form von Bleistiften unentbehrliche mineralische Substanz besteht wie der Diamant aus kristallinischem Kohlenstoff, allerdings von anderer Kristallform, und bildet teils aus sechsseitigen Kristallen zusammengesetzte Tafeln, meistens aber kugelförmige Massen von schuppig blättriger, oder auch mehr körniger Struktur, grauschwarzer Farbe und starkem Glanz. Der G. findet sich teils lager-, teils nesterweise als Ausfüllung von Höhlungen und Gängen in Gneis-, Ton- und Glimmerschiefer, und muß bei dem nicht zahlreichen Vorkommen seiner Fundorte zum Teil aus weiter Ferne herangeholt werden. Er enthält gewöhnlich mehr oder weniger fremde Bestandteile, besonders Eisenoxyd, Ton und Kalk beigemengt. Sehr rein ist der seit der Mitte des vorigen Jahrhunderts bekannte G. von Zeylon mit fast 99 % Kohlenstoff und kleinen Resten von Kalk- und Tonerde, während die berühmten englischen Gruben von Barrowdale in Cumberland, die lange Zeit den Engländern den Ruf als Lieferanten der besten Bleistifte gaben, nahezu erschöpft sind und nur noch geringes Material mit 54 % Kohlenstoff, 8 % Eisen und 36 % Ton und

Kalk geben. Neuerdings hat sich sehr guter G. in Südsibirien, dessen gesamter Ertrag an die Fabersche Bleistiftfabrik in Nürnberg abgeliefert wird sowie auch an den Ufern des Jenissei gefunden. Auch Spanien, Ostindien und Kanada liefern guten G. In Deutschland findet sich G. besonders in der Passauer Gegend in Bayern bei den Orten Pfaffenreuth und Leuzenberg sowie bei Wunsiedel. Österreich hat in Niederösterreich, Böhmen, Mähren, Steiermark und Kärnten ergiebige Lager. Die beste Sorte findet sich im südlichen Böhmen im Budweiser Kreis. In Preußisch-Schlesien sind zwei Gruben, eine kleine bei Sakrau und eine bei Jauer, mit mächtigem Lager eines guten, besonders zu Schmelztiegeln tauglichen Graphits. 1878 hat man auch auf Neuseeland (Provinz Wellington) große Lager von vortrefflichem G. entdeckt. Der rohe Graphit ist in der Regel durch mineralische Beimengungen mehr oder weniger verunreinigt und muß daher durch Schlämmen, durch Behandlung mit heißer Salpetersäure und Schwefelsäure oder auch, bei Anwesenheit von Kieselsäure, mit Fluorwasserstoffsäure von ihnen befreit werden. Nahezu chemisch reinen Graphit erhält man auf künstlichem Wege nach dem Verfahren von Acheson durch Erhitzung von Kohle oder Anthrazit im elektrischen Ofen oder auch durch Überleiten von Kohlenoxyd und Kohlensäure über glühendes Karbid. — Die hauptsächlichste Verwendung findet der G. zur Herstellung der Bleistifte (s. d.). Außerdem dient er in Verbindung mit feuerfestem Ton zur Herstellung von Schmelztiegeln, im Gemisch mit Fett sowie in Form nebeneinandergesetzter Stifte (Karbonstifte) als Schmiere für Achsenlager, ferner zu Anstrichen, Kitten, zum Überziehen von eisernen Öfen und in der Galvanoplastik zum Leitendmachen von nichtmetallischen Niederschlagformen. — Der G. ist unschmelzbar und, trotzdem er reinen Kohlenstoff darstellt, sehr schwer verbrennlich. Ein Gemisch von G. und feuerfestem Ton gibt eine Schmelztiegelmasse, die besser ist als der Ton allein oder vermischt mit Sand, weil der G. dem Schwinden und Reißen im Feuer entgegenwirkt und der Masse Beständigkeit gegen sehr hohe Temperaturen und gegen raschen Temperaturwechsel verleiht. Graphittiegel werden daher von Gold- und Silberarbeitern, in Münzwerkstätten und sonst in der Metallindustrie viel gebraucht. Sie dienen besonders auch zum Schmelzen des Gußstahls und haben noch die angenehme Eigenschaft, daß sie sich wegen ihrer glatten Innenfläche rein ausgießen lassen. Die Passauer Tiegel werden schon seit länger als hundert Jahren zu Hafnerzell bei Passau aus dem dortigen unreinen, stark kiesel-, ton- und eisenhaltigen G. unter Zusatz von etwa der Hälfte feinem Ton gefertigt. In neuerer Zeit verwendet man auch Zeyloner G. Die Gefäße werden aus dem steifen Teig gepreßt, aber nicht gebrannt, sondern nur lufttrocken gemacht, und sind teils konisch, teils dreieckig geformt sowie von sehr verschiedenen Größen. Österreichische Graphittiegel kommen von Ybbs an der Donau und aus Böhmen in den Handel. Zum Nachweise der zahlreichen Verfälschungen durch Anthrazit, Stein- oder Braunkohle, Holzkohle oder Ruß kocht man mit konz. Salpetersäure, wobei keine braunrote Färbung auftreten darf. Zusätze von Mineralstoffen erkennt man bei der Veraschung.

Grassamen (Grassaat), ein bedeutender Gegenstand des Groß- und Kleinhandels, wird von den Landwirten bei zeitweisem Umbruch der Wiesen zur Neueinsaat, besonders beim Kunstwiesenbau, gebraucht. Auch bedarf die Landschaftsgärtnerei zu der Herstellung von Zierrasen alljährlich großer Mengen von G., so daß für diesen ein beträchtliches Absatzgebiet gesichert ist. Die Zucht von G. geschieht in besonderen Handelsgärtnereien, z. B. in Hessen, Bayern und Thüringen, doch wird auch auf Wiesen und in Wäldern G. gesammelt, besonders in der Gegend von Darmstadt, wo ganze Gemeinden dadurch ihren Unterhalt finden. Seitens der großen Handelsgärtner erfolgt die Zucht der Gräser zur Samengewinnung mit besonderer Sorgfalt im Einzelbau auf oft großen Flächen, so daß bei ihnen der Bezug reiner, unverfälschter Waren und bestimmter Sorten sicher ist. Die G. sind nicht leicht zu unterscheiden, da viele Sorten ziemlich ähnlich sind und von den zur Aussaat beliebten Samen verwandte Abarten von geringerem Werte vorkommen. Man hat deshalb neuerdings besondere Samenkontrollstationen eingerichtet, und auch der Kaufmann wird gut tun, sich ihrer Hilfe zu bedienen, wenn er G. einer bestimmten Sorte von kleinen Händlern oder Privatsammlern eintauscht. Für den Handel mit von Handelsgärtnern gekauften Samen ist zu bemerken, daß die Gemische nach Boden und Meereshöhe verschieden sein müssen, da einzelne G. besser in der Ebene, andere in der Höhe, die einen auf bündigen, die anderen auf leichten Böden usw. gedeihen. Die Landwirte ziehen sich zum Teil den G. selbst, und sehr viele ergänzen den Wiesenbestand durch natürlichen Samenausfall. Außer den in Deutschland gezogenen Sorten werden aus England und Italien bedeutende Mengen eingeführt.

Graupen (frz. Froment mondé, engl. Pearl-barley) bestehen aus dem von der Schale und den Spitzen befreiten Inhalte von Getreidekörnern, und zwar so, daß entweder ein einzelnes Korn nur eine Graupe liefert, oder daß der Kern erst in mehrere Stückchen zerbrochen und diese zu feineren G. gerundet worden sind. Am verbreitetsten sind die Gerstengraupen, die in einigen Gegenden auch Koch- oder Rollgerste genannt werden. In geringerem Maße werden auch Weizenarten auf G. verarbeitet. Das Graupenmachen ist eine deutsche Erfindung des 17. Jahrhunderts und wird sich zuerst auf die gröbste Sorte, enthülste ganze Gerstenkörner, beschränkt haben. Das Enthülsen geschieht auf einem besonderen Mühlwerk, dem Graupengange, der nur einen einzelnen Stein in seiner Ummantelung (der Zarge) laufen hat. Dieser Stein ist aber nicht mit einer breiten Fläche, sondern mit runder Bahn gearbeitet und hier gerauht. Die den Stein in nahem Abstande umgebende Zarge ist an ihrer Innenseite mit Blech belegt, das ganz wie ein Reibeisen scharf durchlöchert ist. Es ist sonach ein von zwei rauhen Flächen begrenzter ringförmiger Spalt vorhanden, in den das einfließende, auf die Mitte des etwas gewölbten Steins fallende Getreide gerät und durch den heftigen Lauf des Steins so herumgerissen und gescheuert wird, daß es bald seine Spitzen und Schalen verliert. Das Mahlgut gelangt durch ein Loch in der Zarge auf Siebe, durch welche es in Graupen, Mehl und Kleie geschieden wird. Für die kleineren Nummern (Gräupchen oder Perlgraupen) wird das Getreide vorher gebrochen, und zwar jetzt meistens zwischen scharf geriffelten Metallwalzen. Die hier sich ergebenden, zum Teil schon enthülsten Stückchen werden dann auf entsprechend feineren Graupengängen gerundet und geschliffen, und die verschiedenen Größen auf Siebwerken sortiert. Das Schwefeln und Talkumieren, wodurch den unansehnlichen G. aus bläulicher russischer Gerste das Aussehen deutscher Ware verliehen wird, ist als unzulässig anzusehen.

Grenade (Grenadine), ein rotbrauner Farbstoff aus den unreinen Rückständen der Anilinrotherstellung, wird als billiges Farbmaterial für gemischte Farben auf Wolle, Baumwolle, Seide und Leder benutzt, ist aber zuweilen arsenhaltig. G. und Grenat scheinen identisch zu sein.

Grenadillholz, ein rotes Tischlerholz unbestimmter Abstammung aus Westindien, wird auch rotes Ebenholz genannt.

Grenadine, ein meist künstlich gefärbter, mit Hilfe von Granatäpfelsaft und der gleichen Menge Zucker sowie unter Zusatz von etwa 2 % Zitronensäure hergestellter Sirup, welcher in Italien und anderen südlichen Ländern zur Bereitung von Limonaden Verwendung findet, wird aus Frankreich eingeführt.

Grenadine. Mit diesem Namen bezeichnet man eine feste Seide, die zu Spitzen, Posamentierartikeln und ähnlichen Waren verwendet wird, und außerdem gewisse halbseidene, gazeartige Stoffe.

Grieß (frz. Gruau, engl. Grit), ein Mittelding zwischen den feinsten Graupen und Mehl, besteht aus kleinen Bruchstückchen des Getreidekorns, die beim weiteren Vermahlen Mehl liefern würden. Weizengrieß, die häufigste, in Küche und feiner Bäckerei viel verbrauchte Ware, entsteht bei der heutigen Art des Mahlens immer, auch wenn es auf Mehl abgesehen ist, beim ersten Durchgange des Getreides durch die Steine, weil man hiermit zunächst nur die Körner zu entschälen beabsichtigt. Erst später wird das Mahlgut in Schalen, Mehl und Grieß gesondert, und letzterer allein zu feinem Mehl (Grießmehl) weiter vermahlen. Soll der Grieß als Haupterzeugnis dargestellt werden, so ist nur der Mahlgang so zu stellen, daß davon möglichst viel, neben wenig Mehl, entsteht. Nach der Entfernung von Mehl und Hülsen wird der G. auf Siebwerken in verschiedene Feinheitsnummern sortiert. Maisgrieß, der in den Mais bauenden Ländern massenhaft erzeugt und verbraucht sowie in andere Länder ausgeführt wird, ist von schöner gelber Farbe und bildet in Italien den Stoff zu der volkstümlichen Polenta. Reisgrieß wird aus fein geschrotenem Reis hergestellt.

Grindelia robusta, eine bis 9 dm hoch werdende kalifornische Komposite, einer kleinen Sonnenblume ähnlich, aber mit einem klebrigen, harzigen Überzuge bedeckt, soll gegen Hautkrankheiten, Asthma und Fieber benutzt werden. Man verwendet hierzu das Kraut im blühenden Zustande (lat. Herba grindeliae, frz. Herbe de grindelie, engl. Grindelia).

Grude, der bei der Braunkohlenschwelerei zurückbleibende Koks, brennt langsam und ruhig, gibt aber eine intensive Hitze. Er ist eines der billigsten Heizmaterialien und wird in besonders konstruierten Öfen (Grudeöfen) gebrannt. Man bezieht ihn aus der Gegend von Halle und Weißenfels.

Grünkern ist rheinischer, im Zustande der beendigten Milchreife geernteter Spelz oder Dinkel, der als Material zu vorzüglichen Kraftsuppen in den Handel kommt. Die Ähren werden im Backofen künstlich getrocknet, die Körner auf besonderen Mühlen geschält.

Grünspan (Spanischgrün, Spangrün, lat. Aerugo, frz. Verdet, engl. Verdigris). Diesen Namen führen zwei Verbindungen des Kupfers mit Essigsäure, nämlich das neutrale Kupferazetat (s. d.), das als kristallisierter oder destillierter G. bezeichnet wird, und das basische Kupferazetat, der gewöhnliche oder gemeine G. Die Erzeugung des letzteren ist seit lange in den Weinbaugegenden Südfrankreichs heimisch und wird als Nebenbeschäftigung der Winzer, von denen fast jeder seinen eigenen Grünspankeller hat, betrieben. Die meist in den Händen der Frauen liegende Arbeit besteht darin, daß Streifen von Kupferblech mit gärenden, Essigsäure entwickelnden Weintrestern in Berührung gebracht werden, und ähnelt somit der alten Methode der Bleiweißherstellung. Der entstehende G., der je nach dem Feuchtigkeitsgehalte in steinharten, gewöhnlichen halbharten und feuchten (bis zu 50 % Wasser) unterschieden wird, kommt in viereckigen Broten von 4—5 kg Gewicht oder in etwas kleineren Kugeln oder auch pulverisiert in den Handel und wird als Kugelgrünspan (Aerugo in globulis) bezeichnet. Die meist hellblaue, wenig grünliche Masse, die wie mit fremden weißen Teilchen durchknetet erscheint und oft durch Treber verunreinigt, bisweilen auch durch Gips, Kreide, Schwerspat verfälscht ist, besteht in der Hauptsache aus dem basischen Kupferazetat: $Cu(C_2H_3O_2)_2 \cdot CuO + 6H_2O$, neben geringen Mengen eines noch basischeren Salzes. Sie führt auch den Namen blauer oder französischer G. — Eine mehr fabrikmäßige und rationellere Methode besteht darin, daß man abwechselnd Kupferplatten und mit Essig getränkte Flanellstücke aufeinanderschichtet. Die so erhaltene rein grüne Ware (grüner oder schwedischer G.) besteht aus reinem basischen Kupferazetat. — Der G. bildet eine zähe, schwer pulverisierbare Masse, die sich sowohl in Essig und Mineralsäuren wie in Ammoniak ohne erheblichen Rückstand lösen muß. Er findet beschränkte medizinische Anwendung in Form von Salben sowie in der Tierheilkunde als Ätzmittel. Auch dient er als geringwertige, wenig deckende Anstrichfarbe und als Ausgangsmaterial zur Herstellung anderer Kupferverbindungen. — Die Handelsverhältnisse haben sich zurzeit so gestaltet, daß die billigere und völlig gleichwertige deutsche Erzeugung die Einfuhr aus Frankreich entbehrlich gemacht hat. — Zu Unrecht wird bisweilen auch der auf Kupfergegenständen an der Luft entstehende grüne Überzug (Patina), der aus basisch kohlensaurem Kupfer besteht, als G. bezeichnet.

Grütze (frz. Gruau, engl. Groat), ein Erzeugnis aus Gerste, Hafer oder Buchweizen, in südlicheren Ländern auch von Hirse, besteht aus Stückchen von Körnern, die der Größe nach zwischen Graupen und Grieß einzureihen sind und durch grobes Schroten erhalten werden.

Guaco (Huacoblätter, lat. Folia guaco, frz. Feuilles de guaco, engl. Guaco leaves) besteht aus den Blättern und Stengeln einer Pflanze Kolumbiens, Micania guaco, die in ihrem Vaterlande gegen Schlangenbiß, bei uns als Mittel gegen Cholera und Wasserscheu, benutzt wird. Unter demselben Namen sind zuweilen auch die Stengel von Aristolochia cymbifera in den Handel gekommen.

Guajakharz und -holz. Der Guajakbaum (Guajacum officinale), ein zur Familie der den Rutazeen nahe verwandten Zygophyllazeen gehöriger Baum von den westindischen Inseln, liefert sowohl ein wertvolles Nutzholz wie ein medizinisch wichtiges Harz. Das Holz des Stammes und der Äste enthält in zahlreichen feinen Kanälen reichliche Mengen (etwa 20 bis 25 %) von Harz, das am lebenden Baume zum Teil freiwillig ausquillt. Das Stammholz, das in großen, mehrere Zentner schweren Blöcken als Pockholz, Franzosenholz, Heiligenholz (lat. Lignum guajaci s. sanctum, frz. Bois de gayac, engl. Guaiacum wood) in den Handel kommt, erreicht eine Dicke bis zu 3 dm und ist eines der schwersten, härtesten und dichtesten Hölzer, das im Wasser untersinkt und wegen des unregelmäßigen Verlaufs der Fasern nur schwierig gespalten werden kann. Nach Entfernung des schmalen weißen oder hellbräunlichen Splintes erkennt man auf dem harzglänzenden Querschnitt des dunkelgrünlich braunen oder schwarzbraunen, zuweilen gelblichen schwarzgestreiften Holzes mit der Lupe die gefüllten Harzgänge. Beim Erwärmen und Anzünden verbreitet das Holz einen angenehmen benzoëartigen Geruch. Es wird häufig zu Gegenständen, die eine große Festigkeit haben sollen, besonders zu Kegelkugeln Zapfenlagern für Maschinen, Hämmern, Werkzeugstielen, Preßwalzen usw. verarbeitet. — Die bei der Bearbeitung abfallenden Späne kommen mit zu dem geraspelten Guajakholz, das als Lignum guajaci einen Artikel des Drogenhandels bildet und teils für sich, häufiger mit anderen Hölzern vermischt unter der Bezeichnung Holztee (Species lignorum) als Blutreinigungsmittel benutzt wird. — Das Guajakharz (lat. Resina guajaci, frz. Résine de gayac, engl. Guaiacum resin) kommt in zwei Sorten zum Verkehr, von denen das selbst ausgeflossene in Tropfen oder Tränen oder in kleinen, rundlichen Stückchen (in lacrymis) die wertvollere ist. Das geringwertigere G. in Massen (in massis) wird gewonnen, indem man die gefällten Stämme durchbohrt und ihren Harzgehalt durch Feuer zum Ausfließen bringt, Späne und Astholz dagegen mit Wasser auskocht. Diese Sorte zeigt im Inneren viele kleine Hohlräume und ist mit Splittern und Rindenstückchen vermengt. Das Harz ist braungelb oder grünlich, vom spez. Gew. 1,230—1,240, sehr hart und spröde, die beste Sorte auf dem Bruche glasglänzend und von bitterscharfem, kratzendem Geschmack. Es löst sich in Äther, 90grädigem Weingeist, Chloroform, Kreosot, Nelkenöl vollständig, in anderen ätherischen und fetten Ölen gar nicht oder nur teilweise. Erhitzt oder auf Kohlen geworfen, gibt es einen der Benzoë ähnlichen Geruch. Das gepulverte Harz und dessen frisch bereitete weingeistige Lösung besitzen die Eigenschaft, unter dem Einflusse der Luft oder anderer oxydierender Stoffe, gewisser Metallsalze und organischer Stoffe eine erst grüne, dann prachtvoll blaue Färbung anzunehmen, die durch reduzierende Mittel wieder aufgehoben werden. Die Ursache der Färbung ist eine amorphe, etwa 70 % des Harzes ausmachende Säure, die Guajakonsäure. Außerdem sind noch 10 % kristallisierbare Guajakharzsäure vorhanden. Offizinell wird das Harz teils als Tinktur, teils in Emulsion innerlich gebraucht. Das meiste Guajakharz kommt von Jamaika über England in den Handel.

Guajakol, der Methyläther des Brenzkatechins, $C_6H_4 . OCH_3 . OH$, entsteht bei der trockenen Destillation von Guajakharz und wird fabrikmäßig aus dem Buchenholzteerkreosot, welches davon 60—90 % enthält, hergestellt. Es erscheint im Handel meist als eine farblose, stark lichtbrechende Flüssigkeit von angenehm aromatischem Geruch, bildet aber im reinsten Zustande rhombische, bei 31° schmelzende Kristalle, von denen die Firma Heyden-Radebeul auf der Naturforscherversammlung in Dresden 1907 prachtvolle Exemplare ausgestellt hatte. Das spez. Gew. liegt bei 1,117 (15°), der Siedepunkt bei 200 bis 202°. G. ist in Wasser schwer, in Äther und Alkohol leicht löslich und gibt in alkoholischer Lösung mit sehr wenig Eisenchlorid eine blaue Färbung, die auf weiteren Zusatz von Eisenchlorid grün wird. Das reine G. wie das Guajakolkarbonat werden an Stelle des Kreosots gegen Tuberkulose verordnet. Die übrigen zahlreichen Derivate, wie Guajakolbenzoat, Guajakolsalizylat usw. vereinigen die Wirkung ihrer einzelnen Bestandteile.

Guano nennt man eine Reihe natürlicher Düngemittel, welche der Hauptsache nach aus den seit Jahrtausenden angesammelten Exkrementen von Seevögeln bestehen und in zahlreichen, sowohl nach Aussehen wie chemischer Zusammensetzung verschiedenen Sorten zum Verkehr gelangen. Die Verschiedenheiten werden teils durch das Alter der Ablagerungen, teils das Klima des Fundortes bedingt. In regenarmen Gegenden bleiben dem Guano alle wasserlöslichen Bestandteile erhalten, die an anderen Orten durch den Regen ausgewaschen und fortgeschwemmt werden, so daß hier nur die unlöslichen Mineralstoffe, namentlich Kalkphosphate, zurückbleiben. Nach ihrer Zusammensetzung unterscheidet man stickstoffreiche und stickstoffarme Sorten und betrachtet als wichtigsten Vertreter der ersteren den Peruguano. Dieser kommt seit der Erschöpfung der reichsten und wertvollsten Lager auf den Chinchasinseln Angamos und Guanapé hauptsächlich von den peruanischen Inseln Pabillon de Pica, Huanillos und Punta de Lobos, doch sollen auch minderwertige Vorkommnisse von Bolivia und Chile als Peru-G. in den Handel gelangen. Der echte

Peru-G. ist eine lehmgelbe oder bräunliche, teils erdig-krümliche, teils klumpige Masse, die wegen ihres durchdringenden Ammoniakgeruches fast nur von Chinesen abgegraben und verarbeitet wird. Die Anglo-kontinentalen (vorm. Ohlendorffschen) Guanowerke in Hamburg, London, Antwerpen, Emmerich und M. H. Salomonsohn in Rotterdam und Düsseldorf bringen ihn in gemahlenem Zustande in den Handel. An wertbestimmenden Stoffen enthält er 4 bzw. 7 % Stickstoff und 20 bzw. 14 % Phosphorsäure. Zur Erleichterung der Assimilierbarkeit wird der Peru-G. jetzt meist mit Schwefelsäure behandelt und als aufgeschlossener Peru-G. verkauft. Von anderen stickstoffhaltigen, aber geringwertigeren Sorten sind noch der Ischaboe-G. von Südwestafrika sowie der ägyptische und patagonische G. zu erwähnen. Unter den stickstoffarmen, dafür aber phosphorsäurereicheren Sorten spielt der Baker-G. von der Bakerinsel im Stillen Ozean, eine erdige, lehmfarbige, geruchlose Masse, die Hauptrolle. Daneben wird der Saldanhabay-, Jarvis-, Bolivia- und Sombrero-G. gehandelt. Alle diese bis 40 % Phosphorsäure enthaltenden Guanos werden meist in aufgeschlossenem Zustande, als Superphosphate, verbraucht. Zum Schutz gegen die häufigen Verfälschungen empfiehlt es sich, die Garantie an Stickstoff und Phosphorsäure durch eine Analyse kontrollieren zu lassen. Zum Schutz gegen Wasseranziehung muß der Peruguano trocken gelagert werden. Fischguano, Walfisch-G., Granat-G. führen ihren Namen zu Unrecht, da sie nicht aus Vogelexkrementen bestehen.

Guarana (lat. Pasta guarana, frz. Guarana, engl. Guarana paste), eine aus Brasilien eingeführte Paste, die von den Eingeborenen am Amazonenstrome aus den Samen von Paullinia sorbilis, einem zu den Sapindazeen gehörigen Baume, bereitet wird, gelangt teils zum Verkauf und wird teils im Ursprungslande selbst verbraucht. Die gerösteten, gestoßenen und mit etwas Wasser zu einem Teige gekneteten Samen werden in längliche oder spindelförmig gerollte Kuchen geformt, an der Sonne oder im Rauche der Hütten getrocknet und bilden eine harte, rotbraune, etwas fettglänzende, mit helleren Samenbruchstückchen durchsetzte Masse. Geringeren Sorten soll Maniokmehl beigemischt sein. Die bis zu 5 % Koffein enthaltende Masse quillt im Wasser auf, riecht eigentümlich, altem sauren Brote ähnlich, schmeckt adstringierend und gelinde bitter und wird von den Indianern als anregendes Heilmittel benutzt. Offizinell findet sie gegen Migräne Anwendung.

Guaviroba, die süßen Beeren der im tropischen Amerika heimischen Abbevillea-Arten, strauchartiger Gewächse aus der Familie der Myrtazeen, bilden im Ursprungslande ein beliebtes Obst.

Guignets Grün, eine in Wasser unlösliche, schön grüne Maler- und Anstrichfarbe aus wasserhaltigem borsaurem Chromoxyd, wird als Ersatz für das giftige Schweinfurtergrün empfohlen.

Guineagrün, ein dunkelgrünes, glanzloses, in Wasser und in Alkohol lösliches Pulver, das Seide und Wolle im sauren Bade grün färbt, besteht aus dem Natronsalze der Diäthyldibenzyldiamidotriphenylkarbinoldisulfosäure.

Guineapfeffer nennt man hauptsächlich den Kayennepfeffer und gewisse Formen des spanischen Pfeffers, bisweilen auch Paradieskörner oder Kardamomen. Ursprünglich hießen so die brennend scharfen Samen einer in Afrika heimischen Habzelia, die vor dem eigentlichen Pfeffer in Europa gebräuchlich waren und nach denen ein Teil der afrikanischen Westküste den Namen Pfefferküste erhalten hat.

Gummiarabikum, Mimosengummi (lat. G. arabicum seu mimosae, frz. Gomme arabique, engl. Arabic gum), das seit dem Altertum bekannte Klebmittel, kam niemals aus Arabien, sondern aus Afrika, wo es von verschiedenen Akazien, besonders Acacia Verek, A. arabica und gummifera gewonnen wird. Während der Sommermonate bis zum Beginn der Regenzeit im Oktober füllen sich die Hölzer mit dem Gummisafte, der in der folgenden Zeit der heißen Winde durch Rindenrisse ausfließt und erhärtet. Mit der Häufigkeit der Winde steigt die Ausbeute. Das für pharmazeutische Zwecke besonders geeignete Kordofan Sudangummi, das in Form grünlichweißer, stark rissiger und leicht zerbröckelnder kugeliger Stücke in den Handel gelangt, stammt aus der Gegend des weißen Nils und des Atbara. Während der Abschneidung des Sudans vom Handelsverkehr fand das in Kadariff, der Umgegend von Kassala, gesammelte Gezirehgummi, weniger kugelige, mehr bläulichweiße Stücke, über Massaua vielfach Eingang. Als Ersatzmittel dienen ostindische Sorten, Mogadore-G. (aus Marokko) und besonders Senegalgummi, das an den Ufern des Senegal am Rande der Sahara von Eingeborenen gesammelt und auf französischen Schiffen nach Bordeaux und Marseille gebracht wird. Die kugel- bis walzenförmigen Stücke mit rauher, von netzförmigen Rißlinien durchzogener Oberfläche zeigen glänzenden Bruch, blaßgelbliche bis dunkelbraune Farbe und säuerlichen Geschmack und lösen sich in kaltem Wasser langsam unter Hinterlassung eines Rückstandes. Wegen seiner hygroskopischen Eigenschaft eignet das Senegal-G. sich nicht zum Pulvern, da es hierbei leicht zusammenballt; seine Anwendbarkeit ist überhaupt begrenzter als die des eigentlichen G. und beschränkt sich auf wenige technische Zwecke. Alle Sorten von G. und seinen Ersatzmitteln, deren schwer zu unterscheidende Bezeichnungen von den Erzeugungsländern oder Ausfuhrhäfen entnommen sind, kommen immer „in sortis", d. h. aus großen und kleinen, hellen und dunklen Stücken gemengt in den Handel und werden erst vom Drogisten durch Auslesen (G. electum) oder Sieben geschieden. Die beste Sorte, G. albissimum, besteht aus den ganz farblosen und weißen Stücken, während die zweite Sorte, G. electum, die noch ausgelesenen besseren, aber doch schwach gelblich oder rötlich gefärbten Stücke enthält. Bisweilen werden auch gefärbte Stücke durch Bleichen mit schwefliger Säure, nachfolgendem Neutralisieren mit Bariumkarbonat und Filtrieren über frisch gefällte Tonerde in G. albissimum verwandelt. Gepulvert in den Handel kommendes G. ist oft stark verunreinigt. — In chemischer Hinsicht besteht das Gummiarabikum vorwiegend aus Arabin, einer Verbindung der Arabinsäure mit Kalk oder Magnesia, und unterscheidet sich dadurch vom Kirschgummi, welches Metarabinsäure (Zerasin), und dem Tragant, welcher Bassorin enthält. Seine Verwendung ist ungemein vielseitig. Das nicht zu pharmazeutischen Zwecken benutzte sog. Fabrikgummi dient zur Verdickung der Farben, in Kattun- und Seidenfabriken zum Appretieren, ferner als Zusatz zu Schreibtinten und als Kleb- und Bindemittel zu Briefmarken, Etiketten, Tusch- und Wasserfarben, Zündholzmassen usw. Besonders im Steindruck ist es unentbehrlich. In der Medizin dienen die besten Sorten zur Darstellung von Hustenzucker, Gummischleim und -sirup, und als Bindemittel für Pillen.

Gummigutt (Gutti, lat. Gummi s. Resina gutt, frz. Gomme gutte, engl. Gamboge). Dieser zu den Gummiharzen gehörige Stoff ist ein eingetrockneter Baumsaft von verschiedenen, nicht sicher bekannten Arten der Gattung Garcinia, die in Hinterindien, Mysore, auf Zeylon und Borneo wachsen. Die in Europa käufliche Handelsware kommt aus Siam, meist über Singapore und Kanton in zwei Sorten nach London, nämlich als Röhrengutti und Kuchengutti. Das erstere bildet 2½—4½ cm dicke und bis 4½ dm lange volle oder auch hohle Zylinder und hat seine Form von Bambusrohren, in welchen der vom Baume abgezapfte Saft aufgefangen wird. Diese Stücke sind auf der Oberfläche gewöhnlich striemig, da sich die Innenseite des Bambus an ihnen abgeformt hat, und mit einem grünlichgelben Staube bedeckt. Auf dem Bruch erscheinen sie porenlos, großmuschelig und matt glänzend orangegelb, gepulvert oder mit Wasser verrieben hingegen rein gelb. Die Ware in Kuchen oder Klumpen, die oft über 1 kg schwere Stücke bildet, ist von geringerer Güte, äußerlich meist ziemlich dunkelbraungelb und von rauhem, nicht glänzendem Bruch mit vielen Poren. Das Gelb des Pulvers ist nicht so rein, mehr ins Bräunliche fallend, die Masse durch Sand, Holzstückchen u. dgl. verunreinigt und oft durch Stärkemehl verfälscht. G. enthält neben 70—80 % gelben Harzes 20—30 % Gummi und ist daher weder in Weingeist noch in Wasser allein völlig löslich. Der erstere löst nur das harzige Gelb und hinterläßt das Gummi, während Wasser umgekehrt wirkt. Es gibt daher keine wirkliche Lösung dieses Stoffes in Wasser, sondern nur, wenn beide miteinander verrieben werden, ein emulsionsartiges Gemisch von Gummilösung mit fein verteiltem Gelbharz. Es wird in der Medizin als Abführmittel, weiter als Aquarellfarbe und zur Herstellung bunter Papiere usw. gebraucht, in welchem Falle dann das Gummi das Bindemittel abgibt. Die weingeistige Lösung dient zum Gelbfärben von Lacken (Goldfirnis).

Gurjunbalsam (Ostindischer-, Capivibalsam, lat. Balsamum gurjunae, Balsamum capivi, frz. Baume de Copahu d'Inde, engl. Wood-oil). Dieser dem Kopaivabalsam ähnliche Harzsaft stammt von verschiedenen Bäumen der Gattung Dipterocarpus, besonders von D. turbinatus, alatus und incanus und kommt sowohl vom ostindischen Festlande wie auch von den Inseln zum Verkehr. Er bildet eine dickflüssige, bei auffallendem Lichte grünlichgrau fluoreszierende, bei durchfallendem Lichte rötlichbraun durchsichtige Masse von kopaivabalsamähnlichem Geruch, die in Chloroform, Petroläther, Schwefelkohlenstoff, Azeton, Alkohol größtenteils löslich ist. Das spez. Gew. bei 15° beträgt 0,950—0,970. Als Hauptbestandteile sind 60—75 % eines stark linksdrehenden ätherischen Öles, weiter Harz und ein Bitterstoff isoliert worden. G. wird medizinisch innerlich und äußerlich gegen Hautausschläge, technisch zur Herstellung von Firnissen, als Fußbodenöl und zur Verfälschung des Kopaivabalsams benutzt. Der Name Wood-oil (Holzöl) kann zu Verwechslungen führen, da mit diesem auch andere Stoffe, so das Aleurites-Öl, das fette Sandelholzöl und der Hardwickia-Balsam von Hardwickia pinnata belegt wird. Zur Unterscheidung des G. von Hardwickia- und Kopaivabalsam soll man nach Flückiger oder Hanbury folgendermaßen verfahren: Ein Tropfen Balsam wird mit 19 Tropfen Schwefelkohlenstoff gemischt, und darauf ein Tropfen einer Mischung gleicher Teile konz. Schwefelsäure und Salpetersäure hinzugegeben. Hierdurch wird Kopaivabalsam unter Abscheidung eines kristallinischen Niederschlages rotbraun, G. purpurrot, dann violett, während Hardwickia-Balsam unverändert bleibt.

Gurken (frz. Concombre, engl. Cucumber), die Früchte von Cucumis sativus, einer einjährigen Pflanze mit rankendem Stengel, werden in Deutschland besonders in der Naumburger Gegend, in Lübbenau im Spreewalde und bei Liegnitz, in Mähren bei Znaim in großem Umfange als Erzeugnis des Feld- und Gartenbaues, für den Frühbedarf auch in Gewächshäusern gezogen. Die Gurke verlangt Wärme und Sonnenschein, versagt aber bei Nässe, Kälte und stürmischer Witterung, besonders in der Zeit der ersten Entwicklung. Für den Großhandel kommen nur die Herbstgurken in Betracht, die in mannigfacher Weise eingemacht werden. Zu sauren oder Salzgurken, die einer Milchsäuregärung unterworfen werden, eignen sich nur mittelgroße, nicht zu reife, noch etwas harte, fleckenlose Exemplare, zu Senfgurken die größten und reifsten, schon etwas gelb gewordenen G., die von Schale und Samen befreit werden, zu Pfeffergurken nimmt man höchstens fingerlange, unreife Stücke, zu Zucker-G. grüne, mittelgroße, feste Ware. Zum Schutze gegen leicht eintretende Fäulnis müssen die G. in vollgefüllten Fässern unter einer dichten Schicht von Blättern und Gewürzen (Esdragon, Pfefferkraut, Dill) aufbewahrt werden. Die Salzlake oder der Essig ist von Zeit zu Zeit zu erneuern, der Lagerraum soll kühl, luftig und frei von üblen Gerüchen sein. Saure und Pfeffergurken werden vielfach mit Kupfer gegrünt.

Guttapercha (lat. Gutta percha, G. gettonia, frz. und engl. Guttapercha), gleich dem chemisch verwandten, physikalisch aber wesentlich verschiedenen Kautschuk, der eingetrocknete Milchsaft tropischer Bäume, stammt von mehreren Sapotazeen, früher hauptsächlich von Palaquium Gutta Burck (Dichopsis, Isonandra Gutta), jetzt mehr von Palaquium oblongifolium und borneense, Payena Leerii Benth. et Hook, Payena

Treubii u. a., die in ganz Ostindien auf Festland und Inseln (Borneo, Sumatra, Java) weit verbreitet sind. Nachdem früher durch einen wahren Raubbau, bei dem Hunderttausende von Bäumen einfach umgeschlagen wurden, Palaquium Gutta vollständig ausgerottet worden war, ist man zu einem rationelleren Verfahren, vielfach auch zu Neuanpflanzungen übergegangen und zapft die Bäume jetzt meist durch Einschnitte und Wegnahme eines Stückes der Rinde an. Der ausfließende und in Gefäßen aufgefangene Saft, der eine gewisse Ähnlichkeit mit Kuhmilch hat, gerinnt alsbald und scheidet, besonders nach Zusatz von Salz, eine klumpige Masse ab, die mit den Händen zusammengeknetet und dann dem Trocknen überlassen wird. Die Rohware bildet viereckige, rötlichbraune, innen hellere Blöcke von 10—20 kg Gewicht und poröser Struktur, die sich nur schwer zerteilen lassen und zahlreiche Verunreinigungen von Rinde, Holzstückchen, Blättern, Erde und Steinchen umschließen. Zur Herstellung der gereinigten G. wird sie durch Schneid- oder Reißwalzen unter ständigem Zufluß von Wasser in dünne Späne zerteilt, darauf durch Verrühren mit viel Wasser von den untersinkenden Verunreinigungen befreit und schließlich mit heißem Wasser gewaschen, mit Walzwerken gepreßt und geknetet, zu dünnen Blättern oder Fäden ausgezogen und in die verkaufsfertigen Platten, Blätter, Röhren und Schnüre ausgewalzt. Bisweilen erfolgt auch eine Behandlung mit heißen Alkalien, die aber sorgfältig zu entfernen sind, wie überhaupt die häufige Wiederholung und gründliche Durchführung aller Reinigungsarbeiten von größter Bedeutung ist. Die so vorgerichtete G. zeigt eine gelbrötliche oder gelblichweiße Farbe, ein marmoriertes Aussehen und geschichtete Struktur. Je länger die mechanische Bearbeitung durch Kneten und Walzen, besonders bei trockener Wärme fortgesetzt wurde, um so mehr verliert sich das faserige Gefüge und wird bei gleichzeitiger Dunkelfärbung homogener. Bei gewöhnlicher Temperatur lederartig, biegsam, wenig elastisch und leicht schneidbar, erweicht G. bei 60° so weit, daß sie sich kneten und in jede Form bringen läßt, und wird in siedendem Wasser sogar klebrig und fadenziehend, nimmt aber nach dem Erkalten ihre frühere Beschaffenheit wieder an. Bei 150° tritt unter Entweichen eines flüchtigen Öles Zersetzung ein. Das spez. Gew. beträgt 0,96—0,99. In chemischer Hinsicht besteht sie aus einem Kohlenwasserstoff Gutta von der Formel $(C_{10}H_{16})n$ und verschiedenen harzartigen Oxydationsprodukten desselben, Alban (nach Tschirch in Sphärit-, Kristall-, Isosphärit-Alban und Albanan unterschieden) sowie einen gelben Farbstoff Fluavil $(C_{10}H_{16}O)n$. Daneben finden sich Gerbstoffe, Zucker und Salze, aber kein ätherisches Öl. Gute Lösungsmittel sind Chloroform, Schwefelkohlenstoff, Tetrachlorkohlenstoff und Benzin, hingegen wird durch Alkohol nur eine wachsartige Substanz ausgezogen, Wasser, Alkalien und die meisten Säuren, selbst Flußsäure, sind ohne Einwirkung. Nur stärkste Salpetersäure und Schwefelsäure zerstören G. Durch Auflösung in 20 Teilen Benzol und Fällung mit dem doppelten Volum Alkohol erhält man die rein weiße G. depurata alba, die zur Ausfüllung hohler Zähne und Anfertigung künstlicher Gebisse dient und in Form dünner Stengelchen unter Wasser aufbewahrt wird. Durch Erwärmen mit Schwefel läßt sich G. ganz wie Kautschuk vulkanisieren und verliert dadurch die Eigenschaft, bei höherer Temperatur zu erweichen und von den vorgenannten Lösungsmitteln aufgelöst zu werden. Auch können der G. durch Zusammenkneten Farbstoffe und Füllmittel einverleibt werden. Von den zahlreichen Verwendungen spielt die Umkleidung elektrischer Kabel, besonders unterseeischer, die größte Rolle, weil G. wegen ihrer Undurchdringlichkeit für Wasser und Elektrizität geradezu unersetzbar ist. In chemischen Laboratorien und photographischen Werkstätten werden Wannen, Flaschen für Flußsäure, Röhren und andere Gefäße zur Aufbewahrung ätzender Flüssigkeiten viel benutzt. Als Nichtleiter der Elektrizität, aber durch Reibung selbst elektrisch werdender Körper dient G. zur Herstellung elektrischer Apparate, z. B. als Ersatz der Harzkuchen an Elektrophoren. — Guttaperchalösungen nimmt man zum Ankleben von Schuhsohlen. — Guttapercha in dünn ausgewalzten Blättern, Guttaperchapapier (lat. Percha lamellata) dient zum Einwickeln vor Feuchtigkeit zu schützender Waren (photographischer Platten und Papiere), zur Herstellung von Kitten für Lederriemen oder zum Kitten von Leder auf Holz oder Metall, zum Schienen bei Arm- und Beinbrüchen und zum Verbinden bei Prießnitzumschlägen. Auch stellt man aus G. Matrizen für galvanoplastische Niederschläge her, indem man sie auf den zu formenden Gegenstand im erwärmten Zustande aufpreßt. — Traumatizin, eine Lösung von weißer G. in Chloroform, wird wie Kollodium gegen Schnittwunden angewandt. Da G. bei längerem Lagern, namentlich in der Kälte, durch Oxydation leicht brüchig wird, zerbröckelt und zerfällt, muß sie bei Zimmertemperatur unter Luftabschluß verwahrt werden.

H.

Haare (frz. Cheveux, engl. Hair) verschiedener Tierarten, wie Biber, Hasen, Kaninchen, Roß, Ziegen usw. werden namentlich in Pinsel- und Bürstenfabriken vielfach verwendet. Roßhaare dienen auch zur Herstellung von Polstermaterial und Gespinstwaren.

Haarfärbemittel. Die früher benutzten H. enthielten neben organischen Verbindungen meist Blei- und Kupfersalze. Seitdem aber durch das Farbengesetz vom 5. VII. 1887 (s. Farben) die Verwendung giftiger Metalle zur Herstellung kosmetischer Präparate verboten ist, kommen vorwiegend ammoniakalische Silberlösungen für sich oder in Verbindung mit Pyrogallol zum Verkehr. Diese Mittel sind nicht zu beanstanden. Hingegen ist vor dem Gebrauch einiger neuerer H., wie Phoenix, Teinture africaine, Eau de Raffah, Kronen-Nußextrakt-Haarfarbe, Nutin, ausdrücklich zu warnen, weil diese das giftige Paraphenylendiamin enthalten und in verschiedenen deutschen Bundesstaaten durch Verordnungen, in der Schweiz durch Gesetz, verboten sind.

Haargewebe (Haartuch, frz. Tissus de crin, engl. Hair scating). Aus Haaren werden im Gemisch mit anderen Fasern verschiedenartige Stoffe für Decken, Teppiche, wasserdichte Mäntel usw. hergestellt. Die sog. Haardecken, Haarziechen, aus den kürzeren Haaren von Pferden und Rindern, dienen zur Herstellung von Packtuch, einfachen Teppichen, Pferde- und Schiffsdecken, Preßtüchern zum Ölschlagen und Regenmänteln. Aus den langen Haaren der Pferdeschweife werden die Roßhaarstoffe, die besonders als Siebböden vielfache Anwendung finden, hergestellt. Die verschiedenen Nummern der letzteren führen besondere Namen, wie Pfefferböden, Safranböden, Pulver-, Müllerböden und dienen zum Absieben von Mehl, Grieß, Gips, Schießpulver, feinen Gewürzen, Drogen und Vegetabilien. Für andere Zwecke sind die Roßhaargewebe gewöhnlich gemischte Stoffe (Haartuch) mit baumwollener Kette und Einschuß von Haaren und finden in Verbindung mit Stroh oder Manilahanf als Einlage in Halsbinden, als bauschende Unterfutter, zu Mützen, Beuteltuch und Damenhüten Verwendung.

Haarstrangwurzel (lat. Radix peucedani, frz. Racine de peucedane, engl. Peucedanum root), die unangenehm riechende Wurzel von Peucedanum officinale, wird in der Tierheilkunde gegen Schafräude benutzt.

Haarwuchsmittel. Neben vielen unschädlichen, wennschon wertlosen Präparaten werden eine Reihe bedenklicher Zubereitungen vertrieben, welche Pilokarpin, Veratrin oder Kantharidin enthalten und z. T. bösartige Hautentzündungen hervorgerufen haben. Besonders sind solche nach dem Gebrauche von Craven-Burleighs H. beobachtet worden.

Haematogen, ein Nähr- und Kräftigungsmittel aus defibriniertem Blut, das zur Verbesserung des Geschmacks und zur Erhöhung der Haltbarkeit einen Zusatz von Glyzerin erhält.

Hafer (lat. Avena, frz. Avoine, engl. Oats), eine der wichtigsten Getreidearten, gedeiht in den nördlichen Gegenden Europas, Asiens und Amerikas, besonders in Schottland, an den Küsten der Nord- und Ostsee und auf höheren Gebirgen Mitteleuropas und wird in zahlreichen Arten angebaut. Die meisten derselben gehören botanisch zu dem gemeinen oder Rispenhafer, Avena sativa, oder, wie der Türkische, Kamm- oder Fahnenhafer zu A. orientalis, während der kurze H. oder Sperlingsschnabel, A. brevis, nur selten angebaut wird und meist wild wächst. H. wird im Norden nur als Sommerfrucht, in südlicheren Gegenden auch als Winterfrucht gebaut und geht bis zu einer nördlichen Breite von 67° und in der Schweiz bis zu Höhen von 1700 m. Er ist die anspruchsloseste Getreideart, liefert selbst auf schlechtem Boden noch einen Ertrag und hat eine Reifezeit von 110—150 Tagen. Als mittlere Ernte rechnet man auf den Hektar 25 bis 32 hl Körner, im Gewicht von 31—50 kg für 1 hl, und 10—35 Ztr. Stroh. Der H. unterscheidet sich von den übrigen Getreidearten durch einen ziemlich hohen Fettgehalt, welcher bis zu 10% steigt, und enthält im Mittel etwa 12% Wasser, 10% Protein, 5% Fett, 10% Rohfaser, 3% Salze und 60% Kohlenhydrate. Die Körner bilden das Hauptfutter für Pferde, in zurücktretendem Maße auch für Geflügel und Rindvieh. Das Mehl wird vielfach zur Herstellung von Kindermehlen (Nestle, Kufeke), Haferkakao und ähnlichen Zubereitungen, seltener zur Brotbereitung benutzt. — Die Hafergrütze (Quaker oats, lat. Avena excorticata, frz. Gruau d'avoine, engl. Oats groats), das Hauptnahrungsmittel der Schotten, dient zur Herstellung von Brei und Suppen in geröstetem Zustande, in England zur Bereitung eines kühlenden Getränkes und zu medizinischen Zwecken. Die deutsche Produktion betrug im Jahre 1912 rund 9 Millionen Tonnen, der Einfuhrüberschuß 602000 t.

Hagebutten (Hainbutten, lat. Fructus cynosbati, frz. Fruit du rosier sauvage, engl. Hips) sind die reifen, roten, getrockneten Früchte der Hundsrose, Rosa canina, die, von den zahlreichen Samenkörnchen befreit, in der Küche zu Tunken und Suppen sowie medizinisch gebraucht werden. — Die Samen (lat. Semen cynosbati, frz. Semences de fruit du rosier sauvage, engl. Wild-dogrose-seeds) werden medizinisch als harntreibendes Mittel sowie als Kaffee- und Tee-Ersatz benutzt.

Haifisch. Von den zahlreichen Arten des H.: Hundshai (Scyllium canicula), Katzenhai (Scyllium catulus), Blauhai (Carcharias glaucus) u. a. wird hauptsächlich die rauhe Haut (s. Fischhaut) als Poliermittel benutzt. Die Rückenflossen (Haifischflossen) gelten den Chinesen als Delikatesse und werden von ihnen, ebenso wie das in Streifen geschnittene und eingesalzene Fleisch, als Nahrungsmittel verwertet. Der aus der Leber gewonnene Haifischtran dient zur Verfälschung des Lebertrans (s. d.). Das Fleisch wird als Viehfutter sowie zur Herstellung von Düngemitteln (Haifischguano) benutzt.

Haï-Thao, eine aus Kotschinchina stammende getrocknete Meeresalge, die als Appreturmittel für Baumwollengewebe benutzt wird, kommt in Form grober, glatter Fasern von 30 cm Länge in den Handel. Die Masse löst sich in kochendem Wasser zu einer schleimigen Flüssigkeit, die zur Erzeugung eines geschmeidigen und dabei kernigen Griffs, jedoch nur für feine Gewebe, benutzt wird. Für steife und schwere Appretur ist sie nicht geeignet.

Halwa (Halva), ein Backwerk aus Honig oder Zucker, Sesamöl und Mehl oder Grieß, wird in großen Mengen von der Türkei ausgeführt.

Hamamelis. Von dem in Nordamerika heimischen Strauche, Hamamelis virginiana L., kommen die Blätter und die Rinde in den Handel. — Die Hamamelisblätter (lat. Folia hamamelidis, frz. Feuilles de hamamelis, engl. Hamamelis leaves) haben eine herzförmige oder abgerundete Gestalt, eine Länge von 10—15 cm und einen herben Geschmack und enthalten bis etwa 25 % Extraktstoffe. — Die Hamamelisrinde (lat. Cortex hamamelidis, frz. Ecorce de hamamelis, engl. Hamamelis bark) bildet rötlichbraune, oft noch mit einer silbergrauen Korkschicht bedeckte röhren- oder bandförmige Stücke von faseriger Struktur und zusammenziehendem Geschmack. Als wichtigste Bestandteile sind Fett, Gerbstoff, Glykose und Extraktstoffe vorhanden. — Blätter wie Rinde werden gegen Ruhr, Diarrhöe, innerliche Blutungen usw. angewandt. Aus den Blättern wird außerdem ein Fluidextrakt (lat. Extractum Hamamelidis fluidum), aus der Rinde durch Destillation das in England und Amerika gegen Blutungen vielfach benutzte Hazalium hergestellt.

Hamburger Masse, eine zum Anstrich von Akkumulatorenlagern benutzte Lösung von 60 Teilen Asphaltbitumen in 40 Teilen Schwefelkohlenstoff, ist wegen ihrer großen Feuergefährlichkeit mit großer Vorsicht zu handhaben.

Hanf (frz. Chanvre, engl. Hemp). Die besonders durch ihre Faser, in zweiter Linie ihren Ölgehalt überaus wertvolle Hanfpflanze, Cannabis sativa, gedeiht unter den verschiedensten Breitegraden und Bodenverhältnissen und wird daher sowohl auf den Ebenen Persiens, Indiens und Arabiens, wie in ganz Afrika, Amerika und Europa bis nach Archangelsk hinauf angebaut. Die Pflanze ist wie der nahe verwandte Hopfen und die Nessel zweihäusig und kommt somit sowohl in einer männlichen, schwächer entwickelten (Hanfhahn, Sommerhanf, fälschlich Femmel), wie auch in einer kräftigeren, weiblichen Form vor. Hauptsächlich die letztere findet technische Verwendung. Die Art des Anbaus und der Ernte richtet sich danach, ob die Faser- oder Ölgewinnung die Hauptsache ist. Im ersteren Falle sät man sehr dicht und zieht noch vor der Reife im zarteren Zustande, während man im letzteren Falle die Samen erst reifen läßt. Zur Gewinnung der Faser werden die Pflanzen wie Flachs auf dem Felde oder in Wasser geröstet, gebrochen, darauf meist unter Stampfen oder in Kollergängen bearbeitet (Boken) und schließlich geschwungen und gehechelt. Die feineren Fasern bilden den Spinn- oder Brechhanf, die stärker verholzten den Seilerhanf. Die durch Boken und Ausschütteln von Schäbe möglichst befreite Ware, wie sie meist in den Handel kommt, wird als Reinhanf, oder wenn die Bastschicht völlig abgezogen ist, als Schleiß- oder Pellhanf bezeichnet. Die Hanffaser erreicht bei einer Dicke von 0,02 mm eine Länge von über 2 m und besitzt ein ziemlich breites Lumen sowie Längsstreifen und Quetschungen, an denen sie unter dem Mikroskope leicht erkannt wird. Mit Jod und Schwefelsäure färbt sie sich blau und quillt in Kupferoxydammoniak stark auf. Der H. wird nach Länge, Feinheitsgrad, Farbe und Reinheit in viele Handelssorten: ganz-, halb-, mittelreinen, Ausschuß-, kurzen und langen, Strähn-, Spinn- und Schusterhanf unterschieden. Auch das Werg ist Handelsware und dient zum Kalfatern. Am höchsten schätzt man der Farbe nach den silber- oder perlgrauen, danach den grünlichen oder gelblichen, während der braune H. für überröstet gehalten wird. Dumpfig riechende Ware ist verdorben. H. bildet die wichtigste Faser für Seile, Taue und grobe, aber sehr feste Gewebe und wird besonders für Fischerei (Netze) und Schiffahrt in ungeheuren Mengen verbraucht. Die Verarbeitung zu Garn, Zwirn und Bindfaden erfolgt wie beim Flachs. Auch Papier wird aus H. hergestellt, jedoch besteht das sog. Hanfpapier der Geldscheine jetzt meist aus Flachs. Als wichtigste Ausfuhrländer kommen vor allem Rußland und Italien, neuerdings auch Nordamerika und Neuseeland in Betracht. Für den deutschen Bedarf liefert aber auch das Rheinland eine vorzügliche Spinnfaser. Während des Krieges hat man den Anbau, der von 21000 ha im Jahre 1870 auf 3500 ha (1905) gesunken war, besonders auf Moorboden erheblich gesteigert und berechnet, daß Deutschland bei Anbau von 50000 ha die Juteeinfuhr entbehren könne. — Die Hanfsamen (lat. Semen cannabis, Fructus cannabis, frz. Graines de chanvre, engl. Hemp seed) werden zum Teil zur Aussaat, zum Teil zur Ölgewinnung benutzt. Der für erstere bestimmte sog. Säehanf soll von bester Beschaffenheit und nicht älter als ein Jahr sein, weil bei dem hohen Ölgehalt sonst leicht ein die Keimkraft schwächendes Ranzigwerden eintritt. Alle zur Saat ungeeigneten Körner bilden die 2. Sorte, die Schlagsaat, die wie andere Ölfrüchte ausgepreßt wird. — Das Hanföl (lat. Oleum cannabis, frz. Huile de chanvre, engl. Hemp oil), das in größter Menge aus Rußland kommt, besitzt eine grünliche oder bräunlichgelbe Farbe, milden und faden Geschmack und starken Hanfgeruch. Es hat ein spez. Gew. von 0,927 und erstarrt erst bei —27°. Es eignet sich nicht zu Speisezwecken, kann aber im raffinierten Zustande als Brennöl benutzt werden. Am meisten benutzt man es zur Herstellung von Schmierseife sowie als trocknendes Öl zur Bereitung geringer Firnissorten. — Die Hanfpreßkuchen dienen als Futter für Pferde und Schafe. Außer zur Ölgewinnung finden die Samen in geröstetem Zustande sowie als Suppe zur menschlichen

Ernährung, ferner als Vogelfutter und, medizinisch, zu Emulsionen Verwendung. — Das Kraut, Herba oder Summitates cannabis, auch indischer H. genannt, bildet den Rohstoff zur Darstellung narkotischer Präparate, jedoch eignen sich hierzu nur die tropischen, besonders indischen Sorten, die bisweilen auch als eine besondere Art, Cannabis indica, angesehen werden. Von den drei Handelssorten bildet die Ganja oder Gunja 1/2 kg wiegende Bündel, die aus 20—30 verästelten, entblätterten Stengelspitzen der weiblichen Pflanze bestehen und einen stark narkotischen Geruch sowie harzig bitteren Geschmack besitzen. Die zweite Sorte: Bhang, Guaza oder Siddhi, die in der Regel zu uns kommt, besteht aus einem Gemisch stengelloser Blütenstände mit Blättern und Früchten und erscheint meist in Form dicht mit Harz verklebter Knäuel. Sie ist harzärmer und von schwächerem Geruch. Die dritte Sorte: Charas oder Churus endlich verbleibt in Indien. Als wirksame Bestandteile der Droge hat man ein bei 40° schmelzendes Harz (Kannabin), ferner ätherisches Öl und ein Alkaloïd (Kannabinin) isoliert. Der alkoholische Auszug und die Tinktur finden medizinische Anwendung als Schlafmittel. — Der indische Hanfextrakt (lat Extractum cannabis indicae, frz. Extrait de chanvre indien, engl. Extract of Indian hemp) wird aus dem zerkleinerten Kraute durch Ausziehen mit Weingeist gewonnen und als Zusatz zu verschiedenen Hühneraugenmitteln benutzt. Die Hauptmenge dient aber zur Herstellung von Haschisch, d. s. verschieden zusammengesetzte Zubereitungen, die geraucht oder getrunken werden und dabei wie Opium einen eigentümlichen Zustand der Berauschung, bei fortgesetzter Anwendung aber schwere Störungen verursachen.

Harlemer Balsam oder Öl (Holländischer oder Silberbalsam, Silber- oder Tillytropfen, lat. Oleum terebinthinae sulfuratum, frz. Baume de soufre thérébinthiné, Huile d'Haarlem, engl. Harlem balsam), ein Produkt der trockenen Destillation von Aloe, Weihrauch, Myrrhen und Olivenöl, oder ein Gemisch von geschwefeltem Leinöl mit Terpentinöl, wird als Hausmittel benutzt.

Harmalasamen sind die Samen einer zur Familie der Butazeen gehörigen Steppenpflanze, Peganum Harmala (L.), die im südlichen Rußland, in der Türkei, Persien und am Kaspischen Meere wild wächst, zuweilen auch angebaut wird. Sämtliche Teile der Pflanze haben einen starken und angenehmen Geruch und etwas brennenden Geschmack; die in einer kugelig dreifurchigen Kapsel liegenden Samen, die im Orient als Gewürz benutzt werden, sind dreiseitig, an einer Seite gewölbt und enthalten neben einem roten Farbstoff, dem Harmalarot, zwei Alkaloïde, das Harmalin und das Harmin, farblose, kristallinische Körper von stark bitterem Geschmack. Die Samen sollen in der Türkei nach dem Rösten und Behandeln mit Schwefelsäure zum Rotfärben benutzt werden.

Harnsäure (lat. Acidum uricum, frz. Acide urique, engl. Uric acid), eine stickstoffhaltige organische Säure, $C_5H_4N_4O_3$, war eine Zeitlang (vor dem Aufkommen der Anilinfarben) ein ziemlich gesuchter Handelsartikel, den man zur Bereitung des Murexids benutzte. Zu ihrer Darstellung bediente man sich, da der Menschenharn zu geringe Mengen enthält, der Schlangenexkremente, später des Peruguano. 100 kg Guano geben etwa 7 kg Säure in Form eines bräunlichgelblichen Pulvers, welches durch weitere Reinigung in schneeweißen Kristallen erhalten wird.

Hartspiritus ist durch Auflösen von Seife, am besten reinem stearinsauren Natrium, oder von Zelluloseazetat in feste Form übergeführter Spiritus, der zur Beheizung von Spirituskochern besonders im Kriege viel benutzt wurde.

Harz (lat. Resina, frz. Résine, engl. Resin). Unter diesem Namen faßt man in der Wissenschaft zahlreiche pflanzliche Ausscheidungsprodukte zusammen, die in der Hauptsache aus stickstofffreien Verbindungen von Kohlenstoff, Wasserstoff und Sauerstoff (Harzsäuren, Ester) bestehen und in Wasser unlöslich, in Alkohol, Äther, Schwefelkohlenstoff hingegen in der Regel löslich sind. Als besondere Unterabteilungen werden von ihnen die Gummiharze (Gummigutti, Asa foetida, Ammoniakgummi, Galbanum, Myrrhe, Weihrauch), das sind Gemische von Harzstoffen mit Gummi, und die Balsame (Terpentin, Kopaiva-, Gurjun-, Mekka-, Peru-, Tolubalsam, Storax), Lösungen von Harzstoffen in ätherischen Ölen, unterschieden. Zu den eigentlichen Harzen gehören u. a. Schellack, Kopal, Mastix, Benzoë, Drachenblut, Dammar, Elemi, Sandarak, Guajak- und Akaroidharz sowie vor allem das Fichtenharz. Die einzelnen Harze, Gummiharze und Balsame sind unter ihrem besonderen Namen besprochen worden.

Harzersatz (Kunstharz) wird durch Erhitzen von Formaldehyd mit Phenolen (oder Kresolen) und einer Kontaktsubstanz (Alkalien, Säuren, Gerbextrakt, Kasein) als eine harzartige Masse dargestellt, die in Alkohol oder Azeton löslich ist, sich, wenn auch unvollkommen, mit Fußbodenölen mischt oder mit Universalfarben verreiben läßt und glänzende, durchscheinende, rasch trocknende Anstriche gibt. Ein derartiges Erzeugnis der Bakelit-Gesellschaft wird als Bakelit, im Gemisch mit Kumaronharz (s. d.) als Albertole bezeichnet. — Ein anderer H. der Chemischen Fabrik Nördlinger entsteht durch Behandlung von Holzteeröl mit Schwefelsäure, ein weiterer von Bartling und Haege durch Erhitzen von Lignit mit Kali und Soda. — Schließlich ist auch eingedickte Sulfitlauge als Harzersatz benutzt worden.

Harzkitte, aus Harzrückständen, meist unter Zusatz von Kautschuk oder Guttapercha, durch Auflösen in Schwefelkohlenstoff, hergestellt, dienen zum Verkitten solcher Gegenstände, bei denen besondere Haltbarkeit gewünscht wird.

Harzöl (Harzgeist). Das bei der Destillation von Leuchtgas aus Fichtenharz in Menge von 20—25% erhaltene rohe H. dient zur Herstellung einiger technisch wichtiger Stoffe. Der bei 120—130° übergehende Harzgeist (Pinolin) kann als Beleuchtungsmittel sowie als Ersatz für Terpentinöl gebraucht werden, nachdem er vorher durch Schütteln mit Natronlauge entsäuert und mit Dampf destilliert worden ist. Durch weitere Destillation des Rohöls bis zu

280° wird ein bräunlichgrünes dickeres Öl (fixes Öl oder Patentöl) hergestellt, das, mit Schmierseife gemischt, als Patentwagenfett, englische Wagenschmiere sowie unter der unzutreffenden Bezeichnung Paraffinfett in den Handel kommt.

Haselwurz (lat. Rhizoma asari, frz. Racine d'asari, engl. Cabaric root), eine nicht unwichtige Ware des Drogenhandels, stammt von Asarum europaeum (Nierenkraut, Hasenkraut), einer in Bergwäldern unter Gebüsch, besonders Haselsträuchern, wachsenden Pflanze mit niedrigen Stengeln, glockigen, braunroten Blütenkelchen und langgestielten nierenförmigen Blättern. Der dünne, kriechende, graubraune Wurzelstock ist hin und her gebogen, knotig gegliedert, längsrunzelig und mit Faserwurzeln besetzt. Er hat einen eigentümlichen kampferartigen Geruch, schmeckt beim Kauen brennend pfefferartig und bewirkt im frischen Zustande Erbrechen. H. enthält neben ätherischem Öl einen kampferähnlichen Stoff, das Asaron, und wird in Pulverform als Schnupfenmittel sowie in der Tierheilkunde verwandt.

Hauhechelwurzel (Haudornwurzel, Harnkrautwurzel, lat. Radix ononidis, frz. Racine de bugrane, engl. Restharrow root), die mehrere Fuß lange und fingerdicke, holzigzähe Wurzel der dornigen Hauhechel, Ononis spinosa, eines niedrigen, an Wegrändern und sonst auf unbebauten Flächen häufig wachsenden Strauches mit blaßroten Schmetterlingsblüten, kommt in Form ästiger, außen dunkelbrauner, auf dem Querschnitt weißlichstrahliger Stücke, die meist der Länge nach gespalten sind, in den Handel. Der Geschmack ist süßlich bitterlich, beim Kauen zusammenziehend und etwas brennend. H. enthält als charakteristische Bestandteile die Glykoside Ononin, Ononidin und das wachsartige Onozerin und wird als harntreibendes Mittel sowie als Zusatz zu Blutreinigungstees verwandt.

Hausenblase (Fischleim, lat. Colla piscium, Ichthyocolla, frz. Colle de poisson, engl. Isinglass) besteht aus der getrockneten inneren Haut der Schwimmblase verschiedener großer Fischarten vom Geschlecht der Störe und Hausen, besonders des eigentlichen Störs, Acipenser sturio, und des Hausens, A. huso sowie einiger kleiner Verwandter, des Osseter, A. Güldenstaedtii, des Sterlet, A. ruthenus, und des Sewruga (Scherg). Es sind also meist dieselben Tiere, die im Handel auch den Kaviar liefern und in dem Aufsatz Stör näher besprochen worden sind. Die meiste H. kommt aus Rußland über Petersburg. Außer dieser russischen „echten" Ware erscheint aber noch manche andere aus den verschiedensten Weltgegenden, besonders amerikanische von der Hudsonsbai, brasilianische und ostindische, die bisweilen auch wohl der echten in betrügerischer Absicht beigemischt wird. An den Küsten Norddeutschlands, Englands und Nordamerikas verarbeitet man hauptsächlich den Kabeljau, daneben noch Lachse, Welse und Seehechte. Die nicht russischen Sorten sind alle von geringerer Güte, meist dunkler, gelblich bis bräunlich gefärbt und mit widrigem Fischgeruch und -geschmack behaftet und hinterlassen beim Kochen mit Wasser weit mehr unlöslichen Rückstand als die echte. Die russische H. unterscheidet man in: Astrachaner, uralische und sibirische. Die beste Ware besteht aus harten, schwer zu biegenden Blättern mit runzliger Oberfläche, die bei auffallendem Lichte mit prachtvoll blauer Farbe schillert, während die geringeren Sorten dieses Irisieren wenig oder gar nicht zeigen. Die gangbarsten Marken der russischen H. sind: Saliansky, Beluga und Samovy oder Samova, nächst diesen Assetowa und Premislowoi. Ihre Zubereitung erfolgt in höchst einfacher Weise. Die frischen oder, wenn getrocknet, in Wasser wieder aufgequellten Blasen werden der Länge nach aufgeschnitten, durch sorgfältiges Waschen gereinigt und von der äußeren unbrauchbaren Muskelhaut befreit. Die innere weiße Haut, in eine der gangbaren Formen gebracht (gebrakt), wird dann vollends getrocknet. Früher gab es im Handel auch unaufgeschnittene, nur äußerlich gereinigte Blasen sowie solche, die geöffnet und zu einem Kuchen zusammengeklappt waren. Diese Stücke mußten aber vor dem Gebrauch erst lange gewässert, geklopft und auseinandergelegt resp. gereinigt werden. Dasselbe gilt von der in Fadenform geschnittenen, oder in Ringel- oder Lyraform (Ringelhausenblase) aufgerollten und gebogenen Ware, die noch hin und wieder vorkommt. Zur Herstellung der Blätter werden die noch feuchten gereinigten Stücke stark ausgereckt, mit Nägeln über Bretter gespannt und so in der Sonne fertig getrocknet, während man die dünnen Fäden durch Zerschneiden der Blätter auf Maschinen mit stählernen Schneidescheiben erhält. Neuerdings wird oft die rohe H. nach Petersburg geschafft und dort erst gebrakt und mit schwefliger Säure gebleicht, wodurch sie aber an Wert verliert. Besser ist die an der Wolga übliche Schneebleiche, bei der man die Blasen der im Winter unter dem Eise gefangenen Tiere bis zu der Verarbeitung im Schnee eingräbt. Die Beluga, also die eigentliche H., große, dicke und rauhe Blätter von weniger reiner Farbe, ist die billigere Sorte, aber in allen Fällen, in denen nicht auf schönes Äußere gesehen wird, sehr gut brauchbar. Sterletblase ist nicht größer als ein Handteller. Samowy, eine in dünnen weißen Blättern in den Handel kommende Ware, die den übrigen Sorten an Güte sehr nachsteht, stammt vom Wels. Die H. ist in kaltem Wasser nicht löslich, sondern quillt nur stark darin auf. Beim Erhitzen löst sie sich aber in Wasser wie auch in verdünntem Spiritus unter Hinterlassung geringer Mengen faseriger Reste zu einer klebrigen Flüssigkeit, die nach dem Abkühlen schon bei einem Gehalte von 4% zu einer Gallerte gesteht. Hierauf beruht ihre vielseitige Verwendung in der Küche und Konditorei zur Herstellung von Gelees und Süßspeisen. Als Klebstoff dient sie in Form von Mundleim und durchsichtigen farbigen Oblaten, auf Taft gestrichen als H.-Pflaster, sog. englisches Pflaster, ferner zu Kitten, besonders in weingeistiger Lösung und mit Harzen verbunden, als sog. Diamantkitt, als Bindemittel für Farben und bei Anfertigung der künstlichen Perlen aus Glas und Fischschuppen. Als durchsichtiger Körper liefert sie Leim- oder Glaspapier, das zu Durchzeichnungen und zum Bedrucken mit Bildern gebraucht wird. Als Glanzstoff wird sie zum Appretieren von seidenen und anderen feinen Zeugen und Bändern benutzt. Den stärksten Verbrauch aber hat sie als Klärmittel für trübe Biere und Weine, denen sie im aufgequellten Zustande beigemischt wird. Die russische Ware gelangt in den Handel entweder in Ballen von 10 Pud (1 Pud = 16,38 kg) oder in Fässern von 12—14 Pud, in denen sie, in grobe Säcke verpackt, enthalten ist. Als sog. künstliche H. kommen Erzeugnisse in den Verkehr, zu deren Herstellung nicht nur die Blase, sondern auch Haut, Magen und Därme großer Fische zu einer Gallerte verkocht und dann zu dünnen Blättern getrocknet werden. Sie bilden ein geringwertiges Material für Fischleim.

Häute (frz. Peaux brutes, Cuirs en poil, engl. Hides) nennt man die äußeren Umkleidungen tierischer Körper, und zwar im Handel hauptsächlich diejenigen aller größeren Tiere, während die kleinerer Tiere Felle genannt werden. So sagt man Rinderhaut, Roßhaut, Eselshaut, dagegen Kalbfell, Hasenfell und Ziegenfell. Auch werden sämtliche Rauchwaren als Felle bezeichnet. Unter Häuten versteht man nur die rohe, unbearbeitete Ware, die fast ausschließlich zum Gerben bestimmt ist. Gegerbt heißen sie Leder. Die wichtigsten im Handel vorkommenden Häute sind Rinder-, Roß- und Büffelhäute. Mit Ausnahme der kleineren und schwächeren ostindischen und ähnlicher Sorten werden Ochsen- und Kuhhäute überseeischer Abkunft, die von Herden stammen und großenteils mit Brandzeichen versehen sind, meist zu Sohlenleder, die von europäischem, im Stall aufgewachsenem Vieh aber auch zu Riemen- und Sattlerleder gegerbt. Während die Häute von europäischem Vieh meist von den Schlachtern direkt in die Hände der Gerber übergehen, bilden die überseeischen Häute (Wildhäute) einen bedeutenden Handelsartikel, der von allen Weltteilen nach Europa und den Vereinigten Staaten eingeführt wird. Die Wildhäute kommen auf dreierlei Art zum Versand: 1. trocken. Die Trocknung gelingt gut bei scharfer Luft, während bei wechselndem Tau, Regen und Sonnenschein nur mit größter Sorgfalt Beschädigungen, besonders durch Sonnenbrand, vermieden werden können. Trockne Häute sind bei langer Beförderungsdauer, namentlich aus heißen Gegenden, in hohem Grade durch Wurmfraß gefährdet. 2. trocken gesalzen, d. h. nach dem Schlachten auf der Fleischseite mit Salz (teilweise auch Salpeter) eingerieben und dann an der Luft getrocknet. Diese hauptsächlich in Brasilien, Madagaskar und Mauritius übliche Behandlung erhöht das Gewicht nahezu um die Hälfte, aber die Ware erhält sich gut, und nur etwa vorherrschender Salpeter bewirkt bisweilen Erhitzung oder Fäulnis. 3. grün gesalzen, naß gesalzen oder in Kissen gesalzen. Derartige H. werden zwischen Salzschichten einige Tage aufgestapelt, bis das Blut und Wasser abgelaufen ist, dann mit einigen Kilogramm Salz, das auf beiden Seiten anhängen bleibt, in ein Bündel zusammengefaltet und eingeschnürt. Solche Häute behalten jahrelang ihre Frische und Geschmeidigkeit und sind für Sohlleder ganz besonders geeignet. Das Gewicht einer grün gesalzenen Haut beträgt fast das Doppelte einer trockenen, der Wert ist jedoch ein relativ höherer wegen ihrer Frische und der Gewißheit, daß sie gut erhalten ist. Die trotzdem bisweilen vorkommenden Beschädigungen, wie Schnitte, Löcher, wunde Haarseite und dergl. sind ohne weiteres erkennbar. Dieser Art des Salzens bedient man sich meist in den La-Plata-Staaten und anderen Teilen Südamerikas, aber auch in Australien und am Kap der guten Hoffnung. — Von den Exportplätzen roher Wildhäute nimmt Buenos Aires den ersten Rang ein, dann folgen Montevideo und Rio Grande, die Erzeugnisse von nahezu gleicher Güte liefern, ferner Rio de Janeiro, Bahia, Pernambuko, Ceara, Valparaiso, Lima, Para, Callao, Marakaibo, Kapstadt, Sidney und Melbourne. Bisweilen werden aber auch, meist durch Futtermangel oder Seuchen veranlaßt, Massenschlachtungen in solchen Ländern vorgenommen, deren Ausfuhr sonst nicht belangreich ist, so z. B. in den 60er Jahren in Marokko, später in Tunis und Algier, neuerdings in China und Arabien. Nordamerika ist hingegen, wegen seiner rasch entwickelten Lederindustrie, zu einem Einfuhrlande geworden, so daß es jetzt auf die Preise in Europa einen maßgebenden Einfluß ausübt. Roßhäute oder Pferdehäute finden nur zu Schuh- oder Stiefeloberleder Verwendung. Sie gelangen neben den beträchtlichen Erträgnissen europäischer Abdeckereien und Roßschlächtereien hauptsächlich aus den La-Plata-Staaten, in geringeren Mengen auch aus Australien, Rußland und Nordamerika zur Einfuhr. Büffelhäute, die hauptsächlich in den Vereinigten Staaten von Nordamerika, seltener in England und Deutschland, wie die Ochsen- und Kuhhäute, zu Sohlenleder gegerbt werden, sind billiger, aber auch dicker und schwerer, von lockerem Gefüge und überhaupt geringerer Güte als die Rinderhäute. — Ostindische Häute (Kips — von Kip, eine kleine Rindhaut) sind von den besprochenen Wildhäuten wesentlich verschieden. Sie werden, weil schwächer und geschmeidiger, fast nur zu Oberleder gegerbt, ersetzen sowohl das schwache Kuhleder wie das starke Kalbleder und sind auch bei guter Gerbung von eher noch größerer Dauerhaftigkeit. Marktstiefel und Schuhe werden meist aus Kips gefertigt. Die ostindischen Häute entstammen, der religiösen Vorschrift, kein Tier zu töten, entsprechend, meist von gefallenem Vieh und kommen nach äußerlicher Behandlung mit Salz, Kalk oder Kot über Kalkutta, Bombay, Madras, Kurrachee und Kochin in den Handel. Die hauptsächlichsten Sorten, die in Kalkutta zur Verschiffung gelangen, sind: Northwestern, Dacca, Hoogly, Kalkutta, Durbangah, Patna, Burdwan, Cuttae, Ganjam, Gopaulpore und Bimlipatam. Neuerdings werden viele der besten H., besonders Delhi- und Lucknow- und anderer Northwestern-Sorten zum Schutze gegen Wurmfraß mit Arseniklösung zugerichtet, doch ist dieses Verfahren ziemlich kostspielig, ohne hinreichende Gewähr zu bieten. Eselshäute aus Italien, Frankreich und Spanien werden zu

Leder für Trommeln, zu Chagrin, hauptsächlich aber zu Pergament verarbeitet. Außerdem kommen noch Kamel-, Gnu-, Walroß-, Quagga-, Alligatorhäute und sonstige Merkwürdigkeiten in den Handel, doch selten in größeren Mengen. Während für La-Plata-Häute die Hauptmärkte in Antwerpen, Havre, Liverpool und Hamburg sind, hat für ostindische Kips London bei weitem den größten Markt. Von anderen europäischen Häfen wären noch Marseille, Bordeaux, Genua, Triest, Amsterdam und Bremen als bedeutende Häutemärkte zu erwähnen. Im deutschen Binnenlande ist der Hauptverkehr besonders in Köln, Dresden, Leipzig, Berlin, Frankfurt a. M. Alle H. werden nach Gewicht gehandelt, nur trockene Roßhäute stückweise.

Hecht (frz. Brochet, engl. Pike). Der gewöhnliche H., Esox lucius, ist ein Raubfisch, der in allen süßen Wässern Europas lebt, seines wohlschmeckenden Fleisches wegen überall geschätzt wird und eine Länge von $1^1/_2$ m und ein Gewicht von 25 kg, ja in schottischen und irischen Seen bisweilen von 35 kg erreicht. Er wird meist frisch verzehrt; eingesalzen oder in Essig eingelegt, kommt er nur aus wenigen Gegenden in den Handel, in denen er besonders häufig ist, so von der unteren Oder und Havel und von der Donau. An den Ostseeküsten, z. B. in Livland, wird der H. öfter an der Luft getrocknet und so in den Verkehr gebracht. Aus dem Rogen wird eine Art minderwertiger Kaviar bereitet.

Hederichöl (frz. Huile de ravenelle, engl. Coild radish oil), das aus den kleinen Samen des Hedrichs (Ackersenf, Ackerkohl, Ackerrettich), Raphanus raphanistrum, gepreßte fette Öl ist klar, dunkelolivengrün, vom spez. Gew. 0,915—0,917 und im übrigen dem Rüböl ähnlich. Es kommt aus Ungarn, wo die Pflanze im großen angebaut wird, da der Rübsen dort keine guten Ernten mehr gab. Hedrich gilt als Unkraut und wird bei uns meist im Getreide ungern gesehen, ausgerottet, oder durch Aufsprengen von Eisenvitriollösungen am Emporkommen gehindert. Das H. findet beschränkte Verwendung zur Herstellung von Seifen.

Hedonal ist ein neues unschädliches Schlafmittel, das in chemischer Hinsicht als Methylpropylkarbinolkarbaminsäureester (Methylpropylkarbinolmethan) anzusprechen ist und in Tablettenform in den Handel kommt.

Hefe (Bärme, Gest, frz. Levure, engl. Yeast) besteht aus den mikroskopisch kleinen Zellen von Sproßpilzen der Gattung Saccharomyces, welche die Fähigkeit besitzen, durch ihren Lebensprozeß zuckerhaltige Flüssigkeiten in Gärung zu versetzen, d. h. den Zucker in Alkohol und Kohlensäure zu zerlegen. Da fast jeder der zahlreichen Zuckerarten ein besonderer Hefenpilz entspricht und auch die Natur der Nährlösung für die Entwicklung der Zellen von Bedeutung ist, so gibt es eine außerordentlich große Zahl von Hefesorten. Dieselben lassen sich in drei große Gruppen einordnen: die Bierhefe, Weinhefe und Branntweinhefe. — Die Bierhefe wird von den Brauereien in großem Maßstabe dazu benutzt, die aus dem verzuckerten Malze hergestellte Würze zu vergären. Sie besteht aus den Pilzen der Gattung Saccharomyces cerevisiae und zerfällt in zwei Unterabteilungen, die sog. Ober- und Unterhefe, von denen die erstere bei höherer Temperatur von 12—15° eine stürmische, schnell verlaufende Gärung erregt, während die Unterhefe bei 4—10° und weit langsamer wirkt. Die Bezeichnung rührt daher, daß die Oberhefe sich auf der vergorenen Flüssigkeit als schaumige Decke ansammelt, die Unterhefe aber zu Boden sinkt. Die Bierhefe bildet im allgemeinen keinen Handelsartikel, weil jede Brauerei ihren Bedarf aus der bei der Gärung üppig wachsenden und sich vermehrenden Hefe selbst deckt. Nur weil die fortwährend in derselben Brauerei erzeugte Hefe allmählich unwirksam wird (degeneriert), hat sich der Brauch herausgebildet, daß die Brauereien ihre Hefe von Zeit zu Zeit austauschen. Erst seitdem durch Hansen nachgewiesen wurde, daß die Bierhefe kein einheitlicher Stoff ist, sondern ein Gemisch der verschiedensten Rassen enthält, von denen jede besondere Eigenschaften besitzt, werden von bakteriologischen Instituten Reinzuchthefen, aus einer einzigen Rasse bestehend, an die Brauereien verkauft. — Das von der Bierhefe Gesagte gilt auch von der Weinhefe, die früher überhaupt nicht dem Moste zugesetzt wurde, weil sie auf den Beeren bereits in genügender Menge vorhanden ist. Auch hier sind neuerdings mit Reinzuchthefen, die Weine von bestimmtem Bukett und Gepräge liefern, gute Erfolge erzielt worden. — Als Handelsprodukt kommt allein die Preßhefe oder Kunsthefe in Betracht. Sie dient dazu, Branntweinmaischen in Gärung zu versetzen, und entsteht als Nebenprodukt in den Brennereien, wird aber jetzt von besonderen Fabriken in großem Maßstabe dargestellt. Zu diesem Zwecke wird nach dem neueren Luftverfahren mit Malz verzuckerte Getreidemaische mit obergäriger Mutterhefe aufgestellt, darauf ein Luftstrom eingeleitet, worauf die H. lebhaft wächst. Nach beendeter Gärung wird die H. in Filterpressen gepreßt und bildet dann eine lichtgelbe, etwas krümlige Masse von angenehmem obstartigen Geruch, die aber nicht lange haltbar ist, sondern unter Annahme eines dumpfigen Geruchs verdirbt. Sie enthält 50—75 % Wasser und 13—22 % Protein. Der früher übliche Zusatz von Kartoffelmehl ist durch das Lüftungsverfahren überflüssig geworden und daher ebenso wie die Beimengung von Gips, Kreide und Bierhefe als Verfälschung zu verurteilen und gesetzlich verboten. Den Zusatz von Stärkemehl erkennt man beim Verreiben mit Jodlösung, wobei die Pilzzellen ungefärbt bleiben, während die Stärkekörner sich als blaue Schicht absetzen. Die H. findet ausgedehnte Anwendung in der Bäckerei zur Lockerung des Brotes sowie in der Medizin gegen Furunkeln, Diabetes und verschiedene andere Krankheiten. In geringerem Maße hat man sie neuerdings zur Herstellung von Hefenextrakten (Siris, Sitogen, Wuk) herangezogen, brauner Suppenwürzen von fleischextraktähnlichem Geschmack, welche durch Einkochen der H. oder durch freiwillige Verflüssigung nach Zusatz von Salzsäure hergestellt werden. — Trockenhefe, ein durch Eintrocknen von Hefe hergestelltes hellbraunes Pulver mit etwa 50 % Stickstoffsubstanz, wird als einwandfreies Futter- und Nahrungsmittel in den Handel gebracht. Die dazu erforderlichen großen Hefemengen züchtet man durch Aussaat besonderer Heferassen auf eine Nährlösung aus Zucker (Melasse) und Ammoniumsulfat, wobei durch starke Lüftung eine Bildung von Kohlensäure und Alkohol verhindert wird.

Heidelbeeren (Blaubeeren, Bickbeeren, Schwarzbeeren, lat. Baccae myrtillorum, Fructus myrtilli, frz. Baies de myrtille, engl. Bil-berries), die Früchte des in höher gelegenen Wäldern häufig wachsenden kleinen Strauches Vaccinium Myrtillus, bilden nicht nur im frischen Zustande den Gegenstand eines nicht unbedeutenden Handels, sondern sind auch getrocknet Gegenstand des Drogenhandels. Die Beere enthält neben Zucker und Gummi einen purpurroten Farbstoff, Äpfelsäure und Zitronensäure und schmeckt angenehm süßsäuerlich und etwas zusammenziehend. Getrocknet ist sie schwarz, runzlig und in der Form kleinen Rosinen ähnlich, im übrigen aber an Gehalt und Wirkung unverändert. Die getrockneten Beeren bilden in Abkochung ein Volksheilmittel gegen Diarrhöen, als welches sie in Frankreich, Rußland, Rumänien und der Levante sogar für den Armeebedarf benutzt und aus Deutschland bezogen werden. Namentlich das Erzgebirge, Fichtelgebirge, der Thüringer Wald und der Harz liefern jährlich bedeutende Mengen H., die in großen Körben versandt werden. Auch der ausgepreßte Saft der H. (Heidelbeersaft) ist ein Handelsartikel und wird in Frankreich zum Nachfärben blaßroter Weine, zum Färben von Likören, nachgemachtem Burgunderessig und dergleichen viel benutzt. In Deutschland ist die Verwendung zum Färben des Weines gesetzlich verboten. Der vergorene Most kommt als Heidelbeerwein in den Handel, der als billiger Naturwein vielfach gegen Bleichsucht und Blutarmut benutzt wird. — Das Heidelbeerkraut (lat. Herba myrtilli, frz. Feuilles de myrtilli, engl. Bilberries leaves) findet in der Naturheilmethode Anwendung.

Hektographenmasse, eine aus Wasser, Glyzerin und Gelatine oder Leim bestehende Gallerte, wird hergestellt, indem man den Leim oder die Gelatine in der vorgeschriebenen Menge Wasser löst und darauf das Glyzerin hinzusetzt. Auf 300 g Leim nimmt man 500 g Wasser und 1100 g Glyzerin, auf 100 g Gelatine 300 g Wasser und 700 g Glyzerin.

Hektographentinte besteht aus konz. Auflösungen von Teerfarbstoffen in Alkohol mit Zusätzen von Glyzerin oder Gummiarabikum, z. B. 1 g Methylviolett, 1 g Alkohol und 8 g Wasser, oder 1 g Methylviolett, 2 g Nigrosin, 6 g Alkohol, 0,5 g Gummi und 3 g Glyzerin.

Helenin, $C_{15}H_{20}O_2$, ein in der Alantwurzel enthaltener kristallinischer Stoff von bitterem Geschmack, der sich wenig in Wasser, leicht in Alkohol und in Äther löst, wird medizinisch als Mittel gegen Keuchhusten verwandt.

Helenit, ein auf der Grube Helena in Ropa gefundener fossiler Kautschuk.

Heliosöl, ein Nebenprodukt der Paraffindarstellung aus Braunkohlenteer, besteht aus hochsiedenden Kohlenwasserstoffen (230—300° C), hat ein spez. Gew. von 0,847 und wird zum Brennen in Lampen benutzt.

Heliotrop (Sonnenwendstein) ist ein zum Quarz gehöriger Halbedelstein von dunkel-, seladon- oder lauchgrüner Färbung mit eingestreuten zinnoberroten undurchsichtigen Punkten. Je zahlreicher und gleichmäßiger dieselben sich in der grünen Grundmasse finden, und je durchsichtiger die letztere ist, desto höher wird der Stein geschätzt. Man findet ihn in Tirol, Schottland, Siebenbürgen, der Bucharei, China, Sibirien und Ostindien und benutzt ihn zu Ring- und Broschensteinen, im Orient auch zu größeren Gegenständen, wie Dolchgriffen, kleinen Gefäßen u. dgl.

Heliotrop, ein zur Gruppe der Azofarben gehöriger Teerfarbstoff, ein braunes, in Wasser mit roter Farbe lösliches Pulver, das Baumwolle im Seifenbade rotviolett färbt, besteht aus dem Natronsalze der Dianisidindisazodimethylbetanaphtylaminsulfosäure.

Heliotropessenz (Extrait de Heliotrope), ein feines, aus dem südlichen Frankreich zu uns kommendes Parfüm, wird aus den Blüten von Heliotropium peruvianum durch Mazeration mit Fett und Behandlung des Fettes mit feinem Weingeist erhalten. Ebenso wird durch Mazeration der Blüten in Öl das zum Parfümieren von Haarölen dienende Heliotropöl gewonnen. Die H. ist selten echt, hingegen oft aus Vanillon mit Zusatz anderer Parfüms bereitet.

Helminthochorton, Wurmtang (lat. Muscus s. Alga Helminthochorton, frz. Mousse de Corse, engl. Corsican Moss), eine aus dem Mittelmeer stammende Alge von frisch purpurroter, getrocknet gelbbrauner Farbe, die als wichtigste Bestandteile Gallerte, Jod, Brom und Kalk enthält, wird noch manchmal gegen Würmer im Handverkauf verlangt.

Hemlockrinde, die Rinde der in Kanada weitverbreiteten Schierlingstanne oder Hemlocktanne, Abies oder Pinus canadensis, je nach ihrem Alter grau oder grauweiß, gewöhnlich mit Flechten bedeckt, wird im Juni gesammelt und vor ihrer Verwendung von der Oberhaut befreit. Man benutzt sie in Kanada und den Vereinigten Staaten anstatt der Eichenrinde zum Gerben. Das damit erhaltene rote Leder, Hemlockleder, wird schon seit Jahren in großer Menge in Deutschland eingeführt. Der zur Sirupdicke eingedampfte wäßrige Auszug, Hemlockextrakt (amerik. Lohextrakt), dient in Amerika, neuerdings auch in Europa, ebenfalls zum Gerben, wird aber nach einem englischen Patent auch statt des Sumachs zum Färben und Drucken von Baumwolle, namentlich mit Zinnsalz als Grundierbeize, benutzt.

Herba ist die in der Drogenkunde gebräuchliche lateinische Bezeichnung für Kraut. Zahlreiche offizinelle Kräuter sind wichtige Waren des Drogenhandels und werden sowohl eingeführt als auch besonders nach Nordamerika in großen Mengen ausgeführt. Gangbarere Kräuter sind: H. abrotani, Eberrautenkraut, H. absinthii, Wermut, H. aconiti, Eisenhutkraut, H. althaeae, Eibisch, H. antirrhini s. linariae, gelbes Löwenmaul, H. anthos s. rorismarini, Rosmarinkraut, H. aristolochiae, Osterluzei, H. artmisiae, Beifuß, H. asperulae odoratae, Waldmeister, H. basilici, Basilikum- oder Königskraut, H. capilli veneris, Frauenhaarfarn, H. cardui benedicti, Kardobenediktenkraut, H. centaurii minoris, Tausendgüldenkraut, H. chelidonii majoris, Schöllkraut, H. conii maculati, Schierling, H. cochleariae, Löffelkraut, H. daturae stramonii, Stechapfelkraut, H. digitalis purpureae, roter Fingerhut, H. farfarae, Huflattich, H. fumariae, Erdrauchkraut, H. galeopsidis, Hanfnesselkraut, H. gratiolae, Gottesgnadenkraut, H. hyoscyami, Bilsenkraut, H. hyssopi, Ysop, H. jaceae s. violae tricoloris, Stiefmütterchenkraut, H. lactucae virosae, Giftlattich, H. ivae, Ivakraut, H. lobeliae inflatae, indianischer Tabak, H. majoranae, Majorankraut, H. mari veri, Katzenkraut, H. marrubii, Andornkraut, H. melissae, Melissenkraut, H. meliloti, Steinklee, H. menthae crispae, Krauseminze, H. menthae piperitae, Pfefferminze, H. menyanthis s. trifolii fibrini, Fieberklee, H. nicotianae, Tabakblätter, H. origani, Dosten, H. origani cretici, kretischer Dosten, H. polygalae amarae, bitteres Kreuzblumenkraut, H. pulegii, Poleikraut, H. pulsatillae, Küchenschellenkraut, H. rutae, Raute, H. sabinae, Sadebaumkraut, H. salviae, Salbeikraut, H. serpylli, Quendel, H. spilanthis oleraceae, Parakresse, H. tanaceti, Rainfarnkraut, H. thymi vulgaris, Thymian, H. trifolii, Bitterklee, H. veronicae, Ehrenpreis, und andere.

Herbstzeitlosensamen (Zeitlosensamen, lat. Semen colchici, frz. Semence de colchique, engl. Colchicum seed), die Samen von Colchicum autumnale, dem giftigen Zwiebelgewächs, das auf feuchten Wiesen häufig vorkommt, im Herbst seine blaßroten, röhrigen Blüten treibt und erst im folgenden Jahre die Blätter nebst Samenkapseln nachsendet, bilden dunkelbraune, innen weißliche, sehr harte, zähe und schwierig zu zerkleinernde Körner von sehr bitterem, ekelerregendem Geschmack und starker Giftwirkung. — Die Zwiebeln (lat. Bulbus colchici, frz. Bulbe de colchique, engl. Colchicum root) sind gleichfalls, aber schwächer giftig. — Das der Pflanze eigentümliche, stark giftige Alkaloïd Kolchizin bildet farb- und geruchlose Kristallnadeln. Die Samen und Zwiebeln, namentlich die ersteren, werden gegen Gicht und Rheumatismus, als weinige Flüssigkeit, z. B. in Form der bekannten französischen Spezialität: Liquor antigoutteux du Dr. Laville, angewandt.

Hering (Häring, frz. Hareng, engl. Herring). Dieser für die Massenernährung, besonders der minderbemittelten Bevölkerungskreise außerordentlich wichtige Fisch, Clupea harengus, der in lebendem Zustande ein schönes Farbenspiel mit grünblauem Rücken und silberweißen Seiten besitzt, kommt zur Laichzeit in ungeheuren Mengen in die seichten Küstengewässer und wird hier gefangen. Die zuerst eintreffenden Züge bestehen größtenteils aus Matjes- oder Fettheringen, d. s. solchen, denen Rogen und Milch noch ganz oder fast ganz fehlen, während Vollheringe mit Milch (Sperma) und Rogen (Eier) anfangs erst vereinzelt darunter sind, bis sie schließlich die Hauptmenge bilden. Nach vollbrachtem Laichgeschäft sind sie zu Hohlheringen, Ihlen oder Schotten (vom engl. shotten = entlaicht) geworden, die nur geringen Wert haben. Während früher die Holländer das Monopol für den Heringsfang besaßen, kommen jetzt die größten Mengen von Schottland aus in den Verkehr. Daneben liefern noch Norwegen, Irland, Holland und die aufblühende deutsche Hochseefischerei nennenswerte Beträge. — Der H. bildet als sog. grüner, d. h. frisch aus dem Wasser kommender Fisch ein wertvolles Nahrungsmittel. Hauptsächlich wird er aber schon seit Jahrhunderten gesalzen und geräuchert in den Handel gebracht. Die gesalzenen H. kommen in Tonnen verschiedener Größe mit je 400—1200 Stück in den Verkehr und werden in dieser ersten Verpackung, in der sie unsortiert und noch mit Hohlheringen vermischt sind, als Seepack bezeichnet. Nach der Beseitigung des Ausschusses um- und vollgepackt und mit amtlichem Stempel versehen, führen sie die Bezeichnung Brandhering (Full brand). Zur guten Aufbewahrung der Fische ist erforderlich, daß die Fässer dicht sind, und im Winter frostfrei, im Sommer aber in kühlen Kellern aufbewahrt werden. Neuer H. zeigt auf dem Durchschnitt weißes Fleisch, das mit zunehmendem Alter rötlich wird. Nur im ersten Jahre gilt die Ware als frisch, während sie im zweiten Jahre nur noch zu niedrigen Preisen verkauft werden kann. Der Nährwert des H. ist bei einem Gehalte von 15,44 % Eiweiß und 7,63 % Fett in frischem und von 18,90 % Eiweiß und 16,90 % Fett in gesalzenem Zustand überaus hoch, so daß er eine der billigsten Stickstoffquellen bildet. — Eine besondere Art von H. (Clupea caspica) zieht aus dem Kaspischen Meere alljährlich die Wolga hinauf und wird hier gefangen, eingesalzen oder zu Tran verarbeitet. — Bücklinge oder Pöklinge sind H., die, ausgeweidet, einen Tag lang in Salzwasser gelegt, dann an den Köpfen auf Stäbe gereiht und 24 Stunden lang einem stark rauchenden Feuer ausgesetzt werden. Von der Art der Verpackung in Stroh führt die holländische Ware die Bezeichnung Strohbückling, während die englische als Rothering bezeichnet wird. Für Deutschland sind Kiel, Flensburg, Eckernförde und Kappeln als wichtigste Räucherungsorte zu nennen. — Matjesheringe, die als frische Ware nicht mehr verkäuflich sind, werden, mit Essig und Gewürzen eingemacht, als nordische Gewürzheringe in den Handel gebracht. Alte Salzheringe werden bisweilen gewässert und in geräucherte H. verwandelt. Eine Unsitte der neuesten Zeit besteht darin, geräucherte H. mit einer braunen Farbe (Zuckercouleur) anzustreichen. Der Verbrauch Deutschlands an gesalzenen Heringen betrug 1912 etwa 233000 t, an frischen Heringen und verwandten Fischen 131000 t, insgesamt 364000 t. Davon wurden 309000 t vom Auslande eingeführt.

Hermelinfelle. Das Hermelin, eine Wieselart, Mustela erminea, die an Größe das Eichhörnchen etwas übertrifft, kommt auch in gemäßigten Ländern vor, ist aber hier ohne besonderen Wert, weil es im Winter wie im Sommer dasselbe braune Kleid trägt. Im hohen Norden wird es hingegen während des Winters bis auf die schwarz bleibende Spitze des kleinen Schweifes schneeweiß, und nur diese weißen Winterpelze bilden die Handelsware. Je nördlicher die Tiere wohnen, um so dunkler ist im Sommer ihr Braun und desto reiner im Winter ihr Weiß. Nach der Weiße, sowie der Länge und Feinheit des Haares richtet sich der Preis, doch sieht man auch auf die Festigkeit der Haut. In allen diesen Eigenschaften haben die sibirischen Felle den Vorrang. Als beste Ware gilt diejenige von Barabinsk und Ischni, danach die aus Jenissei und Irkutsk, während die H. aus dem europäischen Rußland erst an zweiter Stelle stehen. Von anderen Orten kommen gar keine Hermelinfelle in den Verkehr, auch nicht aus Norwegen, obschon das Tier dort so wenig wie in anderen Schneeregionen fehlt. Der Fang der Hermeline geschieht in Fallen und liefert ein beträchtliches Gesamtergebnis, denn außer den Mengen, die in Rußland selbst verbraucht und direkt nach China und den türkischen Provinzen abgesetzt werden, bewegen sich immer noch 160000 Stück alljährlich über den Weltmarkt von Leipzig. Nachahmungen werden aus dem Fell des kleinen Wiesels (Schneewiesel) und des Kaninchens (Laschitz) hergestellt.

Heroin, ein weißes Kristallpulver von schwach bitterem Geschmack, wird durch Erhitzen von Morphin mit Azetylchlorid dargestellt und ist als Diazetylmorphin anzusprechen. Es ist in Wasser und kaltem Alkohol nahezu unlöslich, löst sich aber leicht in siedendem Alkohol, Chloroform, Benzol und wird durch Säuren in leicht lösliche Salze übergeführt. Der Schmelzpunkt liegt bei 173°. In Form des salzsauren Salzes wird H. an Stelle von Morphin gegen Atmungsbeschwerden, katarrhalische Beschwerden u. dgl. verordnet.

Hessischgelb, ein zu den Azofarbstoffen gehöriger Teerfarbstoff, bildet ein orangegelbes, in Wasser mit braungelber Farbe lösliches Pulver. Die wäßrige Lösung gibt mit Salzsäure einen schwarzen Niederschlag. In der durch konz. Schwefelsäure erhaltenen violetten Lösung entsteht beim Verdünnen mit Wasser ebenfalls ein schwarzer Niederschlag. Der Farbstoff entsteht aus diazotierter Diamidostilbendisulfosäure mit zwei Molekülen Salizylsäure und dient zum Gelbfärben.

Hessischpurpur N und B, dem vorigen analoge rote Farbstoffe, zu deren Herstellung statt der Salizylsäure Naphtylamin bzw. Naphtylaminsulfosäure genommen wird.

Hessischviolett wird in gleicher Weise gewonnen unter Ersatz der Salizylsäure durch je ein Molekül α-Naphtylsäure und β-Naphtol.

Heu (frz. Foin, engl. Hay), das in der Hauptsache durch Trocknen von Wiesengras und Klee (Kleeheu), seltener aus anderen Schmetterlingsblütlern (Esparsette, Luzerne) und Baumlaub (Laubheu) hergestellte bekannte Futtermittel bildet schon jetzt den Gegenstand eines bedeutenden Handels nach den Großstädten, der sich besonders längs der schiffbaren Flüsse, Kanäle und Küsten hinzieht, ausnahmsweise aber auch die Eisenbahnen benutzt. Auf dem Seewege wird selbst von Amerika H. nach Europa eingeführt. Da 1 cbm loses H. 60—68 kg, 1 cbm fest getretenes H. 70—75 kg, 1 cbm Preßheu aber bis 400 kg wiegt, empfiehlt es sich, für weiteren Transport immer die Heupresse anzuwenden. Der Wert des Heues hängt in erster Linie von der Art der Pflanzen ab und ist bei Kleeheu mit durchschnittlich 13% Protein, 15% Rohfett, 6% stickstofffreien Extraktstoffen und 25% Rohfaser höher als bei Wiesenheu (10%, 1%, 40%, 26%). Außerdem ist die Art der Einbringung (Regen) und Aufbewahrung von größter Bedeutung. Dumpfiger Geruch deutet auf Zersetzung (Schimmelbildung) und mahnt zur Vorsicht bei der Fütterung. Die deutsche Erzeugung betrug im Jahre 1913 rund 42 Millionen, 1914 sogar 46 Millionen Tonnen im Werte von 1½—2 Milliarden M. Sichere Abnehmer sind die Abmelkwirtschaften der Großstädte, da eine Kuh von 600 kg jährlich 40—45 dz gebraucht, während man auf ein Pferd 15—25 dz rechnet.

Heureka, eine 20%ige Natronlauge zum Reinigen von Bierleitungen, wird zum Preise von 2,50 M. (!) für ¾ l verkauft.

Hexamethylentetramin (Aminoform), $N_4 \cdot (CH_2)_6$, entsteht bei Behandlung von Formaldehyd mit Ammoniak als eine weiße Kristallmasse, die in Wasser, Chloroform und Alkohol löslich, in Äther aber unlöslich ist und einen süßlich-salzigen Geschmack besitzt. Durch Säuren sowie schon beim gelinden Erwärmen der wäßrigen Lösung wird Formaldehyd abgespalten. Auf dieser Eigenschaft beruht die medizinische Verwendung des H. zur innerlichen Desinfektion als Harnantiseptikum (Urotropin), harnsäurelösendes Mittel usw. Die bisweilen versuchte Anwendung zur Fleischkonservierung ist aus dem gleichen Grunde wie die von Formaldehyd nach dem Fleischbeschaugesetz verboten.

Hickoryholz (Hickeryholz). Das Holz verschiedener Arten der Gattung Carya, die in Nordamerika vorkommen und zu den Walnußgewächsen gehören. Am häufigsten trifft man das Holz von Carya alba, das auch in großer Menge eingeführt und in der Kunsttischlerei verarbeitet wird. Es ist weniger fein und glänzend als das gewöhnliche Nußbaumholz, aber hart und schwer, zäh und dauerhaft. — Die angenehm schmeckenden Früchte desselben Baumes, die unter dem Namen Hickorynüsse oder Vexiernüsse (weil der Kern sehr schwer herauszubekommen ist) bekannt sind, dienen zur Ölbereitung. Andere Arten sind Carya olivaeformis und Carya porcina.

Hienfongessenz ist ein mit Chlorophyll grün gefärbter spirituöser Auszug von Lorbeerblättern und -früchten, Krauseminze, Pfefferminzöl und verschiedenen anderen ätherischen Ölen. H. wird auch durch Destillation hergestellt und in der Volksmedizin gebraucht.

Himbeeren (lat. Baccae rubi idaei, frz. Framboises, engl. Rasp-berries), die Früchte des zu den Rosenblütlern gehörigen Himbeerstrauches, Rubus Idaeus, der in ganz Europa und Asien in trockenen Wäldern und Gebüschen wild wächst, außerdem aber auch in Gärten angepflanzt wird, finden zur Herstellung von Himbeersaft (s. d.), Himbeertinktur, Essenz, Marmelade (s. d.) ausgedehnte Anwendung. Besonders die wegen ihres stärkeren Aromas bevorzugten Waldhimbeeren bilden einen wichtigen Handelsartikel und kommen aus dem Erzgebirge, Riesengebirge und Thüringer Wald in großen Mengen zum Verkauf.

Himbeersaft (lat. Succus rubi idaei, frz. Suc de framboise, engl. Suc of Rasp-berries). Dieser wertvollste Fruchtsaft wird in der Weise hergestellt, daß man die frischen Beeren zerdrückt und unter öfterem Durchrühren in bedeckten Steintöpfen der Gärung überläßt. Zur Erleichterung der letzteren ist ein kleiner Zuckerzusatz vorteilhaft. Die nicht zu niedrigen Töpfe werden an dunklen, kühlen Orten bei 15—20° aufbewahrt, bis ein Teil der abfiltrierten Flüssigkeit sich mit ½ Vol. Alkohol ohne Trübung mischen läßt. Dann preßt man aus, läßt den Saft noch einige Zeit bei niederer Temperatur stehen und filtriert ihn durch Fließpapier, indem man zuerst den Bodensatz und darauf die Flüssigkeit auf das Filter bringt. Bei schwer klar werdenden Säften ist der Zusatz von Talkum sowie die Verwendung von Spitzbeuteln empfohlen worden. Um eine Beeinträchtigung der Farbe und des Geschmacks zu verhüten, muß man bei allen Arbeiten die Verwendung von Eisen- oder Zinngeräten vermeiden. Zur Herstellung des Himbeersirups (lat. Sirupus rubi idaei, frz. Sirop de framboise, engl. Sirup of Rasp-berries), der vom Publikum bisweilen auch fälschlich Himbeersaft genannt wird, kocht man das Filtrat mit ungeblautem, möglichst kalkfreiem Zucker, meist im Verhältnis von 7:13, ein. Gegenstand des Kleinhandels bildet nur der Himbeersirup, während der ungezuckerte H., auch Rohsaft genannt, höchstens von der Industrie gekauft wird. Um ihn für deren Zwecke haltbar zu machen, versetzt man ihn mit Alkohol bis zu 15% oder mit Benzoësäure. Das früher viel benutzte Konservierungsmittel Salizylsäure ist, wie die neuerdings aufgekommene Flußsäure, aus gesundheitlichen Rücksichten zu verwerfen. Der Himbeersaft bzw. -sirup gehörte bis vor kurzem zu den am meisten verfälschten Genußmitteln. Zusätze von Wasser oder Nachpresse (s. Fruchtsäfte), Essenzen, Säuren, Stärkesirup und Teerfarben waren gang und gäbe, ja es kamen sogar völlig nachgemachte Kunsterzeugnisse, sog. Brauselimonadensirupe, in den Handel, die keine Spur Fruchtsaft enthielten, sondern aus künstlich gefärbten Lösungen von Säuren und Aromastoffen bestanden. Dank der scharfen Kontrolle der letzten Jahre unter Beihilfe der reellen Hersteller sind die Verfälschungen jetzt nahezu völlig verschwunden. Etwaige fremde Zusätze werden auf der Etikette gekennzeichnet, und die nachgemachten Erzeugnisse deutlich als Kunsthimbeersaft oder -sirup in den Verkehr gebracht. H. findet mannigfache Verwendung zum Aromatisieren von Likören, Konfitüren, Bonbons, Eis, zur Herstellung von Limonaden mit und ohne Kohlensäure. Für die letzteren, die sog. Brauselimonaden, wird der H. bisweilen zur Erzielung einer dunkleren Farbe mit Kirschsaft aufgefärbt, jedoch muß dieser Zusatz angegeben werden. Ein Alkaligehalt des Wassers verschlechtert die Farbe und ist daher zu vermeiden.

Hingra nennt man eine von Südpersien und Afghanistan in den Handel kommende Sorte von Asa foetida.

Hippursäure (Pferdeharnsäure, lat. Acidum hippuricum, frz. Acide hippurique, engl. Hippuric acid), eine stickstoffhaltige, organische Säure, findet sich in größerer Menge im Harn der Pferde und Rinder, aus dem sie durch Eindampfen und Umkristallisieren in Form schneeweißer spießiger Kristalle vom Schmelzpunkt 187° gewonnen wird. Sie kann auch synthetisch dargestellt werden und ist ihrer chemischen Zusammensetzung nach als eine Paarung von Amidoessigsäure (Glykokoll) und Benzoësäure Benzoylglykokoll, $C_6H_5.CONH.CH_2COOH$, zu betrachten. Durch Kochen mit einer verdünnten Säure wird die Trennung bewerkstelligt und die Benzoësäure abgeschieden.

Hirschbrunst (Hirschtrüffel, lat. Boletus cervinus, frz. Bolet de cerf, engl. Stinkhorn), botanisch Elaphomyces granulatus, ein veralteter Artikel des Drogenhandels, ist ein Pilz, der unterirdisch in Nadelwäldern, auf Wiesen und Angern wächst und die Größe und Form einer welschen Nuß besitzt. Im frischen Zustande hat er einen starken widerlichen Geruch, der das Wild anlockt, und soll besonders von Hirschen in der Brunstzeit, doch auch von Hasen und Schweinen aufgesucht und gefressen werden. Die Landleute kaufen den getrockneten Pilz, um ihn den Rindern als Sprungmittel einzugeben.

Hirschhorn (Hirschgeweihe, lat. Cornu cervi, frz. Corn de cerf, engl. Hartshorn). Das im gewöhnlichen Leben vielfach als Horn bezeichnete Geweih oder Gehörn des männlichen Hirsches ist keine eigentliche Hornsubstanz, sondern besteht bei allen hirschartigen, alljährlich das Geweih ablegenden Tieren aus Knochenmasse, aus der sich die organischen Bestandteile durch Kochen in Form von Leim ausziehen lassen, während Knochenerde (phosphorsaurer Kalk) übrig bleibt. Es ist dementsprechend nicht wie die Hörner des Rindes zum Teil hohl, sondern durchaus voll und wird auch nicht wie Horn (s. d.) beim Erwärmen biegsam. Man verarbeitet das H. zu Messer-, Gabel- und Hirschfängergriffen sowie zu verschiedenen anderen Drechslerarbeiten, und zwar immer so, daß die schöne gerauhte oder genarbte Außenseite erhalten bleibt. Auch wird es ziemlich gut in gepreßtem Holz nachgeahmt. Die schaufeligen Geweihe des Damhirsches haben geringen Wert. Ähnliche Verwendung wie H., besonders zu Pfeifen und anderen Drechslerarbeiten, finden die Rehgeweihe, von denen besonders die wulstigen wie mit Perlen besetzten unteren Endstücke (Rehkronen) geschätzt und unzerteilt benutzt werden. Schöne Stücke von Hirsch- und Rehgehörnen erreichen bei Jägern und Sammlern zum Ausschmücken von Sälen und Zimmern bisweilen hohe Preise. Als Ausfuhrland für Hirschgeweihe kommen besonders Tirol, Ungarn und Mittelamerika in Betracht. — In der Annahme, daß dem H. besondere Kräfte innewohnten, stellte man früher eine Anzahl pharmazeutischer Präparate daraus her, die zum Teil unter den alten Namen noch fortbestehen, jetzt aber, wo man weiß, daß diese Substanz nichts Besonderes voraus hat, aus anderen Knochenmassen erhalten werden. Durch längeres Kochen bereitete man aus geraspeltem H. (lat. Cornu cervi raspatum, frz. Corne de cerf tournée blanche, engl. Deer Stalks) eine Gallerte, die mit Zucker u. dgl. an Kranke verabreicht und auch zum Klären von Getränken benutzt wurde. Die Erzeugnisse der trockenen Destillation kommen als Hirschhornöl, Hirschhornsalz in den Handel. Jetzt ist Hirschhornsalz kohlensaures Ammoniak. S. Näheres bei den betreffenden Aufsätzen.

Hirschtalg (lat. Sebum cervinum, frz. Suif, engl. Tallow). Unter diesem Namen wurde früher das Fett der Hirsche geführt, das jetzt meist durch Rinds- oder Schöpsentalg ersetzt wird.

Hirse (lat. Semen mylii, frz. Mil, Millet, engl. Millet) nennt man die Samen mehrerer Getreidearten der Gattung Panicum, besonders P. miliaceum (Gemeine oder Rispenhirse), P. italicum (Setaria italica, Kolbenhirse, Fennich), Setaria germanica (Deutsche Kolben- oder Borstenhirse, Mohar) und P. sanguinale (Bluthirse), die aus Indien stammen, jetzt aber in Mitteleuropa, auch Deutschland, angebaut werden und auf trockenem, gut gedüngtem Boden, in warmer Lage (Weinklima) hohe Erträge von 15—30 hl zu 60—70 kg auf den Hektar geben. Die Hirsekörner sind von ihren Spelzen fest umhüllt und besitzen in diesem Zustande eine gelbe, weißlichgelbe, graue, schwärzliche oder rote Farbe, erscheinen aber nach Entfernung der 25 % ausmachenden Spelzen hellgelb. Die ungeschälten Körner enthalten im Durchschnitt 12 % Wasser, 12 % Protein, 3 % Fett, 10 % Rohfaser, 3 % Mineralstoffe und 60 % Kohlenhydrate. Durch das Schälen wird der Gehalt an Rohfaser um 1—2 % erniedrigt. Die H. wird in enthülstem Zustande in Form von Grieß oder Grütze (Hirsebrei mit Milch), seltener als Mehl und Brot zu Nahrungszwecken verwandt und dient außerdem zur Branntweindarstellung. Besonders im Kaukasus wird aus Hirse ein beliebter Schnaps, Aran, hergestellt. Auch die nicht destillierte, sondern nur filtrierte Maische bildet nach kurzer Gärung unter dem Namen Kwas, nach längerer Zeit als Braga oder Busa ein verbreitetes Getränk. Das Stroh, dessen Ertrag 10—20 dz für den Hektar beträgt, wird als Viehfutter geschätzt. Die Hauptbezugsländer für H. sind Ungarn und die Balkanstaaten. Die Kaffern- oder Mohrenhirse (Sorgho, Dhurra, Sirk, Honiggras, Milomais), die von Sorghum oder Andropogon abstammt, bildet in Nordamerika, Afrika und China ein wichtiges Nahrungsmittel, wird aber bei uns nur zu Brennereizwecken benutzt.

Hirtentäschelkraut (lat. Herba bursae pastoris, frz. Panetière, engl. Shepherd's purse), ein jetzt nur noch selten vorkommender Artikel des Drogenhandels, von Capsella bursae pastoris, schmeckt im frischen Zustande scharf und wird nach Pfarrer Kneipp als Mittel gegen Blasenleiden benutzt.

Hoang-Nan, die von Tonkin aus in den Handel gekommene, bitter schmeckende, schwärzlichgraue Rinde einer zur Gattung Strychnos gehörigen Kletterpflanze, enthält Bruzin und Strychnin und ist demnach giftig.

Hofmanns Violett (Jodviolett), der bekannte, von A. W. Hofmann 1863 entdeckte Teerfarbstoff, kommt in mehreren verschiedenen Arten in den Handel, die durch Behandlung von Fuchsin oder Rosanilin mit Jodmethyl, Chlormethyl oder Bromäthyl entstehen und demnach als Salze des Trimethyl- und Triäthylrosanilins anzusprechen sind. Die meist in blaustichiges Violett (Dahlia) und rotstichiges Violett (Primula, Rotviolett 5 R extra) unterschiedenen Farben bilden dunkelgrün glänzende, kristallinische Pulver oder auch Stücke, die sich mit Ausnahme der Jodverbindungen in Wasser lösen, Wolle und Seide direkt, Baumwolle nur nach vorangegangenem Beizen färben. Durch das ähnliche und billigere Methylviolett (s. d.) ist es vielfach verdrängt worden.

Holländer Käse wird hauptsächlich in zwei Sorten ausgeführt, nämlich als Edamer- und als Gouda-K., von denen der erstere aus den nördlichen Provinzen, meist in Form 1½—2½ kg schwerer Kugeln mit roter Außenfärbung, der letztere aus Südholland, in Form runder abgeplatteter Laibe, in den Handel kommt. Sie sind typische Fettkäse mit mindestens 40 % Fett in der Trockensubstanz und werden wegen ihres ausgezeichneten Geschmacks hochgeschätzt. Untergeordnete Bedeutung hat der aus Magermilch hergestellte, mit Gewürznelken (Kruit) durchsetzte Lederkäse (Kruit-K.), der meist im Lande und den Grenzgebieten verbraucht wird.

Holunder (Hollunder, Flieder, Schibikken, Quewecken), von Sambucus nigra, der bekannte, in ganz Europa und dem nördlichen Asien einheimische Baum, liefert in seinen Blüten und Früchten wertvolle Heil- und Hausmittel, die wegen ihrer schweißtreibenden Wirkung vielfach Anwendung finden. Die bei Sonnenschein gesammelten und gut getrockneten Blüten (lat. Flores sambuci, frz. Fleurs de sureau, engl. Elder flowers) verdanken ihren angenehmen Geruch einem ätherischen Öl, das für sich in den Handel kommt, und bilden selbst einen ständigen Artikel des Drogenhandels. Die dunkelvioletten Beeren (lat. Fructus sambuci, frz. Fruits de sureau, engl. Elder berries) dienen zur Herstellung des zu einem Mus eingedickten Holundersafts (lat. Extractum sambuci seu Succus seu Roob sambuci, frz. Rob de sureau, engl. Roob of elder).

Holunderholz, das Holz von älteren Stämmen des Sambucus nigra, wird wegen seiner Festigkeit von Tischlern und Drechslern sehr gesucht und namentlich gern zu langen hölzernen Stricknadeln verarbeitet.

Holundermark, das außerordentlich leichte, ziemlich weiße Mark der jungen Holunderstämme, wird zur Anfertigung kleiner Figuren und Spielwerke sowie zur Herstellung kleiner Kügelchen für elektrische Versuche benutzt.

Holz (lat. Lignum, frz. Bois, engl. Wood) nennt man im allgemeinen Sprachgebrauche den von der Rinde umschlossenen harten Teil der Stämme, Äste und Wurzeln von Bäumen und Sträuchern aus der Gruppe der Dikotyledonen (Laubholz) und Koniferen (Nadelholz). Zwischen ihm und der Rinde befindet sich ein Ring lebender Zellen (Kambiumring), die eine Hälfte ihrer Neubildungen der Rinde, die andere dem Holzkörper zufügen und so das Dickenwachstum verursachen. In den gemäßigten Zonen mit Winterruhe unterscheiden sich die neu angesetzten Schichten durch ihre Färbung und gewähren als Jahresringe einen Anhalt für das Alter, während in den Tropen mit ständigem Wachstum ein gleichmäßiges Gefüge entsteht. Das Holz, von dessen Innerem Markstrahlen bis zur Rinde verlaufen, ist aus

Gefäßen (Tüpfelgefäßen) und Tracheiden aufgebaut und enthält daneben noch Parenchym in wechselnder Menge. Oft unterscheidet man einen helleren äußeren, noch lebensfähigen Teil, den Splint, von dem darunter liegenden dunkleren Reifholz und dem inneren dunkleren Kernholz, es gibt aber auch Bäume, die nur aus Splintholz (Weißbuche, Birke, Zitterpappel, Ahorn) oder nur aus Reifholz (Birnbaum, Weißdorn, Linde, Fichte, Tanne) bestehen. In chemischer Hinsicht setzt sich die Trockensubstanz des Holzes aus etwa 1% Mineralstoffen, 94—95% mit Lignin (Xylogen) inkrustierter Zellulose und 4 bis 5% anderen organischen Stoffen (Eiweiß, Farb- und Gerbstoff, Harz, ätherische Öle) zusammen. Der Wassergehalt des frisch geschlagenen Holzes beträgt etwa 42—57%, derjenige des lufttrockenen 10—20%. Von der Verschiedenartigkeit der Zusammensetzung und des Aufbaues aus Gefäßen und Markstrahlen hängt die Art der Verwendung ab, die für die einzelnen Hölzer in besonderen Aufsätzen besprochen ist. Im allgemeinen teilt man das Holz in die beiden Hauptgruppen Brennholz und Nutzholz, von denen das letztere wiederum in Bau- oder Zimmerholz, Schreiner-, Drechsler-, Wagner-, Böttcher- und Maschinenholz zerfällt. Je nach dem gedrungeneren oder loseren Aufbau und der davon abhängenden Festigkeit und Schwere unterscheidet man weiter harte, halbharte und weiche Hölzer und spricht schließlich noch von Farbhölzern und medizinischen oder Arzneihölzern. Die Ausnutzung der Wälder erfolgt jetzt weit umsichtiger als in früheren Zeiten, und die Förster wählen aus den geschlagenen Ernten so viel Nutzhölzer als möglich heraus, während der Rest Brennholz liefert. Das wertvollste Nutzholz unter den einheimischen Bäumen gibt die Eiche. Ihr Stammholz (Langholz) wird je nach Stärke und Länge, nach Geradwüchsigkeit im Äußeren und im Inneren, d. h. danach, ob der Verlauf der Fasern ein gestreckter oder gewundener ist, ferner nach Gesundheit und Fehlerhaftigkeit in eine größere Anzahl von Klassen eingereiht und damit zu Schiffbauholz, Schiffsplanken und Bohlen, Mühlwellen, Bauholz oder Böttcherholz bestimmt. Bei den stärkeren Nadelholzstämmen ist außer Länge, Geradwüchsigkeit und Gesundheit noch der Durchmesser des oberen Stammendes (der Zopfdurchmesser) für den Wert mit entscheidend, denn wenn dieser zu schwach ist, kann nicht die ganze angegebene Länge ausgenutzt werden. Die besten Sorten mit einer Länge von über 21 m und einem Zopfdurchmesser über 5 dm liefern Mastbäume, Segelstangen und die größten Baustämme, kleinere Sorten Dachsparren und schwächere Balken, Brunnenröhren usw. Besonders gerade und schlichte Stammpartien werden auf Sägemühlen zu Bohlen und Riegeln, Brettern und Latten zerschnitten oder für Siebwaren, Resonanzböden und anderes Instrumentenholz gespalten. Zum Kleinnutzholz gehören das Stangenholz für Wagner, Hopfenstangen, Pfähle, Reifenholz u. dgl. An Stelle der früher für Bahnbauten ausschließlich benutzten Eichenholzschwellen, die eine Lebensdauer von sieben Jahren hatten, verwendet man seit Erfindung geeigneter Imprägnierungsverfahren meist andere Holzarten. Große Mengen von H. werden jetzt auch in den Holzschleifereien verbraucht und zu Holzstoff und Zellulose für Papier sowie zu Holzwolle verarbeitet. Das H. erscheint im Handel teils in rohen Stämmen, als Ganzholz, teils zersägt und gespalten, als Spaltholz und endlich, auf Sägemühlen noch weiter zum Gebrauch vorbereitet, als Schnittholz. Die gefällten und entästeten Stämme, welche das Ganzholz bilden, sind zum Verkauf entweder rund und roh belassen, oder verloren vierkantig behauen, was nicht allein des leichteren Austrocknens halber, sondern auch wegen der billigeren und bequemeren Beförderung geschieht sowie namentlich beim Flößholz oft geschält. Die nach Holland geflößten Eichen, sog. Holländer, sind alle schon beschlagen bzw. vorgerichtet. Zum Ganz- oder Rundholz gehört weiter das Stangenholz und das Krummholz, das in seiner natürlichen Krümmung zu Schiffen, Booten, Schlitten und Radkränzen Verwendung findet. Spaltholz entsteht durch Längsteilung der gesägten Blöcke mit der Axt und durch Keile. Die nicht besser benutzbaren Stücke bilden das zum Brennen bestimmte Scheitholz, die übrigen Teile Nutzholz für Böttcher, Wagner, Drechsler, ferner zu Span für Siebe und Schachteln, und zu dem wichtigen und große Holzmassen beanspruchenden Artikel Zündhölzchen. Da beim Spalten die Längsfasern des Holzes nicht zerschnitten werden, sondern sich ihrem wirklichen Verlaufe nach trennen, hat dieses Holz vor dem geschnittenen den Vorzug größerer Widerstandskraft und Zähigkeit. Schnittholz liefern die Sägemühlen, die häufig in den Wäldern selbst arbeiten, wo sich irgend eine Wasserkraft darbietet, sonst aber Dampfkraft oder Elektrizität benutzen. Hier werden die Stämme entweder nur der Länge nach einmal geteilt (Halbholz) oder vierkantig gesägt und dann in schwächere vierkantige Prismen (Riegel, Pfosten) oder in Bohlen, Bretter und Latten geschnitten. Der Holzhandel gewinnt von Jahr zu Jahr an Bedeutung und sucht immer entlegenere Gegenden auf, die nur, wenn irgend möglich, einen Wassertransport zulassen müssen. Haupteinfuhrland ist England, das von Rußland, Norwegen, Schweden, Preußen und Nordamerika sowie namentlich aus Kanada große Holzmassen bezieht. Kanada, Neuschottland und die nördlichen der Vereinigten Staaten, Ohio, Michigan, Pennsylvanien führen 5—6 Holzarten, namentlich Weymouthskiefer (Pinus Strobus), eine weiße und eine rote Eiche sowie schwarzen Walnußbaum in Form von rohem Bauholz und Brettern aus, die nicht nur in England, sondern auch in Westindien, ja neuerdings sogar in Italien und den österreichischen Küstenorten ihren Absatz finden. — Schweden und Norwegen haben ebenfalls beträchtliche Holzausfuhr. Ihre Waldungen bestehen im Norden nur aus Nadelholz, Tannen und Fichten, abgesehen von der überall wachsenden Birke, die für den Handel von geringer Bedeutung ist. Tannene und fichtene Masten und anderes Schiffsholz, Balken, Bohlen, Bretter und Latten gelangen daher hauptsächlich zur Ausfuhr. Auch Rußland hat verhältnismäßig viel, wenn auch sehr ungleichmäßig verteilte Waldungen. Die Ströme, Flüsse und Seen des Landes in Verbindung mit den im Winter vorhandenen Schlittenwegen gestatten ein Heranbringen des Holzes aus weiten Fernen, und es kommt vor, daß Holztransporte bis zu den Häfen zwei Jahre unterwegs sind. Der russische Ausfuhrhandel geht über Petersburg, Archangelsk, Wyborg, Pernau, Narwa und besonders Riga, weitaus dem bedeutendsten russischen Holzhandelsplatz, wo auch eine starke Ausfuhr von Eichenholz in Stämmen, Blöcken, Planken und Faßholz aus den Laubwäldern des südlichen Rußlands, besonders der Gouvernements Kasan und Pensa besteht. Die hauptsächlichsten preußischen Ostseeplätze für die Holzausfuhr sind Memel und Danzig, an zweiter Stelle auch Königsberg, Elbing und Stettin. Sie versenden sowohl das eigene H. der zum Teil sehr waldreichen preußischen Ostseeprovinzen, als auch die bedeutenden Zufuhren aus dem benachbarten Rußland und Polen. Neben dem Seetransport spielt auch die Zufuhr und Abfuhr auf den Flüssen (Oder, Netze, Warthe) und Kanälen eine große Rolle, so daß z. B. polnisches Bauholz von Halle zu beziehen ist, bis wohin es auf Wasserwegen gebracht wurde. — Die Oder führt den nicht mehr großen Überschuß der oberschlesischen Wälder in großen Langholzflößen, die meist mit Haufen von kleinem Werkholz und Eichenholzblöcken beladen sind, ins Niederland und bis Stettin. In gleicher Weise trägt die Elbe die Hölzer aus der Sächsischen Schweiz und aus Böhmen abwärts, empfängt von der Saale aus Thüringen (in Naumburg und Kamburg finden Holzmessen statt), vom Harz und rechts aus den Gebieten der Spree und Havel weitere Beiträge und schafft nach Hamburg, was nicht unterwegs, z. B. an dem Knoten- und Holzhandelspunkt Riesa, schon an Eisenbahnen für den Landesbedarf abgegeben wird. Das sächsische Vogtland hat keine Wasserstraße für Langholz, sondern schafft alles mit der Eisenbahn abwärts, nachdem selbst die Scheitflößen auf der Elster eingestellt sind und auch das Brennholz der Eisenbahn überwiesen worden ist. Das Erzgebirge und Vogtland verarbeiten übrigens ebenso wie die Thüringer Waldleute einen bedeutenden Teil ihres Holzzuwachses selbst und führen ihn in Form der mannigfaltigsten Holzwaren, als Kisten und Kasten, Schachteln, Rahmen für Schiefertafeln, Spielwaren, Zündholzstäbchen u. a. aus. Weiterhin bildet die Weser mit der Werra, Fulda, Ocker und Aller eine belebte Handelsstraße für die Holzabfuhr Thüringens und Braunschweigs nach Bremen, in viel größerem Maßstabe aber der Rhein, der mit seinen Zuflüssen in eine beträchtliche Zahl holzreicher Gebiete hineingreift. Baden, Württemberg und Bayern besitzen viele und schöne Laub- und Nadelwälder, wie den Schwarzwald, Spessart, die bedeutenden Waldungen des Fichtelgebirges und Böhmerwaldes, welche letztere ihren Abzug nach der Donau nehmen, während die Hauptmasse durch den Main und Neckar in den Rhein geschafft wird. Das badische Murgtal, das durch den Murgfluß mit dem Rhein in Verbindung steht und sich durch seinen Reichtum schöner Hölzer auszeichnet, liefert ebenfalls seinen Beitrag, wie auch von der anderen Seite durch Saar und Mosel schöne Hölzer auf die große Wasserstraße gelangen. Mannheim bildet den Hauptstapelplatz für die zusammenkommenden Hölzer, ein anderer ist Kastell bei Mainz. Hier werden aus den kleineren Flößen die großen sog. Holländerflöße zusammengebaut, die alljährlich den Rhein hinunter nach Holland fahren, und nach denen die stärksten und schönsten Stämme von Fichten, Tannen und Eichen geradezu Holländerholz genannt werden. Die großen Holländerflöße bestehen aus mehreren Tausend aneinander befestigter und 9—11 dm hoch übereinander gepackter Großbäume, haben einen Hauptteil, das Steifstück von 150—240 m Länge, einige vorausgehende Nebenflöße und verschiedene Seitenanhänge. Mehrere hundert Ruderer und andere Dienstleute bemannen ein solches Floß, das mit Wohnungen, Küche und Viehställen versehen ist und Bretter, Latten und Böttcherholz als Oblast trägt. Der Hauptstapel- und Zerlegeplatz für diese schwimmenden Inseln ist Dordrecht. In neuerer Zeit sind diese Holztransporte seltener geworden, da die Fichten- und Tannenstämme, wenn sie nicht eine außergewöhnliche Größe besitzen, von Schweden und Norwegen wohlfeiler geliefert werden. Ohne Nadelholz kann aber das stets gesuchte und teure Eichenholz nicht verflößt werden. — Die Donau nimmt die Holztransporte auf, die ihr aus Bayern, namentlich von den Hauptstapelplätzen Deggendorf, Regensburg und Kehlheim auf Isar, Iller und Inn zugeführt werden und meist nur bis Wien gehen. Aus dem südlichen Ungarn, aus Slavonien, Rumänien und Galizien wird Fichtenholz in großen Massen zu Resonanzböden sowie namentlich Faßholz (Stabholz) mit der Bahn nach Deutschland, Italien und Frankreich gebracht. Österreich selbst ist in allen Teilen, mit Ausnahme von Dalmatien und Istrien, reich an Waldungen, ja es kommt vor (in den Alpen, Karpathen, Siebenbürgen), daß das H. wegen Unzulänglichkeit oder Mangel an Abzugsstraßen gar nicht zu verwerten ist. — Die wichtigsten Plätze für den deutschen Holzhandel sind Danzig, Memel, Stettin, Königsberg, die Hansestädte (besonders für nordische und überseeische Hölzer) und die Orte an den flößbaren Strömen: Rhein, Donau, Elbe, Weser, Weichsel mit Nebenflüssen sowie neuerdings auch Eisenbahnstationen in der Nähe größerer Waldungen oder an den Linien nach Österreich und Polen. Für die Holzarten des Handels gibt es zahlreiche örtliche Bezeichnungen und Gebräuche in bezug auf Abnahme im Walde, Beförderung aus dem Walde sowie Lagerung und Verfrachtung, besonders beim Verflößen. Die Flöße werden zuerst im Kleinen zusammengefügt und dann mit zunehmendem Fahrwasser und wachsender Strombreite zu größeren Flößen vereinigt. Auf nicht flößbaren Flüssen werden die einzelnen Holzstücke ins Wasser geworfen und von selbst weiter befördert, bisweilen auch durch Stauvorrichtungen nach Bedarf festgehalten. Derart geschwemmtes H. erleidet durch das Liegen im Wasser eine gewisse Wertminderung und wird auf den Floßhöfen entsprechend billiger verkauft. Die für manche Zwecke erforderlichen, möglichst langen und ganz reinen Dielen kommen jetzt fast nur noch aus Schweden und Norwegen, zum geringeren Teil aus dem Schwarzwald. — Ist man genötigt, H. im Freien liegen zu lassen, so wählt man hierzu am besten ein freiliegendes Grundstück, welches nicht von hohen Häusern umgeben ist, um der Luft und den Sonnenstrahlen Zutritt zu gestatten. Auch schützt man es am besten durch Überdachung gegen Regen und Schnee, doch so, daß die Luft seitlich hindurchziehen kann. Für manche Zwecke ist es nötig, das H. von seinen Saftbestandteilen zu befreien, was durch Auslaugen oder Ausdämpfen geschieht. Für andere Verwendungen, z. B. zu Wasserbauten, Telegraphenstangen, Eisenbahnschwellen, wird das H. konserviert, indem man es mit Kupfervitriollösung, Chlorzinklösung, Sublimatlösung, Karbolsäure, Karbolineum usw. imprägniert.

Holzbeizen sind Lösungen von Farbstoffen oder Chemikalien, welche dazu dienen, dem Holze eine andere, meist dunklere Färbung zu verleihen und auf diese Weise geringwertigen Hölzern das Aussehen teurerer zu geben. Sie bilden unter dem Namen H. für Nachahmung von Ebenholz, Nußbaum, Jakaranda, Mahagoni u. a. eine wichtige Handelsware. Neben einfachen Anilinfarben benutzt man auch getrennte Lösungen von Metallsalzen und Farbstoffen, die haltbare Niederschläge (Lacke) ergeben, z. B. Blauholz mit Kaliumdichromat, Alizarin mit Metallsalzen, Gerbstoff mit Eisenlösung, oder endlich auch einfache Chemikalien, wie Kaliumpermanganat für Braun, Vanadinsäure für Schwarz.

Holzessig (Holzsäure, lat. Acetum pyrolignosum, frz. Acide ligneux, Vinaigre de bois, engl. Pyroligneous acid). Zur besseren Ausnutzung des Holzes ersetzt man die Meilerverkohlung mehr und mehr durch ein Verfahren der Trockendestillation, wobei neben 20—30 % Kohle reichliche Mengen Leuchtgas entstehen, die wieder zur Heizung der Retortenöfen dienen. Das hierbei erhaltene flüssige Destillat trennt sich beim Stehen von selbst in zwei Schichten, eine untere, den Holzteer, und eine obere, den rohen Holzessig, die beide Handelswaren bilden. Der rohe H., eine braune, saure, unangenehm teerig und rauchig riechende und schmeckende Flüssigkeit, besteht neben Wasser aus Essigsäure, Holzgeist, Azeton und kleinen Mengen von Phenolen (Guajakol), die hier nur die Rolle von Verunreinigungen spielen. Die Menge der einzelnen Bestandteile ist, je nach den Holzarten, der Destillationseinrichtung und der mehr oder weniger guten Leitung der Feuerung verschieden. Die meiste Essigsäure enthält das Destillat von Buchen- und Birkenholz. Im allgemeinen wechselt der Gehalt zwischen 5 und 9 % Essigsäure. — Der rohe H. dient für sich als fäulniswidriges Mittel, zur Konservierung von Holz und zum Bestreichen von Fleischwaren (kalte Räucherung), ferner für Färberei- und Druckereizwecke, zur Darstellung des zu gewissen Farben erforderlichen holzessigsauren Eisens (vgl. Essigsäure) und zur Erzeugung reiner Essigsäure (s. d.). Durch Umdestillieren des rohen H. in der Weise, daß nur drei Viertel vom Ganzen abgezogen werden, erhält man den gereinigten oder rektifizierten H., der in der Medizin und als Desinfektionsmittel verordnet wird.

Holzgeist (Methylalkohol, Methyloxydhydrat, Karbinol, lat. Alkohol methylicus, frz. Esprit hydroxylique, Alcool méthylique, engl. Pyroligneous spirit, Wood naphta, Methylated spirit) ist ein Bestandteil des Holzessigs (s. d.), aus welchem er durch wiederholte fraktionierte Destillation und weitere Reinigung fabrikmäßig gewonnen wird. Der für gewöhnlich im Handel vorkommende H. ist stets noch etwas wasserhaltig, und die geringeren Sorten enthalten auch noch andere flüchtige Beimengungen, die jedoch für manche seiner Verwendungen nicht störend sind. Man verkauft ihn wie den Spiritus nach Prozenten Tralles, gewöhnlich 95 bis 98 %. — Der H., $CH_3 . OH$, ist eine dem gewöhnlichen Alkohol (Äthylalkohol, Weingeist) ähnliche farblose, brennbare, sehr flüchtige Flüssigkeit von eigentümlichem geistigen Geruch und brennendem Geschmack, die sich mit Wasser, Weingeist, Äther, Fetten und ätherischen Ölen in allen Verhältnissen mischt. Er siedet bei 65° und verbrennt mit bläulicher, nicht leuchtender Flamme. Zum Unterschiede von Äthylalkohol wird die Flamme durch Zusatz von Borax grün gefärbt, während freie Borsäure auch der Weingeistflamme eine grüne Farbe verleiht. Das spez. Gew. beträgt 0,797. Die Hauptverwendung findet der H. jetzt zur Darstellung von Jodmethyl (Methyljodür), des Ausgangsstoffes verschiedener Anilinfarben. In England benutzt man ihn, wegen der hohen Spiritussteuer, ganz allgemein anstatt des Spiritus zum Brennen und zur Bereitung von Lacken, ferner wie auch in Deutschland zum Denaturieren von Spiritus. Die vorübergehend zur Umgehung der Spiritussteuer früher beobachtete Einführung als Trinkbranntwein ist wegen der hohen Giftigkeit (Erblindungsgefahr), schon 8 g können tödlich wirken, verboten. Das Branntweinmonopolgesetz vom 26. Juli 1918 verbietet nicht nur die Verwendung von Methylalkohol zu Nahrungs- und Genußmitteln, sondern auch für Heil-, Vorbeugungs- und Kräftigungsmittel, Riechmittel und Mittel zur Reinigung, Pflege oder Färbung der Haut, des Haares, der Nägel oder der Mundhöhle. Unter methylalkoholhaltige Flüssigkeiten fallen z. B. Spritol und Spritogen.

Holzkohle (lat. Carbo ligni, frz. Charbon de bois, engl. Char coal). Dieser wichtige und viel benutzte Stoff besteht aus dem größten Teile des im Holze vorhandenen Kohlenstoffes nebst den Aschenbestandteilen des Holzes, und entsteht bei der unvollständigen Verbrennung des Holzes in Meilern oder Retorten. In letzteren ist die Ausbeute natürlich größer, da bei den Meilern ein Teil des Holzes für die Unterhaltung des Brandes geopfert werden muß, dafür bedürfen aber die Destillationsgefäße einer mehrstündigen äußeren Feuerung. Die Destillation ergibt höchstenfalls etwa 27 % Kohle vom Gewicht des lufttrockenen und 28—32 % des vorher stark ausgetrockneten Holzes, die Meilerverkohlung, wenn sie sorgfältig geführt wird, etwa 20 bis 23 %. Die Kohlenbrennerei, die viel Umsicht erfordert, erfolgt im allgemeinen derart, daß eine aus Scheiten aufgebaute Holzpyramide überall, bis auf eine Öffnung an der Spitze, mit einem Mantel von Rasen und Erde umgeben und von der Mitte heraus angezündet wird. Die nötige Luft findet ihren Eingang durch Löcher, die zu unterst ringsum in den Mantel gestoßen sind, der

Brand beginnt von oben und pflanzt sich im Innern allmählich seit- und abwärts fort. Zur rechten Zeit wird die obere Öffnung zugeschlagen, und dafür von Zeit zu Zeit durch Einstoßen neuer Löcher auf halber Höhe Luft geschafft. Der Brand geht somit immer dem Luftstrome entgegen, die brennbaren Gase, die sich aus dem Holze entwickeln, dienen zugleich zu dessen Verkohlung, herausbrechende Flammen werden immer sogleich unterdrückt. Der fertig gebrannte Haufen wird nicht der freiwilligen Abkühlung überlassen, da die Kohlenmasse dabei noch zu sehr schwinden würde, sondern hier und da aufgebrochen, wobei man die mit Haken herausgezogenen glimmenden Stücke mit Wasser oder Sand ablöscht. Im übrigen sind die Vorgänge bei der Verkohlung in Meilern und Retorten die nämlichen, nur daß im letzteren Falle die brennbaren Gase wegen Luftmangel unverbrannt bleiben und zu anderweiter Verwendung abgeleitet werden. Beim Anfeuern entweicht zunächst, wenn die Hitze erst wenig über den Siedepunkt gestiegen ist, Wasserdampf. Beim Steigen der Hitze beginnt die Zersetzung des Holzes, Wasserstoff und Sauerstoff werden ausgetrieben und verbinden sich ebenfalls zu Wasser. Auch der Kohlenstoff, obwohl beständiger als jene beiden anderen Elemente, wird zum Teil in die Zersetzung mit hineingerissen und liefert eine große Anzahl gasförmiger und dampfförmiger Verbindungen, von denen die letzteren durch Abkühlung zu Teer und Holzessig verdichtet werden können. Auf diese Weise gehen bei der Destillation von den etwa 40 % Kohlenstoff des Holzes 13 % in den flüchtigen Stoffen fort. Die H. hat vor dem Holze in wirtschaftlicher Hinsicht bedeutende Vorzüge, einesteils durch die große Leichtigkeit und Beförderungsmöglichkeit im Vergleich zu dem viermal schwereren Holz und dann hauptsächlich dadurch, daß sie im kleinsten Raume die größte Heizkraft einschließt und das reinste Feuer ohne Rauch und fast ohne Flamme liefert. Die harten Hölzer geben auch härtere Kohlen mit größerer Heizkraft, mit Ausnahme der Eiche, deren Kohle wenig taugt. Die Kohlen der Weichhölzer sind leichter brennbar und werden in größerer Menge dargestellt, während zur Destillation nur harte Hölzer benutzt werden, weil sie die höchste Ausbeute an Holzessig geben. Die H. werden hauptsächlich als Brennstoff, als Reduktionsmittel bei der Metallgewinnung und als absorbierendes Mittel angewandt, in geringeren Mengen zur Herstellung von Schießpulver, als Schleifpulver, zu Zeichenkohle usw. In erster Beziehung werden sie besonders von Metallarbeitern, Schmieden und Schlossern benutzt, und wenn diese sich neuerdings auch oft mit Steinkohlen behelfen, so kann doch bei Verarbeitung des Stahls die H. nicht entbehrt werden. Zu hüttenmännischen Zwecken, zum Ausschmelzen des Eisens, Zinks, Zinns und Bleies aus den Erzen war H. früher das einzige Mittel, während jetzt, namentlich bei Eisenhochöfen, meistens Koks benutzt werden muß. Die leichtflüssigen Metalle werden schon reduziert, wenn ihre Oxyde mit Kohlenpulver gemischt und in Tiegeln geglüht werden, und in ganz analoger Weise wird der Phosphor (s. d.) aus seinem Oxyde, der Phosphorsäure, durch Kohle abgeschieden. — Die Kohle zeigt, wenn sie beim Verkohlen ungestört bleibt, noch völlig die Gestalt und Struktur des Holzes, nur ist sie kleiner und in so hohem Grade porös, einem höchst feinen Schwamm vergleichbar geworden, daß sie große Mengen von Gasen zu verschlucken und aus Flüssigkeiten fremde Stoffe auszuscheiden vermag. Auf dieser absorbierenden Eigenschaft beruht die vielseitige technische Verwendung der gepulverten H. als Desinfektionsmittel, um Miasmen und Faulgerüche in Wohnräumen und Kloaken zu beseitigen, zum Reinigen von Wasser, welches organische Zersetzungsprodukte, Metallsalze usw. enthält, und zum Entfärben von Flüssigkeiten, sofern die Färbung von besonderen, abscheidbaren Bestandteilen herrührt. Die absorbierende Kraft der H. wird im allgemeinen durch die der Tierkohle (s. d.) übertroffen, doch eignet sie sich für manche Verwendungen, so namentlich zum Entfuseln des Spiritus, besser, wobei man entweder die Spiritusdämpfe durch einen Behälter mit grob gepulverter Kohle streichen oder den ablaufenden Sprit durch Kohlenpulver durchsickern läßt. Alle Kohle, die zu Zwecken der Absorption dienen soll, muß entweder frisch gebrannt oder gleich im frischen Zustande luftdicht verpackt worden sein, da sie sich in freier Luft mit Gasen und Riechstoffen sättigen und dann unwirksam sein würde. Man kann aber einer unwirksam gewordenen Kohle die absorbierende Eigenschaft im vollen Maße durch Ausglühen wieder verleihen. Zu allen derartigen Zwecken dient Weichholzkohle, da sie die stärkste Porosität und Absorptionskraft hat. Am kräftigsten wirkt die Kohle von Pappelholz, dann folgt die von Lindenholz und hierauf die von Nadelhölzern.

Holzstaub (Holzmehl, engl. Flocks) wird in der Weise hergestellt, daß man sehr dünne Hobelspäne weicher Hölzer mit Seifenwasser, besser Natronlauge, kocht, mit Wasser sorgfältig auswäscht, darauf sehr fein vermahlt und beliebig färbt. Er dient zur Bereitung der Samttapeten und wird mit einem geruchlosen, Insekten verscheuchenden Klebstoff auf dem Papier befestigt. Vor dem früher benutzten Wollstaub hat er den Vorzug, um 50 % leichter und 10 % billiger zu sein. Ein besonders zubereitetes Holzmehl dient in der Bäckerei bisweilen unter dem Namen Streumehl (s. d.) zum Bestreuen der Unterseite von Broten.

Holzteeröl (lat. Oleum picis, frz. Huile de goudron végétale, engl. Tar oil) wird durch Destillation des Holzteers gewonnen und ist frisch destilliert ziemlich farblos, nimmt aber bei längerem Lagern eine gelbe bis rotbraune Farbe an. Es besteht aus Kohlenwasserstoffen wie Benzol, Toluol und Phenolen, hat ein spez. Gew. von etwa 0,970 und kann durch fraktionierte Destillation in Schwer- und Leichtöl geschieden werden. Das Holzkreosot (s. d. bei Kreosot) wird namentlich aus Buchenholzteer gewonnen. Benutzt wird H. in der Volksmedizin bei Hautkrankheiten, in der Tierheilkunde bei Räude.

Holzwolle (Holzfaden, Holzfaser, Wollin, lat. Lana ligni, frz. Charpie de bois, engl. Wood wol), eine aus weichem Holz gefertigte Fasermasse, kommt in zwei Sorten in den

Handel, solche, die zu der sogenannten Holzweberei oder zur Herstellung von Holztuch benutzt wird, und solche, die wie Werg aussieht und aus regellos durcheinander gewirrten Fasern besteht. Die Herstellung erfolgt aus Kiefern- oder Fichtenholz mittels besonderer Maschinen in der Weise, daß die auf dem Schlitten der Maschine dem Holz zunächst befindlichen verstellbaren Ritzmesser das zu verarbeitende Material der Länge nach in einzelne Fasern von der gewünschten Breite (1—4 mm) zerschneiden, welche dann durch das nachfolgende Spannmesser in der ganzen Breite abgetrennt werden und als Holzwolle unter die Maschine fallen. Zur Verringerung des Volums preßt man sie dann zu Würfeln von 80 cm Kantenlänge zusammen. Die H. wird als vorzügliches Packmaterial und, ihrer großen Elastizität wegen, als Polsterungsmaterial benutzt. Auch als Streumaterial für Stallungen hat man sie empfohlen, und schließlich verwendet man sie allein oder in Verbindung mit Watte zu billigen Verbänden, zu Damenbinden usw.

Holzzeug (Holzstoff, Holzschliff, frz. Matière de bois, engl. Wood pulp), das wichtige Material der Papierfabriken, wird mit Hilfe besonderer, von Wasser ständig benetzter Schleifsteine aus dem von Rinde und Aststellen befreiten, vielfach vorher noch gedämpften Holze hergestellt, darauf durch Pressen oder Zentrifugen zum Teil entwässert, vielfach durch Chlor gebleicht und getrocknet. Zur Vermeidung der durch Kleinlebewesen oder Gerbstoffe bisweilen verursachten Flecke und Verfärbungen muß reines, eisenfreies Wasser und gesundes, zweckmäßig vorher sterilisiertes Holz genommen werden.

Homatropin (Oxytoluyltropein), ein zusammengesetzter Äther des Tropins (Spaltungsprodukt des Atropins), wird durch wiederholtes Eindampfen der Lösung von Tropin und Mandelsäure mit verdünnter Salzsäure in Form durchsichtiger Pulver erhalten. Es wirkt wie Atropin, aber weniger andauernd auf die Pupille erweiternd ein und wird in der Augenheilkunde angewandt.

Honig (lat. Mel, frz. Miel, engl. Honey) ist der von der Arbeitsbiene, Apis mellifica, aus Blüten aufgesaugte und in ihrem Honigmagen verarbeitete Saft, der in den Waben (Wachszellen) zur Ernährung der jungen Brut sowie als Wintervorrat wieder abgeschieden wird. Er besitzt frisch ausgelassen das Aussehen eines klaren, zähklebrigen Sirups, trübt sich aber allmählich durch Ausscheidung von Traubenzucker und erstarrt schließlich zu einer mehr oder weniger festen kristallinischen Masse. Je nach der Art der Blüten, aus denen der Honig gesammelt wird, und die für sein Aroma bestimmend sind, unterscheidet man Anis-, Akazien-, Heide-, Klee-, Linden-, Raps- usw. Honig. Eine Abart bildet der von den Pollen der Nadelhölzer gesammelte sog. Koniferenhonig, welcher dunkler gefärbt ist, einen eigenartigen, terpentinähnlichen Geruch und weniger süßen Geschmack besitzt. Er gilt als minderwertig, ebenso wie der überseeische sog. Havanna-, Kalifornische, Chile-, Valparaiso-H., welcher infolge seiner Abstammung von duftlosen tropischen Blüten fast gar kein Aroma besitzt. In seltenen Fällen sind auch giftige Honige beobachtet worden, die von einigen giftigen Rhododendronarten gesammelt werden, für unsere Verhältnisse aber keine Bedeutung haben. Der H. wird entweder in unverändertem Zustande mit den Waben als sog. Scheiben-H. in den Handel gebracht, oder von den Waben getrennt als ausgelassener H. Im letzteren Falle unterscheidet man je nach der Art der Gewinnung Leck-H. (durch freiwilliges Austropfen) und Schleuder-H. (durch Zentrifugieren), ferner Preß-H. (kalt gepreßt), Seim-H. (bei gelinder Wärme gepreßt) und Land-H. (durch Schmelzen der Waben). Die beiden ersten, als die reinsten Sorten, werden auch Jungfernhonig genannt. Stampfhonig (Roh-, Rauh- oder Werkhonig) wird durch Einstampfen der Waben mit allen darin befindlichen Verunreinigungen gewonnen und gilt nicht als eigentlicher Honig. In chemischer Hinsicht ist der H. im wesentlichen eine wäßrige Auflösung ungefähr gleicher Teile Glykose und Fruktose, neben welchen noch geringe Mengen Rohrzucker, Dextrin, Stickstoffsubstanzen, Mineralstoffe, Ameisensäure, Aromastoffe, Wachs und Pollen vorkommen. Im Mittel enthält er 20 % Wasser, 22 bis 44 % Glykose, 32—49 % Fruktose, 0,8—2,7 % Stickstoffsubstanz und 0,1—0,2 % Ameisensäure. Von den zahlreichen Verfälschungen sind Zusätze billigerer Zuckerarten, wie Rohrzucker, Invertzucker und Stärkesirup am verbreitetsten, aber es kommen auch völlige Nachahmungen in den Verkehr, die ohne oder mit geringen Spuren H. aus künstlich gelbgefärbtem und parfümiertem Zuckersirup hergestellt und mit Blütenstaub und Wachsteilchen garniert sind. Die früher für diese Erzeugnisse beliebte Bezeichnung „Tafelhonig", „Präparierter Honig" ist durch die Rechtsprechung für unzulässig erklärt worden, und derartige Proben dürfen daher nur in Büchsen mit der deutlichen Inschrift „Kunsthonig" in den Verkehr gebracht werden. Ebenso wie der direkte Zusatz fremder Zuckerarten, widerspricht auch das indirekte Verfahren, die Zuckerfütterung, dem Nahrungsmittelgesetz. Nach Ansicht der reellen Imkerkreise ist die Verfütterung von Zucker an die Bienen nur in Notfällen, d. h. zur Überwinterung u. dgl., nicht aber zur Erzeugung von H. gestattet. Auch durch künstliche Zuckerfütterung gewonnener H. ist als verfälscht zu beurteilen, wenn er nicht ausdrücklich als Zuckerfütterungshonig bezeichnet wird. Der H. bildet ein wertvolles Nahrungs- und Genußmittel, das in steigenden Mengen von den deutschen Bienenzüchtern in den Handel gebracht wird. Nach der Viehzählung vom Jahre 1912 gab es im Deutschen Reiche über 2600000 Bienenstöcke, die 15235 t H. lieferten, und für die Zunahme der Erzeugung spricht am besten die Tatsache, daß der Einfuhrüberschuß von 32000 dz im Jahre 1890 auf 2000 t sank. Es ist zu wünschen, daß diese zwar mühsame, aber lohnende Beschäftigung sich weiter ausdehnt. Neben der Verwendung zum direkten Genuß wird H. auch zur Herstellung verschiedener Präparate: Gereinigter Honig (lat. Mel depuratum, frz. Mel depuré, engl. Clarified Honey) der Pharmazie, Rosenhonig (mit Rosenextrakt), Salizyl-H., Borax-H. (mit Borax und Glyzerin), ferner von alkoholischen Getränken wie Honigmet und Honigwein benutzt.

Hopfen (frz. Houblon, engl. Hop) nennt man die unbefruchteten Dolden (Fruchtstände, Hopfenzapfen, Trolle) von Humulus lupulus, die im allgemeinen von angebauten, in den Donauländern aber auch von wild wachsenden Pflanzen gewonnen werden. Die allein benutzten weiblichen Blütenstände der zweihäusigen Pflanze bilden zapfenartige Kätzchen mit gelbgrünen Blüten, die zu vier in den Achseln zweizeilig gestellter Nebenblätter angeordnet sind und am Grunde von je einem Blättchen umgeben werden. Der H. erfordert einen sorgfältigen Anbau, Schutz gegen rauhe Winde und eine vor starken Nebeln geschützte Höhenlage. Gegenden mit schroffem Temperaturwechsel sind auszuschließen. Der Hauptanbau liegt in Europa vom 45. bis 50.^{0} n. Br., d. h. zwischen dem südlichen Schweden und Südungarn. Die Pflanzung geschieht in Löchern von 1,3—1,8 m Entfernung und gleichem Reihenabstand, so daß auf den Hektar etwa 3200—5800 entfallen. Die Behandlung ist wegen der erforderlichen Menschenarbeit kostspielig, der Ertrag wegen zahlreicher Schädlinge: Kupferbrand oder Fuchs, Mehltau oder Fraß, Wurzelfäule, Vergilbung, Blattläuse, Schnellkäferlarven, Hopfenwurzelspinner, Erdflöhe usw. unsicher. Wesentlich beeinflußt wird die Güte durch die Art des Trocknens, die zur Erhaltung der schönen grünen Farbe und des Hopfenmehles rasch und sicher ohne häufige Berührung erfolgen soll. Meist bevorzugt man das Trocknen auf Horden oder das Wenden mit Reiserbesen und stopft oder tritt die genügend getrocknete Masse in große Ziechen (Säcke), die, mit dem Namen des Züchters und Ortes versehen, zum Versand kommen. Besonders feine Sorten, wie Saazer, Spalter usw., werden von der Behörde gestempelt, doch sind diese Zeichen kein sicheres Merkmal der Echtheit, weil die leeren Säcke von Händlern aufgekauft werden. Man unterscheidet den besseren aber anspruchsvolleren Frühhopfen, den ertragreicheren Spät-H. und den dauerhaften Knoblauchs-H. Als beste Sorten gelten der böhmische von Saaz, Auscha, Dauba, der bayrische von Spalt, Hersbruck und der badische von Schwetzingen, doch kommen auch aus Württemberg, Franken, Elsaß (Hagenau, Bischweiler), Belgien, England, Frankreich, Nordamerika, Australien, Ostindien (Himalaya) gute H. zum Verkauf. Guter H. soll grünlichgelb, nicht rot oder braun aussehen, sich klebrig anfühlen, stark aromatisch riechen, besonders beim Zerreiben zahlreiche gelbe Drüsen erkennen lassen, im Bruch des Mittelstengelchens weißlich erscheinen und beim Zerbrechen einen deutlich sichtbaren Strich auf der Handfläche machen. Der wirksamste Bestandteil, das aus den Drüsen bestehende Lupulin (H.-Mehl, H.-Staub), das sich in Mengen von 10—16% vorfindet, ist keine chemische Verbindung, sondern ein Gemisch verschiedener Stoffe, von denen ein mit Wasserdämpfen flüchtiges Öl, Hopfenöl, ferner Hopfenbittersäure (10%) und H.-Harz (50%) die wichtigsten sind. Außerdem ist noch Gerbsäure sowie möglicherweise ein Alkaloïd vorhanden. Alle diese für die Bierbrauerei wertvollen Stoffe sind wenig haltbar, schon nach Jahresfrist wird der H. äußerlich rotbraun und verliert an Aroma und Hopfenmehl. Man sucht ihn daher durch Pressen und Schwefeln zu konservieren, verleiht durch letzteres allerdings bisweilen auch minderwertiger Ware den Anschein besserer Beschaffenheit. Die durch Auslaugung mit Wasser hergestellten sog. Hopfenextrakte haben in Deutschland keinen Anklang gefunden. Die getrockneten Hopfenranken werden neuerdings als Tabakersatz, die Hopfenfasern zu Gespinsten und Geweben benutzt.

Hopfenöl (lat. Oleum lupuli aethereum, frz. Essence de houblon, engl. Hops-oil), das ätherische, aromatisch riechende Öl des Hopfens, wird durch Destillation mit Wasserdampf aus den Hopfenzapfen in Menge von durchschnittlich 0,8% erhalten. Das dünnflüssige, hellgelbe bis rotbraune Öl hat ein spez. Gew. von 0,855—0,899, verharzt leicht, wird dann dickflüssig und nimmt einen Geruch nach Baldriansäure an.

Horn (lat. Cornu, frz. Corne, engl. Horn) nennt man die Stirnaufsätze der Wiederkäuer, von denen die des Rindergeschlechts nach Menge und Bedeutung so überwiegen, daß der allgemeine Ausdruck Hörner im Handel sich fast nur auf diese bezieht. Die Hornsubstanz (Keratin), die sich auch in zahlreichen anderen tierischen Gebilden: Oberhaut, Haaren, Borsten, Federn, Stacheln, Hufen, Klauen, Nägeln, Schnäbeln, im Schildpatt und Fischbein vorfindet, ist den Eiweißstoffen verwandt und enthält neben Stickstoff bis zu 5% Schwefel. Die 0,3% (Schildpatt) bis zu 3% (Büffelhorn) betragende Asche ist reich an Kalziumphosphat, bei den Federn auch an Kieselsäure. Von den Knochen und Geweihen (s. Hirschhorn) unterscheidet sie sich dadurch, daß sie in siedendem Wasser nicht zu Leim zu verkochen ist, sondern nur erweicht und nachher ihre volle Härte wieder annimmt. Der Bau der Hörner hat eine entfernte Ähnlichkeit mit dem des Holzes, indem sich auf dem Durchschnitt förmliche Jahresringe zeigen, die mit zunehmendem Alter undeutlicher werden und dadurch die Erkennung des weniger wertvollen jungen H. ermöglichen. Außerdem ist die Hornmasse von Markkanälen durchzogen, die in den äußeren Teilen des H. immer zahlreicher sind, als im Innern. Sie besitzt leidliche Härte, ist etwas biegsam und elastisch, mehr oder weniger durchscheinend, von weißer und gelblichgrauer bis schwarzer Farbe und erweicht in der Hitze so weit, daß man sie nicht nur leicht biegen und pressen, sondern selbst löten oder schweißen kann. Wegen dieser Eigenschaften eignet sich das Horn zu einer Reihe technischer Verwendungen, die sich ziemlich scharf in zwei Gruppen sondern, je nachdem dabei der volle oder der hohle Teil der Hörner in Arbeit genommen wird. Die oberen vollen Enden, die am wertvollsten sind und häufig schon abgeschnitten als Hornspitzen in den Handel kommen, werden von Horndrechslern benutzt, während Hohlstücke (Hornschroten) dem Kammacher zufallen. Bei Verarbeitung der ersteren zu Stockgriffen, Spitzen für Raucher u. dgl. bedient man sich der Drehbank, Messer, Feilen und unter Umständen des Biegens in der Hitze. Die Hohlstücke werden hingegen durch Einweichen, Erhitzen und Pressen in Plattenform gebracht und für gewisse Zwecke durch eine besondere Behandlung mit Öl durchscheinend gemacht. Schließlich wird die Hornmasse auch verschiedentlich gefärbt und gebeizt und namentlich durch Erzeugung einer gefleckten Färbung zu Schildkrot gestempelt. — Hufe lassen sich wie Horn verarbeiten und werden besonders in Knopffabriken durch Kochen erweicht, in Scheiben geschnitten und durch Pressen geformt. — Hornspäne und andere Abfälle dienen zur Darstellung von Tierkohle, Blutlaugensalz u. dgl. sowie zum Verstählen von Eisen und als Düngemittel. Unter Umständen werden sie aber auch durch heiße Pressung noch zu Dosen, Knöpfen u. dgl. verarbeitet. — Die Ochsenhörner, die in Deutschland selbst in großer Menge gewonnen werden, bilden eine geringere Ware, von der nur die Spitzen zu Hornarbeiten verwertet werden, hingegen kommen sehr viele und gute H. von den Ebenen Südamerikas über Buenos Aires, Rio de Janeiro usw. in den Handel, und auch Irland, Rußland, die Schweiz, Spanien und Portugal liefern verschiedene Arten brauchbarer H. Das Ochsenhorn zeigt eine glatte Oberfläche und wechselnd graue, bräunliche oder weiße Farbe. Besonders hell sind die fast bis zur Spitze hohlen irischen H., die bei der Bearbeitung sehr durchsichtig und daher für Plattenarbeit geschätzt werden. — Kuhhörner haben meist geringeren Wert. — Die besonders großen amerikanischen Bisonhörner, die immer seltener werden, sind von der Spitze zu einem Drittel schwarz, im übrigen weiß gefärbt, besitzen eine sehr feste durchscheinende Masse und nehmen eine schöne Beize an. — Büffelhörner, die in besonders schönen Stücken aus Kleinasien und Indien, aber auch aus Ungarn, der Walachei, Italien und Spanien kommen, haben eine gedrückte, fast dreikantige Form und eine dunkelbraune oder schwärzliche Farbe. Wegen ihrer festeren, feineren Masse und ihrer großen Politurfähigkeit werden sie höher als Ochsenhorn geschätzt. — Ziegen- und Widderhörner finden ebenfalls Verwendung, besonders als Laternenhorn. — Die hübschen schwarzen hakenförmigen Gemshörner sind beliebt für Stockkrücken, zu Spitzen, Stiefelhaken u. dgl. — Die Hörner vom Gnu und anderen Antilopen, vom Rhinozeros, Renntier usw. haben für unseren Markt keine Bedeutung.

Hornblende, ein außerordentlich weit verbreitetes Mineral, das einen regelmäßigen Gemengteil zahlreicher Massengesteine (Syenit, Trachyt usw.) sowie von Gneis und Hornblendeschiefer ausmacht, auch selbst gesteinsbildend als Hornblendefels auftritt, besteht im wesentlichen aus einem Kalzium-Magnesiumsilikat, welches gewöhnlich Eisen und Tonerde enthält. Von den vielen Arten der H.: Grammatit, Aktinolith (Strahlstein) usw., findet besonders der Asbest (s. d.) technische Anwendung.

Hubertus-Sprudel in Hönningen enthält nach der Analyse von R. und H. Fresenius (1899) in 1000 Gewichtsteilen: Bikarbonate des Natriums 2,3129 g, Lithiums 0,0074 g, Ammoniums 0,0016 g, Kalziums 0,7912 g, Bariums 0,0003 g, Strontiums 0,0051 g, Magnesiums 1,2088 g, Eisenoxyduls 0,0211 g, Manganoxyduls 0,0007 g, Natriumchlorid 1,3731 g, Natriumbromid 0,0016 g, Natriumjodid Spur, Sulfate des Kaliums 0,1377 g, Natriums 0,2045 g, arsensaures Natrium 0,0015 g, Natriumphosphat 0,0009 g, Natriumnitrat 0,0115 g, Natriumborat 0,0010 g, Kieselsäure 0,0179 g, freie Kohlensäure 0,8707 g.

Huflattich (lat. Folia farfarae, Herba farfarae, frz. Feuilles de tussilage, engl. Coltsfoot leaves). Die getrockneten Blätter der ausdauernden, in ganz Europa auf tonigem, aber kalkhaltigem Boden wachsenden Komposite Tussilago farfara mit niedrigem, weißfilzigem Stengel und gelber vor den Blättern erscheinender Blüte besitzen eine rundlich herzförmige Gestalt, eine schwach glänzende grüne Oberseite und weißfilzige Unterseite. Wegen ihres bitter zusammenziehenden, schleimigen Geschmacks bilden sie einen Bestandteil des Brusttees. Auch die Huflattichblüten (lat. Flores farfarae, frz. Fleurs de tussilage, engl. Coltsfoot flowers) werden als Tee benutzt. Die verwandte Pflanze Tussilago Petasites, großer Huflattich, Pestwurz, mit bedeutend größeren, nierenförmigen Blättern und purpurfarbigen Blüten dient bisweilen zum Verfälschen.

Hühnereier (lat. Ova gallinacea, frz. Oeufs de poule, engl. Pullet eggs), die als Nahrungsmittel in erster Linie in Betracht kommende Sorte Vogeleier, haben ein mittleres Gewicht von 53 g (mit Schwankungen von 30—72 g), von denen 6 g auf die Schale, 31 g auf das Eiweiß und 16 g auf den Dotter entfallen. Die Schale besteht aus ziemlich reinem Kalziumkarbonat mit geringen Beimengungen von Phosphorsäure und Magnesia. Das Eiweiß enthält neben viel Wasser (85 %) fast nur Albumin. Hingegen bildet der Dotter ein Gemisch der verschiedenartigsten Verbindungen, aus denen sich der Organismus des jungen Tieres aufbaut. Die etwa 16 % ausmachende Stickstoffsubstanz setzt sich der Hauptmenge nach aus einer besonderen Eiweißart, Vitellin, zusammen, neben der nur geringe Anteile Albumin und Nuklein auftreten. Daneben finden sich die wichtigen Stoffe Lezithin (Protagon), Zerebrin und Glyzerinphosphorsäure, die auch im Gehirn vorkommen, und schließlich enthält das Eigelb noch ein charakteristisches Fett, ferner Cholesterin und Farbstoff (Lutein). Der Gesamtnährstoffgehalt eines Eies beträgt rund 6 % Stickstoffsubstanz und 6 % Fett. Er ist also ziemlich beträchtlich, aber keineswegs so hoch, daß die oft gehörte Ansicht, „ein Ei ist soviel wert wie 1/2 Pfd. Fleisch“ richtig wäre. Vielmehr entspricht der Nährstoffgehalt eines Eies nur demjenigen von 1/8 Pfd. Fleisch. Ebenso unbegründet ist die Behauptung, daß rohe Eier leichter verdaulich seien als gekochte. Tatsächlich werden letztere, genügende Zerkauung vorausgesetzt, ebenso leicht und vollständig resorbiert. Das Haupterfordernis für die Gebrauchsfähigkeit der Eier ist ihre unverdorbene Beschaffenheit, d. h. sie dürfen weder angebrütet, noch sich im Zustande sonstiger Zersetzung (Fäulnis) befinden. Zur Prüfung der Eier bedient man sich des Eierspiegels, dessen Anwendung auf der Tatsache beruht, daß frische Eier in der Mitte durchscheinend sind und am breiten Ende noch keinen Hohlraum besitzen. Ferner senkt man die Eier in 10 %ige Kochsalzlösung, in der alte Eier schwimmen, oder man schüttelt sie, um das Vorhandensein eines Hohlraumes zu konstatieren. Ganz sichere Ergebnisse liefert keines dieser Verfahren, und es ist daher sehr zu begrüßen, daß neuerdings sog. Trinkeier (Tageseier) mit dem Datumsstempel auf den Markt kommen. Die zahlreichen, zur Verhütung des Verderbens vorgeschlagenen Verfahren bezwecken meist den Abschluß von Luft und Mikroorganismen. Als bewährteste sind das Einlegen in Kalkwasser, Wasserglaslösung, Überziehen mit Paraffin und die trockne Aufbewahrung in Stroh, Häcksel usw. an kühlen Orten zu bezeichnen, während vor allen Geheimmitteln unbekannter Zusammensetzung zu warnen ist. Derartig konservierte Eier sind für den Massenbedarf noch gut brauchbar, können aber auf die Bezeichnung „Frische Eier“ oder „Eier“ schlechthin natürlich keinen Anspruch erheben, sondern müssen in entsprechender Weise gekennzeichnet sein. Die sog. Kalkeier insbesondere haben den Nachteil, daß die Schale beim Kochen platzt, daß sich das Weiße oft nicht zu Schaum schlagen und nicht vom Dotter trennen läßt. Neben den konservierten ganzen Eiern finden sich neuerdings viele Zubereitungen, die aus konserviertem Eigelb bestehen. Das letztere fällt bei der Herstellung des Albumins in großen Massen ab und wird durch Zusatz antiseptischer Stoffe, Kochsalz, Borsäure usw. vor dem Verderben geschützt. Die Ansichten über die Zulässigkeit dieser Behandlung sind noch geteilt, jedenfalls sollten derartige Erzeugnisse aber deutlich gekennzeichnet und zweifellos giftige Stoffe wie Fluornatrium oder Methylalkohol vermieden werden. Gänzlich einwandfrei sind die durch Trocknen im Vakuum hergestellten Eipulver, während die Nahrungsmittelkontrolle die mit Hilfe von gelb gefärbtem Mehl hergestellten Nachahmungen: Ovon, Ovumin usw. aus dem Handel verdrängt hat. Auch die Bezeichnung Eiersatz darf nicht für gelb gefärbtes Mehl, sondern nur für Eiweißstoffe anderen Ursprungs: Kasein, Kleber u. dgl. benutzt werden. Zum Nachweis von Eigelb in Nahrungsmitteln (Teigwaren, Eierkognak) prüft man auf das Vorhandensein von ätherlöslichem Eifarbstoff (Lutein), welcher durch salpetrige Säure entfärbt wird, ferner von Cholesterin und ermittelt nach Juckenack die Menge der alkohollöslichen Phosphorsäure. Der Verbrauch an Eiern ist in ständiger Zunahme begriffen. Die inländische Erzeugung von rund 73 Millionen Hühnern wurde für 1912 auf mehr als fünf Milliarden Stück im Gewicht von 257000 t geschätzt. Die Einfuhr nach Deutschland beträgt gegen 171000 t, welchen nur 2000 t Ausfuhr entgegenstehen. Als Haupterzeugungsländer kommen Frankreich, Italien, neuerdings vor allem auch Galizien und China in Frage. Die Ware aus letzteren beiden Ländern ist allerdings bisweilen von zweifelhaftem Genußwert. Außer zur menschlichen Nahrung finden die Eier ausgedehnte technische Anwendung, das Albumin in der photographischen Industrie, Eigelb und Eieröl in der Sämisch- und Glacéledergerberei und zu medizinischen Zwecken.

Hülsenfrüchte, Erbsen, Linsen und Bohnen, sind in besonderen Aufsätzen behandelt.

Huingansamen, die schwärzlichen Früchte einer in Chile heimischen Therebinthinazee, Duvana dependens, haben die Größe und den Geruch der Wacholderbeeren und werden medizinisch verwandt.

Humiriholz ist das Holz eines zur Familie der Humiriazeen gehörigen amerikanischen Baumes, Humiria balsamifera. Das H. von Guyana nennen die Franzosen „bois rouge“, das von Jamaika „bois à flambeau“. Es hat eine bedeutende Dichte, ist vollkommen homogen, von gleichmäßig rotbrauner, dem Mahagoni ähnlicher Farbe und besitzt lebhaften Glanz und leichte Spaltbarkeit. Aus der Rinde gewinnt man durch Einschnitte einen ziemlich dicken, nach Storax riechenden Balsam von roter Farbe, welcher Houmiri oder Touri genannt wird und in den Ursprungsländern medizinische Verwendung findet.

Hummer (frz. Homard, engl. Lobster), die großen, dem Flußkrebs verwandten, aber bis zu 50 cm lang und armdick werdenden Seekrebse, Astacus marinus, Homarus vulgaris, leben an fast allen europäischen und nordamerikanischen Küsten. Sie sind braun marmoriert oder stahlblau, röten sich beim Kochen und haben ein wohlschmeckendes, aber für viele schwer verdauliches Fleisch. In England, dem Hauptverbrauchslande, werden die Helgoländer H. am meisten geschätzt; als Normalgröße ist hier eine Länge von 25 cm vorgeschrieben. Die H. kommen sowohl in lebendem Zustande, wie auch gekocht und in Büchsen eingelegt in den Handel.

Hundekuchen werden aus Leguminosen-, Hafer- oder Maismehl und kleinen Fleischstückchen fabrikmäßig hergestellt und in Form sehr harter viereckiger Platten von 2 cm Dicke und 10 cm Kantenlänge als Futter für Hunde in den Verkehr gebracht.

Hundszungenwurzel (lat. Radix cynoglossi, frz. Racine de cynoglosse, engl. Cynoglosse root), eine veraltete Ware des Drogenhandels, stammt von einer in ganz Deutschland an Wegen und Rainen wild wachsenden Pflanze, Cynoglossum officinale. Sie bildet lange, ästige, außen schwarze, innen weiße Stücke von unangenehmem Geruch und wird in der Volksmedizin verwandt.

Hunyady-Janos ist ein bekanntes ungarisches Bitterwasser mit 19,66 % Glaubersalz und 19,49 % Bittersalz. Ähnliche Zusammensetzung zeigen H. Laszlo und H.-Mathias.

Huonfichtenholz (engl. Huon pine, Huron pine), ein schönes feinfaseriges, gelbes Holz von der aus Vandiemensland und Viktoria stammenden Konifere Dacrydium Franklini, wird in der Kunsttischlerei benutzt.

Hyalith ist eine Abart des Opals (s. d.). Mit demselben Namen wird auch ein schwarzer Glasfluß zur Aufbewahrung lichtempfindlicher Chemikalien bezeichnet.

Hyazinth nennt man die feurigroten, schön durchsichtigen Abarten des Zirkons (s. d.). Orientalischer H. werden unrichtigerweise Saphire genannt, die eine morgenrote, ins Weiße oder Gelbe sich ziehende Färbung haben.

Hydrangin, der zu den Glykosiden gehörige wirksame Bestandteil einer in den Vereinigten Staaten unter dem Namen Seven-bark gebräuchlichen Droge (gegen Harnblasenstein), deren Stammpflanze Hydrangea arborescens ist. erscheint in farblosen Kristallnadeln, die bei

235° C schmelzen und sich ohne Zersetzung sublimieren lassen. Die alkalische Lösung fluoresziert blau, ähnlich dem Äskulin, von dem sich das H. aber durch seine Leichtlöslichkeit in Äther und Unlöslichkeit in Salzsäure unterscheidet. Auch wird es durch Quecksilberchlorid, Silber- und Bleinitrat nicht gefällt.

Hydrastiswurzel (kanadische Gelbwurzel, Goldsiegelwurzel, lat. Rhizoma hydrastis, frz. Rhizome d'hydrastis, engl. Yellow root, Hydrastis rhizome), die Wurzel des Kanadischen Wasserkrautes, Hydrastis canadensis, einer zu den Ranunkulazeen gehörigen Pflanze Nordamerikas, die von Kanada bis Karolina auf feuchten Plätzen wächst, besteht aus einem höckerigen oder gedrehten, gleichsam aus fleischigen, gelben Knollen zusammengesetzten Wurzelstocke, an dem sich zahlreiche gelbe Fasern befinden. Sie bildet in Nordamerika sowie jetzt auch in Europa ein beliebtes Arzneimittel, aus dem man auch ein Fluidextrakt (lat. Extractum hydrastis fluidum, frz. Extrait fluide d'hydrastis, engl. Fluid extract of hydrastis) als Mittel gegen Wechselfieber, Krebs und Frauenleiden herstellt. Der wirksame Bestandteil der H. ist ein Alkaloïd, das Hydrastin, neben dem auch Berberin aufgefunden wurde. Verfälschungen mit anderen Wurzeln, z. B. Radix serpentariae, kommen häufig vor.

Hydrazetin (Azetylphenylhydrazin) entsteht beim Kochen von Phenylhydrazin mit Eisessig als ein weißes, geruch- und geschmackloses Kristallpulver vom Schmelzpunkt 128°. Die Verwendung als Fiebermittel ist wegen der unangenehmen Nebenwirkungen wieder aufgegeben worden.

Hydrinsäure, eine von Gruner in Feuerbach vertriebenes Konservierungsmittel für Obsterzeugnisse, besteht aus einem Gemisch gleicher Teile Benzoësäure und Meta-Kreotinsäure (Meta-Methylsalizylsäure).

Hydrochinon, Paradioxybenzol, $C_6H_4(OH)_2$, entsteht bei der Behandlung von Chinon mit schwefliger Säure, bei der trockenen Destillation von Chinasäure und bei der Oxydation des Anilins mit chromsaurem Kali und Schwefelsäure. Die letztere Reaktion dient zur fabrikmäßigen Darstellung. — H. bildet farblose, bei 169° schmelzende, in Wasser, Alkohol und Äther leicht lösliche, in kaltem Benzol schwer lösliche Kristalle, deren wäßrige Lösung an der Luft braun wird. Es findet beschränkte medizinische Anwendung als Antiseptikum und Fiebermittel, wird aber in der Technik, besonders als photographischer Entwickler, viel gebraucht.

Hydroxylamin, eine nur aus Wasserstoff, Stickstoff und Sauerstoff bestehende starke Base, NH_2OH, welche dem Ammoniak ähnlich ist und sich wie dieses mit Säuren verbindet, bildet farblose zerfließliche Kristalle, die bei 33° schmelzen, bei 58° im Vakuum sieden und sich bei höherer Temperatur, oft explosionsartig zersetzen. H. ist in Wasser leicht, in Äther und Chloroform kaum löslich und wirkt stark reduzierend. In Form seines salzsauren Salzes (Hydroxylaminhydrochlorid) wird es als photographischer Entwickler und in der Medizin als Ersatz des Chrysarobins benutzt.

Hygrin, eine in den Kokablättern neben Kokain enthaltene, organische, stickstoffhaltige Substanz, besteht nach neueren Untersuchungen aus einem Gemenge verschiedener Basen.

Hyoszin (lat. Hyoscinum), ein dem Atropin und Hyoszyamin isomeres Alkaloïd aus dem Bilsenkraut, der Wurzel von Scopolia japonica und den Duboisiablättern, ist nur als eine sirupartige Masse bekannt, bildet aber kristallisierbare Salze, von denen das Jodwasserstoffhyoszin in der Augenheilkunde an Stelle von Atropin Anwendung findet. Nach neueren Untersuchungen ist H. wahrscheinlich mit Skopolamin identisch.

Hyoszyamin (lat. Hyoscyaminum), das in den Samen und Blättern des Bilsenkrautes (s. d.) neben Hyoszin enthaltene, sehr giftig wirkende Alkaloïd, hat eine ähnliche, die Pupille erweiternde Wirkung, wie Atropin. Das früher nur in amorphem Zustande bekannte H. kann jetzt auch kristallinisch erhalten werden, und zwar durch Verdampfen seiner Lösung in Chloroform (rhombische Tafeln) oder in Benzol (nadelförmige Kristalle) oder durch vorsichtiges Erhitzen, wobei weiße, seideglänzende Nadeln vom Schmelzpunkt 108,5° entstehen. Mit Säuren bildet das H. gut kristallisierbare Salze (Hyoszyaminsalze), von denen namentlich das schwefelsaure H. medizinisch verwandt wird.

Hypnal, Chloralantipyrin, entsteht beim Zusammenreiben von Antipyrin mit Chloralhydrat als ein in Wasser leicht lösliches Kristallpulver vom Schmelzpunkt 67—68°. Es wird an Stelle des Chloralhydrates verordnet, ohne vor diesem besondere Vorzüge zu besitzen.

I.

Ichthynat ist ein dem Ichthyol ganz ähnlich zusammengesetztes Erzeugnis der chemischen Fabrik von Heyden-Radebeul und wird in gleicher Weise wie Ichthyol angewandt.

Ichthyol nennt man ein schwefelhaltiges organisches Präparat, welches aus dem viele Fischreste enthaltenden bituminösen Schiefer (Stinkstein) von Seefeld in Tirol durch trockene Destillation gewonnen wird. Das hierbei übergehende I.-Rohöl, ein bräunlich gelbes, grünlich fluoreszierendes Öl vom spez. Gew. 0,865, enthält geringe Mengen Chinolin, Pyridin und organische Säuren und besteht der Hauptmenge nach aus schwefelhaltigen Kohlenwasserstoffen der Paraffin- und Äthylenreihe. Durch Behandlung mit Schwefelsäure wird es in die wasserlösliche I.-Sulfosäure übergeführt, die, hauptsächlich nach der Neutralisation mit Ammoniak, als Ichthyolsulfosaures Ammonium therapeutische Anwendung findet. Die zahlreichen I.-Präparate werden äußerlich gegen Hautkrankheiten, Rheumatismus, Brandwunden, innerlich vor allem gegen Lungentuberkulose verordnet. Wegen der Unterschiebung minderwertiger Ersatzmittel ist Vorsicht beim Ankauf geboten.

Ignatiusbohnen (lat. Fabae St. Ignatii, frz. Fèves de Saint-Ignace, engl. St. Ignatius beans), die Samen eines auf den Philippinen wachsenden Baumes Strychnos Ignatii oder Ignatia amara, welcher dem Krähenaugenbaum (s. d.) nahe verwandt ist und mit diesem die Bitterkeit seiner Teile und die besondere Giftigkeit der Samenkörner teilt, enthalten Strychnin und Bruzin, und zwar in größerer Menge als die Krähenaugen. Die Bohnen, die ihren Namen daher erhalten haben, daß sie zuerst von den Jesuiten medizinisch angewandt wurden, sind sehr verschieden gestaltet, 1—2 cm lang, meist stumpf dreikantig, eiförmig, an den Seiten teils konkav, teils konvex, fein gerunzelt oder glatt und stellenweise bräunlich behaart. Die Farbe ist verschieden, grau oder bräunlich, die Substanz hornartig. Die geruchlosen, aber äußerst bitter und ekelhaft schmeckenden Samen dienen zur Bereitung von Strychnin.

Ilovit, ein zum Reinigen von Bierleitungsröhren angepriesenes Präparat, besteht aus gewöhnlichem rohen Ätznatron.

Imogensulfit ist der Handelsname für ein Gemisch photographischer Entwickler mit der erforderlichen Menge Natriumsulfit.

Indamine, Farbstoffe der Chinoniminreihe von der allgemeinen Formel $NH.C_6H_4N.C_6H_4.NH_2$, entstehen, wenn Paradiamine oder Paraamidophenole bei Anwesenheit von Monaminen oder Phenolen in saurer Lösung oxydiert werden, während in alkalischer Lösung die verwandten Indophenole gebildet werden. Die I., deren einfachster Vertreter das Phenylenblau (aus Anilin und Paraphenylendiamin) ist, bilden grüne bis blaue Salze und sind durch große Sodabeständigkeit ausgezeichnet, werden aber von Säuren leicht zerstört und finden daher als Beizenfarbstoffe für Baumwolle nur beschränkte Anwendung.

Indanthren, ein blauer Anthrazenfarbstoff, wird durch Schmelzen von Betaamidoanthrachinon mit Kali bei 200—300° hergestellt, als ein blaues, in Wasser und Alkalien unlösliches, aber in alkalischer Hydrosulfitlösung lösliches Pulver und dient zum Färben von Baumwolle.

Indigo (lat. Indicum, frz. und engl. Indigo), der wichtigste und echteste blaue Farbstoff, ist schon seit dem frühesten Altertum in Ostindien bekannt und bereits zur Zeit der alten Römer nach Europa gebracht worden, wo er vielfach als ein Mineral, indischer Stein, angesehen wurde. Tatsächlich ist er ein Erzeugnis des Pflanzenreichs und findet sich als ein Glykosid in den Blättern verschiedener Papilionazeen, wie Indigofera tinctoria, I. pseudotinctoria, I. anil, I. disperma, I. argentea und I. emarginata. Einige weitere Pflanzen, aus denen früher ebenfalls geringe Mengen I. gewonnen wurden, wie der auch in Deutschland angebaute Waid, ferner der Färberknöterich (Polygonum tinctorium und chinense) u. a. kommen technisch nicht mehr in Betracht. Die Indigopflanze wird in Süd- und Mittelamerika, in Ägypten, Arabien und am Senegal, vor allem aber in Ostindien in großem Maßstabe angebaut und nach der Ernte gleich an Ort und Stelle weiter verarbeitet. Der Farbstoff ist in den Blättern nicht fertig gebildet, sondern in Form eines Glykosides, Indikan, vorhanden, aus dem er durch eine Gärung in Freiheit gesetzt werden muß. Zu dem Zwecke packt man die Pflanzen in große Bottiche oder Zisternen, beschwert sie mit Steinen und setzt sie völlig unter Wasser, worauf unter Entwicklung von Kohlensäure, Methan und anderen Gasen die Zersetzung vor sich geht. Die klar abgezogene, goldgelbe bis gelbgrünliche Flüssigkeit wird nun durch Räder oder Schaufeln kräftig geschlagen, bis die Berührung mit der Luft das farblose Indikan in Indigoblau umgewandelt hat. Der zu Boden gesunkene blaue Schlamm wird nach dem Ablassen der Flüssigkeit mit kaltem und heißem Wasser gewaschen, darauf in Zeugbeuteln oder Filterpressen teilweise entwässert und schließlich, in Würfel zerschnitten, im Schatten getrocknet. Aus 800 kg Pflanzen erhält man 1 kg Indigo mit 50—60% Indigotin. Die Handelsware bildet geruch- und geschmacklose Stücke von tiefblauer Farbe, die beim Reiben einen kupferroten, metallglänzenden Strich zeigen und sich in Wasser ohne Hinterlassung eines erdigen Bodensatzes völlig zerteilen. Guter I. soll nicht mehr als 7% Feuchtigkeit und 7—9% Mineralstoffe enthalten, auf Wasser schwimmen und beim Erhitzen unter Entwicklung purpurroter Dämpfe sublimieren. Er ist unlöslich in Wasser, Alkohol, Äther, fetten Ölen, verdünnten Säuren und Alkalien, wird aber durch Chlor entfärbt, durch verdünnte Salpetersäure in Isatin, durch konzentrierte in Pikrinsäure übergeführt und von konzentrierter Schwefelsäure, Eisessig und Anilin gelöst. Der natürliche I. ist ein Gemisch mehrerer Verbindungen, von denen das zu 20—80%, im Mittel 40—50%, vorhandene Indigotin (Indigoblau) den eigentlichen Farbstoff bildet. Daneben finden sich: das durch Äther und Alkohol extrahierbare Indigrot, das in Alkalien lösliche Indigbraun und der in Wasser, Alkohol, Säuren und Alkalien lösliche Indigleim. Der I. unterliegt zahlreichen Verfälschungen mit Stärke, Holzmehl, Berlinerblau usf., die nach den üblichen Methoden nachgewiesen werden. Das sicherste Mittel zur Wertbestimmung ist die Ermittlung des Gehaltes an Indigotin. — Das Färben mit I. erfolgt in der Weise, daß man den Farbstoff mit Hilfe reduzierender Mittel, wie Eisenvitriol und Ätzkalk, Zinkstaub und Kalkmilch oder mit schwefligsauren Salzen in das alkalilösliche Indigweiß überführt, und in die erhaltene Lösung, die sog. Küpe (Vitriol-, Zink-, Sulfitküpe), die zu färbenden Stoffe eintaucht. Durch fäulnisfähige organische Zusätze, wie Urin, Kleie, Waid hergestellte Lösungen von Indigweiß nennt man Gärungsküpe (Urinküpe). Nach etwa zweistündigem Aufenthalte in einer der genannten Lösungen, und zwar Wolle in der Gärungsküpe, die anderen Gewebe auch in den übrigen Küpen, wird der Stoff herausgenommen und der Luft ausgesetzt, wobei er sich unter Bildung des fest auf der Faser haftenden Indigotins erst grün, dann blau färbt. Mit Indigo behandelte Stoffe erkennt man daran, daß sie von Chlor und Salpetersäure entfärbt werden, gegen Alkali aber unempfindlich sind. Von den übrigen Methoden der Indigofärberei ist vor allem die Anwendung der Indigkompositionen oder Indig-Solution zu erwähnen. Zu ihrer Herstellung löst man I. in konz. Schwefelsäure und erwärmt die Lösung mit Flockwolle, wobei letztere das Indigotin an sich zieht. Der mit Wasser gewaschenen Wolle wird der Farbstoff mit Alkalien entzogen, und die sog. abgezogene Komposition oder Sächsischblau zum Färben von Wolle und Seide, nicht von Baumwolle, benutzt. — In ähnlicher Weise verwendet man das rein dargestellte indigschwefelsaure Natrium, auch Indigokarmin, blauer Karmin, löslicher I. genannt, das in Form einer teigartigen Paste sowie als leicht in heißem Wasser lösliches Pulver in den Handel kommt und außer in der Färberei auch als Malerfarbe, Tinte, Waschblau usw. benutzt wird. In letzter Zeit ist es Möhlau gelungen, durch Erwärmen von I. mit Natronlauge und Natriumhydrosulfit unter Zusatz von etwas hydrolysiertem Eiweiß (Protalbinsäure) zu der abgekühlten Lösung und Oxydation mit Wasserstoffsuperoxyd einen kolloidalen I. zu erzeugen, der mit Wasser eine homogene Flüssigkeit liefert und wie I. zum Färben benutzt werden kann. Eine ungeheure Umwälzung in der Indigofärberei und dem Handel mit dem natürlichen Farbstoff hat die künstliche Darstellung des Indigotins hervorgerufen, welche zuerst von A. v. Baeyer nach zwanzigjähriger zielbewußter Arbeit erkämpft worden ist und nach den Forschungen anderer Autoren eine gewinnbringende technische Verwertung gestattet. Nach dem verbreitetsten Verfahren von Heumann wird Naphthalin zu Phtalsäure oxydiert, letztere über das Phtalimid ($C_6H_4.(CO)_2.NH$) in Anthranilsäure ($NH_2.C_6H_4.COOH$) und dann durch Kondensation mit Chloressigsäure in Phenylglyzin-o-Karbonsäure ($COOH.C_6H_4.NH.CH_2.COOH$) übergeführt. Durch Schmelzen mit Kali erhält man Indoxylsäure, die durch Oxydation mit der Luft Indigo ($[C_6H_4.(CO)(NH).C]_2$) liefert. Zu einer weiteren aussichtsreichen Synthese geht man vom Anilin aus, das bei Einwirkung von Chloressigsäure in Phenylglyzin ($C_6H_5.NH.CH_2.COOH$) übergeht, und schmilzt letzteres mit Natron oder mit Natriumalkoholat, oder am besten Natriumamid. In von Jahr zu Jahr steigendem Maße wird jetzt von deutschen Fabriken künstlicher I. in den Handel gebracht, reiner und schöner als der natürliche, und vor allem billiger! Die Folge war ein alsbaldiger Preissturz auf dem Weltmarkte. Der natürliche I. vermochte nicht mehr zu konkurrieren, und an die Stelle der seitherigen Einfuhr nach Deutschland trat eine bedeutende Ausfuhr. Während Deutschland noch bis 1895 alljährlich 2 Mill. Kilogramm I. im Werte von 21 Mill. M. aus Indien bezog, konnte es 1898 bereits für 7½ Mill. M. ausführen, und der Wert der Ausfuhr stieg in den folgenden Jahren 1900 auf 9,4 Mill. M., 1902 auf 18,5 Mill. M., 1903 auf 20,7 Mill. M., 1904 auf 21,7 Mill. M., 1905 auf 25,7 Mill. M., 1906 auf 31,6 Mill. M. und 1910 auf 43 Mill. M. Der Wert der Einfuhr sank in der gleichen Zeit von 8,3 Mill. M. im Jahre 1898 auf 4,1; 3,7; 1,8; 1,4; 1,2—0,8 Mill. M. und dürfte zurzeit gleich Null geworden sein. Als Hauptabnehmer deutschen Indigos kommen Japan mit 7 Mill., China mit 5, die Vereinigten Staaten mit 4½, Rußland mit 3 und Österreich mit 2,7 Mill. M. in Betracht. Ja selbst England führte für 2,6 Mill. M. deutschen I. ein, trotzdem es andererseits zur Unterstützung der indischen Kulturen für Marinetuche die Färbung mit natürlichem I. ausdrücklich vorschrieb. Diese Maßregel hat gegenüber dem ungeheuren Preisrückgang von 830 M. für die Tonne im Jahre 1898 auf 250 M. im Jahre 1906 keine Wirkung gehabt. Die Ausfuhr Indiens ist von 44 Mill. im Jahre 1896 auf 18,5, 10,7, 8,3 und auf 5,8 Mill. M. im Jahre 1906 gefallen. Zahlreiche Pflanzer haben den Kampf mit dem künstlichen I. aufgegeben und sich dem Anbau anderer Gewächse: Baumwolle, Flachs, Kautschuk zugewandt.

Indophenole und Indoaniline, $O.C_6H_4.N.C_6H_4.OH$, entstehen in analoger Weise wie die Indamine (s. d.), aber nur in alkalischer Lösung, und kommen als blaue, in Wasser unlösliche, in Alkohol lösliche Pulver in den Handel. Sie können, ähnlich wie Indigo, reduziert und als Küpenfarbstoffe zum Färben und Drucken benutzt werden. Praktische Anwendung findet nur das Naphtolblau, $O.C_{10}H_6.N.C_6H_4.N.(CH_3)_2$, das durch gemeinsame Oxydation von Amidomethylanilin und α-Naphtol dargestellt wird.

Induline sind Abkömmlinge des Chinonimids und, als eine Gruppe der Azinfarbstoffe, den Safraninen nahe verwandt. Sie werden durch Schmelzen von Anilin mit Amidoazobenzol dargestellt und bilden blaugraue oder schwarzblaue Pulver, die in Wasser unlöslich sind, sich aber in Alkohol mit blauer Farbe lösen. Ersetzt man die Azoverbindungen durch Nitroderivate (Nitrobenzol, Nitrophenol), so entstehen die Nigrosine. Beide Klassen von Verbindungen liefern in Färberei und Zeugdruck außerordentlich echte Färbungen (s. Edelblau).

Infusorienerde (Kieselgur, lat. Terra infusoria, frz. Terre infusoire, engl. Infusoria earth) besteht aus den Kieselpanzern von kleinen Lebewesen der Vorzeit, Diatomeen und Infusorien und wird in den Becken früherer Teiche und Seen gefunden. Besonders mächtige Lager sind in der Lüneburger Heide und bei Bilin in Böhmen vorhanden. Die in chemischer Hinsicht aus Kieselsäure bestehende I. findet vielfache Verwendung zur Herstellung des Wasserglases und Dynamits, zur Verpackung von stark ätzenden Stoffen, wie Brom oder rauchender Salpetersäure, als Füllung bei Kasseschränken usw. Die Verwendung für jene Zwecke beruht auf dem starken Aufsaugevermögen, bei Kasseschränken und als Umhüllungsmasse für Dampfrohre auf dem schlechten Wärmeleitungsvermögen.

Ingwer (Ingber, lat. Rhizoma zingiberis, frz. Gingembre, engl. Ginger) besteht aus dem Wurzelstocke von Zingiber officinale, einer tropischen Pflanze aus der Familie der Gewürzlilien (Szitamineen), der auch Zitwerwurzel, Kardamom und Kurkuma angehören. Die in Südasien heimische Pflanze ist durch die Spanier nach Amerika verpflanzt worden und wird auch in Sierra Leone angebaut. Ihre Fortpflanzung soll nicht durch Samen, sondern durch Wurzelteilung erfolgen. Auf der Oberseite des Rhizoms entspringen die schilfartigen Blätter, deren Narben an der Droge noch sichtbar sind, während die Verzweigungen an der Unterseite entstehen.

Nur die letzteren ästigen Seitenknollen werden gesammelt. Es sind abgeplattet-rundliche, mehr oder minder gebogene, meist durch Abschnürungen in Glieder geteilte Stücke. Je nach der Art der Gewinnung unterscheidet man den sog. weißen oder schwarzen I. Der erstere stellt die gewaschene, geschälte und an der Luft oder Sonne getrocknete Ware von gelblichweißer Farbe und faserig-mehligem Bruch dar. Bei dem letzteren wird die Wurzel erst gebrüht, wodurch die Stärke verkleistert, hornartig wird, und eine dunklere Farbe entsteht. Der I. enthält neben reichlichen Mengen (45 %) charakteristisch geformter Stärkekörner ein scharf schmeckendes Harz und ein aromatisches ätherisches Öl, welche den Gewürzwert bedingen. Von den zahlreichen Handelssorten hat der Bengalische I., der die Eigenschaft des weißen und des schwarzen I. vereinigt und nur auf den Seiten geschält ist, die größte Bedeutung. Der Kochin-, Zeylon- und Malabar-I. bildet kleinere, rundliche, bis 5 cm lange, geschälte und oft gekalkte Stücke, während der chinesische großstückig, dicht, hart und ungeschält ist und daher runzelig, graubraun und auf dem Bruche glänzend und bleigrau erscheint. Der afrikanische I. von Sierra Leone besteht aus ungeschälten oder halbgeschälten, meist aber gekalkten und gebleichten Stücken, und der sehr beliebte, stets geschälte Jamaika-I. verdankt seine helle Färbung meist einem Kalküberzug oder einer intensiven Bleichung mit Chlor oder Natriumsulfit, die zwar Insekten abhalten soll, aber jedenfalls die Güte der Ware verringert. Die anderen Sorten aus Barbados und Brasilien haben nur geringe Bedeutung. Der I. wird in ganzem Zustande häufig durch Extraktion, in Pulverform durch mineralische Beschwerungsmittel verfälscht. Als Höchstgehalt an Mineralstoffen hat 8 %, an Sand 3 % zu gelten. Die Menge des Wasserextraktes beträgt 12 %. Der Ingwer findet vielfache Anwendung als Gewürz wie zur Herstellung von Likören und Extrakten und wird auch, in frischem Zustande in Seewasser geweicht und dann in Zuckersirup eingelegt, als eingemachter I. verkauft.

Ingweröl (lat. Oleum zingiberis, frz. Essence de gingembre, engl. Ginger-oil), das aus dem Ingwer durch Destillation mit Wasserdampf gewonnene grüngelbe ätherische Öl ist ziemlich dickflüssig, schmeckt und riecht sehr aromatisch nach Ingwer und hat ein spez. Gew. von 0 877—0,886. Es enthält Phellandren und Rechts-Kamphen und ist linksdrehend. (α_D = —25—45°.) I. wird bei der Bereitung zusammengesetzter aromatischer Liköre mit verwandt.

Insektenpulver, das bekannte Mittel gegen kleines Ungeziefer, besteht aus den getrockneten und gepulverten Blüten verschiedener, unseren Kamillen verwandter Pyrethrum- oder Chrysanthemum-Arten, die früher meist aus dem Orient kamen, jetzt aber auch aus Dalmatien eingeführt werden. Von den beiden wichtigsten Handelssorten stammt das persische I. (Pulvis florum pyrethri rosei) von dem im südöstlichen Kaukasus heimischen, in Südrußland auch angebauten Chrysanthemum roseum und Chr. Marschallii, Syn. Pyrethrum carneum oder P. roseum ab, deren aus braun geränderten Schuppen zusammengesetzter kreiselförmiger Hüllkelch blaßrötliche, getrocknet violette Strahlenblüten und gelbliche Scheibenblüten umschließt. Das Montenegriner oder Dalmatiner I. (Pulvis florum chrysanthemi) wird aus den Blüten von Chrysanthemum oder Pyrethrum cinnerariaefolium hergestellt, die einen halbkugeligen Hüllkelch mit gelblichbraunen Schuppen, gelblichweiße Randblüten und sehr kleine, gelbe Scheibenblüten zeigen. Eine dritte als Buhach bezeichnete amerikanische Sorte stammt ebenfalls von nach Kalifornien verpflanztem Chrysanthemum cinnerariaefolium. In gepulvertem Zustande besitzen alle Sorten eine gelblichbraune bis gelblichgrüne Farbe und einen eigentümlichen, nicht sehr starken Geruch. Da dieser sich aber mit der Zeit verliert, muß die Ware gut verschlossen aufbewahrt werden, ohne auch hierdurch immer wirksam erhalten zu bleiben. Als wirksame Bestandteile betrachtet man hauptsächlich die am Grunde der Scheibenblüten sitzenden Harzdrüsen, aus denen Pyrethroxinsäure, ein Alkaloïd Chrysanthemin und ein stickstofffreier Körper Pyrethrosin isoliert worden sein sollen. Fujitani fand einen neutralen stickstofffreien Ester, das Pyrethran, das sich bei der Verseifung und beim Liegen zu Pyrethrol ($C_{22}H_{33}OH$) zersetzt. Die Unterscheidung der gepulverten Sorten, von denen jetzt die Dalmatiner, und zwar besonders von wilden, noch nicht aufgeblühten Blüten am höchsten geschätzt wird, ist nicht immer möglich. Das beste Mittel zur Erprobung der Wirksamkeit besteht darin, daß man das Pulver mit lebenden Wanzen und Ameisen zusammenbringt. Noch energischer wirkt Ausräuchern mit dem auf glühende Kohlen geworfenem Pulver oder Einreiben mit der alkoholischen Tinktur, die selbst in zehnfacher Verdünnung gegen Moskitos schützt und in konzentrierter Form gegen Krätze hilft. Als Verfälschungsmittel sind häufig Blüten von Chrysanthemum leucanthemum, Kamillen usw. beobachtet worden.

Inulin (Alantstärke, Dahlin, Alantin, lat. Inulinum), ein dem Stärkemehl ähnliches Kohlenhydrat, findet sich in verschiedenen Pflanzenwurzeln, namentlich in der Alantwurzel, Zichorie, Löwenzahnwurzel und den Knollen der Georginen als ein weißes, geruchloses, in Wasser lösliches Pulver, das durch Jod nicht blau gefärbt wird, in Alkohol und Äther ganz unlöslich ist und beim Erwärmen mit verdünnter Salzsäure Linksfruchtzucker, Fruktose, gibt. Das I. wird medizinisch verwandt.

Invertzucker nennt man die Mischung gleicher Teile Glykose und Fruktose, welche bei der Hydrolyse von Rohrzucker entsteht. Er wird durch Behandlung des letzteren mit verdünnten Säuren (Salzsäure, Schwefelsäure), neuerdings auch mit Kohlensäure, dargestellt, und bildet einen rein süß schmeckenden, linksdrehenden Sirup, der als Ersatz des Rohrzuckers bei der Herstellung von Kunsthonig, Marmeladen und anderen Obstkonserven benutzt wird.

Ipekakuanhawurzel (Brechwurzel, lat. Radix ipecacuanhae, frz. Racine d'Ipéca, engl. Ipecacuanha root) wird besonders von Brasilien aus versandt, neuerdings aber auch in Ostindien angebaut, während eine aus Neu-Granada (Kartagena) stammende Sorte nicht in Aufnahme gekommen ist. Sie stammt von einem in den feuchten Urwäldern der Provinz Matto grosso wachsenden Strauche, Cephaëlis Ipecacuanha, Psychotria Ip., Uragoga Ip. aus der Familie der Rubiazeen und besteht aus den strohhalmstarken, hin und her gebogenen Wurzeln, die aus dem horizontalen Rhizome nach unten austreiben. Die grauen, bisweilen auch braunen, schwarzen und weißen Stücke besitzen über einem sehr dünnen, zähen und weißen Holzkörper eine dicke, hornartige Rinde, die durch engstehende wulstartige Anschwellungen wie geringelt erscheint. Diese Wulste sind das Kennzeichen der echten Arzneibuchware. I. hat einen stark bitteren, kratzenden und ekelerregenden Geschmack, welcher der Anwesenheit eines ätherischen Öles zugeschrieben wird. Der wirksame Stoff ist das stark giftige Alkaloïd Emetin, welches in Menge von etwa 1,5 % vorhanden ist. Daneben enthält die Droge noch zwei andere Alkaloïde, Zephaëlin und Psychotrin sowie eine eigentümliche glykosidische Säure, Ipekakuanhasäure. Das zur medizinischen Verwendung bestimmte Pulver darf nur aus der Rinde bereitet werden und muß 2 % Alkaloide enthalten. I. wird sowohl in Form dieses Pulvers, als auch in Form von Aufgüssen, Extrakten und Tinkturen benutzt und wirkt in kleinen Dosen erregend auf das Nervensystem, in größeren brechenerregend.

Iridium, ein dem Platin verwandtes Schwermetall, Ir = 193, findet sich teils gediegen, teils als natürliche Osmium-Iridium-Legierung im Platinerz und Platinsand und hinterbleibt bei der Behandlung des letzteren mit Königswasser als ein unlösliches schwarzes Pulver. Es ist nur bei Weißglut hämmerbar und zeigt dann eine silberweiß glänzende Farbe sowie das spez. Gew. 22,5. Das I. ist sonach das schwerste aller Metalle. Es wird selbst durch Königswasser nicht gelöst, kann aber durch Glühen mit Ätzkali und chlorsaurem Kalium aufgeschlossen werden und geht hierbei in ein Kaliumsalz über, aus welchem die übrigen Verbindungen hergestellt werden können. Von der Eigenschaft dieser Salze, die verschiedensten Färbungen anzunehmen, ist der Name des Elements abgeleitet. Das I. wird technisch hauptsächlich in Form seiner Legierung mit 70—75 % Platin zur Herstellung chemischer Geräte (Tiegel) benutzt, welche sehr widerstandsfähig sind und selbst der Einwirkung von Königswasser widerstehen. Die gleiche Legierung dient zur Anfertigung von Spitzen für goldene Schreibfedern und von Elektroden, das reine Metall als Faden in Glühlampen. Die schwarzen Oxyde finden in der Porzellanmalerei als schwarze und graue Farben Anwendung.

Irnol, ein Konservierungsmittel für Fleischwaren, besteht aus einer wäßrigen Lösung von Rohrzucker, Salpeter und essigsaurer Tonerde.

Isatin (lat. Isatinum, frz. und engl. Isatine), $C_6H_4(N.CO).C.OH$, ein Oxydationsprodukt von Indigblau mit Salpetersäure, bildet gelbrote, in heißem Wasser und Alkohol lösliche Prismen und wird jetzt auf künstlichem Wege fabrikmäßig dargestellt, indem man Orthonitrophenylpropriolsäure mit Alkalilauge kocht.

Isatingelb, ein 1886 in den Handel gekommener Teerfarbstoff, wird durch Einwirkung von Phenylhydrazinparasulfosäure auf Isatin und Sättigen mit Natron dargestellt als orangegelbes, in Wasser lösliches Pulver, das Wolle und Seide in sauerem Bade grünlichgelb färbt.

Isländisches Moos (lat. Lichen islandicus, frz. Lichen d'Islande, engl. Iceland moss) nennt man eine Flechte, Cetraria islandica, die in der gemäßigten und kalten Zone vorkommt, sich in der ersteren aber nur auf Bergen, in Wäldern, wie auf kahlen Stellen, im Norden hingegen auch auf dem Flachlande ansiedelt, und zwar stets auf dem Erdboden selbst. Sie wächst mit ihrem Lager aufrecht und bildet oft dichte, große Flächen überziehende Rasen von 3—9 cm Höhe. Das Lager ist lederartig im frischen, mehr hornartig und zerbrechlich im trockenen Zustande, vielfach in ungleiche, verbogene Lappen geteilt, auf der Oberseite im Leben dunkel olivengrün, getrocknet braun gefärbt, die Unterseite grauweiß, der Grund blutrot gefärbt oder gesprenkelt. Die Ränder der unfruchtbaren Lappen sind schwarz gezähnelt. Die Pflanze besitzt einen schleimigen und bitteren Geschmack, welcher durch einen in Alkalien mit gelber Farbe löslichen Bitterstoff, Zetrarin oder Zetrarsäure, ungefähr 2 %, verursacht wird. Ferner ist außer dem hauptsächlichsten Bestandteile, dem Lichenin oder der Flechtenstärke (70 %), ungefähr 1 % kristallisierbare Lichesterinsäure vorhanden. Die Flechte wird gegen Katarrhe, Blutspucken usw., sowohl in Abkochungen, wie auch als Gallerte, in Pulvern und als Bestandteil von Schokolade angewandt. In Schweden und anderen Nordländern benutzt man sie als Ausgangsmaterial für Branntweinbrennerei, in Notfällen auch als Zusatz zu Brot. — I. bildet eine regelmäßige Ware des Drogenhandels auch im großen, ist roh, gelesen und geschnitten zu kaufen und wird für den Versand gewöhnlich mit hydraulischen Pressen 50-kiloweise zu möglichst kleinen Ballen zusammengepreßt.

Isoform (Parajodosoanisol) entsteht bei der Oxydation von Parajodanisol und wird im Gemisch mit phosphorsaurem Kalzium als ein weißes, nach Anis riechendes Kristallpulver (Isoformpulver) in den Handel gebracht. Es ist in Wasser löslich, in Alkohol und Äther unlöslich und wird an Stelle von Jodoform als Darmantiseptikum verordnet.

Itikiburi (engl. Cork wood), ein sehr leichtes, in Englisch-Guyana häufig vorkommendes Holz, stammt von Drepanocarpus lunatus. Die frische Rinde dient zum Färben des Rums.

Itikirriburra-Balliholz, ein in Guyana vorkommendes hartes Holz unbekannter Abstammung, ist im Kern dunkelbraun und tigerartig gefleckt und eignet sich für die Kunsttischlerei.

Itrol (zitronensaures Silber) wird als Antiseptikum und in der Augenheilkunde verwandt.

Ivakraut (lat. Herba ivae moschatae, frz. und engl. Iva), das getrocknete Kraut einer nur in den höchsten Alpengegenden wachsenden kleinen aromatischen Pflanze aus der Familie der Kompositen, Achillea moschata, besitzt kahle, kämmig-fiederteilige Blätter mit linealisch ganzrandig punktierten Zipfeln und weiße Blüten. Die ganze Pflanze schmeckt bitter und riecht angenehm gewürzhaft. Man benutzt sie als Zusatz zu dem sogenannten Schweizertee und fertigt daraus einen beliebten bitteren Likör, Ivabitter oder Ivalikör. Das Kraut enthält die Bitterstoffe Ivain, Achillein und Moschatin sowie 0,4 % eines ätherischen Öles, Ivaöl.

Ivaöl (lat. Oleum ivae, frz. Essence d'Iva, engl. Iva oil), das durch Destillation der frisch getrockneten blühenden Pflanze mit Wasserdampf erhaltene bläulichgrüne, pfefferminzartig schmeckende ätherische Öl vom spez. Gew. 0,928—0,959 siedet bei 170—260°. Der Hauptteil, das sauerstoffhaltige Ivaöl, geht bei 170—210° über.

J.

Jaborandi (lat. Folia jaborandi, frz. Feuilles de jaborandi, engl. Jaborandi leaves) nennt man die Blätter verschiedener Rutazeen: Pilocarpus pinnatifolius, P. Jaborandi, P. microphyllus, die aus Brasilien, besonders über Pernambuko eingeführt werden. Die Droge enthält neben einem ätherischen Öl mehrere Alkaloide: Pilokarpin (s. d.), Isopilokarpin, Pilokarpidin und wirkt schweißtreibend, wird aber jetzt meist durch das rein dargestellte Pilokarpin ersetzt.

Jakarandaholz (Zuckertannenholz, Polisander, Polyxanderholz), eine dichte und schwere, namentlich zu Furnieren wie auch Drechslerarbeiten viel gebrauchte amerikanische Holzart, stammt hauptsächlich von der Bignoniazee Jacaranda brasiliens, wahrscheinlich aber auch noch von verschiedenen anderen Bäumen. Das rotbraune oder schwärzliche, von helleren und dunkleren roten Adern durchzogene und sehr politurfähige Holz kommt aus den trockenen Wäldern des inneren Brasilien, teils in Stämmen oder Blöcken, von denen der weiße, ziemlich dicke Splint abgehauen ist, teils in Scheiten und zu Bohlen geschnitten in den Handel. Je nach Färbung und Zeichnung unterscheidet man gegen zehn verschiedene Sorten, von denen diejenigen, welche neben vielen Schattenpartien auch schöne lichte Stellen zeigen, am höchsten geschätzt werden. Das beste J. wird über Rio de Janeiro, eine zweite Sorte über Bahia ausgeführt, während ein helleres ostindisches Vorkommen als geringwertiger gilt.

Jalapenwurzel (Purgierwurzel, lat. Radix seu Tubera jalapae, frz. Racine de jalap, engl. Jalap root) nennt man die Wurzel eines in den ostmexikanischen Kordilleren wild wachsenden, wie auch angebauten Windengewächses Exogonium purga Bentham (Ipomoea purga Hayne), die gleich nach dem Sammeln über freiem Feuer oder in heißer Asche getrocknet wird. Die knollig verdickten Wurzeln haben eine kugelige oder birnen- bis spindelförmige Gestalt, eine runzelig-höckerige Oberfläche von brauner bis schwarzbrauner Farbe, widerlich bitteren, kratzenden Geschmack und von der Art des Trocknens oft etwas räucherigen Geruch. Die Bruchfläche ist gleichmäßig hornartig, im Innern mehlig, der Querschnitt zeigt unregelmäßig konzentrische, von Harzgängen gebildete Kreise. Neben Stärke, Zucker (20 %), Gummi und Mineralstoffen (5 bis 6 %) ist als wirksamer Bestandteil ein Harz (s. später) vorhanden. Die echte J. von Verakruz, die kugelige oder eiförmige Stücke von der Größe einer Haselnuß bis zu der einer kleinen Faust bildet, enthält bis zu 17 % Harz. Weniger wertvoll sind die J. von Jamaika und den Neilgherrys. Als Mindestgehalt für offizinelle Ware verlangt das D. A. B. 9 %. Als sog. falsche Jalapen kommen die Wurzeln verwandter Ipomoeaarten in den Handel, so die mehr längliche Tampikowurzel von Ipomoea simulans, die unregelmäßig gekrümmte, ästig faserige Orizabawurzel von Ipomoea orizabensis, die auch Jalapenstengel (Stipites jalapae, Radix orizabae) genannt wird, die Turpethwurzel von J. turpethum und die bis kopfgroße brasilianische J. von Ipomoea operculata. Das Harz der letzteren ist dem Jalapenharz ähnlich, während dasjenige der drei anderen sich in Äther löst. Außer den falschen J. werden bisweilen Paranüsse, Kartoffeln und mit Alkohol extrahierte J. beigemischt, die am Fehlen des schwarzen Harzes in den Querrunzeln zu erkennen sind. Der Hauptausfuhrhafen ist Verakruz, der früher mehrere hunderttausend Kilogramm betragende Verbrauch in Deutschland ist aber stark zurückgegangen. J. dient in Pulverform stark abführend und muß trocken und vor Licht geschützt aufbewahrt werden. — Das Jalapenharz (lat. Resina Jalapae, frz. Résine de jalap, engl. Jalap resin) wird aus den zerkleinerten Knollen mit starkem Alkohol ausgezogen, der nach dem Eindampfen hinterbleibende harzige Rückstand mit Wasser gewaschen, darauf geschmolzen und in Stangen oder Zöpfe von graubrauner Oberfläche und hellbraunem glänzenden Bruch geformt. Das spröde und leicht zerreibliche Harz besteht im wesentlichen aus dem amorphen, in Wasser und Äther unlöslichen Konvolvulin, das bei 145° schmilzt und mit Alkalien die glykosidische Konvolvulinsäure liefert. Es ist selbst in Äther unlöslich und wirkt doppelt so stark abführend als die Knollen. Als Verfälschungsmittel sind Orizabin, Kolophonium, Guajakharz, Aloe u. a. beobachtet worden.

Japanlack (Urushi), der Rohstoff für die berühmten japanischen Lackarbeiten (s. lackierte Waren) besteht aus dem gereinigten Milchsafte des giftigen Lackbaumes oder Firnissumachs, Rhus vernicifera, der in hervorragender Beschaffenheit aus den Gegenden Yoshino und Aidzu geliefert wird. Der unter dem Einflusse eines Enzyms (Lakkase) zu einer zähen, süßlich riechenden Masse eingetrocknete Milchsaft hat ein spez. Gew. von 1,0020—1,0369 und enthält neben 10—34 % Wasser, 1,7—3,5 % Stickstoffsubstanz und 3,0—6,5 % Gummi ungefähr 60 bis 85 % einer Verbindung von der Formel $C_{14}H_{18}O_2$, die von einigen als eine Säure (Urushinsäure), von Tschirch als ein Harz (Urushin), von Miyama als ein Phenol (Urushiol) angesehen wird. Außerdem sind noch geringe Mengen einer flüchtigen Säure zugegen, die als Ursache der sog. Lackkrankheit gilt, eines eigentümlichen Hautausschlages, der die Arbeiter bei unvorsichsichtigem Hantieren mit dem feuchten Lack befällt.

Japanwachs (lat. Cera japonica, frz. Cire de Japon, engl. Japan wax), richtiger Japantalg genannt, findet sich in den Früchten einiger japanischer und kalifornischer Sumacharten, namentlich Rhus succedanea, und wird in Form harter, viereckiger Tafeln von hellgelber bis grünlicher Farbe und muscheligem Bruch in den Handel gebracht. In chemischer Hinsicht besteht J. aus den Glyzeriden verschiedener Fettsäuren, besonders Palmitin- und Japansäure, enthält auch freie Palmitinsäure, hingegen keine Stearinsäure, und ist also kein eigentliches Wachs, sondern ein Fett. Es dient als Ersatz des Bienenwachses zur Herstellung von Kerzen und zur Verfälschung von Wachs.

Japonika, im Drogenhandel sehr gebräuchlicher Ausdruck für Katechu, Abkürzung von Terra japonica.

Jarrahholz, das von einer australischen Eukalyptusart stammende Holz, findet zu Pflasterungszwecken und für Eisenbahnschwellen vielfache Anwendung, kann hingegen als Ersatz des Mahagoniholzes, von dem es auch äußerlich verschieden ist, in der feinen Möbeltischlerei nicht mit Vorteil benutzt werden. Es ist deshalb neuerdings von der Zollbehandlung als Mahagoniholz ausgeschlossen und unter die allgemeine Gruppe der Nutzhölzer eingereiht worden.

Jasminöl (lat. Oleum jasmini, frz. Essence de jasmin, engl. Jasmin oil, Jessamin oil) stammt von den frischen Blüten des wegen seines Wohlgeruches seit über 150 Jahren in Südfrankreich angebauten Jasminum grandiflorum. Die gewerbsmäßige Gewinnung erfolgt weder durch Destillation mit Wasserdampf, noch durch Digerieren mit Öl oder Fett, sondern entweder durch Ausziehen mit Petroläther, wobei die „Essences concrètes" erhalten werden, oder noch besser durch Enfleurage. Man benutzt dazu Holzrahmen (sog. Châssis) von etwa 5 cm Höhe und 50 cm im Quadrat, die in ihrer Mitte eine Glasplatte tragen. Letztere wird beiderseits mit einer dünnen Fettschicht bestrichen, dann bestreut man die eine dieser Fettschichten mit Blüten und stellt die Rahmen übereinander, so daß sich die Blüten in einer Art Kammer befinden. Das über und unter den Blüten befindliche Fett nimmt die Duftstoffe auf. Nach je 24 Stunden werden die Blüten so oft durch neue ersetzt, bis sich das Fett mit dem Duftstoffe gesättigt hat, was nach etwa 30maliger Erneuerung der Blüten der Fall ist. Das so behandelte Fett kommt als Jasminpomade in den Handel. Um aus der Essence concrète oder der Pomade das Öl zu gewinnen, zieht man sie mit starkem Alkohol aus, trennt den Alkohol vom Ungelösten und kühlt ihn längere Zeit unter 0° ab, bis jegliche Ausscheidung aufgehört hat; hierauf wird filtriert und das Öl durch Zusatz einer Kochsalzlösung abgeschieden. Die Ausbeute an Öl ist sehr gering und beträgt bei der Enfleurage etwa 0,18 %, bei der Extraktion mit Petroläther sogar nur 0,02—0,08 %. Als Haupterzeugungsgebiet kommt Südfrankreich in Betracht. Das Öl als solches bildet keine Handelsware. Es besteht im wesentlichen aus Benzylazetat, neben welchem geringere Mengen Benzylalkohol, Linalylazetat, Linalool, Indol, Anthranilsäuremethylester und ein Keton, Jasmon, vorhanden sind. Ein durch Zusammenmischen der genannten, synthetisch darstellbaren Verbindungen erhaltenes Erzeugnis wird von Schimmel & Co. als künstliches J. in den Handel gebracht und findet wie das natürliche in der Parfümerie ausgedehnte Anwendung.

Jaspis (frz. Jaspe, engl. Jasper) besteht aus dichtem, mikrokristallinischem Quarz (Kieselsäure), der durch beigemengte Eisenverbindungen verschiedenartig, meist rot, braun oder gelb gefärbt ist, und teils einfarbig, teils mehrfarbig, marmoriert oder gestreift (Bandjaspis) in undurchsichtigen, schwach glänzenden Stücken von muscheligem Bruch vorkommt. Bekannte Arten sind der grüne Jaspis vom Ural, der in großen Blöcken gewonnen wird, der schöne rote ägyptische oder Kugeljaspis aus Oberägypten und aus Kandern in Baden, der Bandjaspis vom Altai, aus Spanien und Ungarn, während das bei Gnandstein und Kohren in Sachsen vorkommende, im Volksmunde auch Bandjaspis genannte Gestein als ein sog. Tonstein oder Porphyrtuff anzusehen ist. Man fertigt aus J. Tischplatten, Siegelsteine, Dosen, Vasen u. dgl.; namentlich in den Polieranstalten zu Kalyvau (Gouvernement Tomsk) und Jekaterinenburg (Gouvernement Perm). Auch in Idar an der Mosel und Waldkirch in Baden wird J. verarbeitet.

Javol, ein mit großer Reklame angepriesenes Haarwasser, enthält der Hauptsache nach eine mit Zitronenöl parfümierte Lösung von Kaliumkarbonat und fetten Ölen, nach einigen Angaben auch noch Borax.

Jervin, eine neben Veratrin in der weißen Nieswurz enthaltene stark giftige Pflanzenbase, bildet weiße durchsichtige Kristalle.

Jeteefaser (Ragemahl, engl. Jetee fibre), die Bastfaser der in Ostindien heimischen Asklepiadee Marodenia tenacissima, wird im Ursprungslande schon seit langer Zeit zu Seilerwaren verarbeitet und soll fast die doppelte Festigkeit und Tragkraft der Jute besitzen.

Jod (lat. Jodum, frz. Jode, engl. Jodine), ein Element der Halogengruppe, J = 126,98, wurde im Jahre 1811 von Courtois entdeckt, darauf von Davy und Gay-Lussac näher untersucht und von letzterem nach der Farbe seines Dampfes als J. (vom griechischen iodes, veilchenblau) bezeichnet. Es findet sich in kleiner Menge sehr verbreitet in der Natur, jedoch nicht frei, sondern stets an Metalle, hauptsächlich Natrium, Kalzium, Magnesium gebunden, u. a. in vielen Solquellen und besonders im Meerwasser. Aus diesem geht es in die Meerespflanzen, besonders die Tange, ferner in Schwämme und Fische über und bildet daher einen ständigen Bestandteil des Lebertrans. Schließlich findet es sich im Chilesalpeter, in Steinsalzlagern, in manchen Phosphoriten und Dolomiten und als seltenes Mineral in Verbindung mit Blei, Quecksilber, Silber und Zink. — Die Darstellung des J. erfolgte früher nur aus der Asche von Meerespflanzen (namentlich Fucus- und Laminariaarten), während gegenwärtig die Mutterlaugen des Chilesalpeters die größten Mengen liefern. Die durch Stürme vom Meeresboden losgerissenen Tange und Algen werden an den Westküsten von Irland und Schottland, Frankreich (Normandie), Spanien und Japan getrocknet und in Gruben verbrannt, wobei man eine sehr salzhaltige geschmolzene Asche in Klumpen erhält, die in Frankreich Varek, in Spanien Barilla und in England Kelp heißt und besonders bei Verwendung von Laminarien, weniger von Fucusarten ziemlich reich an Jod ist. 24—30 000 kg trockener Tange liefern etwa 1000 kg Asche mit 5—10% Jod. Neuerdings zieht man es zur Vermeidung von Jodverlusten vor, die Seepflanzen nicht einzuäschern, sondern nur zu verkohlen. Die Asche bzw. der verkohlte Rückstand wird mit Wasser ausgezogen und die gewonnene Lauge, die außer Soda noch schwefelsaure und unterschwefligsaure Salze sowie Chlor-, Brom-, Jod- und Schwefelverbindungen des Kaliums und Natriums enthält, durch wiederholtes Eindampfen und Erkaltenlassen von den schwerlöslichen Salzen befreit, während die leichtlöslichen Brom- und Jodverbindungen in der Mutterlauge verbleiben. Nach der Neutralisation mit Schwefelsäure läßt man die Sulfate auskristallisieren und destilliert die schließlich erhaltene jodnatriumhaltige Lauge in eisernen, halbkugelförmigen Kesseln mit Braunstein und Schwefelsäure. Die sich entwickelnden Joddämpfe gelangen in eine Reihe miteinander verbundener Glasgefäße, in denen sich das J. in kleinen Kristallen ansetzt. Das auf diese Art erhaltene Rohjod wird englisches Jod genannt. In den französischen Fabriken bewirkt man die Abscheidung des Rohjods aus der Mutterlauge durch vorsichtiges Einleiten von Chlorgas, wobei das Chlor die Jodverbindungen in Chlornatrium überführt, während das J. als schwarzer pulveriger Niederschlag ausfällt. Bei Verarbeitung der Mutterlaugen des Chilesalpeters reduziert man das in ihm enthaltene jodsaure Natrium mit schwefliger Säure oder mit Natriumsulfat zu Jodnatrium, wandelt letzteres durch Behandlung mit Kupfer und Eisenvitriol in Kupferjodür um und destilliert nach Zusatz von Braunstein und Schwefelsäure das freie J. ab. Das nach der einen oder anderen Methode dargestellte Rohjod ist zwar Handelsware, aber noch nicht zu medizinischen Zwecken verwendbar, sondern wird durch Trocknen und Sublimation in eine reinere, das sog. resublimierte J. übergeführt. Chemisch rein erhält man das J., wenn man das resublimierte J. mit dem zehnten Teil seines Gewichts Jodkalium zerreibt, um etwa anhängendes Brom und Chlor zu binden, und nun sehr vorsichtig sublimiert. Die gewonnenen Kristalle werden zur Entfernung der letzten Spuren von Wasser und Jodwasserstoff über Ätzkalk aufbewahrt. Das Rohjod stellt ein dunkles, feucht aussehendes, grob kristallinisches Pulver dar. Das resublimierte, wie das chemisch reine J. ist ein trockener, blätterig kristallinischer Körper, schwarzgrau und von metallischem Glanze. Es hat ein spez. Gew. von 4,950, verflüchtigt sich schon bei gewöhnlicher Temperatur und entwickelt dabei einen starken, die Schleimhäute reizenden Geruch, der dem des Chlors etwas ähnelt. Der Geschmack ist scharf und herb. Auf den Organismus wirkt das J., eingenommen oder eingeatmet, giftig. Es schmilzt bei 115° C und kommt bei 180° C ins Sieden. Die Dämpfe haben eine prachtvoll violettblaue Färbung und legen sich an kälteren Körpern wieder zu Kristallen an. Organische Substanzen, wie Haut und Papier, werden von J. braungelb, Stärkelösungen und -körner blau gefärbt. J. löst sich in annähernd 5000 Teilen Wasser mit bräunlichgelber, in 10 Teilen Weingeist mit brauner Farbe. Die Jodtinktur des D. A. B. ist eine Lösung von einem Teil J. in zehn Teilen 90%igem Weingeist. In Äther und verschiedenen Salzlösungen ist das J. mit brauner, in Chloroform und Schwefelkohlenstoff mit violetter Farbe löslich. Eine Lösung von Jodkalium nimmt eine beträchtliche Menge von J. auf, und zwar um so mehr, je größer der Jodkaliumgehalt der Lösung ist. Beim Zusammenbringen von J. mit Ammoniak ist größte Vorsicht geboten, da unter Umständen Bildung des explosiven Jodstickstoffs erfolgt. In seinem chemischen Verhalten zeigt J. die größte Ähnlichkeit mit Chlor und Brom. Die Verbindungen mit Metallen werden als Jodüre oder Jodide bezeichnet, je nach der Menge des darin gebundenen J. Das resublimierte J. des D. A. B. soll sich beim Erhitzen ohne Rückstand verflüchtigen, in zehn Teilen 90%igem Weingeist vollständig lösen, kein Zyanjod oder Chlorjod und nicht mehr als 1% Feuchtigkeit enthalten. Das J. gelangt in den Handel entweder als englisches J. (Jodum anglicum) oder als resublimiertes J. (Jodum resublimatum). Aus Südamerika wird es auch als Jodkupfer nach Europa eingeführt. Die Gesamtausfuhr aus Südamerika beläuft sich auf etwa 500000 kg jährlich. Dazu kommen noch rund 100000 kg japanisches Jod aus Seepflanzen, von dem 1/3 ausgeführt wird. Die Einfuhr nach Europa beträgt ungefähr 300 dz. Die Preise des J. sind sehr bedeutenden Schwankungen unterworfen und werden von Zeit zu Zeit durch die Rohjodkonvention festgesetzt, bisweilen auch zur Lahmlegung von „Outsiders", besonders japanischer, stark erniedrigt. Die Preisberechnung erfolgt bei uns nach Kilogramm, in England dagegen, selbst im Großhandel, nach der Unze, bei dem amerikanischen Jod nach spanischen Pfunden bzw. Zentnern. — Die hauptsächlichste Verwendung finden J. und seine Verbindungen in der Pharmazie, Photographie und Teerfarbenherstellung. In der Photographie benutzt man verschiedene Jodpräparate zur Erzeugung von lichtempfindlichem Jodsilber (neben Bromsilber) auf photographischen Papieren und Glasplatten. Medizinisch wird es als Tinktur oder Salbe äußerlich gegen Kropf, Hautübel, Frostballen, zur Zerteilung von Geschwüren usw. angewandt. Auch das bekannte Kropfmittel, gebrannter Badeschwamm, wirkt nur durch seinen Jodgehalt. Von den Jodverbindungen werden besonders Kaliumjodid (s. d.) und Jodoform (s. d.) medizinisch verwandt. Die in chemischen Laboratorien hergestellten zahllosen organischen Jodverbindungen haben nur wissenschaftliches Interesse. Die Aufbewahrung des J. geschieht in Flaschen mit eingeriebenem Glasstöpsel, und zwar an einem kühlen Orte.

Jodgrün (Nachtgrün, Metternichsgrün, Vert lumière) wird durch Erhitzung von Chlormethyl oder Jodmethyl mit essigsaurem Rosanilin und Methylalkohol im Autoklaven auf 100° erhalten und besteht aus dem Chlorzinkdoppelsalze des Chlormethylhexamethylrosanilinchlorhydrates. J. bildet prächtig metallglänzende, hellgrüne Kristalle, die sich in Alkohol mit blaugrüner Farbe lösen. Neuerdings wird es durch die entsprechende Verbindung des Pararosanilins (s. Methylgrün) verdrängt.

Jodipin nennt die Firma Merck ein jodiertes Sesamöl, das durch Behandlung von Sesamöl mit Chlorjod dargestellt wird und in zwei Stärken, mit 10 und 25 % Jod, in den Handel kommt. (S. auch Bromipin.) Die Jodipine bilden hellgelbe ölige Flüssigkeiten, die an Stelle des Kaliumjodids medizinische Anwendung finden.

Jodoform (Formyljodid, Methylentrijodid, Trijodmethan, lat. Jodoformium, frz. Jodoforme, engl. Jodoform), eine dem Chloroform ganz analoge Verbindung, CHJ_3, in welcher das Chlor durch Jod ersetzt ist, wird durch Eintragen von Jod in eine erwärmte Lösung von Natriumkarbonat oder Ätznatron und Alkohol, oder durch Elektrolyse einer Lösung von Jodkalium und Natriumkarbonat in Wasser und Alkohol dargestellt, soll aber in Frankreich auch durch direkte Behandlung von Seetangasche mit Ätznatron, Azeton und unterchlorigsaurem Natrium gewonnen werden. J. bildet schwefelgelbe, perlglänzende Kristallschuppen von eigentümlich betäubendem, safranähnlichem Geruch, der durch Zusatz von Menthol, Kampfer, Terpentinöl, Pfefferminzöl und anderen ätherischen Ölen zum Teil verdeckt wird. Es löst sich leicht in Alkohol und Äther, aber nicht in Wasser, schmilzt bei 119°, ist mit Wasserdämpfen flüchtig und unter teilweiser Zersetzung sublimierbar. Im Handel findet sich groß und klein kristallisiertes sowie staubförmig geschlämmtes J. (J. praeparatum). Das J. muß in gut verschlossenen Gefäßen vor Licht geschützt aufbewahrt werden und findet in der Medizin als Antiseptikum, sowohl innerlich als äußerlich, vielfache Anwendung.

Jodol (Tetrajodpyrrol), ein neueres Antiseptikum, welches vor dem Jodoform bei gleicher Wirksamkeit den Vorzug der Geruchlosigkeit und Ungiftigkeit besitzt, entsteht bei der Behandlung alkalischer Pyrrollösung mit Jodkalium als ein hellgelbes, fein kristallinisches Pulver, das sich in Alkohol, aber nicht in Wasser löst. J. ist völlig geruch- und geschmacklos und dient als Ersatz des Jodoforms und Jodkaliums. Es muß vor Licht geschützt aufbewahrt werden.

Jodopyrin (Jodantipyrin) wird durch Behandlung von Antipyrin mit Chlorjod als ein farbloses, in kaltem Wasser und Alkohol unlösliches, in heißem Wasser lösliches Kristallpulver vom Schmelzpunkt 160° dargestellt und an Stelle des Antipyrins gegen Fieber und Kopfschmerzen verordnet.

Jodschwefel (Schwefeljodid, lat. Sulfur jodatum, frz. Jodure de soufre, engl. Sulphur jodide), eine durch Zusammenschmelzen von Jod und Schwefel zu erhaltende schwarze Masse, wird bisweilen medizinisch gegen Hautkrankheiten verwandt.

Jodstärke (lat. Amylum jodatum, frz. Amidon iodé, engl. Starch Jode), ein dunkelblaues, aus Stärkemehl und Jod bestehendes Pulver, muß in Apotheken vorrätig gehalten werden.

Jodwasserstoff (Jodwasserstoffsäure, Wasserstoffjodid, lat. Acidum hydrojodicum, frz. Acide hydrojodique, engl. Hydrojodic acid), HJ, die der Salzsäure analoge Verbindung, bildet in wäßriger Lösung eine farblose Flüssigkeit, die an der Luft bald gelblich wird und dann nach freiem Jod riecht.

Jodylin, ein neuer ungiftiger, nicht reizender Jodoformersatz, wird durch Behandlung von jodsalizylsaurem Natrium mit Wismutsalzen in essigsaurer Lösung dargestellt und ist daher als ein jodsalizylsaures Wismut anzusprechen. Es löst sich weder in Alkohol noch in Wasser und besitzt den Vorzug, sich unzersetzt sterilisieren zu lassen.

Jodzinkstärkelösung wird durch Kochen von Stärke mit Zinkchlorid und Zusatz von Jodzinklösung dargestellt. Die weißlich opalisierende Lösung dient zum Nachweis von salpetriger Säure, von Chlor und Brom und als Indikator bei der Jodometrie.

Johannisbeeren (lat. Baccae ribium, frz. Groseilles, engl. Currants) stammen von den verschiedenen Spielarten des Johannisbeerstrauches, Ribes rubrum, dessen Anbau über ganz Europa und Nordamerika verbreitet ist. Die frischen J. finden als Tafelobst und in der Konditorei allgemeine Verwendung und dienen ferner zur Bereitung von Marmelade, von Johannisbeersirup und von Johannisbeerwein. Eine besondere Abart ist die in Europa und Asien verbreitete schwarze Johannisbeere, Ribes nigrum, deren Früchte eine ganz schwarze Farbe und ebenso wie die Blätter einen eigentümlichen wanzenartigen Geruch haben. In geringer Menge den roten Beeren zugesetzt, erzeugen sie bei der Gärung ein kräftiges Aroma. Für den Drogenhandel kommt hauptsächlich der Johannisbeersirup (lat. Sirupus ribium rubrum et nigrum, frz. Sirop de groseille, engl. Sirup of currants) in Betracht, der, namentlich von schwarzen Beeren, ein beliebtes Mittel bei Katarrhen, speziell zur Linderung des Keuchhustens, bildet.

Johannisberger, einer der edelsten, durch Kraft und Bukett gleich ausgezeichneten weißen Rheinweine vom Johannisberg gegenüber Bingen. Man unterscheidet Schloß Johannisberger, gebaut auf etwa 16 Hektaren des Schloßberges und den Weinbergen der fürstlich Metternichschen Domäne, vor allem aber die Auslese desselben, Johannisberger Kabinett, von welchem die Flasche an Ort und Stelle im Frieden selten unter 20 M. abgegeben wurde. Die Weine von den umliegenden Weinbergbesitzern kommen unter dem Namen Dorf Johannisberger in den Handel und sind, je nach der Behandlung, verschieden geschätzt, aber ebenfalls recht wertvoll.

Johannisbrot (Bockshorn, Karoben, lat. Siliqua dulcis, Fructus ceratoniae, frz. Caroubes, engl. Johnsbread) nennt man die schotenartigen Früchte eines in allen Mittelmeerländern angepflanzten, zu den Papilionazeen gehörenden Baumes (Ceratonia siliqua), der aus seinem oft krumm wachsenden Stamme zahlreiche Äste und rote Zweige treibt. Die gefiederten Blätter bestehen aus 2—3 Paar lederartiger, dem Buchsbaum ähnlicher Blättchen. Die traubenartig angeordneten Blüten haben einen fünfspaltigen roten Kelch, aber keine Blumenkrone. Die nicht aufspringenden Schoten reifen im Juli und August, werden jedoch noch unreif, von einem Baume bis zu 50 kg, gesammelt und dann auf sonnigen Plätzen zum Trocknen ausgelegt, wobei sie zugleich nachreifen und eine Gärung durchmachen. Infolge der letzteren bilden sich reichliche Mengen, bis zu 50 %, Fruchtzucker. Daneben sind etwas Fett, Gerbsäure und Buttersäure, die ihnen einen besonderen Geruch nach ranziger Butter erteilt, vorhanden. J. hält sich nicht lange und verliert teils durch Einschrumpfen, teils durch Milbenfraß an Wert. Von den verschiedenen Sorten werden die levantinischen Karoben aus Kleinasien und Zypern am höchsten geschätzt, dann folgen die italienischen, unter denen die Puglieser die besten sind, und schließlich Sizilien, Malta, Dalmatien, Kreta und Spanien. Die Ware kommt teils über Triest in Fässern, teils geht sie zu Schiffe und oft als Ballast nach den westlichen und nördlichen Ländern. In den Erzeugungsländern bildet sie eine allgemeine Volksspeise, während die geringeren Sorten als Viehfutter dienen. Auch stellt man daraus den Zucker in Sirupform her und benutzt sie hier und da zum Branntweinbrennen. Schließlich dienen die Früchte zur Herstellung von Tabakbeizen und als Gärungserreger bei Bereitung der Buttersäure aus Stärkezucker, die gebrannten Samenkerne endlich als Kaffee-Ersatz. Die stärksten auswärtigen Abnehmer sind die Engländer, welche die Frucht bei der geringen Seefracht als ein billiges Mastfutter verwenden können. — Das Holz des Johannisbrotbaums (Siliquaholz) ist ein ausgezeichnetes Material für feine Tischlerarbeiten, wird aber nur an Ort und Stelle verarbeitet.

Johanniskraut (lat. Herba hyperici, frz. Fleurs de hyperice, engl. Hypericon flowers), ein unwichtiger Gegenstand des Drogenhandels, besteht aus der getrockneten, gelb blühenden Pflanze Hypericum perforatum, die in allen Gebirgen Deutschlands angetroffen wird. Sie ist sehr leicht daran zu erkennen, daß ihre Blätter, gegen das Licht gehalten, siebförmig durchlöchert erscheinen, und wird als Wundmittel, gegen Blutungen usw., angewandt.

Jonon ist der prachtvolle künstliche Riechstoff, der nach dem Verfahren seines Erfinders Tiemann durch tagelanges Schütteln gleicher Teile Zitral und Azeton mit Barytlauge und nachfolgende Behandlung mit verdünnter Schwefelsäure und Glyzerin dargestellt wird. Das fast farblose, mit Wasserdampf flüchtige Öl vom spez. Gewicht 0,935—0,940 destilliert bei 10 mm Druck zwischen 126 und 128° über, besitzt prachtvollen Veilchengeruch, der aber erst in sehr starker Verdünnung wahrnehmbar ist, und dient in Form seiner alkoholischen Lösung zu Parfümeriezwecken.

Juchten (Juften, frz. Roussi, Cuir de roussi, engl. Moscowy leather), eine geschätzte russische Ledersorte, die sich durch ihren eigentümlichen Geruch auszeichnet, wird in den feinsten Sorten aus den Häuten der Kälber und jungen Kühe, die noch nicht gekalbt haben, in den geringeren Sorten aus Häuten von zwei- bis dreijährigen Rindern oder auch aus Roßhäuten hergestellt. Das Reinigen und Enthaaren der Häute wird wie bei anderem Leder ausgeführt, das Schwellen mittels eines Breies von gesäuertem Hafermehl oder Gerstenschrot, in einigen Gegenden auch mit Hundekot, das Gerben mit einer meist aus Weiden-, Fichten- oder Birkenrinde bestehenden Lohe. Die gegerbten und gewaschenen Häute werden sortiert, und die besten als weißes J. verwandt, während die übrigen schwarz (schwarzes J.) oder mit Sandelholz rot gefärbt werden (rotes J.). Durch Einreiben mit einer Mischung von Seehundstran und Birkenrindenteer erhält es den eigentümlichen, bei uns beliebten Geruch. Im übrigen wird es wie anderes Leder weiter bearbeitet, gekrispelt, grob und fein genarbt usw. Für den Handel ist zu beachten, daß die nach Gewicht verkauften J. tüchtig mit Salz beschwert und mit Talg und Tran eingefettet sind, während dies bei den nach Stück verkauften nicht der Fall ist.

Juchtenrot, ein Teerfarbstoff, besteht aus unreinem, Phosphine enthaltendem Fuchsin.

Juckpulver. Die Samenhülse der in Ost- und Westindien heimischen Juckfasel, Mucuna pruriens (Dolichos pruriens), die im Drogenhandel als Siliqua hirsuta bezeichnet wird, ist auf ihrer Oberfläche ganz mit feinen rotbraunen, glänzenden Haaren überzogen, welche auf der Haut ein unerträgliches Jucken verursachen. Sie wurde früher in Pulverform bei Lähmungen und als hautreizendes Mittel angewandt, dient aber heute nur noch zur Verübung von Unfug.

Judenholz (Judenbaumholz, Cercisholz), das grüne, schwarzgeaderte Holz eines in den Mittelmeerländern wachsenden Baumes, Cercis siliquastrum, dient zu Tischlerarbeiten und Furnieren. Cercis canadensis in Kanada liefert ebenfalls ein vortreffliches Nutzholz.

Judenkirschen (lat. Baccae alkekengi, frz. Baies d'alkekenge, engl. Alkekengi berries), die Früchte von Physalis alkekengi, einer in verschiedenen Gegenden Deutschlands wachsenden Solanazee, können nach Entfernung des bitter schmeckenden Kelches genossen werden und dienen zur Herstellung eines harntreibenden Aufgusses. Eine in Südamerika wachsende Art, Physalis peruviana, liefert sehr wohlschmeckende Früchte (Ananaskirschen).

Jujuben, eine Obstart, die ihres schleim- und zuckerreichen Fleisches sowie ihres Wohlgeschmackes wegen gern roh genossen, aber auch getrocknet und eingemacht wird, kommt in verschiedenen Arten vor: 1. Gewöhnliche J., die dunkelscharlachroten, pflaumenähnlichen Früchte eines in den Mittelmeerländern wachsenden Strauches, Zizyphus vulgaris aus der Familie der Rhamnazeen, umschließen einen dattelkernartigen Steinkern und werden getrocknet unter dem Namen Brustbeeren (lat. Fructus jujubae, frz. Jujubes, engl. Jujub) als Zusatz zu Brusttee und bei Katarrhen verwandt. 2. Afrikanische J. von der nordafrikanischen Küste stammen von Zizyphus lotus, sind kleiner und weniger süß und kommen als italienische J. in den Handel. Die Kerne dienen geröstet als Kaffee-Ersatz. 3. Indische J. von Zizyphus Jujuba, die nicht in den europäischen Handel kommen, haben einen apfelähnlichen Geschmack und werden mehr eingemacht als roh genossen. Die Rinde dieser Art findet ähnlich der Quassia, die Blätter gegen Fieber und Geschlechtskrankheiten Anwendung.

Jute (Judhanf, Dschut, Pahthanf, frz. Jute, engl. Jute) ist die Bastfaser verschiedener in Indien und auf den Sundainseln heimischen und seit langer Zeit angebauten Corchorusarten, besonders Corchorus capsularis und Corchorus olitorius, die zu den Tiliazeen gehören, aber im Gegensatz zu unseren Linden einjährige Sträucher oder Kräuter sind und selbst als Gemüse genossen werden. Der Anbau der J. ist sehr einfach. Im April oder Mai erfolgt die Aussaat, 3—3½ Monate später während der Blüte, sobald sie eine Höhe von 3—4 m und einen Durchmesser von 12—15 mm erlangt haben, das Schneiden der Stengel, die von Blättern und Nebenzweigen befreit und in Bündeln wie Flachs geröstet werden. Nach wenigen Tagen läßt sich der Bast als Ganzes abziehen und bildet dann, an der Sonne getrocknet, die fertige Handelsware. Die Risten und die Fasern haben eine Länge von 2 bis 2,75 m, ja sogar von 4—4,25 m und zeigen bei den besten Jutesorten helle, weißgelbe bis silbergraue Farbe, die an den Spitzen und den übrigen Teilen der Risten nicht wesentlich verschieden sein darf. Die Fasern sind weich, von seidenartigem Glanz, besitzen aber geringere Festigkeit als Hanf und Flachs. Unter dem Mikroskop lösen sie sich in ein Bündel aus vielen Elementarfasern auf, die meist feiner sind als die Elementarfasern des Flachses, jedoch gelingt eine Zerlegung auf mechanischem Wege, z. B. durch Hecheln, nicht, sondern nur durch Behandlung mit Laugen. — Die schlechteren Sorten der J. zeigen gelbe bis bräunliche Farbe und schwächeren Glanz. Feinheit, Weichheit und Reinheit sind geringer, die Wurzelenden härter und meist weit dunkler. Auch besitzen diese Sorten die Eigenschaft nachzudunkeln in viel höherem Grade als die weißen. J. läßt sich schwer ganz weiß bleichen, dagegen leicht so weit, daß das Färben vorgenommen werden kann. Gefärbte Jutegarne haben beinahe das Aussehen von Wollgarnen. Unter Wasser hält sich J. sehr gut und wird daher vielfach zur Umwicklung von Telegraphenkabeln benutzt. Wechselnder Aufenthalt in Luft und Wasser soll jedoch eine rasche Vermoderung herbeiführen. — Als Erkennungsmittel für J. in Leinen- und Hanfgeweben kann schwefelsaures Anilin benutzt werden, welches die verholzten Jutefasern dunkelgelb färbt, Flachs- und Hanffasern aber unverändert läßt. — J. wird in derselben Weise wie Flachs verarbeitet. Aus den Risten bester Herkunft schneidet oder reißt man die Mittelstücke von etwa 760 mm Länge heraus und verspinnt sie genau so wie Langflachs. Besonders in England, Belgien und Frankreich ist dieses Verfahren für Garne von Nr. 16—20 (ausnahmsweise auch Nr. 22) in Gebrauch und liefert gehecheltes Garn oder Jute-Linen-Garn. In Deutschland und Österreich zerreißt man die Risten auf Karden und verspinnt die so erhaltenen kürzeren Fasern wie Hede, wodurch jedoch nur Garne unter Nr. 14 erhalten werden. Der Verarbeitung in der Spinnerei geht immer ein Einweichen (Batschen) voraus, wozu die Risten in großen kistenartigen Fächern übereinander gelegt und schichtenweise mit Wasser und Robbentran oder Mineralöl besprengt werden. Davon rührt auch der den rohen Jutegeweben meist anhaftende Geruch her. — In Indien ist die J. schon lange zur Herstellung von Seilerwaren und gröberen Geweben für Packtücher und Säcke (Gunnycloth, Gunnisäcke) benutzt worden. In Europa fertigt man aus den Gespinsten ebenfalls in erster Linie billige Verpackungsmateriale, Packtücher, Säcke für Getreide, Mehl, Zucker usw.; ferner Segeltuch, Zwillich und Drillich und schließlich auch Teppiche, Läufer, Tischdecken und Vorhänge. Alle diese Waren sind bei gefälligem Aussehen sehr billig, fasern aber fortwährend, dunkeln nach und sind feuergefährlich, denn J. brennt leicht, und das Feuer läßt sich nur schwer ersticken. Von weiteren Erzeugnissen seien noch Bindfaden, Gurte, Zünder, Lampendochte sowie Jutesamt, der als Möbelstoff, für Vorhänge usw. Verwendung findet, erwähnt. Rohe J. ist ein sehr geschätztes Verbandmaterial, und aus den Abfällen und Hadern läßt sich recht gut Papier geringerer Güte herstellen. — Die Juteindustrie hat sich innerhalb weniger Jahrzehnte zu großer Bedeutung emporgearbeitet. Während des Krimkrieges griffen die englischen und schottischen Spinnereien aus Mangel an russischem Hanf und Flachs zur J. Die Baumwollennot während des amerikanischen Krieges trat dann weiter fördernd hinzu, und jetzt werden bereits gegen 1000000 t in Europa und Indien verarbeitet.

K.

Kabeljau (frz. Cabillaud, engl. Cod), der größte Fisch in der Familie der Schellfische, Gadus morrhua, von 1—1½ m Länge, oberhalb graubraun und gelblich gefleckt, unten rötlichweiß, mit drei Rücken- und zwei Bauchflossen, findet sich in allen nördlichen Meeren und kommt in den verschiedensten Zubereitungsformen in den Handel. Einfach an der Luft getrocknet, bildet er den Stockfisch. Wird er sofort zerlegt und eingesalzen, so heißt er Laberdan, erst gesalzen und dann zum Trocknen der Sonne oder Luft ausgesetzt, wird er zum Klippfisch. Der Stockfisch wird, wenn ganz aufgeschnitten und breit gelegt, als Breitfisch, bloß ausgenommen und sonst ganz gelassen als Rundfisch bezeichnet. Der gesalzene Fisch heißt in Norwegen Salzdorsch. — Der K. ist einer der wertvollsten Fische und wird in allen Teilen ausgenutzt. Das Fleisch bildet ein gehaltreiches Nahrungsmittel, die Zungen gelten als Leckerbissen, die Leber dient zur Herstellung von Lebertran (s. d.), die Blasen geben Fischleim, Köpfe und Eingeweide werden getrocknet oder gekocht als Viehfutter, und die ausgeschnittenen Rückgratstücke in holzarmen Gegenden zur Feuerung benutzt. Trotzdem gab es namentlich auf den Lofoten immer noch Unmassen von Abfällen, die der Verwesung überlassen blieben, seit einer Reihe von Jahren jedoch zu Fischguano (s. d.) verarbeitet werden. Der Rogen endlich wurde alljährlich in bedeutenden Mengen nach Frankreich eingeführt, um hier als Köder beim Fangen von Anchovis und Sardellen zu dienen, hat sich aber während des Krieges zum Range eines menschlichen Nahrungsmittels erhoben.

Kabinettweine nennt man die edelsten Sorten der Rheinweine, z. B. Johannisberger K., Steinberger K., die vor dem Kriege mit 24—25, ja 35 M. die Flasche und mit 20—30 000 M. das Stückfaß bezahlt wurden.

Kadeöl (Wacholderteer, lat. Oleum cadinum, Ol. juniperi empyreumaticum, s. oxycedri, frz. Huile de cade, engl. Oil of cade), ein durch trockene Destillation des Holzes von Juniperus oxycedrus, einer Wacholderart (Spanische Zeder), in der Provence hergestelltes brenzlich riechendes Öl von anfangs gelblicher, später brauner Farbe, wird in der Tierarzneikunde und zuweilen noch äußerlich verwandt.

Kadmium (lat., frz., engl. Cadmium), ein zinnbis silberweißes Metall vom Atomgewicht Cd = 112,4, findet sich in der Natur, abgesehen von dem seltenen Mineral Greenockit (K.-Sulfid), nur in Gesellschaft des Zinks, in dessen Erzen es in Menge von 1—5 % vorkommt, und bei dessen Gewinnung es meist als Nebenprodukt erhalten wird. Bei der trockenen Destillation des Zinks geht zuerst das leichter flüchtige K. über und sammelt sich in Form seines Oxydes in dem sog. Zinkofenrauch und dem Flugstaube der Zinkhütten an, aus dem man es unter Zuschlag von Kohlenklein abdestilliert. Das in den Vorlagen befindliche Metallpulver wird in Kohletiegeln unter einer Talgschicht geschmolzen und, in Stängelchen von etwa 80 g gegossen, in den Handel gebracht. Zur Entfernung von meist beigemengtem Zink, das eine größere Sprödigkeit verleiht, folgt bisweilen noch eine Reinigung auf nassem Wege. Das K., das dem Zink in seinem chemischen Verhalten ähnelt und beim Biegen den sog. Zinnschrei zeigt, überzieht sich an der Luft mit einer dünnen Oxydschicht und wird von Säuren nur schwierig gelöst. Aus der sauren Lösung fällt Schwefelwasserstoff unlösliches gelbes Sulfid. Beim Erhitzen an der Luft verbrennt es mit roter Flamme zu braunem Oxyd. Das hämmerbare, ziemlich harte Metall, das sich zu Draht ausziehen und zu Blech walzen läßt, hat ein spez. Gew. von 8,6 und einen Schmelzpunkt von 321°. Bei 778—780° siedet es und gibt einen gelben Dampf, der, eingeatmet, gesundheitsschädlich wirkt. Seine wichtigste Eigenschaft ist die Bildung überaus leicht schmelzbarer Legierungen mit Zinn, Blei und Wismut, die mannigfache technische Anwendung finden. Das sog. Woodsche Metall (12,5 % Kadmium und Zinn, 25 % Blei, 50 % Wismut), das schon bei 70° wie Siegellack schmilzt, dient zur Herstellung von Matrizen für Galvanoplastik, von Schnellot und Metallkitten, eine Legierung mit Quecksilber zur Ausfüllung hohler Zähne. Legierungen mit Gold, Silber und Kupfer werden von Juwelieren und Goldschmieden benutzt. Das reine Metall findet bei der Herstellung von Glühlampen (Kadmiumlampen) und von Normalelementen Verwendung. Von den Verbindungen bildet das Schwefelkadmium (Kadmiumgelb, **Brillantgelb, Jaune brillant**) eine ausgezeichnete Künstlerfarbe, während das Sulfat Bromid und Jodid in der Photographie Anwendung finden. Die Erzeugung der oberschlesischen Zinkhütten stieg von 100 kg im Jahre 1852 auf 43000 kg im Jahre 1912, der Preis sank von 16 M. auf 5 M. für 1 kg. Geringere Mengen werden in Belgien, Frankreich und Amerika erzeugt.

Käse (frz. Fromage, engl. Cheese). Dieses wertvolle, seit den ältesten Zeiten bekannte Nahrungsmittel, wird im Prinzipe noch heute, wie einst von den Völkern des Altertums, in der Weise hergestellt, daß man die Stickstoffsubstanz (Kasein, Käsestoff) der Milch in fester Form abscheidet und einem durch Mikroorganismen (Bakterien, Pilze) verursachten Reifungsprozesse unterwirft. Die Abscheidung des Kaseins erfolgt beim Sauerwerden der Milch freiwillig, aus süßer Milch hingegen durch Zusatz eines Auszuges aus Kälbermagen (Lab). Je nach der Art der benutzten Milch, ob Voll- oder Magermilch, und des Dicklegungsverfahrens, ob durch freiwillige Säuerung oder durch Lab, unterscheidet man Süßmilch- und Sauermilch-, Fett- und Magerkäse. Bei der Bereitung der Süßmilchkäse mit Lab umschließt das geronnene Kasein auch noch das ganze Fett nebst einem Teile des Milchzuckers und außerdem die Gesamtmenge des phosphorsauren Kalks. Bei den Sauermilchkäsen, welche übrigens, vom Harzkäse abgesehen, nur geringe Bedeutung für den Handel haben, bleiben die Phosphate zum Teil in Lösung. In beiden Fällen wird der Niederschlag von der Flüssigkeit, den Molken, getrennt, nach Zusatz von etwas Kochsalz gepreßt, und die feste bröcklige Masse, der Quark, der auch für sich in den Handel kommt, in besondere Formen gebracht und der Reifung überlassen. Im Verlaufe dieses Prozesses, mit welchem neben Gewichtsverlusten verschiedene chemische Umwandlungen verbunden sind, treten vor allem als Zersetzungsprodukte der Stickstoffsubstanz Amide, Ammoniak und Amidosäuren, wie Leuzin oder Tyrosin, auf. Der Käsestoff nimmt ein speckiges Aussehen an und verwandelt sich in Parakasein, eine in 50—60 %igem Alkohol unlösliche Modifikation des frischen Kaseins. Gleichzeitig ändert sich auch die Zusammensetzung des Fettes durch Abspaltung freier und flüchtiger Fettsäuren, vor allem von Buttersäure, Valerian- und Kapronsäure, welche, zum Teil in Verbindung mit Ammoniak und Amiden, neben anderen Riechstoffen den charakteristischen Geruch des Käses hervorrufen. Die bei einigen Sorten, besonders dem Schweizerkäse, beobachtete Lochbildung beruht auf einer Zerlegung des Milchzuckers, nach einigen Autoren auch des Kaseins, zu gasförmiger Kohlensäure, welche die noch weiche Masse aufbläht. Nach dem Fettgehalte unterscheidet man: 1. Rahmkäse (Sahne-, Creme-, vollfette K.), die aus Rahm oder einem Gemisch von Rahm mit Vollmilch hergestellt werden und mindestens 50 % Fett in der Trockenmasse enthalten. Zu ihnen gehören: Gervais, Imperial, Stilton (s. d.). 2. Fettkäse aus unabgerahmter Vollmilch, die wenigstens 40 % Fett in der Trockenmasse enthalten sollen: Emmentaler oder Schweizerkäse (s. d.), Holländer (Gouda-, Edamer-K., s. d.), Tilsiter-, Wilstermarsch-, Chester- (s. d.), Liptauer- (s.d.), Steppen-, Münster-, Schachtel-, Weißlacker-, Bier-, Brioler-, Woriener-, Romadour- (s.d.), Roquefort- (s.d.), Gorgonzola- (s.d.), Brie- (s.d.), Camembert-, Neufchâteller-, Elbinger- oder Werder-Niederungskäse. Den an Fettkäse zu stellenden Anforderungen müssen auch alle Käse mit Phantasienamen (wie z. B. Dessert-, Delikateß-, Appetit-, Frühstücks-, Tafel-, Portions-, Kronen-, Schloß-, Kloster-, Alpen-, Gebirgs-, Kaiser-, Bismarck-, Zeppelin- usw. Käse) entsprechen. 3. Halbfette Käse, aus teilweise entrahmter Milch, mit wenigstens 20 % Fett in der Trockenmasse: Limburger- (s. d.), Parmesan- (s. d.) und Joghurtkäse. 4. Magerkäse, aus abgerahmter Milch, zu denen von Sauermilchkäsen: Mainzer-, Harzer-, Thüringer-, Hand-, Faust-, Stangen-, Spitz-, Korb-, Goldleisten-, Quargel-, Klatsch-, Schicht-, Haus-, Land-, Kuh-, Topf-, Koch-, Quarg-, Hopfen-, Ziegen-, Kräuter- (s. d.), Nieheimer-, Kümmelkäse, von Weichkäsen: Backstein- und Quadratkäse, von Hartkäsen: Holsteiner-, Leder- und Graukäse gehören. — Außer den unter 1 und 2 angeführten Fettstufen unterscheidet man wohl auch dreiviertelfetten K. mit mindestens 30 % und viertelfetten K. mit mindestens 10 % Fett in der Trockenmasse. Als Ziegen- oder Schaf-K. bezeichnete K. müssen aus der Milch der betreffenden Tiere hergestellt sein. Aller Käse, zu dessen Herstellung fremdes, d. h. nicht der Milch entstammendes Fett benutzt worden ist, muß als Margarine-K. bezeichnet werden und einen Zusatz von Sesamöl (s. Margarine) erhalten. Er scheint übrigens wenig Anklang gefunden zu haben und wird im Handel kaum noch angetroffen. — Im Hinblick auf seine leichte Verdaulichkeit und seinen hohen Nährstoffgehalt gehört der Käse zu den wertvollsten Nahrungsmitteln, und die Magerkäse vor allem sind als die preiswürdigste Stickstoffnahrung zu bezeichnen. In ihnen erhält man für dasselbe Geld dreimal soviel Nährstoffe wie im Fleische, ein Beweis, daß sie vor allem geeignet sind, den offenkundigen Stickstoffmangel in der Nahrung der unbemittelten Kreise auszugleichen. Eigentliche Verfälschungen des K. durch Margarine, Mehl, Gips und Kreide, von denen die Lehrbücher berichten, gehören zu den größten Seltenheiten, und auch die früher beobachtete ekelhafte Behandlung mit Urin dürfte zurzeit kaum noch vorkommen. Um so häufiger sind dafür gewisse sog. Käsefehler, welche auf unrichtiger Herstellung beruhen und sich in dem Auftreten bitteren Geschmacks, blauer, grüner, roter und schwarzer Verfärbungen äußern. Sie sind meist auf die Tätigkeit unerwünschter Bakterien zurückzuführen und Grund zur Entfernung solcher, zum mindesten unappetitlicher Erzeugnisse aus dem Handel. In neuerer Zeit ist auch mit Erfolg gegen die Unterschiebung von Magerkäse an Stelle der fetten Schweizer und Holländer Käse eingeschritten worden. Bei der Beurteilung der K. auf Verdorbenheit ist wegen der Vorliebe mancher Leute für überreife, zerfließende und stark riechende Erzeugnisse eine gewisse Zurückhaltung geboten. Immerhin sollten aus Rücksicht auf das Vorkommen von Käsegift allzu stark zersetzte K. und aus Gründen der Appetitlichkeit madenhaltige Käse vom Verkehr ausgeschlossen werden.

Kaffee (frz. Café, engl. Coffee) ist der von Fruchtschale vollständig und der Samenschale (Silberhaut) größtenteils befreite Same verschiedener Pflanzen der zu den Rubiazeen gehörigen Gattung Coffea. Von den 50—60 Arten, die im tropischen Afrika und Asien vorkommen, beansprucht der arabische Kaffeebaum, Coffea arabica, die höchste Beachtung. Der etwa 6 m hohe Baum mit lederartigen kurzgestielten Blättern und weißen jasminartigen Blüten trägt kirschenähnliche Früchte, die anfangs grün, dann rot und zuletzt violett erscheinen und in einem süßen Fruchtfleisch zwei ovale Samen mit an beiden Seiten eingeschlagenen Längsrinnen enthalten. Zuweilen wird nur ein Same ausgebildet, der dann völlig rund ist und den sog. Perlkaffee bildet. Die Heimat des arabischen K. ist Afrika, von wo er nach Arabien verpflanzt wurde und sich später durch Kultur über die meisten Tropenländer verbreitete. Coffea liberica, der Liberiakaffeebaum Westafrikas, hat größere Blüten und kugelige, viel größere Früchte als der vorige. Da er auch außerhalb der Tropen gedeiht, wurde er vielfach zur Kultur empfohlen, hat sich aber infolge des hohen Hüllengewichts und der ein volles Jahr dauernden Reifezeit nicht bewährt. Coffea stenophylla, mit eirunden Früchten, aus Sierra Leone, ferner C. laurina, C. Zanguebariae und C. microcarpa werden in Ostafrika als Genußmittel verwandt, kommen aber für Europa nicht in Betracht. Der K. wird hauptsächlich in Gebirgsgegenden bis 950 m Höhe angebaut, und zwar besonders da, wo es nicht an Feuchtigkeit und Schatten fehlt. Hauptanbauländer sind Brasilien, Westindien, Mittelamerika, Sumatra, Java, Zeylon, Ostindien, Arabien und einzelne Teile von Afrika. Auch bringen die deutschen Kolonien brauchbaren K. (Usambara) in den Handel. Man besetzt die Kaffeeplantagen meist mit Pflänzlingen aus Samenzucht, mit Überschutz durch Bäume und verpflanzt die Setzlinge von 60—90 cm Höhe auf 2—2,5 m Abstand. Die Kronen werden gestutzt, und die Bäumchen bis zu 2 m hoch gehalten. Sie tragen vom 3.—20. Jahre mit zunehmender Verbesserung der Ernte. Die Gewinnung der Samen (Bohnen) erfolgt entweder nach dem sog. trockenen Verfahren durch Austrocknen der Früchte, Zerquetschen und Entfernung der Hülsen durch Schwingen oder nach dem neuen, sog. nassen, westindischen oder brasilianischen Verfahren, indem man die in Wasser erweichten Früchte mittels einer Maschine, des Despolpador, derart zerquetscht, daß die Samen von dem Fleische getrennt werden. Nach Waschen in Rührwerken wird die Samenschale durch eine Descador genannte Maschine entfernt. Man erzielt je nach Boden, Klima und Pflege 0,5 (Java) bis 3 kg (Arabien) von einem Baume. Der rohe Kaffee ist ungenießbar und dient nur zur Darstellung des Koffeins. Zum Genußmittel wird er erst durch das Rösten, bei welchem das Gewicht der Bohnen unter gleichzeitiger Volumvergrößerung um etwa 20 % abnimmt. Um zu große Verluste an flüchtigen Stoffen zu vermeiden, röstet man in geschlossenen Zylindern, und zwar beim Großbetriebe entweder in Dampfzylindern (Dampfkaffee) oder neuerdings vielfach mit elektrischer Heizung. Für den Haushalt ist es am besten, nicht zu große Mengen auf einmal zu brennen, da längeres Aufbewahren den Wert verringert. Das Brennen darf nur unter langsamem Drehen der Trommel, bei gleichmäßigem Feuer und nur so lange erfolgen, bis die Bohnen anfangen zu knallen und sich hell kastanienbraun färben, nicht aber bis zum Schwitzen und Fettigwerden. Der Gebrauch, etwas Butter mit in die Trommel zu tun, damit die Bohnen ein glänzendes Aussehen bekommen und die Schmutzschicht besser loslassen, ist nicht zu empfehlen und bei vorherigem Waschen überflüssig. Heißes Wasser entzieht dem stark gerösteten K. mehr lösliche Bestandteile als dem schwach gerösteten, der erstere ist aber bitterer und weniger aromatisch. Zur Aufbewahrung sind verschlossene Büchsen zu verwenden. Die Kaffeebereitung geschieht durch Kochen der gemahlenen, gerösteten Bohnen mit Wasser, oder durch Aufgießen von siedendem Wasser und Filtration mittels Kaffeesacks oder Kaffeesiebs (Arndtscher Kaffeetrichter). Das erstere Verfahren gibt bessere Ausnutzung der löslichen Stoffe, aber auf Kosten des Geschmacks, da das Aroma zum Teil verloren geht. Der K. gehört zu den alkaloidhaltigen Genußmitteln, erregt das Gefäß- und Nervensystem, beschleunigt den Puls, erzeugt Wärmegefühl, verringert die Zahl der Atemzüge und regt die geistigen Fähigkeiten und Gedanken an. Gleichzeitig verscheucht er den Schlaf, vermehrt die Harnabsonderung und steigert die Arbeitsleistung. Sein wichtigster Bestandteil ist das Koffein (s. d.), von welchem der rohe K. etwa 1,2 % enthält. Weiter sind vorhanden 12 % Protein, 12,3 % Fett, 8,5 % Zucker, 32,8 % stickstofffreie Extraktstoffe (darunter 3—6 % Kaffeegerbsäure), 18,2 % Holzfaser, 11,2 % Wasser und 3,8 % Asche. Durch das Rösten entstehen aromatische Stoffe unbekannter Art, während der Zucker größtenteils in Karamel übergeht, das Koffein aber nahezu unverändert bleibt. Der K. unterliegt in ganzem wie in gemahlenem Zustande zahlreichen Verfälschungen. Zwar hat die Unterschiebung völlig nachgemachter Bohnen aus Ton, Steinnuß oder Mehlteig ziemlich aufgehört, seitdem der sog. Gassensche Kunstkaffee durch Bundesratsbeschluß verboten wurde, aber sehr häufig wird der rohe K. noch mit Berlinerblau, Indigo, Talk, Kurkuma, Chromgelb oder Ocker künstlich gefärbt, um schlechter oder mißfarbiger Ware ein schöneres Aussehen zu verleihen. Mit dem Rösten sind weiter zahlreiche Kunstgriffe verbunden, die entweder das Gewicht erhöhen oder ein schöneres Aussehen hervorrufen sollen, wie Zusätze von Zwiebeln, Kakao oder Alkalien. Das sog. Glasieren wird zurzeit meist als zulässig angesehen, falls dabei Zucker oder Schellack in nicht zu großer Menge (höchstens 7 bzw. 0,5 Teile auf 100 Teile Rohkaffee) benutzt werden und die Bezeichnung „mit gebranntem Zucker oder Schellack überzogen" angebracht wird. Hingegen ist die Verwendung anderer Überzugsstoffe wie Tannin, Paraffin oder Glyzerin sowie die Verdeckung minderwertiger Beschaffenheit durch Überzugsstoffe zu verwerfen. Unzulässig ist auch die Behandlung mit Soda, Pottasche, Kalk, Zuckerkalk und Ammonsalzen. Der Wassergehalt soll 12 % bei Rohkaffee, 5 % bei geröstetem K. nicht übersteigen. Ganz oder teilweise des Koffeins beraubter K. muß entsprechend gekennzeichnet sein, und zwar als „koffeinarm", wenn er höchstens 0,2 %, als koffeinfrei, wenn er höchstens 0,8 % Koffein enthält. Zusätze fremder Stoffe auch zu als „Kaffeemischung" bezeichneten Proben haben als Verfälschung zu gelten. Ihr Nachweis erfolgt mit Hilfe der chemisch-mikroskopischen Analyse. — Nach ihrer Herkunft unterscheidet man zahlreiche Kaffeesorten, deren Form, Farbe, Reinheit und Aroma die mannigfaltigsten Abweichungen zeigt. Als wertvollste gilt der aus einrunden grünlichen Bohnen bestehende arabische oder Mokka-K., welcher kaum zu uns gelangt und im europäischen Handel vielfach durch untergeschobene Java- und Zeylon-K. ersetzt wird. Der Güte nach folgen dann die niederländisch-indischen Sorten, von denen der glänzende weißliche bis hochgelbe oder gelblichbräunliche Java am höchsten geschätzt wird. Geringere Javas sind bräunlich oder bräunlichgrün, oder, wie der Samarang, gelbbraun und großbohnig, oft mit schwarzen untermengt. Von Zelebes stammt der gelbe bis blaßgrünliche, großbohnige, vorzügliche Menado und der ähnlich aussehende, aber minderwertige Makassar. Als geringste ostindische Sorte gilt der Sumatra mit großen dunkelgelben und braunen Bohnen, der meist nach China geht. Die Philippinen liefern den Manila. Sehr wertvoll ist der Plantation-Zeylon mit kleinen, schmalen, blaugrünen Bohnen, während die längeren, gelbgrünen Natives von Zeylon weniger geschätzt werden. Das indische Festland liefert die ziemlich breiten, grünlichen und an der Innenfläche konkaven Neilgherrys, ferner Mysore und Madras, die Insel Bourbon die ungleichmäßige Sorte Réunion und Deutschostafrika den Usambara. Von den westindischen Kaffeesorten gelten Kuba und Portoriko als die besten, dann folgen Jamaika und S. Domingo, und vom mittelamerikanischen Festlande Mexiko, Kostarika, Guatemala und Nikaragua. Aus Südamerika sind zu erwähnen Surinam, eine vorzügliche Sorte mit kleinen grünlichen Bohnen, und die zahllosen brasilianischen Sorten, von denen Rio, Santos, Bahia und Kampinas die bekanntesten sind. Nicht als Kaffeesorten, sondern als Ersatzmittel sind aufzufassen der Sultan- oder Sakka-K. (Café à la Sultane), der aus dem gerösteten Fruchtfleische, und der Café moudé (Krischer), der aus den gerösteten Schalen besteht. Zum Versand gelangt der K. als Gut, Mittel, Ordinär und Triage (d. s. zerbrochene, mißfarbige Bohnen); Brack-K., marinierter oder havarierter K. ist durch Seewasser verdorben. Die Gesamterzeugung an K. wird jetzt für den Handel auf mindestens 1½ Milliarden Kilogramm veranschlagt. Davon liefert Brasilien etwa 1,1 Milliarden, das übrige Amerika 300, Asien und Afrika 10—15 Millionen. Der Kaffeeverbrauch ist in beständiger Zunahme begriffen und beträgt in Deutschland mehr als 200 Millionen Kilogramm.

Kaffee-Ersatzstoffe nennt man Zubereitungen, die durch Rösten von Pflanzenteilen, auch unter Zusatz anderer Stoffe, hergestellt werden, mit heißem Wasser ein kaffeeähnliches Getränk liefern und dazu bestimmt sind, als Ersatz des Kaffees zu dienen. Da sie mit Ausnahme des aus getrockneten Kaffeschalen bestehenden Sakka- oder Sultankaffees und der gerösteten Kaffeeblätter, die aber nicht in den hiesigen Verkehr gelangen, frei von Koffein sind, erscheint die Bezeichnung K. weniger treffend als das früher übliche, jetzt verpönte Fremdwort Kaffeesurrogat. Als Rohstoffe, die z. T. in besonderen Abschnitten besprochen sind, kommen hauptsächlich folgende in Betracht: 1. Zuckerhaltige Wurzeln (Zichorie, Rübe, Möhre); 2. zuckerreiche Früchte (Feigen, Johannisbrot); 3. stärkereiche Früchte und Samen (Gerste, Roggen, Eicheln); 4. gemälztes Getreide (Gersten-, Roggenmalz); 5. fettreiche Früchte (Erdnüsse, Sojabohnen); 6. Zuckerarten; 7. als vor oder nach dem Rösten gemachte Zusätze: zucker-, gerbstoff- und koffeinhaltige Pflanzenauszüge, Kolanüsse, Speisefette und -öle, Kochsalz, Alkalikarbonate und Wasser. Die K. gelangen sowohl gemahlen wie ungemahlen in den Verkehr, Getreide- und Malzkaffee meist unzerkleinert, Zichorien- und Feigenkaffe als Pulver oder knetbare Masse, alle K. auch wohl in bestimmte Formen (Würfel) gepreßt. Die Zusammensetzung hängt von der Art der benutzten Ausgangsmaterialien ab, ebenso der Geruch und Geschmack des Aufgusses, der demjenigen des gerösteten Kaffees mehr oder weniger nahe kommt. Zur Vermeidung von Irreführungen müssen alle diese Erzeugnisse in deutlicher Weise als Ersatzstoffe gekennzeichnet werden. Ihre Bezeichnung darf das Wort Kaffee nur in den Wortverbindungen: Zichorienkaffee, Feigenkaffee, Gersten-, Roggen-, Korn-, Weizen-, Malz-, Eichelkaffee sowie Kaffee-Ersatz, Kaffeezusatz, Kaffeegewürz enthalten, hingegen sind andere Wortbildungen wie: Deutscher Kaffee (Kichererbse), Frankkaffee (Zichorie), Kneippkaffee (Gerste oder Malz), Berings Kraftkaffee (Lupine), Saladinkaffee (Mais), Gesundheitskaffee (Weizen, Zichorie, Kakaoschalen), Kronenkaffee (rote Rüben, Roggen, Zichorie), Ungarischer Kaffee (Lupinen, Zichorie, Kaffee), Hensels Hämatin-Kaffee (Zichorie) unzulässig. Auch Mischungen mit echtem Kaffee dürfen nicht als Kaffeemischung, sondern nur als Kaffee-Ersatzmischung bezeichnet werden. Im übrigen ist zu fordern, daß zur Herstellung unverdorbene, genügend gereinigte Rohstoffe Verwendung finden, daß insbesondere der Aschengehalt bei Feigenkaffee 7% mit 1% Sand, bei anderen K. 8% mit 2,5% Sand nicht übersteigt. Ausgelaugte Zuckerrübenschnitzel, Kaffeesatz, Olivenkerne, Steinnußabfälle, Farbstoffe und andere wertlose Stoffe, Mineralöle, Glyzerin, Rückstände von der Melasseentzuckerung sollen überhaupt nicht benutzt werden. Als Überzugs-(Glasierungs-)mittel dürfen nur Zuckerarten oder Schellack benutzt werden. Der höchstzulässige Wassergehalt beträgt bei Zichorienkaffee 30%, bei Feigenkaffee 20%, bei Getreide- und Malzkaffee 10%. Die nach bestimmten Rohstoffen benannten K. müssen auch ausschließlich aus diesen bestehen. Insbesondere darf K. aus ungekeimtem (gemälztem) Getreide nicht als Malzkaffee bezeichnet werden. Verschimmelte, sauer gewordene oder durch Käfer, Milben u. dgl. verunreinigte K. sind als verdorben zu beurteilen. Diese während des Krieges recht vernachlässigten Grundsätze werden nach Friedensschluß wieder in ihre Rechte treten. Für die Untersuchung der K. spielt das Mikroskop die ausschlaggebende Rolle. Ein ganz brauchbares Mittel zur vorläufigen Unterscheidung des echten gemahlenen Kaffees von den K. besteht darin, daß man das Pulver auf Wasser schüttet, wobei Kaffee oben schwimmt, während die Ersatzstoffe nach unten sinken und das Wasser braun färben. Der Wert der in Deutschland verbrauchten Ersatzstoffe wird auf 30 Millionen M. jährlich geschätzt.

Kaffee-Extrakte (Kaffee-Essenz) sind eingedickte wäßrige Auszüge aus gebrannten Kaffeebohnen, allenfalls unter Zusatz geringer Mengen Zucker und Milch, doch müssen letztere gekennzeichnet werden.

Kainit, neben Karnallit der wichtigste Bestandteil der Abraumsalze von Staßfurt und Kalusz, besteht aus einem wasserhaltigen Doppelsalze von schwefelsaurer Magnesia und Chlorkalium, $MgSO_4 + KCl_2 + 3H_2O$. Er wird zur Bereitung von Chlorkalium benutzt, wobei als Nebenprodukte noch schwefelsaures Kalium, Magnesia und Bittersalz erhalten werden.

Kainkawurzel (brasilianische Schlangenwurzel, lat. Radix caincae, frz. Racine de caince, engl. Cainca-root), die holzigen Wurzeln einiger Arten der im tropischen Amerika heimischen, zu den Rubiazeen gehörigen Gattung Chiococca. Die westindische Schlangenwurzel stammt von Ch. racemosa, die brasilianische von Ch. anguifuga, densifolia und scandens. Die 1—2 cm dicke, stark verästelte und hin und her gebogene Wurzel, an der oft noch Stammstückchen sitzen, ist von einer außen graubraunen, runzelig-geringelten, innen dunkelbraunen und harzigen Rinde umgeben. Das harte Holz erscheint blaßbräunlich. Beim Kauen entwikkelt sich ein schwach aromatischer kaffeeartiger Geruch und ein bitterlich kratzender Geschmack, der durch eine der Wurzel eigentümliche, in farblosen seideglänzenden Nadeln kristallisierende Säure, die Kainkasäure (auch Kainzin und Kainkabitter genannt), verursacht wird. Die Wurzel wurde früher mehr als jetzt als kräftig purgierendes und harntreibendes Mittel, auch gegen Wassersucht, angewandt.

Kairin (salzsaures Äthylhydroxychinolin, lat. Kairinum, frz. Cairine, engl. Kairin) wurde im Jahre 1882 von O. Fischer synthetisch dargestellt, indem er Chinolin mit Schwefelsäure erwärmte, das entstehende Oxychinolin der Natronschmelze unterwarf, reduzierte und schließlich mit Äthyljodid behandelte. K., ein in Wasser und Alkohol lösliches farbloses Kristallpulver, erregte seinerzeit als erstes künstliches Ersatzmittel des Chinins das lebhafteste Interesse, ist aber jetzt wegen seiner gefährlichen Nebenwirkungen auf Herz und Nervensystem völlig aufgegeben worden.

Kaiserbrunnen in Aachen, eine alkalisch-muriatische Schwefeltherme von 55° C, besitzt folgende Zusammensetzung für 1000 Gewichtsteile: Bikarbonate des Natriums 0,9244 g, Lithiums 0,0004 g, Kalziums 0,2197 g, Strontiums

0,0003 g, Magnesiums 0,0684 g, Eisenoxyduls 0,0010 g; Chloride des Natriums 2,6381 g; Natriumbromid 0,0031 g, Natriumjodid 0,0006 g; Sulfate des Kaliums 0,1542 g, Natriums 0,2830 g, Natriumsulfid 0,0130 g; Kieselsäure 0,0662 g, Organische Stoffe 0,0146 g.

Kajabokah (Kiaboocah, Amboinaholz), ein von Singapore kommendes Nutzholz, anscheinend der Auswuchs irgend eines großen Baumes (vermutlich von Pterospermum indicum), ist ziemlich hart, kleinmaserig, orange bis rotbraun, und wird in China und Indien viel zu Kunsttischlereiarbeiten verwendet.

Kajalithwaren, aus Magnesiazement gefertigte Waren, namentlich Tischplatten, Fußbodenplatten usw., die in den verschiedensten Farben hergestellt werden.

Kajeputöl (lat. Oleum cajeputi, frz. Essence de cajeput, engl. Oil of cajeput), ein dünnflüssiges, durch Kupfer grün bis grünblau gefärbtes, klares, ätherisches Öl von starkem Geruch nach Kampfer und Rosmarinöl und ähnlichem, anfangs brennendem, dann kühlendem Geschmack, gelangt in Wein- oder Bierflaschen gefüllt und in Kisten verpackt zu uns. Es ist ein Destillat aus den Blättern und Zweigspitzen des ostindischen Strauches Melaleuca leucadendron und noch einer oder mehrerer Melaleuca-Arten und wird für medizinischen Gebrauch gewöhnlich rektifiziert, wodurch man es farblos erhält. Im Handel findet sich auch verfälschtes und völlig nachgemachtes Öl, das aus Rosmarinöl, Terpentinöl und Kampfer zusammengesetzt und grün gefärbt wird. Reines K. besteht neben wenig Terpen hauptsächlich aus Zineol (Eukalyptol) und außerdem Terpineol, hat ein spez. Gew. von 0,919—0,930, dreht schwach links, bis $-3^0 40'$, und muß sich in der gleichen Menge 80 %igem Weingeist klar lösen. Das Öl dient äußerlich zu Einreibungen gegen nervöses Kopfweh, Spulwürmer, Koliken, auf Baumwolle eingeführt gegen Zahnschmerz und Ohrenleiden, und wurde früher gegen Cholera äußerlich und innerlich angewandt. Auch eignet es sich gut zur Vertreibung von Motten und überhaupt zur Verhütung von Insektenfraß.

Kakao (Cacao, lat. Semen seu Fabae cacao, frz. Cacao, engl. Cocoa, Cacao) nennt man die Samen des prachtvollen, zu der Familie der Büttneriazeen gehörenden Baumes Theobroma cacao, der im tropischen Amerika vom $23.^0$ n. Br. bis zum $20.^0$ südl. Br. heimisch ist, aber auch in anderen Ländern vielfach angebaut wird. Er findet sich hauptsächlich auf den westindischen Inseln, in Venezuela, Kolumbia, Ekuador, Peru und Nordbrasilien, außerdem auf den Philippinen, den Sundainseln, Zeylon, Bourbon, San Thomé und den Kanaren und neuerdings auch in den deutschen Kolonien (Kamerun). Die von Linné aufgestellte botanische Bezeichnung Theobroma bedeutet Götterspeise. Der Baum, der im Schmucke seiner dichten Belaubung, seiner roten Blütenbüschel und goldgelben Früchte einen prachtvollen Anblick gewährt, erreicht eine Höhe von 12 m. Er beginnt im 5. bis 6. Jahre an zu tragen, gibt im 12. Jahre die höchsten Erträge und bleibt 30 Jahre lang nutzbar, indem er das ganze Jahr Blüten und Früchte trägt. Die im Verlaufe von 5—6 Monaten reifenden Früchte von der Gestalt einer 20 cm langen und 10 cm dicken Gurke enthalten in einem wohlschmeckenden, rötlichen Fleische 25—40 Samen. Die letzteren werden aus den aufgeschnittenen Früchten herausgestoßen, durch Reiben und Sieben von dem anhängenden Fruchtmus möglichst befreit und an der Sonne getrocknet (ungerotteter K.). Ein feineres Erzeugnis, der sog. gerottete K. wird erzielt, wenn man die Samen zuerst in losen, mit Laub bedeckten Haufen oder in Erdgruben einer Selbsterhitzung überläßt, wobei sie ihre Keimfähigkeit und einen Teil ihrer Bitterkeit, sowie den krautartigen, herben Geschmack verlieren und eine dunklere, bräunliche Farbe annehmen. Die gerotteten Bohnen, die meist an ihrem erdigen Überzuge kenntlich sind, werden zur Verarbeitung auf menschliche Nahrungsmittel einer sorgfältigen Reinigung durch Sieben und Auslesen unterworfen, darauf geröstet und schließlich in besonderen Maschinen durch Brechen von den Schalen befreit. In dieser Form, in welcher sie das Ausgangsmaterial für Kakaopulver und Schokolade bilden, bestehen sie nur aus den reinen Kotyledonen des Samens. Diese sog. Kerne enthalten in chemischer Hinsicht neben den allen Samen gemeinsamen Bestandteilen: Eiweiß, Stärke, Holzfaser und Salzen gewisse charakteristische Stoffe, die für die Verwendung von größter Bedeutung sind, nämlich das dem Koffein verwandte Alkaloïd Theobromin (s. d.), ferner einen eigentümlichen Farbstoff, das Kakaorot, welches erst beim Rotten durch Oxydation entsteht, und schließlich beträchtliche Mengen eines besonderen Fettes, der sog. Kakaobutter (s. d.). Im Mittel enthält K.: 4—8 % Wasser, 14 % Protein, 50 % Fett, 10 % Stärke, 14 % stickstofffreie Extraktstoffe, je 4 % Rohfaser und Asche und 0,5 % Theobromin. Unter den sog. Extraktstoffen finden sich Zucker, Gerbstoff und Phlobaphen (Rindenfarbstoff), während die Asche erhebliche Mengen Kaliumphosphat enthält. Von den zahlreichen Handelssorten werden die feinsten Sorten, der mexikanische Sokonusko und Esmeraldas aus Ekuador, meist im Ursprungslande verbraucht, während die Kakaos aus Venezuela als Karakas und Puerto Cabello in großen Mengen nach Europa ausgeführt und hier zu den feinsten Schokoladen verarbeitet werden. Aus Ekuador gelangen in den europäischen Handel die Guayaquil-K. (Ariba, Machala, Balao), die besonders in Deutschland verbraucht werden. Holländisch-Guyana führt den Surinam-K. aus, der in zwei Sorten, einer feineren, durch Plantagenkultur gewonnenen und einer geringwertigen, ranzig-bitterschmeckenden von wild wachsenden Bäumen in den Verkehr, hauptsächlich nach Holland, gelangt. Britisch-Guyana liefert die weniger wichtigen Berbice und Essequibo, Französisch-Guyana den geringwertigen Kayenne-K. und Kolumbia den Marakaibo und Angostura. Von brasilianischen Marken seien die bitteren Maranon und Para-K. sowie der früher häufig ungerottete Bahia, das Haupterzeugnis Brasiliens, erwähnt. Die westindischen Inseln liefern den Kuba-, Haiti- oder Port au Prince-, Trinidad-, St. Domingo- und Martinique-K. Das wichtigste asiatische Vorkommen ist der feine Zeylon-K., der nahezu vollständig nach London gelangt, und der nach Amsterdam eingeführte Java-K. Aus Afrika kommt neuerdings der Kamerun-K. in den deutschen Handel. — Zur Verarbeitung der Kakaobohnen auf menschliche Genußmittel werden meist mehrere Sorten vermischt und dann in sog. Kakaomühlen bis zur äußersten Feinheit zerrieben. Das wegen seines hohen Fettgehaltes flüssige, homogene Gemisch erstarrt beim Abkühlen zu der sog. Kakaomasse, welche den Ausgangsstoff für die verschiedenen K.-Erzeugnisse darstellt. Durch teilweises Abpressen des Fettes in hydraulischen Pressen bei erhöhter Temperatur erhält man das Kakaopulver, das häufig noch mit Wasserdampf, Pottasche, Soda, kohlensaurer Magnesia oder Ammoniak behandelt wird und dabei den aufgeschlossenen K. liefert. Die für letzteren vielfach benutzte Bezeichnung löslicher K. ist unrichtig, da dieses Erzeugnis lediglich die Eigenschaft besitzt, sich in Wasser längere Zeit schwebend zu erhalten, ohne einen Bodensatz zu bilden. Zurzeit wird das Aufschließen meist mit den Kernen vor dem Pulverisieren und Entfetten vorgenommen. Als bestes Verfahren empfiehlt Zipperer die Behandlung mit Ammoniak, da dieses flüchtig ist, während mit den fixen Alkalien dem K. fremde Bestandteile einverleibt werden. Voraussetzung ist allerdings die völlige Verjagung des Ammoniaks, da sonst übelriechende Erzeugnisse entstehen. Gemische gleicher Teile K. und Hafermehl kommen als Hafer-K. in den Handel. Zur Herstellung von Schokolade versetzt man die fetthaltige, noch flüssige Kakaomasse mit der gleichen bis anderthalbfachen Menge Zucker und vermischt sie mit besonderen Walzen auf das sorgfältigste. Unter Umständen werden auch größere Mengen Zucker, ferner Kakaobutter und Gewürze (Vanille, Zimt, Nelken, Muskat, Perubalsam) hinzugesetzt. Eine durch Zusatz von sehr viel Fett leicht schmelzbare Schokolade, die zum Überziehen von Zuckerkernen (Pralinés) oder Zuckerplatten (Cremeschokolade) dienen, nennt man Kuvertüre. Die mit Hilfe von Milch oder Sahne zubereitete Milchschokolade aus der Schweiz wird jetzt auch in Deutschland in großen Mengen hergestellt. Im Hinblick auf ihren hohen Preis unterliegen alle Kakaowaren mannigfachen Verfälschungen. In erster Linie sind Zusätze von Mehl und Stärke, von Mineralstoffen (Eisenoxyd, Ocker, Bolus), Teerfarbstoffen und Sandelholz und den wertlosen gemahlenen Kakaoschalen zu erwähnen. Außerdem wird bisweilen zu viel von der Kakaobutter abgepreßt und durch billigere Fette (Sesamöl, Talg, Kokosfett) ersetzt, und schließlich kann durch Beimischung übermäßiger Zuckermengen Verfälschung erfolgen. Nach den Beschlüssen des Verbandes Deutscher Schokoladenfabrikanten, welche mit großem Nachdruck für die Reinhaltung ihrer Industrie eintreten, dürfen fremde Fette, Schalen und sog. Fettsparer (Tragant, Gelatine, Dextrin) überhaupt nicht benutzt werden. Der Zuckergehalt soll 70 % nicht übersteigen und ein etwaiger Mehlzusatz deutlich gekennzeichnet werden. Der Kakaoverbrauch Deutschlands betrug im Jahre 1912 etwa 52 000 t, von denen rund 7000 t aus Portugiesisch-Westafrika und 1000 t aus Kamerun eingeführt wurden. Der Rest stammte aus Südamerika. 1913 betrug die Erzeugung der deutschen Kolonien bereits 6564 t, Kamerun 5265 t, Samoa 890 t, Togo 335 t, Neu-Guinea 741 t) und bis 1920 wäre sie ohne den Krieg auf 13—15 000 t gestiegen. Dabei sind in Kamerun von 100 000 ha geeigneten Bodens erst 13 000 ha erschlossen und auch auf Samoa sind Hunderte von Quadratkilometern anbaufähiger Boden vorhanden.

Kakaobutter (lat. Oleum seu Butyrum cacao, frz. Beurre de cacao, engl. oil of Theobrome), das Fett der Kakaosamen, in denen es bis zu 55 % enthalten ist, wird durch Auspressen der Kakaomasse gewonnen und bildet gelblichweiße, ziemlich harte Stücke von feinem Kakaoaroma. Es löst sich in siedendem Alkohol, Äther und Chloroform, aber zum Unterschiede von Kokosfett nicht in 90 %igem Alkohol. Durch seinen Schmelzpunkt von 30—35° und die Jodzahl 36 ist es hinreichend charakterisiert. K. wird in letzter Zeit häufig verfälscht, besonders durch Sesamöl, Talg und Kokosfett, die nach dem üblichen Gange der Fettanalyse nachgewiesen werden können. Ja, der gesteigerte Verbrauch an K. zur Herstellung der überfetteten, leicht schmelzenden Schokoladen und die damit verbundene Preissteigerung hat sogar zum Erscheinen völliger Nachahmungen geführt, welche als Kakaoline (Kokosfett) und Nukoine (Palmkern- und Kokosfett) ganz offen angepriesen werden. K. findet außer in der Schokoladenfabrikation und der Medizin zur Herstellung kosmetischer Zubereitungen (Salben, Pomaden, Seifen) Verwendung.

Kakaopflaumen (Ikakopflaumen, Goldfrüchte, Goldeicheln), die gelblich- oder rötlichweißen Früchte eines südamerikanischen Strauches, Chrysobalanus Icaco, werden roh gegessen, aber auch, in Zucker eingemacht, nach Spanien, Portugal usw. versandt.

Kakaotee werden bisweilen die beim Brechen der Kakaobohnen abfallenden, etwas kandierten Samenschalen der Kakaobohne genannt. Sie sollen zur Herstellung eines Aufgusses dienen, stellen aber ein Genußmittel höchst zweifelhaften Wertes dar und scheinen mehr und mehr aus dem Handel zu verschwinden. Zurzeit dürften sie hauptsächlich zur Verfälschung von Kakaowaren Verwendung finden, und es wäre daher zu wünschen, daß die reellen Fabriken sie als Feuerungsmaterial benutzten.

Kakaralliholz, ein schweres, hartes Holz, mit festem, dichtem Kern von Lecythis ollaria in Englisch-Guyana, ist ein vortreffliches Bauholz, namentlich zu Wasserbauten und zum Schiffsbau, da es dem Meerwasser sehr gut widersteht.

Kaktusholz, das Holz des gemeinen Kaktus, Opuntia vulgaris, besteht aus zahlreichen dünnen Lagen oder Blättern, deren Gefäßbündel zu einem weitmaschigen Netze vereinigt sind. Diese Blätter werden aus Algier nach Frankreich eingeführt und dort unter dem Namen Bois de dentelle zu feinen Arbeiten, z. B. zum Auslegen von Kästchen, Visitenkartenhaltern u. dgl. verarbeitet. Man kann das K. mit Chlorkalk bleichen, beliebig färben und, nachdem es in Wasser gelegen, auch biegen.

Kakur (Kakuobohnen), die gelben Früchte der in Südwestafrika wachsenden Kukurbitazee Cucumis myriocarpus, ähneln einer großen Stachelbeere; die zahlreichen eiförmigen, fast weißen Samen werden von den Kaffern als Purgier- und Brechmittel benutzt.

Kalabarbohnen (Gottesurteilbohne, lat. Semen calabaris, frz. Fève du Calabar, engl. Ordeal bean), die Samen eines an der Kalabarküste in Westafrika heimischen, strauchartigen Hülsengewächses Physostigma venenosum, sind von nierenförmiger Gestalt, dunkel- bis schwarzbrauner Farbe und mit einer harten braunen Schale umgeben. Die etwa 4 g schweren, völlig geruch- und geschmacklosen Bohnen enthalten zwei stark giftige Alkaloïde: Physostigmin und Kalabrin und werden daher in Afrika zu Ordalien (Gottesurteilen) benutzt. Das rein dargestellte Physostigmin, wie das alkoholische Extrakt der K. haben die Eigenschaft, die Pupille zu verengern, und finden daher in der Augenheilkunde zur Aufhebung der Atropinwirkung Anwendung, indem man mit Kalabarextrakt getränkte Scheibchen von Gelatine oder Papier in das Auge einführt. Als fremde Beimengungen sind bisweilen die Samen von Mucuna cylindrosperma und M. urens, der sog wilden K., oder Kalinüsse beobachtet worden. Da die K. in Pulverform an Wirksamkeit verlieren sollen, werden sie nur in ganzem Zustande aufbewahrt.

Kalain, Calin, Legierung von Blei, Zinn und wenig Kupfer, welche die Chinesen in Form von Blattmetall zum Auslegen der Teekisten benutzen.

Kala-Kurwali, ein dem Mahagoni ähnliches ostindisches Holz von Hymenodiction excelsum, einer Rubiazee, eignet sich für die feine Möbeltischlerei.

Kalfroom, ein aus Holland eingeführtes Präparat, das angeblich der Magermilch zugesetzt werden soll, um sie für die Kälberernährung brauchbar zu machen, tatsächlich aber zur Milchfälschung bestimmt zu sein scheint, stellt nach Bömer eine gelbe Flüssigkeit von dicklicher Konsistenz dar und enthält neben 5.29 % Wasser 0,24 % Mineralstoffe, 4,56 % Kasein, 45,47 % Baumwollsamenöl und 31,94 % Rohrzucker. K. gibt beim Anrühren mit Wasser eine milchähnliche Emulsion.

Kali (Kaliumoxyd). Das Wort Kali oder mit vorgesetztem arabischem Artikel Alkali ist arabisch und bedeutet Pflanzenlaugensalz, denn schon die Araber des 8. Jahrhunderts wußten, daß sich aus Pflanzenasche mit Wasser Salz ausziehen sowie durch gebrannten Kalk ätzend machen läßt. Daß zweierlei solcher Salze, K. und Natron, vorhanden, wurde erst viel später erkannt. Jetzt versteht man unter K. nur die Sauerstoffverbindung des Kaliummetalls (s. Kalium), das Kaliumoxyd, K_2O, eine weißgraue, feste, spröde Masse, bezeichnet im Handel aber meist die Verbindung des K. mit Wasser, das Kalihydrat (Kaliumhydroxyd, Ätzkali, kaustisches Kali, Kaliumoxydhydrat, lat. Kalium hydricum, Kalium causticum, Lapis causticus, frz. Hydrate de potassium, Potasse caustique, engl. Potassium hydroxide, Potassium hydrate), mit dem gleichen Namen. Das Kaliumhydroxyd wurde längere Zeit als Element betrachtet, bis Davy 1807 nachwies, daß es ein zusammengesetzter Körper sei. In den Handel kommt das Ätzkali in verschiedener Form entweder fest als weißes Pulver (Kalium causticum siccum, Kalium hydricum siccum), als weiße, harte Stücke (Kalium causticum fusum in frustulis) und als runde Stengelchen (Kalium hydricum seu causticum in baculis) oder in Lösung als Kalilauge, Ätzkalilauge (lat. Liquor kali caustici, frz. Solution d'hydrate potasse, Solution de potasse caustique, engl. Solution of potash). Letztere wurde früher durch Auslaugen von Holzasche mit Wasser und Zusatz von gebranntem Kalk erhalten. Jetzt stellt man sie durch Kochen von wäßriger Pottaschelösung mit gelöschtem Kalk in einem blanken eisernen Kessel dar. Die Umsetzung in Ätzkali und kohlensauren Kalk gilt als beendet, wenn eine filtrierte Probe der Flüssigkeit beim Eintropfen in Salzsäure kein Aufbrausen mehr bewirkt. Die Lauge wird nach dem Absitzen des Kalkes klar abgezogen und in einem blanken eisernen oder silbernen Kessel bis zur gewünschten Konzentration eingedampft. Die Kalilauge des D.A.B. (Liquor kali caustici purus) hat das spez. Gew. 1,140 und enthält 15 % Ätzkali. Die Kalilauge des Handels (Liquor kali caustici venalis) ist unreiner, aber gewöhnlich hochprozentiger. Der Gehalt wird mittels des Aräometers nach Graden Beaumé bestimmt. Die Kalilauge ist eine äußerst scharfe, sich schlüpfrig anfühlende, farblose oder gelbliche Flüssigkeit, die stark alkalisch reagiert und die Haut bei längerer Einwirkung zerstört. Das Kalium causticum siccum erhält man durch Eindampfen der Kalilauge unter Umrühren, bis ein herausgenommener Tropfen auf kaltem Porzellan erstarrt, und darauf folgendes Weiterrühren der vom Feuer genommenen Lauge bis zum Erstarren. Man gewinnt hierbei ein grobes Pulver, das etwa 20 % Wasser enthält. Das Kalium causticum fusum wird erhalten, wenn man das Eindampfen der Kalilauge so weit fortsetzt, bis der Inhalt des Kessels ölartig ruhig schmilzt. Alsdann wird die wasserfreie, heiße Masse entweder in eiserne, innen versilberte Formen gegossen und so das Kalium causticum in baculis bzw. der Lapis causticus chirurgorum (Ätzstift) gewonnen, oder man gießt dieselbe auf Metallbleche aus und bricht sie nach dem Erkalten in Stücke (Kalium causticum fusum in frustulis). Das auf die eine oder andere Weise erhaltene feste Ätzkali bringt man sofort nach dem Erstarren in trockene, warme Gefäße und verschließt sie sorgfältig, da es an der Luft begierig Wasser und Kohlensäure anzieht und allmählich zerfließt. Eine besonders reine Sorte für analytische Zwecke erhält man durch Behandeln des geschmolzenen Ätzkalis mit starkem Alkohol, wobei die Verunreinigungen — Kaliumsilikat, Pottasche, Chlorkalium, Eisenhydroxyd — in die untere wäßrige Schicht gehen. Die alkoholische Lösung wird abgezogen, der Alkohol abdestilliert und der Rückstand in einer Silberschale zum ruhigen Schmelzen erhitzt. Ein noch reineres Ätzkali, das Kalium causticum purissimum, wird aus Ätzbaryt und schwefelsaurem Kalium gewonnen. Ätzkali und Kalilauge finden mannigfache Verwendung, letztere hauptsächlich in der Technik zur Darstellung der Schmierseifen, der Oxalsäure, zum Büken leinener und baumwollener Gespinste usw., ersteres als Ätzmittel und in der analytischen Chemie.

Kalifig, ein Abführmittel amerikanischen Ursprungs aus drei Teilen kalifornischem Feigensirup und einem Teil Sennesextrakt.

Kalikos (frz. Calicot, engl. Calico), nach französischem Sprachgebrauch auch Indiennes genannt, sind bunt gedruckte Kattune feinerer Art. Beide Namen erinnern an Indien (Kalkutta), das Stammland dieser Waren, von wo sie früher als hochgeschätzte Luxuswaren nach Europa kamen, während sie jetzt einen Hauptartikel der europäischen Baumwollenfabrikation bilden und in ungeheuren Massen sowohl nach Indien selbst, als auch nach anderen Ländern ausgeführt werden (s. Kattun). Eine besonders feste Sorte von gefärbtem K. wird zu Büchereinbänden benutzt.

Kalinüsse (wilde Kalabarbohnen), die Samen der im tropischen Amerika heimischen Papilionazee Mucuna urens, kommen seit 1879 bisweilen auf den europäischen Markt. Sie sind den Kalabarbohnen sehr ähnliche und giftige rotbraune Bohnen, runzelig, annähernd scheibenförmig und auf der Kante von einer 5 mm breiten, um 3/4 des Umfanges reichenden Narbe umgeben.

Kalium (frz. und engl. Potassium), das metallische Element des Ätzkalis, findet sich in der Natur nicht in freiem Zustande, bildet aber in Form des Silikates einen regelmäßigen Bestandteil weit verbreiteter Mineralien (Feldspat, Glimmer). Außerdem gehen Kaliumverbindungen als Verwitterungsprodukte der Gesteine in den Ackerboden und das Meerwasser über, und insbesondere sind die reichen Kalilager von Staßfurt und Kalusz als Reste eingedunsteter Meere aufzufassen. Das metallische K. wird durch Glühen von kohlensaurem K. mit Kohle erhalten, wobei der Kohlenstoff dem Salze den Sauerstoff entzieht und das Metall in Dampfform übergeht. Man leitet die Dämpfe in eine gekühlte Vorlage und fängt das verdichtete Metall in Steinöl auf. Neuerdings stellt man das Metall hauptsächlich aus dem Hydroxyde durch Reduktion mit metallischem Magnesium oder mit Hilfe der Elektrolyse dar. Das K. ist bei Zimmertemperatur so weich, daß es sich mit dem Messer schneiden läßt. Das spez. Gew. beträgt 0,870, das Atomgewicht 39,450. Es schmilzt bei 62^0 und geht bei 670^0 in einen grünlichen Dampf über. Frisch angeschnitten, besitzt das Metall einen bläulichweißen Glanz, den es aber an der Luft durch die sofort beginnende Oxydation bald verliert, indem sich die Oberfläche mit einer Schicht von Kaliumoxyd und -hydroxyd überzieht. Sobald ein Stückchen K. auf Wasser geworfen wird, tritt eine äußerst heftige Reaktion ein. Das Metall entzieht dem Wasser seinen Sauerstoff und verwandelt sich in das Hydroxyd, während der Wasserstoff in Freiheit gesetzt wird. Infolge der dabei freiwerdenden Hitze schmilzt das K. zu einer heißen Kugel, welche auf der Wasserfläche hin und her rennt, und der Wasserstoff entzündet sich unter Explosionserscheinungen mit violetter Flamme. — Das K. findet nur in chemischen Laboratorien beschränkte Anwendung, wird aber meist durch das billigere Natrium ersetzt. Seine wichtigsten Salze und Verbindungen sind in besonderen Aufsätzen besprochen.

Kaliumazetat (essigsaures Kalium, lat. Kali aceticum, Kalium aceticum, frz. Acétate de potasse, engl. Potassium acetate) wird durch Auflösen von Kaliumkarbonat in einem geringen Überschuß von Essigsäure und Eindampfen zur Trockne dargestellt und entsteht auch als Nebenprodukt der Bleiweißfabrikation. Es bildet weiße blättrige Kristallmassen, die an feuchter Luft leicht zerfließen und daher in gut verschlossenen Flaschen aufbewahrt werden müssen. K. ist ein schon seit alter Zeit unter dem Namen Terra foliata tartari bekanntes Arzneimittel und wird auch jetzt noch als Diuretikum verordnet.

Kaliumbromid (Bromkalium, lat. Kalium bromatum, frz. Bromure de potasse, engl. Potassium bromide), KBr, wird in gleicher Weise wie Jodkalium dargestellt und bildet weiße, luftbeständige Würfel, die sich in zwei Teilen Wasser, aber erst in 200 Teilen Alkohol lösen. K. findet in der Medizin und Photographie ausgedehnte Anwendung.

Kaliumchlorat (chlorsaures Kalium, lat. Kalium chloricum, Kali oxymuriaticum, frz. Chlorate de potasse, engl. Chlorate of potassium), $KClO_3$, wird durch Einleiten von Chlor in eine erwärmte Mischung von Kalkmilch und Kaliumchlorid, neuerdings auch durch Elektrolyse von Chlorkalium, dargestellt. In reinem Zustande erscheint es als ein aus farblosen, glänzenden Kristallblättchen bestehendes Salz, das in Wasser löslich ist, beim Erhitzen schmilzt und unter Sauerstoffabgabe in Chlorkalium übergeht. Mit leicht entzündlichen Körpern gemengt, verpufft K. beim Erhitzen oder durch Schlag und muß daher sehr vorsichtig behandelt und gesondert aufbewahrt werden. Für den Transport bestehen besondere Vorschriften, u. a., daß es in dichten, mit Papier ausgeklebten Behältern verpackt und mit dem Vermerk feuergefährlich versehen wird. Das K. wird in der Feuerwerkerei, ferner zur Fabrikation phosphorfreier Zündhölzer, zur Darstellung von Sauerstoff, in der Färberei zur Erzeugung von Anilinschwarz auf Garnen und Geweben benutzt und dient in der Medizin als antiseptisches Mund- und Gurgelwasser.

Kaliumchlorid (Chlorkalium, lat. Kalium chloratum, Kali muriaticum, frz. Chloride de potasse, engl. Chloride of potassium), KCl, findet sich in der Natur in reinem Zustande als Sylvin, mit Magnesiumchlorid und Wasser verbunden als Karnallit in den Staßfurter Abraumsalzen und in geringeren Mengen im Meerwasser. Das Hauptmaterial für seine Darstellung bieten die Abraumsalze, aus denen es durch Behandlung mit heißem Wasser abgeschieden wird. K. erscheint in kleinen, würfelförmigen, farblosen Kristallen, die etwas schärfer als Kochsalz schmekken, sich in Wasser leicht lösen und beim Erwärmen verknistern. Vom Natriumchlorid kann man es leicht dadurch unterscheiden, daß es die Flamme nicht gelb, sondern violett färbt, ferner mit saurem weinsauren Natrium einen weißen und mit Platinchlorid einen gelben kristallinischen Niederschlag liefert. K. wird in der Medizin bisweilen als Fiebermittel verordnet, in ungeheuren Mengen aber von der chemischen Großindustrie zur Herstellung von Pottasche, Kalisalpeter, Alaun und anderen Kaliumverbindungen sowie als Düngemittel benutzt. Die deutschen Lager versorgen die ganze Erde mit Kalisalzen, und man hat, um einer Erschöpfung der Vorräte vorzubeugen, bereits mehrfach ein Ausfuhrverbot in Vorschlag gebracht.

Kaliumchromate. Man unterscheidet zwei, als gelbes und rotes bezeichnete, K., welche beide technische Anwendung finden. 1. Gelbes Kaliumchromat (gelbes chromsaures Kali, Kaliummonochromat, lat. Kalium chromicum flavum, frz. Chromate de potasse neutre, engl. Chromate of potassium yellow), K_2CrO_4, wird aus dem roten Salz dargestellt, indem man Lösungen des letzteren solange mit Pottasche versetzt, als noch Aufbrausen stattfindet, und dann eindampft. K. bildet zitronengelbe, giftige Kristalle, die leichter in Wasser löslich sind als das rote Salz, und findet in der chemischen Analyse, in der Färberei und Tintenfabrikation (Chromblauholztinte) Verwendung, wird aber für technische Zwecke meist durch die billigere und chromsäurereichere Natriumverbindung ersetzt. 2. Rotes chromsaures Kali (Kaliumdichromat, lat. Kalium chromicum rubrum, Kalium bichromicum, frz. Bichromate de potasse, engl. Bichromate of potassium), $K_2Cr_2O_7$, wird durch Schmelzen von gemahlenem Chromeisenstein mit Pottasche und Salpeter, oder mit Kalk und Pottasche dargestellt. Die beim Auslaugen der Schmelze mit Wasser erhaltene Lösung liefert nach dem Eindampfen mit berechneter Menge Schwefelsäure das rote Salz. Es erscheint in Form schöner Kristalle, die mit Wasser eine rote, metallisch schmeckende, sehr giftige Lösung geben. K. wird in der Färberei und Photolithographie, ferner als Oxydationsmittel in der Teerfarbenindustrie (Alizarin), in der Tintenfabrikation, der Chromgerberei und zu zahlreichen anderen Zwecken verwandt.

Kaliumjodid (Jodkalium, lat. Kalium jodatum, frz. Jodure de potasse, engl. Potassium jodide), KJ, das am häufigsten gebrauchte Jodpräparat, findet sich bereits fertig gebildet in der Asche der Meerespflanzen, wird aber fabrikmäßig aus Jod hergestellt. Zu diesem Zwecke löst man entweder Jod in heißer Kalilauge oder man zersetzt Eisenjodürjodid mit Kaliumkarbonat in der Wärme. Außerdem wird auch das aus der Mutterlauge des Chilesalpeters abgeschiedene Kupferjodür zur Darstellung von Jodkalium verwandt. Das K. kristallisiert in durchscheinenden oder porzellanartig weißen Würfeln von salzig bitterem Geschmack, löst sich reichlich in Wasser, weniger in Alkohol und wird an der Luft leicht feucht und durch Jodabscheidung gelblich. Da es sich auch am Lichte zersetzt, muß es vor Luft und Licht geschützt aufbewahrt werden. Auf der Eigenschaft, reichliche Mengen Jod zu lösen, beruht die Verwendung in der chemischen Analyse. Außerdem wird es in der Medizin gegen Skrofulose und Syphilis, Kropf- und Drüsenleiden, ferner in der Photographie und zur Darstellung anderer Jodpräparate benutzt.

Kaliumnitrat (Salpetrigsaures Kalium, lat. Kalium nitrosum, frz. Nitrite de potasse, engl. Potassium nitrous), KNO_2, entsteht beim Glühen von Kalisalpeter mit metallischem Kupfer oder beim Erhitzen mit ameisensaurem Kalium in Form farb- und geruchloser, an feuchter Luft zerfließlicher Kristalle, die mit Weinsäure in der Kälte braunrote Dämpfe von Stickdioxyd entwickeln. Es kommt auch geschmolzen, in dünne Stangen gegossen, in den Handel und findet zur Darstellung von Teerfarben sowie in der chemischen Analyse Verwendung.

Kaliumperchlorat (überchlorsaures K., lat. Kalium perchloricum, frz. Perchlorate de potasse, engl. Potassium perchlorate), $KClO_4$, entsteht durch Erhitzen von Kaliumchlorat, bis die zuerst dünnflüssige Schmelze wieder zähe und fest geworden ist. Zur Trennung des Gemisches von Kaliumperchlorat und Kaliumchlorid löst man in heißem Wasser, worauf das Perchlorat beim Erkalten in Form farbloser Prismen auskristallisiert. K. löst sich leicht in heißem, schwer in kaltem Wasser, gar nicht in Alkohol und zerfällt beim Erhitzen auf 400° in Chlorkalium und Sauerstoff. Es findet in der Medizin gegen Malaria und perniziöses Fieber, in der Technik als Sprengmittel, zu photographischen Zwecken und zur Herstellung von Feuerwerkskörpern Verwendung.

Kaliumperkarbonat (lat. Kalium percarbonicum, frz. Percarbonate de potasse, engl. Potassium percarbonate), $K_2C_2O_6$, wird durch Elektrolyse gesättigter wäßriger Kaliumkarbonatlösungen bei —10° erhalten, als ein in wasserfreiem Zustande farbloses, in wasserhaltigem Zustande blaues Salz, das beim Erwärmen unter Abspaltung von Sauerstoff zerfällt und mit verdünnten Säuren Wasserstoffsuperoxyd liefert. K. dient zur Darstellung von Sauerstoff, ferner als Ersatz des Wasserstoffsuperoxyds zum Bleichen und zu photographischen Zwecken.

Kaliumpermanganat (übermangansaures Kalium, lat. Kalium permanganicum, frz. Permanganate de potasse, engl. Potasse permanganas). Beim Schmelzen von Mangansuperoxyd (s. Braunstein) oder anderen Manganverbindungen mit Ätzkali und salpetersaurem oder chlorsaurem Kalium entsteht eine grüne Masse, die aus Kaliummanganat (Mangansaures Kali), K_2MnO_4, besteht und als Desinfektionsmittel beschränkte Anwendung findet. Leitet man in die heiße wäßrige Lösung des letzteren Kohlensäure oder Chlor, oder unterwirft sie der Elektrolyse, so schlägt die Farbe von grün nach purpurrot um (daher der Name Chamäleonlösung), und es entsteht das Permanganat, $KMnO_4$, das nach der Filtration durch Schießbaumwolle oder Asbest eingedampft und umkristallisiert wird. Die schwarzroten, metallisch glänzenden Kristalle lösen sich in Wasser mit prächtig dunkelroter Farbe. Durch konzentrierte Schwefelsäure und Salpetersäure werden sie unter Abgabe von Sauerstoff, durch konzentrierte Salzsäure unter Chlorentwicklung zersetzt. Wegen seines starken Oxydationsvermögens findet das Salz als Desinfektionsmittel in der Medizin Anwendung. Außerdem dient es als Bleichmittel in der chemischen Wäscherei, als Holzbeize, zur Darstellung von Sauerstoff und als wichtiges Reagens in der chemischen Analyse.

Kaliumphosphat (Phosphorsaures Kalium, lat. Kalium phosphoricum, frz. Phosphate de potasse, engl. Potassium phosphate). Von den drei, den Kalziumphosphaten (s. d.) entsprechenden Phosphaten des Kaliums entsteht das Trikaliumphosphat, K_3PO_4, durch Erhitzen von Phosphorsäure mit überschüssigem Kaliumkarbonat bis zum Glühen in Form wasserlöslicher Kristalle, das Dikaliumphosphat, K_2HPO_4, durch Sättigung von Phosphorsäure mit Kaliumkarbonat und das Monokaliumphosphat, KH_2PO_4, durch genaue Neutralisation von Kaliumkarbonat mit Phosphorsäure bis zur schwach sauren Reaktion. Nur das letztere Salz, ein weißes Kristallpulver, hat eine gewisse technische Bedeutung. Es wird medizinisch und als Blumendünger verwandt.

Kaliumrhodanid (Rhodankalium, Kaliumsulfozyanid, lat. Kalium rhodanatum, frz. Rhodanate de potasse, engl. Potassium sulphocyanide), KSCN, entsteht beim Schmelzen von gelbem Blutlaugensalz mit Pottasche und Schwefel und dient in der Analyse als wichtiges Reagens auf Eisenoxydsalze, mit denen es eine blutrote Färbung liefert sowie als Zusatz zu photographischen Bädern.

Kaliumsulfat (schwefelsaures Kalium, lat. Kalium sulfuricum, Arcanum duplicatum, Tartarus vitriolatus, frz. Sulfate de potasse, engl. Sulphate of potash), K_2SO_4, erhält man zuweilen als Nebenprodukt aus den Mutterlaugen der Pottaschefabrikation, sowie bei der Verarbeitung von Kelp und Varek auf Jod. Die größten Mengen wurden jedoch aus dem Kainit und Polyhalit der Staßfurter Abraumsalze gewonnen, indem man zunächst das Magnesiumchlorid durch Lösen in Wasser entfernte und das hinterbleibende Kaliummagnesiumsulfat mit Chlorkalium behandelte. Neuerdings ist diese Herstellungsart in Staßfurt aufgegeben worden, während sie in Kalusz weiter betrieben wird. In Deutschland bedient man sich jetzt mehr des Schoenits, den man mit Kaliumchlorid und Eisenoxyd schmilzt und aus der Schmelze das K. mit Wasser auslaugt. K. erscheint im reinen Zustande in farblosen, harten Kristallen von bitterlich salzigem Geschmack, die sich in 10 Teilen kaltem und 4 Teilen heißem Wasser lösen, in Alkohol aber unlöslich sind. Es findet in der Medizin bisweilen Anwendung als Abführmittel. Die Technik verwendet das Salz in großen Mengen zur Fabrikation von Alaun, Glas und Pottasche, die Landwirtschaft als Düngemittel.

Kaliumzyanid (Zyankalium, Zyankali, Blausaures Kali, lat. Kalium cyanatum, frz. Cyanure de potasse, engl. Cyanide of potassium), das Kaliumsalz der Zyanwasserstoffsäure, KCN, (s. Blausäure), wird in großem Maßstabe durch Schmelzen von gelbem Blutlaugensalz (s. d.) mit Pottasche dargestellt. Nach neuerem Verfahren erhält man es auch durch Überleiten von Ammoniak über ein glühendes Gemisch von Pottasche und Kohle. Das K. wird in Platten gegossen und erscheint dann als eine harte, weiße, porzellanartige Masse, die bereits durch die Kohlensäure und Feuchtigkeit der Luft unter Auftreten von Blausäuregeruch zerlegt wird und daher unter gutem Verschluß aufbewahrt werden muß. Trotz seiner außerordentlichen Giftigkeit findet das K. ausgedehnte Anwendung, weil es das unentbehrliche Lösungsmittel für alle metallverarbeitenden Industrien darstellt. Es dient zur Herstellung der Bäder für galvanische Vergoldung, Versilberung, Verkupferung usw., wird ferner zum Löten, zum Härten von Stahl, in der Photographie, zur Entfernung von Silberflecken und vor allem in Südafrika in ungeheuren Mengen zur Extraktion des Goldes aus den Mineralien verbraucht.

Kalk (lat. Calcaria, frz. Chaux, engl. Lime). Unter dem Namen Kalk versteht man in der Chemie die Sauerstoffverbindung des Kalziummetalls, das Kalziumoxyd, wie es, allerdings gewöhnlich in unreiner Form, als gebrannter K. in den Handel gebracht wird. Im gewöhnlichen Leben bezeichnet man aber als K. auch den ungebrannten K., das Kalziumkarbonat, welches sich in der Natur in reinster Form als Kalkspat und weißer Marmor, mehr oder weniger verunreinigt als Kreide, Kalkstein, Kalktuff und Kalksinter, vorfindet. — Die festeren dieser Gesteine werden als Bausteine benutzt, während der aus Mineralwässern abgeschiedene Kalktuff, Tuff- oder Grottenstein, eine eigentümliche poröse Masse von röhrig-blasiger Struktur und blumenkohlartiger Oberfläche, zur Ausschmückung von Grotten, Aquarien, zu Beeteinfassungen und künstlichen Felspartien Anwendung findet und zu diesem Zwecke meist aus Thüringen (Gegend von Weimar) bezogen wird. — Der gewöhnliche Kalkstein dient in seinen verschiedenen Vorkommnissen (Urkalkstein, Muschel-, Jura-, Pläner- und Süßwasserkalk) zur Herstellung des gebrannten oder Ätzkalks (Kalziumoxyd, Calcaria usta), CaO, indem man ihn glüht und dadurch die Kohlensäure austreibt. Das Brennen der Kalksteine erfolgt in gemauerten Öfen, und zwar nach alter Art mit unterbrochenem Betriebe in der Weise, daß man den Ofen mit Steinen und Brennmaterial vollschichtet, nach dem Abbrennen und Erkalten leert und von neuem beschickt. Neuere verbesserte Öfen mit seitlicher Feuerung gestatten einen kontinuierlichen Betrieb, indem man unten den gebrannten K. herauszieht und oben beständig neue Steine nachstürzt. Wichtig ist die Innehaltung der richtigen Temperatur. Bei zu großer Hitze findet, besonders wenn durch Ton, Kieselsäure oder Alkalien verunreinigter Kalkstein benutzt wird, eine teilweise Schmelzung und Verglasung statt, und man erhält sog. totgebrannten K., der beim Löschen unlösliche Stücke hinterläßt. Bei zu niedrigen Temperaturen entsteht ungarer K., der noch Kohlensäure enthält. Der gebrannte Kalk wird für weitere Versendung in Fässer geschlagen, für die Bahnbeförderung auch vielfach in besondere, mit Deckel verschlossene Loris (Kalktransportwagen) verpackt. Er hält sich an der Luft nicht lange unverändert, da er Wasser und Kohlensäure anzieht und dabei allmählich ohne merkliche Erwärmung in den Zustand eines mürben, trockenen Pulvers übergeht. Dieser mild gewordene, sog. zerfallene K. ist für gewisse Zwecke, namentlich als Düngemittel, sehr gut brauchbar, eignet sich aber nicht zur Herstellung eines gut bindenden Mörtels. Der gebrannte Kalk findet vielfache Verwendung in der Soda-, Glas- und Zementfabrikation, als Zuschlag beim Ausschmelzen der Eisenerze, als Austrocknungsmittel und zur Herstellung feuerfester Tiegel. — Ein besonders reiner, zarter und sandfreier K., der vor allem keine Tonerde und Magnesia enthalten darf, bildet unter dem Namen Wiener K. ein vortreffliches Schleif- und Poliermittel für Metalle. Er wird in verlöteten Büchsen versandt und muß stets gut verschlossen aufbewahrt werden, da er an der Luft seine Brauchbarkeit einbüßt. Man entnimmt den Büchsen daher immer nur so viel, als sofort verbraucht werden soll, und verreibt die Stückchen rasch mit Öl für Messing oder mit Spiritus für Stahl und Eisen. — Beim Übergießen mit Wasser absorbiert der K. das letztere, bläht sich auf und geht unter bedeutender Wärmeentwicklung in gelöschten K. (Kalkhydrat, Kalziumhydroxyd), $Ca(OH)_2$, über. Bei Verwendung von nicht mehr Wasser, als chemisch gebunden werden kann, entsteht ein lockeres Pulver. Für die Zwecke der Praxis setzt man aber so viel Wasser hinzu, daß eine mäßig dicke Flüssigkeit (Kalkbrei, Kalkmilch) entsteht, die man in eine Grube einfließen läßt. Hier gesteht die Masse, wird speckig und nimmt allmählich an Güte zu, indem sich kleine Teilchen nachträglich noch löschen und aufschließen. Je reiner ein K. ist, desto mehr Wasser vermag er aufzunehmen, so daß nach dem Löschen eine 2½—3fache Menge erhalten werden kann. Derartiger K. wird als „fetter K." bezeichnet, während ein mit fremden Stoffen verunreinigter K., der sich träge löscht und geringe Schwellung annimmt, „mager" heißt. Nur der fette K. kann im Gemenge mit Sand als Luftmörtel benutzt werden, während der magere Kalk unter Umständen, d. h. wenn er mindestens 8—10% Ton enthält, zur Herstellung von Wassermörtel (s. Zement) geeignet sein kann. Außer zu baulichen Zwecken dient der gelöschte Kalk zum Reinigen des Leuchtgases und zum Raffinieren des Zuckers, zur Darstellung des Chlorkalks und des chlorsauren Kalis, in der Seifen- und Stearinfabrikation, in der Gerberei als Enthaarungsmittel, zum Neutralisieren schwefelsäurehaltiger Flüssigkeiten und zur Herstellung von Wein-, Zitronen- und Essigsäure. — Der Ätzkalk löst sich in der 700fachen Menge Wasser zu einer klaren Lösung, dem Kalkwassser (lat. Aqua calcariae, frz. Eau de chaux, engl. Lime water) des Arzneibuches, welches deutlich nach Kalk schmeckt, sich an der Luft mit einem feinen Häutchen von kohlensaurem Kalk überzieht und medizinische Anwendung findet.

Kalkblau (Neuwiederblau), eine in viereckigen Stücken oder Täfelchen verkaufte Tüncherfarbe, besteht wie das Bremerblau aus Kupferoxydhydrat, enthält daneben aber noch Gips und wird durch Zusatz von Kalkmilch zu Kupfervitriollösung und etwas Salmiak hergestellt.

Kalkierleinwand (Calquierleinwand, Pausleinwand) nennt man ein feines Baumwollengewebe, das auf einer Seite gleichmäßig mit Stärkekleister überzogen und dann auf dem Kalander getrocknet und geglättet ist. K. dient zum Durchzeichnen von Baurissen, Plänen und Maschinenzeichnungen.

Kalkierpapier (Calquierpapier, Kopierpapier, Pauspapier), ein dünnes, sehr durchscheinendes, ziemlich weiches, aber doch haltbares Papier aus rein gehecheltem Flachs, das gewöhnlich noch mit Paraffin, Wachs u. dgl. getränkt ist, wird zu demselben Zweck wie die Kalkierleinwand benutzt.

Kalmin. Unter diesem Namen sind verschiedene Mittel gegen Asthma und Keuchhusten im Handel, von denen dasjenige der chemischen Fabrik Ladenburg aus Antipyrin und Heroin bestehen soll, während ein im Dresdner Untersuchungsamt analysiertes Präparat sich als gewöhnliches Pyridin erwies.

Kalmuswurzel (lat. Rhizoma calami, frz. Rhizome d'acore vrai, engl. Sweet flag root), der Wurzelstock von Acorus calamus, einer ausdauernden, zu den Arazeen gehörenden Pflanze, die in Teichen, Wassergräben, an See- und Flußrändern häufig vorkommt und im Herbste gesammelt wird. Die reichsten Erträge erhält man in trockenen Jahrgängen, auch enthalten die Wurzeln solcher Pflanzen, die zeitweise trokken stehen, mehr Aroma als die fortwährend im Wasser wachsenden. Der aromatische Geruch und Geschmack, der nach dem Trocknen noch stärker hervortritt, beruht auf der Anwesenheit eines ätherischen Öles (1,5—3,5%) und eines scharf und bitter schmeckenden Harzes. Außerdem findet sich in der Wurzel noch Cholin und ein eigentümlicher stickstofffreier Stoff: Akorin, welcher durch verdünnte Säuren in eine Harzsäure und ätherisches Öl gespalten wird. K. kommt in etwa 30 cm langen, platt gedrückten Stücken, auf deren Ober- und Unterseite die Blattansätze zu erkennen sind, in den Handel. Die Farbe ist außen gelbbraun, im Querschnitt rötlich- bis weißlichgelb. Die Stücke sind entweder geschält oder ungeschält. Die geschälte Wurzel (lat. Rhizoma calami mundata), die offizinelle des deutschen Arzneibuches, bildet weiße, der Länge nach gespaltene Stücke, während die ungeschälte K. (lat. Rhizoma calami cruda) gespalten und ungespalten in den Handel kommt. K. dient medizinisch als magenstärkendes Mittel, zu Zahnpulvern und Mundwässern, die rohe K. zur Bereitung von Bädern und in der Tierarznei. Der bei der Schälung erhaltene Abfall kann noch zum Abdestillieren des Öles benutzt werden. — Das Kalmusöl (lat. Oleum calami, frz. Essence d'acore, engl. Oil of sweet flag) ist gelb bis braungelb, das spez. Gew. 0,959—0,970. Man benutzt es in der Likörfabrikation. — Der kandierte, d. h. überzuckerte K., geschält und dann mit Zuckerlösung gekocht, ist als magenstärkendes Mittel bei manchen beliebt, ebenso der würzhafte Kalmuslikör.

Kalomelol nennt die Firma v. Heyden ein kolloidales Quecksilberpräparat, das 75—80% Quecksilberchlorür neben Eiweiß enthält und durch Dialyse einer wäßrigen Lösung von Merkuronitrat, Kochsalz und Eiweiß und nachherige Fällung mit Alkohol dargestellt wird. Das weißgraue, geruch- und geschmacklose Pulver gibt mit Wasser, Alkohol und Äther sowie mit Blutserum, Salz- und Eiweißlösungen milchähnliche, kolloidale Lösungen und dient als Ersatz des Kalomels bei Geschlechtskrankheiten.

Kalvillen, gewisse Apfelsorten, die durch stark hervortretende Rippen charakterisiert sind und eine meist sich etwas fettig anfühlende Schale und lockeres aromatisches Fleisch besitzen. Man unterscheidet rote, gestreifte rote und gestreifte gelbe Herbstkalvillen und Gravensteiner K.

Kalzine (Calcine). Unter diesem Namen verkauft man eine gelbbraune, pulverige Masse, die durch Oxydation eines Gemisches von Blei und Zinn beim Schmelzen an der Luft hergestellt wird und demnach aus Bleioxyd und Zinnoxyd besteht. Man verwendet sie in Verbindung mit eisenfreiem Formsand und Kochsalz zur Herstellung des weißen Emails auf Ofenkacheln.

Kalziumazetat (essigsaures Kalzium, essigsaurer Kalk, lat. Calcaria acetica, Calcium aceticum, frz. Acétate de chaux, engl. Calcium acetate) wird in großen Mengen fabrikmäßig hergestellt durch Sättigen des rohen Holzessigs mit kohlensaurem Kalk oder Ätzkalk und weitere Reinigung des beim Eindampfen hinterbleibenden Rückstandes (Holzkalk) durch Erhitzen und Umkristallisieren. K. bildet das Ausgangsmaterial zur Darstellung der Essigsäure sowie ihrer Ester und Salze.

Kalziumbisulfit (doppelt oder saurer schwefligsaurer Kalk, lat. Calcium bisulfurosum, frz. Bisulfite de chaux, engl. Bisulfite of lime), $Ca(HSO_3)_2$, entsteht beim Einleiten von schwefliger Säure in Kalkmilch und findet als Bleichmittel in der Zelluloseherstellung und Photographie sowie als Antiseptikum in der Gärungsindustrie Anwendung.

Kalziumchlorid (Chlorkalzium, lat. Calcium chloratum, frz. Chloride de chaux, Chlorure de calcium, engl. Chloride of calcium), $CaCl_2$, kommt natürlich vor als Bestandteil vieler Mineralquellen, des Meerwassers und der Abraumsalze, wird als wenig wertvolles Nebenprodukt zahlreicher Industrien, so der Ammoniaksodaherstellung, erhalten und in reinem Zustande durch Auflösen von Kalziumkarbonat in Salzsäure dargestellt. Beim Eindampfen der Lösung kristallisiert das K. mit sechs Molekülen Wasser aus. Die großen Kristalle geben beim Erhitzen auf höhere Temperatur ihr Wasser ab, bis eine bei 800° schmelzende Masse hinterbleibt, die zu porösen Stücken erstarrt. Das kristallisierte K. löst sich in Wasser unter erheblichem Wärmeverbrauch und wird daher zur Erzeugung von Kältemischungen benutzt. Das geschmolzene Salz zieht begierig Feuchtigkeit aus der Luft an und dient in der chemischen Analyse und Technik als Trockenmittel.

Kalziumhypochlorit (unterchlorigsaures Kalzium) entsteht bei der Einwirkung von Wasser auf Chlorkalk (s. d.).

Kalziumkarbid nennt man die Verbindung von Kalzium mit Kohlenstoff, CaC_2, welche durch Erhitzen von Ätzkalk mit Kohlenpulver im elektrischen Ofen bei den höchsten erreichbaren Temperaturen gewonnen wird. Es ist eine schwarzgraue, sehr harte, kristallinische Substanz vom spez. Gew. 2,22, die als Reduktionsmittel bei Hüttenprozessen, vor allem aber zur Erzeugung von Azetylengas, C_2H_2, große Bedeutung besitzt. Durch Glühen mit Stickstoff geht K. in das Kalziumzyanamid (s. d.) über. Die Gesamterzeugung betrug im Jahre 1911 etwa 250000 t, davon entfielen auf Deutschland 30000 t bei einer Einfuhr von 60000 t.

Kalziumkarbonat (kohlensaurer Kalk, lat. Calcium carbonicum, frz. Carbonate de calcium, engl. Carbonate of lime), $CaCO_3$, findet sich in der Natur in großen Massen als Kalkstein, Marmor (s. d.) und Kreide (s. d.), ferner in den Eierschalen, Korallenstöcken usw., und wird künstlich durch Fällung von Kalziumlösungen mit Kohlensäure oder Alkalikarbonaten dargestellt. K. löst sich schwer in reinem, leichter in kohlensäurehaltigem Wasser und findet sich daher in den meisten natürlichen Wässern. Mit verdünnten Säuren braust es unter Entweichen von Kohlensäure auf und gibt letztere auch bei heftigem Glühen ab unter Hinterlassung von Kalziumoxyd, das aus der Luft begierig Kohlensäure anzieht und mit Wasser unter Wärmeentwicklung Kalziumhydroxyd liefert. K. findet vielfache Anwendung zur Herstellung von Kohlensäure, Ätzkalk usw., in gefälltem Zustande auch zu Zahn- und Magenpulvern.

Kalziumphosphat (phosphorsaures Kalzium, phosphorsaurer Kalk, lat. Calcium phosphoricum, frz. Phosphate de chaux, engl. Phosphate of lime) findet sich im Handel in drei Modifikationen: 1. Trikalziumphosphat (dreibasischer oder tertiärer phosphorsaurer Kalk, basisches K., lat. Calcium phosphoricum basicum) wird durch Behandlung von weiß gebrannter Knochenasche, die zu 80% aus K. besteht, mit Salzsäure und Fällung der Lösung mit Ammoniak in der Wärme, oder durch Fällung von dreibasischem Natriumphosphat mit Kalziumchlorid erhalten. Das weiße amorphe, geruch- und geschmacklose Pulver, $Ca_3(PO_4)_2$, ist in Wasser unlöslich, in Salz- und Salpetersäure leicht löslich und wird bei Rachitis und anderen Knochenerkrankungen verordnet. 2. Dikalziumphosphat (zweibasischer oder sekundärer phosphorsaurer Kalk, neutrales oder gewöhnliches K., lat. Calcium phosphoricum neutrale) entsteht durch Fällung neutraler oder schwach essigsaurer Kalziumchloridlösung mit Dinatriumphosphat und gelindes Trocknen des Niederschlages als ein weißes Kristallpulver, $CaHPO_4$, das, in Wasser nahezu unlöslich, in Essigsäure und Mineralsäuren leicht löslich ist. Es ist das pharmazeutisch wichtigste Salz der Phosphorsäure und dient zur Behandlung aller Knochenkrankheiten sowie von Diarrhöen und Skrofulose. 3. Monokalziumphosphat (einbasischer oder primärer phosphorsaurer Kalk, saures K., lat. Calcium phosphoricum acidum) wird fabrikmäßig durch Auflösen von Knochenasche in konz. Schwefelsäure als ein kristallinisches Salz von der Formel $CaH_4(PO_4)_2$ erhalten und bildet den Hauptbestandteil der Superphosphate (s. d.). Neuerdings wird es auch als Ersatz der Weinsäure für Backpulver benutzt.

Kalziumplumbat (bleisaures Kalzium), Ca_2PbO_4, entsteht beim Glühen von Bleioxyd mit Kalziumkarbonat auf mittlere Rotglut als ein schweres gelbrotes, in Wasser unlösliches Pulver. Beim Überleiten von Kohlensäure bei Rotglut gibt es Sauerstoff ab, nimmt beim folgenden Glühen im Luftstrom neuen Sauerstoff auf und kann somit zur Erzeugung von Sauerstoff in ununterbrochenem Betriebe benutzt werden. Außerdem findet es zur Herstellung giftfreier Zündhölzer, welche sich ohne besonders präparierte Reibflächen entzünden lassen, Anwendung.

Kalziumsulfat (schwefelsaures Kalzium, lat. Calcium sulfuricum, frz. Sulfate de chaux, engl. Sulfate of lime), $CaSO_4$, findet sich in der Natur in Form zweier Mineralien: Anhydrit und Gips (s. d.). Künstlich wird es dargestellt durch Fällung von Kalziumchloridlösungen mit Natriumsulfat als ein zartes weißes Kristallpulver, das sich schwer in Wasser, leicht in Salzsäure löst. K. kristallisiert mit zwei Molekülen Wasser, verliert einen Teil des Wassers beim Erhitzen auf 105°, den Rest bei 170° und bildet dann als sog. gebrannter Gips eine beim Anrühren mit Wasser formbare, steinhart erstarrende Masse. Über 200° erhitztes K. verliert diese Eigenschaft, deren Bedeutung beim Gips näher besprochen ist.

Kalziumsulfhydrat (Kalziumhydrosulfid, lat. Calcium hydrosulfuratum, frz. Hydrosulfure de chaux, engl. Hydrosulfuret of calcium), $Ca(SH)_2$, besteht aus einer Lösung von Schwefelwasserstoff-Schwefelkalzium in Wasser und läßt sich ohne Zersetzung nicht zur Trockne bringen. Die durch Einleiten von Schwefelwasserstoff in Kalkmilch entstehende Lösung reagiert schwach alkalisch, wirkt schwach ätzend und dient zum Entfernen der Haare von Fellen oder lebender Haut (Massa depilatoria Martin).

Kalziumsulfid (Schwefelkalzium, Kalkschwefelleber, lat. Calcium sulfuratum, Calcaria sulfurata, Hepar sulfuris calcareum, frz. Sulfure de calcium, engl. Sulfuret of calcium) wird durch Glühen eines Gemenges von frisch gebranntem Kalk mit Schwefel oder von Gips mit Kohle erhalten als ein gelblich- oder grauweißes Pulver, das befeuchtet nach Schwefelwasserstoff riecht. Es muß in gut verschlossenen Glasflaschen aufbewahrt werden und wird wie die gewöhnliche Schwefelleber zu Bädern benutzt.

Kalziumzyanamid (Kalkstickstoff), die von Frank durch Überleiten von atmosphärischem Stickstoff über glühendes Kalziumkarbid erhaltene Verbindung von Kalzium, Kohlenstoff und Stickstoff, CaN_2C, welche zum ersten Male eine direkte Verwertung des Luftstickstoffs ermöglicht. K. gibt bei Zutritt von Wasser Ammoniak ab und kann daher direkt als Düngemittel angewandt oder auch auf andere Stickstoff- bzw. Zyanverbindungen weiter verarbeitet werden. Die deutsche Erzeugung, die im Jahre 1913 auf 30 000 t (Weltproduktion 260 000 t) geschätzt wurde, sollte nach Annahme des englischen Statist im Jahre 1916 über 600 000 t betragen.

Kamala, ein ostindischer Pflanzenstoff, der in seiner Heimat und in England unter dem Namen Wurrus als Farbmaterial Anwendung findet und bei uns als ausgezeichnetes Mittel gegen Bandwurm, Spul- und Madenwürmer geschätzt, und hinsichtlich der Wirksamkeit den abessinischen Kussoblüten (s. d.) gleichgestellt wird, stammt von einem kleinen ostindischen Baume, Rottlera tinctoria (Mallotus philippinensis) und bildet den drüsigen Überzug der Früchte, der durch Abbürsten gewonnen wird. Das leichte, ziegelrote, mit den feinen Sternhaaren der Frucht untermischte Pulver ohne besonderen Geschmack und Geruch läßt nach dem Aufquellen die häutigen Drüsen erkennen, in deren Inneren zahlreiche mit rotem Farbstoff gefüllte Schläuche liegen. Der wegen seiner Leichtigkeit nur schwierig benetzbare Körper färbt Wasser schwach gelblich, liefert dagegen mit Äther und Alkohol gelbe Auszüge, die durch Alkalien in Purpurrot umgefärbt werden. K. enthält zwei kristallisierbare Harze (Rottlerin, Kamalin) und verpufft gleich dem Bärlappsamen, wenn es durch eine Flamme geblasen wird. Für medizinische Verwendung soll das Pulver möglichst von den Härchen und etwa beigemengtem Sand, mit dem es sehr häufig verfälscht wird, befreit werden.

Kambrik nannte man ursprünglich locker gewebte dünne Batistleinwand, die eigentlich Cambrai hieß, weil sie in der gleichnamigen französischen Stadt am besten verfertigt wurde. Die leinene Ware wurde jedoch durch Nachahmungen in Baumwolle in den Hintergrund gedrängt, die zuerst in England und Schottland, später auch in Deutschland, der Schweiz und Frankreich, sowohl glatt als kariert, gestreift und gemustert, bunt gedruckt und gestickt hergestellt wurden und bei größerer Wohlfeilheit feiner und schöner von Aussehen als die leinenen Waren sind. Der mittelfeine K. heißt auch Baumwolltaft.

Kamholz (Angolaholz, engl. Cam-wood), eine dem Sandelholz ähnliche, von Baphia nitida abstammende Sorte Rotholz erhält man aus Sierra Leone und Berbice in viereckigen Blökken, die frisch gespalten fast farblos sind, an der Luft aber bald dunkelrot werden. Eine andere, unter dem Namen Cam-wood gehende Sorte stammt von einer Thespesiaart und wird auch Gabonholz genannt.

Kamillen. Man unterscheidet im Drogenhandel folgende zwei Arten: 1. Feldkamillen (Hermelchen, deutsche K., lat. Flores chamomillae vulgaris, frz. Fleurs de Camomille vulgaire, ou d'Allemagne, engl. German chamomile), die getrockneten Blütenköpfchen der auf Feldern und unbebauten Plätzen vorkommenden Matricaria chamomilla, leicht kenntlich an ihrem starken, aromatischen Geruch sowie an dem kegelförmigen, nackten, innen hohlen Fruchtboden und den nach abwärts gerichteten weißen Randblütchen. 2. Römische K. (edle K., lat. Flores chamomillae romanae, frz. Fleurs de Camomille romaine, engl. Flowers chamomile belgian), die getrockneten Blütenköpfchen einer gefüllten Abart von Anthemis nobilis, die in Südeuropa heimisch, aber in Belgien, Thüringen und Sachsen auf Feldern stark angebaut wird. Die Blütenköpfchen sind größer und haben einen anderen Geruch als die der gemeinen K., auch fehlen die gelben Scheibenblüten. Der Blütenboden ist gewölbt, jedoch nicht hohl, und mit Spreublättchen besetzt. — Beide Sorten enthalten als wirksame Bestandteile ätherisches Öl und einen Bitterstoff und werden medizinisch verwandt.

Kamillenöl, das ätherische Öl der Kamillen, findet sich in mehreren Sorten im Handel: 1. Deutsches K. (lat. Oleum chamomillae aethereum seu coeruleum, frz. Essence de camomille, engl. Oil of german chamomile), eine dickflüssige, dunkelblaue, bei längerer Aufbewahrung braun werdende Flüssigkeit vom spez. Gew. 0,922 bis 0,956, die bei 0° erstarrt, hat wegen geringer Ausbeute (0,3 %) einen sehr hohen Preis. — 2. Oleum chamomillae citratum, zitronenhaltiges Kamillenöl, wird durch Destillation von Zitronenöl mit Kamillen gewonnen. — 3. Römisches K. (lat. Oleum chamomillae romanae, frz. Essence de camomille romaine, engl. Oil of belgian chamomile), eine ebenfalls blaue, zuweilen auch grünliche, im Alter bräunlich werdende, aber leicht bewegliche Flüssigkeit, wird in Menge bis zu 1 % gewonnen. Alle drei Öle werden medizinisch, das römische auch als Zusatz bei der Bereitung gewisser aromatischer Liköre benutzt.

Kammersäure, die rohe englische Schwefelsäure, wie sie aus den Bleikammern kommt, enthält etwa 50 % Schwefelsäure und dient zur Herstellung von Superphosphaten und einigen chemischen Präparaten.

Kammfett, ursprünglich das aus dem Oberhalse (Kamm) der Pferde auf Abdeckereien ausgeschmolzene Fett, wird heutzutage in besonderen Anstalten durch Dämpfen der gevierteilten Pferdekadaver in geschlossenen Zylindern gewonnen. Das hierbei als oberste Schicht erhaltene helle und geruchlose Fett, das in der Kälte butterartig wird, findet als Maschinenschmiere, zum Einfetten der Wolle sowie zur Darstellung einer ganz weichen Kaliseife für die Tuchfabrikation Verwendung.

Kampfer (Kampher, lat. Camphora, frz. Camphre du Japon, engl. Camphor) ist der Hauptbestandteil des Kampferöls, das sich in dem Stamm sowie auch den Zweigen und Blättern des Kampferbaumes (Laurus camphora L. oder Cinnamomum camphora Nees et Eberm.), einer besonders in China, Japan und auf der Insel Formosa verbreiteten Laurinee vorfindet. — Zur Gewinnung unterwirft man die Kampferholzspäne (ships) einer ziemlich einfachen Destillation mit Wasser, schöpft das auf dem Destillate schwimmende Gemisch von festem K. und Kampferöl ab und filtriert es durch Stroh, wobei der feste Anteil, der Rohkampfer, zurückbleibt. Er wird aus Formosa in 50—60 kg enthaltenden, mit dicken Bleifolien ausgeschlagenen Kisten, aus Japan in sog. Tubbs, d. h. mit geflochtenen Matten umkleideten Holzbottichen von etwa 80 kg Inhalt eingeführt, kommt aber auch in Bambus verpackt als Röhren-K. in den Handel. Zur Beseitigung beigemengter Fremdstoffe muß der Rohkampfer einer Reinigung unterworfen werden, die früher nur in Europa und Amerika vorgenommen wurde, jetzt aber zum großen Teil in Japan erfolgt. Die Raffination in Europa (z. B. Hamburg) geschieht in der Weise, daß der Rohkampfer mit Kohle, Kalk oder Eisenfeile gemischt und in Glaskolben (Bombolas) rasch auf 120—190° C erwärmt wird, um das Wasser auszutreiben. Hierauf wird die Temperatur 24 Stunden lang auf 204° gehalten und nach beendeter Sublimation das Glas durch Absprengen entfernt. Man erhält so oben konvexe, unten konkave, in der Mitte mit einem Loch versehene Brote von 3—5 kg Gewicht. In Amerika wird der Rohkampfer aus eisernen Retorten sublimiert und das erhaltene feine Pulver in Scheiben gepreßt. In Japan bedient man sich zur Sublimation zum Teil irdener Gefäße, in Kobe auf Nippon nach dem Beyerschen Verfahren eigenartiger Stahlretorten. — Der raffinierte K. stellt weiße, durchscheinende Massen dar von eigenartigem Geruch und brennend bitterem, hinterher kühlendem Geschmack. In Wasser ist er nur sehr wenig löslich (1 : 1200), verleiht aber trotzdem der Lösung einen ausgesprochenen Geruch und Geschmack nach K. Von den gebräuchlichsten anderen Lösungsmitteln: Alkohol, Äther, Chloroform, fetten und ätherischen Ölen wird er leicht aufgenommen. Beim Zerreiben im Mörser backt er zusammen, läßt sich aber nach dem Befeuchten mit Alkohol oder Äther unter Vermeidung starken Druckes pulverisieren. K. verbrennt mit heller, rußender Flamme, schmilzt bei 175° und siedet bei 204°, verdampft aber schon bei gewöhnlicher Temperatur merklich. Infolgedessen geraten Kampferstückchen, auf Wasser geworfen, in eine lebhafte rotierende Bewegung, die jedoch nach Zusatz von etwas Fett oder Öl aufhört. Verfälscht wird der K. ab und zu mit Pflanzenfetten, Paraffin und auch dem sog. Kunstkampfer (Pinenhydrochlorid). Erstere würden beim Erwärmen des K. in einer Porzellanschale zurückbleiben, letzterer läßt sich durch das in ihm enthaltene Chlor nachweisen. — $^9/_{10}$ des gesamten K. werden auf Formosa gewonnen, von wo 1912 über 4 Millionen Kilogramm, nach Deutschland allein 1,1 Million Kilogramm, ausgeführt wurden. Die Preise sind je nach der politischen Lage außerordentlichen Schwankungen unterworfen. 1898 kosteten 100 kg raffinierter K. 249 M., 1903 bereits 430 M., 1906 sogar 1000 M., bis 1913 ein Sturz auf 350 M. eintrat. Zur Vermeidung dieser Schwankungen sind in Indien, Kalifornien und Deutsch-Ostafrika Kulturen angelegt worden, doch hat der Plantagenkampfer auf den Welthandel noch keinen Einfluß ausgeübt. — Die Verwendung des K. ist eine sehr mannigfache. Pharmazeutisch wird er teils äußerlich, hauptsächlich in Form des Kampferspiritus, teils innerlich als Erregungsmittel in Pulverform oder subkutan in Form von Kampferöl (ein Teil K. in neun Teilen Olivenöl gelöst) angewandt. Technisch benutzt man ihn als Mottenmittel sowie in großen Mengen zur Herstellung von Zelluloid und rauchschwachem Schießpulver. Die Aufbewahrung hat wegen seiner Flüchtigkeit und seines durchdringenden Geruches in gut verschließbaren Gefäßen aus Glas oder Blech an einem kühlen Ort zu erfolgen. — Neuerdings wird der K. auch in größerem Maßstabe künstlich gewonnen, wobei das Terpentinöl als Ausgangsmaterial dient. Durch Einwirkung von Salzsäuredampf führt man zunächst das Pinen ($C_{10}H_{16}$) des Terpentinöls in sein kristallinisches Chlorhydrat über, wandelt dieses nach verschiedenen Verfahren, z. B. durch Eintragen in eine Schmelze von Phenol und Kali in das isomere Kamphen um und oxydiert letzteres zu Kampfer ($C_{10}H_{16}O$). Der künstliche oder synthetische K. kommt in Pulverform, Perlform oder Tafeln in den Handel und unterscheidet sich von dem natürlichen nur durch seine optische Inaktivität und sein Verhalten gegen Vanillinsalzsäure. Der plötzliche Preissturz ließ die synthetische Darstellung in Europa nicht lohnend erscheinen, die daher in Frankreich durch einen Einfuhrzoll von 4—6 Fr. für 100 kg geschützt werden sollte und in Deutschland erst während des Krieges hohe Bedeutung gewann. — Außer dem gewöhnlichen K. gibt es noch zwei andere natürliche Kampferarten, den Borneokampfer und den Ngaikampfer. Ersterer, auch Sumatra-K. genannt, findet sich als kristallinische bräunliche Masse in Höhlungen und Rissen der älteren Stämme von Dryobalanops aromatica, eines zu der Familie der Dipterokarpazeen gehörigen Baumes, der auf Sumatra und Borneo vorkommt, aber sehr selten geworden ist. Der Borneokampfer wird in seiner Heimat zu religiösen Zeremonien gebraucht und gelangt nur als seltenes und kostbares Sammlungsprodukt nach Europa. Sein Geruch ist zugleich kampfer- und pfefferartig, an Ambra erinnernd. Künstlichen Borneokampfer, Borneol (s. d.), erhält man durch Reduktion des Japankampfers. Der Ngai- oder Blumea-K. stammt von der in Indien und China heimischen Komposite Blumea balsamifera und wird ausschließlich in den Ursprungsländern zu Tusche und medizinisch verwandt.

Kampferöl, japanisches oder natürliches (lat. Oleum camphorae), nicht zu verwechseln mit dem Kampferöl der Arzneibücher (Oleum camphoratum), wird bei der Gewinnung des Japankampfers erhalten und wurde früher an Ort und Stelle meist als Leuchtmaterial verbraucht. Jetzt gelangt dieses sog. Kampferrohöl, eine gelbliche bis bräunliche stark nach Kampfer riechende Flüssigkeit, entweder als solches in den Handel oder wird in Japan selbst durch fraktionierte Destillation in Kampfer, Kampferweißöl und Kampferrotöl getrennt. Letzteres besteht in der Hauptsache aus Safrol, während das Kampferweißöl fast ganz aus Terpenen besteht und infolge seiner Ähnlichkeit mit Terpentinöl häufig an dessen Stelle Verwendung findet. Das nach Europa gelangende Kampferöl wird besonders auf Kampfer und Safrol verarbeitet, wobei als Nebenerzeugnisse leichtes Kampferöl, schweres Kampferöl und blaues Kampferöl erhalten werden. Das leichte Kampferöl enthält hauptsächlich Terpene und dient als Ersatz des Terpentinöls in der Lackfabrikation sowie zum Parfümieren gewöhnlicher Seife. Das schwere Kampferöl, welches besonders Safrol, Eugenol, Zineol und Terpineol enthält, wird ebenfalls zum Parfümieren von Seifen und als Schmiermittel benutzt, und das blaue K. schließlich, das aus Sesquiterpenalkoholen besteht, findet als Bindemittel für gewöhnliche Seifenparfüms Verwendung.

Kamptulikon, eine in England aus gepulverten Abfällen der Korkschneiderei mit geringen Mengen von Kautschuk hergestellte Masse, ist durch das ähnliche, aber billigere Linoleum (s. d.) verdrängt.

Kanadabalsam (lat. Terebinthina canadensis, Balsamum canadense, frz. Baume de canada, engl. Canada turpentine, Balsam of canada), eine dickflüssige, zähklebrige, durchsichtige und fast farblose Flüssigkeit von terpentinartigem Geruche, ist das Harz von Abies balsamea, der Balsamtanne Kanadas. Es wird in Amerika medizinisch, bei uns zur Einhüllung mikroskopischer Präparate und in der Porzellanmalerei gebraucht (s. Terpentin).

Kanadol, derjenige Teil des Rohpetroleums, welcher bei etwa 60° C siedet und ein zwischen 0,650 und 0,700 liegendes spez. Gew. hat, besteht aus einem Gemenge mehrerer Kohlenwasserstoffe der Äthanreihe.

Kanariennüsse werden die walnußartigen Früchte des über Neuguinea verbreiteten Baumes Canarium polyphyllum genannt, welche sich wegen ihres Fettgehaltes von 68 % und des hohen Proteingehaltes von 61 % der Preßrückstände zur technischen Verwertung eignen. Das Fett hat folgende Kennzahlen: Erstarrungspunkt 19 bis 20°, Schmelzpunkt 30°, V. Z. 200,2, Jodzahl 59,7, R. M. Z. 4,4.

Kanariensamen (Kanariensaat, Kanarienhirse, Glanz, lat. Semen canariense, frz. Semences de Canarie, engl. Canary seed), die Samen des kanarischen Glanzgrases (Phalaris canariensis), das auf den Kanarischen Inseln heimisch ist, aber auch in Südeuropa wild wächst und kultiviert wird, sind von strohgelber Farbe und länglicher, beiderseits zugespitzter Form. In Deutschland wird die Frucht im Thüringischen, namentlich in der Erfurter Gegend, angebaut und nur als Vogelfutter verwertet. In der Technik benutzt man den aus K.-Mehl bereiteten Kleister zum Schlichten feiner Baumwollwaren, wozu er besser als Weizenmehl geeignet sein soll.

Kanarienwein (Kanariensekt) nennt man die Weine von den südkanarischen Inseln Kanaria, Teneriffa, Palma, Lanzerote, Fuerteventura, Gomera und Ferro, die bei hohem Alkoholgehalt süßen würzigen Geschmack besitzen.

Kanarin (Canarin, Persulfozyangelb), ein in Wasser und Alkohol unlösliches, orangegelbes Pulver, Pseudoschwefelzyan, das durch Behandlung von Rhodankalium mit Chlor oder Salpetersäure erhalten wird, findet im Zeugdruck Anwendung.

Kanaster (vom spanischen Canasta, der Korb) wird meist jeder gute Varinastabak genannt, obgleich die Bezeichnung eigentlich nur der feinsten Sorte, die in Körben versandt wird, zukommt. Die aus amerikanischem Rohr geflochtenen Körbe werden unter dem Namen Kanasterkörbe häufig auch für Zucker und andere Waren benutzt.

Kandagang, eine ostindische Bastfaser, von Hibiscus eriocarpus.

Kanevas nennt man verschiedene Arten von leinenen, halbleinenen und baumwollenen Geweben. Leinener K. oder Kanevasleinen ist entweder starkes Hemdenleinen oder gewöhnliche und mit starkem Glanze appretierte Futterleinwand. Ebenso bezeichnet man weiß gestreiften Vorhangzwillich und andere dichte Baumwollstoffe mit Streifen, Rippen und kleinen Mustern sowie endlich die offenen gegitterten Gewebe, welche zu Fliegenfenstern, leichtem Kleiderfutter und als Stickereigrund (Stramin) benutzt werden.

Kaninchenhaar, ein wichtiger Stoff für die Hutmacherei, wird entweder von den Fellen abgeschoren oder abgebeizt. Hauptsächlich dieser Haare wegen züchtet man die weißen angorischen Kaninchen oder Seidenhasen, von denen jeder 200—250 g reine Haare im Jahr liefern kann. Die Haare werden den Tieren im Sommer monatlich, im Winter nur einmal ausgekämmt oder gerupft und bilden ein außerordentlich weiches, federndes und wärmendes Material, das entweder für sich oder im Gemisch mit Wolle oder Baumwolle kartätscht, verwebt und versponnen wird.

Kanister sind Blechflaschen oder -dosen zur Versendung von Ölen u. dgl.

Kannabintannat (gerbsaures Kannabin, lat. Cannabinum tannicum), ein aus dem indischen Hanf, nach Entfernung des giftig wirkenden ätherischen Öls, durch Fällung des wäßrigen Auszugs mit Gerbsäure dargestelltes Präparat, ist ein bräunlichgraues, geruchloses Pulver von zusammenziehendem Geschmack. Es löst sich nicht in Wasser, wohl aber in angesäuertem Weingeist völlig auf und darf beim Glühen auf Platinblech keinen bemerkenswerten Rückstand hinterlassen. Beim Vermischen mit Natronlauge wird die Base, das nach Koniin riechende Kannabin, in Freiheit gesetzt. K. wird als schlafbringendes Mittel anstatt Opium verwendet.

Kanthariden (Spanische Fliegen, Blasenkäfer, Pflasterkäfer, lat. Cantharides, frz. Cantharides, engl. Spanish flies) nennt man die getrockneten Körper der schlanken, metallisch grün glänzenden Blasenkäfer (Lytta vesicatoria), die 2—2,5 cm lang werden und in ganz Süd- und Mitteleuropa, in Deutschland aber nur strichweise als verirrte Schwärme vorkommen. Sie werden namentlich aus Südrußland, Rumänien, Ungarn, Österreich in den Verkehr gebracht und bilden auf den Messen zu Pultawa und Nischnij-Nowgorod einen Hauptartikel. Die Tiere bevorzugen als Futterbaum die Esche, gehen aber auch auf Rainweiden, Holunder, Geisblatt, die sie in großer Menge bedecken, und können an ihrem starken Geruche früher wahrgenommen als gesehen werden. Man sammelt sie in den Monaten Juni bis August, indem man die Käfer frühmorgens auf untergebreitete Tücher abschüttelt, in Glasflaschen füllt und durch Einbringen von etwas Äther, Benzin oder Essig u. dgl. tötet. Sie werden dann an der Sonne oder bei gelinder Wärme bis zur Pulverisierbarkeit getrocknet und in gut verschlossenen Flaschen oder Büchsen aufbewahrt. Als charakteristische Bestandteile enthalten sie neben einem Riechstoffe das blasenziehende Kantharidin (s. d.) und werden zur Herstellung von Zugpflastern (Spanischfliegenpflaster, Emplastrum cantharidum s. vesicatorium und Drouottsches Pflaster) sowie zu Tinkturen (Tinctura cantharidum) benutzt. — Außer den gewöhnlichen K. gibt es noch zahlreiche ähnliche Käfer, die ebenfalls blasenziehend wirken und in manchen Ländern medizinisch verwandt werden, wie die persischen K., Mylabris colligata und maculata, die blauen oder violetten ostindischen K., Lytta Gigas, und in Nordamerika sehr häufig Epicanta vittata und cinerea. Bei uns werden zur Bereitung von Kantharidin sehr häufig die chinesischen K., Mylabris Cichorii, benutzt. Sie haben braune, nicht metallglänzende Flügeldecken mit schwarzen und gelben Querstreifen. — Alle Kantharidenarten sind dem Wurmfraß sehr unterworfen und schimmeln leicht.

Kantharidin (Kantharidinsäure, Kantharidinkampfer, lat. Cantharidinum, frz. und engl. Cantharidine), $C_{10}H_{12}O_4$, der blasenziehende Stoff der Kanthariden (s. d.), bildet kleine, farblose und geruchlose Kristalle, die bei 218° C schmelzen und unzersetzt sublimieren. Als Anhydrid einer Säure wird es auch Kantharidinsäure (Acidum cantharidinicum) oder richtiger Kantharidinsäureanhydrid genannt. Zu seiner Darstellung werden gepulverte chinesische Kanthariden mit einem Gemisch von Schwefelsäure und Essigäther digeriert, darauf mit Bariumkarbonat versetzt und mit Essigäther extrahiert. Das aus der Lösung auskristallisierende K. wird zur Entfernung des Fettes mit Petroläther gewaschen und aus Alkohol umkristallisiert. K. wie kantharidinsaures Kalium finden immer mehr als Ersatz der Kanthariden Anwendung. Insbesondere wird das Spanische Fliegenpflaster, Drouottsches Pflaster, durch Auflösen von K. und Aufstreichen auf Seidenstoff hergestellt.

Kantillen (Cantillen, frz. Bouillon, Cannetille, engl. Bullion, Purl) sind Erzeugnisse der Gold- und Silberdrahtspinnerei, die hauptsächlich zu militärischen Abzeichen, wie Epauletten, Portepees, Tressen, Quasten u. dgl. verwandt werden. Der hierzu dienende Gold- und Silberdraht ist entweder von kreisrundem Querschnitt oder breitgewalzt, bandartig und heißt dann Lahn. Reiner Golddraht wird nur selten und dann auch nur in den feinsten Nummern angewandt, während in der Regel vergoldeter Silberdraht, dessen Goldgehalt in einigen Staaten gesetzlich vorgeschrieben ist, zur Verarbeitung gelangt. Sehr viele Gold- und Silberfäden werden auch durch Überspinnen von Seidenfäden mit Gold- oder Silberdraht hergestellt und zu Tressen, Borten, Schnüren usw. sowie zur Herstellung von Gold- und Silbergeweben (Draps d'or und Draps d'argent), Stickereien u. dgl. benutzt. Schließlich gibt es noch aus unechtem Gold- und Silberdraht hergestellte Fäden. Durch schraubenförmiges Aufrollen des Drahtes auf einen massiven, stählernen Zylinder von der Dicke einer feinen Stricknadel bis zu der eines starken Bleistifts, erhält man biegsame, hohle Zylinder, die eigentlichen K.

Kaolin (China Clay) ist ein feiner, eisenfreier, weißer Ton, der noch unzersetzte Feldspatteilchen enthält und zur Porzellanbereitung dient (Porzellanerde, Porzellanton). Lager von Kaolin finden sich bei Meißen, Aue, Schneeberg, Halle, Passau, Limoges usw., von wo der K. oft weithin versandt wird.

Kapern (frz. Capres, engl. Capers) nennt man die Blütenknospen von Capparis spinosa, die an sonnigen, felsigen Stellen der Mittelmeerküsten wild wächst und bisweilen, besonders in Südfrankreich, auch angepflanzt wird. Der dornige, rankende Strauch von 1½—2 m Höhe trägt vierblättrige, blaßrötliche, den wilden Rosen ähnliche Blüten und fleischige Schotenfrüchte. Die Knospen werden gesammelt, wenn sie Pfefferkorn- bis Erbsengröße erreicht haben und noch ganz geschlossen sind. Sobald sie durch Ausbreiten im Schatten etwas abgewelkt sind, werden sie in Fässern mit gesalzenem Essig überschüttet und an die Saleurs verkauft, welche das Einlegen geschäftsmäßig betreiben. Diese behandeln die K. entweder mit starkem Essig oder trockenem Salz, am häufigsten in der ersten Weise, da die Essigkapern schmackhafter und beliebter sind, während die Salz-K.

sich länger gut erhalten. Vor dem Einmachen werden die K. durch Sieben in verschiedene Sorten geteilt, von denen die wertvollste (Nonpareilles) die jüngsten, also kleinsten, Knospen enthält. Darauf folgen nach der Größe Surfines oder Capucines, die gewöhnlich noch die Stiele haben, Capottes, Fines und Mi-fines (halbfeine), endlich ordinäre oder Communes, die dicksten, die 5—6mal schwerer sind als die Nonpareilles. Die feinen Sorten heißen in Deutschland auch Kapuziner und Kapotkapern. Gute K. müssen klein, hart, rund und noch gut geschlossen, nicht schon teilweise geöffnet oder zerdrückt sein. Alte und verdorbene sind schwärzlich, weich und geschmacklos. Die Farbe ist dunkelolivengrün mit kleinen rötlichen Fleckchen an der Spitze, während eine auffallend grüne Farbe eine Färbung mit Kupfer vermuten läßt. — An Stelle der K. werden zuweilen Knospen von Caltha palustris und von Spartium scoparium angetroffen, die aber bei aufmerksamer Betrachtung, namentlich nach dem Öffnen, leicht zu erkennen sind. Auch die schotenförmigen Früchte des K.-Strauches werden in Frankreich eingelegt, unter dem Namen Cornichons de Caprier in den Handel gebracht und wie Essiggurken genossen.

Kapok nennt man die Samen der Wollbäume Bombax malabaricum D. C. und Eriodendron aufractuosum D. C., die zu den Malvazeen gehören und in südtropischen Gegenden, besonders in Para, Ost- und Westindien, Südafrika und Südamerika zu Hause sind. Kapok dient als ausgezeichnetes Polstermaterial, s. Pflanzendaunen.

Kapseln. Unter diesem Namen faßt man verschiedene Erzeugnisse zusammen: 1. K. aus Gelatine oder Mehl zur Umhüllung von Arzneimitteln, um das Einnehmen zu erleichtern, z. B. Kopaivabalsam-K., Rizinusöl-K., Brausepulver-K. usw. — 2. K. aus Zinn oder Zinnlegierungen, die zum Verschließen von Flaschen dienen. — 3. K. aus Ton oder ähnlicher Masse, die teils zum Versenden, teils in der Chemie und Industrie Verwendung finden.

Kaptol, ein Kondensationsprodukt von Chloral und Gerbsäure, graubraunes, in Wasser und Alkohol lösliches Pulver, das als Mittel gegen Schuppenbildung der Kopfhaut angepriesen wird.

Karakuru (Carajuru, Crujuru), der Farbstoff der Chica (s. d.), ist ein rotes, in Wasser unlösliches, in Alkohol und Alkalien lösliches Pulver, das von Salpetersäure zu Anissäure oxydiert wird. K. färbt Baumwolle braunrot mit violettem Schein.

Karannaharz, ein dem Elemi nahestehendes Harz, stammt von Bursera acuminata aus Westindien.

Karapaöl (Craböl, Karapafett, Andirobaöl), ein brasilianisches Pflanzenfett von butterartiger Konsistenz und bitterem Geschmack, wird durch Pressen der Samenkerne von Carapa guyanensis erhalten. Es ist gelblich und schmilzt schon bei 10° C. Durch Pressen soll man jedoch auch ein Produkt erhalten, welches erst bei 40—50° C schmilzt. Man benutzt das K. im Ursprungslande als Insektenschutzmittel, in England und Frankreich zur Fabrikation von Seifen.

Karboformal, ein aus Karbolsäure und Formaldehyd bestehendes Desinfektionsmittel.

Karboformal-Glühblocks, Kohlenbriketts, die eine mit Paraformaldehyd gefüllte Höhlung haben und beim Glühen Dämpfe von Formaldehyd in den zu desinfizierenden Räumen verbreiten.

Karbolineum. Unter diesem Namen kommen schwarzbraune Flüssigkeiten in den Handel, die zum Anstreichen von Holz dienen, um Fäulnis abzuhalten. Sie bestehen meist aus schweren Kohlenwasserstoffen, Anthrazenölen, die als Abfallprodukt bei der fraktionierten Destillation des Steinkohlenteers gewonnen werden und durch Abkühlen von den festen Bestandteilen Anthrazen, Phenanthren, Karbazol befreit sind, aber Phenol enthalten. Das spez. Gew. liegt bei 1,08—1,10, der Siedepunkt bei 380—350°. Die älteste Sorte K. Avenarium war mit Chlor behandelt, andere enthalten wohl auch Zinkchlorid; Zusätze anderer Stoffe, insbesondere Wasser und Lauge, sind als Verfälschung zu beurteilen.

Karbolsäure (Phenol, Phenylsäure, Steinkohlenkreosot, lat. Acidum carbolicum, Acidum phenylicum, frz. Acide carbolique, engl. Carbolic acid, Phenol) bildet neben höheren Phenolen (Kresolen) den Hauptbestandteil der zwischen 160 und 200° überdestillierenden Anteile des schweren Steinkohlenteeröls, des sog. Kreosotöls, aus dem sie durch Behandlung mit Natronlauge und nachfolgende Zersetzung der von den übrigen Teerbestandteilen abgelassenen alkalischen Flüssigkeit mit Schwefelsäure gewonnen wird. Durch fraktionierte Destillation des abgeschiedenen öligen Produktes erhält man die rohe K. (Acidum carbolicum crudum), die zur weiteren Reinigung mit Chromsäure, Schwefelsäure, Bleioxyd usw. behandelt wird. Zur völligen Entfernung der Kresole, des Naphthalins und anderer Verunreinigungen löst man die K. in Wasser, salzt aus, läßt kristallisieren und rektifiziert schließlich die abgepreßten Kristalle bei 182—183°. Das so erhaltene Erzeugnis wird als chemisch reine K. (Acidum carbolicum purum redestillatum) bezeichnet. Auf synthetischem Wege kann K. durch Schmelzen von benzolmonosulfosaurem Kalium mit Ätzkali und Zerlegung des entstandenen Phenolkaliums mit Säuren dargestellt werden. Die reine K., $C_6H_5 . OH$, bildet farblose, eigenartig riechende Kristalle, die bei 42° schmelzen und bei 182—183° sieden. Sie löst sich in 15 Teilen Wasser von 15°, ferner in Alkohol, Äther, fetten Ölen und Glyzerin, und liefert beim Schmelzen mit 10% Wasser die sog. verflüssigte K. (Acidum carbolicum liquefactum des Arzneibuches). In chemischer Hinsicht ist die K. keine eigentliche Säure, sondern ein Phenol, d. h. ein Benzol, in welchem ein Wasserstoffatom durch Hydroxyl ersetzt worden ist. In physiologischer Beziehung wirkt sie als ein starkes Gift, ätzt die Epidermis und Schleimhäute, bringt Eiweiß zum Gerinnen und tötet pflanzliche und tierische Organismen. Bei der Prüfung der K. hat man besonders auf Farblosigkeit und Abwesenheit unangenehmen Geruchs zu achten. Auch ist der Schmelzpunkt und die Wasserlöslichkeit von Bedeutung, da beide durch einen Gehalt an Kresol erniedrigt werden. — In den Preislisten der Drogisten finden sich folgende Sorten: Acidum carbolicum crystall. (Schmelzpunkt 35—37°); A. c. cryst. (Schmelzpunkt 40—41°, Phenolum absolutum); A. c. purum redestillatum (Schmelzpunkt 40 bis 42°, D.A.B.); A. c. syntheticum (40—42°); A. c. liquefactum und A. c. crudum 95/100 %, 50/60 %, 25/30 %. Die K. findet ausgedehnte Verwendung als Antiseptikum, und zwar in 3prozent. wäßriger Lösung (Karbolwasser, Aqua carbolisata) als Verbandwasser; in 5prozent. Lösung zur Desinfektion der Hände und Instrumente. Die Technik benutzt die rohe K. zur Konservierung von Holz und zum Desinfizieren von Ställen, die reine K. bei der Fabrikation der Darmsaiten und des Leims, zur Darstellung der Salizylsäure, Pikrinsäure und zahlreicher Farbstoffe. Die Aufbewahrung erfolgt in Flaschen vor Licht geschützt, der Versand der rohen K. in Fässern, der reinen Verbindung in Blechkanistern oder dunklen Glasstöpselflaschen.

Karborundum, Siliziumkarbid, entsteht beim Glühen von Kohle, Sand und Kochsalz im elektrischen Widerstandsofen als ein diamantglänzendes Kristallpulver, das wegen seiner außerordentlichen Härte als Ersatz des Schmirgels und des Diamantstaubes zum Schleifen von Diamanten benutzt wird. Mit Bindemitteln läßt es sich zu Rädchen und Stiften formen, die als Ersatz von Glaserdiamanten und Schmirgelrädchen dienen.

Kardamomen (lat. Fructus cardamomi, frz. Cardamome, engl. Cardamom seeds) sind die Früchte resp. Samen einer ausdauernden krautartigen Zingiberazee, Elettaria cardamomum minor, die in den Bergwäldern der südlichen Malabarküste heimisch ist, aber auch kultiviert und verwildert in Zeylon, Vorder- und Hinterindien, Westafrika und Madagaskar vorkommt. Die hellbräunlichen oder, in gebleichtem Zustande, gelblichweißen, dreiseitig abgerundeten, dicht längsstreifigen Kapseln von 8—20 mm Länge enthalten 9—18 unregelmäßig vierkantige, quer gerunzelte, graurötliche oder rötlichbraune, etwa 3 mm lange Samen, die allein zur Verwendung gelangen. Daß nur die Früchte offizinell sind, erklärt sich daraus, daß sie leichter von geringwertigen Sorten unterschieden werden können. Neben diesen echten, auch kleine oder Malabar-K. genannten, werden auch die Früchte einiger verwandter Pflanzen als K. bezeichnet. Lange oder wilde Zeylon-K., von der in Zeylon und Koromandel kultivierten Elettaria major, haben größere, 3 bis 4 cm lange, bis 1 cm breite, etwas gebogene und stark längsfurchige Kapseln von bräunlichgrauer Farbe. Die kleinen, weit härteren Samen liegen zu zwei Reihen in jedem der drei Fächer und haben einen scharfen, wenig angenehmen Geschmack. Runde oder Siam-K. (lat. Cardamomum rotundum, frz. Amome en grappe, engl. Camphor seeds), von Amomum cardamomum, in Südchina, Hinterindien, Sumatra, Java und Zeylon kultiviert, enthalten in blaßbraunen, 8—15 mm langen, nicht gestreiften Kapseln violettbraune Samen von scharfem, kampferartigem Geschmack. Geringere Bedeutung haben wilde oder Bastard-K. von Amomum xanthioides aus Südchina und Hinterindien mit stachligen, rotbraunen Früchten, Java-K. (Nepal-K.) von Am. maximum mit 3—4 cm langen, bis 2 cm breiten, dunklen Früchten und dunkelbraunen, angenehm schmeckenden Samen; Chinesische runde K. von Am. globosum mit kugligovalen, gebuckelten, bis 4 cm langen Früchten und schwach aromatischen Samen sowie die afrikanischen Sorten Kovarima-K. oder Abessinische K., von Am. clusii, feigengroße Früchte von graubrauner Farbe, Kamerun-K., von Am. angustifolium, und Guinea-K., Guineapfeffer, s. d., Meleguetapfeffer (s. Paradieskörner). Für den europäischen Handel kommen nur die beiden ersten Sorten, in untergeordnetem Maße neuerdings auch die Kamerun-K. in Betracht. Die K. werden hauptsächlich als Gewürz für Speisen und Backwerk (Nürnberger Lebkuchen), in Pulverform und als Zusatz zu Tinkturen auch medizinisch gebraucht. Ihre reizende, magenstärkende, in größeren Mengen auch erhitzende Wirkung beruht auf dem Gehalte an ätherischem Öl (4—8 %). Daneben sind noch 10 % fettes Öl, Harz und stark manganhaltige Mineralstoffe vorhanden.

Kardamomenöl (lat. Oleum cardamomi, frz. Essence de cardamome, engl. Cardamom oil), das durch Destillation mit Dampf gewonnene ätherische Öl der Zeylon-Malabar-Kardamomen, ist dünnflüssig, blaßgelb, vom spez. Gew. 0,923 bis 0,944 und sehr aromatischem Geruch. Es wird in der Likörfabrikation verwandt.

Karden (Weberkarden, Kardendisteln, Tuchkarden, frz. Chardons à carder, engl. Teasels), die getrockneten stacheligen Blütenköpfe von Dipsacus fullonum, einer im südlichen Europa heimischen, in Deutschland und England aber auch angebauten Pflanze, werden in der Tuchfabrikation zum Rauhen und Auflockern des gewalkten Tuches verwandt. Die K. haben ungefähr die Größe und Gestalt eines Hühnereies und sind ganz mit harten, in gekrümmte Borsten übergehenden Spreublättchen besetzt, auf deren richtige Beschaffenheit beim Einkauf Rücksicht zu nehmen ist. Sie müssen nämlich weich, biegsam, elastisch und fein sein, dabei aber so viel Festigkeit besitzen, daß sie beim Gebrauch nicht abbrechen oder die Wolle abreißen. Alte K. zieht man den frischen vor. Die besten K. stammen aus der Gegend von Avignon, Rouen, Sedan, italienische hauptsächlich aus Bologna. Von den englischen werden die aus der Grafschaft Essex, von den deutschen die aus der Gegend von Magdeburg, Halle, Erfurt, Bamberg usw. bevorzugt. Die K. werden zu je 25 Stück an den Stengeln zusammengebunden und dann in Packen von 1000 Stück oder auch in leichte Fässer gepackt in den Handel gebracht.

Kardin, ein neues Arzneimittel aus dem Herzfleische des Rindes, welches als Herztonikum verordnet wird.

Kardobenediktenkraut (Bitterdistel, Bernhardinerkraut, Kratzkraut, lat. Herba cardui benedicti, frz. Chardon bénit, engl. Blessed thistle), das getrocknete Kraut von Cnicus benedictus, einer Distelart, die im Orient und Südeuropa wild wächst und bei uns angebaut wird. Die Pflanze, welche eine Höhe bis zu

1 m erreicht und am besten in magerem, sandigem Boden auf sonnigem Standorte gedeiht, hat bis $^{1}/_{4}$ m lange, 8 cm breite Blätter, die auf beiden Seiten zottig behaart und am Rande dornig gezähnt sind. Das Kraut wird geschnitten, bevor die gelben, mit großen stacheligen Kelchen umgebenen Blüten sich öffnen, und im Schatten getrocknet. Es enthält neben einem Bitterstoff, Knizin oder Zentaurin, und ätherischem Öl viel Salpeter und andere Salze. — K. wird hauptsächlich zur Darstellung bitterer Liköre, als magenstärkendes Mittel und in Form seines Extraktes medizinisch benutzt.

Kardol (lat. Cardolum, frz. Cardol vésicair, engl. Cardol vesicant), der in den Anakardien (s. d.) enthaltene äußerst scharfe Stoff ist eine schwach und angenehm riechende, rötlichgelbe, ölige Flüssigkeit, die wegen ihrer unberechenbaren Wirkung nur selten, und stets nur äußerlich angewandt wird. Man unterscheidet Cardolum vesicans, aus westindischen Anakardien, welches blasenziehend wirkt, und Cardolum pruriens, aus den ostindischen Anakardien, welches auf der Haut Pusteln erzeugt.

Karlsbader Salz (lat. Sal thermarum Carolinarum), das durch Abdampfen des Karlsbader Mineralwassers erhaltene Salz, wird für medizinische Zwecke zu einem ziemlich hohen Preise (ungefähr 13 M. das Kilo) in den Handel gebracht. Dieses hohen Preises wegen hat man als Ersatz ein künstliches K. hergestellt, das aus den nicht flüchtigen Bestandteilen des Karlsbader Mineralwassers, aus schwefelsaurem Natrium, Natriumbikarbonat und Kochsalz, in demselben Mischungsverhältnisse besteht, dieselbe medizinische Wirkung wie das echte Salz ausübt und nur 30—50 Pf. das Kilo kostet.

Karmelitergeist, Spiritus melissae comp. des D.A.B., wird durch Destillation von Weingeist über Melisse und mehrere andere gewürzhafte Kräuter, Samen und Rinden als eine klare und farblose Flüssigkeit vom spez. Gew. 0,90—0,91 hergestellt und hat seinen Namen vom Karmeliterkloster in Nürnberg.

Karmin, der prachtvolle rote Farbstoff, der aus der Koschenille (s. d.) durch Ausziehen mit Wasser und nachherige Fällung mit verdünnten Säuren, meist unter Zusatz von Eiweiß, Gelatine und Alaun hergestellt wird, kommt entweder als ein feurigrotes Pulver oder in unregelmäßigen Bruchstücken in den Handel. Die beliebteste Marke (Nakarat-K.) wird in viereckigen Pappkästen von $^{1}/_{2}$—1 kg Inhalt und verschiedenen Qualitätsnummern verkauft. K. ist unlöslich in Wasser, löst sich aber in Ammoniak und soll nicht mehr als 9% Asche hinterlassen. Durch Fällung alkalischer Karminlösungen mit Alaun und Zinnsalz erhält man die sog. Karminlacke, die ebenso wie Gemische mit Ton, Kreide usw. unter besonderen Namen, wie Pariserrot, Florentiner, Wiener, Münchener Lack in den Handel kommen. K. wird als feine Malerfarbe sowie zum Färben von Tapeten, Konditorwaren und anderen Nahrungsmitteln benutzt.

Karminsurrogat. Unter diesem Namen kommt eine Mischung von Anilinrot (Fuchsin) mit Safransurrogat (Binitrokresolkalium) in den Handel, die früher zum Färben von Likören und Konditoreiwaren verwendet wurde, nach dem neuen Farbengesetz aber für Nahrungsmittel verboten ist.

Karnallit, das nach dem Mineralogen Carnall benannte, in den Abraumsalzen (s. d.) vorkommende Kalium-Magnesiumchlorid ($KCl + MgCl_2 + 6H_2O$) mit 27% Kaliumchlorid, 34% Magnesiumchlorid und 39% Wasser, bildet das Hauptrohmaterial der Staßfurter Kaliindustrie.

Karnaubawachs (lat. Cera carnaubae, frz. Cire de carnauba, engl. Carnauba wax), ein dem Bienenwachs ähnliches Produkt pflanzlichen Ursprungs, scheidet sich an der Oberfläche der Blätter von Copernicia (oder Corypha) cerifera, der in Nordbrasilien wachsenden Wachspalme, aus und bildet schmutzig grünliche oder gelbliche Stücke, die im Aussehen gekochtem Terpentin ähneln. K. ist hart und spröde, von schwachem meerschaumähnlichen Glanz, schmilzt bei 83—91° und löst sich in Äther sowie heißem Alkohol und Terpentinöl. Das spez. Gew. beträgt 0,990—1,000. K. besteht im wesentlichen aus Zerotinsäure-Myrizylester, neben geringen Mengen freier Zerotinsäure und Myrizylalkohol. Seine Säurezahl ist 4,5, die Ätherzahl 75, die Verseifungszahl 85—95°. Es erhöht in Gemischen mit Fetten wesentlich den Schmelzpunkt und wird daher in großen Mengen zur Herstellung von Kerzen, Wachsfirnissen und Bohnerwachs benutzt. Einen Zusatz von K. zu Bienenwachs erkennt man an der Erniedrigung der Säurezahl, der Erhöhung des spez. Gew. und des Schmelzpunktes und an dem Fehlen der Palmitinsäure.

Karneol (frz. Cornaline, engl. Cornelian), ein als Ringstein zur Verwendung kommender lebhaft roter, durchscheinender Chalzedon. Schleifereien befinden sich in Idar.

Karobablätter (lat. Folia carobae, frz. Feuilles Carobe, engl. Carobe leaves), die getrockneten Blätter einiger Bignoniazeen, u. a. Jacaranda procera, welche neben Harzen und aromatischen Stoffen ein Alkaloid: Karobin, enthalten. Die länglich eiförmigen Blätter mit stark hervortretenden, schräg laufenden Seitennerven und sternförmigen Drüsenhaaren werden von den Eingeborenen gegen Syphilis und Hautausschläge angewandt und neuerdings auch nach Europa eingeführt.

Karotten (Stangentabak) nennt man fest zusammengearbeitete, etwa $^{1}/_{3}$ m lange, nach beiden Enden hin verjüngte Rollen von gebeizten Tabakblättern, die mit starkem Bindfaden umwickelt sind und zur Bereitung von Schnupftabak verwendet werden. Die mittels einfacher Maschinen zusammengewickelten sog. Puppen erhalten eine Hülle von Leinwand, die vor dem Verkaufe wieder entfernt wird. Vor der Verarbeitung läßt man die K. 3—4 Jahre liegen, bis sie infolge des festen Zusammenschnürens und der vorhandenen Beize nach und nach fast speckartig erscheinen.

Karragheen (Irländisch Moos, Perlmoos, Knorpeltang, lat. Carrageen, Lichen irlandicus, frz. Mousse d'Irlande, engl. Irish Moss), in den Drogenhandlungen auch als Fucus crispus bezeichnet, stammt von verschiedenen Meeresalgen, Sphaerococcus crispus, Chondrus crispus und Gigartina mammillosa, die an den Küsten der Nordsee und des Atlantischen

Ozeans sowohl in Europa als auch in Nordamerika gefunden werden. Die Algen sind hornartig durchscheinende gelappte oder geschlitzte Gebilde, welche im frischen Zustande schwarz- bis graurot aussehen, durch öfteres Befeuchten und Trocknen an der Sonne aber gebleicht werden. Als Hauptbestandteile finden sich neben 8—10 % Stickstoffsubstanz und 0,6 % Fett etwa 65—70 % stickstofffreier Extraktstoffe, vorwiegend Schleim, geringe Mengen von Brom und Jod sowie Farbstoff. Die Menge der an Sulfaten reichen Asche beträgt etwa 15 %. Durch Kochen wird K. fast ganz in Schleim aufgelöst und in Form einer stets frisch bereiteten Gallerte nach Zusatz von Zucker als lösendes, reizlinderndes Mittel medizinisch verwandt. In der Technik benutzt man den Schleim als Weberschlichte, zum Appretieren von Zeugen, zum Klären von Bier und als farbenaufnehmenden Grund bei Marmorpapieren. Während des Krieges wurde es auch als Salatölersatz (s. d.) in den Handel gebracht. K. wird gewöhnlich erst in den Drogenhandlungen gereinigt, sortiert, geschnitten und gepulvert. Der Versand geschieht in stark gepreßten Ballen von 50 kg Gewicht.

Karthamin (Karthaminsäure, Safflor-, Chinesischrot), $C_{14}H_{16}O_7$, der rote Farbstoff des Safflors (s. d.), aus welchem er, nach der Entfernung des gelben Farbstoffs mit Wasser, durch Sodalösung ausgezogen und mit Säuren wieder gefällt wird, kam früher nur auf Tassen oder Teller gestrichen (Rouge en assiettes) oder flüssig (Rouge à la goutte) in den Handel, wird aber neuerdings auch als braunrotes Pulver (Rouge végétal) oder in Form metallisch glänzender Blättchen geliefert. Die früher viel zum Rotfärben von Geweben benutzte Masse ist jetzt durch die Teerfarben meist verdrängt und findet nur noch bei der Verfertigung von Schminken (Fard de chine) Anwendung.

Kartoffeln (Erdäpfel, frz. Pommes de terre, engl. Potatoes) sind die an unterirdischen Stengeln (nicht Wurzeln) wachsenden Knollen von Solanum tuberosum, die im Jahre 1560 aus ihrer südamerikanischen Heimat (Peru, Chile) nach Europa eingeführt und hier seit Ende des 18. Jahrhunderts in steigendem Maße angebaut wurden. Die K. ist äußerst anspruchslos und gedeiht auf jedem Boden, am besten jedoch auf leichtem Sand- bis Lehmboden, der für Getreidebau nicht mehr verwertbar ist. Sie findet sich in Europa von den nördlichen Mittelmeerländern bis zum 70° n. Br. und wächst in Deutschland als Frühkartoffel 70—90, als Spätkartoffel 140—180 Tage. Die Vermehrung geschieht meist durch Knollen, seltener zu Zuchtzwecken durch Samen. Die K. liefert im allgemeinen sehr hohe Erträge von 12—19000 kg auf den Hektar, hat aber unter manchen pflanzlichen und tierischen Schädlingen, von denen der jetzt ausgerottete Koloradokäfer besondere Berühmtheit erlangte, zu leiden. Nach ihrer chemischen Zusammensetzung ist sie ein ausgesprochen stärkehaltiges Produkt und enthält neben 75 % Wasser und 18—20 % Stärke nur 2 % Stickstoffsubstanz, je 1 % Asche und Rohfaser und Spuren Fett. Ihr Wert hängt von dem Gehalt an Stärke, bzw. indirekt von ihrem Wassergehalt ab, welcher nach Boden, Klima und Sorte beträchtlichen Schwankungen unterliegt und bis zu 88 % ansteigen kann. Mit länger dauernder Aufbewahrung sind verschiedene chemische und physiologische Veränderungen verbunden. In erster Linie zeigt sich ein Rückgang der Stärke, und mit der im Frühjahr, besonders bei höherer Temperatur eintretenden Keimung bildet sich das giftige Solanin. Zur möglichsten Einschränkung dieser Umlagerungen müssen die K. trokken, luftig und kühl aufbewahrt werden. Im großen bedient man sich hierzu meist besonderer Erdgruben (Mieten), für den Haushalt hat sich die Bedeckung mit feiner Asche zur Verhinderung der Keimung und Fäulnis als vorteilhaft erwiesen. Der süße Geschmack, welchen gefrorene K. annehmen, läßt sich wieder beseitigen, wenn man die K. vor dem Gebrauch mehrere Tage in der warmen Küche aufbewahrt. Die K. bilden in manchen Gegenden das wichtigste Nahrungsmittel der ärmeren Bevölkerung und finden außerdem technische Verwendung als Futtermittel, in der Brennerei und Stärkefabrikation. Zur Verringerung der hohen Transportkosten hat man neuerdings mit Erfolg versucht, die K. durch Trocknen ihres Wassers zu berauben, und bringt die so erhaltenen Trokken- oder Dörrkartoffeln, Kartoffelflocken, Kartoffelwalzmehl, Kartoffelgrieß usw. zu Futter- und Ernährungszwecken in den Handel. Die deutsche Erzeugung beläuft sich in normalen Jahren auf 40—50 Millionen Tonnen.

Karumbamba, die unter der Erdoberfläche horizontal verlaufenden Wurzeln einer in ganz Brasilien vorkommenden Palme, Desmoncus polyacanthus, werden dort zur Herstellung von Spazierstöcken benutzt, indem man sie nach der Reinigung durch gelindes Erwärmen streckt und gerade zieht und dann poliert. Die zerkleinerten Wurzeln werden auch als blutreinigender Tee angewandt.

Karvon (Karvol), ein hydroaromatisches Keton von der Formel $C_{10}H_{14}O$, welches zu 50—60 % im Kümmelöl (s. d.), und in beinahe gleicher Menge im Dillöl enthalten ist und neuerdings auch synthetisch dargestellt werden kann, wird aus dem über 200° siedenden Anteil des Kümmelöls gewonnen als eine farblose, nach Kümmel riechende Flüssigkeit vom spez. Gew. 0,963—0,966, dem Siedepunkt 230° und der Drehung + 57 bis + 60° 30′. In Krauseminzöl ist zu durchschnittlich 50 % die linksdrehende Modifikation des Karvons enthalten. Zur Reindarstellung bedient man sich der Eigenschaft des K., mit Schwefelwasserstoff eine kristallisierte Verbindung zu geben, oder man scheidet es aus dem Öl mit neutralem Natriumsulfit ab, womit K. eine in Wasser lösliche Verbindung bildet. Der nicht in Reaktion getretene Anteil wird durch Ausäthern entfernt und das K. dann mit Natronlauge in Freiheit gesetzt und mit Wasserdampf übergetrieben.

Kasein (Casein, Käsestoff) ist die hauptsächlichste Stickstoffsubstanz der Säugetiermilch, in der es in Menge von 2—5 % vorkommt. Zur fabrikmäßigen Darstellung wird abgerahmte, stark verdünnte Kuhmilch mit Essigsäure versetzt, der entstehende Niederschlag abfiltriert, nach dem Waschen mit Wasser in Ammoniak oder Soda gelöst, nochmals mit Essigsäure gefällt und nach mehrfacher Wiederholung dieser Arbeit durch Alkohol und Äther vom Fett befreit und im Vakuum getrocknet. Es stellt dann ein weißes, in Wasser nahezu unlösliches Pulver dar, welches etwa 15% Stickstoff enthält und durch Einwirkung von Ammoniak, Alkalien und Kalk in lösliche Salze übergeführt wird. K. findet in der Nahrungsmittelindustrie und Technik ausgedehnte Anwendung. Von den neuerdings als Kräftigungsmittel und zur Krankenernährung in großer Zahl angepriesenen Nährpräparaten besteht Sanatogen aus einem mit Glyzerinphosphorsäure löslich gemachten K., Nutrose ist lösliches Kaseinnatrium, Eukasin lösliches Kaseinammonium. Die Technik benutzt K. in Verbindung mit Kalk als Käsekalk, Quarkleim, Caseogomme als Klebemittel, zur Herstellung von Kitten und Kaseinfarben und in der Färberei zum Animalisieren. Durch letzteres nimmt Baumwolle und Leinen die Eigenschaft an, sich Farbstoffen gegenüber wie Wolle und Seide zu verhalten. Kaseinnatrium dient als Anmache- und Befestigungsmittel von pulverförmigen, unlöslichen Farben, besonders Ultramarin.

Kaskarille (Cascarillenrinde, Crotonrinde, graue Fieberrinde, lat. Cortex cascarillae, frz. Ecorce de Cascarille, engl. Cascarille bark) stammt von verschiedenen kleinen, baumartigen Wolfsmilchgewächsen der Gattung Croton, z. B. C. Eluteria, die im tropischen Amerika heimisch sind. Die trockene Rinde bildet meistens gerollte, kurze, auch rinnenförmige Stückchen, die außen grauweiß oder aschgrau, innen rotbraun gefärbt und beiderseits mit zahlreichen feinen, sich kreuzenden Rissen versehen sind und auf dem Bruche hornartig, auf scharfem Querschnitt harzglänzend erscheinen. Sie enthält ätherisches Öl, einen kristallinischen Bitterstoff Kaskarillin, Gerbstoff, harzige und gummiartige Bestandteile und hat einen brennend würzhaften bitteren Geschmack sowie aromatischen Geruch, der beim Aufwerfen der Rinde auf glühende Kohlen moschusartig wird. Das abdestillierte ätherische Öl, das Kaskarillöl, riecht und schmeckt wie die Rinde. K. findet als Tonikum sowie als Zusatz zu Zahnpulver beschränkte medizinische Anwendung. Häufiger benutzt man sie als Räucherpulver, zu aromatischen Likören und zu Tabaksbeizen.

Kastanien (Maronen, frz. Châtaignes Marrons, engl. Chestnuts) sind die süßlich mehligen, sehr nahrhaften Früchte des edlen oder echten Kastanienbaumes (Castanea vesca), eines Verwandten unserer Rotbuche, der aus dem wärmeren Asien stammt, aber seit alten Zeiten in Südeuropa heimisch ist. Die Früchte stecken zu einer oder zweien, seltener zu dreien in einer mit spitzen Dornen besetzten Becherhülle, die später vierklappig auseinandergeht und den Inhalt ausfallen läßt, werden aber schon früher gesammelt oder mit Stangen abgeschlagen, von den Hüllen durch Dreschen getrennt und in der Sonne getrocknet, auch zuweilen zur Zerstörung der Keimkraft vorher abgebrüht. Sie enthalten etwa 30% Wasser, 8—9% Stickstoffsubstanz, 2% Fett, 30% Stärke, 23% stickstofffreie Extraktstoffe, je 3% Holzfaser und Asche. Wälderartige Kastanienpflanzungen finden sich in mehreren Gegenden Italiens, Spaniens, Portugals und in Südfrankreich, namentlich in der Provence und Languedoc, von wo die größten und besten, sog. Maronen, in den Handel kommen. Kleinere K. werden diesseit der Alpen im südwestlichen Deutschland, in der Schweiz, Tirol, am Rhein, Ungarn gezogen. Sie sind einseitig abgeplattet, da sie immer nur zu zweien in einem Becher stecken. In Mitteldeutschland wächst der Baum zwar auch noch, bleibt aber häufig ertraglos. Die Früchte werden in der mannigfachsten Zubereitung genossen, bei uns nur als gelegentliche Zuspeise, während sie in südlicheren Gegenden die Bedeutung eines wirklichen Volksnahrungsmittels haben, auch eine vortreffliche Viehmast abgeben. Bei der Aufbewahrung der K. ist Vorsicht nötig, da sie leicht von Schimmel und Würmern angegangen werden und im Frühjahr, wenn sie nicht kühl und trocken gehalten werden, leicht keimen und dadurch gänzlich verderben.

Kastanienextrakt, 1. Kastanienblätterextrakt (lat. Extractum foliorum castaneae vescae, frz. Extrait de châtaignes, engl. Extract of chestnuts), der eingedickte wäßrige Auszug aus den Blättern der Edelkastanie, wird als Mittel gegen Keuchhusten empfohlen und ist in die amerikanische Pharmakopöe aufgenommen worden. 2. Kastanienholzextrakt, ein durch Auskochen des Kastanienholzes mit Wasser und Verdampfen bis zur Sirupsdicke erhaltenes Erzeugnis, wird teils mit Eisensalzen zum Schwarzfärben, teils zur Ausfällung pektin- und stickstoffhaltiger Stoffe aus Rübenmelasse benutzt, die nach vorhergehender Gärung zur Pottaschebereitung bestimmt ist. Häufig dient K.-Holzextrakt auch zur Verfälschung von Blauholzextrakt.

Kastanienholz, das gelblichbraune, dunkelschattierte Holz der echten Kastanie, ist dem Eichenholz etwas ähnlich, aber oft rissig. Es schwindet und quillt nicht, nimmt eine schöne Politur an und wird als wertvolles Nutzholz verwendet. Besonders gut eignet es sich zu Faßstäben für Weinfässer, die von Italien nach Frankreich und England ausgeführt werden. In Oberitalien wird viel K. als Schlag- oder Unterholz gezogen, da das hierbei erhaltene Stangenholz sehr geeignet zu Hopfenanlagen und Weinpfählen ist.

Kastorine, verschiedene ganz wollene, gemischte oder ganz baumwollene weichhaarige Gewebe, welche der Klasse der Biber, Plüsche, Velpel angehören. Auch ungeschnittener Seidenplüsch ist darunter verstanden worden.

Katechu (Catechu, Cachou, lat. Terra catechu seu japonica, frz. Cachou ou Terre de Japon, engl. Cutch, Black catechu) besteht aus dem eingetrockneten, wäßrigen Extrakt verschiedener, besonders zu den Akazien gehöriger Bäume und Sträucher Ostindiens und wird je nach der Abstammung in Akazienkatechu oder Mimosenkatechu und Palmenkatechu unterschieden. Vom Akazienkatechu kommen zwei Hauptarten in den europäischen Handel: 1. Cutch, braunes K. oder Bombay-K., durch Auskochen des Holzes der Acacia Catechu und A. Suma gewonnen, bildet große Kuchen, im Einzelverkauf unregelmäßige Stücke mit rauher, erdiger, brauner Oberfläche und braunem Bruch und ist gewöhnlich mit anklebenden und eingebackenen Blättern und Spänen durchsetzt. Besondere Sorten sind: a) das bengalische K., fast quadratische Stücke, die außen erdig rauh, schmutzig graubraun erscheinen und auf dem Bruche dunklere und hellere Streifung oder Marmorierung zeigen; b) das höher geschätzte, braune Pegu-K., das in Körben und Ballen aus Ranguhn und Pegu in Hinterindien kommt. 2. Gambir- oder gelbes K., Gutta Gambir, unrichtigerweise auch Terra japonica (japanische Erde) genannt, wird besonders auf Java, Sumatra und Pulo-Penang aus den jungen Ästen und Blättern des zu den Zinchonazeen gehörenden Strauches Nauclea Gambir oder Uncaria G. gewonnen und erscheint teils in würfelförmigen, dunkelbraunen oder schwarzrötlichen, innen etwas hellfarbigeren Stücken als Singapur-Gambir, teils als mehr gelbbraune, innen gleichfalls hellere Würfel (Rhiogambir). Beide sind porös und schwimmen leicht auf Wasser, während die früher genannten Sorten untersinken. — Das Palmen-K., das in Indien durch Auskochen der Arekanüsse gewonnen wird und für uns keine Handelsware bildet, benutzt man in Südasien ähnlich wie Gambir als einen Zusatz beim Kauen der Betelblätter. — Die eigentlichen Katechusorten schmecken zusammenziehend süßlich, Gambir außerdem auch bitter. Sie lösen sich nur teilweise in kaltem Wasser, sollen dagegen in heißem völlig löslich sein und sind um so mehr verunreinigt, je mehr Bodensatz sie dabei hinterlassen. Geringere Sorten haben meistens Zusätze von Stärkemehl, das durch die Jodprobe leicht zu finden ist. Auch wird als Neu-K. eine völlige, durch Auskochen von Nadelhölzern gewonnene Nachahmung in den Handel gebracht. Der Wert des K. beruht auf seinem Gehalt an Katechusäure oder Katechin und an Katechugerbsäure, doch dient die Droge zum Gerben nur in untergeordnetem Maße, findet hingegen außer zu einigen medizinischen und hygienischen Zwecken, z. B. als Zusatz zu Zahnwässern und als adstringierendes Mittel, ausgedehnte Anwendung in der Färberei und im Zeugdruck. Es liefert in Verbindung mit Chrom- und Kupfersalzen und anderen Zusätzen schöne braune, auch gemischte Farben und echt Schwarz.

Katechupräparat (Präpariertes Katechu) wird aus Gambirkatechu bereitet, indem man es im Dampfbade schmilzt und eine kleine Menge Kaliumdichromat, bisweilen auch Alaunlösung und Salmiakgeist, zusetzt. K. findet in der Färberei Anwendung.

Katgut. Unter diesem Namen kommt ein Nähmaterial für Wundbehandlung in den Handel, das meist aus getrockneten, gespaltenen und gereinigten Katzendärmen besteht. K. wird in verschiedenen Stärken verwandt und auf Spulen gewickelt in einer 20%igen öligen Karbolsäurelösung aufbewahrt.

Kathablätter, die für medizinische Zwecke von Arabien über Aden eingeführten Blätter von Catha edulis, sind eiförmig, stumpf gezähnt, unbehaart, oben dunkelgrün, unten hellbläulichgrün und enthalten ein dem Koffein ähnliches Alkaloid.

Kathartinsäure (Cathartinsäure, lat. Acidum cathartinicum, frz. Acide cathartinique, engl. Cathartic acid), der abführend wirkende Stoff der Sennesblätter und der Kreuzdornbeere (Fructus rhamni catharticae), wird gewöhnlich als schwarzbraune, amorphe Masse erhalten, die aus einem in Chrysophansäure und Emodin zerfallenden Glykoside besteht. Sie wird nur selten medizinisch verwendet.

Kattun, ein baumwollener, nach Leinwandart glatt und ziemlich dicht gewebter Stoff, kommt entweder gefärbt oder bedruckt in den Handel. Den Hauptartikel bilden die gedruckten K., die meist in England und Deutschland mit gravierten Kupferzylindern hergestellt werden. Bekanntere Sorten sind: Schirting, Nessel aus Garn Nr. 20—60 dicht gewebt, Bettkattun mit farbigen Streifen im Einschlag, Nanking, ein dichter, fester K. von bräunlicher Naturfarbe (echter Nanking) oder braun gefärbt, Kambrik oder feiner Hemdenkattun, Dowlas oder Hemdentuch.

Katzenauge (Schillerquarz) nennt man eine Abart gefärbten Quarzes, welcher durch Einschlüsse dicht gedrängter paralleler Asbestfasern einen seidenartigen, wie eine Pupille geformten Lichtschein erhält. Besonders schön tritt letzterer auf, wenn das Mineral kappenförmig (en cabochon) geschliffen ist und in gewissen Richtungen gegen das Licht gehalten wird. Der Stein ist durchscheinend, verschieden gelb, grünlich, grau, braun oder rötlich gefärbt und kommt am schönsten auf der Malabarküste und auf Zeylon vor. Er findet sich aber auch im Fichtelgebirge und an anderen Orten in Deutschland und wird zu Ring- und Nadelsteinen geschliffen. Der braune, mit weißlichem Scheine wird am meisten geschätzt.

Katzenfelle (frz. Peaux de chat, engl. Cats skins). Sowohl die Felle von wilden als zahmen Katzen werden im Handel geführt, und namentlich die der letzteren bilden ein viel verwendetes beliebtes Pelzwerk. Bei ihrer Sortierung entscheidet in erster Linie die Farbe, nach welcher man schwarze, graue, bunte, rote und weiße unterscheidet, und zwar werden die schwarzen am teuersten bezahlt. Die Schönheit des Felles richtet sich bei der zahmen Katze weniger nach dem Klima als nach dem Grade der Pflege und Reinlichkeit. Auch müssen die Tiere bereits im ersten Lebensalter im Winter geschlachtet werden, weil zu alte Tiere schlechte Pelze geben, und es ist daher erforderlich, daß man die Katzen gleich mit Rücksicht auf das Fell züchtet. Vor allem geschieht dies in Holland, das die schönsten schwarzen Felle in den Handel bringt. Die Tiere werden dort in Schuppen eingesperrt gehalten und nur mit Fischen gefüttert. Daneben liefern auch die Schweiz, Salzburg, Steiermark, ferner Norddeutschland und Rußland schöne schwarze Felle. Nicht selten werden die Tiere kastriert, damit sie größer und haarreicher werden. Deutschland, Italien und die Donaufürstentümer verbrauchen hauptsächlich schwarze, Schlesien und Galizien graue, die Türkei weiße und rote Felle. Gute schwarze K. gehen auch nach England und Amerika. —

Die wilde Katze ist in Deutschland fast ausgerottet und findet sich hauptsächlich in den Wäldern Rußlands und Asiens, in Polen, Ungarn und der Türkei. Sie gleicht in vieler Beziehung den zahmen grauen Zyperkatzen, ist aber wenigstens um ein Drittel größer, das Haar fast noch einmal so lang und feiner. Der gelblichgraue Schwanz hat regelmäßige schwarze Ringel und ein schwarzes Endstück. Diese Katzen geben ein weiches, doch wenig haltbares Pelzwerk, das braun gefärbt und hauptsächlich in Ungarn und der Türkei verbraucht wird. Katzenfelle werden vielfach gegen Rheumatismus und Gicht verwandt, indem man die schmerzhaften Stellen damit bedeckt.

Katzenkraut (Amberkraut, lat. Herba mari veri, frz. Teucrium, engl. Cat thyme) besteht aus dem Kraute von Teucrium marum, welches einen durchdringenden, kampferartigen Geruch besitzt und auch im getrockneten Zustande bitter, brennend, würzhaft und scharf, dann kühlend schmeckt. Katzen, Marder, Füchse und anderes Raubzeug werden von dem Geruch angezogen und zerstören die Pflanze. K. wird zu Kräuterumschlägen und als Zusatz zu Schnupftabaken angewandt.

Kauris, die kleinen, bei uns als Otter- oder Schlangenköpfchen zum Besatz von Pferdegeschirren sowie zu Muschelarbeiten benutzten Gehäuse einer Meerschnecke, Cypraea moneta, stammen aus den indischen Meeren, namentlich dem Korallenarchipel der Malediven und dienen seit den ältesten Zeiten in Asien und Afrika als Münze. In Bengalen entsprechen etwa 1540 Stück dem Werte eines Franks, in Siam sogar erst 2400, während an der Westküste von Afrika schon 122 Stück dem Wert eines Franks gleichkommen.

Kautschuk, Federharz, Ledergummi, Rohgummi (lat. Gummi elasticum, Resina elastica; frz. Résine elastique, Caoutchouc, engl. India rubber), ein überaus wichtiger Gegenstand des Welthandels von ständig wachsender Bedeutung, findet sich in dem Milchsafte verschiedener Pflanzen, besonders aus den Familien der Wolfsmilchgewächse oder Euphorbiazeen (Hevea, Manihot), der Hundsgiftgewächse oder Apocynazeen (Landolphia, Hancornia, Kickxia), der Maulbeergewächse oder Morazeen (Ficus, Castilloa) und der Riesenblumengewächse oder Loranthazeen (Struthantus, Phiturasa). Für die technische Gewinnung kommen nur tropische Vertreter dieser Familien in Betracht, da der Kautschukgehalt unserer einheimischen Wolfsmilchgewächse (0,5—2,5%) zu gering ist. In Europa wurde der K. zuerst durch einen Bericht des französischen Gelehrten Condamine bekannt, der 1736—1745 in Brasilien und Peru weilte, wo die Eingeborenen den Stoff zur Herstellung von Fackeln, Stöpseln für Kürbisflaschen, Beuteln und anderen kleinen Gebrauchsgegenständen benutzten. Schon 1790 wurden in Paris vereinzelt chirurgische Binden, wasserdichte Überzüge und Röhren für chemische Zwecke daraus hergestellt. 1820 gelang es Stadler in Wien zum ersten Male, den K. zu Fäden auszuziehen. Später erschienen die ersten plumpen Gummischuhe und Regenröcke (Mackintosh) im Handel, die jedoch zunächst wenig Anklang fanden. Erst nach der Erfindung des später zu besprechenden Vulkanisierungsverfahrens errang der K. seine jetzige Stellung als eines unentbehrlichen Hilfsmittels zahlreicher wichtiger Industriezweige. — Die Gewinnung des K. erfolgt in den einzelnen Ursprungsländern auf verschiedene Weise. Die im Überschwemmungsgebiete des Amazonas vorkommenden Bäume (Hevea brasiliensis), von denen die weitaus beste Sorte, der Para-K., stammt, werden während der trockenen Jahreszeit, die den dicksten Saft liefert, in 2 m Höhe mit schiefen, nach oben laufenden Einschnitten versehen. Unter jeden dieser Einschnitte, die zusammen einen horizontalen Ring um den Stamm bilden, hängt man einen Becher, der nach 24 Stunden abgenommen wird. 20 cm unterhalb des ersten Kreises wird ein zweiter Ring von Einschnitten angelegt, hierauf ein dritter usw., bis der Boden erreicht ist. Der angesammelte Milchsaft wird becherweise auf Holz- oder Tonformen gegossen und über freiem Feuer getrocknet und geräuchert. Auf die erste Schicht folgt eine zweite, nach abermaliger Trocknung eine dritte und so fort, bis die gewünschte Dicke (2 bis 12 cm) erreicht ist. Die von dem Holz- oder Tonkern abgezogene Kautschukmasse behält die Form des letzteren bei und wird vielfach als Flaschenkautschuk bezeichnet. Man kann nach diesem Verfahren aber auch einfache Platten darstellen. Das durch freiwillige Eintrocknung des Milchsaftes in Kästen oder Gruben erhaltene Erzeugnis wird als Gummispeck oder Speckgummi bezeichnet. Die Ausfuhr des im brasilianischen Handel als Feingummi (Para-fine) bezeichneten Para-K. erfolgt über den Hafenplatz Para. Zur Gewinnung des Ceara- und Amazonas-K. wird unterhalb der Einschnitte um den sorgfältig gereinigten Stamm eine Rinne aus Lehm angebracht, von der aus der Milchsaft in Kürbisflaschen (Kalebassen) fließt. Die weitere Verarbeitung ähnelt derjenigen des Para-K. Die am Stamme hängen gebliebenen Anteile, die durch Holz- und Rindenstücke verunreinigt sind, kommen in Form kugelrunder Ballen, sog. Negerköpfe (Niggers) als Saramby-K. in den Handel. Geräucherter Ceara-K. wird Manicoba genannt. Cartagena-, Ule- oder Castilloa-K. stammt von mittelamerikanischen Castilloa-Arten. Den aus einem langen senkrechten Einschnitt mit kürzeren seitlichen Einschnitten ausfließenden Milchsaft (Ulé) vermischt man mit dem wäßrigen Auszuge einer Schlingpflanze (Ipomoea bona), knetet die ausgeschiedene weiche Masse und formt sie zu kleinen Kuchen oder größeren Blöcken. Mangabeira-K., von Hancornia speciosa, bildet ziemlich feuchte rosafarbige Stücke, die infolge eines Alaunzusatzes zur Milch meist alaunhaltig sind und geringeren Wert haben. Ostindischer K. wird aus dem Milchsafte von Ficus elastica und Urceola elastica gewonnen, indem man ihn an der Luft gerinnen läßt und die nach oben steigende Kautschukmasse knetet und an der Sonne trocknet. Der in regellosen Brocken und Klumpen sowie in dicken Platten vorkommende K. zeigt infolgedessen eine hellere, lichtbraune oder weißgraue Farbe, auch ist er meist verunreinigt und von geringerer Festigkeit und Elastizität als die Parasorte. Er kommt selten nach Deutschland und wird meist nach England und Amerika ausgeführt. Steigende Bedeutung gewinnt neuerdings der afrikanische K., der besonders in Portugiesisch- und Deutsch-Ostafrika, Sierra Leone, Madagaskar und im Kongostaate von verschiedenen Landolphia- und Kickxia-Arten gewonnen wird. Mehr und mehr geht man auch zur Anlegung von Kulturen über, wodurch besonders in Zeylon die Herstellungskosten wesentlich verringert worden sind. — Die Gesamtmenge des auf der Erde gewonnenen Kautschuks wurde 1862 zu 4000 t angegeben, 1903 belief sie sich auf 63500 t, wovon fast die Hälfte auf Brasilien entfiel, und 1910 auf 76000 t. Infolge der Anlegung zahlreicher Kulturen, die Anfang 1911 bereits 400000 ha umfaßten, stieg die Erzeugung im Jahre 1915 auf mehr als 100000 t und wurde für 1916 auf 130—150000 t geschätzt. Die deutschen Kolonien, deren Pflanzungen eine schöne Entwicklung zeigten, lieferten vor dem Kriege bereits gegen 3000 t. — Der K., der sich neben Eiweiß, Harz, Zucker und Mineralstoffen in Form einer wäßrigen Emulsion in dem Milchsafte (Latex) vorfindet, ist ein zu den Polyterpenen gerechneter Kohlenwasserstoff von der empirischen Formel $C_{10}H_{16}$, aber sehr hohem Molekül. Er bildet den Hauptbestandteil des Rohkautschuks, neben dem kleinere oder größere Mengen von Eiweiß, Harzen und anderen Verunreinigungen (im Para-K. nur 1—4 %, in minderwertigen Sorten bis zu 40 %) vorkommen. Je nach der Sorte zeigt der Rohkautschuk eine rötliche, bräunlichgelbe bis schwarze Farbe, einen eigentümlichen Geruch und eine hohe Elastizität. Das spez. Gew. liegt bei 0,92 bis 0,96. Bei niedrigen Temperaturen hart und spröde, wird der K. bei 120° klebrig und schmilzt bei 180° zu einer Schmiere, die erst nach jahrelanger Lagerung wieder fest wird. Bei 200 bis 300° geht er in ein dunkelbraunes Öl über, das als Schutzmittel gegen Rost dient, und verbrennt bei noch stärkerem Erhitzen an der Luft mit rußender Flamme und unangenehmem Geruch. Die eigentliche Kautschuksubstanz ist in Wasser, Alkohol und Azeton unlöslich, doch entziehen die beiden letzteren dem Rohkautschuk die Harze. Von den übrigen Lösungsmitteln, die den K. entweder in eine wirkliche Lösung oder doch durch Erweichung und Quellung in eine homogene Flüssigkeit überführen, sind Äther, Benzin, Benzol, Chloroform, Schwefelkohlenstoff, Terpentinöl und Tetrachlorkohlenstoff von größter technischer Bedeutung. Ein ausgezeichnetes Lösungsmittel ist auch das durch trockne Destillation von K. gewonnene Kautschuköl (Kautschukin). Gegen chemische Reagentien ist K. ziemlich beständig, er wird aber von konzentrierter Schwefelsäure und Salpetersäure zerstört, durch starke Laugen in eine klebrige Modifikation umgewandelt und auch durch längere Einwirkung von Luft und Licht (Ozon) verdorben. Mit salpetriger Säure entstehen Nitrosite, die ebenso wie die Additionsprodukte mit schwefliger Säure und Halogenen (Tetrabromid) zur quantitativen Bestimmung benutzt werden. — Zur technischen Verwendung wird der Rohkautschuk zunächst einem Reinigungsverfahren unterworfen, indem man ihn in siedendem Wasser erweicht, darauf mit ständig naß gehaltenen Schneidemaschinen in 100—200 g schwere Brocken zerteilt und letztere sorgfältig mit Hilfe von Riffelwalzen wäscht. Die schließlich erhaltenen dünnen Lappen, sog. „Felle", werden sorgfältig bei 50—60° getrocknet. Der bei dieser Reinigung eintretende Gewichtsverlust („Waschverlust"), der bei bestem Para-K. gegen 10 % ausmacht, im allgemeinen aber 20 % beträgt, kann bei geringeren Sorten bis zu 50 % ansteigen. Die reinen Felle werden entweder für sich allein in Walzwerken und nachfolgendem hohen Druck in Blöcke gepreßt und in Platten zerschnitten (Patentgummi), oder durch Verkneten des erweichten K. mit Schwefel, Ton, Zinkoxyd, Talk, Glätte, Schwefelantimon, Kienruß usw. in eine sog. gemischte Masse übergeführt, die dann durch Pressung ebenfalls Platten liefert. Aus den Platten von Patentgummi oder gemischter Masse werden die meisten Gebrauchsgegenstände hergestellt, indem man sie zunächst in die gewünschte Form (Scheiben für Spielwaren, Klappen usw.) zurechtschneidet und dann die Vereinigung der Ränder durch Aneinanderpressen, bisweilen unter Verwendung von Kautschuklösung als Klebemittel herbeiführt. Aus Patentgummi entstehen so z. B. Milchsauger, Gummischläuche. Gemischte Platten werden ebenfalls zunächst zerschnitten und dann in Formen hohem Druck ausgesetzt, wobei bisweilen, wenn die Gegenstände hohl und prall bleiben sollen (Gummibälle) etwas kohlensaures Ammonium hineingebracht wird. Für Gummischuhe, Mäntel von Fahrradreifen, wasser- und luftdichte Stoffe wird der Einlagestoff entweder durch Aufwalzen der Kautschukmasse oder Aufstreichen einer Kautschuklösung mit dem gewünschten Überzuge versehen. Gummischuhe werden auch durch Eintauchen der mit abgepaßten Futterstoffen belegten Formen in Kautschuklösungen, darauffolgendes Belegen mit zurecht geschnittenen Kautschukplatten und anschließende Vulkanisation hergestellt. Gummischläuche erhält man entweder durch schraubenförmiges Aufwickeln der Kautschukstreifen auf eine eiserne Achse und nachfolgendes Verkleben der Ränder oder auch Ausspritzen der erweichten Masse aus einem mit Kern versehenen Mundstück. Elastische Gewebe werden aus langen, mit Maschinen zurechtgeschnittenen vierkantigen Fäden, die mit Baumwolle oder Seide umsponnen und dann gestreckt sind, hergestellt. Der so erhaltene gereinigte Kautschuk findet wie auch der Rohkautschuk nur beschränkte Verwendung als Radiergummi sowie zur Herstellung von Heftpflastern und Kautschuklösungen für Klebezwecke. Für die meisten Verwendungen muß er erst der Vulkanisation unterworfen werden. Dieses hauptsächlich von Goodyear erfundene Verfahren besteht in der Einverleibung von Schwefel bei höherer oder von Schwefelchlorür bei gewöhnlicher Temperatur und verleiht dem K. mehrere für seinen Gebrauch höchst günstige Eigenschaften. Im Gegensatz zum gewöhnlichen K. wird der vulkanisierte weder bei niederen Temperaturen spröde, noch bei höheren klebrig, sondern behält seine volle Elastizität. Seine Porosität und seine Löslichkeit ist wesentlich geringer geworden; Terpentinöl, Benzin, Äther und Chloroform lösen ihn kaum, sondern quellen ihn nur bis zum zehnfachen Volumen, während fette Öle ihn in eine plastische, an der Luft sich oxydierende Masse verwandeln. Die frischen Schnittflächen des vulkanisierten K. haften beim Aneinanderdrücken nicht zusammen. Nach dem Verfahren der heißen Vulkanisation wird der gereinigte K. mit wechselnden Mengen (3—15 %) Schwefelblumen zusammengewalzt und geknetet und dann mehrere Stunden lang in großen eisernen Kesseln bei 115—136° und 3—5 Atmosphären Druck mit Wasserdampf behandelt. In gleicher Weise können die aus gemischter Masse geformten Gebrauchsgegenstände vulkanisiert werden. Matten, Treibriemen und Preßplatten bringt man meist in Pressen, deren hohle Platten durch Dampf erhitzt werden. Die besonders für Patentgummi geeignete kalte Vulkanisation nach Parkes besteht einfach im Eintauchen der geformten Gegenstände in eine Lösung von Schwefel in Schwefelkohlenstoff oder Chlorschwefel für einige Minuten und nachfolgende Trocknung. An Stelle des Schwefels wird vielfach auch Schwefelquecksilber (Zinnober) und Schwefelantimon zur heißen Vulkanisation benutzt. Die so erhaltenen Gegenstände haben im Gegensatz zu dem grauen vulkanisierten K. eine rote Farbe. Schwarze Töne entstehen durch Beimischung von Kienruß, helle durch Zinkweiß, Baryt u. dgl. Die Herstellung der Hartgummi- oder Ebonitwaren (s. d.) erfolgt nach den gleichen Grundsätzen, doch unter Zusatz höherer Schwefelmengen (bis 50 %) und Anwendung höherer Temperaturen. — Künstlicher (synthetischer) K. kann in ausgezeichneter Beschaffenheit nach verschiedenen Verfahren, die meist auf den Arbeiten von Harries beruhen, hergestellt werden. Als Ausgangsmaterial dient entweder Isopren (C_5H_8), das aus Terpentinöl, Lävulinaldehyd oder Lävulinsäure (aus Stärke, Zucker, Zellulose), Azeton, hydrierten Benzolen und Phenolen, Amylalkohol und neuerdings Petroleum gewonnen wird, oder das Butadien (C_4H_6), von dem sich Isopren lediglich durch Eintritt einer Methylgruppe unterscheidet. Beide Kohlenwasserstoffe polymerisieren sich unter Einwirkung von Salzsäure und Wärme. Bei dem ungeheuren Preissturz des natürlichen K. hat sich das synthetische Erzeugnis bislang noch als zu teuer herausgestellt. — Um so größere Bedeutung hat dafür die Wiederverarbeitung von abgenutzten Kautschukwaren (Schuhen, Schläuchen, Radreifen) und vulkanisierten Abfällen zu sog. Regeneraten gewonnen. Zwar ist eine Entvulkanisierung noch nicht gelungen, aber durch mechanische Zerkleinerung und Behandlung mit Alkalien, Säuren, organischen Lösungsmitteln werden die mineralischen Beimengungen und die Gewebeeinlagen entfernt, so daß die hinterbleibende Kautschuksubstanz wieder unter Zusatz von neuem K. verarbeitet werden kann. — Als Ersatzmittel für K. kommen in erster Linie die sog. Faktis in Betracht, die durch Erhitzen von Leinöl mit Schwefel (brauner F.) oder durch Behandlung mit Chlorschwefel (weißer F.) erhalten werden. Außerdem sind für bestimmte Zwecke Gemische von Vogelleim mit Soda (für Pflaster), Lösungen von Zelluloseestern mit weichmachenden organischen Substanzen (für chirurgische Handschuhe), mit Formaldehyd gehärtete Leimmasse (Sonjatin-Schläuche) empfohlen worden. Hartgummiersatz Zellon ist eine Art Zelluloid, Futuran ein Erzeugnis aus Phenol und Formaldehyd. — Verfälschungen des K. durch übermäßigen Zusatz von Mineralstoffen lassen sich mit Hilfe der Aschenanalyse, Zusätze von Leim und Eiweißstoffen durch die Stickstoffbestimmung, Beimischungen von Faktis nicht immer mit Sicherheit nachweisen.

Kaviar (Caviar, frz. Caviar, engl. Caviare) besteht aus den ungesalzenen oder auch mehr oder weniger (mit 4—6 % Kochsalz) gesalzenen, aus den Eierstöcken befreiten Eiern (Rogen) großer Störarten, namentlich des eigentlichen Störs (Acipenser sturio), des Hausens (A. huso) und einiger kleinerer Verwandten, und wird entweder direkt als körniger K. oder auch in gepreßtem Zustande in den Handel gebracht. Der beste K., der aus Rußland (Astrachan, Malossol) stammt, ist besonders großkörnig, von heller Farbe und mild gesalzen. Der sog. deutsche oder Elb-K. und der amerikanische K. setzt sich aus weit kleineren Körnern zusammen, besitzt eine dunklere Farbe, scharfen salzigen Geschmack und wird weniger geschätzt. K. ist sehr reich an Nährstoffen und enthält neben 14 % Fett nicht weniger als 30 % Eiweiß, kommt aber wegen seines hohen Preises nur als Luxusspeise und Genußmittel in Betracht. Guter K. darf weder sauer oder ranzig riechen, noch schimmlig sein, die einzelnen Körner müssen prall und rund, nicht eingeschrumpft, zerflossen oder schmierig erscheinen, Zusätze von Sago, Öl, Farbe und den Eiern anderer Fische haben als Verfälschung zu gelten.

Kawawurzel (Avawurzel, lat. Radix kavae, frz. Racine de kava, engl. Kava root), die getrocknete Wurzel der auf den Inseln der Südsee wachsenden Piperazee, Piper methysticum, besteht aus dicken, knotigen, mit langen, sehr verästelten Wurzelfasern besetzten Stücken von 250—500 g Gewicht, die außen graubraun, innen von grauweißer Farbe und lockerem, schwammigem Gefüge sind. Der Geruch ist schwach pfefferartig, der Geschmack bitter und zusammenziehend. Neben einem Harzgemisch, dem eigentlich wirksamen Bestandteil, enthält die Droge zwei indifferente kristallinische Körper, Methystizin (Piperinylessigsäuremethylester) und Yangonin. K. wird als schweißtreibendes Mittel, der aus der Wurzel hergestellte Fluid-Extrakt als Arzneimittel angewandt und auch gegen Geschlechtskrankheiten empfohlen.

Kayennepfeffer (Guinea-Pfeffer, Chillies, lat. Piper cayennense, frz. Poivre de cayenne, engl. Cayenne pepper) nennt man die schotenähnlichen Früchte (Beeren) von Capsicum baccatum, eines zu den Solaneen gehörenden Strauches des tropischen Amerika. K. ähnelt außerordentlich dem Paprika (s. d.), von dem er sich nur durch die geringere Größe der Beeren

(1—2 cm lang, 4—5 mm dick) und die mehr gelbrötliche Farbe unterscheidet. Infolge seines Gehaltes an Kapsaizin besitzt er einen brennend scharfen Geschmack und wird als Gewürz, besonders zu Essigfrüchten, in großen Mengen verbraucht. Außerdem aber wird er mit Mehl zu einem Teige angerührt, gebacken, gemahlen und als sog. „amerikanischer K." (Papperpot) in den Verkehr gebracht.

Kayota, eine aus Mexiko eingeführte, gerbstoffreiche Rinde unbekannter Abstammung, wahrscheinlich aber von einer Malpighia, welche zum Gerben verschiedener Lederarten benutzt wird und letzteren eine rötliche Farbe verleiht. Die auch in gemahlenem Zustande eingeführte Rinde, welche 23—27 % Tannin enthält, soll als Gerbmaterial dem Quebracho vorzuziehen sein, in der Färberei zum Schwarzfärben mit Eisensalzen dem Sumach ähnlich wirken und namentlich der Seide die Geschmeidigkeit nicht nehmen.

Kazaza, ein aus Zuckerrohrsaft oder aus Melasse bereitetes geistiges Getränk, das in der brasilianischen Provinz Maranhao viel genossen wird und sich vom Rum durch seine Farblosigkeit und geringeren Alkoholgehalt unterscheidet.

Kefir (Kephyr) ist ein alkoholisches Getränk, das schon seit alten Zeiten im Kaukasus durch eine eigentümliche Gärung aus Stutenmilch hergestellt wird. Zur Erregung der Gärung dienen Anhäufungen gewisser Hefen- und Spaltpilze, die als Kefirkörner in den Handel kommen und auch bei uns zur Gewinnung eines gleichartigen Erzeugnisses aus Kuhmilch benutzt werden. Nach Mercks Jahresbericht gibt man in eine Selterwasserflasche von 375 ccm Inhalt 5—10 Kefirkörner, übergießt diese abends mit 100 ccm frischem Wasser und läßt über Nacht stehen. Morgens um acht Uhr gießt man das Wasser möglichst vollständig ab, füllt die Flasche zu $^3/_4$ mit unabgekochter Milch und läßt tagsüber bei 8 bis 20° C gut verkorkt unter zeitweiligem Umschütteln liegen. Am Abend nach dem Abseihen des Ferments kann der Kefir schon getrunken werden. Im Verlaufe der Gärung geht ein Teil des Milchzuckers in Milchsäure und ein Teil des Kaseins in lösliche Hemialbumosen, Azidalbumosen und Peptone über, während gleichzeitig Alkohol und Kohlensäure entstehen. Das fertige schäumende Getränk enthält nach König: 88,86 % Wasser, 2,80 % Kasein, 0,38 % Albumin, 0,25 % Azidalbumin, 0,18 % Hemialbumosen, 0,03 % Pepton, 2,76 % Fett, 2,52 % Milchzucker, 0,98 % Milchsäure, 0,84 % Alkohol und 0,65 % Asche. K. wird als diätetisches Mittel bei Magen- und Lungenleiden und Schwächezuständen angewandt.

Kehrsalz (Fegsalz), das in der Salzsiederei beim Beladen der Trockenvorrichtungen und beim Abtragen des getrockneten Salzes abfallende Salz, welches vom Fußboden zusammengekehrt wird und daher verunreinigt ist, kann nur als Viehsalz Verwendung finden.

Keramische Waren. Diese Bezeichnung, vom griechischen Worte Keramos, der Ton, abstammend, umfaßt alle aus Ton und Tonmischungen hergestellten Waren, wie Terrakotta, Töpferwaren, Siderolith, Steingut, Fayence, Majolika, Steinzeug und Porzellan.

Kermek, die Wurzeln von Statice coriaria und St. limonium, werden in Rußland als Gerbmaterial verwendet.

Kermes. Mit diesem Namen belegt man drei verschiedene Farbstoffe: 1. Tierischer Kermes (Kermesbeeren oder -körner, Scharlachbeeren, Purpurkörner, Alkermes, lat. Grana kermes, frz. Grains d'écarlate, engl. Scarlet berries) besteht aus den getrockneten trächtigen Weibchen einer Schildlaus (Coccus ilicis), die auf den Zweigen der in Südeuropa und im Orient häufiger wachsenden, strauchartigen Scharlacheiche (Quercus coccifera) lebt. Das Weibchen schwillt nach der Befruchtung kugelförmig an, strotzt von Eiern und rotem Farbstoff und wird in diesem Zustande gesammelt. Die durch Besprengungen mit Essig getöteten und an der Luft getrockneten Tiere bilden glatte oder etwas runzelige, dunkelrotbraune, zum Teil auch violette, den Korinthen ähnliche Körner, welche denselben Farbstoff wie Koschenille enthalten und im Orient noch heute als Färbematerial dienen. 2. Die pflanzlichen Kermesbeeren, die früher zum Färben von Rotwein benutzt wurden, jetzt jedoch ihrer abführenden Wirkung wegen verboten sind, bestehen aus den Früchten eines von Virginien nach dem südlichen Europa verpflanzten und dort verwilderten, schon in Österreich häufig vorkommenden, ausdauernden Gewächses, Phytolacca decandra. 3. Mineralischer K. ist ein altes, unter dem Namen Karthäuserpulver bekanntes und zuweilen noch jetzt medizinisch gebrauchtes Antimonpräparat, das durch Kochen von schwarzem Schwefelantimon mit Pottaschelösung erhalten wird. Beim Kochen der filtrierten Lösung fällt der K. als ein feines, leichtes, rotbraunes Pulver, das aus Schwefelantimon und Antimonoxyd in wechselnden Verhältnissen besteht.

Kerzen (Lichte frz. Bougies, engl. Candles) werden nach dem Ausgangsmaterial meist in Talg-, Stearin-, Wachs-, Walrat-, Paraffin- und Zeresin-K. unterschieden. Zu ihrer Herstellung bediente man sich früher hauptsächlich der Methode des Ziehens, bei der zahlreiche, an einem Stabe hängende Dochte so oft in das geschmolzene Material eingetaucht wurden, bis die verlangte Dicke erreicht war. Heutzutage kommt fast nur noch das Gießen in Betracht. Eine Reihe schwach konischer Formen aus Blei-Zinn-Legierungen werden mit dem verjüngten Ende nach unten in die Löcher des Gußtisches eingehängt, dann mit je einem Docht und Trichter versehen und mit der geschmolzenen Masse vollgegossen. Die Temperatur ist für jede Sorte besonders zu wählen. Während z. B. der, heute übrigens kaum noch benutzte, Talg eben ein Häutchen bilden soll und bei kühler Temperatur gegossen wird, ist das Paraffin möglichst dünnflüssig in die vorgewärmte Form zu gießen und dann schnell abzukühlen. Die Stearin-, richtiger Stearinsäure-K. werden zur Vermeidung des unbeliebten großkristallinischen Gefüges meist aus einem Gemisch von Stearin und etwas Wachs oder Paraffin, das man unter Umrühren bis zum Dickflüssigwerden abkühlen läßt, hergestellt. Die dicken Wachskerzen für kirchliche Zwecke endlich werden auch durch Ausrollen des erweichten Wachses um einen Docht erhalten. Von größter Bedeutung für gutes Brennen der K. ist die Beschaffenheit der Dochte, welche bei den neueren Erzeugnissen zur Vermeidung des Krümmens aus 3 Strähnen geflochten werden und zur Erleichterung des Verbrennens mit besonderen Beizen aus chlorsaurem Kalium, Salpeter, Wismutnitrat, ferner Borsäure, Ammoniumsulfat oder -phosphat imprägniert sind. Als gute und preiswürdigste K. haben zurzeit die Paraffin-, danach die Kompositions-K. aus Stearin und Paraffin als beste reine Stearin-K. zu gelten.

Kessambi, das Holz der in Indien wachsenden Sapindazee Schleichera trijuga, liefert ein festes Arbeitsholz.

Kessowurzel, die Wurzel einer japanischen Baldrianart, Valeriana officinalis L. var. angustifolia, liefert bei der Destillation das ätherische Kessoöl, welches dem gewöhnlichen Baldrianöl sehr ähnlich ist, aber ein höheres spez. Gew. von 0,960—1,004 besitzt.

Kesu-dan (Palas-phul) nennt man die in Indien zum Gelbfärben dienenden Blüten von Butea frondosa.

Ketgeeöl (Uttur Khetkee), ein sehr wohlriechendes ätherisches Öl aus Rajopootana in Ostindien, wird aus einer gelbblühenden Pandane gewonnen. Die weißblühende Pandane, Pandanus odoratissimus, liefert durch Destillation ihrer Blüten ebenfalls ein sehr wohlriechendes Öl (Uttur khera), das zu Parfümeriezwecken Verwendung findet.

Khaboungycayi, die giftigen Samen des in Birma wachsenden Baumes Strychnos potatorum, enthalten Strychnin.

Kiefernholz (Föhrenholz), das Holz verschiedener Arten der Gattung Pinus. 1. Das gemeine Kiefernholz, von Pinus silvestris, besitzt eine gelblichweiße Farbe mit braunrotem, verschwindend kleinem Mark, zahlreichen Holzporen und regelmäßigem, engmaschigem Holzgewebe. Es ist leicht, sehr harzreich und läßt sich unter allen Nadelhölzern am wenigsten gerade spalten. Gegen Witterungseinflüsse zeigt es große Widerstandskraft und wird zu Grubenbauten in Bergwerken, Brunnenröhren, Balken und namentlich zu Fensterrahmen benutzt. 2. Schwarzföhrenholz, von der österreichischen Kiefer, Pinus laricio var. austriaca, unterscheidet sich von dem vorigen nicht wesentlich. 3. Arvenholz, Zirbelkiefernholz, das dichte, rötliche und wohlriechende Holz von Pinus cembra, kommt nur aus den Alpen und wird viel als Schnittholz verwendet. 4. Knieholz, Krummholz, Zwergkiefernholz, von der nur im Hochgebirge vorkommenden Krummholzkiefer, Pinus pumilio, mit auf der Erde liegendem, hin und her gebogenem Stamm und Ästen, ist sehr dicht und fest, rotbraun mit weißem Splint und wird vielfach zu Holzschnitzereien verwandt.

Kieselfluorwasserstoffsäure (lat. Acidum hydro-silicio-fluoricum, frz. Acide hydrofluorsilicique, engl Silico hydrofluoric acid), eine Verbindung von der Formel H_2SiF_6, entsteht in wäßriger Lösung durch Erhitzen von Quarz und Flußspat mit konzentrierter Schwefelsäure und Einleiten des gasförmigen Fluorsiliziums SiF_4 in Wasser. Die stark saure Flüssigkeit, die sich beim Eindampfen zersetzt, muß in Guttaperchaflaschen aufbewahrt werden, da sie Glas angreift. K. dient zur Konservierung von Holz, zum Härten von porösen Baumaterialien und Mauerwerk und ist giftig.

Kieselsäure (Kieselerde, lat. Acidum silicicum, frz. Acide silique, engl. Siliciosus acid), die Verbindung des Elementes Silizium mit Sauerstoff, SiO_2, findet sich in der Natur in reinem Zustande und in Form von Verbindungen als der verbreitetste Bestandteil der Erdrinde vor. Aus reiner kristallisierter K. besteht der Quarz in seinen zahlreichen Spielarten als Bergkristall, Amethyst, Quarzit, Sand und Kies; aus amorpher K. der Feuerstein, Opal und Achat. Von den wichtigsten Mineralien sind der Feldspat, die Hornblende, der Ton und Glimmer als Verbindungen der K., als Silikate, anzusprechen. Außerdem ist K. ein regelmäßiger Bestandteil pflanzlicher Organismen, besonders der Gräser und Schachtelhalme, und findet sich als Panzer niederer Infusorien und Diatomeen, die in ungeheuren Mengen die Lager von Kieselgur, Infusorienerde, zusammensetzen. Die K. ist in den meisten Säuren mit Ausnahme der Flußsäure und in verdünnten Alkalien unlöslich und verhält sich bei gewöhnlicher Temperatur ziemlich indifferent. Bei höheren Temperaturen zeigt sie die Eigenschaften einer Säure, treibt beim Schmelzen mit Pottasche Kohlensäure aus und bildet kieselsaure Salze. In Form des Quarzes und der Silikate Glas und Wasserglas ist sie für die Technik von größter Bedeutung.

Kieserit, ein aus natürlicher, schwefelsaurer Magnesia ($MgSO_4 + H_2O$) bestehendes Mineral, kommt auf Salzstöcken vor und bildet namentlich im Abraumsalze des Staßfurter Steinsalzwerkes Bänke bis zu 30 cm Stärke.

Kihoë, das sehr harte Holz der in Indien wachsenden Aritera littoralis, wird im Ursprungslande zur Herstellung von Werkzeugen benutzt.

Kindermehle nennt man als Ersatz für Muttermilch bestimmte Nährpräparate, die aus Getreidemehl (besonders Weizen und Hafer) hergestellt werden und die Bestandteile des letzteren in leicht löslicher Form enthalten. Die Aufschließung erfolgt entweder durch trockene Hitze oder durch Dämpfen, ferner durch Behandlung mit verdünnten Säuren oder Diastase und hat den Erfolg, daß die Stärke in Dextin und das Eiweiß in Albumosen übergeht. Die entstehenden Erzeugnisse werden für sich allein oder nach Zusatz von Fett, Eiweiß und Salzen getrocknet oder gebacken und in ein feines Mehl verwandelt. Von den bekannteren Waren sind die K. von Knorr, Hohenlohe und Kufeke nur aus Mehl hergestellt, während Nestles K. und Theinhardts lösliche Kindernahrung gleichzeitig Milch und Zucker enthalten. Die Ansichten über den Wert der K. sind sehr geteilt, doch steht soviel fest, daß sie die Milch nicht völlig ersetzen, sondern höchstens neben ihr benutzt werden können. Unter allen Umständen muß verlangt werden, daß die K. völlig aufgeschlossen sind, da der kindliche Organismus rohe Stärke nicht assimiliert. Zweckmäßig erfolgt die Verabreichung daher nur bei älteren Kindern und bei Verdauungsstörungen, bei denen Kufekes K. verstopfend, Mellins und Theinhardts Nahrung hingegen schwach abführend wirken.

Kino (Kinogummi, lat. Gummi kino, frz. Gomme kino, engl. Kino gum) besteht aus dem eingetrockneten Extrakte oder natürlichen Ausflüssen verschiedener Bäume, namentlich aus der Familie der Papilionazeen, und bildet dem Katechu ähnliche rote Massen von stark zusammenziehendem Geschmack. Unter den verschiedenen Handelssorten hat das malabarische oder Amboinakino von Pterocarpus Marsupium die größte Bedeutung. Es bildet kleine eckige, leicht zerbrechliche Bruchstücke von glänzend schwarzer Farbe, die in dünnen Splittern rot durchscheinen. Das Pulver ist dunkelrot und löst sich nur teilweise in Wasser, aber vollständig in Alkohol und Alkalien. Das afrikanische K. aus dem Senegalgebiete, das früher die Hauptrolle spielte, kommt jetzt nicht mehr in den Handel, wohl aber asiatisches (Butea- oder bengalisches) K. von Butea frondosa, westindisches oder Jamaikakino von Coccoloba uvifera und neuholländisches oder Eukalyptuskino von verschiedenen Eukalyptusarten. Der wichtigste Bestandteil aller Kinosorten ist ein bis zu 75 % vorhandener Gerbstoff, Kinogerbsäure, aus der beim Erwärmen der rote Farbstoff, Kinorot, entsteht. K. findet in der Pharmazie sowie zur Herstellung von Zahntinkturen und Zahnpulvern nur noch beschränkte Verwendung, wird aber in steigendem Maße zum Gerben und Färben benutzt.

Kipari, das Holz eines in Indien und auf Java wachsenden Baumes, Lepisanthes montana, wird als Nutzholz verwendet.

Kirschbaumholz, das Holz des Kirschbaumes, Prunus Cerasus, ist gelblichrot bis rotbraun, bei manchen Arten grünbraun, gestreift und geflammt, sehr fest, ziemlich hart und feinfaserig und hat ziemlich ansehnliche Spiegel. Es läßt sich leicht bearbeiten und durch Beizen dem Mahagoniholze ähnlich machen. Das Holz alter Bäume ist ein vortreffliches Tischlerholz, hat jedoch die unangenehme Eigenschaft, mit der Zeit blasser zu werden, welchem Übelstande man aber durch Behandlung mit Kalkwasser begegnen kann.

Kirschen (lat. Fructus cerasi, frz. Cérises, engl. Cherrys), die bekannten Steinfrüchte der verschiedenen Abarten des Kirschbaumes, bilden einen wichtigen Gegenstand des Obsthandels, der im frischen Zustande allerdings von geringer Haltbarkeit ist. Man unterscheidet Süßkirschen und Sauerkirschen und rechnet zu den ersteren die Herzkirschen, Knorpelkirschen und Amaranthenkirschen, zu den halbsüßen oder süßsaueren die Glaskirschen, Ammern, Amarellen und Süßweichseln, zu den Sauerkirschen die Sauerweichseln, Nonnenkirschen, Kirchheimer Kirschen u. a. Außer im frischen Zustande bilden die K. auch in zubereiteter Form, so namentlich als getrocknete oder Darrkirschen, ferner in Essig oder in Zucker eingemacht einen wichtigen Handelsartikel.

Kirschgummi (lat. Gummi cerasi, frz. Gomme de cérise, engl. Cherry gum), das aus der Rinde der Kirschbäume freiwillig ausfließende, an der Luft erhärtende Gummi zeigt meist eine dunkelbraune bis rote Farbe, eine ziemlich weiche Beschaffenheit und widerlichen Geschmack. Das in Wasser nur zum Teil lösliche Gummi wird in der Industrie vielfach an Stelle des arabischen Gummis, dem es ähnlich ist, benutzt.

Kirschkernöl, das in den Kernen enthaltene fette Öl, ist hellgelb, geruchlos und von mildem und angenehmem Geschmack. Das spez. Gew. liegt bei 0,9184, der Gefrierpunkt bei —22°.

Kirschlorbeerblätter (lat. Folia laurocerasi, frz. Feuilles de laurier-cerise, engl. Cherry laurel leaves). Die lederartigen, glänzenden, oben dunkelgrünen, unten helleren Blätter von Prunus laurocerasus, eines in Persien und Kleinasien heimischen, in Südeuropa kultivierten Strauches, werden bis 13 cm lang und $4^1/_2$ cm breit und sind an den zurückgebogenen Rändern entfernt sägezähnig. Sie werden, noch frisch, zerstampft, mit Wasser übergossen und nach einigem Stehen der Destillation mit Wasserdampf unterworfen. Das in Menge von 0,05 % erhaltene Kirschlorbeeröl (lat. Oleum laurocerasi, frz. Essence de laurier-cerise, engl. Cherry laurel oil) hat ein spez. Gew. von 1,050—1,066, einen charakteristischen Geruch und löst sich in jedem Verhältnis in Alkohol. Es ist dem Bittermandelöl außerordentlich ähnlich und enthält wie dieses Benzaldehyd, Blausäure und Benzaldehydzyanhydrin, jedoch entstammen diese Bestandteile hier einem anderen Glykoside, dem Prulaurasin, das durch Emulsion in Blausäure, Glukose und Benzaldehyd zerlegt wird. Der Gehalt an Blausäure beträgt bis zu 4 %. Das bei der Destillation erhaltene aromatische Wasser wird als Kirschlorbeerwasser (lat. Aqua laurocerasi, frz. Eau distillée de laurier-cerise, engl. Cherry laurel leaves water) in den Handel gebracht. K.-Blätter und -Wasser finden in der Medizin sowie nach der Entfernung der Blausäure zur Herstellung von Likören Anwendung.

Kirschsaft (lat. Succus cerasorum, frz. Suc de cerises, engl. Cherry juice), der, wie unter Himbeersaft beschrieben, ausgepreßte, geklärte und der Haltbarkeit wegen gewöhnlich mit etwas Spiritus versetzte Saft von Kirschen, namentlich Sauerkirschen, dient teils zur Bereitung von Likör und Sirup, teils zum Färben anderer Liköre und Obstweine.

Kirschsirup (lat. Sirupus cerasorum, frz. Sirop de cerises, engl. Cherry sirup) wird durch Einkochen des Kirschsaftes mit Zucker erhalten und findet vielfache Verwendung in der Likörfabrikation, zu Fruchteis und Limonaden sowie in Apotheken als geschmackverbesserndes Mittel.

Kirschstiele (lat. Pedunculi seu Stipites cerasorum, frz. Queues de cerises, engl. Cherry stalks), die getrockneten Stiele der Sauerkirschen, werden bisweilen als Aufguß gegen Blasenleiden angewandt.

Kirschwasser (Kirschgeist, Kirschbranntwein), ein in der Schweiz und Süddeutschland sehr beliebter, farbloser, wasserheller Branntwein von schwach bittermandelölartigem Geruch und Geschmack, wird aus schwarzen, zuweilen auch roten, weichen Kirschen bereitet, indem man die zerstampften Früchte einer 12—15 Tage lang dauernden Gärung überläßt und die gegorene Masse entweder in kupfernen Blasen über freiem Feuer, oder in größeren Fabriken mit Dampf destilliert. Zur Erhöhung des Bittermandelgeschmacks werden häufig gemahlene Kirschkerne bis zu $^1/_6$ der Masse vor der Gärung zugesetzt. 50 kg Kirschen liefern 5—7 l Kirschwasser von etwa 50% Alkoholgehalt. Durch längeres Lagern wird das K. feiner und milder und verliert den anfangs etwas herben Geschmack. Zusätze von anderen Rohstoffen, insbesondere von Spiritus, haben als Verfälschung zu gelten; der Alkoholgehalt soll mindestens 45 Vol. % betragen. Verschnitte mit Branntwein anderer Art dürfen als Kirschwasserverschnitt nur dann bezeichnet werden, wenn mindestens $^1/_{10}$ des Alkohols echtem Kirschgeist entstammt und der Charakter als letzterer noch erkennbar ist.

Kitelor (malaiisch) ist das sehr dauerhafte faserige Holz der in Indien wachsenden Polygalazee Xanthophyllum vitellinum.

Kitool (malaiisch, engl. Black fiber) heißt die Blatthüllenfaser der in Indien und auf Zeylon wachsenden Brennpalme Caryota urens.

Kitte. In der Hauptsache versteht man darunter Firnis- oder Glaserkitte, die aus Schlämmkreide und Firnis hergestellt werden. Daneben gibt es aber noch eine große Anzahl anderer Arten Kitte, z. B. Porzellankitt, Mastixkitt, Schellackkitt, Wachskitt usw., auf die bei Besprechung der Urstoffe hingewiesen worden ist.

Klärspäne, zum Klären von trübem Bier, werden aus Haselnußholz meist in Fabriken mit Dampfbetrieb hergestellt und in Kisten oder Säcken versandt.

Klatschrosen (Klapperrosen, lat. Flores papaveris rhoeados, frz. Fleurs de coquelicot, engl. Red poppy flowers), die getrockneten Blumenblätter des roten Feldmohns (Papaver rhoeas), bilden einen regelmäßigen Artikel des Drogenhandels. Die frisch gepflückten Blätter werden zum Trocknen sehr dünn an der Luft ausgebreitet, dann noch in der Ofenwärme nachgetrocknet und wegen ihrer Geneigtheit, Feuchtigkeit anzuziehen, sorgfältig verpackt. Die trockene Ware wiegt etwa ein Zehntel der frischen Blätter und besitzt violettrote Farbe. K. haben einen schleimig-bitteren Geschmack und enthalten ein Alkaloïd, das Rhoeadin, welches auch im Opium vorkommt sowie einen dunkelroten Farbstoff, die Rhoeadinsäure. Sie werden in Abkochung medizinisch und zum Färben von Likören und anderen Hausmitteln angewandt.

Klauenfett (Klauenöl, lat. Axungia pedum tauri, frz. Huile de pieds, engl. Foot oil) wird durch Auskochen der Klauen von Rindern, Hammeln, Pferden und Schweinen mit Wasser und Filtration der oben schwimmenden Schicht erhalten. Es ist ein weißliches bis hellgelbes, geruchloses Öl von dickflüssiger Konsistenz, wird nicht ranzig und findet daher als Schmiermittel für feinere Instrumente, besonders Uhren, vielfache Anwendung.

Kleber (Gluten, Mehlleim, Collor, Tritizin), der stickstoffhaltige und sehr nahrhafte Bestandteil des Getreidemehls, wird namentlich aus dem Weizenmehl bei der Fabrikation von Stärke (s. d.) als Rückstand erhalten und bildet im nassen Zustande eine fadenziehende, elastische und graugelbliche, nach dem Trocknen eine hornähnliche Masse. Er wurde früher meist als Klebemittel (Schusterpapp) benutzt, kann aber auch frisch unter Teig zu Backwerk, Klößen und dgl. gearbeitet werden und kommt neuerdings auch als feines Pulver (s. Glidin) in den Handel. K. ist keine einheitliche chemische Verbindung, sondern ein Gemisch aus vier verschiedenen stickstoffhaltigen Substanzen: Glutenkasein, Glutenfibrin, Gliadin und Muzedin.

Kleesamen (Kleesaat, frz. Graine de trèfle, engl. Cloverseed), im engeren Sinne nur die Samen der als Kulturpflanzen allgemein gebräuchlichen Arten von Klee (Trifolium), im weiteren auch noch die der verwandten Futterpflanzen Steinklee (Melilotus), Luzerne, Schneckenklee oder Monatsklee (Medicago) und Esparsette (Hedysarum). Der Kleebau wird in den Mittelmeerländern seit uralten Zeiten und in Nordfrankreich und den Niederlanden seit dem 15. Jahrhundert betrieben, ist aber in Deutschland und weiter östlich erst seit etwa 100 Jahren allgemeiner gebräuchlich geworden. Seitdem finden sich die guten Kleearten wildwachsend auf allen Wiesen und Weiden, so daß man diese in kleeleere, kleehaltige und kleereiche trennt. Der Klee und seine verwandten Arten werden entweder in Reinsaat oder mit Grasgemenge — Kleegrassaat (vgl. Grassamen) auf den Feldern angebaut oder auch auf Wiesen und Weiden für Herstellung von Grasnarben ausgesät. Sie verlangen vor allem kalkhaltigen, warm trockenen Boden, reichliche Düngung mit Kali und Phosphorsäure und während des Wachstums guten Wechsel zwischen Regen und Sonnenschein. Der Klee darf nicht oft auf gleicher Fläche wiederkehren (Kleemüdigkeit) und gedeiht nicht alle Jahre gleich gut, vor allem da nicht, wo es an befruchtenden Insekten (Bienen, Wespen) fehlt. Die Mehrzahl der Landwirte gibt sich mit der Samengewinnung nicht ab, so daß der K. ein wichtiger Handelsartikel ist. Man bezieht ihn am liebsten aus südlicheren Ländern, besonders aus Frankreich, welches großartigen Handel damit treibt. Weitere Bezugsländer sind: Holland und Belgien, Italien, Schlesien, Böhmen, Bayern, Baden, Württemberg, Thüringen, die Rheinlande und die Reichslande, Haupthandelsplätze: Berlin, Leipzig, Halle, Erfurt, Bamberg, Liegnitz, Königsberg, Mainz, Hamburg, Prag und Wien. Der Handel an den Produktenbörsen ist Gegenstand von Zeit- und Differenzgeschäften, wie beim Getreide. Wegen des großen Verbrauchs an K. und seines hohen Preises ist der K. Verfälschungen durch minderwertige Sorten in hohem Grade ausgesetzt. Auch wird er häufig durch die gefährliche Kleeseide verunreinigt. Es ist daher unbedingt erforderlich, nur gegen Garantie zu kaufen und an einer Samenkontrollstation untersuchen zu lassen. — Von den 150 Arten Trifolium kommen für den Anbau hauptsächlich folgende in Betracht: 1. Rotklee (Wiesen-, Kopf-, Saatklee), T. pratense, in den Handelssorten: Brabanter, Holländer oder Bordeaux, gelblicher, langer, grüner oder Steirischer, Normannischer und Bretagner. Die Samen sind rundlich, winkelig, oft beilförmig, glänzendgelbrot bis violett und $1^1/_2$—$2^1/_4$ mm breit. — 2. Inkarnatklee, T. incarnatum. Die Samen sind eiförmig, regelmäßig gewölbt, rötlichgelb bis rotbraun und graugrünrot, mit schwarzbraunen Schwielen und dicht anliegenden Würzelchen versehen und 2—2,5 mm breit. Die wichtigsten Handelssorten sind: dunkelgraugrüner (früher und später, oder Vilmorins später rotblühender), weißer (mit weißem Samen früh und spät, letzterer auch als Noisetts später weißer I. bekannt) und fleischroter. — 3. Weißklee, kriechender K. (Bienen-, Honig-, holländischer, Schafklee), T. repens, mit weiß, weißgelb und gelb gefärbten Blüten und hellgelben bis braunroten, oft grünlichen Samen von 1—1,25 mm Durchmesser. — 4. Niederliegender K. (Goldklee, kleiner Honig-, gelber Feld-, Hopfenklee und Hopfenluzerne), T. procumbens, die nur in England angebaute Sorte mit stark glänzenden, länglichovalen, sattgelben Samen und angeschmiegten Würzelchen. — 5. Bastardklee (schwedischer oder Honigklee), T. hybridum, aus Schweden, „Alsike kloefver" mit größeren, hell- oder dunkelolivengrünen oder schmutzig rotbraun marmorierten und, wenn unreif, gelbgrünen Samen. Von den Luzernearten sind zu nennen: 1. Die gemeine L. (Ewiger-, Monats-, Spargel-, Schneckenklee, burgundisches Heu), Medicago sativa, mit gelbbraunen, länglichen, fast bohnenförmigen, etwas zusammengekniffenen, matten, eckigen oder schraubenförmigen, auf dem Rücken oft gekielten Samen, anliegenden Würzelchen und einem Durchmesser von 2,5—5 mm. — 2. Die schwedische (deutsche) oder gelbe L. (Sichel-, Ackerklee, gelber Steinklee), M. falcata, mit nierenförmigen, rötlichgelben und ziemlich kleinen Samen. — 3. Sandluzerne (bunte wechselfarbige), M. media, mit 2 mm dicken, gelbbraunen und dunkelbraunen Samen. — 4. Hopfenluzerne (Hopfenklee, gelber Klee, Hopfenschneckenklee), M. lupulina, mit nierenförmigen, gelben, glatten Samen und abstehender Spitze des Würzelchens. — Der Steinklee (Honigklee, Riesenklee), Melilotus, dessen Samen oft unter andere Kleearten gemengt ist, wird in folgende Sorten unterschieden: Gebräuchlicher Steinklee, Käseklee (Mottenkraut, Pferdeklee usw.), M. officinalis, mit gelb bis braunen, $1^3/_4$—2 mm breiten Samen. Weißer Steinklee (Pferdeklee), M. leucanthus, und Blauer St. (Schabziegerklee, Mottenkraut), M. coerulea. — Die Esparsette kommt, ebenfalls in mehreren Sorten, mit den schwer abtrennbaren Hülsen in den Handel. Der reine Samen ist 3—4 mm lang, 2 mm breit, nierenförmig, hellgrün bis dunkelgrünbraun, wenn heller, noch unreif, wenn dunkler, nicht mehr keimfähig. Dauer der Keimkraft 4 Jahre, bestes Saatgut 2 jährig. — Von den zahlreichen beobachteten Verfälschungen seien besonders folgende angeführt: Gelbklee kommt unter Rotklee und Luzerne, Bibernelle unter Esparsette, ägyptischer K. unter Inkarnatklee, Weißklee unter Bastardklee, gewöhnliche Luzerne, Hopfenklee und Melilotus unter der teureren Sandluzerne, Gelbklee und Hopfenklee unter gewöhnlicher Luzerne vor. Alter Samen wird durch Beizen gefirnißt, Unkraut, um die Mischung nicht zu verraten, durch Abkochen und Rösten der Keimkraft beraubt. Einen besonderen Handelsartikel bildet das bekannte Verfälschungsmittel, der sog. Kleekies, sorgsam ausgesuchte, in der Farbe den Sämereien ähnliche oder künstlich gefärbte Quarzkörnchen, gefärbt mit Kienrußöl und Leinölfirnis für Rotklee, mit Chromlack für gelben Samen von Weißklee, Gelbklee und Luzerne, grün durch Chromlack und Berlinerblau für Schwedischen und für Rotklee usw. Gute Sämereien sollen schwer, voll und glänzend sein, keine verschrumpften Körner enthalten und sich mit dem Fingernagel nicht zerdrücken lassen, da sie sonst für gefeuchtet zu halten sind. Die Prüfung der Keimfähigkeit geschieht wie bei anderem Samen durch Aufquellen und Feuchthalten bei gelinder Wärme in wollenen Lappen oder Erde oder mittels besonderer Apparate, Kleeprüfer usw.

Kleie (frz. Son, engl. Bran) nennt man die beim Mahlen des Getreides abfallenden Hüllen- oder Schalenteile der Körner, welche je nach Art des Mahlverfahrens eine verschiedene Zusammensetzung zeigen. Die auf den alten deutschen Mahlgängen gewonnene K. enthält stets noch viel von den härteren, kleberreichen Stärkezellen der äußeren Schichten des Kornes und gilt daher mit Recht für ein wertvolles Kraftfuttermittel. Seit Einführung der neuen Mahlverfahren hat sich die Mehlausbeute aber ständig vergrößert, und dementsprechend die Güte der K. verschlechtert. Besteht sie nur noch aus den Hülsen des Kornes ohne allen Stärke- und Klebergehalt, so hat sie selbstverständlich keinen Futterwert mehr und sollte nur noch als Einstreu oder als Verpackungsmaterial benutzt werden. Man unterscheidet hauptsächlich Weizenkleie, Roggenkleie und Gerstenkleie, letztere von der Graupenfabrikation herstammend. Alle K. muß von guter Beschaffenheit sein und darf nicht durch fehlerhafte Lagerung einen dumpfen Geruch angenommen haben oder feucht und schimmlig geworden sein. Als Verfälschung sind Zusätze von Reishülsen, Erbsenschalen, Holzsägemehl, Sand und Ton beobachtet worden. Behufs leichterer Versendung und größerer Haltbarkeit hat man jetzt angefangen, die K. mittels hydraulischer Pressen in Kuchenform zusammenzupressen.

Klettenwurzel (Bardana-W., lat. Radix bardanae, frz. Racine de bardane, engl. Burdock root), die daumendicke Hauptwurzel unserer Kletten (Lappa major und L. tomentosa), bildet gespalten und getrocknet einen Gegenstand des Drogenhandels und wird als schweißtreibendes und haarwuchsbeförderndes Mittel angewandt. Sie enthält, außer Schleim, Inulin, etwas Gerbstoff, Bitterstoff und Zucker und hat einen herben, süßlich bitteren Geschmack. — Das Klettenwurzelöl, der mit feinem Olivenöl hergestellte und dann beliebig, möglichst schwach, parfümierte Auszug der K., ist ein ständiger Artikel der Kosmetik geworden.

Knallerbsen, kleine, mit etwas Knallsilber oder Knallquecksilber gefüllte Feuerwerkskörper, sind zur Versendung auf der Eisenbahn nur bedingt zugelassen. Sie müssen sorgfältig in Sägemehl verpackt sein, und auf dem Frachtbriefe ist die von einem vereidigten Chemiker unterschriebene Bescheinigung anzubringen, welche die Ungefährlichkeit verbürgt.

Knallquecksilber und **Knallsilber** sind die äußerst explosiblen Salze der Knallsäure, die zur Füllung der Knallerbsen Verwendung finden. Sie entstehen bei der Auflösung von metallischem Quecksilber oder Silber mit konzentrierter Salpetersäure und nachfolgendem Alkoholzusatz als weiße Kristallpulver, die aber nicht getrocknet werden können, sondern unter Wasser aufzubewahren sind. Eine abweichende Zusammensetzung besitzt das Knallsilber Berthollets, das durch Behandlung von Silberoxyd mit Ammoniak hergestellt wird und in trocknem Zustande schon bei Berührung mit einer Federfahne explodiert.

Kneipps Mittel. Unter dieser Bezeichnung kommen verschiedene Mittel, meist pflanzlicher Herkunft, z. B. Kräuter, Wurzeln, Öle usw. in den Handel, die nach Vorschriften des verstorbenen Wörrishofener Pfarrers Kneipp aus zahlreichen, z. T. schon veralteten Vegetabilien hergestellt werden.

Knoblauch (lat. Radix seu bulbus allii, frz. Ail commun, engl. Garlic), die Zwiebel von Allium sativum, einer im südlichen Europa einheimischen Pflanze, welche in Deutschland vielfach angebaut wird, hat einen eigentümlichen, sehr starken, unangenehmen Geruch und einen scharfen, etwas süßlichen Geschmack. Man verwendet sie in geringerer Menge als Zusatz zu manchen Speisen, namentlich auch bei der Bereitung der Salamiwurst, medizinisch als Klistier gegen Madenwürmer. K. muß gut abgetrocknet werden, damit er sich im Winter hält.

Knoblauchöl (lat. Oleum allii aethereum, frz. Essence d'ail, engl. Oil of garlic), das ätherische Öl des Knoblauchs, wird durch Destillation mit Wasserdampf als dunkelbraungelbe Flüssigkeit erhalten, welche durch Rektifikation hellgelb wird. Es hat ein spez. Gew. um 1,050, besitzt einen starken, die Augen zum Tränen reizenden Geruch und besteht aus einem Gemisch von Polysulfiden, u. a. Allylpropyldisulfid.

Knochen (lat. Ossa, frz. Os, engl. Bones) finden sowohl zur Herstellung von Gebrauchsgegenständen durch Drechsler, Schnitzer, Knopfmacher (Beinarbeiter), als auch von chemischen Präparaten vielfache Anwendung. Zu ersterem Zwecke werden die festen Röhrenknochen größerer Tiere, wie Rinder, Pferde und Hirsche, zur Entfernung des Fettes mit Wasser ausgekocht, dann an den Enden abgesägt, an der Sonne oder in Pottaschelösung gebleicht und schließlich in Stücken von 50 bis 60 cm Länge und etwa 4 kg Gewicht in den Handel gebracht. Außerdem werden noch Gänseflügelknochen und zu langen Filetnadeln auch Giraffenknochen verarbeitet. Alle sonst nicht verwertbaren Knochen und Abfälle werden auf die in den folgenden Abschnitten besprochenen Handelswaren usw. verarbeitet. Sie enthalten neben rund 50 % Wasser im Durchschnitt etwa 16 % Fett, 22 % mineralische und 12 % einer stickstoffhaltigen leimgebenden Substanz (Ossein und Kollagen).

Knochenasche, weißes Spodium, auch weißgebranntes Elfenbein genannt, entsteht, wenn Knochen im offenen Feuer völlig verbrannt werden. Sie dienen dabei selbst als Heizmaterial, und nach Zerstörung der organischen Bestandteile hinterbleiben die Mineralstoffe in Form harter, aber poröser weißer Stückchen. Die pulverisierte K., ein Gemisch von durchschnittlich 80—85 % Trikalziumphosphat, 10—12 % Kalziumkarbonat und geringen Mengen Magnesiumkarbonat und Kalziumfluorid, findet vielfache Anwendung als Düngemittel, Putzpulver und Poliermittel sowie zur Herstellung von Phosphor, Phosphorsäure, Superphosphaten, Milchglas und Glasuren.

Knochenkohle (Tierkohle, Beinschwarz, Spodium, gebranntes Elfenbein, lat. Carbo ossium, frz. Noir d'os, engl. Bone black) hinterbleibt beim Glühen entfetteter Knochen unter Luftabschluß in eisernen oder tönernen Retorten, während gleichzeitig gasförmige und flüssige Zersetzungsprodukte, wie Kohlenwasserstoffe, Ammoniumkarbonat, Pyridin- und Chinolinbasen sowie Pyrrol übergehen und als Knochenteer, Franzosenöl, Tieröl, Dippelsches Stinköl (s. unter Teer) kondensiert werden. Der aus den Retorten herausgenommene Rückstand, welcher bei Innehaltung der richtigen Temperatur ein mattes Schwarz zeigt, enthält neben rund 90 % Mineralstoffen 10 % Kohlenstoff in feinster Verteilung. Er wird gröblich zerkleinert und nach der Korngröße sortiert. Das abgesiebte Pulver findet zur Herstellung von Wichse und schwarzer Farbe sowie von Polierpulver für Silberarbeiter Anwendung. Die gekörnte, gut gebrannte K. hat infolge ihrer großen Porosität in noch höherem Maße als Holzkohle die Eigenschaft, zahlreiche organische Stoffe, besonders färbende Bestandteile, Bitterstoffe, Kalk- und andere Salze aus Flüssigkeiten abzuscheiden und bildet daher ein unentbehrliches Hilfsmittel bei Reinigungs- und Klärungsprozessen, besonders in Zuckerfabriken (s. d.), Glyzerin- und Paraffinfabriken.

Knochenmehl. Die Knochen bilden wegen ihres hohen Gehaltes an Stickstoff und Phosphorsäure ein vielbenutztes Düngemittel und werden zu diesem Zwecke in verschiedener Weise verarbeitet. Durch einfaches Zerstampfen der Knochen in Stampfmühlen erhält man das rohe K., das aber wegen der ungenügenden Zerkleinerung und des hohen Fettgehaltes nur eine äußerst langsame Wirkung äußert. In neuerer Zeit wird daher ausschließlich gedämpftes K. hergestellt. Die gereinigten und gröblich zerbrochenen Knochen werden zunächst durch Extraktion mit Benzin oder durch Kochen mit Wasser entfettet und darauf in geschlossenen Behältern mit Wasserdampf behandelt (gedämpft). Hierbei geht ein Teil der zu Leim verwandelten Knorpelsubstanz in das Wasser über, welches abgelassen wird und zur Gewinnung des Knochenleims dient. Die nach dem Dämpfen und darauf folgendem Trocknen nunmehr sehr spröden Knochen werden zu einem feinen Pulver vermahlen, welches 20 bis 25 % Phosphorsäure und 3—5 % Stickstoff, aber nicht mehr als 6 % Fett enthalten soll. Es findet sowohl als Düngemittel wie als Futterzusatz Anwendung und dient außerdem zur Herstellung von Superphosphat (s. d.). Durch völlige Entleimung und den Zusatz von Mineralphosphaten wird der Düngewert bisweilen sehr verringert. Es empfiehlt sich daher, stets eine Kontrollanalyse ausführen zu lassen.

Knochenöl (Knochenfett). Von dem bei der Gewinnung des Knochenmehles abfallenden Fett ist das durch Auskochen frischer Knochen erhaltene Sudfett das wertvollere. Es bildet eine schwach bräunlich gefärbte und fast geruchlose Masse, während das mit Benzin extrahierte sog. Extraktionsfett dunkelbraun und außerordentlich übelriechend ist. Zur Entfärbung und Beseitigung des üblen Geruchs behandelt man das Fett mit Oxydationsmitteln (Chromsäure) und verwendet das gereinigte Produkt zur Herstellung von Seifen. Das durch Ausfrieren und Abpressen von den festen Anteilen befreite flüssige K. ist außerordentlich kältebeständig und dient als Schmiermittel für feine Instrumente.

Knoppern (frz. Galles à l'épine, engl. Gallnuts) nennt man die durch eine Gallwespe (Cynips calicis) zwischen Fruchtknoten und Bechern gewisser Eichen hervorgerufenen Gallen, die besonders aus Ungarn, Dalmatien, der Bukowina und Slawonien in den Handel kommen. Es sind unregelmäßige, stark gefurchte, eckige und stachlige Gebilde, die meist die verkümmerte Eichel noch umschließen und braun oder gelb gefärbt erscheinen. Die Einsammlung erfolgt im September und Oktober, wenn die K. von den Bäumen fallen, und gibt bei günstiger, d. h. warmer und trockner Witterung bis zu 125 kg von einem einzigen Baum. Die K. enthalten bis zu 45 % Gerbstoff und finden sowohl in gemahlenem Zustande als K.-Mehl, wie in Form von K.-Extrakt zum Gerben, besonders von Sohlleder, und zum Färben als Ersatz für Galläpfel Anwendung.

Kobalt (lat. Cobaltum, frz. und engl. Cobalt), ein dem Nickel nahe verwandtes Metall, Co=59, kommt in elementarem Zustande auf der Erde nicht vor, sondern nur in Form wenig verbreiteter Mineralien: Speiskobalt, Smaltin (Arsenkobalt), Kobaltglanz (Schwefelarsenkobalt) und Kobaltblüte, ein aus dem vorigen entstandenes arsensaures K. Zur Entfernung des Arsens und Schwefels werden die Erze zunächst geröstet, darauf mit Soda und Salpeter geschmolzen oder mit Königswasser behandelt, und die schließlich in schwefelsaure Lösung übergeführten Metalle nach bekannten Verfahren vom Eisen, Blei, Wismut und Kupfer befreit. Die schwierige Trennung von dem neben K. allein zurückbleibenden Nickel erfolgt durch fraktionierte Fällung mit Soda und Chlorkalk, wobei Kobaltoxyd zuerst ausfällt, oder durch Abscheidung als Kobaltkaliumnitrit mit salpetrigsaurem Kalium. Häufiger noch bedient man sich des trockenen Verfahrens. Das reine Metall wird durch Reduktion der Oxyde im Wasserstoffstrom oder mit Kohle in Form eines grauen Pulvers oder glänzender Blättchen erhalten und liefert, bei 1050—1250° geschmolzen, harte Stücke, welche schöne Politur und silberweißen, an der Luft beständigen Glanz annehmen. K. besitzt das spez. Gew. 8,500, ist stark magnetisch und von hoher Dehnbarkeit und Festigkeit. Die durch direktes Schmelzen gewonnenen Stücke sind wegen ihres Kohlenstoffgehaltes brüchig und können weder gehämmert noch gewalzt werden. Nach Zusammenschmelzen mit $^1/_{10}$ % Magnesium aber lassen sie sich in der Hitze schmieden und dehnen. Von den zwei Reihen von Verbindungen des K. besitzen nur die Oxydulsalze (s. Kobaltchlorür) wegen ihres Farbenspiels gewisses Interesse. Das metallische K. findet beschränkte Verwendung zur Herstellung von Draht und Blech sowie von luftbeständigen galvanischen Überzügen auf Obstmessern, Klischees usf. Die außerordentliche technische Bedeutung der Kobalterze beruht auf ihrer Verarbeitung zu Farbstoffen.

Kobaltchlorür (Chlorkobalt, lat. Cobaltum chloratum, frz. Chloride de cobalt, engl. Chloride of cobalt), kleine rote Kristallnadeln von der Formel $CoCl_2 + 6H_2O$, welche beim Erwärmen durch Wasserverlust blau werden und zur Verfertigung von sympathetischer Tinte Anwendung finden.

Kobaltfarben. Um 1550 soll die Entdeckung gemacht worden sein, daß die bis dahin für wertlos gehaltenen Kobalterze Glasflüsse schön blau färbten, und dadurch zur Begründung der Kobaltindustrie Sachsens und Böhmens geführt haben, jedoch sind auch aus dem Altertum stammende blaue Gläser als mit Kobalt gefärbt erfunden worden. Zur Darstellung des wichtigsten Erzeugnisses, der Smalte, wird fein gemahlener Quarz mit Pottasche und geröstetem Kobalterz geschmolzen, der entstehende, schön blaue Fluß von der am Boden abgesonderten Schlacke, der sog. Nickel- oder Kobaltspeise, abgelassen und noch flüssig in kaltes Wasser gegossen. Die durch das Abschrecken mürbe gewordene Masse wird auf Stampf- oder Walzwerken gröblich zerkleinert, zwischen granitenen Mühlwalzen sehr fein gemahlen und der blaue Schlamm in vieles Wasser eingerührt. Die zuerst niederfallenden gröbsten Teilchen bilden das Streublau, in einem zweiten Bottich setzt sich die tiefste Tönung des Blaus, die „Farbe" oder Couleur ab, in einem folgenden der Eschel, und zum Schluß der Sumpfeschel, der entweder als hellstes und geringstes Blau verkauft oder, wie meist auch das Streublau, einer späteren Schmelze wieder zugesetzt wird. Bisweilen kommt das letztere auch als blauer Streusand in den Handel. Das schöne Blau der Smalte besitzt eine Dauerhaftigkeit wie wenige andere Farben und übertrifft auch den künstlichen Ultramarin an Widerstandsfähigkeit gegen Säuren und Hitze. Sie wird zur Fresko- und Zimmermalerei und zu Außenanstrichen benutzt. Als Einbrennfarbe für feinere Arbeiten auf Glas und Porzellan wird sie hingegen durch die reineren Oxyde, für Töpferglasuren und Steingutmalereien aber durch den Zaffer oder Saflor ersetzt. Der letztere ist das unmittelbare Erzeugnis der Hütten, welches in Form grauschwarzer Pulver durch einfaches Abrösten von Kobalterzen erhalten wird und erst im Glasfluß schöne blaue Töne liefert. Kobaltultramarin (Thenards Blau, Kobaltblau, Leydener Blau) entsteht, wenn man mit einer Kobaltsalzlösung getränkten weißen Ton trocknet und glüht, oder schöner, indem man eine Mischung von Alaun und schwefelsaurem Kobaltoxydul zur Trockne eindampft und 6—8 Stunden auf heller Rotglut erhält. Die Farbe hat den Fehler aller Kobaltfarben, bei Lampenlicht violett zu erscheinen, und wird durch den Ultramarin allmählich verdrängt. Coeruleum (Coelin) besteht aus Kobaltoxydul und Zinnoxyd. Kobaltgrün (Zinkgrün, Rinnmanns Grün) entsteht, wenn ein Brei von frisch gefälltem Kobaltoxydul und Zinkoxyd getrocknet und geglüht wird. Die Farbe erscheint bei größerem Kobaltgehalte dunkel-, bei geringerem grasgrün und findet für Tapeten und Zimmermalerei Anwendung, während sie im Glasfluß nichts als Blau erzeugt. Kobaltgelb endlich ist ein schönes goldgelbes Kristallpulver, welches beim Einleiten von Salpetrigsäuredämpfen in eine Lösung von Kalisalpeter und salpetersaurem Kobalt entsteht und für Öl- und Aquarellmalerei benutzt wird. Im Glasfluß erscheint es ebenfalls blau.

Kochsalz (Salz, Chlornatrium, lat. Natrium chloratum, Sal culinare, frz. Sel commun, engl. Kitchen salt) ist auf der Erde in ungeheuren Mengen verbreitet. Es findet sich in gelöstem Zustande im Wasser der Meere und zahlreicher Binnenseen (Kaspisches Meer, Totes Meer, großer Salzsee in Utah), bildet in fester Form gewaltige Steinsalzlager als Reste verdunsteter Seen und Meeresteile und wird aus ihnen durch unterirdische Wässer gelöst als Salzquellen zutage gefördert. Alle drei Vorkommnisse werden zur Salzgewinnung benutzt und liefern die als Seesalz, Steinsalz und Quellsalz bezeichneten, nach Aussehen und Reinheit verschiedenen Sorten. Zur Gewinnung des Seesalzes überläßt man das Wasser, besonders in den wärmeren Gegenden (Mittelmeerküsten), vielfach der freiwilligen Verdunstung, indem man es in sog. Meersalinen oder Salzgärten, gartenbeetartig angeordneten flachen Becken, den Sonnenstrahlen aussetzt, oder man konzentriert es auch durch Gefrierenlassen. In beiden Fällen scheiden sich zuerst die schwer löslichen Karbonate des Kalks und der Magnesia sowie der Gips aus. Darauf kristallisiert das Kochsalz und zum Schluß bleiben die leichter löslichen Chloride des Kalziums, Magnesiums, Strontiums sowie Chlor-, Brom- und Jodkalium in der Mutterlauge zurück. Das Meerwasser enthält wechselnde Mengen, 0,7—3,8 %, Mineralstoffe, von denen 0,5—3, im Mittel 2,5 % als Kochsalz anzusprechen sind. Das Steinsalz wird entweder, wie in Wieliczka, Bochnia, Kardona in Spanien (hier im Tagebau) direkt bergmännisch gewonnen, oder man führt es, wie in Hallein und Berchtesgaden, durch Zuleitung von Wasser in eine konzentrierte Lösung über, die herausgepumpt und weiter verarbeitet wird. Zur Entfernung des Gipses und der Magnesiumsalze fällt man zunächst mit genau bemessenen Mengen Kalkmilch, zieht die klare Lösung von dem Niederschlage ab und konzentriert sie durch Eindampfen in offenen Pfannen oder im Vakuum. Die natürlichen Salzquellen (Solen) werden erst bei einem Gehalte von 4 % Kochsalz ausgebeutet, sind aber auch dann noch zu schwach, um direkt versotten zu werden. Man leitet sie daher zur teilweisen Entfernung des Wassers auf Gradierhäuser, aus Reisig und Dornen aufgebaute, bis zu 15 m hohe Wände, und läßt nun die rohe Sole allmählich in feiner regenartiger Verteilung hindurchträufeln. Sie verliert dabei nach zwei- oder dreimaligem Durchgang soviel Wasser, daß ihre Konzentration bis auf 20 % ansteigt. Gleichzeitig reinigt sie sich von einem beträchtlichen Teil ihrer mineralischen Beimengungen, besonders dem Gips, der die Dornen in dichter Schicht als sog. Dornenstein überzieht und nach dem Brennen direkt als Düngemittel benutzt werden kann. Von den Gradierwerken gelangt die Sole in die Pfannen, in denen sie bis zur Kristallisation eingedampft wird. Hierbei scheidet sich der Rest des Gipses als sog. Pfannenstein, fest am Boden anhaftend, aus, während die fast reinen Kochsalzkristalle ausgekrückt und, solange sie noch weiß erscheinen, auf eine gleich über der Pfanne befindliche Traufe zum Trocknen geworfen werden. Von da kommt das Salz auf Horden in die Trockenkammern. Die nach den verschiedenen Verfahren gewonnenen Kochsalzsorten bestehen alle der Hauptmasse nach aus Natriumchlorid (s. d.), enthalten daneben aber noch mehr oder weniger fremde Beimengungen, welche ihren Gebrauchswert beeinflussen. — In dem, meist zu Bädern benutzten, rohen Meersalz (Sal marinum, Boysalz) finden sich nach L. Schneider 1,71 % Kalziumsulfat, 0,11 % Magnesiumsulfat, 0,19 % Magnesiumchlorid und 0,11 % Eisenoxyd und Tonerde; aber auch das gewöhnliche Kochsalz (Sal commune) der Salinen enthält meist 1—3 % Verunreinigungen, von denen besonders ein Gehalt an Magnesiumchlorid dauerndes Feuchtbleiben bedingt. Hingegen besteht das Steinsalz aus nahezu chemisch reinem Chlornatrium. Für die wichtigste Verwendung des K. zu Konservierungs- und Speisezwecken wird in erster Linie das See- oder Quellsalz benutzt, weil das Steinsalz wegen seiner größeren Härte meist zu langsam wirkt. Hingegen findet das letztere vielfache Anwendung in der chemischen Großindustrie, zur Fabrikation von Glas und Soda, zum Aussalzen von Seifen, in der Töpferei zur Herstellung von Glasuren, in der Weißgerberei und Farbenfabrikation, zum Einsalzen von Häuten, zur Bereitung von Kunsteis, als Vieh- und Düngesalz. Von allem für Speisezwecke bestimmten K. wird eine Steuer von 12 M. für 100 kg erhoben, während das zu technischen Zwecken dienende sog. Gewerbesalz nur mit 0,20 M. belastet ist, vorausgesetzt, daß es durch eine Vergällung (Denaturierung) zum menschlichen Genuß untauglich gemacht wird. Als Vergällungsmittel kommen nach dem Zollgesetz in Frage je $^1/_4$ % Wermut- oder Holzkohlenpulver und Eisenoxyd für Viehsalz, 1 % Kienruß für Düngesalz, ferner $^1/_4$ % Petroleum, 1 % Seifenpulver, 1 % Schwefelsäure oder 4 %

Eisenvitriol. Die Vergällung kann jedoch unterbleiben, wenn das Salz unter steueramtlicher Aufsicht verwandt wird. Zum Bezug von vergälltem Salz ist die Beschaffung eines Berechtigungsscheins durch die Steuerbehörde erforderlich. Dieser wird aber für Betriebe, die menschliche Nahrungs- und Genußmittel herstellen, wie Tabak- und Mineralwasserfabriken, nicht erteilt. Der Verbrauch an K. betrug 1910 auf den Kopf der Bevölkerung im Deutschen Reiche 24,8 kg, entsprechend einer Gesamtmenge von 1600000 t. Davon wurden mehr als $^2/_3$, nämlich 1100000 t = 16 kg auf den Kopf, steuerfrei gelassen und nur 500000 t = 8 kg auf den Kopf versteuert. Diese Menge hat in den letzten 10 Jahren nur sehr wenig, um 61000 t, d. h. im Verhältnisse der Volksvermehrung zugenommen. Hingegen ist der Verbrauch an steuerfreiem Salz für Soda, Glaubersalz, Chlorkalium, chemische und Farbenfabriken, zur Viehfütterung, Düngung, Lederindustrie fast auf das Doppelte gestiegen. Der Ertrag der Salzsteuer betrug 57,3 Mill. M. = 93 Pf. auf den Kopf. Die inländische Erzeugung ist so groß, daß dadurch der gesamte Bedarf gedeckt wird und außerdem noch 400000 t für die Ausfuhr übrig bleiben.

Kockelskörner (Fischkörner, Läusekörner, Tollkörner, lat. Fructus cocculi, frz. Coque de Levant, engl. Cockles) nennt man die Früchte eines in Ostindien, besonders auf Malabar und den Inseln Java, Sumatra, Zeylon, als Kletterpflanze wachsenden Strauches Menispermum cocculus oder Anamirta coccculus (Wight et Arn.), an dem sie zu mehreren Hunderten in eine Traube vereint wachsen. Die etwa erbsengroßen, schwach nierenförmigen Früchte sind frisch purpurrot und fleischig, getrocknet schwärzlichbraun, runzelig, und enthalten in der unter der Oberhaut liegenden hellbräunlichen, holzigen, zerbrechlichen Schale einen einzelnen halbrunden, auf dem Querschnitt halbmondförmigen Samen, der den Hohlraum nur teilweise ausfüllt. Neben 50% fettem Öl findet sich in den Kernen das stark giftige Pikrotoxin, während das nicht giftige Fruchtgehäuse lediglich Menispermin und Paramenispermin enthält. Die Samen und noch mehr das isolierte Gift bewirken, innerlich genommen, Ohnmacht, Zittern, Schwindel und Konvulsionen. Die Körner werden zur Vertilgung von Ungeziefer, namentlich in Form von Läusepulver und Salben, angewandt und haben daher den Namen Läusekörner erhalten. Außerdem werden sie gegen Krätze verordnet, doch ist hierbei Vorsicht zu beobachten, da bei offenen Wunden leicht Vergiftung eintreten kann. Die Verwendung zur Betäubung von Fischen ist strafbar.

Kodein ist einer der wirksamen Bestandteile des Opiums (s. d.), der jedoch medizinisch nur höchst selten verwandt wird. Etwas häufiger benutzt man jetzt das salzsaure K. (lat. Codeïnum hydrochloricum, Codeïnum muriaticum, frz. Hydrochlorate de codeïne, engl. Hydrochlorate of codein), das wie die freie Base farblose Kristalle bildet.

Königsblau nennt man sowohl die beste Kobaltfarbe, das Eschel, wie auch eine Sorte Berlinerblau und verschiedene mit Orseille und Karmin auf Geweben erzeugte und hierauf mit Indigoblau geküpte Farben.

Königsgelb ist eine Handelsbezeichnung für Chromgelb, Bleiglätte, Kasseler Gelb (s. Bleifarben) und Auripigment.

Königskerzen (Wollblumen, lat. Flores verbasci, frz. Fleurs de molène, engl. Mullein flowers). Die vorsichtig getrockneten Blüten verschiedener Verbascumarten (V. Thapsus und V. phlomoides) werden teils von wild wachsenden, teils von angebauten Pflanzen bei uns gesammelt, kommen aber zum größten Teile, wohl zu drei Viertel der gesamten Handelsware, aus Ungarn. Man pflückt die Blüten bei gutem Wetter ohne die Kelche, trocknet sie rasch an der Sonne und verwahrt sie luftdicht, recht fest verpackt, da sie sonst leicht wieder Feuchtigkeit anziehen und mißfarbig werden. Sie sind nur verkäuflich, wenn sie ihre gelbe Farbe gut erhalten haben. Die frischen Blüten zeigen einen fein aromatischen Geruch, der beim Trocknen verloren geht. Sie enthalten hauptsächlich Schleim, Gummi und Zucker, die sich beim Kauen verraten, und dienen als Zusatz zu Brusttee.

Königswasser (lat. Aqua regis, frz. Eau régale, engl. Nitromuriatic acid) heißt die Mischung von Salzsäure und Salpetersäure (Salpetersalzsäure), die allein imstande ist, Gold und Platin zu lösen.

Koffein (Coffein, Tein, Guaranin, lat. Coffeïnum, frz. Caféine, engl. Caffeïne), die stickstoffhaltige Base des Kaffees, $C_8H_{10}N_4O_2 + H_2O$, findet sich nicht nur in den Samen (1—2 %) und Blättern des Kaffeebaumes, sondern auch im Tee (1—4 %), im Paraguaytee (0,5 %), den Kolanüssen (2 %) und der Guarana (5—6 %). Man stellt es gewöhnlich aus dem abgesiebten Teestaub durch Extraktion mit heißem Wasser, Behandlung des Auszuges mit Bleiglätte zur Entfernung des Gerbstoffs und Zusatz von Kaliumkarbonat und Alkohol her. Neuerdings wird K. auch in großen Mengen bei der Herstellung des Koffeinfreien (Hag-) Kaffee als Nebenprodukt erhalten. Nachdem erkannt worden ist, daß K. als ein Trimethylxanthin oder Methyltheobromin anzusprechen ist, kann es auch auf künstlichem Wege durch Methylieren von Theobromin oder Xanthin, oder nach dem Verfahren von Emil Fischer durch völlige Synthese aus Malonsäure und aus Barbitursäure erhalten werden. Das durch Umkristallisieren gereinigte K. bildet blendend weiße, seidenglänzende, leichte und sehr lockere Kristallaggregate von bitterem Geschmack, verliert bei 100° Kristallwasser, sublimiert bei 180° und schmilzt bei 230,5°. Es ist in siedendem Wasser und Chloroform leicht, in Alkohol, Äther, Schwefelkohlenstoff, Benzol und Petroläther schwer löslich und gibt mit Gerbsäure einen Niederschlag, der im Überschusse des Fällungsmittels löslich ist. Es findet in der Medizin als Erregungsmittel vielfache Anwendung und wird außerdem, besonders in Form seiner Salze, z. B. des zitronensauren K. (Coffeïnum citricum), gegen Kopfschmerz und Migräne verordnet.

Kognak (Cognac) ist der durch Destillation von Wein hergestellte Edelbranntwein, der, als eine Unterabteilung des Franzbranntweins, ursprünglich nach der gleichnamigen Stadt im Departement Niedercharente benannt wurde und noch jetzt in ihrer Umgebung in besonderer

Güte als „Fine Champagne" hergestellt wird. Weniger wertvolle, als „Eau de vie", „Petit Champagne", „Armagnac" bezeichnete Sorten stammen aus den Departements Angoulême, Châteauneuf, Languedoc. Auch in Ungarn, Spanien und Portugal sowie neuerdings vor allem in Deutschland wird viel K. destilliert. Das frische Weindestillat ist eine völlig farblose Flüssigkeit von meist 50—60 % Alkoholgehalt, welche erst im Verlaufe der Lagerung auf eichenen Fässern ihre gelbe Farbe und die prächtige Blume annimmt. Neben verschwindenden Spuren von Furfurol finden sich geringe Mengen Fuselöl, flüchtige Säuren, Aldehyde und Ester, deren Gehalte aber zu großen Schwankungen unterliegen, als daß darauf eine sichere Beurteilung gegründet werden könnte. Im Laufe der Zeit hatte sich der Begriff des K. nun außerordentlich verschoben. An Stelle des reinen Weindestillates tauchten Mischungen mit Kartoffelbranntwein (sog. Weinsprit) in immer größerer Menge auf. Ja, es wurden ganz offen als Kognakessenz Auflösungen von echtem oder künstlichem Weinbeeröl (s. d.) zur Darstellung von K. auf kaltem Wege, d. h. durch einfaches Vermischen mit Feinsprit, angepriesen. Zur Bekämpfung der hierdurch hervorgerufenen Mißstände wurden in § 18 des Weingesetzes vom 7. IV. 1909 folgende Vorschriften erlassen: „1. Trinkbranntwein, dessen Alkohol nicht ausschließlich aus Wein gewonnen ist, darf im geschäftlichen Verkehr nicht als Kognak bezeichnet werden. 2. Trinkbranntwein, der neben Kognak Alkohol anderer Art enthält, darf als Kognakverschnitt bezeichnet werden, wenn mindestens $^1/_{10}$ des Alkohols aus Wein gewonnen ist. 3. Kognak und Kognakverschnitte müssen in 100 Raumteilen mindestens 38 Raumteile Alkohol enthalten. 4. Trinkbranntwein, der in Flaschen oder ähnlichen Gefäßen unter der Bezeichnung Kognak gewerbsmäßig verkauft oder feilgehalten wird, muß zugleich eine Bezeichnung tragen, welche das Land erkennbar macht, wo er für den Verbrauch fertiggestellt worden ist. Die näheren Vorschriften trifft der Bundesrat. 5. Die vom Bundesrate vorgeschriebenen Bezeichnungen sind auch in die Preislisten und Weinkarten sowie in die sonstigen im geschäftlichen Verkehr üblichen Angebote mit aufzunehmen. Die in § 10, 16 des Weingesetzes verbotenen Stoffe (s. Wein) dürfen auch zur Herstellung von Kognak nicht benutzt werden." — Gemische von Kognak mit Spiritus dürfen nur als Kognakverschnitt in den Handel gebracht werden. Künstliche Färbung mit Teerfarbstoffen ist unzulässig. Die Bezeichnung Kunstkognak oder Fassonkognak wird von der neueren Rechtsprechung durchweg verworfen.

Kohlensäure (Kohlensäureanhydrid, Kohlendioxyd, lat. Acidum carbonicum, frz. Acide carbonique, engl. Carbonic acid) bildet zwar nicht im gasförmigen Zustande, wohl aber als komprimierte, sog. flüssige K. einen wichtigen Handelsartikel. Sie gehört zu den verbreitetsten Stoffen der Erdoberfläche. Als regelmäßiges Erzeugnis der Verbrennung organischer Stoffe sowie der tierischen und pflanzlichen Atmung findet sie sich beständig in der Atmosphäre in Menge von etwa 0,039 %. Ferner wird sie von den tätigen Vulkanen ausgestoßen, strömt aus Erdrissen und Spalten und gelangt, in Wasser gelöst, in Form von Säuerlingen zutage. Ihre Verbindungen mit Basen, die Karbonate, wie Kalkstein, Marmor, Kreide, Dolomit und Magnesit, sind verbreitete Mineralien, die sogar gesteins- und gebirgsbildend auftreten. Zur Darstellung der K. zersetzt man Karbonate (Marmor, Magnesit) entweder mit verdünnten Säuren oder durch Glühen, oder gewinnt sie durch Verbrennung von Koks. Die reine K., CO_2, ist ein farb- und geruchloses Gas von deutlich saurem Geschmack. Sie vermag weder selbst zu brennen, noch die Verbrennung zu unterhalten, löscht vielmehr brennende Körper aus und führt, eingeatmet, Erstickung herbei. Sie dient in den Zuckerfabriken, in denen sie beim Glühen des Kalksteins als Nebenprodukt entsteht, zum Saturieren, ferner zur Darstellung von Ammoniaksoda und von Bleiweiß. Auf ihrer hohen Löslichkeit in Wasser (1 Vol. Wasser nimmt bei 0° 1,8 Vol. K. auf) beruht ihre Verwendung zur Herstellung kohlensaurer Getränke. Zu letzterem Zwecke führt man sie jedoch zunächst in den flüssigen Zustand über. Das nach den angegebenen Verfahren dargestellte oder auch natürlich vorkommende K.-Gas wird durch Überführung in Bikarbonat oder Waschen mit Kaliumpermanganat gereinigt, getrocknet und in Zylindern aus Schmiedeeisen oder Stahl bei 50—60 Atmosphären komprimiert. Die schmiedeeisernen Flaschen haben 9 mm dicke Seitenwände und 15 mm dicken Boden und sind auf einen Überdruck von 250 Atmosphären geprüft. Sie enthalten 8, 10, 20 oder 30 kg K. zum Preise von je 25—30 Pfg. und werden den Abnehmern leihweise überlassen. Die flüssige K. ist eine wasserhelle, bewegliche Flüssigkeit, welche bei —78,2° siedet und sich bei schneller Verdunstung in eine lockere schneeähnliche Masse, die feste K., verwandelt. Die flüssige K. findet äußerst mannigfaltige Verwendung. Sie dient in den Gastwirtschaften zum Bierausschank, ferner zur Herstellung von kohlensaurem Wasser, beim Gießen von Gußstahl und anderen Metallen zur Erzielung dichter, blasenfreier Gußstücke, zum Betriebe von Feuerspritzen und als Feuerlöschmittel. Krupp in Essen benutzt sie außerdem bei Wiederherstellung von beschädigten Kanonen zum Loslösen der konischen Mantelrohre von dem zylindrischen Kernrohre. Der Versand der flüssigen K., der früher auf Feuerzüge beschränkt war, ist jetzt auf allen Eisenbahnzügen gestattet, aber an folgende Bedingungen geknüpft: Die Behälter müssen aus Schweißeisen, Flußeisen oder Gußstahl hergestellt und amtlich auf einen Druck von 250 Atmosphären geprüft sein. Ein amtlicher Vermerk auf den Flaschen muß darauf hinweisen, daß diese Prüfung, und zwar innerhalb der letzten drei Jahre, erfolgt ist. Zum Schutze der Ventile müssen Kappen aufgeschraubt sein, die mit einem Kranze zur Verhinderung des Rollens versehen sind.

Koipufelle (Nutria). Das Koipu, eine biberartige, große Seeratte, lebt in großer Menge in den südamerikanischen La-Platastaaten. Sein Fell, das ohne den wertlosen Schwanz 4½ dm oder mehr in der Länge mißt, wird teils zu Pelzwerk, teils bei der Herstellung von Hüten verwandt, wobei das meist braunrote Oberhaar entfernt wird. Das Unterhaar hat bräunliche, aschgraue oder graugelbliche Färbung und kommt an Feinheit demjenigen des Bibers nahe. Gerupft und gegerbt liefern die Felle ein sehr hübsches Pelzwerk. Zum größeren Teile wird das Unterhaar jedoch abgeschoren und als Zutat zu feinen Hüten verarbeitet. Die in England gebräuchliche Bezeichnung Affenfelle ist falsch, ebenso der Name Nutria, welcher der Fischotter zukommt.

Kokablätter (Cocablätter, lat. Folia cocae, frz. Feuilles de coca, engl. Coca leaves) stammen von einem baumartigen Strauche, Erythroxylon Coca, der auf den östlichen Abhängen der Anden wild wächst, in großem Maßstabe aber auch wie Wein angebaut wird. Der Strauch gibt jährlich drei, bei reichlichem Begießen sogar vier Ernten von Blättern, welche den Blättern von Sauerkirschen in Gestalt und Größe ähneln und an der Sonne getrocknet werden. Sie riechen wie gutes Heu, besitzen einen teeähnlichen, schwach bitter-aromatischen Geschmack und bewirken beim Kauen starke Speichelabsonderung. Ihre Haltbarkeit ist gering, da sie bei Einwirkung von Feuchtigkeit rasch dumpfig und unbrauchbar werden. Sie müssen daher in gut schließenden Blechkisten oder gepulvert in gelben Flaschen mit Glasstöpsel aufbewahrt werden. Die wichtigsten Handelssorten sind: Bolivia, Huanuko, Huanta, Cuczko, Truxillo und Lima- oder Peru-K., doch kommen neuerdings auch K. aus Zeylon, Java und Kamerun in den Handel. Als kennzeichnende Bestandteile enthalten sie die Alkaloïde: Kokain, Zinnamylkokain, Kokamin, Isokokamin, Benzoylpseudotropein, Benzoylekgonin und Hygrin, ferner Methylsalizylat, Glykoside und Gerbsäure. Der Alkaloïdgehalt unterliegt ziemlich großen Schwankungen und beträgt im Mittel 0,7 %. Die K. werden von den Indianerstämmen Perus mit Asche oder Kalk gekaut, wodurch eine Erregung des Nervensystems und Stillung des Hungers, bei unmäßigem Genuß aber ebenso schädliche Wirkungen wie durch Alkohol und Opium hervorgerufen werden. Die K. dienen zur Darstellung des Alkaloïdes und des Kokaweins.

Kokain (Cocaïn, lat. Cocainum, frz. Cocaine, engl. Cocaina), das wichtigste Alkaloïd der Kokablätter, wird durch Benzin- oder Petrolätherextraktion der mit Sodalösung befeuchteten Blätter und nachherige Ausschüttelung mit verd. Schwefelsäure, Fällung mit Soda und Umkristallisieren aus Alkohol rein dargestellt. Es bildet farb- und geruchlose Prismen, die bei 98° schmelzen, in Alkohol, Äther und den meisten anderen organischen Lösungsmitteln leicht, in Wasser hingegen nur wenig löslich sind. Beim Erhitzen mit Salzsäure spaltet sich das K. in Ekgonin, Methylalkohol und Benzoësäure und ist daher als Methylbenzoylekgonin anzusprechen. Aus den genannten Bestandteilen läßt sich chemisch reines K. synthetisch darstellen, das nicht die unangenehmen Nebenwirkungen des natürlichen Alkaloïdes zeigt. Das K. wirkt äußerlich örtlich anästhesierend und findet daher ebenso wie das salzsaure Salz, Kokainhydrochlorid, ausgedehnte medizinische Anwendung in der Chirurgie, Zahnheilkunde und Augenheilkunde, da die Bepinselung von Schleimhäuten mit K. völlige Unempfindlichkeit hervorruft und schmerzlose Operationen ermöglicht. Zurzeit wird das rohe K. meist schon in Peru dargestellt, aber erst in Europa weiter verarbeitet.

Koka-Koka, eine aus Peru stammende, der Ratanhia ähnliche Wurzel von bitterem und zusammenziehendem Geschmack, wird dort als Abkochung gegen Leberleiden und zum Rotfärben benutzt. Die Kokablätter (s. d.) stammen von einer anderen Pflanze.

Kokos. Die Früchte der in fast allen Tropenländern an Küsten und auf Inseln wild wachsenden und angepflanzten Kokospalme (Cocos nucifera) bilden sowohl in ganzem Zustande, wie in ihren einzelnen Teilen überaus wichtige Handelswaren. Die Kokosnüsse sind bis zu kopfgroße Steinfrüchte, die unter einer 4—6 cm dicken Faserhülle das von einer harten Steinschale umgebene weiße und mit einer milchartigen Flüssigkeit angefüllte Endosperm (Kokoskern) enthalten. Die Faserhülle besteht aus längslaufenden, dicht zusammenhängenden Fasern, welche zugerichtet als Kokosfaser (Coir) bezeichnet werden. Zu ihrer Gewinnung wird die Außenschicht (Roya) völlig reifer Früchte von Cocos nucifera var. rutila und cupuliformis mehrere Wochen in Wasser gelegt und dann mit Klopfern oder zwischen geriffelten Walzen bearbeitet, wodurch sich die Fasern vereinzeln und in verschiedene Stärken sortiert werden können. Sie besitzen dann eine bräunliche Färbung, eine Länge von 15—33 cm und eine Dicke von 0,05—0,30 mm. Die Kokosfaser findet vielseitige Verwendung als Polstermaterial, zur Herstellung von geflochtenen Teppichen, gleichartig gewebt zu Fußdecken, Unterlagen und Abtretern, zu Bürsten und Pinseln, gesponnen zu Seilerwaren, selbst Schiffstauen und neuerdings zu Maschinentreibbändern. Die harte Kernschale, Kokosnußschale, mit welchem Namen übrigens häufig auch die Schale der brasilianischen Palme Attalea funifera (coquilla) belegt wird, dient zu kleinen Drechsler- und Schnitzarbeiten. Das Endosperm endlich, der Kokoskern, findet in frischem Zustande als Nahrungsmittel beschränkte Anwendung, wird aber zur technischen Verwertung, besonders zur Gewinnung des Fettes, unter dem Namen Kopra in ungeheuren Mengen verarbeitet. Die Kopra (Coprah, Kopra, Copperah) enthält nach König 5,81 % Wasser, 8,88 % Stickstoffsubstanz, 67,0 % Fett, 12,44 % stickstofffreie Extraktstoffe, 4,06 % Rohfaser und 1,81 % Asche. Die nach dem Auspressen des Kokosöles (s. d.) hinterbleibenden Rückstände, die etwa 20 % Stickstoffsubstanz enthalten, bilden als Kokos- oder Koprakuchen ein wertvolles Futtermittel.

Kokosöl (Kokosfett, Kokosbutter, lat. Oleum cocos, frz. Huile ou Beurre de cocos, engl. Cocoa nut oil, Cochin oil), das fette Öl der Kokoskerne, wird entweder schon im Ursprungslande oder in Europa aus der nach hier eingeführten Kopra ausgepreßt. Die Haupterzeugungsländer sind Vorder- und Hinterindien und Zeylon, nach welchen die besten Sorten den Namen Kochin-Kopra, die minder wertvollen den Namen Zeylon- und indische Kopra führen. Außerdem kommt K. aus Zanzibar und Westindien und neuerdings aus unseren Südseekolonien (Samoa). Zur Gewinnung des Fettes verfahren die Eingeborenen in der Weise, daß sie die Kerne einfach in Wasser kochen und das oben schwimmende Öl abschöpfen, oder auch, daß sie, wie auf Zeylon, die getrocknete Kopra zwischen heißen Metallplatten auspressen. In Europa wird das Fett nach wirtschaftlicheren Verfahren durch hydraulische Pressen oder Lösungsmittel abgeschieden. Das reine K. ist weiß, von charakteristischem, nicht unangenehmem Geruch und Geschmack, wird aber leicht ranzig, und löst sich in Äther und siedendem Alkohol. Das spez. Gew. bei 18° beträgt 0,925. Es schmilzt bereits bei 22°, hat aber trotzdem eine ziemlich harte Beschaffenheit. Seiner chemischen Zusammensetzung nach ist das K. ein Gemisch von Triglyzeriden der Palmitinsäure, Kapron-, Kaprin-, Kapryl-, Laurin- und Myristinsäure, von denen besonders die letzteren seine charakteristischen Eigenschaften, die hohe Verseifungszahl von 240—250 und die hohe Reichert-Meißlsche Zahl von 7—9 bedingen. Wegen seines leichten Ranzigwerdens fand das K. früher fast nur zur Herstellung gefüllter Seifen (s. d.) auf dem Wege der kalten Verseifung Anwendung. Seitdem man aber später gelernt hat, es von den übel riechenden Beimengungen zu befreien, findet es in steigendem Maße als Speisefett Eingang. Die zur Reinigung des K. benutzten, zum Teil geheim gehaltenen Verfahren beruhen auf der Entfernung der freien Fettsäuren durch Magnesia oder Alkalien und nachfolgendes Auswaschen mit siedendem Wasser, ferner zur Beseitigung gewisser Riechstoffe auf einer Behandlung mit überhitztem Wasserdampf, Kohlensäure oder Alkohol. Das auf diese Weise völlig gereinigte, rein weiße und unbegrenzt haltbare Fett ist für alle küchenmäßigen Zwecke ausgezeichnet verwendbar. Nur hat sich leider der Übelstand herausgebildet, daß es meist nicht mit seinem richtigen Namen, sondern unter allen möglichen Phantasiebezeichnungen wie Palmin, Vegetalin, Kunerol, Laureol, Myrholin, Nukolin und zahlreichen anderen in den Handel kommt, die zum Teil wie Nußbutter u. a. zu einer Täuschung der Verbraucher geeignet sind. Auch macht sich immer mehr das Bestreben geltend, aus K. durch besondere Bearbeitung, Emulgieren mit Wasser, künstliche Gelbfärbung u. dgl. schmalz- oder butterähnliche Erzeugnisse herzustellen, welche dann nach der neueren Rechtsprechung den für Kunstspeisefett oder Margarine erlassenen Vorschriften unterliegen. Neben der direkten Verwendung als Speisefett dient K. auch als Zusatz zu Margarine, zur Verfälschung von Butter und Schweineschmalz und zur Herstellung von Ersatzstoffen für Kakaobutter (s. d.).

Kokosstricke (Kokosfaserstricke) aus Kokosfaser werden von Hinterindien (Kochin) in drei Stärken eingeführt. Die stärksten, von dem Umfang eines kleinen Fingers, dienen zum Garbenbinden anstatt der Strohseile und haben vor diesen den Vorzug, daß sie weder der Fäulnis, noch den Angriffen der Mäuse ausgesetzt und überdies billiger sind. 50 kg oder etwa 5000 m kosten 27 M., schwächere 24 M. Die schwächste Sorte (50 kg = 10 000 m für 34 M.) wird in Gärtnereien und Baumschulen verwandt.

Kokumbutter (Kokumöl, Goabutter, frz. Beurre de cocum, engl. Cocum fat), das aus den Samen von Garcinia indica gewonnene talgartige, etwas brüchige Fett von weißlicher bis blaßgelblicher Farbe, riecht frisch der Kakaobutter ähnlich, wird aber leicht ranzig. Es schmilzt bei 42—45°, erstarrt bei 32° und besteht aus Oleodistearin. K. dient zur Seifenfabrikation sowie zur Verfälschung von Sheabutter.

Kokzin, ein schön roter Teerfarbstoff, soll aus einer Mischung von Bromnitrofluoreszein (einem Resorzinfarbstoff, s. d.) mit Aurantia bestehen.

Kokzinin, ein dunkelroter wasserlöslicher Azofarbstoff aus Aminokresolmethyläther und β-Naphtoldisulfosäure zum Färben von Wolle.

Kolanüsse (Colanüsse, Gurunüsse, lat. Nuces colae, frz. Noix de cola, engl. Cola nuts), die Samen eines in Westafrika, besonders auch Deutsch-Kamerun heimischen Baumes Sterculia acuminata, sind zu je fünf in dem saftigen Fruchtfleische eingebettet und besitzen eine runzelige, rotbraune, bisweilen schwarz gefleckte Schale. Die 3—5 cm langen und 2—3 cm breiten Samen sind innen hellbraun, besitzen einen bitter aromatischen Geschmack und enthalten nach König 9,22 % Protein, 1,35 % Fett, 2,75 % Gerbstoff, 2,75 % Zucker, 43,83 % Stärke, 15,06 % Extraktstoffe, 7,85 % Rohfaser, 3,05 % Asche. Als charakteristische Bestandteile finden sich 0,05 % Theobromin, 2,16 % Koffein und ein Glykosid (Kolanin), das unter der Einwirkung eines Fermentes, schon beim Trocknen, in Koffein, Theobromin und Gerbstoff sowie ein Spaltungsprodukt des letzteren, das Kolarot, zerfällt. K. werden im Ursprungslande als nervenerregendes Genußmittel zur Vertreibung von Hunger und Ermüdung verzehrt und neuerdings in Europa als Zusatz zu Schokoladen und Likören vielfach verwandt. Verschiedene Arten sog. falscher Kola von Heritiera littoralis, Garcinia-Kola u. a. unterscheiden sich von der echten durch die geringere Größe der Stärkekörner, die mehr kreisrunde und abgeplattete Form der Samen und das gänzliche Fehlen des Koffeins.

Kolchizin (lat. Colchicinum, frz. Colchicine), der giftige Stoff der Herbstzeitlose, Colchicum autumnale, gehört zu den Alkaloiden und wird gewöhnlich aus dem Samen der Pflanze dargestellt. Das bisher nur als gelblichweißes Pulver von sehr bitterem Geschmack erhaltene Gift löst sich leicht in Wasser, Weingeist und Chloroform, schmilzt bei 143—147° und erstarrt beim Erkalten zu einer glasartigen Masse. Leicht zu erkennen ist das K. daran, daß seine salpetersaure Lösung durch sehr vorsichtiges Hinzufügen einiger Tropfen Schwefelsäure eine vorübergehende violette Färbung annimmt. Es wird in kleinen Mengen medizinisch verwandt.

Kolkothar (Totenkopf, Englischrot, Preußisch-, Pariser-, Polierrot, lat. Caput mortuum, frz. Oxyde de fer anhydre, engl. Colcothar). Unter diesen Namen versteht man verschiedene, braunrot bis violett gefärbte Pulver aus mehr oder weniger reinem Eisenoxyd, die geschlämmt und abgerieben teils zu Anstrichen, teils als Poliermittel benutzt werden. Der eigentliche K. (Caput mortuum) wurde früher als Rückstand aus dem Eisenvitriol bei Bereitung der Nordhäuser Schwefelsäure erhalten, wird aber jetzt billiger und schöner durch Glühen von Vitriolschlamm, dem rotgelben Absatz, der sich beim Eindampfen von Eisenvitriollösungen bildet, dargestellt. Das feinste Polierrot erhält man durch Glühen von oxalsaurem Eisenoxyd.

Kollodium (Collodium) nennt man die Auflösung von K.-Wolle (Dinitrozellulose) in Äther-Alkohol. Die Kollodiumwolle (Kolloxylin) wird in ähnlicher Weise wie die Schießbaumwolle (Pyroxylin) hergestellt, doch läßt man die entfettete Baumwolle nur so lange in dem Nitrierungsgemisch von Salpeter- und Schwefelsäure liegen, bis sie sich eben in Äther-Alkohol löst, da bei längerer Einwirkung die Trinitrozellulose (Pyroxylin) entsteht. Die Kollodiumwolle wird dann mit Wasser von den Säuren befreit und getrocknet und darauf sofort in Alkohol-Äther gelöst. Das K. ist eine dickliche, wasserhelle oder schwach gelbliche Flüssigkeit, die beim Verdunsten an der Luft ein dünnes, in Wasser unlösliches, durchsichtiges und fest anhaftendes Häutchen hinterläßt. Auf dieser Eigenschaft beruht seine Verwendung in der Medizin zur Bedeckung von Schnittwunden, Hautabschürfungen und flachen Geschwüren, für welche Zwecke man ihm aber meist einen geringen Zusatz von Terpentinöl oder Rizinusöl gibt, da das dann entstehende Häutchen weit elastischer ist (Collodium elasticum). Auch wird K. im Gemisch mit Medikamenten wie Quecksilbersublimat oder Kantharidentinktur als ätzendes oder blasenziehendes K. angewandt. Die Technik benutzt es zur Herstellung kleiner Luftballone und künstlicher Blumen sowie für photographische Zwecke.

Kolonialwaren. Mit diesem Sammelnamen bezeichnet man die große Klasse der Genußmittel und Gewürze, z. B. Kaffee, Tee, Kakao, Pfeffer, Zimt usw. Die Besprechung erfolgt bei den einzelnen Gegenständen.

Kolophonium (Colophonium, Geigenharz, frz. Colophone, engl. Colophony), das gereinigte, von ätherischem Öl (Terpentinöl) und Wasser befreite Harz von Fichten und anderen Nadelhölzern, hinterbleibt bei dem völligen Abtreiben des Terpentinöls aus dem Terpentin durch Destillation mit oder ohne Wasserdampf. Der Rückstand wird in offenen Kesseln unter beständigem Umrühren so lange geschmolzen, bis alles Wasser verdampft ist, dann der Ruhe überlassen, und das klare Harz vom Bodensatz abgeschöpft. Das meist bräunlichgelbe bis gelbbraune, bei den französischen Sorten auch hellgelbe Harz ist spröde und von glänzendem Bruch, erweicht bei 70°, schmilzt bei etwa 100° und verbrennt mit rußender Flamme. Das spez. Gew. beträgt 1,070. K. ist in Wasser unlöslich, in Petroläther teilweise, in fast allen übrigen organischen Lösungsmitteln aber völlig löslich. Seine Hauptbestandteile sind Harzsäuren, besonders Abietinsäure oder bei französischem Harz Pimarsäure. Bei der trockenen Destillation entstehen neben Essigsäure und Pinolin, welches unter dem Namen Harzessenz als Terpentinölersatz benutzt wird, besonders Harzöle, die als Schmiermittel dienen, und Pech. K. findet vielfach Anwendung zur Darstellung von Seife (s. d.) und Sprengstoffen, zum Leimen von Papier (s. d.), zum Pichen der Fässer, zum Löten, zur Herstellung von Siegellack, Firnissen und Pflastern. Neuerdings werden aus K. durch Kochen mit Blei- oder Manganoxyden auch schnell trocknende Resinate (Sikkative) hergestellt. Die etwa 100000 t betragende amerikanische Einfuhr, von der 80000 t im Lande verbraucht wurden, hoffen unsere Forstleute durch bessere Ausnutzung unserer Nadelwälder (9½ Millionen Hektar), Einführung des Flaschen- oder Becherverfahrens, Extraktion des Holzes mit Äthylentrichlorid völlig ersetzen zu können.

Koloquinten (lat. Fructus colocynthidis, frz. Coloquintes, engl. Colocynth apples), die getrockneten und meist geschälten Früchte der Koloquintengurke (Cucumis Colocynthis), einer einjährigen, zur Gurken- und Kürbisfamilie gehörigen Pflanze, die in Syrien, Arabien, Ägypten, Zypern und Spanien wild wächst, auch zum Teil angebaut wird, besitzen die Größe einer Apfelsine und sind mit einer gelblichen oder bräunlichen pergamentartigen Schale bedeckt. Geschält und getrocknet erscheinen sie ganz weiß oder gelblich und auffallend leicht, da die trockene Fleischmasse eine dem Holundermark ähnliche Struktur hat. Die im Inneren mit zahlreichen gurkenkernähnlichen Samen angefüllten Früchte finden sich im Handel sowohl in ganzer unversehrter Form, als stark zusammengedrückt und mit Bruchstücken gemengt. Die Droge ist ausgezeichnet durch ihren Gehalt an dem bitter schmeckenden Glykoside Kolozynthin, das sich mit anderen Stoffen durch Wasser oder Alkohol ausziehen läßt und die heftig purgierende, in größeren Gaben stark giftige Wirkung bedingt. Wegen ihrer Giftigkeit werden die K. kaum noch als Purgiermittel benutzt, bilden aber in Form von Abkochungen oder als Zusatz zu Tünche und Tapetenkleister ein geschätztes Mittel zur Bekämpfung von Wanzen in Bettstellen und Wandbekleidungen. Man unterscheidet im Handel ägyptische Ware als die beste, mit den größten, wenig Samen enthaltenden Früchten, ferner syrische und zyprische, die kleiner, schwerer und vielsamiger sind. Zur Erleichterung des Pulverisierens werden die von den unwirksamen Samen befreiten Früchte mit Tragantschleim vermengt, wieder getrocknet und dann zerstoßen. Neuerdings benutzt man aber meist das alkoholische Extrakt.

Kolumbowurzel (Ruhrwurzel, Calumbawurzel, lat. Radix Columbo, frz. Racine de Colombo, engl. Calumba root) ist die rübenförmige Wurzel eines rankenden Gewächses, Menispermum palmatum (Jatrorrhiza palmata), das in den Wäldern der Ostküste Südafrikas wild wächst und in Ostindien, auf Isle de France, den Seychellen- und Maskareneninseln auch angebaut wird. Die Ware kommt meistens in Querscheiben geschnitten in den Handel, die 2½—3½ cm Durchmesser und 3—9 mm Dicke haben und durch das Trocknen doppelt konkav geworden sowie eingeschrumpft sind. Das Innere der Wurzel ist sehr mehlig, ihr Geschmack schleimig und stark bitter, dabei aromatisch und etwas scharf. Die Droge ist ein gesuchter Handelsartikel geworden, der als Mittel gegen Ruhr und Diarrhöen geschätzt wird. Es kommen daher auch Beimengungen anderer Pflanzenwurzeln vor, die aber, bei Kenntnis der echten, leicht aufzufinden sind. Die K. in Form von Abkochungen und Extrakt enthält als kennzeichnende Bestandteile einen kristallisierbaren, indifferenten Bitterstoff, das Kolumbin (aus einem Kilo Wurzel bis zu 4 g), und eine eigentümliche Säure, die Kolumbosäure, jedoch entgegen den früheren Angaben kein Berberin.

Kondurangorinde (lat. Cortex condurango, frz. Ecorce de Condurango, engl. Condurango bark), ein seit 1871 medizinisch als magenstärkendes Mittel benutzter Artikel des Drogenhandels, kommt aus dem nördlichen Teile Südamerikas, besonders Ekuador, von Gonolobus Cundurango Triana. Die Rinde bildet etwa 1 dm lange, meist verbogene, harte, rinnenförmige Stücke oder auch Röhren von bräunlicher bis grauer, mit bräunlichen Korkschuppen bedeckter Oberfläche und weißlicher Innenfläche. Der Geruch ist nur schwach, der Geschmack bitterlich kratzend. Die beste Ware kommt von Mataperro (Mataperrorinde).

Kongokorinth B und G sind zwei Azofarbstoffe, welche durch Behandlung von diazotiertem Tolidin bzw. Benzidin mit je einem Molekül Naphthionsäure und Naphtolsulfosäure entstehen.

Kongorot, ein Teerfarbstoff aus der Gruppe der Azofarbstoffe, wird durch Vereinigung von Benzidin und Naphtionsäure erhalten und gibt mit Wasser und Alkohol rote Lösungen, die durch Zusatz von Säuren blau werden. Baumwolle, in der wäßrigen Lösung mit oder ohne geringen Seifenzusatz gekocht, färbt sich waschecht rot.

Koniferin (lat. Coniferinum), eine zur Gruppe der Glykoside gehörige chemische Verbindung, wird aus dem Kambialsafte der Nadelbäume gewonnen, indem man diesen zur Gerinnung der Eiweißstoffe kocht und das Filtrat eindampft. Die durch Umkristallisieren und Behandlung mit Tierkohle rein weiß erhaltene Masse wird durch Oxydationsmittel in Vanillin übergeführt.

Koniin (Coniin, Cicutin, lat. Coniinum, frz. Coniine, engl. Coniin), das sehr giftige Alkaloïd des Schierlings (s. d.), gehört zu den sauerstofffreien organischen Basen, $C_8H_{17}N$, und wird hauptsächlich aus den Früchten des Schierlings gewonnen. Es ist eine ölige, farblose Flüssigkeit von starkem, unangenehmem Geruch, die schon bei gewöhnlicher Temperatur verdampft. Das spez. Gew. beträgt 0,850—0,860. K. wird zuweilen medizinisch verwandt und muß in möglichst voll gefüllten Gläsern im Dunkeln aufbewahrt werden, da es durch Licht und Luft leicht verändert und braun wird.

Konserven nennt man durch Trocknen, Erhitzung oder Zusatz keimtötender Stoffe haltbar gemachte Nahrungsmittel. Sie finden sich zum Teil unter Fleisch-, Fisch- und Gemüsekonserven, Dörrobst und Dörrgemüse näher besprochen. Die zu ihrer Aufbewahrung dienenden Behälter, Konservenbüchsen, müssen den Vorschriften des Gesetzes betr. den Verkehr mit blei- und zinkhaltigen Gegenständen vom 25. Juni 1887 entsprechen, d. h. sie dürfen nicht: 1. ganz oder teilweise aus Blei oder einer in 100 Gewichtsteilen mehr als 10 Gewichtsteile Blei enthaltenden Metallegierung hergestellt, 2. an der Innenseite mit einer in 100 Gewichtsteilen mehr als 1 Gewichtsteil Blei enthaltenden Metallegierung verzinnt oder mit einer in 100 Gewichtsteilen mehr als 10 Gewichtsteile Blei enthaltenden Metallegierung gelötet, 3. mit Email oder Glasur versehen sein, welche bei halbstündigem Kochen mit 4%iger Essigsäure Blei an letztere abgeben.

Kontrajervawurzel (lat. Radix contrajervae, frz. Racine de contrajerve, engl. Contrajerva root), die Wurzel der in Südamerika einheimischen Dorstenia Contrajerva, ist knotig, runzelig, bräunlichrot, schmeckt scharf und bitter und besitzt einen schwachen, gewürzhaften Geruch.

Konydrin (Konhydrin), eine neben dem Koniin im Schierling enthaltene organische Base, bildet farblose blättrige Kristalle, die bei 120° schmelzen.

Kopaivabalsam (lat. Balsamum copaivae, frz. Baume de copahu, engl. Balsam of copaiva) stammt von verschiedenen Arten der Gattung Kopaifera, hauptsächlich C. officinalis, C. coriacea und C. guyanensis, die ihre Heimat in Südamerika und Westindien haben. Die südamerikanischen Sorten sind die besseren und allein zu medizinischen Zwecken, d. h. hauptsächlich für Geschlechtskrankheiten, verwendbar, während der westindische K., eine dicke, trübe, terpentinartig riechende Flüssigkeit, nur zu technischen Zwecken, namentlich in der Lackherstellung und Porzellanmalerei, benutzt werden kann. Guter K. muß vollkommen klar, hellgelb bis goldgelb und ziemlich dickflüssig sein und einen eigentümlichen aromatischen Geruch und kratzend bitteren Geschmack haben. Als besondere Sorten der südamerikanischen Ware sind Para- oder Maranhaobalsam, Marakaibo- oder Venezuelabalsam und als Unterart des letzteren Angosturabalsam zu erwähnen. Die Parasorte ist etwas heller gelb und dünnflüssiger als die Marakaibosorte. K. unterliegt zahlreichen Verfälschungen, namentlich mit fetten Ölen, Harzen, Terpentin und Gurjunbalsam. Reiner Balsam soll, auf Glas aufgestrichen, hart auftrocknen, während bei Gegenwart von Öl die Masse klebrig bleibt. Gurjunbalsam erkennt man durch Schütteln mit der vierfachen Menge Benzol, wobei reiner K. eine klare Lösung liefert, während G.-B. diese trübe erscheinen läßt. Das D. A. B. schreibt ein spez. Gew. von 0,980 bis 0,990 vor und fordert eine klare Lösung in Chloroform, Petroleumbenzin, Amylalkohol und absolutem Alkohol, allenfalls mit einem opalisierenden Scheine. K. enthält als wesentliche Bestandteile eine harzartige Säure, die Kopaivasäure, und ein ätherisches Öl. Die erstere, ein schneeweißes, kristallinisches Pulver, wird gewöhnlich aus dem Gurjunbalsam gewonnen, der davon mehr enthält als der K. — Das Kopaivaöl (lat. Oleum balsami copaivae, frz. Essence de baume de copahu, engl. Oil of copaiba), durch Destillation des K. mit Wasserdampf gewonnen, wird häufig zur Verfälschung anderer ätherischer Öle benutzt.

Kopal (Copal, frz. und engl. Copal) ist der Gesamtname einer Gruppe von Harzen, die in äußerem Aussehen und Farbe, in Härte und in ihrem Verhalten zu Lösungsmitteln manche Unterschiede zeigen. Hinsichtlich der Abstammung herrscht noch Unsicherheit, jedoch ist gewiß, daß der K. nur zu einem Teil, und zwar in geringerer Güte, von lebenden Bäumen gesammelt wird, zum andern aber fossil vorkommt, also gegraben, gelegentlich auch fortgeschwemmt im Sande von Flüssen gefunden wird. Bei seinem Aufenthalt in der Erde hat das Harz Veränderungen, ähnlich dem Bernstein, erlitten, namentlich ist es härter, schwerer löslich und schwerer schmelzbar geworden. Die fossilen Stücke bilden die sog. harten Sorten, die allein in der Firnisbereitung einen Vorzugswert haben, während die leicht löslichen und weichen in eine Gruppe mit anderen wohlfeileren Harzen fallen. Das Ursprungsland der besten Ware ist Afrika, besonders dessen östliche Küste und das naheliegende Zanzibar, das sowohl selbst K. erzeugt, als der hauptsächliche Verschiffungsplatz für jene Gegenden ist. Aber auch an der ganzen westafrikanischen Küste vom 8.⁰ n. Br. bis 14.⁰ s. Br. werden in etwa 3 m Tiefe Kopalsorten (Sierra Leone, Akra, Benin, Kakun, Loango, Kongo, Angola, Benguela und Kamerun) gefunden, die zwar im allgemeinen weicher als die aus dem Osten stammenden sind, ihnen aber in einzelnen Fällen an Güte ziemlich nahe kommen. Die Kopale zeigen alle möglichen Farben, von fast weiß bis gelblich, von rötlich bis ziemlich dunkelbraun, meist sind sie mehr oder weniger durchsichtig, oft mit Rindenresten bedeckt, die besten Sorten geschält und gesäubert. — Von Handelssorten sind zu erwähnen: Echte Kopale: 1. Ostafrikanische Kopale: Zanzibar-Kopal, fälschlicherweise auch Bombay- oder ostindischer K. genannt, bildet meist flache, gelbliche bis gelbbraune Stücke, deren Oberfläche der Gänsehaut ähnelt, daher auch der Name Gänsekopal. Reinigt man die Stücke nach dem Ausgraben äußerlich und behandelt sie dann mit Ätzlauge, so kommt die mit Pusteln versehene Fläche, Gänsehaut, zum Vorschein, die als ein Zeichen der Güte angesehen wird. Mozambique- und Madagaskar-K. ähneln dem Zanzibar-K., sind aber oft von Fremdkörpern durchsetzt. 2. Westafrikanische Kopale: Sierra-Leone-K. kommt in kleinen, dunklen, unreinen Stücken in den Handel, die an Güte dem Zanzibar-K. fast gleich sind, Kiesel-K. in runden, walnußgroßen Stücken. Kongo-, Angola-, Benguela-K. bilden unregelmäßige, flache und runde Stücke, die außen meist mit dunkler Kruste versehen, innen aber glashell und rein sind. Unechte oder weiche K., also nichtfossile Harze: 1. Kauri-K., ein halbfossiles Harz, von der Kaurifichte, Dammara australis, wird auf Neuseeland und Neukaledonien an Stellen gegraben, wo früher Dammarwälder gestanden haben. Es bildet verschieden große, glashelle bis gelbbraune Stücke. 2. Manila-K., fälschlich auch westindischer K. genannt, kommt aus Ostindien in den Handel und bildet sehr verschieden große, weißlichgelbe bis braune Stücke, die beim Zerreiben einen dillähnlichen Geruch zeigen. — Die echten K. lösen sich in den gewöhnlichen Lösungsmitteln nicht unmittelbar, sondern erst, nachdem sie bei 300—350⁰ geschmolzen oder in Pulverform monatelang der Luft und dem Tageslicht ausgesetzt worden sind. Manila-K. löst sich in Alkohol bis zu 90%, unter Hinterlassung eines zähen, schmierigen Rückstandes. Zur Herstellung von Schleif-, Wagen- oder Fußboden-, überhaupt feinen Lacken sind nur die echten K. zu verwenden, während Kauri- und Manila-K. u. a. zu Möbellacken gebraucht werden.

Kopalchirinde (lat. Cortex copalchi, frz. Ecorce de Copalchi, engl. Copalchi bark) ist die Rinde eines im nördlichen Südamerika, Westindien und Mexiko heimischen Strauches aus der Familie der Euphorbiazeen, Croton niveus, (Jacquin), die zuweilen mit der Kaskarillrinde verwechselt wird, von der sie sich durch feineren, aber weniger kräftigen Geschmack und Geruch unterscheidet. Auch sind die Stücke der K. viel stärker, oft mehrere Zentimeter lang und mit fein rissigem Korke bedeckt.

Koprolithen (Kotsteine) nennt man bräunliche, zapfenartige Steine von etwa Pflaumengröße oder größere Klumpen, die als versteinerte Exkremente vorzeitlicher Tiere erkannt sind und wegen ihres Gehaltes an phosphorsaurem Kalk als Düngemittel verwandt werden. Sie finden sich besonders im Süden und Westen Englands, in den Grafschaften York, Suffolk und Cambridge, an günstigen Stellen in etwa 20 cm dicken Schichten, wo sie nach Art der Bernsteingräberei abgebaut, darauf gewaschen, gemahlen und auf Superphosphat (s. d.) verarbeitet werden. In Deutschland kennt man vereinzelte Lagerstätten, z. B. bei Degerloch in der Nähe von Stuttgart.

Korallen (Corallen, frz. Coraux, engl. Corals). Unter den zahlreichen, kalkige Gehäuse bauenden Polypen hat die Edel- oder Blutkoralle (Isis nobilis oder Corallium rubrum, frz. Corail) wegen ihrer zur Herstellung von Schmuckwaren geeigneten Beschaffenheit einen besonderen Wert. Die Heimat der K. ist das Mittelländische Meer, wo sie sich an den Festlands- und Inselküsten auf Felsengrund und Vorsprüngen steiler felsiger Küsten meist in beträchtlicher Tiefe des Meeres ansiedeln. Der Polypenstock, d. h. der mineralische Träger zahlreicher einzelner Schleimtierchen, wächst durch die nach innen gerichtete Ausscheidung von Kalkmasse zu einem gedrungenen Bäumchen mit Ästen aus, das nur 38—40 cm hoch und bis zu 2½ cm stark wird. Die Masse der K. besteht aus kohlensaurem Kalk nebst etwas kohlensaurer Magnesia und Eisenoxyd. Der rote Farbstoff ist hauptsächlich organischer Natur. Im lebenden Zustande ist dieses feste Gerüst mit einem roten, häutigen, aus Kalk und tierischer Masse bestehenden Überzug umgeben, in welchen die Einzeltierchen eingebettet sind. Die aus den Tierleibern selbst aufgebaute Scheide, die ein weißer, milchiger Nahrungssaft durchzieht, bröckelt aber außerhalb des Wassers nach dem Abtrocknen leicht und wird meist sofort nach dem Einsammeln durch Abreiben und Waschen entfernt. Die meisten und besten K. finden sich an der afrikanischen Küste zwischen Algier und Tunis, außerdem bei den Balearen, an den Küsten von Spanien, Frankreich, Korsika, Sardinien, Sizilien und Neapel. Die Örtlichkeiten des Vorkommens sind meist schon seit langen Zeiten bekannt und werden zur Sicherung eines regelmäßigen Ertrages immer erst nach zehn Jahren von neuem abgeerntet. Zum Heraufholen bediente man sich früher einfacher Schleppnetze, jetzt aber meist der Taucher. Die rohe Ware zerfällt in folgende Sorten: tote oder faule K., mit mineralischem und animalischem Niederschlag überzogen, im Werte von 5—20 Fr.

für das Kilogramm, schwarze K., durch Lagern in Schlamm geschwärzt, im Werte von 12—15 Fr.; die gewöhnliche, lebend gefangene Ware, in Kisten, 45—70 Fr.; ausgewählte, besonders dicke und rosenrote Stücke 400—500 Fr. und endlich sehr seltene weiße K. Man überarbeitet zunächst die rohen Stücke aus dem Groben mit Raspeln und Feilen und schleift sie dann auf Schleifscheiben mit immer feinerem Schmirgel. Aus den hinreichend großen Stücken werden Stockknöpfe, Messerhefte u. dgl., aus den kleineren Schmucksachen verschiedener Art, wie runde, ovale, birnförmige und unregelmäßige Perlen zu Halsbändern und Rosenkränzen, Knöpfe, Einsätze von Nadeln und Broschen hergestellt. Die Farben wechseln vom tiefsten Blutrot und schönen Zinnoberrot bis zum Blaßrosa. Früher waren die dunkelsten Farben die beliebtesten, später hat sich der Geschmack hierin geändert. In Europa hat die Vorliebe für K. ziemlich abgenommen, obschon ab und zu versucht wird, dieselbe durch schöne Schmuckwaren, wie sie sich z. B. auf den Leipziger Messen zeigen, wieder emporzubringen. Einen ständigen und von der Mode nicht beeinflußten Absatz finden die Waren hingegen in Japan, China, Arabien und dem Orient überhaupt. Bei den Orientalen ist die Vorliebe für Korallenschmuck so lebhaft, daß man denselben überall an Kleidern, Waffen, Pferdegeschirren, Gerätschaften und selbst an den Wänden vornehmer Wohnungen anbringt. Außerdem gehen K. nach Rußland, Amerika und, als Ersatz der Münzen, in Form von Perlenschnüren, zu Neger- und anderen wilden Stämmen.

Korallenholz (frz. Corail végétal), das harte, schönfarbige Holz von Adenanthera pavonina, einem auf Madagaskar und Réunion heimischen Baume aus der Familie der Papilionazeen, wird in der Kunsttischlerei verwandt.

Korallin (Corallin), ein zu den Teerfarben gehörender, kräftig roter Farbstoff, entsteht bei gleichzeitiger Einwirkung von Oxalsäure und Schwefelsäure auf rohes, kresolhaltiges Phenol. Das erste Produkt der Einwirkung, das sog. gelbe K., wird durch Erhitzen mit Ammoniak auf 140—150^0 in das rote K. (Paeonin) übergeführt, dunkelbraunrote Stücke mit schwachem, metallischem Glanz. Sie lösen sich in Alkohol mit orangegelber Farbe, welche durch Säuren in Gelb, durch Alkalien in ein prächtiges Rot übergeht. Das K. enthält mehrere, untereinander sehr ähnliche Farbstoffe, von denen einer isomer mit der aus Rosanilin darstellbaren Rosolsäure (s. d.) ist und Pararosolsäure oder Aurin (s. d.) heißt, während ein anderer Methylaurin genannt wird. Neben diesen finden sich Leukorosolsäure und Pseudorosolsäure, eine violette und eine in granatroten Kristallen kristallisierbare Masse. K. wird teils in der Zeugfärberei und -druckerei, teils zur Herstellung von bunten Papieren benutzt.

Korduan ist ein feines, sehr geschmeidiges, verschieden gefärbtes, kleinnarbiges Leder aus Bock- und Ziegenfellen, von dem die stärkeren Sorten zu feinen Schuhmacherarbeiten, die dünneren zu Buchbinder- und Galanteriearbeiten dienen. Der Name stammt von Kordova in Spanien, wo es von den Mauren zuerst hergestellt worden ist. K. ist dem Saffian oder Maroquin sehr ähnlich, aber zum Unterschiede von diesen nur gekrispelt, hingegen nicht geglänzt. Auch das auf der Fleischseite schwarz gefärbte zarte Bauchleder wurde früher K. genannt.

Koriander (lat. Fructus coriandri, frz. Semence de coriandre, engl. Coriander seed) nennt man die würzhaften Früchte der in Südeuropa heimischen, in Deutschland, besonders in Thüringen und Franken sowie auch in Frankreich in Gärten und Feldern angebauten einjährigen Doldenpflanze Coriandrum sativum. Wegen des leichten Ausfallens der Früchte muß die am Morgen geschnittene oder geraufte Pflanze schon am Nachmittag ausgeklopft werden. Die Früchte sind rundlich, oben zugespitzt, von der Größe eines kleinen Pfefferkornes, der Länge nach gerieft, von sehr geringer Schwere und trocken von gelbbräunlicher Farbe. Vorherrschendes Dunkelgelb gilt als ein Zeichen der Güte. Frisch riechen die Früchte unangenehm wanzenartig und betäubend, daher der Name Schwindelkörner. Getrocknet riechen und schmecken sie hingegen angenehm aromatisch und haben eine erwärmende, Blähung treibende Wirkung, wie Anis und Kümmel. Sie werden daher in beschränktem Maße zu medizinischen Zwecken, hauptsächlich aber zum Würzen von Backwerk und zur Herstellung von Likören und Konditorwaren (überzogener oder kandierter K.) benutzt. Das durch Destillation mit Wasser gewonnene blaßgelbe, ätherische Öl der Früchte, das Korianderöl (lat. Oleum coriandri, frz. Essence de coriandre, engl. Oil of coriander) hat ein spez. Gew. von 0,870—0,885 bei 15^0 C, ist rechtsdrehend und wird zur Herstellung von Likören und zum Parfümieren von Kräuterseifen benutzt.

Kork (Pantoffelholz, lat. Suber, frz. Liège, engl. Cork) nennt man das eigentümliche Gewebe, das in der Rinde vieler Gewächse mit zunehmendem Alter an die Stelle der Epidermis tritt und durch vielfach wiederholte Querteilung der unter der Oberfläche liegenden Zellen entsteht. Es setzt sich aus lückenlos aneinandergefügten Zellen von meist rechtwinkliger Form zusammen, die mit Luft gefüllt sind, und deren Wandungen von einem Umwandlungsprodukt der Zellulose, dem für Wasser und Gase schwer durchlässigen Korkstoff (Suberin) gebildet werden. Der letztere enthält neben Fetten besonders einen wachsartigen Körper, das Korkwachs oder Cerin. In technisch verwertbarer Menge findet sich der K. nur bei der Korkeiche, deren Rinde schon im Altertum zu denselben Zwecken benutzt wurde wie heute. Diese in den westlichen Mittelmeerländern heimische Eiche kommt in zwei Arten, Quercus suber und Q. occidentalis, vor, von denen die erstere den besseren Kork liefert. Der immergrüne Baum wächst auf trockenen Anhöhen in lichtem Stand und bildet kleinere oder größere Wälder, besonders in Spanien, Portugal, Algier und Tunis. Auch in den bergigen Teilen Südfrankreichs und auf Korsika findet sich die Korkeiche. Die in Mittelitalien und der Provence vorkommende Abart, Quercus Pseudo-Suber, liefert nur K. geringerer Güte. Sobald die Bäume bei einem Alter von 15—20 Jahren 20—30 cm dick geworden sind, wird zunächst die obere harte Schicht, der sog. männliche Kork (Liège mâle), in der Weise entfernt, daß die noch teilungsfähige, korkbildende Schicht (Mutterkork) erhalten bleibt. Sie bildet eine neue Lage von elastischem weiblichen K. (Liège femelle), die nach Verlauf von etwa zehn Jahren abgeschält werden kann. Sie ist zwar weniger rissig als der männliche K., gibt aber noch keine besonders gute Korkmasse. Eine brauchbare Handelsware wird vielmehr erst bei der dritten Schälung erhalten, und von da an verfeinert sich die Güte beständig, bis der Baum ein Alter von 100—150 Jahren erreicht hat. Die losgelösten, mehr oder weniger gebogenen, 5—20 cm dicken Korkplatten werden nach oberflächlichem Abputzen in heißem oder kaltem Wasser erweicht, darauf durch Beschweren mit Steinen flach gedrückt und an der Luft getrocknet. In manchen Gegenden Spaniens zieht man die Korkschwarten auch wohl durch Flammenfeuer, wodurch die Masse innerlich gebräunt und äußerlich angesengt wird. Hiermit soll durch Schließung der Poren und Abhaltung von Wurmfraß eine Verbesserung verbunden sein, doch wird dadurch bisweilen auch eine schlechte Beschaffenheit verdeckt. — Der K., der um so höher geschätzt wird, je feiner und gleichmäßiger er ist und je weniger Risse und Hohlräume er zeigt, enthält neben 75 % Suberin etwa 4—5 % Wasser, 0,3—0,5 % einer manganreichen Asche und geringe Mengen von Stickstoffsubstanz, Cerin, Gerbsäure, Phlorogluzin usw. Sein spez. Gew. beträgt 0,12—0,15. — Von den zahlreichen Handelssorten wird der helle, weiche andalusische und der härtere, rötliche katalonische K. besonders geschätzt. An zweiter Stelle sind die französischen und die sehr großen Erträge Algiers (5 Mill. Kilogramm jährlich, allein in der Provinz Constantine 400000 ha bebaut) zu nennen, während die Zufuhren aus Korsika, Italien, Sizilien und die sehr minderwertigen Sorten aus Istrien und Dalmatien nicht als Flaschenkorke, sondern nur als Fischerkorke (Schwimmkorke) benutzt werden können. — Die Hauptverwendung findet der K. zu Korkstopfen (Stöpseln, Pfropfen, lat. Subera, frz. Bouchons, engl. Corks), die früher aus den Ursprungsländern, besonders Spanien, fertig geschnitten zu uns kamen, jetzt aber in steigendem Maße aus eingeführten Platten in England, Frankreich (Bordeaux) und Deutschland geschnitten werden. Hauptort der deutschen Korkschneiderei ist Delmenhorst in Oldenburg, daneben gibt es in Bremen, Sachsen (Raschau bei Schwarzenberg), Thüringen und Wien bedeutende Fabriken. Das Schneiden erfolgt entweder, wie bei der feineren Ware, mit der Hand, oder bei Massenware mit Maschinen. Beim Schneiden mit der Hand, das teuerere, aber wegen Vermeidung schadhafter Stellen auch bessere Ware liefert und vielfach (bei Delmenhorst) als Heimarbeit betrieben wird, zerlegt man die, wenn nötig, in Wasser eingeweichten und äußerlich „abgeborkten" Platten, indem man sie über das festgeklemmte Messer hinwegzieht, in Streifen und letztere in Würfel. Mulmige und sonst fehlerhafte Stellen werden ausgeschnitten, auch muß darauf geachtet werden, daß die mit lockerem Parenchym und Steinzellen (Lentizellen) erfüllten dunklen Streifen, den Stopfen quer durchsetzen. Nur bei den großen Spunden, bei denen dies nicht möglich ist, verlaufen diese Streifen senkrecht. Das Rundschneiden der Würfel endlich erfolgt in ähnlicher Weise, wie man einen Apfel schält und erfordert große Geschicklichkeit des Arbeiters, der stündlich bis zu 150 Stopfen fertigstellen kann. Alle mit der Hand geschnittenen Korke sind daran zu erkennen, daß ihr Querschnitt nicht kreisrund, sondern schwach kantig ist. Von den zahlreichen Korkschneidemaschinen, die das Fünffache der Handarbeit leisten, besteht diejenige des Franzosen Moreau aus stählernen Röhren nach Art der Korkbohrer, diejenige von Bothius in Stockholm und von Köhler in Kopenhagen aus Abschälmaschinen, Stückschneidemaschinen, Rundschneidemaschinen, Schleifmaschinen, Sortier- und Zählapparaten. Die Maschinenkorke sind in der Regel kreisrund, werden aber zur Vortäuschung der besseren Handschnittkorke bisweilen auch kantig geschliffen und zur Verschließung der Poren mit Korkstaub eingerieben. Neben den früher bevorzugten konischen („spitzen"), finden neuerdings mehr und mehr die besser schließenden zylindrischen („geraden") Korken, besonders als „Champagnerkorke", Eingang. Als gebräuchlichste Handelssorten sind anzuführen: Spunde (für Fässer und Glasballone), Stöpsel (Weinkorke) und Medizinstöpsel oder Mixturkorke in etwa zehn Nummern. Als Zeichen besonderer Güte gilt die helle Farbe, hohe Elastizität sowie das Fehlen von Löchern und Wurmfraß. Zu ihrer Prüfung empfiehlt der Verband deutscher Korkindustrieller die in Wasser gelegten Stopfen einige Stunden einem Druck von 4—5 Atmosphären auszusetzen, wobei nur die guten K. weiß, fest und glatt bleiben, während die schlechten Veränderungen erleiden. Um die Korken geschmeidig zu machen, werden sie entweder in kaltem Wasser eingeweicht, oder längere Zeit in feuchter Luft auf 150° erhitzt, oder auch wohl mit wäßrigen Invertzuckerlösungen getränkt. Zur Erhöhung der Elastizität ist Bleichung mit Oxalsäure oder Chlorkalk und Schwefelsäure oder Kaliumpermanganat und Natriumbisulfit empfohlen worden. Durch Kochen in Harzen und Ölen oder durch Eintauchen in Leimlösung mit Zusatz von etwas Tannin oder Kaliumdichromat werden die K. wasserdicht, durch Einbringen in eine Lösung von Gelatine und Glyzerin und nachheriges Überziehen mit Paraffin säurefest. Die Wiederverwendung von Altkorken setzt eine sorgfältige Behandlung mit Chemikalien voraus und ist aus hygienischen Gründen durch die sächs. Ministerialverordnung vom 12. VIII. 1909 gewissen Einschränkungen unterworfen. — Neben den Stopfen findet der Kork in dünnen Platten Anwendung zu Einlegesohlen, zu Korkpapier für Zigarettenmundstücke und Huteinlagen, zu Amboßunterlagen, zur Herstellung profilierter Gebilde und ganzer Fässer. Weniger gute Stücke dienen zur Herstellung von Schwimmern für Fischernetze, Ankerbojen, Schwimmgürteln und Rettungsbooten. Die beim Schneiden erhaltenen Korkabfälle, deren Menge bis zu 65 % des Rohstoffes ausmachen, werden gemahlen und als Packmaterial, als Isoliermittel, zum Stopfen von Kissen und Matratzen sowie zur Herstellung von Korkkohle (Spanisch Schwarz) für Druckerschwärze benutzt. Einen großen Aufschwung hat neuerdings die Erzeugung von Linoleum (s. d.), von Korkstein und anderen Fußbodenbelägen genommen. Sie bestehen in der Regel aus Mischungen von geröstetem Korkmehl mit Kalk, Ton, Gips oder Zement, bisweilen auch unter Zusatz organischer Bindemittel wie Pech, Teer, Asphalt u. dgl. Kamptulikon (Kortizin) ist ein zu Platten gewalztes Gemisch von Korkmehl mit Kautschuk, Guttapercha oder eingedicktem Leinöl. — Die Gesamteinfuhr an Korkholz nach Deutschland betrug 1912 mehr als 206 000 dz im Werte von über 10 Millionen M., die Einfuhr an Korkstopfen und -waren 18 000 dz (5 Mill. M.), die Ausfuhr 60 000 dz (4,8 Mill. M.).

Korkersatz oder Kunstkork wird aus Korkmehl unter Zusatz von Bindemitteln wie Nitrozellulose, Kasein, Eiweiß, Kollodium, Viskose, Glyzerin, Mineralöl, Kalk und Borsäure hergestellt; doch scheint nur der Suberit, ein Erzeugnis aus Korkmehl, Nitroglyzerin und Rizinusöl, praktische Bedeutung erlangt zu haben. Als ziemlich brauchbar soll sich auch das durch Einwirkung von Azetylen auf Kupfer- oder Nickeloxyd hergestellte Kupren erwiesen haben, das wahrscheinlich aus kupferhaltigen Kohlenwasserstoffen besteht. Für gewisse Zwecke, z. B. die Herstellung von Linoleum, hat man auch die Verwendung von Holz- oder Rindenmehl, Holunder- oder Sonnenblumenmark und pulverisierten Baumschwämmen empfohlen. Als Ersatz für Korkstopfen können sie nicht in Betracht kommen.

Kornit ist ein aus gepulverten Hornabfällen durch Pressen hergestelltes Ersatzmittel für Horn.

Kornutin, das rein dargestellte Alkaloid des Mutterkorns (s. d.), ein braungelbes, in Wasser schwer lösliches Pulver, wird an Stelle des Mutterkorns verordnet.

Koromandelholz (Calamanderholz), ein dem Ebenholz ähnliches Nutzholz von der Insel Zeylon, stammt von Diospyros hirsuta.

Korund, ein aus reiner Tonerde bestehendes Mineral, bildet in durchsichtigen und gut kristallisierbaren Stücken schöne Schmucksteine, die an Wert dem Diamant nahekommen. (S. Rubin und Saphir.) Die unrein gefärbten, undurchsichtigen oder derben Arten, besonders der gemeine Korund, der Diamantspat und der Schmirgel (s. d.), finden wegen ihrer hohen Härte als Schleifpulver Verwendung.

Koschenille (Cochenille, lat. Coccionella, frz. Cochenille, engl. Cochineal) besteht aus den getrockneten Weibchen der Nopalschildlaus (Coccus cacti), die ihre Nahrung von verschiedenen Kakteen bezieht und in Mexiko, Mittelamerika u. a. O. in besonderen Anpflanzungen gezüchtet wird. Sobald die Weibchen befruchtet und dadurch bis zu Erbsengröße angeschwollen sind, werden sie auf untergelegte Tücher oder Schüsseln abgestrichen, durch feuchte oder trockene Hitze getötet und getrocknet. Der purpurrote Saft der lebenden Tiere besteht aus einer farblosen Flüssigkeit, in welcher der Farbstoff in Gestalt winziger Körnchen schwimmt. Da die Generationszeit nur sechs Wochen dauert, kann man bis zu fünf Ernten machen, beschränkt sich aber meist auf drei, in Spanien, Algier und Teneriffa auf zwei Ernten. Je nach der Art der Gewinnung erhält man verschiedene Sorten: eine silbergraue mit der natürlichen Rückenbestäubung (Silberkoschenille), wenn die Tiere durch Dämpfe getötet und an der Sonne getrocknet wurden; eine dunkelbraunrote bis schwarze, wenn man die Tiere in heißes Wasser tauchte und bei künstlicher Wärme im Ofen trocknete. Eine geringwertigere Sorte aus kleinen, wilden Schildläusen wird als Waldkoschenille (Granilla) bezeichnet. Die beste Kultursorte, Zaccatilla, stammt aus Honduras (schwarze Honduras), dann folgen die mexikanische (Verakruz), die graue Honduras und graue Mexiko. Zum Schluß folgt Teneriffa mit guter grauer und schwarzer Ware sowie die ähnliche spanische und geringe javanische Sorte. Auch der beim Sieben abfallende Koschenillestaub hat noch einen geringen Handelswert. Als Verfälschung sind Zusätze mineralischer, mit Klebstoffen an den Tieren befestigter Beschwerungsmittel bis zu 50 % beobachtet worden. Der wertbestimmende Farbstoff ist der Karmin (s. d.).

Kosmetische Mittel. Unter dieser Bezeichnung versteht man die große Anzahl von Mitteln, die zur Reinigung, Pflege oder Färbung der Haut, des Haares oder der Mundhöhle benutzt werden. Zu ihrer Herstellung ist die Verwendung gesundheitsschädlicher Farben (s. d.) verboten. Zugelassen sind: Schwefelsaures Barium (Schwerspat, blanc fixe), Schwefelkadmium, Chromoxyd, Zinnober, Zinkoxyd, Zinnoxyd, Schwefelzink, Kupfer, Zinn, Zink in Form von Puder. Die Besprechung ist bei den einzelnen Gegenständen erfolgt.

Kosmin, ein mit großer Reklame in den Verkehr gebrachtes Mundwasser, besteht aus Spiritus, Pfefferminzöl, Formalin und etwas roter Farbe, ist aber frei von Salizylsäure und Mineralstoffen.

Kotorinde (lat. Cortex coto, frz. Ecorce de coto, engl. Coto bark), eine seit 1873 im Drogenhandel vorkommende Baumrinde der Laurazee Drimys granatensis, kommt aus Bolivia und wird als ausgezeichnetes Mittel gegen Diarrhöe angewandt. Die 0,2—0,3 m langen, auch kürzeren, flachen oder kaum gewölbten Stücke von verschiedener Dicke besitzen eine rötlichzimtbraune Farbe, sehr aromatischen, an Kardamomen und Kajeput erinnernden Geruch und aromatischen, zugleich beißenden und schwach bitteren Geschmack. Als wirksame Bestandteile sind neben ätherischem Öl die Alkaloide Kotoin, Dikotoin und Phenylkumalin zugegen. Eine ganz ähnlich wirkende Rinde von abweichendem Aussehen aus Para in Brasilien (Cortex Paracoto) enthält die Alkaloide Parakotoin, Leukotin, Oxyleukotin, Hydrokotoin, Methylprotokotoin und Piperonylsäure.

Krähenaugen (Brechnüsse, lat. Nuces vomicae seu Semen strychni, frz. Noix vomique, engl. Nux vomica, Seeds of strychnos), die Samen des ostindischen Krähenaugenbaumes, Strychnos nux vomica, bilden glatte, am Rande etwas verdickte und abgerundete Scheiben von gelblichgrauer Farbe, die auf der einen Seite mit einer kleinen Erhabenheit, auf der anderen mit einer kleinen Vertiefung versehen und mit außerordentlich zarten, angedrückten Haaren besetzt sind. Das Innere ist grauweiß, hornartig, sehr zähe und schwer zu pulvern. Von den drei Handelssorten Bombay-, Kochin- und Madras-K. zeigt die Bombaysorte die seidenartige Beschaffenheit der Oberfläche am deutlichsten, Madras am wenigsten. Die intensiv bitter schmeckenden K. enthalten die Alkaloïde Strychnin, Bruzin und das noch nicht genügend untersuchte Igasurin. Im Kleinhandel dürfen sie nicht verkauft werden.

Kräuter (lat. Herbae) nennt man in der Drogenkunde ein- oder zweijährige wild wachsende, durch Kundige gesammelte Gewürz- oder Arzneipflanzen von niedrigem Wachstum oder auch in Gärtnereien gezogene Küchen- und Garten-, Farb- und Futterpflanzen. In den Handel kommen besonders die Küchen-, Gewürz- und Arzneikräuter. Das Sammeln der wild wachsenden Kräuter erfordert genaue Kenntnisse, vor allem die sorgsame Scheidung der giftigen von den nicht giftigen, da der Handel scharfer Kontrolle unterliegt. Die Sammler bringen die Ware direkt an die Großhandlungen oder Apotheker und Drogisten, während die Gärtner auf Bestellung und nach Verzeichnissen mit Preisangaben liefern. Zur Aufbewahrung dienen in luftigen Räumen aufgestellte Säcke, leichte Fässer oder Kisten, da sich im feuchten Raume Schimmel bildet, welcher die Waren wertlos macht. Die Thüringer Lande und die Gebirgsgegenden sind die besten Bezugsquellen. Besonders die Umgebungen von Erfurt und Gotha zeichnen sich durch ausgedehnten Kräuteranbau und -handel aus.

Kräuterkäse (grüner Käse) ist ein fettarmer, aus gereiftem Zieger unter Zusatz reichlicher Mengen von gepulvertem Steinklee (Melilotus), sog. Käsepulver, hergestellter Käse, der entweder in Kegelform als Reibkäse (Glarner Schabzieger) oder in ziegelförmigen, mit dem Messer noch schneidbaren Stücken (bayrisches und württembergisches Allgäu) in den Handel kommt. Er enthält neben 37—47 % Wasser 6,6—20 % Fett und 34—46 % Stickstoffsubstanzen, die zum Teil in lösliche Form (Amide) übergegangen sind. Der während des Krieges beobachtete Versuch, zur Umgehung der Höchstpreise gewöhnlichen, mit etwas Kümmel und Paprika gewürzten Quark als K. zu vertreiben, ist von den Dresdner Gerichten als unzulässig bezeichnet worden.

Krappwurzel (Färberröte, lat. Radix rubiae tinctorum, frz. Garance, engl. Madder), die gepulverte Wurzel der Rubiazee Rubia tinctorum, war bis vor wenigen Jahrzehnten neben dem Indigo der wichtigste Pflanzenfarbstoff und schon im Altertum bei Griechen, Römern und Orientalen im Gebrauch, hat aber seit der Entdeckung des künstlichen Alizarins (s. d.) immer mehr an Bedeutung verloren. Die unserem Waldmeister verwandte Pflanze ist im Orient heimisch, wurde aber später in Europa, besonders in Frankreich, in großem Maßstabe angebaut, bis der Aufschwung der Alizarinindustrie den Anbau unlohnend machte. Die Pflanze treibt ziemlich lange Wurzeln, die mühsam gegraben und dann nach Entfernung der anhängenden Erde erst an der Luft und schließlich in Trockenstuben soweit getrocknet werden, daß sie beim Biegen kurz durchbrechen. In Form ganzer Wurzeln kommt nur der ohne künstliche Wärme getrocknete orientalische K. (Lizari, Alizari) in den Handel, während die abendländische Ware entweder zu einem groben Pulver vermahlen wird oder einer weiteren Verarbeitung zu verschiedenen Farbstoffen unterliegt. Die knotigen, mit feinen Haaren besetzten Wurzeln sind von einer braunroten, längsrunzeligen Oberhaut mit leicht ablösbarer Korkschicht umgeben. Darunter liegt die eigentliche dunkelbraune Rinde, die einen bitteren, rötlichgelben bis roten Holzkern einschließt und neben letzterem den Sitz des Farbstoffs, der Ruberythrinsäure, bildet. Zur Herstellung der besten Handelssorten wird daher die Oberhaut mit den Saugwurzeln durch Dreschen möglichst entfernt und der gereinigte Rückstand durch Mühlsteine oder Stampfwerke pulverisiert. Diese Ware führt den Namen beraubter K., im Gegensatz zu dem minderwertigen, mit Oberhaut und Wurzelfasern vermahlenen unberaubten K. Der bei Gewinnung des ersteren erhaltene Abfall wird ebenfalls pulverisiert und liefert den Mullkrapp (Mull, Korte, Krappklein), ein braunes Pulver, das nur zum Braun- und Schwarzfärben dient. Zu Färbereizwecken wird das Krappulver nur selten frisch verbraucht, sondern meist vorher 2—3 Jahre in Fässern, fest eingestampft, aufbewahrt, wobei sich durch eine Gärung das Färbevermögen entwickelt. Bei noch längerer Aufbewahrung nimmt letzteres wieder ab und verschwindet schließlich vollständig. Das Färben mit K. erfolgt in gleicher Weise wie mit seinem rein dargestellten Farbstoff, dem Alizarin, von dem es sich nur durch den Gehalt an Purpurin unterscheidet. Man hat aber zur Erleichterung der Färbung eine Reihe von Zubereitungen hergestellt, welche durch Entfernung verunreinigender Beimengungen und Umwandlung der Ruberythrinsäure reinere und intensivere Töne ergeben. Garanzin oder Krappkohle entsteht bei der Behandlung von K. mit heißer konzentrierter Schwefelsäure, wobei die meisten organischen Stoffe, mit Ausnahme des Alizarins, zerstört werden und der reine Farbstoff zurückbleibt. Durch ähnliche Verarbeitung teilweise ausgebrauchter Krappreste erhält man das Garanceux, durch eine Vergärung des mit warmem Wasser angerührten K. die sog. Krappblumen.

Kraterschlangen (Choleramännchen) nennt man einen als Kinderspielzeug oder „Scherzartikel" verkauften Gegenstand, der wegen seiner bedenklichen Eigenschaften mehrfach die Gerichte beschäftigt hat. Das Spielzeug besteht aus Tonfiguren in Form von Menschen oder Tieren, in deren Leibesöffnungen Patronen aus Rhodanquecksilber eingeführt werden, die sich beim Anzünden wurstartig aufblähen (Pharaoschlangen). Da hierbei giftige Dämpfe von Quecksilber, schwefliger Säure und Blausäure entstehen, ist der Verkauf nach § 12 des Nahrungsmittelgesetzes strafbar.

Krauseminze (lat. Folia seu Herba menthae crispae, frz. Feuille, Herbe de menthe crépue, engl. Curled mint leaves), das bekannte, zu den Lippenblütlern gehörige aromatische Kraut, das in Gärten vorkommt und vielfach auf Feldern angebaut wird, ist durch Züchtung aus wilden Minzen, entweder der Bachminze (Mentha aquatica), oder der Waldminze (M.

silvestris) entstanden. Der Anbau der K. geschieht in Deutschland besonders in Thüringen und im Harz, ferner in Ungarn und Amerika. Die für den offizinellen Gebrauch bestimmten Blätter werden vor der Blüte gesammelt und getrocknet in den Handel gebracht. Sie dienen zur Herstellung von Aufgüssen, die innerlich als erwärmendes magenstärkendes Mittel, äußerlich zu Bädern und Umschlägen Verwendung finden. Außerdem bereitet man aus ihnen ein destilliertes K.-Wasser (lat. Aqua menthae crispae, frz. Eau de menthe crépue, engl. Curled mint water), den Krauseminzgeist, und ein ätherisches Öl, welches der riechende und schmeckende Bestandteil der Pflanze ist. Das Krauseminzöl (lat. Oleum menthae crispae, frz. Essence de menthe crépue, engl. Oil of spearmint) wird durch Destillation mit Wasser abgetrieben. Es hat eine gelbliche oder grünliche Farbe und dünnflüssige Konsistenz, wird aber mit der Zeit bräunlich und dick. Geruch und Geschmack des Öls sind schwächer als bei dem Pfefferminzöl und auch von diesem verschieden, aber lieblich. Das rektifizierte Krauseminzöl hat bei 15° C ein spez. Gew. von 0,920—0,940 und enthält neben Terpenen (Limonen und Pinen) erhebliche Mengen linksdrehendes Karvon. Es wird zu Parfümerien und Likören sowie medizinisch benutzt.

Krebsaugen (Krebssteine, lat. Lapis cancrorum, frz. Oeil d'écrevisse, engl. Crabs eye) nennt man die steinigen, weißen oder gelblichen Körperchen, die sich zwischen den Magenhäuten des Flußkrebses bilden und bei der Häutung ausgeworfen werden. Sie sind linsengroß oder größer, auf einer Seite konvex, auf der anderen konkav wie ein Näpfchen und bestehen aus kohlensaurem und phosphorsaurem Kalk nebst Gallerte, die beim Auflösen der Steinchen in Salzsäure zurückbleibt und die ursprüngliche Form beibehält. Man bezieht sie aus Südrußland und Galizien und führt sie in Apotheken und Drogenhandlungen als Volksmittel, um Staub oder andere Körner, die in die Augen geraten sind, aus diesen zu entfernen.

Krebsbutter, ein gelblichrotes Fett, wird in Delikatessenhandlungen in 1/1, 1/2 und 1/4-Dosen verkauft und als Zusatz zu Suppen und Speisen verwandt. Zur Bereitung von K. werden grob zerstoßene rote Krebsschalen kurze Zeit mit Butter gelinde gekocht, wobei letztere Farbe, Geruch und Geschmack der Krebsschalen annimmt. Früher häufiger beobachtete Verfälschungen aus Margarine und Teerfarben sind durch die Nahrungsmittelkontrolle aus dem Handel verdrängt worden.

Krebse (Flußkrebse, frz. Ecrevisses, engl. Crabs) sind nicht nur ein Gegenstand des örtlichen Handels, sondern werden oft weithin versandt; gerade die besten und größten bei uns vorkommenden K., die Spreekrebse, gehen in Menge nach Frankreich. Die Schonzeit der K., deren wissenschaftlicher Name Astacus fluviatilis ist, reicht in den meisten deutschen Ländern vom 1. November bis 31. Mai des nächsten Jahres. Während dieser Zeit dürfen sie weder gefangen noch feilgeboten werden. Mit Eiern versehene weibliche K. dürfen auch außerhalb dieser Zeit nicht verkauft werden, sondern müssen, wenn sie gefangen wurden, sofort wieder ins Wasser gesetzt werden. Durch eine in vielen Gegenden Deutschlands seit einigen Jahren plötzlich aufgetauchte Krankheit, die Krebspest, haben viele Krebszüchter großen Schaden erlitten. Eingemachte Krebsschwänze sind ein Artikel des Delikatessenhandels. Die Verwendung von Borsäure zu ihrer Konservierung ist in letzter Zeit mehrfach beanstandet worden und sollte unter allen Umständen gekennzeichnet werden. Über Seekrebse s. Hummer.

Krefelder Sprudel besitzt nach der Analyse von R. Fresenius und Hintz vom Jahre 1896 folgende Zusammensetzung für 1000 Gewichtsteile: 0,0023 g Kalziumbikarbonat, 0,4527 g Magnesiumbikarbonat, 0,0113 g Ferrobikarbonat, 0,0001 g Manganbikarbonat, 0,0954 g Chlorkalium, 6,8492 g Chlornatrium, 0,0049 g Chlorlithium, 0,0125 g Chlorammonium, 0,0075 g Chlorbarium, 0,0061 g Chlorstrontium, 0,2859 g Chlorkalzium, 0,0069 g Bromnatrium, 0,0003 g Jodnatrium, 0,0003 g Natriumphosphat, 0,0127 g Natriumborat, 0,0029 g Natriumnitrat, 0,0099 g Kieselsäure und 0,0148 g freie Kohlensäure.

Kreide (lat. Creta, frz. Craie, engl. Chalk) besteht in chemischer Hinsicht aus einem durch Ton und Kieselsäure mehr oder weniger verunreinigten kohlensauren Kalk, $CaCO_3$, und ähnelt insofern einem weichen erdigen Kalkstein, von dem sie sich aber dadurch unterscheidet, daß sie als Ablagerung alter Meere aus den Kalkgehäusen mikroskopischer Weichtiere (Polythalamien, Foraminiferen) und den Kieselpanzern von Infusorien und Algen zusammengesetzt wird. Sie bildet oft mächtige Lager und ganze Höhenzüge, und vor allem die Küsten Englands, Dänemarks und Norddeutschlands (Insel Rügen) bestehen zum großen Teil aus diesem Mineral. Auch Frankreich hat große Lager in der Champagne, bei Rouen, Paris sowie an der Nordküste. Für den deutschen Bedarf dient besonders die über Stettin kommende K. von Rügen, die teils in Stücken, wie sie bricht, teils pulverförmig im geschlämmten Zustande (Schlämmkreide) in den Handel gelangt. Als Schreibkreide werden meist aus Schlämmkreide geformte zylindrische oder vierkantige Stifte, gewöhnlich mit papiernem Überzuge, benutzt. Der Verbrauch von K., besonders geschlämmter, ist sehr bedeutend und mannigfaltig. Man verwendet sie für sich allein, wie im Gemisch mit anderen Farbstoffen zu Anstrichen, und zwar meist als Leimfarbe; ferner dient sie als sog. Leim- oder Kreidegrund zur Unterlage von Vergoldungen und Lackfarbenanstrichen, zu Kitten, Kreidepapier, als Grundmasse zu Schüttgelb usw. Auch in der chemischen Großindustrie wird K. gebraucht, besonders bei der Glasbereitung, in den Färbereien und zur Entwicklung von Kohlensäure. Feine, mehrmals geschlämmte K. dient zum Putzen von Silbergeschirr. — Bologneser K. ist eine sehr leichte und feine Masse, die in Stücken von der Form und Größe von Backsteinen versandt wird, ähnlich die Champagner-K. — Außerdem führen im Handel noch einige andere, nicht aus kohlensaurem Kalk bestehende Minerale den Namen K. Die zur Entfernung von Flecken dienende sog. spanische (venezianische, Briançoner) K. ist eine Art Speckstein (s. d.), gelbe und rote K. nennt man zuweilen den gelben Ocker und den Rötel. Schwarze K. (frz. Crayon noir) ist eine feinmassige, durch Kohlenstoff schwarz gefärbte Art Tonschiefer, der in der Mineralogie den Namen Zeichenschiefer führt und auf dem Längsbruch schieferig, im Querbruche feinerdig und bald gräulich, bald bläulichschwarz erscheint. Sie findet sich unter anderem bei Ludwigsstadt im Fichtelgebirge, um Nürnberg, Osnabrück, in Frankreich, Spanien, am schönsten in Italien. Aus den besseren Stücken werden mit Spalthammer und feinen Sägen die zum Zeichnen dienenden Stängelchen geformt, die von den Künstlern am höchsten geschätzt werden, aber zur Vermeidung des Hartwerdens an einem feuchten Orte aufbewahrt werden müssen. Zu den gewöhnlichen Stiften wird das Mineral gepulvert, geschlämmt und mit Gummiwasser zu einem Teig angemacht. Die hieraus geformten runden oder vierkantigen, nach dem Trocknen lackierten Stifte (Pariser Stifte) färben wegen des Bindemittels nicht so gut ab.

Kreolin nennt man eine dunkelbraune, dickflüssige, ölige, der Karbolsäure ähnlich riechende Flüssigkeit, die wie jene als Desinfektionsmittel Verwendung findet, aber weniger reizend auf die Haut wirkt. Sie besteht als ein Nebenerzeugnis der Karbolsäureherstellung aus den in Natronlauge schwer löslichen höheren Phenolen und Phenoläthern des Teers sowie aus kleineren Mengen Pyridinbasen und Naphthalin und erhält meist einen Zusatz von Seife, um eine bessere Verteilung in Wasser zu ermöglichen. Der Name ist der Firma Pearson geschützt.

Kreosol (Creosol), nicht zu verwechseln mit Kresol (s. d.), ein im Buchenholzteer enthaltener Phenoläther, $C_6H_3(CH_3)(OCH_3)OH$, bildet eine farblose, stark riechende Flüssigkeit vom Siedepunkt 220° C.

Kreosot (lat. Kreosotum, frz. Créosote, engl. Creosote) ist eine aus dem Holzteer, namentlich dem Buchenholzteer, durch fraktionierte Destillation gewonnene Flüssigkeit von starkem, der Karbolsäure ähnlichem Geruche und brennend scharfem Geschmack. Das im frischen Zustande farblose, durch Einwirkung von Licht und Luft bald gelblich und rötlichbraun werdende Öl, das bei 200—220° übergeht, besteht der Hauptmasse nach aus Guajakol und Kreosol, neben welchen in kleinerer Menge Kresol, Methylkresol, Xylenol u. a. vorkommen. Unter dem Namen Kreosotöl oder Steinkohlenkreosot kommt das rohe, schwere Steinkohlenteeröl in den Handel, welches zur Darstellung von Karbolsäure und Kresol sowie zum Konservieren des Holzes benutzt wird. Außerdem wird K., besonders das Buchenteerkreosot, als ausgezeichnetes Mittel, z. B. gegen tuberkulöse Krankheiten, medizinisch angewandt.

Kreosotal (kohlensaures Kreosot, lat. Kreosotum carbonicum, frz. Carbonate de créosote, engl. Sodium Creosote) entsteht durch Einwirkung von Chlorkohlenoxyd auf Kreosotnatrium als ein gelbes Öl, das nur sehr wenig nach Kreosot riecht und schmeckt, außerdem nicht ätzt und daher mit Vorteil als Ersatz des Kreosots in der Medizin benutzt wird.

Kresol (Cresol, Kresylsäure, Kresylalkohol), eine dem Phenol sehr ähnliche und nahestehende Verbindung, $C_6H_4(CH_3)OH$, ist einer der Hauptbestandteile des Buchenholzteerkreosots und findet sich auch im Braunkohlen- und Steinkohlenteer neben Phenol, von dem es nur durch wiederholte sorgfältige fraktionierte Destillation getrennt werden kann (vgl. Karbolsäure). Die Handelsware, eine frisch bereitet farblose, ölige Flüssigkeit von starkem Kreosotgeruche, die an Licht und Luft bald braun wird, besteht in der Regel aus drei isomeren Kresolen, von denen das Orthokresol bei 188°, das Parakresol bei 199° und das Metakresol bei 201° siedet. Alle drei sind in reinem Wasser unlöslich, in ammoniakhaltigem aber löslich. Man verwendet das reine K. zur Darstellung von Safransurrogat (s. d.), von Kresotinsäure und Viktoriaorange, phenolhaltiges K. dagegen zur Herstellung von Korallin (s. d.) und einigen anderen Farben. Wegen seiner das Phenol übertreffenden bakterientötenden Wirkung dient es zur Herstellung von Desinfektionsmitteln, wie Kresolseifen, Saprol, Solveol, Lysol, Sanatol.

Kresolrot (Cresolrot), ein zur Gruppe der Azofarben gehöriger, seit 1878 im Handel vorkommender Farbstoff, färbt Wolle im sauren Bade rot.

Kresotinsäure (Parakresotinsäure, Cresotylsäure, lat. Acidum cresotinicum, frz. Acide cresotinique, engl. Cresotinic acid), die Methylverbindung der Salizylsäure, wird in gleicher Weise wie diese gewonnen, indem man statt des Phenolnatriums das Kresolnatrium mit trockener Kohlensäure behandelt. Sie ähnelt in Aussehen und Reaktionen der Salizylsäure, ist aber schwerer in Wasser löslich als diese, schmilzt bei 151° und erstarrt wieder bei 144°. Wegen ihrer geringen Nebenwirkungen wendet man sie an Stelle der Salizylsäure an.

Kreuzbeeren (lat. Baccae rhamni catharticae seu spinae cervinae, frz. Baies de nerprun, engl. Buckthorn berries), die Früchte des bei uns in Wäldern, Gebüschen, Hecken und an Wiesenrändern wild wachsenden Wegdorns (Kreuzdorn, Purgierkreuzdorn, Rhamnus cathartica), besitzen bei der Reife im September und Oktober eine schwarze Farbe und enthalten nebst vier harten Samenkernen ein violettgrünes, bitter und widrig schmeckendes Fleisch, das abführend wirkt. Sie finden meist in Form des Kreuzdornbeerensirups (lat. Sirupus rhamni catharticae seu spinae cervinae, frz. Sirop de nerprun, engl. Sirup of buckthorn), der zum Abführen in kleinen Gaben genossen wird, medizinisch Anwendung. — Im unreifen, grünen Zustande dienen die Beeren zur Herstellung von Saft- oder Blasengrün, das als Wasserfarbe von Malern und Zuckerbäckern sowie zum Färben von Papier, Leder usw. benutzt wird, jetzt aber nur noch selten in den Handel kommt. Die Beeren werden zu diesem Zwecke zerstoßen, eine Woche lang der Gärung überlassen, dann ausgepreßt, und der Saft unter Zusatz von etwas Pottasche oder Alaun zur Honigdicke eingedunstet. Hierauf füllt man die noch warme Masse in Schweinsblasen oder starke Rindsdärme und läßt sie anfangs an Luft und Sonne, dann in künstlicher Wärme oder durch Hängen in einen Rauchfang vollends austrocknen. Zur Erzielung rein grüner Töne setzt man etwas Indigolösung, bisweilen auch arabisches Gummi zu. Das getrocknete Saftgrün, eine schwarzgrüne, im Bruche glänzende und an den Kanten grün durchscheinende Masse, darf weder feucht noch sandig sein und muß sich in Wasser fast vollständig auflösen. — Die getrockneten unreifen Beeren können zu den Gelbbeeren gezählt werden, haben aber wenig Farbstoff und werden meist durch die Früchte fremder Rhamnusarten ersetzt (s. Gelbbeeren).

Kreuzblumenkraut (lat. Herba polygalae amarae, frz. Herbe de Polygala amère, engl. Milkwort) besteht aus den getrockneten Zweigen, Blättern und Wurzeln einer kleinen, fingerhohen, im mittleren und nördlichen Europa wild wachsenden ausdauernden Pflanze Polygala amara, die wegen ihres Bitterstoffs medizinische Anwendung findet. Aus einer Rosette von verkehrt eiförmigen, lederartigen Wurzelblättern erheben sich mehrere mit kleineren Blättchen besetzte Stengel, die in Trauben die lippenförmigen, kornblumen- oder hellblauen, auch purpurroten, seltener weißen Blütchen tragen. In der Blütezeit, Mai und Juni, wird die ganze Pflanze samt der fadendünnen Wurzel gesammelt und getrocknet. Sie wächst sowohl auf Bergen in trockenen Laubwäldern, als auf nassen Wiesen, aber nur das Gewächs von ersterer Herkunft besitzt den stark bitteren wirksamen Stoff und ist allein brauchbar, weshalb die Ware beim Einkauf stets zu kosten ist. An dem Mangel des bitteren Geschmacks ist auch die beim Sammeln wohl mit unterlaufende gemeine K. zu erkennen. Verwendet wird das Kraut als magenstärkendes Mittel und bei Katarrhen.

Kristallponceau, ein in der Färberei benutzter Teerfarbstoff, erscheint in schönen braunroten goldglänzenden Kristallen, die in Wasser mit roter Farbe löslich sind, und besteht aus dem Natronsalze der Alphanaphtylaminazobetanaphtoldisulfosäure.

Kristallviolett (Violett 6 B.), ein in Wasser mit violetter Farbe löslicher Teerfarbstoff, besteht aus der Chlorwasserstoffverbindung des Hexamethylpararosanilins. Das metallisch grünglänzende, Kristalle bildende K. dient zum Färben von Seide, Wolle und Baumwolle.

Krokydolith (Tigeraugenstein), ein in plattenförmigen Stücken vorkommendes Mineral von graublauer bis schwärzlichblauer Farbe, ist ein Natroneisenoxydulsilikat und wird seit 1882 in den Achatschleifereien zu Idar und Oberstein als Schmuckstein verarbeitet. Man findet ihn bei Golling im Salzkammergut, bei Stavärn in Norwegen, in Grönland und im Kaplande.

Krotonöl (Crotonöl, lat. Oleum crotonis, frz. Huile de croton Tiglium, engl. Croton oil), das fette Öl der bohnengroßen Samen mehrerer ostindischer, baumförmiger Wolfsmilcharten, besonders Croton Tiglium und Eluteria (Granatill- oder Purgierkörner), kommt entweder direkt von Zeylon, Madras, Bombay und Java oder auf dem Umwege über England in den Handel. Das direkt eingeführte Öl besitzt, weil aus gerösteten Körnern heiß gepreßt, eine dunkle Bernsteinfarbe, während in Deutschland und England durch kalte Pressung ein helleres Erzeugnis erhalten wird. K., ein fettes, dem Rizinusöl an Konsistenz ähnliches, aber bald dicker werdendes Öl von unangenehmem Geruch und anfangs mildem, später brennend scharfem Geschmack, ist in dem doppelten Volum absoluten Alkohols völlig, in 90%igem Alkohol nur teilweise löslich und durch sein hohes spez. Gew. 0,940—0,960 von den übrigen Fetten unterschieden. In chemischer Hinsicht enthält es neben bekannten Fettsäuren auch Tiglinsäure und als wirksame Bestandteile Krotonol und Harz. Es wirkt auf Schleim- und Oberhaut ätzend und Geschwüre erregend, innerlich als heftiges Abführmittel, in größeren Dosen aber Erbrechen erregend und giftig. Zur medizinischen Verwendung gelangt daher fast nur eine Verdünnung mit anderen Ölen. K. wie auch die Samen und alle Abfälle sind mit äußerster Vorsicht zu handhaben, unter den stark wirkenden Mitteln aufzubewahren und nur auf ärztliche Verordnung abzugeben.

Krozeïn B und 3B, rote Azofarbstoffe, die zum Färben von Wolle dienen. Der erstere ist das Natriumsalz der Amidoazobenzolazonaphtoldisulfosäure, der letztere das gleiche Salz der entsprechenden Toluolverbindung.

Krozeïnorange (Brillantorange, Ponceau 4 GB), ein Azofarbstoff aus Diazobenzolchlorid und β-Naphtolsulfosäure, der Wolle in saurem Bade lichtecht orange färbt.

Krozeïnscharlach 3B und 7B, verschiedene rote Teerfarbstoffe, die in der Weise hergestellt werden, daß man Amidoazobenzolmonosulfosäure oder die entsprechenden Toluidinverbindungen diazotiert und die Diazoverbindung mit einer Lösung von Naphtolsulfosäure in Ammoniak behandelt. Krozeïnscharlach 3 B ist mit Ponceau 4 RB identisch. Sie dienen zum Färben von Wolle im sauren Bade und von mit Anilin gebeizter Baumwolle.

Kryolith (Eisstein, frz. Kryolithe, engl. Kryolite), ein technisch außerordentlich wertvolles Mineral von Arksudfjord an der Südküste Grönlands, besteht aus eis- oder porzellanähnlichen weißen Massen von blättrig-kristallinischem Gefüge und ist in chemischer Hinsicht als eine Doppelverbindung von Fluornatrium-Fluoraluminium, $3NaF . AlF_3$, anzusprechen. Beim Glühen oder Kochen mit Kalk entsteht neben unlöslichem Fluorkalzium Natriumaluminat, welches das Ausgangsmaterial zur Herstellung von Tonerde und Natriumverbindungen liefert. Kocht man nämlich die Lösung des Natriumaluminates mit neuen Kryolithmengen, so fällt reine Tonerde aus, und Fluornatrium geht in Lösung, um dann durch Kochen mit Kalk neben dem wertlosen Fluorkalzium Ätznatron zu geben. Leitet man andererseits in die Natriumaluminatlösung Kohlensäure ein, so erhält man in Lösung direkt Soda, neben ungelöster reiner Tonerde. Die letztere dient zur Darstellung von Alaun und met. Aluminium. Ohne weitere Vorbereitung findet der K. in der Seifenfabrikation Anwendung, die eine aus heißer Kryolithlösung und Kalk hergestellte Lauge direkt mit Fetten versiedet sowie auch zur Herstellung von Milchglas und Email.

Kubeben (Kubebenpfeffer, Schwarzpfeffer, Schwindelkörner, lat. Cubebae, Fructus cubebae seu Piper caudatum, frz. Cubèbes, engl. Cubebs) sind die nicht völlig reifen Früchte einer besonderen Pfefferart, Piper Cubeba, die als ein rankender Strauch in Ostindien und auf einigen zugehörigen Inseln wächst und namentlich auf Java im großen angebaut wird. Sie bilden schwärzlichgraue, dem eigentlichen Pfeffer an Größe ähnliche Körner, die jedoch nicht so dunkel gefärbt und netzartig gerunzelt sind. Von ihrem gedrehten, nicht leicht abzubrechenden Stiel, der etwas länger als die Frucht ist, haben sie den Beinamen geschwänzter Pfeffer erhalten. Die Frucht wird vor der völligen Reife gesammelt und gewöhnlich gepulvert in den Handel gebracht. Das rotbraune Pulver riecht stark und eigentümlich gewürzhaft. Der Geschmack ist ebenso und dabei pfefferartig brennend, widerlich und lange anhaltend. Als wesentliche Bestandteile enthält es harzartige Kubebensäure, Kubebin und ein hellgrünes oder blaugrünes, seltener farbloses ätherisches Öl (10—18 %), das Kubebenöl (lat. Oleum Cubebarum) vom spez. Gew. 0,915—0,930 bei 15° C. Die K. finden als Pulver und Extrakt medizinische Anwendung gegen Tripper, haben aber unangenehme Nebenwirkung auf das Verdauungssystem und rufen in stärkeren Dosen Vergiftungserscheinungen hervor. Bisweilen werden an ihrer Stelle ähnlich aussehende Früchte anderer Pflanzen, z. B. Kreuzdornbeeren u. a. verkauft. Vor allem tauchten auf dem englischen Markte vor einigen Jahren falsche K. auf, die aus China und Kotschinchina stammten und nur daran zu erkennen waren, daß sie sich leicht in ihre beiden öligen Samenlappen zerteilen ließen. Sie sollen von Daphnidium Cubebae herrühren. Alle diese untergeschobenen Erzeugnisse sind frei von Kubebin und unterscheiden sich von den echten dadurch, daß sie sich nicht, wie letztere, mit konz. Schwefelsäure rot färben.

Kümmel (Garbe, lat. Fructus s. Semen carvi, frz. Semences de carvi, engl. Caraway seed), besteht aus den auseinandergefallenen Teilfrüchtchen der zu den Umbelliferen gehörenden Kümmelpflanze, die zwar auf allen Wiesen und Triften zu finden ist, aber zur Deckung des großen Bedarfs auch vielfach angebaut wird. Die Pflanze verlangt einen guten tiefgründigen Boden, in den sie mit starker Pfahlwurzel hinabgeht, und verbleibt zwei Jahre im Felde. Die Samen werden entweder zeitig im Frühjahr oder besser schon im Herbste vorher in Beete gesät und die Pflanzen reihenweise in den Acker versetzt, der dann bis zur Ernte im nächsten Sommer wiederholt behackt und gereinigt werden muß. Da der Samen sehr ungleich reift und leicht ausfällt, zieht man die Pflanzen, wenn die Körner der obersten Zweige reif sind, behutsam aus und klopft sie über Tüchern ab, wobei die schwersten Samen erhalten werden. Dann werden die Pflanzen gebündelt, zum Nachtrocknen aufgestellt und ausgedroschen. Der Anbau wird besonders in Holland und einigen Gegenden Deutschlands, namentlich bei Halle, Lützen, Erfurt, Hamburg und Nürnberg betrieben. Auch Rußland, Schweden und Norwegen liefern K., jedoch in geringerer, kleinkörniger Ware, die über Stettin und Lübeck eingeführt wird. Die hallische und nach ihr die holländische gilt als die beste und teuerste. Auch wird der angebaute K., weil größer, ölreicher und wohlschmeckender, vor dem wilden bevorzugt. — Die etwa 5 mm langen, sichelförmigen Teilfrüchte zeigen fünf hervortretende hellere Rippen und dazwischen dunkler braune Teilchen mit je einem Ölstriemen. Außerdem treten auf dem fünfeckigen Querschnitt noch zwei Ölstriemen an der Innenfläche hervor. Die trockenen Früchte zeigen einen aromatischen Geruch und starken, scharfen, gewürzigen Geschmack. — Als wertbestimmender Bestandteil sind etwa 3—7 % (nicht unter 3 %) ätherisches Öl und daneben etwa 12 % fettes Öl, 3 % Zucker, 20 % Stickstoffsubstanz, 4,5 % Stärke, 16,5 % stickstofffreie Extraktstoffe, 20 % Rohfaser, 14—15 % Wasser und 5—6 % Asche vorhanden. Der Gehalt an Asche soll 7—8 %, an Sand 2 % nicht übersteigen. — K. wird als Volksmittel gegen Blähungen und Magenkrampf, in der Medizin zur Geschmacksverbesserung, in der Küche als Gewürz für Backwerk und Speisen benutzt. In der Likörfabrikation ist er durch das Kümmelöl mehr und mehr verdrängt worden. Als Verfälschung kommt, abgesehen von vereinzelt beobachteten fremden Umbelliferenfrüchten, fast nur die Beimischung extrahierter Samen in Betracht, die an ihrer dunkleren, fast schwarzen Farbe und ihrer Geschmacklosigkeit leicht zu erkennen sind, auch meist zerquetscht erscheinen.

Kümmellikör (Kümmelschnaps, Kümmel) wird fast nur auf kaltem Wege aus Kümmelöl oder aus Karvol, Feinsprit, weißem Zuckersirup und Wasser, selten noch direkt aus Kümmelsamen durch Destillation bereitet. Man unterscheidet einfachen und Doppelkümmel, von denen der letztere stärker und süßer ist und auch mehr Kümmelöl enthält. Durch Zusatz anderer ätherischer Öle oder Pflanzenauszüge werden Liköre von etwas abweichendem Geruch und Geschmack hergestellt, die im Handel besondere Namen, wie z. B. Berliner Getreidekümmel, Münsterländer Kümmel usw. führen.

Kümmelöl (lat. Oleum carvi, frz. Essence de carvi, engl. Caraway oil), das ätherische Öl der Kümmelfrüchte, bildet, frisch bereitet, eine wasserhelle Flüssigkeit von starkem Kümmelgeruch und -geschmack. Das spez. Gew. schwankt zwischen 0,905—0,918, die Drehung beträgt + 70 bis + 80°. Seiner chemischen Zusammensetzung nach ist das K. in der Hauptsache ein Gemenge eines Kohlenwasserstoffs, Karven (Rechtslimonen), mit einem sauerstoffhaltigen Bestandteil Karvon (Karvol). Beide lassen sich durch fraktionierte Destillation trennen, wobei das Karven zuerst, das schwerer flüchtige Karvon später übergeht. Das letztere bildet einen besonderen Handelsartikel und wird unter dem Namen leichtlösliches K. zu höherem Preise verkauft. Da Karvon sich in einer Mischung von gleichen Teilen 95 %igem Alkohol und destilliertem Wasser klar und ohne Trübung auflöst, bleiben die mit ihm bereiteten Liköre völlig klar, während mit gewöhnlichem K. hergestellte trübe werden und filtriert werden müssen. Es ist daher ratsam, stets nur die feinsten Sorten K. zu verwenden. Außer zu diesem Zwecke benutzt man das K. auch noch medizinisch gegen Magenkrampf, äußerlich zu Einreibungen sowie mit anderen Ölen gemengt zum Parfümieren von Seifen. In einigen Gegenden, namentlich in Thüringen, wird auch aus dem wild wachsenden Kümmel öl destilliert und unter dem Namen Wiesenkümmelöl verkauft sowie aus dem bei der Ernte des Kümmels entstehenden Abfall eine sehr geringwertige Sorte, das Kümmelspreuöl (zum Parfümieren von Seife), hergestellt. Das K. ist sehr häufig Verfälschungen unterworfen. Außer der Beimengung der schon genannten geringwertigen Öle finden sich Zusätze von Alkohol, Tannenzapfenöl, Fichtennadelöl und rektifiziertem Terpentinöl. Reines K. muß sich in seinem gleichen Gewichte Alkohol von 90 Volumprozent klar lösen, zwischen 175 und 230° C überdestillieren und eine Rechtsdrehung von 70—80° zeigen. Es ist in sehr gut verschlossenen, möglichst voll gefüllten Flaschen aufzubewahren, da es sehr leicht verharzt, gelb wird und dann an Geruch und Wert verliert.

Kürbis (lat. Fructus cucurbitae, frz. Citrouille, Courge, engl. Gourd), die Frucht der zu den Kukurbitazeen gehörigen Pflanze Cucurbita pepo, enthält nach König neben 90,3 % Wasser noch 1,09% Stickstoffsubstanz, 0,11 % Fett, 1,12% Zucker, 1,09 % Extraktstoffe, 0,75 % Rohfaser und 0,45 % Asche. Im Hinblick auf den hohen Wassergehalt hat er für die menschliche Ernährung nur geringe Bedeutung und wird lediglich als Kompott und Marmelade, meist aber als Viehfutter verwandt. Auch die von Muchel vorgeschlagene Verwendung zur Herstellung von Spiritus scheint keine Bedeutung erlangt zu haben.

Kürbiskerne (Kürbissamen, lat. Semen cucurbitae, frz. Semences de citrouille, engl. Gourds seeds) enthalten 30—40 % eines fetten Öles (Kürbiskernöl), das zu den langsam trocknenden Ölen gehört, bei —15° erstarrt und in frischem Zustande als Speiseöl benutzt wird. Die gemahlenen Kerne finden als Bandwurmmittel Anwendung, büßen aber bei der Aufbewahrung ihre Wirksamkeit ein.

Kumarin (lat. Cumarinum, frz. Coumarine, engl. Cumarin) ist der Stoff, welcher dem Waldmeister, den Tonkabohnen, dem Steinklee den angenehmen Geruch erteilt. Zu seiner Gewinnung extrahiert man am besten die Tonkabohnen, auf deren Oberfläche er sich sehr häufig auskristallisiert findet, mit Alkohol, stellt es neuerdings aber auch künstlich dar durch Einwirkung von Essigsäureanhydrid auf Salizylaldehydnatrium, Eingießen in Wasser und Destillation des abgeschiedenen Öles. Das K., $C_9H_6O_2$, bildet angenehm riechende, farblose Kristallnadeln, welche bei 67° schmelzen und bei 291° sieden. Es wird mit Vanillin zusammen zu Cremes und Pralinen verwendet, ferner in alkoholischer Lösung zur Verstärkung des Geruches des Weichselholzes und als Parfüm für Toilettenseifen angewandt.

Kumaronharz nennt man harzartige Stoffe, die bei der Wäsche des Schwerbenzols mit Schwefelsäure entstehen, ursprünglich als lästige Schmiere (bis 1906) einfach verfeuert, dann zur Herstellung von Feueranzündern benutzt wurden und später im Kriege eine ungeheure Bedeutung als Harzersatz gewonnen haben. In chemischer Hinsicht sind sie Mischungen von Kondensationsverbindungen des Indens ($C_{18}H_{16}$) und des Kumarons ($C_{16}H_{12}O_2$), zwei im Steinkohlenteer enthaltenen Flüssigkeiten vom Siedepunkt 181° und dem spez. Gew. 1,008, enthalten weder Säuren noch verseifbare Stoffe und nehmen in dünner Schicht Sauerstoff aus der Luft auf (verharzen). K. kommen sowohl in öligem bis teerartigem Zustande als Firnisersatz, wie in fester Form für Lack und Sikkativ in den Handel. Die letzteren werden nach dem Erweichungspunkt in springhart (über 50°), hart (40—50°), mittelhart (30—40°), weich (unter 30°) unterschieden. Obwohl die K. die Eigenschaften der Naturharze nur in beschränktem Umfange zeigen und insbesondere über den Erweichungspunkt von 65° (Kolophon 100°) nicht hinauskommen, haben sie doch zum Leimen von Papier sowie gemischt mit trocknenden Ölen in der Lackindustrie wertvolle Dienste geleistet. Die Höhe der Erzeugung soll 600000 t im Jahre betragen.

Kumidinrot (Kumidinponceau, Ponceau 3 R), ein zur Gruppe der Azofarben gehöriger Teerfarbstoff, ein dunkelrotes, in Wasser mit kirschroter Farbe lösliches Pulver, welches Wolle in saurem Bade rot färbt und aus dem Natronsalze der Kumidinazobetanaphtoldisulfosäure besteht. Ponceau 4 R unterscheidet sich von dieser Farbe nur dadurch, daß zur Herstellung anstatt des gewöhnlichen rohen chemisch reines kristallinisches Kumidin verwandt wird.

Kumys (Kumis, Milchwein) ist ein alkoholhaltiges Getränk, welches aus gegorener Stutenmilch besteht und ursprünglich in der Tartarei, später im südlichen Rußland dargestellt wurde. Jetzt bereitet man es auch in Deutschland aus Kuhmilch und verwendet es medizinisch. Siehe Kefir.

Kundaöl (Croupee-Öl, nicht zu verwechseln mit Kraböl und Karapaöl, s. d.) ist ein aus den Samen der Carapa Touloncouma durch Auskochen mit Wasser bereitetes Pflanzenfett, das von Sierra Leone und Assim in den Handel kommt.

Kunstspeisefett nennt man alle dem Schweineschmalz ähnlichen Zubereitungen, deren Fettgehalt nicht ausschließlich aus Schweineschmalz besteht, also Mischungen von tierischen Fetten mit Baumwollsamenöl, Kokosfett u. dgl., aber auch tierische Fette, vor allem solche, die durch besondere Verfahren streichfähig gemacht worden sind. Sie unterliegen den Vorschriften des Margarinegesetzes und dürfen nur unter der deutlichen Bezeichnung Kunstspeisefett in den Verkehr gebracht werden. Beimischungen von Wasser, Mehl und wertlosen Stoffen haben als Verfälschung zu gelten.

Kunstwolle (frz. Laine artificielle, engl. Shoddy and Mungo) wird aus den früher als beinahe wertlos erachteten Lumpen hergestellt und in besonderen Fabriken verarbeitet. Man unterscheidet hauptsächlich zwei Sorten von Lumpenwolle, Mungo und Shoddy. Die erstere stammt von gewalkten Wollstoffen, Tuchen u. dgl. und ist kurzhaarig, weil das Zerfasern dieser Stoffe eine gewaltsame Bearbeitung erfordert. Zu der anderen dienen gestrickte, gewirkte und gehäkelte Lumpenzeuge, die sich leichter lösen und einen längeren Faserstoff ergeben. Die Vorarbeit besteht in einem gründlichen Auslesen unter Entfernung aller nicht wollenen Teile. Danach folgt bei baumwollehaltigen Geweben eine Behandlung mit heißen Salzsäuredämpfen in geschlossenen

Räumen, wodurch die Baumwolle zerstört wird (Karbonisieren), und schließlich das Waschen und Reinigen auf der Putzmaschine, das Sortieren nach den verschiedenen Farben usf. Die Verarbeitung der maschinenfertigen Lumpen geschieht auf einem sog. Wolf, von welchem aus der Mungo direkt in Ballen verpackt und an die Wollspinner versandt wird, während der Shoddy noch unter Einölung mit Baumwollöl eine Bearbeitung auf einer Reißkrempel erhält, welche die Fasern geradestreckt und zu einer losen Watte vereinigt. In manchen Fällen werden die Lumpen nicht trocken, sondern naß oder selbst unter Wasser bearbeitet, so daß also die zerreißende Maschinerie in einem Wasserkasten steht. Neue Lumpen (Schneiderabfälle) werden für sich verarbeitet und geben die beste Sorte Mungo. Gewöhnlich stellt man aus einer besonderen Auslese noch eine dritte Sorte unter dem Namen Extrakt her. In den Spinnereien werden dann diese Stoffe im Gemisch mit mehr oder weniger neuer Wolle versponnen, lange Shoddys aus Strumpflumpen sogar allein, und die Garne zu allen Geweben verwandt, zu welchen Streichgarne gebraucht werden.

Kupfer (lat. Cuprum, frz. Cuivre, engl. Copper), das einzige rote Metall, steht seiner technischen Bedeutung nach gleich hinter dem Eisen, dem es in der Vielseitigkeit seiner Anwendung sogar noch überlegen ist. Die Bekanntschaft mit dem Kupfer und seiner wichtigsten Legierung, der Bronze, reicht in früheste Zeiten zurück und ist wahrscheinlich älter als diejenige mit dem schwerer zu gewinnenden und zu behandelnden Eisen. Die Bezeichnung Cuprum, aus welcher das deutsche Kupfer entstanden ist, leitet sich von der Insel Zypern oder Kypros (Aes cyprium) ab, von wo die alten Ägypter und Griechen ihr K. holten. Das K. kommt in der Natur teils gediegen, teils in Form verschiedener Erze vor. Gediegen K., das auf Gängen und Klüften, zuweilen kristallinisch, häufiger in Platten, Blechen, verästelt oder moosförmig, auftritt, findet sich nur an zwei Orten der Erde in größeren Massen, nämlich am Ural und tiefer in Sibirien, im Kirgisenlande und in Nordamerika am Oberen See. An letzterem Fundorte sind bisweilen Stücke von 1000—3500 kg zutage gefördert worden. Von den Erzen kommen hauptsächlich folgende in Betracht: Rotkupfererz oder Kuprit aus Australien besteht aus nahezu reinem Kupferoxydul (s. d.). Ziegelerz ist ein rotes erdiges Gemenge von Rotkupfererz und Brauneisenstein. Malachit und Kupferlasur (s. d.) bestehen aus wasserhaltigem Kupferkarbonat. Alle vorgenannten Erze können auf die einfachste Weise durch Schmelzen mit Kohle, Kalk usw. zu Metall reduziert werden. Ihre Menge ist jedoch im Verhältnis zu derjenigen der Schwefelverbindungen unbedeutend. Kupferglanz (Graukupfererz, Kupferglaserz, Redruthit, Chalkosin), nahezu reines Schwefelkupfer, Cu_2S, enthält etwa 80% Metall. Kupferkies (Chalkopyrit) ist ein Gemisch von Schwefeleisen und Schwefelkupfer mit 35% K., Buntkupfererz (Bornit), ebenfalls ein Gemisch von Schwefeleisen und Schwefelkupfer mit 56% K. Aus Chile kommen große Mengen eines Kupfersandes mit 60—80% Metall unter dem Namen Kupferbarilla auf den Markt, und außerdem wird im Mansfeldischen und in Kurhessen ein toniger und kalkiger, durch Kohle geschwärzter Schiefer (Kupferschiefer) verhüttet, der in feiner Verteilung geschwefelte Kupfererze neben etwas Silber und Zink sowie Spuren von Nickel und Kobalt enthält. Die Verarbeitung der Kupferschiefer, wie der schwefelhaltigen Erze, beginnt mit einem wiederholten Rösten und Schmelzen unter Zusatz schlackenbildender Zuschläge. Hierdurch wird der Schwefelgehalt so weit erniedrigt, wie der Bindung als Kupfersulfür entspricht. Das erhaltene Zwischenprodukt, der sog. Stein (Rohstein, Dünnstein, Konzentrationsstein) wird dann durch Schmelzen mit Kohle in Schwarzkupfer übergeführt, das noch alle fremden Metalle der Erze enthält. Zur völligen Entfernung des Schwefels ist ein gewisser Gehalt an Eisen erforderlich, der unter Umständen durch absichtlichen Zusatz erhöht wird. Das Schwarzkupfer kann neben kleinen Mengen Schwefel, Eisen, Blei, Antimon, Arsen, Wismut, Zink und Nickel im günstigen Falle auch etwas Silber enthalten, das unter Umständen durch Aussaigern (s. Silber) gewonnen wird. Das rohe Schwarzkupfer ist unverkäuflich und muß durch Glühen in einem Flammenofen in Gar-K. übergeführt werden. Hierbei werden die flüchtigen Metalle (Arsen, Antimon, Zink) in Dampfform verjagt, die anderen zu abfließenden Schlacken oxydiert, während das K. der Oxydation am längsten widersteht. Das geschmolzene K. wird nun gerissen, d. h. mit Wasser besprengt, und die durch Abkühlung an der Oberfläche entstehende feste Scheibe sofort mit Haken fortgezogen. Durch abwechselndes Bespritzen und Fortziehen, bis der Ofen erschöpft ist, erhält man das Rosettenkupfer. Auch dieses ist trotz seines schönen roten Aussehens noch nicht völlig rein und kann nicht technisch verarbeitet werden, da ihm die Hämmerbarkeit fehlt. Zur Beseitigung dieses Übelstandes, welcher auf einem geringen Gehalte an Kupferoxydul beruht, folgt das in einem nochmaligen Umschmelzen mit Kohle bestehende Hammergarmachen. Das so geläuterte K. wird sogleich zu prismatischen Blöcken von 30—90 cm Länge ausgegossen, welche Hartstücke heißen und in der Regel mit der Marke des betreffenden Hüttenwerkes gestempelt sind. Auf den Kupferhämmern, die aber jetzt größtenteils Walzwerke sind, werden die Blöcke zu Platten, Blechen und Schalen verarbeitet. — Neben diesen alten Kupferhüttenprozessen hat sich neuerdings in zunehmendem Maße ein nasses Verfahren eingebürgert, das auf der Behandlung der Erze mit Säuren, Eisenchlorid oder Ferrisulfat beruht. Aus den erhaltenen Lösungen von Kupfersalzen wird durch Zusatz von Eisen oder auf elektrischem Wege das metallische K. als sog. Zementkupfer abgeschieden. Schließlich wird die Elektrolyse auch zur direkten Gewinnung des K. aus seinen Erzen sowie zur Raffination des Schwarzkupfers verwandt. — In Europa wird von den meisten Staaten mehr oder weniger K. gewonnen. Deutschland (Mansfeld) erzeugte im Jahre 1913 gegen 41000 t Kupfer, dem aber ein Verbrauch von 260000 t gegenüberstand. Es war daher auf die Einfuhr von Kupferkiesen (Chile und Bolivia) wie von metallischem K., besonders aus den Vereinigten Staaten, angewiesen. Letztere erzeugten 590000 t, bei einem Verbrauch von 350000 t, und haben die Gewinnung während des Krieges ungeheuer gesteigert. Reiche Lager finden sich in Paraguay und Japan. — Das K. besitzt als einziges von allen Metallen eine schöne rote Farbe und erscheint in dünnen Blättchen im durchfallenden Lichte grün. Sein spez. Gew. beträgt 8,900, sein Atomgewicht 63,3. Es schmilzt bei Gelbglühhitze, gegen 1080⁰, eignet sich aber nicht zum Gießen, abgesehen von ganz einfachen Stücken, da es die Formen nur unvollständig auszufüllen vermag und demnach keine scharfen Formen liefert. K. ist härter als Gold und Silber und fast ebenso dehnbar wie diese, läßt sich daher zu den feinsten Blättchen ausschlagen und zu den dünnsten Drähten ausziehen. Kalt gehämmert und getrieben wird es hart und federnd, nimmt aber immer wieder seine ursprüngliche Weichheit an, wenn es geglüht und in Wasser abgelöscht wird. Die hohe Leitfähigkeit für den elektrischen Strom macht es für telegraphische Anlagen geeignet. Das Metall nimmt schöne Politur an, die in trockener Luft ziemlich beständig ist, an feuchter Luft aber bald matter wird, weil sich zunächst eine Schicht von nichtglänzendem roten Kupferoxydul, später ein Überzug von basisch kohlensaurem K. (Grünspan) bildet. Beim Glühen an der Luft geht es in schwarzes Kupferoxyd über. Von verdünnter Salzsäure und Schwefelsäure wird K. nur wenig angegriffen, hingegen von verdünnter Salpetersäure unter Entwicklung von Stickoxyd und von heißer konzentrierter Schwefelsäure unter Entwicklung von schwefliger Säure gelöst. Auch Ammoniak löst metallisches K. auf. — Das K. findet außerordentlich mannigfaltige und ausgedehnte technische Verwendung. Das Rosetten- und Blockkupfer des Handels dient zum Wiedereinschmelzen, zur Darstellung des **Messings**, der **Bronzen**, des **Rotgusses** oder **Tombaks**, des **Argentans** (s. d. Artikel) und anderer Legierungen, der Platten und Bleche zu den Arbeiten der Kupferschmiede, von Drähten zu Drahtwaren, Stiften und Nägeln sowie hauptsächlich zu elektrischen Leitungen. Als Metallgeld findet sich K. nicht nur in den Kupfermünzen, sondern auch als regelmäßiger Bestandteil in den Gold- und Silbermünzen. Auch werden alle goldenen und silbernen Gerätschaften mit einem gewissen Gehalte an Kupfer legiert. Große Mengen von K. werden für den Schiffsbau in Form von Bolzen und Nägeln verbraucht, weil Eisen in Verbindung mit Holz einer raschen Zerstörung unterliegt. Zur Abhaltung von Schaltieren und Seegewächsen wird der Schiffsrumpf mit Kupferblech beschlagen und dadurch für die Dauer von 5—6 Jahren widerstandsfähig gemacht.

Kupferazetat (essigsaures Kupfer, lat. Cuprum aceticum, frz. Acétate de cuivre, engl. Copper acetate) entsteht bei der Behandlung von Grünspan mit Essigsäure oder von Kupfervitriol mit Bleizucker in Form dunkelgrüner, leicht verwitternder Kristalle, die sich leicht in Wasser und, nach Zusatz von Essigsäure, auch in Alkohol lösen. Beim Erhitzen auf 100⁰ gibt K. sein eines Molekül Kristallwasser ab und verwandelt sich bei 240—260⁰ unter Entweichen von Essigsäure in das basische Salz (Grünspan). Das neutrale K., das auch als kristallisierter Grünspan (Aërugo cristallisata) bezeichnet wird, findet in der Medizin beschränkte Anwendung gegen Hautkrankheiten, Bleichsucht, Tripper und Augenleiden, in der Technik als Beize für Färberei und Druckerei.

Kupferchlorid (Cuprichlorid, Chlorkupfer, lat. Cuprum bichloratum, frz. Bichlorure de cuivre, engl. Copper bichlorate) entsteht beim Auflösen von Kupferoxyd oder Kupferkarbonat in Salzsäure, oder von met. Kupfer in Königswasser als ein hellgrünes Kristallpulver, $CuCl_2$, welches mit zwei Molekülen Wasser kristallisiert und in wasserfreiem Zustande 47 % Kupfer neben 53 % Chlor enthält. Das sehr hygroskopische, in Wasser und Alkohol lösliche Salz findet als billigste Kupferverbindung in der Färberei und Druckerei Anwendung. In verdünnter Lösung dient es zur Goldprobe, indem es unechte Goldsachen schwarz färbt, in trockenem Zustande zur Erzeugung blauer Flammen in der Feuerwerkerei und zur Darstellung von Chlor. Die mit Alkohol und Chloroform hergestellte Lösung wurde früher als Räuchermittel bei Cholera und Viehseuchen benutzt. Beim Erhitzen oder bei der Reduktion mit metallischem Kupfer geht K. in das Kupferchlorür (Cuprum chloratum album) über, ein weißes, in Wasser und Alkohol unlösliches Pulver, $CuCl$, welches 64 % Kupfer und 36 % Chlor enthält und in der Gasanalyse benutzt wird.

Kupferkarbonat (kohlensaures Kupfer, lat. Cuprum carbonicum, frz. Carbonate de cuivre, engl. Copper carbonate) findet sich in Verbindung mit Kupferhydroxyd, also in Form des basischen Salzes, in der Natur als **Malachit** und **Kupferlasur** und wird künstlich durch Fällung warmer Kupfervitriollösung mit Soda dargestellt. Die grün oder blau gefärbten K. sind unlöslich in Wasser und Alkohol, lösen sich aber in verdünnten Säuren und Ammoniak und finden als Ersatz des Kupfervitriols gegen Phosphorvergiftung sowie als Malerfarben (Braunschweigergrün, Bremergrün, Bremerblau) Anwendung.

Kupferlasur, Azurit, ein aus basischem Kupferkarbonat, $2CuCO_3 + Cu(OH)_2$, bestehendes Mineral von verschiedenen Kupferlagerstätten, wird zur Herstellung von Kupfer und Kupfervitriol sowie als blaue Farbe (s. Bergblau) benutzt.

Kupfernitrat (salpetersaures Kupfer, Kupfersalpeter, Cuprinitrat, lat. Cuprum nitricum, frz. Nitrate de cuivre, engl. Nitrate of copper), $Cu(NO_3)_2$, wird durch Auflösen von Kupfer oder Kupferoxyd in Salpetersäure erhalten und bildet dunkelblaue, durchsichtige Kristalle, welche an der Luft zerfließen und sich in Wasser und Alkohol lösen. Es wird zur Herstellung von Farben und Feuerwerk, ferner als Beize in der Kattundruckerei und Färberei, zur Darstellung von Kupferoxyd und in der Medizin benutzt.

Kupferoxyd (Cuprioxyd, lat. Cuprum oxydatum, frz. Oxyde de cuivre, engl. Copper oxide), CuO, findet sich als natürliches Mineral (**Schwarzkupfererz**) und wird fabrikmäßig durch Glühen von Kupferdraht im Sauerstoffstrom oder von kohlensaurem oder salpetersaurem Kupfer an der Luft dargestellt. Je nach dem Ausgangsstoff erhält man es in Form eines schwarzen Pulvers oder körniger oder drahtförmiger Stücke. Es ist in Wasser unlöslich, gibt aber mit Säuren die Lösungen der entsprechenden blauen oder grünen Salze, aus denen durch Kalilauge ein hellblauer Niederschlag von Kupferhydroxyd (Kupferoxydhydrat), $Cu(OH)_2$, ausgefällt wird. Das letztere löst sich in Ammoniak zu einer tiefblauen Flüssigkeit von Kupferoxydammoniak (Cuprum oxydatum ammoniatum), das wegen seiner Fähigkeit, Pflanzenfaser aufzulösen, zur Prüfung von Garnen und Geweben benutzt wird. Das K. selbst dient zum Grünfärben von Glasflüssen, als Oxydationsmittel in der organischen Analyse und in der Medizin als Mittel gegen Bandwürmer.

Kupferoxydul (Cuprooxyd, lat. Cuprum oxydulatum, frz. Protoxyde de cuivre, engl. Copper protoxide), die zweite Verbindungsform des Kupfers mit Sauerstoff, Cu_2O (11,2 % Sauerstoff, 88,8 % Kupfer), wird sowohl beim Glühen von Kupferoxyd mit metallischem Kupfer unter Luftabschluß, als auch durch Reduktion alkalischer Kupfersalzlösungen mit Trauben- oder Invertzucker erhalten. Es bildet ein rotes Pulver, das zur Herstellung des Rubinglases benutzt wird. In der Natur findet sich K. als Rotkupfererz.

Kupfervitriol (blauer Vitriol, blauer Galitzenstein, zyprischer Vitriol, Kupfersulfat, Cuprisulfat, schwefelsaures Kupfer, lat. Cuprum sulfuricum, frz. Sulfate de cuivre, engl. Blue vitriol, Copper sulfat) findet sich fertig gebildet in den Grubenwässern der Kupferbergwerke, aus denen es dort, wo die Brennmaterialien billig sind, durch bloßes Eindampfen gewonnen werden kann. Das direkte Auflösen von metallischem Kupfer in heißer konzentrierter Schwefelsäure lohnt sich nur, wenn die entstehende schweflige Säure wieder verwertet werden kann, also in Schwefelsäurefabriken, hingegen wird Kupferhammerschlag (Kupferoxyd), welcher sich leicht in schwächerer Säure auflöst, ganz allgemein auf K. verarbeitet. Die Kupferhütten gewinnen das Salz meist durch Auslaugen der sog. Kupfersteine und gerösteten Schwefelerze, wobei aus den Lösungen zunächst reines, später eisenhaltiges Kupfersulfat auskristallisiert, das aber als Adlervitriol (s. d.) für manche Zwecke der Färberei gebraucht werden kann. Das reinste Salz kommt aus den Affinier- oder Scheideanstalten, in denen alte Gold- und Silbermünzen durch Behandlung mit heißer konzentrierter Schwefelsäure zunächst vom Golde und darauf durch Einhängen von Kupferplatten in die Lösung vom Silber befreit werden. — Der K., der in chemischer Hinsicht aus schwefelsaurem Kupfer mit fünf Molekülen Kristallwasser besteht, $CuSO_4 + 5H_2O$, bildet schöne, große, dunkelblaue Kristalle, welche an der Luft allmählich verwittern und sich in Wasser zu einer sauer reagierenden, ekelhaft metallisch schmeckenden Flüssigkeit auflösen. In Alkohol ist K. hingegen nicht löslich. Beim Erhitzen auf 200° verwandelt sich das Salz unter Verlust seines Wassers in ein weißes Pulver, den gebrannten oder kalzinierten K., welcher zur Entwässerung organischer Flüssigkeiten (Alkohol) und in der Analyse zum Nachweis geringer Wassermengen benutzt wird. Der K. findet trotz seiner Giftigkeit medizinische Anwendung als Brechmittel (bei Phosphorvergiftungen) sowie zum Ätzen und als Augenmittel. Die Technik gebraucht ihn in ungeheuren Mengen in der Galvanoplastik, in der Färberei und im Kattundruck, zur Darstellung grüner Farben, als Ausgangsmaterial für andere Kupferpräparate, zur Konservierung von Eisenbahnschwellen, zum Beizen von Saatgetreide und zu vielen anderen Zwecken.

Kuprearinde (lat. Cortex chinae cuprea, Cortex cupreae, frz. Ecorce de Cuprea, engl. Cuprea bark), die Rinde eines in Südamerika wachsenden, den Zinchoneen nahe verwandten Baumes, Remijia pedunculata (Triana), weicht in ihrem anatomischen Bau von demjenigen der Zinchonarinden stark ab, insbesondere fehlen ihr die auffallend dicken Bastfasern der echten Chinarinden. Sie enthält etwa 2 % Chinin, eine besondere Gerbsäure und einige besondere Alkaloïde, aber kein Zinchonidin, und wird ihres billigeren Preises wegen seit 1880 zur Herstellung von Chinin benutzt.

Kurare (Urari, Wurali), das von Eingeborenen Südamerikas aus den Rinden verschiedener Strychnosarten bereitete Pfeilgift, kam früher nur als Seltenheit nach Europa, bildet jetzt aber einen regelmäßigen Gegenstand des Drogenhandels. Die extraktartige, schwarzbröcklige, sehr bitter schmeckende Masse, die sowohl aus Brasilien als auch aus Peru in irdenen Töpfen eingeführt wird, dient bei physiologischen Tierversuchen dazu, die Glieder der Tiere zu lähmen, ohne die übrigen Funktionen zu stören. Auch findet sie bisweilen in der Medizin als Mittel gegen Starrkrampf Anwendung, wird hierfür aber neuerdings meist durch das rein abgeschiedene Alkaloïd Kurarin ersetzt.

Kurkuma (Gelbwurz, lat. Rhizoma curcumae, frz. Racine de curcuma, engl. Turmeric), der Wurzelstock der zu den Szitamineen (Gewürzlilien) gehörenden Pflanze Curcuma longa, die im östlichen Asien einheimisch ist und in Ostindien, China, Japan, wahrscheinlich nebst einigen verwandten Arten kultiviert wird und auch nach Réunion und Westindien verpflanzt wurde. Die sog. runde und lange K. kommen von derselben Pflanze, indem erstere die verdickten Internodien, letztere die unverdickten Rhizome bildet. Verschiedenheiten in den Eigenschaften bestehen zwischen beiden nicht. Im Handel unterscheidet man die Ware nach ihren Erzeugungsländern, und hiernach zeigt sie allerdings wesentliche Unterschiede. Die beste und teuerste Sorte ist die chinesische, die meist in Stücken wie ein kleiner Finger, äußerlich goldgelb, innen orange oder rotgelb wie Gummigutt, gepulvert feurig hochgelb erscheint. Die gangbarsten, unter sich weniger verschiedenen Sorten sind die Bengalische, Java- und Madras-K., die öfter kurze und lange Stücke gemischt enthalten. Sie erscheinen außen graugelb oder schmutzig weißstaubig, auf dem Querschnitt wachsglänzend, blaßgelb bis bräunlich, in verdorbenem Zustande fast schwarz, und liefern nicht ein so schönes Pulver wie die chinesische, die deshalb vorzugsweise als Farbstoff benutzt wird. Der Geruch der K. ist dem des Ingwers ähnlich, aber schwächer, der Geschmack bitter gewürzhaft. Beim Kauen färbt sie den Speichel stark gelb. Als kennzeichnenden Bestandteil enthält die Wurzel neben 3—5,5% eines schwach nach Kurkuma riechenden ätherischen Öls (Kurkumaöl) etwa 0,3% eines gelben Farbstoffes (Kurkumin), der in wachsgelben Prismen kristallisiert und bei 165° schmilzt. Er wird wegen seiner harzigen Beschaffenheit nicht von Wasser, hingegen leicht von Weingeist, ätherischen Ölen und Alkalien gelöst, von letzteren aber dabei in Braunrot umgewandelt. Medizinisch wird die K. jetzt nicht mehr gebraucht, findet aber zum Färben von Buntpapier, Kuchen und anderem Gebäck, Butter, Käse, Ölen, Firnissen und Salben beschränkte Anwendung. Mit K. gelb gefärbtes Papier (Kurkumapapier) dient in der Chemie als Reagens auf Alkalien, von denen es in Braunrot umgefärbt wird, ferner von Borsäure, mit der es in salzsaurer Lösung eine Rotfärbung liefert, und von Titan und Zirkon. In Indien und England wird K. gepulvert auch als Gewürz vielfach verwandt, und ist zum Würzen von Reis unter dem Namen Currypulver bekannt.

Kurkumein (Orange N., Jaune N.), ein gelbroter, in Wasser löslicher Azofarbstoff, färbt Wolle in saurem Bad orange und besteht aus dem Natronsalze des Paratoluidinorthosulfosäureazodiphenylamins. Bisweilen belegt man auch das Zitronin (s. d.) mit dem Namen K.

Kurkumin nennt man neben dem gelben Farbstoff der Kurkuma einen Teerfarbstoff von gänzlich abweichender Zusammensetzung (s. Sonnengelb).

Kuro-moji-Öl, das aus dem wohlriechenden Holze des japanischen Baumes Lindera sericea gewonnene ätherische Öl, hat ein spez. Gew. um 0,90 und einen angenehmen Geruch nach Linaloeöl, der besonders in der zwischen 200 und 220° siedenden Fraktion hervortritt.

Kussin (Koussin, Kossin, lat. Kosinum), das neuerdings rein dargestellte wirksame Prinzip der Kussoblüten, das aber keine einheitliche Verbindung zu sein scheint, wird als ein geruch- und geschmackloses, mikrokristallinisches, gelbliches Pulver erhalten, das sauer reagiert und sich auch mit Basen verbindet. Es löst sich in Wasser beinahe gar nicht, schwer in Alkohol, ist aber in Äther, Benzin und Chloroform leicht löslich. Durch Eisenchlorid wird seine Lösung tief rot gefärbt. Bei 142° C schmilzt K. unter Verbreitung eines butterähnlichen Geruchs, um sich bei stärkerer Erhitzung zu zersetzen.

Kussoblüten (Kousso, Kosso, lat. Flores koso, frz. Fleurs de cousso, engl. Kousso), die getrockneten Blüten eines im Hochlande von Abessinien wachsenden hohen Baumes aus der Familie der Rosazeen, Hagenia abyssinica Willdenow, Brayera anthelmintica, sind als ein wirksames Mittel gegen Bandwurm und andere Eingeweidewürmer bekannt geworden. Die Ware kommt mit Karawanen den Nil herab und über Ägypten und Triest oder Marseille zu uns, ist aber immer selten und teuer und muß oft durch die übrigens ebenso kräftige Kamala ersetzt werden. Von den fußlangen, sehr verästelten und sperrigen Rispen des Baumes werden nur die weiblichen Blüten benutzt, die sich durch ihren abweichenden Bau und die rötlich gefärbten Kelchblätter von den männlichen unterscheiden. Die rote Farbe gilt als Zeichen der Echtheit und Frische und geht bei lange gelagerter, als wertlos angesehener Ware in Braun über. Man erhält K. entweder in den ganzen getrockneten Rispen, die zu 5 dm langen, 5—7 cm dicken Wickeln gedreht und gebunden sind, oder in einzelnen abgestreiften, mit Stielbruchstücken untermischten Blüten. Die Droge hat einen schwachen eigentümlichen Geruch und schmeckt beim Kauen anfangs schwach, später stark bitter und kratzend. Sie enthält etwa 10% Harz, etwas Gerbsäure, ätherisches Öl und Kussin oder Kosotoxin, welches man als den Träger der wurmtötenden Kraft betrachtet. Auch gegen die Drehkrankheit der Schafe soll der Stoff vorzügliche Dienste leisten. — K. sind in Deutschland dem freien Verkehr entzogen.

Kuteragummi (Kutiragummi), eine im Aussehen dem Tragant ähnliche ostindische Gummiart, enthält wie dieser Bassorin.

Kydiabast, der Bast von Kydia calycina, einem im westlichen Indien wachsenden Baume, besteht aus festen, bis zu 1,3 m langen Fasern von außen gelblichem, innen kreideartigem Aussehen, die ein vorzügliches Ersatzmittel für Lindenbast sind, sich aber nicht zum Verspinnen eignen.

L.

Lab nennt man das zur Dicklegung der Milch in den Käsereien benutzte Enzym des Kälbermagens. Es wurde ursprünglich durch Behandlung des vierten Kälbermagens (Labmagen) mit Kochsalzlösung hergestellt (Natur- oder Käselab), wird aber neuerdings meist in Form der Labessenz (Labextrakt) angewandt, einer mit Hilfe von Kochsalz und Borsäure oder Alkohol aus vorsichtig getrocknetem Kälbermagen gewonnenen Flüssigkeit. Labpulver besteht aus getrockneter und entfetteter, zerkleinerter Magenschleimhaut.

Labradorstein (Labrador, Labradorit, polychromatischer Feldspat), ein aus Kieselsäure, Tonerde, Kalk und geringen Mengen Natron bestehendes Mineral der Feldspatgruppe, hat seinen Namen von der Labradorküste Nordamerikas (Paulsinsel), wo es als Geschiebe, wie eingewachsen in besonderer Schönheit gefunden wird. Das weißlich, grau bis schwärzlich gefärbte Mineral zeigt ein schönes pfaufederartiges Farbenspiel in blauen, grünen, messinggelben, roten und braunen Tönen. Seine Härte ist = 5, das spez. Gew. 2,680—2,740. L. wird zu Ring- und Nadelsteinen, Dosen, Vasen, Tischplatten und Ornamenten verarbeitet, aber meist ganz flach oder wenig gewölbt geschliffen, da fassettierter Schliff das schöne Farbenspiel aufhebt.

Lachs (Salm, frz. Saumon, engl. Salmon), ein zu der Ordnung der Knochenfische, Familie der Salmoniden, gehörender Raubfisch (Salmo salar), findet sich in allen nördlichen Meeren, auch in der Nord- und Ostsee, fehlt aber bereits im Mittelmeer. Der schlank gebaute, mit kleinen Schuppen bedeckte Leib zeigt je nach Alter und Geschlecht stark wechselnde Färbung. Das große Maul des verhältnismäßig kleinen Kopfes ist im Unterkiefer mit einer Reihe, im Oberkiefer mit zwei Reihen starker Zähne besetzt. Die Rückenflosse zeigt 3—4 Stachel- und 9—11 weiche Strahlen, die Brustflosse 14 Strahlen (davon nur die erste hart), die Bauchflosse 8 weiche und 1 harte, die Afterflosse 3 harte und 7—8 weiche, die Schwanzflosse 19 weiche Strahlen. Der L. ist ein Meeresbewohner, geht aber, wenn er etwa 1 m lang geworden ist, zum Laichen die Flüsse, in Deutschland besonders Rhein, Elbe und Weser hinauf, überspringt Stromschnellen und kleinere Wasserfälle und wird während dieser Aufwärtswanderung mit Angel und Netz gefangen. Der ins Meer zurückkehrende Fisch ist, da er in den Flüssen keine Nahrung zu sich nimmt, abgemagert und wenig wertvoll. Als Mindestgröße fangbarer Lachse ist in Deutschland $^1/_2$ m vorgeschrieben, während Fische von $1^1/_2$ m und 12—15 kg Gewicht die beste Handelsware bilden, doch kommen auch 20 kg schwere, vereinzelt noch schwerere Exemplare vor. Seitdem der Ertrag der deutschen Fischerei stark zurückgegangen ist, werden die L. hauptsächlich von Schottland, Norwegen und Nordamerika (Alaska) in den Handel gebracht. — Der L. ist einer der wohlschmeckendsten und nährstoff-, besonders fettreichsten Fische mit 64% Wasser, 21—22% Eiweiß, 13—14% Fett und 1% Mineralstoffen und wird sowohl frisch wie eingesalzen, geräuchert und mariniert genossen. Gesalzen und geräucherter L. enthält 51% Wasser, 24% Eiweiß, 13% Fett und 12% Mineralstoffe (10% Salz). Zum Marinieren werden die ausgeweideten, in Stücke zerschnittenen Tiere gekocht, darauf mit Gewürzen in Fässer gepackt und diese mit Essig-Salz-Lake aufgefüllt und zugeschlagen. Besonders geschätzt ist die marinierte Ware von Elbing. Außerdem bringen Danzig, Thorn, Bremen. Frankfurt a. O. Lachs in den Handel. Wichtige Ausfuhrorte sind Berwick und Perth in Schottland, Bergen in Norwegen und Neufundland. — Von den hauptsächlichsten Verwandten des L. kommt der Huchen (Salmo hucho), der bis 2 m lang und 50 kg schwer wird, im Schwarzen Meere vor. Er steigt in die Donau mit ihren Nebenflüssen und wird daher Donaulachs genannt. — Die Seeforelle, Grund- oder Lachsforelle, Rheinanke, Illanke (Salmo lacustris) bevölkert hauptsächlich die Landseen, besonders der Schweiz und wird bis zu 20 kg schwer. Eine Abart, die Meerforelle (Salmo trutta) verbringt einen Teil ihres Lebens im Meere. — Die eigentliche Forelle ist in einem besonderen Aufsatze besprochen worden.

Lacke (lat. Lacca, frz. Laques oder Vernis, engl. Lac oder Varnish). Mit diesem Namen belegt man, abgesehen von einigen natürlichen Harzen wie Stocklack oder Schellack (s. d.), dem Japanlack (s. d.) und einigen Lackfarben (s. d.), sowohl Auflösungen von Harzen in leicht flüchtigen Flüssigkeiten, die sog. flüchtigen oder mageren Lacke, als auch Mischungen der letzteren mit fetten Ölen, Harzölen oder Firnis, die sog. Lackfirnisse, fetten oder Öllacke. Im gewöhnlichen Leben werden die Begriffe Lack und Firnis häufig verwechselt oder als völlig gleichbedeutend gebraucht, so daß vielfach nur mit Firnis oder Ölfarbe gestrichene Gegenstände als lackierte in den Handel kommen. Charakteristisch für einen wahren Lack ist aber immer sein Gehalt an Harz. Als Harze kommen besonders Bernstein, Dammar, Kopal, Kolophonium sowie neuerdings Kunstharze (s. Harz), als Lösungsmittel Äther, Alkohol, Amylalkohol, Amylazetat, Azeton, Benzin, Benzol, Kampferöl, Rosmarinöl, Terpentinöl in Betracht. Beim Überstreichen der Gegenstände verflüchtigt sich das Lösungsmittel und das Harz bleibt als dünner durchsichtiger oder bei Zusatz von Körperfarben undurchsichtiger Überzug zurück. Die fetten Lackfirnisse bestehen aus Firnis (Leinöl-, Holzöl- oder anderem Firnis) und Harzen in Terpentinöl. Zu ihrer Herstellung wird der entsprechend in etwa nußgroße Stücke zerbrochene Kopal (oder auch Bernstein) in Kesseln mit Kondensationsvorrichtung vorsichtig bei etwa 300—350° geschmolzen, wobei das Kopalöl überdestilliert, und darauf das auf 200° erwärmte Leinöl (Firnis) nach und nach hinzugegeben, bis bei andauerndem Erhitzen auf 320° eine völlig gleichmäßige Mischung entstanden ist. Nach dem Abkühlen gibt man Terpentinöl, unter Umständen auch Sikkative (s. d.) hinzu und unterwirft das fertige Erzeugnis in der Regel noch einer Filtration. Bei Verwendung von Kolophonium statt der fossilen Harze kann ein einfacheres Verfahren angewandt werden. Die fetten Lackfirnisse liefern von allen Lacken die haltbarsten Überzüge, brauchen aber lange Zeit zum Trocknen (meist in geheizten Räumen) und werden, oft in Verbindung mit Farben, für Lederzeug, Blechwaren und andere der Abnutzung ausgesetzte Gegenstände angewandt. Als Unterabteilung gehören zu ihnen noch die sog. Kautschuklacke, die einen Zusatz von Kautschuk oder Guttapercha in Benzin gelöst erhalten und sich durch große Geschmeidigkeit, bei allerdings vermindertem Glanz, auszeichnen. Mattlacke erhalten außerdem einen Zusatz von Wachs. — Spiritus- oder Weingeistlacke werden in der Regel gebraucht, wenn die gestrichenen Gegenstände ihre natürliche Farbe behalten sollen, und daher für diesen Fall aus besonders hellen Harzen bereitet, während für andere Zwecke auch dunklere Harze, Bernstein, Schellack, Kolophonium, benutzt werden können. Bisweilen erhalten sie auch einen Zusatz alkohollöslicher Farben, wie Teerfarben oder Drachenblut (Goldlack). Kleinere Mengen der weicheren Harze kann man durch Schütteln der pulverisierten Masse mit starkem Weingeist schon in der Kälte, leichter in der Sonne oder bei mäßiger Wärme lösen und durch Filtration von den Verunreinigungen trennen. Bei der Darstellung im großen bedient man sich geschlossener Destillierblasen oder des sog. Deplazierungsverfahrens. indem man das Harz in ein Sieb schüttet und dieses so weit in ein mit Weingeist gefülltes Faß hängt, daß es gerade noch von der Flüssigkeit bespült wird. Die Lösung des Harzes sinkt dann beständig nach unten und kann nach entsprechendem Absetzen aus einem etwas oberhalb des Bodens angebrachten Hahn ohne Filtration klar abgezogen werden. Als Ausgangsmaterial für Spirituslack kommen sämtliche Harze in Betracht. Die spröderen, wie Sandarak und Mastix, geben sehr glänzende, aber wenig haltbare Überzüge und werden daher meist durch Zusatz von etwas venezianischem Terpentin oder weicherem Harz, z. B. Elemi, verbessert. — Terpentinöllacke unterscheiden sich von den vorigen nur dadurch, daß an Stelle von Spiritus Terpentinöl oder andere ätherische Öle (Rosmarinöl) als Lösungsmittel benutzt werden. Sie trocknen etwas langsamer, sind aber haltbarer und weniger spröde, weil ein Teil des Lösungsmittels von dem eintrocknenden Harzüberzug festgehalten wird. Das Terpentinöl löst manche Harze schon in der Kälte. Andere, wie Bernstein und Kopal, werden erst in der Wärme geschmolzen und dann mit dem Lösungsmittel verdünnt. Die billigsten Terpentinöllacke werden aus Kolophonium, bessere Sorten aus Sandarak oder Dammara, die besten Fußboden-, Wagen- und Schleiflacke aus Bernstein oder echtem Kopal hergestellt. Geschmolzener und dann mit Terpentinöl gemischter Asphalt gibt den schwarzen Asphalt- oder Eisenlack, der durch Zusatz von heißem Leinölfirnis dauerhafter wird. Als allgemeine Regel für die Verwendung der flüchtigen Lacke gilt, daß sich die Terpentinöl-L. besonders zum Aufsetzen auf Ölanstriche, die Weingeist-L. zum Aufsetzen auf Wasser- und Leimfarben eignen. An Stelle des Terpentinöls werden vielfach auch andere Lösungsmittel, wie Benzin, Schwefelkohlenstoff, Holzgeist, Chloroform, Kampferöl, Eukalyptusöl, an Stelle der genannten Harze die neueren Harzersatzmittel (s. d.) benutzt. — Als Kennzeichen eines guten Lackes gilt, daß er nach dem Aufstreichen schnell trocknet und einen nicht klebrigen, stark glänzenden Überzug hinterläßt, der mit der Zeit weder Risse noch Sprünge bekommt. Bei sorgfältiger Aufbewahrung in verschlossenen Gefäßen gewinnen die Lacke durch das Alter an Güte. Die feinsten Wagenlacke, von denen der höchste Grad von Dauerhaftigkeit und Schönheit verlangt wurde, kamen früher aus England, werden aber jetzt von den Fabriken in Dresden, Berlin, Mainz, Offenbach und Wien mindestens ebensogut erzeugt.

Lackester (Esterlacke) nennt man eine neue Art von Anstrichlacken, bei denen an Stelle der Harze die durch Vereinigung von Harzen mit Alkoholen unter Wasseraustritt entstehenden Harzsäureester als Grundstoff dienen. Sie sollen weit ergiebiger als Kopallacke sein, so daß zwei Teile L. ungefähr so viel Fläche decken, als drei Teile Kopallack, und überdies Anstriche von großer Widerstandsfähigkeit gegen Luft und Feuchtigkeit liefern.

Lackfarben (Farblacke) sind Verbindungen von organischen Farbstoffen mit anorganischen Oxyden oder Salzen. Die zahlreichen, zum Teil sehr schönen, in Hölzern und anderen Pflanzenteilen enthaltenen Farbstoffe bilden, soweit sie in Wasser löslich sind, nur Farbenbrühen. Um sie in die Form einer Körperfarbe zu bringen, muß man sie an eine feste Grundlage binden und bedient sich hierzu der Eigenschaft mancher Metalloxyde und alkalischen Erden, mit den Pflanzenfarbstoffen unlösliche Niederschläge zu bilden. Wird z. B. zu einer Alaunlösung die Lösung eines ätzenden oder kohlensauren Alkalis gebracht, so fällt die Tonerde des Alauns als weiße Gallerte aus; ist aber die Alaunlösung vorher mit einer Farbenbrühe gemischt worden, so reißt die Tonerde den Farbstoff so vollständig an sich, daß die überstehende Flüssigkeit farblos erscheint. In gleicher Weise wirkt das Zinnoxydul, welches aus einer Lösung von Zinnchlorür (Zinnsolution) ausgefällt wird. Die Lackfarbe fällt dabei noch feuriger aus, aber wegen seiner Kostspieligkeit kann das Zinnsalz nur zu feinerer Ware benutzt werden, während es für gewöhnlich im Gemisch mit Alaun Anwendung findet. Beide Salze bilden auch die gewöhnlichsten Beizen der Färberei, bei welcher der Farblack auf der Faser erzeugt wird. Nicht alle Farbstoffe vertragen die gleiche Behandlung. Einige lassen sich mit kalter oder heißer Alaunlösung ausziehen und dann mit der alkalischen Lauge fällen. Bei anderen muß diese das Lösungsmittel abgeben und der Alaun zuletzt hinzugesetzt werden. Unter Umständen ist es auch geboten, die Tonerde für sich auszufällen und rein zu waschen und sie dann erst mit der Farbenbrühe unter Erwärmung zusammenzubringen. Die als farbiger Schlamm erhaltenen Lacke werden schließlich mit Wasser rein ausgewaschen und entweder noch feucht als Teig (en pâte) für Kattun- und Wolldruck, Tapeten und Buntpapier verkauft, oder getrocknet und in Brocken oder zu Täfelchen geformt in den Handel gebracht. Um die Farben in möglichster Schönheit herzustellen, sind verschiedene Vorsichtsmaßregeln zu beobachten, die zum Teil als Fabrikgeheimnisse bewahrt werden. Von den L. sind die roten und gelben am gebräuchlichsten. Der feinste rote L. ist der Karminlack aus der Koschenille und den Abgängen von der Karminbereitung (vgl. Koschenille). Weiter sehr beliebt und außerordentlich dauerhaft sind auch die Krapplacke (vgl. Krapp), die in einer großen Farbenfolge von Dunkelrot bis zart Rosa dargestellt und durch Zusatz von mehr oder weniger feinem Bleiweiß in verschiedenen helleren Tönen abgestuft werden. Außerdem erhält man aus Pernambukholz und Lack dye, dem Farbstoff des Gummilacks, schöne rote L. Die roten Lacke aus Karmin und Farbhölzern sowie Mischungen derselben mit anderen Stoffen führen verschiedene Handelsnamen: Pariser, Wiener, Venezianer, Florentiner Lack, Kugellack usw. Ein schöner violetter Lack ist der Orseillelack. Zu gelben Lacken dienen Abkochungen von

Gelbholz, Kreuzbeeren, Waid, Querzitron und anderen gelben Pflanzenfarbstoffen. Die billigsten derartigen Gelbfarben gehen unter dem Namen Schüttgelb. Sie erhalten, wenn sie wirklich durch Niederschlag mit Tonerde gebildet sind, doch noch starke Zusätze von Kreide, sind aber oft nur durch Übergießen von Kreide oder Kalk mit einer Gelbbrühe hergestellt. Im letzteren Falle haftet die Farbe nur durch mechanische Aufsaugung an dem Grundstoff, so daß der Begriff einer Lackfarbe ganz verloren geht. Grüne Lacke sind in der Regel bloße Mischungen von blauen, aus Indigkarmin bestehenden, und gelben Niederschlägen, doch erhält man einen natürlichen grünen Lack aus Kaffeebohnen, die mit einer verdünnten Lösung von Kupfervitriol extrahiert werden. Durch vorsichtiges Versetzen des Auszuges mit Ätznatron wird ein Niederschlag erhalten, der, mit Essig besprengt und der Luft ausgesetzt, an Schönheit der Farbe noch gewinnt. Dieser Farbstoff ist also eigentlich nur ein mit dem Kaffeefarbstoff (Viridinsäure) geschöntes Kupferoxydhydrat, dessen eigentlicher Platz unter den Kupferfarben sein würde. Jetzt werden auch viele solcher L. mit Teerfarbstoffen hergestellt.

Lackierte Waren lassen sich unterscheiden in solche aus Blech, Holz, Papiermasse und Leder, und zwar sind es hauptsächlich diejenigen der ersten Klasse, die jetzt im Handel unter dem Namen Lackierwaren verstanden werden. Die Lackierkunst stammt aus Ostasien, wo sie namentlich von den Japanern, daneben auch den Chinesen ausgeübt wird. Seit dem 16. Jahrhundert brachten die Holländer, die früher den Handel mit Japan in Händen hatten, die japanischen Lackwaren außerordentlich in Aufnahme, und die größte, im japanischen Palais zu Dresden befindliche Sammlung gewährt ein Urteil über die Schönheit und Mannigfaltigkeit dieser Erzeugnisse. In Europa verlegten sich zuerst die Engländer, danach Franzosen und Deutsche auf die Herstellung lackierter Waren, doch mußte diese Industrie bei mangelhafter Kenntnis der von den Japanern angewandten Stoffe und Zubereitungsarten ganz von vorn neu begründet werden. Nur allmählich gelang es, die Schönheit der japanischen Lackarbeiten zu erreichen, aber ihre Haltbarkeit ließ sich nicht nachahmen. Gibt es doch lackierte hölzerne Tassen, Teller, Teebrettchen usw., auf welchen siedendes Wasser keine Spur zurückläßt. Allerdings sind in den letzten Jahren auch viele L. von schlechter Beschaffenheit aus Japan eingeführt worden. Lackierte Waren aus Holz und Papiermasse, die das wichtigste Erzeugnis der Japaner und Chinesen bilden, gelangen außerdem nur von den Russen, wenngleich nicht in gleicher Güte, in den Handel. Auf Waren aus Eisen- oder anderem Blech lassen sich Lacke von geeigneter Beschaffenheit, besonders unter Zuhilfenahme von Asphalt, einer stärkeren Hitze aussetzen, und durch solches Aufbrennen in einem Heizofen entstehen viel dauerhaftere Überzüge. Aus diesem Grunde hat auch die Herstellung feinerer lackierter Blechwaren für den Massenverbrauch einen weit größeren Umfang und höhere Bedeutung gewonnen, als die von Holz und Papiermasse. Von besonderer Wichtigkeit ist die Güte des Lackes (s. Japanlack) und die Art des Auftragens. In Japan erfolgt das Bemalen, um dem Staub, der die Glätte schädigt, zu entgehen, auf Kähnen mitten im Wasser oder in feuchten Arbeitsstuben. Unterstützt durch den Formenreichtum, den das Prägen und Drücken schaffen kann, und durch die Freiheit der Maltechnik, welche alle Verzierungen durchzuführen gestattet, leistet dieser Industriezweig jetzt ganz Hervorragendes, und seine Erzeugnisse sind nicht allein Luxusgegenstände, sondern ebensowohl in den gewöhnlichen Hauswirtschaften zu finden. Die deutschen Waren sind bei sauberer Ausführung so billig, daß sie schon längst einen bedeutenden Ausfuhrartikel bilden.

Lackmoid (Resorzinblau), ein in der Maßanalyse viel benutzter Indikator, entsteht beim Erhitzen von Resorzin mit salpetrigsaurem Natron in Form dunkelblauvioletter, glänzender Körnchen, deren wäßrige blauviolette Lösung durch Salzsäure rot wird. In Alkohol löst sich der Farbstoff mit blauer Farbe und dunkelgrüner Fluoreszenz.

Lackmus (lat. Lacca musica, frz. Tournesol, engl. Litmus), ein verschiedenen Arten von Flechten, z. B. Roccella tinctoria, Lecanora tartarea u. a., entstammender blauer Farbstoff, wird in folgender Weise hergestellt: Die zu Pulver gemahlenen Flechten werden in Kübeln mit Pottasche, Kalk und einem ammoniakhaltigen Stoffe, früher faulem Urin, zu einem weichen Teige gemischt, den man der Gärung überläßt, und darauf etwa vier Wochen lang durch Zusatz neuer Ammoniakmengen in weichem Zustande erhalten. Sobald die anfangs purpurrote Masse blau geworden ist, reibt man sie durch Haarsiebe, mischt mit Kreidepulver oder Gips und formt sie zu kleinen Würfeln, die man im Schatten trocknet. L. enthält eine Reihe verschiedener Farbstoffe, von denen das Azolithmin der wichtigste ist. Es färbt sich mit Säuren rot, mit Alkalien blau, und wird ebenso wie der mit verdünntem Alkohol hergestellte Auszug, die Lackmustinktur und das Lackmuspapier, als Indikator benutzt. Die Tinktur muß im Dunkeln und in nur mit Watte lose verschlossenen Flaschen aufbewahrt werden.

Lactarin, ein aus getrocknetem und gepulvertem Kasein bestehendes Farbenverdickungsmittel in Zeugdruckereien, wird für den Gebrauch mit verdünntem Salmiakgeist zu einer gummischleimartigen Masse gelöst.

Ladanum (lat. Gummi ladanum, frz. und engl. Ladanum), nicht zu verwechseln mit Laudanum (s. Opium), ist eine harzige, grüne Ausschwitzung, die an den Blättern und Zweigspitzen mehrerer zur Gattung Cistus gehöriger Strauchgewächse auftritt und abgeschabt wird. Die angenehm storaxartig riechende Masse diente früher zu Parfümerien, Räucherungen und als Zusatz zu Pflastern, ist aber jetzt ganz außer Gebrauch gekommen.

Lämmerfelle. Die Felle junger Schafe kommen in zwei Formen, nämlich mit oder ohne Wolle, in den Handel und werden in letzter Form zu Leder, namentlich Handschuhleder, in ersterer zu Pelzwerk verarbeitet. Als wichtigste Arten des Schafes, die zur Fellgewinnung dienen, sind das spanische Merinoschaf, das Bauernschaf und das in Asien, Südrußland und Ägypten gehaltene breitschwänzige Schaf, das die schönsten L. liefert, zu nennen. Von einer Abart des letzteren, dem bucharischen Schaf, stammen die Astrachan- und die persischen Felle, von dem langschwänzigen Schaf die ukrainischen Felle. Der Farbe nach werden von allen Sorten die schwarzen Felle bevorzugt, die am schönsten aus Persien (Agneaux de Tatarie oder de Perse), danach der Krim (Krimmer) und der Ukraine zur Ausfuhr gelangen. Die Astrachaner L. haben ziemlich langes, glänzend schwarzes Haar, während dasjenige der übrigen Sorten meist feine Ringel, oft von außerordentlicher Zartheit, bildet. Die Kräuselung wird auf künstliche Weise hervorgerufen, indem die Kirgisen, Kalmücken und Tataren die neugeborenen Lämmer sogleich in grobe Leinwand einnähen, diese täglich mehrmals mit warmem Wasser benetzen und mit den Händen in gewissen Richtungen streichen. Nach etwa 4 Wochen wird das Tier untersucht und, falls die Kräuselung alsdann noch nicht genügend vorgeschritten sein sollte, noch weiter in gleicher Weise behandelt. Die feinsten aus Rußland kommenden L. werden bei uns als Persianer, in Rußland selbst als Karakul bezeichnet, während man in Deutschland unter Karakul gewöhnlich die kleineren tatarischen Lammfel chen, auch Treibel genannt, versteht. Die geringeren russischen L. führen den Namen Schmaschen. Die kostbarsten Stücke werden für den russischen Inlandsbedarf zurückbehalten, die gewöhnliche Ware kommt aus Ungarn, der Türkei u. a. O. und ist oft gefärbt.

Lärchenholz (Lerchenholz) von Larix europaea, erscheint im Splinte weiß, sonst rötlich, braunrötlich oder rotgelb, bei alten Stämmen zuweilen dunkel geflammt. Es ist sehr harzreich, wenig dem Werfen und nicht dem Wurmfraß unterworfen und daher ein ausgezeichnetes, sehr dauerhaftes Bauholz für Land- und Wasserbauten, Mastbäume und Eisenbahnschwellen, während die jungen Stämme als Hopfen- und Telegraphenstangen benutzt werden. Als Brennholz steht es im Werte zwischen Kiefer und Fichte.

Läusekörner (Stephanskörner, lat. Semen staphisagriae, frz. Semence de staphisaigre, engl. Stavesacre seeds), die graubraunen, runzligen Samen einer Art Rittersporn (Delphinium staphisagriae), der im südlichen Europa wild wächst und bei uns zuweilen in Blumengärten vorkommt, zeigen eine flache, dreieckige, zuweilen viereckige Gestalt und besitzen einen unangenehmen Geruch sowie sehr bitteren und scharfen Geschmack. Sie werden wie die Sabadillsamen zur Vertilgung von Kopfungeziefer gebraucht und finden medizinisch in der Homöopathie und zur Darstellung von Delphinin (s. d.) Verwendung.

Lahn (frz. Lame, engl. Finsel) besteht aus flach gewalztem, echten und unechten Gold- und Silberdraht und wird zu Spitzen und Borten, Bändern (aus Lahn und Seide), Stoffen für Maskerade und Theateranzüge und zahlreichen anderen Schmucksachen verarbeitet.

Laktukarium (Tridace, lat. und frz. Lactucarium, engl. Lettuce opium) ist der durch Einschnitte ausgetretene und eingetrocknete Milchsaft verschiedener Arten der Gattung Lactuca (vgl. Giftlattich). Den wirksamen Stoff bildet ein indifferenter Bitterstoff, das Laktuzin, welches in weißen, perlglänzenden Kristallschuppen erscheint. Außerdem finden sich noch Laktuzerin, Laktukasäure, Kautschuk u. a. L. findet bisweilen als unsicheres Schlafmittel Verwendung.

Lama nennt man flanellähnliche Stoffe aus Streichwolle, die meist schlicht gewebt, doch zuweilen auch geköpert und gemustert sind und eine schwache Haardecke haben, durch welche das Gewebe sichtbar ist. Sie sind einfarbig oder bunt, gestreift, kariert oder geflammt und dienen als Futter für Winterkleider, zu Mänteln usw. Mitunter gibt man den Namen auch besseren Stoffen, die gewöhnlich Napolitaine heißen.

Lambik, ein belgisches, durch Selbstgärung erzeugtes, säuerlich schmeckendes Bier, enthält nach König 3,66 Extrakt, 5,02 Alkohol, 0,43 Protein, 0,56 Maltose, 1,68 Gummi und Dextrin, 0,89 Milchsäure und 0,20 Kohlensäure.

Lametta, die zur Schmückung von Weihnachtsbäumen benutzten gold- und silberähnlichen Metallfäden, deren Herstellung trotz des billigen Preises eine ziemlich umständliche ist, werden nach Gewicht gehandelt und besonders in Nürnberg, Thüringen, im Erzgebirge usw. zu Christbaumschmuck verarbeitet.

Laminariastiele (gefingerter Seetang, lat. Laminaria digitata, frz. und engl. Laminaria) bestehen aus den getrockneten fingerdicken oder stärkeren, am oberen Ende wie Finger geteilten Ästen mehrerer an den Küsten der Nordsee wachsender Tange (Laminaria Cloustonii, L. stenophylla). Vermöge ihrer Eigenschaft, in der Nässe beträchtlich aufzuquellen, bilden sie ein wichtiges Hilfsmittel der Chirurgen zur Erweiterung von Wunden und Fisteln, wozu früher der sog. Preßschwamm gebraucht wurde. Die für diese Zwecke daraus hergestellten Bougies und Quellkegel sind fertig im Handel.

Lairitzsches Waldwollöl ist ein gegen Rheumatismus angepriesenes Destillat aus Koniferenwolle.

Lanolin (gereinigtes Wollfett, lat. Lanolinum, Adeps lanae, frz. Lanoline, engl. Lanolin). Das schon im Altertum als Oesypus medizinisch benutzte Wollfett geriet später in Vergessenheit und wurde erst 1885 wieder von Liebreich als gereinigtes Wollfett in den Arzneischatz eingeführt. Das rohe Wollfett findet sich im Wollschweiß der Schafe und geht beim Waschen der Wolle in das Waschwasser der „Wollwäschereien" sowie in das durch Zusatz von Säuren daraus abgeschiedene Wollwaschfett über. Zur Trennung des Wollfettes von den freien oder gebundenen Fettsäuren verwandelt man die letzteren in unlösliche Kalkseifen und zentrifugiert darauf das Wollwaschwasser oder das mit Wasser emulgierte Wollwaschfett. worauf man das abgeschiedene Rohlanolin durch Zusammenschmelzen mit Marmorkalk, völliges Befreien von Wasser, mehrfaches Umschmelzen und schließlich durch Extrahieren mit Azeton in reines Wollfett überführt. Das so erhaltene wasserfreie Wollfett (lat. Adeps lanae anhydricus) des D. A. B., eine hellgelbe, salbenartige Masse von schwachem, eigentümlichem Geruch, ist in Wasser unlöslich, aber imstande, die 2—3fache Menge Wasser aufzunehmen, ohne die salbenartige Beschaffenheit zu verlieren, und schmilzt bei 40° C. Von der tierischen Haut wird es resorbiert und zeigt wenig Neigung zum Ranzigwerden. Reines Wollfett darf nur einen sehr geringen Aschenrückstand hinterlassen und nur eine Spur freier Säure, hingegen keine Alkalien, Chloride und Glyzerin enthalten. In chemischer Hinsicht ist es als ein Gemisch von Cholesterin- und Isocholeseterin-Fettsäureester aufzufassen. Als Identitätsreaktion dient daher der Cholesterinnachweis. Löst man 1 g Wollfett in 50 g Chloroform und schichtet die Lösung über Schwefelsäure, so entsteht an der Berührungsstelle eine Zone von feurig-braunroter Färbung. Ein besonders gut gereinigtes Wollfett wird als Alapurin in den Verkehr gebracht. Während das wasserfreie Wollfett nur im Großhandel, in den Apotheken und Drogenhandlungen zur Herstellung von Salben Verwendung findet, ist das wasserhaltige Wollfett, schlechtweg Lanolin genannt, ein Gegenstand des Kleinhandels. Das wasserhaltige Wollfett (Adeps lanae cum aqua des D. A. B.), eine Mischung von 75 Teilen Wollfett und 25 Teilen Wasser, stellt eine gelblichweiße, salbenartige Masse dar, die sich beim Erwärmen im Wasserbade in eine wäßrige und eine auf dieser schwimmende ölige Schicht trennt, und soll nach dem Trocknen bei 100° nicht mehr als 26% an Gewicht verlieren. Um das wasserhaltige Wollfett recht geschmeidig zu machen, setzt man ihm öfters noch Olivenöl zu. Die Wollfettsalbe des D. A. B. enthält 20% Olivenöl. Für kosmetische Zwecke werden dem Lanolin vielfach ätherische Öle, Vanillin u. dgl. zugesetzt.

Lanthan, ein Element aus der Reihe der seltenen Metalle vom Atomgewicht La = 138, findet sich als Begleiter des Zers und Didyms im Zerit, Monazit, Orthit und Gadolinit und wird in beschränktem Maße bei der Herstellung von Glühstrümpfen benutzt.

Laserpitin, $C_{15}H_{22}O_4$, ein Bitterstoff aus der Wurzel von Laserpitium latifolium (s. Enzianwurzel, weiße), welche 1,5% L. enthält, bildet große, glänzende, farblose, prismatische Kristalle, die unlöslich in Wasser, löslich in Äther und Benzol, bei 118° schmelzen. Das L. wird durch Kochen mit Kalilauge in Angelikasäure und Laserol gespalten.

Lastings sind Wollatlasse, d. h. nach Atlasart dichtgewebte Zeuge aus hartem Kammgarn, die meist nur in Schwarz und anderen dunklen Farben vorkommen und als Möbelstoffe, zu Schuhen, Halsbinden, Westen- und Kleiderstoffen Verwendung finden. Häufig ist der Stoff ein gemischter, mit Kette von Baumwollzwirn, und heißt dann bisweilen Paramatta.

Lasurstein, Lasurit (Lapis lazuli), ein schön himmelblaues, undurchsichtiges, schon im Altertum als Schmuckstein geschätztes und häufig zu Gemmen geschnittenes Mineral aus Sibirien, der Tatarei, der kleinen Bucharei, China und den chilenischen Anden, findet sich hauptsächlich klumpenweise in Kalkfels in Begleitung von Schwefelkies, aber immer nur vereinzelt und meist in kleineren Massen. Hingegen sind große reine Stücke selten, weil er meist von weißen Adern durchzogen ist und Schwefelkies in kleinen, messingglänzenden Teilchen eingesprengt enthält. Der Stein nimmt eine schöne Politur an, verliert sie indes infolge seiner geringen Härte (5.5) leicht wieder. Seine Verwendung zu Schmuckwaren, besonders in Frankreich und Italien, ist dem Modewechsel stark unterworfen. Größere Stücke werden zu Dosen, Urnen, Schmuck usw. verwendet. Namentlich in Rußland bestehen berühmte Schleifereien, denen die schönen Bauverzierungen am Winterpalast und der Isaakskirche zu Petersburg entstammen. Früher hatte der Stein selbst in kleinen Brocken und Abfällen einen hohen Wert, denn er diente zur Darstellung der schönsten und teuersten blauen Malerfarbe, des Ultramarins (s. d.), das jetzt auf künstlichem Wege erzeugt wird. In chemischer Hinsicht besteht er lediglich aus Kiesel- und Tonerde, Kalk, Natron, Schwefel und wird durch Säuren unter Zerstörung der blauen Farbe und Hinterlassung von Kieselgallerte gelöst. Lasur ist unter Kupferlasur besprochen.

Latschenkiefernöl (Latschenöl, Krummholzöl, lat. Oleum Pini pumilionis, frz. Essence de pin de montagne, engl. Oil of pine montane), das ätherische Öl der Krummholzkiefer (Pinus Pumilio) wird hauptsächlich in den österreichischen Alpenländern, besonders in Tirol, im südlichen Niederösterreich und an der nördlichen Grenze Steiermarks sowie in der Tatra und in der Nähe des Grünen Sees gewonnen. Es ist linksdrehend, hat ein spez. Gew. von 0,860—0,875 und wird zu Einreibungen und zum Inhalieren benutzt.

Latwerge (lat. Electuarium) nennt man eine früher mehr als jetzt gebräuchliche Arzneiform, in welcher bittere oder sonst übelschmeckende, gepulverte Arzneikörper mit Honig oder gezuckertem Fruchtmus gemischt sind, um sie für den Geschmack angenehmer zu machen. Am gebräuchlichsten sind noch die abführende Senna- und Tamarindenlatwerge, die bittere Magenlatwerge, welche durch einen Zusatz von Opium zum Theriak wird, und eine oder die andere Zahnlatwerge.

Laurelnußöl. Unter diesem Namen kommt aus Ostindien ein fettes Öl in den Handel, das aus den Samen eines im Aussehen dem Lorbeer ähnlichen Baumes (Calophyllum inophyllum) gewonnen wird. Der Baum, der auch das ostindische Takamahak liefert, kommt besonders häufig an der Westküste von Travancore vor und wird von den Engländern Alexandrian laurel, von den Hindus Sultan champa und von den Malayen Punnai genannt. Die Frucht ist im frischen Zustande grünlichgelb, trocken braun bis schwarz und enthält zwei dicht zusammenhängende, halbkugelige Samenlappen mit etwa 68% eines fetten Öles, das zum Brennen in Lampen und zur Darstellung von Seife Verwendung findet.

Das grünlichgelbe Öl schmeckt aromatisch bitter, erstarrt bei 16° C und hat ein spez. Gew. von 0,930. Bei der Elaidinprobe wird es nach $2^1/_2$ Stunden fest und erscheint nach 24 Stunden als butterähnliche, zitronengelbe Masse. — Den Namen Laurel oder Thihue führt auch ein in Chile heimischer Baum (Laurelia aromatica seu Pavonia sempervirens), dessen Blätter, ebenso wie die nach Muskat riechenden Nüsse, als Küchengewürz Verwendung finden. Die medizinisch benutzte Rinde ist außen weißgrau, gewöhnlich mit Flechten bedeckt, innen hingegen graubraun und besitzt einen an Sassafras erinnernden, aromatischen Geruch und Geschmack.

Lauths' Violett (Thionin), ein seit 1876 im Handel vorkommender Thiazinfarbstoff, wird durch Oxydation von Paraphenylendiamin mit Eisenchlorid in saurer schwefelwasserstoffhaltiger Lösung dargestellt und besteht aus der Chlorwasserstoffverbindung des Imidamidothiodiphenylimids. Seine Zusammensetzung entspricht der Formel $NH . C_6H_4(NS)C_6H_4 . NH_2$. Das schwarzgrüne, metallisch glänzende Pulver ist in kochendem Wasser mit violetter Farbe löslich. Konzentrierte Schwefelsäure gibt eine gelbgrüne Lösung, die beim Verdünnen mit Wasser erst blau, dann violett wird. In der Praxis wird der Farbstoff nicht mehr benutzt.

Lava nennt man alle Gesteinsmassen, die in feurigflüssiger Beschaffenheit von Vulkanen ausgestoßen und dann erstarrt sind. Je nach der Art ihrer Entstehung zeigen sie wechselnde Zusammensetzung und Eigenschaften. Neben sehr kieselsäurereichen (sauren) finden sich stärker basische, neben sehr dichten und harten blasige und weiche Laven. Die widerstandsfähigeren eignen sich gut zu Bau- und Pflastersteinen, zu Mühlsteinen, Trögen und anderen Steinhauerarbeiten, während die politurfähigen, schön gefärbten Stücke vielfach zu kleinen Gebrauchsgegenständen und Schmuckwaren, wie Vasen, Dosen, Tischplatten, Siegelsteinen verarbeitet werden. Die sog. Lavagasbrenner sind nicht aus L., sondern aus Speckstein hergestellt.

Lavendelblüten (Lavendel, lat. Flores lavandulae, frz. Fleurs de lavande, engl. Lavender flowers) sind die vor dem völligen Aufblühen gesammelten und getrockneten Blüten von Lavandula officinalis (vera oder spica), einer im wärmeren Europa heimischen Labiate, die im südlichen Frankreich und in England in großen Mengen angebaut wird. Da die Blüten beim Trocknen sehr zusammenschrumpfen und ihre schöne Farbe verlieren, so zeigt die scheinbar nur aus den Kelchen und Blütenstielen bestehende Droge ein gräulichblaues Aussehen. Wegen ihres durch das ätherische Lavendelöl (s. d.) bedingten stark und angenehm aromatischen Geruchs finden, die L. für den Hausgebrauch teils als wohlriechendes, teils als stärkendes oder linderndes Mittel in Form von Waschungen, Bähungen, Bädern, oder trocken in Kräuterkissen ausgedehnte Verwendung.

Lavendelöl (lat. Oleum lavandulae, frz. Essence de lavande, engl. Oil of lavender), das ätherische Öl des Lavendels, wird durch Wasserdampfdestillation der frischen Lavendelblüten gewonnen. Die Hauptmenge des L. kommt aus Südfrankreich. Das französische Öl ist eine farblose oder schwach gelbe bis grünlichgelbe Flüssigkeit vom Geruch und Geschmack der Blüten. Das spez. Gew. liegt bei 0,882—0,896, die Drehung beträgt —3 bis —9°. Es enthält als wichtigsten Bestandteil Linalylazetat (30—40 % und darüber), daneben Linalool, Geraniol, Nerol, Borneol, Valeraldehyd, Amylalkohol, Äthylamylketon, Furfurol, Kumarin, Karyophyllen sowie Spuren Pinen und Zineol. Der Wert des Öls geht im allgemeinen Hand in Hand mit dem Gehalt an Linalylazetat. L. findet zu Parfümeriezwecken und als Auflösungsmittel für feine Firnisse zum Auftragen von Einbrennfarben (Glanzgold) für Porzellan vielfache Anwendung. Das besonders in England sehr geschätzte englische oder Mitcham-Lavendelöl unterscheidet sich vom französischen durch den zineolartigen Nebengeruch und den niedrigen Linalylazetatgehalt, der nur 5—10 % beträgt; von Bestandteilen wurden darin noch Limonen, Linalool und Zineol nachgewiesen. Es hat ein spez. Gew. von 0,881—0,904 und eine Drehung von —1 bis —10°. — Eine geringwertige Sorte, das Spiköl (lat. Oleum spicae, frz. Essence d'aspic, engl. Oil of spike) von Lavandula latifolia, welches einen kampferartigen Nebengeruch besitzt und als billiger Ersatz für L. dient, enthält Rechts-Kamphen, Zineol, Links-Linalool, Rechts-Kampfer und Rechts-Borneol. Es dreht gewöhnlich rechts (bis +7°), nur ganz ausnahmsweise links (bis —2°) und hat ein spez. Gew. von 0,905—0,918. Spiköl wurde früher fast ausschließlich in Südfrankreich gewonnen, neuerdings kommen aber auch bedeutende Mengen aus Spanien, wo es fälschlicherweise auch den Namen spanisches Lavendelöl führt. Bei letzterem liegt das spez. Gew. zwischen 0,904 und 0,922, die Drehung zwischen —5 und +16°.

Laxan, Laxanin, Laxatol, Laxen, Laxin sind Bezeichnungen für verschiedene Abführmittel, die als wirksamen Bestandteil Phenolphtalein enthalten.

Lebertran (lat. Oleum jecoris aselli, Oleum morrhuae, frz. Huile de foie de morue, engl. Cod-liver-oil) nennt man alle diejenigen feineren Transorten, die aus den Lebern verschiedener Schellfischarten, wie Gadus morrhua (Kabeljau), Gadus callarias (Dorsch), Gadus aeglefinus (Schellfisch) usw. bereitet und namentlich zu medizinischen Zwecken benutzt werden. Die Gewinnung des L. wird in großem Maßstabe auf den Lofoten, in Bergen, in Norwegen sowie in Neufundland und Newhaven in Schottland betrieben. Vom norwegischen L., der für Deutschland hauptsächlich in Betracht kommt, unterscheidet man nach der Bereitungsweise zwei Arten, den Bauerntran oder Privatindustrietran, auch natureller Tran genannt, und den Fabriktran oder Dampftran. Ersterer wurde ursprünglich allein medizinisch benutzt, während jetzt zu medizinischen Zwecken fast nur noch der Dampftran verwendet wird. Die Gewinnung des Bauerntrans geschieht derart, daß die ungereinigten Lebern mit den Gallenblasen in Fässer gebracht werden, und nach längerer Zeit das freiwillig ausfließende Fett abgezapft wird. Dieses bildet die beste Sorte des naturellen L., den blanken oder gelben L. (Oleum jecoris aselli flavum s. citrinum). Die später nach Eintritt einer fauligen Gärung austretenden Anteile sehen dunkler aus und werden als braun blanker oder gelbbrauner L. (Oleum jecoris fuscum) bezeichnet. Durch Auskochen der Rückstände mit Wasser erhält man dann eine dritte Sorte L. von dunkelbrauner Farbe. Der aus frischen Lebern gewonnene Fabrik- oder Dampftran schmeckt und riecht besser als der Bauerntran. Die unmittelbar nach dem Fange aus den Fischen genommenen Lebern werden gewaschen, von der Gallenblase befreit, zerkleinert und darauf in doppelwandige, durch Wasserdampf erhitzte Kessel gebracht. Der ausfließende Tran, der am vorzüglichsten ist, wenn die Erwärmung 50° nicht überschreitet, sieht blaßgelb aus und wird weißer L. (Oleum jecoris aselli album vapore paratum) genannt. Durch stufenweises höheres Erhitzen und Abpressen erhält man noch mehrere dunkler gefärbte Sorten. — Der reine Medizinallebertran stellt ein eigentümlich riechendes und schmeckendes, hellgelbes Öl vom spez. Gew. 0,920—0,930 dar. Die Verseifungszahl schwankt zwischen 183 bis 186, die Jodzahl zwischen 148 und 180, die Refraktion (25°) zwischen 75 und 85. Der L. gehört zu den trocknenden Ölen. Unmittelbar nach der Darstellung ist er von neutraler Beschaffenheit, enthält aber nach längerer Zeit kleinere oder größere Mengen freier Fettsäuren. Die Säurezahl beträgt bei Dampfmedizinal-L. 0,7—1,4, bei hellem natürlichen Medizinal-L. 8,2—12,6, bei blankem L. 11,9—15,9 und bei braunblankem 19,2—36,8. Guter L. darf mit Weingeist befeuchtetes blaues Lackmuspapier jedenfalls nur schwach röten. Ferner soll er vollständig klar und durchsichtig sein und nur einen sehr schwachen Fischgeruch besitzen. Der L. besteht in der Hauptsache aus Glyzeriden der Ölsäure (70%) und der Palmitinsäure (25%), neben denen geringe Mengen Stearinsäure und Glyzeride niederer Fettsäuren vorhanden sind. Ferner finden sich in dem L. 0,5—1,3% Cholesterin, 0,003% Jod, weiter Brom, Chlor, Schwefel, Eisen in organischer Bindung, mehrere flüchtige Basen, wie Trimethylamin, Amylamin, zwei für L. charakteristische Basen Asellin und Morrhuin und endlich mehrere Säuren, Asellinsäure, Morrhuinsäure, Jekoleinsäure. — Der wichtigste Stapelplatz für die deutsche Versorgung ist Bergen in Norwegen. Zu einem Hektoliter L. gehören in guten Jahren 250—400 Lebern, in schlechten aber bis 1000 Stück. Der zu den besten Medizinaltranen zählende Dampflebertran von H. Meyer in Christiania kommt in plombierten Blechtrommeln mit hölzernen Überfässern oder in kleinen Flaschen in den Handel, ebenso der blanke Bauerntran von de Jongh. Andere Sorten, wie der Neufundländer, Labrador- und Japanische L. haben für Europa nur geringe Bedeutung. Auch ein bisweilen ebenfalls als „weißer L." in den Handel gebrachter L., der durch Behandlung mit Knochenkohle und einigen Prozent Natronlauge entfärbt worden ist, spielt nur eine untergeordnete Rolle. Die zum medizinischen Gebrauch dienenden Lebertransorten werden häufig durch andere Tranarten (Robbentran, Haifischtran), Rüböl, Vaselinöl usw. verfälscht. Ein Zusatz von Rüböl offenbart sich durch die Elaidinprobe, ein solcher von Vaselin durch die Erniedrigung der Verseifungszahl. Auch gewährt die Kälteprobe ein brauchbares Urteil, indem reiner L. bei —2° noch klar bleibt, während andere Trane und Öle feste Ausscheidungen liefern. Von weiteren Identitätsreaktionen seien folgende angeführt: Pettenkofers Schwefelsäureprobe. Läßt man zu 1—2 g L. in einem weißen Schälchen einige Tropfen konzentrierter Schwefelsäure langsam hinzufließen, so entsteht an der Berührungsstelle eine braunrote, mit violetter Zone umgebene Färbung, die beim Mischen in Rotbraun umschlägt. Kremels Salpetersäureprobe. Verreibt man 10 Tropfen L. auf einem Uhrglase mit 1—2 Tropfen rauchender Salpetersäure, so wird Dorschlebertran feurigrosa, nach einigen Minuten zitronengelb, Haifischtran und japanischer Tran färben sich blau, dann braun und erst nach 2—3 Stunden gelb, Robbentran nimmt nach längerer Zeit eine braune Farbe an. Liebermanns Cholesterinreaktion nach Vogt. Die abgekühlte Mischung von 20 Tropfen Chloroform, 40 Tropfen Essigsäureanhydrid und 3 Tropfen Schwefelsäure gibt beim Schütteln mit 3 Tropfen L. eine intensiv blaue Färbung, die rasch verschwindet und nach 20—40 Sekunden in Olivgrün übergeht. Specktrane liefern andere, meist rotbraune Färbungen. Weitere Reaktionen werden mit dem Unverseifbaren angestellt. Von quantitativen Methoden zum Nachweis der Specktrane sind die Bestimmung der Hexabromide (35—50%) und der stark ungesättigten Fettsäuren nach Bull die wichtigsten. Zusätze pflanzlicher Öle erkennt man an ihrem Phytosteringehalte. Der weiße L. wird in der Medizin als Nähr- und Heilmittel angewandt. Der Heilwert beruht jedoch nicht auf seinem Gehalt an Jod, wie früher angenommen wurde, sondern auf seiner anerkannt leichten Verdaulichkeit. Infolge des Widerwillens vieler Kranker gegen das Einnehmen wird L. neuerdings oft als Emulsion verordnet, und zwar früher fast allgemein die unter dem Namen Scotts Emulsion eingeführte Lebertran-Emulsion, doch stellen auch viele deutsche Fabriken gute gleichwertige Erzeugnisse her. — Die braunen Lebertransorten werden zur Bereitung von Schmierseife, als Stiefelschmiere und in der Sämischgerberei benutzt. Die Aufbewahrung erfolgt in nicht zu großen, aber vollständig gefüllten Gefäßen an einem kühlen Ort. In Originalfässern bezogener L. muß erst einige Wochen lagern, ehe er abgezogen wird. Zur Versendung gelangt der L. in Fässern, Blechtonnen und in Flaschen.

Leder (frz. Cuir, engl. Leather). Diesen Namen führen die durch das Gerben in ihren Eigenschaften vorteilhaft veränderten und haltbar gemachten tierischen Häute. Die letzteren sind bekanntlich im frischen, noch feuchten Zustande weich und geschmeidig, nehmen aber beim Austrocknen eine harte, hornartige, wenig biegsame Beschaffenheit an, während sie, feucht gehalten, bald in Fäulnis übergehen. Durch das Gerben erlangt jedoch die tierische Haut Eigenschaften, die sie zu den verschiedensten Zwecken verwenden läßt, große Festigkeit neben Biegsamkeit, Geschmeidigkeit und Elastizität und vor allem bedeutende Dauerhaftigkeit und Widerstandsfähigkeit gegen den Einfluß der Feuchtigkeit. Je nach dem Verfahren, das man beim Gerben anwendet, unterscheidet man verschiedene Ledersorten, die gewöhnlich in drei Gruppen: lohgares, weißgares (oder alaungares) und sämischgares L. eingeteilt werden. Hieran reihen sich noch die neuerdings in Aufnahme gekommenen metallgaren L., wie chromgares, eisengares und auf andere Weise erhaltenes L. Trotz der Verschiedenheit der bei diesen Gerbprozessen in Anwendung kommenden Stoffe und Verfahren beruht die Erzeugung aller Ledersorten nach den Untersuchungen von Knapp doch im wesentlichen nur auf physikalischen Gesetzen, denn nach Knapp ist L. nichts anderes als Haut, innerhalb welcher man durch irgend ein Mittel das Zusammenkleben der Fasern beim Trocknen verhindert hat. Man erreicht dies durch die Einwirkung der zum Gerben dienenden Stoffe auf die das Bindegewebe bildenden Fasern der inneren Hautschicht (des Coriums), wobei diese Stoffe sich auf den Fasern des Bindegewebes niederschlagen, sie einhüllen und so das Zusammenkleben beim Trocknen verhüten. — Dem eigentlichen Gerbprozesse müssen einige vorbereitende Arbeiten vorangehen, die zunächst in einem Einweichen oder Wässern der Häute und dann in der Bloßlegung der eigentlichen, allein zur Lederbereitung geeigneten Lederhaut (Corium) bestehen. Durch sie soll sowohl das auf der inneren oder Fleischseite der Häute befindliche Unterhautzellengewebe (die Fetthaut) als auch die Epidermis oder Oberhaut mit den Haaren entfernt werden. Die dann zum Vorschein kommende, kleine Vertiefungen zeigende obere Seite der Haut heißt die Narbenseite. Die Reinigung der Fleischseite geschieht mittels des Schabeisens auf dem Schabebaum, wodurch außer dem Unterzellgewebe auch noch anhängende Fleischteilchen, Nerven, Blutgefäße usw. entfernt werden. Hierauf folgt die Entfernung der Haare auf der anderen Seite (das Abhaaren oder Enthaaren), die aber nicht durch einfaches Abschaben gelingt. Die Haare sitzen zwar nicht in der inneren Schicht der Haut, dem Corium, sondern in der äußeren Epidermoidalschicht, sind aber in Vertiefungen oder Einstülpungen dieser letzteren Haut befestigt, die tief in das Corium hinabreichen. Wollte man also die Haare einfach glatt abrasieren, so würden die Haarwurzeln mit den unteren Teilen sitzen bleiben und dadurch den Wert des Leders verringern. Es ist daher unbedingt nötig, die ganze Oberhaut (Epidermoidalschicht) mit den Haaren zu entfernen. Das Abhaaren erfolgt entweder durch das Schwitzen oder durch das Kalken, oder endlich durch Anwendung ätzender Enthaarungsmittel (Rhusma). Das in Deutschland bei der Sohllederbereitung hauptsächlich gebräuchliche Schwitzen besteht darin, daß man die Häute in Kufen einsalzt oder in Kammern aufgehängt der Einwirkung von kaltem oder warmem Wasser (Dampf) aussetzt. Nach dem hierdurch eingeleiteten oberflächlichen Fäulnisprozeß, durch welchen die Oberhaut aufgelockert wird, kann sie samt den Haaren durch das Schabeisen auf dem Schabebock entfernt werden (Abpälen). Das Kalken (Äschern) wird besonders bei dünneren Häuten angewandt, indem man die Häute einige Tage lang in schwache Kalkmilch legt und hierdurch namentlich auch vorhandenes Fett verseift. Dickere Häute müssen drei bis vier Wochen in den Kalkgruben liegen, ehe sie in die Lohe gebracht werden, doch ist diese Behandlung bei ihnen weniger gebräuchlich, weil der Kalk sich nur schwierig wieder entfernen läßt und auch das L. etwas spröde und hart macht. Das Abschaben (Abpälen) der Oberhaut geschieht nach dem Kalken ebenso wie nach dem Schwitzen. Die dritte Art der Abhaarung durch Anwendung ätzender Enthaarungsmittel verwendet man gewöhnlich nur bei den Fellen kleinerer Tiere, die weder das Schwitzen noch das Kalken vertragen. Als Enthaarungsmittel dienen hierbei entweder Operment (ein arsenige Säure enthaltendes Schwefelarsen) mit Kalk, oder Kalziumsulfhydrat. Anstatt des letzteren gebraucht man häufig auch den Gaskalk (d. h. den Kalk, der zum Reinigen des Leuchtgases gedient hat), und zwar selbst bei größeren Fellen. Die Häute oder Felle werden mit einem der genannten Stoffe überstrichen, worauf die Haare nach kurzer Zeit so weit erweichen, daß sie sich leicht mit einem Schabemesser entfernen lassen. Die nun folgende Behandlung, das Schwellen oder Treiben, hat den Zweck, das Fasergewebe der Lederhautschicht aufzulockern, damit das Gerbmaterial in dieselbe eindringen kann sowie auch etwa vorhandenen Kalk zu entfernen. Man erreicht dies durch Einlegen der Häute in die Schwellbeize, eine in saure Gärung übergegangene Mischung von Wasser mit Weizenkleie oder Gerstenschrot. Hierbei werden Gase entwickelt, welche die Häute bei ihrem Entweichen auflockern, ferner Milchsäure, Propionsäure, Buttersäure und Valeriansäure, welche in die Häute eindringen und die dort abgelagerten und in kohlensauren Kalk umgewandelten Kalkteilchen auflösen. In ähnlicher Weise wie die Kleienbeize wirken Honig- und Zuckerbeizen, denen man zur Entfernung der Hauptmenge des Kalkes vielfach eine Behandlung mit Säuren oder sauren Gerbbrühen vorausgehen läßt. In manchen Gegenden werden für gewisse Lederarten auch Exkremente von Hunden und Tauben zum Schwellen verwendet (Bakterieneinwirkung). Hingegen ist für dünnere Häute, wie z. B. Kalbfelle, ein Schwellen nicht erforderlich. Die soweit vorbereiteten Häute, nun Blößen genannt, werden hierauf der eigentlichen Gerbung unterworfen, welche je nach der zu erzielenden Ledersorte in verschiedener Weise erfolgt. Die Lohgerberei oder Rotgerberei, hauptsächlich für Rinds-, Büffel- und Roßhäute sowie Kalb- und Schaffelle, besteht darin, daß man die Häute mit pflanzlichen Gerbmaterialien behandelt, deren Gerbsäure sich an die Fasern des Coriums anlagert. Als Gerbmaterial benutzte man früher am häufigsten Eichenrinde (Lohe) und nächst dieser Fichtenrinde, während heutzutage vielfach die ausländischen Gerbmaterialien (s. d.): Gambir, Algarobilla, Knoppern, Valonen, Myrobalanen, Hemlockrinde und Quebracho, Dividivi u. a. bevorzugt werden. Das sorgfältig zerkleinerte Gerbmaterial wird entweder direkt mit den Häuten zusammengebracht, wie z. B. bei der Bereitung von Sohlleder, oder man legt die Häute in einen aus dem Gerbmateriale bereiteten wäßrigen Auszug (Gerben in Lohbrühe). Bei dem ersteren Verfahren werden die Häute, die Fleischseite nach unten, in mit Zement ausgekleideten gemauerten Gruben oder in den Boden versenkten wasserdichten Eichenholzkasten (Versetzgruben, Lohgruben) abwechselnd mit Lohe übereinandergeschichtet (Einsetzen in Gruben) und darauf, mit Wasser bedeckt, acht bis zehn Wochen sich selbst überlassen. Auf diesen „ersten Satz" folgt der 3—4 Monate dauernde zweite Satz, bei dem die Häute mit der Narbenseite nach unten in einer anderen Grube mit frischer Lohe zusammengebracht werden, und zwar so, daß diejenigen, welche zuerst oben gelegen haben, nunmehr zu unterst kommen. Ein vier bis fünf Monate dauernder dritter Satz wird mit weniger Lohe gemacht. Bei sehr starken Häuten genügt aber auch dies noch nicht, vielmehr muß hier dieselbe Behandlung noch ein- bis zweimal wiederholt werden. Die Gerbung des L. ist vollendet, wenn beim Durchschneiden die Schnittfläche kaffeebraun aussieht, und wenn in der Mitte derselben kein weißer durchscheinender Streifen mehr bemerkbar ist. Die zur vollständigen Durchgerbung nötige Menge von Lohe wird auf das vier- bis sechsfache Gewicht der trocknen Haut angegeben, die Haut selbst gewinnt bei ihrer Umwandlung in L. etwa ein Drittel des Gewichts. Bei dem Gerben mit Lohbrühe wendet man zuerst nur eine sehr schwache Lösung an, damit nicht durch oberflächliche Durchgerbung das Eindringen des Gerbstoffes in das Innere erschwert wird. Erst nach und nach bringt man die Häute in stärkere und zuletzt in ganz konzentrierte Lohbrühe, in der sie durch besondere Vorrichtungen (rotierende Trommeln und Fässer) in Bewegung gehalten werden. Man nennt dieses Verfahren auch Schnellgerberei, da hierzu nur sieben bis acht, und selbst bei schwereren Häuten nicht mehr als elf bis dreizehn Wochen nötig sind. Eine weitere Beschleunigung, allerdings auf Kosten der Güte, hat man noch dadurch zu erreichen gesucht, daß man das Eindringen der Lohbrühe mittels Druckes oder auch mit Hilfe des luftleeren Raumes bewerkstelligte. Alle lohgaren L. haben stets eine mehr oder weniger gelbbraune bis rötlichbraune Farbe, das Hemlockleder sieht sogar mehr rot als braun aus. Weiße L. erhält man nach dem Verfahren der Weißgerberei, bei dem man die zugerichteten Blößen mehrere Male durch eine lauwarme Alaunbrühe zieht, sie dann einen Tag lang zusammengefaltet liegen läßt und schließlich zum Trocknen aufhängt. Die Alaunbrühe wird durch Auflösen von Alaun und Kochsalz in Wasser dargestellt und enthält dementsprechend Chloraluminium. An Stelle des Alauns kann man auch schwefelsaure oder essigsaure Tonerde benutzen und in letzterem Falle das Kochsalz fortlassen. Bei Herstellung der besseren Sorten weißgaren Leders setzt man dem Kochsalzalaunbade Weizenmehl und Eigelb zu (Gerben in der Nahrung) und läßt die Häute in dieser Mischung einen Tag lang liegen. Sie erhalten hierdurch nach dem Trocknen einen höheren Grad von Geschmeidigkeit. Weißgar gegerbt werden zumeist Rindshäute für Sattlerzwecke, Schaffelle zu Schuhfutter und Häute für Glacéhandschuhe. Gerade für letztere benutzt man neben Alaun auch Eidotter. Die dritte Art der Gerberei, die Sämischgerberei, wird hauptsächlich zur Herstellung von sogenanntem Wildleder in Anwendung gebracht, zu welchem besonders Hirsch-, Reh-, Renntier- und Elen-, bisweilen auch Schaf- und Ziegenfelle verarbeitet werden. Da solches L. im Wasser seine Gerbung und seine Eigentümlichkeiten nicht verliert, nennt man es auch Waschleder. Die zugerichteten Blößen werden zunächst gewalkt, gut ausgewunden und mit Tran oder einem anderen Fette eingerieben, darauf zusammengerollt und abermals gewalkt. Dieses Einfetten und Walken wird so oft wiederholt, bis die Felle die nötige Menge von Fett und Öl aufgenommen haben. Schließlich unterwirft man sie noch einer Art Gärung und entfernt das oberflächlich anhängende, durch die Gärung teilweise veränderte Fett mittels einer Pottaschelösung. Bei der Zurichtung der dickeren Felle für die Sämischgerberei wird die Narbe meistens mit abgestoßen, so daß der Unterschied zwischen Narben- und Fleischseite wegfällt. Derartiges L. erlangt demzufolge eine wollige Beschaffenheit und große Weichheit. Die beschriebenen Gerbverfahren kommen in zahlreichen verschiedenen Abänderungen zur Anwendung, wodurch besondere Sorten von L. entstehen, wie z. B. Saffian, Juchten, ungarisches Weißleder usw. Von dem metallgaren L. scheint sich am meisten das Chromleder eingebürgert zu haben, welches vollständig wasserfest, sehr geschmeidig, dauerhaft und billiger als lohgares L. ist. Man erhält es entweder nach dem Einbadverfahren mit Hilfe einer basischen Chromoxydsalzlösung (Chromalaun und Soda oder Kaliumdichromat und Schwefelsäure mit einem Reduktionsmittel) oder nach dem Zweibadverfahren, bei dem die Häute zunächst in ein Bad von Kaliumdichromat und Schwefelsäure und darauf in eine Lösung von Natriumthiosulfat und Salzsäure kommen. Von neuen Methoden sei noch die Formaldehydgerbung und die Behandlung mit einer Lösung von sulfiertem Naphtolpech erwähnt. — Bevor das fertig gegerbte L. in den Handel gebracht wird, muß es je nach dem Zweck, zu dem es bestimmt ist, noch verschiedenartig zugerichtet werden. — Sohlleder wird meist in Bürden von fünf oder sechs Häuten gepackt und so von den bedeutendsten Erzeugungsplätzen Malmedy, Trier, Luxemburg, Siegen, Eschwege, Berlin und Hannover in den Handel gebracht. Doch wird es auch von verschiedenen Herstellern zunächst geklopft oder gewalzt und dann in Rollen gepackt. Das ebenfalls zu Sohlen verarbeitete, glatt gestoßene

Vâcheleder wird hauptsächlich in Frankreich und Belgien, am Rhein und in Thüringen erzeugt und kommt in Rollen zu fünf bis acht Häuten zum Verkauf. — In der Erzeugung von schwarzem und braunem Blankleder, welches die Sattler verwenden, haben Mülheim a. R., Pößneck in Thüringen und Weißenfels besonderen Ruf; Mülheim auch in Wagenverdeckledern. Zur Herstellung dieser Ledersorten werden die Häute gespalten, so daß aus einer Haut zwei werden. Der Narbenteil, der schwächer, biegsamer und größer ist, dient zur Verdeckhaut, der Unterspalt hingegen meist zu Brandrohleder und ähnlichen Zwecken. Auch Fahlleder, welche das beste Material für Arbeiterstiefeloberleder bilden und in Thüringen, Bayern und Sachsen erzeugt werden, spaltet man bisweilen. Alle diese Sorten, mit Ausnahme der Sohlleder, welche vorzugsweise von Wildhäuten gefertigt werden, stammen von gewöhnlichem Stallvieh, Kühen, Ochsen und Büffeln. Von größter Bedeutung für die Gewinnung von Oberleder ist die ostindische Kipshaut, die in großen Mengen in ganz Deutschland, am meisten in Thüringen und Sachsen, England, Italien und Spanien gegerbt wird, und im allgemeinen schwächer als die Rindshaut, hingegen stärker als das Kalbfell ist. In der Herstellung von braunem Kalbleder zeichnet sich Frankreich aus, in Deutschland das Elsaß, die Rheinprovinz und namentlich Gera. Lackleder, Wichsleder sowie überhaupt die feineren Kalbleder werden besonders am Rhein, namentlich in Worms und Mainz, hergestellt. Schafleder werden in großen Mengen in Kirchhain in der Niederlausitz und Umgegend gefertigt, und zwar teils in Alaun, teils in Lohe gegerbt als gewöhnliches Schuhfutterleder; Saffiane, d. h. gefärbte und besonders zubereitete Ziegen- und Schafleder in Mainz und anderen rheinischen Städten; sog. Bockleder, wozu das Material gegerbt aus Madras und Bombay kommt, in Kirn an der Nahe und Wien. — Roßleder, das in früherer Zeit fast ausschließlich zu Wagenverdecken oder zu geringeren Sattlerarbeiten verwendet wurde und keinen hohen Wert hatte, findet seit einigen Jahrzehnten eine erheblich bessere Verwendung zu Oberleder, und zwar das Schild (d. i. dasjenige Stück, welches einen sogenannten Spiegel hat) zu Stiefelvorderteilen, der Rest zu Hinterteilen und Schuhleder. Zu erwähnen ist ferner noch das aus Mexiko und Mittelamerika stammende Alligatorleder von bräunlichgelber Farbe mit vertiefter Musterung, welches zu feinen Lederarbeiten verarbeitet wird, und das Känguruhleder aus Australien, das, dünn und geschmeidig, dem Regen besser widersteht und nicht so leicht bricht als Kalbleder. Auch aus der Haut des Katzenhais (s. Fischhaut) macht man ein weiches und sehr geschmeidiges hellgraues L. — Beim Einkauf von L. hat man sich zu hüten, daß man nicht beschwertes L. erhält, welches vor der Fettung mit einer Lösung von Bittersalz oder von Chlorbarium imprägniert worden ist. Die deutsche Ledererzeugung hatte es im Jahre 1908 auf eine Ausfuhr von fast 169 Millionen M. gebracht, ist aber hinsichtlich der erforderlichen Häute stark vom Ausland abhängig.

Ledcrersatzmittel (Kunstleder) sind Kunsterzeugnisse, die wenigstens in gewissen Fällen Ersatz für das Leder bieten und, was die Widerstandsfähigkeit gegen das Wasser und die Witterung anlangt, dieses zum Teil noch übertreffen. Sie bestehen meist aus mit Kautschuk, Guttapercha, Leinölfirnis, Asphalt und anderen Stoffen imprägnierten Geweben, denen man durch gravierte Walzen mittels Aufpressens einer künstlichen Narbe das Aussehen von Leder gegeben hat. Hierher gehören z. B. das sog. Ledertuch oder Krokettledertuch und verschiedene ähnliche, als vegetabilisches Leder empfohlene Erzeugnisse aus Jute, Baumwolle oder Leinen, die mit den genannten Stoffen imprägniert und überstrichen sind. Auch hat man schon mehrfach versucht, aus Lederabfällen ein künstliches Leder wieder herzustellen. Das neuerdings vielgenannte Pegamoid besteht aus einer zelluloidähnlichen Masse aus nitrierter Baumwolle.

Lederholz, die starken, lederartigen Bastfasern der Schößlinge von Dirca palustris, einer zu den Seidelbastgewächsen (Daphnoideen) gehörigen Pflanze des südlicheren Nordamerika, sind 1—1,5 m lang und werden zur Anfertigung von Stricken und Matten verwendet.

Legierungen nennt man alle Verbindungen zweier oder mehrerer Metalle, für die im gewöhnlichen Leben oft der Ausdruck Komposition gebraucht wird, während quecksilberhaltige Legierungen die besondere Bezeichnung Amalgame führen. Die Darstellung von Legierungen erfolgt in der Regel durch einfaches Zusammenschmelzen der Bestandteile, in einzelnen Fällen auch in der Weise, daß man das eine Metall in Dampfform an das andere treten läßt. Nach dem letzteren Verfahren, durch welches jedoch nur eine unvollkommene, oberflächliche L. entsteht, wurde früher viel Messing dargestellt, indem man Zinkdämpfe auf Kupfer einwirken ließ. In gleicher Weise wurde das giftige Weißkupfer dadurch erhalten, daß man Kupfer den Dämpfen von Arsenik aussetzte. — Die L. verhalten sich physikalisch ganz wie einfache Metalle, zeigen aber oft Eigenschaften, die sich aus denen der Einzelmetalle nicht vorhersagen lassen. Dies gilt sowohl hinsichtlich der Farbe, als der Härte, Dehnbarkeit, Sprödigkeit, des spezifischen Gewichts und des Schmelzpunktes. Insbesondere ist der letztere häufig niedriger, als die durchschnittliche Berechnung aus den Schmelzpunkten der Einzelbestandteile ergibt. Es unterliegt keinem Zweifel, daß auch die Metalle wie die anderen Elemente sich nach festen Verhältnissen miteinander verbinden, und daß zwischen zwei Metallen mehrere solcher Verbindungen in verschiedenen Mengenverhältnissen möglich sind. Die Praxis aber kann ihre Zusammensetzungen nur nach Erfahrungsregeln herstellen und wählt die Bestandteile und ihre Mengen so, daß ein bestimmter Zweck mit den geringsten Kosten erreicht wird. Ihre Erzeugnisse sind demnach als Gemische aus wirklichen Legierungen und möglicherweise überschüssigem

Metall anzusehen. Sie werden nur durch gutes Rühren gleichmäßig, entmischen sich aber wieder, wenn den geschmolzenen Massen durch langes Stehen im flüssigen Zustande Zeit gelassen wird, sich nach dem Gesetze der Schwere zu trennen. Die schwerste Verbindung wird dann die tiefste Stelle einnehmen, und ein so entstandenes Gußstück in der Regel zu unterst einen höheren Grad von Dichte und Härte zeigen als in den oberen Teilen. Da die für die Praxis hauptsächlich in Betracht kommenden L. bereits bei den einzelnen Metallen oder unter ihren eigenen Namen (Argentan, Bronze, Messing) aufgeführt sind, so genügt es, hier eine allgemeine Übersicht über die wichtigsten Vertreter zu geben. Es entstehen aus Kupfer und Zinn: Glocken- und Kanonenmetall, echte oder antike Bronze. Kupfer und Zink: Messing, Tombak und sonstige goldähnliche Mischungen. Kupfer und Aluminium: Aluminiumbronze. Kupfer, Zinn und Zink: Hoch- und rotgelbe Statuenbronze, Mannheimer Gold. Kupfer, Zink und Nickel: Unechtes Blattsilber. Zinn und Blei: Schnellot, Zinngießermetall, Orgelpfeifenmetall. Zinn und Antimon: Britanniametall. Blei und Antimon: Schriftgießermetall und Hartblei. Blei und Arsenik: Jagdschrot. Zink und Silber: Dopplers Spiegelmetall. Silber und Gold: Grünes, gelbes und Emailliergold. Zinn, Blei und Wismut: Leichtflüssige Metallgemische (Roses, Newtons Metall), namentlich zur Herstellung von Zeugdruckformen und zu Matrizen für die Galvanoplastik. Durch Einführung von etwas Kadmium läßt sich der Schmelzpunkt noch stark, bis auf 66° C, herabsetzen, so daß die Verflüssigung schon in heißem Wasser erfolgt, während die erkaltete L. immer noch ein ziemlich festes Metall bildet (Woods Metall). — Kupfer endlich mit Gold oder Silber verschmolzen gibt diejenigen L., welche anfänglich allein diesen Namen trugen und sich noch jetzt in jeder Silber- und Goldmünze und in allen goldenen und silbernen Gebrauchswaren vorfinden.

Leguminosen nennt man im Handel die Samen der Hülsenfrüchte, besonders Bohnen, Erbsen und Linsen, die wegen ihres hohen Stickstoffgehalts die wertvollsten Nahrungsmittel des Pflanzenreiches darstellen und zu Leguminosenmehl, Kaffee-Ersatz und zahlreichen diätetischen und Nährmitteln verarbeitet werden.

Leim (lat. Gluten, frz. Colle, engl. Glue). Eine Reihe tierischer Stoffe, wie Knochen, Knorpel, Häute und Bindegewebe, besitzen die Eigenschaft, obgleich selbst in kaltem und heißem Wasser unlöslich, durch anhaltendes Kochen mit Wasser unter Verlust ihrer Form in eine klebende Lösung, die beim Erkalten gallertartig erstarrt, überzugehen, und werden daher als leimgebende bezeichnet. Die Leimsiederei verwendet demnach als Ausgangsstoff die Abfälle von Fleischereien, Gerbereien und Abdeckereien, wie Hautabschnitzel, Flechsen, Gedärme, Kalbs- und Hammelfüße, Ohrlappen, und benutzt auch die Felle von Hasen und Kaninchen, denen das Haar für die Hutmacherei abgeschoren ist, ferner havarierte Häute, Abfälle von Pergament, Weiß- und Handschuhleder als Leimgut. Nach der chemischen Zusammensetzung unterscheidet man das Kollagen, welches die eigentliche Leimsubstanz, das Glutin (Haut- oder Knochenleim) liefert, und das Chondrogen, aus welchem das Chondrin (Knorpelleim) gewonnen wird. Das letztere kommt wegen seiner geringeren Bindekraft weniger in Betracht. Um eine Fäulnis der leicht zersetzlichen tierischen Stoffe zu verhindern, werden sie entweder mit Karbolsäure behandelt, oder getrocknet oder in Kalkmilch eingelegt. Das letztere Verfahren hat gleichzeitig den Vorteil, daß es das Fett und andere lösliche Stoffe entfernt, macht aber eine spätere Wässerung erforderlich, weil der Kalk für die Bildung und Beschaffenheit des Leims verderblich ist. Aus dem gleichen Grunde werden Knochen vor ihrer Verarbeitung meist so lange mit verdünnter Salzsäure mazeriert, bis nur die organische Substanz zurückbleibt. Nach erfolgter Wässerung breitet man die Masse in dünner Schicht aus, um die noch vorhandenen Kalkspuren in unlöslichen kohlensauren Kalk überzuführen, oder man behandelt sie zur Bleichung auch wohl mit schwefliger Säure. Zum Versieden des Leimgutes bediente man sich früher meist mit Siebboden versehener Kessel auf offenem Feuer, ist aber jetzt dazu übergegangen, das in geschlossenen Zylindern auf etagenförmigen Sieben angebrachte Leimgut mit Dampf zu extrahieren. Die unten angesammelte Leimlösung wird in bestimmten Zeiträumen abgezapft und, vielfach in Vakuumapparaten, eingedampft. Das zuerst erhaltene Erzeugnis, welches am kürzesten erhitzt worden ist, gibt die hellste und beste Sorte. Die folgenden zeigen nach und nach immer dunklere Färbungen und geringere Klebkraft. Die eingedampfte und durch Stehen geklärte Lösung wird dann filtriert, wenn nötig durch Einleiten von schwefliger Säure noch etwas gebleicht und in hölzernen oder metallenen Formen dem Gerinnen überlassen. Zum Zerschneiden der Gallerte bedient man sich gespannter Messingdrähte und bringt die erhaltenen Tafeln auf Rahmen mit weitem Draht- oder Bindfadengeflecht in die Trockenräume. Nach dem Trocknen, welches sehr vorsichtig in einströmender warmer Luft von allmählich steigender Temperatur erfolgen muß, taucht man die Tafeln zur Erzeugung des Glanzes einen Augenblick in heißes Wasser und trocknet nochmals schnell zu Ende. — Als Nebenerzeugnisse gewinnt man Knochenfett, präzipitiertes Kalziumphosphat und entleimtes Knochenmehl. — Eine besondere Abart, der Fischleim, wird in den Donaufürstentümern u. a. O. aus der Haut, den Blasen und Gedärmen von Knorpelfischen durch anhaltendes Kochen mit Wasser hergestellt und in Form zusammengerollter dünner Blättchen vom Aussehen der Hausenblase in den Handel gebracht. Die Hausenblase selbst ist kein eigentlicher Leim, sondern die getrocknete innere Haut der Schwimmblase, also unverändertes Kollagen. — Die Farbe des L. wechselt von hellgelb bis dunkelbraun, und ebenso ist der Grad der Durchsichtigkeit großen Schwankungen unterworfen. Im allgemeinen wird heller und klarer L. höher bewertet und für gewisse Zwecke ausschließlich benutzt. Jedoch hängt die Klebkraft keineswegs immer von diesen Eigenschaften ab, vielmehr ist der durch Kalziumphosphat fast immer milchig getrübte Knochenleim zum Kleben von Holz vortrefflich geeignet. — In kaltem Wasser quillt L. unter Aufnahme der 10—20fachen Menge seines eigenen Gewichtes an Wasser auf und wird um so höher geschätzt, je größer diese Wasseraufnahme in 24 Stunden ist. Weiter verlangt man von ihm, daß er glänzend, hart und spröde und an der Luft trocken sei, beim Biegen kurz abbreche und einen glasartigen Bruch gebe. Der Wassergehalt soll 15 %, der Aschengehalt 1—5 % nicht übersteigen, da bereits Zusätze von 2—3 % Mineralstoffen die Klebkraft verringern. In kaltem Wasser darf guter L. selbst nach 48 Stunden nicht völlig zerflossen sein, muß aber mit heißem Wasser eine völlig neutrale Lösung geben. Das zuverlässigste Urteil über die Güte des L. bietet die Ermittelung der Klebkraft, indem man unter Innehaltung bestimmter Vorschriften Holzstücke aneinander leimt und das zum Zerreißen erforderliche Gewicht bestimmt. — In chemischer Hinsicht besteht gewöhnlicher L. der Hauptsache nach aus Glutin, neben welchem in geringer Menge Peptone, Farbstoffe und Mineralstoffe zugegen sind. Das Glutin gehört zu den Albuminoiden und unterscheidet sich von den Eiweißkörpern sowie dem Chondrin dadurch, daß es durch verdünnte Säuren, auch Essigsäure, leicht gelöst wird und nicht mit Ferrozyankalium, Alaun, Eisenvitriol und Bleizucker Niederschläge liefert. Durch Gerbsäure wird Glutin aus wäßriger Lösung gefällt. Beim Kochen mit verdünnten Säuren oder Laugen gibt es zum Unterschiede vom Chondrin Glykokoll (Leimzucker). — Von den zahlreichen nach Städten gebildeten Handelsbezeichnungen (Kölner, Breslauer, Nördlinger, Reutlinger, Kahlaer, Mühlhäuser L.) sind die meisten außer Gebrauch gekommen, mit Ausnahme des Kölner L., unter welchem man eine besonders helle, durchscheinende Sorte versteht. Russischer L., eine mit weißer Mineralfarbe (Bleisulfat, Bleiweiß, Zinkweiß, Kreide) vermischte gewöhnliche Leimmasse, welche auch als weißer L. bezeichnet wird, hat keinerlei Vorzüge, sondern höchstens verminderte Klebkraft. An Stelle der alten Ursprungsnamen bedient man sich neuerdings mehr der Bezeichnungen: hell, fein, mittelfein, mittel. — Der L. findet als allgemeines Klebemittel ausgedehnte Verwendung. Hellere Sorten dienen zu Weberschlichte, zur kalten Vergoldung, zu Leimfarben, in der Hutmacherei zum Appretieren von Strohhüten, zur Papierleimung, zur Herstellung von Hektographenmasse, zum Ausfällen des Gerbstoffs aus Farbholzabkochungen, dunklere als Tischler- und Buchbinder-L. — Von besondern L.-Präparaten seien noch folgende erwähnt: Elastischer Leim für die Schwärzwalzen der Buchdrucker und für Formen der Galvanoplastik und Gipsgießerei besteht aus gleichen Teilen L. und Glyzerin. — Flüssiger L. wird durch Zusatz von Säuren, hauptsächlich Salpetersäure, Essigsäure, Salzsäure zu konzentrierter Leimlösung dargestellt. Besonders bewährt haben sich folgende Vorschriften: 100 L., 100 Wasser, 6—12 rohe Salpetersäure, oder 40 L., 40 Essig, 10 Spiritus und 5 Alaun. Bei aller Handlichkeit findet der flüssige L. doch nur beschränkte Anwendung, weil durch die Säure die Klebkraft leidet und Farben angegriffen werden. Die im Handel befindlichen Erzeugnisse enthalten übrigens oft gar keinen Leim, sondern bestehen aus Lösungen von Gummiarabikum mit ein paar Prozent Aluminiumsulfat. — Mundleim, der in Täfelchen zum Verkauf kommt und nur mit dem Speichel benetzt zu werden braucht, entsteht durch Auflösen von 2 Teilen L. oder Gelatine und 1 Teil Zucker in 3 Teilen Wasser und Eindampfen auf 4 Teile. — Chromleim endlich erhält man durch Mischen einer konzentrierten Lösung von 1 Teil Kaliumdichromat mit der erwärmten Lösung von 5 Teilen L. in 45 Wasser. Er dient zum Kitten von Glas, zum Leimen von Pergamentpapier und zum Wasserdichtmachen von Kofferüberzügen, indem er, dem Sonnenlichte ausgesetzt, mit dem L. eine unlösliche Chromoxydverbindung liefert. Wegen seiner Lichtempfindlichkeit spielt er ebenfalls beim Pigment- und Lichtdruck und der Photogalvanographie eine Rolle.

Leinengarn. Der aus der Faser des Flachses (s. d.) gesponnene Faden wird Flachsgarn, häufiger Leinengarn genannt, während die daraus gefertigten Gewebe stets als Leinen bezeichnet werden. Das Garn wurde früher lediglich als Handgarn auf dem Spinnrade oder zum Teil noch mit der Spindel gesponnen und in Deutschland in solchem Umfange erzeugt, daß große Mengen als Faden und als Gewebe ausgeführt werden konnten. Durch den später eingetretenen Wettbewerb der Maschinenspinnerei haben sich die Verhältnisse aber sehr geändert, so daß jetzt weit mehr Maschinen- als Handgarn erzeugt wird, und die Handspinnerei auf dem Rade nur noch in gewissen Gegenden bei sehr armen Familien zu finden ist. Die Verspinnung des Flachses auf Maschinen, welche erst seit etwa 50 Jahren nach dem Vorbilde Englands und meist mit englischen Maschinen Eingang gefunden hat, bietet bei der Länge und härteren ungekräuselten Beschaffenheit der Flachsfaser weit mehr Schwierigkeiten als die Verarbeitung der Baumwolle. Die durch das Hecheln gereinigten, von kurzen Fasern befreiten, verfeinerten und geordneten Risten gelangen auf das endlose Zuführtuch der Anlege, um in Bänder von 100—150 cm Breite verwandelt zu werden. Diese Bänder werden auf einer Reihe von Streckwalzen immer mehr ausgezogen und abwechselnd wieder dupliert und gelangen dann auf die Vorspinnmaschine, ein Streckwerk mit Spindeln, welch letztere der Lunte durch eine leichte Drehung mehr Zusammenhalt geben. Zum Schluß gibt die Feinspinnmaschine dem lockeren Faden den letzten Auszug und die verlangte Drehung und windet ihn schließlich auf Holzspulen. Die Feinspinnmaschinen für Flachs unterscheiden sich in Trocken- und Naßspinnmaschinen. Die ersteren liefern einen gröberen, rauhen und unansehnlichen Faden, der nur zu gröberen Geweben verwendet werden kann, während die letzteren einen viel feineren, gleichmäßigeren und glatten Faden ergeben. Das Werg oder die Hede, d. i. die beim Hecheln ausgekämmte wirre Fasermasse, unterliegt zunächst einer Bearbeitung in Krempeln, und zwar einer Vor- und Feinkrempel, wie bei der Baumwolle, welche die Masse entwirren, reinigen, die Fasern möglichst parallel legen und zu einem Bande vereinigen. Die Bänder werden dann wie vorhin weiter behandelt, liefern aber gröberes, sog. Towgarn. — Für die Bemessung und Bezeichnung der Maschinengarne ist in den meisten Spinnereien des Kontinents das englische Muster eingeführt, nach dem die Weife $2^1/_2$ Yards (gleich 2,286 m) Umfang hat. 120 Umläufe machen also 300 Yards oder 1 Gebind, 10 Gebinde 1 Strähne und 20 Strähnen 1 Bündel englisch. 6 Bündel bei feineren und 3 bei den gröberen Nummern bilden 1 Paket. Die Zahl der Gebinde, welche auf 1 engl. Pfund gehen, ergibt die Garnnummer. Es hält sonach 1 Pfund Garn von Nr. 30 einen Faden von 9000 Yards Länge, Nr. 70 21000 Yards usw. Bei Handgarn gelten Ellen und Schocke auch heute noch an manchen Orten. Es steht zu hoffen, daß der Krieg die schon lange angestrebte Einführung des metrischen Systems beschleunigen wird. — Zwischen Maschinen- und Handgespinst bestehen wesentliche Unterschiede. Jede der beiden Arten hat ihre besonderen Vorzüge und Mängel, welche für die Verwendung maßgebend sind. Das Maschinengarn ist immer gleichmäßig voll und gerundet, das Handgarn dagegen häufig stellenweise dünner oder dicker, kantig und nicht frei von Knötchen. Dafür ist es weit glatter als jenes, das durch hervorstehende feine Härchen rauh und wollig erscheint. Aus diesem Grunde ist das fadengleiche Maschinengarn überall eingeführt, wo auf diese Eigenschaft etwas ankommt, wie bei Zwirn, glatten Bändern, Leinen. Die Gewebe daraus entbehren aber des eigentümlichen Leinenglanzes, erscheinen nach der Bleiche rauh und reiben sich beim Tragen noch wolliger auf. Sie unterliegen daher auch schneller der Abnutzung, tragen sich weniger angenehm und schmutzen leichter. Wo also der Leinenglanz, der sog. Spiegel, zur Geltung kommen soll, wie bei Damast, ist das Handgarn nicht zu verdrängen. Es kann sich überhaupt um so eher gegen die Maschine behaupten, je besser gesponnen wird, denn gutes Handgarn von gleichem Faden ist stets dem besten Maschinengarn vorzuziehen. Man hat daher auch schon längst in den Spinnereigegenden durch Spinnschulen die Geschicklichkeit der Arbeiterinnen zu heben und sie namentlich auf die feineren Nummern hinzuführen gesucht. Die Lage der Spinner ist infolgedessen nicht mehr so trostlos als zu den Zeiten, in denen die mechanischen Spinnereien Englands zuerst ihre Massenware auf den Markt brachten. — Die Leinengarne werden je nach ihrer Bestimmung, ob zum Verweben oder zu Zwirn, schon beim Spinnen verschieden fest gedreht. Das Kettengarn erhält stärkere Drehung als das mehr lockere Schußgarn, und auch das zu Zwirn bestimmte wird weniger fest gesponnen. Leinenzwirn entsteht durch Zusammendrehen von 2, 3 oder 4 einzelnen Garnfäden zu einem Ganzen, und zwar geschieht diese Drehung entgegengesetzt derjenigen, unter welcher das Garn entstand. Je nach der Anzahl der Fäden, die ihn zusammensetzen, heißt er zwei-, drei- und vierdrähtig usw. Im übrigen werden die zahlreichen Sorten und Nummern gewöhnlich nach dem Gebrauch, für den sie bestimmt sind, also als Näh-, Strick-, Spitzen-, Litzenzwirn benannt. Die Ware kommt teils gebleicht, teils ungebleicht in den Handel. Der Nähzwirn wird häufig gefärbt und appretiert, damit er beim Nähen nicht rauh wird.

Leinengewebe. Die eigentliche Leinwand (frz. Toile, engl. Linen) besitzt die für glatte Gewebe charakteristische Bindung. Die Kette ist in zwei gleiche Abteilungen geordnet, welche die Fäden 1, 3, 5, bzw. 2, 4, 6 enthalten und beim Weben abwechselnd nach oben und unten gezogen werden, so daß nur zwei Tritte am Webstuhl nötig sind. Nach dem Material unterscheidet man Flachsleinwand oder reine Leinwand, Hanfleinen (nur gröbere Sorten), Wergleinwand und gemischte Gewebe. Letztere zerfallen wieder in halbflächsene mit Flachsgarnkette und Schuß von Werkgarn, und halbbaumwollene, bei welcher Flachs- und Baumwollgarn Kette und Schuß oder auch Schuß und Kette bilden. Diese letzteren Gemische geben stets eine untergeordnete, obwohl häufig gut aussehende Ware, die auch wohl irische Leinwand genannt wird. Das gröbste leinwandartige Gewebe ist das Segeltuch, meist aus Hanfgarn, dann folgen Zelt-, Pack- und Sackleinen. Das zu Leibwäsche bestimmte Gewebe erscheint in sehr verschiedenen Graden der Stärke und Feinheit. Zu den stärkeren gehört gewöhnlich die Hausleinwand, zu welcher das Garn in ländlichen Wirtschaften selbst gesponnen wird. Die fabrikmäßig erzeugte Kaufleinwand besteht durchweg aus Maschinengarn, da in Fabriken nur selten Handstühle aufgestellt sind. Immerhin geschieht das Weben noch vielfach auf den gewöhnlichen Handwebstühlen, da einerseits Handgespinst wegen seiner Ungleichheit für den Maschinenstuhl gar nicht in Frage kommt, andererseits Maschinengarn, selbst das trocken gesponnene, oft nicht geschmeidig genug und daher leicht dem Umschlingen und Reißen unterworfen ist, so daß nicht mit der erforderlichen Raschheit gearbeitet werden kann. Meist werden die Garne im ungebleichten Zustande verwebt, nur die schlesische und böhmische Weißgarnleinwand (Creas) und das westfälische Löwentlinnen bestehen aus gebleichtem Garn. Die Rohgarne kocht man vor dem Spulen in Soda- oder Pottaschelauge, wodurch sie geschmeidiger werden. Diejenigen Gewebe von Rohgarnen, welche ungebleicht bleiben sollen, sind vom Webstuhl weg fertig und werden nur in Stückpakete gerollt und gebunden. Alle übrigen erhalten Appretur, welche in Bleichen, Stärken, Kalandern und zuweilen auch Glänzen besteht. Gebleicht wird entweder durch Rasenbleiche oder rascher unter Anwendung von Chlor (Schnellbleiche). Die Rasenbleiche dient einer Ware zur Empfehlung, da Chlor, wenn es nicht sehr behutsam angewandt wird, die Haltbarkeit der Faser leicht herabmindern kann. Das Bleichen bezweckt die Löslichmachung und Entfernung der anhaftenden dunkelfarbigen Stoffe und besteht in abwechselnder Behandlung durch

Laugenbäder, Einseifen, Walken und Aussetzen an die Luft, unter Begießung oder zum Teil auch ohne solche. Die böhmische Naturbleiche dauert 80 bis 90 Tage, und das Rohleinen verliert dabei 20—30 % seines ursprünglichen Gewichts. Durch konzentriertere und heißere Laugen, sowie namentlich durch Hinzunehmen von Chlorbädern läßt sich der Bleichprozeß bis auf 6 Tage abkürzen. Das Stärken der Leinenwaren besteht darin, daß ein dünner, mit weißem Wachs oder Paraffin und etwas Unschlitt gekochter, mit Ultramarin angebläuter Stärkekleister auf dem Gewebe eingetrocknet wird. Hierdurch wird die Dichte, Schwere und der Griff des Stoffes künstlich vermehrt. Das Glätten der gestärkten Leinwand geschieht durch Mangeln oder Kalandern, entweder so, daß das Zeug auf glatte Rundhölzer gewickelt und wie alle Wäsche gerollt wird, oder so, daß man es einfach oder doppelt durch eine Reihe von 2, 3 oder mehr geheizten und stark aufeinandergepreßten Walzen gehen läßt. Häufig wirken metallene mit Papierwalzen zusammen, welche eine sehr milde Glättung erzeugen; zuweilen wird der Stoff auch zugleich auf dem Kalander geglänzt, indem eine glatte Walze darauf wirkt, welche sich viel rascher dreht, als das Zeug fortschreitet. Die alte Glättmaschine, wie sie noch für die sogenannte Glanzleinwand gebraucht wird, hat als Hauptwerkzeug ein poliertes rundes Stück von Achat, Feuerstein oder Glas, das am unteren Ende einer federnden Stange sitzt und damit auf dem Zeuge hin und her geführt wird. Die appretierte Leinwand wird stückweise gelegt oder gerollt, gepreßt und gebunden. Die vielen Sortennamen sind zum Teil nur für den auswärtigen Absatz bestimmt, und zahlreiche beliebt gewordene Lokalerzeugnisse werden nicht selten in anderen Gegenden nachgemacht und mit dem Ursprungsnamen ausgestattet, so daß z. B. irländische L. auf dem Kontinent, Osnabrücker in England, Bielefelder und holländische in Böhmen und Schlesien hergestellt werden. Die feinen irischen Hemdenleinen, die besonders in Südamerika und den englischen Kolonien Absatz finden, sind eine Nachahmung der holländischen und Bielefelder Leinwand. Andere Stoffe aus Leinengarn, die unter ihren Namen besonders aufgeführt werden, sind Damast, Drell, Batist, Linon und Gazon. Auch Leinenplüsch, der sich durch außerordentliche Haltbarkeit und einen schimmernden Lüster auszeichnet, wird in großen Mengen dargestellt. Zur Unterscheidung des L. von Baumwolle bedient man sich meist der Schwefelsäureprobe. Das Gewebe wird durch sorgfältiges Waschen von der Appretur befreit, getrocknet, 1—2 Minuten in englische Schwefelsäure getaucht und dann mit Wasser oder einer Sodalösung unter Nachspülen mit Wasser ausgewaschen. Die zu einer gallertartigen Masse aufgelöste Baumwolle verschwindet bei richtig gewählter Behandlung in der Schwefelsäure, während die Leinenfäden unberührt bleiben und gezählt werden können. Das sicherste Urteil gewährt jedoch das Mikroskop. Die Leinfaser ist zylindrisch mit sehr enger innerer Höhlung und zeigt in bestimmten Entfernungen knotenartige Anschwellung wie ein Strohhalm, bei starker Vergrößerung Längsstreifung, die Baumwolle dagegen ist bandartig plattgedrückt mit verdickten Seitenrändern und vielfach schraubenartig um sich selbst gedreht. Zur Bestimmung der Feinheit des Gewebes dient der Fadenzähler, eine Lupe besonderer Einrichtung, welche auf das Gewebe gesetzt wird.

Leinöl (lat. Oleum lini, frz. Huile de lin, engl. Linseed-oil), das fette trocknende Öl aus den Leinsamen (s. d.) ist wie diese selbst ein wichtiger Handelsartikel. Die zur Ölgewinnung bestimmten Körner, der sog. Schlaglein, stammen hauptsächlich von den zur Fasergewinnung gebauten Pflanzen, haben also, da diese immer vor völliger Reife gezogen werden, nicht den vollen Ölgehalt, wie die zur Aussaat gezogenen reifen Körner, der Saatlein, von welcher höherwertigen Sorte nur das zu alt gewordene oder sonst verdorbene Gut noch dem Schlaglein zufällt. Die Gewinnung des Öls geschieht mit den gewöhnlichen Mitteln der älteren oder neueren Ölmüllerei und besteht hauptsächlich im Zerkleinern der Samen auf Stampf- oder Walzwerken, oder zwischen Mühlsteinen, und Auspressen des so erhaltenen Pulvers in Säcken mittels Keil-, Schrauben- oder hydraulischen Pressen. In der Regel wird warm gepreßt, indem man das Mahlgut über Feuer oder mit Dampf auf Platten bis gegen 90° C erhitzt, dabei fleißig wendet und dann gleich in die Presse gibt. In der Hitze gerinnt das Sameneiweiß und das Wasser verdampft, das Öl läuft daher dünnflüssiger und reiner und zugleich in größerer Menge ab, als wenn keine Hitze angewandt würde. Die Ausbeute beträgt 25 bis 27 %, während bei dem in einigen Gegenden, besonders Rußland, Polen, Sachsen, bevorzugten Kaltpressen nur 20—22 % Öl gewonnen werden. Das Verfahren der Extraktion wird bei Leinsamen nur selten angewandt. Reines kalt gepreßtes L. hat ein spez. Gew. von 0,930 bis 0,940 und erstarrt bei —16°. Die häufigste und wichtigste Verwendung des Öles ist die zu Firnissen (s. d.), zu denen aber nur altes Öl, das bei ein- bis zweijährigem Lagern den größten Teil seiner schleimigen Bestandteile ausgeschieden hat, benutzt werden soll. Als Verfälschungsmittel hat man Rüb-, Senf-, Hanf-, Baumwollsamenöl, Fischtran, Mineralöl, Harzöl, Ölsäure (Olein), Fettsäuren aus Wollfett, Aleuritesöl usw. beobachtet. Ihr Nachweis ist meist nur auf chemischem Wege möglich, jedoch liefert oft schon ein Probesieden auf Firnis wertvollen Aufschluß. Eine Reinigung von schleimigen Teilen wird durch Schütteln mit heißem Wasser, heißer Kochsalzlösung, Eisenvitriol, Vermischen mit Schnee, Durchfrierenlassen und Wiederauftauen bewirkt, während längeres Aussetzen an Licht und Sonne das Öl heller macht. — Minder wichtige Anwendungen des L. sind noch die Bereitung von Schmierseife, Buchdruckerschwärze und Arzneimitteln, wie Schwefelbalsam und Brandsalbe. Frisch geschlagenes Leinöl bildet in einigen Gegenden Deutschlands, besonders der Mark Brandenburg, ein geschätztes Speiseöl. Zu Leuchtzwecken ist es, als stark rußend, nicht zu gebrauchen. — Die Preßrückstände bilden als Leinölkuchen ein wertvolles Viehfutter und dienen getrocknet und wieder gepulvert als Leinkuchenmehl (lat. Farina seu Placenta lini, frz. Gâteau de lin, engl. Linseed cake) auch zu erweichenden Umschlägen.

Leinsamen (Leinsaat, lat. Semen lini, frz. Semence de lin, engl. Linseed), die Samen der Leinpflanze (s. Flachs), die einen wichtigen Gegenstand des Großhandels bilden, sind von ovaler, an einem Ende zugespitzter, an der Spitze gekrümmter Form, 4—6 mm lang und etwa 5 mg schwer. Die glatte glänzendbraune Schale enthält grünliche Kotyledonen von süßlich-schleimigem Geschmack und ein derbwandiges Endosperm, die keine Stärke, aber neben erheblichen, bis zu 40 % betragenden Mengen Fett (s. Leinöl) etwa 25 % Protein, 5—8 % Asche und viel schleimgebende Stoffe enthalten. Guter Samen muß in der Hand leicht gleiten, in Wasser untersinken und frei von üblen Gerüchen und Unkrautsamen sein. Nach schlechter Ernte wird er dunkel, glanzlos, schmutzig und verliert an Keimkraft. 1 hl wiegt 67—68 kg. Für den Flachsbau besonders geeignete Sorten sind der sehr reine und grobkörnige Zeeländer, der stärkeren Flachs liefert, ferner Königsberger, Memeler, Etschtaler, Axemer, weiß blühender russischer, weiß blühender amerikanischer und gemengter weiß blühender. Seltener angebaut werden der ewige L. (L. perenne), der ausdauernde sibirische L. mit grober, harter, schwer zu trennender Faser, der schmalblättrige L. (L. angustifolium Huch) mit guter Faser in Südeuropa und Australien, der österreichische L. (L. austriacum) und der Seelein, Meerstrandslein (L. maritimum). Der aus Rußland in Tonnen eingeführte Tonnenlein (Rigaer, Pernauer, Libauer, Niedauer L.), der meist stark mit Leindotter verunreinigt ist, wird am meisten zur Samenzucht benutzt. Die erste daraus gezogene Saat, der Kronen- oder Rosenlein, gibt 4—5 Jahre gute Ernten und wird solange als „Saatlein", nach dieser Zeit aber zur Ölgewinnung als „Schlaglein" verwertet. Die hierbei abfallenden Leinkuchen bilden ein wertvolles Futtermittel. In der Medizin dienen sie, wie auch die Samen selbst, zur Herstellung schleimiger Aufgüsse.

Lemongrasöl (Limongrasöl, Grasöl, Idrisöl, Nardenöl, lat. Oleum Lemongras, frz. Essence de Lemongrass, engl. Lemongrass oil), ein aus Ostindien und Kotschinchina kommendes ätherisches Öl, wird durch Destillation einer Grasart, Cymbopogon flexuosus Stapf (Andropogon Nardus var. flexuosus Hack), gewonnen. Die gelblich bis bräunlich gefärbte Flüssigkeit von angenehmem, zitronenartigem Geruch löst sich in 2—3 Teilen 70%igen Alkohols und besitzt das spez. Gew. 0,899—0,905. Das L. besteht zu durchschnittlich 70—80 % aus Zitral und enthält außerdem etwas Methylheptenon, Dezylaldehyd, Geraniol und wahrscheinlich Linalool. Eine schwer lösliche Sorte, das sog. westindische Lemongrasöl, stammt von Cymbopogon citratus Stapf (Andropogon citratus D. C.). Dieses Öl gibt mit 70%igem Alkohol keine klare Lösung und auch bei Verwendung von stärkerem Alkohol wird die Lösung auf weiteren Zusatz meist trübe. Spez. Gew. 0,870—0,912, Zitralgehalt etwa 50—80 %. — L. wird zum Parfümieren von Seifen benutzt.

Lerchenschwamm (Lärchenschwamm, lat. Agaricus albus, Boletus laricis, frz. und engl. Agaric) ist der Fruchtträger eines Löcherpilzes, Polyporus officinalis, der sich an dem Stamme einiger ausländischer Larixarten, namentlich von Larix decidua, var. rosica, und zwar nur an kranken, innen in Fäulnis übergegangenen Stämmen findet. Man sammelt die Stücke meist im Spätherbst oder Winter, schält, um die äußere, mehr holzige Schale zu entfernen, klopft und trocknet sie. Die Ware erscheint in verschieden gestalteten und ungleich großen, an der Oberfläche konvexen Stücken, die innen feinporig, weißlichgelb und zäh erscheinen und leicht einen Husten und Niesen erregenden Staub abgeben. Der Geschmack ist anfangs süßlich, dann scharf und anhaltend bitter, der Geruch schwach dumpfig. Als wirksamer Bestandteil findet sich eine Resinolsäure, die Agarizinsäure (s. d.), daneben Pilzzellulose und verschiedene Säuren. Der L. ist ein stark drastisch wirkendes Mittel und darf daher im Kleinhandel zu Heilzwecken nicht verkauft werden, wird aber vielfach als Zusatz bei der Bereitung bitterer Liköre verwendet. Man bezieht die Ware hauptsächlich aus dem nördlichen Rußland von Archangelsk über Hamburg, ferner aus Ungarn, der Schweiz und Tirol. Je heller und leichter die Ware ist, für desto besser gilt sie.

Lessive Phenix, ein marktschreierisch angepriesenes Waschmittel, enthält neben 50 % Natriumkarbonat und 34 % Wasser nur 6 % Seife und 5 % Wasserglas. Es ist an Wirksamkeit gewöhnlicher Soda gleichwertig, aber natürlich weit teurer als diese.

Letternholz. Mit diesem Namen bezeichnet man im Handel verschiedene Hölzer, so das in der Feintischlerei hochgeschätzte und zur Herstellung von Violin- und Spannbogen verwendete Holz von Machaerium Schomburghii, eines in Guyana heimischen, zu den Papilionazeen gehörigen Baumes, ferner das Holz der zur Familie der Euphorbiazeen gehörigen Amanoa guyanensis, ebenfalls aus Guyana, und endlich das Holz der zu den Artokarpeen gehörigen, in Südamerika heimischen Piratinera guyanensis.

Letternmetall (Schriftmetall), diejenigen Legierungen, welche zur Herstellung der Schriften oder Lettern für die Buchdruckereien dienen, werden aus Blei und Antimon in verschiedenen Verhältnissen, je nach Größe der Schrift gegossen. Früher war auch ein Zusatz von Zinn gebräuchlich.

Leuchtfarben, die nach der Belichtung durch die Sonne im Dunkeln leuchten, bestehen aus den Sulfiden der Erdalkalien, die durch Glühen der Karbonate mit Kohle erhalten werden. Zur Erhöhung der Wirksamkeit erhalten sie meist geringe Zusätze seltener Alkalien (Lithium, Rubidium) oder von Thallium, Wismut u. dgl.

Levikowasser, ein aus Südtirol stammendes Quellwasser, das sich durch starken Arsengehalt von 0,008 g in 1 l sowie durch Kupfer- und Eisensulfat auszeichnet, wird zu Trink- und Badekuren benutzt.

Lezithin ist ein für den Lebensprozeß außerordentlich wichtiger Stoff, der sich im Gehirn und dem Eigelb in besonders reichlicher Menge, aber auch im Blut, den Nerven und Pflanzensamen vorfindet. Es bildet eine wachsähnliche, kristallinische Masse, ist in Alkohol und Äther leicht löslich und quillt mit Wasser zu einer opalisierenden Flüssigkeit auf, aus welcher es durch Salze wieder gefällt werden kann. In chemischer Hinsicht ist L. als eine esterartige Verbindung von Cholin und Glyzerinphosphorsäure anzusprechen, in welcher zwei Hydroxylgruppen durch Palmitin-, Stearin- oder Ölsäure vertreten sind. Zum Nachweise und zur quantitativen Bestimmung des L. bedient man sich der Ermittlung der alkohollöslichen Phosphorsäure nach Juckenack. L. wird neuerdings als Zusatz zahlreicher diätetischer Präparate in den Verkehr gebracht, die aber z. T. nur zweifelhafte Bedeutung besitzen.

Liatrisblätter (Vanilleblätter, lat. Folia liatris, frz. Feuilles de liatris, engl. Liatris leaves), von Liatris odoratissima, einer nordamerikanischen Komposite, enthalten eine nicht unbedeutende Menge Kumarin, 1,5 %, und werden als Ersatz der Tonkabohnen bei der Herstellung von Schnupftabak verwandt.

Lichtgrün. Diesen Namen führt teils das Methylgrün (s. d.), teils ein anderer Teerfarbstoff, der aus dem Natronsalze der Diäthyldibenzyldiamidotriphenylkarbinoltrisulfosäure besteht und als Lichtgrün S, Lichtgrün SF, Säuregrün, Säuregrün SOF in den Handel kommt. Der Farbstoff bildet ein dunkelgrünes, nicht glänzendes Pulver, welches in Wasser und in Alkohol löslich ist und Seide und Wolle im saueren Bade grün färbt.

Lichtpauspapier, mit rotem Blutlaugensalz imprägniertes Papier zur Herstellung weißer Abzüge (Kopien) auf blauem Grunde.

Liebersche Kräuter (Hanfnesselkraut, Blankenheimer Tee, lat. Herba galeopsidis grandiflorae, frz. Herbe de galéopside, engl. Galeopsis). Unter diesem Namen kommt das zur Blütezeit gesammelte Kraut von Galeopsis Ladanum im geschnittenen Zustande in den Handel. Die Pflanze gehört zur Familie der Labiaten, ist in Mittel- und Westeuropa heimisch und bildet ein beliebtes Mittel gegen Lungenleiden.

Liebstöckelwurzel (lat. Radix levistici, frz. Racine de livèche, engl. Lovage root), die Wurzel einer ausdauernden Doldenpflanze, Ligusticum levisticum seu Levisticum officinale, die in Süddeutschland, Italien, der Schweiz und Frankreich in Berggegenden wild wächst und bei uns angebaut wird. Alle Teile der Pflanze haben einen eigentümlichen aromatischen Geruch und brennend scharfen Geschmack, doch werden jetzt nicht mehr wie früher Kraut, Samen und Wurzeln, sondern nur noch die letzteren medizinisch benutzt. Man gräbt die starke, spindelförmige, öfter mehrköpfige Hauptwurzel, die sich gegen die Spitze in einige einfache Zweige teilt, im Frühjahr von 2—4jährigen Pflanzen, spaltet die dicken Wurzelteile bei der Ernte der Länge nach und hängt die Stücke an Fäden gereiht zum Trocknen auf. Die getrockneten Wurzeln haben ein weiches, schwammiges Gefüge mit festerem Kern und sind äußerlich gelbbraun, innerlich hellgelblich gefärbt. Die dicke Rinde ist höckerig, querrunzelig und längsrissig und zeigt zahlreiche orangegelbe Balsambehälter, die beim Drücken ihren aromatischen Inhalt austreten lassen. Die Droge, die außer Zucker balsamisches Harz und ätherisches Öl als Träger des Geruches und Geschmackes enthält, dient in Form von Abkochungen als harntreibendes Mittel und hauptsächlich zur Bereitung aromatischer Liköre. Zum Schutz gegen Wurmfraß muß sie gut verschlossen aufbewahrt werden. Die bisweilen beigemengte Angelikawurzel ist daran zu erkennen, daß sie im Gegensatz zu L. einen strahligen Querschnitt zeigt.

Lignum, Holz. Im Drogenhandel führt man folgende Holzarten unter ihrer lateinischen Benennung: L. campechianum, s. Blauholz; L. citrinum, s. Gelbholz; L. guajaci seu L. sanctum, Franzosen- oder Pockholz, s. unter Guajak; L. juniperi, s. Wacholder; L. quassia, Quassienholz (s. d.); L. rhodii, s. Rosenholz; L. santalinum, s. Sandelholz; L. sassafras, s. unter Sassafras; L. suberinum, s. Kork u. a.

Liköre (Liqueure, frz. und engl. Liqueures) nennt man gesüßte und gewürzte Branntweine, als deren Grundlage ein feiner fuselfreier Spiritus (Feinsprit) dient, während der Zucker in Form eines farblosen Sirups zugesetzt wird. Zum Aromatisieren benutzt man bei den feineren Sorten, wie Benediktiner, Chartreuse (s. d.) usw., Destillate und Auszüge aromatischer Pflanzenteile, bei den gewöhnlicheren meist ätherische Öle und Essenzen. Auch werden die mit Phantasienamen belegten oft mit künstlichen oder natürlichen Farbstoffen gefärbt, und zwar rot mit Koschenilletinktur, grün mit Chlorophyll, Gemischen von Safran- und Indigotinktur oder Teerfarbstoffen. Der Alkoholgehalt soll mindestens 20 Vol. % betragen. Fruchtsaftliköre (Himbeer-, Kirsch-, Ebereschen- usw. L.) dürfen ihre Farbe nur dem Gehalte an natürlichem Fruchtsaft verdanken und nicht weniger als 20 Vol. % Alkohol enthalten. Cherry-Brandy ist im wesentlichen eine Zubereitung aus Kirschwasser (s. d.) oder Kirschwasserverschnitt und Kirschsirup mit mindestens 27 Vol. % Alkohol. Sehr stark versüßte, dickflüssige L. werden als Cremes oder Huiles (Vanille-crême, Huile de rose), gleichzeitig mit Obstsäften versetzte als Ratafia (s. d.) bezeichnet. Weniger starke heißen Doppelliköre und die einfachen Aquavite. Eierkognak (s. d.)

Limburger Käse (Belgischer Backsteinkäse) wird in der belgischen Provinz Limburg, und zwar hauptsächlich in der Umgegend von Hervé in Form quadratischer Stücke von 12 bis 13 cm Kantenlänge, 6—8 cm Höhe und 0,75 bis 1 kg Gewicht hergestellt. Er gehört zu den halbfetten Käsen mit mindestens 20 % Fett in der Trockensubstanz (s. Käse) und wird in bezug auf Dicklegen, Salzen und Reifen ähnlich wie Edamer behandelt. Der Versand erfolgt meist in Kisten zu 12—100 Stück.

Limettenöl (Limonöl, lat. Oleum limettae, frz. Essence de limette, engl. Oil of limetta), das aus den Fruchtschalen von Limettaarten gepreßte ätherische Öl, wird nach der Herkunft in zwei Sorten geschieden: Westindisches L. von Citrus medica var. acida besitzt goldgelbe Farbe, ein spez. Gew. von 0,878 bis 0,901 und eine Drehung von +32 bis +38°. Sein wichtigster Bestandteil ist Zitral, das zu etwa 6—9% vorhanden ist. Italienisches L. von Citrus limetta (Risso) ist bräunlichgelb und enthält erhebliche Mengen Limonen, $C_{10}H_{16}$, neben Linalool und Linalylazetat. Das spez. Gew. beträgt 0,872, die Drehung +58°. Das L. wird zu Parfümeriezwecken verwandt, im Kleinhandel aber meist durch Zitronenöl ersetzt.

Limonade. Der von Limone (Zitrone) abgeleitete Name bezeichnet Mischungen von Fruchtsaft, Zucker und Wasser. Mit Kohlensäure hergestellte L., die allein einen Gegenstand des Handels bildet, ist unter Brauselimonade besprochen.

Linaloeholz (Linalue, Linanue), das Holz verschiedener Burserazeen, wie Bursera aloëxylon, Delpechiana Poiss., ferner von Elaphrium graveolens, nach anderen von Amyris Linaloe, ist sehr reich an ätherischem Öl und besitzt deshalb einen starken, sehr angenehmen Geruch. Das in frischem Zustande gelblichweiße, nach mehrjähriger Lagerung hellbräunlich und geruchlos werdende Holz wächst in den heißen Tälern der westlichen mexikanischen Kordilleren, namentlich in der Gegend von Misteca bei Matamoros. Eine andere Sorte von Linaloeholz kommt neuerdings auch aus Kayenne, wo es gleichfalls zur Destillation von Linaloeöl benutzt wird. Dieses Holz stammt aber nicht von einer Burserazee, sondern wahrscheinlich von der zu den Laurazeen gehörigen Ocotea caudata ab.

Linaloeöl (Lignaloeöl, lat. Oleum linaloës, frz. Essence de bois de Linaloé, engl. Oil of Linaloes wood), das ätherische Öl des Linaloeholzes, wird durch Wasserdampfdestillation aus letzterem gewonnen. Mexikanisches Holz liefert bis zu 2,5% eines wasserhellen oder schwach gelblichen Öles, das sich in zwei Teilen 70%igem Alkohol auflöst und ein spez. Gew. von 0,875—0,891 und eine Drehung von —3 bis —14° zeigt. Vereinzelt kommt auch rechtsdrehendes Öl (bis etwa +8°) in den Handel. Kayenne-Linaloeöl, das in einer Ausbeute von 0,6—1,6% erhalten wird, ist von gleicher Farbe und Löslichkeit wie das mexikanische Öl, hat ein spez. Gew. von 0,870 bis 0,880 und eine Drehung von —10 bis —19°. Das L. besteht im wesentlichen aus Linalool, $C_{10}H_{18}O$, dem Ausgangsmaterial für Maiglöckchenparfüm, zu dessen Herstellung es Verwendung findet. Daneben sind noch Terpineol sowie geringe Mengen von Methylheptenon und Geraniol vorhanden.

Lindenbast (frz. Tille, engl. Bast of linden tree) dient zur Herstellung von geflochtenen Matten, die hauptsächlich von Rußland in sehr großer Menge geliefert werden und zum Verpacken von Kaufmannsgütern besonders gesucht sind sowie zur Anfertigung von Körben und Decken. Der Bast wird in der Saftzeit geschält und ähnlich wie Flachs behandelt.

Lindenblüten (lat. Flores tiliae, frz. Fleurs de tilleul, engl. Linden flowers). Die duftigen Blüten unserer Linden, Tilia ulmifolia s. parvifolia, T. platyphyllos s. grandifolia, bilden getrocknet, aber dann fast geruchlos, einen Gegenstand des großen und kleinen Kräuterhandels. Man sammelt die Blütenstände teils mit, teils ohne die Brakteen (cum seu sine bracteis), das sind die mit dem gemeinsamen Blütenstiel bis zur Hälfte verwachsenen, hellgelblichgrünen, trocken erscheinenden Deckblätter und verwendet sie als schweißtreibendes Mittel und zu Bädern. Zur Abscheidung des Aromas destilliert man die L. im frischen Zustande mit Wasser, welches die geringe Menge ätherisches Öl (0,04%) aufnimmt und so das Lindenblütenwasser (lat. Aqua tiliae, frz. Eau distillée de tilleul, engl. Linden flowers water) bildet. Nach mehrfacher Destillation desselben Wassers über neue Mengen von Blüten unter Zusatz von Salz sammeln sich beim Stehen des Destillates Öltröpfchen auf der Oberfläche an, welche mit Äther ausgeschüttelt werden. Das in den Blüten nur etwa zu 0,04% enthaltene Lindenblütenöl ist farblos, leichter als Wasser und von starkem Geruch.

Lindenholz (lat. Lignum tiliae, frz. Bois de tilleul, engl. Linden wood), das Holz der verschiedenen Lindenbäume, stammt am häufigsten von der kleinblättrigen oder Winterlinde, Tilia parvifolia, die über ganz Europa verbreitet ist und namentlich in Rußland sowie im gemäßigten Asien große Wälder bildet, während die großblättrige oder Sommerlinde (Tilia grandifolia) einen viel beschränkteren Verbreitungsbezirk hat und hauptsächlich in Süddeutschland und Österreich angetroffen wird. Das L. ist weiß, etwas ins Graue und Rötliche spielend, sehr weich und leicht, aber doch auch zähe, dicht und von sehr gleichmäßigem Gefüge. Es besitzt wenig hervortretende Jahresringe, spaltet leicht, aber nicht eben, läßt sich nach verschiedenen Richtungen hin leicht bearbeiten, ohne auszubröckeln, und eignet sich daher vorzüglich zu Bildhauerarbeiten. L. nimmt, wenn auch schwierig, eine schöne Politur an und steht im Trocknen sehr gut, geht aber bei Feuchtigkeit bald zugrunde und ist dem Wurmfraße sehr ausgesetzt. Es wird auch zu Zeichenbrettern, als Modellierholz, von Instrumentenmachern, Drechslern und Tischlern viel benutzt. Das Holz der Winterlinde ist etwas dunkler, zäher und härter als das der Sommerlinde. Die aus L. bereitete Holzkohle (lat. Carbo tiliae, frz. Charbon de tilleul, engl. Lindenwood charcoal), wird als Zahnpulver benutzt.

Liniment (Linimentum) nennt man äußerlich anzuwendende Heilmittel von schwerflüssiger bis halbfester Beschaffenheit, die wirksame Stoffe wie Alkaloïde, Ammoniak, Kampfer, Kapsikum, Schwefel usw. im Gemisch mit Salben und teilweise verseiften Fetten enthalten. Besonders bekannt sind flüchtiges L. (Linimentum ammoniatum) aus Olivenöl, Mohnöl oder Sesamöl mit Ammoniak; Kampfer-L.

(Linimentum camphoratum) aus Ammoniak und Kampferöl sowie Opodeldoc (s. d.).

Linoleum nennt man einen Stoff, der aus Korkmehl und Leinölfirnis in Rollen von verschiedener Breite sowie in verschiedenartigen Mustern und Farben hergestellt wird und einen sehr dauerhaften und zweckmäßigen Fußbodenbelag bildet. Die sog. Linoleumtapete („Linkrusta") enthält als Füllmittel statt des Korks Papiermasse. Hauptsitz der Linoleumindustrie ist Delmenhorst.

Linon (frz. Linon, engl. Lawn), Schleierleinwand, ist ein feines weißes, leichtes und locker gewebtes Leinenzeug, welches die Mitte zwischen Batist und Schleier hält und auch mitunter Batistlinon genannt wird. Man stellt es gleich den Batisten in Frankreich, Belgien, Bielefeld, Böhmen und Schlesien dar. Wie die meisten Leinenstoffe in Baumwolle nachgemacht werden, gibt es natürlich auch baumwollene Linons und Batistlinons. Die Stoffe werden sowohl glatt als gestreift, gegittert und geblümt gearbeitet und für leichte Kleider, Hüte, Häubchen u. dgl. benutzt.

Linsen (lat. Semen ervi, frz. Lentilles, engl. Lentils) sind die Samen der gemeinen Acker- oder Saatlinse, Ervum lens, die bereits im Altertum und Mittelalter als Nahrungsmittel geschätzt wurden, seit dem Anbau der Kartoffel in Deutschland aber an Bedeutung verloren haben, während sie in Frankreich auch jetzt noch viel verbraucht werden. Die einjährige, nur bis 0,3 m hohe Pflanze ist ziemlich anspruchsvoll, verlangt fleißiges Jäten und gibt nur unsichere Erträge. Sie trägt in hohlen, fast rautenförmigen Hülsen je zwei platte zusammengedrückte Samen von gelber, weißer, brauner oder schwarzer Farbe, welche den übrigen Hülsenfrüchten, Bohnen und Erbsen, an Nährwert gleichkommen und wie diese 25—26 % Stickstoffsubstanz enthalten. Die L. werden meist zu Suppen und als Gemüse, im Orient auch zur Herstellung von Brot verwandt. Medizinisch werden sie bei Geschwüren und Drüsenleiden als Umschlag benutzt.

Liptauer Käse, ein aus Schafmilch mit Labzusatz hergestellter ungarischer Fettkäse, der bis zu 50 %, aber nicht unter 40 % Fett in der Trockenmasse enthält, wird bisweilen auch mit Butter und Paprika gemischt als sog. garnierter L. in Stanniolpackung in den Handel gebracht.

Liquor (deutsch: Flüssigkeit) ist ein Sammelname für zahlreiche, meist aus wäßrigen Lösungen bestehende chemische oder pharmazeutische Zubereitungen, z. B. L. ammonii acetici, essigsaure Ammoniakflüssigkeit; L. ammonii caustici, Salmiakgeist; L. ammonii sulfurati, Schwefelammonium; L. anodynus mineralis Hoffmanni, Hoffmannsche schmerzstillende Tropfen, Schwefelätherweingeist; L. cupri perchlorati, Chlorkupferspiritus; L. ferri acetici, flüssiges essigsaures Eisenoxyd; L. ferri chlorati, Eisenchlorürlösung; L. kali acetici, Kaliumazetatlösung; L. kali carbonici, Pottaschenlauge; L. kali caustici, Ätzkalilauge; L. natri caustici, Ätznatronlauge usw.

Lithium (Li=7,03), ein dem Kalium und Natrium sehr ähnliches Metall, findet sich in der Natur sehr verbreitet, aber stets in geringer Menge, so im Meer- und Flußwasser, in Pflanzenaschen und namentlich in vielen Mineralquellen, deren Heilwirkung man ihrem Gehalt an diesem Elemente zuschreibt. Als Ausgangsmaterial zur Darstellung des L. und seiner Verbindungen dient besonders der Lithionglimmer (Lepidolith), ein Aluminium-Lithium-Silikat, welches sich in Sachsen bei Altenberg und Penig, ferner in Cornwall und in Mähren bei Rozena vorfindet. Das metallische L., das leichteste aller Metalle, vom spez. Gew. 0,594, ist in seinem chemischen Verhalten den übrigen Alkalimetallen ganz analog und findet seines hohen Preises wegen keine technische Anwendung. Hingegen besitzen seine Verbindungen, die an der intensiven Rotfärbung der Bunsenflamme und mit Hilfe des Spektralapparates in den kleinsten Spuren erkannt werden können, große Bedeutung als Mittel gegen Erkrankung der Harnorgane, Abscheidung von Harnsäure und Gicht. Die wichtigsten Salze sind das kohlensaure L. (L. carbonicum) und benzoësaure L. (L. benzoïcum) sowie für photographische Zwecke das Brom- und Jodlithium. Außerdem findet sich das essigsaure, schwefelsaure, zitronensaure und salizylsaure L. im Handel.

Lithographische Steine nennt man eine besondere Art eines in Platten brechenden Kalksteines von dichtem und sehr feinem Korn, welcher wenig verbreitet ist und nur in den Brüchen von Solenhofen und Pappenheim in den bayrischen Donaugegenden gefunden wird. Sie sind das unentbehrliche Material für den Steindruck und werden nach ihrer Güte in mehrere Sorten unterschieden. Die feinste bilden die blaugrauen Steine, welche als die härtesten und feinkörnigsten ausschließlich zu gravierten Arbeiten benutzt werden, während die gelben für Feder- und Kreidemanier Verwendung finden. Graue wie gelbe Sorten zerfallen wieder in Prima- und Sekundaware, von denen die letztere mit stärkeren Flecken und Adern durchsetzt ist. Die Platten werden auf einer und auf zwei Seiten geschliffen geliefert und zeigen dann vollständig glatte und mattglänzende Flächen. Große dünnere Platten werden vielfach auf Unterplatten aufgekittet, starke Steine vermittels Dampfsägen in dünnere von 7—10 cm Dicke zerteilt.

Lithopone, eine aus Bariumsulfat und 10 bis 15 % Zinksulfid bestehende weiße Malerfarbe, wird in der Weise hergestellt, daß man ein Gemisch von Chlorbarium und Schwefelbarium in wäßriger Lösung teilweise mit Schwefelsäure und den Rest mit Zinkvitriol fällt, oder daß man Schwefelzink mit Bariumsulfat mischt. L. besitzt ungefähr die Deckkraft des Blanc fixe.

Lobelienkraut (Indianischer Tabak, lat. Herba lobeliae, frz. Lobélie enflée, engl. Indian tabacco), eine aus Nordamerika stammende Droge, besteht aus der getrockneten und zerschnittenen einjährigen Pflanze Lobelia inflata, die im blühenden Zustande gesammelt, getrocknet und in Kuchenform oder viereckige Pakete gepreßt wird. Die Pflanze riecht tabakähnlich, schmeckt widrig und stechend scharf und enthält als eigentümlichen Bestandteil das

Alkaloïd Lobelin, ein narkotisch wirkendes Gift, ferner Inflatin und Lobelakrin. Das Pulver oder die Tinktur daraus wirkt in kleinen Gaben fördernd auf die Sekretionswege, in größeren Erbrechen erregend. Man benutzt sie als Brech- und schweißtreibendes Mittel sowie gegen Asthma.

Löffelkraut (Skorbutkraut, lat. Herba cochleariae officinalis, frz. Herbe de cochléarie, engl. Scurvy grass). Diese als Wunderheilmittel für skorbutkranke Schiffer altberühmte Pflanze wächst von den Küsten der Nord- und Ostsee an nordwärts bis zu den Grenzen des Pflanzenwachstums und findet sich unter anderen noch auf der ganzen Westküste von Grönland, besonders üppig auf Plätzen, die durch Seevögel gedüngt wurden. Daneben kommt sie aber auch bei uns im Binnenlande, namentlich an salzigen Seen und Salinen, vor und läßt sich in feuchtem Boden auch aus Samen ziehen. Die zu den Kruziferen gehörende und dem Meerrettich nahe verwandte Pflanze ist zweijährig und bringt erst im zweiten Jahre ihre weißen Blütendolden und kleinen Samenschötchen hervor. Die Wurzelblätter sind rundlich und langstielig, von der Form eines Löffels, während die höher stehenden Blätter dem Stengel ansitzen und sehr kurze Stiele haben. Gerieben hat das frische Kraut einen beißend scharfen Geruch und einen salzig bitteren, kressenartigen Geschmack, welcher auf seinem Gehalte an ätherischem Öl beruht. — Zur Destillation des Löffelkrautspiritus (lat. Spiritus cochleariae, frz. Esprit de cochléarie, engl. Sprit of Scurvy grass) darf nur trockenes Kraut unter Zusatz von weißem Senfpulver verwandt werden. Das Destillat enthält den wirksamen Bestandteil in Form eines flüchtigen schwefelhaltigen Öls, das im Safte der Pflanze noch nicht fertig gebildet ist. Der Spiritus dient wie das frische Kraut gegen skorbutartige Leiden sowie äußerlich zu reizenden Einreibungen.

Löffelkrautöl (lat. Oleum cochleariae, frz. Essence de cochléaria, engl. Oil of spoonwort), das durch Destillation von Löffelkraut und weißem Senf mit Wasserdampf gewonnene ätherische Öl des Löffelkrautes, ist farblos bis gelblich und zeigt den stechend scharfen Geruch und Geschmack des frischen Krautes. Es hat ein spez. Gew. von 0,933—0,950, siedet bei 156—160° und ist seiner chemischen Natur nach als das Isosulfozyanat des sekundären Butylalkohols anzusprechen. Das auf künstlichem Wege bereitete und zur Herstellung von Löffelkrautspiritus in den Handel gebrachte L. besteht aus Isobutylsenföl.

Löwenzahnwurzel (lat. Radix taraxaci, frz. Racine de pissenlit, Racine de dent de Lion, engl. Taraxacum root, Dandelion), die spindelförmige Wurzel der bekannten, fast überall wild wachsenden Komposite Leontodon taraxacum, zeigt unter einer schwärzlichen Oberhaut einen weißlichen Holzkörper und schmeckt schwach salzig und süß bitterlich. Von wichtigen Inhaltsstoffen wurden durch Power und Browning neben geringen Mengen eines Enzyms und eines ätherischen Öls im Wasser löslichen Extrakte, Lävulose, Cholin, Parahydroxyphenylessigsäure und 3:4 Dihydroxyzimtsäure, aus dem unlöslichen Teile zwei neue Alkohole: Taraxasterol und Homotaraxasterol isoliert. L. wird, ebenso wie das daraus gewonnene Extrakt (lat. Extraktum taraxaci, frz. Extrait de pissenlit, engl. Extract of Taraxacum), medizinisch zu Kräutersäften und Frühlingskuren verwandt, dient aber hauptsächlich zur Herstellung von Kaffee-Ersatzmitteln.

Lohe (Gerberrinde) nennt man im allgemeinen alle zu einem groben Pulver gemahlenen Baumrinden, welche wegen eines hohen Gerbstoffgehaltes zum Gerben benutzt werden. Im besonderen versteht man darunter aber die früher fast allein in Betracht kommende Eichenrinde, die in besonderen Schälwaldungen gewonnen wird. Das Holz wird hier alle 12—15 Jahre von den Stöcken geschlagen und liefert die sog. Spiegel- oder Glanzrinde mit 16% Gerbstoff, während die Rinde alter Bäume nur 4—6% Gerbstoff enthält. Als ein wichtiger Fortschritt dieser guten Nutzen abwerfenden Anlagen ist es zu bezeichnen, daß die Buscheichen jetzt bereits im Winter geschlagen werden, da die Rinden dann reicher an Gerbstoff sind und eine Störung des Wachstums vermieden wird. Das Schälen bietet nach der Behandlung in einem Dampfapparat keine Schwierigkeit mehr. Von anderen Rinden kommen hauptsächlich die Fichtenrinde, die Tannenrinde sowie in Nordamerika die Rinde der Hemlocktanne in Betracht. Weidenrinde dient zum Gerben des weichen (dänischen) Handschuhleders, ein Gemisch von Birken- und Erlenrinde zur Darstellung des Juchtens. Die Rinden anderer Bäume: Lärche, Pappel, Buche, Nußbaum, Ulme und Kastanie haben wegen ihres geringen Gerbstoffgehaltes weniger Bedeutung, um so größere Wichtigkeit kommt verschiedenen ausländischen Gerbmaterialien (s. d.) zu, welche in von Jahr zu Jahr steigenden Mengen eingeführt werden.

Lorbeerblätter (lat. Folia lauri, frz. Feuilles de laurier, engl. Laurel leaves), die Blätter des edlen Lorbeerbaumes (Laurus nobilis), der im Orient heimisch ist, sich aber in Südeuropa häufig angepflanzt und verwildert vorfindet und männliche und weibliche Blüten auf verschiedenen Stämmen trägt. Die dunkelgrünen ganzrandigen und lederartigen Blätter von glänzender Oberfläche und matter Unterseite besitzen einen aromatischen Geruch und gewürzhaft bitteren Geschmack und bilden eines der bekanntesten Gewürze zum Küchengebrauch, zum Marinieren von Fischen, wie zum Aromatisieren von Essigen und Likören und werden in Italien auch zum Einpacken von Südfrüchten und Lakritzen benutzt.

Lorbeerblätteröl (lat. Oleum foliorum lauri aethereum, frz. Essence de feuilles de laurier, engl. Oil of Laurel leaves), das kajeputölartig riechende Öl der Lorbeerblätter, hat ein spez. Gew. von 0,915—0,932, eine Drehung von —15 bis —19° und fängt bei 158° an zu sieden. Hauptbestandteile des Öls sind Pinen, Zineol (etwa 50%), Linalool, Geraniol, Eugenol und Methyleugenol; die höchstsiedenden Anteile sind noch nicht festgestellt.

Lorbeeren (lat. Baccae seu Fructus lauri, frz. Fruits de laurier, engl. Laurel berries), die getrockneten Früchte des Lorbeerbaumes, haben im frischen Zustande eine dunkelblaue Schale, die aber beim Trocknen graubraun und runzelig wird. Die trocknen Früchte besitzen eine dünne, hautartig eingetrocknete, zerbrechliche, pergamentartige Samenhülle und einen bräunlichen, viel Öl haltenden Kern. Ihr Geruch ist eigentümlich, nicht angenehm gewürzhaft, der Geschmack bitter aromatisch und fettig. Die L. werden nur noch selten, hauptsächlich zur Vieharznei, zu Räucherwerk und äußerlich gegen Krätze benutzt. Glanz und Schwere sind Zeichen der Güte und Frische der Ware, die gut geschützt und trocken aufzubewahren ist, da sie leicht von Insekten angegangen und dadurch unbrauchbar wird. In Italien und Griechenland dienen die frischen L. zur Bereitung des Lorbeeröls.

Lorbeeröl (Loröl, Lorbeerfett, lat. Oleum Lauri expressum, frz. Huile de fruits de laurier, engl. Laurel oil) wird teils durch Auspressen, teils durch Auskochen der frischen Früchte des Lorbeerbaumes in Menge von etwa 15 % erhalten. Es hat eine schöne grüne Farbe, bei gewöhnlicher Temperatur eine schmalzartige Konsistenz, körnige Beschaffenheit und stark würzhaften Geruch, der von dem Gehalt an ätherischem Öl herrührt. Das L. muß sich in Äther vollständig und klar lösen, während 80grädiger Weingeist nur das ätherische Öl und den grün färbenden Stoff (Chlorophyll) auszieht, die Fette aber ungelöst läßt. Das Öl, das meist vom Gardasee und aus Griechenland kommt, dient in der Medizin zu stärkenden Einreibungen, bildet daneben aber auch ein sehr wirksames Mittel zur Abhaltung von Fliegen. denen der Geruch unerträglich ist, und wird daher in wärmeren Ländern von den Fleischern zum Bestreichen ihrer Läden, an Fenstern und Türen benutzt. Das L. besteht aus den Glyzeriden der Laurinsäure und Myristinsäure sowie aus Chlorophyll und ätherischem Öl. — Das ätherische Öl der Lorbeerfrüchte (lat. Oleum Lauri aethereum, frz. Essence de fruits de laurier, engl. Laurel volatil oil), welche davon 1 % enthalten, wird durch Destillation der zerkleinerten Früchte mit Wasser erhalten als eine leichte hellgelbe Flüssigkeit vom spez. Gew. 0,914—0,935 und starkem Geruch, die nur wenig gebraucht wird. Es enthält hauptsächlich Zineol neben wenig Pinen.

Lovakrin ist ein mit großer Reklame angepriesenes Kosmetikum, das angeblich aus einem mit Jasmin, Arnika und Salbei parfümierten Gemisch von Tannin, Eigelb, Kognak und Naphtol besteht.

Luffa (Luffah, Loofah) besteht aus dem netzartigen Fasergewebe der Früchte von Luffa aegyptiaca oder Momordica Luffa, einer in Ägypten und Arabien heimischen und dort auch angebauten Kukurbitazee. Die ziemlich großen, gurkenähnlichen Früchte werden nach der Reife aufgeschnitten, von den Samen befreit und der faulenden Gärung überlassen, wodurch das Fruchtfleisch und das zarte Zellgewebe zerstört wird, während das die L. des Handels bildende schwach gelbliche Fasergewebe zurückbleibt und nach dem Waschen gebleicht und getrocknet wird. Die schon von den alten Ägyptern als Waschschwamm benutzte und jetzt vielfach nach Deutschland für denselben Zweck eingeführte L. ist im trockenen Zustande hart, wird aber, in Wasser getaucht, weich und geschmeidig. Außerdem wird sie zur Herstellung von Schweißblättern, Sattelunterlagedecken, Einlegesohlen usw. verarbeitet, von denen besonders letztere sich sehr gut bewähren.

Lungan. Mit diesem Namen belegt man in China sowohl die getrockneten gelblich- oder bräunlichgrauen, kirschengroßen Früchte von Nephelium longanum, eines 10—12 m hohen Baumes aus der Familie der Sapindazeen, als auch das aus diesen Früchten hergestellte wohlschmeckende Mus. Noch wertvoller ist das Mark einer verwandten Art, Nephelium Litchi (Litchibaum), welche ebenfalls in China heimisch ist, außerdem aber in Ostindien häufig angebaut wird. Die Früchte dieses Baumes, Leitschies oder Litchis genannt, enthalten ovale braune Samen, umhüllt von einem durchscheinenden, matt himmelblauen, saftigen Marke, welches äußerst wohlschmeckend, ähnlich dem Geschmack der Muskateller Weintraube ist. Die Früchte werden auch getrocknet in den Handel gebracht. Schließlich findet sich auf Malakka und den Sundainseln Nephelium Cappaceum (Ramputan), ein kleiner Baum, der ebenfalls wohlschmeckende Früchte liefert.

Lungenkraut (lat. Herba pulmonariae maculatae, frz. Feuilles de pulmonaire, engl. Pulmonary leaves) besteht aus den getrockneten Blättern der in Wäldern wachsenden Pulmonaria officinalis und wird als Volksmittel bei Lungenleiden verwandt.

Lungenmoos (lat. Herba pulmonariae arboreae seu Lichen pulmonariae, frz. Lichen pulmonaire, engl. Pulmonary moss) nennt man die an Bäumen wachsende, lederartige Flechte Sticta pulmonacea, die als Volksmittel zu Tee Verwendung findet.

Lupinensamen (Wolfsbohne, Feigbohne), die Samen verschiedener Arten der Leguminose Lupinus (L. albus, L. Ternis, L. hirsutus, L. luteus), bilden die stickstoffreichsten Pflanzenteile und werden daher zu Futterzwecken und zur Verbesserung des Bodens vielfach angebaut. Die Lupine hat in hohem Maße die Eigenschaft, den atmosphärischen Stickstoff zu assimilieren, und gedeiht infolgedessen nicht nur ohne nennenswerte Düngung, sondern vermag sogar, untergepflügt, als sog. Gründüngung, die geringeren Bodenarten zu verbessern. Das frische Kraut gewisser Arten dient als Grünfutter, während die Samen wegen ihres hohen Gehaltes an Bitterstoffen eine vorherige Behandlung erforderlich machen. Neben beträchtlichen (bis zu 42 %) Mengen Protein enthalten die letzteren die Alkaloide Lupinin, Lupinidin (identisch mit Spartein) und Lupanin (insgesamt 1—2 %), welche den bitteren Geschmack bedingen und vor der Verwendung zu Futter- und Nahrungszwecken zu entfernen sind. Dieses Entbittern soll in Griechenland durch Einhängen in Meerwasser erreicht werden, während man sich bei uns des Dörrens und Auslaugens bedient. Es gelingt auf diese Weise aber nie vollständig, so daß die Tiere nur allmählich und mit Vorsicht an Lupinenfutter gewöhnt werden können. In der Nahrungsmittelindustrie finden L. beschränkte Anwendung als Kaffee-Ersatzmittel (s. d.), nachdem man im Kriege aber gelernt hat, durch Gärung und Behandlung mit Säuren den bitteren Geschmack völlig zu beseitigen, auch als Suppenmehl u. dgl.

Lutécienne (Rouge français), ein roter Teerfarbstoff, besteht aus einer Mischung von Orange I mit Echtrot A. Auch wird Eosin BN so genannt.

Luteolin. Diesen Namen führen zwei Stoffe: 1. der in kleinen, glänzenden, gelben Nadeln kristallisierende gelbe Farbstoff des Wau (s. d.), welcher im Handel nicht vorkommt; 2. ein Teerfarbstoff, der Wolle in sauerem Bade orangerot färbt, ein orangegelbes, in Wasser schwer lösliches Pulver, welches aus dem Natronsalze des Metaxylidinsulfosäureazodiphenylamins besteht.

Luzienholz nennt man sowohl das wohlriechende Holz des Mahalebkirschbaumes, von dem die sog. Weichselrohre kommen (s. d.), als auch das weiße bis gelbliche Holz der Traubenkirsche (Prunus Padus), das zu Tischler- oder Drechslerarbeiten benutzt wird. Noch geschätzter ist das Holz des amerikanischen immergrünen Traubenkirschbaumes von Karolina, das in der Färbung dem Mahagoniholz gleicht. Es dient als sog. falsches Mahagoni zur Herstellung von Möbeln, die mit der Zeit ein immer schöneres Aussehen erhalten.

Lyddit, der in England zur Füllung von Granaten benutzte Sprengstoff, besteht aus gepreßter Pikrinsäure (s. d.).

Lysol, das viel genannte Desinfektionsmittel, eine dunkelbraune klare Flüssigkeit, welche sich in Wasser, Alkohol und Benzin löst, besteht aus einem Gemisch gleicher Teile Rohkresol und Leinölschmierseife. L. besitzt ebenso wie die analog zusammengesetzten Präparate Barvarol, Bazillol eine ausgezeichnete desinfizierende Wirkung. Wegen des häufigen Mißbrauchs zu Vergiftungen sind Lysol, Kreolin und ähnliche Kreosolverbindungen im Kleinverkehr der Giftverordnung unterstellt worden.

M.

Madeira gehört zu den Dessertweinen, und zwar den sog. trockenen Dessertweinen (Likörweinen), welche zwar süß schmecken, aber neben hohem Alkoholgehalt doch verhältnismäßig niedrigen Extraktgehalt besitzen. Er stammt von der Insel Madeira und den Kanarischen Inseln und wird aus Malvasier- und Vidognatrauben in der Weise hergestellt, daß man den Most gleich nach dem Auspressen mit Spiritus vermischt und dann vergären läßt. Nach Beendigung der Gärung folgt ein nochmaliger Alkoholzusatz und darauf eine 5—6jährige Lagerung, welche zu seinem völligen Ausbau erforderlich ist. Der M. hat eine bräunlichgelbe Farbe und kräftiges Aroma. Sein Gehalt an Alkohol beträgt durchschnittlich 14,43 g in 100 ccm, sein Gehalt an Extrakt 5,23 g, an Zucker 2,95 g. Neben dem stark süßen Malvasier oder Malmsey, dessen feinste Marken für den portugiesischen Hof geliefert wurden, bildet der herbere Dry-Madeira die eigentliche Handelsware. Der M. unterliegt mannigfachen Verfälschungen und wird selbst vollständig nachgemacht.

Madia (Madin, Ölmadin, frz. Le madia cultivé, engl. Cultvated madia), eine zu den Kompositen gehörige Ölpflanze aus Chile, Madia sativa, wurde eine Zeitlang in größerem Umfange angebaut. Die Pflanze hat eine tiefgehende Wurzel und verlangt deshalb tiefgründigen Boden, gedeiht aber auch in leichteren Gründen und ist in den Anforderungen an Düngung und Pflege ziemlich genügsam. Als Nachteile des Anbaues sind zu erwähnen die ungleiche Reifung (110 Tage), hohe Erntekosten, der unangenehme Geruch der Pflanze und ihre drüsig klebrige Behaarung, welche die Samenernte erschwert. Die kleinen, dem Kümmel ähnlichen Samen mit ein oder zwei stark hervortretenden Nerven geben 35 % Öl. — Als Handelsware kommt Madiasamen selten und nur örtlich vor.

Madiaöl (frz. Huile de Madi, engl. Madi oil), das fette Öl der Madiasamen, besitzt eine gelbe Farbe, einen milden, an Nußöl erinnernden Geschmack und eine dickliche Konsistenz, wird aber nach dem Raffinieren mit Schwefelsäure dünnflüssig. Das spez. Gew. beträgt 0,926—0,930, die Verseifungszahl 122—123, die Jodzahl 1,8. Das Öl kann als Speiseöl Verwendung finden, dient aber hauptsächlich zum Brennen und zur Seifenfabrikation.

Mafuratalg (Maffuratalg, frz. Suif de mafura, engl. Mafura tallow), ein Pflanzenfett, welches in Mozambique aus den Samen der Mafureira oleifera gewonnen wird, ist von gelblicher Farbe, Kakaobutter ähnlichem Geruch und schmilzt bei 42° C. Es löst sich nur wenig in kochendem Alkohol, dagegen leicht in Äther und besteht aus den Triglyzeriden der Ölsäure und Palmitinsäure. M. wird wie Kokosnußöl verwendet und eignet sich wegen des hohen Schmelzpunktes seiner Fettsäuren von 52° besonders gut zur Herstellung von Kerzen.

Magdalarot (Naphthalinrot, Naphthalinrosa, Sudanrot, Rosanaphtylamin), ein zur Gruppe der Safranine gehöriger Teerfarbstoff, entsteht durch Erhitzen von Alphaamidoazonaphthalin mit salzsaurem Alphanaphtylamin unter Abspaltung von Ammoniak und besteht daher aus der Chlorwasserstoffverbindung des Diamidonaphtylnaphthazoniums. Es erscheint teils als dunkelbraunes Pulver, teils in grünschillernden Kristallnadeln, ist in heißem Wasser löslich und zeigt in alkoholischer Lösung eine sehr schöne gelbrote Fluoreszenz. Das M. wird nur in der Seidenfärberei und auch hier nur für zarte Töne angewandt, da es auf Seide ein violettstichiges Rosa mit prachtvoller Fluoreszenz erzeugt.

Magnesia (Talkerde, Bittererde, Magnesiumoxyd), die Sauerstoffverbindung des in der Natur nicht gediegen vorkommenden leichten Metalls Magnesium (s. d.), MgO, findet sich unverbunden nur sehr selten in der Natur, nämlich als Periklas und in Verbindung mit Wasser (Magnesiahydrat, Magnesiumhydroxyd) als Bruzit. Sie entsteht beim Verbrennen von Magnesium an der Luft und beim Glühen der meisten Magnesiumsalze, wie des Karbonats, Nitrats und auch des Sulfats. Die reine M. wird gewöhnlich durch Glühen der kohlensauren Magnesia (s. d.), und zwar sowohl der künstlich dargestellten M. alba als auch des natürlichen Magnesits dargestellt. Im ersteren Falle erhält man ein weißes, äußerst lockeres und leichtes Pulver, das geruchlos und geschmacklos ist, sich in Wasser nur spurenweise löst und nur im elektrischen Ofen schmilzt. Dieses Erzeugnis führt im Handel den Namen gebrannte M. (lat. Magnesia usta, frz. Magnésie calcinée, engl. Magnesia levis) und findet ebenso wie das Magnesiahydrat (Magnesiumhydroxyd, lat. Magnesium hydricum) in der Pharmazie als Gegengift bei Arsenikvergiftung und als gelindes Abführmittel Anwendung. Man muß es in gut verschlossenen Gefäßen aufbewahren. Die durch Glühen des Magnesits erhaltene, weniger lockere M. wird in der Technik zur Herstellung von Magnesiazement (s. d.) und als Mittel zur Vermeidung des Kesselsteins benutzt.

Magnesiamixtur, ein zum Nachweis und zur Bestimmung der Phosphorsäure viel benutztes Reagens, besteht aus einer Lösung von 11 g Magnesiumchlorid und 14 g Ammoniumchlorid in 130 g Wasser, der 70 g Salmiakgeist zugesetzt worden sind.

Magnesiazement. Mit diesem Namen belegt man eine Masse, die durch Zusammenpressen von gebranntem Magnesit mit einer konzentrierten Lösung von Chlormagnesium (30° B.) dargestellt wird, nach kurzer Zeit eine feste, harte Beschaffenheit annimmt und schon nach 24 Stunden die höchste Festigkeit erreicht. Der Magnesit darf für diesen Zweck nicht bei zu hoher Temperatur gebrannt sein. Die Erhärtung beruht auf der Bildung von Magnesiumoxychlorid, ähnlich wie bei der Sorelschen Masse, welche aus Zinkoxychlorid besteht. Aus M. werden, meist unter Zusatz von Füllmaterial und Farbstoffen, verschiedene Gebrauchsgegenstände, wie Tischplatten, Fußbodenplatten u. dgl. hergestellt und unter dem Namen Kajalithwaren (s. d.) in den Handel gebracht. Auch hat man daraus Mühlsteine zum Entschälen des Getreides sowie, mit Schmirgelpulver gemengt, Schleifscheiben verfertigt. Die aus M. hergestellten Gegenstände sollen eine Druckfestigkeit von 500—1510 kg für den Quadratzentimeter besitzen.

Magnesit (Bitterspat, Magnesitspat, Talkspat), ein aus Magnesiumkarbonat bestehendes Mineral, bildet dichte, derbe, oft nierenförmige Massen von kryptokristallinischer Struktur und erscheint gewöhnlich schneeweiß, seltener gefärbt. Er ist unschmelzbar, verliert aber beim Glühen seine Kohlensäure. Seine Härte beträgt 4—4½, sein spez. Gew. 2,9—3,1. Die Hauptlager von abbauwürdigem M. finden sich bei Frankenstein und Baumgarten in Schlesien, bei Hrubschitz in Mähren und Kraubat in Steiermark, bei Baldissero in Oberitalien, ferner in Pennsylvanien, Griechenland, Kleinasien und Ostindien. Seine Hauptverwendung findet der M., der in ganzen Stücken wie auch gemahlen in den Handel kommt, zur Entwicklung von Kohlensäure für die Herstellung von kohlensaurem Wasser. Außerdem dient er zur Herstellung von feuerfesten Tiegeln, zur Ausfütterung von Flußeisenöfen usw.

Magnesium, das in der Magnesia (s. d.) und ihren Verbindungen enthaltene metallische Element, kann durch Glühen eines Gemisches von entwässertem Magnesiumchlorid und Flußspat mit Natrium gewonnen werden, wird aber zurzeit fabrikmäßig nur durch Elektrolyse von Magnesiumchlorid oder von Karnallit hergestellt. Das M. ist silberweiß, glänzend und hart, läßt sich aber in der Hitze hämmern, zu Blech auswalzen und zu Band oder Draht ziehen. Das spez. Gew. beträgt 1,743. Bei beginnender Rotglut, gegen 800°, schmilzt es, verwandelt sich bei Weißglut (etwa 1100°) in Dampfform und verbrennt unter intensiver Lichtentwicklung zu einem weißen Pulver von Magnesiumoxyd. In trockener Luft ist das Metall unveränderlich, überzieht sich aber in feuchter Atmosphäre mit einer weißen Oxydschicht und zersetzt siedendes Wasser unter Wasserstoffentwicklung. Von Säuren wird es rasch gelöst. Magnesiumband und Magnesiumpulver (Blitzlicht) finden Anwendung bei photographischen Aufnahmen in dunklen Räumen, ferner als Reduktionsmittel in chemischen Laboratorien, als Magnesiumfackeln in der Feuerwerkerei und zur Herstellung der Legierung Magnalium (s. Aluminium).

Magnesiumbenzoat (benzoësaure Magnesia, Magnesium benzoicum) wird durch Eintragen von Magnesia usta in eine Lösung von Benzoësäure dargestellt als ein weißes kristallinisches Pulver, das beschränkte medizinische Anwendung findet.

Magnesiumchlorid (Chlormagnesium, lat. Magnesium chloratum, Magnesia muriatica, frz. Chloride de magnésium, engl. Chloride of magnesium) bildet einen Bestandteil mehrerer natürlich vorkommender Abraumsalze. So findet es sich im Gemisch mit Kaliumchlorid als Karnallit, mit Magnesium- und Kaliumsulfat als Kainit und mit Magnesiumborat als Borazit. M. wird meist als Nebenprodukt der Staßfurter Kaligewinnung erhalten und bildet in reinem Zustande weiße Kristalle mit sechs Molekülen Kristallwasser von der Formel $MgCl_2 + 6H_2O$. Es dient zur Darstellung von Magnesiazement, zum Imprägnieren von Holz, zur Desinfektion von Aborten (Süvernsche Masse) und in beschränktem Maße zu medizinischen Zwecken.

Magnesiumkarbonat (kohlensaure Magnesia, lat. Magnesium carbonicum, frz. Hydrocarbonate de magnésie, engl. Light carbonate of magnesia), $MgCO_3$, findet sich in reinem Zustande als Magnesit sowie in einigen verwandten Mineralien vor. Die offizinelle Magnesia alba, ein Gemisch von M. mit Magnesiumhydroxyd und Wasser, wird aus dem Bikarbonat dargestellt und findet als Magenpulver gegen Sodbrennen und zu Zahnpulver Anwendung.

Magnesiumlaktat (milchsaure Magnesia, Magnesium lacticum) entsteht beim Neutralisieren von Magnesiumkarbonat mit Milchsäure als ein weißes, mit drei Molekülen kristallisierendes Salz, das als gelindes Abführmittel Verwendung findet.

Magnesiumoleat (ölsaures Magnesium, Magnesiaseife) wird durch Verseifen von Olein mit Magnesia usta oder alba erhalten und dient in chemischen Wäschereien zur Verhinderung elektrischer Funkenbildung im Benzin.

Magnesiumsulfat (schwefelsaures Magnesium, lat. Magnesium sulfuricum, frz. Sulfate de magnésie, engl. Bitter salt), $MgSO_4$, wird aus verschiedenen Bitterwässern sowie vor allem aus dem Kieserit der Abraumsalze dargestellt und kristallisiert mit sieben Molekülen Wasser als Bittersalz (s. d.).

Magnesiumsuperoxyd (Magnesiumperoxyd) wird durch Behandlung von Magnesiumsalzlösungen mit Natrium- oder Bariumsuperoxyd als ein leichtes weißes Pulver dargestellt. Die meisten im Handel befindlichen Erzeugnisse, wie Novozon, Hopogan, Magnesiumperhydrol sind jedoch Mischungen von erheblichen Mengen Magnesiumoxyd und -karbonat mit etwas M. Entgegen der vielfach marktschreierischen Anpreisung zu sog. Sauerstoffkuren wird das M. von den meisten Ärzten als therapeutisch unwirksam angesehen.

Mahagoniholz (Mahoniholz, frz. Bois d'acajou, engl. Mahogany) nennt man eine Reihe wertvoller Nutzhölzer, die von verschiedenen Pflanzen abstammen. Als echter Mahagonibaum hat jedoch nur die in Mittelamerika und Westindien wachsende Swietenia mahagoni aus der Familie der Zedreleen zu gelten, deren Holz je nach Klima und Standort große Unterschiede aufweist. Auf den Inseln bleibt der Baum zwar wesentlich kleiner, hat aber schöneres Holz, welches meist als sog. spanisches in Blöcken von 45—50 cm Querschnitt und 3 m Länge in den Handel kommt, während das vom Festlande, besonders aus Honduras stammende, möglicherweise von Swietenia multijuga, dicker und bis 4 m lang ist. Das feinste und dichteste Holz liefern die Bäume aus hohen trockenen und felsigen Lagen, doch wird auch das schwammige, grobfaserige Holz des feuchten Tieflandes als Blindholz und Unterfurnier verarbeitet. Das echte M. von guten Standorten ist dicht, hart und schwer, im Trocknen wie unter Wasser sehr dauerhaft und gegen Würmer unangreifbar. Es schwindet sehr unbedeutend, ist dem Verwerfen und Reißen weniger unterworfen als irgendein anderes Nutzholz und nimmt eine schöne Politur an. Die Farbe ist an neuem Holze gewöhnlich heller, rotgelb bis hellbräunlich, dunkelt aber allmählich bis ins Kastanienbraune nach. Auch zeigt sich meist eine schöne Zeichnung mit abwechselnden, verschieden gefärbten Adern, Streifen, Wellen, Flammen, feinen Jahresringen, seidenartig glänzenden Markstrahlen und als feine Ringe erscheinenden Poren. Außer den erwähnten Blöcken kommt das Holz auch in Form von Planken in den Handel, und schließlich gewinnt man noch aus den ästigen Stammteilen und Auswüchsen schönes Maserholz und das sog. Pyramidenholz, bei welchem die Flammen sich nach entgegengesetzten Richtungen verbreiten. — Von anderen als M. bezeichneten Hölzern wird das afrikanische, auch Madeira-M. oder Kailzedraholz genannte, zu Möbelfurnieren, feinen Kasten für Mikroskope, Gewichtssätze u. dgl. viel verbraucht. Es stammt von Kaya senegalensis und ist dem echten Holze noch am ähnlichsten, jedoch härter als dieses. Von ostindischen Zedreleen wird das sog. Atlasholz mit schönem Seidenglanze gewonnen, und von Eukalyptusarten das dichte, rote, veilchenartig riechende neuholländische M. Weißes M. ist das Anakardienholz.

Mahwafrüchte (Mahwablüten), die fettreichen Früchte von verschiedenen Bäumen aus der Familie der Sapotazeen, z. B. Bassia longifolia, B. latifolia, die auf den Inseln des Indischen Archipels heimisch sind, werden zur Herstellung der Bassiafette (s. d.) benutzt.

Mais (Kukuruz, türkischer Weizen, Welschkorn, frz. Maïs, engl. Indian corn), eine der wichtigsten Getreidepflanzen, Zea Mays, hat sich von Amerika aus in alle Weltteile verbreitet und wird sowohl als Grünfutter, wie auch als Körnerpflanze angebaut, als letztere allerdings nur im Weinklima südlich vom 54.° n. Br. In Deutschland findet sich Körnermais südlich der Mainlinie, am Rhein und im Südwesten. In allen Donauländern von Ungarn bis zum Schwarzen Meer und in den Mittelmeerstaaten bildet er die vorherrschende Getreidepflanze. Er wird in starker Düngung gebaut, in Reihen gesät und muß fleißig behackt werden. Mais verlangt warmen, lockeren Boden und, bis zur handhohen Entwicklung, viel Feuchtigkeit, verträgt aber keinen Frost oder Nässe und nasse Kälte. Der Ertrag ist 20—30fach, ja im Heimatlande bis 100fach! Die zu den Gräsern gehörige Pflanze ist zweiblütig und hat viele lange und breite Blätter. Die weiblichen Blüten bilden die Maiskolben, in denen die Körner zu 6—20 Reihen dichtgedrängt um die Spindel angeordnet sind, und die nach außen von zahlreichen Deckblättern umschlossen werden. Die Körner sind verschieden groß, gelb, weiß, rot, orange, braun, schwarzbraun, violett oder grünlich, streifig oder gleichförmig gefärbt und 3—4 Jahre lang keimfähig. Zur Gewinnung der Samen werden die Kolben künstlich getrocknet und in besonderen Maschinen enthülst. Die dabei abfallenden Deckblätter bilden Polstermaterial und guten Papierstoff, die Kolben Brennmaterial, die Nebentriebe Futter. Von den zahlreichen Handelssorten, unter denen bei uns nur die niedrigen bis mittelhohen zur Reife kommen, seien erwähnt: Spelzmais, Perlmais, Cuzkomais, Spitzmais, Zuckermais, Pferdezahnmais, italienischer Cinquantino oder Fünfmonatmais, Pignoletto, Badischer, Oberländer, Kroatischer, Pfälzer und Mailänder Mais. Die Samen enthalten ungefähr 13% Wasser, 9—11% Protein, 4—8% Fett, 1½—2% Mineralstoffe, 2—4% Rohfaser und 68% stickstofffreie Extraktstoffe. Sie finden ausgedehnte Verwendung für die menschliche Ernährung zur Herstellung von Puddings, Polenta, Suppen, Klößen, Kuchen und Brot sowie in der Technik zur Herstellung von Stärke (Maizena, Mondamin), Branntwein, Bier, Kaffee-Ersatzmitteln und Zucker. Als Grünpflanze dient Mais, ebenso wie die unreifen Kolben, zum Viehfutter. Der zur menschlichen Ernährung bestimmte Mais erfordert bei der Ernte und Lagerung sorgfältige Behandlung, da das fettreiche Maismehl leicht ranzig wird und der Genuß von feucht geerntetem und verschimmeltem Mais die als Pellagra bekannte Krankheit hervorruft.

Maisöl (lat. Oleum maydis, frz. Huile de maïs, engl. Maize oil), das in den Keimen der Maiskörner enthaltene fette Öl, scheidet sich beim Einmaischen und der Gärung des Maises behufs Spiritusgewinnung ab, kann aber auch durch Auspressen oder Extraktion der zerkleinerten Samen gewonnen werden. Das blaß- bis bräunlichgelbe Öl ist etwas dickflüssiger als Olivenöl und von mildem Geschmack und schwachem Geruch. Sein spez. Gew. schwankt zwischen 0,921 und 0,924, die Verseifungszahl zwischen 188,1 und 192,7, die Jodzahl zwischen 111,2—125,0. Das zu den nicht trocknenden Ölen gehörende M. wird in Nordamerika in großer Menge dargestellt und als Schmieröl und zur Seifenbereitung benutzt.

Maispapier wird teils aus dem Maisstroh (Maisstengeln), teils aus den Maislieschen, den die Kolben umhüllenden Blattscheiden, bereitet. Besonders die letzteren sind hierzu geeignet, doch liefert auch das Maisstroh einen sehr brauchbaren Rohstoff, aus welchem man Papier in allen Graden der Feinheit darstellen kann. Dasselbe soll fester sein als Hadernpapier, selbst an die schärfsten Stahlfedern kein Fäserchen abgeben und auch nicht die Sprödigkeit anderer Strohpapiere besitzen.

Maiwürmer (Ölkäfer) sind Blasenkäfer aus der Familie der Meloiden, die in etwa 70 Arten über Europa, Asien, Afrika, Amerika weit verbreitet sind, und von denen besonders der bunte M. (Meloë variegatus L.) und der blaue M. (M. proscarabaeus L.) Verwendung finden. Die etwa 2 cm langen Käfer besitzen in den Gelenken der Beine eine ölige, gelbe Flüssigkeit, die sie beim Berühren von sich geben und welche wegen ihres Gehaltes an Kantharidin blasenziehend wirkt. Von den Kanthariden unterscheiden sich die M. namentlich durch das Fehlen oder die unvollständige Ausbildung der Flügel, wodurch sie mehr auf den Aufenthalt in der Erde angewiesen sind. In Honig aufgesetzt, werden sie als Volksmedizin gegen Hundswut angewandt.

Majolika nennt man eine besondere Art Steingut (s. d.), die über dem meist eisenhaltigen, daher durch den Brand gelblich oder rötlich werdenden Ton die Malerei auf einer undurchsichtigen weißen Zinnglasur trägt. Der Name stammt von der Insel Majorka, wo die Pisaner im 12. Jahrhundert die in die Kirchenwände eingesetzten Schüsselchen (baccioli) sahen und nach Italien mitnahmen. Lucca della Robbia war der erste, der das Metall der Glasur erkannte. Die anderen, welche dieselbe Wirkung zu erzielen suchten, pflegten auf dem eisenhaltigen Ton eine Auflage von Pfeifenton, der sich weiß brennt (Engobe) und darüber die Malerei anzubringen, die durch eine durchsichtige Bleiglasur gedeckt wurde. Diese Waren nannte man Mezza-Majoliken. In neuerer Zeit wird die Bezeichnung auch für manche Ersatzstücke gebraucht, so daß sie jetzt fast jegliche leichtgebrannte bunte Tonware umfaßt. Als bekannteste Gattung erscheinen die Znaimer Majoliken, die von Alois Klammerth durch die ganze Welt verbreitet wurden, die Heimberger oder Schweizer Majoliken, die Professor Keller-Leuzinger zum erstenmal auf der Pariser Weltausstellung vorführte, die italienischen Bauernmajoliken, die nebst den besseren Erzeugnissen von Ginori in Doccia und Castellani in Rom sich am meisten an die alten Majoliken in Technik und Aussehen anlehnten. Jetzt hat man auch viele Fabriken in Deutschland (badischer und württembergischer Schwarzwald) und Österreich, die sich mit der Herstellung von Majolikagegenständen der verschiedensten Art, wie Zimmeröfen, Kaminen, Vasen, Figuren usw. beschäftigen. Die Verpackung geschieht in gereinigtem Heu oder Stroh in Kisten oder Holzkörben, bei billigen Waren direkt in den Wagen oder auf das Schiff. Feinere Waren werden auch wohl in Papier oder Seidenpapier gewickelt, kostbarste Proben selbst in Watte und stückweise in Pappschachteln verpackt (s. auch Fayence).

Majoran (Meiran, Wurstkraut, lat. Herba majoranae, frz. Marjolaine, engl. Marjoram) nennt man die von den Stengeln abgestreiften Blätter und Blütenstände von Majorana hortensis oder Origanum majorana, einer einjährigen, in Griechenland und dem Orient heimischen Labiate. Das in der Blüte gesammelte und getrocknete, stark aromatisch riechende und schmeckende Kraut, das in günstigen Jahren bis dreimal geschnitten werden kann, bildet ein beliebtes Gewürz für Küche und Fleischerei (Wurstkraut) und wird außerdem zu Kräuterkissen, Bädern und Umschlägen, zu Kräuterschnupftabak und zur Herstellung von Majoranbutter benutzt. — Durch Destillation des frisch getrockneten Krautes mit Wasser werden 0,7—3,5 % eines gelblichen, dünnflüssigen, ätherischen Öls, Majoranöl (lat. Oleum majoranae, frz. Essence de marjolaine, engl. Marjoram oil), erhalten, dessen spez. Gew. 0,890—0,910 und dessen Drehung + 12 bis + 19 beträgt. Es muß gut verschlossen und vor dem Tageslicht geschützt werden, da es unter dem Einfluß von Luft und Licht schnell verharzt, säuert und sich bräunt. M. dient namentlich zur Parfümierung von Seifen und als Zusatz zu aromatischen Likören.

Makassaröl, eine bei gewöhnlicher Temperatur weiche, gelblichweiße Masse, die jedoch sehr leicht schmilzt und dann ein fast klares Öl gibt, riecht schwach nach Bittermandelöl und enthält etwa 0,05 % Blausäure. Es wird in Ostindien aus den Samen einer Sapindazee, Schleichera trijuga, durch Pressen erhalten und als haarwuchsbeförderndes Mittel empfohlen. Vielfach wird aber unter diesem Namen ein durch Alkannin gefärbtes und verschieden parfümiertes Mandel- oder Olivenöl abgegeben.

Makrele, ein schön gestalteter und gefärbter Seefisch, Scomber scomber, von 50—60 cm Länge und 1—1½ kg Gewicht, erscheint oberhalb stahlblau, ins Goldgrüne schimmernd, mit schwarzen Querbändern und an den Seiten silberweiß. Das Fleisch ist frisch sehr wohlschmekkend und wird außerdem durch Salzen und Räuchern konserviert.

Makronen nennt man ein scheibenförmiges oder flach halbkugelförmiges Gebäck, welches aus süßen und bitteren Mandeln, Eiweiß und Zucker bereitet wird und gewöhnlich auch noch Gewürze als Zutat erhält. — Die in den Handel gebrachten Kaisermakronen sind aus Kokoskernen statt aus Mandeln hergestellt worden und dürfen nicht als M. schlechthin bezeichnet werden.

Malabartalg (Vateriafett, Pineytalg) wird durch Auskochen der gerösteten und gemahlenen Samen von Vateria indica (Butterbohne) mit Wasser erhalten. Es ist ein frisch grünlichgelbes, geschmack- und geruchloses Fett von talgähnlicher Konsistenz und wird sowohl zu Speisezwecken als auch zur Kerzenfabrikation verwandt.

Malachit (Atlaserz, frz. und engl. Malachite), ein grünes Kupfererz, welches gleich der blauen Kupferlasur ein kohlensaures Kupferoxydhydrat ist, nur einen höheren Kupferoxydgehalt von 71,19 % neben 19,94 % Kohlensäure und 8,16 % Wasser aufweist, findet sich in Form schöner Kristalle sowie blättriger, fasriger, dichter und erdiger Massen an den meisten Kupfererzlagerstätten, besonders in Thüringen, Kärnten, Cornwall, Ungarn und im Ural. Alle Vorkommnisse sind gute, leicht zu verhüttende Kupfererze, doch werden die besonders schön gefärbten, faserigen Stücke, welche infolge ihrer Zusammensetzung aus feinen Kristallnadeln seidenartigen Glanz zeigen, meist zu Gebrauchsgegenständen und Schmucksachen verarbeitet. Der Malachit besitzt eine geringe Härte (3,5), zeichnet sich aber durch seine schöne Färbung, seinen Glanz und seine Politurfähigkeit aus. Die größten und schönsten Stücke finden sich im Ural, besonders in den fürstlich Demidoffschen Besitzungen und werden zur Herstellung von Tischplatten, Säulen, Vasen, Leuchtern und Bauornamenten benutzt. Kleinere Stücke, die zu Dosen, Ringsteinen und Broschen verarbeitet werden können, kommen auch in Tirol und anderen Orten vor. Man sortiert die Ware nach der Farbe in foncée, ordinaire, claire und pale und schätzt die dunklere am geringsten.

Malachitgrün, ein seit 1878 bekannter Teerfarbstoff der Triphenylmethanreihe (Tetramethyldiaminotriphenylkarbinol), kommt in vielen verschiedenen Farbtönen von bläulichgrün bis gelblichgrün in den Handel, je nachdem die in dem Farbstoff enthaltene Base als Oxalat, als Pikrat oder als Eisenchlorid- oder Zinkchloriddoppelsalz vorhanden ist. Die verschiedenen Handelsbezeichnungen: Bittermandelölgrün, Viktoriagrün, Neugrün, Solidgrün, Echtgrün, Benzalgrün, Benzoylgrün, Kristallgrün, Vert Diamant, beziehen sich zum Teil auf dieselbe Farbe. Die Darstellung erfolgt durch Einwirkung von Benzaldehyd auf Dimethylanilin und Oxydation des hierbei entstehenden Tetramethyldiamidotriphenylmethans mit Bleisuperoxyd in salzsaurer Lösung, worauf man das Oxalat in Form grüner, metallisch glänzender Blättchen, das Chlorzinksalz, in messinggelben prismatischen Kristallen erhält. Alle diese Farben sind, mit Ausnahme des Pikrats, in Wasser löslich, das Pikrat ist aber in Alkohol löslich und wird unter dem besonderen Namen M. spritlöslich verkauft. Das M. findet ausgedehnte Anwendung in der Färberei und färbt Seide, Wolle, Jute und Leder direkt, Baumwolle nach vorhergegangenem Beizen mit Tannin und Brechweinstein grün. Die Farben sind ziemlich echt gegen Seifen und Säuren. Auch zum Färben von Affichenpapier und zur Herstellung von Buntpapieren kann M. benutzt werden.

Malaga, ein zu den eigentlichen Süßweinen mit mehr als 18 % Zucker gehörender Dessertwein, stammt aus der spanischen Provinz Malaga und wird meist als Weißwein aus der Pedro-Ximenez-Traube nach den verschiedensten Verfahren hergestellt. Die Grundlage der meisten Erzeugnisse bildet der Vino maestro, ein im Zustande beginnender Gärung durch Zusatz von 15 % Alkohol stumm gemachter Most und der Vino Tierno, der durch Auspressen von Trockenbeeren mit 1/3 Wasser gewonnen wird. Sie erhalten meist Zusätze von Aropa, d. i. in flachen Pfannen auf 1/3 seines Volums eingekochter süßer Most, oder von Color, der noch weiter zur Sirupsdicke eingedampften Aropa. Beide sollen außerdem vielfach mit Auszügen von Feigen, Johannisbrot und Zuckersirup vermischt werden. Durch entsprechende Vereinigung der genannten Stoffe entstehen die verschiedenen Malagaweine, von denen zu uns die dunkelbraun gefärbten, viel Color enthaltenden, Sorten gelangen. Als mittlere Zusammensetzung gibt König an: 12,6 g Alkohol, 22,09 g Extrakt, 18,32 g Zucker, 0,51 g Gesamtsäure, 0,55 g Glyzerin und 0,42 g Mineralstoffe, jedoch schwankt die Zusammensetzung sehr, und neben dem zuckerreichen Dulce delcolor gibt es sehr herbe, als Vino seco bezeichnete Sorten. Die aus den höher gelegenen Gegenden stammenden Mountains Weine gehen meist nach England. Rote M. sind ziemlich selten und meist als Alikante anzusprechen.

Malamborinde (lat. Cortex Malambo, frz. Ecorce de malambo, engl. Malambo bark), die Rinde von Croton Malambo, einer baumartigen Euphorbiazee Venezuelas und Neu-Granadas, besteht aus rinnenförmigen Stücken, die mit einem leicht ablösbaren, weißgelblichen Kork bedeckt sind. Darunter liegt eine gelbbraune Mittelrinde, während die Innenfläche glatt und blaß zimtfarben, der Bruch körnig, faserig erscheint. Geruch und Geschmack erinnern an Mazis. Die Rinde wird in Südamerika als Fiebermittel medizinisch verwandt.

Malariapastillen enthalten 1 g salzsaures Chinin und 0,002 g arsensaures Natrium.

Malarin, ein schwach nach Jasmin riechendes hellgelbes Kristallpulver vom Schmelzpunkt 88°, wird durch Erhitzen gleicher Teile Azetophenon und Paraphenetidin dargestellt und ist daher als Azetophenonphenetidid, $C_6H_5 . C(CH_3) : N . C_6H_4OC_2H_5$, anzusprechen. Die in Wasser unlösliche, in Alkohol und Äther lösliche Verbindung wird neuerdings als Fiebermittel empfohlen.

Maltonweine nennt man eine Reihe weinähnlicher Getränke, welche nach einem von Dr. Sauer in Hamburg erfundenen Verfahren aus Malzwürze hergestellt werden. Die letztere wird zunächst durch Zusatz von Milchsäurebazillen bei 50^0 einer Säuerung überlassen, bis der Milchsäuregehalt 0,6—0,8 % beträgt, dann auf 75^0 erhitzt und nach dem Abkühlen mit reingezüchteten Weinhefen in Gärung versetzt. Hierbei nimmt die Flüssigkeit einen ausgesprochenen Weingeschmack und das der verarbeiteten Hefe entsprechende Aroma an. Die hauptsächlichsten, als Malton-Sherry, Malton-Portwein und Malton-Tokayer bezeichneten Erzeugnisse sind, abgesehen von dem Ersatz der Weinsäure durch Milchsäure, den entsprechenden Traubenweinen sehr ähnlich zusammengesetzt. Ihr Geschmack ist, mit Ausnahme des an Bierwürze erinnernden Malton-Tokayers, rein weinartig, ihr Preis allerdings verhältnismäßig hoch. Gegen die Art der Bezeichnung werden seit Erlaß des neuen Weingesetzes von einigen Sachverständigen, u. a. Kulisch, Bedenken erhoben. Als „Malzwein" sind sie nicht zu beanstanden.

Maltose ist eine dem Rohrzucker nahestehende Zuckerart, $C_{12}H_{22}O_{11} + H_2O$, also eine Biose, welche bei der Einwirkung von Diastase auf Stärke, d. h. bei der Bierbrauerei und Branntweinbrennerei entsteht und auch als Zwischenprodukt bei der Behandlung von Stärke mit Säuren gebildet wird. Ihre spez. Drehung beträgt 137^0. Bei der Hydrolyse mit verdünnten Säuren liefert sie zwei Moleküle Glykose, reduziert Fehlingsche Lösung und gibt mit Phenylhydrazin ein bei 206^0 schmelzendes Osazon. M. bildet den im Bier und Malzextrakt (s. d.) enthaltenen Zucker und wird neuerdings in Form harter feiner Nadeln im großen dargestellt.

Malvenblätter und -blüten (lat. Herba s. Folia malvae, frz. Feuilles de mauve, engl. Mallow leaves; lat. Flores malvae, frz. Fleurs de mauve, engl. Mallow flowers). 1. Die getrockneten Blätter und Blüten der bei uns häufig an Zäunen, Mauern, auf Schutthaufen u. dgl. wachsenden Arten wilder Malven oder Käsepappeln, Malva silvestris und M. rotundifolia aus der Gattung der Malvazeen. Die Blüten der ersteren sind rosa oder blaurot gefärbt, mit dunklerem Geäder durchzogen und beim Trocknen blau werdend, die der anderen, kleineren, rötlich bis weiß und violett geadert. Als Handelsware gehen diese Blüten unter dem Namen Flores malvae vulgaris s. silvestris. Die Blätter des Malvenkrautes (Herba s. Folia malvae) sind kurzgestielt, herzförmig, kreisrund, stumpf fünflappig, gekerbt und weich behaart. Blätter und Blüten werden ihrer Schleimbestandteile wegen zu Teemischungen und im Aufguß bei katarrhalischen Leiden verwandt. — Von größerer Bedeutung sind 2. die Blüten der Gartenmalve, Eibischpflanze oder Stockrose, Althaea rosea, des bekannten, oft mehr als mannshohen Ziergewächses, die als Flores malvae arboreae cum calycibus oder sine calycibus (mit oder ohne Kelch) in den Handel kommen. Die großen Blumen zeigen verschiedene Färbungen von rosa, weiß, gelb, purpur- bis dunkelbraunrot oder schwarzpurpur, doch wird nur die letztere Spielart, die schwarze Malve, benutzt und wegen des Farbstoffs ihrer Blüten angebaut. Mit Abkochungen der entkelchten Blüten lassen sich unter Anwendung von Beizen auf Zeuge hübsche, aber nicht dauerhafte Farben in violetten und anderen Tönen herstellen. Auch findet die weinrote Lösung, die mit Alkalien grün wird, zum Färben von Wein, Likören und Essig ausgedehnte Anwendung. Die Blüten der Malven mit Kelchen dienen offizinell, ihres Gerbstoffgehalts halber, als schleimiges und zusammenziehendes Mittel zu Gurgelwasser, erweichenden Umschlägen, Brusttee u. dgl.

Malz (lat. Maltum, frz. Malte oder Germée, engl. Malt) nennt man das bis zu einer gewissen Entwicklung gekeimte Getreide, besonders Gerste. Zu seiner Darstellung wird die gereinigte Gerste zunächst im Quellstock mit Wasser von 10 bis 12^0 eingeweicht, wobei sie etwa 50 % Wasser aufnimmt, nach mehrmaliger Erneuerung des Wassers schließlich auf der Malztenne 30—50 cm hoch aufgeschichtet und zur Begünstigung des Luftzutritts von Zeit zu Zeit umgeschaufelt. Die Körner beginnen zu keimen, und unter dem Einfluß der entstehenden Diastase geht die Stärke in Dextrin und Maltose über. Sobald der Blattkeim 2/3—3/4 der Kornlänge erreicht hat, wird der Prozeß unterbrochen und das Grünmalz, das 40—50 % Wasser enthält, auf dem Schwelkboden bei mittlerer Temperatur getrocknet. Das entstehende Luftmalz enthält noch 12 % Wasser, während bei allmählicher Temperatursteigerung auf 100^0 das Darrmalz entsteht. Noch höheres Erhitzen auf 170—200^0 in Rösttrommeln liefert das Karamel enthaltene Farbmalz. Gutes Malz, das früher von den Brauereien selbst hergestellt wurde, jetzt aber in besonderen Fabriken erzeugt wird, soll aus ganzen, vollen, runden und glatten Körnern bestehen, eine dünne Schale und angenehmen aromatischen Geruch und Geschmack besitzen, leicht zerreiblich sein und keine glasigen Körner enthalten. Malz bildet das Ausgangsmaterial der Bierbrauerei und dient außerdem zur Herstellung von Kaffee-Ersatz und diätetischen Mitteln.

Malzextrakt wird aus wäßrigen Malzauszügen durch Eindampfen im Vakuum als dunkelbrauner Sirup, oder neuerdings auch in fester Form, als Pulver, hergestellt und für sich allein oder in Verbindung mit arzneilichen Zusätzen als Nähr- und Kräftigungsmittel verordnet. Als besonders hervorragend gelten der Malzextrakt von J. Paul Liebe, Dr. Athenstaedt und das sog. Maltyl von Gehe & Co. A.-G. in Dresden.

Mammeyäpfel, die Früchte eines in Westindien heimischen, aber auch in anderen Tropengegenden angebauten Baumes aus der Familie der Klusiazeen, Mammea americana, haben eine gelbe Farbe und einen Durchmesser bis zu 20 cm und besitzen ein süßes, gewürzhaft schmekkendes Fleisch. Man genießt sie sowohl roh als auch in Zucker eingemacht. Durch Gärung wird aus ihnen ein weinartiges Getränk (Mammeywein) und durch Destillation der wohlriechenden Blüten mit Weingeist ein beliebter Likör, das Kreolenwasser (Eau de créoles), gewonnen.

Manchester (frz. Manchester, Velours color, engl. Furtion), samtartige Zeuge aus Baumwollgarn, die als Nachahmungen des eigentlichen seidenen Samts (s. d.) wie dieser glatt und als Köper gewebt sind, haben ihren Namen von der englischen Stadt Manchester, wo sie zuerst hergestellt wurden, und wo noch jetzt, in Stadt und Umgegend, der Hauptsitz der M.-Weberei ist.

In England heißen derartige Stoffe meist Velvets, Velverets und Velveteens, Namen, die auch bei uns üblich geworden sind und die alte Benennung etwas verdrängt haben. Samtmanchester nennt man die schwersten und feinsten Stoffe, welche den echten Samt am besten nachahmen. Die gangbarste Farbe ist Schwarz, doch gibt es auch anders gefärbte sowie bedruckte Sorten. Ungerissene Gewebe dieser Art, bei denen die Schlingen des Polfadens nicht aufgeschnitten sind, und die also keine haarige Oberfläche haben, bilden eine andere Gattung und heißen Satin, Satinet usw. Die unechten Samte werden jetzt in Frankreich und Deutschland ebenfalls hergestellt.

Mandarinen, die Früchte von Citrus myrtifolia und C. chinensis, sind kleine Pomeranzen, die einen angenehmen süßen Geschmack haben. Der Baum wächst in Italien, Spanien, Algier und China. Mandarinenöl, das aus den Fruchtschalen dieser Früchte gewonnene ätherische Öl, riecht dem Pomeranzenöl ähnlich.

Mandelkleie (lat. Farina s. Furfur s. Placenta amygdalarum amararum, frz. Son d'amandes, engl. Bran of almonds) nennt man die nach dem Auspressen des fetten Öles bzw. bei der Destillation des bitteren Mandelöls und bitteren Mandelwassers verbleibenden Rückstände, die als kosmetisches Mittel, zum Waschen gegen Hautunreinlichkeiten, zuweilen, unter Zusatz von Sand, als Sandmandelkleie Verwendung finden. Einige im Handel befindliche Sorten sind außerdem noch mit zerkleinerter Seife vermischt.

Mandeln (lat. Amygdalae, frz. Amandes, engl. Almonds). Der Mandelbaum, Amygdalus communis, welcher 5—10 m hoch wird und im Freien nur bei Weinklima und geschützt gegen rauhe Nord- und Ostwinde gezogen werden kann, findet sich in Asien, in den Mittelmeerländern, in Deutschland südlich des Mains, besonders aber im Rheintal, an der Bergstraße und in der Pfalz. Die schön rötlichen Blüten erscheinen im ersten Frühling, die Reifezeit ist im August und September. Die Zwerg- oder Strauchmandel, Amygdalus nana, eine Zierpflanze, die noch bis Livland gedeiht, trägt ungenießbare Früchte, die jedoch in Rußland an Stelle der bitteren Mandeln benutzt werden. — Die Mandel ist eine Steinfrucht und enthält in einer hart fleischigen, aufspringenden Fruchtschale die von der Steinschale umhüllten Samen. Eine Abart mit besonders leicht zerbrechlicher Schale wird als Krach- oder Knackmandel, A. fragilis, bezeichnet. Die Mandeln kommen sowohl mit süßen als mit bitteren Samen vor, ohne daß man diesen Unterschied an dem Aussehen der Bäume oder der Früchte zu erkennen vermöchte. — Die süßen M. (A. dulces) enthalten 45—55 % fettes Öl, 20—25 % Stickstoffsubstanz (Konglutin und Emulsin), 13 % stickstofffreie Extraktstoffe (Zukker und Gummi) und 3—5 % Mineralstoffe. Sie besitzen einen süßen, schleimigen und angenehm öligen Geschmack, der am feinsten nach der Entfernung der gelbbraunen, sehr gerbstoffreichen Haut hervortritt. — Die bitteren M. (A. amarae) unterscheiden sich von den süßen M. bei sonst übereinstimmender Zusammensetzung durch ihren Gehalt an Amygdalin (2,5—4 %), einem Glykoside, das beim Zerreiben mit Wasser unter der Einwirkung des ebenfalls in den Mandeln enthaltenen Enzyms (Emulsin) in Blausäure, Bittermandelöl und Zucker zerfällt. Wegen der entstehenden Blausäure sind bittere Mandeln, in größeren Mengen genossen, gesundheitsschädlich und für kleinere Tiere, z. B. Papageien, sogar tödlich. — Als Verfälschung der M. sind Zusätze der Kerne von Amygdalus nana sowie von Pfirsichen und Aprikosen beobachtet worden. Die süßen Mandeln werden als Dessertfrucht, zu Backwerk und Konditoreiwaren, zur Herstellung von Marzipan, Mandelöl (s. d.) und Mandelmilch verwendet. Die bitteren M. dienen ebenfalls zur Gewinnung des fetten Öles, ferner des Bittermandelöls, des Bittermandelwassers und des Amygdalins. Der nach dem Auspressen des fetten Öles bzw. dem Abdestillieren des ätherischen bitteren Mandelöles und Wassers verbleibende Rückstand gibt die Mandelkleie (s. d.). — Die besten Handelssorten der Mandeln kommen aus Malaga, danach aus Majorka, Alikante und Valenzia in Spanien. Krachmandeln stammen aus Malaga, Frankreich liefert süße und bittere Provencer-M. von kürzerer, dickerer Form und mittlerer Güte (Ambrosiamandeln, Abalan); ferner Comtatsche M. in eirunden Körben, M. von Languedoc, Molarissen und Mollisse oder Sottole (frz. amandes aux dames, a. en coques, a. en coquilles, a. à craquum). Italien führt über Lari, Palermo und Messina die drei Sorten: Bischellia (Prima), Andrea (Sekunda) und Bari aus, ferner von Sizilien: Avola (Ia), Masculi (IIa), Palma et Girgenti (die geringsten). Die berberischen Barbanisse werden wenig geschätzt. Neuerdings kommen auch aus Mogador M. in den Handel. Gute M. sollen rein, unversehrt, nicht angefressen und mit hellgelber glatter Haut ohne Runzeln bedeckt sein. Sie dürfen keine zerbrochenen oder geborstenen Stücke enthalten und keinen ranzigen Geschmack besitzen. Fehlerhaft sind M. mit weißer oder schwärzlicher Haut, geborstene, zähe oder durch Erhitzung verdorbene M. — Als Mandelersatz werden Aprikosen- und Pfirsichkerne, Erdnüsse u. dgl. bezeichnet (s. Marzipan).

Mandelöl, fettes (lat. Oleum amygdalarum dulce expressum, frz. Huile d'amandes, engl. Almonds oil) wird in der Weise gewonnen, daß man die zerriebenen süßen M. bei mittlerer, nicht über 30° steigender Temperatur auspreßt und nach mehrtägigem Stehen in trockene braune Flaschen abfüllt. Geringere Mengen erhält man auch durch vorheriges Auspressen der zur Destillation des Bittermandelwassers bestimmten bitteren Mandeln. Die Ausbeute beträgt aus bitteren Mandeln bis zu 36 %, aus süßen bis 50 % Öl. Das M. ist völlig klar, blaßgelblich, dünnflüssig und von mildem, reinem Geschmack. Es trocknet nicht an der Luft, besitzt das spez. Gew. 0,917 bis 0,920, die Verseifungszahl 196 und die Jodzahl 85—96 und ist in 60 T. absolutem Alkohol löslich. Bei —16° wird es weiß getrübt und erstarrt bei —20°. Zum Nachweis der zahlreichen Verfälschungen mit Aprikosenkern-, Pfirsichkern- und anderem fetten Öl kann u. a. die Elaidinprobe (s. Öle) herangezogen werden, welche bei reinem M. nach 10—12 Stunden eine völlig weiße und feste Schicht, bei den meisten anderen Ölen hingegen rötliche bis bräunliche Färbungen liefert. Zusätze von Aprikosen- und Pfirsichkernöl erkennt man daran, daß beim Schütteln gleicher Teile Öl, Salpetersäure (1,40) und gesättigter Resorzinlösung in Benzol eine purpurviolette Färbung auftritt (Belliers Reaktion). Nimmt man statt Resorzin eine 1%ige ätherische Phlorogluzinlösung, so färbt sich das Öl kirschrot (Kreis). M. wird in der Medizin zur Herstellung von Emulsionen, Salben, Einreibungen und kosmetischen Mitteln benutzt.

Mangan (Manganesium), ein Metall der Eisengruppe, Mn = 55, kommt nur in einigen Meteoreisen in freiem Zustande vor, ist aber in Form seiner Verbindungen außerordentlich verbreitet. Es findet sich vor allem im Braunstein und anderen Manganerzen und bildet einen normalen Bestandteil des pflanzlichen und tierischen Organismus. Zur Darstellung des M. wird entweder Braunstein mit Kohle, oder Fluormangan mit Natrium reduziert, oder man zerlegt Manganchlorürlösung durch Elektrolyse. Das wichtigste Verfahren dürfte zurzeit die Reduktion von Manganoxydul mit Aluminiumpulver nach der Goldschmidtschen Aluminothermie sein. Das Metall besitzt einen weißgrauen, ins Rötliche spielenden Glanz, ist politurfähig, sehr spröde und so hart, daß es Glas und Stahl ritzt. Sein spez. Gew. liegt zwischen 7,2 und 8, sein Schmelzpunkt bei etwa 1300°. Beim Erhitzen an der Luft läuft es mit ähnlichen Farben wie der Stahl an, hält sich aber bei gewöhnlicher Temperatur ziemlich lange blank. An feuchter Luft oxydiert es sich und wird durch Säuren gelöst. Im Gegensatz zum Eisen wird es vom Magneten nicht angezogen. In Form seiner Legierungen besitzt das M. ungeheure technische Bedeutung. Im größten Maßstabe wird besonders ein sehr manganreiches Roheisen (Ferromangan) mit 70% M. hergestellt, das zur Fabrikation harter Stahlsorten, Manganstahl, benutzt wird. Mit Kupfer und Zink bildet M. eine ganze Reihe von Manganbronzen, welche sich zu Blech auswalzen und zu Draht ziehen lassen. Manganin ist eine zu elektrischen Widerständen benutzte Legierung von 84 T. Kupfer, 12 T. Mangan und 4 T. Nickel. Die Abhängigkeit der deutschen Industrie von den ausländischen, besonders den nordamerikanischen Manganlieferanten, machte sich im Kriege empfindlich fühlbar. Man hat aber im Waldeckschen bei der Eisenbahnstation Eimelrod sowie in Belgisch-Luxemburg größere Mengen hochprozentiger Manganerze entdeckt. Auch sind die bei der Verhüttung des Siegerländer Eisensteins entfallenden manganreichen Hochofenschlacken mit Erfolg aufgearbeitet worden, und schließlich hat auch der Abwasserschlamm crenothrixhaltiger Wasserleitungen Verwendung gefunden. Im Frieden wird Deutschland auf das Kaukasusvorkommen zurückgreifen, das 37% der Weltproduktion liefert. Daneben rechnen die Amerikaner damit, daß an Stelle des Manganstahls Silizium-Aluminium- und Kalzium-Silizium-Stahl hergestellt werden wird.

Manganazetat (Essigsaures Manganoxydul, lat. Manganum aceticum, frz. Acétate de manganèse, engl. Acetate of manganese), $Mn(C_2 . H_3O_2)_2$, entsteht beim Auflösen von Manganoxydul oder Mangankarbonat in Essigsäure oder durch Fällung von Manganosulfat mit Kalziumazetat oder Bleizucker als ein rötliches, in Wasser und Alkohol lösliches Kristallpulver. Man benutzt es in der Färberei und Druckerei zur Herstellung brauner Farben, indem man die damit getränkten oder bedruckten Zeuge durch eine Lösung von Chlorkalk zieht, wobei sich Manganoxydhydrat auf der Faser niederschlägt.

Manganborat (borsaures Manganoxydul, lat. Manganum boracicum, frz. Borate de manganèse, engl. Borate of manganese), MnB_4O_7, wird durch Einwirkung von Boraxlösung auf Manganoxydulsalze dargestellt und liefert ebenso wie das harzsaure, ölsaure und oxalsaure M. vortreffliche Sikkative.

Manganbraun (Manganbister) nennt man eine Farbe, welche durch Erhitzen von Mangankarbonat oder durch Fällung von Manganchlorürlösung mit Natronlösung dargestellt wird. Der zuerst ausfallende weiße Niederschlag nimmt an der Luft durch Sauerstoffaufnahme bald eine braune Farbe an.

Manganchlorür (lat. Manganum chloratum, frz. Chlorure de manganèse, engl. Chloride of manganese), $MnCl_2$, entsteht bei der Behandlung von Braunstein mit Salzsäure und findet sich demnach in den Mutterlaugen der Chlorkalkbereitung. Es ist ein hellrötliches Kristallpulver, welches als Beize in der Färberei, als Ausgangsmaterial für die übrigen Manganverbindungen und in der Medizin gegen Bleichsucht und Ausschlag, als Mund- und Gurgelwasser benutzt wird.

Mangankarbonat (kohlensaures Manganoxydul, lat. Manganum carbonicum, frz. Carbonate de manganèse, engl. Carbonate of manganese) findet sich fertig gebildet in der Natur meist in isomorpher Mischung mit Eisen- oder Magnesiumkarbonat als Manganspat und kann außerdem als Nebenprodukt bei den Gasanstalten erhalten werden, wenn man das Gaswasser mit den Abfalllaugen der Chlorkalkdarstellung vermischt. In reinstem Zustande entsteht es durch Fällung von Mangansulfatlösung mit Soda und Trocknen des Niederschlages bei gelinder Wärme als ein hellfleischfarbenes, in Wasser unlösliches Pulver von der Formel $MnCO_3$. M. findet in der Medizin gegen Bleichsucht und Blutarmut sowie zur Herstellung anderer Manganpräparate Anwendung. Die wichtigsten derselben sind zitronensaures, milchsaures und salizylsaures M. sowie Verbindungen mit Eiweiß, Pepton, Zucker u. dgl.

Mangansulfat (schwefelsaures Manganoxydul, M.-Vitriol, lat. Manganum sulfuricum, frz. Sulfate de manganèse, engl. Sulfate of manganese) wird durch Auflösen von M.-Karbonat mit verdünnter Schwefelsäure und durch Erhitzen von Braunstein mit konz. Schwefelsäure oder Eisenvitriol dargestellt als ein mit vier Molekülen Wasser kristallisierendes Salz von der Formel $MnSO_4 + 4H_2O$. Seine Verwendung ist derjenigen des Chlorürs analog.

Mangostanen (Mangofrüchte, Mangopflaumen) sind die Früchte eines in Hinterindien und auf den Inseln des Indischen Archipels heimischen und vielfach angebauten Baumes, Garcinia Mangostana s. Mangifera indica. Sie haben die Größe eines Gänseeis, eine orangegelbe Farbe und einen aromatischen Geruch und Geschmack und bilden eine wertvolle Obstart der Tropen, haben aber bei uns wegen ihres schwachen Terpentingeschmacks bis jetzt nur wenig Anklang gefunden. Die Früchte der zahlreichen Spielarten des Baumes werden im Ursprungslande zur Herstellung von Alkohol und von einem weinartigen Getränk benutzt. Die Samen und die Fruchtschale müssen hierzu entfernt werden, weil sie infolge eines Gehaltes an Mangostin (s. d.) bitter schmecken. Die Rinde läßt freiwillig ein gelbes Harz, das Mangostanharz, austreten und wird in Indien als Heilmittel gegen Dysenterie benutzt.

Mangostin, der Bitterstoff der Mangostanen, wird durch Extraktion der zerkleinerten Fruchtschalen mit heißem Alkohol gewonnen und bildet gelbe, bei 173° schmelzende Kristallblättchen.

Manilahanf (Abaca, frz. Chanvre de manille, engl. Siam hemp) besteht aus den Fasern der scheidenartigen Blattstiele mehrerer Arten Pisang oder Banane (Musa), besonders des sog. Affenpisang, der deshalb auch in der Botanik als Musa textilis (Gewebepisang) aufgeführt wird. Die Pflanze ist auf mehreren indischen Inseln, namentlich auf den Philippinen und Molukken, heimisch und wird auf Luzon und einigen anderen Inseln der ersteren Gruppe im großen angebaut. Die abgehauenen Stämme werden nach Entfernung der Blätter frisch geschabt, bis die Fasern zurückbleiben, und letztere gleich in zwei Sorten geschieden, nämlich stärkere von den äußeren Teilen des Stammes, die zu Tauwerk dienen, und schwächere aus den inneren Schichten, die zu feineren Arbeiten bestimmt sind. Aus letzteren fertigen die Eingeborenen Kleiderstoffe. Die Faser hat den Vorzug außerordentlicher Zähigkeit, Dauer und Leichtigkeit und übertrifft in dieser Hinsicht selbst Hanf bei weitem. Manilataue und -seile kommen daher im Seewesen immer mehr in Aufnahme, und ihre Ausfuhr ist im beständigen Wachsen begriffen. Die Fasern sind etwa 2 m lang, teils weiß, teils bräunlichgelb, öfter noch zu schmalen Baststreifen vereinigt und daher noch klar zu hecheln. Die weißen, zu feineren Arbeiten tauglichen Fasern bilden immer nur $^1/_8$—$^1/_6$ der Masse, das übrige ist Material für den Seiler. Aus den besten und glänzendsten Fasern fertigt man Klingelzüge, Gürtel, Arbeitsbeutel und andere geflochtene Gegenstände, Schnüre u. dgl.

Manna (lat. Manna, frz. Manné, engl. Manna) nennt man den an der Luft getrockneten Saft der Mannaesche (Fraxinus Ornus), eines Baumes, der 6—9 m Höhe erreicht und in ganz Südeuropa vorkommt, aber als Wildbaum zur Mannagewinnung nicht tauglich ist. Vielmehr liefern nur einige Spielarten Manna, und es gibt sonach keine Mannawälder, sondern nur Pflanzungen. Am ausgedehntesten finden sich die letzteren in einigen Gegenden Siziliens und auf der Ostseite von Kalabrien, ferner im ehemaligen Toskana, in Dalmatien und auf mehreren griechischen Inseln. Der Baum läßt seinen Zuckersaft aus dem Stamme teils freiwillig, teils durch künstliche Einschnitte tropfenweise austreten. Man beginnt mit der Gewinnung in der trockenen Jahreszeit, gewöhnlich Anfang Juli, indem man die Schnitte zuerst nahe am Boden macht und dann allmählich weiter nach oben vorrückt. In den Spalt befestigt man einen Strohhalm oder ein Blatt, worauf der Saft eintrocknet oder auf Blätter abtropft, die am Fuße des Baumes in einer dazu gemachten Grube ausgebreitet sind. Die aus dem unteren Stammteil oder von älteren Bäumen erhaltene Masse ist von geringerer Güte als die von den oberen Teilen und von jungen Bäumen. Zu einer guten Ernte gehört anhaltend trockenes, helles Wetter, denn Nebel und Regen machen die M. unbrauchbar, und es genügt ein Tag starken Regens, um die ganze Ernte zu vereiteln. Die Ware besteht, abgesehen von der im Handel selten vorkommenden M. in Tränen (M. in lacrymis), aus zwei äußerlich verschiedenen Sorten, Röhrenmanna (M. canellata) und gemeine M. (M. gerace seu in sortis, häufig auch M. calabrina genannt, obschon sie meistenteils aus Sizilien kommt). Die Röhrenmanna besteht aus langen flachen oder rinnenförmigen, dünnen Stückchen von weißgelblicher Farbe, welche mürbe, brüchig, ziemlich trocken und etwas durchscheinend sind und einen rein süßen, schleimigen Geschmack haben. Sie ist die von jungen Bäumen und aus den höheren Stammteilen gesammelte Ware, welche bei günstigem Wetter rasch auf Blättern und Zweigen eingetrocknet ist, wird von diesen abgenommen und nachgetrocknet. Die gemeine M., die von alten Stämmen und in der Erdnähe gewonnen und auch von Luftfeuchtigkeit beeinflußt ist, besteht aus braunen, ziemlich feuchten, helleren und härteren Klümpchen, die von einer dunkleren, schmierigen Masse zusammengehalten werden und häufig Rindenstückchen umschließen. — Die wichtigsten Bestandteile der M. sind Mannit, Glukose und Schleim. Die Röhrenmanna schmeckt angenehm süßlich, während die gemeine M. etwas kratzend und bitter schmeckt, beide wirken abführend. — Mit dem Namen Manna belegt man auch noch verschiedene andere getrocknete Säfte, die keine Handelswaren sind und nur zum Teil Mannit, zum Teil auch andere Zuckerarten enthalten, z. B. Briançoner M., von einer Art Lärche (Larix decidua), spanische M. von Cistus ladanifera, persische von Hedysarum Alhagi und australische von Eucalyptus mannifera.

Mannagrütze (Schwaden, Schwadengrütze). Diesen Namen führen die Samen einer Grasart, Glyceria fluitans (Mannaschwingel, Flutgras, Grashirse, Horischengras), welche in der Gegend von Königsberg, Danzig und Elbing ähnlich wie Hirse zubereitet und genossen werden. Das Gras wird nicht angebaut, sondern wächst in den feuchten Niederungen massenhaft wild. Die durch Ausschütteln auf untergelegten Tüchern gesammelten Samen sind noch kleiner als Hirse und haben, nach Entfernung der braunen Hülsen, eine hellgelbe, der Hirse ähnliche Farbe.

Mannit (Mannazucker) ist eine im Pflanzenreiche sehr verbreitete zuckerähnliche Verbindung, die jedoch in größerer Menge nur in der Manna vorkommt (in den besten Sorten bis zu 90%) und aus ihr durch Auskochen mit Alkohol und nachfolgende Kristallisation dargestellt wird. Er erscheint dann in weißen, geruchlosen

Kristallen von süßem Geschmack, die sich leicht in siedendem Wasser und Alkohol sowie in 6½ Teilen kaltem Wasser, aber nicht in Äther lösen. In chemischer Hinsicht ist M. ein sechsatomiger Alkohol mit gerader Kohlenstoffkette $C_6H_{14}O_6$ und geht nach vorherigem Schmelzen bei 166°, bei weiterem Erhitzen auf 200° in sein Anhydrid Mannitan, $C_6H_{12}O_5$, über. Er ist nicht gärungsfähig. M. kann auch künstlich hergestellt werden und findet als Abführmittel und als Zuckerersatz für Diabetiker Anwendung.

Mannozitin nennt man eine Mischung von Wollfett mit Kampferöl, welche als Rostschutzmittel Verwendung findet.

Maräne (nicht zu verwechseln mit der Muräne), ein zu der Familie der Lachse gehöriger Fisch, von dem man mehrere Arten unterscheidet. Die gewöhnliche oder große M. (Madue-M., Coregonus Maraena) lebt in sehr tiefen Landseen, namentlich im Bodensee und einigen norddeutschen Seen und wird auch in den großen Süßwasserseen Nordamerikas mit gutem Erfolge künstlich gezogen. Der Fisch, der nur zur Laichzeit aus der Tiefe in seichte Stellen kommt, hat ein sehr schmackhaftes, wennschon wenig haltbares Fleisch und wird sowohl frisch wie gesalzen und geräuchert in den Handel gebracht. Die M. wird bis 1 m lang und soll unter 40 cm Länge nicht verkauft werden.— Die kleine M. (Coregonus albula), ein außerordentlich schmackhafter Fisch, lebt wie die große M. nur in den Tiefen der Seen, namentlich in denen Mecklenburgs, Pommerns, Ostpreußens und Polens und soll nicht unter 15 cm Länge verkauft werden. Andere weniger bekannte Arten sind: die Bodenrenke (Stündling, Coregonus fera), der Kilch (Kirchfisch, Kröpfling, Coregonus hiemalis) und die Rheinanke (Schnäpel, Coregonus oxyrhynchus).

Maraschino heißt ein feiner dalmatinischer Likör, zu dessen Herstellung die an verschiedenen Orten Dalmatiens angebauten Marasken, eine besondere Art saurer Kirschen (Prunus mahaleb), dienen. Die Früchte werden zu einem genau einzuhaltenden Zeitpunkte der Halbreife gepflückt, durch schnellsegelnde Boote nach Zara, dem Hauptsitz der Verarbeitung, gebracht und sofort entkernt, da für den eigentlichen M. nur das Fruchtfleisch benutzt wird. Unter Mitbenutzung der Kerne erhält man eine andere, weniger bekannte Sorte, den Rosoglio di ossa di Marasche. Das Fruchtfleisch wird einer mehrtägigen Gärung in Bottichen überlassen, die erhaltene Flüssigkeit mit einer gewissen Menge zerstampfter, sauberer Blätter vom Maraskenbaume gemischt, welche zur Aromatisierung des Getränks nötig sein sollen, dann mit 10% Traubenwein versetzt, und der Rosoglio abdestilliert. Das Destillat wird mit feinem Zucker gesüßt, durch Baumwolle filtriert und in die mit Schilfgeflecht umgebenen Fläschchen gefüllt, in denen es im Handel erscheint. Alle Einzelheiten der Darstellung werden als Geschäftsgeheimnisse sorgfältig gehütet. Die berühmteste Fabrik ist die von Drioli, doch werden auch die Erzeugnisse von Galigarich und Luxardo sowie einige österreichische als vortreffliche anerkannt.

Marderfelle. Die Felle der Marder, von denen besonders die in ganz Europa und Asien lebenden Edel- oder Baummarder (Mustela martes) und die Stein- oder Hausmarder (M. foina) für den Handel in Betracht kommen, gehören gleich denen des nahe verwandten Zobels dem edleren Pelzwerk an. Wie alle Pelztiere zeigen auch die Marder einen der Jahreszeit entsprechenden Haarwechsel und ihr Pelz hat daher nur im Winter vollen Wert. Das Fell des Edelmarders zeigt ein helleres oder dunkleres Braun und wird um so höher geschätzt, je dunkler es aussieht, weil es dadurch dem Zobel ähnlicher wird. Die Kehle ist dottergelb, die Farbe der Beine und des Schwanzes schwärzlich. Die Länge ohne den 24 cm langen Schwanz beträgt 43 cm. Die schönsten Edelmarder liefert Norwegen, die nächstbesten Schottland und danach kommen die Schweiz, bayrische Hochebene, Tatarei, Rußland, Türkei und Ungarn. Dunkle Pelze werden oft ohne weiteres, hellere nach entsprechender Auffärbung als Zobel verkauft. Die viel häufigeren Steinmarderfelle, die gewöhnlich in Bündeln von 40 Stück auf den Markt kommen, haben eine hellere rötlichbraune Färbung mit aschgrauem Flaumhaar, weißer Kehle, kastanienbraunem Kopf. Die Länge des Körpers und Schwanzes ist etwas geringer, das Haar gröber als beim vorigen. Die schönsten und größten Steinmarder kommen aus Ungarn und der Türkei, doch bringen auch Rußland (Polen) und Deutschland große Mengen in den Handel. Wie die Edelmarder, werden auch Steinmarderfelle zu Zobel vorgerichtet; auch kommen sie bisweilen ohne Schwanz und Beine, die für sich verwertet werden, zum Verkauf. Die Marderfelle liefern ein warmes, leichtes und angenehmes Pelzwerk, das besonders von den Russen geschätzt wird. Von verwandten Pelztieren sind noch der amerikanische Zobel (s. d.) und der tatarische oder sibirische Feuermarder (M. sibirica) anzuführen. Die gelbrötlichen, unterseits helleren Felle werden unter dem Namen Kalinken, Kalinsky, Kulonki oder Kulor gehandelt.

Margarine ist das bekannteste Butterersatzmittel, welches auf Anregung Napoleons III. von Mège-Mouriès erfunden wurde, um für die französische Marine ein haltbares, nicht ranzig werdendes Speisefett zu schaffen. Es wurde ursprünglich in der Weise hergestellt, daß man durch Auspressen von den schwerer schmelzbaren Anteilen befreiten Rindertalg, sog. Oleomargarin, mit Milch und Wasser zu einer milchähnlichen Emulsion vermischte und letztere dann genau wie bei der Butterbereitung weiter verarbeitete. In neuerer Zeit wird an Stelle des reinen Oleomargarins meist ein Gemisch des letzteren mit den verschiedensten anderen Fetten Schweineschmalz, Kokosfett, Baumwollsamenöl, Erdnußöl und Sesamöl in wechselnden Mengenverhältnissen als Ausgangsstoff benutzt und, wie die meiste Butter auch, künstlich gelb gefärbt. Von größter Bedeutung für die Margarinefabrikation ist das Verfahren der Fetthärtung, das die Umwandlung der flüssigen Öle und selbst der Trane in feste genußfähige Speisefette ermöglicht. Um ihren Erzeugnissen die übrigen Eigenschaften der Naturbutter zu verleihen, welche sich bekanntlich beim Erhitzen bräunt und nicht spritzt, haben die Fabriken mannigfache Zusätze, wie Zucker, Eigelb oder Lezithin, versucht, über deren Wirksamkeit ein abschließendes Urteil noch nicht gefällt werden kann. Ein Erzeugnis, bei dessen Herstellung die Kuhmilch durch Mandelmilch ersetzt ist, kommt unter dem Namen „Sana" in den Verkehr. Die in normaler Weise bereitete M. stellt zweifellos ein völlig einwandfreies, billiges Volksnahrungsmittel dar. Die mehrfach aufgestellte Behauptung von der Verwendung verdorbener Ausgangsmaterialien hat sich meist als unbegründet herausgestellt, und auch in bezug auf die Verdaulichkeit ist sie der Butter völlig gleichwertig. Die in einem Falle beobachtete Verarbeitung des giftigen, aus Hydnokarpusarten gewonnenen Marattifettes (Kardamonfett, Chaulmograsöl u. a.) ist durch Verurteilung des Fabrikanten (Backa-Prozeß) alsbald unterbunden worden. — Wenn trotzdem der Verkehr mit Butter und Margarine durch ein besonderes Gesetz geregelt wurde, so war hierfür hauptsächlich das Verlangen der Landwirtschaft nach einem Schutze ihrer Naturbutter maßgebend, da die Margarine zur Verfälschung der letzteren außerordentlich geeignet ist und in Gemischen nur schwer nachgewiesen werden kann. — Das Gesetz vom 15. VII. 1897, das sog. Margarinegesetz, bestimmt zunächst, daß die Verkaufsräume, die Gefäße und Umhüllungen durch die Inschrift „Margarine", letztere außerdem durch einen bandförmigen roten Streifen gekennzeichnet werden müssen. Im Einzelverkauf darf M. nur in Umhüllungen mit der gleichen Inschrift und bei regelmäßig geformten Stücken nur in Würfelform abgegeben werden. Die Vermischung von Butter mit M. oder anderen Fetten ist verboten. Weitere Vorschriften regeln die Trennung der Verkaufsräume und übertragen der Polizei das Recht der Revision. Der Nachweis der M. in Gemischen mit Butter wird durch die Bestimmung erleichtert, daß alle M. einen Zusatz von 10% Sesamöl erhalten muß, d. h. eines Fettes, welches noch in kleinster Menge durch eine einfache Farbenreaktion, die bei Behandlung mit Furfurol und Salzsäure auftretende Rotfärbung, erkannt werden kann. — Es ist anzuerkennen, daß die M. im allgemeinen den gesetzlichen Vorschriften entspricht. Zu tadeln ist nur das mehrfach hervorgetretene Streben einiger Fabrikanten, sich durch Einverleibung ungebührlicher Wassermengen einen unberechtigten Vorteil zu verschaffen. Nach König enthält die M. im Durchschnitt: 9,07% Wasser, 87,59% Fett, 2,15% Kochsalz und geringe Mengen Kasein und Milchzucker. Ihr Wassergehalt ist stets geringer als derjenige der Butter gewesen, und da für letztere durch Bundesrats-Verordnung eine Höchstgrenze von 16% vorgeschrieben worden ist, muß die gleiche Forderung zum mindesten für M. aufgestellt werden. Erzeugnisse mit mehr als 20% Wasser, wie sie bisweilen im Handel aufgetaucht sind, müssen unter allen Umständen auf Grund des Nahrungsmittelgesetzes (s. d.) beanstandet werden, auch ist für die Kriegsdauer ein höherer Wassergehalt ausdrücklich verboten worden Wünschenswert zur Fernhaltung verdorbener M. ist es, daß der von einigen Fabriken eingeführte Gebrauch des Datumsstempels auf den Originalpackungen allgemeine Anwendung findet. — Die später eingeführten butterähnlichen Zubereitungen, welche lediglich aus künstlich gelb gefärbtem Kokosfett bestehen, sind als M. aufzufassen und unterliegen den für letztere erlassenen gesetzlichen Bestimmungen.

Margosaöl (Nimöl), das fette Öl aus den Fruchtkernen von Azadirachta indica, einem zur Familie der Meliazeen gehörigen, in Ostindien einheimischen Baume, hat ein spez. Gew. von 0,915, wird bei + 10° trübe und erstarrt bei + 7° zu einer festen Masse, ohne jedoch seine Durchsichtigkeit zu verlieren. Es hat in dicken Schichten bei durchfallendem Lichte eine grünliche Farbe, schmeckt sehr bitter und riecht stark knoblauchartig, verliert den bitteren Geschmack und den Geruch aber beim Schütteln mit absolutem Alkohol. Das M. wird in Indien medizinisch verwandt. — Die Rinde desselben Baumes, die Margosarinde, die in den Vereinigten Staaten als Cortex margosa offizinell ist, enthält einen Bitterstoff und wird als Wurmmittel verwandt.

Mariendistelsamen (lat. Semen cardui mariae, frz. Semences de chardon, engl. Blessed seeds), die glatten, graubräunlichen und fein schwärzlich gestreiften Früchte der Frauendistel oder Mariendistel, Sylibum marianum, einer in Südeuropa wild wachsenden, bei uns zuweilen in Gärten angebauten Komposite, schmecken bitter und herbe. Sie wurden früher medizinisch verwandt, sind aber jetzt nur noch selten im Drogenhandel anzutreffen.

Marineblau ist der Handelsname für ein Gemisch von Methylviolett und Methylenblau.

Marmeladen (Konfituren, Jams) nennt man Erzeugnisse, welche durch Einkochen frischer Früchte mit Rohrzucker bis zur breiartigen Konsistenz oder durch kaltes Vermischen des zerkleinerten (passierten) Fruchtmarks mit Zucker hergestellt werden und je nach der Art der benutzten Fruchtsorte die Bezeichnung: Himbeer-M., Erdbeer-M., Johannisbeer-M., Orangen-M. u. a. führen. Bestimmte Vorschriften über die Menge der einzelnen Bestandteile, besonders die Höhe des Zuckerzusatzes, lassen sich nicht machen, da diese nach dem Säure- und Pektingehalt der Früchte verschieden gewählt werden. Jedoch kann man im allgemeinen annehmen, daß ungefähr gleiche Teile Frucht und Zucker zur Verwendung gelangen. Die Herstellung der M. wurde ursprünglich besonders in England betrieben, hat aber auch in Deutschland großen Umfang angenommen, und ihre weitere Ausdehnung ist im volkswirtschaftlichen Interesse, besonders zur Hebung des deutschen Obstbaues dringend erwünscht. Leider haben sich im Laufe der Zeit vielfache Verfälschungen herausgebildet. Zusätze von Konservierungsmitteln, organischen Säuren, künstlichen Aromastoffen, Agar-Agar und Gelatine, fremden Farbstoffen und Stärkesirup sind angetroffen worden. Vielfach werden wertvollere Früchte durch minderwertvolle, besonders Äpfel, ersetzt; andere Hersteller setzen die Preßrückstände von der Fruchtsaftfabrikation, oft nach völligem Auslaugen mit Wasser hinzu, ja es sind völlige Kunsterzeugnisse im Handel vorgefunden, die nahezu gänzlich aus künstlich rot gefärbtem Stärkesirup bestanden, und die nur durch einige hineingerührte Fruchtkerne ein marmeladenähnliches Aussehen erhalten hatten. Mit der Einführung einer geordneten Nahrungsmittelkontrolle sind die gröbsten Übelstände inzwischen beseitigt worden. Zusätze von Stärkesirup, Teerfarbstoffen u. dgl. werden den Käufern auf Etiketten bekannt gegeben, und eine weitere Besserung der bestehenden Zustände kann von dem gemeinsamen Zusammenwirken der reellen Fabrikanten und der Nahrungsmittelchemiker erwartet werden. Nach den von ihnen getroffenen Vereinbarungen lassen sich folgende allgemeine Grundsätze für die Beurteilung aufstellen: Als ohne jede Einschränkung, auch unter Deklaration unzulässige Zusätze, gelten alle wertlosen Stoffe, insbesondere durch Wasser ausgelaugte oder der Destillation unterworfen gewesene Preßrückstände, z. B. gewaschene Himbeerkerne, Preßrückstände von der Nachpresse, Rückstände von der Pomrilfabrikation. Eine Ausnahme bilden Preßrückstände von Saueräpfeln, die, wenn sie mit nicht mehr als 50 % Wasser gekocht waren, unter Deklaration benutzt werden dürfen. Sie sind aber auch dann, ebenso wie andere Preß- und Obstrückstände, nur für solche M. zulässig, die nicht unter dem Namen einer bestimmten Fruchtart in den Verkehr gelangen. Für die letzteren, z. B. Himbeermarmelade, sind auch alle Gelierungsmittel, wie Agar, Gelatine, untersagt. Alle hiernach nicht ohne weiteres ausgeschlossenen Stoffe außer frischer Frucht und Zucker müssen gekennzeichnet werden, insbesondere Dörrobst, Preßrückstände, Agar, Gelatine für M. ohne den Namen einer bestimmten Fruchtart, sog. gemischte M. Die Deklaration „mit Preßrückständen" deckt aber nur Zusätze bis zu 25 %, bei höheren Mengen ist die Bezeichnung „Kunstmarmelade" zu wählen. Zusatz von Stärkesirup ist zu kennzeichnen als „mit Stärkesirup" bei Mengen unter 25 %; als „mit mehr als 25 % Stärkesirup" bei Mengen bis zu 50 %. Wenn der Gehalt an Stärkesirup oder an anderen fremden Stoffen 50 % übersteigt, muß die Ware als „Kunstmarmelade" bezeichnet werden. Künstliche Färbung ist durch das Wort „gefärbt" zu deklarieren. Bezüglich weiterer Einzelheiten, besonders auch der Deklaration, sei auf das Handbuch der Nahrungsmitteluntersuchung von Beythien, Hartwich und Klimmer verwiesen. Es ist anzunehmen, daß die im Kriege eingeführten Notmarmeladen aus Rüben und Kartoffeln mit dem Friedensschlusse wieder verschwinden und den vortrefflichen Erzeugnissen der deutschen Industrie Platz machen werden. Ein Bedarf für ausländische Erzeugnisse liegt nicht vor.

Marmor (frz. Marbre, engl. Marble) nennt man alle kristallinischen Kalke, die sich durch feines Gefüge, hohe Politurfähigkeit und schöne Färbung oder Zeichnung auszeichnen und infolgedessen zu Bildhauerarbeiten geeignet sind. Ihrer chemischen Zusammensetzung nach bestehen sie alle aus mehr oder weniger reinem Kalziumkarbonat, ihrer geologischen Entstehung nach gehören sie zum Teil den ältesten Massengesteinen wie Gneis und Glimmerschiefer an (Urkalk), während sie zum Teil aus kalkigen Sedimenten hervorgegangen und durch späteren Druck kristallinisch geworden sind. Nach dem äußeren Ansehen unterscheidet man in der Regel den eigentlichen Marmor, den Breccienmarmor und den Muschelmarmor. — Der eigentliche M., der aus einer gleichmäßigen feinkörnigen Masse besteht und rein weiß oder einfarbig erscheint, liefert das Material für die Bildhauerkunst (Statuen-M.) und wird daher besonders geschätzt. Rein weißer Statuenmarmor findet sich nur in Italien bei Massa, Karrara und Seravezza, wo er in 800—900 Brüchen gewonnen wird. Als beste Sorte, des sog. karrarischen Marmors, gilt der Statuario di Falcovaja (Saccharides). Von griechischen Fundorten liefert die Insel Paros den berühmten gelblichweißen, wachsartig glänzenden parischen M., das Pentelikongebirge den rein weißen pentelischen M., die Insel Tinos geringere weiße, schwarze und gestreifte Sorten, die nach der Türkei ausgeführt werden. Sehr schöner weißer M. kommt neuerdings aus Tirol (Laaser und Sterzinger M.), hingegen sind die deutschen Vorkommnisse des Erzgebirges, Fichtelgebirges, Harzes und Odenwalds nicht zu Bildhauerarbeiten verwendbar. Die farbigen Marmorsorten finden sich an zahlreichen Orten, namentlich Italiens, doch werden gerade hier manche Gesteine zu unrecht als M. bezeichnet. Der Beiname antico besagt, daß eine Gesteinsart unbekannter Herkunft, vielfach aus schon im Altertum erschöpften Brüchen vorliegt, die jetzt nur noch aus altrömischen Ruinen entnommen werden kann. Bisweilen ist es allerdings gelungen, einzelne natürliche Lagerstätten solcher anticos wieder aufzufinden, so namentlich die Maina in Griechenland, die bereits den Künstlern des Altertums die prachtvoll grünen und roten, schwarz geaderten M.-Arten geliefert hat. Nach den Hauptfarben unterscheidet man schwarzen, grünen, gelben und roten M. Schwarzer, durch Kohlenteilchen gefärbter M. (nero) findet sich bei Bergamo (Paragon, Lukullan), ferner im belgischen Kohlenkalk bei Lüttich, und mit gelben Adern bei Karrara neben weißem. Grüner M. kommt im Genuesischen vor, hingegen ist der in Griechenland wieder aufgefundene verde antico eine Breccie von schwarzgrünem Serpentin mit weißem Kalkstein als Bindemittel. Einfarbig gelber M. wie der florentinische Marmo giallo und der fast dottergelbe numidische giallo antico ist selten. Roter M. (rosso) wird bei Verona, Lugezzana und Narbonne gebrochen. Der rosso antico aus Ägypten und Griechenland zeigt in braunroter Grundmasse weiße Adern und schwarze Punkte. Dunkelblauen oder blaugrauen M. mit weißen Adern (Bardiglio) liefern einige Brüche bei Karrara. Graue Sorten finden sich häufig in Schlesien und Schweden. Als Cipollino (Zwiebelmarmor) bezeichnet man eine Abart des pentelischen, die auf weißem Grunde grüne Ringe, gleich den Durchschnitten von Zwiebeln zeigt. — Breccienmarmor besteht aus verschieden großen, mehr oder minder eckigen Bruchstücken, die in eine Kalkmasse eingebettet und durch sie zu einem Ganzen verkittet sind. Zu ihnen gehört der Florentiner oder Klosterneuburger Ruinenmarmor, der an Schliffflächen auf hellem

Grunde dunkle Zeichnungen gleich zerfallenen Bauten zeigt, ferner der Brocatello mit sehr kleinen Bruchstücken, die Breccia Paonazza mit weißen Flecken in schwarzer Grundmasse, die violett und weiße violetta antica u. a. — Die dritte Art, der zusammengesetzte Marmor, hat sedimentären Ursprung und zeigt infolgedessen nicht nur Flecken und Adern, die durch fremde Mineralien (Chlorit, Serpentin) hervorgerufen werden, sondern auch zahlreiche Einschlüsse organischer Reste, wie Muscheln, Schnekken, Kopffüßler, die im Schliff oft schön hervortreten. Der bekannteste dieser sog. Muschelmarmore ist der Lumachell-M. von Bleiberg in Kärnten, der wegen der Anwesenheit von Ammonitenschalen im schönsten Regenbogenglanze schimmert. Andere Vorkommnisse finden sich in Italien, Belgien (St.-Annen-M.), Thüringen, bei Altdorf in Bayern, bei Ischl usw. Die Breccien- und zusammengesetzten Marmore werden in der Regel nur als Ornamentsteine (Architekturmarmor) benutzt. — Außer den vorgenannten gibt es noch eine große Reihe anderer Marmorlagerstätten, vor allem Portugal, mit feinem weißen und schwarzen M., Savoyen mit grauem M., Sardinien, Korsika und Algier, wo in wieder aufgefundenen alten Römerbrüchen rein weißer, rötlicher, gelber und schön schwarzer, weiß geaderter M. gefunden wird. Auch Spanien ist reich an schönem M., der aber noch wenig abgebaut wird. Frankreich hat farbige Marmorsorten in den Pyrenäen und Vogesen, Belgien, eines der an M. reichsten Länder, besonders in der Gegend von Namur und Gent, schönen schwarzen M. Deutscher M., der meist in grauen und braunen Tönen sowie schwarz und weiß gemustert, selten in lebhaften Farben vorkommt, wird vor allem zu Grabsteinen, Platten und ähnlichen Bildhauerarbeiten benutzt. Aus Thüringen kommen die Kinderspielkugeln (Schusser, Märbeln, Murmeln, Knippel) in großen Mengen in den Handel. Blankenburg am Harz, Habelschwerdt in Schlesien, Bayreuth in Bayern, Böhmen, Salzburg (rötlicher M. vom Untersberg), Recklinghausen, Nassau sind als weitere Fundorte zu nennen. — Die feinsten Marmorsorten werden zu den Arbeiten der Bildhauerkunst, kleinere Stücke zu kunstgewerblichen Gebrauchsgegenständen wie Urnen, Uhren und dergleichen, die übrigen M. zu architektonischen Verzierungen, Säulen, Tischplatten, Wandbekleidungen verarbeitet, doch nimmt man zu letzteren Zwecken vielfach nur in dünne Tafeln zersägte Furniere. Die Färbung wird oft durch künstliche Mittel, Behandlung mit Silbernitratlösung (dunkelrot), Goldlösung (purpur), Grünspan (grün), Drachenblut, Gummigutti aufgebessert. Sonst nicht verwendbare Stücke wandern in den Kalkofen.

Marron (Kastanienbraun, Chatin) nennt man verschiedene braune bis braunrote Teerfarbstoffe, welche bei der Darstellung des Fuchsins als Nebenprodukte gewonnen werden. Marron NI ist ein phosphorhaltiges Fuchsin (s. d.), Marron S ein unreines Säurefuchsin.

Marsala, der bekannteste und beliebteste der süßen Likörweine Siziliens, ist stark und feurig, dem Madeira etwas ähnlich, aber süßer. Die Farbe ist dunkelgelb, doch gibt es auch roten M. Der Alkoholgehalt beträgt 11,6 g, der Extraktgehalt 6,4 g, der Zuckergehalt 3,3 g.

Martiusgelb, ein im Jahre 1864 von Martius entdeckter Nitrofarbstoff, besteht aus dem Natrium- oder Kalksalze des 2,4-Dinitroalphanaphtols, $C_{10}H_5(NO_2)_2OH$, das durch Einwirkung von Salpetersäure auf α-Naphtoldisulfosäure oder Nitrosonaphtolsulfosäure dargestellt wird. Der auch als Naphtolgelb, Naphtalingelb, Manchestergelb, Naphtylamingelb, Chanahlgelb, Jaune d'or bezeichnete Farbstoff erscheint als orangegelbes Pulver oder in Form gelbroter Kristalle und ist in Wasser, Alkohol und Spritlacken löslich. M. färbt Wolle und Seide ohne Beizen gelb in den verschiedensten Tönen und ist außerordentlich ergiebig, so daß 1 kg des Farbstoffs für 200 kg Wolle ausreicht. Die früher geübte Benutzung des M. zur Färbung von Nahrungsmitteln (Nudeln) ist unzulässig, weil der Farbstoff giftig ist.

Marunken nennt man sowohl eine Art kleiner gelber Aprikosen, wie auch große gelbe Eierpflaumen, die entweder frisch oder auch getrocknet und in Zucker eingemacht in den Handel kommen.

Marzipan (frz. Massepain, engl. Marchpain) ist ein seit uralten Zeiten bekanntes Erzeugnis der Zuckerbäcker oder Konditoreien, dessen Name sich von dem lateinischen „marci panis" (Markusbrot) ableiten soll, wennschon nicht feststeht, ob er dem Heiligen Markus oder einem sagenhaften Klosterkoch, dem angeblichen Erfinder des M. zu Ehren gewählt wurde. Zuerst findet sich die Bezeichnung in den Lübeckischen Zunftrollen um 1530. Als Ausgangsmaterialien haben jederzeit nur Mandeln und Zucker gedient, und zwar erfolgt die Herstellung, die von den Apotheken an die Zuckerbäcker und von diesen auch an einige Großbetriebe übergegangen ist, in der Weise, daß die gebrühten und geschälten süßen Mandeln fein zerrieben und mit dem Staubzucker vermischt werden, worauf kurzes Erhitzen (Rösten) in offenen Kesseln die Bildung einer gleichmäßigen formbaren Masse bewirkt. Bei der neuerdings von Oetker in Altona eingeführten Verarbeitung der billigeren bitteren Mandeln wird zunächst durch längere Einwirkung von Wasser und dem in den Mandeln enthaltenen Emulsin eine Spaltung des bitter schmeckenden Amygdalins in Bittermandelöl und Blausäure bewirkt, die dann bei dem anschließenden Röstprozeß in flüchtiger Form entweichen. Das nach dem einen oder anderen Verfahren erhaltene Rohmarzipan (Marzipanmasse), das normalerweise aus 2/3 Mandeln und 1/3 Zucker bestehen und nicht mehr als 17 % Wasser enthalten soll, bildet das Ausgangsmaterial für die Bereitung des angewirkten M. und der geformten M.-Waren (Tiere, Früchte, Figuren, Torten), die, abgesehen von Aromastoffen wie Orangenblüten- und Rosenwasser, lediglich einen Zusatz von höchstens der doppelten Menge Zucker und, zur Vermeidung des Rissigwerdens, von geringen Mengen Stärkesirup (bis zu 3,5 %) erhalten. Zusätze von mehr Stärkesirup sowie von Mehl und den Samen anderer Früchte (Aprikosen-, Pfirsich-, Pflaumenkerne, Pistazien, Erdnüsse u. dgl.) sind als Verfälschung anzusehen. Gänzlich aus derartigen Mandelersatzstoffen hergestelltes M. hat als nachgemacht zu gelten und darf nur als Marzipanersatz bezeichnet werden. Surrogate der Kriegsindustrie, die überhaupt keine Samen enthielten, sondern aus Stärkekleister, Zucker und Parfüm bestanden, sind auch als Marzipanersatz beanstandet worden. Besonders berühmt sind die Marzipane von Lübeck (hier die Fabrik von Niederegger seit 1809) und Königsberg. Die größte Fabrik für Rohmarzipan ist 1870 von Oetker in Altona-Bahrenfeld errichtet worden.

Marzolano, das feinste zu Geflechten verwendete Stroh, welches hauptsächlich in den Strohhutfabriken zu Florenz in ungespaltenem Zustande verarbeitet wird, stammt von einer besonderen Art Sommerweizen, Grano marzuolo, die im März ausgesät wird.

Massoyöl, das gelbe und ziemlich dünnflüssige ätherische Öl der Massoyrinde (s. d.), von Cinnamomum xanthoneuron, besitzt einen aromatischen, an Nelken und Opopanaxöl erinnernden Geruch und scharf brennenden Geschmack, ein spez. Gew. von etwa 1,05 und deutliche Rechtsdrehung. Den Hauptbestandteil bildet Eugenol (70—80 %) neben Safrol und etwa 6 % eines Pinen enthaltenden Terpengemisches, das eine Zeitlang Massoyen genannt wurde.

Massoyrinde (lat. Cortex massoy, frz. Ecorce de massoy, engl. Massoy bark). Unter diesem Namen findet man im Drogenhandel drei verschiedene Rinden von Bäumen aus der Familie der Laurineen. 1. Die Rinde von Cinnamomum xanthoneuron, in Neu-Guinea, ist außen von einer dunkleren, unebenen, aus gestreiften Zellen bestehenden Schicht bedeckt. Darunter folgt eine körnige Schicht mit weißen, der Außenschicht annähernd parallel, aber unregelmäßig unterbrochen verlaufenden Gefäßbündeln und schließlich eine dunklere Lage, welche 1/3 der Rinde ausmacht und zahlreiche dünne Markstrahlen zeigt. Dieser Teil ist der ölreichste und aromatischste und besitzt einen stechenden, beim Kauen an Zeylonzimt und Raute erinnernden Geschmack. 2. Die Rinde von Cinnamomum Kiamis (Nees), von den Malaien auf Java, Sumatra und Borneo Kayu manis sabrang genannt, kommt in dicken Bündeln, ähnlich der Kassia, in den Handel und bildet große, flache, sehr harte und fast hornartige Stücke, die außen aschgrau mit helleren Flecken, innen auf der Bastfläche aber glatt und dunkelbraun erscheinen. Der Geruch ist schwach aromatisch, der Geschmack widerlich gewürzhaft, nicht bitter. 3. Die Rinde von Sassafras Goesianum, in Neu-Guinea, bildet nur dünne Stücke mit sehr schwach entwickelter Mittelschicht, die außen rissig, nach innen deutlich gestreift, auf dem Querschnitt sehr blaß erscheinen. Der Bruch ist kurzkörnig, nicht splitterig, der Geruch dem der ersten Sorte ähnlich, der Geschmack etwas bitter und stechend.

Mastix (lat. Resina seu Gummi mastiche, frz. und engl. Mastic) ist das aromatische Harz der Mastixpistazie (Pistacia Lentiscus), eines zu den Terebinthazeen gehörigen immergrünen Bäumchens, das, im Orient und an der nordafrikanischen Küste heimisch, besonders auf Chios in einer breitblättrigen Art (Pistacia Lentiscus var. j. Chia) kultiviert wird. Zur Gewinnung des Harzes macht man im Mai Rindeneinschnitte, aus denen der M. als zähflüssige, an der Luft erhärtende Masse austritt, die im August gesammelt wird. Durch Auslesen werden drei Sorten hergestellt, deren feinste als Haremharz nur an den türkischen Hof, hingegen nicht in den Handel gelangt. Der M. besteht aus rundlichen, erbsengroßen Körnern, von gelblichweißer bis hellgelber Farbe und glasglänzendem Bruch, die ziemlich hart sind, aber beim Kauen eine weiche wachsartige Masse bilden, zum Unterschied von dem sonst ähnlichen Sandarak, der hierbei sandig zerbröckelt. Die hellsten und reinsten Körner (Tränen) bilden ausgelesen den elegierten M., die dunkleren, durch Sand und Erde verunreinigten den M. in sortis. Das balsamisch riechende und schmeckende und besonders beim Verbrennen stark aromatische Dämpfe entwickelnde Harz löst sich völlig in Äther, fetten Ölen und heißem Alkohol, in kaltem Alkohol nur zu 90 %. Sein spez. Gew. liegt zwischen 1,070—1,074, es erweicht bei 100° und schmilzt bei 105—120°. Man benutzt M. zum Kauen, um den Atem wohlriechend zu machen und das Zahnfleisch zu stärken, weiter als Zusatz zu Konfitüren, Räucherpulvern, Pflastern und Zahnfüllungen. Das sog. Zahnwachs ist eine zusammengeschmolzene Mischung von M. und Wachs, Zahnkitt, der auf Watte geträufelt in die Zahnhöhlung gedrückt wird, eine dickliche Lösung von M. und Sandarak in Weingeist. Eine als Mastisol bezeichnete Lösung von M. in Benzol findet als nichtreizendes Verbandmittel Anwendung. In der Technik wird M. zur Herstellung von Firnissen und Kitten benutzt, für sich allein gibt er farblose, harte, rasch trocknende Überzüge, die ihn als Bilderlack und Negativlack für Photographien geeignet erscheinen lassen, im Gemisch mit anderen Harzen (Schellack) erhöht er den Glanz und die Trockenfähigkeit. Durch Mischung von M. mit Hausenblase entsteht ein vortrefflicher Kitt für Glas, Porzellan und zur Fassung von Edelsteinen. Geringere Sorten werden zu dunklerem Firnis und feinem Siegellack verarbeitet. Der echte oder orientalische M. kommt von den Hauptmärkten Konstantinopel und Smyrna über Triest und Marseille zu uns. — Bombay- oder ostindischer M., dem Weihrauch ähnliche gelbe bis bräunliche Stücke oder Tränen mit helleren Einschlüssen, stammt von Pistacia Khinjuk und P. cabulica in Afghanistan und Beludschistan und wird über Bombay nach London ausgeführt.

Mastixöl, das durch Destillation in Menge von etwa 2 % aus Mastix erhaltene ätherische Öl, hat angenehmen Geruch, ein spez. Gew. von 0,857—0,903, eine Drehung von + 22 bis + 34°, einen Siedepunkt von 155 bis etwa 160° und besteht hauptsächlich aus Pinen.

Mastixzemente (Mastixdächer) haben mit Mastix nichts zu tun, sondern sind Gemische von Sand, Kalksteinpulver und etwas Bleiglätte, die mit altem Leinöl aufgekocht und heiß verbraucht werden. Der Name erklärt sich daraus, daß M. in England und Frankreich allgemein Kitt und Zement bedeutet.

Masut nennt man die bei der Petroleumdestillation zurückbleibenden Mineralöle, die in großen Massen zum Heizen von Dampfkesseln, besonders bei Schiffsmaschinen, benutzt werden.

Maté (Paraguay-Tee) ist eine koffeinhaltige Droge, die in Form des wäßrigen Aufgusses von den Südamerikanern als anregendes Mittel genossen wird. Er besteht aus den Blättern mehrerer in Brasilien, Argentinien, Paraguay und Uruguay heimischer und angebauter Ilexarten, besonders Ilex paraguayensis, die meist 8 bis 10 cm, selten unter 5 oder über 15 cm lang sind, am Rande kerbig gesägt und eiförmig erscheinen und eine kräftige Mittelrippe, aber schwache Behaarung besitzen. Die abgehauenen Zweige werden schnell durch eine rauchlose Flamme gezogen, darauf zu Bündeln vereinigt und über schwachem Feuer getrocknet. Die gerösteten Blätter werden schließlich pulverisiert oder gemahlen. Sie enthalten dann neben den bekannten Pflanzenstoffen 0,8—2 % Koffein, ferner etwas Harz, Zitronensäure und Cholin. M. hat für den europäischen Handel wenig Bedeutung, wird aber in Südamerika unter dem spanischen Namen Yerba (Kraut) in großen Mengen verbraucht. Als Verfälschungsmittel sind die pulverisierten Früchte sowie die Blätter verwandter Arten aufgefunden worden.

Matikoblätter (lat. Folia matico, frz. Feuilles de matico, engl. Matico leaves). Unter diesem Namen kommt eine Droge im Handel vor, die aus den zusammengepreßten Blättern, Stengel- und Blütenresten einer in Peru wachsenden Piperazee, Piper angustifolium var. cordulatum und ossanum, sowie einiger verwandter Arten besteht. Die Blätter sind lanzettförmig, mit stark hervortretender Mittelrippe, beiderseits runzelig netzartig wie Salbeiblätter und auf der Unterseite weißfilzig. Sie riechen beim Zerreiben scharf gewürzhaft und schmecken schwach pfefferartig und etwas bitter. Das neuere Mittel, dessen Wirkungen amerikanische Ärzte zuerst erkannten, wurde in Europa besonders durch die vielfach angepriesenen Geheimmittel des Apothekers Grimault in Paris, Matiko-Injektion und -Sirup, bekannter und findet ziemlich ausgedehnte Anwendung. Es wirkt vornehmlich auf die Schleimhäute und wird gegen Schleimflüsse, z. B. Tripper, in Form von Einspritzungen, sowie gegen Lungenbluten und Verdauungsstörungen angewandt. Die Blätter enthalten unter anderem ein ätherisches Öl und ein bitteres Weichharz, denen die Wirkung zugeschrieben wird. — Das Matiköl, das für sich in Gelatinekapseln verordnet wird, eine gelbbraune Flüssigkeit von brennend gewürzhaftem Geschmack, hat ein spez. Gew. von 0,940—1,135 und enthält Asaron.

Matta, vom italienischen matto = schlecht, nennt man zur Verfälschung gemahlener Gewürze bestimmte Pulver, die aus wertlosen pflanzlichen Abfallstoffen, wie Kleie, Hirse, Olivenkernen hergestellt und durch geeignete Mischung und Färbung bestimmten Gewürzen (Pfeffer, Zimt, Ingwer) täuschend ähnlich gemacht werden. Der Handel mit diesem Schwindelmittel wurde früher in großem Umfange betrieben, ist aber durch die Einführung der Nahrungsmittelkontrolle unterbunden.

Maulbeerblätter. Der für die Seidenzucht wichtige Maulbeerbaum oder Molberbaum (Morus Tourn.) mit den Sorten: weißer (Morus alba), schwarzer (Morus nigra), roter (Morus rubra) und indischer oder chinesischer Maulbeerbaum (Morus indica), der aus dem Orient stammt und in Südeuropa wie auch Süddeutschland häufig angepflanzt wird, liefert in seinem Laub die Nahrung der Seidenraupen. Das Laub, das weder naß sein, noch vom Frost gelitten haben darf, wird in Ländern mit ausgedehnter Seidenzucht von den Züchtern gleich am Baum des Gutsbesitzers gepachtet, während es in Deutschland wegen der geringen Zahl der Züchter als Handelsware kaum in Frage kommt. Man kann auf 1 ha bis zu 6400 Bäume ziehen und rechnet mit einer Ausbeute von 100 kg von 1000 einjährigen und 1800 kg von 1000 sechsjährigen Stämmchen.

Maulbeeren (lat. Baccae seu fructus mori, frz. Fruits de mûrier, engl. Mul berries), die braunschwarzen, brombeerähnlichen Sammelfrüchte des schwarzen Maulbeerbaumes, einer Morazee, Morus nigra L., werden sowohl frisch als saftiges süßsäuerliches Obst genossen, als auch zur Bereitung eines Sirups oder Muses, das medizinisch z. B. bei Halsleiden und ähnlich dem Himbeersirup Verwendung findet, benutzt. Die kleineren weiß oder rot aussehenden Früchte des weißen Maulbeerbaumes sind wegen ihres süßsäuerlichen Geschmackes hierzu nicht geeignet.

Mauvein (Mauve, Malvenfarbe, Phenamin, Rosein, Lydin, Perkins Purpur, Anilein, Anilinpurpur, Indisin, Rosolan, Tyralin, Violin) ist einer der ältesten bekannten Anilinfarbstoffe, der 1856 von Perkin entdeckt wurde. Er wird durch Behandlung einer verdünnten Lösung von schwefelsaurem toluidinhaltigem Anilin mit Chlorkalk oder mit Chromsäure hergestellt und als rotvioletter Teig, der nur in kochendem Wasser etwas löslich ist, in den Handel gebracht.

Mavrodaphne, einer der feinsten griechischen Weine von der Insel Patras, in Farbe und Güte dem besten Portwein gleich, wird teils in Fässern, teils in griechischen Originalflaschen von 0,7 l Inhalt versandt. Er verliert, wie die meisten griechischen Weine, beim Lagern in kalten Kellern an Glanz und Klarheit, erlangt aber seine ursprüngliche Beschaffenheit wieder, wenn er warm gelagert wird. Man bewahrt ihn daher am besten in aufrechtstehenden Flaschen, in ebenerdigen, frostfreien Räumen.

Medizinalweine nennt man diejenigen Weine, welche von Ärzten zur Stärkung Kranker oder Genesender verordnet werden und zur Bereitung verschiedener Arznei- und Stärkungsmittel Verwendung finden. Alle M. müssen rein und unverfälscht sowie von guter Beschaffenheit sein und den gesetzlichen Anforderungen entsprechen. An Xeres und andere Süßweine, z. B. Madeira, Marsala, Gold-Marsala, Gelben Portwein sowie die Trockenweine Ungarns, Siziliens, Griechenlands und des Kaplands stellt das D. A. B. außerdem die Forderung, daß sie in 100 ccm nicht weniger als 11 g und nicht mehr als 16 g Alkohol sowie höchstens 8 g Extrakt enthalten sollen. Von einem Medizinal-Ungarwein wird außerdem verlangt, daß er natursüß ist, also keinen Zuckerzusatz erhalten hat.

Meeräsche (Mugil), ein zu den Stachelflossern gehörender Fisch, bildet zahlreiche

Arten und Formen, von denen die gemeine M. (Mugil chelo) die bekannteste ist. Der bis 45 cm lang werdende Fisch von heringsähnlicher Form, silberglänzenden Schuppen und dunkleren Längsstreifen findet sich im ganzen Atlantischen Ozean mit Nord- und Ostsee und Mittelmeer und wird als vortrefflicher Speisefisch geschätzt.

Meerrettich (Mährrettig, Grän, Gren, Kren (lat. Radix armoraciae, frz. Racine d'armoise, engl. Horse radish root) ist die Wurzel von Cochlearia armoracia, eines beliebten, zu den Kreuzblütlern gehörenden Küchengewächses, das u. a. bei Rastatt, Bamberg, Erlangen, Würzburg, Ulm und Jena, besonders aber im Spreewalde angebaut wird. Im Herbste wird die Ware von den Spreewalddörfern nach Lübbenau gebracht und dort von Aufkäufern aus Bayern, Böhmen usw. abgenommen. Die langen walzenförmigen Wurzeln besitzen einen, besonders in frisch geriebenem Zustande hervortretenden scharfen Geruch und Geschmack, der durch einen Gehalt von etwa 0,05 % Allyl- oder Butylsenföl hervorgerufen wird, aber beim Kochen und Trocknen verloren geht. Besonders geschätzt wird eine aromatisch riechende, weder zu scharfe noch zu milde Ware. Die besten, fein und etwas süßlich schmeckenden dicken Wurzeln haben eine glatte gelblichweiße, die beizend scharfen dünnen Wurzeln eine mehr bläuliche, rissige und mit vielen Einschnitten versehene Schale. M. wird im Keller in Sandeinschlag aufbewahrt und findet ausgedehnte Anwendung als Küchengewürz, hingegen nur noch beschränkte medizinische Verwendung.

Meerschaum (frz. Ecume de mer, engl. Turkish tobacco-pipe-clay, Sea fram), ein seiner chemischen Zusammensetzung nach dem Speckstein, Talk und Serpentin nahestehendes Mineral (Sepiolith), das aus wasserhaltigem Magnesiumsilikat, $H_4Mg_2Si_3O_{10}$, besteht, findet sich in Form gelblich- oder grauweißer, feinerdiger, derber Massen oder Knollen, die sich fettig anfühlen, an der Zunge haften und vom Fingernagel geritzt werden. Die Härte beträgt 2, das spez. Gew. im frischen Zustande 2—2,5, doch schwimmen trokkene Stücke wegen ihrer feinporigen Beschaffenheit auf dem Wasser. Die wichtigsten Lager finden sich bei Eskischehr in Kleinasien, von wo aus die Rohware durch türkische Unternehmer in Form von Klumpen, sog. Klötzen oder nierenförmigen, an den Kanten abgerundeten Stücken nach Konstantinopel, Triest und Pest versandt wird. Daneben liefern noch Gruben auf Samos, Euböa und Negroponte, in der Krim und in Portugal, bei Vallecas unweit Madrid, bei Hrubschitz, Neudorf und Oslowan in Mähren Meerschaum, der aber dem türkischen an Güte nachsteht. Hauptstapelplätze sind Wien, Leipzig und Ruhla. Die Kisten enthalten 60—200 Stücke, die bereits von der äußeren Kruste befreit und oberflächlich geglättet sind und von den Meerschaumschneidern sorgfältig geprüft und sortiert werden müssen. Den Hauptanhalt bietet das spezifische Gewicht, da guter M. anfangs auf dem Wasser schwimmt und nach einiger Zeit untersinkt, während andauerndes Schwimmen auf zu große Porosität und das Vorhandensein von Hohlräumen, sofortiges Untersinken aber auf Einschlüsse fremder Mineralien hindeutet. Immerhin bleibt der Ankauf der Blöcke für den Meerschaumverarbeiter eine unsichere Sache, da sich beim Verarbeiten noch mancher Ausschuß ergibt. Kleine, weniger in die Augen fallende Fehler, wie Pünktchen, Adern, Wolken, sind stets vorhanden und lassen sich fast an jedem fertigen Stück auffinden, ja, werden sogar als Zeichen der Echtheit angesehen, da künstlich hergestellte Massen derartige Naturfehler nicht haben. Die Verarbeitung erfolgt in der Weise, daß man den M. zunächst in Wasser legt, wodurch er weich wird und sich mit dem Messer schneiden oder auf der Drehbank bearbeiten läßt. Die fertig geformten Stücke werden dann getrocknet, eine Zeitlang in geschmolzenen Nierentalg getaucht und nach dem Herausnehmen und Erkalten abgeschabt und mit erweichtem Schachtelhalm oder Tripel poliert. Bisweilen taucht man sie auch noch in geschmolzenes Wachs und reibt mit Flanell ab. Die bei der Verarbeitung entstehenden Abfälle finden zur Herstellung der sog. Massa (Masseköpfe) oder unechter Meerschaumwaren Verwertung. Sie werden zu diesem Zwecke fein gemahlen, mit Wasser geschlämmt und gekocht und darauf mit etwas Pfeifenton vermischt. Der in Kasten gegossene Brei trocknet unter starkem Schwinden zu Blöcken („Guß"), die durch künstliche Wärme noch weiter, aber nicht völlig ausgetrocknet und dann wie M. verarbeitet werden. Für noch geringere Waren wird der Teig in Formen gegossen und gebrannt. Zur Unterscheidung des echten M. von Nachahmungen dient die Strichprobe mit einer Gold- oder Silbermünze, wobei nur der unechte einen grauen Strich, wie mit Bleistift, annimmt. M. bildet hauptsächlich das Ausgangsmaterial für Zigarrenspitzen und Pfeifenköpfe, daneben auch für Figuren und andere kleine Kunstgegenstände. Hauptsitze der Industrie sind Wien, Budapest, Ruhla (bei Eisenach), Lemgo, Nürnberg, Essen, Paris, Turin und Genua.

Meerzwiebel (lat. Radix seu Bulbus scillae, frz. Bulbe de scille, engl. Squill) besteht aus den zerschnittenen und getrockneten Zwiebeln eines zu den lilienartigen Pflanzen gehörigen Zwiebelgewächses (Urginea maritima), das massenhaft auf den sandigen Küsten des Mittelländischen Meeres wächst, und dessen eirunde, bis zu 2 kg schwere, aus dicken, saftigen Schuppen zusammengesetzte und außen mit trockenen braunen Häuten umgebene Zwiebel zu medizinischem Gebrauch dient. Die nicht selten in Töpfen als Zierpflanzen gezogenen blaublühenden Szillen gehören anderen Arten an, die Urginea maritima hat einen Schopf mit weißlichen Blüten. Im Handel findet sich die Droge frisch und getrocknet, in die einzelnen Dickschuppen zerlegt. Frische Zwiebeln, die über Triest in den Verkehr kommen, lassen sich im Keller in Sand konservieren, sind aber nicht lange haltbar. Die zerschnittene Wurzel riecht und schmeckt scharf und bitter und besteht aus gebogenen, hornartig durchscheinenden Stücken. Als wirksame Stoffe enthält die M. Szillipikrin, Szillitoxin, Szillin und Szillain, welche sämtlich giftig wirken. Aus getrockneter M. werden wäßrige und alkoholische Extrakte hergestellt. Durch Mazerieren mit Essig erhält man den Meerzwiebelessig (lat. Acetum scillae, frz. Vinaigre de scille, engl.

Vinager of squill), durch Versetzen des letzteren mit Honig und Eindicken den Meerzwiebelsauerhonig (lat. Oxymel scillae, frz. Oxymel de scille, engl. Oxymel of squill), die beide medizinisch als Brechmittel, zur Steigerung der Herztätigkeit und als harntreibendes Mittel verordnet werden. In großen Mengen findet M. auch zur Vertilgung von Ratten und Mäusen Anwendung, wozu sie sich besonders in frischem Zustande mit Fett geschmort, oder mit Mehl zu einem Teig angemengt und gebacken eignet. Getrocknete M. ist wegen ihrer Giftigkeit in Deutschland dem freien Verkehr entzogen. Die Tinkturen und Extrakte dürfen auch von den Apotheken nur auf ärztliche Verordnung abgegeben werden.

Mehl (Getreidemehl, lat. Farina, frz. Farine, engl. Flour). Wie alle pflanzlichen Nahrungsmittel, deren Stärkekörner im rohen Zustande so gut wie unverdaulich sind, müssen auch die Getreidesamen vor ihrer Verwendung zu Ernährungszwecken möglichst weit zerkleinert und von der unverdaulichen Zellulose befreit werden. Zur Erreichung beider Ziele bedient man sich der verschiedenen Mahlverfahren, welche auf der Erkenntnis beruhen, daß die unverdauliche äußere Schale zähe ist und länger ihren Zusammenhang behält als der spröde, leicht zu einem Pulver zerreibliche Mehlkörper und daher durch Sieben entfernt werden kann. Dem eigentlichen Mahlen geht eine sorgfältige Reinigung des Getreides von fremden Verunreinigungen (Stroh, Staub, Unkrautsamen) durch mehrfache Anwendung von Sieben, Saugmaschinen (Aspiratoren) und Unkrautauslesemaschinen (Trieuren) vorauf, und erst dann folgt die weitere Zerkleinerung im Wege der Flachmüllerei oder der Hochmüllerei. Bei der ersteren, welche meist im Kleinbetriebe für die weicheren inländischen Weizen- und Roggensorten angewandt wird, gelangt das Getreide zwischen möglichst nahe gerückte Mühlsteine oder Walzen, zwischen denen es durch eine Mahlung zerkleinert wird. Bei der Hochmüllerei, einer neuzeitlichen Großindustrie, passiert das Korn zunächst weiter gestellte Walzen, um dann nach und nach ein System immer enger gestellter Walzen zu durchlaufen, und wird so in eine Reihe von Mahlprodukten verschiedener Feinheit: Grieß, Mehl und Dunst zerlegt. Die allerfeinsten Auszugsmehle sind nahezu frei von Schalenbestandteilen (Kleie). Neben die ursprünglichen Mühlen mit Steinen und mit Walzen sind neuerdings die sog. Desintegratoren oder Dismembratoren getreten, eiserne, mit aufrecht stehenden Zähnen besetzte Scheiben, welche sich mit großer Umdrehungszahl in entgegengesetzter Richtung bewegen. Von den verschiedenen Getreidemehlen haben Roggen- und Weizenmehl für die menschliche Ernährung die größte Bedeutung. Sie sind ziemlich gleich zusammengesetzt und enthalten ungefähr 12—13 % Feuchtigkeit, 10—11 % Stickstoffsubstanz, 1—2 % Fett, 73—74 % Stärke, 0,3—1,4 % Holzfaser und 0,5—1 % Asche. Doch unterliegt der Gehalt an den einzelnen Bestandteilen großen Schwankungen, und besonders die südrussischen Hartweizen (Taganrok) sind durch ihren hohen Eiweißgehalt ausgezeichnet. Die zu Kindernährmitteln viel benutzten Hafermehle zeigen einen hohen Fettgehalt von 6—7 %. Für die Beurteilung des Mehles nach der äußeren Betrachtung ist besonders die Farbe von Bedeutung, weil sie einen Rückschluß auf den Gehalt an dunkleren Kleienbestandteilen zuläßt. Zur besseren Erkennung feinerer Unterschiede ist die Beobachtung angefeuchteter Muster nach dem Verfahren Pekars (Pekarisieren) sehr geeignet. Von weiteren Kennzeichen ist die sog. Griffigkeit zu erwähnen, welche dem Fachmann wertvollen Anhalt für die Art der Mahlung liefert. Entscheidende Bedeutung kommt aber der Menge und Art des Klebers zu, welche nach besonderen Verfahren ermittelt werden sowie dem unter Verwendung wechselnder Wassermengen angestellten praktischen Backversuch. Ungeeignet oder minder tauglich für die Zwecke der Bäckerei ist M. aus feucht gewordenem, gekeimtem, sog. ausgewachsenem Getreide, ferner mit Parasiten wie Milben, Mehlwürmern und Schimmelpilzen durchsetztes Mehl. Bei Anwesenheit gewisser Mikroorganismen (Bacillus mesentericus) liefert das M. fadenziehendes Brot, und es ist daher zur Fernhaltung aller Keime dringend erforderlich, das M. luftig, trocken und sauber aufzubewahren. Besonders in Kolonialwarenhandlungen sollten die Behälter vor dem Einschütten neuer Vorräte sorgfältig von alten Resten gereinigt und mit neuem Papier ausgeschlagen werden. Als Verunreinigungen sind bisweilen Unkrautsamen, besonders der giftigen Kornrade und des Taumellolchs, ferner Brandsporen und Mutterkorn aufgefunden worden, während eigentliche Verfälschungen durch Kreide, Gips, Schwerspat und Tonerde zu den größten Seltenheiten gehören. Ihr Nachweis gelingt unschwer mit Hilfe der chemischen Analyse, kann aber auch schon vom Gewerbetreibenden geführt werden, indem er das M. in Chloroform schüttet. M. bleibt darin schwimmend oder suspendiert, während mineralische Beimengungen sofort zu Boden sinken. Zusätze von geringwertigen zu teureren Mehlsorten, wie Mais- oder Leguminosen- zu Weizenmehl, werden auf mikroskopischem Wege erkannt.

Meißner Weine. Die an der Elbe zwischen Meißen, Dresden und Pirna gebauten sächsischen Weine sind in ihren weißen Sorten leichte, etwas säuerliche, aber angenehm schmeckende Tischweine, während die roten, mehr körperhaltigen, zum Verschneiden kleiner Medocs zum Versand kommen. Die Rotweine der besten Lagen, besonders vom Ratsweinberge und dem Meißen gegenüber am anderen Elbufer liegenden kleinen Spargebirge (Sparweine), werden von Kennern dem Burgunder gleich geschätzt.

Meisterwurzel (lat. Rhizoma imperatoriae, frz. Rhizome d'impératoire, engl. Master wort) ist der getrocknete Wurzelstock von Peucedanum Ostruthium, einer ausdauernden Doldenpflanze, die, in den höheren Gebirgen Deutschlands und in den Voralpen heimisch, in Gärten gezogen wird und auch verwildert vorkommt. Der ohne die langen fadenförmigen Fasern fingerdicke, etwas plattgedrückte, geringelte Wurzelstock zeigt eine längsrunzelige, warzig höckerige Oberfläche von graubrauner Farbe und einen gelblichweißen, mit großen braunen Harzpunkten versehenen Querschnitt. Geruch und Geschmack sind ähnlich wie bei der Angelikawurzel, aromatisch, beißend gewürzhaft. Die im Herbst von zwei- bis dreijährigen ausschließlich wild wachsenden Pflanzen zu sammelnden Wurzeln werden aus der Schweiz, dem Riesengebirge sowie einigen anderen Orten in den Handel gebracht und zur Herstellung von Tierheilmitteln sowie von bittern Likören benutzt. Die M. enthält 0,2—1,4% ätherisches Öl, Imperatorin, Ostruthin u. a. Bitterstoffe. Sie ist dem Insektenfraß sehr unterworfen und muß daher in gut verschlossenen Gefäßen und an trockenen Orten aufbewahrt werden.

Mekkabalsam (Opobalsam, lat. Balsamum de mecca, frz. Baume de mecque, engl. Balsam of mecca), ein Balsamharz, wird in dem arabischen Küstengebiete von einem Baume, Balsamodendron gileadense, gewonnen, aus dessen Stamm es teils freiwillig, teils durch künstliche Einschnitte ausfließt. Er bildet eine braunrötliche, trübe Masse von der Konsistenz des venezianischen Terpentins und an Rosmarin und Zitronen erinnerndem Geruch und wird für Parfümzwecke sowie im Orient medizinisch benutzt.

Melado. Unter diesem Namen kommt von Westindien ein stark eingedickter Zuckerrohrsaft in den Handel, der unterwegs größtenteils kristallinisch erstarrt und in europäischen Raffinerien gereinigt und auf Hutzucker verarbeitet wird.

Melasse nannte man ursprünglich den braunen, sirupartigen Rückstand von der Herstellung des Zuckers aus Zuckerrohr. In neuerer Zeit versteht man fast nur noch die Endsirupe der Rübenzuckerfabriken darunter, die zwar noch erhebliche Mengen Zucker enthalten, deren gleichzeitig hoher Salzgehalt aber die Abscheidung des Zuckers durch einfache Kristallisation verhindert. Die verschiedenen, zur Gewinnung des Zuckers vorgeschlagenen Verfahren, welche teils auf der Auslaugung (Diffusion oder Osmose), teils auf der Darstellung von Kalk-, Strontian- oder Barytsaccharat beruhen, scheinen zurzeit kaum noch praktische Bedeutung zu haben. Vielmehr wird die meiste M. jetzt, besonders im Gemisch mit Torf, Häcksel oder Rübenschnitzeln, als Viehfutter oder zur Branntweinbrennerei benutzt.

Melilotenkraut (lat. Herba meliloti, frz. Sommité fleurie de mélilot, engl. Melilot) stammt von dem wohlriechenden gelben Steinklee (Melilotus officinalis), einer zweijährigen Pflanze mit kleeartigen Blättern und gelben Schmetterlingsblüten, die sich mehr oder weniger häufig, überall an Wegen, Rainen und auf trockenen Wiesen vorfindet. Der Geruch der frischen Pflanze, die blühend eingesammelt wird, ist schwach honigartig. Beim Trocknen aber tritt ein starker, angenehmer Geruch auf, welcher auf der Anwesenheit von an Melilotsäure gebundenem Kumarin beruht. Das Kraut dient gepulvert zu erweichenden Umschlägen und zur Darstellung des Melilotenpflasters, ferner in größeren Mengen zur Parfümierung von Schnupftabak, an Stelle der Tonkabohnen. Eine besondere Art, Melilotus coeruleus, wird in der Schweiz zur Bereitung des Kräuterkäses verwandt.

Melissenkraut (lat. Herba seu Folia melissae, frz. Feuilles de mélisse, engl. Balm leaves). Die Melisse (Melissa officinalis), eine ausdauernde Labiate, die in den Gebirgen des mittleren und südlichen Europa wild wächst, zeigt oberseits dunkel-, unten hellgrüne, mit einzelnen steifen Haaren besetzte, eirunde, langgestielte, gekerbte Blätter und weiße Lippenblüten. Das Kraut wird kurz vor der Blüte geschnitten, im Schatten rasch getrocknet und unter gutem Verschluß aufbewahrt. Man benutzt es im Haushalt bisweilen zur Darstellung eines wohlschmeckenden Tees, offizinell als aromatisches und nervenstärkendes Mittel. Die bei uns in Gärten, für Handelszwecke in Thüringen auch auf Feldern gezogene Zitronenmelisse ist lediglich eine botanische Spielart (var. citrata), die sich durch starken zitronenähnlichen Geruch auszeichnet.—Die offizinelle Pflanze enthält bis zu etwa 0,1% ätherisches Öl (Melissenöl, lat. Oleum melissae, frz. Essence de mélisse, engl. Balm oil), das bei schwacher Destillation mit Wasser gelöst bleibt (Melissenwasser, lat. Aqua melissae, frz. Eau distillée de mélisse, engl. Balm water), bei wiederholtem Destillieren über mehrere Posten Kraut aber frei auf dem Wasser schwimmend erhalten wird. Das Öl ist von starkem Aroma, findet aber seines hohen Preises wegen in der Parfümerie keine Anwendung. Das Melissenöl des Handels ist kein reines Destillat der Melisse, sondern entweder ein über Melissenkraut destilliertes Zitronenöl oder Zitronellöl oder aber nur ein fraktioniertes Zitronellöl. Durch Destillation des Krautes nebst anderen würzhaften Stoffen mit Weingeist wird der Melissengeist oder Karmelitergeist dargestellt, der sowohl als Parfüm wie zu medizinischem Gebrauch dient.

Melonen (Arbuse, frz. und engl. Melon) sind die Früchte einer zu den Gurkengewächsen (Kukurbitazeen) gehörenden Pflanze, Cucumis melo, die in Asien und Afrika heimisch ist und noch jetzt wild wachsend angetroffen wird, ihren eigentlichen Wohlgeschmack aber erst in angebautem Zustande erlangt. Ihr Name leitet sich von der griechischen Insel Melos, dem jetzigen Milo ab. Die M. war schon den alten Phöniziern bekannt, wurde von den Arabern nach Spanien eingeführt und wird jetzt in allen Mittelmeerländern, besonders Italien sowie auch in Ungarn angebaut, während die Früchte bei uns wegen ihres hohen Wärmebedarfs nur in Treibhauskultur gedeihen. Die M. kommen in zahlreichen, durch Form, Größe, Farbe und Zeichnung der Oberfläche unterschiedenen Spielarten in den Verkehr. Es gibt rot-, gelb-, grün- und weißfleischige, glatte, gerippte oder mit Netzgeflecht überzogene, klein- und großfrüchtige Sorten. Die besten italienischen M., nach dem päpstlichen Schlosse Cantalupo in der Mark Ankona auch Kantalupen, sonst Zatte, genannt, sind plattgedrückt und runzelig und besitzen ein orangerotes oder grünliches, sehr zuckerreiches und aromatisches Fleisch. Von anderen Sorten sind zu nennen die ungarische Theißperle, die Turkestan-M., die Zucker- und Malteser-M., die außerordentlich aromatische Ananas-M. von Athen, die grünfleischige türkische M., die griechische Königs-M. und die grüne Sarepta-M. Bei uns werden besonders die mittelgroßen, grünlichen, gepreßten Früchte geschätzt. — Einer anderen Art, Citrullus vulgaris (Cucumis citrullus), gehört die sog. Wassermelone (frz. Melon d'eau, engl. Water melon) an, deren Fleisch nur im Innern rot, süß und saftig ist und zum Unterschiede von der echten M. schwarze oder rötliche Samen umschließt. Die M. enthält neben 91,5 % Wasser 0,84 % Protein, 0,13 % Fett, 3,45 % Zucker, 2,90 % stickstofffreie Extraktstoffe, 0,65 % Rohfaser und 0,52 % Asche. Sie bildet eine außerordentlich beliebte Frucht, die teils, wie in Italien die Wassermelone, geradezu als Volksnahrungsmittel Verwendung findet, teils bei uns nach Zusatz von Zucker, oder in Ungarn mit Paprika als Delikatesse geschätzt wird.

Mengkorn (Mengfrucht) ist ein Gemenge verschiedener Getreidearten, meistens Roggen und Weizen, die absichtlich untereinander gebaut werden. Der Anbau von zusammen wachsenden Getreidearten oder Hülsenfrüchten ist sicherer und darum der Ertrag etwas höher, das Gemenge aber nicht so gut wie die Einzelfrüchte verkäuflich und der Preis daher etwas geringer. M. kommt nur im Ortshandel vor und ist nicht zu verwechseln mit den Gemischen aus mehreren Sorten gleicher Frucht, wie sie besonders im Großhandel der Ostseeländer gebräuchlich sind. — Das Mengfutter, von welchem in der Landwirtschaft viel Gebrauch gemacht wird, setzt man aus verschiedenen Sämereien, besonders aus Wicken und Hafer oder aus Gräsern und Kleesämereien zusammen.

Menstruationsmittel zur Beseitigung von Blutstockung bei Frauen sind meist wertlose Geheimmittel, die entweder aus gepulverter römischer Kamille oder aus Destillaten harmloser Drogen bestehen, z. B. Uterosan, Cito usw.

Mennige (Bleimennige, Bleizinnober, Bleirot, rotes Bleioxyd, Saturnzinnober, lat. Minium, Plumbum oxydatum rubrum, frz. Mine. Rouge de saturne, engl. Red lead) wird dargestellt durch wiederholtes Erhitzen (Brennen) von feingemahlener Bleiglätte auf 450° bei Luftzutritt, bis das gelbe Bleioxyd in ein lebhaft rotes Pulver übergegangen ist. Nicht zu verwechseln mit Eisenmennige (s. d.)! Eine besonders feine und feurige Sorte, die Orange-M. (Pariser-M., frz. Mine orange, engl. Saturnine red) entsteht durch Erhitzen von Bleiweiß oder kohlensaurem Blei. M. ist ein schweres rotes, in Wasser unlösliches Pulver und besteht in chemischer Hinsicht aus einem Gemenge von Bleioxyd und Bleisuperoxyd, welches auch wohl als ein Salz der hypothetischen Orthobleisäure, Pb_3O_4, aufgefaßt wird und 90,7 % Blei neben 9,3 % Sauerstoff enthält. Beim Übergießen mit Salpetersäure färbt sich die M. unter Abscheidung von Bleisuperoxyd und gleichzeitiger Bildung von löslichem Bleinitrat braun, hingegen wird sie durch Salpetersäure unter Zusatz von Zucker oder Oxalsäure völlig gelöst. Die M. wird als Malerfarbe in Öl und auf Kalk benutzt, ist jedoch hierzu wegen ihrer geringen Haltbarkeit nicht zu empfehlen. Wichtiger ist ihre Verwendung in Firnis als rostschützender Anstrich zum Grundieren von Eisen, ferner mit Bleiweiß und Firnis zusammengeknetet als Kitt für Flanschen an Dampfleitungsröhren und kupfernen Destillationsapparaten sowie zur Herstellung feiner Bleigläser (Kristallglas, optische Gläser) und Glasuren. M. ist giftig und unterliegt somit den Vorschriften für Gifte und für Bleifarben (s. d.).

Menthol (Menthakampfer, lat. Mentholum) bildet den wichtigsten Bestandteil des Pfefferminzöls, aus dem es sich bei starker Abkühlung in langen prismatischen Kristallen abscheidet. Zur Darstellung benutzt man vorwiegend das japanische Pfefferminzöl sowie das von Japan eingeführte Roh-M., welches nur aus Petroläther oder Alkohol umkristallisiert zu werden braucht. Die Pfefferminzöle werden vorher durch fraktionierte Destillation von den beigemengten Terpenen befreit. Das M. besitzt den Geruch und Geschmack des Pfefferminzöls, schmilzt um 43° herum und ist linksdrehend. Es siedet bei 211—212° unzersetzt, läßt sich aber schon bei niederer Temperatur sublimieren. In chemischer Hinsicht ist es ein gesättigter sekundärer Alkohol, $C_{10}H_{19}OH$, dessen entsprechendes Keton, das Menthon, den zweiten Hauptbestandteil des Pfefferminzöls bildet. Auf dieser Kenntnis beruht ein neues Verfahren zur Gewinnung des gesamten im Pfefferminzöl enthaltenen M. Behandelt man nämlich die von der Kristallisation des M. zurückbleibenden Mutterlaugen, deren Bestandteile, 60 % Menthon und 40 % Menthol, sich weder durch Kristallisation, noch wegen der naheliegenden Siedepunkte (Menthon 206°) durch fraktionierte Destillation trennen lassen, mit Hydroxylamin, so geht das Menthon in Oximidomenthon über, das als ein basischer Körper durch verdünnte Schwefelsäure in Lösung gebracht und so von dem rein zurückbleibenden M. getrennt werden kann. Das Menthon gibt bei der Behandlung mit Natrium in alkoholischer Lösung ebenfalls M., so daß nahezu das ganze Pfefferminzöl in M. übergeführt wird. — Reines M. muß völlig trocken und ohne Rückstand sublimierbar sein. Eine Auflösung in 1 ccm Eisessig muß mit drei Tropfen Schwefelsäure und einem Tropfen Salpetersäure farblos bleiben, während eine schmutzig blaugrüne Färbung Thymol anzeigt. M. findet im Gemisch mit Milchzucker ausgedehnte Anwendung als Schnupfpulver (Mentholinpulver), ferner als M.-Lanolin gegen Frostbeulen und als M.-Vaseline gegen Rheumatismus und in Form von Stiften gegen Migräne (Migränestifte). In reinem Zustande dient es zum Inhalieren bei Asthma sowie innerlich gegen Rheumatismus, Durchfälle, Erbrechen.

Merino (engl. Merino, Marrino) heißen leichte geköperte Zeuge aus Kammwolle mit dreifädigem, auch vierfädigem, auf beiden Seiten gleichem Körper. Sie kommen in allen Farben und gemustert vor und waren eine Zeitlang zu Frauenkleidern und Umschlagetüchern sehr beliebt. Die durch Sengen, Scheren und heißes Pressen mit Glanz appretierten Stoffe kamen ursprünglich aus England und wurden dann auch in Deutschland und Frankreich hergestellt. Gegenwärtig ist die Ware meist durch die in Deutschland zuerst gefertigten Thibets (vollere und weichere Stoffe ohne glänzende Appretur) verdrängt worden. Eine wohlfeilere hierher gehörige Ware, ein halbwollener, dreifädig geköperter M. mit baumwollener Kette und Kammgarneinschlag, führt die Bezeichnung Paramatta.

Merkolintschurz ist ein mit Quecksilbersalbe imprägniertes Gewebe, welches gegen venerische Krankheiten auf der Brust getragen wird.

Mesotan, eine klare, ölartige Flüssigkeit von aromatischem Geruch und dem spez. Gew. 1,200, besteht aus dem Salizylsäuremethoxymethylester $C_6H_4(OH)COO \cdot CH_2 \cdot OCH_3$, und wird durch Behandlung von Chlormethyläther mit Natriumsalizylat hergestellt. Es ist in Wasser wenig, in Alkohol, Äther, Benzol und fetten Ölen leicht löslich. Im Gemisch mit Olivenöl dient es an Stelle von Gaultheriaöl zum Bepinseln der Haut bei Rheumatismus, hat aber wegen der leichten Abspaltung von Formaldehyd oft unangenehm reizende Nebenwirkungen. Zur Vermeidung von Zersetzungen muß M. vor Licht und besonders vor Feuchtigkeit gut geschützt aufbewahrt werden.

Messing (frz. Lacton, engl. Yellow brass, Brass) ist die gebräuchlichste Legierung der beiden Metalle Kupfer und Zink, die sich zwar in jedem beliebigen Verhältnisse zusammenschmelzen lassen, aber erst bei einem Überschusse des Kupfers brauchbare Legierungen ergeben. Im Gegensatze zu dem Tombak (s. d.), das weniger als 18% Zink enthält, faßt man unter dem Namen Messing alle Kupfer-Zink-Legierungen mit mehr als 18% Zink zusammen. Die verschiedenen Handelssorten des Messings (Gelbguß) enthalten überaus wechselnde Mengen der beiden Metalle, doch liegt der Gehalt an Zink in der Regel zwischen 20 und 40%, meist sogar zwischen 24 und 36%. Nur die zu Möbelbeschlägen benutzten Legierungen sind bisweilen zinkreicher. Die physikalischen und technischen Eigenschaften der Messingsorten hängen von ihrem Gehalt an Kupfer und Zink ab. Mit steigendem Kupfergehalte wird die Legierung weicher und dehnbarer. Mit steigendem Zinkgehalte erhöhen sich Härte und Schmelzbarkeit, während das spezifische Gewicht, die Geschmeidigkeit und Hämmerbarkeit sinken. Auch die Farbe wird von der Zusammensetzung gesteigert. Die Regel, daß eine Kupfer-Zink-Legierung um so röter aussieht, je höher der Kupfergehalt, gilt aber nur bei mehr als 70% Kupfer. Hingegen ist eine Legierung aus gleichen Teilen beider Metalle röter als eine solche aus 80% Kupfer und 20% Zink. Zur Darstellung des M. wurde früher Galmei mit zerkleinertem Kupfer und Kohlenstaub direkt zusammengeschmolzen, während man heutzutage stets von den reinen Metallen ausgeht. Die letzteren werden zunächst in kleineren Tiegeln im Gemisch mit Kohlenklein und mit Kohlenstaub überschichtet zum Schmelzen erhitzt, dann wird der Inhalt aller Tiegel vereinigt, gerührt und abgeschäumt und in Mulden gegossen. Die erstarrte, noch heiß zerschlagene Masse liefert das Rohmaterial für Gelbgießereien, das sog. Stückmessing. Zur Herstellung des von Pumpen- und Spritzenfabrikanten, Graveuren und Gürtlern benutzten Tafelmessings wird die geschmolzene Legierung zwischen zwei große, mit Lehm und Kuhmist überzogene Granitplatten gegossen. Die 6—20 mm dicken Platten sind zunächst rauh und durch Oxyd geschwärzt und werden daher durch Beizen, Schaben, Hobeln oder durch Glätten zwischen stählernen Walzen weiter vorgerichtet. Durch mehrmaliges Strecken der Platten entsteht das Messingblech und aus letzterem das Drahtband, welches die Drahtzieher verarbeiten. M. wird häufiger als Kupfer und Zink allein verarbeitet, weil es die guten Eigenschaften beider Metalle vereinigt und doch billiger als Kupfer ist. Es übertrifft das Kupfer an Härte und Widerstandsfähigkeit gegen Atmosphärilien und besitzt eine schönere Farbe und große Politurfähigkeit. Wie Kupfer ist M. in der Kälte sehr dehn- und hämmerbar, läßt sich mit Leichtigkeit strecken, treiben, zu dem dünnsten Blech auswalzen und zu feinstem Draht ausziehen. Wegen seiner Dünnflüssigkeit füllt es die Formen gut aus und gibt dichte Güsse. — Als besondere Arten des Messings sind zu erwähnen: Prinzmetall mit 67—75% Kupfer und 25—33% Zink, Cuivre-poli, Glanzmessing für Möbelbeschläge u. dgl., Chrysorin aus 60% Kupfer und 40% Zink, Platine, eine weiße Legierung aus 43% Kupfer und 57% Zink. Durch geringe Zusätze anderer Metalle erhält man: Yellow metall aus 60% Kupfer, 40% Zink und 2% Eisen, Deltametall (s.d.), Duranametall mit 65% Kupfer, 29% Zink, 1,5% Eisen, 1,5% Aluminium, 2% Zinn und Antimon, Aluminiummessing mit 8% Aluminium. Die ebenfalls hierher gehörenden Leonischen Waren aus vergoldetem Draht und Lahn, die Tressen, Kantillen und Quasten werden nach dem Verfahren der Zementation in der Weise hergestellt, daß man die kupfernen Drähte und Bleche in feuerfesten, luftdicht verschlossenen Kasten zugleich mit Zink erhitzt. Das Zink verdampft und verbindet sich mit dem Kupfer auf der Oberfläche der Gegenstände zu Messing.

Metallbeizen sind Lösungen von Säuren und Salzen oder Gemischen beider, welche dazu dienen, die Oberfläche metallener Gegenstände zu reinigen, zu mattieren oder dunkler zu färben. Zum Reinigen und Blankmachen (Abbrennen) benutzt man für Kupfer und seine Legierungen meist ein Gemisch von Schwefelsäure und Salpetersäure, für Zink und Eisen verdünnte Schwefelsäure allein. Eine mattierte und gemusterte Oberfläche entsteht bei Anwendung von Salpeterschwefelsäure mit einem Zusatz von Zinkvitriol und Kochsalz oder Salmiak. Die Dunkelfärbung (das Brünieren) wird bei Kupfer durch Behandlung mit einer wäßrigen Lösung von Kupferazetat, Salmiak und verdünnter Salpetersäure, bei Eisen (Gewehrläufe) durch eine Ätzung mit Salpetersäure und nachfolgende Behandlung mit Silbernitratlösung erzielt.

Metanilgelb (Orange MN, Tropaeolin G, Viktoriagelb), ein seit 1882 bekannter Azofarbstoff, findet sich in verschiedenen Arten im Handel. Das eigentliche M., ein braungelbes, in Wasser mit orangegelber Farbe lösliches Pulver, besteht aus dem Natronsalze des Metaamidobenzolsulfosäureazodiphenylamins, $C_{18}H_{14}N_3SO_3Na$, und färbt Wolle im sauren Bade orangegelb. Die Sulfosäure des M. führt die Bezeichnung Metanilgelb S. Metanilorange I wird durch Einwirkung von Metadiazobenzolsulfosäure auf Alphanaphtol, Metanilorange II auf Betanaphtol erhalten.

Methylal, der Methylendimethyläther, $CH_2.(O.CH_3)_2$, eine bei 42° siedende Flüssigkeit, findet als Schlafmittel und Anästhetikum medizinische Anwendung.

Methylblau, ein dem Anilinblau verwandter, 1862 entdeckter Teerfarbstoff, entsteht durch Einwirkung von Anilin auf Pararosanilin, Sulfurieren des gebildeten Triphenylrosanilins und Sättigen mit Soda und ist daher das Natronsalz der Triphenylpararosanilintrisulfosäure. Man erhält es als dunkelblaues, in Wasser lösliches Pulver, das gebeizte Baumwolle blau färbt.

Methylenblau, Äthylenblau, Phenylenblau (Bleu de Poteaux), ein seit 1876 bekannter Thiazinfarbstoff, wird erhalten, wenn man eine salzsaure Lösung von Nitrosodimethylanilin mit Schwefelwasserstoff reduziert, die entstehende Verbindung mit Eisenchlorid behandelt und schließlich durch Zusatz von Chlorzinklösung und Kochsalz den Farbstoff als Chlorzinkverbindung ausfällt. Zurzeit stellt man den Farbstoff ausschließlich nach dem sog. Thiosulfatverfahren her, indem man Paraamidodimethylanilin bei Gegenwart von unterschwefligsaurem Natrium oxydiert, die entstandene Thiosulfonsäure durch Behandlung mit Chromat und Dimethylanilin in das entsprechende Indamin überführt und letzteres mit Chlorzinklösung kocht. Das Endprodukt, das Leukomethylenblau, gibt dann bei der Oxydation mit Eisenchlorid den Farbstoff, ein vierfach alkyliertes Lauthsches Violett (s. d.) von der Formel $(CH_3)_2.N.C_6H_3.(NSCl)C_6H_3N.(CH_3)_2$. Man erhält das M. entweder als dunkelblaues Pulver oder in kupferartig glänzenden Nadeln, die in Wasser löslich sind. Der Farbstoff eignet sich zum Blaufärben von Seide und mit Tannin gebeizter Baumwolle und findet auch beschränkte medizinische Anwendung. — Als Abkömmlinge des M. sind anzuführen: Methylengrün, ein Nitroprodukt, Thiokarmin, ein aus Methylbenzylanilinsulfosäure dargestellter, Neumethylenblau N, ein vom Nitrosomethyltoluidin ausgehender Methylenblaufarbstoff.

Methylgrün (Lichtgrün, Parisergrün, Grünpulver, Vert étincelle, Vert lumière), ein seit 1871 bekannter Triphenylmethanfarbstoff, besteht aus der Zinkchloridverbindung des Chlormethylhexamethylpararosanilinchlorwasserstoffs und wird durch Behandlung von Methylviolett mit einer Lösung von Chlormethyl in Amylalkohol und nachherigen Zusatz von Chlorzink dargestellt. Man erhält das M. in grünen Kristallen, die sich in Wasser leicht mit blaugrüner Farbe lösen und zum Färben von Seide und Baumwolle benutzt werden. Wendet man bei der Darstellung anstatt Chlormethyl Bromäthyl an, so erhält man eine andere Sorte M., die in chemischer Hinsicht als Äthylgrün anzusprechen ist.

Methylorange (Dimethylorange, Dimethylanilinorange, Helianthin, Tropaeolin D), ein Azofarbstoff (s. d.), der 1875 entdeckt wurde und aus dem Natronsalze des Sulfanilsäureazodimethylanilins, $C_{14}H_{14}N_3.SO_3Na$, besteht, bildet ein ockergelbes, in Wasser lösliches Pulver und wird gewöhnlich auch als Orange III bezeichnet. Vgl. Orange.

Methylviolett (Methylanilinviolett, Pariser Violett, frz. Violet de Paris, Violet direct), ein schon seit 1861 bekannter Teerfarbstoff der Triphenylmethanreihe, besteht gewöhnlich aus einem Gemenge von Salzen zweier Basen, nämlich des Pentamethyl- und des Hexamethylrosanilins. Man erhält den Farbstoff durch Oxydation von Dimethylanilin mit Kupfernitrat und Kochsalz und Entfernen des Kupfers durch Schwefelleber. An Stelle des Kupfernitrats kann auch Kupfersulfat und chlorsaures Kali angewandt werden. Um mehr rötliche Farbtöne zu erzielen, nimmt man ein Gemenge von Dimethylanilin und Methylanilin. Durch Auskochen des Reaktionsproduktes mit Salzsäure erhält man die Chlorwasserstoffverbindung der Basen, welche mit Kochsalz ausgefällt wird. Das M. kommt in metallisch grünglänzenden Stücken oder auch als Pulver, selten kristallisiert, in den Handel. Es gibt mit Wasser eine violette Lösung, welche durch Zusatz von Salzsäure grün wird. Die verschiedenen Arten des M. werden zum Färben von Wolle, Seide und Baumwolle benutzt. Unter der Bezeichnung Methylviolett 5 B und 6 B kommen andere Farbstoffe in den Handel, welche durch Einwirkung von Benzylchlorid auf Rosanilin erhalten werden; siehe Benzylviolett. Das reine Hexamethyl-p-Rosanilin wird als Kristallviolett bezeichnet.

Metol, das salz- oder schwefelsaure Salz des Monomethylparamidometakresols, ist in verschiedenen Haarfärbemitteln, wie Aurin, aufgefunden worden, soll aber unter Umständen Hautentzündungen hervorrufen. Für photographische Zwecke findet es, besonders in Verbindung mit Hydrochinon, als Entwickler Anwendung.

Migränin ist der den Höchster Farbwerken geschützte Name für ein Gemisch von ungefähr 91 Teilen Antipyrin, 8 Teilen Koffein und 0,5 % Zitronensäure, das als Mittel gegen Kopfschmerzen und Migräne vielfach Anwendung findet, seit 1906 aber von den Apotheken nur auf ärztliche Verordnung abgegeben werden darf.

Mikrobin, ein neues Konservierungsmittel für Obsterzeugnisse, besteht aus parachlorbenzoësaurem Natrium, $C_6H_4Cl.COONa$.

Milch (lat. Lac, frz. Lait, engl. Milk) ist die von den Milchdrüsen der Säugetiere abgeschiedene und für die Ernährung der Nachkommen im Jugendzustande bestimmte Flüssigkeit. Zum Begriff der Handelsmilch, als welche in erster Linie und nahezu ausschließlich die Kuhmilch in Frage kommt, gehört weiter, daß sie durch vollständiges Ausmelken gewonnen worden ist und erst einige Zeit nach dem Abkalben in den Verkehr gebracht wird. Die in den ersten Tagen nach dem Kalben abgesonderte Flüssigkeit (Kolostrum, Kolostralmilch, Biestmilch) darf hingegen nicht verkauft werden. Die Milch stellt eine undurchsichtige, weiße bis gelbe Flüssigkeit dar, von amphoterer Reaktion und angenehm süßlichem Geschmack und besteht aus einer Emulsion von mikroskopisch kleinen Fettkügelchen in einer weißen, dünnschleimigen, wäßrigen Lösung, dem sog. Milchplasma. Bei längerem Stehen steigen die suspendierten Fettröpfchen an die Oberfläche und bilden hier eine zusammenhängende Schicht, den Rahm oder die Sahne. Beim Kochen gerinnt die Milch nicht, sondern scheidet lediglich an ihrer Oberfläche ein hauptsächlich aus Kasein bestehendes Häutchen ab. Sie gerinnt hingegen beim Sauerwerden und nach Zusatz von Lab. In chemischer Hinsicht ist die M. ein außerordentlich kompliziertes Gemisch der verschiedensten Stoffe, von denen neben Wasser, geringen Mengen gelöster Gase, wie Kohlensäure, Stickstoff und Sauerstoff, ferner Zitronensäure, Lezithin, Cholesterin, Harnstoff und Kreatin, besonders Fett, Eiweißstoffe (Kasein und Albumin), Milchzucker und Salze (Phosphate) anzuführen sind. Der mittlere Gehalt für die Tagesmilch größerer Kuhherden in Deutschland beträgt nach Fleischmann: 87,75 % Wasser, 3,40 % Fett, 3,50 % Protein, 4,60 % Milchzucker und 0,75 % Mineralstoffe. Jedoch unterliegt die Zusammensetzung beträchtlichen Schwankungen, welche durch die Rasse und die Fütterung der Tiere, durch die Laktationsperiode, Alter, Geschlechtsleben und allgemeine Haltung, Zeit und Art des Melkens und zahlreiche andere Umstände bedingt werden. Im allgemeinen läßt sich sagen, daß die Höhenschläge eine gehaltreichere, besonders fettreichere M. liefern als die Niederungsrassen, daß Fütterung mit wasserreichen Futtermitteln (Schlempe, Rübenschnitzel) die Menge auf Kosten des Nährstoffgehaltes erhöht, daß Störungen des Allgemeinbefindens und mangelhafte Viehhaltung die Beschaffenheit ungünstig beeinflußt, und daß der Fettgehalt um so geringer wird, je längere Zeit seit dem letzten Melken verstrichen ist. Unter normalen Verhältnissen wird man für die Milch einzelner Kühe folgende Schwankungen annehmen können: Wasser 86,0—89,5 %, Fett 2,5—4,5 %, Trockensubstanz 10,3—14,5 %, fettfreie Trockensubstanz 7,8 bis 10,5 %. Die M. ist eines der wichtigsten Nahrungsmittel, welches in steigenden Mengen in den Handel gelangt. Der Jahresverbrauch der Stadt Dresden z. B. beträgt gegen 60 Millionen Liter, derjenige des Deutschen Reiches 6—7 Milliarden Liter, und zahllose Gewerbetreibende sind nicht nur mit ihrer Gewinnung, sondern auch ihrem Vertriebe beschäftigt. Ihre Hauptbedeutung liegt darin, daß sie mit der leider abnehmenden Fähigkeit oder Neigung der Frauen, ihre Kinder selbst zu stillen, mehr und mehr zu der ausschließlichen Nahrung der Säuglinge wird, welche gegen ungünstige Einflüsse natürlich besonders empfindlich sind. Es liegt daher auf der Hand, daß die für die Gesundheit der Bevölkerung verantwortlichen Behörden diesem Gegenstande ihre Aufmerksamkeit gewidmet und besondere Vorschriften über den Verkehr mit Milch aufgestellt haben. In erster Linie ist natürlich die völlige Fernhaltung der M. kranker Tiere, insbesondere solcher Tiere, welche an Tuberkulose, Maul- und Klauenseuche, Euterentzündungen, Darmerkrankungen leiden, zu fordern. Nicht minder selbstverständlich erscheint es, daß M. aus Ortschaften, in denen Typhus-, Cholera-, Diphtherie- und andere Epidemien herrschen, ausgeschlossen wird, und daß Personen mit ekelerregenden oder ansteckenden Krankheiten sich auch mit dem Vertriebe von M. nicht befassen dürfen. Die wichtigste Maßnahme zur Beseitigung gesundheitlich bedenklicher Milch besteht in einer Erhöhung der Reinlichkeit der Milchgewinnung, der Fernhaltung von Schmutz, besonders Kuhkot, welcher nicht nur Träger pathogener Keime ist, sondern auch das Verderben der Milch durch Säuerung beschleunigt. Trotz aller hierauf gerichteten Bestrebungen der Hygieniker läßt die Gewinnung zurzeit noch viel zu wünschen übrig, und es ist daher notwendig, unter den jetzigen Verhältnissen nicht zu umgehen, durch eine nachträgliche Behandlung schädliche Einflüsse zu beseitigen. Völlig zu verwerfen ist allerdings der Zusatz von Konservierungsmitteln wie Borsäure, Salizylsäure, Formaldehyd, Wasserstoffsuperoxyd, erwünscht hingegen starke Abkühlung zur Hemmung des Bakterienwachstums oder Erhitzung zur Abtötung schädlicher Keime. Die so erhaltene pasteurisierte M. bildet zwar nur einen Notbehelf, aber einen zurzeit unentbehrlichen Notbehelf für frische M. Homogenisierte M. ist Milch, die unter hohem Druck durch feine Achatdüsen hindurchgepreßt wurde, und infolge Zertrümmerung der Fettröpfchen nicht mehr aufrahmt. Als Kur-, Kinder- oder Säuglingsmilch dürfen in den meisten Städten nur Erzeugnisse verkauft werden, die von tierärztlich untersuchten, gesunden und mit einwandfreiem Futter ernährten Kühen stammen. Der allgemeinen Einführung dieser Erzeugnisse steht leider ihr hoher Preis entgegen. Von den Verfälschungen der M. spielt der Wasserzusatz die wichtigste Rolle. Er ist im Hinblick auf die häufige Verseuchung der ländlichen Brunnen gesundheitlich höchst bedenklich und selbstredend nach den Bestimmungen des Nahrungsmittelgesetzes verboten. Starke Wässerung offenbart sich dem Kenner durch die bläuliche Farbe des Gemisches, geringerer Zusatz durch die Erniedrigung des spez. Gew. Das letztere beträgt bei normaler Milch im allgemeinen nicht unter 1,029 und kann auch von Händlern und Konsumenten mit Hilfe eines Aräometers, der sog. Milchwage, leicht bestimmt werden. Schwieriger gelingt bei den Schwankungen des Fettgehaltes der Nachweis einer Abrahmung. Auch haben die Produzenten es durchaus in der Hand, durch Einstellung besonderer Viehrassen und Verabreichung billigen, wasserreicheren Futters große Mengen gehaltarmer Milch zu erzeugen, und es ist daher zum Schutze der Bevölkerung gegen Übervorteilung unbedingt notwendig, daß von der zum Verkehr kommenden Milch ein gewisser Mindestfettgehalt gefordert wird. Die Grenze ist von den einzelnen Behörden nach örtlichen Verhältnissen verschieden auf 2,7—3,0 % festgesetzt worden. Die Überwachung des Milchhandels bildet einen wesentlichen Teil der allgemeinen Nahrungsmittelkontrolle, welche durch fortwährende Untersuchung zahlreicher Milchproben dem Überhandnehmen der Verfälschungen zu begegnen sucht. Neben der unveränderten M., der sog. Vollmilch, bildet die durch Abschöpfen oder Zentrifugieren ihres Fettes ganz oder teilweise beraubte Magermilch eine wichtige Handelsware. Sie enthält, abgesehen vom Fett, noch die sämtlichen Nährstoffe der M. und ist wegen ihres niedrigen Preises zu einem Volksnahrungsmittel wie geschaffen. Dasselbe gilt von der beim Butterungsprozeß abfallenden Buttermilch, während die nach dem Ausfällen des Kaseins hinterbleibende klare Flüssigkeit, die Molken, nur als diätetisches Mittel in Frage kommt. Auch die Sahne oder der Rahm, das Ausgangsmaterial der Butterbereitung, wird für sich in den Handel gebracht. Sie stellt nahezu reines Butterfett im Gemenge mit etwas M. dar und wird nach ihrem Fettgehalte bewertet. Als ein Verfälschungsmittel für Sahne und die besonders fettreiche Schlagsahne ist der Zuckerkalk anzusehen, welcher den sauren Geschmack verdorbener Sahne verdeckt und einen höheren Fettgehalt vortäuscht. Um den Versand der leicht zersetzlichen Milch auf größere Entfernungen, in milcharme Gegenden, besonders in den Tropen, zu ermöglichen, führt man sie in eine haltbare Form, die Milchkonserven über. Kondensierte M. ist unter Zusatz von Rohrzucker, oder für sich allein, bis zur dicklichen Beschaffenheit eingedampfte Milch. Trockenmilch oder Milchpulver erhält man, indem man die M. im Vakuum auf rotierenden Walzen in dünner Schicht eintrocknet und die entstehende Kruste abschabt, oder neuerdings, indem man die Milch in Form eines Sprühnebels in einen erhitzten Raum einbläst. Die Trockenmilch liefert, mit warmem Wasser angerührt, eine milchähnliche Emulsion. Der Handel mit M. wird meist von Kleingewerbetreibenden ausgeübt, die aber in neuerer Zeit erfreulicherweise vielfach zur Gründung von Genossenschaftsmolkereien übergehen.

Milchsäure (Oxypropionsäure, lat. Acidum lacticum, frz. Acide lactique, engl. Lactic acid), $C_2H_4(OH).COOH$, eine starke organische Säure, tritt in vier Modifikationen auf, nämlich als Gärungs-M., Para- oder Fleisch-M., Links-M. und als Äthylen-M. oder Hydrakrylsäure. Nur die drei ersteren, welche als Äthyliden-M. zusammengefaßt werden, kommen in der Natur vor, während die letztere stets künstlich dargestellt wird. Die drei Äthyliden-M. sind isomer, d. h. sie haben dieselbe prozentische Zusammensetzung und chemische Konstitution und unterscheiden sich lediglich durch ihre physikalischen Eigenschaften. Die Para- oder Fleisch-M. findet sich in den Organen und Säften des tierischen Körpers, den Muskeln, dem Magensafte, dem Blute, und kann aus dem Fleischextrakte dargestellt werden. Sie dreht die Ebene des polarisierten Lichtes nach rechts und wird daher auch Rechts-M. genannt. Die Links-M. entsteht bei einigen Gärungsarten sowie bei der Zerlegung der gleich zu besprechenden Gärungs-M. und ist linksdrehend. Praktische Bedeutung besitzt nur die sog. gewöhnliche oder Gärungs-M., die in der Natur bei zahlreichen Fäulnis- und Gärungsvorgängen durch die Einwirkung der verschiedensten Mikroorganismen auf Kohlenhydrate gebildet wird. Am reichlichsten entsteht sie bei der durch das Milchsäureferment, Bacillus acidi lactici, hervorgerufenen Milchsäuregärung und bildet daher einen regelmäßigen Bestandteil der sauren Milch, des Sauerkrauts und der sauren Gurken, deren angenehmen Geschmack sie bedingt. Auch findet sie sich im Wein, sauer gewordenem Kleister und der Lohbrühe. Zu ihrer fabrikmäßigen Darstellung invertiert man eine Rohrzuckerlösung mit Hilfe von Weinsäure und setzt dann eine Anschwemmung von altem Käse in saurer Milch sowie etwas Zinkoxyd hinzu. Die anfangs dünnflüssige Masse verwandelt sich unter dem Einflusse der Bakterien in einen dicken Kristallbrei von milchsaurem Zink, welcher durch Umkristallisieren gereinigt und durch Einleiten von Schwefelwasserstoff in Schwefelzink und freie M. zerlegt wird. Zur Entfernung gleichzeitig gebildeten Mannits löst man sie in Äther, destilliert den letzteren ab und dampft die M. bis zu einem spez. Gew. von 1,240 ein. Völlig wasserfrei wird sie nur durch Destillation im Vakuum. — Die reine, wasserfreie M. bildet farblose Kristalle, welche bei 18° schmelzen und begierig Feuchtigkeit anziehen. In den Handel kommt meist die sog. offizinelle M. mit 75% Säure und 25% Wasser, ein farb- und geruchloser, stark saurer Sirup, der aus der Luft Wasser anzieht und sich mit Wasser und Alkohol in jedem Verhältnis mischt. Sie ist auch löslich in Äther, hingegen unlöslich in Benzin, Chloroform und Schwefelkohlenstoff. Der Sirup hat das spez. Gew. 1,220 und ist optisch inaktiv. Die M. wird in der Medizin als Ätzmittel und zu Inhalationen gegen Nasen- und Rachenleiden benutzt. Auch dient sie zum Auflösen diphtherischer Membranen und zur Entfernung von Zahnstein, Warzen und Hühneraugen sowie zur Darstellung der milchsauren Salze. In der Form von saurer Milch, Sauerkraut und sauren Gurken ist sie von ausgezeichneter diätetischer Wirkung, und neuerdings wird sie auch zur Herstellung alkoholfreier Getränke (Tempril) herangezogen. Besonders im Kriege hat sie als Ersatz der Wein- und Zitronensäure für Limonaden wertvolle Dienste geleistet.

Milchsaure Salze (Laktate) werden durch Auflösen der entsprechenden Basen oder ihrer Karbonate in Milchsäure und nachfolgende Kristallisation dargestellt. Sie finden zum Teil, wie das milchsaure Magnesium, milchsaure Eisen, milchsaure Natron, Zink und Morphin medizinische Anwendung. Nähere Angaben finden sich unter den betreffenden Basen angeführt.

Milchzucker (Laktose, lat. Saccharum lactis, frz. Sucre de lait, engl. Sugar of milk) ist eine eigentümliche, vom Rohrzucker verschiedene Zuckerart, die sich in Menge von 3—6% in der Milch aller Säugetiere vorfindet und nach der Gerinnung der letzteren durch Lab in den Molken verbleibt. Zu ihrer Gewinnung werden die Molken durch Aufkochen und Filtrieren gereinigt, und die Filtrate im Vakuum eingedampft, worauf der M. auskristallisiert. Durch mehrfaches Umkristallisieren, zweckmäßig unter Zusatz von schwefelsaurer Tonerde oder Kreide, erhält man ihn in reinem Zustande. Er bildet dann entweder große rhombische, hemiedrische Prismen, die auf Fäden oder Stäbchen auskristallisiert sind, oder ein feines Pulver, das wegen der Härte der Kriställchen zwischen den Zähnen knirscht. Da M. ziemlich schwer löslich ist und 6 Teile kaltes oder 2½ Teile heißes Wasser zur Lösung erfordert, ist der Geschmack nur schwach süß. In Äther, Alkohol und Chloroform ist er unlöslich. Die spez. Drehung beträgt bei 20°

$+52{,}53^0$, doch zeigt der M. in hohem Grade die Eigenschaft der Birotation, indem die Drehung gleich nach der Lösung wesentlich größer ist und erst nach 24 Stunden oder nach dem Aufkochen die normale Höhe erreicht. In chemischer Hinsicht ist der M. als eine Biose, nämlich als eine Verbindung von Galaktose und Dextrose anzusprechen. Beim Erhitzen mit verdünnten Säuren zerfällt er in seine Einzelbestandteile, reduziert aber Fehlingsche Lösung auch für sich allein. Mit Hefe vergärt M. nicht, geht aber mit dem Bacillus acidi lactici leicht in Milchsäuregärung und mit den Kumys- und Kefirfermenten in alkoholische Gärung über. Zur quantitativen Bestimmung bedient man sich der Reduktion Fehlingscher Lösung und der Polarisation. Der M. findet in der Pharmazie vielfache Anwendung zur Herstellung von Medikamenten, seine Hauptbedeutung liegt aber in dem Verbrauche zur Versüßung der Säuglingsmilch. Zu letzterem Zwecke muß er natürlich möglichst rein und frei von Milchbestandteilen, Dextrin oder Rohrzucker sein. Zur Prüfung auf Reinheit behandelt man 15 g M. eine halbe Stunde lang mit 50 ccm verdünntem Weingeist, in welchem er unlöslich ist, und versetzt das Filtrat mit absolutem Alkohol. Eine hierbei auftretende Trübung deutet auf Rohrzucker oder Dextrin hin. Zur schnellen Vorprüfung auf Rohrzucker, das Hauptverfälschungsmittel, verstäubt man die feingepulverte Masse auf konz. Schwefelsäure, wobei M. fünf Minuten lang unverändert bleibt, Rohrzucker aber schwarz gefärbt wird. Weiteren Aufschluß gewährt das Erhitzen mit wasserfreier Oxalsäure im Wasserbade, wobei schon 5 % Rohrzucker enthaltende Mischungen nach fünf Minuten völlig schwarz werden, ferner das Verhalten gegen Resorzin, Sesamöl und Ammoniummolybdat.

Minargent (Halbsilber), eine in Frankreich aufgekommene Art Neusilber, die dem Silber in Hämmerbarkeit, Farbe und Glanz sehr nahe kommt, aber länger glänzend bleibt, enthält auf 100 Teile Kupfer 70 Teile Nickel, 5 Teile Wolfram oder Antimon und 1 Teil Aluminium.

Mindjak Tangkawang, ein Pflanzenfett, das durch Auskochen der Samen eines auf Borneo wachsenden Baumes, Diploknema sebifera, gewonnen und von Bandjermassing aus in den Handel gebracht wird, ist zur Seifenfabrikation geeignet.

Mineralgrün nennt man verschiedene kupfer- oder kupfer- und arsenikhaltige Grünfarben (s. Berggrün, Kupferfarben, Schweinfurtergrün). Als giftfreie Mineralgrüne werden die Kobalt-Zinkgrüne bezeichnet, obgleich sie wegen ihres Zinkgehaltes auch nicht ganz unschädlich sind. Grüner Ultramarin ist dagegen ein unschädliches M.

Mineralöle. Unter diesem Namen versteht man sowohl die in der Erde natürlich vorkommenden Flüssigkeiten, Erd- oder Steinöl, Petroleum, Naphtha, als im weiteren Sinne auch die durch Destillation von Stein- und Braunkohlen, Bergteer und bitum. Schiefer gewonnenen öligen und flüchtigen Gemenge von Kohlenwasserstoffen (künstliche M.). In der Industrie werden jetzt hauptsächlich die als Schmiermittel benutzten höher siedenden Rückstände der Petroleumdestillation als M. bezeichnet. Das weitere siehe bei Petroleum und Photogen.

Mineralsäuren, im allgemeinen gleichbedeutend mit anorganischen Säuren, d.h. solchen, die nicht aus dem Pflanzen- oder Tierreiche, sondern aus der unorganischen Natur stammen. Im Eisenbahnverkehr und in der Industrie umfaßt dieser Begriff nur die Schwefel-, Salz- und Salpetersäure, für die als stark saure und zerstörende Flüssigkeiten besondere Vorschriften hinsichtlich der Verpackung bestehen (s. diese Säuren).

Mineralwässer (lat. Aquae minerales, frz. Eaux minérales oder auch Eaux schlechthin, engl. Mineral waters) nennt man solche zu Trink- oder Badekuren benutzte heilkräftige Quellwässer, die sich entweder durch einen hohen Gehalt an gelösten festen oder gasförmigen Bestandteilen auszeichnen oder gewisse seltener vorkommende Stoffe enthalten, oder deren Temperatur höher liegt als die mittlere Temperatur ihrer Umgebung. Von den letzteren, den sog. Akrothermen, abgesehen, unterscheidet man im allgemeinen folgende Gruppen: 1. Säuerlinge enthalten als wesentlichen Bestandteil nur freie Kohlensäure, welche ihnen den angenehm säuerlich prickelnden Geruch verleiht, und bisweilen geringe Mengen von Kalk und Magnesia in Form der Bikarbonate. Von bekannteren M. gehören hierhin: das Marienbader, Reinerzer und Wildunger Wasser. 2. Eisen- oder Stahlwässer sind meist reich an Kohlensäure, in welcher etwas kohlensaures Eisenoxydul gelöst ist, und werden daher auch als Eisensäuerlinge bezeichnet, wie das Wasser einiger Quellen in Liebenstein, Schwalbach, Pyrmont und Kudowa. Oder sie enthalten das Eisen in Form des Sulfates (Vitriolquellen). Eine besondere Stellung nehmen die arsenhaltigen Vitriolwässer von Leviko und Roncegno ein. 3. Schwefelwässer zeigen einen deutlichen Geruch nach Schwefelwasserstoff, obgleich dieses Gas oft nur in geringer Menge vorhanden ist. Daneben enthalten sie meist Kohlensäure und Salze. Berühmte Schwefelquellen sind in Nenndorf, Lenk, Teplitz. 4. Alkalische Wässer schmecken infolge ihres Gehaltes an kohlensaurem Natron meist schwach laugenhaft und sind je nach ihrem Gehalte an anderen Salzen in mannigfache Unterabteilungen getrennt. Vertreter der alkalischen Wässer finden sich in Fachingen, Passug bei Chur, Vichy, Bilin, Gießhübel, Selters, Elster und Karlsbad. 5. Salzwässer oder Solen enthalten vorwiegend Kochsalz und 6. Bitterwässer schwefelsaure Magnesia. Als Mindestgehalt an gelösten festen Stoffen ist 1 g, an freier Kohlensäure 0,25 g in 1 kg zu fordern. Für die seltener vorkommenden Stoffe hat Grünhut folgende Mindestwerte vorgeschlagen: Lithium, Jod, metaarsenige Säure, ($HAsO_2$), Gesamtschwefel je 1 mg; Arsensäure ($HAsO_4$) 1,3 mg, Fluor 2 mg, Barium, Brom, Metaborsäure (HBO_2) je 5 mg, Strontium, Eisen je 10 mg, Radiumemanation 3,5 Macheeinheiten. — Als „rein natürliches M." darf nur solches bezeichnet werden, das keiner willkürlichen Veränderung unterzogen wurde. Zusatz von Kohlensäure und Enteisenung muß deutlich gekennzeichnet werden. Jede andere Veränderung stempelt das Wasser zum künstlichen Mineralwasser. — Die meisten Mineralwässer, abgesehen von den heißen, werden in wohlverschlossenen steinernen oder gläsernen Flaschen in den Handel gebracht. Die Füllung unmittelbar aus den Quellen erfordert große Aufmerksamkeit und Sorgfalt, damit von den Gasen möglichst wenig verloren geht und Staub und andere Verunreinigungen, durch welche der Flascheninhalt in der Regel bald verdirbt, ferngehalten werden. Besonders die Eisenwässer sind sehr empfindlich und sondern unter dem Einflusse der Luft meist einen schlammförmigen Bodensatz von braunem Eisenoxyd ab. Sie werden daher vor der Einwirkung des Sauerstoffs dadurch geschützt, daß man die Flaschen vollständig bis unter den Kork füllt. Da auch so ein Verderben der M. nicht gänzlich ausgeschlossen ist, so erhält jeder Stöpsel auf der Unterseite ein Zeichen eingebrannt, an welchem die liefernde Firma das Alter der Füllung erkennen kann. — Die Nachbildung der natürlichen M. auf Grund einer sorgfältigen chemischen Analyse bietet nicht die geringste Schwierigkeit, und es liegt auf der Hand, daß ein künstliches M., das einem natürlichen chemisch analog ist, auch die gleiche therapeutische Wirkung ausüben muß. Das Märchen von dem Brunnengeiste, der die geheimnisvolle Wirkung der natürlichen Quellen erklären sollte, ist endgültig aufgegeben worden, doch scheint es neuerdings in Form der Radioaktivität wieder aufzutauchen. Als künstliche M. bezeichnet man in erster Linie möglichst getreue Nachbildungen natürlicher Heilquellen, wie sie zuerst Dr. Struve in Dresden herstellte. Sie müssen also sämtliche Stoffe des Naturproduktes enthalten: das Selterswasser neben der Kohlensäure, dem Kochsalz und kohlensauren Natron noch kleine Mengen von Kaliumsulfat, Chlorkalium, Kalziumkarbonat, Strontian, Baryt, Lithion, Magnesia, Eisen und Kieselsäure; die abführenden Wässer Glaubersalz oder Bittersalz und Chlormagnesium, andere wieder Brom, Jod, Zaesium, Rubidium, Mangan und Arsen. Daneben gibt es aber auch künstliche M., die nur die wichtigsten Bestandteile der natürlichen Vorbilder enthalten, und endlich die reinen kohlensauren Wässer, die hauptsächlich als Erfrischungsmittel getrunken werden. Zwischen den letzten beiden Gruppen finden sich zahlreiche Übergangsglieder, die, wie besonders das künstliche Selterswasser, sowohl zu Heilzwecken wie zur Stillung des Durstes dienen. Die Herstellung künstlicher M. hat zurzeit großen Umfang angenommen und besteht im Grunde meist einfach darin, daß man Wasser mit Kohlensäure unter Druck sättigt. Die Kohlensäure (s. d.), die in flüssiger Form von den Fabriken gebrauchsfertig geliefert wird, kommt in dem Mischkessel oder neuerdings in besonderen Rieselapparaten mit dem Wasser zusammen. Das letztere nimmt die Kohlensäure auf und wird sofort auf Flaschen gefüllt. Zur Vermeidung von Gesundheitsschädigungen sind an die Mischapparate und an das Wasser verschiedene Anforderungen zu stellen. Die Apparate insbesondere müssen den Vorschriften des Gesetzes vom 25. Juni 1887 entsprechen. Sie dürfen nicht mit einer mehr als 10% Blei enthaltenden Legierung gelötet oder mit einer mehr als 1% Blei enthaltenden Legierung verzinnt sein. Kupfergefäße müssen gut verzinnt werden. Das Wasser soll am besten destilliertes, zum mindesten aber ein reines gutes Trinkwasser sein.

Mirabellen sind rötlichbraune oder rein gelbe runde Pflaumen von sehr gutem Geschmack und feinem Aroma, die in Frankreich und den Rheingegenden gezogen und nicht nur frisch, sondern auch getrocknet sowie mit Zucker eingemacht in den Handel gebracht werden.

Mirbanöl (lat. Oleum mirbani, frz. Essence de mirban, engl. Oil of mirbane), eine stark nach bitteren Mandeln riechende Flüssigkeit, wird vielfach noch als künstliches Bittermandelöl bezeichnet. Diese Bezeichnung ist aber falsch, weil das echte Bittermandelöl, das ebenfalls synthetisch dargestellt werden kann, aus Benzaldehyd besteht, während M. als Nitrobenzol anzusprechen ist. Es wird in der Weise dargestellt, daß man Benzol in einem dünnen Strahle in rote rauchende Salpetersäure oder beim fabrikmäßigen Betrieb in ein Gemisch von konzentrierter Salpetersäure und Schwefelsäure einfließen läßt und die Flüssigkeit unter gleichzeitiger Abkühlung umrührt. Im ersteren Falle verdünnt man mit Wasser, worauf das Nitrobenzol zu Boden sinkt; im letzteren Falle schwimmt es auf der Schwefelsäure, wird von letzterer getrennt und durch Waschen mit verdünnter Sodalösung oder verdünntem Ammoniak und durch Behandlung mit Wasserdampf gereinigt. Das reine Nitrobenzol, auch Nitrobenzin oder Nitrobenzid genannt, $C_6H_5.NO_2$, bildet eine farblose, stark lichtbrechende Flüssigkeit vom spez. Gew. 1,209, die sich leicht in Alkohol, Äther und Benzol, nicht aber in Wasser löst, bei 205° siedet und giftig ist. Es findet in der Parfümerie an Stelle des Bittermandelöls, ferner zur Darstellung von Anilin und Anilinfarben sowie zahlreicher organischer Präparate ausgedehnte Anwendung. Zum Parfümieren gewöhnlicher Seifen sowie für die Zwecke der Teerfarbenfabrikation geht man meist nicht vom reinen, sondern von einem toluolhaltigen Benzol aus und erhält dann ein Gemisch von Nitrobenzol und Nitrotoluol, das sich durch seinen Siedepunkt von 200—240° und sein spez. Gew. von 1,180 von dem reinen M. unterscheidet. Für die Darstellung des gewöhnlichen Anilinrots oder Fuchsins ist der Toluolgehalt sogar unbedingt notwendig. — Verfälschungen des M. mit Alkohol erkennt man durch Schütteln mit Wasser und Untersuchung der wäßrigen Lösung mit Schwefelsäure und Kaliumdichromat. — Der Nachweis des Nitrobenzols selbst, besonders in Nahrungsmitteln (Marzipan), denen es seiner Giftigkeit wegen selbstredend nicht zugesetzt werden darf, gelingt durch Überführung in Anilin mit Eisen und Schwefelsäure und Ausschüttelung mit Äther. Das beim Eindunsten hinterbleibende Anilin gibt mit Chlorkalk eine purpurviolette Färbung. M. wird in Blechflaschen oder Glasballonen verschickt und muß vor Licht geschützt aufbewahrt werden.

Mispeln (Aschpeln), die Scheinfrüchte des gemeinen oder deutschen Mispelstrauches

(Espelbaum, Hespelstrauch, Mispeltute, Mespilus germanica L.), eine selten angebaute Obstart, die erst im teigigen Zustand (nach Frost oder durch Lagern auf Stroh) ihren eigenartigen Geschmack entwickeln, werden frisch, gekocht und eingemacht genossen und auch zu Branntwein und Most verarbeitet. Auch liefert der Baum ein geschätztes Nutzholz. Man baut mehrere Sorten: deutsche, halbwilde mit kleinen Früchten, großfrüchtige italienische und holländische frühzeitige, ferner Birnmispeln, großblütige M. und M. ohne Steine. Als welsche Mispeln (Lazzeroli, Azaroli) werden die ähnlichen Früchte des Azarol-Weißdorns Mespilus Azarolus in den Handel gebracht.

Mistel ist die volkstümliche Bezeichnung zweier schmarotzender Loranthazeen, nämlich Loranthus europaeus oder Viscum quercinum (Eichen- oder Riemenmistel) und Viscum album (Leimmistel, frz. Gui, engl. Mistletoe), die gabelästige Zweige und immergrüne ledrige Blätter besitzen. Die Zweige der Riemenmistel (Stipites visci) wurden früher gegen Epilepsie angewandt, sind aber jetzt außer Gebrauch. Dafür hat die Verwendung der Leimmistel neuerdings sehr an Bedeutung gewonnen, indem man aus ihrer Rinde und den weißen Beeren durch Auskochen mit Wasser einen Vogel- oder Fliegenleim herstellt, der früher ausschließlich von Japan aus eingeführt wurde. Dieser Leim enthält als wirksamen Bestandteil das kautschukähnliche Viszin und ist so zähe, daß er nur im Gemisch mit Öl und Harz zur Füllung von Fliegenfängern benutzt werden kann. — Eine aus Viszin mit Ölen, Harzen und Wachs hergestellte Salbengrundlage wurde unter dem Namen Viscolan in den Handel gebracht.

Mitin, eine aus Wollfett und Milch hergestellte Emulsion mit einem Feuchtigkeitsgehalte von etwa 50 %, findet neuerdings zur Herstellung von medizinischen und kosmetischen Salben Anwendung.

Mitisgrün (Wienergrün, Neugrün), eine schöne grüne Farbe für Öl- und Wassermalerei, ist wie das gleichartig zusammengesetzte Schweinfurtergrün arsenik- und kupferhaltig und daher stark giftig.

Mixed Pickles (auch bloß Pickles) nennt man ein als scharfe Zuspeise benutztes Gemenge aus verschiedenen Früchten und Gemüseteilen, die mit spanischem Pfeffer und anderen Gewürzen in starken Essig eingelegt sind. Als Zutaten dienen besonders kleine Gurken und Zwiebeln, grüne Bohnen, junge Maiskolben, Blumenkohl u. dgl. Zur Erlangung einer intensiv grünen Farbe werden sie meist mit Kupfersalzen gefärbt, die nach dem Farbengesetz vom 5. Juli 1887 zwar verboten sind, in geringer Menge aber geduldet werden.

Möhren (Mohrrüben), die Wurzeln von Daucus carota, einer zu den Doldengewächsen gehörenden Pflanze, werden in folgende Sorten unterschieden: Gemeine M. oder Karotte (Esels-, Garten-, Gelbmöhre, gelbe Rübe, Mörle, Maure, Müre, Mürten, Vogelnest, frz. Carotte commune, engl. Common carrot); weiße, grünköpfige, bis 4 kg schwere Riesenmöhren; blaßgelbe, bes. flandrische M.; lange rote M.; rote lange grünköpfige (Altringham, Saalfelder, Frankfurter, Braunschweiger) M. und französische (holländische, Hornsche, Duwicker) Treibkarotte. Die Aussaat erfolgt frühzeitig in gutes Ackerfeld, Gartenland oder Treibbeete, und zwar rechnet man für den Hektar 5—7 kg Saatgut, das in 1 kg etwa 250000 Samen enthält. Hauptsaatzuchtgut wird in Erfurt, Quedlinburg, Braunschweig, Wolfenbüttel, Prag und Frankreich mit einem Ertrage von 1 kg Samen aus 100 kg Samenwurzeln erzeugt. Als frisches Gemüse benutzt man die jungen, dünnen und zarten M., zur Überwinterung gut ausgewachsene, dicke und lange Wurzeln, die im Keller in Spitzhaufen aufgeschichtet oder in Sand gebettet werden. Die M. dienen außer zur menschlichen Ernährung noch zur Fütterung (besonders für Pferde), zur Bereitung von Möhrensaft, Möhrenessig, Möhrenbranntwein, Kaffee-Ersatz (Möhrenkaffee), Bonbons und Kuchen sowie zum Färben der Butter. Sie enthalten bis 2 % Zucker, ferner Karotin und Cholesterin.

Möhrenöl. Sowohl die Samen als auch die Wurzeln der Möhre liefern bei der Wasserdampfdestillation ein ätherisches Öl. Das Möhrensamenöl, richtiger Möhrenfruchtöl, das in Menge von 0,8—1,6 % in den Früchten enthalten ist, hat eine rein wasserhelle bis gelbe Farbe, eine Linksdrehung von —11 bis —37° und ein spez. Gew. von 0,870—0,944 bei 15°. In absolutem Alkohol, Äther und Benzol ist es leicht löslich. Die schwach saure Reaktion beruht auf der Gegenwart von freier Palmitin- und Isobuttersäure. Der Gehalt an Estern betrug bei einem Öl 7—9 %. Als Terpene wurden d-Pinen und l-Limonen nachgewiesen. Durch Fraktionieren im luftverdünnten Raum konnte aus den höhersiedenden Anteilen ein bisher unbekannter Körper Daucol, $C_{15}H_{26}O_2$, abgeschieden werden. Das ätherische Öl der Wurzel hat den angenehmen eigenartigen Geruch der Möhre und das spez. Gew. 0,886. Verwandt wird M. als Speisezusatz und in der Likörfabrikation.

Mönchsrhabarber (Pseudorhabarber, lat. Radix rhei monachorum, frz. Racine de patience, engl. Rumex root), die dunkelbraune widerlich riechende Wurzel des Alpenampfers, Rumex alpinus, wurde früher in Gebirgsgegenden für den Handel angebaut und in der Tierheilkunde angewandt, ist aber jetzt ganz außer Gebrauch gekommen.

Mogdadkaffee nennt man die Samen einer akazienartigen Pflanze, Cassia occidentalis, die auf Hawai (Sandwichinseln), Tahiti, den Samoainseln und in dem südlichen Teil der Vereinigten Staaten wild wächst und auf Tongataba angebaut wird. Die kleinen Samen, die sehr hart sind und eine grünlichgraue Farbe zeigen, wirken roh abführend, werden aber von den Eingeborenen als Kaffee-Ersatz benutzt, trotzdem sie kein Koffein enthalten. Sie heißen in Indien Kasondi, in Bombay speziell Kibal, in Martinique Negrokaffee, am Senegal Benta Maré, in Angola Fedegoza, in Brasilien Gaja Marioba, in Birma Kalan.

Mohair ist die englische Bezeichnung für Angorawolle, aber auch die ganz oder teilweise aus Angorawolle gewebten Stoffe führen häufig den Namen Mohairs, obschon ein wesentlicher Unterschied zwischen ihnen und den Kamelotts nicht besteht. Das Mohairgarn wird auch sehr häufig als Schußgarn verwebt und gibt in Verbindung mit Kammgarn, Baumwolle, Alpaka und Seide eine große Zahl verschiedener Stoffe, die hauptsächlich in England (Bradford, Manchester) hergestellt werden. Außerdem befinden sich Fabriken in Frankreich, besonders in Roubaix und Lille, in Deutschland in Chemnitz und Umgegend, Schlesien, Berlin, Gera und Weida, in Österreich im Reichenberger Bezirk. — Mohärspitzen sind schwarze Wollspitzen.

Mohn (Mohnsame, Mohnsaat, lat. Semen papaveris, frz. Semence de pavot, engl. Poppy seeds) nennt man die kleinen Samen der Mohnpflanze, Papaver somniferum, die in verschiedenen, hauptsächlich nach Farbe der Blüten und Samen unterschiedenen Sorten angebaut wird. In praktischer Hinsicht unterscheidet man oft Schließ-, Kopf- oder Dreschmohn, dessen Kapseln geschlossen bleiben, und Schüttel- oder Schüttmohn, bei dem sich zur Reifezeit die Löcher unter der Kapsel öffnen und den Samen ausfallen lassen. 1 hl Mohn wiegt 58 kg. Der Saatbedarf beträgt 4—8 kg für den Hektar, die Anbaufläche in Deutschland nur etwa 6500 ha, der Ertrag 13—20, meist aber nicht viel über 16 hl, nebst 20—28 Zentner Stroh, welches sich nur zum Verbrennen eignet und von Bäckern gern gekauft wird. Der M. gedeiht am besten in leichten und mittleren Bodenarten. Er leidet von Krankheiten nur wenig (Schimmelpilze), um so mehr aber durch Vögel (Krähen, Meisen, Spechte), Mäuse, die Maden des Weißfleckrüßlers und des Mohnwurzelrüßlers, Engerlinge, Schnecken, verschiedene Blattläuse, Kohleulen und Mohngellenmücken sowie durch Wind, Regen bei der Ernte und nasse Kälte. Der Mohn wird im August und September geerntet, in Bündel gebunden, zur Trockne in Puppen aufgestellt, darauf sofort in Kufen oder auf Tüchern ausgeschüttelt oder erst später gedroschen. Bei feuchtem Wetter wächst er leicht aus und läßt viel Samen ausfallen, weshalb manche bereits auf dem Felde die Köpfe abschneiden. Nach der Farbe des M. unterscheidet man folgende beide Hauptsorten: Der weiße M. blüht weiß, hat weißlichen Samen und ist zum pharmazeutischen Gebrauch vorgeschrieben. Der schwarze M. blüht rosa und hat schwärzliche oder blaugraue Samen. Verwendet werden die Mohnsamen außer zur Gewinnung des Mohnöls (s. d.), auch zu Emulsionen, als Vogelfutter und in Bäckereien zum Aufstreuen auf Gebäck. — Die unreifen Mohnköpfe (lat. Capita papaveris seu Fructus papaveris immaturi, frz. Têtes de pavots, engl. Poppy heads) enthalten verschiedene narkotische Alkaloïde und werden zur Herstellung des Opiums (s. d.) und des Mohnsirups benutzt. Auch als Beruhigungsmittel für Kinder werden Mohnköpfe in der Volksmedizin oftmals verlangt. Ihrer schädlichen Wirkungen halber sind sie aber dem freien Verkehr entzogen.

Mohnöl (lat. Oleum papaveris, frz. Huile de pavot, Huile blanche, engl. Poppy oil, Poppy seed oil), das fette Öl der Mohnsamen, wird durch kalte Pressung in Menge von etwa 40 %, durch warme Pressung in einer Ausbeute bis zu 60 % gewonnen, als ein blaßgelbes dünnflüssiges Öl von angenehmem Geruch und Geschmack. Es gehört zu den trocknenden Ölen, erstarrt bei —18 bis —20° und löst sich leicht in Äther und heißem Alkohol sowie in 30 Teilen kalten Alkohols. Das spez. Gew. beträgt 0,920—0,935, die Jodzahl 130—140. Zur Herstellung des gebleichten M. setzt man das Öl mit Salzwasser der Einwirkung des Sonnenlichtes aus. Das M. bildet ein beliebtes Speiseöl und dient außerdem zur Herstellung von Seifen, medizinischen Emulsionen und in der Malerei. Es muß in gut verschlossenen, vollen Flaschen kühl aufbewahrt werden.

Moirés (gewässerte Zeuge) nennt man verschiedene Gewebe aus Seide oder Wolle, die über ihre ganze Fläche, oder, wenn sie eingewebte Figuren haben, auf dem dazwischenliegenden Grunde eine sog. Wässerung, einen wellenartigen Schimmer, zeigen, der nicht durch die Weberei bewirkt, sondern erst nachträglich durch Pressen hervorgebracht wird. Zum Moirieren läßt man in der Regel zwei Stücke Zeug, mit den rechten Seiten aufeinandergelegt, noch feucht zwischen zwei heißen, scharf pressenden und glättenden Walzen langsam hindurch gehen. Bei Stoffen mit Damastfiguren wird aber nur ein Stück, zusammen mit einem Drucktuch auf einmal durchgeführt, wobei lediglich der härtere Grund das Moiré annimmt, während die atlasartigen Figuren wegen ihrer größeren Weichheit unverändert bleiben. Die zum Moirieren bestimmten Zeuge haben in ihrer Kette immer viel stärkere Fäden als im Schuß, und die letzteren, die in den beiden aufeinandergepreßten Stücken nicht vollkommen parallel liegen, sondern sich vielfach unter sehr spitzen Winkeln kreuzen, sind die eigentliche Ursache der Erscheinung. An den Übergangsstellen ist die Zeugdicke am größten. Hier entsteht also der stärkste Druck, wodurch sich die Spiegel bilden. Durch verschiedene Mittel kann man das Aussehen der Wässerung abändern. Läßt man z. B. das Zeug vor dem Eintritt in die Walzen über die Kante einer oder zweier Schienen schleifen, die wellenförmig angeschnitten sind und in entgegengesetzter Richtung hin und her bewegt werden, so ergeben sich verschiedene Spannungen und Richtungen der Fäden, und somit andere Wirkungen, als beim glatten Einlauf des Stoffes. Man unterscheidet hiernach namentlich Moiré antique mit Musterung, die sich über größere Flächen verbreitet, und Moiré français mit streifenförmiger Musterung. Die besonders in England, Holland, Italien und Frankreich, später aber auch in Wien, Annaberg, Krefeld, Chemnitz hergestellten M. werden zu Möbelbezügen, Damenkleidern, Bändern u. dgl. benutzt.

Moleskin ist die in England gebräuchliche Bezeichnung für feine Westenstoffe, die auf baumwollenem Grunde Muster aus feinster Wolle haben. Vielfach versteht man darunter auch einen feinen, dichten, gerauhten und geschorenen Barchent.

Molken (Wedicke, Schotten, Sinte, Käsemilch) nennt man den Rückstand bei der Herstellung von Käse aus Milch oder Magermilch, welcher der Hauptsache nach aus Wasser und

Milchzucker besteht und daneben geringe Mengen löslicher Eiweißstoffe enthält. Man verwendet die M. zur Darstellung von Milchzucker und Molkenpastillen, zum Kurgebrauch und zum Verfüttern. Das durch Aufkochen daraus abgeschiedene Molkeneiweiß dient zur Bereitung von Zigerkäse.

Moll (frz. Molleton, engl. Molton, Multon). Darunter versteht man ein weiches langhaariges Gewebe aus guter Mittelwolle, das entweder leinwand- oder köperartig gewebt, auf beiden oder nur einer Seite gerauht und mit einem Schnitt geschoren ist. In der Dichtheit und Walke steht das Zeug zwischen Flanell und Fries, indem es lockerer als dieser und dichter als jener ist. M. wird wie Flanell zu warmhaltenden Unterkleidern verwandt. Die Farbe ist meist weiß, zuweilen auch grau, blau, rot und grün. Doppelte M. haben auf jeder Seite eine besondere Färbung. — Neuerdings wird häufig auch baumwollener M. hergestellt und besonders zu Unterröcken für Frauen viel verbraucht. Er bildet eine Art dicken baumwollenen Barchent, der auf beiden Seiten stark gerauht ist und dadurch eine langhaarige weiche Oberfläche erhalten hat.

Mollplaste sind Mischungen aus borsäurehaltigem Leim mit Pflastermasse und medizinisch wirksamen Stoffen, die von Helfenberg in den Handel gebracht werden.

Molybdän, ein ziemlich seltenes Schwermetall, Mo = 96, findet sich in der Natur nicht in freiem Zustande, sondern nur in Form wenig verbreiteter Mineralien, besonders des Molybdänglanzes (Schwefel-M.) und des Gelbbleierzes oder Wulfenits (molybdänsaures Blei). Das Metall entsteht beim Glühen der Oxyde oder Chloride im Wasserstoffstrom, hat aber keine technische Bedeutung und wird daher im großen nicht dargestellt. Für die Praxis kommen lediglich die Molybdänsäure und ihr Ammoniumsalz in Betracht. — Die Molybdänsäure, MoO_3, wird durch Erhitzen von Molybdänglanz an der Luft erhalten und bildet ein weißes, geruchloses, in Wasser schwer lösliches Kristallpulver, das sich in Ammoniak löst und mit ihm das Ammoniummolybdat (molybdänsaures Ammonium), $(NH_4)_2MoO_4$, ein weißes, in Wasser lösliches, kristallisiertes Salz liefert. Die wichtigste Eigenschaft der Molybdänsäure ist die Bildung eines gelben Niederschlages mit Phosphorsäure, die zur quantitativen Bestimmung der Phosphorsäure benutzt wird und einen erheblichen Verbrauch des Ammoniummolybdats zur Folge hat. Außerdem dient das Salz neuerdings zur Herstellung feuersicherer Gewebe und zu Desinfektionszwecken sowie zum Blaufärben von Töpferglasuren.

Monazitsand, ein in Südamerika, Australien und im Ural vorkommendes monazithaltiges Gemenge verschiedener Mineralien, bildet das Ausgangsmaterial zur Gewinnung der für Glühstrümpfe erforderlichen seltenen Erden. Er enthält neben 50—60 % Oxyden der Zer- und Yttriumgruppe 2 % Thoroxyd, welches durch Zersetzung mit konzentrierter Schwefelsäure und nachherige Fällung mit Oxalsäure erhalten wird.

Monesia (lat. Monesia, Extractum monesiae, frz. Extrait de Monesie, engl. Extract of Monesia), ein wäßriges Extrakt der aus Brasilien stammenden und dort Buranham genannten Monesiarinde, Cortex monesia, wurde einige Jahre lang medizinisch als adstringierendes Mittel verwandt, ist aber jetzt außer Gebrauch gekommen. M. bildet eine feste, spröde, braune Masse von zusammenziehendem Geschmack, die neben Gerbsäure, Gallussäure und Glyzyrrhizin einige Bitterstoffe: Monesin und Hivurahein enthält.

Montanin ist ein neueres Anstrichmittel, das in Eiskellern, Brauereien und Brennereien zum Schutze feuchter Wände gegen Schimmelwucherung (Hausschwamm) aufgetragen wird und aus einer 30 %igen Auflösung von Kieselfluorwasserstoffsäure in Wasser besteht.

Montanwachs nennt man einen dem Zeresin ähnlichen Stoff, der durch Extraktion von Braunkohle mit Benzin gewonnen und durch nachfolgende Destillation mit überhitztem Wasserdampf weiter gereinigt wird. Es schmilzt bei 80° und dient als guter Ersatz des Zeresins und Paraffins zur Herstellung von Kerzen.

Morcheln (frz. Morilles, engl. Morils) sind außerordentlich geschätzte Pilze der Gattung Morchella, die zahlreiche Arten bildet. Die größte Bedeutung besitzt die echte Speisemorchel (M. esculenta) mit rundlich-eiförmigem, gelbbraunem bis dunkelbraunem Hut und hohlem, daumendickem Stiel von weißer bis schmutzig fleischrötlicher Farbe. Charakteristisch für diesen Pilz, der im April und Mai, seltener im Herbste, auf schwerem, sandig-lehmigem Boden in Wäldern und Gebüschen, auf Bergwiesen und Feldern vorkommt, ist die eigentümliche Zeichnung der Hutoberfläche, die durch zahlreiche Rippen oder Leisten in netzförmige, vertiefte Felder abgeteilt ist. Der Speisemorchel durchaus ähnlich sind die Käppchen-M. (M. mitra), die Glocken-M. (M. patula) und die Spitz-M. (M. conica) mit spitzem, kegelförmigem Hut und etwas länglicher gestreckten Feldern. Die gewöhnlich im Handel als M. bezeichnete Pilzart führt diesen Namen mit Unrecht. Es ist vielmehr die eine besondere Gattung, Helvella, bildende Lorchel, auch Früh-, Stein- oder Speiselorchel genannt, die auf dickem, weißem bis violettem Stiel den dunkelbraunen, unregelmäßig faltigen und runzeligen, aber nicht in Felder geteilten Hut trägt. Nach dem Aufweichen in Wasser und dem Ausbreiten des Hutes bietet die Erkennung der charakteristischen Felder und damit die Unterscheidung der Lorchel von der echten M. auch im getrockneten Zustande keine Schwierigkeit dar, und das ist insofern von großer Bedeutung, als die Lorchel zweifellos giftig ist. Sie enthält einen äußerst giftigen Stoff, die Helvellasäure, die blutkörperlösend wirkt und heftige Verdauungsbeschwerden, Störungen der Nierentätigkeit, ja selbst den Tod herbeizuführen vermag. Allerdings unterliegt der Grad der Giftigkeit je nach dem Standorte und den Jahrgängen großen Schwankungen, aber man sollte trotzdem nie unterlassen, die Lorchel vor dem Genuß zu entgiften. Es gelingt dies, da die Helvellasäure in heißem Wasser löslich ist, durch mehrfaches Abkochen und Auspressen der frischen Lorcheln, auch starkes Salzen scheint entgiftend zu wirken. Die Brühe muß fortgegossen werden. Bei gut getrockneten Lorcheln ist diese Maßregel weniger von Bedeutung, da das Gift durch mindestens vierwöchentliches Trocknen zerstört wird.

Morisons Pillen. Die mit I bezeichneten Pillen erwiesen sich bei einer im Dresdner Untersuchungsamt ausgeführten Prüfung als ein Gemisch von Tubera jalapae und Radix althaeae mit Aloe, Jalapenharz und Gummigutti. Probe II bestand im wesentlichen aus Sennesblättern und Aloe, war hingegen frei von Kolchizin und Koloquinten.

Morphium (Morphin, lat. Morphium, Morphinum, frz. und engl. Morphine), das wichtigste der im Opium enthaltenen Alkaloïde, wird fabrikmäßig aus dem Opium dargestellt, welches davon 10—11% enthält. Nach dem älteren Verfahren zieht man Opium mit heißem Wasser unter Zusatz von etwas Salzsäure aus, kocht die eingedampfte Lösung mit Kalkmilch, filtriert und kocht von neuem mit Ammoniumchlorid, bis kein Ammoniak mehr entweicht. Das ausgeschiedene M. wird in das salzsaure Salz übergeführt, letzteres umkristallisiert, mit Ammoniak zerlegt und die freie Base aus Alkohol umkristallisiert. E. Merck extrahiert das Opium mit kaltem Wasser, fällt das M. mit Soda, reinigt es durch Waschen mit verdünntem Weingeist und löst es in Essigsäure. Die Lösung wird zur Entfärbung mit Tierkohle gekocht, mit Ammoniak gefällt, und das freie M. aus Alkohol umkristallisiert. Nach dem dritten Verfahren von Robertson-Gregory wird der mit heißem Wasser erhaltene Opiumauszug mit Marmorpulver eingedampft, darauf mit Kalziumchlorid gekocht und filtriert. Die sich aus dem Filtrate beim Eindampfen ausscheidenden Kristalle werden abgesaugt, das M. mit Ammoniak gefällt und weiter gereinigt. — Reines M. besteht aus farb- und geruchlosen, stark bitter schmeckenden Kristallen, die bei 110° wasserfrei werden und bei 230° schmelzen. Es ist in Wasser und den meisten organischen Flüssigkeiten sehr schwer löslich, wird aber leicht von wäßrigen Alkalien aufgenommen. Zur Isolierung in forensischen Fällen schüttelt man die ammoniakalische Lösung mit heißem Amylalkohol aus. Abgesehen von den allgemeinen Alkaloïdreaktionen zeigt das M. folgende charakteristische Eigenschaften: Aus Jodsäure macht es Jod frei, das beim Schütteln mit Chloroform mit violetter Farbe in Lösung geht. In konzentrierter Salpetersäure löst es sich mit blutroter, später gelb werdender Farbe. Mit konzentrierter Schwefelsäure übergossen, nimmt es in einer Formaldehydatmosphäre eine violette Farbe an. — Das reine M. wird wegen seiner geringen Löslichkeit nur selten therapeutisch verwandt, sondern zu diesem Zwecke meist in Salze übergeführt. Die größte Bedeutung haben: das salzsaure M. (Morphinum hydrochloricum seu muriaticum), das essigsaure M. (Morphinum aceticum) und das schwefelsaure M. (M. sulfuricum), gut kristallisierende Salze, die in Form ihrer wäßrigen Lösung als schmerzstillende und schlafbringende Mittel innerlich und in Form von Injektionen angewandt werden. Neben ihnen finden sich noch weinsaures, milchsaures, valeriansaures M. und andere Salze im Handel. Sämtliche Morphinsalze sind starke Gifte und dürfen in Apotheken nur gegen ärztliche Verordnung abgegeben werden.

Morsellen sind Zuckerwaren, die ursprünglich nur in Apotheken bereitet, später aber auch von Konditoren in den Handel gebracht wurden. Sie bilden länglich-viereckige, tafelförmige Stücke von verschiedenem Aussehen und bestehen aus Zucker, den man nur bis zur Flugprobe gekocht und mit verschiedenen Gewürzen, ätherischen Ölen usw. aromatisiert hat. Es gibt daher sehr viele Sorten, mit Ingwer-, Vanille-, Ananas- und Himbeergeschmack sowie solche, die in der Zuckermasse zerschnittene Mandeln, Pistazien, Nüsse u. dgl. enthalten. Die Ware wird kiloweise, oder in feine Kästchen von 100 bis 500 g Gewicht verpackt, verkauft.

Moschus (Bisam, frz. Musc, engl. Musk) ist ein Sekret des männlichen Moschustieres, Moschus moschiferus L., eines den Hirschen verwandten, ungehörnten, zierlichen Tieres, das in den Hochgebirgen des östlichen Asiens, im Himalaya, in Tibet, Tonkin, Sibirien und der Tatarei in einer Höhe von 1000—2000 m lebt und auf dem Bauche, zwischen Nabel und Rute, einen drüsigen, als Moschusbeutel bezeichneten Behälter trägt. Den nur selten in Rudeln, meist vereinzelt vorkommenden Tieren werden sofort nach dem Fang in Schlingen oder der Erlegung auf der Jagd die Beutel nebst der zugehörigen Bauchhaut ausgeschnitten und an der Luft oder auf heißen Kaminen getrocknet. Der bis 6 cm lange, 3 cm breite, 4—5 cm hohe Beutel ist auf der dem Bauche zugewandten Seite flach und kahl, auf der nach außen gekehrten Seite gewölbt und mit dicken, steifen Haaren besetzt. Die konvexe Seite besitzt zwei Öffnungen, die Beutelöffnung und ein durch die Muskelhaut verlaufendes Loch für die Rute. Innerhalb der aus mehreren Häuten, einer äußeren muskulösen und einer inneren dünnen bestehenden Wandung befindet sich der M., der im frischen Zustande teigig und rötlichbraun ist, später aber trocken und krümlig wird. Der noch in den Beuteln eingeschlossene M. gelangt unter der Bezeichnung Moschus in vesicis, der aus den Beuteln herausgenommene als Moschus ex vesicis in den Verkehr. Für den Handel kommen besonders zwei Sorten von Moschus: tonkinesischer und kabardinischer M. in Betracht. Der Tonkin-M., tibetanische M., chinesische M., die beste, allein offizinelle Sorte, stammt aus Tonkin und der chinesischen Provinz Szechuan und wird über Kanton nach England und Deutschland ausgeführt. Die Originalpackung erfolgt in länglich viereckigen Kästchen, sog. Catties, von etwa 20 cm Länge und 9—11 cm Breite und Höhe, die innen mit Bleifolie ausgelegt, außen mit Papier oder Seide umhüllt sind und je 25 in zartes bedrucktes oder bemaltes Papier eingewickelte Beutel enthalten. Die Kästchen werden in mit Zink ausgeschlagenen Holzkisten verpackt und gelangen so nach Europa. Die zwei kleine Öffnungen tragenden Beutel sind stumpfkantig, rundlich oder länglich, auf der Haarseite stark gewölbt, auf der Hautseite flach, 3—4,5 cm dick, bis 3 cm hoch und 15—45 g schwer. Die Haare der konvexen Seite sind glatt anliegend, gegen die Mitte gerichtet und am Rande abgeschoren. Der beim Aufschneiden des Beutels gewonnene M. zeigt im getrockneten Zustande eine schwarzbraune oder dunkelrötlichbraune Farbe und bildet eine lockere, krümlige Masse, die zum Teil aus Körnchen und Klümpchen von der Größe eines Stecknadelkopfes bis einer Erbse besteht. Der Geschmack ist bitter, der Geruch stark und sehr charakteristisch. Unter dem Mikroskop lassen sich braune und weiße Körnchen von unregelmäßiger Form, Öltröpfchen, Epithelien und Haare erkennen. Auf Papier gibt der trockne Tonkin-M. einen braunen Strich. Die hauptsächlich über Kanton und Schanghai erfolgende Ausfuhr betrug in den letzten Friedensjahren etwa 900—1200 Catties zu 1½ Pfund, der Preis gegen 260 M. für 100 g M. in vesicis und 320 M. für M. ex vesicis. Die feinste Sorte Tonkin-M. wird als „pile I all Mueskins" bezeichnet und besteht aus gut beschnittenen, ausgesuchten Beuteln, von denen die äußere Haut zu zwei Dritteln abgezogen worden ist. Andere Sorten sind pile I, pile II und pile III. — Der kabardinische M. (russische, sibirische M.) ist die am meisten gehandelte Moschussorte, die aus dem südlichen Sibirien stammt und über Petersburg zum Teil nach China, zum Teil nach England, Deutschland usw. ausgeführt wird. Die jährliche Sendung nach dem Westen beträgt etwa 10—12 000 Beutel (250 kg). Die Verpakkung erfolgt in verlöteten Blechkisten von 2 bis 6 kg Inhalt, die wieder in Holzkisten eingesetzt sind. Die Beutel sind größer, länglichoval oder birnenförmig, sehr platt und auf der unteren unbehaarten Seite schmutzig gelbbraun und gerunzelt. Die auf der Oberseite gewöhnlich kurz geschnittenen Haare sehen silberfarben oder bräunlich aus. Der Moschus bildet eine knetbare, nicht körnige Masse von hellbrauner Farbe und erzeugt auf Papier einen hellbraunen Strich. Der russische M. riecht etwas urinös, an Pferdeschweiß erinnernd und wird nicht in Apotheken, sondern nur zu Parfümeriezwecken benutzt. Der Preis beträgt nur ⅓—¼ von demjenigen des Tonkin-M. — Von weniger wichtigen Moschussorten sind zu erwähnen der Yünnan-M., der Taupi-M. und der Assam-M. Der Yünnan-M., nach der gleichnamigen chinesischen Provinz benannt, der meist in China selbst verbraucht und höchstens in geringer Menge nach Japan ausgeführt wird, besteht aus fast kugelrunden dickhäutigen Beuteln von glatter, unbehaarter Oberfläche. Der Inhalt ist gelblichbraun mit einem Stich ins Rötliche und von sehr feinem Geruch. Der ebenfalls aus China stammende Taupi-M., der in zwei Sorten (Tonkin-Taupi und Yünnan-Taupi) in 3—4 cm breiten Beuteln ohne äußere und Muskelhaut vorkommt, gilt als sehr fein, wird aber fast noch mehr als der Tonkin-M. verfälscht. Der Assam-M. oder bengalische M. hat ziemlich große Beutel, die dem chinesischen M. sehr ähnlich sind, aber oft kugelige oder abgestumpft kegelförmige Gestalt besitzen. — Die Moschusbeutel enthalten im Durchschnitt 50% ihres Gewichtes Moschus. Sie werden entleert, indem man sie auf einen Bogen glattes Papier legt, die unbehaarte Seite durch einen kreisförmigen Schnitt mit einem scharfen Messer abtrennt und den Inhalt herauskratzt. Dann sucht man die Hautteilchen und Haare mit einer Pinzette heraus und bringt den M. sofort in kleine Gläser, die man sehr gut verschließt. Ist der M. noch feucht, so trocknet man ihn im Exsikkator über Schwefelsäure oder Chlorkalzium. — Die entleerten Moschusbeutel bilden eine Handelsware für sich und werden von den Parfümeuren zur Bereitung einer geringeren Sorte von Moschustinktur gekauft; das Stück kostet ungefähr 1 M. — Auch den aus den Beuteln entnommenen, sog. „ausgemachten" M. (Moschus ex vesicis) kann man übrigens direkt im Handel bekommen, und zwar sowohl in Klümpchen als auch in Pulverform. Er kommt in der Regel von in Europa geöffneten Beuteln, wird aber bisweilen auch aus China und Asien in Metallbüchsen eingeführt. — Der M. enthält außer verschiedenen unwesentlichen Bestandteilen als wichtigsten den Riechstoff, dessen Konstitution noch nicht völlig aufgeklärt ist. Doch gelang es 1906 der Firma Schimmel & Co., aus dem M. ein dickes, farbloses Öl, das Muskon, zu isolieren, ein Keton von der Formel $C_{15}H_{28}O$ bzw. $C_{16}H_{30}O$, das der alleinige Träger des Moschusgeruchs ist. Es siedet unter einem Druck von 752 m bei 327—330°, hat ein spez. Gew. von 0,927 und eine spez. Drehung von —10. Völlig ausgetrockneter M. ist fast ohne Geruch, nimmt aber angefeuchtet denselben allmählich in dem früheren Grade wieder an. Auch geht der Geruch verloren, wenn man M. mit gewissen Sulfaten oder Goldschwefel, Schwefelmilch, Kampfer, Chinin, Senföl, Mutterkorn usw., vermischt, wird aber beim Anfeuchten des Gemisches mit Salmiakgeist wieder hergestellt. Tierkohle absorbiert den Riechstoff des M. vollständig. Destilliert man M. unter Wasserzusatz, so enthält das Destillat stets Ammoniak, dessen Menge nach Hager aber 15% nicht überschreiten darf. Neben 10—14% Wasser sind 6—8% Asche vorhanden, im übrigen besteht M. aus für seine Wirkung wertlosen Stickstoffsubstanzen, Harzen, Wachs, Cholesterin und organischen Säuren. Kaltes Wasser löst bis zu ¾, kochendes bis zu ⅘ auf, 90%iger Weingeist 10—12%, Benzin, Chloroform und Terpentinöl nur wenig. Die wäßrige Lösung des Tonkin-M. wird durch Sublimat nur getrübt, während der kabardinische M. damit eine Fällung gibt. — Infolge seines hohen Preises ist der M., besonders der Tonkin-M., vielen Verfälschungen unterworfen. — Als Verfälschungsmittel dienen bei den Moschusbeuteln hauptsächlich Bleischrot, Zinnober, Lehm, Glas, Sand, Asphalt, Katechu, Guano, Stärkemehl, Blut, zerriebenes Holz usw. sowie nachgebildete Beutel, bei dem „ausgemachten" M. namentlich getrocknetes Blut und getrocknete Galle. Besonders die Chinesen verstehen es ausgezeichnet, durch Verfälschungskünste die Käufer zu übervorteilen. Der sog. Wampoo-M. ist zum Beispiel ein aus Häuten des Moschustieres künstlich zusammengenähter Beutel, der mit getrocknetem Blut, Salmiak und etwas M. gefüllt ist. Auch die kabardinischen Moschusbeutel werden häufig den chinesischen Beuteln im Äußeren täuschend ähnlich gemacht und ihnen untergeschoben. In vielen Fällen entnimmt man dem Moschusbeutel durch eine künstliche Öffnung einen Teil des M. und näht ihn in täuschender Weise wieder zusammen. Auch mit Spiritus ausgezogene Beutel kommen vor. Im allgemeinen deuten sehr pralle Ausfüllung und unebenes Aussehen auf Verfälschung. Ebenso sind Beutel, die sich sehr weich und feucht anfühlen oder stark ammoniakalisch riechen, als verfälscht oder minderwertig zu betrachten. Beimischung von getrocknetem Blut erkennt man an dem stinkenden Geruch, der sich beim Anfeuchten mit Wasser nach einiger Zeit entwickelt. Auch die Bestimmung der Asche, die Löslichkeitsverhältnisse und die mikroskopische Prüfung geben wichtige Anhaltspunkte für die Reinheit eines Moschuspulvers. — In der Parfümerie spielt der M. eine ziemlich große Rolle, wird aber kaum für sich allein verwandt, sondern in kleinen Mengen anderen Parfümen und Toiletteseifen zugesetzt, so daß der Moschusgeruch nicht gesondert hervortritt, sondern im Gesamtgeruch aufgeht. Medizinisch wurde er früher zur Anregung des Nervensystems, Beschleunigung des Pulses und Beförderung der Schweißabsonderung verordnet, ist aber jetzt im D. A. B. gestrichen. Im Handverkauf wird häufig Moschuspulver als Riechmittel usw. verlangt. Für diesen Zweck hält man eine Mischung aus einem Teil M. und neun Teilen getrocknetem Hirschblut vorrätig. Die Moschustinktur (Tinctura moschi) wird außer in den Apotheken auch in größeren Mengen zu Parfümeriezwecken benutzt. — Die Moschusbeutel bewahrt man wegen ihres starken Geruches am besten in trockenen Blasen eingebunden auf, das Moschuspulver in dicht schließenden Stöpselgläsern, die in einen Blechkasten gestellt werden. — Künstlicher Moschus ist die Handelsbezeichnung für das von Baur entdeckte Trinitrobutyltoluol, das einen starken Moschusgeruch besitzt. Es wird durch Erhitzen eines Gemisches von Toluol und Butylchlorid mit Aluminiumchlorid und nachfolgendes Kochen des entstandenen Butyltoluols mit Salpetersäure und rauchender Schwefelsäure dargestellt und bildet gelbliche, bei 96—97° schmelzende Nadeln. Das Präparat, das bisweilen mit Azetanilid gemischt in den Handel kommt, dient zu Parfümeriezwecken, vermag aber den echten M. für feinere Parfüms nicht zu ersetzen. Außer Trinitrobutyltoluol werden noch eine Reihe ähnlicher Produkte hergestellt, wie beispielsweise Trinitrobutylxylol, Trinitrobutyläthylbenzol, Dinitrobutylxylylzyanid, Dinitrobutylxylylaldehyd, Dinitroazetobutyltoluol, Dinitroazetobutylxylol u.a.m. Charakteristisch für alle diese Verbindungen ist die tertiäre Butylgruppe. Zeitweilig ist künstlicher M. auch durch Verreiben von Bernsteinöl mit rauchender Salpetersäure und nachfolgendes Waschen mit Pottasche hergestellt worden.

Mottenpapier (Naphthalinpapier) ist mit einer Mischung von Naphthalin, Karbolsäure und Wachs getränktes Papier, das zur Abhaltung von Motten zwischen Kleidungsstücke und Wäsche gelegt wird.

Muirazithin, ein von Noris Zahn & Co. in den Handel gebrachtes Mittel gegen sexuelle Nervosität, enthält als wirksame Bestandteile Lezithin und das Extrakt aus der Wurzelrinde von Liriosma ovata, einer in ihrer Heimat Brasilien „Muira puama" genannten Olakazee. Das Extrakt, welches neben Gerbstoff, ätherischem Öl und Zucker ein Alkaloid enthält, wird mit Lezithin und Süßholzpulver zu Pillen geformt. M. ist dem freien Verkehr entzogen und darf nach der Berliner Verordnung von 30. VI. 1887 und der Entscheidung des Kammergerichts vom 29. X. 1908 nicht öffentlich angepriesen werden.

Mundwässer (Zahnwässer, lat. Aqua dentifrica, frz. Eau dentifrice, engl. Tooth water) nennt man zur Reinigung und Pflege der Mundhöhle und der Zähne bestimmte Flüssigkeiten, die meist aus alkalischen Lösungen von Desinfektionsmitteln und Riechstoffen bestehen. Zu ihrer Herstellung verwendet man Katechu-, Myrrhen- und Ratanhiatinktur mit Borsäure, Salizylsäure und Thymollösungen, die mit aromatischen Stoffen und ätherischen Ölen versetzt sind. Von den zahlreichen Spezialitäten, deren Zusammensetzung Geheimnis der Fabrikanten ist, sind Odol, Kosmin u. a. in besonderen Aufsätzen besprochen.

Mule-Twist (Mulegarn) ist das weichere, besonders als Einschuß dienende Baumwollgarn, das auf der Mulemaschine (Halb- oder Ganzselfaktor) fein gesponnen wurde (vgl. Baumwollgarn).

Mull ist ein klarer, feiner, weißer und weicher Musselin zu Frauenkleidern, Kragen, Vorhemden u. dgl., der auch als Verband- und Bindenstoff Verwendung findet. Er stammt ursprünglich aus Ostindien, wird aber gegenwärtig in Europa vielfach erzeugt. Die bisweilen gleichfalls benutzte Bezeichnung Moll (s. d.) kommt eigentlich einem feineren Molton zu.

Muräne (Muraal), ein aalähnlicher Fisch, Gymnothorax muraena, der zuweilen bis 6 kg und darüber schwer wird, lebt im Mittelländischen Meere, vereinzelt auch im Atlantischen Ozean. Die Grundfarbe des Vorderleibes ist lebhaft gelb, die des hinteren geht ins Bräunliche über, der Rücken zeigt braune Flekken, die durch dunklere Binden umschlossen und voneinander abgegrenzt werden. Das Fleisch gilt als höchst schmackhaft und wurde schon von den Alten hochgeschätzt. Lukullus soll seine M. mit Sklavenfleisch gefüttert haben.

Murexid (purpursaures Ammoniak, Rouge de Naples). Dieser nach Murex, die Purpurschnecke, benannte Farbstoff hat eine Zeitlang das hohe Interesse der technischen und Modewelt erregt, ist aber jetzt durch die Anilinfarben völlig verdrängt. Als Ausgangsmaterial zu seiner Herstellung dient die Harnsäure (s. d.), die am bequemsten aus Peruguano abgeschieden wird. Harnsäure liefert mit verdünnter Salpetersäure Alloxan, dessen heiße Lösung mit kohlensaurem Ammoniak gefällt wird. In den Handel kam der Farbstoff teils in Teig-, teils in Pulverform, oder als braune, grünschillernde Kriställchen. Die mit M. auf Zeugen erzielten Farben sind zwar schön, aber sehr unbeständig.

Musalina, ein zur Erzielung größerer Bindigkeit der Wurstfüllung angepriesenes Mittel, besteht aus technisch reinem Eiweiß. Im Hinblick auf den unkontrollierbaren Ursprung derartiger

Stickstoffverbindungen ist den Fleischern von der Verwendung des Mittels dringend abzuraten, da die Beimischung solcher, dem Normalbegriff der Wurst fremder Stoffe als Verfälschung angesehen wird.

Muschelgold (Malergold, echte Goldbronze, frz. Or en coquille, engl. Shell gold) nennt man fein verteiltes, staubförmiges Gold, das zu Buntdrucken und in der Malerei Verwendung findet und gewöhnlich, mit Gummischleim oder Honigwasser angerieben, in kleine Flußmuschelschalen gefüllt, verkauft wird. Man erhält das M. meistens durch Zerreiben der Abfälle der Goldschlägerei, seltener durch Reduktion einer Chlorgoldlösung mit Chlorantimon. Ebenso wird durch Zerreiben von Blattsilberabfällen Muschelsilber dargestellt. Als unechtes M. oder Musivgold bezeichnet man die verschiedenen Arten von Bronzen.

Muscheln. Von diesen zu den Weichtieren gehörigen kopflosen, mit einer zweiklappigen Schale versehenen Tieren bilden mehrere Arten ein wertvolles Nahrungsmittel, so die **Austern** (s. d.), die Miesmuscheln und die eßbare Herzmuschel. Von anderen, nicht eßbaren Muscheln werden vielfach die Schalen in den Handel gebracht, und namentlich die Perlmutterschalen (s. d.) bilden eine nicht unbedeutende Handelsware. — Die Mies- oder Pfahlmuschel (Mytilus edulis) ist gewöhnlich gemeint, wenn man im Handel von Muscheln ohne nähere Bezeichnung spricht. Man findet sie in fast allen Meeren Europas, namentlich in der Nordsee und Ostsee auf Sandbänken. In einigen Gegenden werden sie gezüchtet, indem man verzweigte Holzstämme (Muschelbäume) in den Meeresboden versenkt, so daß sie ganz vom Wasser bedeckt sind. An diese Stämme und Zweige setzen sich die Miesmuscheln an. Diese Zucht wird z. B. in der Kieler Bucht, ferner bei Esuandes in Frankreich (schon seit dem 13. Jahrhundert), im Meerbusen von Tarent, bei Venedig usw. betrieben. Man versendet die Miesmuscheln auch, mit Essig übergossen, in Gläser eingesetzt. M. aus unreinen Gewässern sind zuweilen giftig. Das im Kriege zur Herstellung von Brotaufstrich, Würsten und Sülzen vielbenutzte Fleisch hat nach unserer Analyse folgende Zusammensetzung: Wasser 82,2%, Stickstoffsubstanz 11,2%, Fett 1,2%, Kohlenhydrate 4,0%, Salze 1,4%. — Von der Herzmuschel werden zwei Arten genossen, die große oder stachelige, Cardium echinatum, namentlich an der englischen Küste und im ganzen Nordseegebiete, und die kleinere, Cardium edule, ebendaselbst und auch in der Ostsee. Über Muschelwaren siehe Perlmutter.

Musivgold (unechtes Malergold) besteht aus einer Verbindung von 64,9% Zinn und 35,1% Schwefel, Doppelschwefelzinn. Zur Vereinigung der beiden Elemente gibt es verschiedene Verfahren, die mehr oder weniger schöne Erzeugnisse liefern. Man stellt z. B. ein Amalgam aus vier Teilen Zinn und zwei Teilen Quecksilber her und erhitzt es nach dem Vermischen mit 2½ Teilen Schwefel und zwei Teilen Salmiak im Sandbade anfänglich schwächer, später stärker. Salmiak und Quecksilber verflüchtigen sich, und das M. sammelt sich am Boden und an den Wandungen der Retorte in Form schön goldglänzender, der echten Goldbronze sehr ähnlicher Flitter an. Es wird sowohl in trockener Form zum Bronzieren, als auch zu Siegellack, in Gummi abgerieben oder in Firnis zum Malen goldähnlicher Verzierungen verwandt. — Das Musivsilber, das in ähnlicher Weise zu falschen Versilberungen dient, ist ein Amalgam von Zinn, Wismut und Quecksilber. Drei Teile Zinn werden mit drei Teilen Wismut und Quecksilber zusammengeschmolzen. Die Legierung wird gepulvert und mit 1½ Teilen Quecksilber verrieben, bis das Ganze zu einem silberfarbigen Pulver verbunden ist, das mit Eiweiß, Gummilösung oder Firnis zum Drucken, Malen und Schreiben benutzt wird. Man bezieht beide Waren von Nürnberg, Fürth, Augsburg und München.

Muskarin. Diesen Namen führen zwei ganz verschiedene chemische Verbindungen. 1. Ein seit 1885 bekannter Oxazinfarbstoff, der durch Einwirkung von salzsaurem Nitrosodimethylanilin auf Alphadioxynaphthalin erhalten wird und als braunviolettes, in heißem Wasser lösliches Pulver in den Handel kommt. Das M. färbt mit Brechweinstein und Tannin gebeizte Baumwolle blau. 2. Das giftige Alkaloïd des Fliegenpilzes (Agaricus muscaricus), $C_6H_{15}NO_3$, das auch synthetisch dargestellt werden kann und in Form seines schwefelsauren Salzes beschränkte Anwendung in der Augenheilkunde gefunden hat.

Muskatblüte (Mazis, Folie, Forlie, lat. und frz. Macis, engl. Mace) nennt man den Samenmantel (Arillus) des echten Muskatnußbaumes (Myristica fragrans, frz. Muscadier, Musqué, engl. Nutmeg, Musky), eines 10—15 m hohen Baumes, der auf den Bandainseln heimisch ist und in den meisten tropischen Gegenden Asiens und Südamerikas angebaut wird. Die Bäume tragen vom 9. bis in das 80. Jahr hinein Früchte, von denen in der Zeit der Vollkraft bis 2000 Stück das Jahr geerntet werden. Die Früchte enthalten in einer fleischigen, später lederartig werdenden Hülle je einen Samen, der von einem zerschlitzten Samenmantel umgeben ist. Der letztere, im frischen Zustande ein fleischiges, karminrotes Häutchen, wird nach der Beseitigung der Fruchtschale abgezogen und an der Luft getrocknet und bildet dann eine hornartige zerbrechliche Masse von orangegelber Farbe und feurig gewürzhaftem Geruch und Geschmack. Als Unterabteilungen unterscheidet man je nach der Art der Gewinnung bisweilen Klimmfolie von gepflückten, Rangfolie von abgefallenen und Gruis- oder Stoff-Folie von halbreifen, minderwertigen Früchten. Die M. enthält nach König: 9,65% Wasser, 5,30% Stickstoffsubstanz, 6,66% ätherisches Öl, 24,63% Fett, 44,81% stickstofffreie Extraktstoffe, 6,31% Rohfaser und 2,64% Asche. Der Gehalt an ätherischem Öl soll nach den „Vereinbarungen“ mindestens 4,50% betragen, der Aschengehalt 3% und der Sandgehalt 0,5% nicht übersteigen. Das Gewürz ist Verfälschungen durch Zwieback, Mehl, Kurkuma, Olivenkerne und andere Abfälle in hohem Grade ausgesetzt, deren Nachweis mit Hilfe des Mikroskops unschwer gelingt. Besonders aber hatte sich vor mehreren Jahren die Beimengung der sog. Bombay-Mazis, des Samenmantels einer wild wachsenden Art (Myristica malabarica), eingebürgert, die ohne jeden Würzwert ist. Sie unterscheidet sich durch einen höheren, bis zu 35 % steigenden Fettgehalt und durch einen in besonderen Kugelzellen abgelagerten dunkelgelben Farbstoff, der mit Alkalien rot wird. Zum Nachweise dieses Verfälschungsmittels kocht man den alkoholischen Auszug mit Kaliumchromatlösung, wobei Bombay-M. ockerfarbig bis braun wird, echte M. hingegen unverändert bleibt. Mit Ammoniak wird der Auszug aus echter M. rosa, aus Bombay-M. tief orange bis gelbrot. Weitere Anhaltspunkte bietet die Kapillaranalyse und die Bestimmung des Petrolätherauszugs. Den Bemühungen der Nahrungsmittelkontrolle ist es gelungen, die Verfälschungen der M. zu beseitigen, und die Fabrikanten haben sogar beschlossen, Bombay-M. auch unter Kennzeichnung nicht mehr zu verwenden. — Eine geringere, aber immerhin noch brauchbare M.-Sorte von der auf Neu-Guinea heimischen Myristica argentea wird als Papua-M. in den Handel gebracht.

Muskatnüsse (lat. Nuces moschatae, frz. Noix de muscadier, engl. Nutmeg) sind die Samen des Muskatnußbaumes, Myristica fragrans und der Myristica argentea. Die letzteren führen meist die Bezeichnung Papua- oder lange M. und sind geringwertiger. Zu ihrer Gewinnung werden die Samen nach Entfernung des Fruchtfleisches und des Arillus über Feuer scharf getrocknet, bis sie beim Schütteln klappern. Darauf werden die Steinschalen mit hölzernen Hämmern zerschlagen, und die Kerne zum Schutze gegen Insektenfraß in Kalkmilch gelegt und dann getrocknet. Die M., welche nur selten gepulvert in den Handel kommen, sind durch ihren hohen Gehalt an Fett (34 %) und an ätherischem Öl (8—15 %) ausgezeichnet. Sie sollen nicht mehr als 3,5 % Asche und 0,5 % Sand hinterlassen. Verfälschungen durch äußerliche Verschönerung wurmstichiger, verdorbener Waren sind bisweilen vorgekommen, auch hat man aus Mehlteig und Ton hergestellte völlige Nachahmungen im Handel angetroffen. Sie sind leicht daran zu erkennen, daß sie beim Einweichen in Wasser zerfallen. Die M. finden beschränkte medizinische, hingegen ausgedehnte küchenmäßige Verwendung und müssen zum Schutze gegen Verschimmeln trocken aufbewahrt werden.

Muskatöl. Aus den Nüssen wird sowohl ätherisches wie fettes Öl gewonnen. — Das ätherische M. (Oleum nucis moschatae aethereum, frz. Essence de muscade, engl. Oil of nutmeg) erhält man durch Wasserdampfdestillation von Mazis oder gepulverten Nüssen als eine farblose, dünne Flüssigkeit, die sich bei längerer Aufbewahrung durch Oxydation verdickt. Sie ist rechtsdrehend, hat ein spez. Gew. von 0,865—0,930 und löst sich in 0,5—3 Volum 90 %igem Alkohol. Das M. enthält neben Terpenen, wie Rechts- und Linkspinen, Kamphen und Dipenten, eine ganze Anzahl Sauerstoffverbindungen, von denen Linalool, Terpinenol-4, Borneol, Terpineol, Geraniol, Safrol, Myristizin und Myristinsäure genannt seien. Der als Myristikol bezeichnete Alkohol besteht aus einem Gemenge von Terpineol, Borneol und Terpinenol-4. — Das fette Öl (Muskatbutter, Muskatbalsam, lat. Oleum nucistae, frz. Beurre de muscade, engl. Butter of nutmeg) wird durch Auspressen der pulverisierten Nüsse zwischen heißen Platten gewonnen. Es enthält neben 4 % ätherischem Öl 52 % flüssiges und 44 % festes Fett, welches im wesentlichen aus Myristin besteht. Das spez. Gew. beträgt 0,990 bis 1,000, der Schmelzpunkt 38,5—51,0°, die Jodzahl 40—50. Das gelbe, talgartige Fett löst sich zu etwa 55 % in kaltem Alkohol, völlig in siedendem Alkohol, Äther und Chloroform. M. findet als Grundlage für Pflaster und Salben medizinische Anwendung und muß in der gewöhnlichen Handelsform, mit Stanniol umhüllten Riegeln, in verschlossenen Gefäßen kühl aufbewahrt werden.

Musseline (frz. Musseline, engl. Muslin) ist eine Gattung feiner, locker gewebter, halb durchsichtiger Gewebe aus den höchsten Nummern von Baumwoll- oder Wollengarn (Baumwollmusseline und Wollmusseline), die ursprünglich aus Ostindien und dem Orient eingeführt, seit langer Zeit auch in England, Frankreich, Deutschland und der Schweiz ebenso schön und gut und durch ihren Fabrikbetrieb bedeutend billiger hergestellt werden. Die Ware kommt in den verschiedensten Formen, glatt, gestreift, durchbrochen, geblümt und gedruckt in den Handel und dient auch als Grund von Weißstickereien. Die Musselinweberei und die Ausfuhr ihrer Erzeugnisse nach dem Orient wurde in der Schweiz und Deutschland (Vogtland) schon lange vor Einführung der Spinnmaschine betrieben. Mit der Ausbildung der Maschinenspinnerei ging die Garnerzeugung jedoch vollständig auf diese über, während die Weberei nach wie vor dem Handstuhle verblieb. Sie wurde früher in Kellerräumen betrieben, da die Arbeit in trockener Luft nicht gut gelingt, kann aber nach Behandlung des Garnes mit Glyzerin überall ausgeführt werden. Die Maschine hat auch die alte ostindische Industrie soweit beeinflußt, daß die dortigen Weber jetzt englische Garne verarbeiten, wenngleich die Herstellung aus Handgespinst in beschränktem Maße fortdauert. Als Beweis für die große Zartheit und Feinheit der indischen Musseline wird angeführt, daß man ein ganzes Kleid durch einen Fingerring ziehen könne, oder daß 15 bis 20 m Turbanmusselin nur 150 g wiegen. Dabei sollen sie aber auch in der Güte, besonders in Halt- und Waschbarkeit die europäischen Stoffe übertreffen. Als besondere Arten der Musseline sind zu erwähnen: Musselinets mit eingewebten, weiß oder bunt gemusterten Streifen; Mull, ein ganz weicher, weißer Musselin; Vapeur, ein sehr lockerer und feiner, und Zephyr, der allerfeinste Musselin aus den höchsten Garnnummern.

Mutterkorn (Kriebelkorn, lat. Secale cornutum, frz. Ergot, Seigle ergoté, engl. Black grain of corn, Blighied corn) besteht aus dem Dauermyzelium oder Sklerotium eines Pilzes, Claviceps purpurea, der auf den Ähren vieler Gräser, namentlich des Roggens, seltener auf Weizen und Gerste, schmarotzt, für den medizinischen Gebrauch aber nur von

Roggen gesammelt werden soll. Es bildet 30 bis 35 mm lange, bis 6 mm dicke, etwas bogenförmig gekrümmte, stumpf dreikantige Körnchen, die auf jeder Seite mit einer Längsfurche versehen sind. Die Farbe ist außen violettschwarz, innen weißlich, die Konsistenz frisch weich und zähe, nach dem Trocknen hart und spröde. In Masse zeigt M. einen eigentümlich dumpfigen Geruch, der nach dem Pulvern noch stärker hervortritt. Als wirksamen Bestandteil enthält das M. ein Alkaloïd: Ergotinin in Menge von höchstens 0,27 %, während alle übrigen angeblich isolierten Alkaloïde, wie Kornutin u. a. als Zersetzungsprodukte des Ergotinins aufzufassen sind. Daneben finden sich noch verschiedene giftige Verbindungen, wie die Sphazelinsäure oder das Ergotin, die Ergotinsäure und die Farbstoffe Sklererythrin (rot) und Skleroxanthin (gelb). Das M. ist ein außerordentlich heftiges Gift, das als Bestandteil des Brotmehles die sog. Kriebelkrankheit (Lähmung der Glieder) hervorruft. Wegen seiner wehenbefördernden Eigenschaft findet es in der Geburtshilfe medizinische Anwendung. Die Einsammlung soll kurz vor der Fruchtreife, also auf dem Acker, erfolgen. Die ausgelesenen guten Stücke werden bei niedriger Temperatur getrocknet und in gut schließenden gelben Gläsern, aber nicht länger als ein Jahr aufbewahrt. In gepulvertem Zustande ist es nicht haltbar, da das Fett ranzig wird. M. und seine Zubereitungen (Extrakte) dürfen nur von Apotheken und auch hier nur gegen ärztliche Verordnung verkauft werden.

Mutterkümmel (römischer Kümmel, lat. Fructus cumini, frz. Cumine, engl. Cumin seed) besteht aus den Früchten einer im Orient heimischen, in Südeuropa angebauten, einjährigen Doldenpflanze, Cuminum Cyminum. Die meist paarweise zusammenhängenden, blaßgelblichen oder bräunlichen Früchte sind doppelt so lang als gewöhnlicher Kümmel und mit mehreren, der Länge nach laufenden, vorspringenden Rippen besetzt, die einen Besatz von kurzen Borsten tragen. Der Geruch und Geschmack ist stark, aber nicht angenehm würzhaft. Als wichtigste Bestandteile sind fettes und ätherisches Öl bestimmt worden. Eine technische Verwendung zu Kümmelkäse findet der M. nur in Holland, sonst dient er als ein äußerliches, zerteilend wirkendes aromatisches Volksmittel sowie innerlich bei Kolik in der Tierheilkunde.

Mutterkümmelöl (Kuminöl, römisch Kümmelöl, lat. Oleum cumini, frz. Essence de cumin, engl. Oil of cumin seed), das ätherische Öl des Mutterkümmels, besitzt den eigentümlichen Geruch der Früchte in hohem Grade, wird aber nur wenig benutzt. Das in frischem Zustande fast farblose, später gelbe bis bräunliche Öl (spez. Gew. 0,893—0,930) besteht aus Kuminol (dem Aldehyd des Kuminalkohols), dem Kohlenwasserstoff Zymol und Terpenen.

Mutterlaugensalz. Unter diesem Namen kommen verschiedene Salzmassen in den Handel, die durch Verdampfen der Mutterlauge gewisser Mineralwässer erhalten werden. Beim Verdampfen der letzteren scheiden sich zunächst die aus den Bikarbonaten stammenden Monokarbonate (einfachkohlensaure Salze) des Kalkes, der Magnesia und des Eisenoxyduls, dann die übrigen schwer löslichen und die leicht kristallisierbaren Salze aus, während die schwer kristallisierbaren, leicht löslichen Salze in der Mutterlauge gelöst bleiben und durch Verdampfen in fester Form erhalten werden. Sie müssen an trockenen Orten aufbewahrt werden, da sie leicht Feuchtigkeit anziehen, und dienen als Zusatz zu Bädern. Die bekanntesten sind das Nauheimer und das stark bromhaltige Kreuznacher M.

Myrobalanen (lat. Myrobalani, frz. und engl. Myrobalane) sind die harten 2½—3½ cm langen, im trockenen Zustande sehr runzeligen Steinfrüchte verschiedener ostindischer Sträucher oder Bäume der Gattung Terminalia. Die größte Bedeutung besitzen die kleinen Madras-M. von Terminalia chebula und die großen Bombay-M. von T. citrina, während die sog. grauen M. von Phyllantus emblica und die runden M. von Terminalia bellerica weniger wichtig sind. Die M. enthalten erhebliche Mengen (32—45 %) eines der Algarobilla identischen Gerbstoffs und werden daher für die Zwecke der Gerberei, Tintenherstellung und zum Schwarzfärben in steigendem Maße nach England eingeführt. Da die große Härte das Pulverisieren ohne Maschinen sehr erschwert, kommen die M. vielfach schon gepulvert zum Verkauf. Die frühere Verwendung als drastisches Purgiermittel ist jetzt völlig aufgegeben.

Myrrhe (Myrrhengummi, Myrrhenharz, lat. Myrrha seu Gummi-Resina myrrha, frz. Myrrhe, engl. Myrrh) ist das freiwillig ausschwitzende aromatische Gummiharz verschiedener Sträucher oder Bäume aus der Familie der Burserazeen, besonders von Commiphora abyssinica und C. Schimperi, die im südlichen Arabien und an der Westküste des Roten Meeres heimisch sind. Der austretende Milchsaft ist anfänglich ölig und gelblichweiß, wird dann butterartig und erhärtet schließlich zu gelblichen bis rötlichbraunen rundlichen oder unregelmäßigen Stücken von Erbsen- bis Faustgröße. Die etwas durchscheinende Masse von rauher und unebener, meist etwas bestäubter Oberfläche und wachsähnlichem Bruche besitzt einen eigentümlichen aromatischen Geruch und bitter kratzenden Geschmack, bläht sich beim Erhitzen auf, ohne zu schmelzen, und verbrennt mit leuchtender rußender Flamme unter Verbreitung eines starken Wohlgeruches. Sie besteht aus einem Gemenge von Gummi und Harz und löst sich daher weder in Wasser noch in Weingeist völlig. Der letztere entzieht ihr etwa 20—30 % und bildet damit eine rötlichgelbe klare Tinktur. Der charakteristische Geruch und Geschmack beruht auf der Anwesenheit eines ätherischen Öls (2—10 %), das durch Wasserdampfdestillation gewonnen wird und für sich eine Handelsware bildet. — Das Myrrhenöl ist ziemlich dickflüssig und von gelber, grünlicher oder bräunlicher Farbe, besitzt schwach saure Reaktion, ein spez. Gew. von 0,988—1,024 und eine Drehung von —31 bis —93°. — Die Myrrhe kam früher direkt von Arabien nach Europa, daher die Bezeichnung türkische M., wird aber jetzt meist auf dem Umwege über Bombay nach England eingeführt. Von den beiden Handelssorten darf nur die aus den reinsten, hellfarbigsten („hochblonden") und größten Stücken bestehende M. electa zu pharmazeutischen Zwecken benutzt werden, während die dunklen und verunreinigten, wenig wohlriechenden Stücke der M. in sortis technische Verwendung finden. Namentlich die letztere ist häufig durch Bdelliumharz, Kirschgummi und Rückstände der Öldestillation verfälscht. Der Nachweis der fremden Beimengungen gelingt mit Hilfe der Bonastreschen Reaktion, indem der ätherische Auszug der echten M. mit Bromdampf eine violette Färbung liefert. — Die M. wurde im Altertum zu Salbölen und zur Einbalsamierung der Leichen benutzt. Gegenwärtig dient sie zu Parfümerien, Räucher- und Zahnpulvern, medizinisch in Form von Pulver, Tinktur (lat. Tinctura myrrhae, frz. Teinture de myrrhe, engl. Tincture of myrrh) und Extrakt (lat. Extractum myrrhae, frz. Extrait de myrrhe, engl. Extract of myrrh) innerlich wie äußerlich als ein stärkendes, fäulniswidriges und anregendes Mittel gegen Blutungen, Schleimflüsse, schlecht heilende Wunden, Mund- und Zahnleiden.

Myrtenöl (lat. Oleum myrti, frz. Essence de myrte, engl. Myrtle oil), das ätherische Öl des bei uns als Topfpflanze beliebten, in Südeuropa einheimischen Myrtenstrauches (Myrtus communis), wird für Parfümeriezwecke und zur Herstellung des Myrtols (der von 160 bis 180° siedenden Fraktion des M.), das bei Erkrankungen der Atmungsorgane medizinische Anwendung findet, benutzt. Es hat ein spez. Gew. von 0,890—0,925, eine Drehung von +8 bis +28° und enthält u. a. Pinen, Zineol und Dipenten.

Myrtenwachs (Myrikawachs, lat. Cera myricae, frz. Cire de myrica, engl. Myrtle wax) ist, ähnlich dem Japanwachs, kein eigentliches Wachs, sondern ein Fett, und wird aus den Gagel- oder Wachsbeeren, den erbsengroßen braun bis schwarz gesprenkelten Früchten des Wachsbaumes, Myrica cerifera, durch Auskochen mit Wasser in Menge von 10—30% gewonnen. Das graugrünliche, aromatisch riechende Wachs (Fett) hat einen Schmelzpunkt von 47° und besteht aus Palmitin, Palmitinsäure, Myristin und Laurin. Seine Verseifungszahl liegt bei etwa 210, also ziemlich hoch, ähnlich dem Japanwachs. Verwendet wird M. als Ersatz des Bienenwachses in der Kerzenfabrikation.

N.

Nachtblau, ein seit 1883 bekannter Teerfarbstoff, besteht aus der Chlorwasserstoffverbindung des Tolyltetramethyltriamidoalphanaphtyldiphenylkarbinols. Das bronzeglänzende, in Wasser mit blauvioletter Farbe lösliche Pulver wird zum Blaufärben gebeizter Baumwolle verwandt.

Nachtlichte sind die bekannten kleinen Schwimmlichte, die, auf Brennöl (Rüböl) aufgesetzt, eine kleine helle Flamme geben. Bei ihrem Gebrauch ist namentlich zu beachten, daß gut raffiniertes Öl zur Verwendung kommt, da sie sonst leicht unangenehm rußen. Die bedeutendste Fabrik hierin ist G. A. Glafey in Nürnberg. Eine andere Sorte N. sind die kleinen, aus Stearinmasse hergestellten Kerzen.

Nadal, eines der neuen, zur Konservierung von Hackfleisch empfohlenen Präparate, besteht aus freier Benzoësäure und Natriumbenzoat.

Nährmittel (Nährpräparate). Unter diesen Bezeichnungen werden seit einiger Zeit Erzeugnisse der chemischen Industrie in den Handel gebracht, welche die Nährstoffe entweder in aufgeschlossener und daher leichter resorbierbarer Form oder in erhöhter Konzentration enthalten. Obwohl in diesem Sinne auch die in einem besonderen Abschnitt besprochenen Kindermehle als Nährmittel anzusprechen sind, rechnet man im allgemeinen nur solche Erzeugnisse zu ihnen, welche im wesentlichen aus stickstoffhaltigen Substanzen (Eiweiß, Pepton) bestehen. Die löslichen Proteinnährmittel sind hauptsächlich als Heilmittel oder diätetische Präparate zu beurteilen. Mit ihrer Darreichung bezweckt der Arzt, Kranken mit geschwächtem Verdauungsapparat die Ernährung zu erleichtern. Ihre Herstellung besteht demnach in einer Art künstlicher Verdauung, d. h. isolierte Eiweißstoffe werden mit Hilfe von Chemikalien oder durch Pepsin und andere Enzyme in eine lösliche Modifikation übergeführt. Als Ausgangsmaterial für Erzeugnisse der ersten Art dient vielfach das Kasein, welches mit Natronlauge, Glyzerinphosphorsäure, Ammoniak, Soda lösliche Verbindungen liefert (s. Eukasin, Galaktogen, Nutrose, Sanatogen). Auch Blut wird durch Behandlung mit Chemikalien vielfach in lösliche, besonders eisenhaltige Nährpräparate übergeführt (Fersan, Hämoglobin, Sicco). Durch gleichzeitige Einwirkung von überhitztem Wasserdampf und von Chemikalien sollen Toril, Somatose, Sanose, Kemmerichs Fleischpepton und verschiedene Fleischsäfte, von denen die wichtigsten in besonderen Aufsätzen besprochen sind, hergestellt werden. Die mit Hilfe von Enzymen hergestellten Nährmittel zeigen je nach der Art der benutzten Enzyme wesentliche Unterschiede. Pepsin-Peptone werden durch Einwirkung von Pepsin und Salzsäure auf Fleisch hergestellt, und zwar verwendet man am besten ausgekochtes Fleisch, weil die Fleischbasen ungünstige Wirkungen ausüben sollen. Die Peptone sind wegen ihres bitteren Geschmacks in neuerer Zeit vielfach aufgegeben worden. Pankreas-Peptone entstehen durch Einwirkung von Pankreatin in alkalischer Lösung auf Stickstoffsubstanzen, werden aber ebenfalls nur wenig verordnet. Schließlich kann man auch gewisse pflanzliche Enzyme (besonders Papayotin) zur Herstellung löslicher Abbauprodukte des Eiweißes verwenden. Die angeführten Erzeugnisse sind z. T. außerordentlich teuer, können aber nicht hiernach und ihrem Nährwert, sondern lediglich nach ihrer medizinischen Wirksamkeit beurteilt werden. Ganz anders steht es mit der zweiten Gruppe, den unlöslichen Proteinnährmitteln, welche das Eiweiß in unveränderter Form, nur in isoliertem Zustande, enthalten. Sie werden aus billigen pflanzlichen und tierischen Stoffen, Weizenkleber, Abfällen der Fleischereien u. dgl. durch Entfetten und durch Bleichen, sei es mit Wasserstoffsuperoxyd oder auf andere Weise hergestellt und sollen z. T. dazu dienen, den Eiweißmangel in der Nahrung der ärmeren Bevölkerungskreise auszugleichen. Daß sie hierfür meist zu teuer sind, ist in einigen der besonderen Aufsätze über Plasmon, Roborin, Soson, Tropon näher ausgeführt worden.

Nährsalze. Die von einigen Ärzten vertretene Anschauung, daß der menschliche Organismus ganz allgemein an einem Mineralstoffmangel leide, hat zur Entstehung sog. Nährsalze geführt, welche den Menschen, ganz gleichgültig, ob sie gesund oder krank sind, zum Kauf angeboten werden. Am bekanntesten sind die Lahmannschen Pflanzennährsalze, welche aus Extrakten von Vegetabilien (Obst, Gemüsen) bestehen sollen und sonach die Mineralstoffe in organischer Bindung an Äpfelsäure, Weinsäure oder Zitronensäure enthalten. Im Gegensatz zu diesen, welche immerhin auf einer, wenn auch bestrittenen, wissenschaftlichen Anschauung beruhen, stellen die meisten übrigen Nährsalze willkürlich zusammengeworfene Mischungen von Mineralstoffen ohne jede wissenschaftliche Grundlage dar. Insbesondere bestehen die zahlreichen Präparate des sog. Physiologen Julius Hensel zum Teil bis zur Hälfte aus Kochsalz und enthalten vielfach sogar gewöhnliche Infusorienerde (Kieselgur). Ohne die Bedeutung der Mineralstoffe für die Ernährung irgendwie zu verkennen, wird man doch im allgemeinen die Zufuhr von Nährsalzen als zwecklos bezeichnen können. Eine sachgemäß zusammengesetzte Nahrung enthält hinreichende Mineralstoffmengen für den gesunden Organismus, und für den Kranken muß der Arzt von Fall zu Fall das passende Mittel auswählen.

Naftalan (Nafalan) besteht aus einer Lösung von 3—4% Seife in gewissen Rückständen der Petroleumdestillation und bildet eine dunkelgefärbte salbenartige Masse, die erhebliche Mengen Wasser aufzunehmen vermag und gegen Verbrennungen und Hautkrankheiten Verwendung findet.

Nahrungsmittel nennt der Chemiker die zur Ernährung des menschlichen Körpers geeigneten zusammengesetzten Stoffe, wie Fleisch, Milch, Brot, Gemüse, während er ihre einzelnen Bestandteile als Nährstoffe bezeichnet. Das Nahrungsmittel Fleisch besteht z. B. aus den Nährstoffen Wasser, Eiweiß und Fett; die Milch aus Wasser, Kasein, Fett und Milchzucker usf. Das alltägliche Leben und die Rechtsprechung macht diesen Unterschied im allgemeinen nicht, sondern betrachtet als Nahrungsmittel alle Stoffe, welche — sei es in fester oder flüssiger Gestalt — der Ernährung des menschlichen Körpers dienen. In diesem erweiterten Sinne würden also auch Butterfett, Stärke, Zucker, welche der Chemiker als Nährstoffe bezeichnet, Nahrungsmittel sein. Die Nahrungsmittel können nach ihrem Ursprung und ihrer Zusammensetzung in verschiedene Gruppen eingeteilt werden. Nach dem ersten Gesichtspunkt unterscheidet man animalische (dem Tierreiche entstammende) und vegetabilische N., von denen die ersteren, als meist leichter verdaulich, höher bewertet werden. Für die Zusammensetzung kommen hauptsächlich drei Gruppen von Bestandteilen in Betracht: Stickstoffhaltige oder Proteinstoffe (Eiweißverbindungen), Fette und Kohlenhydrate (Stärke und Zucker), von denen die ersteren, wertvollsten, als fleisch- und blutbildende oder plastische, die letzteren als kraft- und wärmebildende oder Respirationsmittel bezeichnet werden. Von den animalischen N. ist die Milch, welche Eiweiß, Fett und Zucker enthält, als ein Universalnahrungsmittel anzusehen. Fleisch, Käse, Eier sind hauptsächlich Protein-N.; Butter, Talg, Schweineschmalz fetthaltige Nahrungsmittel. Die vegetabilischen N. zeichnen sich demgegenüber durch ihren Gehalt an Kohlenhydraten aus. Kartoffeln bestehen fast nur aus Stärke, Brot und Hülsenfrüchte enthalten daneben noch erhebliche Mengen Stickstoffsubstanzen. Als fetthaltige Vegetabilien sind Oliven, Erdnüsse, Sesam u. a. zu erwähnen. Außer den N. nimmt der Mensch noch eine große Zahl anderer Stoffe zu sich, welche zwar nicht direkt den Zwecken der Ernährung, d. h. dem Stoffersatz und -ansatz sowie der Wärme- und Krafterzeugung dienen, welche aber doch zu seinem Wohlbefinden unentbehrlich sind: die Genußmittel. Zu ihnen gehören die Gewürze, die alkoholischen Getränke (Wein, Bier, Branntwein) und die narkotischen Genußmittel (Kaffee, Tee, Tabak, Maté). Auf der Grenze zwischen Nahrungs- und Genußmitteln stehen zahlreiche Stoffe, welche zwar einen gewissen, wenn auch geringen Gehalt an Nährstoffen aufweisen, hauptsächlich aber wegen ihres Gehaltes an diätetisch wirkenden, anregenden Bestandteilen genossen werden, wie Fruchtsäfte, Obst, Kakao und gewisse Gemüse. — Im Hinblick auf die außerordentliche volkswirtschaftliche Bedeutung einer einwandfreien Ernährung ist der Verkehr mit Nahrungs- und Genußmitteln gesetzlich geregelt worden. Die für Wein, Butter u. a. erlassenen Sondergesetze sind in besonderen Kapiteln besprochen worden. Es seien daher hier nur einige Mitteilungen über das allgemeine Gesetz betr. den Verkehr mit Nahrungsmitteln, Genußmitteln und Gebrauchsgegenständen vom 14. Mai 1879 angefügt. Nach § 10 dieses Gesetzes ist es verboten, Nahrungs- und Genußmittel zum Zwecke der Täuschung im Handel und Verkehr nachzumachen oder zu verfälschen sowie verdorbene, verfälschte oder nachgemachte Nahrungsmittel unter Verschweigung dieses Umstandes zu verkaufen oder unter einer zur Täuschung geeigneten Bezeichnung feilzuhalten. Als verfälscht haben Nahrungsmittel zu gelten, welche durch Zusatz wertloser Stoffe oder durch Entnahme wertvoller Bestandteile verschlechtert worden sind, oder welchen der täuschende Anschein einer besseren Beschaffenheit verliehen worden ist. Ein Zusatz von Wasser zu Milch oder Bier ist also ebensowohl eine Verfälschung, als die Abrahmung von Milch oder das Auslesen der besten Teile einer Rohdroge (Pfeffer) in der Absicht, den Rückstand als normalen Pfeffer zu verkaufen. Eine Verfälschung liegt aber auch vor, wenn man Wassernudeln durch Zusatz von gelber Farbe den Anschein von Eiernudeln, blassem Himbeersirup durch Rotfärbung das Aussehen bester Ware, blauer Milch durch Mehlzusatz den Anschein höheren Fettgehaltes verleiht. Nachgemacht sind die Erzeugnisse, welche auf künstlichem Wege nachgebildet sind, nur den Schein, aber nicht das Wesen und den Gehalt der echten Ware haben, also z. B. Zitronensaft, der aus Zitronensäure, Essenzen, Zucker und gelber Farbe hergestellt worden ist. Verfälschte und nachgemachte Nahrungsmittel dürfen nur dann in den Verkehr gebracht werden, wenn ihre Bezeichnung jeden Käufer über diesen Tatbestand aufklärt. Dasselbe gilt vom Verkaufe verdorbener Waren, die infolge einer Verunreinigung oder der Tätigkeit von Mikroorganismen in teilweise Zersetzung übergegangen sind, also ranziger Butter, saurem Bier, madigem Käse. Falls aber die Zersetzung so weit vorgeschritten ist, daß die Nahrungsmittel gesundheitsschädlich zu wirken vermögen, wie z. B. faules Fleisch, oder falls sie direkte Gifte enthalten, ist der Verkauf nach § 12 auch unter Kennzeichnung verboten. Zur Überwachung der gesetzlichen Bestimmungen ist der Polizei das Recht eingeräumt worden, während der üblichen Geschäftsstunden in die Verkaufsräume einzutreten und hier nach ihrer Wahl gegen Bezahlung Proben zum Zweck der amtlichen Untersuchung zu entnehmen. Nähere Angaben über die bei einzelnen Nahrungsmitteln beobachteten Verfälschungen finden sich in den betr. Abschnitten.

Nalizin, eine Mischung von Nitroglyzerin, Thymol, Formaldehyd, Karbolsäure, Kochsalz, Kokain und verd. Spiritus, findet in der Zahnheilkunde als lokales Anästhetikum Anwendung.

Nanking (frz. Nanquin), ein chinesischer Stoff, ist ein leinenartiges Baumwollgewebe von stärkerem Glanz als Kattun, das früher zu Sommerkleidern sehr beliebt war und wegen der Echtheit seiner gelbrötlichen Farbe, die sich durch Waschen sogar noch verschönerte, geschätzt wurde. Das Nankinggelb ist an sich eine Naturfarbe, da die Stammpflanze, Gossypium religiosum, gelbe Wolle trägt, doch wird auch die naturgelbe Faser noch nachgefärbt, weil die ursprüngliche Farbe zu grell ist. Die in China durch künstliche Gelbfärbung weißer Baumwollzeuge hergestellten N. zeigen geringe Echtheit. Spätere Nachahmungen der Ware in Europa, die besonders in Sachsen und Böhmen durch Färbung weißer Stoffe mit Eisenchloridlösung hergestellt wurden, zeigten meist Abweichungen im Farbenton, an denen sie leicht zu erkennen waren sowie geringe Farbechtheit und Haltbarkeit. Schließlich wurde der Name N. auch auf anders gefärbte graue, grüne und blaue Stoffe, die sowohl gestreift, geflammt, gemustert als auch meliert waren, übertragen. Zurzeit hat der Bezug der chinesischen Ware so gut wie aufgehört, und auch an Stelle der europäischen Erzeugnisse sind schönere Stoffe mit anderen Namen getreten.

Naphtha ist eine alte Bezeichnung für verschiedene Ätherarten, also Schwefelnaphtha (N. vitrioli) für Äther oder Schwefeläther, Essignaphtha (N. aceti) für Essigäther. Außerdem wird sie für die hellste Sorte Petroleum und die zuerst übergehenden, leicht entzündlichen Petroleumdestillate benutzt. — Solvent-Naphtha ist Schwerbenzol (siehe Benzol).

Naphthalin (Naphthylhydrür, Steinkohlenkampfer, frz. und engl. Naphthaline) ist ein fester Kohlenwasserstoff, $C_{10}H_8$, der sich bei der trockenen Destillation verschiedener organischer Körper bildet und daher vor allem im Steinkohlenteer enthalten ist. Hauptsächlich findet es sich in den bei 180—230° übergehenden Anteilen des schweren Teeröls, aus denen es sich beim Abkühlen als eine butterartige kristallinische Masse ausscheidet. Zur Reindarstellung werden die Kristalle abgepreßt, darauf mit Natronlauge, weiter mit Schwefelsäure unter Zusatz von etwas Braunstein behandelt, mit Wasser gewaschen und schließlich sublimiert. Das reine N. bildet glänzendweiße tafelförmige Kristalle von starkem betäubenden Geruch. Es schmilzt bei 79°, siedet bei 217 bis 218° und hat ein spez. Gew. von 1,152. Weingeist, Äther, Schwefelkohlenstoff, ätherische und fette Öle lösen N. auf, hingegen ist es in Wasser unlöslich. N. kann mit Wasserdampf leicht überdestilliert werden, verflüchtigt sich aber auch schon bei gewöhnlicher Temperatur und muß daher in gut verschlossenen Glas- oder Blechgefäßen aufbewahrt werden. — N. findet ausgedehnte medizinische Anwendung gegen Krätze und Hautkrankheiten, sowie innerlich bei Erkrankung der Atmungsorgane und gegen Spulwürmer. Für die Technik bildet es das unentbehrliche Ausgangsmaterial zur Darstellung der Phtalsäure, welche wiederum zur Darstellung der Benzoësäure und der prächtigen Resorzinfarben (Fluoreszein, Eosin) dient, ferner der Naphthalinfarben: Bordeaux, Ponceau, Orange, Naphthalingelb und zahlreicher organischer Verbindungen, Naphthol, Naphthylamin usw. Auf seiner Giftigkeit für niedere Tiere beruht die Anwendung als Mottenpulver, zum Konservieren von Herbarien und Insektensammlungen. Wegen seines hohen Kohlenstoffgehalts benutzt man es zum Karburieren des Leuchtgases.

Naphthensäuren, der Hexahydrobenzoësäure $C_6H_{11}.COOH$ isomere organische Säuren, die sich im russischen Petroleum vorfinden, werden in Form ihrer Natriumsalze als Seifenersatz empfohlen.

Naphthol. Diesen Namen führen zwei organische Verbindungen von gleicher empirischer Zusammensetzung, $C_{10}H_7OH$, aber verschiedenen Eigenschaften, welche durch die Bezeichnung α und β unterschieden werden. Das Alphanaphthol besteht aus farblosen Kristallnadeln von kreosotähnlichem Geruche, die bei 94° C. schmelzen, in kaltem Wasser beinahe unlöslich sind und sich in heißem Wasser nur wenig, dagegen leicht in Alkohol und in Äther lösen. Betanaphthol bildet kleine, farblose, glänzende, nahezu geruchlose Kristallblättchen, die erst bei 122° C schmelzen. Beide Naphthole stehen zu dem Naphthalin in einem ähnlichen Verhältnisse, wie das Phenol (Karbolsäure) zu dem Benzol, und sind als alkoholartige Körper der Naphthalinreihe anzusprechen. Sie werden durch Behandlung der Naphthalinsulfosäure (erhalten durch Einwirkung von Schwefelsäure auf Naphthalin) mit schmelzendem Ätzkali gewonnen und dienen zur Herstellung verschiedener Naphthalinfarben. Das Betanaphthol findet neuerdings auch medizinische Verwendung als Antiseptikum, während die Alphaverbindung ein wichtiges Reagens auf Zucker ist.

Naphtholgelb. Diesen Namen führen zwei verschiedene Teerfarbstoffe, einesteils das Martiusgelb (s. d.), andernteils das Natron- oder Kalisalz der aus diesem dargestellten Sulfosäure (Naphtholgelb S). Das letztere ist bekannter unter dem Namen Säuregelb.

Naphtholgrün, ein seit 1883 bekannter Teerfarbstoff, besteht aus dem Eisenoxydulnatronsalze der Nitrosobetanaphtholmonosulfosäure. Es bildet ein dunkelgrünes, in Wasser lösliches Pulver, das beim Erhitzen auf Platinblech einen Rückstand von Schwefeleisen hinterläßt, und wird zuweilen zum Färben von Wolle benutzt.

Naphtholschwarz, ein blauschwarzes, in Wasser mit violetter Farbe lösliches Pulver, das Wolle in sauerem Bade blauschwarz färbt, besteht aus dem Natronsalze der Amidoazonaphthalindisulfosäureazobetanaphtholdisulfosäure, enthält aber stets etwas Naphtholgrün beigemengt.

Naphthorubin, ein zur Gruppe der Azofarben gehöriger Teerfarbstoff, bildet ein braunes, in Wasser mit fuchsinroter Farbe lösliches Pulver und wird zum Rotfärben von Wolle verwendet. Es besteht aus dem Natronsalze der Alphanaphthylaminazoalphanaphtholdisulfosäure.

Naphthylamin (Naphthalidin), eine stickstoffhaltige, zu den Monaminen gehörige organische Base, $C_{10}H_7 . NH_2$, die als Ausgangsmaterial zur Bereitung verschiedener Naphthalinfarben große technische Bedeutung hat, wird in ähnlicher Weise aus dem Naphthalin dargestellt, wie das Phenylamin (Anilin) aus dem Benzol, indem man zunächst Nitronaphthalin bildet und dieses durch eine Wasserstoff entwickelnde Mischung reduziert. Das N. bildet feine weiße Kristallnadeln von unangenehmem Geruch, die bei 50° C schmelzen und bei 300° C unverändert sieden. In Wasser ist das N. beinahe unlöslich, löslich dagegen in Alkohol und in Äther. Mit Säuren bildet es die Naphthylaminsalze, die leicht und gut kristallisierbar sind, eine weiße Farbe haben, aber an der Luft leicht rot werden.

Narasfrucht ist die Frucht der zu den Kukurbitazeen gehörenden Naraspflanze Acanthosicyos horrida Welw., die in Südwestafrika in 1—1½ m hohen Hecken oder kugligen Sträuchern die Dünen der Walfischbai bedeckt. Die armdicke, bis zu 25 m lange Wurzel haftet fest im Sande, die dornigen grünen Ranken tragen verkümmerte, bald abfallende Blättchen. Die kuglige, bis zu 1,5 kg schwere Frucht, die sich wie die Apfelsinen in 10 Längsschnitte zerlegen läßt, ist in unreifem Zustande gallenbitter, besitzt aber zur Zeit der Reife ein gelbliches, zuckerreiches, sehr wohlschmeckendes Fleisch und bildet die Hauptnahrung der Baihottentotten. Die sehr genügsame Pflanze würde sich bei geregeltem Plantagenbetrieb zur industriellen Verwertung eignen.

Narkotin (Opian, Derosnesches Salz, lat. Narcotinum, frz. und engl. Narcotine), eines der zahlreichen, im Opium enthaltenen Alkaloïde, das medizinisch nur selten angewandt wird, besteht aus farblosen, geruch- und geschmacklosen, perlglänzenden Kristallnadeln, die in kaltem Wasser fast unlöslich, in kochendem wenig, reichlicher in Alkohol löslich sind. Das N. wirkt weniger giftig als die übrigen Opiumbasen.

Narzeïn (lat. Narceïnum, frz. und engl. Narceïne), ein in dem Opium und den reifen Kapseln des blausamigen Mohns enthaltenes giftiges Alkaloïd, wird vielfach medizinisch verordnet, da es eine stärkere schlafbringende und schmerzstillende Wirkung als das Morphium hat, ohne die unangenehmen Nebenwirkungen des letzteren zu besitzen. Man erhält es als leichte, voluminöse Masse, die aus farblosen, seideglänzenden, nadelförmigen Kristallen besteht. Es ist geruchlos und von bitterem Geschmack, löst sich schwer in kaltem, leicht in siedendem Wasser und schmilzt bei 160 bis 165° C unter beginnender Zersetzung. Außer dem reinen N. hat man im Chemikalienhandel noch schwefelsaures N. (Narzeïnsulfat, lat. Narceïnum sulfuricum) und salzsaures N. (Narzeïnchlorhydrat, Narzeïnchlorwasserstoff, lat. Narceïnum hydrochloricum).

Natrium (Sodium) ist ein metallisches Element, Na = 23, welches wie das nahe verwandte Kalium nicht in freiem Zustande in der Natur vorkommt, in Form seiner Verbindungen aber außerordentlich verbreitet ist. In Gemeinschaft mit Kieselsäure und Tonerde bildet es einen Bestandteil vieler Mineralien und kristallisierter Gesteine (Natronfeldspat). An Chlor gebunden findet es sich in ungeheuren Mengen als Kochsalz, an Salpetersäure gebunden als Chilesalpeter, an Schwefelsäure gebunden als Glaubersalz. Die Darstellung des metallischen N. erfolgt in analoger Weise wie diejenige des Kaliums. Soda (Natriumkarbonat) wird mit Kreide und Steinkohle in eisernen Rohren zur Weißglut erhitzt, wobei das Metall in Dampfform übergeht und sich in der Vorlage unter Steinöl verdichtet. Bei weit niedrigerer Temperatur verläuft der Prozeß, wenn man das N.-Karbonat durch das Hydroxyd ersetzt. An Stelle der Kohle hat man mit Erfolg verschiedene andere Reduktionsmittel wie Eisenkarbid oder Kalziumkarbid angewandt, auch kann man das N. direkt aus einem Gemisch von Fluornatrium mit Kalziumkarbid oder Aluminium abdestillieren. Zurzeit dürfte das meiste N. durch Elektrolyse von N.-Hydroxyd gewonnen werden. Das N. ist silberweiß, weicher als Wachs und daher bei gewöhnlicher Temperatur knet- und schneidbar. An feuchter, nicht an trockner Luft bedeckt es sich unter Aufnahme von Wasserstoff und Sauerstoff mit einer weißlichen Kruste von N.-Hydroxyd. Das Metall schwimmt auf Wasser, indem es unter Entwicklung von Wasserstoff in Hydroxyd übergeht. Die Reaktionswärme ist aber nicht so hoch wie beim Kalium und reicht nicht zur Entzündung des Wasserstoffs aus. Das N. wie seine Verbindungen verleihen der nichtleuchtenden Flamme des

Bunsenbrenners eine gelbe Farbe und erzeugen im Spektrum bei der Linie D eine gelbe Bande. N. wurde früher in großer Menge zur Darstellung des metallischen Magnesiums und Aluminiums benutzt, jedoch hat der Verbrauch für diesen Zweck in letzter Zeit sehr nachgelassen, seitdem das Aluminium meist auf dem Wege der Elektrolyse gewonnen wird. Um so größere Bedeutung hat es hingegen für die chemische Analyse und wird daher von den Laboratorien viel verbraucht. In Verbindung mit Quecksilber als Natriumamalgam dient es zur Extraktion des Goldes aus dem pulverisierten Gestein sowie zum Vergolden und Versilbern von Metallen.

Natriumazetat (essigsaures Natron oder Natrium, lat. Natrium aceticum, frz. Acétate de soude, engl. Sodium acetate) wird wie das entsprechende Kalziumsalz aus rohem Holzessig durch Neutralisieren mit kohlensaurem Natron oder durch Umsetzung des essigsauren Kalziums mit Natriumsulfat, Eindampfen der Lösung zur Trockne und schwaches Glühen des Rückstandes dargestellt. Es bildet große Stücke von blättrig-kristallinischem Bruch, die infolge eines geringen Kohlenstoffgehaltes grau erscheinen und zu denselben Zwecken wie das Kalziumazetat benutzt werden. Durch Umkristallisieren dieses rohen Salzes erhält man ein halb gereinigtes weißes, Rotsalz genannt, weil es in der Rotfärberei Anwendung findet. Chemisch reines N., $CH_3 . COONa + 3 H_2O$, entsteht bei Verwendung reiner Essigsäure in Form kleiner nadelförmiger Kristalle, die sich leicht in Wasser lösen und als analytisches Reagens sowie als Mittel gegen Magen- und Darmleiden und als Bestandteil der Tonbäder in der Photographie verwandt werden. Eine besonders interessante Verwendung des rohen kristallisierten N. beruht noch auf der Eigenschaft des in seinem Kristallwasser geschmolzenen Salzes, viermal soviel Wärme aufzuspeichern und allmählich wieder abzugeben, wie ein gleiches Volum Wasser. Man hat vorgeschlagen, diese Eigenschaft zur Heizung von Straßenbahnwagen zu verwerten.

Natriumbikarbonat (doppeltkohlensaures Natron, lat. Natrium bicarbonicum, frz. Bicarbonate de soude, engl. Sodii bicarbonas), $NaHCO_3$, findet sich gelöst in dem Wasser zahlreicher alkalischer Säuerlinge und entsteht in ungeheuren Mengen als Zwischenprodukt beim Solvayschen Ammoniaksodaprozeß. Dieses Natrium bicarbonicum venale seu technicum kann aber wegen seines Gehalts an Ammonium- und Natriumkarbonat nur für technische Zwecke benutzt werden. Die Darstellung des reinen N. erfolgt in der Weise, daß man Soda in konzentrierter wäßriger Lösung mit Kohlensäure sättigt, worauf das schwerer lösliche Bikarbonat auskristallisiert. Oder man behandelt Soda mit Kohlensäure und Wasserdampf bei 80°, wäscht das Salz nach der Entfernung der Mutterlauge und trocknet es bei gelinder Wärme im Kohlensäurestrom. Das N. erscheint im Handel in Form kleiner farbloser Kristalle oder weißer kristallinischer Krusten vom spez. Gew. 2,220. Es besitzt einen sehr schwach alkalischen Geschmack und löst sich in 12—13 Teilen kaltem Wasser, aber nicht in Alkohol. Das Salz enthält 52,4% Kohlensäure, die aber schon bei gewöhnlicher Temperatur teilweise entweicht. Beim Erhitzen auf 350—400° C hinterbleibt Natriummonokarbonat (Soda). Zur Vermeidung von Zersetzungen muß es daher vor feuchter Luft geschützt und kühl aufbewahrt werden. Das reine N. dient in der Pharmazie zur Herstellung von Magenpulvern gegen Säure sowie von Mund- und Gurgelwässern, zu Inhalationen bei Erkrankungen der Atmungsorgane, gegen Harnsäure, Gicht und Rheumatismus, als Bestandteil des Brausepulvers, zur Herstellung von Backpulver usw. Das technische Salz findet Anwendung zum Entschälen der Seide und zum Waschen der Wolle.

Natriumchlorat (chlorsaures Natrium, lat. Natrium chloricum, frz. Chlorate de soude, engl. Sodium chlorate), $NaClO_3$, wird durch Behandlung von Kaliumchlorat mit saurem weinsauren Natron oder neuerdings durch Elektrolyse hergestellt als eine dem Kaliumchlorat ganz analoge und wie dieses verwertbare Verbindung.

Natriumchlorid (Chlornatrium, frz. Natrium chloratum, Natrium muriaticum, frz. Chlorure de sodium purifié, engl. Chloride of sodium), das chemisch reine Kochsalz (s. d.), kristallisiert in Würfeln und findet in der analytischen Chemie beschränkte Anwendung.

Natriumchromat und **Natriumdichromat**, Na_2CrO_4 und $Na_2Cr_2O_7$, verhalten sich den entsprechenden Kaliumverbindungen ganz analog und finden in der Technik als billigerer Ersatz des Kaliumchromates (s. d.) Anwendung.

Natriumhydroxyd (Natronhydrat, Ätznatron, lat. Natrium hydricum, Natrium causticum, frz. Soude caustique, engl. Sodium hydroxide), NaOH, ist, seinem Aussehen und chemischen Verhalten nach, dem Kaliumhydroxyd ganz analog und wird nach demselben Verfahren wie dieses dargestellt, indem man statt von der Pottasche, von der Soda und den anderen entsprechenden Natriumverbindungen ausgeht. In reinster Form entsteht es bei der Einwirkung von metallischem Natrium auf Wasser oder beim Kochen von Sodalösung mit Ätzkalk. Für den Großbetrieb bedient man sich des Leblanc-Sodaprozesses, nach welchem Natriumsulfat und Kalkstein mit Kohle geglüht wird. Zum Unterschiede von der Sodafabrikation verwendet man hier aber einen größeren Überschuß an Kohle und laugt mit mehr und wärmerem Wasser von 50° aus. Das entstandene N. wird von der Soda und den anderen Beimengungen durch fraktioniertes Eindampfen befreit und durch Glühen mit etwas Salpeter entfärbt. Oder man läßt Eisenoxyd bei hoher Temperatur auf Soda einwirken, wobei die Kohlensäure ausgetrieben wird. Hierbei entstehen keinerlei Nebenprodukte, und das durch Auslaugen vom N. befreite Eisenoxyd kann ebenso wie die entweichende Kohlensäure sofort wieder benutzt werden. Von den neueren Verfahren scheint die Elektrolyse des Kochsalzes die größte Bedeutung zu haben. Das N. ist eine weiße, in der Hitze schmelzbare Masse, die aus der Luft begierig Wasser und Kohlensäure anzieht und sich in Wasser unter starker Erwärmung leicht löst, aber auch in Alkohol löslich ist. Es kommt in harten Stücken, in Stengeln oder in Pulverform in verschiedener Reinheit in den Handel und muß in gut verschlossenen Gefäßen aufbewahrt werden. Auch die wäßrige Lösung, die Natronlauge oder Ätznatronlauge (lat. Liquor natri caustici, frz. Soude caustique liquide, engl. Solution of sodium hydroxide) bildet eine Handelsware. Die farblose ätzende Flüssigkeit besitzt stark alkalische Reaktion, macht die Haut schlüpfrig und wird nach dem spez. Gew. (Graden Baumé) verkauft. — N. wird hauptsächlich in der Seifensiederei, ferner bei der Herstellung von Farbstoffen, Salizylsäure und anderen Chemikalien, zum Raffinieren von Petroleum und zur Darstellung von Wasserglas in ungeheuren Mengen verbraucht. Es hat vor dem Kali den Vorzug des geringeren Preises und übt wegen seines niedrigeren Äquivalentgewichts eine energischere Wirkung aus. Für gewisse Zwecke, z. B. zur Herstellung von Schmierseife, kann es jedoch das Kali nicht ersetzen.

Natriumhydrosulfit (Hydrosulfit) wird durch Behandlung von saurem schwefligsaurem Natrium mit Zinkstaub und schwefliger Säure in Form farbloser Prismen von der Formel $Na_2S_2O_4 + 2H_2O$ erhalten und findet in der Färberei und Druckerei, besonders zur Reduktion von Indigo, mannigfache Anwendung.

Natriumjodid (Jodnatrium, lat. Natrium jodatum, frz. Jodure de sodium, engl. Sodium jodide), NaJ, wird wie die entsprechende Kaliumverbindung hergestellt und verhält sich dieser ganz analog. Es ist in Wasser noch leichter löslich als das Kaliumjodid, löst sich auch leicht in Alkohol und zerfließt an der Luft. N. findet medizinische Anwendung wie das Kaliumjodid, zeigt aber nicht die unangenehme Herzwirkung des letzteren.

Natriumperborat (Natriumhyperborat, überborsaures Natrium, Perborax, lat. Natrium perboricum, frz. Perborate de soude, engl. Perborate of soda) entsteht beim Eintragen eines Gemisches von 248 g Borsäure und 78 g Natriumsuperoxyd in 2 kg kaltes Wasser in Form farbloser Kristalle von der Formel $Na_2B_4O_8 + 10H_2O$, die bei 50° getrocknet werden können. Wird die Lösung des Perborates oder das Gemisch von Borsäure und Natriumsuperoxyd hingegen mit soviel Schwefelsäure oder Salzsäure versetzt, wie der Hälfte des vorhandenen Natriumsuperoxyds entspricht, so kristallisiert eine Verbindung mit vier Molekülen Wasser aus, das Natriummetaperborat, $NaBO_3 + 4H_2O$. Das N. spaltet in wäßriger Lösung sowohl bei gewöhnlicher Temperatur wie auch beim Erhitzen, besonders aber auf Zusatz von Säuren aktiven Sauerstoff ab und verhält sich dann wie Wasserstoffsuperoxyd. Es wird wegen seiner antiseptischen Eigenschaften bei der Wundbehandlung und neuerdings auch zur Herstellung bleichender Waschmittel (Peroborin, Persil) benutzt.

Natriumperkarbonat (überkohlensaures Natrium, lat. Natrium percarbonicum), Na_2CO_4, entsteht bei der Behandlung von Soda mit Wasserstoffsuperoxyd oder von Natriumsuperoxyd mit Kohlensäure. Wegen seines Gehaltes an freiem Sauerstoff wirkt es bleichend.

Natriumpersulfat (überschwefelsaures Natrium, lat. Natrium persulfuricum) entsteht bei der Elektrolyse von Natriumsulfat und Schwefelsäure als ein weißes wasserlösliches Kristallpulver, $Na_2S_2O_8$, das in saurer Lösung leicht freien Sauerstoff abspaltet und daher als Desinfektions- und Bleichmittel Anwendung findet.

Natriumphosphat (phosphorsaures Natrium, Perlsalz, lat. Natrium phosphoricum, frz. Phosphate de soude, engl. Phosphate of soda). Von den verschiedenen Verbindungen der Phosphorsäure mit Natrium, welche den entsprechenden Kaliumsalzen ganz analog sind, hat nur das sekundäre, auch gewöhnliche genannte N. eine praktische Bedeutung. Es entsteht beim Eintragen von Natriumkarbonat in erwärmte Phosphorsäure bis zur schwach alkalischen Reaktion, oder durch Umsetzung von Kalziumphosphat mit Natriumsulfat und nachfolgenden Zusatz von Natriumkarbonat. Fabrikmäßig wird es durch Behandlung von Knochenasche mit Schwefelsäure und Umwandlung des Kalziumphosphates mit Soda hergestellt, oder indem man Phosphorite in Salzsäure löst, die Phosphate mit Kalk fällt und dann mit Natronlauge kocht. N. bildet große farblose, klare, aber leicht verwitternde Kristalle von der Formel $Na_2HPO_4 + 12H_2O$, die in Wasser leicht löslich sind und alkalisch reagieren. Es wird als Beize in der Zeugdruckerei und Färberei, ferner zur Herstellung von Glasuren und als Lötmittel benutzt. Das chemisch reine, namentlich von Arsen, Schwefelsäure und Chlor freie Salz findet medizinische Anwendung als mildes Abführmittel. Für ersteren Zweck muß es völlig rein sein und namentlich auf Verunreinigungen durch Arsen, Schwefelsäure und Chlor geprüft werden.

Natriumsulfit (schwefligsaures Natrium, lat. Natrium sulfurosum, frz. Sulfite de soude, engl. Sulfite of soda). Wie mit Kalk, bildet die schweflige Säure auch mit Natron zwei Verbindungen. Das neutrale oder einfach saure N. entsteht, wenn man eine Sodalösung mit schwefliger Säure sättigt und darauf die gleiche Menge Sodalösung hinzugibt, oder wenn man schweflige Säure über angefeuchtete Kristallsoda leitet und das entstehende saure Salz mit Soda neutralisiert. Nach einem neueren Verfahren wird es auch technisch durch Behandlung gerösteter Zinkerze mit schwefliger Säure und folgende Umsetzung mit Kochsalz dargestellt. Das Salz kristallisiert mit 7 Molekülen Wasser, $Na_2SO_3 + 7H_2O$, verwittert aber leicht und ist in Wasser mit alkalischer Reaktion löslich. Es dient in der Technik als Antichlor, in der Photographie, sowie als Desinfektions- und Konservierungsmittel, ist aber zum Konservieren von Fleisch verboten. — Das saure N. (Natriumbisulfit, lat. Natrium bisulfurosum, frz. Bisulfite de soude, engl. Bisulfite of soda) wird beim Sättigen von Sodalösung oder von Kristallsoda mit Schwefligsäuregas erhalten in Form undurchsichtiger Kristalle, $NaHSO_3$, die stark nach schwefliger Säure riechen und in Wasser und 90%igem

Alkohol löslich sind. Es wird medizinisch gegen Diphtherie und Hautkrankheiten angewandt. Die Technik benutzt es, besonders auch in wäßriger Lösung (Leukogen, Sulfitlauge), als Antiseptikum, als Konservierungs- und Bleichmittel sowie zu photographischen Zwecken.

Natriumsuperoxyd (Natriumperoxyd, lat. Natrium superoxydatum, frz. Peroxide de soude, engl. Peroxide of soda), Na_2O_2, wird durch Erhitzen von metallischem Natrium in einem Strome trockener Luft oder durch Glühen von Magnesiumoxyd mit Natriumnitrat als ein feines hellgelbes Pulver hergestellt. Es gibt mit Wasser eine alkalisch reagierende Lösung, die sich wie freies Wasserstoffsuperoxyd verhält und stark bleichend wirkt. Das N. ist ein außerordentlich energisch wirkendes Aufschließungsmittel für organische und anorganische Körper und findet daher in der Analyse vielfache Anwendung, muß aber wegen der bisweilen auftretenden Explosionen mit Vorsicht benutzt werden. Wegen seiner stark bleichenden Eigenschaften diente es zur Herstellung verschiedener Waschmittel (Ding an sich, Mach's allein), deren Anwendung aber zu Beschädigungen der Wäsche führen kann, und die daher schon wieder zum großen Teil aus dem Handel verschwunden sind (s. Waschmittel).

Natriumthiosulfat (unterschwefligsaures Natrium, Natriumhyposulfit, Natriumdithionat, lat. Natrium thiosulfuricum, hyposulfurosum, subsulfurosum, frz. Hyposulfite de soude, engl. Hyposulfite of soda) entsteht beim Einleiten von schwefliger Säure in ein Gemisch von Sodalösung und Schwefelblumen oder in eine siedende Auflösung von Schwefel in Natronlauge. Die fabrikmäßige Darstellung beruht auf der Verarbeitung der Rückstände der Sodafabriken, aus denen die Soda ausgelaugt worden ist. Man breitet sie einige Tage an der Luft aus, wobei die darin enthaltene Kalkschwefelleber in unterschwefligsaures Kalzium übergeht, zieht letzteres mit Wasser aus und versetzt die eingedampfte Lösung mit Natriumsulfat. Das ausgeschiedene N., $Na_2S_2O_3$, bildet wasserhelle, dem Glaubersalz ähnlich aussehende und schmeckende Kristalle, welche 5 Moleküle Kristallwasser enthalten und in Wasser leicht löslich sind. Reines Salz hält sich an der Luft trocken, während unreines feucht wird. Auf Zusatz von stärkeren Säuren entwickelt die Lösung schweflige Säure unter milchiger Trübung durch Schwefel. N. dient als Antichlor, ferner zur Darstellung von Tonerdebeizen für den Zeugdruck, zur Extraktion des Silbers aus den mit Kochsalz gerösteten Erzen, zur Auflösung von Zyangold und -silber bei galvanischer Vergoldung und Versilberung, als photographisches Fixiermittel, zur Fabrikation von Antimonzinnober, Aldehydgrün und als Bleichmittel.

Natronkalk (lat. Natrium hydricum e calce) nennt man ein Gemisch von Natrium- und Kalziumhydroxyd, das durch Glühen eines Gemisches von Ätznatron mit gelöschtem Kalk dargestellt wird. Die gepulverte oder grob gekörnte Masse zieht aus der Luft begierig Wasser und Kohlensäure an und muß daher in gut verschlossenen Gefäßen aufbewahrt werden. Sie findet in der chemischen Analyse zur Bestimmung des Stickstoffs und zur Absorption der Kohlensäure ausgedehnte Anwendung.

Neapelgelb, eine schöne und beständige hell- oder hochgelbe Mineralfarbe, die für die Öl- und Schmelzmalerei benutzt wird, besteht aus antimonsaurem Bleioxyd und wird durch vorsichtiges Schmelzen von Brechweinstein mit Bleinitrat und Kochsalz und Entfernung der löslichen Salze mit Wasser, oder durch Vermischen der Lösungen von antimonsaurem Kalk mit Bleinitrat und nachfolgendes Glühen dargestellt.

Negativlacke dienen dazu, die photographischen Platten vor Verletzungen zu schützen. Man unterscheidet N., die warm aufgetragen werden müssen, da sie sonst milchigen Schleier abgeben, und kalt aufzutragende N. Zu ersteren gehören die spirituösen Auflösungen von Schellack, Sandarak, oft unter Zusatz von etwas Rizinusöl. Zu letzteren rechnet man die sogenannten Zaponlacke (s. d.). Das Lackieren hat in jedem Falle vor dem Abschwächen oder Verstärken der Platten zu geschehen.

Nektarinen (frz. Nectarines) nennt man diejenigen Pfirsichsorten, die eine glatte Oberhaut (ohne Behaarung) und ein vom Stein leicht lösbares Fleisch besitzen. Glatte Früchte mit vom Stein schwer löslichem Fleisch heißen Brugnolen oder Brugnons. Vergl. ferner Pfirsiche.

Nelkenöl (lat. Oleum caryophyllorum, frz. Essence de girofle, engl. Oil of cloves), das ätherische Öl der Gewürznelken, wird durch Destillation mit Wasserdämpfen gewonnen als ein in frischem Zustande farbloses bis hellgelbes, mit der Zeit aber braun werdendes Öl von brennend scharfem Geschmack und feinem Nelkengeruch. Es ist schwerer als Wasser, vom spez. Gew. 1,043—1,070, siedet bei 250—260° und dreht die Ebene des polarisierten Lichtes schwach links. In 1—2 Teilen 70%igem Alkohol muß gutes N. sich klar lösen und beim Schütteln mit konzentrierter Kalilauge eine kristallinische Masse von Eugenolkalium liefern. In der alkoholischen Lösung erzeugt Eisenchlorid eine blaue Färbung. Das Nelkenöl besteht zu 78 bis 90% und darüber aus dem Phenol Eugenol, von weiteren Bestandteilen seien genannt Azeteugenol, das Sesquiterpen Karyophyllen, Methylamylketon, Salizylsäuremethylester, Benzoësäuremethylester und Vanillin. Eine Beimischung des minderwertigen Nelkenstielöls erkennt man an dem weniger feinen Geruch. N. dient als Zusatz zu Parfüm, Arzneimitteln und Likören sowie neuerdings in großen Mengen zur Darstellung des synthetischen Vanillins.

Nelkenwurzel (lat. Radix caryophyllatae, frz. Racine de caryophylle, engl. Avens root), ein wichtiger Gegenstand des Drogenhandels, besteht aus dem ausdauernden Wurzelstock von Geum urbanum, einer durch ganz Deutschland an Zäunen, in Gebüschen und lichten Wäldern wachsenden gelbblühenden Rosazee. Der am unteren Ende abgestorbene Wurzelstock ist höckerig, mit schwarzbraunen Schuppen bedeckt und ringsum mit fadenförmigen Nebenwurzeln besetzt. Die innen braunrote, dünne Rinde umgibt ein gelblichweißes Holz mit blaurötlichem Mark. Die frische Wurzel riecht schwach nach Gewürznelken, verliert den Geruch indes beim Trocknen und schmeckt bitter und zusammenziehend. Als wichtigste Bestandteile sind Gerbstoff, ätherisches Öl und Stärke nachgewiesen worden. Verwendung findet die N. bei Durchfällen und äußerlich als blutstillendes Mittel.

Nelkenzimt (lat. Cortex cassiae caryophyllatae, frz. Canelle, engl. Kaneel) nennt man die Stammrinde von Dicypellium caryophyllatum, einem in Brasilien und Westindien wachsenden, zur Familie der Laurineen gehörigen Baume. Die Ware bildet zusammengerollte Röhren, die der Hauptsache nach aus der glatten rotbraunen Bastschicht bestehen und nur teilweise noch mit Außenrinde bedeckt sind. Der Geruch und Geschmack erinnert zugleich an Zimt und an Nelken. Man verwendet die Rinde bei der Bereitung aromatischer Liköre. Früher wurde sie auch als Heilmittel gebraucht. Ihr Pulver dient außerdem zur Verfälschung der Gewürznelken.

Nerolin ist der Handelsname für β-Naphtholmethyläther, $C_{10}H_7.O.CH_3$, und β-Naphtholäthyläther, $C_{10}H_7OC_2H_5$, die beide durch mehrstündiges Erhitzen von β-Naphthol mit dem betreffenden Alkohol und konz. Schwefelsäure gewonnen werden und dem Orangenblütenöl ähnlich riechen.

Nessel. Die Fasern verschiedener Nesselarten werden zur Herstellung von Spinnfasern in feinen Geweben (Nesseltuch) benutzt, so besonders von Boehmeria (s. Chinagras, Ramie) in China, von Urtica nivea und japonica in Japan, von U. postulata in Nordamerika, Mexiko, Kuba, Brasilien und Australien. Auch Frankreich hat den Anbau von U. nivea in Südfrankreich und Algier gefördert. In Deutschland war die Verwendung der früher viel benutzten Faser von U. dioica, der gewöhnlichen großen Brennessel, infolge der Einfuhr von Baumwolle in den Hintergrund getreten, bis die Abschneidung der überseeischen Zufuhr im Kriege sie der Vergessenheit entriß. Nachdem O. Richter ein brauchbares Verfahren zur Abscheidung der Faser durch Aufschließung mit Alkali und nachfolgende Behandlung mit Walzen und Waschen erfunden hatte, setzte eine lebhafte Sammeltätigkeit und auch planmäßiger Anbau ein, der für mehrere Fabriken, u. a. in Zschopau, ausreichendes Material lieferte. Die gewonnene Faser, die in Menge von 10 kg aus 100 kg frischer Nesselstengel gewonnen wird, zeigt eine spezifische Festigkeit von 51,5 (Baumwolle 37,6) und einen wollartigen Charakter, der sie als Zusatz zu Wolle für Trikotagen, Möbelplüsch und Garne („Solidonia") geeignet erscheinen läßt. Zu einer völligen Verdrängung der Baumwolle wird ihre Menge allerdings nicht ausreichen, da der höchstmögliche Anbau auf 1—1,2 Millionen Dz. geschätzt wird.

Nesselblüten (Taubnesselblüten, lat. Flores lamii albi, s. urticae mortuae, frz. Fleurs ortie morte, engl. Nettle flowers) nennt man die Blumenkronen der zu den Labiaten gehörigen Taubnessel Lamium album. Die Blüten werden ohne den Kelch gesammelt und finden als blutreinigendes Mittel Verwendung.

Neublau (Waschblau). Das eigentliche N. zum Bläuen der Wäsche besteht aus Stärke, die mit Indigkarmin gefärbt und in kleine Täfelchen geformt ist. An seiner Stell wird fast nur noch künstlicher Ultramarin angewandt, der mit heißem Wasser angerührt und dem Blauwasser zugesetzt wird. Er ist hierzu auch ganz geeignet, während Berlinerblau, das ebenfalls bisweilen mit Stärke oder Kreide gemischt als N. verkauft wird, ein starkes Vergilben der Zeuge bewirkt. Berlinerblau ist leicht daran erkennbar, daß es beim Kochen mit Sodalösung seine Farbe verliert und braun wird. Den Namen Neublau führt auch ein Teerfarbstoff, der mit Echtblau (s. d.) identisch ist.

Neugelb nennt man verschiedene gelbe Teerfarbstoffe, nämlich das Säuregelb D und das gewöhnliche Säuregelb (Neugelb L), ferner auch das Zitronin und Kurkumein (s. d.) und das Flavaurin (s. d.).

Neukokzin. Diesen Namen führen zwei Azofarbstoffe. Der eine, auch Koschenillerot A und Brillantponceau (nicht zu verwechseln mit einem anderen ebenso genannten Farbstoff, s. Brillantponceau) genannte, besteht aus dem Natronsalze der Naphthionsäureazobetanaphtholdisulfosäure und erscheint im Handel als scharlachrotes, in Wasser leicht lösliches Pulver. Der andere, auch Neukokzin R, Kristallponceau 6 R genannt, besteht aus dem Natronsalze der Alphanaphthylaminazobetanaphtholdisulfosäure und bildet schöne braunrote Kristalle mit Goldglanz, die sich in Wasser mit ponceauroter Farbe lösen. Beide Farbstoffe färben Wolle im sauren Bade rot.

Neunaugen (Bricken, Pricken, Felsensauger, frz. Lamproies, engl. Lambreys), die bekannten Vertreter der Rundmäuler, aalartiger Tiere, die bisweilen zu den Fischen gerechnet, bisweilen aber auch von ihnen getrennt werden und durch den Saugmund charakterisiert sind, haben ihren sonderbaren Namen daher, daß man die sieben Kiemenlöcher, die auf jeder Seite liegen, für Augen ansah und sich noch dazu um zwei verzählte. Von den zwei Arten: Flußbricke (Petromyzon fluviatilis) und große Seebricke oder Lamprete (Petromyzon marinus), kann die erstere, die gewöhnlich kaum fingerdick und höchstens 3 dm lang ist, bei gehöriger Schonung an 9 dm lang werden. Die oben olivengrünen, am Bauche silberweißen Fische haben ein sehr zähes Leben und lassen sich daher auch, mit Schnee verpackt, lebendig weit versenden. Sie leben besonders in den Flüssen Norddeutschlands, der baltischen Ostseeprovinzen und Englands, halten sich im Sommer in der Tiefe auf, steigen aber im Winter in die Höhe und werden dann in der Weise gefangen, daß man Löcher in das Eis haut und Birkenreisig hineinsteckt, an das sie sich oft in Menge ansaugen. Die Tiere werden ausgenommen, schwach geröstet oder gebraten, mit Essig, Gewürzen und Lorbeerblättern eingelegt und in den bekannten Fäßchen von den preußischen Ostseestädten sowie von Bremen und Lüneburg in den Handel gebracht. — Die Lamprete (P. marinus), die in fast allen europäischen Meeren lebt, über

9 dm lang und armdick wird, ist grünlich, gelb und braun marmoriert und mit zwei Rückenflossen versehen. Sie hat ein besonders weißes, fettes und festes Fleisch und gilt als Delikatesse. Im Frühjahr geht der Fisch in den Flüssen und Nebenflüssen aufwärts und wird dabei gefangen, am häufigsten in England und der Bretagne. In geringerer Zahl kommt er nach Deutschland in die Stromgebiete der Elbe, Weser und des Rheins und gelangt dann in der Regel frisch zum Verbrauch. Sonst ist seine Zubereitung wie die der Flußbricken.

Neutralblau, ein seit 1882 im Handel vorkommender Teerfarbstoff, wird durch Einwirkung von salzsaurem Nitrosodimethylanilin auf Phenylnaphthylamin erhalten und ist Phenyldimethylparaamidonaphthazoniumchlorid. Man erhält das N. als braunes, glanzloses, in Wasser und Alkohol mit violetter Farbe lösliches Pulver.

Neutralrot, ein Teerfarbstoff der Azinreihe, besteht aus der Chlorwasserstoffverbindung des Dimethyldiamidotoluphenazins und wird durch Kochen gleicher Moleküle Nitrodimethylanilinchlorhydrat und m-Toluylendiamin unter Luftzutritt hergestellt. Das dunkelschwarzgrüne Pulver löst sich in Wasser mit roter, in konzentrierter Schwefelsäure mit grüner Farbe, welche beim Verdünnen mit Wasser durch Blau in Rot übergeht. N. färbt gebeizte Baumwolle rotviolett.

Neutralviolett, ein dem Neutralrot ganz ähnlicher, wie dieses 1879 entdeckter Farbstoff, besteht aus der Chlorwasserstoffverbindung des Dimethyldiamidophenazins, $(CH_3)_2N . C_6H_3 . N_2 . C_6H_3 . NH_2$. Das zum Niesen reizende grünlichschwarze Pulver löst sich in Wasser mit violettroter Farbe und färbt gebeizte Baumwolle rotviolett.

Nickel, ein dem Kobalt nahe verwandtes und meist in seiner Gesellschaft vorkommendes Metall der Eisengruppe, Ni = 55, findet sich in der Natur nicht in gediegenem Zustande, sondern nur in Form von Verbindungen. Am verbreitetsten sind Verbindungen mit Schwefel und Arsen. Das für Deutschland wichtigste Erz ist der Kupfernickel oder Nickolit, der von den Bergleuten seines Aussehens wegen für ein reiches Kupfererz gehalten und aus Ärger über die getäuschte Erwartung mit dem Schimpfnamen belegt wurde. Er ist ein mit etwas Arsenkobalt, Eisen, Antimon und Schwefel verunreinigtes Arsen-Nickel. Von anderen Erzen sind zu erwähnen der Nickelglanz oder Arsennickelglanz (Nickel, Arsen, Schwefel), Nickelspießglanz (Nickel, Antimon, Schwefel), Nickelkies, Nickelblende (Schwefel-N.) und vor allem der Garnierit, ein völlig schwefel- und arsenfreies Nickel-Magnesium-Silikat, das neuerdings in großen Massen von Neukaledonien nach Frankreich eingeführt wird. Die Gewinnung des N. geht vielfach Hand in Hand mit der Herstellung des Kobaltblaus, und insbesondere in Sachsen bedient man sich der beim Smaltebrennen abfallenden Kobalt- oder Nickelspeise, eines früher als unbrauchbar weggeworfenen Abfallstoffes, der etwa 50 % N. enthält. Diese Halden oder sonstige Arsen-Nickel-Erze werden geröstet und mit Zuschlägen geschmolzen, wobei das Eisen in die Schlacke geht. Die zurückbleibende Nickel-Kobalt-Speise wird zur Entfernung des Kobalts mit Sand geglüht, darauf mit Soda und Salpeter totgeröstet, und das Nickeloxydul mit Kohle reduziert. Wesentlich einfacher ist die Verarbeitung des Garnierits, der arsen- und schwefelfrei ist und direkt mit Kohle und Zuschlag geschmolzen werden kann. Die meist umständlicheren Verfahren auf nassem Wege beruhen auf der Auslaugung der totgerösteten Erze mit Salz- oder Schwefelsäure, Fällung des Arsens durch Einleiten von Schwefelwasserstoff und des Eisens durch Kalzium- oder Natriumkarbonat. Eine große Zukunft scheint endlich das Verfahren von Mond zu haben, nach welchem die gerösteten Erze mit Kohlenoxyd auf 80° erhitzt werden. Dabei geht das N. in Form einer Verbindung mit Kohlenoxyd (Nickelkarbonyl) gasförmig über, das sich beim Abkühlen in Vorlagen abscheidet. Das N. ist in reinem Zustande fast silberweiß, läßt sich leichter als Eisen schmelzen und hat gegossen ein spez. Gew. von 8,3, gehämmert ein solches von 8,9. Es ist bei Rotglut hämmer- und streckbar, läßt sich schweißen, in dünne Bleche walzen und zu dünnen Drähten ausziehen und zeigt poliert einen schönen, dauerhaften Glanz. Im Handel erscheint das N. meist in Form kleiner Würfel von 1 cm Seitenlänge (Würfelnickel), die vielfach noch Kupfer und Eisen enthalten, oder als gepreßter Nickelschwamm, als granuliertes N., in gerissenen Scheiben wie Kupfer und in Form von Barren oder Mulden. Das reine Nickel dient zur galvanischen Vernicklung von Eisen, Stahl, Messing und Zink, oder zum Plattieren oder zur Herstellung von ganz aus Nickel bestehenden Geräten. Die letzteren sind ebenso wie die vernickelten außerordentlich haltbar, da sie nicht nur gegen Luft und Wasser, sondern auch gegen Schwefelwasserstoff und verdünnte Säuren große Widerstandsfähigkeit zeigen. Die größte Bedeutung hat das N. in Form seiner Legierungen: Neusilber, Argentan, Alpaka, Alfenide und Packfong, die aus Kupfer, Nickel und Zink bestehen und in versilbertem Zustande als Chinasilber oder Christofle bezeichnet werden. Legierungen von Kupfer und N. allein finden als Scheidemünzen in vielen Staaten Anwendung. Die deutschen 5- und 10-Pfennig-Stücke enthalten 75 % Kupfer und 25 % Nickel; ebenso die belgischen und amerikanischen Münzen. Der mit Hilfe von etwas N. hergestellte Nickelstahl dient wegen seiner außerordentlichen Härte und Zähigkeit zur Herstellung von Panzerplatten und Kugellagern. Die Salze des N. sind giftig, s. Nickelverbindungen.

Nickelverbindungen. Von Nickelverbindungen kommen für den Handel hauptsächlich folgende in Betracht: 1. Nickelammoniumsulfat (schwefelsaures Nickeloxydulammoniak, lat. Niccolum sulfuricum ammoniatum, frz. Sulfate d'ammoniaque de nickel, engl. Sulfate of ammonia of nickel) wird dargestellt durch Auflösung von Nickelkarbonat in verdünnter Schwefelsäure und Vermischen mit einer verdünnten Lösung von Ammoniumsulfat. Das ausfallende grüne Kristallsalz, $Ni(NH_4)_2(SO_4)_2$, ist in kaltem

Wasser schwer, dagegen leicht in heißem Wasser löslich und dient, wie das Nickelsulfat, zu galvanischen Vernickelungen. 2. Nickelazetat $Ni(CH_3.COO)_2$ (essigsaures Nickel, lat. Niccolum aceticum, frz. Acétate de nickel, engl. Acetate of nickel) wird durch Auflösen von Nickeloxydul in Essigsäure hergestellt und bildet apfelgrüne, an der Luft verwitternde Kristalle, die in kaltem Wasser löslich, in Alkohol unlöslich sind. 3. Nickelbromür, $NiBr_2$ (lat. Niccolum bromatum, frz. Bromure de nickel, engl. Bromure of nickel), wird durch Auflösen anderer Nickelsalze in verdünnter Bromwasserstoffsäure gewonnen und bildet grüne hygroskopische Kristalle, die bei Zutritt von warmer Luft in ein gelbes Salzpulver übergehen. Nickelbromür wird medizinisch gegen Epilepsie und als Beruhigungsmittel angewandt. 4. Nickelchlorür, $NiCl_2$ (Chlornickel, Nickelchlorid, lat. Niccolum chloratum, frz. Chlorure de nickel, engl. Chloride of nickel), wird durch Auflösen von Nickel in Königswasser dargestellt. Das in gelbgrünlichen Kristallschuppen bzw. in sechsseitigen Säulen sublimierende Salz ist leicht löslich in Wasser und Weingeist und wird als chemisches Reagens benutzt. 5. Nickelkarbonat (kohlensaures Nickeloxydul, lat. Niccolum carbonicum, frz. Carbonate de nickel, engl. Carbonate of nickel), $NiCO_3$. Zur Darstellung löst man reines Nickelmetall in reiner Salpetersäure, dampft die Lösung bis zur Trockne ein, löst den Rückstand nach vorheriger Erhitzung in destilliertem Wasser auf und fällt mit reiner Natriumkarbonatlösung. Das Salz bildet ein apfelgrünes Pulver, das in verdünnten Säuren unter Aufbrausen löslich ist und zur Darstellung anderer Nickelverbindungen dient. 6. Nickeloxydul, NiO (lat. Niccolum oxydulatum, frz Oxyde de nickel, engl. Oxide of nickel), findet sich in der Natur als Bunsenit in grünen, durchsichtigen Oktaedern und wird auch künstlich durch starkes Glühen des kohlensauren oder salpetersauren Nickels als ein apfelgrünes, in Wasser unlösliches, in Säuren leicht lösliches Pulver dargestellt. Es dient zur Darstellung anderer Nickelsalze sowie als analytisches Reagens. 7. Nickelsulfat (schwefelsaures Nickel, Nickelvitriol, lat. Niccolum sulfuricum, frz. Sulfate de nickel, engl. Sulfate of nickel) wird dargestellt durch Auflösen von Nickel in Schwefelsäure unter Zusatz von etwas Salpetersäure, meist aber durch Auflösen von Nickeloxydul oder -karbonat in verdünnter Schwefelsäure. Es kristallisiert in harten smaragdgrünen Kristallen von der Formel $NiSO_4+7H_2O$, die leicht verwittern, bei Erwärmu g eine blaugrüne Färbung annehmen und leicht löslich in Wasser, dagegen unlöslich in Alkohol sind. N. ist das wichtigste Nickelsalz, das hauptsächlich zur galvanischen Vernickelung verwandt wird.

Niederselters. Dieser muriatische Säuerling, das gewöhnliche Selterswasser des Handels, besitzt nach R. Fresenius (1863) folgende Zusammensetzung: 1000 Gewichtsteile enthalten: Bikarbonate des Natriums 1,2366 g, Lithiums 0,0050 g, Ammoniums 0,0068 g, Kalziums 0,4438 g, Bariums 0,0002 g, Strontiums 0,0028 g, Magnesiums 0,3081 g, Eisenoxyduls 0,0042 g, Manganoxyduls 0,0007 g; Chloride des Kaliums 0,0176 g, Natriums 2,3346 g, Bromnatrium 0,0009 g, Jodnatrium Spur, schwefelsaures Kalium 0,0463 g, Aluminiumphosphat 0,0004 g, Natriumphosphat 0,0002 g, Natriumborat Spur, Natriumnitrat 0,0061 g, Kieselsäure 0,0212 g und 2,2354 g freie Kohlensäure.

Nieswurz. Diesen Namen führen im Drogenhandel verschiedene Wurzeln, die man als schwarze, weiße und grüne Nieswurz zu unterscheiden pflegt. Von diesen ist in das Deutsche Arzneibuch nur noch die weiße aufgenommen, während die früher offizinell gewesene schwarze und grüne gestrichen sind. Die schwarze N. (lat. Rhizoma hel ebori nigri, frz. Ellébore noir, engl. Christmas root) stammt von einer zu den Ranunkulazeen gehörigen krautartigen Pflanze, Helleborus niger, die auf den Apenninen, Pyrenäen und einem Teil der Alpen wächst. Die außen schwarzbraune, innen weiße Wurzel ist rundum mit strohhalmdicken, helleren Wurzelästen besetzt. Ihr Pulver erregt heftiges Niesen und wirkt giftig. — Die grüne Nieswurz (lat. Rhizoma hellebori viridis, frz. Ellébore vert, engl. Green hellebore root) von Helleborus viridis, mit grünlichen Blüten, ist der schwarzen ähnlich, aber noch dunkler gefärbt und schärfer. Sie ist geringelt, bis 2,5 cm dick und mehrere Zentimeter lang und zeigt auf dem Querschnitte einen kreuzförmigen Holzkörper. Man sammelt beide Wurzeln zur Verhütung von Verwechslungen mit den grundständigen Blättern. — Die weiße N. (lat. Rhizoma veratri s. hellebori albi, frz. Racine d'ellébore blanc, engl. White hellebore root) ist der Wurzelstock von Veratrum album, einer zu den Kolchizeen gehörenden 9—12 dm hohen Pflanze mit grünlichweißen oder grünen Blüten, welche im Volksmunde weißer Germer genannt wird und auf hohen Gebirgen (Riesengebirge, Karpathen, Alpen) wächst. Der Wurzelstock ist konisch geformt, 7—10 cm lang, oben bis $3^1/_2$ cm im Durchmesser, öfter mehrköpfig, außen aschgrau, im Durchschnitt weißlich und zeigt eine braune geschlängelte Linie zwischen Kern und Rinde. Er treibt eine Menge dünner Fasern aus, die man vor dem Trocknen abschneidet, und zeigt daher helle Schnittnarben. Der Geschmack der Wurzel ist brennend scharf und bitter, ihr Staub erregt heftiges, anhaltendes Niesen, und das Pulvern muß unter besonderen Vorsichtsmaßregeln geschehen. Innerlich wirkt N. Erbrechen erregend und stark giftig. Das Pulver wird besonders in der Tierheilkunde äußerlich gegen Räude und andere Hautübel verwendet und bildet einen Bestandteil des Schneeberger Schnupftabaks und ähnlicher Niespulver. Als wirksame Bestandteile enthält die weiße N. zwei Alkaloïde, das Veratrin (s. d.) und das Jervin, von denen das erstere auch medizinische Verwendung findet, die schwarze N. ein scharfes Glykosid, das Helleborein, und die grüne außer diesem auch noch ein anderes Glykosid, das Helleborin.

Nigeröl (frz. Huile de Niger, engl. Nigerseed oil), das in Menge von etwa 36 % aus den Samen der in Ostindien und Abessinien angebauten Komposite Ginzatia oleifera gewonnene fette Öl, hat eine gelbe Farbe und nußartigen Geschmack und gehört zu den schwächer trocknenden Ölen. Das spez. Gew. beträgt bei 15° 0,925—0,927, die Verseifungszahl 189—192, die Jodzahl 127—134. Das auch nach Europa eingeführte Öl eignet sich zu Speise- und Beleuchtungszwecken und zur Seifenfabrikation. — Auch Baumwollsamenöl (s. d.) wird als N. bezeichnet.

Nijmoholz (Njimoholz) wird aus den Hinterländern von Kamerun teils in Form spärlich mit Rinde bedeckter Scheiben, teils in gleichmäßig berindeten Wurzelabschnitten eingeführt, die beide im Innern eine schöne gelbe Farbe sowie bisweilen rötliche Flecken zeigen und einen gelben alkoholischen Auszug mit lebhaft grüner Fluoreszenz liefern. Das Holz besitzt einen eigentümlichen Moschusgeruch und stammt wahrscheinlich von demselben Baume, welcher die Donndackerinde liefert.

Nikotin (lat. Nicotinum, frz. und engl. Nicotine), das in dem Tabak enthaltene, sehr giftige Alkaloïd, $C_{10}H_{14}N_2$, ist frisch bereitet eine farblose, ölige Flüssigkeit vom spez. Gew. 1,012, wird aber durch Einwirkung von Luft und Licht sehr bald gelblich und schließlich braun. Es besitzt einen unangenehmen, betäubenden Tabaksgeruch, der heftige Kopfschmerzen verursacht. Ein Tropfen genügt, um eine Taube, die doppelte Menge, um einen Hund zu töten. Das N. ist sowohl in Wasser, als auch in Alkohol und in Äther leicht löslich und muß in gut verschlossenen, vollgefüllten Fläschchen an dunklen Orten aufbewahrt werden. Neuerdings wird vorgeschlagen, das weinsaure N. (lat. Nicotinum bitartaricum) anstatt des reinen N. medizinisch zu verwenden, da dieses Salz leicht kristallisiert und sehr haltbar ist. Vgl. ferner Tabak.

Nilblau, ein seit 1888 bekannter Oxazinfarbstoff, besteht aus dem Sulfat des Diaethylamidophenoamidonaphtoxazoniums und wird aus Nitrosodimethylmetaamidophenol und α-Naphthylamin hergestellt, während bei Mitwirkung von benzyliertem Naphthylamin das Nilblau BB entsteht. Der Farbstoff bildet ein grünes, bronzeglänzendes Kristallpulver, das in warmem Wasser, Alkohol und Pyridin leicht mit blauer Farbe löslich ist. In konzentrierter Schwefelsäure löst er sich mit orangeroter Farbe, die beim Verdünnen mit Wasser durch Grün in Blau übergeht. Das N. eignet sich zum Färben von Seide und Wolle ohne Beize. Baumwolle wird nach dem Beizen mit Tannin und Brechweinstein blau gefärbt.

Niobeöl (frz. Essence de Niobe, engl. Niobe oil), eine wohlriechende ölige Flüssigkeit für Parfümeriezwecke, besteht aus Benzoësäuremethylester.

Nitragin, ein Mittel, die Stickstoffassimilation von Ackererde zu erhöhen, besteht aus einer Anschwemmung von Knöllchenbakterien.

Nitrate (Ableitung von nitrum, Salpeter) ist der Name für die salpetersauren Salze, z. B. Kaliumnitrat, salpetersaures Kali, gewöhnlicher Salpeter. Nitrite sind dagegen salpetrigsaure Salze.

Nitrofarbstoffe nennt man diejenigen Teerfarbstoffe (s. d.), die durch Eintritt der Nitrogruppe, NO_2, in aromatische Amine oder Phenole entstehen. Zu ihrer Darstellung nitriert man entweder direkt die entsprechenden Amine und Phenole, oder man führt sie zunächst in die Sulfosäure über und behandelt diese mit Salpetersäure. Die Gruppe umfaßt nur gelbe saure Farbstoffe, die Wolle und Seide grünstichig bis orangegelb färben, Baumwolle hingegen nicht. Beim Erhitzen verpuffen sie, in konzentrierter Schwefelsäure lösen sie sich mit gelber Farbe. Von den wichtigsten Gliedern der Gruppe sind Aurantia, Pikrinsäure und Naphtolgelb in besonderen Aufsätzen behandelt.

Nitroglyzerin (Glonoin, Sprengöl, Trinitroglyzerin, Nitroleum, Salpetersäuretriglyzerid, Salpetersäureglyzerinester, Glyzerintrinitrat, frz. Nitroglycérine, engl. Nitroglycerin). Nachdem durch die Erfindung der Schießbaumwolle die Aufmerksamkeit der Chemiker auf die Sprengwirkung der Nitrokörper, richtiger der Salpetersäureester, gelenkt worden war, ging man dazu über, auch die analoge Verbindung des Glyzerins darzustellen. Die Herstellung gelang gleichzeitig in Europa und in Amerika, wo man dem Präparate den Namen Glonoin beilegte. Im großen wurde das N. jedoch erst seit 1864 von dem Schweden Nobel gewonnen, der es unter dem Namen Sprengöl in die Praxis einführte. Die Herstellung erfolgt im Prinzip in der Weise, daß man in ein kaltes Gemisch von konzentrierter Salpetersäure und Schwefelsäure in langsamem Strahle möglichst reines Glyzerin unter Umrühren einfließen läßt und gleichzeitig durch beständige Kühlung die Temperatur unter 30° hält. Das sich oben ansammelnde Reaktionsgemisch wird abgehoben, mit Wasser und Sodalösung gewaschen und durch Filz oder Kochsalz filtriert. Sorgfältige Entfernung aller Säurespuren ist unbedingt erforderlich, weil hiervon die Haltbarkeit abhängt. Das reine N., $C_3H_5(ONO_2)_3$, bildet eine farblose bis blaßgelbliche ölige Flüssigkeit, die schwerer als Wasser ist und sich in diesem nicht löst, hingegen in Alkohol, Äther und Benzol leicht löslich ist. Das spez. Gew. beträgt 1,600. Das N. ist sehr giftig, und schon seine Dämpfe verursachen anhaltende Kopfschmerzen. Es erstarrt bei etwa +8° zu langen Kristallnadeln (Gefrorenes N.), welche bei +11° schmelzen. Beim Erhitzen auf 257° sowie durch Schlag tritt heftige Explosion ein. Auf letzterer beruht seine Verwendung als Sprengmittel. Die Sprengwirkung übertrifft diejenige des gewöhnlichen schwarzen Sprengpulvers um das 10—13fache, denn die im Augenblick der Explosion entstehenden Gase nehmen den 10400fachen Raum des Öles ein. Die mit dem Gebrauch und Verladen verbundenen Gefahren veranlaßten, daß das reine N. vom Versand ausgeschlossen wurde, und zurzeit nur noch im Gemisch mit porösen festen Stoffen, Kieselgur, Sägemehl als sog. Dynamit zur Anwendung gelangt.

Nitron, Diphenylendiiminodihydrotriazol, gibt eine unlösliche Verbindung mit Salpetersäure und wird zum Nachweis und zur Bestimmung der letzteren benutzt.

Nitronaphthalin, eine zur Bereitung gewisser Farben dienende Nitroverbindung, $C_{10}H_7.NO_2$, wird durch Behandlung von Naphthalin mit einer Mischung von Salpetersäure und Schwefelsäure gewonnen und bildet gelbe prismatische Kristalle, die unlöslich in Wasser, aber in Alkohol, Äther und Schwefelkohlenstoff leicht löslich sind. Das N. schmilzt bei 61°, der Siedepunkt liegt bei 304° C.

Nitrophosphate, die aus Knochenmehl, Guano oder Phosphorit mit Salpetersäure (anstatt der Schwefelsäure) bereiteten Superphosphate, kommen nur selten im Handel vor, weil sie, obgleich als Düngemittel sehr wirksam, zu teuer sind und an der Luft rasch feucht werden.

Nitroprussidnatrium (Nitroferridzyannatrium, lat. Natrium nitroprussicum, frz. Nitroprussiate de soude, engl. Nitroprussiate of soda), das empfindlichste Reagens auf in Wasser lösliche Sulfide, wird dargestellt, indem man gelbes Blutlaugensalz mit verdünnter Salpetersäure unter Erwärmen mischt und die saure Flüssigkeit mit kohlensaurem Natrium sättigt, filtriert und zur Kristallisation verdampft. Beim Umkristallisieren aus Alkohol wird das Salz in rubinroten Kristallen erhalten, die dem roten Blutlaugensalz ähnlich sind. Alkalisulfidlösungen färben sich auf Zusatz des Reagens sofort purpurrot bis blau, während mit Schwefelwasserstoff keine Färbung entsteht. Aus dem N. wird durch Fällung mit Kupfervitriol das Nitroprussidkupfer (lat. Cuprum nitroprussicum) erhalten, ein nach dem Trocknen graugrünes Pulver, das zur Prüfung ätherischer Öle auf Fälschung mit Terpentinöl oder anderen sauerstofffreien Ölen dient. Beim Erhitzen in sauerstoffhaltigen Ölen färbt sich das Pulver schwarz oder schwarzgrau, und das Öl nimmt andere, dunklere Färbung an, während mit Terpentinöl oder anderen sauerstofffreien Ölen keine Veränderung eintritt.

Nitrosophenolfarbstoffe (Chinonoximfarbstoffe) enthalten die Atomgruppe NO . OH und entstehen durch Einwirkung von salpetriger Säure auf Phenole wie Resorzin, Naphtol u. a. Die sauren, meist grünen Farbstoffe der Gruppe dienen zur Beizenfärbung und geben mit Eisenhydroxyd grüne, mit Chromhydroxyd braune Lacke von hoher Licht- und Waschechtheit. Als wichtigste Glieder der Reihe seien angeführt: Solidgrün (Dinitroresorzin), Naphtholgrün B (Eisensalz des nitrosonaphtolsulfosauren Natriums), Gambin R u. Y oder Elsässergrün J (Nitrosonaphtol), Dioxin (Nitrosodioxynaphtalin).

Nitrotoluol, ein für die Teerfarbenfabrikation unentbehrliches chemisches Präparat, $C_7H_7NO_2$, bildet drei isomere Modifikationen, Ortho-, Meta- und Paranitrotoluol. — Ersteres ist eine gelbe Flüssigkeit von bittermandelölähnlichem Geruch, einem spez. Gew. von 1,163 und dem Siedepunkt 218,5° C. In der Kälte wird es nicht fest. — Das Metanitrotoluol erstarrt in der Kälte, schmilzt dann wieder bei 16° C und siedet bei 230,5° C. — Das Paranitrotoluol bildet bei gewöhnlicher Temperatur weiße glänzende Kristalle, die einen mehr an Anis als an Bittermandelöl erinnernden Geruch besitzen. Sie schmelzen bei 54° und sieden bei 237° C. — Außerdem gibt es noch mehrere Binitrotoluole oder Dinitrotoluole und Trinitrotoluole.

Nitrum (lat.) bedeutet Salpeter, N. cubicum Chilesalpeter, N. flammans salpetersaures Ammoniak, N. prismaticum gewöhnlicher Salpeter, N. tabulatum geschmolzener Salpeter in Plätzchenform.

Nörzfelle (Minks). Der Nörz oder Nerz, die sog. Sumpfotter (Mustela lutreola), ein dem Marder ähnliches Raubtier, lebt im nördlichen Europa, Asien und Amerika und kommt auch in Norddeutschland vereinzelt vor. Das etwa 50, mit dem Schwanze 64 cm lange Tier hat ein glänzend kastanienbraunes Oberhaar, das nicht so lang als beim Zobel wird, und darunter einen graubraunen Flaum. Kehle und Brust sind bei dem russischen und asiatischen N. fast immer weiß, während die amerikanischen nur an der Lippe weiße Auszeichnung besitzen. Nörz ist ein beliebtes Pelzwerk, welches im allgemeinen zwischen Zobel und Edelmarder eingereiht wird. Die Handelsware stammt aus Rußland und Nordamerika, wo besonders die Ostküste, Neuengland und Maine die feinsten und dunkelsten Felle liefern.

Nopalin, ein schöner roter Farbstoff für Seide und Wolle, besteht aus einer Mischung von Binitronaphthol mit Bibromnitrofluoreszein.

Nosophen (Jodophen), ein als Jodoformersatz empfohlenes Antiseptikum, entsteht bei der Behandlung von alkalischer Phenolphtaleinlösung mit Jodjodkalium als ein gelbes geruch- und geschmackloses Pulver, das in Wasser und Säuren unlöslich ist, von Äther und Chloroform aber leicht aufgenommen wird. N. ist in chemischer Hinsicht Tetrajodphenolphtalein.

Novaspirin wird durch Einwirkung von Phosphorpentachlorid auf Anhydromethylenzitronensäure und nachfolgende Veresterung des Reaktionsproduktes mit Salizylsäure dargestellt und ist demnach der Disalizylsäureester der Anhydromethylenzitronensäure. Das in Wasser gar nicht, in Alkohol und Äther leicht lösliche weiße Pulver vom Schmelzpunkt 151° wird anstatt des Aspirins angewandt, dessen unangenehme Nebenwirkungen ihm fehlen.

Novokain ist ein farb- und geruchloses Kristallpulver, das sich in Wasser und Alkohol löst und für sich oder mit Suprarenin als wenig giftiger Kokainersatz für lokale Anästhesie benutzt wird. N. ist das salzsaure Salz des Paraamidodiäthylaminoäthanols.

Nüsse (lat. Nuces, frz. Noix, engl. Nuts). Unter dem Namen Nüsse ohne nähere Bezeichnung begreift man im Handel gewöhnlich nur die Walnüsse oder welschen Nüsse und die Haselnüsse. — Der stattliche Walnußbaum (Juglans regia) stammt aus Persien, wanderte schon im Altertum nach dem Westen aus und wird gegenwärtig im südlichen und mittleren Europa häufig angebaut. Die Römer nannten die Nuß Juglans, Jupiters Eichel. In Deutschland finden sich die Nußbäume in den nördlichen Gegenden nur vereinzelt und bringen auch nicht immer reife Früchte hervor, hingegen sind sie angepflanzt im Süden und Südwesten, in den Rheingegenden, in Franken, Mähren, Tirol, der Schweiz, in vielen Departements von Frankreich und

Belgien ziemlich häufig. Durch lange Kultur sind verschiedene Abarten entstanden, so die Steinnuß, mit dicker harter Schale, aus welcher der Kern schwer herauszubringen ist, daher auch Grübelnuß genannt, die Pferdenuß, von mehr als doppelter Größe, mit weniger wohlschmeckendem Kern, die leicht zerdrückbare dünnschalige Nuß, die Johannisnuß, deren Träger erst um Johannis ausschlägt, und die Blutnuß, mit teilweise blutrotem Kern. Die lufttrockenen Kerne haben einen beträchtlichen Nährwert, da sie neben 16—17 % Eiweiß, 13 % stickstofffreien Extraktstoffen und 2 % Asche mehr als 58 % Fett enthalten. — Außer der Verwendung zum Rohessen und in der Konditorei werden sie daher zum Auspressen des Öls (s. Nußöl), und die Preßrückstände als Viehfutter benutzt. — Die unreifen, grünen, noch weichen Walnüsse werden mit der Außenschale mit Zucker und Gewürzen zu einer herbsüßen Konfiture eingelegt und dienen auch, mit Gewürzen und Franzbranntwein angesetzt, zur Darstellung eines wohlschmeckenden Likörs. Die grünen Schalen der reifen Walnüsse, die beim Trocknen braun werden, benutzt man zum Braunfärben und zu Holzbeizen. Die grünen Schalen, die unreifen ganzen Früchte und die Blätter finden Verwendung zu Abkochungen und Extrakten. — Die in ganz Europa wild wachsenden Haselnüsse, von Corylus avellana sowie die mehr im Süden heimischen und bei uns gezogenen Lamberts-, d. h. langbärtigen N., von Corylus tubulosa, haben ähnliche Zusammensetzung wie die Walnuß. Die Lambertsnuß wird in Italien und a. a. O. kultiviert und wächst wild in der Krim. Aus der neapolitanischen Provinz Terra di Lavora, dem alten Kampanien, stammt eine besonders große Sorte, die nach der Stadt Avella Avellanen genannt wird, und auch aus der Türkei kommt eine besondere Art, Corylus colurna, mit großen, sehr harten und fast kugelrunden Früchten.

Nußbaumholz (Walnußbaumholz, frz. Bois de noyer, engl. Wood of nut-tree), das Holz von Juglans regia (vgl. Nüsse), bildet ein sehr beliebtes und wertvolles Nutzholz für die Möbeltischlerei. Es ist dunkelbraun, oft schwärzlich geadert und besitzt sehr charakteristische lange Poren, die jedoch nicht so groß sind, wie die des Eichenholzes. Das sehr feste und dauerhafte Holz nimmt eine sehr schöne Politur an und wird zu Bildschnitzereien und Drechslerarbeiten, Gewehrschäften und Furnieren verwandt. Auch die Knorren, Wurzelstöcke und Auswüchse sind wegen ihrer schönen Maserung sehr gesucht. Man unterscheidet im Handel italienisches, schweizerisches, rheinisches und böhmisches N. Das Holz junger Bäumchen ist noch weiß, aber sehr zäh und biegsam und wird daher zu Peitschenstielen verarbeitet. Als nordamerikanisches N. wird meist das Hickoryholz bezeichnet, jedoch kommt unter gleichem Namen auch das Holz einer anderen Nußbaumart, Juglans nigra, zu uns, das im Bau dem europäischen ähnlich und von gleichmäßig brauner Farbe ist.

Nußblätter (Walnußblätter, lat. Folia juglandis, frz. Feuilles de noyer, engl. Walnut-tree leaves), die ganzrandigen, eiförmigen Blätter von Juglans regia, besitzen einen aromatischen Geruch und bitterlich herben Geschmack und werden vielfach zu Bädern sowie innerlich als bluterzeugendes Mittel benutzt. Als hauptsächliche Bestandteile enthalten sie ätherische Öle, Gerbstoff und Juglon.

Nußöl, das fette Öl der Walnüsse, Walnußöl (Welschnußöl, lat. Oleum juglandis, frz. Huile de noix, engl. Nut-oil), ist im frischen Zustande und kalt gepreßt fast farblos und von feinem, angenehmem Geschmack, während das warm gepreßte Öl stark grünlichgelb gefärbt ist und einen scharfen Geruch und Geschmack zeigt. Das spez. Gew. bei 15° beträgt 0,925, die Verseifungszahl 190—196, die Jodzahl 142. Der Erstarrungspunkt liegt erst bei —27,5°. Das N. gehört zu den trocknenden Ölen, trocknet besser als Leinöl und wird daher gern in der feinen Ölmalerei angewandt. Neuerdings werden auch in Ostindien unter dem Namen Akrot-ki-tel große Mengen Walnußöl gewonnen. Das kalt gepreßte gibt ein gutes Tafelöl.

Nutrol (Nural), ein sog. „künstlich verdautes stärkemehlhaltiges Nahrungsmittel", besteht im wesentlichen aus einem mit etwas Salzsäure und Bromelin versetzten Stärkesirup und scheint wegen der ungünstigen Beurteilung aus dem Handel verschwunden zu sein.

Nutrose, ein lösliches Protein-Nährmittel der Farbwerke vorm. Meister, Lucius & Brüning, wird durch Behandlung von trockenem Kasein mit Ätznatron und Alkohol dargestellt. Das weiße, geruch- und geschmacklose Pulver ist nahezu reines wasserlösliches Kaseinnatrium und enthält nach König 10,07 % Wasser, 82,81 % Stickstoffsubstanz (davon 78,67 % löslich), 0,40 % Fett, 3,04 % stickstofffreie Extraktstoffe und 3,68 % Asche.

O.

Oblaten (frz. Oublies, Hosties, engl. Wafer) sind dünne blattartige Scheiben, die aus einem Weizenmehlteige zwischen eisernen Platten oder in Formen gebacken werden. Größere Tafeln, die den Konditoren als Unterlage zu Lebkuchen und anderem Gebäck dienen, heißen Tafeloblaten. Kirchenoblaten oder Hostien werden in figurierten Formen gebacken, Brief- oder Siegeloblaten durch runde Stecheisen aus den ganzen Blättern ausgestochen, doch sind die letzteren seit Einführung der gummierten Briefumschläge fast ganz außer Gebrauch gekommen. — Eine größere Bedeutung haben die Einnehmeoblaten, die aus zwei am Rande verbundenen, in der Mitte vertieften, scheibenförmigen O. bestehen und zur Umhüllung übelschmeckender Arzneimittel dienen. — Die in neuerer Zeit aufgekommenen durchsichtigen farbigen O. bestehen aus Blättern von gefärbter Gelatine, die auf blanke Metalltafeln flüssig ausgegossen und eingetrocknet ist.

Obsidian (Lavaglas, isländischer Achat) ist ein Mineral vulkanischen Ursprungs, eine glasartige Lava oder vielmehr natürliches vulkanisches Glas, das durch Eisenoxydoxydulsilikat schwarz gefärbt erscheint und in seinem gewöhnlichen Vorkommen ganz das Aussehen von Flaschenglas besitzt. O. ist braungelb, rauchbraun, grau, dunkelgrün oder ganz schwarz gefärbt, glasglänzend, in verschiedenen Graden durchsichtig oder durchscheinend, und zeigt muscheligen Bruch. Die Härte beträgt $5-5^1/_2{}^0$. Das Mineral läßt sich wegen seiner Sprödigkeit nur schwierig bearbeiten, nimmt aber schöne Politur an und wird in seinen ganz schwarzen Sorten zu Trauerschmuck, Dosen, Knöpfen, Messerheften, Spiegeln für Polarisationsinstrumente usw. verarbeitet. Eine Abart, der schillernde O., wirft einen grüngelben Lichtschein und wird zuweilen, in Kappenform geschliffen, als Ringstein verwandt.

Obst (frz. Fruits, Fruitage, engl. Fruits). Unter diesem Namen faßt man eine große Zahl von Früchten und Scheinfrüchten zusammen, die wegen ihres saftigen Fleisches und ihres Gehalts an Zucker, organischen Säuren und Aromastoffen sowohl roh als auch in verschiedenen Zubereitungsformen genossen werden. Das O. wird, abgesehen von gewissen im Walde wild wachsenden Beerenfrüchten, meist in Gartenkultur oder in besonderen Anlagen gezüchtet, und diese Kultur ist uralt. Schon die alten Syrer und Phönizier verstanden sich auf die Veredelung und trieben Obstbau, der von den Griechen und Römern vervollkommnet und von Mönchen zur Zeit Karls des Großen bei uns eingeführt wurde. Leider wird die Ernte durch harte Winter, Spätfröste, Nässe zur Zeit der Blüte, naßkalte Sommer, Hagelschlag, tierische und pflanzliche Schädlinge oft in Frage gestellt. Aber im Durchschnitt ist der Ertrag bei Geschick und Fleiß, guter Pflege und Auswahl passender Sorten doch sehr groß, und besonders in Deutschland bemühen sich daher zahlreiche Vereine und Lehranstalten um die Ausdehnung des Obstbaus. Gerade unser gemäßigtes Klima ist zur Züchtung feiner Tafelobstsorten außerordentlich geeignet, während die Früchte in den Tropen an Geschmack verlieren. Selbst das in großen Mengen zu uns eingeführte amerikanische O. steht unseren Sorten an Güte weit nach. Die vorzüglichsten Lagen befinden sich zwischen dem Anbaugebiet des Weins und Ölbaums, und zwar verlangen sie im Norden mehr Sonne und Schutz gegen rauhe Winde, im Süden mehr Beschattung. Alle Obstbäume erfordern Tiefgründigkeit. Lockeres, steiniges Geröll, besonders von Kalkstein, ist noch besser als schwerer toniger oder torfig-humoser Boden. Gute Pflege, reichliche Düngung, sorgfältiger Schnitt sowie die Wahl der richtigen, dem Klima und Boden angemessenen Sorten sind Hauptbedingungen für einen reichen Ertrag. Besondere Sorgfalt muß der Ernte und Aufbewahrung des O. gewidmet werden. Nur das bei Sonnenschein vorsichtig gepflückte O. hält sich längere Zeit, wenn es vor jedem Druck bewahrt wird. Man hebt es in luftigen frostfreien Kellern oder besonderen Obstkammern, am besten auf strohbedeckten Lattengerüsten auf. Die einzelnen Stücke (Äpfel, Birnen) dürfen sich nicht berühren und müssen häufig nachgesehen werden. Fleckige Früchte sind sofort zu entfernen. Kirschen lassen sich nicht lange frisch aufbewahren, Pflaumen nur für einige Monate, wenn man sie mit den Stielen fest in Steintöpfe packt, Weintrauben, indem man sie paarweise zusammengebunden frei aufhängt. Das O. muß nach vollendeter Reife geerntet, aber vor dem Erfrieren geschützt werden, da gefrorenes O. seinen Geschmack verliert und leicht fault. — In botanischer Hinsicht bezeichnet man als O. sowohl ganze Früchte oder Fruchtstände als auch Teile derselben, ferner fleischige Fruchtschalen, Samen, Blütenböden, Blütenblätter, Deckblätter und ganze Blütenstände und unterscheidet demnach je nach der einen oder anderen Abstammung: Kern-, Stein-, Beeren- und Schal-O., bisweilen auch noch die Unterabteilungen: kapselartige, Kelch-, Kürbis- und Schotenfrüchte. Zum Kernobst, welches von einer mit dem Kelche gekrönten Scheinfrucht gebildet wird, gehören Äpfel, Birnen, Quitten, Mispeln und Hagebutten, zum Steinobst (echte Steinfrüchte) Pfirsiche, Nektarinen, Aprikosen, Kirschen und Pflaumen aller Art, wie Mirabellen, Reineklauden, Zwetschen sowie aus wärmeren Klimaten Tahitiäpfel, Mangopflaumen, Datteln und Oliven. Zum Beerenobst rechnet man die echten Beeren: Weintrauben, Johannis-, Stachel- und Moosbeeren, bei denen das fleischige Fruchtgewebe (Perikarpium) die Beere bildet, ferner die nur beerenähnlichen, zusammengesetzten Früchte der Himbeeren, Maulbeeren, Brombeeren und die Scheinfrüchte der Erdbeeren und Feigen. Das Schalenobst, dessen Schalen ungenießbar sind, und von dem nur die Samen genossen werden, umfaßt die Nüsse, Kastanien und Mandeln. Als kapselartige Früchte sind Bananen, Affenbrotbaumfrucht und die bei uns mehr zu den Gemüsen gerechneten Melonen, Wassermelonen und Gurken zu nennen. Einen großen Teil der genannten Früchte, besonders Apfelsinen, Zitronen und Feigen, pflegt man im Handel auch als Südfrüchte zu bezeichnen. — Wirtschaftlich spricht man von Früh-, Spät-, Sommer- und Winter-, Garten- und wildem O., ferner von Tafel-, Wirtschafts- und Mostobst. — Die hervorragende Bedeutung des O. für die menschliche Ernährung beruht weniger auf seinem Gehalt an Nährstoffen, als vielmehr auf der günstigen diätetischen Wirkung auf die Verdauung und das allgemeine Wohlbefinden. Abgesehen von dem Schalenobst sind die Früchte durchweg sehr wasserreich. Neben 70—90 % Wasser enthalten sie außer geringen Mengen Zellulose vor allem Zucker, Pektinstoffe, etwas Eiweiß, Gummi und Schleim. Von ausschlaggebender Bedeutung für den Genußwert ist aber der Gehalt an freien und gebundenen organischen Säuren (Äpfelsäure, Weinsäure, Zitronensäure), an Mineralsalzen und Aromastoffen. Das O. wird sowohl frisch wie gekocht genossen und für längere Aufbewahrung in verschiedener Weise durch Trocknen (Dörrobst) oder Einkochen mit Zucker zubereitet, sowie zu Fruchtsäften, Gelees und Marmeladen verarbeitet.

Obstkraut (Apfel-, Birnenkraut) nennt man die durch Eindicken von Obstsäften (besonders Kernobst) ohne Zuckerzusatz bis zur Sirupkonsistenz gewonnenen Erzeugnisse, die besonders im Rheinlande in großen Mengen hergestellt werden. Die Verarbeitung von Abfällen der amerikanischen Ringäpfelindustrie (Kerngehäuse, Schalen) sowie der Zusatz von Zucker und Stärkesirup hat als Verfälschung zu gelten und muß deutlich gekennzeichnet werden. Die Bezeichnung des O. als Gelee ist nicht zulässig.

Obstwein und Beerenwein nennt man alkoholische, weinähnliche Getränke, welche statt aus Trauben aus dem Safte von Obst- und Beerenfrüchten gewonnen werden. Zu ihrer Herstellung werden die zerquetschten oder gemahlenen Früchte ausgepreßt und dann für sich oder nach Zusatz von Zuckerwasser der Gärung überlassen. Direkt verwendbar ist der Apfelmost, während der Birnenmost meist infolge seines geringen Säuregehaltes ein fade schmeckendes Getränk liefert und daher meist mit Apfelmost verschnitten wird. Im Gegensatz zu ihm enthalten die Beerenfrüchte meist zuviel Säure und zu wenig Zucker und müssen daher einen Zusatz von Wasser und Zucker erhalten. Die Gärung läßt man entweder freiwillig oder mit Weinhefe, am besten bei 15—20°, verlaufen und füllt nach beendeter Hauptgärung und dem Absatz der Hefe auf geschwefelte Fässer ab, damit hier noch eine Nachgärung erfolgt. Zur völligen Klärung, die übrigens meist von selbst eintritt, kann noch eine Schönung mit Milch oder Hausenblase erfolgen. Die trinkfertigen O. sind meist alkoholarm, besitzen aber sonst die Zusammensetzung der Traubenweine, abgesehen von dem Vorwiegen der Äpfel- und Zitronensäure an Stelle der Weinsäure. Von den O. spielt der Apfelwein, der besonders in der Frankfurter Gegend, aber auch am Rhein, in Franken, Thüringen, Sachsen und der Schweiz erzeugt wird, die Hauptrolle. Unter den Beerenweinen sind Heidelbeer-, Johannisbeer- und Stachelbeerwein die wichtigsten. Die O. finden als angenehme, alkoholarme Getränke vielfach Anwendung. Zu beachten ist, daß sie den für weinähnliche Getränke erlassenen Bestimmungen des Weingesetzes unterliegen (s. Wein) und daher u. a. weder Teerfarben oder Salizylsäure noch Stärkesirup enthalten dürfen.

Ocker (Ocher, frz. Ocre, engl. Ochre) nennt man lockere, abfärbende tonige Erden, die durch mehr oder weniger Eisenoxyd verschieden gefärbt sind, und von hellgelb, bräunlichgelb, zuweilen hoch- oder goldgelb bis zu gedämpftem Rot wechselnde Farben zeigen. Derartige Mineralien, die aus verwitterten eisenhaltigen Gesteinen hervorgegangen sind, werden an vielen Orten und oft in großer Anhäufung, namentlich in der Nähe von Eisenlagern, gefunden und teils im natürlichen Zustande, teils geschlämmt und präpariert in den Handel gebracht. Die O. bilden wohlfeile Farbkörper, die sich zu Außenanstrichen sowohl als Öl- wie als Leimfarbe verwenden lassen. Zur Ölfarbe soll man kalkhaltige, gutdeckende Sorten nehmen, während die tonerdereichen sich mehr für die Wassermalerei eignen. Man unterscheidet gewöhnlich: Gelb (Gelberde), Gold-, Orange- und Ölocker, und als teuersten den hochgelben Satinocker (Satinober), zu dem auch die französischen Sorten gehören. Die natürlichen hellen O. lassen sich durch stärkeres oder gelinderes Glühen in dunklere Farbentöne von Rot und Braunrot überführen und heißen dann gebrannter O., kommen auch wohl unter besonderen Namen, wie Hausrot, Berlinerrot, Nürnbergerrot, Preußischrot in den Handel. Zu ihnen rechnet man in der Regel auch das Eisenrot oder den Kolkothar (s. d.). Der feinste gebrannte O. ist die Sienaerde, die auch zur Kunstmalerei dient. Zwischen rotem Bolus und O. besteht kein wesentlicher Unterschied, nur sind die letzteren mehr erdig locker, da ihr Ton nicht so fett, sondern durch Kalk mergelig ist.

Ochsengalle (Rindsgalle, lat. Fel tauri, frz. Fiel de boeuf, engl. Ox gall), der Inhalt der Gallenblase von Rindern, findet im gereinigten Zustande mehrfache technische wie medizinische Verwendung. Die Reinigung der rohen Gallenflüssigkeit erfolgt durch Erhitzen bis zum Aufkochen und Abfiltrieren von den geronnenen Teilen. Sie hat dann noch eine grünliche Farbe, kann aber mit Knochenkohle und anderen Klärmitteln entfärbt werden. Die Galle ist ein sehr kompliziert zusammengesetztes Gemisch und enthält, neben den Natronverbindungen der Glykocholsäure und Taurocholsäure, Cholesterin, Cholin (Neurin), Lezithin, Taurin und Farbstoffe. Sie wird vielfach für sich wie als Bestandteil von Seife (Fleckseife) zur Entfernung von Flecken aus Stoffen, die durch weniger milde Mittel leiden würden, gebraucht. Bei der Miniaturmalerei auf Elfenbein bewirkt sie das Anhaften der Farben und bei der Herstellung von Marmorpapier (türkischer Marmor) sowie geaderter Bücherschnitte die Entstehung aderförmiger Gebilde. — Medizinisch wird gereinigte Galle gegen Magen-, Leber- und Milzleiden verordnet. Sie wird in den Apotheken eingedickt (lat. Fel tauri inspissatum, frz. Extrait de fiel de boeuf, engl. Purified ox gall), als eine zähe pechartige dunkle Masse, wie auch als ein trockenes gelbliches Pulver, erhalten durch Ausziehen der Galle mit Weingeist, Entfärben mit Knochenkohle und Abdunsten des Lösungsmittels, vorrätig gehalten. Die letztere Form bildet das gallensaure Natron (lat. Natrium choleïnicum).

Odol, das mit großer Reklame vertriebene Mundwasser (s. d.) der Lingner-Werke, besteht aus einer wäßrigalkoholischen Auflösung von Pfefferminzöl, Saccharin, Salizylsäure und Salizylsäureestern des Menthols und wahrscheinlich des Kresols.

Öle, fette (lat. Oleum, frz. Huile, engl. Oil). Zum Unterschiede von den in besonderen Aufsätzen besprochenen ätherischen Ölen und Mineralölen sind die fetten Ö. (lat. Olea pinguia, frz. Huiles, engl. Oils), die hauptsächlich dem Pflanzenreiche, seltener dem Tierreiche (Trane) entstammen, echte Fette (s. d.), d. h. Glyzeride von Fettsäuren, und nehmen nur insofern eine gewisse Sonderstellung ein, als sie bei gewöhnlicher Temperatur flüssig sind. Ebenso wie sie selbst aber beim Abkühlen erstarren, gehen die festen Fette beim Erwärmen in den flüssigen Aggregatszustand über. In chemischer Hinsicht teilt man sie meist in trocknende und nichttrocknende Ö. ein. Die ersteren, welche, in dünner Schicht der Luft ausgesetzt, trocken und hart werden, bestehen hauptsächlich aus Glyzeriden der Linol- und Linolensäure und werden zur Herstellung von Firnissen benutzt. Zu ihnen gehören das Lein-, Hanf-, Mohn- und Nußöl. Die nichttrocknenden Öle, welche durch den Einfluß der Luft zwar verdickt werden, aber schmierig bleiben, bestehen vorwiegend aus Olein und geben zum Unterschiede von den vorigen die Elaidinreaktion. Die meisten Pflanzenöle finden sich in den Samen, seltener, wie Oliven- und Palmöl, im Fruchtfleisch. Zu ihrer Gewinnung werden die Samen bei gewöhnlicher oder erhöhter Temperatur geschlagen oder gepreßt, neuerdings auch vielfach mit Schwefelkohlenstoff, Benzin oder Tetrachlorkohlenstoff extrahiert. Meist wird erst kalt gepreßt, wobei ein reineres, helleres und wohlschmeckenderes Öl abläuft, und der Rest von geringwertigerem Öl durch heißes Pressen gewonnen. Gewisse Früchte und Samen mit dückflüssigen Ö. (Pflanzenbutter), ferner tierische Stoffe (Klauenfett, Knochenfett, Tran) werden mit Wasser ausgekocht. Alle frisch gepreßten Ö. enthalten trübende Schleimteile und werden erst nach längerem Lagern klar, während die extrahierten Fette gleich klar sind. Die einzelnen Öle werden unter ihrem Namen besprochen.

Ölbaumholz (Olivenholz), das Holz des Ölbaums, Olea europaea, ein sehr dichtes und festes, fast strukturlos erscheinendes Nutzholz, besitzt eine gelbliche Farbe, erscheint im Kern braun gewässert und geflammt und ist dem Wurmstich und der Fäulnis nicht unterworfen. Es nimmt eine sehr schöne Politur an und ist daher für die Drechslerei und Kunsttischlerei sehr gesucht.

Ölersatz (Salatölersatz). Unter diesen und ähnlichen Bezeichnungen kamen während des Krieges erbärmliche Schwindelwaren in den Handel, die aus gelb gefärbten schleimigen Lösungen von Gelatine, Stärkekleister, Karragheen bestanden.

Ölfarben. Zum Verarbeiten fertige Ölfarben werden sowohl für Künstler als auch zu gewöhnlichen Firnis- und Lackanstrichen auf Holz und Metall in den Handel gebracht. Die feinen Ö. finden sich zuweilen noch in Tierblase zu kleinen Beuteln eingebunden, die beim Gebrauch mit einer Nadel angestochen werden und durch das kleine Loch für den jeweiligen Bedarf Ö. austreten lassen. Zweckmäßiger aber sind kleine zusammendrückbare Hülsen von Zinnfolie, sog. Zinntuben, aus deren Halsöffnung die Farbe hinausgedrückt wird und die beim Nichtgebrauch durch ein Schraubendeckelchen geschlossen werden. — Für Anstreicher sind alle gebräuchlichen Erd- und Mineralfarben in Öl oder Firnis vorrätig. Sie werden auf Maschinen zur Konsistenz eines steifen Breies zusammengerieben und in hölzernen Fäßchen, die nach oben enger zulaufen, mit etwas Wasser bedeckt, verkauft.

Ölkuchen, die Preßrückstände von der Ölgewinnung aus Ölsaaten, haben für die Landwirtschaft als Futtermittel außerordentliche Bedeutung, da sie neben erheblichen Mengen Fett meist hohe Gehalte an Stickstoffsubstanzen und an Kohlenhydraten aufweisen. Ihr Wert hängt neben dem Nährstoffgehalt von der Verdaulichkeit und der Abwesenheit schädlicher Bestandteile ab und sollte bei jeder Lieferung durch eine Analyse kontrolliert werden. Als wichtigste Ö. des Handels sind zu nennen: Baumwollsamenkuchen, aus ungeschälten und geschälten Samen, Bucheckernkuchen, Candlenutskuchen, Kokoskuchen, Erdnußkuchen, Hanfkuchen, Kürbiskernölkuchen, Leindotterkuchen, Leinkuchen, entöltes Leinmehl, Madiakuchen, Maiskeimölkuchen, Mandelölkuchen, Mohnkuchen, Olivenkernkuchen, Palmkernmehl entölt, Palmölkuchen, Rapskuchen, Rapsmehl entölt, Sesamkuchen, Sonnenblumenkuchen, Walnußkuchen.

Ölsäure (Oleinsäure, Elainsäure, lat. Acidum oleïnicum, frz. Acide oleïnique, engl. Oleic acid), eine in den meisten tierischen und pflanzlichen Fetten und nichttrocknenden Ölen als Triglyzerid enthaltene organische Säure, wird in großer Menge bei der Herstellung der Stearinkerzen als Nebenprodukt erhalten und in noch unreinem Zustande unter dem unrichtigen Namen Olein oder Elain für die Zwecke der Seifenfabrikation und als Putzmittel für Metalle in den Handel gebracht. Die vollständig gereinigte Ö. ist eine farb- und geruchlose ölige Flüssigkeit von der Formel $C_{18}H_{34}O_2$, die bei $+4^0$ zu einer weißen kristallinischen Masse erstarrt und erst bei 14^0 wieder schmilzt. In Wasser ist sie fast unlöslich, löst sich hingegen in Alkohol und kristallisiert aus dieser Lösung in langen Nadeln. Für sich ist die Ö. nicht flüchtig, geht aber mit stark erhitzten Wasserdämpfen über. Die rohe Ö. wird in Fässern versandt.

Öltuch ist ein mit Ölfirnis oder Harzlösungen getränktes, wasserdichtes Leinen- oder Baumwollengewebe, das als Verpackungsmaterial benutzt wird.

Ofener Bitterwasser, sehr konzentrierte natürliche Auflösungen von Natrium- und Magnesiumsulfat, von denen das Hunyady-Janos B., Arpad-B. und Mattonis B. besondere Verbreitung gefunden haben.

Okubawachs, eine Art Pflanzenwachs, das im deutschen Handel nur selten anzutreffen ist, wird aus den Früchten verschiedener am Amazonenstrome wachsender Bäume der Gattung Myristica, namentlich von Myristica Ocuba sowie von M. sebifera und M. officinalis gewonnen. Die Früchte liefern ungefähr 18 % Wachs, das sich beim Auskochen mit Wasser an der Oberfläche ansammelt. O. ist weicher als Bienenwachs, in kaltem Alkohol unlöslich, völlig löslich in siedendem Alkohol und in Äther. Es schmilzt bei $36{,}5^0$ und hat ein spez. Gew. von

0,918. In Brasilien wird das O. zur Kerzenbereitung verwandt.

Oleum, die auf den Preislisten der Drogisten sich findende lateinische Benennung für Öl irgendwelcher Art, fettes oder ätherisches. Im Volksmunde versteht man darunter Vitriolöl oder Schwefelsäure, O. vitrioli (s. Schwefelsäure), so daß gerade das die Hauptsache angebende Beiwort abhanden gekommen ist. Von den vielen Ölen sind die gebräuchlicheren nachstehend aufgeführt: O. absynthii, Wermutöl; O. amygdalarum amarum, Bittermandelöl; O. a. dulce, süßes Mandelöl; O. anethi, Dillöl; O. anisi stellati, Sternanisöl; O. anthos, Rosmarinöl; O. aurantii corticis, Pomeranzenschalenöl; O. calami, Kalmusöl; O. carvi, Kümmelöl; O. caryophyllorum, Gewürznelkenöl; O. cerae, Wachsöl; O. chamomillae, Kamillenöl; O. cinnamomi, Zimtöl; O. citri, Zitronenöl; O. foeniculi, Fenchelöl; O. humuli, Hopfenöl; O. lini, Leinöl; O. jecoris aselli, Lebertran; O. juniperi, Wacholderöl; O. laurinum, Lorbeeröl; O. laurocerasi, Kirschlorbeeröl; O. levistici, Liebstöckelöl; O. ligni cedri, Zedernholzöl; O. ligni rhodii, Rosenholzöl; O. macidis, Muskatblütenöl; O. menthae crispae, Krauseminzöl; O. m. piperitae, Pfefferminzöl; O. neroli seu naphae, Orangenblütenöl; O. nucistae, Muskatnußöl; O. nucum cocos, Kokosnußöl; O. juglandis, Walnußöl; O. origani, Dostenöl; O. papaveris, Mohnöl; O. petrae, Steinöl, Petroleum; O. petroselini, Petersilienöl; O. philosophorum, Philosophenöl, Ziegelöl; O. pini, Kienöl; O. pini foliorum, Fichtennadelöl; O. rutae, Rautenöl; O. serpylli, Quendelöl; O. sinapis, Senföl; O. succini, Bernsteinöl; O. tanaceti, Rainfarnöl; O. terebinthinae, Terpentinöl; O. thymi, Thymianöl; O. valerianae, Baldrianöl; O. vitis viniferae, Weinbeeröl.

Oliven sind die Steinfrüchte des Ölbaumes oder Olivenbaumes, Olea europaea L., der in den Mittelmeerländern, in Kleinasien und Afrika, von der Küste bis zu 750 m, überall wo anhaltende Fröste fehlen, meist auf Bergabhängen, in Gärten und auf Feldern, in ganzen Wäldchen angebaut wird. Die reifen Früchte dienen zur Ölgewinnung, unreif werden sie, in Essig eingemacht, auch in Deutschland in der Küche verbraucht. Die O. sind länglich oder rund, je nach der Sorte dunkel- bis schwarzgrün, violett, weißlich, rötlich oder blau, und haben grünlichweißes Fleisch. Über Olivenöl s. Baumöl. Vgl. Obst.

Olivetten nennt man sowohl die länglichrunden, olivenförmigen Korallen, die zum Rundschleifen ungeeignet sind, als auch Glasperlen von ähnlicher Gestalt.

Olivin (Peridot), ein pistazien- bis olivenoder gelbgrüner Halbedelstein, der durchsichtig und in hohem Grade glasglänzend ist, besteht aus kieselsaurer Magnesia, Mg_2SiO_4, in der meist ein Teil der Magnesia durch Eisenoxydul ersetzt ist. Die in Böhmen und am Rhein in Basalt und Lava eingewachsenen Steine sind fast wertlos. Der sog. edle O., gewöhnlich Chrysolith genannt, der am schönsten als Geschiebe im Orient, Oberägypten, Ostindien, Zeylon und Brasilien vorkommt, wird als Rosette oder Tafelstein geschnitten und erhält eine Goldfolie oder eine grün gefärbte Kupferfolie zur Unterlage. Die Härte des Steines ist gering, so daß sich die Politur wie auch die Ecken und Kanten bald abnutzen. Er gehört daher zu den geringeren Schmucksteinen.

Ombrés (ombrierte Zeuge) sind Wollstoffe mit farbigen Streifen, deren Ränder verwaschen erscheinen. Zwischen je zwei farbigen Streifen, die in der Mitte am dunkelsten sind, liegt ein hellerer, dessen Farbe vom Dunkeln in das Hellere allmählich übergeht. Zur Erzeugung dieser Wirkung dient ein Satz von Scheiben, die auf einer Welle sitzen, auf dem Umfange mit wollenem Zeug überzogen sind und unten in einen Farbkessel tauchen. Der Wollstoff wird mehrmals über die sich drehenden Scheiben hinweggezogen und nimmt von denselben Farbe an, während die Zwischenräume nicht getroffen werden, sondern sich nur durch Ansaugung von beiden Seiten her, also in der Mitte des Zwischenraums am wenigsten oder gar nicht färben. Wolkige oder marmorartige O. werden dadurch hervorgebracht, daß man bereits das Garn beim Färben ombriert, indem man es an verschiedenen Stellen mit Fäden umbindet und hierdurch die Farbe abhält.

Onyx nennt man diejenigen plattenförmig ausgebildeten Abänderungen des Chalzedons (s. d.), die in verschiedenen Farben streifig erscheinen, indem weiße Lagen oder Schichten mit schwarzen, dunkelbraunen oder grauen abwechseln. Auf dem Querbruche erscheint daher der O. gestreift, während eine abgerichtete Platte auf den zwei Breitseiten einfarbig ist. Es kommt auch vor, daß in dem Stein durch Eintritt einer weiteren rosaroten Platte dreierlei verschiedenfarbige Schichten abwechseln. In solchem Falle heißt er Sardonyx. Beide Abarten wurden schon von den alten Griechen und Römern zu den kunstvollsten Steinschneidereien, den sog. Kameen, benutzt, die weiße erhabene Figuren auf dunklem Grunde tragen. Die Kunst des Kameenschneidens wird in Italien auch heute noch ausgeübt.

Opal (Schillerstein), ein aus amorpher wasserhaltiger Kieselsäure bestehendes Mineral, das sich meist derb und eingesprengt in Form mannigfacher Bruchstücke und in nierenförmigen, traubigen und stalaktitischen Gebilden vorfindet, bildet trotz seiner geringen Härte, welche derjenigen des Quarzes nachsteht, in seinen besseren Abarten einen geschätzten Edelstein. Sein Wert beruht auf dem eigenartigen schönen Farbenspiel, das je nach der Richtung, in der man ihn betrachtet, von grün, rot und blau nach gelb wechselt. Je nachdem die Farben in Streifen oder Flecken auftreten, unterscheidet man Flecken- oder Flimmeropal und schätzt diejenigen Stücke am höchsten, bei denen das Rot und Grün vorherrscht. Die wertvollste Sorte ist der edle O., der sich in Mexiko, in schleifwürdiger Ware aber hauptsächlich bei Czernowitza in Ungarn vorfindet. Er wurde hier schon im Altertum aus trachytischen Tuffen gewonnen, nach Konstantinopel geschafft und von dort als orientalischer O. wieder ausgeführt. Größere Stücke ohne Risse mit schönem Farbenspiel sind sehr selten und kostbar.

Man benutzt den edlen Opal zu Ringsteinen, Ohrgehängen und anderen Schmucksachen, schleift ihn meist halbkugelig (en cabochon) ohne Facetten und umgibt ihn zur Verdeckung seines geringen Glanzes oft auf schwarzer Unterlage mit Diamanten. An warmen Tagen entwickelt er sein Farbenspiel am schönsten. Der umgebende graugelbe Trachyt mit kleinen eingesprengten Opalpunkten und -adern dient als Opalmutter zur Herstellung von Dosen. Feueropal, eine stark glänzende, feuriggelbe bis hyazinthrote Abart mit schönem Schiller, findet sich ziemlich selten in Ungarn, Nordamerika und auf den Faröern. Gemeiner O. von Freiberg, Schneeberg und Eibenstock in Sachsen, ferner aus Schlesien, Ungarn und Island besitzt verschiedene Färbungen von weiß, gelb, grün, rot und braun sowie Glas- bis Wachsglanz, ermangelt aber des Farbenspiels. Hydrophan, Weltauge, von Augustusburg in Sachsen, ist gemeiner oder ursprünglich edler O., der seinen Wassergehalt verloren hat und daher glanzlos und undurchscheinend ist. Befeuchtet nimmt er zwar die Eigenschaften des edlen O. wieder an, jedoch nur vorübergehend, und hat daher als Schmuckstein nur geringen Wert, wird aber nach Ostindien als Amulettstein versandt. Halbopale nennt man die derben, weniger schön gefärbten Massen. Zu ihnen gehört auch der Holzopal, der als versteinertes Holz noch deutlich das Gefüge des letzteren zeigt und wegen seiner großen Politurfähigkeit zu Schmucksachen verarbeitet wird. Kascholong (Perlmutteropal, Kalmuckenachat) ist ein O. mit Perlmutterglanz aus der Bucharei; Opaljaspis ein Zwischenglied zwischen Opal und Jaspis, das nach seinem hohen Eisengehalt auch Eisenopal genannt wird.

Opium (Laudanum, Mekonium, frz. und engl. Opium), ein wichtiger Gegenstand des Drogenhandels, besteht aus dem an der Luft freiwillig eingetrockneten Milchsafte des Schlafmohns, Papaver somniferum L., der durch Kultur aus dem am Mittelmeere heimischen Papaver setigerum entstanden ist. Der Anbau des Mohns wird seit den ältesten Zeiten betrieben, da seine heilkräftige Wirkung schon im griechischen Altertum bekannt war. Seine ungeheure Ausdehnung erreichte er aber erst, seitdem das Opium als verderbliches Berauschungsmittel bei den mohammedanischen Völkern in Aufnahme kam und schließlich von England in dem berüchtigten Opiumkriege auch China aufgezwungen wurde. Die Gewinnung des O. ist bislang nur in Asien mit Erfolg betrieben worden, denn wenn auch die in Asien und Europa gezogene Mohnpflanze gleich dem Hanf in botanischer Hinsicht keine Unterschiede aufweist, so gelangt sie doch in dem wärmeren Klima zu kräftigerer Entwicklung, die allein den Anbau lohnend erscheinen läßt. In Europa, besonders in Frankreich und Deutschland (Berlin, Württemberg), hat man zwar eine Zeitlang brauchbares O. mit 15—20% Morphin gewonnen, die Versuche aber wegen der teuren Arbeitskräfte und der geringeren Ausbeute wieder eingestellt. Auch unter günstigeren Klimaten ist die Opiumkultur ein gewagtes Geschäft, da die empfindliche Pflanze leicht durch Insekten, unzeitigen Regen oder Wind leidet und außerordentlich schwankende Erträge liefert. Zur Gewinnung des O., die im Grunde überall auf die gleiche Weise erfolgt, wird die Mohnkapsel, sobald ihre Farbe nach dem Abfallen der Blütenblätter von graublau in gelb übergeht, mit einem mehrklingigen Messer geritzt, so daß die Schale nicht durchschnitten wird. Der über Nacht austretende und verdickte Milchsaft wird am nächsten Morgen abgenommen, durch Kneten zu Kuchen, Kegeln oder Stangen geformt und mit Mohnblättern umwickelt. Von den verschiedenen Handelssorten seien folgende angeführt: 1. Das kleinasiatische, türkische, levantinische oder Smyrna-O., die in Europa fast ausschließlich in Betracht kommende und zum offizinellen Gebrauche allein zulässige Sorte, gelangt hauptsächlich aus den nördlichen Bezirken Karahissar, Sahib und Geiwa (Guévé) nach Konstantinopel, während ein kleinerer Teil aus den südlichen Gebieten Uschak, Isbarta und Buldur nach Smyrna geschafft wird. Das kleinasiatische O. bildet meist runde, 300—700 g schwere Kuchen, die, noch feucht in Mohnblätter eingeschlagen, zur Verhütung des Zusammenklebens mit den Samen und Blüten einer Ampferart bestreut sind und zu ungefähr 70 bis 80 kg in mit Blech ausgeschlagene Kisten verpackt werden. Nach der Herkunft unterscheidet man: Balorkesar, große, weiche Brote mit hohem Morphingehalt; Guévé, kleine Brote, als Apothekerware; Karahissar, die besonders von Holland bezogene Sorte; Malatia, größere Brote mit geringerem Morphingehalt. Von dem in den einzelnen Jahren zwischen 600000 und 900000 kg schwankenden Ernteertrage wird die Hälfte über Indien nach China geschafft, ein weiterer Teil findet in den türkischen Ländern als Berauschungsmittel Verwendung und der Rest dient medizinischen Zwecken. — Das dem türkischen O. vielfach zugerechnete ägyptische und mazedonische ist von geringer Güte und hat nur örtliche Bedeutung. — 2. Das persische O. wird von Papaver somniferum var. album in ähnlicher Weise wie das kleinasiatische, aber durch senkrechtes Anritzen der Kapseln gewonnen, darauf in kupfernen Pfannen eingedampft und in dünner Schicht auf Brettern an der Luft getrocknet. Das fertige O., das für die Ausfuhr nach China noch mit 10% Öl versetzt wird, erhält die mannigfachsten Formen: niedrige Kegel von 180—300 g Gewicht, mit Mohnblätter umhüllte Kugeln, flache 600 g schwere Brote ohne Ampferfrüchte, aber in Feigen- oder Weinblätter gewickelt und in zerkleinerte Mohnstengel verpackt, bleistiftstarke, in rotes Papier gewickelte Stäbchen usw. Die Hauptstätten der Gewinnung liegen im Süden und Südwesten zwischen Kum und Kaschan, Schuschter und Schiras, Kerman und Jesd. Von den drei Handelssorten besteht Schiré aus dem reinen Milchsaft, Nim-Schiré enthält einen Teil der Oberhaut, Puré die ganze Oberhaut der Kapsel. Die auf 400000 kg geschätzte Ausbeute geht zur Hälfte nach Indien, ein großer Teil der oft verfälschten Ware wird in Europa auf Morphin verarbeitet. — 3. Das indische O., das fast ganz zu der von England in dem schimpflichen Opiumkriege erzwungenen Einfuhr nach China bestimmt ist, wird besonders in Bengalen (Provinzen Benares und Behar) von den unter scharfer Kontrolle der Engländer stehenden Bauern gewonnen, dann gegen festgesetzte Preise an die Regierungslager abgeliefert und von dort ums Doppelte weiterverkauft. Geringere Mengen gelangen auch aus Nepal und Assam in die Hände der Engländer, die es für die Ausfuhr zu 2,2 kg schweren Kugeln, für den inländischen Verbrauch zu Platten oder kleineren, mit Öl bestrichenen Kugeln formen. Die indische Erzeugung wird von Hartwich auf 6000000 kg geschätzt. Davon wird nur ein kleiner Teil, das sog. Akbari-O., im Lande verbraucht, während rund 5000000 kg zur Ausfuhr nach China gelangen. Die Menge wird meist in Pikuls zu 60,13 kg angegeben. — 4. Chinesisches O. kommt meist in Form von Ziegelsteinen oder kleinen Broten, in Papier gewickelt, oder neuerdings auch als gereinigtes Rauchopium von sirupöser Konsistenz in Horn- oder Metallbüchsen zum Verkauf. Die Erzeugung ist zur Verdrängung des englischen O. beständig gesteigert worden und dürfte sich zurzeit auf mehr als 13000000 kg belaufen. Der Verbrauch in China beträgt über 18000000 kg. — Das O. bildet im frischen Zustande eine weiche, knetbare Masse von gelbbrauner Farbe, scharf bitterem Geschmack und stark narkotischem Geruch. Auch die Brote sind anfangs im Inneren noch weich, werden aber mit der Zeit hart und spröde und lassen sich zu einem lichtbraunen Pulver stoßen. Unter dem Mikroskope darf reines kleinasiatisches O. nur Reste von der Epidermis der Mohnkapseln und vereinzelte Blattfragmente, hingegen keine Stärke oder andere Pflanzenteile zeigen. In Wasser ist reines O. zu $^2/_3$ bis $^3/_4$ löslich. Neben Harzen, Wachs, Kautschuk, Gummi, Pektinstoffen und Salzen sowie zwei indifferenten Stoffen, dem Mekonin und dem Mekonoisin, enthält das O. als wirksame Stoffe zahlreiche Alkaloïde, die, abgesehen von dem frei vorhandenen Narkotin, an Säuren, und zwar Mekonsäure, Schwefelsäure und Milchsäure, gebunden sind und unter ihrem Namen besonders besprochen werden. Das wichtigste Alkaloïd, der Wertmesser jedes O., ist das Morphin. Daneben sind noch die bei der Darstellung des Morphins mitgewonnenen Alkaloïde Kodein, Narkotin und Narzeïn von größerer praktischer Bedeutung, während die übrigen, u. a. Kodamin, Kryptopin, Laudanin, Papaverin, Protopin, Pseudomorphin, Thebain, meist nur chemisches Interesse beanspruchen. Der durchschnittliche Gehalt des O. an Morphin beträgt 10 %, an Narkotin 6 %, Kodein 0,3 %, Narzeïn 0,2 %, Papaverin 1 %, Thebain 0,15 %, Mekonsäure 4 %, Milchsäure 1,25 %, Mekonin 0,01 %. Von den beiden wichtigsten Alkaloïden Morphin und Narkotin enthält das kleinasiatische O. 1,68—16,16 bzw. 1,56—12,56 %, das persische 0,15—0,27 bzw. 0,01—6,80 %, das indische 2,77—3,80 bzw. 3,33—4,23 %, das chinesische 4,32—11,27 % bzw. 1,97—6,61 %. Von den häufigen Verfälschungen sind Einkneten von Bleikugeln, Schrotkörnern und Steinen in die Brote sowie Zusätze von Sand, Ton, Gips, Bolus, Harz, Wachs, Lakritzen und Traubensaft zu erwähnen. Der Nachweis der anorganischen Beschwerungsmittel erfolgt durch die Bestimmung des Aschengehalts, der 3—5 %, jedenfalls nicht über 8 % betragen soll. Der Wassergehalt darf 16—18 % nicht übersteigen. — O. ist ein narkotisches, in größeren Mengen tödlich wirkendes Gift, findet aber in kleineren Gaben, in Form von Extrakten, Tinkturen und zusammengesetzter Mittel, sog. Opiate, ausgedehnte Anwendung als beruhigendes, krampfstillendes und stopfendes Mittel. Neuerdings bevorzugt die Medizin die rein dargestellten Alkaloïde Morphin, Kodein und Narkotin. Die Hauptmenge des O. wird aber als Genußmittel (Opiumraucher) verbraucht, besonders in China, wo jährlich auf den Kopf der Bevölkerung 47 g entfallen, gegen 0,22 g in Deutschland.

Opodeldok (lat. Linimentum saponato-camphoratum), eine pharmazeutische Zubereitung, die zu Einreibungen verwandt wird und eine durchscheinende Gallertmasse bildet, besteht aus einer alkoholischen Lösung neutraler Seife, die mit Kampfer, Ammoniak und ätherischen Ölen versetzt ist.

Opopanax (Panaxgummi, lat. Gummi opopanax, frz. und engl. Opopanax), ein Gummiharz, besteht aus dem getrockneten Milchsaft der fleischigen Wurzel einer Art Pastinake (Pastinaca Opopanax, O. chironium), die in Südeuropa und Kleinasien wächst. Wie ähnliche Drogen kommt es in zwei Sorten, einer besseren, in Tropfen oder Körnern von der Größe einer Erbse bis zu einer Nuß, und einer unreineren, in Massen oder Kuchen vor. Die Ware bildet zerbrechliche Stücke von außen brauner, innen gelblicher Farbe, die einen an Liebstöckel erinnernden Geruch und widrig scharfen Geschmack besitzen und nur selten zu Pflastern benutzt werden. — Denselben Namen führt auch ein spirituöses, in den Handel kommendes Taschentuchparfüm.

Opopanaxöl, das zu 5—10 % aus dem Opopanax durch Destillation mit Wasserdampf gewonnene ätherische Öl, hat eine grüngelbe Farbe und riecht wie Buttersäurekaprylester und Kapronsäurekaprylester.

Opossumfelle von dem zu den Beutelratten gehörigen Opossum (Didelphys virginiana), das in Nordamerika (Virginien, Ohio, Arkansas) lebt, zeigen ein langes, schlichtes, graues Haar mit weißlichem Flaumhaar. Die Felle werden den deutschen Mardern und Iltissen ähnlich gefärbt und bilden eine wohlfeile Handelsware, die zu Unterfuttern und kleineren Gebrauchsgegenständen verarbeitet wird.

Orange ist ein Sammelname für eine große Anzahl verschiedener Teerfarbstoffe, die zum Teil auch noch andere Bezeichnungen führen und durch Nummern und Buchstaben unterschieden werden. Orange I ist Tropäolin 000 Nr. 1 (s. d.); Orange II, Goldorange, ist Tropäolin 000 Nr. 2; Orange III ist Tropäolin D, Helianthin; Orange IV (Orange M, Orange GS, Diphenylorange) ist Säuregelb D (s. d.). Orange G (Orangegelb), das Natronsalz der Anilinazobetanaphtoldisulfosäure, bildet ein gelbrotes, in Wasser lösliches Pulver. Orange GT besteht aus dem

Natronsalze der Toluidinazobetanaphtolmonosulfosäure und ist ein scharlachrotes, in Wasser mit orangegelber Farbe lösliches Pulver. Orange MN ist Metanilgelb (s. d.). Orange N ist Kurkumein (s. d.). Orange R besteht aus dem Natronsalze des Xylidinsulfosäureazobetanaphtols. Man erhält es als feurigrotes Pulver, welches Wolle in sauerem Bade orangerot färbt. Orange T, bisweilen auch Orange R genannt, ist identisch mit Mandarin GR, aus diazotierter o-Toluidinsulfosäure und p-Naphtol, und endlich Orangerot I mit Doppelbrillantscharlach (s. d.).

Orangen sind die Früchte der immergrünen Gewächse aus der Gattung Citrus L., zu denen die Apfelsinen, Pomeranzen, Zitronen, Limonen und Limetten gehören.

Orangenblüten (Pomeranzenblüten, lat. Flores aurantiorum s. Flores naphae, frz. Fleurs d'orange, engl. Orange flowers) kommen nicht nur im frischen Zustande, sondern auch getrocknet und eingesalzen zur Darstellung von Orangenblütenwasser und -öl, in den Handel. — Die besten, am feinsten riechenden O. stammen nicht, wie man häufig angegeben findet, vom gewöhnlichen süßen Orangenbaum (Citrus aurantium Risso), sondern vom bitteren Pomeranzenbaum (Citrus Bigaradia Risso) und sind von den ersteren leicht zu unterscheiden. — Die Bigaradblüte hat 30—34 Staubfäden und einen 12—14fächerigen Fruchtknoten, während die Blüten von C. aurantium nur 20—22 Staubfäden und einen 9—11fächerigen Fruchtknoten besitzen. Der Kelch ist ferner bei ersterer fünfeckig, bei letzteren oval. Im frischen Zustande haben die Blüten eine fleischige, weiße Blumenkrone, die nach dem Trocknen dünn, pergamentartig und schmutzig gelb ist. Man benutzt die O. zu Parfümeriezwecken sowie auch als Tee. Die Gegenden um Nizza, Grasse, Cannes kommen für den Anbau hauptsächlich in Frage.

Orangenblütenöl (Pomeranzenblütenöl, Neroliöl, lat. Oleum aurantiorum florum s. Oleum naphae, frz. Essence de Néroli, engl. Oil of Neroli), ein äußerst fein und lieblich riechendes, ätherisches Öl, wird aus den frischen Blüten der Orangenbäume durch Destillation mit Wasserdampf oder durch Extraktion mit Petroläther in Menge von etwa 0,1 % gewonnen. Das beste Öl stammt von den Blüten des bitteren Pomeranzenbaums (vgl. Orangenblüten) und wird daher als Bigaradöl bezeichnet. Das dünnflüssige Öl erscheint frisch bereitet fast farblos, wird aber nach und nach bräunlichrot und ist in starkem Weingeist klar löslich. Das spez. Gew. beträgt 0,870—0,881. Bei längerem Stehen scheidet sich ein weißes kristallinisches, aus Paraffin bestehendes Stearopten aus (Nerolikampfer). Erwähnenswerte Bestandteile des Öls sind: Pinen, Kamphen, Dipenten, Dezylaldehyd, Linalool, Linalylazetat, Phenyläthylalkohol, Terpineol, Nerol, Geraniol, Jasmon und als Träger des charakteristischen Aromas Anthranilsäuremethylester, $C_6H_4(NH_2).COOCH_3$. Zusätze der beliebtesten Verfälschungsmittel Bergamott- und Petitgrainöl sind nur in großen Mengen nachzuweisen. Das vom süßen Pomeranzenbaume stammende Neroli-Portugalöl, frz. Essence de Néroli, Essence de fleurs d'oranges Portugal, riecht viel weniger fein. — Als Nebenprodukt bei der Darstellung dieser Öle erhält man das Orangenblütenwasser (lat. Aqua florum Aurantiorum s. Aqua naphae, frz. Eau distillée de fleurs d'oranges, engl. Orange flower water), das ebenfalls den Geruch des Öles, jedoch in viel schwächerem Grade besitzt. Während das Öl zu Parfümeriezwecken, namentlich bei Bereitung von Kölnischwasser Verwendung findet, wird das Wasser mehr von Konditoren und als Arzneimittelzusatz benutzt.

Organdis (frz. Organdie, engl. Book muslin, Book) sind lockere feine und glatte Baumwollgewebe, die weiß oder auch gefärbt, aus Garn Nr. 100—150, etwas dichter als Musselin, aber ebenso fein im Faden und etwas steifer appretiert, hergestellt werden. Der Stoff kam früher aus Ostindien, wird aber jetzt von allen europäischen Musselinwebereien in den Handel gebracht und dient meist zu Unterfutter für Frauenkleider.

Organsinseide (Kettenseide, frz. Organsin, engl. Organzine) nennt man die gezwirnte, aus den besten Kokons gewonnene Seide, die in den Geweben die Kette und den Aufzug bildet. Man unterscheidet zweifädige (O. à deux bouts) und dreifädige (O. à trois bouts). Jeder Faden besteht aus drei bis acht Kokonfäden (s. Aufsatz Seide).

Orlean (lat. Orellana, frz. Roucou, Achiotte, engl. Annatto), ein bekannter gelbroter Farbstoff, stammt von dem im tropischen Amerika heimischen, aber auch in Zanzibar und auf den Sandwichinseln angebauten strauchartigen Baume Bixa Orellana (Familie der Cistifloren). Die Frucht, eine herzförmige, zusammengedrückte, weichstachelige Kapsel von Walnußgröße, die sich bei der Reife zweiklappig öffnet, enthält etwa 10 Samen in einem orangegelben, klebrigen Brei, zu dessen Gewinnung man das Fruchtfleisch, mit Wasser übergossen, längere Zeit einer Gärung überläßt und alsdann durch Siebe streicht. Der erhaltene weiche Brei setzt sich aus dem Wasser allmählich als Bodensatz ab und bildet dann eine lebhaft gelbrote Masse, die mehr oder weniger wasserhaltig ist. Im O. sind zwei Farbstoffe enthalten, das wasserlösliche Bixin und das Orellin, ein harzartiger Körper, der sich in Weingeist, Äther und Fetten löst. Die Hauptsorte für technische Zwecke ist der Kuchenorlean, der in Form ziemlich trockener viereckiger Kuchen von 1 bis $1^1/_2$ kg Gewicht, die in Bananenblätter gewickelt und in Fässer verpackt sind, fast ausschließlich aus Kayenne und Guadeloupe nach Frankreich ausgeführt wird. Rollenorlean aus Brasilien, eine in kleine Rollen oder Zylinder geformte harte und trockene Masse, die außen bräunlich, innen schön rot erscheint, wird in England zur Käse- und Butterfärberei verwandt. Teigorlean, eine etwa 60 % Wasser enthaltende weiche Masse, die im Gegensatz zu dem veilchenartigen Geruch der übrigen Sorten meist nach Ammoniak riecht, kommt neuerdings häufig an Stelle der Kuchen, in Fässer oder Blechbüchsen verpackt, in den Handel. Auch bildet der vom Fruchtfleisch getrennte reine Farbstoff Bixin in Form kleiner Täfelchen einen

Gegenstand des Handels. O. wird in der Färberei benutzt, besonders für Seide, auf welcher die Farbe lebhaft und glänzend, wennschon nicht sehr dauerhaft ausfällt. Man wendet entweder weingeistige Lösungen an oder arbeitet mit alkalischer Lauge, in welcher beide Farbstoffe löslich sind, und erhält damit Gelb oder Orange. In der Kattundruckerei verwendet man O. für die Farbtöne von Chamois bis Orange. Ferner färbt man damit Papier, Tapeten, Firnisse, Wasser- und Ölfarben, Butter und Käse.

Orleans (frz. Orléans, engl. Orleans) sind halbwollene, leinwandartig gewebte Kleider- und Futterzeuge, die als Nachahmung der ganz wollenen Berkane entstanden sind. Die Kette besteht aus gezwirntem Baumwollgarn, der Einschlag je nach Mode aus Kammgarn Nr. 30 bis 60 oder aus Mohär. Der Stoff kommt häufig einfarbig vor, bisweilen aber auch meliert, geflammt, moiriert, gedruckt, gerippt, fassoniert und mit Seidenstreifen gewebt. Die Breite beträgt 0,70—0,85 m, die Länge 10—20 m. Die Garne werden roh verwebt, die Gewebe dann gedämpft, gesengt, gewaschen, gefärbt und schließlich gepreßt. Der Stoff wird gewöhnlich auf Maschinenstühlen gewebt, die für die gemusterte Ware mit Schaft- oder Jacquardvorrichtungen versehen sind. Dies ist möglich, da die Muster meist sehr klein genommen werden. In England liefern Huddersfield, Bradford, Halifax und Wakefield große Massen des Stoffes für den Weltmarkt. In Deutschland werden die geringsten und billigsten O. in der Lausitz, bessere in Schedewitz (Sachsen), Elberfeld. Barmen, Reichenau b. Zittau, Wüstegiersdorf in Schlesien und Berlin hergestellt.

Orseille ist ein violettroter Farbstoff, der aus gewissen Flechten hergestellt wird, in ihnen aber nicht fertig gebildet vorkommt, sondern erst durch Einwirkung von Luft, Ammoniak oder Alkalien entsteht. Die in den Flechten enthaltenen farblosen, kristallisierbaren Säuren (Erythrinsäure, Lekanorsäure, Rokzellsäure) gehen hierbei zunächst in das ebenfalls farblose Orzin und dann in den eigentlichen Farbstoff, das Orzein, über, das in dem zugesetzten Ammoniak mit violettroter Farbe gelöst bleibt. Zur Darstellung der O. benutzt man hauptsächlich die Flechten Roccella tinctoria, R. fuciformis, R. phycopsis, und R. Montognei, die an den felsigen Küsten des Mittelmeers, des Atlantischen, Stillen und Indischen Ozeans gesammelt und, in Ballen gepreßt, nach Europa gebracht werden. Eine geringere Sorte. die sog. Erdorseille, stammt von verschiedenen Arten Lecanora, Variolaria, Usnea und Parmelia, die in Schweden, Schottland, den Pyrenäen, der Rhön, dem Thüringer Wald und Jura an Steinen und Baumrinden wachsen. Die Flechten werden gesäubert, gemahlen und, mit Ammoniak angerührt, der Luft ausgesetzt. Infolge der einsetzenden Gärung geht die Farbe nach 4—6 Wochen von rot in violett über. worauf der steife Brei in Fässer verpackt wird Die getrocknete, pulverisierte Masse führt auch die Bezeichnung Persio, Cudbear, roter Indigo. In Teig- wie in Pulverform geben diese Stoffe mit Wasser unter Hinterlassung eines unlöslichen Rückstandes scharlachrote bis violette Lösungen, die durch Alkalien dunkler, durch Säuren hellrot gefärbt werden und mit Tonerdebeizen braunrote, mit Zinnsalz hellrote Niederschläge liefern. Die zum Sirup eingedickte wäßrige Lösung kommt als Orseilleextrakt in den Handel. — Die O. gibt schöne, anfangs sogar brillante Färbungen, die aber rasch verschießen, und wird daher meist nur in Verbindung mit anderen Farbstoffen, besonders zum Grundieren für Alizarin und Indigo benutzt. Die Hauptverwendung beruht aber auf der Herstellung brauner, sog. Modefarben, Grenade, Zerise und Olive auf Wolle, für Färberei wie für Druck. Diese Farben sind echt, weit haltbarer als die durch Farbhölzer erzeugten und können durch Zusatz von Aloefarbstoffen noch lichtbeständiger gemacht werden. Eine besonders schöne und säurebeständige Abart ist endlich noch der französische Purpur (Pourpre français). Zu seiner Darstellung wird das Flechtenpulver mit Ammoniak ausgezogen, die Lösung mit Salzsäure gefällt, der Niederschlag wieder in Ammoniak gelöst und das Filtrat so lange der Luft ausgesetzt, bis es kirschrot geworden ist. Dann wird zur Entfernung des Ammoniaks gekocht, die Lösung bei 70—75° in großen flachen Gefäßen sich selbst überlassen und mit Weinsäure, Schwefelsäure oder Chlorkalzium gefällt. Der in letzterem Falle entstehende Farblack muß für den Gebrauch mit Schwefelsäure oder Oxalsäure vom Kalk befreit und in Lösung übergeführt werden.

Orseilleersatz (Naphtionrot), ein seit 1878 bekannter Teerfarbstoff, der Wolle in sauerem Bade orseillerot färbt, kommt als brauner, in Wasser löslicher Teig in den Handel und besteht aus dem Natronsalze der Nitranilinazoalphanaphtylaminsulfosäure.

Orseillerot. Diesen Namen verdient eigentlich der Farbstoff der Orseille, man hat ihn aber auch einem Teerfarbstoff gegeben, der aus dem Natronsalze der Amidoazoxylolazobetanaphtoldisulfosäure besteht. Das dunkelbraune, in Wasser lösliche Pulver färbt Wolle orseillerot.

Orseillin (Orseillin BB, Orsellin), ein 1883 in den Handel gekommener Teerfarbstoff, wird durch Einwirkung von Betanaphthol auf Diazonaphthalinsulfosäure dargestellt als ein braunes, in Wasser mit fuchsinroter Farbe lösliches Pulver, das Wolle orseillerot färbt.

Orthoform und Orthoform neu sind zwei isomere Amidooxybenzoësäuremethylester, die als lokale Anästhetika beschränkte Anwendung finden. Das weiße, in Wasser schwer lösliche Kristallpulver muß vor Licht geschützt aufbewahrt werden.

Ortol, ein photographischer Entwickler, besteht aus einer Verbindung von Methylorthoamidophenol mit Hydrochinon.

Osageholz (Osagen-Orange) ist mit Gelbholz (s. d.) von Morus tinctoria oder Maclura aurantiaca identisch und führt seinen Namen nach dem Indianerstamm der Osagen, die aus dem elastischen Holze Bogen herstellten.

Osmium, Os = 191, eines der Metalle der Platingruppe, findet sich namentlich mit Iridium zusammen als Osmiridium (Newjanskit) in

Form kleiner, silberweiß glänzender Körnchen. Zu seiner Abscheidung schmilzt man die Legierung mit Zink und behandelt mit Salzsäure, wobei das O. als unlösliches Pulver zurückbleibt. Es hat das spez. Gew. 22,280 und verwandelt sich beim Erhitzen an der Luft in flüchtiges Osmiumtetroxyd. Das Metall dient zur Herstellung von Glühfäden für die sog. Osmiumlampen.

Osmiumsäure (Osmiumtetroxyd, Überosmiumsäure, Überosmiumsäureanhydrid, lat. Acidum osmicum, frz. Acide osmique, engl. Osmic acid), OsO_4, entsteht beim Glühen von Osmium im Sauerstoffstrome oder beim Schmelzen des Metalls mit Salpeter in Form farbloser prismatischer Kristalle, die bei 100° schmelzen und bei wenig höherer Temperatur sublimieren. Die stechend riechenden Dämpfe greifen Augen und Atmungswerkzeuge heftig an und erzeugen auf der Haut schmerzende Ausschläge. Die wäßrige Lösung färbt die Haut schwarz und wird, mit etwas Glyzerin konserviert, zur Zerstörung von Geschwürswucherungen sowie subkutan gegen Neuralgie und Epilepsie verordnet. Zu dem gleichen Zwecke wird das osmiumsaure Kali, ein violettrotes, wasserlösliches Kristallpulver, angewandt. Die O. muß vor Licht und Staub geschützt in sehr gut verschlossenen Gefäßen aufbewahrt werden.

Osterluzeiwurzel (lat. Radix aristolochiae, frz. Racine d'aristolochia, engl. Aristolochy root), ein veralteter Artikel des Drogenhandels, findet sich in folgenden vier Sorten: die bohnenförmige O., Radix aristolochiae fabaceae von Corydalis fabacea; die breite, aus Südfrankreich stammende hohle O., Radix aristolochiae cavae von Fumaria bulbosa; die lange O. von Aristolochia longa und die runde O., Radix aristolochia rotundae von Aristolochia rotunda. Die Wurzeln sowie die Wurzelknollen werden medizinisch verwandt, namentlich in der Tierheilkunde.

Otterfelle. Das Fell der gemeinen Flußotter (Lutra vulgaris) ist im Oberhaar graubraun, glatt, fein und dicht und im Sommer und Winter von gleicher Güte. Die Länge des Felles beträgt 9—15 dm, diejenige des Schweifes 3 dm und darüber. Der Pelzhändler unterscheidet nach der Güte ostindische, mexikanische, spanische, französische, deutsche, russische, dänische, schwedische, nordamerikanische, kanadische sowie Felle von den Hudsonsbailändern, von Neuengland und Labrador. Die Labradorsorte wird als die beste betrachtet. Das sehr dichte Pelzwerk ist hellbraun bis bräunlichschwarz und dient zu Mützen und anderen Pelzwaren. — Noch wertvoller ist das Fell der Seeotter (Lutra marina), das außerordentlich dichtes, kurzes (4 cm), samtartiges, an allen Stellen gleichmäßiges Haar zeigt und braunschwärzlich, durch einzelne ziemlich verteilte weiße Haarspitzen silberglänzend erscheint.

Oxalsäure (Kleesäure, Sauerkleesäure, Zuckersäure, lat. Acidum oxalicum, frz. Acide oxalique, engl. Oxalic acid), eine starke organische Säure, findet sich in zahlreichen Pflanzen, teils an Kali, teils an Kalk gebunden. Von ihrem Vorkommen im Sauerklee (Oxalis acetosella) hat sie ihre deutsche und chemische Bezeichnung erhalten. Außer dem Sauerklee enthalten auch Sauerampfer und Rhabarber größere Mengen Oxalsäure in Form des sauren oxalsauren Kaliums (Kaliumbioxalat, lat. Oxalium, Kalium bioxalicum, frz. Bioxalate de potasse, engl. Bioxalate of potash), das sich leicht aus ihnen gewinnen läßt. Vor der Entdeckung der künstlichen Darstellung wurden tatsächlich in der Schweiz, im Württembergischen und im Schwarzwald aus den genannten Pflanzen größere Mengen Oxalsäure dargestellt, indem man den ausgepreßten und geklärten Saft zur Kristallisation eindampfte, die hinterbleibenden weißen undurchsichtigen Prismen und Pyramiden durch Zusatz von Kalk in das oxalsaure Kalzium überführte und aus letzterem mit Schwefelsäure die freie Oxalsäure abschied. Heutzutage stellt man die Oxalsäure nur noch auf chemischem Wege, und zwar durch Behandlung organischer Stoffe mit Salpetersäure oder schmelzenden Alkalien her. Nach dem ersten Verfahren erhitzt man zucker- oder stärkehaltige Stoffe (Melasse) mit Salpetersäure auf etwa 50°, dampft die Lösung ein und kristallisiert die ausgeschiedene Oxalsäure aus heißem Wasser um. Von dieser Methode leitet sich der Name Zuckersäure ab. Für den Großbetrieb eignet sich mehr das Schmelzen von Sägespänen mit Alkali, indem man ein Gemisch von Holzmehl mit Kali-Natron-Lauge in eisernen Pfannen zur Trockne bringt, allmählich auf eine Temperatur von 170—240° erhitzt und darauf unter beständigem Rühren so lange erhält, bis alle Holzpartikel zersetzt sind. Aus der Schmelze werden zunächst mit wenig kaltem Wasser die kohlensauren Alkalien zum größten Teile ausgelaugt und die hinterbleibenden Stoffe in siedendem Wasser gelöst. Beim Erkalten kristallisiert das schwer lösliche oxalsaure Natrium aus und wird von der Mutterlauge durch Zentrifugieren getrennt. Aus dem Natriumsalze wird, wie oben beschrieben, durch doppelte Umsetzung mit Kalk und Schwefelsäure die freie Oxalsäure isoliert. Nach einem neuen, besonders vorteilhaften und aussichtsreichen Verfahren stellt man die Oxalsäure durch Glühen eines Gemisches von ameisensaurem und kohlensaurem Kalium dar. Zur völligen Reinigung der erhaltenen Oxalsäure von den sehr schwierig zu entfernenden Alkalisulfaten und -oxalaten wird die freie Säure mit heißem absoluten Alkohol in Lösung gebracht oder aus einem Paraffinbade bei 157° sublimiert. — Die Oxalsäure, $(COOH)_2$, kristallisiert in farblosen, durchsichtigen Nadeln mit zwei Molekülen Kristallwasser. An der Luft verwittern die Kristalle unter teilweisem Verlust des Wassers, welches durch Erhitzen auf 70° völlig ausgetrieben wird. Bei vorsichtigem Erhitzen schmilzt die Säure zunächst in ihrem Kristallwasser und sublimiert zum Teil unzersetzt. Bei raschem Erhitzen zerfällt sie jedoch in Wasser, Kohlensäure und Kohlenoxyd. Die Oxalsäure löst sich leicht in Wasser und Alkohol, hingegen schwer in Äther und ist, wie auch ihre Salze, stark giftig. Beide müssen daher vorsichtig aufbewahrt werden, besonders weil die vom Publikum oft gebrauchte falsche Bezeichnung Bitterkleesalz verschiedentlich Verwechslungen mit Bittersalz verursacht hat. — Von den Verbindungen der Oxalsäure haben das namentlich in der Photographie gebrauchte neutrale Kaliumoxalat (lat. Kalium oxalicum neutrale, frz. Oxalate de potasse, engl. Oxalate of potash) und das Kaliumtetraoxalat, welches als Titersubstanz in der Maßanalyse benutzt wird, große wissenschaftliche, das saure Kaliumoxalat (Kaliumbioxalat, Kleesalz) hingegen außerordentliche technische Bedeutung. Zu seiner Darstellung setzt man der Oxalsäure so viel Pottasche zu, daß nur die Hälfte der Säure neutralisiert wird. Bisweilen sättigt man auch nur ein Viertel der Säure ab, läßt auskristallisieren und erhält dann das vierfach saure Salz. — Die Oxalsäure und ihre Salze finden ausgedehnte Anwendung in der Technik. Die Färberei und Zeugdruckerei benutzen sie wegen ihrer bleichenden und farbenzerstörenden Eigenschaften. Außerdem dienen sie zum Bleichen von Strohhüten, Leder, Glyzerin und Fetten und zur Entfernung von Tinten- und Rostflecken. Die chemische Industrie verwendet sie zur Herstellung von Ameisensäure und verschiedenen Farbstoffen, die analytische Chemie als Titersubstanz und als wichtigstes Reagens auf Kalk.

Oxazinfarbstoffe sind mit den Azinen nahe verwandt und unterscheiden sich von diesen dadurch, daß eines der mittleren (Azin-) Stickstoffatome durch Sauerstoff ersetzt ist. Sie entstehen durch Einwirkung von Nitrosoverbindungen tertiärer Amine oder von Nitrosophenolen auf Phenole, Phenolkarbonsäuren und Amide. Zu ihnen gehören: Resorzinblau (s. d.), Azurin aus Nitrosodimethylanilin und Dioxybenzoësäure, Gallozyanin und seine Analogen (s. d.) Meldolasblau (s. Echtblau); Muskarin (s. d.), Zyanamin, ein durch Einwirkung von alkoholischer Kalilauge auf Meldolasblau entstehender blauer Farbstoff, Nilblau (s. d.), Capriblau, das dem Nilblau analoge Derivat der Benzolreihe.

Oxychinonfarbstoffe der Benzol- und Naphtalinreihe. Von den Farbstoffen dieser 7. Gruppe der Teerfarben (s. d.) haben nur zwei Abkömmlinge des Naphtochinons, das Naphtazarin und das Alizarinschwarz S praktische Bedeutung erlangt. Das Naphtazarin, ein Dioxynaphtochinon, $C_{10}H_4O_2(OH)_2$, wird durch Behandlung von Dinitronaphtalin mit rauchender Schwefelsäure und nachfolgende Reduktion mit Schwefelsesquioxyd dargestellt. Es bildet ein braunrotes Pulver, welches in kaltem Wasser unlöslich ist, sich aber in heißem Wasser mit rotbrauner, in konzentrierter Schwefelsäure mit fuchsinroter, in Natronlauge mit blauer Farbe löst. Mit zwei Molekülen Natriumbisulfit vereinigt es sich zu einer wasserlöslichen Doppelverbindung, dem Alizarinschwarz S, welches als schwarze Paste in den Handel kommt und in Verbindung mit Chrombeize zur Herstellung grauer und schwarzer Töne im Kattundruck und der Wollfärberei Anwendung findet.

Ozonal, ein Waschmittel, das in Form einer festen elastischen Gallerte in den Handel kommt, besteht zu 90% aus Petroleum, welches mit Hilfe von 10% Seife in eine feste Masse verwandelt ist, etwa nach Art des bekannten Hartspiritus. Die Anwendung des Petroleums für Waschzwecke beruht auf seiner fettlösenden Wirkung. Trotzdem scheint das Mittel keinen Anklang gefunden zu haben, sondern aus dem Handel verschwunden zu sein.

P.

Packfong, eine dem Argentan (s. d.) sehr ähnliche Legierung. Der Name P. stammt aus China, von wo die Legierung zuerst nach Europa kam.

Päoniensamen (Pfingstrosensamen, Gichtrosensamen, lat. Semen paeoniae, frz. Semences de pivoine, engl. Paeony seeds), die runden, glänzendschwarzen Samen der bekannten Gartenpflanze Paeonia officinalis, bilden eine veraltete, aber noch immer in Drogengeschäften verlangte Handelsware, da viele Leute der irrigen Meinung sind, den Kindern durch Umhängung einer Kette von Päoniensamen das Zahnen zu erleichtern. — Die Wurzel derselben Pflanze, Päonienwurzel, Gichtrosenwurzel (lat. Radix paeoniae, frz. Racine de pivoine, engl. Paeony root), die früher als Epilepsiemittel angewandt wurde, besteht aus mehreren aneinander hängenden Knollen von außen rotbrauner, innen weißer Farbe. — Päonienblüten (Pfingstrosenblüten, lat. Flores paeoniae, frz. Fleurs de pivoine, engl. Paeony flowers), die dunkelroten Blüten von Paeonia officinalis, besitzen einen bitterlichschleimigen Geschmack und werden als Brusttee und zu Räucherpulvern benutzt.

Pain Expeller ist eine aus Kapsikumtinktur, Ammoniak und Kampfer sowie geringen Mengen Seife und ätherischen Ölen (Rosmarin-, Lavendel-, Thymian-, Nelken- und Zimtöl) bestehende Einreibung. Ähnliche Wirkung hat eine Apon genannte Mischung von ammoniakalischer Kapsikumtinktur mit Thymol und Chloralhydrat.

Palladium, Pd = 106, eins der Metalle, die fast immer zugleich mit dem Platin (s. d.) vorkommen, gleicht diesem in vielen Eigenschaften, ähnelt aber in der Farbe mehr dem Silber. Auch hat es ein weit niedrigeres spez. Gew. von 11,8—12,2, ist leicht schmelzbar und schon in Salpetersäure löslich. An der Luft bis zu einer gewissen Temperatur erhitzt, läuft es blau an, wird aber bei kürzerem Glühen wieder blank. Zu seiner Darstellung versetzt man die Lösung der Platinerze in Königswasser mit Zyanquecksilber und reduziert das ausfallende Zyanpalladium durch Glühen zu Metall. Man benutzt das P. zu feinen mathematischen und nautischen Instrumenten, da es eine gute Politur annimmt, durch Seewasser nicht wie Kupfer und Silber angegriffen und durch Schwefeldämpfe nicht schwarz wird. Auch dient es zur Herstellung von Impfnadeln und von Stahlteilen zu feinen Uhren, da es von elektrischen und magnetischen Strömen nicht beeinflußt wird sowie in einer Legierung mit 5 Teilen Silber zu künstlichen Gebissen. Eine wichtige Rolle spielt das P. als Katalysator bei chemischen Prozessen, da es ungeheuere Mengen Wasserstoffgas zu absorbieren vermag. — Palladiumchlorür, $PdCl_2$, die Auflösung des Metalles in Königswasser, dient in der Chemie als Reagens auf Jod und wird auch den Photographen statt des Goldes zum Verstärken oder Dunkeln der Negative auf Kollodion empfohlen.

Palmarosaöl (lat. Oleum palmarosae, frz. Essence de géranium des Indes, engl. Oil of palmarosa), auch indisches Grasöl, indisches Geraniumöl, Rusaöl genannt, wird aus den oberirdischen Teilen der in Indien heimischen Grasart Cymbopogon Martini Stapf (Andropogon Martini Roxb., Andropogon Schoenanthus Flück. et Hanb.) durch Destillation mit Wasserdampf gewonnen. Es ist ein farbloses oder hellgelbes Öl von angenehmem, an Rosen erinnerndem Geruch. Das spez Gew. liegt zwischen 0,887 und 0,90, die Drehung zwischen +6 und —3°. In 1,5—3 Teilen 70%igem Alkohol löst sich P. klar auf. Hauptbestandteil ist Geraniol, das 75—95% des P. ausmacht; ein kleiner Teil (3—13%) des Geraniols ist an Essigsäure und Kapronsäure gebunden. Weiterhin sind nachgewiesen kleine Mengen von Dipenten, Methylheptenon und Farnesol. Verfälscht wird P. u. a. mit Gurjunbalsamöl, Terpentinöl, Petroleum und Kokosöl. Alle diese Zusätze verraten sich durch ihre Unlöslichkeit in 70%igem Alkohol.

Palmöl (Palmfett, lat. Oleum palmae, frz. Huile de palme, engl. Palm-oil) nennt man das Fett aus dem Fruchtfleische der Ölpalme, Elais guineensis, die an der Westküste Afrikas heimisch ist und von Sierra Leone bis zum Kongo die wichtigste Nutzpflanze bildet. Die Palme trägt große, oft zentnerschwere Büschel oder Trauben mit zahlreichen Einzelfrüchten von der Gestalt und Größe eines Taubeneies bis zu der eines Hühnereies, deren Fruchtfleisch und Samenkerne sehr fettreich sind. Das Öl aus dem Fleisch gewinnen die Schwarzen in sehr roher Weise dadurch, daß sie die Früchte in Trögen oder Gruben der Sonnenhitze aussetzen, wobei sich bald, unterstützt durch Rühren oder Schlagen, Fleisch und Kerne trennen. Das erstere wird in irdenen Töpfen gekocht und das Öl von den faserigen Bestandteilen durch Einschlagen in starke Tücher und Ausringen oder Abpressen getrennt. Neuerdings erfolgt die Gewinnung in zweckmäßigerer Weise mit Hilfe besonderer Maschinen. Das rohe P. ist bei gewöhnlicher Temperatur von butterartiger Konsistenz und besitzt im frischen Zustande eine orangegelbe Farbe und angenehmen Veilchengeruch, wird aber bald ranzig und schmutzig weiß. Das spez. Gew. beträgt 0,945—0,947, der Schmelzpunkt des frischen Fettes 24—27, älterer ranziger Ware 30—40%. Es besteht im wesentlichen aus Palmitin und Olein neben geringen Mengen Stearin und Linolein. Da es fast immer ranzig ist, enthält es meist auch freie Palmitinsäure, Ölsäure und Glyzerin, das sich mit Wasser ausziehen läßt. Für die Herstellung von Seifen und Kerzen muß das dunkelfarbige P. erst gebleicht und gereinigt werden. Die Abscheidung der Schleimstoffe erfolgt durch längeres Schmelzen, wobei die fremden Bestandteile sich absetzen. Das Bleichen geschieht vielfach durch bloßes Erhitzen im verdeckten Kessel auf 210—220° C, wobei die faserigen, schleimigen und färbenden Bestandteile verkohlen, während das Öl selbst nur geringe Veränderung erleidet. Es sieht dann infolge beigemengter Kohlenteilchen zwar etwas schmutzig aus, gibt aber eine schöne weiße Seife. Bisweilen wird eine chemische Bleiche vorgezogen, bei der das Öl heiß mit einer Mischung von gelöstem Kaliumdichromat und Salzsäure zusammengerührt wird, doch kann auch schon durch anhaltende Einwirkung von Luft auf das geschmolzene Fett eine Bleichung erreicht werden. P. wird von den Eingeborenen als Speisefett, in Europa zur Herstellung von Seife und Kerzen benutzt. — Das Palmkernöl wird erst in Europa aus eingeführten Palmkernen durch Extraktion oder Auspressen gewonnen. Es ist dem Kokosfett nach Konsistenz, Farbe und chemischer Zusammensetzung völlig analog und wird wie dieses in steigendem Maße zur Herstellung von Kunstspeisefetten, Margarine und leichtschäumenden Seifen verarbeitet. Charakteristisch ist sein hoher Gehalt an Glyzeriden der Laurinsäure, Kaprinsäure, Kaprylsäure und Kapronsäure, die seine hohe Verseifungszahl bedingen. — Die Preßrückstände, Palmkernkuchen, sind ein wertvolles Futtermittel mit 16—17% Rohprotein, 9—10% Rohfett, 24% Rohfaser und 35% stickstofffreien Extraktstoffen und wurden eine Zeitlang zum Verfälschen von Pfeffer viel benutzt.

Palmwachs, eine Ausscheidung der auf den Gebirgen Neugranadas wachsenden Wachspalme, Ceroxylon andicola, wird durch Abschaben von dem Stamme und der Unterseite der Blätter und Zusammenschmelzen zu einem Klumpen gewonnen. Die gelblichweiße Masse besteht aus einem Gemenge von Harz mit einem wachsartigen Körper und ist dem Karnaubawachs sehr ähnlich, von dem sie sich durch den niedrigeren Schmelzpunkt von 72° unterscheidet. In Europa erhält man meist Karnaubawachs für P., im Ursprungslande wird es, mit Talg vermengt, als Kerzenstoff verwandt.

Palo-mabi (Palo amargo), ein in Nordamerika und Westindien gebräuchlicher Gegenstand des Drogenhandels, besteht aus der Rinde von Ceanothus reclinatus (Colubrina reclinata), die in Form zusammengerollter Zylinder von 1 cm Durchmesser in den Handel kommt. Die anfangs rein bitter und dem Süßholz ähnlich schmeckende Rinde ist außen bräunlich, mit zahlreichen kleinen grauen, in axialer Richtung verlängerten Korkflecken bedeckt, innen glatt und ziemlich regelmäßig von schmutzig gelben Längsfurchen durchzogen und wird in Amerika medizinisch verwandt.

Panamahüte, die durch Leichtigkeit, Widerstandsfähigkeit und so große Elastizität ausgezeichneten Hüte, daß sie sich in jeder Art zusammenwickeln und drücken lassen und immer wieder die frühere Form annehmen, werden aus den Blattfasern eines zu den Pandaneen gehörigen Baumes, Carludovica palmata, in Zentralamerika verfertigt. Der hierbei entstehende Abfall dient anstatt der Borsten zur Herstellung billiger Scheuerbürsten. Zuweilen kommen auch unechte, weniger haltbare, aus andern Fasern gefertigte P. in den Handel.

Panamas sind halbwollene Modezeuge, die mit dreifarbiger baumwollener Kette und doppeltem wollenem Einschuß gewebt werden, so daß die Ware ein den geflochtenen Panamahüten ähnliches Aussehen erhält.

Paniermehl, das in der Küche vielfach zum Überziehen von Fleisch (Wiener Schnitzel) zur Erzielung einer schönen Kruste benutzt wird, besteht normalerweise aus einem scharf gerösteten pulverisierten Gebäck (Zwieback, Semmel). Neuerdings werden unter dem gleichen Namen vielfach künstlich mit Teerfarben oder Orlean gefärbte Erzeugnisse in den Handel gebracht, die oft gar nicht einmal gebacken sind, sondern lediglich aus Maisgries bestehen. Bei derartigen Nachahmungen muß zum mindesten eine Kennzeichnung verlangt werden.

Pankreatin, der wirksame Bestandteil des Pankreas, wird durch Ausziehen der Bauchspeicheldrüse des Rindes mit Wasser und Fällung der Lösung mit Alkohol als ein trockenes Pulver, oder auch nach der Auflösung in Glyzerin in flüssiger Form (Pankreatinum liquidum) in den Handel gebracht. Ein neueres, Pankreon genanntes Präparat ist eine Verbindung mit Gerbsäure. Das P. findet gegen Störungen der Darmtätigkeit medizinische Anwendung.

Pannetiers Grün, eine schön grüne Mineralfarbe für Tapetendruck und Wandmalerei, die aus borsaurem Chromoxyd besteht, wird als Ersatz für das giftige Schweinfurtergrün empfohlen.

Papaverin (lat. Papaverinum, frz. und engl. Papaverin), eines der zahlreichen, im Opium enthaltenen Alkaloïde, bildet weiße, geruchlose Kristallnadeln, die bei 147° C schmelzen und in kaltem Wasser fast unlöslich sind, in kochendem Alkohol dagegen sich reichlich lösen. Von den meist gut kristallisierbaren Salzen zeichnet sich das salpetersaure P. durch seine Schwerlöslichkeit aus. P. wird neuerdings medizinisch verwandt.

Papayin (vegetabilisches Pepsin, lat. Papayotinum, frz. und engl. Papayotine), ein neueres Arzneimittel, wird aus den grünen, melonenähnlichen Früchten, den Blättern und Schäften des Melonenbaumes, Carica Papaya, der in Südamerika heimisch, aber in fast allen Tropenländern angebaut wird, gewonnen. Durch Einschnitte in die genannten Teile des palmenähnlichen Baumes bringt man den Milchsaft zum Ausfließen, dampft nach dem Filtrieren ein und fällt mit Alkohol. Der entstehende Niederschlag wird von neuem in Wasser gelöst, abermals mit Weingeist gefällt und bei mäßiger Wärme getrocknet. Er bildet ein amorphes, weißliches Pulver von etwas herbem Geschmack und löst sich in Wasser leicht zu einer beim Schütteln schäumenden Flüssigkeit, die sich beim Kochen trübt, ohne jedoch zu koagulieren. Das P. hat die Eigenschaft, feste Eiweißstoffe, Fibrin und Fleisch, ähnlich dem Pepsin, zu lösen, also künstlich zu verdauen, und zwar schon ohne Zusatz von Säure. Zur Prüfung der Wirksamkeit löst man 0,1 g in 150 g Wasser und fügt 10 g nicht zu hart gekochtes, in linsengroße Stücke zerschnittenes Eiweiß hinzu. Letzteres muß sich innerhalb 4—6 Stunden bei einer Temperatur von 40° C unter öfterem starken Schütteln zu einer schwach opalisierenden Flüssigkeit vollständig auflösen. Man verordnet das P. bei Verdauungsstörungen, ferner zur Beseitigung diphtheritischer Membranen und gegen Würmer bei Kindern.

Papier (frz. Papier, engl. Paper). Der Name dieses ganz unentbehrlich gewordenen Handels- und Gebrauchsgegenstandes ist dem Papyros der Alten entlehnt. Richtiger würde die Bezeichnung Karte (im Sanskrit und über ganz Indien kartä, kirtas, qertas, lat. quarta, carta, ein viereckiges Blatt) sein, welche die Italiener und Griechen auch heute noch beibehalten haben. Die alten Ägypter spalteten die Stämme der Papyrusstaude, sonderten von außen nach innen zu immer feiner werdende Lagen des Gewebes ab und klebten die Streifen zuerst mit ihren Längsrändern aneinander und dann lagenweise übereinander, weil die Tafeln sich sonst zu leicht in der Länge gespalten hätten. Ein unserem heutigen P. ähnliches, d. h. durch Verfilzung feiner Pflanzenfäserchen gewonnenes Erzeugnis wurde erst 123 v. Chr. von dem chinesischen Mandarin Tsailün erfunden, nach dessen Verfahren Algen, Baumwolle, Bambusmark und Abfälle der Baumwollengewebe verarbeitet wurden, bis spätere Jahrhunderte zur Verwendung der Stroharten, des Bastes mehrerer Baumarten und der Papierbaumschalen (Broussonetia papyrifera) übergingen. Um 610 n. Chr. kam die Papiermacherei nach Korea und dann nach Japan, wo der genannte Papierbaum den Hauptrohstoff liefert. Die Tataren lernten die Kunst auf ihren Einfällen in die Mongolei kennen und führten sie nach den Hauptstädten Marakanda (Samarkand), Bokhara, Kaschghar ein, von wo sie durch die Araber zu Anfang des achten Jahrhunderts nach Syrien, Palästina, Arabien, Ägypten, Sizilien und Spanien verpflanzt wurde. Als Ausgangsmaterial diente ausschließlich die rohe Baumwolle, während in Hindostan bis Zeylon die Faser der Sonnenpflanze oder Sunhanf (Crotolaria juncea), in Vorderindien Tschut (Jute, Corchorus capsularis), Pisang, Agave, in Tibet eine Wurzelrinde, in Siam und Anam die Fasern des Pliu-Kloi (Trophis aspera) und der Nessel (Boehmeria nivea) benutzt wurden. Die arabischen und maurischen Papiermacher (warrák), welche fast immer zugleich Gelehrte, Richter und Schreiber (Kanzler) waren, hielten ihre Kunst sehr geheim, bis die Kreuzfahrer im dritten Kreuzzuge mit Hilfe der Gewalt sich genau davon unterrichteten, und gleichzeitig durch die Vertreibung der Mauren aus Spanien das Papiermachen auch dort in den Besitz christlicher Nachfolger überging. — Der wichtigste Fortschritt bestand zunächst in dem Ersatz der Baumwolle durch Leinenfasern, wozu der immer fühlbarer gewordene Mangel an baumwollenen Hadern und die geringe Haltbarkeit des Baumwollenpapiers zwang, und gleichzeitig die Einführung von Mühlen an Stelle der Mörser und Stampfwerke. Es folgte die Einführung sogenannter Doppelformen, welche die Arbeit des Schöpfers, Gautschers und Legers wesentlich erleichterten, und schließlich durch Robert die Erfindung der Papiermaschine, welche durch Gamble, Fourdrinier, John und Georg Dickinson, Leistenschneider, Bramah, Denisson und Keferstein zahlreiche Veränderungen und Verbesserungen erfuhr. — Die Papierbereitung erfolgt entweder durch Handarbeit (Hand- oder Büttenpapierfabrikation) oder überwiegend durch Maschinen (Maschinenpapierfabrikation). Die Herstellung des Handpapiers (Papiermanufaktur), die fast nur noch historisches Interesse hat, zerfällt in folgende einzelne Arbeiten: Sortieren (trier, délisser, sorting) der Hadern in 20—30 verschiedene Arten, Reinigen durch einen Stäuber (Wolf, frz. Blutoir, Loup, Diable, engl. Duster), Kochen mit Kalklauge in einem feststehenden oder rotierenden eisernen Kessel, Auswaschen und Halbstoffmahlen in der Zylindermühle oder dem Halbholländer (frz. Cylindre défileur, engl. Rag grinding engine), Bleichen des Halbstoffes (frz. Demi-pâte, engl. Half-stuff) mit Chlorgas oder Chlorkalklösung, Ganzstoffmahlen in der Ganzstoffmühle oder dem Ganzholländer (frz. Cylindre raffineur, engl. Pulp finishing engine). Zur Erleichterung des Mahlens ließ man früher die Hadern faulen, wodurch zugleich ein sehr geschmeidiges P. erhalten wurde. Schließlich wird der Ganzstoff (frz. Bâte fine, engl. Stuff) für Handpapier mit Harztonerde vorgeleimt und gefärbt, wobei die erforderlichen Farben entweder fertig zugesetzt (substantive Farben) oder durch Niederschlag auf dem Stoff erzeugt (adjektive Farben) werden. Der so verarbeitete Brei gelangt in die Schöpfbütte (frz. Cuve, engl. Stuff-vat), aus welcher der Schöpfgeselle mit einer der Größe des P. entsprechenden Form aus feinem Messingdrahtgewebe und dem Rahmen (frz. Tamis, engl. Would) die Fasern auffängt und durch Schütteln gleichmäßig verteilt. Der Gautscher, dem darauf die Form auf einem Brett (Trêteau, Trestle) zugeschoben wird, drückt den nassen Papierbogen auf einen Filz (Feutre coucheur, Wert felt), und zwar so lange, Bogen auf Filz übereinander, bis bei gewöhnlichen Papiersorten 181 Bogen in 182 Filzen liegen. Der ganze Stoß (Puscht oder Pauscht), daher „über Pauscht und Bogen", kommt dann unter die Presse, durch welche das überflüssige Wasser herausgedrückt wird. Die Arbeit des Legers besteht darin, die Papierbogen von den Filzen geschickt abzunehmen (nicht einzureißen oder Blasen zu machen) und genau Bogen auf Bogen zu legen (Umlegen, frz. Canger, Relever, engl. Change, Turn), wobei drei Puschte zu einem vereinigt und noch einmal auf kurze Zeit gepreßt werden. Darauf folgt das Aufhängen der Bogen zum Trocknen. Nach dem Trocknen wird das Papier geschält, von Knoten gereinigt und vom fehlerhaften Ausschuß (frz. Rétiré, engl. Worst part, Refuse) geschieden. Die Leimung in Knochenleimlösung und Alaun (frz. Collage animal, engl. Sizing) geschieht in der Weise, daß man eine Handvoll Bogen zugleich in die Leimbütte taucht und dabei geschickt wendet, bis alle Stellen die Leimung annehmen. Nach dem Leimen wird das P. gepreßt, wieder aufgehängt, nach dem Trocknen nochmals gepreßt, geschält, sortiert, nötigenfalls geglättet, beschnitten und endlich in Lagen, Bücher, Riese und Ballen gezählt, in Riese ausgebunden und gepackt. — Diese mühsame, zeitraubende und von der Geschicklichkeit der Angestellten so sehr abhängige Arbeit der Handpapiermacherei wird in wesentlich einfacherer Weise von den modernen Maschinen ausgeführt. Ihre Grundlage bildet der Gedanke des Werkführers Robert in Essonne, ein Metallsieb ohne Ende als Form zu benutzen und dabei durch seitliche Schüttelung während des Ganges und dann durch Walzen mit Filztuch ohne Ende unter Druck das Wasser aus dem fortlaufend gebildeten Papierbogen (P. ohne Ende, frz. Papier sans fin, engl. Endless paper) möglichst zu entfernen. An Stelle des Siebes ohne Ende benutzte Leistenschneider einen mit Metallgewebe überzogenen hohlen Zylinder (Trommel, frz. Tambour, engl. Cylinder), der sich zu $^2/_3$ in dem dünnen Papierbrei bewegt und zu $^1/_3$ oben frei zur Ansaugung des P. dient, von wo dasselbe durch Filzwalzen abgenommen, weitergeführt und durch Preßwalzen entwässert wird. Durch diese beiden Einrichtungen war die Arbeit des Schöpfers, Gautschers, Pressers und Legers in eine mechanische Tätigkeit zusammengefaßt, so daß für die Handarbeit nur noch das Trocknen, Pressen und Planieren übrig blieb. Schließlich fügte Keferstein in Weida einen Trocknungszylinder ein, der mit Dampf erhitzt wurde und das darübergeführte P. trocknete, damit war die Papiermaschine vollendet. — Die beim Büttenpapier geschilderte Arbeitsweise vom Hadernsortieren bis zum gebleichten Ganzstoff findet auch bei der Herstellung des Maschinenpapiers in gleicher Weise statt, nur erfolgt hier die Mischung der Fasern und Zusätze in anderer Weise. Während nämlich bei den Handpapieren fast ausschließlich die aus leinenen und baumwollenen Hadern durch feine Zerteilung gewonnenen Fasern Verwendung finden, ist bei den Maschinenpapieren der Zusatz von feinen weißen Mineralstoffen (namentlich Permanentweiß, Ton und Gips) eingeführt worden, welche den Papierstoff teils weiß, teils schwer machen. Auch wird der Holzstoff (frz. Pâte de bois, engl. Wood pulp) sowie Zellulose aus Stroh-, Holz-, Jute- und Espartofaser in großen Massen verwandt. Die Leimung der in geeigneter Weise hergestellten Mischung erfolgt dann in der Stoffmühle oder der Mischholländermühle durch Zusatz von 3—4% alkalischer Harzlösung und 3—4% Alaun oder 2—3% schwefelsaurer Tonerde, worauf bei farbigen Papieren die Färbung stattfindet. Der fertige, geleimte und gefärbte Papierstoff wird aus der Mischholländermühle in eine der zwei Vorratsbütten jeder Papiermaschine abgelassen und fließt von da mittels Rohrs und stellbaren Hahns in einen Schöpfapparat (Danaide), welcher dem Stoffregulator (frz. Regulateur de pâte, engl. Regulator for stuff) soviel zuführt, als das dünnere oder dickere P. auf dem Metallsiebe braucht. Der Stoff gelangt dann auf eine breite, mit gerippten Boden- oder Querleisten versehene Tafel, den Sandfang (frz. Sablier, engl. Sand-catcher), der zur Zurückhaltung des Sandes und aller schweren Unreinigkeiten dient, und danach auf einen oder zwei mit geschlitzten Messingplatten belegten Kasten, den Knotenfänger (frz. Epurateur, engl. Knotter, Strainer), der zur Zurückhaltung der Zwirnknoten (Nähte) und grob gebliebenen Fasern bestimmt ist. Von da fließt der gereinigte Papierstoff auf ein Metallgewebe von $1^1/_2$—2 m Breite und 10—15 m Länge ohne Ende, welches von kleinen Walzen getragen und von großen Walzen darunter gespannt wird. Durch seitliches Schüttelwerk, eine aufgelegte Entwässerungswalze (frz. Rouleau égoutteur, engl. Dandy roll), Kaufmannsche Saugkasten und Saugpumpe (frz. Caisse und Pompe aspirante, engl. Suction box und Pump), durch die Gautschpresse (frz. Presse coucheuse, engl. Couching roll) und die erste und zweite Naßpresse (frz. Presse humide, engl. Wet press) wird das Wasser auf mechanischem Wege soweit als möglich entfernt. Das Papierband passiert dann, durch Filze getragen, vier bis zehn mit Dampf geheizte Trocknungszylinder (frz. Cylindres sêcheurs, engl. Drying rollers), aus denen es getrocknet auf Haspeln (frz. Dévidoirs, engl. Reels) zu Rollen sich aufwindet. Die letzteren werden für sich verkauft oder auf einer Schneidemaschine (frz. Coupeuse, engl. Cutting machine) in Bogen geschnitten, mit einer Satinier- oder Kalandermaschine (frz. Machine à satiner, Calandre, engl. Calender) geglättet und in Ries verpackt. Zum Wiegen des P. dienen eigene Papierwagen, welche das Gewicht des Bogens im Ries zu 480, 500 und 1000 Bogen angeben. Die Dicke bestimmt man mit dem Pyknometer, die Festigkeit mit dem Apparat von Wendler. — Das sog. Reißpapier (engl. Rice paper), welches sowohl in China als auch bei uns zur Blumenmalerei und zur Herstellung künstlicher Blumen viel benutzt wird, ist kein eigentliches Papier, sondern besteht aus dem Marke und der Wurzel einer von den Chinesen „Reiß" genannten Pflanze (Aeschynome paludosa). Zur Darstellung dieser schneeweißen Blätter wird die noch feuchte Wurzel mit eigentümlichen Messern spiralförmig nach innen zu geschnitten, und das erhaltene zusammenhängende Blatt noch feucht zwischen Platten gepreßt. — Pauspapier ist mit Lösungen von fetten Ölen oder Kopaivabalsam behandeltes und dadurch durchscheinend gemachtes Seidenpapier zum Durchzeichnen.

Papiergarn wird seit der Abschneidung ausländischer Faserstoffe durch die völkerrechtswidrige englische Blockade in der Weise aus Natron- oder Sulfitzellstoff hergestellt, daß man in Streifen geschnittenes Papier auf Scheiben (Spinnteller) wickelt, dann feucht dreht und mit Textilfasern zusammen verspinnt. Häufig werden die Streifen auch aus Papierblättern geschnitten, die schon vorher mit einem Schleier von Baumwoll- oder Juteabfällen beklebt waren (Textilose). Das Papiergarn eignet sich gut zur Herstellung von Bindfaden, Seilen, Geweben für Wandbekleidungen, Läuferstoffe, Matten, Teppiche, Säcke (besonders Sandsäcke), unter Umständen auch für Bekleidungsgegenstände (Strümpfe, Anzüge). Für den letzteren Zweck wird das Gewebe durch Behandlung mit schwacher Lauge weich gemacht, während der Nässe ausgesetzte Gewebe mit Leim und Tannin imprägniert werden müssen. Bereits im Jahre 1917 erzeugten die Fabrik von Claviez in Adorf und die Textilwerke in Oppeln täglich je 30 bis 40000 kg P.

Papiermaché (frz. Carton moulé, engl. Paper machee, Japanned paper) nennt man eine aus Papierstoff bestehende Masse, aus welcher die japanischen und chinesischen Lackwaren (Teebretter, Rahmen, Dosen) hergestellt sind und die in anderer Form auch bei uns viel benutzt wird. Zur Herstellung der ersten Art wird angefeuchtetes Papier mit einem aus Tischlerleim und Weizenmehl gekochten Bindemittel Blatt für Blatt über Formen gelegt, die zur Verhinderung des Anklebens mit Öl bestrichen sind. Nach dem Auflegen von je 3—4 Blättern findet eine Trocknung statt. Sobald die erforderliche Dicke erreicht ist, wird der Gegenstand völlig getrocknet, mit Bimsstein oder einem ähnlichen Material wiederholt sorgfältig abgeschliffen und mit dem vorzüglichen japanischen Lack (s. d.) bestrichen. Das Lackieren wird vielfach auf dem Wasser in Kähnen vorgenommen, um jeden Zutritt von Staub zu verhindern. In Europa zerteilt man Papier durch sog. Maschieren (Kauen) mit Hilfe von heißem Wasser in eine faserige Masse, setzt Ton oder Gips hinzu und füllt den Brei in Formen. Die erhärteten Gegenstände (Puppenköpfe, Tiere) werden mit Öl- oder Leimfarben grundiert und bemalt. Zur Nachahmung einer Behaarung trägt man bisweilen feine Scherwolle auf den Leimüberzug auf. Als neueste Erzeugnisse aus P. sind Eisenbahnräder, Fässer, Eimer, Waschbecken, Körbe und Teller zu erwähnen, die meist aus Holzstoff oder Zellulose hergestellt und durch mineralische Zusätze unverbrennlich gemacht werden.

Pappe (frz. Carton, engl. Board, Card board, Paste-board) sind verschieden dicke Platten aus Papiermasse, die nach den üblichen Verfahren der Papierfabrikation hergestellt werden. Man erhält sie entweder durch Schöpfen der Bogen von der erforderlichen Dicke (geschöpfte oder geformte Pappe, Bütten-P.) oder durch Zusammenpressen zahlreicher, frisch geschöpfter Papierblätter (gegautschte P.) oder endlich durch Zusammenleimen fertiger Papierblätter (geleimte P.). Glanzpappen sind aus einem mit Koalin oder Schwerspat beschwerten und geleimten Papierstoff durch Pressen hergestellt. Nach der Art der Verwendung unterscheidet man Saugpappen zum Trocknen feuchter Stoffe und Buchbinderpappen für Büchereinbände und Kästen. Die ersteren bestehen aus Wollenhadernstoff, die letzteren meist aus

Altpapier und Holzstoff mit Mineralzusätzen. — Dachpappe (Stein- oder Teerpappe) endlich wird aus einer mit Teer gemischten Papiermasse von Papierabfällen, geringem Holzstoff, geringsten Hadern und Kehricht hergestellt, mit Teer getränkt und mit Sand bestreut. — Asbestpappe ist aus Asbest und Holzstoff hergestellte Pappe, die zum Abdichten und zum Schutz vor Feuersgefahr vielfach verwandt wird.

Pappelholz, das Holz der verschiedenen Arten von Pappeln. 1. Das hellfarbige Holz der Schwarzpappel, Populus nigra, ist sehr weich, fast schwammig und fasert leicht beim Bearbeiten, ist aber dem Reißen und Werfen wenig unterworfen. 2. Das Holz der Silberpappel oder Weißpappel, Populus alba, ist ziemlich hellfarbig, bisweilen gelb geflammt und geadert, zäh, ziemlich spaltbar und sehr leicht, und wird zu Drechsler- und Tischlerarbeiten benutzt. 3. Das häufig ins Bräunliche spielende Holz der Zitterpappel, Populus tremula, ist zäh und dicht, ziemlich fest und gut spaltbar, wirft sich wenig und läßt sich gut und glatt bearbeiten. Es dient zu Schnitzereien und Tischlerarbeiten. 4. Das Holz der italienischen oder Chausseepappel, Populus pyramidalis, ist hellgelblichweiß, weich, leicht, zäh und schwerspaltig, wirft sich nicht, bekommt keine Risse, steht im Trockenen gut, aber weniger im Nassen, und wird zur Herstellung von Modellen, als Blindholz für Furnierarbeiten und zum Wagenbau benutzt. 5. Das Holz der kanadischen Pappel, Populus canadensis, ist ziemlich weiß, im Alter nach dem Kern hin bräunlich und wie das Zitterpappelholz verwendbar. Die Ruten der italienischen Pappel eignen sich ausgezeichnet zu Flechtwerk, Zäunen und Faschinen.

Pappelknospen (lat. Gemmae populi, frz. Bourgeons de peuplier, engl. Popler buds), die bräunlichgelben, spitzkegelförmigen Blattknospen der Schwarzpappel, sind an ihren dachziegelartig aufeinanderliegenden Schuppen mit einem aromatischen klebrigen Harze bedeckt und enthalten überdies Gerbstoff, Wachs und $^1/_2$ % ätherisches Öl. Aus den im Frühling gesammelten Knospen stellt man durch Erwärmen mit Schweineschmalz die Pappelsalbe (Unguentum populi) her, die gegen Verbrennungen und als Haarwuchsmittel benutzt wird. Das aromatisch riechende, hellgelbe bis hellbraune ätherische Pappelknospenöl (Oleum gemmae populi) hat das spez. Gew. 0,890 bis 0,905 und siedet zwischen 255 und 265°.

Paprika (Spanischer oder Türkischer Pfeffer, lat. Fructus capsici annui seu Piper hispanicum, frz. Poivre rouge, engl. Red pepper) nennt man die rotgelben bis dunkelroten Früchte der langen Beißbeere (Capsicum annuum), welche die Form einer 6—10 cm langen und 2,5—3 cm dicken Schote besitzen. Die aus Spanien, Italien, vor allem aber aus Südungarn eingeführte Frucht kommt sowohl in ganzem wie in gemahlenem Zustande in den Handel. Sie enthält als wertbestimmenden Bestandteil etwa 0,01 % eines scharfschmeckenden Stoffes, Kapsaizin, das sich jedoch nur in gewissen Drüsen der Fruchtscheidewand (Placenta) vorfindet. Als Gewürz wird nur die ganze gemahlene Frucht benutzt, während ein neuerdings als Zusatz zu Hackfleisch angepriesenes Pulver, das unter Beseitigung der Placenta hergestellt worden ist, völlig geschmacklos erscheint und daher zu den im Fleischbeschaugesetz verbotenen Farbstoffen zu rechnen ist. In gepulvertem Zustande ist P. Verfälschungen in hohem Grade ausgesetzt. Zusätze von Mehl, Kleie, Sandelholz, Ziegelmehl, Ocker und anderen Mineralstoffen und künstliche Färbung sind beobachtet worden, ja selbst mit Alkohol völlig extrahierte Proben kommen im Handel vor. Diese Extraktion erfolgt zur Gewinnung der Paprikatinktur (Tinctura capsici), die als Einreibungsmittel Verwendung findet, aber auch zur Verfälschung von Trinkbranntwein, als Schärfe, dient, durch Einhängen mit P. gefüllter Säckchen in Spiritus. Die bereits in Ungarn vielfach ausgeübte Verfälschung gibt sich durch die blassere Farbe, den milderen Geschmack und vor allem den geringen Gehalt an alkoholischem Extrakt, der in normaler Ware mindestens 26 % beträgt, zu erkennen. Allerdings ist zur Vermeidung von Irrtümern zu berücksichtigen, daß Paprika sich bei längerer Aufbewahrung verändert und anscheinend an Extrakt verliert.

Paradieskörner (Meleguetapfeffer, Muskatsaat, Guineapfeffer, lat. Grana paradisi, frz. Grains de paradis, engl. Grains of paradise) sind die Samen von Amomum Melegueta (Szitamineen) und also mit Ingwer und Kardamomem verwandt. Die glänzendbraunen und harten Samen zeigen eine rundlicheckige und fast vierseitige Form. Die Oberfläche erscheint mit feinen Runzeln und Wärzchen bedeckt, der Durchschnitt weiß und mehlig, der Geschmack stark gewürzhaft und beißend wie Pfeffer und Ingwer. Die wertbestimmenden Stoffe befinden sich in der Samenschale und bestehen aus wenig ätherischem Öl und einem sehr brennend schmeckenden Harz. Zurzeit wird die Droge nur noch benutzt, um Essig und Branntwein einen schärferen und kräftigeren Geschmack zu geben, sowie bei der Bereitung bitterer Liköre.

Paraffin ist ein Gemenge verschiedener fester Kohlenwasserstoffe der Fettreihe von der allgemeinen Formel C_nH_{2n+2}, hauptsächlich mit 20 bis 40 Atomen Kohlenstoff, das sowohl fertig gebildet in der Natur vorkommt, als auch bei der trockenen Destillation bituminöser Kohlen und Schiefer entsteht. Der von K. v. Reichenbach im Jahre 1830 eingeführte Name „parum affinis" soll die geringe Verwandtschaft zu anderen Stoffen, die Widerstandsfähigkeit gegen chemische Stoffe andeuten. P. findet sich in gelöstem Zustande im Erdöl, in fester Form als Erdwachs (Ozokerit) am Fuße der Karpathen in Galizien, ferner in Siebenbürgen, der Moldau und am Ostufer des Kaspischen Meeres. In großen Mengen gewinnt man es aus dem Teer gewisser Braunkohlen, die sich besonders in der Provinz Sachsen zwischen Weißenfels und Zeitz finden sowie aus Torf und bituminösem Schiefer. Die zur Verarbeitung geeignete Braunkohle, die sog. Paraffinkohle (Pyropissit), die ein wenig kohlenartiges Aussehen hat und mehr einer leichten hellbraunen, bröckligen Erde ähnelt, wird zunächst geschwelt, d. h. einer trockenen Destillation unterworfen, und der gewonnene Teer, eine braune butterartige Masse oder bei höherer Temperatur ein klares hellbraunes Öl, in gußeisernen Blasen von 20 dz Fassungsraum, meist unter Minderdruck nochmals destilliert. Die zuerst übergehenden Stoffe sind paraffinarm und bilden das Rohöl, das auf Photogen und Solaröl verarbeitet wird; die zuletzt übergehenden, die sog. Paraffinmasse, enthalten neben schweren Ölen (Paraffinöl, Schmieröl) die Hauptmasse des festen P. Zur Entfernung von Harz, Kreosotöl u. dgl. unterwirft man die Paraffinmasse einer Raffination mit konz. Schwefelsäure, Natronlauge und warmem Wasser und überläßt sie in großen kühl stehenden Bassins mehrere Wochen der Ruhe. Die in glänzenden gelbweißen Blättern auskristallisierende Paraffinbutter wird durch Filterpressen geschickt, wobei ein großer Teil des Öles (Paraffinöl) abläuft, während die Schuppen, das Rohparaffin, zurückbleiben. Das letztere wird mit 10—15% Braunkohlenbenzin zusammengeschmolzen, nach dem Erstarren in hydraulischen Pressen stark abgepreßt und das Verfahren mehrmals wiederholt, bis die Masse fast weiß ist. Schließlich kocht man das P. zur Entfernung des Benzins mit Wasser aus, entfärbt es völlig durch Erhitzen mit Knochenkohle oder feinem Ton und gießt es dann für den Handel in Blöcke. Von den Nebenprodukten der Paraffingewinnung haben die flüssigen Bestandteile des Rohöls, Photogen und Solaröl, die durch eine Raffination mit Schwefelsäure und Natronlauge sowie durch fraktionierte Destillation des Rohöls gewonnen werden, die größte Bedeutung. Das Photogen, zu dem man alle Fraktionen mit einem spez. Gew. unter 0,825 rechnet, bildet eine farblose oder schwach gelbliche Flüssigkeit von unangenehm rettichartigem Geruch. Seine niedrig siedenden Anteile vom spez. Gew. 0,77—0,81, das Braunkohlenbenzin, dienen, wie erwähnt, zur Reinigung des P., während die höher siedenden mit spez. Gew. von 0,810—0,825 als eigentliches Photogen, Ligroin oder deutsches Petroleum zur Beleuchtung oder als Fleckwasser Verwendung finden. Das gelbliche, ziemlich dickflüssige Solaröl (spez. Gew. 0,825 bis 0,835) wird als billiger Ersatz des amerikanischen Petroleums benutzt, dem es an Leuchtkraft nahe kommt. Das zum Brennen untaugliche dicke Öl, das vom P. abgepreßt wird, kommt als Paraffinöl zu Schmierzwecken oder zur Ölgasbereitung in den Handel. Die Ausbeute an Teer beträgt etwa 5% der verarbeiteten Braunkohlen. In der Zeit vor dem Kriege wurden in Deutschland jährlich aus 65000 t Teer 7500 t P. und 36000 t Paraffinöl gewonnen. — Die Darstellung aus dem bituminösen Schiefer, der besonders in Ungarn und im Banat vorkommt sowie aus den hoch siedenden Anteilen des Rohpetroleums erfolgt in ähnlicher Weise. Das aus letzterem durch Auskristallisieren gewonnene P. wird als Belmontin, ein durch Destillation erhaltenes Weichparaffin von zarter, salbenartiger Konsistenz als Vaseline oder Paraffinsalbe bezeichnet. Das wertvollste Ausgangsmaterial, der Ozokerit, der 50—80% beste Paraffinmasse liefert, wird meist ohne Destillation durch Behandlung mit rauchender Schwefelsäure und Entfärbung mit Tierkohle gereinigt und liefert dann ein schwer schmelzbares P., das Zeresin. — P. bildet im gereinigten Zustande eine durchscheinende, geruch- und geschmacklose Masse von bläulichweißer Farbe, die beim Kneten in der Hand erweicht, sich aber nur wenig fettig anfühlt. In Wasser ist es unlöslich, kochender Alkohol löst etwa 3%, in Äther, Schwefelkohlenstoff, Benzin und fetten Ölen löst es sich bei gelindem Erwärmen fast in jedem Verhältnis auf. Mit Wachs, Walrat, Fetten und Harzen kann es leicht zusammengeschmolzen und gemischt werden. Konzentrierte Schwefel- und Salpetersäure sowie ätzende Alkalien sind ohne jede Einwirkung, von Chlorgas wird es nur in geschmolzenem Zustande unter Bildung einer zähen harzigen Masse (Chlorparaffin) angegriffen. Beim Erhitzen mit Schwefel entwickelt das P. Schwefelwasserstoff und zersetzt sich dabei vollständig unter Abscheidung von Kohle. Bei gewöhnlicher Temperatur läßt es sich nicht anzünden, erst nach dem Erhitzen auf 160—170° verbrennt es mit leuchtender Flamme. Zwischen 350—400° geht das P. zum größten Teil unzersetzt über. Der Schmelzpunkt, das spez. Gew. und die Härte, die miteinander steigen und fallen, unterliegen großen Schwankungen. Nach ihrer Höhe unterscheidet man in der Regel Weichparaffin (Schmelzpunkt 44—48°, spez. Gew. 0,88—0,89) und Hartparaffin (Schmelzpunkt 52—56°, spez. Gew. 0,828—0,915), oder wie bei den Braunkohlendestillaten Weichparaffin (Schmelzpunkt 38—42°), Mittelparaffin (47—50°) und Hartparaffin (53—55°), doch kommen auch Hartparaffine mit Schmelzpunkten bis zu 70° vor. Über 70—80° liegende Schmelzpunkte und spez. Gewichte von 0,918—0,930 deuten auf Zeresin hin. Je höher der Schmelzpunkt, um so wertvoller ist das P. Die Hauptmenge dient zur Herstellung von Kerzen. Außerdem benutzt man es zum Imprägnieren vieler Stoffe, entweder um sie wasserdicht oder durchscheinend zu machen (wasserdichte Gewebe, Pauspapier), oder um sie vor Witterungs- bzw. chemischen Einflüssen zu schützen (Marmorstatuen, Holzfässer, Korke). In der Zündholzindustrie werden die Hölzer mit P. getränkt, in Laboratorien findet es zur Füllung von Paraffinbädern und zum luftdichten Verschluß von Flaschen und Apparaten Verwendung. — Das Paraffinum solidum des D. A. B. ist mit Schwefelsäure gereinigter Ozokerit und sollte daher Zeresin heißen.

Paraffinöl nennt man das beim Auspressen der Paraffinmasse (s. d.) ablaufende schwere Öl, das je nach dem Ausgangsmaterial verschiedene Eigenschaften zeigt. P. aus Braunkohlenteer besitzt meist neben dunkler Farbe einen unangenehmen Geruch und wird gewöhnlich zur Bereitung von Leuchtgas benutzt, während das weniger übelriechende P. des Ölschiefers auch als Schmieröl Verwendung finden kann. Das P. oder Ozokeritöl des D. A. B. (Paraffinum liquidum) wird aus den über 300° siedenden Bestandteilen des Petroleums (namentlich von Baku) durch Behandlung mit rauchender Schwefelsäure, Natronlauge und Tierkohle dargestellt und bildet dann eine farblose ölige Flüssigkeit vom spez. Gew. 0,88, die bei 360° noch nicht zum Sieden gelangt. Es wird in der Medizin zur Bereitung von Paraffinsalbe und zu subkutanen Injektionen, in der Technik zum Einölen von Nähmaschinen, Uhren und Fahrrädern benutzt. — Bisweilen wird im Handel als Paraffinfett oder Paraffinschmiere auch ein dickes Schmieröl bezeichnet, das mit Paraffin nichts zu tun hat, sondern aus Harzen hergestellt wird.

Paraguay-Roux (Paratinktur), ein früher gegen Zahnschmerz angewandtes, jetzt in Vergessenheit geratenes Heilmittel, ist die alkoholische Tinktur aus der Parakresse oder Kohlfleckblume (Spilanthes oleracea), einer in Südamerika einheimischen, bei uns in Gärten gezogenen, einjährigen, krautartigen Komposite.

Paranüsse (brasilianische Nüsse) sind die 3½—4½ cm langen Fruchtkerne eines großen, den Myrtengewächsen verwandten Baumes, Bertholletia excelsa, der im Gebiete des Orinoko und Amazonenstromes heimisch ist. Die Samen liegen ursprünglich in einer hartschaligen, kopfgroßen Frucht und haben infolge ihrer gedrängten Lage eine dreiseitige Form mit zwei flachen und einer gewölbten Fläche erhalten. Ihre holzige oder vielmehr lederartige Schale ist braun, rauh und quer gerunzelt und umschließt einen Kern mit rostbrauner Oberhaut und dichtem weißem Fleisch. Der Kern enthält bis 67 % eines milden, geruchlosen und gelblichen fetten Öls, das Paranußöl, das dem Mandelöl sehr ähnlich ist, aber leicht ranzig wird und bei 0° erstarrt. Das spez. Gew. beträgt 0,9184. Man benutzt die P. wie Mandeln oder andere Nüsse als Nahrungs- und Genußmittel.

Pareirawurzel (amerikanische Grießwurzel, lat. Radix pareirae bravae, frz. Racine de pareire, engl. Velvet leaf), die getrocknete Wurzel einer Schlingpflanze aus der Familie der Menispermazeen, Cissampelos Pareira, die in Mexiko, Westindien und auch in Ostindien angetroffen wird, bildet teils zylindrische, teils plattgedrückte Stücke von oft beträchtlicher Länge mit rauher, dunkelbrauner bis schwarzbrauner Rinde, die stellenweise von Längsrissen und Querwülsten durchbrochen ist. Auf dem Querschnitte zeigt sich unter der verhältnismäßig dünnen Rinde das eigentümlich gebaute Holz, das aus 5—8 konzentrischen Schichten besteht. Die Ringe umgeben oft auch exzentrisch rinnenartig oder spiralig den Holzkern und sind durch verdickte Zellen voneinander getrennt. Das poröse Holz der Wurzel ist gelb und durch dunklere Markstrahlen radial gestreift. P. schmeckt anfangs süßlich, hinterher unangenehm bitter, besitzt aber keinen Geruch. Ihre medizinische Verwendung als harntreibendes Mittel beruht auf der Anwesenheit eines Alkaloïdes, das früher Pelosin genannt wurde, aber mit Buxin identisch ist.

Parfümerien (frz. Parfumeries, engl. Perfumeries) nennt man eine Gruppe von Waren, die sich durch einen besonders feinen Wohlgeruch auszeichnen und hauptsächlich zu Toilettenzwecken, als Riechwässer, Wasch- und Schönheitswässer, Haaröle, Pomaden, feine Seifen, Räucheressenzen und Riechkissen Verwendung finden. Die wohlriechenden Stoffe sind meist natürlichen Ursprungs und entstammen, abgesehen von den tierischen Abscheidungen Moschus, Zibet und Ambra, sämtlich dem Pflanzenreiche. Ihrer chemischen Zusammensetzung nach stellen sie entweder ätherische Öle (s. d.) oder Balsame und wohlriechende Harze dar, bei denen allerdings das Aroma meist auch wieder durch ätherisches Öl bedingt wird. Eine besondere Klasse endlich bilden die flüchtigen Äther, die sich im reifen Obste bilden und dessen Duft verursachen. Die ätherischen Öle können in einzelnen Fällen, wie bei Zitronen und anderen Südfrüchten, auf mechanischem Wege durch Auspressen erhalten werden, der Hauptsache nach gewinnt man sie aber durch Destillation mit Wasser. Das hierbei mit übergehende Wasser, das geringe Mengen der Riechstoffe auflöst, bildet als ätherisches Wasser einen besonderen Handelsartikel. Bei leicht zersetzlichen Aromastoffen, die wie viele Blütendüfte durch Wasser und Hitze zerstört werden oder nur in außerordentlich geringer Menge vorhanden sind, müssen andere Arbeitsweisen benutzt werden. Am ältesten ist das Absorptionsverfahren (Enfleurage), bei dem man die Riechstoffe an Fett bindet. Nach der Enfleurage, welche besonders auf farnesische Akazien, Heliotrop, Hyazinthe, Jasmin, Narzisse, Reseda, Rose, Syringe, Tuberose und Veilchen angewandt wird, bedeckt man Glastafeln etwa 3 mm hoch mit einer Schicht von Talg und Schweineschmalz, legt sie in Holzrahmen und breitet frische Blüten darüber aus. Sobald diese ihren Duft abgegeben haben, werden sie durch neue ersetzt, bis das Fett völlig mit Aroma gesättigt ist. Die wohlriechende Pomade kommt für sich in den Handel oder wird 2—4 Wochen lang mit reinstem Weingeist angesetzt, welcher die Riechstoffe auflöst und dann die Bezeichnung Extrait führt. Derartige Extraits werden auch mit solchen Blüten hergestellt, die wie Rosen- und Orangeblüten die Destillation vertragen, aber nach der Enfleurage feinere Produkte liefern. Die gebräuchlichsten Parfüms dieser Art: Extrait de violet, de réséda, de rose und de jasmin, werden meist in dreifacher Stärke als Extraits triples versandt und mit Spiritus verdünnt. — Nach einem anderen Verfahren tränkt man leinene oder baumwollene Tücher mit feinstem Olivenöl, legt sie mit Blüten bedeckt in Holzrahmen und preßt nach Absorption der Riechstoffe das Öl aus, oder endlich man trägt die Blüten in gelinde erwärmtes Öl ein. Die mit dem Aroma beladenen Öle führen den Namen Huiles antiques. — In neuerer Zeit geht man mehr und mehr zu der einfacheren und billigeren Extraktion über, nach welcher die Blüten mit Schwefelkohlenstoff oder reinstem Petroläther erschöpft werden. Beim Abdestillieren des Auszuges hinterbleibt das ganze Aroma in Form eines winzigen Rückstandes, der in Alkohol gelöst wird. — Die im Handel befindlichen Blütenessenzen entsprechen nicht immer ihrem Namen, sondern bestehen vielfach aus Nachahmungen. Andere Parfüms, wie Eau de mille fleurs, Eau de Cologne, Eßbouquet (Essence de bouquet), sind immer

Mischungen verschiedener Extraits. Wieder andere werden auf dem Wege der chemischen Synthese künstlich dargestellt, wie das dem natürlichen Riechstoffe völlig identische Kumarin und Vanillin, oder wie das dem Veilchen außerordentlich ähnlich riechende Jonon und der künstliche Moschus, das Tonquinol. Die ursprünglich in Frankreich heimische Fabrikation von P. hat neuerdings auch in Deutschland hohe Erfolge zu verzeichnen.

Parmesankäse, ein halbfetter italienischer Hartkäse, bedarf zum Ausreifen längerer Zeit und wird daher nur in größeren Laiben von mindestens 25 kg, im Durchschnitt aber 40 bis 50 kg Gewicht hergestellt. Man erwärmt die teilweise entrahmte Milch nur auf ungefähr 30° C und setzt dann das Lab zu. Die fein zerteilte Quarkmasse wird mit Safran gefärbt, längere Zeit auf 52—55° C erhitzt und dann 10—15 Minuten der Ruhe überlassen, während welcher die Zusammenlagerung der Käseteilchen am Grunde des Kessels erfolgt. Nach Abschöpfung der oben stehenden Molken wird der Käseklumpen geknetet und zum Abtropfen auf ein leinenes Tuch gebracht. Darauf kommt er in eine aus breiten Holzreifen bestehende Form, die durch Spannschnur zusammengehalten wird, und schließlich in die Salzkammer, in der er zu wiederholten Malen mit Salz bestreut wird. Diese Operation erfordert 40 Tage. Zur Erzielung der gehörigen Reife gelangen die Käse in der Reihenfolge ihres Alters auf Holzgestelle und werden anfangs täglich, später in mehrtägigen Zwischenräumen mit Öl abgerieben und gewendet, bis sie nach Verlauf eines Käsejahres, d. h. nach sechs Monaten, zum Verkauf an die Händler kommen. — Der P. wird in Deutschland meist nur im geriebenen Zustande zum Bestreuen von Makkaroni, Ragout fin usw. verwandt.

Pasta (Teige). Unter P. oder Pastawaren versteht man in der Pharmazie knetbare oder bei höherer Temperatur erweichende Mittel, welche der Haut leicht anhaften und vielfach mit arzneilichen Zusätzen versehen sind. Nach ihren Hauptbestandteilen werden sie in Kleister-, Dextrin-, Öl-, Vaselin-, Lanolin- und Leimpasten unterschieden, von denen die letzteren aus Gelatine, Glyzerin und Zinkoxyd die größte Bedeutung haben. Sie finden vielfache medizinische Anwendung gegen Hautleiden und andere Krankheiten. — Die sog. weiße Pasta (P. alba, P. gummosa, Lederzucker) aus Gummi, Zucker und Eiweiß und die Süßholz-P. (braune Reglise, P. Liquiritiae) aus den gleichen Bestandteilen mit Lakritzen werden gegen Husten benutzt.

Pastellfarben nennt man diejenigen Deckfarben, die, im Gemisch mit Kreide, weißem Ton, Gips oder Zinkoxyd und Gummiwasser zu einem Teige angemacht und fein verrieben, in Stifte geformt und getrocknet, Pastellmalern und Zeichnern zur Ausführung von Trockengemälden auf körnigem Papier oder Pergament dienen. Zu P. werden die feineren Farbstoffe, wie Zinnober, Karmin, Lackfarben, Berlinerblau, Indigo, Ultramarin, Umbra, grüne Erde, Bleiweiß und Elfenbeinschwarz benutzt. Die Stifte müssen den richtigen Grad von Widerstandsfähigkeit und doch soviel Weiche haben, daß sie auf dem Papier leicht abfärben, und kommen sowohl nackt als in Holz gefaßt und in Kistchen sortiert in den Handel.

Pasten. Mit diesem Namen bezeichnet man Kopien von alten, künstlerisch geschnittenen Steinen, in farbigem Glas oder in feinen, nach der Formung gebrannten Tonmassen und anderen geeigneten Stoffen. Zur Darstellung der Glaspasten wird mit dem Original ein Abdruck in feinem, angefeuchtetem Tripelpulver gemacht, das in einen kleinen Tiegel eingesetzt ist. Nach dem Trocknen bringt man die Tiegel mit einem aufgelegten Stückchen Glas in Windöfen, erhitzt sie so weit, daß die Glasmasse flüssig zu werden anfängt, und drückt diese sogleich mit einem Eisen in die Vertiefung der Form ein. Derartige P. dienen zur Ergänzung von Sammlungen, wie auch als Schmucksachen, namentlich in Ringe gefaßt, als Siegelsteine.

Pasteten (frz. Patés, engl. Pastry, Pie), mannigfaltige Erzeugnisse der Kochkunst und Bäckerei, die zum Teil in den Kleinhandel kommen, bestehen aus gekochter, gebratener oder gedämpfter, fein zerkleinerter Fleischmasse in dicker, fast fester Teigform, und werden in Büchsen oder Terrinen versandt. Neben dem Hauptvertreter, der Straßburger Gänseleberpastete mit und ohne Trüffeln, hat man in verschiedenen französischen Städten Spezialitäten, so in Perigueux Rebhühnerpasteten mit Trüffeln, in Toulouse Entenleberpasteten, in Montreuil Schnepfenleberpasteten, in Rouen Hühnerpasteten, in Montélimar Krammetsvögelpasteten, in Chartres und Nogent-le-Rotrou Wachtel-, Rebhühner- und Hasenpasteten.

Pastillen (Plätzchen, Zeltchen oder Täfelchen zum Einnehmen, lat. Pastillae, Trochisci, Tablettes, frz. Pastilles, engl. Lozenges, Troches) bestehen aus einem Gemisch von Zucker oder Salzen mit einem Bindemittel, gewöhnlich Tragantschleim, dem Arzneistoffe in bestimmter Menge einverleibt sind. Sie werden in der Weise hergestellt, daß man die Bestandteile zu einem Teige formt, diesen in Blätter ausrollt und die Scheibchen mit Stecheisen aussticht. Für Schokoladenplätzchen wird der weiche Teig in eine Spritze gefüllt und in kleinen Teilen herausgedrückt. Einzelne Arten von P. bilden bedeutende Handelsartikel, wie die Mineralwasserpastillen von Bilin, Vichy, Ems und Soden, welche die Salze der dortigen Heilquellen enthalten. Die Pastillen dienen zur bequemen Darreichung schlecht schmeckender Arzneimittel und werden von Kindern gern genommen (Wurmpastillen, Santoninzeltchen).

Pastinak (Pastinakwurzel) ist die Wurzel von Pastinaca sativa (frz. Panais, engl. Parsnip), einer zweijährigen ausdauernden Umbellifere, die in Europa und Nordamerika der aromatisch riechenden, süßlichen und wohlschmeckenden Wurzeln wegen angebaut wird. Von den zahlreichen Sorten sind die lange P., die runde Zucker- oder Königs- und Jerseypastinak die beliebtesten. In England und Holland wird P. für sich als Gemüse genossen, bei uns mehr mit Möhren zusammen gekocht oder nur als Wurzelwerk zu Fleischbrühen benutzt. Im nordwestlichen Frankreich, wo die P.

in großer Menge angebaut wird, benutzt man sie als Futter für Rindvieh und Pferde und stellt auch Liköre und eine Art von Wein daraus her.

Patanaöl (Batavaöl), ein fettes Öl aus den Früchten von Oenocarpus Batava, einer am Orinoko, Rio Negro und Maranhon wachsenden Palme, wird zur Herstellung von Kerzen und Seifen benutzt.

Patentblau nennt man eine Reihe von Triphenylmethanfarbstoffen, die als Sulfosäuren von Tetraalkyldiaminotriphenylkarbinolen mit verschiedenen Radikalen anzusprechen sind. Die Farbstoffe haben wegen ihrer Alkaliechtheit und ihres schönen grünlichblauen Tones hohe praktische Bedeutung.

Paternosterkörner (Paternostererbsen, Abrusbohnen, Abrussamen, lat. Semen abri s. jequirity, frz. Grains oder Pois d'Amérique, engl. Red beans, Aggry beans), die Samen der in Brasilien, Ostindien und Arabien heimischen Papilionazee Abrus precatorius, haben eine schön rote Farbe mit einem schwarzen Fleck am Keimende. Man benutzte sie bei uns bisher nur als Halsketten oder zu Rosenkränzen (daher der Name), hat aber gefunden, daß sie einen äußerst giftigen Stoff, das Abrin oder Jequiritin, enthalten, welches wie das Rizin zu den giftigen Eiweißkörpern, und zwar zur Gruppe der sog. ungeformten Fermente, gehört. In Amerika werden die Samen bei Augenerkrankungen und gegen Lupus, in Ostindien als Aphrodisiakum angewandt.

Patschuli (Patchoulikraut, lat. Herba patchouli, frz. Patchouli, engl. Patchouly). Der Träger des bekannten P.-Parfüms ist eine rauhfilzige, lippenblütige, unserem Wiesensalbei ähnliche Pflanze, Pogostemon Patchouli, die als Unkraut in Ostindien wild wächst, aber auch vielfach angebaut wird. Die Blätter des Krautes sind eiförmig in den langen Blattstiel verschmälert, am Rande mit gezahnten Ausbuchtungen versehen, fiedernervig und beiderseits behaart. Eine neuerdings in den Handel kommende unechte Ware besitzt fünf- bis siebenlappige Blätter mit herzförmiger Basis, aus welcher sämtliche Hauptnerven entspringen. Die Blätter dieser falschen Pflanze sind getrocknet, wie man sie erhält, auf der oberen Seite schwarzgrün, auf der unteren infolge der stärkeren Behaarung fast silbergrau, während die echte Ware gelbbräunlich, stellenweise gelbgrünlich erscheint. P. wird als Mittel gegen Motten verwendet, da diese durch den starken Geruch abgeschreckt werden sollen, dient aber hauptsächlich in der Parfümerie zur Gewinnung des ätherischen Patchuliöles (s. d.).

Patschuliöl (Patchouliöl, lat. Oleum patchouli, frz. Essence de patchouli, engl. Oil of patchouly), das aus dem trockenen Kraute durch Destillation mit Wasserdampf erhaltene, stark riechende ätherische Öl ist bräunlichgelb, hat ein spez. Gew. von 0,960—0,995, eine Drehung von —50 bis —68° und ist in 0,5 bis 8 Teilen 90%igem Alkohol löslich. Bei längerem Stehen in der Kälte scheiden sich weiße Kristalle von Patschulikampfer, $C_{15}H_{26}O$, aus, die bei 56° C schmelzen und leicht in den Kohlenwasserstoff Patschulen, $C_{15}H_{24}$, übergehen. Das P. wird in der Parfümerie zur Herstellung des Patschuliparfüms benutzt.

Pauchontée heißt eine der Guttapercha ähnliche, aus Ostindien kommende Masse, die bei gewöhnlicher Temperatur hart und brüchig ist, bei gelindem Erwärmen aber weich und klebrig wird und erst nach mehreren Tagen ihren ursprünglichen harten Zustand wieder annimmt. Beim Kochen in Wasser wird sie rötlichbraun und macht das Wasser trübe und etwas schäumend.

Paulliniawurzelrinde stammt von der in Brasilien und Westafrika heimischen Sapindazee Paullinia pinnata und wird in Brasilien im gepulverten Zustande äußerlich als Arzneimittel angewandt, da sie auf die Haut sehr reizend wirkt. Sie bildet lange dicke Stücke von gelblichgrauer Farbe und enthält das Alkaloïd Timbonin.

Páyar, eine ostindische Bastfaser, stammt von Urostygma pseudo-tjela.

Paytin, ein in der weißen Chinarinde von Payta enthaltenes Alkaloïd, kristallisiert in farblosen Prismen, deren Lösung linksdrehend ist.

Pech (lat. Pix, frz. Poix, engl. Pitch) ist ein Sammelname für verschieden zusammengesetzte und in verschiedener Weise gewonnene feste, braune bis schwarze, harzige Stoffe, von denen meist folgende Sorten unterschieden werden: 1. Das schwarze oder Schiffspech, auch Schusterpech genannt, gewinnt man aus Holzteer, und zwar aus dem zuletzt erhaltenen dicksten schwarzen Teer, dem Schiffsteer, indem man ihn in offenen Kesseln so lange erhitzt, bis eine herausgenommene Probe beim Erkalten feste Form annimmt. Man gießt die Masse noch warm in die zum Versenden bestimmten kleinen Fässer oder Kübel, aus denen sie dann herauszuschlagen ist. Dieses P. stellt eine dunkelschwarzbraune, auf frischem Bruche stark glänzende Masse dar, die beim Daraufschlagen zerspringt, aber schon in der Wärme der Hand weich und sehr klebrig wird und auf warmem Wasser zerfließt. Es wird auf Schiffen zum Kalfatern und Wasserdichtmachen von Segel- und Tauwerk, ferner zu Kitten und Pflastern, zu Pechfackeln, zum Pichen des Schuhmacherdrahtes und zum Auspichen geringerer Holzgefäße benutzt. 2. Das hellere, meist gelbbräunliche Faß- oder Brauerpech wird aus Fichtenharz durch sorgfältiges Ausschmelzen gewonnen und zeigt je nach der Herkunft und Bereitungsweise ziemlich verschiedene Güte. Das beste Brauerpech aus reinem Fichtenharz kommt aus den Staatsforsten des sächsischen Vogtlandes, während die in Böhmen, Thüringen und Tirol erzeugte Ware den Anforderungen des Brauers viel weniger genügt. Das vogtländische Erzeugnis ist aber sehr teuer und sein Preis entsprechend der Nachfrage gestiegen. Außer der guten Ware (Kesselpech) gewinnt man durch Nachbearbeitung der rohen Harzstoffe noch eine zweite, nur ein Drittel so hoch bewertete, das Griefenpech. Zur Darstellung von weißerem Faßpech werden die harzigen Rohstoffe in Kesseln mit Wasser gekocht, bis das Terpentinöl ausgetrieben ist, dann abgeschöpft und geläutert. Im allgemeinen ist dies auch die Darstellungsweise aller Weiß- oder sog. Burgunderpeche. Das von den Bäumen gesammelte Rohharz oder auch Terpentin wird unter Zusatz von Wasser kürzere oder längere Zeit geschmolzen, wobei die Farbe heller wird, und dann durch Filtrieren gereinigt. Bei etwas stärkerer Hitze wird die Masse gelber und heißt dann Gelbpech, während bei längerem Schmelzen bis zur Abtreibung alles Wassers Kolophonium entsteht. — Die sog. weißen Pechsorten sind gelblich oder bräunlich, spröde und von muscheligem, mattglänzendem Bruch. Sie liefern beim Zerdrücken neben größeren Stückchen viel Pulver und werden beim Kneten zwischen den Fingern etwas weich. Je nach Abstammung und Bereitungsweise zeigen sie geringe Unterschiede und enthalten mehr oder weniger Wasser und flüchtige Öle. Beim Ausschmelzen wird oft absichtlich wieder etwas Kienöl oder Terpentin hinzugesetzt. Die hellen Pechsorten dienen besonders zum Auspichen von Fässern und erhalten für diesen Zweck zur Erhöhung der Elastizität und Schmelzbarkeit meist Zusätze von Paraffin, Harzöl oder Leinöl. Außerdem gebraucht man sie, wie das amerikanische Harz, zur Darstellung von Harzseifen, ferner als Lötmittel, zu Pflastern und manchen anderen Zwecken. 3. Sogenanntes Steinkohlenpech ist gleichbedeutend mit Steinkohlenasphalt, dem schwarzen Rückstand, der bei der Teerdestillation erhalten wird, während man den bei der Braunkohlenteerdestillation verbleibenden Rückstand mit dem Namen Braunkohlenteerpech belegt.

Pegamoid nennt man eine dem Zelluloid ähnlich zusammengesetzte Masse, die, auf Papier oder Gewebe aufgepreßt, diese lederartig erscheinen läßt und zur Herstellung von Bucheinbänden, Schmuckwaren und künstlichen Ledertapeten benutzt wird.

Pelletierin, ein flüssiges Alkaloïd, findet sich in sehr geringer Menge neben drei anderen verwandten Alkaloïden in der Granatwurzelrinde. Das als Arzneimittel gegen Bandwürmer benutzte gerbsaure Pelletierin, Pelletierintannat, Punizintannat (lat. Pelletierinum tannicum), ein gelbliches amorphes und geruchloses Pulver von zusammenziehendem Geschmack und schwach sauerer Reaktion, löst sich in etwa 700 Teilen Wasser sowie in 80 Teilen Weingeist.

Penghawar Djambi besteht aus den sehr weichen, 2—3 cm langen bronzefarbenen Stamm- und Blatthaaren mehrerer Arten der zu den Baumfarnen gehörigen Gattung Cibotium, namentlich von Cibotium Baromez auf Sumatra, die, auf Wunden gelegt, als blutstillendes Mittel verwandt werden. Eine andere etwa 5 cm lange, weniger weiche Sorte von gelblich- bis braunroter Farbe, Pakoë-Kidang stammt von Alsophila lurida und Balantium chrysotrichum, auf Java heimischen Baumfarnen.

Pepsin, das Ferment des Magensaftes, wird im Großbetriebe hergestellt, indem man frische Magenschleimhäute von Schweinen oder Kälbern mit salzsäurehaltigem Wasser auszieht, die Lösung mit Kochsalz fällt und aus dem Niederschlage das Kochsalz durch Dialyse entfernt. Nach einem anderen Verfahren behandelt man die Schleimhaut mit verdünnter Phosphorsäure, fällt die letztere und das Pepsin mit Kalkwasser und trennt nach dem Auflösen des Niederschlages in Salzsäure das Pepsin von der Phosphorsäure durch Eintröpfeln von Cholesterin. Beim Extrahieren der nun entstehenden Fällung aus Pepsin und Cholesterin hinterbleibt das Pepsin ungelöst. Schließlich kann man das Pepsin aus der Schleimhaut auch durch fünfprozentigen Alkohol ausziehen. Die Lösungen werden vorsichtig, am besten im luftverdünnten Raume, eingedampft und bei höchstens 40° getrocknet. P. bildet ein gelbes bis bräunliches, hygroskopisches Pulver von bitterlich salzigem Geschmack. Die schwach salzsaure Lösung vermag bei Blutwärme hart gekochtes Eiweiß und Fibrin zu lösen (verdauen), verliert diese Eigenschaft aber beim Erhitzen auf 60° sowie bei Zusatz von viel Alkohol. In Form von Verdünnungen mit Milchzucker, Stärke oder anderen indifferenten Stoffen (verdünntes P.), ferner von P.-Wein und P.-Elixier wird es bei Störungen der Magentätigkeit als verdauungsförderndes Mittel angewandt.

Peptone sind Umwandlungsprodukte von Eiweißkörpern (Albumin, Kasein, Fibrin) durch Pepsin oder Pankreatin, die neuerdings für diätetische Verwertung in den Handel gelangen. Zur Darstellung des sog. Peptonum siccum wird fettfreies Rindfleisch längere Zeit bei höchstens 50° mit Wasser, Pepsin und Salzsäure behandelt, die filtrierte Lösung mit Natriumkarbonat neutralisiert und im Vakuum eingedampft. Es bildet weißliche bis hellgelbe, geruchlose Krusten oder Pulver von bitterem Geschmack. Die wäßrige Lösung wird durch Alkohol, nicht aber durch Erhitzen oder Zusatz von Salpetersäure gefällt. Die P. werden für sich oder in Form zahlreicher diätetischer Präparate als Nährmittel verwandt, scheinen aber in letzter Zeit durch die weniger bitter schmeckenden Albumosen verdrängt zu werden.

Pergament (lat. Charta pergamensis, frz. Parchemin, engl. Parchment) ist seiner Natur nach nichts anderes als die unter gewissen Vorsichtsmaßregeln getrocknete Hautblöße. Zu ihrer Darstellung werden die rohen Felle wie in der Gerberei gewässert, in Kalkäsche gelegt, dann durch Schabeisen enthaart und auf dem Schabebaum entfleischt. Die erhaltenen Blößen kommen auf Rahmen, deren bewegliche Ränder eine faltenlose Einspannung gestatten. Das gröbere, für Trommelfelle bestimmte Pergament aus Kalbfellen und das Paukenpergament aus Eselshäuten wird dann nur noch einseitig geschabt, aber nicht geglättet. Hingegen ist bei der Herstellung von Schreibpergament noch ein sorgfältiges Schleifen mit Bimsstein, Reiben mit Kalk, Glätten und Präparieren mit Leimwasser, Kreide, Bleiweiß und Öl erforderlich. Bei den geringeren Sorten, die nur mit Kreide und Leimwasser und zuletzt mit Seife behandelt werden, läßt sich Bleistiftschrift oder -zeichnung nur durch Reiben mit einem fettigen Lappen entfernen. Man stellt daher für Zeichner noch besonderes Ölpergament her, das auf Kalkgrund einen Überzug von Bleiweiß und Leimwasser hat und darauf geölt ist. Das P. dient zur Herstellung von Büchereinbänden, Trommel- und Paukenfellen und von Siebböden zum Körnen des Schießpulvers, und zwar für letzteren Zweck P. aus Schweinehaut. Zur Darstellung der besten Sorten P. benutzt man Kalbfelle, für geringere Hammel-, Schaf-, Ziegen- und Bockfelle und für das dünnste, sog. Jungfernpergament, Felle von jungen Ziegen und Lämmern.

Pergamentpapier (Papierpergament, lat. Charta pergamensis, frz. Parchemin végétal, Papier parchemin, engl. Parchment paper, Vegetable parchment) nannte man ursprünglich starkes oder zusammengeklebtes Papier, das einen Überzug von Kreidebleiweiß- oder Zinkweißleimfarbe oder Ölfarbe erhalten hat, so daß es, wie das Schreibpergament, mit Bleistift beschrieben und von der Schrift oder Zeichnung wieder befreit werden kann. Dieses P. wird als falsches Pergament bei Notizbüchern, kleinen Schreibtafeln und Skizzenbüchern verwandt. Weiter bezeichnet man so das aus rohem Flachs, Hanf oder Aloefasern in der Bütte oder auf der Papiermaschine hergestellte, sehr feste, fast durchscheinende Papier, das ganz besonders schön von Canson und Montgolfier in Annonay bereitet wird und hauptsächlich zum Verpacken feiner Waren für den Seeversand dient. Und schließlich führt die gleiche Bezeichnung das künstliche Parchemin animal, das aus Tiersehnen, Därmen und Hautabfällen nach erfolgter Zerkleinerung durch Kochen mit Alkalien und Mahlen in der Holländermühle sowie durch Schöpfen aus der Bütte mit Papierformen hergestellt wird und außer zu Verpackungen auch zu Kartuschen für Kanonen dient. — Jetzt versteht man unter P. oder vegetabilischem Pergament (Papyrin, Papyrolin) hauptsächlich das durch Einwirkung von Schwefelsäure auf ungeleimtes Papier sich bildende Erzeugnis. Zu seiner Darstellung wird Papierstoff mehrere Sekunden lang in Schwefelsäure von 60° Bé eingetaucht und dann sorgfältig ausgewaschen. Durch Einwirkung der starken Säure wird ein Überzug von kolloidaler Zellulose (Amyloid oder Hydrozellulose) gebildet, der in Wasser unlöslich ist, die Poren gleichmäßig ausfüllt und das Papier durchscheinend und pergamentähnlich macht. Bei dieser Behandlung nimmt das Gewicht und der Flächeninhalt um 10%, die Dicke um 30 bis 40% ab, während das spez. Gew. um 30 bis 40% und die Festigkeit um das 4—5fache zunimmt, so daß die Festigkeit sich sogar zu derjenigen des echten Pergaments wie 4:3 verhält. Statt der Schwefelsäure bedient man sich auch wäßriger Lösungen von Zinkchlorid oder von Kupferoxydammoniak. Das P. wird dann getrocknet, mit Paraffinöl überzogen und zwischen erhitzten Walzen geglättet. Durch Behandlung gefärbter Papiere, deren Farbstoff der Einwirkung der Schwefelsäure widersteht (Anilinfarben), kann man sehr schöne Leder- und Maroquinpapiere erzeugen. — Das P. wird in Wasser weich und schlaff und kann daher gewaschen und gebügelt werden. Kochenden Laugen widersteht es, wird aber durch konzentrierte Schwefelsäure und heiße Salzsäure unter Bildung von Zucker langsam gelöst. Mit konzentrierter Salpetersäure gibt es das noch dichtere und festere Nitro-P., das nach dem Eintauchen in Schwefelsäure glasartig durchsichtig und gegen Säuren unangreifbar erscheint, jetzt aber von Kalilauge gelöst wird. — P. findet vielfache Anwendung als Ersatz der tierischen Blase und des echten Pergaments zum Verschließen von Gefäßen mit flüssigem Inhalt, weil es nicht fault und für Gase undurchdringlich ist. Weiter dient es zur Umhüllung von Butter und Fleischwaren und zur Herstellung künstlicher Wurstdärme, zu Betteinlagen für Kinder und Kranke, zum Bekleiden feuchter Wände und als Diaphragma für Osmose. Wegen seiner Festigkeit und Glättbarkeit benutzt man es zu Kalanderwalzen, Glättkartons, Kindertrommeln und Bucheinbänden. Die Vereinigung zweier Stücke von P. erfolgt in frischem Zustande einfach durch Drücken, sonst durch Leimen der mit Spiritus erweichten Ränder. Das zum Einwickeln von Nahrungsmitteln bestimmte P. erhält zur Erzielung großer Geschmeidigkeit bisweilen Zusätze von Glyzerin, Traubenzucker, Molligen (Invertzuckersirup), die unter Umständen ein Verschimmeln der Ware (Margarine) begünstigen. Auch sind bisweilen Eisensalze, die der Butter einen bitteren Geschmack und schlechte Farbe verleihen sowie unzulässige Konservierungsmittel (Borsäure) aufgefunden worden. Nach Burr soll Einwickelpapier nicht mehr als 10% wasserlösliche Stoffe, 8% Zucker und 4% Asche enthalten. Die Margarinefabrikanten halten Glyzerin für einen besseren Zusatz als Zucker.

Perkal, ein ursprünglich ostindisches, zurzeit aber ausschließlich aus inländischen Webereien in den Handel gebrachtes feines und dichtes, weißes Baumwollgewebe nach Leinwandart, kommt dem Kambrik nahe und ist nur etwas feiner als dieser. Er findet sich in sehr vielen verschiedenen Feinheitsgraden und wird mit Garnen von Nr. 36—120 hergestellt. Die aus den stärkeren Garnen Nr. 36—60 gewebten, zum Druck bestimmten P. sind identisch mit Kaliko und werden Druckperkals genannt. Die feinsten hierher gehörigen Stoffe sind immer noch etwas dichter als Musselin und führen die Bezeichnung Batistmusselin. Die Stoffe können glatt, kariert, gestreift, gefärbt und gedruckt sein.

Perlen (frz. Perles, engl. Pearls), die im Innern von Muscheln auftretenden rundlichen, ovalen oder auch unregelmäßig geformten Gebilde aus kohlensaurem Kalk, sind Krankheitserscheinungen, die durch eine Verletzung der Schale oder den ständigen Reiz eines von außen eingedrungenen Fremdkörpers hervorgerufen werden. Zur Bekämpfung des Reizes überzieht das Tier den Eindringling, meist Bandwurmlarven (Tetrarhynchus unionifaktor, Thylocephalum margaritifera), Sandkörner und dgl., mit kohlensaurem Kalk, der in unendlich feinen Schichten nach und nach abgelagert wird und durch Interferenz das bekannte schöne Farbenspiel hervorruft. Perlen können in jeder Muschel auftreten, zeigen sich aber am häufigsten und größten in der Seeperlmuschel (Meleagrina oder Avicula margaritifera), die gesellschaftlich in den tieferen Küstengewässern des Roten, Persischen und Indischen Meeres lebt. Zu ihrer Gewinnung werden die etwa handtellergroßen, lose auf dem Sande liegenden Muscheln durch Taucher heraufgeholt, dann bis zur Fäulnis am Strande in die Sonne gelegt und durchsucht, wobei die gefundenen P. gleich durch Siebe in verschiedene Größen getrennt werden. Geringere Perlenmengen liefert die Flußperlmuschel (Unio margaritiferus), die in Flüssen und Bächen des Berg- und Hügellandes gemäßigter Klimate ihren Wohnsitz hat. Die Chinesen züchten in Teichen eine unserer Flußmuschel nahe verwandte Art, Dipsas plicatus, und schieben kleine Buddhabildnisse ein, die ebenfalls mit Perlmutter überzogen werden. — Die P. finden sich in den verschiedensten Größen, von dem Umfang eines Mohnsamens bis zu demjenigen einer Kirsche, und werden wie die Edelsteine nach Karaten, bisweilen aber auch nach Grän ($^1/_4$ Karat) bewertet. Größere Stücke kommen einzeln, als sog. Stück- oder Zahlperlen, kleinere, die Lotperlen, zusammen nach Gewicht zum Verkauf. Die kleinsten, mohnsamengroßen, als Schmuckware nicht mehr brauchbaren Perlen, von den Engländern Saatperlen genannt, werden von Indern und Chinesen zum Brennen eines teuren Kalkes benutzt, der als Zusatz zum Kauen von Arekanuß und Betel dient. Der Form nach werden die ganz runden Tropfen- oder Augenperlen am höchsten geschätzt, doch sind auch birnen-, ei- und zwiebelförmige Perlenbirnen zu Ohrgehängen sehr gesucht. Schiefe, höckerige und sonst unförmliche Stücke heißen Barockperlen, während an der Muschelschale warzenartig festgewachsene, also nur einseitig ausgebildete P., die nur zum Besetzen dienen können, als Kropfperlen bezeichnet werden. In der Farbe zeigen sich die mannigfaltigsten Unterschiede. Den Grundton bildet in der Regel das eigentümliche matte, durchscheinende Weiß mit silbrigem Schimmer, das bald mehr ins Gelbliche, bald ins Bläuliche spielt, doch erzielen auch schwarze, bleifarbige und P. in Pink couleur (Nelkenfarbe) bei guter Ausbildung hohe Preise, hingegen sind fleckige von geringem Wert. Als schönste P. gelten die ostindischen, die sowohl durchbohrt (Witwen) als auch nicht gebohrt (Jungfern) in den Handel kommen. Sie bilden hochgeschätzte Schmuckstücke, deren größte und wertvollste (es gibt Stücke von 5 cm Länge und 90 g Gewicht im Werte von 250000 M.) früher den Stolz der Fürstinnen (Kleopatra) bildeten, während sie jetzt mehr und mehr in den Besitz amerikanischer Dollarprinzessinnen übergehen. Alle P. haben den Mangel, daß sie mit zunehmendem Alter an Glanz und Schönheit einbüßen; sie „sterben", weil die geringe Menge organischer Stoffe sich zersetzt, ja in alten Gräbern hat man sie zu Staub zerfallen vorgefunden. — Künstliche Perlen werden in der Weise hergestellt, daß man hohle Glaskügelchen mit sog. Perlenessenz aus den Schuppen von Weißfischen auskleidet und dann den Hohlraum mit Wachs ausgießt. Sie sind selbstredend ein recht zerbrechlicher und geringwertiger Ersatz, geben aber das Farbenspiel der P. recht gut wieder.

Perlmutter (frz. Nacre de perles, engl. Mother of pearl). Verschiedene Muscheln ohne Perlen zeigen eine den Perlen an Farbe und Glanz ähnliche Innenseite und vor allem auch das durch die Übereinanderlagerung der äußerst dünnen durchscheinenden Blättchen entstehende Farbenspiel. Sie bilden die Perlmuttermuscheln, deren schönste Sorten von Makassar, Fidschi, Neuseeland, Manila und Kalifornien stammen. Im übrigen findet sich P. in den chinesischen und südafrikanischen Gewässern, an den amerikanischen Küsten des Stillen Meeres, im Roten Meer und in der Nähe der Philippinen. Hingegen sind gerade die perlenführenden Zeylonmuscheln als P. nicht verwendbar, da hierfür möglichst groß und flach gebaute Stücke bis zu 20 cm Durchmesser verlangt werden. Solche sehr große und flache Handelssorten sind außer den bereits genannten noch: Sidney, wenig irisierend, Auckland, etwas dunkel, Freemantle, sehr weiß, Ägyptische, weiß. Weniger flach und etwas gelblich ist die kreisrunde Bombay, während von kleinen Sorten noch die stark gekrümmte, sehr bunte La Paz, Nakar und die sehr dicke Matzlan zu nennen ist. In der Regel werden auch die irisierenden Schalen von Meeresschnecken, besonders den Seeohren (Haliotis), den sog. Iris-, Japan-, Gold- oder Silbermuscheln, als P. bezeichnet. Sie haben ein außerordentlich schönes Farbenspiel, können aber wegen der starken Krümmung nur zu kleinen Gegenständen, Knöpfen usw. verarbeitet werden. — Die Perlmutterschalen haben nach Beseitigung der äußeren braunen Rinde außen dieselbe Beschaffenheit wie innen und können daher gut in Blätter gespalten werden. Die Verarbeitung erfolgt gewöhnlich durch Zerteilen mit feinen Sägen unter Wasser, bisweilen auch durch Spalten. Für die feine Ausarbeitung kommt hauptsächlich das Schleifen in Anwendung. P. dient zur Herstellung eingelegter Arbeiten, zum Belegen feiner Messerhefte, zu Knöpfen und zu zahlreichen anderen kleineren Gebrauchsgegenständen. Eine aus Chile stammende schwarze oder vielmehr rauchgraue P., die dabei aber doch ihren eigentümlichen Schimmer zeigt, wird neuerdings durch Färben gelblicher und farbenunreiner Stücke mit ammoniakalischer Silberlösung künstlich nachgeahmt. — Die rohen Perlmutterschalen werden in Fässern oder Kisten, oder auch lose im Schiffsunterraum liegend verschifft und in letzterer Art manchmal frachtfrei mitgenommen.

Peroborin, ein neues Wasch- und Bleichmittel, besteht aus Natriummetaperborat $Na . BO_3 + 4H_2O$ und enthält dementsprechend neben 40,25% Borsäure etwa 10% wirksamen Sauerstoff.

Perlweiß. Diesen Namen führt außer Bleiweiß, dem man durch Zusatz von etwas Berlinerblau einen bläulichen Schein gegeben hat, auch das Wismutoxychlorid oder sogenannte spanische Weiß.

Permanentweiß (Barytweiß, Blanc fixe), die aus künstlich gefälltem Bariumsulfat bestehende schöne Malerfarbe, wird entweder aus Schwerspat oder Witherit hergestellt. Der fein pulverisierte Schwerspat wird durch Glühen mit

Kohle in Bariumsulfid übergeführt, letzteres in Wasser oder Salzsäure gelöst und mit verdünnter Schwefelsäure oder Glaubersalzlösung gefällt. Der Witherit kann direkt in Salzsäure gelöst und mit Schwefelsäure gefällt werden. Der entstandene Niederschlag wird mit Wasser gut ausgewaschen, dann zum Abtropfen auf Filter gebracht und gelangt oft in noch feuchtem, breiförmigem Zustande in den Handel, da Trocknen die Deckkraft verringert. P. hat vor allen weißen Farben den Vorzug großer Beständigkeit, läßt sich mit anderen Farben gut mischen und ist ungiftig. Es wird außer als Malerfarbe als Füllmittel für Papier und zum Färben von Tapeten und Glacépapier benutzt, da es durch Bürsten einen schönen Glanz annimmt.

Persennige (Persening) nennt man alle wasserdicht gemachten Gewebe aus Leinen-, Hanf- oder Jutegarn, die zu Wagenplanen, Kahndecken usw. verwandt werden. Die Eigenschaft der Undurchlässigkeit erhalten sie durch Überzüge aus Mischungen von Kasein mit Mehl und Kalk oder besser noch durch Leim mit einer Lösung von doppeltchromsaurem Kali und nachfolgendes Belichten an der Sonne. Ursprünglich führte diesen Namen nur geteertes Segeltuch.

Persiko, ein beliebter Likör, wird durch Abziehen von bitteren Mandeln oder Pfirsichkernen mit Spiritus erhalten. Unter den zusammengesetzten Ölen des Handels, die zur Herstellung bestimmter Likörsorten oder vielmehr ihrer Nachahmung dienen, findet sich als das teuerste auch Persikoliköröl.

Persil, ein von der Firma Henckel-Düsseldorf in den Handel gebrachtes Waschmittel, enthält neben etwa 35 % Seife und überwiegenden Mengen Wasserglas rund 20 % Metaperborat, eine beim Waschen freien Sauerstoff abgebende Verbindung, die eine bleichende Wirkung ausübt, aber nach Heermann die Wäsche angreift (Sauerstofffraß).

Perubalsam (Salvadorbalsam, lat. Balsamum peruvianum, frz. Baume de Pérou, engl. Balsam of Peru) wird nicht in Peru, sondern ausschließlich auf der sog. Balsamküste im westlichen Mittelamerika von den Häfen Acajutla bis Libertad in San Salvador gewonnen und erhielt seinen Namen lediglich, weil er über Peru in den Handel kam. Der P. stammt von der baumartigen Papilionazee Toluifera Pereira (früher Myroxylon sonsonatense genannt), die erst vom 25. Jahre an Erträge liefert, aber mehrere hundert Jahre alt wird. Zur Gewinnung des Balsams löst man die durch Klopfen gelockerte Rinde an vier Stellen, so daß zur Verhinderung des Absterbens dazwischen unverletzte Rindenstreifen stehen bleiben, und befestigt an den entblößten Stellen Zeuglappen, die den austretenden Balsam aufsaugen. Nach zweimaligem Anlegen solcher Lappen, die jedesmal acht Tage liegen bleiben, schwelt man die verwundeten Stellen mit Hachones, Fackeln aus einem harzreichen Schilfrohr, an und fängt den jetzt reichlicher fließenden Balsam wieder mit Lappen auf. Die letzteren werden mit Wasser ausgekocht, wobei sich nach dem Erkalten der Balsam unten abscheidet und auf Kürbisflaschen gefüllt wird. Die Bäume geben das ganze Jahr hindurch, besonders in der trockenen Jahreszeit, durchschnittlich je 2 bis 3 kg Balsam, der in 10—50 kg fassenden Blechgefäßen nach Europa versandt wird. P. hat eine dunkelrötlichbraune Farbe, sirupartige Konsistenz und ist in dünnen Schichten durchsichtig. Er fühlt sich zwischen den Fingern nicht klebrig, sondern ölig an und löst sich vollständig in Alkohol, Chloroform und Essigäther. Sein Geruch ist angenehm vanilleartig, der Geschmack anfangs milde, später bitterlich-kratzend. Das spez. Gew. beträgt 1,100—1,150. P. besteht aus einem flüssigen und einem festen Anteile, von dem der erstere, das Zinnamein, als ein Gemisch von Benzoësäurebenzylester und Zimtsäurebenzylester mit geringen Mengen Zimtsäure und Vanillin anzusprechen ist. Der feste Anteil ist ein esterartiges Harz, aus welchem Zimtsäure, Benzoësäure und Peruresitannol abgeschieden werden kann. Seines hohen Preises wegen unterliegt er häufigen Verfälschungen, besonders durch Kopaivabalsam und fette Öle. P. findet mannigfache Verwendung gegen Krätze, zu Einreibungen gegen wunde Hautstellen, als Mittel gegen Tuberkulose, übelriechende Nasenausflüsse und gegen Haarkrankheiten. Auch wird er zum Überziehen von Schokolade und als aromatischer Bestandteil von kosmetischen Mitteln und Räucherpulvern benutzt.

Perugen, ein von Evers künstlich hergestellter Ersatz für Perubalsam, enthält gegen 60 % Zinnamein und unterscheidet sich vom echten Balsam nur durch die niedere Verseifungszahl (50 gegen 240) und die niedrigere Jodzahl (34 gegen 206). Außerdem gibt er im Gegensatz zu Perubalsam mit mehr als 1 Teil Alkohol eine klare Lösung. Aus der Petrolätherlösung scheidet sich als pulvriger Bodensatz echter Balsam an den Wänden klebend aus, und beim Schütteln der ätherischen Lösung mit tropfenweise zugesetzter Schwefelsäure gibt nur echter Balsam eine Blaufärbung.

Petersilie (frz. Persil, engl. Parsley). Von dieser in Südeuropa einheimischen, zweijährigen Doldenpflanze (Petroselinum sativum) werden sowohl die Blätter als auch die Samen und die rübenartige Wurzel benutzt. — Das Petersilienkraut (lat. Herba Petroselini, frz. Herbe de persil, engl. Parsley) ist, frisch gepflückt, ein viel begehrter Gegenstand des örtlichen Gemüsehandels und wird auch im getrockneten Zustande in den Handel gebracht. — Die Petersiliensamen, richtiger Früchte (lat. Fructus petroselini, frz. Fruits de persil, engl. Parsley seeds) werden auch in größerer Menge aus Indien eingeführt und zur Darstellung von Apiol (s. d.) benutzt, das darin neben ätherischem und fettem Öl enthalten ist. Medizinisch werden die Samen als harntreibendes Mittel angewandt. — Die gelblichweiße, rübenförmige P.-Wurzel (lat. Radix petroselini, frz. Racine de persil, engl. Parsley root), die süßlichen Geschmack und aromatischen Geruch besitzt, wird medizinisch wie die Samen benutzt.

Petersilienöl (lat. Oleum petroselini, frz. Essence de persil, engl. Parsley Oil) nennt man sowohl das in den Früchten (zu 2—7 %) wie in den Blättern (zu 0,016—0,3 %) der Petersilie enthaltene Öl, die beide im Geruch verschieden sind, doch findet sich fast nur das erstere im Handel. Das gelbliche bis grünlichgelbe und in Alkohol leicht lösliche Öl vom spez. Gew. 1,043 bis 1,101 besteht aus einem zwischen 160 und 170° C siedenden Kohlenwasserstoff, L.-Pinen und Apiol (s. d.) und wird als Zusatz bei der Darstellung aromatischer Liköre benutzt.

Petitgrainöl, ein kräftig und angenehm riechendes, dünnflüssiges, ätherisches Öl von gelblicher Farbe, das zur Herstellung feiner Riechstoffe Anwendung findet, wird aus den Blättern, Zweigen und kleinen, noch unreifen Früchten der bitteren Orangenbäume durch Destillation gewonnen. Früher wurde das Öl hauptsächlich in Südfrankreich hergestellt, doch kommen jetzt auch große Mengen aus Paraguay. Man benutzt es in der feinen Parfümerie.

Petroleum (Erdöl, Erdnaphtha, lat. Oleum petrae, frz. Pétrole, engl. Petroleum), einer der wichtigsten Gebrauchsgegenstände des alltäglichen Lebens, war schon im Altertume bekannt, gelangte zu seiner jetzigen Bedeutung aber erst, seitdem im Jahre 1859 die pennsylvanischen Quellen erschlossen wurden und mit jedem Jahre größere Mengen zu Beleuchtungs- und technischen Zwecken in den Handel kamen. Das P. ist wahrscheinlich aus den fettreichen Überresten untergegangener Seetiere entstanden, die unter ungeheurem Druck und mäßiger Temperatur einer langsamen Zersetzung anheimfielen, und findet sich demnach an den verschiedensten Punkten der Erde in unterirdischen Hohlräumen aufgespeichert. Den hauptsächlichsten Ölbezirk bildet ein schmaler, kaum 100 km langer Streifen im Westen Pennsylvaniens, doch zieht sich das Vorkommen von P. auch von Westkanada durch Newyork nach Ohio, Kentucky und südlich nach Westvirginien. Große Bedeutung werden voraussichtlich auch die mexikanischen Petroleumquellen von Tampico erlangen. Neben Amerika besitzt Rußland die ergiebigsten Lager in der Umgebung von Baku am Kaspischen Meer, und weitere große Vorräte sind in Niederländisch-Indien, Rumänien auf den moldauisch-wallachischen Karpathen und in Galizien erschlossen. Asien hat weiter die reichen ostindischen und chinesischen Lager, und geringere Mengen finden sich in Persien, Beludschistan, Südafrika, Südaustralien und Neuseeland. Die kleinen deutschen Vorkommnisse in Hannover, bei Peine, in Bayern und im Elsaß waren bis zum Jahre 1900 für den Massenverbrauch ohne Bedeutung. Zur Gewinnung des P. werden Bohrlöcher in die Erde getrieben, aus denen es, durch seinen eigenen Druck oder durch Pumpwerke gehoben, in die Höhe steigt. Häufig dringt es auch im Gemisch mit Wasser und in Begleitung großer Mengen brennbarer Gase in Gestalt hochspringender Fontänen hervor. Das Rohpetroleum bildet eine dunkel, grünlich bis schwarz gefärbte, widerwärtig riechende Flüssigkeit, deren spez. Gew. je nach dem Herkommen zwischen 0,780 und 0,960 beträgt. In chemischer Hinsicht ist es ein Gemenge zahlreicher gasförmiger, flüssiger und fester Kohlenwasserstoffe, die teils wie beim amerikanischen P., der Methanreihe, teils wie beim kaukasischen P., den Naphthenen (hydrierten Benzolen) angehören. Wegen seines Gehaltes an leicht flüchtigen und leicht entzündlichen Bestandteilen ist es in hohem Grade feuergefährlich und muß daher für eine gewerbliche Verwendung in verschiedene Stoffe zerlegt und weiter gereinigt werden. Durch das Verfahren der Destillation werden zunächst die niedrigsiedenden Bestandteile: Petroleumäther (Rhigolen) bei 30—60°, Gasolin bei 60—80°, Petroleumbenzin bei 80—100°, Ligroin bei 100—120° und künstliches Terpentinöl bei 120—150° abgetrennt, die als Lösungsmittel für Fette, Öle und Harze und als Fleck- und Putzwasser ausgedehnte technische Anwendung finden. Zwischen 250 und 300° geht dann das Hauptprodukt, das eigentliche Leuchtöl oder Brennpetroleum (Kerosin, Kerosen) über. Die hinterbleibenden Stoffe, die beim Erkalten butterartig erstarren, werden zur Darstellung von Vaseline und von Schmierölen (Mineralölen) sowie als Brennmaterial (Masut) verwandt. Sie bilden den wertvollsten Teil des kaukasischen P. Das eigentliche Brennpetroleum, die mittlere Fraktion, ist vor seiner Verwendung noch einer sorgfältigen Reinigung zu unterziehen. Es wird zu diesem Zwecke zunächst mit konzentrierter Schwefelsäure und nach deren Entfernung mit Natronlauge behandelt und schließlich mit Wasser gewaschen. Neuere Verfahren beruhen außerdem auf der Verwendung von Eisenvitriol, Kupfervitriol, Kaliumpermanganat, Knochenkohle und anderen entfärbenden und geruchlos machenden Stoffen, während zur Entwässerung bisweilen ein Zusatz von Kochsalz gemacht wird. Das gereinigte Petroleum bildet eine farblose bis schwach gelbliche Flüssigkeit mit bläulicher Fluoreszenz und mildem Geruch. Das spez. Gew. beträgt bei dem amerikanischen P. etwa 0,800, beim kaukasischen 0,825 und beim galizischen 0,820. Es stellt einen vortrefflichen Beleuchtungsstoff dar, wird aber durch mangelhafte Reinigung und minderwertige Zusätze vielfach in seinem Gebrauchswerte beeinträchtigt. Am bedenklichsten ist die ungenügende Entfernung oder die absichtliche Beimischung niedrigsiedender Stoffe, da hierdurch die Feuergefährlichkeit erhöht wird. Zum Schutze gegen Lampenexplosionen haben die meisten Staaten bestimmte Vorschriften über den Entflammungspunkt aufgestellt, und insbesondere darf in Deutschland Petroleum, das bereits unter 21° entflammbare Dämpfe entwickelt, nur unter besonderen Vorsichtsmaßregeln und unter der Bezeichnung „feuergefährlich" verkauft werden. Obwohl nach Victor Meyer ein sicherer Schutz gegen Explosionen erst bei einem Entflammungspunkt von 35° gewährleistet wird, sind durch diese Vorschrift doch die gefährlichsten Erzeugnisse aus dem Handel verdrängt worden. Der Entflammungspunkt muß mit Hilfe des amtlichen Abelschen Petroleumprüfers bestimmt werden. Nicht minder schädlich für die Leuchtkraft, wenngleich weniger gefährlich, ist der Zusatz der hochsiedenden Stoffe, da diese den Docht verschmieren und verkohlen lassen. Zu ihrem Nachweise bedient man sich der fraktionierten Destillation. Gutes P. sollte mindestens 70—80 % eigentliches Leuchtöl, das zwischen 150 und 270° übergeht, und nicht mehr als 10—15 % niedrig- und ebensoviel hochsiedende Stoffe enthalten. Tatsächlich finden sich unter den amerikanischen Sorten aber Proben mit über 35 % hochsiedenden Bestandteilen. Zur weiteren Prüfung zieht man das spez. Gew. heran, das Aufschluß über die Herkunft des Petroleums liefert, ferner die Viskosität und den praktischen Brennversuch. Hat man eine mit neuen Dochten und Rundbrennern versehene Lampe mit dem P. gefüllt und die Flamme auf größte Helligkeit eingestellt, so muß der Docht bei gutem Petroleum nach einiger Zeit herunter-, bei schlechtem hingegen hinaufgeschraubt werden. Ein Urteil über den Grad der Raffination gewährt schließlich die Bestimmung der Neutralität und das Schütteln mit konzentrierter Schwefelsäure, welche durch gutes P. keine Farbenveränderung erleiden darf. — Von den zahlreichen Sorten des P. ist das russische zweifellos am besten rektifiziert und raffiniert. Es enthält bis zu 85 % mittlere Fraktion, neben 10—12 % hochsiedenden und meist nur 5 % niedrigsiedenden Bestandteilen. Dementsprechend ist es auch außerordentlich feuersicher und besitzt Entflammungspunkte über 30°. Ihm ähnlich sind die rumänischen und galizischen Sorten, während das amerikanische vielfach sehr mangelhafte Beschaffenheit besitzt. Es gibt zwar gewisse teure Luxussorten, wie Kristallöl, Salonöl, Kaiseröl mit Entflammungspunkten von 30 bis 50°, aber die gewöhnliche Handelssorte, das sog. Reichstest-P., bewegt sich meist an der Grenze des gesetzlich Zulässigen und zeigt neben 30 bis 35 % hochsiedenden Stoffen oft nur 50—55 % eigentliches Leuchtöl. Der Einführung der weit besseren europäischen Sorten stehen leider Vorurteile der Verbraucher entgegen, daß russisches Petroleum in unseren Lampen nicht brenne, und andererseits die Handelsverhältnisse. Nahezu das gesamte Petroleumgeschäft ist in den Händen der Standard-Oil Company vereinigt, die auf Verbraucher und Zwischenhändler einen ungeheuren Druck ausübt. Sie setzt die Preise fest und zwang vor dem Weltkriege die Kleinhändler zur Annahme eines Vertrages, der ihnen die härtesten Bedingungen auferlegte. Gegen eine Vergütung von $^1/_2$ Pf. für 1 l mußten sie sich verpflichten, ihren ganzen Petroleumbedarf von der Gesellschaft zu entnehmen und für jedes von anderer Seite bezogene Liter P. eine Konventionalstrafe von 5 Pf. (!) zu zahlen. Es hat nicht an Versuchen gefehlt, dieses Joch abzuschütteln, neben dem russischen wird in ständig zunehmender Menge österreichisches Petroleum eingeführt, und vielleicht wird auch von Rumänien etwas zu erlangen sein. In den letzten Jahren hat übrigens auch die deutsche Erdölgewinnung langsame, aber stetige Fortschritte zu verzeichnen. Während sie 1896—1900 durchschnittlich 29000 t im Jahre betrug, ist sie 1907 auf 106379 t im Werte von 7,06 Mill. M. und 1916 auf 142000 t gestiegen. In Barrels zu 159 l ausgedrückt entfielen von der 4 Millionen im Jahre 1916 betragenden Welterzeugung auf die Vereinigten Staaten 300, Rußland 73, Mexiko 40, Niederländisch-Indien 13, Rumänien 10, Britisch-Indien 8, Galizien 6,5, Japan 3, Peru 2,5, Trinidad und Deutschland je 1 Million.

Pettinets (Petinets) nennt man gazeartig gewirkte Gewebe aus Seide, feinem Leinenzwirn oder Baumwolle, die entweder geklöppelten Spitzengrund nachahmen oder mit bereits eingewirkten Mustern versehen sind und auf besonderen Stühlen, Kettenpettinetstühlen, gearbeitet werden. Glatter Pettinet als Grund zu genähten Spitzen und Stickereien kommt nur noch in Seide vor, während die aus Zwirn bestehende Ware jetzt auf der Bobbinetmaschine hergestellt wird. Auf dem Pettinetstuhl arbeitet man in den verschiedenartigsten Musterungen spitzenähnliche Tücher, Schleier, Schals, Handschuhe, Hauben, Börsen u. dgl. und in England in großen Mengen die billigen, den Spitzenklöpplerinnen und Näherinnen so gefährlichen Maschinenspitzen.

Pewter sind gewisse in England gebräuchliche Zinnlegierungen, die nach Härte und Farbe in mehrere Sorten unterschieden werden und entweder nur Zinn und Antimon oder außerdem noch Wismut, Kupfer, Zink oder Blei enthalten. Die kupferhaltigen Legierungen mit 2—5 % Kupfer gelten als die besten.

Pfälzer Weine (Haardtweine), die in der Pfalz am linken Rheinufer wachsenden, gewöhnlich mit zu den Rheinweinen gerechneten Weine, gedeihen besonders im Haardtgebirge am Ostabhange des Donnersbergs und in den zur Ebene sich absenkenden Hochgeländen. Sie sind meist weiß, zeichnen sich durch Fülle, Süßigkeit, Milde und Wohlgeschmack aus und haben weniger Säure als die Rheinweine. Besonders gute Sorten sind: Jesuitengarten, Forster, Ruppertsberger, Dürkheimer, Deidesheimer, Ungsteiner, Wachenheimer usw.

Pfeffer ist die Frucht des zu den Piperazeen gehörenden Pfefferstrauches, Piper nigrum, der im Südosten Asiens heimisch ist und angebaut auch auf den Sundainseln, in Hinter- und Westindien vorkommt. Die Ranken tragen lederartige Blätter und unansehnliche, in hängenden Ähren dicht zusammensitzende Blüten, aus denen sich die anfangs grünen, bei der Reife roten Beeren entwickeln. Jede Beere enthält nur einen, von dünner Fruchthaut umschlossenen Samen. Der Strauch wird durch Stecklinge vermehrt, rebenartig an Bäumen gezogen und trägt vom 3.—20. Jahre. Die Anpflanzungen werden in feuchten und etwas hohen Gegenden angelegt, in Beete geteilt und mit den zur Stütze dienenden Bäumen, besonders Korallenbäumen, bepflanzt. Je nach der Art der Gewinnung der Früchte unterscheidet man schwarzen und weißen P. — Der schwarze P. (lat. Piper nigrum, frz. Poivre noir, engl. Black pepper) besteht aus den unreif gepflückten und schnell an der Sonne oder am Feuer getrockneten Früchten, die infolgedessen noch mit der runzeligen schwarzen oder schwarzbraunen Fruchtschale umgeben sind. — Der weiße P. (lat. Piper album, frz. Poivre blanc, engl. White pepper) wurde früher ausschließlich aus den reifen Beeren in der Weise hergestellt, daß man sie in Meer- oder Kalkwasser einlegte und nach dem Trocknen das Fruchtfleisch abrieb. Neuerdings findet sich im Handel meist nur eine durch Schälen von schwarzem P. gewonnene Ware. Der schwarze P. enthält neben wechselnden Wassermengen im Durchschnitt 12,5% Stickstoffsubstanz, 8% Fett, 33% Stärke, 13% Rohfaser und 4% Asche; der weiße P. unterscheidet sich hauptsächlich durch seinen höheren Gehalt an Stärke (56%) und seinen geringeren Gehalt an Rohfaser (5%) und an Asche (2%), weil letztere beiden Stoffe vorwiegend in den Schalen enthalten sind. — Als charakteristische und wertbestimmende Stoffe, die den Geruch und scharfen Geschmack des P. bedingen, finden sich 1—2,3% ätherisches Öl und 7% Piperin. Der P. gehörte bis vor kurzem zu den am meisten verfälschten Gewürzen, doch hat die Nahrungsmittelkontrolle eine wesentliche Verbesserung der bestehenden Übelstände im Gefolge gehabt. Als Zusätze zu ganzem schwarzen P. wurden ähnlich aussehende Früchte anderer Pflanzen beobachtet, insbesondere: Kubeben, Langer P., Paradieskörner, Kellerhalsbeeren u. a., während der ganze weiße P., hauptsächlich sog. Penang, häufig mit einem Überzuge von Kalk in den Handel kam. Nach der neueren Rechtsprechung darf gekalkter P. nicht ohne entsprechende Kennzeichnung verkauft werden. Der gemahlene P. bildete den Abladeplatz aller möglichen Abfälle; Sand und Ton, verdorbene taube Körner, Mehl, Schalen von P., Nüssen, Mandeln und Kakao, Rückstände der Ölgewinnung wie Palmkernmehl, Raps- und Rübsenkuchen, Olivenkerne, Dattelkerne, Baumrinden und zahlreiche andere wertlose Stoffe wurden in ihn hineingemahlen. Zum Nachweise fremder pflanzlicher Beimischungen benutzt man das Mikroskop, zur Erkennung von Pfefferschalen und mineralischen Zusätzen die chemische Analyse. Marktfähiger schwarzer P. soll nicht über 7% Mineralstoffe mit 2% Sand und nicht über 17,5% Rohfaser enthalten, weißer P. höchstens 4% Asche, 1% Sand und 7% Rohfaser. Von den zahlreichen Handelssorten ist der Malabar-P. mit seinen Unterabteilungen Aleppi und Tellicherry am höchsten geschätzt. Andere Sorten führen die Bezeichnung Singapore, Penang (meist gekalkt), Sumatra, Kochin, Goa und Lampong. Weißer P. kommt meist von Sumatra, Singapore und Penang. Eine aus verkümmerten, tauben, oft nur stecknadelkopfgroßen Körnern bestehende Sorte, sog. Pfefferköpfe, ist keine marktfähige Ware, sondern ein offensichtliches Verfälschungsmittel. Der Pfeffer findet als Gewürz ausgedehnte Anwendung und wird in beschränktem Maße medizinisch verwandt.

Pfeffer, langer (lat. Piper longum, frz. Poivre long, engl. Long pepper) besteht aus den vor völliger Reife gesammelten und getrockneten Fruchtständen (Kätzchen) von Chavica officinarum (Piper longum), die etwa 3—4 cm lang, 6—8 mm dick und von schwarzgrauer bis rotbrauner Farbe sind. Der Geschmack ist scharf brennend, der Geruch pfefferartig, die Zusammensetzung den anderen Pfefferarten entsprechend. Langer P. wird hauptsächlich in Form einer Abkochung als Fliegengift verwandt.

Pfefferkuchen (Lebkuchen, frz. Pain d'épices, Gâteau au miel, engl. Gingerbread, Honey comb), ein sehr haltbares gewürziges Backwerk, wird mit Hilfe von Hirschhornsalz als Treibmittel besonders in Nürnberg, Braunschweig, Pulsnitz, Kamenz, Danzig, Thorn und Basel (Leckerli) fabrikmäßig hergestellt. Zu den braunen P. nimmt man außer Mehl entweder Sirup, oder bei feineren Sorten (Honigkuchen) auch wohl Honig, zu den weißen P. Zucker. Als Gewürze kommen hauptsächlich Kardamomen, Zimt, Nelken, Vanille, bittere Mandeln und Zitronat zur Verwendung. — Kleine, rundliche Stücke nennt man Pfeffernüsse.

Pfefferminze (Pfeffermünze, lat. Herba s. Folia menthae piperitae, frz. Feuilles de menthe poivrée, engl. Peppermint leaves). Mentha piperita, die wichtigste der zu den Lippenblütlern gehörenden Gattung Mentha, deren zahlreiche Arten sich fast alle durch ein mehr oder weniger starkes Aroma auszeichnen, unterscheidet sich von ihren Verwandten äußerlich durch ihre gestielten, fast glatten Blätter, die nur an den Nerven der Unterseite spärlich behaart und an den der Blattspitze zugekehrten Stellen am Rande scharf gezähnt sind. Die P. kommt in Westeuropa, vor allem in England, wild vor, wird aber bei uns, besonders in Thüringen und im Harz sowie in England (London, Cambridge, Mitcham) vielfach angebaut und dann als Mentha piperita var. β bezeichnet. Die in der Blütezeit gesammelten Spitzen der Zweige und die Blätter der unteren Teile (ohne die Stengel) kommen getrocknet in den Drogenhandel und haben einen stärkeren Geruch und Geschmack als im frischen Zustande. P. wird medizinisch als krampfstillendes, magenstärkendes und zu Blähungen treibendes Mittel angewandt. — Der wirksame Bestandteil der Pflanze ist das ätherische Öl, das Pfefferminzöl (lat. Oleum menthae piperitae, frz. Essence de menthe poivrée, engl. Oil of peppermint), das von angebauten Pflanzen gewonnen wird. Die geschätzteste Sorte, das englische Mitchamöl, hat ein spez. Gew. von 0,900—0,912. Die deutschen Öle kommen für den Weltmarkt weniger in Betracht, da ihre Produktion jährlich nur einige hundert Kilo beträgt. Ihr spez. Gew. ist 0,900—0,915 bei 15° C. Weniger feine Sorten kommen aus Amerika, weil hier nicht selten andere Minzearten mitdestilliert werden, und auch häufig Verfälschungen mit Poleyöl, Erigeronöl und dem flüssigen Teil des japanischen Pfefferminzöls vorgenommen werden. In neuerer Zeit haben sich die Verhältnisse aber wesentlich gebessert, indem man auf sorgfältigere Kultur und Reinhalten der Felder von Unkraut achtet. — Große Mengen P. kommen aus Japan. Das normale japanische Öl bildet bei gewöhnlicher Temperatur eine feste, ölgetränkte Kristallmasse. In den Handel kommt das normale Öl (Unseparated), das aus lockeren Kristallen bestehende Rohmenthol (Crystals) und das von diesem getrennte flüssige Öl (Oil). — Die P. sind im rektifizierten Zustande farblose, etwas dickliche Flüssigkeiten von feinem Pfefferminzgeruch und brennendem, hinterher kühlendem Geschmack, der aber nicht bitter sein darf. Sie drehen die Polarisationsebene stark nach links und lösen sich in verdünntem Spiritus auf. Ihr wichtigster Bestandteil ist das zum Teil mit Essig- und Valeriansäure veresterte Menthol und das zugehörige Keton Menthon. Zum Nachweise der zahlreichen Verfälschungen durch Alkohol, Terpentinöl, ätherische und fette Öle bestimmt man die physikalischen Kennzahlen und in besonderen Fällen den Mentholgehalt. Pfefferminzöl dient zur Darstellung von Menthol, Likören, Mundwässern und anderen komestischen Mitteln sowie zum Einreiben gegen Zahnschmerzen und Migräne.

Pfefferöl (lat. Oleum piperis, frz. Essence de poivre, engl. Pepper oil), das durch Destillation mit Wasserdampf aus dem schwarzen Pfeffer gewonnene dünnflüssige, farblose bis gelbgrüne ätherische Öl hat ein spez. Gew. von 0,870 bis 0,916 und riecht stark nach Pfeffer, zeigt aber einen milden Geschmack und dient bisweilen als Zusatz bei der Bereitung bitterer und aromatischer Liköre.

Pfirsiche (frz. Pêches, engl. Peaches) sind die Früchte des Pfirsichbaumes Amygdalus persica, der in Persien heimisch, schon vor alten Zeiten nach Griechenland und Italien und dann weiter über das wärmere und gemäßigte Europa verbreitet worden ist. In Mitteldeutschland, bis wohin der Baum überhaupt nur vorgerückt ist, wird er meist nur als Spalierbaum an Wänden gezogen. In Süddeutschland hat man die Bäume freistehend und gewinnt schon recht gute Früchte, noch bessere jedoch jenseits der Alpen, in Südtirol, Italien, Südfrankreich, Spanien, Portugal und Ungarn. Neuerdings werden P. von Kalifornien im großen Maßstabe teils frisch, teils getrocknet versandt, doch müssen die letzteren, wie die meisten amerikanischen Erzeugnisse, mit Vorsicht genossen werden, da sie vielfach durch übermäßig starkes Schwefeln gebleicht und haltbar gemacht worden sind. Nach der Art der Oberfläche unterscheidet man die zahlreichen Spielarten meist in rauhschalige, zu denen die mitteldeutschen gehören, und in glattschalige (Nektarinen). — Die Pfirsichkerne dienen zur Herstellung von Marzipanersatz, auch wird aus ihnen fettes und ätherisches Pfirsichkernöl gewonnen. Das fette Pf. (lat. Oleum Nucum persicarum, frz. Huile de Pêches, engl. Peaches-oil) wird durch Pressung namentlich in Frankreich gewonnen und fälschlich als „Mandelöl aus Pfirsichkernen" bezeichnet. Es wird zum Verfälschen des echten fetten Mandelöls, vielfach auch als Ersatz des teuren echten Mandelöls, z. B. bei der Bereitung von Cold-cream, zu Haarölen usw. verwandt. Das destillierte ätherische Pf. dient zur Verfälschung des echten Bittermandelöls. Das aus Ostindien eingeführte dunkelgelbe Pfirsichkernöl (Bemi-ki-tel) ist etwas blausäurehaltig und hat ein spez. Gew. von 0,9232. Die frischen Blüten und Blätter liefern bei der Destillation mit Wasser blausäurehaltige Wässer, die hier und da offizinell sind.

Pfirsichäther, ein das Pfirsicharoma ziemlich gut nachahmendes Gemisch von Butter- und Valeriansäureamylester, Essigester und Bittermandelöl.

Pflanzendunen. Unter diesem Namen faßt man die verschiedenen Arten feiner seidenartiger Wollfasern zusammen, die sich als Umhüllung der Samen in den Fruchtkapseln mehrerer tropischer Bäume der Gattungen Bombax, Ochroma, Chorisia und Eriodendron vorfinden. Als wichtigste sind folgende anzuführen: 1. Kapok (Bombaxwolle, Kapas, Kapok, Randoe, Randoekapok, frz. Ouatte végétale, Duvet, Coton soyeux, engl. Silk cotton, Simool cotton, Raw cotton). Diese hauptäschlich aus Java, Indien und Zeylon kommende Wolle stammt von Eriodendron anfractuosum DC. (Ceiba pentandra, Bombax pentandrum L.) und besteht aus 0,5—2 cm langen, seidenartig glänzenden Fasern von gelblichweißer bis brauner Farbe, welche kürzer, steifer und elastischer als diejenigen der Baumwolle sind. 2. Zeibawolle (Paina limpa), angeblich von Bombax heptaphyllum L. und Bombax Ceiba L., kommt aus Südamerika und Westindien. Die Fasern sind 1—1,5 cm lang, oft ziemlich weiß, häufiger aber hellbraun. 3. Ochromawolle (frz. Edredon végétale, Patte de lièvre) von Ochroma lagopus Sw., einer auf Guadeloupe und Martinique angebauten Bombazee, ist gelbbraun gefärbt und 0,5—1,5 cm lang. Verwendung finden diese Pflanzenwollen fast nur zum Polstern und zur Herstellung von Watte, hingegen sind sie zum Verspinnen wenig geeignet. Nur die 2 bis 3 cm lange Wolle von Bombax heptaphyllum soll bisweilen mit Baumwolle gemengt versponnen werden. Namentlich die Kapoksorte bildet das beste pflanzliche Stopf- und Polstermaterial und steht den echten Dunen an Elastizität und Leichtigkeit nicht viel nach. — Zusätze von Baumwollenabfällen (Cotton fly) und Pulufaser sind als Verfälschungen zu beurteilen, da besonders die letztere schon nach kurzem Gebrauche infolge ihrer Brüchigkeit in Stückchen und Pulver zerfällt.

Pflanzentalge. Mit diesem Namen bezeichnet man einige besonders harte Fette pflanzlichen Ursprungs, die wegen ihrer äußeren Beschaffenheit vielfach auch die falsche Bezeichnung Pflanzenwachs führen. Zu ihnen gehört neben dem Japanwachs (s. d.) besonders das Myrika- oder Myrtenwachs (s. d.), der Malabartalg (s. d.), der Mafurahtalg (s. d.) und der Chinesische Talg aus den Samen von Stillingia sebifera. Hingegen wird das Chinesische Wachs durch die Tätigkeit einer Schildlaus hervorgerufen und daher unter Wachs besprochen.

Pflanzenwachse, an Früchten, Blättern und Rinden tropischer Gewächse ausgeschiedene fett- und wachsartige Stoffe, zeigen eine dem Bienenwachs ähnliche chemische Zusammensetzung, ohne doch mit ihm völlig identisch zu sein, und können dieses für gewisse Zwecke, besonders zur Herstellung von Kerzen, ersetzen. Das wichtigste P. ist unter seinem Namen Karnaubawachs besprochen worden. Eine andere Sorte soll von der in den Anden heimischen Wachspalme (Ceroxylon andicola) am ganzen Umfange des Stammes als dichte, harzig-wachsartige

Schicht ausgeschwitzt werden, ist aber noch nicht näher untersucht worden.

Pflaster (lat. Emplastrum, frz. Emplâtres, engl. Plasters) nennt man in der Chemie Verbindungen von Blei mit Fettsäuren. In der Pharmazie versteht man darunter alle zum Ankleben auf die Haut bestimmten arzneilichen Zubereitungen, die entweder auf Stoff gestrichen oder in Stangenform vorrätig gehalten werden und aus einer knetbaren, wachsartigen Mischung von Fetten, Harz oder Wachs mit anderen Stoffen bestehen. Nach ihrer Grundmasse unterscheidet man gekochte oder Bleipflaster (Emplastrum Lithargyri), aus Olivenöl, Bleiglätte und Schweinefett gekocht; geschmolzene oder Harzpflaster (Gummipflaster, E. adhaesivum, E. Lithargyri compositum) aus Bleipflaster, Wachs, Harzen und Gummiharzen; Hausenblasepflaster (Seidenpflaster, Englischpflaster, lat. Emplastrum anglicum, Emplastrum Ichthyocollae, frz. Sparadrap d'ichthyocolle, engl. Court-Plaster) aus einer auf Seidentaft eingetrockneten Abkochung von Hausenblase (50 g zu 300 g Wasser) und etwas Zucker; Kautschukpflaster (Collemplastrum), welche gelösten Kautschuk enthalten. Die medikamentösen P. zerfallen in Spanischfliegen- und Zugpflaster (E. Cantharidum ordinarium und perpetuum), Quecksilberpflaster (E. Hydrargyri), Seifenpflaster (E. saponatum) u. a. Im weiteren Sinne rechnet man zu den P. auch Klebtaffet und Klebepapier. Mit Ausnahme des Englischpflasters, Heftpflasters, Pechpflasters und der Hühneraugenmittel dürfen P. als Heilmittel nur in Apotheken verkauft werden.

Pflaumen (frz. Prunes, engl. Plums), die ein beliebtes Obst bildenden bekannten Steinfrüchte, finden sich in zahlreichen Arten, die sämtlich der Gattung Prunus L. (frz. Prunier, engl. Plum tree) angehören, besonders als Zwetschen, Hain-, Kirsch-, aprikosenähnliche, Damaszener- und Eierpflaumen, Mirabellen und Reineklauden. Der Name P. bezeichnet im Osten und Norden fast nur die blaubereiften länglichen Zwetschen, im Süden und Westen dagegen die runden und rundlichen Früchte von gelber, gelblicher und roter Farbe. Die P. bilden in frischem wie getrocknetem Zustande einen sehr bedeutenden Handelsartikel, besonders als Backobst sowie zur Herstellung von Branntwein, Mus, Sirup und Essig. Als feinste Sorten gelten die Katharinenpflaumen, Imperial (Sur choix, Rame supérieure) sowie türkische und böhmische P.

Pflaumenbaumholz (Zwetschenbaumholz) von Prunus domestica ist sehr dicht, von feinem Korn und dunkelrötlichbrauner Farbe und gegen den Kern hin mehr oder weniger mit braunroten und violettroten Adern und Flammen geziert. Es wird von Tischlern und Drechslern benutzt und mit Vorliebe zu Faßhähnen und den billigeren Holzblasinstrumenten verarbeitet.

Pflaumenkernöl (frz. Huile d'amandes de prune, engl. Plumpern-Oil), das aus den Pflaumenkernen gepreßte blaßgelbe fette Öl, ist geruchlos und von mandelölähnlichem Geschmack. Das spez. Gewicht beträgt 0,915 bei 15° C, der Erstarrungspunkt liegt bei — 8,5° C.

Pflaumenmus (frz. Marmelade de prune, Prunelée, engl. Paste of plums) besteht aus dem von Kernen und Schalen befreiten Fruchtfleisch der Pflaumen, das längere Zeit, bis die nötige Festigkeit erreicht ist, in kupfernen Kesseln gekocht wird. Nach dem Kochen muß man das P. noch warm ausfüllen, da beim Erkalten und längeren Stehen im Kessel leicht etwas Kupfer aufgelöst wird (s. Marmeladen).

Phenazetin (Phenedin, Phenin, lat. Phenacetinum, frz. Acetphenetidine, engl. Phenacetine) ist in chemischer Hinsicht Azetparaphenetidin und wird dementsprechend durch Kochen von Phenetidin (Paraamidophenol) mit Eisessig gewonnen. Es bildet weiße glänzende, geruch- und geschmacklose Kristallblättchen, die in Wasser schwer, in Alkohol leicht löslich sind und bei 135° schmelzen. Ph. wird vielfach als Fiebermittel, gegen Kopfschmerzen und Migräne verordnet, da es die guten Eigenschaften des Antipyrins und Antifebrins vereinigt, ohne deren nachteilige Folgen zu zeigen

Phenanthrenrot, ein seit 1886 im Handel vorkommender Teerfarbstoff, besteht aus dem Natronsalze des Alphanaphtylsulfosäureosazonphenanthrenchinons. Das braunrote Pulver gibt mit heißem Wasser eine kirschrote, mit konzentrierter Schwefelsäure eine blaue Lösung, aus der beim Verdünnen ein gelbbrauner Niederschlag ausfällt. Wolle wird in sauerem Bade rot gefärbt.

Phenokoll (lat. Phenocollum, frz. Phenocolle, engl. Phenokoll), ein dem Phenazetin verwandtes Phenetidinderivat (Glykokollparaphenetidin, Amidophenazetin), bildet farblose Kristallnadeln vom Schmelzpunkte 95°, die in kaltem Wasser, Äther, Benzol und Chloroform schwer, in heißem Wasser und Alkohol leicht löslich sind. Die Salze, besonders das salzsaure, essigsaure und kohlensaure P. werden wie Phenazetin gegen Fieber und Rheumatismus angewandt.

Phenolphtalein (Dioxydiphenylphtalid, Diparaoxyphtalophenon) wird durch Erhitzen eines Gemisches von Phthalsäureanhydrid, Phenol und Zinnchlorid (oder auch Schwefelsäure) auf 115—120°, Auskochen des Reaktionsproduktes mit Wasser, Lösen in Natronlauge und Übersättigen mit Essigsäure dargestellt. Das durch Umkristallisieren aus Alkohol gereinigte P. dient als Indikator in der Maßanalyse, z. B. bei Essigprüfungen, weil seine alkoholische oder verdünnte wässerige Lösung durch den geringsten Überschuß von Alkali intensiv purpurrot, durch Zusatz von überschüssiger Säure aber wieder farblos wird. Neuerdings wird Ph. vielfach als Abführmittel benutzt und ist als Bestandteil der Ade-Biskuits, Zickzack-Tabletten sowie von Entfettungsmitteln wie Boraniumbeeren, Purgen, Purgella, Purgetta, Purgin-, Laxier-, Laxin-Konfekt, Purglets, Purgolade usw. aufgefunden wurden, die nach dem sächs. Ministerialerlaß vom 31. VII. 1913 dem Apothekenzwang unterworfen sind. Auch Derivate des Ph., z. B. Isovalerylazetyl-Ph. (Aperitol) dienen als Abführmittel.

Phenolquecksilber (lat. Hydrargyrum carbolicum oxydatum, Hydrargyrum phenolicum), ein Mittel gegen Syphilis, entsteht durch Fällen einer konzentrierten Lösung von Phenolkalium mit alkoholischem Quecksilberchlorid als ein farbloses Kristallpulver.

Phenosafranin (Safranin B extra), ein durch Oxydation eines Gemisches von Paraphenylendiamin und Anilin dargestellter Teerfarbstoff, Paraamidophenylparaamidophenazoniumchlorid, bildet grüne glänzende Kristalle, die in Wasser mit roter Farbe leicht löslich sind. Konzentrierte Schwefelsäure gibt eine grüne Lösung, die beim Verdünnen mit Wasser erst blau, dann violett und schließlich rot wird. Mit Tannin und Brechweinstein gefärbte Baumwolle wird rot gefärbt.

Phenylurethan (Euphorine), ein neueres viel gerühmtes Mittel gegen Gelenkrheumatismus, entsteht durch Behandlung von Chlorameisensäureäthylester mit Anilin und ist demnach als Phenylkarbaminsäureäthylester anzusprechen. Es bildet weiße, bei 49° schmelzende Kristalle von nelkenähnlichem Geschmacke, die sich leicht in Alkohol und Äther, hingegen nicht in Wasser lösen.

Phloridzin nennt man ein kristallisierbares Glykosid, das durch Ausziehen der Rinde von Apfel-, Birnen-, Pflaumen- oder Kirschbäumen mit 60%igem Alkohol in Form zarter glänzender Nadeln erhalten wird. Es zerfällt beim Kochen mit verd. Säuren in Phloretin und Zucker und findet an Stelle des Chinins als Fiebermittel Anwendung.

Phlorogluzin, $C_6H_3(OH)_3$, das symmetrische Trioxybenzol, findet sich in der Natur in Form sogen. Phlorogluzide im Drachenblut, Gutti, Kino und verschiedenen anderen Pflanzenstoffen, aus denen es durch Schmelzen mit Ätzkali gewonnen werden kann. In der Regel stellt man es durch Erhitzen von Resorzin mit Ätznatron und nachfolgendes Ausschütteln der angesäuerten Schmelze mit Äther dar. Es bildet bei 212° schmelzende, farblose Kristalle, die sich in Wasser, Alkohol und Äther lösen, und wird in der Mikroskopie als bestes Reagens auf Holzfaser (in Papier) benutzt, die sich mit Ph. und Salzsäure rot färbt.

Phloxin ist der Name mehrerer Phtaleinfarbstoffe, von denen folgende die gebräuchlichsten sind: Phloxin P. wird durch Einwirkung von Brom auf Dichlorfluoreszein erhalten und besteht aus dem Natronsalze des Tetrabromdichlorfluoreszeins. Das braungelbe Pulver gibt mit Wasser eine kirschrote, grüngelb fluoreszierende Lösung, die Wolle bläulichrot färbt. Phloxin TA (Erythrosin B) wird durch Einwirkung von Brom auf Tetrachlorfluoreszein in alkoholischer Lösung als das Natronsalz des Tetrabromtetrachlorfluoreszeins dargestellt. Das ziegelrote Pulver ist in Wasser mit blauroter Farbe und schwacher dunkelgrüner Fluoreszenz leicht löslich. Zyanosin ist der Methylester des Phloxin P. Zyanosin B der Äthylester des Phloxin TA.

Phosphate ist der wissenschaftliche Name für phosphorsaure Salze, z. B. Natriumphosphat, Eisenphosphat, im Handel versteht man darunter aber die verschiedenen, in der Natur als Mineralien vorkommenden Arten des phosphorsauren Kalks (Kalziumphosphat), wie sie zur Darstellung von Düngemitteln für die Landwirtschaft (s. Superphosphat) und von Phosphor verwandt werden. Die hierher gehörigen Mineralphosphate Apatit, Phosphorit und Osteolith bilden einen bedeutenden Handelsartikel, so namentlich der Phosphorit aus der spanischen Provinz Estremadura und die Lahnphosphorite aus der Provinz Nassau. Seit einigen Jahren kommen auch P. aus Belgien, Kanada, Südkarolina und Aruba sowie russische Phosphorite aus dem Gebiete des Tschnerojem nach Deutschland. Die größte Menge dieser P. wird in ein feines Mehl verwandelt und zu Superphosphat verarbeitet. –

Phosphin (Ledergelb, Philadelphiagelb, frz. Phosphine), ein seit 1862 bekanntes Nebenprodukt der Fuchsinfabriken, bildet ein orangegelbes, in Wasser lösliches Pulver, s. Akridinfarbstoffe.

Phosphor (lat. Phosphorus, frz. Phosphore, engl. Phosphorus), ein chemisches Element vom Atomgewicht P = 31, wurde im Jahre 1669 von Brand in Hamburg bei der trocknen Destillation von eingedampftem Harn entdeckt, doch gelangte diese Beobachtung erst 1678 durch Kunkel an die Öffentlichkeit. Bis in die Mitte des vorvorigen Jahrhunderts blieb der Harn das einzige Ausgangsmaterial, und da 600—700 l desselben nur 30 g P. ergaben, so erklärt sich der für diese geforderte ungeheure Preis von 10 bis 16 Dukaten. Erst 1769 wies Gahn das Vorhandensein von P. in den Knochen nach und 1771 stellte ihn Scheele zum ersten Male daraus dar. Die chemische Natur des P. ist besonders durch die Arbeiten von Lavoisier aufgeklärt worden. Der P. findet sich in der Natur nie frei, sondern stets gebunden, und zwar meist in Form phosphorsaurer Salze. Aus diesen gelangt er in die Pflanzen und von da in den Tierkörper, dessen Knochengerüst zum großen Teil aus Kalziumphosphat besteht. Ein anderer Teil des in den tierischen Körper eingeführten P. wird durch die Exkremente und den Harn wieder ausgeschieden, kehrt in den Erdboden zurück und bildet einen wertvollen Bestandteil des Düngers. In organischer Bindung findet sich der P. im Gehirn, den Nerven, dem Eigelb, dem Kasein usw. Die Darstellung des P., zu der fast ausschließlich die Knochen dienen, wurde längere Zeit nur von einigen englischen und französischen Fabriken betrieben, bis im Jahre 1898 auch die chemische Fabrik Elektron in Griesheim eine elektrolytische Anlage errichtete. Die mit Benzin oder Schwefelkohlenstoff entfetteten und mit überhitztem Wasserdampf entleimten Knochen werden in einem Schachtofen völlig weißgebrannt. Die feingemahlene Asche wird mit dem gleichen Gewicht 76%iger Schwefelsäure erwärmt, die Lösung des sauren phosphorsauren Kalks von dem aus Gips bestehenden Bodensatz klar abgezogen, in Bleipfannen eingedampft und schwach geglüht. Der hinterbleibende metaphosphorsaure Kalk wird im Gemisch mit Holzkohlenpulver in Retorten aus feuerfestem Ton bis zur Weißglut erhitzt und der entweichende Dampf von freiem P. in Wasser geleitet, wo er sich in flüssiger Form verdichtet. Zur Reinigung preßte man den Rohphosphor früher meist in geschmolzenem Zustande unter Wasser durch Leder, während man ihn jetzt in der Regel einer nochmaligen Destillation unterwirft oder mit Hilfe von Wasserdampf durch eine poröse, mit Kohlenpulver bedeckte Steinplatte preßt. Das Formen zu Stangen geschieht im kleinen durch Aufsaugen des unter Wasser geschmolzenen P. in Glasröhren, aus denen man die nach dem Einstellen in kaltes Wasser erstarrte Masse herausstößt. Zur elektrolytischen Gewinnung werden natürliche Phosphate, mit Kohle und Quarz gemischt, im elektrischen Ofen reduziert. Der P. tritt in drei allotropen Modifikationen auf. 1. Der gewöhnliche, farblose, giftige P., die nach vorstehendem Verfahren dargestellte offizinelle Modifikation, bildet im frischen Zustande eine weiße bis gelblichweiße durchscheinende Masse, die bei mittlerer Temperatur wachsartige Konsistenz besitzt, in der Kälte dagegen brüchig ist und unter Wasser bei 44° zu einer farblosen Flüssigkeit schmilzt. Das spez. Gew. beträgt 1,83 bei 10°. An der Luft stößt er einen weißen Rauch unter Verbreitung eines knoblauchartigen Geruchs aus und erwärmt sich dabei oft bis zur Selbstentflammung. Beim Erhitzen an der Luft schmilzt er zunächst bei 44°, um bei 60° mit blendend weißem Licht zu Phosphorsäureanhydrid zu verbrennen. Unter Luftabschluß destilliert er bei 290° unzersetzt über. Von seiner Eigenschaft, im Dunkeln zu leuchten, hat der P. seinen aus dem griechischen phosphoros (Lichtträger) abgeleiteten Namen erhalten. Wegen der leichten Entzündlichkeit ist beim Arbeiten mit P. größte Vorsicht geboten. Das Zerschneiden und Zerkleinern muß stets unter Wasser geschehen. Schon die Wärme der Hand oder geringe Reibung genügt zur Entflammung, und die kleinsten Stücke erzeugen gefährliche Brandwunden, da zu der Hitzewirkung noch die ätzenden Eigenschaften der Phosphorsäure und die blutvergiftenden des P. selbst hinzutreten. In Wasser ist P. kaum löslich, wird aber von fetten und flüchtigen Ölen, Äther, Alkohol, Chloroform und Schwefelkohlenstoff leicht gelöst. Wasser, in dem er längere Zeit gelegen hat, riecht und schmeckt nach P. und leuchtet im Dunkeln. Die Eigenschaft, dem inneren Kegel der Wasserstoffflamme eine lebhaft grüne Farbe zu verleihen, dient zum Nachweise des P. in Vergiftungsfällen. Der P. muß vor Licht und Luft geschützt aufbewahrt werden, da er sonst bald einen gelblichweißen Überzug von amorphem P. bekommt und undurchsichtig wird. Am direkten Sonnenlicht nimmt P. eine schöne rote Farbe an und geht nach und nach vollständig in die amorphe Modifikation über. Zu Sauerstoff, Schwefel und den Halogenen zeigt er große Verwandtschaft, zersetzt Metallsalzlösungen unter Abscheidung von Phosphormetallen und wird durch Salpetersäure und Königswasser in der Wärme zu Phosphorsäure gelöst. Der gewöhnliche Phosphor gehört zu den heftigsten Giften und vermag bei einzelnen Personen schon in Menge von 4 mg Schmerzen, in Menge von 80 mg den Tod herbeizuführen. Selbst das Einatmen der Dämpfe ist höchst schädlich und erzeugt die Phosphornekrose, unter der die Arbeiter der Phosphorfabriken zu leiden haben. Als Gegenmittel dienen Kupfersulfat und altes, verharztes Terpentinöl, während Alkalien und Fette zu vermeiden sind. In den Handel gelangt der P. in mit Wasser gefüllten, verlöteten Blechkästen und zwar meist in Gestalt fingerdicker Stangen oder für den Großhandel auch in Form mehrere Kilogramm schwerer Kegel. Ein oft vorhandener schwärzlicher Metallüberzug kann durch Abwaschen mit 5%iger Salpetersäure entfernt werden. Für den Bahntransport müssen die höchstens 6 kg fassenden Blechgefäße gut verlötet und zwischen Sägemehl in starke Kisten mit grauer Leinwandhülle, zwei starken Handhaben und der Aufschrift „Phosphor enthaltend" und „oben" verpackt werden. Das Gewicht der Kisten darf 75 kg nicht übersteigen. Um das Einfrieren zu verhüten, wird das Wasser mit Spiritus oder Glyzerin gemischt. Zur Aufbewahrung nimmt man am besten starke weithalsige Flaschen, die von feuchtem Sand umgeben in starkwandigen Blechbüchsen stehen und in einen Schrank im Keller oder besser in eine Mauernische mit eiserner Tür eingeschlossen werden. — Der größte Teil des P. wird zur Herstellung von Zündwaren (s.d.) verbraucht. In Form von Phosphorlatwerge (Phosphorteig) oder von Phosphorpillen aus einem Gemenge von P. mit Mehlteig dient er als Ratten- und Mäusegift, eine weitere nicht unbeträchtliche Menge wird in der Metallurgie zur Herstellung von P.-Bronze benutzt. Die Medizin verwendet ihn in Form von Pillen oder Lösungen (Phosphorlebertran) gegen Knochenerkrankungen und Schwächezustände, aber mit größter Vorsicht, da 1 mg höchste Einzelgabe ist. Der Nachweis in Vergiftungsfällen stützt sich auf die Eigenschaft phosphorhaltiger Speisen, Leichenteile u. dgl. nach P. zu riechen und beim Umrühren im Dunkeln zu leuchten, und wird mit Sicherheit nach dem Verfahren von Mitscherlich durch Destillation im Dunkelzimmer oder von Dusart-Blondlot durch die Grünfärbung der Wasserstoffflamme geführt. — 2. Der rote oder amorphe P. entsteht bei der Einwirkung des Sonnenlichts auf weißen P., wobei nach den Untersuchungen Schrötters eine andere Modifikation gebildet wird. Zur Darstellung im großen erhitzt man gewöhnlichen P. in eisernen, mit Deckeln verschlossenen Kesseln auf 250—260°, befreit das unter Wasser zerriebene amorphe Reaktionsprodukt durch Kochen mit Natronlauge oder Extraktion mit Schwefelkohlenstoff von Resten unveränderten weißen P., wäscht mit Wasser und trocknet. Der amorphe P. bildet ein rotbraunes, scheinbar amorphes, tatsächlich aber mikrokristallinisches Pulver oder derbe rotbraune, oft metallisch glänzende Stücke von muscheligem Bruche. Die völlig geruch- und geschmacklose Masse hat das spez. Gew. 2,19, löst sich nicht in Schwefelkohlenstoff und den anderen Lösungsmitteln des weißen P. und ist nicht giftig. Diese Modifikation hält sich am Licht unverändert, leuchtet nicht im Dunkeln, wird durch Druck oder Reibung nicht entzündet und läßt sich also ohne jede Gefahr versenden. Beim Erhitzen an der Luft entzündet sich der rote P. erst gegen 260°, während er unter Luftabschluß bei der gleichen Temperatur wieder in den gewöhnlichen P. übergeht. Kleine Mengen des letzteren sind in der Handelsware meist vorhanden und verleihen ihr infolge der Oxydation eine saure Reaktion. Ein Teil des roten P. wird zu chemischen Präparaten, besonders zu Jodphosphor für das in der Teerfarbenindustrie gebrauchte Jodmethyl und -äthyl verarbeitet. Die Hauptmenge dient aber zur Herstellung der sog. schwedischen Zündhölzer. — 3. Der metallische oder rhomboedrische P., der durch andauerndes Erhitzen von P. mit Blei in zugeschmolzenen

Röhren erhalten wird, bildet schwarzglänzende Rhomboeder vom spez. Gew. 2,34 und hat nur wissenschaftliches Interesse. — 4. Der sog. hellrote P. von Schenk, der beim Erhitzen von weißem P. in Phosphortribromid entsteht, ist nicht reiner P., sondern ein Gemisch von Bromphosphor mit elementarem P. Er ist völlig ungiftig, hat überdies vor dem roten amorphen P. den Vorzug, daß er sich an jeder Reibfläche entzündet und wird daher nach dem gesetzlichen Verbot des giftigen P. zur Herstellung von Zündhölzern benutzt.

Phosphorsalz. Diesen Namen führt das phosphorsaure Natron-Ammoniak, ein Doppelsalz von Natriumphosphat und Ammoniumphosphat. Es bildet kleine, weiße, an der Luft leicht feucht werdende Kristalle und wird in der Lötrohrchemie benutzt.

Phosphorsäure (lat. Acidum phosphoricum, frz. Acide phosphorique, engl. Phosphoric acid). Von den verschiedenen als Phosphorsäure bezeichneten Verbindungen besitzt die sog. Orthophosphorsäure, H_3PO_4, die größte Bedeutung. Sie findet sich in der Natur in Form ihrer Salze, der Phosphate, weit verbreitet und setzt u. a. die Knochen, Guano und Apatit zusammen. P. entsteht, wenn man Phosphor im Sauerstoffstrome verbrennt und das in Form weißer Flocken abgeschiedene Phosphorsäureanhydrid (Phosphorpentoxyd, P_2O_5) in heißem Wasser löst, oder wenn man Phosphorpenta- oder -oxychlorid mit kaltem Wasser behandelt. Zur fabrikmäßigen Darstellung geht man entweder von der Knochenasche oder vom Phosphor aus. Die im wesentlichen aus Trikalziumphosphat bestehende Knochenasche wird durch Behandlung mit Schwefelsäure in freie P. neben Kalzium- und Magnesiumsulfat zerlegt, die von dem Gips abgegossene Lösung eingedampft und nach Bedarf noch weiter gereinigt. Diese, auch Acidum phosphoricum ex ossis genannte P. ist meist etwas kalkhaltig, für gewisse Zwecke in der Baumwollenfärberei und Kattundruckerei aber brauchbar. Eine reinere Säure (Acidum phosphoricum e phosphoro) erhält man durch Erwärmen von Phosphor mit Salpetersäure in Retorten, wobei nach dem Verjagen der salpetrigen- und Salpetersäure die P. als mehr oder weniger dickflüssige, wasserhelle Flüssigkeit zurückbleibt. Zur Beschleunigung der Oxydation wird meist etwas Brom oder Jod hinzugegeben. Ein vielfach vorhandener geringer Arsengehalt läßt sich durch Einleiten von Schwefelwasserstoff leicht entfernen. Die reine Orthophosphorsäure bildet in wäßriger Lösung eine farb- und geruchlose Flüssigkeit von rein saurem Geschmack und kommt in verschiedenen Konzentrationen als 25 %ige Säure vom spez. Gew. 1,154, als 50 %ige vom spez. Gew. 1,350 und als 85 %ige vom spez. Gew. 1,710 in den Handel. Die letztere, bereits sirupöse Säure scheidet bei weiterem Eindampfen bis zum spez. Gew. 1,750 Kristalle von wasserfreier P. ab, die bei 38,6° schmelzen und stark hygroskopisch sind. P. bildet mit Basen drei Reihen von Salzen, primäre, sekundäre und tertiäre (s. Kalziumphosphat), die mit Molybdänlösung einen gelben, mit Magnesiamixtur einen weißen Niederschlag geben. Durch Erhitzen auf 250—260° geht sie in Pyrophosphorsäure ($H_4P_2O_7$) über, während beim Erhitzen auf 300° Metaphosphorsäure (HPO_3), eine weiche, glasige und klebrige Masse entsteht. Ein Gemisch von Pyro- und Meta-P. mit 15—20 % Natriummetaphosphat kommt in Form glasharter, spröder Stängelchen als Eis-P. (Acidum phosphoricum glaciale) in den Handel und findet in der Färberei und Zeugdruckerei, ferner in der Analyse zum Trocknen von Gasen und in der Medizin beschränkte Anwendung. Die eigentliche Orthophosphorsäure bildet als Ausgangsmaterial für die Herstellung von Phosphaten eine der wichtigsten Verbindungen.

Phosphorzinn, eine Verbindung von Zinn mit Phosphor, wird zur Darstellung von Phosphorbronze (s. d.) benutzt. Es erscheint als silberweißglänzende, blättrig-kristallinische Masse, die auch bei höchstmöglichem Phosphorgehalt durch beliebig oft wiederholtes Umschmelzen keinen Phosphor verliert, so daß beim Legieren von Kupfer mit diesem P. keine anderen Vorsichtsmaßregeln zu beobachten sind, wie bei Anwendung von gewöhnlicher Bronze. Das P. wird von den Graupener Zinnwerken zu Mariaschein in Böhmen geliefert, und zwar gewöhnlich in zwei Sorten: Nr. 0 mit 5 % und Nr. 1 mit 2½ % Phosphor. Der Schmelzpunkt der ersteren liegt bei 500°.

Photographische Apparate und Geräte. Die Photographie, „die Herstellung von Bildern durch das Licht", beruht auf der Schwärzung des vom Licht getroffenen Bromsilbers durch reduzierende Chemikalien, die Entwickler. Das Bild wird in einem lichtdichten Behälter, der Kamera, durch Sammellinsen, Objektive, entworfen. Je nach der Schärfe und Lichtstärke ihrer Bilder unterscheidet man die Objektive als Landschaftslinsen, Periskope, Aplanate, Anastigmate und je nach ihrem Bildwinkel und der dadurch bedingten Perspektive als Weitwinkel, Universal-, Porträt-, Tele-Objektive. Es gibt sog. gekittete und ungekittete Konstruktionen. Die Größe des Abbildungsmaßstabes hängt außer von der Entfernung nur noch von der Brennweite ab. Das Bromsilber wird auf starrer oder biegsamer Unterlage angewandt als Platten bzw. Films. Letztere werden rollenförmig (Rollfilms) oder als Einzelblätter übereinandergepackt (Packfilms) in die Kamera eingeführt. Die Behälter für das lichtempfindliche Material, die Kassetten, bringen die Platte usw. genau in die Ebene des Bildes. Man kennt einfache (z. B. Metall-), doppelte (Holz- und Metall-) und sog. Wechselkassetten (Plattenmagazine) je nach der Zahl der darin enthaltenen Platten. Um entwickelbar zu sein, muß das Bild je nach der Lichtstärke des Objektives eine bestimmte Zeit lang auf die Platte gewirkt haben. Zur Bemessung dieser Belichtungszeit (Exposition) dienen die sog. Verschlüsse: der Objektivdeckel (nur für Zeitaufnahmen von mindestens 1 Sekunde), der Objektivverschluß bzw. Zentralverschluß, der für verschiedene Geschwindigkeiten geliefert wird (z. B. von den Ernemann-Werken, A. G., Dresden, der Automatverschluß für Aufnahmen bis $^1/_{100}$ Sekunde), der Sektoren- bzw. Autosektorenverschluß für Momentaufnahmen bis $^1/_{300}$ Sekunde. Man findet die Belichtungsdauer durch den Belichtungsmesser (z. B. Heydes Aktinometer). Da Objektiv und Kassette je nach der Entfernung des

Aufnahmegegenstandes gemäß den optischen Gesetzen verschiedenen Abstand voneinander haben müssen, kann das Vorderteil der Kamera (das sog. Objektivbrett) dem Rückteil genähert werden oder umgekehrt (Kameras mit veränderlichem Auszug). Die jeweilige Auszugslänge (Abstand der Bildebene vom Objektiv) wird mittels der Mattscheibe oder einer Skala gefunden (Einstellung). Kameras mit festem Auszug besitzen durch Schneckengangfassung gegen die Mattscheibe verstellbare Objektive. Um ohne Veränderung des gewählten Betrachtungspunktes (des Augenpunktes im Bilde) störende Teile (z. B. zuviel monotonen Vordergrund) auszuschalten, benutzt man die senkrechte und wagrechte Verschiebbarkeit des Objektives. — Nach ihrer Bestimmung unterscheidet man als Haupttypen: Reproduktions-, Atelier-, Stativ- und Handapparate. Letztere beide, auch Amateurapparate genannt, sind die für den Handel wichtigsten. Entsprechend der weiten Verbreitung der Amateure werden in der Kamerakonstruktion vielseitige Neigungen und Geschmacksrichtungen berücksichtigt. Dauernd begehrte Konstruktionen sind die Apparate mit herausklappbarem Laufbrett, die zum Teil äußerst flach und je nach Verwendungszweck hoch, quer oder quadratisch gebaut sind. Sehr beliebt sind seit längerer Zeit die kleinen und kleinsten Bildformate 6,5:9 und 4,5:6 (besonders die sich selbsttätig auf „Unendlich" einstellende Westentaschenkamera Heag XV 4,5:6 und 6,5:9 der Ernemann-Werke, A.-G., Dresden). Ferner die eigentlichen Klappkameras mit Schlitzverschluß, die festen, kastenförmig gebauten Spiegelreflexkameras und die neuzeitlichen, eng zusammenklappbaren Spiegelreflexapparate (Ernemann-Klappreflex mit doppeltem Auszug!) sowie die Amateurstativkameras. Für Liebhaberzwecke gelten als normale Bild- und Plattenformate die Größen bis 9:12, vielleicht auch noch 10:15, da die besonders in Deutschland hoch entwickelte Optik äußerst scharfe Bilder ergibt, deren etwaige Vergrößerung (Vergrößerungs- und Projektionsapparate, siehe Sonderliste der Ernemann-Werke A.-G., Dresden) eine beliebte Winter- und Abendbeschäftigung bildet. Beachtenswert sind noch Reihenbilderapparate, sog. Kinematographen (die Ernemann-Werke liefern auch für Amateurzwecke hervorragende, preiswerte Modelle). Hier unterscheidet man einen Aufnahmekinematographen und eine Wiedergabemaschine. Es gibt auch Spezialmodelle, die beides in einer Ausrüstung vereinigen (Ernemann-Aufnahme- und -Wiedergabekino D). Um die Aufnahmen sichtbar zu machen (d. h. ein Negativ zu entwickeln und davon ein positives Bild zu erhalten), gebraucht man die sog. Ausrüstung: Dunkelkammerlaterne, Entwicklungs-, Fixier- usw. Schalen, Kopierrahmen und die Chemikalien, welche in Einzelpackungen geliefert werden, ferner das Platten- und Papiermaterial und vielerlei der Bequemlichkeit dienende Bedarfsartikel. Unter den Platten- und Filmarten werden die sog. farbenempfindlichen bevorzugt, welche die Farbwerte in richtiger Abstufung der Schwärzung wiedergeben. Sie sind nicht zu verwechseln mit den Platten, welche die Farben als solche abbilden. Die wichtigste Quelle für alle photographischen Apparate und Bedarfsartikel ist zweifellos die deutsche photographische Industrie, als deren Zentrum Dresden gilt.

Photographische Papiere. Unter photographischen Papieren versteht man lichtempfindlich gemachte Papiere, die dazu dienen, von einem Negativ Abdrücke = Positive herzustellen = Kopierverfahren. Die Lichtempfindlichkeit kann mit verschiedenen Mitteln hergestellt werden, und zwar verwendet man hauptsächlich: Silber- und Platinsalze, Ammoniumferrizitrat und Ferrizyankalium (beim Blaudruckverfahren), Chromsalze usw. Diese Arbeit nennt man das Sensibilisieren. Nach der Art des Kopierverfahrens werden unterschieden: 1. Auskopierpapiere, die ohne Entwicklung das Positiv schon sichtbar werden lassen. Diese Papiere werden bei Tageslicht verarbeitet. 2. Entwicklungspapiere, d. h. solche, bei denen das Bild durch das Kopieren entweder nur wenig oder gar nicht sichtbar wird, sondern erst durch Entwicklung hervorgerufen werden muß. Die Entwicklungspapiere trennt man wieder in: geringempfindliche und hochempfindliche Papiere. Die geringempfindlichen P. werden bei gedämpftem Tageslicht oder gelbem Licht entwickelt; die hochempfindlichen P. sind nur bei gelbem, grünem oder rotem Licht zu verarbeiten. — Der Ton der Positive richtet sich bei manchen dieser Papiersorten nach der Art des Entwicklers bzw. der Zeitdauer der Belichtung. Bei den Auskopierpapieren wird der Ton hingegen durch sog. Tonbäder (s. d.) hergestellt. — Eine andere Art Positive erzeugt man durch den Pigmentdruck, welcher auf der Eigenschaft von Gelatine und Leim beruht, nach Zusatz von Chromaten, z. B. Kaliumdichromat, durch Belichtung ihre Löslichkeit zu verlieren. Man hat diese Erfahrung auf den Positivprozeß übertragen, indem man gelatinierte Papiere mit einem Farbstoff = Pigment versetzt und mit Kaliumdichromatlösung sensibilisiert. Nach erfolgter Belichtung lassen sich die unbelichteten Stellen durch warmes Wasser abspülen = entwickeln, während die belichteten Teile stehen bleiben und ein positives Bild ergeben. — Das Gummidruckverfahren beruht auf dem gleichen Prinzip, nur werden die Positive mehrere Male kopiert (gedruckt), das Bild entwickelt, von neuem mit Farbstoff versehen, abermals belichtet und entwickelt, und diese Arbeit so oft fortgesetzt, bis eine genügende Dichte des Positivs erreicht ist. — Von den vorher genannten Papiersorten sind folgende besonders zu erwähnen: 1. Auskopierpapier. — Albumatpapier (Mattalbuminpapier) ist ein lichtempfindliches Kopierpapier, das sich lange Zeit gebrauchsfähig erhält und besonders zur Herstellung vornehm wirkender, photographischer Kopien benutzt wird. Es ist in verschiedenen Stärken und Rauheiten des Rohstoffes erhältlich und hat eine stumpfe Oberfläche. Die lichtempfindliche Schicht ist durch Einwirkung einer Silbernitratlösung auf die vorher gesalzene Papierfläche erzeugt und besitzt infolgedessen eine absolute Unverletzlichkeit. Kopien auf solchem Papier werden bis zur vollen Kraft auskopiert, durch Wasser von allem löslichen Silbersalz befreit, im Platinbade getont und hierauf in Natriumthiosulfatlösung fixiert. Es lassen sich bräunliche, bläuliche und schwarze Töne erzielen. Wird das Platinbad ausgeschaltet, so entstehen beim Fixieren rötliche Töne. Auch durch Anwendung des Goldbades, sowie der Vereinigung des Gold- und Platinbades kann man verschiedene Töne erzielen. Albumatpapier ist ein Erzeugnis der „Vereinigten Fabriken Photographischer Papiere" in Dresden. — Albuminpapier nennt man das mit einer gesalzenen Eiweißschicht überzogene Papier, das durch Schwimmenlassen auf einem Silberbade lichtempfindlich zu machen ist. Im Handel erscheinen „einfach" und „doppelt albumierte" Papiere. Erstere werden nach dem Bade in der Eiweißlösung zum Trocknen aufgehängt und in den Handel gegeben, letztere nach dem Trocknen nochmals albumiert, wobei die zuerst beim Trocknen oben befindliche Kante nunmehr nach unten genommen wird. Durch diese Behandlung ist ein gleichmäßigeres Fabrikat gewährleistet. Albuminpapier wird auch haltbar gesilbert in den Handel gebracht. Die besten Resultate werden erzielt, wenn das Papier am Tage des Silberns gleich verarbeitet wird. Die Verarbeitung erfolgt in der Weise, wie es bei Chlorsilberpapieren allgemein üblich ist. Die Schicht der im Handel befindlichen Albuminpapiere ist meist etwas rosa oder pensé angefärbt, um den zu erzielenden bläulichen Ton zu unterstützen. Als Tonbad wird fast ausschließlich Goldbad benutzt. Der Hauptsitz der Albuminpapierfabrikation ist Dresden. — Aristopapier dient zur Herstellung von photographischen Abzügen, besonders kleinerer Formate. Es ist ein Chlorsilbergelatinepapier mit Silbernitratüberschuß in der Emulsion, wodurch die Möglichkeit geboten wird, das Bild am Licht unter dem Negativ bis zur gewünschten Kraft auszukopieren. Es kann hierauf sowohl im Tonfixierbade das gleichzeitige Tonen und Fixieren erfolgen, oder getrennt getont und fixiert werden. Wünscht man Hochglanzbilder, so quetscht man das fertige Bild auf eine mit Talkum abpolierte Spiegelglasplatte, läßt trocknen und zieht das Bild mit Hochglanz ab. — Arrowrootpapier dient dem gleichen Zwecke wie Salzpapier. Neben Salz ist das Papier mit einem Überzug von Arrow-root versehen, um die Kraft und gleichzeitig das stumpfe Aussehen der darauf zu kopierenden Abzüge zu erhöhen. — Aurentumpapier nannte man ein photographisches Gelatineauskopierpapier mit einer goldhaltigen Chlorsilberemulsion, die es ermöglichte, durch einfaches Fixieren der Bilder in Natriumthiosulfatlösung einen bläulichen Ton zu erzielen. Das Papier wird nicht mehr fabriziert, vielmehr sind an dessen Stelle ähnliche Erzeugnisse unter der Bezeichnung „selbsttonende" Papiere getreten. — Barytpapier ist ein mit einem Gemisch von Barytweiß und Gelatine oder sonstigem Bindemittel überzogenes Papier, das zur Herstellung von photographischen lichtempfindlichen Papieren dient. Das Auftragen der Barytschicht erfolgt mit Hilfe von Streichmaschinen, und darauf das Glätten der rollenweise barytierten Papiere durch den Kalander. Durch die Barytschicht wird einerseits eine innigere Verbindung der Emulsion mit dem Papier herbeigeführt, anderseits die Mattierung oder der Glanz der Emulsionsschicht bestimmt. Alle Zelloidin-, Aristo-, Gaslicht-, Protalbinpapiere usw. sind auf Barytpapier emulsioniert. Den Glanzbarytschichten ist gewöhnlich ein rötlicher oder bläulicher Farbstoff beigemengt, während das Mattbaryt nur in rein Weiß gefertigt wird. — Chlorsilberpapier ist die Bezeichnung für die umfassende Gruppe jener photographischen Papiere, bei denen das lichtempfindliche Chlorsilber in irgendeiner Form auf der Papierfläche liegt. Sie lassen sich in zwei Hauptgruppen einteilen: 1. Papiere, die zuerst gesalzen und hierauf gesilbert werden. 2. Solche, die das Chlorsilber, mit irgendeiner kolloidalen Substanz verbunden, in Form einer Emulsion aufgetragen erhalten. Zu den Papieren unter 1. gehören Matt- (Albumat) und Glanzalbumin, sowie die gesilberten, unter verschiedenen Namen erscheinenden Salz-, Algein- und Arrow-rootpapiere. Zur 2. Gruppe zählen Zelloidin-, Gelatine- (Aristo-), Protalbin- und Kasein-(Kasoidin)papiere. Bei allen Chlorsilberpapieren, welche das Bild bis zur nötigen Kraft auskopieren lassen, ist Silbernitrat im Überschuß vorhanden, und damit die Haltbarkeit des Papiers eine begrenzte. — Harzemulsionspapier wird zur Herstellung solcher photographischer Abzüge benutzt, die eine stumpfe Oberfläche besitzen sollen. Es ist nicht mit einer lichtempfindlichen „Emulsion" bedeckt, wie die Bezeichnung vermuten ließe, sondern das Rohpapier wird zur Erzielung einer gewissen Stumpfheit der Schicht mit einer Harzlösung überzogen, die zudem die Papierfaser abschließt und das Entstehen kräftiger Abzüge unterstützt. Das mit der Harzlösung und Chlorsalzen vorbearbeitete Papier wird auf dem Silberbade bzw. durch Überpinseln mit Silberlösung lichtempfindlich gemacht und erfährt von da ab die gleiche Behandlung wie Albumatpapier. — Orppapier ist die Bezeichnung für ein früher Anker-Dorapapier genanntes Zelloidinpapier, das man zur Erzielung einer bläulichen Photographie, nach dem Kopieren, ohne auszuwaschen, in einem gewöhnlichen Salzbade behandelt. Der Tonprozeß vollzieht sich darin in etwa fünf Minuten, worauf im Natronbade zu fixieren ist. Das Mattpapier der gleichen Präparation wird in Salzwasser nur kurz angetont und im Platinbade weiter behandelt. — Protalbinpapier wird verarbeitet wie Zelloidinpapier, unterscheidet sich aber von diesem dadurch, daß die Emulsion nicht aus Kollodium, sondern aus Pflanzeneiweiß besteht. Die Schicht ist im nassen wie trockenen Zustande bedeutend widerstandsfähiger als Zelloidin. Die Tonskala der Bilder ist eine umfangreichere, ähnlich der auf Albuminpapier. Das Tonen erfolgt am besten im Rhodangoldbade. — Rembrandtpapier ist die Phantasiebezeichnung für eine Spezialmarke von photographischem Zelloidinpapier mit besonders kontrastreichen Eigenschaften. Es enthält als kontrastbewirkende Substanz reichlich Silberchromat, was sich auch durch eine auffallend dunkle Färbung der für gewöhnlich stets weißen Schicht zu erkennen gibt. Dieses Papier, das in verschiedenen Kontrastgraden im Handel ist, kopiert sehr langsam, erweist sich aber sehr brauchbar, wenn es gilt, nach grauen Negativen brillante Abzüge zu gewinnen. Die Verarbeitung des Rembrandtpapiers weicht im übrigen von der des Zelloidinpapiers nicht ab. — Salzpapier, ein mit Chlorsalzlösung überzogenes Rohpapier, wird benutzt, um durch nachträgliches Behandeln mit einer Silberlösung eine lichtempfindliche Chlorsilberschicht zu erzeugen. Auf solchem Papier können dann photographische Abzüge bis zur vollen Kraft auskopiert werden. Die weitere Behandlung erfolgt wie bei Albuminpapier. Salzpapier ist unbeschränkt haltbar. — Saturatpapier wird ein photographisches Kopierpapier genannt, dessen Rohstoff nicht einseitig sensibilisiert ist, sondern durch die ganze Papiermasse die lichtempfindliche Schicht trägt. Die Präparation ist nicht wie gewöhnlich durch Bestreichen oder Schwimmenlassen, sondern durch Baden des Papieres erzielt, und infolgedessen kann das Bild auf einer beliebigen Seite hergestellt werden. Die Verarbeitung ist die gleiche wie die des Albumatpapiers. — Zelloidinpapier, auch Chlorsilberkollodionpapier genannt, ist ein photographisches Kopierpapier, bei dem das lichtempfindliche Chlorsilber in Kollodium emulsioniert und auf Barytpapier aufgetragen ist, wobei Matt- und Glanzbaryt Anwendung findet. Die Emulsion wird mit Hilfe von Gießmaschinen aufgetragen, und viele Meter Papier zusammenhängend präpariert. Die kopierten Bilder können im zusammengesetzten Tonfixierbade oder auch im getrennten Ton- und Fixierbade behandelt werden. Für mattes Zelloidinpapier findet das Platinbad zur Erzielung schwarzer Töne Anwendung. Das lichtempfindliche Papier hält sich, vor Luft und Licht geschützt, monatelang gut, später bräunt es sich, tont langsam und ungleichmäßig. Zu den beliebten Marken dieser Art gehören: Christensen Mattpapier, von Buch-Mattpapier weiß und elfenbein und Platinomattpapier. — Abziehbares Zelloidinpapier unterscheidet sich vom gewöhnlichen Zelloidinpapier dadurch, daß bei der Herstellung kein Barytpapier erforderlich ist, sondern mit Gelatine vorpräpariertes Papier zur Anwendung gelangt. Das auf solchem Papiere hergestellte photographische Bild wird auf eine mit unlöslich gemachter Gelatine überzogene Glas- oder Porzellanfläche aufgequetscht und in heißes Wasser gelegt. Hierin löst sich die zwischen Papier und Zelloidinschicht eingelagerte Gelatine auf, das Papier verliert somit seinen Halt, schwimmt ab bzw. läßt sich abziehen, während das Bild auf der neuen Unterlage haften bleibt. Das Papier findet Anwendung zur Herstellung von Projektionsdiapositiven sowie von Bildern auf Porzellangegenständen usw. — 2. Geringempfindliche Papiere. — Blaudruckpapier (Zyanotyppapier) ist ein mit Eisensalzen überzogenes Papier, das zur Herstellung von Lichtpausen benutzt wird. Die Präparation beruht auf der Eigenschaft der Eisenoxydsalze, sich am Lichte in Eisenoxydul zu verwandeln und in Verbindung mit Ferrizyankalium (rotem Blutlaugensalz) eine blaue Färbung anzunehmen. Wird Papier mit der Lösung eines Eisenoxydsalzes überstrichen, hierauf unter einer Zeichnung dem Licht ausgesetzt, so werden die belichteten Stellen bei der nachträglichen Behandlung mit Ferrizyankaliumlösung blau gefärbt, während die nichtbelichteten weiß bleiben. Unter einer Zeichnung, die schwarz auf weißem Grunde steht, muß sonach der weiße Grund des Originals blau erscheinen, während die schwarzen Linien weiß werden. Die Kopie erscheint somit negativ. Bei dem käuflichen Blaudruckpapier ist gewöhnlich eine Mischung von Eisenoxyd und Ferrizyankaliumlösung aufgetragen. Der anfänglich hellgelbe Grund wird am Lichte dunkler und nimmt schließlich durch Eintauchen in Wasser an den belichteten Stellen eine dunkelblaue Färbung an, während sich an den nichtbelichteten Stellen die aufgetragene Mischung löst und den ursprünglichen weißen Papiergrund zeigt. Wird an Stelle des roten Blutlaugensalzes gelbes genommen, so resultieren positive Kopien, doch ist das Verfahren nicht so einfach und zuverlässig als der Negativprozeß. — Eisengalluspapier, für den schwarzen Lichtpausprozeß bestimmt, ist wenig haltbar. Zur Präparation verwendet man eine Mischung von Gelatine oder Gummiarabikum, Weinsäure, Ferrosulfat und Ferrochlorid mit Wasser, belichtet, wobei die gelbe Schicht, im Gegensatz zum Blaudruck, ausbleicht, und schwärzt hierauf durch Eintauchen in Gallussäurelösung. Auch werden Papiere in den Handel gebracht, die bereits mit Gallussäure versetzt und zum Entwickeln lediglich in Wasser zu legen sind. Zur Erzielung größerer Reinheit pflegt man das Rohpapier bisweilen vor der Präparation mit Gelatinelösung zu überziehen, um nach dem Trocknen erst die lichtempfindliche Schicht aufzutragen. — Lichtpauspapier wird fabrikmäßig, in Rollen mit lichtempfindlichen Lösungen überzogen, hergestellt und kann längere Zeit, vor Licht geschützt, gebrauchsfertig aufbewahrt werden. Man unterscheidet negatives und positives Eisenblaupapier, Sepiapapier, Negropapier usw. Bei längerer Aufbewahrung zersetzen sich die lichtempfindlichen Schichten auch ohne Einwirkung des Lichtes und geben dann keine klaren kräftigen Pausen, weshalb frischen Präparationen stets der Vorzug zu geben ist. Zuweilen wird der Weg eingeschlagen, vom Original zunächst eine negative Pause auf Sepiapapier zu machen, um von dieser wieder die gewünschte Anzahl von positiven Pausen auf dem leichter zu behandelnden Blaupapier herzustellen. — Platinpapier wird das für die Herstellung von Platinotypien erforderliche, mit einem Gemisch von Eisenoxyd- und Platinsalzen überzogene Papier genannt. Man unterscheidet drei verschiedene Arten von Platinpapier: 1. das direkt kopierende, 2. das zum Entwickeln bestimmte, 3. das gleiche wie 2., jedoch mit sehr wenig Platin, wobei dem später anzuwendenden Entwickler Platin zuzusetzen ist. — Bei dem direkt kopierenden Platinpapier sind alle Bestandteile gleich aufgetragen. Um die direkte Schwärzung beim Kopieren zu erzielen, muß ein bestimmter Grad von Feuchtigkeit vorhanden sein, damit eine innige Verbindung des Kalisalzes mit dem sich bildenden Eisenoxydul stattfinden kann. Das Entwicklungspapier ist nur mit Eisenoxyd und Platinchlorür überzogen, kopiert bis zu einem gewissen Grade an und wird durch Eintauchen in eine Lösung von oxalsaurem Kali entwickelt. Die Kraft des Bildes wird jedoch lediglich von der Dauer der Lichtwirkung bestimmt, so daß dem Entwicklungsprozeß nur die Aufgabe zukommt, die Schwärzung nach Maßgabe der stattgefundenen Belichtung durchzuführen. — Bei dem Entwicklungspapier mit Platin im Entwickler ist der Präparation nur ein Teil des notwendigen Platins zugefügt, während die Hauptmenge im Entwickler enthalten ist. In diesem Falle wird das Papier nicht im Entwickler gebadet, sondern dieser mit der Platinlösung auf das ankopierte Bild aufgestrichen. Das präparierte Platinpapier muß unter Abschluß von Licht und Luft, am besten in Chlorkalziumbüchsen, aufbewahrt werden, um frühzeitiges Verderben zu verhüten. — Sepiaeisenpapier (Kallitypie) ist mit Blaupapier nahe verwandt. Auch hier bietet das Eisenoxyd die Grundlage, jedoch mit dem Unterschied, daß es nach der Umwandlung des Oxydes zu Oxydul nicht mit Blutlaugensalz in Blau, sondern mit Silbernitrat in Braun übergeführt wird. Die käuflichen Papiere enthalten beide Salze sowie auch weitere, den Prozeß günstig beeinflussende Substanzen, wie Säure, Gelatine usw. Die Kopie ist lediglich in Wasser zu entwickeln. Bei der Belichtung färbt sich die blaßgelbe Schicht dunkel, bleicht aber bei verlängerter Belichtung wieder aus. Die eigentliche Kraft des Bildes resultiert erst im Wasserbade. Durch Änderung der Bestandteile der Präparationsmischung, besonders durch Zusatz von neutralem Kaliumoxalat, lassen sich verschiedene Farbtöne erzielen, wobei man dem Wasser zum Entwickeln Borax und Kaliumnatriumtartrat zusetzt. Auf diese Weise entstehen kältere, mehr violette Töne. Zur Erzielung von größeren Kontrasten findet Kaliumdichromat Anwendung. Die entwickelten Produkte werden in 1 prozentigem Ammoniak- oder Natriumthiosulfatbade fixiert, hierauf gewässert und getrocknet. — Sepiaplatinpapier bezeichnet eine Spezialpräparation des Platinpapiers, bei dem Quecksilbersalze zur Anwendung kommen, um eine sepiafarbene Reduktion des Platinbildes herbeizuführen. Diese Modifikation wird besonders bei Entwicklungspapieren mit warmer Entwicklung angewandt. Die auf Sepiaplatinpapier erzeugten Kopien werden meist zur Erzielung einer höheren Brillanz mit einem Lacküberzug versehen. — 3. Hochempfindliche Papiere. — Bromsilberpigmentpapier ist ein lichtempfindliches Bromsilberpapier, das gleichzeitig einen Erdfarbstoff in der Schicht enthält. Die Verarbeitung erfolgt in der Weise, daß man zunächst eine Belichtung unter dem Negativ oder durch den Vergrößerungsapparat vornimmt und darauf den Lichteindruck im Entwickler zur Reduktion des Bromsilbers heranzieht. Durch weitere Behandlung im Chromatbade gelingt es, die Pigmentgelatineschicht an den im Entwickler geschwärzten Stellen unlöslich zu machen, so daß bei darauffolgendem Einlegen des Bildes in heißes Wasser die Farbgelatineschicht überall da abschwimmt, wo nicht vorher reduzierte Silberpartikel vorhanden waren. Auf diese Weise entsteht ein Farbenbild, das gleichzeitig ein schwarzes Silberbild einschließt. Das letztere kann in der Schicht verbleiben und somit zur Bildwirkung herangezogen werden, oder es kann durch Behandlung des Bildes im Farmerschen Abschwächer entfernt werden, so daß nur noch das reine Farbenbild, in Gelatine gebettet, übrig bleibt. Das Papier muß vor der Chromatbehandlung bei gelbem, rotem oder grünem Lichte verarbeitet werden. Die darauffolgenden Arbeiten können bei Tageslicht erfolgen. — Bromsilberpapier ist ein mit lichtempfindlicher Bromsilbergelatine-Emulsion überzogenes Papier, das sowohl zur Herstellung von photographischen Kontaktkopien als auch zu Vergrößerungen benutzt wird. Das Auskopieren des Bildes bis zur gewünschten Kraft ist nicht möglich. Es wird nur kurz belichtet und das latente Bild durch Einwirkung von reduzierenden Lösungen in der Dunkelkammer entwickelt und im Natriumthiosulfatbade fixiert. Zur Erzielung einer angenehmen Mattierung und dadurch ermöglichten leichten Bemalbarkeit setzt man der Emulsion auch Stärke zu. Wird die Emulsion auf besonders vorbereitetes Papier aufgetragen, so lassen sich auch Bilder mit Glanz erzielen, der bei geeigneter Behandlung auf Hochglanz gesteigert werden kann. Abziehbares Bromsilberpapier unterscheidet sich von dem gewöhnlichen Bromsilberpapier dadurch, daß es zwischen Papier und Emulsionsschicht eine Isolierschicht trägt. Es findet Anwendung zur Herstellung von vergrößerten Negativen, und zwar läßt sich hierbei entweder das fertige Bild, sowie es trocken ist, als Folie vom Papier trennen, oder man quetscht jenes im nassen Zustande auf Glas, Porzellan u. dgl. und zieht nach dem Trocknen das Papier ab, während das Bild auf der übertragenen Fläche verbleibt. — Chlorbromsilberpapier, auch Gaslicht- oder Tageslichtentwicklungspapier genannt, wird in der Photographie angewandt wie Bromsilbergelatinepapier, doch ist die Empfindlichkeit geringer als bei diesem. Während Bromsilber fast ausschließlich in schwarzen Tönen entwickelt, können Chlorbromsilberschichten durch geeignete Behandlung auch in wärmeren Tönen hervorgerufen werden. Die hier aufgetragene Gelatineemulsion besteht aus einem Gemisch von Chlor- und Bromsilber. Je mehr das letztere vorherrscht, desto lichtempfindlicher ist das Papier und desto mehr neigen die im Entwickler resultierenden Töne zum Schwarz, während beim Gegenteil die Lichtempfindlichkeit fällt und damit die Neigung bzw. Fähigkeit für warme Töne wächst. Da sich kein Silbernitrat im Überschuß befindet, läßt sich das Papier nicht auskopieren. Die Haltbarkeit des lichtempfindlichen Papieres ist nicht so groß als die des Bromsilberpapieres. — Gravürepapier-Höfinghoff ist ein Chlorbromsilberpapier, das unter dem Negativ kurz belichtet und bei gelbem Lichte im Entwickler hervorgerufen wird. Im nassen Zustande ist die Schicht äußerst verletzlich, da sie nur lose auf der Papierfläche sitzt. Sie trocknet jedoch sehr widerstandsfähig auf und zeigt dann eine angenehm stumpfe Fläche. — Jodsilberpapier ist ein mit Jodsalzen unter Zusatz von Brom- und Chlorsalzen vorpräpariertes Papier, das in der Photographie zum Gebrauche mit Silberbad behandelt wird und zur Herstellung von Vergrößerungen, der sog. „Solarprints", dient. Diese Prints bedürfen einer ausgiebigen Überarbeitung und werden meist als Unterlage zur Ausarbeitung von Kreidezeichnungen benutzt. Dadurch, daß die Schicht direkt auf dem Papier erzeugt wird, ohne besonderes Bindemittel, eignet es sich für die Zwecke umfangreicher Behandlung mit Pinsel und Farbe. — Schwerter-Bromsilberpapier ist ein zur Herstellung von photographischen Vergrößerungen sowie auch zu Kontaktkopien geeignetes Sondererzeugnis der „Vereinigten Fabriken Photographischer Papiere" in Dresden. Dieses Papier zeichnet sich vornehmlich durch hohe Empfindlichkeit, gleichmäßige Präparation, hohe Brillanz und reiche Tonabstufung der darauf erzeugten Bilder aus. Einen besonderen Vorzug bietet dieses Papier durch die der Emulsion beigefügte Stärke, wodurch die Schicht eine außerordentliche Aufnahmefähigkeit für Farben gewinnt und somit das Bemalen sehr erleichtert. Dieses Papier wird auch abziehbar geliefert. Das darauf erzeugte Bild kann also auf eine beliebige Fläche aufgequetscht werden, während sich nach dem Trocknen das Papier abziehen läßt und das Bild auf der neuen Unterlage verbleibt. Ebenso lassen sich auch von diesem Papier nach kleinen Diapositiven vergrößerte Negative herstellen, die man auf Glas aufquetscht. — „Eka-Gas", ein weiteres Erzeugnis der Vereinigten Fabriken Photographischer Papiere in Dresden, wird genau wie Schwerter-Bromsilberpapier behandelt. Die Oberfläche wird in Matt, Halbmatt und Glänzend hergestellt. Die Sorte „Matt" zeichnet sich durch ihre sammetartige Oberfläche aus. Das Papier wird in den Sorten mittelstark, glatt und kartonstark, glatt in weiß und chamois geliefert. Seine Emulsion ist hochempfindlich, so daß es nur bei rotem Licht verarbeitet werden darf. — „Celoton" der gleichen Firma ist ein ähnliches Erzeugnis. Es wird in zwei Arten hergestellt, Normal (normal empfindlich) und Hart (gering empfindlich und hart arbeitend). Die Sorte „Normal" wird für Negative von gewöhnlicher Beschaffenheit, die Sorte „Hart" für dünne, weiche Negative verwandt. Das Papier zeichnet sich durch einen schönen warmschwarzen Ton aus. Auch diese Papiere werden in Matt und Halbmatt, in weiß und chamois sowie weiß in glänzend hergestellt. — „Schwerter"-Negativpapier ist die Bezeichnung für ein photographisches lichtempfindliches Papier der gleichen Firma, das zur Herstellung großer Negative nach kleinen Diapositiven benutzt wird und aus einer Bromsilbergelatine-Stärkeschicht besteht. Die Vorzüge dieses Papiers bestehen darin, daß es die Benutzung der kostspieligen und leicht zerbrechlichen Glasplatten entbehrlich macht, einen sehr gleichmäßigen Emulsionsauftrag besitzt, mit leichter Mühe die Erzielung jeder Kraft gestattet, ein feines Korn in der Papiermasse zeigt, jede Stiftretusche mit Leichtigkeit annimmt und sich außerordentlich gut mit dem Schaber bearbeiten läßt. Die Verarbeitung geschieht in der Weise, daß das kleine Diapositiv vermittels des Vergrößerungsapparates auf die mit dem Negativpapier bedeckte Projektionsfläche vergrößert wird. Das durch die Belichtung entstandene latente Bild wird entwickelt und fixiert, das entstehende Negativ alsdann gewässert, getrocknet und auf der Rückseite mit Transparentöl bestrichen. Infolge der hierdurch bewirkten größeren Durchsichtigkeit kann es wie ein Glasnegativ behandelt werden. — Veloxpapier, ein photographisches Entwicklungspapier aus der Klasse der Chlorbromsilbergelatinepapiere, besitzt mäßige Lichtempfindlichkeit, gestattet die Herstellung schwarzer, wie auch wärmerer Töne und hat eine halbmatte Oberfläche. Das Papier wird ausschließlich für den Kontaktdruck verwendet und gibt Bilder ähnlich dem „Schwerter-Gaslichtpapier".

Photographische Trockenplatten dienen zur Aufnahme des durch das photographische Objektiv in der Kamera erzeugten photographischen (reellen) Bildes. Während vordem der Photograph gezwungen war, sich seine — sog. „nassen" — Platten im Augenblick der Aufnahme selbst zu präparieren, durch Überguß von gut gereinigten Glasplatten mit „jodiertem Kollodium" und nachträglichem Baden dieser Platten in einer Silbernitratlösung, und die eben präparierten Platten noch im nassen Zustande in die Kassette zu bringen und zu exponieren, kann man jetzt beliebig viel lichtempfindliches Material in Vorrat halten. Erst durch die Einführung der Trockenplatten, deren Erfindung man im wesentlichen dem englischen Arzte Dr. Maddox verdankt, ist die heutige ungeheuer weite Verbreitung der Photographie — namentlich der Amateur-Photographie — möglich geworden. Die Trockenplatten werden in Spezialfabriken in großem Maßstabe hergestellt, indem sehr sorgfältig gereinigte, besonders gleichmäßig und eben gestreckte, von Blasen und Unreinigkeiten freie Glasplatten (sog. Photoglas) durch Maschinen (natürlich im Dunkeln) sehr gleichmäßig mit der lichtempfindlichen Präparation, der sog. Gelatine-Emulsion, überzogen und dann in ganz genau temperierten, sehr gut ventilierten, staubfreien Räumen getrocknet werden. Man gießt gewöhnlich größere Formate als die in der Kamera verwendeten. Dies sind für Amateur-, Landschafts- und technische Photographie besonders 6×9 cm, 9×12 cm, 13×18 cm und 18 mal 24 cm, wogegen der Fachphotograph, in Deutschland hauptsächlich, 9×12 cm, 12×16½ cm, 18×24 cm und größere Formate verwendet. Die großen Platten werden nach dem Trocknen in die entsprechenden Formate zerschnitten, sorgfältig bei einem „sicheren" tiefroten Lichte auf etwaige Fehler geprüft, aussortiert und dann in Päckchen, entweder zu 4 oder zu 6 Stück, in schwarzes Papier verpackt und zu Dutzenden in Plattenschachteln gelegt, die dann an den Seiten verklebt, mit Etikett versehen werden und nun verkaufsbereit sind. Die sog. Gelatine-Emulsion — gewöhnlich Bromsilber- oder Brom-Jodsilber-Gelatine-Emulsion — wird dargestellt, indem man in eine mit Brom- oder Brom- und Jodsalzen (meistens Kalium- und Ammoniumsalzen) versetzte Gelatinelösung bei bestimmter Temperatur eine auf bestimmte Grade erwärmte Silbernitratlösung allmählich unter gleichmäßigem Rühren eingießt. Die so entstandene milchige (daher der Name Emulsion) dicke Flüssigkeit würde aber nur sehr unempfindliche Platten ergeben. Höhere Empfindlichkeit erzielt man durch Erwärmen oder Alkalischmachen dieser Emulsion oder durch beides, und zwar hat jede Fabrik ihre ganz bestimmten, durch Erfahrung gewonnenen Rezepte oder Verfahren. Für Porträtaufnahmen, wie sie der Fachphotograph im Atelier oder jetzt auch in gewöhnlichen Wohnräumen herstellt, ist es wünschenswert, daß die sog. Expositionszeit so kurz als möglich gehalten wird, deshalb sucht der Fachphotograph nach Platten der höchsten Empfindlichkeit; ebenso sind für Momentaufnahmen von bewegten Objekten, wie sie jetzt überall in so großer Menge hergestellt werden, diejenigen Platten die gesuchtesten, welche die höchste Empfindlichkeit aufweisen. Platten werden daher nach ihrer hohen Empfindlichkeit gewertet. Man mißt die letztere nach verschiedenen Skalen, z. B. nach Graden Warnerke, Graden Scheiner usw. (leider sind die Angaben der Fabriken über die Grade der Empfindlichkeit usw. nicht immer unbedingt zuverlässig). Wie hoch empfindlich Platten gegenwärtig hergestellt werden können, erhellt aus der Tatsache, daß man gut durchgearbeitete Aufnahmen im Freien, z. B. von fahrenden Automobilen, Sportaufnahmen usw. bei gutem Licht mit modernen, lichtstarken Objektiven in weniger als $^1/_{2000}$ Sekunde und in gewöhnlichen hellen Wohnräumen Momentaufnahmen von einzelnen Personen und kleinen Gruppen in Bewegung (in etwa $^1/_{15}$ Sekunde) machen kann. Ebenso ist man imstande, bei Nacht, also unter Ausschluß von Tageslicht, bei Gasglühlicht (namentlich hängendem Glühlicht) in 3—10 Sekunden gute Porträtaufnahmen (besonders auf orthochromatischen Platten) zu machen. Neben der hohen Empfindlichkeit ist auch die Kraft der Platten eine notwendige Eigenschaft guter Fabrikate, d. h., daß sie in geeigneten Entwicklern in nicht zu langer Entwicklungszeit kräftige Negative ergeben, die gute Abzüge — Kopien — liefern, und schließlich muß noch die sog. Gradulerung — d. h. die korrekte Wiedergabe der höchsten Lichter, der Halbtöne und der tiefsten Schattendetails der zu photographierenden Objekte — als besonders wichtig hervorgehoben werden. Dies gilt namentlich für den Fachphotographen bei Porträtaufnahmen. Daß die Platten klar arbeiten müssen, d. h. nur an den wirklich belichteten Stellen im Entwickler einen Silberniederschlag geben dürfen, also keinen „Schleier" haben, versteht sich von selbst; auch sollen gute Platten eine genügende Haltbarkeit über Jahr und Tag besitzen, d. h. nicht schleierig werden und nicht nach längerer Zeit nur kraftlose, sog. „flaue" Negative bilden. Die Herstellung solcher Platten von besonderer Güte und höchster Empfindlichkeit bietet besondere Schwierigkeiten, und deshalb stehen derartige Platten am höchsten im Preise. Gewöhnliche photographische Platten sind hauptsächlich empfindlich für violette, blaue und blaugrüne Strahlen; die unserem Auge am hellsten erscheinenden gelben, orange und gelbgrünen Strahlen werden nur ungenügend von der photographischen Platte wiedergegeben. Diesem Übelstande helfen die orthochromatischen Platten ab, die wir einer Entdeckung des um die Photographie außerordentlich verdienten Prof. H. W. Vogel in Berlin verdanken. Vogel fand im Jahre 1873, daß durch Zufügung gewisser Farbstoffe — Sensibilisatoren, wie sie Vogel nannte — zum Brom- oder Jodsilber dieses bedeutend empfindlicher für die grünen, gelben und orange Strahlen gemacht wird. Die „orthochromatischen Platten" des Handels, die hauptsächlich neben der Blauempfindlichkeit der gewöhnlichen Platten auch hohe Empfindlichkeit für Gelb, Gelbgrün und Orange besitzen, werden zum größten Teil durch Hinzufügen von Erythrosin- oder Erythrosin-Silber-Lösung zur Emulsion hergestellt. Gute Platten der Art sind über Jahr und Tag haltbar und können jetzt ebenso empfindlich hergestellt werden wie gewöhnliche Platten. Sie zeigen selbstredend bei künstlichem Lichte, das verhältnismäßig reicher an gelben und grünen Strahlen ist als Tageslicht, wie z. B. Gasglühlicht, Petroleumlicht oder elektrisches Licht, höhere Empfindlichkeit als die gewöhnlichen Platten und werden jetzt von vielen bedeutenden Fabriken zu demselben Preise wie gewöhnliche Platten verkauft. Sie müssen natürlich in besonders sorgfältig ausgewähltem roten Lichte entwickelt werden — man läßt bei der Entwicklung selbst nicht zu viel rotes Licht auf sie fallen — bieten aber sonst bei der Behandlung weiter keine Schwierigkeiten. Sie sollten deshalb in allen Fällen, wo farbige Objekte zu photographieren sind, vorzugsweise verwandt werden. Hat man in den zu photographierenden Objekten sehr viel Blau, wie z. B. bei der Reproduktion von Gemälden oder auch bei Hochgebirgsaufnahmen mit Gletscherhintergrund usw., so muß man sich eines sog. Gelbfilters bedienen, um die überwiegenden blauen Strahlen abzuschneiden, da selbst die orthochromatischen Platten noch höhere Empfindlichkeit für blaue Strahlen als für die grünen und gelben besitzen. Für den Dreifarbendruck wie überhaupt für die Farbenphotographie benutzt man sog. panchromatische Platten, die auch für rote Strahlen empfindlich sind. Diese werden durch „Sensibilisieren" mit Äthylrot, Pinachrom, Pinazyanol usw. hergestellt, sind aber nur mit größter Vorsicht zu verarbeiten und nur für ganz spezielle Zwecke und von erfahrenen Fachmännern zu verwenden. Photographiert man im Freien gegen das Licht, oder macht man Zimmeraufnahmen gegen die Fenster oder überhaupt Aufnahmen von Objekten, die sehr große Lichtkontraste aufweisen — z. B. spiegelnde Metallflächen oder dgl. — so treten häufig die gefürchteten „Lichthöfe" auf, d. h. breite Säume um die hellsten Stellen oder auch — wie z. B. bei Fenstern — werden alle Details verwischt. Dagegen helfen lichthoffreie Platten, die man entweder herstellt durch Hinterstreichen der gewöhnlichen Platten mit bestimmten farbigen Lacken oder Lösungen (z. B. Antisol, Rotlack, Karamell usw.) oder durch Vorpräparation des Glases mit einer gefärbten Gelatineschicht (sog. Isolarplatten), oder indem man eine sehr unempfindliche, silberreiche, undurchsichtige Emulsion auf das Glas gießt und darauf erst die hoch empfindliche Schicht bringt (sog. Doppelschichtplatten). Durch alle diese Mittel wird verhindert, daß die Lichtstrahlen an den hellsten Stellen die Emulsionsschicht durchdringen, auf das Glas treffen und von dem Glase wieder zurückgespiegelt werden, wodurch eben die Lichthöfe entstehen. Natürlich sind solche Platten schon in der Herstellung teurer als die gewöhnlichen. Für die Reproduktion von Strichzeichnungen, von Katalogabbildungen, von Kartenblättern oder Illustrationen aus Büchern usw. bedient man sich sog. „photomechanischer Platten". Diese sind sehr unempfindlich, haben keine sog. Halbtöne, sondern geben nur den weißen Grund des Originals ganz schwarz, viel dichter gedeckt als gewöhnliche Platten, wieder, während die schwarzen Linien usw. ganz glasklar, viel klarer als bei gewöhnlichen Platten, kommen, so daß hier große Kontraste erzielt werden und die Kopien wirklich schwarze Linien auf ganz weißem Grunde ergeben, wie man dies bei gewöhnlichen Platten selbst durch Verstärkung nicht erzielen kann. Zur Herstellung von Projektionsbildern oder Stereoskop- bzw. Fensterbildern — sog. Diapositiven — benutzt man „Diapositivplatten", die sehr schöne, gefällige Töne erzielen lassen, sehr fein im Korn sind und außerordentlich klar arbeiten. Sie werden gewöhnlich mit Chlor-Bromsilber-Emulsion hergestellt und können, da sie im Verhältnis sehr wenig lichtempfindlich sind, für gewöhnliche Aufnahmen kaum benutzt werden. — Was die Haltbarkeit aller dieser Plattensorten anbetrifft, so sind am haltbarsten die wenigst empfindlichen Plattensorten, wie sie der Durchschnittsamateur, Landschaftsphotograph und auch technische Photograph vielfach benutzt. Solche sehr wenig empfindlichen Platten haben sich schon bis 10 Jahre lang brauchbar erhalten, abgesehen von einem leichten „Randschleier". Sehr hoch empfindliche Platten sind doch noch über 1 Jahr haltbar. Verhältnismäßig am wenigsten haltbar sind orthochromatische Platten, aber auch von diesen Platten hat man Beispiele, namentlich von ortho-lichthoffreien (Isolar- oder Doppelschicht-) Platten, daß sie sich über 2 Jahre gut gehalten haben. Besonders schädliche Einwirkung auf die Haltbarkeit aller Trockenplatten haben Gasausdünstungen, selbstverständlich auch Schwefelwasserstoffausdünstungen. In einem gut ventilierten, trockenen, nicht zu sehr überheizten Raume halten sich die Platten am längsten. Hingewiesen sei noch auf die möglicherweise schädliche dauernde Einwirkung von elektrischem Bogenlicht, das viel ultraviolette Strahlen enthält, welche die Pappschachteln durchdringen und die Platten nach und nach verschleiern können. — Neben den auf Glas präparierten Platten hat man auch Zelluloid-Films, entweder als Rollfilms oder als Planfilms. Alle diese Zelluloid-Films sind weniger haltbar als Trockenplatten (auf Glas), da die Ausdünstungen des im Zelluloid enthaltenen Kampfers der Emulsion schaden und sind wohl auch nicht stets ganz so zuverlässig wie Glasplatten, so daß Forschungsreisende die Trockenplatten vorziehen. Große Vorteile der Zelluloid-Films sind ihre ungemeine Leichtigkeit, so daß man auf Reisen, bei Bergbesteigungen usw. viel Aufnahmematerial bequem mit sich führen kann. Dazu kommt die Unzerbrechlichkeit und die Möglichkeit, beliebig viele Aufnahmen auf den sog. Tageslicht-Rollfilms, oder Film-Packs, oder Einzel-Filmpackungen, die durch besondere Vorkehrungen bei Tageslicht gewechselt werden können, zu machen, ohne eine Dunkelkammer benutzen zu müssen. Die Rollfilms können auch bei Tageslicht ohne Dunkelkammer in bestimmten, dafür eingerichteten Apparaten entwickelt und fixiert werden. Zelluloid-Films sind wesentlich höher im Preise als Glasplatten (s. Films). — Seitdem die letzte Ausgabe dieses Werkes erschienen ist, sind einige neuere Fortschritte und Erfahrungen in der Verwendung der Trockenplatten zu verzeichnen. So werden orthochromatische Platten jetzt vielfach mit einem Schichtfilter versehen, d. h., ein gelber oder gelbgrünlicher Farbstoff wird der orthochromatischen Emulsion beigefügt, so daß die Schicht der Platte selbst als Farbfilter wirkt. Natürlich ist die Absorption des Ultraviolett und Violett nicht vollkommen, so daß, wo höhere Aufgaben an genaue Wiedergabe der Farbenwerte gestellt werden müssen, z. B. bei der Reproduktion farbiger Originale, trotzdem ein für den Zweck besonders abgestimmtes Farbenfilter erforderlich ist. Aber für sehr viele Zwecke genügen diese Ortho-Platten mit Farbfilter in der Schicht und ersparen dadurch die nicht immer angenehme und bequeme Verwendung der Gelbscheibe, z. B. bei Landschaftsaufnahmen usw. Die im letzten Kriege so außerordentlich viel verwandten sog. Fliegerplatten sind teilweise recht hoch empfindliche orthochromatische Platten sehr hoher Gelbempfindlichkeit und mit Farbfiltern in der Schicht, oder auch hoch empfindliche Platten mit recht ausgeprägter Orange-Rotempfindlichkeit. Die Photomechanischen Platten werden jetzt, namentlich auch in den Photomechanischen Verfahren, außerordentlich viel verwandt und sind als panchromatisch-photomechanische Platten für die Reproduktion farbiger Originale mit viel Gelb, Grün und Rot ganz unentbehrlich geworden. Die orthochromatischen Photomechanischen Platten werden sehr viel zu Reproduktionen von schlecht lesbaren Schriftstücken, vergilbten Plänen und Zeichnungen u. dgl. verwandt.

Phtaleinfarbstoffe bilden eine 1871 von A. v. Baeyer entdeckte Gruppe der Xanthene (s. d.), welche durch Kondensation von Phtalsäureanhydrid mit Phenolen entstehen. Sie können auch als Abkömmlinge des Triphenylmethans angesehen werden und werden daher vielfach als Untergruppe der Triphenylmethanfarbstoffe bezeichnet. Farbstoffbildende Phenole sind besonders das Resorzin, von dem sich das Fluoreszein und die Eosine ableiten, und die Pyrogallussäure, von welcher das Gallein abstammt.

Phtalsäure (Benzolorthodikarbonsäure), $C_6H_4(COOH)_2$, entsteht bei der Oxydation von Naphtalin und Naphtalintetrachlorid durch Salpetersäure, oder von Orthoxylol und Orthotoluylsäure mit Kaliumpermanganat, oder auch von Alizarin mit Salpetersäure oder mit Braunstein und Schwefelsäure. Sie wird technisch in großen Mengen, hauptsächlich aus Naphtalin und Schwefelsäure unter Zusatz von Quecksilbersalzen oder seltenen Erden als Kontaktsubstanzen hergestellt. Die reine, aus Wasser umkristallisierte P. bildet farblose Kristalle, die in kaltem Wasser schwer, in heißem Wasser, Alkohol und Äther leicht löslich sind. Beim raschen Erhitzen auf 213° schmilzt sie und verwandelt sich dabei unter Abspaltung von Wasser in das Phtalsäureanhydrid, $C_6H_4(CO)_2O$. Das letztere, das gewöhnlich im Handel als Phtalsäure geführt wird, bildet bei 128° schmelzende Kristalle, die bei 284° sieden und in langen Nadeln sublimieren. Die P. und ihr Anhydrid vereinigt sich mit Phenolen zu sog. Phtaleinen, mit Resorzin z. B. zu dem Fluoreszein, und bildet ein wichtiges Ausgangsmaterial für die Teerfarbenindustrie.

Physostigmin (Eserin, lat. Physostigminum, Eserinum, frz. Eserine, engl. Eserin), das sehr giftige Alkaloïd der Kalabarbohne, ist eine starke Base und bildet dünne kristallinische Blättchen von rhombischer Form, die sich in Äther, Alkohol und Chloroform lösen und bei 102° schmelzen. Ein einziger Tropfen einer Lösung, die nur 1 mg P. enthält, bewirkt sofort eine starke, lang andauernde Zusammenziehung der Pupille. Man verwendet das P. daher in der Augenheilkunde, gewöhnlich in Form des Sulfates (schwefelsaures Physostigmin).

Piassava (Piassabo, frz. Piassave, engl. Para grass, Monkey grass), eine starke, äußerst haltbare Pflanzenfaser, die aus Brasilien und Venezuela zu uns gebracht wird und von der Strickpalme, Attalea funifera (Mart.), abstammt, besteht aus den zähen Fasern der Blattscheiden, die nach Zerstörung der übrigen Gewebeteile durch die Atmosphäre an den Stämmen frei herabhängen. Die fischbeinartig elastischen, glanzlosen Fasern sind von dunkelbrauner Farbe, fast immer abgeplattet, bis zu 1 m, selten darüber lang, und 0,8—2,5 mm dick. In den Ursprungsländern fertigt man aus ihnen Matten, Seile und Taue, während sie bei uns zur Herstellung fast unverwüstlicher Straßenbesen (Piassavabesen), Straßenkehrmaschinen und grober Bürsten benutzt wird. Außerdem kommt noch afrikanische P., von einer Palmenart, Raphia vinifera, auf den Markt, die aber spröder und daher weniger geschätzt ist, als die brasilianische.

Pichi, eine aus den getrockneten Stengeln und Blättern der in Chile heimischen Nikotianee Fabiana imbricata bestehende Droge, wird als Heilmittel gegen Krankheiten der Schafe und Ziegen empfohlen. Das aus der P. hergestellte Fluidextrakt findet gegen Erkrankungen der Leber und der Harnwege Anwendung.

Pichurimbohnen (Muskatbohnen, brasilianische Bohnen, lat. Fabae pichurim, frz. Fèves de Brasil, engl. Beans of Brasil) sind die Samenkerne eines namentlich in Brasilien wachsenden lorbeerartigen Gewächses, Nectandra Puchury, die in zwei Formen, als kleine und große P., in den Handel kommen. Die Pflanzen tragen fleischige Früchte, aus denen der Kern herausgenommen, von der Samenschale befreit und am Feuer getrocknet wird. Die gespaltenen, Eicheln ähnlichen Stücke sind ziemlich hart, außen graubraun, innen fleischfarben gelblich und mit braunen Punkten marmoriert sowie von etwas mehliger und öliger Beschaffenheit. Ihr Geschmack und Geruch erinnert an ein Gemisch von Muskat und Sassafrasholz. Sie enthalten neben ihrem aromatischen Öl auch Gerbstoff und werden an Stelle der Muskatnüsse als Gewürz benutzt. Früher wurden sie gegen Kolik und ruhrartige Zustände angewandt.

Pikee (frz. Piqué, engl. Guilting, Marseille), ein baumwollenes Gewebe, das infolge des Vorhandenseins von abwechselnd erhöhten und vertieften Stellen wie gesteppt (piqué) erscheint, gehört zu den Doppelgeweben, d. h. bei seiner Herstellung werden zwei übereinanderliegende Ketten verwandt, von denen jede besonderen Einschuß erhält. Die Verbindung beider Ketten erfolgt dadurch, daß zeitweise einzelne Fäden der einen Kette in die andere verlegt und durch die Einschußfäden dieser Kette mit gebunden werden. Für das obere Gewebe, die rechte Seite oder den Grund, verwendet man feineres Garn und doppelt so viel Fäden als für das untere, das sog. Futter. Die Stellen oder Linien, in denen die beiden Gewebe miteinander verbunden sind, erscheinen zwischen den übrigen Teilen vertieft. Die Pikees sind entweder ganz weiß oder einfarbig und mit verschiedenen Mustern bedruckt, oder durch verschiedenfarbige Einschuß- und Kettenfäden gegittert, gestreift oder broschiert und werden zu Westen, Unterröcken, Hausanzügen, Sommerkleidern, Vorhemdchen und besonders auch zu gemusterten Bettdecken verwandt.

Pikrinsäure (Pikrinsalpetersäure, Trinitrophenol, Trinitrophenylsäure, Trinitrokarbolsäure, Kohlenstickstoffsäure, Welters Bitter, lat. Acidum carbazoticum, Acidum picrinicum, Acidum picronitricum, frz. Acide nitrophénisique, engl. Nitrophenisic acid), ein außerordentlich wichtiger Gegenstand des Drogen- und Farbwarenhandels, entsteht häufig bei der Einwirkung starker Salpetersäure auf organische Stoffe des Tier- und Pflanzenreichs, und zwar sowohl stickstoffhaltiger wie stickstofffreier. Jeder gelbe Fleck z. B., den Salpetersäure auf Zeugen, auf der Haut usw. hervorbringt, kann als durch P. entstanden betrachtet werden. Besonders reichlich erhält man sie durch Behandlung von Indigo mit Salpetersäure. Eine Zeitlang wurde die P. aus dem Botanybaiharz oder Akaroidharz, später aus dem Steinkohlenteer hergestellt, während man jetzt nur noch die aus diesem abgeschiedene, möglichst reine, vom Kresol befreite Karbolsäure verwendet. Das Phenol wird in konzentrierter Schwefelsäure gelöst und die Mischung in stark erwärmte Salpetersäure eingetragen, worauf die P. nach dem Erkalten in Form hellgelber, glänzender Schüppchen, schmaler Täfelchen oder auch Säulchen auskristallisiert, die durch nochmaliges Auflösen und Umkristallisieren gereinigt werden können. P. löst sich schwer in kaltem, leichter in heißem Wasser, leicht in Alkohol und Äther. Die Lösungen besitzen eine intensiv gelbe Farbe sowie äußerst bitteren Geschmack und wirken im Körper als ein Gift. P., $C_6H_2(OH)(NO_2)_3$, schmilzt bei 122,5° und explodiert bei raschem Erhitzen. Ihre Säurenatur beweist sie dadurch, daß sie die Kohlensäure aus ihren Salzen austreibt. Im Handel hat man außer der reinen P. noch zwei weniger reine, undeutlich kristallisierte Sorten von blasserer Farbe, in Form derber Massen oder Teigform, die entweder infolge der Verwendung unreiner Karbolsäure zahlreiche, beim Auflösen in heißem Wasser größtenteils zurückbleibende Verunreinigungen enthalten, oder sogar mit Alaun, Magnesiumsulfat oder Natriumsulfat stark verfälscht sind. Der Nachweis dieser Zusätze beruht auf ihrer Unlöslichkeit in Alkohol. Außerdem enthält P. häufig Mono- und Dinitrophenol, die ebenfalls den Wert der Ware verringern. Die P. wird zum Färben von Wolle und Seide benutzt. Ihr Färbevermögen ist so groß, daß schon 1 g für 1 kg Seide ausreicht. Gleiche Verwendung finden ihre Salze, die Pikrate, besonders das Natrium- und Ammoniumpikrat, doch ist bei ihnen äußerste Vorsicht am Platze, da sie sehr leicht explodieren. Wegen ihrer Explosibilität werden die Pikrate im deutschen Eisenbahnwesen überhaupt nicht, und Pikrinsäure nur dann befördert, wenn auf dem Frachtbrief von einem vereideten Chemiker bestätigt ist, daß sie frei von pikrinsauren Salzen ist.

Pikrotoxin (lat. Picrotoxinum, frz. Picrotoxine, engl. Pikrotoxin), der nur selten medizinisch benutzte Giftstoff der Kockelskörner (s. d.), bildet ein feinkristallinisches, weißes, äußerst bitter schmeckendes Pulver oder sternförmig gruppierte Kristallnadeln. In kaltem Wasser ist es schwer, in kochendem Wasser sowie in Alkohol und in Äther leichter löslich.

Pilokarpin (lat. Pilocarpinum, frz. und engl. Pilocarpine), ein in den Jaborandiblättern (s d.) enthaltenes Alkaloïd, wird durch Extraktion des mit Soda befeuchteten Blattpulvers mit Benzol und nachfolgende Reinigung mit Salzsäure und Salpetersäure als ein farbloser Sirup erhalten. Es löst sich leicht in Wasser, Alkohol und Chloroform, schwerer in Benzol, aber nicht in Äther. Die Lösung ist rechtsdrehend. An Stelle der freien Base, die nicht kristallisierbar ist, wird das salzsaure P., richtiger Chlorwasserstoffpilokarpin (lat. Pilocarpinum muriaticum seu hydrochloricum), als stark schweißtreibendes Mittel medizinisch verwandt.

Pilze (Schwämme, lat. Fungi, Mycetes, frz. Champignons, engl. Mushrooms). Von den zahlreichen Arten der Lagerpflanzen oder Thallophyten werden verschiedene als Nahrungsmittel benutzt, jedoch ist ihr Nährwert bisweilen stark überschätzt worden. Wegen ihres großen Wasserreichtums von 87—94 % enthalten sie an eigentlichen Nährstoffen nur 1—5 % Stickstoffsubstanz, 0,2—0,7 % Fett, 3—5 % Kohlenhydrate und 1 % Asche, und überdies besteht die Stickstoffsubstanz nicht aus reinem Eiweiß, sondern zum großen Teil aus Säureamiden und Amidosäuren, welche für die Ernährung nur beschränkten Wert haben. Ist somit auch ohne weiteres klar, daß die Pilze die überschwengliche Bezeichnung „das Fleisch im Walde" nicht verdienen, so bilden sie doch als Gemüse und Genußmittel eine nicht unwichtige Handelsware. Bei ihrem Einkauf ist zu berücksichtigen, daß mehrere stark giftige P. den gebräuchlichsten eßbaren sehr ähneln, so der Knollenblätterschwamm dem Champignon, der Satanspilz dem Steinpilz, die Lorchel der Morchel. Nähere Angaben hierüber finden sich in den besonderen Besprechungen. Außer den genannten finden noch Pfifferlinge und Trüffeln vielfache Verwendung. Die P. kommen sowohl in Dosen eingekocht, wie in getrocknetem Zustande in den Handel und sind dann meist mit genügender Sorgfalt ausgesucht und einwandfrei. Unter den getrockneten sollen allerdings bisweilen Verfälschungen durch geringwertigere Sorten und Wasserrosenstengel beobachtet worden sein.

Piment (Neugewürz, Nelkenpfeffer, Jamaikapfeffer, Neue Würze, Englischgewürz, lat. Fructus amomi, frz. Piment, engl. Allspice, Clove pepper, Pimento) nennt man die unreif geernteten Früchte des Pimentbaumes oder der Nelkenpfeffermyrte, Pimenta officinalis, Myrtus pimenta L., einer in Südamerika und Westindien heimischen Myrtazee, die in ein- bis dreifächerigen Beeren kugelförmige Samen enthält. Die noch grün gepflückten, erbsengroßen Beeren werden an der Sonne getrocknet und zeigen dann eine braune, feinwarzige Oberfläche. Sie enthalten außer ätherischem Öle Harz, Gerbstoff, Fett, Gummi, Zucker, Äpfel- und Gallussäure. Das Pulver unterliegt denselben Verfälschungen wie der Pfeffer. An Stelle der ganzen Körner werden bisweilen minderwertige Früchte verwandter Arten, mexikanischer oder spanischer Piment von Eugenia Tabasco, und Kron-P. von Pimenta acris unterschoben. Eine künstliche Färbung durch Eisenoxyd muß gekennzeichnet werden. P. ist ein beliebtes Küchengewürz.

Pimentöl (Nelkenpfefferöl, lat. Oleum amomi, frz. Essence de piment, engl. Oil of pimento), das aus dem Piment durch Destillation mit Wasserdampf gewonnene ätherische Öl, bildet eine gelbe bis bräunliche, dickliche Flüssigkeit vom spez. Gew. 1,024—1,055 und stark gewürzigem Geruch. Es besteht hauptsächlich aus Eugenol (s. d.) und wird bei der Herstellung aromatischer und bitterer Liköre verwandt. Die Ausbeute beträgt 3—4,5 %.

Pimpinellwurzel (Bibernellwurzel, lat. Radix pimpinellae, frz. Racine de saxifrage, engl. Pimpernell root) stammt von den beiden bei uns häufig wild wachsenden Umbelliferen Pimpinella magna, der großen, und Pimpinella saxifraga, der gemeinen Bibernell. Die erstere wächst häufig auf Wiesen, unter Gebüsch, an Rändern und lichten Stellen der Wälder, die andere auf trockenem, sandigem Boden, Triften, Hügeln und Wegrändern. Die Wurzeln sind im Frühjahr von älteren Pflanzen zu graben und enthalten Pimpinellin und ätherisches Öl. Der Geruch ist stark, widerlich gewürzhaft, der Geschmack scharf und brennend. P. wird in Form von Tinktur und Extrakt gegen Heiserkeit, Husten und Magenkatarrh angewandt, zum Hausgebrauch auch wohl mit Branntwein angesetzt.

Pinchbeck, eine der zahlreichen goldähnlichen Kupfer-Zink-Legierungen, ist dem Tombak ähnlich zusammengesetzt.

Pingo-Pingowurzel (Pinco-Pinco), die Wurzel von Ephedra andina, bildet ziemlich lange, etwas hin und her gebogene Stücke von etwa 5 mm Durchmesser. Die Rinde ist hellbraun und blättrig, das Innere zeigt auf dem Querschnitte eine zierliche, aus braunen und gelben Strahlen bestehende Zeichnung, der Geschmack ist schwach bitter. Die aus Peru und Chile eingeführte Wurzel soll als Heilmittel gegen Stein- und Harnbeschwerden Anwendung finden.

Piniolen (Pineolen, Pignolen) sind die Piniennüsse, richtiger -kerne aus den Zapfen der Pinie (Pinus Pinea), eines schönen, nur im Süden Europas, Italien, Spanien, Südfrankreich, gedeihenden Nadelbaums mit schirmförmiger Krone. Die doppelt faustgroßen, eiförmigen, aufrechtstehenden und nicht unter zwei Jahren reifenden Zapfen bergen am Grunde ihrer Schuppen je zwei Samen, die im Verhältnis zur Frucht auch größer und inhaltreicher sind, als die in unseren Nadelholzzapfen. Sie sind etwa 1 cm lang, schmal und etwas gekrümmt, an beiden Enden zugerundet und enthalten unter der rotbraunen Oberhaut einen milchweißen, öligen Kern, der den Nüssen und Mandeln ähnlich aussieht und schmeckt, allerdings mit einem leisen, feinen Beigeschmack nach Harz. Zum Versand werden sie in geteerte Säcke verpackt und außer von Italien, besonders Sizilien, noch von der Levante, Marseille, Barcelona aus in den Handel gebracht.

Pink couleur (Nelkenfarbe, Minerallack), ein feines, schweres Pulver von schön rosenroter Farbe, bildet eine, hellem Krapplack ähnliche, schöne, dauerhafte Farbe zum Bemalen und Bedrucken von Porzellan und Fayence sowie zur Erzeugung farbiger Glasuren von dunkelviolett bis rosa. Auch als Öl- und Wasserfarbe sowie zur Bereitung farbiger Papiere findet sie Verwendung. Der Farbstoff ist seinem Wesen nach ein durch Chromsäure gefärbtes Glas aus Zinnoxyd, Kieselsäure und Kalk und wird durch Glühen von rotem chromsauren Kali, Quarz- und Kreidepulver mit Zinnoxyd dargestellt.

Pinkops heißen die von der Spinnmaschine fertig gelieferten Kötzer von baumwollenem Schußgarn, welche direkt in die Schütze des mechanischen Webstuhls eingelegt werden.

Pinksalz (Ammoniumzinnchlorid, Zinnchloridchlorammonium, lat. Stannum bichloratum ammoniatum, frz. Bichlorure d'étain ammoniacal, engl. Pink-salt) besteht aus einer Verbindung von Zinnchlorid (Zinntetrachlorid) mit Salmiak und wird durch Mischung heißer konzentrierter Lösungen beider Bestandteile hergestellt. Es bildet ein in Wasser leicht lösliches kristallinisches Pulver, oder beim Arbeiten mit verdünnteren Lösungen größere wasserhelle glänzende Kristalle. Die Wirkung dieses besonders als Beize beim Hellrotfärben (Rosasalz) benutzten Doppelsalzes besteht darin, daß sich beim Kochen von Stoffen mit der Lösung Zinnoxyd festhaftend auf die Faser niederschlägt und als Grund für Aufnahme der Farbe dient.

Pinsel (frz. Pinceaux, engl. Pencils). Man unterscheidet Haar- und Borstpinsel, von denen die letzteren in ihrer Verwendbarkeit und infolgedessen auch im Verbrauch die größere Bedeutung haben. Die Borstpinsel sind dem Lackierer und Anstreicher wie dem Dekorationsmaler unentbehrliche Hilfsmittel bei Ausübung ihres Gewerbes, und zwar hauptsächlich die größeren Arten aus weißer Borste in Holzkluppen, Eisenkapseln oder Eisenringen, die unter der allgemein üblichen Bezeichnung geschliffene Borstpinsel bekannt sind. Neben diesen, besonders zum Lackieren dienenden P., werden in der gleichen Art Pinsel aus falber Borste hergestellt, die hauptsächlich beim Auftragen von Flüssigkeiten, wie Farbe, Firnis, Leim, Teer usw. angewandt werden und unter dem Fachausdruck Anstreichpinsel gehen. Andere Borstpinsel, die in den verschiedensten Formen und in breite Bleche gefaßt, hergestellt werden, sind dem Fachmann unter dem Namen Maserier-, Zacken- oder Gabelpinsel, Modler, Clairets, Ölfarbvertreiber usw. bekannt. Eine besondere Sorte unter den breiten Pinseln bilden die sog. Schläger aus längster kräftiger russischer Borste (Schlägerborste), die dem Lackierer zur Herstellung von Holzmaserungen dienen. — Die Haarpinsel sollen den verschiedenartigsten Ansprüchen genügen, und ebenso verschiedenartig ist auch Größe und Material derselben. Für die Ölmalerei, wozu auch die Porzellanmalerei zu rechnen ist, werden in der Hauptsache Pinsel aus den Schweifhaaren des russischen Kolinskys (Rotmarderpinsel), des deutschen und russischen Iltis (Iltispinsel) und des russischen Eichhörnchens (Fehhaarpinsel), aus den feinen Ohrenhaaren des Rindes (Rindshaarpinsel) und aus den Fell- und Schweifhaaren des Zobels und Ichneumons (Zobel- und Ichneumonspinsel) gefertigt und teils in Kiele der verschiedensten Größen — vom kleinsten Taubenkiel an bis hinauf zum stärksten Schwanenkiel — sowie in Blech-, Nickel- oder versilberte Zwingen gefaßt. Die Pinsel in Zwingen, auf Holzstielen befestigt, werden sowohl in runder Form, als auch flach gedrückt, verwandt. Früher wurden auch für gewisse Zwecke Pinsel aus Braunmarderhaaren — vom Baum- und Steinmarder — sowie aus Fischotterhaaren hergestellt, doch sind diese in der Hauptsache durch Iltispinsel verdrängt worden. Für die Ölmalerei werden mit Vorliebe auch Pinsel aus Borsten, in runde oder flachgedrückte Zwingen gefaßt und auf Holzstielen befestigt, verwandt. Die Borsten für diese Art Pinsel sind von ausgesuchter Güte und eigens für diesen Zweck vorgerichtet. — In der Aquarellmalerei werden außer den vorerwähnten Pinseln für die Ölmalerei noch solche aus Dachshaaren gebraucht. Sie sind entweder in Kiele (runde Dachsvertreiber genannt) oder in breite Bleche (breite Dachsvertreiber) gefaßt und dienen, wie schon der Name sagt, zum Vertreiben oder Lasieren der Farben. — Nicht unwichtig sind ferner die Ziegenhaare, die zur Herstellung der billigeren Sorten Haarpinsel erforderlich sind sowie die Haare des schwarzen Bären, die zu mancherlei Pinselarten, in der Hauptsache jedoch zu Lackierpinseln (Fischpinseln), Verwendung finden. Unter dieselbe Abteilung fallen auch die Pinsel aus Iltis- und Fischotterhaaren, auf die wohl die allgemeine Benennung Fischpinsel zurückzuführen ist. — Hinsichtlich der Gewinnung und Zubereitung der Haare, insbesondere der Borsten, seien noch folgende Mitteilungen angefügt: Die Borsten unterliegen, ebenso wie die Haare, von ihrem Rohzustande an bis zu ihrer Verarbeitung zu Pinseln einer sorgfältigen Behandlung. Während die Haare, um sie von allen Unreinigkeiten, wie z. B. Fett, zu befreien, in Säuren gelegt, oder wie besonders die edleren Haarsorten Rotmarder, Iltis usw. in einer großen, mit Zedernholzspänen angefüllten und durch ein darunter angelegtes Feuer erwärmten Trommel „geläutert" werden, muß die Pinselborste bis zu ihrer Verarbeitung eine bei weitem umfangreichere Behandlung durchmachen, die unter Borsten beschrieben worden ist. — Um auch billige Borstenpinsel herstellen zu können, mischt man den Borsten, je nach der Preislage, Pferde- oder Kuhhaare bei, die ebenfalls vor ihrer Verwendung gereinigt und gekocht werden müssen. Die steife und halbsteife Ware verwendet hauptsächlich der Bürstenfabrikant. Die Art der Behandlung ist die gleiche wie bei den zu Pinseln bestimmten Borsten. S. auch Borsten und Haare.

Piperazin (lat. Piperazinum, frz. Piperazine, engl. Piperazin), ein neueres Arzneimittel, wird durch Behandlung von Äthylenbromid mit Ammoniak, nachfolgendes Erwärmen mit Natriumnitrit und Zersetzung des entstehenden Dinitroso-P. als eine farblose Kristallmasse dargestellt. Die als Diäthylendiamin, $(C_2H_4 . NH)_2$, anzusprechende Verbindung zieht leicht Wasser und Kohlensäure an, schmilzt bei 104—107° und siedet bei 145°. P., wie auch sein salizylsaures und milchsaures Salz, wird als harnsäurelösendes Mittel bei Gicht, Steinbeschwerden und Zuckerkrankheit verordnet.

Piperin (lat. Piperinum, frz. Piperine, engl. Piperin), die im schwarzen, weißen und langen Pfeffer enthaltene stickstoffhaltige Base, $C_{17}H_{19} . NO_3$, bildet kleine, farblose, glasglänzende Kristallnadeln, die in Wasser selbst in der Siedehitze nur wenig löslich sind, sich dagegen leicht in kochendem Weingeist, Benzol, Chloroform und Äther lösen. Das P. ist geruchlos und geschmacklos, wird aber durch Kochen mit alkoholischer Kalilauge in Piperidin und piperinsaures Kalium verwandelt, von denen ersteres, eine stark basische Flüssigkeit, nach Pfeffer riecht. — Sumatrapfeffer soll etwa 8%, Singaporepfeffer 7%, Penangpfeffer 5% und weißer Pfeffer durchschnittlich 9% P. enthalten. P. und Piperidin werden bisweilen medizinisch, hauptsächlich aber zur Darstellung von Heliotropin (s. unter Piperonal) verwandt.

Piperonal (Methylenprotokatechualdehyd, Heliotropin) entsteht bei der Oxydation von Isosafrol in Form weißer Kristalle, die bei 35—37° schmelzen, bei 263° sieden und als Parfüm verwandt werden. Neuerdings wird P. bisweilen an Stelle des Vanillins untergeschoben.

Pipi-raiz, die Wurzel der in Brasilien einheimischen Phytolakzee Petiveria hexaglochin, bildet hin und her gebogene Stücke von graubrauner Farbe und 3—6 mm Dicke und wird im Ursprungslande medizinisch angewandt.

Pipitzahoinwurzel (lat. Radix pipitzahoinae, Radix pereziae, frz. Racine pipitzahuac, engl. Pipitzahuak root), eine aus Mexiko kommende, stark abführend wirkende Wurzel, stammt von mehreren Arten der Gattung Perezia, namentlich von Perezia Schaffneri, Perezia rigida und Perezia oxylepsis. Ihr wirksamer Bestandteil, die Pipitzahoinsäure oder das Perezon, ein Allylderivat des Oxybenzochinons, bildet kleine, schön goldgelbe Kristallblättchen, die bei 103—104° schmelzen und gleichzeitig schon zu sublimieren anfangen. Die Säure löst sich leicht in Alkohol, Äther, Chloroform und Benzol und gibt mit Alkalien Salze, deren Lösungen tiefrot-violett gefärbt sind. Verwendung finden die Wurzel und die Säure als kräftig abführendes Mittel, namentlich bei Hämorrhoidalleiden.

Pistazien (grüne Mandeln, lat. Nuces pistaciarum, frz. Pistaches, engl. Pistachio nuts) sind die Fruchtkerne oder, wenn diese noch in ihrer harten Schale liegen, die ganzen Steinfrüchte der echten Pistazie (Pistacia vera), eines kleinen, zu den Terebinthazeen gehörenden Baumes, der in Arabien, Syrien und Persien heimisch ist, aber auch in Kleinasien, in Nordafrika (Tunis) und namentlich auf Sizilien angebaut wird. Der Baum hat männliche und weibliche Blüten auf besonderen Stämmen verteilt, so daß zur Befruchtung auch männliche Pflanzen mitgehalten werden müssen. Die Früchte sind länglich zugespitzt, von der Größe und Form einer Hasel- oder Lambertsnuß, haben äußerlich ein dünnes, runzliges lederartiges Fleisch von grünlicher oder rötlicher Farbe und innerhalb der holzig harten, zweiteiligen Schale einen länglichen, dreikantigen Kern, der von einer graurötlichen Samenhaut umschlossen ist. Die beiden Keimlappen besitzen durch ihre ganze Masse eine hübsche mehr oder weniger grüne Färbung. Der Geschmack des ölreichen Kerns ist dem der süßen Mandeln ähnlich, aber noch süßer und öliger und mit einem besonderen angenehm bitterlichen Beigeschmack. Je nachdem die ganzen Früchte oder die entschälten Kerne zugegen sind, unterscheidet man Pistaziennüsse und Pistazienkerne. Die levantische Ware gilt als die bessere, kommt aber selten oder doch nicht unvermischt zu uns. Meist finden sich sizilische P. im Handel, deren Kerne außen violett, innen grün erscheinen und sehr veränderliche Größe zeigen. Die kleinen Kerne von Tunis sind außen rötlich, innen lebhaft grün, und werden deshalb von Konditoren sehr gesucht, während die großen, aber innen gelben Aleppo-P. wenig begehrt sind und häufig durch grün gefärbte Mandeln ersetzt werden. Außerdem dienen die P. wie Mandeln als Dessert, Zusatz zu Magenmorsellen u. dgl. Die Ware ist nicht lange haltbar, sondern wird infolge ihres starken Ölgehaltes leicht ranzig.

Pittakal (Eupittonsäure), ein Farbstoff, der schon längst als ein bereits fertig gebildeter Bestandteil des Holzteers bekannt ist, aber auch durch Oxydation von Pyrogalloläther und Methylpyrogalloläther künstlich hergestellt werden kann, ist seiner chemischen Zusammensetzung nach als Hexaoxymethylaurin zu betrachten. Das P. ist mehrfach für die Färberei empfohlen worden, hat sich aber bis jetzt noch nicht einbürgern können. Es färbt tierische Fasern in saurer Lösung orange, in ammoniakalischer und besonders bei Gegenwart von Zinnbeize blauviolett. Das aus Holzteer bereitete P. bildet blaue, dem Indigo ähnliche, in Wasser unlösliche Stücke, das künstliche eine kristallinische Masse. Die alkalischen Lösungen sind blau und werden durch Zusatz von Essgisäure rot.

Plantox-Kraft-Extrakt ist ein fleischextraktähnliches Erzeugnis, das aber neben 45% Kochsalz nur etwa 5% Fleischextrakt enthält, während die übrigen Teile aus Hefe oder anderen Pflanzen stammen.

Plasmon, ein neueres Nährmittel, wird durch Behandlung von Kasein mit Natriumbikarbonat hergestellt und besteht aus löslichem Kaseinnatrium. P. wird auch als Siebolds Milcheiweiß bezeichnet.

Plastilin (Plastizin) nennt man verschieden gefärbte Modelliermassen, die als Grundlage weißen Bolus, Zinkoxyd, Stärke und Schwefelblumen, als Bindemittel fette Öle, Fettsäuren, Wachs, Lanolin, Terpentin u. dgl. enthalten. Aus einem Gemisch von 40 g Schwefelblumen, 10 g weißem Bolus, 20 g Weizenstärke und 1 g Ultramarin erhielt man durch nacheinander folgendes Verkneten mit 10 g Stärkekleister, je 5 g Wachs, Lanolin und Terpentin eine dem vorgelegten Muster sehr ähnliche Masse.

Platin (Platina, lat. Platinum, frz. Platine, engl. Platinum), das bekannte Edelmetall und unentbehrliche Hilfsmittel des Chemikers, Physikers und Technikers, wurde in der Mitte des 18. Jahrhunderts in dem goldhaltigen Sande des Rio Tinto in Neugranada und anderer mexikanischer und südamerikanischer Flüsse entdeckt. Man hielt es anfangs für ziemlich wertlos und nannte es nach dem spanischen Namen für Silber (Plata) Platina, d. h. Kleinsilber. Im Jahre 1822 wurden ergiebige Lager im Ural und später in Kalifornien und Australien erschlossen, während die vereinzelten deutschen Vorkommnisse in Ibbenbüren und Wilhelmshütte im Harz nur geringe Bedeutung besitzen. Das P. findet sich in der Natur stets im metallischen Zustande, aber nicht rein, sondern in Legierung mit einer Reihe nahe verwandter Elemente: Iridium, Palladium, Rhodium, Osmium und Ruthenium, mit denen es zu der Gruppe der Platinmetalle zusammengefaßt wird. Meist sind die Flitter und Körnchen dieser Legierungen in dem Schwemmsande der Flüsse, den Seifen, mit Resten von Mineralien vermischt oder auch zu größeren Konglomeraten verwachsen und verkittet, die als Platinerze bezeichnet und nach ihrem Platingehalte (zwischen 60 und 80 %) in verschiedene Wertstufen unterschieden werden. Zur Reindarstellung des P. werden die Erze zunächst mit heißer Salzsäure von den unedlen Metallen, darauf mit kaltem Königswasser vom Golde befreit und schließlich mit heißem Königswasser behandelt. Die Lösung, die mit Ausnahme von Iridosmium alle Platinmetalle enthält, wird mit Ammoniak und Salmiak gefällt und der Niederschlag durch Glühen in iridiumhaltigen Platinschwamm verwandelt. Nach dem Verfahren von Heraeus löst man die Platinerze in verdünntem Königswasser unter Druck, dampft die Lösung ein und erhitzt den Rückstand auf 125°, wodurch Palladium- und Iridiumchlorid in die Chlorüre übergeführt werden. Nach dem Aufnehmen mit Salzsäure und Fällen mit Chlorammonium erhält man nun das P. ziemlich frei von Iridium. Noch andere Verfahren bedienen sich des Ätznatrons oder des Ätzkalkes, um aus der zuerst mit Königswasser erhaltenen Lösung das Eisen, Kupfer, Iridium und Rhodium auszufällen. Der nach der einen oder anderen Arbeitsweise erhaltene P.-Schwamm bildet nach dem Zerreiben ein graues Pulver, das nur bei der Hitze des Knallgasgebläses in Tiegeln oder vertieften Herden aus gebranntem Kalk geschmolzen werden kann. Die geschmolzene Masse besitzt eine grauweiße Farbe und ein spez. Gew. von 21,4. Sie ist so gefügig und bearbeitbar wie das beste Kupfer, zähe und geschmeidig, läßt sich gießen und hämmern, zu Draht ausziehen und zu Blech walzen. Das Atomgewicht beträgt Pt = 194,8. Für die meisten Zwecke der Praxis ist ein gewisser Iridiumgehalt vorteilhaft, da Legierungen mit 10—15 % Iridium der Hitze und den Säuren besser widerstehen, und solche mit 20 % Iridium sind selbst gegen Königswasser unangreifbar. Wegen seiner vortrefflichen Eigenschaften, seiner Beständigkeit gegen Feuer und Chemikalien wird das P. zu zahlreichen Geräten des chemischen Laboratoriums: Blechen, Tiegeln, Retorten und Schalen verarbeitet. Flußsäure wird in Platinflaschen aufbewahrt und Schwefelsäure in Platinkesseln eingedampft. Allerdings sind bei seiner Verwendung gewisse Vorsichtsmaßregeln zu beobachten. Das Platin muß in erster Linie vor der Berührung mit glühenden Kohlen und rußenden Flammen geschützt werden, weil es sonst durch Bildung von Kohlenstoff-Platin brüchig wird. Auch darf es nicht zum Schmelzen von Metallen (besonders Blei) und von ätzenden Alkalien sowie zum Arbeiten mit Chlor, Brom, Jod, Phosphor und Schwefel benutzt werden. — In einer besonders feinen Verteilung, Platinschwamm, erhält man das Metall beim Glühen von Platinsalmiak, und in Form eines höchst feinen schwarzen Pulvers, Platinmohr und Platinschwarz, wenn man die mit Kalilauge vermischte Lösung in Königswasser mit Alkohol, Zucker oder Zink reduziert. Dieses Pulver hat die Eigenschaft, große Mengen Sauerstoff, bis zum 100fachen seines Volumens, in seinen Poren zu verdichten und dadurch in einen weit aktiveren Zustand zu versetzen. Es wird daher im Schwefelsäure-Kontaktverfahren und zur Herstellung selbsttätiger Gaszünder verwandt. — Das Platin dient außer zu den genannten chemischen Gerätschaften zur Herstellung von Normalmaßen, ferner auch in Legierung mit Gold oder Silber in der Zahntechnik und zum Platinieren anderer Metalle für Blitzableiterspitzen, Wageschalen und Gewichtssätze, in Form seiner Verbindungen (s. Platinchlorid) zum Tonen in der Photographie statt der Goldbäder, zum Bemalen von Porzellan und Steingut und zur Herstellung von Spiegeln. Der Preis ist außerordentlich schwankend und soll durch Einschränkung der russischen Gewinnung absichtlich hoch gehalten werden. Im Jahre 1914 betrug er 6 M. für 1 g, die Ausbeute 7000 kg.

Platinchlorid (Chlorplatin, lat. Platinum chloratum, frz. Chlorure de platine, engl. Chloride of Platinum) wird durch Auflösen von Platinmetall in heißem Königswasser und vorsichtiges Eindampfen in Form dunkelroter Kristalle erhalten, die sich in Wasser mit gelber Farbe lösen. P. dient zur Herstellung von Platinlüster auf Glas und Porzellan, in der analytischen Chemie zur quantitativen Bestimmung des Kaliums, in der Photographie zu Tonbädern und zur Herstellung von Platinpapieren.

Platinoid, eine Metalllegierung, besteht aus Neusilber (Argentan) mit einem Gehalt von 1 bis 2 % Wolframmetall.

Plattierte Waren sind Metallgegenstände aus einem geringwertigen Metalle, das mit Blättchen oder dünnem Blech eines wertvolleren Metalles überzogen ist. Kupfer oder Neusilber bilden meist die Grundmasse, Silber, seltener Gold, die Decke. Das Plattieren, das vor 150 Jahren in England aufkam, hat seit Einführung des Neusilbers und der vernickelten Waren sowie seit dem Auftreten der galvanischen Versilberung sehr an Bedeutung verloren. — In der Regel werden die zur Herstellung plattierter W. bestimmten Bleche von unedlem Metall gleich mit etwa papierdicken Silberblättern ($^1/_{40}$ bis $^1/_{10}$ vom Gesamtgewichte) belegt, indem man das Blatt über die Ränder der Platte umbiegt, beide über Kohlenfeuer glüht und durch Anreiben, später durch mehrmaliges Walzen im glühenden Zustande die feste Verbindung herstellt. Eiserne, nicht aus Blech bestehende Gegenstände, wie Teile von Wagengeschirren und Reitzeug, Türgriffe, Eßbestecke u. dgl. wurden früher mit Hilfe von Zinn plattiert, das als Lötmittel zwischen Silber und Eisen trat. Jetzt werden diese Gegenstände meist vernickelt.

Plüsch (frz. Peluche, engl. Plush, Shag), ein samtartiger Stoff, der sich vom eigentlichen Samt (s. d.) nur durch die bedeutend längere Behaarung unterscheidet, wird sowohl ganz in Seide als auch in Wolle, Baumwolle und neuerdings auch in Leinen hergestellt. Doppelplüsch zeigt beiderseitige, doch auf der inneren Seite kürzere Behaarung und gelangt in verschiedenen Farben, wie auch bedruckt in den Handel. Zur Nachahmung von Pelzwerk bestimmter P. führt besondere Namen, wie Astrachan oder falscher Krimmer.

Podophyllin (lat. Podophyllinum, frz. Résine de podophyllum, engl. Resin of podophyllum), der wirksame Bestandteil der Podophyllumwurzel, in der er zu 2—2½% enthalten ist, kommt als amorphe, dunkelbraune, harzartige Masse in den Handel, die sich in Alkohol und Äther löst. Das P., das wie die P.-Wurzel (s. d.) medizinische Verwendung findet, ist kein einheitlicher Körper, sondern ein Gemenge aus zwei kristallisierbaren Stoffen, dem Podophyllotoxin und dem Pikropodophyllin, mit einem amorphen, dem Querzetin ähnlichen gelben Farbstoffe.

Podophyllwurzel (Fußblattwurzel, Entenfußwurzel, lat. Rhizoma podophylli, frz. Rhizome de podophyllum, engl. Podophyllum root), der getrocknete, oft über 1 m lang werdende Wurzelstock von Podophyllum peltatum, einer im östlichen Teile Nordamerikas verbreiteten Pflanze, kommt in rötlich braunen oder gräulichen Stücken von höchstens 2 dm Länge in den Handel. Die Bruchstücke tragen an ihrem knotigen Ende eine vertiefte Stengelnarbe und unterseits ungefähr 10 dünne blasse Wurzeln, die leicht abbrechen. Der bisweilen verzweigte, im Querschnitt elliptische, höchstens 1 cm dicke Wurzelstock erscheint im Inneren weiß mit einem dünnen Kreis von 20—40 gelben Gefäßbündeln. Der Geruch ist unangenehm narkotisch, der Geschmack widerlich bitter und scharf. Die P. bildet ein in Nordamerika viel gebrauchtes Arzneimittel gegen Würmer und wirkt auch Erbrechen erregend. Sie enthält Podophyllin (s. d.) und Podophyllinsäure.

Poho (Pohoöl, Pohoessenz) nennt man die bei der Herstellung des Menthols aus japanischem Pfefferminzöl hinterbleibende Flüssigkeit, die auch unter der Bezeichnung Gouttes japonaises gegen Kopfschmerz und Migräne Verwendung findet. — Neuerdings wird eine mit Menthol gefüllte Metallhülse als P. verkauft.

Poleikraut (Flohkraut, lat. Herba pulegii, frz. Herbe de pouillot, engl. Poley) stammt von einer Art Minze (Mentha Pulegium s. Pulegium vulgare), die in Süddeutschland und Schlesien sowie in Mitteldeutschland nicht selten auf sandigen, zeitweiliger Überschwemmung ausgesetzten Stellen wächst. Die Stengel sind niederliegend, die kleinen gegenständigen Blätter rundlich und drüsig punktiert, die in Quirlen stehenden Lippenblüten hell purpurrot oder lila. Das frische Kraut riecht durchdringend gewürzhaft, der Geschmack ist brennend und bitter. Die in der Blüte gesammelte und getrocknete Pflanze dient als bitteres, aromatisches Volksheilmittel. Das aus dem blühenden Kraute mit Wasser destillierte ätherische Öl (Poleiöl, lat. Oleum pulegii, frz. Essence de pouillot, engl. Oil of European Pennyroyal) ist gelb bis rötlichgelb und riecht und schmeckt minzartig. Es besteht zum größten Teil aus dem bei 221° siedenden Keton Pulegon und wird wie das Kraut verwandt.

Polierschiefer (Silbertripel), eine leichte, schiefrig erdige, zerreibliche Masse von gelblich-, gräulich- oder bräunlichweißer Farbe, die sich mager anfühlt, wenig an der Zunge klebt und vermöge ihrer Lockerheit auf Wasser schwimmt, nach dem Eindringen des Wassers jedoch untersinkt, ist eine Abart des Tripels und besteht wie dieser aus den hinterlassenen Kieselpanzern mikroskopischer Tierchen (Gallionella). Nur durch Gewicht und Dichtheit unterscheidet sich der Klebschiefer (Saugschiefer), eine derbe dünnblätterige Masse, die sich stark an die Zunge hängt und, gepulvert, wie jener, zum Putzen von Metallen, Glas usw. dient. Der P. findet sich in Böhmen bei Bilin und Warnsdorf.

Polpapier zur Auffindung des negativen Pols elektrischer Batterien besteht aus einem mit Lösungen von Phenolphtaleïn und Neutralsalzen (Salpeter, Glaubersalz) getränkten Filtrierpapier. Beim Anlegen des befeuchteten Reagenspapiers an den negativen Pol wird Alkali in Freiheit gesetzt, das mit dem Phenolphtalein eine rote Färbung liefert.

Pomeranzen (frz. Oranges, engl. Oranges), die Früchte des Pomeranzenbaumes, Citrus Aurantium, kommen in zahlreichen Arten mit süßem und mit bitterem, zugleich sauer schmeckendem Safte in den Handel, doch werden nur die ersteren als Obst genossen. Die getrockneten Schalen der bitteren Sorten C. Aurantium Bigaradia bilden unter dem Namen Pomeranzenschalen (lat. Cortex fructuum aurantiorum amarorum, frz. Ecorce d'Oranges amères, engl. Orange peels) einen Gegenstand des Drogenhandels und werden sowohl in Apotheken und Drogerien, als auch zur Herstellung von Likören benutzt. Man erhält sie in Form elliptischer, an beiden Enden zugespitzter Abschnitte, die außen dunkelrotgelb bis bräunlich gefärbt, ziemlich hart und rauh und mit zahlreichen Poren, den Überresten eingetrockneter Ölbehälter, versehen sind. Die Innenfläche ist, wie bei allen Früchten der Hesperideen, mit einem schwammigen, gelblichweißen Überzug versehen, der nach vorherigem Einweichen in Wasser durch Schaben mit dem Messer entfernt werden kann und der Träger des bitteren Geschmackes ist, während die gelbe Außenschale (lat. Cortex fructuum aurantiorum amarorum expulpatus seu sine parenchymate seu Flavedo aurantii) ätherisches Öl enthält. — Eine besondere Art von Pomeranzenschalen bilden die Curaçaoschalen (s. d.). — Die ebenfalls in den Handel kommenden sehr harten unreifen Früchte des bitteren Pomeranzenbaumes (lat. Fructus aurantii immaturi, frz. Orangettes, engl. Orange peas) haben die Größe einer Erbse bis zu der einer Kirsche und eine rauhe, runzelige Oberfläche von grünlichbrauner Farbe und enthalten Hesperidin und ätherisches Öl. Man verwendet sie zu Tinkturen und bitteren Likören. — Von der Spielart Citrus Aurantium spataforma kommen die frischen Schalen in Zucker eingemacht unter dem Namen Orangeat in den Handel (vgl. Chinois).

Pomeranzenöl (lat. Oleum corticis aurantiorum, frz. Essence d'Oranges, engl. Oil of oranges), das durch Auspressen der Pomeranzenschalen gewonnene ätherische Öl, kommt als süßes und bitteres in den Handel. Das gelbe bis gelbbraune süße Pomeranzenöl von Citrus Aurantium, hat ein spez. Gew. von 0,848—0,853 und dreht bei 20° zwischen +95° 30′ und +98°. — Das ebenso gefärbte bittere P. aus den Fruchtschalen von Citrus A. Bigaradia unterscheidet sich vom süßen hauptsächlich durch den bitteren Geschmack und das geringere Drehungsvermögen (+89 bis +94°). Spez. Gew. 0,852—0,857. Das bittere P., welches die teurere Sorte darstellt, findet nur zur Herstellung von Likören Verwendung, das süße außerdem auch in der Parfümerie.

Ponceau. Diesen Namen führen zahlreiche einander ähnliche Teerfarbstoffe, die sämtlich vom Betanaphthol abstammen. Durch Behandlung mit konzentrierter Schwefelsäure entstehen zwei isomere Disulfosäuren, welche durch die verschiedene Löslichkeit ihrer Natriumsalze in Alkohol voneinander getrennt werden können. Die Säure des in Alkohol unlöslichen Natriumsalzes R wird mit A bezeichnet und gibt bei der Behandlung mit den höheren homologen Gliedern des Diazobenzols sehr schöne ponceaurote Farbstoffe, während die Säure des in Alkohol löslichen Natronsalzes G, die man mit B bezeichnet, mit jenen Homologen mehr gelbstichige Farbstoffe liefert. Dadurch, daß man bald das eine, bald das andere dieser Salze auf die Diazoverbindungen des Benzols, Toluols, Xylols, Kumols, Äthylxylols oder Mesithylens einwirken läßt, erhält man eine große Anzahl ähnlicher Farbstoffe von verschiedenen Tönen, die in der Färberei Verwendung finden. So sind Ponceau B, 3 R, 3 RB und S extra dem Biebricher Scharlach ganz ähnlich. Ponceau G, GT, 2 G, 4GB (s. Krozeinorange) und RT sind rote Pulver, die Wolle mehr orangerot färben, 3 G und 3 I färben rot. Ponceau 2R ist Xylidinponceau (s. d.); Ponceau 3 R (Kumidinponceau) wird aus Diazokumolchlorid und β-Naphtoldisulfosäure hergestellt. Ponceau 4R und 6R (s. Neukokzin). Ponceau 5 R ist ein Diazofarbstoff aus Amidoazobenzol- und β-Naphtoltrisulfosäure. Ponceau 4 RB ist gleich Krozeinscharlach.

Popelins (Popeleens), leichte durchsichtige Gewebe zu Damenkleidern, wurden ursprünglich aus Seide gewebt, sind aber jetzt meist halbseiden, mit Einschlag von Kammgarn oder Baumwolle, und in allen gangbaren Farben, glatt oder gemustert, vorhanden. Popeline de laine besteht nur aus Kammgarn.

Porphyr nennt man Eruptivgesteine, die in einer dichten oder sehr feinkörnigen Grundmasse zahlreiche größere Kristalle oder Kristalltrümmer ziemlich gleichmäßig verteilt eingeschlossen enthalten und deshalb auf Schliffflächen ein getüpfeltes oder gesprenkeltes Aussehen zeigen. Der verbreitetste und für die Technik wichtigste ist der quarzführende oder Felsitporphyr, auch roter P. genannt, weil ihm diese Farbe in seiner Grundmasse, wenigstens in gewissen Gebirgen eigen ist, der aber auch grau, braun, grünlich, gelblich oder bläulich erscheinen kann. Seine Grundmasse ist ein inniges Gemenge von Feldspat und Quarz, von dem sich die eingestreuten Körner oder Kristalle von Feldspat oder Quarz in helleren weißlichen, rötlichen und anderen Tönen abheben. Im unbehauenen Zustande benutzt man den P. als Baustein für Grundbauten, bisweilen auch als Pflasterstein, zerschlagen als Unterlage für Kunststraßen. Vermöge seines hohen Kieselgehaltes ist er sehr hart, dabei hoher Politur fähig und daher seit alten Zeiten zu Kunstwerken, wie Vasen, Schalen, Urnen, Tischplatten, Säulen und anderen baulichen Verzierungen benutzt worden. Am schönsten kommt der rote P. im Ural- und Altaigebirge sowie in Schweden (Elfdalen) vor. Die Alten bezogen ihn von den Küsten des Roten Meeres und vom Sinai. Grüner P., mit schwärzlichgrüner Grundmasse und reichlich eingestreuten weißlichen oder hellgrünlichen Kristallen findet sich auf Korsika, in Oberitalien und manchen Gegenden am Rhein, schwarzer P., mit schwarzem Grund und weißen Feldspatkristallen, auf Korsika, solcher mit schwarzgrünem Grund und weißen Albitkristallen zu Beresowsk in Sibirien.

Porschkraut (lat. Herba ledi palustris, frz. Rosmarin sauvage, engl. Wild rosmary), das Kraut der im nördlichen Europa heimischen Erikazee Ledum palustre, besitzt grüne, dem Rosmarin ähnliche braunfilzige Blätter mit kurzen Stielen, starkem Geruch und aromatischem Geschmack. Wegen des in ihm vorhandenen ätherischen Öls, das den giftigen Ledumkampfer enthält, findet es als Mittel gegen Keuchhusten und Rheumatismus, äußerlich zu Bädern sowie zur Vertreibung von Motten, Wanzen und ähnlichem Ungeziefer Verwendung.

Porter nennt man in Deutschland alle dunklen englischen Biere, während in England nur die leichten dunklen Biere, das gewöhnliche Getränk der arbeitenden Klasse, so bezeichnet werden, die schwereren Exportbiere aber Stout (Double-Stout, Extra-Stout, Brown-Stout) heißen. Der Stout wird aus einem Gemisch von hellem und dunklem Malz unter Zusatz von Farbmalz und Zucker hergestellt. Der Hopfenzusatz ist gering. Porter wird in verschiedenen Stärken von 28 %, 20—23 %, 15—18 % und 12—15 % Stammwürzegehalt eingebraut. Der Alkoholgehalt der stärkeren Sorten beträgt gegen 5 %.

Portwein, ein zu den süßen Südweinen gehörender, stark alkoholischer Wein, wird in Portugal in der Weise hergestellt, daß man den sehr dunklen Most nach beendeter Gärung mit Spiritus versetzt. Bei geringeren Jahrgängen erfolgt außerdem ein Zusatz von Jerropiga, einem nach Art der Aropa eingedickten Moste sowie von Holunderbeerextrakt. Der P. enthält neben etwa 8 % Extrakt mit 6 % Zucker, 0,4 % Weinsäure, 0,34 % Glyzerin und 0,2 % Asche, 16—17 % Alkohol. Nach längerem Lagern scheidet der Wein einen Teil des Farbstoffs an den Flaschenwandungen ab und besitzt dann eine rot- oder gelbbraune Farbe. Nach dem deutsch-portugiesischen Handels- und Schiffahrtsvertrage vom 30. XII. 1908 darf die Bezeichnung P. nur für Weine aus dem Dourogebiete benutzt werden. Auch ähnliche Wortbildungen wie Oporto, Tarragonaport, Portogrec, selbst mit dem Zusatz Typ, sind für Nachahmungen verboten.

Porzellan (frz. Porcelaine, engl. Porcelain, China) nennt man die edelste Klasse der dichten Tonwaren, die sich durch muscheligen, dicht gefritteten Bruch auszeichnen und in die Unterabteilungen: glasiertes und nicht glasiertes P., ferner echtes oder hartes, Fritten- oder weiches, Statuen- oder Biskuit-P. zerfallen. Das Echte oder Hartporzellan ist eine alte Erfindung der Chinesen, deren Ursprung in das 9. bis 10. Jahrhundert v. Chr. verlegt wird. Aus dem Chinesischen stammt auch die Bezeichnung des P.-Tons, Kaolin, nach einem an feldspathaltigen Gesteinen reichen Gebirge. Erst viel später kamen Porzellangeräte als Handelswaren aus China durch Holländer und Portugiesen nach Europa, und von den letzteren rührt der Name P. her nach einer porcella (Schweinchen) genannten Seemuschel, mit deren Schale die chinesischen P.-Geschirre einige Ähnlichkeit hatten. Dem schwungvollen Handel der Holländer und Portugiesen wurde ein Ende bereitet durch die Erfindung des deutschen Porzellans, die eine Zeitlang zu Unrecht dem Freiherrn v. Tschirnhausen zugeschrieben wurde, nach neueren Untersuchungen des Direktors der Meißner Porzellanmanufaktur Dr. Heintze aber zweifellos das Werk Böttchers ist. Dieser auf der Albrechtsburg festgesetzte Alchymist erfand an Stelle des erwarteten Goldes im Jahre 1704 das braune, 1709 das erste weiße P. Später folgten Frankreich (Sèvres-P.) und England (Wedgewood). Als Rohstoffe dienen Feldspat und Kaolin, die unter ihrem eigenen Namen besprochen sind, und als Zusätze bisweilen noch Gips, Kreide, Quarz oder alte Porzellanscherben. Alle Bestandteile werden, Feldspat und Quarz nach vorherigem Glühen und Abschrecken in kaltem Wasser, durch Stampfen, Mahlen und Schlämmen in das feinste Pulver verwandelt und die Brühen in entsprechendem Verhältnis gemischt. Der abgesetzte weiße Schlamm wird durch Filterpressen bis auf einen Feuchtigkeitsgehalt von etwa 25 % entwässert, durchgearbeitet und, in Ballen geformt, einer längere Zeit dauernden Gärung oder Rottung überlassen. Zur Beförderung der Fäulnis, bei der unter Schwefelwasserstoffentwicklung und Schwarzfärbung größere Gleichmäßigkeit erzielt wird, setzt man bisweilen Jauche oder Moorwasser hinzu. Die Masse wird auf der Töpferscheibe, in Gipsformen oder aus freier Hand geformt, darauf bei gelinder Wärme, vor Sonne und Luftzug geschützt, getrocknet und zum ersten Brennen in den Verglühofen gebracht. Die einzelnen Stücke werden in Kapseln aus Ton und Schamotte einer Temperatur von 700 bis 800° ausgesetzt, wobei sie durch Zusammensintern des Feldspats mit der völlig unschmelzbaren Tonerde in eine gleichmäßige, aber wenig feste und poröse Masse übergehen. Zu dem nun folgenden Glasieren bedient man sich einer etwas anders zusammengesetzten Porzellanmasse, die infolge eines geringeren Ton- und erhöhten Kieselsäuregehaltes etwas leichter als das Porzellan selbst schmilzt. Die Glasur, deren Zusammensetzung derjenigen des Scherbens entsprechend gewählt wird, muß strengflüssig sein und gerade dann völlig schmelzen, wenn die Grundmasse zu erweichen beginnt. Die zu glasierenden, porösen Stücke werden in die zu einer feinen Milch angeschlämmte Glasur getaucht, saugen diese auf und kommen dann nach dem Trocknen wieder in Kapseln. Die Stelle, an welcher der Gegenstand der Kapsel aufliegt, muß durch Abschaben von der Glasur befreit werden, um ein Ankleben zu verhindern. Durch diesen unglasierten Bodenrand lassen sich Porzellangefäße von Steingut unterscheiden. Das Gar- oder Glattbrennen erfolgt bei höheren, allmählich bis auf 1700° steigenden Temperaturen und dauert 16—18 Stunden, das folgende Abkühlen 3—4 Tage. Schließlich folgt das Sortieren der Stücke in Feingut, Mittelgut, Ausschuß und Bruch und je nach Bedarf das Dekorieren durch Metalle und Farben. Nur wenige Farben sind so feuerbeständig, daß sie die Hitze des zweiten Brandes aushalten und daher gleich auf das poröse Biskuit, also unter die Glasur gebracht werden können. Als derartige Scharffeuerfarben verwendet man Kobaltoxyd für Blau, Uranoxyd und Iridiumoxyd für Schwarz, Chromoxyd für Grün, Eisen- und Manganoxyd für Braun, Nickeloxyd für Oliv und Titanoxyd für Gelb. Da sich aber mit dieser kleinen Farbenzusammenstellung nicht wohl malen läßt, sind die Dekorationen unter Glasur nur einfarbig. Am häufigsten werden daher Malereien und Dekorationen auf die Glasur aufgetragen und besonders in Muffeln eingebrannt. Die hierzu benutzten Muffelfarben bestehen aus Gemischen von pulverförmigen Metalloxyden mit Flußmitteln, wie Bleiglas oder Boraxglas, mit denen sie bei geringer Glühhitze verglasen und auf der Glasur des P. festhaften, ohne daß diese selbst wieder in Fluß käme. Die Schwierigkeit in der Anwendung dieser Stoffe besteht darin, daß sie nach dem Schmelzen vielfach erst ihre eigene Farbe annehmen. Sie werden, mit einem flüchtigen Öl (dick gewordenem Terpentinöl, Lavendelöl) verrieben, aufgetragen und über einer Flamme abgetrocknet. Oft muß das Malen und Einbrennen mehrmals wiederholt werden, und zwar mit den schwer schmelzbaren Farben zuerst, mit den leichter flüssigen bei gelinderer Hitze nachher. Nur wenige Farben vertragen ein Übereinandersetzen. Zur Verzierung mit Gold, Silber und Platin bedient man sich der aus ihren Lösungen in feiner Verteilung niedergeschlagenen Metalle, die mit basischem Wismutnitrat und Öl angerieben und mit Pinseln aufgetragen werden. Nach dem Einbrennen erscheinen die Metalle matt und erhalten ihren Glanz erst durch den Polierstein. Das Verfahren der direkten Glanzvergoldung, das früher Geheimnis der Meißner Manufaktur war, besteht in der Anwendung von Schwefelgold, Knallgold oder Goldchlorid in Schwefelbalsam. Die sog. Metallüster, glänzende, regenbogen- oder perlmutterartig schillernde Farben, werden mit Hilfe besonderer, Uran und Wismut enthaltender, Gold-, Silber- und Platinpräparate erzeugt. — Das Fritten- oder weiche Porzellan ist kein eigentliches P., da es keinen Tonzusatz erhält, sondern ein aus Soda, Kochsalz, Salpeter, Alaun, Gips, Schwerspat und Sand mit einem Grundkörper aus Kreide und Mergel hergestelltes Glas. Es stellt eine weiße, durchscheinende, dem chinesischen Porzellan ähnliche Masse dar. Als Glasur bedient man sich eines Gemisches von Soda, Mennige und Borax. Wegen seiner leichten Schmelzbarkeit und geringen Widerstandsfähigkeit gegen Temperaturwechsel wird es nur noch zu Schaustücken verwandt. Eine Unterabteilung des Frittenporzellans bildet das englische oder natürliche Weichporzellan, das wegen der Verwendung von Knochenasche auch Knochenporzellan genannt wird. Zu seiner Darstellung wird ein Gemisch von Kaolin, plastischem Ton, Feuerstein und Knochenasche bei verhältnismäßig niedriger Temperatur gebrannt und mit einer Glasur von Feldspat, Feuerstein, Borax und Bleiglas überzogen. Das dritte Weichporzellan endlich, das Seger-P., besteht aus einem Grundkörper von Ton, Quarz und Feldspat, auf den nach dem Brennen eine Feldspatglasur aufgetragen wird. — Unglasiertes Porzellan, zu dem das Biskuit-, Statuen- oder Figurenporzellan gehört, besteht aus der Masse des echten Hartporzellans, die nur einen höheren Zusatz von Flußmitteln erhält und ohne Glasur stärker gebrannt wird. — P. ist einer der wichtigsten Gebrauchsgegenstände des täglichen Lebens und findet in seinen verschiedenen Sorten zu Küchengeschirren, chemischen Apparaten und Kunstgegenständen der mannigfaltigsten Art ausgedehnte Anwendung.

Pottasche (Potasche, kohlensaures Kali, kohlensaures Kalium, Kaliumkarbonat, lat. Kalium carbonicum, Cineres clavellati, frz. Potasse, Carbonate de potasse, engl. Potash), ein überaus wichtiger Gegenstand des Chemikalienhandels, besteht in reinster Form aus Kaliumkarbonat, K_2CO_3, ist aber in rohem Zustande stets mehr oder weniger verunreinigt. Früher gewann man die P. ausschließlich durch Verbrennen von Pflanzenstoffen, namentlich Holz, in denen das Kalium mit organischen Säuren verbunden vorkommt. Die Asche wurde in Laugenfässern mit warmem Wasser übergossen, und die Lösung von etwa 20° Bé in Pfannen oder Kesseln bis zur völligen Trockne eingedampft. Wenn hierbei zum Schluß mit eisernen Rührscheiten umgerührt wurde, so daß die Masse sich zu rundlichen, stark wasserhaltigen Klumpen vereinigte, so bezeichnete man sie als ausgerührte P. Unterblieb das Rühren und wurde die erkaltete Schmelze so fest, daß sie mit Hammer und Meißel herausgeschlagen werden mußte, so entstand die ausgeschlagene P. Beide Sorten Rohpottasche sind durch brenzliche, bei unvollständiger Verbrennung des Holzes entstandene Stoffe tiefbraun gefärbt und können nur für gewisse, mit hohen Temperaturen arbeitende Fabriken, wie von Glas und Blutlaugensalz, direkt benutzt werden. Für die meisten übrigen Zwecke muß sie durch Kalzinieren entfärbt und in gewöhnliche P. verwandelt werden. Das Kalzinieren besteht darin, daß man den Rohstoff unter fleißigem Umrühren einer nicht zu hohen Glühhitze (nicht bis zum Schmelzen), am besten dem Zugfeuer eines Flammenofens, aussetzt. Die Ware erscheint dann weiß oder durch einen kleinen Gehalt an Eisenoxyd rötlich, oder auch wohl durch etwas entstandenes mangansaures Kali bläulich gefärbt (Perlasche). Wegen ihrer großen Begierde, Wasser aus der Luft anzuziehen, wurde sie früher in Töpfen verkauft, die mit einer luftabhaltenden Decke verschlossen waren, und hat davon ihren Namen erhalten. Größere Mengen P. werden in Fässern verpackt, die recht dicht sein müssen, da sonst der Inhalt naß und schmierig wird, oder gar als Lauge durch die Fugen dringt. Die gewöhnliche, aus Pflanzenasche stammende P. enthält neben 40 bis 75 % Kaliumkarbonat meist noch 3—40 % schwefelsaures Kali, bis 20 % Chlorkalium, bis 6 % kohlensaures Natron und unlösliche Bestandteile, die durch die Filter gegangen oder beim Kalzinieren als Asche eingeflogen sind. Der Gehalt an kohlensaurem Kali gibt den Wertmesser ab. Zur Entfernung der Beimengungen löst man das Salz in möglichst wenig heißem Wasser, worauf die fremden Salze größtenteils herauskristallisieren und beim Wiedereindampfen der abgezogenen Lauge eine viel reinere Ware hinterbleibt. Neuerdings stellt man P. in ähnlicher Weise aus Weingeläger, Wollschweiß und Wollwaschwasser, Branntweinschlempe und Melasserückständen sowie aus Chlorkalium nach dem bei Soda beschriebenen Verfahren oder nach dem Magnesiaverfahren von Engel her. Nach dem letzteren leitet man Kohlensäure in ein Gemisch von Magnesia und Chlorkaliumlösung, wobei neben Chlormagnesium ein schwer lösliches Kaliummagnesiumkarbonat entsteht, das abfiltriert und durch Erhitzen von der Magnesia befreit wird. Das so erhaltene Erzeugnis ist wesentlich reiner (bis 98 % K_2CO_3). — Chemisch reines Kaliumkarbonat erhält man durch Glühen von Kaliumbikarbonat, oder eines Gemisches gleicher Teile reinem Weinstein und Salpeter, woher der Name Kalium carbonicum e tartaro oder auch Sal tartari (Weinsteinsalz) stammt. Es besteht aus 68,2 Teilen Kali und 31,8 Teilen Kohlensäure, hat einen scharfen, ätzenden Geschmack und stark alkalische Reaktion, zieht aus der Luft begierig Wasser an und zerfließt damit, ist aber in Alkohol und Äther unlöslich. In der Glühhitze gerät das Salz in feurigen Fluß und ist dann flüssig wie Wasser, ohne jedoch Kohlensäure zu verlieren. Wegen seiner hygroskopischen Eigenschaften muß es in gut verschlossenen Gefäßen aufbewahrt werden. P. findet in der Medizin als harnsäurelösendes Mittel beschränkte Anwendung, wird aber in ungeheuren Mengen, trotzdem es für viele Zwecke durch die billigere Soda verdrängt worden ist, von der chemischen Großindustrie gebraucht, so zur Herstellung des farblosen Kristallglases, ferner des Ätzkalis, des gelben und roten Blutlaugensalzes, des chromsauren Kalis, der Kalilauge, der weichen Kaliseife (Schmierseife), des Kaliwasserglases usw. Die deutsche Jahreserzeugung beläuft sich auf 30 000 t.

Poudrette (deutscher oder künstlicher Guano) besteht aus geruchlos gemachten, getrockneten und gepulverten Menschenexkrementen, vermischt mit trockenen Stoffen (Erde, Torf, Kohlenpulver, Asche, Fleisch- und Kotabfall, Kehricht, Ziegelpulver). Abgesehen von China, wo man die Mischung von Exkrementen mit Ziegelpulver als Taffö verkauft, wird die meiste P. und das in ähnlicher Weise aus Harn hergestellte Urat in Frankreich dargestellt und verbraucht. — Die P. bildet eine dunkelschwarze, pulverförmige Masse, die begierig Wasser anzieht und deshalb vorzüglich für Sandboden geeignet ist. Sie kann zu jeder Pflanze, sowohl zur Saat als auch während des Wachstums, verwandt werden, da sie den Wurzeln nicht schadet. Wie bei allen Kunstdüngern muß der Hersteller den Gehalt an den wichtigeren Bestandteilen, Phosphorsäure (bis zu 8 %) und Stickstoff (3 bis 5 %), verbürgen. 1 hl P. wiegt 67 kg. Man verwendet auf 1 ha etwa 20—30 hl bei Ackerland und 20 hl bei Wiesen. Das Urat ist reicher an Stickstoff (bis 10 %) und an Phosphorsäure (bis 12 %).

Preiselbeeren (Kronsbeeren, rote Heidelbeeren, Krausbeeren, frz. Airelles, Raisins d'ours, engl. Bil berrys) sind die Früchte des immergrünen Strauches Vaccinium vitis idaea, der in Gebirgswäldern Ost-, Mittel- und Nordeuropas häufig wächst. Die Beeren werden in Deutschland vom 1. September an durch Frauen und Kinder gesammelt und besonders aus dem Erzgebirge, Thüringer Wald, Fichtelgebirge und oberen Vogtland sowie Schweden in Körben verpackt weithin versandt. Die stark sauren und herben Früchte, die neben 2—2½% freier Äpfelsäure als charakteristischen Bestandteil etwas Benzoësäure enthalten, sind an und für sich kaum zu genießen, werden aber durch Kochen mit Zucker in ein schmackhaftes Kompott umgewandelt. Im Handel sind durch Moosbeeren, Vogelbeeren, Stärkesirup und Teerfarben verfälschte P. angetroffen worden.

Primerose, ein durch Äthylierung des Eosins (s. d.) erhaltener roter Teerfarbstoff, besteht aus dem Kalisalze des Tetrabromfluoreszeinäthyläthers. Es ist ein braunes, mit grünen Kriställchen vermischtes Pulver, das sich leicht in Alkohol, aber schwer in Wasser löst und deshalb auch Spriteosin, Äthyleosin, Primerose à l'alcool, Eosin à l'alcool, Eosin BB genannt wird. — Auch das durch Methylierung des Eosins erhaltene Methyleosin, das mit Erythrin (s. d.) identisch ist, wird von den Franzosen Primerose à l'alcool genannt. — Primerose soluble ist identisch mit Erythrosin.

Primula ist der Handelsname für ein Gemisch von Methylviolett mit Fuchsin.

Probiersteine zur annähernden Ermittelung des Gold- und Silbergehaltes von Legierungen werden aus verschiedenen schwarzen harten Gesteinen durch Glattschleifen hergestellt. Gewöhnlich benutzt man hierzu eine Art schwarzen, bisweilen mit weißen Adern durchzogenen Quarzes, den sog. lydischen Stein oder Lydit, der in Lagern im Tonschiefer vorkommt und in Steiermark, Thüringen, Hessen und Schlesien gefunden wird, seltener schwarzen Basalt und Jaspis. In England wird zu dem gleichen Zwecke das schwarze, gebrannte Wedgewood benutzt. Bei der Untersuchung macht man mit dem zu prüfenden Metalle einen Strich, setzt daneben Striche mit verschiedenen Nadeln von bestimmtem Goldgehalte, bis man diejenige findet, deren Strich die gleiche Farbe wie der erste hat. Zur weiteren Prüfung bringt man auf den ersten Strich einen Tropfen Salpetersäure, wodurch bei goldfreien gelben Metallmischungen Auflösung erfolgt, doch verschwindet auch bei ganz goldarmen Legierungen das Gold, indem es mechanisch mit fortgenommen wird.

Propiolsäure (Orthonitrophenylpropiolsäure) ist eine derjenigen Verbindungen, aus denen sich auf künstlichem Wege, z. B. durch Erwärmen mit Natronlauge und Traubenzucker oder xanthogensaurem Kali, das Indigblau herstellen läßt. Zur Darstellung der 1880 von A. Baeyer entdeckten P., $C_6H_4(NO_2)C_2.COOH$, behandelt man Toluol in der Wärme mit Chlor, führt das entstehende Benzylenchlorid durch Erhitzen mit essigsaurem Natron usw. in Zimtsäure und letztere mit Salpetersäure in Orthonitrozimtsäure über. Dem durch Behandlung mit Brom erhaltenen Orthonitrozimtsäuredibromid entzieht man das Brom durch Natronlauge und scheidet durch Zusatz von Salzsäure die P. ab. Sie besteht in chemisch reinem Zustande aus farblosen Kristallnadeln, findet sich im Handel gewöhnlich aber als gelblichweißer, mit Kristallblättchen durchsetzter Teig.

Propionsäure (Metazetonsäure, lat. Acidum propionicum, frz. Acide propionique, engl. Propionic acid), eine zwischen der Essigsäure und Buttersäure stehende Fettsäure, C_3H_7COOH, ist eine ölige, scharf riechende Flüssigkeit, die sich in Wasser leicht löst, durch zugesetzte Salze aber wieder abgeschieden werden kann und bei 140° C unzersetzt überdestilliert.

Protargol, ein neueres Antiseptikum gegen Tripper und zur Wundbehandlung, wird durch Fällung von Silberlösungen mit Eiweißkörpern und Lösung der entstehenden Niederschläge mit Albumosen dargestellt. Das feine hellgelbe, schwach metallisch schmeckende Pulver ist in Wasser leicht löslich und enthält etwa 8 % Silber an Albumosen gebunden.

Protopin, ein seltenes, im Opium vorkommendes Alkaloïd, ist in Wasser unlöslich und auch in kochendem Alkohol ziemlich schwer löslich, kristallisiert aber aus diesem in undurchsichtigen, kugeligen Kristallmassen. Der Schmelzpunkt liegt bei 201° C. Das P. ist eine starke Base und gibt kristallisierbare Salze, die nicht gelatinieren und in kaltem Wasser zum Teil schwer löslich sind.

Prune, ein seit 1886 im Handel vorkommender Teerfarbstoff, besteht aus dem Methyläther des Gallozyanins und wird durch Einwirkung von salzsaurem Nitrosodimethylanilin auf Gallussäuremethyläther dargestellt. P. bildet braunglänzende Kriställchen oder ein dunkelbraunes in Wasser leicht lösliches Pulver und färbt mit Tannin gebeizte Baumwolle und mit Chromsalzen gebeizte Wolle blauviolett.

Puddingpulver sind Gemische von Stärke, Maismehl oder anderen feinen Mehlen mit Zucker, die künstlich gefärbt und mit Aromastoffen versetzt werden. Zusätze von Leguminosen oder grob ausgemahlenen Getreidemehlen haben als Verfälschung zu gelten. Beim Fehlen von Zucker muß in der Gebrauchsanweisung ausdrücklich darauf hingewiesen werden. Als Schokolade-, Mandel-P. bezeichnete Waren müssen die genannten Bestandteile wirklich enthalten und nicht nur künstlich gefärbt oder aromatisiert sein.

Puder (frz. Poudre, engl. Powder) sind kosmetische Pulvermischungen, welche dazu dienen, übermäßige Fettigkeit oder Feuchtigkeit der Haut aufzusaugen und der Haut eine zarte Färbung zu verleihen. Als Grundstoffe finden meist feines Stärkemehl, Talkum, Magnesiumkarbonat, bei Streupulvern auch Lykopodium Anwendung. Kosmetische Puder werden vielfach mit Veilchenwurzel oder anderen Riechstoffen parfümiert und, je nach Wunsch, gefärbt, doch dürfen hierzu nur giftfreie Farben, z. B. Karmin, Karthamin, Zinkweiß, verwandt werden. Andere zu Heilzwecken bestimmte P. erhalten Zusätze von medizinischen Stoffen oder, wie Fußstreupulver, zur Beseitigung übler Gerüche, von antiseptischen Mitteln (Borsäure, Salizylsäure). Die berühmtesten P. wurden früher in Frankreich und England hergestellt, sind aber jetzt von den deutschen Erzeugnissen völlig erreicht.

Pulsatillenkraut (lat. Herba pulsatillae, frz. Herbe de pulsatille, engl. Wind flowers) wird im Mai zur Blütezeit von zwei verwandten Ranunkulazeen: Anemone pulsatilla und Anemone pratensis, gesammelt, die in Europa und Asien weit verbreitet vorkommen. Die erstere, die gemeine Küchenschelle hat einzelne aufrechtstehende, an der Außenseite stark seidenhaarige Blüten von hellvioletter Farbe. Die Blüten der anderen, der Wiesenanemone, sind weit größer, überhängend und schwarzviolett gefärbt. Das frische Kraut enthält als wirksamen Bestandteil das brennend scharfe Anemonin (Anemonen- oder Pulsatillenkampfer), $C_{15}H_{12}O_6$, das sich beim Trocknen zersetzt, und wird daher ausschließlich zur Bereitung von Extrakt und Tinktur benutzt. Das trockene Kraut ist geruchlos und fast ohne scharfen Geschmack und muß vorsichtig, nicht zu lange, aufbewahrt werden. Pulver wie Auszüge finden beschränkte Anwendung gegen Asthma, Keuchhusten, Kopfschmerzen und Star.

Pulufaser (Pulu), die braune Haarbekleidung der Stämme und Blattstielbasen mehrerer tropischer Baumfarne, namentlich der Gattung Zibotium, die von den Sandwichinseln und Sumatra zu uns kommt, wurde früher als Polstermaterial empfohlen, hat sich aber wegen ihrer Brüchigkeit nicht bewährt.

Pumpernickel, ein aus dem ganzen Korn hergestelltes dunkelbraunes bis schwarzbraunes Brot, das in Nordwestdeutschland, besonders bei Münster und Osnabrück, das allgemeine Nahrungsbrot bildet, wird aus geschrotenem, nicht gebeuteltem reinen Roggen durch einen langen, 16—20 Stunden dauernden Gärungsprozeß mit Sauerteig und 16—24stündige Einwirkung der Ofenhitze bereitet. Die großen, bis zu 30 kg schweren Brote haben einen kräftigen aromatischen Geruch und Geschmack, werden aber wie alle Vollkornbrote wegen des hohen Rohfasergehaltes (1,50—2,00%) nur unvollständig ausgenutzt. Der Wassergehalt beträgt etwa 42%, der Gehalt an Stickstoffsubstanz gegen 7%. Die als Delikatesse in runden oder viereckigen Blechdosen versandten P., die meist schon in Scheiben geschnitten sind, werden ebenfalls aus dem ganzen Korn, aber unter geringerer Säuerung und mit Zusatz von Zucker hergestellt.

Punschessenzen (P.-Extrakte) sind zur schnellen und bequemen Bereitung von Punsch bestimmte Flüssigkeiten, die aus weißem, mit Wasser gekochten Zucker und Rum, Arrak oder Rotwein, oft auch mit Zusätzen von Fruchtsäften, Wein- oder Zitronensäure, Alkohol und Gewürzen hergestellt werden. Die Bezeichnung muß ihrer Zusammensetzung entsprechen, der Alkoholgehalt ist so zu bemessen, daß der nach Vorschrift verdünnte trinkfertige Punsch noch 10—12% Alkohol enthält. Als Rotweinpunsch bezeichnete Erzeugnisse dürfen die im Weingesetze verbotenen Stoffe (Stärkesirup, Farbstoff, Salizylsäure) nicht enthalten. — Punschpulver sind geringwertige Erzeugnisse der Kriegsindustrie, die meist aus gefärbten, schwach aromatisierten Gemischen von Zucker und etwas Weinsäure bestehen. — Punschwürfel (Grog-W.), durch Zusatz von Gelatine in feste Form gebrachte Mischungen von Zucker, Essenzen, Farbe und etwas Alkohol. Wegen des meist viel zu geringen Alkoholgehaltes sind sie von den Gerichten durchweg als verfälscht oder nachgemacht beurteilt worden.

Purgatin, ein neueres Abführmittel, besteht aus Trioxydiazetylanthrachinon.

Purree (Piuri, Indischgelb, Jaune indien, Indian yellow) ist der Handelsname einer aus Ostindien eingeführten weichen und leicht zerdrückbaren Masse von außen dunkelbrauner, innen tief orangegelber Farbe und eigentümlichem tierischen, an Bibergeil erinnernden Geruch, über deren Ursprung noch nicht völlige Klarheit herrscht. Während die meisten Fachleute annehmen, daß die Ware aus dem Harn mit Mangoblättern gefütterter Kühe hergestellt wird, betrachten andere sie wegen der Abwesenheit von Stickstoff als einen mit Magnesia eingedickten Baumsaft. Als färbender Bestandteil ist eine gelbe Pflanzensäure, die Euxanthinsäure, $C_{19}H_{18}O_{11}$, in Form des Magnesiumsalzes vorhanden. Die Farbe wird in der feinen Ölmalerei benutzt, ist aber durch die Teerfarbstoffe nahezu verdrängt worden.

Puro, ein Nährpräparat (Fleischsaft?), sollte nach Angabe des Erfinders, Dr. Scholl, durch Ausziehen von fettfreiem Fleisch unter hohem Druck und Eindampfen des mit Suppenkräutern versetzten Extraktes bis zum Sirup dargestellt werden. Es enthält neben den Fleischbasen auch erhebliche Mengen löslicher Stickstoffsubstanzen in Form von Albumosen und wurde von zahlreichen Ärzten empfohlen. Durch eingehende Untersuchungen von Prof. Gruber ist nachgewiesen worden, daß die Angaben des Herstellers auf Unwahrheit beruhen. P. enthält kein Fleischeiweiß, sondern besteht im wesentlichen aus einem Gemisch von Eieralbumin mit Fleischextrakt.

Putschuk (Costus), die Wurzel einer distelartigen Pflanze, Auklandia Costus, die auf den Gebirgen um Kaschmir wächst, wird im September oder Oktober, wenn die Pflanze zu welken anfängt, ausgegraben, in Stücke zerschnitten und ohne weitere Zubereitung zur Ausfuhr gebracht. Von dem Pendschab aus geht der größte Teil nach Bombay sowie nach Hindostan und China. Die Chinesen verbrennen die Wurzel in den Tempeln ihrer Götter anstatt Weihrauch und schreiben ihr auch große Wirksamkeit gegen die Syphilis zu. In Kaschmir braucht man sie hauptsächlich als Schutzmittel gegen Insekten beim Verpacken der Kaschmirschals in Ballen.

Putzpomaden sind salbenartige Putzmittel, die meist unter Zusatz von Ölsäure mit Polierrot, Eisenoxyd, Tripel und ähnlichen Stoffen hergestellt werden. — Putzseifen sind Gemische aus feingeschlämmtem Tripel oder Neuenburger Kreide mit Seife. — Die neuerdings auf den Markt kommenden flüssigen Putzmittel, die unter den verschiedensten Namen, wie Putzcreme, Geolin, Sidol (s. d.), Kaol usw., gehandelt werden, bestehen meist aus wäßrigen Anschlämmungen von Putzkalk oder Bolus mit Oxalsäure, Ammoniak, Mineralölen u. dgl.

Puzzolanerde, ein nach der neapolitanischen Stadt Puzzuoli benanntes, leicht zerbrechliches Mineral vulkanischen Ursprungs von gelblicher, rotgrauer oder braungrauer Farbe, wurde von jeher wegen ihrer Eigenschaft geschätzt, im Gemisch mit fettem Kalk sogleich einen sehr guten Zement zu bilden. Sie besteht aus Kieselsäure, Tonerde, Magnesia, Kalk, Eisenoxyd und Alkalien und befindet sich, da sie durch vulkanische Hitze bereits einen Glühprozeß erfahren und dadurch aufgeschlossen ist, in demselben Zustande, wie die erst durch Brennen erzeugten künstlichen Zemente. Die P., die in bester Beschaffenheit bei Rom und Neapel vorkommt, wurde früher auch nach Deutschland, Frankreich und England zu baulichen Zwecken versandt, ist neuerdings aber durch künstlichen Zement verdrängt worden und kann auch durch den in den Rheingegenden vorkommenden Traß ersetzt werden.

Pyoktannin nennt man zwei verschiedene Teerfarben, die äußerlich als Antiseptikum auf eiternden Wunden und in der Tierheilkunde gegen Maul- und Klauenseuche angewandt werden. Das sog. blaue P. (lat. Pyoctanninum coeruleum, frz. Pyoctanine bleu, engl. Blue Pyoktanin) entsteht bei der Oxydation von Dimethylanilin als ein Gemisch der salzsauren Salze des Penta- und des Hexamethylpararosanilins und wird meist als Methylviolett bezeichnet. — Das gelbe P. (Auramin, lat. Pyoctanninum aureum, frz. Pyoctanine jaune, engl. Yellow Pyoktanin) wird durch Erhitzen von Tetramethyldiamidobenzophenon mit Ammonium- und Zinkchlorid dargestellt und ist als salzsaures Imidotetramethyldiparaamidodiphenylmethan anzusprechen. Das goldgelbe, in kaltem Wasser schwer, in heißem Wasser, Alkohol, Äther und Chloroform leicht lösliche Pulver wird für medizinische Verwendung auch mit Dextrin gemischt in den Handel gebracht.

Pyramidon (Amidopyrin, lat. Pyramidonum, frz. und engl. Pyramidon), ein neues Ersatzmittel des Antipyrins, wird durch Reduktion von Nitroso-Antipyrin in alkoholisch-essigsaurer Lösung und Behandlung des entstehenden Amidoantipyrins mit Chlor- oder Jodmethyl dargestellt und ist demnach als ein Dimethylamidoantipyrin, $C_{13}H_{17}N_3O$, anzusprechen. Das gelblich weiße, geruch- und geschmacklose Kristallpulver schmilzt bei 108°, löst sich in Wasser, Alkohol und Benzol und gibt in wäßriger Lösung mit Eisenchlorid sowie mit Natriumnitrat und verdünnter Schwefelsäure unbeständige Violettfärbungen.

Pyridin (lat. Pyridinum, frz. Pyridine, engl. Pyridina). Das zum Vergällen von Spiritus benutzte P. ist keine einheitliche chemische Verbindung, sondern ein Gemenge verschiedener einander sehr ähnlicher Verbindungen, die man unter dem Namen Pyridinbasen zusammenfaßt. Sie finden sich sowohl im Steinkohlenteer, als auch, und zwar in größerer Menge, im Knochenteeröl oder Tieröl und bilden im rohen Zustande ein gelb bis braun gefärbtes und höchst übelriechendes Öl, gereinigt aber eine farblose, ölige, in Wasser und in Alkohol lösliche Flüssigkeit von starkem, betäubendem Geruch und großer Giftigkeit. Als hauptsächlichste Bestandteile sind außer dem eigentlichen P. Pikolin, Lutidin, Kollidin und Parvolin nachgewiesen worden, sämtlich starke, stickstoffhaltige, aber sauerstofffreie Basen, die mit Säuren kristallisierbare Salze bilden. Die vier letzteren finden sich wieder in mehreren isomeren Formen, die man als Alphakollidin usw. unterscheidet. Das eigentliche P., C_5H_5N, ist eine farblose Flüssigkeit vom spez. Gew. 0,980 und dem Siedepunkt 116,7°. Mit Zinn und Salzsäure behandelt, geht es in Piperidin über.

Pyrodin ist der in der Pharmazie gebräuchliche Name des Azetylphenylhydrazins, das bei akutem Gelenkrheumatismus gute Dienste leisten soll, aber wegen seiner hohen Giftigkeit nicht mehr verordnet wird.

Pyrogallussäure (Brenzgallussäure, Dioxyphenylsäure, Pyrogallol, lat. Acidum pyrogallicum, frz. Acide pyrogallique, engl. Pyrogallic acid), ein dreibasisches Phenol, $C_6H_3(OH)_3$, entsteht beim trockenen Erhitzen der Gerbsäure oder besser der Gallussäure auf 210—215° und folgendem Sublimieren mit Kohlensäure als weiße, lockere, blättrige Kristallanhäufungen, die bei 131° schmelzen, bei 210° destillieren und in Wasser, Alkohol und Äther leicht löslich sind. Die Lösungen röten Lackmus nicht. Bringt man sie mit Alkali zusammen, so binden sie aus der Luft rasch Sauerstoff und färben sich dadurch tief dunkelbraun. Gold- und Silbersalze werden durch P. leicht reduziert, welche daher in der Photographie ausgedehnte Anwendung findet. Die Pyroentwickler, zu denen auch das Pinakol gehört, haben den Nachteil, daß sie die Haut braun färben und giftig sind, werden aber wegen ihrer schnellen und kräftigen Wirkung sehr geschätzt. Außerdem benutzt man P. zum Braunfärben der Haare.

Pyronine nennt man eine Reihe basischer Xanthenfarbstoffe (s. d.), welche wegen ihrer schönen bläulichroten Töne zum Färben aller Spinnfasern benutzt werden können. Das Pyronin selbst entsteht, wenn man Formaldehyd mit Dimethylmetaaminophenol vereinigt, das hierbei ausgeschiedene Tetramethyldiaminodioxydiphenylmethan durch Erhitzen mit konz. Schwefelsäure in das entsprechende Xanthen überführt und letzteres mit salpetriger Säure behandelt. Es ist also Tetramethyldiaminoxantheniumchlorid, CH . $[C_6H_3N(CH_3)_2]_2OCl$. Das grünglänzende Kristallpulver gibt mit Wasser und Alkohol eine rote, gelb fluoreszierende Lösung, welche durch Salzsäure hellorange wird; konz. Schwefelsäure gibt eine rotgelbe Lösung, die auf Wasserzusatz rot wird.

Pyrosin ist der Name einiger Teerfarbstoffe, von denen Pyrosin B dem Erythrosin, Pyrosin J (Dijodfluoreszeinnatrium) dem Erythrosin G nahesteht. Beide sind braune, in Wasser mit roter Farbe lösliche Pulver, deren Lösung nicht fluoresziert.

Pyrotechnische Waren (Feuerwerkskörper) nennt man gewisse leicht entzündliche oder explodierbare Mischungen, die in Papier- oder Papphülsen gefüllt und teils für die Zwecke der Kriegführung (grobe oder Kriegsfeuerwerkerei), teils zur Belustigung (Lustfeuerwerkerei) abgebrannt werden. Die wichtigsten Rohstoffe zu fast allen Feuerwerkskörpern sind: Schwefel, Salpeter und Kohle, also die Bestandteile des Schießpulvers, in verschiedenen Mengenverhältnissen, ferner gekörntes Schießpulver selbst und Mehl; für gewisse Zwecke auch Harz, Kolophonium, Schellack, Lykopodium, Feilspäne von Eisen, Stahl, Zink und Kupfer, Magnesium, chlorsaures Kalium und chlorsaures Barium. Außerdem setzt man für Buntfeuer und Leuchtkugeln gewisse Salze hinzu, welche der Flamme besondere Färbungen erteilen, so salpetersaures Strontium, salpetersaures Kupferoxydammoniak, salpetersaures Barium, Grünspan, salpetersaures Natron usw. Die bekanntesten Feuerwerkskörper sind: Frösche, Raketen, Schwärmer, Kraker, Leuchtkugeln, Girandolen, Feuerregen, Kanonenschläge, Feuerräder und bengalische Flammen. Bei der Aufbewahrung und dem Abbrennen dieser Erzeugnisse ist die größte Vorsicht zu beobachten. Für den Versand auf Eisenbahnen besteht die Bestimmung, daß von einem vereidigten Chemiker auf dem Frachtbrief die Ungefährlichkeit bestätigt wird, oder daß die Fabrik eine diesbezügliche Verpflichtung eingegangen ist, worauf sie schriftlich hinweist. — Die Feuerwerkskörper müssen jeder für sich in mit festem Papier umhüllte Kartons oder in Pappe oder starkes Packpapier verpackt, und die Zündstellen jedes einzelnen Körpers mit Papier oder Kattun überklebt sein. Die zur Verpackung dienenden Kisten müssen vollständig ausgefüllt, und etwaige Lücken mit Stroh, Heu, Werg, Papierspänen oder dergleichen so ausgestopft sein, daß eine Bewegung der Pakete auch bei Erschütterungen ausgeschlossen ist. Äußerlich sind die Kisten mit der deutlichen Aufschrift „Feuerwerkskörper aus Mehlpulver" und dem Namen des Absenders zu versehen. — Die Feuerwerkskörper kamen zuerst in China und Ostindien auf und bildeten von dort lange Zeit eine Ausfuhrware, später entstanden berühmte Fabriken in Rom und Paris, die aber jetzt von deutschen Erzeugern längst erreicht sind.

Pyrotin, ein im Jahre 1884 aufgekommener Azofarbstoff, besteht aus dem Natronsalze der Betanaphtylaminsulfosäureazoalphanaphtholmonosulfosäure. Das braunrote, in Wasser mit gelbroter Farbe lösliche Pulver färbt Wolle im sauren Bade rot.

Pyrozon nennt man eine Auflösung von 50 % Wasserstoffsuperoxyd in Äther, die zur Entfernung von Leberflecken benutzt wird.

Q.

Quäker-Oats (Haferflocken) bestehen aus geschälten und zerquetschten Haferkörnern und enthalten neben 14,4 % Eiweiß gegen 7 % Fett.

Quark (Quarg, Zwark, Matz, Bruch, Matten) heißt die frisch gefällte geronnene Käsemasse der Milch (s. d. und Kasein), die in manchen Gegenden auf Wochenmärkten verkauft wird, um mit Salz, Milch, etwas feingehackten Zwiebeln und Kümmel auf Brot oder mit Zucker und Gewürzen auf Kuchen genossen zu werden. Der Wassergehalt darf 75 % nicht übersteigen.

Quassia (Quassienholz, Bitterholz, lat. Lignum quassiae, frz. Bois de quassie amère, engl. Quassia wood), ein bekannter Gegenstand des Drogenhandels, kommt in zwei verschiedenen Sorten, als Surinam- und Jamaikaquassiaholz zu uns. Das erstere von Quassia amara, einem Baume oder Strauche aus der Familie der Simarubazeen, der in Surinam wild wächst und in Westindien und Brasilien angebaut wird, bildet finger- bis armstarke Knüppel, die oft noch teilweise mit der locker anhängenden, sehr dünnen, zerbrechlichen, schmutziggrauen und schwarzfleckigen Rinde bedeckt sind. Das gelblich gefärbte geruchlose Holz, das dicht und fast ohne Poren, doch mit sehr feinen Markstrahlen durchsetzt ist, besitzt reinen und anhaltend bitteren Geschmack. Das Quassienholz von Jamaika von dem viel mächtiger sich entwickelnden, schlanken Waldbaume Picrasma excelsa (Quassia excelsa) erscheint in Form 9—14 dm langer, bis 3 dm dicker Scheite, die mit einer fest anhängenden, dicken, braunschwarzen Rinde bedeckt sind. Das gelbliche Holz ist sehr leicht und weich, großporig, aus helleren und dunkleren Schichten zusammengesetzt und von breiten Markstrahlen durchzogen. Der Geschmack gleicht demjenigen der Surinam-Q. und beruht auf der Anwesenheit kristallinischer Bitterstoffe (Quassiine). Das Surinamholz wird klein geschnitten als bitterer Tee gegen Magenverstimmungen, sowie in Form von Klistieren gegen Spulwürmer angewandt. Auch stellt man daraus für medizinische Zwecke ein wäßriges und ein Fluidextrakt her. Die billigere Jamaikasorte dient in Form der Abkochung als Fliegengift (Fliegenpapier). Aus dem Holz fertigt man die bekannten Bitterbecher und Kugeln zur Herstellung bitterer Flüssigkeiten. Bisweilen beobachtete Verfälschungen des Quassiaholzes mit dem Holze einer westindischen Sumachart, Rhus metopium, lassen sich durch Prüfung mit Eisenoxydsalzen leicht nachweisen, da Q. gerbstofffrei ist.

Quebracho. Unter diesem Namen kommt sowohl eine Rinde als auch ein Holz in den europäischen Handel. Die Quebrachorinde (weiße Q., lat. Cort. quebracho blanco, frz. Ecorce de quebracho, engl. Quebracho bark) stammt von einer in Argentinien heimischen Apozynee, Aspidosperma quebracho, einem schönen großen Baume mit lanzettlichen Blättern und kleinen gelben Blüten. Sie bildet bis 4 cm dicke Stücke von rotgelber bis rotbrauner Farbe und splitterigem Bruch und besteht hauptsächlich aus der Korkschicht. Die Droge enthält neben Zucker und 2—4 % Gerbstoff einige Alkaloide, wie Aspidospermin, Quebrachin u. a., und wird in Form von Extrakten und Tinkturen gegen Asthma und Herzleiden verordnet. — Das Quebrachoholz von der argentinischen Anakardiazee Schinopsis Lorentzii besitzt eine schöne dunkelrote Farbe und wird wegen seines hohen Gerbstoffgehaltes von 28 % als Gerbmaterial verwandt, soll aber nicht so zähes und elastisches Leder geben wie Eichenrinde.

Queckenwurzel (lat. Rhizoma graminis, frz. Racine de chiendent, engl. Quitch root) nennt man die ausdauernden, unterirdischen Ausläufer des besonders in sandigen Feldern, aber auch an Wegen und Zäunen wuchernden und schwer vertilgbaren Queckengrases (Agropyrum repens). Die knotig gegliederten, strohhalmdicken Schößlinge werden im Frühjahr und Herbst bei der Ackerbestellung ausgerissen, verlesen und von den an Knoten sitzenden Scheiden, Wurzelfasern und Halmen befreit, darauf gewaschen, getrocknet und, gewöhnlich auf der Futterschneide zerkleinert, zum Verkauf gebracht. Der Querschnitt zeigt eine hohle Markröhre, die Rinde ist dicker als der Holzkörper. Die Wurzel enthält einen kristallisierbaren Zucker, Gummi, Schleim, Stärkemehl und Eiweiß, schmeckt daher beim Kauen süßlich und schleimig und wird als blutreinigender Tee, ebenso wie auch das daraus hergestellte Extrakt medizinisch verwandt. Der im Kriege gemachte Vorschlag, Q. zur Gewinnung von Zucker, Bier, Alkohol usw. heranzuziehen, war natürlich praktisch aussichtslos.

Quecksilber (lat. Hydrargyrum, Mercurius, frz. Mercure, engl. Quicksilver, Mercury). Der Name Q. deutet ebenso wie das lateinische Argentum vivum (lebendiges Silber) und das griechische Hydrargyrum (Wassersilber) auf die Beweglichkeit und Flüssigkeit hin, und aus demselben Grunde belegten die alten Adepten das Metall mit dem Namen des am schnellsten kreisenden Planeten Merkur. Das wegen seiner Widerstandsfähigkeit zu den edlen Metallen gerechnete Q. findet sich nur selten gediegen in Form kleiner Tröpfchen (als Jungfernquecksilber) oder in Verbindung mit Silber als Silberamalgam. Meist ist es an Schwefel, als Zinnober, seltener an Chlor, als Quecksilberhornerz oder an organische Stoffe, als Idrialit, gebunden. Die reichsten Quecksilbergruben hat Spanien in Almaden, wo schon seit mehr als 2000 Jahren Q. gewonnen wird, danach folgen die seit 1497 in Betrieb befindlichen Werke zu Idria in Krain und die neueren, sehr ergiebigen Lager in Kalifornien, Huancavelica in Peru und im Ural. Geringere Mengen kommen von Horzowitz und Komarow in Böhmen, aus Ungarn, Siebenbürgen und Italien, während die deutschen Gruben in der bayrischen Pfalz und Westfalen eingegangen sind. Das japanische und chinesische Q., das früher in Bambusrohren nach Europa gelangte, hat jetzt für den Welthandel keine Bedeutung mehr. Die jährliche Erzeugung auf der Erde beträgt 3000 bis 4000 t, wovon etwa 1000 t auf Spanien entfallen. Für die Gewinnung des Q. kommt fast nur der Zinnober in Betracht. Die weniger schön gefärbten Stücke, welche nicht direkt als Farbstoff zu verwerten sind, werden in Schacht- und Flammenöfen geröstet, und die entweichenden Quecksilberdämpfe mit der aus dem Schwefel entstehenden schwefligen Säure durch Kühlkammern geleitet. In diesen bleibt das Metall in tropfbar flüssigem Zustande zurück, während die schweflige Säure entweicht. Nach einem älteren, nur noch selten benutzten Verfahren vermischte man die zerkleinerten Erze mit Kalk, Eisen oder Hammerschlag und destillierte das Q. von den zurückbleibenden Sulfiden des Kalziums oder Eisens ab. Verschiedene Verfahren der Quecksilbergewinnung auf nassem Wege durch Ausziehen mit Kochsalz und Kupferchlorür, oder durch Bromsalzsäure oder Natriumthiosulfat haben keinen Eingang in die Praxis gefunden, und über die neuerdings empfohlene elektrische Abscheidung liegen abschließende Erfahrungen noch nicht vor. Das nach der einen oder anderen Arbeitsweise gewonnene Q. wird zunächst von mechanisch beigemengten Stoffen befreit, indem man es durch Sämischleder preßt oder durch sehr feine Löcher abtropfen läßt, ist aber auch dann noch meist durch geringe Mengen Blei, Kupfer, Wismut, Antimon, Silber, Zinn und Zink verunreinigt. Derartige rohe Handelsware bedeckt sich mit einem matten Häutchen, fließt träge, haftet an Glaswandungen und hinterläßt auf Papier sog. Schwänze und grauen Staub. Zur Entfernung dieser fremden Metalle läßt man das Q. durch eine hohe Säule von verd. Salpetersäure oder Eisenchloridlösung fallen, schüttelt es dann mit Kaliumdichromat und verd. Schwefelsäure, preßt nochmals durch Sämischleder und destilliert aus dem Vakuum. Das reine Q. ist ein glänzendes, bei gewöhnlicher Temperatur flüssiges Metall. Es erstarrt bei $-39{,}5^0$, entwickelt bereits bei mittlerer Wärme Dämpfe und siedet bei 357^0. Da die Quecksilberdämpfe schon in geringer Menge stark giftig wirken und zuerst Speichelfluß und fieberhafte Störung des Allgemeinbefindens, später Abmagerung, Schwäche, Zittern, Lähmung und starke Störung der geistigen Tätigkeit hervorrufen, so ist jedes Vergießen von Q. in bewohnten Räumen sorgfältig zu vermeiden. Man bewahrt es daher am besten in den eisernen Versandgefäßen oder in starken Glasflaschen auf. Ist trotz aller Vorsicht Q. ausgelaufen, so verwandelt man es durch Verreiben mit Stanniol oder Aluminiumpulver in Amalgam, das sich leicht entfernen läßt. Bleierne Abzugsröhren von Wasserleitungen werden durch hineingeschüttetes Q. zerstört. Das Q. hat ein Atomgewicht von Hg = 200 und ein spezifisches Gewicht von 13,596. Salzsäure und kalte Schwefelsäure wirken auf das Metall nicht ein, während es von heißer konz. Schwefelsäure zu schwefelsaurem Quecksilberoxyd gelöst wird. Salpetersäure bildet schon in verdünntem Zustande lösliches Nitrat. An der Luft bleibt Q. bei gewöhnlicher Temperatur unverändert, geht aber beim Erhitzen bis nahe zum Siedepunkte in rotes Oxyd über. Bei noch stärkerem Erhitzen gibt das letztere seinen Sauerstoff wieder ab und kehrt in den metallischen Zustand zurück. Mit fast allen Metallen außer Eisen liefert das Q. Legierungen, Amalgame (s. d.). — Das reine Q. findet ausgedehnte Anwendung zur Füllung von Thermometern und Barometern, Quecksilberluftpumpen und zahlreichen anderen physikalischen Instrumenten. In größtem Maßstabe dient es zum Extrahieren von Gold und Silber aus Erzen, zur Herstellung von Quecksilbersalbe und anderen pharmazeutischen Zubereitungen, von künstlichem Zinnober und in Form von Amalgam zur Herstellung von Spiegeln.

Quecksilberchlorid (Merkurichlorid, Sublimat, lat. Hydrargyrum bichloratum, frz. Sublimé corrosif, engl. Corrosive sublimate) entsteht beim Auflösen von Quecksilber in Königswasser oder von Quecksilberoxyd in Salzsäure und wird im großen durch Sublimation einer Mischung von Merkurisulfat und Kochsalz hergestellt. Es bildet geruchlose weiße Kristalle oder Pulver von scharfem Metallgeschmack und ätzenden, stark giftigen Eigenschaften. Entsprechend der Formel $HgCl_2$ sind in 100 Teilen 73,8 Teile Quecksilber und 16,2 Teile Chlor enthalten. Das Q. schmilzt bei 265 und siedet bei 297°. Es löst sich in 15 Teilen Wasser mittlerer Temperatur, in 3 Teilen siedendem Wasser, 3 Teilen Alkohol, 4 Teilen Äther und in 15 Teilen Glyzerin. Auf der Eigenschaft, mit Eiweißkörpern unlösliche Verbindungen zu bilden, beruht die ätzende Einwirkung auf die Haut, aber auch die Verwendung von Eiweiß als Gegenmittel bei Sublimatvergiftungen. — Q. findet ausgedehnte medizinische Anwendung als Ätzmittel bei Syphilis und als Antiseptikum in der Wundbehandlung. Innerlich wird es in kleinen Gaben gegen Geschlechtskrankheiten und Typhus verordnet. Die Technik benutzt es als Beize in der Kattundruckerei, zum Ätzen von Stahl, zum Konservieren naturwissenschaftlicher Sammlungen, zur Darstellung von Anilinrot, als Desinfektionsmittel und zum Imprägnieren von Holz (Eisenbahnschwellen). — Auf Zusatz von Ammoniak scheidet sich aus wäßriger Sublimatlösung ein weißer Niederschlag von Quecksilberammoniumchlorid, $HgNH_2Cl$, aus, welcher in der Pharmazie als weißer Präcipitat (lat. Hydrargyrum praecipitatum album, Mercurius praecipitatus albus, frz. Chloramidure mercurique, Précipité blanc, engl. White precipitate) bezeichnet wird. Das geruch- und geschmacklose, schneeweiße, kreideähnliche Pulver ist in Wasser und Alkohol unlöslich, aber stark giftig und wird nur äußerlich angewandt.

Quecksilberchlorür (Merkurochlorid, Kalomel, lat. Hydrargyrum chloratum mite, Mercurius dulcis, Aquila alba, frz. Chlorure mercureux, engl. Mild chloride of mercury), die zweite Verbindung des Quecksilbers mit Chlor, HgCl, enthält 42,5 % Quecksilber und 57,5 % Chlor. Je nach der Darstellung unterscheidet man drei verschiedene Sorten: 1. Kalomel oder Hydrargyrum chloratum (mite) schlechthin entstehend bei der Sublimation von 4 Teilen Quecksilberchlorid mit 3 Teilen Quecksilber in Form schwerer kristallinischer Stücke, die zum Unterschiede von Sublimat mit dem Fingernagel einen gelben Strich geben. Durch Behandlung in Kollergängen und nachfolgendes Abschlämmen mit Wasser wird K. in ein feines, gelblichweißes Pulver, den lävigierten Kalomel, verwandelt. — 2. Kalomel vapore paratum erhält man, wenn Dämpfe von Kalomel mit Wasserdampf zusammentreffen, als völlig weißes, zwischen den Fingern nicht zusammenbackendes Pulver. — 3. Kalomel via humida paratum endlich wird dargestellt, indem man in eine warme Lösung von Sublimat schweflige Säure einleitet oder Quecksilbernitratlösung mit Kochsalz fällt. Kalomel wird durch Wasser und Alkohol nicht gelöst, wohl aber in der Siedehitze unter Abscheidung von Quecksilber zerlegt. Ebenso zersetzt es sich am Licht und muß daher im Dunkeln aufbewahrt werden. K. findet in der Medizin als mildes Abführmittel, selbst bei Kindern, Anwendung. Äußerlich dient es zum Ätzen syphilitischer Geschwüre, zum Einstäuben in das Auge bei Hornhauttrübungen, und in den Schlund bei Krankheiten des Kehlkopfs. Die Technik benutzt es zur Herstellung von Porzellanfarben mit Gold und als Zusatz zu bengalischen Flammen.

Quecksilberfulminat (knallsaures Quecksilber, Knallquecksilber) scheidet sich beim Vermischen einer freie Salpetersäure enthaltenden Quecksilbernitratlösung mit Alkohol in Form grauer Kristallnadeln von der Formel $HgC_2N_2O_2$ aus, die nach dem Umkristallisieren aus heißem Wasser rein weiß erscheinen. Das Salz ist äußerst unbeständig, explodiert beim Erhitzen auf 190°, sowie durch Reibung oder Schlag und muß daher unter Wasser aufbewahrt werden. Zur Beförderung auf der Eisenbahn wird es nicht zugelassen. Es dient an Stelle des analogen, aber noch gefährlicheren Knallsilbers zur Herstellung von Zündsätzen.

Quecksilberjodid (rotes Jodquecksilber, Einfachjodquecksilber, Doppeltjodquecksilber, lat. Hydrargyrum bijodatum, frz. Jodure mercurique, engl. Mercuric jodide), HgJ_2, entsteht beim Zusammenreiben von 100 Teilen Quecksilber mit 127 Teilen Jod als ein in Wasser nur sehr wenig, etwas leichter in Alkohol lösliches Pulver von lebhaft roter Farbe. Bei vorsichtigem Erwärmen wird es gelb, nimmt aber nach dem Erkalten durch Reiben seine rote Farbe wieder an. Q. ist giftig und findet beschränkte medizinische Anwendung gegen Geschlechtskrankheiten.

Quecksilberjodür (grünes Jodquecksilber, Halbjodquecksilber, Quecksilbersemijodid, lat. Hydrargyrum jodatum, frz. Jodure mercureux, engl. Mercurous jodide) wird durch Verreiben von 200 Teilen Quecksilber mit 127 Teilen Jod dargestellt und bildet ein gelblichgrünes, in Wasser unlösliches Pulver, HgJ, das wie das Jodid giftig ist und medizinisch verwandt wird. Beide Jodverbindungen sind vor Licht geschützt aufzubewahren.

Quecksilbernitrat (lat. Hydrargyrum nitricum, frz. Nitrate de mercure, engl. Nitrate of mercury) findet sich wie die übrigen Salze in Form des Oxyduls und des Oxyds. Das erstere entsteht bei Behandlung von überschüssigem Quecksilber mit mäßig warmer Salpetersäure, das letztere durch Lösen von Quecksilberoxyd in Salpetersäure. Beide bilden farblose kristallinische Salze, die stark ätzend wirken und für äußerliche Behandlung offizinell sind. Das Oxydsalz dient auch zur Bereitung einer gelben Quecksilbersalbe, ferner in der Technik als Hutmacherbeize und beim Vergolden als sog. Quickwasser.

Quecksilberoxyd (roter Präcipitat, lat. Hydrargyrum oxydatum rubrum, frz. Oxyde mercurique rouge, engl. Redoxyde of mercury), HgO, ein gelbrotes, in Wasser etwas lösliches, widrig metallisch schmeckendes Pulver von höchst giftiger Wirkung, entsteht beim Abdampfen einer Lösung von Quecksilbernitrat und Erhitzen des Rückstandes in einer Porzellanschale. Eine Verbindung von gleicher Zusammensetzung, aber mehr gelber Farbe (H. via humida paratum) erhält man durch Fällung einer Quecksilbernitratlösung mit Natronlauge. Q. dient in der Medizin als äußerliches Mittel, in der Technik als Porzellanfarbe.

Quecksilbersulfat (lat. Hydrargyrum sulfuricum, frz. Sulfate de mercure, engl. Sulfate of mercury) entsteht beim Erwärmen von Quecksilber mit konz. Schwefelsäure, und zwar als Oxydulsalz, Hg_2SO_4, wenn das Metall, als Oxydsalz, $HgSO_4$, wenn die Säure überwiegt. Das letztere bildet ein schweres, weißes Kristallpulver, das beim Erhitzen zuerst gelb, dann braun wird und zur Darstellung des Sublimats, Kalomels und anderer Quecksilbersalze dient. Bei Behandlung mit Wasser liefert es ein zitronengelbes basisches Salz (Turpethum minerale), das beschränkte Anwendung gegen Hautkrankheiten findet.

Quecksilbersulfid. Reibt man gleiche Teile Q. und Schwefel hinreichend lange zusammen, so entsteht ein feines tiefschwarzes Pulver, das schwarze Schwefelquecksilber, mineralischer Mohr, Quecksilbermohr (lat. Hydrargyrum sulfuratum nigrum, frz. Sulfure noir de mercure, engl. Black sulfide of mercury), das früher unter der Bezeichnung Aethiops mineralis eine beschränkte medizinische Anwendung fand. Das rote Schwefelquecksilber (lat. Hydrargyrum sulfuratum rubrum, frz. Sulfure mercurique, engl. Red sulfide of mercury) findet sich in der Natur als natürlicher Zinnober (s. d.) und wird nach verschiedenen Verfahren künstlich dargestellt. In erster Linie bedient man sich zur Gewinnung von künstlichem Zinnober des schwarzen Q. oder auch einfach eines Gemisches von Quecksilber und Schwefel, die aus konischen Tontiegeln in gußeisernen Apparaten sublimiert werden. Die sublimierte Ware heißt Stückenzinnober und wird zum Teil in den schönsten, auserlesensten Teilen direkt in den Handel gebracht, hauptsächlich aber zunächst in ein feines Pulver verwandelt. Je weiter die Vermahlung getrieben ist, um so heller und feuriger erscheint die Farbe. Nach dem Mahlen und Schlämmen wird die Masse noch durch Kochen mit Pottasche von dem ungebundenen Schwefel befreit und schließlich in der Wärme getrocknet. Auf nassem Wege verwandelt man das schwarze Q. durch Kochen mit Kalilauge und anderen, geheim gehaltenen Chemikalien in die rote Verbindung (Vermillon), deren Farbe durch einen geringen Gehalt von etwa 1% Antimon noch verschönert wird. Zinnober ist ein geruch- und geschmackloses, außerordentlich schweres Pulver vom spez. Gew. 7,800—8,100. Wegen seiner intensiv-roten Färbung wird er als Malerfarbe außerordentlich geschätzt, jedoch haben die Anstriche den Nachteil, am Lichte nach und nach dunkler und schließlich sogar schwarz zu werden. Außerdem findet Q. beschränkte Anwendung als Schminke und in der Medizin. Wegen seiner völligen Ungiftigkeit kann es auch zum Färben von Kautschukwaren benutzt werden.

Quecksilbertannat (gerbsaures Quecksilberoxydul, lat. Hydrargyrum tannicum oxydulatum, frz. Tannate de mercure, engl. Tannate of mercury), eine Verbindung der Gerbsäure mit Quecksilberoxydul, erscheint in bräunlichgrünen Schuppen, die beim Zerreiben ein grünes Pulver geben. Es wird seit 1884 in der Medizin als mildes Antiseptikum verwandt.

Quendel (Feldkümmel, wilder Thymian, lat. Herba serpylli, frz. Herbe de thym sauvage ou serpolet, engl. Mother of thyme), das angenehm aromatisch riechende und bitterlich zusammenziehend schmeckende Kraut der bekannten ausdauernden Labiate Thymus Serpyllum, wird in der Blüte gesammelt und zu stärkenden Bädern, Umschlägen, Kräuterkissen und Krankentees sowie zur Herstellung eines alkoholischen Destillates, Spiritus serpylli, benutzt. Aus dem trockenen Kraute gewinnt man durch Destillation mit Wasser das Feldthymian- oder Serpylliöl (lat. Oleum serpylli, frz. Essence de thym sauvage ou serpolet, engl. Oil of wild thyme), ein dünnflüssiges, farbloses bis goldgelbes, später bräunliches ätherisches Öl vom spez. Gew. 0,89—92, das den Geruch der Pflanze in höchstem Grade besitzt und neben Thymol Karvakrol und Zymol enthält.

Querzit (Eichelzucker), eine besondere, in den Eicheln enthaltene Zuckerart, bildet harte farblose Kristalle von süßem Geschmack, ist nicht gärungsfähig und löst sich in Wasser und Weingeist.

Querzitronrinde (lat. Cortex quercus tinctoriae, frz. Ecorce de tinctoire chêne, engl. Quercitron bark) besteht aus der inneren gelblichen Rinde der in den Südstaaten von Nordamerika heimischen Färbereiche Quercus tinctoria. Sie kommt nur selten in ganzen Stücken, hingegen fast stets in zerkleinertem Zustande, teils fein, teils grob gemahlen von Neuyork, Baltimore und Philadelphia aus in den Handel. Das Pulver besitzt eine bräunlichgelbe Farbe, schwachen, nicht unangenehmen Geruch und bitteren Geschmack und färbt den Speichel gelb. Der Farbstoff der Q., das Querzitrin, gehört zu den Glykosiden und bildet kleine schwefelgelbe Kristalle, die in Wasser schwer, in alkalischen Laugen leicht löslich sind. Die wäßrige Abkochung der Rinde ist orangerot und wird zum Färben benutzt, muß aber für diesen Zweck durch Zusatz von Leimlösung von Gerbstoff und anderen störenden Beimengungen befreit werden. Ein reineres Präparat wird auch durch Auskochen der Q. mit Schwefelsäure erhalten, wobei eine Spaltung eintritt und ein schönerer Farbstoff, das Querzetin, zurückbleibt. Von den Nordamerikanern und Engländern wird auch flüssiges und trockenes braunes Extrakt (Querzitronextrakt) als ein reineres Farbmaterial hergestellt, während der durch Auskochen mit Sodalösung und Fällen mit verdünnter Schwefelsäure erhaltene, noch unreine Farbstoff als Teig unter dem Namen Flavine in den Handel kommt. Zur Färberei auf Wolle, Seide, Baumwolle und gemischte Stoffe stellt man aus Q. in Verbindung mit Beizen zahlreiche verschiedene Farbtöne her, mit Tonerdebeize gelb, mit Eisenbeize braun, mit einem Gemisch von beiden olive, mit etwas Krapp und Tonerdebeize orange.

Quillayarinde (Panama-Seifen-Rinde, lat. Cortex quillajae, frz. Ecorce de quillaye, engl. Quillaya bark) ist die Rinde, eigentlich der Splint, eines in Chile heimischen Baumes, Quillaja Saponaria, die sich vermöge eines Gehaltes an Saponin wie unsere Seifenwurzel verhält. Neben dem Saponin sind noch zwei giftige Stoffe, das Sapotoxin und die Quillayasäure, vorhanden. Wegen ihrer Eigenschaft, mit Wasser unter Abgabe von Saponin stark schäumende Lösungen zu liefern, vermag die Q. Seife (etwa die dreifache Menge schwarze Seife) zu ersetzen und wird daher, weil sie die Farben nicht angreift, zum Waschen farbiger Wollen- und Seidenzeuge, ferner zum Entfetten von Wolle, zur Schafwäsche und überhaupt an Stelle von Seife benutzt. Von den zahlreichen Q. enthaltenden Waschmitteln ist Panamin ein Rindenextrakt, das mit etwas Glaubersalz zur festen Masse eingedickt, geformt und in Zinnfolie verpackt in den Handel kommt. Wasmuts Opal in der Tonne war ein wäßriger Auszug, Fleckwasser enthält Quillayatinktur neben Ammoniak, Äther, Benzin und Weingeist, Fleckseife Quillayaextrakt neben Borax, Galle und Seifenpulver. — Die Rinde bildet, von der braunen Außenborke befreit, gelblichweiße, holzähnliche Platten von stark faserigem Aufbau. Die 2—7 mm dicken, bis zu 1 m langen, nur wenig gekrümmten Stücke sind geruchlos, aber von sehr kratzendem Geschmack. Beim Zerbrechen oder Stoßen entwickelter Staub erregt heftiges Niesen. Auf dem Querschnitte erscheint die Rinde quadratisch gefeldert, indem die einzelnen scharf abgegliederten Bastzonen von zahlreichen, deutlich erkennbaren Markstrahlen durchsetzt sind. Hält man eine radiale Schnittfläche gegen das Licht, so sieht man schon mit unbewaffnetem Auge zahlreiche glänzende Teilchen, die sich unter dem Mikroskope als Kristalle von oxalsaurem Kalk zu erkennen geben. Infolge ihres faserigen Baues ist die Rinde sehr schwierig zu zerkleinern und wird daher von den Handelshäusern bereits auf Maschinen zerschnitten sowie als Pulver in den Handel gebracht.

Quillayasäure, die in der Quillayarinde enthaltene, sehr giftige organische Säure, erhält man in reinem Zustande durch Fällung der wässerigen Rindenabkochung mit neutralem Bleiazetat, Zersetzen des Niederschlages mit Schwefelsäure und Schwefelwasserstoff und Verdampfen der erhaltenen Lösung bis fast zur Trockne. Aus dem Rückstande wird die freie Säure mit heißem absoluten Alkohol aufgenommen und diese Lösung mit der vierfachen Menge Chloroform gemengt, wodurch noch verschiedene braungefärbte Massen abgeschieden werden. Aus dem Filtrate wird die Q. durch Zusatz von Äther in Flocken gefällt. Sie ist in Wasser, Alkohol und alkoholhaltigem Chloroform leicht löslich, in Äther und Chloroform unlöslich. Mit konzentrierter Schwefelsäure färbt sie sich dunkelrot. Die Q. ist ein Glykosid und wird durch Kochen mit verdünnten Säuren in eine rechtsdrehende, nicht vergärbare Glukose und Sapogenin gespalten. Sowohl die Säure, als auch ihr Natronsalz, das quillayasaure Natron, erregen, schon in den kleinsten Stäubchen, heftiges Niesen, in den Augen Tränenfluß und Schmerzen, im Kehlkopf heftige Hustenanfälle.

Quinio. Unter diesem Namen kommt aus Brasilien eine gelbe harzähnliche Masse in den Handel, die durch Ausziehen frischer Rindenabfälle der Chinabäume mit Alkohol und Kalk gewonnen werden soll und die Chinabasen in unverbundenem freien, aber noch ganz unreinem Zustande erhält. Q. ist in Wasser fast unlöslich, dagegen in Alkohol, Äther sowie in verdünnter Schwefelsäure löslich. Eine ähnliche Droge kommt unter dem Namen Quinetum aus Ostindien und wird dort ebenfalls aus den nicht verkäuflichen Rindenabfällen der Himalayapflanzungen gewonnen.

Quitten sind die schön gelben, aromatisch riechenden Früchte des Quittenbaums, Cydonia vulgaris Pers., der in Gärten in mehreren Arten, wie: Apfel-, Birn-, portugiesische Quitte gezogen wird und in Asien und Europa bis nach Mitteldeutschland vorkommt. Die Früchte sind frisch ungenießbar, werden aber eingemacht als Dessertfrucht, sowie zu Gelees, Mus, Kompotts, Marmeladen und Backwerk verwandt. Getrocknet dienen die zerlegten Früchte (lat. Fructus cydoniae, frz. Fruits de coing, engl. Quince) zur Herstellung von adstringierenden, auch medizinisch verordneten Gelees. — Quittenessenz ist ein künstlicher Riechstoff (Pelargonsäureäthylester), welcher das eigentümliche feine Aroma der Quittenfrüchte ziemlich gut wiedergibt.

Quittenkerne (lat. Semen cydoniorum, frz. Semences de coing, engl. Quince seeds), die zwischen den fünfknorpeligen Scheidewänden befindlichen Samen der Quitte, werden wegen des auf ihnen eingetrockneten Schleims benutzt. Sie sind den Birnenkernen ähnlich geformt, braun, aber glanzlos und mit einem weißgrauen Überzuge bedeckt. Der durch Schütteln der gequollenen Kerne mit Wasser abgesonderte Quittenschleim (lat. Mucilago cydoniae) dient zu Augenmitteln sowie auch zu kosmetischen Zwecken. Die deutschen Samenkerne kommen aus Franken und Württemberg, andere aus Rußland und der Türkei. Verfälschungen oder Verwechslungen mit Apfel- oder Birnenkernen sind leicht an der glänzenden, nicht matten, schleimfreien Schale zu erkennen.

R.

Radauplätzchen (Radaublättchen, Teufelskracher) sind runde, von rotem Papier umhüllte Scheibchen von etwa 3 cm Durchmesser, die sich beim Anreißen an einer rauhen Fläche mit knatterndem Geräusch entzünden und meist von Kindern zum Spielen oder richtiger zur Verübung groben Unfugs benutzt werden. Sie enthalten neben chlorsaurem Kalium erhebliche Mengen des weißen giftigen Phosphors und dürfen daher als gesundheitsschädliches Spielzeug nach der neueren Rechtsprechung nicht in den Verkehr gebracht werden. Ähnlich verhält es sich mit den sog. Knallkorken und der Liliputmunition, die überdies noch als Sprengstoffe angesehen werden können.

Radium ist das im Jahre 1898 von dem Ehepaare Curie in der Pechblende von Joachimstal entdeckte seltsame Element, das in seinem chemischen Verhalten dem Barium nahesteht, im übrigen aber völlig abweichende Eigenschaften aufweist. Man gewinnt es durch Ausziehen der gerösteten Uranerze mit Schwefelsäure, wodurch das Uran entfernt wird, und darauffolgende Behandlung des von Schwefelsäure befreiten Rückstandes mit Natronlauge, in welche Blei, Kieselsäure und Tonerde übergehen. Dann wird mit Salzsäure und der hierin unlösliche Teil mit Sodalösung erwärmt, um das Bariumsulfat mit dem nahestehenden R. in Karbonate überzuführen, die nunmehr in Salzsäure löslich sind. Durch außerordentlich mühsame weitere Verarbeitung, abwechselnde Einwirkung von Soda und Salzsäure, Chlor, Schwefelwasserstoff und Ammoniak erhält man schließlich aus mehreren Tonnen Pechblende wenige Zentigramme Radiumchlorid oder Radiumbromid, das meist mit der entsprechenden Bariumverbindung vereinigt ist. Eine Zeitlang wurde diese Verbindung zu ungeheuren Preisen verkauft, scheint aber jetzt gar nicht mehr im Handel zu sein. In metallischem Zustande ist R. noch nicht isoliert worden. Aus den mehr oder weniger reinen Halogenverbindungen hat man für das Atomgewicht Werte von 225—267 berechnet. Von dem chemischen Verhalten des neuen Körpers ist, abgesehen von seiner Verwandtschaft zum Barium, sehr wenig oder gar nichts bekannt. Um so auffallender sind seine physikalischen Eigenschaften. Die farblosen Kristalle des Radiumchlorides färben sich nach kurzer Zeit gelb und verleihen zugleich den umhüllenden Glasgefäßen eine intensiv braune Farbe. Sie machen die Luft für Elektrizität leitend und entladen somit ein Elektroskop aus größerer Entfernung selbst durch eine Aluminiumhülle hindurch. Außerordentlich merkwürdig verhalten sich die vom R. ausgesandten Strahlen. Sie bringen einen Bariumplatinzyanürschirm zur Fluoreszenz und wirken, durch alle bekannten Stoffe hindurchgehend, auf die photographische Platte. Da sie Knochen ebenso leicht durchdringen wie Fleisch, können sie nicht an Stelle der Röntgenstrahlen benutzt werden. Im Laufe langer Zeiträume soll R. unter Abspaltung von sog. Emanation und Entwicklung von Wärme allmählich zerfallen, ein Verhalten, das die bisherigen Anschauungen über die Unzerstörbarkeit der Kraft und der Materie von Grund aus verändern müßte. Im Gegensatz zu diesen weitgehenden Schlußfolgerungen hat Clemens Winkler noch kurz vor seinem Tode darauf hingewiesen, daß diese wunderbaren Erscheinungen möglicherweise gar nicht auf einen neuen Körper, sondern nur auf einen besonderen Zustand der Materie, etwa nach Art des magnetischen Eisens, zurückzuführen seien. Zur Unterstützung dieser Auffassung wies er darauf hin, daß eine ganze Reihe bekannter Elemente Uran, Blei, Thorium und Tellur radioaktive Formen von unveränderten chemischen Eigenschaften bilden. — Zu einer praktischen Verwertung hat man die heftige Einwirkung des R. auf die menschliche Haut heranzuziehen versucht. Die R.-Strahlen rufen auf der Haut Entzündungen und Brandstellen hervor, und zwar anscheinend auf Geschwülsten krebsartiger Natur heftiger als auf die gesunde Haut. Abschließende Erfahrungen über die Behandlung von Krebs mit R. liegen zurzeit noch nicht vor, ebensowenig über die Beziehungen zwischen der Radioaktivität der meisten Mineralquellen zu ihrer Heilkraft. — Nachdem die österreichische Regierung die Joachimstaler Pechblende dem freien Verkehr entzogen hat, scheinen neuerdings auf sächsischem Boden bei Oberwiesenthal abbauwürdige Funde gemacht worden zu sein, die auch durch eine sächsische Verordnung geschützt wurden.

Radix (Wurzel). Die aufgeführten gangbaren Wurzeln des Drogenhandels sind unter ihren deutschen Namen an den betreffenden Stellen zu finden. Mehrere derselben stellen eigentlich ein Rhizom, einen Wurzel- oder Mittelstock, dar, d. h. einen unterirdischen, ausdauernden Stamm- oder Stengelteil, der nach oben Triebe, nach unten Nebenwurzeln austreibt, z. B. Rhizoma calami, Kalmuswurzel, Rhiz. zingiberis, Ingwerwurzel, Rhiz. galangae, Galgantwurzel, Rhiz. iridis, Veilchenwurzel. Man unterscheidet weiter folgende Wurzelarten: 1. Die Zwiebel, lat. Bulbus, gleichfalls ein Stengelorgan, besteht aus dem Zwiebelboden, der an der Unterseite die Wurzeln, auf der Oberseite die Keimknospen trägt. Die letzteren sind von fleischig gewordenen Schuppenblättern eingeschlossen, von denen die äußeren mit der Zeit absterben und dann häutig werden, z. B. Speisezwiebel; Meerzwiebel, lat. Bulbus scillae; 2. Knolle, lat. Tuber, die als eine fleischige Knospe anzusehen ist, z. B. Sturmhut, lat. Tuber aconiti; Kartoffel, lat. Solanum tuberosum; 3. Knollzwiebeln, lat. Bulbo Tuber, bei denen die Zwiebelscheibe fleischig verdickt und mit einer oder nur wenigen Häuten umgeben ist, z. B.: Safran, lat. Crocus sativus; Herbstzeitlose, lat. Tubera colchici. — Diese Unterscheidungen werden zwar in den Lehrbüchern der Warenkunde, im Warenverkehr jedoch nicht allgemein angenommen. Fälle dieser Art sind hier besonders bezeichnet. — Als wichtige Wurzeln sind zu nennen: Tuber aconiti, Sturmhutwurzel; R. alcannae, Alkannawurzel; R. althaeae, Eibischwurzel; R. angelicae, Angelika-(Engel-)wurzel;

Rhiz. arnicae, Arnikawurzel; R. artemisiae, Beifußwurzel; Rhiz. asari, Haselwurz; R. bardanae, Klettenwurzel; R. bryoniae, Zaunrübe; R. caincae, Kainkawurzel; Rhiz. calami, Kalmuswurzel; Rhiz. caricis arenariae, Sandriedgraswurzel; R. carlinae, Eberwurz; R. caryophyllatae, Nelkenwurzel; R. chinae, Chinawurzel; R. cichorii, Zichorienwurzel; R. Columbo, Kolumbowurzel; R. consolidae majoris s. symphythi, Schwarzwurzel; Rhiz. curcumae, Kurkumawurzel; R. dauci, Möhre; R. enulae s. helenii, Alantwurzel; Rhiz. Filicis maris, Farnkrautwurzel; Rhiz. galangae, Galgantwurzel; R. gentianae, Enzianwurzel; R. glycyrrhizae, Süßholzwurzel; Rhiz. graminis, Queckenwurzel; Rhiz. hellebori, Nieswurz; R. s. tubera jalapae, Jalapenwurzel; Rhiz. imperatoriae, Meisterwurzel; R. ipecacuanhae, Brechwurzel; Rhiz. iridis, Veilchenwurzel; R. ivaranchusae s. vetiverae, Vetiverwurzel; R. levistici, Liebstöckelwurzel; R. liquiritiae, Süßholzwurzel; R. ononidis, Hauhechelwurzel; R. petroselini, Petersilienwurzel; R. pimpinellae, Bibernellwurzel; Rhiz. polypodii, Engelsüßwurzel; R. pyrethri, Bertramwurzel; R. ratanhiae, Ratanhiawurzel; Rhiz. rhei, Rhabarberwurzel; Tubera salep, Salepknollen; R. saponariae, Seifenwurzel; R. sarsaparillae, Sassaparillwurzel; R. senegae, Senegawurzel; R. serpentariae, Schlangenwurzel; R. taraxaci, Löwenzahnwurzel; Rhiz. tormentillae, Tormentillwurzel; R. valerianae, Baldrianwurzel; Rhiz. veratri albi, weiße Nieswurz; Rhiz. zedoariae, Zitwerwurzel; Rhiz. zingiberis, Ingwerwurzel u. a.

Räuchermittel nennt man feste oder flüssige Zubereitungen, die beim Verbrennen oder Verdampfen Wohlgeruch verbreiten und größtenteils aus wohlriechenden Harzen und Balsamen, häufig unter Zusatz von ätherischen Ölen und aromatischen Pflanzenteilen, Moschus und anderen Riechstoffen bestehen. Die gebräuchlichsten Formen für R. sind: Räucherpulver (lat. Pulvis fumalis odoratus, frz. Poudre à parfumer, engl. Parfuming powder), Gemische von Harzen, wie Storax, Benzoë, Weihrauch mit Zimt und anderen wohlriechenden Gewürzen, zum Teil auch, nur der bunten Färbung wegen, mit Blüten (Lavendel, Ringelblumen, Klatschrosen, Kornblumen), sowie meist unter Zusatz von ätherischen Ölen und etwas Moschus. — Räucheressenz (Räuchertinktur, lat. Tinctura fumalis, frz. Teinture de parfumer, engl. Parfuming tincture), alkoholische Auszüge aus aromatischen Harzen, Rinden und Gewürzen, mit Zusatz kleiner Mengen ätherischer Öle, Ambra- und Moschustinktur. Die Essenzen werden entweder für sich auf Ofenplatten oder in besonderen kleinen Apparaten verdampft, oder sie dienen zur Anfertigung von Räucherpapier (lat. Charta fumalis, frz. Papier à parfumer, engl. Parfuming paper), das mit der Essenz mehrmals durchtränkt und getrocknet ist und angezündet bis zu Ende verglimmt. — Räucherkerzchen (lat. Candelae fumalis nigrae s. rubrae, schwarze oder rote R., frz. Pastilles à parfumer, engl. Fumigating candles) können mit mehr oder weniger Harzen, Rinden und anderen wohlriechenden Stoffen hergestellt werden. Als brennbaren Bestandteil erhalten die schwarzen einen Zusatz von feinem Holzkohlenpulver, die roten fein gepulvertes Sandelholz mit einer Beimischung von etwas Salpeter. Die sämtlichen Bestandteile werden gemengt und mit Tragantschleim zu einem Teig gestoßen, aus dem man die kleinen Kegel oder Stengelchen formt. — Räucherkerzen werden auch unter Zusatz von Insektenpulver als Schnakenkerzen hergestellt. — Der ebenfalls hierher gehörige Ofenlack besteht aus einer weingeistigen Auflösung wohlriechender Harze.

Raffinose (Melitose, Melitriose, Gossypose ist eine eigentümliche Zuckerart, die zwar nicht im Handel geführt wird, aber insofern größere Bedeutung hat, als sie in der Rübenmelasse und in kleinen Mengen zuweilen auch in dem Rübenzucker vorkommt und dessen Drehungsvermögen für das polarisierte Licht bedeutend erhöht (sog. Pluszucker der Zuckerfabriken). Es hat sich herausgestellt, daß die R. mit dem Zucker der Baumwollensamen, Gossypose, identisch ist, daß sie ferner den Hauptbestandteil der australischen Manna (von Eucalyptus viminalis) bildet, den man früher Melitose nannte, und daß sie in den Rüben selbst schon fertig gebildet vorkommt. Da die R. leichter in Wasser löslich ist, als die Saccharose (Rohr- und Rübenzucker), so sammelt sie sich in der Melasse der Zuckerfabriken an und findet sich daher namentlich denjenigen Zuckersorten beigemengt, die aus Melasse durch das Elutions-, Osmose- oder Bistrontiumverfahren gewonnen wurden. Diese Zuckerarten zeigen eine eigentümliche Kristallform, die sie leicht als solche verrät und die dem Fabrikanten höchst unerwünscht ist, weil sie trotz der höheren Polarisation die Ware schwer verkäuflich macht und den Preis erniedrigt.

Rainfarn (Wurmkraut, Wanzenkraut, lat. Herba tanaceti, frz. Tanaisie, engl. Tansy) ist die zur Familie der Kompositen gehörige, bei uns an Rainen, Wegrändern und Flußufern wachsende Pflanze, Tanacetum vulgare, die aus der ausdauernden Wurzel 1—1½ m hohe Stengel mit doppelt fiederteiligen, drüsig getüpfelten Blättern und gipfelständigen, schirmförmigen Blütenständen treibt. Die einzelnen Blütenköpfchen sind goldgelb, halbkugelig und ohne Strahlblümchen. Blätter und Blüten, namentlich die letzteren, riechen stark gewürzhaft kampferartig und schmekken bitter. Man sammelt die vollkommen ausgebildeten Blüten allein oder mit dem Kraute und benutzt sie getrocknet teils in Pulverform, teils in Abkochung als Wurmmittel. Das mit Wasser abdestillierte ätherische Öl, das Rainfarnöl (lat. Oleum tanaceti, frz. Essence de tanaisie, engl. Oil of tansy), eine gelbliche, mit der Zeit sich bräunende, flüchtige Flüssigkeit von durchdringend kampferartigem Geruch und bitterem Geschmack, hat ein spez. Gew. von 0,925—0,950 und enthält ein Keton, Tanazeton (Thujon), ferner Kampfer, Borneol und einen Kohlenwasserstoff (Terpen).

Rak (Rack), soviel wie Arrak, ist eine Benennung, die in Ostindien gebrannten Getränken jeder Art gegeben wird. Vielleicht hängt damit der Name Raki zuammen, der in der Türkei und überhaupt bei den Mohammedanern ebenfalls alle Arten Branntweine und Liköre bezeichnet und auch in Slavonien und Illyrien für Pflaumenbranntwein gebräuchlich ist.

Ramaß-Eisen (frz. Fer de ramasse, engl. Scrap iron, Pagotted iron) ist ein Stabeisen, das aus altem Schweißeisen und Abfällen, selbst alten

Nägeln, Drehspänen und Lochputzen hergestellt wird. Man ordnet die Stücke in Pakete, die mit Draht und Bandeisen umbunden werden, bringt diese in den Schweißofen und streckt sie unter dem Dampfhammer und unter Walzen aus. R. zeichnet sich meist durch größere Zähigkeit aus und wird deshalb gern zu Radreifen, Hemmschuhen und Ackerwerkzeugen verwendet.

Rangoonöl (Rangunöl, Ranguhnteer, Ragoonöl), eine Sorte Erdharz oder Erdöl von Yenan-Gyoung und Payan in Ober-Birma, hat die Konsistenz von Gänsefett, eine grünlichbraune Farbe, bituminösen, nicht unangenehmen Geruch und ein spez. Gew. von 0,885—0,890. Es enthält über 50 % Paraffin, ferner asphaltartige Stoffe, leichte und schwere Kohlenwasserstoffe, darunter etwas Benzol, Toluol und Xylol, sowie auch Naphthalin.

Rapontika (Stabwurzel, Gartenrapunzel), eine Pflanzengattung aus der Familie der Oenotheren oder Nachtkerzen, von denen nur Oenothera biennis wegen der als Salat, zu Gemüse und Suppen verwendeten Wurzeln angebaut wird, hat lediglich örtliche Bedeutung. — Rapontikawurzel s. unter Rhabarber.

Raps, Rübsen (Kohlraps, Reps, Lewat, Kohlsaat, Kolza, Ölraps), mit den Abarten Biewitz und Awehl, sind wichtige Ölpflanzen aus der Familie Brassica, nämlich: Brassica campestris L. s. Brassica Rapa: Rübsen, und Brassica Napus L.: Raps, von denen ersterer wieder in B. annua, Sommerrübsen, die einjährige, und B. oleifera, Winterrübsen, die zweijährige Art eingeteilt wird. Die durch gelbe Blüten und lange, schmale Schoten mit kleinen, schwarzen oder braunen, runden, fast ganz glatten, ölreichen Samen ausgezeichneten Pflanzen werden in ganz Mittel- bis Nordeuropa auf kräftigem, gutem Boden und in sehr starker Düngung als erste Frucht, oft noch nach Brache angebaut. Stets erfordern sie aber beste Bodenbearbeitung, meist in Reihen, und sorgsamste Pflege. Von dem etwa drei Jahre keimfähigen Samen braucht man zu Drillsaat für den Hektar 0,15, zu Breitsaat 0,2—0,3 hl Saatgut und erntet 12—15, selten 25 hl. 1 hl wiegt 65—70 kg, am schwersten ist der Winterraps, am leichtesten der Sommerrübsen. 100 kg Raps sollen 36—40 kg Öl geben. Das Stroh hat nur Streuwert, die ölreichen Schoten (Kappen) dienen als Futtermittel. Der Raps erschöpft den Boden sehr stark, wenn kein Ersatz für die entzogenen Nährstoffe stattfindet, bildet aber eine vortreffliche Vorfrucht für Getreide. Der Rübsen trägt $1/4$—$1/5$ weniger, während Awehl und Biewitz im Ertrage zwischen beiden stehen und sie durch Widerstandsfähigkeit gegen die Witterung übertreffen. — R. und Rübsen leiden durch naßkalte, schneelose, harte Winter, durch Nässe zur Vegetationszeit und in der Ernte, durch stürmisches Wetter und Platzregen, durch eine sehr große Zahl tierischer Schädlinge, wie: Raupen, Schnecken, Blattläuse, Weißlinge, Gallmücken, Maikäfer, Goldkäfer, Glanzkäfer und Vögel (Tauben) und durch verschiedene Krankheiten. Der Same muß sehr gut behandelt und vor der vollen Reife geerntet werden, da die Schoten leicht aufspringen und den Inhalt entleeren. Er wird deshalb auch meist bei Nacht oder doch im Morgentau eingefahren oder gleich auf dem Felde durch Maschinen gedroschen. Bei der Aufbewahrung muß der R. so dünn als möglich aufgeschüttet und fleißig gewendet werden, da er leicht muffig wird. Auf dem Felde wächst er bei Nässe leicht aus. Guter R. soll schwarz, glänzend, gleichmäßig und frei von verletzten Körnern sein, hingegen nicht rot oder rötlich aussehen. 1 hl muß mindestens 66,5 kg wiegen, 1 kg etwa 200000 Körner haben. Die Hauptverwendung findet der R. zur Ölgewinnung (s. Rüböl). Doch werden auch große Mengen als Vogelfutter verwendet, und zwar besonders die wegen ihres süßeren Geschmackes beliebtere Sommerware.

Rapunzel (Rabinschen, Feldsalat), der bei uns vielfach angebaute, zur Gattung Valerianella gehörende kleine, grünblättrige Feldsalat, gehört zu den Gewächsen der Handelsgärtner und wird vielfach in Treibhäusern gezogen, um schon im zeitigen Frühjahr auf den Markt zu kommen.

Ratafia ist eine Bezeichnung für gewisse Liköre, die mit Säften frisch ausgepreßter Obst- und Beerenfrüchte versetzt und mit Gewürzen aromatisiert sind. Die besten R.-Sorten werden zu Montpellier, sowie zu Nancy und Paris bereitet. Grenoble hat einen besonderen Ruf wegen seines berühmten Kirschratafia, der aus den schönsten großen, langstieligen, meist schwarzen Kirschen hergestellt wird.

Ratanhiawurzel (lat. Radix ratanhiae, frz. Racine de ratanhia, engl. Ratanhy root) ist die Hauptwurzel eines in Peru wachsenden niederen Strauches aus der Familie der Leguminosen, Krameria triandra, die 18 cm lange und $4^{1}/_{2}$ cm dicke, knorrige und sehr harte Stücke bildet und nach unten in viele dünnere, hin und her gezogene, bis 3 dm lange federkieldicke Äste geteilt ist. Die schuppig-rissige Rinde erscheint außen rotbraun, auf dem Querschnitt heller, das Holz der dickeren Stücke zimtfarben, das der dünneren rötlichweiß. Die wirksamen Bestandteile finden sich fast ausschließlich in der Rinde, die stark adstringierend und bitterlich schmeckt, während das Holz nahezu geschmacklos ist. Diese peruanische Rinde, die eigentliche sog. echte R., die allein zum medizinischen Gebrauch gestattet ist, kommt in Seronen von 75—90 kg Inhalt hauptsächlich über die Ausfuhrplätze Payta und Kallao nach Europa. Sie enthält als wirksame Stoffe eine eigentümliche, Eisenoxydsalze grünlichbraun fällende Gerbsäure, die Ratanhiagerbsäure, und ein Phlobaphen, das Ratanhiarot und wird in Form von Pulver, Extrakt und Tinktur als zusammenziehendes Mittel bei chronischen Diarrhöen, Schleimflüssen und Blutungen, sowie äußerlich zu Zahntinkturen und Mundwässern, das Extrakt in seltenen Fällen wohl auch als Gerbmittel gebraucht. Das Ratanhia-Extrakt (lat. Extractum ratanhiae, frz. Extrait de ratanhia, engl. Extrakt of ratanhy), eine schwarze, im Bruche glänzende, zerrieben rotbraune Masse schmeckt sehr zusammenziehend und färbt beim Kauen den Speichel rot. — Außer der echten Wurzel kommen noch einige andere, nicht offizinelle Sorten aus anderen Ursprungsländern an den Markt: Die Savanilla- oder Neu-Granada-Ratanhia aus Neugranada, von Krameria ixina oder tomentosa hat eine viel dickere, extraktreichere Rinde als die echte und ist also eigentlich der echten vorzuziehen. Die Texas- oder mexikanische R. aus Mexiko, Texas und benachbarten Gegenden Nordamerikas ist ebenfalls in der Rinde viel stärker als im Holz. Die neuerdings in größeren Mengen eingeführte brasilianische oder Ceara-Ratanhia (Pararatanhia) von Krameria argentea entspricht den Anforderungen des D. A. B. Die drei im Handel hauptsächlich vorkommenden Sorten lassen sich leicht durch die Färbung der daraus bereiteten weingeistigen Tinkturen unterscheiden, indem die Tinktur aus echter Payta-Ratanhia rot, die aus Savanilla-Ratanhia gelblich, mit einem Stich ins grüne, und die aus Para- oder Ceara-Ratanhia rein gelb aussieht. In sehr verdünnter Tinktur der echten R. erzeugt Bleizuckerlösung einen roten, in derjenigen der beiden anderen Sorten einen hellvioletten Niederschlag.

Rattengift. Zum Vertilgen von Ratten und Mäusen benutzt man hauptsächlich Arsenik, Phosphor, Meerzwiebel und Bariumkarbonat (s. d.), neuerdings aber auch gewisse Bakterienpräparate (Ratin, Rattapan, Rattenpest), die für kleine Nager tödlich sind, anderen Tieren und auch Menschen aber nicht schaden sollen. — Als Vertreibungsmittel wird auch Saprol empfohlen.

Rauchwaren, Pelzwerk (frz. Pelleterie, engl. Peltry) ist die Handelsbezeichnung für die größtenteils zur menschlichen Bekleidung bestimmten Pelzfelle wilder und zahmer Tiere, die zur völligen Erhaltung des ungelockerten Haarstandes nur auf der durch Schaben gereinigten Fleischseite einer konservierenden Behandlung (Gerbung) mit Alaun, Salz, Fett, Butter oder Öl unterworfen worden sind. Da die Behaarung von der warmen Jahreszeit ungünstig beeinflußt wird, gelangen fast nur im Winter gewonnene Pelzfelle zur Verarbeitung und aus dem gleichen Grunde werden die wertvollsten Pelzfelle von den kalten nördlichen Gebieten Rußlands (Sibiriens), Alaskas und Kanadas geliefert. In Kanada wurde der Pelzhandel von der Hudsonsbai-Gesellschaft früher als Monopol betrieben, an dessen Stelle jetzt der freie Wettbewerb getreten ist. Die Verkaufskontore der Gesellschaft befinden sich in Montreal für Büffelhäute und in London für das eigentliche Pelzwerk, das oft erst nach $1^1/_2$ Jahren seinen Bestimmungsort erreicht. Die großen Londoner Pelzauktionen finden im Januar und März statt. Seitdem der gegen bares Geld erfolgende Handel wie in den Vereinigten Staaten auch in Kanada frei ist, werden auch von anderen Pelzkompagnien sowie großen Handelshäusern und kleineren Kaufleuten Pelzfelle auf den Markt gebracht, die entweder direkt oder auf dem Umwege über Neuyork nach London oder Leipzig gehen. Die Amerikaner bevorzugen neuerdings wegen des bequemeren Absatzes Leipzig, von wo sie gleichzeitig erhebliche Mengen russischen und deutschen Pelzwerks, wie sibirisches Feh, Hermelin, gute russische Zobel, in Deutschland zugerichtete polnische und französische Kaninchenfelle entnehmen. — Dänemark führt aus Grönland, weniger von Island geringe Mengen Fuchs-, Robben- und einige Eisbärfelle ein. — Südamerika beteiligt sich nur durch seine Chinchilla-, Viscache- und Koipufelle am Handel, während seine Jaguar- und Pumafelle von untergeordneter Bedeutung sind. — Von Schweden und Norwegen kommen neben allgemeiner verbreiteten Fellen, wie Füchse, Marder, Iltisse, Dachse, Ottern und Katzen, besonders schöne Felle von Luchsen, Seehunden, Silber- und Kreuzfüchsen zur Leipziger Messe, von wo die besten Stücke nach Rußland gehen. — Rußland ist unstreitig das wichtigste Gebiet für Erzeugung, Verbrauch und Handel in R. Der besonders wichtige Verkehr mit China geht über Kiachta, ein anderer Teil über Astrachan nach Persien. Als weitere Hauptmeßplätze sind Irbit in Sibirien und Nishnij Nowgorod zu nennen, letzteres als der eigentliche internationale Tauschplatz, zu dem im Juni und August neben russischen und asiatischen auch armenische, amerikanische, skandinavische und deutsche Pelzwaren zusammenströmen. Daneben kommen noch Petersburg, Moskau und Warschau als dauernde Meßplätze in Betracht. — Der deutsche Rauchwarenhandel befindet sich in seinen letzten Verzweigungen in sehr vielen Händen, da sich zahlreiche kleine Händler und alle Kürschner am Einkauf beteiligen. Von den Landleuten werden Lamm- und Ziegenfelle, in den Städten Kaninchen- und Katzenfelle, von den Jägern die sog. Wildwaren (Füchse, Marder, Iltisse, Dachse, Ottern) gekauft. Auch die Menge der letzteren, die namentlich aus Württemberg und Bayern, besonders den Alpengegenden stammen, ist nicht unbeträchtlich. Die von größeren Kaufleuten gesammelten Waren kommen schließlich in den Rauchwarenhandel, der in mehreren größeren Städten seinen Sitz hat und auch den Vertrieb ausländischer Pelze umfaßt. Hamburg, Lübeck und Bremen betreiben ausgedehnte Speditions-, Aus- und Einfuhrgeschäfte mit amerikanischem, russischem, skandinavischem, deutschem und französischem Pelzwerk und mit grönländischen Robbenfellen. Wien versorgt Österreich, Ungarn und Italien mit amerikanischen und russischen Rauchwaren und ist ein ständiger Markt für türkische, ungarische und italienische Lämmerfelle. Berlin und Breslau haben neben bedeutendem Inlandshandel starken Absatz nach Rußland und Polen. Der bedeutendste Meßplatz, an dem sämtliche R. zu kaufen sind, ein eigentlicher Weltmarkt, ist Leipzig geworden, das die mehr der Durchfuhr amerikanischer Ware dienende englische Hauptstadt fast überholt hat. Auf den beiden Leipziger Messen kommen alle gangbaren Pelzwaren zusammen, die deutschen Wildwaren allerdings vorwiegend auf der Ostermesse, und jeder Verkäufer tritt in der Regel auch als Käufer auf. Die Amerikaner kaufen von den Deutschen zubereitete Feh, Marder, Iltis und polnische Kaninchen, von den Franzosen gefärbte Kaninchen, von den Russen Hermelin, Nerze und weiße Hasen. Die Engländer entnehmen rohe Feh, Hermelin, persisches Lammfell, Marder, polnische Kaninchen und neuerdings amerikanische Felle, die Franzosen und Italiener zubereitete Feh, Hermelin, persische und Astrachaner Lammfelle, polnische Kaninchen, Zobel und Chinchillas, Russen und Polen besonders deutsche und nordische Füchse, Marder, Otter, Waschbären, Bären, virginische Iltisse, Skunks, Biber, Seeotter, Zobel, Chinchilla, Luchs, Bisam,

Pelzseehunde und Kaninchen. Griechen und Rumänen brauchen für ihre Volkstrachten hauptsächlich Füchse aller Arten, ferner Luchse, Zobel, Nerze, Wölfe, schwarze Katzen und französische Kaninchen. Die deutschen Händler entnehmen hier fast ihren ganzen Bedarf. Auch außer den Messen ist Leipzig ein ständiger Markt für R., an dem die bedeutendsten fremden Häuser Vertretungen unterhalten. Ein Urteil über den Umfang des Handels gewährt die Angabe, daß der jährliche Umsatz in Leipzig auf 1·50 Millionen Mark, fast die Hälfte des Weltumsatzes, geschätzt wird. — Wohl kein Gegenstand des Welthandels bringt die Völker der nördlichen Erdhälfte aller Kulturstufen in so nahe Geschäftsbeziehungen wie das Pelzwerk, und wie unsere Vorfahren im Mittelalter von den Russen, so bezogen schon die alten Griechen und Römer aus denselben Quellen, d. h. von Skythen und anderen nordischen Völkern, ihr Luxuspelzwerk. Mit dem zunehmenden Wohlstand ist der von Luxus und Mode stark beeinflußte Bedarf an R. beständig gewachsen und trotz der zunehmenden Schwierigkeiten der Pelzjagden ist die Zufuhr, zum Teil allerdings infolge der Verwendung früher nicht benutzter Felle in beständiger Zunahme begriffen. Ein großer Teil des Bedarfs wird durch die neuerdings in Aufnahme gekommenen Felle von Skunks, Bisam, Chinchilla und Affen, sowie besonders von Opossum (jährlich mehrere Millionen Felle nach Europa) und anderen australischen Beuteltieren gedeckt. Dazu kommt, daß jetzt die Zurichtung unansehnlicher Felle einen hohen Grad der Vollendung erreicht hat. Das Färben, Rupfen und Scheren ist eine blühende Industrie geworden, die namentlich in der Umgebung Leipzigs Tausende von Arbeitern lohnend beschäftigt. Die Färberei ist besonders dadurch hervorgerufen worden, daß die Mode tiefschwarze oder tiefdunkelbraune Farben verlangt, die bei natürlichen Fellen nur selten vorkommen. Da künstlich gefärbte Felle aber von natürlichen dadurch unterschieden werden können, daß nicht nur das ganze Haar bis zur Wurzel, sondern auch das Leder den Farbstoff aufnimmt, so bevorzugt man jetzt meist das sog. „Blenden“, bei dem nur die Spitzen gefärbt werden. Bisweilen werden zur Vortäuschung wertvollerer Pelzarten auch wohl weiße Spitzen, Grannen, eingezogen. Die schon von 1720—1820 auf das Doppelte und im letzten Jahrhundert auf das Dreifache gestiegenen Preise haben im Kriege eine unsinnige Höhe erreicht.

Raute (lat. Herba rutae, frz. Herbe de rue, engl. Rue leaves). Im Drogenhandel werden zwei Sorten R. geführt, die Gartenraute (Herba rutae hortensis) und die Mauerraute (Herba rutae murariae). Die erstere, Ruta graveolens (Gattung der Rutazeen), ist ein auf Gebirgshängen des südlichen Europa und zum Teil selbst Süddeutschlands wild wachsender Strauch, der auch in unseren Gärten gut fortkommt und sich durch Wurzelteilung, Stecklinge und Samen vermehren läßt. Die frischen Blätter, die zuweilen als Gewürz an Salat oder auf Butterbrot genossen werden, haben einen durchdringenden, widrigen Geruch und brennend-bitterlichen Geschmack. Die Mauerraute, Asplenium Ruta, wird nur etwa fingerlang, ähnelt aber sonst der Gartenraute sehr und wächst hauptsächlich auf Gemäuer und steinigem Boden. Als riechende und schmeckende Bestandteile finden sich ein dem Querzitrin nahestehendes Glykosid, Rutin, und ein ätherisches Öl, das in allen Teilen der Pflanze abgelagert ist. Durch das Trocknen werden Geruch und Geschmack stark verringert. Aus dem getrockneten Kraute oder den Blättern beider Arten gewinnt man das Rautenwasser und den Rautenessig. Das mit Wasser oder Dampf von den frischen blühenden Pflanzen abdestillierte ätherische Rautenöl (lat. Oleum rutae, frz. Essence de rue, engl. Oil of rue) zeigt gelbliche Farbe, starken Rautengeruch und bitterscharfen Geschmack und hat ein spez. Gew. von 0,833—0,847. Es dreht gewöhnlich schwach rechts, bisweilen auch schwach links, löst sich in 2—4 Vol. 70%igen Alkohols und besteht, je nach der botanischen Herkunft, vorwiegend aus Methylnonylketon oder Methylheptylketon. Diejenigen Rautenöle, deren Hauptbestandteil Methylnonylketon ist, erstarren oberhalb 0°, die anderen unterhalb 0°. Eine Verfälschung mit Terpentinöl erkennt man an der Erhöhung des spez. Gew. Die Raute wird in der Volksmedizin als magenstärkendes Mittel verwendet und kann in größeren Mengen dem Mutterkorn ähnlich wirken. Die Auszüge und Destillate finden als nervenstärkende Mittel Anwendung.

Rebenschwarz (frz. Noir de vigne, engl. Vine-black) nennt man eine sehr feine Kohle, die als gut deckende schwarze Farbe zum Malen mit Wasser und Öl und zu Druckfirnis gebraucht und durch Glühen von Weinreben und den Kämmen der Weintrauben in geschlossenen eisernen Töpfen oder Retorten erhalten wird. Das R. bildet die zweite Sorte des Frankfurter Schwarz, dessen erste und bessere Sorte durch Verkohlen von Weinhefe hergestellt wird.

Reginaviolett ist eine Bezeichnung für drei seit 1860 bekannte Teerfarbstoffe. Das ohne nähere Bezeichnung, auch Violet impérial rouge, Regina purple genannte R. erhält man aus den bei Herstellung des Fuchsins nach dem Arsenverfahren entstehenden Abfällen durch Behandlung mit einem Gemenge von Rosanilin und Essigsäure bei 120° als ein grünes, in Wasser mit rotvioletter Farbe lösliches Pulver, welches Wolle direkt färbt. Reginaviolett, spritlöslich, entsteht bei der Herstellung des Fuchsins nach dem Nitrobenzolverfahren, während das wasserlösliche R. aus dem spritlöslichen durch Einwirkung von konzentrierter Schwefelsäure und Neutralisieren mit Soda erhalten wird. Nur das letztere findet in der Färberei Anwendung, während das spritlösliche zur Darstellung von sog. Goldkäferlack dient.

Reglise. Mit diesem Namen belegt man einerseits den Süßholz- oder Lakritzensaft (s. Süßholz), hauptsächlich aber den in Apotheken, Drogerien und Konditoreien bereiteten Lederzucker (Pasta), der sowohl weiß als braun hergestellt wird. Die weiße R. (lat. Pasta gummosa, seu Pasta althaeae, frz. Pâte de gomme, engl. Paste of gum) wurde früher mit Altheewurzelschleim bereitet, in dem arabisches Gummi und Zucker aufgelöst war. Jetzt verwendet man nur letztere beiden Stoffe, löst sie in Wasser, dampft die geklärte Lösung bei gelinder Hitze unter fortwährendem Rühren bis zur Sirupsdicke ein und verbindet sie mit zu Schaum geschlagenem Eiweiß. Darauf aromatisiert man mit etwas Orangenblütenwasser, dickt weiter ein, bis eine Probe beim Erkalten einen steifen Teig bildet, gießt dann die Masse auf Blech oder in Papierkapseln aus und beläßt sie noch einige Tage in der Wärme, bis sie die richtige Festigkeit erlangt hat. Schließlich wird sie in Stücke geschnitten und verpackt. Die so erhaltene Paste ist weiß, rein süß, porös und zerbrechlich, wird aber an der Luft durch Anziehen von Feuchtigkeit wieder zähe. Zu dem braunen Lederzucker (lat. Pasta liquiritiae, frz. Pâte de réglisse, engl. Pase of liquorice root) benutzt man ein Extrakt aus geschälter und fein geschnittener Süßholzwurzel und eine Lösung von arabischem Gummi und Zucker. Die gemischte und geklärte Lösung wird in gelinder Wärme unter sorgfältigem Abschäumen eingedampft, die klare Masse nach Erlangung der erforderlichen Konsistenz auf Blech oder Papier zu Tafeln ausgegossen, vollends getrocknet und in Stückchen geschnitten. Diese Masse bleibt biegsam, bernsteingelb und durchsichtig. Die R. dienen als Hausmittel gegen Husten und Heiserkeit und gehören zu der Klasse der Bonbons.

Reinettenessenz, ein zu den künstlichen Fruchtäthern gehöriger Riechstoff, besteht aus Birnenessenz mit 5—10 % Baldriansäureamyläther.

Reis (lat. Fructus s. Semen oryzae, frz. Riz, engl. Rice), die Hauptbrotfrucht der Asiaten, ist eine Pflanze aus der Gattung der Gramineen, die sich, wahrscheinlich von Ostindien aus, weit verbreitet hat und jetzt in der ganzen subtropischen und gemäßigt warmen Zone angebaut wird. In Europa gedeiht der R. bis zu 45° n. Br. in den Mittelmeerländern, besonders in Norditalien, und zwar auf sumpfigem Boden, oder überschwemmt gehaltenem, eingedämmtem Lande. Man baut mehrere Arten, und zwar Bergreis, Oryza montana Lour., auch auf trockenerem Boden, gemeinen R., Oryza sativa, frühreifen R., unbegrannten R. und Klebreis (Oryza glutinosa) als Hauptsorten. Der Anbau bietet große Schwierigkeiten, da der R., mit Ausnahme des Bergreises, nur im Sumpfboden gedeiht und in das Wasser eingesäet werden muß. Man braucht 60 kg Saatgut für den Hektar, läßt das Wasser auf den Feldern stehen, bis die Pflanzen über dem Wasserspiegel erscheinen, und sorgt dann erst für Abfluß. Nach fünf bis acht Tage langem Abtrocknen reinigt man den R. von Unkraut, verpflanzt und füllt Lücken aus und wiederholt dieses Verfahren, mit jedesmaligem Ab- und Zulassen von Wasser, bis vier Wochen vor der Ernte (Oktober). Der R. ist eine ziemlich sichere Pflanze, die weniger als andere von Feinden zu leiden hat. Am gefährlichsten sind die Reisquecke und mehrere Pilze. Auch Vögel stellen ihm stark nach. Man erntet etwa 12 bis 15 dz, welche 47—50 % geschälte Ware, 12 bis 16 % Bruchreis und 35—40 % Spelzen geben. Jetzt ist der Versand mit den Hülsen gebräuchlicher, da in Europa die Herstellung der Marktware auf Hämmer- oder Stempelwerken erfolgt. Der R. hat Blüten in aufrechter, zuletzt überhängender Rispe, traubig angeordnete Äste und einblütige Ährchen, kleine, spitze, häutige, unbegrannte Hüllspelzen, doppelt so lange, begrannte und unbegrannte Knöspchen und weißen Samen, der sich durch seinen hohen Stärkemehlgehalt (84—88 %), bei nur geringem Gehalte an Eiweißstoffen, auszeichnet. — Geschälter R. enthält 7—8 % Proteïn, 78 % Stärkemehl, 0,5—1 % Dextrin und Zucker, 0,3—0,5 % Fett, 12 % Wasser und 0,35—0,85 % Asche. Die stickstoffhaltigen Substanzen (Kleber) liegen meist nach der Schale zu und gehen größtenteils mit in die Kleie, die zur Fütterung sehr gesucht ist. Reisfuttermehl ist der Abfall beim Schälen des Reises und wird wie die geringwertigeren Reissorten zur Fütterung benutzt. Der Reis selbst findet mannigfache Verwendung im Haushalt und in der Technik, so zur Stärke- und Bierbereitung sowie zur Herstellung von Arrak und ähnlichen Getränken. Guter R. muß gleich große, ungebrochene, weiße, trockene und feste Körner enthalten, frei von Staub und Sand sein, beim Kochen gut aufquellen und nicht säuerlich schmecken. Grauer R. ist immer eine geringere oder seebeschädigte Ware. Der italienische R. hat derbe, runde, weiße Körner; der Bengalreis große, etwas rötliche, grobe und dickhülsige, der Patnareis kleine, langgestreckte, weiße, der Karolinareis (Amerika) lange, mattweiße und durchscheinende Körner. Arrakanreis ist eine geringere, Rangoon- oder Rangunreis eine mittlere, Javareis eine gute, kleine, weiße Ware, während Tafelreis die beste Sorte darstellt. Als unzulässige Behandlung der geschälten Reiskörner gilt das künstliche Bleichen, das Ölen oder die Behandlung mit Stärkesirup, das Färben mit Ultramarin oder Indigo und das Überziehen mit Talkum oder Speckstein.

Reismelde (Quinoapflanze, chilenischer Gänsefuß), eine unserem einheimischen Gänsefuß ähnliche Pflanze, Chenopodium Quinoa, die in Chile und Peru noch in 4000 m Höhe als Getreide gebaut wird, liefert reisähnliche Samen mit rund 19 % Stickstoffsubstanz, 5 % Fett, 7 % Holzfaser, 48 % stickstofffreien Extraktstoffen und 5 % Asche. Die Versuche, während des Krieges Blätter und Samen zur Volksernährung heranzuziehen, haben sich nicht bewährt, weil die klimatischen Verhältnisse dem Anbau ungünstig sind und der bittere Geschmack der Speisen nur schwer zu beseitigen ist.

Reisstroh, Reiswurzeln. Außer dem Samen werden auch das Stroh und die Wurzeln vielfach verwertet. Das Reisstroh dient den Ostasiaten zur Herstellung von Gebrauchsgegenständen, wie Sandalen, Besen und Matten, ferner auch von Papier und geschnitten, gleich Häcksel, als Viehfutter. — Die Reiswurzeln sind ein geschätztes Material für Bürsten und Besen. Die Rispen verschiedener Hirsearten, namentlich aus der Familie Sorghum vulgare, Mohr- oder Sorgho-Hirse, werden ähnlich der Reiswurzel verwendet.

Renaszin, ein aus verschiedenen wertlosen Salzen bestehendes „Bluterneuerungsmittel“, vor dem mehrfach amtlich gewarnt wurde.

Reseda (Reseda odorata) gehört zu den feinsten Duftpflanzen, welche bei der Darstellung von Parfümerien (s. d.) Verwendung finden. Ihr Gehalt an ätherischem Öl ist aber so gering, daß es nicht durch Destillation, sondern nur durch

Mazeration mit fetten Ölen oder festen Fetten gewonnen werden kann. Das käufliche Resedaöl (lat. Oleum resedae pingue, frz. Huile parfumée de réséda, engl. Oil of reseda) besteht aus einem solchen mit Resedablüten aromatisierten fetten Öl und wird als Zusatz zu Haarölen verwendet. Ein mit festem Fett hergestelltes Produkt heißt Pomade de Réséda, während Extrait de Réséda durch Behandeln der Pomade mit feinstem Sprit erhalten wird. Ein unter dem Namen Reseda-Geraniol im Handel befindliches Präparat wird gewonnen, indem man Resedablüten mit Geraniol destilliert.

Resiablätter sind Plätzchen, welche abführende Stoffe (Rhabarber) enthalten und als Geheimmittel gegen Fettleibigkeit angepriesen werden.

Resina ist die lateinische Bezeichnung für Harz: R. alba, weißes Fichtenharz; R. ammoniaci, Ammoniakharz oder Gummiharz; R. anime, Animeharz; R. benzoë, Benzoëharz; R. draconis, Drachenblut; R. elastica, Kautschuk; R. elemi, Elemiharz; R. guajaci, Guajakharz; R. jalapae, Jalapenharz; R. masticthe, Mastix; R. pini, Fichtenharz; R. sandaraca, Sandarak; R. scammonii, Skammoniumharz. S. d. betreffenden Aufsätze.

Resinit ist eine aus Formalin, Phenol, Salzen und Farbstoffen hergestellte Masse, die in flüssiger Form zum Imprägnieren von Holz und Pappe, als Ersatz für Email und Emaillack und dgl., in fester Form an Stelle von Steinnuß, Horn, Zelluloid zu Schmucksachen, Knöpfen, Griffen und Schildern verarbeitet wird.

Resol ist ein zur Desinfektion von Abortgruben empfohlenes Gemisch von Holzteer, Holzgeist und Ätzkali.

Resonanzhölzer. Diesen Namen führen im Holzhandel aus Tannen- und Fichtenstämmen gefertigte dünne Holzplatten, die bei der Herstellung von Musikinstrumenten Verwendung finden und namentlich im Böhmerwald, Oberbayern und dem westlichen Teile des sächsischen Erzgebirges in großer Menge gewonnen werden. Zu ihrer Herstellung eignet sich nur ganz gesundes, astfreies Holz mit feinen und gleich starken Jahresringen, aber ohne Harzgallen. Früher wurde alles Resonanzholz gespalten, während jetzt auch Sägen hierzu eingerichtet sind. Je nach der Größe und Güte unterscheidet man Resonanzbodenholz für Klaviere, Geigendeckelholz, Gitarrenholz, Baßdeckelholz usw.

Resorbin, eine Salbenmasse, wird durch Emulgieren von Wachs und Mandelöl mit Gelatine und Seifenlauge hergestellt. Sie bildet unter anderem die Grundlage des Resorbin-Quecksilbers (Unguentum Hydrargyri cum Resorbino paratum) aus 1 Teil Quecksilber und 2 Teilen Resorbin.

Resorzin (Meta-Dioxybenzol, lat. Resorcinum, frz. Résorcine, engl. Resorcin), $C_6H_4(OH)_2$, wurde zuerst von Hlasiwetz und Barth bei der Einwirkung von schmelzendem Alkali auf einige Gummiharze (Galbanum, Asa foetida, Akaroidharz) erhalten und entsteht auch bei der trockenen Destillation des Brasilins. Zur fabrikmäßigen Darstellung vermischt man Benzol vorsichtig mit der vierfachen Menge rauchender Schwefelsäure, führt die entstehende Monosulfosäure durch Erhitzen auf 275° in die Benzoldisulfosäure über und neutralisiert mit Kalkmilch. Die von dem unlöslichen Kalziumsulfat abfiltrierte Lösung des benzoldisulfosauren Kalziums wird mit Soda behandelt, die vom hierbei ausfallenden Kalziumkarbonat abfiltrierte Lösung des Natriumsalzes zur Trockne verdampft und bei 270° mit Natriumhydroxyd geschmolzen. Aus der wäßrigen Lösung der Schmelze wird nach dem Ansäuren mit Salzsäure das Resorzin mit Äther ausgeschüttelt. Die nach dem Abdestillieren des Äthers hinterbleibende harte und brüchige, ziemlich weiße Masse ist für die Farbenfabriken genügend rein, wird aber für medizinische Zwecke durch Kristallisation und Sublimation noch weiter gereinigt. Es bildet dann farblose rhombische Tafeln, die in Wasser, Alkohol und Äther leicht löslich, in Schwefelkohlenstoff, Benzin, Benzol und Chloroform aber praktisch unlöslich sind. Der Schmelzpunkt liegt bei 118°, der Siedepunkt bei 278°. Das chemisch reine R. (Resorcinum puriss.) wird medizinisch als Antiseptikum und innerlich gegen Erbrechen, das technische R. zur Herstellung der R.-Farben (Eosin, Kokzin, Nopalin, Phloxin, Mandarine, R.-blau, Jaune und Ponceau d'Orient, Scharlach) benutzt.

Resorzinblau (fluoreszierendes Blau, frz. Bleu fluorescent), ein aus Resorzin hergestellter Teerfarbstoff der Oxazinreihe, das Ammoniumsalz des vierfach bromierten Resorufins, $OC_6H_3(NO)C_6H_3OH$, kommt als braunrote, dicke, mit grünen Kriställchen erfüllte Flüssigkeit in den Handel. Es gibt mit heißem Wasser eine rotviolette, grün fluoreszierende Flüssigkeit, die Seide und Wolle mit bräunlicher Fluoreszenz blau färbt. Zuweilen wird auch das Lackmoid (s. d.) als R. bezeichnet.

Resorzinbraun, ein seit 1881 bekannter Azofarbstoff, bildet ein braunes Pulver, das sich in Wasser mit brauner Farbe löst und Wolle im saueren Bade braun färbt. Das R. besteht aus dem Natronsalze des Xylidinazosulfanilsäureazoresorzins.

Restitutionsfluid ist eine Mischung von Kapsikumtinktur, Kampferspiritus, Ammoniak, Äther, Alkohol, Kochsalz und Wasser, die namentlich als Einreibungsmittel für Tiere verwendet wird.

Rettich (frz. Radis, engl. Radish). Diesen Namen führen verschiedene 0,4—0,7 m hohe Pflanzen aus der Familie der Kreuzblütler, und zwar hauptsächlich: Ölrettich, Rübenrettich und Radieschen oder Monatsrettich. Der aus China stammende Ölrettich hat sich in Deutschland nicht verbreitet, weil er gleich anspruchsvoll wie Raps, aber nicht so einträglich und noch empfindlicher ist. Die Radieschen und der gewöhnliche R. werden ihrer Wurzel wegen im großen von Gärtnern angebaut und bilden einen Gegenstand des örtlichen Gemüsehandels. Die besten Rettich-Sorten sind: langer schwarzer Erfurter, runder Erfurter, weißer Erfurter sowie runder und schwarzer Wiener. Der R. soll zart sein und nicht pelzig und hart, fleckig oder faul werden. Man überwintert ihn deshalb mit den Köpfen, am besten in Gruben oder Mieten. Von den Radieschen sind die runden und länglich runden die zarteren und besseren. Die vorzüglichsten Sorten bilden die rosenroten runden Monatsradieschen, die scharlachroten runden Treibradieschen, die rosenroten R. mit weißer Spitze, die länglichweißen, ovalen und rosenroten Radieschen, und zwar sind die in Mistbeeten gezogenen am besten.

Rhabarber (lat. Rhizoma rhei, frz. Rhubarbe, engl. Rhubarb), eine in China und Mittelasien heimische Pflanze aus der Familie der Polygonazeen, wird wegen ihrer als Gemüse benutzten Stengel und ihrer medizinisch wirksamen Wurzeln vielfach angebaut. Für den ersteren Zweck kommen hauptsächlich Gartenrhabarber oder handförmiger R. (Rheum palmatum), Englischer R. aus der Tatarei und Tibet (Handleaved Rh.), R. compactum aus der Mongolei, wellförmiger R. (R. undulatum) und Bastard-R. (R. hybridum), für den letzteren Zweck besonders Rheum officinale und palmatum in Betracht. Der kleinblättrige R. (Rheum rhaponticum), auch Berg- oder Pontischer R. genannt, und der Emodi- oder Ostindische R. (Rheum emodi) liefern die adstringierend wirkenden Rapontika-Wurzeln (falscher Rhabarber, lat. Radix Rhapontici, frz. Racine de rhubarbe rhapontic, engl. Rhapontic Root), die nur in der Tierheilkunde Verwendung finden. — Die Rhabarber-Wurzel (lat. Rhizoma rhei, frz. Racine de rhubarbe, engl. Rhubarb root), eines der ältesten und zuverlässigsten Heilmittel, stammt von im Inneren Asiens wachsenden Pflanzen und kam früher auf dem Landwege über Rußland als Russischer R. (Radix rhei moscovitica, rossica oder coronalis) oder auch als Bucharischer R. in den Handel, während sie jetzt nur noch von Shanghai auf dem Seewege als Chinesischer R. eingeführt wird. — Die russische Ware erhält man in oben und unten abgestutzten, kegelförmigen Stücken oder in Längsschnitten größerer Wurzeln, die auf einer Seite flach, auf der andern gewölbt erscheinen. Die Stücke sind stets ganz geschält und fühlen sich rauh an. Auf dem Bruche oder Durchschnitt zeigen sie auf weißem Grunde rote Streifen und Adern, und die Schönheit dieser Marmorierung bildet neben der Festigkeit des Holzkörpers und der Feinkörnigkeit des Bruches einen Maßstab für die Güte. Zum Anreihen auf Fäden zum Trocknen sind die größeren Wurzelabschnitte durchbohrt. — Die weniger wertvolle Chinesische Ware bildet Stücke verschiedener Form und Größe, entweder walzenförmige, durch das Schälen kantige Rundstücke mit einem Bohrloch für die Anhängeschnur oder glatte, unvollständig geschälte Stäbe ohne Durchlochung. Die rote Marmorierung, das Zeichen höherer Wirksamkeit, tritt schwächer hervor, und dementsprechend ist auch das Pulver weit heller als das dunkelgelbe der russischen Droge. — R. hat einen eigentümlich aromatischen Geruch und bitter aromatischen Geschmack. Das Pulver knirscht wegen des Vorhandenseins von Oxalatkristallen zwischen den Zähnen und färbt den Speichel gelb. Seine abführende Wirkung beruht auf dem Gehalte an Emodin und Oxymethylanthrachinon. Als weitere charakteristische Bestandteile sind zugegen: oxalsaures Kalzium, Frangulasäure, Chrysophansäure, möglicherweise in glykosidischer Bindung, eine eigentümliche Gerbsäure, Rheumgerbsäure, und verschiedene Stoffe, die möglicherweise erst durch Zersetzung entstanden sind. Von dem chinesischen R. unterscheidet man hauptsächlich zwei Sorten, den wilden oder Shensi-R., der auf den Bergen der gleichnamigen Provinz wild wächst und im März oder April nach Shanghai auf den Markt kommt, und den kultivierten oder Szechuen-R., der im Oktober geerntet wird. Die Ware kommt in Kisten aus dünnem Holz, die mit Blei ausgelegt und mit grünem Papier überzogen sind, nach Europa. Um sich gegen Verfälschungen und Unterschiebung minderwertiger Ware zu schützen, muß man folgende Merkmale beachten: Die Stücke sollen schwer und dicht, hingegen nicht schwammig sein. Nach dem Abreiben mit einer scharfen Bürste müssen sie eine dunkle Farbe und die rötliche Marmorierung zeigen. Zusätze von Bolus und Ocker erkennt man an der Erhöhung des Aschengehaltes, Zusätze von Stärke mit Hilfe des Mikroskopes. Die zu Anfang erwähnten europäischen Wurzeln sind minder wirksam und sollen wie der pontische nur zu Tierheilmitteln benutzt werden. Der Nachweis der letzteren ist auf mikroskopischem Wege nicht möglich, kann aber in der Weise erfolgen, daß man 10 g des Pulvers mit so viel 60 %igem Alkohol auszieht, bis 25 ccm klares Filtrat erhalten werden. Die bei 80° auf 7 ccm eingedampfte Lösung wird mit 10 ccm Äther kräftig durchgeschüttelt. Ein nach einiger Zeit erhaltener bräunlich kristallinischer Niederschlag deutet auf Rhapontikum-Rhabarber. — Der R. wirkt infolge seiner verschiedenen Bestandteile sowohl adstringierend als purgierend, kann also in kleinen Gaben zur Stillung von Durchfällen, in größeren als Abführmittel Verwendung finden. Außerdem wird er in Form von Pulvern, Pillen, Extrakten, Tinkturen und Sirupen gegen viele Unregelmäßigkeiten der Verdauungsorgane, gegen Leber- und Nierenleiden und Skrofeln verordnet sowie technisch als Farbstoff verwendet.

Rhenser Sprudel bei Koblenz. 1000 Gewichtsteile enthalten nach Hintz und Grünhut (1902): Bikarbonate des Natriums 0,8890 g, Lithiums 0,0102 g, Ammoniums 0,0097 g, Kalziums 0,4623 g, Strontiums 0,0003 g, Magnesiums 0,3438 g, Eisenoxyduls 0,0229 g, Manganoxyduls 0,0015 g, Chlornatrium 1,2536 g, Bromnatrium 0,0014 g, Jodnatrium 0,00002 g, Sulfate des Kaliums 0,0426 g, Natriums 0,7605 g, Arsensaures Natrium 0,00015 g, Borsaures Natrium 0,0057 g, Kieselsäure 0,0170 g und freie Kohlensäure 3,1080 g.

Rhodamine nennt man eine Reihe roter basischer Farbstoffe, die im Jahre 1887 von Ceresole entdeckt wurden und die vierte Gruppe der Xanthenfarbstoffe bilden. Zu ihrer Darstellung bedient man sich zweier Arbeitsweisen. Nach der einen kondensiert man Phtalsäureanhydrid oder die Anhydride substituierter Phtalsäuren mit m-Aminophenolen, nach der anderen wird Fluoreszeinchlorid mit Aminen umgesetzt. Ihre Zusammensetzung entspricht derjenigen eines Rosamins, in das eine Carboxylgruppe eingetreten ist, nämlich der allgemeinen Formel: $COOH . C_6H_4 . C(C_6H_3 . NR_2)_2 . OCl$. — Der einfachste Vertreter der Gruppe, das Rhodamin B, ist das Tetraäthylderivat ($R = C_2H_5$) und entsteht beim Zusammenschmelzen von Phtalsäureanhydrid mit Dimethylmetamidophenol und Behandlung der Schmelze mit Salzsäure in Form grüner Kristalle oder eines rötlichvioletten Pulvers, das mit Wasser eine bläulichrote, stark fluoreszierende Lösung gibt. Der Farbstoff färbt Wolle und Seide sehr echt bläulichrot mi starker Fluoreszenz, tannierte Baumwolle violettrot ohne Fluoreszenz, geölte Baumwolle ebenso, aber mit Fluoreszenz. — Durch Einwirkung von Alkoholen und Säuren können aus den Rh. Ester gebildet werden, die auch die Bezeichnung Anisoline führen und sich von den eigentlichen Rh. durch einen blaueren Ton, erhöhte Affinität zur Faser und stärkere Basizität unterscheiden. — Rhodamin 6 G ist z. B. der Äthylester.

Rhodium, eines der Platinmetalle (s. Platin), vom spez. Gew. 12,100 und dem Atomgewicht Rh. = 103, das sich nur durch umständliches Verfahren als dichtes Metall darstellen läßt, ähnelt in der Farbe dem Aluminium und ist in reinem Zustande weich, geschmeidig und dehnbar wie Silber, in unreinem Zustande hingegen hart und spröde. Es schmilzt schwerer als Platin, aber leichter als Iridium und ist in Königswasser unlöslich. Die technische Verwendung beschränkt sich auf die Herstellung widerstandsfähiger Platinlegierungen für Pyrometer, harte Spitzen für Goldfedern und einiger Stahlsorten.

Rizinusöl (Wunderbaumöl, Kastoröl, lat. Oleum ricini, Oleum palmae christi, frz. Huile de ricin, engl. Castor oil) wird aus den Samen der Rizinuspflanze, Ricinus communis, gewonnen und gehört zu den fetten Ölen. Der Rizinus- oder Wunderbaum ist ein ursprünglich ostindisches, jetzt aber über viele Länder durch Verpflanzung verbreitetes Gewächs aus der Familie der Wolfsmilcharten, das in wärmeren Ländern strauch- und baumartig wächst und 7—10 m Höhe erreicht, bei uns aber nur als 2—2$^1/_2$ m hohe Blattpflanze in Gärten und Anlagen gezogen wird. Seine großen, handförmigen, 7—10spaltigen Blätter sitzen schildartig auf langen Stielen. Die Blüten stehen in großen Trauben und liefern stachlige, aufspringende Samenkapseln. Die unter dem Namen große Purgierkörner oder Purgiernüsse (lat. Semen ricini, Semen cataputiae majoris, frz. Semence de ricin, engl. Castor seeds) bekannten Samen haben eine elliptische, zusammengedrückte, auf der einen Seite stumpfkantige, auf der anderen gewölbte Gestalt und eine glatte, glänzende, rotbraun getüpfelte Oberfläche. In der harten, dünnen und leicht zerbrechlichen Samenschale liegt ein gelblichweißer, ölhaltiger Kern, der anfangs mandelartig mild, hinterher etwas kratzig schmeckt. Die frühere Verwendung der Samen als Abführmittel ist wegen ihres Gehaltes an dem sehr giftigen Rizin jetzt ganz durch diejenige des Öles verdrängt worden. Das R. wurde früher durch Auskochen der zerquetschten Samen mit Wasser gewonnen, während man jetzt die enthülsten Kerne kalt auspreßt und so 40—50 % Öl erhält. Durch heißes Nachpressen gewinnt man noch weitere 7 % Öl, die jedoch, ebenso wie das mit Schwefelkohlenstoff extrahierte Öl nicht medizinisch, sondern nur technisch benutzt werden. Zur Entfernung der letzten Rizinspuren kocht man es einige Zeit mit Wasser, wobei die fremden Bestandteile zu Boden sinken, während das Öl selbst sich klärt, hellfarbiger und milder wird. Von den verschiedenen Handelssorten werden die kalt gepreßten italienischen und französischen Öle den warm gepreßten und daher gelblichen amerikanischen und ostindischen vorgezogen. Das R. ist im reinen Zustande hell und farblos oder nur schwach gelblich und ohne Geruch und Geschmack. Es ist dickflüssiger als andere fette Öle und hat ein spez. Gew. von 0,960. In der Kälte scheidet es festes Fett (Rizinusstearinsäure) aus und erstarrt vollständig bei —17°. R. besteht im wesentlichen aus Rizinol- und Rizinisolsäureglyzeriden, enthält aber kein Oleïn. Zur Prüfung auf fremde Öle vermischt man das R. mit dem vierfachen Volum Vaselinöl, worin es zum Unterschiede von allen anderen fetten Ölen unlöslich ist. Auch gibt es mit 90 %igem Alkohol eine klare Lösung. Außerdem zieht man das hohe spez. Gew. und die Löslichkeit in Eisessig heran. Außer zu medizinischen Zwecken als gelinde wirkendes Abführmittel findet es auch technische Verwendung, hauptsächlich zur Herstellung des Türkischrotöls und von Schmiermitteln, sowie von Seife, bildet ferner einen gewöhnlichen Bestandteil der käuflichen Lederöle und ist auch für sich allein ein vorzügliches Konservierungsmittel für Schuh- und anderes Lederwerk. Zur Verpackung dienen viereckige Blechdosen (Kanister) von 20 kg Inhalt, deren je vier in eine Kiste eingesetzt sind. Das technische, gelbe Öl kommt in Fässern zum Verkauf.

Riechsalz, englisches, besteht aus kohlensaurem Ammonium, das mit ätherischen Ölen parfümiert ist.

Rindertalg (lat. Sebum bovinum, frz. Suif de boeuf, engl. Suet of beef) ist das aus fettreichen Teilen von Rindern ausgeschmolzene Fett. Zu seiner Gewinnung benutzt man hauptsächlich das Gekröse- (Mickerfett), Netz-, Nieren-, Herz-, Mittelfell-, Sack-, Eingeweidefett, seltener andere fettreiche Körperteile. Der aus frischen, ausgewählt guten Teilen, bei nicht zu hoher Temperatur ausgeschmolzene und sorgfältig gereinigte R. wird als Feintalg (Premier jus) bezeichnet. R. ist entweder fast weiß, grauweiß oder schwach gelblich, bei bestimmter Fütterung (Weidemast) auch wohl stark gelb, von schwachem, eigenartigem Geruch und Geschmack und fester Konsistenz. Die größte Härte zeigt das Eingeweidefett, die niedrigste das Sackfett. Seiner chemischen Zusammensetzung nach, die nach den Körperteilen wechselt, besteht es aus den Glyzeriden der Palmitin-, Stearin- und Ölsäure und zeigt folgende analytische Kennziffern: Schmelzpunkt nach Polenske 43—51°, Erstarrungspunkt nach Polenske 30—38°, Differenzzahl 13—15, Brechungsindex (bei 40°) 1,4566—1,4583, Refraktion 46—48,5, Jodzahl 32—46, Verseifungszahl 193—198, Reichert-Meißl-Zahl 0,1—0,6, Schmelzpunkt der Fettsäuren 41—47°, Erstarrungspunkt der Fettsäuren 39—47°, Jodzahl der ungesättigten flüssigen Fettsäuren 89—92,4. Der R. findet ausgedehnte technische Verwendung (s. Talg), die besten Sorten (von geschlachteten Tieren) bilden ein wertvolles Speisefett und den Rohstoff der Margarinefabrikation (s. d.). Der zu letzterem Zwecke aus Feintalg durch Auspressen bei mäßiger Temperatur gewonnene niedriger schmelzende Anteil, das Oleomargarin, ist reicher an Ölsäure und hat infolgedessen einen niedrigeren Schmelzpunkt (28—40°) und Erstarrungspunkt (17—27°), sowie eine höhere Jodzahl (42—53°), der hinterbleibende Rückstand, der sog. Preßtalg (Rinderstearin) besteht hauptsächlich aus Glyzeriden der Stearin- und Palmitinsäure und hat in der Regel einen Erstarrungspunkt über 50°. Verfälschungen durch Zusätze pflanzlicher Öle (Baumwollsamenöl) sind auf analytischem Wege, Zusätze von Hammeltalg nicht immer mit Sicherheit nachzuweisen. Der Verkauf von Preßtalg als Talg schlechthin zu Speisezwecken ist unzulässig.

Ringelblume (Lockenblume, lat Flores calendulae, frz. Fleurs de souci, engl. Ring flowers). Die getrockneten Blüten der bekannten südeuropäischen, in Gärten häufig vorkommenden Komposite Calendula officinalis, bilden einen Gegenstand des Drogenhandels, werden aber kaum noch medizinisch verwandt. Nur der Farbe wegen setzt man die ausgezupften, rasch getrockneten zungenförmigen Randblümchen bisweilen noch Räucherpulvern zu, während sie künstlich gefärbt auch zur Verfälschung des Safrans dienen.

Rips (Ribs, Reps, Rippen, frz. und engl. Reps) nennt man dicht gewebte Stoffe mit längslaufenden erhabenen Rippen. Die letzteren werden durch die starken, zwei- und dreifädig gezwirnten Kettenfäden hervorgebracht, in die ein Einschuß von viel feinerem gezwirnten Garn gewoben und stark angeschlagen wird, so daß dessen Fäden diejenigen der Kette vollständig verdecken. Stoff und Name sind ursprünglich englisch. Die Herstellung erfolgte früher nur in Baumwolle, während jetzt überall R. auch mit Baumwoll- oder Wollkette und wollenem Einschlag zu Möbelbezügen, Türvorhängen, Damenkleidern, sowie ferner in Seide als Damenstoff gewebt wird. Die Wollenrispe kommen auch mit Querrippen vor, welche durch abwechselndes Einschießen eines schwachen und eines starken Fadens erhalten werden.

Robbenfleisch wurde während des Krieges in größeren Mengen zur menschlichen Ernährung nach Deutschland eingeführt. Die derben Stücke des stark gesalzenen und zum Teil mit Kochsalzkristallen bedeckten Fleisches besaßen eine sehr dunkle, fast schwarzrote oder schwarzbraune Farbe und setzten sich aus starken Muskelfasern von deutlicher Querstreifung zusammen. Für die chemische Zusammensetzung wurden folgende Werte ermittelt: Wasser 48,75 %, Stickstoffsubstanz 28,08 %, Fett 1,89 %, Asche 18,96 %, Kochsalz 18,00 %. Der Nährwert beträgt hiernach 1461 Einheiten oder 1380 Kalorien. Der Geschmack des nach Vorschrift 18—24 Stunden gewässerten Fleisches war zwar nicht übermäßig angenehm, aber ebensowenig tranig oder fischig. Es konnte vielmehr im rohen wie im gekochten Zustande als durchaus genießbar bezeichnet werden.

Roborat, ein aus Weizenkleber bestehendes Nährmittel, enthält nach König: 9,46 % Wasser, 82,25 % Stickstoffsubstanz, 3,67 % Fett, 3,04 % Extraktstoffe, 0,19 % Rohfaser und 1,39 % Asche.

Roborin wird von einer Berliner Fabrik aus dem in Schlachthäusern abfallenden Blute hergestellt und ist im wesentlichen als Kalziumalbuminat anzusprechen. Das schwach alkalische dunkelbraune Pulver ist nur wenig in Wasser löslich und enthält: 6,74 % Wasser, 77,38 % Protein, 0,15 % Fett, 3,37 % Extraktstoffe, 12,36 % Asche.

Rodinal, das salzsaure Paraamidophenol, findet für sich allein oder im Gemisch mit schwefligsaurem Natron und Kaliumkarbonat als photographischer Entwickler Anwendung. Ein gebrauchsfertiger R.-Entwickler wird als Unal in fester Form in den Handel gebracht.

Roggen (Korn, frz. Seigle, engl. Rye), neben dem Weizen die wichtigste Getreidesorte, besteht aus den Samen von Secale cereale, die in zahlreichen Spielarten wie: gewöhnlicher oder kurzer R., Johannis-, Probstei-, Kampiner-, Kleb-, Riesenstauden-, russischer Schneeroggen usw. angebaut werden. Die meisten Arten leiten sich von dem gewöhnlichen R. und dem Stauden-R. ab, in die sie auch leicht wieder übergehen. R. findet sich sowohl in China, Mittelrußland und Österreich als hauptsächlich in Norddeutschland, hingegen weniger im Westen und in Amerika. Das eigentliche Verbreitungsgebiet erstreckt sich vom 60. bis 65.° n. Br. bis zur Schweiz, doch kommt er noch unter 70.° n. Br. und in Höhen bis zu 1600 m fort. Er stellt geringere Anforderungen an den Boden als Weizen und wird als Sommer- und Winterfrucht angebaut. Der Sommer-R. gedeiht auch da, wo anderes Getreide nicht fortkommt, wird aber später reif und gibt um 1/4 geringere Erträge. Wo irgend möglich, baut man daher Winter-R., der zugleich gute Vorfrucht für Sommersaaten ist. R. kann mehrfach hintereinander auf dieselbe Stelle gesät werden und verträgt frische Düngung, wird aber meist ohne letztere nach Futterpflanzen oder Hackfrüchten gebaut. Er enthält im Durchschnitt 13—14 % Wasser, 11 bis 13 % Protein, 2 % Fett, 68—70 % Kohlenhydrate, 1½—3 % Rohfaser und 2 % Asche, doch ist die Zusammensetzung von vielen Umständen: Klima, Lage, Düngung und Bodenbeschaffenheit, abhängig. Kleber läßt sich aus dem R. nicht auswaschen. Der Roggen bildet das wichtigste Brotgetreide der nördlicheren Länder und wird außerdem in Form von Grünfutter, Kleie und Schwarzmehl zur Viehfütterung verwandt.

Rohr. 1. Spanisches R. (Stuhlrohr, Rotang, frz. Canne de bengale, engl. Rattan), das als Stuhlgeflecht und zu anderen Flecht- und Korbwaren, ferner gefärbt zu Regenschirmrippen und als Ersatz für Fischbein, zum Teil auch zu Spazierstöcken Verwendung findet, stammt von den schlanken Stämmen oder Trieben mehrerer ostindischer Rohrpalmen: Calamus Rotang, Calamus verus, Calamus rudentum. Die abgeschnittenen Stücke werden von Oberhaut, Blättern und Dornen befreit und dann zusammengebunden über Pulo-Penang, Singapore und Batavia nach Europa, aber auch nach China und Japan ausgeführt. Man fertigt dort mannigfache Gegenstände aus Rohr, die sämtlich lebhaft begehrte Handelsartikel bilden. Alles Tauwerk der chinesischen und anderen asiatischen Fahrzeuge der östlichen Meere besteht z. B. aus diesem Rohr. Der Handel liegt hauptsächlich in den Händen der Holländer. Als Zeichen besonderer Güte wird eine blaßgelbe Farbe angesehen, da dunkelfarbiges R. gewöhnlich brüchig ist. Auch muß ein gut geschlossener, glasiger Überzug vorhanden sein, der beim Biegen nicht abspringt. Das dünne, gelbliche R., Stuhlrohr, nennt man auch weibliches, während unter männlichem dickeres, dunkelfarbiges, mit enger stehenden Knoten versehenes R. zu Spazierstöcken verstanden wird. Das rohe R. hat noch seine ringförmigen Knoten, die beim gereinigten durch Schaben oder durch Schleifen auf besonderen Maschinen entfernt worden sind. Das nicht in ganzen Stäben zu verwendende R. wird in Fabriken durch Zerschneiden, Spalten, Hobeln und Ziehen in die verschiedenen Gebrauchsformen, Stuhl-, Korsettrohr, Rieten für Webstühle usw. gebracht. Die dünnsten, schnurenförmigen Streifen heißen Schnur- oder Putzrohr und dienen in der Putzmacherei als steifendes Material. Die hellsten Sorten Stuhlrohr werden durch Schwefeldämpfe gebleicht. Peddigrohr besteht aus dünnen Stäbchen, die aus dem Marke der gleichen Calamusarten hergestellt sind und zur Korbflechterei Verwendung finden. — 2. Eine andere Sorte, sog. spanisches R., stammt von der größten europäischen Grasart, Arundo donax, die in ganz Südeuropa heimisch ist. Es wird auch Pfahlrohr oder Schalmeirohr genannt und zu ähnlichen Zwecken verwandt, wie die asiatische Ware. — 3. Das gemeine Teichrohr (Schilf-, Decken-, Dachrohr, Rohrschilf) von Phragmites communis dient hauptsächlich zum Berohren von Zimmerdecken und zur Anfertigung von Wänden, Rohrmatten zum Belegen der Frühbeetfenster u. dgl. Der Ertrag beläuft sich je nach der Dichtigkeit des Standes für den Hektar Teich oder Seeufer auf 120—300 Gebinde von 75—80 cm Umfang. Hiervon wird aufgebunden als Dachrohr 25—35 %, als Mauerrohr 45—60 %. Der Rest ist Streu.

Roisdorfer Mineralquelle bei Bonn enthält in 1000 Gewichtsteilen: 0,9821 g Natriumbikarbonat, 0,3086 g Kalziumbikarbonat, 0,3497 g Magnesiumbikarbonat, 0,0029 g Ferrokarbonat, 1,8423 g Chlornatrium, 0,4638 g Natriumsulfat, 0,0092 g Kieselsäure und 1,3183 g freie Kohlensäure.

Rokzellin, ein dem Echtrot (s. d.) nahestehender Azofarbstoff, besteht aus dem Natriumsalze des α-Naphtylaminsulfosäureazo-β-Naphtols.

Romadurkäse, auch Romatour, Rahmatour genannt, ist ursprünglich ein echter Fettkäse mit 22,78 % Protein und 20,66 % Fett, wird aber neuerdings im Allgäu auch nach Art des Backsteinkäses aus Vollmilch oder teilweise entrahmter Milch hergestellt.

Roob (Rob) ist eine alte arabische Bezeichnung für Dicksaft oder Mus, die hauptsächlich für folgende pharmazeutische Zubereitungen noch in Gebrauch ist: Roob antisyphiliticus für Sirupus sarsaparillae; R. dauci für Möhrensaft; R. ebuli, Attichdicksaft; R. juniperi, Wacholdersaft; R. sambuci, Holundersaft; R. sorborum, Ebereschenmus; R. spinae cervinae, Kreuzbeermus.

Roquefortkäse, ein berühmter Hartkäse, der seinen Namen von dem Dorfe Roquefort im Departement Aveyron trägt, wurde früher aus Schaf- und Ziegenmilch hergestellt, während man jetzt nur noch Schafmilch benutzt. Die unabgerahmte Milch wird mit Lab oder Waldartischocke (Cinara scolymus) zum Gerinnen gebracht, der Bruch mit verschimmeltem Brot in durchlochte Töpfe geschichtet und der Reifung überlassen. Hierbei bedecken sich die Käse zuerst mit einer gelben und rötlichen Kruste, darauf mit einer weißen Schimmelwucherung, die abgekratzt wird. In 30—50 Tagen verliert der Käse 28—30 % an Gewicht und enthält dann: 31,6 % Wasser, 26,5 % Protein, 33,1 % Fett, 3,2 % Milchzucker und 5,6 % Asche. Er kommt in Stanniol gehüllt in den Verkehr.

Rosamine nennt man eine Reihe roter, gelb fluoreszierender Xanthenfarbstoffe, welche durch Einwirkung von Benzotrichlorid auf alphylierte m-Aminophenole entstehen. Ihre Zusammensetzung entspricht der Formel $C_6H_5 . C(C_6H_3 . NH_2)_2 . OCl$, d. d. derjenigen eines Pyronins, in welchem die CH-Gruppe durch die Gruppe $C . C_6H_5$ ersetzt ist.

Rosanilin (Rosanilinhydrat, Triamidodiphenyltolylkarbinol), $C_{20}H_{21}N_3O$, ist die den eigentlichen Anilinfarben im engeren Sinne zugrunde liegende Base und wird daher im Handel auch Rosanilinbase genannt. Man erhält sie, wenn man ein Rosanilinsalz, also z. B. Anilinrot (Fuchsin) mit Ammoniak oder Natronlauge zersetzt, in Form weißer Kristallnadeln, die sich durch Spuren einer Säure, ja selbst schon durch die Kohlensäure der Luft röten. Durch Behandlung mit Säuren entsteht wieder Anilinrot. — Die dem R. ähnliche Base, das Pararosanilin, Triamidotriphenylkarbinol, liefert mit Säuren Parafuchsin.

Rose bengale ist der Name einiger Phtaleinfarbstoffe, die Wolle bläulichrot färben, als braune bis braunrote Pulver in den Handel kommen und in Wasser mit roter Farbe ohne Fluoreszenz löslich sind. Rose bengale N wird durch Einwirkung von Jod auf Dichlorfluoreszein erhalten und besteht aus Alkalisalzen des Tetrajoddichlorfluoreszeins; Rose bengale B wird durch Einwirkung von Jod auf Tetrachlorfluoreszein dargestellt und besteht aus dem Kalisalze des Tetrajodtetrachlorfluoreszeins.

Rosein. Diesen Namen führte eine Zeitlang das Fuchsin, ebenso auch das Mauvein.

Rosenblätter (lat. Flores rosarum, frz. Pétales de roses, engl. Rose-flowers). Die Blumenblätter von bei uns gezogenen Rosen, die einen nicht unbedeutenden Gegenstand des Drogenhandels bilden, entstammen der Zentifolie (Rosa centifolia), ferner der roten oder Essigrose (R. gallica) und der dunkelroten Damaszener Rose (Rosa damascena). Die Zentifolienblätter (lat. Flores rosarum incarnatarum seu pallidarum) werden nach völliger Aufschließung der Blüten ohne die Kelche abgenommen und entweder rasch an der Sonne getrocknet oder frisch mit Salz eingelegt (lat. Flores rosarum in sale). Durch das Trocknen geht ein Teil des Duftes und die rein rote Farbe verloren, der übrigbleibende schwache Geruch ist aber sehr angenehm. Die eingesalzenen Blätter behalten ihr Rot. Die Blätter der roten und der Damaszener Rosen (lat. Flores rosarum rubrarum seu damascenarum) werden von Knospen genommen, die eben im Aufbrechen begriffen sind. Man pflückt sie bei sonnigem Wetter und zwickt mit einer Schere den rotgefärbten Teil ab, so daß der untere gelblich gefärbte verschmälerte Boden der Knospe, der sog. Nagel, mit dem Kelche in Wegfall kommt. Die Knospen werden unaufgerollt im Schatten getrocknet, verlieren dabei ihre rote Farbe nicht, sondern behalten sie, vor Luft und Licht geschützt, sehr lange. Diese Blüten besitzen nur schwachen Geruch und dienen weniger zu Parfümeriezwecken, als, ihrer Farbe wegen, hauptsächlich zur Herstellung von Räucherpulvern, Morsellen u. dgl. Außerdem werden sie zur Herstellung des Rosenhonigs verwandt und im Handverkauf als schleimhaltiges, zusammenziehendes Mittel, z. B. gegen Durchfälle, abgegeben. Für letzteren Zweck dienen sie meist als Aufguß oder in Form von Pulver. Schließlich bereitet man aus frischen Blättern eine Rosenkonserve, indem man sie fein stampft und mit Zucker und Rosenwasser als Zusatz zu Pillenmasse mischt. Die roten R. kommen am schönsten aus den Vierlanden bei Hamburg, in fast der gleichen Güte aus Holland. — Der Rosenhonig (lat. Mel rosatum, frz. Mellite de rose rouge, engl. Honey of rose) wird bereitet, indem man die R. durch siedendes Wasser auszieht und den abgeseihten Saft mit Zusatz von gereinigtem Honig zur Sirupsdicke einkocht. R. wird gegen Durchfall und als beliebtes Mittel gegen die sogenannten Schwämmchen der kleinen Kinder benutzt, im letzteren Falle aber meist noch mit etwas Borax versetzt. — Zu Rosenessig (lat. Acetum rosae, frz. Vinaigre de rose, engl. Vinegar of rose) werden die Blätter mit feinem Essig angesetzt und durch längeres Stehenlassen extrahiert. — Das wichtigste Erzeugnis aus R. ist das Rosenwasser (lat. Aqua rosarum, frz. Eau distillée de roses, engl. Rose-water), das in Fabriken ätherischer Öle durch Destillation frischer, trokkener oder gesalzener Blätter mit Wasser dargestellt oder auch bei der Rosenölgewinnung als Nebenprodukt erhalten wird. Es findet Anwendung als Augenwasser, ferner zu kosmetischen Mitteln und zum Parfümieren von Konditoreiwaren. Sein Geruch stammt von dem ätherischen Öl (s. Rosenöl), das sich aber bei der gewöhnlichen Destillationsweise nicht abscheidet, sondern im Wasser gelöst bleibt. Besonders in Südfrankreich, in den so viele Parfümerien erzeugenden Distrikten von Grasse, Cannes und Nizza, werden bedeutende Mengen Rosen angebaut. Man rechnet auf einen Acker etwa 10000 Rosenstöcke, die im Jahre durchschnittlich 2500 kg Blütenblätter geben. Die französischen Rosen sind viel duft- und ölreicher, aber das bei der Destillation sich abscheidende Öl bildet auch hier nur eine sehr geringe Menge. Die wichtigsten Erzeugnisse dieser Gegend sind Rosenwasser, fettes und ätherisches Rosenöl (s. d.), Rosenpomade und das aus letzterer durch Behandlung mit feinem Sprit gewonnene, äußerst wohlriechende Extrait de Rose. — Abgesehen von dem Rosenwasser und den übrigen Präparaten ist auch der Handel mit frischen Rosenblüten durch die neugeschaffenen Verkehrswege zwischen Frankreich und Italien einerseits und dem nördlichen Europa anderseits recht bedeutend geworden. Täglich kommen zahlreiche Sendungen mit den verschiedenen Alpenbahnen nach Deutschland und finden hier, namentlich in den Wintermonaten, schnell Absatz.

Rosenholz (lat. Lignum rhodii, frz. Bois de rose, engl. Rose wood). Unter diesem Namen finden sich verschiedene Hölzer im Handel, die entweder einen entfernt rosenähnlichen Geruch besitzen oder sich durch eine schön rosenrote bis purpurrote Färbung auszeichnen. Die ersteren dienen zu Parfümeriezwecken, die letzteren in Form von Furnieren zu eingelegten Arbeiten in der Kunsttischlerei. Das Möbelrosenholz wird besonders in England als das schönste und teuerste Luxusholz verarbeitet. Es erscheint meist in starken Blöcken, die von großen Bäumen aus Brasilien sowohl, als auch aus Siam und anderen Bezugsquellen herrühren. Das beste R. aus Bahia in Brasilien, angeblich von Physocalymna floribundum (Pohl), hat auf purpurrotem Grunde dunklere Marmorierung oder Maserung. Je reicher die Zeichnung, je tiefer die Färbung und je stärker die Unterschiede der Farbentöne, um so teurer wird das Holz bezahlt. Ferner liefern Cordia Gerascanthus und Cordia sebestina in Westindien R. für die Kunsttischlerei. — Das Parfümerieholz besteht aus den knolligen, schweren Wurzeln zweier auf den Kanarischen Inseln wachsender Windenarten, Convolvulus scoparius und Convolvulus floribundus. Es riecht beim Reiben und Raspeln angenehm rosenartig und hat einen bitterharzigen Geschmack. Man verwendet das geraspelte Holz zum Füllen von Riechkissen, bereitet daraus durch Mazerieren mit Weingeist eine Rosenholztinktur und destilliert daraus das angenehm rosenartig riechende ätherische Rosenholzöl (lat. Oleum ligni rhodii, frz. Essence de bois de rose, engl. Rose-wood oil), das zu Parfümerien gebraucht wird. — Das kanarische R., die echte Sorte, kommt in Stücken von 2½—9 cm Durchmesser, welche außen grau, innen schön braungelb oder rötlich geadert sind, in den Handel. Der ihm auch beigelegte Name Rhodiserholz gehört eigentlich einer anderen Wurzel, die von einer im Orient (Zypern, Rhodus) wachsenden Ginsterart herrühren soll.

Rosenöl (lat. Oleum rosarum, frz. Essence de rose, engl. Oil of roses) war früher nur in wärmeren Ländern mit Vorteil zu gewinnen, während die bei uns gezogenen Rosen infolge ihrer Ölarmut meist nur wohlriechendes Wasser gaben. Seit etwa 1888 hat aber Schimmel in Miltitz bei Leipzig mit Erfolg die Herstellung aufgenommen und ein Öl von ausgezeichneter Beschaffenheit in den Handel gebracht. Das meiste R. kommt aus Bulgarien, kleine Mengen, die aber für den Handel ohne Bedeutung sind, werden auch in Kleinasien (Anatolien), Spanien und am Kaukasus hergestellt. In Ostindien ist Ghazipur in der Präsidentschaft Agra der Hauptsitz der Rosenzucht und Ölbereitung, und von der dort üblichen Bezeichnung Attar oder Atar dürfte sich die in England vielfach gebräuchliche Benennung Otto ableiten. Für die regelmäßige Versorgung des Abendlandes kommt jetzt ausschließlich Bulgarien in Betracht, wo am Fuße und den Abhängen des Balkangebirges in den Bezirken Kazanlik, Karlovo, Plovdio, Nova-Zagora, Stara-Zagora, Tchirpan, Pechtera, Pazardjik, Panagurichte und Stanimaka die Rosen Rosa damascena und Rosa alba besonders angebaut werden. Die Ernte beginnt Ende Mai und dauert etwa 30 Tage. Am frühen Morgen werden die eben aufgebrochenen Blüten gepflückt, von den Kelchen befreit, mit Wasser in die Blasen gebracht und der Destillation über freiem Feuer unterworfen. Das überdestillierte ölhaltige Wasser wird in Tongefäßen über Nacht in kühle Keller gestellt, und am Morgen das an der Oberfläche erstarrte, als ein Häutchen abgeschiedene Öl sorgfältig abgenommen. Das aromatische Wasser wird zu mehreren Destillationen verwandt. Die Ölausbeute ist sehr von der Witterung abhängig. Bei warmem Wetter wird am wenigsten, bei kühlem beträchtlich mehr erhalten. 3000 kg Rosen sollen 1 kg Öl geben, eine Angabe, die sehr wenig glaubhaft ist, denn zur Herstellung von 1 kg deutschen Rosenöls, das aus derselben Rosenart gewonnen wird wie das bulgarische, sind 5000 bis 6000 kg Blüten erforderlich. Im Hinblick auf den hohen Preis des Rosenöls sind Verfälschungen außerordentlich lohnend und häufig. Grobe Zusätze von fetten Ölen, Paraffin, Walrat und Alkohol sind leicht, solche von Geraniumoder Palmarosaöl aber nur durch eingehende Analyse, Bestimmung des spez. Gew., der Drehung, des Erstarrungspunktes usw. nachzuweisen. Das echte R.-Öl ist weißlichgelb bis grünlich und von durchdringendem, anhaltendem Rosengeruch. Bei mittlerer Temperatur dickflüssig, erstarrt es bei etwa 17—21° C teilweise oder ganz infolge seines reichlichen Gehaltes an Stearopten. Das spez. Gew. beträgt 0,855—0,870 bei 20°, die Verseifungszahl 7—16. R. besteht aus einem festen und einem flüssigen Anteil. Der feste Anteil, das Stearopten, setzt sich aus mehreren Paraffinen zusammen, während der flüssige, das Elaeopten, eine ganze Reihe der verschiedensten Verbindungen enthält, von denen als die wichtigsten genannt seien: Geraniol, Zitronellol, Nerol, Phenyläthylalkohol, Geranylazetat und Nonylaldehyd. Hauptbestandteil ist Geraniol. Der Kleinvertrieb des Öles geschieht in geschliffenen und vergoldeten Glasfläschchen, auf die es in Konstantinopel abgezogen wird, während zur Versendung im großen flache, zinnerne, mit Filz überzogene Flaschen von ½—3 kg Inhalt benutzt werden. — Unter den fetten Parfümerieölen gibt es auch ein R. (lat. Oleum rosae pingue, frz. Huile de rose, engl. Rose-oil), das durch Mazerieren von Rosenblättern mit Olivenöl hergestellt und zum Parfümieren von Haarölen benutzt wird.

Rosenquarz, eine durchscheinende bis durchsichtige Art des Quarzes von rötlichweißer bis rosenroter Farbe, die wahrscheinlich durch einen geringen Gehalt von Titanoxyd hervorgerufen wird, findet sich hin und wieder in schwachen Lagen im Granit und Gneis, am schönsten in Sibirien, wo man ihn zu Dosen, Vasen und größeren Gegenständen verarbeitet. In Deutschland findet sich das Mineral in verwertbarem Zustande nur zu Bodenmais in Oberbayern und Zwiesel in Niederbayern. Die Rosafarbe ist oft von Natur sehr licht, oder verblaßt auch nachträglich an der Luft, so daß die Ringsteine gewöhnlich mit einer Folie unterlegt werden.

Rosinen, getrocknete Weinbeeren, werden in zwei Sorten unterschieden: 1. Große R., Zibeben (lat. Passulae majores, frz. Raisins secs, engl. Raisins) sind die an der Sonne oder künstlich getrockneten Beeren des Weinstockes, Vitis vinifera, und zwar nur der zuckerreichen Sorten des Mittelmeergebietes. Traubenrosinen (Tafelrosinen) sind solche mit Kämmen, Sultaninen oder Sultan-R., von Natur kernlose, kleinere und hellgelbe Beeren, bilden eine stielfreie Ausleseware, Yerli oder Elemé Ware bester Beschaffenheit. Das kleinasiatische Erzeugnis geht als Smyrnaer R. über Triest und Hamburg nach Deutschland, während Samos, Kos und Kreta geringwertigere Sorten liefern. Sehr gut, in Deutschland aber selten, sind die großen ausgekernten Damaszener. Italienische und französische R., sog. Provencer, gehen am meisten nach England, spanische R., hauptsächlich von Malaga, Valencia und Alikante, nach Deutschland. Lexia nennt man R., welche durch Eintauchen in Lauge und Ölwasser einen besonderen Glanz erhalten, verschickt in Töpfen auch Topfrosinen genannt werden. Sehr bedeutend ist seit einigen Jahren die Ausfuhr von Kalifornien. Die Verpackung der R. geschieht in Kisten zu etwa 10—30 kg und auch in Säcken zu 50 kg. — 2. Kleine R. (Korinthen, lat. Passulae minores, frz. Raisins de corinthe, engl. Corinths) heißen die getrockneten Beeren einer kernlosen Abart des Weinstockes, Vitis corinthica, die auf den Liparischen und Ionischen Inseln gezogen wird. Sie sind von dunkelpurpurroter, ins Schwarze übergehender Farbe, sehr süß und saftreich. Man hat tragende Stöcke von sieben Jahren an bis zu 100 Jahren. Die Beeren reifen im Juli, werden in 8—10 Tagen gedörrt und in Fässern von 100 bis 150 kg sowie auch in Säcken und Kisten versandt. Die kleinen R. sollen trocken, durchscheinend, glänzend, süß und fleischig, aber nicht modrig, dürr oder mehlig sein. Auch dürfen sie weder säuerlich riechen, noch zu viele Stiele enthalten. R. müssen in trockenen, kühlen Räumen gut verwahrt werden.

Rosmarinblätter (lat. Folia rosmarini s. rorismarini, s. Folia anthos, frz. Feuilles de Romarin, engl. Rosemary) stammen von der bekannten blaßblau blühenden Labiate Rosmarinus officinalis, die bei uns nur in Gärten und Töpfen gezogen wird, in den Mittelmeerländern aber auf felsigen, sonnigen Abhängen, stellenweise in ungeheurer Menge, wild wächst. Der immergrüne, bis 2 m hohe Strauch trägt sitzende, stumpflanzettliche Blüten von lederiger Oberhaut, die oben dunkelgrün und glatt, unten weißfilzig erscheint. Das Kraut besitzt einen stark würzigen Geruch, sowie bitterlichen, kampfer- und terpentinähnlichen Geschmack, der durch das Trocknen schwächer wird und auf der Anwesenheit von ätherischem Öl beruht. Medizinisch dient es nur äußerlich als aromatisches Mittel zu stärkenden Bädern, zerteilenden Umschlägen und Räucherspezies.

Rosmarinöl (lat. Oleum rosmarini seu rorismarini, Oleum anthos, frz. Essence de Romarin, engl. Rosemary oil), das aus den Rosmarinblättern durch Destillation mit Wasser oder Wasserdampf gewonnene ätherische Öl, das den Geruch der Blätter in erhöhtem Grade besitzt, gelangt aus Dalmatien, Südfrankreich und Spanien in den Handel und wird daher als dalmatinisches (italienisches), französisches und spanisches R. unterschieden; das französische R gilt als das feinste. Außerdem wird noch in England, Tunis, Griechenland, Korsika und Sardinien R. destilliert, doch kommen die in diesen Ländern gewonnenen Ölmengen für den Handel nicht in Frage. Das R. ist eine farblose, gelbliche oder schwach grünliche Flüssigkeit von kampferartigem Geruch und bitter aromatischem Geschmack. Das spez. Gew. beträgt 0,900—0,920, es kommen aber auch leichtere Öle vor, doch soll das spez. Gew. keinesfalls unter 0,895 liegen. Als wichtigste Bestandteile sind Pinen, Kamphen, Zineol, Kampfer und Borneol abgeschieden worden. R. dreht die Polarisationsebene gewöhnlich nach rechts, α_D bis + 15, doch ist an zweifellos reinem französischen und spanischen R. auch schon wiederholt Linksdrehung beobachtet worden, die aber in den meisten Fällen die Folge einer Verfälschung mit Terpentinöl ist. Ein anderes beliebtes Fälschungsmittel ist leichtes Kampferöl. — R. und Lavendelöl dürfen dem mit Pyridin vergällten Spiritus zugesetzt werden, müssen dann aber folgenden gesetzlichen Bestimmungen entsprechen:

I. Lavendelöl.

1. Farbe und Geruch. — Die Farbe des Lavendelöls soll die des Holzgeistes sein. Das Öl soll den charakteristischen Geruch der Lavendelblüten haben.
2. Dichte. — Die Dichte des Lavendelöles soll bei 15 Grad zwischen 0,880 und 0,900 liegen.
3. Löslichkeit in Branntwein. — 10 ccm Lavendelöl sollen sich bei 20° C in 30 ccm Branntwein von 63 Gewichtsprozent klar lösen.

II. Rosmarinöl.

1. Farbe und Geruch. — Die Farbe des Rosmarinöls soll die des Holzgeistes, der Geruch soll kampferartig sein.
2. Dichte. — Die Dichte des Rosmarinöles soll bei 15 Grad zwischen 0,895 und 0,920 liegen.
3. Löslichkeit in Branntwein. — 10 ccm Rosmarinöl sollen sich bei 20° in 100 ccm Branntwein von 73,5 Gewichtsprozenten klar lösen.

Diese Öle sind von den amtlich bestellten Chemikern daraufhin zu prüfen, ob sie den vorstehenden Anforderungen entsprechen.

Rosolsäure, ein Triphenylmethanfarbstoff, kann als Rosanilin aufgefaßt werden, in welchem der Imidstickstoff durch Sauerstoff, die Amidogruppe durch Hydroxyl ersetzt ist, und entspricht sonach der Formel $C.(C_6H_4.O)(C_6H_4.OH).(C_6H_3.CH_3.OH)$. Sie entsteht bei der Einwirkung von salpetriger Säure auf Rosanilin und Zersetzung der hierbei entstehenden Diazoverbindung durch Wasser. Die R. bildet einen Bestandteil des Korallins (s. d.). In reinem Zustande wird sie als Indikator benutzt.

Roßhaare (Pferdehaare) bilden nach entsprechender Reinigung und Sortierung eine wichtige Handelsware für zahlreiche technische Zwecke. Die Schwanz- oder Schweifhaare werden zunächst mit Wasser ausgekocht und alsdann durch Hecheln in lange und kurze getrennt. Die ersteren, die mindestens 6 dm messen sollen, aus Rußland aber bisweilen in 8 dm Länge kommen, werden in ihren besten weißen Sorten zum Bezug von Violinbogen, in den geringeren farbigen Marken zu Web- und Flechtwaren sowie zu Haarbüschen für Soldatenhelme benutzt. Die Gewebe bestehen entweder ganz aus R., wie bei Siebböden, Beuteltuch und Möbelüberzügen, oder aus Mischgeweben mit Kette aus Baumwolle, Manilahanf u. dgl. für Hüte, Mützen, bauschendes Unterfutter, Halsbinden, Bänder, Schnüre und andere Posamentierwaren. — Die kurzen R., von der Mähne der Pferde, kommen entweder roh, oder öfter schon gesotten und gesponnen, d. h. in Zöpfe zusammengedreht, zum Verkauf. Durch das Sieden oder Dämpfen werden sie sowohl gereinigt, als zum Kräuseln geneigt gemacht und heißen daher Krullhaare. Sie sind entweder noch in Zöpfen oder wieder aufgedreht und auseinandergezupft und bilden das beste Polstermaterial für Möbel, Sättel, Kissen und Matratzen, dem allerdings bei seiner Kostspieligkeit häufig billigere Ersatzmittel untergeschoben werden. Gute R. sind sehr hart und elastisch, schon gebrauchte erhalten ihre Elastizität wieder, wenn man sie auskocht und zum Trocknen auf Stöcke wickelt. Die Krullhaare dienen ferner zum Drehen von Haarschnuren zu Seilen, zu Haardecken, Preßtüchern, Haarsohlen u. dgl. Die kürzesten Haare, welche die allgemeine Hautdecke des Pferdes bilden und in Gerbereien abfallen, haben nur geringen Wert und werden mit Kuh- und Kälberhaaren gemengt für geringe Polsterungen sowie als Zusatz zu Filz, Mauerputz und zur Herstellung von Blutlaugensalz verwandt.

Roßkastanien, die Früchte der Roßkastanie, Aesculus Hippocastanum, enthalten in einer stachligen grünen Kapsel je 1—3 braunglänzende Samen mit weißem Nabel. Die grüne fleischige Schale ist durch eine besondere Gerbsäure charakterisiert. Die stark bitter schmeckenden Samen enthalten neben rund 15 % Wasser, 7 % Stickstoffsubstanz, 5 % Fett, 3 % Rohfaser und 2 % Asche 68 % stickstofffreie Extraktstoffe, davon 28 % Stärke. Während die Roßkastanien im Frieden meist zur Schweinemast benutzt wurden, hat man im Kriege versucht, sie auch zur menschlichen Ernährung heranzuziehen. Zu dem Zwecke ist vorgeschlagen worden, die den bitteren Geschmack bedingenden Saponine und Gerbstoffe durch Behandlung mit alkalischem Wasser oder mit Alkohol zu entfernen. Die praktische Durchführung dürfte aber an der Kostspieligkeit der Verfahren scheitern.

Roßkastanienholz von Aesculus Hippocastanum ist gelblichweiß bis rötlichgelb und grobfaserig, besitzt aber feinen Spiegel. Da es ziemlich weich ist und leicht fault, ist es zu Bauholz nicht geeignet.

Roßschwefel (lat. Sulfur caballinum, s. griseum, frz. Soufre caballin, engl. Horse sulphur), der beim Reinigen des Rohschwefels durch Sublimation in den Apparaten verbleibende graue Rückstand, der noch Schwefel enthält, wird in der Tierheilkunde benutzt.

Rotbuchenholz. Die Rotbuche, Fagus silvatica, liefert ein außerordentlich hartes Holz von rötlicher Farbe und großem, glänzendem, dunkelbraun gefärbtem Spiegel. Es hat nächst dem Eichenholze die breitesten Markstrahlen, läßt sich gut spalten und glatt bearbeiten und bekommt keine Risse, ist aber sehr dem Werfen unterworfen. Das R. wird zur Herstellung von landwirtschaftlichen Geräten, Mühlwellen und Mühlrädern sowie in der Stellmacherei verarbeitet und ist außerdem ein ganz vorzügliches, aber teures Brennmaterial. Der Buchenholzteer (s. d.) bildet den Rohstoff für die Kreosotherstellung.

Rote Kreide (Rötel, Rotstein, Hausrot) nennt man einen tonigen Roteisenstein, d. i. ein Gemenge von Ton und Eisenoxyd, das da, wo es sich in größeren Mengen findet, als Eisenerz verwandt wird. Das bräunlichrot abfärbende Mineral kommt aus der Gegend von Saalfeld und Nürnberg, aus Tirol, Schlesien und Böhmen in den Handel und findet sich teils in derben Massen, teils in spaltbaren Stücken (s. Blutstein). Die ersteren werden von Zimmerleuten, Steinmetzen u. a. zum Vorzeichnen gebraucht, während die anderen in längere Griffel geschnitten und in Holz oder Rohr gefaßt zur Verwendung gelangen. Zur Herstellung der zum Zeichnen auf Papier gebrauchten dünneren Rotstifte wird die Masse erst gepulvert, geschlämmt und, mit einem Bindemittel zu steifem Teig angemacht, in Stengel geformt. Feinere Sorten von feurigem Rot erhalten einen Zusatz von Zinnober.

Rotholz. Unter diesem Namen kommen verschiedene, einen roten Farbstoff enthaltende Holzarten in den Handel, die von Bäumen aus der nur in den Tropen heimischen Familie der Zäsalpineen abstammen. Andere rote Stammhölzer, wie z. B. Blauholz, Sandelholz, Kaliaturholz, rechnet man hingegen nicht zu den Rothölzern, sondern führt sie unter ihren besonderen Namen in den Preislisten auf. Zu dem nach der Herkunft in südamerikanisches, westindisches und ostindisches unterschiedenen R. gehören folgende Handelssorten: Pernambukrotholz (Fernambukholz, Brasilienholz, lat. Lignum fernambuci, frz. Bois de Brésil ou de Fernambouc, engl. Pernambuco wood), das Kernholz von Caesalpinia echinata, wurde früher aus dem Hafen von Pernambuko in Brasilien ausgeführt, woher es seinen Namen erhalten hat, kommt aber jetzt nicht mehr oft in den Handel und wird daher auch nur ausnahmsweise als Farbholz verwandt. Höchstens benutzt man es wegen seiner hohen Politurfähigkeit als feines Tischlerholz und zu Violinbogen. Das Holz bildet arm- bis schenkeldicke Stücke von ungefähr 1¼ m Länge und faserigem Gefüge, wird aber häufig durch andere Rotholzarten, namentlich Bahiaholz, ersetzt. Für Färbereizwecke werden jetzt hauptsächlich St. Martharotholz, Mazatlanrotholz, Nikaragua- und Kostarikarotholz verwandt. Das St. Martharotholz (Martinsholz, Stockfischholz, Pfirsichholz), von Caesalpinia brasiliensis, ist im Kern schön rot und reich an Farbstoff, im Splint hellgelb. Die Scheite sind an dem einen Ende rund, am anderen abgesägt und lassen auf dem Querschnitte hellere, radiale Streifen erkennen. Die von den jüngeren Ästen herrührenden Stücke führen den Namen Brasiletto, jedoch bezeichnet man hiermit nach anderen Angaben auch mehrere von Kuba, Jamaika und den Bahamainseln kommende geringwertigere R.-Arten, dünne Stücke von bräunlichgelber Farbe, die von Caesalpinia vesicaria und C. crista herrühren sollen. Das Nikaraguarotholz ist dem St. Marthaholz sehr ähnlich und stammt vielleicht von demselben Baume. Die Scheite sind meist etwas gedreht und noch von hellem Splinte bedeckt. Das Mazatlan-Lima-R. hat oft lange Spalten, die einen grauen Überzug zeigen. Frisch geschnitten ist es gelblich, wird aber an der Luft rot. Kostarikarotholz, aus der gleichnamigen Republik, bildet ebenfalls eine gesuchte Sorte. — Unter den ostindischen Rothölzern ist das wichtigste das Sapanrotholz, von dem man wieder Siam-Sapan und Birma-Sapan unterscheidet. Ersteres ist lebhaft gelbrot, ohne Splint, letzteres hellrot, später nachdunkelnd und noch vom Splint umgeben. Beide Sorten stammen von Caesalpinia Sapan. Andere geringwertige Sorten sind Padang-Sapan und Java-Sapan. — Das R. wird erst in Europa geraspelt und fermentiert, wodurch die Farbe lebhafter wird, und ebenso wie das daraus hergestellte Rotholzextrakt in der Färberei und zur Herstellung roter Farblacke benutzt. Der wertbestimmende Farbstoff, das Brasilein, ist nur zum Teil fertig gebildet in dem Holze enthalten, während der Hauptteil sich als Chromogen (Brasilin) vorfindet, aus dem sich erst nach und nach durch Einwirkung der Luft das Brasilein bildet.

Rotviolett. Diesen Namen führen einige seit 1877 bekannte Teerfarbstoffe, die zum Färben von Wolle benutzt werden. Rotviolett 4 RS, ein rotviolettes, in Wasser leicht lösliches Pulver, wird durch Behandeln von Dimethylrosanilin mit rauchender Schwefelsäure erhalten und besteht demnach aus dem Natronsalze der Dimethylrosanilintrisulfosäure. Rotviolett 5 RS wird in Form braunvioletter, metallisch glänzender, in Wasser mit fuchsinroter Farbe leicht löslicher Stücke durch Behandeln von Äthylrosanilin mit rauchender Schwefelsäure erhalten und besteht aus dem Natronsalze der Äthylrosanilinsulfosäure. Rotviolett 5 R extra ist ein dem Hofmannschen Violett nahestehender Farbstoff.

Rubin nennt man das nach dem Nitrobenzolverfahren ohne Anwendung von Arsensäure dargestellte, also arsenfreie Fuchsin.

Rubin (frz. Rubis, engl. Ruby), einer der kostbarsten Edelsteine, der im Wert dem Diamant nahesteht und ihn in seinen schönsten Sorten übertreffen kann, gehört zur Klasse der Korunde, Mineralien, die aus reiner kristallisierter Tonerde (Aluminiumoxyd) bestehen und durch einen kleinen Gehalt von Metalloxyden verschieden gefärbt sind. Vom blauen Saphir unterscheidet er sich lediglich durch die Farbe, ist aber weit seltner als dieser. Die schönsten R. finden sich im Königreich Birma und auf Zeylon, wo sie aus Schuttland gegraben werden. Seit einigen Jahren hat man angeblich auch in Südaustralien bedeutende Mengen von Rubinen gefunden. Die Farbe des R. ist ein schönes, sehr feuriges Karminrot, und zwar wird am meisten der Farbenton geschätzt, den die Juweliere Taubenblut nennen, ein reines tiefes und reiches Rot, ohne Beimischung von Blau oder Gelb. Die R. von Zeylon haben einen zu stark bläulichen Farbton, werden aber nach dem Schleifen und Polieren dadurch verschönert, daß man sie in feuchten, fein gesiebten Tonmergel einsetzt und dann ½ Stunde bis zur Weißglut erhitzt. Hierdurch verschwindet der Blauton vollständig, während das reine Rot hervortritt. Die volkstümliche Benennung des R., Karfunkel, stammt von dem lateinischen Namen carbunculus (glühendes Köhlchen), welchen die Alten dem Steine beigelegt hatten. Der R. ist härter als jeder andere Stein, mit Ausnahme des Diamanten, doch wie dieser leicht zerbrechlich. Vor dem Lötrohr ist er unschmelzbar. Orientalische R. von 10 Karat sind äußerst selten und teuer. Kleine, in Indien geschliffene Steine, wie sie z. B. zu Zapfenlagern in Taschenuhren dienen, gelten je nach ihrer Güte 15—60 M. das Karat; solche von 2, 3, 4 Karat, wenn sie besonders schön sind, haben gleich hohen und selbst höheren Preis wie Diamanten von gleichem Gewicht und sind auch seltener als diese. Die R. werden in Brillant-, Rosetten- und Treppenschnittform geschnitten und, wenn die Farbe hierzu gesättigt genug ist, à jour gefaßt. Die meisten bedürfen jedoch der „Folie", einer Unterlage von hochpoliertem Goldblech. Rubinähnliche, aber dem echten R. nicht gleichkommende Steine sind der Spinellrubin und Balasrubin (siehe Spinell). Bisweilen werden auch geringe rote Steine, wie Granaten, Hyazinth, rote Turmaline oder durch Glühen rot gewordene Topase, als R. ausgegeben. Der sog. brasilianische R. ist z. B. natürlicher roter Topas. Alle diese zu Unrecht als Rubin bezeichneten Steine erreichen den echten weder im Ton und Feuer der Farbe, noch in der Härte. Künstliche R., d. h. gefärbte Glasflüsse, werden in der Farbe fast so schön wie echte hergestellt, sind aber durch die Feile oder Anritzen mit Diamant sogleich zu erkennen. Zu ihrer Herstellung benutzte man früher den Cassiusschen Goldpurpur (s. Art. Goldpurpur), der auch in der Glas- und Porzellanmalerei gebraucht wird, während man jetzt eine Goldauflösung in Königswasser (Goldchlorid) verwendet. Für geringere Rubingläser, namentlich für die überfangenen Glasgeschirre (s. Glas), dient als viel billigeres Färbungsmittel das Kupferoxydul in Form von Kupferschlacken und Hammerschlag. In neuerer Zeit werden an Stelle dieser rohen Nachahmungen unter dem Namen Rubis reconstitués wirkliche künstliche Rubine in den Handel gebracht, welche die gleiche chemische Zusammensetzung wie das natürliche Mineral zeigen und nur auf physikalischem Wege zu erkennen sind. Zu ihrer Darstellung bedient man sich verschiedener Methoden. Nach der ersten schmilzt man mehrere sehr kleine R. bei Temperaturen von etwa 1800° zu einem größeren zusammen und erhält so Steine von 8—12 Karat. Nach der anderen erhitzt man ein Gemisch von reiner Tonerde und Bleioxyd in hessischen Tiegeln und läßt langsam abkühlen. Nach dem Verfahren von Verneuil endlich läßt man feinstes Pulver chemisch reiner Tonerde mit etwas Chromoxyd durch ein Platinsieb auf eine senkrecht nach unten gerichtete Knallgasflamme fallen und fängt die geschmolzenen Teilchen auf der Spitze eines Tonerdetiegels auf, der bis nahe zum Schmelzen erhitzt ist. Sie wachsen hier zu einem Stäbchen und schließlich zu einem rundlichen Tropfen, der bis zu 50 Karat erreicht. In Paris werden jährlich mehr als fünf Millionen Karat (= 1000 kg) hergestellt. Die erhaltenen Steine besitzen dieselbe Härte und Farbe sowie das gleiche spez. Gew. wie echte R., erscheinen aber zum Unterschiede von letzteren bei mikroskopischer Untersuchung entweder völlig strukturlos, oder von schwarzen, undurchsichtigen Pünktchen durchsetzt. Künstlich sind ferner R., die unter dem Mikroskope wellenförmige Linien zeigen, während echte Steine wie ein zartes, aus straffen, gekreuzten Linien bestehendes Gewebe erscheinen.

Rüben. Mit diesem Namen werden verschiedenen Pflanzenfamilien angehörige Wurzelgewächse bezeichnet, die zum Teil als Nahrungsmittel, Futtermittel und technisches Rohmaterial hohe Bedeutung besitzen. Die Mohrrübe (Möhre) und die Zuckerrübe sind in besonderen Aufsätzen besprochen. — Die Runkelrübe (Beta vulgaris) wird in zahlreichen Arten angebaut, die sich hauptsächlich in die zwei Hauptgruppen: Gewöhnliche Futterrunkel (Beta vulgaris rapacea, Beta alba oder rubra) und Runkelrübe mit veredeltem Blatt (Mangold, Beta vulgaris cicla) unterscheiden. Die R. gedeiht bis zu 71° n. Br. und in Höhen bis zu 1400 m, reift in 150—180 Tagen und verlangt ein warmes, nicht zu feuchtes Klima sowie tiefgründigen, humosen und kalkigen Lehmboden. Der Ertrag ist sehr hoch und beträgt für 1 ha 30—60000 kg. Die R. stellt ein wertvolles Futtermittel dar und enthält neben 75—94 % Wasser 3—10 % Zucker, 0,5—4 % Stickstoffsubstanz, 0,1—0,4 % Fett und 0,6—2,4 % Asche. Die Stickstoffsubstanz besteht nur zum kleinsten Teile aus Protein, hingegen hauptsächlich aus Salpetersäure, Ammoniak, Betain, Glutamin und Asparagin. — Die Kohlrübe (Stoppelrübe, Wrucke, Brassica Napus esculenta und Brassica rapa rapifera) bildet in ihren vielen Spielarten ein beliebtes Gemüse und wird sowohl mit länglicher als runder, mit weißer als gelblicher Wurzel angebaut. Sie verträgt besser Kälte und Feuchtigkeit als die Futterrübe, wird aber in warmen Gegenden leicht holzig. Wie die Futterrüben ist sie sehr wasserreich und enthält viel Salpeter. Ihre geschätzteste Sorte wird als Teltower R. bezeichnet. Die während des Krieges durch Trocknen von Kohlrüben hergestellten Schnitzel- und Rübenmehle erwiesen sich wegen ihres unangenehmen Geschmacks für die menschliche Ernährung so gut wie unbrauchbar.

Rüböl (Rapsöl, lat. Oleum napi s. rapae, frz. Huile de navette, engl. Rape oil). Unter diesem Namen führt man im Handel sowohl das Öl des Rübsens als auch das des Rapses, die in chemischer Hinsicht so gut wie identisch sind, sich aber durch ihre Konsistenz unterscheiden. Das Öl aus Winterfrucht ist dickflüssiger und erstarrt schon bei + 7½°, das dünne Öl der Sommerfrucht erst bei — 10°. Zur Gewinnung des R. werden die Samen auf Stampf- oder Walzwerken und zwischen Mühlsteinen gepulvert, in Öfen oder Trommeln erwärmt und auf Keilpressen oder durch hydraulischen Druck ausgepreßt. Ein reineres Öl erhält man durch Ausziehen des Pulvers mit Schwefelkohlenstoff oder Benzin und nachheriges Wiederabdestillieren des Lösungsmittels. Das rohe gepreßte Öl führt aus den

Samen eine größere Menge Schleim und Pflanzeneiweiß mit sich, die es zum Brennen untauglich machen und nur die Verwendung zu geringwertigen Seifen zulassen. Zu gutem Brennöl wird es erst durch das Raffinieren. Zu diesem Zwecke läßt man das frische Öl möglichst lange in großen Behältern stehen, wobei es bereits einen großen Teil seiner Unreinheiten als Bodensatz abscheidet, und behandelt es dann mit ½—1½% konzentrierter Schwefelsäure. Indem man letztere zu dem in großen Bottichen mit Rührvorrichtung befindlichen warmen Öle hinzusetzt und durch starkes Rühren einmischt, werden die schleimigen und eiweißartigen Stoffe teils zum Gerinnen gebracht, teils in flockige, dunkelfarbige Massen verwandelt, die nach einiger Zeit zu Boden sinken. Sobald die Flockenbildung eingetreten ist, rührt man noch die reichliche Hälfte warmes Wasser hinzu, leitet das Gemisch auf Klärfässer und überläßt es 1—2 Wochen sich selbst. Hierbei bilden sich drei Schichten: obenauf klares Öl, das durch Zapflöcher abgezogen und nur noch filtriert wird, in der Mitte die flockigen Abscheidungen, die noch ölhaltig und deshalb besonders zu verarbeiten sind, und zu unterst das saure Wasser. Vielfach wird das Öl auch vor dem Absitzenlassen mit verdünnter Natriumkarbonatlösung ausgewaschen. Der Gesamtverlust beim Raffinieren pflegt 2% nicht zu übersteigen, ist vielmehr meist geringer. Das durch Extraktion mit Benzin oder Schwefelkohlenstoff gewonnene Öl braucht nicht raffiniert zu werden, da diese Flüssigkeiten den Schleim nicht mit lösen. Das R. gehört zu den nichttrocknenden Ölen und besteht neben geringen Mengen Arachinsäure hauptsächlich aus den Glyzeriden der Erukasäure und der Rapinsäure. Das spez. Gew. beträgt 0,910—0,918, die Verseifungszahl 177, die Jodzahl 98—105. Verfälschungen durch Leinöl, Hanföl, Harzöl und Tran verraten sich durch die Erhöhung des spez. Gew., Leinöl und Hanföl außerdem durch die höhere Jodzahl. Das unverseifbare Paraffinöl erniedrigt die Verseifungszahl. R. dient frisch geschlagen als Speiseöl, ferner zur Herstellung von Seife, als Maschinenschmiere und zum Einfetten von Leder und Wolle, jedoch war letztere Verwendung bisher ziemlich beschränkt, weil die Wolle beim Lagern leicht klebrig und bis zur Selbstentzündung heiß wird. — Die Preßkuchen bilden ein wertvolles Futtermittel.

Rum (Taffia, Tafia, frz. und engl. Rum), das bekannte, zu den Edelbranntweinen gerechnete alkoholische Getränk, wird durch Gärung und Destillation von Rohrzuckersaft hergestellt und in besonderer Güte von Jamaika geliefert. Dem Jamaika-R. am nächsten stehen die Erzeugnisse von Barbados und Antigua, während diejenigen von den sog. Leewardinseln (Inseln unter dem Winde) weniger fein sind und der brasilianische R. als der geringste betrachtet wird. Außerdem kommt R. von Kuba, Portoriko, den britischwestindischen Inseln, Holländisch- und Britisch-Guyana, Mauritius und Ostindien, doch steht das ostindische Getränk dem Arrak näher. Zur Darstellung von R. dienen außer dem frischen Zuckerrohrsaft bisweilen auch Sirup von Rohrzucker, Zuckerschaum, der beim Sieden von den Kesseln geschöpft wird, die Abkochung von ausgepreßtem Zuckerrohr und anderen Rohrabfällen, ja selbst die Spülwässer, die sich beim Reinigen der Fabrikgeräte ergeben. Jedoch verarbeitet man bei besserem Betriebe die unreineren Rohstoffe, Spülicht, Schaum u. dgl. für sich allein und brennt daraus ein kratzig schmeckendes Getränk, den Negerrum. Das eigentlich wertvolle ätherartige Aroma, welches den eigentümlichen Rumgeschmack und -geruch bildet, entwickelt sich nur bei der Gärung des frischen Saftes, während der wohl stets zugesetzte Sirup lediglich den Alkoholgehalt vermehrt. Zur Erhöhung des Aromas werden bei der Destillation häufig wohlriechende Kräuter und Rinden, oder nach der Destillation Ananasschnitzel in die Fässer hinzugesetzt (Ananasrum). Der feinste Geschmack entsteht aber nur durch langes Lagern, während junger R. rauh und stechend schmeckt, stark berauschend wirkt und deshalb in den englischen Kolonien den Namen Mordteufel führt. Die braune Farbe wird durch Zusatz von Zuckercouleur erzielt, da der frische R. farblos ist und auch auf den eichenen Lagerfässern höchstens weingelb wird. Der R. in echter Beschaffenheit, wie er mit etwa 75% Alkohol von den Kolonien verschickt wird und allein als Originalrum oder Jamaikarum bezeichnet werden darf, gelangt nur selten in die Hände der Verbraucher, sondern unterliegt zahlreichen Veränderungen und Verfälschungen. Als zulässig ist ein Herabsetzen des Alkoholgehaltes auf 45% durch Wasserzusatz anzusehen. Hingegen darf ein mit Spiritus vermischter R. nur als Verschnitt-R. und ein mit Hilfe von künstlichem Äther, Rumäther, d. i. Ameisenäther (s. d.), hergestelltes Erzeugnis nur als Kunst- oder Fassonrum verkauft werden. Künstliche Färbung des Verschnittrums mit Teerfarben ist mehrfach als Verfälschung beurteilt worden; die Ansicht über den erforderlichen Mindestgehalt an echtem Rum schwankt zwischen 5 und 10%.

Ruß (lat. Fuligo, frz. Noir de fumée, engl. Pine soot), ein Produkt der unvollständigen Verbrennung kohlenstoffreicher Substanzen, besteht aus Kohlenstoff, dem gewöhnlich noch kleine Mengen brenzlig-öliger Stoffe anhaften. Zur Darstellung der gewöhnlichsten Sorte, des Kienrußes, benutzt man harzreiches Holz (Kienstöcke), und zwar besonders solche Hölzer und Rinden, aus denen vorher Pech abgetrieben worden ist. Dieses Rohmaterial wird geschwelt, d. h. in einem gemauerten Raume bei wenig Luftzutritt einer schmauchenden Verbrennung unterworfen. Die Feuerluft durchzieht, mit schwarzem Qualm beladen, einen langen Kanal, tritt dann in eine weite Kammer, die mit einer Bedachung (Haube) aus Wollstoff bedeckt ist, und entweicht unter Hinterlassung des R. durch die Poren der Haube. Der im Kanal sich absetzende R. ist am meisten mit brenzligen Stoffen beladen, mehr glanzrußartig, und daher ohne nachfolgendes Ausglühen nicht zu verwenden. Eine bessere Sorte sammelt sich in der Kammer, und die feinste an der Innenseite der Haube an. Geringere Sorten werden in derselben Weise durch Verbrennen von Stein- und Braunkohlen, Torf und Steinkohlenteer, zum Teil auf Koksbrennereien als

Nebenprodukt erhalten. Zur Herstellung der feinen Rußsorten verarbeitet man meist Harz (Kolophon), schwere Steinkohlenteeröle, fette Öle, Asphalt u. dgl. Die Öle werden in Lampen mit großen Dochten, die harzigen Stoffe auf flachen eisernen Schalen bei gedrücktem und kühl gehaltenem Feuer verbrannt. Alle vorgenannten Erzeugnisse gelangen meist als Lampenruß in den Handel, nur eine aus Frankfurt kommende, sehr gute Sorte geht unter ihrem bezeichnenderen Namen Asphaltruß. Zur Entfernung der immer anhaftenden öligen Bestandteile wird der R. in der Regel ausgeglüht (kalzinierter Ruß). Man stampft ihn zu diesem Zwecke in tönerne Töpfe, die mit Deckeln bis auf eine kleine Öffnung verkittet, oder in blecherne Zylinder, die in Tonkapseln eingesetzt werden, und erhitzt bis zur Rotglut. Die öligen Teile verwandeln sich dabei in Gase, die außerhalb verbrennen. Doch darf das Glühen weder zu schwach sein, weil dann der R. noch fettig bleibt, noch zu weit getrieben werden, da er sonst tot gebrannt, d. h. dicht, fest und grau wird. Der Waldruß wird in Fässern von 7½—10 kg Inhalt, auch wohl in 50-kg-Fässern versandt, während der Kleinvertrieb in Fäßchen aus dünnen Holzspänen, den sog. Rußbutten, geschieht. R. findet vielfache Anwendung als Druckerschwärze, Anstrichfarbe, Lack, Wichse, Tusche und Schwarzwachs sowie zur Herstellung von Glanzleder und Wachstuch.

Ruster-Ausbruch ist neben dem Meneser- und Tokayer-Ausbruch (s. d.) der feinste süße Ungarwein und wird in gleicher Weise wie der Tokayer hergestellt. Er enthält ungefähr 9 bis 10% Alkohol und 24—26% Extrakt mit 18—23% Zucker und gehört daher in die Klasse der konzentrierten Süßweine.

Ruthenium, ein Element der Platingruppe (s. d.), Ru = 101,7, findet sich spurenweise in den Platinerzen als ein silberweißes, hartes, sprödes und strengflüssiges Metall. In reinem Zustande wird es kaum verarbeitet, geht aber mit ein in die Legierungen von Platin und Iridium, die jetzt direkt aus den Platinerzen erschmolzen und häufig an Stelle des Platins gebraucht werden.

S.

Sabadillsamen (Läusesamen, lat. Semen sabadillae, frz. Semences de cévadille, engl. Cevadilla seeds) sind die Samen oder richtiger die Früchte der mit unserer weißen Nießwurz verwandten Liliazee Schoenocaulon officinale, Veratrum Sabadilla, früher Sabadilla officinarum oder Veratrum officinale, einer in Mittelamerika wild wachsenden und angebauten Pflanze mit zwiebelartigem Wurzelstock, meterlangen, schilfartigen Blättern und gelblichen Blüten, die in einer Traube auf einem Schafte stehen. Die von Venezuela und Mexiko in den Handel kommende Droge besteht aus etwa 1 cm langen bräunlichen, zu dreien zusammenhängenden Balgkapseln, die häufig aufgesprungen sind und die zahlreichen kleinen Samenkörner ausgeschüttet haben. Letztere sind glänzendschwarzbraun, von länglich-kantiger, am oberen Ende verschmälerter Form und geruchlos und haben unter der Samenschale einen weißlichen, harten Kern, der brennend scharf und bitter schmeckt und drastisch purgierend und giftig wirkt. Die Samen enthalten die Alkaloïde Veratrin, Sabadin, Sabadinin und Sabadillin, an Zevadinsäure (Methylkrotonsäure) und Veratrumsäure gebunden, und werden in der Tierheilkunde als Pulver, Essig und in Salben gegen Ungeziefer verwandt, sind aber durch das unschädliche Insektenpulver nahezu verdrängt. Wegen ihrer Giftigkeit müssen sie unter den stark wirkenden Mitteln aufbewahrt werden.

Saccharin (Zuckerin, lat. Saccharinum), der von Fahlberg und Remsen zuerst hergestellte künstliche Süßstoff, ist seiner chemischen Zusammensetzung nach Orthosulfaminbenzoësäureanhydrid (Benzoylsulfonimid, Benzoësäuresulfinid), $C_6H_4(CO)(SO_2)NH$. Zu seiner Darstellung wird Toluol mit konz. Schwefelsäure in Orthotoluolsulfosäure, und letztere durch Zusatz von Kreide zunächst in das Kalksalz und darauf durch Behandlung mit Soda in die Natriumverbindung übergeführt. Das getrocknete orthotoluolsulfosaure Natrium wird mit Hilfe von Phosphortrichlorid und Chlor in das Orthotoluolsulfochlorid, und dieses wieder mit Ammoniumkarbonat und Wasserdampf in Orthotoluolsulfamid umgewandelt. Durch Oxydation mit Kaliumpermanganat und Zusatz von Salzsäure zu der entstehenden Verbindung fällt das Benzoësäuresulfinid aus. Das S. bildet ein weißes, schwer in kaltem, leicht in heißem Wasser sowie in Alkohol und Äther lösliches Pulver. Durch Zusatz von Alkalien wird die Löslichkeit sehr erhöht. Der Schmelzpunkt liegt bei 223,5°. Die wichtigste Eigenschaft des S. ist seine ungeheure Süßkraft, welche diejenige des Rohrzuckers 500mal übertrifft und trotz des hohen Preises seine technische Verwertung lohnend erscheinen ließ. Im Hinblick auf den Umstand, daß S. nicht den mindesten Nährwert besitzt, wurde seine Verwendung durch das Reichsgesetz vom 6. Juli 1898 zunächst eingeschränkt und für Bier, Wein, Fruchtsäfte, Konserven, Liköre, Zuckersäfte und Stärkesirup überhaupt, für andere Nahrungsmittel ohne Deklaration verboten. Da hierdurch der Mißbrauch des S. zur Verfälschung von Bier (Weizenmalzextrakt) noch nicht beseitigt wurde, folgte am 7. Juli 1902 der Erlaß des neuen Süßstoffgesetzes, welches die Verwendung künstlicher Süßstoffe für Nahrungsmittel, mit Ausnahme der für Zuckerkranke bestimmten, vollständig verbot und den Verkauf ausschließlich den Apotheken zuwies. Zur Erleichterung der Überwachung wurde die Herstellung nur der Fabrik von Fahlberg & List erlaubt, und den übrigen Fabriken eine Abfindungssumme ausgezahlt. Seitdem war das S. aus der Nahrungsmittelindustrie verschwunden, hat aber während des Krieges infolge des Zuckermangels wieder Bedeutung als Versüßungsmittel erlangt. — Von seinen Derivaten besitzt das als Kristallose bezeichnete S.-Natrium und das Methyl-S. eine gewisse Bedeutung. — Der nächst dem S. wichtigste künstliche Süßstoff, das Dulzin oder Sukrol, ist als Paraphenetolkarbamid, $NH_2 . CO . NH . C_6H_4 . OC_2H_5$, anzusprechen und entsteht bei Einwirkung von Kohlenoxychlorid auf Paraphenetidin und Behandlung des Reaktionsproduktes mit Ammoniak als ein farbloses, glänzendes Kristallpulver vom Schmelzpunkt 173°. Dulzin löst sich schwer in Wasser und Glyzerin, hingegen leicht in Alkohol und schmeckt 200mal so süß als Zucker. Seine Verwendung unterliegt ebenfalls dem Süßstoffgesetz.

Saccharose ist der wissenschaftliche Name für diejenige Zuckerart, die aus Zuckerrohr, Zuckerrüben, Zuckerahorn und Palmensaft gewonnen werden kann. Vgl. Zucker.

Saccharum ist Zucker, z. B. S. hordeatum, Gerstenzucker; S. lactis, Milchzucker; S. saturni, Bleizucker. — S. die betreffenden Aufsätze bzw. Zucker.

Sadebaumkraut (Sevenbaumblätter, lat Herba seu Summitates sabinae, frz. Sabine, engl. Savine, Savine tops) nennt man im Drogenhandel die getrockneten Zweige des Sade- oder Sevenbaums (Juniperus Sabina oder Sabina officinalis). Der in Südeuropa heimische, bei uns als Ziergewächs gehaltene, immergrüne Strauch oder kleine Baum aus der Familie der Wacholder trägt meist in vier Reihen an die schlanken Zweige angedrückte kleine Blätter, die mit je einer Öldrüse auf der Rückseite besetzt sind und infolgedessen einen starken, widrig balsamischen Geruch und einen bitterharzigen und ekelerregenden Geschmack zeigen. Die im Frühjahr zu sammelnden und rasch zu trocknenden jüngeren Triebe mit den Blättern sind offizinell und werden in kleinen Gaben innerlich gegen Frauenkrankheiten benutzt. Wegen ihrer bekannten Wirkung als Abortivmittel dürfen sie im Kleinhandel nicht verkauft werden und sollten ohne ärztliche Verordnung überhaupt nicht abgegeben werden. Ebensowenig sollten sie in Anlagen, wie dies oftmals unbegreiflicherweise der Fall ist, angepflanzt werden, da sie geradezu zur Plünderung anreizen. Verwechslungen mit den Zweigen von Juniperus virginiana sind leicht zu vermeiden, wenn man auf die spitzeren Blättchen sowie darauf achtet, daß diese nur an den jüngeren Zweigen vierzeilig, an den älteren dreizeilig stehen. Überdies haben diese Zweige einen angenehmeren Geruch als die Sabinaspitzen. — Das Sadebaumöl (lat. Oleum sabinae, frz. Essence de sabine, engl. Savin oil) ist blaßgelb, rektifiziert farblos und riecht höchst durchdringend und widerlich. Es enthält neben mehreren Terpenen den Alkohol Sabinol, löst sich in ½ Teil 90%igem Alkohol und ist rechtsdrehend, $\alpha_D + 38$ bis $+ 62°$. Das spez. Gew. beträgt 0,907—0,930.

Sämereien, die Samen von wild wachsenden und von Kulturpflanzen verschiedener Art für Gärtner, Land- und Forstwirte, bilden hochwichtige Handelswaren, die in großen Mengen verbraucht und entweder von Kunst- und Handelsgärtnern oder auch von Landwirten und in Forstgärten gezogen oder von wild wachsenden Pflanzen gesammelt werden. Der Sämereihandel ist sehr lebhaft und erheischt geübte Fachleute, welche die Beschaffenheit der guten Samen und besonders die Kennzeichen der verschiedenen Sorten genau kennen müssen. Um vor Fälschungen oder schlechten Waren zu schützen, sind Samenkontrollstationen eingerichtet worden, die erste 1869 in Tharandt von Nobbe, deren Hilfe sich vorzüglich bewährt hat. Man verlangt jetzt von den Händlern schriftliche Gewähr für gute Beschaffenheit und hat sich über gewisse Grundsätze hinsichtlich des Begriffs der Fälschung geeinigt. Vor allem darf je nach Art der S. nur ein bestimmter Gehalt an fremden Samen oder diesen ähnlichen Körpern und nur höchstens bis 3% nicht keimfähiger Körner vorhanden sein. Die Gärtner mit ausgedehnter S.-Zucht verschicken ihre Preisverzeichnisse und Waren direkt und kaufen auch S. von den Einsammlern, um sie, besser sortiert und verpackt, wieder zu verkaufen. Sie betreiben gleichzeitig Groß- und Kleinhandel. Von guten Firmen kann man sicher sein, anständig bedient zu werden. Die Leiter der Kontrollstationen, von denen sich in jedem Bundesstaate bzw. jeder Provinz mindestens eine, über 50 in Deutschland, befinden, übernehmen die Prüfung und geben weitere Anleitungen. — Alle S. müssen vollkommen trocken, kühl, aber auch frostfrei aufbewahrt und in guter, vor Nässe schützender Verpackung versandt werden. Nähere Angaben finden sich bei den einzelnen Samenarten.

Säurebraun ist der Name zweier, durch die Buchstaben G und R unterschiedener Teerfarbstoffe, von denen der erstere aus dem Natronsalze der Anilinmetadiamidobenzolparasulfosäure, der letztere aus dem Natronsalze des Naphtionsäureazochrysoidins besteht. Beide sind braune, in Wasser mit brauner Farbe lösliche Pulver, die Wolle in saurem Bade braun färben.

Säureester nennt man Verbindungen organischer Säuren mit Alkoholradikalen. In der Praxis versteht man hierunter aber meist diejenigen Ester, die aus Harzsäuren und Alkoholradikalen unter Wasseraustritt gewonnen und als Harzsäureester oder Lackester bezeichnet werden. Sie bilden neuerdings die Grundstoffe für eine neue Sorte von Lacken, die man als Esterlacke bezeichnet, und die vor den Kopal- und Bernsteinlacken den Vorzug völliger Neutralität haben. Man kann daher Esterlacke mit den verschiedensten Farben vermischen, ohne ein Verändern bzw. Nachdunkeln befürchten zu müssen, und verwendet sie namentlich zum Anstrich von Metallgegenständen, besonders als Außenanstrich, u. a. wurde auch der Eiffelturm in Paris mit farbigem Esterlack gestrichen. Den Esterlacken steht jedenfalls eine große Zukunft bevor, da der Anstrich schnell und hart auftrocknet, und die Ausgiebigkeit im Vergleich mit Kopallacken um die Hälfte größer ist. Auch fällt das bei Verwendung von anderen Lacken häufig auftretende blaue Anlaufen weg, nur ist bei Innenanstrich der Nachteil zu verzeichnen, daß die Feuergefährlichkeit der Esterlacke durch die Lösungsmittel, wie Benzol, Benzin und Terpentinöl erhöht wird. Die mit Benzin hergestellten Esterlacke werden vielfach anstatt der Spirituslacke verwandt, vor denen sie den Vorzug haben, durch Alkohol nicht angegriffen zu werden.

Säuregelb. Diesen Namen führt neben den in besonderen Abschnitten besprochenen Echtgelb und Naphtholgelb auch das Diphenylaminorange (Diphenylorange, Orange IV, Tropaeolin OO, Säuregelb D). Der aus orangegelben Blättchen bestehende Farbstoff ist das Natronsalz des Sulfanilsäureazodiphenylamins und färbt Wolle im sauren Bade orangegelb.

Säuregrün nennt man mehrere Arten von Lichtgrün (s. d.) und von Helvetiagrün.

Säureviolett (6 B), ein in Wasser löslicher Teerfarbstoff, wird durch Oxydation der Pentamethylbenzylparaleukanilinmonosulfosäure und nachherige Neutralisation mit Natron erhalten. Das dunkelviolette Pulver färbt Seide und Wolle violett.

Saflor (lat. Flores carthami, frz. Carthame, engl. Safflower) besteht aus den röhrenförmigen Einzelblütchen der Färberdistel, Carthamus tinctorius, einer einjährigen, aus Ostindien stammenden Komposite. die aber schon seit alten Zeiten nach den Mittelmeerländern verpflanzt und zum Färben und Schminken benutzt wird. Die Pflanze wird 6—12 dm hoch, ist nach oben verästelt, hat eilängliche, dornig gezähnte Blätter und distelähnliche Blütenköpfe mit dünnen röhrigen, fünfspaltigen Blütchen, die anfangs goldgelb, dann safrangelb, zuletzt hochrot gefärbt sind. In dem Schlunde der Blüten stehen die zu einer Röhre verwachsenen Staubbeutel, deren Träger weit hervorragt. Man pflückt die Köpfe, sobald die Blüten anfangen zu welken und sich dunkler zu färben, zupft die Einzelblüten aus den Köpfen und trocknet sie entweder oder behandelt sie zur Entfernung des wertlosen gelben Farbstoffes vorher mit Wasser. Die feuchte Masse wird geballt und getrocknet in den Handel gebracht. Sie kommt aus Ägypten in größeren Klumpen, aus Ostindien in kleineren, flachen Broten, während spanische Ware einfach getrocknet und weder gewässert, noch gepreßt ist. In Kuchenform sieht der Stoff dem ebenso geformten Safran sehr ähnlich und wird daher auch zum Verfälschen des letzteren benutzt und als falscher oder wilder Safran, Bastardsafran, bezeichnet. Der rote Farbstoff des S., Karthamin oder Karthaminsäure, kommt auch im rein abgeschiedenen Zustande als Saflorkarmin in den Handel. Zu seiner Gewinnung setzt man die Blumen mit schwacher Sodalösung warm an, schlägt dann den Farbstoff mit Essigsäure auf rohe reine Baumwolle nieder, bringt ihn wieder mit Soda in Lösung und fällt ihn schließlich mit Wein- oder Zitronensäure als eine schön karmoisinrote, schleimige Masse. In dünnen Lagen langsam getrocknet, zeigt das Karthamin einen grünen, kantharidenähnlichen Metallglanz, bei durchfallendem Lichte und in Lösung aber das schönste Rot. Man verkauft es, auf flache Porzellantassen oder Teller sowie auch auf Täfelchen von Weißblech gestrichen, als Teller- oder Tassenrot, Rosablech, oder pulverförmig oder in Stückchen als Saflorkarmin und benutzt es als Malerfarbe sowie bei der Herstellung künstlicher Blumen und verschiedener flüssiger und pulveriger Schminkmittel, die mit französischen Namen als Rouge d'Espagne, Rouge vert, Rouge végétal bezeichnet werden. Als Körper der Schminkpulver dient gewöhnlich beste Talkerde, die mit dem Karthamin aufs feinste zusammengerieben wird. In alkoholischer Lösung gebraucht man das Rot zum Färben von Likören und Konditoreiwaren. S. wurde früher auch in Deutschland, namentlich in der Pfalz, in Thüringen und im Elsaß sowie auch in Niederösterreich gebaut, wird aber jetzt mit größerem Farbstoffgehalt aus wärmeren Ländern bezogen. Die wichtigsten Handelssorten sind: Ägyptischer S., eine gleichmäßig braunrote, sehr weiche und elastische Masse in Klumpen; ostindischer S. in Form kleiner, flacher Kuchen von hellgelber Farbe; persischer und chinesischer S., die als die vorzüglichsten Sorten gelten, aber wenig im europäischen Handel erscheinen; spanischer S., eine gute Ware, die im Süden des Landes gebaut und nicht mit Wasser behandelt, sondern einfach getrocknet wird; ungarischer S., eine schön hochrote und der ägyptischen gleichwertige Ware, die meist wie diese durch Wässern vom gelben Farbstoff befreit und dann veredelter S. genannt wird.

Safran (Saffran, lat. Crocus, frz. Safran cultivé, engl. Saffron), ein seit alten Zeiten vielbenutztes kostbares Gewürz, besteht aus den getrockneten Narben der echten Safranpflanze, Crocus sativus (aus der Familie der Schwertlilien, Iridazeen), die in ihrer Heimat Ostindien sowie in Persien und Kleinasien wild wächst, außerdem aber auch, namentlich in Spanien und Frankreich, vielfach angebaut wird. Sie gedeiht am besten bei Weinklima, in sonniger geschützter Lage, auf humusreichem, trockenem, warmem und lockerem Lehm- oder Sandmergelboden. Der Anbau ist mühsam und erfordert wegen der zahlreichen tierischen und pflanzlichen Schädlinge sorgsame Pflege. Im August und September werden die Zwiebeln eingesetzt und im Oktober die Blüten geerntet. Die Zwiebeln verbleiben drei Jahre im Boden und geben also drei Ernten, deren Ertrag von Jahr zu Jahr größer wird. Darauf nimmt man die stark vermehrten Zwiebeln heraus, bewahrt die besten an kühlen, schattigen Orten bis zum nächsten Auspflanzen und verfüttert die minderguten an Schweine. Der Acker bedarf dann einer 7—15-jährigen Ruhe. Die Blüten werden zu Beginn des Blühens früh morgens, noch geschlossen, abgeschnitten, die Narben nach 3—4 Tagen abgezwickt und sehr sorgsam getrocknet. Auf 1 kg trockenen oder 5—6 kg frischen S. rechnet man 40 000—80 000 Blüten oder 13 000—26 000 Narbenfäden. Der Ertrag beträgt für drei Jahre in Frankreich 63—64 kg, in England 50 kg, in Österreich 20—33 kg S. auf 1 ha. — Die Blüten der Safranpflanze enthalten auf ihrem Fruchtknoten den hellgelben fadenförmigen Griffel, der etwas länger als die Röhre des Perigons ist und sich in drei dunkelrote, nach oben keilförmig verbreiterte und geschlitzte Narben teilt. Nur die letzteren haben einen Würz- und Farbwert und bilden den Handelssafran. In getrocknetem

Zustande erscheinen sie als einzelne oder auch zu dreien zusammensitzende, ineinandergeschlungene, gekrümmte, dunkelbraunrote, zähe und biegsame Fäden. Sie fühlen sich fettig an und besitzen einen betäubend gewürzhaften Geruch, sowie bitteren, aromatischen, etwas scharfen Geschmack. S. färbt den Speichel gelb und ist sehr hygroskopisch, darf daher nicht in feuchten Räumen aufbewahrt werden und muß für den Seetransport gut verwahrt sein. Für die mittlere chemische Zusammensetzung gibt König folgende Werte an: Wasser 15,62 %, Stickstoffsubstanz 12,4 %, flüchtiges Öl 0,60 %, Fett 5,63 %, verzuckerbare Stoffe 13,35 %, sonstige stickstofffreie Extraktstoffe 43,64 %, Rohfaser 4,48 %, Mineralstoffe 4,27 %. Als charakteristischer Bestandteil ist der dunkelrote Farbstoff Krozin oder Polychroit vorhanden, der zu den Glykosiden gehört und beim Kochen mit Säuren in einen Zucker (Krokose oder Dextrose) und unlösliches Krozetin gespalten wird. Außerdem ist ätherisches Öl und ein farbloser, kristallisierender Bitterstoff, Pikrokrozin oder Safranbitter, vorhanden. Wegen seines hohen Preises von 90—100 M. für 1 kg unterliegt der Safran zahlreichen Verfälschungen, für deren strafrechtliche Verfolgung die Frage von Bedeutung erscheint, ob Safran ein Gewürz oder lediglich ein Farbstoff sei. Nach den jetzt herrschenden Anschauungen besteht kein Zweifel, daß er als Gewürz den Vorschriften des Nahrungsmittelgesetzes unterliegt. Als häufigste Verfälschung kommt der Zusatz der wertlosen Griffel in Frage, die zwar infolge der Gewinnungsweise nicht ganz zu vermeiden sind, deren Gehalt aber 10 % keinesfalls überschreiten soll. Beimischung künstlich rotgefärbter Griffel ist auf alle Fälle zu beanstanden. Eine Beschwerung durch Eintauchen in Glyzerin, Öl, Sirup, Honig oder Gelatine und nachfolgende Behandlung mit Mineralstoffen, wie Kochsalz, Kreide, Gips, Schwerspat, Salpeter, Glaubersalz und Borax wird durch die Bestimmung des Aschengehaltes erkannt, der höchstens 8 % mit 0,5 % Sand betragen darf. Mit Öl behandelter S. hinterläßt auf Papier einen Fettfleck und gibt an Petroläther mehr als 5 % lösliche Stoffe ab. Für den Wassergehalt ist eine Höchstgrenze von 15 % anzunehmen. Von ähnlich aussehenden Pflanzenstoffen sind Ringelblumen, Saflor, Kurkuma, Sandelholz, Päonienblätter, Frühlingssafran und zahlreiche andere beobachtet worden. Auch hat man Gelatinefäden, Fleischfasern und Teerfarben aller Art aufgefunden. Der Nachweis dieser Verfälschungen wird mit Hilfe der mikroskopischen und chemischen Untersuchung (Bestimmung des Krozetins, der Rohfaser, des Phosphorsäuregehaltes der Asche, der Kapillaranalyse, des Färbevermögens usf.) geführt. Als auch für den Nichtchemiker brauchbare Vorprüfung empfiehlt es sich, den gepulverten Safran auf Wasser zu verstäuben, wobei alle echten Teilchen sich mit einem gelben Hof umgeben, oder auf konz. Schwefelsäure, wobei die Safranstäubchen intensiv blau werden. — Von den Handelssorten gilt der französische oder Gatinais-S., aus dem Arrondissement Pithiviers, als der wertvollste. Je nachdem er im Schatten oder in der Sonne getrocknet worden ist, wird er als S. d'orange oder S. comtat bezeichnet. Die Hauptmenge des S. kommt aus Spanien, besonders Murcia, La Mancha, Niederarragonien, Palma und Mallorca. Der spanische S. wird vielfach als französischer verkauft. Der orientalische, levantinische oder türkische S. ist oft verfälscht, mit Öl getränkt, schlecht gereinigt und wenig aromatisch, und der früher sehr geschätzte persische S. kommt für den europäischen Bedarf kaum noch in Betracht. Italien liefert hellere Sorten, die zum Teil nicht vom echten S. stammen sollen und als Abruzzen-S. (Abruzzi Zafferano, Aquila Neopolit-S.), sizilianischer und kalabrischer S. unterschieden werden. Der feine österreichische S. aus Niederösterreich und Ungarn kommt nur selten in den Großhandel. — Zum Pulvern des S. empfiehlt es sich, die Narben einige Stunden bei 25° über Ätzkalk zu trocknen. S. findet beschränkte medizinische Anwendung gegen Keuchhusten und Krämpfe und ruft in größeren Mengen Abortus hervor. Außerdem wird er zum Würzen und Färben von Nahrungsmitteln benutzt.

Safranine bilden eine wichtige Gruppe der Azinfarbstoffe (s. d.), welche der allgemeinen Formel $R_2N . C_6H_3(N_2R) . C_6H_3 . NR_2$ entsprechen und durch Erhitzen von Indaminen mit primären Aminen oder durch Oxydation eines Gemisches von Paradiamidodiphenylamin und einer primären Base und nach verschiedenen anderen Methoden hergestellt werden. Zu ihnen gehören das Phenosafranin (s. d.), Giroflé (s. d.) und das Echtschwarz aus Nitrosodimethylanilinchlorhydrat und Oxydiphenylamin. Der wichtigste Farbstoff der Gruppe ist das Safranin, ein Phenazin, in dessen beide Phenylreste je eine Methyl- und Amidogruppe eintreten, während der mittlere Stickstoff mit Cl und C_6H_5 verbunden ist: $NH_2(C_6H_2 . CH_3) . (N_2 . Cl . C_6H_5) . (C_6H_2 . CH_3) . NH_2$. Zu seiner Darstellung oxydiert man eine Mischung von Paratoluylendiamin, Orthotoluidin und Anilin mit chromsaurem Kalium, filtriert, sättigt die Lösung genau mit Salzsäure und fällt den Farbstoff durch Kochsalz. Das Safranin, dessen verschiedene Töne durch die Buchstaben T, B und G bezeichnet werden, kommt als grünlichschwarzes oder rotbraunes Pulver, oder auch in Kristall- oder Teigform in den Handel. Es löst sich ziemlich schwer in kaltem, leicht in heißem Wasser mit scharlachroter Farbe und dient zum Färben von Wolle, Seide und Baumwolle.

Safransurrogat, Safranersatz (Anilinorange, Jaune d'or). Unter diesen Namen kommt ein Farbstoff in den Handel, der lange Zeit zum Gelbfärben von Likören, Zuckerwaren, Nudeln usw. gebraucht wurde, jetzt aber wegen seiner Giftigkeit für Genußmittel nicht mehr verwandt werden darf. Das S. ist die Kaliumverbindung des Dinitrokresols (Dinitrokresolkalium oder dinitrokresylsaures Kalium) und wird durch Behandlung von Kresolsulfosäure mit Salpetersäure und Auflösung der Nitroverbindung in Pottasche dargestellt. Das S. ist ein geschmack- und geruchloses, feinkristallinisches, rotes Pulver, das sich mit lebhaft gelber Farbe in Wasser löst. Bei Annäherung eines glühenden oder flammenden Körpers brennt es wie Schießpulver ab und wird daher wegen dieser Feuergefährlichkeit entweder, mit Glyzerin angerührt, in Teigform oder trocken im Gemisch mit Salmiak versandt. Eine geringere Sorte von S. von hellgelber Farbe kam früher unter dem Namen Nudelgelb in den Handel. Vgl. Viktoriagelb und Viktoriaorange.

Safrol, der Methylenäther des m-Allylbrenzkatechins, bildet den Hauptbestandteil des Sassafrasöls und ist außerdem in beträchtlicher Menge im Kampferöl enthalten, während es in geringerer Menge in einer ganzen Reihe ätherischer Öle vorkommt. Das S. wird jetzt in großer Menge fabrikmäßig aus Kampferöl dargestellt und als feines Seifenparfüm verwandt. Man erhält es als farblose oder schwach gelbliche, optisch inaktive, ölige Flüssigkeit vom spez. Gew. 1,105—1,107. Es siedet um 232° und erstarrt bei etwa +11° zu einer Kristallmasse. Bei der Oxydation geht es in Piperonal (Heliotropin) über.

Sagapenum (lat. Gummi sagepenum), ein Gummiharz, stammt wie die ähnliche Asa foetida von einer in Persien vorkommenden Doldenpflanze aus der Gattung Ferula, deren Artbestimmung aber nicht sicher ist. Der Stoff hat einen knoblauchartigen, doch schwächeren Geruch als Asa foetida, der Geschmack ist kratzend, scharf und bitter. S. besteht aus Körnern oder zusammengebackenen Massen von braungelber Farbe, ist etwas durchscheinend und auf dem Bruche hornartig. Die Ware ist auf levantischen Plätzen, Alexandria und Smyrna, käuflich, wird aber bei uns nicht mehr verwandt.

Sago (frz. Sagou, engl. Sago) besteht aus den teils unveränderten, teils verkleisterten Stärkekörnchen, die aus dem Stammarke mehrerer Arten tropischer Palmen abgeschieden werden und in Form verschieden großer und verschieden gestalteter Körner in den Handel kommen. Anfänglich gelangte S. nur aus Ostindien und den umliegenden Inseln nach Europa, während er jetzt auch in Westindien, z. B. auf Guadeloupe und in anderen Tropengegenden, gewonnen wird. Hinsichtlich ihrer chemischen Zusammensetzung ist die S.-Stärke von derjenigen anderer Pflanzen nicht verschieden. Nur unter dem Mikroskope zeigen die Körnchen eine von derjenigen des Weizens, der Kartoffel usw. abweichende Form. — Die am meisten zur Sagogewinnung benutzten Palmen sind Sagus Rumphii (Willd.), Sagus laevis (Rumph.) und Sagus farinifera (Lam.), die in Indien und auf den Sundainseln nicht nur wild wachsen, sondern auch vielfach angebaut werden. Auch Borassus flabelliformis (L.) und Arenga saccharifera (Lab.) liefern S., der jedoch für den europäischen Handel weniger Bedeutung hat. Zur Gewinnung der Stärke werden die Stämme kurz vor dem Treiben des Blütenschaftes gefällt und der Länge nach aufgespalten. Das herausgenommene Mark wird zerkleinert und auf Sieben ausgewaschen. Die abgesetzte Stärke gelangt meist noch in feuchtem Zustande in Zuckerbrotformen zum Versand. Die Bereitung von Perlsago aus dieser rohen Sagostärke besteht lediglich in einem Körnen mittels siebartiger Vorrichtungen und nachherigem schnellen Trocknen in erwärmten Pfannen, wodurch die Stärke teilweise verkleistert wird. Die verschiedenen gelben und braunen Töne werden durch Zusatz von Zuckercouleur oder Bolus, rote Farben durch einen Farbstoff der Palme selbst erzeugt. Weißer Perlsago bleibt ungefärbt. — Auch aus dem Kassawamehle wird S. gefertigt, der unter dem Namen brasilianischer S. in den Handel kommt und weiß und matt, nicht glasig wie der ostindische, erscheint. Eine andere Sorte, die aber nicht zu uns gelangt, der javanische S., besitzt eine gelbliche Farbe und einen gewissen Beigeschmack und besteht aus dem Stärkemehl von Arenga saccharifera. — In Deutschland und Frankreich wird sehr viel inländischer S. aus Kartoffelstärkemehl, sog. Kartoffelsago, in folgender Weise hergestellt: Die angefeuchtete Stärke wird mittels eines Bürstenwerkes durch ein Sieb getrieben; die durchfallenden Klümpchen kommen in ein Rollfaß, das etwa 25 Umgänge in der Minute macht, und runden sich dadurch ab. Die Masse wird dann in Blechkästen in einem Trockenofen auf 70—80° erhitzt und kurze Zeit einem Dampfstrome ausgesetzt, der durch oberflächliche Kleisterbildung die Körnchen glasiert. Nach einer anderen Arbeitsweise wird die feuchte Stärke aus einem Zylinder mit durchlöchertem Boden ähnlich wie Fadennudeln gepreßt und sofort in kurzen Enden abgestoßen. Die Stückchen werden auf einem Tuche ohne Ende fortgeführt, wobei sie schon etwas austrocknen, kommen in das Rollfaß und schließlich in einen eisernen, sich drehenden Zylinder, in dem sie getrocknet und schließlich durch Dampf geglättet werden. Guter S. darf keinen Staub enthalten, nicht dumpfig riechen und beim Kochen in Wasser oder Fleischbrühe nur bis zur doppelten Größe der Körner gallertartig aufquellen, ohne zu zerfallen.

Saibling (Salbling, Salmling, Gold- und Rotforelle, Rötel, Ritter), ein Lachsfisch, Salmo salvelinus, von 30—75 cm Länge und bis 10 kg schwer, findet sich in den Alpenseen in großer Tiefe und kann daher nur zur Laichzeit gefangen werden. Er ist nach Alter, Geschlecht und Aufenthalt verschieden gefärbt und nur Gegenstand örtlichen Handels und Verbrauches.

Sajodin, das Kalziumsalz der Jodbehensäure, $C_{22}H_{44}JO_2$, wird durch Jodierung der Erukasäure des Rüböls dargestellt. Das weiße, geruch- und geschmacklose Pulver, das in Wasser völlig, in Alkohol und Äther nahezu unlöslich, in Chloroform aber löslich ist, enthält 24,5 % Jod und findet an Stelle des Jodkaliums medizinische Verwendung.

Sal ist die lateinische Bezeichnung für Salz. S. acetosellae, Sauerkleesalz; S. amarum, Bittersalz; S. ammoniacum, Salmiak; S. digestivum, Chlorkalium; S. gemmae, Steinsalz; S. marinum, Seesalz; S. mirabile Glauberi, Glaubersalz; S. nitri, Salpeter; S. stanni, Zinnsalz; S. succini, Bernsteinsäure; S. tartari, Weinsteinsalz, d. h. aus Weinstein bereitetes, reines kohlensaures Kali; S. volatile cornu cervi, flüchtiges Hirschhornsalz, kohlensaures Ammoniak. — S. die Einzelbesprechungen.

Salazetol (Salantol), der Salizylsäureester des Azetols, $C_6H_4(OH).COO.CH_2.CO.CH_3$, wird durch Erhitzen von Monochlorazeton mit Natriumsalizylat dargestellt und bildet farblose, schwach bitter schmeckende Nadeln, die in Wasser schwer, hingegen leicht in Alkohol, Mandelöl und Rizinusöl löslich sind und gegen Gelenkrheumatismus verordnet werden.

Salbei (lat. Folia salviae, frz. Sauge, engl. Sage) ist eine artenreiche Pflanzengattung aus der Familie der Lippenblütler. Im Drogenhandel erscheinen nur die getrockneten Blätter von Salvia officinalis, einem in Spanien und Italien heimischen Halbstrauche, der vielfach angebaut wird. Die immergrüne, blauviolett blühende Pflanze enhält in allen Teilen, hauptsächlich aber in den runzligen, unterseits weißhaarigen Blättern (lat. Folia salviae, frz. Feuilles de sauge, engl. Sage leaves), ein aromatisch riechendes ätherisches Öl neben Gerbstoff, Stärke und Harz und wird in Form von Aufgüssen, Extrakt und Tinktur zu Mundwässern, zum Gurgeln bei Blutungen des Zahnfleisches sowie bei Verschleimung der Atmungsorgane und sonst medizinisch verwandt.

Salbeiöl (lat. Oleum salviae, frz. Essence de sauge, engl. Oil of sage), das ätherische Öl der Salbeiblätter, ist von gelblicher Farbe, riecht und schmeckt nach dem Kraute und hat ein spez. Gew. von 0,915—0,930. S. enthält als wirksamen Bestandteil Thujon neben Salven, Pinen, Zineol, Borneol und Kampfer und ist rechtsdrehend. Es wird medizinisch gegen Verschleimungen verordnet.

Salben (lat. Unguenta, frz. Onguents, Pommades, engl. Ointments) nennt man pharmazeutische Zubereitungen von butterartiger Konsistenz, die in einer Grundmasse von Fetten, Wachs, Vaselin oder Lanolin arzneiliche Stoffe enthalten. Nach ihrer Verwendung unterscheidet man besonders Kühlsalben, die größere Mengen Wasser enthalten; Reizsalben; austrocknende Salben; Wundsalben, zum Abschließen offener Wunden, z. B. Borsalbe, und medikamentöse Salben, z. B. Quecksilbersalbe. Die gemischten Salben dürfen für Heilzwecke nur in Apotheken verkauft werden, mit Ausnahme der Bleisalbe, Borsalbe, Terpentinsalbe und Zinksalbe zum Gebrauche für Tiere. Freiverkäuflich sind auch: Cold-cream, Lippenpomade, Pappelpomade, Salizyltalg.

Salep (lat. Radix seu Tubera salep, frz. und engl. Salep) besteht aus den Wurzelknollen verschiedener Orchideen, und zwar wird beim Ausgraben im Herbst nur die junge, volle Knolle, nicht die alte, verschrumpfte, genommen. Im allgemeinen bevorzugt man diejenigen Arten, die rundliche oder länglichrunde Knollen haben, doch kommen auch, namentlich in Österreich, gefingerte Knollen als Händchensalep zur Verwendung. Zu den derb knolligen Arten gehören Orchis Morio, auf feuchten Wiesen und Triften stellenweise sehr häufig; Orchis mascula, auf ähnlichen Standorten; die stattliche Orchis militaris (Helmbuschorchis), auf Hügelland und Kalkboden im Gebüsch, und einige andere. Früher kamen die Salepknollen nur aus dem Orient, über Konstantinopel und Smyrna. In neuerer Zeit wird aber die deutsche Ware von den Drogisten vielfach bevorzugt, da sich aus ihr ein rein weißes Pulver darstellen läßt. Der deutsche S. wird im Rhöngebirge, Spessart, Odenwald, Nassau usw. gesammelt. Man brüht die Knollen mit heißem Wasser, wobei die äußere Haut sich loslöst, und trocknet sie dann im Backofen oder, an Fäden aufgereiht, an anderen warmen Stellen. Die Größe der Stücke schwankt von der einer Haselnuß bis zu der einer welschen Nuß. Die Farbe ist gelblichweiß, die der orientalischen, die teilweise auch größere Stücke bildet, bräunlich. Hauptbestandteile der Knollen sind reichliche Mengen Stärkemehl und noch größere eines tragantähnlichen Schleims, Bassorin, der in Wasser stark aufquillt, ohne sich eigentlich zu lösen. Durch die Behandlung mit heißem Wasser werden beide Stoffe aufgequellt, die Stärke verwandelt sich in Kleister und verleiht den Stücken nach dem Trocknen ein durchscheinendes, hornartiges Aussehen. Gleichzeitig verlieren sie ihren bitteren Geschmack und unangenehmen Geruch. S. bildet ein schleimiges, reizmilderndes und einhüllendes Mittel. Man gibt es besonders Kindern in Fällen von Schwäche, Abzehrung, Durchfällen, Ruhr u. dgl. in Form von Salepschleim, der durch Behandlung von einem Teil gepulvertem S. mit zehn Teilen kaltem Wasser und weiterem Auflösen in 90 Teilen kochendem Wasser hergestellt wird. Außerdem dient der Stoff auch zum Appretieren von Seidenzeugen. Das Pulvern der Knollen macht Schwierigkeiten und wird häufig von den größeren Drogenhandlungen selbst besorgt. Im Handel kommt auch unechter gepulverter S. vor, der aus Kartoffeln hergestellt ist.

Salikor, eine geringwertige Sorte Rohsoda, die im südlichen Spanien und Frankreich aus einer Strandpflanze, Salicornia annua, durch Verbrennen und Auslaugen der Asche bereitet wird, enthält nur etwa 14% kohlensaures Natron.

Salimenthol, der Salizylsäureester des Menthols, wird als Mittel gegen Rheumatismus und Zahnschmerzen angewandt.

Salipyrin (salizylsaures Antipyrin, lat. Antipyrinum salicylicum, s. Pyrazolum phenyldimethylicum salicylicum, frz. Salicylate d'antipyrine, engl. Antipyrine salicylate), eine in farblosen Kristallen erhaltene Verbindung vom Schmelzpunkt 92°, dient als Mittel gegen Fieber und Kopfschmerzen.

Salizin (Weidenbitter, lat. Salicinum, frz. Salicine, engl. Salicin), der eigentümliche, zu den Glykosiden gehörige Bitterstoff der Weidenrinden, wird am zweckmäßigsten von den roten Weidenarten (Purpurweide u. a.) hergestellt, die daran reicher sind, während bei den übrigen der Gerbstoff vorherrscht. Man behandelt zu diesem Zwecke die wäßrige Abkochung der Rinden mit Bleiglätte, entbleit mit Schwefelwasserstoff und dampft ein. Im gereinigten Zustande bildet das S. kleine weiße, glänzende Kristalle in Form von Schüppchen oder rhombischen Prismen, die sich wenig in kaltem, reichlich in siedendem Wasser und Weingeist, aber nicht in Äther oder Chloroform lösen und äußerst bitter schmecken. In konzentrierter Schwefelsäure löst es sich mit blutroter Farbe und entwickelt mit Kaliumdichromat und Schwefelsäure den Geruch nach Salizylaldehyd. Der Schmelzpunkt liegt bei 201°. Die Zusammensetzung entspricht der Formel $C_{13}H_{18}O_7$. S. wirkt gegen Wechselfieber wie Chinin, aber weit schwächer, und wird neuerdings vielfach medizinisch verwandt. Es ist bedeutend billiger als Chinin und wird daher auch bisweilen zu dessen Verfälschung benutzt, kann aber an dem erwähnten Verhalten gegen Schwefelsäure leicht erkannt werden.

Salizylsäure (Phenylkohlensäure, lat. Acidum salicylicum, frz. Acide salicylique, engl. Salicylic acid) findet sich in der Natur fertig gebildet als Salizylsäuremethylester im ätherischen Gaultheriaöl und kann auch aus dem Salizin, von dem sie ihren Namen hat, abgeschieden werden. Zur fabrikmäßigen Bereitung wird wasserfreies Phenolnatrium mit sorgfältig getrockneter Kohlensäure behandelt, wobei die Kohlensäure mit dem Phenol zu S., $C_6H_4(OH).COOH$, zusammentritt. Man braucht das entstandene salizylsaure Natrium nur in Wasser zu lösen und mit einer stärkeren Säure zu behandeln, um die freie S. abzuscheiden. Das Natron kann bei dieser Herstellung durch Kali nicht ersetzt werden, da sonst die isomere Paraoxybenzoësäure entsteht. S. löst sich schwer in kaltem, hingegen leicht in siedendem Wasser, Alkohol, Äther, Chloroform und Amylalkohol. Sie schmilzt bei 156,8° und ist mit Wasserdämpfen flüchtig. Die Lösungen geben mit Eisenchlorid eine violette Färbung und mit Bromwasser einen Niederschlag. Die S. findet sich in zwei Sorten im Handel. Die eine, als Acidum salicylicum praecipitatum bezeichnete, ein leichtes, lockeres, weißes Pulver, bisweilen mit einem schwachen Stich ins Rötliche, ist geruchlos, reizt aber beim Verstäuben stark zum Niesen. Die andere, Acidum salicylicum cristallisatum, besteht aus kleinen, feinen, schneeweißen Kristallen und ist für den inneren Gebrauch bestimmt, während die weniger reine, nicht kristallinische Sorte äußerlich verwandt wird. Außer zu medizinischen Zwecken benutzt man die S. auch als Konservierungsmittel für eingemachte Früchte, Gemüse usw., doch wird diese Verwendung von ärztlicher Seite bekämpft und soll daher mindestens gekennzeichnet werden. In Drogenhandlungen und Apotheken werden verschiedene salizylsäurehaltige Mittel geführt, wie Salizylsäuremundwasser, Salizylsäurezahnpasta, Salizylsäureheftpflaster, Salizylsäurewatte und andere. — Von den Salzen hat das Natriumsalz (lat. Natrium salicylicum, frz. Salicylate de soude, engl. Sodii salicylas) die größte Bedeutung. Es wird in der Medizin gegen Gelenkrheumatismus und als Antipyretikum sowie technisch zur Herstellung von Teerfarben verwandt.

Salmiak, $NH_4.Cl$, (Chlorwasserstoffammoniak, Chlorammonium, salzsaures Ammoniak, lat. Ammonium chloratum, Ammonium muriaticum, Ammonium hydrochloricum, Sal ammoniacum, frz. Chlorure d'ammonium, Hydrochlorate d'ammoniaque, engl. Hydrochlorate of ammonia, Ammonium chloride), bildet in völlig gereinigtem Zustande ein geruchloses, weißes Kristallpulver von scharf salzigem Geschmack, das in Wasser leicht löslich und beim Erhitzen unzersetzt flüchtig ist. Seine Dämpfe verdichten sich an kalten Gegenständen als sublimierter S., zerfallen jedoch, durch stark glühende Röhren geleitet, in Ammoniak und Chlorwasserstoff. Der Rohsalmiak findet sich im Handel teils in Form dichter, weißer, durchscheinender Brote von faserig-kristallinischer Struktur (sublimierter S.), teils in Zuckerhutform als weniger fest zusammenhängende Kristallmasse. Der S. wurde früher nur aus Ägypten bezogen, wo man ihn durch Verbrennen von Kamelmist erhielt. Jetzt wird sämtlicher S. aus dem Teerwasser der Leuchtgasfabriken dargestellt, indem man dieses mit Salzsäure sättigt, die geklärte Flüssigkeit zur Kristallisation verdampft und den auskristallisierten S. durch Umkristallisieren oder Sublimation weiter reinigt. Schneller zum Ziele führt das Verfahren, nach dem man das Ammoniak mittels eines Dampfstromes aus dem Gaswasser austreibt, in Wasser leitet, dieses dann mit Salzsäure neutralisiert und weiter reinigt. Außerdem erhält man den S. auch durch Sublimation von schwefelsaurem Ammoniak mit Chlornatrium (Kochsalz). Verwendung findet der S. zur Darstellung verschiedener chemischer Verbindungen, zum Löten, Verzinnen, zum Füllen der Elemente für Klingel- und Fernsprecheranlagen sowie in der Färberei und Druckerei usw. Der chemisch reine S. (lat. Ammonium chloratum purissimum) wird in der Medizin als auflösendes Mittel, als Zusatz zu Salmiakpastillen usw. verwandt.

Salol, $C_6H_4(OH).COO.C_6H_5$, (Salizylsäurephenylester, salizylsaures Phenyloxyd, Phenylsalizylat, lat. Phenylum salicylicum, frz. Salicylate de phénol, engl. Phenyl salicylate), wird durch Behandlung eines Gemisches von salizylsaurem Natrium und Phenolnatrium mit Phosphoroxychlorid oder auch Phosphorpentachlorid dargestellt. Es erscheint als weißes kristallinisches Pulver von schwachem aromatischem Geruch nach Wintergrünöl, ist fast geschmacklos und schmilzt bei 42° zu einer klaren farblosen Flüssigkeit, welche dann weit unter diese Temperatur abgekühlt werden kann, ohne zu erstarren. In Wasser ist das S. fast unlöslich, löst sich dagegen leicht in Alkohol, Äther und Chloroform. Man verwendet es in der Medizin sowohl innerlich als äußerlich.

Salpeter. Unter Sal petrae, Stein- oder Felsensalz, verstand man in früheren Zeiten die salzigen Ausblühungen auf Gemäuer, Felsen und Erdreich und spricht in diesem Sinne noch jetzt von Mauersalpeter, während heutzutage nur gewisse Nitrate, besonders salpetersaures Kalium oder Kalisalpeter (Kaliumnitrat, salpetersaures Kali, lat. Kali nitricum, Kalium nitricum, frz. Nitrate de potasse, engl. Nitrate of potash) und salpetersaures Natrium, Natronsalpeter (Natriumnitrat, salpetersaures Natron, lat. Natrium nitricum, frz. Nitrate de soude, engl. Nitrate of soda), so bezeichnet wird. Seltener spricht man von Ammoniaksalpeter (flammender S., salpetersaures Ammoniak, Ammoniumnitrat, lat. Ammonium nitricum, Nitrum flammans, frz. Nitrate d'ammoniaque, engl. Nitrate of ammoniac), Silbersalpeter, salpetersaures Silber oder Höllenstein, und Bleisalpeter. — Salpetersaure Salze entstehen in jedem Boden, in dem sich organische stickstoffhaltige Stoffe zersetzen, wenn die nötigen Bedingungen: Gegenwart von Alkalien oder alkalischen Erden, Porosität zur

Ermöglichung des Luftzutritts, anhaltende Feuchtigkeit und genügende Luftwärme vorhanden sind; vor allem also in gutem, an Pflanzennahrung reichem Ackerland. Das Ammoniak, das sich aus den stickstoffhaltigen faulenden Stoffen bildet, wird von dem Sauerstoff der Luft oxydiert, und die entstehende Salpetersäure tritt mit den vorhandenen Basen zu Salzen zusammen. Ist Kali zugegen, so entsteht direkt Kalisalpeter, im anderen Falle, wenn nur Kalk oder Magnesia vorhanden ist, das betreffende Salz, welches dann bei Bearbeitung der aus der Salpetererde extrahierten Laugen durch Zusatz von Kali erst in das Kalisalz übergeführt werden muß. Auf diese Art werden alljährlich in der Natur gewaltige Mengen S. erzeugt, eine technische Ausnutzung ist aber nur in heißen Klimaten, namentlich in Bengalen und auf Zeylon, möglich, wo der Erdboden ganzer Gegenden förmlich mit Kalisalpeter gesättigt ist. Hier werden Salz und Erde zusammengekehrt, mit Wasser ausgelaugt, die Laugen zur Kristallisation eingedampft und die kleinen Mengen von Kalksalpeter, welche dabei in Lösung gehen, durch Zusatz von Holzasche in salpetersaures Kalium übergeführt. In Ägypten wird S. aus dem fruchtbaren Nilschlamme, den man zu künstlichen Hügeln aufschichtet, gewonnen, während man in Ungarn, besonders in der Nähe von Debreczin und um den Neusiedler See, den S. in ähnlicher Weise wie in Indien gewinnt und deshalb Kehrsalpeter nennt. Der früher übliche Betrieb von sog. Salpeterplantagen, in denen Erde aus Viehställen, Schlächtereien und Misthaufen, stickstoffreiche Pflanzenstoffe und tierische Abgänge aller Art zu Haufen aufgeschichtet und mit Jauche feucht gehalten wurden, ist jetzt meist eingestellt und durch die Herstellung aus Chilesalpeter und Chlorkalium verdrängt worden. Beim Kochen dieser beiden Salze entsteht Kalisalpeter neben Kochsalz, das schwer löslich ist und durch Kristallisieren entfernt wird. (Konversionssalpeter.) — Der rohe S., wie er nach dem älteren Verfahren durch Auslaugen von Erdreich und Eindampfen der Lauge gewonnen wird, ist zwar kristallisiert, aber natürlich durch fremde Salze, namentlich Kochsalz und Chlorkalium, verunreinigt und enthält etwa 60—70 % reinen S. Man raffiniert ihn meist in der Weise, daß man in möglichst wenig heißem Wasser bis zur Sättigung löst und die durch Zusatz von etwas Pottasche schwach alkalisch gemachte Lösung eindampft, wobei sich Kochsalz und Chlorkalium kristallinisch ausscheiden. Die abgezogene Lösung wird mit etwas Leim gekocht, der mit den färbenden Stoffen einen reichlichen Schaum bildet und abgeschöpft wird. Man läßt dann die Lauge bei 90° zur Klärung stehen und gibt sie schließlich auf die Kristallisationsgefäße, in denen der S. als kristallinisches Mehl ausfällt. Zur völligen Entfernung der Chloride deckt man noch mit gesättigter, reiner Salpeterlösung, trocknet die gewaschene Masse in der Wärme und packt sie in Form sandigen Pulvers als einfach gereinigten S. in Fässer, oder man löst sie nochmals auf, läßt ungestört kristallisieren, wäscht die Kristalle und erhält so doppelt gereinigtes Salz. Es gibt demnach im Handel großkristallisierten S. und kleinkristallisierten, das sog. Salpetermehl. Die Kristalle sind lange säulenförmige, meist gestreifte Prismen des rhombischen Systems. Seltener wird das pulverige Salz in gelinder Hitze geschmolzen und zu Broten ausgegossen oder auf ein kaltes Blech getropft (Salpeterzeltchen, lat. Nitrum tabulatum). Der Kalisalpeter, KNO_3, besteht aus 46,6 % Kali und 53,4 % Salpetersäure, ohne Kristallwasser. Er dient hauptsächlich zur Herstellung von Schießpulver und Feuerwerk, für welche der Natronsalpeter (s. Chilesalpeter) wegen seiner Wasseranziehung ganz ungeeignet ist. Zu anderen Zwecken hingegen, wie zu Flußmitteln, zum Eisenfrischen und Stahlhärten werden sich beide Arten des S. wohl immer vertreten können. Beide finden auch medizinische Anwendung in kleinen inneren Gaben, während sie in größeren Mengen entschieden giftig wirken. Schon gepökeltes Fleisch ist imstande, üble Wirkungen hervorzubringen, wenn man den Salpeterzusatz, um es recht rot zu machen, übertrieben hat.

Salpeterätherweingeist nennt man im Chemikalienhandel eine verdünnte alkoholische Lösung des Salpetrigsäureäthylesters (salpetrigsauren Äthyloxyds), die als Salpeteräthergeist, versüßter Salpetergeist (lat. Spiritus aethereus nitrosi, Spiritus nitricoaethereus, Spiritus nitri dulcis, frz. Alcool nitrique éthéré, engl. Spirit of nitrous ether) offizinell ist. S. bildet eine farblose, klare Flüssigkeit von kräftigem, angenehmem, obstartigem Geruch, die mit Wasser in jedem Verhältnisse mischbar ist und das spez. Gew. 0,840—0,850 zeigt. Er muß in vollgefüllten Gefäßen im Dunkeln aufbewahrt werden, da er sonst sehr bald stark sauer wird, und enthält stets noch kleine Mengen von Ameisenäther und Aldehyd. Reiner und spiritusfreier Salpetrigsäureäthylester kommt für gewöhnlich im Handel gar nicht vor. Verwandt wird S. medizinisch zur Geschmacksverbesserung, technisch als Zusatz zu gewissen Branntweinsorten.

Salpetersäure, HNO_3, (Scheidewasser, Stickstoffpentoxyd, lat. Acidum nitricum, Aqua fortis, frz. Acide nitrique ou azotique, engl. Nitric acid), findet sich in freiem Zustande nicht in der Natur, entsteht aber bei der Verwesung stickstoffhaltiger organischer Stoffe und bildet daher die Säure des Chilesalpeters, aus dem sie fabrikmäßig durch Erhitzen mit Schwefelsäure hergestellt wird. Für die Destillation kleinerer Mengen besonders reiner Säure bedient man sich in Apotheken und Laboratorien gläserner Retorten, im Großbetrieb aber gußeiserner Zylinder von mehreren Zentnern Fassungsraum, da das unter gewöhnlichen Umständen von Schwefelsäure und S. angreifbare Eisen bei starker Erhitzung in einen passiven Zustand übergeht, in dem es außerordentlich widerstandsfähig ist. Je nach der Stärke der angewandten Schwefelsäure destilliert eine S. von verschiedener Konzentration über, die in hintereinander geschalteten Töpfen aufgefangen wird. In den ersten Gefäßen sammelt sich die stärkste, in den folgenden immer schwächere Säure an. Die Menge der Schwefelsäure ist so zu bemessen, daß auf jedes Molekül Salpeter ein Molekül Schwefelsäure entfällt, da nur dann unter Hinterbleiben von Natriumbisulfat alle Salpetersäure ausgetrieben wird. Verwendet man hingegen äquivalente Mengen beider Verbindungen, so bleibt die Hälfte des Salpeters unzersetzt. Erst beim Erhitzen bis nahe zum Glühen geht auch der Rest der S. über, zerfällt aber gleichzeitig zum Teil in Untersalpetersäure (Stickstoffdioxyd), die in Form braunroter Dämpfe in die Vorlagen kommt und von der Flüssigkeit gelöst wird. Die dann entstehende rote rauchende S. (Acidum nitricum fumans) besitzt ein spez. Gew. von 1,540. Die gewöhnliche reine S. ist in völlig wasserfreiem Zustande noch nicht erhalten worden, sondern nur bis zu einer Stärke von höchstens 99,8 %. In diesem Zustande ist sie eine farblose Flüssigkeit vom spez. Gew. 1,560 bei 0°, die an der Luft raucht und sich unter Abspaltung von Untersalpetersäure gelb färbt. Die S. ist mit Wasser in jedem Verhältnisse mischbar. Sie löst die meisten Metalle mit Ausnahme von Gold und Platin und oxydiert die meisten Metalloide, wie Jod, Schwefel und Phosphor zu den entsprechenden Säuren. Organische Stoffe werden durch Salpetersäure zerstört und, wenn sie gefärbt sind, wie Indigolösung gebleicht. Im Handel erscheint die S. in den verschiedensten Reinheits- und Stärkegraden. Die rohe S. (lat. Acidum nitricum crudum), eine durch Untersalpetersäure, Eisen- und Chlorverbindungen meist gelb gefärbte Flüssigkeit, wird besonders in zwei Stärken, als einfaches Scheidewasser mit einem spez. Gew. von 1,320 bis 1,330 und 50—53 % S. und als doppeltes Scheidewasser mit einem spez. Gew. von 1,380 bis 1,390 und 60—64 % S. hergestellt. Zur Entfernung der flüchtigen Verunreinigungen erwärmt man die Säure längere Zeit im Wasserbade, während sie von den nichtflüchtigen Stoffen, wie Eisen, durch Destillation getrennt wird. Im Hinblick auf die nahe bevorstehende Erschöpfung der Salpeterlager sind in letzter Zeit zahlreiche Versuche zur Umwandlung des Ammoniaks und des Luftstickstoffs in S. angestellt worden. Die erstere gelingt nach dem Verfahren von Ostwald durch Überleiten eines Gemisches von Ammoniakgas mit viel Luft über Platin bei erhöhter Temperatur und hat infolge der Haberschen Synthese des Ammoniaks (s. d.) für Deutschland die größte Bedeutung. Die andere Methode benutzt den im magnetischen Felde scheibenförmig ausgebreiteten Flammenbogen von Wechselströmen zur direkten Oxydation des Luftstickstoffs. Nach diesem von Birkeland, Eyde, Schönherr u. a. ausgearbeiteten Verfahren, das an starke Wasserkräfte gebunden ist, wird besonders in Norwegen (neuerdings auch in Amerika) der sog. Norgesalpeter, Luftsalpeter oder Kalksalpeter hergestellt. — Die S. findet ausgedehnte Verwendung in der chemischen und gewerblichen Technik sowie für medizinische und Laboratoriumszwecke. Auf ihrer Eigenschaft, Gold nicht, wohl aber Silber zu lösen, beruht die Bezeichnung Scheidewasser. Ferner bildet sie das Ätzmittel der Kupferstecher, dient zum Abbeizen von Metallen, zum Brünieren von Eisen und zur Herstellung von Beizen für Hutmacher und Pelzfärber. Sie ist das Ausgangsmaterial zur Bereitung des Nitrobenzols, Nitroglyzerins, der Pikrinsäure und Schießbaumwolle und wird überdies bei der Herstellung von Schwefelsäure, Farbstoffen und salpetersauren Salzen (Nitrate) benutzt. Für den Versand der roten, rauchenden S. gilt die Vorschrift, daß die Flaschen oder Ballone mit mindestens dem gleichen Volum getrockneter Infusorienerde oder anderen indifferenten Mineralpulvern umgeben sein müssen. Die deutsche Erzeugung, die in den letzten Friedensjahren etwa 100 000 t betrug, ist im Kriege ungeheuer gesteigert worden.

Salvarsan ist der den Höchster Farbwerken geschützte Name des berühmten Heilmittels gegen die Syphilis, das von seinem Entdecker Ehrlich in dreißigjähriger, zielbewußter Arbeit geschaffen und zuerst als Ehrlich-Hata-606 in die Therapie eingeführt wurde. Hata heißt es nach dem japanischen Assistenten Ehrlichs, der es klinisch erprobte, 606, weil es das 606. der von Ehrlich hergestellten Abbauprodukte war. S. wird aus Paraoxyphenylarsinsäure, einer Verbindung von Phenol und Arsensäure, durch Überführung in die Nitroverbindung, nachfolgende Reduktion zu Aminooxyphenylarsinsäure und schließlich zu Diaminodioxyarsenobenzol hergestellt. Als Dichlorhydrat der letzteren Verbindung hat es die Formel: $(C_6H_3 . NH_2 . As . OH)_2 . 2HCl$. Das zarte gelbe Pulver ist leicht löslich in Wasser, Methylalkohol (1 : 3) und Glyzerin, weniger leicht in Alkohol (1 : 12), unlöslich in Äther und enthält 34 % Arsen. Wegen seiner leichten Oxydierbarkeit wird es in luftleeren Ampullen unter Kohlensäure aufbewahrt, die erst unmittelbar vor dem Gebrauche geöffnet werden dürfen. Jedes von den Höchster Farbwerken in den Handel gebrachte Präparat ist in dem unter Leitung Ehrlichs stehenden Georg-Speyer-Haus biologisch geprüft worden. Das Mittel findet in Form wäßriger Lösungen sowie in Ölsuspensionen und Salben gegen Syphilis, auch vorbeugend, ausgedehnte Anwendung und wird von der überwiegenden Mehrzahl der Mediziner als ausgezeichnet geschätzt. Gelegentliche Nebenwirkungen (Sehstörungen), die vereinzelte leidenschaftliche Angriffe hervorgerufen haben, können durch fehlerhafte Anwendung verursacht worden sein. Welchen Wert die Engländer dem S. beilegen, ergibt sich daraus, daß sie sich schon am 10. X. 1914 (!) das Patent aneigneten und der Firma Burroughs, Wellcome & Co. auf Antrag die alleinige Lizenz für die ganze Patentdauer erteilten. Vorher war allerdings in England und Amerika gelb gefärbtes Kochsalz als S. verkauft worden. — Neosalvarsan ist ein leichter lösliches Kondensationsprodukt von S. mit Natriumformaldehydsulfoxylat. — Silbersalvarsannatrium und Salvarsansulfoxylat 1495 sind zwei neue, von Kolle, dem Nachfolger Ehrlichs, eingeführte Abkömmlinge des Salvarsans, die geringere Nebenwirkungen äußern sollen.

Salzäthergeist (versüßter Salzgeist, Chlorätherspiritus, lat. Spiritus salis dulcis, Spiritus muriatico-aethereus, Spiritus aetheris chlorati, frz. Alcool muriatique éthéré, engl. Spirit of muriatic ether), im wesentlichen eine verdünnte alkoholische Lösung von Äthylchlorid (Chloräthyl), wird erhalten, wenn Weingeist, Kochsalz, Braunstein und Schwefelsäure zusammen der Destillation unterworfen werden, das Übergegangene durch Schütteln mit Kalk oder gebrannter Magnesia säurefrei gemacht und dann rektifiziert wird. Die angenehm ätherisch riechende Flüssigkeit wird in der Medizin und ähnlich dem Salpeterätherweingeist zur Aromatisierung von Trinkbranntwein angewandt.

Salzbrunner Oberbrunnen enthält in 1000 Gewichtsteilen nach der Analyse von Remigius Fresenius (1881): Bikarbonate des Natriums 2,1522 g, Lithiums 0,0130 g, Ammoniums 0,0007 g, Kalziums 0,4383 g, Strontiums 0,0044 g, Magnesiums 0,4704 g, Eisenoxyduls 0,0057 g, Manganoxyduls 0,0008 g, Chlornatrium 0,1767 g, Bromnatrium 0,0008 g, Jodnatrium Spur, Sulfate des Kaliums 0,0528 g, Natriums 0,4594 g, Natriumnitrat 0,0060 g, Kieselsäure 0,0031 g und freie Kohlensäure 1,8766 g.

Salzsäure (Chlorwasserstoffsäure, Hydrochlorsäure, lat. Acidum hydrochloricum, Acidum muriaticum, frz. Acide hydrochlorique, engl. Hydrochloric acid) nennt man im Handel die wäßrige Lösung des gasförmigen Chlorwasserstoffs, HCl, der durch Vereinigung gleicher Raumteile Chlor und Wasserstoff im Sonnenlichte (Chlorknallgas), ferner durch Verbrennen einer Wasserstoffflamme in einer Chloratmosphäre und durch Zersetzung von Chloriden mit Schwefelsäure erhalten werden kann. Im Großbetriebe wird die S. als Nebenprodukt bei der Herstellung der Soda aus Kochsalz nach dem Verfahren von Leblanc gewonnen. Seit der Einführung des Ammoniakverfahrens in der Sodafabrikation hat man aber auch zahlreiche andere Stoffe, besonders das Magnesiumchlorid der Abraumsalze, als Ausgangsmaterial herangezogen. Die so erhaltene rohe S. (lat. Acidum hydrochloricum crudum) ist für viele Zwecke der Technik direkt verwendbar. Zur Darstellung reiner Salzsäure destilliert man entweder ein Gemisch von Kochsalz und Schwefelsäure aus Glasretorten, oder man unterwirft die rohe Säure einem umständlichen Reinigungsverfahren. Zur Entfernung der nicht flüchtigen Beimengungen wird die Säure mit Wasser verdünnt, darauf, wenn sie freies Chlor enthält, mit schwefliger Säure oder, wenn schweflige Säure zugegen ist, mit Chlorwasser versetzt und mit Schwefelsäure destilliert. Die für gewisse Zwecke, besonders in der gerichtlichen Analyse, gebrauchte völlig arsenfreie Säure erhält man durch Destillation mit Eisenchlorür. — Die reine S. (lat. Acidum hydrochloricum purum) ist eine farblose Auflösung des Chlorwasserstoffgases in Wasser, welches das Gas begierig verschluckt und bei 20° das 475fache seines Volums davon aufzunehmen vermag. Eine derartig völlig gesättigte Lösung hat bei 15° das spez. Gew. 1,212 und enthält 42,9 % Chlorwasserstoff. Sie stößt an der Luft weißliche Nebel aus und wird bei — 40° fest. Beim Erwärmen entweicht zunächst gasförmiger Chlorwasserstoff, bis bei 110° eine S. vom spez. Gew. 1,104 und einem Chlorwasserstoffgehalt von 20,24% überdestilliert.— Die freie S. ist eine der stärksten Säuren und bildet mit den meisten Basen neutrale Salze, von denen dasjenige des Silbers in Wasser unlöslich, dasjenige des Bleies schwer löslich ist, während die meisten übrigen sich leicht in Wasser lösen. Unter der Einwirkung von Oxydationsmitteln, wie Braunstein, Salpetersäure, Mennige, wird freies Chlor abgespalten. Nach dem Gehalte an Chlorwasserstoff unterscheidet man gewöhnlich rohe Salzsäure (lat. Acidum hydrochloricum crudum) mit einem spez. Gew. von 1,195 und 38,2 % Chlorwasserstoff, konzentrierte S. (lat. Acidum hydrochloricum concentratum) vom spez. Gew. 1,120—1,180 und mit 24—36 % Chlorwasserstoff und verdünnte S. (lat. Acidum hydrochloricum dilutum) mit einem spez. Gew. von 1,036—1,062 und 8—12 % Chlorwasserstoffgehalt. Die rohe S. des Handels enthält meist 30—32 % Chlorwasserstoff. — Die S. wird in ungeheuren Mengen zur Herstellung von Chlor, Chlorkalk, Kaliumchlorat und Chloriden, besonders Salmiak, verwandt. Außerdem dient sie zur Extraktion der Knochen für die Leimbereitung, in den Zuckerfabriken zur Wiederbelebung der Knochenkohle, zur Extraktion von Kupfer aus armen Erzen, zur Entwicklung von Kohlensäure aus Karbonaten und zu vielen anderen technischen Zwecken. Die reine Salzsäure wird in starker Verdünnung medizinisch als Darmdesinfiziens und zur Unterstützung der Magenverdauung verordnet und im Laboratorium als eins der wichtigsten Reagentien benutzt.

Samaderarinde, die Rinde eines in Kotschinchina und Travancore wachsenden Baumes, Samadera indica, wird in ihrer Heimat als fiebervertreibendes Mittel verwandt. Aus den Samen gewinnt man ein fettes Öl, das als Mittel gegen Rheumatismus gilt, und benutzt die Blätter äußerlich gegen Erysipel. Rinde und Samen sollen ein Alkaloïd und ein Glykosid enthalten.

Samt (Sammt, Sammet, frz. Velours, engl. Velvet). Dieses bekannte Gewebe, das durch die weiche, aus kurzen, aufrechtstehenden Härchen bestehende Decke, den Pol oder Flor, auf glattem oder geköpertem Grunde (glatter und geköperter S.) gekennzeichnet ist, wurde ursprünglich nur aus Seide gewebt. Jetzt besteht bei dem eigentlichen echten S. meist nur der Flor aus Seide, der Grund aus Baumwolle oder bei den teuersten Sorten aus geringwertiger Seide, doch kommen auch völlige Nachahmungen in Wolle und Baumwolle in den Verkehr. Je nachdem die Schleifen der Polfäden, die sog. Noppen, zerschnitten werden oder verbunden bleiben, unterscheidet man gerissenen (geschnittenen) und gezogenen (ungeschnittenen) S. Daneben gibt es noch halbgeschnittenen und gemusterten (fassonierten) S. Bei dem halbgeschnittenen wechselt gerissener und gezogener Samt, während das Muster entweder durch verschiedene Farben des Pols oder durch Pressen erzeugt wird. — Plüsch (frz. Peluche, engl. Plush, Shay) und Felbel oder Velpel (frz. Panne, engl. Long poil) unterscheiden sich vom S. durch längere Behaarung, und zwar steht das Haar bei Plüsch noch aufrecht, während es bei Felbel so lang ist, daß es sich umlegt und nach dem Strich gebürstet werden muß. Der Plüsch besitzt entweder seidenen oder wollenen Flor; der echte Felbel dagegen stets seidenen Flor und seidenen Grund. Bei dem halbseidenen Felbel besteht der Grund aus Baumwollgarn. — Nach Art der Seidensamte gewebte Baumwollsamte sind sehr selten, denn der im Handel unter dem Namen Manchester (frz. Manchester velours coton, engl.

Fustian, Velvet, Velveret, Velveteen, Cord) auftretende Baumwollsamt entsteht auf ganz andere Weise.

Sanatogen, ein bekanntes, lösliches Eiweiß enthaltendes Nährpräparat, wird durch Mischen von Kasein mit 5 % glyzerinphosphorsaurem Natrium hergestellt und erscheint als ein schneeweißes Pulver, das beim Verrühren mit wenig kaltem Wasser stark aufquillt und sich beim Erwärmen zu einer milchigen Flüssigkeit völlig auflöst. Es enthält 8,34 % Wasser, 5,37 % Asche, 2,49 % Phosphorsäure und 82,75 % Stickstoffsubstanz.

Sand, gefärbter, Streusand. Unter dieser Bezeichnung kommt sowohl bunt gefärbter S. in den Handel, der durch Behandlung von fein gesiebtem und gewaschenem weißen Sand mit Teerfarben hergestellt wird, als auch gemahlener Glimmer und das aus Abfällen der Bronzefabrikation bestehende sog. Streugold und Streusilber. Diese Waren werden namentlich zur Herstellung feinerer Karten, z. B. von Glückwunschkarten usw., in großen Mengen verbraucht. Früher diente der Streusand auch zum Trockenmachen der Schriftzüge.

Sandarak (Sandarach, lat. Resina sandaraca, frz. Sandaraque, engl. Sandarac) ist das Harz einer strauch- oder baumartigen Konifere, Callitris quadrivalvis, die, in Nordafrika heimisch, auf dem Atlas ganze Wälder bildet und im Aussehen dem nahe verwandten Lebensbaum (Thuja) gleicht. Das freiwillig aus der Rinde ausschwitzende, dem Mastix ähnliche Harz kommt von Mogador an der marokkanischen Westküste meist über Frankreich, doch auch über Triest und Venedig in zwei Sorten, ordinär und fein, oder naturell (in sortis) und auserlesen (electa) in den Handel. Letztere Sorte bildet blaßgelbe, längliche, weiß bestäubte Körner und Stengelchen, die auf dem Bruche durchsichtig und glasglänzend erscheinen. Die andere besteht aus trüben und unreineren Stückchen, vermischt mit kleinerem Grus, Sand, Erde und Holzteilchen. Das Harz ist spröde und leicht zerbrechlich, hat einen balsamisch-harzigen Geruch sowie schwach bitteren Geschmack und erweicht nicht beim Kauen wie Mastix, sondern zerfällt in ein sandiges Pulver. In Alkohol, Äther, Fuselöl und Azeton ist es völlig, in Terpentinöl, Schwefelkohlenstoff, Chloroform und Petroläther nur teilweise löslich. S. besteht neben geringen Mengen ätherischen Öls und Bitterstoffen hauptsächlich aus Sandarakol- und Kallitrolsäure. Es dient zur Herstellung von Räucherpulvern, hauptsächlich aber von Weingeistfirnissen, Polituren und Lacken, wird jedoch, da es zwar sehr harte, aber zu spröde, dem Abbröckeln unterworfene und nicht besonders glänzende Überzüge liefert, immer in Verbindung mit Elemi, venetianischem Terpentin oder etwas Rizinusöl angewandt. Fein gepulverter S. bildet das bekannte Radierpulver, mit dem man radierte Stellen auf Papier wieder beschreibbar macht. — Eine aus Australien in den Handel kommende, in England Pine gum genannte Sorte von Callitris Preisii oder C. australis, bildet größere Stücke als die afrikanischen Sorten, ist aber sonst in seiner Verwendbarkeit diesen gleich.

Sandelholz (Santelholz, Santalholz, lat. Lignum santalinum, Lignum santali, frz. Bois de santal, engl. Sandal wood). Unter diesem Namen kommen verschiedene Hölzer in den Handel, von denen einige zu den Farbhölzern gehören und hauptsächlich in der Färberei Verwendung finden, während die anderen teils als Möbelholz, teils zur Darstellung des ätherischen Sandelholzöles benutzt werden. Das rote Holz stammt von einem mächtigen Baume aus der Familie der Schmetterlingsblütler, Pterocarpus santalinus, der in den Gebirgen Ostindiens und Zeylons wächst. Es kommt in Blöcken oder Scheiten von einem Zentner Gewicht und mehr nach Europa und wird hier geraspelt und gemahlen, in feinen wolligen Fasern oder in Pulverform in den Handel gebracht. Ein besonders feines Pulver führt die Bezeichnung Flugsandel. Das schwere, im Wasser untersinkende Holz hat grobe, gewundene und gekreuzt verlaufende Fasern und ist mit harzglänzenden Kanälen durchzogen. Die blutrote Farbe frischer Spaltflächen wird an der Luft bräunlich. Von anderen Rothölzern unterscheidet S. sich dadurch, daß es weder an kaltes noch an siedendes Wasser seinen Farbstoff (Santalin) abgibt, hingegen kann letzterer aus dem zerkleinerten Holze durch Weingeist mit blutroter, oder durch alkalische Laugen und Sodalösung mit violetter Farbe ausgezogen werden. Aus der alkalischen Lösung läßt sich der Farbstoff durch Säuren ausfällen. Man kann also die Farbe auf Zeuge befestigen, wenn man sie mit jener Lösung tränkt und dann durch ein saures Bad zieht, doch ist der Ton so gefärbter Wolle stets ins Violette gehend. Eine schönere Farbe entsteht, wenn das feine Pulver mit Wasser und Wolle gekocht wird. Sie ist dann rein rot und wird durch Zusatz einer Beize noch schöner. In Verbindung mit anderen Holzfarbstoffen verwendet man das S. zu modegrünen, bronzenen und braunen Farbtönen auf Wollzeuge. Weingeistige Auszüge werden außerdem zum Rotfärben verschiedener Tinkturen, Konditoreiwaren und Liköre benutzt. Die stärksten und schönsten Stücke des S. (Kaliaturholz) bilden einen gesuchten Rohstoff der Kunsttischlerei, da dieses Holz, namentlich im polierten Zustande, prachtvolle Farben zeigt. — Das weiße oder gelbe S. stammt von Santalum album, einem Baume aus der kleinen Familie der Santalazeen, der auf Timor und einigen anderen ostindischen Inseln sowie an der Küste von Koromandel wild wie auch angepflanzt vorkommt. Als gleichwertige Art wird Santalum Freycinetianum von den Südseeinseln angeführt, während das westindische S. von der zu den Rutazeen gehörigen Amyris balsamifera stammt. Das zu uns eingeführte Holz bildet gewöhnlich nur armdicke, 6—9 dm lange, glatt geschälte Scheite, an denen der Splint weißlichgelb, der Kern gelb ist. Es hat als Möbelholz den Vorzug, daß es nicht von Würmern angegangen wird, dient aber hauptsächlich zur Gewinnung des ätherischen Öles, von dem es bei der Destillation mit Wasserdampf bis über 6 % liefert.

Sandelholzöl (lat. Oleum santali, frz. Essence de santal, engl. Oil of sandal wood), das ätherische Öl des weißen Sandelholzes, ist eine blaßgelbe, sehr dickflüssige, kratzend schmeckende Flüssigkeit von anhaltendem aromatischen Geruche. Das spez. Gew. beträgt 0,974—0,985, die Linksdrehung im 100-mm-Rohr — 16 bis 20°. Das Öl besteht zu 90 % und darüber aus zwei isomeren Alkoholen, α- und β-Santalol, und im übrigen aus einer ganzen Reihe von Verbindungen, von denen hier die Kohlenwasserstoffe Santen und Santalen, die Alkohole Santenonalkohol und Teresantalol, die Aldehyde Nortrizykloeksantalal und Santalal, die Ketone Santenon und Santalon sowie die Teresantalsäure und Santalsäure genannt seien. Es löst sich in fünf Teilen 70 %igem Alkohol. Das sog. westindische S. von Amyris balsamifera unterscheidet sich von dem echten oder ostindischen durch seine Unlöslichkeit in 70 %igem Alkohol, seine Rechtsdrehung und das niedrigere spez. Gew. (0,950—0,970). Es enthält u. a. das Sesquiterpen Kadinen und den Alkohol Amyrol, aber kein Santalol. Das echte S. wird als Parfüm, hauptsächlich aber in Gelatinekapseln (Santal Midy) gegen Tripper angewandt.

Sandpapier (Flintpapier) wird in gleicher Weise wie Glaspapier (s. d.) hergestellt und benutzt.

Sandriedgraswurzel (Sandseggenwurzel, deutsche Sassaparille, lat. Rhizoma caricis, frz. Racine de carex, engl. Carex root). Das Sandriedgras oder die Sandsegge, Carex arenaria, ist auf dem Küsten- und Dünensand der Nord- und Ostsee sowie landeinwärts auf unfruchtbarem Sandboden weit verbreitet und nützt durch die sehr langen Kriechwurzeln, welche dem lockeren Sande Halt verleihen. Die Wurzeln oder Ausläufer werden im Frühjahr gesammelt und getrocknet und in etwa 2 m langen Bündeln zum Verkauf gebracht. Sie sind etwa federkieldick, außen hellbräunlich, innen weiß und durch Knoten gegliedert, von denen die kleinen fadenförmigen Wurzeln ausgehen. Frisch hat die Wurzel einen harzig-balsamischen Geruch, der beim Trocknen verschwindet, und einen süßlich und schwach bitteren Geschmack. Sie dient offizinell als blutreinigendes Mittel. — Die Wurzel des weit verbreiteten rauhen Riedgrases (Carex hirta), welche hier und da ebenfalls gesammelt wird, sieht äußerlich rotbraun aus (daher rote Queckenwurzel) und bildet kürzere Stücke, so daß die Bündel nur 6 dm lang sind.

Sandsteine (frz. Grès, engl. Sand-stone), zu den Sedimentgesteinen gehörige Gebirgsarten, kommen nach Farbe, Härte und Nebenbestandteilen in sehr verschiedenen Formen vor, bestehen aber immer, als alte wieder zusammengebackene Sandlager, aus feineren oder gröberen Quarzkörnern, die durch irgendein zwischengelagertes Bindemittel zusammengehalten werden. Je nach diesem Zwischenmittel unterscheidet man tonigen, mergeligen, kalkigen und kieseligen S., von denen letzterer der härteste und beste ist. Der Farbe nach gibt es ganz weiße, ferner graue, gelbliche, grünliche und rote. Der färbende Bestandteil der roten und gelblichen Steine ist meist Eisenoxyd. Oft erscheinen die Steine durch abwechselnde verschiedenfarbige Lagen streifig oder geadert. S. werden viel als Baumaterial sowie zu Mühl- und Schleifsteinen benutzt und in dieser Form oft weit befördert. Als Baumaterial können sie nur da versandt werden, wo Flüsse und Ströme wohlfeile Verfrachtung ermöglichen, wie in der sächsischen Schweiz (Quadersandstein), ferner auf der Mosel bei Trier, Weser u. a. Die feinen und dichten Steine dienen auch zu Stein- und Bildhauerarbeiten, wie Tür- und Fenstersimsen, baulichen Verzierungen, Denkmälern und Statuen. Gewisse tonige Sorten, die weder zu Bauten noch anderen Zwecken geeignet sind, finden wegen ihrer Feuerfestigkeit als sog. Gestellsteine, d. h. zum Ausbau der heißesten Teile an Eisenhochöfen, technische Verwendung.

Sanikel (Saunikel, lat. Folia saniculae, frz. Feuilles de sanicle, engl. Sanicle leaves), die dreilappigen, ungleich gezähnten Blätter der in Europa, im nördlichen Afrika und Mittelasien heimischen Umbellifere Sanicula europea, haben einen herben, zusammenziehenden Geschmack und werden in der Volksmedizin gegen Lungenleiden verwandt.

Santonin (Santoninsäureanhydrid, lat. Santoninum, frz. Santonine, engl. Santonin) ist der wirksame Bestandteil des sog. Wurmsamens (s. d.), aus dem es fabrikmäßig dargestellt wird. Zu seiner Gewinnung kocht man den Wurmsamen mit verdünnter Kalkmilch aus, zersetzt die so erhaltene Lösung des santonsauren Kalkes mit verdünnter Salzsäure, wodurch das S. ausgefällt wird, entfernt das gleichzeitig mit abgeschiedene Harz durch Behandlung mit heißem ammoniakalischen Wasser und kristallisiert das noch gefärbte S., nach Behandlung seiner alkoholischen Lösung mit Tierkohle, aus Alkohol um. Die Ausbeute beträgt 1,8—2,3 %. Seit einigen Jahren wird in Deutschland nur noch wenig S. hergestellt, da eine Fabrik in Taschkend wegen Ersparung der Transportkosten den Samen direkt auf S. verarbeitet. Man erhält das reine S. in schön glänzenden, weißen, tafelförmigen Kristallen, die geruchlos und geschmacklos sind, aber in alkoholischer Lösung stark bitter schmecken. Der Schmelzpunkt liegt bei 170°. In Wasser ist das S. kaum löslich und gegen Lackmus indifferent. In chemischer Hinsicht ist es das Anhydrid der einbasischen Santoninsäure, $C_{15}H_{20}O_4$, und der Formel $C_{15}H_{18}O_3$ entsprechend. Durch Kochen von santoninsaurem Barium mit Barytwasser entsteht eine neue, aber isomere Säure, die Santonsäure. Im zerstreuten Tageslichte, schneller im direkten Sonnenlichte, färbt sich das S. gelb und muß daher in schwarzen Gläsern im Dunkeln aufbewahrt werden. Sein Hydrat, die Santoninsäure, erleidet dagegen im Sonnenlichte keine Farbenveränderung. Will man gelb gewordenes S. wieder entfärben, so muß man es aus Alkohol umkristallisieren. Das S. wie auch das santoninsaure Natrium (lat. Natrium santoninicum, frz. Santonate sodique, engl. Santonate of Sodium) wird gegen Spulwürmer den Kindern gewöhnlich in Form kleiner Tabletten aus einer Eiweiß und Zucker enthaltenden leichten Schaummasse von kegelförmiger Gestalt, sog. Santoninzeltchen (lat. Trochisci santonini, frz. Pastilles de santonine, engl. Santonin Lozenges) verabfolgt, von denen die schwächeren 0,03 g, die stärkeren 0,05 g S. enthalten. In größeren Mengen wirkt S. giftig.

Santorinerde, ein auf der griechischen Insel Santorin vorkommendes, dem Traß ähnliches, zerreibliches Mineral, wie die ganze Insel eine Folge vulkanischer Tätigkeit, bildet einen vortrefflichen natürlichen Zement, der zwar nicht bis zu uns gelangt, aber im ganzen Gebiete des Adriatischen Meeres zu Wasserbauten und Uferschutz häufig gebraucht wird. Er bedarf weder irgendwelcher Zubereitung noch Zuschläge, sondern erhärtet, einfach ins Wasser geschüttet, sogleich zu einer festen Steinmasse.

Saphir (frz. Saphir, engl. Sapphire), ein Edelstein, der in seinen besten Sorten zu den wertvollsten Schmucksteinen gehört, besteht in chemischer Hinsicht lediglich aus kristallisierter Tonerde (Aluminiumoxyd) und unterscheidet sich vom Rubin nur durch die Farbe, die in verschiedenen Abstufungen blau ist. Man unterscheidet als teuerste die männlichen S. von tiefem und lebhaftem Indigblau, danach die weiblichen, deren Färbung heller ist, und als Wassersaphire die hellsten, nur noch schwach bläulichen. Wirklichen Edelsteinwert haben nur die orientalischen Steine, die sich in Hinterindien, Zeylon und Siam im Sande der Flüsse und im Schuttland vorfinden und nicht nur roh, sondern auch schon geschliffen von Kalkutta und Bombay aus versandt werden. In Sachsen, Böhmen und Frankreich finden sich an gewissen Örtlichkeiten, gewöhnlich in basaltische Lava eingewachsen, ebenfalls sehr hübsch gefärbte Korunde, die okzidentalischen S., die aber nie den hohen Wert der indischen erreichen. Echte S. erkennt man an ihrer Härte (= 9) und an ihrem spez. Gew. (= 4,0), wodurch sie sich von den weicheren und spezifisch leichteren Steinen, wie Zyanit, Euklas und blauem Beryll, unterscheiden. Man schleift die guten Steine in denselben Formen wie die Diamanten. Zeigt sich aber ein Stein als Sternsaphir, d. h. strahlt er aus seinem Innern einen sternartigen sechsstrahligen Schein aus, so wird er kappenförmig (en cabochon) geschliffen.

Saphirin, ein in Sibirien und auch in Siebenbürgen vorkommender blauer Chalzedon, der einige Ähnlichkeit mit Saphir hat, kann als Halbedelstein zu billigem Schmuck Verwendung finden.

Saponine bilden eine im Pflanzenreiche außerordentlich verbreitete Gruppe glykosidischer Körper, die sich u. a. in der Seifenwurzel (Saponaria officinalis), in der Quillayarinde, den Samen der Kornrade, in der Monesiarinde, Guajakrinde, in Lychnis Dianthus und zahlreichen anderen Karyophyllazeen vorfindet. Zur Darstellung bedient man sich meist des wäßrigen Auszuges von Quillayarinde, der mit etwas Formaldehyd gekocht und dann nach dem Abfiltrieren des entstehenden Niederschlags zur Trockne verdampft wird. Aus levantinischer Seifenwurzel (Gypsophila Arrostii Gusone) erhält man das S. durch Auskochen mit 40 %igem Alkohol. Das beim Erkalten ausfallende S. wird mit Äther-Alkohol ausgewaschen, in Wasser gelöst und mit Bariumhydroxyd gefällt. Nach Zerlegung der Bariumverbindung fällt man das S. aus der Lösung mit Äther-Alkohol. Andere Methoden der Reindarstellung beruhen auf der Anwendung von Bleiessig. — Das reine S. ist ein weißes amorphes, neutrales und geschmackloses Pulver, das, in absolutem Alkohol und in Äther unlöslich, mit Wasser stark schäumende Lösungen bildet. Die Lösungen drehen die Ebene des polarisierten Lichtes nach links und werden durch Bleiessig und Barytwasser gefällt. Beim Kochen mit verdünnten Säuren zerfällt S. in Zucker und Sapogenin. Es bildet den wirksamen Bestandteil mehrerer Waschmittel und wird neuerdings auch unter verschiedenen Namen wie Gommelin, Spumatolin benutzt, um künstlichen Brauselimonaden ein besseres Aussehen zu verleihen. Wegen der Giftigkeit des S. ist diese Verwendung als unzulässig zu bezeichnen. Nach neueren Versuchen von Kobert sollen allerdings verschiedene Saponine ungiftig sein.

Sapotillholz (Bullyholz, Breiapfelholz, engl. Bullet wood), das braungrünliche Holz des in Westindien und dem nördlichen Teile von Südamerika wachsenden Baumes Achras Sapota, ist sehr dicht und hart und gehört zu den besten Zimmerhölzern. Die als Sapotillpflaumen bezeichneten Früchte haben, wenn sie teigig geworden, einen quittenähnlichen Geruch und Geschmack und werden im Ursprungslande genossen. Die bittere, zusammenziehend schmeckende Rinde des Baumes, die früher als Cortex Sapotae in Apotheken geführt wurde, dient ebenso wie die sehr bitteren Samenkerne (Sapotillkörner, lat. Grana Sapotillae) in Amerika als Fiebermittel.

Saprol ist ein Gemisch von Mineralschmierölen mit ungefähr 40 % Rohkresol. Die dunkelbraune ölige Flüssigkeit schwimmt auf Wasser, das sie mit einer gleichmäßigen dünnen Schicht überzieht, und wird daher zur Desinfektion von Aborten, Pissoirs und Latrinen benutzt. Ähnliche Zusammensetzung zeigen Saprolin und Saprosol.

Sardellen sind kleine, zu der Familie der Heringe gehörende Seefische, Engraulis encrasicholus, die nur eine Länge von etwa 16 cm erreichen und sich von den oft mit ihnen verwechselten jungen Heringen, Sprotten und Sardinen (s. d.) durch den schlanken Leib, die glatte (nicht mit gestielten Schuppen versehene) Bauchkante und das weite, bis hinter die Ohren gespaltene Maul unterscheiden. Die Färbung ist azurblau, unten silberglänzend, die großen dünnen und durchsichtigen Schuppen fallen leicht ab. Die Fische kommen zwar auch an den skandinavischen, englischen und holländischen Küsten vor, ihr Hauptgebiet ist aber das Mittelmeer und die atlantische Küste von Frankreich und Spanien, wo sie in großen Zügen erscheinen und bei Tag und Nacht, vom Mai bis Juli gefangen werden. Abgesehen von den an Ort und Stelle frisch verbrauchten, werden die S. nach Entfernung des Kopfes und der Eingeweide mit Pfeffer und Salz schichtenweise in Fässer gepackt und so versandt. Man rechnet auf ein Faß (Anker) im Durchschnitt 5000 Stück, von den kleinen, die auch zum Ausfüllen dienen, bis 10 000, von großen 3000 oder gar nur 2000 Stück. Die mittelgroßen werden am höchsten geschätzt. Man bezeichnet auf den Fässern den

Jahrgang und bevorzugt den zweiten, da sie nach drei Jahren weicher, tranig, gelb und zerbrechlich werden. Als Zeichen guter Beschaffenheit gilt ein weißes und festes Fleisch. — Von den bisweilen untergeschobenen fremden Fischen unterscheiden die S. sich, abgesehen von den angegebenen äußeren Kennzeichen, durch den überaus geringen Fettgehalt, der nur etwa 1% beträgt, gegen 12—15% bei Heringen und Sardinen. — Anchovis sind eigentlich mit S. identisch und Anchovispaste ist daher Sardellenbutter (s. d.). In Deutschland versteht man aber unter Anchovis (s. d.) meist kleine, mit Essig und Gewürzen eingelegte Sprotten.

Sardellenbutter bildet einen Gegenstand des Delikatessenhandels, während sie früher meist in den Haushaltungen für den augenblicklichen Gebrauch hergestellt wurde. Zur fabrikmäßigen Darstellung werden die gewaschenen und entgräteten Sardellen fein gewiegt, mit Butter vermischt und dann in Zinntuben oder kleine runde Blechdosen eingeschlossen. Die Menge des zugesetzten Butterfettes schwankt innerhalb ziemlich weiter Grenzen zwischen 10 und 25%, und zwar enthält die käufliche Handelsware meist weniger Fett, so daß sie für den Gebrauch noch mit etwas Butter vermischt werden kann. Verfälschungen mit Margarine sind nicht besonders lohnend und daher selten, hingegen soll der Ersatz der Sardellen durch geringwertigere Fische: Anchovis, Sardinen, Heringe in ziemlich großem Umfange betrieben werden. Der Nachweis dieser Verfälschung erfolgt nach dem Verfahren von Buttenberg durch Bestimmung der Refraktion, der Reichert-Meißlschen Zahl und der Jodzahl des Petroläther-Auszuges.

Sardine, ein zu den Heringen gehörender Seefisch, Clupea pilchardus oder Cl. sardina, wird im Mittelmeer und an den atlantischen Küsten Westeuropas, besonders der Bretagne, in ungeheuren Schwärmen gefangen. Die etwa 23, in Ausnahmefällen bis zu 28 cm lange S. unterscheidet sich vom Hering, dem sie in der Farbe ähnelt, durch den etwas breiteren Bau und die geringere Größe, von der Sardelle durch die dort angegebenen Merkmale. Die meisten Fische, die ein überaus zartes, schmackhaftes Fleisch besitzen, werden in Form der Ölsardinen (Sardines à l'huile) in den Verkehr gebracht. Man entfernt zu ihrer Herstellung Kopf und Eingeweide, läßt die Fische eine Stunde an der freien Luft trocknen, taucht sie dann einige Minuten in siedendes Öl und setzt sie nochmals 2—3 Stunden der Luft oder, bei Regenwetter, gelindem Feuer aus. Schließlich packt man sie in Blechbüchsen, übergießt mit frischem Olivenöl und lötet zu. Nach dem Verlöten kommen die Büchsen in siedendes Wasser, dann zur Abkühlung und zu 100 Stück in Kisten zur Verpackung. Der Ersatz des Olivenöls durch andere Öle ist bisweilen als Verfälschung, der Zusatz von Mineralöl als gesundheitsschädlich angesehen worden.

Sargol, ein wertloses Geheimmittel gegen Magerkeit, besteht aus 1,8 g schweren Pillen, die Zucker, Kakao, Stärke und Vanillin enthalten.

Sarrazinwurzel (lat. Radix sarraceniae purpureae, frz. Racine de sarracinia, engl. Sarracinia root), eine gegen Blattern und andere ansteckende Krankheiten empfohlene Droge, stammt von Sarracenia purpurea, einer zu den Nepentheen gehörigen, in den Sümpfen Neu-Schottlands und Neu-Jerseys wachsenden Pflanze. Die Ware besteht aus einem bis 18 cm langen, 3—15 mm dicken, walzenförmigen, etwas gekrümmten Wurzelstock, der mit einzelnen braunroten Wurzelfasern und oben mit den Blattstielresten besetzt ist. Die Farbe ist außen braunrot bis dunkelbraun, innen weißlich, der Geruch angenehm, der Geschmack bitter. Die Blätter (lat. Folia sarraceniae, frz. Feuilles de sarracenia, engl. Sarracenia leaves), die ebenfalls im Handel vorkommen, sollen dieselbe Wirkung besitzen.

Sarsenets ist eine Bezeichnung für leinwandartig dicht gewebte, im Stück gefärbte und stark geglättete Baumwollzeuge, die hauptsächlich als Futterkattune verkauft werden.

Sassafrasholz (Fenchelholz, lat. Lignum sassafras, frz. Bois de sassafras, engl. Sassafras root), richtiger Sassafraswurzel, besteht aus der Wurzel eines in den Vereinigten Staaten Nordamerikas heimischen Baumes aus der Familie der Lorbeerbäume (Sassafras officinale), die in Form langer, verschieden dicker, knorriger, hin und her gebogener Stücke oder auch in Späne geraspelt in den Handel kommt. Die Wurzel ist mit einer korkigen, äußerlich grauen, innen rotbraunen Rinde bedeckt, der Holzkörper feinporig, ziemlich leicht, gelbbräunlich oder rötlich gefärbt und zeigt auf dem Querschnitt viele zarte Jahresringe und diese durchschneidende, vom Kern nach dem Umfange strahlig verlaufende dunkle Markstrahlen. Das Holz hat einen angenehm aromatischen, fenchelähnlichen Geruch und Geschmack und enthält neben ätherischem Öl einen kristallinischen Gerbstoff (Sassafrid). Das Stammholz, das vom Wurzelholz leicht unterschieden werden kann, ist ganz arm an diesen Bestandteilen und hat nur schwachen Geruch, dient aber häufig zur Verfälschung der geraspelten Ware. Verwendung findet das Holz als blutreinigendes Mittel gegen Skrofeln und Hautkrankheiten, sowie als Bestandteil von Holztee (Species lignorum). Inländische Handelshäuser, welche das Holz durch Zerkleinern gebrauchsfähig machen, bringen es in die bei derartigen Erzeugnissen beliebte Form kleiner Würfelchen. — Als besondere Ware wird das aus der Wurzel mit Wasserdampf abdestillierte Sassafrasöl (lat Oleum sassafras, frz. Essence de sassafras, engl. Oil of sassafras) von Nordmerika in den Handel gebracht. Es besteht aus Safrol, Kampfer, Eugenol, Pinen und Phellandren und dient besonders zur Herstellung parfümierter Seifen. Das schwere, anfangs farblose, später gelb bis rötlichgelb werdende Öl, das den Geschmack und Geruch des Holzes in hohem Grade besitzt, hat ein spez. Gew. von 1,070—1,080, ist rechtsdrehend und mit starkem Alkohol mischbar. Vergleiche ferner den Abschnitt: Safrol.

Sassaparille (Sarsaparille, lat. Radix sassaparillae, frz. Salsepareille, engl. Salsapariglia). Diesen Namen führen im Drogenhandel die Wurzeln verschiedener, in den heißen Gegenden Amerikas heimischer Arten der Gattung Smilax (Stechwinde), von denen als Stammpflanzen namentlich Smilax syphilitica, Smilax medica, Smilax sassaparilla und Smilax officinalis angegeben werden, doch ist nicht mit Sicherheit bekannt, von welchen die einzelnen Handelssorten abstammen. Die Smilax-Arten sind immergrüne rankende und stachlige Sträucher mit knollig verdicktem Wurzelstock, von dem zahlreiche, sehr lange, bis federkieldicke Nebenwurzeln ausgehen. Je nach Ortsgebrauch werden entweder die ganzen Wurzeln oder nur die abgelösten Nebenwurzeln in den Handel gebracht. Die letzteren sind bisweilen mehr glattrund, oft aber auch längsrunzelig oder kantig. Ihre äußere Farbe schwankt von gelblich- oder rötlichbraun bis zum dunkleren Braun. Auf dem Durchschnitt zeigt sich die Rinde, je nach der Art, bald dünn, bald verdickt, im letzteren Falle dicht mit Stärkemehl erfüllt und daher weiß oder rötlichweiß. Der Kern ist weiß oder gelblich, porös und zähe Manche Ware erscheint im Durchschnitt nicht mehlig, sondern hornartig, weil sie über Feuer getrocknet und dadurch das Stärkemehl verkleistert wurde. Die Wurzel ist geruchlos, schmeckt aber beim Kauen bitterlich schleimig, später kratzend scharf. Die einzelnen Sorten werden nach den Erzeugungsländern oder Ausfuhrhäfen benannt. Als Sassaparille des Deutschen Arzneibuches gilt die Honduras-S., die man aber nicht nur von Honduras, sondern auch von dem benachbarten Belice und Guatemala erhält. Sie kommt in großen, an den Ecken abgerundeten Ballen in den Handel, die entweder nur oben und unten, oder auch ganz mit Tierhäuten überzogen sind und die Wurzeln in Form einzelner Bündel enthalten. Je nach der Art der Packung kann man dreierlei Sorten unterscheiden. Bei der einen liegen die Wurzelstöcke in der Mitte, und die langen Wurzelfasern sind von rechts nach links bogenförmig gegen die Stengelreste hineingeschlagen, bei der anderen befinden sich die Wurzelstöcke noch in ihrer natürlichen Lage, und die Fasern sind mehrere Male gegen dieselbe eingeschlagen, so daß in den Ballen sämtliche Wurzelstöcke nach außen, die Wurzeln hingegen nach innen zu liegen kommen, oder endlich die knollenförmigen Wurzelstöcke sind ganz entfernt, die Wurzeln der Länge nach zu armdicken Bündeln von 500—600 g Gewicht zusammengelegt, oben und unten eingeschlagen und der ganzen Länge nach dicht mit dünnen Wurzeln umwickelt, so daß nur an beiden Enden etwa eine Handbreit freibleibt. Die Honduras-S. hat äußerlich eine schön rotbraune Farbe und nur wenig gefurchte, aber längsstreifige Wurzeln. Die Rinde ist bald dünner, bald dicker, das Mark mehlig und weiß, ohne Gefäßporen, ziemlich groß und deutlich vom holzigen Teile abgegrenzt. Der Rindenteil erscheint auf dem Querschnitte rötlich oder weißgrau, die Epidermis sehr dünn. Als zweite Sorte, die für den deutschen Handel in Betracht kommt, ist die Verakruz-S. zu nennen, die in mit Stricken umschnürten Ballen (Seronen) von 75—100 kg über Verakruz in den Handel kommt. Die Wurzel ist außen meist lehmig und stark eingeschrumpft, die Rindenmasse infolge der Räucherung hornartig. Der Holzring ist, im Gegensatz zur Hondurassorte, sehr stark, das Mark schwach. Weitere gute Sorten sind: Caracas, eine hellbraune, nicht häufig zu erlangende Wurzel, sowie die gelbbraune bis braune brasilianische, die auch Lissaboner, Para-, Maranhaowurzel genannt wird. Diese Sorten werden von einigen Arzneibüchern als allein zulässig bezeichnet. Als geringere Ware kommt viel mexikanische S. nach Europa, die zwar billig, aber durch Stengel, Fasern, Knollen und Erde verunreinigt ist. Andere geringere Sorten, die im deutschen Handel wenig oder gar keine Bedeutung haben, sind die von Granada, Manzanillo, Kostarika, St. Thomas und Jamaika. Die im natürlichen Zustande aus Amerika kommenden Wurzeln werden in den Drogenhäusern größtenteils gesäubert, die vorhandenen, ganz wertlosen Wurzelknollen entfernt, die dünnen Wurzeln in Stücke von gleichmäßigen Längen zerschnitten, auch wohl gespalten und in regelmäßige Päckchen gebündelt. An kennzeichnenden Bestandteilen, die in der dicken Unterrinde ihren Sitz haben, sind ein bitter und scharf schmeckendes Harz, zwei eigentümliche kristallisierbare Saponine: Smilazin und Parillin, sowie ein amorphes Saponin Sarsaponin und ätherisches Öl nachgewiesen worden. Die erstgenannten Saponinkörper sollen bisweilen giftige Wirkungen hervorrufen. Die Wurzel gilt als eines der kräftigsten schweiß- und harntreibenden Mittel sowie als das beste pflanzliche Mittel gegen Syphilis. Auch braucht man sie gegen Skrofeln und Gicht sowie in anderen Fällen, in denen es auf eine erhöhte Hauttätigkeit ankommt, sowohl in wäßriger Abkochung als auch in Form von weingeistigem Extrakt und Sirup.

Sassyrinde (lat. Cortex sassy, frz. Ecorce de sassy, engl. Sassy bark), eine von England aus als Mittel gegen Wechselfieber und Dysenterie empfohlene Droge, kommt von der Westküste Afrikas und stammt von Erythrophloeum guineense, einem großen Baume mit ausgebreiteten Ästen, doppelt gefiederten Blättern, in ährenartigen Trauben stehenden Blüten und Hülsenfrüchten. Das Pulver der Rinde reizt zum Niesen und soll auch Erbrechen erregend und abführend wirken. Als Bestandteile der S. sind ein Alkaloïd, Erythrophloein, sowie Erythrophloeinsäure nachgewiesen worden. Das Alkaloïd ist ein Herzgift, ähnlich dem Digitalin.

Satin. Im engeren Sinne bezeichnet man mit diesem Namen weißen seidenen Atlas (s. d.), im weiteren Sinne alle seidenen, wollenen, baumwollenen und leinenen Gewebe, die nach Atlasart mit glänzender Oberfläche hergestellt sind. Die seidenen Stoffe der Gattung führen, je nachdem sie leichter oder schwerer sind, verschiedene Namen, wie Satin de Chine, russe, turc usw. Baumwollsatins (engl. Sateens) werden in Deutschland englisches Leder genannt. Wollsatins oder Wollatlasse (Satins de laine) sind wollene, härtere oder weichere Glanzstoffe zu Röcken und Möbelüberzügen. Die glatten, einfarbigen Gewebe dieser Art bilden die sog. Lastings. — Satinets sind gewöhnlich halbseidene, bunt gestreifte Zeuge aus Baumwollgrund mit seidenen Streifen, oder Zeuge aus

Glanzwolle, die dann Lastings zweiter Sorte abgeben, wie überhaupt baumwollenes englisches Leder sowohl mit dem Namen Satin als Satinet belegt wird.

Sauerkraut (Sauerkohl) wird durch Behandlung von fein geschnittenem Weißkohl (Brassica oleracea capitata) mit Kochsalz in festgefüllten Fässern, zweckmäßig Weißweinfässern, hergestellt. Der Kohl unterliegt unter dem Einflusse verschiedener Bakterien und Hefen einem Gärungsprozeß, in dessen Verlaufe neben reichlichen Mengen Milchsäure auch aromatisch riechende Ester entstehen. Zur Erhöhung des Wohlgeschmacks werden häufig geschnittene Borsdorfer Äpfel, Weinbeeren, grüne Walnüsse, Kümmel und andere Gewürze sowie geringe Mengen Wein hinzugesetzt. Das S. besitzt eine gute Haltbarkeit, muß aber, sobald es im Fasse weich wird, schnell verbraucht werden. Hauptthandelsplatz ist Magdeburg.

Sauerstoff (lat. Oxygenium, frz. Oxygène, engl. Oxygen), der zur Erhaltung des Lebens vermittels der Atmung unentbehrliche Bestandteil der atmosphärischen Luft, in der neben 78 % Stickstoff und geringen Mengen Wasserdampf und Kohlensäure rund 22 % Sauerstoff enthalten sind, kann für die Zwecke des Laboratoriums nach verschiedenen Verfahren: Glühen von Quecksilberoxyd, Kaliumchlorat oder eines Gemisches von Kaliumchlorat und Braunstein, Behandlung von Wasserstoffsuperoxyd mit Kaliumpermanganat, hergestellt werden. Er bildet im reinen Zustande ein farbloses und geruchloses Gas vom Atomgewicht $O = 16$ und vom spez. Gew. 1,1056 auf Luft bezogen. 1 l S. wiegt 1,43028 g. Als Gegenstand des Handels kommt S. erst in Betracht, seitdem man ihn in flüssige Form überführt. Hierzu ist eine Abkühlung auf — 140° und ein Druck von 320 Atmosphären erforderlich. Für die fabrikmäßige Darstellung des flüssigen S. wird Bariumoxyd in einem Strome kohlensäurefreier Luft auf 500—600° erhitzt, wobei es sich unter Sauerstoffaufnahme in Bariumsuperoxyd verwandelt, das nun seinerseits beim Erhitzen auf 800° wieder nahezu reinen Sauerstoff von 90—96 % abspaltet. Nach einem anderen Verfahren leitet man über Kalziumorthoplumbat Kohlensäure, wobei Sauerstoff abgespalten wird, und führt die zurückbleibende Bleiverbindung durch Überleiten von Luft wieder in das Orthoplumbat über, so daß auch hier ein ununterbrochener Betrieb möglich ist. Noch andere Arbeitsweisen beruhen auf der elektrolytischen Zersetzung des Wassers, der Verwendung flüssiger Luft und der verschiedenen Löslichkeit von Sauerstoff und Stickstoff in Wasser. Der nach irgendeinem Verfahren gewonnene S. wird in Stahlzylindern, wie die Kohlensäure, verflüssigt und so in den Handel gebracht. Der Preis beträgt für 1000 l 8—10 M. ausschließlich der Zylinder. Flüssiger Sauerstoff wird zum Einatmen bei Atemnot, bei zahlreichen Blutvergiftungen, wie durch Leuchtgas und Kohlenoxyd, bei Herzkrankheiten und Bleichsucht verordnet. Die Luftschiffer führen ihn in große Höhen, die Feuerwehrleute in verqualmte Gebäude mit sich. Die Technik benutzt ihn als Oxydationsmittel bei chemischen Prozessen, zur Erzeugung hoher Temperaturen in Hochöfen, zur Speisung von Knallgasgebläsen usf.

Sauerstoffbäder bestehen aus einem Sauerstoff abgebenden Körper (Natriumperborat) und einem Katalysator, der Kaliumpermanganat oder eine organische Säure oder ein Ferment enthält.

Schachtelhalm (Schachthalm, Schafthalm, Winterkannenkraut, lat. Herba equiseti, frz. Prèle, engl. Shave grass). Die beiden bei uns vorkommenden Arten der zu den Kryptogamen gehörigen Gattung Equisetum zeichnen sich durch einen starken Kieselsäuregehalt ihrer Oberflächenschichten, namentlich der Stengel, und durch die rauhe, höckerige Oberfläche der letzteren aus. Sie eignen sich daher gut zum Schleifen und Glätten von Holz und zum Abscheuern von Metallgefäßen. Der kleine S. (E. arvense, lat. Herba equiseti minoris), ein bekanntes, schwer zu vertilgendes Unkraut sandiger Äcker, wird im Haushalte als Scheuergras oder Zinnkraut zum Putzen von Metallgeschirren benutzt. Der große S. (E. hiemale, lat. Herba equiseti majoris) hat seinen Standort auf sandigen Stellen in der Nähe von Wasser und in feuchten Wäldern und ist in ganz Deutschland, besonders in den Rheingegenden, verbreitet. Die gegliederten Stengel sind rund, 6—8 dm hoch und reihenweise mit harten, scharfen Zähnchen besetzt. Die getrockneten Stengel werden von Tischlern, Drechslern, Holzbildhauern und Lackierern zum Abschleifen von Holz benutzt, sind aber jetzt durch Glas- und Flintpapier verdrängt worden. — Beide Sorten werden wegen ihrer harntreibenden Wirkung als Tee, z. B. als Bestandteil des Kneippschen Wassersuchttees, vielfach medizinisch angewandt.

Schachtelmus ist eine zolltechnische Bezeichnung für Marmelade (s. diese).

Schachteln. Diese zur Aufbewahrung oder zum Versand von Waren dienenden Behälter werden aus verschiedenen Stoffen hergestellt. Hauptsächlich kommen in Frage Holzspanschachteln, aus Fichtenholz, die z. B. in großen Mengen in Thüringen, Franken usw. hergestellt werden, sowie Pappschachteln, als Buchbinderarbeiten in teils einfacher, teils oft recht kostbarer Aufmachung.

Schafgarbe (Karbekraut, Gollenkraut, lat. Herba millefolii, frz. Millefeuille, engl. Milfoil), ein nur noch wenig gebräuchlicher Gegenstand des Drogenhandels, besteht aus den getrockneten Blättern einer an Wegen, auf Wiesen, Rainen und Rändern gemeinen, ausdauernden Komposite, Achillea millefolium, mit fein zerteilten Blättern und weißen, auf einzelnen Standorten auch purpurroten, in zusammengesetzten Doldentrauben stehenden Blüten von würzhaftem Geruch und bitterem und salzigem Geschmack. — Auch die Blüten (lat. Flores millefolii, frz. Fleurs de millefeuille, engl. Milfoil flowers) werden im Drogenhandel geführt und wie die Blätter zur Herstellung eines weingeistigen Extraktes sowie des ätherischen Öles benutzt. Die Schafgarbenblätter und -blüten dienen als Aufguß bei Blutungen und Leberleiden sowie als blutreinigende Mittel. — Das bisweilen noch medizinisch angewandte Schafgarbenöl (lat. Oleum millefolii aethereum, frz. Essence de fleurs de millefeuille, engl. Oil of milfoil flowers), von dem etwa 0,07—0,25 % erhalten werden, zeigt dickflüssige, in der Kälte bisweilen butterartige Konsistenz und blaue Farbe, die mit der Zeit in Grün und Braun übergeht. Der Geruch des Öls ist durchdringend, der Geschmack kampferartig aromatisch.

Schaftalg (Hammeltalg, Schöpstalg, lat. Sebum ovile, frz. Suif de mouton, engl. Mutton tallow) ist das aus fettreichen Teilen von Schafen ausgeschmolzene Fett. Zu seiner Gewinnung benutzt man hauptsächlich das Gekröse-, Netz-, Nieren-, Herz- und Mittelfellfett, seltener andere fettreiche Körperteile. Das weiße, brüchige und im frischen Zustande fast geruchlose Fett ist in seinen äußeren Eigenschaften und seiner chemischen Zusammensetzung dem Rindertalg (s. d.) ähnlich, wird aber leichter ranzig und nimmt dann oft Bocksgeruch an. Abgesehen von der beschränkten Verwendung als Speisefett, wozu die Abstammung von geschlachteten Tieren selbstverständliche Voraussetzung bildet, und in der Pharmazie wird Sch. hauptsächlich in der Technik verarbeitet (s. Talg). Die Bezeichnungen Schaffeintalg, -oleomargarin- und -preßtalg sind wie bei Rindertalg zu verstehen.

Schalen, pflanzliche. Hierunter rechnet man 1. diejenigen S., die zu Schnitzarbeiten dienen, z. B. Steinnuß- und Kokosnußschalen. 2. solche zum Gewerbegebrauch = Rinde, z. B. Angosturarinde. 3. Sch. zum Heilgebrauch, z. B. Kondurangorinde. 4. S. aus dem Tierreich, z. B. Muschelschalen, Schildkrötenschalen. Nähere Angaben finden sich bei den Einzelbesprechungen.

Schamotte (Chamotte) nennt man die Masse, aus welcher die für Schmelzöfen und andere Feuerungsanlagen benutzten feuerfesten Backsteine (Schamottesteine, frz. Briques réfractaires, Briques en chamotte, engl. Fire bricks, Chamotte stones), ferner Schmelztiegel, Kapseln zum Porzellanbrennen usw. gefertigt werden. Sie besteht aus reinem Ton, der mit bereits vorher gebranntem und gemahlenem Ton gemengt ist. Die Feuerbeständigkeit der Masse, vermöge welcher sie selbst in anhaltender Weißglut nicht berstet, mürbe wird oder schmilzt, beruht lediglich auf der Reinheit des Tons, d. h. der Abwesenheit von Alkalien, Kalk und Eisenoxyd, denn solcher reiner Ton ist schon von Natur feuerfest. Der Zusatz des bereits gebrannten Tons oder gemahlener Tonscherben hat lediglich den Zweck, das starke Schwinden zu verhindern, welchem der fette, feuerfeste, reine Ton beim Brennen ausgesetzt ist. Ein guter feuerfester Stein darf nicht zerspringen, wenn er glühend in kaltes Wasser geworfen wird. Die von Ziegelhütten und zum Teil von Porzellanfabriken in den Handel gebrachten Steine sind gebrannt und mehr oder weniger weiß. Wo sie an Ort und Stelle hergestellt und verbraucht werden, geschieht das Vermauern in lufttrocknem Zustande, und zwar unter allen Umständen ohne Kalk, nur mit Tonmörtel. Bei der Aufbewahrung der Steine ist darauf zu achten, daß sie nicht dem Regen ausgesetzt sind.

Scharlach ist der Name verschiedener roter Teerfarbstoffe. Wollscharlach R, das Natronsalz der Xylidinazoalphanaphtoldisulfosäure, ein braunrotes, in Wasser mit gelbroter Farbe lösliches Pulver, färbt Wolle in sauerem Bade rot. — Scharlach 3J ist mit Ponceau 3J identisch (s. d.). — Koschenillescharlach 4R, ein feurigrotes, in Wasser schwer lösliches Pulver, besteht aus dem Natronsalze der Xylidinazoalphanaphtolmonosulfosäure. — Scharlach GR und R, ein zinnoberrotes, in Wasser mit rotgelber Farbe lösliches Pulver, ist die Natronverbindung der Xylidinazobetanaphtolmonosulfosäure. — Scharlach G besteht aus der Natronverbindung der Xylidinazobetanaphtoldisulfosäure und färbt Wolle in sauerem Bade rot.

Scharpie, das bekannte, noch jetzt in Drogenhandlungen geführte Verbandmittel zum Aufsaugen von Wund- und Geschwürabsonderungen, wurde früher durch Zerzupfen alter Leinwand gewonnen, sog. Deutsche Sch., Linteum carptum germanicum, ist aber jetzt meist durch ein feines, wolliges Baumwollgewebe, English Lint, Linteum carptum anglicum, verdrängt worden.

Schellack (Gummilack, Lackharz, lat. Lacca, Gummi lacca, frz. Gomme laque, engl. Lac) ist das Erzeugnis einer kleinen roten Schildlaus (Tachardia lacca, Coccus lacca, Coccus fica), die in Ostindien auf verschiedenen Bäumen und Sträuchern, namentlich auf Schleicheria trijuga, Anona squamosa, Butea frondosa, Croton lacciferus, Ficus- und Urostiqua-Arten lebt. Die Tiere, die an den von ihnen befallenen Stellen dicht gedrängt rund um den Zweig sitzen, schwellen nach der Befruchtung blasenförmig zu Erbsengröße auf, füllen sich mit Eiern und einer lebhaft roten Flüssigkeit und umgeben sich mit der harzigen, allmählich erhärtenden Masse, welche das Tier wie eine Kapsel völlig einschließt. Hiermit ist der Lebenslauf des Muttertieres abgeschlossen, die junge Brut aber, die aus den Eiern hervorgeht, nährt sich von dem roten Safte und bahnt sich nach ihrer völligen Entwicklung einen Weg ins Freie. Die verlassenen Wohnungen, die in größeren Massen dicht geschlossene, rauhe Borken bilden, werden mit den Zweigen abgebrochen und liefern den Stocklack (lat. Lacca in ramulis seu baculis, frz. Laque en bâtons, engl. Stick-Lac), mit dessen Einsammlung sich die Bewohner verschiedener Gegenden Ostindiens, besonders am Ganges, beschäftigen. Der Stocklack bildet rauhe, außen braunrötliche Röhren oder Bruchstücke von solchen, oft mit noch ansitzendem Zweigstücke, ist leicht zerbrechlich, auf dem Bruch glänzend und enthält im Inneren die zahlreichen Brutzellen, die teils leer sind, teils noch roten Farbstoff enthalten. Je nach der Herkunft zerfällt diese Rohware in mehrere Sorten, unter denen die von Siam, eine sehr dunkelfarbige, braune oder schwärzliche und an Farbstoff reiche am höchsten, die bengalische, farbstoffarme, daher gelbe oder gelbrötliche am wenigsten geschätzt wird. Beim Abklopfen von den Zweigen zerfällt der Stocklack in Körner, den sog. Körnerlack (lat. Lacca in granis, frz. Laque en grains, engl. Seed-Lac). Beide enthalten den Lac dye genannten Farbstoff des Sch., der für die meisten Zwecke durch Ausziehen mit schwacher Lauge entfernt werden muß. Die entfärbte Masse wird dann in wurstförmigen Säcken vorsichtig erwärmt, der austretende geschmolzene Lack auf Metallblech gestrichen, von dem es in der bekannten dünnblättrigen Form als Sch. lemon oder orange abspringt. — Außerdem kommen noch Knopfschellack, Blut-Rubin- oder Granat-Schellack in den Handel, welche direkt, ohne Entfernung des Farbstoffs, durch einfache Auswahl aus dem Stocklack hergestellt werden und kleine, meist runde, wenig durchscheinende, hellbraune bis braunrote Tafeln von sehr glatter Oberfläche und reiner Masse bilden. — Sch. ist eine natürliche Mischung verschiedener Harze, insgesamt etwa 90 %, und enthält außerdem noch mehr oder weniger Farbstoff und etwas Wachs. Weingeist löst ihn in der Kälte unter Hinterlassung des Wachses, heißer Weingeist nimmt auch von diesem etwas auf, das sich aber beim Erkalten wieder ausscheidet. Die trübe Lösung kann durch Filtrieren geklärt werden. In Benzin ist Schellack selbst unlöslich, während die Wachsmasse dadurch zur Lösung gebracht wird. Zur Entfernung der für einige Zwecke störenden Wachs- und Farbmasse wird der Sch. bisweilen noch weiter raffiniert, zuerst mit Lauge erhitzt, dann mit Eau de Javelle entfärbt und mit Säuren ausgeschieden und in Form von Stangen oder Zöpfen als gebleichter Sch. (Lacca alba depurata in bacillis, frz. Laque purifié, engl. Purified lac) in den Handel gebracht. Die verschiedenen Schellacksorten werden vielfach zur Herstellung von Lacken, namentlich Spirituslacken und Polituren, benutzt und geben einen schnell trocknenden, schön glänzenden Überzug. Durch Zusatz von Teerfarbstoffen oder anderen Farben erhält man die farbigen Spirituslacke. Außerdem wird Sch. zu Siegellack und in der Feuerwerkerei zu den rauchschwachen Buntfeuern verwandt. Gepulverter Schellack findet entweder für sich, oder in Verbindung mit anderen Harzen, als Kitt, Verwendung. Die beim Aufkochen von Sch. mit alkalischer Boraxlösung erhaltene leimartige Masse, die nach dem Trocknen einen wasserdichten Überzug bildet, führt als Steife für Hutmacher den Namen Wasserfirnis. Mit Teerfarben und anderen Farben gefärbt, ergibt sie die sog. Lederappreturen. — Ein als Lacca in tabulis bezeichnetes schellackartiges Gummi soll sich auch aus Fouquiera splendens, der in Nordamerika am Rio grande heimischen Ocotillapflanze, gewinnen lassen. — Die Versendung des Schellacks aus dem Ursprungslande Ostindien geschieht meist über Kalkutta, nach London und Hamburg, in Kisten von etwa 70 kg, die mit Sackleinwand bedeckt sind. Zum Nachweise der häufigen Verfälschungen durch Kolophonium und andere Harze behandelt man den Sch. mit Benzin, worin er, abgesehen von den geringen Wachsmengen, unlöslich ist.

Schellfische. Diese zu den Gadiden, einer Familie von Weichflossenstachlern, gehörenden langgestreckten Seefische mit schleimiger Haut und kleinen Rundschuppen, großer Mundöffnung, zwei bis drei Rücken- und einer kehlständigen Bauchflosse, bilden einen wichtigen Gegenstand des Massenverbrauchs bis weit in das Binnenland hinein. Die größte Bedeutung hat die Gattung Gadus, mit drei Rücken- und zwei Afterflossen, und zwar erstens der Kabeljau, Gadus morrhua (s. d.), zweitens der Schellfisch, Gadus aeglefinus (Haddock in England), ein 30—40 cm langer Fisch mit braunem Rücken und silberigen Seiten, ausgeschnittener Schwanzflosse und gerader Seitenlinie, und drittens Gadus merlangus, Merlan, auch Wittling genannt, in Nordeuropa Weitere S. sind Merlucius vulgaris, der Seehecht, in der Nordsee und im Mittelmeer, und die Aalraupe, Lota fluviatilis, in Süßwasser. — Hinsichtlich der Verwendung des eigentlichen S.: Siehe Kabeljau.

Schiefer (frz. Ardoise ou Schiste, engl. Slate). In der Gesteinskunde werden mit diesem Namen alle Sedimentgesteine belegt, die sich in mehr oder weniger dünne, annähernd ebene Platten spalten lassen. Da diese Eigenschaft vielen Gesteinen zukommt, so hat man auch ebenso viele verschiedene Schiefersorten, wie Glimmerschiefer, Chloritschiefer, Tonschiefer, Grauwackenschiefer, Kieselschiefer, Kupferschiefer, Mergelschiefer und Talkschiefer. Im Handel versteht man jedoch unter S. ohne nähere Bezeichnung nur diejenigen Sorten, welche sich als Dachschiefer oder Tafelschiefer eignen. Sie sind in Platten abgesonderte dunkle Gesteine, die in der Hauptsache aus kleinen mit Ton und Glimmer verkitteten Quarzkörnern bestehen und entweder durch Kohle schwarz, durch Eisenoxyd rötlich, bräunlich bis violett oder durch Chlorit grünlich gefärbt erscheinen. Ihre Härte ist gering, der Bruch matt. In chemischer Hinsicht enthalten sie neben etwas Eisen, Alkali und Erdalkali 50—70 % Kieselsäure und 15—35 % Tonerde. Ihrer Entstehung nach gehören sie teils zum kristallinischen Urtonschiefer, teils zu der Übergangsformation. Die Schieferbrüche werden entweder im Tagbau wie gewöhnliche Steinbrüche oder unterirdisch wie Bergwerke betrieben. In beiden Fällen ist immer viel wildes Gestein zu beseitigen, zwischen welchem der brauchbare S. in Schichten liegt. In Deutschland wird der beste S. im Thüringer Walde gefunden, und namentlich der aus den berühmten, seit Jahrhunderten betriebenen Brüchen von Lehesten im Meiningenschen gewonnene zeichnet sich durch Güte, Reinheit und Schönheit aus. Die Blöcke werden in möglichster Größe abgebaut und sogleich auf den Spalthütten in Arbeit genommen, weil sie sich im Zustande ihrer natürlichen Erdfeuchtigkeit am leichtesten zerlegen lassen. Dicke Platten für Grabmonumente, Fußbodenbelag, Tröge und Tischplatten werden durch Sägen, Behauen und Schaben in die verlangte Form gebracht, die dünneren Platten zur Dachbedeckung und Schreibtafeln durch Spalten mit stählernen Meißeln hergestellt. Die Form der Platten wird bei gewöhnlichem Dachschiefer durch Schlagen auf einem Amboß mit scharfen Kanten, bei feinerer Ware durch Schneiden auf einer Stockschere erzeugt. Das letztere gilt namentlich von dem sog. Schablonenschiefer, der nicht nur quadratisch und lang viereckig, sondern auch 5-, 6-, 8eckig und in anderen Formen hergestellt wird. Der Tafelschiefer erhält seine Glätte durch Schaben und Schleifen, worauf er meist eingerahmt (Schiefertafeln) in den Handel kommt. Nächst Lehesten ist die Umgegend von Gräfenthal in Thüringen reich an gutem S. Hier findet sich neben vortrefflichen Stücken zu Schiefertafeln auch der Griffelschiefer, der nicht in Platten, sondern gleichsam holzartig spaltet, so daß ein Block, der an richtiger Stelle im bruchfeuchten Zustande einen Schlag erhält, sogleich in eine große Zahl von Stengeln auseinanderfällt, die durch Schaben noch etwas abgeglichen werden. Die Schieferbrüche bei Goslar am Harz ergeben vorzügliche Dachplatten, ausgezeichnet durch Festigkeit und große Dünnspaltigkeit. Andere Lager finden sich im Rheinlande, Erzgebirge, Großbritannien, Frankreich und Belgien. Englischer S. findet noch immer in Norddeutschland vielfachen Absatz, weil die Wasserfracht billiger ist als die Beförderung aus dem Binnenlande. Guter Dachschiefer muß vollständig ebenflächig, glatt und möglichst dünn sein, damit die Tafeln das Dach nicht zu sehr belasten. Auf dem Querbruche soll er genügend dicht erscheinen und darf auch keinen eingesprengten Schwefelkies enthalten, weil er sonst leicht verwittert.

Schieferöl nennt man die Öle, welche durch trockene Destillation aus bituminösen, d. h. von Erdharzen oder Erdölen durchdrungenen Schiefern gewonnen werden. Sie bestehen aus Kohlenwasserstoffen, die sich als Brennöle verwerten lassen, haben aber seit dem Aufkommen des Petroleums an Bedeutung verloren.

Schieferschwarz (frz. Noir de schiste, engl. Slate black), eine wohlfeile Anstrichfarbe, die aus groberdigem, zerreiblichem, durch Kohle schwarz gefärbtem Schieferton, sog. schwarzer Kreide, durch Mahlen hergestellt wird, findet sich am besten in der Gegend von Rennes in Frankreich sowie bei Saalfeld.

Schierling (lat. Herba conii s. cicutae, frz. Feuilles de ciguë, engl. Hemlock leaves), die bekannte zweijährige Doldenpflanze Conium maculatum, die sich in der Nähe von Ortschaften, an Zäunen, Wegen, auf Schutthaufen wie in fruchtbarem Lande ansiedelt und eine Höhe von 9—12 dm und darüber erreicht, hat einen runden, hohlen, bläulich bereiften Stengel, der nach oben stark verästelt, an seinen unteren Teilen wie an denen der stärkeren Äste und den Blattscheiden aber mit dem Artmerkmal, rotbraunen oder purpurroten Flecken, versehen ist (gefleckter S.). Die dreifach gefiederten, glanzlosen Blätter sind denen der Petersilie außerordentlich ähnlich, die im zweiten Jahre erscheinenden Blüten weiß. Durch das völlige Fehlen von Härchen oder sonstigen Anhängseln an allen Teilen der Pflanze kann diese von verwandten Arten unterschieden werden. Das Kraut ist vor der Blütezeit einzusammeln, von den dickeren Stengeln zu befreien und rasch zu trocknen. Frisch zerrieben riecht es widerwärtig und fast betäubend nach Mäuse- und Katzenurin und schmeckt ekelhaft süßbitterlich. Durch das Trocknen schrumpft es unter Dunkelfärbung sehr ein und muß wegen leichter Verderbnis gut aufbewahrt und alle Jahre erneuert werden. Alle Teile der Pflanze, auch die Wurzel und die Früchte, enthalten zwei eigentümliche organische Basen, das Koniin (s. d.) und das Konhydrin, und sind sehr giftig. Das gepulverte Kraut sowie daraus hergestellte Extrakte und Tinkturen werden in sehr kleinen Gaben innerlich bei Keuchhusten, Asthma usw., medizinisch angewandt. — Die Schierlingsfrüchte, fälschlich Schierlingssamen genannt (lat. Fructus conii maculati, frz. Semences de ciguë, engl. Hemlock seeds), sind durch fünf auf der Wölbung des Rückens befindliche erhabene helle Riefen, die wellenförmig gekerbt erscheinen, gekennzeichnet und unterscheiden sich hierdurch leicht von anderen ähnlichen Früchten, z. B. Kümmel, Fenchel. Man benutzt sie zur Darstellung des Koniins.

Schießbaumwolle (Pyroxylin, Nitrozellulose, nitrierte Baumwolle, lat. Pyroxylinum, frz. Pyroxyline, engl. Pyroxylin), eine deutsche Erfindung, wurde zuerst und beinahe gleichzeitig im Jahre 1846 von Schönbein in Basel und Böttcher in Frankfurt a. M. hergestellt. Die anfangs überschwenglichen Erwartungen, daß in der S. ein völliger Ersatz des Schießpulvers für Sprengungen und Schußwaffen gefunden worden sei, schienen zunächst nicht in Erfüllung zu gehen. Erst nachdem es durch die Arbeiten v. Lenks und später Abels gelungen war, die Ursache der Selbstentzündlichkeit zu beseitigen, fand sie allgemeinen Eingang in die Sprengtechnik. Das Verfahren zu ihrer Darstellung beruht auf derselben Grundlage wie das der Nitroglyzerinfabrikation. Reine Zellulose, besonders entfettete, durch Krempeln gereinigte Baumwolle, wird in ein Nitrierungsgemisch von Salpetersäure und Schwefelsäure gebracht, eine Zeitlang darin belassen und dann aufs sorgfältigste durch Waschen mit viel Wasser in Zentrifugen von jeder Spur anhaftender Säure befreit. Nachdem sie dann in einem Papierholländer unter starkem Wasserzufluß vollständig zu Brei vermahlen ist, wird sie entweder außerordentlich vorsichtig bei 40 bis 50° getrocknet, oder durch Behandlung mit Alkohol entwässert, oder endlich direkt in feuchtem Zustande weiter verarbeitet. Nach dem Abelschen Verfahren wird der noch feuchte Brei durch Pressen unter hohem Druck in Patronen, Sprengröhren und Scheiben geformt, die unter Umständen noch durch Imprägnieren mit Kautschuk- oder Paraffinlösungen gegen Feuchtigkeit unempfindlich gemacht werden. Auch läßt sich der Brei in einer hin und her gehenden Trommel in Körner (gekörnte S.) verwandeln, die dann durch kurzes Eintauchen in Essigäther gehärtet werden. — Bei der Nitrierung hat die Baumwolle ihr Aussehen nicht geändert, fühlt sich aber härter und rauher an und ist durch Aufnahme der Nitrogruppe um 50% schwerer geworden. Wie das Nitroglyzerin ist auch die S. kein eigentlicher Nitrokörper, sondern ein Ester der Salpetersäure, und zwar Zellulosehexa- oder nach anderen Angaben -trinitrat. Sie löst sich nicht in Wasser, Alkohol und Essigsäure, schwer in Äther und Azeton, hingegen leicht in Essigester, Nitrobenzol und Ätheralkohol. Frei entzündet, verbrennt die S. blitzartig, aber mit so geringer Kraftentwicklung, daß sie eine darunter befindliche Wage nicht ins Schwanken bringt. Durch Druck, Schlag oder plötzliche Entzündung auf hohe

Temperatur explodiert sie hingegen mit ungeheurer Gewalt, welche diejenige des Pulvers bis zum Zehnfachen übertrifft. Die S. wird vor allem zu Sprengungen benutzt und hat hierbei den Vorzug, daß das Bohrloch nicht verrammt zu werden braucht. Ferner dient sie zum Füllen von Torpedos, Granaten und Minen und zur Herstellung des rauchlosen Pulvers. Die in ähnlicher Weise hergestellte Kollodiumwolle (s. d.) ist Zellulosetetranitrat. Die S. kann in feuchtem oder gekörntem Zustande völlig gefahrlos versandt werden. Während des Krieges ist es gelungen, die Sch. aus Holzzellulose herzustellen und dadurch die auf die Abschneidung der Baumwolle gesetzten Hoffnungen der Feinde zu vereiteln.

Schießpulver (Pulver, frz. Poudre à canon, engl. Gun-powder), ein wahrscheinlich schon seit uralten Zeiten bekannter Stoff, besteht aus Mischungen von Salpeter, Kohle und Schwefel in wechselnden Verhältnissen, die durch besondere Maßnahmen in eine gekörnte Form übergeführt werden. Zur Herstellung des S. werden reinster, chlorfreier Kalisalpeter, selbstgemahlener Stangen- oder Brotschwefel (hingegen keine Schwefelblumen) und eine besonders leichte, poröse Holzkohle verwandt. Vor allem eignet sich hierzu die Kohle von Pappel, Faulbaum, Linde und Kastanie, die in geschälten, daumendicken und völlig trockenen Stäben in eisernen Zylindern auf nicht zu hohe Temperaturen, am besten mit überhitztem Wasserdampf, erhitzt werden. Auch Flachs, Hanf und Weinrebe geben gute Kohle. Bei einer Temperatur von 270—300° erhält man die raschentzündliche, für Jagdpulver geeignete Rotkohle, bei 350° die schwerer brennbare Schwarzkohle für Kriegspulver. Zur Vermeidung von Wasseranziehung und Selbstentzündung wird die Kohle möglichst bald in Stampfwerken oder Kugelmühlen zerkleinert, in den mit Leder überzogenen Mengtrommeln mit der erforderlichen Menge Schwefel und Salpeter vermischt und die mit etwas Wasser gleichmäßig angefeuchtete Masse auf einem endlosen Tuche zwischen Walzen hindurchgeführt oder durch hydraulische Pressen verdichtet. Man erhält hierdurch Platten von dem Aussehen und der Härte des Schiefers, die zwischen geriffelten Walzen oder in mit Sieben versehenen Körnmaschinen in Körner verschiedener Größe zerteilt werden. Die letzteren werden an der Luft vorgetrocknet, in Trommeln durch gegenseitige Reibung poliert und darauf bei höherer Temperatur völlig getrocknet. Zum Versand kommt das P. in Fässer, für größere Mengen und Entfernungen aber erst in leinene oder lederne Säcke und mit diesen in Holzfässer. Kleinere Mengen Jagdpulver werden auch in Glas- oder Blechflaschen versandt. Pulverfässer sollen nie gerollt, sondern stets getragen werden. Die einzelnen Pulversorten unterscheiden sich sowohl durch die chemische Zusammensetzung wie den Grad der Feinheit. Jagdpulver enthält im Durchschnitt meist 77 Teile Salpeter, 13 Kohle, 10 Schwefel; Militärpulver 75 Teile Salpeter, 15 Kohle, 10 Schwefel; Sprengpulver 66 Teile Salpeter, 11 Kohle, 23 Schwefel. Erhöhter Schwefelgehalt macht das Pulver unempfindlicher gegen Feuchtigkeit und haltbarer für den Versand, erniedrigt aber die Sprengkraft und verlangsamt die Verbrennung. Größerer Kohlenstoffgehalt steigert die Entzündlichkeit, aber auch die Neigung zum Feuchtwerden. Großkörniges Pulver verbrennt langsamer und wird daher als Geschützpulver verwandt. Das Pirsch-, Jagd- oder Scheibenpulver ist die feinste Sorte mit mohnsamengroßen, polierten und runden Körnern. Das Musketenpulver ist gröber und weniger poliert, noch grobkörniger das meist aus eckigen Bruchstücken bestehende Geschützpulver. Für großes Belagerungsgeschütz, Strandbatterien und Schiffsgeschütze wird meist das prismatische Pulver benutzt, das aus sechsseitigen, von sechs Kanälen durchzogenen Prismen besteht und durch Pressen des angefeuchteten Pulverkuchens in Formen hergestellt wird. Gutes S. muß staubfrei sein und darf nicht abfärben. Das Korn sei fest und gleichmäßig schwach glänzend, die Farbe bleigrau. Tiefschwarzes Pulver hat entweder einen zu hohen Kohlenstoffgehalt oder ist naß gewesen. Der Feuchtigkeitsgehalt soll $1^1/_2$% nicht übersteigen. Auf Papier verbrannt, darf gutes S. die Unterlage nicht entzünden und nur einen unbedeutenden schwarzen Fleck hinterlassen. — Das für die Handfeuerwaffen des Heeres bestimmte rauchlose Pulver (Blättchenpulver) wird durch Auflösen von Schießbaumwolle in Essigäther, Azeton oder Alkoholäther, Auswalzen der entstehenden gelatineartigen Masse und Zerschneiden in runde oder viereckige Blättchen hergestellt. Dieses Pulver brennt, mit offener Flamme entzündet, schnell, aber ruhig ab. Im geschlossenen Raume explodiert es ohne Rauchentwicklung. Von anderen rauchlosen Pulvern besteht das Nobelsche Ballistit aus einem Gemenge von Kollodiumwolle mit Nitroglyzerin, das Kordit der englischen Armee aus einem Gemisch von Nitroglyzerin mit in Azeton gelöster Schießbaumwolle. Auch hat man Verbindungen der Pikrinsäure zu gleichem Zwecke (Pikratpulver) herangezogen.

Schildkröten (frz. Tortues, engl. Turtles). Von diesen zur Klasse der Amphibien gehörigen Tieren bilden mehrere Arten ihres nahrhaften und schmackhaften Fleisches wegen einen Gegenstand des Lebensmittelhandels. So wird von den Landschildkröten die bis zu 2 kg schwere griechische S., Testudo graeca, in ganz Italien und Griechenland regelmäßig auf den Markt gebracht, und in Brasilien bildet eine andere Landschildkröte, der Schabuti (Testudo tabulata), ein wichtiges Nahrungsmittel. Die schmackhafteste und wichtigste aller Arten, die im Atlantischen Ozean lebende Suppenschildkröte, Chelonia Mydas, erreicht unter Umständen ein Gewicht von 500 kg, hält sich vorzugsweise in der Nähe der Küste auf und legt ihre Eier in ein in den Sand oder die Erde gegrabenes Loch. Die Schildkröteneier mehrerer Arten werden ebenfalls genossen und auch, eingesalzen und mariniert, in den Handel gebracht. Aus dem Fleische bereitet man die Schildkrötensuppe (engl. Real turtle soup) sowie auch Ragouts (Würzfleisch) und Frikassees (Schnittfleischgerichte). Echte Schildkrötensuppe sowie unechte, nachgemachte Schildkrötensuppe (engl. Mock turtle soup) kommt in luftdicht verschlossenen Blechbüchsen zum Verkauf.

Schildkrötenöl (Schildkröteneieröl). Die Eier der Schildkröten enthalten ein fettes Öl, das in manchen Gegenden, so namentlich am mittleren und unteren Orinoko in großer Menge gewonnen wird. Die Tiere legen ihre Eier auf gemeinschaftlichen Brutplätzen am Ufer des Flusses in Gruben, die sie mit ihren Hinterfüßen in den Sand scharren. Die Indianer graben den Boden vorsichtig auf, nehmen die Eier heraus und werfen sie in große, mit Wasser gefüllte Tröge, in denen sie mit Schaufeln zerdrückt, umgerührt und der Sonne ausgesetzt werden. Das obenschwimmende Öl wird abgeschöpft und über freiem Feuer erhitzt, wodurch es an Haltbarkeit gewinnt. Es ist schwach gelblich gefärbt, geruchlos und dem Olivenöl ähnlich und dient zur Bereitung von Speisen sowie als Brennöl. Auch rühmt man ihm nach, daß es gegen Lungenleiden wirksamer als Lebertran sei, da es vom Magen besser vertragen werde.

Schildkrot (Schildpatt, frz. Ecaille, engl. Tortoise shell, Shell of sea turtles) nennt man die hornartigen, aus verdickten Epidermiszellen bestehenden oberen Platten des Rückenschildes mehrerer Arten von Schildkröten. Die Schale der ihres wohlschmeckenden Fleisches wegen geschätzten Riesenschildkröte oder Suppenschildkröte (Chelonia Mydas) kann wegen ihrer geringen Dicke nur zu Laternen gebraucht werden, hingegen werden andere Arten, deren Hornpatten klar durchscheinend und buntfarbig, gelb, rot, braun, schwarz geflammt oder gewölkt sind, besonders die Karetschildkröte (Chelonia Caretta) und die schuppige Schildkröte (Chelonia imbricata) lediglich ihres S. wegen gefangen. Das beste Schildpatt stammt aus dem ostindischen Inselmeer und wird je nach den Bezugswegen chinesisches oder ostindisches genannt, doch kommen auch aus dem Roten Meer schöne schwere Stücke, die auf dunkelgelbem Grunde braunschwarze Flecken zeigen, über Kairo in den Handel. Vom Schildkrötenpanzer verwendet man nur das Rückenschild, das aus zwölf um eine sechseckige Mittelpatte angeordneten Tafeln besteht. Die Patten werden in der Weise abgenommen, daß man die Panzer über Kohlenfeuer hält, wodurch sie sich von dem darunterliegenden Teile des Rückenschildes trennen. Der Wert des S. hängt, außer von der guten Färbung, besonders auch von der Größe und Dicke ab, das beste muß dick, durchsichtig, lebhaft gefärbt und großgefleckt sein. Die bekanntesten Sorten sind das indische, schwarz mit gelber und roter Zeichnung, das sehr dicke, veilchenblaue von den Seychellen, das außen muschelgrüne, innen schwärzliche, mit bräunlichem Schein und gelben Flecken versehene amerikanische und das in sehr großen, weichen und biegsamen, blaßgelben, rotgelb und schwarz gefleckten Stücken auftretende S. von der Insel Bourbon. Das S. ist seiner Natur und seinen Eigenschaften nach dem Horn sehr ähnlich, aber von feinerer und derberer Masse, nicht so faserig und blätterig und daher politurfähiger. Es läßt sich auch in gleicher Weise wie Horn bearbeiten, durch siedendes Wasser erweichen und pressen und in trockener Hitze schweißen und findet daher zur Herstellung von Dosen, Kämmen, Messerheften und Schmuckwaren Verwendung. Nachahmungen von S. werden hergestellt, indem man auf weißem Horn, Knochenleim u. dgl. durch Beizen ähnliche Farben und Zeichnungen hervorbringt oder auch die Abfälle von der Verarbeitung des echten S. in geeignete Form bringt.

Schinken (frz. Jambon, engl. Ham), die ein gesalzenen und geräucherten Hinterschenkel der Schweine, bilden einen bedeutenden Gegenstand des Handels. Besonderen Ruf genießen die westfälischen und pommerschen S., nächstdem die aus Thüringen, Braunschweig und Holstein stammenden Erzeugnisse. In Frankreich sind Bayonne, Bordeaux und Troyes wegen ihrer S. besonders bekannt.

Schlackensteine. Aus Schlacke, d. h. den beim Schmelzen von Erzen mit Zuschlägen entstehenden geschmolzenen Abfällen, werden durch Gießen in Formen würfelförmige und auch prismatische Steine gefertigt, die eine schwarzgraue Farbe besitzen und namentlich zum Pflastern von Straßen dienen. Sie sollen sich gut halten und werden in großem Umfange in den Handel gebracht.

Schlangenwurzel. Diesen Namen führen zwei verschiedene Wurzeln, 1. Die hin und her gebogene ausdauernde Wurzel des auf allen feuchten Wiesen vorkommenden Wiesenknöterichs (Polygonum bistorta), aus der Familie der Polygonazeen, die sog. Schlangen- oder Natterwurzel (lat. Rhizoma bistortae, frz. Rhizome de bistorte, engl. Snake root) schmeckt sehr herb und bitter, besitzt einen hohen Gehalt an Gerbstoff, Gallussäure und Stärkemehl und wird als adstringierendes Mittel verwendet. 2. Die virginische Schlangenwurzel (lat. Rhizoma serpentariae, frz. Rhizome de serpentaire de Virginie, engl. Serpentary root), die ihren Namen nicht von ihrer Gestalt, sondern von ihrem angeblichen Gebrauch als Mittel gegen Schlangenbiß erhalten hat, stammt von der Aristolochiazee Aristolochia Serpentaria oder Endodeca Serpentaria (Raff.), einer krautartigen Pflanze mit ausdauerndem Wurzelstock, die in den schattigen Wäldern der östlichen und südlichen Vereinigten Staaten häufig wächst. Sie besteht aus einem kurzen, 2 mm dicken, gewundenen, oft Reste von Blättern und Stengeln tragenden Wurzelstock, von dem zahlreiche, 4—9 cm lange, dünne, blaßbraune, durcheinander gewirrte Faserwürzelchen ausgehen. In der Rinde finden sich zahlreiche Öldrüsen. Der Geruch ist gewürzhaft kampferähnlich, der Geschmack bitter und scharf. Die Wurzel, die außer ätherischem Öl ein grünlichgelbes Weichharz und einen Bitterstoff enthält, wird als Pulver oder Aufguß medizinisch gegen Fieber und Typhus verordnet und muß in gut verschlossenen Blech- oder Glasgefäßen aufbewahrt werden. Etwaige Verwechslungen mit der Wurzel von Spigelia marylandica (L.) erkennt man daran, daß letztere geruchlos und dunkelbraun bis schwärzlich ist, während die ebenfalls ähnlichen Wurzeln von Asarum virginianum (L.) sich durch ihre Gliederung und schwärzliche Farbe unterscheiden.

Schlehenblüten (Schlehdornblüten, Schwarzdornblüten, lat. Flores acaciae, frz. Fleurs de prunelle, engl. Black thorn flowers), die getrockneten weißen Blüten des in ganz Europa an sonnigen Orten wachsenden Schlehenstrauches, Prunus spinosa, schmecken bitterlich zusammenziehend, besitzen frisch einen schwachen Bittermandelölgeruch und werden als Hausmittel in Form von Tee verwendet. — Die Schlehenfrüchte werden teils frisch, teils getrocknet als Obst genossen oder auch zur Herstellung von Likör benutzt.

Schleif- und **Wetzsteine** unterscheiden sich der Form nach dadurch, daß die ersteren als Scheiben auf Achsen gesteckt sind und beim Gebrauch in Umlauf gesetzt, die länglich geformten Wetzsteine hingegen meist mit der Hand geführt werden. Die Umlaufsteine werden sowohl aus weißem als aus grauem Sandstein gehauen, doch kommt es bei ihnen nicht, wie bei Mühlsteinen, auf große Härte an. Sie dürfen vielmehr nur mäßige Härte besitzen, müssen aber in ihrer Masse sehr gleichartig, feinkörnig und frei von härteren Einschlüssen sein. Gute Rohstoffe für Schleifsteine finden sich in Böhmen, Thüringen, Bayern und Württemberg. — Wetzsteine im engeren Sinne zum trockenen Schärfen von Sensen, Sicheln und Strohmessern erhalten eine nach beiden Enden verjüngt zulaufende Form und werden meist aus blauem oder grauem Tonschiefer, zum Teil auch Kieselschiefer, hergestellt. — Andere Sorten zum nassen Abziehen feinerer Schneidwerkzeuge (mit Wasser oder Öl), sog. Wetzschalen oder Streichschalen, besitzen eine länglichgerade Form und bestehen aus Wetzschiefer, einer von Kieselsäure durchdrungenen, daher harten, hell- oder grünlichgrauen Tonmasse, die im gemeinen Tonschiefer schmale Zonen bildet. Steine dieser Art finden sich bei Sonneberg und Saalfeld in Thüringen, Lerbach und anderen Orten am Harz, in Sachsen (grüner Ölstein) und den Ardennen. Die früher sehr gesuchten levantischen Ölsteine, eine graubraune, von Kieselsäure durchdrungene Abart des Dolomits, kommen in Blöcken nach Marseille, wo sie erst gespalten und bearbeitet werden. Die Arkansasschalen aus Nordamerika, ebenfalls sehr gute Ölsteine, die zum Schleifen der feinsten Messerwaren geeignet sind, bilden eine weißliche, unglasiertem Porzellan ähnliche Masse und bestehen aus einer Art Chalzedon. — Für die eigentlichen Schleif- oder Drehsteine werden oft künstliche Ersatzmittel in verschiedener Art hergestellt, z. B. in der Weise, daß man gemahlenen feinkörnigen Sandstein mit Ton mengt und die Masse formt und brennt, oder daß man scharfe Pulver wie Sand, Bimsstein, Schmirgel, gestoßenes Glas mit einem Bindemittel wie Wasserglas, Kautschukmasse, Schellack oder Magnesiazement vereinigt. Am meisten bedient man sich hierzu des Schmirgels in Verbindung mit Schellack, die hieraus gefertigten Schleifscheiben greifen selbst Stahl und Glas sehr gut an.

Schlichte nennt man in der Weberei benutzte Lösungen von Leim oder Stärke, mit denen die Stoffe zur Erhöhung der Haltbarkeit getränkt werden.

Schmelzbutter (Butterschmalz, Flößbutter) nennt man geschmolzene Butter, die durch Auslassen, Erwärmen über mäßigem Feuer bis zum Kochen, unter stetem Umrühren und Abnehmen des Schaums von allen Beimengungen: Wasser, Käsestoff, Milchzucker und Salzen befreit worden ist. Sie wird in irdene oder Steintöpfe oder auch Holzbutten gegossen und zum Erkalten kühl gestellt. Die S. hat vor der Butter den Vorzug größerer Haltbarkeit und wird besonders in Süddeutschland benutzt.

Schmelztiegel (frz. Creuset, engl. Crucible oder Melting-pot) nennt man Gefäße, welche dazu bestimmt sind, starre Körper zu schmelzen oder doch einer hohen Temperatur auszusetzen. Das Material, aus dem sie hergestellt werden, richtet sich teils nach der Höhe der Temperatur, die sie auszuhalten haben, teils nach der Natur der Stoffe, die man darin erhitzt. Der Form nach sind sie meist konisch mit kreisrundem Querschnitt, bis auf die sog. hessischen S. mit abgerundet dreieckigem Querschnitt, die besonders in Großalmerode und Ebterode in der Provinz Hessen aus feuerfestem Ton und Quarzsand hergestellt und gewöhnlich in Sätzen von sechs Stück, die genau ineinanderpassen, versandt werden. Schamottetiegel dienen zum Schmelzen von Gußstahl und Glas, Graphittiegel aus Graphit und feuerfestem Ton zum Schmelzen von Gold, Silber, Messing, Neusilber und Gußstahl. Gußeiserne Tiegel eignen sich nur für ganz bestimmte Zwecke, und Porzellantiegel, Platintiegel und Silbertiegel hauptsächlich für Arbeiten in chemischen Laboratorien. Zum Schmelzen von Platin verwendet man Kalktiegel.

Schmiermittel, Schmieröle. Zum Schmieren von Maschinen kommen hauptsächlich die Rückstände von der Petroleumdestillation in Frage (s. Mineralöle), doch werden auch die verschiedensten fetten Öle und festen Fette als S. verwendet. Wagenschmiere wird aus Harzöl und Vaselin hergestellt und oft mit Graphit, Seife oder Harz versetzt. Der fein gemahlene Graphit (s. d.) dient als S. namentlich für Maschinenwellen, um das Heißlaufen zu verhindern.

Schminken sind kosmetische Mittel, welche dazu dienen, der Haut einen zarten Ton zu geben, oder, wie z. B. die Theaterschminken, die Haut, Augenbrauen usw. der Rolle entsprechend zu färben. Sie werden sowohl parfümiert als auch unparfümiert in den Handel gebracht. — Trockene Schminken in Pulverform (lat. Pulvis cosmeticus, frz. Poudre cosmétique, engl. Cosmetic powder) bestehen aus feinstem Reispuder, dem Magnesiumkarbonat, Talkum, Veilchenwurzel usw. zugesetzt werden. Als Parfüm verwendet man hauptsächlich Moschus, Patschuli, Heliotrop, Rose usw. Die einzelnen Bestandteile müssen aufs feinste gepulvert und dann innig verrieben werden. Als Farbstoffe sind nur giftfreie Farben, z. B. Karmin, Karthamin, Zinkweiß usw. zu verwenden. — Fettschminken (lat. Unguenta cosmetica, frz. Pâte de cosmétique, engl. Cosmetic pate) bestehen aus Lanolin, Benzoëschmalz, Kakaobutter oder anderen Grundlagen, die innig zu einer homogenen Masse verrieben werden müssen, ehe man die Riechstoffe und die Farben zusetzt. — Schminkstifte (lat. Styli cosmetici, frz. Bâtons de cosmétique, engl. Cosmetic sticks) werden aus der vorher erwähnten Salbengrundlage unter Zusatz einer Wachsmischung geformt. — Die früher benutzten Schminkpapiere oder die Schminklappen (lat. Bezetta rubra, frz. Tournesol de drapeau, engl. Tournosol) bestanden aus feinen Batiststoffen, die mit Koschenillelösungen getränkt und dann getrocknet wurden. — Während man bis Ende des vorigen Jahrhunderts in bezug auf Schminken hauptsächlich auf Paris und London angewiesen war, sind jetzt die in Deutschland, z. B. von Leichner in Berlin, hergestellten S. den ausländischen zum mindesten ebenbürtig.

Schmirgel (Smirgel, lat. Lapis smiridis, frz. Emeril, engl. Emery), ein äußerst wichtiges und massenhaft gebrauchtes Mittel zum Schleifen und Polieren von Metallen, Steinen und Glas, besteht im wesentlichen aus dichtem Korund (s. d.) mit beigemengtem Magneteisen. Das Mineral tritt in derben Massen auf und muß zum Gebrauch erst gestoßen und geschlämmt werden. Es besitzt in seinen kleinsten Teilen eine solche Härte, daß es das wirksamste Schleifpulver nach dem Diamantstaub bildet, ist aber nicht an allen Orten seines Vorkommens gleich gut. Die beste und gesuchteste Ware von der griechischen Insel Naxia, dem alten Naxos, hat eine gleichmäßig dunkelgraue Farbe und ein Korn von besonderer Härte und Feinheit. Sie ist für gewisse Zwecke, namentlich für Spiegel- und Edelsteinschleifer, unersetzlich, während für andere, namentlich zum Stahlpolieren, neuerdings sehr brauchbarer S. aus Kleinasien (sog. türkischer S.) eingeführt wird. Das Mineral kommt von Smyrna wie auch von Naxia im unzerkleinerten Zustande und wird erst in den Verbrauchsländern durch Stampfen, Mahlen und Schlämmen gebrauchsfähig gemacht. Die verschiedenen Sorten, von denen gröbere zum Rauhschleifen, feinere zum Polieren dienen, werden durch Nummern oder die Zeitangabe der Schlämmdauer unterschieden. Die Körner haben die Größen des feinen bis groben Schießpulvers. Außer in Pulverform, meistens mit Öl gemischt, wird der S. auch noch, auf Papier oder Zeug befestigt (Schmirgelpapier und S.-Leinwand, s. Glaspapier), zum Schleifen von Messing, Argentan und Stahlwaren sowie mit Schellack eingeschmolzen und, in Formen gegossen, zu künstlichen Schleifsteinen, Scheiben und Feilen verwandt.

Schnecken. Die Weinbergschnecke, Helix pomata, bildet in Italien, Österreich, der Schweiz und Süddeutschland ein beliebtes Volksnahrungsmittel (Fastenspeise), das in besonderen Schneckengärten oder Schneckenbergen durch Mästen gefangener Tiere marktfähig gemacht wird und auch, in Säcke oder Fässer verpackt, in den Handel gelangt. Der Verkauf geschieht nach Hundert oder Schock. Die Schnecken sind vom Spätherbst an, im ganzen Winter bis zum März, solange sie mit Deckeln verschlossen sind, genießbar und werden mit Salat, Gemüseabfall, Kleie usw. gemästet. Das Gehäuse ist gelb, graubraun gestreift, etwas durchscheinend, bis 9 cm breit und etwa 9 cm lang. Zum Verspeisen wird der Deckel geöffnet, die Schnecke herausgezogen, von der schwarzen Haut, den harten Teilen an Kopf und Schwanz und allen schleimigen Teilen befreit, dann mit Salz eingerieben, gut gewaschen und entweder gebacken, gebraten, gekocht oder zu Schneckensalat verarbeitet. Auch benutzt man sie zur Herstellung von Suppen (Kraftsuppe gegen Auszehrungskrankheiten), Schneckenmilch oder Schneckendekokt (Decoctum helicum). Außer der Weinbergschnecke verwendet man noch die Kreiselschnecke, den Goldmund, das Midasohr und auf den ostindischen und australischen Inseln große, bis $^1/_2$ kg schwere Seeschnecken, die auch nach China verkauft werden und dort besonders mit Essig und Zitronensaft eine beliebte Speise bilden. Eingemacht in Gläsern, Büchsen oder Flaschen, oder frisch in Blechbüchsen verlötet, gelangen sie auch auf weite Entfernungen zum Versand.

Schneeballrinde (lat. Cortex viburni prunifolii, frz. Ecorce de viburne, engl. Viburnum bark), die Rinde des amerikanischen Schneeballstrauches, aus der artenreichen Familie der Kaprifoliazeen, hat ein rot- bis graubraunes Äußere und ist mit höckrigen schwarzen Punkten besetzt. Sie enthält Viburnin, Bitterstoff und Baldriansäure und wird in Extraktform, z. B. gegen Krampfleiden, verwandt.

Schneiderkreide wird entweder aus Speckstein, Talkum, in Form dünner Scheiben geschnitten oder aus gepulvertem Talkum in herzförmige, flache Stücke gepreßt. Außer der weißlichen gibt es auch künstlich rot oder blau gefärbte S. sowie in Holz gefaßte Stifte, ähnlich den Bleistiften. Die S. ist ein weiches Zeichenmaterial, das sich besonders zum Vorzeichnen auf Tuch, Samt, Seide usw. eignet.

Schöllkraut (lat. Herba chelidonii, frz. Chélidoine, engl. Celandine) ist das Kraut von Chelidonium majus, einer Pflanze aus der Familie der Papaverazeen, die in Europa und Mittelasien heimisch ist. Die Blätter sind zottig behaart, hellgrün gefärbt und mehrpaarig gefiedert. In der Pflanze findet sich ein gelber Milchsaft, der z. B. gegen Warzen angewandt wird. Das Kraut dient als harntreibendes und abführendes Mittel, doch ist der alkaloïdischen Bestandteile halber Vorsicht geboten.

Schönheitsmittel. Hierunter versteht man die große Zahl der kosmetischen Mittel, die zur Reinigung, Pflege oder Färbung der Haut, des Haares oder der Mundhöhle verwandt werden und aus den verschiedensten Stoffen des Tier-, Mineral- und Pflanzenreichs in Form von Auszügen, Mischungen oder Verreibungen bestehen. Zu ihrer Herstellung sollen nur völlig giftfreie Farben Verwendung finden. Falls eine Parfümierung gewünscht wird, darf diese nicht so hervortreten, daß sie aufdringlich erscheint.

Schoenit, ein Abraumsalz, besteht aus wasserhaltigem Kalium-Magnesium-Sulfat ($K_2SO_4 + MgSO_4 + 6H_2O$).

Schollen (Seeschollen, Flach-, Plattfisch, Seitenschwimmer), Raubfische mit gutem Fleisch, stark zusammengedrücktem, sehr hohem, fast scheibenartigem Körper, unsymmetrischem Kopfe und nur auf einer Seite befindlichen Augen, sind an der oberen Körperseite wie der Meeresboden, dunkel schmutzig, an der unteren oder Bauchseite weiß gefärbt und zuweilen gefleckt. Die Rücken- und Bauchflosse ist sehr lang und ungeteilt. Meist liegen die S. gesellig im schlammigen, flachen Meeresgrund, mit Sand bedeckt, auf einer Seite oder schwimmen mit der Augenseite nach oben. Ihre Färbung verändert sich, der Umgebung entsprechend. Von den zahlreichen Arten sind zu erwähnen: 1. Die Flunder oder Flunker, auch Teerbutt genannt (Pleuronectes flesus L.), die von der französischen Küste bis Irland und in der Ostsee vorkommt und 30 cm lang sowie bis 3 kg schwer wird, erscheint graubraun mit dunklen Flecken (vgl. Flunder). 2. Die gemeine Scholle, der Goldbutt oder das Platteisen (P. platessa L.), 50 cm lang, 9 kg schwer, braun, grau, gemarmelt, gelb gefleckt und auf der Blindseite gelb- und grünlichweiß, hat die gleiche Verbreitung und wird in großen Mengen frisch und geräuchert versandt. 3. Der Heilbutt (Hippoglossus Cuv.) zeigt schmaleren, gestreckteren Leib. 4. Der Heiligbutt oder die Riesenscholle (Hippoglossus vulgaris Flem.), bis 2 m lang und 250 kg schwer, ist besonders wichtig für die Nordländer. 5. Der Steinbutt, Turbot (Rhombus maximus), ein besonders geschätzter Fisch, bis 2 m lang und bis 35 kg schwer, an der Augenseite höckerig, braun, marmoriert und heller gefleckt, lebt in der Nord- und Ostsee und im Mittelländischen Meer. 6. Der Glattbutt (Rhombus laevis Cuv.), 40 cm lang, bis 4 kg schwer, braun, dunkelbraun marmoriert, perlenartig hell gefleckt, in der Nord- und Ostsee bis zum Atlantischen Ozean. 7. Die längliche Zungenscholle, Soolen oder Sole (Solea Gthr.), mit rechtsstehenden Augen und sehr großer Afterflosse. 8. Die Zunge, Seezunge (Solea vulgaris Quensel), bis 64 cm lang, 3—4 kg schwer, wird besonders in England in großen Mengen verbraucht. Butten und Zungen gedeihen auch im Süßwasser, in Teichen und Aquarien. — Alle zur Gattung S. gehörenden Fische werden sowohl frisch als auch eingesalzen und getrocknet, zum Teil auch geräuchert genossen. — Über den Handel und die Bereitungsarten vgl. Flunder.

Schreibmaschinenbänder enthalten als Farbkörper in Öl gelöste Teerfarben oder mit Öl angeriebenen Kohlenstoff, gerbsaures Eisen u. dgl. Wir fanden auf 1 m 1,55 mg Eisen und 111 bis 178 mg Kohle.

Schrot (Bleischrot, Hagel, frz. Dragée, Plomb de chasse, engl. Shot) wird in der Weise hergestellt, daß man stark erhitztes Blei löffelweise in ein Sieb gießt, dessen Boden mit Bleikrätze bedeckt ist. Die Tropfen durchfallen den Schrotturm in einer Höhe von 30—36 m, ballen sich zu Kugeln und erstarren, bevor sie das auf dem Boden befindliche Wassergefäß erreichen (Patentschrot). Um die große Höhe der Schrottürme auf die Hälfte vermindern zu können, treibt man den fallenden Tropfen neuerdings einen kräftigen, durch Ventilatoren erzeugten Luftstrom entgegen. Das hierzu verwendete weiche Blei erhält einen Zusatz von 0,3—0,6 % Arsen in metallischem Zustande oder in Form von Schwefelarsen oder arseniger Säure, bisweilen wird das Arsen auch durch Antimon ersetzt. Das aus dem Wasserbottich genommene S. wird sogleich an der Luft oder in erwärmten eisernen Pfannen getrocknet. Hierauf folgt das Aussondern aller fehlerhaften (namentlich ovaler) Körner und das Sortieren nach der Korngröße, indem man das S. eine schiefe Ebene, die in bestimmten Entfernungen durch Spalten von etwa 80 mm Weite unterbrochen ist, hinunterlaufen läßt. Die ovalen Körner laufen im Bogen und fallen über die Seitenränder ab, die runden eilen in gerader Richtung hinunter, die schwersten überspringen alle Spalten, weniger schwere fallen durch eine frühere Spalte ab. Schließlich folgt noch eine Scheidung durch Rüttelsiebe und, um die Körner vor Oxydation zu schützen, ein Polieren in Lauftrommeln mit etwas gepulvertem Reißblei. Die verschiedenen Sorten werden mit Nummern bezeichnet. Nr. 00 und 0 oder PP, P, 00, 0 geben die gröbsten, Nr. 10—12 oder 14—16 die feinsten Sorten an. — Rehposten (frz. Chrevotines, Postes, engl. Buck-shot) sind S. von 5—6 mm Korndurchmesser, doch versteht man darunter auch zylindrische, durch Guß in Formen oder Pressen hergestellte Geschosse von gleichem Durchmesser. Die feinsten S. von 0,6—1,0 mm Durchmesser heißen Vogeldunst (frz. Cendrée, engl. Dust shot).

Schuhwichse wird in der Weise hergestellt, daß man Beinschwarz, Melasse, Dextrin und Wasser sorgfältig verreibt, etwas grünes Baumöl oder ein ähnliches fettes Öl hinzumischt und dann noch einen geringen Zusatz von Schwefelsäure macht. Die fertige Ware wird in Blech- oder Holzschachteln zum Verkauf gebracht. Gute S. soll einen dauerhaften Glanz auf dem Leder erzeugen. — Da die S. bei Zutritt von Feuchtigkeit die Kleidungsstücke durch Abfärben beschmutzt und außerdem nicht in bunten Farben herzustellen ist, hat man seit mehreren Jahren die sog. Schuhcremes und Appreturen in den Handel gebracht. — Die Cremes sind aus Zeresin, Wachs, Karnaubawachs und Terpentinöl zusammengeschmolzen und je nach Wunsch für farbige Leder mit Teerfarben gefärbt. Sie geben durch einfaches Aufreiben dem Leder Glanz und konservieren es gleichzeitig. — Appreturen sind Auflösungen von Schellack in Borax und Wasser mit nachheriger Färbung. Sie werden mit einem Schwämmchen oder Pinsel aufgetragen und vertreten die Stelle des Lederlacks.

Schuppenfelle. Diesen Namen führen im Pelzhandel die Felle des Waschbären, Procyon lotor Desm. Der Waschbär, die kleinste Bärenart von etwa Fuchsgröße, bewohnt ganz Nordamerika, und zwar weniger den hohen Norden als die Vereinigten Staaten und Kanada, und wird in größter Anzahl in den Staaten Michigan, Wiskonsin, Illinois und Ohio, ferner auch in Arkansas und Tennessee von eigens dazu abgerichteten Hunden gefangen. Die dichtwolligen weichen Felle zeigen dunklere oder hellere graubraune Färbung mit wechselnden Schattierungen. Die 16—21 cm langen Schweife sind gelbbraun mit schwarzen Ringeln. S. bilden einen der wichtigsten Gegenstände des Rauchwarenhandels und gehen in der Zahl von jährlich etwa 600000 Stück über den Leipziger Markt. Hauptsächlich werden sie in Rußland verbraucht und bilden hier das Pelzwerk derjenigen Mittelklasse, der Wolfspelze zu schlecht und Bären zu teuer sind. Schwarz oder braun gefärbt bilden sie seit einigen Jahren auch eine Modeware für Frankreich, England, Deutschland und die Vereinigten Staaten. Der Wert der Felle stuft sich nach Güte und Färbung bedeutend ab.

Schwämme (Badeschwämme, Waschschwämme, Seeschwämme, lat. Spongiae, frz. Eponges, engl. Sponges) bestehen aus den Gehäusen einer auf der niedrigsten Stufe der organischen Welt stehenden Tiergattung, sog. Tierpflanzen, Zoophyten, Spongia officinalis, Achilleum lacinulatum, die sich in allen wärmeren Meeren, auf dem felsigen Grunde aufgewachsen, in den mannigfaltigsten Arten vorfinden. Jeder Schwamm bildet eine Kolonie zahlreicher Tiere, deren aus einer gallertartigen Masse (Sarkode) bestehender Körper die Poren des Gehäuses ausfüllt und dieses auch äußerlich überzieht. Die besten Schwämme stammen aus dem östlichen Teile des Mittelmeeres von der syrischen und kleinasiatischen Küste und mehreren Inseln des Griechischen Archipels. Nächst diesen kommen die S. von der Ostküste des Adriatischen Meeres bis Triest sowie von der afrikanischen Küste von Tripolis bis Marokko und aus dem Roten Meere. Eine geringere Sorte bilden die Bahamaschwämme aus Westindien, die meist am Grunde eine stark braunrote Färbung zeigen und seit einigen Jahren auch an den Küsten von Kuba gefischt werden. Zum Loslösen der Schwämme bedient man sich, wo es möglich ist, wie bei Nauplia, eines an langer Stange befestigten Eisens, bei größerer Meerestiefe aber der Taucher. Die herausgebrachten S. werden sofort durch Auswaschen mit Wasser von dem Schleim befreit, gereinigt und getrocknet, bisweilen allerdings auch betrügerischerweise zur Beschwerung mit Sand eingerieben und so ausgeführt. Die Mittelmeerschwämme kommen meist über Triest, Venedig, Livorno, Marseille, Genua und Tripolis in den Handel, teils in Kisten, teils in Ballen gepackt, die kleineren Sorten an Schnüren aufgereiht. Für die Bahama- oder amerikanischen S. sind Hamburg und Bremen die hauptsächlichsten Einfuhrplätze. Sie werden hier gebleicht und in handliche Formen geschnitten und je nach der Güte unter den Namen: Graß, Velvets, Reefs usw. in den Handel gebracht. Das Bleichen erfolgt mit Wasserstoffsuperoxyd oder durch Eintauchen in Kaliumpermanganatlösung und nachherige Entfärbung in einer Natriumhyposulfitlösung unter Zusatz einiger Teile Salzsäure. Der Güte und Form nach unterscheidet man 1. Champignons, die feinsten, kleinporigen, hellfarbigen, sehr elastischen S. 2. Damen- oder Toiletteschwämme, sehr feinporige weiche S. (Diese beiden Sorten bezeichnet man als „Levantiner".) 3. Gewöhnliche S., von denen man unangereihte, auf Venetianer Art angereihte und auf Triester Art aufgeschnürte unterscheidet. 4. Zimoccaschwämme oder Zemoccaschwämme, feinporige, aber festere und härtere, und infolgedessen sehr haltbare S. 5. Pferdeschwämme, die größten, und im Gegensatz zu den vorhergehenden, großporigen Sorten. Sämtliche S. werden außerdem noch in verschiedene Wert- und Größennummern sortiert, und der Abfall oder Ausschuß unter dem Namen Kropfschwamm verkauft. Alle S. dürfen weder zu feucht noch zu trocken aufbewahrt werden, da sie im ersteren Falle leicht übelriechend und rotfleckig werden, im letzteren aber zu sehr an Gewicht verlieren. Die wichtigste Verwendung der S. ist bekannt, erwähnt mag nur noch werden, daß man mit geschmolzenem Wachs getränkte und gepreßte Schwammschnitte unter dem Namen Preßschwamm (Spongia cerata) führt. Auch wurde früher aus den Schwammabfällen (Kropfschwamm) durch Verglühen eine Kohle, Carbo spongiae, hergestellt, die ihres geringen Jodgehaltes wegen als Mittel gegen den Kropf Anwendung fand.

Schwarzkümmelsamen (Kreuzkümmel, lat. Semen nigellae, frz. Semence de nigelle, engl. Nigelle seeds), ein Gegenstand des Drogenhandels, der in der tierärztlichen Praxis und als Gewürz Verwendung findet, stammt von mehreren Arten der den Ranunkulazeen angehörenden Gattung Nigella. In Südeuropa und Deutschland baut man den gemeinen Schwarzkümmel, Nigella sativa L., eine 25—30 cm hohe Pflanze, die auch römischer oder schwarzer Koriander, Katharinenblume, Kapuziner- und Nardenkraut, Nardensamen usw. genannt wird, während im Orient der Damaszener Schwarzkümmel von Nigella Damascena L. bevorzugt wird. Die Früchte des letzteren sind etwas kleiner, riechen gewürzhafter und zeigen beim Reiben einen erdbeerartigen Geruch. S. enthält etwa 35 % fettes Öl und $^1/_2$ % ätherisches Öl, die erstere Sorte außerdem einen Bitterstoff, Melianthin, der Damaszener S. hingegen ein Alkaloïd, das Damaszenin, das im ätherischen Öl blau fluoresziert.

Schwarzwurzel (lat. Radix consolidae seu symphyti, frz. Racine de symphyte, engl. Symphyti root), die Wurzel von Symphytum officinale, einer zu der Gattung der Borragineen gehörenden Pflanze, wird medizinisch als schleimlösendes Mittel benutzt und enthält Schleim, Gerbstoff und Asparagin. — Mit demselben Namen bezeichnet man auch eine beliebte Gemüsepflanze, Scorzonera hispanica, deren Wurzeln wie Spargel zubereitet werden und geröstet als Kaffee-Ersatz Verwendung finden. Die Pflanze wird 0,6—1,3 m hoch, ist zwei- und mehrjährig, besitzt gelbe, wie Vanille riechende Blüten und große lange Blätter und wächst auf Kalkboden auch wild. Der Anbau verlangt tief gelockerten Boden in offen zugiger Lage, dünne Reihensaat im März oder April und gute, aber nicht frische Düngung. Oft erlangen die Wurzeln schon im ersten Jahre die zum Gebrauch erforderliche Größe und Stärke, gute Fingerdicke, meist aber erst im zweiten Herbst. Zur Aufbewahrung werden sie in frostfreien Räumen eingeschlagen und bleiben so lange zart und brauchbar, als beim Zerbrechen noch der Milchsaft ausfließt. Verkauft werden die Wurzeln in Bündeln auf Wochenmärkten. In Deutschland zeichnet sich besonders Bamberg durch den Anbau aus.

Schwefel (lat. Sulfur seu Sulphur, frz. Soufre, engl. Sulphur). Der Schwefel ist schon seit den ältesten Zeiten bekannt. Die Alchimisten betrachteten ihn als die Ursache der Verbrennlichkeit sowie als den Träger der Verschiedenartigkeit der Metalle in Farbe und sonstigen Eigenschaften. Sein Vorkommen in freiem Zustande als sog. gediegener S. knüpft sich vorzugsweise an Gegenden, in denen vulkanische Kräfte tätig sind oder einst waren. So findet er sich in der Romagna, in Sizilien, Spanien und Griechenland, auf Island, bei Bahara Saphinqua am Roten Meere, in Kalifornien, Mexiko und Südamerika entweder in Form von Körnern, Kristallen oder Knollen, oder aber in ausgedehnten Lagern, mit Gips, Kalkstein und bituminösem Mergel gemischt. Man erklärt sich die Entstehung des S. in vulkanischen Gegenden aus der Umsetzung der beiden Gase Schwefelwasserstoff und schweflige Säure. Diese entströmen Erdlöchern (Solfataren) und zersetzen sich beim Zusammentreffen unter Abscheidung von S., der an den Austrittsöffnungen Krusten bildet. Teilweise dringen die vulkanischen Gase auch in das lockere Erdreich ein und hinterlassen in diesem den S. Eine der großartigsten Solfataren ist die von Puzzuoli bei Neapel. Viel reichlicher und verbreiteter als freier S. kommen seine Verbindungen in der Natur vor. An Metalle gebunden, findet er sich in verschiedenen Erzen, die in der Mineralogie als Kiese, Glanze und Blenden bezeichnet werden. Die bekanntesten sind Kupferkies. Eisenkies, Bleiglanz, Antimonglanz, Molybdänglanz und Zinkblende. In Verbindung mit Arsenik bildet der S. die Mineralien Realgar und Auripigment. Auch in Form von schwefelsauren Salzen kommt er sehr verbreitet vor. Derartige natürlich vorkommende schwefelsaure Salze (Sulfate) sind z. B. der Gips, der Schwerspat, der Kieserit und das Bittersalz. Im Tier- und Pflanzenreich finden sich ebenfalls Schwefelverbindungen, z. B. im Knoblauch- und Asafoetidaöl sowie vor allem in den Eiweißkörpern. Die überwiegende Menge des im kontinentalen Handel vorkommenden S. wird aus den natürlichen Lagerstätten Italiens, hauptsächlich in der Romagna und auf Sizilien, gewonnen. Auf Sizilien erstreckt sich die schwefelhaltige Gegend an der Südküste von Girgenti nordöstlich bis an den Fuß des Ätna in einer Länge von ungefähr 25 Meilen bei 5—6 Meilen Breite. Man gewinnt das schwefelhaltige Gestein und Erdreich, das außer S. noch Gips, Kalkstein und Mergel enthält, teils direkt aus den zutage liegenden Anhäufungen, teils bergmännisch aus den in der Tiefe sich befindenden Lagern. Die Gesteine enthalten durchschnittlich etwa 25 % S., die reichsten gegen 50 %. Bei einem Schwefelgehalt unter 10 % ist die Verarbeitung unlohnend. Die Abscheidung des natürlichen gediegenen S. aus dem Gestein und Erdreich geschah früher in Sizilien auf folgende höchst einfache Weise: In runden, 2,5 m im Durchmesser, 0,4 m in der Tiefe messenden Erdlöchern (Calcarelle) wurden die Erze zu einem hohen Haufen aufgeschichtet, dieser dann am Abend angezündet und am anderen Morgen der durch die Wärme in dem äußeren Ringe der Vertiefung angesammelte geschmolzene S. ausgeschöpft. Zur Vermeidung der mit diesem rohen Verfahren verbundenen Verluste wendet man seit 1858 ein verbessertes Ausschmelzverfahren in den sog. Calcaroni an. Die letzteren sind runde, etwa 2,5 m tiefe Gruben von 10 m Durchmesser, die mit einer geglätteten Gipsmauer ausgekleidet sind und meist an einem Abhange liegen, so daß sich ein vollständiges Abfließen des S. ermöglichen läßt. In den Gruben werden die Schwefelerze aufgeschichtet und dann der ganze Haufen von der Gestalt eines abgestumpften Kegels mit ausgebrannten Erzen bedeckt. Der durch Anzünden des Haufens von unten zum Schmelzen gebrachte S. sammelt sich an der tiefsten Stelle wieder an, fließt dann durch ein Zapfloch in einen Behälter und wird schließlich in Formen gegossen. Neuerdings gewinnt man den S. in Sizilien auch dadurch, daß man die Schwefelerze einfach in großen Pyramiden aufschichtet, diese nach Art eines Meilers dick mit Erde bedeckt und unter der Decke in Brand setzt. Hierbei geht ziemlich wenig S. durch Verbrennen verloren, und die Methode ist deshalb recht vorteilhaft, wenn auch etwas langwierig, da das Ausschmelzen eines Meilers gegen 20 Tage erfordert. Aus besonders schwefelreichen Erzen scheidet man den S. auch durch Ausschmelzen in Kesseln bei möglichst geringer Hitze und möglichster Fernhaltung der Luft ab. Nachdem die Masse einige Zeit in Fluß gestanden und die fremden Teile sich zu Boden gesetzt haben, schöpft man den S. in naßgemachte hölzerne Kästen und läßt ihn zu Blöcken erstarren. Das weit zweckmäßigere Verfahren, den S. durch Ausschmelzen in geschlossenen Gefäßen mit gespanntem Wasserdampf oder durch Destillation schwefelreicherer Erze, wie es in der Romagna gang und gäbe ist, zu gewinnen, läßt sich in Sizilien nicht ausführen, weil dort der S. das einzige Brennmaterial bildet und Kohlen zu kostspielig sind. — Aller durch Ausschmelzen gewonnene S. ist Rohschwefel, der in unregelmäßigen Brocken in den Handel kommt und zur Darstellung von Schwefelsäure ohne weiteres benutzt werden kann. Der Hauptabnehmer für sizilianischen Rohschwefel ist England. Für viele andere Zwecke muß der S. vorher einer Reinigung (Raffination) unterzogen werden. — Das Raffinieren des Rohschwefels, der außer erdigen Beimengungen oft auch Arsen enthält, wird in verschiedenen Mittelmeerstädten, besonders in Marseille, ausgeführt, doch finden sich Schwefelraffinerien auch in Antwerpen, Schönebeck usw. Die Reinigung geschieht durch Sublimation oder Destillation. Zu diesem Zwecke wird der S. in gußeisernen Retorten oder horizontalen Zylindern in Dampf verwandelt und dieser durch einen Kanal in eine gemauerte Kammer geleitet, worin er sich, solange die Temperatur des Raumes unter 112° bleibt, als feines kristallinisches Pulver — Schwefelblumen (lat. Flores sulfuris seu Sulfur sublimatum, frz. Fleurs de soufre, engl. Flowers of sulphur) — verdichtet. Nehmen aber im weiteren Verlauf der Destillation die Kammerwände die Temperatur an, bei welcher der S. schmilzt, so können sich keine Schwefelblumen mehr bilden, sondern aller S. sammelt sich im geschmolzenen Zustande im unteren Raume an. Hier wird er von Zeit zu Zeit abgelassen und in Formen gegossen, größtenteils zu den bekannten Stangen — Stangenschwefel — oder auch zu Broten. Von den wichtigsten Ausfuhrhäfen für den sizilianischen S., Girgenti, Katania und Licata, werden jährlich etwa 200—300 Millionen Kilogramm in den Handel gebracht. Der in der Romagna vorkommende S. wird durch Destillation der Schwefelerze gewonnen, meist in Rimini raffiniert und von dort aus versandt. Die Schwefelbrüche an der Westküste des Roten Meeres gehören einer Gesellschaft und finden sich in den schroffen Gipsfelsen, die den Küstensaum bilden. In neuerer Zeit sind auch auf Island gewaltige Schwefellager gefunden worden. Kleinere Mengen werden ferner in Schweden, Frankreich und Böhmen durch Destillation von Schwefelkiesen aus tönernen oder eisernen Retorten gewonnen, doch scheidet sich bei der Verarbeitung von Eisenkiesen nur ein Teil des S. ab, während der Rest als Röstrückstand in den Retorten verbleibt und zur Gewinnung von Eisenvitriol benutzt wird. Die Schwefelerzeugung aus Kiesen lohnt sich übrigens nur dann, wenn das Brennmaterial billig zu beschaffen ist. In Swoszowice bei Krakau wird der S., der sich dort in erdigem Zustande in Mergel eingelagert findet, mit Schwefelkohlenstoff extrahiert und letzterer durch Abdestillieren immer wieder gewonnen, so daß die Herstellungskosten dieses sehr reinen S. ziemlich niedrige sind. Der Swoszowicer S. führt den Namen Extraktionsschwefel. Eine nicht unbedeutende Menge von S. wird endlich auch aus den Abfällen der Sodafabriken, die neben kohlensaurem Kalk Natriumsulfid und Kalziumsulfid enthalten, als sog. regenerierter (Retour-) S. gewonnen. — Der gewöhnliche S. stellt einen gelben, spröden Körper vom Atomgewicht $S = 32$ dar, welcher in Wasser unlöslich, in Alkohol und Äther etwas löslich ist. In reinem Zustande hat er weder Geruch noch Geschmack und ist ohne Einwirkung gegen Lackmus. Bei 114° schmilzt der gewöhnliche S. zu einer hellgelben, dünnen Flüssigkeit, bei etwa 160° wird er braun und zähflüssig, bei 250° dunkelbraun und so dickflüssig, daß er beim Umkehren des Gefäßes nicht ausfließt. Bei noch stärkerem Erhitzen wird er wieder dünnflüssiger, aber nicht heller, und bei 448° beginnt er zu sieden und verwandelt sich in einen bräunlichgelben Dampf. Der S. kommt in mehreren Modifikationen, sowohl im kristallisierten als auch im amorphen Zustande, vor. Kristallisiert findet er sich als rhombischer oder oktaedrischer S. sowohl fertig gebildet in der Natur als auch ausgeschieden aus einer Schwefelkohlenstofflösung, und als monokliner oder prismatischer S. in bräunlichgelben Prismen, die sich beim langsamen Erkalten des geschmolzenen S. bilden. Sowohl der rhombische wie der monokline S. lösen sich leicht in Schwefelkohlenstoff. Auch im amorphen Zustande findet sich der S. in mehreren Modifikationen: Der zähe oder plastische S. wird als braune, elastische Masse erhalten, wenn man S. auf 250° erhitzt und die geschmolzene Masse in einem dünnen Strahle in kaltes Wasser gießt. Der pulverige, in Schwefelkohlenstoff unlösliche S. bildet den Hauptbestandteil der Schwefelblumen und stellt ein gelbes, lockeres Pulver dar. Der pulverige, in Schwefelkohlenstoff lösliche S. oder die Schwefelmilch entsteht bei der Zerlegung der Polysulfide durch Salzsäure und bildet ein gelblichweißes Pulver. — Wird S. an der Luft erhitzt, so verbrennt er mit blauer Flamme zu schwefliger Säure, einem eigentümlich stechend riechenden Gase. Durch Einwirkung von Salpetersäure, Salzsäure und Königswasser verwandelt er sich in Schwefelsäure. Konzentrierte Schwefelsäure löst den S. in der Wärme unter Entwicklung von schwefliger Säure, ebenso lösen ihn Laugen in der Wärme auf, wobei sich Polysulfide und unterschwefligsaure Salze bilden. Um S. in einem Körper nachzuweisen, schmilzt man ihn, mit Soda gemischt, auf Holzkohle, bringt die Schmelze auf eine blanke Silbermünze und befeuchtet mit Wasser, worauf bei Anwesenheit von S. ein brauner Fleck von Schwefelsilber entsteht (Heparreaktion). — Im Handel unterscheidet man Stangenschwefel, Schwefelblumen, gereinigten S., präzipitierten S. und grauen S. Die ersteren beiden bilden den gewöhnlichen S. und enthalten außer geringen Mengen anderer zufälliger Verunreinigungen noch Spuren Arsen und Selen sowie als unvermeidliche Folge teilweiser Oxydation beim Raffinieren schweflige Säure bzw. Schwefelsäure. — Der Stangenschwefel (lat. Sulfur in baculis, frz. Soufre en canons, engl. Canes of Sulphur) kommt in gelben, glänzenden, runden Stücken von 5—8 cm Durchmesser und kristallinischem Gefüge in den Handel. — Die Schwefelblumen (lat. Flores sulfuris, Sulfur sublimatum, frz. Soufre sublimé, Fleurs de Soufre, engl. Sublimed Sulphur, Flowers of Sulphur) stellen ein Gemenge aus wenig kristallinischem und viel amorphem S. dar und bilden ein säuerlich schmeckendes gelbes Pulver. Sie dürfen für den innerlichen Gebrauch medizinisch nicht verwendet werden, sondern nur im gereinigten Zustande als sog. gewaschener oder gereinigter S. (lat. Sulfur depuratum, Sulfur lotum, frz. Soufre lavé, engl. Washed sulphur). Diese Reinigung erfolgt durch Behandlung mit verdünntem Ammoniak und nachfolgendes Waschen mit Wasser, wobei vorhandene Schwefelsäure gebunden und Arsen gelöst wird. Der gereinigte S. ist ein gelbes, geruch- und geschmackloses Pulver von neutraler Reaktion. Der präzipitierte S., Schwefelmilch (lat. Sulfur praecipitatum, Lac sulfuris, frz. Lait de soufre, engl. Milk of sulphur) ist höchst fein zerteilter, fast weißer S. Zu seiner Darstellung wird gereinigter S. mit frisch bereiteter Kuhmilch bis zur Auflösung gekocht und zu der gelbbraunen Flüssigkeit, die neben unterschwefligsaurem Kalk Fünffach-Schwefelkalzium (Kalkschwefelleber) enthält, so viel Salzsäure hinzugefügt, daß nur die Kalkschwefelleber zur Zersetzung gelangt. Unter Entweichen von Schwefelwasserstoff fällt S. nieder, der gut ausgewaschen und getrocknet wird. Der präzipitierte S. ist in Schwefelkohlenstoff leicht löslich und von neutraler Reaktion. Das offizinelle Mittel darf weder freie Schwefelsäure, noch Gips oder Arsen enthalten. — Der graue S. oder Roßschwefel (lat. Sulfur griseum, Sulfur caballinum, frz. Soufre cabalin, engl. Horse sulphur) besteht aus den erdigen, meist Arsen enthaltenden Rückständen der Schwefelsublimation und stellt ein graues, sandiges Pulver dar. — Die Verwendung des S. ist eine außerordentlich vielseitige. Die größten Mengen werden zur Bereitung von schwarzem Schießpulver und Ultramarin, zum Vulkanisieren des Kautschuks und vor allem zur Herstellung von Schwefelsäure gebraucht. Ein großer Teil der gewonnenen Schwefelblumen dient in neuerer Zeit zur Bekämpfung der Traubenkrankheit, hauptsächlich auf Sizilien selbst, dann aber auch im übrigen Italien, in Frankreich, Spanien, Griechenland usw. Allgemein bekannt ist die Verwendung des S. zu Streichhölzern und anderen Zündwaren, der Schwefeldämpfe zum Bleichen von Seide und Wollwaren, von Strohhüten und Korbwaren, zum Schwefeln des Hopfens und der Weinfässer. Auch in der Feuerwerkerei sowie in chemischen Fabriken zur Herstellung von Zinnober, Schwefelleber, Schwefelkohlenstoff und anderer chemisch-technischer Erzeugnisse wird viel S. verbraucht. Kleinere Mengen von S. finden zu Abgüssen, zu Hohlformen für die Gipsgießerei und zu Kitten Verwendung. In der Medizin wird der gereinigte sowie der präzipitierte S. innerlich besonders als gelinde abführendes und die Schleimabsonderung beförderndes Mittel, äußerlich gegen Krätze und andere Hautleiden angewandt. Der graue S. wird mitunter als Vieharznei gebraucht. Die Gesamterzeugung der Erde an Schwefel wird auf 8 Millionen Tonnen geschätzt, wovon etwa die Hälfte auf Sizilien entfällt.

Schwefelbalsam (Schwefelleinöl, lat. Balsamum sulfuris, Oleum lini sulfuratum, frz. Beaume de soufre, engl. Balsam of sulphur) wird durch Verrühren von heißem Leinöl mit Schwefel hergestellt, wobei unter Aufnahme von etwa $^1/_6$ seines Gewichtes an Schwefelblumen eine dunkelrotbraune, dickflüssige oder steife, zähe Masse von unangenehmem Geruch entsteht. S. dient in der Technik zur Herstellung einer Goldlösung für die sog. Glanzvergoldung (Glanzgold des Porzellans). In der Tierarznei wird er äußerlich und innerlich gebraucht. Seine Auflösung in Terpentinöl galt früher unter dem Namen Harlemer Öl als eine Art Universalmittel.

Schwefelfarbstoffe. Unter diesem Namen faßt man eine große Anzahl von Teerfarben (13. Gruppe) zusammen, welche durch Einwirkung von Schwefel oder Schwefelalkalien auf die mannigfaltigsten organischen Verbindungen entstehen. Ihre Konstitution ist noch nicht völlig bekannt, doch spricht ihre Unkristallisierbarkeit für eine hochmolekulare Zusammensetzung. Die Schwefelfarbstoffe, zu denen auch die Immedial-, Thiogen-, Katigen-, Kryogen-, Thion-, Thioxin-, Pyrol- und Pyrogenfarben der verschiedenen chemischen Fabriken zu zählen sind, kommen als amorphe Pulver in den Handel, die in Wasser, Alkalien, Säuren und den gebräuchlichen Lösungsmitteln unlöslich sind, sich aber in Schwefelnatrium auflösen. Die Lösung wird durch Erhitzen entfärbt und kann sowohl in dieser Form, mit nachträglicher Oxydation der Leukoverbindung als Körperfarbstoff, wie auch direkt zur Färbung von Baumwolle benutzt werden. Es gibt rote, gelbe, grüne, blaue, violette usw. S., doch sind besonders die graugrünen, graublauen bis schwarzen Färbungen durch große Licht- und Waschechtheit ausgezeichnet, die noch durch Nachchromieren oder Nachkupfern gesteigert werden kann. Von der unübersehbaren Zahl dieser Farben seien nur Schwefelschwarz T aus Dinitrophenol und Immedialschwarz aus Dinitrooxydiphenylamin namhaft gemacht. Auch das aus Sägemehl, Kleie usw. durch Erhitzen mit Schwefel und Sulfiden hergestellte Cachou de Laval gehört hierher.

Schwefelkies (Eisenkies, Pyrit, lat. Pyrites, frz. Pyrite, engl. Pyrites). Dieses im Handel und Hüttenwesen häufig abgekürzt auch einfach Kies genannte wichtige Mineral besteht aus 46,7 % Eisen und 53,3 % Schwefel und ist demnach als Zweifachschwefeleisen (Eisenbisulfid, Doppelschwefeleisen, Eisendisulfuret), FeS_2, anzusprechen. Nicht selten enthält es kleine Mengen von Kupfer und Arsen sowie Spuren von Gold, Silber, Thallium und Gallium beigemengt. Der S. kommt teils derb und eingesprengt, teils auch in ziemlich großen Kristallen vor. Er hat eine messinggelbe bis goldgelbe Farbe und metallischen Glanz und ist eines der am allgemeinsten verbreiteten Erze, das hauptsächlich zur Bereitung von Schwefel, Schwefelsäure und schwefliger Säure verwandt wird. Die Rückstände werden nicht allein zur Extraktion der geringen Mengen von Gold und Kupfer, sondern auch zur Gewinnung des Eisens benutzt. Auch Eisenvitriol wird vielfach aus S. hergestellt. Der analog zusammengesetzte, aber anders kristallisierende Markasit findet die gleiche Verwendung.

Schwefelkohlenstoff (Schwefelalkohol, Kohlenstoffbisulfid, Sulfokohlensäure, lat. Carboneum sulfuratum, Alcohol sulfuris, frz. Sulfure de carbone, engl. Sulfuret of carbon) wurde im Jahre 1796 von Lampadius in Freiberg zuerst dargestellt, wird aber jetzt im großen durch Überleiten von Schwefeldämpfen über glühende Kohlen gewonnen. Zu diesem Zwecke destilliert man entweder ein Gemenge von Kohle mit Schwefelkies, Kupferkies oder Antimonglanz, oder man erhitzt Holzkohle in Ton- oder innen mit Ton ausgekleideten Eisenretorten bis zum Glühen und wirft dann durch ein Rohr, das bis auf den Boden der Retorte reicht und immer wieder rasch geschlossen wird, nach und nach Schwefel ein. Dieser verdampft und verbindet sich mit dem Kohlenstoff zu Schwefelkohlenstoff, der oben dampfförmig durch ein Knierohr mit Kühlvorrichtung abzieht. Das Rohdestillat enthält noch Schwefel, Schwefelwasserstoff und fremde organische Schwefelverbindungen und wird daher zur Reinigung von neuem destilliert, indem man die Dämpfe hintereinander durch Kalkmilch, dünne Kalilauge und Lösungen von Eisenvitriol und Kupfersulfat leitet. Hierdurch wird der Schwefel und der Schwefelwasserstoff beseitigt. Um den S. auch von den organischen Schwefelverbindungen zu befreien, die ihm den unangenehmen Geruch verleihen, schüttelt man ihn noch mit metallischem Quecksilber oder mit $^1/_2$% Sublimat und rektifiziert ihn alsdann über 2—5% fettem Öl. — Der S., CS_2, bildet eine farblose, leicht bewegliche und stark lichtbrechende Flüssigkeit von eigenartig ätherischem, in unreinem Zustande unangenehmem, an Rettich erinnernden Geruch und scharfem, aromatischem Geschmack. In Wasser ist er nur sehr wenig, in starkem Weingeist, Äther, Chloroform, fetten und ätherischen Ölen hingegen leicht löslich. Trotz des hohen spez. Gew. von 1,272 ist er äußerst leicht flüchtig und höchst feuergefährlich, denn er entzündet sich schon bei Annäherung eines glimmenden Körpers, ohne daß dieser mit der Flüssigkeit selbst in Berührung zu kommen braucht. Angezündet verbrennt der S. mit bläulicher Flamme zu Kohlensäure und schwefliger Säure. Seine Dämpfe geben mit Sauerstoff oder Luft gemengt explosive Gemische von hoher Spannkraft. Am Sonnenlicht in einem nur teilweise gefüllten Glase nimmt der S. eine gelbe Farbe und sehr unangenehmen Geruch an und scheidet bisweilen auch braune Flocken von Einfachschwefelkohlenstoff ab. Für niedere Tiere ist S. ein Gift. Das längere Zeit fortdauernde Einatmen kleiner Mengen von Schwefelkohlenstoffdämpfen, dem die Arbeiter verschiedener technischer Betriebe ausgesetzt sind, ruft häufig chronische Vergiftung hervor. Zu medizinischem Gebrauch darf nur rektifizierter S. (lat. Alcohol sulfuris rectificatus) verwandt werden, der farblos, klar und ohne widerlichen Geruch, frei von Schwefel, schwefliger Säure, Schwefelsäure und Schwefelwasserstoff sowie fremden organischen Schwefelverbindungen sein muß. S. findet hauptsächlich in der Technik ausgedehnte Anwendung. Er ist ein ausgezeichnetes Lösungsmittel für Harze, Fette, Schwefel, Phosphor, Guttapercha und Kautschuk und dient infolgedessen zum Entfetten der Wolle, zur Extraktion von Fetten und Ölen aus Knochen und Samen, zum Ausziehen von Gewürzen behufs Herstellung der sog. „löslichen Gewürze", zum Extrahieren der feinen Blumengerüche, des Schwefels aus Erzen usw. Allein in den Olivenölbezirken von Frankreich, Italien und Griechenland werden jährlich weit über 100 Millionen Kilogramm S. zum Extrahieren der Olivenpreßrückstände verbraucht. Bei den chemischen Waschanstalten spielt der S. neben anderen flüchtigen Stoffen, wie Benzin, gegenwärtig eine wichtige Rolle. Drucker und Färber, die sich mit der Aufarbeitung getragener Sachen beschäftigen, benutzen ihn zum Entfernen des Fettes und der Ölfarben, mit denen die Stoffe früher bedruckt waren. In der Kautschukindustrie wird er teilweise zum Vulkanisieren des Kautschuks verwendet, in der chemischen Großindustrie zur Herstellung von Rhodanverbindungen. Weiter dient er in großen Mengen zum Vertilgen der Reblaus sowie von Wanzen, Motten und anderem kleinen Ungeziefer. So lassen sich z. B. Herbarien damit reinigen, indem man sie einige Tage zusammen mit S. in dichtschließende Behälter bringt. Die Aufbewahrung des S. hat in starkwandigen Glasgefäßen mit gut eingeschliffenen Glasstopfen oder mit Korkstopfen zu erfolgen, und zwar, vor Licht geschützt, an einem kühlen Orte. Für die Lagerung größerer Mengen sind die etwa erlassenen Polizeiverordnungen streng zu beachten. — Die Beförderung des S. auf Eisenbahnen erfolgt ausschließlich in offenen Wagen ohne Deckung und nur mit Feuerzügen. Die höchstens 500 kg fassenden Gefäße müssen zu diesem Zwecke zylindrisch sein und entweder aus Zinkblech oder aus starkem, gehörig vernietetem und in den Nähten gut verlötetem Eisenblech bestehen.

Schwefelleber (lat. Hepar sulfuris, frz. Foie de soufre alcalin, engl. Liver of sulphur). Diesen Namen führen im allgemeinen alle in Wasser löslichen Verbindungen des Schwefels mit Metallen, d. h. diejenigen der Alkalimetalle und der alkalischen Erden, wie des Kaliums, Natriums, Kalziums usw. Im besonderen bezeichnet der Name jedoch die Kalischwefelleber (Schwefelkalium, Kaliumsulfid, lat. Kalium sulfuratum, Hepar sulfuris kalinum). Zu ihrer Darstellung schmilzt man zwei Teile trockener, gepulverter Pottasche und $1^3/_4$ Teile Schwefelblumen, bis die Masse ruhig fließt, gießt auf eine Stein- oder Metallplatte aus und bringt die nach dem Erkalten in Stücke zerschlagene oder sofort grob gepulverte Schmelze zum Schutze gegen den Lufteinfluß in gut schließende Gefäße. Die S., die aus Kaliumtrisulfid, K_2S_3, und Kaliumthiosulfat besteht und daneben infolge teilweiser Oxydation etwas Kaliumsulfat enthält, bildet eine braune lederfarbige Masse von muschligem Bruch, die, frisch bereitet, geruchlos ist, an der Luft aber unter Aufnahme von Kohlensäure, Sauerstoff und Wasser bald den Geruch nach Schwefelwasserstoff annimmt. Sie wird daher am besten in ganz gefüllten, geschlossenen Büchsen gekauft. Die reine S. dient als innerliches Mittel gegen Hauterkrankungen und Metallvergiftungen, die rohe ausschließlich zu künstlichen Schwefelbädern gegen Hautübel, rheumatische und gichtische Zustände und führt daher die Bezeichnung „ad balneum" (zu Bädern).

Schwefelsäure (Schwefeltrioxyd, Vitriolöl, lat. Acidum sulfuricum, frz. Acide sulfurique, engl. Sulfuric acid), die wichtigste und unentbehrlichste aller Säuren, scheint im unreinen Zustande schon von dem Alchimisten Geber, der im 8. Jahrhundert lebte, hergestellt worden zu sein. Im 15. Jahrhundert lehrte Basilius Valentinus die Darstellung der Säure aus Eisenvitriol, während Cornelius Drebbel in der Mitte des 18. Jahrhunderts sie als erster aus Schwefel herstellte. Die Einführung des Bleikammersystems ist das Verdienst von Roebnik und Garbett in Birmingham. Die S. findet sich frei in einigen Flüssen Amerikas oft bis zu $^1/_{10}$%, sowie in dem Drüsensafte einiger Mollusken in Mengen von 2—4%. Gebunden findet sie sich in den natürlich vorkommenden Sulfaten, wie Gips, Schwerspat, Zoelestin und Kieserit, aus denen sie jedoch in der Zeit vor dem Weltkriege nicht gewonnen wurde. Vielmehr dienten als Ausgangsmaterial für dieses wichtige Erzeugnis der chemischen Großindustrie lediglich Schwefel oder Schwefelkiese, Glanze und Blenden. Zur fabrikmäßigen Darstellung der Schwefelsäure geht man im allgemeinen von der schwefligen Säure (SO_2) aus, die entweder durch Verbrennen von Schwefel oder durch Rösten von Schwefelmetallen, hauptsächlich Schwefelkies erzeugt, neuerdings auch aus den früher in die Luft gejagten Röstgasen der Bleihütten abgeschieden, oder aus den Abgasen der Gasfabriken und Kokereien durch Oxydation gewonnen wird. Die Überführung der schwefligen Säure in Schwefelsäure erfolgt durch Oxydation mit Luftsauerstoff bei Gegenwart sog. Kontaktsubstanzen oder Katalysatoren, die den Zusammentritt der beiden Gase beschleunigen. Bei dem älteren Bleikammerverfahren diente Salpetersäure, bei dem neueren Kontaktverfahren fein verteiltes Platin als Sauerstoffüberträger. — 1. Bleikammerverfahren. Das Gemisch von schwefliger Säure und Luft wird in die mit Bleiplatten ausgekleideten Räume, von denen gewöhnlich drei, nämlich zwei kleinere und ein zwischen ihnen befindlicher größerer Raum vorhanden sind, eingeleitet und hier mit Wasserdampf und Salpetersäure zusammengebracht. Der Wasserdampf tritt unter einem Drucke von 2—3 Atmosphären ein. Die Salpetersäure läßt man entweder in dünnem Strahle auf in der ersten Kammer befindliche Terrassen aus Steingut fließen oder auch wohl in Dampfform eintreten. Die Salpetersäure gibt Sauerstoff ab und oxydiert die schweflige Säure zu S., verwandelt sich selbst dabei in Untersalpetersäure und Stickoxyd, die aber aus der Luft wieder Sauerstoff aufnehmen und von neuem an schweflige Säure übertragen, so daß mit Hilfe einer bestimmten Menge Salpetersäure unbegrenzte Mengen schwefliger Säure oxydiert werden können, wenn das richtige Verhältnis von schwefliger Säure, Sauerstoff und Wasserdampf innegehalten wird. Die sich hier niederschlagende S. heißt Kammersäure. In den meisten Schwefelsäurefabriken befindet sich zwischen dem die schweflige Säure erzeugenden Ofen und der ersten Kammer ein 10—15 m hoher, aus Bleiplatten aufgebauter, innen mit einem Mantel aus feuerfesten Backsteinen versehener und mit feuerfesten Brocken angefüllter Turm, der Glover-Turm, und hinter der dritten Kammer ein gleicher, aber mit Koks- oder Bimssteinstücken gefüllter Turm, der Gay-Lussacsche Turm. Letzterer, in dem aus einem höher gelegenen Behälter konzentrierte S. niederrieselt, hat den Zweck, die nitrosen Gase, d. h. die aus der letzten Bleikammer entweichenden, unverbrauchten niederen Sauerstoffverbindungen des Stickstoffs, die sich in der herabfließenden S. lösen, aufzufangen. Die mit den nitrosen Gasen gesättigte S. wird in den Glover-Turm gepumpt und fließt hier zusammen mit Kammersäure, die sich in einem darüber befindlichen Behälter befindet, langsam herab, während von unten die direkt aus dem Schwefelofen kommende und mit Luft gemengte heiße schweflige Säure eintritt. Hierdurch wird die mit nitrosen Gasen gesättigte S. „denitriert", d. h. vollständig von Salpetersäure und anderen Sauerstoffverbindungen des Stickstoffs befreit und gleichzeitig durch die Wärme der eintretenden Gase konzentriert. Die auf ungefähr 70° abgekühlte schweflige Säure gelangt aus dem Glover-Turm in die erste Bleikammer, wo sie durch die vorhandene Salpetersäure zu S. oxydiert wird. 2. Kontaktverfahren von Clemens Winkler: Zur Erzeugung der erforderlichen schwefligen Säure, die hier besonders rein sein muß, leitete man früher die Dämpfe von englischer S. über rotglühende poröse Steine, wobei ein Gemisch von schwefliger Säure mit Wasserdampf und Sauerstoff entstand, während man jetzt Röstgase von Erzen unmittelbar verarbeiten kann. Das durch einen Koksturm, in dem S. niederrieselt, von Wasser befreite Gemisch von schwefliger Säure und Sauerstoff wird über glühenden Platinasbest geleitet und das entstehende Schwefelsäureanhydrid (SO_3) entweder als solches aufgefangen oder durch Einleiten in S. in feste rauchende S. übergeführt. 3. Von den zahlreichen Verfahren zur Gewinnung von S. aus Gips oder Anhydrit, die während des Krieges ausgearbeitet worden sind, scheint dasjenige der Badischen Anilin- und Sodafabrik die besten Erfolge zu versprechen. Nach ihm führt man das Kalziumsulfat durch Behandlung mit Magnesiumkarbonat oder mit Magnesiumoxyd und Kohlensäure unter Druck bei 90° in Magnesiumsulfat über und spaltet das letzte durch Glühen für sich allein oder mit Kohle in Magnesia und Schwefelsäure. — Weitere Vorschläge beruhen auf der Reduktion des Gipses mit Kohle zu Kalziumsulfid und Überführung des aus letzterem abgespaltenen Schwefels oder Schwefelwasserstoffs in schweflige Säure. — Die in den Bleikammern gewonnene S. (Kammersäure) hat eine Stärke von 50—55° B. (entsprechend 63—70% S.) und wird zur weiteren Konzentration zunächst in Bleipfannen bis zu 60—62° B. und dann in Platingefäßen von der Form flacher Destillierblasen eingedampft, wodurch schließlich eine Säure von 65—65,5° B. entsteht. Diese wird mittels eines Platinhebers in Steinguttöpfe abgezogen und die Destillierblase sofort wieder von neuem mit Bleipfannensäure beschickt. Die abgekühlte Säure füllt man schließlich in große Glasballone. Zur Darstellung von arsenfreier S. wird die verdünnte Kammersäure mit Schwefelwasserstoffgas behandelt und das gebildete Schwefelarsen durch Filtration über Sand entfernt. Auch durch Destillieren der S. über Kaliumdichromat läßt sie sich arsenfrei erhalten. Vollständig wasserfreie S. kann man weder durch weiteres Eindampfen, noch durch fortgesetztes Destillieren der konzentrierten Kammersäure darstellen. Vielmehr entsteht hierbei höchstens eine Säure vom spez. Gew. 1,842, die aber immer noch 1,5% Wasser enthält. Erst beim Abkühlen dieser Säure auf einige Grad unter Null scheiden sich nach und nach farblose Prismen ab, welche das reine Hydrat darstellen. Sie werden in mit Blei ausgekleideten Zentrifugen ausgeschleudert und dann in geschlossenen Gefäßen geschmolzen. Die so erhaltene wasserfreie S. schmilzt bei 10,5°, hat bei 15° ein spez. Gew. von 1,8384 und bildet bei gewöhnlicher Temperatur ein dickflüssiges Öl von der Formel H_2SO_4. Sie beginnt bei 40^0 zu rauchen, bei höherer Temperatur nimmt die Zerlegung in Schwefelsäureanhydrid und Wasser zu und bei 338^0 destilliert reine Säure, die wieder 1,5 % Wasser enthält. — Die konzentrierte S. zieht begierig Wasser an und wird deshalb häufig zum Trocknen von Gasen und festen Körpern sowie auch zum Konzentrieren von Flüssigkeiten benutzt, indem man letztere in geschlossenen Gefäßen längere Zeit über S. aufbewahrt. Wird S. mit Wasser gemischt, so tritt heftige Erwärmung ein, und aus diesem Grunde ist die konzentrierte S. beim Verdünnen mit Wasser stets in dünnem Strahl unter Umrühren in das Wasser zu gießen. Nie gieße man Wasser in die S.! Der Nachweis von konzentrierter S. ist leicht zu führen durch das hohe spez. Gew., durch das starke Erwärmen beim Verdünnen mit Wasser und durch die Schwärzung, die Holz, Zucker und andere organische Stoffe durch sie erleiden. Freie verdünnte S. weist man nach, indem man sie mit einem Körnchen Zucker eindampft, wobei ein schwarzer Rückstand hinterbleibt. In freiem und gebundenem Zustande erkennt man die S. an dem weißen Niederschlag, den Bariumsalzlösungen hervorrufen. — Im Handel unterscheidet man in der Hauptsache drei Arten von S., rauchende, rohe und reine S. Außerdem trifft man noch die verdünnte S. des D. A. B. und die sog. wasserfreie S. an. — Die rauchende oder Nordhäuser S. (Vitriolöl, Pyroschwefelsäure, lat. Acidum sulfuricum fumans, frz. Huile de vitriol, engl. Vitriol-Oil) wurde früher in der Gegend von Nordhausen durch Destillation von entwässertem Eisenvitriol in tönernen Retorten hergestellt. Jetzt wird sie besonders in Böhmen und England gewonnen, wo man den Eisenvitriol nicht nur entwässert, sondern durch fortgesetztes Rösten möglichst vollständig in basisches schwefelsaures Eisenoxyd verwandelt. Dadurch entsteht eine größere Ausbeute, indem der gesamte Schwefel des Eisenvitriols in Schwefelsäureanhydrid umgesetzt wird, während bei dem Nordhäuser Verfahren ein Teil als schweflige Säure verloren geht. Das Destillat wird in Vorlagen, die wenig Wasser oder englische S. enthalten, aufgefangen und der aus Eisenoxyd bestehende Rückstand unter dem Namen Colcothar (s. d.) (lat. Caput mortuum) für sich verkauft. Nahezu reine rauchende S. sowie reines Schwefelsäureanhydrid wird neuerdings nach dem Kontaktverfahren (s. oben) von Cl. Winkler dargestellt. Die rauchende S. des Handels bildet eine dicke, ölige, braune Flüssigkeit vom spez. Gew. 1,860 bis 1,900, die höchst ätzend wirkt und an der Luft dicke, weiße Dämpfe von Schwefelsäureanhydrid ausstößt. Sie enthält als wesentlichsten Bestandteil Pyroschwefelsäure, $H_2S_2O_7$, die in chemischer Beziehung als eine Verbindung gleicher Moleküle Schwefelsäure und Schwefelsäureanhydrid anzusehen ist. Die nach dem Winklerschen Verfahren hergestellte kristallisierte, rauchende S., die ebenfalls im Handel zu haben ist, besteht aus nahezu reiner Pyroschwefelsäure, die sich beim Erwärmen in S. und Schwefelsäureanhydrid verwandelt. Die rauchende S. dient zum Auflösen des Indigos, zur Herstellung von Sulfosäuren für Farbenfabriken, zum Bleichen von Ozokerit, zur Darstellung von Stiefelwichse usf. — Als sog. wasserfreie S. wird fälschlicherweise das Schwefelsäureanhydrid, SO_3, bezeichnet, das entweder nach dem Verfahren von Winkler oder durch gelindes Erhitzen von rauchender S. und Auffangen der Dämpfe in einer gut gekühlten Vorlage gewonnen wird. Es stellt lange, farblose, schon bei 15^0 schmelzende Prismen dar und kommt in eisernen Trommeln von 50 kg Inhalt als 98—99 %ige Ware in den Handel. Das Schwefelsäureanhydrid findet in der wissenschaftlichen und technischen Chemie ausgedehnte Verwendung. — Die rohe, gewöhnliche oder englische S. (lat. Acidum sulfuriccum crudum seu anglicum, frz. Acide sulfurique, engl. Sulfuric acid), die nach dem Bleikammerprozeß dargestellte S., bildet eine klare, farblose oder schwach gelbliche, ölige Flüssigkeit vom spez. Gew. 1,830—1,833, entsprechend einem Gehalte von 92—93 % S., die in der Hauptsache durch Arsen und Blei, manchmal aber auch durch Salpetersäure und Oxyde des Stickstoffs verunreinigt ist. Ihre Verwendung ist außerordentlich vielseitig. Die größten Mengen werden von den Sodafabriken gebraucht; ferner dient sie zur Gewinnung von Salpetersäure, Phosphorsäure, Chromsäure, Weinsäure, Essigsäure und Zitronensäure und zur Herstellung von Superphosphaten aus Knochenmehl, Apatit, Phosphoriten und Guano. Weiter gebraucht man sie zur Bereitung von Äther und Essigäther, von schwefelsaurer Tonerde, Alaun, Kupfervitriol, Zinkvitriol, in Stärkezucker-, Stearinkerzen- und Mineralwasserfabriken sowie Affinieranstalten. Auch zur Herstellung von Teerfarben, zum Raffinieren von Ölen, zum Reinigen des Petroleums, zur Darstellung von Pergamentpapier, Schießbaumwolle und Nitroglyzerin finden erhebliche Mengen S. Verwendung. Die Aufbewahrung der englischen S. hat ebenso wie bei der rauchenden S. in starken Glasgefäßen mit Glasstopfen zu erfolgen. Bei letzterer ist aber noch besonders darauf zu achten, daß in dem Lagerraume die Temperatur nicht unter 0^0 fällt, da sie sonst unter Ausdehnung fest wird. — Die reine S. (lat. Acidum sulfuricum purum seu rectificatum, frz. Acide sulfurique pur, engl. Pure sulfuric acid) wird durch Destillation der vom Arsen befreiten englischen S. aus Glasretorten dargestellt und bildet eine farb- und geruchlose, ölige Flüssigkeit vom spez. Gew. 1,836—1,840, entsprechend einem Gehalte von 94—98 % S. Die Prüfung auf Reinheit hat sich vorzugsweise auf einen etwaigen Gehalt an Arsen, Blei, schwefliger Säure und Salpetersäure zu erstrecken. In zweiter Linie kommen andere Metalle, Salzsäure und Oxyde des Stickstoffs in Betracht. Die reine S. dient zu medizinischen Zwecken, zur Herstellung reiner Sulfate und als Reagens der chemischen Laboratorien. — Die verdünnte S. des D. A. B. endlich (lat. Acidum sulfuricum dilutum), eine Mischung aus fünf Teilen Wasser und einem Teil reiner S., besitzt das spez. Gew. 1,112 und wird medizinisch verwandt. Rohe verdünnte S. findet als Putzmittel für Kupfer, Messing und Zink Anwendung. — Die Menge der im Deutschen Reiche hergestellten S. hat in den letzten Jahrzehnten eine gewaltige Zunahme erfahren und wurde im Jahre 1914 auf 1,6 Millionen Tonnen geschätzt. Dazu wurden rund 980000 t Schwefelkies, 555000 t Zinkblende und Kupfererze sowie 54000 t Gasreinigungsmasse verarbeitet, von denen außer der letzteren nur 109000 t Schwefelkies und 411000 t Zinkblende inländischen Ursprungs waren. Der aus belgischer Verarbeitung von Zinkblende entstammenden Einfuhr von 65000 t stand eine fast ebenso große Ausfuhr nach Österreich, Holland und der Schweiz gegenüber. Die auf Abschneidung der ausländischen Rohstoffe gestützten Hoffnungen unserer Feinde wurden durch die Herstellung von S. aus Gips vereitelt.

Schweflige Säure (schweflichte Säure, Schwefeldioxyd, lat. Acidum sulfurosum, frz. Acide sulfureux, engl. Sulfurous acid), die aus gleichen Gewichtsteilen Schwefel und Sauerstoff bestehende chemische Verbindung SO_2, ist bei gewöhnlicher Temperatur ein farbloses, stechend riechendes Gas, das von Wasser leicht gelöst wird. Das Wasser verschluckt bei 4° das 70fache, bei 16° das 45fache Volumen dieses Gases und bildet damit eine wäßrige Lösung, die nach S. riecht und schmeckt und stark sauer reagiert. Die Darstellung der wäßrigen schwefligen Säure erfolgt entweder durch Verbrennen von Schwefel oder Rösten von Schwefelkies, oder auch durch Erhitzen von Schwefelsäure mit Holzkohle. Im letzteren Falle entzieht die Kohle der Schwefelsäure ein Drittel ihres Sauerstoffes und bildet dadurch schweflige Säure, die dann in Wasser geleitet wird. Die wäßrige S. muß in sehr gut verschlossenen und ziemlich voll gefüllten Gefäßen aufbewahrt werden, da sie durch die Einwirkung des Sauerstoffes der Luft nach und nach in Schwefelsäure verwandelt wird. Nicht mehr ganz gefüllte Ballone werden daher am besten in kleinere Gefäße umgefüllt. Durch Druck verdichtete flüssige schweflige Säure darf auf der Bahn nur in Behältern aus Schweißeisen, Flußeisen, Gußstahl oder Kupfer versandt werden, die vorher auf 30 Atmosphären Druck (ohne bleibende Formveränderung) geprüft sein müssen. Die Druckprüfung ist alljährlich zu wiederholen. Die Behälter sind in Kisten zu verpacken. S. dient zum Bleichen von Wolle, Seide und Strohgeflechten, zum Konservieren von Wein, zur Füllung von Kältemaschinen und zur Herstellung von Schwefelsäure und Sulfiden.

Schweineschmalz (Schmer, lat. Axungia porci seu Adeps suillus, frz. Graisse de porc, engl. Axonge), das aus fettreichen Teilen geschlachteter Schweine ausgeschmolzene Fett, wird in Deutschland meist aus dem im Innern des Tierkörpers befindlichen Fettgewebe, vor allem dem Bauchwandfett (Liesen, Flomen, Lünte, Schmer, Wammenfett), dem Gekröse- (Micker-) Fett und dem Netzfett, seltener dem Rückenspeck, in Amerika aus allen Teilen gewonnen. In Deutschland erfolgt das Ausschmelzen in der Regel über freiem Feuer, in Amerika mit Hilfe von Wasserdampf. Je nach der Bereitungsweise, Güte und Herkunft unterscheidet man: Rohschmalz, Dampfschmalz, Neutralschmalz, raffiniertes S., deutsches und amerikanisches S. Das amerikanische S., das in ungeheuren Mengen zur Einfuhr gelangt, zerfällt meist in folgende Handelssorten: Neutral Lard, die beste Sorte, wird durch Auslassen von Netz- und Eingeweidefett im Wasserbade gewonnen und stellt eine rein weiße, mild schmeckende Masse dar. Neutral Lard Imitation wird in ähnlicher Weise wie die vorige Sorte, aber aus Speck hergestellt und unterscheidet sich nur durch die etwas weichere Konsistenz. Choice Lard und Prime Steam Lard werden aus den Rückständen der Neutral-Lard-Gewinnung sowie aus allen verwendbaren Teilen des Schweines durch direkten Dampf bei 2⅓—3 Atmosphären ausgelassen. Das letztere hat eine körnige Beschaffenheit und meist einen Stich ins Grünliche, Gelbliche oder Graue. Da es für den direkten Gebrauch zu weich und ölig ist, wird es noch einer besonderen Raffination unterworfen und durch Abpressen bei niedriger Temperatur in das flüssige Speck- oder Schmalzöl (Lard oil) und das feste Schmalz- oder Solarstearin (Lard Stearin) getrennt. Das erstere wird als Schmieröl, Brennöl oder zu Speisezwecken benutzt, das letztere meist durch Mischung mit weicherem Dampfschmalz in das hauptsächlichste Speisefett (Refined Lard) übergeführt. Nur für technische Zwecke bestimmt sind: Sead hog grease und white grease, brown grease von erstickten oder erfrorenen Tieren, Yellow grease aus Abfällen der Packhäuser und Pigs-foot grease aus Schweinefüßen. — Das Schweineschmalz ist in chemischer Hinsicht ein Gemenge von Glyzeriden der Öl-, Palmitin- und Stearinsäure und soll bisweilen auch Linolsäure enthalten. Seine Zusammensetzung wird durch Rasse und Fütterung der Tiere, klimatische Verhältnisse und die Körperteile, denen es entstammt, beeinflußt und unterliegt demnach außerordentlichen Schwankungen. Das spez. Gew. bei 100° beträgt im Mittel 0,861, der Schmelzpunkt liegt meist bei 38—42°, die Verseifungszahl bei 196—198. Die Refraktion bei 40° liegt für deutsches und ungarisches S. zwischen 48 und 49, die Jodzahl meist zwischen 48 und 54. Bei amerikanischem S. sind die entsprechenden Zahlen 50—51 und 60—66, doch kommen nach oben und unten erhebliche Abweichungen vor. Das für Speisezwecke benutzte reine S. ist eine weiße, geruchlose oder, bei deutschen Sorten, schwach angenehm riechende Masse von mildem Geschmack und salbenartiger, aber nicht schmieriger Konsistenz. Das ungarische S. ist meist etwas rötlich und körnig, das amerikanische vielfach schmierig. Von den zahlreichen Verfälschungen kommen besonders Zusätze von Schmalzstearin und Schmalzöl, Rindstalg, Baumwollenstearin, Baumwollsamenöl, Kokosöl und anderen billigeren Fetten in Betracht. Ihr Nachweis erfolgt nach den Verfahren der Fettanalyse, ist aber nicht immer mit Sicherheit zu führen. Ein vorläufiges Urteil gewährt die Schmelzprobe, bei welcher der charakteristische Geruch gewisser Öle hervortritt. Die in neuerer Zeit beliebte Beimischung von Wasser erkennt man daran, daß das S. beim Schmelzen über offener Flamme knistert. Besonders bezeichnend für reines S. ist auch die Art des Erstarrens, indem es nach dem Schmelzen in einer Porzellanschale mit matter faltiger Oberfläche erstarrt, in deren Mitte sich eine starke, scharf abgesetzte Vertiefung bildet. Doch ist dieses Kennzeichen mit Vorsicht zu verwenden, da besonders amerikanische Schmalze häufig ein abweichendes Verhalten zeigen und mit glatter Oberfläche erstarren. Das S. unterliegt den Bestimmungen des Fleischbeschaugesetzes und darf daher insbesondere die in diesem verbotenen Konservierungsmittel nicht enthalten. Zur Durchführung der gesetzlichen Vorschriften wird alles eingeführte S. einer amtlichen Untersuchung unterzogen. — Das S. bildet in seinen besseren Sorten eines der wertvollsten Speisefette sowie einen wertvollen Rohstoff der Margarinefabriken. Weiter dient es in besonders gereinigtem Zustande als Grundlage von Salben und Pomaden, während die minderwertigen Sorten als Schmieröle und zur Herstellung von Seifen benutzt werden.

Schweinfurtergrün, ein prächtig grüner Farbstoff, wurde zu Schweinfurt in der Fabrik von W. Sattler erfunden und dort zuerst bereitet, wird aber jetzt auch in verschiedenen anderen Orten hergestellt. Der Name S. kann als eine Sammelbezeichnung für alle Grünfarben gebraucht werden, die als wesentliche Bestandteile Kupfer und Arsenik enthalten und demnach giftig sind. Sie kommen unter den mannigfachsten Benennungen, wie Kaisergrün, Pariser-, Wiener-, Kasseler-, Neuwieder-, Mitis-, Berggrün und Scheelesches Grün, in den Handel und unterscheiden sich durch ihre Tönungen sowie die lebhaftere oder mattere Farbe. Auch ist ihre Bereitung nicht durchweg dieselbe. Alle aber sind durch ihren Arsengehalt gefährlich. Das Scheelesche oder Schwedischgrün erhält man durch Fällen eines heißen Gemisches von Kupfervitriollösung und arsenigsaurem Kalium mit Ätzkalilauge als dunkelgrünen Niederschlag von basisch arsenigsaurem Kupferoxyd. Das eigentliche Schweinfurtergrün im engeren Sinne ist ein Doppelsalz aus basisch arsenigsaurem und essigsaurem Kupferoxyd und wird in der Weise hergestellt, daß man siedende Lösungen von kristallisiertem Grünspan (neutralem essigsaurem Kupferoxyd) und arseniger Säure (weißem Arsenik) zusammengießt. Hierbei entsteht zunächst ein schmutzig grüner, flockiger Niederschlag, der sich durch 2—3tägiges Stehen in mikroskopisch kleine, glänzende, grüne Kristalle verwandelt und in dieser Form ausgepreßt und getrocknet wird. Um ein besser deckendes Erzeugnis zu erzielen, erhält man die gemischten Flüssigkeiten kurze Zeit im Sieden, wobei sich das Grün sogleich, aber feinpulverig, zwar ohne das Feuer der ersten Sorte, aber für Öl- und Lackfarben besser geeignet, abscheidet. Die gewöhnlicheren Sorten sind mit weißen Zusätzen, wie Schwerspat u. dgl., gemischt, während gelbgrüne Sorten (Mitisgrün, Papageigrün) Zusätze einer gelben Farbe erhalten. Der Verbrauch dieser äußerst giftigen Farbe hat bedeutend nachgelassen und befindet sich erfreulicherweise in einem weiteren Rückgange. — Zur Erlangung eines schnellen Urteils darüber, ob eine grüne Farbe S. ist, behandelt man sie mit Ammoniak und überträgt die blaue Lösung auf Papier. Hinterbleibt nach dem Verdunsten des Ammoniaks ein hellblauer Rückstand, so liegt nur eine Kupferfarbe ohne Arsenik vor, während Arsenik sich dadurch zu erkennen gibt, daß der Rückstand eine schmutzig gelbgrüne Farbe annimmt. Übergießt man etwas S. mit Salzsäure, so löst es sich mit gelber Farbe, und ein zu der in verschlossener Flasche befindlichen Lösung gebrachtes blankes Kupferblech bedeckt sich infolge der Gegenwart von Arsen nach einiger Zeit mit einer schwarzen Kruste von Arsen und Arsenkupfer.

Schweizerkäse nennt man im weiteren Sinne des Wortes alle in der Schweiz hergestellten Käsesorten, im engeren jedoch nur den sog. Emmenthaler Käse, der aber nicht allein im Emmenthale (Kanton Bern), sondern auch in anderen Gegenden der Schweiz sowie im bayrischen Allgäu erzeugt wird. Zu seiner Herstellung wurde ursprünglich die für einen ganzen Käse erforderliche Milch in einem Kessel erwärmt und der mit Lab abgeschiedene und geformte Käse 4—5 Monate im Käsekeller täglich mit frischem Salz eingerieben. Er ist einer der beliebtesten fetten Hartkäse und kommt in großen mühlsteinförmigen Laiben von 20 bis 75 kg Gewicht und hellgelber Farbe in den Handel. Besonders kennzeichnend erscheinen die 5—6 mm breiten Löcher oder Hohlräume im Inneren, die feuchtglänzend sind und etwas Salzwasser enthalten. Käse, der keine oder nur sehr kleine Hohlräume hat, heißt Gläsler, solcher mit zu vielen kleinen und fehlenden großen Löchern Nißler. Die fetteste Sorte ist der Käse von Greierz im Kanton Freiburg. Vgl. ferner unter Käse.

Schwerspat (Bariumsulfat, lat. Baryum sulfuricum, Spathum ponderosum, Baryta sulfurica nativa, frz. Spath pesant, Sulfate de baryte, engl. Heavy-spar, Barium sulfate), ein durch sein hohes spez. Gew. (4,500) ausgezeichnetes Mineral, erscheint in rhombischen, dicken, tafelförmigen Kristallen, meist undurchsichtig und farblos, selten gefärbt und von schwachem Glas- oder Fettglanz. Fundorte sind namentlich das Erzgebirge, Thüringen, der Harz, Schwarzwald und Siebenbürgen. Der S. besteht aus Bariumsulfat, $BaSO_4$, und wird im fein gemahlenen Zustande als Anstrichfarbe unter dem Namen Mineralweiß oder Neuweiß in den Handel gebracht, aber auch zur Vermengung mit Bleiweiß und als Zusatz zu Glasuren benutzt. Zur Darstellung von Bariumsalzen ist hingegen der Witherit geeigneter.

Seegras (Wasserriemen, lat. Zostera, frz. Goëmon, engl. Sea weed) nennt man die im Handel vorkommenden getrockneten Blätter von Zostera marina, einer zu den Najadeen gehörigen Wasserpflanze, die an den Küsten der Nord- und Ostsee und des Adriatischen Meeres auf seichten sandigen Stellen unter Wasser in großer Menge gesellig wächst und ganze Wiesen bildet. Es hat am Boden kriechende Stengel und zahlreiche, 14—18 cm lange, grasartig schmale Blätter, die im Leben glänzend grün, getrocknet aber graubraun und durcheinander gewirrt erscheinen. Im letzteren Zustande bildet S. ein Polstermittel für Stühle, Sofas und Matratzen, das mit Roßhaar zwar nicht zu vergleichen, aber auch bedeutend billiger ist und zudem den Vorteil hat, daß sein Seegeruch kein Ungeziefer aufkommen läßt. Außerdem wird es häufig als Verpackungsmittel gebraucht. Die Seegrasernten bilden in mehreren Küstengegenden, namentlich in der Zuidersee (Holland), einen einträglichen Erwerbszweig. Das nach Stürmen in großen Massen ans Land geworfene S. wird von dem beigemengten Blasentang gesondert, mehrmals gewaschen und an der Luft getrocknet. Kopenhagen, Hamburg, Lübeck, Stettin und Triest liefern es in zusammengepreßten Ballen von 100—150 kg.

Seide (frz. Soie, engl. Silk), der edelste und schönste aller Webstoffe, besteht aus dem Kokonfaden der Seidenraupe, mit welchem diese sich bei der Verpuppung umspinnt. Der Maulbeerspinner (Bombyx Mori) und seine Futterpflanze, der Maulbeerbaum, stammen aus Asien und haben sich erst um 550 n. Chr. über das südliche und einen Teil des mittleren Europas verbreitet. — Der Seidenschmetterling mißt zwischen den ausgebreiteten Flügeln etwa 40 bis 50 mm, erscheint schmutzig weiß, mit einigen lederfarbenen Linien und hat auf jedem Vorderflügel einen undeutlichen halbmondförmigen Fleck. Das Weibchen legt 200—300, oft aber mehr als 500 bläuliche Eier (Grains), die sich im Kühlen unter 18° lange aufbewahren und weit versenden lassen, während sie bei einer etwas höheren Temperatur auskriechen. Die insgesamt 50 g wiegenden Eier von 300—360 Schmetterlingen, ergeben 40000—60000 kleine schwärzliche Räupchen, die binnen 4—5 Wochen heranwachsen, sich viermal häuten und eine immer wachsende Freßlust entwickeln. Die ausgewachsenen Raupen sind etwa 60 mm lang, schmutzig weiß, mit einzelnen dunkleren Fleckchen und haben eine glatte Oberfläche sowie auf dem vorletzten Hinterleibsringe ein Horn. Sobald die Raupen kurz vor der Verpuppung unruhig werden, gibt man ihnen Gelegenheit, zwischen aufgestelltem Reisig (Spinnhütten) einen Platz zum Einspinnen zu suchen, doch spinnen sich viele gleich in den Maulbeerzweigen ein, auf denen sie liegen und fressen. Im Körper der Raupe befinden sich zwei lange Schläuche mit einem gummiartigen Saft, den die ausgewachsene Raupe aus zwei unter dem Munde befindlichen feinen Öffnungen hervortreibt und sogleich zu einem einzigen Faden vereinigt. Mit dem an der Luft rasch erhärtenden Faden bildet die Raupe rund um sich herum zunächst ein lockeres, grobes, durchsichtiges Netz und dann innerhalb desselben in 7—8 Tagen eine dichte ei- oder walzenförmige Hülle, den Kokon (frz. Cocon, engl. Coccon), deren innerste Schicht ein pergamentartiges Häutchen ist. Die Länge des einzigen, die ganze Hülle bildenden Fadens soll 3500—3700 m betragen, wovon jedoch für die Verarbeitung zu langer S. nur etwa 300—600, selten bis 900 m zu erlangen sind. Die Kokons besitzen höchstens die Größe eines Taubeneies, sind aber meist kleiner. Nur die weiblichen haben Eiform, während die männlichen in der Mitte eine Einschnürung zeigen. Die Farbe ist meist weiß oder hellgelb, doch auch grünlich und rötlich. Nach 2—3 Wochen brechen aus den Kokons die Schmetterlinge hervor, und die Geschlechter suchen sich auf. Ist es nicht auf Nachzucht, sondern auf Seidengewinnung abgesehen, so verhindert man das Auskriechen durch Tötung des eingeschlossenen Tieres, da die verlassenen durchbissenen Kokons keinen ganzen Faden mehr geben und nur als Abfallseide dienen können. Das Töten wird entweder durch die Hitze eines Backofens oder durch heiße Wasserdämpfe bewirkt, indem man die Kokons in einem Siebe über siedendes Wasser setzt, oder endlich durch Dämpfe von Terpentinöl, Kampfer und brennendem Schwefel. Mit dem Abtöten der Kokons ist die Tätigkeit des kleinen Seidenzüchters beendet. Die folgende Bearbeitung, das Abhaspeln, ist Sache besonders darauf eingeübter weiblicher Hände und erfolgt in Frankreich und Italien in besonderen Anstalten, den sog. Filanden. Die hier zu bearbeitenden Kokons werden nach Farbe und Beschaffenheit, die festen und lockeren für sich, getrennt, fleckige, doppelte und sonst fehlerhafte ausgeschieden. Durch Einlegen in heißes Wasser wird der natürliche Leimüberzug, mit dem die Fadenwindungen aufeinander kleben, erweicht, darauf die noch anhängende Flockwolle durch Schlagen mit Reisig entfernt und der Faden von drei bis acht und mehr Kokons zu einem einzigen Faden aufgehaspelt. — Die auf den Haspeln selbst trocken gewordenen Strähne bilden die Rohseide oder Greze (frz. Grège, Grèye, engl. Raw silk), die bereits in diesem Zustande, trotzdem der Faden hart und starr ist, verschiedene Verwendung, zu Gaze, Blonden u. dgl., findet. Die meiste S. wird aber durch Kochen in Seifenwasser von dem leimigen Überzuge, der den Faden einhüllt und auch der Träger der gelben und anderen Färbungen ist, befreit und erscheint rein weiß. Auch sind die Fäden durch das Kochen (Entschälen oder Degummieren) dünner, geschmeidiger und glänzender geworden. Gewöhnlich wird die S. hierauf noch mit Schwefeldämpfen gebleicht, doch ist die naturweiße immer besser, besonders zum Färben. Für gewisse Gewebe, die etwas steifer und glanzloser sein dürfen, wird die S. kürzere Zeit gekocht und heißt dann halbgekochte, souplierte oder Soupleseide. Bei dem nunmehr folgenden Zwirnen (Filtrieren, Moulinieren) entstehen die beiden hauptsächlichen Sorten Organsin (Ajanseide) und Trama oder Ketten- und Einschlagseide. Die erstere wird aus der besten Rohseide, aus gedrehten und duplierten Fäden unter fester Drehung hergestellt. Die zweite besteht aus ungedrehten Einzelfäden, wird auch beim Zwirnen nur schwach gedreht und ist daher von lockerer, weicher Beschaffenheit. Andere Sorten sind Nähseide, Strickseide und Stickseide. Der Stärke- oder Feinheitsgrad der gezwirnten S. wird durch Nummern angegeben, deren Bestimmung (Titrieren) durch Abmessen einer bestimmten Zahl von Stab oder Metern und Wägen derselben auf einer feinen Wage erfolgt. Da die S. aus feuchter Luft rasch Wasser bis zu 20 und 30% aufnimmt, ohne doch feucht zu erscheinen, wird durch besondere Prüfungsämter, sog. Konditionierungs- oder Trockenanstalten, der Wassergehalt und wahre Handelswert der Ware ermittelt. Die bei der Herstellung der eigentlichen, aus langen Kokonfäden zusammengesetzten S. entstehenden Abfälle werden als Florett- oder Flockseide (frz. Fleuret, Filoselle, engl. Floret-silk) zusammengefaßt. Die beste Sorte der Florettseide kommt von Doppelkokons, die zweite von den bei dem Abhaspeln übrigbleibenden pergamentartigen Häutchen, die erweicht, zerrissen, gekratzt und gekämmt werden. Von diesem sog. Stamm = Kreszentinstamm (frz. Cardette) gewinnt man durch Abspinnen das Kreszentingarn. Der nicht kämmbare Teil (Chappe) wird zur Zerstörung des die Fasern zusammenhaltenden Leimes einem Fäulnisprozeß unterworfen und ist nun spinnbar. Die geringste Sorte Florettseide liefern die von den Reisern abgezogenen Fäden, mit denen die Raupe den Kokon befestigt hatte. Sie sind sehr lose und finden zu Wattseide Verwendung. Endlich unterscheidet man noch Strazza (frz. Estrasse), die Abfälle von der Verarbeitung der Rohseide zu Organsin und Trama, und Seidenwerg oder Stumpen (frz. Bourre de soie), den Abfall beim Kämmen der gefaulten Kokons, aus denen das Bourettegarn gesponnen wird. Die gesponnene Florettseide ist ein wirkliches, durch Zusammendrehen kürzerer und längerer Fasern entstehendes Garn, das aber nie die Glätte und den Glanz der filierten S. erreicht. — In chemischer Hinsicht besteht die S. hauptsächlich, zu 50—60 %, aus einem stickstoffhaltigen Körper, dem sog. Fibroin, daneben sind 24—25 % Albumin sowie geringe Mengen Wachs, Harz und Farbstoffe vorhanden. Der ungefähr 20 % ausmachende gummiartige Überzug, der beim Degummieren der Rohseide entfernt wird, der Seidenleim oder das Serizin, ist als ein Oxydationsprodukt des Fibroins aufzufassen. Neben den zahlreichen Verfälschungen der S. durch fremde Gespinste, die mit Hilfe des Mikroskops nachgewiesen werden, finden sich auch mineralische Beschwerungsmittel, selbst giftige Blei- und Quecksilbersalze. Über ihre Anwesenheit gewährt meist schon die einfache Verbrennungsprobe Aufschluß. Versucht man reine, echte, schwarz gefärbte S. zu verbrennen, so kräuselt sie sich sofort zusammen, verlöscht bald und hinterläßt sehr wenig Asche von ganz hellbräunlicher Farbe. Verfälschte Seide, die leicht speckig wird und bricht, brennt dagegen langsam fort, namentlich glimmen die Schußfäden weiter, wenn sie stark mit Farbstoff beschwert sind, und hinterlassen eine dunkelbraune Asche, die sich im Gegensatz zur echten S. nicht kräuselt, sondern nur krümmt. Die zahlreichen Seidenstoffe, die meist durch einfaches Zusammenlegen und Pressen, bisweilen auch durch Gummieren und Kalandern hergestellt werden, unterscheidet man in 1. glatte, 2. geköperte, 3. gemusterte, 4. Gaze, 5. Samt. Unter den glatten oder leinwandartig gewebten Stoffen sind die Tafte leichtere und schwerere Zeuge aus entschälter S. mit Organsinkette und Einschlag von Tramseide. Ganz leichte Gewebe bilden den Futtertaft (Avignon, Florence), etwas schwerere den Kleidertaft. Bei diesen ist die Kette ein-, der Einschuß ein- bis dreifädig. Doppeltaft (Marcelline) hat zweifädige Kette und zwei- bis dreifädigen Einschuß. Die dichtesten taftartigen Zeuge, Gros, haben zweifädige Kette und zwei- bis sechsfädigen Schuß. Zu den geköperten Stoffen gehören die verschiedenen Sergen (Croisé, Levantin, Drap de Soie, Bombasin) und der Atlas oder Satin. Gemusterte Zeuge kommen in der größten Mannigfaltigkeit, unter den verschiedensten Namen und sowohl gewürfelt, gestreift und geblümt vor. Samtartige Stoffe sind der echte Samt, geschnitten und ungeschnitten, sowie Plüsch und Felbel. Gazeartige Gewebe kommen als Gaze, Flor, Marly, Krepp, Stramin, Barège und Beutelgaze in den Handel. Daneben werden noch gemischte Stoffe in Verbindung mit Wolle, Alpaka, Mohär, Baumwolle und Leinen, sowie Gewebe aus Seidenshoddy nach Art der Kunstwolle hergestellt.

Seide, künstliche, wird nach verschiedenen Verfahren aus Derivaten der Zellulose dargestellt. Zur Herstellung der Chardonnetschen Kunstseide werden dickflüssige Lösungen von Kollodiumwolle aus feinen Öffnungen gepreßt und die in Wasser erhärtenden Fäden aufgehaspelt und getrocknet. Durch Behandlung mit Natrium- oder Ammoniumsulfid (das sog. Denitrieren) macht man die S. unverbrennlich. Andere Arten von Kunstseide werden aus Lösungen von Zellulose in Kupferoxydammoniak (Glanzstoff), Zinkchlorid, Schwefelsäure oder Phosphorsäure, ferner aus Azetylzellulose (Azetatseide) oder aus Zellulosexanthogenat (Viskoseseide) gewonnen. Auch baumwollene Gewebe, denen man durch eine mechanische Behandlung mit geriffelten Walzen oder eine chemische Einwirkung von Natronlauge (Merzerisieren) einen Seidenglanz verliehen hat, werden als künstliche S. bezeichnet. Zur Unterscheidung der Seide von der Kunstseide hält man einen Faden an ein brennendes Streichholz. Seide entflammt und glimmt nicht und riecht nach Horn, Kunstseide brennt. Beim Kauen behält echte Seide ihren Zusammenhalt, Kunstseide zerbröckelt, wie man beim Ausspucken in Wasser sieht.

Seidelbastrinde (Kellerhalsrinde, lat. Cortex mezereï, frz. Écorce de mézéréon, engl. Mezereon bark). Der zu den Giftpflanzen gehörende Seidelbast, Daphne Mezereum, ist ein in höher gelegenen Laubwäldern des nördlichen Europas und Asiens nicht seltener Strauch mit kleinen rosenroten, trichterförmigen und vierspaltigen, vor den Blättern erscheinenden, stark duftenden Blüten und bei der Reife ziegelroten Beeren. Die im Spätherbst geschälte dünne Rinde der meist nur federkielstarken und oft noch dünneren Stämmchen oder Ruten dient ihrer scharfen Bestandteile halber als blasenziehendes oder hautreizendes Mittel, indem sie entweder im aufgeweichten Zustande aufgelegt wird, oder indem man das daraus bereitete weingeistige Extrakt verwendet. Als wirksame Bestandteile sind Daphnin, das sich in Daphnetin und Zucker spalten läßt, sowie das hautreizende Anhydrid der Mezerinsäure vorhanden.

Seife (lat. Sapo, frz. Savon, engl. Soap). Als Seifen im weiteren Sinne bezeichnet der Chemiker alle Verbindungen von Basen mit einer organischen fetten Säure und spricht demnach von Kaliseife, Kalk- und Magnesia- und Bleiseife. Die letztere bildet die Grundlage von Pflastern und Salben, Kalk- und Magnesiaseifen sind in Wasser unlösliche pulverige Körper, und nur die Alkaliseifen lösen sich in Wasser zu schäumenden Flüssigkeiten. Unter eigentlichen Seifen für Waschzwecke versteht man ausschließlich die letzteren, also fettsaure Alkalien. Als Ausgangsstoffe zur Herstellung der S. kommen ätzende Alkalien (Kali- oder Natronlauge) und Fette tierischen oder pflanzlichen Ursprungs in Betracht. Beim Kochen der Fette mit den Alkalien spalten sie Glyzerin ab, während die freiwerdende Fettsäure sich mit der Base zu fettsaurem Alkali (Seife) verbindet. Nach der Natur des benutzten Alkalis unterscheidet man die zwei großen Gruppen der weichen Kaliseifen (Schmierseifen) und der harten Natronseifen. Die Herstellung der Natronseifen erfolgt in der Weise, daß man die Fette mit der berechneten Menge Natronlauge unter beständigem Rühren auf freiem Feuer oder besser mit direktem Dampf erhitzt, bis der Kesselinhalt sich in eine dünne gallertartige Masse, den Seifenleim, verwandelt hat, die beim Herausnehmen zu Fäden ausgezogen werden kann („spinnt"). Auf Zusatz von Kochsalz („Aussalzen") trennt sich die Masse in die nach oben steigende feste krümlige S. und die unten stehende Unterlauge, die zur Gewinnung des Glyzerins Verwendung findet. Nach dem Ablassen der Unterlauge wird die S. noch ein- oder mehrere Male zu Leim aufgesotten, ausgesalzen und schließlich mit reinem Wasser klargesotten. Die entstehende zähe, plattenartige Masse wird noch heiß auf Formen gefüllt, große, zum Auseinandernehmen eingerichtete Holzkästen mit Siebboden, durch den die anhaftende Feuchtigkeit abläuft. Während des langsamen Abkühlens bildet sich infolge der vorhandenen Verunreinigungen ein feines, bisweilen farbiges Geäder, die sog. Marmorierung (Fluß, Faser), die als Zeichen der Güte angesehen und daher vielfach durch Zusatz von Braunstein, Bolus oder gefärbter S. nachgeahmt wird. An Stelle der Ätznatronlauge verwendet man neuerdings auch kohlensaures Natron zum Verseifen und ersetzt dann das Fett durch die freien Fettsäuren. Der nach dem einen oder anderen Verfahren erhaltene Seifenblock wird schließlich in Platten, Riegel und Stücke zerschnitten, die als Kernseife in den Handel kommen. Von den nach der Art des verarbeiteten Fettes unterschiedenen Sorten der Kernseifen wird die Talgkernseife wegen ihrer Reinheit und ihres sparsamen Verbrauchs bei hoher Reinigungskraft besonders geschätzt, doch sind auch die unter Zusatz von Palmöl oder Palmkernöl oder mit Palmöl allein hergestellten Kernseifen wegen ihres leichten Schäumens sehr beliebt. Marseiller S. ist eine ursprünglich aus reinem Olivenöl, später aus Gemischen von Olivenöl mit anderen Fetten hergestellte Kernseife. Oberschalseife, eine hauptsächlich in Berlin gebräuchliche Kernseife von besonders rauher und gerippter Oberfläche, wird aus reinem Palmöl oder reinem Talg bereitet. Eine Unterabteilung der reinen Kernseifen bilden die Kernseifen auf Leimniederschlag oder abgesetzten Kernseifen, bei denen nicht vollständig ausgesalzen wird. Vielmehr sorgt man bei ihrer Herstellung durch Anwendung ungenügender Salzmengen oder eines Überschusses von Lauge dafür, daß sich ein alle Verunreinigungen enthaltender Leimniederschlag ausscheidet. Sie werden stets unter Verwendung pflanzlicher Öle (Palmkernöl, Kokosfett) hergestellt und umfassen u. a. die Wachsseife und die mit Zusatz von Harz bereiteten Oranienburger und die reinen Harzkernseifen. Die Verwendung des Harzes beruht auf seinem Gehalte an freien Harzsäuren, deren Alkalisalze den fettsauren Alkalien gleiches Verhalten zeigen. Zur Erhöhung der Ausbeute werden die S. nach dem Klarsieden noch häufig mit schwacher salzhaltiger Lauge gekocht, „geschliffen", wobei sie größere Mengen Wasser aufnehmen, oder auch mit billigeren Ersatzmitteln, wie Wasserglas und Soda, oder für Waschzwecke völlig wertlosen Stoffen, wie Talk und anderen Mineralpulvern vermischt, „gefüllt". Die geringwertigsten S., die sog. Leimseifen, werden ohne Aussalzen, durch einfaches Erstarrenlassen des ganzen Kesselinhalts, dargestellt und enthalten demnach die gesamte Unterlauge. Sie vertragen, ohne an Aussehen und Festigkeit einzubüßen, außerordentlich hohe Zusätze von Soda, Wasserglas, Mehl, Talk, Ton und anderen Füllmitteln und geben demnach außerordentlich hohe Ausbeuten. Die Güte der Erzeugnisse steht allerdings im umgekehrten Verhältnis wie der Grad der Vermehrung. Deite gibt als klassisches Beispiel einer 800%igen Ausbeute folgende Vorschrift an: 100 kg Kokosöl, 80 kg Natronlauge, 200 kg Pottaschelösung, 300 kg Salzwasser, 60 kg Sodalösung, schließlich nochmals 60 kg Salzwasser, also 800 kg Seife aus 100 kg Fett! Ja, es sollen 12—16fache Leimseifen hergestellt werden, die Deite geradezu als Schwindelseife bezeichnet. Verhältnismäßig gute Erzeugnisse sind die Halbkern- oder Eschweger Seifen, die stets unter Zusatz von Palmkernöl oder Kokosfett hergestellt werden, und zwar in der Weise, daß ein Teil des Fettes zu Kernseife, und diese nach Zugabe des Restes zu Leimseife versotten wird. — Im Gegensatz zu den Natronseifen besitzen die mit Hilfe von Kalilauge erhaltenen S. eine weiche Konsistenz und bilden daher die sog. Schmierseifen. Sie werden meist aus oleinreichen Ölen: Tran, Hanföl, Leinöl, Rüböl, Baumwollsaatöl, Erdnußöl, Sesamöl, Olein und Palmöl hergestellt und sind, weil sie nicht ausgesalzen werden können, als Leimseifen anzusprechen. Verwendet man nur die genannten Öle, so erhält man „transparente", glatte Schmierseife, während bei Zusatz von Talg und anderen harten Fetten durch Auskristallisieren von stearinsaurem Kali die Naturkornseife entsteht. Zur Vortäuschung dieser geschätzten Eigenschaft werden bisweilen Körner von Kalk, Ton oder Stärke eingerührt und so die Kunstkornseifen erzeugt. Silber-, Schäl- oder glatte Elainseife nennt man eine Schmierseife von weißer oder gelber Grundmasse mit perlmutterartigem Schimmer. Eine feste Kaliseife wird von den Lingnerwerken in Dresden nach einem Geheimverfahren, wahrscheinlich unter Verwendung von Alkohol hergestellt und als Kavonseife bezeichnet. — Die feineren Toiletteseifen sind meist gewöhnliche Kern- oder selbst Leimseifen, denen irgendeine künstliche Farbe und ein Parfüm, bisweilen auch ein angeblich der Haut wohltätiger Stoff, wie Milch, Mandelkleie, Glyzerin, Galle, Bimsstein, ja selbst Eigelb einverleibt wird. Ihr oft außerordentlich hoher Preis hängt lediglich von der Art des zugesetzten Riechstoffs und seiner Einverleibung ab. Bei gewöhnlicheren Sorten wird das Parfüm der noch flüssigen Masse zugesetzt. Zur Herstellung der besseren Toiletteseifen bedient man sich hingegen des Pilierens, d. h. man zerteilt gute Kernseife in feine Späne, welche dann mit den ätherischen Ölen sorgfältig verknetet werden. Die transparenten S. entstehen, wenn man S. bei gelinder Wärme in Alkohol löst und die weiche Masse nach dem Abdestillieren des überschüssigen Alkohols erstarren läßt. Medizinische S. enthalten meist Marseiller S. oder selbstgefertigte Olivennatronseife als Grundmasse. — Der Wert einer Seife ist im allgemeinen von ihrem Gehalte an Fettsäuren abhängig, der daher für behördliche Ausschreibungen meist festgelegt wird. Weiter wird besonderes Gewicht auf Abwesenheit von freiem Ätzkali, welches die Gewebe angreift, und von Füllmitteln gelegt. Die Anwesenheit der letzteren erkennt man durch Behandlung mit Alkohol, wobei die Seife in Lösung geht, Füllmittel aber zurückbleiben. Über die schmutzlösende Wirkung der S. sind zahlreiche Theorien aufgestellt. Nach einigen soll die Seife beim Auflösen in Fettsäure und freies Alkali zerfallen, nach der wahrscheinlich richtigsten Ansicht Knapps hingegen lediglich die Benetzbarkeit der Gewebe erhöhen. Aber völlig geklärt ist diese Frage noch nicht, und es erscheint daher wissenschaftlich unbegründet, wenn einigen Sorten ganz besonders hervorragende Eigenschaften gegenüber den normalen Talgkernseifen zugeschrieben werden. Den zahlreichen Verfälschungen der S. suchen die Vertreter der Industrie selbst, und wie es scheint mit Erfolg, entgegenzutreten. Die während des Krieges nach Vorschrift des Kriegsausschusses für Fette und Öle allein hergestellte K.-A.-Seife bestand aus einem Gemisch von Ton mit etwa 20 % Fettseife.

Seifenpulver. Neben reiner pulver- oder spänchenförmiger Kernseife finden sich im Handel zahlreiche sog. Wasch- oder S., die neben Seife mehr oder weniger erhebliche Mengen von Soda, Wasserglas und allen möglichen anderen Zusätzen enthalten. Von den bekannteren Fabrikmarken besteht: Lessive Phenix aus 34 % Wasser, 6 % Seife, 5 % Wasserglas, 55 % Soda; Wöllners Waschpulver aus 30 % Wasser, 13 % Seife, 21 % Wasserglas, 36 % Soda; Minlos Waschpulver aus 38 % Wasser, 3 % Seife, 5 % Wasserglas, 54 % Soda; Luhns Waschextrakt aus 35 % Wasser, 39 % Seife, 26 % Soda; Waschpulver Reform aus 32 % Wasser, 4 % Seife, 9 % Wasserglas, 55 % Soda. Die meisten derartigen Waschpulver sind unverhältnismäßig teurer als ein entsprechendes Gemisch von Seife und Soda.

Seifenwurzel (lat. Radix saponariae, frz. Racine de saponaire, engl. Soap root), ein vielgebrauchter Gegenstand des Drogenhandels, wird von zwei Pflanzengattungen gewonnen. Die rote Seifenwurzel (Radix saponariae rubra) stammt vom gemeinen Seifenkraut, Saponaria officinalis, einer ausdauernden, durch das ganze mittlere und südliche Europa auf Wiesen, in Gebüsch und besonders gern auf Sandboden in der Nähe von Wasser wachsenden Karyophyllee. Die im Herbst oder Frühjahr von nicht zu jungen Pflanzen gesammelten Wurzeln oder Ausläufer bilden strohhalm- bis federkieldicke Stücke von braunroter Oberfläche, gelblichweißem Bruch und süßlich schleimigem, hinterher kratzendem Geschmack. Der wäßrige Auszug ist dickflüssig und schäumt beim Schütteln wie eine Seifenlösung. Wegen ihres Gehaltes an Saponin benutzt man die wäßrige Abkochung wie eine milde Seifenlösung in Fällen, in denen wirkliche Seife den Farben schaden würde, also für Seidenwaren, Spitzen, Schals und andere zarte Gewebe. Die Handelsware kommt hauptsächlich aus Mitteleuropa, wo sie verschiedentlich angebaut wird. — Die sog. levantinische oder ägyptische S. (Radix saponariae alba), weiße Seifenwurzel im Handel genannt, stammt von Gypsophila Struthium und anderen Gypsophilaarten, die ebenfalls zu den Karyophylleen gehören und in der Levante und in Ungarn wachsen. Sie wird hauptsächlich in der Gegend von Smyrna gesammelt und über Triest eingeführt und bildet 3—4½ dm lange, außen graugelbe oder bräunliche, stark längsrunzelige und furchige, innen gelblichweiße Stücke. Die ungarische Wurzel kommt in Form leichter weißer Scheiben in den Handel. Sie steht wie die levantinischen Wurzeln der roten S. an Saponingehalt und Wirksamkeit nach.

Seignettesalz, nach seinem Erfinder in Rochelle, daher sonst auch Rocheller Salz genannt, ist ein Doppelsalz aus Weinsäure und den beiden Basen Kali und Natron, also weinsaures Natronkalium oder Natronweinstein (lat. Tartarus natronatus, Natrokali tartaricum, Kalium tartaricum natronatum, frz. Tartrate de soude et de potasse, Sel de seignette, engl. Tartarated soda, Salt of seignette) und wird aus Weinstein und Soda in der Weise hergestellt, daß man eine Lösung von reinem kohlensauren Natron mit Weinstein versetzt, bis kein Entweichen von Kohlensäure mehr stattfindet. Nach dem Eindampfen der filtrierten Lauge im Dampfbade bilden sich schöne, große, wasserhelle, rhombische Säulen, die bei ganz gelinder Wärme getrocknet werden, da sie sonst ihre Durchsichtigkeit verlieren. Das Salz schmilzt beim Erwärmen in seinem Kristallwasser, ist aber sonst ziemlich luftbeständig. Es löst sich in sehr wenig Wasser, besitzt einen milden salzigen Geschmack und wird als ein kühlendes, gelinde abführendes Mittel, z. B. als Seidlitzpulver, sowie in der analytischen Chemie zur Bestimmung des Zuckers (Fehlingsche Lösung) angewandt.

Sekt, abgeleitet von Vino secco, d. h. getrockneter Wein, hieß ursprünglich nur der Wein aus Trauben, die durch Umbrechen des Stieles und Eintrocknen am Stock einen großen Teil ihres Wassers verloren haben und deshalb besonders süß und gehaltreich sind. Jetzt gebraucht man die Bezeichnung fast ausschließlich für Schaumwein oder Champagner, während sie für Erzeugnisse aus Obstweinen nur unter deutlicher Kennzeichnung, z. B. Apfelsekt, zulässig ist.

Selen (Selenium), ein dem Schwefel nahe verwandtes Element, Se = 79, findet sich in einigen seltenen Mineralien: Selenblei oder Klausthalit, Selensilberblei oder Naumannit, Selenkupferblei oder Zorgit, Selenkupferthallium oder Crookesit, Selenkupfersilber oder Eukairit, Selenkupfer oder Berzelit, Selenquecksilber oder Tiemannit und Selenquecksilberblei oder Lerbachit und wird meist aus dem in den Bleikammern der Schwefelsäurefabriken sich absetzenden Schlamm dargestellt. Man erhält es als grauschwarze, schwach metallisch glänzende Masse von muschligem Bruche, die in dünnen Splittern am Rande dunkelrot durchscheinend, geruch- und geschmacklos und in Wasser unlöslich ist. In der Hitze bei Luftabschluß schmilzt das S. und verwandelt sich dann in einen gelben Dampf, der sich beim Abkühlen zu einem roten Sublimate verdichtet. Beim Erhitzen an der Luft entzündet es sich und verbrennt wie Schwefel mit rötlichblauer Flamme unter Entwicklung eines Geruchs nach faulem Rettich. Das S. wird zur Herstellung gewisser physikalischer Instrumente, Photophone und Selenradiophone, sowie zum Rotfärben und, bei sehr kleinen Zusätzen, zum Entfärben von Glasflüssen benützt.

Sellerie (Eppich, Wassereppich, lat. Radix apii, frz. Célerie, engl. Celery), eine zweijährige Doldenpflanze, bildet angebaut als Garten-S., Apium graveolens L., ein bekanntes Küchengewächs, von dem die aromatisch fleischigen Wurzeln als Gemüse, zu Salat und zu Suppen, der starke Schaft und das Kraut wegen seines Aromas als beliebtes Gewürz benutzt werden. In England ißt man S. auch roh zu Brot und Käse. Medizinisch hat die Pflanze insofern Bedeutung, als ihr Genuß auf die Harn- und Geschlechtsorgane einwirkt. Von den zahlreichen Handelssorten gelten große Erfurter Knollen, niedrig frühe Knollen, große Ulmer, frühe Leipziger S., als die besten. Der ein- bis dreijährige, sehr feine Same wird möglichst früh in Mistbeeten gesät und darauf im April oder Mai in gut vorbereitetes, mürbes Land in Abständen von 50 cm ausgepflanzt. Die Pflege erstreckt sich auf öfteres Behacken, fleißiges Begießen und Entfernen welker Blätter. Im August entfernt man alle Seitenwurzeln, nimmt im Herbst die Knollen heraus und schlägt sie in Kellern oder Gruben ein. Auch kann man die Pflanze über Winter in Kästen an warmen Orten halten. Die in England und den Niederlanden beliebte Bleichsellerie, deren gebleichte fleischige Blattstiele genossen werden, wird in Deutschland weniger geschätzt. — Die Teilfrüchte der S. (lat. Fructus apii, frz. Semences de célerie, engl. Celery seeds) werden zu Sellerieöl verarbeitet. — Das Sellerieöl (lat. Oleum apii, frz. Essence de célerie, engl. Celery oil) wird entweder aus dem Kraut oder aber nur aus den Samen gewonnen. Das Krautöl ist von grüngelber Farbe und hat ein spez. Gew. von 0,848 bis 0,880, das Samenöl ist farblos und vom spez. Gew. 0,866—0,894. Beide Öle riechen und schmecken kräftig nach Sellerie und werden u. a. zur Herstellung des Sellerielikörs verwandt.

Selters bei Weilburg. Dieses Mineralwasser unterscheidet sich von dem im Handel meist als „Selterswasser" bezeichneten Wasser aus Niederselters (s. d.) hauptsächlich durch das Fehlen von Natriumbikarbonat und den geringeren Gehalt an Kochsalz. In 1000 Gewichtsteilen sind nach der 1891 von A. Ludwig ausgeführten Analyse enthalten: Bikarbonate des Kalziums 2,1708 g, Eisenoxyduls 0,0018 g, Manganoxyduls 0,0394 g; Chloride des Kaliums 0,0242 g, Natriums 0,5326 g, Lithiums 0,0012 g, Ammoniums 0,0009 g, Magnesiums 0,5408 g, Kalziums 0,0333 g; Sulfate des Kalziums 0,0108 g, Bariums 0,0021 g, Strontiums 0,0004 g; Brom- und Jodnatrium Spur, Tonerde 0,0002 g, Kieselsäure 0,0311 g, Organische Stoffe 0,0040 g und freie Kohlensäure 2,3721 g.

Selterspastillen, künstliche (Pastilli aërophori Selters) werden hergestellt, indem man 500 g Natriumbikarbonat, 375 g Weinsäure, 25 g Kochsalz und 100 g Zucker mit 90 %igem Alkohol anfeuchtet, so daß die Masse sich zusammenballt, darauf zu einem breiten Kuchen ausrollt und 500 Pastillen aussticht.

Semen (in der Mehrzahl Semina) ist die im Drogenhandel gebräuchliche lateinische Bezeichnung für Same, die im Handel vielfach mit dem Begriffe Frucht, lat. Fructus (s. d.), verwechselt wird. Beide unterscheiden sich dadurch, daß eine Frucht stets Spuren der Narbe und des Griffels zeigt sowie eine Fruchtwand besitzt, in der sich ein oder mehrere Samen befinden. Auf Preislisten finden sich am häufigsten folgende Samenarten: Semen abelmoschi, Bisamkörner; S. canariense, Kanariensame; S. colchici, Herbstzeitlosensame; S. cydoniorum, Quittenkerne; S. daturae stramonii, Stechapfelsame; S. erucae, weiße Senfkörner; S. foenugraeci, griechischer Heu- oder Bockshornsame; S. hyoscyami, Bilsenkrautsame; S. lini, Leinsame; S. papaveris, Mohnsame; S. psyllii, Flohsame; S. sesami, Sesamkörner; S. sinapis nigrae, Senfkörner, schwarze; S. staphisagriae, Läusesame; S. strychni, Brechnüsse; S. tanaceti, Rainfarnsame. Vgl. die Einzelbesprechungen.

Senegawurzel (Klapperschlangenwurzel, lat. Radix senegae, frz. Racine de sénéga, engl. Senega root) stammt von der in Nordamerika, besonders Virginien, Pennsylvanien und Maryland wild wachsenden ausdauernden Polygalazee Polygala Senega und wird im Mutterlande als Mittel gegen Schlangenbiß angewandt. Die etwa 13 cm lange und federkieldicke Wurzel, die oben oft einen verdickten Wurzelhals trägt, ist leicht kenntlich an ihrer gewundenen Form, die sie wie eine gestreckte Spirale erscheinen läßt, und an der kielartig vorspringenden Kante, die an der konkaven Seite entlang läuft. An der Außenseite erscheint die Wurzel durch Einschnürungen wulstig. Ihre Farbe ist äußerlich gelbgrau, der Querschnitt zeigt einen gelblichweißen, einseitigen Holzkörper und eine bräunlichgelbe, weiche Rinde, in der die wirksamen Bestandteile enthalten sind. Der schwache Geruch ist unangenehm ranzig, der, wie bei der Seifenwurzel, süßliche und nachher scharf und kratzende Geschmack beruht auf einem Gehalt an den Saponinen Senegin und Polygalasäure. Medizinisch wird S. in Form von Abkochungen sowie als Extrakt oder Sirup als schweiß- und harntreibendes Mittel, besonders bei chronischen Katarrhen, angewandt, ist aber in Deutschland dem freien Verkehr entzogen.

Senf (frz. Moutarde, engl. Mustard). Diesen Namen führen verschiedene Pflanzen aus der Familie der Kruziferen, von denen besonders die folgenden technische Verwendung finden. 1. Der weiße oder gelbe S. (Gartensenf, englischer S., Schnabelsenf, Rauken, Rockhelen, Rockheit), **Sinapis alba**, eine einjährige, 60 bis 120 cm hohe Pflanze mit gelber Blumenkrone, wenig behaartem Stengel und steifhaarigen Schoten, wächst wild und angebaut in England, Holland, Mittel- und Süddeutschland, besonders Thüringen, Württemberg und am Rhein sowie in Rußland und Kleinasien. Er wird vielfach auch mit Dotter zusammen gebaut, und zwar am liebsten auf Neubruch und Schlammboden, doch auch auf trockenen Bodenarten. Die Pflanze ist gegen Kälte weniger empfindlich als Raps, leidet aber wie dieser, wenngleich in geringerem Grade, von Erdflöhen und sonstigen Schädlingen. Als mittlere Ernte rechnet man 14—24 hl Körner und 10—15 dz Stroh. Abgesehen von der Samengewinnung dient er als Futter für Milchvieh sowie zur Gründüngung. Die Samen oder Senfkörner (lat. Semen sinapis albae, Semen erucae, frz. Moutarde blanche, engl. White mustard) besitzen die Form einer Kugel von 1½—2½ mm Durchmesser, eine gelbe Farbe und matte Oberfläche. Das gelbe Pulver zeigt einen anfangs öligen, später brennenden Geschmack, aber auch nach dem Anrühren mit Wasser keinen charakteristischen Geruch. 2. Der schwarze, braune oder grüne S., **Brassica nigra**, erreicht eine Höhe von 1½ m und besitzt kurze, dünngeschnäbelte, zweifächerige Schoten mit 4—6 Samen in jedem Fach. Er wächst in Europa und Vorderasien wild und wird im Elsaß, in Böhmen, Holland, Belgien, England, Italien, Griechenland und Amerika (Kalifornien) angebaut. Die Pflanze gibt um 25 % geringere Erträge an Samen und Stroh als der weiße Senf, eignet sich als Grünfutter und -düngung gar nicht und leidet auch sehr durch Samenausfall. Die Samen werden hauptsächlich zur Ölgewinnung, als Zusatz zu Speisesenf und zu medizinischen Zwecken benutzt. Die schwarzen Senfkörner (lat. Semen sinapis nigrae, frz. Moutarde noir, engl. Mustard seeds) besitzen wie die weißen Kugelform, aber weit geringeren (höchstens 1 mm) Durchmesser und dunkel- bis schwarzbraune, innen grünlichgelbe Farbe. Die Oberfläche erscheint unter der Lupe mit feinen Wärzchen besetzt. Das Pulver zeigt, wenn die Schale mitgestoßen wurde, eine grünliche, sonst eine gelbe Farbe und ist im trocknen Zustande geruchlos, nimmt aber beim Anrühren mit Wasser nach einiger Zeit einen zum Tränen reizenden Geruch an. 3. Der russische oder Sareptasenf, **Sinapis juncea**, wird in Nordafrika, China, Indien und im südlichen Rußland, besonders bei Sarepta, stark angebaut. Die hellbraunen Samen, die in der Größe zwischen den beiden anderen Sorten stehen, werden vor dem Pressen entschält und liefern daher hellere Preßrückstände als der schwarze Senf. Das Pulver zeigt beim Anrühren mit Wasser den Geruch des Senföls. 4. Der Ackersenf (Ackerkohl, Feldsenf, falscher Hederich, gelber Trill), **Sinapis arvensis**, ein einjähriges, weit verbreitetes Unkraut, wird in Amerika bisweilen als Zusatz zu Speisesenf benutzt. — Die Senfsamen, von denen die holländischen am höchsten, die russischen am geringsten bewertet werden, dienen zur Herstellung von Speisesenf und Senfmehl (s. d.) sowie von ätherischem und fettem Öl (s. d.).

Senfmehl, Speisesenf. Das aus fetthaltigen oder entfetteten Samen hergestellte Mehl, das beim schwarzen S. meist gröber, beim weißen Senf feiner erscheint, findet wegen seines Gehaltes an wertvollen Inhaltsstoffen mannigfache technische und medizinische Verwendung. Alle Senfsorten enthalten beträchtliche Mengen, 28 bis 30 %, fettes Öl, 27—30 % Stickstoffsubstanz, 9 bis 10 % Holzfaser und 4—5 % Mineralstoffe. Ihren scharfen Geruch und Geschmack verdanken sie einem schwefelhaltigen Öl, das aber nicht in freiem Zustande, sondern in glykosidischer Bindung vorhanden ist und erst bei der Behandlung mit Wasser durch das Ferment Myrosin abgespalten wird. Das im schwarzen und Sareptasenf vorhandene Sinigrin (myronsaure Kalium) zerfällt unter der Einwirkung des Fermentes in Zucker, Kaliumbisulfat und Allylsenföl. Der weiße Senf enthält einen scharfen, aber geruchlosen Stoff, das Sinalbin, das in Zucker, saures schwefelsaures Sinapin und Sinalbinsenföl zerfällt. Das Sinapin ist ein Ester des Cholins und der Sinapinsäure. — Zur Darstellung des Speisesenfs (Mostrich) wird das entölte oder fetthaltige Pulver des weißen oder braunen Senfs mit Essig oder Wein angerührt und meist mit verschiedenen Zusätzen, wie Zucker, Piment, Nelken und anderen Gewürzen, versehen. Eine Beimischung von Mehl und Farbstoffen (Teerfarben, Kurkuma) ist ohne Kennzeichnung unzulässig. — Das Mehl des schwarzen Senfs findet in ganz oder halb entöltem Zustande als Senfteig, Senfpflaster und Senfpapier zur Hautreizung vielfache medizinische Anwendung. Es muß für diese Zwecke vor Feuchtigkeit geschützt und nicht zu lange aufbewahrt werden.

Senföl. Das durch Auspressen der Senfsamen erhaltene fette Öl (lat. Oleum sinapis pingue, frz. Huile de moutarde, engl. Mustard seed oil) ist gelb bis bräunlichgelb und von mildem Geruch und Geschmack. Es enthält neben Glyzeriden flüssiger Fettsäuren Behen- und Erukasäure. Das spez. Gew. beträgt 0,915—0,917, die Verseifungszahl 170—180. In dem Öl des schwarzen Senfs ist stets Schwefel vorhanden. Fettes S. wird als Speiseöl, Brennöl und als Schmiermittel verwandt. — Das ätherische S. (lat. Oleum sinapis aethereum, frz. Essence de moutarde, engl. Mustard oil) wird durch Destillation des mit Wasser längere Zeit angerührten schwarzen Senfmehls mit Wasserdampf als ein farbloses oder gelbliches, dünnflüssiges Öl vom spez. Gew. 1,016—1,022 dargestellt. Es besteht hauptsächlich aus Schwefelzyanallyl, $SCN \cdot C_3H_5$, und kann auch künstlich durch Behandlung von Allyljodid mit Rhodankalium erhalten werden. Das S. besitzt einen scharfen, zu Tränen reizenden Geruch, ist giftig und erregt auf der Haut Brennen, Rötung und Blasenbildung. Die alkoholische Lösung (Senfspiritus) findet medizinische Anwendung.

Sennesblätter (lat. Folia sennae, frz. Feuilles de séné, engl. Senna leaves), eine als kräftiges Abführmittel viel benutzte Droge, sind die Fiederblättchen verschiedener Kassia-Arten, strauchartiger, zu den Leguminosen gehöriger Gewächse mit paarig gefiederten Blättern, die in Ägypten, Abessinien und Arabien auf dürrem

Boden wachsen und in Ostindien angebaut werden. Während früher mehrere Sorten im Handel zu verzeichnen waren, gibt das Deutsche Arzneibuch jetzt nur noch die Blätter von Cassia angustifolia Vahl als offizinell an, die im Drogenhandel als ostindische oder Tinnevelly-S. bezeichnet werden. Ihre Heimat ist die Küste des Roten Meeres, doch werden sie vielfach in Ostindien, namentlich im Distrikt Tinnevelly der Präsidentschaft Madras angebaut. Die in gepreßten Ballen über England und Hamburg eingeführten Tinnevelly-Sennesblätter sind schmal lanzettlich, 4—6 cm lang, 1—2 cm breit, hellgrün bis bräunlichgrün, fast ohne Bruch und frei von Stengelresten. Der Geschmack ist schleimig. — Die andere im Handel noch vorkommende Sorte, die sog. Alexandriner, stammt aus den Wüsten Oberägyptens, wo sie von Arabern gesammelt, von Händlern aufgekauft und nach Kairo oder Alexandrien gebracht wird. Gewöhnlich ist die Ware mit Zweigen, Stielen, Bruch und Sand so gemengt, daß beim Reinigen über die Hälfte Abgang entsteht. Das Reinigen durch Auslesen, wiederholtes Aussieben und Schwingen wird entweder schon in Triest oder erst von den großen inländischen Drogenhäusern vorgenommen. Man scheidet dabei noch eine geringere Sorte als kleine Senna (lat. Folia sennae parvae) ab, indem man von dem gröblich Abgesiebten wieder den Staub absiebt. Möglichst frische Ware, bei der die Blätter noch zäh, grünlich und frei von Flecken und Bruch sind, wird am meisten gesucht. Der Geschmack der Alexandriner S. ist weniger schleimig als derjenige der Tinnevelly. — Die S. riechen eigentümlich aromatisch und schmecken schleimig und bitter. Sie enthalten als wirksame Bestandteile: Emodin, Chrysophansäure, Sennapikrin und Kathartomannit, außerdem aber noch andere Stoffe von harziger Natur, die ungünstig wirken und Leibschneiden verursachen. Da diese mit heißem Wasser in Lösung gehen, empfiehlt es sich, keine Abkochungen, sondern nur Auszüge mit kaltem oder höchstens warmem Wasser zu verwenden. Aus dem gleichen Grunde schreiben mehrere Arzneiverordnungen entharzte Blätter vor (lat. Folia sennae sine resina seu deresinata), d. h. solche, aus denen jene nachteiligen Bestandteile durch Extrahieren mit Weingeist entfernt worden sind. — Die der Alexandrinerware gewöhnlich beigemengten fremden Blätter, die sog. Arghelblätter, von Cynanchum Arghel, einer in Ägypten heimischen Asklepiazee, müssen ausgelesen werden. Sie sind leicht zu erkennen, da sie dick, lederartig und runzelig sind und sich infolge beiderseitiger starker Behaarung rauh anfühlen, ihre Farbe ist gelblichgrau oder graugrün. — Unter dem Namen Muttersennesblätter (Sennesbälge, Sennesschoten, lat. Folliculi sennae, frz. Fruits de séné, engl. Senna capsules) kommen die Früchte von Cassia obovata Colladon in Form flachgedrückter Kapseln von braungrüner Farbe und lederartigem Äußeren in den Handel. Sie werden in manchen Gegenden den Sennesblättern vorgezogen, weil ihre Wirkung eine gelindere ist und die vorher geschilderten Beschwerden nicht hervortreten. — Die Sennesblätter werden im Aufguß oder in Form von Pulver, Latwerge oder Extrakt als mildes Abführmittel benutzt.

Sepia nennt man zwei verschiedene Handelswaren, die beide von Seetieren der zu den Zephalopoden (Kopffüßlern) gehörenden Gattung Sepia gewonnen werden. Ihr wichtigster Vertreter, der Tintenfisch oder Blackfisch (S. officinalis), der im Mittelmeer, vorzugsweise im Adriatischen Meere, zerstreuter auch in den übrigen europäischen Meeren lebt, hat einen bis zu 50 cm langen, sackförmigen Körper, der zehn mit Saugnäpfen besetzte Fangarme trägt. Zur Stütze des weichen Körpers liegt an der Rückenseite, innerhalb der sackförmigen Hülle, eine Art länglicher Knochenplatte, die gleich den Muschelschalen in der Hauptsache aus kohlensaurem Kalk besteht. Der etwas gewölbte Rückenschild (Schulp) von 11—23 cm Länge und 7—9 cm Breite läuft nach beiden Seiten schmäler zu und wird von der Mitte aus nach den scharfen Rändern zu immer dünner. Die Oberseite besteht aus einer sehr dünnen, harten und knochenähnlichen Schicht von gelblichweißer Farbe, die darunterliegende dickere Masse ist rein weiß, lockerzellig, blättrig und zerreiblich. Nach dem Absterben der Tiere bleiben die sehr leichten porösen Stücke auf der See schwimmen. Sie bilden die als Sepiaknochen oder weißes Fischbein (lat. Os oder Tegmen Sepiae, frz. Os de seiche, engl. Cuttle fish bone) bezeichnete Handelsware, die zu feinen Gießformen für Goldarbeiter, als scharfes Pulver zum Schleifen und Polieren feiner Hölzer sowie als Zahnpulver Verwendung findet. — Die andere als Sepia bezeichnete Ware ist der aus dem gefangenen Tiere sogleich herausgeschnittene und rasch getrocknete Tintenbeutel oder die aus ihm herausgenommene bröcklige Masse, deren Färbekraft so groß ist, daß 1 Teil noch 1000 Teile Wasser undurchsichtig macht. Neuerdings wird der Farbstoff in der Regel gereinigt, indem man ihn in Kalilauge löst, mit Säuren wieder ausfällt und den gewaschenen Niederschlag im Gemisch mit Gummischleim zu Täfelchen formt. Das so gewonnene Sepiabraun bildet eine geschätzte Malerfarbe. — Das Fleisch des Tintenfisches wie der ihm verwandten Arten S. elegans und biserialis wird als Nahrungsmittel geschätzt.

Serge (Sarsche, frz. Serge, engl. Serge) nennt man mehrere Arten von seidenen, halbseidenen, wollenen und gemischten Geweben, die mit drei oder vier Schäften geköpert oder mit fünf- oder siebenbindigem Atlas gewebt sind. Die wollenen Sergen dienen in den leichteren Sorten gewöhnlich als Futterzeuge, doch gibt es auch dichte, aus festem Kammgarn gewebte, und solche, die durch Rauhen und Scheren fast halbtuchähnlich sind. Die bekannteste Sorte aus sehr glattem, gutem Kammgarn ist die Serge de Berry. Statt der früher vorkommenden zahlreichen Arten wollener S. werden jetzt andere Köperstoffe, wie Merino, Orleans, Napolitains, Tibets u. dgl. benutzt. — Unter den Seidenwaren bilden die S. hauptsächlich Futterstoffe. Sie unterscheiden sich von anderen geköperten Waren dadurch, daß sie nicht appretiert sind.

Seronen (Suronen) nennt man die aus rohen Rindshäuten bestehenden Packhüllen, in die aus Brasilien und anderen südamerikanischen Ländern kommende trockene Waren eingeschlagen sind. Sie werden in Europa teils gegerbt, teils in den Leimsiedereien mitverarbeitet. Der Name hat sich später auf anderes Packmaterial ausgedehnt und bezeichnet auch solche Umhüllungen, die aus einer doppelten Lage von Bast- oder Schilfmatten, oder aus einer einfachen derartigen Lage mit einer Umhüllung von Packleinen bestehen.

Serpentin (Schlangenstein), ein der Hauptsache nach aus wasserhaltiger kieselsaurer Magnesia mit 40—43 % Kieselsäure, 38 bis 40 % Magnesia und 12—13 % Wasser bestehendes und durch Eisen und etwas Chromoxyd gefärbtes Mineral, besitzt gewöhnlich schwarzgrüne oder schwärzliche, bisweilen auch rotbraune Färbung mit mannigfach wechselnden Flammen, geschlängelten Adern und Flecken, die an die Tigerung mancher Schlangenhäute erinnern. Die Zeichnungen beruhen meist auf den zahlreichen Einschlüssen fremder Mineralien, besonders von Asbest. S. findet sich ziemlich häufig in Schichten zwischen anderem Gestein oder bildet für sich Hügel und kleine Berge, ist aber in vielen Fällen sehr zerklüftet oder in einzelne Blöcke zerfallen. Das Mineral wurde schon im Altertum zu Säulen und anderen architektonischen Werken benutzt und dient noch jetzt in England zur Herstellung von Bauverzierungen, Taufsteinen, großen Vasen, Obelisken und anderen Kunstgegenständen, in Italien, besonders zu Pisa, namentlich auch zur Nachbildung antiker Vasen. Der wichtigste Fundort in Deutschland ist Zöblitz bei Marienberg in Sachsen. Hier fertigte man früher nur Reibschalen und Mörser, Leuchter, Urnen, Vasen, Becher, Teller, Dosen, Schreibzeuge, Briefbeschwerer und Wärmsteine, neuerdings aber auch Grabplatten und Kreuze, Säulen, große Würfel zu Denkmälern u. dgl. Erst an fein geschliffenen und polierten Stücken tritt die Schönheit des Materials recht deutlich hervor, die durch die überall eingesprengten Granaten noch gehoben wird. Der S. hat die Eigenschaft, frisch aus der Erde genommen, sehr weich und mit scharfen Instrumenten leicht bearbeitbar zu sein, während er an der Luft mit der Zeit sehr hart wird.

Serradella (Vogelfuß, Krallenklee, Sandvogelfuß, Klauenschote, frz. Ornithope, engl. Birds foot), eine für Sandboden und anderen Boden, welcher die Kleearten nicht sicher trägt, vortrefflich geeignete einjährige Futter- und Weidepflanze, Ornithopus sativus, aus der Familie der Schmetterlingsblütler, mit großen, rosafarbigen Blüten, wird 30—60 cm hoch, ist in Spanien, Portugal und Nordafrika heimisch und wird in der nördlichen, gemäßigten Hälfte Europas vielfach angebaut. Der Saatbedarf stellt sich je nach der Art auf 15—40 kg, der Ertrag auf 12—14 dz Heu oder auf 500 bis 800 kg Samen neben 10—12 dz Stroh. 1 hl Samen wiegt 45 kg. Während des Krieges sind die Samen, oder richtiger die tönnchenförmigen Teilstücke der Gliederhülse vielfach zu Kaffee-Ersatz verarbeitet worden. In ungeröstetem Zustande enthalten sie: 7,6 % Wasser, 24 % Stickstoffsubstanz, 6,6 % Fett, 20,7 % stickstofffreie Extraktstoffe, 36,8 % Rohfaser und 4,3 % Asche.

Sesam (frz. Sésame, engl. Sesame) nennt man die Samen der zu den Pedoliazeen gehörenden Sesampflanze, von der namentlich die Arten Sesamum indicum L. und S. orientale L. in den Tropen und in gemäßigt warmen Gegenden von China und Indien bis Algier und von Brasilien bis zu den Südstaaten der Vereinigten Staaten Nordamerikas als Ölpflanze angebaut werden. Die Pflanzen werden 1—2 m hoch, haben ovale, drüsig-klebrig behaarte Blätter, meist weiße und rötliche Blüten und vierkantige, abgerundete Kapseln mit zahlreichen Samen. Die letzteren sind eiförmig und stark plattgedrückt und besitzen einen angenehm öligen Geschmack. Ihr Gewicht beträgt etwa 4 mg. Die Farbe ist hellgelb bis bräunlich bei S. indicum, braunviolett bis schwärzlich bei S. orientale. Die Samen enthalten etwa 45—50 % Öl, zu dessen Herstellung sie hauptsächlich benutzt werden.

Sesamöl (lat. Oleum sesami, frz. Huile de sésame, engl. Sesame oil) wird aus den ölreichen Samen von Sesamum indicum u. a. durch anfangs kalte, dann warme Nachpresse gewonnen. Das kalt gepreßte Öl ist schön hell, blaßgelblich, während die warme Nachpressung noch eine geringere dunkle Sorte ergibt. Das S. hat einen angenehmen Geschmack, ein spez. Gew. von 0,920—0,924 und gehört zu den nicht trocknenden Ölen. Es besteht aus den Glyzeriden der Stearinsäure, Palmitinsäure, Ölsäure und Linolsäure und hat eine Jodzahl von 103 bis 112. Wegen seiner auffallenden Reaktion, der mit Furfurol und Salzsäure sowie mit Zinnchlorür eintretenden Rotfärbung, bildet es den gesetzlich vorgeschriebenen Zusatz zu Margarine. Außerdem wird es selbst als reines, billiges Speiseöl, ferner zur Darstellung von Seifen, zur Enfleurage von Parfüms und zur Verschneidung des Olivenöls benutzt.

Shampooing-Water (Shampooing-Fluid) gehört nach E. Dieterich zu den angenehmsten Kopfwaschwässern und besitzt den Vorzug, die Kopfhaut zu reinigen und geschmeidig zu erhalten, so daß jede Schuppenbildung verhindert wird. Zu seiner Herstellung verquirlt man sorgfältig drei frische Hühnereier, verdünnt mit 800 g Rosenwasser und setzt dann noch eine Mischung folgender Stoffe hinzu: 50,0 Seifenspiritus, 10,0 Kaliumkarbonat, 10,0 Ammoniakflüssigkeit (10-proz.), 0,5 Kumarinzucker, je zwei Tropfen Rosen- und Bergamottöl und je ein Tropfen französisches Geraniumöl und ätherisches Bittermandelöl. Die ziemlich geringe Haltbarkeit kann durch Ersatz der Pottasche durch 20 g Borax erhöht werden. Nach anderen Vorschriften wird auch wohl Natriumbikarbonat zugesetzt.

Sheabutter (lat. Oleum galam seu Butyrum shea, frz. Beurre de shée, engl. Shea butter), eine der verschiedenen Arten von Bassiafett (s. d.), wird aus den nußartigen Fruchtkernen eines im Innern Westafrikas wachsenden Baumes, Butyrospermum oder Bassia Parkii, gewonnen, der den Eingeborenen als Fettspender dasselbe leistet, wie den Küstenvölkern die Ölpalme. Der strauchartig wachsende Baum bedeckt ungeheure Strecken von Hügel- und Flachland und liefert im Mai oder Juni reifende Fruchtkerne von der Gestalt und Farbe der Roßkastanie, deren süßes Fleisch als Nahrungsmittel

Verwendung findet. Nach Entfernung des Fleisches werden die etwa 45 % Fett enthaltenden Nüsse grob gestoßen, mit Wasser gekocht und das dabei an die Oberfläche tretende Fett in irdene Töpfe geschöpft, wo es bald fest wird und die Farbe und Festigkeit von tierischem Talg annimmt. Es hat einen angenehmen Geschmack bei hinreichender Haltbarkeit und eignet sich für alle Zwecke, zu denen Palmöl benutzt wird. S. ist von grünlichweißer Farbe, die sich an der Luft aber schnell ausbleichen läßt. Das spez. Gew. beträgt 0,954, der Schmelzpunkt 28 bis 30°, die Jodzahl 55—60. Außer als Speisefett eignet sie sich auch zur Herstellung von Seife.

Siderolith (wörtlich Eisenstein) nennt man eine besondere Sorte von Tonwaren aus weißer, scharf gebrannter Tonmasse. Zur Herstellung dient ein plastischer Ton, der in gleicher Weise wie für Steingut zubereitet, geformt und scharf gebrannt wird. Die Gegenstände erhalten aber keine Glasur, sondern werden nach dem Brennen mit einem farbigen oder Bronzefirnis überzogen, teils auch mit Vergoldung versehen und sodann im Ofen bei mäßiger Hitze getrocknet. Die Erzeugnisse haben ein hübsches Äußere, sind aber zur Aufbewahrung von Flüssigkeiten nicht geeignet und werden auch bald unscheinbar. Die Herstellung hat eine bedeutende Ausdehnung erreicht und wird in Böhmen, auf dem Thüringer Walde und zu Nymphenburg in Bayern betrieben.

Sidol ist ein flüssiges Metallputzmittel, das neben einer wäßrigen Lösung von Ammoniakseife Bolus und etwas Oxalsäure enthält. In ähnlichen Putzmitteln sind außerdem Mineralöle und freie Fettsäuren aufgefunden worden.

Sidonal, ein neueres Arzneimittel, wird durch Neutralisation von Piperazin mit Chinasäure dargestellt und ist demnach als chinasaures Piperazin (Piperazinum chinicum) anzusprechen. Das farblose, säuerlich schmeckende Kristallpulver schmilzt bei 168—171° und ist in Wasser leicht löslich. Es bildet wegen seiner harnsäurelösenden Wirkung ein spezifisches Mittel gegen alle Krankheiten, welche, wie die Gicht, auf Harnsäureausscheidung beruhen.

Siegellack (Packlack, Postlack, lat. Lacca sigillata, frz. Laque de poste, engl. Sealing Wax) nennt man im allgemeinen Mischungen harziger, in der Hitze schmelzender Stoffe mit Körperfarben. Die Grundlage zu gutem S. ist Schellack, dessen Schmelzbarkeit durch Zusatz von etwa 1/4 oder mehr venetianischem Terpentin erhöht wird. Als Farbkörper für den feinsten roten S. benutzt man ausschließlich guten Vermillonzinnober. Bei den geringeren Sorten wird dieser Stoff zum Teil, bei noch wohlfeileren ganz durch Mennige, Chromrot oder Englischrot ersetzt, während für den Schellack Kolophonium und ähnliche Harzstoffe eintreten. Zur Vermehrung des Gewichts, zur Ersparung an Farbstoff und zur Abtönung der Farbe werden häufig auch weiße erdige Zusätze von Talkpulver, Schwerspat, Barytweiß oder Kreide angewandt. Die erdigen Stoffe, zum Teil auch die Farbkörper, werden bei den besseren Sorten erst für sich mit Terpentin und Terpentinöl gut verrieben und dann zu der schmelzenden Schellackmasse hinzugesetzt. — Gewöhnliche Flaschenlacke bestehen nur aus Kolophonium, Burgunderharz oder Weißpech und gewöhnlichem Terpentin nebst billigen Farbkörpern. Als Farben benutzt man für Schwarz feinen Ruß, Beinschwarz oder Pechasphalt, für Braun Zinnober mit Ruß oder irgendeine braune Erdfarbe, für Gelb und Orange die betreffenden Chrombleifarben, für Grün Chromgrün oder Küpfergrün (Schweinfurtergrün darf zu S. nicht verwandt werden, da es beim Schmelzen giftige Dämpfe von arseniger Säure entwickelt), für Blau Ultramarin. Der blaue S. ist am schwierigsten herzustellen, da hierzu die Harzmasse besonders hell sein muß, und man benutzt daher gebleichten Schellack in Verbindung mit Dammar oder anderen hellen Harzen. Zu Gold- und Bronzelack werden in die Masse kleine Flitter von echtem Blattgold oder Bronze eingerührt. — Zum Parfümieren feiner S. benutzt man Benzoëharz, Tolu- oder Perubalsam oder Moschus, die erst der zum Ausgießen fertigen Masse einverleibt werden. Die Vereinigung der Bestandteile erfolgt durch gelindes Schmelzen über Kohlenfeuer. Man erhitzt und rührt, bis das Gemisch Blasen wirft, nimmt es dann vom Feuer und rührt weiter, bis die Blasen vergehen, und gießt die Masse schließlich in blecherne, innen verzinnte Formen, die mit etwas feinem Öl ausgestrichen sind. Die erhärteten Stangen werden geglänzt, indem man sie rasch durch eine Spiritusflamme oder die Hitze eines Kohlenfeuers zieht.

Sienaerde (lat. Terra de Siena, frz. Terre de Sienne, engl. Siena earth, so genannt von ihrem Fundorte Siena in der italienischen Provinz Toskana, ist eine Art Ocker, und zwar allerfeinster Ocker, der, von Natur hellbraun, dunkelgelb bis dunkelbraun, durch Brennen andere Farbentöne in Braun, Rötlich und Orangegelb annimmt. Im rohen, geschlämmten Zustande dient S. als gelbe Aderfarbe für Holzanstriche. Gebrannt gibt sie ein feuriges Rotbraun und wird hauptsächlich als Lasurfarbe benutzt.

Sikkative (Siccative, Trockenmittel) nennt man verschiedene Metallverbindungen, die Leinöl- oder Firnisfarben zugesetzt werden, um diesen eine größere Trocknungsfähigkeit zu verleihen. Die flüssigen S. (Trockenöle) sind zum Teil stark bleihaltige Firnisse, die durch Kochen von altem Leinöl mit Mennige, Bleiglätte oder Bleizucker hergestellt und zum Gebrauch mit Leinölfirnis oder Terpentinöl verdünnt werden. Auch durch Anwendung von Braunstein, borsaurem oder oxalsaurem Manganoxydul und von Zinksalzen erhält man Trockenöle, die vor den bleihaltigen den Vorzug besitzen, selbst nicht dunkel zu werden und Anstriche mit Zinkweiß nicht dunkel zu färben. Durch Zusammenschmelzen der genannten Metallsalze mit Fichtenharz oder durch Eindampfen der Trockenöle erhält man die S. in fester Form. — Auf 1 kg streichfertige Ölfarbe rechnet man 40—50 g flüssiges Sikkativ, während von borsaurem Manganoxydul 10—20 g genügen.

Silber (lat. Argentum, frz. Argent, engl. Silver) findet sich sowohl gediegen, wie in Form von Erzen auf der Erde in ziemlicher Verbreitung. Von den Erzen haben Silberglanz (Schwefelsilber), Hornsilber (Chlorsilber), Silberkupferglanz (Silberkupfersulfid), Rotgültigerz und Schwarzgültigerz (Arsen- oder Antimonsulfid mit Silbersulfid) die größte Bedeutung, doch werden auch die überaus geringen Spuren S., die sich in Blei- und Kupfererzen regelmäßig finden, hüttenmännisch gewonnen. Während im Altertum die Mittelmeerländer, besonders Spanien, die reichsten Silberlager hatten, steht jetzt Amerika mit den Anden an der Spitze der Gewinnung, und zwar zunächst Kalifornien, dann Mexiko und Bolivia. In zweiter Linie folgen Australien, der Ural und Deutschland. Je nach Beschaffenheit der Erze und örtlichen Umständen schlägt man zum Ausbringen des Metalls verschiedene Wege ein. Das direkte Ausbringen ist nur bei besonders reichen Erzen möglich, während in den meisten Fällen eine Anreicherung vorhergehen muß. Die silberhaltigen Erze werden entweder mit Bleierzen gemischt auf Metall verarbeitet, oder bei etwas größerem Silbergehalt (mehr als 10 %) mit Blei geschmolzen. Das erhaltene Werkblei wird durch die Treibarbeit mit einem Feuerluftstrom von neuem geschmolzen, bis alles Blei zu Glätte oxydiert ist und abfließt und nur das Silber als ein kleiner Rückstand auf dem Treibherde verbleibt. Auf Kupferhütten schmilzt man das Schwarzkupfer ebenfalls mit Blei, gießt aus der Legierung Scheiben und setzt diese einer Erhitzung zwischen glühenden Kohlen aus, worauf das nun durch „Ausseigern“ gewonnene, abfließende silberhaltige Blei durch Treibarbeit vom Silber befreit wird. Bei sehr geringem Silbergehalt des Werkbleies ist ein direktes Ausbringen durch Treibarbeit nicht möglich, vielmehr bedient man sich hier des sog. Pattinsonierens. Dieses Verfahren beruht auf der Beobachtung des Engländers Pattinson, daß sich beim Abkühlen einer silberhaltigen Bleischmelze zuerst Kristalle von reinem Blei ausscheiden. Diese werden mit siebartigen Schaufeln abgeschöpft und der zuletzt auskristallisierende silberreichere Rückstand der Treibarbeit unterworfen. Zur Umgehung des Abtreibens schmilzt man das pattinsonierte Metallgemisch nach dem Vorschlage von Parkes jetzt meist mit Zink zusammen. Das Zink nimmt das ganze Silber auf und schwimmt mit diesem auf der Oberfläche des Bleies, mit dem es keine Legierung eingeht, und kann dann aus den abgehobenen Zinkscheiben durch einfache Destillation entfernt werden. Von den nassen Verfahren wurde die Amalgamation schon vor dreihundert Jahren angewandt. Man mischt die fein gemahlenen Erze mit Seesalz oder röstet sie mit diesem, reduziert das entstandene Chlorsilber mit Eisenspänen, extrahiert das metallische S. mit Quecksilber und destilliert letzteres ab. Nach dem neuesten Verfahren endlich wird das mit Kochsalz geröstete Erz mit konzentrierten Lösungen von Kochsalz oder Natriumthiosulfat behandelt, die erhaltene Lösung mit Schwefelnatrium gefällt, und das entstehende Schwefelsilber durch Glühen mit Ätzkalk und Kohle zu metallischem Silber reduziert. Das nach dem einen oder anderen Verfahren dargestellte Werksilber enthält noch geringe Mengen fremder Metalle, deren Entfernung durch das Feinbrennen, ein Umschmelzen mit Gebläseluft auf einem muldenförmigen Herde mit einer Sohle von Knochenasche oder Mergel, erfolgt. Die Verunreinigungen werden hierdurch oxydiert und verschlackt, während Feinsilber mit etwa 0,25 % Fremdmetallen zurückbleibt. Chemisch reines S. erhält man durch Auflösen in Salpetersäure, Fällen mit Salzsäure oder Kochsalz und Reduktion des Chlorsilbers mit Eisen oder Zink oder durch Schmelzen mit Soda. Das reine S., Ag = 107,93, ist schön weiß, härter als Gold, aber weicher als Kupfer. Sein spez. Gew. beträgt im gegossenen Zustande 10,470, nach dem Hämmern 10,510. Es ist ein vortrefflicher Leiter für Wärme und Elektrizität und kann infolge seiner hohen, dem Golde nahekommenden Dehnbarkeit zu Drähten und Blechen verarbeitet werden. Bei 960° schmilzt S. und destilliert bei der Temperatur des Knallgasgebläses in Form eines grünlichblauen Dampfes. Gegen reine, auch feuchte Luft ist das Metall außerordentlich widerstandsfähig, überzieht sich aber bei der Einwirkung von Schwefelwasserstoff und anderen Schwefelverbindungen (Eier) mit einer braunen bis schwarzen Schicht. Diese Eigenschaft wird zur Erzeugung schwarzgrauer Silberwaren benutzt, die man fälschlich oxydiertes S. nennt. — Im Handel erscheint das Feinsilber verschiedener Reinheitsgrade gewöhnlich in Form von gegossenen Barren und Platten (Planschen), amerikanisches außerdem in Form von abgestumpften Kegeln, Pyramiden, Kuchen und Scheiben. Die Stücke sind meist gestempelt und mit Angaben des Ursprungs, Gewichts und Gehalts versehen, die aber bei fremder Ware nicht immer zuverlässig sind und nachgeprüft werden müssen. — Für die Zwecke der praktischen Verwendung zu Münzen, Schmucksachen, Hausgeräten wird das S. meist mit Kupfer legiert, weil es für sich zu weich und daher der Abnutzung zu sehr unterworfen ist. Legierungen mit höchstens 10 % Kupfer zeigen noch die rein weiße Silberfarbe bei erhöhter Politurfähigkeit und Härte. Als Werteinheit für S. und Gold galt bis in die sechziger Jahre die kölnische Mark zu 16 Lot, so daß z. B. eine Legierung aus 13 Teilen S. und 3 Teilen Kupfer 13lötig, reines S. 16lötig sein würde. Jetzt bezeichnet man unter Zugrundelegung des Kilogramms den Feingehalt in Tausendsteln. Ein 12lötiges S. hat also den Feinheitsgrad 750. Die Silbermünzen Deutschlands und vieler anderer Länder haben einen Feingehalt von 900, Gerätschaften und Schmucksachen vielfach einen solchen von 750. Zur Verarbeitung auf Silberwaren wird das Metall in Stäbe oder Zaine und Platten gegossen, aus denen Schüsseln, Teller, Löffel direkt durch kaltes Hämmern hergestellt werden, oder man formt sie auch aus gewalztem Blech. Zum Löten dient das Silberlot, eine Legierung von S. mit Kupfer oder Messing. Häufig wird das S. auch in dünner Schicht als Überzug anderer Stoffe angebracht. Nur ausnahmsweise geschieht diese Versilberung noch im Feuer mit Hilfe des Quecksilbers, meist aber auf galvanischem Wege durch Zersetzung von Silberlösungen. Als Silberbäder benutzt man Auflösungen von frisch gefälltem Chlorsilber oder Silbersulfat in Zyankalium. Kupfer, Bronze, Tombak, Messing, Neusilber, Roh- und Stabeisen lassen sich direkt

Zinn, Zink und polierter Stahl erst nach vorhergehender Verkupferung versilbern. Derartig versilberte Waren aus Neusilber werden als China- oder Perusilber bezeichnet. Zur Herstellung von Silberspiegeln benutzt man Mischungen von ammoniakalischer Silbernitratlösung mit ätherischen Ölen, Weinsäure, Traubenzucker oder Milchzucker, die auf eine mit Rand versehene Glasplatte aufgetragen werden und hier unter dem Einfluß der Reduktionsmittel ein Häutchen von metallischem S. ausscheiden. — Die Feststellung des Silbergehaltes von Legierungen mit Hilfe des Probiersteins (s. d.) gibt nur annähernde Resultate. Für genauere Bestimmungen bedient man sich der sog. Kupellation oder des Probierens auf der Kapelle. In einem kleinen Tiegel aus gepulverter Knochenasche wird eine abgewogene Menge des Metalls mit einer bestimmten Menge reinen Bleis geschmolzen. Das Blei löst die fremden Stoffe auf und wird als Glätte abgetrieben, während das reine S. zurückbleibt und gewogen werden kann. Die ganz genaue Ermittlung erfolgt auf analytischem Wege. Eine einfache Vorprüfung, ob ein Gegenstand S. oder echt versilbert ist, besteht darin, daß man ihn mit einer Mischung von Kaliumdichromat und Salpetersäure betupft und dann abspült. Echtes S. bekommt einen blutroten Fleck von chromsaurem S., während andere Metalle schwarz oder braun werden oder unverändert bleiben.

Silberchlorid (Chlorsilber, AgCl, lat. Argentum chloratum, Argentum muriaticum, frz. Chloride d'argent, engl. Chloride of silver), findet sich in der Natur als Silberhornerz (Hornsilber, Kerargyrit) und wird am einfachsten durch Fällen einer Silberlösung mit Salzsäure als ein weißer, käsiger, am Lichte sich schnell schwärzender Niederschlag erhalten, der bei gelindem Erhitzen schmilzt und dann zu einer hornartigen Masse erstarrt. S. wird zur Füllung galvanischer Batterien, in der Porzellanmalerei, als Zusatz zu Neusilberputzpulver, ferner zu photometrischen und photographischen Zwecken benutzt und findet außerdem in der Medizin als Antiseptikum Verwendung.

Silbergaze zur aseptischen Wundbehandlung wird nach einem patentierten Verfahren in der Weise hergestellt, daß man metallisches Silber auf der Faser niederschlägt.

Silbernitrat (salpetersaures Silber, $AgNO_3$, lat. Argentum nitricum, frz. Nitrate d'argent, engl. Nitrate of silver) wird durch Auflösen von Silber in Salpetersäure, Eindampfen und Umkristallisieren in Form farbloser Tafeln (Argentum nitricum cryst.) erhalten, die sich leicht in Wasser lösen und bei 218° schmelzen. Durch Ausgießen der geschmolzenen Masse in federkielstarke Stängelchen erhält man das geschmolzene Salz (Argentum nitricum fusum), das auf der Bruchfläche eine strahlige Beschaffenheit zeigt. S. hat einen scharf metallischen Geschmack, ist äußerst ätzend und wirkt innerlich giftig. Es findet ausgedehnte Anwendung in der Photographie, ferner als Haarfärbemittel, als Zeichentinte für Wäsche und zur Herstellung der übrigen Silbersalze. Die Medizin benutzt das S. als Höllenstein (Lapis infernalis) zu Ätzungen. Eine mildere Form, das durch Zusammenschmelzen mit Kaliumnitrat erhaltene Argentum nitricum mite, hat keinen sternförmig strahligen, sondern glatten Bruch.

Silbersalbe nach Credé (lat. Unguentum argenti colloïdalis) besteht aus einer Salbengrundlage von 7,0 gelbem Wachs, 78,0 Schweineschmalz und 2,0 Benzoësäureäther mit 15,0 kolloidalem Silber.

Simarubarinde (Ruhrrinde, lat. Cortex radicis simarubae, frz. Ecorce de racine de simarube, engl. Simaruba bark) ist die stark bittere Wurzelrinde von Simaruba officinalis und S. medicinalis, von hohen Waldbäumen des heißen Amerika und nahen Verwandten der Quassiabäume. Die erstere, die Guyanarinde, erscheint in der Länge nach zusammengelegten, etwa 5 cm breiten Streifen, die leicht, schwammig, biegsam und zähe und unzerbrechlich sind. Die stark höckerige Außenseite bedeckt eine schmutziggelbe, dünne, glänzende Korkschicht, die stellenweise fehlt und die braune feste Mittelrinde hervortreten läßt. Die Innenseite bildet eine graugelbliche, grobfaserige, sehr zähe Bastlage. Die Rinde von Jamaika ist auf der unteren Seite glatter und heller, fast weiß und an der Oberseite mit kleineren Warzen dicht besetzt. Im übrigen sind die Rinden völlig gleich. Ein besonderer Geruch fehlt, der Geschmack ist intensiv bitter und etwas schleimig, der bittere Stoff dem der Quassia sehr ähnlich. Die Rinde wird in Pulver oder Abkochung als ein sehr wirksames Mittel gegen Ruhr und Kolik verordnet und namentlich in Indien vielfach angewandt.

Sirup (Syrup, lat. Sirupus, frz. und engl. Sirop) nennt man im allgemeinen gewisse, aus reinem Zucker mit aromatischen oder arzneilichen Zusätzen hergestellte, dickflüssige Lösungen, die teils als Genußmittel (Fruchtsirup, Himbeersirup), teils als Heilmittel (Altheesirup) benutzt werden. — Unter Sirup schlechthin ohne nähere Bezeichnung wird meist das Abfallprodukt der Rohrzuckerfabriken, die Zuckerrohrmelasse, verstanden, eine dicke, gelblich- bis dunkelbraune, zähklebrige Masse von angenehm süßem Geschmack. Sie wird entweder als Versüßungsmittel und als Zusatz zu Pfefferkuchen in den Handel gebracht, oder zur Destillation von Rum benutzt. Die Rübenmelasse kann wegen ihres hohen Gehaltes an Salzen und sonstigen unangenehmen Geschmacksstoffen erst nach umständlicher Reinigung für Genußzwecke benutzt werden und dient meist zur Darstellung von Spiritus oder Futtermitteln (Torfmelasse).

Skammonium (Windenharz, lat. Gummi s. resina scammonium, frz. Scammonée d'Alep, engl. Scammony) ist der eingetrocknete Milchsaft der Wurzel einer im Orient wild wachsenden Winde, Convolvulus Scammonia (Purgierwinde). Die gedrehten Wurzeln werden bis 1 m lang, 5—7 cm dick, zeigen eine braune Farbe, auf dem Querschnitt dunklere Harzgänge und kommen noch mit den Ranken und Blättern umwickelt in den Handel. Zur Gewinnung des Harzes entblößen die Landleute von Smyrna und Syrien die Wurzel, machen Einschnitte hinein, fangen den herausquellenden Saft in Gefäßen auf und trocknen ihn an der Luft und der Sonne. Gewöhnlich wird die Masse noch weich nach Smyrna gebracht und hier von den Kaufleuten durch Stärkemehl, Gummi- und Mineralstoffe verfälscht. Die verhältnismäßig reinste Handelssorte: Aleppo-S., bildet eine leichte, lockere und brüchige, äußerlich bestäubte, auf dem Bruche aber glasglänzende Masse von schwachem Geruch und bitterem Geschmack. Sie soll 75—85 % ätherlösliche Stoffe, aber höchstens 8 % Asche enthalten. Das minder wertvolle Smyrna-S. ist schwärzlich oder dunkelbraun, fester und schwerer, in Äther nur wenig löslich und wird anscheinend durch Auskochen der ganzen Pflanze und Eindicken des Auszuges hergestellt. Eine noch geringere Sorte führt die Bezeichnung Skilip. Wegen der häufigen Verfälschung der orientalischen Ware bezieht man neuerdings meist die getrockneten Wurzeln und extrahiert sie, wie bei Jalape angegeben ist, mit Alkohol. Das so erhaltene Harz wird als Patent-S. bezeichnet. S. dient wegen seines Gehaltes an dem glykosidischen Skammonin als drastisches Abführmittel.

Skunks, die Felle des Stinktieres (Mephitis putorius oder chinga), besitzen im rohen Zustande einen ekelhaften Geruch nach dem anhaftenden Safte der Stinkdrüse und können erst als Pelze verwertet werden, seitdem durch langwierige Versuche ein Verfahren zu ihrer Entstänkerung gefunden worden ist. Das zur Familie der Dachse gehörige, etwa iltisgroße Waldtier lebt im Norden der Vereinigten Staaten, besonders häufig in Ohio, und in Kanada und wird mit Hilfe abgerichteter Hunde gefangen. Die etwa 40 cm langen und 20 cm breiten Felle tragen nur bis 4 cm langes Haar von dunkelbrauner oder schwärzlicher Farbe, die durch zwei auffallende weiße, vom Kopfe zu beiden Seiten des Rückens bis zum Schwanze verlaufende Streifen unterbrochen wird. Diese, übrigens auch grobhaarigen hellen Teile werden ausgeschnitten und die übrigbleibenden dunklen Stücke zusammengesetzt. S. bilden ein besonders in Rußland beliebtes Pelzwerk und werden in ständig wachsender Menge (jährlich gegen 800 000 Felle) nach Europa eingeführt.

Slibowitz (Slivowitz) ist der besonders in Serbien und den anderen slawischen Balkanstaaten verbrauchte Zwetschenbranntwein. Zu seiner Herstellung werden die unzerstampften Früchte gleich nach der Ernte in Fässer geschüttet, diese nach einigen Tagen fest verspundet und 1—2 Monate sich selbst überlassen. Infolge der freiwillig eintretenden Gärung entsteht eine stark nach Essigsäure riechende Flüssigkeit, welche der Destillation unterworfen wird. Der S. enthält wechselnde Mengen Extrakt, Fuselöle, Essigsäure, Furfurol, Aldehyde, Ester und Blausäure. Der Alkoholgehalt beträgt 23—64 %.

Smaragd (frz. Eméraude, engl. Emerald). Dieser wegen seiner schönen grünen Farbe sehr geschätzte Edelstein ist eine Abart des Berylls (s. d.) und besteht wie dieser im wesentlichen aus kieselsaurer Tonerde und kieselsaurer Beryllerde. Die Färbung rührt von einer Spur Chromoxyd her. Die besten Sorten dieses schon im Altertum hochgeschätzten Edelsteines stammen aus Ägypten, wo sie im Glimmerschiefer liegen. Sehr schöne S. von herrlicher, saftgrüner Färbung und bis zu eigroßen Stücken werden im Ural sowie in Peru gefunden. Bisweilen findet der S. sich auch lose im Sande der Flüsse, so in der Gegend von Ava in Birma. Er wird häufig als Schmuckstein verwandt, in den gewöhnlichen Edelsteinformen geschliffen und bei schöner satter Färbung à jour gefaßt. Fehlerfreie Stücke sind teuer, und die Preise wachsen mit der Größe, wie bei den Diamanten.

Smaragdgrün. Diesen Namen führen im Handel zwei Farben: 1. das Chromgrün oder Chromoxyd und 2. ein Gemisch von Safransurrogat (s. d.) mit Indigokarmin, das früher zum Grünfärben von Likören und Bonbons verwandt wurde, dessen Benutzung für diesen Zweck aber jetzt nicht mehr statthaft ist.

Soda (kohlensaures Natrium, Natriumkarbonat, lat. Natrium carbonicum, Sal sodae, frz. Carbonate de soude, Sel de soude, engl. Soda salt, Carbonate of sodium), eines der wichtigsten Erzeugnisse der chemischen Großindustrie, findet sich, auf gewisse Gegenden beschränkt, bereits fertig gebildet in der Natur, und zwar besonders als Rückstand eingetrockneter Landseen, sog. Natronseen, und als Auswitterungsprodukt des Erdbodens. Durch Sammeln der Ausblühungen und Krusten, ferner durch Auslaugen des damit durchsetzten Erdreichs mit Wasser und Abdampfen der erhaltenen Lösungen kann diese S., allerdings durch Natriumchlorid oder -sulfat stark verunreinigt, gewonnen werden. Die aus Ungarn stammende sog. Debrecziner- oder Kehrsoda enthält gegen 90 % Natriumkarbonat. Die ägyptische „Trona" und die kolumbische „Urao" bestehen aus einem Gemisch von Natriumkarbonat und -bikarbonat. Große Mengen Soda werden auch in Nevada durch direktes Eindampfen des Wassers vom Mono- und vom Owensee dargestellt. In Europa benutzte man bis zur großen französischen Revolution hauptsächlich die Asche gewisser natronreicher Strand- und Seepflanzen (Salsola, Salikornia, Chenopodium, Atriplex) zur Sodagewinnung. Das beste derartige Produkt mit etwa 30 % Soda war die von Salsola stammende spanische Barilla. Südfrankreich lieferte die 15 % S. enthaltende Salikor von Narbonne und die sog. Blanquette von Frontignan mit weniger als 8 % S. Noch gehaltärmer war die Asche gewisser Seetange, Kelp in Schottland und Irland, Varek in der Normandie. Eine völlige Umwälzung erfolgte durch das im Jahre 1794 erfundene Verfahren von Le Blanc, das in seinen Grundzügen noch heute erhalten ist. Kochsalz wird durch Erhitzen mit Schwefelsäure unter Entweichen von Salzsäure in Natriumsulfat übergeführt, letzteres getrocknet und mit Kohle und Kreide oder Kalkstein geglüht. Hierbei wird das Sulfat unter Entweichen von Kohlensäure zu Schwefelnatrium reduziert und das Sulfid durch die Kreide in Natriumkarbonat neben gleichzeitig entstehendem Schwefelkalzium umgewandelt. Die graue, steinige Rohsoda, die sog. Schmelze, ein Gemisch von rund 45 % Natriumkarbonat, 30 % Kalziumsulfid, 10 % Ätzkalk, 5 % Kalziumkarbonat und 10 % fremden Stoffen, wird zerschlagen, einige Tage der Luft ausgesetzt und dann mit kaltem Wasser ausgelaugt. Die unlöslichen Stoffe: Kalziumsulfid und -oxysulfid und Kalziumkarbonat bilden den sog. Sodarückstand, der auf

Schwefel verarbeitet wird. Aus der Lösung kristallisiert beim Eindampfen das Natriumkarbonat (Sodamehl) aus und wird fortwährend ausgeschaufelt, während in der Mutterlauge (Rotlauge) Ätznatron und Natriumsulfid zurückbleiben. Die letzteren werden entweder direkt auf Natriumhydroxyd oder durch Behandlung mit Kohlensäure oder Eindampfen und Glühen mit Kohle auf Natriumkarbonat verarbeitet. Das Sodamehl braucht nur getrocknet und im Flammenofen unter Vermeidung des Schmelzens gelinde geglüht zu werden und liefert dann die rein weiße oder kalzinierte S., auch Sodasalz genannt, als ein bröckliges Pulver mit 80—96 % Natriumkarbonat neben Glaubersalz und Kochsalz. Durch Umkristallisieren erhält man die Kristallsoda, welche zehn Moleküle, entsprechend 63 % Wasser, enthält. — Das zweite wichtigste Verfahren, das Ammoniaksodaverfahren oder Solvayverfahren, beruht darauf, daß eine konz. Kochsalzlösung sich mit einer konz. Lösung von Ammoniumkarbonat zu doppeltkohlensaurem Natron und Salmiak umsetzt. Letzterer bleibt gelöst, während das Bikarbonat ausfällt und durch Erhitzen in neutrales Karbonat (Soda) umgewandelt wird. Die entweichende Hälfte der Kohlensäure wird wieder zur Darstellung von Ammoniumkarbonat benutzt, während man die andere Hälfte durch Glühen von Kalkstein erhält. Der hierbei zurückbleibende Ätzkalk dient wieder zur Zerlegung des im ersten Abschnitt entstehenden Salmiaks, und es braucht sonach nur Kochsalz und die Hälfte des theoretisch erforderlichen Kalksteins der Umsetzung zugeführt werden, während das Ammoniak stets wieder zurückkehrt. Die so erhaltene Ammoniaksoda ist außerordentlich rein und enthält meist 98—99 % Natriumkarbonat. Erhebliche Kochsalzgehalte, wie sie sich z. B. bis zu 50 % in der sog. Dresdener Soda vorfinden, sind auf Verfälschung zurückzuführen. Das Solvayverfahren, welches eine Zeitlang das Leblancverfahren völlig zu verdrängen schien, leidet an dem Übelstande, daß die entstehenden Chlorkalziumlaugen sich nicht verwerten lassen, während die gesteigerte Nachfrage nach Salzsäure die Beibehaltung des Leblancprozesses neuerdings wieder vorteilhaft erscheinen läßt. Von weiteren Verfahren hat sich die Verarbeitung des Schwefelnatriums nicht bewährt. Hingegen werden in Nordamerika aus Kryolith (s. d.) durch Glühen mit Kalk oder Kreide und Einleiten von Kohlensäure in die Lösung des entstandenen Natriumaluminats erhebliche Mengen S. dargestellt. — Eine große Zukunft scheint auch das elektrolytische Verfahren zu haben, bei welchem Kochsalz durch den elektrischen Strom in freies Chlor und Natrium zerlegt wird. Das erstere dient zur Darstellung von Chlorkalk, das letztere geht sofort in Natriumhydroxyd über und kann als solches verwertet oder durch Einleiten von Kohlensäure in S. übergeführt werden. — Der Handelswert der S. hängt von ihrem Gehalt an Natriumkarbonat ab, der auf analytischem Wege mit Hilfe der Alkalimetrie bestimmt wird. In der Praxis drückt man den Gehalt meist durch Grade aus, die aber in den verschiedenen Ländern nicht immer dasselbe bedeuten. Die deutschen Grade geben den prozentischen Gehalt an Natriumkarbonat an, so daß eine 95grädige Soda 95 % Natriumkarbonat enthält. In England bezeichnet man dem gegenüber als Grade den Gehalt an Natriumoxyd (real soda) und berechnet sie außerdem noch um 2—3 Einheiten zu hoch, weil man willkürlich das Äquivalent zu 32 statt 31 annimmt (Newcastle-Grade). Gay-Lussac-Grade endlich bezeichnen den prozentischen Gehalt an Natriumoxyd auf Grund des richtigen Äquivalentgewichtes und französische oder Descroizilles-Grade die zur Neutralisation von 100 Teilen Soda erforderliche Menge Schwefelsäure. Bei der Nachprüfung von Sodalieferungen auf Grund ausgeschriebener Bedingungen ist stets zu berücksichtigen, daß die kalzinierte Soda Wasser anzieht, und daß ein etwaiger Minderbefund daher unter Umständen auf länger dauernde Aufbewahrung zurückzuführen ist. Umgekehrt findet man bei der Kristallsoda, welche verwittert und Wasser verliert, bisweilen zu hohe Werte. — Die S. wird in ungeheuren Mengen in Glas- und Seifenfabriken verwandt. Weiter dient sie zum Beizen von Garnen und Geweben in der Bleicherei und Färberei, als Waschmittel, als Zusatz zu Glasuren, zur Herstellung von Ultramarin und zahlreicher Natriumverbindungen.

Soda-Powder (englisches Brausepulver, lat. Pulvis aërophorus anglicus) besteht aus zwei Pulvern, von denen das eine in blauer oder roter Kapsel 2 g Natriumbikarbonat, das andere in weißer Kapsel 1,5 g Weinsäure enthält. Zum Gebrauche löst man zuerst das in farbiger Kapsel befindliche Pulver in einem zu 2/3 gefüllten Glase Zuckerwasser auf, schüttet die Weinsäure hinzu und trinkt während des Aufbrausens.

Sodapastillen (Vichy-Plätzchen, lat. Trochisci natrii bicarbonici) sind mit Zucker bereitete Pastillen, die je 0,1 g Natriumbikarbonat enthalten und als Ersatz der aus den Quellsalzen von Bilin, Vichy und Ems hergestellten Pastillen benutzt werden.

Sodatabletten (lat. Tabulettae natrii carbonici) werden nach Dieterich ohne jeden Zusatz aus je 1 g Natriumkarbonat, nach Salzmann unter Zusatz von 10 % Talkum gepreßt, so daß die Tablette ebenfalls 1 g Natriumkarbonat enthält.

Sodawasser (lat. Aqua sodae) nennt man einen künstlichen Säuerling, der durch Einpressen von Kohlensäure in wäßrige Sodalösung unter Druck hergestellt wird.

Sodener Salz. Zur Nachahmung der Sodener Quellen empfiehlt Dieterich folgende Mischungen: 1. Milchbrunnen: Je 15 g Natriumbikarbonat und Natriumchlorid, 5,2 g entwässertes Magnesiumsulfat, 2,5 g schweres Kalziumkarbonat, 1,5 g Kaliumchlorid, je 0,2 g Kaliumbikarbonat und Kaliumsulfat, 0,1 g entwässertes Ferrosulfat. Man löst einen knappen Kaffeelöffel voll in 10 l Wasser. 2. Solquelle: 124 g Natriumchlorid, 23,5 g Natriumbikarbonat, 6,5 g Kaliumchlorid, 4,7 g entwässertes Magnesiumsulfat, 4,0 g schweres Kalziumkarbonat, 0,42 g entwässertes Ferrosulfat und 0,2 g Kaliumbikarbonat. Ein knapper Eßlöffel voll auf 10 l Wasser.

Sojabohnen, die Samen der in China, Japan und Indien in großen Mengen angebauten Hülsenfrucht Glycine (Soja) hispida Maxim. oder Dolichos Soja, unterscheiden sich durch ihren hohen Fettgehalt von allen übrigen Leguminosen. Sie lassen sich in zwei Gruppen, die flachfrüchtigen (Soja platycarpa) mit dunkelgefärbten Samen und die gedunsenfrüchtigen (Soja tumida) mit braunen und gelben Samen einteilen und enthalten neben 16—20 % Fett und 30—40 % Stickstoffsubstanz etwa 30 % Extraktstoffe, die größtenteils aus Aleuron und Dextrin bestehen, aber keine Stärke aufweisen. Die neuerdings vielfach nach Europa eingeführte und auch in Deutschland mit gutem Erfolge angebaute S. bildet an sich ein wertvolles Nahrungsmittel und dient überdies zur Herstellung von Kaffee-Ersatz, ferner von Soßen, von sog. Bohnenkäse (Natto, Tofu, Tao-fu) und zur Gewinnung des Fettes. — Das Sojabohnenöl hat eine Jodzahl von 123 und eine Verseifungszahl von 193 und findet als Speiseöl Verwendung. — Die aus Japan und China eingeführte scharfe Soße, Soja, Soya oder Shoya wird in der Weise bereitet, daß man ein Gemisch von geröstetem und gedämpftem Weizen oder Gerste durch Zusatz von Koji, einem durch Aussaat von Aspergillus- oder Torulapilzsporen auf Reis oder Sojabohnen erzeugten Enzyme, in Gärung versetzt, dann mit Kochsalz und Wasser vermischt und die verflüssigte Masse nach längerer Zeit (1—5 Jahre) abpreßt und filtriert.

Solidgelb ist ein dem Säuregelb nahe verwandter Teerfarbstoff.

Solidgrün. Diesen Namen führen verschiedene Teerfarbstoffe, so das Malachitgrün (s. d.), das Brillantgrün (s. d.) und Dinitrosoresorzin.

Solutol, ein neueres Desinfektionsmittel, besteht aus einer wäßrigen Auflösung von Kresolnatrium und wird in zwei Sorten, als Solutol purum und crudum von der Firma v. Heyden-Radebeul in den Handel gebracht. Die ölige, gelbliche bis bräunliche Flüssigkeit gibt mit Wasser, selbst hartem, eine klare Lösung von stark alkalischer Reaktion und wird hauptsächlich zur Desinfektion und Geruchlosmachung von Aborten und Jauchegruben benutzt.

Solveol, eine Auflösung von Kresol in kresotinsaurem Natrium, wird wegen seiner neutralen Reaktion zur Wundbehandlung und zur Desinfektion chirurgischer Instrumente benutzt.

Somatose, ein von den Farbenfabriken von Friedrich Bayer & Co. in Elberfeld in den Handel gebrachtes Nährmittel, besteht im wesentlichen aus löslichen Stickstoffsubstanzen und wird wahrscheinlich durch Behandlung von Fleisch mit verdünntem Ammoniak und Alkalien hergestellt. Das geruch- und geschmacklose, gelbliche Pulver löst sich in Wasser und enthält nach König: 10,91 % Wasser, 83 % organische Stoffe, darin 76,59 % Albumosen, 2,79 % Pepton, 1,49 % andere Stickstoffverbindungen, 2,13 % Fett und Extraktivstoffe und 6,09 % Asche. Die S. wird ebensogut wie Fleisch im Organismus verdaut und findet, auch in Verbindung mit Kakao (Somatosekakao) als Nähr- und Kräftigungsmittel für Kranke und schwächliche Personen Verwendung.

Sombrerit (Sombreroguano), ein durch überlagernden Guano teilweise umgewandelter, neuer mariner Kalkstein von der Insel Sombrero am nördlichen Ende der kleinen Antillen, wird als Düngemittel verkauft.

Sonnenblumenöl (lat. Oleum helianthi, frz. Huile de tournesol, engl. Sunflower oil). Das aus den Samen der Sonnenblume kalt gepreßte Öl hat eine hellgelbe Farbe, angenehmen Geruch und milden Geschmack. Es besteht aus Linolein, Olein, Palmitin und vielleicht etwas Arachin. Das spez. Gew. beträgt 0,924—0,926. Das S. gehört zu den langsam trocknenden Ölen und findet als schmackhaftes Speiseöl, das warm gepreßte jedoch nur als Brennöl und zur Herstellung von Seife Verwendung.

Sonnenblumensamen (lat. Semen helianthi, frz. Semences de tournesol, engl. Sunflowers seeds) stammen von der Sonnenblume oder Sonnenrose, Helianthus annuus, einer zur Familie der Korbblütler, Unterabteilung Korymbiferen, gehörenden, ursprünglich in Peru heimischen Pflanze. Die Ölpflanze wird in gut gedüngtem, kräftigem, nicht zu losem Boden angebaut, im großen hauptsächlich in Rußland, in Gärten und zur Einfassung von Feldern auch in Deutschland, als Feldpflanze auch in Ungarn, Italien, England und China. Die bis zu 2 m und höher werdende ein- oder mehrjährige Pflanze hat gesägte Blätter, aufrechte, ästige, starke Stengel, scheibenförmige, bis 30 cm Durchmesser große Blütenköpfe, gelbe Blumenkrone und zahlreiche, mattstahlgraue, große Samen, bis zu 2000 auf einer Scheibe. Die Saat erfolgt im April, in Abständen von 0,64 cm, der Saatbedarf beträgt 15 kg, der Ertrag 15—20 hl. Die Blätter dienen als Futter, die Stengel als Brennstoff. Die Pflege besteht in öfterem Behacken und Behäufeln, Ausbrechen der Nebentriebe und Blütenscheiden bis auf vier. Die Samen werden ausgeklopft und im Oktober geerntet. Vögel, Rostpilze, Regen und Wind beeinträchtigen den Ertrag.

Sonnengelb (frz. Jaune soleil), ein im Jahre 1883 aufgekommener Teerfarbstoff, der auch die Namen Maïs und Kurkumin S. führt, besteht aus der Natronverbindung der Azoxystilbendisulfosäure. Das braune, in Wasser mit braungelber Farbe lösliche Pulver wird mit konzentrierter Schwefelsäure violett und färbt Wolle und Seide im sauren Bade rötlichgelb.

Sonnengold, ein Teerfarbstoff, soll mit dem Heliochrysin (s. d.) identisch sein.

Soson ist ein unlösliches stickstoffhaltiges Nährmittel, welches durch Entfetten von Fleisch und Fleischabfällen mit heißem Alkohol und evtl. Behandlung mit Ammoniak oder schwefliger Säure hergestellt wird. Das weiße Pulver enthält 9,18 % Wasser, 0,61 % Asche, 0,17 % Fett und 90,04 % Stickstoffsubstanz, ist also als nahezu reines Eiweiß anzusprechen. Unter dem Mikroskope zeigt es sich als aus Muskelfasern bestehend. Das S. hat vor dem Tropon den Vorzug, daß es rein tierischen Ursprungs ist, kann aber gleich dem Tropon wegen seines hohen Preises als billige Eiweißquelle für den Massenverbrauch nicht in Frage kommen.

Soßen (Saucen, Tunken) nennt man Auszüge von Pflanzen und Gewürzen, die bisweilen auch Zusätze von Fisch- und Fleischextrakten, Zucker, Mehl und Kochsalz erhalten und neuerdings vielfach fabrikmäßig dargestellt werden. Als viel benutzte Ausgangsstoffe erwähnt König: Gold-Liebesäpfel, Knoblauch, Schalotten, Sauerampfer, Champignons, Walnüsse, Trauben, Tamarinden, Samen von Bockshornklee, Kümmel, Blätter von Dragon, Kerbel, Minze, Thymian, Majoran, Pfeffer, Paprika, Senf, Muskatnuß, Gewürznelken, Ingwer, Garnelen, Hummer, Anchovis und Lobster. Von den bekannteren Soßen soll Maggis Suppenwürze aus Gemüsen und Steinpilzen hergestellt werden. Ovos, Wuk, Sitogen sind unter Hefenextrakte, Shoya (Soja) und Worcester unter ihrem Namen in besonderen Aufsätzen besprochen worden.

Sozojodol, eines der vielen neueren Arzneimittel, besteht aus Dijodparaphenolsulfosäure, $C_6H_2J_2(OH)SO_3H$. Die in weißen Nadeln kristallisierende, in Wasser, Alkohol und Glyzerin leicht lösliche Verbindung wird zu denselben Zwecken wie Jodoform verordnet, vor dem sie den Vorzug der Geruchlosigkeit hat.

Sparadrap (Emplastra extensa) nennt man die in Apotheken und Drogenhandlungen vorrätig gehaltenen Pflaster, deren zur Aufnahme der Pflasterschicht bestimmte Unterlage meist aus Schirting oder Halbleinen besteht. Eine Unterabteilung der S. sind die Pflastermulle oder Guttaperchapflastermulle (Perchemplastra), die auf Mull oder mit dünner Guttaperchalage bedeckten Mull ausgestrichen sind und sich durch große Geschmeidigkeit und Klebkraft auszeichnen. Als bekanntere Beispiele seien Sparadrap de Vigo, ein Quecksilberpflaster, und Sparadrap de Thapsia, ein Harz-Terpentinpflaster, angeführt.

Spargel (Sparse, Sparschen, frz. Asperge, engl. Asparagus) nennt man die jugendlichen, nur eben über die Erdoberfläche herausgewachsenen Sprossen der angebauten Spargelpflanze, Asparagus officinalis. Die ausdauernde Pflanze wird 0,5—1,3 m hoch und besitzt dünne, nadelähnliche Blätter, grünlichgelbe Blüten und schwarze Samen in roten Beeren. Aus Samen gezogene Pflänzchen werden bei etwa 5 cm Länge 20 cm voneinander entfernt in Reihen verpflanzt, rein von Unkraut gehalten und dann auf die Beete in Gräben oder neuerdings auf Hügeln in 60 cm weiten Abständen in gut gedüngten Boden gesetzt (reichlich Stalldünger mit Kalisalz). Die Anlage und Unterhaltung der Spargelbeete ist sehr kostspielig, da man für Rajolen des Bodens, Düngung, Auswerfen der Gräben oder Hügel und Pflanzung für den Hektar bis über 1000 M. und an jährlichen Kulturkosten mindestens 600 M. rechnen muß. Die Dauer der Beete beträgt 15—18 Jahre, auf Ertrag ist vom dritten Jahre an zu rechnen. Gute Beete geben dann in 65 Tagen Stechzeit auf den Hektar bis 4000 kg S. Trotz der hohen Kosten ist der Anbau außerordentlich lohnend. — Der S. enthält neben geringen Mengen Säuren, Zucker, Gummi und Mineralstoffen als charakteristischen Bestandteil das harntreibende Asparagin, $C_2H_3 . (NH_2)(COOH)COONH_2$. Die Samen enthalten ein fettes Öl, die reifen Beeren Traubenzucker und einen roten Farbstoff, Stengel und Kraut Inosit. Die frischen S. sind Gegenstand des Orts- und des Welthandels, des Groß- und des Kleinhandels und werden auch in Dosen, Gläsern und Büchsen eingemacht in den Verkehr gebracht. Nach den Grundsätzen der braunschweigischen Konservenfabrikanten soll erster S. aus normal gewachsenen (nicht krummen) Stangen mit weiß gestochenen Köpfen (rostfrei und ohne Faulflecke) bestehen, die vom Kopfe bis auf die Mitte des unteren Schrägabschnittes nicht unter 22 cm lang sind, bei einem Gewicht von mindestens 35 g für jede einzelne Stange. Roter Anlauf der Stange, der augenscheinlich nach dem Stiche eingetreten ist, beeinträchtigt die Eigenschaft als erster S. nicht. Zweiter S. soll im Durchschnitt nicht mehr als 22 Stangen auf ½ kg aufweisen und nicht länger als 22 cm sein. Gänzlich grüne Köpfe dürfen in dieser Sorte nicht enthalten sein und ebensowenig vollständig hohle Stangen. Suppenspargel muß sich gut schälen lassen.

Spartein (lat. Sparteïnum, frz. Spartéïne, engl. Spartein). Die mit den Kelchen getrockneten, goldgelben Blüten des Besenginsters, Sarothamnus scoparius seu Spartium scoparium (lat. Flores Spartii scoparii seu Genistae, frz. Fleurs de genêt, engl. Broom Flowers), enthalten neben gelbem Farbstoff und dem stark diuretisch wirkenden Bitterstoff Skoparin auch ein flüssiges und flüchtiges Alkaloïd, das Spartein, das dem Kurare und Koniin ähnlich wirkt. Das auch aus den in England gegen Wassersucht benutzten Zweigspitzen der Pflanze hergestellte Alkaloïd bildet ein farbloses Öl von eigentümlichem Geruche und stark bitterem Geschmack, das sich an der Luft rasch verändert. Das Spartein und sein schwefelsaures Salz, Sparteinsulfat (lat. Sparteïnum sulfuricum), finden beschränkte medizinische Anwendung bei Herzerkrankungen.

Sparterie (Spanböden) nennt man Flechtwerke aus dünnen, bandartig geschnittenen Streifen von weichem, weißem Holze, wie Linden, Weiden, Espen, die zum Teil durch Handflechterei, zum Teil auf dem Webstuhl, mitunter auch im Gemisch mit Zwirnsfäden, hergestellt werden. Man fertigt aus Sp. Tischdecken, Fenstervorsetzer, Hutfutter sowie Mützen und Hüte, die fälschlich auch Bast- oder Reisstrohhüte genannt werden. Die Industrie ist besonders in Böhmen heimisch, und die wohlfeilen Waren werden weit versandt.

Speck. Mit diesem Namen belegt man das noch nicht ausgelassene, nur aus dem Körper gewisser Tiere ausgeschnittene, festere Fettgewebe, namentlich der Schweine (Schweinespeck, Speckseiten), doch spricht man auch von Robbenspeck und Walfischspeck. Speckseiten werden gewöhnlich gesalzen und geräuchert.

Speckstein (Steatit, venetianische oder spanische Kreide), ein aus wasserhaltiger kieselsaurer Magnesia bestehendes Mineral (siehe auch Talk), ist sehr weich, fettglänzend und fettig anzufühlen, rein weiß oder oft gelblich, grünlich bis gräulich gefärbt und sehr leicht zu schneiden, wird aber im Feuer so hart, daß er selbst Glas ritzt. Der Stein findet sich nesterweise in unregelmäßigen, kleineren und größeren Stücken in zersetztem Glimmerschiefer sowie auch eingewachsen in Serpentinfels. Seine hauptsächlichsten Fundorte sind bei Wunsiedel in Bayern (Göpfersgrün, Thiersheim), doch findet er sich auch im Fichtelgebirge, bei Zöblitz und Altenberg in Sachsen, in Briançon und in Nyntsch (Ungarn). Aus S. werden auf der Drehbank und durch Schneiden Pfeifenköpfe, Spielwaren, Schreibzeuge und andere Gebrauchsgegenstände hergestellt. Künstler schneiden auch Bildsteine daraus, die dann gefärbt und gebrannt werden. Die gepulverte Masse dient als Mittel gegen Reibung (sog. Rutschpulver zur Erleichterung des Stiefelanziehens), zum Putzen von Metall- und Glaswaren (Spiegelpolieren), zum Vorzeichnen auf Tuch (Schneiderkreide), Seidenzeug und Glastafeln, zum Entfernen von Fettflecken, zur Verfälschung von Seifen, zu feuer- und säurefesten Stöpseln und anderen Zwecken. Große Mengen werden auch zur Herstellung von Gasbrennern, sog. Lavabrennern, verbraucht. Die bei der Bearbeitung entstehenden Abfälle werden wie Meerschaumabfall gepulvert und, mit Ton und Wasser zu einem Teig angemacht, zu kleinen Kunstwerken geformt, die gebrannt eine große Härte und schönen Farbenton zeigen. Bei Lowell in Massachussets finden sich so ausgedehnte Lager von S., daß man Röhren zu Wasserleitungen daraus herstellt (s. auch Talk).

Speiseeis (Eis, Gefrorenes) nennt man in Konditoreien und von Straßenhändlern feilgehaltene Genußmittel, die aus gefrorenen Mischungen von Zuckerlösungen, Milch oder Sahne, Fruchtsäften, Eiern und anderen Geschmacks- und Riechstoffen bestehen. Cremeeise, deren Hauptvertreter das Vanilleeis ist, werden durch Erhitzen und nachfolgendes Gefrierenlassen von mit Zucker schaumig gerührten Eiern, Milch oder Sahne und Vanille hergestellt. Zu ihnen gehört auch das unter Zusatz von Kakao bereitete Schokoladeneis. Fruchteise, wie Ananas-, Himbeer-, Erdbeer- und Pfirsicheis, erhält man durch Gefrierenlassen von Fruchtsaft oder Fruchtmark mit Zuckerwasser und Zitronensäure, bisweilen unter Zusatz von Milch oder Sahne. Sahneeise werden aus mit Zucker geschlagener Sahne und verschiedenen Zusätzen hergestellt. Ihre bekannteste Sorte, Fürst Pückler, besteht aus drei Schichten, einer braunen aus Schlagsahne mit Schokolade und Vanillegeschmack, einer weißen aus Sahne mit Maraschinogeschmack, einer rosaroten von Erdbeerschlagsahne. Halbgefrorenes ist Creme- oder Fruchteis, dem vor dem Gefrieren Schlagsahne beigemischt wurde. — Zusätze von Mehl, Gelatine, Agar, Teerfarben haben als Verfälschung zu gelten.

Spergel (Spörgel, Spark, Sperk, Ackerspark, Knörrich, frz. Spargoute, engl. Piney), eine zu den Alsineen gehörende Futterpflanze, Spergula L., wird in verschiedenen Arten angebaut. Die größte Bedeutung hat der einjährige Ackerspergel (Spuvre, Spark), S. arvensis L., S. geniculata, der 15—30 cm hoch wird und quirlförmig gebüschelte Blätter, weiße Blumenkrone und kugelige, linsenförmige, fein punktierte Samen besitzt. Er wird als Gründüngungspflanze für sandigen Boden angebaut in den Abarten S. sativa mit samtschwarzen, kahlen, fein punktierten Samen, S. vulgaris mit weißlichen, zuletzt braunen Warzen auf dem Samen und S. maxima, Riesenspörgel, Flachsspergel, mit größeren Samen. Die Saat erfolgt im Frühjahr und im Herbst mit 18—50 kg Saatgut von 130 kg Gewicht für 1 hl und ergibt einen Ertrag von 60—100 dz Grünfutter, das an Güte dem besten Wiesengras gleichsteht. Von Saatspergel erzielt man 5—8 dz Körner und 12—15 Zentner Stroh, das ebenfalls verfüttert wird.

Spermazetiöl (Spermöl), eine im Handel häufig gebrauchte Benennung für das Walratöl, vgl. unter Walrat.

Spezies (lat. Species) ist die pharmazeutische Bezeichnung für Mischungen aus zerkleinerten Pflanzenteilen, die entweder als Tee zu Abkochungen, oder in Substanz trocken oder naß zu Umschlägen dienen. Bekanntere Sorten sind: Sp. lignorum, Holztee, Sp. pectorales, Brusttee, Sp. ad cataplasma, ad fomentum, Stoffe zu Umschlägen, zu Bähungen, Sp. emollientes, erweichende, Sp. resolventes, zerteilende, Sp. aromaticae, würzhafte Kräuter, Sp. laxantes, abführender Tee usw.

Spinat, die jungen Blätter von Spinacea oleracea, bilden ein beliebtes Gemüse. Die von Gärtnern angebaute Pflanze erfordert einen tiefgründigen, humosen und gut gedüngten Boden sowie sorgfältige Pflege, da sie dem Insektenfraß in hohem Grade ausgesetzt ist. Spinat enthält nach König: 89,24 % Wasser, 3,71 % Stickstoffsubstanz, 0,50 % Fett, 0,10 % Zucker, 3,50 % stickstofffreie Extraktstoffe, 0,94 % Rohfaser und 2,00 % Asche und ist sonach verhältnismäßig reich an Stickstoff, der sich aber nur zum Teil in Form von Eiweiß vorfindet. Die hohe Wertschätzung des Spinats für die menschliche Ernährung beruht auf seinem hohen Gehalt an Mineralstoffen und besonders an Eisen, der 3,35 % (!) der Asche ausmacht.

Spinell, ein in verschiedenen Farben vorkommendes, tesseral kristallisierendes Mineral, besteht in reinster Form nur aus Tonerde und Magnesia und ist dann farblos und durchsichtig, häufiger aber durch Eisen und Chromoxyd gefärbt. Die roten (karmin, ponceau, rosa), besonders schön gefärbten und durchsichtigen S. sind meist geschätzte Edelsteine, ähneln dem Rubin und werden daher Rubinspinelle oder, wenn sie blaß gefärbt sind, Balasrubine genannt. Die letzteren, blaßrot bis gelblichrot gefärbten Steine sind nicht so selten wie die ersteren, werden aber immerhin gut bezahlt. Unter Almadinspinellen versteht man verschiedene bläuliche, violette, rötlichbraune oder sonst dunkelfarbige Sorten geringeren Wertes. Die edlen Spinelle werden in Ost- und Hinterindien, auf Zeylon und in der Tatarei einzeln und selten im Schuttland und im Sande von Flüssen und Bächen gefunden. Steine von drei Karat und höher sind selten und teuer und erlangen in guten Stücken Diamantpreise. Geringere Sorten sind häufiger und finden sich in Böhmen, Siebenbürgen, Schweden (blaue), Australien und Südamerika. Die dunkelgrünen und schwärzlichblauen Arten führen den Namen Pleonast. Eine grasgrüne Form heißt Chlorospinell, eine schwarze aus den Pyrenäen Pikotit.

Spiritus (Geist, Sprit, frz. Esprit, engl. Spirit) ohne nähere Angabe bezeichnet den Weingeist, der unter „Alkohol" und „Branntwein" abgehandelt ist, während Wortverbindungen mit Sp. häufig für alkoholhaltige Flüssigkeiten angewandt werden. Destillate von Weingeist über Pflanzenstoffe sind Angelika-, Anis-, Kümmel-, Löffelkraut-, Wacholder-, Lavendel-, Melissen-, Rosmarinspiritus. Der Ameisenspiritus (lat. Sp. formicarum) wurde früher durch Destillation von Weingeist über lebende Ameisen dargestellt, während man ihn jetzt durch Auflösen von Ameisensäure in Spiritus erhält. Senfspiritus (Sp. sinapis) ist eine Auflösung von ätherischem Senföl in Weingeist, wird aber auch durch Destillation hergestellt. Kampferspiritus (Sp. camphoratus) und Seifenspiritus (Sp. saponatus) sind Auflösungen von Kampfer oder Seife in Weingeist. Verschiedene hierher gehörige Flüssigkeiten sind ätherhaltig, so Sp. acetico-aethereus, Essigätherweingeist; Sp. muriatico-aethereus, Salzäthergeist (versüßter Salzgeist); Sp. nitrico-aethereus, Salpeteräthergeist (versüßter Salpetergeist). Sp. sulfurico-aethereus ist ein Gemisch von einem Teil Äther mit drei Teilen Alkohol (Hoffmannsche Tropfen). Unter Spiritus vini, Weingeist, versteht man jetzt den reinen Kartoffelsprit. Ferner wurden früher als S. bezeichnet: Sp. fumans Beguini, Schwefelammonium; Sp. fumans Libavii, Zinndichlorid; Sp. salis, Salzsäure; Sp. cornu cervi, Hirschhorngeist, eine Lösung von unreinem, brenzligem, kohlensaurem Ammoniak.

Sprenggelatine nennt man eine äußerst brisante Mischung von Nitroglyzerin (s. d.) mit nitrierter Zellulose (s. Schießbaumwolle), eine durchscheinende, gelatineartige Masse, die an Sprengwirkung das Dynamit übertrifft, aber wegen der Abscheidung von Nitroglyzerin gefährlicher zu handhaben ist. Die Nachteile der S. werden vermindert durch Zusatz von Salpeter, Holzpulver, Soda, und das so entstehende Gelatinedynamit, das im Gegensatz zum Kieselgurdynamit auch zum Sprengen im Wasser benutzt werden kann, scheint eine größere Bedeutung zu erlangen. Ähnliche Sprengmischungen sind das Kolonialpulver (mit Zusatz von Schwarzpulver) und Meganit.

Sprengstoffe. Unter dieser Bezeichnung faßt man eine große Zahl verschiedener explosiver Stoffe oder Stoffgemische zusammen, die entweder als Treibmittel (Schießmittel) oder zum Zwecke der Sprengwirkung Verwendung finden. Die wichtigsten derselben sind in besonderen Aufsätzen besprochen worden. Wegen der mit ihrer Handhabung verbundenen Gefahr ist das Reichsgesetz gegen den verbrecherischen und gemeingefährlichen Gebrauch von Sprengstoffen vom 9. VI. 1884 erlassen worden, nach dessen § 1 die Herstellung, der Vertrieb und der Besitz von Sp. sowie die Einführung aus dem Auslande nur mit polizeilicher Genehmigung zulässig ist. Nur eine Reihe sog. Schießmittel wie Schwarzpulver, Zündhütchen, Gewehrpatronen u. dgl. sind von diesen Bestimmungen ausgenommen. Als Sp. im Sinne dieses Gesetzes gilt nach dem Urteile des Reichsgerichts vom 28. III. 1898 „jeder Stoff, der bei der Entzündung eine gewaltsame Ausdehnung von elastischen Flüssigkeiten oder Gasen hervorruft und sich mit Rücksicht auf diese Eigenschaft zur Verwendung als Sprengmittel eignet". Zu ihnen gehören also nicht nur Nitroglyzerin, Dynamit, Knallquecksilber, sondern auch ein so verbreiteter Stoff wie die Pikrinsäure kann als Sp. angesehen werden.

Springkörner (lat. Semina cataputiae minoris), die Früchte von Euphorbia Lathyris L., wurden früher in Deutschland als Abführmittel benutzt. Sie enthalten als wichtigste Bestandteile ein fettes Öl und Äskuletin. — Als große S. bezeichnete man auch die Rizinussamen.

Sprotte (Breitling, Clupea sprattus L.), ein zu den Heringen gehörender, aber nur etwa 17 cm langer Fisch der Nord- und Ostsee, der oben blau, seitlich silberfarben aussieht, wird an den Küsten in großen Mengen gefangen und, eingesalzen und geräuchert, in den Handel gebracht. Hauptfangorte sind Kent, Essex und Suffolk in England, die Bretagne und Normandie in Frankreich und die ganze Nordsee bis hinauf nach Island. Von den Ostsee-S. gelten die bei Kiel gefangenen als die besten.

Spunde nennt man zum Verschließen von Fässern, Flaschen usw. bestimmte Stöpsel aus Holz oder Kork, die je nach Wunsch in verschiedenen Größen geschnitten werden (s. auch Kork).

Stachelbeeren, die Früchte von Ribes Grossularia, sind echte Beeren, d. h. das ganze aus dem Fruchtblattgewebe (Karpidium) entstandene Fruchtgewebe (Perikarpium) ist fleischig, breiig und saftig. Die reifen Beeren enthalten neben 85,6 % Wasser 0,47 % Stickstoffsubstanz, 1,37 % freie Säure, 7,10 % Invertzucker, 0,85 % Rohrzucker, 0,64 % stickstofffreie Extraktstoffe, 3,52 % Rohfaser und Kerne und 0,44 % Asche. Die S. dienen im unreifen Zustande, mit Zucker eingekocht, als Kompott, im reifen Zustande als Tafelobst und zur Herstellung von Stachelbeerwein.

Stäbchen (lat. Bacilli) nennt man eine zwar nicht offizielle, aber sehr gebräuchliche Zuckerwerksform, welche in der Weise hergestellt wird, daß man Gemische von Zucker oder Süßholzsaft mit arzneilichen Stoffen zu zylindrischen Stäbchen von Stricknadeldicke ausrollt und dann erhärten läßt.

Stänker, ein äußerlich angewandtes Tierheilmittel, enthält Tieröl (Oleum animale), Asa foetida usw.

Stärke (lat. Amylum, frz. Amidon, Fécule, engl. Starch). Die Stärke ist einer der verbreitetsten Bestandteile der Pflanzen, in denen sie sich in drei verschiedenen Formen vorfindet: als Produkt der Assimilation in den Blättern, als Reservestoff in den Wurzeln, Samen, Knollen und Stämmen und als Zwischenglied auf der Wanderung zwischen den Assimilations- und Reserveorganen, sog. transitorische Stärke. Die Stärke entsteht in den Blättern unter der Mitwirkung von Licht und Chlorophyll aus der Kohlensäure der Luft unter Aufnahme von Wasser und Abgabe von Sauerstoff, und zwar entweder direkt oder nach Ansicht einiger Forscher auf dem Umwege über Glykose oder Rohrzucker. Von den Blättern aus wandert sie in gelöster Form zu den Reserveorganen, in denen sie in Gestalt kleiner Körnchen abgelagert wird. Die Form und Größe der Körner ist nach der Art der Pflanzen außerordentlich wechselnd und für die Abstammung bezeichnend. Neben kreisrunden (kugeligen) und ovalen, finden sich eckige und unregelmäßig geformte, neben einfachen zusammengesetzte, neben geschichteten ungeschichtete. Die Größe schwankt zwischen

0,003 (Reisstärke) und 0,1 mm (Kartoffel). Die Art der Gewinnung richtet sich nach der Natur der pflanzlichen Ausgangsstoffe. — Weizenstärke (Amylum tritici). Das Weizenkorn enthält neben S. noch die Hülsen und den Kleber, die entfernt werden müssen. Weizenmehl hingegen ist schalenfrei und daher einfacher zu verarbeiten. Das Mehl oder auch das eingeweichte, zerquetschte Korn wird auf feinen Sieben unter einem fortwährenden Sprühregen von Wasser ausgewaschen, bis das Wasser nicht mehr milchig abfließt. Auf dem Siebe bleibt der größte Teil des Klebers zurück, der als Nahrungsmittel benutzt werden kann. Die milchige Flüssigkeit wird zur Zerstörung der noch anhaftenden Kleberspuren nach Zusatz von etwas saurem Ferment etwa 24 Stunden lang einer Gärung überlassen, darauf in größeren Becken oder langen Rinnen zum Absetzen gebracht und schließlich durch Zentrifugieren vom größten Teile des Wassers befreit. Nach dem älteren Verfahren, bei dem das zerquetschte Korn sogleich der sauren Gärung ausgesetzt wird, geht der größte Teil des Klebers verloren, und der Rest ist nur noch als ein geringes Futtermittel zu verwerten. Die nach dem einen oder anderen Verfahren erhaltene Rohstärke wird in Form einer dünnen Milch durch lange Rinnen mit geringem Gefälle hindurchgeleitet, wobei zuerst die großen Körner, die als die wertvollste Sorte für sich gesammelt werden, danach immer kleinere Körner zu Boden fallen. Das Trocknen, das durch Zentrifugieren, Anwendung poröser Ton- oder Gipsplatten, oder durch Evakuierung unterstützt wird, muß sehr vorsichtig bei niedriger Temperatur erfolgen, da sonst leicht Verkleisterung eintritt. Nach einiger Zeit wird die obere, etwas staubige Schicht abgekratzt und als sog. Schabestärke in den Handel gebracht. Die völlig trockene Masse zerfällt meist in kleinere Stückchen und wird in dieser Form als Stängelchen-, Schäfchen-, Strahlen- oder Tafelstärke verkauft, oder durch Mahlen in ein feines Pulver (Puderstärke) umgewandelt. Die Weizenstärke setzt sich aus kreisrunden, zum Teil sehr großen, zum Teil sehr kleinen Körnchen zusammen. Die größten derselben haben einen Durchmesser von 0,03—0,04, die kleinsten einen solchen von 0,005 bis 0,007 mm. Mittelgrößen fehlen meist vollständig. — Die Kartoffelstärke (Amylum solani) wird aus den gewaschenen und zerriebenen Kartoffeln mit Hilfe besonderer Bürstenmaschinen ausgewaschen, meist mit Hilfe von Schwefelsäure, Ammoniak, Soda oder Natronlauge gereinigt, bisweilen mit Chlorkalk gebleicht und im übrigen wie Weizenstärke weiter verarbeitet. Ihre Körnchen zeigen meist unregelmäßig ovale oder spitz längliche Form, deutliche Schichtung mit exzentrischem Kern und oft eine bedeutende Größe bis zu 0,15 mm. — Reisstärke (Amylum oryzae) wird in England, Belgien und Deutschland in großem Maßstabe hergestellt. Zur Loslösung der fest zusammengekitteten Körner wird der Reis, meist seebeschädigter Bruch- oder Abfallreis, mit verdünnter Natronlauge von 1½ bis 2° B so lange gequellt, bis er zwischen den Fingern zerreiblich ist, dann vermahlen und in üblicher Weise weiter behandelt. Die Körner sind ziemlich scharfkantig und vieleckig. Der Durchmesser beträgt nur 0,003—0,007 mm. — Die besonders in Nordamerika hergestellte Maisstärke (Amylum maydis) besitzt ebenfalls scharfkantige und vieleckige Körner, die aber meist einen Spalt in der Mitte und einen größeren Durchmesser von 0,015—0,025 mm zeigen. — Die anderen Stärkesorten des Handels: Arrowrot, Mannihot, Maranta, Tapioka sind unter ihren besonderen Namen besprochen. — In chemischer Hinsicht ist die Stärke als ein Kohlenhydrat anzusehen, d. h. sie besteht aus Kohlenstoff, Wasserstoff und Sauerstoff und enthält die beiden letzteren Elemente in demselben Verhältnis wie das Wasser (1:9). Die Zusammensetzung entspricht der Formel $C_6H_{10}O_5$. Ihr spez. Gew. beträgt in lufttrockenem Zustande 1,5, in völlig getrockneter Form 1,65. Sie zieht leicht Feuchtigkeit an, ohne ihr Aussehen zu verändern und muß daher beim Einkauf auf Wassergehalt untersucht werden. Normale Stärke soll bei 60—90° nicht mehr als 20% an Gewicht verlieren. S. ist in kaltem Wasser praktisch unlöslich, verwandelt sich aber beim Erhitzen auf 150—200° unter Gelbfärbung in wasserlösliches Röstgummi oder Handelsdextrin (s. d.) und nimmt auf Zusatz von Jod eine tiefblaue Farbe an, die hauptsächlich ihre Auffindung unter dem Mikroskope ermöglicht. In Salzlösungen, wie Chlorzink und Zinnchlorid sowie in Glyzerin quillt die S. auf und gibt schließlich klare Lösungen, aus denen durch Zusatz von Alkohol lösliche Stärke gefällt wird. Wasser führt die S. bei höherer Temperatur in Kleister, Erhitzen mit verdünnten Säuren in Dextrin und Dextrose (Stärkezucker) über. Mit Malz verwandelt sie sich unter der Einwirkung der Diastase in Dextrin und Maltose sowie verschiedene zwischen beiden stehende Verbindungen. Von den zahlreichen Verfälschungen der S. werden mineralische Zusätze, wie Kreide, Gips, Schwerspat durch die Sedimentierprobe mit Alkohol sowie die Aschenbestimmung leicht erkannt. Befeuchtung mit Wasser läßt sich durch die Bestimmung des spez. Gew. oder durch Trocknen bestimmen. Die S. findet in ihren verschiedenen Formen mannigfache Verwendung zu medizinischen, technischen und Ernährungszwecken. Für letztere sind alle Sorten gleich gut geeignet. In der Medizin benutzt man besonders Weizen- und Reisstärke zur Herstellung von Verbänden, Pulvern und Oblaten sowie zur Verdünnung von Arzneimitteln. In der Technik ist sie das unentbehrliche Hilfsmittel zahlreicher Gewerbe. Die Kartoffelstärke dient zur Bereitung von Kleister, als Schlichte in der Zeugweberei und als Farbenverdickungsmittel beim Zeugdruck, ferner als Rohstoff zur Herstellung von Dextrin, Stärkesirup und Stärkezucker. Weizenstärke ist die eigentliche Waschstärke und das Appretierungsmittel für Zeuge, während Reisstärke zum Kaltstarken, namentlich feiner Wäsche, verwendet wird.

Stärkeersatz wurden während des Krieges aus Leim oder Dextrin unter Zusatz erheblicher Mengen von Gips, Kreide, Schwerspat und anderen Mineralstoffen hergestellte Ersatzmittel für Wäschestärke genannt. Ihr Gebrauchswert war in der Regel überaus gering.

Stärkeglanz (Glanzstärke) ist eine Stärke, welche durch Zusatz von Stearin oder Paraffin die Eigenschaft erhalten hat, der damit behandelten Wäsche einen höheren Glanz zu geben und das Plätten zu erleichtern. Auch wird häufig noch Borax zugesetzt, um eine größere Weiße zu erzielen.

Stärkezucker (Traubenzucker, Glukose, Glykose, Dextrose, Krümelzucker). Diese in der Wissenschaft jetzt meist als Glukose oder Rechtsglukose bezeichnete Zuckerart bildet einen Bestandteil sehr vieler Früchte, namentlich der Weintrauben, Kirschen, Pflaumen und Feigen und findet sich neben der linksdrehenden Fruktose im Honig. Bei der Zuckerkrankheit tritt sie im Harn auf und entsteht außerdem bei der Spaltung vieler Glykoside mit verd. Säuren. Auch bei Behandlung von Zellulose (Sägespänen), Gummi, Dextrin und Stärke mit Säuren wird S. gebildet. Der bei der Hydrolyse des Rohrzuckers entstehende Invertzucker ist ein Gemisch von S. und Fruktose, Maltose zerfällt bei der Hydrolyse in zwei Moleküle Glykose, Milchzucker in ein Molekül Glykose und Galaktose. Zur Darstellung reiner Glykose bedient man sich des Saftes von Weintrauben oder des Auszuges von Rosinen, die mit Witherit oder Kreide neutralisiert und dann durch Kochen mit Tierkohle entfärbt werden. Als Ausgangsmaterial für den technischen S. kommt aber nur die Stärke, und zwar in Deutschland Kartoffelstärke, in Amerika Maisstärke in Betracht. Man läßt die mit Wasser zu einer dünnen Milch angerührte frische Stärke in siedende, etwas Salpetersäure enthaltende 2 %ige Schwefelsäure einfließen, erhitzt dann zur Umwandlung der ersten Zersetzungsprodukte: Dextrin und Maltose, weiter, bis eine herausgenommene Probe mit Jod keine Blaufärbung und mit Alkohol keine Fällung mehr gibt, und läßt dann erkalten. Das Kochen wird zweckmäßig in geschlossenen Kesseln bei 120° vorgenommen, die erkaltete Flüssigkeit durch Zusatz von Kalzium- oder Bariumkarbonat neutralisiert, filtriert, mit Knochenkohle entfärbt, im luftleeren Raum eingedampft und zur Einleitung der Kristallisation mit etwas fester Glykose geimpft. Die nach einiger Zeit kristallinisch erstarrende Masse gelangt entweder in viereckigen Holzkisten, als sog. Kistenzucker, direkt in den Handel oder wird durch Zentrifugieren, Decken mit Methylalkohol und nochmaliges Umkristallisieren als eine trockene, weiße, dem Hutzucker ähnliche Masse erhalten. — Die reine Glykose, $C_6H_{12}O_6$, ist der typische Vertreter der Hexosen oder Monosen, d. h. der aus einer Kette von sechs Atomen Kohlenstoff bestehenden Zuckerarten, zu denen außerdem noch die Fruktose und die Galaktose gehören. Sie bildet ein Kristallpulver aus locker zusammenhängenden Nadeln oder harte, klingende Krusten. Das spez. Gew. beträgt 1,5384, der Schmelzpunkt des Anhydrids liegt bei 144—146°, derjenige der mit einem Molekül Wasser kristallisierten Glykose bei 80—86°. Sie schmeckt weniger süß als Rohrzucker, löst sich leicht in Wasser und heißem verd. Alkohol, hingegen kaum in absolutem Alkohol. Aus Methylalkohol kann sie umkristallisiert werden. Die wäßrige Lösung ist rechtsdrehend und zeigt die spez. Drehung 53,30. Gegen Säuren ist Glykose ziemlich beständig, wird aber durch Alkalien unter Gelbfärbung zersetzt. Durch Hefe wird sie leicht vergoren und scheidet aus den Lösungen von Schwermetallen durch Reduktion Niederschläge von Oxydul oder Metall aus. Die Reduktion von alkalischer, Seignettesalz enthaltender Kupferlösung (Fehlingscher Lösung) wird zur quantitativen Bestimmung, die Reduktion von Quecksilber- oder Wismutlösungen zu ihrem qualitativen Nachweis benutzt. — Der Stärkezucker des Handels enthält infolge ungenügender Verzuckerung oft noch erhebliche Mengen Dextrin. Absichtlich läßt man diese darin bei der Fabrikation des Stärkesirups (Kartoffel-, Kapillärsirups). Zu dessen Herstellung verwendet man eine zur völligen Verzuckerung unzureichende Säuremenge und kocht ohne erhöhten Druck nur so lange, bis Jodlösung gerade keine Blaufärbung mehr hervorruft. Damit der Sirup klar bleibt, ist völlige Entfernung des Gipses erforderlich. Er bildet dann eine sehr dickflüssige, zähklebrige, farblose oder blaßgelbliche Flüssigkeit, die etwa 20 % Wasser und je 40 % Glykose und Dextrine enthält, doch kommen nach der Art der angewandten Verfahren Erzeugnisse sehr wechselnder Zusammensetzung in den Handel. — Der S. findet vielfache Anwendung als Versüßungsmittel bei der Herstellung von Likören sowie von Konfekt- und Konditoreiwaren. Die früher gebräuchliche Benutzung zum Gallisieren hat wesentlich nachgelassen, seitdem das neue Weingesetz die Verwendung dextrinhaltiger Erzeugnisse untersagte. Auch zur Herstellung untergäriger Biere darf S. nicht benutzt werden. Der Stärkesirup dient vielfach als billiger Ersatz des Rohrzuckers bei der Herstellung von Obstkonserven, Fruchtsirupen und besonders von sog. Marmeladen, die zum Teil vollständig aus künstlich gefärbtem Stärkesirup bestehen. Nach der Auffassung der Nahrungsmittelchemiker und dem jetzigen Stande der Rechtsprechung muß die Verwendung des Stärkesirups bei Nahrungs- und Genußmitteln, mit Ausnahme von Likören und Konditorwaren, gekennzeichnet werden. S. und Stärkesirup unterliegen im Gegensatz zum Rohrzucker keiner Steuer.

Stahlspäne, ursprünglich ein Abfallprodukt der Industrie, werden in großen Mengen zum Reinigen bzw. Glänzendmachen von Parkettfußböden in verschiedenen Feinheitsnummern fabrikmäßig hergestellt und, abgepackt in $^1/_4$-Kilo-Paketen, in den Handel gebracht. — Stahlonit, das als Ersatz der Stahlspäne in den Verkehr gebracht wurde, besteht im wesentlichen aus Glimmersand mit etwa 10 % Kalk, 9 % Soda und Spuren Eisenfeile.

Stahlwässer (Chalybokrenen) nennt man eisenhaltige Mineralwässer, welche das Eisen in Form des Bikarbonats enthalten, im Gegensatz zu den Eisensulfat führenden Eisenwässern. Die wichtigsten deutschen Eisenwässer finden sich in Pyrmont, Driburg, Elster, Schwalbach, Reinerz, Kudowa, Alexisbad, Liebenstein, Bocklet und Brückenau am Rhön, Freienwalde a. O., Petersthal, Griesbach, Rippoldsau und Antogast. Außerdem finden sich Eisenwässer in Franzensbad (Österreich), St. Moritz und Tarasp in der Schweiz sowie zu Spa in Belgien. Die Stahlwässer enthalten bis zu 0,06 g Eisen in 1 l und werden sowohl zu Trink- wie zu Badekuren benutzt.

Staubbindemittel. Zur Bekämpfung der Staubplage werden verschiedene mehr oder weniger brauchbare Erzeugnisse in den Handel gebracht. — Die der ersten Klasse angehörenden, die vermittels Sprengwagens auf die Straße aufgetragen werden, bestehen aus Emulsionen von Mineral- und Asphaltölen mit Wasser, wie Westrumit, Antistoff, Standutin, und zwar wird der Zustand der feinen Verteilung durch Zusätze von Ammoniak, Kalilauge, Seife oder Mehlkleister aufrecht erhalten. — Die zweite Klasse bilden die sog. Fußbodenöle, Mineralöle oder Mischungen von Mineralölen und Leinöl, mit denen die Fußböden eingefettet werden. — Zu der dritten Klasse gehören die sog. Kehrmittel, fettig anzufühlende Pulver, die, wie früher angefeuchtete Sägespäne oder Kaffeesatz, vor dem Ausfegen auf den Boden gestreut werden und so ein Aufwirbeln des Staubes verhindern. Sie bestehen entweder wie das sog. Verrin aus Mischungen von Holzschliff mit Talkpulver oder wie das patentierte Bronil aus Mischungen von Zement, Sand oder Holzmehl mit Mineralölen. Verschiedene ähnlich zusammengesetzte Stoffe, wie Reesil, Perolin, Frottil u. a. sind als Nachahmungen des Bronils anzusehen.

Staufenbrunnen bei Göppingen enthält in 1000 g nach H. Fresenius (1902): Bikarbonate des Natriums 3,7893 g, Lithiums 0,0078 g, Ammoniums 0,0031 g, Kalziums 0,3356 g, Bariums 0,0009 g, Strontiums 0,0009 g, Magnesiums 0,4209 g, Eisenoxyduls 0,0144 g, Manganoxyduls 0,0002 g; Chlornatrium 0,5702 g; Bromnatrium 0,0014 g; Jodnatrium 0,00004 g; Sulfate des Kaliums 0,0536 g, Natriums 0,2378 g; Natriumphosphat 0,00005 g; Natriumnitrat 0,0131 g; Kieselsäure 0,0074 g; freie Kohlensäure 1,5604 g.

Stearin (lat. Acidum stearinicum, frz. Acide stéarique, engl. Stearic acid). Diesen Namen führt in der Chemie das Triglyzerid der Stearinsäure, im gewöhnlichen Leben versteht man hierunter jedoch den aus Talg und anderen Fetten ausgeschiedenen festen, kristallisierbaren Kerzenstoff, der seinen chemischen Eigenschaften nach eine schwache Säure ist, nämlich die Stearinsäure, $C_{18}H_{36}O_2$, selbst. Die Stearinkerzen sind daher richtiger als Stearinsäurekerzen zu bezeichnen. Sie bestehen jedoch niemals aus reiner Stearinsäure, sondern enthalten stets noch andere ähnliche Fettsäuren, namentlich Palmitinsäure, die ebenfalls ein Bestandteil der meisten Fette ist und sich von der Stearinsäure durch den niedrigeren Schmelzpunkt unterscheidet. Ein Gemisch beider schmilzt noch leichter als jeder der einzelnen Stoffe für sich. Die Abscheidung des harten Kerzenstoffes aus den Fetten kann nach verschiedenen Verfahren ausgeführt werden. Die ursprüngliche Arbeitsweise, die bei der Verarbeitung von Talg noch jetzt in Gebrauch ist, besteht in einer Verseifung des Fettes durch Kalk, Zersetzung der Seife durch Säure und Trennung der erhaltenen Fettsäuren durch Pressen. Zur Verseifung dient ein hölzerner, mit Rührvorrichtung versehener Bottich, in dem ein gewundenes Dampfrohr liegt. Hierin wird der Talg durch einströmenden Dampf geschmolzen, darauf das Rührwerk in Gang gesetzt und eine Milch aus frisch gebranntem und gelöschtem Kalk hinzugesetzt. Die anfangs flüssige Masse wird während des Rührens und Kochens immer zäher, und schließlich scheidet sich die unlösliche Kalkseife in Klumpen aus. Sie ist eine Verbindung der Fettsäuren des Talges mit Kalk, während sich nebenbei Glyzerin (s. d.) gebildet hat, das in der Flüssigkeit gelöst bleibt. Die Verseifung dauert etwa einen halben Tag. Die gebildete Kalkseife wird gewaschen und die bröcklige Masse zwischen gerieften Walzen in ein grobes Pulver verwandelt. In einem mit Blei ausgeschlagenen Dampfbottich ohne Rührwerk erwärmt man dann das Seifenpulver unter Zusatz von verdünnter Schwefelsäure durch Dampf. Die Säure zersetzt die Seife und bildet mit dem Kalk Gips, während die freigewordenen Fettsäuren wie ein dünnes Öl obenauf schwimmen. Das letztere wird abgezogen, durch gründliches Waschen mit immer erneuerten Mengen von Wasser gereinigt und in blecherne Kästen gebracht, in denen es zu viereckigen, bräunlichen Tafeln erstarrt. Diese werden in Wolltücher eingeschlagen und abwechselnd mit eisernen Platten in hydraulischen Pressen einem hohen Druck ausgesetzt. Die nicht festen Fettsäuren fließen dabei als ölartige Masse größtenteils ab, das Gemenge von Stearinsäure und Palmitinsäure hingegen hinterbleibt glänzend weiß und ganz trocken. An Stelle des Kalks wird neuerdings vielfach Magnesia angewandt. Zur Verarbeitung von Palm- und Kokosnußöl sucht man diesen vor der Verseifung das Olein durch Pressen zu entziehen, indem man sie schmilzt, langsam abkühlen läßt und auspreßt. — Eine andere, vielfach zur Anwendung kommende Methode beruht auf der Entdeckung, daß sich die Fette nicht nur durch Alkalien, sondern auch durch starke Schwefelsäure zersetzen lassen. Diese Säure verbindet sich sowohl mit dem Glyzerin als mit den Säuren der Fette. Die erstere Verbindung ist löslich, die letztere nicht, wird aber durch heißes Wasser leicht wieder in freie Schwefelsäure und freie Fettsäuren zerlegt. Das hierauf gegründete neuere Verfahren führt schneller und billiger zum Ziele und läßt sich auf alle möglichen Fette bis herab zu dem Seifenwasser der Wollspinnereien ausdehnen. Man bringt die Fette nebst der Säure in einen eisernen, mit Blei ausgelegten Behälter und läßt unter fortwährendem Rühren Wasserdampf darauf wirken. Die zersetzte Masse wird in einem anderen großen Gefäße gründlich gewaschen und dann in große Destillierblasen gebracht, welche durch freies Feuer erhitzt sind, während im Inneren überhitzter Dampf durch die Masse strömt. Sobald die Temperatur bis auf 300° gestiegen ist, destillieren die Fettsäuren mit den Wasserdämpfen über, werden in einem Kühler verdichtet und fließen als helle Flüssigkeit ab, die weiterhin zu einer weißen Masse erstarrt. Die Spaltung der Fette in Fettsäuren und Glyzerin kann auch durch Anwendung von überhitztem Dampf allein, ohne Beihilfe von Schwefelsäure, erfolgen. Das S. ist in Tafeln und Täfelchen im Handel, wird aber meist in den Fabriken gleich zu Kerzen verarbeitet (s. d.). — Das flüssige Fett, die Ölsäure, Stearinöl, Olein (lat. Acidum oleinicum, frz. Acide oléique, engl. Oleic acid), die in großen Mengen abfällt, wird zum Putzen, zum Einfetten von Wolle und zur Herstellung weicher Seifen, Schmierseifen, Schälseifen benutzt.

Stechapfel (Datura Stramonium), das einjährige, widrig riechende Giftkraut mit weißen, trichterförmigen Blüten und stacheligen Samenkapseln, das sich auf Schutthaufen und wüsten Plätzen sowie an Wegen aufhält und zu der Familie der Nachtschattengewächse, Solaneen, gehört, findet wie die meisten Giftpflanzen medizinische Verwendung. Man benutzt die getrockneten Blätter (lat. Folia stramonii, frz. Feuilles de stramoine, engl. Stramonium leaves) gepulvert oder in Form des Extraktes (lat. Extractum stramonii, frz. Extrait de stramoine, engl. Extract of stramonium), das aus frischem Kraut herzustellen ist. Außerdem werden auch die S.-Samen (lat. Semen stramonii, frz. Semences de stramoine, engl. Stramonium seeds) in gleicher Weise medizinisch angewandt. Die Blätter sind zugespitzt eirund, buchtig gezähnt, dunkelgrün, von bitterlichsalzigem Geschmack und widerlichem Geruch. An dem bis 20 cm langen Blatte ist meist der 10 cm lange Stiel mit vorhanden. Die Früchte sind stachlige Kapseln von eiförmiger Gestalt und enthalten etwa 2 mm lange Samen von schwarzbrauner punktierter Oberfläche und weißem Kern. Die ganze Pflanze ist sehr giftig, doch findet sich der Giftstoff am reichlichsten in den Samen. Das rein abgeschiedene Alkaloïd, das mit Hyoszyamin identisch ist, früher aber Daturin genannt wurde, kristallisiert in weißen, glänzenden Prismen von scharfem, widrig bitterem Geschmack. Außerdem enthalten die Samen noch Atropin und fettes Öl. Die S.-Blätter und -Samen ähneln in ihrer medizinischen Wirkung der Belladonna. Die Blätter werden, mit Salpeter gemischt, als Asthmakräuter verordnet, auch sind die sog. Asthmazigarren mit einer Einlage von S.-Blättern versehen.

Steingut (Fayence) nennt man diejenigen Tonwaren, die zum Unterschiede von Porzellan und Steinzeug eine erdige Masse und daher poröse Struktur besitzen. Sie werden in feines S. oder F. und in gemeine Fayence, gemeines S. oder Majolika unterschieden. Die feine Fayence, die nach der Stadt Faenza in Italien benannt ist, wird aus einem feuerfesten, fetten und plastischen Ton unter Zusatz von Quarz oder Feuerstein hergestellt. Das Mahlen und Schlämmen der Bestandteile, ihre Vereinigung zu Brühen, das Kneten der Masse auf Mühlen, Durchziehen durch Filterpressen und die weitere Verarbeitung auf der Töpferscheibe oder mit Gipsformen stimmt ganz mit der Herstellung des Porzellans überein, geht aber einfacher vonstatten, weil die Masse leichter formbar ist. Die getrockneten Stücke werden in Kapseln zweimal gebrannt, erhalten aber zum Unterschiede von Porzellan die größte Hitze beim ersten, dem sog. Biskuitbrand. Nach dem ersten Brand werden die unter Glasur liegenden Verzierungen durch Malerei oder Überdruck aufgetragen. Als Farbstoffe finden, wie bei Porzellan und Glas, Chromoxyd für Grün, Kobaltoxyd für Blau, Gemische von Kobalt-, Mangan- und Kupferoxyd für Schwarz und Pink Couleur für Violett Anwendung. Vergoldungen, Metallüster und reichere Ausschmückungen werden nach der Glasur aufgesetzt und besonders in Muffeln eingebrannt. Die Glasuren sind immer stark bleihaltig und bestehen aus einem Glase, das vorher aus Kieselpulver, Soda, Borax und Bleiweiß oder Mennige zusammengeschmolzen, dann gestampft und mit Wasser fein gemahlen wurde. Beim zweiten Brennen überzieht sich das S. mit einer dünnen, durchsichtigen Glashaut, welche die Grundfarbe sehen läßt und zur Verdeckung des gelblichen Tons der letzteren meist mit etwas Smalte gebläut wird. Die gemeine Fayence (Majolika) wird aus einem mehr oder weniger eisenschüssigen, mit Sand und Mergel gemischten Ton durch zweimaliges Brennen hergestellt. Nach dem ersten Brand wird die Malerei entweder unter Glasur oder auf die rohe Glasur aufgetragen und dann mit der Glasur eingebrannt. Im ersteren Falle verwendet man eine durchsichtige, im letzteren Falle eine undurchsichtige, zinnhaltige Glasur oder Email. Weitere Einzelheiten siehe unter Majolika.

Steinkohle (frz. Houille, Charbon de terre, engl. Coal, Pitcoal). Dieser für das gewerbliche und Kulturleben der modernen Menschheit unentbehrliche Rohstoff ist pflanzlichen Ursprungs und, nach den Versteinerungen und Abdrücken zu schließen, aus Farnkräutern, Schachtelhalmen, Bärlappgewächsen und anderen Kryptogamen hervorgegangen. Wahrscheinlich erklärt sich ihre Entstehung in der Weise, daß die Erzeugnisse eines üppigen Wachstums bei feuchtem und tropischem Klima angehäuft wurden und unter Bedeckung mit Niederschlagsmassen von Sand und Schlamm, aber ohne besonders hohe Temperaturen, eine langsame Reduktion durchmachten. Im Verlaufe dieser Umwandlung nahm der Gehalt an Sauerstoff und Wasserstoff naturgemäß ab, derjenige an Kohlenstoff zu. Die S. finden sich auf der ganzen Erde stets unter den gleichen Verhältnissen und enthalten auch immer dieselbe Flora. Es muß daraus geschlossen werden, daß zur Zeit ihrer Entstehung an den verschiedenen Punkten der Erde nahezu dasselbe Klima geherrscht hat. Nach ihrem geologischen Vorkommen faßt man sie zu einer besonderen Formation, der Steinkohlen- oder karbonischen Formation, zusammen, die wohl auch in Unter- und Oberkarbon unterschieden wird. Vorkommnisse in anderen Formationen, wie in der Wealdenformation in Schaumburg-Lippe, sind selten und nur von örtlicher Bedeutung. Als Grundlage der eigentlichen Kohlenformation findet sich in einigen Gegenden, z. B. in England, ein Kalkstein (Kohlenkalk), auf dem Schichten von Sandstein und Tonschiefern abwechselnd mit Kohlenschichten lagern. In Deutschland fehlt der Kohlenkalk. Die Decke wird meist durch das Rotliegende gebildet. Die Kohlenschichten, Flötze, deren Mächtigkeit zwischen wenigen Zentimetern bis zu mehreren hundert Metern schwankt, sind bisweilen horizontal gelagert oder auch durch Verwerfungen gestört und bilden meist flache Mulden (Kohlenbecken oder -bassins), deren Ränder vielfach zutage treten. Die reichsten Kohlenlager hat Nordamerika, dessen Kohlenbecken eine Fläche von mehr als 6000 Quadratmeilen bedecken. In Europa hatte England die größten

Kohlenschätze, deren Wert um so höher ist, als sie leicht zugänglich sind und vielfach nahe am Meere liegen. Sie sind aber der Erschöpfung näher als die Vorräte Deutschlands, das sehr ergiebige Flötze im Saargebiet, ferner zwischen Lüttich und Aachen, in Westfalen, im Ruhrgebiet, in Sachsen und besonders in Oberschlesien besitzt. Die deutsche Förderung belief sich in den letzten Friedensjahren auf 153 Millionen Tonnen im Werte von 1½ Milliarden Mark. Die gesamten Vorräte wurden zu 158 Milliarden Tonnen geschätzt, deren Erschöpfungsdauer auf über ein Jahrtausend hinausgeht. Reich an Kohlen sind vor allem auch Belgien und China. — Nach ihrem Aussehen, ihrer Herkunft und Zusammensetzung unterscheidet man zahlreiche Kohlensorten. Die zwei Hauptabteilungen bilden die sog. fette und die magere Kohle, von denen die erstere bei der trocknen Destillation eine große Ausbeute an gasförmigen Stoffen liefert. In England unterscheidet man Back-, Splint- oder harte Kohle, Kirschkohle oder weiche Kohle, Kannel- und Bogheadkohle. Die Kannel-K. (Candle- oder Kerzenkohle) gehört zu den Sandkohlen, ist am reichsten an Bitumen, daher von niedrigem spez. Gew., sehr leicht entzündlich und brennt mit schön weißer, langer, kerzenartiger Flamme. Neben 74,5 % Kohlenstoff enthält sie 5,4 % Wasserstoff und 19,6 % Sauerstoff, ist aber sehr arm an Asche. Bei der trockenen Destillation gibt sie 44 % flüchtige Stoffe ab und bildet daher eine vortreffliche Gaskohle. Die schottische Bogheadkohle, die eigentlich eher als ein fester, nicht abfärbender Brandschiefer anzusehen ist, verhält sich der vorigen ganz gleichartig. Nach anderen, besonders mineralogischen Gesichtspunkten unterscheidet man noch folgende Sorten: Glanzkohle, eine spröde, samtschwarze Kohle von starkem Glanze und muscheligem Bruch, wird hauptsächlich zur Herstellung von Leuchtgas benutzt. Pechkohle gehört wegen ihres hohen Bitumengehaltes zu den Back- oder Sinterkohlen. Sie ist schwarz und pechglänzend, nicht abfärbend, besitzt muscheligen Bruch und ist leicht entzündlich. Die Rußkohle (Faserkohle) ist weich und glanzlos, oft beinahe erdig und stark abfärbend. Die Schieferkohle besteht aus parallelen Schichten von teils glänzender, teils matter Oberfläche und würfligem oder splittrigem Bruch. Nach der Dicke der Schichten teilt man sie in Grobkohle und Blätterkohle. Anthrazit endlich ist eine harte, schwarz glänzende Masse von muscheligem Bruch und hohem spez. Gew. In chemischer Hinsicht kommt er dem Graphit am nächsten, besteht fast ganz, zu 92—97 %, aus Kohlenstoff, ist daher schwer entzündlich und brennt langsam ohne Flamme und Rauch. Er eignet sich nicht zur Herstellung von Leuchtgas, bildet aber, besonders in Amerika und für sog. amerikanische Öfen, ein wertvolles Heizmittel. Nach der Größe der Stücke unterscheidet man noch Stückkohle, Würfelkohle, Knorpelkohle und Kohlenklein. Das letztere wird meist zu Briketts (s. d.) verarbeitet. Die Stücke unterwirft man bisweilen einem Waschprozeß, um die erdigen Bestandteile und den Kohlenstaub zu entfernen, und bezeichnet sie dann als Waschkohle. Der Verkauf geschieht vielfach nach Maß (Hektoliter) bzw. unter Umrechnung auf Gewicht. Im Eisenbahnverkehr fassen die Kastenwagen (Loren) in der Regel eine bestimmte Anzahl von Zentnern. Die Kohle findet besonders für drei Zwecke: als Heizmittel, zur Herstellung von Leuchtgas und zur Eisengewinnung in ungeheuren Mengen Anwendung. Der Heizwert richtet sich hauptsächlich nach dem Gehalte an Kohlenstoff und Wasserstoff, während der Sauerstoffgehalt ihn erniedrigt. Je weniger Kohlenstoff vorhanden ist, um so leichter brennt die Kohle; je kohlenstoffreicher sie ist, um so stärkeren Zug (Sauerstoffzufuhr) verlangt sie, erzeugt allerdings auch um so größere Hitze. Die Gasanstalten gebrauchen die stark bituminösen Kohlen, während die Eisenhütten besonders schwefelfreie Kohlen verlangen. Sie bedienen sich daher meist der bei der trocknen Destillation hinterbleibenden Rückstände, der Koks, die völlig schwefelfrei sind und aus nahezu reinem Kohlenstoff bestehen.

Steinnuß (Elfenbeinnuß, Taguanuß, Corusco, vegetabilisches Elfenbein) nennt man die Samen der zu den Pandaneen gehörenden Elfenbeinpalme, Phytelephas macrocarpa, die, in Peru und Kolumbien heimisch, jetzt in allen Tropenländern vorkommt. Die kokosnußähnlichen Früchte enthalten 80—120 Samen von der Größe einer Kastanie bis zu Hühnereigröße und länglich eiförmiger, etwas flachgedrückter Gestalt. Die gelblichbraune bis braunschwarze Schale umschließt ein weißes, ungewöhnlich hartes Sameneiweiß, das sich gut auf der Drehbank, aber nur nach längerem Einweichen mit dem Messer bearbeiten läßt. Für die chemische Zusammensetzung werden folgende Werte angegeben: Wasser 13,20 %, Protein 4,60 %, Fett 0,96 %, stickstofffreie Extraktstoffe 64,10 %, Rohfaser 16,20 %, Asche 1,30 %. Von den zahlreichen Handelssorten sind Kartagena, Panama, Kolon und Savanilla-Bastard am größten, Para, Manta und Guayaquil am kleinsten, während Amazonas, Marzellino, Esmeralda, San Lorenzo, St. Blas und Tumaco in der Mitte stehen. Palmyranüsse sind etwas länglicher, Coquillos an einer Seite lang zugespitzt. Die als Fiji- oder Tahiti- bezeichneten sehr großen, bis apfelgroßen, Nüsse stammen von einer anderen Pandanee, Coelococcus carolinensis. Die in Menge von gegen 20000 t jährlich nach Deutschland eingeführten St. finden vielfache Verwendung zu Drechslerarbeiten (Knöpfe), die Drehspäne und anderen Abfälle als Futtermittel, Streumehl (s. d.) und Kaffee-Ersatz sowie zum Verfälschen von Gewürzen. An ihren stark verdickten Zellen sind sie unter dem Mikroskope leicht erkennbar.

Steinpilz, Herrenpilz (Boletus edulis), ein sehr geschätzter Röhrenpilz, findet sich im Sommer und Herbst in Gebüschen, Laub- und Nadelwäldern und kommt in großen Massen auf den Markt. Der meist 10—20 cm breite nackte Hut ist hell- bis dunkelbraun, die Röhrenschicht anfangs weißgelb, später grüngelb, nie rot, das Fleisch fest und weiß, beim Bruch sich nie verfärbend. Der bis 16 cm hohe Stiel von verschiedener, meist Keulenform ist netzartig gezeichnet, blaßbräunlich und bei jungen Pilzen stark knollig, der Geruch und Geschmack mild. Der in der

Form ähnliche und mit ihm bisweilen verwechselte stark giftige Satanspilz (Boletus satanas) unterscheidet sich vom St. durch die an den Mündungen blutroten Röhrchen, die oberwärts gelbe Farbe und die netzartige orangefarbige Zeichnung des Stiels sowie die dunkle bis blauschwarze Verfärbung der Bruchstellen. — Von eßbaren Pilzen der Gattung Boletus seien noch angeführt: der Birken- oder Kapuzinerpilz (B. scaber), der Butter- oder Ringpilz (B. luteus), der Kuhpilz (B. bovinus), die Ziegenlippe (B. subtomentosus), der Maronenpilz (B. badius), der Schmerling (B. granulatus). Ungenießbar ist der Gallen-Röhrling (B. felleus). Bezüglich der kennzeichnenden Merkmale sei auf das vom Reichsgesundheitsamt herausgegebene Pilzmerkblatt, hinsichtlich des Nährwerts auf den Abschnitt Pilze verwiesen. — Die eßbaren Pilze der Gattung Boletus kommen sowohl in frischem Zustande wie auch getrocknet und als Dosenkonserven in den Handel.

Steinzeug. Dieser Begriff umfaßt eine Klasse harter Tonwaren, die in zwei sehr verschiedene Gruppen zerfällt, nämlich in feine Ware, die mehr oder weniger dem Luxus dient, und in gemeine, welche die als steinerne bezeichneten Gebrauchsgegenstände umfaßt. Das gemeinsame Merkmal beider liegt darin, daß die Masse durch heftiges Brennen gesintert, daher hart, dicht und glattbrüchig ist. Sie unterscheidet sich demnach sofort von der erdig brechenden gewöhnlichen Töpferware und nähert sich dem Porzellan, von dem sie aber wieder dadurch abweicht, daß sie niemals irgendeine Durchscheinbarkeit zeigt. Die Masse brennt sich, je nach der Tonsorte, entweder ganz weiß, oder grau, bläulich oder braun. Man verleiht ihr aber oft absichtlich bestimmte Farbentöne durch Zusatz von Eisen- und anderen Metalloxyden, welche dann zugleich als Flußmittel dienen. Andere, nicht färbende Flußmittel sind Feldspat, Gips, Kalk, Baryt und Knochenasche. Da die Masse schon an sich wegen ihrer Dichtigkeit für Flüssigkeiten undurchdringlich ist, erscheint eine Glasur nicht erforderlich. Wird eine solche bei gewöhnlichen Waren aber trotzdem gefordert, so wendet man in der Regel die Salzglasur in der Weise an, daß man in den weißglühenden Brennofen einige Handvoll Kochsalz (Chlornatrium) wirft. Dieses verflüchtigt sich bei der hohen Temperatur rasch, die Dämpfe kommen mit den Gegenständen in Berührung und bilden hier ein aus kieselsaurem Natron, Tonerde und Eisenoxyd bestehendes Glas, das als dünner, aber sehr harter Überzug auf dem S. haftet. Von dem unglasierten feinen S. ist das englische Wedgewoodgeschirr am berühmtesten. Die Ausschmückung der feinen Steinzeugwaren, die sich noch in weiße und farbige sondern lassen, fällt mehr in das Gebiet der Formkunst als in das der Malerei. Die Masse ist weit bildsamer als der Porzellanton, und alle Verzierungen erscheinen daher schärfer, und zwar um so mehr, als sie von keiner Glasur nachträglich abgestumpft werden. Sehr schöne Wirkungen werden dadurch erzielt, daß man auf den Grund der Gefäße erhabene Bildungen von anders gefärbter Tonmasse aufsetzt (Applikation). Die verschiedenen Färbungen werden der Billigkeit halber bisweilen dadurch erzeugt, daß man nur eine farbige Oberfläche durch Anguß einer verdünnten farbigen Masse hervorbringt. Manche Waren werden bronziert, andere mit Firnisfarben überzogen, sehr häufig ist auch die Anwendung der sog. Metallüster. — Von deutschen Fabriken zur Herstellung der Steinzeugwaren nach englischer Art finden sich die bekanntesten zu Mettlach und Wallerfangen im Trierschen und zu Steinau in Hessen. Manche Waren haben sich aus alter Zeit bis heute erhalten, so das beliebte, zart graue Kölner Geschirr, die in Bayern noch gebräuchlichen Bierkrüge mit smalteblauen Verzierungen und das braune Bunzlauer Geschirr. Letzteres ist eine Angußware mit gelblichem Körper und braunem Überzug. — Von gemeinem S. wurden einzelne Gegenstände, namentlich die Mineralwasserkrüge, früher in ungeheuren Mengen verbraucht, doch versendet man neuerdings die Mineralwässer häufiger in Glasflaschen. Wegen der Undurchdringlichkeit der Masse für Flüssigkeiten und Gase, auch ohne Glasur, sowie ihrer Unangreifbarkeit durch ätzende Flüssigkeiten wird sie aber noch jetzt für viele andere gewerbliche Gerätschaften angewandt, so zu Wasserleitungsröhren, großen Säureflaschen, Woulfschen Flaschen, Retorten und anderen Apparaten der chemischen Industrie, großen Wasserständern, Einlegfässern u. dgl. Derartige Großstücke von oft riesigen Abmessungen, die sich nur schwierig formen und brennen lassen, werden schon seit langer Zeit in England hergestellt, doch ist dieser Zweig auch in Deutschland durch viele Fabriken vertreten. In den Rheinlanden wird die Herstellung gewöhnlichen S. von alten Zeiten her in einer Gruppe von Dörfern des Regierungsbezirkes Koblenz betrieben, deren Hauptgeschäft diese Industrie bildet. Die Gegend heißt daher allgemein das Krugbäckerland. Den Rohstoff bildet ein vortrefflicher Ton, der sog. Kölner Ton, der in dortiger Gegend massenhaft lagert, selbst Gegenstand des Handels ist und weit versandt wird. Man unterscheidet 1. Krugbäcker, die Mineralwasser- und Branntweinflaschen (zu Genever, Steinhäger) anfertigen, 2. Kannenbäcker, die hauptsächlich die in Bayern üblichen Bierkrüge und bauchigen Kannen drehen und durch Bemalen mit Smalte verzieren, 3. Weißwarenfabriken, welche die für den Haushalt gebrauchten Geschirre, Töpfe, Schüsseln und Einmachegefäße, ferner Büchsen für Apotheker, zu Wichse, Senf u. dgl., und endlich für chemische Fabriken Säureballone, Woulfsche Flaschen, Retorten und Wasserleitungsröhren herstellen. Zum Gebrauch über Feuer können Steinzeuggeschirre nicht benutzt werden, weil sie dem Zerspringen sehr unterworfen sind.

Stempelfarben sind Gemische von organischen oder unorganischen Farbstoffen mit Klebe- und Bindemitteln, wie Leim, Gummi, Dextrin und Fetten. Für Metallstempel eignet sich besonders Karmin, Zinnober, Kienruß oder irgendein öllöslicher Teerfarbstoff mit Leinölfirnis oder mit Firnis und Rizinusöl. Für Kautschukstempel verwendet man Mischungen von Anilinfarben mit Dextrin, Wasser und Glyzerin. Fleischbeschauer benutzen meist eine Lösung von drei Teilen Methylviolett in je 50 Teilen Glyzerin und Alkohol. Als S. für Säcke eignet sich eine

Abkochung von Blauholz und Galläpfeln, die mit Essig, Alaun und Eisenvitriol und darauf mit Gummiarabikum und Terpentin gemischt wird. Zum Zeichnen der Wäsche wird meist ein Gemisch von ammoniakalischer Silberlösung mit Soda und Gummiarabikum benutzt.

Sternanis (Badian, lat. Fructus anisi stellati, Semen badiani, frz. Badiane ou Anise étoilé, engl. Star anise) nennt man die würzigen Früchte eines im östlichen Asien heimischen, in China häufig angebauten, immergrünen Baumes aus der Familie der Magnoliazeen, Illicium anisatum, der auch in Japan und auf den Philippinen gezogen wird. Der Name rührt von der eigenartigen Form der Frucht her, die aus fünf bis acht schotenförmigen, mit den Spitzen aufwärts gebogenen Fächern sternförmig zusammengesetzt ist. Bei der Fruchtreife springen die Fächer oben auf und bilden nun kahnförmige Gebilde, in denen je ein linsenförmiger, glänzend hellrotbrauner Samenkern sichtbar ist. In der Handelsware finden sich die unversehrten Früchte meist mit Bruchstücken und ausgefallenen Körnern vermengt. Die holzigen, zerbrechlichen Hülsen oder Kapseln sind außen graubraun und runzelig, innen glatt und braunrot. Die Droge hat einen starken Geruch nach Anis und einen würzig süßlichen, etwas brennenden Geschmack. Sie wird hauptsächlich als Gewürz, doch auch bisweilen medizinisch als Bestandteil von Brusttee und anderen Tees angewandt. Das dem eigentlichen Anisöl sehr ähnliche ätherische Öl findet sich am reichlichsten, bis zu 5 %, in den Kapseln, in den Kernen hingegen nur zu 2 %, und wird meist schon in China durch Destillation der frischen ganzen Früchte dargestellt. — Das Sternanisöl (lat. Oleum anisi stellati, frz. Essence de badiane ou d'anise étoilé, engl. Oil of star anise) wird in ziemlich erheblicher Menge aus Südchina bezogen und in Blechkanistern versandt, die mit dem bekannten graugrünen, mit chinesischen Schriftzeichen versehenen Papier beklebt sind. Das spez. Gew. des Öles liegt zwischen 0,980 und 0,990, der Erstarrungspunkt bei + 14 bis + 18°. Sternanisöl löst sich in drei Teilen 90 %igem Spiritus klar auf. Neben Safrol, durch dessen Anwesenheit es sich von Anisöl unterscheidet, sind als wichtigste Bestandteile Anethol, Methylchavikol und Pinen zugegen. Das Öl wird hauptsächlich zur Herstellung von Likören benutzt. In der Medizin dient es, wie Anisöl, als würzhaftes, erwärmendes Mittel. — Von den bisweilen beobachteten Verwechslungen mit anderen ähnlichen Samen ist besondere Vorsicht gegenüber den Früchten der in Japan heimischen Art Illicium religiosum geboten, die wegen des Gehaltes an den Glykosiden Shikimin und Shikiminsäure giftig wirken. Man erkennt sie leicht an der geringeren Größe und dem stark zurückgebogenen Schnabel am Ende eines jeden Fachs.

Sternwurzel (Sterngraswurzel, Leuchtsternwurzel, Kolikwurzel, engl. Blazing star), eine in Nordamerika sehr bekannte und allgemein als Hausmittel angewandte Droge, die neuerdings auch in Europa als Arzneimittel empfohlen wird, stammt von der Liliazee Aletris farinosa und besteht aus einem wagerechten, 5—8 cm langen Wurzelstock von 0,4 bis 1,0 cm Dicke. Der letztere ist oben glatt, unten konkav und mit hellgrauen, faserigen oder schuppigen Blattresten besetzt und trägt an seiner unteren, konkaven, Fläche zahlreiche, einfache, im älteren Zustande glänzendschwarze, im jüngeren braune oder weißliche Wurzelfasern von 5—8 cm Länge. Das Innere des Wurzelstockes ist meist mehlig, von zerstreuten Netzbündeln durchzogen, der Geschmack anfangs nur mehlig, später aber sehr bitter.

Stickoxydul, N_2O, bildet im verflüssigten Zustande einen Gegenstand des Handels und wird ähnlich wie die flüssige Kohlensäure in eisernen Flaschen versandt. Es wird hauptsächlich von Zahnärzten zum Betäuben an Stelle des Chloroforms benutzt und wegen eines eigentümlichen Zustandes der Berauschung, den es erzeugt, Lachgas oder Lustgas genannt. Man gewinnt das S. durch Erhitzen von Ammoniumnitrat als ein farb- und geruchloses, nur aus Stickstoff und Sauerstoff bestehendes Gas von süßlichem Geschmack. Es ist 1,52mal schwerer als Luft und wird bei 0° unter einem Drucke von 30 Atmosphären flüssig. Unter gewöhnlichem Luftdruck bildet es erst bei — 88° eine farblose Flüssigkeit, die bei — 100° C zu einer eisartigen Masse erstarrt.

Stiefmütterchenkraut (Dreifaltigkeitsblume, lat. Herba violae tricoloris seu Herba jaceae, frz. Pensée sauvage, engl. Pansy), das getrocknete, blau blühende Kraut des wild wachsenden Stiefmütterchens, Viola tricolor (L.), wird in Apotheken und Drogenhandlungen als blutreinigender Tee und gelinde wirkendes Abführmittel für kleine Kinder verkauft. Es besitzt einen nur schwachen Geruch und süßlich schleimigen Geschmack und enthält als wirksamen Bestandteil ein Glykosid, Violaquerzitrin, neben Salizylsäurementhylester. Es muß jährlich frisch gesammelt werden. In vielen Gegenden werden nur die Blüten der Pflanze (lat. Flores violae tricoloris seu Flores jaceae, frz. Fleurs de pensée sauvage, engl. Pansy flowers) als Tee verlangt.

Stillingiasamen sind die talghaltigen Samen des zu den Euphorbiazeen gehörenden Talgbaumes, Stillingia sebifera Michx., der im tropischen Asien und China vielfach angebaut wird. Die schwarzen Samen liegen in den dreikantigen Früchten in einer fettigen Masse von gleicher Zusammensetzung wie das Samenfett eingebettet und geben beim Auspressen einen weißen Talg, der chinesischer Talg, vegetabilischer Talg (frz. Suif d'Arbre, engl. Vegetable tallow of China) genannt wird und zur Herstellung von Seifen und Kerzen Verwendung findet. Seine Hauptbestandteile sind Palmitin und Stearin.

Stiltonkäse, ein überfetter englischer Weichkäse, der in dem Dorfe Stilton in der Grafschaft Huntington und in einigen Gegenden von Leicestershire bereitet wird, bildet zylindrische Stücke von 15—20 cm Durchmesser, 20—30 cm Höhe und 3—10 kg Gewicht. Er ist erst gegen Ende des zweiten Jahres genügend reif und gilt als besonders gut, wenn er im Inneren von Schimmel durchsetzt ist.

Störe, Acipenseridae, zu den Schmelzschuppern (Ganoidei) gehörende Fische mit schmackhaftem Fleisch, sind besonders wichtig wegen ihrer Eier (s. Kaviar) und der Schwimmblase (s. Hausenblase). 1. Der Stör, Acipenser sturio, 2—6 m lang, in Europa in Flüssen und Meeren außer der Donau und dem Schwarzen Meer, 2. Sterlet, Störl, Acipenser ruthenus, 1 m lang, im Schwarzen Meere und den größeren Flüssen Rußlands, 3. Scherg, Scherk, Schörgel, Sternhausen, Acipenser stellatus, 2 m lang, ebendaselbst, und 4. Hausen, Acipenser huso, bis 9 m lang und bis 600 kg schwer. — Das Fleisch der größeren Sorten gleicht dem Kalbfleische und wird besonders in Rußland von allen Schichten des Volkes genossen. In erster Linie gilt das Fleisch des Sterlet als besonders schmackhaft. Der S. liefert die Hauptmenge des Kaviars. Seine Sehnen werden zu Peitschen und Treibstöcken verarbeitet.

Storax (lat. Storax, Styrax liquidus, Balsamum storacis, frz. Styrax liquide, engl. Liquid storax) ist der Balsam eines in Kleinasien und Syrien Wälder bildenden stattlichen Baumes aus der Familie der Hamamelidazeen, Liquidambar orientalis, dessen lockere Innenrinde in Säcken aus Pferdehaar ausgepreßt oder ausgekocht wird. Der abgeschöpfte St. gelangt über Smyrna, Konstantinopel, Syra und Alexandria in Fässern oder Kanistern nach Europa, doch wird im Orient selbst sehr viel davon verbraucht. Der Balsam ist im frischen Zustande zähflüssig wie Terpentin, von grauer oder graugrünlicher Farbe und durch beigemischtes Wasser getrübt und wird in der Regel noch mit einer Schicht Wasser bedeckt in den Handel gebracht. Der Geruch ist stark und vanilleähnlich, der Geschmack würzhaft und brennend scharf. Alkohol, Äther, Essigäther, Methylalkohol, Eisessig, Azeton und Amylalkohol lösen den S. fast vollständig mit brauner Farbe. Das spez. Gew. beträgt 1,112—1,115, der Aschengehalt soll 1 %, der Wassergehalt 30 % nicht übersteigen. S. enthält außer Harz Styrazin, Styrol, Zimtsäure, Vanillin und mehrere Zimtsäureester, wird aber häufig durch Terpentin, Kolophonium und fette Öle verfälscht. Da die ursprüngliche Ware oft mit Holz- und Rindenstücken versetzt ist, wird in der Medizin gegen Krätze und andere Hautkrankheiten ein gereinigtes Erzeugnis (lat. Styrax depuratus, frz. Styrax purifié, engl. Prepared storax) benutzt, zu dessen Herstellung man den S. in Alkohol löst, filtriert und eindampft. Der so gereinigte Balsam ist eine sirupdicke Flüssigkeit von dunkelbrauner Farbe. Die rohe Ware wird hauptsächlich zu Räuchermitteln und Parfümerien, Ofenlack und Räucherkerzen verbraucht und in weingeistiger Lösung vielen gemischten Parfüms zugesetzt, um ihren Geruch haltbarer zu machen. — Als fester S. (lat. Styrax solidus seu calamitus) finden sich braune, bröckelige Massen im Handel, die Storaxgeruch haben und ebenfalls zu Räuchermitteln dienen. Ursprünglich bestanden sie aus den wohlriechenden Rindenrückständen von der Balsamgewinnung, jetzt vielfach aus einem Gemisch von Sägespänen mit S. und anderen Riechstoffen, das erst in Triest zusammengeknetet wird. — Ein anderer, von dem vorigen ganz verschiedener Baum oder baumartiger Strauch aus dem südlichen Europa und dem Orient, Styrax officinalis, liefert einen S. in Körnern oder Tränen, der aber nur noch selten im Handel vorkommt.

Strachino-Käse, ein italienischer Fettkäse, wird in ähnlicher Weise wie der Gorgonzola aus Vollmilch oder aus Vollmilch mit Rahmzusatz hergestellt und enthält nach König: 38,01 % Wasser, 23,39 % Stickstoffsubstanz, 34,04 % Fett und 4,70 % Asche.

Stranfafaser, ein von der mechanischen Weberei von Gröning in Messen bei Rheine aus Strohfaser hergestellter Juteersatz für grobe Stricke, Polster-, Filz- und Kabelfabrikation.

Streumehle sind Backhilfsmittel, die neuerdings an Stelle des Brotmehles zum Bestreuen der Brotlaibe und der Backschüsseln benutzt werden, um das Ankleben des Teiges auf der Unterlage zu verhindern. Sie bestehen in der Regel aus technisch reinem Holz-, Stroh-, Spelz-, Schilf- oder Steinnußmehl, während ein Zusatz von Gips, Kreide oder anderen Mineralstoffen unzulässig ist. Die St. dürfen nur an der Oberfläche des Gebäcks haften, das Einkneten in den Teig hat als Verfälschung zu gelten.

Stroh (Geströh) nennt man die oberirdischen Teile landwirtschaftlicher Nutzpflanzen, die nach vollendeter Reife von den Samen befreit worden sind und zum Teil als Futtermittel oder zur Einstreu, zum Teil für technische Zwecke, wie zur Herstellung von Papier, Verwendung finden. Praktische Bedeutung hat in erster Linie das Getreidestroh, ferner das Stroh von Hülsenfrüchten (Erbsen, Bohnen, Wicken) und von einigen Ölpflanzen, wie Raps, Mohn, Sonnenblumen. Der Nährstoffgehalt des Strohes ist naturgemäß nur gering, da allein gegen 40 % auf Rohfaser entfallen. Daneben enthält das wertvollste, das Hülsenfruchtstroh, 8—14 % Stickstoffsubstanz, während diese im Getreidestroh nur zu etwa 3—6 % vorhanden ist. Der Fettgehalt beträgt 1—2 %. Der Hauptwert des Strohes liegt sonach darin, daß es die Tiere zum gründlichen Durchkauen der gleichzeitig dargereichten Kraftfuttermittel zwingt und magenfüllend wirkt. Zur Erhöhung des Nährwertes sind mehrere Vorschläge gemacht worden, die zur Herstellung folgender beiden Futtermittel geführt haben. Strohkraftfutter nennt man das nach dem Verfahren von Franz Lehmann, oder in etwas abgeänderter Form von Öxmann, Colshorn u. a. mit Natron aufgeschlossene Stroh, das hierbei von den die Zellen inkrustierenden Stoffen Lignin, Suberin u. a. befreit wird. Zu seiner Darstellung wird das gehäckselte Stroh in Kugelkochern oder viereckigen Behältern bei gewöhnlichem oder erhöhtem Druck mit Natronlauge erhitzt und nach dem Ablassen der braunen Lauge bis zur neutralen Reaktion ausgewaschen. Das besonders während des Krieges in Aufnahme gekommene Strohfutter besteht aus nahezu reiner Zellulose, die restlos verdaut werden und den Futterwert der Stärke haben soll. Strohmehl ist nach dem Vorschlage von Friedenthal staubfein vermahlenes Stroh. Die Annahme des Erfinders, daß durch diese Behandlung die Verdaulichkeit erhöht werden solle, hat sich bei näherer Prüfung als irrig erwiesen, und das Verfahren ist daher als zwecklos wieder eingestellt worden.

Strontium, ein dem Kalzium nahe verwandtes metallisches Element, findet sich in der Natur nicht gediegen, sondern nur in Form von Verbindungen, hauptsächlich als Karbonat im Strontianit und als Sulfat im Zölestin. Es hat das spez. Gew. 2,400, das Atomgewicht Sr = 87,500 und zersetzt Wasser wie met. Natrium. Die Verbindungen des S., die in der Medizin und Technik vielfache Anwendung finden, werden aus dem natürlichen Zölestin durch Glühen mit Kohle und durch Behandlung des entstehenden Schwefelstrontiums mit Säuren, oder durch Auflösen von Strontianit dargestellt. Sie stehen ihrem chemischen Verhalten nach zwischen dem Kalzium und Barium, geben mit Schwefelsäure, aber nicht mit Kaliumchromat oder Kieselfluorwasserstoffsäure, Niederschläge und färben die Flamme des Bunsenbrenners purpurrot. Das Strontiumoxyd, SrO, entsteht durch Erhitzen des Nitrates oder durch starkes Glühen von Strontianit und geht bei Behandlung mit Wasser, analog dem Löschen des Kalkes, in Strontiumhydroxyd, $Sr(OH)_2$, über, das zur Entzuckerung der Melasse nach dem sog. Strontianverfahren benutzt wird. Das Strontiumchlorid, $SrCl_2$, wird durch Auflösen von Strontianit in Salzsäure und Eindampfen in Form farbloser Kristalle dargestellt. Es löst sich leicht in Alkohol und dient zur Erzeugung purpurroter Spiritusflammen. Das Azetat, Nitrat und Chlorat finden in der Feuerwerkerei, das Bromid, Jodid und Laktat in der Medizin, hauptsächlich gegen Nieren- und Herzkrankheiten, Anwendung.

Strontiumnitrat (salpetersaures Strontium, Strontiumsalpeter, lat. Strontium nitricum, frz. Nitrate de strontium, engl. Strontium nitrate) entsteht beim Auflösen von Strontiumkarbonat (Strontianit) oder Strontiumsulfid (durch Glühen von gepulvertem Zölestin mit Kohle dargestellt) in verdünnter Salpetersäure. Es kristallisiert aus verdünnten kalten Lösungen mit vier und fünf Molekülen Kristallwasser, aus heißen konzentrierten Lösungen aber wasserfrei und ist in fünf Teilen kaltem, ½ Teil siedendem Wasser, nicht aber in Alkohol löslich. Das wasserfreie Salz, $Sr(NO_3)_2$, wird zur Herstellung von Rotfeuer, Leuchtkugeln und anderem Feuerwerk benutzt. Zur Verhinderung von Wasseranziehung muß es in gut verschlossenen Behältern verwahrt werden.

Strophanthussamen (lat. Semen strophanthi, frz. Semences de strophanthus, engl. Strophanthus seeds), eine in den letzten Jahrzehnten in Aufnahme gekommene Droge, findet sich in mehreren Sorten, die von verschiedenen Arten der zu den Apozyneen gehörigen Gattung Strophantus abstammen. 1. Die von dem Deutschen Arzneibuche aufgenommenen graugrünen Samen aus Ostafrika, auch Combé- oder Kombésamen genannt, von Strophanthus Kombé. 2. Die Samen von Strophanthus hispidus, auch braune S. genannt, von der Westküste Afrikas aus dem Nigergebiet. — Die Samen des strauchartigen Klettergewächses sind 12—18 mm lang und 3—5 mm breit und befinden sich in einer Kapselfrucht von 20—40 cm Länge. Sie haben eine graugrüne oder braune Farbe und tragen zahlreiche Haare, die sich an der Spitze zu einem Haarschopf vereinigen. Der innere Kern ist gelblich, der Geschmack bitter. Als wirksamen giftigen Bestandteil enthalten sie ein Glykosid, das Strophanthin, das in weißen Kristallen im Handel ist. Verwandt werden die S. medizinisch, ähnlich der Digitalis, bei Herzkrankheiten.

Strychnin (lat. Strychninum, frz. Strychnine, engl. Strychnin), ein in den Krähenaugen (s. d.) und den Ignatiusbohnen (s. d.) enthaltenes sehr giftiges Alkaloïd, wird entweder als weißes Pulver, durch Fällung erhalten, oder in Form weißer, prismatischer Kristalle in den Handel gebracht. Obgleich es sich in Wasser kaum löst, besitzt es intensiv bitteren Geschmack. In kochendem wasserhaltigen Alkohol ist es löslich, dagegen nicht in absolutem Alkohol. Das reine S. (lat. Strychninum purum) wird in der Regel nicht verwandt, sondern durch das salpetersaure S. (Strychninnitrat, lat. Strychninum nitricum) ersetzt. Man erhält dieses Salz in ebenfalls äußerst bitter schmeckenden, farblosen Kristallen, die in Wasser viel leichter löslich sind als das reine Alkaloïd, und benutzt es zur Tötung schädlicher Raubtiere und giftiger Schlangen sowie zur Herstellung des Giftweizens oder Strychningetreides zur Vertilgung der Feldmäuse und Hamster. Medizinisch wird es nur wenig und in sehr kleinen Dosen verordnet. Das gleiche gilt von den übrigen Strychninsalzen S. aceticum, S. arsenicicum, S. hydrojodicum, S. muriaticum.

Sturmhut (Eisenhut), eine stark giftige Waldgebirgspflanze, Aconitum Napellus L., die zu den Ranunkulazeen gehört, bildet zahlreiche verschiedene Arten, die man in blaublühende und gelbblühende einzuteilen pflegt. Sie haben handförmige, 5—7teilige Blätter und große, stark besetzte Blütenrispen, deren Kelche wie die Blüten gefärbt sind. Die frischen Blätter geben zerrieben einen widerlichen, betäubenden Geruch von sich und schmecken erst bitterlich, dann anhaltend brennend scharf. Noch schärfer und giftiger als die Blätter sind die Wurzelknollen (lat. Tubera aconiti, frz. Racine d'aconite, engl. Aconite root), die daher in den neueren Arzneibüchern auch bevorzugt werden, während man sich früher der Blätter (lat. Folia aconiti, frz. Feuilles d'aconite, engl. Aconite leaves) bediente. Die Wurzel besteht aus einer rübenförmigen Knolle von 4½—9 cm Länge und oben 2—3½ cm Dicke und bildet in der Vegetationsperiode neben sich eine zweite Knolle, die im künftigen Jahre das Leben der Pflanze fortsetzt, während die erstere eingeht. Daher finden sich in der Regel zwei zusammenhängende Knollen, eine jüngere, die schwer und fest, innen weißlich und von Stärkemehl erfüllt ist, und eine ältere, die leichter und innen bräunlich, oft lückig oder hohl erscheint. Man sammelt die Wurzelknollen von Aconitum Napellus L., während die Blätter vielfach von anderen blau blühenden Arten genommen werden. Die Pflanze wächst in den Gebirgen und Voralpen des südlichen Deutschlands wild, doch kommen auch aus dem fernen Asien zwei Arten A. in den Handel. Die eine derselben von Aconitum ferox, vom Fuße des Himalaya, die weit größer ist und viermal soviel an wirksamen Bestandteilen enthalten soll, heißt in ihrer Heimat auch Bitsh,

Bish = das Gift, und wird von den Eingeborenen zur Bereitung des Pfeilgiftes benutzt. Eine japanische Art (Tsaou-woo), die sich durch ganz besondere Giftigkeit auszeichnet und von Aconitum japonicum abstammt, darf anstatt der gewöhnlichen nicht verwandt werden. Sie dient in Europa lediglich zur Darstellung des Akonitins, das neben einem besonderen Alkaloïd, Japakonitin, reichlich in ihnen enthalten ist. Verwendung finden die Akonitwurzeln in der Medizin als Auszug, Extrakt und Tinktur, z. B. bei Gelenkrheumatismus, Neuralgie usw., doch verordnet der Arzt der sicheren Wirkung halber meist das Akonitin (s. d.).

Styptizin, das salzsaure Salz des Kotarnins, das durch Oxydation des Narkotins (s. d.) entsteht, ein gelbes Kristallpulver von der Formel $C_{12}H_{13}NO_3 . HCl$, findet medizinische Anwendung, besonders in der Frauenheilkunde.

Succineine sind Xanthenfarbstoffe, die sich beim Verschmelzen von Bernsteinsäure mit Dialphyl-m-aminophenolen bilden. Der hauptsächlichste Vertreter, das Rhodanin S, entsteht aus Dimethyl-m-aminophenol und hat die Formel eines Pyronins, in welches an Stelle der CH-Gruppe der Bernsteinsäureester $C . (CH)_2 . COOH$ eingetreten ist.

Succus ist die lateinische Bezeichnung für Saft, oder, wenn eingedickt (Succus inspissatus), Mus. Im Handel finden sich gewöhnlich folgende Säfte: S. citri, Zitronensaft, S. dauci, Möhrensaft, S. ebuli, Attichmus, S. juniperi, Wacholdersaft, Wacholdermus, S. liquiritiae seu glycyrrhizae, Lakritzensaft. — Vergleiche wegen der näheren Beschreibung die einzelnen Aufsätze.

Sudan. Diesen Namen führen verschiedene Teerfarbstoffe: Sudan I, ein ziegelrotes, in Alkohol lösliches Pulver, dient zum Färben von Spirituslacken und besteht aus Anilinazobetanaphtol. — Sudan II, ein braunrotes, in Wasser unlösliches, in Alkohol lösliches Pulver, wird wie S. I verwandt und besteht aus Xylidinazobetanaphtol. — Sudan III, ein braunes Pulver, ist in Wasser unlöslich, in Alkohol löslich und besteht aus Amidoazobenzolazobetanaphtol. — Sudan G, ein braunes Pulver, das in heißem Wasser teilweise mit gelber Farbe, leichter in Alkohol löslich ist, besteht aus Metadioxyazobenzolanilinazoresorzin. — Sudanbraun, ein braunes, in Wasser nicht, wohl aber in Alkohol lösliches Pulver, wird zum Färben von Seifen benutzt und besteht aus Alphanaphtylaminazoalphanaphtol. — Sudanrot ist identisch mit Magdalarot (s. d.).

Süßholz (Süßholzwurzel, lat. Radix liquiritiae seu Radix glycyrrhizae, frz. Racine de réglisse, engl. Liquorice root) stammt von verschiedenen Glyzyrrhiza-Arten, die im Mittelmeergebiet, in Südosteuropa und Vorderasien heimisch sind und in einer ganzen Reihe von Ländern, hauptsächlich Spanien, Südfrankreich, Süddeutschland, Italien, Ungarn, Mähren, Südrußland, China und Nordamerika angebaut werden. Die Süßholzpflanze gehört zu der Familie der Schmetterlingsblütler und ist in den oberirdischen Teilen krautig. Die Blätter sind unpaarig, 5—8fach gefiedert mit stachelspitzigen Fiedern, die Blütentrauben kürzer als die Blätter, die Hülsen wenigsamig und kurz. Die ausdauernde Wurzel besitzt zahlreiche lange Ausläufer mit schuppigen Niederblättern, aus deren Achseln neue Schößlinge entstehen. — Im Handel unterscheidet man besonders zwei Sorten, das spanische und das russische S. — Das spanische S. (lat. Radix liquiritiae hispanica seu glabra), von Glycyrrhiza glabra L., besteht vorwiegend aus Ausläufern, während die eigentlichen Wurzeln in den Ursprungsländern selbst auf Süßholzsaft verarbeitet werden. Die Pflanze treibt einen bis 1 m langen und 2,5 cm dicken, senkrecht in die Erde dringenden Hauptstamm, der selten Äste, aber zahlreiche lange, horizontal verlaufende Ausläufer hat. Diese sind hier und da mit Stengelknospen besetzt und unterscheiden sich außerdem von den Wurzeln durch die Gegenwart eines ziemlich schwachen Markes. Das spanische S., das übrigens nicht nur aus Spanien, sondern auch aus Frankreich, Süddeutschland usw. stammt, bildet meist fingerdicke Stäbe von 6—9 cm Länge, graubrauner runzeliger Oberfläche und gelbem, faserig zähem Holzkörper. Es schmeckt süß, hintennach etwas kratzend, kommt ungeschält in den Handel und ist so schwer, daß es in Wasser untersinkt. Das in Spanien selbst gebaute S. unterscheidet man in zwei Hauptsorten, katalonisches S. von Tortosa und S. von Alikante, die beide in Ballen von 35—40 kg über französische Häfen eingeführt werden. Das in Deutschland (Gegend von Bamberg und Schweinfurt) und Mähren gebaute S. ist dem in Spanien gewonnenen ähnlich, aber dünner und von blasserem Gelb. Es kommt teilweise, in längliche Kränze gebunden, in den Handel, während die Hauptmenge an Ort und Stelle auf Extrakt verarbeitet wird. Das mährische S. wird im Lande selbst verbraucht. Französisches S. ist in der Regel spanische, über Frankreich gegangene Ware, da dieses Land selbst noch viel S. zur Extraktbereitung einführt. Italienisches S. kommt nicht in den Handel, wird vielmehr auf Extrakt verarbeitet. Unter der Bezeichnung spanisches S. geht endlich auch aus Kleinasien und Nordamerika stammende Ware. — Das russische S. (lat. Radix liquiritiae russica, echinata seu mundata), von Glycyrrhiza glabra, var. glandulifera, besteht aus Wurzeln und Ausläufern und ist die allein offizinelle Droge des deutschen Arzneibuches. Die Pflanze bildet eine bis 2 m hohe Staude, ist im südlichen Rußland, in Ungarn, Galizien, Armenien und Persien heimisch und wird besonders im südlichen Rußland für den Handel angebaut. Im Gegensatz zu der spanischen Süßholzpflanze ist sie drüsig behaart. Das russische S., das von Petersburg in Ballen von 75—100 kg, mit Lindenbastmatten umgeben, zu uns gelangt, bildet dicke, oft gespaltene Wurzelstücke oder auch Ausläufer, die geschält in den Handel kommen. Das Holz ist sehr faserig, strahlig zerklüftet und besitzt neben einem helleren Gelb ein lockereres Gefüge als das spanische S. Infolge seiner größeren Leichtigkeit schwimmt es auf Wasser. Der Geschmack des russischen S. ist süß, ohne kratzenden Nachgeschmack. — Apotheker und Drogisten beziehen das S. größtenteils von Großhandlungen in geschnittenem Zustande. Ebenso wird das Pulvern des S. von diesen besorgt, da sich die faserige Wurzel ohne maschinelle Einrichtungen nur schwer zerkleinern läßt. Die Güte eines Süßholzpulvers wird hauptsächlich nach der Farbe bewertet. Je reiner und intensiver das Gelb ist, als desto besser gilt die Sorte. Etwaige Verfälschungen lassen sich mikroskopisch und durch die Aschenbestimmung leicht erkennen. — Den wertvollsten Bestandteil der Süßholzwurzel bildet der Süßholzzucker, das Glyzyrrhizin, das sich als saures Ammoniumsalz zu 6—7 % vorfindet. Es ist ein unkristallisierbarer, gelblichweißer Stoff von stark süßem Geschmack, der sich beim Kochen mit verdünnten Säuren in Traubenzucker und eine harzige Substanz spaltet. Daneben enthält die Süßholzwurzel noch Asparagin, Pflanzeneiweiß, Farbstoffe, Zucker, ungefähr 7 % Mineralstoffe, Stärke und ein braunes Harz. Das letztere, das den kratzenden Nachgeschmack verursacht und sich in der russischen Ware nur in sehr geringer Menge vorfindet, ist zwar an und für sich in Wasser unlöslich, wird aber doch beim Auskochen der Wurzel unter Vermittlung der übrigen Bestandteile mit ausgezogen. Die S. findet ausgedehnte Anwendung in der Pharmazie. Die ganze Wurzel wird häufig im Handverkauf als „Süßholz in Stangen" verlangt, die geschnittene ist ein Hauptbestandteil des Brusttees, und die gepulverte findet sich im Brustpulver (lat. Pulvis liquiritiae compositus) wieder. Letztere dient auch als Bindemittel zu Pillenmassen, während das geschnittene S. zur Herstellung des Süßholzextraktes, des Süßholzsirups usw. benutzt wird. Im allgemeinen gilt das S. als reizlinderndes, die Tätigkeit der Schleimhäute anregendes, geschmackverbesserndes Mittel. — Die verschiedenen Arzneibücher sind sich nicht einig, ob dem spanischen oder dem russischen S. der Vorrang gebührt. Während das deutsche Arzneibuch nur die Verwendung des letzteren gestattet, lassen andere Arzneibücher, z. B. das schweizerische und österreichische, beide Arten zu. — Süßholzsaft, Lakritzensaft, Bärendreck (lat. Succus seu Extractum liquiritiae seu glycyrrhizae, frz. Suc ou Jus de réglisse, engl. Juice of liquorice) heißt das durch Auskochen der Süßholzwurzel gewonnene Extrakt; es wird in allen Anbauländern des S., doch nicht immer in gleich guter Beschaffenheit hergestellt. Besonders Unteritalien, Sizilien, Südspanien und Südfrankreich erzeugen große Mengen. Die Gewinnung geschieht in umfangreichen Siedereien. Die von den Pflanzern gekauften Wurzeln werden frisch in kürzere Stückchen geschnitten, gewaschen, zu Brei zermalmt und in großen Kesseln mit Wasser auf freiem Feuer 4—5 Stunden ausgekocht. Die von dem Rückstand abgeseihte und abgepreßte Flüssigkeit wird durch Absetzenlassen geklärt und dann in Eisen- oder Kupferpfannen eingedampft, zuletzt unter beständigem Umrühren, damit die Masse keine Klümpchen bildet, sondern eine gleichförmige Honigdicke erlangt. Aus dem Teige werden dann runde oder flachgedrückte Stangen von verschiedener Länge und Dicke, seltener Kuchen oder Brote geformt. Der trockene Süßholzsaft bildet schwarze oder schwarzbraune Stangen oder Massen von kurzem, stark glänzendem Bruch und angenehm süßem Geschmack. Er enthält die wesentlichen Bestandteile der Wurzel in konzentrierter Form, ungefähr 15 % Glyzyrrhizin, 5 % Zucker, 15 % gummöse Stoffe und 7 % Mineralbestandteile. Eine gute Ware hat kaum mehr als 15 % Wasser und hinterläßt beim Erschöpfen mit lauwarmem Wasser höchstens 25 % unlösliche Stoffe. Bei größerem Rückstand liegt der Verdacht vor, daß eine Verfälschung durch Stärke oder Mehl stattgefunden hat. Auf etwaigen Kupfergehalt prüft man durch Einleiten von Schwefelwasserstoff in die salzsaure Lösung der Asche, wobei keine Bräunung eintreten darf. Der gewöhnliche Süßholzsaft, im Handel als roher S. bezeichnet, findet als Brust- und Hustenmittel, ferner zu Tabakbeizen und auch wohl als Wasserfarbe Verwendung und dient vor allem zur Herstellung des gereinigten S. Die meist zylindrischen, etwa 15—20 mm dicken, 10—15 cm langen Süßholzsaftstangen des Handels stammen aus Unteritalien, Kalabrien, Sizilien, Frankreich, Spanien und Südrußland und sind fast stets auf der Längsseite mit dem Ursprungs- und Fabrikstempel versehen. Die Versendung geschieht in Kisten, mit Lorbeerblättern als Packmaterial. Nur Rußland verwendet Eichenblätter zur Verpackung. Die französische Ware bildet dünne Stengel, zu je 100 Stück in Pappkasten von 1 kg verpackt. Kalabreser Lakritzen gelten auch heute noch als bevorzugte Sorte. Am höchsten wird die Marke Barracco geschätzt, dann folgen die Marken: P. S. (Principe di Salerno), Martucci, Policoco, Corgiliano, Cassano und andere. Die beste französische Ware trägt den Stempel E. B. 60. Beim Einkauf der gezeichneten Stangenlakritzen ist genau auf den Namen zu achten, da manche Erzeuger denselben mit geringen Abänderungen nachahmen. Die dünnen, unbezeichneten Stangen, die in Deutschland im Kleinhandel verkauft werden, sind größtenteils deutschen Ursprungs. — Der gereinigte Lakritzensaft (lat. Succus liquiritiae depuratus) wird aus den gewöhnlichen Stangenlakritzen durch kaltes Ausziehen mit Wasser und Eindampfen der klaren Flüssigkeit bereitet. Zu diesem Zwecke schichtet man in einem Holzfaß abwechselnde Lagen von ausgewaschenem Stroh und Lakritzenstangen übereinander, füllt mit Wasser auf und läßt mehrere Tage stehen, worauf man die Lösung abzapft und in gleicher Weise noch einen Auszug entnimmt. Die durch Kolieren geklärten Auszüge werden im Wasserbade bis zum dicken Extrakt eingedampft. Zur Gewinnung von Lakritzenpulver setzt man das Eindampfen noch weiter fort, zieht die zähe Masse zu Bändern aus, trocknet diese bei gelinder Wärme völlig und pulvert sie dann. Das kaffeebraune Pulver, das sehr hygroskopisch ist, wird in gut verschlossenen Gläsern aufbewahrt. Der gereinigte Süßholzsaft stellt ein braunes, in Wasser klar lösliches, dickes Extrakt dar, das in den Apotheken zur Herstellung von Hustenmixturen, Brustelixier, gereinigten Stangenlakritzen, Lakritzentäfelchen, Cachou usw. vielfache Verwendung findet, während das gereinigte Lakritzenpulver einen Hauptbestandteil der Salmiakpastillen bildet.

Süßstoffe. Als künstliche Süßstoffe faßt man eine Anzahl von Stoffen zusammen, die auf chemisch-synthetischem Wege künstlich hergestellt werden und eine höhere Süßkraft als raffinierter

Rohr- oder Rübenzucker, aber nicht entsprechenden Nährwert besitzen. Die wichtigsten hierher gehörigen Stoffe: Saccharin, Dulzin und Gluzin sind unter ihren besonderen Namen besprochen worden. Im Hinblick auf den Umstand, daß diese Stoffe keinen eigentlichen Nährwert besitzen, aber in großem Umfange zur Verfälschung von Nahrungs- und Genußmitteln Verwendung fanden, ist der Verkehr mit ihnen durch das Reichsgesetz vom 7. Juli 1902 verschiedenen Einschränkungen unterworfen worden. Insbesondere ist es verboten, Süßstoff herzustellen oder Nahrungs- und Genußmitteln bei deren gewerblicher Herstellung zuzusetzen; ferner Süßstoff oder süßstoffhaltige Nahrungs- oder Genußmittel aus dem Auslande einzuführen; und endlich Süßstoff oder süßstoffhaltige Nahrungsmittel feilzuhalten oder zu verkaufen. Aus Rücksicht auf die Zuckerkranken, welche dieser Stoffe bedürfen, sind gewisse Ausnahmen zugelassen. S. dürfen nur in einer einzigen deutschen Fabrik, derjenigen des Erfinders des Sacharins, Dr. Fahlberg, hergestellt werden. Unter bestimmten einschränkenden Bestimmungen ist der Verkauf durch Apotheken gestattet. Auch darf S. an solche Personen abgegeben werden, welche die amtliche Erlaubnis hierzu besitzen, insbesondere Personen, welche den Süßstoff zu wissenschaftlichen Zwecken, zur Verpflegung von Zuckerkranken sowie zur Herstellung von vergiftetem Getreide benutzen wollen. Während des Krieges sind die Bestimmungen des Süßstoffgesetzes wegen des Zuckermangels zum Teil außer Kraft gesetzt worden.

Süßweine nennt man die Gruppe der Dessertweine (s. d.), die sich durch hohen Gehalt an Alkohol und Zucker auszeichnen und in ihren besten Sorten aus stark süßen Trauben, vielfach aber auch unter Verwendung von Zucker hergestellt werden. Zu ihnen gehören hauptsächlich die rheinischen Ausbruchweine, die Tokaier-Ausbruchweine, die sizilianischen Muskat- und Malvasierweine und die Malagaweine.

Süvernsche Desinfektionsmasse zur Desinfektion von Aborten und Kanälen besteht aus einer Mischung von zehn Teilen Ätzkalk, einem Teil Magnesiumchlorid und einem Teil Steinkohlenteer, die mit der 24fachen Menge Wasser angerührt wird.

Sulfaminol (Thiooxydiphenylamin), ein Antiseptikum, entsteht, wenn man auf die in Wasser gelösten Salze des Metaoxydiphenylamins in geeigneter Weise Schwefel einwirken läßt. Das hellgelbe, geruch- und geschmacklose Pulver ist unlöslich in Wasser, hingegen löslich in Alkohol und schmilzt bei 155°. Es wird als Ersatz des Jodoforms empfohlen und von den Imkern als Mittel gegen die Faulbrut der Bienen angewandt.

Sulfat ist die Allgemeinbezeichnung für jedes schwefelsaure Salz, z. B. Kupfersulfat = Kupfervitriol. In Färbereien versteht man unter S. die dort gebräuchliche schwefelsaure Tonerde, in Sodafabriken und im Handel das wasserfreie schwefelsaure Natron, das sog. kalzinierte Glaubersalz. Siehe die betreffenden Abhandlungen.

Sulfitlauge, die bei der Behandlung des Holzes mit schwefliger Säure zur Zellulosegewinnung abfallende braune Flüssigkeit, die ziemlich reich an organischen Zersetzungsprodukten der inkrustierenden Stoffe (Lignin, Kutin, Suberin) ist und gegen 2% Zucker enthält, hat während des Krieges eine große technische Bedeutung gewonnen. Nach Beseitigung verschiedener Schwierigkeiten ist es gelungen, den Zucker der Lauge in Alkohol überzuführen, und man hat berechnet, daß aus den 500000 t in Deutschland jährlich abfallender Sulfitlauge 400 000 hl reiner Spiritus hergestellt werden können. Nachdem die entgegenstehenden Vorschriften des Branntweinsteuergesetzes beseitigt waren, hat der Kriegsausschuß für Ersatzfutter eine Reihe von Sulfitspiritusfabriken erbaut, die teilweise schon im Betrieb sind. — Die Verwendung der S. zur Gewinnung von Hefe hat keine praktische Bedeutung erlangt, weil die an die Futterhefe geknüpften Erwartungen sich bald als trügerisch erwiesen. — Ein Teil der S. wird, zu einem Sirup von 36° Bé und einem spez. Gew. von 1,337 eingedampft, als Ersatzmittel für die Lackfabriken in den Handel gebracht.

Sulfonal (Sulfonalum), $(CH_3)_2 . C . (SO_2 . C_2H_5)_2$, wird durch Einleiten von Salzsäuregas in eine Mischung von Merkaptan und Azeton und nachherige Oxydation des entstandenen Merkaptols mit Kaliumpermanganat dargestellt. Durch Umkristallisieren aus Alkohol erhält man es in farblosen Prismen, die bei 125° schmelzen und bei 300° sieden. Das S. ist in heißem Wasser und Alkohol ziemlich leicht, in Äther etwas schwerer löslich und wird in wäßriger Lösung als Schlafmittel verordnet. Vor dem Chloralhydrat hat es den Vorzug, nicht auf das Herz zu wirken. Die Herstellung muß wegen des scheußlichen Geruchs des Merkaptans und Merkaptols in unbewohnten Gegenden erfolgen.

Sulfuraurat (Antimonpentasulfid, Goldschwefel, Fünffachschwefelantimon, lat. Stibium sulfuratum aurantiacum, frz. Soufre doré d'antimoine, engl. Golden sulfide of antimony) wird dadurch erhalten, daß man gepulvertes Grauspießglanzerz (Antimontrisulfid) mit Natronlauge und Schwefel kocht, die Flüssigkeit vom Rückstande trennt und zur Kristallisation bringt. Die erhaltene gelbe Kristallmasse, Schlippesches Salz genannt, wird in Wasser gelöst und aus der Schwefelantimonschwefelnatrium enthaltenden Lösung mit Salzsäure das S. ausgefällt. Es ist ein orangerotes, in Wasser unlösliches Pulver, das früher sehr oft bei Erkrankungen der Atmungsorgane medizinisch verordnet wurde, jetzt aber nur noch selten Anwendung findet. In der Technik wird Goldschwefel beim Vulkanisieren von Kautschuk sowie bei der Herstellung von Streichhölzern benutzt.

Sumach (Schmack, frz. Sumac, engl. Shumac), ein wichtiger Gegenstand des Drogen- und Farbwarenhandels, besteht aus den getrockneten und gemahlenen Blättern, Blattstielen, Blüten und dünnen Zweigen von baum- oder strauchartigen Gewächsen der Familie Rhus, die wegen ihres hohen Gerbstoffgehaltes als Gerbemittel und zu Farbenbeizen Verwendung finden. Am gerbstoffreichsten ist der Gerberbaum (Rhus coriaria), der an seinen 5—7paarigen Fiederblättern, grünlichgelben Blütenbüscheln und schön roten, aus gehäuften Früchtchen bestehenden Kolben erkannt wird und in den Ländern am Mittelmeer wild wie auch in Anpflanzungen vorkommt. Die beste und hauptsächlich im Handel befindliche Sorte, ein grünlichgraues, grobes Pulver, der sizilianische S., wird nach der gleichnamigen sizilianischen Stadt auch Carini genannt. Eine geringere, nur zu Gerbereizwecken geeignete Sorte, der unechte, venetianische, italienische oder Tiroler S., stammt von Rhus Cotinus, dem Perrückenbaum, der auch das Fisetholz liefert, in Südeuropa bis nach Ungarn und Südösterreich wild wächst und bei uns als Zierstrauch gezogen wird. Die besseren Sorten S. haben stets eine grüne Farbe, während dumpfig riechender S. von grauer oder schwärzlicher Farbe geringwertig ist. — Als Gerbmittel dient der S. in Form der Abkochung nur zur Herstellung von dünnen Ledern, wie Saffian, die, in den heißen Brühen durchgearbeitet, schon in 2—3 Stunden gar werden. In Zeugdruck und Färberei wird er in Verbindung mit Eisensalzen und Blauholz zum Schwarz- und Graufärben, mit Zinnsalz und Rotholz zum Rotfärben sowie zum Tönen und Heben anderer Farben, namentlich brauner, olivengrüner und grauer benutzt. Auch hat er selbst die Wirkung einer Beize, indem er die Pflanzenfaser befähigt, mit Farben festere Verbindungen einzugehen. Die Amerikaner bereiten für die Ausfuhr ein trockenes Sumachextrakt.

Sumbulwurzel (Moschuswurzel, lat. Radix sumbuli, frz. Racine de sumbule, engl. Sumbuly root), die stark nach Moschus riechende, bitterschmeckende Wurzel der im nördlichen China und dem Amurgebiete wachsenden Doldenpflanze, Euryangium Sumbul, erscheint in großen, 7—8 cm breiten und 3—5 cm dicken, mit Resten von Wurzelfasern besetzten, scheibenförmigen Stücken, deren schwammfaseriges Innere weißlichgrau, stellenweise bräunlich gefleckt ist. Die Ware kommt über Rußland oder Ostindien in den Handel, ist aber nicht immer zu haben. Empfohlen wurde die S. medizinisch als nervenanregendes Mittel, wird jetzt aber nur noch in der Parfümerie und zur Herstellung von Likören benutzt.

Summitates ist die im Drogenhandel gebräuchliche Bezeichnung für Zweigspitzen mit Blüten oder Blättern zu pharmazeutischem Gebrauch, z. B. Summitates juniperi, Wacholderspitzen, S. sabinae, Sadebaumtriebe u. a.

Sunnhanf (Sunn, ostindischer Hanf, frz. Chanvre de sunn, engl. Sunn hemp) ist eine der Jute ähnliche Spinnfaser, die von der ostindischen, zu den Hülsenfrüchtlern gehörigen Pflanze, Crotalaria juncea, binsenähnliche Klapperhülse, gewonnen und auf Java und Borneo auch kultiviert wird. Die blaßgelbliche Faser zeigt einen lebhaften, doch etwas schwächeren Glanz als Jute. Sie wird etwa 500 mm lang und besitzt geringere Festigkeit als Hanf, aber größere als Jute. Verschiedene andere Namen, wie Madras- oder Bombayhanf, beziehen sich auf dieselbe Ware. Für unsere Industrie ist sie kaum von Bedeutung, findet sich aber häufig am Londoner Markt und wird in England zu Seilerwaren, Packtuch u. dgl. sowie zu Papier verarbeitet.

Superol ist eine Handelsbezeichnung für das als Bleichmittel verkaufte Natriumsuperoxyd (s. d.), das aber nach Heermann die Gewebefaser stark angreift und die Wäsche zerstört. — Neuerdings wird auch das Desinfektionsmittel Chinosol (Othooxychinolinsulfat) als S. bezeichnet.

Superphosphat. Mit diesem Namen belegt man im allgemeinen saure phosphorsaure Salze, in der Technik aber nur das entsprechende Kalksalz. Wie unter Knochen angegeben, bereitet man das S. durch Vermischung von Knochenmehl mit Schwefelsäure, wobei neben Gips ein wasserlösliches zweifachsaures oder Monokalziumphosphat entsteht. Das gleiche Verfahren kann auch auf gebrauchte Knochenkohle angewandt werden, wobei ein S. von schwarzer Farbe erhalten wird. Außerdem zieht man als Rohstoffe natürliche Mineralphosphate, wie Apatit, Phosphorit, Koprolithen (s. die Aufs.) und die verschiedenen Sorten von Guano heran. Der Wert aller Superphosphate richtet sich nach der Menge der darin enthaltenen, in Wasser löslichen Phosphorsäure.

Suppendauerwaren. Um die schnelle Herstellung von Suppen zu ermöglichen, werden zahlreiche Erzeugnisse in den Verkehr gebracht, die wegen ihrer großen Haltbarkeit und einfachen Handhabung besonders für die Massenverpflegung und für die Ernährung von Truppen im Felde geeignet erscheinen. Sie bestehen nach König: 1. aus Gemischen von Fleisch mit Mehl, Gemüsen und Fett. Hierhin gehört z. B. die sog. Rumfordsuppe (13,5 % grobe Fleischstücke, 31,8 % Graupen, 44,7 % Mehl und 10 % Kochsalz), ferner Fleischbiskuit, Fleischzwieback usf., 2. aus Fleischextrakt, Mehl, Fett und Gewürzen (Suppentafeln von Knorr u. a.), 3. aus Mehl mit Fett allein und Gewürzen (kondensierte Suppentafeln, Erbswurst).

Suppenwürfel sind Mischungen verschiedener Mehle, wie Erbsen-, Grünkern-, Kartoffel-, Linsenmehl, mit Fett und Gewürz, aus denen durch Aufbrühen mit heißem Wasser nährkräftige Suppen hergestellt werden können. Bouillonersatzwürfel (s. d.) dürfen nicht als S. bezeichnet werden.

Suppositorien (Stuhlzäpfchen) nennt man kleine kegel-, zylinder- oder spitzkugelförmige Gebilde von 3—4 cm Länge und 1—1,5 cm Durchmesser, die zur Einführung in den Mastdarm bestimmt sind, um Darmentleerung zu verursachen oder einen Reiz auszuüben. Abführende S. werden aus Seife oder Talg hergestellt, reizend wirkende bestehen aus Gemischen von Kakaobutter mit arzneilichen Stoffen.

Syenit ist wie Granit und Porphyr eine harte, gemengte Gebirgsart, die, abgesehen von zahlreichen Abarten, aus schwarzer Hornblende, weißem und rotem Feldspat und Quarz in wechselnden Mengen besteht. Geebnete Flächen zeigen oft eine sehr schöne Sprenkelung von hellen Flecken auf dunklem Grunde. Das Gestein ist ebenso hart und politurfähig wie seine obengenannten Verwandten und dient wie diese nicht nur zu Bauten, sondern auch zu Steinhauerarbeiten, die durch Politur gehoben werden, wie Säulen, Platten und Sockel. Viele Kunstwerke des Altertums bestehen aus dieser Felsart, die namentlich in Ägypten (am Sinai) sehr schön gefunden wird und ihren Namen nach der altägyptischen Stadt Syene erhalten hat. In Deutschland findet sich der Syenit namentlich im Odenwald, Thüringer Wald, im Plauenschen Grunde bei Dresden, ferner bei Meißen, Altenberg und Aschaffenburg.

T.

Tabak (frz. Nicotiane, Tabac, engl. Tobacco, Snuff) ist die allgemein gebräuchliche Bezeichnung für die getrockneten und fermentierten Blätter der in Amerika heimischen, jetzt aber überall angebauten Tabakpflanze, Nicotiana L., die mit oder ohne Rippen als Rohtabak oder in Form von Rauch-, Kau- und Schnupftabak, Zigarren- und Zigarettentabak in den Handel kommt. Das Rauchen von T. aus Röhren und Pfeifen oder in Rollen fanden die Spanier bei der Entdeckung Amerikas bereits als eine indianische Sitte vor, die später, 1587, durch Sir W. Raleigh und seine Matrosen nach Europa eingeführt wurde und sich hier trotz anfänglicher Verbote und scharfer Strafbestimmungen rasch verbreitete. Nach dem französischen Gesandten am portugiesischen Hofe, J. Nicot, der 1560 den ersten Samen nach Frankreich brachte, wurde die Pflanze Nicotiana benannt. Der T. gehört zur Familie der Solanazeen und wird meist einjährig aus Samen gezogen. Er gedeiht nur in Ländern mit mindestens 8—10° mittlerer Wärme, am feinsten zwischen dem 35.° nördlicher und dem 35.° südlicher Breite, doch geht er auch noch bis zum 62.° n. Br. Die Reife erfolgt in 22—26 Wochen und kann auch bei ungünstigem Klima noch dadurch erzielt werden, daß man in besonderen Treibkästen (Tabakkutschen) vorbaut und dann im Juni und Juli in das Land verpflanzt. Die Tabakpflanze wird 1—2 m hoch, hat ästige und verästelte Stengel und massige, durch Drüsenhaare klebrige, wechselständige Blätter mit ungezähntem Rand. Die am Ende der Stengel und Äste in Rispen stehenden Blüten besitzen trichterförmige, fünflappige, gelbrote Blumenkronen mit gefaltetem Saum. Die Kelche sind glockig, fünfspaltig und bleibend, die Früchte zwei- bis vierfächerige, halb vierklappige Kapseln, die bis zu 40000 winzige braune Samen für die Pflanze zu liefern vermögen. Die Pfahlwurzel geht ziemlich tief, treibt aber nur wenig Nebenwurzeln. Die zahlreichen Arten des T. werden meist in vier Hauptgruppen eingeordnet: 1. Virginischer T., Nicotiana Tabacum, mit sehr hohem Stengel und dichten, überhängenden, dickrippigen und dickfleischigen Blättern. Die Seitenrippen bilden mit der Mittelrippe, und die Blattstiele mit dem Stengel spitze Winkel. Die zahlreichen, zum Teil auch in Deutschland gebauten Sorten liefern gute Deckblätter sowie Karottengut. 2. Maryland oder großblättriger T., Nicotiana macrophylla, mit breiten, dünnrippigen und dünnfleischigen Blättern. Die am Grunde oft geöhrten Blätter sitzen in ziemlich weiten Abständen am Stengel, mit dem sie, ebenso wie die Seitenrippen mit der Mittelrippe, einen rechten Winkel bilden. Maryland wird als Pfeifengut und für Deckblatt im Elsaß („Schaufeltabak"), in der Pfalz („Futtertabak"), in Ungarn, der Türkei, Ohio, Maryland, Havanna, Kuba und Portoriko angebaut. 3. Brasil (Brésil), Bauern- oder Veilchentabak, N. rustica, mit gestielten, runden und klebrigen Blättern, wird bis hoch im Norden in Deutschland (Hannover und Nürnberg), Ungarn, Afrika und Asien angebaut und liefert ein kräftiges Pfeifengut. 4. Jungferntabak, N. peniculata, aus Peru mit ¾ m hohem, fünfeckigem, etwas filzigem Stengel und gestielten, an der Unterseite rauhen und klebrigen Blättern. Weiter werden noch angeführt der Soldatentabak, N. glutinosa, der chinesische T., N. chinensis, der Riesentabak, N. gigantea, sowie die wenig beachtenswerten Sorten N. argentifolia aus Chile und N. viscosa aus Buenos Aires. — Anbau. Der T. verlangt einen trocknen, tiefgründigen, humusreichen und kalkhaltigen Boden der Sand- und Lehmbodengruppe. Auf leichtem Boden wird er milder, für Rauchgut geeigneter, auf schwerem Boden besser für Schnupftabak; auf Tonboden wächst nur Karottengut, auf Mittelboden das beste Deckblatt. Wärme mit häufigem, gelindem Regen oder doch feuchter Luft (Holland mit Seeklima, Wassernähe) sagen ihm am besten zu, während wechselndes Wetter, rauher Wind, Kälte und Nässe, Trockenheit und starke Gewitter ungünstig wirken. Hagelschlag und Sturm schädigen die Blätter, Trockenheit verringert den Ertrag. Für Europa ist die Düngung und Fruchtfolge von großer Bedeutung. Stickstoffreicher Dünger verschlechtert die Güte, Kali, Kalk, Asche, Kompost und Gründüngung verbessert sie. Die Pflanzung erfolgt, wenn die Pflänzchen in den Saatbeeten (Kutschen) 5—6 Blätter entwickelt haben, je nach dem Klima vom März an, in Deutschland im Juni. Man rechnet auf den Hektar 14—16 qm Saatbeet und 0,05—0,17 kg Samen (1 kg zu 10000—15000 Samen), für die in Reihen zu pflegenden Pflänzchen 20—60 qcm Wachsraum. Die Pflege besteht in mehrmaligem Behacken und Behäufeln, wobei die Blätter nicht verletzt oder mit Erde bedeckt werden dürfen. Anfangs muß man die Pflanzen durch Begießen und Bedeckung mit Moos vor dem Vertrocknen schützen. Nach der Bildung von 8—12 Blättern erfolgt das Köpfen, die Entnahme der sonst Blüten treibenden Spitzen und schließlich die Entfernung der blattwinkelständigen Seitentriebe („Geizen"). Die Ernte geschieht von unten nach oben, je nach dem Reifen der Blätter, wenn sie eine lichtgrüne Farbe mit gelblichen Flecken, eine Art Marmorierung, annehmen, schlaff herunterhängen und zähklebrig werden. Die untersten Blätter, das sog. Erd- oder Sandgut, Sandgrumpen, Sandblatt, geben geringwertiges Rauchgut, die mittleren das Haupt- oder Bestgut, die obersten das mittlere Gut. Zum Trocknen werden die Blätter auf Schnüre gezogen und in Schuppen aufgehängt. Nach 6—8 Wochen nimmt man die jetzt gelbbraunen Blätter ab, sortiert und bindet sie zum Verkauf an die Fabrikanten zu 25—30 in Bündel zusammen. Oder man glättet die etwas angefeuchteten Deckblätter mit der Hand und schichtet sie zu Stößen oder Docken auf, welche dann mit Steinen gepreßt werden und so lange zusammenbleiben, bis sie kastanienbraun oder gelb werden. Mit dieser durch Bakterien oder Oxydasen veranlaßten sog. Fermentation ist eine erhebliche Temperaturerhöhung verbunden, die bis zu 60° steigen kann, meist aber auf 40° beschränkt wird. Zweck der Fermentation ist die Zerstörung gewisser Bestandteile des frischen T., die beim Rauchen unangenehm riechende und schmekkende Stoffe liefern und im Übermaß giftig wirken. Durch Anwendung besonderer, aus gärenden Havannasorten dargestellter Enzyme soll man sogar inländischen Erzeugnissen das Aroma der Edeltabake verleihen können. Nach Beendigung der Gärung werden die Blätter gelüftet, wieder getrocknet und zu Bündeln von 20—30 Stück zusammengelegt. Feinere Blätter werden entrippt und die Rippen zu Schnupftabak, Einlagen oder billigem Rauchtabak verkauft. In der Türkei vermischt man die gärenden Blätter mit Steinklee, dessen Aroma sie annehmen, in Serbien mit Honigwasser. — Der Ertrag ist nach Lage, Boden, Düngung und Jahrgang außerordentlich wechselnd. Man rechnet 1,5—3 dz Sandgut, 2—5 dz Geize, 8—25 dz trockene Blätter und 50—60 dz Stengel. Die größten Mengen T. erzeugen die Vereinigten Staaten von Nordamerika, danach Asien, Südamerika und Afrika, zusammen etwa 1200 Millionen Kilogramm. An der etwa 250 Millionen Kilogramm ausmachenden europäischen Erzeugung sind in erster Linie Rußland und Österreich-Ungarn, danach Deutschland, die Türkei und Frankreich beteiligt. In Deutschland werden auf rund 15000 ha 32 Millionen Kilogramm trockner T., auf 1 ha also 22 dz geerntet. — Nach seiner chemischen Zusammensetzung und physiologischen Wirkung gehört der T. zu den alkaloïdischen Genußmitteln. Die frischen Blätter enthalten 80—88 % Wasser, die trocknen Blätter im Durchschnitt 8,14 % Wasser und in der Trockensubstanz 6,65 % Protein, 0,41 % Ammoniak, 0,86 % Salpetersäure, 4,50 % Ätherauszug (Fett), 0,28 % Wachs, 7,70 % Harz, 8,83 % Äpfelsäure, 3,68 % Zitronensäure, 2,38 % Oxalsäure, 0,31 % Essigsäure, 9,49 % Pektin, 1,04 % Gerbsäure, 6,12 % sonstige stickstofffreie Extraktstoffe, 11,16 % Rohfaser und 20,73 % Mineralstoffe, die hauptsächlich aus Kali und Kalk bestehen. Die narkotische Wirkung des T. beruht auf seinem Gehalte an Nikotin (s. d.), der in den geringwertigen Sorten am höchsten, im Havannatabak am niedrigsten ist. Der Gehalt an Nikotin unterliegt außerordentlichen Schwankungen von 0—8 % und beträgt im Mittel etwa 2 %. Durch den Fermentationsprozeß wird ein erheblicher Teil des Alkaloïdes, oft bis zur Hälfte, zerstört. Neben dem Nikotin sind in geringen Mengen noch drei andere Alkaloïde: Nikotein, Nikotellin und Nikotimin, vorhanden. Außerdem ist an der narkotischen Wirkung auch ein fettartiger Stoff, das Nikotianin oder der Tabakkampfer, beteiligt. Beim Rauchen (Verglimmen) entwickeln sich Ammoniak, Kohlensäure, Kohlenoxyd, Schwefelwasserstoff, Blausäure, Pyridin und ein ätherisches Öl. Das letztere, von dem Thoms aus 15 kg T. 6 g isolieren konnte, siedet bei 295—315° und hat einen kamillenähnlichen Geruch. Das Nikotin wird zum Teil beim Glimmen zerstört oder in Pyridine umgewandelt, gelangt aber teilweise in unverändertem Zustande mit dem Rauche in den Organismus. Es bildet in reinem Zustande ein heftiges Gift und erregt Erbrechen, Durchfall, Zittern, Muskellähmung und Starrkrampf mit oft tödlichem Ausgange. In der beim Rauchen auftretenden starken Verdünnung wirkt es hingegen anregend und befähigt zu erhöhter körperlicher und geistiger Tätigkeit und zum leichteren Ertragen von Hunger, Durst, Arbeit, Sorge und Gefahr. Im Übermaß wirkt Rauchen schädlich, besonders beim Verbrauch der unteren Zigarrenenden, in denen sich das Nikotin anhäuft. Die größte Bedeutung für die Bekömmlichkeit hat die Verbrennlichkeit, richtiger Verglimmbarkeit, die durch einen hohen Gehalt an Kali und Nikotin sowie durch eine feine und dünne Struktur begünstigt wird. Weiter kommt als Wertmesser der Geruch (das Aroma) und der Geschmack in Betracht, der vom Klima abhängt. Die Tabake aus Gegenden nördlich der Weinregion, besonders von schwerem Boden, sind weniger fein, die Erzeugnisse aus den Tropen bevorzugt. Man unterscheidet daher nach ihrer Herkunft folgende Sorten: 1. Europäische T. Frankreich und Italien verbrauchen ihre Ernten selbst. Holland erzeugt den Amersforter, Neukerker und Gelderschen T., dessen Bestgut zu Schnupftabak und dessen Erdgut zu Deckblättern verarbeitet wird. Deutschland liefert Uckermärker, Pfälzer und Elsässer T. für geringwertige Zigarren. Ungarn versendet den Debrecziner, Debröer, Szegediner, Fünfkirchener, Gartenblätter, Charbel, Palanke, Osegger und Rebel als billiges Pfeifen-, Zigaretten- und Karottengut. Die besten europäischen T. sind die türkischen, doch gehen unter diesem Namen auch die kleinasiatischen und russischen Sorten. Sie haben ein feines gelbes Blatt, milden Geschmack und starken Geruch mit süßlichem Nebengeschmack und wirken stark narkotisch. Man verwendet sie in Form goldgelber, langer dünner Fäden hauptsächlich für Zigaretten. 2. Asiatische T., Manila, Java und Sumatra werden hauptsächlich zu Zigarren verarbeitet. Zeylon, Kalkutta, Japan und China sind ohne Bedeutung für den europäischen Handel. 3. Amerikanische T., die wichtigsten und wertvollsten Sorten, werden meist in Ballen aus Rindshäuten, sog. Seronen, und in Fässern versandt. Von den nordamerikanischen T. werden die im Westen am meisten angebauten und beliebten Ohio und Maryland zu fein gelben, aromatischen Rauchtabaken verarbeitet. Virginia liefert in feinen, fetten Sorten Schnupf- und Kautabak, in den leichteren lebhaft braunen Rauchtabak. Kentucky, Karolina, Georgia, Missouri, Tennessee erzeugen Umblatt, Deckblatt, Einlage für Zigarren, Kau-, Schnupf- und Rauchtabak. Seedleaf und Florida finden als Deckblatt Verwendung. Die westindischen T., die am höchsten geschätzt werden, umfassen Havanna und Kuba für Zigarren, Domingo und Portoriko hauptsächlich für Rauchtabak. Unter den mittel- und südamerikanischen Sorten ist der Varinas (Kanaster), ein sehr geschätzter Rauchtabak in Rollen oder Bündeln, in erster Linie zu erwähnen. Ähnliche Sorten sind Marakaibo, St. Thomas, Cumana, Orinoko. Kolumbia, Ambalema, Palmira, Girong, Yukatan, Carmen liefern Zigarrengut, stehen aber als Rauchgut dem Varinas nach. Esmeralda gibt Deckblatt. Sehr fein und wertvoll ist der Brasil. Zum Schluß ist noch der Kamerun-T. zu erwähnen, welcher dem Sumatra gleichstehen soll, und der beginnende Anbau in Deutsch-Guinea und Ostafrika. — Die Verarbeitung des T. zerfällt in die Herstellung von Rauchtabak, Zigarren und Zigaretten, Schnupf- und Kautabak. Der Rauchtabak wird, geschnitten und gesponnen, in Rollen (Kraus- oder Krülltabak) verkauft. Die Verarbeitung der Blätter besteht in einem Entrippen und Abblatten oder in einem Plätten der Rippen unter Walzen. Vielfach geht auch die Behandlung mit einer Beize oder „Sauce" voraus, d. s. Mischungen von Melasse, Rosinenabkochungen, Feigen- und Teeauszügen, Gewürzen, Kochsalz, Salmiak, Salpeter und anderen Salzen, durch deren Einwirkung die Brennbarkeit erhöht wird. Danach folgt das Schneiden oder Spinnen zu Rollen und das Darren. Die Zigarren bestehen aus dem Wickel, d. h. der aus gepreßten Rippen hergestellten Einlage mit dem unentrippten Umblatt und dem entrippten Deckblatt. Sog. nikotinfreie Zigarren werden aus extrahiertem T. oder neuerdings auch aus mit Gerbstoff vermischtem T. hergestellt und heißen dann richtiger nikotinunschädliche Zigarren. Thoms sucht die Schädlichkeit des Rauchens durch Einlegen eines mit Eisenchlorid oder Ferrosulfat getränkten Wattefilters zu beseitigen, welches die gasförmigen Destillationsprodukte teilweise zurückhält. Schnupftabak wird aus den besonders fetten und schweren, schlecht brennenden Blättern durch Behandlung mit „Saucen" unter Zusatz von Tonkabohnen, Veilchenwurzel, Rosenöl und anderen Aromastoffen, darauf folgende Gärung (Karottieren), Zerreiben (Rapieren), Sieben und Sortieren hergestellt. Zum Einwickeln benutztes Stanniol darf nicht mehr als 1% Blei enthalten. Kautabak wird aus fettem, schwerem, besonders Kentuckytabak, durch Einlegen in sog. Saucen und Fermentieren hergestellt und zu fingerdicken Rollen (Andouillen) gesponnen oder in Stangen gepreßt. — Zusätze fremder Blätter sind grundsätzlich als unzulässig zu bezeichnen, da das Tabaksteuergesetz vom 15. Juli 1909 in § 37 die Verwendung von Ersatzmitteln verbietet. Der Bundesrat hat aber mehrfach von der ihm eingeräumten Befugnis Gebrauch gemacht und gewisse Ersatzmittel, insbesondere Rosen-, Kirschen-, Weichsel-, Althee-, Wegebreit-, Huflattichblätter, Hopfenzapfen und Steinkleeblüten für geringere Sorten zugelassen. Hingegen sind andere Blätter, u. a. von Rüben, Ampfer, Kartoffeln, Zichorien, Rhabarber, Ulmen, Platanen, Walnuß, Linden, Kohl usw. durchweg als Verfälschungsmittel beurteilt worden. Der Tabakmangel im Kriege hat aber gezwungen, noch weitere Zugeständnisse zu machen und auch den Zusatz von Buchen- und Zichorienlaub nachzulassen. Unter der Bezeichnung Tabakersatz oder Rauchkräuter sind sogar völlig aus fremden Blättern bestehende Erzeugnisse in den Verkehr gelangt. Schnupftabak wird bisweilen durch Eisenvitriol, Bleichromat, Mennige und andere mineralische Beschwerungsmittel verfälscht. Bei Zigarren sind künstliche Deckblätter aus braunem Papier festgestellt worden. — Der T. bildet eine sehr beliebte und einträgliche Ware für Besteuerung. Die Steuer wird entweder in Form einer Fabrikatsteuer (Banderole) oder einer Flächensteuer erhoben. Viele Staaten, wie Frankreich, Österreich-Ungarn, Italien, Spanien, haben Monopole eingeführt.

Tabletten (lat. Tabulettae, frz. Tablettes, engl. Tabloids) nennt man durch Druck, oft unter Zusatz von etwas Gummiarabikum oder Tragant, hergestellte Täfelchen, ähnlich den Pastillen, die gleich diesen meist im Großbetriebe erzeugt werden. Als freigegebene T. sind Natrontabletten, Brausepulvertabletten, Salmiaktabletten zu erwähnen.

Tada paya werden auf Java die Samen der Sterculia Balanghas L. genannt, die geröstet als wohlschmeckende Speise dienen. Sie haben die Größe und Form einer Bohne, besitzen eine runzelige Schale und braune Farbe. Aus dem Fruchtfleische, in dem die Samen sitzen, wird eine gegen Diarrhöe wirksame Gallerte hergestellt.

Takamahak (lat. Resina tacamahaca, frz. und engl. Tacamahac) ist ein dem Elemiharz ähnliches wohlriechendes Harz verschiedener Herkunft von Bäumen aus den Familien der Burserazeen und Guttiferen, deren Steinfrüchte zum Teil stark ölhaltig sind und außerdem Harzbestandteile enthalten. 1. Das westindische oder amerikanische T. besteht aus großen, rundlichen, graubräunlichen Stücken, die spröde und zerreiblich, außen bestäubt und auf dem Bruche glänzend und durchscheinend sind. Das Harz besitzt einen balsamischen, lavendelartigen Geruch, der namentlich beim Erwärmen deutlich hervortritt, und einen aromatischen bitteren Geschmack. Es stammt von Elaphrium tomentosum (Jacq.), s. Bursera tomentosa und Elaphrium excelsum. 2. Das ostindische T., von Calophyllum Inophyllum (Lin.) erhält man in gelbbraunen, weißlich bestäubten, schwach fettglänzenden Stücken, die schon in der Handwärme erweichen und schwach lavendelartig riechen. 3. Bourbon- oder Madagaskar-T., auch Marienbalsam genannt, bildet dunkelgrüne, undurchsichtige, nach Angelika riechende, schwach bitter schmeckende Massen und stammt von Calophyllum Tacamahaca. Verwendung findet T. als Räuchermittel und in der Volksmedizin.

Talg (Unschlitt, Inselt, lat. Sebum, frz. Suif, engl. Tallow) nennt man die Fettmassen, die umhüllt und durchzogen von Zellgewebehäuten um die Nieren und das Netz sowie zwischen den größeren Muskeln der Wiederkäuer liegen und um so reichlicher vorhanden sind, je besser der Ernährungszustand der Tiere ist. Als Handelsware kommen nur Rinder- und Schaf- (Hammel-, Schöpsentalg) in Betracht, die für die wichtigste technische Verwendung in Kerzen- und Seifenfabriken als gleichwertig angesehen und ohne Rücksicht auf ihre Abstammung, auch miteinander vermischt, als Talg in den Handel kommen. Zum Ausschmelzen des T. in Kleinbetrieben erhitzt man die zerkleinerte Rohmasse mit Wasser, bisweilen unter Zusatz von etwas Schwefelsäure auf freiem Feuer, neuerdings auch wohl durch Einleiten von Dampf. Beim Großbetriebe werden ausschließlich doppelwandige, oben geschlossene Kessel benutzt, aus denen die übelriechenden Dämpfe in einen hohen Schornstein oder in die Feuerung eingeleitet werden. Das ausgeschmolzene und von den Grieben abgeseihte Fett bildet für sich eine Handelsware, die aber für die Herstellung von Kerzen und Seifen nicht rein genug ist, sondern einem nochmaligen Läuterungsverfahren unterzogen wird (roher und geläuterter T.). Die Hauptmenge des im Inlande gewonnenen T. geht von den Fleischern und Schlachthöfen direkt an die Seifensieder, doch findet sich auch Inlandsware im Handel und wird dann den besseren Sorten, dem polnischen, holländischen und dänischen T. gleichgestellt und dem russischen sogar vorgezogen. Der größte Teil der Handelsware stammt aus Rußland, und zwar der Schaftalg mehr aus dem Süden vom Schwarzen Meer aus, der Rindertalg hauptsächlich aus den inneren und nördlichen Provinzen von Archangelsk und Sibirien über Petersburg und andere westliche Häfen. Zur Verpackung dienen Holzfässer, die beim weißen T. die eigenartige Form eines abgestumpften Kegels mit Bodenflächen von 75 und 45 cm Durchmesser zeigen. Die vielfach übliche Lagerung der Fässer auf freiem Deck ohne Schutz vor der Sonne ist für die Haltbarkeit von Nachteil. Für die aus dem Inneren kommenden Sendungen bestehen in Petersburg besondere Warenhäuser, in denen Sachverständige die Waren prüfen, sortieren und mit dem Wertstempel versehen. Die große Erzeugung Australiens und Argentiniens geht größtenteils nach England. Nach der Farbe unterscheidet man meist weißen, d. i. Hammeltalg, und gelben, d. i. Rindertalg, von denen der erstere etwas härter und spröder ist, aber leichter gelb und ranzig wird als der weiche und schlüpfrige Rindertalg. Wichtiger ist die Unterscheidung nach der Verwendung in Lichtertalg und Seifentalg. Der wertvollere Lichtertalg, der die reinere, hellere und härtere Ware umfaßt, zerfällt in die Vorzugssorte, den gelben Lichtertalg, der aus nahezu reinem Rindertalg bestehen soll, und in den weißen Lichtertalg, der in bester Beschaffenheit von Woronesch kommt. Der Seifentalg umfaßt die bessere Sorte, den sibirischen Seifentalg, und den gewöhnlichen T. Die Wertbemessung des T. erfolgt auf Grund des als Talgtiter bezeichneten Erstarrungspunktes der Fettsäuren. Außer zur Herstellung von Kerzen und Seifen findet T. bei der Lederbereitung und als Schmiermittel ausgedehnte Anwendung. Der von Apothekern zu Pflastern und Salben benutzte T. wird nicht dem Handel entnommen, sondern aus frischem Rohstoff ausgeschmolzen. Die Verwendung als Nahrungsmittel und die chemische Zusammensetzung ist in den Abschnitten Rindertalg und Schaftalg besprochen worden.

Talk (Talkstein), ein aus kieselsaurer Magnesia mit ungefähr 5 % Wasser bestehendes Mineral von der Formel $H_2Mg_3Si_4O_{12}$, kommt in zwei Abarten vor, einer scheinbar amorphen, kryptokristallinischen, Speckstein (s. d.) genannten, und einer deutlich kristallinischen, dem gewöhnlichen Talkstein. Letzterer ist im reinen Zustande ganz weiß, in den meisten Fällen jedoch durch fremde Bestandteile, namentlich Eisenoxydul, schwach grünlich, gelblich oder gräulich gefärbt. Das sehr weiche, großblätterige, in dünnen Blättchen biegsame Mineral erscheint auf den frischen Bruchflächen perlmutterglänzend und fühlt sich eigentümlich fettig an. Die wichtigsten Fundorte liegen in den Tiroler Alpen. Der früher hauptsächlich von Venetianern in den Handel gebrachte und daher Talcum venetum (frz. und engl. Talc) genannte Stoff findet vielfache Verwendung. In rein weißer Farbe dient er zur Herstellung der Glanztapeten, Glanzkartons und satinierter Papiere. Weiter bildet er den Körper für viele weiße und rote Schminken, wozu er sich wegen seiner Zartheit und Unschädlichkeit für die Haut vorzüglich eignet, und wird auch Körperfarben und feinen Siegellacken beigemischt. Die nicht rein weißen Sorten finden als Poliermittel und als Erleichterungsmittel beim Stiefelanziehen (Rutschpulver) Verwendung.

Tamarinden (Sauerdatteln, lat. Fructus tamarindi, frz. Tamarins, engl. Tamarinds) sind die Früchte eines in Afrika heimischen, aber in allen Tropenländern, besonders Ostindien, angepflanzten Baumes, Tamarindus indica, der zur Familie der Zäsalpiniazeen (Leguminosen) gehört. Die mit einer holzigen, dünnen und zerbrechlichen Fruchtschale bekleidete, meist stark gekrümmte Schote, die an den Lagerstellen der Samen verdickt, im übrigen aber zusammengedrückt erscheint, ist durch Querwände in 2—8, bisweilen auch 12 Fächer eingeteilt, in denen je ein flacher, glänzend rotbrauner, hartschaliger Samenkern liegt, eingebettet in ein schwarzbraunes, angenehm sauer und etwas herb schmeckendes Mus. Nur das nach Entfernung der Hülsen mit den Samen eingestampfte Mus wird von Ostindien, meist über Bombay, in Fässern von einigen Zentnern Inhalt nach Europa eingeführt und als Tamarindenmus (lat. Pulpa tamarindorum cruda, frz. Pulpe de tamarins, engl. Pulp of tamarinds) bezeichnet. Es bildet eine weiche Masse, die schwarz oder schwarzbraun, aber nicht fuchsig aussehen und nicht zuviel Samen aufweisen soll, und enthält etwa 13 % organische Säuren, vorwiegend Weinsäure, 10 bis 12 % Zucker, viel Pektinstoffe und 3,5 % Asche. Für pharmazeutische Verwendung als kühlendes, gelind abführendes Mittel stellt man das offizinelle gereinigte Tamarindenmus (Pulpa tamarindorum depurata) her, indem man es mit heißem Wasser verrührt, durch ein Sieb treibt und nach Zusatz von Zucker wieder eindickt. — Levantinische oder ägyptische T. bilden feste Körper von ½ kg Gewicht und sehr unreiner Masse; die in Frankreich und England offizinelle westindische wird durch Einfüllen der reifen, von den Hülsen befreiten Früchte und nachfolgendes Übergießen mit kochendem Sirup hergestellt und erscheint infolgedessen viel weicher und heller braun. Neben den T. selbst werden auch sog. Tamarindenkonserven, d. s. Mischungen mit Sennes, Jalapen, Zucker, Stärke, Schokolade, als Abführmittel benutzt (z. B. Kanoldts Tamarindenkonserven). In der Technik findet die ägyptische und westindische Ware als Tabaksoße Verwendung.

Tannalbin, eine Verbindung von Gerbsäure mit Eiweiß, findet als adstringierendes Mittel bei Darmerkrankungen medizinische Anwendung.

Tannenholz, das Holz der Weißtanne oder Edeltanne, Abies pectinata, das von allen Nadelhölzern am wenigsten Harz enthält, hat eine fast weißliche, ins gelbliche spielende Farbe, ist sehr lang- und geradfaserig und daher von vollkommenster Spaltbarkeit. Das weiche und leichte Holz wirft sich wenig und hält sich im Trockenen sehr lange und wird daher als Bauholz sowie zu Tischler-, Drechsler-, Böttcherarbeiten und Resonanzholz benutzt.

Tannennadelöl (lat. Oleum abietis, frz. Essence de sapin blanc, engl. Pine oil), das ätherische Öl aus den Nadeln der Edeltanne, Abies pectinata (A. alba Mill.), wird durch Destillation mit Wasserdampf erhalten und als Parfüm benutzt. Es riecht weit feiner als das aus Fichtennadeln dargestellte Öl. Das spez. Gew. schwankt zwischen 0,867 und 0,886, die Drehung zwischen —34 und —60°. Bestandteile sind Pinen, Limonen, Bornylazetat und Laurinaldehyd.

Tannigen, Triazetyltannin, wird durch Kochen von Tannin mit Essigsäureanhydrid bei Gegenwart von Essigester oder Eisessig als ein gelblichgraues, geruch- und geschmackloses, in Wasser unlösliches Pulver dargestellt und als adstringierendes und verstopfendes Mittel bei Diarrhöen verordnet.

Tannoform wird durch Behandlung von Tannin mit Formaldehyddämpfen dargestellt und findet als Antiseptikum in der Wundbehandlung an Stelle von Jodoform vielfache Anwendung.

Tannokol, ein durch Fällung von Tannin mit Leim erhaltenes farb- und geruchloses Pulver, dient als Darmadstringens.

Tannopin oder **Tannon** entsteht bei der Fällung von Gerbsäure mit Hexamethylentetramin und längerem Kochen des Niederschlages mit Glyzerin als ein hellbraunes, geruch- und geschmackloses Pulver, das sich kaum in Wasser, Alkohol, Äther und schwachen Säuren, hingegen völlig, wenngleich langsam, in verdünnten Alkalien löst. Es bildet ein adstringierendes Mittel für Typhus und akute Darmerkrankungen.

Tanosal (Kreosal), der Gerbsäureester des Kreosols (Kreosottannat), wird durch Behandlung eines Gemisches von Gerbsäure und Kreosot mit Phosgengas dargestellt. Das braune, amorphe, schwach nach Kreosot riechende Pulver ist leicht löslich in Wasser, Alkohol und Glyzerin und wird in Form der 6,6%igen Lösung sowie von Pillen an Stelle des Kreosots gegen Tuberkulose angewandt.

Tantal, ein Element aus der Reihe der seltenen Metalle, Ta = 183, findet sich in der Natur nicht frei, sondern nur in Form einiger wenig verbreiteter Mineralien, den Kolumbiten und Tantaliten, in Gemeinschaft mit Niob als Tantalsäure. Durch Reduktion mit Kohle oder metallischem Natrium kann aus der Tantalsäure das T. dargestellt werden. Es läßt sich zu sehr dünnem Draht ausziehen und wird in dieser Form an Stelle des Kohlenfadens zur Herstellung elektrischer Glühlampen benutzt, die bei gleicher Lichtstärke nur den halben Stromverbrauch haben.

Tapeten nennt man Wandbekleidungen aus Papier, Leder oder Geweben. Im Hinblick auf die durch mit Schweinfurtergrün oder mit arsenhaltigem Fuchsin gefärbte T. verursachten Gesundheitsstörungen ist durch das Farbengesetz vom 5. Juli 1887 die Verwendung arsenhaltiger Farben zu ihrer Herstellung verboten. Zulässig ist lediglich die Verwendung arsenhaltiger Beizen oder Fixierungsmittel, wenn die Tapeten das Arsen nicht in wasserlöslicher Form und nicht in Menge von mehr als 2 mg in 100 qcm enthalten.

Tarakanapulver (lat. Pulvis taracanae, frz. Blatte orientale, engl. Blatte of orient). Unter diesem Namen kommt ein Arzneimittel in den Drogenhandel, das aus den getöteten und gepulverten, namentlich in Rußland sehr verbreiteten Küchenschaben besteht. Die schwarzen, auch als Russen, Schwaben oder Schaben bekannten käferähnlichen Tiere, Blatta oder Periplaneta orientalis, gehören zu den Geradflüglern (Orthopteren). Das aus ihnen hergestellte, als Antihydropin bezeichnete Pulver hat sich als ausgezeichnetes Mittel gegen Wassersucht bewährt.

Tartrazin, ein seit 1885 bekannter Farbstoff, wird durch Einwirkung von Phenylhydrazinmonosulfosäure auf Dioxyweinsäure gewonnen und besteht aus der Natronverbindung des Reaktionsproduktes. Er ist der wichtigste Vertreter der sog. Pyrazolon- oder Hydrazonfarbstoffe (s. Teerfarben), welche durch die Atomgruppe N.NH.R gekennzeichnet sind. Das schön orangegelbe Pulver ist in Wasser leicht löslich und färbt Wolle im sauren Bade gelb.

Tauenpapier, ein sehr festes, aus gebrauchten Seilen und Tauen gefertigtes Packpapier, wird in verschiedenen Feinheitsgraden und Färbungen, meist jedoch braun und auf einer Seite geglättet, hergestellt. Man verkauft es in Rollen oder in Bogen je nach Größe und Gewicht.

Taunusbrunnen in Groß-Karben. In 1000 g sind nach R. Fresenius (1873) enthalten: Bikarbonate des Kalziums 1,6103 g, Bariums Spur, Strontiums 0,0036 g, Magnesiums 0,2549 g, Eisenoxyduls 0,0183 g, Manganoxyduls 0,0026 g; Chloride des Kaliums 0,0192 g, Natriums 1,5855 g, Lithiums 0,0023 g, Ammoniums 0,0052 g, Magnesiums 0,0867 g; Brommagnesium 0,0003 g, Jodmagnesium 0,00001 g, Kaliumsulfat 0,0608 g, Natriumnitrat 0,0007 g, Kieselsäure 0,0161 g, freie Kohlensäure 2,4148 g.

Tausendgüldenkraut (lat. Herba centaurii minoris, frz. Petite Centaurée, engl. Centaury tops) besteht aus den getrockneten blühenden Stengeln und Blättern von Erythraea Centaurium, einer offizinellen ein- oder zweijährigen Pflanze aus der Familie der Gentianeen, die in Europa, Nordafrika und im Orient auf Wiesen und Triften, an Rainen und im Gebüsch wild wächst. Sie wird 1½—4½ dm hoch, hat einen vierkantigen, nach oben verästelten Stengel, gegenüberstehende, länglichovale Blätter und sehr kleine, trichterförmige, dünnröhrige, fünfspaltige, rosenrote, seltener weiße Blüten, die eine flache Trugdolde bilden. Das blühend ohne die stärkeren Stengelteile gesammelte Kraut ist geruchlos, schmeckt aber intensiv und rein bitter und wird in Form von Abkochungen und Extrakten zu bitteren Magenmitteln wie Enzianwurzel gebraucht. Außerdem verwendet man dasselbe zum Bittermachen von Likören.

Taxin, ein in den Blättern von Taxus baccata (siehe Eibenbaumblätter) enthaltener Giftstoff, gehört zu den stickstoffhaltigen organischen Basen und bildet ein in Alkohol und Äther lösliches, weißes, kristallinisches Pulver von bitterem Geschmack. Man gewinnt es durch Extraktion der Taxusblätter mit Äther, Abdestillieren des letzteren, Behandeln des Rückstandes mit angesäuertem Wasser und Fällen mit Ammoniak. T. ist für medizinische Zwecke empfohlen worden.

Teakholz. Der auch als indische Eiche bezeichnete Teakbaum, Tectonia grandis, der als einer der höchsten aller Bäume in den hoch und trocken liegenden Wäldern Ostindiens vorkommt, zeichnet sich durch schnelles und gerades Wachstum aus und erreicht in 100 Jahren seine volle Stärke. Das hellbraune, poröse und ölhaltige Holz, das sich gut bearbeiten läßt, bildet wegen seiner Widerstandsfähigkeit gegen Wurmfraß und seiner Haltbarkeit im Wasser, die dreimal größer als diejenige des Eichenholzes ist, einen gesuchten Rohstoff für Wasserbauten. Vor allem wird es beim Schiffsbau, u. a. als Unterlage für die Panzerplatten der Kriegsschiffe benutzt. Infolge der regen Nachfrage sind die Bestände bereits stark gelichtet, nur auf Malabar, Java und Zeylon ist der geschätzte Baum noch in größeren Mengen erhalten, und man hat daher neuerdings künstliche Pflanzungen angelegt. Die Blüten und Blätter der T. werden in den Tropen gegen Cholera und Harnleiden angewandt. — Australisches T. stammt von Endiandra glauca, afrikanisches T. von Oldfielda africana und Pterocarpus erinaceus. Beide sind vortrefflich für den Bau von Eisenbahnwagen geeignet.

Tee (lat. Thea, frz. Thé, engl. Tea) besteht aus den zusammengerollten und getrockneten Blättern des zu den Ternströmiazeen gehörigen Teestrauches, Thea chinensis, eines immergrünen Strauches oder kleinen Baumes, der in China und Japan heimisch, nach Java, Indien und Amerika verpflanzt worden ist. Er ist wild wachsend bis zu 10 m, angebaut aber höchstens 3 m hoch, trägt glänzend kahle, lederartige Blätter, weiße oder rosenrote Blüten und dreifächerige, dreisamige Kapseln mit kirschkerngroßen, glänzend braunen Samen. Nach der Größe der Blätter unterscheidet man den klein- und dickblättrigen T. (Thea chinensis microphylla) in China und Japan mit 4—7 cm langen, 2—3 cm breiten Blättern und den als eigentliche Stammpflanze betrachteten groß- und dünnblättrigen oder Assam-T. (Thea chinensis assamica) in Ostindien und Zeylon mit 10—14 cm langen und 4—5 cm breiten Blättern. Weniger wichtige Abarten sind T. viridis mit langen, breitlanzettlichen, T. Bohea mit kurzen, verkehrt eiförmigen, und T. stricta mit schmalen Blättern. Der T. wächst in China zwischen 25 und 31° n. Br., geht aber auch bis zu 40° n. Br. hauptsächlich in Berg- und Hügelland. Man baut ihn in ganzen Hainen oder in Reihen zwischen Feldern und selbst auf Dämmen der Reisfelder in leicht sandigem, aber gut gedüngtem Boden. Die aus Samen gezogenen Pflänzlinge werden in Abständen von 1,25 m gepflanzt und im dritten Jahre auf etwa 60 cm gestutzt. Man hält die Sträucher beständig unter dem Schnitt in 1—3 m Höhe, lockert häufig die Erde, beseitigt das Unkraut und düngt mäßig. Nach sieben Jahren werden alle Schößlinge zu neuem Stockausschlag abgeschnitten und treiben dann sehr zarte Blätter. Die Ernte erfolgt vier- bis fünfmal im Jahre. Im Februar und März pflückt man die glänzenden, eben aus der Knospe entfalteten Blättchen mit weißer Behaarung, die sog. Teeblüten (Pekko), und danach in Abständen von 1½ Monaten bis zum Oktober die später entwickelten Blätter, von denen diejenigen der ersten Ernte die besten sind. Zur weiteren Verarbeitung werden zwei verschiedene Verfahren eingeschlagen, je nachdem man grünen oder schwarzen Tee zu erhalten wünscht. Zur Darstellung des grünen T. werden die Blätter gleich nach dem Pflücken schwach gedämpft, mit den Händen gerollt und in Pfannen auf freiem Feuer rasch geröstet, wobei sie ihre grüne Farbe behalten. Der schwarze T. entsteht dadurch, daß man die schwach erhitzten Blätter 2—3 Tage lang einer Gärung, nach Art der Braunheubereitung überläßt und dann trocknet. Durch die Einwirkung von Enzymen (Oxydasen) wird hierbei ein besonderes Aroma entwickelt, ein Teil des Gerbstoffs zerstört und die grüne Farbe in Schwarz umgewandelt. Die Abfälle, Zweigspitzen und Stengelteile, werden, meist unter Zuhilfenahme von Gummi, Blut oder anderen Bindemitteln, zu Backstein- oder Ziegeltee, Bruchtee, Würfeltee oder Lügentee zusammengepreßt. Zur Erhöhung des Duftes werden bisweilen wohlriechende Blätter und Blüten beigemischt. — Von den zahlreichen Sorten des chinesischen T. gehören zum schwarzen T. der aus den jüngsten Zweigspitzen mit noch nicht völlig entfalteten, silberhaarigen Blättern bestehende Pekko, ferner der Kongo oder Concho mit 3—8 cm langen, 1½—2 cm breiten, braunen bis braunroten Blättern, Souchong mit ausgewachsenen, 5 cm langen und bis 2 m breiten bräunlichen, ins Violette spielenden Blättern und Kapernconcho, Kaperntee, die geringste Sorte des schwarzen T. Der feinste grüne T., der Haysan, aus bläulichgrünen, zylindrisch, nicht spiralig gerollten, seidenhaarigen Blättern, zerfällt in die beste Sorte Junghaysan und die geringere Haysanskin. Auslese ist der Kaisertee, Imperial, Gunpowder, der zu Körnchen geformt in den Handel kommt. Tonkay oder Twankay bildet die Mittelsorte, Perl- oder Pulvertee die geringste. Weiter kommt aus China noch sog. gelber Tee (Blumentee), der in gleicher Weise wie der grüne hergestellt, aber im Schatten getrocknet wird. Er umfaßt den gelben Oolong, den gelben Mandarinen- und Karawanentee. Ganz ähnliche Erzeugnisse werden neuerdings in steigenden Mengen aus Zeylon, Ostindien und Java eingeführt. Sie besitzen einen kräftigeren Geschmack als der chinesische Tee, aber ein weniger feines Aroma. Als wirksame Bestandteile enthält der T. vor allem Koffein (Teein), dessen Menge zwischen 1 und 5 % schwankt und im Mittel 2,6 % beträgt. Am reichsten an diesem Stoffe sind die besseren schwarzen und die geringeren grünen Sorten. Die Feinheit des T. wird aber nicht durch das Koffein, sondern durch das in Menge von ½—1 % vorhandene ätherische Öl verursacht. Der zusammenziehende Geschmack beruht auf der Anwesenheit von Gerbstoff, der im frischen Teeblatt etwa 20—25 %, im grünen T. 16—18 % und im schwarzen 10—12 % ausmacht. Um nicht zu herbe Aufgüsse zu erhalten, empfiehlt es sich daher, den T. mit heißem Wasser nicht zu lange, sondern nur bis zur hellgelben Farbe ziehen zu lassen. Von anderen Stoffen enthält der Tee noch 20—40 % Protein, 3—15 % Fett, Chlorophyll, Wachs und Harz, 9—15 % Rohfaser und erhebliche Mengen, 4 bis 8 %, Mineralstoffe, die durch einen hohen Mangangehalt ausgezeichnet sind. Wegen seines Gehaltes an Koffein wirkt der T. anregend auf Nerven und Gehirn, erregt aber im Übermaß Schlaflosigkeit, Zittern und Abspannung. Der hohe Preis veranlaßt zahlreiche Verfälschungen. Beimischungen von fremden Blättern: Weiden (Kanton-T.), Weidenröschen (Russischer, Koporischer, Iwantee), Schlehen, Erdbeeren, Eschen, Ulmen, Holunder, Rosen, Johannisbeeren (Warschauer T.), Steinsamen (Böhmischer, Kroatischer T.) und zahlreichen anderen, sind beobachtet worden und wegen der kennzeichnenden Zähne, Idioblasten und Gesamtform des echten T. leicht nachzuweisen. Als Verfälschung ist auch die Beimischung minderwertiger Sorten zu guten zu betrachten. Die Untersuchung erstreckt sich auf die Bestimmung des Wassergehaltes (8—12 %), der Asche (mindestens 3, höchstens 8 %, davon 50 % in Wasser löslich), des wäßrigen Extrakts (30—40 %, mindestens 24 %), des Teeins (1 %). Ein Mittel zur Vorprüfung auf extrahierte Blätter bietet die Erhitzung zwischen zwei Uhrgläsern, wobei echte Ware ein Sublimat von Koffeinkristallen liefert. Die Aufbewahrung des T. muß in gut verschlossenen Gefäßen bei Lichtabschluß erfolgen, da er leicht Gerüche anzieht und bei Feuchtigkeit modrig wird. — Als Deutscher Tee, Haustee, Waldtee und unter ähnlichen Bezeichnungen sind in der Kriegszeit vielfach Gemische verschiedener Blätter und Kräuter von Brombeeren, Erdbeeren, Himbeeren, Waldmeister u. dgl. sowie auch Hagebuttenkerne, Apfelschalen benutzt worden. Durch Fermentieren der genannten Blattsorten hat man versucht, Teesorten herzustellen, die dem echten chinesischen Tee ähneln; ob sich diese Erzeugnisse im Verbrauche halten werden, hängt von der Zukunft der deutschen Einfuhr ab.

Teer (lat. Pix, frz. Goudron, engl. Tar). Diesen Namen führen alle bei der trockenen Destillation organischer Körper entstehenden Stoffe, die eine ölige, mehr oder weniger dickflüssige, zähe Beschaffenheit, eine braune bis schwarze Farbe und meist einen unangenehmen Geruch haben. Häufig bildet der Teer ein Nebenprodukt, wie bei der Herstellung von Leuchtgas und Holzessig. Vielfach wird die Destillation aber auch nur zum Zwecke der Teergewinnung ausgeführt, wie z. B. beim Schwelen der Braunkohlen. Der Teer ist kein einheitlicher Stoff, sondern ein Gemisch zahlreicher verschiedener Verbindungen, deren Art und Menge in den einzelnen Sorten großen Schwankungen unterliegt. Selbst in ein und derselben Teerart, wie im Steinkohlenteer, kann das Mengenverhältnis der einzelnen Bestandteile außerordentlich wechseln, je nach der Art der Kohle und des Betriebes und besonders der Temperatur und Dauer der Destillation. Im Handel unterscheidet man hauptsächlich folgende Teersorten: 1. Der Holzteer (vegetabilischer Teer, lat. Pix liquida seu navalis, frz. Goudron végétal, engl. Vegetable tar), eine schwarze bis dunkelbraune Masse von lang anhaltendem, durchdringendem Geruch und scharfem, bitterem Geschmack, brennt mit leuchtender, rußender Flamme und löst sich völlig in Alkohol, hingegen nur teilweise in Äther und Terpentinöl. Das spez. Gew. beträgt ungefähr 1,060. Zurzeit wird der Holzteer meist als Nebenprodukt bei der Herstellung des Holzessigs sowie in denjenigen Gasanstalten, die noch Holz verarbeiten, gewonnen. Doch stellt man ihn in holzreichen Gegenden auch noch nach alter Art in Teerschwelereien dar. Schon bei der gewöhnlichen Meilerverkohlung läßt sich etwas Teer gewinnen, wenn aus dem Inneren ein schräg abfallendes Gerinne in ein verdecktes Sammelgefäß geleitet wird. Bei der eigentlichen Teerschwelerei benutzt man gewöhnlich Kienholz, harzige Wurzeln, Stöcke und Rinden, so daß die übrig bleibenden Kohlen von geringem Werte sind. Doch schwelt man bisweilen auch andere Hölzer und schätzt namentlich den Buchenholzteer als eine bevorzugte Sorte. Das zuerst abfließende, dünnere und flüssige Destillat (weißer T.) sieht bräunlich oder gelblich aus, schwimmt auf Wasser und wird meist zum Abdestillieren des Kienöls benutzt, wobei als Rückstand weißes Pech hinterbleibt. Die mittlere, etwas dunklere Sorte ist der Rad- oder Wagenteer. Der letzte, dickste, schwarzbraune und am übelsten riechende schwarze oder Schiffsteer (lat. Pix navalis, frz. Poix noire, engl. Pitch) dient zum Teeren des Tauwerks und Kalfatern hölzerner Schiffe. Der Holzteer besteht aus Phenol, Kresol, Phlorol und ähnlichen Körpern, ferner Brenzkatechin, Zedriret, einigen flüssigen Kohlenwasserstoffen, etwas Paraffin und stickstoffhaltigen öligen Basen. Der Birkenteer (lat. Oleum betulinum seu rusci, frz. Goudron de bouleau, engl. Birch tar), der in Rußland in großer Menge erzeugt und zur Herstellung des Juchtenleders verwandt wird, und der Buchenteer sind durch einen höheren Gehalt an Guajakol gekennzeichnet. Medizinisch wird Buchenteer bei Hautkrankheiten sowie als Einreibungsmittel gegen Gicht und Rheumatismus angewandt. — 2. Torfteer (frz. Goudron de tourbe, engl. Turf tar) gleicht dem aus harzarmen Hölzern gewonnenen Holzteer, z. B. dem Buchenholzteer, ist aber weniger geschätzt als der aus harzreichen Hölzern bereitete Holzteer. Man erhält aus gutem Torf eine Ausbeute von 6—9 %. —

3. Braunkohlenteer, Bergteer (lat. Pix carbonis, frz. Goudron de lignite, engl. Wood coal tar). Obschon jede Braunkohle T. liefert, benutzt man doch zur Paraffingewinnung nur diejenigen Sorten, die reich an Pyropissit (vgl. Paraffin) sind. Der Braunkohlenteer ist eine dicke, dunkelbraune, übelriechende Flüssigkeit, die nur wenig Kresol und Phenol, dagegen hauptsächlich Paraffin und flüssige Kohlenwasserstoffe der verschiedensten Art enthält. Die leichter flüchtigen Bestandteile werden unter dem Namen Photogen, die schwerer flüchtigen als Solaröl verkauft. Der Rückstand von der Destillation des Braunkohlenteers ist der Braunkohlenasphalt oder das Braunkohlenteerpech. Die Ausbeute an Braunkohlenteer ist sehr verschieden und schwankt zwischen 6 und 25 %. — 4. Der Steinkohlenteer (lat. Pix lithanthracis seu carbonis, frz. Goudron d'houille, engl. Coal tar) wird in bedeutenden Mengen bei der Erzeugung von Leuchtgas aus Steinkohlen als Nebenprodukt erhalten und dient zur Gewinnung zahlreicher wertvoller Bestandteile. Er bildet eine dicke, schwarze, klebrige, stark betäubend riechende Flüssigkeit, die schwerer als Wasser und mit diesem nicht mischbar ist. Seine wichtigsten Bestandteile sind Benzol, Toluol, Xylol, Kumol, Zymol, Phenol, Kresol, Anilin, Toluidin, Xylidin und ähnliche Basen, endlich Naphtalin, Anthrazen, Chrysen, Diphenyl, Fluoren, Phenanthren, Fluoranthren und Pyren. Der bei der Destillation des Steinkohlenteers hinterbleibende Rückstand erstarrt beim Erkalten zu einer harten, schwarzen Masse von muscheligem Bruch, dem Steinkohlenteerpech oder Steinkohlenasphalt, dem Rohstoff zur Herstellung von Dachpappen und Asphaltfußböden. — 5. Animalischer Teer (tierischer Teer, Franzosenöl, Hirschhornöl, lat. Oleum animale foetidum, frz. Huile animale, engl. Animal oil) wird durch trockene Destillation von Knochen, Haut, Leder, Horn und anderen tierischen Abfällen gewonnen. Er bildet eine außerordentlich übelriechende, dunkelbraune, ölige Flüssigkeit, die eine große Zahl stickstoffhaltiger organischer Basen und Kohlenwasserstoffe enthält. Man verwendet das Tieröl in der Tierheilkunde gegen Räude der Schafe, zum Fernhalten von Insekten in der heißen Jahreszeit, zum Vertreiben von Hamstern, Kaninchen usf. Die aus dem Tieröl durch Rektifikation erhaltenen, leichter flüchtigen Teile bilden eine gelbliche, an der Luft sich dunkler färbende Flüssigkeit, die unter dem Namen Dippels Öl, gereinigtes Tieröl (lat. Oleum animale aethereum, Oleum animale Dippelii, frz. Huile animale volatile ou Huile de Dippel, engl. Volatil animal oil) medizinisch als krampfstillendes Mittel Verwendung findet.

Teerfarben (Anilinfarben) nennt man die große Zahl der aus den Bestandteilen des Steinkohlenteers (s. Teer) gewonnenen, im weiteren Sinne aber auch alle künstlich hergestellten organischen Farbstoffe überhaupt. Sie alle enthalten mindestens eine ringförmige Atomgruppe (Benzol, Naphtalin, Anthrazen, Chinolin) und überdies neben Kohlenstoff und Wasserstoff noch Sauerstoff, Stickstoff, Schwefel oder mehrere dieser Elemente nebeneinander. Als Ausgangsmaterialien kommen besonders die Kohlenwasserstoffe Benzol, Toluol, Xylol, Naphtalin, Phenanthren, Anthrazen und die sauerstoffhaltigen Phenole und Kresole in Betracht, des weiteren aber auch zahlreiche von diesen abgeleitete Halogenderivate (Benzylchlorid), Nitroverbindungen (Nitrobenzol), Sulfosäuren, Aminoverbindungen (Anilin), Diazoverbindungen, Hydrazine usw. An Stelle der hierdurch gegebenen Unterscheidung in Benzol-, Toluol- usw. Farbstoffe teilt man die T. neuerdings auf Grund ihrer chemischen Konstitution z. B. nach Möhlau und Bucherer in folgende Gruppen ein: 1. Nitro- und Nitrosophenolfarbstoffe, 2. Azofarbstoffe, 3. Pyrazolonfarbstoffe, 4. Di- und Triphenylmethanfarbstoffe, 5. Xanthenfarbstoffe, 6. Anthrazenfarbstoffe, 7. Oxychinonfarbstoffe der Benzol- und Naphtalinreihe, 8. Parachinoniminfarbstoffe, 9. Azinfarbstoffe, 10. Oxazinfarbstoffe, 11. Thiazinfarbstoffe, 12. Thiazolfarbstoffe, 13. Schwefelfarbstoffe, 14. Pyridin-, Chinolin- und Akridinfarbstoffe, 15. Indigo- und Thioindigofarbstoffe. Die einzelnen Gruppen sowie ihre wichtigsten Vertreter sind in besonderen Abschnitten besprochen. — Nach ihrem verschiedenen Verhalten zu den Geweben und Gespinstfasern unterscheidet man weiter homochrome, heterochrome und Pigmentfarbstoffe. Die ersteren, welche direkt ohne Beize färben, zerfallen in drei Unterabteilungen: a) Basische Farbstoffe, die Wolle in wäßriger Lösung ohne jeden Zusatz, Baumwolle aber erst nach vorherigem Beizen mit Tannin und Metallsalzen färben und daher auch Tanninfarbstoffe genannt werden. Bei ihnen ist die Base des Salzes die färbende Ursache. b) Saure Farbstoffe, die Wolle in einem Bade aus Säuren oder sauren Salzen, Baumwolle hingegen gar nicht färben. Bei ihnen beruht die Farbwirkung auf der Säure des Salzes. c) Substantive Farbstoffe, die ausnahmslos Baumwolle direkt oder nach Zusatz neutraler oder schwach alkalischer Salze, zum großen Teile aber auch Wolle im neutralen Glaubersalz- oder Kochsalzbade färben. — Die Glieder der zweiten Gruppe, die heterochromen Farbstoffe, die alle schwach sauren Charakter besitzen und mindestens zwei saure Gruppen (Hydroxyl- oder Karboxylgruppen) enthalten, färben die Faser nicht direkt, sondern erst nach der Behandlung mit einer Beize (s. d.), wodurch Farblacke entstehen. Zu ihnen gehört besonders das Alizarin. — Zu den Pigmentfarbstoffen gehören nur verhältnismäßig wenige Farbstoffe, welche auf der Faser erzeugt werden, besonders Anilinschwarz, Indigo u. a. — Nach einer anderen Einteilung unterscheidet man die Farbstoffe auch wohl in substantive, die ohne Beize, und in adjektive, die nur mit einer Beize färben. Man findet dann, daß sich zahlreiche Farbstoffe gegen tierische Fasern (Wolle, Seide) substantiv, gegen Pflanzenfaser aber adjektiv verhalten, und daß z. B die basischen Farbstoffe der vorstehenden Gruppierung sowohl substantiv als adjektiv sein können. Die Herstellung der Teerfarben beginnt mit der Entdeckung des ersten violetten Farbstoffs aus Anilin, des Mauveins, durch Perkin im Jahre 1856, der bereits drei Jahre später, 1859, die Synthese des Fuchsins durch Verguin und zahlreicher anderer Anilinfarbstoffe, so des Anilinblaus durch Girard und de Laire, des Methylgrüns und des Methylvioletts folgten. Jedes Jahr brachte neue Farbstoffe und Farbstoffgruppen (1869 die Azofarbstoffe durch Peter Grieß, Alizarin und andere Anthrazenfarbstoffe durch Gräbe und Liebermann), bis im Jahre 1880 mit der künstlichen Darstellung des Indigos durch A. v. Baeyer ein Höhepunkt der chemischen Synthese erreicht wurde. Auf der Grundlage dieser streng wissenschaftlichen Forschung entwickelte sich eine blühende Industrie, in der zurzeit Deutschland die unbestrittene Führung übernommen hat. Der Wert der Erzeugung stieg von 24 Millionen Mark im Jahre 1874 auf 65 Millionen Mark im Jahre 1890, und im Jahre 1908 erreichte allein die Ausfuhr die Höhe von 63000 Tonnen im Werte von mehr als 120 Millionen Mark. — Die Teerfarbstoffe finden ausgedehnte Anwendung in der Färberei, Zeugdruckerei, Buntpapier- und Tapetenfabrikation, zum Färben von Holz, Metall, Leder sowie zur Herstellung von Kinderspielzeug und Tinten. Für viele Zwecke haben sie wegen ihrer glänzenden, in jeder gewünschten Abstufung herstellbaren Töne die natürlichen Farbstoffe völlig verdrängt, und im Gegensatze zu der früher weit verbreiteten Ansicht gibt es jetzt zahlreiche T., die nicht nur (für Woll- und Seidenfärberei) völlig waschecht sind, sondern auch große Lichtbeständigkeit zeigen. Selbst die für Tapeten beliebten Modefarben lassen sich durchaus lichtecht erzielen. — Die T. des Handels enthalten oft Zusätze nicht färbender Stoffe, die zum Teil erlaubten Zwecken dienen, wie der Erzielung eines bestimmten Farbtones oder der Erleichterung ihres Gebrauchs. Es sind aber auch direkte Verfälschungen oder Beschwerungen beobachtet worden. Die Erkennung derartiger Fremdstoffe, soweit sie anorganisch sind, wie Kochsalz, Glaubersalz, Schwerspat, erfolgt mit Hilfe der Aschenbestimmung. Stärke und Zucker können mikroskopisch erkannt werden. Der Nachweis von Dextrin gelangt meist durch Behandlung mit Alkohol.

Teigwaren. Unter diesem Namen faßt man eine ganze Reihe von Erzeugnissen, wie N u d e l n, M a k k a r o n i (V e r m i c e l l i), G r ä u p c h e n und S u p p e n e i n l a g e n, zusammen, die ursprünglich in Italien (Makkaroni) hergestellt wurden, seit längerer Zeit aber auch in Deutschland von zahlreichen Fabriken in großen Mengen, ungefähr 500 000 dz, in den Verkehr gebracht werden Das sehr einfache Verfahren besteht im Grunde darin, daß man einen mit Hilfe von Weizenmehl oder -grieß (Hartweizen) und Wasser oder Eiern hergestellten Teig entweder dünn auswalzt und in Streifen schneidet oder durch besondere Maschinen in Faden- oder eine andere Form preßt und dann bei erhöhter Temperatur trocknet. Nach der Form unterscheidet man hauptsächlich Band-, Faden-, Röhren- oder Schnittnudeln, Perlgräupchen, Sternchen, Hörnchen und Tierformen. Wichtiger ist die Unterscheidung nach der Art der benutzten Zutaten in W a s s e r t e i g w a r e n und E i e r t e i g w a r e n, von denen die ersteren aus einem Teig von Mehl und Wasser, die letzteren aus einem Gemisch von Mehl und Eiern hergestellt werden. Zwischen den beiden Endgliedern dieser Reihe finden sich zahlreiche Übergangsstufen aus Mehl, Wasser und geringen Eierzusätzen, auch wird an Stelle des ganzen Eiinhalts vielfach getrocknetes oder auf andere Weise konserviertes Eigelb verwandt. Im Hinblick auf den Umstand, daß viele sog. Eierteigwaren des Handels nur verschwindend geringen oder gar keinen Eigehalt aufwiesen, durch künstliche Auffärbung mit gelben Teerfarben aber den Anschein einer gehaltreichen Ware besaßen, erschien es zweckmäßig, den Begriff der normalen Beschaffenheit, insbesondere einen Mindestgehalt von Eiern, festzulegen. Die Ansichten über die erforderliche Menge gehen zurzeit noch auseinander. Während die Fabrikanten ursprünglich einen Mindestgehalt von 75 Eiern für den Zentner Mehl als erforderlich, später aber auch 50 und 30 Eier als ausreichend bezeichneten, ja schließlich sogar jede Begrenzung ablehnten, vertreten die Nahrungsmittelchemiker die Ansicht, daß Eiernudeln mindestens 400 Eier auf 100 kg Mehl enthalten müssen. Die sächsischen Nahrungsmittelchemiker haben sich für die Festsetzung von 200 Eiern für 100 kg Mehl ausgesprochen. Die weitere Forderung, daß eine künstliche Färbung zu kennzeichnen sei, wird auch von den Fabrikanten anerkannt. Die Feststellung des Eigehaltes in Nudeln stützt sich auf die Ermittlung der dem Eigelb eigentümlichen Bestandteile: L u t e i n (Eifarbstoff), Cholesterin, Lezithin und Fett, sie bietet aber gewisse Schwierigkeiten, weil mit längerer Aufbewahrung eine Veränderung der Eisubstanz verbunden ist. Abgesehen von dem Eigehalte stellt man an die T., die ein wertvolles Nahrungsmittel für den Massenverbrauch darstellen, die Forderung, daß sie keine anderen Mehle als Weizenmehl enthalten, beim Kochen nicht zerfallen und keine trübe oder sauer reagierende Brühe liefern.

Tellur, ein dem Schwefel und Selen nahe verwandtes Element vom Atomgewicht 127, findet sich in der Natur nur selten, und zwar entweder gediegen oder in Verbindung mit Gold und Silber im S c h r i f t e r z oder mit Blei und Silber im T e l l u r b l e i. Die wichtigsten Fundorte sind in Siebenbürgen, im Altai und auf der liparischen Insel Vulkano. Praktische Verwendung findet nur das t e l l u r s a u r e K a l i u m (K a l i u m t e l l u r a t, lat. Kalium telluricum) ein in wasserlöslichen Nadeln kristallisierendes Salz, das zur Verhinderung des Nachtschweißes von Phthisikern medizinisch benutzt wird. Bei längerem Gebrauche des Mittels, das keinerlei unangenehme Nebenwirkungen zeigt, nimmt der Atem einen knoblauchartigen Geruch an.

Tereben, eine gelbliche, bei 160° siedende, ölige Flüssigkeit, die an Stelle des Terpentinöls medizinische Anwendung findet, wird durch wiederholte Destillation von Terpentinöl oder anderen Terpenen mit etwas konzentrierter Schwefelsäure dargestellt. Es ist nicht, wie früher angenommen wurde, eine einheitliche Verbindung, sondern ein Gemisch mehrerer Kohlenwasserstoffe.

Terpentin (lat. Terebinthina, frz. Térébenthine, engl. Turpentine) nennt man die frischen, durch Lufteinwirkung noch nicht veränderten Harzausflüsse verschiedener Koniferen, die als Gemische von Harz und ätherischen Ölen zu den Balsamen gehören und erst beim Eintrocknen unter Verlust der flüchtigen Stoffe in Harz (s. Fichtenharz) übergehen. Zur Gewinnung der zwischen Holz und Rinde oder in besonderen Hohlräumen gebildeten Ausscheidungen macht man entweder durch die Rinde senkrechte rinnenartige Einschnitte, an deren unterem Ende die Masse in besonderen Vertiefungen oder untergestellten Gefäßen aufgefangen wird, oder man bohrt die Stämme an und läßt aus den mit Pfropfen verschlossenen Löchern von Zeit zu Zeit den Balsam ausfließen. Das Anhauen oder Anbohren der Bäume erfolgt im Frühjahr, das Ausfließen dauert bis in den Herbst, und zwar am reichlichsten bei der Sonne ausgesetzten Bäumen mit dicker Rinde. Die gesammelten, oft durch Erde oder Sand, Nadeln und Rindenstückchen verunreinigten Massen werden durch Schmelzen bei gelindem Feuer verflüssigt, durch grobe Tücher oder eine Strohschicht geseiht und auf Fässer gefüllt. In den Vereinigten Staaten setzt man sie einfach in Fässern mit durchlöchertem Boden der Sonnenwärme aus, worauf der reine T. von selbst abtropft. Auch in Frankreich wird T. auf diese Weise gereinigt und Pâte de térébenthine au soleil, als dickflüssige, oder à la chaudière, als dünnflüssige Sorte, genannt. — Die Terpentine sind honigdicke, sehr zähflüssige, je nach der Herkunft klare oder trübe, aromatisch riechende und schmeckende Massen, die, obschon im allgemeinen von gleicher Zusammensetzung, doch in Konsistenz, Färbung, Geruch und Ölgehalt Abweichungen zeigen und nach den Ursprungsländern in folgende Handelssorten unterschieden werden: 1. Der gewöhnliche, gemeine oder deutsche T. (lat. Terebinthina communis), hauptsächlich von Pinus Laricio, seltener von der Weiß- und Rottanne, ist von zäher, etwas körniger Konsistenz, gelblichweiß gefärbt und trübe sowie von stark harzigem Geruch und bitterlich gewürzhaftem Geschmack. Französischen T. nennt man besonders die Abscheidung der Seestrandkiefern (Pinus maritima und P. pinaster), die in verschiedenen Gegenden Südfrankreichs Wälder bilden. Er ist dünnflüssiger und feiner und von angenehmem Geruch. Amerikanischer T. von Pinus palustris unterscheidet sich vom gewöhnlichen nicht wesentlich und fällt daher in dieselbe Gruppe. — 2. Die beste Sorte des Terpentins ist der venetianische oder Lärchen-T. (lat. Terebinthina veneta, frz. Térébenthine de Vénise, engl. Venetian turpentine), der hauptsächlich in Tirol, Kärnten, Steiermark und weiter östlich bis nach Ungarn von der Lärche, Larix decidua, gewonnen wird. Doch gibt es auch in der Provence Lärchenwälder, die echten venetianischen T. liefern. Die dickflüssige, klebrige, ziemlich durchsichtige Masse ist nur schwach gelblich gefärbt und stark fadenziehend und besitzt einen harzig gewürzhaften, etwas zitronenartigen Geruch. — 3. Nordamerika erzeugt die feinste aller Terpentinarten, den kanadischen Terpentin (s. Kanadabalsam). — 4. Österreichischer T. (lat. Terebinthina austriaca, frz. Térébenthine autrichienne, engl. Austria turpentine) wird von Pinus Laricio gewonnen und aus Niederösterreich in sog. Lägeln, kleinen ovalen Fässern, versandt. — 5. Italienischer T. (lat. Terebinthina italica, frz. Térébenthine italienne, engl. Italia turpentine) ist von derselben Abstammung wie der venetianische T., aber dunkler an Farbe. Die sonst noch vorkommenden T., wie ungarischer und zyprischer T. von Pistacia terebinthina, haben wenig Bedeutung. — Terpentin dient hauptsächlich dazu, Harze weicher und geschmeidiger zu machen, und wird daher als Zusatz für Siegellacke, Harzfirnisse, Lacke, Kitte und Ätzgründe verwandt. Zur Herstellung von Lack kann nur die wasserfreie Venetianer Sorte benutzt werden, da sonst trübe Lacke entstehen. Sie verbrennt im Gegensatze zu dem gewöhnlichen wasserhaltigen T. ohne prasselndes Geräusch. Weiter wird T. als Zusatz zu Salben, Pflastern und Hufkitt sowie in der Medizin viel verwandt. Auch bildet er den Rohstoff zur Darstellung des Terpentinöls, des Kolophoniums und des Isoprens (für Kautschuksynthese).

Terpentinöl (Terpentingeist, lat. Oleum terebinthinae, frz. Essence de térébenthine, engl. Turpentine oil) wird in der Weise gewonnen, daß man Terpentin mit Wasser aus eisernen Blasen destilliert, wobei als Rückstand gekochter Terpentin (lat. Terebinthina cocta, s. Resina pini, frz. Résine jaune, engl. Burgundy pitch) oder nach völligem Austreiben des Wassers Kolophonium (s. d.) hinterbleibt. Das übergegangene Öl wird nach erfolgter Schichtentrennung von dem Wasser abgelassen und zur Entfernung mitgerissener Farbstoffe, Harze und Säuren (Ameisensäure) nochmals mit Wasser und etwas Kalk destilliert. Es erscheint dann als eine farblose, leichte und leichtflüchtige, stark riechende und brennend schmeckende Flüssigkeit, die mit rußender Flamme brennt und in Äther, Chloroform, Schwefelkohlenstoff, Petroläther und 5—10 Teilen 90%igen Alkohols, nicht aber in Wasser löslich ist. Das spez. Gew. beträgt 0,860—0,877, die Siedetemperatur 155—165°. Französisches T. ist stark linksdrehend, amerikanisches rechtsdrehend, nur ganz vereinzelt finden sich schwach linksdrehende Öle. Beide im übrigen gleichwertigen Öle bestehen aus Gemischen isomerer Terpene (zum allergrößten Teil Pinen), die in flachen Gefäßen an der Luft nur teilweise verdunsten und einen durch Sauerstoffaufnahme veränderten Rest (Dicköl der Porzellanmaler) hinterlassen, schließlich aber zu einem harten durchsichtigen Firnis eintrocknen (verharzen). Auf dieser Eigenschaft beruht die Verwendung des T. als Bindemittel für Farben. T. löst die meisten Harze, auch Kautschuk, Schwefel und Phosphor, mischt sich mit ätherischen und fetten Ölen und Firnis und wird daher vielfach in der Technik, besonders zur Herstellung von Lacken, zum Verdünnen von Ölfarben und leider zum Verfälschen ätherischer Öle benutzt. Weiter dient es zur Entfernung von Fettflecken und zum Bleichen solcher Stoffe, die Chlor nicht vertragen, z. B. Elfenbein. In der Medizin wird es zu reizenden und zerteilenden Einreibungen sowie bisweilen tropfenweise innerlich verordnet. Als Verfälschungsmittel hat man besonders höher siedende Petroleumdestillate, Harz- und Kampferöle beobachtet, die sogar als selbständige Waren unter dem Namen künstliches oder Patent-T. (Larixolin, Paintoil) im Handel erscheinen und für manche Zwecke verwendbar sind. Sie verringern aber wegen zu großer Flüchtigkeit die Haltbarkeit der Lackanstriche und haben den Nachteil des üblen Geruchs und der Feuergefährlichkeit. Zu ihrem Nachweise genügt die Bestimmung des spez. Gew., des Entflammungspunktes und besonders der Refraktion. — Da die Einfuhr von amerikanischem und französischem T. in den letzten Jahren den Bedarf nicht decken konnte und eine ungewöhnliche Preissteigerung die Folge war, die Schwierigkeiten im Laufe des Krieges durch die mangelnden Zufuhren naturgemäß noch zunahmen, sind in Deutschland und Österreich zahlreiche Versuche zur Steigerung der eigenen Erzeugung gemacht worden. Die Einführung des Flaschenverfahrens zur Gewinnung des Harzes und die Extraktion des Kiefern- (Stubben-) Holzes haben die inländischen Ertragsziffern zwar bedeutend erhöht, es erscheint aber zweifelhaft, daß der ungefähr 300 000 dz betragende Bedarf im Inlande gedeckt werden kann. — Außer dem französischen und amerikanischen T. ist das deutsche (russisch-polnische) T., das richtiger als Kienöl (lat. Oleum pini, seu terebinthinae germanicum, frz. Essence de pin, engl. Pine oil) bezeichnet wird, eine wichtige Handelsware. Es wird bei der Teerschwelerei aus dem Wurzelholze der Kiefer, Pinus silvestris, gewonnen, zeigt eine gelbliche Farbe, sowie ziemlich starken, unangenehmen Geruch und trocknet nicht so schnell wie amerikanisches oder französisches T. Das Kienöl ist daher zum Mischen mit Lacken nicht geeignet, für Ölfarben nur, wenn es sich um äußere Anstriche handelt, da sein Geruch zu unangenehm wirkt. Es kommt aus Polen, Ostpreußen und Österreich in den Handel. — Des weiteren seien noch spanisches, griechisches, österreichisches, venetianisches und indisches T. als besondere Sorten genannt. Das spanische T. stimmt mit dem französischen überein und hat neuerdings an Bedeutung gewonnen. Das griechische T., aus dem Terpentin der Aleppoföhre, Pinus halepensis Miller, ist durch starke Rechtsdrehung ausgezeichnet (α_D etwa $+40^0$). Das österreichische (Neustädter) T. stammt von der Schwarzkiefer, Pinus Laricio Poiret, das venetianische vom Lärchenbaum und das indische von Pinus longifolia Roxb. Im Gegensatz zu den übrigen Terpentinölsorten enthält das indische T. nur wenig Pinen, dagegen als Hauptbestandteil Sylvestren. — Dem Terpentinöl verwandte Öle sind: 1. Templin- oder Edeltannenzapfenöl, das aus den Zapfen von Abies alba Mill. gewonnen wird (lat. Oleum templinum, frz. Essence de templinum, engl. Templin oil). Als Herkunftsländer kommen die Schweiz und Thüringen in Betracht. Es hat ein spez. Gew. von 0,851 bis 0,870 und eine Drehung von —60 bis —84^0 und besteht zum größten Teil aus Linkslimonen. 2. Edeltannennadelöl siehe unter Tannennadelöl. 3. Latschen- oder Krummholzöl (s. d.). 4. Fichtennadel- oder Kiefernnadelöl (s. d.). Diese vier Öle werden mehr in der Parfümerie und als Einreibungsmittel verwandt.

Terpinhydrat (lat. Terpinum hydratum, frz. Terpine hydratée, engl. Terpin Hydrate), $C_{10}H_{18}.(OH)_2.H_2O$, nennt man die farblose, durchsichtige und geruchlose Kristallmasse, die sich bei längerem Stehen aus einer Mischung von Terpentinöl, wasserhaltigem Alkohol und Salpetersäure abscheidet. Das T. schmilzt bei 116—117^0 und geht dabei unter Verlust von Wasser in weißes kristallinisches Terpin über. Man verwendet es seit einiger Zeit medizinisch bei Lungenaffektionen und Diphtherie.

Terra, die lateinische Bezeichnung für Erde, wird im Drogenhandel für folgende Stoffe gebraucht, die jedoch nicht immer Erden im gewöhnlichen Sinne des Wortes sind: T. japonica, ein Pflanzenstoff, s. Katechu; T. di Siena, s. Sienaerde; T. tripolitana, s. Tripel; T. viridis, Grüne Erde.

Terrakotten sind aus gewöhnlichem, doch fein bearbeitetem Ton gebrannte, unglasierte Steingutwaren von künstlerischer Ausführung, die weniger zum Gebrauch in Haushaltungen, sondern mehr zur Verzierung von Gebäuden, Gärten usw. dienen. Schon in der römischen und vorrömischen Zeit (etruskische Vasen) sowie später im 15. und 16. Jahrhundert stand dieser Zweig des Kunstgewerbes in hoher Blüte, doch hat man sich ihm auch in neuerer Zeit wieder mit einer gewissen Vorliebe zugewandt. Die T. finden nicht nur als Bauverzierung häufige Verwendung, sondern auch selbständige Figuren und ganze Gruppen, bis zu lebensgroßen Statuen und Tierstücken, große Vasen und Kandelaber werden vielfach in T. hergestellt. Die Farbe ist, je nachdem der Ton sich brennt, dunkler oder heller braun, gelblich oder ganz weiß.

Tetrapol ist eine tetrachlorkohlenstoffhaltige Seife.

Teufelsabbißwurzel (lat. Radix morsus diaboli s. succisae, frz. Racine de succise, engl. Succise root), der dunkelbraune mit Seitentrieben bedeckte Wurzelstock der in Europa heimischen Komposite Succisa pratensis, der 3—5 cm lang und 1 cm dick wird, enthält Gerbstoff und findet in der Volksmedizin gegen Durchfall Verwendung.

Thallin (Tetrahydroparachinanisol), $C_9.H_{10}N(OCH_3)$, wird durch Erhitzung von Paramido- und Paranitroanisol mit Glyzerin und Schwefelsäure auf 150^0 und Reduktion des bei der Destillation mit Wasserdämpfen übergehenden Parachinanisols mit Zinn und Salzsäure dargestellt. Es bildet eine farblose ölige Flüssigkeit von kumarinähnlichem Geruch, die sich in Wasser, Alkohol und Äther löst und sich mit Eisenchlorid tiefgrün färbt. Das Thallinsulfat (lat. Thallinum sulfuricum, frz. Sulfate thallinique, engl. Thalline Sulphate), ein nach Kumarin riechendes, gelblichweißes Pulver von säuerlich-salzigem und gleichzeitig bitterlich-gewürzhaftem Geschmack sowie das ganz ähnliche weinsaure Salz, Thallintartrat (lat. Thallinum tartaricum, frz. Tartrate thallinique, engl. Thalline Tartrate), dienten einige Zeit als Chininersatz, werden wegen ihrer Giftigkeit aber jetzt nur noch als Antiseptikum bei Tripper angewandt. Beide müssen vor Licht geschützt aufbewahrt werden.

Theobromin, der anregende Bestandteil des Kakaos, ist dem Koffein (Teein) nahe verwandt und in chemischer Hinsicht als Dimethylxanthin, $C_7H_8N_4O_2$, anzusprechen. Es kann aus dem Xanthin des Fleischextraktes künstlich dargestellt werden, wird aber meist aus dem wäßrigen Auszuge der Kakaobohnen durch Fällung mit Bleiessig, Zerlegung des abfiltrierten Niederschlages mit Schwefelwasserstoff und weitere Reinigung mit Magnesia und Alkohol gewonnen. T. bildet ein weißes Kristallpulver, sublimiert unzersetzt, schmilzt bei 329—330° und ist in Alkohol und Wasser schwer, in Petroläther unlöslich. Gegen Säuren verhält das T. sich wie eine schwache Base, gibt andererseits aber auch mit Natron, Baryt und anderen Basen Salze. Die leichtlösliche Doppelverbindung des Theobrominnatriums mit Natriumsalizylat findet unter dem Namen Diuretin medizinische Anwendung gegen Wassersucht und als harntreibendes Mittel.

Theriak (lat. Electuarium theriaca, s. theriacale, frz. Thériaque, engl. Treacle), eine aus verschiedenen Wurzel- und Gewürzpulvern unter Zusatz von Honig und Wein hergestellte Latwerge, die im Mittelalter namentlich in Venedig zubereitet und daher auch venetianischer T. genannt wurde, findet als Zusatz zu verschiedenen Magenschnäpsen, z. B. alter Schwede, Verwendung. — Der medizinische T. ist mit Zusatz von Opium hergestellt und daher für den Handverkauf nicht freigegeben.

Thermit nennt Goldschmidt die von ihm in die Technik eingeführte Mischung von Aluminiumpulver mit Eisenoxyd, Chromoxyd und anderen Metalloxyden, die mit einer Zündkirsche aus vier Teilen Bariumsuperoxyd und einem Teil Aluminium entzündet wird und dann Temperaturen von gegen 3000° erzeugt. T. dient zur Herstellung sonst schwierig reduzierbarer Metalle, wie Chrom und Mangan, sowie von künstlichem Korund, und findet zum Schweißen von Stahl (Eisenbahnschienen) nach dem Verfahren der Aluminothermie ausgedehnte Anwendung.

Thiazinfarbstoffe bilden die 9. Gruppe der Teerfarben (s. d.) nach der Einteilung von Möhlau und Bucherer. Ihrer chemischen Zusammensetzung nach sind sie den Oxazinen verwandt, von denen sie durch Eintritt eines Schwefelatoms an Stelle von Sauerstoff abgeleitet werden können, und demnach als Abkömmlinge des Phenthiazins (Thiodiphenylamin): $C_6H_4.(NHS)C_6H_4$ anzusehen. Zur Darstellung der Th. geht man von den Paradiaminothiosulfonsäuren aus, die bei der Oxydation von p-Diaminen in Gegenwart von Thiosulfat entstehen, und unterwirft sie der oxydativen Kondensation mit Aminen und Phenolen, auch Aminophenolen, Chinonen, Hydrochinonen, Gallussäure usw. Der einfachste Vertreter der Reihe ist Lauths Violett (s. d.), der für die Praxis allein in Betracht kommende das Methylenblau (s. d.).

Thiazolfarbstoffe (12. Gruppe der Teerfarben, s. d.) sind durch die ringförmig geschlossene Atomgruppe CCSCN, den sog. Thiazolring, gekennzeichnet und leiten sich ab von dem Dehydrothiotoluidin, $CH_3.C_6H_3(NS)C.C_6H_4.NH_2$, das beim Erhitzen von p-Toluidin mit Schwefel entsteht. Durch Ersatz von zwei Wasserstoffatomen der Amidogruppe durch zwei Methylgruppen und durch Verbindung des Schwefelatoms mit Cl und CH_3 entsteht das Tetramethylchlorid, das unter dem Namen Thioflavin T als grünlichgelber Farbstoff für Baumwolle und Seide Anwendung findet. Thioflavin S ist das Dimethylderivat der Dehydrothiotoluidinsulfosäure, durch dessen Oxydation wieder ein neuer Farbstoff, Chloramingelb, entsteht. Als weitere Abkömmlinge der genannten Sulfosäure sind noch Claytongelb (Thiazolgelb S) und Erika B anzusehen. Der wichtigste Farbstoff der Reihe, die Primulinbase bzw. deren Sulfonsäure, das Primulin, wird wie das Thioflavin durch Erhitzen von p-Toluidin mit Schwefel, aber bei höherer Temperatur und größerem Schwefelüberschuß, hergestellt. Das gelbe Pulver gibt mit heißem Wasser eine blau fluoreszierende Lösung, in der Natronlauge und Salzsäure Niederschläge hervorrufen. Primulin läßt sich auf ungebeizter Baumwolle mit gelber Farbe befestigen.

Thioform, das basische Wismutsalz der Dithiosalizylsäure, ein geruchloses, gelbes, in Wasser unlösliches Pulver, wird an Stelle des Jodoforms in der Wundbehandlung benutzt.

Thiol, ein vor mehreren Jahren in den Handel gekommenes Medikament, welches mit dem Ichthyol in Wettbewerb zu treten bestimmt ist, wird aus denjenigen Destillationsprodukten des Braunkohlenteeröls gewonnen, die unter dem Namen Gasöl bekannt sind. Das Gasöl wird bei ungefähr 215° mit Schwefel behandelt, der sich unter Schwefelwasserstoffentwicklung löst, und die Lösung durch Eingießen in konz. Schwefelsäure in Sulfosäuren verwandelt, die sich beim Zusammenbringen mit Wasser als harzige Schicht niederschlagen, während die unzersetzten Öle obenauf schwimmen und entfernt werden. In reinem, schwefelsäurefreiem Wasser lösen sich diese Sulfosäuren, werden aber durch Zusatz von Kochsalz wieder ausgefällt. Durch Neutralisation mit Ammoniak oder Natron erhält man die entsprechenden Salze, die als T. in den Handel kommen.

Thiorubin, ein im Jahre 1885 aufgekommener Teerfarbstoff, das Natronsalz der Thioparatoluidinazoalphanaphtholdisulfosäure, bildet ein rotbraunes Pulver, das sich in Wasser mit fuchsinroter Farbe löst und Wolle im sauren Bade rot färbt.

Thomasschlacke, die nach dem Verfahren von Thomas-Gilchrist zur Herstellung von Eisen und Stahl aus den Bessemerkonvertern entnommene Schlacke, bildet in Form eines feinen Pulvers das wichtigste Phosphorsäuredüngemittel Deutschlands. Sie wurde während des letzten Friedensjahres (1913) in Menge von $2^1/_4$ Millionen Tonnen bei uns hergestellt und bis auf einen Ausfuhrüberschuß von $^1/_4$ Million Tonnen verbraucht. Zu der Gewinnung mußten allerdings neben 23 Millionen Tonnen einheimischer 10 Millionen Tonnen ausländischer Erze (Spanien, Schweden) herangezogen werden, und noch ungünstiger werden sich die Verhältnisse durch die Abtretung des lothringischen Erzbeckens gestalten. Das Thomasmehl enthält 11 bis 23 %, im Mittel 17 % Phosphorsäure an Kalk gebunden in Form des Tetrakalziumphosphats ($Ca_4P_2O_8$) neben geringen Mengen Magnesia, Eisen, Tonerde, Mangan, Schwefel, Kieselsäure. Sein Düngewert wird nach dem Gehalte an „zitratlöslicher“, d. h. in einer bestimmten Ammoniumzitratmischung löslicher Phosphorsäure beurteilt. — Die bisweilen fälschlich als T. bezeichnete Martinsschlacke enthält nur etwa halb soviel Phosphorsäure.

Thujaöl (Lebensbaumöl, lat. Oleum thujae, frz. Essence de Thuya, engl. Thuja oil), das ätherische Öl aus den Blättern von Thuja occidentalis, dem sog. Lebensbaum, ist farblos, gelb oder grüngelb und von kampferartigem Geruch und hat ein spez. Gew. von 0,915—0,935. Aus den im März geschnittenen Zweigen erhält man 0,65, aus den im Juni und November geschnittenen 0,40 % Ausbeute an Öl. Das letztere enthält zwei isomere sauerstoffhaltige Verbindungen, Thujon und Fenchon, von denen das eine rechts, das andere links dreht, außerdem rechts drehendes Pinen, Linksborneol, frei oder verestert, und Spuren von Ameisensäure und Essigsäureestern. Das T. wird äußerlich wie innerlich gegen Warzen und Geschwülste sowie als Abortivmittel benutzt.

Thunfisch (Tunfisch, frz. Thon, engl. Tunnyfish). Dieser Riese unter den Makrelen (Scomber Thynnus), ein lachsartiger, dicker, 3—6 m langer, 250—500 kg schwer werdender Seefisch, hat zwar für unsere Märkte keine Bedeutung, eine um so größere aber für die Bewohner der Mittelmeerküsten, denen er die dort fehlenden Heringe und Stockfische ersetzt. Die Tiere leben im Weltmeer, kommen aber alljährlich im Frühjahr zum Laichen in großen Scharen ins Mittelmeer, um an den spanischen, französischen und italienischen Küsten vorbei bis in das Schwarze Meer zu ziehen. Gegen den Winter kehren sie dann mit junger Brut wieder in den Ozean zurück. Die Hauptzeit des Fanges fällt in das Frühjahr. Die gefangenen Fische werden gleich getötet, so schnell als möglich auf die Fahrzeuge gezogen und ans Land in die Einsalz- und Packräume gebracht. Hier schlägt man den Fischen die Köpfe ab, zieht sie am Schwanze mit einem Seilzeug auf, weidet sie wie Schlachtvieh aus und schneidet sie zum Einsalzen in Streifen und Stücke. Aus den Köpfen und übrigen Abfällen wird Tran gesotten. Das zum Einsalzen bestimmte Fleisch läßt man in den Tonnen zunächst 8—10 Tage unter freiem Himmel an der Sonne stehen, salzt es dann, tritt es in die Tonnen fest ein und schließt diese.

Thymian (welscher Quendel, lat. Herba thymi, frz. Herbe de thym, engl. Thyme). Dieses bei uns in Gärten gepflegte, im südlichen Europa heimische aromatische Gewächs ist ein kleiner ausdauernder, zu den Labiaten gehöriger Halbstrauch, Thymus vulgaris L., dessen krautartige Teile getrocknet das Thymiankraut des Handels bilden, das als Würze für Würste und Speisen Verwendung findet. Der starke aromatische Geruch und Geschmack beruhen auf einem Gehalte an ätherischem Öl, dem Thymianöl (lat. Oleum thymi, frz. Essence de thym, engl. Oil of thyme), das sich in Drüsen der Blätter eingebettet vorfindet und durch Destillation mit Wasser in Menge von etwa 1 % erhalten wird. Das zum Parfümieren von Seifen und zu ähnlichen Zwecken benutzte Öl ist, frisch bereitet, rotbraun, läßt sich durch Rektifizieren heller machen, nimmt aber mit der Zeit die frühere Farbe wieder an. Seine wichtigsten Bestandteile sind Thymol (s. d.), Karvakrol, zwei phenolartige Verbindungen und einige Kohlenwasserstoffe. Außer dem ätherischen Öl führt man im Handel noch Thymianextrakt als Fluidextrakt, der ähnlich dem Kondurangoextrakt (s. d.) als Mittel gegen Magenkrankheiten wie auch gegen Keuchhusten angewandt wird.

Thymol (Thymiansäure, Thymiankampfer, lat. Thymolum, Acidum thymicum, frz. und engl. Thymol) findet sich neben den Kohlenwasserstoffen Zymol und Pinen fertig gebildet im Thymianöl, wird aber, weil dieses zu geringe Ausbeute gibt, lediglich aus dem Ajowansamen durch Wasserdampfdestillation gewonnen. Zeitweilig hat auch das sehr thymolreiche Öl von Monarda punctata als Ausgangsmaterial gedient, und neuerdings wird zu diesem Zwecke der Anbau des Krautes in den Vereinigten Staaten empfohlen. Das in chemischer Hinsicht als Methylpropylphenol, $C_6H_3 \cdot (OH)(CH_3)(C_3H_7)$, anzusprechende T. bildet farblose, tafelförmige Kristalle von thymianartigem Geruch und stark pfefferartigem Geschmack, schmilzt bei 50—51° und siedet unzersetzt bei 232°. Es löst sich leicht in Alkohol, Äther, Chloroform und Natronlauge, hingegen schwer in Wasser. T. wird an Stelle des Phenols als Antiseptikum bei Verbänden, besonders im Gemisch mit Wasser oder Leinöl, als mildes Ätzmittel sowie als Zusatz zu Zahnwässern benutzt.

Tierkörpermehl nennt man ein in Abdeckereien mittels Podewilsscher Apparate gewonnenes trockenes Pulver mit etwa 8 % Wasser, 15 % Fett, 60 % Rohproteïn, 35 % verdaulichem Proteïn, 16 % Asche und 6 % Phosphorsäure, das als Futtermittel Anwendung findet.

Tillyöl, eine Einkochung von Schwefelblumen mit Leinöl unter Zusatz von Terpentinöl nach Art des Oleum Terebinthinae sulfuratum (holländisches oder Harlemer Öl), wurde früher in der Volksmedizin benutzt, ist aber jetzt durch das Ichthyol und ähnliche Mittel ersetzt.

Tinkturen (lat. Tincturae, frz. Teinture, engl. Tincture) sind Auszüge aus Rohdrogen aller drei Naturreiche. Als Lösungsmittel wird meist Alkohol, bei einigen aber auch Äther oder Wein angewandt. Man zerkleinert die Rohstoffe und unterwirft sie einer mehrtägigen Digerierung oder Mazerierung, preßt dann ab und filtriert. Als wichtige T. sind zu erwähnen: Arnika-, Baldrian-, Benzoë-, China-, Myrrhen-, Opium-, Ratanhia-, Vanilletinktur u. a. Wegen der gesetzlichen Bestimmungen hinsichtlich des Verkaufs s. die Verordnung über den Verkehr mit Arzneimitteln. — Näheres über die einzelnen Tinkturen unter ihrem eigenen Namen.

Tinte (lat. Atramentum, frz. Encre, engl. Ink) nennt man die zur Erzeugung von Schriftzügen benutzten Flüssigkeiten, von denen die ältesten, die schwarzen Gallustinten, schon bei den alten Babyloniern, Hebräern und Persern in Gebrauch waren. Ebenso alt ist die Verwendung von Zinnober, Minium, Bergblau, Gold- und Silberpulver, schwarzer Tusche, Sepia und farbigen Pflanzensäften, die mit Reisschleim, Honig, Tierleim oder Gummi verdickt und zum Schutze gegen Fliegen und Würmer mit Wermut, Aloe oder anderen Bitterstoffen versetzt wurden. Die heute gebräuchlichen Tinten lassen sich in die drei großen Gruppen der farbigen Tinten, der Chromblauholz- und der Eisengallustinten einteilen. Als farbige Tinten kommen hauptsächlich wäßrige Auflösungen von Teerfarben im Gemisch mit Bindemitteln (Gummischleim) in Betracht, und zwar für Rot: Fuchsin und Eosin, für Blau: Indigokarmin, Methylenblau und Alkaliblau, für Blauschwarz: Induline, für Violett: Methylviolett, für Grün: Malachitgrün, Äthylgrün oder eine Mischung von Indigokarmin mit Pikrinsäure, für Gelb: Pikrinsäure, Methylorange, Säuregelb, für Braun: Bismarckbraun, Modebraun. Daneben werden noch Koschenille, Rotholzabkochung, Berlinerblau mit Oxalsäure, Kupferazetat mit Weinstein, Gelbbeeren, Gummigutt, für sich oder im Gemisch mit Teerfarben angewandt. Die Chromblauholztinten sind Farblacke, welche durch Versetzen von Blauholzabkochungen mit chromsaurem Kalium entstehen. Zu ihrer Darstellung wird ein klar filtrierter Auszug von Blauholz bis zu etwa 4% Extraktgehalt eingedampft und mit einer 8proz. Kaliumchromatlösung vermischt. An Stelle der letzteren kann auch Alaun, Kupfervitriol, Eisenvitriol, Vanadinsäure oder Wolframsäure genommen werden. Zur Erhöhung der Flüssigkeit wird etwas Alkali, und zur Konservierung etwas Phenol hinzugesetzt. Die Eisengallustinten sind Mischungen von Gallussäure oder andern Gerbstoffen mit Eisenoxydulsalzen und Gummiarabikum. Bei den älteren Erzeugnissen dieser Art wurde der entstehende Niederschlag von schwarzem gerbsauren Eisen durch das Gummi in Lösung erhalten und in fein verteilter Form auf das Papier übertragen. Sie hatten den Nachteil, daß sich die Oxydation und die Ausscheidung des Niederschlages schon im Glase vollzog, daß die schwarzen Teilchen sonach nur wenig fest an der Oberfläche des Papiers hafteten und geringe Haltbarkeit besaßen. Die jetzigen dokumentensicheren Tinten werden aus Gerbstofflösungen und Eisenoxydulsalzen mit Zusatz von Indigosulfosäure, Holzessig oder Salzsäure hergestellt. In ihnen findet die Oxydation erst statt, nachdem sie in das Papier eingedrungen und dort getrocknet sind, während sie im Glase zunächst keine Färbung besitzen. Lediglich um sie dem Auge des Schreibenden vorläufig sichtbar zu machen, werden sie mit einem unwesentlichen Farbstoff versetzt. Der zufälligen Verwendung von Alizarin verdankt die erste dauerhafte Eisengallustinte der Leonhardischen Fabrik in Dresden ihren Namen Alizarintinte. Für die Beurteilung einer Tinte in bezug auf ihre Verwendbarkeit und besonders in bezug auf ihre Haltbarkeit für Dokumente von bleibendem Werte sind die von den Direktoren der Leonhardischen Fabrik, Schluttig und Neumann, aufgestellten Grundsätze allgemein anerkannt. Sie haben in dem Erlaß des preußischen Staatsministeriums vom 22. Mai 1912 folgende Fassung erhalten: „Urkundentinte ist eine Eisengallustinte, die nach achttägigem Trocknen an der Luft tiefdunkle Schrift liefert. Sie muß mindestens 27 g wasserfreie Gerb- und Gallussäure und 4 g Eisen (auf Metall berechnet) im Liter enthalten. Andererseits darf der Eisengehalt bei Gegenwart von 27 g wasserfreier Gerb- und Gallussäure 6 g im Liter nicht überschreiten. Das Verhältnis von wasserfreier Gerb- und Gallussäure: Eisen muß demnach zwischen 4,5:1 und 6,75:1 liegen. Die Tinte muß mindestens vierzehntägige Haltbarkeit im Glase besitzen, d. h. sie soll nach dieser Zeit weder Blätterbildung, noch Wandbeschlag, noch Bodensatz zeigen. Die acht Tage alten Schriftzüge müssen nach Waschen mit Wasser und Alkohol (85 und 50 v. H. stark) tiefdunkel bleiben. Die Tinte muß leicht aus der Feder fließen und darf selbst unmittelbar nach dem Trocknen nicht klebrig sein. — Schreibtinte. Gruppe A. Eisengallusschreibtinte (früher Klasse II). Tinten, welche tiefdunkle Schriftzüge liefern, die nach achttägigem Trocknen an der Luft beim Auswaschen mit Wasser und Alkohol (85 und 50 v. H. stark) tiefdunkel bleiben. Der Gehalt an wasserfreier Gerb- und Gallussäure soll mindestens 18 g, an Eisen (auf Metall berechnet) mindestens 2,6 g im Liter betragen. Andererseits darf der Eisengehalt bei Gegenwart von 18 g wasserfreier Gerb- und Gallussäure 4 g im Liter nicht übersteigen. Das Verhältnis von wasserfreier Gerb- und Gallussäure: Eisen muß demnach zwischen 4,5:1 und 6,75:1 liegen. Die Tinten sollen mindetens vierzehntägige Haltbarkeit im Glase besitzen, d. h. sie sollen nach dieser Zeit weder Blätterbildung, noch Wandbeschlag, noch Bodensatz zeigen. Sie müssen leicht aus der Feder fließen und dürfen selbst unmittelbar nach dem Trocknen nicht klebrig sein. Schreibtinten der Gruppe B unterliegen nicht der amtlichen Prüfung." Für die Aufbewahrung benutzt man zweckmäßig Gefäße in der von Schluttig empfohlenen Form, in denen die Tinte vor dem Luftzutritt geschützt ist. — Für besondere Zwecke verwendet man noch folgende T.: Kopiertinten und Hektographentinte sind eingedickte, mit 25% Glyzerin und etwas mehr Gummi oder Dextrin als gewöhnlich vermischte T. — Sympathetische T., die erst beim Erwärmen sichtbare Schriftzüge liefert, besteht aus Lösungen von Kupfer-, Kobalt- oder Nickelsalzen. Schriftzüge mit Ferrozyankalium werden bei der Behandlung mit Eisenchlorid sichtbar. — Trokkentinten bestehen aus völlig eingedampften und pulverisierten T., die nach dem Auflösen in Wasser sofort gebrauchsfähig sind. — Jacobsensche Tintenstifte. S. Bleistifte. — Wäschetinte zum Zeichnen der Wäsche ist meist eine Höllensteinlösung.

Tisane (Ptisane, lat. Ptisana) nennt man mit viel Wasser hergestellte Abkochungen, die in der Medizin als Getränke verordnet werden. Als Geschmackskorrigens erhalten sie Zusätze von Süßholzextrakt, Honig oder Zucker.

Titan, ein ziemlich seltenes Metall vom Atomgewicht 48,1, findet sich in der Natur als Titandioxyd, TiO_2, in den Mineralien Rutil, Anatas und Brookit, als titansaures Kalzium im Gemisch mit Kalziumsilikat als Titanit (Sphen), ferner als Greenovit, Perowskit und besonders als Titaneisenerz. Die Sauerstoffverbindung des T., das Titandioxyd (Titansäureanhydrid, lat. Acidum titanicum), ein weißes, geruch- und geschmackloses Pulver, das beim Erhitzen vorübergehend gelb wird, findet in der Porzellanmalerei als gelbe Farbe Anwendung. Das Titaneisen (Ferrotitan) dient zur Herstellung von Titanstahl; auch findet man in gewissen amerikanischen Bogenlampen statt der Kohle Stäbe von Titan und Eisenoxyd. Das Titanchlorür wird in beschränktem Maße als Beize beim Färben benutzt, ist hierzu jedoch weniger geeignet als Zinnchlorür. Titansulfür dient als Beize, Titankaliumoxalat als gelbe Farbe und Beize für Leder.

Töpfergeschirr (frz. Poterie commune, engl. Commun pottery), die geringsten und billigsten Tongeschirre, sog. Hafner- oder irdene Waren, werden aus den weitverbreiteten, meist nahe der Oberfläche liegenden Alluvialtonen hergestellt. Die immer kalk- und eisenhaltige Masse erweicht schon bei geringer Hitze und liefert daher eine poröse und erdige Ware von geringer Festigkeit und Haltbarkeit. Die meist durch Eisen gelb oder braun gefärbten Geschirre haben aber den Vorzug, daß sie selbst starken Temperaturwechsel gut vertragen und daher ohne weiteres dem Feuer ausgesetzt werden können. Einige Erzeugnisse, wie Blumentöpfe und Zuckerhutformen, bleiben unglasiert, alle zur Aufnahme von Flüssigkeiten bestimmten T. müssen aber glasiert werden. Die Glasur besteht meist aus einem Gemisch von Ton und geriebener Bleiglätte oder Bleiglanz, in das die trockenen, ungebrannten Geschirre eingetaucht werden. Während des nur einmal vorgenommenen Brennens vereinigt sich das Blei mit der Kieselsäure zu unlöslichem Glase. Bei zu geringem Kieselsäuregehalte entsteht aber eine Glasur mit überschüssigem Bleioxyd, das unter Umständen in die Speisen übergehen kann. Zum Schutze der Volksgesundheit ist daher durch das Reichsgesetz vom 25. Juni 1887 die Bestimmung getroffen, daß glasierte Tonwaren bei $^1/_2$stündigem Kochen mit 4%igem Essig kein Blei abgeben dürfen. Zur Vermeidung von Beanstandungen müssen die Hersteller also für das richtige Verhältnis von Blei- und Kieselsäure und nicht zu niedrige Temperatur sorgen. In letzter Zeit sind auch Versuche mit bleifreien Glasuren aus Wasserglas und borsauren Salzen angestellt worden. Zur Erzeugung bestimmter Farben wird die Glasur mit Smalte, Braunstein, Chrom oder Kupferoxyd vermischt. Das bekannte Bunzlauer Geschirr wird aus einem feuerfesten Ton bei höheren Temperaturen bis zum Fritten gebrannt, erhält eine bleifreie Glasur und steht dem Steinzeug näher.

Toiöl, ein fettes Öl aus den Früchten von Bignonia tomentosa, wird in Japan bei der Herstellung von Lackfirnissen verbraucht. Die geringere Sorte heißt Jacko, die feinere Cok.

Tokajer (Hegyálljaerwein), der edelste der ungarischen Weine, stammt nicht allein aus Tokaj selbst, sondern hat von dieser Stadt nur deshalb seinen Namen erhalten, weil hier am 28. Oktober, also mitten in der Weinlesezeit, die berühmte Messe abgehalten wird. Er wächst vielmehr in der ganzen Hegyállja (deutsch: unterer Teil des Berges), jenem beinahe regelmäßigen, gleichschenkeligen Gebirgsdreieck, das in Sátoralja-Ujhely seine nördliche, in Tokaj seine östliche und in Abauj-Szántó seine westliche Spitze hat. Die Haupterzeugungsorte der edelsten Sorten sind, so ziemlich nach der Masse, der Güte und günstigen Lage ihres Bodens geordnet, folgende: Mád, Tállya, Tolcsva, Keresztur, Bénye, Liszka und Tarzal. Dann folgen Ujhely, Sáros-Patak, Szántó, Horváti, Jozseffalva, Károlyfalva, Kisfalud, Olaszi, Szegilong, Trauczonfalva, Kamoslyfalu und Zombor, und schließlich erzeugen auch die außerhalb des Gebirgsstockes liegenden Orte Omd, Rátka, Golop, Kis-Tovonya einen vorzüglichen Wein. Der Westabhang zwischen Ujhely und Szántó gehört zur Abaujer Weingegend. Das ganze Gebiet dieses fünf Quadratmeilen großen Gebirgsstockes mit einer Erzeugung von 80000 hl in guten, zwei Dritteln hiervon in mittleren und einem Drittel in schlechteren Jahrgängen umfaßt 6162 ha in Weingärten. Die Erträge, die wegen des meist vulkanischen Bodens von den Witterungsverhältnissen außerordentlich beeinflußt werden, stellen sich im zehnjährigen Durchschnitte auf zwei vorzügliche, drei gute und fünf weniger gute Jahre, was zur Erhöhung des Preises nicht wenig beiträgt. Das Erzeugnis des Tokaj-Hegyálljaer Weinbaugebietes ist hauptsächlich Weißwein, die edle Traube, die ihn liefert, die Furminttraube. Nach dem Reifegrade der benutzten Beeren unterscheidet man folgende Unterabteilungen: Szamorodni (russisch-polnische Bezeichnung für den Begriff „so wie er gewachsen ist"). Zu seiner Herstellung werden die Trockenbeeren, d. h. die durch Edelfäule eingetrockneten Beeren, nicht herausgesucht, sondern mitgetreten und mitgepreßt. Nach dem Austreten wird auf die aus den Säcken ausgeschütteten und so trockenen, abermals fest durchgetretenen Trester neuerdings Most aufgegossen, 4—6 Stunden darauf belassen und dann von neuem zuerst im Sack und dann in der Presse bearbeitet. Ausbruch wird erzeugt, indem man auf die ausgelesenen, zu einer feinen, breiigen Masse getretenen Trockenbeeren Most aus besten Lagen aufgießt, diese gut aufgerührte Masse 12—18 Stunden stehen läßt und dann auspreßt. Die Anzahl Butten von 30 Liter Inhalt an Trockenbeeren für ein Faß Most von 135 Liter bestimmt die Ausbruchsbezeichnung, ein-, zwei- bis fünfbuttig. Ausnahmsweise werden auch sechsbuttige Weine hergestellt, indem man auf 180 Liter gute Trockenbeeren 135—140 Liter Most aufschüttet. Zu den Ausbrüchen gehört neben T. auch der Menéser und Ruster. Forditás, der zweite Mostaufguß auf die abgesackten, aber noch nicht ausgepreßten Trockenbeertrester, ist ungefähr einem sehr guten Szamorodni gleich. Essenz wird gewonnen, wenn man die Trockenbeeren in einem Bottich mit durchlöchertem Boden stehen läßt und die von selbst abtropfende Flüssigkeit einer sehr langsam verlaufenden Gärung unterwirft. Die Haupterzeugnisse, die Ausbruchsweine, unterliegen einer langen, oft jahrelang dauernden Gärung. Der Wein kommt in ganz neue Fässer und soll in der Regel aus dem Fasse, in welches er als Most kam, nur in die Flasche gefüllt werden. Im Keller braucht er weder verspundet noch nachgefüllt zu werden, vielmehr erfolgt beides erst beim Verkauf, auch wenn dieser erst nach Jahren stattfindet. Bei ganz feinen Ausbrüchen füllt man das Faß nur halb mit Most, weil sich alsdann der Wein, der Luft eine große Oberfläche darbietend, viel besser entwickelt. Einfache hölzerne, in besseren Kellern gläserne Stöpsel verhindern die Verunreinigung durch äußere Einflüsse. Sämtliche süßen Ungarweine sind Verfälschungen in hohem Grade ausgesetzt, ja es werden völlige Nachahmungen aus Rosinen und eingedickten Moststoffen hergestellt. Nach dem ungarischen Weingesetze vom 30. XII. 1908, das auch bei uns der Beurteilung zugrunde gelegt werden muß, ist die Verwendung von Zucker, Rosinen und Farbstoffen zur Herstellung von Süßweinen verboten. Sprit darf nicht zur Erhöhung des Alkoholgehalts, sondern nur bei der Kellerbehandlung in Menge von höchstens 1 Volum-% zugesetzt werden. Die früher übliche Bezeichnung Medizinal-T. ist jetzt überflüssig und zu vermeiden, da jeder süße T. den sonst an Medizinalweine gestellten Anforderungen entsprechen muß.

Tolubalsam (lat. Balsamum de Tolu seu Resina de Tolu seu Opobalsamum siccum, frz. Baume de Tolu, engl. Balsam of Tolu), ein seit Mitte des 17. Jahrhunderts in Deutschland bekannter Gegenstand des Drogenhandels, kommt aus dem nördlichen Teile Südamerikas (Neugranada), namentlich aber aus dem unteren Stromgebiete des Amazonas und des Magdalenenflusses und hat seinen Namen von der hier gelegenen Stadt Tolu. Der Balsam wird von mehreren Arten Myroxylon, Bäumen aus der Familie der Papilionazeen, z. B. von Myroxylon toluiferum (Toluifera balsamum), gewonnen, indem man Einschnitte in den Stamm macht und den harzigen Saft in angehängten Kürbisschalen auffängt. Die Ausbeute wird in ledernen Schläuchen nach den Ausfuhrhäfen gebracht und dort in Blechbüchsen umgefüllt. Im frischen Zustande ist der T. terpentinartig, zähflüssig, klebrig, von braungelber bis rotbrauner Farbe und durchsichtig, erhärtet aber bald zu einer spröden, braunroten, kristallinischen Harzmasse, die sich zu einem gelben Pulver zerreiben läßt. Der Geruch ist dem des Perubalsams ähnlich, aber feiner. Man benutzt den T. zur Herstellung feiner Parfümerien, zu Räucherzwecken, medizinisch in Verbindung mit anderen Stoffen, z. B. mit Kreosot in den bekannten Kreosotkapseln. Neben 1,5—7 % eines wohlriechenden Öles, Tolubalsamöl (Tolen), enthält er Harz, Zimtsäure und Benzoësäure, hingegen nicht das in dem Perubalsam enthaltene Styrazin und Zinnameïn. In Alkohol und Chloroform löst sich der T., aber nicht in Schwefelkohlenstoff und Benzol. Man kann daher eine Verfälschung mit Kolophonium oder ähnlichen Harzen leicht erkennen, da diese sich in den letztgenannten beiden Flüssigkeiten leicht lösen. Konzentrierte Schwefelsäure färbt reinen Tolubalsam schön kirschrot, terpentinhaltigen braunschwarz.

Toluidin, eine dem Anilin (s. d.) sehr nahestehende organische Base, wird wie dieses in der Farbenindustrie angewandt und aus dem Toluol bereitet, wie das Anilin aus dem Benzol. Das T. kristallisiert in farblosen, glänzenden Kristallblättern von eigentümlichem Geruch. Die Verbindungen mit Säuren sind geruchlos.

Toluol, Methylbenzol, ein dem Benzol (s. d.) nahestehender Kohlenwasserstoff von der Formel $C_6H_5 . CH_3$, entsteht bei der trocknen Destillation des Tolubalsams, von dem der Name herrührt, und wird im großen durch fraktionierte Destillation des Steinkohlenteers gewonnen. Die farblose, durchsichtige, dem Benzol ähnlich riechende, brennbare Flüssigkeit vom spez. Gew. 0,860 siedet bei 110° und wird bei —28° noch nicht fest. Die in Wasser unlösliche Verbindung findet in der Farbenindustrie sowie zur Herstellung von Sprengstoffen und künstlichem Bittermandelöl ausgedehnte Verwendung.

Tomaten (Liebesäpfel, Paradiesäpfel, Psomodoro) sind die Früchte der in Peru heimischen Solanee Lycopersicum esculentum vulgare oder Solanum Lycopersicum Tournefort, die besonders in Italien und Sizilien in großen Massen angebaut wird, an warmen, sonnigen Stellen, besonders an nach Süden gelegenen Spalieren, aber auch bei uns gezogen werden kann. Die scharlach- bis gelbroten, etwa 50—60 g schweren Früchte werden im Oktober geerntet und besitzen ein stark wäßriges, schwach säuerlich schmeckendes Fleisch. Sie bestehen nach König zu 3,7 % aus Fruchthaut, 10,9 % aus Samen, und zu 85,4 % aus Fruchtmus. Das letztere enthält 95,31 % Wasser, 4,23 % organische und 0,46 % unorganische Stoffe. Die Säure, deren Gesamtmenge 0,47 % beträgt, ist als Zitronensäure anzusprechen. Der in Wasser unlösliche, in Äther, Alkohol, Chloroform und wäßrigen Alkalien lösliche Farbstoff steht demjenigen des Safrans und Orleans nahe und wird in Tomatenkonserven bisweilen durch Eosin aufgebessert. Die T. dienen hauptsächlich zur Herstellung scharfer Tunken und Salate.

Tombak nennt man Kupfer-Zinklegierungen, die sich vom Messing (s. d.) durch eine gold- oder rotgelbe bis rotbraune Färbung unterscheiden und höchstens 18 % Zink enthalten. Als Unterarten sind zu betrachten Pinchbeck aus zwei Teilen Kupfer und einem Teil Messing, Rotmetall aus 55 % Kupfer und 45 % Messing, unechtes Blattgold mit 13 % Zink sowie einige Legierungen mit geringen Beimengungen anderer Metalle wie Talmi aus 87 % Kupfer, 12 % Zinn und 1 % Zink, Mannheimer Gold aus 70 % Kupfer, 29 % Messing, 0,6 % Zinn. — Die größte Bedeutung hat aber der Rotguß, eine Tombakart mit geringen Zusätzen von Zinn und Blei, die sich durch schöne Farbe, feines Korn, Weiche und Dehnbarkeit auszeichnet und sowohl zu größeren Gußstücken und Maschinenteilen, Denkmälern (Standbild Friedrichs des Großen in Berlin) und Kurzwaren als auch zu vergoldeten Schmuckwaren benutzt wird.

Ton (Belit, lat. Argilla, frz. Argile, engl. Clay). Dieses wichtige Mineral ist ein Verwitterungsprodukt verschiedener aluminiumhaltiger Silikate, namentlich der Feldspate, und besteht aus wasserhaltiger kieselsaurer Tonerde (Aluminiumsilikat). In der Natur kommt der T. in verschiedenen Graden der Reinheit vor. Befindet er sich noch an dem Orte seiner Entstehung, so ist er weniger rein, weil ihm dann noch kleine Mengen von Bestandteilen der Ursprungsgesteine beigemengt sind. Solcher T., der auch weniger plastisch ist, heißt Porzellanton oder Kaolin (s. d.). Werden dagegen die Zersetzungsprodukte der Feldspate durch Wasser einem natürlichen Schlämmprozesse unterworfen und an anderen Stellen wieder abgelagert, so entsteht der reinste Pfeifenton oder etwas weniger reiner Töpferton. Durch Verwitterung eisenhaltiger Gesteine entstandener T. (Lehm oder Letten), der meist einen mehr oder weniger hohen Sandgehalt aufweist, hat eine gelbbraune Farbe, brennt sich aber in der Hitze rot, indem das Eisenoxydhydrat sein chemisch gebundenes Wasser verliert und sich in Eisenoxyd verwandelt. Ein mit Kochsalz durchsetzter T., wie er in Steinsalzablagerungen vorkommt, heißt Salzton, bituminöser, mit Schwefelkies durchsetzter T. Alaunton. Innige natürliche Gemenge von T. mit kohlensaurem Kalk werden als Mergel bezeichnet, und zwar bei vorherrschendem Tongehalt als Tonmergel, beim Überwiegen des Kalks als Kalkmergel. Reinster weißer T. ist erdig und milde, abfärbend und zerreiblich, zerfällt, mit Wasser übergossen, zu einer sehr plastischen, fetten Masse, die nach dem Austrocknen wieder die ursprünglichen Eigenschaften annimmt, aber nach dem Glühen (Brennen) stark schwindet und dann beim Zusammenbringen mit Wasser nicht wieder plastisch wird. Je mehr fein verteilte Kieselsäure, Sand oder andere fremde Beimengungen ein Ton enthält, desto weniger plastisch ist er. Plastischer T. wird in der Technik auch fetter oder langer T., ein nur wenig plastischer dagegen magerer oder kurzer T. genannt. Ganz reiner T. ist auch in der stärksten Hitze unschmelzbar (feuerfester T.); Beimengungen von Kalk, Eisenoxyd und Alkalien machen ihn aber um so leichter schmelzbar, in je größerer Menge sie vorhanden sind. — Außer zur Herstellung der verschiedenen Tonwaren wird der T. zur Bereitung von Ultramarin, schwefelsaurer Tonerde und Alaun sowie mit Kreide oder Kalk gemengt, von Zement angewandt. Ferner benutzt man ihn unter dem Namen Leuzin oder Lenzin als Füllmittel für Papiermasse. Während des Krieges wurde ein feiner, hellfarbiger, sog. kolloidaler Ton in großen Mengen als Zusatz zu Seifen und zur Herstellung fettloser Waschmittel verarbeitet.

Tonbäder, Tonfixierbäder, nennt man die zur Tonung der photographischen Bilder gebräuchlichen Lösungen, die in folgende beiden Klassen zerfallen: 1. Tonbäder, mit denen zunächst der Ton des Bildes hergestellt und dann in einem besonderen Bade das Fixieren vorgenommen wird. 2. Tonfixierbäder, in denen das Fixiersalz schon mit enthalten ist, und deren Anwendung die Arbeit daher vereinfacht. — Die Bäder bestehen meist aus Goldchlorid, Rhodansalzen, Bleisalzen, Zitronensäure, Natriumazetat, Fixiernatron usw. S. den Aufsatz Photographische Papiere.

Tonerde (Aluminiumoxyd, Aluminiumsesquioxyd, Alaunerde, lat. Alumina, frz. Alumine, engl. Alumina), die Sauerstoffverbindung des Aluminiums, Al_2O_3, findet sich in der Natur als Korund, Rubin, Saphir und Schmirgel und in Verbindung mit Kieselsäure als Bestandteil zahlreicher Mineralien und Gesteine, wie Feldspate, Glimmer und Granaten. Die wasserhaltige T., das Aluminiumhydroxyd (lat. Alumina hydrata, frz. Hydroxyde aluminique, engl. Hydrated Alumina), $Al(OH)_3$, bildet die natürlich vorkommenden Mineralien Hydrargillit und Diaspor und, mit Eisenoxyd gemengt, den Beauxit. Aus letzterem wird die T. technisch in großem Maßstabe durch Erhitzen mit Soda, Auslaugen des entstandenen Natriumaluminates mit Wasser und Einleiten von Kohlensäure dargestellt. Ein anderes Verfahren ist unter Kryolith näher beschrieben. Für pharmazeutische Zwecke wird eine Alaunlösung mit Sodalösung gefällt, der abfiltrierte Niederschlag in Salzsäure gelöst, nochmals mit Ammoniak gefällt, gewaschen und getrocknet. Die wasserhaltige T. kommt als ein weißes, in Wasser unlösliches Pulver in den Handel, das zur Darstellung der Aluminiumsalze dient. Durch Behandlung mit Natronlauge geht sie in das Natriumaluminat (Tonerdenatron) über, das an Stelle von Alaun und anderen Aluminiumsalzen in der Druckerei und Färberei, ferner als Füllmittel für Seifen, zur Herstellung von Lackfarben und von Milchglas Verwendung findet. Vor dem fluorhaltigen Kryolith hat es den Vorzug, daß es die Glashäfen nicht angreift. (S. auch Aluminiumverbindungen).

Tonkabohnen (lat. Fabae Tonca, frz. Fèves de Tonka, engl. Tonka beans) sind die Samen von Dipteryx odorata, einem 18—20 m hohen Waldbaum, der zu den Hülsenfrüchtlern gehört, und dessen holzige Schoten nur einen einzelnen Samen enthalten. Die letzteren sind einer ziemlich schlanken und etwas gekrümmten Bohne nicht unähnlich, 4—5 cm lang, 9—12 mm breit und mit einer dünnen, schwarzen, fettglänzenden, netzähnlich gerunzelten Samenhaut überzogen, während das aus den beiden Samenlappen bestehende Innere hellbraun erscheint. Der Geruch ist sehr angenehm nach Kumarin. Neben der gewöhnlichen, als holländische bezeichneten Handelssorte gibt es noch eine zweite, die sog. englische, von Dipteryx oppositifolia, die aus kleineren Bohnen besteht und auf dem Bruche weiß, im übrigen aber nicht wesentlich von der anderen verschieden ist. In den Preislisten bildet Angostura die bevorzugte, Para die zweite Sorte. Von guter Ware wird verlangt, daß sie schwarz, nicht braun aussieht und reich mit Kristallnadeln von Kumarin bedeckt ist. Die Bohnen dienen zur Darstellung des Kumarins, von dem sie 1,5 % enthalten. Außerdem werden sie in pulverisiertem Zustande zum Parfümieren von Schnupftabak und Riechkissen, in Form alkoholischer Auszüge zu Tabakbeizen, als Taschentuchparfüm, zum Tränken von Pfeifenrohren aus Kirschholz, die als Weichsel gelten sollen, und zu Maitrankessenz verwandt.

Tonwaren (Keramische Waren). Mit diesem Namen im allgemeinen bezeichnet man die Gesamtheit aller aus Ton hergestellten Waren, wie Schamotte, Drain- und andere Röhren, Fayence, Porzellan, Siderolith, Steingut, Steinzeug, Töpferwaren, Ziegel usw. Zu den Tonwaren im besonderen rechnet man aber: Mauersteine, Backsteine, Klinker, Tonröhren, Öfen,

Töpfergeschirr, Tabakpfeifen, Schmelztiegel, Retorten, Bauzierrate, Bodenplatten, Wandbekleidungsplatten, Ziergefäße, Figuren, porzellanartige Waren usw. Die Tonwarenindustrie umfaßt also ein außerordentlich großes Gebiet von teils roh gebrannten, teils aber auch den feinsten Kunstgegenständen. Für solche T., die wie Ofenteile und Schmelztiegel eine größere Haltbarkeit erfordern, werden die Waren gebrannt und glasiert und die Farben gleich mit eingebrannt. Der ziemlich bedeutenden Ausfuhr Deutschlands steht eine ebenfalls beträchtliche Einfuhr gegenüber. Siehe auch Töpfergeschirr.

Topas (frz. Topaze, engl. Topaz), ein Schmuckstein von nicht gerade seltenem Vorkommen, der aber wegen seines Glanzes und seiner hohen Politurfähigkeit doch beliebt ist und viel zu Ringsteinen, Ohr- und Armschmuck verarbeitet wird, hat seinen Namen von einer Insel im Roten Meer, die im Altertum Topazos hieß. Das in vier- oder achtflächigen Säulen des rhombischen Systems in den verschiedensten Farben kristallisierende Mineral besteht aus einer Verbindung von Kieselsäure, Tonerde und Fluor, die Härte ist = 8, das spez. Gew. 3,4 bis 3,6. Am Ural finden sich Topaskristalle von ausgezeichneter Schönheit in Graniten, am Schneckenstein in Sachsen in einer besonderen Felsart, dem Topasfels, einem Gemenge von Quarz, Turmalin und Topas, in dessen zahllosen größeren und kleineren Höhlungen die Topas- und Quarzkristalle an den Wänden sitzen, doch ist der Abbau in Sachsen eingestellt. Brasilien liefert aus verschiedenen Provinzen die schönsten gelben, ferner blaue, rote und ganz farblose Steine. In Sibirien finden sich grüne, blaue, violette, gelbe und weiße Steine von großer Reinheit und schönstem Feuer. Bei ihrem Reichtum an Farben sind die Topase natürlich oft anderen Edelsteinen ähnlich und werden dann leicht für solche, namentlich für Saphire und Rubine, ausgegeben. Die farblosen, die sogenannten Wassertropfen, können im geschliffenen Zustande leicht mit Diamanten verwechselt werden, sind aber an ihrer geringeren Härte, am spez. Gew. und der Doppelbrechung zu erkennen, indem man durch die Schleifkanten hindurch betrachtete Gegenstände, z. B. eine Lichtflamme, doppelt sieht. Eine bezeichnende Eigenschaft des T. ist auch, daß er durch Reiben stark elektrisch wird. Die brasilianischen gelben Steine lassen sich, ohne an Glanz und Feuer einzubüßen, durch einen Glühprozeß in rosarote verwandeln, indem man sie entweder mit Asche in einem Tiegel zur Rotglut erhitzt oder mit Feuerschwamm umwickelt und diesen anzündet. Je tiefer das Gelb war, desto heller wird das Rot. Die sächsischen gelben Steine brennen sich nicht rot, sondern verlieren hierbei die Farbe gänzlich.

Topfstein (Lavezstein), ein dem gemeinen Talkstein verwandtes Mineral von grünlichgrauer Farbe und Fettglanz, das sehr weich und milde, aber doch zähe und nicht leicht zu zerstoßen ist, besteht aus Chlorit mit beigemengtem Talk, Serpentin, Glimmer, Asbest und anderen Mineralien. Als ein Stoff, der mit Messern und auf Drehbänken sehr bequem bearbeitet werden kann, dann im Feuer erhärtet und äußerst feuerfest erscheint, ist er für verschiedene Zwecke sehr brauchbar. Man fertigt daraus Kochtöpfe und anderes Geschirr, Kamine, Ofenplatten, Gestellsteine zu Schmelzöfen und andere feuerfeste Anlagen. Die Küchengeschirre saugen zwar von den Speiseflüssigkeiten etwas ein, können aber durch Ausglühen immer wieder gereinigt werden. Das Mineral findet sich in großen Massen in den Tiroler Alpen, in Graubünden, Wallis, am Montblanc, am Comer See, auf Korsika, in Schweden und Grönland. Alle Töpfe und Lampen der grönländischen Eskimos sind daraus hergestellt.

Topinambur (Jerusalemartischocke, Erdartischocke, knollige Sonnenblume, Saukartoffel, Pferdekartoffel, Erdbirne, frz. Hélianthe tubéreux, Pomme de terre Topinambour, engl. Girosoe) nennt man die Knollen einer mit der Sonnenblume verwandten Pflanze aus Mexiko, Helianthus tuberosus, die auf leichterem Boden gedeiht. Sie bildet ein wenig wertvolles, wäßriges, fad süß schmeckendes Gemüse und wird hauptsächlich zu Viehfutter, besonders für Schweine, im südwestlichen Deutschland, Frankreich und Österreich, in Belgien hingegen mehr zur Spiritusbereitung angebaut. Man legt die Knollen in Reihen oder Stufen, 8—12 hl oder 700—1000 kg für den Hektar, 45—60 cm weit aus und kann sie, da sie von Frost nicht leiden, über Winter im Land lassen. Die Pflanze bedarf nur geringer Pflege und Düngung, ist aber da, wo sie gebaut wurde, sehr schwer wieder auszurotten und muß daher auf gesonderte Flächen beschränkt werden. Man erntet 80—200 dz Knollen und 40—160 dz Kraut und Blätter, die ebenfalls als Viehfutter dienen und zum halben Werte wie Heu geschätzt werden. Deutschland baut auf rund 2200 ha etwa 400000 dz Knollen, deren Preis etwas geringer als derjenige der Kartoffeln ist. T. enthält neben 79 % Wasser 1,9 % Stickstoffsubstanz, 0,18 % Fett, 1,2 % Rohfaser und 1,1 % Asche, 16,4% Kohlenhydrate, die aber nicht wie bei der Kartoffel aus Stärke, sondern aus Lävulin, Inulin und Lävulose bestehen. Die Anregung zum vermehrten Anbau der anspruchslosen Pflanze für die menschliche Ernährung hat selbst im englischen Aushungerungskriege nur wenig Erfolg gehabt.

Torf (frz. Tourbe, engl. Turf) ist als Folge der Vermoderung von Pflanzen und Pflanzenteilen die dritte und jüngste Form der fossilen Brennstoffe, über deren Bildung keine Zweifel bestehen, da sie noch fortwährend vor sich geht. Er findet sich hauptsächlich in Niederungen, doch auch auf Hochebenen und flachen Stellen der Gebirge in allen Ländern des mittleren und nördlichen Europas und entsteht überall da, wo Moose, Sumpfgräser, Schilf und Heidekräuter gedeihen und das Wasser keinen genügenden Abfluß hat. In Wäldern liegende Torfmoore enthalten bedeutende Mengen organischer Stoffe in Form von Blättern und Nadeln, die Wind und Wasser ihnen zuführen. Andere sind das Erzeugnis einer bestimmten Moosgattung (Sphagnum), die auf nassen Stellen dichte Rasen bildet und, nach unten absterbend, nach oben sich immer verjüngend, mit der Zeit so viel Moder unter sich sammelt, daß das Moor beträchtlich über die benachbarten Landflächen emporwächst und daher als Hochmoor bezeichnet wird. Solche Moore liefern in der Regel einen sehr guten Brennstoff. Die Reste von reinen Wasserpflanzen sammeln sich natürlich am Grunde als Schlamm an, der, in Formen gestrichen und getrocknet, den Bagger- oder Streichtorf gibt. Stichtorf (Wiesentorf) dagegen ist die zutage liegende, nur mit Pflanzenwuchs bedeckte Masse, die im feuchten Zustande mit besonderen Schaufeln abgestochen wird. Je nach dem Alter sind diese Torfarten von verschiedener Beschaffenheit: Rasentorf, als die jüngste Bildung, aus wenig veränderten, noch gut erkennbaren Pflanzenresten, ist von gelbbrauner Farbe und lockerem, leichtem Gefüge. Fasertorf besteht aus brauner, schon strukturlos gewordener Masse, die mehr oder weniger mit Fasern durchsetzt ist. Pechtorf, dunkler und fester, der älteste und schwerste T., zeigt kaum noch erkennbare Pflanzenreste. Ähnlich beschaffen ist der trocken gewordene Baggertorf. Im allgemeinen hält man den T. für um so besser, je schwärzer und schwerer, also je älter er ist. Doch trügt dieses Merkmal, da solcher T. häufig sehr viel erdige Teile enthalten und 40—50% Asche hinterlassen kann. Ein guter schwarzer T. soll nicht mehr als 5—10%, der lockere hellere nur 4 bis 5% Unverbrennliches enthalten. Im allgemeinen ist der Heizwert des T. geringer als derjenige der Braunkohle. Er bildet den billigsten und manchmal den einzig verfügbaren Brennstoff. In Holland z. B. würden einige Landstriche ohne ihn gar nicht bewohnbar sein. Obwohl sein Gebrauch mit Unbequemlichkeiten verbunden ist, weist doch der zunehmende Holzmangel immer mehr auf die Verwertung des Torfes hin, der dadurch neben der Braunkohle und Steinkohle beständig an Wichtigkeit gewinnt. Namentlich haben viele technische Betriebe unter Einrichtung zweckmäßiger Feuerungsanlagen die Torffeuerung eingeführt. Man benutzt ihn in Ziegelöfen, Glashütten und Porzellanfabriken und überall sonst, wo Flammenfeuer gebraucht werden, auch beim Ausschmelzen und Frischen des Eisens und selbst zum Heizen der Lokomotivkessel. Doch wird die Rohmasse für solche Verwendungen in der Regel erst durch Verkohlen oder Pressen vorbereitet. Das erstere ist nur für alten, festen T. anwendbar, das zweite für die mehr schwammigen Sorten. Das Verkohlen oder Verkoken in Öfen, Meilern oder Gruben liefert eine Kohle (Torfkoks), die ein gutes, rein und geruchlos brennendes Feuerungsmaterial abgibt. Ihre Darstellung wird besonders in den mächtigen Torfmooren Irlands sowie in Holland betrieben, während in Deutschland die Verarbeitung zu Preßtorf vorherrscht. Zur völligen Entwässerung werden die Massen erst auf Maschinen zerkleinert, die Fasern zerrissen und gespalten und dann in besondere Torfpressen gebracht. In neuester Zeit fertigt man aus Faserstoff auch Pappe von sehr guter Beschaffenheit, wennschon brauner Farbe, sowie Torfstreu und benutzt ihn im Gemisch mit Melasse als Futtermittel (Torfmelasse).

Torfstreu (Moosstreu) ist ein aus Torfgegenden in den Handel gebrachtes Erzeugnis, das aus den oberen Schichten dargestellt wird und an Stelle des Strohes als Streumittel in Stallungen Anwendung findet. Sie hat den großen Vorzug, den unangenehmen Geruch des Mistes zu binden, sich mit Jaucheteilen zu sättigen und bei Anwendung von Stroh als Oberstreu wesentliche Ersparnisse und bessere Gewinnung der wertvollen Bestandteile der Exkremente und des Urins zu sichern. Auch die Frage der Reinhaltung der Städte kann durch die T. vielfach besser gelöst werden, besonders dann, wenn die umliegenden Ackerfelder der Lockerung oder eines Mittels zur Erhaltung der Feuchtigkeit bedürfen (Sandgruppe und bündig krustierende Bodenarten). Schließlich hat man in neuerer Zeit die Torfstreu als Faserstoff (Torfwolle) sowohl zu Gespinsten als auch zu Papier verarbeitet. — Die bei der Zerkleinerung abfallenden pulverförmigen Teile finden als Torfmull in der Herstellung von Verbandstoffen Verwendung. Torfmull besitzt eine große Aufsaugefähigkeit und wird sowohl aus diesem Grunde als auch der gleichzeitig desinfizierenden Wirkung halber als Unterlagsstoff für Wöchnerinnen und als Einlage der Hygieabinden benutzt.

Toril, ein nach geheim gehaltenem Verfahren hergestelltes Nährmittel, bildet eine sirupöse Flüssigkeit von dunkelbrauner Farbe und folgender Zusammensetzung: Wasser 27,55%, Albumosen 12,75%, Peptone und Fleischbasen 33,16%, Asche 26,35% mit 4,50% Phosphorsäure und 16,03% Kochsalz. Außerdem sind geringe Mengen Ammoniak und unlösliches Proteïn vorhanden.

Tormentillwurzel (Blutwurzel, Ruhrwurzel, lat. Rhizoma tormentillae, frz. Racine de tormentille, engl. Tormentille root) ist der ausdauernde Wurzelstock von Potentilla Tormentilla, einer krautartigen Rosazee mit 3—5zählig gefingerten Blättern und vierblättrigen gelben Blüten, die bei uns häufig auf Wiesen, feuchten Triften, in Laub- und Nadelwäldern wächst. Die bis $6^1/_2$ cm lange und 2 cm dicke Wurzel ist unförmlich walzig oder fast knollig, von höckeriger Oberfläche, getrocknet sehr hart und fest, äußerlich rotbraun, innen heller und von weißlichen Gefäßbündeln durchzogen. Die zahlreichen dünnen Wurzelfasern sind an der Handelsware abgeschnitten. Der stark zusammenziehende Geschmack beruht auf einem reichlichen Gehalt an Gerbstoff, neben dem ein Farbstoff, Tormentillrot, Chinovasäure und Ellagsäure vorhanden sind. T. findet als adstringierendes Mittel in Pulver- oder Extraktform medizinische Verwendung.

Tournantöl, ein saures Öl aus den gegorenen Preßrückständen von Oliven, wird in der Färberei des Türkischrotgarns gebraucht.

Tragant (lat. Tragacantha s. Gummi tragacanthae, frz. Gomme adragante, engl. Tragacanth) ist der erhärtete Schleimsaft verschiedener Arten von Astragalus, niedriger, stark verästelter, sehr dorniger Sträucher aus der Familie der Papilionazeen mit holzigen Stämmchen und Ästen, die in der Levante und ganz Kleinasien, Persien und Syrien wild wachsen. Das Gummi bildet sich in dem Holze aus umgewandelten Zellen der Markröhre und Markstrahlen und enthält daher unter dem Mikroskope wahrnehmbare Zellreste und Stärkekörnchen. Beim Eintritt der feuchten Jahreszeit schwillt die Masse durch Aufnahme von Wasser bedeutend an und wird infolge des erzeugten Druckes durch Risse und Spalten oder auch wohl künstlich angebrachte Einschnitte oder Stiche ins Freie gepreßt. Die Einsammlung geschieht im Juni. Die Masse erhärtet bei gutem Wetter in 3—4 Tagen und nimmt diejenige Form an, welche der Austrittsöffnung entspricht. Man hat daher band- oder blätterartige, wurm- oder nudelförmig gewundene Stücke und klumpige Massen. Der aus Anzapfungen erhaltene T. soll stets besser sein als der freiwillig ausgeflossene. — Nach der Herkunft unterscheidet man: Smyrnaer oder Blättertragant von Astragalus verus aus dem Inneren Kleinasiens, die beste und teuerste Sorte, in großen flachen, gewellten Stücken; Moreatragant oder Vermizell von Astragalus creticus, wurm-, faden- oder nudelförmige Massen von Griechenland und Kreta; syrischen oder Aleppotragant aus den syrischen Gebirgen von Astragalus gummiferus und anderen Arten, in verschiedenen flachen, zapfenartigen, gedrehten und anderen Formen und den persischen Kugeltragant, eine geringere Sorte. Unter Smyrna- und Moreaware gibt es Stücke von milchweißer oder nur schwach gelblicher Farbe, die ausgesucht den elegierten T. bilden, während die gelblichen, bräunlichen und unreinen Stücke die Mittel- und gewöhnlichen Sorten liefern. Syrische und persische Ware ist durchweg gelblich oder bräunlich bis braun. Unter dem Namen Traganton kommen dunkelfarbige, unregelmäßige Klumpen in den Handel. — Der T. ist eine hornartig feste und starre, mehr zähe als spröde Masse, die sich erst nach vorhergegangener Erwärmung pulvern läßt. Er enthält wenig eigentliches, in Wasser lösliches Gummi, vielmehr hauptsächlich Bassorin, einen Stoff, der in Wasser nur zu einer großen Menge Schleim aufquillt, eingetrocknet aber wieder die unveränderte Tragantmasse darstellt. Der Schleim gibt ein gutes Bindemittel ab und findet vielseitige Anwendung zu Pastillen und Konditoreiwaren, zum Verdicken von Druckfarben, zur Anfertigung von Tuschfarben für Wassermalerei, zur Bereitung bildsamer Massen für Abdrücke und zum Appretieren von Zeugen. Teige aus Tragantschleim und Kreide oder Bleiweiß, die nach dem Trocknen außerordentlich harte Massen ergeben, können zu zahlreichen Zwekken der Bildnerei gebraucht werden. Zur schnellen Herstellung von Tragantschleim aus Tragantpulver durchfeuchtet man das letztere mit einigen Prozenten Alkohol und schüttelt dann rasch mit der nötigen Menge Wasser (1 : 50—1 : 100) durch.

Trane (lat. Oleum jecoris s. Oleum ceti s. Oleum piscium, frz. Huile de baleine, Huile de poisson, engl. Train-oil, Fish-oil). Unter diesem Namen faßt man alle aus Fischen und Walen gewonnenen flüssigen Fette zusammen, die je nach der Abstammung als Fischöle, Leberöle und eigentliche Trane unterschieden werden. Die Leberöle sind in einem besonderen Abschnitt Lebertran besprochen worden. Die T. bestehen im allgemeinen aus flüssigen Fettsäureglyzeriden und haben in frischem Zustande eine neutrale Reaktion, helle Farbe und schwachen Geruch. Die bei der Handelsware meist beobachteten unangenehmen Eigenschaften, übler Geruch, braune Färbung und hohe Ranzigkeit beruhen oft lediglich auf der unzweckmäßigen Gewinnungsweise. Die flüssigen Fettsäuren der T. gehören meist der Ölsäurereihe an, von der bis jetzt Ölsäure, Gadoleïnsäure, Erukasäure und Physetölsäure mit Sicherheit nachgewiesen sind. Die festen Fettsäuren bestehen hauptsächlich aus Palmitinsäure. Unter den eigentlichen T. hat der Walfischtran (Whale-oil) die größte Bedeutung. Zu seiner Gewinnung wurden früher die Speckseiten der erlegten Tiere in Fässer gepackt, nach längerer Zeit an Land geschafft und hier in Gefäße mit siebartig durchlöcherten Doppelböden gebracht. Der freiwillig ausfließende T. hatte infolge der Verwendung des meist in Fäulnis übergegangenen Specks eine braune Farbe und ekelhaften Geruch. Neuerdings wird der Speck oder auch das Fleisch in Autoklaven ausgekocht, wobei ein helleres und nahezu geruchloses Öl entsteht. Von einem einzigen ausgewachsenen Wal werden 200—300 Ztr. T. gewonnen. Die kleineren Südseewale geben eine geringere Ausbeute, aber dafür eine wertvollere Sorte. Bei längerem Stehen scheiden sich aus dem T. größere Mengen fester Fette ab, die zur Herstellung von Seifen Verwendung finden. Der Rest wird vielfach noch zur Bleichung mit Chlorkalk, Kaliumdichromat, Kaliumpermanganat oder anderen Oxydationsmitteln behandelt. Er hat dann je nach der Gewinnung eine hellgelbe bis dunkelbraune Farbe, ein spez. Gew. von 0,920 und einen wechselnden Gehalt an freien Fettsäuren. — Der Robbentran (Seehundstran, Neufundlandstran, engl. Dog-fish-oil) kommt hauptsächlich von Neufundland, wo im Frühjahr alljährlich 700—800000 Robben gefangen werden, und wird meist höher geschätzt als der Waltran, dem er im übrigen nach äußerer Beschaffenheit und chemischer Zusammensetzung ganz ähnlich ist. Infolge einer künstlichen Bleichung hat er meist eine helle Farbe. — Delphintran (frz. Huile de dauphin, engl. Dolphin-oil, Blackfish-oil) vom schwarzen Delphin (Delphinus globiceps) und Meerschweinchen- oder Braunfischtran (frz. Huile de marsouin, engl. Porpoise-oil) von Delphinus Phocaena werden durch Auskochen der ganzen Tiere dargestellt und sind etwas dünnflüssiger und heller als die übrigen T. Aus den Kinnbacken wird ein besonderes Öl gewonnen, das sich durch einen hohen Gehalt an flüchtigen Fettsäuren und höheren Alkoholen (Zetylalkohol) auszeichnet und besonders zum Schmieren von Uhren und feinen Instrumenten benutzt wird. — Für die Gewinnung der Fischöle kommen hauptsächlich der Hering und seine Verwandten, die Sprotte, Sardine, ferner der Menhaden und der Thunfisch in Betracht. Die ganzen Tiere oder Abfälle derselben werden ausgekocht und abgepreßt und die erhaltenen Öle vielfach gebleicht. Das spez. Gew. ist meist erheblich höher als dasjenige der Trane, nämlich über 0,930. Das Menhadenöl stammt von der Long-Island-

Küste in Nordamerika, Heringsöl hauptsächlich aus Schweden. Sardinen und Sardellen werden in Japan, Sprotten in Belgien verarbeitet. — Der meist zu den eigentlichen T. gerechnete Haifischtran von Carcharias verus, glaucus und leucas ist ein Leberöl. — Im Handel pflegt man die T. nach ihrer Herkunft als Archangelsker (Wal- und Robbentran), Bergener und Tromsoer (Leber-T.), Grönländischer, Dänischer, Neufundländer und Südseetran zu unterscheiden. Schwedischer Dreikronentran ist ein für technische Zwecke aus verschiedenen besseren Sorten zusammengemischter brauner T. Der Farbe nach spricht man von braunem blanken und weißem T. — Der T. findet vielfache Verwendung zum Sämischgerben, zum Einfetten von Leder, zur Herstellung von Seife, als Zusatz zur Wichse, als Schmiermittel und als Brennöl. Alle Transorten lassen sich, auch im Gemisch mit anderen Ölen, daran erkennen, daß sie mit Natronlauge sowie mit konz. Schwefelsäure (1,530) oder sirupöser Phosphorsäure eine rotbraune Farbe annehmen.

Trapa natans. (Wassernuß.) Die Fruchtkerne dieser Pflanze sind sehr reich an Nährstoffen und enthalten nach König in frischem Zustande: 38,45 % Wasser, 10,78 % Stickstoffsubstanz, 0,69 % Fett, 47,34 % stickstofffreie Extraktstoffe, 1,20 % Rohfaser und 1,54 % Asche. Sie werden in südslawischen Ländern (Rußland, Serbien) roh, oder gekocht, oder gebraten zur menschlichen Ernährung benutzt. Auch bilden sie, besonders für Schweine, ein geschätztes Futtermittel.

Traß (Duckstein) ist ein gelbbraunes bis bräunliches vulkanisches Trümmergestein, das in der Nähe ausgebrannter Vulkane vorkommt und oft mächtige Lager in Tälern sowie um Hügel und Berge herum bildet. Wo das Gestein nicht zu porös ist, wird es zum Bauen sowie zu Steinmetzarbeiten verwandt und dann als Duckstein bezeichnet, während die Benennung T. eigentlich nur der gepochten und gemahlenen Felsart zukommt, die als Mörtelmasse sowie als natürlicher Zement Verwendung findet. Das Mineral hat denselben Ursprung und die gleiche Zusammensetzung und Verwendbarkeit wie die italienische Puzzolanerde (s. d.). Es braucht daher als ein von der Natur fertig gebrannter Zement nur mit frischem, fettem Kalkbrei versetzt zu werden, um einen sehr guten Luftmörtel zu bilden, während unter Anwendung von magerem Kalk Wassermörtel entsteht. Das Gemenge muß so lange gestoßen und geschlagen werden, bis es eine völlig gleichmäßige Masse bildet. Deutschland besitzt reiche Lager am Rhein, besonders im Brohl- und Nettetale bei Andernach, und versendet erhebliche Mengen auf größere Entfernungen, am meisten stromabwärts nach Holland, wo sie zu Wasserbauten beständig gebraucht werden. Die Holländer treiben aber auch Handel damit, indem sie die Rohmasse mahlen und als Utrechter T. weiter verkaufen.

Traubenkernöl, das durch Auspressen erhaltene fette Öl der Weintraubenkerne, das schwach gelblich und beinahe geruchlos erscheint, hat ein spez. Gew. von 0,920, erstarrt bei -11^0 zu einer butterartigen Masse und wird an der Luft leicht dickflüssig und ranzig.

Traubenkraut (Mexikanisches Traubenkraut, Jesuitentee, Kartäusertee, lat. Herba chenopodii ambrosioidis s. Herba botryos mexicanae, frz. Thé de mexique ou ambroisé, engl. Ambrose) nennt man die getrockneten Blätter und Blüten eines einjährigen Meldengewächses, Chenopodium ambrosioides L., das aus Mittelamerika stammt und bei uns in Gärten und als Handelspflanze gezogen wird. Die Pflanze besitzt infolge ihres Gehaltes an ätherischem Öl einen angenehm aromatischen Geruch und etwas kampferartigen Geschmack und dient hauptsächlich als krampfstillender Tee sowie als Mittel gegen Motten.

Traumatizin (lat. Traumaticinum, Liquor guttae perchae, frz. und engl. Traumaticine) nennt man eine Lösung von Guttapercha in der 10- bis 15fachen Menge Chloroform. Es hinterläßt nach dem Verdunsten des Lösungsmittels ein dünnes, sehr elastisches, nicht zusammenschrumpfendes Häutchen und wird daher wie Kollodium zum Verschließen von Schnittwunden sowie zum Überziehen von Brandstellen und Frostbeulen benutzt. Durch einen geringen Zusatz von Kautschuk kann die Klebkraft erhöht werden.

Trimethylamin (lat. Trimethylaminum), eine starke, stickstoffhaltige, organische Base, $N(CH_3)_3$, findet sich teils frei, teils an Säuren gebunden in verschiedenen Pflanzen, besonders aber in der Heringslake, die gewöhnlich zu seiner Darstellung benutzt wird. Man destilliert die Heringslake mit Kalkmilch, neutralisiert das Destillat mit Salzsäure, dampft zur Trockene und zieht den Rückstand mit 96 %igem Alkohol aus, der nur das salzsaure Trimethylamin, hingegen nicht den beigemengten Salmiak löst. Der weingeistige Auszug wird nach dem Abdestillieren des Alkohols mit Kalilauge erhitzt und das übergehende T. in Wasser aufgefangen. Die farblose, stark alkalisch reagierende Flüssigkeit von intensivem Heringsgeruch findet beschränkte medizinische Verwendung. Neuerdings wird das T. auch aus der Zuckerrübenschlempe dargestellt, enthält dann aber häufig noch Methylamin und Dimethylamin.

Trinitrotoluol, $C_7H_5(NO_2)_3$, ein durch Nitrieren des Toluols (s. d.) erhaltenes Pulver vom Schmelzpunkt 73^0, bildet unter Bezeichnungen von Trotyl u. a. einen der wichtigsten Sprengstoffe.

Trional, das Methylderivat des Sulfonals (Methylsulfonal), wird in analoger Weise wie das Sulfonal (s. d.) dargestellt, indem man vom Äthylmethylketon und Äthylmerkaptan ausgeht. Es bildet farblose, glänzende und geruchlose Tafeln, die bei 76^0 schmelzen und in kaltem Wasser schwer, leichter in heißem Wasser und in Alkohol und Äther löslich sind. T. wird zurzeit als das beste Schlafmittel angesehen und hat vor dem ähnlich wirkenden Sulfonal den Vorzug, keine unangenehmen Nebenwirkungen zu äußern. Von anderen, dem Sulfonal chemisch verwandten, Verbindungen dienen noch das Methonal (Dimethylsulfondimethylmethan) und das Tetronal (Diäthylsulfondiäthylmethan) als Schlafmittel.

Tripel (lat. Terra tripolitana, frz. und engl. Tripoli), ein gelblichgraues oder aschgraues, bräunliches, rotbraunes oder geflecktes, lockeres Mineral, das, gepulvert, ein bekanntes Poliermittel abgibt, kommt in zahlreichen Gegenden auf Lagern mit Ton und mit Quarzsand sowie nesterweise in verschiedenen Sandsteinen vor. Er besteht im wesentlichen aus Kieselsäure, die kleine Beimengungen von Ton, Eisenoxyd und Wasser enthalten kann, und hat sich in vielen Fällen als ein Haufwerk von Kieselpanzern vorgeschichtlicher Infusorien erwiesen. T. findet sich in verschiedenen Arten in Deutschland, Frankreich und der Levante und hat von der Stadt Tripoli in Syrien seinen Namen erhalten. Bei uns wird das Mineral im Sächsischen Erzgebirge, in Böhmen und in Tirol gewonnen. Französischer T. kommt aus der Auvergne und Bretagne. Eine feine und leichte graue Art liefert auch England unter dem Namen englische Erde. Das geschlämmte Pulver dient zum Putzen und Polieren von Metallwaren, Spiegeln, Edelsteinen sowie bisweilen auch zu Gußformen für kleinere Metallgegenstände.

Triphenylmethanfarbstoffe bilden eine überaus wichtige und umfangreiche Gruppe von Teerfarbstoffen (s. d.), die sich alle vom Triphenylmethan, $CH.(C_6H_5)_3$, ableiten. Je nachdem die Phenylgruppen stickstoffhaltige oder sauerstoffhaltige Gruppen aufnehmen, unterscheidet man die beiden Abteilungen der Amino-T. (Fuchsoniminfarbstoffe) und der Oxy-T. (Fuchsonfarbstoffe). Die Aminotriphenylmethanfarbstoffe zerfallen nach der Zahl der vorhandenen Aminogruppen in folgende beiden Unterabteilungen: 1. Diaminotriphenylmethanfarbstoffe enthalten zwei Aminogruppen und entsprechen der allgemeinen Formel $C(C_6H_5)(C_6H_4.NH_2)_2$. Sie entstehen bei der Wechselwirkung aromatischer Aldehyde (z. B. Benzaldehyd) und Basen (z. B. Dimethylanilin, bei Gegenwart von Säuren oder Zinkchlorid und nachfolgender Oxydation der anfangs gebildeten Leukoverbindung. In die Gruppe gehören vor allem Malachitgrün (s. d.); Äthylgrün (s. d.) (Neuviktoriagrün, Brillantgrün, Solidgrün), die dem Malachitgrün entsprechende Tetraäthylverbindung; Viktoriagrün 3 B (s. d.), Säuregrün (s. d.), Patentblau (s. d.). Auch Chinolinrot (s. d.) kann hierhin gerechnet werden. 2. Triaminotriphenylmethanfarbstoffe, deren einfachster Vertreter das p-Rosanilin (s. d.) ist, entstehen bei der Oxydation eines Gemisches von Paratoluidin und anderen aromatischen Basen mit Arsensäure oder Nitrobenzol (Fuchsin), oder bei der Oxydation einer methylsubstituierte Aminogruppen enthaltenden Base (z. B. Dimethylanilin) mit Kupferchlorid (Methylviolett), ferner bei der Kondensation verschiedener aromatischer Basen mit Anilinbasen u. dgl. und nachfolgende Oxydation. Der wichtigste Vertreter dieser Gruppe ist das Fuchsin (s. d.), von dem sich zahlreiche weitere Farbstoffe ableiten. Durch Eintritt von Kohlenwasserstoffresten in die Amidogruppen entstehen rotviolett bis blau gefärbte Substitutionsprodukte, von denen die Methylderivate am meisten rot erscheinen, während die Äthyl- und noch mehr die Benzyl-, Tolyl- und Phenylderivate immer blauer werden. Hierhin gehören u. a. die als Hofmans Violett (s. d.), Methylviolett (s. d.), Kristallviolett bezeichneten Tri-, Penta- und Hexamethylrosaniline, ferner das Äthylviolett (Hexaäthyl-p-Rosanilin), Anilinblau (s. d., Triphenylrosanilin) und die aus ihnen abzuleitenden Sulfurierungsprodukte: Alkaliviolett (Phenylmethyltetraäthyl-p-Rosanilinsulfosäure), Echtgrün (s. d.), Alkaliblau (s. Anilinblau). In gewissem Sinne können auch Viktoriablau und Nachtblau (s. d.) hierzu gerechnet werden. — Die **Oxytriphenylmethanfarbstoffe** entstehen dadurch, daß in die Phenylreste Hydroxylgruppen eintreten. Ihre wichtigsten Vertreter sind Aurin, Rosolsäure, Chromviolett, die in besonderen Abschnitten besprochen werden.

Trockenelemente sind leicht zu befördernde galvanische Elemente, bei denen der flüssige Elektrolyt mit porösen Stoffen wie Holzmehl, Filz, Schwamm, Glaswolle, oder mit Mineralstoffen wie Kieselgur, oder endlich mit gallertartigen Stoffen gemischt ist, so daß ein Verspritzen ausgeschlossen erscheint. Als negativer Pol dient meist ein Zinkzylinder, in dem sich der Elektrolyt befindet, als positiver Pol eine Kohlenplatte, doch können natürlich auch andere galvanische Elemente in diese „trockne Form" gebracht werden.

Trochisci (frz. Tablettes ou Pastilles, engl. Lozenges), die lateinische Bezeichnung für Pastillen, Plätzchen, Tabletten (s. d.).

Tropaeolin. Diesen Namen führen verschiedene Teerfarbstoffe, die zum Teil auch noch mit anderen Bezeichnungen belegt werden. Tropaeolin o (Gelb T, Goldgelb) besteht aus der Natronverbindung des Sulfanilsäureazoresorzins und bildet ein braunes, in Wasser mit rötlichgelber Farbe lösliches Pulver, das Wolle im sauren Bade rötlichgelb färbt. Tropaeolin oo soll nach einigen Angaben mit Säuregelb (s. d.) identisch sein. Tropaeolin ooo Nr. 1 (Orange I, Alphanaphtholorange), ein rotbraunes, in Wasser mit orangeroter Farbe lösliches Pulver, färbt Wolle im sauren Bade orange. Tropaeolin ooo Nr. 2 (Orange II, Betanaphtholorange, Goldorange), ein gelbrotes, in Wasser mit rotgelber Farbe lösliches Pulver, färbt wie das vorige. Die beiden letztgenannten Farben sind die Natronsalze des Sulfanilsäureazonaphthols und unterscheiden sich nur dadurch, daß die Sorte ooo Nr. 1 aus Alphanaphthol, die Sorte ooo Nr. 2 dagegen aus Betanaphthol bereitet wird. Tropaeolin oooo (Azokokzin G), ein rotbraunes Pulver, färbt Wolle im sauren Bade ziegelrot, scheint aber nicht mehr im Handel zu sein. Tropaeolin D (Orange III) ist Methylorange (s. d.). Tropaeolin G ist Metanilgelb (s. d.). Tropaeolin R (Resorzingelb), ein braunes, in Wasser mit rötlichgelber Farbe lösliches Pulver, färbt Wolle rötlichgelb und besteht aus dem Natronsalze des Sulfanilsäureazoresorzins. Tropaeolin Y, ein braungelbes Pulver, besteht aus dem Natronsalze des Sulfanilsäureazophenols, scheint aber nicht mehr im Handel vorzukommen.

Tropon. Dieses von Prof. Finkler in Bonn hergestellte Nährmittel bildet ein ziemlich feines trockenes Pulver von gelbbrauner Farbe, ohne kennzeichnenden Geruch und Geschmack. Es enthält 8,58 % Wasser, 89,35 % Stickstoffsubstanz, 0,98 % Asche und Spuren Fett und stickstofffreie Extraktstoffe und ist daher als fast reines, aber unlösliches Eiweiß zu bezeichnen. Der mikroskopischen Untersuchung zufolge besteht es zu etwa $^1/_3$ aus Muskelfasern, während $^2/_3$ pflanzlichen Ursprungs sind. T. wird für sich allein und im Gemisch mit Kakao oder Suppenmehlen als Kräftigungsmittel benutzt. Seiner Verwendung zur Hebung des Eiweißverbrauchs der minderbemittelten Bevölkerungskreise steht der verhältnismäßig hohe Preis entgegen.

Trüffeln (frz. Truffes, engl. Truffles) bilden eine artenreiche Gattung unterirdisch wachsender Pilze (Tuber), von denen mehrere als Speisepilze geschätzt werden. Die eßbaren T. kommen in Laubwäldern vor und finden sich alljährlich, oft zu Kreisen angeordnet, an bestimmten Stellen, sog. Trüffelplätzen (Truffières), besonders im mittleren und südlichen Frankreich (Perigord und Poitou, Departement Dordogne, Vaucluse, Lot, Drôme). Sie lieben mageren, kalkhaltigen Boden sowie mittleres, nicht zu heißes Klima und sind an das Vorkommen gewisser Bäume, wie Eichen und Buchen, gebunden. Die Trüffeln gehören mit zur Jagdberechtigung und werden mit Hilfe besonders abgerichteter Jagdhunde oder, in Frankreich, mit Schweinen aufgesucht. Man unterscheidet die T. nach der Farbe in schwarze und weiße T. Die wichtigste Sorte, die schwarze oder Winter-T., ist von schwarzbrauner Farbe und erscheint auf dem Durchschnitt wie marmoriert und mit rötlichen bis violetten oder rotbraunen Adern durchzogen. Die weichen, warzigen Knollen erreichen Walnuß- bis Apfelgröße. Am geschätztesten sind Stücke mit einem Gewichte bis zu 30 g. Als Unterabteilungen unterscheidet man 1. die Muskat-Winter-T. aus Perigord und der Provence mit länglichrunden, warzigen Knollen, grauschwarzem, weißlich geadertem Fleische, rostbraunen Keimkörpern und moschusartigem Geruch und Geschmack, 2. die rostbraune T. aus der Champagne, Poitou, Bourgogne und Oberitalien mit kleineren, nußgroßen Knollen und rostrotem, wenig geadertem Fleisch. Die Marder-T. besitzt ein schwarzes, wenig warziges und stark geadertes Fleisch mit braunen Keimkörpern und auffallendem Geruch nach Bierhefe. Die weiße Wintertrüffel hat ungeadertes weißes Fleisch mit roten Keimkörpern, die weiße Sommertrüffel marmoriertes weißes, später ockerfarbiges und gräuliches Fleisch, die italienische oder Sommertrüffel endlich glatte, unregelmäßige Knollen von graugelber bis ockeriger Farbe und knoblauchartigem oder käsigem Geruch. Im allgemeinen erntet man die Wintertrüffeln im November bis Februar, die Sommertrüffeln von Juli und September an. Die T. werden getrocknet in Fässer oder in Papier verpackt oder in Wein gekocht und dann in Öl eingemacht in den Handel gebracht. Frische T. halten sich in Sand oder Erde in guten Kellern länger als 14 Tage. Hinsichtlich ihres Nährwertes gilt das unter „Pilze" Gesagte. Als Verfälschungen hat man Beimischungen von Bovistscheiben beobachtet, die aber an ihrem weißen Rand und ihrem blauschwarzen, nicht marmorierten Fleische kenntlich sind. Weiter werden beschädigte T. mit brauner Erde eingerieben oder durch Eindrücken von Steinen beschwert.

Trunksuchtmittel sind Schwindelerzeugnisse meist ausländischen Ursprungs, die Enzian, Brechweinstein u. dgl. enthalten.

Tschuchiakabi, eine aus Japan stammende Droge, besteht aus der Kapselfrucht einer Orchidee und wird als wirksameres Ersatzmittel für Kubeben und Kopaivabalsam empfohlen.

Tuben nennt man aus Zinn oder dessen Legierungen hergestellte, röhrenförmige Behälter, meist mit Schraubenverschluß, die zur Aufnahme von Farben, Pasten, Salben usw. dienen. Dadurch, daß man den Inhalt durch den Deckel wieder fest von der Luft abschließen kann, eignen sie sich namentlich für solche Zubereitungen, die leicht verdunsten, verharzen oder sonstwie verderben. Sehr gut bewährt haben sich auch die neuerdings aus Pergamentpapier hergestellten sog. Kampratuben.

Tuberosenöl (lat. Oleum tuberosae, frz. Essence de tubéreuse, engl. Tuberose oil). Unter diesem Namen kommt ein durch Extraktion der Tuberosenblüten mit Petroläther oder noch besser ein nach dem Enfleurageverfahren gewonnener Riechstoff in den Handel. Die aus Ostindien stammende Tuberose (Polianthes tuberosa), eine Pflanze aus der Familie der Amaryllidazeen, enthält in den lilienähnlichen Blüten ein sehr feines Aroma, das in der Parfümerie zur Herstellung verschiedener Extraits mitverwendet wird.

Tuberkulin (lat. Tuberculinum). Das von Koch als Mittel gegen Tuberkulose in die Medizin eingeführte T. besteht aus dem Glyzerinauszuge der Reinkulturen abgetöteter Tuberkelbazillen und kommt als eine klare, braune Flüssigkeit von aromatischem Geruch und alkalischer Reaktion in amtlich versiegelten Fläschchen zum Verkauf. Da es das Befinden der Kranken vielfach zu verschlechtern scheint, wird es bei Menschen kaum noch angewandt, findet aber ausgedehnte Verwendung zur Prüfung von Kühen auf Tuberkulose. T. darf von den Apotheken zu Heilzwecken nur auf ärztliche Verordnung abgegeben werden.

Tuchrot, ein im Jahre 1879 in den Handel gebrachter Azofarbstoff zum Färben von Wolle, findet sich in zwei Arten, G und B. Ersteres, ein rotbraunes, in Wasser ziemlich schwer lösliches Pulver, besteht aus dem Natronsalze der Amidoazobenzol-α-naphtolsulfosäure, die Sorte B, ein dunkelbraunes, in Wasser mit fuchsinroter Farbe lösliches Pulver, aus dem Natronsalze der Amidoazotoluolazonaphtholsulfosäure.

Türkis, ein amorpher und undurchsichtiger Schmuckstein dritten Ranges, ist trotz seiner geringen Härte (6) und des nur schwachen, wachsartigen Glanzes, wegen seiner schönen himmelblauen, mitunter grünblauen Färbung recht beliebt und wird der angenehmen Gegenwirkung halber gern neben Diamanten und Perlen verwendet. Das in derben, nierenförmigen Stücken auftretende Mineral besteht aus wasserhaltiger phosphorsaurer Tonerde mit einem geringen Gehalt an phosphorsaurem Kupfer und Eisen, der die Färbung verursacht. Geringere Sorten, die aber als Schmuckstein wenig geeignet sind, finden sich zwar auch in Deutschland, z. B. in Schlesien und im Vogtlande, auf schmalen Klüften im Kieselschiefer, doch kommen die echten orientalischen T. über Rußland aus Persien, hauptsächlich Nischapur im Osten des Landes. Die dortigen Minen sind Krongut und werden an den Meistbietenden verpachtet. Im Altertum kam der schon damals geschätzte Stein auch aus Ägypten, wo er in einer Ufergegend des Roten Meeres, am Vorgebirge Sinai, aus festem Sandsteinfels gebrochen wurde. Der T. wird stets nur en cabochon geschliffen. — Ein ebenfalls unter dem Namen T. gehender Stoff, der im Aussehen dem echten ähnlich, aber von ganz anderer Art und Herkunft ist, der sog. Zahntürkis, besteht aus versteinertem Elfenbein (Mammutzähne), das durch eingedrungene Kupfer- oder Eisensalze blaugrün gefärbt ist. Diese Stücke finden sich am schönsten auf den Kupfererzlagern Sibiriens, von wo sie in den Handel kommen. Sie werden ebenfalls zu Schmuck verarbeitet, sind aber viel billiger als echte T., weil ihre Farbe nicht haltbar ist, sondern sich mit der Zeit in ein unschönes Grün verwandelt und überdies bei Kerzenlicht nur einen unreinen blaugrauen Ton zeigt. Durch das Mikroskop ist das Gefüge der Knochen deutlich zu erkennen, so daß diese Ware von der echten leicht unterschieden werden kann.

Türkischrotgarn nennt man Baumwollgarn, das durch ein besonderes Verfahren eine schöne feurig rote, außerordentlich haltbare Farbe erhalten hat. Derartige Rotgarne konnten früher nur aus dem Orient bezogen werden, bis es im vorigen Jahrhundert gelang, durch Heranziehung orientalischer Färber, das Verfahren nach dem Abendlande, zunächst nach Frankreich, zu verpflanzen, und seitdem hat der Bezug von Garnen aus der Türkei aufgehört. Das Eigentümliche der Färberei besteht in der Verwendung fetter Öle, namentlich des Tournantöls, oder besser noch des Türkischrotöls, mit denen man nebst anderen Befestigungsmitteln, wie Alaun und Galläpfelabsud, die Garne oder Gewebe zur Aufnahme des Farbstoffes vorbereitet. Sie werden dann im Krappbade ausgefärbt und schließlich, da sie nunmehr braunrot aussehen, aviviert, d. h. erst mit Seife und Soda und dann mit Zinnsalz behandelt, welches der Farbe einen scharlachroten Schein verleiht. Das Verfahren war früher verwickelter als bei irgendeiner anderen Färberei und umfaßte mit Inbegriff der mehrfachen Waschungen und Trocknungen 16—20 verschiedene Hantierungen, die einen Zeitaufwand von Wochen in Anspruch nahmen. Neuerdings ist es besonders durch Verwendung des künstlichen Alizarins gelungen, das Verfahren wesentlich abzukürzen. Obschon auch fertige Gewebe in dieser Farbe hergestellt werden, macht doch das Garn die Haupthandelsware aus, die in allen Baumwollindustrie treibenden Ländern erzeugt wird.

Tumenol. Mit diesem Namen bezeichnet man einige Nachahmungen des Ichthyols, die aus gewissen Destillationsprodukten bituminöser Gesteine durch Behandlung mit konz. Schwefelsäure dargestellt werden. Das rohe T. (Tumenolum venale), ein Gemisch von Tumenolsulfon und Tumenolsulfosäure, bildet eine dem Ichthyol ähnliche, zähe braune Masse. Es läßt sich durch Behandlung mit Natronlauge in Tumenolsulfon (T.-Öl) ein dickes dunkelgelbes, in Wasser unlösliches, in Äther, Benzin und Benzol lösliches Öl, und in Tumenosulfosäure, Tumenolpulver (Acidum sulfotumenolicum) ein wasserlösliches, bitter schmeckendes Pulver zerlegen. T. wird wie die entsprechenden Ichthyolverbindungen bei Hautkrankheiten angewandt.

Tupeloholz (Tupelowurzel), ein aus Florida kommendes, sehr leichtes und weiches Holz von gelblichweißer Farbe, findet in der Chirurgie Anwendung, indem man daraus Stäbchen schnitzt oder drechselt, die in Wunden stark quellen und wie Laminaria digitata als Quellmeißel dienen. Das T. stammt von Nyssa grandidentata und Nyssa aquatica, während verwandte Arten, wie N. uniflora und multiflora, unbrauchbar sind.

Turmalin (Schörl), ein durch verschiedenartige Färbung ausgezeichnetes Mineral, besteht aus Kieselsäure, Tonerde, Kalk, Borsäure, Kali, Lithion, Manganoxyd und Magnesia und findet sich in verschiedenen Felsarten. Die drei-, sechs- und mehrseitigen, säulenförmigen Kristalle sind meist schwarz, doch auch farblos und wasserhell (Achroit), blau (Indigolith), rot (Siberit), gelb, grün oder braun und zeigen eine beträchtliche Härte von $7—7^1/_2$. Nur die durchsichtigen und schön gefärbten T. kommen als Schmucksteine in Betracht und führen dann die Namen derjenigen Edelsteine, denen sie ähnlich sind. So heißt der Indigolith, der sich in Brasilien im Sande von Flüssen findet, brasilianischer Saphir, der grüne brasilianischer Smaragd, der rote aus Sibirien orientalischer Rubin. Rote Steine finden sich auch auf Zeylon, in Birma, den Vereinigten Staaten und Peru. Die roten und grünen, durchsichtigen Steine gelangen am häufigsten zur Verwendung als Ringsteine und können je nach Größe und Schönheit bedeutende Werte erreichen. Die schwarzen und braunen, in einigen Gegenden Böhmens, Bayerns und Tirols häufigen T. sind keine Schmucksteine, haben aber eine gewisse physikalische Bedeutung, da sie wegen ihrer doppelten Lichtbrechung zu den Nicolschen Prismen der Polarisationsapparate verwandt werden. Alle T., auch die als Schörl bezeichneten undurchsichtigen Stücke, haben die seltene Eigenschaft, daß sie durch bloßes Erwärmen elektrisch werden, also leichte Körper abwechselnd anziehen und wieder abstoßen.

Turpethwurzel (lat. Radix turpethi, frz. Racine de turbith, engl. Turbith root) stammt von einem Windengewächs (Ipomoea Turpethum) und hat, wie die zu derselben Familie gehörende Jalape und Skammonium, abführende Wirkung. Die braunen, holzigen Wurzeln kommen aus Persien, Indien und Australien in den Handel und finden namentlich in Süd- und Westeuropa Verwendung.

Tusche (lat. Atramentum indicum, frz. Encre de chine, engl. China ink, Indian ink). Diese schwarze Wasserfarbe, die in Europa, besonders in Nürnberg, häufig nachgemacht wird, bildet in China und Japan seit undenklichen Zeiten die gewöhnliche Schreibtinte und Buchdruckfarbe. Soviel bekannt, besteht sie aus Ruß und Leim, in den feineren Sorten mit etwas Kampfer oder Moschus parfümiert. Als Ausgangsstoff dient ein ausschließlich von Büffeln gewonnener Leim und feinster, aus Schweineschmalz hergestellter Lampenruß. Von der Sorgfalt, mit der letzterer gebrannt, gesiebt und gebeutelt wird, hängt die Feinheit der T. in erster Linie ab. Der Ruß wird in den geschmolzenen Leim so lange eingetragen, bis eine weiche Paste entsteht, diese stark geknetet und erhitzt, dann mehrere Tage sich selbst überlassen und schließlich in hölzerne Formen gepreßt oder einfach gerollt. Die Japaner bereiten ihre T. in derselben Weise, doch ist die chinesische, wahrscheinlich wegen der sorgsameren Rußbereitung, weit besser. Die Feinheitsgrade sind aber auch bei der chinesischen Ware sehr verschieden. Die feinste T. soll einen Stich ins Bräunliche haben, während ganz schwarze, bläuliche oder graue für nicht so gut gelten. Beim Anschlagen sollen die Stücke einen hellen, scharfen Ton geben, da es dumpfklingenden an Gleichmäßigkeit fehlt. Umgekehrt wie beim Ruß ist ferner die beste Sorte zugleich auch die schwerste. Die T. wird durch Ablagern besser, und sehr alte wurde in China so hoch geschätzt, daß sie sogar häufig ein Ehrengeschenk der Mandarine an den Kaiser bildete. Die europäischen Bereitungsweisen stimmen mit den chinesischen völlig überein, nur scheinen die Rohstoffe der Asiaten bessere zu sein. Deutsche Fabriken stellen auch flüssige T. her, die sich für den Gebrauch leichter verwenden lassen. — Als T. werden auch andere Wasserfarben (rot, gelb, blau, grün, violett usw.) bezeichnet, die meist mineralischen Ursprungs sind, wie Zinnober, Minium, Englischrot (Eisenoxyd), Chromblei, Antimongelb, Hell- und Dunkelocker, Sienaerde, Berliner- und Pariserblau, Ultramarin, Kobalt (Smalte und Eschel), Grün aus Gelb und Blau, Violett aus Rot und Blau, Umbra, Grüne Erde und die Gemische der Modefarben. Organischen Ursprungs sind Karmin, Saflor, die Lackfarben oder farbigen Holzextrakte, Indigo, Sepia, Gummigutt usw. Sie werden sämtlich mit Gummitragant oder Dextrin angerieben und in Formen getrocknet. Um die Farben zum Gebrauch leicht zur Hand zu haben, packt man sie in die bekannten Tusch- oder Farbenkästen.

Tusseh (Tussahseide) nennt man die naturbraune Seide einer ostindischen Seidenraupe von Antheraea mylitta. In Ostindien daraus gefertigte Gewebe kommen nach England und werden auch in Deutschland unter dem Namen ostindische Bastseide feilgeboten.

Tussol, mandelsaures Antipyrin, entsteht beim Erhitzen von Mandelsäure mit Antipyrin in Form eines weißen Kristallpulvers, das bei 52 bis 53° schmilzt und sich in Wasser, Alkohol und Äther löst. Es findet gegen Keuchhusten sowie gegen Kehlkopf- und Bronchialkatarrhe medizinische Anwendung.

U.

Ule, eine Kautschukart Mexikos, wird aus dem Milchsafte eines zu den Artokarpeen gehörigen Baumes, Castilloa elastica, gewonnen.

Ulmenrinde (Rüsterrinde, lat. Cortex ulmi, frz. Ecorce d'orme, engl. Elm bark) stammt sowohl von der in Europa, Asien und Amerika verbreiteten Ulmazee, Ulmus campestris, als auch von der amerikanischen Ulme Ulmus fulva. Die Rinde der europäischen Ulmen wird ihres Gerbstoffgehaltes wegen zu Bädern benutzt und in rotbraunen Stücken, von der oberen Rindenschicht befreit, in den Handel gebracht. Die wichtigere Rinde der amerikanischen Art enthält gleichfalls Gerbstoff und Schleim und kommt in gelblichen bis rotbraunen Bändern in den Handel, die meist wieder in Bündel geschnürt sind. Sie wird äußerlich als erweichendes Mittel, innerlich gegen Durchfall angewandt.

Ulmensamen, die von den häutigen Anhängseln befreiten Flügelfrüchte der Ulme, von denen 100 etwa 0,5 g wiegen, enthalten neben 42 % Stickstoffsubstanz etwa 24 % eines dem Kokosöl ähnlichen Fettes und wurden wegen ihres hohen Nährwerts während des Krieges mehrfach als Geflügelfutter empfohlen. Der Vorschlag, sie zur Gewinnung von Speisefett heranzuziehen, scheiterte an der geringen Menge der Samen.

Ultramarin (frz. Outremer, engl. Ultramarine, Lazuline). Die Nachbildung des natürlichen Ultramarins, des Lapis Lazuli der Alten (s. Lasurstein), gelang Christian Gmelin im Jahre 1822 durch Zusammenschmelzung von Tonerde mit kieselsäure-, natron- und schwefelhaltigen Stoffen. Die Grundlage dieses noch heute ausgeübten Verfahrens bilden reiner Porzellanton (Kaolin), Glaubersalz und Kohle (Sulfat-U.) oder Kaolin, Soda, Schwefel und Kohle (Soda-U.). Sämtliche Stoffe müssen völlig wasserfrei, auf das feinste pulverisiert und innig gemischt sein. Als Kohle wird Holzkohle oder gut gesiebte Steinkohle verwandt. Man drückt die Mischung, deren Zusammensetzung je nach dem gewünschten Farbenton schwankt, als ein gleichförmig graues Pulver in feuerfeste Tontiegel mäßig fest ein, erhitzt die Tiegel zu Hunderten unter allmählich gesteigerter Temperatur bis zum Entweichen von Schwefeldämpfen, darauf bis zur schwachen Weißglut, läßt nach 8 bis 10 Stunden den Ofen abkühlen und entleert die Tiegel. Der gesinterte Inhalt wird mit Wasser ausgelaugt, gemahlen und getrocknet und bildet dann ein grünes Pulver, den grünen U., der als Anstrichfarbe beschränkte Anwendung findet. Zur Überführung in blauen U. wird die Masse mit einigen Prozent Schwefel gemischt, nochmals bei schwacher Rotglut geröstet, darauf mit

Wasser geschlämmt oder durch Erhitzen mit Natriumsulfidlösung vom freien Schwefel befreit und schließlich getrocknet und gesiebt. Um helle, rein blaue Töne zu erhalten, genügt es, das Blau noch mehrere Stunden auf Farbmühlen zu mahlen. Durch Verwendung kieselsäurereicherer Mischungen erhält man den sog. alaunfesten U., der durch Behandlung mit Chlor und Wasserdampf oder mit Luft und Salzsäure oder mit Salmiak in violetten und roten U. übergeführt werden kann. — Der U. bildet ein zartes, feurig blaues, in Wasser, Alkohol und Alkalien unlösliches und gesundheitlich völlig unschädliches Pulver. Er ist als Wasser-, Kalk- und Ölfarbe zu verwenden und zeichnet sich durch eine hohe Widerstandsfähigkeit gegen Luft, Licht und Schwefelwasserstoff aus. Hingegen wird er durch Säuren und saure Salze unter Entwicklung von Schwefelwasserstoff entfärbt. Nur die kieselsäurereicheren Sorten sind gegen Alaun beständig. Im Hinblick auf seine Schönheit und Billigkeit findet U. die ausgedehnteste Verwendung als Malerfarbe, zu Anstrichen, bei der Herstellung von Tapeten und Buntpapier, im Zeugdruck sowie zum Bläuen von Papier, Zucker und Wäsche. Als Verfälschung sind Zusätze von Kreide, Gips und Ton anzusehen, während Mischungen mit Zinkweiß handelsübliche Malerfarben darstellen. Mit Bleifarben darf U. seines Schwefelgehaltes wegen nicht gemischt werden, da sonst leicht Nachdunkeln der Anstriche eintritt. Auch kann aus dem gleichen Grunde bleihaltiger Firnis nicht zum Anrühren mit Ultramarin benutzt werden.

Umbra (lat. Terra umbracea, frz. Ombre, engl. Umber), nur dem Klange nach verdeutscht in Umbraun, nennt man Erdfarben verschiedener Schattierungen und verschiedenen Ursprungs. Die eigentliche oder echte U. ist ein toniger, durch Verwitterung mulmiger Brauneisenstein von leber- bis kastanienbrauner Farbe, der neben kieselsaurem Eisenoxyd immer auch braunes Manganoxyd enthält. Die beste Sorte, die auf der Insel Zypern gefundene sog. zyprische oder türkische U., sieht gräulichbraun aus und gibt, in verschiedenen Graden mit Weiß versetzt, eine große Zahl schöner Farbentöne. Beim Brennen nimmt sie eine rotbraune Farbe an. Ähnliche, aber minder gute Ware wird auf den Eisensteingruben um Saalfeld, Könitz und Kammsdorf sowie in verschiedenen Gegenden Englands und Siziliens gefunden. Die von letzterem Fundorte gelieferte U. ist ein kastanienbrauner Eisenocker mit muscheligem Bruch. — Die sog. kölnische U. (Kölnerbraun, Kesselbraun) ist lediglich eine erdige, schön dunkelkaffeebraune Braunkohle. Sie unterscheidet sich von der echten U. durch ein viel geringeres spez. Gew., riecht beim Erhitzen torfartig und kann nicht geglüht werden. Kölner U. findet sich häufig in der Umgegend von Köln, im Bergischen und Jülichschen sowie in Thüringen und wird sowohl gemahlen als auch in Stückform verkauft. Alle Umbrasorten müssen vor dem Gebrauche gepulvert und durch Schlämmen von sandigen Teilen befreit werden. Man verwendet sie zu Anstrichen aller Art, sowohl als Öl- wie Wasserfarbe, zu dunkeln Firnissen, besonders häufig für Wachstuch, zum Braunfärben von Holz und als Vergoldergrund, die kölnische auch zur Darstellung feinerer brauner Farben. Zu diesem Zwecke wird sie in Ätzlauge gelöst und der Farbkörper durch eine Säure als feiner Schlamm wieder ausgefällt (sog. brauner Karmin). Häufig ist die im Kleinverkehr käufliche U. nichts anderes als geglühter Ocker.

Uran (lat. Uranium), ein seltenes, dem Chrom, Molybdän und Wolfram verwandtes metallisches Element vom Atomgewicht 239,5, findet sich in der Natur hauptsächlich als Uranoxyduloxyd in Form des Uranpecherzes oder der Uranblende, eines gräulichen oder pechschwarzen, glänzenden Minerals. Dasselbe bildet fast nur in der Gegend von Johanngeorgenstadt und Schneeberg in Sachsen sowie von Joachimstal und Przibram in Böhmen größere Lager in Gängen von Gneis und Glimmerschiefer und wurde früher vielfach als wertloser Abraum fortgeworfen, bis man seine hohe technische Verwertbarkeit erkannte. Das Pecherz selbst dient im gemahlenen Zustande als schwarze Porzellanfarbe. Das künstlich dargestellte Uranoxyd, UO_3, sowie das uransaure Natrium (Urangelb), $Na_2U_2O_7$, gelbe Pulver, verleihen Glasflüssen eine eigentümliche gelbgrüne Farbe (Uranglas), die durch Zusatz von Kupferoxyd in Smaragdgrün umschlägt. Von den sehr giftigen Salzen findet das Uranazetat (lat. Uranium aceticum, frz. Acétate uranique, engl. Acetate of Uranium) als Reagens bei der analytischen Bestimmung der Phosphorsäure, und das Urannitrat (lat. Uranium nitricum, frz. Nitrate uranique, engl. Nitrate of Uranium) in der Photographie als „Abschwächer" Anwendung. Als Ausgangsstoff für die Gewinnung des Radiums (s. d.) ist die Pechblende neuerdings außerordentlich kostbar geworden.

Uranin, ein seit 1871 bekannter Teerfarbstoff, besteht aus der Natronverbindung des Fluoreszeïns. Das gelbbraune Pulver, dessen gelbe wäßrige Lösung eine sehr lebhafte gelbgrüne Fluoreszenz zeigt, wird nur in beschränktem Grade zum Färben von Wolle, mehr noch für Wolldruck verwandt, eignet sich hingegen nicht für Baumwolle. — Im Handel erhält man unter dem Namen U. auch zuweilen das Methylfluoreszeïn.

Urethan (lat. Urethanum, frz. Uréthane, engl. Urethan). Den Namen Urethane führt eigentlich eine ganze Gruppe chemischer Verbindungen, die man als Karbaminsäureester betrachten kann, im besonderen aber versteht man unter U. ein neuerdings als Arzneimittel aufgekommenes Präparat, das seiner chemischen Natur nach als Äthylurethan, $NH_2.COOC_2H_5$, anzusprechen ist und als Schlafmittel empfohlen wird. Es soll jedoch den Nachteil haben, daß man sich sehr bald daran gewöhnt und daß es dann nicht mehr genügend wirksam ist. Das U. bildet farb- und geruchlose, säulenförmige Kristalle von eigentümlichem, kühlendem Geschmack, schmilzt zwischen 48—50°, siedet gegen 170° und sublimiert dann unverändert. Es verbrennt mit wenig leuchtender Flamme, ohne Rückstand zu hinterlassen, und ist sowohl in Wasser als auch in Alkohol, Äther und Chloroform leicht und klar löslich. Die Lösungen zeigen neutrale Reaktion. In konzentrierter Schwefelsäure löst sich das U. unverändert, beim Erhitzen tritt aber lebhafte Zersetzung ein. Beim Erwärmen mit Kalilauge entwickelt sich Ammoniak.

Urogosan, eine von J. D. Riedel & Co. gegen Krankheiten der Harnwege empfohlene Mischung von 0,3 g Gonosan und 0,15 g Hexamethylentetramin in Gelatinekapseln.

V.

Validol, eine Mischung von baldriansaurem Menthol mit einem Gehalt von 30 % freiem Menthol in Lösung, ist eine klare, etwas ölige Flüssigkeit, die als Mittel zur Steigerung der Herztätigkeit und des Blutdrucks gegen Schwindelanfälle, Ohnmacht, hysterische Zustände, Übelkeit und Seekrankheit sowie als Harnantiseptikum benutzt wird.

Valonen (Ackerdoppen, levantinische Knoppern), die Fruchtbecher orientalischer Eichen, Quercus Aegilops, Quercus Valonea, enthalten 20—45 % Gerbstoff und werden als Gerbmittel benutzt.

Valvolinöl, ein in Amerika aus den schwerer flüchtigen Teilen des Petroleums gewonnenes Schmiermittel, kommt in verschiedenen Sorten in den Handel. Die leichteste vom spez. Gew. 0,871, Valvolin spindle oil, fängt erst bei 218° an zu verdampfen und läßt sich erst bei 263° entzünden. Die schwerste Sorte, das Valvolin cylinder oil, vom spez. Gew. 0,893 beginnt bei 288° zu verdampfen, und die Entzündungstemperatur liegt bei 360°.

Vanadinsäure ist die Sauerstoffverbindung eines seltenen, dem Phosphor nahestehenden Elementes Vanadin vom Atomgewichte 51,2, das sich in der Natur als Vanadinbleierz oder Vanadinit vorfindet, hauptsächlich aber spurenweise in manchen Tonen und Eisenerzen vorkommt und neuerdings auch aus der Thomasschlacke dargestellt wird. Die durch Schmelzen der Vanadinerze mit Salpeter oder durch Auflösen in Salzsäure, Fällen mit Chlorammonium und nachfolgendes Glühen erhaltene Säure, V_2O_5, ist eine orangerote Masse, die in der Glühhitze schmilzt und dann kristallinisch erstarrt. Sie löst sich nur wenig in (1000 Teilen) Wasser mit gelber Farbe. Hauptsächlich in Form ihres Ammoniumsalzes (s. Ammoniumvanadinat) findet sie technische Anwendung zur Erzeugung von Anilinschwarz sowie als photographischer Entwickler. Mit Gerbsäure geben die Salze eine, schon von Berzelius hergestellte, wasserfeste, aber vergilbende Tinte und färben Glasflüsse schön rot. Auch im Schwefelsäurekontaktverfahren wird V. an Stelle des Platins, obwohl sie diesem an Wirksamkeit nachsteht, in steigenden Mengen verbraucht.

Vanille (lat. Vanilla, frz. Vanille, engl. Vanille) ist die Kapselfrucht einer Orchidee, Vanilla planifolia und verwandter Arten, die ihre ursprüngliche Heimat in den feuchten und heißen Wäldern der ostmexikanischen Küstenländer hat. Die Pflanze treibt zahlreiche Luftwurzeln, dickfleischige, ovale Blätter, gelblichgrüne geruchlose Blüten und schotenartige, dreiteilige, gelbe Kapseln, die 15—25 cm lang, bis 1 cm breit und nach den Enden verschmälert sind. Sie enthalten eine scharfe, klebrige Milch, später ein balsamisches Mus, in welchem die zahlreichen kleinen Samen liegen. Die V. wird jetzt auch an der Westküste der Kordilleren, in ganz Westindien, auf Mauritius, Bourbon (Réunion), Java, Madagaskar, Zeylon, den Seychellen, in den deutschen afrikanischen Kolonien usw. angebaut. Man verwendet zur Weiterpflanzung meist Stecklinge und Setzranken, die auf völlig gesäubertem Boden an dazu geeignete Bäume gesteckt und beim Weiterwachsen mehrfach angeheftet werden, bis sie fest an den Stamm gewurzelt sind. Vom 3. Jahre an liefern die Pflanzen Schoten und bleiben bis zum 40. Jahre ertragfähig. Die Befruchtung erfolgt in der Wildnis durch besondere Insekten, in den Anpflanzungen durch künstliche Übertragung des Pollens auf die weiblichen Teile. Man erntet die Früchte von April bis Juni vor völliger Reife, wenn sie anfangen, sich gelb zu färben, legt die Schoten zuerst an die Sonne und dann zum „Schwitzen" in wollene Tücher, die so lange in der Sonne liegen bleiben, bis eine braune oder grauschwarze Farbe erzielt ist. Darauf werden die Schoten auf Tafeln ausgebreitet oder an luftig-schattigen Orten aufgehängt, oder auch zur künstlichen Trocknung über Kohlenfeuer auf hängenden, schaukelnd erhaltenen Horden, eingeschlagen in wollene Tücher, angebracht. Die getrocknete Ware wird sorgfältig nach der Länge sortiert, zu 50 Stück zusammengebunden und in Blechkisten verpackt. Der Wert steigt mit der Länge. An Stelle dieses sog. mexikanischen oder trocknen Verfahrens wendet man neuerdings vielfach das Heißwasserverfahren an, indem man die Früchte zur Abtötung 15—20 Sekunden lang in siedendes Wasser taucht, dann in Haufen geschichtet einem Schwitzvorgange überläßt und schließlich in Wolltüchern an der Sonne trocknet. — Die V. enthält nach König 28,39 % Wasser, 3,71 % Stickstoffsubstanz, 0,62 % ätherisches Öl, 8,19 % Fett und Wachs, 7,72 % Zucker, 28,78 % stickstofffreie Extraktstoffe, 17,43 % Rohfaser und 4,78 % Asche. Ihr Aroma wird durch einen 1,16—2,75 % betragenden Gehalt an Vanillin (s. d.) bedingt. Bei längerem Lagern überzieht sich die Schote mit nadelförmigen Kristallen von Vanillin („Kristallisierte V."), auf die im Handel viel Gewicht gelegt wird, doch ist das Kristallisieren nicht immer als Beweis für höhere Güte anzusehen, da auch unkristallisierte Ware gleich gut sein kann. Die Kennzeichen guter V. sind vielmehr, abgesehen von der Länge, Biegsamkeit, ohne brüchig zu werden, Unverletztheit, besonders der etwas umgebogenen Spitzen, reichliche Füllung, Dünnschaligkeit, geringe Runzelung, gute Farbe und etwas Fettglanz, ohne auf Papier Flecken zu geben. Die V. leidet leicht durch Zerbrechen, Verletzungen, Austrocknen oder Schimmelbildung und muß deshalb, in Stanniol verpackt, hermetisch verschlossen in trockenen Räumen, und zwar in Glas oder Blech aufbewahrt werden. Die beste Ware kommt von Bourbon und Réunion. Java-V. ist hartschaliger und geringwertiger als die amerikanische und Bourbon-V. In Mexiko wird die V. oft mit Akajouöl bestrichen, wodurch sie an Güte verliert. Derart fettig gemachte Ware gibt auf Papier braune Flecken. — Verfälscht wird V. durch Auffrischen bereits mit Spiritus ausgezogener Schoten mit Perubalsam und Akajouöl oder mit Benzoëtinktur und Bestreuen mit Glas-, Azetanilid- oder Benzoësäurepulver sowie durch Zumischen schlechter Schoten und ähnlich aussehender Früchte. — Die künstliche Darstellung des Vanillins, das zu den meisten Zwecken die V. vollkommen ersetzen kann, hat den Preis zwar wesentlich ermäßigt, doch ist die Verwendung des künstlichen Riechstoffs an Stelle der Vanillefrüchte für manche Zwecke unmöglich, so daß die Vanille ihren Preis auch jetzt noch behält. Als billige Ware ist seit mehreren Jahren die Tahiti-Vanille im Handel, eine an sich echte, aber durch Entartung unbrauchbare Frucht. Mit Vanillin bestäubte Tahiti-Vanille darf nur unter der Kennzeichnung „mit Zusatz von Vanillin", nicht aber als „Vanille" oder gar „veredelte V." in den Verkehr gebracht werden. — Von anderen Vanillearten sind noch Vanilla Pompona (s. Vanillon) und Vanilla palmarum zu nennen, die lediglich zu Parfümeriezwecken dienen. — Medizinisch wird die V. selten verordnet, und zwar fast nur bei hysterischen Leiden und Menstruationserkrankungen. Bisweilen sind angebliche Vergiftungen durch V. bekannt geworden, so z. B. nach Genuß von Vanilleeis, doch dürfte dies wohl mehr auf eine Zersetzung anderer Bestandteile des Eises selbst zurückzuführen sein. Immerhin führt der übermäßige Genuß von V. Kopfschmerzen und Übelkeit herbei. Auch hat sich bei Menschen, die mit dem Einpacken und Sortieren von V. fortgesetzt zu tun haben, mehrfach eine Art Krätzekrankheit gezeigt. — Vanilletinktur (lat. Tinctura Vanillae, frz. Teinture de Vanille, engl. Tincture of Vanille) ist ein alkoholischer Auszug, der als Parfum und als Speisezusatz verwandt wird.

Vanillin (lat. Vanillinum), der Bestandteil der Vanillefrüchte, dem diese hauptsächlich, wenngleich nicht allein, ihren feinen Geruch und Geschmack verdanken, kann nach verschiedenen Verfahren auf künstlichem Wege dargestellt werden. Man bereitet es entweder aus dem Kambialsafte der Nadelhölzer durch Oxydation des in ihm enthaltenen Koniferins mittels Kaliumdichromats und verdünnter Schwefelsäure, oder aus dem Eugenol des Nelkenöls, dem Harz des Ölbaumes und dem Guajakol des Buchenholzteers durch Behandeln mit Chloroform und Ätznatron. V. entsteht so als ein feinkristallinisches weißes Pulver, das sich schwer in kaltem, leicht in heißem Wasser sowie auch in Alkohol und Äther löst. Es schmilzt bei 80—81° und läßt sich, vorsichtig erhitzt, sublimieren und in schönen, sternförmig gruppierten Kristallnadeln erhalten. In chemischer Hinsicht ist V. als Methylprotokatechualdehyd, $C_6H_3(OH)(OCH_3).CHO$, aufzufassen. Im Kleinhandel wird es gewöhnlich schon mit einer gewissen Menge Zucker vermischt zum Verkauf gebracht (Vanillinzucker). Auch sind während des Krieges Mischungen von Kochsalz mit etwa 1 % V. als Vanillinsalz in den Handel gelangt. Trotz seines feinen und starken Vanillegeruches kann es die Vanille doch nur zum Teil ersetzen, da außer dem V. und der Vanillinsäure auch noch ein aromatisches Harz an dem Geruch und Geschmack der Vanille Anteil haben. Die Vanillinsäure läßt sich ebenfalls künstlich herstellen, besitzt jedoch nur einen schwachen Geruch.

Vanillon nennt man eine besondere, von der gewöhnlichen Vanille stark abweichende Sorte aus Britisch-Guayana von Vanilla pompona. Die Fruchtkapseln sind viel kürzer, bedeutend dicker, breiter und fleischiger als bei der gewöhnlichen Vanille, der Länge nach gerunzelt, an beiden Enden verschmälert, umgebogen und mit einer Narbe versehen. Um das Aufspringen zu vermeiden, werden sie meist mit Fäden spiralig umwickelt. Der Geruch ist bei weitem nicht so fein wie derjenige der echten Vanille und erinnert mehr an Piperonal (Heliotropin) und Kumarin. Sie wird daher auch nicht zu Konditoreizwecken, sondern nur in der Parfümerie benutzt.

Vaselin (Vaseline, lat. Adeps petrolei, Unguentum paraffini, frz. Vaseline, engl. Vaselin), eine weiche, geruchlose, sich fettig anfühlende Masse von Salbenkonsistenz, wird aus den Destillationsrückständen des amerikanischen Petroleums gewonnen und teils mit gelblicher Farbe (halb gereinigt), teils vollständig weiß in den Handel gebracht. V., dessen Schmelzpunkt zwischen 35 und 45° liegt, wird wegen seiner milden Beschaffenheit, und weil es nie ranzig werden kann, meist anstatt des Schweinefettes zu Salben benutzt. Es besteht aus dem Paraffin ähnlichen Kohlenwasserstoffen und wird auch aus Rohozokerit, unter Zusatz von flüssigem Paraffinöl, dargestellt. — Das lediglich aus flüssigen Kohlenwasserstoffen bestehende Vaselinöl (Virginia) dient als Rostschutz und Schmiermittel.

Vasenol, ein Gemisch von Vaseline und Paraffinöl mit etwas Zetylalkohol oder einem anderen hohen Fettalkohol, findet wegen seines großen Wasserbindungsvermögens als Salbengrundlage Verwendung.

Vasogen (lat. Vaselinum oxygenatum), eine neue Salbengrundlage, soll nach Angabe der Fabrikanten ein durch Behandlung von Vaselin mit komprimiertem Sauerstoff unter Erhitzen im Druckkopf hergestelltes Sauerstoffderivat des Vaselins sein. Nach anderen Angaben werden gleichartige Stoffe durch Mischen von Paraffinöl mit Rizinusdisulfosäure oder mit ölsaurem Ammonium erhalten. Da der Name V. geschützt ist, werden Nachbildungen als Vasolimente bezeichnet und zur Herstellung von Mischungen mit Jod, Jodoform, Kreosot und anderen Medikamenten benutzt. Valsol, Vasol und Vasosapon sind ebenfalls andere Namen für gleichartige Salbengrundlagen.

Vateriafett, ein Pflanzenfett von der Butterbohne, Vateria indica L. aus Ostindien, ist wie die meisten dortigen Pflanzenfette in frischem Zustande grünlich und weich, bleicht an der Luft und ähnelt an Konsistenz dem Schöpstalg. Man verwendet es zur Herstellung von Kerzen und Seifen.

Veilchenblüten (lat. Flores violarum, frz. Fleurs de violette, engl. Violet flowers). Die entkelchten und vorsichtig getrockneten Blüten des wohlriechenden Veilchens (Viola odorata) sind als Brusttee in Gebrauch, offizinell ist auch der aus frischen Blüten bereitete Veilchensirup (lat. Sirupus violarum, frz. Sirop de violette, engl. Sirop of violet), welcher durch Digerieren mit heißem Wasser und Kochen des Auszuges mit Zucker erhalten wird. Er bildet einen schön blauen Sirup, der gegen Hustenreiz kleiner Kinder benutzt wird und auch als empfindliches chemisches Reagens dient, weil die Farbe durch Säuren in Rot, durch Alkalien in Grün umgewandelt wird. — Als Parfüm führt man Veilchenblütenessenz (frz. Extrait de violette, engl. Extract of violet), einen weingeistigen Auszug aus der Veilchenpomade oder dem Veilchenextrakt (gewonnen durch Ausziehen der Veilchen mit Petroläther und Abdestillieren des Lösungsmittels), und Veilchenöl, ein durch Mazeration von Öl mit frischen Veilchenblüten hergestelltes Erzeugnis (Pomade de violette und Huile parfumée de violette).

Veilchenwurzel (Iriswurzel, lat. Rhizoma iridis florentinae, frz. Racine d'iris ou violette, engl. Iris root) nennt man den veilchenartig duftenden Wurzelstock zweier Schwertliliengewächse, Iris florentina und Iris pallida, die im südlichen Europa heimisch sind und in Oberitalien und Südfrankreich vielfach angebaut werden. Auch aus Mogador in Marokko kommt V. in den Handel. Der horizontal in der Erde liegende ästige Wurzelstock ist knollig gegliedert, hin und her gebogen, der Hauptkörper etwa daumendick, die Außenseite gelblich, das Innere eine weiße, harte und schwere, mehlige Masse. Frisch gegraben hat die Wurzel einen unangenehmen Geruch und bitteren Geschmack, geschält und getrocknet riecht sie hingegen angenehm und schmeckt nicht mehr bitter. Die Droge wird in beträchtlichen Mengen, meist im ursprünglichen Zustande, bezogen und in Deutschland dann mundiert, d. h. geschält und geputzt, sortiert und weiter für den Verkauf vorbereitet. Die längsten schlanken Stücke werden als Anhängsel für zahnende Kinder zurechtgeschnitten oder -gefeilt, damit diese zur Erleichterung des Zahnens daran kauen (Rhizoma iridis tornata s. mundata pro infantibus). Andere Stücke werden teils gröber oder feiner geschnitten oder zu Kügelchen (Globulis) zum Einlegen in Fontanelle gedreht, oder endlich aufs feinste gepulvert. Die geschnittene Ware dient zur Bereitung von Räucherpulvern und Räucheressenz, das Pulver als Zusatz zu Zahnpulvern, feinen Toiletteseifen, Pomaden und Schnupftabak sowie endlich zum Bestreuen von Pillen. Die wichtigsten Handelssorten sind Florentiner, die beste, aus schönen großen und weißen Wurzeln bestehende Ware; Veroneser, kleinere, weniger aromatische Stücke, und Mogador, welche den vorigen ähnelt. — Außer den Wurzeln findet auch der alkoholische Auszug (Veilchenwurzeltinktur oder -essenz) als Riechstoff ausgedehnte Verwendung. Die Wurzel enthält Weichharz, Gerbstoff und viel Stärkemehl, ferner ein Glykosid Iridin und 0,1—0,2 % ätherisches Öl (Veilchenwurzelöl, lat. Oleum iridis, frz. Essence d'iris, engl. Oil of orris), das sich mit Wasser abdestillieren läßt. Das Irisöl bildet eine feste, auf dem Wasser schwimmende Masse und besteht zu 85 % aus Myristinsäure. Der Träger des Geruchs ist das Iron, ein Keton der Formel $C_{13}H_{20}O$. Außerdem sind in dem Öl nachgewiesen worden: Myristinsäuremethylester, Benzaldehyd, Dezylaldehyd, Nonylaldehyd, Naphthalin und Ölsäure.

Veratrin (lat. Veratrinum, frz. Vératrine, engl Veratrine), eine scharfe, sehr giftige, stickstoffhaltige organische Base (Alkaloïd), findet sich neben Sabadillin in den Sabadillsamen, hingegen nicht, wie man früher annahm, in der weißen Nieswurz, die nur Jervin enthält. Das weiße, unter der Lupe kristallinisch erscheinende Pulver ist an sich geruchlos, bewirkt aber, in Form des kleinsten Stäubchens in die Nase gebracht, äußerst heftiges, lang anhaltendes Niesen und muß daher sehr vorsichtig aufbewahrt und verarbeitet werden. In kaltem Wasser ist das V. fast unlöslich, in heißem nur sehr wenig, dagegen leicht in Alkohol und in Äther löslich. Man verwendet es besonders mit Fett verrieben in der Medizin als örtliches Reizmittel.

Verbandstoffe. Die medizinischen Verbandmaterialien zerfallen in aseptische oder sterile, antiseptische und nicht aseptische. Unter aseptischen oder sterilen faßt man diejenigen Stoffe zusammen, welche durch ein besonderes Verfahren, meist durch überhitzten strömenden Wasserdampf unter Druck, selbst keimfrei gemacht sind, dabei aber keine keimtötenden Bestandteile enthalten. Unter antiseptischen versteht man alle diejenigen, welche, mit keimtötenden Chemikalien versetzt, in der Chirurgie und medizinischen Praxis verwandt werden. Die hauptsächlich benutzten Antiseptika sind: Jodoform, Sublimat, Salizylsäure, Karbolsäure, Borsäure und neuerdings Kollargol, ein wasserlösliches Silberpräparat. Nicht aseptisch sind alle übrigen zur Verwendung kommenden Stoffe. Die medizinische Verbandwatte (Dr. von Bruns Scharpie-Baumwolle) bildet blendend weiße, geruch- und geschmacklose, vollständig neutrale, sehr hygroskopische Tafeln oder Vliese aus zarten, ziemlich parallel verlaufenden, bis 3 cm langen, knötchenfreien Baumwollfasern, die leicht, ohne Geruch und unter Hinterlassung einer weißen Asche verbrennen und auf Wasser geworfen, sich schnell vollsaugen und dann untersinken. Zur Herstellung der medizinischen Verbandwatte wird die Baumwolle, wie sie nach der Ernte aus Amerika und Ägypten zu uns kommt, nur zu einem sehr geringen Teil benutzt, die weitaus größte Menge liefern die Abgänge aus den Spinnereien, die Kämmlinge oder Peigneusen. Die Rohbaumwolle muß zunächst entfettet und gebleicht werden und hat zu diesem Zwecke mehrere chemische Behandlungen durchzumachen. Dem Entfetten durch

Kochen in einer Harzseifenlösung, darauf in einer Sodalauge und Spülen in reichlichem Wasser folgt die Bleiche durch Einwirkung von schwacher Chlorkalk- oder Chlornatriumlösung, die Zerstörung der unterchlorigen Säure durch längere Lüftung und die Entfernung des Kalks durch schwache Salzsäure. Schließlich wird die Baumwolle entweder direkt gespült und getrocknet, meist aber vorher mit Antichlor (unterschwefligsaurem Natron) und einer geringen Menge Stearinseife behandelt. Aus letzterer macht die noch vorhandene Salzsäure Stearinsäure frei, welche in dieser kleinen Menge das so beliebte Knirschen verursacht. Neuerdings wird auch vielfach die elektrische Bleiche angewandt, welche darauf beruht, daß aus Chlorverbindungen (Kochsalz) durch den elektrischen Strom Chlor freigemacht wird. Die ganz trokkene Baumwolle wird endlich auf der Wattekrempel zu einem Vlies verarbeitet, das 70 bis 100 cm breit, 180—250 cm lang und 250—500 g schwer ist. — Die an den Kapseln der Baumwollsamen nach dem Entkörnen sitzengebliebenen kurzen Baumwollfasern werden durch besondere Maschinen von den Kapseln getrennt und kommen unter dem Namen Linters in Ballen von 250 kg, meist stark durch Samenschalen u. a. verunreinigt, in den Handel. Sie finden zwar meist Verwendung zu Schneider- und Polsterwatten sowie, teils roh, teils gebleicht, als Füllmittel, zum kleineren Teile aber auch zu geringwertigen Verbandwatten. — Gebleichter hydrophiler Mull, der dieselbe Entfettung und Bleichung durchzumachen hat wie die medizinische Verbandwatte, wird ebenfalls zu verschiedenen Verbandstoffen weiterverarbeitet. — Appretierte Gaze zu Verbandzwecken ist gekleisterter, in gespanntem Zustande getrockneter und gebleichter Mull, bei dem nur die Fäden gekleistert, die Maschen aber kleisterfrei sind. Eine besonders dichte, appretierte Gaze, bei der nicht nur die Fäden gekleistert, sondern auch die Zwischenräume mit Kleistermasse ausgefüllt sind, sog. Organdingaze, dient, genäßt, zur Anfertigung von Kleisterverbänden, als Ersatz der Gipsverbände. — Lint, früher unter dem Namen englische Scharpie gehandelt, ist ein dichtes weiches, auf einer Seite gerauhtes Baumwollgewebe. Mit Borsäure impägniert, allgemein als Borlint bekannt, dient es zu Verbandzwecken. — Schließlich findet als Verbandstoff ein baumwollenes Kambrikgewebe Verwendung, dessen Kettfäden gewöhnlich die Stärke der Mullfäden haben, während die Schlußfäden aus stärkeren Garnen mit geringem Draht hergestellt werden. Das Kambrikgewebe kommt gemangelt in den Handel, wodurch die dickeren Schußfäden plattgedrückt sind, so daß sie die Maschen mitunter ganz ausfüllen. — Infolge des Mangels an Baumwolle mußte während des Krieges dazu übergegangen werden, auch die Verbandstoffe, wie Watten, Binden usw., aus Ersatzstoffen herzustellen. Für die Watten wurde Zellstoffwatte angefertigt, für Bindenstoffe griff man zu Papiergeweben. Letztere haben sich aber nicht besonders eingeführt, es lag dies zum Teil daran, daß für einzelne Zwecke die Papierbinden sich infolge des Aufweichens bei Zutritt von Feuchtigkeit unbrauchbar zeigten, ferner aber auch Verbände, z. B. bei Fingerverletzungen, sich nur sehr schlecht herstellen lassen. Ein weiterer Mißstand war der unverhältnismäßig hohe Preis, der für die Papiergarngewebe gefordert wurde.

Verbenaöl. Das echte Verbenaöl wird aus den Blättern der in Spanien, Südfrankreich und Amerika vorkommenden strauchartigen Verbene, Lippia citriodora (Verbena triphylla, Aloysia citriodora), bereitet, ist aber kein regelmäßiges Handelsprodukt. Es kann in den meisten Fällen durch das viel billigere Lemongrasöl, das deswegen auch ostindisches Verbenaöl genannt wird, ersetzt werden.

Veronal (Diäthylbarbitursäure, Diäthylmalonylharnstoff, lat. Acidum diaethylobarbituricum, frz. Véronal, engl. Veronal), ein weißes, schwach bitter schmeckendes, in heißem Wasser, Alkohol und Äther leicht lösliches Kristallpulver, $(C_2H_5)_2C(CO.HN)_2CO$, wird als ein vortreffliches Schlafmittel verordnet. Es erzeugt wie Alkohol einen mit Behaglichkeit und Gleichgültigkeit verbundenen Rauschzustand. Die Abgabe ist in den Apotheken nur gegen ärztliche Verordnung gestattet, was bei den beobachteten schädlichen Nebenwirkungen des V. begründet erscheint.

Verrin, eines der neueren Kehrmittel, die in öffentlichen Gebäuden, besonders Schulen, an Stelle des früher viel benutzten feuchten Sägemehls zur Verhinderung des Aufwirbelns von Staub ausgestreut werden, besteht aus 70% Koniferenholzschliff mit 30% Talkpulver. Ein ähnlich wirkendes Gemisch von Sand und Kreide mit 10% Schmieröl wird als Bronil in den Verkehr gebracht.

Vesuvin, ein dem Bismarckbraun sehr nahestehender Farbstoff, soll aus salzsaurem Triamidoazobenzol bestehen.

Vetiverwurzel (Kuskus, Iwaranchusa, lat. Radix ivaranchusae seu vetiveris, frz. Racine de vétiver, engl. Vetiver root). Das ostindische Gras Vetiveria zizanioides (Andropogon muricatus s. squarrosus) treibt aus einem kurzen Wurzelstock eine Menge langer, dünner, vielfach verästelter Wurzeln, deren sehr dünner Holzkörper von einer schwammigen Rinde umgeben ist. Die in der Mitte der letzteren liegenden Drüsen enthalten ein sehr kräftig und angenehm riechendes, dickflüssiges ätherisches Öl von dunkelblonder bis dunkelbrauner Farbe. Die getrockneten Wurzeln werden namentlich über Kalkutta ausgeführt und in Indien selbst zur Herstellung von Matten, Fensterschirmen u. dgl. benutzt, die in der heißen Jahreszeit, mit Wasser besprengt, Wohlgeruch verbreiten. Die Wurzel wird wegen ihres anhaftenden Geruchs bei uns in der Parfümerie und als mottenvertreibendes Mittel angewandt. Das Öl (lat. Oleum vetiveris s. ivaranchusae, frz. Essence de vétiver, engl. Oil of vetiver root) findet in der Parfümerie nur als Zusatz Verwendung. Es hat ein spez. Gew. von 0,990—1,040, löst sich in 1—2 Teilen 80%-igem Alkohol und dreht die Polarisationsebene ziemlich stark nach rechts, $\alpha_D = +22$ bis $+38^0$.

Vichy, ein alkalisch-muriatischer Säuerling, enthält in 1 kg: Bikarbonate des Natriums 4,883 g, Kaliums 0,3520 g, Ammoniums 0,352 g.

Kalziums 0,434 g, Strontiums 0,003 g, Magnesiums 0,303 g, Eisenoxyduls 0,004 g, Manganoxyduls Spur; Chlornatrium 0,534 g, Bromnatrium Spur, schwefelsaures Natrium 0,291 g, phosphorsaures Natrium 0,130 g, borsaures Natrium Spur, Kieselsäure 0,070 g, freie Kohlensäure 0,908 g.

Viehsalz. Als Zusatz zum Viehfutter verwendet man Gemische von gewöhnlichem Kochsalz mit Heu, Wermutkraut oder anderen Futtermitteln, oder auch Kochsalz, das zur Vermeidung der Salzsteuer mit rotem Eisenoxyd vergällt (denaturiert) ist.

Vigognewolle. Die Vicunna (Auchenia vicunna), der kleinste, etwa schafgroße Vertreter der in den Anden Südamerikas heimischen Lamatiere, der nur im wilden Zustande, in Rudeln von sechs bis zehn Stück lebt, sich hingegen nicht zähmen läßt, trägt auf der Oberseite eine seidenartig feine, wenig gekräuselte, glänzendbräunliche oder rotgelbe, unterhalb weißgelbliche Wolle. Das Tier wird von den Gebirgsindianern Perus und Chiles gejagt und liefert neben der Wolle zugleich ein wohlschmeckendes Fleisch. Die ungeregelte Jagd hat den Wildbestand aber schon sehr gelichtet, die Wolle wird daher immer seltener und teurer und dürfte in Europa kaum mehr vorkommen. Man verwandte den Stoff zu feinen Modewaren, Handschuhen u. dgl., doch immer nur in Untermischung, namentlich auch zur Verfeinerung der Oberfläche von Filzhüten. — Das sog. Vigognegarn führt nur einen erborgten Namen, denn es besteht lediglich aus feiner Schafwolle und Baumwolle in sehr wechselnden Mischungsverhältnissen.

Viktoriablau. Diesen Namen führen zwei im Jahre 1883 von Caro und Kern entdeckte Teerfarbstoffe. Das Viktoriablau B (BS) ist die Chlorwasserstoffverbindung des Phenyltetramethyltriamidoalphanaphtyldiphenylkarbinols und erscheint in bronzeglänzenden Kristallkörnern, die in kaltem Wasser schwer, leichter in heißem Wasser und in Alkohol mit rein blauer Farbe löslich sind. Der Farbstoff färbt Seide und Wolle im saueren Bade, sowie gebeizte und ungebeizte Baumwolle auch im essigsauren Bade, blau. Viktoriablau 4R hat eine ganz ähnliche Zusammensetzung, nur mit dem Unterschiede, daß anstatt der Tetramethyl- die Pentamethylverbindung vorhanden ist. Man erhält den Farbstoff als bronzeglänzendes Pulver, das in heißem Wasser mit blauvioletter Farbe löslich ist. Es färbt wie V. B, nur mit mehr violettem Farbton. — Neuviktoriablau R, auch Viktoriablau R genannt, ist das Chlorhydrat des Äthyltetramethyltriamidodiphenylalphanaphtyldiphenylkarbinols.

Viktoriagelb, ein dem Safransurrogat nahe verwandter Teerfarbstoff, besteht hauptsächlich aus dem Kalisalze des Dinitroorthokresols mit nur wenig Dinitroparakresol, welch letzteres der Hauptbestandteil des Safranersatzes ist. Das V. verpufft bei Berührung mit einem glühenden Körper ebenso wie der Safranersatz. Auch Metanilgelb (s. d.) wird als V. bezeichnet.

Viktoriagrün. Diesen Namen führt gleichzeitig das Malachitgrün (s. d.) und ein diesem nahestehender Farbstoff, der als Viktoriagrün 3B oder Neu-Solidgrün BB und 3B bezeichnet wird. Das letztere besteht aus der Zinkchloridverbindung des Tetramethyldiamidochlortriphenylkarbinols und erscheint als metallisch grünglänzendes, in heißem Wasser mit grünblauer Farbe lösliches Pulver. Der Farbstoff färbt Seide und Wolle, sowie mit Brechweinstein und Tannin gebeizte Baumwolle, blaugrün.

Viktoriaorange ist ebenso wie das Viktoriagelb nur eine Abart des Dinitrokresolkaliums.

Viktoriasprudel in Ober-Lahnstein enthält nach der 1893 von R. Fresenius ausgeführten Analyse in 1000 Gewichtsteilen: Bikarbonate des Natriums 1,4035 g, Lithiums 0,0191 g, Ammoniums 0,0084 g, Kalziums 0,5084 g, Strontiums 0,0005 g, Magnesiums 0,3886 g, Eisenoxyduls 0,0175 g, Manganoxyduls 0,0012 g; Chlornatrium 1,3116 g; Bromnatrium 0,0016 g; Jodnatrium 0,00001 g; Sulfate des Kaliums 0,0516 g, Natriums 0,8157 g; arsensaures Natrium Spur; phosphorsaures Natrium 0,0009 g; borsaures Natrium 0,0059 g; salpetersaures Natrium 0,0043 g; Kieselsäure 0,0218 g; freie Kohlensäure 1,5151 g.

Violanilin ist ein dem Indulin und Echtblau R sehr ähnlicher Farbstoff.

Violett. Diesen Namen führen verschiedene Teerfarben, die durch nachgesetzte Buchstaben und Zahlen unterschieden werden. Violett 5B ist ebenso wie das Methylviolett 6B und 6B extra sowie das Pariser Violett 6B dem Benzylviolett (s. d.) nahe verwandt. — Violett 6B (Kristallviolett), die Chlorwasserstoffverbindung des Hexamethylpararosanilins, erscheint in metallisch grünglänzenden Kristallen, die in Wasser mit violetter Farbe löslich sind, und wird zum Färben von Seide und Wolle verwandt. Auch färbt es mit Tannin und Brechweinstein gebeizte Baumwolle. Die Farbstoffe Violett R, RR und 5R sowie Rotviolett 5R extra sind nur Abarten von Hofmanns Violett (s. d.). — Violet de Paris, Violet direct und Violet de Methylaniline sind Abarten des Methylviolett B; Violet impérial rouge und Violet phenylique wahrscheinlich mit Reginaviolett identisch. Violet solide ist Gallozyanin. Andere violette Teerfarbstoffe sind das Lauthsche Violett (s. d.) und das Azoviolett.

Violettschwarz, ein seit 1887 bekannter Teerfarbstoff, besteht aus dem Natronsalze des Paraphenylendiaminodisazoalphanaphtholmonosulfosäurealphanaphthylamins. Der Farbstoff erscheint als bronzegelbes, in Wasser mit braunroter Farbe lösliches Pulver, das Wolle und Baumwolle violettschwarz färbt.

Viridin, ein im Jahre 1877 entdeckter Teerfarbstoff, ein dunkelgrünes, in Wasser mit grüner Farbe lösliches Pulver, besteht aus dem Natronsalze der Diphenyldiamidotriphenylkarbinolsulfosäure. Dieser Farbstoff sowie das ihm ganz ähnliche Alkaligrün scheint jetzt nicht mehr im Handel zu sein.

Vogelbeeren (Ebereschenbeeren, lat. Fructus sorbi, frz. Fruits de sorbier, engl. Birds berries), die Früchte der in Europa und Nordasien heimischen Eberesche, Sorbus Aucuparia L., sind rote fleischige Beeren, in deren Fächern die Samen liegen. Die Hauptbestandteile sind roter Farbstoff und Äpfelsäure sowie eine besondere Zuckerart: Sorbose. Man verwendet die V. frisch zur Bereitung eines Saftes, Ebereschenmus (lat. Roob s. Succus sorborum), das als Abführmittel und zur Herstellung von Branntwein gebraucht wird. Die getrockneten Beeren dienen als Vogelfutter.

Vogelnester, indische (Ostindische Schwalbennester, Tunkinsnester) stammen von den sog. Salanganen, Labet (Collocalia nidifica Gray) und Lintjih (Collocalia fuciphaga), Verwandten unseres Mauerseglers, und bestehen im wesentlichen aus dem erhärteten Speichel dieser Vögel. Beiden Arten der Salanganen schwellen zur Nistzeit die Munddrüsen, besonders aber die Unterzungendrüsen, stark an, und die Vögel kleben den ausgeschiedenen Speichel zunächst in Gestalt einer halbmondförmigen Leiste, die dann weitergebaut wird, an die glatten Felswände der Meeresufer. Die Vogelnester bilden hauptsächlich für den südlichen Teil Chinas eine wichtige Handelsware und kommen in mehreren Sorten in den Handel. Als beste gelten die ganz weißen Nester, die vor dem Eierlegen, als zweite diejenigen, die vor dem Auskriechen der Jungen gesammelt werden, als geringste die schwarzen, die auch anhaftende oder in die Masse selbst eingebettete Federn enthalten. Die Mehrzahl der in Frage kommenden Vögel wohnt in Höhlen am Meeresufer der ostindischen Inseln, doch gibt es auch einige im Binnenlande. Der Hauptstapelplatz der Nester ist Kanton, Hauptabnehmer sind die Chinesen, auch werden nach Europa und Amerika größere Mengen verschickt. Die V. enthalten 18,63 % Wasser, 0,60 % Fett, 7,16 % Asche und 55,7 % Protein, hauptsächlich Muzin oder eine diesem ähnliche Verbindung und werden zur Darstellung von Suppen sowie von Gallerte benutzt.

Vulkanfiber nennt man eine außerordentlich widerstandsfähige, lederähnliche Masse, die durch Behandlung von Papier, Jutegeweben und anderen Faserstoffen mit Zinkchlorid oder Schwefelsäure bei hohem Druck sowie nachfolgendes Waschen und Trocknen hergestellt wird. Die V. findet mannigfache technische Verwendung zur Herstellung von Riemen, Reisekoffern und anderen Lederarbeiten.

W.

Wacholderbeeren (Kaddigbeeren, Krammetsbeeren, lat. Baccae s. Fructus juniperi, frz. Fruits de genièvre, engl. Juniper berries) sind die getrockneten reifen Früchte des in ganz Europa auf Berg- und Hügelland wachsenden, zu den Nadelhölzern gehörigen Wacholderstrauches (Juniperus communis L.), der im Süden selbst baumartig wird. Die fälschlich Beeren genannten Früchte reifen erst im zweiten Jahre und werden dann dunkelviolett, fast schwarz, während sie im ersten Jahre noch grün sind. Getrocknet haben sie eine schwärzlich braune Farbe und eine glatte und glänzende oder stellenweise mit einem matten, bläulichen Reife überzogene Oberfläche. Sie dürfen nicht zusammengeschrumpft oder verschimmelt sein und müssen einen kräftigen, balsamischen Geruch und aromatischen, süßlichen Geschmack haben. Die meisten Zufuhren kommen aus Ungarn (Karpathen) und Italien, doch auch aus verschiedenen Gegenden Deutschlands, z. B. aus dem Fichtelgebirge, der Rhön dem Spessart und dem Thüringer Wald. Im Handel unterscheidet man hauptsächlich italienische und deutsche W., von denen erstere größer und fleischiger sind. Die W. werden teils medizinisch als Volksheilmittel, z. B. als harntreibendes Mittel, teils in der Veterinärmedizin verwandt und bilden u. a. auch einen Bestandteil des Kneippschen Wühlhubertees. Große Mengen werden zur Darstellung von ätherischem Öl und zur Bereitung des in England und Holland beliebten Genevers und Gins sowie des deutschen Steinhägers, Doornkats und ähnlicher Schnäpse verwandt. — Wacholdermus (Wacholdersaft, Wacholderlatwerge, lat. Succus juniperi inspissatus s. Extractum baccarum juniperi s. Roob juniperi, frz. Extrait de genièvre, engl. Rob of juniper berries) wird durch Übergießen der zerquetschten frischen Beeren mit vier Teilen heißem Wasser, Abpressen und Eindampfen der so gewonnenen Flüssigkeit erhalten. Der trübe braune Sirup von süß gewürzhaftem, nicht brenzligem Geschmack hat folgende Zusammensetzung: 20—30 % Wasser, 4—5 % Asche mit 50—60 ccm N-Säure-Alkalität, 0,18—0,26 % Phosphorsäure, 65—75 % Gesamtzucker und 0,10—0,15 % Stickstoff. Der vielfach beobachtete Zusatz von Stärkesirup, der an der starken Rechtsdrehung erkannt werden kann, ist als Verfälschung zu beurteilen. Gegen die Unterschiebung von Wacholdermus, aus dem das ätherische Öl abdestilliert worden ist, schützt die Vorschrift des D.A.B., daß Wacholdersaft in einem Teil Wasser nicht klar löslich sein darf.

Wacholderholz (Kaddigholz, lat. Lignum juniperi, frz. Bois de genièvre, engl. Juniperwood), das gelbliche oder rötlichweiße, ziemlich weiche Holz des Wacholders (Juniperus communis) ist schwer zu spalten und sehr dauerhaft, dabei dicht und feinfaserig und besitzt einen angenehmen aromatischen Geruch, der beim Erwärmen oder Entzünden noch deutlicher hervortritt. W. wird als Drechslerholz angewandt, aber auch im Drogenhandel geführt. Man verkauft es in diesem Falle in geraspeltem oder fein geschnittenem Zustande und verwendet es als Zusatz zu Holztee und zur Bereitung von Wacholderholzöl.

Wacholderöl, das ätherische Öl des Wacholders, findet sich in zwei Sorten im Handel, nämlich als Wacholderbeeröl (lat. Oleum baccarum s. fructuum juniperi, frz. Essence de fruits de genièvre, engl. Oil of juniper berries) und als Wacholderholzöl (lat. Oleum juniperi e ligno, frz. Essence de bois de genièvre, engl. Oil of juniper wood), von denen das erstere teurer und feiner ist, während das letztere einen an Terpentinöl erinnernden Geruch besitzt. — Das Wacholderbeeröl wird durch Destillation der zerquetschten Beeren mit Wasserdampf in Menge von 0,3—2 % gewonnen. Das farblose oder blaßgrünliche, dünnflüssige Öl besitzt, wenn es aus ausgesuchten reifen Früchten bereitet wurde, einen sehr feinen aromatischen Geruch und löst sich in fünf bis zehn Teilen 90 %igen Alkohols; eine klare Lösung erhält man aber meist nur bei ganz frisch destillierten Ölen. Das spez. Gew. beträgt 0,860—0,882. Wacholderbeeröl besteht hauptsächlich aus dem Kohlenwasserstoffe Pinen, daneben finden sich noch Kamphen, Terpinenol, ein dem Terpineol ähnlicher Alkohol, und Kadinen. Es wird als harntreibendes Mittel, vor allem aber zur Herstellung von Likören verwandt. — Das Wacholderholzöl ist meist ein über Wacholderholz destilliertes Terpentinöl oder ein mit diesem verschnittenes Wacholderbeeröl. Es findet als Einreibungsmittel bei Gicht und Rheumatismus sowie in der Tierheilkunde Anwendung. — Wacholderteer (Wacholderteeröl, Kaddigöl, lat. Oleum juniperi empyreumaticum, s. Oleum cadinum, frz. Huile de cade, engl. Oil of cade) wird durch trockne Destillation des Holzes von Juniperus oxycedrus, einer im Mittelmeergebiet und Kaukasien heimischen Wacholderart hergestellt. Die rot- bis schwarzbraune, dicke Flüssigkeit von harzig-brenzligem, an Wacholder erinnerndem Geruch findet als Wundbalsam gegen Ausschläge bei Menschen und Tieren Verwendung.

Wacholderspitzen (Wacholdernadeln, lat. Summitates juniperi, frz. Somnités de genièvre, engl. Juniper tops), die Zweigspitzen des Wacholderstrauches (Juniperus communis), finden, wie die Wacholderbeeren, als blutreinigendes und harntreibendes Mittel Verwendung.

Wachs (lat. Cera, frz. Cire, engl. Wax). Ursprünglich verstand man unter W. nur das Bienenwachs, hat diese Bezeichnung aber später auf eine Reihe anderer ähnlich aussehender Stoffe wie Japanwachs, Karnaubawachs usw. übertragen, die in besonderen Abschnitten besprochen sind. Das W. schlechthin, das Bienenwachs, ist ein Verdauungsprodukt der Biene, Apis mellifica, welches diese in den Stöcken zum Aufbau der Waben benutzt. Zu seiner Gewinnung werden die durch Pressen oder Zentrifugieren vom Honig befreiten Waben in siedendem Wasser geschmolzen und dadurch von den zu Boden sinkenden Verunreinigungen befreit. Nach nochmaligem Umschmelzen wird die Masse dann in Scheiben oder Brote gegossen. Dieses sog. Gelb- oder Rohwachs (Cera flava) besitzt, wenn es von jungen Stöcken stammt (Jungfernwachs), eine schmutzig weißgelbliche, sonst eine gelbe oder, bei indischen, afrikanischen und amerikanischen Sorten, eine graubraune bis dunkelbraune Farbe, körnigen Bruch und angenehmen Geruch nach Honig. In der Kälte spröde, wird es in der Hand weicher und knetbar, beim Kauen klebt es, zum Unterschied von harzhaltigem W., nicht an den Zähnen. Für verschiedene Zwecke, besonders zur Herstellung von Kerzen, wird das W. durch Bleichen in weißes Wachs (Cera alba) übergeführt. Man bedient sich hierzu entweder der Rasenbleiche, indem man das in feine Fäden oder Späne zerteilte W., bisweilen unter Zusatz von Terpentinöl, den Strahlen der Sonne aussetzt, oder man behandelt das W. mit chemischen Oxydationsmitteln, wie Chlorkalk, Kaliumpermanganat oder -dichromat oder Wasserstoffsuperoxyd. Durch letztere Mittel wird das W. aber chemisch verändert und für verschiedene Zwecke unbrauchbar. Ein Zusatz von etwa 5 % Talg, der das Bleichen erleichtert und die Geschmeidigkeit erhöht, gilt als zulässig, hingegen ist ein Weißfärben mit Weinstein, Alaun, Bleiweiß, Schwerspat, Gips oder Kreide als Verfälschung zu beurteilen. — Das W. ist in Wasser unlöslich und in kaltem Alkohol nahezu unlöslich. Von kaltem Äther werden etwa 50 %, von kaltem Chloroform 25 % aufgenommen. Siedender Alkohol entzieht dem W. die Zerotinsäure, während es von ätherischen Ölen, Chloroform, Äther, Schwefelkohlenstoff, Benzin, Benzol und Tetrachlorkohlenstoff leicht und vollständig gelöst wird. Der Schmelzpunkt liegt bei 62—64°, das spez. Gew. beträgt 0,960—0,970. Gebleichtes W. ist im allgemeinen härter, spröder und auch etwas schwerer als das gelbe W. Seiner chemischen Zusammensetzung nach unterscheidet sich das W. von den Fetten durch das gänzliche Fehlen von Glyzerin. Es besteht hauptsächlich aus Zerin, einem Gemisch von freier Zerotinsäure und etwas Melissinsäure, und aus Myrizin (Palmitinsäure-Melissylester) neben geringeren Mengen Zerylalkohol und Kohlenwasserstoffen. — Bei dem verhältnismäßig hohen Preise des W. sind Verfälschungen häufig zu beobachten, zu deren Erkennung einige leicht auszuführende Vorprüfungen mit Erfolg herangezogen werden können. Reines W. nimmt Kreidestriche an. Es schmilzt zu einer klaren Flüssigkeit, während zugesetzte Mineralstoffe, Erbsen- und Getreidemehle sich in pulveriger Form abscheiden. Beim Kochen mit der 20fachen Menge Weingeist darf die nach dem Erkalten filtrierte Lösung nicht gefärbt sein, nicht sauer reagieren und durch Wasser nur schwach opalisierend werden. Gelbfärbung deutet auf fremde Farbstoffe, starke Trübung auf Zusatz von Stearinsäure hin. Beim Kochen mit zehn Teilen Wasser und drei Teilen Kristallsoda soll sich das W. nach dem Erkalten über der wäßrigen klaren Flüssigkeit wieder abscheiden, während beim Entstehen einer Emulsion Verdacht auf Beimischung von Fetten oder Stearinsäure besteht. Die genaue chemische Analyse setzt die Bestimmung der Säurezahl (19—21), der Esterzahl (73—76) und der Verseifungszahl (etwa 95) voraus. Das Verhältnis zwischen Säure- und Esterzahl, die sog. Verhältniszahl, beträgt meist 3,6 bis 3,8. — Das W. findet vielfache Verwendung zu feineren Kerzen, Wachsstöcken, Pflastern, Salben und Pomaden, Figuren, Blumen und Appreturen. Es wird in großen Mengen aus dem Auslande eingeführt, 1913 rund 3 Millionen Kilogramm, davon etwa 1 Million Kilogramm aus Deutsch- und Portugiesisch-Ostafrika. — Vorwachs (Propolis) ist ein in Alkohol lösliches Harz, das von den Bienen zum Befestigen der

Waben in den Stöcken erzeugt wird. — Wachspapier (lat. Charta cerata, frz. Papier ciré, engl. Waxed Paper) ist mit geschmolzenem W. getränktes Papier.

Wachstuch. Während das alte W. oder die Wachsleinwand wächserne Überzüge hatte, bestehen die heutigen Stoffe aus leichteren oder schwereren Baumwoll-, Leinen-, Werg- oder Jutegeweben, die mit einer biegsamen farbigen Firnisschicht überzogen und oft auch lackiert sind. Zu ihrer Herstellung werden die Gewebe in Rahmen eingespannt und zunächst mit einer Leim- oder Kleisterschicht grundiert, um die Poren des Gewebes zu schließen. Die auf diesen Untergrund aufgetragene erste Schicht von Firnisfarbe wird nach dem völligen Austrocknen mit Bimsstein ebengeschliffen und ebenso mit jeder folgenden verfahren. Die Zahl der aufzutragenden Schichten hängt von der Art und Stärke der Ware ab. Zum Schluß folgt ein Glanzfirnis oder eine Lackierung. Die einfarbigen Waren sind meist schwarz oder doch dunkelfarbig und sehen in den feinen Sorten wie lackiertes Leder aus, an dessen Stelle sie häufig benutzt werden. Das meiste W. wird gedruckt oder sonst farbig gemustert und dient dann zu Fußbodenbekleidung und Wandtapeten, Möbeldecken, zum Ausschlagen von Wagen und ähnlichen Zwecken.

Wärmeöfchen, im Kriege aufgekommene Vorrichtungen zum Wärmen der Hände, die sich als recht zweckmäßig erwiesen haben, bestehen aus einer mit Filz umgebenen Metallröhre, in die ein glimmender Kohlenstift eingeschoben wird. Die Glühkohlen werden in der Weise hergestellt, daß man Lindenholzkohlenpulver mit Salpeter und Tragant oder einem anderen Bindemittel und Wasser zu einer plastischen Masse vermischt, in Stangenform bringt und trocknet. Nach dem Anzünden verglimmen die Stifte vollständig und bieten eine ziemlich lange anhaltende Wärmequelle.

Wässer nennt man Flüssigkeiten, die zum Heilgebrauche oder zu kosmetischen Zwecken bestimmt sind. Die letzteren zerfallen hauptsächlich in Zahn- und Mundwässer, Kopfwässer und wohlriechende Wässer. 1. Wässer zum Heilgebrauche, wie Bittermandelwasser, Kirschlorbeerwasser, Fenchelwasser, sind Auszüge der betreffenden Drogen, die bei der Destillation der ätherischen Öle gewonnen werden. S. die betr. Aufsätze. — 2. Kosmetische W., wohlriechende W. Die Zahn- und Mundwässer sind Mischungen bzw. Auflösungen von Myrrhen-, Katechu- oder Ratanhiatinktur, denen Thymol, Borsäure, Salizylsäure und aromatische Stoffe, wie ätherische Öle, zugesetzt werden. — Kopfwässer sind meist Auflösungen oder Auszüge von Chinarinde, Perubalsam, gereinigtem Honig, Bayrumöl oder Borax mit Zusätzen von Franzbranntwein, Glyzerin, Rosenwasser usw. (z. B. Chinahaarwasser). — Wohlriechende W. zum Parfümieren und Zerstäuben sind Auflösungen von ätherischen Ölen und anderen Riechstoffen in verdünntem Weingeist, z. B. Kölnisches Wasser, Eau de Cologne. — Alle kosmetischen W. können entweder weingeist- oder ätherhaltig sein oder auch nur wäßrige Auszüge darstellen.

Waid (Färberwaid, falscher Indigo, Färberscharte, frz. Vouède, engl. Woad), eine zu den Kruziferen gehörige zweijährige Pflanze, Isatis tinctoria L., wurde früher zur Gewinnung des Indigos in großem Umfange angebaut. Schon im 13. Jahrhundert hatten Erfurt, Gotha und Arnstadt die Gerechtsame zum W.-Handel, und 300 thüringische Dörfer widmeten sich ihrem Anbau. Durch den Wettbewerb des Indigos gingen die Pflanzungen immer mehr zurück, und im Jahre 1906 hat auch die letzte Waidmühle Thüringens im Dorfe Pferdingsleben ihren Betrieb eingestellt.

Waldmeister (Sternleberkraut, lat. Herba asperulae s. matrisilvae, frz. Aspérule, engl. Wood ward) ist das Kraut von Asperula odorata L., einer in Mitteleuropa und Mittelasien weit verbreiteten, in schattigen, feuchten Waldungen wild wachsenden Rubiazee. Der W. wird bis zu 40 cm hoch, der vierkantige Stengel trägt die quirlständig, zu 6—9 stehenden lanzettlichen Blätter. Die Blüten sind weiß und an der Spitze des Stengels zu Dolden angeordnet. Das getrocknete Kraut wird im Drogenhandel als blutreinigender Tee und als Genußmittel angewandt. Frisch vor der Blüte gesammelter W. dient zur Bereitung des Maitranks und der Maitrankessenz. Träger des Aromas ist das Kumarin (s. d.).

Waldwolle (frz. Laine végétale, engl. Wool of pine), ein aus den grün eingesammelten Kiefern- und Föhrennadeln gewonnener Faserstoff, dient in gröberer Sorte zum Polstern von Möbeln, Matratzen u. dgl., während die feineren einen Spinnstoff bilden, der allerdings bei der Kürze der Fasern (bis 50 mm) nicht für sich allein, sondern im Gemisch mit Wolle oder Baumwolle versponnen wird. Die daraus hergestellten Watten und Gewebe werden als eine Art Gesundheitsflanell besonders für Rheumatismusleidende empfohlen, da sie den Körper gleichmäßig warm halten und Feuchtigkeit abwehren sollen. Das Ausbringen der Fasern aus den Nadeln geschieht durch Kochen mit Dampf und nachfolgende Bearbeitung in Schlagmaschinen. Die sich beim Dämpfen ergebende Flüssigkeit bildet eingedickt das Waldwollextrakt, richtiger Fichtennadelextrakt (s. d.), eine schwarzbraune, aromatisch-harzig riechende und bitter schmeckende Masse, die zu stärkenden Bädern gebraucht wird. Die abdestillierten flüchtigen Öle liefern das Waldwollöl oder Kiefernadelöl, ein gelblichgrünes Öl, das zu Einreibungen gebraucht wird, sich übrigens von Terpentinöl nur durch wenige Eigenschaften, namentlich den feinen Geruch, unterscheidet.

Walkerde (Walkererde, frz. Terre à foulon, engl. Fullers earth), ein sehr fetter, sich seifenartig anfühlender Ton von weißlicher, gelblicher oder grauer Farbe, der sich in Wasser unter Ausstoßen von Bläschen zu einem zarten Pulver zerrühren läßt, saugt begierig Fette ein und wird daher als Entfettungsmittel beim Tuchwalken, zur Anfertigung von Fleckkugeln u. dgl. benutzt. Sie findet sich meist als Verwitterungsprodukt des Diorits bei Roßwein in Sachsen, Riegersdorf in Schlesien, Vaels bei Aachen, Mohrenberg bei Weilburg, Cilly in Steiermark und in England.

Walrat (lat. Cetaceum, Sperma ceti, frz. Blanc de baleine, engl. Sperm) nennt man eine eigentümliche fettähnliche Masse, die von dem zur Familie der Wale gehörigen Kaschelot oder Pottfisch, Physeter macrocephalus, abstammt. Die von den Seefahrern auch Spermwal genannten Tiere finden sich fast überall im Ozean, ihre eigentliche Heimat ist jedoch das südliche Polarmeer. Ein volles Drittel der Körperlänge nimmt der ungeheure Kopf ein, der in mehreren muldenförmigen, durch Speck und Haut geschlossenen Vertiefungen der Schädeldecke beträchtliche Ansammlungen eines hellen Öles zeigt, das sich beim Erkalten trübt und eine bräunlichgelbe, kristallinische Masse absondert. Weitere Mengen des gleichen Stoffes finden sich in einem röhrigen, vom Kopf zum Schwanz verlaufenden Kanal und einigen kleineren Körperhöhlen. Von großen Tieren werden bis zu 200 dz gewonnen. Der durch Abtropfenlassen und Abpressen von dem flüssigen Anteil befreite feste Walrat wird durch Schmelzen, Behandeln mit Lauge und Waschen mit Wasser gut gereinigt und entfärbt und bildet dann eine schneeweiße, perlmutterartig glänzende, fettig anzufühlende Masse von blätterigem Gefüge. Sein spez. Gew. liegt bei 0,940—0,960, der Schmelzpunkt bei etwa 50°. Ein Zusatz von Stearin, der den W. härter und kleinblättriger macht, sowie von Talg kann daran erkannt werden, daß W. auf Papier keine Fettflecke hervorruft. In chemischer Hinsicht ist er als Palmitinsäurezetylester (Zetin), d. h. als ein Wachs anzusprechen. Die Verseifungszahl beträgt 108 bis 128. Die Verwendung des W. zu Kerzen (s. d.) ist seit dem Aufkommen von Stearin und Paraffin sehr zurückgegangen, doch gelten Walratkerzen als Normalkerzen zur Prüfung des Leuchtgases. Medizinisch wird er zu Zeraten und Pomaden, gepulvert und mit Zucker gemischt auch als Mittel gegen Husten und Heiserkeit angewandt. In der Technik dient er als Zusatz zu verschiedenen Wäscheglanzmitteln und zu Appreturzwecken. — Während des Krieges ist W. sogar in einigen Ersatznahrungsmitteln als Fettersatz aufgetaucht. — Das bei der Gewinnung des W. abfallende Öl, das sog. Walratöl oder Spermazetöl, das aus Estern von Fettalkoholen und Physetölsäure (Verseifungszahl 123—147) besteht, wird in der Seifensiederei und als feines Schmieröl benutzt.

Wandkraut (Glaskraut, Peterskraut, lat. Herba parietariae, frz. Herbe de pariétaire, engl. Wall pellitery), von Parietaria officinalis L. aus der Familie der Urtikazeen, ist in Mitteleuropa heimisch, wo es wild auf Mauern und Schutthaufen wächst. Die Blätter sind eilanzettförmig bis rund und kurz behaart, der Geschmack ist herb und salzig. In der Volksmedizin verwendet man das W. als harntreibendes Mittel, wegen der rauhen Beschaffenheit auch zum Abpolieren von Glas.

Warang (Wilia), der Bast eines ostindischen, zur Familie der Büttneriazeen gehörigen Baumes, Kydia calycina (Roxb.), wird als Ersatz für Lindenbast empfohlen. Als Spinnstoff sind die glatten, schwach glänzenden und gebleichten Fasern von 0,9—1,3 m Länge und 0,07—0,1 mm Dicke weniger geeignet.

Waschmittel. Neben den gewöhnlichen aus Soda, Wasserglas und etwas Seife zusammengemischten Seifenpulvern (s. d.) gab es bereits vor dem Kriege eine Reihe anderer Erzeugnisse im Handel, die teils fettlösende, teils bleichende Stoffe enthielten. Zu den ersteren gehört das Ozonal (s. d.), eine Gallerte aus Petroleum und Seife, ferner das Tetrapol, eine Tetrachlorkohlenstoff enthaltende Flüssigkeit, und eine Anzahl sog. Salmiak-, Terpentin- oder Benzin-W. Sie sind an sich nicht unwirksam, haben aber den Nachteil, daß ihre wertbestimmenden Bestandteile mit der Zeit verdunsten. Die anderen, die auch wohl als Bleichmittel bezeichnet werden, sind durch einen Gehalt an Sauerstoff abgebenden Chemikalien, Superoxyden oder Persalzen gekennzeichnet. Ihr erster Vertreter, das Superol, das aus reinem, in Pastillenform gepreßten Natriumsuperoxyd bestand, ist wegen seiner gefährlichen explosiven Eigenschaften bald aus dem Verkehr zurückgezogen worden. Etwas länger hielten sich Mischungen von Natriumsuperoxyd mit indifferenten oder sauren Verdünnungsmitteln, wie Ding an sich (Natriumsuperoxyd, Seifenpulver, Stearinsäure), Machs allein (ähnliche Mischung mit Paraffin), aber auch sie werden jetzt allgemein verworfen. Günstiger wurden aus Natriumperborat bestehende Waschmittel wie Peroborin, Persil u. a. beurteilt, die, wie auch Perkarbonate und Persulfate, bleichend wirken, ohne anscheinend die Wäsche anzugreifen. Aber auch ihnen gegenüber erscheint eine gewisse Vorsicht geboten, da sie nach den Versuchen Heermanns bei Anwesenheit weit verbreiteter Stoffe, sog Katalysatoren (Kupfer), die pflanzliche Faser zerstören sollen (Sauerstofffraß). — Unter den während des Krieges aufgekommenen Mitteln, die als sog. fettlose W. eine traurige Berühmtheit erlangten, befanden sich zahlreiche Schwindelwaren erbärmlichster Art, die zum Teil aus völlig wertlosen Stoffen, wie Natriumsulfat (Glaubersalz), Kochsalz, Magnesium- und Kalziumchlorid, Gips, Kreide u. dgl. bestanden. Eine Aufzählung selbst der wichtigsten Vertreter erscheint wegen ihrer ungeheuren Zahl unmöglich und auch entbehrlich, weil die meisten nach Einführung des Genehmigungszwanges verschwanden. Als einzige Stoffe, die, abgesehen von den alkalisch reagierenden löslichen Verbindungen, wie Alkalilaugen, Soda, Pottasche, Wasserglas, Borax usw. eine gewisse reinigende Wirkung in fettlosen W. auszuüben vermögen, seien folgende angeführt: Saponin (s. d.), auch in Form saponinhaltiger Abkochungen von Quillayarinde u. dgl., ist in einigen W. aufgefunden worden, aber meist in zu geringer, praktisch unwirksamer Menge; fettlösende Enzyme der Bauchspeicheldrüse sollen zur Herstellung des Waschmittels Burnus benutzt worden sein, das im übrigen aus Glaubersalz, Kochsalz und Soda bestand. Ton vermag in einer bestimmten Form, sog. kolloidalen Form, wie von der Verwendung der Walkerde bekannt ist, Fette und andere Schmutzstoffe zu entfernen, und hat sich in seinen farblosen Arten als ein brauchbarer Notbehelf erwiesen. Nach Vorschrift des Kriegsausschusses für Fette und Öle mußten die aus Ton bestehenden Erzeugnisse aber die deutliche Kennzeichnung „Tonwaschmittel" tragen. Von einem näheren Eingehen auf diesen Gegenstand kann abgesehen werden, weil alle vorgenannten Kriegserzeugnisse mit Eintritt normaler Verhältnisse zweifellos wieder verschwinden und den altbekannten W. aus Seife, Soda, Borax usw. den Platz räumen werden.

Wasser. Obwohl einer der unentbehrlichsten Stoffe für Industrie und Haushalt und meist als freies, gemeinsames Besitztum aller Menschen angesehen, bildet das W. doch vielfach auch einen wichtigen Gegenstand des Handels und ist daher an dieser Stelle einer kurzen Besprechung zu unterziehen. Chemisch reines W., H_2O, d. h. eine Verbindung von einem Gewichtsteil Wasserstoff und acht Gewichtsteilen Sauerstoff, die durch Elektrolyse und Reduktion in ihre Einzelbestandteile zerlegt wird, findet sich in der Natur nicht vor, sondern kann nur auf chemischem Wege, u. a. durch Verbrennen von Wasserstoff in Sauerstoff, hergestellt werden; fabrikmäßig erzeugt man es durch Destillation des natürlich vorkommenden Wassers. Von letzterem stellt das Regen- und Schneewasser die reinste Form dar, weil es nur etwa 3 Vol.-% fremder, gasförmiger Bestandteile (Sauerstoff, Stickstoff, Kohlensäure) aus der Atmosphäre aufgenommen hat. Fluß- und Quellwasser enthält wechselnde Mengen von Mineralstoffen, hauptsächlich Kalk- und Magnesiasalze, die es auf seinem Wege durch die Bodenschichten aufgelöst hat. Wässer mit hohem Gehalte an diesen Stoffen, sog. harte W., sind für viele Zwecke der Technik weniger geeignet als weiche W. Die Mineralwässer, die sich durch große Mengen gelöster fester und gasförmiger Beimengungen auszeichnen, sind in einem besonderen Aufsatze besprochen. Das reine W. ist in allen drei Aggregatzuständen, als Dampf, flüssiges W. und Eis oder Schnee bekannt. In flüssigem Zustande ist es in dünneren Schichten farblos, in dickeren hingegen blau. Seine größte Dichte hat es bei $+4^0$ und dehnt sich sowohl beim Erwärmen wie beim Abkühlen aus. Das Gewicht eines Kubikzentimeters Wasser bei $+4^0$ wird als 1 g bezeichnet. Als Handelsware kommen nur Trinkwasser und destilliertes W. in Frage. 1. Trinkwasser. Die Beschaffung einwandfreien Trinkwassers gehört zu den wichtigsten Aufgaben der Gesundheitsbehörden, und zwar hauptsächlich der Gemeindeverwaltungen. Als grundlegende Anforderungen an ein gutes Trinkwasser können folgende angeführt werden: W. soll klar, farblos und geruchlos sein und keinen fremdartigen Beigeschmack besitzen. Die Temperatur muß für unsere Verhältnisse etwa der mittleren Jahrestemperatur entsprechen, möglichst beständig sein und möglichst unter 12^0 liegen. Das Wasser darf innerhalb 24 Stunden keinen nennenswerten Bodensatz liefern, auch ist im Hinblick auf die meisten Verwendungszwecke eine zu hohe Härte unerwünscht. Die wichtigste Forderung ist aber, daß es nicht durch Zuflüsse menschlicher oder tierischer Abfallstoffe verunreinigt wird und möglichst wenig Bakterien enthält. Der letzten Voraussetzung entspricht ohne weiteres fast nur das Grundwasser, das neuerdings von den meisten Gemeinden zur Wasserversorgung herangezogen wird. Reines Grundwasser aus nicht verunreinigten Bodenschichten enthält bei tadelloser Anlage im allgemeinen weniger als 50 Keime in 1 ccm und ist vielfach sogar völlig keimfrei. Das von einigen Großstädten herangezogene Oberflächenwasser aus Flüssen und Talsperren muß durch Filtrationsanlagen vorerst keimfrei gemacht werden. In beiden Fällen ist bei eisenhaltigem W. eine Entfernung des Eisens durch Lüftungsanlagen erforderlich. Zur völligen Klärung des W., die für gewisse pharmazeutische und technische Zwecke (Herstellung photographischer Trockenplatten) unentbehrlich ist, bedient man sich besonderer Filtrierapparate nach Berkefeld (mit Infusorienerde), oder der mit feinen Asbestnädelchen (Mikrolithen) gefüllten Beyerschen Mikromembranfilter, oder der aus unglasiertem Porzellan hergestellten Chamberlandschen Filterkerzen und anderer Einrichtungen. Im Hinblick auf die bleilösenden Eigenschaften vieler Wässer sind Leitungsröhren aus Blei zu vermeiden. Aus der Tatsache, daß Trinkwasser ein Gegenstand des Handels und ein Nahrungsmittel ist, folgt in Übereinstimmung mit dem aufsehenerregenden Urteil des Landgerichts in Gelsenkirchen, daß ein Zusatz von unfiltriertem Flußwasser eine strafbare Verfälschung darstellt. 2. Destilliertes W. (lat. Aqua destillata, Aqua stillatitia, frz. Eau distillée, engl. Destilled water) muß von den gewöhnlichen Verunreinigungen des Trinkwassers, Salzen und Gasen, praktisch frei sein. Zu seiner Herstellung versetzt man das W. zur Bindung von Ammoniak mit etwas Alaun und destilliert, indem man die entstehenden Dämpfe zunächst 10 Minuten lang, ohne zu kühlen, entweichen läßt. Nach Anstellung des Kühlwassers prüft man das Destillat so lange mit Silbernitrat, bis es völlig chlorfrei ist, und fängt erst dann auf. Um das spätere Abspalten von Salzsäure aus etwa vorhandenem Magnesiumchlorid zu verhindern, ist es zweckmäßig, etwas Natriumphosphat in die Destillierblase zu schütten. Zur Beseitigung eines anhaftenden Geruchs filtriert man schließlich über Holzkohle. Reines destilliertes W. muß ohne Rückstand verdampfen. Es darf mit Neßlers Reagens keine Gelbfärbung (Ammoniak), mit Silbernitrat kein Opaleszenz (Chlor) und mit Kalkwasser keine Trübung zeigen (Kohlensäure). Beim Erhitzen von 100 ccm W. mit 1 ccm Schwefelsäure und 0,3 ccm Kaliumpermanganatlösung (1:1000) muß die rote Farbe bestehen bleiben, da sonst zuviel organische Stoffe vorhanden sind. Das destillierte W. wird in großen Glasballonen verschickt und muß gut verschlossen und, vor Sonnenlicht geschützt, kühl aufbewahrt werden. Es findet in der Chemie und Pharmazie ausgedehnte Anwendung als Lösungsmittel.

Wasserfenchel (Roßfenchel, Pferdefenchel, Pferdekümmel, lat. Fructus phellandrii seu foeniculi aquatici, frz. Fruits de phellandrie, engl. Water fennel seeds), die getrockneten Früchte einer in Sümpfen und Gräben wachsenden Umbellifere, Oenanthe Phellandrium, besteht aus länglichen, nach obenhin verschmälerten Teilfrüchten von grünlichbrauner Farbe, die auf dem Rücken fünf hellere Riefen zeigen. Die Früchte besitzen einen starken, unangenehm aromatischen Geruch und Geschmack und werden gegen Husten, ferner in der Tierheilkunde als Bestandteil des Kropfpulvers bei Pferden, sowie in der Käsefabrikation angewandt. — Das farblose bis gelbe ätherische Wasserfenchelöl (lat. Oleum phel'andrii, frz. Essence de fenouil d'eau, engl. Oil of water fennel seeds), das den Geruch der Früchte zeigt, hat ein spez. Gew. von 0,850—0,890 und besteht zu 80% aus einem Terpen, Phellandren. — Verwechslungen von Wasserfenchel mit den Früchten des Wasserschierlings, Cicuta virosa, sollen vorkommen. Man erkennt die letzteren aber leicht an ihrer Geruchlosigkeit und an ihrer Form. Sie sind nämlich kleiner, fast kugelrund, nur von den Seiten her etwas zusammengedrückt, gelbbraun und mit breiten, wenig erhabenen Rippen versehen.

Wasserglas (lösliches Glas, lat. Liquor silicici, frz. Verre soluble, engl. Water glass), eine Art Glasmasse, die sich in siedendem Wasser auflöst und nach dem Eintrocknen wieder als fester, durchsichtiger Rückstand hinterbleibt, unterscheidet sich von dem eigentlichen Glas nur durch das Fehlen von Kalk, Blei oder anderen Zuschlägen und besteht lediglich aus Alkalisilikaten. Nach der Natur des vorhandenen Alkalis unterscheidet man Natron-W. (Liquor natrii silicici), Kali-W. (Liquor kalii silicici) und Doppel-W., ein Gemisch von Natrium- und Kaliumsilikat. Zur Herstellung des W. schmilzt man gepulverten Quarz oder Feuerstein unter Zusatz von etwas Kohlenpulver mit Soda, Pottasche oder einem Gemisch beider und kocht die nach dem Erkalten pulverisierte Schmelze mit Wasser aus. Die so erhaltene Lösung ist bei Natron-W. meist grünlich, bei Kali-W. bräunlich gefärbt oder farblos. Nach einem billigeren Verfahren ersetzt man die Soda ganz oder teilweise durch Glaubersalz, muß dann aber einen größeren Überschuß von Kohle anwenden und erhält auch eine dunklere Ware. Schließlich kann W. auch ohne Schmelzung durch einfaches Kochen von Kieselgur oder Feuersteinpulver mit Natronlauge dargestellt werden. Die Wasserglaslösungen, die 33- und 66%ig in den Handel kommen, bilden mehr oder weniger zähe Flüssigkeiten. Schon durch die Einwirkung der atmosphärischen Kohlensäure werden sie unter Abscheidung gallertartiger Kieselsäure zersetzt und müssen daher in gut verschlossenen Gefäßen aufbewahrt werden. — W. findet ausgedehnte technische Verwendung. Es dient zu Anstrichen auf Stein und Mauerputz, welche dadurch eine Art Verkieselung erhalten und, wie selbst alte verwitternde Bildwerke, neu gefestigt werden. Holz, Leinwand, Papier und Pappe in Form von Theaterdekorationen und Dachbedeckung werden durch Überzüge von W. unverbrennlich. Außerdem benutzt man W. als Kitt und Klebmittel, als Füllstoff für Seifen, zum Schlichten von Baumwollgarn, als Konservierungsmittel für Eier und als Bindemittel für gewisse alkalibeständige Anstreicher- und Zeugdruckfarben. Festes gepulvertes W. liefert beim Anrühren mit wenig Wasser einen widerstandsfähigen hydraulischen Mörtel. Das sog. Fixierungs-W., ein mit viel Kieselsäure angereichertes Doppel-W., wird zum Fixieren der Farben in der Stereochromie, einer Art vorzüglich dauerhafter Freskomalerei, benutzt.

Wassernabel, asiatischer (asiatisches Wasserbecherkraut, lat. Herba hydrocotyles asiaticae, frz. und engl. Hydrocotyle). Unter diesem Namen kommen die Blätter einer in den Tropen heimischen, zu den Umbelliferen gehörenden Wasserpflanze, Hydrocotyle asiatica L., vermischt mit Blüten, Früchten und Wurzelteilen derselben Pflanze in den Handel. Die Blätter sind langgestielt, in der Mitte vertieft und enthalten als wichtigsten Bestandteil Vellarin, einen stark riechenden, bitter schmekkenden ölartigen Körper. Das Kraut findet gegen Hautkrankheiten in Form von Umschlägen beschränkte Verwendung.

Wasserreis (Hafer-Tuskarora, amerikanischer Reis, frz. Zizania, engl. American oat rice), eine dem Reis verwandte Pflanze, Zizania palustris, wächst wild in Südkarolina und Jamaika und wird auch bis Kanada ähnlich wie Reis als Nahrungsmittel angebaut. Im grünen Zustande dient sie im Ursprungslande als Viehfutter.

Wasserstoffsuperoxyd (lat. Hydrogenium peroxydatum, frz. Eau oxygenée, Soluté officinal d'eau oxygenée, engl. Liquor hydrogenii peroxidi) ist neben dem Wasser die zweite Verbindung des Wasserstoffs mit dem Sauerstoff und enthält nach der Formel H_2O_2 91,2% Sauerstoff und 8,8% Wasserstoff. Zu seiner Darstellung versetzt man mit Wasser verrührtes Bariumsuperoxyd mit soviel Phosphorsäure, daß die Reaktion gerade neutral ist, filtriert, fällt die Spuren gelöster Bariumsalze mit einer genau ausreichenden Menge Schwefelsäure und filtriert von neuem. Durch vorsichtiges Eindunsten der wäßrigen Lösung bei 60—70° kann diese bis auf 40—50% konzentriert und durch Destillation im Vakuum völlig vom Wasser befreit werden. Das 99%ige W., eine sirupöse Flüssigkeit vom spez. Gew. 1,453—1,500, ist in Alkohol und in Äther löslich. Praktische Verwendung findet nur die drei Gewichtsprozent W. enthaltende wäßrige Lösung, die auch als 10-Vol.-%ig bezeichnet wird, weil sie ihr 10faches Volum an Sauerstoff abzugeben vermag. Sie bildet eine farblose Flüssigkeit von herbem und bitterem Geschmack und reagiert infolge eines geringen Gehaltes an konservierend wirkender freier Schwefelsäure oder Phosphorsäure schwach sauer. Ihr spez. Gew. beträgt 1,006—1,012. W. muß in nicht völlig gefüllten Flaschen kühl und dunkel aufbewahrt werden. Es gibt leicht ein Atom Sauerstoff ab und wirkt daher desinfizierend, oxydierend und bleichend. Man benutzt es in der Medizin äußerlich als Verbandmittel, zum Gurgeln und zu Einspritzungen gegen Tripper, innerlich bisweilen gegen Diphtherie. In der Technik dient es als Bleichmittel für Elfenbein, Schwämme und Gespinste, sowie unter verschiedenen Namen, wie Auréoline, Gold-Feen-Wasser, Golden-Hair-Wash, zum Entfärben und Blondmachen dunkler Haare. Pyrozon ist eine zur Entfernung von

Leberflecken empfohlene Lösung von 50% W. in Äther.

Watte (lat. Gossypium seu Watta, frz. Ouate, engl. Wad, Wadding) wird größtenteils aus aufgelockerter und geschlagener Baumwolle auf der Wattenmaschine, einer Baumwoll-Reißkrempel mit entsprechender Einrichtung, welche die Ware in der bekannten Tafelform abliefert, hergestellt. Zur Erhöhung des Zusammenhaltes erhält sie dann noch auf beiden Seiten einen Überzug mit einer dünnen Leim- oder Gummilösung. Daneben gibt es eine auf der Oberfläche nicht gummierte wollene W., die etwas mehr Filzung hat und zum Auflegen bei Rheumatismus dient. Die während des Krieges hergestellte Zellstoff-W. hat sich als ein brauchbarer Aufsaugungs- und Verbandstoff erwiesen und wird bei niedrigem Preise auch im Frieden ihren Platz behaupten. S. auch Artikel „Verbandstoffe".

Wau (Färberwau, Färberreseda, Gelbkraut, lat. Herba luteolae, frz. Gaude, engl. Weld), eine 60—100 cm hohe Resedaart, Reseda luteola, mit blaßgelben Blüten an langen Ähren, viertelligem Kelch und drei- bis sechskantiger, oben offener, einfächeriger Fruchtkapsel, kommt wild an Wegerändern und auf Äckern vor und wird noch an einigen Orten in der Provence und in Deutschland wegen des in den Blättern und anderen Teilen der Pflanze enthaltenen gelben Farbstoffes angebaut. Doch haben die amerikanische Querzitronrinde und die billigen gelben Teerfarben den Anbau stark beeinträchtigt. Die Pflanze liebt feuchtwarmes Klima, trockenen kräftigen Boden, alte Düngung, tiefe Bearbeitung, fleißiges Jäten und Behacken mit Verdünnen. Man mischt den feinen Samen mit Sand und sät 4—6 kg (1 hl wiegt 64 kg) im Juli und August oder im Frühjahr 30—45 cm weit in Reihen. Die Ernte erfolgt durch Ausraufen oder durch Schnitt. — Der unter dem Namen Schüttgelb im Handel vorkommende Farbstoff ist aus einer Abkochung von Wau oder Gelbbeeren und ähnlichen gelben Pflanzenfarbstoffen durch Ausfällen mit Alaun und Vermischen mit geschlämmter Kreide oder Tonerde hergestellt. Man gebraucht ihn als Anstreicherfarbe und zum Färben von Lederzeug. Oft wird im Handel an Stelle von diesem Schüttgelb eine billige Sorte des gelben Chromgelbs abgegeben (s. d.).

Wegerich (Wegetritt, Spitzwegerich, lat. Herba plantaginis, frz. Plantain, engl. Plantage leaves). Die Blätter der über ganz Europa verbreiteten Plantagineen Plantago major, media und lanceolata, die im Drogenhandel als hustenlindernder Tee sowie gegen Ruhrerkrankungen geführt werden, sind lanzettförmig oder breit oval und enthalten als wichtigste Bestandteile Gerbsäure, Bitterstoff und Schleim. Beliebt sind die Spitzwegerichbonbons, die aus dem frischen Safte des Krautes hergestellt werden.

Weichharze nennt man eine Abteilung der Harze, zu der die natürlichen Balsame: Gurjunbalsam, Kanadabalsam, Kopaivabalsam, Mekkabalsam, Storax, Terpentin, Tolubalsam u. a. gehören. S. die betr. Drogen.

Weichselholz stammt von dem Mahalebkirschbaum (Prunus Mahaleb), der strauchartig auf dürren, sonnigen Höhen des südlichen Europas, namentlich in Niederösterreich, wächst, aber auch in besonderen Baumschulen zu geraden Stämmchen gezogen wird. Da für gewisse Zwecke, wie zu Pfeifenrohren, ganz knotenfreie Stücke ohne Schnittspuren gewünscht werden, umwickelt man in den großen Anlagen in Deutschösterreich (Baden bei Wien), Ungarn (Preßburg) und der Türkei die Stellen, an denen sich Zweigknospen bilden wollen, sorgfältig mit Tuch. Das Holz, das von seinem Vorkommen bei St. Lucie in den Vogesen auch als Luzienholz bezeichnet wird, zeigt eine schön braune, hell punktierte und schwach quergestreifte Rinde, die beim Einölen einen dauernden Glanz annimmt, und einen rötlichen, nach dem Trocknen gelben Kern. Der angenehme Geruch, der am schönsten bei dem Badener, hingegen fast gar nicht bei dem türkischen und ungarischen W. auftritt und beim Trocknen schwächer wird, beruht auf einem Gehalte an Kumarin. Die jungen Stämmchen werden nach vorsichtigem Trocknen mit Alkali gebeizt, mit Schachtelhalm abgerieben, gerade gebogen und schwach geölt und liefern eine gesuchte Ware für Pfeifenrohre, Zigarrenspitzen und Spazierstöcke. Nachahmungen werden aus gewöhnlichem Kirschbaumholz durch Parfümierung mit Kumarin hergestellt.

Weiden (Korbweiden, frz. Saule, engl. Willow). Die zahlreichen Bäume und Sträucher der Gattung Salix gehören zu den wichtigsten Holzarten des Forstbetriebes und werden auch vielfach von Landwirten und Gärtnern gezogen. Der Anbau ist sehr einträglich und der Verbrauch in beständiger Zunahme begriffen. Als verbreitetste Arten, die sowohl in Europa als auch in Asien fortkommen, sind zu nennen: 1. die Korbweide, Salix viminalis L., meist an Ufern angebaut, der Rohstoff der Korbwarenindustrie; 2. die Purpurweide, S. purpurea, gleichfalls an Ufern wachsend, liefert ein gutes Flechtwerk; 3. Mandelweide, S. amygdalina, wird bis zu 3 m hoch und eignet sich daher zur Herstellung von Faßreifen. — Als Zierpflanze, namentlich für Friedhöfe, benutzt man die aus dem Orient stammende Trauerweide, S. babylonica L. — Außer zu den genannten Zwecken dient das Weidenholz noch zu Bundstöcken für Böttcher, zu Schnitznutzholz, Faschinen und als Brennstoff, das Laub als Futtermittel, die Rinde als Gerbmittel und zur Gewinnung des Salizins, der Bast als Bindemittel für Gärtner und die Kohle zur Herstellung von Schießpulver.

Weidenrinde (lat. Cortex salicis, frz. Ecorce de saule, engl. Willow bark). Die Rinde verschiedener Weidenarten enthält Gerbsäure und Salizin (s. d.) und bildet daher teils ganz, teils fein geschnitten, als Gerbmittel wie auch für medizinische Zwecke eine wichtige Handelsware. Diejenigen Rinden, die reich an Salizin sind, zeigen auf der Innenfläche eine goldgelbe bis bräunlichrote Farbe, die durch Befeuchten mit konzentrierter Schwefelsäure in Blutrot übergeht, und werden namentlich, wie die Rinden von Salix helix, S. purpurea und S. rubra, zur Bereitung des Salizins verwandt. Die an Salizin armen W., S. fragilis, S. alba und pentandra, haben eine gelblichweiße Innenfläche und werden durch Befeuchten mit konzentrierter Schwefelsäure auf der Innenfläche oder auf dem Querschnitte gar nicht oder nur in kaum merklichem Grade rot gefärbt. Die W. wird in Form bandartiger, zu Bündeln zusammengebundener Streifen in den Handel gebracht und, ähnlich der Chinarinde, auch zu Bädern benutzt. Während des Krieges hat man im Hinblick auf die hohe, etwa 6000 t betragende deutsche Erzeugung versucht, die W. bzw. den Bast zur Fasergewinnung heranzuziehen, und anscheinend günstige Erfolge erzielt. Nach einem patentierten Verfahren der Filzkorkwerke in Krasna in Mähren wird die Rinde zur Entfernung des Tannins mit alkalischer Seifenlösung unter Druck gekocht und darauf zur mechanischen Absonderung der Faser durch ein Walzensystem geschickt.

Weihrauch (lat. Olibanum, frz. Oliban ou Encens, engl. Gum olibanum). Dieses aromatische Gummiharz stammt von verschiedenen Bäumen oder baumartigen Sträuchern aus der Familie der Burserazeen, besonders von Boswellia serrata, B. floribunda, B. papyrifera u. a. und kommt von der Somaliküste über das Rote Meer und Ägypten oder aus Ostindien über Bombay in den Handel. Ostindien selbst erzeugt jedoch keinen W. Man unterscheidet, wie in allen solchen Fällen, eine Vorzugssorte in einzelnen Körnern oder Tränen, und eine geringere, dunklere, mehr verklebte und mit fremden Körpern verunreinigte zweite Sorte. Die Körner sind durchscheinend, weiß bestäubt, gelblich, rötlich oder bräunlich gefärbt und leicht zerdrückbar und geben beim Kauen und Verreiben mit Wasser eine milchige Flüssigkeit. Beim Erhitzen bläht sich der W. unter Entwicklung weißer, scharf balsamischer Dämpfe auf und verbrennt mit leuchtender, rußender Flamme. Er enthält 5—9 % eines aus Pinen, Dipenten und Phellandren bestehenden ätherischen Öls, ferner 62—69 % Harz mit Boswelliasäure, 26—28 % Olibanoresen und Gummi. Eine Unterschiebung von sog. wildem W. (Fichtenharz), der unter dem Namen Waldweihrauch, Waldrauch (Olibanum silvestre) namentlich von Tirol und Steiermark aus in den Handel kommt, erkennt man daran, daß die Essigsäurelösung mit Schwefelsäure rot wird. W. dient als Zusatz zu Räuchermitteln, namentlich für katholische Kirchen, und als Bestandteil von Räucherkerzchen und Räucherpulvern, sowie zur Bereitung von Pflastern und Salben und in weingeistiger Lösung zu Einreibungen.

Wein ist das am längsten der Menschheit bekannte berauschende Genußmittel, welches durch alkoholische Gärung aus dem Safte der Weintraube dargestellt wird. Der Weinstock oder die Weinrebe (lat. Vitis vinifera, frz. Cep ou Vigne, engl. Vine) wird bereits seit den ältesten Zeiten angebaut, so daß seine eigentliche Heimat nicht genau bekannt ist. Während man sie früher in den Kaukasus verlegte, wird neuerdings angenommen, daß alle in den verschiedenen Ländern gezogenen Sorten von einheimischen wilden Reben abstammen. Sicher ist die beste rheinische Sorte, der Riesling, durch Veredelung aus einer noch jetzt am Oberrhein vorkommenden wilden Rebe entstanden. Manche Reben lassen sich selbst auf mäßige Entfernungen nicht verpflanzen, während andererseits die aus Spanien und Südfrankreich eingeführten Gutedel und Muskateller bei uns gut fortkommen. Auch ist die Verpflanzung portugiesischer Reben nach den Kanarischen und Azorischen Inseln und nach dem Kaplande gelungen. Die in Kalifornien gezogene Rebe ist hingegen eine veredelte Spielart der dort heimischen Vitis Labrusca. — Die Fortpflanzung der Weinrebe erfolgt durch Ableger oder Stecklinge, die Veredelung durch Pfropfen oder Reisern. Der Weinstock gedeiht nur in den gemäßigten Zonen, nicht unter den Tropen, bedarf jedoch einer mittleren Jahrestemperatur von +11,9° C, die sich aus einem Wintermittel von +0,6 und einem Sommermittel von +22,5° C zusammensetzt. Da das sonst milde englische Klima diese Bedingungen nicht erfüllt, ist der W. dort nur eine Glashauspflanze. Für die Güte des erzielten Traubensaftes sind neben den klimatischen Verhältnissen, besonders der Regenverteilung, vor allem die Bodenbeschaffenheit und Bearbeitung, sowie die Düngung ausschlaggebend. In erster Linie ist ein gewisser Gehalt an Phosphorsäure und Kalium erforderlich, die nötigenfalls in Form von Stallmist oder künstlichem Dünger zugeführt werden müssen. — Von den zahlreichen Krankheiten des Weinstocks können hier nur kurz die folgenden angeführt werden: Der Mehltau, durch den Pilz Oidium Tuckeri, und die Blattfallkrankheit (falscher Mehltau), durch den Pilz Peronospora viticola hervorgerufen; der schwarze Brenner, durch den Pilz Gloeosporium ampelophagum, und der rote Brenner, durch den Pilz Pseudopeziza tracheiphila verursacht. Als Gegenmittel wendet man Bestäuben mit Schwefel oder Bespritzen mit Kupferkalkbrühe, beim schwarzen Brenner auch Eisenvitriol an. Tierische Schädlinge sind die Reblaus, Phylloxera vastatrix, deren Larve die Wurzelenden abnagt, der Sauerwurm, die Raupe des Schmetterlings Tortrix uvana, und der Springwurm, die Raupe von Tortrix Pelleriana. Gegen Reblaus hilft nur Ausroden der Wurzeln und Desinfektion des Bodens mit Petroleum oder Schwefelkohlenstoff. — Sobald die Beeren im Herbste reif sind, mitunter auch erst, wenn sie den Zustand der Edelfäule angenommen haben, erfolgt die Weinlese und die Gewinnung des Mostes, die für Weiß- und Rotweine in verschiedener Weise ausgeführt wird. Da alle Beeren, auch die roten und blauen, mit Ausnahme der Färbertraube, Tinto oder Pontak, einen farblosen Saft enthalten, so erzielt man durch einfaches Auspressen (Keltern) auch farblosen Most und Weißwein. Zur Darstellung von Rotwein muß man hingegen die zerdrückten blauen und roten Beeren erst nach beendeter Hauptgärung auspressen, weil dann der Farbstoff aus den Hülsen gelöst wird. Der unvergorene Most, der vielfach direkt genossen wird, enthält ungefähr 70—80 % Wasser, 16 bis 24 % Zucker (Glykose und Fruktose), 0,9—1 % Säure (Weinsäure und Äpfelsäure), 0,2—0,5 %

Stickstoffsubstanz und 0,3—0,4 % Asche, doch kommen zahlreiche Abweichungen nach oben und unten vor. Im allgemeinen nimmt der Zuckergehalt mit fortschreitender Reifung zu, der Säuregehalt hingegen ab. Im Verlaufe der Gärung, welche durch die an den Trauben befindlichen Hefen (Saccharomyces ellipsoideus, apiculatus, exiguus) von selbst herbeigeführt oder durch Zusatz von Reinkulturen eingeleitet wird, tritt durch Umwandlung des Zuckers in Alkohol und Kohlensäure ein lebhaftes Aufschäumen und Brausen ein. Der Most verliert nach einigen Tagen teilweise seinen süßen Geschmack und bildet dann den Sauser, Suser oder Brausemost, der an den Erzeugungsorten gern getrunken wird. Nach vollendeter Hauptgärung, die etwa 8—10 Tage andauert, ist der Zucker nahezu völlig in Alkohol und Kohlensäure zerfallen, von denen die letztere entweicht, während in dem Weine noch geringe Mengen anderer Gärungsprodukte, wie Glyzerin, Bernsteinsäure, Essigsäure und Weinfuselöle zurückbleiben. Ein Teil der Eiweiß- und Pektinstoffe geht in unlösliche Form über. Der Wein wird jetzt in große, festverspundete Lagerfässer abgezogen (abgestochen) und macht in kühlen Kellern eine langsame Nachgärung durch, in deren Verlaufe sich ein zweiter, aus Hefe und Weinstein bestehender Bodensatz, das Weingeläger, abscheidet. Zur völligen Klärung ist mehrfaches Abziehen auf geschwefelte Fässer unter Ersatz der verdunsteten Flüssigkeitsmenge erforderlich. Das Weingeläger wird vielfach unter Vergärung mit Zuckerwasser zur Herstellung von Hefenwein benutzt, der aber nur als Haustrunk benutzt, nicht in den Handel gebracht werden darf. Besser ist es, das Geläger zur Branntweindestillation und den Rückstand hiervon zur Herstellung von Weinsäure zu verwenden. Das gleiche gilt für die Verwertung der Trester, aus denen durch Vergären mit Zuckerwasser nach dem Verfahren des sog. Petiotisierens Tresterweine hergestellt werden. Auch die gewerbsmäßige Herstellung dieser zum Verkauf ist verboten. Der völlig vergorene W. macht nun auf den Lagerfässern eine Reifung durch. Indem er mehrfach mit Luft in Berührung gebracht wird, baut er sich aus und bildet sein Bukett, seine Blume. Den Schluß bildet die kellermäßige Behandlung, vor allem das zur völligen Klärung erforderliche Filtrieren und Schönen mit gewissen Mitteln, welche die trübenden Stoffe teils chemisch ausfällen, teils mechanisch zu Boden reißen. Als erlaubte Schönungsmittel gelten Wels-, Stör- oder Hausenblase, Gelatine, Tannin bis zur Höchstgrenze von 100 g auf 1000 l, Eiweiß, Käsestoff (Kasein), Milch, spanische Klärerde und mechanisch wirkende Filterdichtungsmasse (Asbest, Zellulose u. dgl.). Das Muster eines unzulässigen Schönungsmittels ist die Schnellklärung Blitz von Jungnickel in Hamburg, die aus zwei getrennten Lösungen von Zinkvitriol (I) und Blutlaugensalz besteht. — Zur Konservierung wird der W. schließlich bisweilen pasteurisiert, zur Beschleunigung der Reifung elektrisiert und zur Fernhaltung oder Beseitigung gewisser Krankheiten ganz allgemein geschwefelt. Alsdann gelangt er auf die Flaschen. Die letzteren müssen sorgfältig (aber nicht mit Schrot) gereinigt und wieder ganz ausgetrocknet sein. Sie sind bis etwa 2 cm unter den Kork zu füllen und mit neuen, vorher in heißem Wasser abgebrühten Korken zu schließen. Die Korke werden glatt über dem Flaschenrand abgeschnitten und mit Siegellack oder einer Zinnkapsel bedeckt. — Ungünstige Witterungsverhältnisse bringen es in gewissen Jahren mit sich, daß die Trauben und der aus ihnen gepreßte Most zu viel Säure und zu wenig Zucker enthalten, um direkt zu genußfähigen Weinen vergoren werden zu können. In solchen Fällen bedient man sich verschiedener Verfahren der Weinverbesserung, die allerdings vielfach zugleich auf eine Vermehrung hinauslaufen. Bei dem sog. Chaptalisieren, das nach dem deutschen Weingesetz gestattet ist, wird ein Teil der Säure mit reinem Kalziumkarbonat abgestumpft. Das ebenfalls erlaubte Gallisieren besteht darin, daß man den Säuregehalt zu saurer Moste durch Zusatz von Wasser auf das zweckmäßige Maß von etwa 0,6 % erniedrigt, darauf Rohrzucker hinzusetzt und nun die Gärung einleitet. Durch die Bestimmung des Weingesetzes, daß das Gallisieren nur erfolgen darf, „um einem natürlichen Mangel an Zucker bzw. Alkohol oder einem Übermaß an Säure insoweit abzuhelfen, als es der Beschaffenheit des aus Trauben gleicher Art und Herkunft in guten Jahrgängen ohne Zusatz gewonnenen Erzeugnisses entspricht", wird übermäßige Streckung verhindert. Dem gleichen Zwecke dient die Vorschrift in § 3, daß der Zusatz an Zuckerwasser nicht mehr als $^1/_5$ der gesamten Flüssigkeit betragen und nur zu gewissen Zeiten nach vorheriger Anmeldung erfolgen darf. Nicht zulässig ist der Zusatz von Glyzerin (das sog. Scheelisieren), ferner die bereits erwähnte gewerbsmäßige Herstellung von Tresterwein (Petiotisieren) und Hefenwein und die in Frankreich übliche Mouillage der Rotweine (Zusatz von Wasser und Alkohol). Der Zusatz von Alkohol ist nur zur Reinigung der Korke und Aufbewahrungsgefäße und zum Versand in Fässern nach tropischen Gegenden in Menge von höchstens 1 Vol.-% gestattet, doch muß der Alkohol aus Wein gewonnen sein. Das Gipsen ist durch die Bestimmung beschränkt, daß Rotwein nicht mehr Schwefelsäure enthalten darf, als 2 g neutralem Kaliumsulfat in 1 l entspricht. Verboten ist ferner durch das Weingesetz vom 7. April 1909 der Zusatz von Alaun, Bariumverbindungen, Salizylsäure, unreinem Stärkezucker, Farbstoffen und einer Reihe anderer Verbindungen, bez. deren auf das Gesetz selbst verwiesen sei. Als Naturwein darf nur ein unverdünnter, nicht gallisierter W. bezeichnet werden. Die Herstellung von Kunstwein ist überhaupt, auch unter Kennzeichnung, untersagt. — Im Handel unterscheidet man der Farbe nach weiße und rote W., daneben noch hellrote Schieler und rötliche Bleichert. Junger W. heißt grüner, abgelagerter Firnewein. Die feinsten Wertstufen einer Sorte werden als Auslese oder Kabinettweine bezeichnet. Die gewöhnlichen oder völlig vergorenen W., zu denen die Rhein- und Moselweine, ferner die meisten österreichischen und ungarischen Landweine gehören, enthalten meist weniger als 0,1 % Zucker. Zuckerarm nennt man W. mit weniger, zuckerreich solchen mit mehr als 0,5 % Zucker. Süßweine, deren Herstellung unter „Tokaier" näher beschrieben ist, besitzen deutlich süßen Geschmack, Südweine (s. Xeres, Portwein usw.) gleichzeitig hohen Alkoholgehalt. Ausbruch- oder Sektweine werden aus geschrumpften, edelfaulen Beeren hergestellt. (S. Tokaier.) Schaumweine (s. d.) sind reich an Kohlensäure. — Die deutschen W. umfassen die Rheinweine, völlig vergorene, bukettreiche Weißweine, als deren edelste Sorten Johannisberger, Steinberger, Rüdesheimer u. a. gelten. Unter den Frankenweinen nimmt der Würzburger Steinwein, unter den Pfälzer- und Haardtweinen die Wormser Liebfrauenmilch den ersten Rang ein. Die Moselweine, sehr beliebte leichtere und säuerliche Weine, umfassen von bekannteren Sorten den Brauneberger, Zeltinger und Pisporter. Geringere Bedeutung haben die Nahe-, Ahr- und Neckarweine, die Elsässer und die norddeutschen W. Zu den meist völlig vergorenen österreichischen W. gehören die vorzüglichen niederösterreichischen Sorten, weißer Klosterneuburger, Mödlinger und roter Vöslauer, ferner mährische, böhmische und tiroler W. Ungarn ist berühmt wegen seiner süßen W. (s. Tokaier). Frankreich liefert die vortrefflichen roten und weißen Bordeauxweine, rote und weiße Burgunder und Muskateller. Die spanischen und portugiesischen Dessertweine: Xeres, Malaga, Portwein, Madeira sind unter ihrem eigenen Namen besprochen. Aus Italien und Griechenland werden hauptsächlich süße W.: Lacrymae Christi, Marsala, Samos ausgeführt. In neuerer Zeit scheinen auch W. aus dem Kaplande, Kalifornien und Australien Bedeutung zu erlangen. Das Hauptweinland ist Frankreich, das im Jahre durchschnittlich 50 Millionen Hektoliter, und zwar 40 hl auf den Hektar, erzeugt. Demgegenüber stellt sich der Ertrag in Deutschland nur auf 2—$2^1/_2$ Millionen Hektoliter, das sind 13,6 hl für den Hektar. Von der stark ansteigenden Weineinfuhr, die im Jahre 1912 auf $1^1/_2$ Millionen Hektoliter geschätzt wurde, entfiel früher die Hauptmenge auf Frankreich, während seit 1911 Spanien an die erste Stelle getreten ist.

Weinähnliche Getränke im Sinne von § 10 des Weingesetzes vom 7. April 1909 nennt man alle alkoholischen Getränke, die, ohne Wein vortäuschen zu sollen, einen Ersatz für Wein bieten und aus Fruchtsäften, Pflanzensäften oder Malzauszügen hergestellt worden sind. Zu ihnen gehören also in erster Linie die Obst- und Beerenweine (s. d.), die Malzweine (s. Maltonweine) und Rhabarberwein, hingegen nicht Reiswein, alkoholfreie Getränke und alkoholreiche Ersatzmittel für Branntwein. Aus Traubensaft oder Rosinenauszügen dürfen W. nicht hergestellt werden. Verboten ist die Verwendung der in § 10 aufgeführten Stoffe, wie Alaun, Konservierungsmittel, unreiner Stärkezucker, Farbstoffe usw., bezüglich deren man das Gesetz selbst einsehen möge. Die Bezeichnung darf das Wort Wein nur dann enthalten, wenn gleichzeitig der Ausgangsstoff angegeben wird, z. B. Apfelwein, nicht aber Gelbwein.

Weinbeeröl (Kognaköl, Önanthäther, lat. Aether oenanthicus, Oleum vitis viniferae, frz. Ether oenanthique, engl. Oenanthic ether) wird aus abgepreßter Weinhefe (Drusen, Geläger) hergestellt, indem man diese mit Wasser zu einem Brei anrührt und der Destillation im Wasserdampfstrome unterwirft. Das übergegangene Öl wird nochmals rektifiziert und bildet nun eine farblose oder gelbliche, bisweilen durch Kupfergehalt auch grüne Flüssigkeit von starkem und betäubendem Weingeruch. Es verleiht Spiritus in stärkster Verdünnung den Geruch und Geschmack des Kognaks, zu dessen Nachmachung es Verwendung findet. Da aus 5000 kg Weinhefe nur 2—3 kg W. erhalten werden, ist es sehr teuer und wird bisweilen durch sog. künstliches W. ersetzt. Der gebräuchlichste Rohstoff zur Darstellung des letzteren ist das Kokosfett, das nach dem Verseifen beim Destillieren mit Schwefelsäure und Alkohol eine nach W. riechende Flüssigkeit liefert. Außerdem wird der durch Oxydation von Rautenöl dargestellte Pelargonsäureäthylester als Kognakessenz benutzt.

Weinhaltige Getränke sind solche Getränke, die Wein enthalten, ohne Unterschied, ob diese Tatsache in der Benennung hervorgehoben wird oder nicht, also z. B. aromatisierte oder Gewürzweine, Maitrank, Wermutwein, Punschessenzen, Arzneiweine usw. Die zu ihrer Herstellung benutzten Weine müssen den Vorschriften des Weingesetzes entsprechen, auch dürfen sie, wenn ihre Bezeichnung die Verwendung von Wein andeutet, die im § 10 verbotenen Stoffe nicht enthalten. Die übrigen Anforderungen sind in besonderen Aufsätzen besprochen.

Weinsäure (Weinsteinsäure, Razemsäure, Tartersäure, lat. Acidum tartaricum, frz. Acide tartrique, engl. Tartaric Acid). Obgleich diese organische Säure zu den verbreitetsten Säuren des Pflanzenreichs gehört und sich in vielen Früchten und Blättern teils frei, teils an Kalk oder Kali gebunden vorfindet, so wird sie doch nur aus dem Weinstein im großen abgeschieden, da man sie aus diesem nicht allein in größter Ausbeute, sondern wegen der Abwesenheit anderer organischer Säuren auch am leichtesten rein erhält. Zu ihrer Gewinnung erhitzt man den Weinstein mit Wasser, neutralisiert mit Kreide, fügt Chlorkalzium hinzu und zersetzt den abfiltrierten weinsauren Kalk durch eine genau hinreichende Menge Schwefelsäure. Die Lösung der freigewordenen W. wird von dem gleichzeitig entstandenen Gips getrennt, zur Kristallisation verdampft und durch mehrmaliges Umkristallisieren gereinigt. Je nach dem größeren oder geringeren Grade der Reinigung unterscheidet man im Handel rohe W. für technischen Gebrauch und reine W. (lat. Acidum tartaricum purum) für inneren Gebrauch, namentlich für medizinische Zwecke. Letztere Sorte muß frei von der der Rohware häufig noch anhängenden Schwefelsäure und von Blei sein, das von den Eindampf- und Kristallisationspfannen stammt. Reine W., $C_2H_2(OH)_2(COOH)_2$, bildet große, harte, geruch- und farblose, durchscheinende Kristalle des monoklinen Systems. Sie schmeckt sehr stark, aber angenehm sauer und löst sich leicht in Wasser und Alkohol, hingegen nicht in Äther. An der Luft müssen die Kristalle trocken bleiben, nur schwefelsäurehaltige werden leicht feucht. Die gewöhnlich im Handel vorkommende W. wird auch als Rechtsweinsäure (Dextrorazemsäure) bezeichnet, weil sie die Ebene des polarisierten Lichtes nach rechts ablenkt, im Gegensatz zu der im Handel nicht vorkommenden Linksweinsäure (Lävorazemsäure). — Beide zusammen aus konzentrierter Lösung auskristallisiert, geben Traubensäure (lat. Acidum uvicum, frz. Acide paratartrique, engl. Paratartaric Acid), die in manchen italienischen Weinsteinsorten fertig gebildet vorkommt und sich auch durch geeignete Behandlung wieder in die Rechts- und Linksweinsäure spalten läßt. — Die W. gibt mit den Basen zwei Reihen von Salzen, neutrale (Tartrate) und saure (Bitartrate), von denen das neutrale weinsaure Kali, das saure weinsaure Kali (s. Weinstein), das weinsaure Antimonoxydkali (s. Brechweinstein), das weinsaure Kaliammoniak, das wein-borsaure Natronkali (s. Boraxweinstein) und das weinsaure Natronkali (Seignettesalz) die größte Bedeutung haben. W. wird zur Herstellung von Limonaden und Brausepulver, ferner in der Photographie, Färberei und Kattundruckerei benutzt. Von den während des Krieges als Ersatz für W. angebotenen Mitteln zur Herstellung von Brauselimonaden hat sich nur die Milchsäure, nicht aber die Phosphorsäure bewährt.

Weinstein (lat. Tartarus, frz. Tartre, engl. Tartar, Argal), ein Bestandteil des Traubensaftes, scheidet sich teils schon während der Gärung, teils erst beim Lagern des fertigen Weines, wegen seiner Schwerlöslichkeit in alkoholhaltigen Flüssigkeiten, als harte, kristallinische Kruste an den Wandungen der Lagergefäße ab. Auch in den beim Keltern zurückbleibenden Weintrestern ist noch eine ziemlich beträchtliche Menge von W. enthalten, aus denen er ebenfalls gewonnen werden kann. Den meisten W. liefern die säure- und zugleich alkoholreichen, kräftigen Weine aus gut gezeitigten Trauben, aus denen man im Durchschnitt während längerer Lagerung 0,75 kg W. für 1 hl erhält. Um den W. aus den Fässern herauszubekommen, läßt man die letzteren austrocknen oder brennt auch wohl auf einer im Innern angebrachten Unterlage ein leichtes, nicht sehr rauchendes Feuer mittels Stroh oder Hobelspänen an. Durch dieses auf die eine oder andere Weise bewirkte Austrocknen wird der Zusammenhang zwischen der Faßwand und der Weinsteinkruste gelockert, so daß man letztere durch Klopfen mittels eines langstieligen Hammers loslösen kann. Der so erhaltene rohe W. (lat. Tartarus crudus) bildet harte kristallinische, mit kleineren Brocken vermengte Stücke von je nach der Farbe des Weines entweder bräunlichroter bis rötlichweißer oder gelblicher bis grauer Farbe und heißt im ersteren Falle roter W. — Dieser hauptsächlich aus Italien, Österreich-Ungarn, Spanien, Frankreich und dem südwestlichen Deutschland bezogene rohe W. besteht aus saurem weinsauren Kali (doppelt weinsaurem Kali, Kaliumbitartarat, lat. Kalium bitartaricum), $C_4H_5KO_6$, und enthält daneben fast immer schwankende Mengen von weinsaurem Kalk (Kalziumtartrat), Magnesia, Eisenoxyd, Zucker, Farbstoff und Zellsubstanz in Form von Hefe. Manche Sorten enthalten auch Traubensäure. Der Gehalt an weinsaurem Kalk kann bis zu 45 % steigen, beträgt aber meist nur 9 und 15 %. Der rohe W. kommt auch gemahlen in den Handel und wird in der Färberei, jedoch nur bei dunklen Farben, als Beize verwendet. Für hellere Farben benutzt man den gereinigten W., der in besonderen Fabriken als halb- und ganzraffinierter W. hergestellt wird. Letzterer kommt teils in harten, weißen Kristallkrusten unter dem Namen Crystalli tartari, teils gemahlen oder in Form eines sehr feinen, weißen kristallinischen Pulvers, Weinsteinrahm oder Kremor tartari, in den Handel. Der Name rührt daher, daß man früher die Schicht kleiner Kristalle, die sich in den Kristallisierbottichen an der Oberfläche der Lauge bildet, ähnlich wie Rahm von der Milch, abschöpfte und als besondere Ware verkaufte. Für medizinische Zwecke wird dieser Kremor tartari noch weiter gereinigt, indem man ihm die letzten Spuren von weinsaurem Kalk entzieht. Der so erhaltene Tartarus depuratus (frz. Tartrate acide de potassium, Crème de tartre dépurée, engl. Acid Potassium Tartrate, Purified Cream of Tartar) ist ganz weiß und geruchlos, schmeckt schwach sauer, löst sich nur wenig und schwer in kaltem Wasser, leichter in heißem Wasser, hingegen gar nicht in Alkohol. Man benutzt ihn auch zur Darstellung anderer weinsaurer Salze und Doppelsalze, ferner als niederschlagendes Pulver, als Bestandteil der hefefreien Backpulver usw. Der rohe W. wird außer in der Färberei auch noch zur Darstellung von Weinsäure und von Brechweinstein in großen Massen verarbeitet. — Als Weinsteinersatz für Färbereizwecke wird vielfach das Kaliumbisulfat bezeichnet.

Weißbuchenholz (Hainbuchenholz, Hornbaumholz), das Holz von Carpinus betulus, eines in feuchten Wäldern der Ebene wachsenden Laubholzbaumes, ist weiß, sehr zähe und hart, kurzfaserig, schwer und dicht und hat sehr enge, wenig zahlreiche Gefäße sowie sehr feine, oft gruppenweise zusammenstehende Markstrahlen. Der Stamm wächst häufig etwas gedreht, weshalb das Holz in diesem Falle schiefspaltig ist. Die Spiegel sind von wenig dunklerer Farbe als die übrige Holzmasse, verhältnismäßig dick und nicht gerade, sondern wellenartig gekrümmt, so daß sie auf einem nach den Jahresringen geführten Schnitt als schmale, nicht sehr auffallend sichtbare Flammen erscheinen. Das W. eignet sich sehr gut beim Maschinenbau zu Rollen und Kämmen, Werkzeugheften und Hobelgestellen. Als Bauholz für den Hochbau ist es weniger gut zu verwenden, dagegen ganz ausgezeichnet für Wasserbauten. Auch wird es bisweilen zu Tischlerarbeiten benutzt.

Weizen (lat. Triticum, frz. Froment, engl. Wheat) bildet die Hauptbrotfrucht der westeuropäischen Länder und wird in allen fünf Erdteilen angebaut. Die zahlreichen Arten lassen sich in die beiden Hauptabteilungen, nackter W. mit zäher Ährenspindel und bespelzter W. mit brüchiger Ährenspindel einteilen. Zu der ersteren gehört der gewöhnliche oder gemeine W. (Kolben- und Grannen-W.), Triticum vulgare muticum, und der englische W. (Triticum turgidum), die verbreitetsten und am meisten angebauten Sorten, ferner der Bart-, Glas-, Hart- oder Gerstenweizen, Triticum durum, mit harten, glasigen Körnern, und der polnische W. (Gommer, astrachanisches, sibirisches, wallachisches Korn, ägyptischer, langkörniger, Lothringer W.), Triticum polonicum, der in Deutschland seltener, fast nur zu Suppen, hingegen häufiger in Osteuropa verbraucht wird und Körner von der Länge des Roggens besitzt. Bespelzte Sorten sind der Spelz oder Dinkel (Dünkel, Dinkelkorn, Korallen- oder Krullweizen, Quäl- oder Zweikorn), Triticum Spelta, ferner der Emmer (Ammer, Amelkorn, Gerstendinkel oder Sommerspelz), T. amylaceum, und das Einkorn (deutscher Reis, Peterskorn, Schwalmweizen), T. monococcum. Die bespelzten W. besitzen nur örtliche Bedeutung, besonders in Süddeutschland, der unreife Spelz liefert Grünkern (s. d.). Der W. verlangt ton- und humusreiche, nicht zu kalkarme Böden und wird fast nur noch nach gut gedüngten Vorfrüchten als Sommer- und, hauptsächlich, als Winterfrucht angebaut. Die Wachstumszeit des ersteren umfaßt 140, diejenige des letzteren 300 Tage, die Temperatur soll —22° nicht unterschreiten, die mittlere Wintertemperatur 3,75°, die mittlere Sommertemperatur 14° betragen. Er gedeiht bis zum 60., vereinzelt sogar bis zum 64.° n. Br. In Nordafrika dringt er bis zur Wüste vor und findet sich außerdem im Kapland, Australien, Chile und Paraguay. Ausgeschlossen ist der hohe Norden und die Tropenzone der Ebene. In den Alpen steigt er bis zu 1400, im Himalaja und in Mexiko bis 2000 m Meereshöhe. Die Saatzeit liegt zwischen September und Weihnachten, je nach Klima und Witterung, für Sommer-W. von Anfang April an. Man sät breitwürfig und in Reihen, 100—260 kg für den Hektar. 1 hl wiegt je nach der Sorte 72—82 kg. Die Ernte erfolgt nach dem Roggenschnitt, und zwar zur Verhinderung des Ausfallens im Zustand der Gelbreife, in dem die Körner sich noch über dem Fingernagel biegen lassen, im Innern aber nicht mehr milchig sind. Man erntet vom Hektar 10—16, auch 24—32 hl Körner, je nach der Bodenart, und 13—47 dz Stroh. — Der W. enthält nach König im Durchschnitt 13,37 % Wasser, 12,03 % Stickstoffsubstanz, 1,85 % Fett, 68,67 % stickstofffreie Extraktstoffe, 2,31 % Rohfaser und 1,77 % Asche, doch ist die Zusammensetzung nach Art, Boden und Klima mannigfachen Schwankungen unterworfen. Insbesondere scheint der W. südlicher Gegenden reicher an Stickstoffsubstanzen zu sein, und der kleberreichste, südrussische (Taganrok-) W. enthält sogar bis zu 16,75 % Protein. Im allgemeinen übertrifft der Proteingehalt des Sommer-W. denjenigen des Winter-W. um 2 %. Außerdem begünstigen regenreiche Sommer und reichliche Stickstoffdüngung den Eiweißgehalt. In physikalischer Hinsicht erscheinen die proteinreichen Körner härter und glasiger, die stärkereicheren weicher und mehliger. Die Stickstoffsubstanzen setzen sich aus Pflanzenalbumin, Glutenkasein und Kleberprotein zusammen. Die stickstofffreien Stoffe bestehen neben geringen Mengen Zucker, Gummi und Dextrin nahezu völlig aus Stärke, das Fett enthält Phytosterin und Spuren Lezithin. — Der W. bildet das wichtigste Brotgetreide und dient außerdem zur Herstellung von Stärke sowie, besonders in seinen glasigen Sorten, von Teigwaren.

Wermut (bitterer Beifuß, Magenkraut, lat. Herba absinthii, frz. Absinthe, engl. Wormwood), das mit den blühenden Spitzen getrocknete Kraut von Artemisia Absinthium L., einer in Mittel- und Südeuropa, Nordafrika und Mittelasien auf steinigen Anhöhen wachsenden, wie auch in Gärten gezogenen Komposite mit holzigem Stengel und ausdauernder Wurzel. Die Pflanze wird 6—12 dm hoch und besitzt sehr zerschlitzte, graufilzige Blätter und gelbe, überhängende Blütenköpfe. Das Kraut hat, frisch wie getrocknet, einen eigentümlichen, stark würzigen Geruch und überaus bitteren Geschmack. Es enthält einen nicht glykosidischen Bitterstoff, das Absinthiin, verschiedene Salze und ätherisches Öl, das den Geruch der Pflanze hat und scharf aromatisch, aber weniger bitter schmeckt. Das Kraut wird in Thüringen, am Harz und in Südfrankreich angebaut und zum medizinischen Gebrauche dem Deutschen Arzneibuche gemäß in der Blüte gesammelt und getrocknet. Es wird als magenstärkendes Mittel in Form von Aufgüssen, zur Herstellung von Extrakten, Tinkturen und Bitterschnäpsen angewandt. Auch das Öl, das durch Destillation des frisch getrockneten Krautes mit Wasser oder direktem Dampf gewonnen wird, findet zu dem gleichen Zwecke, hauptsächlich aber zur Herstellung des Absinthlikörs, Verwendung. — Wermutöl (lat. Oleum absinthii, frz. Essence d'absinthe, engl. Oil of wormwood) ist ein manchmal etwas dickflüssiges Öl von dunkelgrüner, blauer oder brauner Farbe. Es gibt deutsches, französisches, algerisches, italienisches und amerikanisches Wermutöl, doch ist der Handel damit neuerdings in verschiedenen Ländern, wie beispielsweise in Frankreich und der Schweiz, starken Einschränkungen unterworfen, veranlaßt durch das Verbot der Absinthlikörherstellung. Der wesentlichste Bestandteil des Öls ist Thujon, $C_{10}H_{16}O$. Nach Husemann schreibt man in Frankreich die schädlichen Folgen des Absinthgenusses (s. d.) der Anwesenheit des Öles zu, das in großen Mengen giftig wirkt.

Wermutwein (Bitterwein, Vino Vermouth, Vermouth di Torino) nennt man ein besonders in Italien, Frankreich, Ungarn und Slawonien hergestelltes alkoholisches Getränk, das im Grunde einen mit Wermut aromatisierten Naturwein darstellt und nach verschiedenen, seit alten Zeiten überlieferten Verfahren bereitet wird. In der slawonischen Landschaft Syrmien übergießt man ein Gemisch von frischen Trauben, Wermutkraut, Senfmehl und anderen Gewürzen so lange mit

Most, bis er klar abfließt, und erhält so den Tropfwermut, wenn er aus kondensiertem Most gewonnen wurde, auch gekochter oder süßer W. genannt. Der übrige ungarische W. wird so erzeugt, daß man in ein Faß abwechselnd Lagen reifer blauer Trauben sowie von Wermut, Zimt, Nelken, Pomeranzen- und Zitronenschalen und Senfmehl einfüllt, mit Rotwein vollgießt und sechs Wochen liegen läßt. Bisweilen setzt man auch Rosinen und Johannisbrot hinzu oder hängt einen mit sämtlichen Zutaten gefüllten Beutel in den Most hinein. Die italienischen Sorten werden meist stark gespritet und enthalten dann bis zu 16 Vol.-% Alkohol. In neuerer Zeit kamen nun unter der Bezeichnung W. zahlreiche Erzeugnisse in den Handel, die Wein überhaupt nicht oder doch nur in verschwindenden Mengen enthielten, vielmehr im wesentlichen aus aromatisiertem und verdünntem Spiritus bestanden. Infolge der sorgfältigen Überwachung werden diese Getränke jetzt nicht mehr als W., sondern nur noch als Wermutlikör vertrieben. W. ist lediglich ein aromatisierter, allenfalls gezuckerter und gespriteter Naturwein. Der zugesetzte Zucker darf in der gleichen Menge Wasser aufgelöst werden, doch muß das fertige Getränk mindestens 70 % Traubenwein enthalten. — Unter Verwendung von Obstwein hergestellte Erzeugnisse sind als „Obst-" oder „Beeren-W." deutlich zu kennzeichnen.

Westrumit, ein nach seinem Erfinder van Westrum benanntes Mittel zur Straßenbesprengung und Staubbindung, besteht aus einer Emulsion etwa gleicher Teile schwach ammoniakalischen Wassers mit Mineralölen. Es soll mit Sprengwagen aufgetragen werden und in ähnlicher Weise wie in Amerika durch die Besprengung mit Petroleum einen widerstandsfähigen, staubfreien Straßenbelag bilden. Im Hinblick auf die ziemlich leichte Entmischung verstopft W. nach einiger Zeit die Öffnungen des Sprengwagens und darf deshalb nicht in zu großen Mengen eingefüllt werden. Von zwei zu dem gleichen Zwecke angebotenen Flüssigkeiten erwies sich Antistoff als eine durch Kaliseife vermittelte Emulsion von Teerölen, während Standutin ein fein verteiltes Gemisch von Petroleumrückständen mit Wasser und Kleber oder Mehlkleister war. Neuerdings wird zur Staubbindung auch die Sulfitlauge (s. d.) herangezogen.

Whisky, ein in England sehr beliebter Trinkbranntwein, wird in der Weise hergestellt, daß man Gerste über einem Torffeuer mälzt, oder Roggen mit Malz maischt und die vergorene Maische der Destillation unterwirft. Das „low vines" genannte Destillat wird nochmals destilliert und liefert einen Vorlauf „four shots", darauf den eigentlichen Whisky „clean spirit" und einen Nachlauf „faints". Der Vorlauf und Nachlauf werden einer neuen Maische wieder zugesetzt. Zur Entfernung eines in jungem Whisky auftretenden unangenehmen Beigeschmacks ist ein längeres Lagern, besonders in Sherryfässern, üblich, wobei die nichtflüchtigen Säuren abnehmen. Der Alkoholgehalt beträgt 46—62 Vol.-%. Im übrigen sind in 100 ccm enthalten: 0,0807 g Extrakt, 0,072 g Propylalkohol, 0,057 g Butylalkohol, 0,0685 g Amylalkohol, 0,0161 g flüchtige Säuren, 0,0107 g Kapronsäure, 0,002 g Kaprylsäure, 0,1676 g Ester, 0,0018 g Furfurol, 0,0115 g sonstige Aldehyde. Auf alle Fälle ist W. ein reiner Kornbranntwein und darf nicht mit Kartoffelsprit vermischt werden.

Wicken (lat. Vicia, frz. Vesce, engl. Vetch), zur Familie der Schmetterlingsblütler gehörige Pflanzen, werden in mehreren Arten, besonders als Saatwicke oder gemeine Futterwicke (Heide-, Feld-, Korn-, Roßwicke, St. Christophskraut), Vicia sativa L., und platterbsenartige W. (Küchen-W., frühe W., kleine Frühlings-W.), V. lathyroides L., als Grünfutter und zur Gewinnung von Heu und Samen im großen angebaut. Für den Handel kommt jedoch nur der Samen in Betracht. Die W. lohnt und verträgt die stärkste Düngung und hat deshalb auch für die Fruchtfolge hohen Wert. Der Anbau der gemeinen W. ist ziemlich sicher, der Ertrag groß. 1 hl Samen wiegt 76—84 kg, von denen jedes 9000—30000 Körner enthält. Zur Saat braucht man 1,5—4 hl und erntet vom Hektar 100—220 dz Grünfutter, 20—45 dz Heu, 10—18 dz Körner, 12—26 dz Stroh. Das Mehl der roten Sommer- und der kanadischen W. wird bisweilen mit Weizenmehl vermischt und so in Frankreich als Nahrungsmittel benutzt.

Wild (Wildbret, Wildpret, Wilpert) umfaßt alle zur menschlichen Nahrung geeigneten jagdbaren Tiere, besonders Edel- oder Rot-, Reh- und Damwild, Gemsen, Renntiere, Antilopen, Gazellen, Schwarzwild, Wildschweine, Hasen und Kaninchen, Auer-, Birk-, Hasel-, Schneehühner, Fasanen, Schnepfen, Enten, Rebhühner, Bekassinen, Drosseln, Wachteln und Krammetsvögel. Das W. nimmt mit zunehmender Kultur, obschon es vielfach gehegt wird und in den meisten Ländern Schonzeit hat, immer mehr ab und muß daher für die Großstädte aus immer größeren Entfernungen bezogen werden. Selbst Amerika liefert in ziemlicher Menge W. nach Europa. Hirsche, Rehe, Wildschweine und Fasanen werden in Deutschland fast nur noch aus Wildparks geliefert und hier bei großen Jagden zum Verkauf geschossen, während kleines W. meist von Treibjagden herrührt. Der Handel mit W. unterliegt gewissen gesetzlichen Beschränkungen. Insbesondere darf W. zur Verhinderung der Wilddieberei während der Schonzeit überhaupt nicht verkauft werden, selbst wenn es aus Gegenden ohne Schonzeit kommt. Nur für bestimmte Abnehmer, nicht aber für den allgemeinen Verkauf, kann eine Ausnahme von dieser Vorschrift und ein Bezug unter Bescheinigung des Ursprungsortes nachgelassen werden. Die Hauptzeit für Wildbret erstreckt sich vom September bis zum Frühjahr. Die Versendung geschieht mit der Bahn, am besten im Winter bei Frostkälte. Bei Eintritt milder Witterung muß der Absatz rasch erfolgen. Die Jahresausbeute, soweit sie die Feldjagden betrifft, ist abhängig von der Witterung. Es gibt gute und schlechte Jahrgänge für Hasen, Feldhühner und Schnepfen, während Hochwild in der Regel nach bestimmtem Satze abgeschossen wird. Schwarzwild gibt es noch bis zur gebotenen Vernichtung im Überfluß in Elsaß-Lothringen und den angrenzenden Gebieten der Ardennen; Hochwild, Auerwild und Fasanen besonders zahlreich in Böhmen, in Deutschland hingegen nur in den sehr waldreichen Gegenden.

Frankreich, Italien und England sind wildarm, Schweden, Rußland und Österreich ziemlich wildreich. W. wird stückweise, nur Federwild paarweise oder zu vier und mehr Stück, verkauft und meist ohne Verpackung verschickt. Es muß, nachdem es ausgenommen worden ist, im Balg oder abgehäutet, Federwild stets im Federkleid an der Luft aufbewahrt werden. Ausgelöste Fleischstücke von Reh und Hirsch lassen sich längere Zeit in saurer Milch aufbewahren, hingegen muß zerschossenes Federwild und Wassergeflügel rasch verbraucht werden. In Eisräumen hält sich alles W. sehr lange.

Wintergrün (Immergrün, lat. Herba vincae pervincae, frz. Feuilles de pervenche, engl. Evergreen) ist das immergrüne Kraut von Vinca major und minor, einer zur Familie der Apozynazeen gehörenden Pflanze mit elliptischen, harten und glänzenden Blättern, die an der Unterseite heller grün sind als an der Oberseite. Das über Mitteleuropa und Asien verbreitete Kraut wächst an trockenen, schattigen Standorten und wird als Aufguß zu Gurgelwässern angewandt. Die aus Amerika eingeführte Droge, amerikanisches Wintergrün, ist die Stammpflanze des Gaultheriaöls (s. d.).

Wismut (Aschblei, lat. Bismutum, frz. Bismuthe, engl. Bismuth), ein dem Arsen und Antimon verwandtes, metallisches Element vom Atomgewicht Bi = 208—209, findet sich in der Natur hauptsächlich gediegen, seltener in Verbindung mit Schwefel als Wismutglanz, mit Tellur als Tetradymit und mit Sauerstoff als Wismutocker. Meist kommt es in Gesellschaft von Kobalt-, Nickel-, Blei- und Silbererzen vor und enthält neben den Bestandteilen der letzteren oft auch noch kleine Mengen Arsen, Eisen, Zinn und Kupfer. Bis zum Jahre 1876 kamen seit der Erschöpfung der englischen Lager nur die sächsischen W.-Vorräte in Betracht. Neuerdings verarbeiten die sächsischen Blaufarbenwerke in Oberschlema und Pfannenstiel hauptsächlich kupferhaltige W.-Erze aus Australien und arsenfreie, aber Kupfer und Antimon enthaltende Erze aus Bolivia und Peru, von denen die letzteren bis zu 94 % W. enthalten. Die Erze werden vor der Verhüttung in schräg liegenden Röhren erhitzt, um das sehr leicht schmelzbare gediegene W. auszusaigern, und darauf mit Kohle, Eisen und einem Flußmittel (Schlacke) zusammengeschmolzen, wobei das Eisen den Schwefel bindet und mit den übrigen Verunreinigungen in die Schlacke geht. Das in flüssigem Zustande abgelassene sog. technische oder Rohwismut kann, sobald die Summe seiner Verunreinigungen nicht mehr als 5 % beträgt, für die meisten Zwecke benutzt werden. Anderenfalls unterwirft man es einer Reinigung, indem man das gröblich zerstoßene Metall mit einem Gemisch von Kali- und Natronsalpeter oder mit Soda und Kaliumchromat schmilzt und die ausgegossene Schmelze zunächst mechanisch und darauf durch Behandlung mit verdünnter Salzsäure von der Schlacke befreit. Um aus diesem gereinigten W. (Bismutum depuratum) das reine Metall (B. purum) zu gewinnen, löst man in Salpetersäure, trägt die Lösung in Ammoniak ein und reduziert das ausgefällte Hydroxyd durch Kochen mit Traubenzucker oder durch Glühen mit Kohle. — W. ist ein rötlich-silberweißes, großblättrig kristallisierendes Metall vom spez. Gew. 9,900. Es schmilzt bei 268° und verdampft bei Weißglühhitze (etwa 1300°). Wegen seiner Brüchigkeit und Sprödigkeit läßt es sich, wie das ähnliche Antimon, im Eisenmörser pulverisieren. Bei gewöhnlicher Temperatur verändert es sich an trockner Luft nicht, verbrennt aber beim Erhitzen zu weißem Oxyd. An feuchter Luft wird es blind und durch Schwefelwasserstoff gebräunt. Das W. löst sich nicht in Salzsäure, hingegen leicht in Salpetersäure und in heißer konzentrierter Schwefelsäure unter Entwicklung von schwefliger Säure. — Das metallische Element findet hauptsächlich in Form seiner Legierungen, die meist sehr niedrige Schmelzpunkte zeigen, technische Verwendung. Eine Legierung von 50 Teilen W., 30 Teilen Blei und 20 Teilen Zinn, das sog. Rosesche Metall, schmilzt bei 92°, nach Zusatz von 2 Teilen Quecksilber sogar schon bei 55°. Newtons Metall mit 8 Teilen W., 5 Teilen Blei und 3 Teilen Zinn schmilzt bei 94,5°, Woods Metall mit 15 Teilen W., 8 Teilen Blei, 4 Teilen Zinn und 3 Teilen Kadmium bei 60°. Derartige Legierungen dienen zum Abklatschen (Klischees) von Holzschnitten zu Stereotypplatten, Druckformen für Zeugdruck und zu Münzabgüssen, ferner als Schnellot für Klempner, Zinngießer und Orgelbauer, als Metallkitt und zur Herstellung von Sicherheitsverschlüssen für Dampfkessel.

Wismutverbindungen. Die Lösungen der W.-Salze geben mit viel Wasser Niederschläge von basischen Verbindungen, die zum Unterschiede von den entsprechenden Antimonverbindungen in Weinsäure unlöslich sind. — Wismutchlorid, $BiCl_3$, entsteht beim Auflösen von Wismut in Königswasser oder beim Überleiten von Chlor über erhitztes Wismut als eine weiße, an der Luft zerfließliche Kristallmasse, die bei 220° schmilzt und bei 447° siedet. Aus der konz. salzsauren Lösung wird durch Wasser unlösliches Wismutoxychlorid, BiOCl, gefällt, das als weiße Malerfarbe Verwendung findet. — Wismutnitrat, $Bi(NO_3)_3$ (lat. Bismutum nitricum, frz. Nitrate bismuthique, engl. Bismuth Nitrate), wird durch Auflösen von Wismut in heißer konzentrierter Salpetersäure und Eindampfen der filtrierten Lösung bis zur Kristallisation dargestellt. Es bildet farblose Kristalle, die fünf Moleküle Kristallwasser enthalten und bei 73° schmelzen. Bei 80° gehen sie in das basische Salz über und zersetzen sich bei 260°. — Durch Eintragen in siedendes Wasser erhält man basisches Wismutnitrat (lat. Bismutum subnitricum, frz. Sousazotate de bismuthe, engl. Subnitrate of bismuth) von wechselnder Zusammensetzung, das abfiltriert, ausgewaschen und vorsichtig bei 30° unter Abschluß von Schwefelwasserstoff getrocknet wird. Das schneeweiße, lockere, kristallinische Pulver ist völlig geruchlos, unlöslich in Wasser, Alkohol und Glyzerin, hingegen leicht löslich in verdünnten Säuren. Es findet ausgedehnte medizinische Anwendung als Streupulver bei der Wundbehandlung, zum Einblasen in den Kehlkopf und zum Geruchlosmachen jauchiger Wunden, sowie innerlich gegen Dysenterie, Darm- und Magenleiden. In der Technik dient es unter dem Namen Wismutweiß, Perlweiß, Spanischweiß und Schminkweiß als Schminkmittel, gibt auch ein gutes, die Farben nicht beeinträchtigendes Flußmittel für Porzellan-, Glas- und Emailmalerei und wird außerdem zur Erzeugung von Irisfarben auf Porzellan benutzt. — Das beim Verbrennen von Wismut oder beim Glühen seiner Verbindungen e haltene gelbe Wismutoxyd findet an Stelle des Bleioxyds zur Herstellung optischer Gläser, das Karbonat, Zitrat und Albuminat medizinische Verwendung. — Das basisch-gerbsaure Wismut, Wismutsubgallat (lat. Bismutum subgallicum, frz. Gallate basique de bismuthe, engl. Subgallate of bismuth) hat unter dem Namen Dermatol Bedeutung als Verbandmittel erlangt.

Witherit, neben dem Schwerspat das wichtigste Bariummineral, erscheint in den reinsten Arten farblos oder weiß, meist jedoch durch Beimengungen grau oder gelblich und bildet kugelige, trauben- oder nierenförmige Klumpen, seltener größere, deutliche Kristalle des rhombischen Systems. Der W. besteht aus Bariumkarbonat, $BaCO_3$, mit 77,7 % Bariumoxyd und 22,3 % Kohlensäure und findet sich hauptsächlich bei Peggau in Steiermark, Leogang bei Salzburg und Alston in Cumberland. Er ist der geeignetste Rohstoff zur Bereitung von Blanc fixe und anderen Barytverbindungen und wird im fein gemahlenen Zustande auch als Gift für Ratten und Mäuse verwandt. Die Versendung geschieht in Fässern von 300 kg.

Wodnjika, ein serbisches Nationalgetränk von zweifelhaftem Genußwerte, wird in der Weise hergestellt, daß man ein Gemisch von Wacholderbeeren, Senf und Meerrettich mit Wasser bei höherer Temperatur einem Gärungs- und Säuerungsprozeß überläßt. Die stark nach Wacholder riechende und sauer schmeckende Flüssigkeit enthält nach König in 100 ccm 0,83 g Alkohol, 0,98 g Extrakt, 0,4 g Essigsäure und 0,05 g Zucker. Bei feineren Sorten setzt man der Maische wohl auch geröstete Birnen oder Mostbirnen, Äpfel, Quitten, Zitronen oder Orangen zu.

Wolfram (frz. Wolfram, engl. Wolframium), ein dem Uran und Molybdän verwandtes metallisches Element, findet sich in der Natur nicht gediegen, sondern nur als Wolframit (Wolfram), eine isomorphe Mischung von wolframsaurem Eisen- und Manganoxydul, ferner als Scheelit oder Tungstein (wolframsaures Kalzium) und Scheelbleierz (wolframsaures Blei). Die wichtigsten Lagerstätten sind auf den Zinnerzgruben von Zinnwald und Altenberg in Sachsen, sowie von Monroe in Connecticut. Für die Darstellung des Metalles wird der Wolframit zunächst zur Entfernung von Schwefel und Arsen geröstet und dann entweder mit Salzsäure ausgezogen, wobei die Wolframsäure (Wolframtrioxyd), WO_3, als ein gelbes Pulver zurückbleibt, oder aber mit Soda geschmolzen und aus dem mit Wasser gelösten Natriumwolframat die Wolframsäure mit Salzsäure gefällt. Australischer Scheelit gibt bei einfacher Behandlung mit Salzsäure ebenfalls Wolframsäure, die nach dem Trocknen durch Glühen mit Kohle oder im Wasserstoffstrom zu metallischem W. reduziert wird. Das letztere bildet ein stahlgrau glänzendes, sehr hartes und schweres Pulver vom spez. Gew. 19 und dem Atomgewicht W = 184. Das sehr spröde und für sich allein kaum schmelzbare Metall findet vielfache technische Anwendung zur Herstellung außerordentlich harter Eisen- und Stahlsorten (Wolframstahl), die für Werkzeuge und Panzerplatten viel gebraucht werden. Auch verwendet man den W.-Stahl wegen seiner Eigenschaft, den Magnetismus länger zu halten, in der Telegraphie als Magnet. Reines W. dient als Glühfaden in elektrischen Glühlampen. — Von den Verbindungen des W. wird das durch Auflösen von Wolframsäure in Natronlauge dargestellte wolframsaure Natrium, Na_2WO_4, in wäßriger Lösung zum Imprägnieren von dünnen Geweben, Ballkleidern, Vorhängen und Theaterdekorationen benutzt, um diese unentflammbar zu machen. Weiter dient es zum Beschweren von Seide und als Ersatz von Zinnbeize in der Färberei. Wolframsaures Zink und Barium sind gut deckende weiße Anstrichfarben. Wolframdioxyd bildet das schöne Wolframbraun, wolframsaures Wolframoxyd einen schönen blauen Farbstoff (blauer Karmin) und wolframsaures Wolframoxydnatron (Wöhlers Wolframbronze) schöne goldgelbe Schüppchen, die sich wie Goldbronze verwenden lassen.

Wolfstrapp (schwarzer Andorn, lat. Herba ballotae lanatae seu marubii nigri, frz. und engl. Ballote), ein in Sibirien heimisches Kraut aus der Familie der Labiaten, Ballota nigra, besitzt graugrüne, handförmige Blätter mit viereckigem Stengel, die mit einem weißwolligen Überzuge versehen sind. Das Kraut enthält als hauptsächlichste Bestandteile Gerbstoff und einen Bitterstoff Ballotin und wird als Mittel gegen Fieber und Asthma verwandt.

Wolle (frz. Laine, engl. Wool), das Haar der Schafe, bildet den am längsten bekannten und noch heute wichtigsten Stoff zur Herstellung von Kleidungsstoffen. Während früher bei uns die W. der gewöhnlichen Landschafe auf Tuche verarbeitet worden war, begann vor mehr als 100 Jahren die Einfuhr der edlen spanischen oder eigentlich maurischen, aus Afrika stammenden Merinos, deren beste Vertreter die feinste Elektoralwolle liefern und als Eskurials zu bezeichnen sind. Sie werden nur im Stalle gehalten, während die aus ihnen entstandenen Negrettis mit dichterem, kräftigem und nicht ganz so feinem Vlies auch Weidevieh sind. Durch sorgfältige Kreuzung und Züchtung hat man in Deutschland, namentlich in Sachsen und Preußen, Rassen erzielt, deren Haar besser, weicher und zarter als dasjenige der spanischen Merinos ist. — Die Beschaffenheit der Wolle hängt außer von der Rasse vor allem von Klima, Boden, Pflege und Nahrung ab. Die früher übliche Unterscheidung in kurze und lange W. hat bei dem heutigen fortgeschrittenen Stande der Spinnereitechnik nicht mehr ihre alte Bedeutung und ist daher meist durch die Begriffe weich und hart ersetzt worden, denn hiervon hängt die Verwendung als Streich- oder Kammwolle ab, weil harte W. nicht verfilzbar ist. Weitere Merkmale der Einteilung sind Feinheitsgrad, Kräuselung, Glanz, Elastizität, Festigkeit, Gleichförmigkeit und Geschmeidigkeit. Besonders wichtig ist die Gleichmäßigkeit, die voraussetzt, daß nicht nur die Vliese verschiedener Tiere, sondern auch die von verschiedenen Körperstellen eines Tieres herrührenden Haare nicht zu abweichend beschaffen sind. Schließlich soll auch das einzelne Haar an allen Stellen möglichst gleich dick („treu") sein, da ein ungleichmäßig dickes und gekräuseltes, sog. „zweiwüchsiges", Haar weniger wertvoll ist. Die beste W. sitzt auf den Schulterblättern sowie an den Seiten des Leibes und den Keulen. Unter „Stapel" versteht man den Bau des Vlieses und die Faserlänge (kurz- oder langstapelig). Nach der Herkunft unterscheidet man Rittergutswolle, von mehr oder weniger veredelten, und Bauernwolle, von gewöhnlichen Landschafen. Die erstere wird meist wieder in hochfein, fein und mittelfein eingeteilt. Die meisten Schafe werden nur einmal im Jahre, um Pfingsten, geschoren und liefern die sog. Einschurwolle. Langwollige Schafe werden hingegen zweimal geschoren, und zwar Ende März (Winterwolle) und Ende September (Sommerwolle). Ferner werden getrennt gehalten: die feine seidenartige Lammwolle von einjährigen Schafen, die von Weißgerbern gelieferte Gerberwolle, die meist mit Kalk verunreinigt, aber zum Spinnen noch gut brauchbar ist, und endlich, als schlechteste, die Sterblingswolle von krepierten Schafen. — Die W. kommt meist gewaschen auf den Markt, und zwar wird in Deutschland gewöhnlich die sog. Rücken- oder Pelzwäsche am lebenden Tiere bei warmer trockner Witterung in weichem Fluß- oder Teichwasser vorgenommen, während man in Spanien vielfach das abgetrennte Vlies wäscht. Zur Erleichterung des Waschens finden bisweilen Seifenwurzel oder Quillayarinde Anwendung, wodurch die W. 20—70 % an Gewicht verliert. Der Abgang besteht aus Staub, Schmutz und dem sog. Wollschweiß, einer in Wasser löslichen natürlichen Kaliseife. Die weitere Verarbeitung der W. nach dem Scheren besteht dann in einem Kochen mit Soda und Seife, sowie in einer Behandlung mit Tetrachlorkohlenstoff, wodurch das Wollfett entfernt wird, und schließlich bisweilen in einem Bleichprozeß mit schwefliger Säure. Das sog. Karbonisieren, d. h. eine Erwärmung mit Salzsäure, Chlorsäure, Aluminiumchlorid, bezweckt die Zerstörung pflanzlicher Verunreinigungen. — Die reine Wollenfaser erscheint unter dem Mikroskope in Form sehr dicker Fäden mit rundem Querschnitt und dachziegelförmigen Hautschuppen, aber ohne inneren Hohlraum, und kann daher von anderen Faserstoffen leicht unterschieden werden. Zur quantitativen Bestimmung pflanzlicher Beimengungen, besonders der Baumwolle, bedient man sich der vom Bundesrate vorgeschriebenen Methode, welche auf der Unlöslichkeit der Baumwolle in Natronlauge beruht.

Wollengarne zerfallen in die zwei Hauptklassen Streichgarn (frz. Fil de la laine cardée, engl. Cardet wool-garn) und Kammgarn (frz. Fil de laine peignée, engl. Combed wool-garn). Zu Streichgarn verwendet man kurze, stark gekräuselte, zu Kammgarn möglichst lange, schlichte oder nur schwach gekräuselte Wolle. Hiernach und infolge der verschiedenen Behandlung erscheint das Streichgarn im Faden weich, rauh und wollig und dient zur Herstellung tuchartiger, gewalkter Stoffe, während das Kammgarn glatt, dichter von Körper ist und zu glatten Zeugen gebraucht wird. Für Streichgarn wird die gereinigte, auf Maschinen gelockerte und mit Öl gefettete Wolle durch Krempel zunächst in wattenartige Tafeln und dann in schmale Bänder verwandelt, die sogleich zu losen, runden Fäden zusammengerollt werden. Diese Lunte kommt auf die Feinspinnmaschine oder passiert vorher erst eine Vorspinnmaschine. — In der Kammgarnspinnerei wird die Wolle nach gleichartiger Vorbereitung gestreckt und dupliert und hierauf der Kämmaschine übergeben, welche die kurzen Fasern als Kämmlinge ausscheidet, während die langen Fasern den Zug bilden. Die Kämmlinge kommen mit zur Streichwolle. Je nach der Bestimmung der Garne unterscheidet man Kettengarn und Schußgarn. — Wird lange Wolle nicht gekämmt, sondern nur gekratzt, im übrigen aber wie Kammwolle weiter behandelt, so entsteht das Halbkammgarn, das als Stick-, Tapisserie- und Strumpfwirkergarn vielfach Verwendung findet. Es ist billiger als Kammgarn, und da lange und kurze Fasern nebeneinander liegen, weniger glatt und fest.

Wollkraut (lat. Folia s. Herba verbasci, frz. Feuilles de molène, engl. Mullein leaves) nennt man die weichen, wolligen Blätter der in Europa und Mittelasien heimischen Skrophulariazee Verbascum Thapsus, die wegen ihres Gehaltes an Schleim und Bitterstoff als Brusttee Verwendung finden. Außer den Blättern werden auch noch die Blüten, Königskerzenblüten (s. d.), gesammelt.

Wollscharlach, ein seit 1884 im Handel befindlicher Teerfarbstoff, besteht aus dem Natronsalz der Xylidinazoalphanaphtoldisulfosäure. Das braunrote, in Wasser mit gelbroter Farbe lösliche Pulver färbt Wolle im sauren Bade gelblichrot.

Wollschwarz, ein 1885 entdeckter Azofarbstoff, besteht aus dem Natronsalze des Amidoazobenzoldisulfosäureazoparatolylbetanaphtylamins. Das blauschwarze, in Wasser mit violetter Farbe lösliche Pulver färbt Wolle im sauren Bade blauschwarz.

Wollstaub, in Staubform verwandelte, verschiedenartig gefärbte Wolle, dient zum Velourtieren von Tapeten.

Worcestershire Sauce. Zur Herstellung dieser bekannten Speisewürze verwendet man ein Gemisch von 7,0 g Piment, 3,5 g Gewürznelken, 3,5 g schwarzem Pfeffer, 3,5 g Ingwer, 30,0 g Curry Powder, 3,5 g Paprika, 60,0 g Senfsamen, 60,0 g Schalotten, 60,0 g Salz, 40,0 g Zucker, 120,0 g Tamarinden, 570,0 g Sherry, 1140,0 g Weinessig. Die frisch zerkleinerten Gewürze werden eine Stunde lang mit dem Essig gelinde gekocht, darauf gibt man den Wein sowie etwas Karamel hinzu, läßt eine Woche stehen, seiht die Flüssigkeit durch und füllt sie auf Flaschen.

Wundklee (Tannen-, Katzenklee, Berufs-, Brust-, Katzenkraut, Wollblume), die bekannte Papilionazee Anthyllis vulneraria, wächst wild auf Kalk- und Mergelboden und wird zum Anbau als Futterpflanze empfohlen. Er ist unempfindlich gegen Kälte und Frost, verlangt aber gute Bodenvorbereitung und wird besonders da gebaut, wo Rotklee nicht mehr sicher fortkommt. Die ausdauernde Pflanze wird bis 60 cm hoch, hat liegende und aufsteigende Stengel, langgestielte, länglich eiförmige untere, gefiederte unpaarige Stengelblätter und hellgelbe Blüten in Köpfen. W. blüht im Mai bis August und gibt ein gutes Weidefutter. Der Same ist länglich-oval, glänzendgelbrot bis braunrot mit grünlicher Feder und vertieftem, schwarzbraun umrändertem Nabel. Man braucht für den Hektar 15—18 kg.

Wundkraut (Goldrute, lat. Herba virgaureae s. solidaginis, frz. Plante fleurie de solidago ou Bagnette d'Or, engl. Golden rod), das in Europa heimische Kraut der Komposite Solidago Virgaureae, wird während der Blütezeit mit den goldgelben Blüten gesammelt und gegen Rheumatismus als schweißtreibendes Mittel, sowie auch bei Blasen- und Nierenleiden verordnet. Der Geschmack ist scharf und bitter.

Wurmsamen (Zitwersamen, richtiger Zitwerblüten, lat. Semen, richtiger Flores cinae, frz. Semences de cina, engl. Worm-seed). Das bekannte Wurmmittel besteht nicht aus Samen, sondern den geschlossenen Blütenköpfchen einer Art Artemisia maritima, der nicht näher bekannten Artemisia Cina Berg. Es wird unter dem Namen levantischer oder persischer W. aus dem südlichen Rußland zu uns eingeführt und von wandernden Kirgisen auf den Steppen gesammelt, zum Teil aber auch durch Anbau gewonnen. Die Blüten haben einen starken, unangenehm aromatischen Geruch sowie bitterlich-aromatischen Geschmack und bestehen aus sehr kleinen, an beiden Enden verschmälerten, schwach glänzenden Blütenkörbchen von gelblichgrüner, später mehr bräunlich werdender Farbe. Die ziegeldachartig angeordneten Blättchen des Hüllkelches sind am Rücken gekielt und tragen dort mit der Lupe erkennbare Harzdrüsen. Als wirksamer Stoff ist neben ätherischem Öl ein grünes Weichharz und eine eigentümliche kristallisierbare Substanz, das Santonin (s. d.), vorhanden, das jetzt in einer Fabrik in Taschkend, also an Ort und Stelle selbst, dargestellt wird. Zur Unterscheidung der echten Droge von santoninfreiem sog. „falschen Wurmsamen" betupft man die auf den Flügeln der Hüllkelchblätter befindlichen Kristalle mit Chlorzinkjodlösung. Hierbei geben nur Santoninkristalle eine auffallende Reaktion, indem sie erst gelb, dann rissig werden und schließlich in gelbbraune Tröpfchen übergehen. Die Versendung des W. erfolgt meist in Ballen von 40—80 kg oder in Filzsäcken bis 150 kg. W. ist ein ausgezeichnetes Mittel gegen Spul- und Madenwürmer und wird in Pulverform oder als Sirup angewandt. Der Verbrauch hat etwas nachgelassen, da man jetzt mehr das Santonin selbst als Wurmmittel verschreibt. — Das Wurmkonfekt der Konditoren besteht aus überzuckerten Blütenköpfchen (lat. Confectio cinae s. Flores cinae conditi, frz. Semences de cina candé, engl. Condied wormseed).

Wurmsamenöl (Zitwersamenöl, lat. Oleum cinae aethereum, frz. Essence de semen-contra, engl. Oil of wormseed), das im Wurmsamen enthaltene ätherische Öl, kann bei der Gewinnung des Santonins erhalten werden, indem man es zunächst aus den Wurmsamen mit Wasserdampf abdestilliert. Das ziemlich dünnflüssige und blaßgelbe Öl wird an der Luft bald dunkler und dicker, besitzt einen starken, kampferähnlichen Geruch und einen brennenden Geschmack und besteht vorwiegend aus Zineol. Es ist schwach linksdrehend und hat ein spez. Gew. von 0,915 bis 0,940. W. ist für kleinere Tiere ein tödliches Gift und wird medizinisch nicht mehr verwandt. Sehr in Aufnahme gekommen ist in neuerer Zeit, besonders zur Bekämpfung der Spulwürmer, das amerikanische Wurmsamenöl, das aus dem ganzen Kraut der Chenopodiazee Chenopodium ambrosioides var. anthelminticum gewonnen wird. Es ist ein farbloses oder gelbliches Öl von stark durchdringendem, widerlichem Geruch und unangenehmem, brennendem Geschmack. Das spez. Gew. liegt zwischen 0,965 und 0,990. Der wesentliche und wirksame Bestandteil ist das Askaridol.

Wurmtang (Wurmmoos, lat. Helminthochorton, frz. Mousse contre les vers, engl. Worm mooss). Unter diesem Namen kommt von Korsika und anderen Inseln eine haarförmige Alge aus dem Mittelländischen Meere in den Handel, die in frischem Zustande purpurrot erscheint, beim Trocknen aber braune Farbe und knorpelartige Beschaffenheit annimmt. Der Geruch ist dumpfig, der Geschmack salzig. Man verwendet die Droge als Wurmmittel, doch ist sie durch das Santonin in der Hauptsache verdrängt.

Wurst. Würste sind Fleischwaren, zu deren Bereitung gehacktes Muskelfleisch und Fett, ferner Blut und Eingeweide, d. s. Leber, Lunge, Herz, Nieren, Milz, Rindermagen und Gekröse, sowie Gehirn, Zunge, Knorpel (Schweinsohr) und Sehnen der verschiedensten Schlachttiere unter Zuhilfenahme von Salz, Gewürzen, Zucker, Wasser, Bier und Wein, unter Umständen auch Milch und Eiern, verarbeitet werden. Als weitere Zutaten sind bei einzelnen Wurstsorten Zwiebel, Knoblauch, Schnittlauch, Zitronenschalen, Trüffeln, Sardellen usw. gebräuchlich. Die Wurstmasse wird in Hüllen aus gereinigtem Darm, Magen oder Blase (Rind, Schwein, Schaf und Bock) oder in Hüllen von Pergamentpapier eingefüllt. Nach den Hauptbestandteilen unterscheidet man folgende Sorten: 1. Fleischwürste aus Schweine-, Kalb-, Schaf- oder Rindfleisch, die nach der Art der Herstellung wieder in Dauerwürste und Anrührwürste zerfallen. Dauerwürste sind durch längere oder kürzere Räucherung haltbar gemacht und infolge des damit verbundenen Austrocknens mehr oder weniger hart. Am weichsten sind die sog. weichen Mettwürste (Braunschweiger Schlackwürste), danach folgen die Zervelatwürste, Plockwürste, Gothaer Würste und schließlich die harten Würste nach Art der italienischen Salami, die meist einen Zusatz von Knoblauch erhalten und mit Bindfaden fest umwickelt sind. Zu der anderen Gruppe der Fleischwürste, den sog. Anrührwürsten, gehören die Koch-, Brat- und Brühwürste, Bock- und Weißwürste nach Münchner Art, dünn- und dickgeselchte Frankfurter-, Wiener-, Knoblauchwurst, Knackwurst usw. Sie werden zur Erhöhung der Saftigkeit mit etwas Wasser angerührt und meist frisch, seltener nach kurzer Räucherung und nach zehn Minuten langem Ziehen in siedendem Wasser genossen. 2. Blutwürste enthalten meist Schweineblut, doch auch Rinder-, Kalbs- und Schafblut, daneben Schweinefleisch und Speck, manchmal auch Leber und Grütze (Grützwurst). Sie umfassen die Rotwurst,

Schwarzwurst, den Schwartenmagen und bei Anwendung von gepökelter oder abgekochter ganzer Schweinszunge die Zungenwurst. 3. Leberwürste enthalten außer Leber, Lunge, Nieren, Sehnen, Knorpel das sog. Geschlinge und Fett des Schweines und Rindes, in manchen Gegenden gebrühte Rindsköpfe und Rindsmagen bei gewöhnlichen Leberwürsten. 4. Weißwürste enthalten Kalbfleisch oder Kalbs- oder Schweinsgekröse neben Schweinefleisch. 5. Leberkäse nennt man eine nicht in Hüllen gefüllte Wurstmasse aus der Leber und bisweilen dem Fleische der bekannten Schlachttiere. In Baden rechnet man ihn zu den pastetenartigen Nahrungsmitteln und läßt auch einen Zusatz von Mehl und Eiern nach. Im übrigen stellt man an Pasteten dieselben Anforderungen wie an Würste. — Bei der außerordentlichen Mannigfaltigkeit der Würste, welche die Aufstellung bestimmter Normen nahezu unmöglich macht, und bei der Schwierigkeit, derartig mannigfaltig zusammengesetzte Mischungen zu untersuchen, sind die W. Verfälschungen in hohem Grade ausgesetzt. Ihre Bekämpfung ist aber durch das Fleischbeschaugesetz vom 3. Juni 1900 wesentlich erleichtert worden. In erster Linie verbietet dieses die Verwendung der wichtigsten Konservierungsmittel, wie schwefliger Säure, Borsäure, Salizylsäure u. a., durch welche die Verarbeitung minderwertigen Materials erleichtert und eine beginnende Zersetzung verdeckt wird. In gleicher Richtung wirkt das Verbot aller Farbstoffe, also auch des seiner Schärfe beraubten Paprikapulvers (s. d.), durch welches der früher allgemein übliche Zusatz von roter Tinte zu den Fleischwürsten, namentlich der Thüringer Zervelatwurst, ein für allemal beseitigt wurde. Auch die Außenfärbung des Darms, durch welche eine Räucherung vorgetäuscht werden sollte, ist, abgesehen von den süddeutschen hellgelben Gelbwürsten, untersagt. Von weiteren Abweichungen, die aber nur auf Grund des Nahrungsmittelgesetzes beanstandet werden können, ist in erster Linie der Zusatz von Mehl oder mehlhaltigen Stoffen, wie Grütze, Stärke, Semmel, zu erwähnen. Er hat im allgemeinen, da Wurst eine Fleischware ist, als unzulässig zu gelten und wird in Süddeutschland und Sachsen als Verfälschung beurteilt. Eine Ausnahme macht nur der Leberkäse in Baden und die ausdrücklich als Semmelwurst bezeichnete W. in Dresden. In Norddeutschland läßt man aber bisweilen geringe Mehlzusätze für Brüh-, Brat-, Blut- und Leberwürste als ortsüblich zu, wenn der Zusatz 2 % nicht überschreitet und deutlich gekennzeichnet wird (Grützwurst). Die seit einiger Zeit aufgekommene Verwendung von Tragant und sog. Eiweißbindemitteln (Weizenkleber, Albumin, Kasein) wird durchweg als Verfälschung angesehen, weil sie zur Erzielung der Bindigkeit nicht erforderlich sind und den Anschein einer besseren Beschaffenheit vortäuschen. In hohem Grade wird der Nährwert der Wurst durch Beimischung übermäßiger Wassermengen erniedrigt, und wenn man auch bei Anrührwürsten, aber auch nur bei diesen, einen Wasserzusatz von 20 % duldet, so müssen Überschreitungen dieser Zahl doch als Verfälschung bekämpft werden. Würste aus Pferdefleisch oder Fischfleisch sind ausdrücklich als Pferdewurst, Fischwurst zu kennzeichnen. Vor dem Genusse schmieriger, verfärbter, ranziger oder fauliger W., sowie vor Würsten aus dem Fleische kranker Tiere ist dringend zu warnen, weil sie das höchst gefährliche Wurstgift enthalten können. Ihr Verkauf verstößt unter Umständen gegen die schweren in § 12 des Nahrungsmittelgesetzes aufgestellten Strafbestimmungen. — Würste in luftdicht verschlossenen Büchsen dürfen aus dem Auslande nicht eingeführt werden.

Wurzelfasern. Die Wurzeln einiger inländischer Pflanzen, z. B. Queckenwurzel, hauptsächlich aber Wurzeln tropischer Gewächse, wie Reis u. a., werden im geschälten, teilweise auch im gebleichten Zustande vielfach zur Herstellung von Besen und Bürsten benutzt.

Wurzeln nennt man die meist unterirdischen Ernährungsorgane der Pflanzen, mit denen diese am Erdboden, oder bei den Wasserpflanzen im Wasser, bei den Luftwurzeln an dem Stamme befestigt sind. Von ihnen botanisch verschieden, aber im allgemeinen Sprachgebrauche oft zu ihnen gerechnet, sind die übrigen unterirdischen Pflanzenteile, die Wurzelstöcke, Zwiebeln, Knollen und Knollwurzeln. Die echte Wurzel (lat. Radix) unterscheidet sich von den Stengelorganen dadurch, daß sie ungegliedert und ohne Blattknospen ist und kein Chlorophyll enthält. Der Wurzelstock (lat. Rhizoma) ist ein unterirdisches Stengelorgan, das oftmals wieder Nebenwurzeln treibt, und im Gegensatz zur echten Wurzel im Innern Mark enthält. Zwiebeln (lat. Bulbus) sind Stengelorgane mit einem Zwiebelboden, die an der Unterseite Wurzeln, auf der Oberseite die Keimknospen tragen. Die letzteren sind von den fleischig gewordenen Schuppenblättern umschlossen, von denen die äußeren allmählich absterben und dann häutig werden. Die Knolle (lat. Tuber) ist gleichfalls ein unterirdisches Stengelorgan mit ein oder mehreren Knospen. Sie dient der jungen Pflanze als Nahrung und stirbt nach der Entwicklung ab, sobald sich eine neue Knospe gebildet hat, die im kommenden Jahre die Nahrung wieder vermittelt. Knollzwiebeln (lat. Bulbo-Tuber) sind Zwiebeln mit einer fleischig verdickten Zwiebelscheibe, die mit einer oder wenigen Häuten umgeben ist. — Als Beispiel für die vorstehend aufgeführten Wurzeln und sog. Wurzelarten sind zu nennen: echte Wurzeln: Baldrian, Liebstöckel, Zaunrübe; Wurzelstöcke: Kalmus, Veilchenwurzel; Zwiebel: Speisezwiebel, Meerzwiebel; Knolle: Akonit; Knollzwiebel: Safran, Herbstzeitlose. — Die Wurzeln bilden für den Handel, und zwar sowohl für den Heil- und Gewerbegebrauch als auch für den Nahrungsmittelhandel, je nach der Herkunft, einen wichtigen Gegenstand. Näheres siehe bei den betreffenden Abhandlungen.

X.

Xanthenfarbstoffe nennen Möhlau und Bucherer die fünfte Klasse der Teerfarbstoffe, die sich von dem als Xanthen bezeichneten Anhydrid des Dioxydiphenylmethans $CH_2(C_6H_4)_2O$ ableiten. Die einzelnen Gruppen der X.: Pyromine, Succineine, Rosamine, Rhodamine und Phtaleine sind in besonderen Aufsätzen besprochen.

Xanthiumblätter (lat. Herba xanthii spinosae, frz. und engl. Xanthium) sind die getrockneten Blätter des dornigen Spitzklees, Xanthium spinosum, einer zu den Kompositen gehörigen Pflanze des südlichen Frankreichs. Sie wird 60—90 cm hoch, besitzt abwechselnde, gestielte, kahle, oben lebhaft grüne, unten graue Blätter und enthält ein nach Kamillen riechendes, sehr unangenehm schmeckendes ätherisches Öl. Die X. bilden einen Gegenstand des Drogenhandels und werden als Mittel gegen die Hundswut und als harntreibend empfohlen.

Xanthogensaures Kalium (xanthonsaures Kali, Kaliumxanthogenat, äthylsulfokohlensaures Kalium, äthylsulfokarbonsaures Kalium, lat. Kalium xanthogenicum) wurde eine Zeitlang als Mittel gegen Reblaus und Erdflöhe verwandt, scheint sich aber nicht überall bewährt zu haben, denn die Nachfrage hat nachgelassen. Es entsteht beim Vermischen einer Lösung von Ätzkali in Alkohol mit Schwefelkohlenstoff in Form farbloser, seideglänzender Kristallnadeln, die man durch Waschen mit Äther reinigt und trocknet. Das Salz von der Formel $C_2H_5O.CSSK$ hat einen sehr unangenehmen Geruch, färbt die Haut gelb, löst sich in Wasser und gibt mit Kupfersalzlösungen einen starken, lebhaft gelben Niederschlag.

Xereswein (Jeres, Sherry), ein sehr starker und feuriger spanischer Weißwein aus dem Gebiete zwischen den Mündungen des Guadalquivir und Guadalate in der Umgegend von Xeres de la Frontera bei Cadix, wird wie die übrigen Südweine meist stark gespritet und mit eingekochten Mosten versetzt und dann in großen steinernen Gebäuden (Bodegas) über der Erde einer langen Lagerung von 4—5 Jahren überlassen. Seine höchste Vollkommenheit erreicht er erst nach 15—20 Jahren. X. enthält nach König in 100 ccm durchschnittlich 16,09 g Alkohol, 4,06 g Extrakt, 0,41 g Weinsäure, 2,40 g Zucker, 0,51 g Glyzerin und 0,46 g Asche mit 0,028 g Phosphorsäure. Die 4—5jährigen Weine heißen Rancias, Soleras oder Dottores, die älteren Napoleones. Außerdem unterscheidet man nach Spritgehalt und Farbe: Sherry pale, sec, doré und brun. Zum Versand benutzt man Fässer in Übergebinden oder in Mattenumhüllung. Ein Both enthält 480 l.

Xylidinponceau (Xylidinrot), ein dem Ponceau 2 R nahestehender Azofarbstoff, ein braunrotes Pulver, wird zum Rotfärben von Wolle benutzt und besteht aus dem Natronsalze der Xylidinazobetanaphtholdisulfosäure.

Xylol (Xylen, Dimethylbenzol, Tolylhydrür), ein dem Benzol ähnlicher Kohlenwasserstoff, $C_6H_4(CH_3)_2$, ist ein Bestandteil des Holzteers und des Steinkohlenteers und kann aus letzterem durch fraktionierte Destillation abgeschieden werden, indem man den zwischen 128 und 130° C siedenden Anteil gesondert auffängt. Vor einigen Jahren wurde das X. als Mittel gegen die Pockenkrankheit empfohlen, scheint aber wieder in Vergessenheit gekommen zu sein. Technisch wird es in der Farbenindustrie angewandt.

Xylolith (Steinholz). Dieses bekannte, von der Xylolithfabrik Sening & Co. in Potschappel in den Handel gebrachte Kunstholz wird durch Behandlung von Sägespänen mit Magnesiumchlorid unter Anwendung äußerst starken Drucks hergestellt. Gewisse Sorten erhalten auch Zusätze von Glimmer, Quarzpulver, Asbest sowie beliebige Färbung. X. ist wegen seines Gehaltes an Magnesiumoxychlorid ein äußerst haltbarer Stoff für Fußböden, Treppenstufen, Tischplatten usw., und durch hohe Widerstandsfähigkeit gegen Feuer und Schwamm ausgezeichnet. Dabei wirkt es als Fußbodenbelag ziemlich gut isolierend gegen Wärme und Kälte und zugleich schalldämpfend.

Y.

Ylang-Ylangöl (Orchideenöl, lat. Oleum unonae s. anonae, frz. Essence d'Ylang-Ylang, engl. Oil of Ylang-Ylang), ein feines und teures Modeparfüm von lieblichem, eigenartigem Wohlgeruch nach Hyazinthen, wird auf der Insel Luzon aus den Blüten einer baumartigen Orchideenart Cananga odorata, destilliert. Die farblose oder blaßgelbe, etwas dickliche Flüssigkeit riecht unverdünnt durchdringend und entwickelt ihr schönes Aroma erst bei starker Verdünnung mit Weingeist. Das Y. ist stark linksdrehend, hat ein spez. Gew. von 0,930—0,950 und enthält Pinen, Linalool, Geraniol, Eugenol, Isoeugenol, Eugenolmethyläther, Parakresolmethyläther, Benzoësäuremethylester, Salizylsäuremethylester, Benzylazetat, Benzylbenzoat, Benzylalkohol und Kadinen.

Yoghurt (Jogurt) ist ein Erzeugnis, das hauptsächlich in den Balkanländern durch Behandlung von Kuhmilch mit Maya, einem aus zwei Bakterienarten bestehenden Ferment, hergestellt wird. Man überläßt die unter Umständen vorher stark eingedampfte Milch nach dem Zusatz des Fermentes 8—12 Stunden lang in einer türkischen Kochkiste einer bei 50° verlaufenden Gärung, wobei die Masse eine dickliche Konsistenz und einen angenehmen säuerlich-süßen Geschmack annimmt. Für die chemische Zusammensetzung einer Probe Y. wurden im Dresdner Untersuchungsamte folgende Werte ermittelt: Wasser 85,55 %, Stickstoffsubstanz 4,69 %, Fett 5,34 %, Milchzucker 2,80 %, Milchsäure 1,76 %, Asche 0,97 %. Erzeugnisse aus zur Hälfte oder zu einem Drittel eingedampfter Milch enthalten aber 7,10 bzw. 10,65 % Stickstoffsubstanz, 7,20 bzw. 10,80 % Fett und 9,76 bzw. 14,64 % Zucker. 40 % des vorhandenen Kaseins sind in Wasser löslich. Nach Vorstehendem ist das Erzeugnis im wesentlichen als eine Art Dickmilch anzusprechen, wird aber mit ziemlichem Aufwande von Reklame als Mittel gegen alle möglichen Erkrankungen der Verdauungsorgane, gegen Hautkrankheiten, Gallensteine, Zuckerharnruhr, Gicht, Tuberkulose usw. angepriesen. Die zur Herstellung des Y. erforderliche Maya kann von verschiedenen Firmen bezogen werden. Auch sind Yoghurt-Tabletten im Handel, die Reinkulturen von Milchsäurebazillen (Bacillus acidi lactici oder Bac. bulgaricus) enthalten und in derselben Weise wie Y. benutzt werden sollen.

Yohimberinde (lat. Cortex Yohimbehe, frz. Ecorce de Yohimbéhé, engl. Yohimbe Bark), eine aus Afrika eingeführte Droge, stammt von Corynante Yohimbe, einem unserer Eiche ähnlichen Waldbaum aus der Familie der Rubiazeen (Zinchoneen). Der in Kamerun und Westafrika heimische und von den Eingeborenen Yumbehoa genannte Baum wird 10—15 m hoch und 1 m dick und hat 30—35 cm lange, 11—15 cm breite, lederartige Blätter, sowie kugelförmig gestellte, anfangs weiße, dann gelbe und zuletzt rote Blüten. Die Rinde bildet rötlich- bis zimtbraune, teilweise eingerollte Stücke von 4—8 mm Dicke und 75 cm Länge, die häufig noch mit dem Kork bedeckt sind und einen unebenen, weich- und kurzfaserigen Bruch sowie Samtglanz und bitteren Geschmack zeigen. Als wirksame Bestandteile enthält die Droge mehrere Alkaloïde, insbesondere Yohimbenin und Yohimbin, von denen das letztere die größere Bedeutung hat. Der Gesamtalkaloïdgehalt beträgt 0,3—1,5 %. Zur Reindarstellung des Yohimbins wird die gepulverte Rinde mit Essigsäure ausgezogen, das Alkaloïd aus der Lösung mit Natriumbikarbonat ausgefällt und aus Alkohol umkristallisiert. Y. bildet dann weiße, seideglänzende Nadeln, die bei 231° schmelzen und sich leicht in Alkohol, Holzgeist, Amylalkohol, Äther, Essigsäure und Chloroform, hingegen schwer in Benzol und gar nicht in Wasser lösen. In chemischer Hinsicht ist das Alkaloïd als der Methylester der Yohimboasäure anzusprechen. Es liefert mit den allgemeinen Alkaloïdreagentien Niederschläge und Farbenreaktionen. Besonders bemerkenswert ist die Erscheinung, daß die farblose Lösung der Base in konzentrierter Schwefelsäure auf Zusatz von Kaliumdichromat blauviolette Streifen zeigt. Die Rinde wird in dem Ursprungslande als Mittel zur Steigerung der männlichen Zeugungskraft benutzt. In Europa verwendet man zu dem gleichen Zwecke hauptsächlich die freie Base oder ihr salzsaures Salz in Form von Tabletten oder Tropfen. Außerdem wirkt das Yohimbin als lokales Anästhetikum wie das Kokain, ohne dessen schädliche Wirkung zu zeigen, und soll auch bei gewissen Frauenleiden gute Dienste tun.

Ysopkraut (lat. Herba hyssopi, frz. Plante fleurie d'hysope, engl. Hyssope). Der Ysop, Hyssopus officinalis, ist ein halbstrauchartiges, zu den Labiaten gehöriges Gewächs mit 6 bis 9 dm hohen viereckigen Stengeln, sitzenden gegenständigen lanzettlichen Blättern und tiefblauen, seltener roten oder weißen Blüten in langen einseitswendigen Ähren. Es wächst auf trockenen Hügeln im südlichen Europa und in Österreich, kommt bisweilen auch weiter nördlich verwildert auf Dorfmauern und ähnlichen Standorten vor und wird auch in Gärten gehalten. Das würzig, nach Kampfer riechende, scharf und bitter schmeckende Kraut wird vor dem Aufblühen der Blumen getrocknet und innerlich als Brusttee, äußerlich zu Umschlägen verwandt. Das ätherische Ysopöl (lat. Oleum hyssopi) hat ein spez. Gew. von 0,927—0,945, dreht links und ist in 0,5—8 Teilen 80 %igem Alkohol löslich.

Z.

Zachäusöl, ein fettes balsamisches Öl, das in Syrien und Palästina den Fremden häufig zum Verkauf angeboten wird und dort äußerlich zur Behandlung von Wunden, innerlich als Mittel gegen Brustkrankheiten zur Verwendung kommt, wird aus den Steinfrüchten des Zachunbaumes, Balanites ägyptiaca, dargestellt. Diese enthalten eine einsamige, ölreiche, fünfeckige Nuß, aus welcher das gelbe, balsamische Öl durch Auspressen gewonnen wird. Auch aus den olivenartigen Früchten von Elaeagnus angustifolius, die im Arabischen Zakkoum heißen, preßt man einen ähnlichen gelben Balsam. Die chemische Natur beider ist noch nicht bekannt.

Zahnholzkraut (Holzzahnkraut, Hanfnesselkraut, Liebersche Kräuter, Blankenheimer Tee, lat. Herba galeopsidis, frz. Galéopside, engl. Galeopsis) ist das mit den Blüten getrocknete Kraut der Labiate Galeopsis grandiflora oder Galeopsis ochroleuca. Die Pflanze hat einen ästigen, meist roten, fein behaarten Stengel und gezähnte blaßgrüne, auf beiden Seiten weichhaarige Blätter. Die schwefelgelben, leicht ausfallenden Blüten bilden dichte Scheinquirle mit stacheligen Kelchen. Verwechslungen mit Galeopsis Tetrahit und versicolor erkennt man an den knotig angeschwollenen Stengeln, während die echte Pflanze an den Verästelungen des vierkantigen Stengels nicht verdickt ist. Das Kraut wächst am häufigsten am Mittel- und Unterrhein und bildet in Form von Tee ein vortreffliches Mittel gegen lang anhaltenden Husten.

Zahnpulver, Zahnseife, Zahnwässer sind vielgebrauchte Kosmetika zum Reinigen und Erhalten der Zähne. Als Grundlage für Zahnpulver verwendet man in der Hauptsache Kalziumund Magnesiumkarbonat sowie Holzkohle. Ein geringer Zusatz von Bimsstein- oder Ossa-Sepiapulver ist zweckmäßig, doch darf die Menge nicht so groß sein, daß der Zahnschmelz angegriffen wird. Zusätze von organischen Stoffen, z. B. Veilchenpulver, wirken oft ungünstig, da sie sich zwischen den Zähnen festsetzen und schädliche Zersetzungsprodukte bilden. Als Parfüm dienen Mitcham Pfefferminzöl oder Nelkenöl, als antiseptische Zusätze Thymol, Salizyl- oder Borsäure. — Zahnseifen mischt man aus den gleichen Bestandteilen zusammen, die bei Zahnpulver genannt sind, und setzt gepulverte medizinische Seife, sowie als Bindemittel Honig, Sirup oder Glyzerin hinzu. Je nach der Menge der einzelnen Stoffe erhält man eine weichere Zahnseife oder eine festere Zahnpaste. — Zahnwässer sind Auszüge von Ratanhiawurzeln, Katechu usw. unter Zusatz von Myrrhentinktur, Borsäure, Salizylsäure, Thymollösungen und aromatisiert mit Nelkenöl, Pfefferminzöl u. a.

Zahntropfen (Zahnwehtropfen, lat. Guttae antodontalgicae) sind Mischungen von ätherischen Ölen, z. B. Nelkenöl mit Chloroform, Kreosot, Lösungen von Karbolsäure, Kokain, Morphin usw., die mittels Pinsels oder Wattebäuschchens an die schmerzende Stelle gebracht werden. — Doberaner Zahntropfen bestehen aus einem Gemisch gleicher Teile Tinctura opii crocata, Pfefferminzöl und Ätherweingeist.

Zander (Sander, Sandart, Schill, Schiel, Amaul), ein gefräßiger Süßwasserraubfisch (Lucioperca sandra), der zu den Barschen oder Stachelflossern gehört, besitzt einen gestreckteren Körperbau als der Flußbarsch und kann 9—12 dm lang und über 10 kg schwer werden. Er schimmert auf dem Rücken grünlichgrau und erscheint an den Seiten silberweiß mit bräunlichen, wolkigen Flecken und verwaschenen Querbinden. Der Fisch liebt tiefe, reine Gewässer mit sandigem Grunde und ist besonders im nordöstlichen Deutschland, in den Flußgebieten der Oder und Weichsel, aber auch in der Donau zu Hause. Außerdem findet er sich in einigen großen Landseen an der unteren Oder, z. B. dem Schlawer See, und im Stettiner Haff in größter Menge und bildet dort eine bedeutende Handelsware. Der Z. hat ein ausgezeichnetes weißes und fettes Fleisch, das besonders im frischen Zustande sehr geschätzt ist, wird aber auch gesalzen und geräuchert versandt, obgleich es dadurch sehr an Wohlgeschmack verliert. Die gesetzliche Schonzeit reicht vom 10. April bis 9. Juni. Z. unter 35 cm Länge dürfen nicht verkauft werden.

Zaponlack, diese bekannte, zum Überziehen wertvoller Dokumente sowie feiner Metallwaren usw. benutzte Flüssigkeit, besteht im allgemeinen aus Auflösungen von Zelluloid in Amylazetat, bisweilen unter Zusatz von Azeton, Äther, Benzin und Benzol. Beim Verdunsten des Lösungsmittels bleibt auf den damit behandelten Gegenständen ein dünner Überzug von Zelluloid zurück, welcher die Einwirkung der Luft verhindert.

Zaunrübenwurzel (Gichtrübe, lat. Radix bryoniae s. vitis albae, frz. Racine de bryone blanche, engl. Bryony root), im getrockneten Zustande ein Gegenstand des Drogenhandels, stammt von Bryonia alba und dioica, klimmenden Pflanzen aus der Familie der Kukurbitazeen, von denen die erstere häufiger im östlichen, die letztere mehr im westlichen Deutschland vorkommt. Die großen rübenartigen Wurzeln, die sich meist in Gestalt von Querscheiben im Handel vorfinden, sind auf der Fläche weißlichgelb, ringförmig gewulstet und durch nach dem Mittelpunkt verlaufende Markstrahlen gestreift. Auch die weißlichgelbliche Rinde zeigt zahlreiche Ringwulste. Die Droge ist geruchlos, aber von unangenehm bitterem Geschmack und wird als abführendes Mittel bei Rheumatismus usw. benutzt. Der wirksame Stoff heißt Bryonin.

Zedernholz. Das echte Holz der Libanonzeder ist längst außer Verkehr gekommen und der Baum selbst auf den Gebirgen von Syrien und Kleinasien zur Seltenheit geworden. Die jetzige Bezeichnung umfaßt verschiedene andere, einigermaßen ähnliche, wohlriechende und weiche Hölzer, die meist in weiße und rote unterschieden werden. Eines der ersteren, das sog. spanische Z., stammt von einem baumartigen Wacholder, Juniperus oxycedrus, der in den Mittelmeerländern nicht selten ist, und auch zwei amerikanische Nadelhölzer, Cupressus thujoides und Taxodium distichum, liefern weißes Z. Das in größeren Massen zu Bleistiften verarbeitete rote Z.-Bleistiftholz (Red cedar) stammt von zwei amerikanischen Wacholderbäumen, Juniperus virginiana und bermudiana. Hierzu kommt das braunrötliche, wohlriechende Kuba-Z., das vorzugsweise Zuckerkistenholz genannt wird und von einem westindischen Laubbaume, Cedrela odorata, gewonnen wird. — Aus den Spänen, die bei der Herstellung von Bleistiften in großen Massen abfallen, destilliert man noch eine erhebliche Menge Öl. Eine geringwertigere Sorte des letzteren, die nur aus den leichter siedenden Anteilen von weniger feinem Geruch besteht, kommt aus den Trockenkammern der amerikanischen Bleistiftfabriken. — Das Zedernholzöl (Zedernöl, lat. Oleum ligni cedri, frz. Essence de cèdre, engl. Cedar oil), ein blaßgelbes, etwas dickflüssiges ätherisches Öl vom spez. Gew. 0,940—0,961 dient als Zusatz zu Seifenparfüm, ferner zur Verfälschung von anderen ätherischen Ölen und schließlich zum Parfümieren der aus inländischen Hölzern gefertigten und etwas naturfarben gebeizten Zigarrenkisten.

Zedrobalsam heißt der aus der Zirbelkiefer (Arve) gewonnene dünnflüssige Terpentin, der durch den Zusatz karpatischer näher bezeichnet wird.

Zelloidin nennt man die aus Kollodium dargestellte, ganz reine Nitrozellulose, die in Form gelatineartiger Tafeln zum Verkauf gelangt und in wäßriger Lösung wie Kollodium, vor allem zur Herstellung des in der Photographie gebrauchten Z.-Papiers benutzt wird. Vor gewöhnlichem Kollodiumpapier ist es dadurch ausgezeichnet, daß es aus Jodsilber kein freies Jod abscheidet.

Zelluloid (Zellhorn, Trocadero), eine aus Nitrozellulose und Kampfer bestehende Masse, der man je nach Bedarf verschiedene weiße oder bunte Farbstoffe zusetzt, ist sehr hart, fest und dabei elastisch und nimmt eine sehr schöne Politur an. In Wasser unlöslich, ist es auch an der Luft unveränderlich, wird aber bei 125° so weich und plastisch, daß es sich in jede beliebige Form bringen läßt und zur Herstellung der verschiedensten Gegenstände, Armbänder, Broschen,

Kämme, Billardbälle, Manschetten, Halskragen, Schirmgriffe, Pferdegeschirre, photographischer Films usw., benutzt werden kann. Besonders eignet es sich für künstliche Korallen. Zur Herstellung des Z. löst man Dinitrozellulose in geschmolzenem Kampfer, indem man mit hydraulischen Pressen einen starken Druck bei einer durch Dampf erzeugten Temperatur bis zu 130° ausübt. Die frisch aus den Apparaten kommende Masse ist nach dem Erkalten durchscheinend und hornartig und wird erst durch Zusatz verschiedener pulverförmiger Stoffe undurchsichtig. Die aus Z. gefertigten Gegenstände haben den Übelstand, daß sie sich bei Annäherung einer Flamme bzw. bei der Vorführung in Lichtspieltheatern durch Überspringen elektrischer Funken sehr leicht entzünden und dann schnell verbrennen. Auch besitzen sie einen schwachen Kampfergeruch. Zur Vermeidung des letzteren, sowie der Explosionsgefahr hat man zahlreiche Ersatzstoffe für Kampfer in Vorschlag gebracht.

Zellulose (Cellulose, Zellstoff) im chemischen Sinne nennt man die Verbindung von der Zusammensetzung der Kohlenhydrate, $C_6 . H_{10}O_5$, die entweder für sich allein oder im Gemenge mit anderen Stoffen die Wandung der Pflanzenzellen bildet. In reinem Zustande und geringerer Menge findet sie sich in den jungen, zarten Geweben, reichlicher in älteren, harten Pflanzenteilen, wie den Stämmen der Bäume, dem Stroh und den Steinfrüchten. Zur fabrikmäßigen Darstellung der Z. geht man meist von dem Holze aus, das aber mit erheblichen Mengen Lignin inkrustiert ist und daher einer chemischen Behandlung unterworfen werden muß. Nach dem älteren sog. Natronverfahren wird das von der Rinde befreite und in Scheiben geschnittene Holz in schmiedeeisernen Kesseln bei 6—10 Atmosphären Druck 2—3 Stunden lang mit 8%iger Natronlauge gekocht, darauf nach dem Ablassen der braunen Lauge mit Wasser gewaschen und schließlich im Bleichholländer gebleicht. Eine wesentliche Verbesserung bedeutete das von A. Mitscherlich u. a. ausgearbeitete Sulfit-Zellulose-Verfahren, das auf der Behandlung des in Scheiben geschnittenen Holzes mit einer sauren Kalziumsulfitlösung beruht. Die erforderliche Sulfitlauge wird von den Z.-Fabriken selbst durch Einwirkung von schwefliger Säure auf Kalziumkarbonat und Wasser in auffallenden, turmartigen Anlagen hergestellt und dann in die verbleiten Kochapparate geleitet, in denen sich das bereits vorher gedämpfte Holz befindet. Man erhitzt bei etwa drei Atmosphären Druck längere Zeit (1—2 Tage) auf 108—118° und wäscht dann mit Wasser aus. Neuerdings hat man auch mit Erfolg versucht, Z. mit Hilfe der Elektrolyse zu gewinnen, indem man das Holz in Kochsalzlösung bringt und den elektrischen Strom hindurchleitet. — Neben dem Holz hat nur noch das Espartogras eine gewisse Bedeutung für die Herstellung von Z., für die es meist mit einem Gemisch von Magnesia und wäßriger schwefliger Säure unter Druck gekocht wird. — Die reine Z. zeigt unter dem Mikroskope noch das pflanzliche Gefüge und im polarisierten Lichte Doppelbrechung. Sie löst sich nur in konzentrierten Säuren und Chlorzinklösung, worauf die Herstellung von künstlichem Pergamentpapier (s. d.) beruht, und besonders leicht in Schweizers Reagens (Kupferoxydammoniak). Aus der letzteren Lösung wird sie durch Wasser, Säuren und Salze in Form amorpher Flocken ohne irgendwelche Andeutung von pflanzlichem Aufbau ausgefällt. Z. bildet den wichtigsten Rohstoff zur Herstellung billigerer Papiere.

Zement. Unter dem Namen Z. versteht man teils fertigen Wassermörtel, teils Stoffe, die als Zuschläge dem gewöhnlichen Luftmörtel die Eigenschaft verleihen, unter Wasser steinartig zu erhärten. Wenn ein Kalk wenigstens 8% Ton enthält, also zur Klasse der Mergelkalke gehört, so verhält er sich beim Brennen und Löschen anders als gewöhnlicher Kalkstein. Er bildet eine erdiggraue Masse, die sich mit Wasser wenig oder gar nicht erhitzt, und wird als hydraulischer Kalk bezeichnet. Am besten sind hydraulische Kalke mit einem Tongehalte von 20 bis 30%. Als vorzügliche Zuschläge, die gewöhnlichen Kalk in hydraulischen verwandeln, werden seit langer Zeit verschiedene Tonerdesilikate benutzt, die vulkanischen Ursprungs und daher von Natur bereits aufgeschlossen sind. Die wichtigsten dieser, auch natürliche Z. genannten, Mineralien sind die römische Puzzolanerde, der neapolitanische Posilippotuff, die Santorinerde und der rheinische Traß. Zu den künstlichen, durch einen Brennprozeß erhaltenen Z. gehören in erster Linie die hydraulischen Kalke und der Roman-Z. Zu ihrer Darstellung werden natürliche tonhaltige Kalke, wie sie sich z. B. am Themseufer finden, bis zur Austreibung der Kohlensäure, aber nicht bis zur Sinterung gebrannt, so daß sie noch freien Kalk enthalten. Die gebrannte Masse wird beim Roman-Z. gemahlen und als ein bräunliches Pulver in den Verkehr gebracht, während sie bei den übrigen hydraulischen Kalken durch bloße Behandlung mit Wasser zerfällt. Der wichtigste Z., der englische Portland-Z., der übrigens auch in gleicher Güte von deutschen Fabriken hergestellt wird, unterscheidet sich von den vorstehenden dadurch, daß man natürliche oder künstliche Gemische von Ton, Kalkstein oder Kreide bis zur Sinterung erhitzt. Gewöhnlich wird das geschlämmte Gemisch zu Ziegeln geformt, letztere getrocknet und bis zur anfangenden hellen Weißglut gebrannt. Bei zu schwacher Hitze ist das Tonsilikat nicht genügend aufgeschlossen, bei Überhitzung hingegen teilweise geschmolzen (totgebrannt). Die Steine, die noch porös sein müssen, werden fein gemahlen und geben dann ein grünlichgraues Pulver, das beim Übergießen mit Salzsäure gallertartige Kieselsäure abscheidet. Außer den bereits genannten Stoffen verwendet man zur Herstellung des Portland-Z. eine Reihe von Zuschlägen, die teils vor, teils nach dem Brennen hinzugesetzt werden, wie Diabas, Eisenerz, Ziegelmehl und mit besonders gutem Erfolge Hochofenschlacke. — Der Z. dient zu Wasserbauten, zum Auskleiden von Behältern und zur Herstellung von Trögen, Röhren, Ornamenten und Fußbodenplatten. Seine Verwendung beruht darauf, daß sich der Kalk mit dem durch das Brennen aufgeschlossenen Tone unter der Einwirkung des Wassers zu einem unlöslichen Kalktonerdedoppelsilikat vereinigt. Nach der Dauer des Festwerdens unterscheidet man den gewöhnlichen, langsam bindenden, der etwa ½ Stunde gebraucht, und schnell bindenden Z. Bis zum völligen Abbinden muß die Masse unter Wasser bleiben. Der Versand erfolgt in möglichst dichten Fässern, da das Pulver an feuchter Luft rasch verdirbt.

Zephyrgarne nennt man die vielfädigen, locker gezwirnten, weichen Kammgarne, die, in allen gangbaren Farben gefärbt, zur Wollstickerei (Tapisserie) häufige Verwendung finden. Die sächsischen Kammgarnspinnereien liefern größtenteils das Garn, das hauptsächlich in Berlin, Leipzig, Hamburg, Altona und anderen Orten gefärbt wird.

Zerate (von Cera, Wachs) ist die pharmazeutische Bezeichnung für Wachspflaster oder Wachspomaden. Sie werden durch Zusammenschmelzen von Wachs, Fetten, Ölen und Harzen in solcher Konsistenz erhalten, daß sie bei gewöhnlicher Temperatur starr sind, aber schon durch die Handwärme salbenähnlich erweichen.

Zerberaöl, das Öl der Früchte von Cerbera Odollam, einer ostindischen Pflanze, findet als Fischgift Anwendung.

Zerium, ein vierwertiges metallisches Element vom Atomgewicht 139—139.5, das sich in verschiedenen seltenen Mineralien, dem Zerit, Gadolinit, Orthit und vor allem im Monazit vorfindet. Von den Verbindungen des Z., welche meist als Abfälle bei der Gewinnung des Thoriums aus Monazitsand erlangt werden, besitzen das Oxalat, das Nitrat und Sulfat gewisse Bedeutung. Zerooxalat wird bisweilen bei Magen- und Darmkatarrh angewandt, Zeronitrat findet sich in Menge von 1% in der zum Imprägnieren von Glühstrümpfen (s. d.) benutzten Thoriumsalzlösung, und Zerosulfat ist als Bestandteil photographischer Blitzlichtpulver aufgefunden worden.

Zerolin, ein gegen Verstopfung und Hautausschläge verordnetes Medikament aus Hefen-Fett.

Zibeben nennt man eine besondere Sorte von großen Rosinen, die jedoch nicht von dem gewöhnlichen Weinstocke, sondern von Vitis Rumphii abstammen und sich durch ihre länglichovale Form von den gewöhnlichen Rosinen unterscheiden. Vgl. ferner Rosinen.

Zibet (lat. Zibethum, frz. Civette, engl. Civet) ist eine fettartige, stark nach Moschus riechende Ausscheidung mehrerer Arten von Zibetkatzen, nächtlich schleichender Raubtiere, die durch ihren Körperbau, eine streifige Zeichnung und besonders den dicht behaarten langen Schwanz eine gewisse Ähnlichkeit mit wilden Katzen haben, sich aber durch die abweichende Kopfform und die vorgestreckte windhundartige Schnauze von ihnen unterscheiden. Von den beiden hauptsächlich in Betracht kommenden Arten wird die afrikanische Zibetkatze (Viverra Civetta), die in Ober- und Niederguinea heimisch sein soll, seit alten Zeiten in Abessinien, Nubien, Ägypten und der Euphratebene als Haustier gehalten, ebenso die asiatische (Viverra Zibetha) in Ostindien. Das salbenartige, gelbliche oder bräunliche Sekret wird in einem besonderen Beutel unter dem After erzeugt und von den wild lebenden Tieren zeitweilig ausgeworfen. Die Handelsware wird aber nur von gefangenen Tieren durch wöchentliches Ausdrücken der Beutel gewonnen und in Zinn- oder Blechbüchsen, afrikanisches Z. auch in Büffelhörnern, versandt. Als beste Sorte gilt das Z. von Buco, einer der Molukken, dann folgt dasjenige von Java, Bengalen und zuletzt das afrikanische. Z. findet in der Medizin keine Anwendung mehr, sondern dient lediglich als Köder für Fische und Raubzeug sowie als Zusatz zu Parfüms. Als künstlicher Zibet findet sich im Handel eine Mischung von Muskatöl (100), Perubalsam (30) und Walrat (40), die mit je zwei Teilen Nelken-, Zimt- und Sassafrasöl, künstlichem Moschus, Ambra und Ammoniak versetzt ist.

Zichorie (Cichorie, wilde Z., gemeine Wegwarte, Feldz., Handleuchte, Hindei, Hindlüfte, Hindsläufer, Schweinebrunst, Sonnenbrand, Sonnenwende, Sonnenwirbel, Wartekraut, Wasserwart, Wegweiß, Wegläufer, Weglug, Weglungen, Wegwurz, Wendel, frz. Chicorée amère, commune, sauvage, engl. Intybus chicory, Wild chicory und Succory). Die Z., Cichorium Intybus L., ist eine ausdauernde Komposite, die in ganz Europa häufig an Wegen und Rainen wild wächst, aber auch vielfach als Futterpflanze und wegen der Wurzeln angebaut wird. Die unteren Blätter des sperrigästigen Krautes sind gestielt und fiederspaltig, die oberen lanzettlich und sitzend, die Blütenköpfe, die sich erst im zweiten Jahre entwickeln, traubig und die Blumenkronen blau, selten rötlich oder weiß. Die Wurzel der wild wachsenden Pflanze ist zylindrisch, einfach, 15—30 cm lang und 6—8 mm stark, außen braun und der Länge nach runzelig. Die 1 mm dicke, weiße schwammige Rinde erscheint strahlenförmig von dunkleren Streifen durchzogen, welche die kennzeichnenden Milchsaftschläuche enthalten, und zeigt außerdem noch Siebröhren. Die Gefäße des Holzes bestehen aus kurzen, quergetüpfelten Gliedern. Die Wurzel der angebauten Pflanze ist sehr fleischig, 5 cm dick, bis 70 cm lang und treibt gegen die Spitze einfache, gerade, 7—17 mm dicke Äste von schmutzig weißer Farbe und deutlicher Querstreifung. Die Rinde ist 6 bis 10 mm dick. Beide Wurzelarten milchen, wenn man sie im frischen Zustande anschneidet, schmecken bitter und enthalten keine Stärke, sondern Inulin. In England dient die Z. als Weidepflanze für Masthammel, in Griechenland ißt man die Blätter als Gemüse oder Salat. Als Viehfutter ist die Z. besonders gegen Hautkrankheiten wirksam, darf aber den Kühen nur in kleinen Gaben gereicht werden, da sie der Milch und der Butter einen bitteren Geschmack verleiht. In großem Maßstabe wird die Wurzel als Kaffee-Ersatz (Zichorienkaffee) verwandt. — Der Zichorienkaffee (frz. Café de chicorée, Chicorée en grains, Mignonette, engl. Chicory powder, Succory powder) ist der älteste, im großen dargestellte Kaffee-Ersatz, der hauptsächlich zur Zeit der Kontinentalsperre aufkam. Früher ein Geheimnis der Holländer, hat sich die Erzeugung später besonders in Deutschland und Frankreich zu einer schwungvollen Industrie entwickelt. Obschon in neuerer Zeit der Zichorie von anderen Ersatzmitteln starker Wettbewerb gemacht worden ist, steht sie doch noch an der Spitze aller und wird in so ausgedehntem Maße angewandt, daß der Bedarf durch die wild wachsende Pflanze nicht gedeckt werden kann. Der Anbau in Deutschland wird am ausgebreitetsten in der Gegend von Magdeburg betrieben, aber auch bei Braunschweig, Heringen und Hannover, am Rhein, in Baden, Württemberg und Schlesien findet man Zichorienfelder. Die Z. verlangt Lehm- oder leichten, aber kalkhaltigen Ton- und Tonmergelboden und reichliche Düngung. Zur Herstellung des Kaffee-Ersatzes werden die Wurzeln in Scheiben oder kleine viereckige Stückchen zerschnitten und hierauf im Darrofen getrocknet. Das Rösten geschieht gewöhnlich unter Zusatz von 1—2 % Fett in großen, den Kaffeetrommeln ähnlichen Blechzylindern, und die geröstete Wurzel muß sofort, bevor sie durch Anziehen von Feuchtigkeit zähe geworden ist, gemahlen werden. Das Pulver wird in Fässer oder in die bekannten kleinen zylinderförmigen Papierpakete verpackt und dann in Kellerräumen mehrere Wochen der Einwirkung feuchter Luft ausgesetzt, worauf der Inhalt eine dunkelschwarzbraune, zähe, bröcklige, bisweilen auch etwas schmierige Masse bildet. In dieser Form gelangt sie zum Verkauf. Der durch kochendes Wasser erhaltene tief dunkelbraune Aufguß ist gewöhnlich etwas trübe und schmeckt bitterlich süß. Die Z. benutzt man entweder für sich allein zur Herstellung eines Getränkes, oder als Zusatz zu Bohnenkaffee, dessen Geschmack und Aroma er weniger verändert als andere Ersatzstoffe, wie Rüben, Eicheln usw. Trotz ihrer Billigkeit wird sie doch häufig verfälscht, hauptsächlich mit anderen gerösteten Wurzeln, wie Möhren oder Zuckerrüben. Besonders letztere bilden als Rübenschnitzel der Zuckerfabriken das häufigste Verfälschungsmittel und können mikroskopisch nachgewiesen werden. Erdige Beimischungen, Sand usw., lassen sich durch die Aschenbestimmung erkennen. Der Gehalt an Asche darf 8 %, der Sandgehalt 2,5 % nicht überschreiten. Besondere gesetzliche Bestimmungen über Z. bestehen zurzeit in Deutschland und Österreich noch nicht, während in Belgien folgende Vorschriften für die Z. festgelegt sind: Zichorie darf, bei 100° getrocknet, nicht mehr als 15 % an Gewicht verlieren, ferner in pulverförmigem Zustande nicht mehr als 10 %, im gekörnten Zustande nicht mehr als 8 % Asche hinterlassen und höchstens 2 % Fett- oder Zuckerzusatz erhalten haben. 1907 betrug die Anbaufläche für Z. in Deutschland 6170 ha, der Ertrag 1,6 Millionen Dopelzentner, der Wert der gerösteten Z. 5¾ Millionen Mark.

Ziegel (Backsteine, Mauersteine), die einfachsten Tonwaren, werden aus dem häufig vorkommenden Lehm, der bereits die zweckmäßigste Mischung von Ton, Sand, Eisenoxyd und mitunter auch Kalk enthält, hergestellt, und nur solche Lehmsorten, die nicht mager, sondern durch hohen Tongehalt zu fett sind, erhalten einen Zusatz von Sand, um das Verziehen beim Brennen zu verhindern. Der gegrabene Lehm bleibt eine Zeitlang, am besten einen Winter hindurch, im Freien liegen, wodurch er bildsamer wird, und wird dann eingesumpft und durch Treten mit den Füßen von Steinen und Kalknieren befreit. Der Ersatz dieses urwüchsigen Verfahrens durch Maschinenarbeit (sog. Tonscheider) bedeutet eine wesentliche Vereinfachung, liefert aber eine unreinere Masse. Die mit der Hand oder ebenfalls mit Maschinen geformten Ziegel werden lufttrocken gemacht und in Ringöfen gebrannt. Sie sind dann porös und durchlässig für Wasser und Luft, haften an der Zunge und besitzen erdigen Bruch. Die mehr oder weniger rote Farbe rührt von einem Gehalte an Eisenoxyd her. Bei zu hoher Temperatur des Ofens gebrannte Z., die oberflächlich geschmolzen sind und eine glatte, glasartige Haut von grüner, gelber oder brauner Farbe erhalten haben (sog. Klinker oder Glasköpfe), saugen kein Wasser ein und sind für gewöhnliche Bauten unbrauchbar, weil sie den Mörtel nicht binden, können aber zu Wasserbauten benutzt werden. Zur Herstellung von Dachziegeln muß der Ton besonders sorgfältig vorbereitet werden. Verblendsteine nennt man eine gewisse Sorte gut gearbeiteter Ziegel mit glatter Oberfläche, die zu Rohbau ohne Abputz Verwendung finden. Auch werden glasierte Z. gebrannt. Zu Isolierungszwecken stellt man Ziegel unter Verwendung von Korkabfällen her. Zur Ermittlung des Gebrauchwertes der Z. bestimmt man ihre Druckfestigkeit, ihr spez. Gew., die Porosität, Frostbeständigkeit und das Wasseraufsaugungsvermögen. Außerdem prüft man die Steine auf das Vorhandensein wasserlöslicher Salze, sowie von Kalziumkarbonat, Gips und Schwefelkies.

Zimt (Zimmt, Zimtkassia, Zimtrinde, Kaneel, lat. Cinnamomum, frz. Cannelle, engl. Cinnamom), ein überaus wichtiges Gewürz, das auch medizinische Bedeutung besitzt, besteht aus den Rinden verschiedener tropischer Bäume, die alle der Familie der Lorbeergewächse oder Laurineen entstammen und besonders der Gattung Cinnamomum angehören. Die Bäume haben aromatische, immergrüne Blätter, Rispenblüten und einsamige, vom Perigon becherförmig umhüllte Früchte. Die beiden wichtigsten Zimtsorten sind der chinesische und der Zeylonzimt. — Der chinesische Z., Zimtkassia (lat. Cortex cinnamomi chinensis, cinnamomi cassiae, Cassia lignea, frz. Casse de chine, Cannelle de Chine, engl. Cassia bark) stammt von Cinnamomum Cassia (Nees) Blume. Der Baum ist im südlichen China und in Kotschinchina heimisch und wird in den chinesischen Provinzen Kwangsi und Kwangtung, sowie auch in Kotschinchina und auf Zeylon, den Sundainseln und an der Küste von Malabar angepflanzt. Er hat ganzrandige, unterseits weichhaarige, dreinervige Blätter und gelblichweiße Blütenstände. Man läßt die Bäumchen sechs Jahre alt werden und schält die Rinde von den etwa 2 cm dicken Zweigen im März, April und Mai, indem man die Blätter und kleineren Zweige entfernt, zwei Längsschnitte macht, hierauf in 45—50 cm Entfernung Querschnitte anbringt und schließlich die Rinde mit einem Hornmesser ablöst. Die noch frischen Rindenstreifen werden von dem Korke oberflächlich durch Abkratzen befreit und nach dem Trocknen in Bündel zusammengebunden. In das Innere derselben wird herkömmlicherweise der beim Schälen erhaltene Abfall, die sog. Chips, verteilt. Der chinesische Z. bildet einseitig gerollte Röhren oder Halbröhren von 50 cm Länge, 0,5—3 cm Durchmesser und 1—3 mm Dicke. Die rotbraunen Stücke enthalten teilweise noch Korkreste und haben korkartig glatten Bruch. Der Geschmack ist würzig, zugleich aber etwas zusammenziehend und schleimig. Auf dem Querschnitt zeigt die Rinde unter dem Mikroskop flache Korkzellen, die Mittelrinde große Schleimzellen und schwach verdickte Steinzellen, die keinen geschlossenen Sklerenchymring bilden, sowie spindelförmige Bastfasern. Das Parenchym der Mittel- und Innenrinde, in dem zahlreiche Zellen zu Öl- bzw. Schleimzellen umgewandelt sind, enthält meist reichlich Stärke und auch Oxalatnadeln. Die Innenrinde weist neben Bastfasern auch langgestreckte Steinzellen auf. Der wichtigste Bestandteil der Zimtrinde ist das zu ungefähr 2 % darin enthaltene ätherische Öl (s. d.). Der chinesische Zimt, die offizinelle Sorte, kommt als fein, mittel, ordinär, kurz und lang in Rohrmatten oder Kisten, oder als Cassia vera in Bruchstücken starker Äste mit viel Kork und dunklem Bast in den Handel. — Der Zeylonzimt, echter Z. oder Kaneel (lat. Cortex cinnamomi ceylanici, cinnamomi acuti, frz. Canelle fine, engl. Ceylon cinnamom) von Cinnamomum ceylanicum Breyne bzw. Laurus cinnamomum L., der auf Zeylon, sowie fast überall in den Tropen angebaut wird, gedeiht am besten um Kolombo, Negumbo und Matura auf etwa 14 Meilen Fläche im sandigen humusreichen Tonboden. Der kleine Baum, der in den Pflanzungen strauchig gehalten wird, hat ganzrandige, in der Jugend rote, später grüne, 3—7 nervige, lederartige Blätter und weiße Blütenstände von unangenehmem Geruch. Im Mai und Juni sowie im November und Dezember wird die Rinde von den 1½—2 Jahr alten, buschartig entwickelten Wurzelschößlingen gesammelt, indem man diese entlaubt, mit kreisförmigen, bis 1 m voneinander entfernten Einschnitten versieht, die Rinde der Länge nach aufschlitzt und in einem Stück abzieht. Dann schabt man die äußeren, bitterlich zusammenziehend schmeckenden Partien sorgfältig ab, steckt 8—10 Röhren ineinander, schneidet sie zu Stücken von bestimmter Länge und trocknet im Schatten. Die sich dann leicht rollenden Rindenstücke packt man in Bündel (Fardelen) zu 10—15 kg Gewicht und schnürt zum Versand je drei derselben zu einem Ballen, der mit Kongotuch, Fellen oder doppelter Leinwand umpackt wird. Die Rindenabfälle werden teils in die Bündel gesteckt, teils als „Bruch" oder „Chips" für sich in den Handel gebracht. Der Zeylonzimt stellt zweiseitig gerollte Röhren dar, die zu 8—10 ineinandergesteckt sind und bis 2 cm Durchmesser haben. Die Dicke der Stücke beträgt gegen 0,5 mm. Die außen glatte, gelblichbraune, längsstreifige Rinde besitzt kurzfaserigen Bruch. Der Geschmack ist sehr gewürzhaft, nicht zusammenziehend und nicht schleimig. Der innere Bau gleicht demjenigen des chinesischen Zimts, doch fehlen stets Kork und Mittelrinde. Nach außen ist die Rinde durch einen geschlossenen Sklerenchymring begrenzt. Auf der Oberseite zeigt sie zarte Längsstreifung, die Unterfläche ist dunkelbraun und feinwarzig. Auf dem faserigen Bruche erkennt man zahlreiche weiße Bastbündel. Der Z. von Zeylon (Plantagenkaneel) bildet die feinste Handelssorte. Der in botanischer Hinsicht zu ihm gehörende Java-Z. ist wenig aromatisch und etwas dunkler, aber sonst kaum von ihm zu unterscheiden. Er gilt als zweite Sorte und wird besonders nach Holland versandt. — Die Kulilawanrinde von Cinnamomum Culilawan wird auf den Molukken angebaut. — Der Malabarzimt, Holzzimt, Holzkassia (lat. Cassia lignea) stammt teils von ostindischen Spielarten des Zeylonzimtes, teils von dem nach den Philippinen und den Sundainseln verpflanzten chinesischen Zimtbaum und stellt die geringste Sorte dar. Er besteht, da er auch von älteren Stämmen und Zweigen gewonnen wird, gewöhnlich aus stärkeren Röhren und bräunlichen, plattenförmigen Stücken von ebenem Querbruch. Der Geruch ist schwach zimtartig, der Geschmack schleimig. M. wird in Kisten bis zu 30 kg in ½-kg-Bündeln verpackt. Die verwandten Sorten: Tellicherry-, Kayenne- und Brasil-Z. kommen nur selten in den deutschen Handel. — Seychellen-Z. von einer auf den Seychellen angepflanzten Cinnamomumart, die anscheinend infolge des ungeeigneten Klimas entartet ist, besteht aus groben, bis 7 mm dicken Stücken, die noch völlig von der Korkschicht bedeckt sind und mehr das Aussehen von Holz als von Rinden haben. Die sehr geringwertige Sorte, die nur 0,4 % ätherisches Öl enthält, sollte nur unter Kennzeichnung verkauft werden. — Der Nelkenzimt (Nelkenrinde, Nelkenkassia, schwarzer Z., lat. Cassia caryophyllata, frz. Canelle giroflée, Canelle de Brasil, engl. Clove bark, Clove cinnamom) ist die Rinde einer brasilianischen Laurazee, Dicypellium caryophyllatum Nees, und kommt in 60 cm langen, 3 cm dicken, übereinandergerollten Röhren in den Handel. Die bis 2 mm dicke, dunkelrotbraune Rinde ist an der Außenseite schilferig oder mit schwarzbraunen Blättchen bedeckt, an der Innenseite fein längsstreifig. Sie riecht und schmeckt nach Nelken und Zimt und diente früher als Gewürz und zu Parfümerien, wird aber jetzt nur noch selten gebraucht. — Der weiße Z. (weißer Kaneel, weiße Kaneelrinde, falsche Winterrinde, lat. Cortex canellae albae, frz. Canelle blanche, engl. White canelle) stammt von einem auf den Antillen heimischen Baum oder Strauch, Canella alba M., dessen Äste die von der Borke befreite Rinde liefern. Sie findet sich in Röhren oder rinnenförmigen Stücken von 2—4 mm Dicke, ist außen blaßrötlich, uneben, stellenweise mit einem hellbräunlichen Kork bedeckt und innen gelblichweiß. Der weiße Z. hat einen aromatischen, zimtähnlichen Geruch und bitterlichen, scharf aromatischen Geschmack; in Amerika wird er als Küchengewürz benutzt, medizinisch findet er nur noch selten Anwendung. — Der Zimt ist schon seit vielen Jahrhunderten Gegenstand des Welthandels. Von 1340 an wurde er aus Zeylon bekannt und zuerst von den Portugiesen, dann von den Holländern und zuletzt von den Engländern in Form eines Monopols in den Handel gebracht. Die Holländer verbrannten zeitweise den Überfluß, um die Preise hochzuhalten, die Engländer erschwerten die Ausfuhr durch hohen Zoll, bis 1833 das Monopol und von 1853 ab der Zoll aufhörte. Jetzt wird in Zeylon der Anbau des Z. durch Kaffeepflanzungen mehr und mehr verdrängt, da man auch an anderen Orten viel Z. gewinnt. Die Bezugsorte für Z. sind London, Hamburg und Bremen. Die Einfuhr von Cassia lignea in Hamburg betrug vor dem Kriege ungefähr 14000 Kisten, der Hamburger Marktpreis 88 M. für 100 kg. Für Zeylon-Z. verlor der Londoner Markt mit seinen Auktionen immer mehr an Bedeutung, und der Verkehr verschob sich ständig zugunsten Hamburgs, das annähernd 7700 Ballen einführte, gegen 3050 Ballen nach London. Deutschland ist in Zeylon der größte Abnehmer; ein Drittel der auf etwa 2,5 Millionen englische Pfund geschätzten Gesamtausfuhr geht nach deutschen Häfen. Wie sich das Verhältnis in Zukunft gestalten wird, ist zurzeit noch nicht abzusehen. — Verfälschungen des unzerkleinerten Z. sind selten, häufig hingegen solche des käuflichen Zimtpulvers. Dieses wird im großen am häufigsten mit Rinden fremder Laurazeen, mit destillierter Rinde, Matta oder Chips, im Kleinhandel mit Mehl, Ölkuchen, Mandelkleie, Sand, Bolus oder Ocker verfälscht. Der Zusatz von minderwertigen Zimtrinden ist schwer nachweisbar, am besten noch durch den Geruch und Geschmack. Fremde Rinden lassen sich mit Hilfe des Mikroskopes gewöhnlich unschwer erkennen, da die Zimtrinde besonders kennzeichnende Gewebeteile besitzt. Chips, Zimtrindenabfall, der Holzbestandteile enthält, verrät sich durch große getüpfelte Gefäße mit rundlichen bzw. ovalen Tüpfeln oder mit Hoftüpfeln. Auch Sandelholz und Zigarrenkistenholz lassen sich leicht mittels des Mikroskopes an den getüpfelten Gefäßen erkennen. Zimtmatta, aus gemahlener Hirsekleie und einem mineralischen Farbstoff, ist an den gezacktrandigen Oberhhautzellen aufzufinden. Ebenso ist der Nachweis von Mandelkleie, Mehl und Ölkuchenmehl mittels des Mikroskopes leicht zu führen, weil Zimt besonders geformte Stärkekörner besitzt, die nur schwer mit anderen verwechselt werden können. Ist zur Herstellung von Zimtpulver destillierte (extrahierte) Rinde verwandt worden, so sind die Stärkekörnchen teilweise verkleistert. Außerdem gibt die Ölbestimmung weiteren Aufschluß. Für den Laien bietet auch die Färbung des Wassers beim Kochen mit Z. (destillierter Z. färbt dieses nicht) und das Gefühl der Trockenheit (destillierter Z. fühlt sich feucht an) einen gewissen Anhalt, ob destillierter Z. vorliegt. Mineralische Stoffe erkennt man bei der Aschenbestimmung. Nach den „Vereinbarungen" der deutschen Nahrungsmittelchemiker muß guter, marktfähiger Z. mindestens 1 % ätherisches Öl besitzen. Der höchstzulässige Aschengehalt lufttrockener Ware beträgt 5 % und für den in 10 %iger Salzsäure unlöslichen Teil der Asche 2 %. Zusätze von wilden Zimtrinden sowie von sehr schleimreichen und kaum nach Z. schmeckenden Pflanzungsrinden sind unstatthaft. Aus Zimtbruch hergestelltes Pulver muß als solches gekennzeichnet sein und darf nicht mehr als 7 % Asche und höchstens 3,5 % Sand enthalten. — Die Verwendung des Z. ist außerordentlich mannigfaltig. In großen Mengen wird er zu Schokoladen und Likören, ferner in der Küche, in Konditoreien, zu Parfümerien und zur Destillation von Zimtöl benutzt. Pharmazeutisch findet er als die Eßlust und Verdauung anregendes Mittel in Form der offizinellen Zimttinktur, als geschmackverbessernder Zusatz zu Eisenpräparaten und zum Bestreuen von Pillen Anwendung.

Zimtblüten (Zimtnägelein, lat. Flores cassiae, Clavelli cinnamomi, frz. Clous de cassia, engl. Cassia buds), die nach dem Verblühen gesammelten und getrockneten Blüten einer Cinnamomumart (Cinnamomum cassia Bl.), haben eine keulenförmige Gestalt, sind 3/4—1 1/2 cm lang, zum Teil gestielt, schwarzbraun, runzelig und hart. Jedes Stück besteht aus dem becherförmigen Unterteil des Kelches, der nach unten zu stielartig verschmälert ist und mit seinem oberen sechsteiligen Saum den Fruchtknoten einhüllt. Die Z. enthalten 1,5—2 % eines nach Zimt riechenden und schmeckenden ätherischen Öls, finden aber nur noch untergeordnete Verwendung als Küchengewürz, während sie in der Heilkunde kaum noch benutzt werden. Die Zufuhr, die sich im Jahre 1906 auf 1500 Kisten zu 30 kg in Hamburg beschränkte, erfolgt von China über London und Hamburg.

Zimtöl. Man unterscheidet drei Sorten, das chinesische Z., das Zeylon-Z. und das Zimtblätteröl. 1. Das chinesische Z. (Kassiaöl, Zimtblütenöl, gewöhnliches Z., lat. Oleum cinnamomi, Oleum cassiae, frz. Essence de cassia, engl. Cassia oil) wird im südlichen China aus den Blättern, Zweigen und Rindenabfällen des chinesischen Zimtstrauches, Cinnamomum cassia Bl., durch Destillation mit Wasserdämpfen gewonnen und kommt in bleiernen Kanistern von 7,5 kg Inhalt von Hongkong und Kanton aus in den Handel. Es bildet eine gelbe oder bräunliche Flüssigkeit von angenehmem Zimtgeruch und anfangs süßem, hinterher brennendem Geschmack. Das spez. Gew. schwankt zwischen 1,055—1,070. Der Hauptbestandteil des in Alkohol und Äther leicht löslichen Z. ist der Zimtaldehyd (75 % und mehr); außerdem finden sich noch Essigsäurezimtester und etwas freie Zimtsäure. Verfälschungen kommen häufig vor, namentlich mit fetten Ölen, Zedernöl, Kolophonium und Mineralölen. Zedernöl, Mineralöle und fette Öle erkennt man an der Erniedrigung des spez. Gew. und der Unlöslichkeit in 80 %igem Alkohol, worin sich Kassiaöl im Verhältnis 1 : 1—2 löst. Mit Kolophonium versetztes Öl ist dunkel gefärbt und dickflüssig und hinterläßt bei der Destillation mehr als 10 % eines hart und spröde werdenden Rückstandes. Nelkenölhaltiges Z. erkennt man an der grünen oder blauen Färbung, welche die Lösung von vier Tropfen Öl in 10 ccm Weingeist durch einen Tropfen Eisenchlorid annimmt, während sich reines Öl nur braun färbt. Chinesisches Z. wird zum Parfümieren von Seifen, sowie zur Geschmacksverbesserung und als Zusatz bei der Bereitung aromatischer Liköre benutzt. — 2. Zeylonzimtöl (echtes Z., lat. Oleum cinnamomi ceylanici, Oleum cinnamomi acuti, frz. Essence de cannelle de Ceylan, engl. Cinnamom oil), das Zimtöl des D. A. B., erhält man durch Destillation der beim Schälen und Verpacken des Zeylonzimts abfallenden Späne (Chips) in Menge von 0,5—1 %. Die hellgelbe bis goldgelbe Flüssigkeit von aromatischem Geruch und gewürzhaftem, brennendem Geschmack, der viel feiner ist als der des chinesischen Z., löst sich in drei Teilen 70 %igem Alkohol und enthält 65—76 % Zimtaldehyd. Das spez. Gew. beträgt 1,023—1,040. Das Hauptverfälschungsmittel des Öls ist das viel billigere Zimtblätteröl, auf dessen Anwesenheit zu schließen ist, wenn 1 ccm Z., in 5 ccm Spiritus gelöst, mit Eisenchlorid keine blaßgrüne, sondern eine blaue Färbung gibt. Sicherer geschieht der Nachweis durch die Bestimmung des Zimtaldehyd- sowie des Eugenolgehalts. Das Zeylonzimtöl findet besonders bei der Herstellung von Likören Verwendung. — 3. Das Zimtblätteröl (lat. Oleum foliorum cinnamomi, frz. Essence de feuilles de cannelle, engl. Oil of cinnamom leaves), das aus den Blättern des Zeylonzimtstrauches durch Destillation gewonnene gelbliche ätherische Öl, hat das spez. Gew. 1,044—1,065 und riecht nach Zimt und Nelken. Es enthält als Hauptbestandteil Eugenol (65—95 %) und wird in der Seifenindustrie, häufig aber auch zum Verfälschen des Zeylonzimtöles (s. d.) benutzt.

Zimtsäure (Phenylakrylsäure, lat. Acidum cinnamylicum, frz. Acide cinnamique, engl. Cinnamic acid) findet sich teils frei, teils in esterartiger Bindung im Perubalsam, Storax, Sumatrabenzoë und zahlreichen anderen Pflanzenstoffen. Zu ihrer Darstellung geht man meist vom Storax aus, indem man aus diesem nach Zusatz von Ätznatron den Zimtalkohol und das Styrol abdestilliert und das zurückbleibende zimtsaure Natrium mit Salzsäure zerlegt. Durch Auflösen in Ammoniumkarbonat, wiederholte Fällung mit Salzsäure und Umkristallisieren aus Wasser wird die reine Säure (Acidum cinnamylicum medicinale) erhalten. Auf synthetischem Wege kann Z. durch Erhitzen von Benzaldehyd mit Azetylchlorid oder mit Essigsäureanhydrid und wasserfreiem Natriumazetat, oder auch von Benzalchlorid mit Natriumazetat dargestellt werden und führt dann die Bezeichnung „artificiale". Z., C_6H_5.CH.CH.COOH, bildet je nach der Art des Lösungsmittels farblose Nadeln oder Prismen, die sich schwer in kaltem, hingegen leicht in heißem Wasser, Alkohol und fetten Ölen lösen. Der Schmelzpunkt liegt bei 133°. Sie destilliert bei 300° unter teilweiser Zersetzung, ist aber sublimierbar und mit Wasserdämpfen flüchtig. — Z. findet in der Technik ausgedehnte Anwendung zur Darstellung von Orthonitrozimtsäure, die in Propiolsäure und künstlichen Indigo übergeführt wird. In der Medizin dient sie als Mittel gegen Tuberkulose. Zu dem gleichen Zwecke benutzt man ihr Natriumsalz (Hetol), ein in kaltem Wasser schwer, in heißem Wasser leicht lösliches Kristallpulver, dessen Lösung mit Eisenchlorid einen schönen violetten Niederschlag liefert.

Zinalin, ein jetzt nicht mehr im Handel vorkommender Teerfarbstoff, wird durch Einwirkung von salpetriger Säure auf eine alkoholische Lösung von Rosanilin als ein orangerotes Pulver erhalten.

Zinchonidin, ein in manchen Chinarinden enthaltenes Alkaloïd, unterscheidet sich von dem ähnlichen Chinidin durch schwerere Löslichkeit in Wasser, Alkohol und Äther. Das zuweilen medizinisch benutzte schwefelsaure Z. (Zinchonidinsulfat, lat. Cinchonidinum sulfuricum, frz. Sulfate de cinchonidine, engl. Sulfate of cinchonidin) besteht aus farblosen, sternförmig gruppierten Kristallnadeln von bitterem Geschmack.

Zinchonin, ein vorzugsweise in den grauen oder braunen Chinarinden vorkommendes Alkaloïd, schmeckt wegen der geringen Wasserlöslichkeit nur sehr schwach bitter, bildet hingegen stark bitter schmeckende Salze. Dieselben werden jedoch viel seltener angewandt als die betreffenden Chininsalze, da sie sich weniger wirksam erwiesen haben. In den Preislisten findet man: essigsaures Z. (Zinchoninazetat, lat. Cinchoninum aceticum), salzsaures Z. (Chlorwasserstoffzinchonin, lat. Cinchoninum muriaticum s. hydrochloricum) und schwefelsaures Z. (Zinchoninsulfat, lat. Cinchoninum sulfuricum), sämtlich farblose, kristallisierbare Salze.

Zineol, ein mit Eukalyptol und Kajeputol identischer Terpenalkohol, $C_{10}H_{18}O$, der sich in verschiedenen ätherischen Ölen, so im Zina-, Sternanis-, Zitwerwurzel-, Eukalyptus- (s. d.) und Kajeputöl (s. d.) vorfindet, wird aus zineolreichen Ölen, wie z. B. dem von Eukalyptus Globulus, gewonnen, als ein farbloses, nach Kampfer riechendes Öl, das in Wasser unlöslich ist, sich hingegen mit Alkohol und Äther mischt und bei 176° siedet. Das spez. Gewicht beträgt 0,928—0,930. Z. findet unter dem Namen Eukalyptol medizinische Anwendung.

Zink (Spianter, lat. Zincum, frz. Zinc, engl. Spelter, Zinc). Das Z. ist in Verbindung mit Kupfer als Bronze und Messing bereits seit dem Altertum bekannt, als besonderes, selbständiges Metall aber erst im 16. Jahrhundert beschrieben worden. Es findet sich in der Natur nur ausnahmsweise gediegen, hingegen meist in Form von Erzen, die sich in den älteren kristallinischen Gesteinen als Adern oder Gänge abgelagert haben. Das beste Zinkerz ist der edle Galmei oder Zinkspat (Zinkkarbonat). Neben ihm kommt gewöhnlich das Kieselzinkerz (Zinksilikat) und gewöhnlicher Galmei (Gemenge von Zinksilikat und Karbonat) vor, das sich zwar etwas schwieriger verhütten läßt, aber doch mit dem ersten zusammen verarbeitet wird. Am häufigsten ist die Zinkblende (Schwefel-Z.). Die wichtigsten Lagerstätten finden sich in Oberschlesien mit einer Fortsetzung nach Galizien und in der Rheingegend von Aachen bis Lüttich, wo der edle Galmei am Altenberg (Vieille montagne) seit alten Zeiten sogar im Tagebau gewonnen wird; weitere Vorkommnisse in Frankreich, Spanien, Griechenland, Algier, Schweden, Sardinien, England und Amerika. Zur Darstellung des Z. werden die Erze, besonders Galmei und Blende, durch längeres Lagern, Waschen und Schlämmen von der Gangart getrennt und darauf geröstet, wobei der edle Galmei unter Abgabe von Kohlensäure und Wasser leicht in Zinkoxyd übergeht. Das Rösten der Zinkblende erfolgt nur schwierig, weil die Entstehung von Zinksulfat möglichst vermieden werden muß. Das beim Rösten erhaltene Zinkoxyd wird dann mit Kohle oder Koks gemengt und in Retorten von feuerfestem Ton erhitzt, wobei das reduzierte Metall in Dampfform überdestilliert und in Vorlagen abtropft. Neben dem festen Zink sammelt sich hier meist ein als Zinkstaub bezeichnetes graues Pulver an, das aus einem Gemisch von Z. und Zinkoxyd besteht und in chemischen Laboratorien als Reduktionsmittel benutzt wird. Zur weiteren Reinigung wird das Metall nochmals in eisernen Kesseln umgeschmolzen und in Barren oder Platten gegossen, oder zu Blechen ausgewalzt. Es enthält dann meist 98—99 % Z.

neben geringen Mengen von Blei, Kadmium und Eisen. Zur Herstellung des chemisch reinen Metalles sind zahlreiche Methoden vorgeschlagen, von denen nur die Reduktion von Zinkoxyd mit Kohle oder Wasserstoff sowie die Elektrolyse ammoniakalischer Zinksulfatlösung erwähnt seien. Das für den Arsennachweis in forensischen Analysen erforderliche „arsenfreie Zink" wird durch Schmelzen von Z. mit Magnesiumchlorid oder durch Behandlung mit Schwefel dargestellt. — Das metallische Z. besitzt eine bläulichweiße Farbe und starken Glanz. Das spez. Gew. beträgt 7—7,1, das Atomgewicht Zn = 65,4. Bei gewöhnlicher Temperatur ist es ziemlich spröde und brüchig, wird aber zwischen 100 und 150° geschmeidig, so daß es zu Blechen gewalzt und zu Draht gezogen werden kann. Bei stärkerem Erhitzen auf 200° wird es wieder so spröde, daß es sich zu einem Pulver zerstoßen läßt, schmilzt dann bei 412° und siedet bei 930—1000°. Das Z. verändert sich weder an trockner Luft, noch in luftfreiem Wasser, läuft aber an feuchter Luft an und überzieht sich mit einer dünnen Schicht von basischem Karbonat. Von Säuren wird das chemisch reine Metall kaum angegriffen, wenig verunreinigtes aber unter Entwicklung von Wasserstoff leicht gelöst. — Das Z. diente ursprünglich nur zur Herstellung des Messings (s. d.) und wurde später für galvanische Elemente verwandt. Heutzutage hat das Metall aber eine außerordentliche Bedeutung erlangt. Zinkblech dient zum Decken von Dächern sowie zur Herstellung von Dachrinnen, Badewannen, Eimern und anderen Klempnerarbeiten. Nur für Eß-, Trink- und Kochgeschirre ist Z. wegen seiner Löslichkeit in Wasser und sauren Flüssigkeiten nicht zu verwenden. Zinkplatten benutzt man zum Metalldruck (Metallographie), zu Türschildern, Etiketten und als Zwischenlagen (Preßspäne) beim Satinieren von Papier. Auch bildet das Z. ein ausgezeichnetes Metall zum Gießen, da es die Formen der Modelle in vorzüglicher Schärfe wiedergibt. Zum Schutz gegen Rost werden eiserne Bleche, Drähte und Nägel durch Eintauchen in das geschmolzene Metall mit einem dünnen Zinküberzug versehen (fälschlich „galvanisiert" genannt). Durch Erhitzen mit etwa 2 % Wolfram, Kobalt oder Nickel und 1—8 % Aluminium auf 950° wird Z. gegen Chemikalien widerstandsfähig, erlangt große Festigkeit bis zu 41 kg bei 20 % Dehnung und die Fähigkeit, sich warm pressen, schneiden und walzen zu lassen. Von den besonders wichtigen Legierungen sind Messing, Tombak, Bronze und Neusilber in besonderen Kapiteln behandelt. — Unter den Z. erzeugenden Ländern stehen die Vereinigten Staaten mit 320 000 t obenan. Deutschland, das noch im Jahre 1906 den Vorrang hatte, ist mit 283 000 t im Jahre 1913 an die zweite Stelle gerückt. Von seiner Gewinnung entfallen 170 000 t auf Schlesien und 93 000 t auf das Rheinland und Westfalen. Danach folgt Belgien mit 168 000 t, England mit 59 000, Frankreich und Spanien mit 74 000, Österreich und Italien mit 22 000 und Holland mit 24 000. Hauptabnehmer ist demgegenüber Amerika mit einem Verbrauche von 313 000 t (1896: 78 000), ferner Deutschland 232 000 (1896: 120 000), England 195 000 (1896: 87 000 t).

Zinkazetat (essigsaures Zink, lat. Zincum aceticum, frz. Acétate de zinc, engl. Zinc acetate), $Zn(C_2H_3O)_2$, entsteht durch Auflösen von kohlensaurem Zink oder von Zinkoxyd unter Zusatz von etwas Zinkmetall in Essigsäure in Form farbloser, glänzender Blättchen von unangenehmem metallischem Geschmack. Die an der Luft etwas verwitternden Kristalle lösen sich leicht in Wasser und Alkohol und finden als brechenerregendes Mittel sowie äußerlich in Augenwässern und gegen Hautkrankheiten medizinische Verwendung.

Zinkchlorid (salzsaures Zink, Chlorzink, Zinkbutter, lat. Zincum chloratum, Zincum muriaticum, frz. Chlorure de zinc, engl. Chloride of zinc), eine durch Auflösen von Zink in Salzsäure entstehende Verbindung, $ZnCl_2$, die in wasserfreiem Zustand außerordentlich hygroskopisch ist und sich bei starker Glühhitze verflüchtigt und sublimiert. Das giftige Salz wirkt äußerlich ätzend und wird daher in Form von Stengelchen (Zincum chloratum fusum in bacillis) als chirurgisches Ätzmittel benutzt. In der Technik findet es Anwendung zur Herstellung von Pergamentpapier, Teerfarben und Chemikalien, ferner von säurefreiem Lötwasser sowie als rohes Z. in Form der wäßrigen Lösung zum Konservieren von Holz.

Zinkoxyd (lat. Zincum oxydatum, frz. Oxyde de zinc, Fleurs de zinc, engl. Oxyde of zinc, White zinc), die Verbindung des Zinks mit Sauerstoff, ZnO, entsteht beim Verbrennen von Zinkdämpfen an der Luft und wird größtenteils schon in den Zinkhütten auf diese Weise hergestellt. In vielen Fällen kann es auch einfach durch Rösten der Zinkerze erhalten werden. Chemisch reines Z. wird durch Erhitzen von Zinkkarbonat auf 300° dargestellt als ein zartes weißes Pulver, das aus der Luft Kohlensäure anzieht und beim Glühen gelb wird. In Wasser ist es unlöslich, hingegen in Säuren und Alkalien löslich. Das Z. findet unter verschiedenen Namen, wie Zinkblumen, Flores Zinci, Lana philosophica, medizinische Anwendung zur Herstellung von Zinksalbe, ferner als Streupulver für Wunden und Geschwüre und innerlich als beruhigendes, krampfstillendes Mittel. Die Technik benutzt es als eine der wichtigsten weißen Malerfarben (Zinkweiß, Schneeweiß), die zwar nicht die Deckkraft des Bleiweißes, aber vor diesem den Vorzug der Unempfindlichkeit gegen Schwefelwasserstoff besitzt. Zinkweiß muß gut verschlossen in trockenen Räumen aufbewahrt werden, da es sonst leicht körnig und hart wird und durch Aufnahme von Wasser und Kohlensäure in Zinkoxydhydrat bzw. kohlensaures Zink übergeht. Mit Schwefelammonium übergossen, darf sich Z. nicht bräunen. Den Wert der Zinkweißsorten bestimmt man nach dem Gehalt an Zinkoxyd und unterscheidet: Grün-Siegel, das Beste, dann Rot-, Blau-, Gelb-, Grau-Siegel. Diese letztere Sorte kommt auch unter dem Namen Zinkgrau in den Handel und besteht aus unreinem, kohlenstoffhaltigem Zinkweiß, wie es sich in der ersten Kammer der Zinkhütten ansammelt.

Zinksulfat (Zinkvitriol, Weißer Vitriol, lat. Zincum sulfuricum, frz. Sulfate de Zinc, engl. Zinci sulfas), schwefelsaures Zink, wird von den Zinkhütten in großen Mengen hergestellt, indem man Zinkblende unter Zusatz von Oxydationsmitteln, wie Salpeter, röstet und dann auslaugt und die Lösung eindampft. In reinerer Form erhält man es durch Auflösen von metallischem Zink in verdünnter Schwefelsäure und Eindampfen bis zur Kristallisation, sorgt aber, damit die übrigen metallischen Verunreinigungen, wie Blei, Kupfer, Kadmium, Arsen, nicht in das Z. übergehen, dafür, daß ein Teil Zink ungelöst bleibt. Das Z., $ZnSO_4$, bildet farblose Kristalle von scharfem, ekelhaft metallischem Geschmack. Es kristallisiert mit sieben Molekülen Wasser, das zum Teil bei gewöhnlicher Temperatur entweicht, so daß die Kristalle oberflächlich verwittern. Beim Erhitzen bis auf 100° gehen sechs Moleküle Wasser fort, während das letzte Molekül erst bei schwachem Glühen unter teilweiser Zersetzung ausgetrieben wird. Das in heißem und kaltem Wasser leicht lösliche Salz wird in der Medizin äußerlich als Ätzmittel sowie zu Waschungen, Einspritzungen und Augenwässern verordnet, muß aber, weil es giftig ist, vorsichtig aufbewahrt und angewandt werden. In der Technik dient es als **weißer Vitriolstein, weißer Galitzenstein, weißer Kupferrauch** als Klärmittel für Öle und Firnisse, zum Konservieren von Häuten und tierischen Abfällen, zum Imprägnieren von Eisenbahnschwellen, als Schutzmittel gegen Hausschwamm, zum Desinfizieren anstatt des Eisenvitriols, in der Färberei als Ersatz des Weinsteins, in der Kattundruckerei als Beize, sowie endlich als Rohstoff zur Darstellung von Zinkweiß und der übrigen Zinkverbindungen.

Zinn (lat. Stannum, frz. Etain, engl. Tin) findet sich nur an vereinzelten Punkten der Erde, und zwar nie gediegen, sondern in Form weniger Verbindungen. Das einzige in Betracht kommende Erz, der **Zinnstein** (**Zinndioxyd**), SnO_2, mit 78,6% Metall und 21,4% Sauerstoff, hat seinen ursprünglichen Sitz in quarzreichen, kristallinischen Massengesteinen, Granit, Porphyr, Gneis und Grünstein, sog. **Zinnstöcken**, und tritt hier entweder als schwerer, harter Stein oder in außerordentlich harten Kristallen (Zinngraupen) von meist brauner, selten weißer Farbe auf. Zur Gewinnung des Metalles wird das Gestein mit Pulver gesprengt oder durch Feuersetzen mürbe gemacht, darauf zur Entfernung von Arsen und Schwefel geröstet, durch Pochen in ein feines Pulver verwandelt, nochmals geröstet und schließlich geschlämmt, bis der Zinngehalt 50 bis 70% beträgt. In Sachsen kürzt man die Reinigungsarbeit durch Ausziehen des Pochmehls mit Salzsäure ab, wodurch Eisen, Kupfer und Wismut entfernt werden. Wesentlich einfacher gestaltet sich die Aufbereitung von sog. **Wasch- oder Seifenzinn**, das bereits durch Verwitterung in Pulverform übergeführt worden ist und lediglich geschlämmt zu werden braucht. Zur Reduktion des auf die eine oder andere Weise erhaltenen reinen Oxydes erhitzt man das letztere in Flammenöfen mit Kohle, meist mit gewissen Zuschlägen, um die fremden Metalle zu verschlacken. Die Hauptmenge des Zinns kommt von der Ost- und Westküste der Malaiischen Halbinsel (Malakka-Z., Straits Tin), wo es in Form von Seifen mächtige Anschwemmungen von 3—9 m Mächtigkeit bildet, und von den benachbarten Inseln **Banka** und **Billiton**. Seitdem das englische und holländische Monopol aber durch die Auffindung beträchtlicher Lager in Australien und Amerika durchbrochen wurde, sind die Zinnpreise erheblich gesunken. In Europa wird Z. besonders in Cornwall und im Erzgebirge gewonnen. Auch erhält man neuerdings erhebliche Zinnmengen durch Entzinnung von verzinntem Eisenblech (**Weißblech**) mit Hilfe von Säuren oder Elektrolyse. — Im reinen Zustande ist das Z. ein dem Silber an Farbe und Glanz nahekommendes Metall vom spez. Gew. 7,3 und vom Atomgewicht Sn = 118,5. Es hat ein kristallinisches Gefüge und gibt beim Biegen ein eigentümliches Geräusch („**Zinngeschrei**") von sich. Bei länger andauernder Kälte zerfällt es in ein kristallinisches Pulver („**Graues Zinn**") vom spez. Gew. 5,8 und verursacht hierdurch die bei Orgelpfeifen beobachtete Erscheinung der **Zinnpest**. Das Metall ist im übrigen ziemlich weich und dehnbar und läßt sich zu Blattform (**Stanniol**) auswalzen. Bei 200° wird es in hohem Grade spröde und pulverisierbar und zerfällt beim Schlagen mit Hämmern oder beim Herunterfallen in eine große Zahl rundlicher Stücke mit kristallinischen Flächen (**Körnerzinn**). Bei 231° schmilzt es und verwandelt sich bei Weißglut (1600°) in einen Dampf, der an der Luft zu Zinndioxyd verbrennt. Das Z. ist gegen feuchte und trockene Luft außerordentlich beständig, löst sich in heißer Salzsäure und in verdünnter Schwefelsäure unter Wasserstoffentwicklung und wird durch konzentrierte Salpetersäure in Zinndioxyd (Zinnsäure) übergeführt. — Im Handel findet sich das Z. in gestempelten Blöcken, Barren, Kuchen, Brocken, Stangen und aufgerollten Tafeln. Das reinste Z. kommt von Malakka, Banka und Billiton in Form von Pyramiden, fingerdicken Stangen oder Blöcken von 20—25 oder 60—65 kg Gewicht. Das nächstbeste ist das englische **Refined Tin** (**Körner-Z., Grain Tin**) mit 0,1—0,2% Eisen, jedoch ohne Blei, Kupfer und Arsen, während das englische **Common tin** etwa 0,2% Eisen und 1% Kupfer enthält. Auch das sächsische und böhmische Z. ist von vorzüglicher Reinheit. — Das Z. findet außerordentlich vielfache technische Verwendung. Zu Zinngießereiwaren erhält es stets einen Zusatz von Blei, weil es dadurch leichter gießbar, geschmeidiger, härter und dauerhafter wird. Sog. vierstempeliges Z. enthält auf 32 t Z. 1 t Blei, doch geht das Verhältnis bis zu gleichen Teilen Blei und Zinn (einpfündiges Z.). Für Eß-, Trink- und Kochgeschirr darf es höchstens 10% Blei, für Stanniol und Innenverzinnung von Eßgeschirr höchstens 1% Blei enthalten. Das Orgelzinn enthält meist 30%, das Figurenzinn 50% Blei. Außer zu Kesseln, Pfannen, Destillierblasen gebraucht man das Metall zum Verzinnen von Kupfer, Eisen und Blei (Weißblech, Stecknadeln), zum Löten, in Form von **Stanniol** (**Zinnfolie**) zum Umhüllen von Schnupf- und Kautabak und Nahrungsmitteln (Schokolade), zum Belegen von Spiegeln und zur Herstellung von Salzen und Legierungen (s. Bronze, Letternmetall). Ein Urteil über die Menge des im Jahre 1913 verbrauchten Zinns gewähren folgende Zahlen: Ausfuhr aus Hinterindien 166000 t, aus Australien 14900 t, von Banka 15000 t, Billiton 2200 t, Erzeugung Englands 22000 t, Deutschlands 11500 t. Der Verbrauch im Jahre 1913 belief sich in England auf 24000 t, in Deutschland auf 19300 t.

Zinnober, das wichtigste Quecksilbererz (siehe Quecksilbersulfid) mit 86,3 % Quecksilber und 13,7 % Schwefel, findet sich auf Lagern und Gängen im Schiefer-, Übergangs- und Flözgebirge und ist an seiner Farbe und anhängenden Metalltröpfchen leicht kenntlich. Er kommt kristallisiert in Rhomboedern und sechsseitigen Prismen, ferner in Platten und derben, kleinkörnigen bis dichten Massen vor, ist spaltbar, in Kristallen halbdurchsichtig und metallglänzend und besitzt eine koschenille- oder scharlachrote Farbe. Die reinsten, besonders schön gefärbten Stücke werden ausgesucht als Berg-Z. in den Handel gebracht, die übrigen, sog. Stück-Z., ein- bis dreimal gemahlen und nach Güte und Farbenton sortiert. Als Farbe wird jetzt meist künstlicher Z. (s. Quecksilbersulfid) benutzt, während der natürliche zur Darstellung von Quecksilber dient.

Zinnverbindungen. Das Zinn bildet zwei Reihen von Verbindungen: Oxydul- oder Stannoverbindungen und Oxyd- oder Stanniverbindungen (Zinnsäureverbindungen). — Zinnchlorid (Zinntetrachlorid, früher zweifach Chlorzinn genannt, lat. Stannum bichloratum, frz. Deutochlorure d'étain, engl. Perchloride of tin) wird durch Auflösen von Zinn in heißem Königswasser oder durch Einleiten von Chlor in eine Zinnchlorürlösung in Form weißer Kristalle mit fünf Molekülen Kristallwasser erhalten, aber meist in wäßriger Lösung in den Handel gebracht. Wasserfreies Z., $SnCl_4$, wird fabrikmäßig durch Erhitzen von trockenem Zinnchlorür oder von metallischem Zinn im Chlorstrome und nachfolgende Destillation dargestellt. Es bildet eine farblose, an der Luft rauchende Flüssigkeit, die bei 114° siedet und beim Vermischen mit der dreifachen Menge Wasser das obenerwähnte wasserhaltige kristallisierte Salz, die sog. Zinnbutter, Butyrum Stanni, liefert. Das Z. findet Anwendung in der Färberei als Beize und als Avivierungsmittel, ferner zum Beschweren von Seide und zur Darstellung von Florentiner Lack, Karmin- und anderen Farblacken. — Durch Fällung von Z. mit Ammoniumchlorid oder Natriumchlorid erhält man neutral reagierende Doppelsalze, das Ammonium-Z. (Pinksalz, lat. Stannum bichloratum ammoniatum, frz. Bichlorure d'étain ammoniacal, engl. Pink Salt) und das Natrium-Z. (krist. Chlorzinn), die als Beizen in der Färberei Anwendung finden. — Zinnchlorür (Zinndichlorid, einfach Chlorzinn, lat. Stannum chloratum seu muriaticum, frz. Protochlorure d'étain, engl. Tin-salt) entsteht beim Erwärmen von feinen Zinndrehspänen mit 25 %iger Salzsäure und Eindampfen bis zur Kristallisation in Gestalt farbloser, meist etwas feuchter Kristalle, die zwei Moleküle Kristallwasser enthalten. Bei vorsichtigem Erwärmen auf 100° wird es wasserfrei, schmilzt bei 250° und destilliert bei 606°. Z., $SnCl_2$, löst sich in salzsaurem Wasser und in Alkohol und wird durch viel Wasser unter Abscheidung eines basischen Salzes zersetzt. Es muß daher, vor der Einwirkung von Luft und Feuchtigkeit geschützt, vorsichtig aufbewahrt werden. Z. findet beschränkte medizinische Anwendung, wird aber unter dem Namen Zinnsalz in großen Mengen als Beizmittel in der Färberei, zum Reduzieren von Indigo, zur Darstellung von Goldpurpur (s. d.) und zum Avivieren benutzt. Im Handel findet es sich meist als 12½%ige (einfach Chlorzinn) oder als 25 %ige (doppelt Chlorzinn) wäßrige Lösung. Eine gesättigte Lösung in Salzsäure wird als Bettendorfs Reagens zum Nachweise von Arsen, mit dem es sich braun färbt, angewandt. Unter Zusatz von etwas Salpetersäure hergestellte Zinnchloridlösungen bilden die sog. Zinnkompositionen (Rosiersalz, Barwood-, Blauholz-, Gelb-, Scharlachkomposition, Bancrofts Beize). — Zinnoxyd (Zinndioxyd, Zinnsäure, lat. Stannum oxydatum, frz. Oxyde d'étain, engl. Calcined tin), SnO_2, entsteht beim Schmelzen von Zinn an der Luft, wobei sich das Metall in ein graues Pulver verwandelt. Durch Schlämmen läßt sich das letztere in unverändertes Metall und weißes Oxyd scheiden, das als sog. Zinnasche ein ausgezeichnetes Schleif- und Poliermittel, namentlich für Stahl, ist. Außerdem erhält man das Z. durch Behandlung von Zinn mit Salpetersäure und durch Ausfällen von Zinnsalzlösung durch Alkali. Zusätze von Schwerspat und Gips, mit denen das gelblich- bis grauweiße amorphe Pulver häufig verfälscht wird, lassen sich daran erkennen, daß das Z. beim Schmelzen mit Ätznatron in wasserlösliches zinnsaures Natron (Natriumstannat) übergeht. Das letztere findet unter der Bezeichnung Grundier- oder Präpariersalz Anwendung als Beize zur Herstellung von Farblacken auf der Faser, das Oxyd selbst zur Erzeugung undurchsichtiger Milchgläser, weißer Kacheln und Emails. — Zinnsulfid, SnS_2, bildet das sog. Musivgold (s. d.).

Zirbelnüsse (Arvennüsse, Pinien, lat. Semen seu Nuces pinearum seu cembrae, frz. Noix de pignon, engl. Pine kernels), die dreikantigen, unter den Schuppen der Zapfen sitzenden Samen der Arve (Pinus Cembra), einer in den Alpen, Karpathen und Sibirien wachsenden Konifere, werden namentlich in Sibirien in großen Massen längs der Ufer des Ob gesammelt und unter dem Namen Schischisch als Nahrungsmittel verbraucht. Getrocknet dienen sie als Vogelfutter für Papageien.

Zirkon (Hyazinth), ein Mineral, das aus kieselsaurer Zirkonerde und etwas Eisenoxyd besteht, findet sich an ziemlich zahlreichen Fundorten in Böhmen, Norwegen, Frankreich und im Rheinland (im Basalt), aber immer nur in kleiner Menge, und nur an wenigen Stellen in solcher Beschaffenheit, daß es als Edelstein gelten kann. Die Hauptfarbe des Z. ist tiefrot oder gelbrot, doch gibt es auch wasserhelle, welche durch ihre lichtbrechende Kraft den Diamanten nahe kommen. Die gelbroten Z. mit 7½ Härtegraden heißen Hyazinthe. Andere Farben, wie olivengrün, grau, braun und braungelb, sind gewöhnlich nicht besonders lebhaft. Zeylon und Madras liefern die schönsten roten und farblosen Steine, schöne gelbrote finden sich im Ilmengebirge (Ural) in Rußland und in Australien. Die Z., die in schönen großen roten und farblosen Steinen einen ansehnlichen Wert haben, werden zu Ringsteinen, Einfassungen und Garnierungen benutzt. — Die weiße Zirkonerde (das Oxyd des Metalles Zirkonium), ZrO_2, ein Stoff von völliger Unschmelzbarkeit und Unveränderlichkeit in der Hitze, ist, mit Ton zu kleinen Zylindern geformt und gebrannt, statt des Kalkes als Leuchtkörper bei der Knallgasbeleuchtung benutzt worden. — Das Metall, Zr = 90,7, dient zur Herstellung von Glühfäden in elektrischen Lampen.

Zitral, der riechende Bestandteil des Zitronenöls (s. d.), hat neuerdings technische Bedeutung erlangt als Ausgangsmaterial für die Darstellung des Jonons (s. d.). Die Hauptquelle für Zitral ist das Lemongrasöl.

Zitronat (Cedrat, Sukkade, lat. Confectio citri, frz. Citronat, engl. Candier lemon peel) heißt die in längliche Stücke geteilte, sehr dicke und schwammige, in Zuckersirup eingekochte und zu feinen Bäckereien gebrauchte Schale einer großen Zitrone, der Frucht von Citrus medica macrocarpa Risso. Die abgenommene und zerschnittene Schale wird in der Regel erst einige Zeit in Salzwasser gelegt, dann gebrüht, mit dem Zucker gekocht und in Fässer eingelegt. Die in Deutschland meist gebräuchliche Sorte ist nach dem Aufkochen mit Zucker an der Luft getrocknet, aber nicht eingelegt und bildet dann ein trockenes Z.

Zitronellaöl (ostindisches Melissenöl, lat. Oleum citronellae, s. melissae ostindicum s. andropogonis Nardi, frz. Essence de citronnelle, engl. Citronella oil), ein stark melissenartig riechendes, aus Zeylon und Ostindien kommendes ätherisches Öl, wird durch wäßrige Destillation aus dem Zitronengras oder Kamelheu (Andropogon Nardus, Cymbopogon Nardus), und zwar sowohl aus der wild wachsenden, als der für diesen Zweck angebauten Pflanze dargestellt. Man unterscheidet im Handel zwischen Zeylonzitronellöl und Javazitronellöl, und zwar ist das letztere die wertvollere Sorte. Zeylonzitronellöl ist eine gelbe bis gelbbraune, bisweilen durch Kupfer grün gefärbte Flüssigkeit vom spez. Gew. 0,898—0,920. Javazitronellöl ist farblos bis blaßgelb und hat ein spez. Gew. von 0,885—0,901. Die Öle lösen sich in 1—2 Teilen 80 %igen Alkohols. Hauptbestandteile sind Geraniol und Zitronellal, sie betragen zusammen beim Zeylonöl gewöhnlich 56—60 %, beim Javaöl 80 % und darüber. Das Öl dient besonders zum Parfümieren von Seifen und wird hauptsächlich in den Vereinigten Staaten verbraucht.

Zitronen (lat. Fructus citri, frz. Citrons, engl. Lemons) sind die bei den Italienern Limonen genannten Früchte des Zitronenbaums, Citrus medica, Citrus limonum R., der wie der verwandte Orangenbaum (Citrus Aurantiorum) zu der Gattung der Rutazeen (Aurantioideen) gehört. Er soll aus Indien, nach anderen aus Medien stammen, wird aber jetzt im ganzen Süden, in Portugal, Spanien, Italien, den griechischen Inseln, Nordafrika und Südfrankreich, hier allerdings nur an wenigen Punkten angebaut und hat infolgedessen zahlreiche Spielarten gebildet. Auch auf den Westindischen Inseln ist die Zitronenzucht eingebürgert, wenngleich von hier keine Früchte, sondern nur Zitronensäfte ausgeführt werden. Der Zitronenbaum ist ein höchstens 5 m hoch werdendes Holzgewächs mit rötlichen Sprossen, abwechselnden lederartig-kahlen, immergrünen und schwach kerbig-gesägten Blättern und rötlichen Blüten. Die dünnschaligen Früchte besitzen eine kugelige, eiförmige oder längliche Gestalt mit meist zitzenförmigen Endungen. Sie sind anfangs grün, in der Reife aber hellgelb (zitronengelb) gefärbt und enthalten in 10—12 Fächern je 2—3 Samen und einen stark sauren Saft. Nach Mitteilung von W. Leske in Cossebaude und Messina erfolgt der Anbau der Z. in getrennt liegenden, gut umzäunten Gärten, die 20 bis zu 15 000 Bäume enthalten. Die Gärten liegen in Gebirgstälern und ziehen sich an den Bergen bis zu einigen hundert Metern Meereshöhe hinauf. Meist sind künstliche Bewässerungsanlagen vorhanden, durch welche ermöglicht wird, daß die Bäume das ganze Jahr hindurch gleichzeitig Knospen, Blüten, grüne und reife gelbe Früchte tragen. Der Boden muß sorgfältig bearbeitet, gelockert und gedüngt werden. Der Zitronenbaum hat ein großes Wärmebedürfnis und gedeiht besonders gut auf heißem, vulkanischem Boden. Neben Kalabrien und Neapel kommt für die Massenerzeugung hauptsächlich Sizilien, und hier in erster Linie die Provinz Messina in Betracht. Jeder Baum liefert vier Ernten, und zwar eine im Winter, drei im Sommer. Der Winterschnitt, der im November erfolgt, mit Nachernten bis in den April und Mai, liefert die gehaltreichsten und haltbarsten Früchte (Edel-Z.). Die Sommerfrüchte zerfallen in die weißlichgelbe Bianchelli-Z. (Hauptschnitt April-Mai, Nachernten bis Juni-Juli), die mehr grünliche Verdelli-Z. (Hauptschnitt Juli-August, Nachernten bis September-Oktober) und die kleine rundliche Bastard-Z. (Hauptschnitt September, Nachernten bis Dezember). Der Hauptschnitt, für den man die Früchte mit besonders reiner und glatter Schale auswählt, dient fast nur für die Ausfuhr. Diese Früchte werden der größeren Haltbarkeit wegen, und weil sie auf der Fahrt noch nachreifen, grün von den Bäumen genommen und zur Versendung, meist mit Papier umwickelt, in Kisten zu 400—700 Stück regelmäßig eingeschichtet. Für den Winterversand in kältere Gegenden packt man eine größere Zahl Kisten in Fässer und stopft die Zwischenräume mit warmhaltenden Stoffen aus. Die Z. bedürfen einer Aufbewahrung in trockenen, kühlen Kellern und häufiger Besichtigung, damit alle angegangenen und fleckig gewordenen Stücke sogleich entfernt werden können. Zweckmäßig ist es unter Umständen auch, die Früchte einzeln, so daß sie sich nicht berühren, in Kochsalz einzubetten, nachdem vorher die Anhaftungsstelle des Stiels mit geschmolzenem Paraffin überzogen worden war. — Für die Zusammensetzung der reifen Zitronen gibt König folgende Zahlen an: 82,64 % Wasser, 0,74 % Stickstoffsubstanz, 5,39 % Zitronensäure, 0,37 % Invertzucker, 10,30 % stickstofffreie Extraktstoffe, Rohfaser und Kerne, und 0,56 % Asche. — Die beim Hauptschnitt auf den Bäumen zurückbleibenden und alle sonst für die Ausfuhr nicht geeigneten Früchte werden an Ort und Stelle auf Zitronenöl und Zitronensäure verarbeitet. Die Preßrückstände finden als Ziegenfutter Verwendung. — Die Zitrone wird in großen Mengen für die Zwecke des Haushalts, der Küche und Konditoreien, zur Herstellung von Limonaden, Punsch usw. verbraucht.

Zitronenholz nennt man 1. das Holz des Zitronenbaumes, ein sehr dichtes und weißes Holz, das nicht in unseren Handel kommt, und 2. ein gelbes Holz von unbekannter Abstammung mit schwachem, zitronenartigem Geruch. Das letztere ist sehr fein, dicht und ziemlich schwer, nimmt eine schöne Politur an und stammt aus Westindien.

Zitronenöl (Limonenöl, lat. Oleum citri, Oleum limonis, Oleum de cedro, frz. Essence de citron, engl. Lemon oil) wird auf Sizilien sowie im südlichen Teile von Kalabrien aus den Fruchtschalen der Zitrone oder Limone (Citrus limonum R.) gewonnen. Zu seiner Darstellung verfährt man folgendermaßen: Die Zitrone wird halbiert und das Fruchtfleisch mit einem löffelartigen Instrument entfernt, oder die Schale wird in drei Längsstreifen von der Frucht heruntergeschnitten. Die Schale wird dann fest gegen einen Schwamm gepreßt, wobei die ölhaltigen Zellen platzen und ihr Öl an den Schwamm abgeben, der von Zeit zu Zeit ausgepreßt wird. Nach dem Absitzen des Wassers klärt man das oben schwimmende Öl durch Filtrieren. Die ausgepreßten Schalen werden dann noch mit Wasser destilliert, da sich nicht alles Öl auspressen läßt. Das so gewonnene, destillierte Z. gelangt, mit gepreßtem vermischt, als geringere Sorte in den Handel. Im halbreifen Zustande, November und Dezember, sind die Zitronen am ölreichsten. Das durch Pressen gewonnene Z. ist eine hellgelbe Flüssigkeit von dem angenehmen Geruch der frischen Zitronen und aromatischem, hinterher etwas bitterem Geschmack, die bei längerem Stehen häufig einen gelblichweißen Bodensatz abscheidet. Das spez. Gew. schwankt zwischen 0,856 und 0,861. Z. ist rechtsdrehend und löst sich in absolutem Alkohol, Äther, Chloroform, Benzol und Amylalkohol in jedem Verhältnis. In (6—8 Teilen) 90%igem Alkohol ist es wegen der wachsartigen und schleimigen Bestandteile meist nicht klar löslich. Den Hauptbestandteil bildet das Rechtslimonen, während der Geruch durch den Aldehyd Zitral bedingt wird, obgleich dieser nur in einer Menge von etwa 4—6% darin enthalten ist. Das gepreßte Z. wird am häufigsten durch Verschneiden mit destilliertem Z. verfälscht. Der Nachweis dieser Verfälschung ist nur durch den Geruch ausführbar, während Pomeranzenschalenöl und Terpentinöl sich durch das verschiedene optische Drehungsvermögen erkennen lassen. Zusätze von Spiritus und fetten Ölen verraten sich durch das spez. Gew., das durch ersteren herabgesetzt, durch letztere erhöht wird. Das Z. ist eines der beliebtesten Gewürzöle zum Backen und findet auch in der Parfümerie, sowie für Liköre und Limonaden ausgedehnte Verwendung. Für die letzteren Zwecke wird meist sog. terpenfreies Zitronenöl benutzt, d. h. ein Zitronenöl, aus dem die Kohlenwasserstoffe ganz oder teilweise entfernt worden sind. Die Aufbewahrung des Z. erfordert ganz besondere Sorgfalt, da es durch Zutritt von Licht und Luft sehr schnell verdirbt und einen dicken, schmierigen Bodensatz abscheidet. Man hebt es infolgedessen in kleinen, ganz angefüllten Flaschen, vor Licht geschützt, auf. Lösungen von Zitronenöl in Alkohol werden als Zitronenessenz in den Handel gebracht, der bisweilen beobachtete Verkauf als Zitronenöl ist selbstredend unzulässig.

Zitronensaft (lat. Succus citri, frz. Jus de citrons, engl. Lemon-juice) wird durch Auspressen der geschälten und ihrer bitter schmeckenden Kerne beraubten Zitronen dargestellt. Man überläßt die ablaufende trübe Flüssigkeit meist einer freiwilligen Gärung zur Zerstörung der geringen Zuckermengen, filtriert dann, unter Umständen nach Zusatz von Alkohol oder Specksteinpulver, und macht den in kleine Flaschen gefüllten Saft schließlich durch Erhitzen keimfrei. Der auf diese Weise erhaltene Z. ist eine farblose bis schwach gelbliche Flüssigkeit von stark saurem Geschmack und eigenartigem, aber nicht an Zitronenöl erinnerndem Aroma. Er hat im entgeisteten Zustande ein spez. Gew. von ungefähr 1,033—1,041 und enthält in 100 ccm 5—7 g Zitronensäure, 0—1 g Zucker, 0,4—0,6 g Asche, 0,02 bis 0,03 g Phosphorsäure und 0,04—0,07 g Stickstoff. Der Z. nimmt unter den Fruchtsäften des Handels insofern eine gewisse Ausnahmestellung ein, als er nicht nur zu Genußzwecken (Limonade), sondern gleichzeitig als eine Art Heilmittel (zu Z.-Kuren) Anwendung findet. Schon seit alters her wird er von den Schiffern als ein nie versagendes Heilmittel gegen den gefürchteten Skorbut geschätzt und besonders in letzter Zeit infolge der Bekämpfung des Alkoholmißbrauchs in steigendem Maße in den Verkehr gebracht. Allerdings war bis vor kurzer Zeit ein großer Teil des im Handel befindlichen Z. verfälscht oder gar völlig künstlich hergestellt. Einfache Auflösungen von Zitronensäure in Wasser wurden vielfach als Natursäfte verkauft, und verschiedene Fabriken stellten sogar zur Täuschung der überwachenden Nahrungsmittelchemiker auf Grund chemischer Analyse kunstvolle Nachahmungen her. Heutzutage kann der Käufer im allgemeinen, dank der unermüdlichen Bekämpfung der Verfälschungen, annehmen, daß er als Z. auch einen reinen Natursaft erhält. Zusätze von Konservierungsmitteln, wie Salizylsäure, Ameisensäure und Benzoësäure, die zur Erhöhung der Haltbarkeit bisweilen gemacht werden, sind in der Aufschrift deutlich anzugeben. Als geeignetstes Konservierungsmittel ist der Alkohol zu bezeichnen, der auch in § 22 der Anleitung zur Gesundheitspflege an Kauffahrteischiffen erlaubt wird und in Höhe von 8—10 Vol.-% ohne Deklaration benutzt werden darf. Ein durch geringe Mengen Zucker, die zur Konservierung nicht ausreichen, versüßter Z. hat im allgemeinen als verdächtig zu gelten. Hingegen bildet der aus 40 Teilen Z. und 64 Teilen Zucker eingekochte Zitronensirup eine reelle Handelsware.

Zitronensäure (lat. Acidum citricum, frz. Acide citrique, engl. Citric acid), eine zuerst von Scheele im Jahre 1784 in Kristallform dargestellte organische Säure, findet sich frei und an Basen gebunden, oft zugleich mit anderen organischen Säuren, sehr verbreitet in der Natur. Frei kommt sie hauptsächlich in Früchten vor, besonders reichlich in den noch nicht völlig reifen Zitronen, in den Johannis- und Preiselbeeren usf. An Kalium und Kalzium gebunden, findet sie sich in den Tabakblättern, im Schöllkraut, in den Knollen der Kartoffel, in den Runkelrüben, in der Rinde der Kastanie, in den Eicheln und in den Samen der Erbsen, Bohnen, Wicken. Außerdem ist Z. ein regelmäßiger Bestandteil der Kuhmilch (0,2 %). Zur Darstellung der Z. für den Handel dient ausschließlich der Saft der unreifen Zitronen, der nur zum kleinsten Teile am Ursprungsorte selbst direkt auf Z. verarbeitet wird, vielmehr der Hauptsache nach in konzentriertem Zustande oder in Gestalt von trockenem Kalziumzitrat in den Handel gelangt, um dann in England, Frankreich und Deutschland weiter auf Z. verarbeitet zu werden. Zur Darstellung des Kalziumzitrats wird der auf die eine oder andere Weise geklärte Saft in mit Blei ausgekleideten Bottichen zum Kochen erhitzt und so lange mit geschlämmter Kreide und schließlich Kalkmilch versetzt, bis kein Aufbrausen mehr stattfindet. Die freie Z. verbindet sich dabei mit dem Kalk zu Kalziumzitrat, das in siedendem Wasser sehr schwer, in kaltem jedoch wesentlich leichter löslich ist. Es wird daher noch heiß auf ein Seihtuch gebracht, mit kochendem Wasser ausgewaschen und mit so viel verdünnter Schwefelsäure versetzt, als nötig ist, um den zitronensauren Kalk in schwefelsauren zu verwandeln. Die von dem ausgeschiedenen Kalziumsulfat getrennte Zitronensäurelösung wird zur Kristallisation eingedampft, und die abgeschiedene Kristallmasse durch Auflösen, Entfärben mit Tierkohle und nochmaliges Umkristallisieren gereinigt. Auch synthetisch ist die Z. schon nach verschiedenen Verfahren hergestellt worden, und schließlich wird sie fabrikmäßig auf zymotechnischem Wege nach einem Patent von Charles Wehmer in Mühlhausen und Thann im Elsaß gewonnen. Zu ihrer Darstellung dienen 3—30 %ige Zuckerlösungen, die mit Pilzen (Citromyces Pfefferianus et glaber) geimpft werden und bei der Gärung in Z. übergehen. — Die Z. ist eine dreiatomige Säure, $C_3H_4(OH)(COOH)_3$, und wird chemisch als Oxytrikarballylsäure bezeichnet. Sie bildet farb- und geruchlose, sehr sauer schmeckende, rhombische Prismen, die an warmer Luft oberflächlich etwas verwittern und in Wasser sowie Weingeist leicht löslich sind. Charakteristisch ist das Verhalten der Z. und ihrer Salze gegen Kalkwasser. Fügt man zu einer wäßrigen Zitronensäurelösung Kalkwasser bis zur alkalischen Reaktion, so tritt in der Kälte keine Trübung ein. Wird diese Flüssigkeit aber gekocht, so trübt sie sich infolge der Abscheidung von Kalziumzitrat, das beim Erkalten im verschlossenen Gefäß vollständig wieder in Lösung geht. Die zitronensauren Salze verhalten sich gegen Kalkwasser in gleicher Weise. — Im Handel unterscheidet man zwischen kristallisierter Z. (Acidum citricum cristallisatum), reiner Z. (Acidum citricum purum) und reinster bleifreier Z. (Acidum citricum purissimum). Letztere ist die im D. A. B. vorgeschriebene. Infolge ihrer Bereitungsweise kann die käufliche Z. außer Blei noch Schwefelsäure und Kalksalze enthalten, auch wird sie oft mit der billigeren Weinsäure verfälscht. Auf Blei prüft man mit Schwefelwasserstoffwasser, das man zu einer wäßrigen, mit Ammoniak bis zur schwach sauren Reaktion abgestumpften Zitronensäurelösung hinzusetzt. Färbt sich hierbei die Flüssigkeit dunkel, so ist Blei vorhanden. Schwefelsäure erkennt man an dem weißen Niederschlag, der in einer wäßrigen Lösung von Z. durch Chlorbarium, Kalksalze an der weißen Trübung, welche in der wäßrigen Lösung durch oxalsaures Ammonium hervorgerufen wird. Zum Nachweis von Weinsäure wird eine Mischung aus 1 g Z. und 10 ccm Schwefelsäure, die in einem mit Schwefelsäure gereinigten Mörser bereitet worden ist, in einem Probierrohr eine Stunde lang im Wasserbade erwärmt (auf 80—90°), worauf bei Anwesenheit von Weinsäure Braunfärbung eintritt. Außerdem kann Weinsäure auch durch essigsaures Kalium erkannt werden, dessen konzentrierte Lösung man mit der zu prüfenden konzentrierten Zitronensäurelösung mischt und dann mit dem dreifachen Volumen Alkohol versetzt. Falls Weinsäure vorhanden ist, entsteht beim Schütteln ein fein kristallinischer Niederschlag von saurem weinsauren Kali. Auf optischem Wege läßt sich die Gegenwart von Weinsäure an ihrer Rechtsdrehung erkennen. — Die Einfuhr von Z. bzw. Kalziumzitrat und konzentriertem Zitronensaft in Deutschland betrug jährlich ungefähr 6000 dz, die deutsche Ausfuhr von Z. 3000 dz. Die Verwendung der Z. ist sehr vielseitig. Technisch wird sie hauptsächlich in der Kattundruckerei sowie als Fleckenreinigungsmittel und in der Photographie benutzt. In der Nahrungsmittelindustrie und im Haushalt findet sie wegen ihres angenehmen Geschmackes vielfache Verwendung als Zusatz zu Limonaden, als Essigersatz usw. Medizinischen Gebrauch finden sowohl die Säure selbst als durstlöschendes, kühlendes Getränk bei Fieber, als Mittel gegen den Skorbut der Schiffer usw., wie auch einige ihrer Salze (zitronensaures Chinin, zitronensaure Magnesia usf., s. d.). Die Aufbewahrung der Z. hat in gut geschlossenen Gefäßen an einem kühlen Orte zu erfolgen.

Zitronensaures Chinin (Chininzitrat, lat. Chininum citricum, frz. Citrate de quinine, engl. Citrate of quinia) stellt weiße lockere Kristallnadeln dar, die intensiv bitter schmecken und in 900 Teilen kalten oder 30 Teilen siedenden Wassers löslich sind. Das zitronensaure Chinin findet beschränkte medizinische Verwendung.

Zitronensaures Eisenchinin (Chinineisenzitrat, lat. Chininum ferro-citricum, frz. Citrate de fer de quinine, engl. Citrate of iron and quinia) bildet glänzende, durchschimmernde, dunkelrotbraune Blättchen von eisenartigem und bitterem Geschmack, die in Wasser langsam, aber in jedem Verhältnis löslich sind. Das Eisenchininzitrat wird häufiger medizinisch angewandt als das vorhergehende Salz und findet sich auch im D. A. B. aufgeführt.

Zitronensaures Eisenoxyd (Eisenoxydzitrat, Ferrizitrat, lat. Ferrum citricum oxydatum, frz. Citrate de fer, engl. Citrate of iron) erhält man durch Auflösen von frisch gefälltem Eisenhydroxyd in wäßriger Zitronensäurelösung, vorsichtiges Eindampfen der klaren Flüssigkeit bis zur Sirupdicke und Trocknen des auf Glasplatten ausgestrichenen Rückstandes. Das Ferrizitrat bildet dünne, durchscheinende Blättchen von rubinroter Farbe und schwachem Eisengeschmack, die in siedendem Wasser leicht, in kaltem Wasser langsam, aber vollständig löslich sind. Die gelbe Lösung reagiert schwach sauer. Wegen seines schwachen Eisengeschmacks wird das Ferrizitrat, das für medizinische

Zwecke 19—20 % Eisen enthalten soll, als beliebtes Eisensalz verordnet.

Zitronensaure Magnesia (Magnesiumzitrat, lat. Magnesium citricum, frz. Citrate de magnésie, engl. Citrate of magnesia) stellt je nach der Bereitungsweise ein lockeres, kristallinisches Pulver, feste kristallinische Krusten oder ein trockenes, amorphes Pulver dar. Letzteres ist in kaltem Wasser leicht löslich, während die ersten beiden Formen sich darin nur langsam lösen. Magnesiumzitrat dient als mildes Abführmittel, ist aber gegenwärtig meist in der Form des offizinellen brausenden Magnesiumzitrats (lat. Magnesium citricum effervescens, frz. Citrate de magnésie granulaire, engl. Effervescent citrate of magnesia) in Gestalt weißer Körnchen im Gebrauche, die sich in Wasser unter Kohlensäureentwicklung zu einer angenehm säuerlich schmeckenden Flüssigkeit auflösen.

Zitrophen, das zitronensaure Salz des p-Phenetidins, ist ein farbloses, wasserlösliches Kristallpulver vom Schmelzpunkt 188°, das als Fiebermittel an Stelle des Phenazetins benutzt wird, aber mit Vorsicht anzuwenden ist.

Zitwerwurzel (lat. Rhizoma zedoariae, frz. Zédoaire, engl. Zedoary root), ein vielbenutzter Gegenstand des Drogenhandels, stammt von einer Zingiberazee (Curcuma Zedoaria), die in Ostindien, China und Madagaskar heimisch ist. Die getrockneten Wurzelstöcke sind entweder in Scheiben geschnitten oder der Länge nach geviertelt. Der Holzkörper ist zäh und hornartig und gleich der oft abgeschälten Rinde mit zahlreichen Harz- und Ölbehältern erfüllt. Als wirksame Bestandteile sind ein zineolhaltiges ätherisches Öl, bitteres aromatisches Harz und Stärke zugegen. Der Geruch ist stark aromatisch, kampferartig, der Geschmack gleichzeitig brennend und etwas bitter. Die Wurzel wird in der Pharmazie bei Bereitung von Gewürztinkturen, außerdem zu Magenlikören, wie Ingwer, das Zitwerwurzelöl (lat. Oleum zedoariae, frz. Essence de zédoaire, engl. Zedoary oil) zu aromatischen Likören mit verwandt.

Zobelfelle. Zu dem edelsten und kostbarsten Pelzwerk gehören die Felle des sibirischen Zobels (russisch Sobol), einer Marderart (Mustela zibellina), die an Größe und Lebensweise den deutschen Mardern gleicht und in Fallen gefangen wird. Ihr höherer Wert beruht auf der größeren Feinheit, Weichheit und Dauerhaftigkeit. Die Wertverschiedenheiten der Felle selbst hängen besonders von der Farbe ab, die vom Hellbräunlichen bis in tiefes Dunkelbraun geht. Je dunkler, desto teurer sind die Z., auch ist der Pelz der Männchen größer, dichthaariger und daher wertvoller als derjenige der Weibchen. Z., bei denen die längsten Haare weiß sind und mit ihren Spitzen die anderen überragen, heißen Silberzobel und werden namentlich deshalb geschätzt, weil sie nicht künstlich gefärbt werden können. Die schönsten Felle kommen aus dem östlichen Sibirien von Irkutsk und Ochotsk, weniger schöne vom Jenissei, der Lena und dem Amur. Die Z. bildeten ein Monopol der russischen Regierung und wurden von den Jägern entweder als Steuer geliefert, oder an Beamte verkauft und nach Petersburg gesandt, wo die besten für besondere Zwecke ausgesucht, die übrigen versteigert wurden. Sie werden von reichen Russen und Chinesen, meist als Pelzfütterung, getragen und dienen auch zur Herstellung von Kragen und Mützen, bei uns gewöhnlich nur von Besätzen für Damenpelze. — Der amerikanische Zobel (Mustela americana) ist ein Tier von derselben Größe und Lebensart, aber gröberem Haar. Das Fell erscheint mehr rötlichbraun, zeigt aber sonst alle Farbtöne von gelblich bis dunkelbraun. Die schönsten amerikanischen Z. kommen von den Küstenländern der Hudsonsbai und der Labradorküste und werden wegen ihrer mäßigen Preise in allen Ländern, auch in Rußland, am meisten aber in England, verbraucht. Auch der kanadische Z. (M. canadensis), auch Pekan oder virginischer Iltis genannt, liefert geschätzte schwarze oder graue Pelze. — Die Schweife der Zobel sind ebenfalls wertvoll und dienen zu Besätzen für Damenpelze, zu Herrenmützen usw. Das Färben der Z., um sie dunkler zu machen, sowie anderer Felle, um sie den Zobeln ähnlicher zu gestalten, wurde früher in großer Ausdehnung betrieben, und noch heute nennen sich alte Rauchwarenfärber Zobelfärber.

Zoelestiner Tropfen, eine stark abführende alkoholische Lösung von Aloe und Rhabarber mit Zusatz von Eisensaccharat und aromatischen Stoffen.

Zoeruleïn (Anthrazen- oder Alizaringrün) ist ein Farbstoff der Phtaleingruppe, der durch Behandlung von getrocknetem Galleïn (s. d.) mit konz. Schwefelsäure dargestellt wird und in Form einer dicken braunen, in Wasser und Alkohol unlöslichen Paste in den Handel kommt. Daneben findet sich als Zoeruleïn S. noch eine pulverförmige, wasserlösliche Modifikation, die aus einer Alkalisulfitlösung des Farbstoffes besteht. Z. liefert dunkelgrüne Farben von großer Echtheit und wird namentlich in Kattundruckereien als Paste mit Natriumbisulfit, Alaun oder Chromalaun angewandt. Auch dient Z. zum Färben von mit Chrom gebeizter Wolle, Seide und Baumwolle. Der Tonerdelack ist hellgrün, der besonders echte Chromlack dunkelgrün.

Zucker (lat. Saccharum, frz. Sucre, engl. Sugar). Unter diesem Namen faßt man in der Chemie eine Anzahl von Kohlenhydraten zusammen, die in Wasser löslich und kristallisierbar sind und, mit vereinzelten Ausnahmen, einen mehr oder weniger süßen Geschmack besitzen. Ihrer Konstitution nach kann man folgende Gruppen von Zuckerarten unterscheiden: Monosaccharide oder Glykosen besitzen die Fähigkeit, alkalische Metallsalzlösungen (Fehlingsche Lösung) zu reduzieren und sich mit Alkalien gelb zu färben. Sie drehen die Ebene des polarisierten Lichtes und werden durch Hefe vergoren. Weil ihr Molekül eine Kette von sechs Kohlenstoffatomen enthält, $C_6H_{12}O_6$, werden sie auch als Hexosen bezeichnet. Zu den Hexosen gehören von bekannteren Zuckerarten der Traubenzucker, Fruchtzucker, die Galaktose und Sorbose. Die Zucker der zweiten Gruppe, die Disaccharide oder Saccharosen kann man auffassen als unter Austritt von einem Molekül Wasser zustande gekommene Verbindungen von zwei Glykosemolekülen, in die sie beim Erwärmen mit verdünnten Säuren unter Aufnahme von Wasser, Hydrolyse, wieder zerfallen. Rohrzucker liefert hierbei je ein Molekül Traubenzucker und Fruchtzucker; Milchzucker je ein Molekül Traubenzucker und Galaktose; Maltose gibt zwei Moleküle Traubenzucker. Auch die Saccharosen drehen die Polarisationsebene, zeigen aber die übrigen Eigenschaften der Glykosen: Reduktion und Vergärung vielfach erst nach der Hydrolyse. Ihre Zusammensetzung entspricht der Formel $C_{12}H_{22}O_{11}$. Von der dritten Gruppe der Zuckerarten, den Polysacchariden, besitzt nur die Raffinose eine gewisse praktische Bedeutung. Sie zerfällt bei der Hydrolyse in je ein Molekül Traubenzucker, Fruchtzucker und Galaktose. Die wichtigeren Zuckerarten sind unter ihrem eigenen Namen besprochen worden. An dieser Stelle ist daher nur diejenige Zuckerart zu behandeln, die im alltäglichen Leben als Zucker schlechthin bezeichnet wird, der Rohrzucker oder die Saccharose. Der R. ist im Pflanzenreiche außerordentlich verbreitet und wird wahrscheinlich unter dem Einflusse des Lichtes in den Blättern erzeugt und von hier nach den Reserveorganen weiter befördert. Größere Mengen enthalten hauptsächlich die Stengel einiger Gramineen: Mais 7—9 %, Zuckerhirse (Sorghum saccharatum) etwa 15 %, Zuckerrohr etwa 20 %; ferner der Saft verschiedener Bäume, wie Birke, Ahorn; die Nektarien von Kaktus-, Fuchsien- und Kleeblüten, verschiedene Früchte: Mandeln, Feigen, Ananas, Äpfel, Kirschen, und von Wurzeln, besonders Rüben und Mohrrüben. Zur Gewinnung des Z. werden die hierzu geeigneten, d. h. besonders zuckerreichen, Pflanzen durch Pressen oder durch Ausziehen mit Wasser oder Alkohol ihres Z. beraubt, und die erhaltenen Lösungen nach mehr oder minder umständlicher Reinigung zur Kristallisation gebracht. Am einfachsten ist die Gewinnung aus Zuckerrohr, das im Safte 14—20 % Zucker enthält. Der ausgepreßte Saft wird mit wenig Kalk aufgekocht, nach dem Filtrieren in Vakuumapparaten eingedampft und der auskristallisierte Zucker durch Zentrifugieren von dem Sirup oder der Melasse befreit. Er kommt dann als gelblicher oder bräunlicher Kolonialzucker direkt in den Handel, oder wird durch Raffinieren (Umkristallisieren) in Hut- oder Brot-Z. oder in englischen Kristallzucker übergeführt. Neuerdings wird auch das Diffusionsverfahren angewandt. — Die Gewinnung des Z. aus der Rübe ist wesentlich umständlicher, da der Rübensaft weit mehr fremde Bestandteile enthält, welche die Kristallisation verhindern und daher entfernt werden müssen. Die gewaschenen Rüben werden in der Schnitzelmaschine in feine Stückchen zerteilt und dann in großen eisernen Zylindern der Diffusion mit warmem Wasser unterworfen. Der so gewonnene Saft ist reiner als der früher durch Auslagen von Brei (Mazeration) erhaltene, da eine Reihe kolloidaler Stoffe, wie Eiweißstoffe und Gummi, schwieriger diffundieren als Zucker und Salze und daher in den Schnitzeln zurückbleiben. Zur Entfernung der meisten in Lösung gegangenen Nichtzuckerstoffe wird der Diffusionssaft in den Scheidepfannen mit 1½—3 % gebranntem oder gelöschtem Kalk erwärmt, wobei sich ein Teil der Verunreinigungen flockig abscheidet, und darauf zur Ausfällung des gelösten Kalks mit Kohlensäure gesättigt (saturiert). Der erforderliche Kalk und die Kohlensäure wird von den Zuckerfabriken durch Glühen von Kalkstein in eigenen Kalköfen erzeugt. Nach Entfernung des Niederschlages in Filterpressen wird der nun hellfarbige Saft entweder durch Knochenkohlebatterien, oder neuerdings meist durch nochmalige schwache Scheidesaturation mit Kalk und Kohlensäure, oder endlich durch Behandlung mit schwefliger Säure weiter gereinigt und dann in Vakuumapparaten zum Dicksaft eingedampft. Der letztere mit etwa 24° B wird dann nach nochmaliger Filtration bis zum Auftreten von Kristallen weiter eingedickt (auf Korn kochen), und die erhaltene „Füllmasse" zum Kristallisieren in eiserne Kästen abgelassen. Die nach 12—24 Stunden völlig fest gewordene Masse wird zerkleinert und in Zentrifugen von dem Sirup befreit. Der letztere wird wieder eingekocht und in gleicher Weise weiter behandelt und liefert so nacheinander ein sog. zweites, drittes und bisweilen viertes Produkt, bis aus der zuletzt hinterbleibenden Melasse kein Z. mehr auskristallisiert. Der Rohzucker, eine grobkristallinische gelbe Masse, ist nicht direkt zum Verbrauch geeignet, da ihm noch ein unangenehmer, von kleinen Mengen Salzen herrührender Beigeschmack anhaftet. Er enthält 80—96 % Zucker und wird in besonderen Fabriken (Raffinerien) weiter gereinigt. Zu diesem Zwecke löst man ihn in ½—⅓ seines Gewichts an Wasser, entfärbt die Lösung mit Knochenkohle, dampft sie zur Kristallisation ein und läßt sie in kegelförmigen Hutformen oder in Kästen erstarren. Die anhaftende Mutterlauge wird mittels Luftpumpen durch Abnutschen oder durch Auswaschen mit reiner, dicker Zuckerlösung (Decken) entfernt, und ein geringer gelber Farbton durch Zusatz von etwas Ultramarin verdeckt. Wegen der mit dem Ultramarinzusatz verbundenen Nachteile, besonders der mit sauren Flüssigkeiten eintretenden Schwefelwasserstoffentwicklung, bevorzugt man neuerdings vielfach ungeblauten, sog. Lompen-Z. Durch einfaches Decken des in Zentrifugen ausgeschleuderten Z. erhält man den Kristallzucker; durch Erstarrenlassen der Lösung in quadratisch abgeteilten Kasten den Würfelzucker. Der in spitz zulaufenden Formen erstarrte Hutzucker oder Brotzucker besteht aus sehr kleinen, zu einer festen marmorartigen, aber doch porösen Masse zusammengeklebten Kristallen. Er wird meist Raffinade genannt und bildet die beste Sorte. Pilé-Z. ist eine besonders für den italienischen Markt bestimmte Form, die aus erbsengroßen, feinkristallinischen Körnchen besteht, Melis, eine etwas gelbliche Raffinade, und Farin (Mehlzucker) ein aus schlecht ausgefallenen Broten und Abfällen aller Art durch Mahlen hergestelltes Pulver. Kandis wird durch sehr langsame, ungestörte Kristallisation konzentrierter Zuckerlösungen erhalten. Zur Gewinnung der noch in der Melasse verbliebenen Zuckerreste sind zahlreiche Melasse-Entzuckerungsverfahren in Vorschlag gebracht worden, ohne sich auf die Dauer behauptet zu haben. Das Osmoseverfahren beruht auf der Eigenschaft des Zuckers, durch poröse Membranen (Pergamentpapier) weniger schnell zu diffundieren als Salze. Beim Elutionsverfahren wird der Zucker aus der Melasse durch Zusatz von Kalk als Trikalziumsaccharat gefällt, letzteres abfiltriert, mit Alkohol ausgewaschen und mit Kohlensäure zersetzt. In ähnlicher Weise arbeitet man auch mit Strontian und Baryt. — Nächst dem Rohr- und Rübenzucker hat der mit ihnen chemisch völlig identische Palmzucker aus dem Safte von Arenga saccharifera, Cocos nucifera, Sagus rumphii, Borassus flabelliformis und Phoenix dactylifera eine gewisse Bedeutung. Zu seiner Gewinnung bohrt man während oder nach der Blütezeit die Stämme an und dampft den Saft mit etwas Kalk bis zur Kristallisation ein. Die Palmen gewähren, wenn die Saftgewinnung nicht übertrieben wird, viele Jahre lang eine gute Ausbeute, einzelne Kokospalmen mehr als 250 kg Saft oder Callon mit 50 kg Z. Der hauptsächlich in Ostindien, auf Zeylon und Java hergestellte Palmenzucker wird als Jaggery (Jagara-, Jagre-Z.) bezeichnet. Außerdem werden noch Zuckerahorn, Mais und Sorgho, namentlich in Nordamerika, zur fabrikmäßigen Gewinnung des Zuckers herangezogen. — Der Z. bildet farblose, monokline, meist hemiedrisch ausgebildete Kristalle, schmeckt stark süß und löst sich leicht in Wasser. Die Lösungen drehen das polarisierte Licht stark rechts, und zwar beträgt die spez. Drehung 66,39. Bei vorsichtigem Erhitzen schmilzt Z. gegen 160° und erstarrt darauf zu einem amorphen Glase (Gerstenzucker), das aber nach einiger Zeit von selbst wieder kristallinisch und undurchsichtig wird. Bei stärkerem Erhitzen bräunt sich die Masse und geht unter Entweichen von Kohlensäure und anderen Gasen in Karamel (Zuckercouleur, gebrannter Z.) über. Durch konzentrierte Schwefelsäure und durch Salzsäuregas wird Z. geschwärzt. Bei Behandlung mit verdünnten Säuren nimmt er ein Molekül Wasser auf und zerfällt in ein Gemenge gleicher Moleküle Traubenzucker und Fruchtzucker, das nun nicht mehr nach rechts, sondern umgekehrt nach links dreht und deshalb Invert Z. genannt wird. Rohrzucker ist nicht direkt vergärbar, wird aber durch das in der Hefe enthaltene Ferment Invertin in seine beiden Bestandteile gespalten und dann völlig vergoren. Zur quantitativen Bestimmung des Z. bedient man sich hauptsächlich der Polarisation, und zwar des Saccharimeters oder Halbschattenapparates. Bei Beobachtung einer Lösung von 26,048 g Substanz (Normalgewicht) in Wasser zu 100 ccm entspricht jeder Grad des Maßstabes einem Prozent Z. Außer dem durch Polarisation ermittelten Zuckergehalte wird für die Bewertung des Rohrzuckers seitens der Raffinerien noch das sog. Rendement berücksichtigt, indem man den fünffachen Betrag des Aschengehaltes in Abzug bringt. Auch kann für Invertzucker der fünffache Betrag abgerechnet werden. Der Grund hierfür ist die Verringerung der Ausbeute durch Asche sowohl als durch Invertzucker. — Der Zucker, als das allgemeine Versüßungs- und Konservierungsmittel, wird in ungeheuren Mengen hergestellt und verbraucht. Im Jahre 1914 betrug die Welterzeugung rund 18,5 Millionen Tonnen, nämlich 10 Millionen Tonnen Rohrzucker und 8,5 Millionen Tonnen Rübenzucker, und von letzterem entfielen allein auf Deutschland 2,2 Millionen Tonnen. Die hierfür erforderlichen 13 Millionen Tonnen Zuckerrüben wurden auf 543 000 ha geerntet und in 448 Fabriken verarbeitet. Der Zuckerverbrauch betrug auf den Kopf der Bevölkerung 19,6 kg gegen 33 kg in England.

Zuckercouleur (Karamel, lat. Tinctura sacchari tosti, Saccharum tostum, frz. und engl. Couleur) nennt man einen zum Braunfärben von Nahrungs- und Genußmitteln bestimmten Sirup, der im wesentlichen aus den bei höherer Temperatur gebildeten Zersetzungsprodukten von Zuckerarten besteht. Zu ihrer Darstellung schmilzt man Rohrzucker, Traubenzucker oder Stärkesirup, letzteren meist unter Zusatz von 4 % Soda oder Ammoniumkarbonat, in eisernen Kesseln bei etwa 200°, wobei der Zucker sich in eine glasige dunkelbraune Masse verwandelt, die nach dem Erkalten in dem halben Gewicht Wasser gelöst wird. Z. löst sich in Wasser mit dunkelbraunen, bei stärkerer Verdünnung in den verschiedensten Farbtönen bis zum Goldgelb und gibt in ihren besseren Sorten (aus Rübenzucker) auch mit Alkohol verschiedener Grade klare Lösungen. Die beste Sorte, Rum- oder Spirituscouleur, löst sich noch klar in 90—95 %igem Alkohol und darf jedenfalls mit 80 %igem Alkohol keine Trübung geben. Bier- oder Essigcouleur bleibt mit 75 %igem Alkohol klar. Z. wird entweder als Sirup in Fässern von 6—8 Zentner Inhalt, oder neuerdings auch in Form fester Tafeln in den Handel gebracht und dient zum Färben von Wein, Bier, Branntwein, Kaffee-Ersatz und zahlreichen anderen Genußmitteln.

Zuckerrüben (Zuckerrunkel, frz. Betterave saccharifère, Betterave blanche à sucre, Blanche de silésie, engl. Sugar beet-rave) ist eine durch Veredelung gewonnene Abart (Beta vulgaris rapacea saccharifera) der Runkelrübe (Dickwurz, Mangold, Beißkohl, römischer Spinat, Burgunderrübe, Rungkraut), die als Gemüse- und Futter-, Garten- und Feldpflanze, in der Hauptform Mangold, B. vulgaris var. Cicla, mit den Abarten Schnittkohl und rote Rübe, und B. vulgaris var. rapacea, Futter- und Zuckerrunkel, angebaut wird. — Die Vervollkommnung der Rübe zu den Zwecken der Zuckergewinnung gelang erst in Quedlinburg vom Jahre 1824 an, und seitdem kennt man die Z. als besondere Art in mehreren Spielarten. Von letzteren sind folgende als die besten anzuführen: die birnförmige, schlesische weiße Z. mit festem Fleisch und grünem Kopf, die am besten auf trockenem, leichtem Boden fortkommt, die für schweren Boden geeignete Quedlinburger Z. mit spindelförmiger Gestalt und rosafarbigem Kopf, die kleinere, weiße, weiß- und festfleischige Imperial- oder Knauersche Z. mit stumpfen Kopf und schlank birnförmiger Gestalt, die sibirische Z., die mährische oder Castelnaudory, die französische oder belgische (Vilmorins Z.), die tellerförmige Wiener, die Czabayer Imperial, die Wanzlebener, die Schlanstädter, die Bestahornsche und die olivenförmige Erfurter (Büchnersche). — Gute Z. müssen einen möglichst großen Gehalt an Zucker, der bis zu 18 und 20 % ansteigen kann, haben, hingegen möglichst wenig Nichtzucker, d. h. Eiweißstoffe, Salze und andere die Verarbeitung störende Stoffe enthalten. Weitere Anforderungen an gute Zuckerrüben sind, daß sie hauptsächlich im Boden wachsen, weil der an dem Lichte grün werdende Kopf nicht auf Zucker verarbeitet werden kann. Auch sollen sie möglichst glatt sein, keine Verästelungen, wenig und feine Seitenwurzeln treiben, im Fleisch dicht, hart und weiß sein, damit sie beim Zerkleinern möglichst wenig Abfall geben. Diesen Anforderungen entsprechen die erstgenannten Arten am besten. Die Zucht von Samen guter Z. ist sehr lohnend und wird von Handelsgärtnern und auch von einzelnen Landwirten im Großen betrieben. — Der Anbau der Z. setzt die Vereinigung geeigneten Bodens, günstigen Klimas, leichten Bezugs und guter Arbeitskräfte voraus. Auch ist die Nähe einer Zuckerfabrik und zur Verwertung der Abfälle die Einführung von Viehzucht erforderlich. In Deutschland bildet die Magdeburger Ebene das Hauptgebiet. Nächst diesem ist der Anbau noch bedeutend in Schlesien und um Braunschweig, ferner in Anhalt, der Umgegend von Leipzig (Markranstädt, Lützen) und Döbeln; in Österreich besonders in Böhmen und Mähren, und in Frankreich in den Norddepartements, mit Lille als Mittelpunkt. Neuerdings beteiligen sich auch Belgien, Holland, Schweden, Rußland, England und Amerika am Rübenbau. Die Z. wird vorzugsweise direkt ausgesät, und zwar auf vorher sehr sorgfältig bearbeiteten und gut, wenngleich nicht zu reichlich gedüngten Boden. Von den Düngemitteln sind Phosphorsäure und Kali in erster Linie zu berücksichtigen. Man ackert kleine Beete oder Kämme und sät auf diese, also reihenförmig, mittels besonderer Maschinen oder mit der Hand je 3—4, selten bis acht Samen an eine Stelle. Zur besseren Keimung läßt man den Samen oft vorher quellen oder mischt ihn mit feinem Sande. 1 hl „Samen" wiegt im Durchschnitt 25 kg. — Für den Fabrikanten kommt es darauf an, die Z. möglichst oft bauen zu können, die Bedingungen ihres Wachstums also vollständig zu beherrschen. Es ist jetzt gelungen, bis 1/3 der verfügbaren Bodenfläche unbedenklich mit Z. zu bebauen; hingegen empfiehlt es sich im Großen nicht, darüber hinauszugehen, weil dann die zahlreichen Feinde der Pflanzen zu sehr überhandnehmen und den Anbau eine Zeitlang unmöglich machen. Hinsichtlich der Düngung und Bearbeitung gibt es keine Schwierigkeiten mehr. Der Rübenbauer braucht am meisten Handelsdünger und die besten Ackergerätschaften, verwendet am meisten Sorgfalt mit Jäten, Verpflanzen, Behacken, Behäufeln usw. auf seine Felder und führt unter großem Kostenaufwand einen unablässigen Krieg gegen die Feinde aus der Tier- und Pflanzenwelt. Unkraut (Melden, Ackersenf usw.), Rost der Blätter, Herzfäule, Fäulnis durch den Wurzeltöter, Schwärze oder Rußtau, Blattdürre und eine der Kartoffelkrankheit ähnliche Erkrankung, die fast alle durch Pilze veranlaßt werden, ferner Aaskäfer, schwarze Moosknopfkäfer, Rübennematoden (nach manchen die Ursache der Rübenmüdigkeit), Saatschnellkäfer, neblige Schildkäfer, Kohl-, Wintersaat- und Ypsiloneule, Runkelfliege und Engerlinge sind die hauptsächlichsten Feinde, welche die Z. bedrohen. Der Zuckergehalt wird außerdem wesentlich durch die Witterung bedingt und kann deshalb nach Jahrgängen bedeutenden Schwankungen unterliegen. Die Blätter kommen als Futtermittel in Betracht. Die Ernte findet so spät als möglich statt, die Aufbewahrung jetzt nur noch in Erdmieten. — Zur Samenzucht werden, wie bei allen ähnlichen Gewächsen, die schönsten, am gleichmäßigsten gewachsenen, unverletzten, aber nicht über 1 kg schweren Rüben bestimmt, bei der Ernte sofort ausgeschieden und dadurch zum Überwintern hergerichtet, daß man die Blattrosetten ausdreht oder ohne Verletzung der Herzknospe 5 cm über dem Kopfe abschneidet. Die Rüben kommen dann im Keller in ein Sandbett und werden im Frühjahr auf ihren Zuckergehalt geprüft, indem man mit Hilfe besonderer Maschinen etwas Rübenbrei herausbohrt und der polarimetrischen Untersuchung unterwirft. Die zuckerreichsten Rüben werden nun ausgelesen und nach Verschließung des Bohrlochs mit Erde im April in gartenmäßig bearbeitetes, besonderes Ackerland mit einem Flächenraume bis zu 1 qm für jede Pflanze ausgepflanzt. Die weitere Behandlung im Felde besteht im Reinhalten, Lockern, Behäufeln und Anbinden der Stengeltriebe. Der Same wird geerntet, sobald die Fruchtknäule gebräunt erscheinen. Man schneidet mit hoher Stoppel und läßt auf dieser die Nachreife und das Trocknen vor sich gehen. Die Gewinnung erfolgt schließlich bei Winterkälte durch Ausdreschen, nur bei sehr wertvollen Sorten pflückt man den Samen mit der Hand und erzielt als Ertrag 5—10 dz. — Die Z. sind nur selten Gegenstand des Verkaufs für Händler, da die Fabriken sich den Bedarf durch Abschlüsse mit den Landwirten sichern und diesen die Abfälle zurückgewähren, zum Teil auch selbst Viehzucht betreiben. Soweit die Fabriken Aktienunternehmen sind, suchen sie die Landwirte auch mit Aktien zu beteiligen und geben dann etwas ermäßigte Preise. Für den Handel kommt hauptsächlich der Samen in Betracht, soweit nicht wiederum Selbstzucht stattfindet. Zum Teil liefern die Handelsgärtner das Saatgut und dann meist nur von den besten Sorten, für welche die höchsten Preise gelten, die größten Mengen werden aber von besonderen Rübensamenzüchtereien in den Verkehr gebracht.

Zündhölzer (Streichhölzer). Dieses in ungeheuren Mengen verbrauchte Mittel zur Feuererzeugung ist erst seit etwa 80 Jahren bekannt. Bis dahin verschaffte man sich Feuer mit Hilfe von Stahl, Feuerstein und Schwamm oder seit 1805 mittels des sog. Tunkfeuerzeugs, indem man an einem Ende mit Schwefel und chlorsaurem Kali versehene Hölzchen auf mit konzentrierter Schwefelsäure getränkten Asbest tupfte. 1832 wurden von verschiedenen Fabriken, in Deutschland von dem Württemberger Kammerer, die ersten Phosphorzündhölzer in den Handel gebracht, die sich an jeder Fläche entzündeten und trotz wiederholter Verbote allgemeine Verbreitung fanden. Die Hölzchen werden in waldreichen Gegenden, im Schwarz- und Böhmerwald, Erzgebirge, Riesengebirge und Elsaß, ferner in Österreich und Schweden aus weichen Hölzern, Pappel, Esche, Fichte und Tanne meist mit Maschinen geschnitten und dann in besonderen Fabriken mit den Zündköpfen versehen. Man taucht sie zu diesem Zwecke mit einem Ende in geschmolzenen Schwefel oder bei den besseren Sorten in Stearin oder Paraffin und nach dem Trocknen des Überzuges in die eigentliche Zündmasse, ein Gemisch von fein zerteilten Phosphorstückchen und Leim, Gummi, Dextrin oder anderen Bindemitteln. Vielfach enthält die Zündmasse neben dem Phosphor noch andere

Oxydationsmittel, wie Braunstein, Salpeter, Mennige oder Bleisuperoxyd. Die hohe Giftigkeit der Phosphorzündhölzer und die mit ihrer Herstellung verbundenen gesundheitlichen Gefahren haben schon frühzeitig Versuche zum Ersatz des Phosphors veranlaßt, die zur Erfindung der sog. Sicherheitszündhölzer führten. Obgleich eine deutsche Erfindung, gelangten diese doch erst zu Ansehen, als sie auf dem Umwege über Schweden, als sog. schwedische Z. zu uns kamen. Die Sicherheitszündhölzer enthalten keinen giftigen (weißen) Phosphor. Ihr Zündkopf besteht vielmehr aus einem Gemenge von vorwiegend chlorsaurem Kalium und etwas Schwefel, Schwefelantimon, chromsaurem Kalium oder Mennige mit Bindemitteln (Dextrin usw.). Sie entzünden sich nur an besonderen Reibflächen, die einen Überzug von Schwefelantimon, rotem (ungiftigem) Phosphor und Gummi erhalten haben. Zur Verhinderung des lästigen Nachglimmens werden die Holzdrähte meist mit phosphorsaurem Ammonium imprägniert. Da die außerordentlich bequeme Handhabung der Phosphorhölzer ihre Verdrängung verhinderte, ist im Hinblick auf die zahllosen Opfer der Phosphornekrose durch Reichsgesetz bestimmt worden, daß weißen Phosphor enthaltende Z. vom 1. I. 1907 in Deutschland weder hergestellt, noch in Verkehr gebracht werden dürfen. Vom 1. I. 1908 an ist auch die Einfuhr aus dem Ausland verboten. Als Ersatz sind bereits jetzt verschiedene brauchbare Z. im Handel, die sich an jeder Reibfläche entzünden lassen und hauptsächlich eine ungiftige Form des Phosphors, den sog. hellroten Phosphor, oder auch Phosphortrisulfid oder Sulfophosphit enthalten. Hingegen haben sich die nach dem vom Reiche angekauften Schwienigschen Verfahren hergestellten sog. Reichs-Z. mit bleisaurem Kalzium als unbrauchbar erwiesen. — Bengalische Z., hergestellt durch Zusatz von Buntfeuermischung, in grün, rot usw., gelten als Feuerwerkskörper.

Zündwaren. Hierzu gehören dem Zolltarif nach Zündpillen, Zündspiegel, Zündplättchen für Kinderpistolen, sog. Amorces, usw. Alle diese Waren werden aus einer Mischung von amorphem Phosphor mit Kaliumchlorat hergestellt. Die Entzündung geschieht durch Schlag, wobei eine knallende Explosion erfolgt (s. auch Sprengstoffe).

Zwiebel (Bolle, Gartenlauch, Hauszwiebel, Knofler, Zigeller, gemeine Z., lat. Bulbus cepae, frz. Oignon, engl. Onion), eine Unterart der sehr artenreichen Pflanzenfamilie Lauch, Allium Cepa L., bildet ein bekanntes Küchengewürz, das von Gärtnern und Landwirten im Feldgemüsebau erzeugt und in den Handel gebracht wird. In Deutschland baut man die Z. hauptsächlich in der Gegend von Heldrungen, Artern, Zörbig, Lübbenau, Ulm, Arnstadt, Naumburg, Hannover, Darmstadt und in der Pfalz im großen und verkauft sie auf besonderen Zwiebelmärkten. Am beliebtesten sind glattrunde, hellrote und gelbe Sorten, in verschiedenen Größen, bis zu 1,5 kg schwer. Die Vermehrung erfolgt durch Stecklinge und durch Samen, die auch für sich eine bedeutende Handelsware bilden. Von den mehr als 263 Arten, die in der alten Welt, im gemäßigten und warmen Klima, am meisten in Südeuropa, dem Orient und in Zentralasien bis Tibet gedeihen, werden folgende als Küchengewürz benutzt. 1. Knoblauch, wild und angebaut, A. sativum L. (lat. Bulbus allii, frz. Tête d'atil, engl. Garlic), walnußgroße Zwiebeln von scharfem, dem der Asa foetida ähnlichem Geruch. Man verwendet K. außer als Küchengewürz medizinisch als Wurmmittel. Die Hauptbestandteile sind ätherisches Öl und Schwefelallyl. Das ätherische Öl wird auch in der Wurstfabrikation verwandt. 2. Porree, Aschlauch, Sommer- und Winterpflanze, A. Ampeloprasum L., A. Porrum L., in vielen Spielarten in Europa, Nordfrankreich und im Orient allgemein angebaut. 3. Schnittlauch, A. Schoenoprasum L., eine ausdauernde, in Europa, Mittelasien und Nordamerika wild wachsende, in Gärten vielfach gezogene Pflanze, dient als Zwiebel- und Blattgewürz. 4. Schalotte (Echelotte, Scharlotte), A. ascalonicum L., P. ascalonicum Rchb., wird im Orient, der kleinen, sehr milden und feinen Zwiebelchen wegen angebaut. — Die Z. enthält eigentümliche schwefelhaltige ätherische Öle, die ihren scharfen Geruch und Geschmack bedingen. Verkauft werden sie zu Schnüren und Kränzen zusammengebunden sowie auch nach Schock und Hundert oder nach Hektolitern und Litern zu wechselnden Preisen.

Zwiebelöl, das ätherische Öl der gewöhnlichen Zwiebel, Allium Cepa, besitzt den scharfen Geruch der Zwiebeln und eine rotbraune Farbe. Das spez. Gew. beträgt 1,036. Aus 5000 kg Zwiebeln erhält man 233 g dieses nur selten dargestellten Öles.

Zyanin, ein neuer blauer Teerfarbstoff für die Färberei; vgl. Chinolinfarbstoffe.

Zyanverbindungen (Cyanide, Zyanide), eine Reihe von Salzen, welche die aus Kohlenstoff und Stickstoff gebildete Zyangruppe (CN) enthalten und in ihrem chemischen Verhalten den Chlor-, Brom- und Jodverbindungen ganz analog sind, entstehen beim Glühen stickstoffhaltiger organischer Stoffe mit Kaliummetall, bei der Spaltung des Amygdalins (s. d.) mit Wasser und auf zahlreiche andere Weisen. Näheres vgl. unter Kaliumzyanamid, Berlinerblau, Blausäure, Kalziumzyanid, Quecksilberzyanid.

Zykasstämme, Zykaswedel. Die zu den Gymnospermen gehörende Pflanzenfamilie der Zykadeen ist durch ihre Zweige für den inländischen Handel von Bedeutung geworden. Die Zykadeen sind tropischer Herkunft und ähneln in ihrem Wuchs den Palmen, die Zweige mit ihren Blättern ähneln je nach der Art bald den Nadelhölzern, bald den Farnen. Wegen ihrer Verwendung als Blumenschmuck und als Ziergewächse werden die Z. neuerdings vielfach in den Handelsgärtnereien gezogen.

Zymin, eine Art Dauerhefe, wird durch Entwässerung von Hefe durch Behandlung mit Azeton und Äther hergestellt und wie eine Reihe ähnlicher Mittel (Furunkulin) gegen Furunkeln, Verstopfung und Vaginalkatarrhe verordnet.

Zyperweine, die Weine von der Insel Zypern, sind goldgelb, mäßig süß, feurig, von etwas herbem Geschmack und kräftigem Aroma. Daneben gibt es aber auch süße Muskatlikörweine. Die beste Sorte ist der Cypro commendaria und der Cypro Paphos. Sie dürfen nicht zu kalt lagern.

Verordnung,

betreffend den Verkehr mit Arzneimitteln.

Vom 22. Oktober 1901.

Wir Wilhelm, von Gottes Gnaden Deutscher Kaiser, König von Preußen usw., verordnen im Namen des Reiches auf Grund der Bestimmungen im § 6 Abs. 2 der Gewerbeordnung (R. G. Bl. 1900, S. 871), was folgt:

§ 1. Die in dem angeschlossenen Verzeichnisse A aufgeführten Zubereitungen dürfen, ohne Unterschied, ob sie heilkräftige Stoffe enthalten oder nicht, als Heilmittel (Mittel zur Beseitigung oder Linderung von Krankheiten bei Menschen oder Tieren) außerhalb der Apotheken nicht feilgehalten oder verkauft werden.

Dieser Bestimmung unterliegen von den bezeichneten Zubereitungen, soweit sie als Heilmittel feilgehalten oder verkauft werden,

a) kosmetische Mittel (Mittel zur Reinigung, Pflege oder Färbung der Haut, des Haares oder der Mundhöhle), Desinfektionsmittel und Hühneraugenmittel nur dann, wenn sie Stoffe enthalten, welche in den Apotheken ohne Anweisung eines Arztes, Zahnarztes oder Tierarztes nicht abgegeben werden dürfen, kosmetische Mittel außerdem auch dann, wenn sie Kreosot, Phenylsalizylat oder Resorzin enthalten;

b) künstliche Mineralwässer nur dann, wenn sie in ihrer Zusammensetzung natürlichen Mineralwässern nicht entsprechen und zugleich Antimon, Arsen, Barium, Chrom, Kupfer, freie Salpetersäure, freie Salzsäure oder freie Schwefelsäure enthalten.

Auf Verbandstoffe (Binden, Gazen, Watten u. dgl.), auf Zubereitungen zur Herstellung von Bädern sowie auf Seifen zum äußerlichen Gebrauche findet die Bestimmung im Abs. 1 nicht Anwendung.

§ 2. Die in dem angeschlossenen Verzeichnisse B aufgeführten Stoffe dürfen außerhalb der Apotheken nicht feilgehalten oder verkauft werden.

§ 3. Der Großhandel unterliegt den vorstehenden Bestimmungen nicht. Gleiches gilt für den Verkauf der im Verzeichnisse B aufgeführten Stoffe an Apotheken oder an solche öffentliche Anstalten, welche Untersuchungs- oder Lehrzwecken dienen und nicht gleichzeitig Heilanstalten sind.

§ 4. Der Reichskanzler ist ermächtigt, weitere, im einzelnen bestimmt zu bezeichnende Zubereitungen, Stoffe und Gegenstände von dem Feilhalten und Verkaufen außerhalb der Apotheken auszuschließen.

§ 5. Die gegenwärtige Verordnung tritt mit dem 1. April 1902 in Kraft. Mit demselben Zeitpunkte treten die Verordnungen, betreffend den Verkehr mit Arzneimitteln, vom 27. Januar 1890, 31. Dezember 1894, 25. November 1895 und 19. August 1897 (R. G. Bl. 1890, S. 9, 1895, S. 1 und 455, 1897, S. 707) außer Kraft.

Gegeben Neues Palais, Potsdam, den 22. Oktober 1901.

Wilhelm.

Graf von Posadowsky.

Verzeichnis A.

1. *Abkochungen* und *Aufgüsse* (decocta et infusa);
2. *Ätzstifte* (styli caustici);
3. *Auszüge* in fester oder flüssiger Form (extracta et tincturae), *ausgenommen:*
   Arnikatinktur,
   Baldriantinktur, auch ätherische,
   Benediktineressenz,
   Benzoëtinktur,
   Bischofessenz,
   Eichelkaffee-Extrakt,
   Fichtennadelextrakt,
   Fleischextrakt,
   Himbeeressig,
   Kaffee-Extrakt,
   Lakritzen (Süßholzsaft), auch mit Anis,
   Malzextrakt, auch mit Eisen, Lebertran oder Kalk,
   Myrrhentinktur,
   Nelkentinktur,
   Tee-Extrakt von Blättern des Teestrauches,
   Vanillintinktur,
   Wacholderextrakt;
4. *Gemenge, trockene,* von Salzen oder zerkleinerten Substanzen, oder von beiden untereinander, auch wenn die zur Vermengung bestimmten einzelnen Bestandteile gesondert verpackt sind (pulveres, salia et species mixta) sowie Verreibungen jeder Art (triturationes), *ausgenommen:*
   Brausepulver aus Natriumbikarbonat und Weinsäure, auch mit Zucker oder ätherischen Ölen gemischt,
   Eichelkakao, auch mit Malz,
   Hafermehlkakao,
   Riechsalz,
   Salizylstreupulver,
   Salze, welche aus natürlichen Mineralwässern bereitet oder den solchergestalt bereiteten Salzen nachgebildet sind,
   Schneeberger Schnupftabak mit einem Gehalte von höchstens drei Gewichtsteilen Nieswurzel in 100 Teilen des Schnupftabaks;
5. *Gemische, flüssige,* und *Lösungen* (mixturae et solutiones), einschließlich gemischte Balsame, Honigpräparate und Sirupe, *ausgenommen:*
   Ätherweingeist (Hoffmannstropfen),
   Ameisenspiritus,
   Aromatischer Essig,
   Bleiwasser, mit einem Gehalte von höchstens zwei Gewichtsteilen Bleiessig in 100 Teilen der Mischung,
   Eukalyptuswasser,
   Fenchelhonig,
   Fichtennadelspiritus (Waldwollextrakt),
   Franzbranntwein mit Kochsalz,
   Kalkwasser, auch mit Leinöl,
   Kampferspiritus,
   Karmelitergeist,
   Lebertran mit ätherischen Ölen,
   Mischungen von Ätherweingeist, Kampferspiritus, Seifenspiritus, Salmiakgeist und Spanischpfeffertinktur oder von einzelnen dieser fünf Flüssigkeiten untereinander zum Gebrauche für Tiere, sofern die einzelnen Bestandteile der Mischungen auf den Gefäßen, in denen die Abgabe erfolgt, abgegeben werden,
   Obstsäfte mit Zucker, Essig oder Fruchtsäuren eingekocht,
   Pepsinwein,
   Rosenhonig, auch mit Borax,
   Seifenspiritus,
   Weißer Sirup;
6. *Kapseln,* gefüllte, von Leim (Gelatine) oder Stärkemehl (capsulae gelatinosae et amylaceae repletae), *ausgenommen* solche Kapseln, welche
   Brausepulver der unter Nr. 4 angegebenen Art,
   Kopaivabalsam,
   Lebertran,
   Natriumbikarbonat,
   Rizinusöl oder
   Weinsäure enthalten;
7. *Latwergen* (electuaria);
8. *Linimente* (linimenta), *ausgenommen:*
   flüchtiges Liniment;
9. *Pastillen* (auch Plätzchen und Zeltchen), *Tabletten, Pillen* und *Körner* (pastilli, rotulae et trochisci, tabulettae, pilulae et granula), *ausgenommen:*
   aus natürlichen Mineralwässern oder aus künstlichen Mineralquellsalzen bereitete Pastillen,
   Einfache Molkenpastillen,
   Pfefferminzplätzchen,
   Salmiakpastillen, auch mit Lakritzen und Geschmackzusätzen, welche nicht zu den Stoffen des Verzeichnisses B gehören;
   Tabletten aus Saccharin, Natriumbikarbonat oder Brausepulver, auch mit Geschmackzusätzen, welche nicht zu den Stoffen des Verzeichnisses B gehören;
10. *Pflaster* und *Salben* (emplastra et unguenta), *ausgenommen:*
   Bleisalbe zum Gebrauche für Tiere,
   Borsalbe zum Gebrauche für Tiere,
   Cold-cream, auch mit Glyzerin, Lanolin oder Vaselin,
   Pechpflaster, dessen Masse lediglich aus Pech, Wachs, Terpentin und Fett oder einzelnen dieser Stoffe besteht,
   Englisches Pflaster,
   Heftpflaster,
   Hufkitt,
   Lippenpomade,
   Pappelpomade,
   Salizyltalg,
   Senfleinen,
   Senfpapier,
   Terpentinsalbe zum Gebrauch für Tiere,
   Zinksalbe zum Gebrauch für Tiere;
11. *Suppositorien* (suppositoria) in jeder Form (Kugeln, Stäbchen, Zäpfchen oder dgl.) sowie *Wundstäbchen* (cereoli).

Verzeichnis B.

Bei den mit * versehenen Stoffen sind auch die Abkömmlinge der betreffenden Stoffe sowie die Salze der Stoffe und ihrer Abkömmlinge inbegriffen.

*Acetanilidum.	*Antifebrin.
Acida chloracetica.	Die Chloressigsäuren.
Acidum benzoicum e resina sublimatum.	Aus dem Harze sublimierte Benzoësäure.
— camphoricum.	Kampfersäure.
— cathartinicum.	Kathartinsäure.
— cinnamylicum.	Zimtsäure.
— chrysophanicum.	Chrysophansäure.
— hydrobromicum.	Bromwasserstoffsäure.
— hydrocyanicum.	Zyanwasserstoffsäure (Blausäure).
*— lacticum.	*Milchsäure.
*— osmicum.	*Osmiumsäure.
— sclerotinicum.	Sklerotinsäure.
*— sozojodolicum.	*Sozojodolsäure.
— succinicum.	Bernsteinsäure.
*— sulfocarbolicum.	*Sulfophenolsäure.
*— valerianicum.	*Baldriansäure.
*Aconitinum.	*Akonitin.
Actolum.	Aktol.
Adonidinum.	Adonidin.
Aether bromatus.	Äthylbromid.
— chloratus.	Äthylchlorid.
— jodatus.	Äthyljodid.
Aethyleni präparata.	Die Äthylenpräparate.
Aethylidenum bichloratum.	Zweifachchloräthyliden.
Agaricinum.	Agarizin.
Airolum.	Airol.
Aluminium acetico tartaricum.	Essigweinsaures Aluminium.
Ammonium chloratum ferratum.	Eisensalmiak.
Amylenum hydratum.	Amylenhydrat.
Amylium nitrosum.	Amylnitrat.
Anthrarobinum.	Anthrarobin.
*Apomorphinum.	*Apomorphin.
Aqua Amygdalarum amararum.	Bittermandelwasser.
— Lauro-cerasi.	Kirschlorbeerwasser.
— Opii.	Opiumwasser.
— vulneraria spirituosa.	Weiße Arquebusade.
*Arecolinum.	*Arekolin.
Argentaminum.	Argentamin.
Argentolum.	Argentol.
Argoninum.	Argonin.
Aristolum.	Aristol.
Arsenium jodatum.	Jodarsen.
*Atropinum.	*Atropin.
Betolum.	Betol.
Bismutum bromatum.	Wismutbromid.
— oxyjodatum.	Wismutoxyjodid.
— subgallicum (Dermatolum).	Basisches Wismutgallat (Dermatol).
— subsalicylicum.	Basisches Wismutsalizylat.
— tannicum.	Wismuttannat.
Blatta orientalis.	Orientalische Schabe.
Bromalum hydratum.	Bromalhydrat.
Bromoformium.	Bromoform.
*Brucinum.	*Bruzin.
Bulbus Scillae siccatus.	Getrocknete Meerzwiebel.
Butylchloralum hydratum.	Butylchloralhydrat.
Camphora monobromata.	Einfachbromkampfer.
Cannabinonum.	Kannabinon.
Cannabinum tannicum.	Kannabintannat.
Cantharides.	Spanische Fliegen.
Cantharidinum.	Kantharidin.
Cardolum.	Kardol.
Castoreum canadense.	Kanadisches Bibergeil.
Castoreum sibiricum.	Sibirisches Bibergeil.
Cerium oxalicum.	Zeriumoxalat.
*Chinidinum.	*Chinidin.

*Chininum.	*Chinin.
Chinoïdinum.	Chinoïdin.
Chloralum formamidatum.	Chloralformamid.
— hydratum.	Chloralhydrat.
Chloroformium.	Chloroform.
Chrysarobinum.	Chrysarobin.
*Cinchonidinum.	*Cinchonidin.
Cinchoninum.	Cinchonin.
*Cocaïnum.	*Kokain.
*Coffeïnum.	*Koffein.
Colchicinum.	Kolchizin.
*Coniinum.	*Koniin.
Convallamarinum.	Konvallamarin.
Convallarinum.	Konvallarin.
Cortex Chinae.	Chinarinde.
— Condurango.	Kondurangorinde.
— Granati.	Granatrinde.
— Mezereï.	Seidelbastrinde.
Cotoïnum.	Kotoin.
Cubebae.	Kubeben.
Cuprum aluminatum.	Kupferalaun.
— salicylicum.	Kupfersalizylat.
Curare.	Kurare.
*Curarinum.	*Kurarin.
Delphininum.	Delphinin.
*Digitalinum.	*Digitalin.
*Digitoxinum.	*Digitoxin.
*Duboisinum.	*Duboisin.
*Emetinum.	*Emetin.
*Eucainum.	*Eukain.
Euphorbium.	Euphorbium.
Europhenum.	*Europhen.
Fel tauri depuratum siccum.	Gereinigte trockene Ochsengalle.
Ferratinum.	Ferratin.
Ferrum arsenicicum.	Arsensaures Eisen.
— arsenicosum.	Arsenigsaures Eisen.
— carbonicum saccharatum.	Zuckerhaltiges Ferrokarbonat.
— citricum ammoniatum.	Ferri-Ammoniumzitrat.
— jodatum saccharatum.	Zuckerhaltiges Eisenjodür.
— oxydatum dialysatum.	Dialysiertes Eisenoxyd.
— oxydatum saccharatum.	Eisenzucker.
— peptonatum.	Eisenpeptonat.
— reductum.	Reduziertes Eisen.
— sulfuricum oxydatum ammoniatum.	Ferri-Ammoniumsulfat.
— sulfuricum siccum.	Getrocknetes Ferrosulfat.
Flores Cinae.	Zitwersamen.
— Koso.	Kosoblüten.
Folia Belladonnae.	Belladonnablätter.
— Bucco.	Bukkoblätter.
— Cocae.	Kokablätter.
— Digitalis.	Fingerhutblätter.
— Jaborandi.	Jaborandiblätter.
— Rhois toxicodendri.	Giftsumachblätter.
— Stramonii.	Stechapfelblätter.
Fructus Papaveris immaturi.	Unreife Mohnköpfe.
Fungus laricis.	Lärchenschwamm.
Galbanum.	Galbanum.
*Guajacolum.	*Guajakol.
Hamamelis virginica.	Hamamelis.
Haemalbuminum.	Hämalbumin.
Herba Aconiti.	Akonitkraut.
— Adonidis.	Adoniskraut.
— Cannabis indicae.	Indischer Hanf.
— Cicutae virosae.	Wasserschierling.
— Conii.	Schierling.
— Gratiolae.	Gottesgnadenkraut.
— Hyoscyami.	Bilsenkraut.
— Lobeliae.	Lobelienkraut.
*Homatropinum.	*Homatropin.

Hydrargyrum aceticum.	Quecksilberazetat.
— bijodatum.	Quecksilberjodid.
— bromatum.	Quecksilberbromür.
— chloratum.	Quecksilberchlorür (Kalomel).
— cyanatum.	Quecksilberzyanid.
— formamidatum.	Quecksilberformamid.
— jodatum.	Quecksilberjodür.
— oleïnicum.	Ölsaures Quecksilber.
— oxydatum via humida paratum.	Gelbes Quecksilberoxyd.
— peptonatum.	Quecksilberpeptonat.
— praecipitatum album.	Weißer Quecksilberpräzipitat.
— salicylicum.	Quecksilbersalizylat.
— tannicum oxydulatum.	Quecksilbertannat.
*Hydrastininum.	*Hydrastinin.
*Hyoscyaminum.	*Hyoszyamin.
Itrolum.	Itrol.
Jodoformium.	Jodoform.
Jodolum.	Jodol.
Kaïrinum.	Kairin.
Kaïrolinum.	Kairolin.
Kalium jodatum.	Kaliumjodid.
Kamala.	Kamala.
Kosinum.	Kosin.
Kreosotum (e ligno paratum).	Holzkreosot.
Lactophenium.	Laktophenin.
Lactucarium.	Giftlattichsaft.
Larginum.	Largin.
Lithium benzoïcum.	Lithiumbenzoat.
— salicylicum.	Lithiumsalizylat.
Losophanum.	Losophan.
Magnesium citricum effervescens.	Brausemagnesia.
— salicylicum.	Magnesiumsalizylat.
Manna.	Manna.
Methylenum bichloratum.	Methylenbichlorid.
Methylsulfonalum (Trionalum).	Methylsulfonal (Trional).
Muscarinum.	Muskarin.
Natrium aethylatum.	Natriumäthylat.
— benzoïcum.	Natriumbenzoat.
— jodatum.	Natriumjodid.
— pyrophosphoricum ferratum.	Natrium-Ferripyrophosphat.
— salicylicum.	Natriumsalizylat.
— santoninicum.	Santoninsaures Natrium.
— tannicum.	Natriumtannat.
*Nosophenum.	*Nosophen.
Oleum Chamomillae aethereum.	Ätherisches Kamillenöl.
— Crotonis.	Krotonöl.
— Cubebarum.	Kubebenöl.
— Matico.	Matikoöl.
— Sabinae.	Sadebaumöl.
— Santali.	Sandelöl.
— Sinapis.	Senföl.
— Valerianae.	Baldrianöl.
Opium, ejus alcaloïda eorumque salia et derivata eorumque salia. (Codeïnum, Heroïnum, Morphinum, Narceïnum, Narcotinum, Peroninum, Thebaïnum, et alia.)	Opium, dessen Alkaloïde, deren Salze und Abkömmlinge sowie deren Salze. (Kodein, Heroin, Morphin, Narzein, Narkotin, Peronin, Thebain und andere.)
*Orexinum.	*Orexin.
*Orthoformium.	*Orthoform.
Paracotoïnum.	Parakotoin.
Paraldehydum.	Paraldehyd.
Pasta Guarana.	Guarana.
*Pelletierinum.	*Pelletierin.
*Phenacetinum.	*Phenazetin.
*Phenocollum.	*Phenokoll.
*Phenylum salicylicum (Salolum).	*Phenylsalizylat (Salol).
*Physostigminum (Eserinum).	*Physostigmin (Eserin).
Picrotoxinum.	Pikrotoxin.
*Pilocarpinum.	*Pilokarpin.
*Piperazinum.	*Piperazin.

Plumbum jodatum.	Bleijodid.
— tannicum.	Bleitannat.
Podophyllinum.	Podophyllin.
Praeparata organotherapeutica.	Therapeutische Organpräparate.
Propylaminum.	Propylamin.
Protargolum.	Protargol.
*Pyrazolonum phenyldimethylicum (Antipyrinum).	*Phenyldimethylpyrazolon (Antipyrin).
Radix Belladonnae.	Belladonnawurzel.
— Colombo.	Kolombowurzel.
— Gelsemii.	Gelsemiumwurzel.
— Ipecacuanhae.	Brechwurzel.
— Rheï.	Rhabarber.
— Sarsaparillae.	Sassaparille.
— Senegae.	Senegawurzel.
Resina Jalapae.	Jalapenharz.
— Scammoniae.	Skammoniaharz.
Resorcinum purum.	Reines Resorzin.
Rhizoma Filicis.	Farnwurzel.
— Hydrastis.	Hydrastisrhizom.
— Veratri.	Weiße Nieswurzel.
Salia glycerophosphorica.	Glyzerinphosphorsaure Salze.
Salophenum.	Salophen.
Santoninum.	Santonin.
*Scopolaminum.	*Skopolamin.
Secale cornutum.	Mutterkorn.
Semen Calabar.	Kalabarbohne.
— Colchici.	Zeitlosensamen.
— Hyoscyami.	Bilsenkrautsamen.
— St. Ignatii.	Sankt-Ignatius-Bohne.
— Stramonii.	Stechapfelsamen.
— Strophanthi.	Strophantussamen.
— Strychni.	Brechnuß.
Sera therapeutica, liquida et sicca, et eorum praeparata ad usum humanum.	Flüssige und trockene Heilsera, sowie deren Präparate zum Gebrauche für Menschen.
*Sparteïnum.	*Spartein.
Stipites Dulcamarae.	Bittersüßstengel
*Strychninum.	*Strychnin.
*Sulfonalum.	*Sulfonal.
Sulfur jodatum.	Jodschwefel.
Summitates Sabinae.	Sadebaumspitzen.
Tannalbinum.	Tannalbin.
Tannigenum.	Tannigen.
Tannoformium.	Tannoform.
Tartarus stibiatus.	Brechweinstein.
Terpinum hydratum.	Terpinhydrat.
Tetronalum.	Tetronal.
*Thallinum.	*Thallin.
*Theobrominum.	*Theobromin.
Thioformium.	Thioform.
*Tropacocaïnum.	*Tropakokain.
Tubera Aconiti.	Akonitknollen.
— Jalapae.	Jalapenwurzel.
Tuberculinum.	Tuberkulin.
Tuberculocidinum.	Tuberkulozidin.
*Urethanum.	*Urethan.
*Urotropinum.	*Urotropin.
Vasogenum et ejus praeparata.	Vasogen und dessen Präparate.
*Veratrinum.	*Veratrin.
Xeroformium.	Xeroform.
*Yohimbinum.	*Yohimbin.
Zincum aceticum.	Zinkazetat.
— chloratum purum.	Reines Zinkchlorid.
— cyanatum.	Zinkzyanid.
— permanganicum.	Zinkpermanganat.
— salicylicum.	Zinksalizylat.
— sulfoichthyolicum.	Ichthyolsulfosaures Zink.
— sulfuricum purum.	Reines Zinksulfat.

Von den auf Grund des dem Reichskanzler im § 4 der Kaiserlichen Verordnung zugestandenen Rechtes erlassenen Bekanntmachungen haben folgende zur Zeit noch Geltung:

Bekanntmachung, betreffend den Verkehr mit Arzneimitteln. Vom 1. Oktober 1903.

Auf Grund des § 4 der Kaiserl. Verordnung, betreffend den Verkehr mit Arzneimitteln, vom 22. Oktober 1901 wird bestimmt:

Eukalyptusmittel Heß' (Eukalyptol und Eukalyptusöl Heß'),
Homeriana (auch Brusttee Homeriana, russischer Knöterich, Polygonum aviculare) und
Knöterichtee, russischer, Weidemanns (auch russischer Knöterich- oder Brusttee Weidemanns)

werden vom 1. Januar 1904 ab von dem Feilhalten und Verkaufen außerhalb der Apotheken unbeschadet der Bestimmung im § 3 der bezeichneten Verordnung mit der Wirkung ausgeschlossen, daß auf sie die Bestimmung des § 1 Abs. 1 der Verordnung Anwendung findet.

Berlin, den 1. Oktober 1903.

Der Stellvertreter des Reichskanzlers.
Graf von Posadowsky.

Kaiserliche Verordnung, betreffend den Verkehr mit Arzneimitteln. Vom 31. März 1911.

§ 1.

Der § 4 der Verordnung, betreffend den Verkehr mit Arzneimitteln, vom 22. Oktober 1901 (R. G. Bl. 1901, S. 380) wird aufgehoben.

§ 2.

Zu den Stoffen, die nach § 2 der Verordnung vom 22. Oktober 1901 und dem zugehörigen Verzeichnis B außerhalb der Apotheken nicht feilgehalten oder verkauft werden dürfen, treten hinzu:

acidum acetylosalicylicum (Aspirinum), Azetylsalizylsäure (Aspirin),
Eukalyptusmittel Heß' (Eukalyptol und Eukalyptusöl Heß'),
Homeriana (auch als Brusttee Homeriana oder russischer Knöterich (Polygonum aviculare Homeriana),
Johannistee Brockhaus (auch als Galeopsis ochroleuca vulcania der Firma Brockhaus),
Knöterichtee, russischer, Weidemanns (auch als russischer Knöterich- oder Brusttee Weidemanns),
Stroopal (auch als Heilmittel Stroops gegen Krebs-, Magen- und Leberleiden, auch Stroops Pulver),
Urea diaethylmalonylica, Acidum diaethylbarbituricum (Veronalum), Diäthylmalonylharnstoff, Diäthylbarbitursäure (Veronal).

§ 3.

Diese Verordnung tritt mit dem Tage der Verkündigung in Kraft.

Urkundlich unter Unserer Höchsteigenhändigen Unterschrift und beigedrucktem Kaiserlichen Insiegel.

Gegeben Achilleion, den 31. März 1911.

Wilhelm. Delbrück.

Verordnung über die Schädlingsbekämpfung mit hochgiftigen Stoffen.
Vom 29. Januar 1919.

Die Reichsregierung verordnet mit Gesetzeskraft für das Reich, was folgt:

§ 1.

Das Reichswirtschaftsamt wird ermächtigt, die Verwendung von hochgiftigen Stoffen zur Bekämpfung tierischer und pflanzlicher Schädlinge zu regeln.

§ 2.

Mit Gefängnis bis zu einem Jahre und mit Geldstrafe bis zu zehntausend Mark oder mit einer dieser Strafen wird bestraft, wer den zur Durchführung dieser Ermächtigung von dem Reichswirtschaftsamt erlassenen Anordnungen zuwiderhandelt.

§ 3.

Diese Verordnung tritt mit dem Tage der Verkündigung in Kraft.

Berlin, den 29. Januar 1919.

Die Reichsregierung.
Ebert. Scheidemann.

Der Staatssekretär des Reichswirtschaftsamts.
Dr. August Müller.

Bekanntmachung betr. Schädlingsbekämpfung mit hochgiftigen Stoffen.

§ 1.

Der Gebrauch von Blausäure zur Schädlingsbekämpfung ist in jeder Anwendungsform verboten.

Dieses Verbot erstreckt sich nicht auf die Tätigkeit der Heeres- und Marineverwaltung, auf die wissenschaftliche Forschung in staatlichen und ihnen gleichgestellten Anstalten und die Tätigkeit des Technischen Ausschusses für Schädlingsbekämpfung.

§ 2.

Die Abgabe von zyanwasserstoffsauren Salzen und deren Lösungen zur Verwendung für die Schädlingsbekämpfung darf nur an die im § 1, Abs. 2 bezeichneten Stellen erfolgen.

§ 3.

Diese Bekanntmachung tritt mit dem Tage der Verkündigung in Kraft.

Berlin, den 7. Februar 1919.

Der Staatssekretär des Reichswirtschaftsamts.
I. V.: von Moellendorff.

Hierzu sind in den einzelnen deutschen Staaten Ministerialerlasse ergangen. Das Preußische Ministerium weist in einem Erlaß vom 5. Mai 1919 wie folgt darauf hin:

„daß der Verkauf von zyanwasserstoffsauren Salzen zum Zwecke der Schädlingsbekämpfung nicht allgemein als erlaubter gewerblicher oder wissenschaftlicher Zweck im Sinne des § 12 der Giftverordnung zu betrachten ist. Ein Anhaltspunkt, zu welchem Zwecke die verlangten Zyansalze benutzt werden sollen (z. B. zur Photographie oder zur Schädlingsbekämpfung), wird meist schon aus den angeforderten Mengen zu entnehmen sein, da zur Schädlingsbekämpfung stets erhebliche, für andere Zwecke nur kleine Mengen dieser Salze notwendig sind.“

Auszug aus dem **Gesetz über das Branntweinmonopol.** Vom 26. Juli 1918. R.-G.-Bl. Nr. 99 (1918).

Gegenstand und Geltungsgebiet des Monopols.

§ 1. Der im Monopolgebiet hergestellte Branntwein ist, soweit nicht in diesem Gesetz Ausnahmen vorgesehen sind, aus der Brennerei zum Branntweinübernahmepreis an das Reich abzuliefern.

Die Verarbeitung von Branntwein zu Trinkbranntwein und der Handel mit solchem Trinkbranntwein im Monopolgebiete steht, soweit nicht in diesem Gesetz Ausnahmen vorgesehen sind, ausschließlich dem Reiche zu und wird für seine Rechnung von der Monopolverwaltung betrieben.

Monopolgebiet ist das Gebiet des Deutschen Reichs mit Ausnahme der Zollausschüsse.

Amtliche Überwachung.

§ 8. Die Herstellung des Branntweins und dessen weiterer Vertrieb unterliegen zum Zwecke der Sicherung der Monopoleinnahme der amtlichen Überwachung.

Monopolamt und Verwertungsstelle.

§ 71. Das Branntweinmonopol wird unter der Aufsicht des Reichskanzlers von einem Leiter, dem Monopolamt und der Verwertungsstelle verwaltet. Der Monopolverwaltung stehen der Beirat und der Gewerbeausschuß zur Seite.

Branntweingrundpreis.

§ 92. Der Branntweingrundpreis wird so festgesetzt, daß er die durchschnittlichen Herstellungskosten eines Hektoliters Weingeist und den allgemeinen Betriebsabzug in gutgeleiteten landwirtschaftlichen Kartoffelbrennereien mittleren Umfanges deckt, wobei davon auszugehen ist, daß bei angemessener Verwertung der Kartoffeln die Schlempe dem Brennereibesitzer kostenfrei zur Verfügung bleibt. Kartoffelbrennereien mittleren Umfanges in diesem Sinne sind solche, die jährlich durchschnittlich 500 Hektoliter Weingeist erzeugen.

Zuschläge und Abzüge nach Art der Rohstoffe oder des Verfahrens der Branntweingewinnung.

§ 93. Für Branntwein, der innerhalb des Brennrechts ausschließlich aus den im § 4 bezeichneten Stoffen (d. s. Obst, Beeren, Wein, Weinhefe, Most, Wurzeln oder Rückstände davon) erzeugt oder lediglich aus Roggen, Weizen, Buchweizen, Hafer oder Gerste hergestellt und nicht im Würzeverfahren gewonnen ist, und für Branntwein aus landwirtschaftlichen Kleinbrennereien werden Zuschläge zu dem Branntweingrundpreis festgesetzt.

Für Branntwein, der nicht ausschließlich aus Kartoffeln, Getreide oder den im § 4 bezeichneten Stoffen hergestellt ist oder der in Brennereien gewonnen ist, die Hefe nach dem Würzeverfahren herstellen oder die außer Branntwein oder derart erzeugter Hefe infolge Anwendung einer besonderen Verfahrensart Stoffe gewinnen, deren Wert im Verhältnis zu dem des Branntweins erheblich ist, können Abzüge von dem Branntweingrundpreis oder Zuschläge festgesetzt werden.

Branntweinverwertung (Hektolitereinnahme).

§ 105. Der Branntwein ist so zu verwerten, daß nach Deckung sämtlicher Verwaltungs- und Geschäftskosten einschließlich des Zuschusses beim Absatz von vergälltem Branntwein, der Verzinsung und Tilgung der Anleihe, der für Entschädigungen zu zahlenden oder anzusammelnden Beträge, der zur Bekämpfung der Trunksucht, zur Förderung des Kartoffelbaues und der Kartoffelverwertung sowie zur Ermäßigung der Kosten der weingeisthaltigen Heilmittel für die minderbemittelten Volkskreise zu leistenden Zahlungen und nach Verzinsung und Rückzahlung eines nach § 106 geleisteten Vorschusses außer der Einnahme an Freigeld an die Reichskasse eine Reineinnahme von 800 Mark für jedes zu regelmäßigen Verkaufspreisen verwertete Hektoliter Weingeist abgeführt wird (Hektolitereinnahme).

Ausgleichstock.

§ 106. Der über eine Hektolitereinnahme von 800 Mark hinausgehende Betrag der Reineinnahme ist bei den Betriebsmitteln der Reichshauptkasse zu einem Ausgleichstock anzusammeln, der 200 Millionen Mark dauernd nicht übersteigen soll.

Bleibt die Hektolitereinnahme hinter dem Betrage von 800 Mark zurück, so ist der fehlende Betrag aus dem angesammelten Bestande zu decken; reicht der Bestand hierzu nicht aus, so wird er aus den Betriebsmitteln der Reichshauptkasse vorschußweise für Rechnung der Monopolverwaltung ergänzt.

Verwertung des unverarbeiteten Branntweins.

§ 107. Es werden festgesetzt:

1. regelmäßige Verkaufpreise zur Verwertung des unverarbeiteten Branntweins nach den Vorschriften des § 105,
2. ermäßigte Verkaufpreise zur Verwertung des unverarbeiteten Branntweins nach den Vorschriften der §§ 129 bis 135.

Bezieht ein Hersteller freigeldpflichtigen Trinkbranntweins in einem der auf das Inkrafttreten des Gesetzes folgenden zehn Betriebsjahre zum nicht ermäßigten Verkaufpreis mehr Branntwein, als ihm nach § 219 zusteht, so hat er zum regelmäßigen Verkaufpreis einen Zuschlag von 300 Mark für jedes überschießende Hektoliter Weingeist zu zahlen. Der Bundesrat kann aus Rücksichten der Billigkeit den Zuschlag nachlassen oder ermäßigen.

Die Verkaufpreise werden in gemeinschaftlicher Beschlußfassung von der Monopolverwaltung und dem Beirat festgesetzt und im Reichsanzeiger bekanntgemacht. Die Monopolverwaltung setzt die weiteren Bezugsbedingungen fest und macht sie in gleicher Weise bekannt.

Verarbeitung des Branntweins zu Trinkbranntwein im Monopolbetriebe.

§ 108. Zur Herstellung von Trinkbranntwein (Monopolerzeugnisse) werden von der Monopolverwaltung die erforderlichen Unternehmungen betrieben. Die Monopolverwaltung ist befugt, zu diesem Zwecke besondere Betriebe zu errichten und bestehende Betriebe anzukaufen, zu pachten oder lohnweise zu beschäftigen.

§ 109. Der Monopolverwaltung liegt die Verarbeitung des Branntweins zu Monopolerzeugnissen ob, soweit es sich um die Herstellung der dem Massenverbrauche dienenden einfachen Trinkbranntweine handelt. Als solche sind insbesondere Verschnitte von Kognak, Arrak und Rum und solche gesüßten Branntweine, die mehr als 10 Kilogramm Zucker in 100 Liter enthalten, nicht anzusehen.

Die Monopolverwaltung bestimmt, welche Monopolerzeugnisse hergestellt und in welcher Form sie in den Verkehr gebracht werden.

§ 111. Die Monopolverwaltung setzt die Preise der Monopolerzeugnisse und die weiteren Bezugsbedingungen fest. Die Preise sind auf der Grundlage der regelmäßigen Verkaufpreise für unverarbeiteten Branntwein (§ 107 Abs. 1 Nr. 1) unter Berücksichtigung der Kosten für die Verarbeitung des Branntweins zu Monopolerzeugnissen und der Kosten beim Vertriebe dieser Erzeugnisse festzusetzen.

Vertrieb.

§ 112. Die Monopolerzeugnisse sind an jeden, der sich gewerbsmäßig mit dem Verkaufe von Trinkbranntwein an Verbraucher befaßt (Wiederverkäufer) zu liefern, eine Abgabe unmittelbar an Verbraucher findet nicht statt. Die Monopolverwaltung kann die Lieferung ablehnen, wenn der Wiederverkäufer wiederholt wegen Verletzung der Vorschriften der §§ 114 bis 116 bestraft worden ist.

Die Monopolverwaltung kann Mindestmengen für die Lieferungen festsetzen.

Der Raumgehalt der Kleinverkaufbehältnisse, in denen Monopolerzeugnisse geliefert werden, darf nicht kleiner als 0,25 Liter sein.

Wiederverkäufer.

§ 113. Der Wiederverkäufer hat vor Eröffnung seines Betriebs der Steuerbehörde schriftliche Anzeige hiervon zu machen. Er erhält eine Bescheinigung, die auf Verlangen beim Bezuge der Erzeugnisse sowie den die Aufsicht führenden Beamten oder den Beauftragten der Monopolverwaltung vorzulegen ist.

§ 114. Wiederverkäufer sind, soweit sie Monopolerzeugnisse in einzelnen Mengen von 0,25 Liter oder mehr abgeben, an die von der Monopolverwaltung festgesetzten Preise gebunden. Sie dürfen die Abgabe in diesen Mengen, sofern die Erzeugnisse nicht an der Verkaufstelle verzehrt werden, nicht verweigern.

§ 115. Wiederverkäufer haben auf Verlangen der Steuerbehörde Abdrucke einzelner Teile dieses Gesetzes oder die die Preisgrenzen enthaltenden Bestimmungen der Monopolverwaltung in der Verkaufstelle an in die Augen fallender Stelle auszuhängen.

Verbote.

§ 116. Es ist verboten:

1. die Monopolerzeugnisse in Weingeistgehalt, Geruch, Geschmack oder Aussehen zu verändern; jedoch ist das Mischen der Monopolerzeugnisse miteinander oder mit anderen Stoffen auf Verlangen des Verbrauchers zum Zwecke des sofortigen Genusses gestattet;
2. die Verschlüsse der Kleinverkaufbehältnisse oder die zu ihrer Sicherung angebrachten Vorkehrungen zu entfernen, bevor die Behältnisse geöffnet werden;
3. die Monopolerzeugnisse anders als unmittelbar aus den Behältnissen, in denen sie geliefert sind, abzugeben;
4. die Monopolerzeugnisse in Mengen von 0,25 Liter oder mehr anders als in den verschlossenen Kleinverkaufbehältnissen der Monopolverwaltung abzugeben.

Der Bundesrat kann Ausnahmen von den Vorschriften im Abs. 1 Nr. 3 und 4 zulassen.

Freigeld.

§ 117. Trinkbranntwein, den nicht die Monopolverwaltung herstellt, unterliegt bei gewerbsmäßiger Herstellung einer besonderen in die Reichskasse fließenden Abgabe von 1 Mark für das Liter fertigen Trinkbranntwein (Freigeld).

Entrichtung des Freigeldes.

§ 118. Das Freigeld ist mittels Anbringens von Freigeldzeichen an den Kleinverkaufbehältnissen von demjenigen zu entrichten, in dessen Auftrag oder für dessen Rechnung die Behältnisse mit Trinkbranntwein befüllt werden, bevor die fertigen befüllten Behältnisse aus der Füllstätte entfernt werden.

Die näheren Bestimmungen über die Wertbeträge der Freigeldzeichen, über ihre Form, ihre Anfertigung, ihren Vertrieb und die Art ihrer Verwendung trifft der Bundesrat. Er stellt die Voraussetzungen fest, unter denen für verwendete oder unverwendbar gewordene Freigeldzeichen ein Ersatz der bezahlten Freigeldbeträge gewährt werden darf. Freigeldzeichen, die nicht in der vorgeschriebenen Weise verwendet und entwertet sind, werden als nicht verwendet angesehen.

Die Freigeldzeichen sollen, soweit es sich nicht um unverschnittene ausländische Branntweine handelt, die Aufschrift „Deutsches Erzeugnis" tragen.

§ 119. Freigeldzeichen brauchen nicht angebracht zu werden, wenn der freigeldpflichtige Trinkbranntwein zur Ausfuhr unter amtlicher Aufsicht vor der Entnahme aus der Füllstätte angemeldet wird.

Verpackungszwang.

§ 120. Freigeldpflichtiger Trinkbranntwein darf nur in verschlossenen Behältnissen von nicht mehr als einem Liter Rauminhalt aus dem Herstellungsbetrieb entfernt werden. Der Bundesrat kann die Versendung freigeldpflichtiger Erzeugnisse, die nicht in der Herstellungsstätte auf Behältnisse der bezeichneten Art gefüllt sind, unter Anordnung von Sicherungsmaßnahmen zulassen.

Auf jedem Behältnis ist der Inhalt nach Art, Menge und Weingeistgehalt sowie der Name und Sitz der Firma des Freigeldpflichtigen anzugeben. Die Firmenbezeichnung kann durch ein gesetzlich geschütztes, der Steuerbehörde mitzuteilendes Warenzeichen ersetzt werden. Diese Vorschriften beziehen sich nicht auf Trinkbranntwein, der zur Ausfuhr bestimmt ist.

Anmeldung des Betriebs und der Räume.

§ 121. Wer gewerbsmäßig freigeldpflichtigen Trinkbranntwein herstellen will, hat dies vor der Eröffnung des Betriebs unter Bezeichnung der Erzeugnisse der Steuerbehörde schriftlich anzuzeigen und gleichzeitig eine Beschreibung der Betriebs- und Lagerräume sowie der damit in

Verbindung stehenden oder unmittelbar daran angrenzenden Räume vorzulegen.

Freigeldpflichtiger Trinkbranntwein darf nur in den angemeldeten Betriebsräumen gewerbsmäßig hergestellt werden.

Wer neben der gewerbsmäßigen Herstellung von freigeldpflichtigem Trinkbranntweine den Verkauf von Trinkbranntwein im kleinen, insbesondere zum Verzehr an der Verkaufstelle betreiben will, hat dies unter genauer Beschreibung der Räume für den Kleinverkauf der Steuerbehörde anzuzeigen. Die Betriebe unterliegen den von der Steuerbehörde zur Sicherung der Einnahme anzuordnenden Maßnahmen.

Anzeige von Änderungen.

§ 122. Jede Änderung in den angemeldeten Verhältnissen ist der Steuerbehörde binnen einer Woche anzuzeigen.

Betriebsinhaber, die den Betrieb nicht selbst leiten, haben der Steuerbehörde diejenige Person zu bezeichnen, die als Betriebsleiter in ihrem Namen handelt.

Die im folgenden für den Betriebsinhaber gegebenen Vorschriften gelten mit Ausnahme derjenigen im § 128 Satz 2 auch für den Betriebsleiter.

Lagerung des Trinkbranntweins und Buchführung.

§ 123. Freigeldpflichtiger Trinkbranntwein darf nur in den angemeldeten Räumen gelagert, auf Kleinverkaufbehältnisse gefüllt und absatzfertig gemacht werden. Er ist in geordneter Weise derart zu lagern, daß die Aufsichtsbeamten jederzeit in der Lage sind, die Bestände festzustellen. Über Zu- und Abgang der Erzeugnisse sind Anschreibungen zu führen, die der Bestimmung der Steuerbehörde entsprechend aufzubewahren und den Beamten zugänglich zu halten sind.

Die Bestände sind von Zeit zu Zeit amtlich festzustellen und mit den Anschreibungen zu vergleichen. Von der Erhebung des Freigeldes für Fehlmengen ist abzusehen, wenn und soweit dargetan wird, daß die Fehlmengen auf Umstände zurückzuführen sind, die eine Freigeldschuld nicht begründen.

Inhaber von Betrieben, in denen freigeldpflichtiger Trinkbranntwein hergestellt wird, sind verpflichtet, über den Bezug und die Verarbeitung des Branntweins sowie über den Verbleib des Branntweins, insbesondere über den Absatz des Trinkbranntweins, nach näherer Anweisung des Bundesrats Buch zu führen. Nach Ermessen der Steuerbehörde kann die Verpflichtung zur Führung von Anschreibungen auch auf die zur Verarbeitung bezogenen Zusatzstoffe und die Kleinverkaufbehältnisse ausgedehnt werden.

§ 124. Die Vorschriften der §§ 62 bis 69 (Amtliche Aufsicht) finden auf Betriebe, in denen freigeldpflichtiger Trinkbranntwein hergetellt, behandelt oder gelagert wird, entsprechende Anwendung.

Handel mit freigeldpflichtigem Trinkbranntwein.

§ 125. Wer sich gewerbsmäßig mit dem Verkauf oder dem Ausschank von freigeldpflichtigem Trinkbranntweine befassen will, hat dies vor Eröffnung seines Betriebs der Steuerbehörde schriftlich anzuzeigen. Er ist verpflichtet, den Beamten der Steuerverwaltung seine Vorräte an Waren der bezeichneten Art zum Nachweis, daß sie mit den vorgeschriebenen Freigeldzeichen versehen sind, zu den üblichen Geschäftsstunden auf Verlangen vorzuzeigen.

§ 126. Die Freigeldzeichen sind an den Behältnissen so lange zu erhalten, bis diese geöffnet werden. Geöffnete, ganz oder teilweise entleerte Behältnisse dürfen mit Trinkbranntwein nicht nachgefüllt werden. Teilmengen eines Behältnisses dürfen zum Verzehr an der Abgabestelle nur aus dem zugehörigen Behältnis abgegeben werden.

Geleerte Behältnisse dürfen ohne vorherige Beseitigung der Freigeldzeichen weder an Hersteller zurückgegeben noch von diesen wieder verwendet werden.

Wer als Verkäufer freigeldpflichtigen Trinkbranntwein empfängt, der nicht in Behältnisse der vorgeschriebenen Art abgefüllt oder der in Behältnisse abgefüllt ist, die nicht in der vorgeschriebenen Weise bezeichnet und mit Freigeldzeichen versehen sind, hat innerhalb einer Frist von drei Tagen der Steuerbehörde Anzeige zu erstatten.

Gemischte Betriebe.

§ 127. Für Betriebe, in denen freigeldpflichtiger Trinkbranntwein hergestellt und in denen noch zu anderen Zwecken Branntwein verwendet wird oder die mit einem Ausschank von Trinkbranntwein verbunden sind, können von der Steuerbehörde besondere Maßnahmen zur Sicherung des Monopolaufkommens getroffen werden.

Verschärfte Aufsicht.

§ 128. Sind Hersteller oder Verkäufer von freigeldpflichtigem Trinkbranntweine wegen Hinterziehung des Freigeldes bestraft worden, so kann der Betrieb besonderen Aufsichtsmaßnahmen unterstellt, im Wiederholungsfall auch von der obersten Landesfinanzbehörde untersagt werden. Die Kosten fallen dem Betriebsinhaber zur Last.

Verwertung des Branntweins zu ermäßigten Verkaufpreisen.

§ 129. Zu ermäßigten Verkaufspreisen ist abzugeben:

1. Branntwein, der ausgeführt wird,
2. Branntwein, der zu gewerblichen Zwecken, zur Bereitung von Speiseessig oder zu Putz-, Heizungs-, Koch- oder Beleuchtungszwecken verwendet wird, nach näherer Bestimmung des Bundesrats.

Der Bundesrat wird ermächtigt, auch die Abgabe solchen Branntweins zu ermäßigten Verkaufpreisen zuzulassen, der in öffentlichen Kranken-, Entbindungs- und ähnlichen Anstalten oder in öffentlichen wissenschaftlichen Lehr- und Forschungsanstalten verwendet wird.

Branntwein zu gewerblichen Zwecken.

§ 130. Der zu ermäßigten Verkaufpreisen abzugebende Branntwein ist besonderen Aufsichtsmaßnahmen zu unterwerfen; er kann zu dem Zwecke vergällt werden.

Die Vergällung des Branntweins ist entweder vollständig, d. h. derart, daß sie an sich als genügend erachtet wird, den Branntwein zum Trinkverbrauch unverwendbar zu machen, oder unvollständig, d. h. derart, daß außerdem weitere

Maßnahmen zur Verhütung mißbräuchlicher Verwendung des Branntweins zu treffen sind.

Die vollständige Vergällung des Branntweins steht ausschließlich der Monopolverwaltung zu.

§ 131. Die Verkaufpreise für Branntwein, der zu gewerblichen Zwecken, zu Putz-, Heizungs-, Koch- oder Beleuchtungszwecken verwendet wird, sollen für das Hektoliter Weingeist mindestens 20 Mark niedriger sein als der Branntweingrundpreis; sie können unter anteiliger Berücksichtigung der niedrigeren Gestehungskosten des in Reichsbetrieben, in Laugenbrennereien oder im Überbrande hergestellten Branntweins allgemein oder für einzelne Verwendungszwecke weiter ermäßigt oder bis zum Betrage der Gestehungskosten von Branntwein dieser Art herabgesetzt werden. Die Mehrkosten, die durch den Vertrieb von vollständig vergälltem Branntwein in Kleinhandelbehältnissen (§ 143) entstehen, trägt die Monopolverwaltung.

§ 132. Der Verkaufpreis für Branntwein, der nach unvollständiger Vergällung zur Bereitung von Speiseessig verwendet wird, wird unter Wahrung der Selbstkosten in den Grenzen festgesetzt, innerhalb deren die Herstellung von solchem Essig aus Branntwein gegenüber der Herstellung von Essigsäure, die der Verbrauchsabgabe unterliegt (§ 144), wettbewerbsfähig bleibt.

Branntweingewinnung im Reichsbetriebe.

§ 136. Die Herstellung von Branntwein aus Zellstoffen, einschließlich der Ablaugen der Zellstoffgewinnung, sowie aus Kalziumkarbid und aus anderen Stoffen, aus denen Branntwein im Inland gewerblich bisher nicht gewonnen worden ist, steht, soweit nicht vom Bundesrat Ausnahmen zugelassen sind, ausschließlich dem Reiche zu.

Die Monopolverwaltung hat die Maßnahmen zu treffen, die zur Herstellung von Branntwein aus den dem Reichsbetriebe vorbehaltenen Stoffen innerhalb der im § 138 vorgesehenen Grenzen erforderlich sind.

§ 137. Der Reichskanzler kann zur Förderung oder Nutzbarmachung nach dem Inkrafttreten dieses Gesetzes erfundener oder in wirtschaftlich wertvoller Weise vervollkommneter Verfahren der Branntweingewinnung aus den dem Reichsbetriebe vorbehaltenen Stoffen (§ 136 Abs. 1) genehmigen, daß Betriebe, in denen solche Verfahren erfunden oder vervollkommnet sind, in diesem Verfahren Branntwein ausschließlich für gewerbliche Zwecke des eigenen Betriebs herstellen. Diese Branntweinmengen sind auf die nach § 138 der Erzeugung durch Laugenbrennereien und Reichsbetriebe vorbehaltenen Mengen anzurechnen.

§ 138. Die Laugenbrennereien und die Reichsbetriebe zusammen dürfen, soweit nicht Beschränkungen nach § 137 einzutreten haben, in einem Betriebsjahr eine Branntweinmenge herstellen, die zehn Hundertteilen der gesamten Branntweinerzeugung des vorhergehenden Betriebsjahrs entspricht. Steigt der gesamte Jahresbedarf an Branntwein über eine Menge von drei Millionen Hektoliter Weingeist, so ist den Laugenbrennereien und den Reichsbetrieben zusammen die Hälfte der darüber hinausgehenden Menge zur Herstellung weiter zu überweisen.

Schiedsgerichte.

§ 139. Zur Entscheidung von Streitigkeiten, für die der ordentliche Rechtsweg zulässig sein würde, können nach näherer Bestimmung des Bundesrats Schiedsgerichte eingerichtet werden, die unter Ausschluß des Rechtswegs endgültig entscheiden. Diese Vorschrift gilt nicht, soweit durch § 241 den Beteiligten die Beschreitung des ordentlichen Rechtswegs vorbehalten ist.

Die Zahlung des Branntweinübernahmepreises (§ 104) gilt nicht als Leistung aus öffentlichen Kassen im Sinne des Artikels 92 des Einführungsgesetzes zum Bürgerlichen Gesetzbuch.

§ 140. Die nachstehend genannten Nummern des Zolltarifs erhalten folgende Fassung:

(Siehe Tabelle auf Seite 519.)

Der Bundesrat ist ermächtigt, für äther- oder weingeisthaltige Erzeugnisse die Erhebung eines Zollzuschlags bis zu 800 Mark für den Doppelzentner vorzuschreiben.

Übergangsabgabe.

§ 141. Von dem aus dem freien Verkehre derjenigen Teile des deutschen Zollgebiets, die nicht Reichsgebiet sind, eingehenden Branntwein wird, soweit er nicht nachweislich verzollt worden ist, eine Übergangsabgabe erhoben in Höhe des durchschnittlichen Unterschieds zwischen dem Branntweinübernahmepreis und dem regelmäßigen Verkaufpreis. Beim Eingang von Trinkbranntwein ist neben der Übergangsabgabe das Freigeld zu entrichten, und zwar beim Eingang in Behältnissen der im § 120 bezeichneten Art gleichzeitig mit ersterer.

Kleinhandel mit vergälltem Branntwein.

§ 142. Der Bundesrat wird ermächtigt:

1. den Kleinhandel mit vergälltem Branntwein abweichend von den Vorschriften des § 33 der Gewerbeordnung zu regeln;
2. zu bestimmen, daß beim Kleinhandel mit vergälltem Branntwein der Weingeistgehalt durch Aushang in der Verkaufstelle ersichtlich gemacht wird.

§ 143. Vollständig vergällter Branntwein darf im Kleinhandel nur in Behältnissen von 50, 20, 10, 5 und einem Liter Raumgehalte feilgehalten werden, die verschlossen und mit einer Angabe des Weingeistgehalts versehen sind. Der Bundesrat wird ermächtigt, im Falle des Bedürfnisses Erleichterungen in bezug auf die Größe der Behältnisse und den Verschluß zuzulassen.

Essigsäureverbrauchsabgabe.

§ 144. Essigsäure, die im Inland in anderer Weise als durch Gärung gewonnen ist, unterliegt einer in die Reichskasse fließenden Verbrauchsabgabe, die 160 Mark für den Doppelzentner wasserfreie Säure beträgt. Die Verbrauchsabgabe ist durch Abfertigung festzustellen und vom Hersteller zu entrichten, sobald die Essigsäure die Erzeugungsstätte verläßt.

§ 145. Die Essigsäure und ihre Herstellung unterliegen zum Zwecke der Erhebung der Verbrauchsabgabe der amtlichen Überwachung. Der Hersteller darf Essigsäure nur an den dazu angemeldeten Stätten lagern, behandeln und verpacken.

§ 146. Von der Verbrauchsabgabe befreit bleibt nach näherer Bestimmung des Bundesrats Essigsäure, die ausgeführt oder zu gewerblichen Zwecken verwendet wird. Gewerbetreibende, die Essigsäure ausschließlich zu gewerblichen Zwecken oder für die Ausfuhr herstellen, sind nur insoweit einer amtlichen Überwachung zu unterwerfen, als diese notwendig ist, um sicherzustellen, daß Essigsäure nicht zu Genußzwecken verwendet wird.

§ 148. Für Betriebe, in denen im Betriebsjahr 1913/14 zu Speisezwecken bestimmter Essig aus Branntwein hergestellt ist, werden Bezugsrechte gebildet, deren Gesamtbetrag 160 000 Hektoliter Weingeist nicht übersteigen darf. Die Bezugsrechte werden auf der Grundlage der von der Verteilungsstelle für das deutsche Essiggewerbe für den Bezug von Branntwein im letzten Betriebsjahr vor dem Inkrafttreten dieses Gesetzes getroffenen Regelung von der Monopolverwaltung festgesetzt. Läßt sich hiernach eine Festsetzung nicht treffen oder ergeben sich Zweifel, so bestimmt der Bundesrat das Nähere für die Festsetzung.

Der Bundesrat wird ermächtigt, aus Rücksichten der Billigkeit für andere Betriebe der Gärungsessigindustrie Bezugsrechte bis zum Höchstbetrage von insgesamt 16 000 Hektolitern zu gewähren.

Der Verkaufpreis für Branntwein, dessen Menge die dem Bezugsrecht entsprechende Weingeistmenge übersteigt, erhöht sich um 50 Mark für das Hektoliter Weingeist.

Die Bezugsrechte sind unbeschränkt übertragbar und auf Antrag in Betriebsrechte (§ 149) umzurechnen.

§ 149. Für Betriebe, in denen im Betriebsjahr 1913/14 der Verbrauchsabgabe unterliegende Essigsäure gewonnen ist, werden Betriebsrechte gebildet. Die Betriebsrechte werden in Höhe der in den Betrieben im Durchschnitt der Jahre 1910/11 bis 1913/14 unter Weglassung der Jahre

Nummer des Zolltarifs		Zollsatz für 1 Doppelzentner Mark
	178/9 Branntwein:	
178	in Behältnissen bei einem Raumgehalte von 15 Liter oder mehr	
	Likör	1400
	Kognak mit einem Weingeistgehalte von nicht mehr als 58 Gewichtsteilen in 100	1300
	anderer Trinkbranntwein mit einem Weingeistgehalte von nicht mehr als 55 Gewichtsteilen in 100	750
	sonstige gebrannte geistige Flüssigkeiten	1300
	Anmerkung: Rum und Arrak mit einem Weingeistgehalte von mehr als 55, aber nicht mehr als 74 Gewichtsteilen in 100, bei Verarbeitung zu freigeldpflichtigem Trinkbranntweine mit einem Weingeistgehalte von nicht mehr als 55 Gewichtsteilen in 100 unter Zollsicherung . .	750
179	in anderen Behältnissen	1400
	Anmerkung zu 178/9. Für Trinkbranntwein ist neben dem Zolle das Freigeld nach den für inländische Erzeugnisse geltenden Vorschriften zu entrichten.	
187	Speiseessig	
	Weinessig:	
	in Behältnissen bei einem Raumgehalte von 15 Liter oder mehr .	100
	in anderen Behältnissen	125
	anderer Speiseessig:	
	in Behältnissen bei einem Raumgehalte von 15 Liter oder mehr .	50
	in anderen Behältnissen	100
	Anmerkung: Als Weinessig ist jeder Speiseessig zu verzollen, dessen Extraktgehalt mehr als 3 Gramm im Liter beträgt.	
277	Essigsäure:	
	in Behältnissen bei einem Gewichte von 20 kg oder mehr	180
	in Behältnissen bei einem Gewichte von weniger als 20 kg	210
	Anmerkung: Essigsäure zur gewerblichen Verwendung unter Zollsicherung	40
347	Äther:	
	Äthyläther	1300
	anderer, auch Önanthäther:	
	in Behältnissen bei einem Raumgehalte von 15 Liter oder mehr .	1300
	in anderen Behältnissen	1400

mit der höchsten und niedrigsten Herstellungszahl zu verbrauchsabgabepflichtigen Zwecken hergestellten Mengen wasserfreier Essigsäure von der Monopolverwaltung festgesetzt. Läßt sich hiernach eine Festsetzung nicht treffen oder ergeben sich Zweifel, so bestimmt der Bundesrat das Nähere für die Festsetzung.

Die Verbrauchsabgabe (§ 144) erhöht sich um 85 Mark für 100 Kilogramm wasserfreie Essigsäure für diejenigen Mengen, die über das Betriebsrecht hinaus in den freien Verkehr abgefertigt werden.

Die Betriebsrechte sind unbeschränkt übertragbar.

Branntweinschärfen.

§ 150. Die Verwendung von Branntweinschärfen ist untersagt. Die Bestimmungen, die über Branntweinschärfen vom Bundesrate getroffen werden, sind dem Reichstag mitzuteilen.

Verkehrsbezeichnungen für Kornbranntwein usw.

§ 151. Unter der Bezeichnung Kornbranntwein darf nur Branntwein in den Verkehr gebracht werden, der ausschließlich aus Roggen, Weizen, Buchweizen, Hafer oder Gerste hergestellt und nicht im Würzeverfahren gewonnen ist. Mischungen von Kornbranntwein mit weingeisthaltigen Erzeugnissen anderer Art dürfen nicht unter der Bezeichnung Kornverschnitt oder unter einer ähnlichen Bezeichnung, die auf die Herstellung aus Korn (Roggen, Weizen, Buchweizen, Hafer oder Gerste) schließen läßt, in den Verkehr gebracht werden.

§ 152. Unter der Bezeichnung Kirschwasser, Zwetschenwasser, Heidelbeergeist oder ähnlichen Bezeichnungen, die auf die Herstellung aus Kirschen, Zwetschen, Heidelbeeren oder sonstigen Obst- und Beerenarten hinweisen (Kirschbranntwein, Kirsch, Zwetschenbranntwein, Steinobstbranntwein, Kernobstbranntwein und dergleichen), darf nur Branntwein in den Verkehr gebracht werden, der ausschließlich aus den betreffenden Obst- oder Beerenarten hergestellt ist. Die Vorschrift im § 151 Satz 2 findet entsprechende Anwendung.

Unter der Bezeichnung Steinhäger darf nur Trinkbranntwein in den Verkehr gebracht werden, der unbeschadet der Vorschrift im § 151 ausschließlich durch Abtrieb unter Verwendung von Wacholderlutter aus vergorener Wacholderbeermaische hergestellt ist.

Methylalkohol.

§ 153. Nahrungs- und Genußmittel — insbesondere weingeisthaltige Getränke —, Heil-, Vorbeugungs- und Kräftigungsmittel, Riechmittel und Mittel zur Reinigung, Pflege oder Färbung der Haut, des Haares, der Nägel oder der Mundhöhle dürfen nicht so hergestellt werden, daß sie Methylalkohol enthalten. Zubereitungen dieser Art, die Methylalkohol enthalten, dürfen nicht in den Verkehr gebracht oder aus dem Ausland eingeführt werden.

Die Vorschriften des Abs. 1 finden keine Anwendung:

1. auf Formaldehydlösungen und auf Formaldehydzubereitungen, deren Gehalt an Methylalkohol auf die Verwendung von Formaldehydlösungen zurückzuführen ist;
2. auf Zubereitungen, in denen technisch nicht vermeidbare geringe Mengen von Methylalkohol sich aus darin enthaltenen Methylverbindungen gebildet haben oder durch andere mit der Herstellung verbundene natürliche Vorgänge entstanden sind.

Hefe.

§ 154. Gemische von Branntweinhefe mit Bierhefe dürfen nicht in den Verkehr gebracht, auch nicht im gewerbsmäßigen Verkehr angekündigt oder vorrätig gehalten werden.

Unter Branntweinhefe (Lufthefe, Preßhefe, Pfundhefe, Stückhefe, Bärme) im Sinne dieses Gesetzes werden die bei der Branntweinbereitung unter Verwendung von stärkemehl- oder zuckerhaltigen Rohstoffen, insbesondere von Getreide (Roggen, Weizen, Gerste, Mais), Kartoffeln, Buchweizen, Melasse oder Gemischen der bezeichneten Rohstoffe erzeugten obergärigen frischen Hefen oder Gemische dieser Hefen verstanden.

Branntweinhefe darf nicht unter einer Bezeichnung in den Verkehr gebracht werden, die auf die Herstellung aus einem bestimmten Rohstoff hinweist (z. B. als Getreidehefe, Roggenhefe, Maishefe, Kartoffelhefe, Melassehefe), wenn die Hefe nicht ausschließlich aus diesem Rohstoff hergestellt worden ist.

Unter Bierhefe im Sinne dieses Gesetzes wird diejenige frische Hefe verstanden, die bei der Bereitung von Bier oder bierähnlichen Getränken unter Verwendung der durch die Biersteuergesetzgebung zugelassenen Rohstoffe erzeugt ist.

Bierhefe darf nur unter dieser Bezeichnung, Preßhefe, die aus Bierhefe hergestellt ist, jedoch auch als Bierpreßhefe in den Verkehr gebracht werden.

Branntwein- und Bierhefe, die einen Zusatz von anderen Stoffen erhalten hat, darf nicht in den Verkehr gebracht werden.

Der Bundesrat wird ermächtigt, Vorschriften für die Untersuchung der Hefe zu erlassen.

Strafvorschriften (Hinterziehung).

§ 155. Wer vorsätzlich dem Reiche eine in diesem Gesetze vorgesehene Einnahme aus dem Branntweinmonopol vorenthält oder einen ihm nach diesem Gesetze nicht gebührenden Vorteil erschleicht, wird wegen Hinterziehung mit einer Geldstrafe bestraft, die das Vierfache der hinterzogenen Einnahme oder des erschlichenen Vorteils, mindestens aber 50 Mark, beträgt.

Versuch.

§ 156. Der Versuch der Hinterziehung ist strafbar; die für die vollendete Tat angedrohte Strafe gilt auch für den Versuch.

Bei dem Versuch ist die Strafe nach der Verkürzung oder dem Vorteil zu bemessen, die bei Vollendung der Tat eingetreten wäre.

§ 158. Der Tatbestand des § 155 wird ferner als vorliegend angenommen:

1. wenn mit der Herstellung von freigeldpflichtigem Trinkbranntweine begonnen wird, bevor der Betrieb in der vorgeschriebenen Weise angezeigt ist (§ 121);
2. wenn freigeldpflichtiger Trinkbranntwein vom Hersteller oder Abfüller in anderen als den hierfür angemeldeten Räumen aufbewahrt wird;

3. wenn freigeldpflichtiger Trinkbranntwein aus der Herstellungsstätte oder aus der Abfüllstätte in den Inlandverkehr gebracht wird, ohne daß er in der vorgeschriebenen Weise in Kleinverkaufbehältnisse gefüllt ist, und ohne daß diese mit den im § 120 bezeichneten Angaben und den zutreffenden Freigeldzeichen versehen sind;
4. wenn Verkäufer freigeldpflichtigen Trinkbranntwein in Gewahrsam haben, der der Vorschrift dieses Gesetzes zuwider mit den erforderlichen Freigeldzeichen nicht versehen ist;
5. wenn geöffnete, mit Freigeldzeichen versehene Kleinverkaufbehältnisse der Vorschrift des § 126 zuwider nachgefüllt werden;
6. wenn die über Herstellung, Abfüllung und Vertrieb von freigeldpflichtigem Trinkbranntweine vorgeschriebenen Anschreibungen unrichtig geführt werden;
7. wenn Branntwein aus den im § 4 (Obstbrennereien und § 151 Satz 1 genannten Stoffen, für den der Branntweinaufschlag zu entrichten ist, der Verarbeitung zu freigeldpflichtigem Trinkbranntwein entzogen wird.

Monopolhehlerei.

§ 161. Wer seines Vorteils wegen vorsätzlich Branntwein, einschließlich des zu Trinkbranntwein verarbeiteten, hinsichtlich dessen eine Hinterziehung stattgefunden hat, ankauft, zum Pfande nimmt oder sonst an sich bringt, verheimlicht, absetzt oder zu seinem Absatz mitwirkt, wird mit Geldstrafe in Höhe des vierfachen Betrags der hinterzogenen Einnahme, mindestens aber in Höhe von 50 Mark, bestraft.

Der Versuch ist strafbar; § 156 findet entsprechende Anwendung.

Einziehung.

§ 174. Freigeldpflichtiger Trinkbranntwein, der im freien Verkehr in anderen als den im § 120 vorgesehenen Behältnissen ohne die vorgeschriebene Bezeichnung oder ohne die vorgeschriebenen Freigeldzeichen angetroffen wird, unterliegt der Einziehung, gleichviel, wem er gehört und ob gegen eine bestimmte Person ein Strafverfahren eingeleitet wird.

Fälschung von Freigeldzeichen.

§ 175. Mit Gefängnis nicht unter drei Monaten wird bestraft, wer unechte Freigeldzeichen in der Absicht anfertigt, sie als echt zu verwenden, oder echte Freigeldzeichen in der Absicht verfälscht, sie zu einem höheren Werte zu verwenden, oder wissentlich von falschen oder verfälschten Freigeldzeichen Gebrauch macht.

Neben der Strafe kann auf Verlust der bürgerlichen Ehrenrechte erkannt werden.

§ 176. Wer wissentlich schon einmal verwendete Freigeldzeichen verwendet, wird mit Geldstrafe bis zu 600 Mark bestraft.

§ 177. Neben der in den §§ 175 und 176 vorgesehenen Strafe kommt die durch die Hinterziehung der Monopoleinnahme begründete Strafe zur Anwendung.

§ 178. Mit Geldstrafe bis zu 150 Mark oder mit Haft wird bestraft, wer ohne schriftlichen Auftrag einer Behörde

1. Stempel, Siegel, Stiche, Platten oder andere Formen, die zur Anfertigung von Freigeldzeichen dienen können, anfertigt oder an einen anderen als die Behörde verabfolgt;
2. Stempel, Stiche, Platten oder Formen der in Nr. 1 bezeichneten Art abdruckt, abzudrucken versucht oder solche Abdrucke an einen anderen als die Behörde verabfolgt.

Neben der Strafe kann auf Einziehung der Stempel, Siegel, Stiche, Platten oder anderen Formen sowie der Abdrucke erkannt werden, ohne Unterschied, ob sie dem Verurteilten gehören oder nicht.

§ 179. Mit Geldstrafe bis zu 150 Mark wird bestraft, wer wissentlich schon einmal verwendete Freigeldzeichen veräußert oder feilhält.

Haftung für andere Personen.

§ 181. Inhaber der unter dieses Gesetz fallenden Betriebe haften für die von ihren Verwaltern, Geschäftsführern, Gehilfen und sonstigen in ihrem Dienste oder Lohne stehenden Personen sowie von ihren Familien- oder Hausmitgliedern verwirkten Geldstrafen und Kosten des Strafverfahrens sowie für die nachzuzahlende Monopoleinnahme. Die Haftung für die Geldstrafe und die Kosten tritt nicht ein, wenn die Zuwiderhandlung nachweislich ohne Wissen des Inhabers begangen worden ist. Die Haftung ist jedoch auch in diesem Falle begründet, wenn es der Inhaber bei der Auswahl oder der Beaufsichtigung des Angestellten oder bei der Beaufsichtigung der Familien- oder Hausmitglieder an der erforderlichen Sorgfalt hat fehlen lassen oder wenn er aus der Tat einen Vorteil gezogen hat.

§ 182. Als Verletzung der erforderlichen Sorgfalt (§ 181 Schlußsatz) gilt insbesondere die Anstellung oder Beibehaltung eines wegen Branntweinsteuerhinterziehung im Sinne des bisher geltenden Branntweinsteuergesetzes oder wegen Hinterziehung der Monopoleinnahme bereits bestraften Verwalters, Geschäftsführers oder Gewerbegehilfen, falls nicht die oberste Landesfinanzbehörde die Anstellung oder Beibehaltung genehmigt hat.

§ 183. Läßt sich die Geldstrafe von dem Schuldigen nicht beitreiben, so kann die Steuerbehörde davon absehen, den für die Geldstrafe Haftenden in Anspruch zu nehmen und die an die Stelle der Geldstrafe tretende Freiheitsstrafe an dem Schuldigen vollstrecken lassen.

Strafverjährung.

§ 186. Die Strafverfolgung von Hinterziehungen und von Monopolhehlerei verjährt in drei Jahren, die von Ordnungswidrigkeiten in einem Jahre.

Die Strafverfolgung auf Grund der Vorschriften der §§ 167 bis 171 verjährt zugleich mit dem Eintritt der Verjährung gegen den eigentlichen Täter.

Destillateure.

§ 214. Inhaber von Betrieben, in denen im Betriebsjahr 1913/14 gewerbsmäßig Trinkbranntwein hergestellt ist, oder deren Rechtsnachfolger werden für die Aufgabe oder Einschränkung des Betriebs von der Monopolverwaltung entschädigt; Anträge auf Zubilligung der Entschädigung sind nur zu berücksichtigen, wenn sie innerhalb zweier Jahre nach dem Inkrafttreten dieses Gesetzes bei der zuständigen Verwaltungsbehörde eingegangen sind. Diese Vorschrift gilt nicht für Inhaber von Gast- oder Schankwirtschaften, soweit sie zum Absatz in ihrer Gast- oder Schankwirtschaft Branntwein zu Trinkbranntwein verarbeitet haben.

Ist ein nach Abs. 1 einen Anspruch auf Entschädigung begründender Betrieb durch ein erst nach dem 30. November 1917 abgeschlossenes Rechtsgeschäft unter Lebenden erworben, so besteht kein Anspruch auf Entschädigung; der Bundesrat kann aus Billigkeitsgründen eine angemessene Entschädigung gewähren.

Die Vorschriften der beiden ersten Absätze finden auch auf andere Betriebe Anwendung, insoweit sie unverarbeiteten Branntwein in Mengen von nicht mehr als 280 Liter Weingeist im Einzelfall abgesetzt haben.

§ 215. Mehrere Betriebe, die für Rechnung einer und derselben Person oder Gesellschaft geführt worden sind, gelten für die Berechnung der Entschädigung als ein Betrieb.

§ 216. Als Grundlage für die Berechnung der Entschädigung wird die Weingeistmenge ermittelt, die in dem Betriebe des Berechtigten in der Zeit vom 1. Oktober 1913 bis zum 31. Juli 1914 nachweislich gegen Entrichtung der Verbrauchsabgabe in den freien Verkehr gesetzt oder versteuert bezogen oder unversteuert ausgeführt worden ist. Von der ermittelten Menge wird die Menge, die in dem gleichen Zeitraum in dem Betriebe des Berechtigten

1. zu Trinkbranntwein verarbeitet ist, mit ihrem vollen Betrage, vermehrt um ein Fünftel,
2. als unverarbeiteter Branntwein in Mengen von nicht mehr als 280 Liter Weingeist im Einzelfall abgesetzt ist, mit fünfzehn Hundertteilen ihres Betrags, vermehrt um ein Fünftel,

in Ansatz gebracht (Entschädigungszahl).

Die näheren Bestimmungen trifft der Bundesrat.

§ 217. Die Entschädigung wird für die ersten zehn Betriebsjahre nach dem Inkrafttreten dieses Gesetzes gewährt und beträgt jährlich für das Hektoliter der Entschädigungszahl,

wenn diese nicht höher ist als	100	40 M.
„ „ „ „ „ „	200	38 „
„ „ „ „ „ „	300	36 „
„ „ „ „ „ „	400	34 „
„ „ „ „ „ „	500	32 „
„ „ „ „ „ „	600	30 „
„ „ „ „ „ „	700	28 „
„ „ „ „ „ „	800	26 „
„ „ „ „ „ „	900	24 „
„ „ „ „ „ „	1000	22 „
„ „ höher ist als	1000	20 „

In jeder höheren Staffel wird als Gesamtentschädigung mindestens so viel gewährt, wie sich ergeben würde, wenn die Grenzzahl der vorhergehenden Staffel zu berücksichtigen wäre.

§ 218. Zur Herstellung von freigeldpflichtigem Trinkbranntweine verwendete Weingeistmengen werden auf die Entschädigungszahl angerechnet. Dies gilt auch im Falle eines Wechsels im Besitze des Betriebs, wenn der Betrieb unter der gleichen oder einer anderen ein Nachfolgeverhältnis andeutenden Firma fortgesetzt wird oder wenn der freigeldpflichtige Trinkbranntwein unter Formen in den Verkehr gebracht wird, die ihn als gleichartig mit Erzeugnissen erscheinen lassen sollen, wie sie von dem Entschädigungsberechtigten abgesetzt worden sind.

§ 219. Der Bundesrat kann unter Berücksichtigung der angesammelten Bestände und des voraussichtlichen Verbrauchs von Trinkbranntwein festsetzen, welchen Teil der der Entschädigungszahl entsprechenden Branntweinmenge jeder Hersteller von freigeldpflichtigem Trinkbranntweine zum regelmäßigen Verkaufpreise beziehen darf.

Mehrere Hersteller von freigeldpflichtigem Trinkbranntweine dürfen die ihnen hiernach zustehenden Mengen auch gemeinsam beziehen und verarbeiten.

§ 220. Die Entschädigungen werden am Schlusse eines jeden mit dem Brennereibetriebsjahre sich deckenden Entschädigungsjahrs gezahlt. Dem Entschädigungsberechtigten, sofern er auf die Herstellung freigeldpflichtigen Trinkbranntweins völlig verzichtet, ist auf Antrag eine Bescheinigung auszustellen, aus der die Höhe seiner gesamten Entschädigungsansprüche ersichtlich ist.

§ 221. Durch die in den §§ 217 bis 220 vorgesehene Entschädigung werden sämtliche Ansprüche des Berechtigten aus der Aufgabe oder Einschränkung seines Betriebs abgegolten.

Besitzer von Abfüllstellen.

§ 222. Inhaber von Betrieben — mit Ausnahme von Reinigungsanstalten —, in denen im Betriebsjahr 1913/14 vollständig vergällter Branntwein gewerbsmäßig und im großen in die für den Kleinhandel bestimmten Behältnisse abgefüllt und in diesen Behältnissen an Kleinhändler abgesetzt ist, werden von der Monopolverwaltung weiterbeschäftigt oder entschädigt.

Als Grundlage für die Berechnung der Entschädigung wird die Weingeistmenge vollständig vergällten Branntweins ermittelt, die in dem Betriebe des Berechtigten im Betriebsjahr 1913/14 nachweislich in der im Abs. 1 angegebenen Weise abgefüllt und abgesetzt ist.

Die Entschädigung wird für die ersten drei Betriebsjahre nach dem Inkrafttreten dieses Gesetzes gewährt und beträgt

für die ersten im Betriebsjahr 1913/14 abgesetzten 10000 Hektoliter Branntwein . . . . 0,60 M.,
für die zweiten im Betriebsjahr 1913/14 abgesetzten 10000 Hektoliter Branntwein . . . . 0,50 M.,
für den Rest der im Betriebsjahr 1913/14 abgesetzten Branntweinmengen . . 0,40 M.

für das Hektoliter Weingeist.

Die Entschädigungszeit mindert sich um den Zeitraum, der auf die Beschäftigung durch die Monopolverwaltung entfällt.

Die Vorschriften der §§ 220 und 221 finden entsprechende Anwendung.

Besitzer von Branntweinlagern.

§ 223. Auf Branntweinlager, die vor dem 1. Oktober 1917 betriebsfähig bestanden haben und nicht zu einer Reinigungsanstalt gehören, werden die für die Lager der Reinigungsanstalten geltenden Vorschriften sinngemäß angewendet.

Vermittler.

§ 224. Gewerbetreibende, die nach dem 30. September 1912 wenigstens drei Jahre lang den Branntweinverkehr zwischen der Brennerei und dem Abnehmer des Branntweins vermittelt haben, werden nach Wahl der Monopolverwaltung auf die Dauer von zehn Jahren nach dem Inkrafttreten dieses Gesetzes weiterbeschäftigt oder in angemessenen Grenzen entschädigt.

Händler.

§ 225. Wer in den Betriebsjahren 1911/12 bis 1913/14 mit Branntwein gewerbsmäßig im großen gehandelt hat, wird auf Antrag in angemessenen Grenzen entschädigt. Auf Branntwein-Reinigungsanstalten ist diese Vorschrift nicht anwendbar. Der Antrag ist vor Ablauf des zweiten Jahres nach dem Inkrafttreten dieses Gesetzes bei der zuständigen Verwaltungsbehörde zu stellen.

Agenten.

§ 226. Gewerbetreibende, die nach dem 30. September 1912 im Namen der Spiritus-Zentrale oder einer Reinigungsanstalt Geschäfte über die Lieferung von Branntwein einschließlich des vergällten Branntweins abgeschlossen haben, werden auf Antrag weiterbeschäftigt oder entschädigt. Die Entschädigung wird in Höhe der Hälfte der nachweislich im Betriebsjahr 1913/14 gezahlten Vermittlergebühren auf die Dauer von fünf Jahren gewährt. Die Entschädigungszeit mindert sich um den Zeitraum, der auf die Beschäftigung durch die Monopolverwaltung entfällt.

Angestellte.

§ 228. Die über 21 Jahre alten Personen, die bei Inkrafttreten dieses Gesetzes im Betrieb einer Reinigungsanstalt angestellt waren und nachweislich infolge dieses Gesetzes nicht oder zu ungünstigeren Bedingungen weiterbeschäftigt werden, erhalten von der Monopolverwaltung ihre bisherigen Bezüge bis zum Ablauf der sechs Monate, die dem Inkrafttreten dieses Gesetzes folgen.

Statt der im Abs. 1 bezeichneten Entschädigung erhalten die Angestellten, die ununterbrochen seit dem 1. August 1914 in einer Reinigungsanstalt angestellt waren, als Entschädigung für jedes auch nur begonnene Jahr die Hälfte der Bezüge des letzten Anstellungsjahrs. Angestellte, die zur Zeit des Inkrafttretens dieses Gesetzes das fünfundvierzigste Lebensjahr vollendet haben, erhalten für jedes auch nur begonnene weitere Anstellungsjahr drei Viertel, Angestellte, die zur angegebenen Zeit das fünfundfünfzigste Lebensjahr vollendet haben, erhalten die vollen Bezüge des letzten Anstellungsjahres.

Als Unterbrechung gilt nicht die Tätigkeit in der Spiritus-Zentrale, in einer der für Rechnung dieser Gesellschaft betriebenen Unternehmungen oder in Spiritus-Verwertungs-Genossenschaften, ebenso nicht der Dienst im Heere, in der Marine oder im vaterländischen Hilfsdienst.

§ 229. Als Bezüge gelten neben dem Gehalt oder Lohne die geschäftsüblichen Geldgeschenke, Provisionen, freie Wohnung, Beleuchtung und sonstigen Vorteile, die sich als Gegenleistung für die im bisherigen Geschäftsbetriebe geleistete Arbeit kennzeichnen.

Wurden die Bezüge nach dem 1. Juli 1918 erhöht, so wird die Erhöhung nicht berücksichtigt, es sei denn, daß sie der bisherigen Übung des Betriebs oder den Zeitverhältnissen entsprach.

Für Kriegsteilnehmer können diese Bezüge aus Rücksichten der Billigkeit erhöht werden.

§ 230. Die Entschädigung darf insgesamt nicht mehr als das Siebeneinhalbfache der Bezüge des letzten Anstellungsjahrs und nicht mehr als 100 000 Mark betragen.

§ 231. Angestellte, die zu den bisherigen Bedingungen zunächst weiterbeschäftigt werden, denen aber später gekündigt wird, haben, wenn die Kündigung nicht aus einem in ihrer Person liegenden wichtigen Grunde erfolgt (§ 72 des Handelsgesetzbuchs),

1. bei Kündigung innerhalb der ersten drei Jahre nach dem Inkrafttreten dieses Gesetzes Anspruch auf volle Entschädigung,
2. bei späterer Kündigung Anspruch auf die um ein Neuntel für jedes volle Jahr, um das der Angestellte länger als drei Jahre weiterbeschäftigt worden ist, geminderte Entschädigung.

Wird dem Angestellten gekündigt, weil er durch Krankheit oder unverschuldetes Unglück an der Verrichtung seiner Dienste verhindert wird, so wird die Entschädigung nicht gemindert. Das gleiche gilt, wenn der Angestellte aus einem wichtigen Grunde (§ 71 des Handelsgesetzbuchs) kündigt.

§ 232. Angestellte, die innerhalb der ersten drei Jahre nach dem Inkrafttreten dieses Gesetzes ohne wichtigen Grund es ablehnen, eine ihnen von der Monopolverwaltung unter Belassung der bisherigen Bezüge angebotene, ihrer beruflichen Vorbildung entsprechende Beschäftigung auszuführen, werden nicht entschädigt. Das gleiche gilt, wenn ein Angestellter, der zunächst weiter beschäftigt worden ist, während der ersten drei Jahre nach Inkrafttreten dieses Gesetzes kündigt.

Im Falle einer späteren Kündigung erhält der Angestellte als Entschädigung die Hälfte der Bezüge, die ihm nach § 231 Abs. 1 Ziffer 2 zustehen würden.

§ 233. Die Entschädigungen sind alsbald nach Beendigung des Anstellungsverhältnisses auszuzahlen.

Stirbt der Angestellte, bevor der nach den Vorschriften der §§ 228 bis 232 entstandene Entschädigungsanspruch befriedigt oder erloschen ist, und hinterläßt er eine Ehefrau oder Erben erster Ordnung, so wird die Entschädigung in dem Betrage, zu dem sie am Schlusse des letzten Vierteljahrs zu beanspruchen war, jedoch gemindert um ein Drittel, an die Erben gezahlt.

§ 234. Zu den Angestellten im Sinne dieser Vorschriften sind auch die Vorstandsmitglieder von Gesellschaften zu rechnen. Reisende gelten als Angestellte nur insoweit, als sie bereits am 1. Oktober 1917 als Handlungsgehilfen im Sinne des sechsten Abschnitts des ersten Buches des Handelsgesetzbuchs mit festem Gehalt angestellt waren.

§ 235. Die Vorschriften der §§ 228 bis 234 finden sinngemäße Anwendung auf Angestellte, die bei Inkrafttreten dieses Gesetzes

1. im Geschäftsbetriebe der Spiritus-Zentrale, Gesellschaft mit beschränkter Haftung in Berlin, oder in einer der für Rechnung

dieser Gesellschaft betriebenen Unternehmungen tätig sind oder

2. in Spiritus-Verwertungs-Genossenschaften oder

3. in Betrieben tätig sind, deren Inhaber nach § 214 entschädigungsberechtigt sind, oder entschädigungsberechtigt sein würden, wenn die Vorschrift in § 214 Abs. 2 auf sie keine Anwendung fände,

sofern die Angestellten infolge dieses Gesetzes nicht oder zu ungünstigeren Bedingungen weiterbeschäftigt werden.

Arbeiter.

§ 236. Die mehr als ein Jahr in einem nach den Vorschriften dieses Abschnitts entschädigungsberechtigten Betriebe beschäftigt gewesenen Arbeiter, die nachweislich infolge dieses Gesetzes innerhalb des ersten Jahres nach dessen Inkrafttreten arbeitslos werden, ohne anderweit entsprechende Beschäftigung zu finden, oder wegen notwendig gewordenen Berufswechsels oder wegen Einschränkung des Betriebs geschädigt werden, erhalten aus Mitteln der Monopolverwaltung Unterstützung bis zu einem Zeitraum von einem halben Jahre.

Statt der in Abs. 1 gewährten Entschädigung erhalten Arbeiter, die mindestens zwei Jahre vor dem Inkrafttreten dieses Gesetzes ununterbrochen in einem nach den Vorschriften dieses Abschnitts entschädigungsberechtigten Betriebe beschäftigt waren, die Entschädigung für einen Zeitraum bis zu einem Jahre.

Für jedes weitere begonnene Jahr der Beschäftigung bis zu neun Jahren verlängert sich der Zeitraum, bis zu dem die Unterstützung gewährt wird, um ein halbes Jahr.

§ 237. Die §§ 229 und 233 finden entsprechende Anwendung.

Bei Abmessung der Unterstützung ist Rücksicht auf die Erwerbsfähigkeit der Arbeiter zu nehmen und nach billigem Ermessen zu berücksichtigen, wie weit der Arbeiter behindert ist, eine Beschäftigung in einem anderen Betrieb aufzunehmen. Bestehen solche Behinderungen in der Aufnahme der Arbeit, so kann die Unterstützung für einen längeren Zeitraum oder für den entgangenen Verdienst in der neuen Stellung gewährt werden.

§ 238. Für Arbeiter, die bei Inkrafttreten dieses Gesetzes mindestens zehn Jahre ununterbrochen in einem nach den Vorschriften dieses Abschnitts entschädigungsberechtigten Betrieb beschäftigt waren, finden die Vorschriften der §§ 228 bis 234 entsprechende Anwendung.

§ 239. Die näheren Bestimmungen über Umfang und Bedingungen der Zuwendungen erläßt der Bundesrat, jedoch mit der Maßgabe, daß die Unterstützung im Falle eingetretener Arbeitslosigkeit nicht weniger betragen darf als drei Viertel des entgangenen Arbeitsverdienstes.

Entschädigungsverfahren.

§ 240. Die nach den Vorschriften der §§ 214 bis 239 zu zahlenden Entschädigungen werden durch Entschädigungsausschüsse festgesetzt.

Die Entschädigungsausschüsse entscheiden auf Grund freier Beweiswürdigung. Sie sind befugt, Zeugen und Sachverständige eidlich zu vernehmen und Versicherungen an Eides Statt entgegenzunehmen.

Die näheren Bestimmungen für die Ausführung trifft der Bundesrat.

§ 241. Gegen die Entscheidung der Ausschüsse kann binnen einer Frist von vier Wochen nach der Zustellung des Bescheids der ordentliche Rechtsweg beschritten werden.

Entschädigungen aus Billigkeitsrücksichten.

§ 242. Der Bundesrat ist befugt, aus Rücksichten der Billigkeit auch anderen als den nach den Vorschriften der §§ 199 (betr. Reinigungsanstalten) bis 239 in Betracht kommenden Personen, die durch die Einführung dieses Gesetzes in ihrem Erwerbe geschädigt werden, aus Mitteln der Monopolverwaltung Entschädigungen zu gewähren. Der Bundesrat kann die Befugnis auf eine andere Stelle übertragen.

Der Antrag auf Entschädigung ist binnen sechs Monaten nach dem Inkrafttreten dieses Gesetzes an die Monopolverwaltung zu richten.

Freigeld.

§ 249. Dem Freigeld unterliegen auch die beim Inkrafttreten dieses Gesetzes im freien Verkehre befindlichen, bei anderen als Verbrauchern vorhandenen Bestände an Trinkbranntwein, soweit sie nicht bis zum Ablauf des mit dem Inkrafttreten dieses Gesetzes beginnenden Kalendervierteljahrs an Verbraucher abgegeben werden. Wer die Befreiung von dem Freigeld in Anspruch nimmt, hat dies der Steuerbehörde anzuzeigen und über die Bestände, den etwaigen Zugang und den Abgang nach näherer Bestimmung des Bundesrats Anschreibungen zu führen, die mit den Beständen den Aufsichtsbeamten der Steuerverwaltung auf Verlangen vorzuzeigen sind. Auf die von dem Freigeld nicht befreiten Bestände finden die Vorschriften in §§ 117ff. und im VIII. Abschnitt entsprechende Anwendung.

Zuschlag zur Verbrauchsabgabe.

§ 250. Soweit und solange der Branntwein der Verbrauchsabgabe (§ 1 des Branntweinsteuergesetzes vom 15. Juli 1909 Reichs-Gesetzbl. S. 661) unterliegt, wird zu ihr ein Zuschlag erhoben, der 6,75 Mark für das Liter Weingeist beträgt.

Der Zuschlag wird ermäßigt für Obstbrennereien und Stoffbesitzer, wenn sie im Betriebsjahr

nicht mehr als fünf Liter Weingeist herstellen, auf 3,16 Mark,

mehr als fünf, aber nicht mehr als fünfzig Liter Weingeist herstellen, auf 5,16 Mark.

Die auf die Verbrauchsabgabe bezüglichen Vorschriften des Branntweinsteuergesetzes sind auch auf den Zuschlag zur Verbrauchsabgabe anzuwenden.

Für die Erhebung und Verwaltung des Zuschlags zur Verbrauchsabgabe wird den Bundesstaaten eine Vergütung nicht gewährt.

Für die im Abs. 1 bezeichnete Zeit wird die Übergangsabgabe (§ 22 des Branntweinsteuergesetzes) auf 8,25 Mark festgesetzt.

Essigsäure-Nachsteuer.

§ 251. Essigsäure (§ 144), die sich am Tage des Inkrafttretens dieses Gesetzes im freien Verkehre befindet, unterliegt nach näherer Bestimmung des Bundesrats einer Nachsteuer von 130 Mark für den Doppelzentner wasserfreie Säure.

§ 252. Von der Nachsteuer befreit ist Essigsäure des freien Verkehrs,

1. soweit sie von der Verbrauchsabgabe befreit ist;
2. soweit sie nachweislich nach den Sätzen des § 140 verzollt ist;
3. im Besitze von Gewerbetreibenden in Mengen von nicht mehr als fünf Kilogramm, im Besitze von anderen Haushaltsvorständen in Mengen von nicht mehr als einem Kilogramm wasserfreie Säure.

Aufwendungen für Wohlfahrts- und Wirtschaftszwecke.

§ 258. Aus der Monopoleinnahme sind jährlich

1. vier Millionen Mark zur Bekämpfung der Trunksucht und ihrer Ursachen sowie zur Milderung der durch die Trunksucht herbeigeführten Schäden,
2. zwei Millionen Mark zur wissenschaftlichen Erforschung und praktischen Förderung des Kartoffelbaues und der Kartoffelverwertung,
3. bis zu sechzehn Millionen Mark zur Ermäßigung der Kosten der weingeisthaltigen Heilmittel für die minderbemittelten Volkskreise, wovon den Krankenkassen (§ 225 der Reichsversicherungsordnung) und knappschaftlichen Krankenkassen für jedes Mitglied und Jahr mindestens 60 Pfennig als Rückvergütung zu gewähren sind,

dem Reichskanzler zur Verfügung zu stellen. Die Beträge sind in den Reichshaushaltsplan einzustellen.

Auszug aus dem **Biersteuergesetz.** Vom 26. Juli 1918. (R.-G.-Bl. S. 863.)

Gegenstand der Biersteuer.

§ 1. Bier, das im Geltungsbereiche dieses Gesetzes hergestellt wird, unterliegt einer in die Reichskasse fließenden Abgabe (Biersteuer).

Befreiung.

§ 2. Von der Biersteuer befreit ist Bier, das unter Steueraufsicht aus dem Geltungsbereiche dieses Gesetzes ausgeführt wird.

Höhe der Steuer.

§ 3. Die Biersteuer beträgt für jedes Hektoliter der in einem Brauereibetrieb innerhalb eines Rechnungsjahres hergestellten Biermenge

von den ersten	2000	Hektolitern	10,00 M.,
„ „ folgenden	8000	„	10,50 „
„ „ „	10000	„	11,00 „
„ „ „	10000	„	11,50 „
„ „ „	30000	„	12,00 „
„ „ „	60000	„	12,30 „
„ dem Reste			12,50 „

Die Steuersätze im Abs. 1 ermäßigen sich für Einfachbier und erhöhen sich für Starkbier je um die Hälfte. Einfachbier im Sinne dieses Gesetzes ist Bier mit einem Stammwürzegehalt bis 4,5 vom Hundert. Vollbier ist Bier mit einem Stammwürzegehalt von 8—13 vom Hundert. Starkbier ist Bier mit einem Stammwürzegehalt von mehr als 13 vom Hundert.

Für die vor dem 1. Oktober 1908 betriebsfähig hergerichteten Brauereien wird, sofern in ihnen im Durchschnitt der Rechnungsjahre 1906, 1907 und 1908 und seither bis zum Inkrafttreten dieses Gesetzes in einem Rechnungsjahre nicht mehr als 150 Doppelzentner Braustoffe nach den Vorschriften der Brausteuergesetze vom 3. Juni 1906 und vom 15. Juli 1909 steuerpflichtig geworden sind, die Biersteuer von den ersten 1000 Hektolitern der in einem Rechnungsjahre hergestellten Biermenge auf acht Mark für ein Hektoliter ermäßigt. Die Vorschrift im Abs. 2 findet entsprechende Anwendung. Die Vergünstigung erlischt mit dem Ablauf des Rechnungsjahrs, in dem in der Brauerei mehr als 1000 Hektoliter Bier hergestellt worden sind.

Mehrere Brauereien, die für Rechnung einer und derselben Person oder Gesellschaft betrieben werden, sind im Sinne des Abs. 1 als ein Brauereibetrieb anzusehen. Sind mehrere, am 1. August 1909 für Rechnung einer und derselben Person oder Gesellschaft betriebene Brauereien bis dahin steuerlich getrennt behandelt worden, so sind sie auch nach dem Inkrafttreten des Gesetzes getrennt zu behandeln.

Wird eine Braustätte von mehreren, für eigene Rechnung brauenden Personen gemeinsam benutzt, so ist für die Höhe des Steuersatzes nicht die in der Brauerei insgesamt hergestellte Biermenge, sondern die Biermenge entscheidend, die jede einzelne dieser Personen auf eigene Rechnung herstellt. Nach dem 1. August 1909 errichtete Brauereien dieser Art erhalten die Vergünstigung nicht. Ausnahmen können nach näherer Bestimmung des Bundesrats zugelassen werden.

Haustrunk und Hausbrauer.

§ 6. Für Bier, das von Brauereien an ihre Angestellten und Arbeiter als Haustrunk gegen Entgelt oder unentgeltlich abgegeben wird, wird die Steuer nicht erhoben. Brauereien dürfen Bier, das nach dieser Vorschrift steuerfrei geblieben ist, an andere Personen als ihre Angestellten und Arbeiter nicht abgeben.

Für Personen, die obergäriges Bier nur für ihren Hausbedarf bereiten, wird, wenn sie in einem Rechnungsjahre nicht mehr als zwanzig Hektoliter Bier herstellen, die Steuer auf drei Mark für ein Hektoliter ermäßigt. Es ist verboten, Bier, das zum ermäßigten Satze versteuert worden ist, an nicht zum Haushalt gehörige Personen gegen Entgelt abzugeben. Bierverkäufer haben auf die Ermäßigung keinen Anspruch.

Steuerpflichtige Menge.

§ 10. Die steuerpflichtige Menge bestimmt sich nach dem Raumgehalte der Umschließungen (Fässer, Flaschen usw.), in denen das Bier die Brauerei verläßt.

Die Feststellung der steuerpflichtigen Menge des innerhalb der Brauerei getrunkenen Bieres erfolgt nach näherer Anordnung des Bundesrats.

Fälligkeit, Stundung.

§ 11. Die Steuer für die in einem Monat steuerpflichtig gewordenen Biermengen (§ 8 Abs. 2) wird am letzten Tage dieses Monats fällig und ist spätestens am siebenten Tage des nächstfolgenden Monats bei der Hebestelle einzuzahlen. Wird die Zahlungsfrist wiederholt versäumt oder liegen Gründe vor, die den Eingang der Steuer gefährdet erscheinen lassen, so kann die Steuerbehörde die Bezahlung oder Sicherstellung der Steuer bei Eintritt der Steuerpflicht fordern.

Gegen Sicherheitsleistung ist die Steuer für eine Frist von drei Monaten zu stunden.

Nebengebühren, insbesondere für Quittungen und Bescheinigungen der Steuerbehörden, werden nicht erhoben.

Verjährung.

§ 12. Ansprüche auf Zahlung oder Erstattung der Biersteuer verjähren in einem Jahre von dem Tage des Eintritts der Abgabepflicht oder Abgabenentrichtung ab. Der Anspruch auf Nachzahlung eines hinterzogenen Steuerbetrags verjährt in drei Jahren.

Die Verjährung wird durch jede von der zuständigen Behörde zur Geltendmachung des Anspruchs gegen den Zahlungspflichtigen gerichtete Handlung unterbrochen.

Bierbereitung.

§ 13. Zur Bereitung von untergärigem Biere darf, abgesehen von der Vorschrift im Abs. 3, nur Gerstenmalz, Hopfen, Hefe und Wasser verwendet werden.

Die Bereitung von obergärigem Biere unterliegt derselben Vorschrift; es ist hierbei jedoch auch die Verwendung von anderem Malze und die Verwendung von technisch reinem Rohr-, Rüben- oder Invertzucker sowie von Stärkezucker und aus Zucker der bezeichneten Art hergestellten Farbmitteln zulässig.

Die Verwendung von Farbebieren, die nur aus Malz, Hopfen, Hefe und Wasser hergestellt sind, ist bei der Bierbereitung gestattet, unterliegt jedoch den vom Bundesrat anzuordnenden Überwachungsmaßnahmen.

Unter Malz wird alles künstlich zum Keimen gebrachte Getreide verstanden.

Für die Bereitung besonderer Biere sowie von Bier, das nachweislich zur Ausfuhr bestimmt ist, können Abweichungen von den Vorschriften im Abs. 1 und 2 gestattet werden.

Die Vorschriften im Abs. 1 und 2 finden keine Anwendung auf die Bierbereitung der steuerbegünstigten Hausbrauer (§ 6).

Der Zusatz von Wasser zum Biere durch Brauer nach Feststellung des Extraktgehalts der Stammwürze im Gärkeller oder durch Bierhändler oder Wirte ist untersagt. Das Hauptamt kann Brauern unter den erforderlichen Sicherungsmaßnahmen den Zusatz von Wasser zum Biere nach Feststellung des Extraktgehalts der Stammwürze im Gärkeller gestatten.

Die Vermischung von Einfachbier, Vollbier und Starkbier miteinander sowie der Zusatz von Zucker zum Biere durch Brauer nach Eintritt der Steuerpflicht des Bieres oder durch Bierhändler oder Wirte ist untersagt.

Verkehr mit Bier.

§ 14. Unter der Bezeichnung Bier — allein oder in Zusammensetzung — oder unter Bezeichnungen oder bildlichen Darstellungen, die den Anschein erwecken, als ob es sich um Bier handelt, dürfen nur solche Getränke in Verkehr gebracht werden, die gegoren sind und den Vorschriften im § 13 Abs. 1 bis 3 entsprechen. Bier, zu dessen Herstellung außer Malz, Hopfen, Hefe und Wasser auch Zucker verwendet worden ist, darf nur in Verkehr gebracht werden, wenn die Verwendung von Zucker in einer dem Verbraucher erkennbaren Weise kundgemacht wird. Das Nähere bestimmt der Bundesrat.

Einfachbier (§ 3 Abs. 2) darf nur in Verkehr gebracht werden, wenn es in einer dem Verbraucher erkennbaren Weise als solches bezeichnet ist. Bier darf unter der Bezeichnung Starkbier oder einer sonstigen Bezeichnung, die den Anschein erweckt, als ob das Bier besonders stark eingebraut sei, nur in den Verkehr gebracht werden, wenn der Extraktgehalt der Stammwürze des Bieres nicht unter die festgesetzte Grenze herabgeht. Vollbier, dessen Stammwürzegehalt der Vorschrift des § 3 Abs. 2 nicht entspricht, darf nicht in Verkehr gebracht werden.

Zubereitungen.

§ 15. Zur Herstellung von Bier bestimmte Zubereitungen, mit Ausnahme der im § 13 Abs. 2 bezeichneten, aus Zucker hergestellten Farbmittel und der im § 13 Abs. 3 bezeichneten Farbebiere, dürfen nicht in Verkehr gebracht werden.

Zuckerverwendung.

§ 32. Wer Zucker zur Bierbereitung verwenden will, hat, abgesehen von der für jeden Sud zu erstattenden Brauanzeige (§ 29), hierüber mindestens drei Tage vor der erstmaligen Verwendung bei der Steuerhebestelle eine schriftliche Erklärung in doppelter Ausfertigung einzureichen. In der Erklärung, deren eine Ausfertigung in der Brauerei zur Einsicht der Steuerbeamten aufgelegt werden muß, ist die Art und Weise der beabsichtigten Verwendung, insbesondere bei welchem Abschnitt der Bierbereitung sie jedesmal erfolgen soll, näher zu bezeichnen. Bei dem Betrieb ist diese Erklärung genau zu befolgen; später beabsichtigte dauernde Änderungen sind innerhalb gleicher Frist vorher schriftlich anzuzeigen. Soll von dem Inhalt der Erklärung nur für einzelne bestimmte Einmaischungen abgewichen werden, so ist dies in der Brauanzeige anzumelden.

Über den zur Bierbereitung bestimmten Vorrat an Zucker ist nach näherer Anordnung des Bundesrats ein Buch zu führen, das den Steuerbeamten jederzeit vorzulegen ist.

Abfüllung und Lagerung fertigen Bieres; Entfernen des Bieres aus der Brauerei; Einbringen von Bier.

§ 34. Fertiges, unversteuertes Bier darf nur in den von der Steuerbehörde zugelassenen Räumen gelagert und abgefüllt werden.

Bier darf aus der Brauerei nicht entfernt werden, bevor es in den nach seiner allgemeinen Beschaffenheit und regelmäßigen Brauart zum Genusse fertigen Zustand gebracht ist. Der Bundesrat kann Ausnahmen zulassen.

Die Einbringung von Bier aus dem freien Verkehr in eine Brauerei unterliegt den vom Bundesrat anzuordnenden Überwachungsmaßnahmen.

Versandgefäße.

§ 35. In Fässern darf Bier aus der Brauerei nur dann entfernt werden, wenn die Fässer amtlich geeicht und mit dem Eichstempel und einer Nummer versehen sind. Auf den Fässern muß die Brauerei, in der das Bier hergestellt ist, bezeichnet und das Jahr der Eichung und der Raumgehalt in Litern angegeben sein. Die Angaben auf den Fässern müssen deutlich und dauerhaft angebracht sein.

In anderen Gefäßen als Fässern darf Bier aus der Brauerei nur entfernt werden, wenn diese Gefäße vorher nach Art und Raumgehalt unter Hinterlegung von Mustern der Steuerbehörde angemeldet worden sind. Auf den Gefäßen muß der Name und Ort der Brauerei, in der das Bier hergestellt ist, angegeben sein.

Bestandsaufnahme.

§ 36. Nach näherer Bestimmung des Bundesrats werden in den Brauereien Bestandsaufnahmen vorgenommen. Fehlmengen an Bier, die sich hierbei gegenüber den in der Brauerei geführten Anschreibungen ergeben, sind zu versteuern, soweit nicht dargetan wird, daß sie auf Umstände zurückzuführen sind, die eine Steuerschuld nicht begründen.

Bierausschank und Bierhandel der Brauereien.

§ 38. Findet in Verbindung mit einer Brauerei Ausschank von Bier oder Handel mit fremdem Bier statt, so kann der Bundesrat besondere Überwachungsmaßnahmen treffen.

Steueraufsicht, Gegenstand und Umfang.

§ 39. Die Brauereien und der Ausschank von Bier in Verbindung mit einer Brauerei unterliegen der Steueraufsicht.

Die Steuerbeamten sind befugt, in den Betriebs- und Lagerräumen einer Brauerei, in den an die Brauerei anstoßenden, mit ihr in Verbindung stehenden Räumen sowie in den Räumen, in denen ein Ausschank von Bier in Verbindung mit einer Brauerei stattfindet, Nachschau zu halten. Die Steuerbeamten sind insbesondere berechtigt, die zum Wiegen der Braustoffe bestimmten Wagen und Gewichte sowie die zur Vermessung der Würze- und Biermengen bestimmten Geräte zu prüfen und im Bedarfsfall deren Richtigstellung zu veranlassen, die Vorräte an Braustoffen nachzuwiegen, die zum Betrieb einer Brauerei bestimmten Geräte und Gefäße, einschließlich der Lager-, Fuhr- und Versandgefäße, nachzumessen und die erzeugten Würze- oder Biermengen sowie deren Extraktgehalt festzustellen. Die Steuerbeamten dürfen in den unter Steueraufsicht stehenden Betrieben unentgeltlich Proben von den Braustoffen, der Bierwürze und dem Biere entnehmen.

Den Steuerbeamten müssen die im Abs. 2 bezeichneten Räume von morgens 6 Uhr bis abends 9 Uhr, und wenn in ihnen gearbeitet wird, jederzeit zugänglich sein; die Zeitbeschränkung fällt weg, wenn Gefahr im Verzug ist.

Es dürfen keine Einrichtungen getroffen werden, die die Ausübung der Nachschau verhindern oder erschweren.

Haussuchung.

§ 40. Ist hinreichender Verdacht vorhanden, daß die Biersteuer hinterzogen worden ist oder daß bei der Bierbereitung unzulässige Stoffe verwendet werden, so dürfen die Steuerbeamten auch in anderen als den im § 39 Abs. 2 bezeichneten Räumen unter Beachtung der für Haussuchungen gesetzlich vorgeschriebenen Formen Nachschau halten.

Strafe für Verwendung unzulässiger Stoffe bei der Bierbereitung.

§ 50. Wer vorsätzlich oder fahrlässig andere als die nach § 13 zulässigen Stoffe zur Bereitung von Bier verwendet oder dem fertigen zum Absatz bestimmten Biere zusetzt, wird, soweit nicht nach anderen Gesetzen eine schwerere Strafe verwirkt ist, mit einer Geldstrafe von 50 Mark bis 5000 Mark bestraft. Ebenso wird bestraft, wer unzulässige Ersatz- oder Zusatzstoffe in einer unter Steueraufsicht stehenden Räumlichkeit (§ 39 Abs. 2) aufbewahrt, sofern die Stoffe nicht nachweislich zu anderen Zwecken als zur Bierbereitung bestimmt sind.

Neben der Geldstrafe kann auf Einziehung der Ersatz- oder Zusatzstoffe, des mit ihnen bereiteten oder versetzten Bieres und der Umschließungen erkannt werden, ohne Unterschied, ob sie dem Verurteilten gehören oder nicht. Ist die Einziehung nicht ausführbar, so ist dem Verurteilten an ihrer Stelle die Zahlung des Wertes der Gegenstände oder, wenn dieser nicht zu ermitteln ist, einer Geldsumme von 10 Mark bis 10000 Mark aufzuerlegen.

Die Vorschriften im Abs. 1 Satz 1 Abs. 2 finden auf Zuwiderhandlungen gegen das Verbot über die Verbreitung von Zubereitungen der im § 15 bezeichneten Art Anwendung.

Haftung für andere Personen.

§ 53. Inhaber der unter das Biersteuergesetz fallenden Betriebe haften für die von ihren Verwaltern, Geschäftsführern, Gehilfen und sonstigen in ihrem Dienst oder Lohn stehenden Personen sowie von ihren Familien- oder Haushaltsmitgliedern auf Grund dieses Gesetzes verwirkten Geldstrafen und Kosten des Strafverfahrens sowie für die nachzuzahlende Steuer. Die Haftung für die Geldstrafe und die Kosten tritt nicht ein, wenn die Zuwiderhandlung nachweislich ohne Wissen des Inhabers begangen worden ist; die Haftung ist jedoch auch in diesem Falle begründet, wenn es der Inhaber bei der Auswahl oder der Beaufsichtigung des Angestellten oder bei der Beaufsichtigung der Familien- oder Haushaltsmitglieder an der erforderlichen Sorgfalt hat fehlen lassen oder wenn er aus der Tat einen Vorteil gezogen hat.

Übertragung der strafrechtlichen Verantwortlichkeit.

§ 54. Betriebsinhaber, die den Betrieb nicht selbst leiten, können die Übertragung der ihnen obliegenden strafrechtlichen Verantwortlichkeit auf den Betriebsleiter bei der Steuerbehörde beantragen. Wird der Antrag genehmigt, so geht die strafrechtliche Verantwortlichkeit unbeschadet der im § 53 vorgesehenen Vertretungsverbindlichkeit des Betriebsinhabers auf den Betriebsleiter über. Die Genehmigung ist jederzeit widerruflich.

Gesetz über den **Bierzoll.** Vom 26. Juli 1918. (R.-G.-Bl. S. 885.)

§ 1. Die Nummer 186 des Zolltarifs vom 25. Dezember 1902 erhält folgende Fassung:

Bier aller Art:

in Behältnissen bei einem Raumgehalte von 15 Litern oder mehr 19,35 M.,

in anderen Behältnissen . . . . . . 25,00 „ .

Anmerkung. Der Bundesrat kann für Bier in amtlich geeichten Fässern, auf denen der Eichstempel, das Jahr der Eichung und der Raumgehalt nach Litern deutlich und dauerhaft angegeben sind, wenn der Raumgehalt 15 Liter oder mehr beträgt und seit der Eichung nicht mehr als fünf Jahre verflossen sind, die Verzollung nach dem Raumgehalte der Fässer zum Zollsatz von 25,40 Mark für ein Hektoliter zulassen.

§ 2. Dieses Gesetz tritt am 1. Oktober 1918 in Kraft.

Auszug aus dem **Weinsteuergesetz.** Vom 26. Juli 1918. (R.-G.-Bl. S. 831.)

Gegenstand und Höhe der Weinsteuer.

§ 1. Wein und Traubenmost, ferner dem Weine ähnliche Getränke unterliegen, wenn sie zum Verbrauch im Inland bestimmt sind, einer in die Reichskasse fließenden Abgabe (Weinsteuer) in Höhe von zwanzig vom Hundert des steuerpflichtigen Wertes. Der Bundesrat ist ermächtigt und auf Verlangen des Reichstags verpflichtet, nach Beendigung des Krieges den Steuersatz für Weine im steuerpflichtigen Werte von nicht mehr als zwei Mark für das Liter auf fünfzehn vom Hundert des Wertes herabzusetzen.

Wo in diesem Gesetze von Wein ohne nähere Bezeichnung die Rede ist, sind darunter die in Abs. 1 aufgeführten Erzeugnisse zu verstehen.

Steuerpflichtige.

§ 2. Zur Entrichtung der Steuer ist verpflichtet, wer Wein an einen Verbraucher abgibt, ferner wer unversteuerten Wein dem Verbrauch im eigenen Haushalt oder Betriebe zuführt, und wer als Verbraucher Wein aus dem Ausland bezieht.

Als Verbraucher ist anzusehen, wer Wein bezieht, ohne Hersteller oder Händler zu sein. Als Hersteller oder Händler im Sinne dieses Gesetzes gilt nur, wer seinen Betrieb gemäß § 15 angemeldet hat. Solche Wirte und Kleinverkäufer, die lediglich inländischen Wein vom Faß verschänken, sind als Verbraucher im Sinne dieses Gesetzes anzusehen.

§ 3. Wer Wein an einen Verbraucher abgibt, ist verpflichtet, dem Verbraucher den Steuerbetrag besonders zu berechnen. Der Verbraucher hat die Zahlung an den Abgeber zu leisten. Eine Berufung darauf, daß die Steuer gemäß § 13 dem Abgeber gestundet sei, ist unzulässig.

Eintritt der Steuerpflicht.

§ 4. Die Steuerpflicht tritt ein bei Wein, der an einen Verbraucher abgegeben wird, mit dem Zeitpunkt der Absendung oder, wenn eine solche nicht stattfindet, mit dem Zeitpunkt der Aushändigung an diesen, bei unversteuertem Weine, der zum Verbrauch im eigenen Haushalt oder Betriebe bestimmt wird, mit dem Zeitpunkt der Entnahme aus den Lagervorräten, und bei Wein, den ein Verbraucher aus dem Ausland bezieht, mit dem Zeitpunkt des Überganges über die Zollgrenze.

Wer Wein gegen Entgelt im Inland an einen Verbraucher abgibt, hat diesem eine Rechnung auszustellen, aus der Name und Wohnort des Abgebenden und des Beziehers, der Tag der Abgabe, die Art, Bezeichnung und Menge des Weines sowie dessen steuerpflichtiger Wert (§ 5) und der Steuerbetrag ersichtlich sind. Der Bundesrat kann Erleichterungen zulassen.

Der steuerpflichtige Wein haftet ohne Rücksicht auf die Rechte Dritter für den Betrag der darauf ruhenden Abgabe und kann, solange deren Entrichtung nicht erfolgt ist, von der Steuerbehörde mit Beschlag belegt werden.

Steuerpflichtiger Wert.

§ 5. Als steuerpflichtiger Wert gilt bei Wein, der gegen Entgelt an einen Verbraucher abgegeben wird, der diesem in Rechnung gestellte Preis, wobei Rabatt, Zinsvergütungen, Zahlungsabzüge und dergleichen unberücksichtigt bleiben. Zum steuerpflichtigen Werte gehören nicht der Wert der unmittelbaren Umschließungen, soweit diese gesondert und zu angemessenen Beträgen in Rechnung gestellt werden, und der Wert der äußeren Verpackungsmittel. Die bis zum Zeitpunkt der Lieferung entstandenen Nebenkosten für Lagerung, Behandlung, Abfüllung, Ausstattung, Fracht, Versicherung, Kommission und dergleichen sind in den steuerpflichtigen Wert einzurechnen.

Wein, der unentgeltlich an Verbraucher abgegeben oder der dem Verbrauch im eigenen Haushalt oder Betriebe zugeführt wird, ist nach dem Werte zu versteuern, der sich zur Zeit der Abgabe oder Zuführung für gleiche oder gleichartige Weine für den Fall ihrer Abgabe gegen Entgelt nach Abs. 1 ergeben würde.

Für die Verwertung von Wein, der von einem Verbraucher aus dem Ausland eingeführt wird, gelten die Grundsätze des Abs. 1 mit der Maßgabe, daß in den steuerpflichtigen Wert der Eingangszoll sowie die bis zum Übergang über die Zollgrenze entstandenen Fracht-, Versicherungs-, Löschungs-, Einlagerungs- und sonstigen Spesen eingerechnet werden.

Fälligkeit.

§ 6. Die Steuer für Wein, der von einem Verbraucher aus dem Ausland bezogen wird, ist gleichzeitig mit dem Eingangszolle zu entrichten. Im übrigen wird die Steuer für die in einem Monat steuerpflichtig gewordenen Weinmengen (§ 4 Abs. 1) am letzten Tage dieses Monats fällig und ist spätestens am fünfzehnten Tage des nächstfolgenden Monats bei der Hebestelle einzuzahlen.

Wird die Zahlungsfrist wiederholt versäumt oder liegen Gründe vor, die den Eingang der Steuer gefährdet erscheinen lassen, so kann die Steuerbehörde die Bezahlung oder Sicherstellung der Steuer bei Eintritt der Steuerpflicht fordern.

Nebengebühren, insbesondere für Quittungen und Bescheinigungen der Steuerbehörden, werden nicht erhoben.

Anmeldung und Feststellung der Steuerbeträge.

§ 7. Der Steuerpflichtige hat spätestens am siebenten Werktage eines jeden Monats die im vorhergegangenen Monate steuerpflichtig gewordenen Weinmengen nach näherer Bestimmung des Bundesrats schriftlich bei der Hebestelle durch eine Erklärung anzumelden, in der der steuerpflichtige Wert jeder einzelnen Weinabgabe oder Weinentnahme in Übereinstimmung mit den kaufmännischen Büchern ersichtlich zu machen ist. Für Wein, der von einem Verbraucher aus dem Ausland eingeführt wird, ist der steuerpflichtige Wert bei der Zollabfertigung anzumelden.

Für Fälle des Bedürfnisses, insbesondere für kleine Herstellungsbetriebe, ferner für den Weinabsatz in Schankwirtschaften oder im Kleinverkaufe, kann der Bundesrat abweichende Anordnungen treffen.

Der Steuerbetrag wird für jede Anmeldung in einer Gesamtsumme festgestellt. Pfennigbeträge werden nur insoweit erhoben, als sie durch fünf teilbar sind.

Entscheidung über die Zulänglichkeit der Wertanmeldung.

§ 8. Zweifel der Hebestellen an der Zulänglichkeit der Wertanmeldungen sind, wenn sie nicht durch Prüfung der Geschäftsbücher behoben werden können, von einem Prüfungsamte für Weinbewertung zu entscheiden, das mindestens zu zwei Dritteln mit Sachverständigen der beteiligten Erwerbskreise besetzt ist. Im Einvernehmen mit den Landeszentralbehörden bestimmt der Reichskanzler die Zahl der Prüfungsämter, deren Sitz, Zuständigkeit, Besetzung und Geschäftsordnung und beruft nach Anhörung von Vertretungen des Gewerbes die Sachverständigen, von denen tunlichst zwei Drittel ihre Tätigkeit als Ehrenamt ausüben sollen.

Die Hebestellen, welche die Entscheidung des Prüfungsamts anrufen, haben ihm mit der Wertanmeldung und ihren Unterlagen eine Probe des zu prüfenden Weines zu übersenden. Jeder Inhaber von Wein ist verpflichtet, der Steuerbehörde die Entnahme einer Probe zum Zwecke der Prüfung zu gestatten. Für die entnommene Probe ist Vergütung nach dem angemeldeten Werte zu leisten.

Das Prüfungsamt ist zu Erhebungen aller Art berechtigt, insbesondere zu örtlichen Besichtigungen und zur schriftlichen oder persönlichen Befragung des Abgebers und Verbrauchers über die näheren Umstände des Geschäftsabschlusses. Das Prüfungsamt ist auch befugt, sich für seine Ermittelungen der Handels- oder Landwirtschaftskammern oder der von diesen vorzuschlagenden Sachverständigen zu bedienen.

§ 9. Das Prüfungsamt setzt den der Steuerberechnung zugrunde zu legenden Wert fest und teilt ihn der Hebestelle mit. Die Entscheidung des Prüfungsamts ist endgültig.

Steuerbefreiungen.

§ 11. Nach näherer Bestimmung des Bundesrats ist von der Steuer befreit:

1. Traubenmost oder Traubenwein, hergestellt aus selbstgewonnenen Trauben oder aus Trauben oder Traubenmaische, die Weinbergsbesitzer zugekauft haben, sowie selbstgekelterte weinähnliche Getränke, zum Verbrauch im eigenen Haushalt und zur Verabreichung an die landwirtschaftlichen Arbeiter des eigenen Betriebs, soweit die Getränke nicht in verschlossenen Flaschen dem Verbrauche zugeführt werden;
2. bei der Kellerbehandlung oder Lagerung verbrauchter Wein, soweit er nicht in verschlossenen Flaschen dem Verbrauche zugeführt wird;
3. Wein, der unter Steueraufsicht ausgeführt oder vernichtet wird;
4. Wein zur Herstellung von Schaumwein, Essig und Branntwein sowie von weinhaltigen Getränken, von entgeisteten Weinen und von entgeisteten, dem Weine ähnlichen Getränken;
5. Wein, der zu amtlichen Untersuchungen oder von wissenschaftlichen Anstalten zu wissenschaftlichen Zwecken verwendet wird;
6. Wein, der beim Grenzübertritte mitgeführt und auf Grund der zollgesetzlichen Vorschriften als Reisebedarf oder Schiffsproviant zollfrei gelassen wird;
7. Wein, der zur Probe glasweise oder in Flaschen von weniger als 250 Kubikzentimeter Raumgehalt unentgeltlich abgegeben wird;
8. Wein, der ausschließlich für gottesdienstliche Zwecke bestimmt ist.

Erstattung der Steuer.

§ 12. Eine Erstattung der Steuer kann nach näherer Bestimmung des Bundesrats gewährt werden für Wein, der vom Lieferer nachweislich zurückgenommen worden ist.

Stundung.

§ 13. Gegen Sicherheitsleistung kann die Steuer bis zu sechs Monaten gestundet werden.

Verjährung.

§ 14. Ansprüche auf Zahlung oder Erstattung der Steuer verjähren in einem Jahre von dem Tage der Fälligkeit oder Entrichtung ab. Der Anspruch auf Nachzahlung eines hinterzogenen Steuerbetrags verjährt in drei Jahren.

Die Verjährung wird durch jede von der zuständigen Behörde zur Geltendmachung des Anspruchs gegen den Zahlungspflichtigen gerichtete Handlung unterbrochen.

Anzeigepflicht.

§ 15. Wer als Hersteller oder Händler Wein gewerbsmäßig in Verkehr bringen will, hat dies vor der Eröffnung des Betriebs nach näherer Bestimmung des Bundesrats der Steuerbehörde anzuzeigen und ihr gleichzeitig die Betriebs- und Lagerräume anzumelden. Wer Traubenmost oder Traubenwein ausschließlich aus gekauften Trauben oder gekaufter Traubenmaische herstellen will, gilt nicht als Hersteller im Sinne dieses Gesetzes und darf sich als solcher nicht anmelden. Staatliche und gemeindliche Betriebe, ferner Vereinigungen, Gesellschaften und Anstalten unterliegen der Anzeigepflicht, wenn sie Wein gegen Entgelt abgeben.

Die Steuerbehörde hat über die erfolgte Anmeldung dem Anmeldenden eine Bescheinigung auszustellen.

Wein darf nur in den angemeldeten Räumen hergestellt und aufbewahrt werden.

§ 16. Jede Änderung in den angemeldeten Verhältnissen ist der Steuerbehörde binnen einer Woche anzuzeigen.

Betriebsinhaber, die den Betrieb nicht selbst leiten, haben der Steuerbehörde diejenigen Personen zu bezeichnen, die als Betriebsleiter in ihrem Namen handeln.

Die im folgenden für den Betriebsinhaber gegebenen Vorschriften gelten mit Ausnahme derjenigen im § 21 Satz 2 auch für den Betriebsleiter.

Steueraufsicht.

§ 17. Die Betriebs- und Lagerräume von Herstellern und Händlern unterliegen der Steueraufsicht. Die Steuerbeamten sind befugt, die Räume, solange sie geöffnet sind oder darin gearbeitet wird, zu jeder Zeit, andernfalls während der üblichen Geschäftsstunden zu besuchen. Die Aufsichtsbefugnis erstreckt sich auf alle an die Betriebs- und Lagerräume angrenzenden oder damit in Verbindung stehenden Gewerberäume des Betriebsinhabers. Die Zeitbeschränkung fällt weg, wenn Gefahr im Verzug ist.

§ 18. Innerhalb der der Steueraufsicht unterliegenden Räume dürfen keine Maßnahmen getroffen werden, welche die Ausübung der gesetzlichen Aufsicht hindern oder erschweren.

§ 19. Die Betriebsinhaber haben den Steuerbeamten jede für die Steueraufsicht oder zu statistischen Zwecken erforderliche Auskunft über den Betrieb zu erteilen und bei den zum Zwecke der Steueraufsicht stattfindenden Amtshandlungen die Hilfsmittel (Geräte, Beleuchtung usw.) zu stellen und die nötigen Hilfsdienste zu leisten.

Den Oberbeamten der Steuerverwaltung sind die auf Herstellung, Erwerb und Veräußerung von Wein bezüglichen Geschäftsbücher und Schriftstücke auf Erfordern zur Einsicht vorzulegen.

Buchführung; Bestandsaufnahme.

§ 20. Nach näherer Anordnung des Bundesrats haben die Betriebsinhaber über ihren Weinverkehr Buch zu führen. Sie sind verpflichtet, sich vor jeder Abgabe von Wein im Inland zu vergewissern, ob der Abnehmer gemäß § 15 steueramtlich angemeldet ist oder zu den Verbrauchern gehört, und haften für einen aus der Nichteinhaltung dieser Verpflichtung entstehenden Steuerausfall.

Der Bundesrat kann im Falle des Bedürfnisses die steueramtliche Überwachung des Weinverkehrs abweichend von den vorstehenden Vorschriften regeln und neben ihnen besondere Anordnungen treffen.

Die Steuerbehörde kann Bestandsaufnahmen anordnen. Hierbei festgestellte Fehlmengen sind zu versteuern, soweit nicht dargetan wird, daß sie auf Umstände zurückzuführen sind, die eine Steuerschuld nicht begründen. Als steuerpflichtiger Wert gilt der Wert der Weinsorten, bei denen die Fehlmengen festgestellt worden sind. Kann nicht ermittelt werden, aus welchen Weinsorten die Fehlmengen herrühren, so tritt Versteuerung zum Satze von einer Mark für das Liter oder die Flasche ein.

§ 21. Sind Betriebsinhaber wiederholt wegen Hinterziehung der Steuer bestraft worden, so kann ihr Betrieb besonderen Aufsichtsmaßnahmen unterworfen werden. Die Kosten fallen dem Betriebsinhaber zur Last. Die Einziehung der hierdurch erwachsenen Auslagen erfolgt nach den Vorschriften für die Beitreibung der Zölle und mit deren Vorzugsrechten.

Weinsteuerhinterziehung.

§ 22. Wer vorsätzlich die gesetzliche Steuer für Wein ganz oder zum Teil hinterzieht oder einen ihm nicht gebührenden Steuervorteil erschleicht, wird wegen Weinsteuerhinterziehung mit einer Geldstrafe bestraft, die das Vierfache der Steuerverkürzung oder des Steuervorteils, mindestens aber 50 Mark beträgt.

Versuch.

§ 23. Der Versuch der Weinsteuerhinterziehung ist strafbar; die für die vollendete Tat angedrohte Strafe gilt auch für den Versuch.

Bei dem Versuch ist die Strafe nach der Steuerverkürzung oder dem Steuervorteile zu bemessen, die bei Vollendung der Tat eingetreten wären.

§ 24. Der Tatbestand des § 22 wird insbesondere dann als vorliegend angenommen,

1. wenn innerhalb der vorgeschriebenen Frist die Menge des steuerpflichtigen Weines nicht oder nicht richtig angemeldet oder wenn der steuerpflichtige Wert des abgegebenen oder entnommenen Weines zu niedrig angegeben wird (§§ 7, 5);
2. wenn jemand beim Bezuge von Wein fälschlich angibt, daß sein Betrieb gemäß § 15 angemeldet sei, oder wenn jemand sich fälschlich als Hersteller oder Händler anmeldet;
3. wenn Wein, für den Befreiung von der Steuer gewährt ist, zu anderen als den gestatteten Zwecken verwendet wird (§ 11);
4. wenn die nach § 20 vorgeschriebenen Bücher nicht oder wissentlich unrichtig geführt werden;
5. wenn mit der Abgabe von Wein begonnen wird, ehe der Betrieb angemeldet ist (§ 15);
6. wenn Wein in anderen als den angemeldeten Räumen hergestellt oder aufbewahrt wird (§ 15).

Weinsteuerhehlerei.

§ 25. Wer seines Vorteils wegen vorsätzlich Wein, hinsichtlich dessen eine Weinsteuerhinterziehung stattgefunden hat, ankauft, zum Pfande nimmt oder sonst an sich bringt, verheimlicht, absetzt oder zu seinem Absatz mitwirkt, wird wegen Weinsteuerhehlerei mit einer Geldstrafe in Höhe des vierfachen Betrags der Steuer, mindestens aber in Höhe von 50 Mark, bestraft.

Der Versuch ist strafbar; § 23 findet entsprechende Anwendung.

Haftung für andere Personen.

§ 31. Inhaber der unter das Weinsteuergesetz fallenden Betriebe haften für die von ihren Verwaltern, Geschäftsführern, Gehilfen und sonstigen in ihrem Dienste oder Lohne stehenden Personen sowie von ihren Familien- oder Haushaltsmitgliedern auf Grund dieses Gesetzes verwirkten Geldstrafen und Kosten des Strafverfahrens sowie für die nachzuzahlende Steuer. Die Haftung für die Geldstrafe und die Kosten tritt nicht ein, wenn die Zuwiderhandlung nachweislich ohne Wissen des Inhabers begangen worden ist; die Haftung ist jedoch auch in diesem Falle begründet, wenn es der Inhaber bei der Auswahl oder der Beaufsichtigung des Angestellten oder bei der Beaufsichtigung der Familien- oder Haushaltsmitglieder an der erforderlichen Sorgfalt hat fehlen lassen oder wenn er aus der Tat einen Vorteil gezogen hat.

Übertragung der strafrechtlichen Veantwortlichkeit.

§ 32. Betriebsinhaber, die den Betrieb nicht selbst leiten, können die Übertragung der ihnen obliegenden strafrechtlichen Verantwortlichkeit auf den Betriebsleiter bei der Steuerbehörde beantragen. Wird der Antrag genehmigt, so geht die strafrechtliche Verantwortlichkeit unbeschadet der im § 31 vorgesehenen Vertretungsverbindlichkeit des Betriebsinhabers auf den Betriebsleiter über. Die Genehmigung ist jederzeit widerruflich.

§ 33. Läßt sich die Geldstrafe von dem Schuldigen nicht beitreiben, so kann die Steuerbehörde davon absehen, den für die Geldstrafe Haftenden in Anspruch zu nehmen, und die an Stelle der Geldstrafe tretende Freiheitsstrafe an dem Schuldigen vollstrecken lassen.

Ersatzfreiheitsstrafe.

§ 34. Die an die Stelle einer uneinbringlichen Geldstrafe tretende Freiheitsstrafe darf zwei Jahre, im Falle des § 30 (bei Ordnungsstrafen) drei Monate nicht übersteigen.

Zollanschlüsse.

§ 43. Wein, der von einem Verbraucher aus den dem Zollgebiet angeschlossenen Staaten und Gebietsteilen eingeführt wird, ist spätestens beim Eintritt in das Inland zu versteuern.

Weinhaltige Getränke.

§ 47. Getränke, die Wein oder dem Weine ähnliche Getränke enthalten, ferner entgeisteter Wein und entgeistete, dem Weine ähnliche Getränke unterliegen, sofern sie zum Verbrauch im Inland bestimmt sind, nach näherer Bestimmung des Bundesrats einer in die Reichskasse fließenden Steuer in Höhe von zwanzig vom Hundert des Wertes.

Die auf die Weinsteuer und die Nachsteuer bezüglichen Vorschriften dieses Gesetzes finden entsprechende Anwendung.

Zoll.

§ 48. Die nachstehend genannten Nummern des Zolltarifs erhalten folgende Fassung:

Nummer des Zolltarifs		Zollsatz für 1 Doppelzentner Mark
45	Weintrauben:	
	frisch (Tafeltrauben)	20
	Keltertrauben; Weinmaische	40
180	Wein und frischer Most von Trauben, auch entkeimt:	
	in Behältnissen bei einem Raumgehalte von 15 Liter oder mehr:	
	mit natürlichem Weingeistgehalte; frischer Most	60
	mit verstärktem Weingeistgehalte	70
	in anderen Behältnissen:	
	mit natürlichem Weingeistgehalte; frischer Most	75
	mit verstärktem Weingeistgehalte	80
	Anmerkungen:	
	1. Neben den Zöllen der Nummer 180 sind die inneren Abgaben zu erheben.	
	2. Wein zur Herstellung von Schaumwein und Wermutwein unter Zollsicherung	20
	3. Wein zur Herstellung von Kognak oder Weinessig unter Zollsicherung	10
	4. Wein mit einem Weingeistgehalte von mehr als 200 g in 1 Liter wird wie nicht besonders genannter Trinkbranntwein verzollt.	
181	Most von Trauben, ohne oder mit Zuckerzusatz eingekocht oder sonst eingedickt (Traubensirup), weingeistfrei, auch entkeimt; Rosinenextrakt	200
182	Weine mit Heilmittelzusätzen und andere zu Genußzwecken verwendbare weinhaltige Getränke, auch mit Zusatz von Gewürzen oder Zucker:	
	in Behältnissen bei einem Raumgehalte von 15 Liter oder mehr .	60
	in anderen Behältnissen	80

Nummer des Zolltarifs		Zollsatz für 1 Doppelzentner Mark
183	Obstwein, in Gärung begriffener Obstmost und andere gegorene, dem Weine ähnliche Getränke aus Frucht- oder Pflanzensäften oder Malzauszügen; Reiswein (Sake):	
	in Behältnissen bei einem Raumgehalte von 15 Liter oder mehr .	24
	in anderen Behältnissen	75
184	Schaumwein	180
	Anmerkung zu Nr. 181 bis 184: Neben den Zöllen sind die inneren Abgaben zu erheben.	
185	Met; Milchwein (Kumyß) und Kefir-Kumyß; Getränke, ohne Zusatz von Branntwein oder Wein künstlich bereitet, anderweit nicht genannt:	
	in Behältnissen bei einem Raumgehalt von 15 Liter oder mehr . .	24
	in anderen Behältnissen.	48
	Anmerkung: Für die hierher gehörigen Getränke außer Met, Milchwein und Kefir-Kumyß ist neben dem Zolle die innere Abgabe zu erheben.	

§ 53. Dieses Gesetz tritt einen Monat nach der Verkündung, hinsichtlich der §§ 29, 46 mit der Verkündung in Kraft. Das Gesetz tritt am 1. Juli 1923 außer Kraft.

Auszug aus dem **Schaumweinsteuergesetz.** Vom 26. Juli 1918. (R.-G.-Bl. S. 1064.)

§ 1. Schaumwein aus Traubenwein, aus Obst- oder Beerenwein (Fruchtwein) sowie alle schaumweinähnlichen Getränke unterliegen, sofern sie zum Verbrauch im Inland bestimmt sind, einer in die Reichskasse fließenden Verbrauchsabgabe (Schaumweinsteuer).

Schaumwein im Sinne dieses Gesetzes sind alle der Schaumweinsteuer unterliegenden Getränke.

§ 2. Die Schaumweinsteuer beträgt:

a) für Schaumwein, der aus Fruchtwein ohne Zusatz von Traubenwein hergestellt ist, sechzig Pfennig für jede Flasche;

b) für anderen Schaumwein und schaumweinähnliche Getränke 3 Mark für jede Flasche.

Für jede halbe Flasche ist die Hälfte und für jede kleinere Flasche ein Viertel der auf die Flasche entfallenden Steuer zu entrichten.

Als ganze Flaschen werden alle Schaumwein enthaltenden Umschließungen mit Raumgehalt über 425 bis 850 Kubikzentimeter behandelt; Umschließungen mit Raumgehalt über 230 bis 425 Kubikzentimeter gelten als halbe Flaschen. Der Bundesrat ist ermächtigt, für Umschließungen mit Raumgehalt über 850 oder unter 120 Kubikzentimeter besondere Steuersätze unter Zugrundelegung der Einheitssätze des Abs. 1 festzusetzen.

§ 3. Die Schaumweinsteuer ist vom Hersteller des Schaumweins mittels Anbringung eines Steuerzeichens an der Umschließung zu entrichten, bevor der fertige Schaumwein aus der Erzeugungsstätte entfernt oder innerhalb derselben getrunken wird. Für den aus dem Ausland eingehenden Schaumwein ist die Steuer neben dem Eingangszoll und zugleich mit diesem vom Einbringer zu entrichten. Die näheren Bestimmungen über die Form, die Anfertigung, den Vertrieb und die Art der Verwendung der Steuerzeichen trifft der Bundesrat. Er stellt die Voraussetzungen fest, unter welchen für verwendete Steuerzeichen ein unentgeltlicher Ersatz und für noch nicht verwendete Steuerzeichen ein unentgeltlicher Umtausch oder eine Rückzahlung gewährt werden darf. Steuerzeichen, welche nicht in der vorgeschriebenen Weise verwendet worden sind, werden als nicht vorhanden angesehen.

Der Bundesrat kann im Falle des Bedürfnisses die Versteuerung nach den Sätzen des § 2 unter Befreiung von der Verwendung von Steuerzeichen auf Grund einer besonderen Buchführung und der sonst erforderlichen Sicherungsmaßnahmen gestatten.

Die Anbringung eines Steuerzeichens ist nicht erforderlich, wenn der Schaumwein vor der Entnahme aus der Erzeugungsstätte zur Ausfuhr unter amtlicher kostenfreier Kontrolle angemeldet wird.

Gegen Sicherheitsbestellung ist die Schaumweinsteuer für eine Frist von wenigstens neun Monaten zu stunden. Für eine Frist bis zu drei Monaten kann sie auch ohne Sicherheitsbestellung gestundet werden.

§ 4. Der Bundesrat kann darüber Bestimmung treffen, daß auf in das Ausland geführten deutschen Schaumwein eine entsprechende Vergütung gewährt wird für verauslagten Zoll auf zur Herstellung dieses Schaumweins verwendeten ausländischen Rohwein.

§ 5. Für versteuerten Schaumwein, der als Probe unentgeltlich abgegeben oder der dem Hersteller vom Empfänger als unbrauchbar zur Verfügung gestellt wird, erhält der Hersteller nach näherer Bestimmung des Bundesrats eine Vergütung der Steuer.

§ 6. Ansprüche auf Zahlung und Erstattung von Schaumweinsteuer verjähren in zwei Jahren von dem Tage des Eintritts der Steuerpflicht oder der Steuerentrichtung. Der Anspruch auf Nachzahlung hinterzogener Steuer verjährt in drei Jahren.

§ 13. Die Schaumweinsteuerzeichen sind an

den Umschließungen so lange zu erhalten, bis diese geöffnet werden.

Wer Schaumwein empfängt, welcher der Vorschrift des Gesetzes zuwider mit den erforderlichen Steuerzeichen nicht versehen ist, hat hiervon binnen drei Tagen der Steuerbehörde Anzeige zu machen.

Händler mit Schaumwein und Wirte sind verbunden, den Oberbeamten der Steuerverwaltung ihre Vorräte an Schaumwein zum Nachweis, daß solche mit den vorgeschriebenen Steuerzeichen versehen sind, auf Verlangen vorzuzeigen.

§ 14. Hersteller von Schaumwein sowie Händler und Wirte, welche selbst oder deren Betriebsleiter wegen Defraudation der Schaumweinsteuer bestraft sind, können auf ihre Kosten besonderen Kontrollen unterworfen werden.

§ 15. Schaumwein, welcher der Vorschrift dieses Gesetzes zuwider mit den erforderlichen Steuerzeichen (§§ 3 und 29) nicht versehen ist, unterliegt der Einziehung, gleichviel wem er gehört und ob gegen eine bestimmte Person ein Strafverfahren eingeleitet wird.

Wird mit der Herstellung von Schaumwein begonnen, bevor die Betriebs- und Lagerräume angemeldet sind, so unterliegen außer dem hergestellten Schaumwein auch der in der Herstellung begriffene Schaumwein und die zur Herstellung, Lagerung und Aufmachung von Schaumwein geeigneten Geräte und Materialien in gleicher Weise der Einziehung.

§ 16. Wer es unternimmt, die Schaumweinsteuer zu hinterziehen, macht sich der Defraudation schuldig.

Die Defraudation wird insbesondere als vollbracht angenommen:

a) wenn mit der Herstellung von Schaumwein begonnen wird, bevor die Betriebs- und Lagerräume in der vorgeschriebenen Weise angemeldet sind;
b) wenn fertiger unversteuerter Schaumwein vom Hersteller in anderen als den dazu genehmigten Lagerräumen aufbewahrt wird;
c) wenn Hersteller, Händler oder Wirte Schaumwein in Gewahrsam haben, welcher der Vorschrift dieses Gesetzes zuwider mit den erforderlichen Steuerzeichen (§§ 3 und 29) nicht versehen ist.

Das Dasein der Defraudation wird in den Fällen des Abs. 2 durch die daselbst bezeichneten Tatsachen begründet. Wird festgestellt, daß eine Hinterziehung nicht verübt oder nicht beabsichtigt ist, so findet nur eine Ordnungsstrafe nach § 19 statt.

§ 17. Wer eine Defraudation begeht, hat eine Geldstrafe verwirkt, die dem vierfachen Betrage der vorenthaltenen Steuer gleichkommt, mindestens aber 30 Mark für jeden einzelnen Fall beträgt. Außerdem ist die Steuer nachzuzahlen.

Kann ein vorenthaltener Steuerbetrag nicht festgestellt werden, so tritt eine Geldstrafe von 30 Mark bis zu 10000 Mark ein.

Liegt eine Übertretung vor, so sind die Beihilfe und die Begünstigung mit Geldstrafe bis zu 150 Mark zu bestrafen.

§ 18. Im Falle der Wiederholung der Defraudation nach vorausgegangener Bestrafung wird die im § 17 angedrohte Strafe verdoppelt.

Jeder fernere Rückfall zieht Gefängnis bis zu drei Jahren nach sich, doch kann nach richterlichem Ermessen mit Berücksichtigung aller Umstände und der vorangegangenen Fälle auf Haft oder auf Geldstrafe nicht unter dem Doppelten der für den ersten Rückfall angedrohten Strafe erkannt werden.

Die Rückfallstrafe ist verwirkt, auch wenn die frühere Strafe nur teilweise verbüßt oder ganz oder teilweise erlassen ist, bleibt dagegen ausgeschlossen, wenn seit der Verbüßung oder dem Erlasse der früheren Strafe bis zur Begehung der neuen Straftat drei Jahre verflossen sind.

§ 19. Zuwiderhandlungen gegen die Bestimmungen dieses Gesetzes und die dazu erlassenen und öffentlich oder den Beteiligten besonders bekanntgemachten Verwaltungsvorschriften werden, sofern nicht eine schwerere Strafe verwirkt ist, mit einer Ordnungsstrafe von einer Mark bis zu 300 Mark geahndet.

Mit Ordnungsstrafe nach Maßgabe des Abs. 1 wird ferner belegt,

a) wer einem zur Wahrnehmung des Steuerinteresses verpflichteten Beamten oder dessen Angehörigen wegen einer auf die Erhebung oder Überwachung der Schaumweinsteuer bezüglichen amtlichen Handlung oder Unterlassung einer solchen Geschenke oder andere Vorteile anbietet, verspricht oder gewährt, sofern nicht der Tatbestand des § 333 des Strafgesetzbuchs vorliegt;
b) wer sich Handlungen oder Unterlassungen zuschulden kommen läßt, durch welche ein solcher Beamter an der rechtmäßigen Ausübung seines Amtes in bezug auf die Schaumweinsteuer verhindert wird, sofern nicht der Tatbestand des § 113 oder des § 114 des Strafgesetzbuchs vorliegt.

§ 20. Hersteller von Schaumwein sowie Händler und Wirte haften für die von ihren Verwaltern, Geschäftsführern, Gehilfen und sonstigen in ihrem Dienste oder Lohne stehenden Personen sowie von ihren Familien- oder Haushaltungsmitgliedern verwirkten Geldstrafen und Prozeßkosten und für die nachzuzahlende Steuer im Falle des Unvermögens der eigentlich Schuldigen. Wird nachgewiesen, daß die Zuwiderhandlung ohne ihr Wissen verübt ist, so haften sie nur für die Steuer. Die Haftung für Geldstrafen kann nur durch richterliches Urteil ausgesprochen werden.

Ist die Geldstrafe von dem Schuldigen nicht beizutreiben, so kann die Steuerbehörde davon absehen, den für die Geldstrafe Haftenden in Anspruch zu nehmen, und die an Stelle der Geldstrafe tretende Freiheitsstrafe an dem Schuldigen vollstrecken lassen.

§ 21. Unbeschadet der verwirkten Ordnungsstrafen kann die Steuerbehörde die Beobachtung der auf Grund dieses Gesetzes getroffenen Anordnungen durch Androhung und Einziehung von Geldstrafen bis zu 500 Mark erzwingen.

§ 22. Mit Gefängnis nicht unter drei Monaten wird bestraft, wer unechte Schaumweinsteuerzeichen (§§ 3 und 29) in der Absicht anfertigt, sie als echt zu verwenden, oder echte Schaumweinsteuerzeichen in der Absicht verfälscht, sie zu einem höheren Werte zu verwenden, oder wissentlich von falschen oder verfälschten Schaumweinsteuerzeichen Gebrauch macht. Neben der Strafe kann auf Verlust der bürgerlichen Ehrenrechte erkannt werden.

§ 23. Wer wissentlich schon einmal verwendete Schaumweinsteuerzeichen verwendet, wird mit Geldstrafe bis zu 600 Mark bestraft.

§ 24. Neben der in den §§ 22 und 23 angedrohten Strafe kommt die durch die Hinterziehung der Schaumweinsteuer begründete Strafe zur Anwendung.

§ 25. Mit Geldstrafe bis zu 150 Mark oder mit Haft wird bestraft, wer ohne schriftlichen Auftrag einer Behörde

1. Stempel, Siegel, Stiche, Platten oder andere Formen, welche zur Anfertigung von Schaumweinsteuerzeichen dienen können, anfertigt oder an einen anderen als die Behörde verabfolgt;
2. den Abdruck der in Nr. 1 bezeichneten Stempel, Stiche, Platten oder Formen unternimmt oder Abdrucke an einen anderen als die Behörde verabfolgt.

Neben der Strafe kann auf Einziehung der Stempel, Siegel, Stiche, Platten oder anderen Formen sowie der Abdrucke erkannt werden, ohne Unterschied, ob sie dem Verurteilten gehören oder nicht.

§ 26. Mit Geldstrafe bis zu 150 Mark wird bestraft, wer wissentlich schon einmal verwendete Schaumweinsteuerzeichen veräußert oder feilhält.

§ 27. In den Fällen der §§ 15 bis 21 kommen hinsichtlich des Strafverfahrens sowie in betreff der Strafmilderung und des Erlasses der Strafe im Gnadenwege die Vorschriften zur Anwendung, nach denen sich das Verfahren wegen Zuwiderhandlungen gegen die Zollgesetze bestimmt. Der Erlös aus eingezogenem Schaumwein sowie Geldstrafen fallen dem Staate zu, von dessen Behörden die Strafentscheidung erlassen ist.

Die Strafverfolgung von Defraudationen verjährt in drei Jahren, von anderen Zuwiderhandlungen in einem Jahre.

§ 28. Die Erhebung und Verwaltung der Schaumweinsteuer erfolgt durch die Landesbehörden. Für die erwachsenden Kosten wird den Bundesstaaten nach Maßgabe der vom Bundesrate zu erlassenden Bestimmungen Vergütung gewährt.

Die Reichsbevollmächtigten für Zölle und Steuern und die Stationskontrolleure üben in bezug auf die Ausführung des Schaumweinsteuergesetzes dieselben Rechte und Pflichten, welche ihnen bezüglich der Erhebung und Verwaltung der Zölle und Verbrauchssteuern beigelegt sind.

Die außerhalb der gemeinschaftlichen Zollgrenze liegenden Teile des Reichsgebiets zahlen an Stelle der Schaumweinsteuer einen entsprechenden Ausgleichungsbetrag an die Reichskasse.

§ 29. Schaumwein, der aus den dem Zollgebiet angeschlossenen Staaten und Gebietsteilen zum Verbrauch eingeht, ist spätestens beim Eintritt in das Inland mit den Steuerzeichen (§ 3) zu versehen.

Der Reichskanzler kann unter Zustimmung des Bundesrats mit den zuständigen fremden Regierungen wegen Herbeiführung einer den Bestimmungen dieses Gesetzes entsprechenden Besteuerung des Schaumweins in den dem Zollgebiet angeschlossenen Staaten und Gebietsteilen, wegen Überweisung der Steuer für den im gegenseitigen Verkehr übergehenden Schaumwein oder wegen Begründung einer Steuergemeinschaft Vereinbarungen treffen.

§ 30. Landessteuern von Schaumwein werden nicht mehr erhoben.

§ 31. Dieses Gesetz tritt am 1. September 1918 in Kraft.

Schaumwein, der sich beim Inkrafttreten dieses Gesetzes außerhalb der Erzeugungsstätte (§ 3) oder einer Zollniederlage befindet, unterliegt nach näherer Bestimmung des Bundesrats einer Nachsteuer, die für Schaumwein aus Fruchtwein (§ 2 Abs. 1 unter a) 60 Pfennig, und für Schaumwein aus Traubenwein und schaumweinähnliche Getränke (§ 2 Abs. 1 unter b) 3 Mark für die Flasche beträgt. Bereits entrichtete Steuerbeträge sind auf die Nachsteuer anzurechnen.

Auszug aus den **Schaumweinsteuer-Ausführungsbestimmungen.**

(Zentralblatt für das Deutsche Reich 1918 S. 368.)

§ 1. Gegenstand der Besteuerung sind alle zum Verbrauch im Inland bestimmten fertigen Schaumweine (Abs. 2) und schaumweinähnlichen Getränke (Abs. 6). Aus dem Ausland eingehende Schaumweine und schaumweinähnliche Getränke unterliegen der Steuer neben dem nach dem Zolltarife zu entrichtenden Zolle.

Als Schaumwein im Sinne des Abs. 1 gelten alle Weine, Fruchtweine (Obst- und Beerenweine), weinhaltigen und fruchtweinhaltigen Getränke, mit einem Weingeistgehalte von mehr als 10 Gramm in einem Liter, deren Kohlensäure beim Öffnen der Umschließungen unter Aufbrausen entweicht.

Als fertig ist der nach dem Flaschengärungsverfahren hergestellte Schaumwein anzusehen, sobald die enthefte (degorgierte) Flasche verkorkt worden ist. Der nach dem Imprägnierungsverfahren oder durch Gärung in anderen Behältnissen als Flaschen hergestellte Schaumwein ist als fertig anzusehen, sobald das Getränk auf die Flasche abgefüllt und letztere verkorkt ist; Schaumwein aus Muskatwein oder ähnlichem Weine (Asti spumante, Moscato spumante, Nebbiolo spumante, Refosco spumante und dergleichen) gilt als fertig, sobald der Wein aus dem Fasse auf die Flasche abgefüllt und letztere verkorkt ist.

Kostproben, die in der Fabrik von dem fertigen, aber noch nicht versteuerten Schaumwein entnommen werden, unterliegen der Schaumweinsteuer nicht, sofern das Kosten durch den Fabrikbesitzer oder seine Angestellten und lediglich zu dem Zwecke erfolgt, den Schaumwein auf seinen Geschmack zu prüfen.

Als Schaumwein gelten nicht diejenigen schäumenden Weine, deren Kohlensäure im Wege der nach § 4 des Weingesetzes vom 7. April 1909 (Reichs-Gesetzbl. S. 393) zugelassenen Kellerbehandlung durch Gärung im offenen Gefäß entstanden ist, und diejenigen Fruchtweine, welche während der ersten Gärung auf Flaschen gefüllt und nicht entheft sind.

Als schaumweinähnlich im Sinne des Abs. 1 kommen in Betracht schäumende Getränke mit einem Weingeistgehalte von mehr als 10 g in einem Liter, die zwar ohne Verwendung von Wein oder Fruchtwein, weinhaltigen oder fruchtweinhaltigen Getränken hergestellt sind, die aber nach Aussehen oder Geschmack als Ersatz für Schaumwein dienen können.

§ 2. Die Steuer wird nach dem Raumgehalte der den Schaumwein enthaltenden Umschließungen berechnet. Sie beträgt für jede Umschließung:

1. für Schaumwein aus Fruchtwein ohne Zusatz von Traubenwein (Steuerklasse 1)
   in viertel Flaschen . . . 0,15 Mark,
   „ halben „ . . . 0,30 „
   „ ganzen „ . . . 0,60 „
   „ Doppel- „ . . . 1,20 „ ;
2. für anderen Schaumwein und für schaumweinähnliche Getränke (Steuerklasse 2)
   in achtel Flaschen . . . 0,37 Mark,
   „ viertel „ . . . 0,75 „
   „ halben „ . . . 1,50 „
   „ ganzen „ . . . 3,00 „
   „ Doppel- „ . . . 6,00 „ .

Es werden behandelt:

a) als achtel Flaschen: Umschließungen von nicht mehr als 120 ccm Raumgehalt;
b) als viertel Flaschen: Umschließungen von mehr als 120 ccm und nicht mehr als 230 ccm Raumgehalt;
c) als halbe Flaschen: Umschließungen von mehr als 230 ccm und nicht mehr als 425 ccm Raumgehalt;
d) als ganze Flaschen: Umschließungen von mehr als 425 ccm und nicht mehr als 850 ccm Raumgehalt;
e) als Doppelflaschen: Umschließungen von mehr als 850 ccm und nicht mehr als 1700 ccm Raumgehalt.

Bei Umschließungen mit Raumgehalt über 1700 ccm ist für jede weiteren auch nur angefangenen 800 ccm eine ganze Flasche anzunehmen.

§ 5. Als Steuerzeichen dienen Papierstreifen, die für Schaumwein der Steuerklasse 1 in brauner, und für Schaumwein der Steuerklasse 2 in grüner Farbe bedruckt sind.

Die Streifen werden aus mit natürlichem Wasserzeichen (Vierpaßmuster) versehenem weißen Papier hergestellt. Sie tragen auf der Schauseite in einem dunkleren Tone der Grundfarbe eine umränderte Verzierung, die bei der Steuerklasse 1 Zweige mit Früchten, bei der Steuerklasse 2 Reben mit Blättern und Trauben darstellt. Das durch besondere Umrandung gebildete, nicht verzierte Mittelfeld enthält die Angabe der Flaschengröße und des Steuerwertes (z. B. $^1/_1$ Flasche 3 Mark); die beiden Seitenfelder zeigen bei der Steuerklasse 1 den Aufdruck: „Frucht-Schaumwein-Steuer", bei der Steuerklasse 2 den Aufdruck: „Schaumweinsteuer". Die Rückseite der Streifen ist mit Gummiaufstrich versehen.

Die Breite der Steuerzeichen beträgt 2 cm, ihre Länge für achtel und viertel Flaschen 26 cm, für halbe Flaschen 30 cm und für ganze Flaschen und Doppelflaschen 36 cm.

§ 6. Die Steuerzeichen werden von der Reichsdruckerei in Bogen zu je 20 Stück hergestellt. In der oberen rechten Ecke jedes Bogens ist die Zahl der Steuerzeichen, ihr Einzelwert und der Gesamtwert des Bogens aufgedruckt.

In der Reichsdruckerei werden je 100 Bogen = 2000 Steuerzeichen in Taschen verpackt. Es werden nur volle Taschen abgegeben.

Die Steuerzeichen sind durch die Landesregierungen gegen Erstattung der Herstellungskosten zu beziehen. Die Preise werden vom Reichsschatzamt festgestellt.

Die Reichsdruckerei verabfolgt Steuerzeichen nur denjenigen Amtsstellen, die ihr von den Regierungen als zum unmittelbaren Bezuge berechtigt bezeichnet sind.

Hat eine Amtsstelle für die von der Reichsdruckerei bezogenen Steuerzeichen keine Verwendung mehr, so können diese, sofern sie unbeschädigt und nicht bei anderen Amtsstellen des betreffenden Bundesstaats verwendbar sind, der Reichsdruckerei zurückgegeben werden. Für die zurückgegebenen Zeichen sind Herstellungskosten nicht zu berechnen.

§ 7. Die Steuerzeichen werden von der Hebestelle gegen Erlegung des Steuerbetrags verabfolgt. Die Hebestelle darf Steuerzeichen, abgesehen von den Fällen des § 9 Abs. 2 und der §§ 12, 13, nur an die zu ihrem Bezirke gehörigen Schaumweinhersteller abgeben. Diese dürfen Steuerzeichen nur von der Hebestelle beziehen und sie weder entgeltlich noch unentgeltlich an andere weitergeben.

§ 8. Über die Einnahme und Ausgabe an Steuerzeichen ist bei der Hebestelle ein Steuerzeichenbuch zu führen, dessen Einrichtung von der obersten Landesfinanzbehörde bestimmt wird. Das Buch ist am Schlusse des Rechnungsjahrs abzuschließen und verbleibt bei der Hebestelle.

§ 9. Das Steuerzeichen ist oberhalb oder unterhalb der nach § 17 des Weingesetzes vom 7. April 1909 anzubringenden Bezeichnungen[1]) sorgfältig anzukleben. Dabei muß mindestens die halbe Streifenlänge unmittelbar auf dem Glase aufliegen und die Enden müssen auf eine der Streifenbreite mindestens gleichkommende Strecke einander decken.

Wenn Schaumwein der Vorschrift des Ge-

---

[1]) Vgl. die Bekanntmachung betreffend Bestimmungen zur Ausführung des Weingesetzes vom 9. Juli 1909 (Reichs-Gesetzbl. S. 549), betrifft die Kennzeichnung des Schaumweins als inländisches oder ausländisches Erzeugnis, bzw. falls es Schaumwein aus Obst, um Kennzeichnung, z. B. Apfel-Schaumwein.

setzes zuwider ohne Steuerzeichen vorgefunden wird, so sind die erforderlichen Steuerzeichen durch die Hebestelle an die Beamten zu verabfolgen und unter deren Aufsicht vom Inhaber des Schaumweins anzubringen. Wird von der Einziehung des Schaumweins aus dem Grunde Abstand genommen, weil der Schaumwein nachweislich bereits versteuert ist, so sind die Steuerzeichen unentgeltlich zu liefern.

§ 10. Zur Entrichtung der Steuer für Schaumwein in Umschließungen von mehr als 1700 ccm Raumgehalt können mehrere Steuerzeichen verwendet werden.

§ 11. Der Schaumweinhersteller hat dafür Sorge zu tragen, daß Steuerzeichen an den in der Fabrik entleerten oder leer dorthin verbrachten Umschließungen alsbald nach der Entleerung der Umschließungen oder ihrer Verbringung in die Fabrik vernichtet werden.

§ 12. Der aus dem Ausland eingehende Schaumwein ist in dem Zollpapiere nach seiner steuerpflichtigen Gattung (Schaumwein aus Fruchtwein, anderer Schaumwein) und Menge (Zahl und Größe der Umschließungen) anzumelden. Einer amtlichen Prüfung des Inhalts der Umschließungen bedarf es nur dann, wenn der Verdacht einer unrichtigen Anmeldung vorliegt. Der Raumgehalt der Umschließungen ist schätzungsweise festzustellen. Gibt sich der Einbringer nicht mit dem Ergebnis der amtlichen Abschätzung des Raumgehalts zufrieden, so ist dieser in der im § 4 Abs. 1, 3 vorgeschriebenen Weise zu ermitteln. Im Anschluß an die Zollabfertigung ist der Schaumwein, sofern dies nicht bereits im Ausland geschehen ist (§ 13), mit den erforderlichen, von der Zollstelle zu verabfolgenden Steuerzeichen zu versehen. Seine Freigabe aus dem Zollgewahrsam darf erst erfolgen, nachdem die Zollstelle von der vorschriftsmäßigen Anbringung der Steuerzeichen Überzeugung genommen und dies in dem Zollpapiere bestätigt hat (zu vgl. auch § 13).

Für die innerhalb der ordentlichen Dienststunden stattfindende Aufsicht über die Anbringung der Steuerzeichen werden Gebühren nicht erhoben.

§ 13. Unter den von der obersten Landesfinanzbehörde festzusetzenden Bedingungen kann die Direktivbehörde zuverlässigen Antragstellern widerruflich gestatten, die Steuerzeichen im Ausland anzubringen.

Auszug aus dem **Gesetz**, betreffend die Besteuerung von Mineralwässern und künstlich bereiteten Getränken sowie die Erhöhung der Zölle für Kaffee und Tee.

Vom 26. Juli 1918. (R.-G.-Bl. S. 849.)

Gegenstand der Steuer.

§ 1. Gewerbsmäßig abgefüllte natürliche Mineralwässer, ferner künstliche Mineralwässer, Limonaden und andere künstlich bereitete Getränke sowie konzentrierte Kunstlimonaden und Grundstoffe zur Herstellung von konzentrierten Kunstlimonaden unterliegen, sofern sie zum Verbrauch im Inland in verschlossenen Gefäßen in Verkehr gebracht werden und nicht schon auf Grund besonderer Gesetze steuerpflichtig sind, einer in die Reichskasse fließenden Steuer. Als künstlich bereitete Getränke sind insbesondere steuerpflichtig zuckerhaltige Getränke, in denen die weingeistige Gärung durch die Art der Herstellung und Aufbewahrung beschränkt oder verhindert wird, sowie Getränke, die durch Vergärung zuckerhaltiger Flüssigkeiten, auch mit darauffolgender Wiederentfernung des bei der Vergärung entstandenen Weingeistes hergestellt sind. Der Bundesrat wird ermächtigt, den Kreis der steuerpflichtigen Getränke näher zu bestimmen.

Durch Kaiserliche Verordnung mit Zustimmung des Bundesrats kann die Steuerpflicht unter Anordnung der erforderlichen Überwachungsmaßnahmen auch auf Getränke der im Abs. 1 bezeichneten Art, die in unverschlossenen Gefäßen dem Verbrauch zugeführt werden oder auf Stoffe ausgedehnt werden, die zur Herstellung von Getränken der in Abs. 1 bezeichneten Art verwendet werden. Dabei kann vorgeschrieben werden, daß derartige Stoffe nur in bestimmten Packungen in Verkehr gebracht oder aus dem Ausland eingeführt werden dürfen, und daß in diesem Falle an der Außenseite der Packungen die für die Steuerberechnung notwendigen Angaben ersichtlich gemacht werden; die Steuer soll unter Zugrundelegung der Steuersätze des § 2 so bemessen werden, wie es dem Verhältnis einer bestimmten Menge Stoffe zu den daraus herstellbaren Getränken entspricht. Die getroffenen Anordnungen sind dem Reichstag sofort oder, wenn er nicht versammelt ist, bei seinem nächsten Zusammentreten mitzuteilen. Sie sind außer Kraft zu setzen, wenn der Reichstag es verlangt.

Die Bestimmungen dieses Paragraphen beziehen sich nicht auf natürliche oder nur gesüßte Fruchtsätze.

Höhe der Steuer.

§ 2. Die Steuer beträgt:

1.	bei Mineralwässern	0,05 M.,
2.	bei Limonaden und anderen künstlich bereiteten Getränken	0,10 „
3.	bei konzentrierten Kunstlimonaden	1,00 „
4.	bei Grundstoffen zur Herstellung von konzentrierten Kunstlimonaden	20,00 „

für das Liter.

Für Limonaden und andere künstlich bereitete Getränke, deren Weingeistgehalt die vom Bundesrate festgesetzte Grenze überschreitet, sind die doppelten Steuersätze des Abs. 1 Ziffer 2 zu entrichten.

Die steuerpflichtige Menge bestimmt sich nach der Zahl und dem Raumgehalt der an Abnehmer gelieferten Gefäße. Der Hersteller hat der Steuerbehörde unter Hinterlegung von Mustern anzumelden, in welchen Gefäßgrößen er die Erzeugnisse in Verkehr bringen will. Für die

Steuerberechnung bleiben geringe Abweichungen von dem angemeldeten Raumgehalt der Gefäße, die nur auf Zufälligkeiten bei ihrer Herstellung beruhen, nach näherer Bestimmung des Bundesrats außer Betracht. Auf den Gefäßen muß der Name des Herstellers der Erzeugnisse sowie der Ort der Herstellung angegeben sein.

Entrichtung und Stundung der Steuer.

§ 3. Zur Entrichtung der Steuer ist verpflichtet, wer steuerpflichtige Erzeugnisse herstellt und in Verkehr bringt oder wer sie aus dem Ausland einführt. Das gewerbsmäßige Abfüllen natürlicher Mineralwässer auf Gefäße gilt als Herstellung.

Die Steuerpflicht tritt ein für inländische Erzeugnisse, sobald sie an Abnehmer geliefert oder innerhalb des Herstellungsbetriebs getrunken werden; die Steuer wird fällig am letzten des folgenden Monats.

Wird die Zahlungspflicht wiederholt versäumt oder liegen Gründe vor, die den Eingang der Steuer gefährdet erscheinen lassen, so kann die Steuerbehörde die Bezahlung oder Sicherstellung der Steuer bei Eintritt der Steuerpflicht fordern.

Von der Steuer werden befreit:

1. Erzeugnisse, welche unter Steueraufsicht ausgeführt werden;
2. Erzeugnisse der im § 2 Abs. 1 Ziffer 3, 4 bezeichneten Art, wenn sie gemäß näherer Bestimmung des Bundesrats unter Steueraufsicht an andere zur gewerbsmäßigen Herstellung steuerpflichtiger Getränke abgegeben werden;
3. Erzeugnisse, welche von den bei der Herstellung beschäftigten Personen in den Räumen des Herstellungsbetriebs getrunken werden.

Die Steuerpflicht für aus dem Ausland eingeführte Erzeugnisse tritt ein mit der Grenzüberschreitung; die Steuer wird fällig, sobald die Erzeugnisse zum freien Verkehr abgefertigt sind.

Gegen Sicherheitsleistung kann die Steuer bis zu drei Monaten gestundet werden.

§ 4. Die steuerpflichtig gewordenen Erzeugnisse sind nach Art und Menge nach näherer Bestimmung des Bundesrats der Steuerbehörde schriftlich anzumelden.

Verjährung der Steuer.

§ 5. Ansprüche auf Zahlung oder Erstattung der Steuer verjähren in einem Jahre von dem Tage des Eintritts der Steuerpflicht oder Steuerentrichtung ab. Der Anspruch auf Nachzahlung eines hinterzogenen Steuerbetrags verjährt in drei Jahren.

Die Verjährung wird durch jede von der zuständigen Behörde zur Geltendmachung des Anspruchs gegen den Zahlungspflichtigen gerichtete Handlung unterbrochen.

Anzeigepflicht.

§ 6. Wer steuerpflichtige Erzeugnisse herstellen und in Verkehr bringen will, hat dies vor der Eröffnung des Betriebs unter Bezeichnung der Erzeugnisse, deren Herstellung beabsichtigt ist, der Steuerbehörde schriftlich anzuzeigen und gleichzeitig eine Beschreibung der Betriebs- und Lagerräume sowie der damit in Verbindung stehenden oder unmittelbar daran angrenzenden Räume, gegebenenfalls auch der außerhalb der Herstellungsbetriebe gelegenen Ausschankstätten, vorzulegen. Die Herstellung darf nur in den angemeldeten Betriebsräumen erfolgen.

§ 7. Jede Änderung in den angemeldeten Verhältnissen ist der Steuerbehörde binnen einer Woche schriftlich anzuzeigen.

Betriebsinhaber, die den Betrieb nicht selbst leiten, haben der Steuerbehörde diejenigen Personen zu bezeichnen, die als Betriebsleiter in ihrem Namen zu handeln befugt sind.

Die im folgenden für den Betriebsinhaber gegebenen Vorschriften gelten mit Ausnahme derjenigen im § 12 Satz 2 auch für den Betriebsleiter.

Buchführung; Lagerung.

§ 8. Die Betriebsinhaber haben über den Bezug der zur Herstellung der steuerpflichtigen Erzeugnisse benutzten Rohstoffe, über deren Verwendung und über die daraus hergestellten Erzeugnisse und über den Absatz der Erzeugnisse Bücher zu führen, aus denen die einzelnen Bezüge, ihre Verwendung und der Verbleib der hergestellten Erzeugnisse deutlich ersichtlich sind. Fertige unversteuerte Erzeugnisse dürfen nur in den angemeldeten Räumen gelagert und verpackt werden; über die Herstellung und den Absatz sind nach näherer Bestimmung des Bundesrats Anschreibungen zu führen, die der Bestimmung der Steuerbehörde entsprechend aufzubewahren und den Beamten zugänglich zu halten sind.

Die Bestände sind von Zeit zu Zeit amtlich festzustellen und mit den Anschreibungen zu vergleichen. Von der Erhebung der Steuer für Fehlmengen ist abzusehen, wenn und soweit dargetan wird, daß die Fehlmengen auf Umstände zurückzuführen sind, die eine Steuerschuld nicht begründen.

Der Bundesrat kann im Falle des Bedürfnisses Abweichungen von den Vorschriften in Abs. 1 und 2 zulassen und daneben besondere Überwachungsmaßnahmen anordnen.

Steueraufsicht.

§ 9. Die Herstellungsbetriebe unterliegen der Steueraufsicht. Die Steuerbeamten sind befugt, die Betriebs- und Lagerräume, solange sie geöffnet sind oder darin gearbeitet wird, zu jeder Zeit, andernfalls während der üblichen Geschäftsstunden zu besuchen. Die Aufsichtsbefugnis erstreckt sich auf alle Räume der Betriebsanlage sowie auf die an diese angrenzenden oder damit in Verbindung stehenden Räume. Die Zeitbeschränkung fällt weg, wenn Gefahr im Verzug ist.

§ 10. Innerhalb der der Steueraufsicht unterliegenden Räume dürfen keine Maßnahmen getroffen werden, welche die Ausübung der gesetzlichen Aufsicht hindern oder erschweren.

§ 11. Die Betriebsinhaber haben den Steuerbeamten jede für die Steueraufsicht oder zu statistischen Zwecken erforderliche Auskunft über den Betrieb zu erteilen und bei den zum Zwecke der Steueraufsicht stattfindenden Amtshandlungen die Hilfsmittel (Geräte, Beleuchtung usw.) zu stellen und die nötigen Hilfsdienste zu leisten.

Den Oberbeamten der Steuerverwaltung sind die auf die Herstellung und Veräußerung der steuerpflichtigen Erzeugnisse bezüglichen Geschäftsbücher und Schriftstücke auf Erfordern zur Einsicht vorzulegen.

§ 12. Sind Betriebsinhaber wegen Hinterziehung der Steuer wiederholt bestraft worden, so kann ihr Betrieb besonderen Aufsichtsmaßnahmen unterworfen werden. Die Kosten fallen dem Betriebsinhaber zur Last. Die Einziehung dieser Kosten erfolgt nach den Vorschriften über das Verfahren für die Beitreibung der Zölle und mit dem Vorzugsrecht der letzteren.

Steuerhinterziehung.

§ 13. Wer vorsätzlich die gesetzliche Steuer ganz oder zum Teil hinterzieht oder einen ihm nicht gebührenden Steuervorteil erschleicht, wird wegen Steuerhinterziehung mit einer Geldstrafe bestraft, die das Vierfache der Steuerverkürzung oder des Steuervorteils, mindestens aber 50 Mark beträgt.

Versuch.

§ 14. Der Versuch der Steuerhinterziehung ist strafbar; die für die vollendete Tat angedrohte Strafe gilt auch für den Versuch.

Bei dem Versuch ist die Strafe nach der Steuerverkürzung oder dem Steuervorteile zu bemessen, die bei Vollendung der Tat eingetreten wären.

§ 15. Der Tatbestand des § 13 wird insbesondere dann als vorliegend angenommen,

1. wenn steuerpflichtig gewordene Erzeugnisse nicht oder unrichtig angemeldet werden (§ 4);
2. wenn mit der Herstellung von steuerpflichtigen Erzeugnissen begonnen wird, bevor die Anzeige des Betriebs in der vorgeschriebenen Weise erfolgt ist (§ 6);
3. wenn die vorgeschriebenen Anschreibungen (§ 8) nicht oder wissentlich nicht richtig geführt werden;
4. wenn fertige unversteuerte Erzeugnisse vom Hersteller in anderen als den angemeldeten Räumen aufbewahrt werden (§ 8);
5. wenn Erzeugnisse, für die Steuerfreiheit auf Grund von § 3 Abs. 4 Ziffer 3 in Anspruch genommen wird, an andere als die bei der Herstellung beschäftigten Personen abgegeben werden.

Haftung für andere Personen.

§ 22. Inhaber der unter dieses Gesetz fallenden Betriebe haften für die von ihren Verwaltern, Geschäftsführern, Gehilfen und sonstigen in ihrem Dienste oder Lohne stehenden Personen sowie von ihren Familien- oder Haushaltsmitgliedern auf Grund dieses Gesetzes verwirkten Geldstrafen und Kosten des Strafverfahrens sowie für die nachzuzahlende Steuer. Die Haftung für die Geldstrafe und die Kosten tritt nicht ein, wenn die Zuwiderhandlung nachweislich ohne Wissen des Inhabers begangen worden ist; die Haftung ist jedoch auch in diesem Falle begründet, wenn es der Inhaber bei der Auswahl oder der Beaufsichtigung des Angestellten oder bei der Beaufsichtigung der Familien- oder Haushaltsmitglieder an der erforderlichen Sorgfalt hat fehlen lassen, oder wenn er aus der Tat einen Vorteil gezogen hat.

Übertragung der strafrechtlichen Verantwortlichkeit.

§ 23. Betriebsinhaber, die den Betrieb nicht selbst leiten, können die Übertragung der ihnen obliegenden strafrechtlichen Verantwortlichkeit auf den Betriebsleiter bei der Steuerbehörde beantragen. Wird der Antrag genehmigt, so geht die strafrechtliche Verantwortlichkeit unbeschadet der im § 22 vorgesehenen Vertretungsverbindlichkeit des Betriebsinhabers auf den Betriebsleiter über. Die Genehmigung ist jederzeit widerruflich.

§ 24. Läßt sich die Geldstrafe von dem Schuldigen nicht beitreiben, so kann die Steuerbehörde davon absehen, den für die Geldstrafe Haftenden in Anspruch zu nehmen, und die an Stelle der Geldstrafe tretende Freiheitsstrafe an dem Schuldigen vollstrecken lassen.

Ersatzfreiheitsstrafe.

§ 25. Die an die Stelle einer uneinbringlichen Geldstrafe tretende Freiheitsstrafe darf zwei Jahre, im Falle des § 21 drei Monate nicht übersteigen.

Erhöhung der Zölle für Kaffee und Tee.

§ 39. In Nummer 34 des Zolltarifs ist das Wort „Paraguaytee" zu streichen.

Die Nummern 61 und 65 des Zolltarifs erhalten folgende Fassung:

61	Kaffee, auch Kaffeeschalen:	
	roh	130 Mark für 1 Doppelzentner
	nicht roh (z. B. gebrannt [geröstet], auch gemahlen); Kaffeepulver, gemischt mit Zucker; Kaffee-Essenz; Auszug von rohen Kaffeeschalen, sirupartig eingedickt	175 Mark für 1 Doppelzentner
65	Tee, auch Mate	220 Mark für 1 Doppelzentner
	Anmerkung. Tee zur Herstellung von Tein unter Zollsicherung	frei

In Nummer 212 des Zolltarifs ist hinter den Worten „zur Bereitung von Getränken" einzuschalten: „, anderweit nicht genannt," und es sind zu streichen: das Wort „Kaffee-," in der zweiten Klammer, ferner die Worte „Auszug (Extrakt) von rohen Kaffeeschalen, sirupartig eingedickt;" und die Worte „Kaffeepulver, gemischt mit gebranntem Zucker;".

Register.

In das Register sind die am Anfang eines jeden Artikels stehenden, fettgedruckten Stichworte nicht mit aufgenommen, weil das Lexikon in alphabetischer Ordnung der handelsüblichen deutschen Bezeichnungen gedruckt ist. Dagegen sind die gebräuchlichsten Synonyma und teilweise, die im Text gesperrt gedruckten Bezeichnungen in dem Register verzeichnet, sofern sie nicht schon selbst auf den betreffenden Artikel verweisen. So ist z. B. Ameisensäureäther unter Ameisenäther zu suchen, dagegen sind Äthyläther und Äthylazetat in das Register aufgenommen.